法 学 阶 梯
INSTITUTIONES

普通高等教育**法学精品教材**

| **第五版** 2024年修订 |

行政法学 上

ADMINISTRATIVE LAW

胡建淼 著

法律出版社
LAW PRESS · CHINA
北京

图书在版编目(CIP)数据

行政法学：上下册／胡建淼著. -- 5版. -- 北京：法律出版社，2023(2024.12重印)

ISBN 978-7-5197-7590-2

Ⅰ.①行… Ⅱ.①胡… Ⅲ.①行政法学-中国 Ⅳ.①D922.101

中国国家版本馆CIP数据核字(2023)第030195号

行政法学(第五版)(上下册)
XINGZHENG FAXUE (DI-WU BAN)(SHANGXIACE)

胡建淼 著

责任编辑 陈 慧
装帧设计 鲍龙卉

出版发行 法律出版社
编辑统筹 法律教育出版分社
责任校对 王晓萍 李景美
责任印制 刘晓伟
经　　销 新华书店

开本 787毫米×1092毫米 1/16
印张 76.75 **字数** 1915千
版本 2023年4月第5版
印次 2024年12月第3次印刷
印刷 固安华明印业有限公司

地址：北京市丰台区莲花池西里7号(100073)
网址：www.lawpress.com.cn
投稿邮箱：info@lawpress.com.cn
举报盗版邮箱：jbwq@lawpress.com.cn

销售电话：010-83938349
客服电话：010-83938350
咨询电话：010-63939796

书号：ISBN 978-7-5197-7590-2
定价(上下册)：158.00元
凡购买本社图书，如有印装错误，我社负责退换。电话：010-83938349

作者简介

胡建淼

中央党校(国家行政学院)一级教授,博士生导师,宪法与行政法学科带头人,专家工作室领衔专家。兼任中国法学会常务理事兼学术委员会委员,中国行政法学研究会顾问,最高人民法院特邀咨询员和最高人民检察院专家咨询委员,第十四届全国政协委员及社会和法制委员会委员,北京市法官检察官惩戒委员会主任。

1957 年出生于浙江省慈溪市,1989 年毕业于中国政法大学研究生院。曾任杭州大学副校长、浙江大学副校长、浙江工商大学校长和国家行政学院法学部主任。1993 年起享受国务院"人民政府特殊津贴",1995 年被评为中国首届十大"杰出青年法学家",1997 年入选国家百千万人才工程,2022 年被评定为国家社会科学一级教授。2011 年 3 月 28 日在中央政治局讲解《推进依法行政和弘扬社会主义法治精神》。

长期从事行政法学和法律适用学研究,自 1990 年以来,曾到美国斯坦福大学、英国爱丁堡大学、澳大利亚西澳大学、德国基尔大学、法国马赛大学等做过访问学者或学术交流。自 1987 年以来,共出版《行政法学》《行政诉讼法学》《比较行政法》《行政强制法论》《法律原则研究》《世界行政法院制度研究》等著作 20 余部,发表《法律规范之间抵触标准研究》《"其他行政处罚"若干问题研究》《"特别权力关系理论"与中国的行政立法》《"无效行政行为"制度的追溯与认定标准的完善》《对行政机关在行政协议中优益权的重新解读》等论文 100 余篇。

第五版2024年修订说明

拙作《行政法学》(第五版)于2023年4月出版,库存告罄正打算重印之际,法律出版社和我商量,希望及时更新相关内容,故此,我集中一个月时间对此书进行了再次修订。本次修订内容主要体现在两个方面:

第一,更好地贯彻和体现习近平法治思想和党的二十大精神。习近平法治思想是顺应实现中华民族伟大复兴时代要求应运而生的重大理论创新成果,是马克思主义法治理论中国化最新成果,是习近平新时代中国特色社会主义思想的重要组成部分,是全面依法治国的根本遵循和行动指南。党的二十大是在全党全国各族人民迈上全面建设社会主义现代化国家新征程、向第二个百年奋斗目标进军的关键时刻召开的一次十分重要的大会。大会首次提出要"在法治轨道上全面建设社会主义现代化国家",指出"法治政府建设是全面依法治国的重点任务和主体工程",再次要求"扎实推进依法行政"。作为与依法行政、建设法治政府相关联的法律学科,"行政法学"理应以习近平法治思想为指导,更好体现党的二十大精神。本次修订在进一步学习的基础上,加强了对习近平法治思想和党的二十大精神的贯彻和体现。尤其在第二十七章行政复议中,首次阐述了"行政复议工作坚持中国共产党的领导"(《行政复议法》第3条第1款)原则,这都将使本教材更好地体现中国特色社会主义的法治特色。

第二,结合《行政复议法》的修订,修改行政复议的相关内容,保证了教材阐述内容与《行政复议法》(2023年)的一致性。行政复议是公民、法人或其他组织认为行政机关的行政行为侵犯其人身权、财产权和受教育权等合法权益,向行政复议机关提出复议申请,行政复议机关对行政行为的合法性和合理性进行审查并作出处理的法律制度。我国《行政复议法》制定于1999年,于2009年和2017年进行两次修正,2023年9月1日第十四届全国人民代表大会常务委员会第五次会议修订通过了现行的《行政复议法》。与前两次不同,这次是"修订"而不是"修正",而且修订幅度之大超出人们的预期和想象。法律条文从原来的43条增加至90条,其修改从内容到形式几乎覆盖每一条。这次修订的目的是"发挥行政复议化解行政争议主渠道作用",将更多的行政争议解决在行政诉讼之前。

正由于《行政复议法》的这次修订范围之广,我对本书第二十七章行政复议作了全面"重写"(不是"改写")。不仅如此,这次《行政复议法》修订还涉及本书的其他章节,我对本书共二十八章中的其他二十章(第二、四、五、八至十、十二至十七、十九至二十五、二十八章)也作了相应的修改,工程量之大超出了我的预期。但是,这一切都是值得的!

虽然这次属于“重印”而不是“再版”,但由于修订幅度较大,并因字数的增加而变动了页码,建议引用本书内容时一定请标注“《行政法学》第五版2024年修订”字样。

胡建淼

2024年1月15日

于中央党校(国家行政学院)专家工作室

第五版序

《行政法学》,这是一部由我个人完成的"教材式专著",抑或"专著式教材"。

自1997年10月作为国家"九五"规划高等学校统编法学教材第一版发行二十五年以来,它连连修订,多次重版,一直受到大专院校师生们的好评。我承诺,也基本做到了"五年一修订"。但这次第五版的修订离第四版已间隔七年。这七年来,已有太多的"理由"支撑本次的修订。

一是在"全面依法治国"的背景下,党中央国务院的"一规划两纲要"指导中国行政法制度和理论的发展。2014年党的十八届四中全会通过了《中共中央关于全面推进依法治国若干重大问题的决定》,确立了"全面依法治国"的基本方略,标志新中国的法治建设从"法制—法治—全面法治"的转型。为落实"全面依法治国"的基本方略,中共中央于2021年印发了《法治中国建设规划(2020-2025年)》,同年,中共中央、国务院印发了《法治政府建设实施纲要(2021-2025年)》,2020年中共中央印发了《法治社会建设实施纲要(2020-2025年)》,形成了"十四五"时期具有中国特色的社会主义法治建设的"一规划两纲要"的系统架构。"一规划两纲要"对中国行政法制度和理论具有直接的指导意义,许多内容直接转化为我国行政法制度和理论,如《法治中国建设规划(2020-2025年)》指出:"非因法定事由、非经法定程序不得限制、剥夺公民、法人和其他组织的财产和权利。"这无疑是中国正当程序的经典表述,将指导中国行政程序立法的基本方向。

二是大量法律的立、改、废,使不少行政行为的依据有所调整。这几年是中国法律上立、改、废节奏最快的时期。2018年《宪法》修改和《监察法》的制定,以及2022年《地方各级人民代表大会和地方各级人民政府组织法》的修正,对政府的行政职权范围作了一定的调整,使行政监察不再属于行政行为。2005年的《公务员法》分别于2017年和2018年"一口气"连作两次修改,这在中国的立法史上很少发生;加上2020年第十三届全国人大常务委员会第十九次会议第一次制定了《公职人员政务处分法》,它所依据的《监察法》关于"公职人员"的定义和范围,超出了我们对传统"公务员"概念的认知。许多管理法规的修改,如《行政许可法》(2019)、《土地管理法》(2019)、《森林法》(2019)、《草原法》(2021)、《水法》(2016)、《海关法》(2021)、《公路法》(2017)、《消防法》(2021)、《防洪法》(2016)、《防沙治沙法》(2018)、《海警法》(2021)、《港口法》(2018)、《文物保护法》(2017)、《产品质量法》(2018)、《食品安全法》(2021)、《兵役法》(2021)、《广告法》(2021)、《道路交通安全法》(2021)、《海上交通安全法》(2021)、《城市房地产管理法》(2019)、《残疾人保障法》(2018)、《民办教育促进法》(2018)、《证券法》(2019)、《商标法》(2019)、《反不正当竞争法》(2019)、《政府信息公开条例》(2019)、《不动产登记暂行条例》(2019)、《城镇国有土地使用权出让和转让暂行条例》(2020)等,都多多少少改变了一些行政法律制度。尤其是2021年《行政处罚法》的大幅度修订,对我国行政处罚制度和理论影响较大。2017年国务院两个行政法规,即《行政法规制定程序条例》和《规章制定程序条例》的修改,进一步完善了我国的行政立法制度和行政立法理论。

三是国务院对行政决策和行政执法程序的创新性规定,丰富了行政程序中的法定程序和正当程序,为将来的行政程序法奠定了基础。2019年国务院制定了《重大行政决策程序暂行条例》(国务院令第713号),规定行政机关的重大行政决策必须经过"公众参与—专家论证—风险评估—合法性审查—集体讨论决定"。2018年国务院办公厅发布了《关于全面推行行政执法公示制度执法全过程记录制度重大执法决定法制审核制度的指导意见》(国办发〔2018〕118号),引导行政执法机关确立"行政执法公示制度""执法全过程记录制度""重大执法决定法制审核制度",在中国尚未制定统一的行政程序法背景下,它们在一定的程序上起到了行政程序法的作用。本书这次修订,对此作了全面反映。

四是行政诉讼制度的改革和完善推进了行政法理论的发展和成熟。在行政法治上遵循"诉讼先行"的中国,每一次行政诉讼制度的变革总会促成行政法理论的完善。《行政诉讼法》2014年和2017年的修改,以及大量司法配套制度的制定和修改,如最高人民法院《关于审理行政赔偿案件若干问题的规定》(法释〔2022〕10号)、最高人民法院《关于行政案件案由的暂行规定》(法发〔2020〕44号)、最高人民法院《关于增加部分行政案件案由的通知》(法〔2019〕261号)、最高人民法院《关于审理行政协议案件若干问题的规定》(法释〔2019〕17号)、最高人民法院《关于正确确定县级以上地方人民政府行政诉讼被告资格若干问题的规定》(法释〔2021〕5号)、最高人民法院《关于审理国家赔偿案件确定精神损害赔偿责任适用法律若干问题的解释》(法释〔2021〕3号)等,较大范围和较大程度上影响了行政实体法中的诸多概念和原则。不得不提的是,最高人民法院"指导性案例"制度的确立和"指导性案例"的定期公布,极大地推进了包括行政法案例在内的中国案例教学与研究,让行政法理论与行政审判实践相互交融,合为一体,使中国的行政法理"上接天线、下接地气",更富有生命力。

本次修订继续保留原有的一些特色,继续秉持"中观行政法"定位,跨越"古·今·中·外",结合"理论·法律·案例",以"主体论—职权论—行为论—依据论—程序论—责任论—监督论"等作为过程性结构,全景式地阐述行政法学基本原理。第五版继续保留逻辑上的"清晰性"、表格上的"直观性"、材料上的"广博性"和理论阐述上的"精细化"之特点,顺应近10年我国法律制度变革和理论创新,重撰精修相应内容。每章注重阐述行政法学基本原理,又以"疑难问题探讨"单设一节,回应和推进前沿问题的探索。每章设有"规范链接""案例讨论""复习思考题",做到言之有理、理中有法、案法理有机统一,引导读者步步为营,既掌握基本原理,又学会深入思考。

本次修订不是"小修小补",而属于历时两年多的"大修",各章内容基本重写,资料更加充实,结构有所调整,努力使内容更丰富、观点更成熟、论述更精细,全书字数从第四版的117万字扩展至本版的180余万字。本书坚持"厚为贵",它可能是中国当下最"厚"的行政法学个人专著。它"厚"在资料丰盛,"厚"在论述精细。

本版结构从原来的"六篇二十四章"增加至"十篇二十八章",增加了"行政无效""法定程序""正当程序""一般行政决定"等新章节,并继续增强注释功能,将扩展阅读资料,特别是国外对应资料和法律条文引用放进注释,以便让读者自由取舍使用,直观呈现"理论"与"法条"的对应关系。本版所引用的法律,一律在法律名称后标注该法律制定或修改的时间,以免出现引用失效法律,这在法律修改十分频繁的今天尤其必要。本版还注意处理好"实然"与"应然"的关系,阐述"实然"、研讨"应然",既不拘泥于"实然",也不简单地将"应然"替代"实然"。

本版还吸收了我所指导博士生的一些研究成果,如胡茂杰对"一般行政决定"的研究,樊裕对"正当程序"的研究,刘威对"行政机关协助司法的行为"的研究,闫国清对"行政授权"的研究,崔美晨对"行政证明行政行为"的研究,还有刘馨蔓对"终生罚"的研究,等等。年轻人的敏锐和勤奋给我留下很深的印象。我也吸收了自己在中共中央党校《学习时报》"新时代领导干部——法治连线"专栏和微信公众号"法治咖啡屋"(Fzkfw2018)中的文章内容。

从第四版到第五版,一转眼过了七个春秋。在这段时空里,我的工作单位和职务都发生了变动。在轰轰烈烈的机构调整中,中共中央党校和我工作的原单位国家行政学院于2018年合并,组建为中央党校(国家行政学院)。合并后的新单位因我年龄原因不再安排我职务,但为我设立了"专家工作室",提供了一个可以"天马行空"的学术"平台"。我将在这个"平台"上为年轻人做好"传帮带"。

在这段时空里,我陪伴女儿走过了六年的小学生涯,经过几个月焦虑的"小升初",于2022年9月进入一个理想的中学。我那位年轻、好强的夫人,评上教授还不愿歇步,还继续在自己的专业上狂奔,家庭和家人依然被她置于第二位。她喜欢留在"花园城市",喜欢留在原单位,我理解她、支持她!在疫情防控的阻隔下,我做了几年的"奶爸",接送女儿上学、履行学生家长的职责、照管好任性女儿的生活。我,辛苦并幸福着……

本书我还会修订下去。我懂得,一本好的教材需要经过几十年的打磨。本教材从初版(1997年)到今天第五版(2022年),已经过了25年,但我每一次修订时,总会惊讶:上一版怎么会写得如此"儿科"?

本书引用资料的截止时间到2022年10月1日。

宋华琳等诸位为我教材的修订提供了一如既往的支持和协助,再次感谢他们!

胡建森

2022年11月3日

于中央党校(国家行政学院)专家工作室

又及:正当本书对第二次校样稿进行校对时,2023年3月13日第十四届全国人民代表大会第一次会议通过了《关于修改〈中华人民共和国立法法〉的决定》,《立法法》继2015年第一次修正以来进行了第二次修正。笔者即刻对照《立法法》的第二次修正版,对书中对应的内容进行了及时修改,确保了本书内容与2023年《立法法》的一致性。

胡建森

2023年3月20日

第四版序

自2010年2月出版《行政法学》(第三版)以来,下列原因导致了对第三版的再次修改:

第一,有关法规的制定和修改。这期间全国人大及其常委会制定了不少新法律,如《中华人民共和国行政强制法》(2011)、《中华人民共和国出境入境管理法》(2012)、《中华人民共和国精神卫生法》(2012)、《中华人民共和国旅游法》(2013)、《中华人民共和国特种设备安全法》(2013)等。这些新制定的行政性法律对我国的行政法制度和行政法理论都有直接或者间接的影响。特别是《行政强制法》的制定,它作为行政强制行为的基本法,直接冲击到传统的行政强制法理论;《出境入境管理法》的制定,直接更改了由1985年制定的原《公民出境入境管理法》和《外国人入境出境管理法》所确立的行政终裁制度。此外,还有大量法律的修改,如2011年《中华人民共和国兵役法》和《中华人民共和国道路交通安全法》的修改,2012年《中华人民共和国国家赔偿法》、《中华人民共和国人民警察法》和《中华人民共和国治安管理处罚法》的修改,2013年《中华人民共和国文物保护法》、《中华人民共和国草原法》、《中华人民共和国证券法》的修改,2014年《中华人民共和国环境保护法》的修改,以及2015年《中华人民共和国立法法》的修改,它们也都通过修改行政法制度而影响了行政法理论。特别是《立法法》和《国家赔偿法》的修改,直接导致了行政立法和行政赔偿制度和理论的更新。还需要一提的是,国务院的一个行政法规,即2011年制定的《国有土地上房屋征收与补偿条例》,直接改进了中国行政征收和行政补偿制度。如果《行政法学》(第三版)不作及时修改,它就会远离中国的立法实际。

第二,政府职能转变和行政审批改革的深化。自2012年新一届中央政府换届以来,为真正打造现代型法治政府,国务院继续转变政府职能,继续强调简政放权,继续推进行政审批制度的改革。短短两年时间,国务院先后取消和下放了七批共632项行政审批等事项,政府的权力清单和责任清单亦在同步推出。这一系列的行政法治改革,无不涉及行政法的理论和基础制度,特别是关联到行政权力、行政许可等行政法学基础理论。本教材《行政法学》必须对国务院的这些行政法治新实践和新成就有所反映。

第三,最高人民法院指导案例的作用。在诉讼先行的中国(行政诉讼法推进了行政实体法的发展),行政审判制度对行政法制度和理论的推进起着潜在的作用。最高人民法院在行政判决中的意见都在悄悄地影响着行政法理论。近几年来,最高人民法院越来越重视指导案例的作用。除了最高人民法院公报所公布的一系列包括行政案例在内的"指导性案例"外,最高人民法院行政审判庭自2010年以来已制作了160个"行政审判案例"。这些案例,特别是案例中的"裁判要旨",是我修改本教材的必读材料。今天的行政法教材如果还不研究"行政审判案例",它可能已不再是合格的教材了。

以上任何一条理由,都足以支持我对教材第三版的修订。《行政法学》第四版修订工作起始于2013年10月，到2014年年底第四版修订稿基本完成时，第十二届全国人民代表大会常务委员会第十一次会议于2014年11月1日通过了对《中华人民共和国行政诉讼法》的修改草案。修改后的《行政诉讼法》将于2015年5月1日起施行。《行政诉讼法》的修改，冲击的不仅仅是中国的行政诉讼制度，它也直接影响了中国的行政法基础理论。这个尚不十分完美的法律修改，仅以"行政行为"代替"具体行政行为"这一用词的变化，也足以导致许多行政法、行政诉讼法教材的修改。为此，面对刚刚修订完的稿件，我又重新对照新《行政诉讼法》进行了再次修改。无论本教材修订的质量如何，它无疑是结合新《行政诉讼法》和新《立法法》而修订的最新教材。这一点我非常欣慰。

这次修订，无论在内容上还是形式上都有较大改进。在内容上，继续按我"中观行政法学"的定位，着力推进基础理论的更新、完善和成熟；在形式上，除了保留第三版的特点（每章设"小结"、"法规链接"、"案例讨论"）外，新增了六个特点：一是增设"篇"的设置，更凸显了全书的逻辑性；二是每章增设"疑难问题探讨"，使本教材更具前沿性，增加了深度，使它既可成为本科生，也可成为研究生的教材；三是每章增设了复习思考题，有助于学习后复习时抓住每章的要点；四是更换了许多案例，本版所讨论的案例大多是最高人民法院（以及行政审判庭）所公布的案例，增强了案例的权威性；五是在引用的每个法规名后面一律用括号标明该法规的制定或者修订时间（已列入《法规全称简称对照表》的法规除外），以便表明该法规的"最新性"；六是在全书正文后附上了"基本概念"，便于学生们学习时对照，同时保证全书用词的统一。

《行政法学》（第四版）由六篇二十四章构成。第一篇"绪论"，回答了"什么是行政法"的问题；第二篇"主体论"，回答了"谁有权管谁"的问题；第三篇"行为论"，回答了"谁怎样管谁"的问题；第四篇"要件论"，回答了"什么样的行政行为才是合法有效"的问题；第五篇"责任论"，回答了"行政行为错了要承担什么责任"的问题；最后一篇"监督论"，回答了"如何通过行政程序追究行政责任"的问题。

从第三版到第四版，我的人生时空又跨越了整整五年。在这五年中，我的工作"常态"发生了很大变化。2010年12月30日，经历原杭州大学三年副校长、浙江大学九年副校长和浙江工商大学三年校长的我，带着浙江人的期待、迷惑和猜测，告别让不少人羡慕的"校长"职位，告别一个花园式杭州城市，来到了北京，担任国家行政学院法学部主任。这既是一次组织调动，更是一次个人的人生选择。尽管我从一个单位的主要领导变成了一个单位的中层领导，从一个领导三万多人的大学来到了一个领导十几个人的机构……我相信北京是一个更大的舞台！我认为，本人到国家的平台上为全国领导干部这一"关键少数"布道真正的"法治"以推进中国的法治进程，比在浙江带领一个大学进入"百强"更为重要。从一个连学生跳楼、民工超生、安全卫生都必须负责的校长，变成了一个法学部主任，不能不说是一个较大的解脱，我会有更多的时间做"我喜欢做的事"。

这几年，我在北京的主业是"布道"法治，已前后作了几百场"法治报告"，上至中央政治局（2011年3月28日在中央政治局讲解《推进依法行政和弘扬社会主义法治精神》），下至乡政府，覆盖全国三十多个省市自治区。"主业"之外，还要守住"一亩三分田"（行政法学研究"老本行"）。《行政法学》（第四版）的推出就是"三分田"上长出的花果。

刚来北京，需要安顿的事务挺多：工作的适应、购房饰房、为小孩找幼儿园……我那位来自草原的充满柔情又带侠气的夫人非常能干，承担了许多本该由我承担的事务。当年一岁多的女儿小格格至今已经五岁过半，这几年她陪伴着我享受着北京动物园、海洋世界、植物园、天文馆的乐趣,带我玩遍儿童乐园里的所有游戏项目,弥补了我儿童时期的缺失。我和我女儿一起成长！每每和我女儿在一起的时候,周围的一草一木、一滴水或一片云,都为我的学术研究激发灵感。我要感谢她们!

我还要感谢我的博士生陈吉利,他为我输入了许多行政法案例;同样要感谢我的博士生顾瞳瞳,她将书中的提纲翻译成英文和法文。

胡建淼

2015 年春

第三版序

《行政法学》，系属国家"九五"规划统编教材，第一版于1998年1月由法律出版社出版；第二版于2003年2月由法律出版社出版。当同类教材已修订至四、五版时，我刚刚完成了第三版。

自2003年第二版出版以来，下列情况与原因迫使我修订第三版：

第一，中国已有许多与行政法密切关联的法规被修改，如：

——《中华人民共和国宪法》经1999年修改后，又经历了2004年的修改；

——《中华人民共和国地方各级人民代表大会和地方各级人民政府组织法》经1995年修改后，同样经历了2004年的再次修改；

——1989年制定的《中华人民共和国城市规划法》被2007年制定的《中华人民共和国城乡规划法》所代替；

——1993年由国务院制定的《国家公务员暂行条例》已于2005年被全国人大常委会制定的《中华人民共和国公务员法》所取代；

——1986年制定、1994年修订的《中华人民共和国治安管理处罚条例》已于2005年被全国人大常委会新制定的《中华人民共和国治安管理处罚法》所取代；等等。

这些法规的修改，都直接或间接地影响到行政法理论的修改。

第二，中国已新出台了许多行政性法规，如：

——《中华人民共和国行政许可法》，2003年8月27日第十届全国人民代表大会常务委员会第四次会议通过，2003年8月27日中华人民共和国主席令第七号公布，自2004年7月1日起施行；

——《全面推进依法行政实施纲要》，国务院于2004年3月22日以国发〔2004〕10号发布，自发布之日起施行；

——国务院办公厅于2005年7月27日推出了《关于推行行政执法责任制的若干意见》；

——《中华人民共和国各级人民代表大会常务委员会监督法》，2006年8月27日第十届全国人民代表大会常务委员会第二十三次会议通过，自2007年1月1日起施行；

——《中华人民共和国政府信息公开条例》，2007年1月17日国务院第165次常务会议通过，2007年4月5日中华人民共和国国务院令第492号公布，自2008年5月1日起施行；

——《中华人民共和国行政复议法实施条例》，2007年5月23日国务院第177次常务会议通过，2007年5月29日中华人民共和国国务院令第499号公布，自2007年8月1日起施行；

——《中华人民共和国物权法》，2007年3月16日第十届全国人民代表大会第五次会议通过，2007年3月16日中华人民共和国主席令第六十二号公布，自2007年10月1日起施行；

等等。

这些法规的出台,直接丰富了中国行政法学的理论及体系。

第三,中国行政法学理论发生变化,许多行政法学理论趋向于成熟,特别是行政主体理论、行政职权理论、行政行为理论和行政程序理论;有些传统概念慢慢被新的概念所代替,如越来越多的学者主张摒弃"抽象行政行为与具体行政行为"的范畴,代之以"行政规定与行政决定"。这些发展,不仅取决于学者们研究深入的结果,还要归功于许多法规的贡献,如《宪法》的修改规范了行政征收与征用的概念,从而纠正了"征用集体土地"的不规范提法;《物权法》(物权登记)催熟了"行政确认"理论……

以上种种,无疑直接影响我第二版《行政法学》理论与体系的变化与成熟。我在修订第三版时,努力尝试将本人26年的行政法教学经验、26年的行政法研究成果以及23年的律师实务所得融合进教材。新版《行政法学》共由行政法基本概念、行政法基本原则、行政主体、行政人、行政相对人、行政职权(一)、行政职权(二)、行政行为、行政规定与行政决定、行政决定(一):命令、确认、给付、征收与征用、裁决、行政决定(二):行政许可、行政决定(三):行政处罚、行政决定(四):行政强制、特殊行政行为、行政相关行为、行政证据、行政依据、行政程序、行政违法、行政赔偿、行政补偿和行政复议等22章组成,体现了绪论—主体论—职权论—行为论—依据程序论—责任论—救济论等七大理论板块。

与第二版比较,无论在内容上还是写作形式上,都发生了许多变化,集中表现在:第一,增加了许多新内容,如行政调查、行政证据等,使行政法学体系更加完整;第二,在阐述各种行政法理论时,尽可能多地使用中国现行法规。全教材所引用的法规涉及200余个,可能创全国行政法教材之最;第三,每章后面,除原有的案例外,增加了"小结"与"法规链接",帮助学生作理论提炼,并方便学生查找所引用的法规;第四,在总结各种理论时,尽可能多使用表格,使使用者一目了然;第五,撰写语言尽可能直白,显现直接性、清晰性和逻辑性。我相信,这些改进,本教材会更受使用者的欢迎。

《行政法学》从2003年的第二版到今天的第三版,跨越了7年时空。在这7年里,除了中国行政立法与行政法理论的巨大变化,我家庭也发生了许多预想不到的变迁。我深爱的前妻,王小华女士,身患癌症8年,于2006年11月14日凌晨3时38分永远离开了她的丈夫、她的孩子们,离开了这个世界……2008年,一位来自内蒙的寒梅姑娘,经历了10年的大学(本科—硕士—博士)生涯、7年的军旅和11年的节目主持人,带着呼伦贝尔大草原的清香,闯入我的生活。她不仅拨出了我深重的痛,而且于2009年为我带来了一个漂亮聪明的"小格格"(生下一女,取名"格格")……我的"痛"与"喜",都与这本教材相陪伴。

还需一提的是,在本版的修订中,还得到了我的学生许海燕和李益帮助,他们为我做了许多资料录入工作,在此表示感谢!

胡建森

2010年元月于杭州·德迦公寓

第二版前言

《行政法学》,系我按照国家教育部和司法部"关于九五期间普通高等教育教材建设与改革的意见"而撰写的一本教材。该教材自1998年1月出版以来,已被各高校普遍采用,加印数量已达5万多册。现基于以下四点考虑,特作修订再版:

第一,该教材虽出版于1998年1月,但完成写作时间是1997年9月。自1997年完成书稿至今已有近四个年头。在这四年中,我国已推出了一系列新的法律、法规、规章和司法解释,它们对行政法学原理与制度已产生了直接或间接的影响:2000年3月由全国人大制定的《中华人民共和国立法法》,直接改变了作为行政行为依据的有关法规与规章的效力阶位;1999年4月由全国人大常委会制定的《中华人民共和国行政复议法》取代了1990年国务院制定的《行政复议条例》,改变了以前以"条"为主的复议管辖制度;最高人民法院于1999年11月公布的《关于执行〈中华人民共和国行政诉讼法〉若干问题的解释》推翻了由它自身于1991年5月公布的《关于贯彻执行〈中华人民共和国行政诉讼法〉若干问题的意见(试行)》所确定的"具体行政行为"的概念;国务院于2001年11月制定的《行政法规制定程序条例》、《规章制定程序条例》以及2002年1月公布的《法规规章备案条例》极大地完善了我国的行政立法程序……新教材应该结合这些新法规对原教材中的有关内容进行修改和补充。

第二,中国已于2001年11月签署了《中华人民共和国加入世界贸易组织议定书》(Protocol on the Accession of the People's Republic of China)。该议定书于2001年12月11日起正式生效。中国加入"世界贸易组织"(WTO),意味着中国将受WTO规则的约束(除议定保留者外)。入世对中国的冲击,法律领域不亚于经济领域,而在法律领域中,行政法领域又不亚于商贸法领域。正如在一次"WTO与中国行政法"的全国研讨会中学者们所述的,WTO对中国的冲击最主要的是对政府观念与政府行为的冲击,而政府行为的调整主要是行政法的问题。所以,该教材的修订应充分注意到中国入世的背景及对WTO规则的衔接。

第三,该教材在使用过程中,有地方反映存在理论求证过于繁涩、篇幅过沉之嫌。本次修订力求使教材对行政法原理与制度的描述更为简洁明了,便于学生掌握。

第四,该教材原来没有"案例分析"部分,这不利于学生迅速地把行政法理应运到实务中去。现根据出版社的要求,在每章的最后一节都设置了"案例分析",教学效果肯定会明显提高。

我衷心企望使再版后的教材能以中国入世为背景,结合各类法律法规,最真实地反映中国当今行政法制度的面貌,同时能揭示中国行政法制发展的"轨迹"。

本教材的修订工作足足占用了我近三个月的时间(尽管是不连续的)。我特别要说明的是,如果没有夫人王小华、儿子凯凯和女儿云云的帮助,大量案例的输入工作全由他(她)们担当,我肯定没法在这么短的时间内完成。从这一意义上说,本教材无疑是我们家庭的共同成果。

胡建淼

2002 年 8 月 25 日于杭州·南都·德加

第一版说明

根据国家教委《关于“九五”期间普通高等教育教材建设与改革的意见》,我部“九五”规划的重点是编写对实现法学教育目标起关键作用和具有重大影响的现代法学教材。

现代法学教材坚持以邓小平建设有中国特色社会主义理论和党的十四大精神为指导,面向现代化、面向世界、面向未来,紧密结合我国改革开放和市场经济、法制建设以及法学教育改革的实际,瞄准培养跨世纪高质量法律人才的目标,努力编写出版反映当代先进水平的法学教材。

这批教材分若干系列,力求完整、准确地阐明基本概念、基本原理和基础知识,吸收国内外优秀学术成果,在理论与实践相结合的基础上,达到理论性、实践性和应用性的统一。

《行政法学》是现代法学教材基础课系列的一种,由胡建淼撰写。

尽管编著者做出了很大努力,但不完善之处在所难免,尚祈读者批评指正。

司法部法学教材编辑部

1997年10月

本书所涉法规使用凡例

【法律】 所有法规的总称，泛指法律、行政法规、地方性法规和规章等所有的法律形式。当特指由全国人民代表大会及其常务委员会制定的法规时，同时在“法律”后面用括号标注“狭义”两字，即“法律（狭义）”。在“法律和行政法规”或者“法律、法规和规章”的表达中，“法律”就是指“狭义”，不用作特别标注。

【法规】 行政法规、地方性法规（含自治条例和单行条例、经济特区法规）的统称。

【法律年份标注】 具体引用法律时，在法律名称后面用括号标注年份。括号内所标注的“年份”，是指该法律制定的年份；经过修改的，是指最后一次修改的年份，如“《行政处罚法》（2021）”。抽象引用法律时，可以不标明法律的年份。

【法律简称】 正文中凡法律名称上有“中华人民共和国”字样者，一律省略。如：“《中华人民共和国行政处罚法》”，就省略为“《行政处罚法》”。

【司法解释简称】 由于有关行政诉讼法的四个司法解释使用频率较高，特作以下简称：

《行政诉讼法解释》（2018）——最高人民法院《关于适用〈中华人民共和国行政诉讼法〉的解释》（2017 年 11 月 13 日最高人民法院审判委员会第 1726 次会议通过，自 2018 年 2 月 8 日起施行，法释〔2018〕1 号）。

《行政诉讼法解释》（2015）——最高人民法院《关于适用〈中华人民共和国行政诉讼法〉若干问题的解释》（2015 年 4 月 20 日最高人民法院审判委员会第 1648 次会议通过，自 2015 年 5 月 1 日起实施，法释〔2015〕9 号）。

《行政诉讼法解释》（1999）——最高人民法院《关于执行〈中华人民共和国行政诉讼法〉若干问题的解释》（1999 年 11 月 24 日最高人民法院审判委员会第 1088 次会议通过，2000 年 3 月 8 日由最高人民法院公布，自 2000 年 3 月 10 日起实施，法释〔2000〕8 号）。

《行政诉讼法解释》（1991）——最高人民法院《关于贯彻执行〈中华人民共和国行政诉讼法〉若干问题的意见（试行）》（1991 年 5 月 29 日最高人民法院审判委员会第 499 次会议讨论通过，1991 年 6 月 11 日发布，1991 年 7 月 11 日施行，法〔1991〕19 号）。

总目录

Contents

细　目

Ⅰ. 绪　论

Ⅱ. 主 体 论

Ⅲ. 职 权 论

Ⅳ. 行为论（一）

V. 行为论（二）

Ⅵ. 行为论（三）

Ⅶ. 依 据 论

Ⅷ. 程 序 论

X. 监督论

Ⅰ.绪 论

第一章 行政·行政法·行政法学

第二章 行政法基本原则

本篇为绪论篇，旨在阐述“行政”“行政法”“行政法律关系”等基础性概念，并论述贯串于行政法始终的基本原则，同时回顾中国行政法制和行政法学的历史轨迹。它是我们进入行政法学大殿的第一个台阶。

第一章　行政·行政法·行政法学

行政法学是研究行政法的学科，行政法是有关行政的法。这就是本章依次展开“行政—行政法—行政法学”的逻辑理由。本章围绕行政法的基本概念，着重阐述行政与行政权、行政法的内容与形式、行政法律关系以及行政法学等有关问题，为后面学习行政法的基本原理作基础性铺垫。

第一节　行　　政

“行政”，既是行政学的起点，同样也是行政法学的起点。因为一个国家的“行政”定位、形态和范围大小，都直接或间接地影响了该国行政法的定位和调整范围，从而又影响该国的行政法学理论。

一、行政的概念

“行政”一词，在不同国家有不同的表达方式。“行政”的英文表达是“administration”，拉丁文的表达是“*administrare*”，法文的表达是“administration”，德文的表达是“verwaltung”，俄文的表达是“управление”……

“行政”的差异不仅在于文字表达上，更在于含义的赋予与理解上。综观世界公法学说，学者们对行政的解释不下数十种，如“目的实现说”“国家意志执行说”“除外说”等。不过，从与国家的关联度考察，行政可分两类：

一类是把行政看作与国家没有专门、特定联系的管理，即一般的社会管理。美国学者怀德（Leonard D. White）在《行政学导论》一书中说：“行政艺术乃是为完成某种目的而对许多人的指挥、协调与控制。”我国台湾地区学者把以下十五个 M 看作行政的要素：aim（目的），program（计划）、men（职员）、money（经费）、materials（物）、machinery（组织）、method（方法）、command（指挥）、motivation（激励）、communication（沟通）、moral（士气）、harmony（和谐）、time（时间）、room（因地制宜）、improvement（改进）。[1] 这种意义上的行政，作为一个管理学、行政学上的概念，可谓用之恰当，但作为行政法学概念，还差之千里。

另一类是把行政看作国家的一种专有活动，认为只有国家的活动才是行政，一般社会组织和个人的活动——哪怕是管理活动——不属行政。这种观点看到了行政与国家的联系，比前一种看法更靠近行政法。但是，在关于行政是国家哪些活动的问题上，仍有三种不同的观点。

第一种是“广义的行政”，认为国家的一切活动和作用都是行政。“目的实现说”便属此例。德国的行政法学者奥托·迈耶（Otto Mayer）、拉贝德（Paul Laband）等人主张，行政便是实现国

---

〔1〕 参见张金鉴：《行政学典范》，台北，三民书局 1979 年版，第 5 页。

家政治目的的一切活动。[2] 日本行政法学界对行政的一种通常表述是:“行政是在法律规定的基础上,受法律制约,在现实之中,以积极实现国家目的为目标所进行的,全体统一的,连续不断的国家活动。”[3]虽然与德国学者的表述略有区别,但他们都简单地把行政等同于国家活动,或为国家目的而进行的一切活动。这是一种警察国的行政观,已与近代法治不相吻合。

第二种是“狭义的行政”。这种观点把国家的活动分为两大部分:一部分是国家意志的制定和表达,另一部分是国家意志的执行和推行,行政便是后一部分的国家活动。这种观点最典型的表述莫过于以美国学者古德诺(F. J. Goodnon)为代表的“国家意志执行说”了。古德诺在他的《政治与行政》一书中说:“在一切政治制度中,只有两种基本的功能,即国家意志的表现和国家意志的执行。前者谓之政治,后者谓之行政。”[4]这种解释已开始对国家活动进行分类,并把行政限于一定的范围之内,固然是个很大的进步,但它因对国家权力划分不细而与资产阶级的权力分立原则有一定的距离。

第三种是“最狭义的行政”。它认为国家的活动可以分为三部分,即立法活动、司法活动和行政活动,行政是除立法活动、司法活动之外的一切国家活动,即行政活动。这种观点最典型的是日本行政法学家美浓部达吉的“除外说”。他认为,行政是除立法、司法以外的一切活动。[5] “最狭义的行政”的观点,已为资产阶级学者普遍接受,因为这与他们的权力分立原则比较吻合。但是,“除外说”的表述方式有很大的缺陷,它不能反映行政的实质内容。如果把立法和司法的定义相并列,就会进入一个什么也说明不了的恶性循环:行政是“除立法、司法以外的一切活动”;立法是“除司法、行政以外的一切活动”;而司法又是“除立法、行政以外的一切活动”。于是后来,“除外说”所反映的观点虽被接受,而“除外说”所采用的表述方式则逐渐被抛弃,代之以一种实质性的表述。

马克思在《评“普鲁士人”和“普鲁士国王和社会改革”》一书中对行政下过一个著名而科学的定义:“行政是国家的组织活动。”[6]这一定义不仅揭示了行政的本质,而且划定了它的范围。第一,行政是一种国家活动,而不是一般的社会活动。因此,只有在国家出现以后才有行政。将来国家消亡了,行政也将自然消亡。同时也说明,只有国家、国家机关才有权进行行政活动。第二,行政并不是国家的所有活动,而仅仅是它的组织活动,即对国家的事务进行组织监督等。后来,列宁发挥了马克思的这一思想,认为组织工作乃是行政的主要特点和内容。列宁指出:“社会主义党在世界历史上第一次基本上完成了夺取政权和镇压剥削者的事业,紧接着就要解决管理这个任务……要有效地进行管理,必须善于实际地进行组织工作。”[7]

目前,学者解释行政、划定行政的范围,采用了两种不同的标准,即以实质意义为标准和以形式意义为标准。从实质意义上说,无论主体是谁,只要是国家的事务管理或社会的公共管理,均属行政。这样,行政就不限于国家行政机关了,立法机关、司法机关和社会团体也从事一定的行政。从形式意义上说,只要是国家行政机关的活动,一律为行政活动,这就否定了行政机关从事非行政活动的可能性。这两种解释均有失偏颇。

---

[2] D. Mayer, Deutsches Verwaltungsrecht(1895 – 1896).

[3] [日]盐野宏:《行政法》,杨建顺译,法律出版社 1999 年版,第 3 ~4 页。

[4] Frank J. Goodnow, *Politics and Administration*, 1914.

[5] 参见张载宇:《行政法要论》(第 6 版),汉林出版社 1977 年版,第 10 页,注五。

[6] 《马克思恩格斯全集》(第 1 卷),人民出版社 1995 年版,第 479 页。

[7] 《列宁全集》(第 27 卷),人民出版社 1990 年版,第 221 页。

我们主张采用实质意义与形式意义相统一的解释标准。根据这一标准,对行政的含义不妨做这样的表述:

行政就是国家行政主体依法对国家和社会事务进行组织和管理并产生行政法律效果的活动。换句话说,行政是国家行政主体实施国家行政权的行为以及由此所形成的法律关系。

行政的这一定义可以引申出以下几层意思。把握住它们,有助于准确地理解行政:

1. 行政是行政主体的活动。行政主体就是指依法代表国家,并以自己的名义实施国家行政管理的组织。在我国,行政主体主要由国家行政机关来承受,此外也包括依法拥有行政职权的其他组织。可见,行政不限于行政机关的活动,它还包括非行政机关得到法规授权时所实施的行政活动。

2. 行政的核心是体现国家行政权的运行。行政是行政主体实施国家管理与社会管理的活动,但这一活动的实质在于体现国家行政权的作用而不是其他权,如立法权和司法权等活动。换句话说,只有体现国家行政权作用的活动才是行政活动,否则便属于其他国家活动。

3. 行政是能够引起行政法律效果的国家活动。国家活动不仅是体现多种国家权力的活动,而且还能引起法律效果与不引起法律效果之分。从第一层次上讲,行政是国家行政权的活动,而不是其他权的活动;从第二层次上讲,这种行政权的活动必须是能够直接或间接引起行政法律效果的活动,不会导致行政法律效果或者所导致的不是行政法律效果而是其他法律效果的活动,也不属于行政法意义上的"行政"。

二、行政的分类和特征

(一)行政的分类

分类是科学研究的基本方法之一。对行政的分类,不仅有助于深化对行政的研究,而且将为整个行政法学理论的建立奠定基础。以不同的标准划分行政,行政就形成了不同的种类。

1. 根据国家行政管理的领域,行政可被划分成以下种类:(1)组织行政;(2)人事行政;(3)公安行政;(4)司法行政;(5)民政行政;(6)经济行政;(7)科技行政;(8)教育行政;(9)军事行政;(10)外事行政等。这种分类的意义在于拓宽行政领域的视野。

2. 根据行政所涉的范围,行政可以分为内部行政和外部行政。内部行政主要表现为行政主体对隶属于自己的人财物的管理,如国家对公务员的管理、上级行政机关对下级行政机关的管理等;外部行政主要为行政主体代表国家对社会上的人财物的管理,它是对社会秩序的维护与监督,如公务机关对社会治安、交通部门对社会交通秩序的管理等。如果说内部行政体现了国家自身的一种管理,那么外部行政是体现国家对社会的一种管理。这种分类的意义有助于我们注意到不少外部行政法制度是不适用内部行政领域的。

3. 根据行政关系的涉外因素,行政又可以被划分为国内行政和涉外行政。在行政法律关系中,行政相对人属于外国的法人、公民或无国籍人的,就是涉外行政;〔8〕相反,行政相对人属于国内的公民、法人和其他组织的,那就是国内行政。这种分类的意义在于,国内行政法规则与涉外行政法规则在一定程度上是不同的。

4. 根据行政的主要功能,行政可以分为秩序行政和给付行政。秩序行政的特点在于,国家

---

〔8〕 当下的中国,将涉及我国台湾地区、香港特别行政区与澳门特别行政区的行政视作"涉外行政"。

的行政以维持社会秩序为主要任务,担任警察的角色,故亦称警察行政;给付行政的特点是体现国家的福利功能,主张国家行政不仅要维持社会秩序,更应解决人民的温饱,提高人民的福祉。国家从秩序行政走向给付行政,与国家从警察国走向福利国转型直接相关。这种分类的意义在于,行政类型的转换会直接影响甚至决定行政行为模式的转换。

5. 根据政府与社会的关系,行政还可以分为直接行政与间接行政。直接行政表现为国家通过行政机关直接管理社会,间接行政表现为国家通过社会组织管理社会。[9] 现代行政发展的趋向是,从单纯的直接行政走向与间接行政并存的时代。

(二)行政的特征

无论哪种行政,它们都具有行政的一般特征,这些特征反映了行政自身内在质的规定性,从而使行政与非行政相区别。行政主要有四大特征:

1. 行政具有国家意志性。行政不是一般的社会活动,更不是个人活动,而是一种国家的活动,它以国家机关的名义进行并体现国家意志。

2. 行政具有执行性。行政并不是国家的所有活动,而是行政机关实施国家行政权的活动。这种活动主体主要是国家行政机关,活动的内容是实施国家行政权。根据我国《宪法》第 85 条[10]和第 105 条[11]的精神,从中央到地方的国家行政机关就是从中央到地方的各级人民政府,它们是本级权力机关的执行机关。行政活动便是人民政府执行权力机关意志的活动。

3. 行政具有法律性。现代行政管理首先是一种法律管理。现代行政尤其是我国行政,不得超越法律,它要受法律制约。“依法行政”是当代行政法的原则和核心。它要求一切行政都遵循法律所规定的条件、程序、方式、形式等,违反法律属行政违法,违法的行政其效力就会受到影响。

4. 行政具有强制性。这一特征是第一特征和第三特征引申的自然结果:既然行政是国家的活动,体现了国家的意志,那么它的实施必然以国家的政权为后盾;既然行政是法律活动,由法律所确认,那么行政的实施必然以法律的强制力为保障。行政的强制性主要表现在:行政主体所实施的行政活动,相对人有服从、接受和协助的义务;否则,行政主体可以借助法律手段来强制相对人执行和服从自己的行政决定。

三、行政形态的变迁

行政的形态是指由一国行政权所决定的,反映行政功能和范围的行政内容和形式的法律状态。以上探讨不难发现,行政具有多样性、多维性和复合性;同时,行政还具有演进性。行政的演进通过以下三大形态之间的转变来实现,这三大转变构成了行政的变迁轨迹。

---

[9] 正如德国行政法学者所说,直接国家行政是通过国家行政机关进行的行政活动;间接国家行政,是指国家不通过自己的行政机关自行执行行政任务,而是授权或者委托其他法律上的具有权利能力的组织执行。具体而言,由联邦和州政府从事的行政是直接国家行政,由其他公法人(团体、设施、基金会和得到授权的私人组织)所从事的管理,是间接国家行政。参见[德]哈特穆特·毛雷尔:《行政法学总论》,高家伟译,法律出版社 2000 年版,第 546 页。

[10] 《宪法》(2018)第 85 条规定:“中华人民共和国国务院,即中央人民政府,是最高国家权力机关的执行机关,是最高国家行政机关。”

[11] 《宪法》(2018)第 105 条第 1 款规定:“地方各级人民政府是地方各级国家权力机关的执行机关,是地方各级国家行政机关。”

(一)从消极行政到积极行政

从消极行政转向积极行政,这是行政变迁的第一种轨迹。

所谓消极行政,系指政府管理社会采用被动的状态,重在维持社会秩序,少干预社会、经济和私人生活;相反,积极行政系指政府管理社会采用主动的状态,主动干预社会、经济和私人生活。消极行政与积极行政分别以"守夜人"的政府职能理论与"干预主义"的政府职能理论为基础。

在西方,对政府职能的讨论可以追溯到古希腊的亚里士多德。早在2000多年前,亚里士多德在论及古希腊城邦时就指出,善和正义的政府应当保证人们过好优良的生活,应当负责诸如市场管理、监护公共财产、维护建筑、查察田畴、解决纠纷、办理民间契约、执行判决、负责城防等重要职能。[12] 不过,古代社会的亚里士多德对政府职能的论述是基于一种传统社会的伦理职能观,带有浓厚的伦理学烙印,与近代政府的职能观是不同的。近代以后,工业化进程使商品经济在社会中逐步居于主导地位,在新的经济秩序下,政府的职能及其作用成为突出问题。这时关于政府的职能,主要集中在政府与经济生活的关系上,由此形成了两大学说,即"守夜人"理论与"干预人"理论。"守夜人"理论是西方国家处于自由竞争时代普遍崇尚的主张,其理论渊源来自洛克的自由主义政府观。[13]

"守夜人"理论在自由资本主义时代暂且能够被接受并且可行,但从19世纪中叶起,市场自身的缺陷逐步暴露出来,频频出现的危机最终酿成20世纪初爆发于西方世界的经济危机。经济危机打破了亚当·斯密关于市场万能的神话,人们不得不承认市场调节的严重缺陷和政府干预经济和社会事务的必要性。以凯恩斯为代表的"干预"主义理论由此诞生。[14] 政府职能从此从消极保护转向积极干预,美国罗斯福总统实施的"新政",欧洲20世纪30年代后普遍推行的福利计划都是凯恩斯干预主义理论在实践中操作的结果。

中国作为社会主义国家,人民代表大会制度下的人民政府,虽既不能守着以亚当·斯密"守夜人"理论为基础的消极行政的平台上无所事事,也不能站在以凯恩斯"干预"主义理论为支撑的积极行政的舞台上跳舞。我国行政,一切以人民利益和公共利益为标准,在法定范围内

---

〔12〕 参见[古希腊]亚里士多德:《政治学》,姚仁权编译,北京出版社2007年版。

〔13〕 300年前,洛克在他的《政府论》中提出,政府的主要任务是保护个人的自由和财产,"政府除了保护财产之外,没有其他目的"。参见[英]约翰·洛克:《政府论》,叶启芳、瞿菊农译,商务印书馆1982年版。之后,亚当·斯密于1776年在他发表的《国富论》中,第一个从经济的角度界定了政府的职责。他认为,在这样一种经济秩序中,政府没有必要关心和干预经济生活;否则,不仅是多余的,而且是十分危险的。参见[英]亚当·斯密:《国富论》,郭大力、王亚南译,商务印书馆1931年版。显然,在古典自由主义者眼里,政府不过是个"守夜人",即"更夫政府"或"守夜人政府"而已。亚当·斯密的思想在当时得到普遍认可,美国第三任总统杰弗逊的名言"管事最少的政府是最好的政府"是这一思想的典型写照。

〔14〕 凯恩斯在他1936年出版的《就业、利息和货币通论》一书中提出,要全面增强国家的作用,政府不应该仅仅是社会秩序的消极保护者,而且还应该是社会秩序和经济生活的积极干预者,特别是要熟练地、有效地利用政府的财政职能影响经济的发展。参见[英]约翰·梅纳德·凯恩斯:《就业利息和货币通论》,徐毓枬译,三联书店1957年版。凯恩斯的干预主义理论所开出的医治当时经济危机的"药方",不仅成为政府大规模地介入经济生活的起点,也成为否定"守夜人"政府的标志。

积极地主导与实施行政。〔15〕

从消极行政向积极行政的转变,对行政法的影响是多方面的,其中就会影响到法律保留原则的确定和行政许可范围的扩张或缩小。

(二)从秩序行政到福利行政

从秩序行政转向福利行政,这是行政变迁的第二种轨迹。

秩序行政又称规制行政,系指将国家行政的功能主要定位于维持社会秩序上。在范围上包含警察行政、税务行政、规划行政等。由于秩序行政以创设良好社会公共秩序为目的,故以命令性、限制性、处罚性行为为多。福利行政,也称给付行政,它以为民众创造福利为主要目的,其手段大多表现为给付、指导、救助等。

从秩序行政转向福利行政,同样取决于时代的进步。在早期自由资本主义时期,资产阶级从巩固政权的目的出发,强调个性自由,抵防国家权力。为防止国家权力过分扩张造成对个人权利的侵害,自由主义将国家职能严格限定在国防、社会治安、税收等〔16〕最狭窄的范围内。直到第一次世界大战结束前的自由主义法治时期,这种传统行政模式都是公共行政的主要类型,由此构成了秩序行政的基础。19 世纪末 20 世纪初,西方资本主义国家的社会经济状况发生了巨大变化,由自由竞争资本主义发展到垄断资本主义时期,创造了巨大的社会财富,但也出现了严重的社会问题,如贫富悬殊、两极分化等,一部分人连生存都遇到了极大困难。一些国家的宪法逐步引进并确立了"福利国家"的理念。在立法和制度层面上,主要表现为对社会经济强者的经济自由权的积极限制和对社会经济弱者的"社会权"的保障。如《魏玛宪法》第 151 条第 1 款就规定:"经济生活的秩序,以确保每个人过着真正人的生活为目的,必须适用正义的原则。每个人经济上的自由在此界限内受到保障。"与这种社会国家的理念相适应,人们对行政和行政运行模式的认识也在发生变化,福利行政便应运而生。

从秩序行政转向福利行政与前述的从消极行政转向积极行政有一定的对应性,这表现为它们有相同的历史背景。然而,它们也不能完全等同,因为消极行政与积极行政侧重于行政的主动程度,而秩序行政与福利行政侧重于行政领域的不同。

从秩序行政向福利行政的转变,对行政法的影响主要表现为对行政行为的影响。在福利行政的背景下,行政给付会比行政命令和行政处罚等传统行为得到更高的关注和重视。

(三)从国家行政到公共行政

从国家行政转向公共行政,这是行政变迁的第三种轨迹。

国家行政,系指由国家机关(特别是行政机关)承担行政的组织者的行政体系。这种行政的特点是:它将行政主体限于国家机关,将社会看作国家行政的管理对象;在管理手段上也以管制行政为多。公共行政是国家行政与社会行政融合的产物,是社会组织广泛参与国家管理的行政形态。公共行政的主要特点在于:第一,行政主体上打破了国家机关的单一性,许多社会组织,尤其是社会中介组织参与国家行政管理;第二,行政管理手段上打破了管制行政的单

〔15〕 有人认为消极行政就是负担行政,积极行政就是授益行政,这是一种误解。严格说来,负担行政与授益行政是行政行为的一种分类,而不是行政的一种分类。对于积极行政来说,无论针对负担行政还是授益行政,都应当以积极的态度来实施。还必须说明的是,世界上没有绝对的消极行政与积极行政之分,消极与积极本身就是相对而言的。人民政府不能抱守消极行政,但积极行政也是有范围和限度的。

〔16〕 这被戏称为只需要三个官(军官、警官和税务官)的国家。

一性,行政主体采用更多软性的管理方法,如行政指导、行政合同等。

关于国家行政与公共行政的关系,国家行政属于公共行政,但公共行政不一定是国家行政。因为公共行政是国家行政与社会行政的结合。

从国家行政转向公共行政,这是历史的进步。它顺应20世纪以后国家与社会事务的膨胀,国家管理资源的短缺,从而形成将有限的资源用于最重要的领域的管理理念。如果说从消极行政走向积极行政反映了从"守夜政府"向"干预政府"的理念转变,那么,从国家行政转向公共行政更反映了从"全能政府"向"有限政府"的理念转变。

国家行政向公共行政的转变对行政法的影响在于,它会有助于实现以"权力"为本位转向以"权利"为本位,符合现代行政的精神;并且,它会直接促进行政主体的变化,会在国家行政机关之外,将更多的社会组织纳入行政主体的范围之内。

四、行政与行政权

行政法是有关行政的法;而行政的核心是行政权。没有行政权便无行政。

关于"行政权",英文均用"executive powers"表示。但国内表示尚不统一,主要有三种提法,即"行政管理权"[17]"行政权"[18]"行政权力"[19]。提法固然应该统一,但更重要的在于统一内涵。

行政权是国家行政机关执行法律、管理国家行政事务和社会事务的权力,是国家政权的一个组成部分。为了便于理解"行政权"的内涵,我们有必要界定它的外延。

行政权与政权。政权是指一个国家的统治权。统治权完整而独立就表现为它的主权。行政权是国家政权的一个组成部分,是国家主权的一项内容。组成部分不等于被组成部分,行政权不等于政权。政权的主体是国家,而行政权的主体是政府(行政机关)。

行政权与权力、权利。权力与权利是法理学中容易混淆的两个不同的概念。权力是指一定的机关或组织依法所具有的支配力量;而权利是指国家机关、社会组织和自然人可以依法进行一定的作为和不作为的资格。[20] 在这一对关系上,行政权属于权力而不是权利。

行政权与行政职权。行政权其实就是行政机关依法从事国家行政管理的权力。行政权的内容广泛而复杂、具体,有的专业性很强。这种行政权不能由抽象的"行政机关"实施,它必须被"定位"到具体的行政组织及其公务员身上。[21] 具体的行政组织及其人员根据它们的任务、职位而依法被赋予的行政权,就是行政职权。可见,行政职权是被具体定位到职位上的行政权,是行政权的具体化。行政权与行政职权是抽象与具体、一般与个别的关系。

行政法以行政权的存在为前提。当一个国家没有单独确立行政权时,行政法就不复存在。

---

〔17〕 如1987年3月26日《中华人民共和国和葡萄牙共和国政府关于澳门问题的联合声明》。

〔18〕 如高等学校法学试用教材《行政法概要》,法律出版社1983年版。

〔19〕 如张尚鷟主编:《走出低谷的中国行政法学》,中国政法大学出版社1991年版。

〔20〕 权力与权利有五点区别:(1)权力主体限于国家机关或组织,公民不能成为权力主体,而权利主体除了国家机关或组织,还可以是自然人。(2)实施权力的行为属于国家行为,而享受权利的行为不属于国家行为。(3)权力是指法律所确认的权能和支配力,权利是指法律所赋予的自由和利益。这导致了动词搭配上的区别:对权力称"行使";对权利则称"享受"。(4)权力的实现取决于主体自身的权力行为,不以相对人的态度和行为为转移,因此权力行为具有单方性,而权利的实现一般取决于义务人相应的行为,因而多不具有单方性。(5)权力不能自由处置,否则,行为人应承担法律责任,而权利可以相对自由地放弃或转让。

〔21〕 例如,行政拘留权被"定位"给县级以上的公安机关,征税权被"定位"给税务机关。

行政法随行政权的存在而存在,也随行政权的变迁而变化。这是行政权对行政法的作用。同时,行政法也对行政权发生影响,这和行政法的定位有关。在把行政法定性为“控权法”的英国,行政法主要功能就在于防止行政权的滥用;在把行政法定位成“管理法”的苏联或今天的俄罗斯,行政法的主要任务在于保证行政权运行的效率。

其实在我们看来,直接规制行政权是宪法的任务,行政法主要是规制作为行政权转化形式的行政职权。我国的行政法既要保障行政职权的高效运行,又要监督行政职权的合法性和合理性,防止行政职权的滥用。

第二节 行 政 法

一、行政法的概念

“行政法”这个词最早出现于法国,它的法语表达形式是“droit administratif”。英文翻译成“administrative law”,俄文翻译成“адмннист рат ивное драво”,日文翻译成“行政法”。我国“行政法”一词最早从日本引进。

对行政法的理解,首先要区别古代意义和近代意义。认为行政法就是有关国家管理的法,从而把国家管理制度、官吏制度等同于行政法,这是从古代意义上说的。而近代意义上的行政法,是指国家划分出行政职能后,有关专门规定行政职能及其实施的法律规范。国内外学者所下的行政法定义,大多是基于近代意义之上。

(一)英美法系关于行政法的概念

在英美法系,最早给行政法下定义的是19世纪初英国著名法学家奥斯丁(John Austin)。他认为,法律有“公法”和“私法”之分;“公法”由两部分组成,即宪法和行政法。作为“公法”部门之一的行政法,“规定主权行使之限度与方式:君主或主权者直接行使其主权,或其所属之高级行政官吏行使主权者授予或委托之部分主权”。〔22〕 英美法系早期对行政法影响最大的是英国的戴雪(A. V. Dicey)。他认为,行政法不是机关所有权能同所执行的职务之总和,而是规定私人与代表国家的行政机关之间的原则之总和。按他的意思,行政法主要是行政诉讼。最早把行政法作为独立的法律部门来研究,并使之成为一门独立的学科,是19世纪末20世纪初美国著名的行政法学家古德诺。他在1893年出版的《比较行政法》一书中写道:“行政法是公法的一部分,它规定行政机关的组织和职权,并规定公民在受到行政行为侵害时的行政救济。”〔23〕

以上是自由资本主义时期,对行政法的几种主要的看法。资本主义进入垄断时期,政治、经济状况的变化,引起各国法律制度的变化。尤其是行政权的扩大,“行政国”的出现,行政法的内容和研究角度也发生了变化,从而导致行政法定义的发展。这时期的一个很大特点是把行政法看作是公共管理法、社会服务法。如英国法学家韦德(E. C. S. Wade)说:“行政法是公法的一个部门,它是关于政府机构中从事管理活动的各种机构的组织、权力、职责、权利和义务

---

〔22〕 [英]奥斯丁:《法律学》,1873年伦敦版,第73页。

〔23〕 [美]古德诺:《比较行政法》,美国哥伦比亚出版公司1893年版,第8~9页。

的法。简言之,它是关于公共管理的法……行政法……还包括有关社会服务的法、公共事业的法(例如水、汽油、邮政服务、运输),包括调整和规定公民个人活动的法……”[24]这一定义大大扩大了行政法的范围,但它忽略了程序和司法审查。美国目前最权威的行政法学家戴维斯(K. C. Davis)所下的定义恰好弥补了以上的不足:“行政法是关于行政管理机构的权力和活动程序的法,特别还包括关于对行政行为进行司法审查的法。”[25]还有不少学者从行政法的目的出发,认为行政法就是控制政府的法。美国法学家埃·弗雷银德在《行政判例》一书中写道:“行政法——这是监督行政机关的法律,而不是建立行政机关的法律。”美国著名行政法专家伯纳德·施瓦茨(B. Schwartz)说得更加明确:“我们所说的行政法是管理行政机关的法,而不是由行政机关制定的法。”[26]在英美法系中,从行政法表现形式的角度下定义者也不乏其例。例如:“行政法是行政机关制定的以条例、规章、命令和决定形式出现的法的总称。”[27]

从奥斯丁到现在一百多年间,英美法系法学家关于行政法的定义有很大的变化。这些变化,主要表现在以下三个方面:

1. 研究的角度和重点发生变化。自由资本主义时代的法学家主要从行政权相对于立法权和司法权的作用、行政权的组织角度来分析行政法的概念,而帝国主义时代的法学家则从控制行政权力的不断膨胀、保护个人特别是私有者利益免受行政行为侵害的角度来分析行政法的概念和作用。前者强调政府的行政职能,后者则强调对行政行为的司法审查。

2. 对行政主体范围上的认识发生变化。早期法学家认为行政主体包括一切国家机关,后来只限于行政机关,而现在则倾向于把行政机关囿于在行政部门中专门从事公共管理活动的所谓“管理机构”(regulative agencies)。

3. 对行政程序更加重视。美国行政法现在把行政程序作为首要的调整对象。他们认为,避免行政侵权的关键在于严格健全行政程序制度。

(二)大陆法系关于行政法的概念

在大陆法系国家,最早对一堆包含行政规范的法规、法令进行系统研究,并把行政法视为一门独立的法律学科,是德国法学家奥托·迈耶。他在潜心研究了法国大革命前后的行政法律制度后,于1886年出版了《法国行政法理论》一书。可他在书中对行政法的定义甚为简单:“行政法即关于行政之法,属于行政之法。”法国学者欧卡则说:“行政法即规律行政及行政权对于人民关系之法规总体。”法国当代著名行政法学家苏·瓦林(S. Worli)认为:“行政法不仅包括行政权及其行使的程序和原则、公民在受到行政行为侵害时的救济措施,还包括行政机关的组织形式、行政机关颁布规章的权力及程序、文官制度、政府对财产的征用和管理、公共事业、行政责任。”[28]土耳其中东技术大学行政学系教授罗拉(Rona)的定义比较清楚。他认为,“行政法是公法的一个部门,它是调整行政机关同公民之间的关系,规定国家官员的法律地位以及公民在同作为国家代表的政府官员交往中的权利和义务的法律规范的总称。同时,行政法规

---

〔24〕 [英]韦德·菲力浦:《宪法与行政法》,1979年伦敦版,第547页。

〔25〕 [美]戴维斯:《行政法教程》(第1卷),1978年版,第3页。

〔26〕 [美]伯纳德·施瓦茨:《行政法》,徐炳译,群众出版社1986年版,第3页。

〔27〕 *Black's Law Dictionary*, fifth Edition, 1979, p. 43.

〔28〕 [美]施瓦茨:《行政法》,1976年波士顿版,第2页。

定义务的程序。简言之,行政法是建筑于行政活动和行政决定基础上的法”。[29]

在日本,行政法体制最初是按大陆法模式建立的(主要仿效德国),但在第二次世界大战后,又按美国模式作了改革。这一变化同样反映在行政法定义上。日本最早研究行政法的可追溯到宪法学家美浓部达吉。他在《行政法概要》一书中写道:“行政法是国内公法的一部分,是规定行政权之组织及作为行政主体的国家和公共团体同其所属人民之间关系的法。”这是战前最有权威的观点。另外,中村弥三次给行政法下的定义也颇有特色,他是以行政法律关系的特点来说明行政法的。他认为,“行政法就是以命令关系即职务上的命令服从为构成原理的执法机关所适用的法规总称”。[30] 第二次世界大战后行政法学的新秀对行政法概念的认识,既继承了战前法学家的一些基本观点,又根据现行法律制度作了新的补充。例如:北海道大学校长行政法学家今村成和说:“所谓行政法,是指专门关于行政的法。这里所说的行政法是指拥有广泛行政权的政府活动这个意义上被使用的。因此在行政法中,除了有关行政的组织和活动的法之外,也包括关于行政行为造成损害时的补偿的法,以及解决行政纠纷的程序的法。”[31] 日本室井力先生对此表述得更加明确:“行政法是指行政组织、作用以及处理与此有关的纠纷乃至行政救济的法。”[32]

总体上看,大陆法系行政法的定义一般包括以下几个要点:(1)行政法为公法,与私法相区别;(2)行政法为国内法,与国际法相区别;(3)行政法是关于行政权的法,因此与宪法、议会法和司法法相区别。

(三)中国行政法的概念和特征

从1979年起,在我国被冷落了几十年的行政法学又被提上了日程。行政法学论文层出不穷,教科书和专著也日益增多。归纳它们所涉及的行政法定义,发现已不下数十种。有的根据调整对象给行政法下定义;有的从行政法与行政管理的关系角度下定义;有的根据所包含的内容给行政法下定义;有的根据对象和内容给行政法下定义;还有的根据内容和形式给行政法下定义。[33] 以上定义各有千秋,值得探讨和研究。

笔者从反映事物全面性角度出发,对行政法的含义作如下表述:

所谓行政法,是指有关国家行政管理的各种法律规范的总和,是以行政关系为调整对象的一个仅次于宪法的独立法律部门,其目的在于保障行政职权运行的合法性和合理性。

行政法作为一个独特的法律部门显然不同于其他部门法,它有自身的特征。行政法的特征表现在两个方面,即内容上的特征和形式上的特征。

就内容而言,行政法有三个特征:(1)对象的确定性。虽然行政法的内容广泛、复杂、易变,但它的调整对象及其范围是确定的,即始终以行政关系为调整对象。这种调整对象的确定性,决定了行政法作为一个独立法律部门的地位。(2)内容的广泛性。行政法是有关国家行政管理的法,而国家行政管理既涉及国家管理,又覆盖社会管理,既调整政治、经济、科技、文化,又规范公安、民政、军事、外交等。国家行政管理的广泛性,决定了行政法内容的广泛性。(3)内

---

[29] 《土耳其法律概况》,1978年安拉英文版,第53页。
[30] [日]中村弥三次:《规范行政法学》,1932年版,第25页。
[31] [日]今村成和:《行政法入门》,1982年版,第25页。
[32] [日]室井力主编:《日本现代行政法》,吴微译,中国政法大学出版社1995年版,第14页。
[33] 参见张焕光、胡建淼:《行政法学原理》,劳动人事出版社1989年版,第33~35页。

容的相对易变性。相对其他法律,行政法内容最易变动。国家行政管理领域广阔,内容复杂而具体,社会关系又发展较快,行政法内容也就必须随时修正。

就形式而言,行政法的特点在于:其表现形式具有多样性。行政法内容的广泛性、复杂性和易变性,使它无法以一个单一的法规来表现,它通常由分散的各种法规来表现。世界上已有大量的民法典和刑法典,但少有行政法典。在中国 2020 年制定和公布了《民法典》的背景下,制定行政法典或行政法通则的呼声日益高涨。

二、行政法的地位

行政法的地位主要通过两个方面表现出来,即它在法律体系中的地位和它的法律功能。

(一)行政法在法律体系中的地位

行政法在法律体系中的地位,主要指它在法律体系中担任的角色以及与其他法律的关系。人们已习惯把它归结为两个问题:(1)行政法是不是独立的部门法?(2)行政法是什么样的部门法?

然而,这些问题在英美法系国家的行政法学中显得毫无意义。因为在这些判例法国家很少讲法律体系,没有明确的公、私法之分。英美法系国家的行政法学者既不知行政法的部门所属,也不愿讨论行政法的归属部门。

大陆法系国家则不同,它们有严谨分明的法律体系。大陆法系行政法学者对行政法在法律体系中的地位表现出浓厚兴趣。归纳起来,他们对这一问题的看法主要有三点:(1)行政法属于国内法体系;(2)行政法属于公法体系;(3)行政法是个独立的法律部门。

我国对行政法在法律体系中地位的看法比较统一。这种相对一致的看法可以用一句话来表述,即"行政法是个仅次于宪法的独立法律部门"。这句话包含了两层含义:

1. 行政法仅次于宪法。这反映了行政法与宪法的关系。相对于刑法和民法,行政法与宪法的关系更为密切,以至于有人把宪法看作"静态的行政法",把行政法看作"动态的宪法"[34]。然而,宪法与行政法毕竟是两个不同的法:前者是根本法,后者是部门法;前者的效力高于后者,后者不得与前者相抵触。说行政法仅次于宪法还有一个含义:行政法是宪法下面的一个部门法,而不是分支法。我国法律体系按规范的效力等级可以分为三个层次:一是根本法,即宪法;二是部门法,如刑法、民法;三是分支法,如合同法(民法分支)。行政法属于部门法,处于第二效力层次。归纳起来,本层含义需掌握三点:(1)行政法与宪法不属于同一个法;(2)行政法从属于宪法;(3)行政法是宪法下面的一个部门法。

2. 行政法是个独立的部门法。这反映了行政法与其他部门法的关系。行政法是个独立的法律部门,它不依附于其他部门法,同时也不包含其他部门法。行政法作为独立部门法的地位,取决于它所调整的对象的独立性,即它所调整的行政关系为其他法律所不能调整。民法调整的对象是民事关系,它是一种平等、等价、有偿的关系,因此被称为"横向关系";行政法调整的对象是行政关系,它是一种以命令、服从为特征的国家行政管理关系,因此被称为"纵向关系"。违反民法属于民事违法,违反行政法属于行政违法,一般仍由原法律部门调整;但当民事

---

〔34〕 如龚祥瑞教授在《比较宪法与行政法》(法律出版社 1985 年版)一书的"出版说明"中写道:"从其基本内容看,在一定意义上可以说,行政法是宪法的一部分,即是宪法的动态部分……"

违法和行政违法上升为刑事违法(犯罪)时,便构成了刑法的调整对象。可见,民法、行政法和刑法是三大相互独立,互不包含、交叉,又相互衔接的三大法律部门。行政法作为一个独立的法律部门其地位是毋庸置疑的。

(二)行政法的法律功能

从法律意义上说,行政法有多种功能:

1. 行政法是宪法的具体化,它有助于宪法的实施和保障。习近平同志说:“宪法是全面依法治国的根本依据,具有最高的法律地位、法律权威、法律效力。”〔35〕宪法是国家的根本大法,其许多规范的实施有待于部门法来分别具体化。宪法有许多内容有待于行政法的具体配套。例如:宪法关于加强社会主义民主与法制的规范;关于公民基本权利、义务的规范;关于国家行政机关组织及其职权的规范;关于国家工作人员权利、义务及其管理制度的规范;关于行政机关制定行政法规、行政规章及其他规范性文件的规范;关于经济、文化、教育、科技管理的规范;关于法制监督和法制保障的规范。正如陶希晋先生在全国行政法研究会第二次学术讨论会(重庆)上所说:“在没有行政法的情况下,违宪也无法可治……从发挥的作用来看,可以说我们每个人都不能离开行政法过日子。”〔36〕

2. 行政法作为法律事实,导致行政法律关系的发生、变更或消灭。行政法不仅是行政法律关系产生、变更或消灭的前提,而且在一定条件下能成为导致它们产生、变更或消灭的法律事实。

3. 行政法作为一种法律事实导致其他法律关系产生、变更或消灭。这表现在两个方面:(1)它能成为民事法律关系形成或消灭的依据,如依行政命令所生之债;(2)在一定条件下,它能成为刑事法律关系构成的基础。不少犯罪的构成,以该行为违反行政管理法规为前提。

4. 行政法可以成为当事人提起诉讼,尤其是行政诉讼的依据。根据《行政诉讼法》(2017)第 12 条的规定:人民法院除受理 12 类行政案件外,还受理“法律、法规规定可以提起诉讼的其他行政案件”。这表明,有关行政的法律和法规可以构成行政诉讼的依据。

5. 行政法还能成为人民法院审理案件的适用规范。人民法院审理刑事案件并不直接适用行政法,但对那些以违反行政管理法规为先决条件的犯罪案件(如假冒商标罪)的审理便须参照相关的行政管理法规。对不少民事案件的审理,人民法院可直接适用有关行政法规。《城市房地产管理法》(2019)对人民法院解决房地产纠纷起了很大的作用。人民法院审理行政案件直接适用行政法更是不言而喻的了。

三、行政法的内容和形式

(一)行政法的内容

行政法内容亦指行政法律规范的内容,即被行政法所确立的各项权利与义务的内容。世界上不同国家的行政法,其调整对象是同一的,但其内容是有差异的。内容上的差异,取决于其历史渊源以及理论基础的不同。

法国行政法是规范公共行政之法,是一个几乎包罗万象的公法部门。法国行政法内容以

---

〔35〕 习近平:《论坚持全面依法治国》,中央文献出版社 2020 年版,第 201 页。

〔36〕《行政立法研究动态》1986 年第 2 期。

公共行政为基础并与后者相一致,相当庞杂。它主要包括:(1)行政主体;(2)行政机关组织;(3)行政行为原理(如行政法规、行政措施、行政契约、法治原则、行为效力等);(4)公务员制度;(5)公产和公共工程;(6)警察行政一般原则;(7)行政诉讼。如法国著名行政法学家苏·瓦林认为,行政法既包括行政权行使的程序和原则、公民在受到行政行为侵害时的救济措施,也包括行政机关的组织形式、行政机关颁布规章的权力及程序、文官制度、政府对财产的征用和管理、公共事业、行政责任等。〔37〕

德国行政法的内容主要包括:委任立法、行政行为、行政程序、司法审查、行政法院和行政责任等。〔38〕日本行政法受德国影响较深,其行政法的内容与德国比较接近而且比较明晰,其内容主要有:(1)行政组织法,包括行政主体和公务员制度;(2)行政作用法,包括行政立法、行政行为、行政强制、行政契约、行政指导、行政程序等;(3)行政救济法,包括行政诉愿、行政诉讼、苦情处理、行政赔偿和补偿等。〔39〕

英国行政法的出现晚于法国,而且由于受戴雪观点——认为行政法就是行政诉讼法,而英国没有也不应有行政法的影响,行政法内容远比法国狭窄。英国行政法着重规定行政机关权力的来源以及保护公民不受行政机关侵害的问题。具体说来,包括下列各项:(1)委任立法;(2)行政裁判;(3)司法审查;(4)行政责任;(5)议会行政专员等。

美国行政法与英国行政法属于同一法系,内容十分接近。略有区别的是:(1)行政程序在美国行政法中占有很大比重(它有行政程序法典),以至于有人说,美国行政法就是行政程序法;(2)公务员法自成体系,不属于行政法的内容。

俄罗斯行政法制度本身所涵盖的内容比较广泛。其中主要包括国家管理、地方自治、行政法主体、国家公务、行政违法、行政责任、行政处罚、行政强制、行政诉讼、行政程序、行政审理、行政司法等。〔40〕

在中国,虽然行政法学理论体系尚不统一,但行政法的内容已大致接近。中国行政法的内容主要包括以下几个方面:(1)有关行政主体的法律规范,涉及行政组织制度、公务员制度等;(2)有关行政立法的法律规范,涉及行政法规和行政规章等;(3)有关行政行为的法律规范,涉及行政决定与行政规定等;(4)有关行政程序的法律规范,涉及行政程序法等;(5)有关行政违法和行政责任的法律规范,涉及行政违法、行政赔偿等;(6)有关行政救济的法律规范,涉及行政复议、行政诉讼和行政赔偿等。

(二)行政法的形式

行政法的形式,是指行政法律规范的存在和表达形式,也可称为行政法的渊源。

从世界上看,行政法的形式有成文法渊源与不成文法渊源之分。大陆法系国家的行政法以成文法渊源为主,包括宪法、法律、命令、条约等。如德国行政法的法源包括:正式法律、法规

---

〔37〕 参见郝铁川:《中西行政法观念及制度的比较研究》,载《比较法研究》1994 年第 2 期。

〔38〕 参见[印]M. P. 赛夫:《德国行政法——普通法的分析》,周伟译,台北,五南图书出版社 1991 年版;[德]O. Mayer, Deutsches Verwaltungsrecht, 1895 – 1896 。

〔39〕 参见[日]盐野宏:《行政法Ⅰ》,刘德宗、赖恒盈译,月旦出版社股份有限公司 1996 年版;[日]室井力主编:《日本现代行政法》,吴微译,中国政法大学出版社 1995 年版;[日]和田英夫:《现代行政法》,倪建民、潘世圣译,中国广播电视出版社 1993 年版。

〔40〕 参见刘春萍:《俄罗斯联邦行政法理论基础的变迁》,法律出版社 2006 年版,第 153 ~ 154 页。

命令以及规章;联邦法律、州法律以及自治规范;习惯法和惯例。[41] 法国行政法渊源包括:宪法规范[42]、国际法规范[43]、议会法、一般法律原则[44]和行政条例[45](réglements administratifs)。法国非常特殊,它虽属大陆法系国家,但其行政法恰恰是以行政法院所形成的判例为主,这和其特殊的历史背景和行政法院体制有关。俄罗斯行政法的渊源只限于成文法,包括俄罗斯联邦宪法、联邦法律、总统令、联邦主体的规范性文件以及国有企业、市政组织的规范性文件等。[46] 比利时行政法渊源包括:国际法和超国家法,宪法、特别法案,议会通过的法律,法令和条例,王室敕令,政府性法令、部长法令,省规章、市镇规章等。[47] 英美法系国家行政法以不成文法渊源为主,包括判例、习惯、法理等。需要补充说明的是,不能绝对地说大陆法系国家的行政法就是成文法;相反,也不能说英美法系国家的行政法就是非成文法,同样也不能说法国的行政法就是判例法。充其量只能说是"以成文法为主"或"以非成文法为主"。因为世界各国的法源都具有多样性,而且世界上的各大法系正有走向融合和交叉的趋势。

当代中国行政法的渊源,即行政法形式,主要是以宪法为核心的各种制定法,包括宪法、法律、行政法规、地方性法规、规章、自治条例和单行条例、经济特区的法规、特别行政区的法律法规、国际条约、行政协定、国际惯例和各种法律解释等。这是由我国国家和法的本质所决定的。

(三)行政法的法典化

在世界法典化(特别是民法典和刑法典)背景下,依然有许多学者认为,法典化不是行政法的主要立法方式,非法典化恰恰是行政法的一大特征。因为行政法所涉内容广泛,而且瞬息多变,法典化难以做到。目前世界各国基本上没有编纂行政实体法典成功的先例。据现有资料,仅有德国的威敦比克邦曾于1925年着手起草行政法典,1931年起草完成,1936年议会通过。该法典因希特勒上台,并未实施即无疾而终。后来也无其他国家或地区尝试再起草统一的行政法典。荷兰可能是唯一的例外,其于1994年制定了集行政实体法和程序规则于一体的《行政法通则》(或译《基本行政法典》),但主要内容是行政程序法。我国也将非法典化看作行政法的一个形式上的特点。如有学者认为,"行政法在形式上不同于民法和刑法,民法和刑法都有一部集基本规范为一体的统一法典,而行政法一般不存在这样的法典,它的法律规范散见于各种法规规范文件之中。"[48]

2020年中国制定了《民法典》。在《民法典》的背景下,中国兴起了一个"法典热",制定刑法典、环境法典、教育法典等呼声此起彼伏。要求制定行政法典的呼声同样高涨。

---

〔41〕 参见[荷]勒内·J. G. H. 西尔登、[荷]弗里茨·斯特罗因克:《欧美比较行政法》,伏创宇、刘国乾、李国兴译,中国人民大学出版社2013年版,第105页。

〔42〕 1958年《宪法》、1789年《人权和公民权利宣言》,1946年《宪法》序言,以及由共和国法律公认的基本原则(大部分由宪法委员会判例所确立)。

〔43〕 主要是欧盟和欧洲人权公约。条约效力高于议会立法。根据1958年《宪法》第55条规定。

〔44〕 principes généraux du droit,源自判例法,特别是最高行政法院的判例。

〔45〕 Réglements administratifs,由中央政府及其他行政机关制定发布。

〔46〕 参见刘春萍:《俄罗斯联邦行政法理论基础的变迁》,法律出版社2006年版,第12页。

〔47〕 参见[荷]勒内·J. G. H. 西尔登、[荷]弗里茨·斯特罗因克:《欧美比较行政法》,伏创宇、刘国乾、李国兴译,中国人民大学出版社2013年版,第27页。

〔48〕 姜明安主编:《行政法与行政诉讼法》,北京大学出版社、高等教育出版社2019年版,第27页。

四、行政法律关系

不同的法律调整不同的社会关系。社会关系受不同的法律调整以后,形成相应的法律关系。行政法律关系便是其中的一种。

(一)行政法律关系及构成要素

行政法以行政关系为调整对象,行政关系经行政法调整后,便上升为行政法律关系。行政法律关系以行政关系为基础。比较完整的说法是:行政法律关系是经行政法规范调整的,因实施国家行政权而发生在行政主体与行政相对人之间,同时也包括行政主体之间、行政人之间和行政主体与行政人之间的权利与义务关系。其中,行政主体与行政相对人之间发生的是外部行政法律关系;行政主体之间、行政人之间和行政主体与行政人之间发生的则是内部行政法律关系。[49] 行政法律关系由三个要素构成,即主体、客体和内容。

1. 行政法律关系的主体

行政法律关系的主体,亦称行政法(律)主体,是指在具体的行政法律关系中享受权利、承担义务的当事人。行政法律关系主体又与行政法律关系当事人的概念相通。确认我国行政法律关系主体的标准,就在于看它(他)是否享受我国行政法所规定的权利和是否应承担相应的义务。换句话说,即看我国行政法对它(他)是否具有拘束力。根据这一标准,下列组织和个人都可以成为我国行政法律关系的主体:(1)国家行政机关;(2)其他国家机关;(3)企业、事业单位;(4)社会团体和其他社会组织;(5)公民;(6)在我国境内的外国组织和外国人。

上述不同主体,在行政法律关系中的地位是不同的。有的主体可以代表国家实施行政管理权,如国家行政机关;但有的主体没有行政管理权,如外国人。前者在具体法律关系中属于管理一方,后者属于被管理一方。从行政法原理上说,在具体行政法律关系中,处于管理一方的主体称为"行政主体",处于被管理一方的主体称为"行政相对人"。国家行政管理具体表现为行政主体对行政相对人的管理。

从图1-1可见,行政法律关系主体不等于行政主体。行政主体属于行政法律关系的主体,但行政法律关系的主体不一定就是行政主体。另外,行政主体与行政相对人这种身份划分也不是绝对的、一成不变的,在一种行政法律关系中属于行政主体的组织,在另一种关系中可以是行政相对人。

行政法律关系主体是行政法律关系的首要构成要素。如果没有主体,由行政法律关系客体反映出来的内容便无归属,行政法律关系就无法成立。

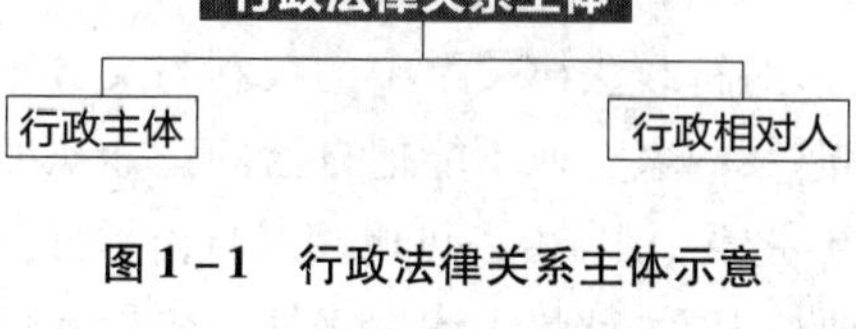

图1-1　行政法律关系主体示意

2. 行政法律关系的客体

行政法律关系的客体,是指行政法律关系内容即权利和义务所指向的目标,也是权利和义

---

〔49〕 本书以阐述外部行政法律关系为主,同时附带阐述内部行政法律关系。

务的媒介。

行政法律关系客体包括人身、行为和财物。“人身”指人的身体和人的身份。行政行为可以对人的身体和身份发生直接的作用,前者如行政拘留,后者如居民身份证管理。“行为”指行政法律关系主体的作为和不作为。它既包括行政主体的行政行为,也包括相对人的一般行为。“财物”指具有使用价值和价值的物质资料。作为行政法律关系客体的财物,可以是物质形式(如没收违禁品),也可以是货币形式(如罚款);可以是消费资料(如对消费品定价),也可以是生产资料(如对机器设备进口的审批);可以是精神财富(如专利权、商标权和著作权),也可以是物质财富(如房屋)。

行政法律关系的客体是行政法律关系内容的表现形式,没有它,内容就无法体现,从而影响行政法律关系的成立。

3. 行政法律关系的内容

行政法律关系的内容是指主体在该关系中所享受的权利和承担的义务。由于主体被分为行政主体与相对人,内容也随之表现为行政主体的职权和职责以及相对人权利和义务。

内容是行政法律关系的核心,没有它,行政法律关系便失去存在的意义。

(二)行政法律关系的类型和特征

行政法律关系其实就是被行政法调整了的行政关系,因此,两者在类型上是吻合的。无论是行政关系还是行政法律关系,其类型不外有四种:(1)行政主体与行政相对人之间的关系;(2)行政主体之间的关系;(3)行政人之间的关系;(4)行政主体与行政人之间的关系。

从广义上说,行政法律关系除了主要指外部行政法律关系之外,还包括内部行政法律关系。外部行政法律关系,是指一方当事人(相对人)不属于国家行政系统的行政法律关系。以上列举的第1类属于这一类型。内部行政法律关系,系指双方当事人均属国家行政系统的行政法律关系。上述第2、3、4类均属于这一类型。如果说外部行政法律关系体现了国家对社会的管理,那么,内部行政法律关系反映了国家的自身管理。

行政法律关系是“法化”了的行政关系,因而其特征同行政关系特征相吻合。行政法律关系的特征主要表现在:

1. 从主体上看,在行政法律关系双方当事人中,必有一方是行政主体,即必有一方是作为行政管理主体的行政机关或得到授权的其他组织。否则,就不属于行政法律关系。

2. 从内容上看,行政法律关系的内容都与国家行政权力直接有关。或者说,国家行政权是行政法律关系的核心。行政法律关系其实就是国家实施行政权所引起的关系,与行政权没有联系的社会关系不属行政法律关系。

3. 从内容处分上看,当事人对行政法律关系中的权利与义务不能自由处分。例如:行政主体不能擅自放弃或转让行政职权;一家企业不能把自己的营业执照转让给另一家企业;服兵役不能“自愿代替”等。而在民事关系中,当事人可以相对自由地处分自己的权益。

4. 从双方当事人所处的地位上看,行政主体始终处于主导地位,享有很大的优益权。行政法律关系不是如同民事关系那样是一种平等、等价、有偿的关系。行政主体的这种主导地位主要表现在三个方面:(1)行政法律关系的产生、变更或消灭,大多取决于行政主体的单方行为,无须以双方协商一致为产生前提。(2)为保证行政法律关系的实现,行政主体可以对相对人采取直接的强制手段。(3)行政主体在实施行政权的过程中享有不少行政优益权,而这是所有相对人可望而不可即的。

5. 从解决争议的方式上看,行政主体有处理行政争议的权力。这与民事关系明显不同。在民事关系中,争议双方当事人无论哪一方都无权单方处理纠纷,只能求助于第三人解决。而行政关系则不同,虽然行政主体是争议的一方当事人,但其有单方处理的权力。即使有的争议需由法院作最终裁决,但行政主体也往往有先置处理权。也就是说,行政法律关系的特征允许行政主体在一定范围内"自己做自己的法官"。

(三)行政法律关系的产生、变更和消灭

1. 行政法律关系变化条件与原因

行政法律关系的产生、变更或消灭,概以相应行政法律规范的存在为前提条件,以一定法律事实的出现为直接原因。没有行政法的存在,行政法律关系不可思议;只有行政法律规范,没有一定的法律事实,行政法律关系同样不可能发生。相应行政法律规范的存在,为该行政法律关系的产生、变更或消灭提供了可能。由于税收法律规范的存在,才有可能产生税收法律关系;没有国家的社会团体登记管理方面的法规,便不会有社团登记法律关系产生。然而,仅有行政法律规范而没有相应的法律事实,行政法律关系的可能性不可能转变为现实性。所谓法律事实,是指能够导致法律关系产生、变更或消灭的客观事实。法律事实又可以划分为法律事件和法律行为。前者是指不以人的意志为转移的客观事实,后者是指人们的主观行为。法律行为不限于合法行为。在行政法律规范存在的前提下,相应法律事实的出现,直接导致了行政法律关系的产生、变更或消灭。

2. 行政法律关系的产生

行政法律关系的产生(形成),是指行政主体与相对人之间在行政法上权利与义务的实际构成。换句话说,它是指行政法律关系从可能性转变为现实性。例如,社会团体向政府申请登记(义务),政府依法审批(权力);公民依法申请行政复议(权利),行政复议机关依法受理及处理(职责)。

在已有行政法律规范的前提下,行政法律关系的产生取决于两个直接的原因:(1)一定法律事件的发生。例如,由于婴儿的出生,其户主就依法形成了一种必须向婴儿常住户口登记机关申报出生登记的义务。(2)一定法律行为的发生。例如,由于公民违反治安管理,公安机关与他便依法构成了治安处罚关系。

3. 行政法律关系的变更

行政法律关系的变更,是指行政法律关系产生后、消灭前,该关系的一方当事人或该关系的部分(权利和义务)内容发生变化。行政法律关系的变更有两种情形:(1)关系内容不变,但一方当事人发生了变化。例如,某行政主体被合并到另一个主体之中,但它与相对人之间的权利和义务关系依然有效。值得注意的是,若遇双方当事人同时变换,即便关系内容不变,亦不属行政法律关系变更,而属该关系消灭和另一关系的产生。(2)关系当事人不变,但内容发生部分变化。例如征税率变化(提高或降低),但征税关系依然存在。同样必须注意的是,如果关系内容全部变换,即便双方当事人不更换,也不属于该关系变更,而属于消灭了。确切地说,是一种关系产生,另一种关系同时消灭。

4. 行政法律关系的消灭

行政法律关系的消灭,是指原当事人之间权利和义务关系的消灭。消灭主要有两种情形:

(1)一方或双方当事人消失,从而使原行政法律关系消灭。例如,某公务员死亡,他与国家之间的行政职务关系自然消失。(2)行政法律关系中权利与义务的内容全部消失。这种情形又可分为两种情况:一是原关系内容由于相对人享受了权利或履行了义务而消失。例如,被处以罚款的公民,按规定交纳罚款以后,原处罚关系消灭。二是原关系内容被行政主体撤销。例如,县公安局裁定拘留某甲,经某甲申请复议,被上级公安机关裁定撤销原处罚决定。

(四)特别权力关系(besonderes Gewaltverhaltnis)

特别权力关系是行政法律关系中的一种特别类型,需要作特别阐述。

“特别权力关系”理论可追溯到19世纪君主立宪时代的德国,后传入日本及我国台湾地区,对行政法的理论与实践,特别是对行政行为的司法救济制度,产生了广泛而深远的影响。

在德国,“特别权力关系”理论由德国学者波尔·拉贝德建立理论雏形,再由奥托·迈耶集其大成,树立完整之理论体系。[50] 波尔·拉贝德是德国19世纪后半叶的著名公法学家,他首先明确提出了特别权力关系的概念,并以此说明官吏对国家的勤务关系。在其1876年出版的《德意志帝国之国家法》一书中,他指出,人民对国家发生的勤务上之义务有三种情形:一是基于双方的契约合意而构成的私法上的雇佣关系,在这种关系中,虽然雇主是国家,雇员是公务员,但它们之间的地位是平等的;二是基于纯粹的权力关系而发生的勤务关系,它无须经当事人同意,这是一种命令与服从的管理关系;三是前两种情形的结合,即关系的构成取决于当事人自由意志的同意,但关系的内容具有权力性,不存在当事人的自由选择。波尔·拉贝德认为,官吏与国家之间是基于双方的合意而形成的一种具有公法性质的契约:国家必须表明愿意接受特定人为其服务,而官吏也应当有表明同意加入这种勤务关系的意思;双方形成契约后,官吏产生了特别的服从、忠诚等义务,国家则负有保护和支付所约定的薪俸责任。他最后的结论是:国家方拥有权力与相对方自愿加入便构成了特别权力关系的基本要素和特征。波尔·拉贝德的这一理论就为德国特别权力关系提供了最原始的理论基础。

奥托·迈耶在波尔·拉贝德的理论上有更大更深的发展。他认为,人民与国家之间存在一种人人都适用的权利义务关系,如人民有获得国家保护的权利,但人民有纳税的义务。这种关系属于普通、综合性的关系。此外,特定的人民与国家基于法律事实会构成一种特别的权力关系。这种特别权力关系,“为达成公共行政之特定目的,使所有加入所定特别关系的人民,处于(比一般人)更加从属的地位”。[51] 特别权力关系可以基于法律、行政处分或因利用公共设施而当然发生,其主要类型有公法上的勤务关系、公法上的营造物利用关系以及公法上的特别监督关系等。在这些关系中,人民负有特别的服从义务,自由受到特别的限制。奥托·迈耶特别指出,在特别权力关系中,依法行政、法律保留等原则不再适用,国家方可以在没有法律授权的情况下限制行政相对人的自由,而相对人不得对此提起争诉。

如果说波尔·拉贝德仅限于国家官吏制度领域来构建特别权力关系理论,那么奥托·迈耶将特别权力关系拓展到人民与国家之间广泛的关系领域;如果说波尔·拉贝德仅为特别权

---

〔50〕 参见翁岳生:《论特别权力关系之新趋势》,载翁岳生:《行政法与现代法治国家》,台湾大学法学丛书编辑委员会1990年版,第132页。

〔51〕 翁岳生:《论特别权力关系之新趋势》,载翁岳生:《行政法与现代法治国家》,台湾大学法学丛书编辑委员会1990年版,第135页。

力关系而论述特别权力关系,那么奥托·迈耶为排斥法治行政的适用而构建特别权力关系理论。奥托·迈耶的特别权力理论在德国趋向成熟,对德国的行政法产生了极大的影响,例如,1931年公布的符登堡行政法典草案即吸收了他的观点,规定特别权力关系内所作出的处分或决定都不属于行政处分,因而不适用法律救济。[52]

第二次世界大战前日本的法制完全属于大陆法系,它特别深受德国法律制度与法学理论的影响。德国的特别权力关系理论在20世纪初就开始引入日本。日本最早论述特别权力关系理论的学者应当首推一木喜德郎。他在1909年《特别权力关系》一文中指出,官吏或学生与一般人民不同,他们的行为由于其身份而会受到特别的拘束,如宪法上规定的迁徙、居住及结社权利,一般人民理所当然地可以拥有,而他们可以被主管部门在没有法律依据的条件下以维持纪律为由而加以限制。[53] 其后的美浓布达吉,当推日本20世纪的著名公法学家,他进一步细化了日本的特别权力关系理论,但基本上没有跳出德国理论的"怪圈"。

日本行政法同样认为,特别权力关系是指人基于特别成立原因(法律上的直接规定或当事人的自主同意),服从于国家或公共团体的一种特殊的、概括性的支配权的关系。他们将特别权力关系归结为四类:一是公法上的勤务关系,即公务员与国家之间的关系;二是公法上的营造物利用关系,学校与学生、医院与患者、监狱与受刑人之间的关系均属此类;三是公法上的特别监督关系,如电、煤气等所谓国家对特许企业者的监督关系;四是公法上的组合关系,如土地改良区与互助员、公共团体与团体成员之间的关系等。[54] 在特别权力关系中,国家或公共团体对相对人一方拥有概括性的命令权与惩戒权,而且行使这些权力无须法律依据并不进入司法救济。[55]

法国虽属大陆法系,但它的行政法恰恰是判例法。其司法法院以外的行政法院(juridiction administrative)可以包揽对一切行政事务的审理,无论内外行政事务,还是一般与特别的行政事务,因而德国的特别权力关系理论在法国就没有生存的土壤。[56]

作为普通法系代表的英美国家,由于其采用由普通法院管辖一切案件,并适用同一程序与同一法律,故"特别权力关系"不再"特别",因而也没有"特别权力关系"之理论的存在。[57] 但在美国,关于公务员与国家的关系,却历经了一段变故。美国传统法制上,将公务员与国家的关系不视作一般人民与国家之间的关系。因为在这一关系中,公务员的权利仅是国家授予人民的一种"特惠"(privilege),并非属于宪法所保障的权利(rights),因而,它们之间的关系由主管机关全权决定便可,无须司法介入。美国大法官霍姆斯(Holmes)于任马萨诸塞州最高法院时所言乃是一大脚注:"原告或许有讨论政治的宪法上的权利,但没有出任警察的宪法权利。"[58]

---

〔52〕 参见杨海坤、章志远:《中国行政法基本理论研究》,北京大学出版社2004年版,第165~166页。

〔53〕 参见杨海坤、章志远:《中国行政法基本理论研究》,北京大学出版社2004年版,第166页。

〔54〕 参见[日]室井力主编:《日本现代行政法》,吴微译,中国政法大学出版社1995年版,第39页。

〔55〕 参见[日]和田英夫:《现代行政法》,倪建民、潘世圣译,中国广播电视出版社1993年版,第62页。

〔56〕 参见[法]古斯塔夫·佩泽尔:《法国行政法》,廖坤明、周洁译,张凝校,国家行政学院出版社2002年版。

〔57〕 See De Smith, *Judicial Review of Administrative Action*, 1980; Ernest Gellhorn & Ronald M. Levin, *Administrative Law and Process*, Nutshell, 1997.

〔58〕 McAuliffe v. Mayor of New Bedford, 155 Mass, 216, 220 (1892), in Bernard Schwartz, Administrative Law 229 (2d ed., 1984).

1946 年美国制定了《联邦行政程序法》[59](Federal Administrative Procedure Act,APA)之后,公务员与国家之间的争议均被纳入适用"正当程序"法律与司法审查范围之内。

我国台湾地区深受德国法与日本法的影响。早在 20 世纪的 20、30 年代,德国的特别权力关系理论经日本传入中国,至今我国台湾地区的"行政法"所述特别权力关系理论与德国、日本的描述基本一致。[60] 我国台湾地区的行政法学者认为,"特别权力关系指基于特别之法律上原因(法律之规定或本人之同意等),为达成公法上之特定目的,于必要之范围内,一方取得概括的支配他方之权能,他方对之负有服务之义务,以此为内容之关系"。[61] 这种关系之成立,或系直接根据法律的情形(如军人强制服兵役)而发生,或系根据相对人同意之情形(学生入学)而发生。特别权力关系在我国台湾地区同样被归结成四种:(1)公法上的勤务关系(如"公务员"、"军人"与"国家"的关系);(2)公法上营造物之利用关系(如学生与学校的关系等);(3)公法上特别监督关系(如"国家"与公共团体、特许企业之间的关系等);(4)其他(如团体与团员之间的关系)。传统特别权力关系理论认为,在此特别权力关系内,排除依法行政原则尤其是法律保留原则之适用,作为特别权力主体之行政机关,即使欠缺个别具体之法律依据,亦得对于处于特别权力关系内部之人行使公权力,加以命令强制,限制其基本权利。[62]

综上可见,传统意义上的特别权力关系,属于行政法律关系中的一个特殊种类,它相对于一般权力关系而言。这种关系是直接根据法律或当事人的自主意思而发生,在行政主体与行政相对人之间形成一种特别的权利义务关系,相对人会负有一种法律以外的特别服从义务。特别权力关系主要发生在四种关系中:(1)个人与国家之间的服务关系;(2)公共营造物的利用关系;(3)国家在特定领域(如电、气等)中对特许企业的特别监督关系;(4)社会组合体与组合成员之间的关系。这种关系内的管理行为无须直接的法律授权,且所生争议不适用行政与司法救济。第二次世界大战以后,这种理论无论在德国还是在日本均遭受到强烈的批判,理由主要在于它违背了"法治"原则。

在中国大陆的行政法学中,"特别权力关系"理论是一个非常陌生的概念,几乎在所有的行政法或行政诉讼法教材或著作中,都找不着它的"影子"。[63] 只是在解释《行政诉讼法》(1989)第 12 条第 3 项为什么将"人事处理行为"排除在行政诉讼范围之外时,偶尔有两本将它解释为是"根据特别权力关系……"[64]"特别权力关系"理论在中国行政法学界是否生根及它对中国当今的行政立法到底是否拥有影响暂却不说,它作为一种特殊的行政法律关系已越来越引起中国行政法学者们的注意。它可能会影响到我国行政复议和行政诉讼的范围。

---

〔59〕 1945 年第七十九届美国国会通过,1946 年 6 月 11 日由杜鲁门总统签署公布生效,1966 年 9 月 6 日编入美国法典第五篇,1978 年第九十五届国会修订。

〔60〕 参见林纪东:《行政法原论》(上),国立编译馆 1966 年版,第 165 页以下。

〔61〕 陈清秀:《行政法上法律关系与特别权力关系》,载翁岳生主编:《行政法(1998)》(上下册),台北,翰芦图书出版有限公司 1998 年版,第 239 页。

〔62〕 除前注,同时参见法治斌:《行政法律关系与特别权力关系》,载翁岳生主编:《行政法(2000)》(上下册),中国法制出版社 2002 年版,第 271 页以下;陈新民:《中国行政法学原理》,中国政法大学出版社 2002 年版,第 63 页以下。

〔63〕 只有杨海坤、章志远著所著的《中国行政法基本理论研究》(北京大学出版社 2004 年版)中有单独的一节加以探讨,这是可喜可贺的。

〔64〕 马原主编:《行政诉讼法条文精释》,人民法院出版社 2003 年版,第 86 页;王亚琴、孙际泉编著:《中国行政诉讼法》,中国政法大学出版社 2001 年版,第 98 页。

第三节 行政法学

一、行政法学·行政法·行政学

(一)行政法学与行政法

行政法学是以行政法及与行政法相关的社会关系为研究对象的法律学科。作为一门独立的法律学科,行政法学主要研究行政法产生和发展的规律,行政法的本质、内容和形式,行政法的地位和作用,国家行政管理关系以及在这种关系中当事人的地位,由此确立起行政法的原则、原理和理论体系。

行政法学与行政法既有联系又有区别。它们的联系表现在:行政法学以行政法为前提,它伴随着行政法的发展而发展。没有行政法,行政法学便会因无研究对象而不复存在。行政法越发达,行政法学便越有发展基础。

然而,行政法学与行政法毕竟有明显的区别,主要表现在:(1)归属不同。行政法学是一门学科,而行政法是一个法律部门。它们完全是不同的领域。(2)对象范围不同。行政法的调整对象是行政关系,而行政法学的研究对象主要是行政法。再则,行政法学以行政法为研究对象,但不限于行政法本身。

(二)行政法学与行政学

行政法学是一个内容庞杂的系统性学科,它与周边学科关系甚密,尤其是与行政学。

行政法学与行政学(亦称行政管理学)之间的联系并不亚于它与行政法的联系。讲授行政法学不能不涉及行政学,同样,讲授行政学又无法脱离行政法学。这主要是因为:(1)两者都与国家行政管理有关,都以国家行政管理有关问题为研究对象;(2)两者有部分内容重合,因为不少国家行政管理的客观规律同时被行政法所确认,从而同时成为行政法学的内容。

但是,行政法学与行政学有原则的区别,不能等同。其区别主要在于:(1)研究着重点不同。行政法学的研究侧重点放在国家行政管理的合法性问题上,旨在解决行政主体如何依法行政问题;而行政学的研究侧重点则放在国家行政管理的科学性问题上,旨在提高国家行政管理的效率。简单地说,行政法学在于解决行政行为的“效力”,而行政学在于解决行政行为的“效率”。顺便指出,尽管一般情况下“效率”与“效力”是统一的,但“效率”不等于“效力”,效率高的行政管理行为,不一定是合法有效的行为,因此,行政学必须与行政法学相结合。(2)属性不同。行政法学属于法律学科,行政学则属于管理学科。

(三)行政法学与宪法学

行政法学与宪法学的关系取决于行政法与宪法的关系。世界上大多数国家,尤其是大陆法系国家,将宪法视为国家的根本法,具有最高的法律地位,刑法、民法、行政法等属于宪法之下的部门法,它们不得与宪法相抵触,必须服从宪法。德国、法国、日本等无不如此,连美国也将联邦宪法视为最高法,联邦法律不得与之抵触。中国已于2010年形成中国特色社会主义法律体系。已形成的中国特色社会主义法律体系,是以宪法为统帅,以法律为主干,以行政法规、地方性法规为重要组成部分,由宪法相关法、民法商法、行政法、经济法、社会法、刑法、诉讼与非诉讼程序法等多个法律部门组成的有机统一整体。[65] 在这种法律体系中,宪法是国家的根本法,行政法是宪法统帅下的一个部门法,两者的法律地位不可同日而语。那么,行政法学与宪法学的地位就应当与此相呼应。

但也有一些国家和学者主张淡化宪法与行政法的界限。尤其是没有成文宪法的英国,它主张宪法是静态的行政法,行政法是动态的宪法。英国行政法的奠基人 H. 韦德(H. W. R. Wade)说道:"实际上,整个行政法学可以视为宪法学的一个分支,因为它直接来源于法治下的宪法原理、议会主权和司法独立。"[66]早在 1893 年,美国政治与行政学家弗兰克·古德诺在其《比较行政法》中论述道:"行政法与宪法之区别,既指定之矣。宪法者,确定关于国家之组织及作用之大纲;而行政法者,演绎其大纲而涉于细目,使补充之或完备之者也。二者之区别,谓为异其类,不如谓为异其度。二者之研究,多涉于同一之题目。行政法比较宪法,多及于细目。且纯就政府之行政机关而研究之,是为实际发动而执行事务之唯一机关故也。"[67]还有人说得更直白,行政法是具体化的宪法。连德国前任宪法法院院长也说:"行政法是宪法的具体化。"[68]曾任西德联邦行政法院院长的弗立兹·韦纳(Fritz Werner)教授把行政法"当作是具体化宪法的行政法"(Verwaltungssrechts konkretisiertes Verfassungsrecht)。[69] 因为,"行政法,可以直接认为是关于实现宪法价值的技术法"。[70] 正因为宪法日益被行政法所"具体化",所以,堪称德国"行政法学之父"的奥托·迈耶教授才说"宪法消逝,行政法长存"(Verfassungsrecht vergeht, Verwaltungsrecht besteht)。[71] 它们如此强调行政法与宪法的紧密关系,以至于在学科上将两者进行一定的捆绑。可能也是受此影响,20 世纪末我国法学学科调整时,将"宪法学"与"行政法学"合为一个学科"宪法与行政法学"。

宪法是国家的根本法,行政法和刑法、民法等一起,是宪法统帅下的一个部门法。宪法既是行政法的依据,同样也是刑法和民法的依据。尽管宪法与行政法的关系会比宪法与其他部门法的关系更加密切,但也不能将行政法与宪法等同起来。与此相适应,行政法学与宪法学的关系也是如此,它们是两个不同的学科,而不是一个学科。行政法学应当以宪法学为基础。

二、行政法学理论基础

(一)行政法学理论基础的概念

世界上不存在没有体系的行政法学,也不存在没有理论基础的行政法学,只是人们是否自觉而已。如果说法学体系是行政法学存在的"空间",那么理论基础便是行政法学存在的"基石"。作为这种"基石",在中国主要有四种提法:一是提行政法学的"理论基础"[72];二是提行

---

[65] 参见国务院《中国特色社会主义法律体系》白皮书(2011 年 10 月)。

[66] [英]H. 韦德:《行政法》,徐炳等译,中国大百科全书出版社 1997 年版,第 7 页。

[67] [美]古德诺:《比较行政法》,白作霖译,中国政法大学出版社 2006 年版,第 10 页。

[68] [德]哈特穆特·毛雷尔:《行政法学总论》,高家伟译,法律出版社 2000 年版,第 13 页。

[69] 陈新民:《法治国公法学原理与实践》(上中下),中国政法大学出版社 2007 年版,第 275 页。

[70] [日]盐野宏:《行政法》,杨建顺译,法律出版社 1999 年版,第 49 页。

[71] 参见陈新民:《法治国公法学原理与实践》(上中下),中国政法大学出版社 2007 年版,第 275 页。

[72] 陈泉生:《论现代行政法学的理论基础》,载《法制与社会发展》1995 年第 5 期。

政法学的"基本观念"〔73〕;三是提行政法学的"基本理念"〔74〕;四是提行政法学的"理论基石"〔75〕。这些提法上的差异也许无关紧要,因为其论题上的同一性已弥补了提法上的不足。然而最关键的问题是:什么是行政法学理论基础?换句话说,行政法学理论基础旨在回答什么问题?由此就形成以下几种"理论基础"观:

1."作用论"。这种理论认为,行政法学理论基础旨在解决"行政法的作用是什么"。英国人认为行政法的主要功能在于控制政府的行政权力,"控权论"便由此提出。有人认为行政法的作用在于保障国家行政权的有效行使,因而又有"管理论"之说。

2."范围论"。这种理论认为,行政法学理论基础旨在解决"行政法调整的范围是什么",特别是行政法调整的范围与其他法调整的范围如何划界。法国行政法的中心观念,诸如"公共权力说""公务说""公共利益说""新公共权力说"等〔76〕,正属"范围论"的"范围"。

3."本质论"。这种理论认为,行政法学理论基础旨在解决"行政法的本质是什么"。国内的"马克思主义政府论"〔77〕正是力图通过人民政府的"本质论"来解决行政法的"本质"。有人推出"现代行政法本质上是平衡法"〔78〕的提法也正自觉或不自觉地立于"本质论"之上。

4."目标论"。这种理论认为,行政法学理论基础旨在解决"行政法的目标是什么"。美国"正当程序说"接近这种理论。美国行政法学者认为,行政法就是行政程序法,行政法的目标是确立一种"公正""正当"的"行政程序"。〔79〕

我们目前还很难对行政法学理论基础下一个精确的定义,但有一点是肯定的,它不该是仅仅用来解答行政法的概念,或作用,或范围,或本质,或目标是什么的一种理论。行政法学理论基础应该是整个行政法学理论内容的基本精神或"精神内核",是构成行政法学理论"大厦"的"基础",它直接决定了行政法学理论的各个主要方面。

(二)行政法学理论基础的主要观点

新中国第一篇探讨行政法学理论基础的论文,应首推应松年、朱维究和方彦于1983年撰写的《行政法学理论基础问题初探》一文〔80〕,迄今已有不少教材和著作以及近50篇论文涉足同一论题。从其内容考察,主要有下列几种观点:

1.为人民服务论。中国自恢复行政法学研究以来,第一篇专题论述行政法学理论基础的论文是应松年等所撰写的《行政法学理论基础问题初探》。该文认为:行政法是规范行政机关行为的法,而社会主义国家行政机关是人民代表大会的执行机关,它的唯一目的是执行人民的意志。因此,我国行政法学的理论基础只能是:为人民服务。这一观点事后没有被更多的人所接受和重复。显然可以说,该文提出该论题这一事实本身比所提出的论题答案的意义更为重大,因为此文毕竟标志了中国理论界对行政法学理论基础研究的良好开端。还须指出的是,时

〔73〕　贺善征:《关于行政法律观念的研究》,载《行政法学研究》1995年第1期。

〔74〕　王宝明:《从多层面探讨行政法的基本理念》,载《中外法学》1996年第5期。

〔75〕　罗豪才等:《现代行政法的理论基础——论行政机关与相对一方的权利义务平衡》,载《中国法学》1993年第1期。

〔76〕　参见王名扬:《法国行政法》,中国政法大学出版社1989年版,第22~27页。

〔77〕　参见下文"(二)行政法学理论基础的主要观点"。

〔78〕　袁曙宏:《现代行政法本质上是平衡法》,载《中外法学》1996年第5期。

〔79〕　参见[美]B.施瓦茨:《行政法》,徐炳译,群众出版社1986年版。

〔80〕　载《中国政法大学学报》1983年第4期。

隔12年,有一篇论文提出了同类观点。陈泉生在《论现代行政法学的理论基础》一文[81]中认为,现代行政法的主要内容是"服务与授益",现代行政法学的重心是"服务行政",因此,现代行政法学的理论基础应该是"服务论"。

2. 马克思主义政府论。1989年,杨海坤在《论我国行政法学的理论基础》一文[82]中提出:马克思主义是我国社会主义法学的理论基础,马克思主义的政府理论应该是我国行政法学的理论基础。他把中国行政法学的理论基础概括为政府由人民产生,政府由人民控制,政府为人民服务,政府对人民负责,政府与公民之间关系逐步实现平等化这五个方面,并由这五个方面构成一个完整的有机联系的整体,成为我国行政法学的理论基石。嗣后,他又在《中国行政法学基本理论》一书[83]中进一步论述了该观点。

3. 公共权力论。1994年,武步云在《行政法的理论基础——公共权力论》一文[84]中指出:中国行政法学的理论基础应该是公共权力论。理由有三:(1)公共权力论由行政法的本质所决定;(2)公共权力论是行政法律体系赖以建立的理论基础;(3)公共权力论是说明行政法历史发展的理论基础。

4. 公平、效率、稳定论。1995年,贺善征发表了《关于行政法律观念的研究》一文[85]。它在该文中提出:行政法律观念由三个观念组成,即公平观念、效率观念和稳定观念。无论作者是否把行政法律观念视同于行政法学理论基础,但从论文的客体上看,它所论述的是同一个论题。因此,这也算是有关中国行政法学理论基础的又一观点。

5. 平衡论。就中国目前情况而言,我们很难说上述的几种观点,哪一种占据了统治地位,但"平衡论"引起了广泛的注意和讨论,并且正在一定程度上影响着中国行政法学理论发展的方向。"平衡论"是由罗豪才教授于近年首创的一种中国行政法学理论基础的观点。1993年,罗豪才、袁曙宏和李文栋发表《现代行政法的理论基础——论行政机关与相对一方的权利义务平衡》一文[86],首次提出"平衡论"并归纳了其中心思想:行政法的发展过程就是行政机关与相对一方的权利义务从不平衡到平衡的过程;古代行政法本质上是"管理法",近代行政法总体上是"控权法",现代行政法实质上是"平衡法"。他们指出:与现代行政法实质上是"平衡法"相适应,现代行政法存在的理论基础应是"平衡论"。它的基本含义是:在行政机关与相对一方权利义务的关系中,权利义务在总体上应当是平衡的。它既表现为行政机关与相对一方权利的平衡,也表现为行政机关与相对一方义务的平衡;既表现为行政机关自身权利义务的平衡,也表现为相对一方自身权利义务的平衡。平衡论也可称为"兼顾论",即兼顾国家利益、公共利益与个人利益的一致。无论哪一方侵犯了另一方的合法权益,都应予以纠正。在我国,国家利益、公共利益与个人利益在根本上和总体上是一致的、统一的。这正是平衡论存在的客观基

[81] 载《法制与社会发展》1995年第5期。
[82] 载《北京社会科学》1989年第1期。
[83] 南京大学出版社1992年版。
[84] 载《法律科学(西北政法学院学报)》1994年第3期;复印报刊资料《法学》1994年第7期转载。
[85] 载《行政法学研究》1995年第1期。
[86] 载《中国法学》1993年第1期。

础。尔后又有一系列的论文进一步阐述了"平衡论"的内涵。[87]

尽管中国行政法学的理论基础是什么依然是一个可讨论的问题,但"平衡论"的提出对中国现行行政法制的建设无疑是有裨益的,它有助于防止和纠正只把行政机关看作权利主体,而把公民看成义务主体的观念,也有助于我们在行政立法、行政执法和行政司法中注重对政府与公民之间权利义务的公正对待。

须注意的是,也许是由于"行政法学理论基础"问题过于抽象,并和行政执法、行政复议和行政诉讼并无直接的关联,近十多年来人们对它研讨的兴趣趋向低落。

三、行政法学理论体系

一个学科没有理论体系是不成立的,而学科的理论体系是指一个学科的理论框架及内在的逻辑体系。新中国成立以来,专门探讨中国行政法学理论体系者不多,研究成果更少,以至于在有关行政法学研究的综述[88]中找不到它的位置(因为没设专栏)。值得一提的是,1991年5月23日,北京大学法律系行政法教研室在北京首次发起了"行政法学体系与基本内容"研讨会[89];中国法学会行政法学研究会于1994年在西安召开了"行政法学体系与教育改革"研讨会。这两次专题讨论会将部分学者的研究兴趣引向该专题。1992年以来亦有学者发表了这方面的专论,[90]但不能说我们业已解决了这一理论问题。值得欣慰的是,人们的研究总是自觉或不自觉地在某种体系中进行,正如人类只能在空间中生活一样。因此,归纳中国学者对行政法学理论体系的态度、立场和观念依然是有章可循的。

从各种行政法学研究成果分析归纳看来,中国行政法学的理论体系经历了或正面临以下几对关系的选择和评判。

(一)宪法学体系、行政学体系和行政法学体系

当我们提出这种模式选择时,谁都不会反对行政法学不该是宪法学或行政学的体系,而应该有自己独特的体系。然而事实上,当中国第一部《行政法概要》[91]出版时,其体系比较接近

---

〔87〕 参见沈岿:《试析现代行政法的精义——平衡》,载《行政法学研究》1994年第3期;王锡锌:《再论现代行政法的平衡精神》,载《法商研究(中南政法学院学报)》1995年第2期;王锡锌、陈端洪:《行政法性质的反思与概念的重构——访中国法学会行政法研究会总干事北京大学罗豪才教授》,载《中外法学》1995年第3期;袁曙洪:《现代行政法本质上是平衡法》,载《中外法学》1996年第5期;王锡锌、沈岿:《行政法理论基础再探讨——与杨解君同志商榷》,载《中国法学》1996年第4期;罗豪才、甘雯:《行政法的"平衡"及"平衡论"范畴》,载《中国法学》1996年第4期。特别是罗豪才等:《行政法平衡理论讲演录》,北京大学出版社2011年版;罗豪才、宋功德:《软法亦法——公共治理呼唤软法之治》,法律出版社2009年版;罗豪才主编:《行政法的新视野》,商务印书馆2011年版;《软法的挑战》,商务印书馆2011年版;等等。

〔88〕 参见张尚鷟主编:《走出低谷的中国行政法学》,中国政法大学出版社1991年版。

〔89〕 详细内容参见《中国法学》1991年第5期。

〔90〕 如刘惊海、李学军《对我国行政法学体系的探讨》一文发表于《吉林大学社会科学学报》1992年第6期;张尚鷟《在完善人民代表大会制理论的前提下发展具有中国特色的行政法学》一文发表于《中国法学》1993年第3期;刘旺洪《行政法制现代化研究框架略论》一文发表于《江苏社会科学》1993年第3期;程雁雷《重构行政法学体系应遵循的原则》一文和杨建顺《大胆借鉴,勇于创新,建立完整系统的行政法学体系》一文均发表于《行政法学研究》1994年第3期等。

〔91〕 参见王珉灿主编:《行政法概要》,法律出版社1983年版。

宪法学。[92] 当时一位学过宪法的大学生去选修行政法学时,他会觉得是多此一举。当时以《行政法概要》为代表的一些教程之所以在体系上不能同宪法学“分家”。原因大概有二:一是研究队伍问题。中国第一代行政法学者原先大多是从事宪法学教研的。宪法学是行政法学的基础,从事宪法学研究转而从事行政法学研究,有他们的优势和益处,但他们有时会不自觉过多地用宪法学体系去影响甚至左右行政法学体系。二是认识问题。由于受苏联“国家法”观念[93]和英国韦德关于宪法和行政法关系观念[94]的影响,中国有些学者把行政法看作“动态的宪法”。[95]

接近宪法学的行政法学体系,使行政法学有了厚实的宪法学基础,但它同时会使学科同国家行政管理实践拉大距离,因为宪法只能抽象地指导国家行政管理实践而不能像行政法那样直接规制国家的行政活动。此时,当人们带着让行政法学直接为国家行政管理服务的“美好愿望”去重设行政法学体系时,一不小心就滑向另一个“边缘”:行政学的行政法学体系。这种体系的特点在于,它在行政法学内容中“输入”了许多行政学而不是行政法学的内容,如行政机构的设置原则、行政管理的现代化和科学化等。[96] 造就行政学的行政法学体系的原因,主要不在于研究人员的来源结构问题,而在于当时创设行政法学体系可参照的内容以及人们对行政法与行政学关系的认识。当时条件下,人们创造行政法学体系,除参考宪法学外,其他可参考的就是业已兴起的行政学了,况且不少学者认为,既然行政法是直接为行政管理服务的,而行政法与行政学仅只有一字之别,故它们的内容应该是相通的。

当中国学者们开始修正上述两种行政法学体系(宪法学型和行政学型),重创具有行政法学自身特色的行政法学体系时,还有许多关系需要解决。

(二)行政法学与行政诉讼法学

在中国,无论其是否属于大陆法系,民法和民事诉讼法作为对应的两大法律部门,以及刑法和刑事诉讼法作为对应的两大法律部门,均是当然而毋庸置疑的事实,但对于行政法领域,是否应把行政诉讼法置于行政法之外,成为与行政法相对应的独立的法律部门,直至今日仍有分歧。这种对行政法和行政诉讼法关系的认识,直接影响到行政法学体系。

自中国行政法学研究开始恢复到1989年中国行政诉讼法的制定这段时期,中国行政法学理论体系基本上都采用“大行政法学”体系[97],即把行政法同行政诉讼法合为一个部门法对

---

[92] 如该书所阐述的国家行政管理指导思想和基本原则大多是宪法学原则,其第五章国家行政机关内容,我们很容易从一般的宪法学教程中找到。当然,这不影响《行政法概要》作为新中国第一本中国行政法学教材所起的启蒙作用。

[93] 把宪法和行政法看作国家法的组成部分,从而降低行政法作为部门法的地位。

[94] 英国韦德认为宪法是静态的行政法,行政法则是动态的宪法。

[95] 如龚祥瑞教授在《比较宪法与行政法》(法律出版社1985年版)一书的“出版说明”中写道:“从其基本内容看,在一定意义上可以说,行政法是宪法的一部分,即是宪法的动态部分……”

[96] 参见姜明安:《行政法学》,山西人民出版社1985年版;王先勇:《行政法基础》,成都电讯工程学院出版社1988年版;许崇德主编:《行政管理与行政法》,中国广播电视出版社1991年版;等等。

[97] 唯有两套丛书例外,即1988年由国务院法制局审定、由中国政法大学出版社出版的“政府法制干部培训教材”和同年由任建新担任主任委员、由中国政法大学出版社出版的“行政诉讼系列教材”。

待,行政法学自然也就包括行政诉讼法学了。[98] 造成这种现状的因素主要有两个:第一,当时在中国,制定行政诉讼法尚未提上日程,学术界亦尚未有成熟的独立的行政诉讼法学理论。第二,学术界有一种认识,即认为行政法同行政诉讼法不分,这正是行政法区别于民法和刑法的一个特点。[99]

在《行政诉讼法》制定并实施30多年后的今天,出现了两种行政法学体系并存:一种是"大体系",把行政法同行政诉讼法合为一体;另一种是"小体系",即行政法学不包括行政诉讼法学。

依作者之见,既然刑事诉讼法是与刑法相对应的一个独立的法律部门,民事诉讼法是与民法相对应的一个独立的法律部门,那么,行政诉讼法也必然是,而且也应该是与行政法相对应的一个独立的法律部门。与此相适应,行政法学与行政诉讼法学也应是两个独立的法学部门而不是相反。如果在《行政诉讼法》尚未制定以及行政诉讼法学理论尚未形成的前期,采用行政法学的"大体系"尚可接受,那么在《行政诉讼法》业已实施30多年以及行政诉讼法学理论业已成熟的今天,继续坚持行政实体法学与行政诉讼法学不分的主张是不可理喻的。教材和课程体系应与法律部门和法律学科体系严格分开,前者可以根据教材任务、授课对象及授课时数灵活安排,后者则是不可变易的原则问题。

(三)行政法学总论与分论(基本行政法学与部门行政法学)

这一关系相对简单,人们的观念亦为一致。作为行政法学体系,理应包括总论与分论。也有人称为基本行政法学与部门行政法学。[100]

总论系指行政管理各领域普遍适用的规则和原理;分论则指行政法规则和原理在各具体行政管理领域的运用。总论应包括哪些内容,目前尚不十分统一,这涉及行政法学体系观念问题;关于分论部分,它所包括的内容人们在认识上是一致的,即大体有:组织行政法学、人事行政法学、军事行政法学、外事行政法学、公安行政法学、民政行政法学、司法行政法学、交通行政法学、经济行政法学、教育行政法学、科技行政法学、文化行政法学、卫生行政法学、体育行政法学、土地行政法学、城建行政法学等。

至于中国的行政法教材,有的包含总论和分论,有的只有总论没有分论,这都是根据不同教材的不同任务而定,不涉及对总论分论关系的认识问题。我们应当继续巩固这样的共识:作为行政法学的理论体系,它必然包含总论部分与分论部分,但作为课程体系或教材体系,总论与分论的分合可灵活处理。

(四)制度行政法学与原理行政法学(静态与动态)

行政法律制度系指由各种行政法律规范本身所表明的各项要求及其所形成的系统,如组织制度、人事制度、行政许可制度、行政处罚制度等。以阐述制度为任务所构成的行政法学体系可称为"制度行政法学"。行政法学原理系指由各种行政法律规范所体现的并用以指导行政

---

〔98〕如王珉灿主编的《行政法概要》(法律出版社1983年版)、应松年和朱维究编著的《行政法学总论》(工人出版社1985年版)、姜明安编著的《行政法概论》(北京大学出版社1986年版)、张尚鷟主编的《行政法教程》(中央广播电视大学出版社1988年版)和王连昌主编的《当代中国行政法》(重庆出版社1988年版)等。

〔99〕参见张尚鷟编著:《行政法教程》,中央广播电视大学出版社1988年版,第6页。

〔100〕参见乔晓阳主编、全国人大常委会法制工作委员会行政法室编著:《中华人民共和国行政强制法解读》,中国法制出版社2011年版,第2页。

立法、行政执法和行政司法的理性精神和"精神内核"。它表现为一些抽象的理论规则,如"依法行政""越权无效""一事不再罚"等各项理论。以揭示原理为任务所构成的行政法学体系则称为"原理行政法学"。由于制度相对于原理而言具有静态性,反之则具有动态性,因而"制度行政法学"亦称"静态行政法学","原理行政法学"亦称"动态行政法学"。

虽然客观上说,纯粹的制度行政法学和纯粹的原理行政法学都是不存在的。因为没有一个学者在阐述行政法律制度时不涉及行政法学原理,也没有一个学者在探讨行政法学原理时能同行政法律制度脱离干系。但我们依然可以根据各学者是把制度还是原理置于行政法学的重点而区别两种不同的行政法学体系:制度行政法学或原理行政法学。

自恢复行政法学研究以来直至1988年,这时出版的各种教材和著作所反映的行政法学体系基本上属于制度行政法学或静态行政法学。其特征在于:(1)研究的重点是行政法律制度,而不是行政法学原理,如在体系中直接表明行政组织法、公务员法、行政行为法、行政救济法等;(2)研究的起点是从静态的法律概念(如行政机关、法人、公民),而不是动态的法学概念(如行政主体、行政相对人)出发。此类制度行政法学迄今还大量存在,而且起着不可否认的作用。

1988年起,中国开始有学者从"原理"的角度研究行政法了,开始形成原理行政法学体系。1988年10月,叶必丰编著的《行政法原理》出版。[101] 该书虽然在内容上并没有真正从动态的角度研究行政法学原理,但该书所反映体系依然属于制度行政法学,它毕竟是中国恢复行政法学研究以来第一次用"原理"命名的行政法教材,它多少标志了中国的学者已始注意到行政法学的"原理"了,尽管这时仅仅是形式上的。中国第一本不仅在形式上用"原理"命名书名,而且内容研究亦是从原理出发的著作,应首推由张焕光、胡建淼著的《行政法学原理》[102]一书了。该书从动态的学理概念(如行政主体、行政人、行政相对人)出发,试图构筑起"双线型"的行政法学体系。无论其所揭示的"原理"是否正确和充分,但它标志了一种动态行政法学体系的出现。嗣后,靠近这类体系的教材、著作主要有:杨海坤等著的《中国行政法基本理论》(南京大学出版社1992年版);朱新力著的《行政法基本原理》(浙江大学出版社1995年版);熊文钊著的《行政法通论》(中国人事出版社1995年版)等。我们期待着中国有更多的这类体系的书籍出版。从2000年以后,中国更多的教材都体现了制度和原理的结合。

(五)宏观行政法学、微观行政法学和中观行政法学

宏观和微观是一个对应的范畴,中观介于宏观和微观之间,是对两者的折中。中国行政法学体系同这三者有联系。

中国有的学者从宏观角度研究行政法,其表现为从宪治的角度研究行政权同其他国家权力的关系,行政权的性质和作用,行政权的产生、运行和监督等。此类行政法学可称作宏观行政法学体系。中国有的学者则从微观角度研究行政法,其表现为从行政权力具体操作程序以及从行政法律的具体规定内容角度筑建行政法学。此类行政法学则称作微观行政法学体系。

自中国恢复行政法学研究以来的前半段,宏观行政法学居多,其中的一个原因是:当初有不少政治学和宪法学学者们研究行政法。宏观行政法学研究的理论基点高,有助于深刻地认

---

[101] 湖北科学技术出版社出版。

[102] 1989年7月由劳动人事出版社出版。

识行政法的本质和国家行政权力的地位。但它可操作性不强,对具体的行政立法、行政执法和行政审判缺乏明显而直接的指导意义。因此,自1989年4月行政诉讼法制定后,由于行政审判实践的需要,不少人开始研究具体行政法律规定以及在行政审判中的适用,从而出现了微观行政法学。微观行政法学对于具体指导行政立法、行政执法和行政司法起到了明显的作用。

宏观行政法学的可操作性太弱,微观行政法学又走向另一个极端,它虽有明显的可操作性,但超先的理论性不够,势必滑向注释法学。鉴于此,中国已有学者开始意识到需要建立一种中观行政法学。中观行政法学的特点是,它既不是停留在仅研究行政权在国家政权中的地位,也不沉溺于研究具体行政法律规范的具体适用,而是在中国宪治理论的指导下,具体探讨"隐藏"在行政法律条文背后且又支配行政法律条文的抽象性的理性规则和"精神内核"。目前,我们很难把某一本书作为上述三种体系中的某一种体系的代表,但中国宏观行政法学、微观行政法学和中观行政法学三种体系观的存在是确定无疑的。宏观行政法学与微观行政法学同样不可缺少,然就中国现状而言,创建中观行政法学体系更为迫切。

(六)双线体系与单线体系

行政法学不可能不涉及行政法律关系。行政法律关系是指在国家行政管理中作为管理方的行政主体与作为被管理方的行政相对人之间的权利义务关系。然而在对行政法学体系的设置上,有两种不同的做法:

第一种是从行政法律关系的"两端"出发,以管理方的行政主体为"一线",以被管理方的行政相对人为"另一线",两条"线"并行贯串行政法学的始终。此为"双线体系"。这种体系的特征是,它在论述主体时同时论述行政主体和行政相对人;在论述行为时同时论述行政主体的行为(行政行为)和行政相对人的行为(相对行为);在论述违法时同时论述行政主体的违法行为和行政相对人的违法行为;在论述行政责任时亦作同样的处理。比较典型的采用"双线体系"的教材、著作有:张焕光、胡建淼撰写的《行政法学原理》(劳动人事出版社1989年版);何乃忠主编的《实用行政法学》(法律出版社1991年版);熊文钊著的《行政法通论》(中国人事出版社1995年版)等。

第二种是从行政法律关系的"一端"出发,仅以管理方当事人即行政主体为"主线"贯串于行政法学的始终。此为"单线体系"。这种体系的特征是,它所设置的行政主体、行政行为、行政程序、行政违法、行政责任等各部分,仅以管理方的内容为限。如"行政行为"仅指行政主体的行为,不包括相对人的行为;"行政违法"仅指行政主体的违法行为,不包括相对人的违法行为……在中国,大多教材和著作采用"单线体系",如皮纯协主编的《中国行政法教程》(中国政法大学出版社1988年版);罗豪才主编的《行政法学》(中国政法大学出版社1989年版);王连昌主编的《行政法学》(中国政法大学出版社1994年版)等。

"双线体系"与"单线体系"各有所长:前者能充分展开行政法律关系,研究问题比较全面,体现了通过自己的对应面研究自身的哲学方法,但它冲淡了国家行政权的核心地位;后者则能分清主次,突出国家行政权的中心,但它因缺少事物矛盾的对应面,对行政相对人方的各种法律问题难以展开研究。我们未来的任务也许是,如何在"双线体系"与"单线体系"之间寻找到它们的"融合点"。

(七)内线体系与外线体系

这是中国行政法学体系所遇到的又一对关系。行政法无疑是有关国家行政管理的法,而国家行政管理又可分为对外(对社会)管理和对内(对国家机构和国家人员本身)管理,于是国家行政有内部行政与外部行政之分。中国行政法学体系大多以“外线”为限,内部行政并未处于与外部行政并居的地位。这种“外线”体系可称为“外部行政法学”。外部行政法学的特征是,它所论述的每个概念和制度均以外部行政为限,如行政主体仅指外部行政主体,行政行为限指行政主体对外(对社会)行使职权的行为。

另一种行政法学体系是,内部行政(内线)与外部行政(外线)并重,内线与外线同时贯串行政法学的始终。这种体系的特征是,它把行政法律关系中管理方的主要概念和制度都作内外划分,并分别论述。例如,把“行政主体”划分为“内部行政主体”和“外部行政主体”;把“行政行为”划分为“内部行政行为”(如行政处分)和“外部行政行为”(如行政处罚)等。目前,中国采用这一体系的不多,尽管已有不少行政法学开始注意内部行政这个“被遗忘的角落”。张焕光、胡建淼著的《行政法学原理》(劳动人事出版社 1989 年版)算是中国迄今唯一采用内线外线并重体系的一本著作。该书认为,任何行政均有内外之分,内部行政与外部行政有各自的规则,因而内部外部不得“交错”,否则“无效”。“交错无效”规则是该书所揭示的一个重要精神。

考察中外各种行政法学理论体系,其实并不存在纯粹的“外线体系”,也不存在纯粹的“内线体系”。作者以前所主张的“内线外线并重体系”业已受到自身的否定,因为这种体系忽视了“事物矛盾总有主次之分”的客观规律性。“以外线为主、内线补充”的行政法学理论体系,应该是将来的最佳选择。

以上是中国行政法学理论体系所涉及的几个主要关系。这些关系无论是否被人们所意识和掌握,人们都无法回避。这些矛盾关系的不同交融,形成了中国目前几十种的行政法学理论体系。我们尚不能武断谁的体系或哪一种体系最为完美,但当学者们从不自觉地在各种体系“轨迹”中徘徊转向自觉地选择甚至改造已经面对的体系“轨迹”时,中国行政法学理论体系的种类会逐渐减少,目标会越来越接近。

第四节　疑难问题探讨

一、行政法主要是“外部行政法”吗?

从理论上说,由于“行政”可以划分为“外部行政”与“内部行政”,“行政法律关系”可以划分为“外部行政法律关系”与“内部行政法律关系”,“行政法”自然也可随之划分为“外部行政法”与“内部行政法”。甚至我们也可对行政职权、行政行为作“内外”划分。“外部行政法”旨在调整政府与社会的关系,“内部行政法”旨在调整政府自身的关系。

但从世界各国对行政法的设置来看,行政法重在解决“外部管理关系”,因而通常被称作“公共行政法”(public administrative law)。这是因为,政府的行政管理主要是政府对社会的管理;政府与社会的关系比政府自身的关系对一个国家的稳定和发展更具有决定性。这种行政法的定位影响了许多国家的行政法,使包括中国在内的行政法,如行政处罚法、行政许可法、行政强制法等都是“管外”不“管内”,中国的行政复议法和行政诉讼法也是适用外部救济而不适用内部救济,中国的公务员法至今还将公务员对主管部门对他的不利处分不服的法律救济牢牢地限定在“申诉”范围之内……

必须看到，自20世纪以来，世界上许多国家的行政法已打破了这一界线，行政法已大量地突破"外部行政"的界线而进入"内部行政"领域，行政法已不再仅仅是"外部行政法"，而由"完整型的行政法"所取代。德国行政法院连一个大学生控告学校少发奖学金事件也可以受理，日本连行政机关之间的权限之争也可通过行政诉讼解决（机关诉讼）。因此，中国行政法面临的一项改革在于，不要将行政法的调整范围牢牢地局限于"外部关系"。

当然，由于本书是对中国现行行政法制度和理论的反映，它不得不暂时将重点留在"外部行政法"的定位之上。

二、宪法是行政法形式之一，是否影响它作为根本法的地位？

行政法是指行政法律规范的总和；而行政法律规范则散见于宪法、法律、行政法规、地方性法规和规章之中。宪法无疑是行政法律规范的存在形式之一。这是现行中国行政法学理论的通说。

但是，仔细探究下去，又会发现理论上的矛盾：宪法是国家的根本大法，其法律位阶处于顶层，任何法律、行政法规、地方性法规、规章等都不得与它相抵触，任何法律部门，如行政法、民法、刑法等，效力都在宪法之下；但是，作为部门法之一的行政法是行政法律规范的总和，而作为行政法细胞的行政法律规范又散见于宪法、法律、法规和规章之中。那么，存在于宪法形式中的行政法律规范与存在于其他法律、法规形式中的行政法律规范又是个什么关系呢？如果对存在于宪法、法律、法规、规章中的行政法律规范不加区分，那么就会导致对现行法律位阶（宪法具有最高法律效力，法律效力高于行政法规、地方性法规和规章，行政法规效力高于地方性法规和规章……）的冲击，使法律位阶失去意义；如果对存在于宪法、法律、法规、规章中的行政法律规范根据其所存在的法律形式而加以区分，那么又会得出一个荒唐的结论：在一个作为部门法的行政法之中，存在宪法性规范、法律性规范、法规性规范和规章性规范。

解决这一问题的理论出路在于：宪法是国家的根本大法，是产生部门法的"母法"；宪法中的各种法律规范就是宪法规范，它们不可能同时成为部门法规范。行政法应当是在宪法之下，存在于有关法律、法规和规章之中的各种行政法律规范的总和。换句话说，宪法法律规范不应当同时成为行政法律规范。

本章小结

行政法就是有关行政的法。那么什么是行政呢？行政虽有多种表达方式和含义内容，但主流的表达应当是：行政就是国家行政主体依法对国家和社会事务进行组织和管理并产生行政法律效果的活动。换句话说，行政是国家行政主体实施国家行政权的行为及状态。

这种意义上的行政，依据不同标准可作不同的分类：根据国家行政管理的领域，行政可被划分为组织行政、人事行政、公安行政、司法行政、民政行政、经济行政、科技行政、教育行政、军事行政、外事行政等；根据行政所涉的范围，行政可以分为内部行政和外部行政；根据行政关系的涉外因素，行政又可以被划分为国内行政和涉外行政；根据行政的主要功能，行政可以分为秩序行政和给付行政……行政的这些分类及不同的行政所包含的特性直接影响到行政法的诸多原理。

行政法是有关行政的法，而行政的核心又是行政权。行政权是国家行政机关执行法律、法规管理国家行政事务和社会事务的权力，是国家政权的一个组成部分。

与行政与行政权相关联的行政法，是指有关国家行政管理的各种法律规范的总和，是以行政关系为调整对象的一个仅次于宪法的独立法律部门，其目的在于保障国家行政权运行的合法性和合理性。

中国行政法的内容极为广泛,形式更是多样。行政法的形式也称行政法的渊源,主要是以宪法为核心的各种制定法,包括宪法、法律、行政法规、地方性法规、规章、自治条例和单行条例、经济特区的法规、特别行政区的法律法规、国际条约、行政协定、国际惯例和各种法律解释等。

行政法以行政关系为调整对象,行政关系经行政法调整后,便上升为行政法律关系。行政法律关系是经行政法规范调整的,因实施国家行政权而发生在行政主体之间,行政主体与行政人之间,行政主体与行政相对人(其他国家机关、社会组织、公民、外国组织和外国人)之间的权利与义务关系。这种关系由主体、客体和内容构成。

在行政法律关系中有一个特别的类型就是"特别权力关系"。这一最早起源于德国的"特别权力关系"是直接根据法律或当事人的自主意思而发生,在行政主体与行政相对人之间形成一种特别的权利义务关系,相对人会负有一种法律以外的特别服从义务。

行政法学是以行政法及与行政法相关的社会关系为研究对象的一门法律学科。这种学科的理论基础首先引起人们的关注。在众多的行政法学理论基础中,"平衡论"是中国当今比较受人关注的理论之一。

在行政法学中,另一个受人关注的问题是行政法学的理论体系问题。中国行政法学的理论体系,虽然至今已告别了"政治学体系""宪法学体系""行政学体系""民法学体系"时代,但真正的行政法学体系应当是什么,正是中国行政法学者们的重要使命。

规范链接

- 《中华人民共和国宪法》(2018)第一、二、三章
- 《中华人民共和国城市房地产管理法》(2019)第二、五、六章
- 《中华人民共和国行政诉讼法》(2017)第12条

复习思考题

1. 什么是行政?什么是行政法?
2. 什么是行政法律关系?它与其他法律关系有何不同?
3. 什么是特别权力关系?它的发展趋向如何?
4. 如何构架中国的行政法学理论体系?

第二章　行政法基本原则

行政法的基本原则，是行政法学的基本理论之一，它贯穿于整个行政法学的始终。掌握行政法的基本原则，有助于确立规制行政行为的标准。本章将阐述行政法基本原则的概念、特性、地位、内容，以及基本原则之间的关系。

第一节　行政法基本原则演变与现状

中国行政法的教科书或是行政法的理论专著无不为“行政法基本原则”设立专章或专节。在中国当下的行政法学界，几乎已到达无“行政法基本原则”不成“书”的地步。但是，关于中国行政法到底有哪几项基本原则以及这些原则的具体内容又是什么，尚未统一。

一、中国行政法基本原则的演变与现状

行政法基本原则在行政法学中的特殊地位，并没有被中国学者所忽视。[1] 中国自 1978 年以来，几乎所有的行政法学教材和著作都为行政法基本原则留下了应有的地位。[2] 但就提法和具体内容而言，中国对行政法基本原则的研究可分为两个阶段：从提法上看，1986 年以前，以提“行政管理基本原则”为主，1986 年以后，以提“行政法基本原则”为主；从内容上看，1990 年以前，行政法基本原则相对分散、混杂，1990 年之后，行政法基本原则就相对集中，并且以“行政合法性”与“行政合理性”为主要内容。

在 1986 年以前，中国几乎所有的行政法学教材和著作，都提“行政管理”的基本原则，而不提“行政法”的基本原则。这种现象的背景，可能当时是基于这样一种认识：行政法是有关行政管理的法，因此，行政管理的基本原则与行政法的基本原则是同一的。[3] 从基本原则的提法上看，无论是在形式上还是在内容上，都没有真正靠近行政法。该时的基本原则不仅在名称上被称为“国家行政管理的”基本原则，而且在内容上更靠近政治学、行政学和宪法学的基本原则。

---

〔1〕 参见应松年、杨伟东编：《中国行政法学 20 年研究报告》，中国政法大学出版社 2008 年版，第五章行政法基本原则。

〔2〕 当然，当时也有一些教材和著作并没有持同样的态度，如王连昌主编的《当代中国行政法》（重庆出版社 1988 年版），张树义、方彦主编的《中国行政法学》（中国政法大学出版社 1989 年版）等。

〔3〕 这一时期所提到的行政管理的基本原则，总体上有十几种：（1）坚持共产党的领导，发挥国家行政机关效能的原则（在党的统一领导下实行党政分工和党企分工原则）；（2）人民群众参加国家管理原则（广泛吸收人民群众参加国家行政管理原则）；（3）民主集中制原则（贯彻民主集中制原则）；（4）各民族权利平等原则（坚持各民族一律平等原则；民族平等、团结和互助原则）；（5）国家实行计划化原则；（6）社会主义法制原则（维护社会主义法制的统一和尊严，坚持依法办事原则）；（7）实行精简原则（实行“简政”“便民”原则）；（8）按照客观规律办事，实行有效的行政管理原则；（9）“四个坚持”原则；（10）管理民主化原则；（11）管理科学化原则；（12）管理法制化原则；（13）为人民服务原则；（14）效率原则；等等。

1986年以后,情况大为改观。人们意识到:行政法学从名称到内容都必须有自身的基本原则。因此,1986年以后有关行政法学的教材和著作,都在名称上改提"行政法的"基本原则,而且在内容上亦有颇大变化。[4]

必须指出,这时的中国行政法基本原则虽然已从名称上实现了从"行政管理基本原则"到"行政法基本原则"的转变,内容上虽然也提到了"行政合法性原则"与"行政合理性原则"这两项属于行政法范畴的基本原则,但总体而言,这时行政法的基本原则还属于分散、混杂的阶段。20世纪90年代以后,特别是进入21世纪,中国学者们对行政法基本原则的研究和揭示就显得更为理性些,那就围绕"合法性"与"合理性"来提炼其内容,原则的项数也一般控制在2~4条。

当下提两项原则者为多,而且都将它集中在"行政合法性原则"与"行政合理性原则"上面。[5] 此外,有提四项原则的。有学者提:行政法治原则;行政公正原则;行政公开原则;行政效率原则。[6] 也有学者提:依法行政原则;行政合理性原则;信赖保护原则;正当程序原则。[7] 当然,还有学者提五项原则:依法行政原则;合理性原则;责任行政原则;诚实信用原则;正当程序原则。[8] 也有学者认为,行政法只有一项基本原则,那就是"依法行政原则";而"依法行政原则"又包含了合法行政、合理行政、程序正当、便民高效、诚实守信、权责统一等次原则。[9]

二、国务院《全面推进依法行政实施纲要》

2004年3月22日,国务院发布了《关于印发全面推进依法行政实施纲要的通知》。[10] 该纲要全文十一个部分,共计42条。其中第三部分专设了"依法行政的基本原则和基本要求"。该纲要第4条阐述了依法行政的基本原则:"依法行政必须坚持党的领导、人民当家作主和依法治国三者的有机统一;必须把维护最广大人民的根本利益作为政府工作的出发点;必须维护宪法权威,确保法制统一和政令畅通;必须把发展作为执政兴国的第一要务,坚持以人为本和全面、协调、可持续的发展观,促进经济社会和人的全面发展;必须把依法治国和以德治国有机结合起来,大力推进社会主义政治文明、精神文明建设;必须把推进依法行政与深化行政管理体制改革、转变政府职能有机结合起来,坚持开拓创新与循序渐进的统一,既要体现改革和创新的精神,又要有计划、有步骤地分类推进;必须把坚持依法行政与提高行政效率统一起来,做

---

〔4〕 这一时期所提到的行政法基本原则,总体上有下列几十种:(1)国家行政机关统一行使国家行政权原则;(2)依法行政原则(行政法治原则、法治原则、行政法制原则、行政合法原则、合法性原则、社会主义法治原则、依法行政原则);(3)统一领导、分级管理原则;(4)人民群众广泛参加国家管理原则(参与行政原则);(5)行政管理中的民族平等原则;(6)行政首长负责制原则;(7)因地制宜原则;(8)行政效率原则(提高行政效率原则、效率原则、行政效能);(9)国家计划管理原则;(10)行政民主原则(社会主义民主原则);(11)行政合理原则(合理性原则、公正合理原则、公正原则、行政适当原则、适当行政原则);(12)越权无效原则;(13)应急性原则;(14)行政权责一致原则;(15)行政权威原则;(16)行政法的科学性原则;(17)民主与效率相协调原则;(18)行政公开原则;(19)行政统一原则;(20)行政时效原则;(21)行政权行使的法律制约原则(制约原则、监督行政原则);(22)依法行政和坚持党的领导原则;(23)工作责任制原则;(24)责任行政原则;(25)从实际出发原则;(26)国家、集体、个人利益统一原则;(27)保障自由、平等、竞争原则;等等。

〔5〕 参见叶必丰:《行政法学》,武汉大学出版社2003年版;胡建淼《行政法学》(第2版),法律出版社2003年版;等等。

〔6〕 参见姜明安主编:《行政法与行政诉讼法》,北京大学出版社、高等教育出版社1999年版,第44页以下。

〔7〕 参见张树义:《行政法与行政诉讼法学》(第2版),高等教育出版社2007年版,第28页以下。

〔8〕 参见应松年主编:《当代中国行政法》(上下卷),中国方正出版社2005年版,第71页以下。

〔9〕 参见方世荣、石佑启主编:《行政法与行政诉讼法》,北京大学出版社2005年版,第49页以下。

〔10〕 2004年3月22日国务院文件,国发〔2004〕10号发布,自发布之日起施行。

到既严格依法办事,又积极履行职责。"接着第5条又阐述了依法行政的基本要求:

1. 合法行政。行政机关实施行政管理,应当依照法律、法规、规章的规定进行;没有法律、法规、规章的规定,行政机关不得作出影响公民、法人和其他组织合法权益或者增加公民、法人和其他组织义务的决定。

2. 合理行政。行政机关实施行政管理,应当遵循公平、公正的原则。要平等对待行政管理相对人,不偏私、不歧视。行使自由裁量权应当符合法律目的,排除不相关因素的干扰;所采取的措施和手段应当必要、适当;行政机关实施行政管理可以采用多种方式实现行政目的的,应当避免采用损害当事人权益的方式。

3. 程序正当。行政机关实施行政管理,除涉及国家秘密和依法受到保护的商业秘密、个人隐私的外,应当公开,注意听取公民、法人和其他组织的意见;要严格遵循法定程序,依法保障行政管理相对人、利害关系人的知情权、参与权和救济权。行政机关工作人员履行职责,与行政管理相对人存在利害关系时,应当回避。

4. 高效便民。行政机关实施行政管理,应当遵守法定时限,积极履行法定职责,提高办事效率,提供优质服务,方便公民、法人和其他组织。

5. 诚实守信。行政机关公布的信息应当全面、准确、真实。非因法定事由并经法定程序,行政机关不得撤销、变更已经生效的行政决定;因国家利益、公共利益或者其他法定事由需要撤回或者变更行政决定的,应当依照法定权限和程序进行,并对行政管理相对人因此而受到的财产损失依法予以补偿。

6. 权责统一。行政机关依法履行经济、社会和文化事务管理职责,要由法律、法规赋予其相应的执法手段。行政机关违法或者不当行使职权,应当依法承担法律责任,实现权力和责任的统一。依法做到执法有保障、有权必有责、用权受监督、违法受追究、侵权须赔偿。

国务院的《全面推进依法行政实施纲要》,是新中国成立以来第一个系统性、规范性的法治文件,它对中国各行政机关及行政人员的行政行为提出了更高更全面的要求。

三、我国台湾地区学者关于行政法基本原则的观点

关于行政法基本原则的分歧状态,不仅在中国大陆存在,在我国台湾地区同样存在。在台湾地区学者的观点中,主要有"一项原则论"与"多项原则论"之分。

"一项原则论"认为〔11〕,行政法的基本原则只有一项,那就是"依法行政原则"〔12〕。关于"依法行政原则"的内容,除有个别学者作特别解释外〔13〕,大多认为它通过两大原则所体现,即"法律优越(先)原则"〔14〕和"法律保留原则"〔15〕。

---

〔11〕 参见翁岳生编:《行政法》(上下),中国法制出版社2002年版;翁岳生编:《行政法》(上)(第3版),台北,元照出版公司2006年版;陈敏:《行政法总论》,台北,三民书局1998年版;李震山:《行政法导论》(第7版),台北,三民书局2007年版;等等。

〔12〕 Der Grundsatz der Gesetzmässigkeit der Verwaltung.

〔13〕 如林纪东在其所著的《行政法》(第6版)(三民书局1990年版)中认为,行政法之基本法则,即依法行政原则,其含义有四:(1)行政权之作用不得与法规相抵触;(2)行政权非有法规根据,不得使人民负担义务,或侵害其权利;(3)行政权非有法规根据,不得免除特定人在法规上所应负之义务,或为特定人设定权利;(4)法规任诸行政机关自由裁量时,其裁量权之界限,仍受法规之规制。

〔14〕 Grundsatz des Vorrangs des Gesetzes.

〔15〕 Grundsatz des Vorbehalts des Gesetzes.

所谓“法律优越原则”,一种通说的解释是:“消极意义之依法行政原则,系指一切行政权之行使,不问其为权力的或非权力的作用,均应受现行法律之拘束,不得有违反法律之处置而言。”〔16〕如果说“法律优越原则”是一种“消极意义之依法行政原则”,那么,“法律保留原则”就是“积极意义之依法行政原则”,具体指“行政权之行动,仅于法律有授权之情形,始得为之,换言之,行政欲为特定之行为,必须有法律之授权依据”。〔17〕

但也有学者认为,“依法行政原则”不是只有两项原则组成,而是有三项原则组成,那就是除“法律优越”和“法律保留”两项原则外,还有“法律的规范创造力原则”。〔18〕这一原则是指:“法律(尤其是行政法律)对于行政权之运作,能够产生绝对及有效的拘束效力。”〔19〕

“多项原则论”者认为〔20〕,行政法不应当只有一项基本原则,它应当有多项基本原则。但在关于行政法的基本原则应当有哪几项的问题上,存在许多版本。

陈新民教授认为行政法的基本原则应当有以下三项:依法行政原则、平等权原则与比例原则。〔21〕并且他认为,依法行政原则表现为法律的规范创造力原则、法律优越原则和法律保留原则;平等权原则即行政公平原则,即做到人人在法律面前平等;比例原则即行政合理原则,它由三项次原则组成:妥当性原则、必要性原则和均衡原则。〔22〕

吴庚先生认为,无论是在德国还是在我国台湾地区,关于行政法的原则均未统一过。但在现实中,行政法的一般原则大致有四项:(1)诚实信用原则;(2)比例原则;(3)信赖保护原则;(4)公益原则。〔23〕

此外,我国台湾地区学者还有提更多项原则者。如陈慈阳先生认为行政法的原则有六项:(1)依法行政原则;(2)行政行为明确性原则;(3)平等原则;(4)比例相当性原则;(5)诚实信用原则;(6)信赖保护原则。〔24〕李惠宗是在我国台湾地区提出行政法原则项数最多的学者。他认为行政法的一般原则有以下九项:(1)明确性原则;(2)平等原则;(3)比例原则;(4)信赖保护原则;(5)诚信原则;(6)情事变更原则;(7)公益原则;(8)公平原则;(9)禁止片面接触原则。〔25〕

四、国外有关行政法基本原则的理论

在英国,行政法被看作“动态的宪法”〔26〕。行政法与宪法的紧密关系决定了行政法原则与宪法原则之间的关系。英国行政法原则以宪法原则为基础,但宪法原则又没有直接取代行政

〔16〕 翁岳生编:《行政法》(上)(第3版),台北,元照出版公司2006年版,第146页。

〔17〕 翁岳生编:《行政法》(上)(第3版),台北,元照出版公司2006年版,第146页。

〔18〕 陈新民:《行政法学总论》(第8版),台北,三民书局2005年版;蔡志芳:《行政法三十六讲》,台湾“中央图书馆”出版品1995年版;陈新民:《中国行政法学原理》,中国政法大学出版社2002年版。

〔19〕 陈新民:《行政法学总论》(第8版),三民书局2005年版,第76页。

〔20〕 参见李惠宗:《行政法要义》,台北,五南图书出版公司2000年版;陈慈阳:《行政法学基础理念(一):行政法总论》,神州图书出版有限公司2001年版;陈新民:《行政法学总论》(第8版),台北,三民书局2005年版;陈新民:《中国行政法学原理》,中国政法大学出版社2002年版;吴庚:《行政法之理论与实用》(第4版),台北,三民书局1998年版。

〔21〕 参见陈新民:《行政法学总论》(第8版),台北,三民书局2005年版,第75页以下。

〔22〕 参见陈新民:《中国行政法学原理》,中国政法大学出版社2002年版,第40页以下。

〔23〕 参见吴庚:《行政法之理论与实用》(第4版),台北,三民书局1998年版,第54页以下。

〔24〕 参见陈慈阳:《行政法学基础理念(一):行政法总论》,神州图书出版有限公司2001年版,第83页以下。

〔25〕 参见李惠宗:《行政法要义》,五南图书出版公司2000年版,第120~160页。

〔26〕 参见[英]T. B. 霍兰特:《法理法》,1924年英文版,第366~378页。

法原则。“议会主权”与“法治”,是英国宪法的两大基本原则,它决定了英国行政权力与议会、法院之间的法律关系。以此为基础,英国提出了“越权无效”(utar vires)与“自然公正”(natural justice)这两大内容丰富、相互有机联系的行政法基本原则。越权无效原则要求行政主体的行政行为符合议会制定法所赋予的权限,防止违反制定法的行政违法行为,如超越管辖权、不履行法定义务、滥用权力、记录中所表现的法律错误等发生;自然公正原则要求行政主体在处分相对人权利时,应听取对方的意见,保障相对人的防御权利,克服自己做自己的法官。[27] “越权无效”是授权法原则,“自然公正”是普通法原则;前者既涉及实体,也支配程序,而后者是纯程序性原则。

美国的情况与英国不同,宪法原则与行政法原则享用同一内容。“联邦主义”(federalism)、“分权主义”(separation of powers)与“法治主义”(by law)是美国宪法的三项原则,同时也是美国行政法的基本原则。同英国比较,美国对行政法原则的确立表现出两个方面的弱点:一是美国把宪法原则与行政法原则合而为一,否认了行政法学科的相对独立性;二是所确立的原则过于宏观,缺乏可操作性。值得一提的是,由美国法治原则所包含的基本权利原则与正当程序原则,对美国政府的行政行为有直接的约束作用。[28]

法国人把“行政法治”作为其行政法基本原则看待,并认为该原则包含三项基本内容:一是行政行为必须有法律依据;二是行政行为必须符合法律;三是行政机关必须以自己的行为来保证法律的实施。[29] 法国行政法的基本原则并非由某个成文法律直接确立,而是由其行政法院经过长期审判活动归纳而成。

德国学者们认为,德国政府的行政活动首先应适用其宪法原则,如权力分立原则、社会国家原则、法治原则等,其次应遵循行政法自身的基本原则。德国行政法的基本原则有两项:一是合法性原则(the principles of legality),它要求做到法律至上(primacy of law)和符合法律要件(requirememt of law);二是比例原则(the principles of proportionality),即坚持行政行为的公正合理性。[30] 这同中国的合法性原则与合理性原则极为接近。

“法治行政”是日本行政法学的重要原理。尽管日本学者并不注重回答“日本行政法的基本原则是什么”,然而法治行政原理在日本自然处于行政法基本原则的地位。日本法治行政原理包含三项基本内容:(1)法律保留原则,它要求政府的行政活动必须有国会制定的法律依据;(2)法律优先原则,它坚持法律高于行政;(3)司法救济原则,一切司法权归属于法院,法院具有行政纠纷的终裁权,公民合法权利遭受不法行政侵害时有权请求司法救济。[31]

韩国于2021年制定了《行政基本法》,其第8~13条规定了行政法的六项原则:(1)依法行政原则;(2)平等原则;(3)比例原则;(4)诚实义务与禁止滥用权限原则;(5)信赖保护原则;(6)禁止不当联结原则。

---

〔27〕 参见王名扬:《英国行政法》,中国政法大学出版社1987年版,第十章。

〔28〕 参见王名扬:《美国行政法》,中国法制出版社1995年版,第77~117页。

〔29〕 参见[英]L.赖维尔·布朗、约翰·S.贝尔:《法国行政法》,高秦伟、王锴译,中国人民大学出版社2006年版,第九章。

〔30〕 参见[印]M.P.赛夫:《德国行政法——普通法的分析》,周伟译,台北,五南图书出版公司1991年版。

〔31〕 参见[日]盐野宏:《行政法》,杨建顺译,法律出版社1999年版,第四章。

第二节 行政法基本原则定位与确立

一、行政法基本原则的概念

从上可见,无论国内还是国外,关于行政法的基本原则的观点并不一致。虽然导致这一状况的因素很多,但其中与缺乏统一的理论定位有关。到底什么是行政法的基本原则,符合什么标准才算得上是行政法的基本原则,这是首先必须定位的问题。

所谓行政法的基本原则,系指贯串在一国行政法中,指导和统帅具体行政法律规范,并由它们所体现的基本精神,是要求所有行政主体在国家行政管理中必须遵循的基本行为准则。

行政法基本原则不同于行政法的指导思想。后者比前者效力层次更高,内容更抽象。行政法基本原则,相对于行政法指导思想而言,更具有直接的可操作性。

行政法基本原则又不同于具体的行政法律规范。前者在效力层次上比后者高。行政法律规范是行政法的最小细胞,它的制定必须与行政法基本原则相一致,其内容必须体现行政法基本原则的精神。如果两者不一致,必须修改行政法律规范,而不是行政法基本原则。

行政法基本原则离不开具体行政法律条文。没有后者,前者便因失去表现形式而无法被反映出来。然而,行政法基本原则并非全由法律条文直接表达,大多原则存在于条文"背后"而需学者们挖掘。因而,探索和挖掘行政法基本原则成了行政法学者们的一大任务。

历史规律往往如此,一些法律原则最先是由学者们挖掘、创设、提炼,到成熟时才会由法律直接表达。所以,当一国法律未直接表达法律原则时未必是法律原则不存在,只是其法律原则尚未到达可直接用法律加以表达的程度。

二、行政法基本原则的特性

行政法基本原则之所以不同于行政法指导思想、行政法律规范、行政法具体条文以及其他法学和学科的基本原则,乃取决于它自身的有关特征。行政法基本原则具有下列四个主要特征:

1. 行政法基本原则具有特殊性。也就是说,行政法基本原则只能是"行政法"的基本原则,不是适用于所有法的基本原则,更不是适用于行政法以外其他法的基本原则。行政法基本原则的特殊性是建立在行政法与法之间的个别与一般的关系之上,它是相对于法的一般原则而言的。

2. 行政法基本原则具有普遍性。行政法的原则是可分层次的。有的原则适用于国家行政管理的所有领域,有的则不然,它只适用行政管理的某一领域。行政法是有关国家行政管理的法律规范的总和,作为它的基本原则理应适用于国家行政管理的整个过程和所有领域,达不到这一标准,它便不能算作行政法的基本原则。如果说行政法基本原则的特殊性是相对于其他法的一般性而言的,那么,行政法基本原则的普遍性则是相对于国家行政管理各个领域的特殊性而言的。

3. 行政法基本原则具有法律性。我们并不否定行政法的基本原则具有多种意义,但作为确立行政法基本原则的标准只能是法律意义。作为行政法的基本原则,对行政主体的行政行为具有直接的法律约束力。也即,任何行政主体,若其行为违反行政法的基本原则,均会导致一种直接的法律后果:行政行为被确认为无效,该行为自始不具有法律效力,行政主体还须承担相应的法律责任。不会导致上述法律后果的基本原则均不能作为行政法的基本原则。

4. 行政法基本原则具有规范性。规范性是法律的明显特征之一。行政法的规范性要求作为行政法基本内容的基本原则也必须规范化。行政法基本原则的规范性不仅表现为其内容的规范性,同时也表现为其表述上的规范性。因而,怎样用规范性的法律语言,而不是用生活语言或政治语言来表达行政法基本原则的内容,乃是行政法学者的一大任务。

三、行政法基本原则的地位和意义

无论是在法律领域还是在社会领域,行政法基本原则均有举足轻重的地位,而这种地位主要是通过它的作用体现出来的。行政法基本原则的作用是多方面的,仅就行政法制领域而言,它主要具有以下作用:

1. 行政法基本原则有助于中国行政法制的统一、协调和稳定。我国行政管理的广泛性、多样性和复杂性,决定了行政法律规范的广泛性、多样性和复杂性。然而,这些广泛、多样和复杂的行政法律规范所体现的基本精神是统一的。同样由于上述行政管理的特点,使我国的行政法律规范更易变动,但相对多变的行政法律规范所体现的基本原则则是稳定的。在行政立法、行政执法和行政司法中坚持行政法的基本原则,显然有助于中国行政法制的统一、协调和稳定。

2. 行政法基本原则有助于我们在适用法律时准确地理解条文和适用条文。行政法的基本原则贯穿在所有的行政管理法规之中,指导和统率着所有的行政法律规范。因此,深刻地把握行政法的基本原则,有助于我们认识行政法的实质,有助于在执法和司法中准确地理解条文和适用条文。

3. 行政法基本原则是对行政法条文适用上的一种补充。行政法基本原则不仅直接指导对行政法的正确适用,而且也是行政法条文适用上的一种不可缺少的补充。行政法的基本原则与行政法的具体条文是统率与被统率的关系。因此,具体条文不得与基本原则相抵触,否则就得修改。在两者不矛盾的条件下,行政机关和司法机关在处理行政事务和行政案件时,有具体条文的应适用具体条文,无具体条文的,也可直接适用行政法的基本原则。可见,行政法的基本原则既是行政法具体条文的统帅,又是后者的补充。

4. 行政法基本原则直接规范行政主体依法行政。行政法的基本原则直接地、普遍地调整和规范着行政主体的行政行为,具有直接的法律约束力。行政主体的行政行为与行政法基本原则抵触则无效,有关责任者还须承担相应的法律责任。行政法基本原则是行政主体依法行政的可靠保障。

四、行政法基本原则的确立

根据以上的阐述,一个前提已经确立:中国行政法应当有基本原则。事实上也存在基本原则,只是有赖于我们的提炼与阐发。

我们之所以至今还难于达成行政法基本原则的共识,除了我们的研究深度还不足外,主要因为没有完全走出以下误区:

1. 缺乏学科界线,将行政法原则混同于行政管理原则。行政管理学(或称行政学)与行政法学有非常密切的关联性,以至于不少人看不到它们之间的学科界限,从而将行政管理原则与行政法原则混为一谈。其实,由于两学科的研究对象、范围与学科任务的不同,它们之间的原则也是有所不同的:行政管理原则的范围要大于行政法原则的范围;行政管理原则旨在解决"良政",而行政法原则重在解决合法性。在行政法学者看来,没有法律意义的原则不是行政法的原则。所以,如行政效率原则之类,它自然是行政管理中的重要原则,但不宜作为行政法的原则。

2. 缺乏层次概念,将上位原则降低为行政法基本原则,或将下位原则升格为行政法基本原则。行政法基本原则应当是一个"中位"层次的原则,它以上位原则为基础,如民主原则、法治原则等。如果我们将民主原则、法治原则直接作为行政法的基本原则,那事实是降低了民主原则和法治原则的地位。同理,我们也不应当将行政法基本原则的下位原则人为升格为行政法的基本原则,否则"基本原则"就不"基本"了。如行政公开原则,它应当是行政程序中的一项原则,精简原则应当是机构设置与改革中的一项原则,它们都不应当列为行政法的基本原则。行政法的基本原则是贯穿于行政立法、行政执法与行政司法全过程的原则,而不应当是局部的原则。

3. 缺乏范畴概念,将行政行为的合法要件与行政法的基本原则相混同。行政法是为了规范和保障行政主体行政行为的合法性,因而任何行政法理论都无不研究行政行为的"合法要件"问题。但行政行为的合法要件问题只是"行政行为"范围内的一个支问题,而行政法基本原则则是贯穿于行政法所有领域的普遍问题,因而不能用"行政行为的合法要件"取代"行政法的基本原则"。

还有一点需要说明,有学者将国务院《全面推进依法行政实施纲要》第5条依法行政的基本要求,即合法行政、合理行政、程序正当、高效便民、诚实守信、权责统一,列为现代行政法的基本原则,这也过于简单,不敢苟同。国务院《全面推进依法行政实施纲要》无疑是中国全面建设与提升行政法治的纲领性文件,其依法行政的基本要求是对各行政机关及其工作人员提升行政工作质量的全面要求。它虽然包含了行政法基本原则的基本内容,但它远不限于此。因此,如果简单地将国务院《全面推进依法行政实施纲要》中的依法行政的基本要求,移作行政法的基本原则,那势必降低和缩小前者的价值。

第三节　法典化背景下的基本原则

一、21世纪以来的研究

在中国,关于行政法基本原则的研究,在20世纪80~90年代热闹了一番之后,经历了一个冷却期。冷却的原因可能有两个:一是学者们关于行政法基本原则的观点无法统一,从主张一项原则到多项原则,莫衷一是;二是行政法基本原则对行政立法、行政执法和行政司法的作用并不明显,使大家觉得讨论行政法基本原则似乎是在讨论"我们人类从哪里来、要到哪里去"那么抽象。

21世纪以来,行政法基本原则再次引起了人们的兴趣。虽然有关这方面的研究论文并不多见,但专著日益增多,既有研究行政法单一原则的,也有研究行政法基本原则的,如张兴祥撰写的《行政法合法预期保护原则研究》(2006)〔32〕、王贵松撰写的《行政信赖保护论》(2007)〔33〕、闫尔宝撰写的《行政法诚实信用原则研究》(2008)〔34〕、蒋红珍撰写的《论比例原则:政府规制工具选择的司法评价》(2010)〔35〕和余凌云撰写的《行政法上合法预期之保护》(2012)〔36〕。特别是周佑勇撰写的《行政法基本原则研究》〔37〕一书,可谓是新中国成立以来总体上研究行政法基本原则最为全面系统和深入的一部著作。

特别值得一提的是,自党的十八大以来,党中央、国务院高度重视依法行政和法治政府的建设。2015 年,中共中央、国务院印发了《法治政府建设实施纲要(2015—2020 年)》,2021 年又制定了《法治政府建设实施纲要(2021—2025 年)》。2017 年,党的十九大报告中提到,到 2035 年实现"法治国家、法治政府、法治社会基本建成"的目标;2023 年,党的二十大报告中指出,"法治政府建设是全面依法治国的重点任务和主体工程",强调要求"扎实推进依法行政","全面推进严格规范公正文明执法"。2023 年,国务院办公厅印发了《提升行政执法质量三年行动计划(2023—2025 年)》。在上述背景下,行政法基本原则的研究有了更厚实的法治基础。

二、法典化背景下的行政法总则

2020 年 5 月 28 日,第十三届全国人民代表大会第三次会议通过了《民法典》。这部七编 84 章 1260 条的《民法典》是新中国成立以来的第一部法典,它于 2021 年 1 月 1 日起施行,并开启了中国的法典时代。

在这一背景下,刑法典、环境法典、教育法典等呼声顿时"声声响起"。在行政法学界,原本只是要求制定一个统一的行政程序法,为所有行政行为提供一个最低的程序标准,这一建议一直没有得到立法机关的响应,可在《民法典》的推动下,制定行政法典一夜之间似乎成为可能。2021 年年初,在全国人大常委会法工委立法规划室和行政法室的推动下,中国行政法学界纷纷研讨,提出了许多行政法典的版本。

在行政法典化背景下,行政法的基本原则应当成为行政法总则中的一部分,这一点自然成为共识。但是,应当写入行政法总则的基本原则应当有几条,特别是应当有哪几条,这依然是一个难题。其中的一种观点认为行政法的基本原则应当是:(1)权益保障原则;(2)行政法定原则;(3)行政均衡原则;(4)行政正当原则;(5)行政效能原则。〔38〕

三、建构中的行政法治原则

我们认为,行政法的基本原则总体上可以称作为"行政法治原则",旨在推进国家行政的法治化。但是,具体应当包括哪几条原则,还是有待研讨。无论确立哪些原则,这些因素必须考虑:

1. 层次性。行政法的基本原则必须把握在国家行政管理的层次,既不能将全面依法治国的总原则(如坚持党对依法治国的全面领导原则、坚持以人民为中心的原则)直接搬来作为行

---

〔32〕 北京大学出版社 2006 年版。

〔33〕 山东人民出版社 2007 年版。

〔34〕 人民出版社 2008 年版。

〔35〕 法律出版社 2010 年版。

〔36〕 清华大学出版社 2012 年版。

〔37〕 武汉大学出版社 2005 年版,2019 年法律出版社第 2 版。

〔38〕 参见周佑勇:《行政法总则中基本原则体系的立法构建》,载《行政法学研究》2021 年第 1 期。

政法的基本原则,否则就降低了全面依法治国总原则的地位,也不能将行政管理某一领域或某一阶段的原则(如便民原则、精简原则)提升为行政法的基本原则,否则会出现“小牛拉火车”的局面,违背设置原则的科学性。

2. 全面性。行政法的基本原则必须能够覆盖行政立法、行政执法和行政司法全过程,能够覆盖行政实体法与行政程序法,能够约束各个领域的行政活动。所以,我们就不能将“程序正当”原则列为行政法的基本原则,因为这一原则只适用“行政程序”,但不适用“行政实体”。行政法基本原则应当是行政实体和行政程序全覆盖的原则。

3. 效力性。行政法的基本原则对行政行为的意义如果只是表现为一种理论上的指导显然是不够的,它应当直接约束行政行为的效力,即可以决定行政行为的合法性和有效性。行政法的基本原则不仅应当成为行政机关依法行政的法律依据,而且可以成为人民法院审理行政案件的司法依据。一种行政行为如果违反行政法基本原则,有可能会导致行政行为的违法或无效。这种具有效力性的原则才可以构成行政法的基本原则。

构建和完善中国特色行政法治原则,要以习近平法治思想为指导,坚持党对法治的全面领导,坚持以人民为中心,坚持走中国特色社会主义的法治道路。

按照这样的标准来构建行政法治原则,那么中国的行政法治原则应当由三条构成:一是行政法定原则;二是依法行政原则;三是正当行政原则。第一条是解决行政职权的来源问题,第二、三条是解决行政职权的行使问题。区别无非在于:依法行政原则是针对羁束行政行为而言,正当行政原则是针对裁量行政行为而言。(见图2-1)

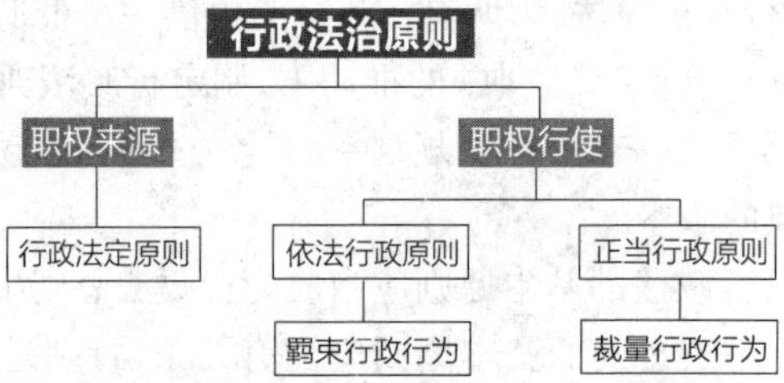

图2-1　行政法治原则

第四节　三项基本原则

行政法是规制行政行为的法,而行政行为的基础是行政职权。行政行为不过是行政职权的运行过程和结果。行政法治要求行政职权必须依法产生并依法行使。前者决定了行政法定原则,后者则形成了依法行政原则和正当行政原则。或者反过来说,行政法定原则旨在解决行政职权依法产生的问题,而依法行政原则和正当行政原则旨在解决行政职权产生之后如何依法行使的问题。[39]

〔39〕 我国行政法定原则、依法行政原则和大陆法系的“法律保留原则”(Grundsatz des Vorbehalts des Gesetzes)、“法律优越原则”(Grundsatz des Vorrangs des Gesetzes)在含义上非常接近。前者是指行政行为须有授权依据,后者是指行政行为的行使须受法律拘束。

一、行政法定原则

行政法定原则要求实施行政行为的行政主体必须具有合法的权力基础。没有合法的权力基础,实施行政行为的主体就不构成合格的行政主体,从而导致其所作的行政行为违法并无效。

(一)理论基础和法律依据

我国行政法定原则的形成有其理论依据和法律依据。人民主权理论便是行政法定原则的理论依据。关于国家机关公权力的产生方式,人类社会经历了“职权神定—职权人定—职权法定”的漫长过程,反映了国家对社会的治理模式的“神治—人治—法治”之历史演进轨迹,体现了人类法治文明的进步。在一个民主的国家里,人民是国家的主人,是国家的主权者。经人民的授权才产生国家组织和公权力的行使者。而人民的授权就是经过由人民代表组成的人民代表大会的立法来实现的。这就自然形成了公权力由法律设定的要求和规则。国家行政机关实施行政行为,是国家意志的体现,是国家公权力的运行状态和结果,它理应有、必须有法律依据。在“人民主权”原则的支配下,“公权力——法无授权不可为,私权利——法无禁止皆可为”的法治理念就被确立起来。行政是国家行政权力存在和运行的过程和状态,是国家公权力的运行方式。坚持行政法定就是坚持“人民主权”,就是坚持“人民授权”。

从法律依据上讲,我国行政法定原则具有直接的宪法依据和其他法律依据。我国《宪法》(2018)第2条规定:“中华人民共和国的一切权力属于人民。人民行使国家权力的机关是全国人民代表大会和地方各级人民代表大会。人民依照法律规定,通过各种途径和形式,管理国家事务,管理经济和文化事业,管理社会事务。”《宪法》(2018)还具体规定:国务院,即中央人民政府,是最高国家权力机关的执行机关,是最高国家行政机关。国务院根据宪法和法律,规定行政措施,制定行政法规,发布决定和命令(第85、89条);国务院各部、各委员会根据法律和国务院的行政法规、决定、命令,在本部门的权限内,发布命令、指示和规章(第90条);省、直辖市、县、市、市辖区、乡、民族乡、镇设立人民政府。地方各级人民政府的组织由法律规定。自治区、自治州、自治县设立自治机关。自治机关的组织和工作根据宪法规定的基本原则由法律规定(第95条);地方各级人民政府是地方各级国家权力机关的执行机关,是地方各级国家行政机关(第105条);县级以上地方各级人民政府依照法律规定的权限,管理本行政区域内的经济、教育、科学、文化、卫生、体育事业、城乡建设事业和财政、民政、公安、民族事务、司法行政、计划生育等行政工作,发布决定和命令,任免、培训、考核和奖惩行政工作人员(第107条)。

行政法定就具体内容而言,应当包括职权法定、行为法定和程序法定。职权法定是行为法定和程序法定的基础;行为法定又是程序法定的基础。(见图2－2)

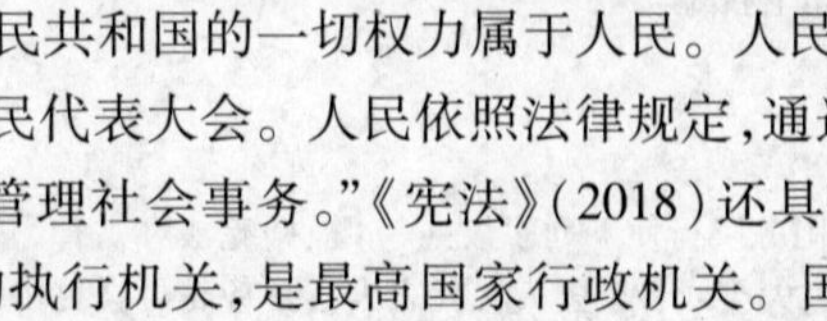

图2－2　行政法定

(二)职权法定

职权法定是行政法定原则的核心内容,它是行为法定、程序法定的前提和基础。坚持“法定职责必须为、法无授权不可为”,就是对“职权法定”原则的通俗表达。因为行政职权是行政行为的基础,行政行为又是行政程序的基础。没有行政职权,行政行为和行政程序就会成为无源之水和无本之木。

职权法定的基本含义和要求是:

1. 行政职权必须依法产生。设定、授权和委托是行政职权形成的三种路径和形态,它反映了行政职权的产生、转移和代行。职权法定首先是指职权必须通过法定方式产生;由此形成了的职权,要作事后调整的,如授权和委托,也必须要有法律依据并通过法定方式进行。简单地说,职权法定要求行政职权必须依法设定、依法授权和依法委托,不得以“人定”的方式设定权力、授予权力和委托权力。

2. 行政职权的内容必须由法设定。行政机关的行政职权是国家权力的组成部分,它不得由行政机关自我设定,它必须由宪法和法律来设定。如《宪法》(2018)第89条[40]规定了国务院的18项职权,《地方各级人民代表大会和地方各级人民政府组织法》(2022)第73条[41]规定了地方政府的11项职权。

3. 行政职权的权限必须由法划定。行政权限是指行政职权的“边界”。任何职权都必须有“边界”。没有“边界”的权力为民主和法治国家所摒弃。行政权限既包括行政机关之间的职权分工,也包括行政机关与立法机关、监察机关、司法机关之间的权力划分。这些权力边界是不可以由国家行政机关自我商量和自我调整的,它必须由宪法和法律直接设定。行政机关和其他国家机关都必须在权限范围内活动。

---

[40] 《宪法》(2018)第89条规定:“国务院行使下列职权:(一)根据宪法和法律,规定行政措施,制定行政法规,发布决定和命令;(二)向全国人民代表大会或者全国人民代表大会常务委员会提出议案;(三)规定各部和各委员会的任务和职责,统一领导各部和各委员会的工作,并且领导不属于各部和各委员会的全国性的行政工作;(四)统一领导全国地方各级国家行政机关的工作,规定中央和省、自治区、直辖市的国家行政机关的职权的具体划分;(五)编制和执行国民经济和社会发展计划和国家预算;(六)领导和管理经济工作和城乡建设、生态文明建设;(七)领导和管理教育、科学、文化、卫生、体育和计划生育工作;(八)领导和管理民政、公安、司法行政等工作;(九)管理对外事务,同外国缔结条约和协定;(十)领导和管理国防建设事业;(十一)领导和管理民族事务,保障少数民族的平等权利和民族自治地方的自治权利;(十二)保护华侨的正当的权利和利益,保护归侨和侨眷的合法的权利和利益;(十三)改变或者撤销各部、各委员会发布的不适当的命令、指示和规章;(十四)改变或者撤销地方各级国家行政机关的不适当的决定和命令;(十五)批准省、自治区、直辖市的区域划分,批准自治州、县、自治县、市的建置和区域划分;(十六)依照法律规定决定省、自治区、直辖市的范围内部分地区进入紧急状态;(十七)审定行政机构的编制,依照法律规定任免、培训、考核和奖惩行政人员;(十八)全国人民代表大会和全国人民代表大会常务委员会授予的其他职权。”

[41] 《地方各级人民代表大会和地方各级人民政府组织法》(2022)第73条规定:“县级以上的地方各级人民政府行使下列职权:(一)执行本级人民代表大会及其常务委员会的决议,以及上级国家行政机关的决定和命令,规定行政措施,发布决定和命令;(二)领导所属各工作部门和下级人民政府的工作;(三)改变或者撤销所属各工作部门的不适当的命令、指示和下级人民政府的不适当的决定、命令;(四)依照法律的规定任免、培训、考核和奖惩国家行政机关工作人员;(五)编制和执行国民经济和社会发展规划纲要、计划和预算,管理本行政区域内的经济、教育、科学、文化、卫生、体育、城乡建设等事业和生态环境保护、自然资源、财政、民政、社会保障、公安、民族事务、司法行政、人口与计划生育等行政工作;(六)保护社会主义的全民所有的财产和劳动群众集体所有的财产,保护公民私人所有的合法财产,维护社会秩序,保障公民的人身权利、民主权利和其他权利;(七)履行国有资产管理职责;(八)保护各种经济组织的合法权益;(九)铸牢中华民族共同体意识,促进各民族广泛交往交流交融,保障少数民族的合法权利和利益,保障少数民族保持或者改革自己的风俗习惯的自由,帮助本行政区域内的民族自治地方依照宪法和法律实行区域自治,帮助各少数民族发展政治、经济和文化的建设事业;(十)保障宪法和法律赋予妇女的男女平等、同工同酬和婚姻自由等各项权利;(十一)办理上级国家行政机关交办的其他事项。”

(三)行为法定

行政行为是行政职权的外化结果,行政职权运行的外在形式。没有行政职权就不会有行政行为,但有行政职权未必就发生行政行为。职权法定是行为法定的前提和基础,行为法定是职权法定的延伸。行政法定原则不仅要求职权法定,而且在此基础上还进一步要求行为法定。

行为法定是指各类行政行为必须依法设定。行政机关所实施的行政行为必须是法律所设定的行政行为,而不是由行政机关自己任意发明的行政行为。行为法定具体是指行政行为的种类、内容、手段和形式等,都必须依法设定。如《突发事件应对法》(2007)第49条〔42〕规定了政府在应对和处理突发事件中的10项行为措施,这就是行为法定的体现。

我国制定了行政许可法并实现了"许可法定",制定了行政处罚法并实现了"处罚法定",制定了行政强制法并实现了"强制法定",其他各种法律法规都在推进行政行为的"法定化",如"税收法定""征收征用法定"等。

(四)程序法定

行政行为离不开程序。任何行政行为都是在程序中进行的,不论该程序是否合法或者正当。世界上既不存在程序以外的行为,也不存在没有行为的程序。如果说行为法定是职权法定的延伸,那么,程序法定则是行为法定的延伸。

程序是行为存在和运行的时间和空间方式,它表现为行为的表达方式、行为的过程和步骤。程序法定是指行政行为的程序必须依法设定,以便行政机关实施行政行为有程序可循。

确立程序法定的目的在于,国家通过法把科学、正当的程序固定下来,以克服程序上的随意性,保证行政行为在科学、正当的程序轨道上进行。

已经法定化了的程序称"法定程序"。行政主体的行政行为违反"法定程序"的,便构成"行政违法"。《行政复议法》(2023)第64条〔43〕和《行政诉讼法》(2017)第70条〔44〕对行政行为"违反法定程序"的后果作出了明确规定。

(五)"行政法定"中的"法"

"行政法定"所包含的职权法定、行为法定和程序法定,这里的"法"到底指什么?是仅限于

〔42〕《突发事件应对法》(2007)第49条规定:"自然灾害、事故灾难或者公共卫生事件发生后,履行统一领导职责的人民政府可以采取下列一项或者多项应急处置措施:(一)组织营救和救治受害人员,疏散、撤离并妥善安置受到威胁的人员以及采取其他救助措施;(二)迅速控制危险源,标明危险区域,封锁危险场所,划定警戒区,实行交通管制以及其他控制措施;(三)立即抢修被损坏的交通、通信、供水、排水、供电、供气、供热等公共设施,向受到危害的人员提供避难场所和生活必需品,实施医疗救护和卫生防疫以及其他保障措施;(四)禁止或者限制使用有关设备、设施,关闭或者限制使用有关场所,中止人员密集的活动或者可能导致危害扩大的生产经营活动以及采取其他保护措施;(五)启用本级人民政府设置的财政预备费和储备的应急救援物资,必要时调用其他急需物资、设备、设施、工具;(六)组织公民参加应急救援和处置工作,要求具有特定专长的人员提供服务;(七)保障食品、饮用水、燃料等基本生活必需品的供应;(八)依法从严惩处囤积居奇、哄抬物价、制假售假等扰乱市场秩序的行为,稳定市场价格,维护市场秩序;(九)依法从严惩处哄抢财物、干扰破坏应急处置工作等扰乱社会秩序的行为,维护社会治安;(十)采取防止发生次生、衍生事件的必要措施。"

〔43〕《行政复议法》(2023)第64条第1款规定:"行政行为有下列情形之一的,行政复议机关决定撤销或者部分撤销该行政行为,并可以责令被申请人在一定期限内重新作出行政行为……(二)违反法定程序……"

〔44〕《行政诉讼法》(2017)第70条规定:"行政行为有下列情形之一的,人民法院判决撤销或者部分撤销,并可以判决被告重新作出行政行为:……(三)违反法定程序的……"

法律,还是包括法规和规章?

从理论概念上说,“行政法定”中的“法”,应当从广义上解释,包括宪法、法律、行政法规、地方性法规、自治条例和单行条例、规章和各种法律解释。

但是,“行政法定”并非意味着任何“法”可以设定任何行政职权、行政行为和行政程序。在这种设定关系中,特定的“法”与特定的“职权”“行为”“程序”之间具有一定的对应性。例如,行政机关的基本职权必须由宪法和组织法直接设定,行政拘留行为由法律设定,而警告和一定数量的罚款可以由规章设定,等等。

所以,“行政法定”,并不意味着任何“法”(宪法、法律、行政法规、地方性法规、自治条例和单行条例、规章和各种法律解释)应当并可以设定任何行政职权、任何行政行为和任何行政程序。它只是意味着一种“底线”:国家行政必须“法定”而不是“人定”;行政必须“依法”设定,而不是“依人”设定。

二、依法行政原则

以职权法定为核心的行政法定原则,使国家行政具有了合法的出发点,使行政主体拥有了行政职权,从而有资格实施行政行为。那么,行政主体拥有行政职权之后,如何行使职权,如何实施行政行为呢?很显然,必须依法行政。

(一)依法行政原则的法律基础

依法行政源自德国的法治国(Rechtsstaat)原则。德国公法学家哈特穆尔·毛雷尔(Hartmut Maurer)指出,行政行为是法律的具体化,它必须与法律相一致。“行政行为——作为‘法的具体化行为’——必须与其所执行的法律规范一致。除此之外,行政行为必须符合所有有关的法律规定和法律原则,包括宪法。”〔45〕韩国《行政基本法》第 8 条把依法行政(法治行政)确立为行政法的基本原则并揭示出该原则的基本要求:“行政作用不得违反法律,限制国民的权利或赋予义务以及其他对国民生活产生重要影响时,应依照法律规定。”在中国,依法行政原则是依法治国原则深化的结果,也是依法治国原则的重要组成部分。1997 年,中国共产党第十五次代表大会(十五大)首次提出“依法治国”,并把“依法治国”确定为治国理政的基本方略。为落实“依法治国”基本方略,2002 年党的十六大首次提出“依法行政”原则。为了落实党的十六大提出的“依法行政”要求,2004 年,国务院制定公布了《全面推进依法行政实施纲要》(国发〔2004〕10 号),为全面推进依法行政作出具体布置,依法行政原则由此全面确立。

在我国确立依法行政,首先具有明文的宪法依据。我国《宪法》(2018)第 2 条规定:“中华人民共和国的一切权力属于人民。人民行使国家权力的机关是全国人民代表大会和地方各级人民代表大会。人民依照法律规定,通过各种途径和形式,管理国家事务,管理经济和文化事业,管理社会事务。”第 5 条又规定:“中华人民共和国实行依法治国,建设社会主义法治国家。国家维护社会主义法制的统一和尊严。一切法律、行政法规和地方性法规都不得同宪法相抵触。一切国家机关和武装力量、各政党和各社会团体、各企业事业组织都必须遵守宪法和法律。一切违反宪法和法律的行为,必须予以追究。任何组织或者个人都不得有超越宪法和法律的特权。”第 89 条在规定国务院职权时,第 1 项就明确要求“根据宪法和法律,规定行政措

〔45〕 [德]哈特穆尔·毛雷尔:《行政法学总论》,高家伟译,法律出版社 2000 年版,第 237 页。

施,制定行政法规,发布决定和命令”。同时,第 90 条第 2 款要求“各部、各委员会根据法律和国务院的行政法规、决定、命令,在本部门的权限内,发布命令、指示和规章”。此外,《地方各级人民代表大会和地方各级人民政府组织法》(2022)第 62 条规定:“地方各级人民政府应当维护宪法和法律权威,坚持依法行政,建设职能科学、权责法定、执法严明、公开公正、智能高效、廉洁诚信、人民满意的法治政府。”这是确立依法行政原则的法律依据。

此外,党中央国务院的一系列法规和文件,对依法行政提出了要求。2004 年国务院制定公布了《全面推进依法行政实施纲要》(国发〔2004〕10 号)之后,为了落实该纲要,国务院及有关部门制定了一系列法规和文件。2005 年,国务院办公厅制定公布了《关于推行行政执法责任制的若干意见》,2008 年,国务院制定公布了《关于加强市县政府依法行政的决定》,2010 年,国务院制定公布了《关于加强法治政府建设的意见》,2019 年,国务院又制定了《重大行政决策程序暂行条例》。这些法规和文件不断丰富“依法行政原则”的内容。特别是 2015 年和 2021 年,中共中央、国务院印发了《法治政府建设实施纲要(2015－2020 年)》和《法治政府建设实施纲要(2021－2025 年)》,对坚持依法行政、全面加快建设法治政府作出了重大部署。这些法规和文件为依法行政原则的确立和深化提供了法治基础。

(二)依法行政原则的要求

国务院 2004 年印发的《全面推进依法行政实施纲要》,为依法行政提出了六项要求:(1)合法行政;(2)合理行政;(3)程序正当;(4)高效便民;(5)诚实守信;(6)权责统一。党中央和国务院于 2015 年印发的《法治政府建设实施纲要(2015－2020 年)》,对全面加快建设法治政府提出了七项任务:(1)依法全面履行政府职能;(2)完善依法行政制度体系;(3)推进行政决策科学化、民主化、法治化;(4)坚持严格规范公正文明执法;(5)强化对行政权力的制约和监督;(6)依法有效化解社会矛盾纠纷;(7)全面提高政府工作人员法治思维和依法行政能力。党中央和国务院于 2021 年印发的《法治政府建设实施纲要(2021－2025 年)》,要求将“政府行为全面纳入法治轨道”,“行政执法质量和效能大幅提升”。这些规定,更多是侧重工作上的要求,但它们为依法行政原则基本内容的确定提供了基础。

从理论上说,依法行政是要求国家行政机关及其工作人员依法作出行政行为,以保证行政行为的合法性。它是在当我国法律对行政行为具有明确规定的条件下,严格按照法律的规定作出和实施行政行为。

依法行政原则要求行政行为的作出和实施必须具有职权依据、事实依据、规范依据并符合法定程序。因为,职权、事实、依据和程序是合法行政行为的四个要件。依法行政原则对行政行为不仅要求做到实体上的合法,而且要求做到程序上的合法;不仅要求做到内容上的合法,而且要求做到形式上的合法。依法行政旨在全面阻却行政违法,以保证国家行政机关在法治轨道上实施国家行政管理。

(三)违反依法行政原则的行为和后果

由于依法行政原则是一项制定法原则,适用羁束行政行为,因此,违反依法行政原则的行政行为就表现为违反法的具体规定,违反依法行政原则的行政行为就是行政违法行为,两者是高度重合的。

根据《行政复议法》(2023)第 64 条和《行政诉讼法》(2017)第 70 条规定,违反依法行政原则的行政违法行为应当包括:(1)超越职权;(2)无事实依据或认定事实错误;(3)无法律依据或适用法律错误;(4)违反法定程序;(5)违法不作为。第1~4项属于作为行为的违法;第5项属于不作为行为的违法。

这些行政违法的后果,可能会导致该行政行为被确认违法或无效,被依法撤销和要求作出或重作行政行为,造成相对人损害的,行政主体还须承担赔偿责任。

三、正当行政原则

行政主体行使行政职权,如果是作出羁束行政行为,这就比较好办,严格依法行政便可;但如果是作出裁量行政行为,那就必须坚持正当行政原则。

正当行政原则是对依法行政原则的补充,系指当法无规定,或者法无明确具体规定的条件下,行政主体实施行政行为,必须符合"正当性"标准。

(一)正当行政原则的法律基础

正当行政原则是与依法行政原则相并列的一项行政法治原则,而且又是对依法行政原则的补充。正当行政原则的确立,与政府行政自由裁量权的存在和发展,以及人们对行政自由裁量权认识的深化,特别是对其控制意识的加强有关。政府的行政行为在客观上有羁束行为与自由裁量行为之分。在行政法制发展的初期,人们的目标只限于规范羁束的行政行为,行政法的任务亦停留在以制定法去衡量羁束行为的合法性。此时的行政自由裁量权处于绝对的"自由"状态。随着社会的发展,政府行政职能的强化,特别是19世纪以来,政府行政自由裁量权不断扩张,人们日益感受到来自它的威胁。人类逐渐认识到,行政法不仅应控制政府的羁束行为,同时更应控制政府的自由裁量行为。正如美国行政法学者B.施瓦茨所说:"自由裁量权是行政权的核心。行政法如果不是控制自由裁量权的法,那它是什么呢?"〔46〕英国行政法学专家H.韦德认为:"所有的自由裁量权都可能被滥用,这仍是个至理名言。"〔47〕"在公法中没有不受约束的自由裁量权……绝对的和无约束的自由裁量权的观点受到否定。为公共目的所授予的法定权力类似于信托,而不是无条件地授予。"〔48〕因此,只以一个原则,即依法行政原则,约束政府的行政行为是不够的,正当行政原则理应成为行政法的一项基本原则。列宁早在20世纪20年代就有这样的思想:在国家管理中不仅有合法性问题,而且还有正当性问题;因为在管理方面,不仅有法律规范在起作用,而且还有技术的、经济的、道德的和其他的规范在起作用,其中一些具有法律形式,另一些则不具有;在没有法律规定的情况下遵循的就是正当性原则。〔49〕

世界各国行政法关于正当性原则正是在这种历史背景下和理论基础上成立的。如果在英国,越权无效原则是合法性原则,那么自然公正原则便是正当性原则的另一种表达。美国确立正当性原则虽在时间上稍晚于英国,但其原则的精神是相同的。关于政府必须"正当地"行使自由裁量权的规定源于美国宪法第5条修正案,"非经正当的法律程序,不得剥夺任何人的生命、自由或财产"。许多授权行政官员或机关裁量的法律皆明文规定,裁量权的行使必须"正当"。在大陆法系国家,正当行政原则起源于德国。正当性原则(the principle of Verhāltnismāβigkeit)在

---

〔46〕[英]伯纳德·施瓦茨:《行政法》,徐炳译,群众出版社1986年版,第566页。

〔47〕H. Wade, *Administrative Law*, 1982.

〔48〕[英]威廉·韦德:《合理原则》,李湘如译,载《环球法律评论》1991年第6期。

〔49〕参见《列宁选集》(第4卷),人民出版社1960年版,第688页;[苏联]B. M. 马诺辛等:《苏维埃行政法》,黄道秀译,群众出版社1983年版,第222页。

德国虽没有普通法这样的历史，但其源头亦可追溯到19世纪末期的一些司法宣告(the judicial pronouncement)之中。[50] 像普鲁士法院一样，德国法院没有使法院制定的这种原则建立在禁止不合理地行使权力的储蓄的立法禁止令基础之上，而是建立在一种更重要的、更科学的关于行使自由裁量权之目的、方法、理由及效力关系的基础之上[51]，从而形成了“适当性原则”(principle of suitabilty)、“必要性原则”(principle of necessity)和“比例原则”(principle of proportionality)这三项中心内容。[52] 德国的这一正当性原则尔后还波及和影响了日本的行政法。意大利在1955年5月21日推出的《行政程序法(草案)》还要求政府行政行为不得违反行政上之妥当性或平衡性，并且规定不得以任何方式违背“良好行政”之法则，否则该行为视为具有欠缺正当之瑕疵。[53]

坚持行政行为的正当性，在我国具有深厚的法律基础。我国《宪法》(2017)第62条第12项赋予全国人民代表大会具有改变或者撤销全国人民代表大会常务委员会“不适当”决定的职权；第89条第13项规定国务院有权改变或者撤销各部、各委员会发布的“不适当”的命令、指示和规章；第99条第2款规定县级以上的地方各级人民代表大会有权改变或者撤销本级人民代表大会常务委员会“不适当”的决定；第104条又规定，县级以上的地方各级人民代表大会常务委员会有权撤销本级人民政府的“不适当”的决定和命令，撤销下一级人民代表大会“不适当”的决议。这里的“不适当”包含了“不合法”和“不正当”的情景。

2004年国务院制定发布的《全面推进依法行政实施纲要》(国发〔2004〕10号)，把“合理行政”和“程序正当”列入依法行政的基本要求。要求行政机关实施行政管理遵循公平、公正的原则，平等对待行政管理相对人；行使自由裁量权应当符合法律目的，排除不相关因素的干扰；所采取的措施和手段应当必要、适当；行政机关实施行政管理可以采用多种方式实现行政目的的，应当避免采用损害当事人权益的方式。

2015年中共中央、国务院制定发布了《法治政府建设实施纲要(2015－2020年)》，要求政府工作人员恪守合法行政、合理行政、程序正当、高效便民、诚实守信、权责统一等依法行政基本要求。

我国行政复议法始终强调，行政复议的使命是保证行政行为的合法性和适当性，杜绝违法和不当行政行为。《行政复议法》(2023)第1条开宗明义指出，行政复议旨在防止和纠正违法的或者“不当的”具体行政行为，保护公民、法人和其他组织的合法权益，保障和监督行政机关依法行使职权。《行政复议法实施条例》(2007)第47条规定，对于“明显不当”的行政行为，行政复议机关可以决定变更。

我国行政诉讼法虽然确立了对行政行为的合法性审查原则，但它在一定程度上也要规制行政行为的正当性合理性。根据《行政诉讼法》(2017)第70条规定，行政行为“明显不当”的，人民法院可以判决撤销或者部分撤销，并可以判决被告重新作出行政行为。第77条又规定，

---

〔50〕 在这些司法宣告中，普鲁士最高行政法院(the Prussian Supreme Administrative Court)援引这些原则来审查在法律领域或有关程序事务方面警察机关自由裁量的权力(the discretionary powers of the police authorities)。See Decisions of 14 June 1882, 9 PrOVG 353 and of 10 April 1886, 13 PrOVG 424, 426.

〔51〕 See L. Hirschberg, Der Grundsatz der Verhāltnismāβigkeit, 1981, p. 43－44.

〔52〕 参见[印]M. P. 赛夫：《德国行政法——普通法的分析》，周伟译，台北，五南图书出版公司1991年版，第212～222页。

〔53〕 参见意大利1955年《行政程序法(草案)》第44条。

行政处罚“明显不当”的,人民法院可以判决变更。

上述的一切都表明,坚持正当行政,控制不当行政,乃是我国行政法的基本任务之一。

(二)“正当性”的标准和要求

我们至今很难为“正当性”下一个定义。“正当”与公平、公正、正义、合理、适当等含义非常接近,它们之间更多是翻译上的区别。正如博登海默所言,“正义是一张普罗透斯似的脸,变幻无常,随时可呈现不同形状并具有极不相同的面貌”。[54] 恩格斯曾经指出:关于永恒公平的观念不仅因时因地而变,甚至也因人而异,这个东西正如米尔柏格说过那样,“一个人有一个人的理解”。[55] 尽管如此,按照中国的语境,“正”主要指“公正”,而“公正”主要指“公平正义”;“当”主要是指适当、妥当、合理等要求。所以,“正当”主要是指“公正适当合理”的意思。

正当行政原则,要求行政主体作出的行政行为必须符合正当性要求。而行政行为可以分为实体行为与程序行为,这样,正当行政就包括并转化为正当实体与正当程序。(见图2-3)

图2-3 行政正当原则

(三)正当实体的要求

正当行政原则落实在实体行为上,就表现为四项原则:平等原则、比例原则、情理原则、信赖利益保护原则。

1. 平等原则

“平等”[56] 是法的本质特性,无“平等”就谈不上法。因而“平等原则”(principle of equality)也就成为法的普适性原则。《联合国宪章》第1条中规定,“促成国际合作,以解决国际间属于经济、社会、文化及人类福利性质之国际问题,且不分种族、性别、语言或宗教,增进并激励对于全体人类之人权及基本自由之尊重”。《世界人权宣言》第1条规定,“人人生而平等,在尊严和权利上一律平等,他们负有理性和良心,并应以兄弟关系的精神相对待”。第2条第1款规定,“人人有资格享有本宣言所载的一切权利和自由,不分种族、肤色”。《公民权利和政治权利国际公约》第14条第1款规定,所有人在法庭和裁判所前一律平等。第26条规定,“所有人在法律面前平等,并有权受法律的平等保护,不受歧视。在这方面,法律应禁止任何歧视并保证所有人得到平等的和有效的保护,以免受基于种族、肤色、性别、语言、宗教、政治或其他见解、国籍或社会出身、财产、出生或其他身份等任何理由的歧视”。平等原则还被写进不少国家的宪法。

平等原则引入行政法就形成“行政平等原则”。“行政平等原则”最高的法律渊源是我国《宪法》(2017)第33条第2款的规定:“中华人民共和国公民在法律面前一律平等。”第34条又规定:“中华人民共和国年满十八周岁的公民,不分民族、种族、性别、职业、家庭出身、宗教信仰、教育程度、财产状况、居住期限,都有选举权和被选举权……”此外,宪法所确立的平等原则

---

[54] [美]E.博登海默:《法理学:法律哲学与法律方法》,邓正来译,中国政法大学出版社2004年版,第261页。

[55] 《马克思恩格斯选集》(第3卷),人民出版社1995年版,第212页。

[56] “平等”的意大利语是eguale;法语是egal;德语用gleich。在英文上有几种表达方式,如equality before the law,equality under the law,equal protection of law。

还落实在许多法律法规之中,如《劳动法》(2018)确立了劳动者权利的平等保护原则,《就业促进法》(2015)确立了平等就业原则。此外,我国《残疾人保障法》(2018)对残疾人的平等就业作出了特别规定。

平等原则落实在行政行为上,主要是要求行政主体的行政行为对行政相对人作平等地对待,不得剥夺和限制公民、法人或者其他组织依法享有的平等权。具体而言,要求做到以下几点:(1)行政主体在适用行政法规范时,应当平等地对待公民、法人和其他组织,不得对特定的行政相对人进行歧视;(2)针对同样的法律适用条件和同样的案情,应当作出同样的决定;(3)在无法律标准的条件下,针对同样案情,以前的处理标准应当约束以后的处理决定。这就是行政上的"遵循先例原则"。[57]

2. 比例原则

比例原则(英文 the principle of proportionality;德文 Grundsatz der Verhaltnismassigkeit),又称为均衡原则或平衡原则。它是介于国家权力与公民自由之间的一种目的与手段的考量,可以成为行政正当原则的一个下位原则。比例原则的某些思想最早源于雅典的立法者(古雅典)梭伦(Solon)。梭伦早已对限度与过度的思想给予高度的重视,其哲学思想的要点是用一极短语句来表示的,即"别太过分了"。[58] 这种思想转化为成文法的实践,最早可以追溯至英国1215年6月10日颁布的《大宪章》(Magna Carta)。[59] 它被柯克视为"古代普通法的复兴和宣言"。[60]《大宪章》要求对于自由人犯罪所受惩罚需符合一定尺度,轻罪处轻罚,重罪处重罚。"在此条文中明确表述了国家行为须依所犯之范围受到了比例原则的拘束。"[61]尔后有不少行政性法规开始引入此原则,德国走在别国前面。1931年6月1日公布的《普鲁士警察行政法》,规定如果有多种方法足以维护公共安全或秩序,或有效地防御对公共安全或秩序有危害的危险,则警察机关选择其中的一种方式。但应尽可能选择对关系人与一般大众造成危害最小的方法。1950年黑森邦所颁布的《直接强制法》中规定,行政直接强制应选择对当事人及公众损害最小的方法,并且不得与行为的结果明显不合比例。1953年《行政执行法》第8条第2项中规定:"强制方法必须与其目的保持适当比例。决定强制方法时应尽可能考虑当事人和公众受最小侵害。"[62]

行政行为坚持比例原则乃是正当行政的基本要求。具体表现为:(1)最小损害原则。行政主体作出行政行为有多种决定可以选择时,应当选择牺牲行政相对人利益最小而最接近实施行政法目的的行为。[63] (2)过罚相当原则。如果相对人犯有违反行政管理而应当被处罚时,

---

[57] "遵循先例"(stare decisis 或 the doctrine of precedent)是普通法上的一项重要原则。在英美国家,这一原则同样适用于行政法。

[58] 参见胡建淼主编:《论公法原则》,浙江大学出版社2005年版,第十五章比例原则。

[59] 大宪章的英文版本可参阅 http://www.yale.edu/lawweb/avalon/medieval/magframe.htm。

[60] [美]爱德华·S.考文:《美国宪法的"高级法"背景》,强世功译,三联书店1996年版,第25页。

[61] 蔡震荣:《行政法理论与基本人权之保障》(第2版),台北,五南图书出版公司1999年版,第106页。

[62] 城仲模主编:《行政法之一般法律原则(一)》(第2版),台北,三民书局出版有限公司1999年版,第180页。

[63] 《突发事件应对法》(2007)第11条规定:"有关人民政府及其部门采取的应对突发事件的措施,应当与突发事件可能造成的社会危害的性质、程度和范围相适应;有多种措施可供选择的,应当选择有利于最大限度地保护公民、法人和其他组织权益的措施。"《国家安全法》(2015)第66条规定:"履行国家安全危机管控职责的有关机关依法采取处置国家安全危机的管控措施,应当与国家安全危机可能造成的危害的性质、程度和范围相适应;有多种措施可供选择的,应当选择有利于最大程度保护公民、组织权益的措施。"特别是《行政强制法》(2011)第5条规定:"行政强制的设定和实施,应当适当。采用非强制手段可以达到行政管理目的的,不得设定和实施行政强制。"

行政主体所决定的处罚应当与被处罚人的违法行为相当。[64]

3. 情理原则

情理原则(principle of reason)系指行政主体作出的行政行为必须符合科学、理性和社会公德等要求。所谓科学性,就是行政行为的内容不得违反科学规律,在客观上具有可行性,不会造成行为不能。如规定绿灯不亮不得通行,但这一公路根本就没有设置交通灯,从而造成行为不能。所谓理性,就是合理性。如行政机关将80岁高龄的老太太拆迁安置在无电梯的6层,这就不具有合理性。所谓社会公德,是指行政行为不得违反公序良俗。

4. 信赖利益保护原则

以上三项原则是解决行政行为的作出和如何作出的问题,本原则是解决行政行为作出以后可否改变和如何改变的问题。

信赖利益保护原则(the principle of reliance interest protection),是重要的公法原则之一。该原则的确立和发展,乃是人类法治文明的进步。在法治国家政府行为表征法律权威,公民基于对政府行为的信任而作出或不作出相应的行为,因而产生的利益被称为信赖利益(reliance interest),这种利益应当得到法律的保护。信赖利益保护原则的基本含义是:公权力机关实施的行为引发了相应的法律状态,公民善意地信赖这一法律状态而对自己的生活作出了相应的安排,因此而产生的正当利益应该受到法律的承认和保护。[65] 信赖利益保护原则,要求行政主体作出行政行为之后,不得擅自撤回或改变。出于公共利益的需要确需改变的,必须遵循法定程序并且对相对人的信赖利益给予合理补偿。

信赖利益保护原则的确立是基于法的安定性的需要,是诚实信用原则的延伸,是保障公民基本权利的内在要求。2004年国务院颁布《全面推进依法行政实施纲要》(国发〔2004〕10号)提出建设依法行政的要求之一就是诚实守信,即行政机关公布的信息应当全面、准确、真实。非因法定事由并经法定程序,行政机关不得撤销、变更已经生效的行政决定;因国家利益、公共利益或者其他法定事由需要撤回或者变更行政决定的,应当依照法定权限和程序进行,并对行政管理相对人因此而受到的财产损失依法予以补偿。《行政许可法》(2004)[66]在我国行政法律规范中第一次引入了信赖保护原则。该法第8条规定:"公民、法人或者其他组织依法取得的行政许可受法律保护,行政机关不得擅自改变已经生效的行政许可。行政许可所依据的法律、法规、规章修改或者废止,或者准予行政许可所依据的客观情况发生重大变化的,为了公共利益的需要,行政机关可以依法变更或者撤回已经生效的行政许可。由此给公民、法人或者其他组织造成财产损失的,行政机关应当依法给予补偿。"我国会有更多的法律体现和贯彻信赖利益保护原则。

(四)正当程序的要求

当代行政法要求行政行为既要符合法定程序,也要符合正当程序。正当程序的基本要

---

〔64〕《行政处罚法》(2021)第4条第2款规定:"设定和实施行政处罚必须以事实为依据,与违法行为的事实、性质、情节以及社会危害程度相当。"

〔65〕参见李若兰:《信赖利益保护原则》,载胡建淼主编:《法律原则研究》,中国社会科学出版社2021年版,第526页。

〔66〕2003年8月27日第十届全国人民代表大会常务委员会第四次会议通过。根据2019年4月23日第十三届全国人民代表大会常务委员会第十次会议《关于修改〈中华人民共和国建筑法〉等八部法律的决定》修正。

求[67]包括但不限于:(1)告知执法主体;(2)为相对人行为留足合理期限;(3)限制人身自由及时通知家属或单位;(4)对妇女儿童的特别程序保护;(5)获得律师帮助。

(五)违反正当行政原则的行为和后果

违反依法行政原则属于行政违法,违反正当行政原则同样属于行政违法。但就行政违法的具体定性而言,它和违反依法行政原则的违法是略有区别的。由于正当行政原则是一项适用于裁量行政行为的法治原则,它在实体上的违法就属于"滥用职权"之违法;它在程序上的违法则属于违反正当程序,也可称"滥用程序"。按照中国目前的司法裁判逻辑,违反正当程序(滥用程序)可以按照违反法定程序的违法来定性和处理。(见图2-4)

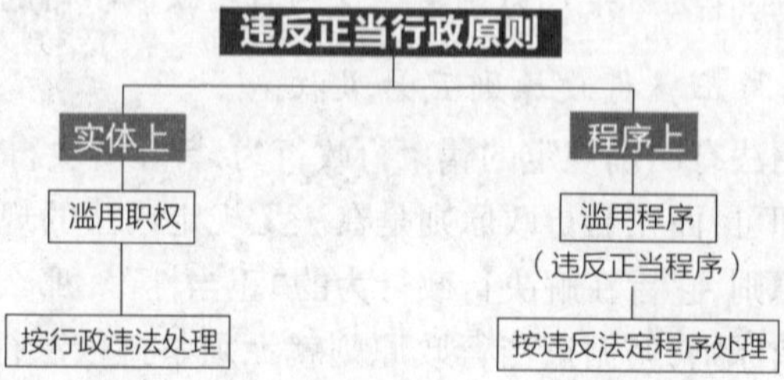

图2-4　违反正当行政原则的行为和后果

无论是滥用职权还是滥用程序,这些行政违法的后果,可能会导致该行政行为被确认违法或无效,被依法撤销和要求重作行政行为,造成相对人损害的,行政主体还须承担赔偿责任。

四、三项原则之间的关系

行政法治原则包括行政法定原则、依法行政原则和正当行政原则。而行政法定原则、依法行政原则和正当行政原则这三者并非一个"平面"关系,它们之间存在一种递进式的逻辑关系。掌握这三个原则之间的逻辑关系,对于我们学习和应用行政法治原则至关重要。

(一)行政法定原则是依法行政原则和正当行政原则的基础

如果我们将行政主体实施行政行为比喻为驾驶车辆。那势必要解决两个问题:(1)你是否可以驾车?即你是否具有驾车的资格?(2)如果你有驾车资格,接着才需解决"你如何驾车"的问题。如果你无驾车资格,那么就没有必要和你讨论如何驾车的问题,否则会造成你无证驾车的违法后果。行政法定正是解决你的驾车资格问题,而依法行政和正当行政正是解决你如何驾车的技术问题。

前文已述,行政职权是行政行为的核心,没有行政职权就不可能有行政行为;行政行为是行政职权的外化形态,是行政职权运行的过程和结果。一种行政行为的作出,我们首先应当搞清楚,它是由谁作出的?谁有权作出行政行为?这就需要解决行政职权的来源问题。行政职权具有合法的来源,行为人才具有行政主体的资格,行政行为才有发生的可能和前提。行政法定原则正是为了解决这一前提问题而设立。

行政法定原则的核心是职权法定。职权法定才决定了行为法定和程序法定。我国的职权法定原则,解决了行政职权的合法来源,即行政职权必须依法设定、依法授权和依法委托,拒绝

〔67〕详见本书第二十二章"正当程序"第四节"正当程序的基本要求"。

行政职权的“人为性”和“任意性”。而依法行政和正当行政则是解决如何实施行政行为的问题。所以说,行政法定原则是依法行政原则和正当行政原则的前提和基础。

(二)依法行政原则和正当行政原则是行政行为的车之两轮和鸟之两翼

如果把行政法定原则作为行政行为的本体,那么,依法行政原则和正当行政原则是行政行为的车之两轮和鸟之两翼。

当某一组织的行政主体资格解决以后,接着要解决的是:该行政主体如何实施行政行为。而我们所面对的行政行为无非两种:一种是羁束行政行为,另一种是裁量行政行为。对于羁束行政行为,必须坚持依法行政原则,做到“依法办事”便可;对于裁量行政行为,则必须坚持正当行政原则,必须以“正当性”作为标准加以衡量。这两者是缺一不可的。

(三)依法行政原则与正当行政原则互为吸收

依法行政原则是适用法有明确规定的羁束行政行为,旨在解决行政行为的“合法性”,我们只要做到严格依法办事即可;而正当行政原则是在法无规定或法的规定不明确的状态下,针对裁量行政行为而适用的原则,它旨在解决行政行为的“正当性”。那么,坚持依法行政原则是否意味着无须遵循正当行政原则,遵循正当行政原则就无须坚持依法行政原则?难道“合法性”不包括“正当性”,“正当性”也不包括“合法性”吗?一句话,依法行政原则与正当行政原则是否具有排斥性?答案是否定的。

1. 在适用范围上,依法行政原则与正当行政原则是适用不同类型的行政行为,前者适用羁束行政行为,后者适用裁量行政行为,泾渭分明,不会交叉,也不会排斥。

2. 在适用技术上,依法行政原则与正当行政原则不可能发生冲突。当法律对行政行为有明确规定时,我们应当优先适用依法行政原则;当法律无规定或在法律规定不明确的情况下,才适用正当行政原则。

3. 在法理观念上,“合法性”的内存标准正是“正当性”,不具有“正当性”的法就不是“良法”。当我们坚持“依法行政”时,不是不要“正当性”,而是因为这时的“正当性”已写进了法律法规,已被“合法性”所吸收。合宪性审查的保障、合法性审查的广泛性,法律法规只要未被依法撤销,就应当推定它是“良法”,各项“正当性”要求已被法所吸收和体现。合法性是成文法的正当性,正当性是非成文法的合法性。当“正当性”被写进法律法规时,坚持“依法行政”就是坚持“正当行政”。只有当“正当性”未被写进法律法规时,我们才需要突出强调行政行为的“正当性”。

可见,依法行政原则与正当行政原则不是互相排斥的,而是相互融合、相互吸收的。

第五节 疑难问题探讨

一、行政法学真的需要行政法基本原则吗?

现在中国大多数行政法教材都设有“行政法基本原则”这一章节,或许更多是出于体系的完整性考虑,而不是对价值和功能的考虑。人们尚未对“行政法基本原则”的作用有真正而完整的认识。

造成这一现状的原因,不是因为人们对“行政法基本原则”认识能力的短缺,而是因为在

现行中国行政法体制中,"行政法基本原则"确实没有发挥多大的作用。具体说来,有两大原因:

1. 原则确立不准。我们早期所确立的"行政法基本原则",诸如"便民原则"等,根本就不像是个原则,不具有规范性和原则的意义。这是导致"原则无用论"的主要原因。其实,不是"行政法基本原则"无用,而是我们尚未找到有用的原则。

2. 尚未成为判案依据。原则除了具有统率作用、解释作用之外,还可以作为判案的依据。民法原则在这些方面发挥得淋漓尽致,而行政法原则除了前两个作用外,最后一个作用发挥得非常欠缺。在中国行政诉讼中,"严格依法审判"导致了法官们拒绝按法律原则判案。有幸的是,这一现象正在改变,法官们已开始接受这样的观念:行政审判不仅要按法规判案,同时也可按"行政法基本原则"判案,尤其是在法律条文欠缺的条件下。

笔者的观点是:行政法基本原则是行政法学的基本理论和内容,我们要找准,并发挥好它们的作用。

二、将"平等原则"列入行政正当性原则之内是否妥当?

前文叙及,和依法行政原则并行的行政正当原则,在实体上主要表现为三个子原则,即平等原则、比例原则和情理原则。把比例原则和情理原则作为正当性原则的内容无可置疑,但将"平等原则"列入行政正当原则的内容会有异议。因为一般来说,"平等"属于"合法性"原则的要求,违反平等性恰恰是行政违法。

我们认为,"平等性"既是"合法性"要求,也是"正当性"要求,所以,它既是"依法行政"原则的内容,也是"正当行政"原则的要求。无非适用范围不同,在羁束行政行为中的"平等性"已体现在具体法律条文中,只要坚持"依法行政"便可实现;但在裁量行政行为中,由于没有法的规定或法规定不明确,才需要突出来强调"平等性"问题。所以,在"正当行政"原则中突出强调"平等性"原则,不等于"依法行政"原则不包含"平等性"要求。

三、行政应急性原则是行政法基本原则吗?

在各种行政法教科书中,将"应急性原则"列为行政法的基本原则具有一定的比例。并且,"应急性原则"的主要内容基本被揭示为:在特殊紧急情况下,出于国家安全、社会秩序或公共利益的需要,行政机关可以采取没有明确法律依据的或与通常状态下法律规定相抵触的措施。从一定意义上说,它是依法行政原则的例外。

我们认为,行政应急性原则是客观存在的,也是应当存在的。但它应当作为行政法治原则中的一项例外原则,只适用于紧急状态。

从理论上说,任何国家的行政法都可以分为常态行政法与非常态行政法。非常态行政法是用以调整在应急状态、紧急状态和战争状态下的行政关系的行政法。而我们平常所讲的行政法,一般限于常态行政法。把行政应急性原则作为常态行政法的行政法基本原则,是不太适当的。

本章小结

行政法的基本原则,也可称为行政法治原则,是指统率行政法律规范的内在精神,是要求行政主体实施行政行为时必须遵守的最为基本的行为规则。与其他法律原则比较,它具有特殊性、普遍性、法律性和规范性。

中国行政法治原则由行政法定原则、依法行政原则和正当行政原则所构成。行政法定原则的核心是职权法定,由此还引申出行为法定和程序法定。行政法定原则是其他两项原则,即依法行政原则和正当行政原则的基础。行政法定原则是解决行政职权的合法来源问题,依法行政原则和正当行政原则是解决有了行政职权之后如何行使该职权的问题。

行政行为是行政职权的行使过程和结果,是行政职权的外化形态。而行政行为可以分为两类,即羁束行政行为与裁量行政行为。针对羁束行政行为应当坚持依法行政原则,针对裁量行政行为应当坚持正当行政原则。

违反行政法定原则会构成行政无效。违反依法行政原则和正当行政原则都会构成行政违法,严重的会构成无效。

规范链接

- 《中华人民共和国宪法》(2018)第2、5、33、62、85、89、90、95、99、104、105、107条
- 《中华人民共和国地方各级人民代表大会和地方各级人民政府组织法》(2022)第62条
- 中共中央、国务院《法治政府建设实施纲要(2015-2020年)》(2015)
- 中共中央、国务院《法治政府建设实施纲要(2021-2025年)》(2021)
- 《中华人民共和国行政复议法》(2023)第1、64条
- 《中华人民共和国行政复议法实施条例》(2007)第47条
- 《中华人民共和国行政诉讼法》(2017)第70条
- 国务院《全面推进依法行政实施纲要》(国发〔2004〕10号)
- 国务院《重大行政决策程序暂行条例》(国务院令第713号)(2019)
- 国务院《关于加强市县政府依法行政的决定》(2008)
- 国务院《关于加强法治政府建设的意见》(2010)
- 国务院办公厅《提升行政执法质量三年行动计划(2023-2025年)》(国办发〔2023〕27号)
- 国务院办公厅《关于推行行政执法责任制的若干意见》(2005)

案例讨论

凤凰公司诉某市规划局行政处罚案

案 情

某市规划局为凤凰公司颁发建设工程规划许可证,同意其将临长江大街的2层楼房翻建为4层楼房。其后,凤凰公司又申请增建4层,但未获批准。一年后,凤凰公司建成8层楼房一栋,命名为凤凰大厦。不久,规划局下达行政处罚决定,认定:凤凰公司超出批准范围建成凤凰大厦,属违法建设;大厦所在长江大街是历史名街,《某市城市总体规划》对长江大街景观之保护规定要求,沿街建设要"从整体环境出发,使新旧建筑互相协调,保证完美的风貌",而凤凰大厦5~8层遮挡了长江大街的典型景观天主堂尖顶,严重影响长江大街景观。根据《城市规划法》第40条规定,限凤凰公司60日内拆除大厦5~8层。凤凰公司请求规划局减少拆除面积,遭到拒绝后,诉至法院。

法院经现场勘察确认:凤凰大厦5~8层只有一小部分遮挡天主堂尖顶。法院认为,大厦5~8层是违法建设,

规划局有权责令凤凰公司采取补救措施，但必须同时兼顾行政目标和相对人权益，在确保实现行政目标前提下，应使相对人权益遭受最小的损害。规划局既然确定以露出天主堂尖顶为补救措施的标准，就应将拆除部分限于大厦5～8层遮挡天主堂尖顶部分，其要求拆除5～8层整体明显超出遮挡范围，额外增加了原告的损失，处罚决定显失公正。根据《行政诉讼法》第54条、《城市规划法》第40条规定，法院判决将处罚决定变更为：拆除凤凰大厦5～8层一小部分，对违法建设其余部分罚款若干。

|评　析|

行政机关作出行政行为应受到两大原则支配，一为依法行政原则，二为正当行政原则。比例原则属于正当性原则范畴。

比例原则强调行政手段与目的之间的均衡关系，学界认为，其下有三个次级原则：第一，适当性原则。行政机关采取的方法应有助于行政目的之达成，否则即违反适当性原则。比如，某公司长期假冒他人商标生产产品，当地工商局只定期收取罚款，而不禁止假冒商标行为，工商部门采取的罚款方法实已沦为变相收费，无助于保护知识产权、维护市场秩序目的之达成。第二，必要性原则（最小损害原则）。在有多种同样可达成行政目的之方法可供选择时，行政机关应选择对相对人权益侵害最小者，不能逾越必要的限度，否则即违反必要性原则。比如，税务部门有权扣押欠税者财产，若其可在扣押产品和扣押设备之间选择，则其一般应选择前者，因为这对欠税者的损害相对较小。第三，相当性原则（狭义比例原则）。行政机关采取的方法对相对人权益造成的侵害不得与欲达成之目的显失均衡，两者之间应保持恰当的比例关系，否则即违反相当性原则。比如，警察使用枪支的目的在于制服嫌犯，终止其危险行为，若警察鸣枪示警后，嫌犯有畏服表示，则行政目的即已达成。若警察仍向嫌犯射击致其伤亡，则该侵害与行政目的不存在均衡关系。

从法律期望的角度看，行政机关应当严格遵循比例原则，合理行使自由裁量权，使具体行政行为尽善尽美，那么在司法审查当中，是否应以尽善尽美的标准来适用比例原则？笔者认为，不是。法院适用比例原则的司法审查标准是基本合理标准，据此，法院只能纠正严重违反比例原则的具体行政行为。主要理由有两点：第一，违反比例原则只有达到严重的程度才能被认定为滥用职权或显失公正，否则就只是一般的不合理。比如，行政机关可以在两种手段中进行选择时，没有选择对相对人权益侵害最小者，若两种手段给相对人造成的损害程度差别不大，则属于一般的不合理；若差别明显，则属于滥用职权或显失公正。根据《行政诉讼法》第54条〔68〕规定，只有在被诉具体行政行为达到滥用职权或显失公正程度时，法院才能作出撤销或变更判决。第二，从实务角度看，若求全责备，将违反比例原则程度轻微的具体行政行为一律予以撤销或变更，实际益处并不明显，对行政效率的消极影响却极大。因此，从实务的需要看，比例原则的司法审查标准只能定位在基本合理的水平上。

本案例是司法审查中运用比例原则的典型案例。该案中，规划局采取的手段是责令拆除凤凰大厦5～8层，行政目的是保护长江大街的整体景观，维护城市规划，凤凰公司受到的损害是大厦5～8层被拆除。以比例原则衡量该案可以得出以下结论：

1. 规划局的处罚决定没有违反适当性原则。规划局决定将凤凰大厦5～8层全部拆掉，无疑可以充分满足保护长江大街景观和维护城市规划之目的，即采取的手段有助于行政目的之达成。因此，该处罚决定符合适当性原则。

2. 规划局的处罚决定违反必要性原则。规划局只拆除凤凰大厦5～8层一小部分就可露出天主堂尖顶，满足行政目的，却要将5～8层整体拆除。规划局在给凤凰公司造成较小损害就可以达到执法目的的情况下，却非要选择给其造成较大损害的方法。该处罚决定违反了必要性原则。

3. 规划局的处罚决定违反了相当性原则。本案中，损害与目的之间的比例关系是：拆除凤凰大厦5～8层一小部分与行政目的之间的均衡关系。规划局决定将凤凰大厦5～8层整体拆除则打破了这种均衡的比例关系。因此该处罚决定违反了相当性原则。

4. 规划局的处罚决定严重违反比例原则，法院应予变更。规划局的处罚决定带给凤凰公司的损害远远超出最小损害，该处罚决定违反必要性原则和相当性原则达到了非常明显的程度，严重违反了比例原则，构成《行政诉讼

〔68〕《行政诉讼法》（2017）已调整为第70条。

法》第54条第4项规定的“显失公正”,根据该规定,法院应当予以变更。因此,法院依据有关规定判决变更规划局的处罚决定是正确的。

比例原则来自权利的基本性质。现代法治以人民权利为本位,人民谋求生存、自由以及幸福的权利应当得到国家最大限度地尊重,这是权利的基本性质。这种性质对于行政权的运用具有内在的支配作用,这种支配作用就体现为行政手段与目的之间的均衡比例关系。

比例原则是公平正义的具体化。正如古希腊先哲所言,“公正,就是合比例,不公正,就是破坏比例”。行政手段与目的之间的均衡比例实际上就是公平正义观念的量化体现。

依比例行政是正当行政的要求。依法行政不仅限于依“法律条文”行政,还包括依“正当性”标准行政。比例原则源自权利的基本性质,体现公平正义观念,属于法律原则和精神的基本内容之一,国外学界甚至认为比例原则是宪法位阶上的原则,因此,行政行为遵循比例原则是行政合法性的要求。

司法审查中应用比例原则有助于遏制行政自由裁量权的滥用。比例原则主要适用于行政自由裁量权领域,其要求行政机关在选择执法的方式、方法和范围、幅度时,必须注意把握合理的分寸和尺度。如果行政机关无视比例原则的要求,仅凭执法者的任意发挥,滥用职权现象就必然会出现。如果司法审查中不应用比例原则,滥用职权现象就难以得到纠正,这必然会反过来刺激滥用职权现象的进一步泛滥,因此,为了遏制行政自由裁量权的滥用,必须允许法院在司法审查当中应用比例原则。

[资料来源:周红耕、王振宇:《比例原则在司法审查中的应用——凤凰公司不服某市规划局规划行政处罚案》,载贺荣主编:《行政执法与行政审判实务——行政处罚与行政强制》(第2册),人民法院出版社2005年版]

复习思考题

1. 什么是行政法的基本原则?它与行政管理原则有何区别?
2. 什么是行政法定原则?它与职权法定是什么关系?
3. 什么是依法行政原则和正当行政原则?它们的适用范围和要求是什么?
4. 如何以习近平法治思想为指导,全面推进法治政府建设?

Ⅱ. 主体论

本篇为主体论篇，旨在阐述“行政法主体”理论。行政法主体包括作为管理方的行政主体和作为被管理方的行政相对人。它们属于行政法律关系的双方当事人。但鉴于行政主体对行政相对人发生作用的中间环节是行政人，因而分别阐述“行政主体”“行政人”“行政相对人”的概念、种类、法律地位，以及各类主体产生、变更和消灭的原理，乃是本篇的主要任务。

第三章 行政主体

行政主体是行政法学主体论中的首要概念,因为它在行政关系中始终处于主动一方,任何行政行为均由它作出。本章重点阐述有关行政主体的概念、类型、地位、资格及认定,以及行政主体的产生、变更和消灭等基本原理。

第一节 行政主体概念界定

一、行政主体理论和制度

"行政主体"是个极为重要的行政法学概念,被不少国家行政法(学)所使用。

在法国,行政主体用"personne morale administratif"表达,系指具有行政权能,并能负担由于行使职权而引起的权利和义务的主体。法国以行政法院与普通法院的划分为基础,将行政主体看作公法人(la personne publique)[1],包括国家、地方团体和公务法人。国家属于完全由国家机关构成的公法人;地方团体是指具有法人资格的地方自治体,包括市镇、省和大区;公务法人是指除上述之外的各种负责公共事务的公务法人,亦称公共设施或公共机构,包括行政公务法人、地域公务法人、科学文化和职业公务法人、工商业公务法人等。[2]

德国的行政主体概念用"Verwaltungsträger 或 Rechtsträger der Verwaltung"表达。他们把行政主体分为原生主体、派生主体和授权主体。国家行政机关,即联邦和州政府,是原生主体;行政机关以外的公法主体是派生主体。派生主体也是公法主体,但它是联邦政府和州政府以外的公法主体,包括县和乡镇等行政性机构、公共团体、公共设施和公共基金会。另外,私人组织得到法律授权而从事公务的,便是授权主体。[3] 德国在《联邦行政程序法》使用"行政机关"(einer Behörde)一词。该法第1条将"行政机关"解释为"所有履行公法任务的机构"。[4] 德国行政程序法上的"行政机关"与行政法理上的"行政主体"是互为通用的。

在日本,"行政主体"在法律上表述为"行政厅",系指行政权的归属者,即行政法律关系中处于支配地位的管理者。它包括国家和公共团体。公共团体又包括地方公共团体、公共组合

---

〔1〕 参见[荷]勒内·J. G. H. 西尔登、弗里茨·斯特罗因克:《欧美比较行政法》,伏创宇、刘国乾、李国兴译,中国人民大学出版社2013年版,第65页。

〔2〕 参见王名扬:《法国行政法》,中国政法大学出版社1989年版,第38~41页;[荷]勒内·J. G. H. 西尔登、弗里茨·斯特罗因克:《欧美比较行政法》,伏创宇、刘国乾、李国兴译,中国人民大学出版社2013年版,第65页。

〔3〕 参见[德]哈特穆特·毛雷尔:《行政法学总论》,高家伟译,法律出版社2000年版,第500~504页。

〔4〕 参见赵宏:《法治国下的目的性创设——德国行政行为理论与制度实践研究》,法律出版社2012年版,第91页。

和行政法人。[5]

韩国可能是受日本的影响,存在"行政主体"的概念。韩国金东熙先生在其《行政法》一书中阐述道:"在行政法系关系中,行政权的担当者——当事人被称为行政主体。行政主体的当事人可以是国家、公共团体及被授权执行行政事务的私人。"[6]这一主流性解释与日本的理论非常相通。

根据葡萄牙《行政程序法典》[7]第2条规定,其行政主体包括公共行政当局、公共事业被特许实体以及经法律授权进行公益的私人组织。而公共行政当局包括:(1)行使行政职能的国家机关及自治区机关;(2)公务法人及公共团体的机关;(3)地方自治团体及其联合会的机关。

在美英国家,行政法和行政法学中更多地使用"行政机关"(administrative agency 或 agency),而不是"行政主体"(administrative body)这一概念。美国的权威字典将"agency"解释为,有权执行和实施特定立法的政府部门,一般包括政府所有的部、独立机构、委员会、管制机构、局及美国享有所有权的政府公司等。[8] 美国1946年《联邦行政程序法》(APA)第551条对"agency"作了类似的解释。但从理论上说,美国行政主体的载体共有两类:一是政府主体;二是公务法人。作为联邦制国家的美国,其政府主体包括:联邦政府,州政府,地方政府(县、市、乡、镇、特区)。公务法人是指政府部门以外的依法设定管理公共事务的组织,包括独立管制机构(如州际商业委员会)和作为第三部门的行业协会(如律师协会、会计师协会、医师协会等)。

英国没有清晰的行政主体概念,但有"行政机关"(administrative agency)的概念。作为享受行政权力、承担行政责任的组织包括三类:一是国家主体;二是地方政府主体;三是政府以外的公法人。其国家主体只有一个。地方政府主体依据地方区划层次而定:有一级的,如大伦敦教区的伦敦自治市;大多是二级,分为郡和区;也有三级的,在郡和区以下还有教区或社区。公法人是指国家和政府以外,具有独立法律人格的从事特定公共事务的组织,包括工商企业公法人、行政事务公法人、实施管制的公法人和咨询及和解性质的公法人。但在更多的时候,"行政机关"用于指19世纪末开始兴起的行政裁判机构。[9]

---

[5] 参见[日]南博方:《日本行政法》,杨建顺等译,中国人民大学出版社1988年版,第13~14页。另参见日本1993年《行政程序法》第2条。

[6] [韩]金东熙:《行政法》,赵峰译,中国人民大学出版社2008年版,第60页。另参见韩国《行政基本法》(韩国法律第17979号,2021年3月23日制定,2021年3月23日施行)第2条。

[7] 1991年11月15日颁布,经1996年1月31日修改。

[8] Administrative agency: A governmental body charged with administering and implementing particular legislation. Examples are worker's compensation commissions, joseph H. Weiderhoss, Inc., v. Neal, D. C. Mo., 6F. Supp. 788, 799; Federal Trade Commission, Hastings Mfg. Co. v. Federal Trade Commission, C. C. A. 6th, 153 F. 2d 253, certiorari denied 328 U. S. 853, 66S. Ct. 1344, 90 L. Ed. 1626; tax commissions, First State Bank of Mountainair v. State Tax Commission, 40 N. M. 319, 59 P. 2d 667; public service commissions, New York Cent. R. Co. v. Public Service Commission, 212 Ind. 329, 7 N. E. 2d 957; and the like. In addition to "agency", such governmental bodies maybe called commissions, corporations (e. g. F. D. I. C.), boards, departments, or divisions. The term "agency" includes any department, independent establishment, commission, administration, authority, board or bureau of the United States or and corporation in which the United States has a proprietary interest, unless the context shows that such term was intended to be used in a more limited sense. 18 U. S. C. A. &l. See *Black's Law Dictionary*, Fifth Edition 1979, p. 42.

[9] 参见[英]戴维·M.沃克:《牛津法律大辞典》,北京社会与科技发展研究所译,光明日报出版社1988年版,第19页;薛波主编:《元照英美法词典》,法律出版社2003年版,第35页。

二、行政主体概念和特征

（一）行政主体概念的起源

在中国，"行政主体"这一概念是 20 世纪 80 年代提出、90 年代为主流、90 年代末开始检讨。[10] "行政主体"这一舶来概念在中国的使用，源于王名扬先生的《法国行政法》[11]，然后被其他学者和他的学生们所借鉴。[12] 在新中国的行政法（学）史上，用"行政主体"概念代替"行政机关"乃是其走向成熟的一大标志，因为它让人们对"行政机关"的研究从"静态"走向"动态"，从"单一身份"走向了"多种身份"[13]。

但是，自"行政主体"这一概念在中国使用以来，它长时间是作为一个学理而不是法律概念存在的。让人欣慰的是，从 1995 年起就有一些司法政策的答复开始使用"行政主体"一词了。[14] 2014 年《行政诉讼法》的修改，其第 75 条第一次正式使用了"行政主体"概念，[15] 标志着"行政主体"的学理概念第一次正式跨入法律文本。《行政诉讼法解释》（2018）对这一概念作了更广泛的使用。[16] 2021 年《行政处罚法》的修订，它第一次从行政诉讼法跨越到行政实体法使用"行政主体"一词。《行政处罚法》（2021）第 38 条第 1 款规定："行政处罚没有依据或者实施主体不具有行政主体资格的，行政处罚无效。"从此表明，"行政主体"不再仅仅是一个学理概念，它同时成为行政实体法与行政诉讼法上的一个法律概念。

（二）行政主体概念的定位

在遵循行政诉讼先行、行政诉讼法反射行政实体法的中国，尽管行政主体最早作为确认行政诉讼被告当事人的基础概念而创设，但现在更应作为行政实体法主体理论中的核心概念而定位。这种意义上的行政主体，应当是指依法拥有行政职权，能代表国家以自己的名义行使行政职权，并能独立承受行政行为效果与行政诉讼效果的组织。这里，我们需要把握行政主体的以下特征：

---

〔10〕 参见应松年、杨伟东编：《中国行政法学 20 年研究报告》，中国政法大学出版社 2008 年版，第 150 页。

〔11〕 参见王名扬：《法国行政法》，中国政法大学出版社 1989 年版。

〔12〕 有学者考证：中国行政法上提出行政主体之名称，最早出现于张焕光、胡建淼编著的《行政法学原理》（劳动人事出版社 1989 年版）。参见朱新力、金伟峰、唐明良：《行政法学》，清华大学出版社 2005 年版，第 75 页；薛刚凌主编：《行政主体的理论与实践》，中国方正出版社 2009 年版，第 3 页；章剑生：《现代行政法基本理论》，法律出版社 2008 年版，第 70 页注释（2）。

〔13〕 即认识到"行政机关"并不等于"行政主体"，"行政主体"也不只限于"行政机关"。另外，行政机关既可以成为"行政主体"，还可以成为"民事主体"和"行政相对人"等。

〔14〕 如最高人民法院于 1995 年 1 月 15 日发布的《关于公路路政管理机构行政主体资格及有关法律适用问题的答复》（〔1995〕行复字第 4 号），1995 年 12 月 18 日作出的《关于工商行政管理检查所是否具有行政主体资格问题的答复》（法函〔1995〕174 号），1999 年 10 月 21 日作出的《对福建省高级人民法院〈关于福建省地方税务局稽查分局是否具有行政主体资格的请示报告〉的答复意见》（行他〔1999〕25 号），2002 年 5 月 31 日最高人民法院办公厅作出的《关于中国人民银行分支机构是否具有行政诉讼主体资格问题的复函》（法办〔2002〕119 号）等，都直接使用了"行政主体"一词。

〔15〕 《行政诉讼法》（2014）第 75 条规定："行政行为有实施主体不具有行政主体资格或者没有依据等重大且明显违法情形，原告申请确认行政行为无效的，人民法院判决确认无效。"

〔16〕 《行政诉讼法解释》（2018）第 21 条规定："……开发区管理机构没有行政主体资格的，以设立该机构的地方人民政府为被告。"第 99 条规定："有下列情形之一的，属于行政诉讼法第七十五条规定的'重大且明显违法'：（一）行政行为实施主体不具有行政主体资格……"第 161 条又规定："被申请执行的行政行为有下列情形之一的，人民法院应当裁定不准予执行：（一）实施主体不具有行政主体资格的……"

1. 行政主体是一种组织,而不是个人。组织这一概念的外延很广,可以指机关、机构,也可以指单位、团体等。例如,各级人民政府,政府的部、委、办、厅、局、司等,其他国家机关,企业事业单位,社会团体和其他社会组织等,都可以称为“组织”。组织在一定条件下可以成为行政主体,但个人不能成为行政主体,尽管具体的行政行为大多由国家公务员来行使,但他们都是以组织而不是以个人名义实施的。权力主体只能归属于组织,而不能归属于个人,国家权力不能成为个人的“私有财产”,这正是民主与法治的根本要求。行政主体的这一特征,使它与行政人相区别。因为后者只能是个人,而不是组织。

2. 行政主体依法拥有独立的行政职权。行政主体是一种组织,但并不是所有的组织都是行政主体。国家权力机关行使立法权,监察机关行使监察权,人民法院行使审判权,人民检察院行使检察权,因此它们都不是行政主体。只有依法拥有独立的行政职权的组织,才是行政主体。所谓“依法拥有”行政职权,系指这种组织的行政职权或者是由法设定(行政职权的法律设定)的,或者是由有关机关通过法定程序授予(行政授权)的。行政职权包括行政权能与行为权能。准确地说,行政主体是拥有行政权能的组织。

3. 行政主体能以自己的名义行使行政职权和参加行政诉讼。所谓“以自己的名义”,是指能以自己的名义对外行文,能以自己的名义作出处理决定,并能以自己的名义参加诉讼活动(以被告和第三人身份)。能否以自己的名义实施行政管理和参加行政诉讼,反映了它是否享有独立的法律人格。行政主体能以自己的名义行使职权和参加行政诉讼的这一特征,使行政主体得以同行为主体相区别。

4. 行政主体能独立地承受行政行为所引起的法律效果和行政诉讼的效果。所谓能独立地承受行政行为所引起的法律效果,是指行政主体作出行政行为之后,如果行政行为合法,它就有保证落实行政行为所确定的权利与义务的责任;如果行政行为违法,它就负的纠正违法和实施赔偿的义务。所谓能独立地承受行政诉讼的效果,就是由它自己享受行政裁判所确定的权利或承担行政裁判所确定义务。

三、行政主体的载体

行政主体的载体,是指储存、传递和实施国家行政职权功能的组织体。在我国主要指国家行政机关和行政机关以外的社会组织。

(一)国家行政机关

国家行政机关是我国行政主体的主要载体。行政主体原则上由国家行政机关所承载。根据《宪法》规定,人民政府是国家行政机关,它是国家权力机关的执行机关。行政机关是国家法律的主要实施主体。

从宪法结构上看,国家行政机关是相对于并区别于国家立法机关、监察机关、审判机关、检察机关和军事机关而言的一种国家机构。但从行政法理和行政法制度考察,行政机关有狭义与广义之分。狭义上的行政机关,系指从中央到地方的各级人民政府。根据《宪法》(2018)第

30～31 条规定[17]，各级人民政府包括：中央人民政府即国务院；省、直辖市和自治区人民政府；自治州、县、自治县、市人民政府；乡、民族乡、镇人民政府。国家在必要时得设立特别行政区，由此设立特别行政区政府。我国已设香港特别行政区政府和澳门特别行政区政府。但广义上的行政机关，除了作为一级人民政府外，还包括人民政府的工作部门和有关机构，如政府所属的部、委、厅、局、处、室等。

现行的行政法理论和制度，作为行政主体的行政机关，不仅包括一级人民政府，而且还包括对外具有行政管理职权的工作部门和机构。它们都可以作为行政主体依法以自己的名义对外行使职权、承受行政行为的效果和行政诉讼的效果。

（二）社会组织

社会组织是相对于国家组织而言的一类组织，它设于国家组织以外。国家机关以外的社会组织包括企业、事业单位和社会团体基金会、社会服务机构等。[18] 除了国家法律、法规、规章外，它们原则上按章程自律活动。

社会组织在一定条件下，也可以成为行政主体的载体。那就是，当社会组织得到授权时也可以成为行政主体，享有和行政机关一样的行政法地位。这就被称作为“具有管理公共事务职能的组织”。它们包括但不限于：中国证券监督管理委员会、中国银行保险监督管理委员会、中国气象局、中国银行、中国残疾人联合会、行业协会（律师协会）、学校、国家学位委员会等。包括法人组织和非法人组织。

（三）公法人、公务法人、行政法人

当行政机关成为行政主体时，就是行政主体而已，但当社会组织成为行政主体时，它们又被作为公法人、公务法人、行政法人，以此和行政机关相区别。

公法人（public corporation 或 legal person of public law）源自德国的法人理论，后为英国等许多国家所接受。德国法将法人分为公法人和私法人。理论上区别私法人和公法人的标准在于：前者是依私法的设立行为（如设立合同、捐助行为等）而产生的，后者则是依据国家公权力行为（立法或行政行为等）而产生。[19] 但实务中倾向于采纳“综合观察”的观点，即认为认定公法人的关键在于，某法人的权力和组织是否更适应于国家管理制度，由此所体现的法律地位更表现为公法性，认定私法人因素正好反之。[20] 公法人一般包括四类：第一类是公法社团；第二类是公法财团；第三类是公共营造物（anstalten）；第四类是行政法人。英国行政法著作中讨论的公法人，主要是指在具有一般职权范围的中央行政机关和地方行政机关以外，享有一定的独立性和单独存在的法律人格，并从事某种特定的公共事务的公法组织。英国行政法学著作有时又称这类机构为半自治的国家行政组织或半自治的非政府组织（quango）。

公务法人（les établissements publics）是法国行政法中与行政主体有关的一个概念，而且常

---

〔17〕《宪法》（2018）第 30 条规定：“中华人民共和国的行政区域划分如下：（一）全国分为省、自治区、直辖市；（二）省、自治区分为自治州、县、自治县、市；（三）县、自治县分为乡、民族乡、镇。直辖市和较大的市分为区、县。自治州分为县、自治县、市。自治区、自治州、自治县都是民族自治地方。”第 31 条规定：“国家在必要时得设立特别行政区。在特别行政区内实行的制度按照具体情况由全国人民代表大会以法律规定。”

〔18〕详见本书第五章“行政相对人”中的对应部分。

〔19〕Larenz，Wolf，Allgemeiner Teil des Bürgerlichen Rechts，8，Aufl.，München 1997，S. 167.

〔20〕BGH WDR 55，219，220.

常被列为继行政主体国家和地方团体之外的又一行政主体。所以,在法国更多地将公务法人定义为:除国家和地方团体之外的,依法从事一定公务活动的,独立享有行政法上权利与义务的行政主体。[21] 如大学、中学、研究机关(如全国科学研究中心)、图书馆、博物馆等。法国的公务法人是以公务为标准进行划分的一种分权形式,不同于以地域为标准的行政组织。

行政法人是日本行政法学提出的一个重要概念,而且全称是"独立行政法人"。日本的独立行政法人是指基于《独立行政法通则法》[22]或者个别的独立行政法人设立法[23]而设立的法人。它是个制定法概念而不是学理概念。[24] 从学理上说,行政法人系指"由国家或地方公共团体出资设立的法人,具有公共财团法人的性质……行政法人是随着给付行政的发展,依据公共事业应通过公共手段来实现的设想而设立的"。行政法人与行政给付相联系,它一般是承担不能停止的公共事业上的给付作业,如水、电、气等。日本行政法人属于日本行政主体的范围。[25]

公法人与公务法人是个互通性概念,只是不同国家的称呼具有差异。而行政法人不论是哪个国家发明的,现在已成为公法人或公务法人的一个种类。当下的中国,不太流行"公法人""公务法人""行政法人"[26]的概念,更多被"法律、法规授权的具有管理公共事务职能的组织"这一概念和表述所代替。

四、行政主体与相关主体

对行政主体的正确认定具有直接的行政意义和诉讼意义,而弄清行政主体与相关主体的区别,将有助于我们辨别、认定和掌握行政主体。

(一)行政主体与行政法主体

行政主体与行政法主体,两者虽然只有一字之差,但无法等同。行政法主体,也称行政法律关系的主体(当事人),系指受行政法调整和支配的有关组织和个人。它们是行政法律关系的参与者、行政法权利的享受者、行政法义务的履行者和行政责任的承担者。从静态看,行政法主体包括:(1)国家行政组织;(2)国家其他组织;(3)企事业单位和社会团体;(4)公民;(5)在中国境内的外国组织和外国人(包括无国籍人)。从动态看,行政法主体由两部分组成,即处于管理一方的行政主体和被管理一方的行政相对人。因此,行政主体是行政法主体的一部分,而不是全部。行政主体必定是行政法主体,但行政法主体未必就是行政主体。行政主体仅指组织,不是指个人,而行政法主体包括了一定的个人。(见图3-1)

---

〔21〕 参见王名扬:《法国行政法》,中国政法大学出版社1989年版,第119~125页。

〔22〕 平成十一年(1999年)法律第103号。可简称《独通法》。

〔23〕 例如,关于国立少年自然之家的《独立行政法人国立少年自然之家法》;关于国立土木研究所的《独立行政法人土木研究所设立法》等。这些设立独立行政法人的具体法可简称为《独立设立法》。

〔24〕 参见[日]盐野宏:《行政组织法》(盐野宏行政法教科书三部曲),杨建顺译,北京大学出版社2008年版,第66~74页。

〔25〕 参见[日]南博方:《日本行政法》,杨建顺、周作彩译,中国人民大学出版社1988年版,第14页。

〔26〕 熊文钊在《行政法通论》(中国人事出版社1995年版,第99页)中第一次引进"行政法人"这一概念,但他在含义的界定上把"行政法人"等同于中国的"行政法主体",这已不是"行政法人"的原本意义。我国台湾地区有"行政法人"的概念,还于2011年制定了《行政法人法》(全文42条,2011年4月8日颁布,2011年4月27日施行)。但其"行政法人"是指行政机关以外的具有公共管理职能的事业单位。

图 3-1　行政法主体

区别行政主体与行政法主体的法律意义在于：有助于防止将“行政主体”与“行政法主体”相混同，有助于重视行政相对人的平等地位。

（二）行政主体与行政机关

“行政机关”是个静态概念，它是指国家权力机关、监察机关、审判机关、检察机关、军事机关以外的国家组织。而“行政主体”是个动态概念，它不是根据某个组织是否属于行政机关而定，而是根据该组织是否拥有独立的行政职权，并正在行使行政职权而定。在我国，由于大多行政主体由行政机关充任，以至于不少教科书把行政机关与行政主体简单地等同起来。其实，完整而准确地说，它们之间的关系应当是：（1）行政机关是行政主体的主要载体，但不是唯一的载体。行政主体主要由行政机关来充任，但它并不只限于行政机关，行政机关以外的社会组织得到授权也可以成为行政主体（授权主体）。（2）行政机关并不必然是行政主体。行政机关从事不同性质的活动，参与不同法律关系，便可以形成不同的法律身份。行政机关行使行政职权时，它是行政主体；从事民事活动时，它是民事主体〔27〕；当它在某一行政关系中处于被管理一方时，它又成了行政相对人。（见图 3-2）

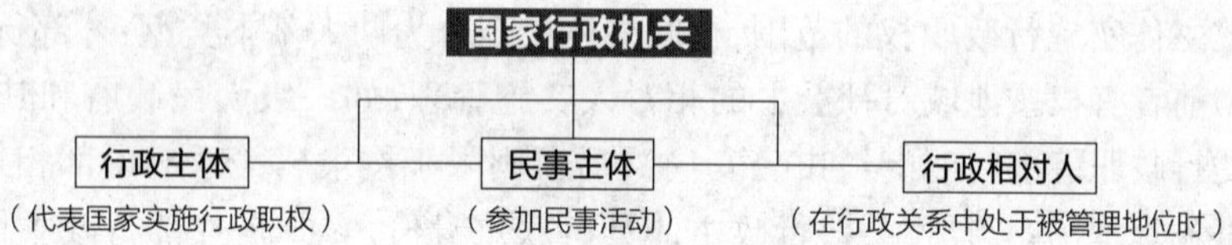

图 3-2　国家行政机关

区别行政主体与行政机关的法律意义在于：（1）有助于消除简单地将“行政主体”与“行政机关”等同起来的错误做法；（2）有助于全面地认识行政机关在不同法律关系中的不同法律身份，从而保障行政法、民法等法律规范的正确适用。

（三）行政主体与行为主体

如前所述，行政职权包括行政权能与行为权能。一般情况下，行为权能从属于行政权能，由一个行政主体拥有并实施。行政主体实施行政职权，意味着它既行使行政权能，又行使行为权能。但在行政委托关系中，行政权能与行为权能会发生分离并分属于两个不同的主体。当一个行政机关委托社会团体行使某项行政职权时，委托方的行政机关其实是将自己的行为权能，而不是行政权能，转让给了被委托方的社会团体，社会团体以行政机关的名义实施该行为，行为后果由委托方的行政机关承受。在这一委托关系中，委托方的行政机关是行政主体，被委托方的社会团体便是行为主体。

---

〔27〕　正如德国法学专家维尔纳·弗卢梅所述，“公共机构也可能以私法主体的身份进行活动”。参见［德］维尔纳·弗卢梅：《法律行为论》，迟颖译，法律出版社 2013 年版，第 40 页。

可见,行为主体系指虽无法律上的名义,但直接、具体实施行政行为的组织或个人。行政主体与行为主体的关系是:它们会处于同一个行政委托之中,行为主体由行政主体派生,行为主体以行政主体名义实施行为,行政主体对行为主体往往具有基于委托关系之上的监督权。但是,行政主体与行为主体有许多区别:(1)行政主体是拥有并实施行为权能的主体,而行为主体是拥有并实施行为权能的主体;(2)行政主体能以自己名义行使行政职权,而行为主体只能以别人(行政主体)名义行使行政职权;(3)行政主体应由自己来承担自己行为的后果,而行为主体则由他人,即行政主体,来承担自己行为的后果;(4)行政主体在行政诉讼中能作为被告参加诉讼,而行为主体不能成为行政诉讼中的被告。

区别行政主体与行为主体的法律意义在于:(1)有助于确认某种行政行为效果的归属。因为行政行为的效果由行政主体而不是行为主体承受。(2)有助于确认行政诉讼中的被告。

第二节 行政主体类型和地位

一、行政主体类型

依据不同的标准,可以对行政主体作不同的分类。对行政主体作分类研究,有助于我们掌握行政主体的原理。

(一)外部主体与内部主体

根据行政主体实施行政职权的范围,行政主体被划分为两大基本类型:外部行政主体与内部行政主体。前者有权按地域对社会上的相对人实施管理,如一级人民政府和其所属的具有对外管辖权的行政职能部门(如县、市公安局),后者则限于按隶属关系对内部相对人的管理,如政府机关事务管理局。当然,某些行政主体具有双重身份,它既是外部行政主体,又是内部行政主体。比如地方各级人民政府,它既有权对管辖地域内的一切社会相对人实施管理(外部行政主体),同时也有权对隶属于它的行政机构实施领导和监督(内部行政主体)。外部行政主体与内部行政主体的划分以外部行政与内部行政的划分为基础。由于行政法主要是公共行政法,因而在大多数情况下,行政主体限于外部行政主体。[28]

外部行政主体与内部行政主体划分的意义在于:(1)有助于确定行政行为的有效性。内部行政主体不能进行外部行政行为,否则该行政行为不具有法律效力。(2)有助于确定行政诉讼中的被告。内部行政主体一般不能成为行政诉讼中的被告。[29]

(二)职权主体与授权主体

根据行政职权的产生方式,行政主体又可被划分为职权行政主体与授权行政主体。从政治意义上说,"中华人民共和国的一切权力属于人民",一切国家机关的职权都来自人民的授予,因而一切国家机关概属授权主体。但这种政治上的授权含义与法律上的授权含义还有一定的差别。从行政法意义上说,行政机关天然具有行政主体的身份,宪法和法律直接把行政职权设定给了行政机关,行政机关从成立起就从"娘胎"里带来了行政职权,行政职权伴随行政机

〔28〕 本书所述行政主体,在无特别说明情况下,均基于"外部行政主体"含义。
〔29〕 参见《行政诉讼法解释》(2018)第20条。

关经历了从出生到死亡的全过程。因此,行政机关作为行政主体属于职权主体。但行政机关以外的社会组织则不同,它的行政职权不是先天具有的,是后天通过行政授权才获得的。所以,经授权才获得行政主体资格的社会组织,称作授权主体。例如,中国银行属于"国营企业"〔30〕,无行政职权,但它可以"根据国家授权,发行外币债券"〔31〕,或"根据国家授权,参加国际金融会议"。〔32〕当中国银行经授权从事上述活动时,它便成了授权行政主体。

职权主体与授权主体划分的意义在于:由于职权主体与授权主体的职权来源方式不同,因而对其行政行为合法性审查的角度也将有所区别,对职权主体行为的合法性审查主要是审查是否具有对应的法律依据,对授权主体行为的合法性审查,应首先审查"授权关系"是否依法成立。

(三)单独主体与共同主体

应该说,每一个行政主体都是单独行政主体,但当两个以上的行政主体共同作出行政行为时,它们便形成了共同主体。在大多数情况下,一个行政主体作出一个行政行为,各自对自己的行为负责;但在联合执行等状态下,有时会出现两个以上的行政主体共同作出一个共同行为,它们就须共同对该行为负责,在行政诉讼中往往成为共同被告。

单独主体与共同主体的划分是以行政行为的相应划分,即单独行政行为与共同行政行为为基础的。这种划分有助于正确认识和把握单独行政行为和共同行政行为、行政诉讼中的单一被告与共同被告的有关原理。

(四)本主体与派出主体

当一个行政组织与另一个行政组织之间具有派出关系时,前一个行政组织(设立派出机构的机关,如县公安局)为本主体,后一个行政组织(被设立的行政机构,如公安派出所)则为派出主体。派出主体由两类构成:一类是由一级人民政府派出的,如以前的行政公署和区公所、现在的某些经济开发区,称"派出机关";另一类是由政府职能部门派出的,如公安派出所,称"派出机构"。

从行政实体法原理上看,本主体是独立的行政主体,但派出主体不是独立的行政主体。派出主体所作行为代表派出它的机关,其行为效果归属于派出它的本主体。但在法律、法规和规章授权的条件下,派出主体才可以成为独立的行政主体,准确地说是授权主体。但从现行行政诉讼制度看,本主体和派出机关可以作为行政诉讼的被告当事人,派出机构只有在得到授权的条件下,方可作为行政诉讼中的被告。

这种分类以行政组织中派出关系的存在为基础。掌握这种分类,有助于在行政派出关系中正确地认定行政主体的资格和责任的划分,还有对行政诉讼被告的认定和诉讼后果的承担。

自由贸易港是指设在国家与地区境内、海关管理关卡之外的,允许境外货物、资金自由进出的港口区。对进出港区的全部或大部分货物免征关税,并且准许在自由港内,开展货物自由储存、展览、拆散、改装、重新包装、整理、加工和制造等业务活动。自由贸易港须由法律直接设

---

〔30〕《中国银行章程》(1980)第1条规定:"中国银行是社会主义国营企业,是中华人民共和国的国家外汇专业银行。"

〔31〕《中国银行章程》(1980)第5条规定:"中国银行经营和受托办理下列各项业务:……(九)根据国家授权,发行外币债券和其他有价证券……"

〔32〕《中国银行章程》(1980)第6条规定:"根据国家授权,参加国际金融会议。"

定,因而它具有行政主体资格。我国已于2021年制定了《海南自由贸易港法》。海南自由贸易港的政府组织不是派出组织,而是属于由法律直接设定的行政主体。

其他如经济技术开发区、高新技术开发区、出口加工区、边境经济合作区、国家旅游度假区和保税区等,如果有法律法规授权的,按被授权主体对待,具有行政主体资格。如果无法律法规的授权,就按派出组织对待,它与设立和派出其的组织之间关系按照行政委托关系对待,它们便不具有行政主体资格。最高人民法院《关于审理涉及国有土地使用权合同纠纷案件适用法律问题的解释》(法释〔2020〕17号)体现了这一精神。该解释第2条规定:“开发区管理委员会作为出让方与受让方订立的土地使用权出让合同,应当认定无效。本解释实施前,开发区管理委员会作为出让方与受让方订立的土地使用权出让合同,起诉前经市、县人民政府自然资源主管部门追认的,可以认定合同有效。”

二、行政主体地位

行政主体的地位可以表现在各个方面,但在这里限指法律地位。行政主体的法律地位,是行政主体在国家行政管理中权利、义务的综合体现。而权利和义务是法律关系的内容,法律关系以外的权利和义务是不存在的。因此,讨论行政主体的法律地位,势必要分析它“身在其中”的各种法律关系。

前面说过,行政主体就是依法代表国家实施行政行为的组织,因此它首先与国家构成了法律关系;其次,行政主体实施国家行政职权,表现为对行政相对人实施行政管理行为,因而它又与相对人构成了法律关系。行政主体正好处于两大法律关系的交接点。(见图3-3)

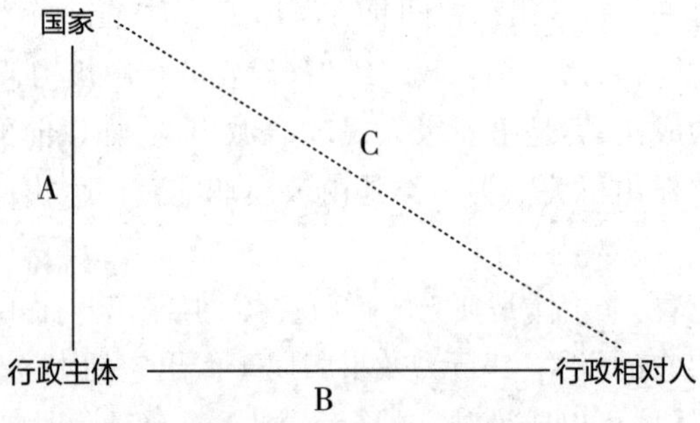

图3-3 行政主体地位

行政主体之所以享有行政管理资格,能对相对人实施管理(B),是因为它得到了国家的授权,它依法代表了国家(A);而行政主体对相对人的管理,反映了国家对相对人的管理(C)。由于国家对相对人的管理是以行政主体为“媒介”的。因此“C”用虚线。也就是说,B关系是依据A关系发生的;B关系又体现了C关系。

在图3-3中,与行政主体法律地位直接有关的,显然是A关系和B关系。下面分别加以讨论:

政权的主体是国家。国家统一而不可分。但政权的运行需要设置不同的国家机构来分工合作。国家通过宪法把行政权授予了行政机关(后者从而享有了行政主体资格),行政主体有权也有义务代表国家实施国家行政管理活动。于是,国家与行政主体之间的法律关系便形成了。在这对关系中,国家赋予行政主体以一定的行政职权,同时规定它履行相应的行政职责;

国家为保障行政主体有效合法地实施国家行政权,完成行政目标,一方面向它提供职务上的便利(行政优先权)和物质上的条件(行政受益权),另一方面对它的行为是否符合自己的意志实施监督。而对行政主体来说,它一方面有义务依法履行国家所规定的职责,接受国家的监督;另一方面有权行使职权,并享受国家所赋予的行政优益权。

基于行政主体与国家之间的法律关系,行政主体与相对人形成了行政法律关系。在这对关系中,行政主体代表国家行使行政职权,并享受行政优益条件,相对人有服从和协助行政主体实施管理的义务;同时,相对人有监督行政主体依法行政以及在权益受到不法侵害时申请救济的权利,行政主体有依法行政、保护相对人合法权益不受侵害之责。行政主体如果违反职责,应承担相应的行政责任。

从以上两大关系中不难发现,行政主体的法律地位始终与它的行政职权、行政优益权、行政职责和行政责任有关。如果说行政职权和行政优益权是行政主体在国家行政管理中权利的体现,那么,行政职责和行政责任便是行政主体在国家行政管理中义务的体现。

第三节 行政主体资格及认定

一、确认行政主体资格的意义

行政主体的"资格"与"法律地位"是不可分割的。某组织具有行政主体的资格,它就享有行政主体的法律地位;享有行政主体法律地位的机关,它也就具有行政主体的资格。一个组织是否具有行政主体的资格,直接决定了它的法律地位。行政主体资格的确认在行政法上具有直接的、极为重要的意义。

1. 确认行政主体的资格有助于确定行政行为的效力。行政行为实际上就是行政主体的行为,它带着国家的强制力直接影响相对人的权利和义务。如果实施行为的组织不具有行政主体的资格,那么它的行为就不具有行政行为的效力,对相对人权利和义务的影响不为法律所承认。相对人对不享有行政主体资格的组织所实施的"行政行为"没有服从和协助的义务。

2. 确认行政主体的资格有助于确定行政诉讼的被告。我国行政诉讼的特点之一在于,它一概以行政主体为被告。因此,某一组织的行政主体资格决定了它作为行政诉讼被告的资格。被告资格以行政主体资格为前提。[33]

二、确认行政主体资格的方法

确认行政主体资格主要在于划清两条界线:(1)行政主体与非行政主体的界线;(2)内部行政主体与外部行政主体的界线。

行政主体与非行政主体之间的划分是基于这样一个原理:行政主体享有行政主体的法律地位,非行政主体不享有行政主体的法律地位。区别内部行政主体与外部行政主体的必要性,取决于"交错无效原则":内部行政主体不得行使外部行政职权,外部行政主体不得行使内部行政职权;同时具有双重身份者例外。

---

〔33〕 现在也有学者认为,行政主体资格与行政诉讼被告的资格并非完全一致。

无论划分哪条界线,一般都可以遵循以下的确认方法:

1. 按行政职权确认。是否享有行政职权或享有的是内部行政职权还是外部行政职权,是确认行政主体或行政主体类型的标准。寻找这种标准的方法在于核实行政职权的来源。对于职权主体,应该核实其产生职权的法律内容;对于授权主体,应该审查有权机关的授权行为是否存在以及授权的范围。

2. 按行为性质确认。这一方法对于确认行政机关的法律身份尤其重要。因为行政机关既可以成为行政主体,也可以作为民事主体(机关法人),还可以成为行政相对人。其不同的身份取决于其行为的不同性质:行政机关实施行政行为时,属于行政主体;其从事民事活动时,则成了机关法人;其在某一行政法律关系中从事相对人行为时,它则成为行政相对人。因此,确认行政机关的行政主体身份,就在于看其行为是否属于行政行为。

三、在几种特殊情况下对行政主体的认定

(一)在行政职权的法律设定关系中的主体问题

行政主体产生行政职权有两种方式:一是设定;二是授权。前者表现为法律、法规对行政机关行政职权作出规定;后者表现为通过行政授权转移行政职权。前者是原始授权,后者是事后授权。我国《宪法》(2018)第86条赋予国务院享有18项职权,《地方各级人民代表大会和地方各级人民政府组织法》(2022)第73条赋予县级以上的地方各级人民政府享有11项职权,第76条赋予乡、民族乡、镇人民政府享有7项职权等,这些都属于典型的设定关系。在法律、法规对行政职权的设定关系中,被设定的组织必然享有行政主体的资格。

(二)在行政职权法律授权关系中的主体问题

行政法上的授权即行政授权,是指拥有行政职权的行政主体,依据法律规定,通过法定程序,将自己的行政职权转让给另外的国家组织或社会组织的法律过程。在行政授权关系中,授出职权的行政主体为授权主体,接受授权的组织为被授权主体。通过授权行为之后,授权方仍不失为行政主体,被授权方也由此成为该法律关系中的行政主体。虽然授权方与被授权方都不失为行政主体,但区别在于:授权方是职权主体,被授权方是授权主体。

(三)在行政委托关系中的主体问题

行政委托系指,一个行政主体在自己缺乏条件直接实施某个行政行为时,委托其他组织或个人以委托方的名义实施该行政行为,行为效果归属于委托方行政主体的法律制度。在行政委托关系中,前者称为行政委托人,它是行政主体,后者称为行政代理人,它不会因委托而享有行政主体的资格。行政委托的效果是形成行为主体而不是行政主体。在行政委托关系中,委托方是行政主体,被委托方是行为主体。

(四)在行政联合关系中的主体问题

当一个行政主体同另一个组织联合进行行政行为时,便形成了行政联合关系。行政联合关系有两类:一是一个行政主体与其他行政主体的联合,如市工商局与市税务局共同作出某个行政行为;二是一个行政主体与其他非行政主体的联合,如市环保局与某工会共同实施某个行政行为。在前一类关系中,联合各主体都是行政主体是毫无疑问的;但在后一类关系中,非行政主体不会因与行政主体共同作出了某个行政行为而转为行政主体,除非它是授权主体。

（五）在行政派出关系中的主体问题

一个行政组织设立了一个派出组织（派出机关和派出机构），这个行政组织与它所设立的派出组织之间便构成了行政派出关系。在这种行政派出关系中，设立派出组织的行政组织是行政主体，被设立的派出组织不是行政主体[34]，它的行为效果归属于设立它的行政组织（行政主体）。但当法律、法规直接对派出组织设定某种行政职权，并且当它行使这种职权时，这时的派出组织才是行政主体。[35]

（六）临时行政机构的主体问题

国家行政机构有常设与临时之分。一般说来，常设的行政机构是由法律、法规直接设置的，而临时的行政机构是由行政机关临时设置的。临时行政机构一般不是行政主体，它与设置它的行政机关之间的关系按行政委托关系处理，设置临时机构的行政机关为委托人，被设置的临时机构为被委托人。如果法律、法规直接授权临时行政机构以某种行政职权，那么便按法律设定关系或法律授权关系处理，即当它们以自己的名义行使该职权时，便是行政主体。

（七）行政主体发生越权时的主体问题

在实践中有这样一种观点，认为行政主体只有在其行政职权范围内进行行政行为时，才是行政主体，当其超越权限实施行政行为时，便不再是行政主体。这是种误解。是否超越权限不是衡量是否是行政主体的标准，只是确认该行政主体的行政行为是否违法的标准之一。行政主体超越权限，只是说明一个行政主体作出了一个违法的行政行为，但不能说该行政主体就因此变成了非行政主体了。也就是说，一个行政主体越权行使行政职权时，它不会因此而失去行政主体的资格，但可能会失去其行政行为的合法性和有效性。

（八）作为一个行政主体的内设机构对外行为时的主体问题

这里讨论这样一个问题，一个行政主体的内设机构对外以自己的名义进行行政行为，它是否也拥有行政行主体的资格。例如，某市公安局内的治安科，对某公民作出治安处罚决定时，它是否拥有行政主体的资格。回答是否定的。行政主体的内设机构不具有行政主体的资格，它按理不得以自己的名义对外作出行政行为；它以自己的名义对外行为时也不会使自己转变成行政主体。由于行政主体是它所属的机关（上例中就是公安局），而不是它（科室）本身，因而它的行为进入行政诉讼时，应以它所属的机关为被告，并由该机关承受行为的后果。

（九）作为相对人的行政机关的主体问题

这里是问：作为行政相对人的行政机关是否同时可以成为行政主体？回答是肯定的。因为行政主体是个动态概念，行政机关则是个静态概念。行政机关在不同的法律关系中可以以不同的法律身份出现，如行政主体、行政相对人和机关法人。当两个行政法律关系交织在一起的时候，某个行政机关既是行政主体，同时又是行政相对人，这是常有的事。

---

[34]　不过，目前在中国的现状是，派出机构一般不作为行政主体对待，但派出机关一般作为行政主体对待。

[35]　参见《行政诉讼法解释》（2018）第20条。

第四节 行政主体法定代表人和负责人

一、民法中的法定代表人和主要负责人

法定代表人是民法(学)和民事诉讼法(学)中的一个重要概念。它是指依法代表法人行使民事权利,履行民事义务的主要负责人(如工厂的厂长、公司的董事长、学校的校长等)。[36] 它虽经历史上的不同规定,但今天已被《民法典》(2020)所定型。《民法典》(2020)第61条规定:"依照法律或者法人章程的规定,代表法人从事民事活动的负责人,为法人的法定代表人。法定代表人以法人名义从事的民事活动,其法律后果由法人承受。法人章程或者法人权力机构对法定代表人代表权的限制,不得对抗善意相对人。"

在这一立法背景下,法定代表人是指依照法律和章程代表法人进行民事活动和诉讼活动,其法律后果由法人承受的自然人。具体必须把握五个要点:

1. 法定代表人是自然人,而不是指组织。任何组织有可能成为法人,但不可能成为法定代表人。

2. 法定代表人是法人的代表人。这意味着:(1)法定代表人是法人的代表人,而不是代理人。它对外的权力是法定的,而不须经法人的特别委托。(2)法定代表人是法人的代表人,它是代表"法人"的。在非法人组织中无"法定代表人"之称,只称"主要负责人"。

3. 法定代表人按照法律或法人章程规定的范围和程序产生。如《民办教育促进法》(2018)第23条规定:"民办学校的法定代表人由理事长、董事长或者校长担任。"

4. 法定代表人以法人名义进行的民事活动和诉讼活动,其法律后果由法人承担,而不是由其本人承担。法人承担民事责任后,依照法律或者法人章程的规定,可以向有过错的法定代表人追偿。

5. 法人章程或者法人权力机构对法定代表人代表权可能有所限制,但这一限制不得对抗善意相对人。

在民法(学)和民事诉讼法(学)中,除了"法定代表人"概念外,还有另一个概念,即"主要负责人"或"单位负责人"。"主要负责人"概念的出现是为了解决非法人组织的代表人问题。但作为一个理论概念,更多是从广义上界定,系指一个单位或组织主持本单位全面工作具有最高决策权并对本单位承担主要责任的单位主要领导。它包括法定代表人,但不限于法定代表人。

在法定代表人以外如何认定主要负责人,要视具体领域、具体单位和具体的制度规定。如《会计法》(2017)第50条规定:"单位负责人,是指单位法定代表人或者法律、行政法规规定代表单位行使职权的主要负责人。"

一般而言,主要负责人主要包括两类人员:一是单位的法定代表人,是指依法代表法人单

---

〔36〕 江平教授认为:(1)法定代表人具有单一性,只有符合法律规定条件的某一自然人才能成为法定代表人;(2)法定代表人的产生具有法定性,公司不可以通过章程约定非董事长之外的其他人担任法定代表人;(3)法定代表人可以法人名义从事各项活动,并直接为法人取得权利或承担义务。参见江平主编:《民法学》,中国政法大学出版社2000年版,第149页。

位行使职权的负责人；二是按照法律、行政法规规定代表单位行使职权的负责人，是指依法代表非法人单位行使职权的负责人。

二、行政主体的法定代表人

法定代表人除了存在于民法和民事诉讼法领域，同样也应当存在于行政法领域。具有法人资格的行政相对人中的法定代表人制度，基本可以适用《民法典》中的法定代表人规定。在行政主体一方，同样涉及法定代表人的问题。因为作为行政主体（职权主体）的行政机关也好，作为行政主体（授权主体）的社会组织也罢，大多数都具有法人资格。只要是法人，包括机关法人，自然存在法定代表人。

只是《民法典》所规定的法定代表人制度仅仅适用民事活动，而行政法领域至今尚未制定“行政基本法”和“行政程序法”等法典式行政法律，暂时出现了立法上的真空。从行政法理上说，不是不存在行政主体的法定代表人，而只是现行法律未对行政主体法定代表人作出特别规定。

从行政法理上说，所谓行政主体法定代表人，系指依法代表行政主体向外表达行政行为意思的负责人。其所表达的行政行为意思的后果由所代表的行政主体承受。

作为行政主体的法定代表人与作为民事主体的法定代表人在许多法律特征上，特别是在“法定”和“代表人”这两点上是相通的，它们的最大区别无非在于它们所代表的法人及所实施的行为（行政行为与民事行为）不同。

至于行政主体法定代表人，如果是作为授权行政主体的社会组织，那就按照《民法典》规则认定便可；如果是作为职权行政主体的行政机关，那就应当按照组织法规则认定。在目前尚无“行政组织法”和“行政程序法”的背景下，暂且可按《行政诉讼法解释》（2018）有关规定〔37〕办理：（1）行政机关有行政正职负责人的，以行政正职负责人为法定代表人；（2）行政机关无行政正职负责人的，以主持工作的行政副职负责人为法定代表人；（3）在行政机关没有正职和副职行政负责人的，以主持工作的行政负责人为法定代表人。

三、行政机关负责人

《行政诉讼法》2014年修订的亮点之一在于确立了“行政机关负责人出庭应诉原则”。该原则的确立和实施使“行政机关负责人”这一概念受到了行政法理论和制度的极大关注。

《行政诉讼法》（2017）第3条第3款规定：“被诉行政机关负责人应当出庭应诉。不能出庭的，应当委托行政机关相应的工作人员出庭。”《行政诉讼法解释》（2018）单设第八部分详细地落实了这一制度。按理说，这样一种并不十分突出的表述，而且被诉行政机关负责人出庭应诉的规定，仅仅是整个行政诉讼程序制度中的被告应诉环节中的一项规定而已，很难将它提升为一项行政诉讼的基本原则。但从《行政诉讼法》（2017）的立法态度上看，它显然是作为一项行

---

〔37〕《行政诉讼法解释》（2018）第128条第1款规定：“行政诉讼法第三条第三款规定的行政机关负责人，包括行政机关的正职、副职负责人以及其他参与分管的负责人。”

政诉讼法的新原则而存在的。[38]

《行政诉讼法》(2017)之所以将这样一项具体规定上升为基本原则,是鉴于行政诉讼不同于其他诉讼的特殊性。在民事诉讼中,双方当事人谁都可以作原告或者被告,哪一方的民事行为都可能成为诉讼对象。行政诉讼则不同,作为行政主体的行政机关是恒定的被告,它只能作被告,不能作原告,行政诉讼的审查对象也主要是被诉行政机关的行政行为。在以往的诉讼中,群众反映"民告官,但不见官"。为了有助于解决行政争议和监督行政机关依法行使职权,《行政诉讼法》(2017)才硬性规定了行政机关负责人的出庭应诉义务,并确立了这一原则。

该原则要求行政机关负责人必须出庭应诉。那么,如何确定必须出庭的"行政机关负责人"呢?

行政机关负责人的范围在制度上有个不断扩大的过程。《行政诉讼法》(2017)第3条第3款用"行政机关负责人"一词表明其范围肯定要大于"行政机关法定代表人"。但到底有多大范围,起初无论是立法机关还是司法机关,都把它限定在"行政机关正职和副职领导人"内。[39]《行政诉讼法解释》(2015)第5条也作了相同的解释。[40] 接着,2016年最高人民法院发布的《关于行政诉讼应诉若干问题的通知》(法〔2016〕260号)[41]和《行政诉讼法解释》(2018)[42]又将"行政机关负责人"的范围从"行政机关正职和副职负责人"扩大到"其他分管负责人"。现行的法定解释是:"行政机关负责人"是指行政机关正职和副职负责人以及其他分管负责人。这里的"其他分管负责人",主要是指正职和副职领导人以外的,负责该项工作的领导班子中的其他人员,如政府秘书长、参与分管的党组成员等。

行政机关负责人的范围要大于行政机关法定代表人的范围。目前,行政机关负责人只具有行政诉讼出庭应诉上的意义,还未见其在行政实体法上的意义。这为我们的研究留下了很大的空间。

第五节 行政主体之间关系及法律调整

行政主体之间的关系属于行政关系,确切地说,是内部行政关系,同样受行政法调整。这种关系可分为纵横两大类型。

---

〔38〕 正如有专家所解释的,"我国诉讼法律一般在总则部分规定基本原则,以基本原则作为统率整部法律的指针和方向"。"行政机关负责人的出庭应诉义务规定在总则部分,而未规定在具体条文当中,表明立法者将其列为行政诉讼的基本原则之一。"参见江必新主编:《新行政诉讼法专题讲座》,中国法制出版社2015年版,第1、37页。

〔39〕 全国人大常委会法制工作委员会行政法室编著的《中华人民共和国行政诉讼法解读》(中国法制出版社2014年版,第14页)解释道:"这里的'行政机关负责人'是指行政机关正职和副职领导人。"

〔40〕《行政诉讼法解释》(2015)第5条规定:"行政诉讼法第三条第三款规定的'行政机关负责人',包括行政机关的正职和副职负责人。行政机关负责人出庭应诉的,可以另行委托一至二名诉讼代理人。"

〔41〕 最高人民法院《关于行政诉讼应诉若干问题的通知》(法〔2016〕260号)规定:"出庭应诉的行政机关负责人,既包括正职负责人,也包括副职负责人以及其他参与分管的负责人。"

〔42〕《行政诉讼法解释》(2018)第128条第1款规定,《行政诉讼法》第3条第3款规定的"行政机关负责人"是指行政机关正职和副职负责人以及其他参与分管的负责人。

一、行政主体间的纵向关系

纵向关系是指以隶属关系为基础的行政主体之间的关系。简单地说，即指上下级行政主体之间的关系。纵向关系按性质划分，又有两种：领导关系、指导关系。

在领导关系中，作为领导方的行政主体对被领导方的行政主体享有命令权、指挥权和监督权，前者可以直接改变或撤销后者的行为。反之，被领导方主体必须接受领导方主体的命令，服从后者的指挥，否则须承担失职的法律责任。根据我国宪法和有关组织法规定，上下级人民政府之间，各级人民政府与其所属行政机构之间，概属领导关系，上下级行政机构之间一部分也属于领导关系。我国行政领导关系又有两种：一种是单一领导关系，另一种是双重领导关系。后者如：公安机关既受本级人民政府领导，同时又须服从上级公安机关的命令。

在指导关系中作为指导方的行政主体对被指导方的行政主体享有指导权，但没有指挥命令权，前者无权直接改变和撤销后者的行为，后者拒绝服从前者的命令不引起法律责任问题，只涉及工作作风。我国上下级职能行政机构之间大多是行政指导关系。

领导关系与指导关系最根本的区别在于：在领导关系中，领导方行政主体可以直接改变或撤销被领导方行政主体的行为；在指导关系中，指导方行政主体不能直接改变或撤销被指导方行政主体的行为。

二、行政主体间的横向关系

横向关系是指无隶属关系的行政主体之间的关系。两个主体无论是否处于同一等级，只要它们之间无隶属关系，概属横向关系。例如，上海市政府与天津市政府之间的关系，北京市公安局与浙江省宁波市公安局之间的关系。

在横向关系中，不存在领导或指导关系（正式的），但有行政委托关系和行政协助关系。

至此，我们可以将行政主体之间的纵横向关系归结如图3－4所示。

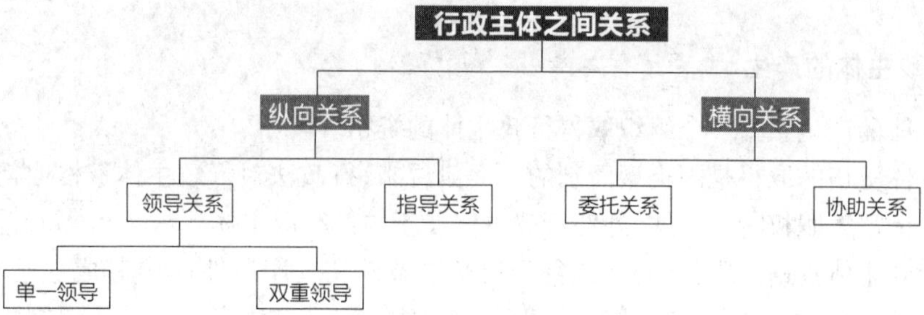

图3－4　行政主体之间的关系

三、行政主体间的纠纷及处理

行政主体之间的关系属于行政关系，它们之间的纠纷属于行政争议。行政主体间的纠纷，必然是指行政主体之间因执行公务所发生的各种行政争议，公务以外的争议不属行政主体间的争议。因为行政主体身份的确定是以其拥有行政职权而且行使行政职权为前提的。

行政主体间的行政争议，大多表现为行政权限的争议。行政权限争议的基本类型有两种：一种是积极的权限争议，另一种是消极的权限争议。前者表现为两个行政主体都认为自己对某事享有管辖权,从而发生职权冲突;后者表现为两个行政主体都认为自己对某事没有管辖职责,从而出现管辖上的“真空”即谁也不管。(见图3－5)

图3－5　行政权限争议

行政主体纠纷属于内部行政争议,对它的解决方式不同于对外部行政争议的处理。它由行政机关自己解决,不由司法机关裁判——这是各国行政法理论所主张和坚持的原则。理由是,这种纠纷基于内部行政关系而发生,不直接涉及社会相对人,对它的处理纯属内部行政事务,不受司法审查。[43] 我国行政法理论不以行政机关与司法机关的分权原则为基础,但出于国家管理效率的考虑,同样坚持内部行政争议由行政机关自己处理的原则。我国的具体法则和行政诉讼制度均反映了这一规则。

我国处理内部行政争议采取以下三项规则:

第一规则,纵向领导关系中的争议。被领导主体有权越级向上一级行政主体报告,但在领导主体行为被依法撤销或改变之前,必须服从领导主体的决定。

第二规则,纵向指导关系中的争议。争议双方主体都应向各自所属的政府报告,由双方政府处理。双方政府意见有分歧的,按第一规则处理。

第三规则,横向关系中的争议。争议双方主体各自向自己的领导主体报告,最终由共同的上级领导主体处理。

第六节　行政主体产生、变更与消灭

一、行政主体的产生

行政主体的产生系指一个组织取得行政主体的资格。

行政主体资格的取得是因类型而别的。一般说来,行政法对行政主体资格取得的要求为,授权行政主体严于职权行政主体,外部行政主体严于内部行政主体。

职权行政主体资格的取得,必须具备下列实质条件和程序条件:(1)其成立已获有关机关批准;(2)已由组织法或组织章程规定了职责和权限;(3)已有法定编制并按编制配备了人员;(4)已有独立的行政经费预算;(5)已设置了办公地点和必要的办公条件;(6)已经由政府公报公告其成立。公告应当包括的内容有:组织成立时间;组织名称;组织的性质、级别、任务、职权、职责和权限;组织章程和印章;组织的办公地点和办公时间。

授权行政主体的资格依法律法规的授权行为而发生。在这一授权基础上还必须遵守以上的程序要求。

外部行政主体与内部行政主体资格的取得,其条件和程序大致相同,只是范围有别。如内

[43] 日本例外,日本行政诉讼中的“机关诉讼”专用以解决行政机关间的权限争议。

部行政主体成立公告的范围可以小于外部行政主体成立公告的范围。但无论哪种主体的成立,公告的范围必须与其行政职权的范围相一致。

二、行政主体的变更与消灭

行政主体的变更与消灭,实质上是指一个组织行政主体资格的转移与丧失。

资格转移取决于两种情况:(1)行政主体分解,即一个行政主体分解为两个以上的主体;(2)行政主体合并,即两个以上的行政主体合并为一个行政主体。无论哪种情况,原资格依然有效,但由变更后的新主体承受。例如,某行政主体已作出决定对某公民发放救济金,但未发出之前该行政主体被合并到另一个行政主体之中,该决定在未依法定程序变更或撤销前仍然有效,新行政主体应该履行该行政决定。

资格丧失主要取决于该行政主体被撤销或解散。行政主体被撤销或解散后,原主体虽然丧失了原来的资格,但在它享有资格期间所实施的行为效果由解散它的机关或法定承接机关承受。

第七节　疑难问题探讨

一、当下中国“行政主体”的定位是否有问题?

中国当下对“行政主体”概念的描述,自20世纪80年代以来,都是大同小异,基本上是抓住两个特征:一是能够依法独立行使职权;二是能够担任行政诉讼中的被告。这种观点也被引进了司法解释。[44]

对行政主体的这种定位,在中国是20世纪80年代提出,90年代成为主流,90年代末开始检讨。[45] 但当时提出行政主体概念不是为了迎合行政实体法,而是为了迎合行政诉讼法,主要是为解决行政诉讼中的被告问题。无论事后人们如何表述“行政主体”,这一出发点不能否认。20世纪90年代末人们对此有所觉悟从而开始检讨。这一个检讨的发起者是薛刚凌教授,她在《我国行政主体理论之探讨——兼论全面研究行政组织法的必要性》[46]一文中首次对中国的行政主体概念提出了质疑,主张行政主体应当从行政诉讼被告范畴拉回行政组织法范畴进行

---

〔44〕 如最高人民法院《关于公路路政管理机构行政主体资格及有关法律适用问题的答复》(〔1994〕行复字第4号)、最高人民法院《关于工商行政管理检查所是否具有行政主体资格问题的答复》(法函〔1995〕174号)、最高人民法院《对福建省高级人民法院〈关于福建省地方税务局稽查分局是否具有行政主体资格的请示报告〉的答复意见》(行他〔1999〕25号)、最高人民法院办公厅《关于中国人民银行分支机构是否具有行政诉讼主体资格问题的复函》(法办〔2002〕119号),等等。

〔45〕 参见应松年、杨伟东编:《中国行政法学20年研究报告》,中国政法大学出版社2008年版,第150页。

〔46〕 载《政法论坛》1998年第6期。

考量。从这时开始到2008年,行政主体成为学者们讨论的热点。[47]

人们在这一片检讨声中寻找出路。一种出路在于“回归”,即回归到大陆法系国家的行政主体概念中去,行政主体将被严格限定在“国家—地方自治团体—公务法人”的范围之内。“回归说”以薛刚凌教授[48]和李昕女士[49]为代表。“回归说”虽然能够从“行政主体”产生的源头上解决行政主体目前所面临的难题,但鉴于中西方政治制度、社会基础、理论背景上的巨大差异,实质引进西方行政主体的概念是不现实的。为此,不少学者提出了“改造”方案。

有学者提出了“分步走”的改造方案:(1)近期目标。实现行政主体与行政诉讼被告确认逻辑的分离,重新探寻行政主体的理论基点。“公共行政职能”应当成为衡量某一组织是否能够成为行政主体的实质性标准。行政主体应当是中央和地方各级人民政府加上公务法人。(2)远期目标。与国外行政主体理论接轨。[50]

另有学者主张要从“本土化、正当化和功能化”的路径重构行政主体理论,并根据这一路径画出了行政主体的结构图:国家(国务院)—地方政府组织(省、市、县、乡镇人民政府)—地方自治区域组织(特别行政区政府、民族自治区域政府、基层群众性自治组织等)。[51] 至于行政诉讼中的被告还是按照谁作出行为谁作被告原则确定。[52]

还有学者建议,在行政主体框架之下引入行政执法主体概念,作为行政主体的下位概念,从而使行政主体回归西方国家的原本定位,同时以“行政执法主体”来取代中国现行行政主体的主流定位。[53]

笔者认为,完全移植西方原始行政主体概念会与中国水土不服,过渡性改造方案,将各级人民政府或各级人民政府中的各职能部门推出行政主体之外,在目前的中国又是不现实的。让我们暂时保持现状,继续探讨新的“行政主体”理论吧。

二、个人能够成为行政主体吗?

现行的主流观点是:行政主体是一种组织而不是个人,因为个人(行政机关工作人员)是代表行政主体而不是他自己作出行政行为的;个人不能成为行政主体,因为行政主体是行使行政

---

〔47〕 这段时期发表的论文还有很多。赵霞:《关于行政主体资格的认定》,载《鞍山师范学院学报》1998年第1期;李昕:《中外行政主体理论之比较分析》,载《行政法学研究》1999年第1期;杨解君:《行政主体及其类型的理论界定与探索》,载《法学评论》1999年第5期;李洪雷:《德国行政法学中行政主体概念的探讨》,载《行政法学研究》2000年第1期;张树义:《行政主体研究》,载《中国法学》2000年2期;沈岿:《重构行政主体范式的尝试》,载《法律科学(西北政法学院学报)》2000年第6期;熊文钊:《法人、公法人与行政法人——关于行政法主体理论的阐发》,载《东吴法学》2001年第5期;薛刚凌:《行政主体之再思考》,载《中国法学》2001年第2期;王晓丹:《试论我国行政主体的重新界定》,载《当代法学》2003年第3期;石佑启:《论公共行政之发展与行政主体多元化》,载《法学评论》2003年第4期;蒋伟龙:《完善我国现有行政主体理论的构想》,载《理论月刊》2004年第3期;薛刚凌:《多元化背景下行政主体之建构》,载《浙江学刊》2007年第2期;谭宗泽、张民军:《中国行政主体理论的重构——行政体制与WTO规制的双重视角》,载《南京社会科学》2007年第3期;葛云松:《法人与行政主体理论的再探讨——以公法人概念为重点》,载《中国法学》2007第3期;章剑生:《反思与超越:中国行政主体理论批判》,载《北方法学》2008年第6期。

〔48〕 参见薛刚凌:《我国行政主体理论之检讨——兼论全面研究行政组织法的必要性》,载《政法论坛》1998年第6期;薛刚凌:《行政主体之再思考》,载《中国法学》2001年第2期。

〔49〕 参见李昕:《中外行政主体理论之比较分析》,载《行政法学研究》1999年第1期。

〔50〕 参见杨海坤、章志远:《中国行政法基本理论研究》,北京大学出版社2004年版,第196~197页。

〔51〕 参见章剑生:《现代行政法基本理论》(第2版),法律出版社2014年版,第二编第二章行政主体论。

〔52〕 参见章剑生:《现代行政法基本理论》(第2版),法律出版社2014年版,第77页。

〔53〕 参见余凌云:《行政法讲义》,清华大学出版社2010年版,第126页。

职权的主体,个人不得成为公权力主体以防止滑向专制。

但现在也有学者提出异议,认为个人也可成为行政主体。理由是:某项法律直接授予特定的个人以一定的职权。如《海商法》(1992)第35条规定:“船长负责船舶的管理和驾驶。船长在其职权范围内发布的命令,船员、旅客和其他在船人员都必须执行。船长应当采取必要的措施,保护船舶和在船人员、文件、邮件、货物以及其他财产。”第36条又规定:“为保障在船人员和船舶的安全,船长有权对在船上进行违法、犯罪活动的人采取禁闭或者其他必要措施,并防止其隐匿、毁灭、伪造证据。船长采取前款措施,应当制作案情报告书,由船长和两名以上在船人员签字,连同人犯送交有关当局处理。”《民用航空法》(2021)第46条也规定:“飞行中,对于任何破坏民用航空器、扰乱民用航空器内秩序、危害民用航空器所载人员或者财产安全以及其他危及飞行安全的行为,在保证安全的前提下,机长有权采取必要的适当措施。飞行中,遇到特殊情况时,为保证民用航空器及其所载人员的安全,机长有权对民用航空器作出处置。”

笔者认为,行政主体只能是组织,不能是个人。具体理由是:(1)行政主体是依法代表国家具体实施行政权的组织,而行政权是国家的公权力,将它定位给国家行政组织或者经法规授权的组织完全是宪制理论的要求。如果个人可以成为行政主体,显然意味着国家的公权力可以归属于个人,这就存在摧毁民主走向专制的风险。(2)行政诉讼的被告以行政主体资格为前提,如果行政主体可以是个人,就会与行政诉讼的被告只能是行政机关,不能是公务员个人制度和原理相悖。(3)任何行政行为都是行政机关通过工作人员作出的,但行政工作人员只是行政机关的代表而已,不意味着行政工作人员是与行政机关并列的双重行政主体。当我们看到具体的某个交警在执法中对相对人当场罚款,这一表现所反映的法律关系是,交警代表公安部门组织对相对人作出了某种行政行为。

至于类似上述法律对船长和机长的授权,这不属于行政法律关系,而是属于一种特别的民事关系。即便在这种关系中,法律虽然对船长和机长的特殊权利与义务作了特别的设定,但在对外关系中,船长和机长的行为又是分别代表船运公司和航空公司的,对旅客的民事责任同样是由船运公司和航空公司承担的。

三、在这里谁是行政主体,谁是行为主体?

《城乡规划法》(2019)第68条规定:“城乡规划主管部门作出责令停止建设或者限期拆除的决定后,当事人不停止建设或者逾期不拆除的,建设工程所在地县级以上地方人民政府可以责成有关部门采取查封施工现场、强制拆除等措施。”

这里出现了三个主体并进行了三种行为:(1)城乡规划主管部门,它可作出责令当事人停止建设或者限期拆除的决定。这是一个行政决定,性质上属于要求当事人纠正违法的行政命令行为。(2)建设工程所在地的县级以上地方人民政府,它可以责成有关部门采取查封施工现场、强制拆除等措施。这里的“责成”行为属于行政强制执行的内部安排,总体上属于行政强制执行行为,是对城乡规划主管部门责令当事人停止建设或者限期拆除决定的执行。(3)县级以上地方人民政府的有关部门,它是具体实施行政强制执行的主体。因为县级以上地方人民政府阻止当事人违法建设或者拆除违法建筑,都需由具体工作部门实施。

在上述关系中,城乡规划主管部门属于作出责令当事人停止建设或者限期拆除的决定的行政主体;建设工程所在地的县级以上地方人民政府属于执行城乡规划主管部门作出上述决定的行政强制执行机关,是行政强制执行中的行政主体;按县级以上地方人民政府指令实施拆除等行为的工作部门是行政强制执行中的具体实施部门,法律上属于行为主体而不是行政主体。它的行为效果归属于县级以上地方人民政府,但它以自己名义实施强制执行的除外。

四、党组织和军队可以成为行政主体吗?

从理论上说,党组织不是国家机构,它不直接行使国家事务的管理权,所以不可能成为行政主体。在现实中,党组织进行行政行为有可能是这几种情况:一是如果法律直接赋予党组织行使一定的行政权(这种情况很少),那就按照授权行政主体对待。二是党组织和行政组织合署办公,如果党组织行使所合署的行政组织职权,那就可以将该行为视作为所合署办公的行政组织的行为,合署办公的行政组织为行政主体,党组织不作为行政主体对待。例如,在《深化党和国家机关改革方案》中,原国家新闻出版广电总局的新闻出版管理职责、电影管理职责划入中央宣传部,中央宣传部对外分别加挂国家新闻出版署(国家版权局)、国家电影局牌子;国家宗教事务局并入中央统战部,中央统战部对外保留国家宗教事务局牌子。它们的关系就按上述规则处理。三是一个党组织违法实施行政行为,如一个乡党委作出拆除当事人建筑的决定。这时,该党组织依然是党组织,不能作为行政主体对待。当事人对它行为不服,那就向上级党组织申诉解决。

人民军队不是国家行政机关,按理不行使行政职权。但如果法律直接赋予它们行使行政职权,就按照授权行政主体对待。如《海警法》(2021)[54]授予人民武装警察部队海警部队即海警机构,统一履行海上维权执法职责,具有海上行政执法权,由此,海警机构也就成了授权行政主体。

五、接受行政委托的组织是不是行政主体?

前文已述,法直接将行政职权设定给某一组织,被设定的组织是行政主体。这一被设定组织大多是行政机关,但也包括少量的非行政机关。在行政授权关系中,被授权机关是行政主体。但在行政委托关系中,情况正好与行政授权相反,不是以被委托方组织为行政主体,而是以委托方组织为行政主体。被委托方组织不是行政主体,而是行为主体而已。

有的教材将行政机关、法律法规授权的组织、行政机关委托的组织一并列为行政主体或行政职权主体,这是错误的。因为,"行政机关委托的组织"与"法律法规授权的组织"不能相提并论,"法律法规授权的组织"是行政主体,能以自己的名义行使行政职权,并独立承担行为的法律效果,在行政诉讼阶段还将承担被告角色;"行政机关委托的组织"不是行政主体,只是行为主体,它是以委托方的名义实施行政行为,行为效果归属于委托的行政机关,在行政诉讼阶段又不担任被告。

---

〔54〕《海警法》(2021)第2条规定:"人民武装警察部队海警部队即海警机构,统一履行海上维权执法职责。海警机构包括中国海警局及其海区分局和直属局、省级海警局、市级海警局、海警工作站。"

本章小结

行政法是调整行政关系的法;行政关系经行政法调整便上升为行政法律关系。行政法律关系的双方当事人,必然一方是代表国家实施行政权的行政主体,另一方是行政相对人。行政主体与行政相对人合称为行政法主体或行政法律关系主体(当事人)。

行政主体是指,依法拥有独立的行政职权,能代表国家,以自己的名义行使行政职权以及独立参加行政诉讼,并能独立承受行政行为效果与行政诉讼效果的组织。它只能是组织,不能是个人。

行政主体一般以国家行政机关作为载体,但它又不限于行政机关,得到行政授权的非行政机关同样享受行政主体的地位。受行政机关委托的组织或者个人属于行为主体而不是行政主体。

认识与理解行政主体概念必须把握两大关系:

一是行政主体与行政机关。行政主体一般由行政机关来担任,但行政机关不一定是行政主体,因为非行政机关得到法律法规授权同样能成为行政主体。再则,行政机关有多种法律身份(行政主体、相对人、民事主体),行政主体仅是行政机关的一种法律身份而已。

二是行政主体与行为主体。行为主体是指虽无法律上的名义,但直接、具体实施行政行为的组织或个人,一般只发生在行政委托的情况下。作为常态,行政机关往往既是行政主体,同时也是行为主体;但当该行政机关依法委托其他组织实施该行政行为时,便会发生行政主体与行为主体的分离。

行政主体有多种分类,如职权主体与授权主体、外部主体与内部主体、单一主体与共同主体,掌握这些分类对于确定行政行为的效力与行政诉讼中的地位非常重要。

如何在复杂的身份中认定行政主体的身份显得异常复杂,按职权性质与行为性质认定是解决这一难题的两大基本方法。

行政主体之间的关系有纵向关系与横向关系之分。在纵向关系中有领导关系与指导关系之分。这些关系上的纠纷在中国不适用行政复议或行政诉讼解决,而适用共同上级机关的协调解决。

行政主体的成立、变更和消灭都对其法律资格及行为效力发生影响,但任何行政主体依法成立后,其主体的分解或合并,原主体的行为效力一律由承受权力与义务的新主体继受。

规范链接

- 《中华人民共和国宪法》(2018)第 30 ~31 条
- 《中华人民共和国海警法》(2021)第 2 条
- 《中华人民共和国行政处罚法》(2021)第 38 条
- 《中华人民共和国行政诉讼法》(2017)第 75 条
- 《中国银行章程》(1980)第 1、5 ~6 条
- 最高人民法院《关于适用〈中华人民共和国行政诉讼法〉的解释》(法释〔2018〕1 号)第 20 ~21、99、128、161 条
- 最高人民法院《关于审理涉及国有土地使用权合同纠纷案件适用法律问题的解释》(法释〔2020〕17 号)第 2 条
- 最高人民法院办公厅《关于中国人民银行分支机构是否具有行政诉讼主体资格问题的复函》(法办〔2002〕119 号)

案例讨论

陈某诉江苏省徐州市泉山区城市管理局和徐州市泉山区人民政府行政扣押案

|案 情|

徐州市中级人民法院确认的案件事实如下:2002 年 8 月 21 日晚,被告城管局行政执法人员以原告陈某擅自

在徐州市淮海路与立达路交叉处附近占道经营,影响市容为由,将陈某在经营中使用的海尔314型冰柜1台、手推车1辆及遮阳伞1把予以扣押,并于第二天向陈某出具了物品暂扣单,暂扣单上盖有综合整治指挥部的印章。陈某不服,遂以徐州市泉山区人民政府、徐州市泉山区城市管理局为被告提起行政诉讼。

关于被告城市管理局是否扣押了原告陈某的推车及冰柜内的食品、饮料,双方的陈述不一致。城市管理局虽提供暂扣单和进车单予以佐证,但由于暂扣单不是现场制作的,没有相对人或其他在场人签字认可,故该暂扣单记载的内容不能采信,城市管理局提供的证人关于只扣押一个空冰柜和遮阳伞,未扣押手推车和食品的证言因为缺乏依据,亦不予采信。

另查明:综合整治指挥部是被告城市管理局自行设立的内部工作协调机构,与该局合署办公。

本案的争议焦点是:被告城市管理局暂扣了原告陈某哪些物品?暂扣行为的法律后果应由谁承担?泉山区人民政府是否应该作为本案的被告?

原告陈某及诉讼代理人认为,综合整治指挥部无行政处罚权,有关工作人员在暂扣物品时未现场制作扣押物品清单和笔录,亦未在作出暂扣决定后7日内对暂扣物品进行处理,违反法律规定的行政处罚程序,故暂扣行为应予撤销,同时应返还违法扣押的冰柜、遮阳伞,赔偿手推车损失200元及食品、饮料损失1000元。

被告城市管理局认为,城市管理局在统一采取强制措施前已下发了通知,原告陈某未停止非法经营,对其采取行政强制措施并无不当;扣押陈某冰柜时已将里面的食品和饮料移交给陈某本人,暂扣物品后曾通知陈某领回冰柜和遮阳伞,由于对方拒领,故不存在违法扣押的情况,也不应该承担有关责任。

被告区政府认为,城市管理局能够依法独立承担法律责任,区政府对其行为不应承担责任。

徐州市中级人民法院认为:因综合整治指挥部是城市管理局的内设协调机构,且2002年8月21日晚暂扣原告陈某物品行为是城市管理局工作人员实施的,该局是依法成立具有行政主体资格的行政组织,故本案中城市管理局应作为适格的被告,暂扣陈某物品行为的法律后果,应由城市管理局承担。故综合整治指挥部不具行政诉讼的被告资格,区人民政府与本案被诉行政行为无直接的法律关系,也不应承担法律责任。

被告城市管理局在收到原告起诉状副本后的法定期限内,未向法庭提交暂扣原告陈某物品的证据和依据,依照最高人民法院《关于执行〈中华人民共和国行政诉讼法〉若干问题的解释》第26条规定,应认定该暂扣行为无证据和依据,属于违法行政行为,应予撤销。城市管理局应返还违法扣押陈某的海尔314型冰柜1台、遮阳伞1把。违法暂扣的手推车和冰柜内的食品、饮料也应予返还;但鉴于城市管理局现在已无法返还手推车和冰柜内的食品、饮料,故应予折价赔偿。

最高人民法院《关于执行〈中华人民共和国行政诉讼法〉若干问题的解释》第27条第1款第3项的规定,原告陈某要求返还手推车及冰柜内食品和饮料的诉讼主张,应对被扣押的手推车价值及食品、饮料的品种和数量承担举证责任,但考虑到陈某的手推车是自制的,陈某的经营属于流动性的零售摊点,没有销售记录,客观无法准确举证,且被告城市管理局的工作人员在执法时未现场制作扣押清单或笔录,亦是造成该事实难以确定的主要原因,故手推车按陈某主张的价值200元认定比较合理,应予支持;食品、饮料损失根据陈某冰柜型号和经营品种等情况认定为800元比较合理,对陈某主张赔偿其食品、饮料损失1000元的主张,不予支持。

依据《行政诉讼法》第54条第2项第1、2目,《国家赔偿法》第4条第2项,第28条第2、4项之规定,于2003年6月10日判决:

1. 撤销被告徐州市泉山区城市管理局2002年8月22日对原告陈某作出的编号为8113号的暂扣物品决定。

2. 被告徐州市泉山区城市管理局于本判决生效之日起3日内返还原告陈某的海尔314型冰柜1台及遮阳伞1把。

3. 被告徐州市泉山区城市管理局赔偿原告陈某冰柜推车的损失200元和食品饮料损失800元,合计1000元,于本判决生效之日起3日内支付。

案件受理费100元,由被告徐州市泉山区城市管理局负担。

一审宣判后,城市管理局不服,向江苏省高级人民法院提起上诉,主要理由是:城市管理局行政执法中并不违法,扣押陈某冰柜和遮阳伞是由于其违法经营,应当受到处罚。第二日出具扣押单是由于陈某当时拒绝接收扣押单,应由其本人负责;没收陈某违法经营物品时,陈某当时已将冰柜内未售完的食品、饮料拿出。要求赔偿手推车和食品饮料,没有法律依据。请求二审依法改判。

陈某答辩称：行政执法理应按有关法规的规定进行，暂扣我物品应当即时开具物品暂扣清单，还应制作被扣物品的名称、数量清单并交给我，同时亦应向我讲明在限定时间内到具体指定地点接受处罚。城市管理局行政执法中没有执行有关规定，是明显违法，暂扣物品是事实，赔偿损失理所应该。城市管理局不承认暂扣了手推车和冰柜里的食品和饮料，不符合事实。请求维持一审判决。

江苏省高级人民法院在审理中，曾书面询问双方当事人是否认为不需要开庭，但双方均未提出不开庭的申请，故决定于2003年8月14日公开开庭审理本案。上诉人城市管理局于同年7月22日签收了开庭传票，但未到庭也未说明任何理由。法庭决定推延至8月26日开庭，并依法再次向城市管理局送达开庭传票，城市管理局虽于8月19日签收，但仍未到庭也未说明不到庭的理由。被上诉人陈某两次均到庭。

江苏省高级人民法院另查明：上诉人城市管理局的委托代理人在一审庭审中陈述："当时我们也认为行政行为理由不太充足，就于8月28日决定放行……"此事实有一审庭审笔录在卷证实；被上诉人陈某在收到上诉状副本后，委托他人担任其二审期间的委托代理人，并与有关法律服务所签订了委托代理合同，交纳了代理费用人民币1000元。陈某及其委托代理人、证人在二审期间往返徐州和南京的必要的交通费用及必要的市内交通费共计人民币570元，陈某要求城市管理局承担上述所支出的费用。此事实有被陈某提交的委托代理合同、代理费发票及相关车票证实。

江苏省高级人民法院认为：案件当事人一审判决后在法定期限内提起上诉，是其诉讼权利。但本案中，城市管理局在案件的一审期间未在法定期限内提交答辩状，也未提供行政处罚的证据和依据，依照最高人民法院《关于执行〈中华人民共和国行政诉讼法〉若干问题的解释》第26条规定，应当承担败诉的法律后果，且城市管理局的委托代理人在一审庭审陈述时，已自认其行政行为理由不充足。城市管理局在一审被判决败诉后，虽然提起上诉，却怠于行使自己的诉讼权利，未向法院提交法定代表人身份证明书，也未委托诉讼代理人参加诉讼。在接到第一次开庭传票后，既未申请延期开庭也未提供任何材料且拒不到庭，后也未按要求提供有关不能到庭的正当理由的说明；第二次接到开庭传票后，仍然拒不到庭且不说明任何理由，应视为申请撤诉。由于城市管理局不正当地行使了自己的诉讼权利，实际上加重了被上诉人陈某的负担，基于公平原则，城市管理局应当负担陈某因此次诉讼而支付的直接的、合理的费用，即二审期间的委托代理费用及诉讼参与人两次往返必需的交通费用共计人民币1570元。

综上，依照《行政诉讼法》第48条、最高人民法院《关于行政诉讼证据若干问题的规定》第75条及最高人民法院《关于执行〈中华人民共和国行政诉讼法〉若干问题的解释》第49条第1款、第63条第1款第10项之规定，江苏省高级人民法院于2003年9月19日裁定：

1. 本案按撤诉处理，各方当事人按原审判决执行。

2. 上诉人徐州市泉山区城市管理局在收到本裁定书之日起3日内支付被上诉人陈某在二审期间支出的委托代理费及往返必需的交通费用共计人民币1570元。

| 评 析 |

本案涉及行政强制措施、行政程序、行政证据等诸多法律问题，但鉴于本章的任务，这里限于评析有关行政主体的问题。本案在表面上是讨论行政诉讼的被告应当由谁来承担，而这一问题的理论基础恰恰是如何认定本案中的行政主体问题。

本案被诉的行政行为是江苏省徐州市泉山区城市管理局执法人员以陈某擅自占用道路经营冷饮并影响市容为由，以城市环境综合整治指挥部的名义，扣押了陈某经营用的冰柜等物品。而原告陈某以徐州市泉山区城市管理局和江苏省徐州市泉山区人民政府为共同被告提起了行政诉讼。

这里情况是：扣押行为是徐州市泉山区城市管理局执法人员作出的；这些执行人员实施扣押行为是以城市环境综合整治指挥部的名义进行的；徐州市泉山区城市管理局是徐州市泉山区人民政府所属的常设机关；城市环境综合整治指挥部是城市管理局自行设立的内部工作协调机构，与该局合署办公。

基于以上的事实，并根据行政法主体理论，笔者认为：对本案原告财物的扣押行为是由城市管理局执法人员直接作出的，而执行人员个人是不能成为行政主体的，这一扣押行为的行政主体要视执法人员以谁的名义进行而定。在本案中，城市管理局的执法人员的扣押行为恰恰不是以"城市管理局"的名义而是以"城市环境综合整治指挥部"的名义作出的。根据法律名义的认定原则，应当推定为该扣押行为系由"城市环境综合整治指挥部"作出。但是,由于“城市环境综合整治指挥部”属于城市管理局自行设立的内部工作协调机构,与该局合署办公,而不是由泉山区人民政府所设立的临时机构,因而它不具有行政主体资格,行为效果应当归属于城市管理局,不得归属于泉山区人民政府。另外,城市管理局是区人民政府的职能部门,它们之间不是授权关系,也不是委托关系,城市管理局具有独立的行政主体资格,它能够独立地行使职权和承担责任。由此得出的结论是:本案扣押行为的行政主体是徐州市泉山区城市管理局;本案行政诉讼的被告也应当由它来承担。

(资料来源:《最高人民法院公报》2003年第6期。评析部分为笔者根据教学需要所撰)

复习思考题

1. 什么是行政主体?行政机关是否必然是行政主体?
2. 什么是行为主体?它与行政主体是什么关系?
3. 怎样确定行政主体的法定代表人?
4. 中国行政主体理论应当如何改革?

第四章 行 政 人

行政主体是一种组织，而不是个人。作为组织的行政主体的行政行为始终是通过个人来实现的。这种依法代表行政主体实施行政行为的个人，便是行政人。本章的任务旨在阐述有关行政人的各种行政法学原理。

第一节 行政人概念的界定

一、行政人的概念和特征

当中国用“行政机关”概念表达行政法律关系中管理方当事人的时候，接着学界用“行政机关工作人员”或“公务员”来表达依法代表行政机关行使行政职权的公务人员，是一种理所当然做法。但当人们发现，“行政机关”并不绝对等同于“行政主体”，使用特定化的“行政主体”概念代替“行政机关”更科学时，仿佛随之意识到，为和“行政主体”相配套，同步需要用一个特定化的概念来代替非特定化的“公务员”时，“行政人”这一概论才被提了出来。[1] 在国外也有类似的概念，如澳大利亚行政法将代表行政主体(administrative body)具体实施行政行为的公务人员称为行政人(administrator)；[2]葡萄牙行政法中有行政人(葡：agentes)的提法。[3]

“行政人”目前不是一个法律概念，而是中国行政法学中的一个重要理论概念。它特指依法代表国家，并以行政主体的名义，实施行政行为，其行为效果归属于行政主体的公务人员。行政人具有以下法律特征：

1. 行政人是个人而不是组织。这一特征使行政人同行政主体相区别。因为前面说过，行政主体只是组织，而不是个人。正是行政主体的“组织”特征和行政人的“个人”特征，使行政主体与行政人不可分离。离开行政人，行政主体便无法通过一个“中介体”实施其行政行为；离开行政主体，行政人的任何行为便失去法律基础和法律归宿。

2. 行政人是实施行政行为的个人。行政人必然是个人，但个人未必是行政人，只有当他依法实施行政行为时才是行政人。如一般公民不是行政人，但当一位公务员依法代表国家实施某项行政行为时，他便是行政人。

3. 行政人实施行政行为必须也只能以行政主体的名义进行。行政人之所以只能以行政主体而不是以个人自己的名义实施行政行为，是因为它与行政主体之间是职务代表关系。如果

---

〔1〕 也有学者试图用一种其他的称谓来表达，如“行政公务人员”(王连昌主编：《行政法学》，中国政法大学出版社 1999 年版)、“行政职权人”(于绍元、何乃忠：《行政行为概论》，群众出版社 1993 年版)，或“行政管理人”(张殿相、赵金国：《也论行政强制执行措施的可诉性》，载《法制日报》1992 年 5 月 14 日)等。

〔2〕 See D. K. Srivastava, T. Deklin, P. Singh, *Introduction to Australian Law*, LBC Information Services, 1996.

〔3〕 [葡]苏乐治：《行政法》，冯文庄译，法律出版社 2014 年版，第 38 页。

某个人只能以个人名义,而不能以他所代表的行政主体的名义,实施行政行为,那么他只能成为自然人而不是行政人。

4. 行政人实施行政行为所引起的效果由所属行政主体承受。这表现在:行政人实施的行政行为所给予公民的权利和利益约束行政主体,行政主体必须对行政人的行为"认账";行政人实施行政行为所引起的赔偿责任由行政主体承担;行政人实施行政行为所引起的行政诉讼效果由行政主体承受。

二、行政人的载体和范围

讨论行政人的范围,是讨论可能承担行政人的主体范围,即哪些人可作为行政人的载体。

在美国,行政人主要由政府雇员承担。近几年,政府把许多公务委托给私人办理。伴随着"公务私化"的趋向,行政人越来越多地由私人充当。在法国,行政职权主要由行政人员(行政机关的人员)实施。这种人员包括两部分:公务人员和私法人员。前者由公法调整,后者由私法调整。公法人员又可分为两种:公务员和非公务员。然而,法国行使行政职权的人员并非全是行政人员。他们把实施行政职权但不属于行政人员的人员称为"行政的合作者"。行政合作者包括四种人员:(1)自愿的合作者;(2)征用的合作者;(3)合同关系的合作者;(4)司法助理人员。[4]

我国的行政人主要由国家公务员担任。公务员是行政人的主要载体。根据1993年的《国家公务员暂行条例》[5]第3条规定,国家公务员系指各级国家行政机关中除工勤人员以外的工作人员。2005年制定2018年修订的《公务员法》[6]又将公务员的范围从国家行政机关扩大至所有党政司法机关。也就是说,所有党政司法机关内纳入国家行政编制、由国家财政负担工资福利的工作人员都属于公务员的范围,它不仅包括行政机关工作人员,还包括权力机关、监察机关、司法机关和党群部门的在编人员。它包括领导职务公务员和非领导职务公务员(包括综合管理类、专业技术类、行政执法类和国务院增设的其他类别)。2019年中共中央组织部制定了《公务员范围规定》[7]。根据该规定第4条规定,公务员范围应当包括下列机关中除工勤人员以外的工作人员:(1)中国共产党各级机关;(2)各级人民代表大会及其常务委员会机关;(3)各级行政机关;(4)中国人民政治协商会议各级委员会机关;(5)各级监察机关;(6)各级审判机关;(7)各级检察机关;(8)各民主党派和工商联的各级机关。

但是,我国行政人的载体不只限于公务员,还有大量的非公务员,如当年的联防队人员和今天的城管人员,也在行使执法权。如何规范非公务员成为行政人,乃是行政法律制度和行政法理论面临的一个难题。

---

〔4〕 参见王名扬:《法国行政法》,中国政法大学出版社1989年版。

〔5〕 《国家公务员暂行条例》(1993年4月24日国务院第二次常务会议通过,1993年8月14日以国务院第125号令公布,1993年10月1日起施行)第3条规定:"本条例适用于各级国家行政机关中除工勤人员以外的工作人员。"2006年1月1日,该《国家公务员条例》被《公务员法》所取代。

〔6〕 我国《公务员法》(2018)第2条规定:"本法所称公务员,是指依法履行公职、纳入国家行政编制、由国家财政负担工资福利的工作人员。"

〔7〕 2019年12月23日中共中央组织部制定,2020年3月3日发布。

三、行政人的相关区别

(一)行政人与行政主体

我们在讨论行政人的法律特征时说过,行政人与行政主体是相互依赖不可分离的两个主体。行政主体的行为都是通过行政人来传递的。但它们之间的依赖性并不影响它们之间的差异。行政人与行政主体之间的区别是明显的:(1)行政主体是一种组织,而行政人是个人;(2)行政主体是独立的行政法律关系的当事人,而行政人不具有独立的行政法律关系当事人的地位,它只是行政主体这种当事人的代表人。行政主体和行政人并不是两个并列的当事人,它们之间是一种天然的代表关系。

(二)行政人与国家公务员

如上所述,我国的公务员系指所有在国家机关和党群众组织中,纳入国家行政编制、由国家财政负担工资福利的工作人员,依法履行公职的人员。它包括权力机关在编人员、政府机关在编人员、监察官、法官和检察官,还包括政党、政协和群众团体中的在编人员。

行政人与公务员的关系完全承受了行政主体与行政机关之间的关系。行政人与公务员的关系非常密切,政府部门的公务员是行政人的主要载体。此外,它们之间存在明显的差异,两者不能等同:(1)公务员是行政人的主要载体,但并不是所有公务员都能成为行政人的载体。一般而言,只有政府部门的公务员或者社团组织中得到行政授权的公务员能够成为行政人的载体,党组织成员、监察官、法官和检察官等不是行政人。(2)行政人主要由公务员,特别是政府部门的公务员担任,但并不只限于公务员。在现行制度中,除了公务员,还有大量社会成员得到行政授权或行政委托后,便可成为行政人,如城管人员等。(3)即便是政府部门的公务员,也不一定就是行政人。行政人是个法学概念,公务员则是个法律概念;行政人是个动态概念,它依行为而认定,而公务员是个静态概念,它依编制而确定。公务员进行不同的行为,参与不同的法律关系,会有不同的法律身份:当它依法代表国家并以行政主体的名义实施行政行为时,它是行政人;当它从事民事活动时,它是自然人;当它在一种行政法律关系中处于被管理地位时,它是行政相对人。可见,行政人仅是公务员的一种法律身份而已。(见图4-1)

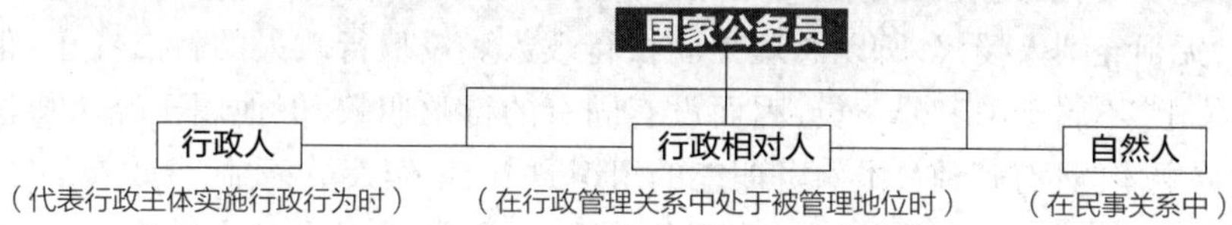

图4-1　不同关系中国家公务员的身份

鉴于目前国家公务员概念的综合性,为了完善公务员职位分类,2016年中共中央办公厅、国务院办公厅制定发布了《行政执法类公务员管理规定(试行)》。该规定第2条明确:“本规定所称行政执法类公务员,是指依照法律、法规对行政相对人直接履行行政许可、行政处罚、行政强制、行政征收、行政收费、行政检查等执法职责的公务员,其职责具有执行性、强制性。”从此,行政法学上“行政人”概念在范围上更接近于“行政执法类公务员”。但是,上述“公务员”与“行政人”之间的逻辑关系依旧无法突破。

(三)行政人与行政主体法定代表人

行政人和行政主体法定代表人的概念我们在前面均已作过讨论。从组织与个人的关系来说,法定代表人也是行政人的一种,它们均是行政主体的代表。但行政人与行政主体法定代表人毕竟是不同的。严格地说,法定代表人代表行政主体是一个法定关系,行政主体无法随意选定,而行政人代表行政主体具有一定程序上的意定性;一个行政主体单位内,行政人可以,也必然有许多个,而法定代表人只能是一个。

(四)行政人与行为主体

前面说过,行为主体是指以行政主体的名义具体而直接地实施行政行为的组织和个人,它是行为权能而不是行政权能的承受者。从一定意义上说,行政人都是行为主体。行政人属于行为主体的范畴,但行为主体不一定是行政人。因为行为主体可以是个人,也可以是组织,而行政人只能是个人。

第二节 行政人类型与地位

一、行政人的类型

与行政主体一样,从不同的角度,可以对行政人作不同的分类。各种分类的结果,便形成行政人的各种类型。

我国的行政人可以分为内部行政人和外部行政人。前者行使内部行政职权,隶属于内部行政主体;后者行使外部行政职权,隶属于外部行政主体。行政人必须与行政职权相统一:内部行政人只能行使内部行政职权,外部行政人限于行使外部行政职权(同时具有内外两种身份者例外),交错无效。

根据行政职权的来源,行政人还可以分为职权行政人、授权行政人和委托行政人。职权行政人的特点在于:行政职权是基于他的职务自然发生的,而不是经法律法规授权或者基于行政委托关系而发生。例如,总理的职权由宪法和国务院组织法规定,谁担任总理,谁就依法享有总理的职权,无须经别人授权,所以总理是职权行政人。授权行政人的特点在于:他不处于一定的行政职位上,不属于国家公务员,因而没有固有的行政职权,但他属于经法律法规授权而成为授权行政主体(具有管理公共事务职能的组织)内的工作人员;委托行政人的特点是,他代表行政主体实施行政行为,不是基于行政职务关系,也不是基于法律法规的授权,而是基于行政机关的委托关系而发生。[8]

二、行政人的法律地位

行政人的法律地位,系指行政人在各种行政法律关系中的权利和义务的综合体现。因此,讨论行政人的法律地位,必须把行政人置于它所处的各种行政法律关系之中讨论。

---

〔8〕 请注意:行政主体不能基于行政委托关系形成,而行政人可以基于行政委托关系形成。

(一)两大法律关系

国家通过法律实施社会管理;法律将行政职权设定给行政主体;行政主体实施行政职权,与行政相对人发生关系,又是通过行政人的活动实现的。行政人成了行政主体与相对人发生关系的媒介,它同样成了两大法律关系的交叉点。

行政人以行政主体的名义并按它的意志活动,于是构成了B关系。行政人之所以会与行政主体构成B关系,是因为行政主体得到了国家的授权,即由于A关系的存在。行政人代理行政主体所实施的活动,表现为对相对人的管理,于是构成了C关系,C关系体现了D关系。归根到底则反映了E关系。

在图4-2五大法律关系(A、B、C、D、E)中,与行政人直接相关的是B和C两大关系。下面分别讨论。

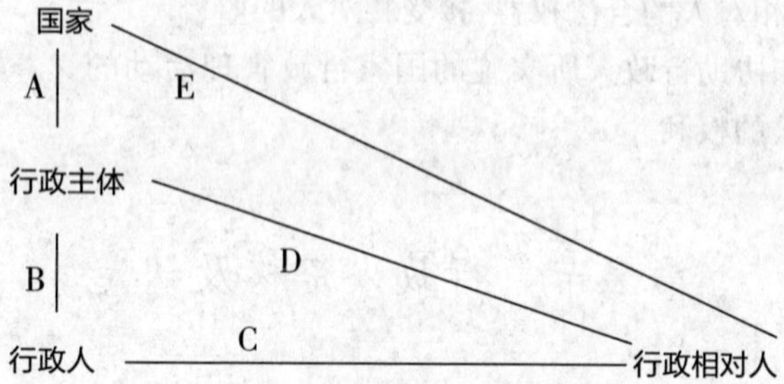

图4-2 不同主体之间的法律关系

(二)第一大关系(B)

首先讨论行政主体与行政人的关系。它是行政人与相对人发生关系的前提。

行政主体与行政人的法律关系不是经双方主体协商形成的,而是"法定"的,它还一度被行政法学称作为"特别权力关系"。这种关系基于以下事实而发生:(1)某公民按法律程序进入国家公务员的队伍,在一定行政主体中担任了职务,从而享有并行使职权;(2)某行政机关以外的具有管理公共事务职能的社会组织得到了法律法规的授权而成为行政主体,该单位内的工作人员可以成为行政人;(3)非公务员公民经行政机关委托而享有行使职权的资格,并依法行使该职权。

行政主体与行政人的关系一经构成,便发生以下内容:

1. 行政主体的职权、职责、权限和优益权一概溯及行政人。也就是说,行政主体的职权成了行政人的职权,行政主体的优益权同时成了行政人的当然权利,行政主体的职责和权限同样拘束行政人。

2. 行政人在分享行政主体的职权、优益权和分担行政主体的职责、权限时,行政主体有权对分享和分担"物"实行"再分配"。例如,行政主体对行政人的职责权限作进一步的划分;行政人不仅不能超越所属行政主体的权限,而且同样不能超越机关内部行政人与行政人之间的权限划分。

3. 行政人实施行政管理活动,在形式上必须以行政主体的名义,在实质上必须按行政主体的意志进行;行政人在这种形式和实质条件下所作的行为所引起的法律效果,由行政主体承受。

4. 行政主体对行政人的违法行为承担连带责任。具体方法是:先由行政主体对相对人承担赔偿责任,然后行政主体根据行政人的过错程度,追究后者的责任或对后者行使求偿权。

5. 行政主体有权要求行政人以自己的名义并按自己的意志活动。为保障做到这一点,行政主体可以在法律范围内规定行政人的纪律,并实施监督权和奖惩权。

(三)第二大关系(C)

第二大关系(行政人—相对人)是基于第一大关系(行政主体—行政人)而发生的。这种关系是单方形成的,与相对人的意志无关。例如,尽管某企业对税务人员的纳税监督十分反感,但税务人员是依法行使纳税监督权,两者之间的监督关系不为相对人的态度所左右。这正是行政关系的法律特征。行政人与相对人的关系表现为下列内容:

1. 行政人有权以行政主体的名义对相对人实施管理,并依法采用各种强制手段;同时,他有义务履行职责,保护相对人的合法权益,接受相对人的监督。

2. 相对人有服从和协助行政人所实施的国家行政管理活动的义务,同时享有建议、批评、控告、申诉、复议和诉讼的权利。

第三节　行政人资格及认定

一、确认行政人资格的意义

行政人资格的确认,如同对行政主体资格的确认,在行政法上具有重要意义。具体说来,它表现为下列四个方面:

1. 对行为效力的意义。主体合法是行政行为有效要件之一,而且是前提性要件。行政行为必须由合法的行政主体通过合法的行政人作出,无行政人资格的人代表行政主体作出的行政行为不具有法律拘束力。也就是说,行政人的资格直接关系到行政主体行政行为的合法性。因此,对行政人资格的确认,有助于对行政行为法律效力的确认。

2. 对行政主体的意义。前面在讨论行政主体与行政人之间法律关系时已经指出:行政人行为的法律效果由行政主体承受;行政主体对行政人的过错行为承担连带责任。这一规则反过来可以说:行政主体不承受非行政人的行为效果,同时也不对非行政人的过错行为承担连带责任。因此,对行政人资格的确认,有助于确认行政主体的责任。

3. 对相对人的意义。行政人有权直接对相对人实施行政管理和监督,相对人有服从和协助的义务;无行政人资格的人对相对人实施上述管理和监督,相对人有权拒绝。显然,确认行政人资格,有助于确定相对人的具体权利和义务,有助于维护相对人的合法权益不受非法侵害。

4. 对诉讼的意义。行政人的行为实质上是行政主体的行为,因此行政人的行为可以成为相对人提起行政诉讼的客体,但非行政人的行为与行政诉讼不发生直接联系。换句话说,行政人行为所引起的诉讼是行政诉讼,而自然人民事行为所引起的诉讼不是行政诉讼(一般为民事诉讼)。对行政人资格的确认,有助于确定诉讼性质。

二、确认行政人资格的方法

确认行政人资格主要在于划清两条界限:(1)行政人与自然人之间的界限;(2)行政人与相

对人之间的界限。

（一）行政人与自然人

正确划分行政人与自然人，具有非常重要的理论与行政、司法实践上的意义。主要表现如下：

1. 行为性质。行政人的行为属于行政行为，具有国家强制性；自然人的行为属于民事行为，不具有国家强制性。

2. 责任归属。行政人行为所引起的效果归属于其所属行政主体，行政主体对行政人的行为负连带责任；自然人行为所引起的效果归属于自然人自己，行政主体对自然人的行为不负连带责任。

3. 诉讼性质。其他组织或个人对行政人行为不服提起诉讼属行政诉讼，并以行政主体而非行政人个人为被告；其他组织或个人对自然人行为不服提起诉讼属民事诉讼，并以自然人自己为被告。

那么，如何有效地区分一个人的行政人身份和自然人身份呢？一个直接的规则为：是行为决定身份而不是身份决定行为。也就是说，某个人的法律身份是行政人还是自然人，取决于他进行的是什么行为。一个人进行行政行为时，他的法律身份是行政人，此外，其法律身份便是自然人。

（二）行政人与相对人

区别行政人与相对人两种不同的法律身份，其意义是与区别行政人与自然人相同的，因为相对人的法律地位与自然人的法律地位相同。然而，区分行政人与相对人的标准是与区分行政人与自然人的标准不同的。这里有两种情况需要分别说明：

第一种情况是，行政人与相对人处于行政法律关系的两端。这种情况下的区分标准挺简单，只要看他是处于管理一方还是被管理一方便可确定：处于管理一方的个人是行政人，处于被管理一方的个人便是相对人。例如，工商行政管理员张某代表工商局对公民李某违反工商行政管理的行为进行处罚，在这一行政法律关系中，张某是行政人，李某则是相对人。

第二种情况是，一个人处于两种行政法律关系的交叉点，他既是行政人，又是相对人。在这种情况下，区分一个人的行政人身份和相对人身份的关键在于：把交叉的两大法律关系分离开来，然后按第一种情况作分别认定。例如，税务人员张某去某地对个体户李某征税，路途因违反交通规则而受到交通警察王某的处罚。这里发生了两大法律关系的交叉，前者是征税管理关系，后者交通管理关系。张某在征税管理关系中是行政人，但他在交通管理关系中同时为相对人。

第四节 行政人之间关系及法律调整

一、承受行政主体的关系

从实质意义上说，行政人的法律地位在于承受了行政主体的法律地位。行政主体之间的关系随之也由行政人承受：纵向行政主体之间的领导关系或指导关系表现为上下级行政人之间的领导或指导关系；横向行政主体之间的委托和协助关系同样表现为横向行政人之间的委托和协作关系。行政主体之间的关系准则一概适用行政人之间的关系。

二、行政主体内部的关系

一个行政主体内部的行政人之间的关系,行政人无法从行政主体身上找到承受物。这里需要单独讨论。

正如国家需要把行政权"定位"给行政主体一样,行政主体需要把自己的职权和职责"分配"给具体的行政人。这种"再分配"造成了行政人之间在职权、职责上的差异,从而形成了它们之间的各种关系。

行政主体内部行政人之间的关系,发生在行政首长、行政副职和一般人员之间。下面分别讨论他们的地位。

三、行政首长

行政组织有两种类型:委员会制(合议制)和首长负责制。行政首长专指实行首长负责制行政组织中的第一负责人,一般指正职行政负责人。如国务院的总理,各部部长,各省政府的省长等。但在没有正职行政负责人时,主持工作的副职人员可以享有行政首长的法律地位,如一个局里的副局长;在没有明确的正副职时,主持工作的行政负责人可以享受行政首长的法律地位。

行政首长与其他行政人之间的关系,主要根源于行政首长的法律地位。与其他行政人相比较,行政首长享有特殊的行政职权,同时也有特殊的行政职责。有一个事例很能说明行政首长在实行首长负责制行政组织中的特殊地位。在美国历史上曾经发生过这样一件事:美国总统林肯召集七个部长开会。林肯讲了一种主张,七个部都反对,最后林肯作结论说:"七人反对,一人赞成,赞成者胜利。"这说明,行政首长在行政组织中享有最高和最后的决策权。此外,行政首长还享有最高的监督权(监督其他行政人执行他的决策)、裁定权(在其他行政人相互有意见分歧或争议时作出公断)和变更、撤销权(改变或撤销其他行政人不适当的行为)。行政首长在享有特殊职权的同时,必须履行特殊的职责。他虽然无须为行政组织中其他人员的个人行为承担责任,但对他们的公务过错无疑负有领导责任。

四、行政副职

行政副职,从形式上说,指行政组织中担任副行政职务的人员;从实质上说,指协助行政首长某一整体工作的人员。他们在职务名称上冠以"副"字,如副总理、副部长、副市长等。行政副职不同于行政首长。他可以是一人,也可以是多人(大多由组织法规定);不设副职的行政组织也不乏其例,如法国政府不设副总统、副总理和副部长,英国也不设副首相。行政组织是否应该设置副职以及设几个副职为佳,这是行政学的课题。本书需要阐述的是行政副职在行政组织中的法律地位。

行政副职是协助行政首长的领导人。这反映了他在两种不同关系中的不同地位。就他与行政组织中的一般人员而论,行政副职是"领导人"。这说明他与一般人员的关系是一种领导与被领导的关系,他对后者享有命令、指挥、监督和裁定权,后者则有服从的义务。就他与行政首长而论,他又是个"协助人",即协助首长工作的人员。这种协助关系,宪法和组织法均有明文规定。例如,《宪法》(2018)第88条规定:"总理领导国务院的工作。副总理……协助总理工作。"《国务院组织法》(1982)第 9 条第 2 款规定:"……副部长、副主任协助部长、主任工作。"这种协助关系要求行政副职在工作中服从行政首长的意志,对行政首长负责。

五、行政一般人员

行政组织中除行政首长和行政副职以外的人员便是一般人员。他们是行政组织中各种决策的具体执行人,离开他们,行政组织无法有效地发挥职能。

一般人员的行政行为必须服从行政领导人(行政首长和行政副职)的命令、指挥,接受其监督。一般人员与行政领导人发生意见分歧时,他们有权向领导人提出或越级报告,但在领导人的决定被依法改变或撤销之前,不得以任何理由拒绝执行。一般人员虽然有协助的义务,但不发生连带责任。

第五节　行政人资格取得和丧失

一、行政人资格的法律意义

行政人资格与行政人法律地位密不可分。某人具有行政人资格,必然处于行政人的法律地位;某人处于行政人的法律地位之上,表明他具有行政人的资格。某个公民一旦获得了行政人的资格,就意味着他:(1)可以行使所属行政主体的职权,享受行政优益权;(2)必须履行行政主体的职责,遵守其权限;(3)可以也应该以行政主体的名义实施管理,严格服从主体的意志,接受其监督;(4)其行政行为的效果归属于行政主体,行政主体对他的行为负责。

二、行政人资格的取得

行政人享受行政人的法律地位始于其资格的取得。自然人成为行政人,或者说自然人获取行政人的资格,有三条基本途径:

第一,自然人进入政府公务员的队伍。政府公务员是在国家行政组织中行使国家行政权力,执行国家公务的人员。他们执行公务时享受行政人的法律地位。公务员的行政职权并非来自有权机关的授权,而是基于他所处职位、所承担职务而依法产生。因此,以这种途径获得资格的行政人称为职权行政人。

第二,自然人进入行政机关以外的具有管理公共事务职能的社会组织工作,而该组织得到了法律法规的授权而成为行政主体。

第三,自然人得到行政机关的委托。未进入国家公务员队伍的自然人,经行政机关委托,也可以行使行政职权(以所授职权为限),并因而享受行政人的法律地位。这种自然人享有的行政职权,不是基于他的职务发生,而是来自行政机关的委托,因此,以这种途径获取资格的行政人称为委托行政人。

自然人成为行政人,无论是职权行政人、授权行政人还是委托行政人,都必须符合以下三个最一般的法律条件:

1. 自然人必须是我国公民。自然人成为行政人,便意味着他有权以国家代表的身份实施行政管理权;而实施行政管理权反映了我国政权的具体运用,属于我国的内部事务,我国以外的任何国家、组织和个人都无权干预,这是我国主权独立而完整的体现。因此,这种管理权只能由具有中华人民共和国国籍的人来行使,外国人不得行使(法律特许者例外)。《公务员法》(2018)[9]和《国籍法》(1980)[10]的有关规定都表达了这一意思。

2. 自然人必须年满18周岁以上。根据我国宪法和选举法的规定,我国年满18周岁的公民始有选举权和被选举权。这说明,18周岁以上的公民才有担任国家职务的年龄资格。因此从原则上说,18周岁以上的公民才可以被赋予行政人的资格(紧急授权例外)。当然,18周岁是一般职务的最低年龄要求,这不排除特殊职务有特殊的年龄要求。例如,按《宪法》(2018)第79条第2款规定,担任国家主席和副主席的公民必须年满45周岁以上。

3. 自然人必须有行为能力。行为能力是指能够以自己的行为从事法律活动,从而使法律关系产生、变更或消灭的资格。无行为能力人(如精神病患者),无论以什么途径,都不得取得行政人资格。

除此之外,还有两个禁止条件值得一提:一是被剥夺政治权利的人不能被赋予行政人的资格。因为行政人所实施的行政管理权本身就属于政治权利。二是被判处管制、徒刑或宣告缓刑的人不具有行政人资格。

三、行政人资格的丧失

行政人资格的丧失是指原来享有行政人资格的公民由于一定的法律事实使其失去职权、职责等内容,不再享有行政人的法律地位。资格的丧失取决于以下的法律事实:(1)行政职务被撤销或免除;(2)行政人死亡或失去行为能力;(3)行政职权的授权关系或委托关系被解除。

第六节 疑难问题探讨

一、外国人可以在中国担任公职吗?

外国人在中国的私营企业中担任职务,除法律有特别规定外,原则上是允许的。而外国人在中国担任"公职",原则上是不允许的。

所谓"公职",应当是指国家公权力的有关职务。"公职"是国家主权的延伸。所以从理论上说,禁止外国人在中国担任中国的"公职",是中国主权原则的要求。

从法律上讲,我国《公务员法》(2018)第13条明确将中国国籍列为担任公务员的首要条件。这说明,作为公务员身份的公职,外国人一概不得担任。但是,中国是否存在公务员以外的公职呢?从理论上说是有可能的。

笔者认为,对于作为公务员身份的公职以外的其他公职,只要是公职,应当坚持以禁止外国人担任为原则,法律另有特别规定为例外这种方式处理之。

---

[9] 《公务员法》(2018)第13条规定:"公务员应当具备下列条件:(一)具有中华人民共和国国籍;(二)年满十八周岁;(三)拥护中华人民共和国宪法,拥护中国共产党领导和社会主义制度;(四)具有良好的政治素质和道德品行;(五)具有正常履行职责的身体条件和心理素质;(六)具有符合职位要求的文化程度和工作能力;(七)法律规定的其他条件。"

[10] 《国籍法》(1980)第12条规定:"国家工作人员和现役军人,不得退出中国国籍。"

二、如何划分公务员的双重身份？

公务员的法律身份具有多重性。最基本的就有：行政人—行政相对人—自然人。其中最难区别的是行政人与自然人的两种不同法律身份。

前面说过，由行为决定身份而不是由身份决定行为。但是，如何区分两种身份（行政人与自然人）与如何区分两种行为（行政行为与民事行为）所探讨的标准还是相通的。

假如一个公务员在夜里值勤，中途他去商场购物，与人发生争执，将他人殴伤。他购物时的身份是行政人还是自然人呢？这涉及法律适用。如果是行政人，那就作为行政关系处理，应当由他所属的行政机关对外承担责任；如果是自然人，那就作为民事关系，受民法调整，由他个人承担责任。

而区分这位公务员的两种身份的前提是区分其两种行为性质：是行政行为还是民事行为。单从"购物"而言，这是一种民事行为，殴打他人，是一种民事侵权（不排除同时构成行政责任和刑事责任）。但是，如果作为一种民事行为对待，那么行政相对人无法辨认，正如行政相对人无法辨认行政人是否越权一样。而且，这样一来，该公务员所属行政机关无须对外承担责任，这不利于对相对人权利的保护。

大家都觉得，区别公务员的双重身份或者双重行为，都与行为的任务性、行为的时间（公务的时间内或者公务的时间外）、地点（公务地点与公务地点外）、方式（执行检查还是购物）等因素有关。[11] 但是，具体的关联度以及这些要素之间的关系，当下的行政法学尚未有成熟的理论加以解决。还有学者认为，本着监督行政权力、保护公务权利的精神，在司法审查允许的范围内，宜对"公务行为"的含义作比较宽泛的理解。公务员个人实施的行为，只要外观上具有行使行政职权、管理行政事务的形式，均可认定为公务行为。[12] 作者表示赞同。

总之，这是一个需要经过司法裁判总结和理论研究深化的问题。

三、公务员对违法命令负有服从义务吗？

任何国家的公务员都有服从上级和领导命令的义务。但是，如果上级机关或者领导的命令是违法的，是否有服从的义务呢？这是一个两难的选择：如果必须无条件服从，那就意味着领导的命令可以对抗法律，与法治精神不符；如果说公务员有权拒绝违法命令，那么就会导致公务员按照自己的判断来对抗领导的命令，使"命令与服从"的职务关系不复存在。[13] 有的国家就以是否构成刑事犯罪为界，有的国家以是否"明显违法"为标准，即公务员发现执行领导的命令会构成刑事犯罪的，或者明显违法的，就有权，也应当拒绝；相反，就必须服从。

---

〔11〕 参见朱新力：《行政公务行为认定标准研究》，载《行政法学研究》1994 年第 4 期；方世荣：《论国家公务员职务行为与个人行为界限的几个问题》，载《法商研究（中南政法学院学报）》1995 年第 4 期；张越：《公务行为的法律界定》，载《行政法学研究》1996 年第 1 期；傅国云：《论公务行为与个人行为的分界》，载《行政法学研究》1996 年第 2 期；胡宝岭：《论职务行为的界定标准》，载《行政法学研究》2005 年第 3 期；姚锐：《论公务员的职务行为与个人行为的本质区别》，载《广东行政学院学报》2005 年第 6 期；许建刚、卜一：《公务行为与个人行为的界定》，载《东南大学学报（哲学社会科学版）》2013 年第 6 期；魏丽娜、熊欣丽、唐丹：《公务员公务行为与个人行为区别研究》，载《法制与社会》2016 年第 14 期；等等。

〔12〕 参见何海波：《行政诉讼法》（第 2 版），法律出版社 2016 年版，第 134 页。

〔13〕 刘松山在其《运行中的宪法》（中国民主法制出版社 2008 年版）中作了比较全面的探讨。参见书中两文：《论公务员对违法命令的不服从》《再论公务员不服从违法命令的几个问题》。

中国的法律对此是如何规定的呢?《公务员法》(2018)第14条规定公务员义务时,其中第4项规定了“忠于职守,勤勉尽责,服从和执行上级依法作出的决定和命令”。但是第60条又规定了公务员执行违法命令时的责任划分问题,指出:“公务员执行公务时,认为上级的决定或者命令有错误的,可以向上级提出改正或者撤销该决定或者命令的意见;上级不改变该决定或者命令,或者要求立即执行的,公务员应当执行该决定或者命令,执行的后果由上级负责,公务员不承担责任;但是,公务员执行明显违法的决定或者命令的,应当依法承担相应的责任。”

《人民警察法》(2012)也有类似规定。第32条规定:“人民警察必须执行上级的决定和命令。人民警察认为决定和命令有错误的,可以按照规定提出意见,但不得中止或者改变决定和命令的执行;提出的意见不被采纳时,必须服从决定和命令;执行决定和命令的后果由作出决定和命令的上级负责。”第33条又规定:“人民警察对超越法律、法规规定的人民警察职责范围的指令,有权拒绝执行,并同时向上级机关报告。”

从上述规定来看,这时要区别三种情况:一是原则上公务员必须服从上级的决定和命令。这是原则和前提。二是如果发现决定和命令有错误的,可以按照规定提出意见,但不得中止或者改变决定和命令的执行。特别是,提出的意见不被采纳时,必须服从决定和命令。三是如果决定和命令“明显违法”,明显超越法律、法规规定的,有权拒绝并同时向上级机关报告。

在上述三种情况中,第一种情况,公务员不承担任何责任;第二种情况,公务员也不对行为后果承担责任,但尽可能提出意见,帮助领导改进工作;第三种情况,如果公务员既不向上级报告又不拒绝的,也应当承担相应的责任。

四、对行政行为“双主体”的提法是否科学?

我国法律和理论在表述行政行为时往往同时表述作出行政行为的主体。对作出行政行为主体的表述中,有“双主体”与“单主体”之分。

所谓“双主体”表述,是指同时列出了两个行政行为的主体,往往是“行政机关和行政机关工作人员”,或者“行政机关及其工作人员”。例如,《行政处罚法》(2021)第50条规定:“行政机关及其工作人员对实施行政处罚过程中知悉的国家秘密、商业秘密或者个人隐私,应当依法予以保密。”《密码法》(2019)第21条第2款规定:“……行政机关及其工作人员不得利用行政手段强制转让商用密码技术。”《行政诉讼法》(2017)第2条第1款规定:“公民、法人或者其他组织认为行政机关和行政机关工作人员的行政行为侵犯其合法权益,有权依照本法向人民法院提起诉讼。”《国家赔偿法》(2012)第2条第1款规定:“国家机关和国家机关工作人员行使职权,有本法规定的侵犯公民、法人和其他组织合法权益的情形,造成损害的,受害人有依照本法取得国家赔偿的权利。”第3条规定:“行政机关及其工作人员在行使行政职权时有下列侵犯人身权情形之一的,受害人有取得赔偿的权利:……”第4条规定:“行政机关及其工作人员在行使行政职权时有下列侵犯财产权情形之一的,受害人有取得赔偿的权利:……”

另一种表达方法是,将作出行政行为的主体只表述为“行政机关”。例如,《行政处罚法》(2021)第2条规定:“行政处罚是指行政机关依法对违反行政管理秩序的公民、法人或者其他组织,以减损权益或者增加义务的方式予以惩戒的行为。”第7条规定:“公民、法人或者其他组织对行政机关所给予的行政处罚,享有陈述权、申辩权;对行政处罚不服的,有权依法申请行政复议或者提起行政诉讼。公民、法人或者其他组织因行政机关违法给予行政处罚受到损害的,有权依法提出赔偿要求。”《行政许可法》(2019)第2条规定:“本法所称行政许可,是指行政机关根据公民、法人或者其他组织的申请,经依法审查,准予其从事特定活动的行为。"《行政强制法》(2011)第2条规定:"……行政强制措施,是指行政机关在行政管理过程中,为制止违法行为、防止证据损毁、避免危害发生、控制危险扩大等情形,依法对公民的人身自由实施暂时性限制,或者对公民、法人或者其他组织的财物实施暂时性控制的行为。行政强制执行,是指行政机关或者行政机关申请人民法院,对不履行行政决定的公民、法人或者其他组织,依法强制履行义务的行为。"《行政复议法》(2023)第2条第1款规定:公民、法人或者其他组织认为行政机关的行政行为侵犯其合法权益,向行政复议机关提出行政复议申请,行政复议机关办理行政复议案件,适用本法。"特别是第11条,所列15项全部表达为"行政机关"。

笔者认为,行政行为"双主体模式"的表达方式是不科学的。[14] 这种表述的根本错误是:把行政主体与行政人误作为并列关系了。它将带给人们一种错觉:行政行为有两类,一类是行政机关作出的,另一类是行政机关工作人员作出的。其实,行政行为都是行政机关作出的,无非行政机关是一个抽象的组织体,它的行为必须通过其工作人员来表达、体现和实施。这就是行政主体与行政人的法律关系。

本章小结

行政主体是一种组织,而不是个人。作为组织的行政主体的行政行为始终是通过个人来进行的。这种依法代表行政主体实施行政行为的个人,便是行政人。

从定义上说,所谓行政人,系指依法代表行政主体,并以行政主体的名义,实施行政行为,其行为效果和诉讼效果都归属于行政主体的个人。

与行政主体和行政相对人不同的是,行政人不是行政法律关系的主体,但它是它们之间的联结点。没有行政人的存在,行政法律关系实际上无法形成。[15]

我国的行政人主要由公务员来承担,但它并不只限于公务员,作为非公务员的公民经行政授权或行政委托,也可享有行政人的地位。再则,由于我国《公务员法》已将公务员的范围扩大至所有党政机关在编人员后,也并不是所有的公务员(特别是监察官、法官、检察官等)都能成为行政人的承担者。还有一点非常重要,正如行政机关可以有"行政主体—行政相对人—民事主体"三种法律身份一样,公务员也可有"行政人—行政相对人—自然人"三种身份,这意味着行政人仅是公务员多种身份中的一种身份而已。

正因为公务员身份具有多样性和非固定性,所以,当一个公务员实施某一行为时,要认定他是"行政人"还是"自然人"的身份就显得必要而困难。公务员双重身份的研究至今仍是一个学者们感兴趣的课题。

鉴于行政人的法律地位是承受了行政主体的法律地位,这使对行政人的分类以及它们之间的法律关系,在原理上均可适用行政主体的分类及行政主体之间的关系理论。

---

〔14〕 已有学者注意到这一点,明确指出:《行政诉讼法》使用"行政机关及其工作人员的行政行为"的提法,不够严谨。两者指的其实都是行政机关的行政行为。参见何海波:《行政诉讼法》,法律出版社2011年版,第134页注释54。

〔15〕 如同公安机关的交通管理行为不可能不通过具体的交警来表现。

规范链接

- 《中华人民共和国宪法》(2018)第 88 条
- 《中华人民共和国国务院组织法》(1982)第 9 条
- 《中华人民共和国公务员法》(2018)第 2、13 ~14、60 条
- 《中华人民共和国国籍法》(1980)第 12 条
- 《中华人民共和国人民警察法》(2012)第 32 ~33 条
- 《中华人民共和国行政复议法》(2023)第 2、11 条
- 中共中央组织部《公务员范围规定》(2019)第 4 条
- 中共中央办公厅、国务院办公厅《行政执法类公务员管理规定(试行)》(2016)第 2 条

案例讨论

应当适用行政赔偿还是民事赔偿?

|案 情|

某公安局民警李某,开车执行公务。在返回单位途中,路过其小孩正在读书的学校,临时决定先接其小孩回家,然后再回单位。就在其接上小孩回家的路上,李某违章驾驶,撞伤一老太太。

该老太太打算去法院提起损害赔偿之诉,但她应当以李某个人为被告提起民事赔偿之诉呢? 还是以李某所属的公安机关为被告提起行政赔偿之诉? 为此,她前来一家律师事务所请教。

律师事务所中的律师们在讨论中有两种不同的意见:

一种意见主张,应当以民警李某所属的公安机关为被告提起行政赔偿诉讼。理由是:(1)李某是民警,属于国家公务员;(2)李某发生撞车时使用的车是公务车,而不是私家车;(3)虽然接送自己的小孩不属公务,但它发生在整个公务的时间段之内(回到单位之前而不是之后)。

另一种意见主张,应当以李某个人为被告提起民事赔偿之诉。理由是:接送小孩是私人行为而不是公务行为,因而与所属公安机关没有关系。

请问:你的意见如何?

|评 析|

该案所涉其他问题鉴于本章的任务而不作讨论,这里限于评析本案中的民警李某是否属于行政人的问题。

前文已述,行政人系指依法代表行政主体并以行政主体的名义实施职务行为的个人;行政人的行为效果对外而言,归属于其所属的行政主体而不是其个人。

在本案中,要解决老太太应当以李某个人为被告提起民事赔偿之诉呢,还是以李某所属的公安机关为被告提起行政赔偿之诉,关键取决于民警李某在当时情景中的法律身份:如果当时李某的法律身份属于自然人,那么应当以李某个人为被告提起民事赔偿之诉;如果当时李某的法律身份属于行政人,那就当然应当以李某所属的公安机关为被告提起行政赔偿之诉了。

应当注意的是:在我们国家,公务员与行政人之间不能画上等号。因为:行政人一般由国家公务员承担,但行政人并不只限于公务员,非国家公务人员受行政机关委托从事公务行为时也可成为行政人;相反,国家公务员也不是必然地、无条件地、每时每刻地作为行政人的身份出现。国家公务员从事不同行为,参与不同法律关系,便可以不同的法律身份出现。当他代表行政主体实施职务行为时,他的法律身份是行政人;当他代表自己从事民事行为时,他的法律身份是自然人;当他在行政管理关系中处于被管理一方当事人时,他的法律身份又是行政相对人。

在本案中,我们同意第二种主张,但它的理由阐述得不够充分。因为李某是否属于行政人,不能作为一个抽象问题来讨论,只能置于具体的情景中作具体分析。我们不能问民警是否属于行政人,只能问某个民警在某种情景

中从事某种行为时是否属于行政人。本案民警李某驾公务车外出执行公务，这是事实，但他到学校接送小孩显然不属公务。认定行为是否属于公务，不是看时间，也不是看使用的工具，而是看该行为的实际属性，即该行为的目的与功能。所以，李某违章撞人时，虽然用的是公务车，虽然时间仍在公务最终封闭之前（尚未回到单位），但接送小孩的实际目的及功能，决定了此时他是在从事私务而不是公务。因此，本案发生时李某的法律身份应当是自然人而不是行政人，故老太太只能以李某个人为被告提起民事赔偿之诉。

必须指出的是，该民警接小孩的行为虽不是职务行为，但属于与职务相关行为。出于保护受害者权利的考虑，这种行为在不少国家已被纳入国家赔偿范围之内。

（该案例由笔者根据现实中的有关事例编纂而成）

复习思考题

1. 什么是行政人？它与行政主体是什么关系？
2. 什么是公务员？公务员是否必然是行政人？
3. 在行政关系中，行政正职与副职是什么关系？
4. 公务员对于违法的行政命令可以抗拒吗？

第五章　行政相对人

行政法律关系中代表国家实施行政管理一方的当事人是行政主体，行政主体的行政行为是通过行政人实施的；行政法律关系中与行政主体相对应的另一方当事人便是行政相对人。本章的任务是阐述有关行政相对人的概念和特征、范围和类型、法律地位、身份的确认等行政法学原理。

第一节　行政相对人概念的界定

一、确立“行政相对人”概念的意义

“相对人”是一个“相对性”的概念。它是指在某一法律关系中，当一方主体被确定以后，与它相对应的另一方当事人就被称为相对人。“相对人”既是一个法理概念又是一个法律概念，被应用于广泛的领域。在德国法中也有“相对人”一词，用“Adressat”表达。在我国《民法典》(2020)中，竟有十四个条文使用了“相对人”一词。[1]

“相对人”应用到行政法领域就被称为“行政相对人”。[2] 它最早仅仅作为行政法上的一个学理概念而存在[3]，法律上的对应概念是“公民、法人或者其他组织”。其实，“公民、法人或者其他组织”仅仅是“行政相对人”的载体而已。2014 年修订后的《行政诉讼法》第 25 条第 1 款才正式使用了“相对人”一词[4]，使“相对人”从一个单纯的学理概念同时成为一个法律概念。

无论从行政法理抑或行政法律上确立“行政相对人”这一概念都非常重要。

1. 它作为一个与“行政主体”相对应的概念，使行政法律关系双方当事人进入一个特定的对应关系。当我们用“行政机关”表达行政法律关系中的管理方当事人时，用“公民、法人或者其他组织”来表述另一方当事人，双方都从静态视角出发，自然也实现了法律关系的平衡。但当我们发现“行政机关”和“公民、法人或者其他组织”事实上都未被特定为行政法律关系当事人时，并用“行政主体”代替“行政机关”，那么同样应当用“行政相对人”代替“公民、法人或者其他组织”的表述，从而实现动态、特定法律身份上的平衡，使行政法理论走向科学。(见图 5－1)

---

〔1〕 参见《民法典》(2020)第 65、85、94、137、138、141、142、145、146、154、164、170～172 条。

〔2〕 当然也存在其他一些类似的提法，如“行政管理相对人”“行政管理相对一方当事人”“行政相对一方”“行政行为的相对人”等。

〔3〕 中国最早在行政法著作中使用“行政相对人”的，应当首推张焕光、胡建淼著《行政法学原理》(劳动人事出版社 1989 年版)一书，书中首次将“相对人”单设独立的一章(第九章)。

〔4〕 《行政诉讼法》(2017)第 25 条第 1 款规定：“行政行为的相对人以及其他与行政行为有利害关系的公民、法人或者其他组织，有权提起诉讼。”

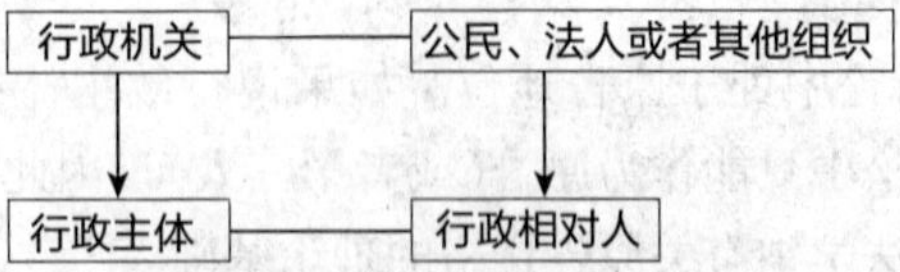

图5-1　行政关系的平衡

2. 它将成为行政行为确认行政法权利与义务承受者的法理基础。从一定意义上说，行政行为是行政主体将行政法上的权利与义务落实到具体的相对人的过程，而如何准确地将具体的权利与义务落实到具体的相对人身上，不是一件十分简单的事。譬如，在行政处罚领域，如何确定被处罚人，面对所有权人与使用权人、出租人与承租人、出借人与使用人、单位与单位内的机构和成员，并不是一件容易的事。而有关行政相对人的理论无疑为上述问题的解决提供了理论基础。

3. 它为在行政诉讼关系中确认原告资格提供了方便。在行政诉讼的理论和制度中，如何确定行政诉讼的原告乃是一个棘手的重要问题。而行政相对人的资格和认定规则便成为行政诉讼原告资格和认定规则的理论基础。因为行政诉讼原告以行政相对人为基础，但又不限于行政相对人。

二、行政相对人的概念和特征

行政相对人，系指在某一行政法律关系中处于与行政主体相对应的另一方当事人，也是行政行为直接所针对并直接受行政行为约束的公民、法人或者其他组织。例如，在治安管理关系中，公安机关是行政主体，治安管理关系中的另一方当事人，即个人、法人或者其他组织就是行政相对人；在税收关系中，税务机关为行政主体，负有纳税义务的组织或个人为行政相对人。行政相对人具有下列法律特征：

1. 行政相对人是行政法律关系中的当事人。作为当事人，它是行政法律关系的主体，是行政法上权利与义务的享受者和承担者。没有行政相对人，行政法律关系无以构成。行政相对人中的“人”与“行政人”不同，它是指“当事人”，而不是指“个人”，因而它可以是组织（组织相对人），也可以是个人（个人相对人）。

2. 行政相对人是与行政主体相对应的另一方当事人。在（外部）行政法律关系中，发动行政行为的一方当事人是行政主体，承受行政行为效果的另一方当事人则是行政相对人。相对人顾名思义就是指与行政主体相对应的另一方当事人，它具有“相对性”。只有当行政主体确定了，相对人也就随之被确定。

3. 行政相对人是行政行为直接所针对并受行政行为直接约束的当事人。行政相对人必须是行政行为的对象人，并直接承受该行政行为的处分效果。如在行政处罚中，他就是被处罚人，在行政许可中，他就是被许可人。受到行政行为间接影响的当事人可以成为行政相关人，但不是行政相对人。

4. 行政相对人的载体是公民、法人或者其他组织，也包括外国组织和外国人。行政相对人既是行政法律关系的主体，也是国家行政管理的对象范围，它体现了中国行政法的约束范围。中国的公民、法人和其他组织，外国组织和外国人，都是行政相对人的载体，这是中国主权原则的体现和要求。如果说行政主体和行政人只能由中国组织和中国人担任，那么，行政相对人恰恰必须包括外国人和外国组织。[5]

5. 行政相对人在行政诉讼中处于原告地位。如果说行政主体在行政诉讼中只能作被告，那么，行政相对人在行政诉讼中只能作为原告(或者第三人)。因此，行政法学中有关行政相对人的理论，将成为行政诉讼法学中有关原告资格的理论基础。

三、几个相近关系

接着必须厘清三个相近关系，它有助于帮助我们全面而准确地把握住行政相对人这一概念。

(一)行政相对人与公民、法人或者其他组织

尽管《行政诉讼法》已有一个条款用到了"行政行为的相对人"[6]，但更多的法律还是将它表述为"公民、法人或者其他组织"。[7] 为此，我们在大量的场合将"行政相对人"与"公民、法人或者其他组织"打通使用，不会导致法律和理论上的问题，可以不必计较。

但是严格地说，"行政相对人"与"公民、法人或者其他组织"不能等同，还是有区别的。因为：(1)"公民、法人或者其他组织"仅仅是"行政相对人"的载体，它们之间是一种法律主体与该主体的承载者之间的关系，如同行政主体与行政机关之间的关系；(2)"公民、法人或者其他组织"既可以成为行政相对人的载体，同样也可以成为民事主体的载体。

(二)行政相对人与行政相关人

行政相对人是行政行为直接所针对并直接承受行政行为处分效果的当事人，而行政相关人是指它虽然不是行政行为的直接对象，但它是与行政行为同样具有利害关系的公民、法人或者其他组织。比如，行政机关许可张三建房，但所建房屋影响到李四的相邻权。在这里，张三是行政相对人，李四虽然不是行政行为的相对人，但他属于行政相关人。行政相对人与行政相关人都是行政行为的利害关系人，但前者是直接利害关系人，后者是间接利害关系人。

《行政诉讼法》(2017)第25条第1款规定："行政行为的相对人以及其他与行政行为有利害关系的公民、法人或者其他组织，有权提起诉讼。"据此，行政相对人与行政相关人都可构成行政诉讼的原告。当行政相对人与行政相关人两者中有一方起诉、另一方没有起诉时，另一方则构成行政诉讼第三人。

(三)行政相对人与行政诉讼原告

行政实体法中的行政主体、行政相对人与行政诉讼法中的被告、原告具有一定的对应关系。一般而言，正如行政主体在行政诉讼中作为被告一样，行政相对人在行政诉讼中则作为原告。但是，我们不能简单地将行政相对人与行政诉讼原告等同起来。因为，行政诉讼原告并不只限于行政相对人，行政相关人也可以成为原告；而且，行政相对人并不只能作为原告，它还存在作为第三人的可能性。

---

[5] 如果不将外国组织和外国人纳入行政相对人的范围，就意味着外国组织和外国人在中国可以不受中国行政法的约束。

[6] 参见《行政诉讼法》(2017)第25条第1款。

[7] 如《行政许可法》《行政处罚法》《行政强制法》《行政复议法》《行政诉讼法》等。

四、行政相对人的分类

对行政相对人的分类研究，有助于我们把握各种类型行政相对人的特征和有关行政法原理。

（一）内部相对人与外部相对人

行政相对人首先可以划分为内部相对人和外部相对人。相对人的内外划分取决于其与行政主体基本类型的对应性：与内部行政主体相对应的当事人属内部相对人，与外部行政主体相对应的当事人便属外部相对人。前者如行政机关与派出机关之间的关系；后者如行政机关与它所监管的企业之间的关系。

作这种划分的意义是基于两大行政法原理：(1)内部相对人不能成为外部行政行为的对象；(2)内部相对人不能构成行政诉讼中的原告。

（二）组织类相对人与个人类相对人

在外部相对人中〔8〕，根据当事人的组织状态，还可以把行政相对人划分为组织类相对人和个人类相对人。国家行政机关、其他国家机关、企事业单位、社会团体、在中国境内的外国组织、其他非法人组织等属于组织相对人；我国公民、在中国境内的外国人（含无国籍人）属于个人相对人。

作这种划分的意义是基于：某些行政主体的行政行为同行政相对人有一定的对应性，如行政拘留只适用个人相对人，而不适用组织相对人。组织相对人和个人相对人在行政诉讼中均可作为原告。

（三）法人类相对人与非法人类相对人

法人类相对人系指具有法人资格的组织成为行政相对人，包括有法人资格的国家行政机关、其他国家机关、企业事业单位、社会团体以及在中国境内的具有法人资格的外国组织等；非法人类相对人系指不具有法人资格的组织和个人（任何个人都不具有法人资格），包括不具有法人资格的中国组织和不具有中国法人资格的外国组织、中国公民、外国公民和无国籍人等。

这种划分的意义是基于：我国大多行政法律规范既适用法人相对人，也适用非法人相对人，但某些行政法律规范只适用法人相对人，或只适用非法人相对人。

（四）营利性法人与非营利性法人

我国《民法典》将法人区分为营利性法人与非营利性法人。《民法典》(2020)第76条规定："以取得利润并分配给股东等出资人为目的成立的法人，为营利法人。营利法人包括有限责任公司、股份有限公司和其他企业法人等。"同时第87条第2款规定："为公益目的或者其他非营利目的成立，不向出资人、设立人或者会员分配所取得利润的法人，为非营利法人。非营利法人包括事业单位、社会团体、基金会、社会服务机构等。"

营利性法人与非营利性法人作为行政相对人在行政诉讼地位上没有区别，但行政实体法对它们所规定的权利与义务有时会有区别。如根据《民办教育促进法》(2018)第19条规定，民

---

〔8〕 以下的分类都基于"外部相对人"。

办学校的举办者可以自主选择设立非营利性或者营利性民办学校。非营利性民办学校的举办者不得取得办学收益,学校的办学结余全部用于办学;而营利性民办学校的举办者可以取得办学收益。[9]

(五)国内行政相对人与国外行政相对人

基于当事人的涉外因素,行政相对人还可以划分为国内相对人与国外相对人。前者指中国的各种组织和公民,后者指在中国境内外国组织和外国人。在中国登记注册的外资企业和中外合资企业属于中国法人,故以国内相对人对待。这种划分的意义是基于:

1. 总体上,行政法律规范既约束国内相对人,也约束国外相对人,但某些特别的规定,只适用国内相对人[10],或只适用国外相对人。

2. 国内相对人和国外相对人在行政诉讼中均享有原告的法律地位,然而国外相对人另受我国《行政诉讼法》第九章所确立的"平等""同等""对等""委托中国律师诉讼"等原则的约束。

第二节　行政相对人的范围

在我国,可以成为行政相对人的组织和个人有:公民,法人,其他组织,外国人、无国籍人和外国组织。它们是行政相对人的载体。

一、公民

公民,是指具有一国国籍,并享受该国法律所规定的权利,同时履行该国法律所规定的义务的自然人。我国各种法律中所规定的公民,特指我国公民,具有中华人民共和国国籍的自然人。《宪法》(2018)第33条规定:"凡具有中华人民共和国国籍的人都是中华人民共和国公民。中华人民共和国公民在法律面前一律平等。国家尊重和保障人权。任何公民享有宪法和法律规定的权利,同时必须履行宪法和法律规定的义务。"也就是说,公民的认定标准是由宪法直接规定的;公民的法律地位是由宪法和有关法律直接规定的。

公民与人民有联系也有区别。"人民"一词自古有之。在中国古籍中,人民一般泛指百姓。[11] 在古希腊、古罗马(柏拉图、亚里士多德、西塞罗等人的著作中)也使用过人民的概念,但它是指占人口大多数的奴隶之外的奴隶主和自由民。近代以后对"人民"概念的广泛使用,往往与公民(国民)等词混用,泛指社会全体成员。当代中国,将"人民"作为一个与"敌人"相

---

[9] 《民办教育促进法》(2018)第19条规定:"民办学校的举办者可以自主选择设立非营利性或者营利性民办学校。但是,不得设立实施义务教育的营利性民办学校。非营利性民办学校的举办者不得取得办学收益,学校的办学结余全部用于办学。营利性民办学校的举办者可以取得办学收益,学校的办学结余依照公司法等有关法律、行政法规的规定处理。民办学校取得办学许可证后,进行法人登记,登记机关应当依法予以办理。"

[10] 如服兵役的义务只能约束中国公民。《兵役法》(2021)第5条规定:"中华人民共和国公民,不分民族、种族、职业、家庭出身、宗教信仰和教育程度,都有义务依照本法的规定服兵役。有严重生理缺陷或者严重残疾不适合服兵役的公民,免服兵役。依照法律被剥夺政治权利的公民,不得服兵役。"

[11] 如《管子·七法》载:"人民鸟兽草木之生物";也指平民、庶民、百姓,如《周礼·官记·大司徒》载:"掌建邦之生地之图,舆其人民之数。"

对立的政治概念，其主体始终是从事物质资料生产的广大劳动群众，是社会主义国家的主人。人民不仅是一个政治概念，也是一个历史概念。它在不同的国家、不同的历史时期有不同的内容。如中国的抗日战争时期，一切抗日的阶级、阶层和社会集团都属于人民；解放战争时期，一切反对帝国主义、地主阶级、官僚资产阶级的阶级、阶层或社会集团都属于人民；在社会主义时期，人民的范围更加广泛，不仅包括工人、农民和知识分子，而且包括一切拥护社会主义的爱国者和拥护祖国统一的爱国者。根据《宪法》(1982)修订的内容，人民可理解为拥护四项基本原则的人。

公民与人民不同。(1)人民是个政治概念，具有一定的阶级内容和历史内容，是相对敌人而言的，它反映了一定社会的政治关系。而公民(国民)是个法律概念，指具有一国国籍、并根据该国宪法和法律规定享有权利和承担义务的人，它反映一定的法律关系。(2)人民是个集体概念，是众多人的集合体，由选举人和被选举人组成，任何个人都不能称为人民，而公民(国民)则可用于单个人。(3)公民不全是人民，同样，人民也不全是公民。

作为行政相对人的载体，它不以人民为标准，而是以公民为标准，任何公民都是行政相对人的载体。

公民与自然人也是同样的关系。所谓自然人，是指依自然规律产生，具有人之生物特征的高级动物。自然人既是一个法律概念，也是一个生物学概念。我国宪法和法律上大多使用“公民”，但民事法律上都用“自然人”。自然人是最基本的民事主体。尽管有的场合“公民”与“自然人”通用，无区别之必要。但从法理上说，还是存在区别：公民以国籍为认定依据，而自然人以生物特征为认定依据；外国人不属于我国公民，但外国人也是自然人。

二、法人

法人是指依法成立的，具有民事权利能力和民事行为能力，能以自己的名义独立享有民事权利和承担民事义务的组织。法人既是基本的民事主体，同时也是行政法律关系中行政相对人的载体。

依照《民法典》的规定，法人首先可以分为一般法人与特别法人。一般法人包括营利法人与非营利法人。营利法人，是指以取得利润并分配给其股东等出资人为目的成立的法人，主要包括有限责任公司、股份有限公司和其他企业法人等；非营利法人，是指以公益目的或者其他非营利目的成立，不向其出资人、设立人或者会员分配所取得利润的法人，主要包括事业单位、社会团体、基金会、社会服务机构等。特别法人，是指在设立、变更、终止等方面具有特殊性，难以归并入营利法人与非营利法人之内的其他法人。它们包括机关法人、农村集体经济组织法人、城镇农村的合作经济组织法人、基层群众性自治组织法人(村民委员会、居民委员会)。(见图5-2)

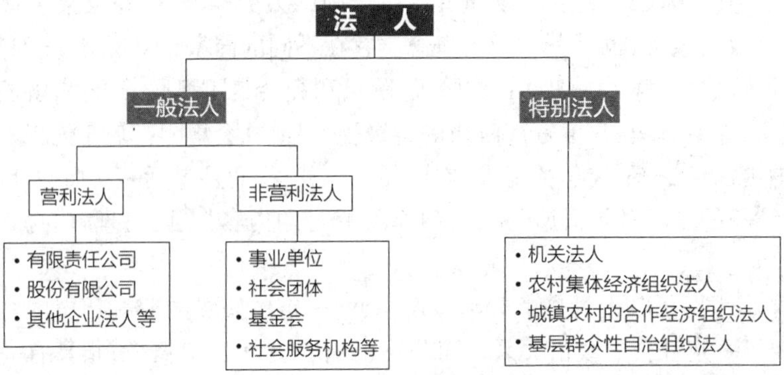

图 5－2　法人的类型

上述无论哪一类法人,都可以在特定的行政法律关系中成为行政相对人。

三、其他组织

"其他组织"是指不具有法人资格但可以自己的名义从事法律活动的组织。因而也称非法人组织。行政法上的"其他组织"与民法上的"非法人组织"在范围上相同。《民法典》(2020)第 102 条规定:"非法人组织是不具有法人资格,但是能够依法以自己的名义从事民事活动的组织。非法人组织包括个人独资企业、合伙企业、不具有法人资格的专业服务机构等。"与法人不同的是,非法人组织是指不具有法人资格但可以以自己的名义进行民事活动的组织,亦称非法人团体。非法人组织,在日本包括非法人社团和非法人财团,在我国台湾地区称为非法人团体。"其他组织"也好,"非法人组织"也罢,都具有以下几个法律特点:(1)虽不具有法人资格,但能够以自己的名义从事民事活动;(2)依法成立;(3)有一定的组织机构;(4)有一定的财产或经费;(5)不具有独立承担民事责任的能力。其民事责任和行政责任由其出资人或者设立人承担连带责任。这类组织包括:

1. 个人独资企业。个人独资企业是指依法在中国境内设立,由一个自然人投资,财产为投资人个人所有,投资人以其个人财产对企业债务承担无限责任的经营实体。

2. 合伙企业。合伙企业是指自然人、法人和其他组织依照该法在中国境内设立的普通合伙企业和有限合伙企业。

3. 不具有法人资格的专业服务机构。这些机构主要是指律师事务所、会计师事务所、资产评估机构等。它们一般采用合伙制,不具有法人资格,所从事的活动为提供法律和财会专业服务。

这些组织,虽然不具有法人资格,但也有可能成为行政相对人,可以当事人身份在行政法律关系中享受行政法权利和承担行政法义务。

四、外国人、无国籍人和外国组织

外国人系指具有外国国籍的人。无国籍人是指不具有任何国籍的人。外国组织系指在国外设立登记的法人组织和非法人组织。

我国《宪法》(2018)第 32 条第 1 款规定:"中华人民共和国保护在中国境内的外国人的合法权利和利益,在中国境内的外国人必须遵守中华人民共和国的法律。"外国人、无国籍人、外国组织在中国境内活动,必须遵守中华人民共和国法律,同时按照对等原则,受到中华人民共和国法律的保护。外国人、无国籍人、外国组织在中国境内活动,自然会与我国行政机关构成行政法律关系。

外国人、无国籍人、外国组织在我国不能成为行政主体及行政人,但可以成为行政相对人,享受行政相对人的法律地位。

五、两点特别说明

(一)关于我国港澳台地区居民和组织的特别说明

中国台湾地区和香港、澳门两个特别行政区的居民和组织,在法律上并不属于外国人。当然,具有外国国籍者除外,因为我国不承认双重国籍。但由于这些地区特殊的政治制度现状和法律体系,我国的行政和司法在某些问题上又给予他们不同于大陆(内地)公民和组织的特殊安排。这是一种务实而可行的态度。

从法理上说,中国台湾地区和香港、澳门两个特别行政区的居民和组织,如果与我们行政机关构成行政法律关系,它们同样享有行政相对人的法律地位。如果它们认为行政机关的行政行为侵犯其合法权益的,同样有权在大陆(内地)提起行政诉讼。在实践中,法院所受理的涉及这些居民和组织的行政案件主要是在海关、专利、投资等领域。

(二)关于机关法人的特别说明

在前面阐述"法人"时,提到了"特别法人"中的"机关法人",也可以成为行政相对人的载体。这里需要重点展开说明。

机关法人,是指依法成立代表国家行使公权力,并因行使国家权力的需要而享有相应民事主体地位的国家机关。它包括政党机关、人大机关、政府机关、监察机关、司法机关、军事机关、政协机关等,具体包括中国共产党委员会及其所属各部门,各级人民代表大会机关,各级人民政府及其所属各工作部门,各级政治协商会议机关,各级监察机关,各级人民法院、人民检察院机关,各民主党派机关,军事机关等。

其中的行政机关,一般是作为行政主体而不是行政相对人身份出现的。但它在特殊的法律关系中也可以成为相对人。

政党机关、人大机关、政协机关、监察机关、司法机关、军事机关等一般出现在宪法关系中,不会成为行政法律关系的当事人。只有在得到法律授权行使行政权时,方可作为行政主体,如边防武警。也只有在少有的情况下,人大机关、政协机关、监察机关、司法机关才可能成为行政相对人,如法院建设办公大楼也必须服从城市规划。

第三节　行政相对人法律地位

作为行政法调整对象的行政关系是行政主体与相对人之间的关系,而不是相对人与相对人之间的关系。因此,探讨相对人的法律地位应以行政主体与相对人之间的关系为研究对象。相对人的法律地位是指相对人在行政法律关系中享受权利与承担义务的综合体现。

一、行政权利与行政义务

“权利与义务”是所有法律的中轴线,一切法律制度都围绕它而展开。一切法律关系实质上是一种权利与义务关系。权利与义务落实到行政法主体身上,就转化为行政主体身上的行政职权与行政职责和行政相对人身上的行政权利与行政义务。(见图5-3)

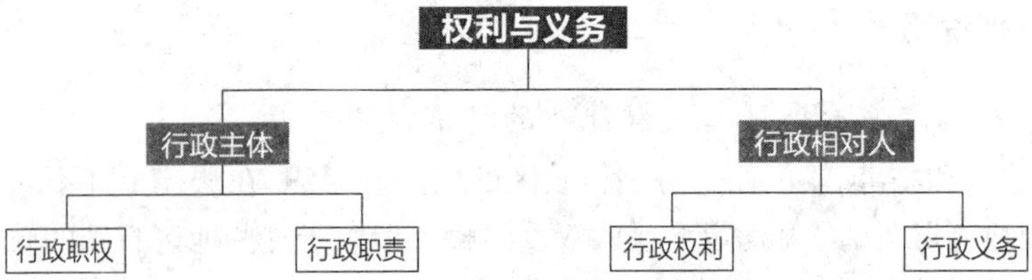

图5-3 权利与义务

只要我们一研究行政相对人在行政法上的权利与义务,马上就会遇到一个长期阻挡着行政法学者推进这一问题研究的难题:民事主体的民事权利与行政相对人在行政法上的权利几乎是重合的,我们无法说人身权、财产权就是民事权利而不是行政权利,或者在承认它们共享同一权利时又对它们之间的区别出现彷徨。

其实,民事主体存在民法上的权利与义务,即民事权利与民事义务;行政相对人也存在行政法上的权利与义务,即行政权利与行政义务。只是由于“民法权利理论的发达和行政法权利理论的欠缺”〔12〕,民事权利与义务研究成果遍地开花,而行政权利与义务的研究鲜有人问津。〔13〕

民事主体的民事权利与行政相对人的行政权利都属于“权利”而不是“权力”。但是,民事权利属于“私权”(私法上的权利),行政权利属于“公权”(公法上的权利)。“私权”与“公权”还是有区别的。20世纪初日本学者美浓布达吉就指出:“所谓私权,只是存在于私人相互间的权利,国家对之处于第三者的关系,反之,若为公权,国家或公共团体本身居于当事人或义务者的地位,因此,国家对人民权利的保护方法因公权或私权而有显著的差异。公法与私法的特征即存于此点。”〔14〕

所有权利与义务都是依法设定且必须依法设定。这是法治国家法治原则的要求和体现。准确而完整地说,是法设定了权利形成、变更或消灭的规则,法律主体的法律行为促成了权利形成、变更或消灭的结果。

宪法和法律为自然人、法人或其他组织设定了一些基础性权利,这些基础性权利为所有法律部门和法律关系中的当事人所共享。这些基础性权利就是由宪法和法律所直接设定的公民的基本权利以及法人或其他组织所享有的主要权利,包括人身权、财产权、政治权、经济权、社会权和文化权等。因此我们不得说,人身权、财产权只是民事权利而不是行政权利,或者相反。但是,这些基础性权利在不同部门法及其法律关系中根据不同部门法的不同规则而形成了不

〔12〕 孙琬钟、江必新主编:《行政相对人的权益保护》,人民法院出版社2003年版,第20页。

〔13〕 令人欣慰的是,我国有不少学者很早就关注了行政相对人的权利与义务问题。参见方世荣:《论行政相对人》,中国政法大学出版社2000年版;孙琬钟、江必新主编:《行政相对人的权益保护》,人民法院出版社2003年版。

〔14〕 [日]美浓部达吉:《公法与私法》,黄冯明译,台北,商务印书馆1988年版,第124页。

同的权利，这些权利的特点就表现为其所针对的义务人不同，以及不同部门法对权利的保护方式之不同。仅就民法与行政法而言，民法将基础权利转化成民事权利〔15〕，行政法则将基础权利转化为行政权利。民事权利是针对他人而言的权利，行政权利是针对国家和政府而言的权利。〔16〕（见图5－4）

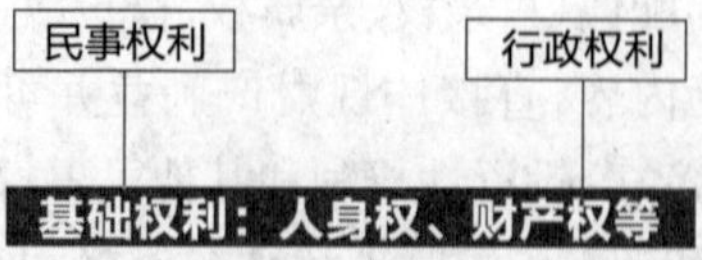

图5－4　基础权利、民事权利、行政权利

概言之，民事权利与行政权利的区别是：(1)民事权利由民事法律规范设定和保护，是受民法保护的权利；行政权利由行政法规范设定和保护，是受行政法保护的权利。(2)民事权利是相对于平等关系中的其他民事主体而言，旨在排除其他平等主体的民事行为对它的侵害；行政权利是相对于管理方的行政主体而言，旨在排除行政主体行政职权对它的侵害。(3)对民事权利的法律救济，更多地通过自我协商解决。自我解决不成的，适用仲裁和民事诉讼解决。而对行政权利的法律救济，主要是通过行政复议和行政诉讼处理。

民事义务、行政义务与民事权利、行政权利同理。

二、行政相对人的行政权利

行政权利，是指行政相对人在行政法上享有并受行政法保护的权利，是宪法和法律赋予当事人的基础权利在行政管理领域中的具体化，以及为保护基础权利而派生的权利。行政相对人的行政权利与其行政义务不可分离，同时与行政主体的行政职责相对应。

行政权利包括两大类：一是基础权利；二是为保护基础权利而派生的权利。

（一）基础权利

基础权利是指由宪法和法律直接设定给公民、法人或者其他组织的基本权利。这些权利，受到了民法、行政法和刑法不同方式的保护。例如，公民的人身自由权，是由宪法直接设定的基本权利。〔17〕如果公民的人身自由权受到另一公民的不法限制，前者就可提起民事侵权之诉，通过民法保护自己的人身自由权；如果公民的人身自由权受到行政机关的不法侵害，他就受到行政法的保护，可以通过行政复议和行政诉讼来阻却行政行为的不法侵害；如果有人非法拘禁公民构成犯罪的，公民的人身自由权就会受到刑法的保护，国家就会通过刑事诉讼程序追究侵

---

〔15〕　现在由于民法(学)的发达和强势，已用基础权利代替了民事权利。按理说，基础权利是人的一级权利，部门法权利是人的二级权利，它是基础权利的转化形式。

〔16〕　有学者指出：行政相对人权利是行政法学上的概念，或者说，是公民一方在以行政相对人身份出现时的所具有的权利，它是指由行政法所规定或确认的，在行政法律关系中由行政相对人享有，并与行政主体的义务相对应的各种权利。行政相对人权利的特点是：(1)由行政法所设定或确认的权利；(2)在行政活动过程中予以行使的权利；(3)与行政主体的义务相对应的权利；(4)不具有个人独有性。参见孙琬钟、江必新主编：《行政相对人的权益保护》，人民法院出版社2003年版，第17～20页。

〔17〕　《宪法》(2018)第37条规定："中华人民共和国公民的人身自由不受侵犯。任何公民，非经人民检察院批准或者决定或者人民法院决定，并由公安机关执行，不受逮捕。禁止非法拘禁和以其他方法非法剥夺或者限制公民的人身自由，禁止非法搜查公民的身体。"

害人的刑事责任。正因为基础权利都受到行政法的保护,所以它们同时构成行政相对人的行政权利。这些权利应当包括:

1. 人身权。指公民以人的生命和自由为核心的,不具有直接财产内容的权利。包括人格权和身份权。人格权又包括生命权、身体权、健康权、姓名权、肖像权、名誉权、荣誉权、隐私权、婚姻自主权等权利。身份权包括配偶权、亲权、亲属权、监护权等权利。

2. 财产权。指以财产利益为内容,直接体现财产利益并可以金钱计算价值的权利。财产权包括物权、债权、继承权、知识产权、投资性权利和其他民事权利。

3. 政治权。[18] 指公民从事和参与国家管理活动的资格和自由的总称,也称参政权或民主权。在中国主要包括选举与被选举权,担任国家公职的权利,言论、出版、集会、结社、游行、示威等权利。

4. 经济权。指从事和参与经济活动并获得收益的权利,包括生产、经营、销售、交换和消费等活动。经济权包括生产、经营、交易的自由权和平等权,投资与回报权,等等。

5. 社会权。公民依照法律规定作为社会基本成员,从社会获得基本生活条件和得到自身发展的权利。与人身权、财产权等不同,社会权的实现更依赖于国家的积极作为。社会权包括:劳动与休息权、受教育权、住宅权、环境权、社会保障权、通讯自由与秘密权、政府信息知情权等。此外,还有妇女、儿童、老年人、残疾人等特殊人群的平等保护权。

6. 文化权。指公民从事和参加科学研究、文化创作,以及在精神上或物质上享受人类文化成果的权利。文化权利主要是精神权,包括科学研究权、文学艺术创作权、参加和享受文化生活权、宗教信仰自由等。

(二)派生权利

派生权利是指为形成和保护基础权利而在行政法律关系中延伸的权利。它们主要包括:

1. 行政受益权。指公民、法人或者其他组织因经过行政行为而生成了权利和利益。例如,经过行政许可而获得到了被许可的权利,经行政确认(产权登记)而获得了产权,经行政给付而得到了受益(获得了社会保障方面的利益),等等。

2. 行政保护权。指公民、法人或者其他组织的基础权利如果受到他人的不法侵害,有获得国家行政的合法、正当、平等保护的权利。如妻子遭遇家暴,可以报警,国家行政权力必须干预。

3. 对行政的参与权。指公民、法人或者其他组织可以依法参与国家行政管理活动的权利。如参与政府的行政决策;对行政机关及其工作人员行使监督权;在行政处罚等行政程序中享有陈述、申辩和听证的权利。

4. 对无效行政行为的抵抗权。所谓无效行政行为,是指由行政主体作出的重大且明显违法,自始就没有法律效力的行政行为,如没有行政主体资格、导致刑事犯罪和明显的无权行为。对于这些行为,公民、法人或者其他组织有权抵制。[19]

---

〔18〕 虽然在今天的中国,政治权的保护尚不适用行政复议和行政诉讼,但作为行政实体法的权利依然是存在的,行政法依然要保护公民的政治权利。

〔19〕 如《商业银行法》(2015)第29条第2款规定:"对个人储蓄存款,商业银行有权拒绝任何单位或者个人查询、冻结、扣划,但法律另有规定的除外。"也就是说,在无法律依据条件下,行政机关要求查询、冻结、扣划公民个人储蓄存款的,商业银行有权拒绝。

5. 行政补偿权。出于公共利益的需要,国家对公民、法人或者其他组织的财产进行征收征用的,必须依法予以补偿。在征收征用的状态下,被征收征用人具有获得补偿的权利。

6. 行政赔偿权。行政主体的行政行为违法给当事人造成损害的,当事人有获得行政赔偿的权利。

7. 纠纷调处权。公民、法人或者其他组织之间发生民事纠纷的,当事人可以向有关行政机关申请行政调解或者行政裁决。

8 行政复议和诉讼权。公民、法人或者其他组织对行政主体的行政行为不服的,可以依法申请行政复议或者提起行政诉讼。

三、行政相对人的行政义务

在法治世界里没有无权利的义务,同样也没有无义务的权利。行政相对人在行政法上享受一定的权利,即行政权利,同时也必须履行行政法上的义务,即行政义务。行政相对人的行政义务主要有:

1. 遵守行政法律秩序。行政法对社会关系的调整,形成了行政法律秩序,如交通秩序、教学秩序等。相对人有义务遵守这些行政法律秩序,否则应接受行政主体的处罚。

2. 服从行政命令。行政主体管理意志通过各种行政命令表现出来,相对人必须服从行政主体的命令。遇行政命令不当或不合法时,在通过法律程序改变或撤销之前,相对人不能拒不执行。

3. 协助行政管理。行政主体从事国家行政管理活动事关公共利益和国家利益。相比之下,相对人的利益是渺小的。因此,相对人有协助行政管理的义务,即对行政主体及其行政人的行为加以配合。

4. 行政法上的其他义务。

行政相对人的行政权利和行政义务均是法定的,必须由法律、法规和规章设定。规章以下的其他规范性文件只能落实法律、法规和规章设定的权利和义务,而不能直接创设相对人的权利与义务。

第四节 行政相对人身份认定

一、确定行政相对人身份的意义

面对一个组织或个人,确认其是否属于行政相对人,这既是一项费劲的工作,又是一项重要的工作。确认行政相对人身份,其法律意义主要有以下两个方面。

(一)行政行为的合法性

确认行政相对人身份,有助于确认行政行为的合法性。行政主体的行政行为是否合法,是否具有法律效力,受到多种因素的约束。其中一种因素必须考虑,就是行政行为与行政相对人的对应性,即一定的行政行为只能针对一定的行政相对人。例如,驱逐出境的行政行为只适用国外相对人,而不适用国内相对人;而且是个人相对人,而不是组织相对人;行政拘留处罚只能适用个人相对人,而不适用组织相对人。当然,行政行为与行政相对人的对应性有强有弱。当行政行为与行政相对人具有较强的对应性时,如果特定的行政行为没有针对特定的行政相对人,那么该行政行为便会因不合法而影响其效力。

(二)行政诉讼的原告资格

确认行政相对人身份,有助于确认一个组织或个人在行政诉讼中的原告资格。任何一个法律部门,程序法理论必以实体法理论为基础。行政诉讼法理论同样必须以行政实体法理论为基础。如果说,行政诉讼法学中认定被告资格的理论基础是行政法学中有关行政主体的理论,那么,行政诉讼法学中认定原告资格的理论则以行政法学中行政相对人的有关理论为基础。所以,如何确认行政相对人的身份,直接关系到如何认定行政诉讼的原告。

二、认定行政相对人身份的方法

认定行政相对人身份的方法并不复杂,不用看相对人的承担者是谁,而要看它在某一个行政法律关系中,是作为国家行政权力的实施者,还是作为行政权力的被实施者出现。前者是行政主体,后者是相对人。然而,鉴于实践中和认识上的复杂情况,讨论下列四个关系颇有必要。

(一)行政相对人与行政相关人

如前所述,行政相对人是行政行为直接所针对并直接承受行政行为处分效果的当事人,而行政相关人是指它虽然不是行政行为的直接对象,但它与行政行为同样具有利害关系的公民、法人或者其他组织。行政相对人与行政相关人都是行政行为的利害关系人,但前者是直接利害关系人,后者是间接利害关系人。

根据《行政诉讼法》(2017)第25条第1款规定,行政相关人虽然不是行政相对人,但它同样可以成为行政诉讼的原告或者第三人。

(二)行政相对人与法人

法人源于民法上的一个基本概念,系指"具有民事权利能力和民事行为能力,依法独立享有民事权利和承担民事义务的组织"。[20] 在行政相对人与法人的关系上,应掌握以下三点:

1. 法人是行政相对人的一种载体。行政相对人可以由法人担任,也可以由非法人(个人和非法人组织)担任。法人类相对人是行政相对人的一种类别。

2. 法人与行政相对人之间不能画等号。法人并非绝对为行政相对人。法人既能成为行政相对人的载体,同样也能成为民事主体的载体。法人在一定条件下还能成为行政主体的载体,那就是当它得到法律、法规授权的时候。

3. 非法人组织可以非法人为相对人,而法人组织则只能以法人名义为相对人,法人的内部机构不能以相对人身份参与法律关系。

(三)行政相对人与国家机关

国家机关包括国家行政机关和其他国家机关。在行政相对人与国家机关之间的关系上,主要在于明确两点:

1. 国家行政机关是行政主体的主要载体,但它也可以行政相对人的身份出现。当国家行政机关以行政相对人身份出现时,它在行政诉讼中亦可作为原告。

---

〔20〕《民法典》(2020)第57条。

2. 其他国家机关一般不会构成行政法律关系的当事人(行政主体和行政相对人),但当它们从事非职权行为时,亦可成为行政相对人。

(四)行政相对人与国家公务员

传统的行政法学理论总是把公务员置于行政法律关系中的管理一方,因而很难使人们看到行政相对人与国家公务员之间的联系。前面说过,国家公务员具有三种不同的法律身份,即行政人、行政相对人和自然人。国家公务员是行政人的主要载体,但它在一定条件下亦可作为行政相对人。

第五节 疑难问题探讨

一、行政相对人是行政法律关系中的义务人吗?

在行政法律关系中,管理一方的当事人是行政主体,被管理一方的当事人是行政相对人。行政相对人的这种被管理地位,往往使人将“行政相对人”与行政法律关系中的“义务人”等同起来。这是一种理论上的误解。

和民事关系不同,行政相对人的权利与义务是相对于行政主体而言的。具体说,行政相对人的权利是相对于行政主体的义务(行政职责)而言的,行政相对人的义务则是针对行政主体的权力(行政职权)而言。在行政关系中,我们可以说行政主体是管理一方,行政相对人是被管理一方,但不能说行政主体就是权利主体,相对人就是义务主体。无论是行政主体还是相对人,都既有权利也有义务。所以不能说,行政相对人就是行政关系中的义务人。

二、为什么说行政相对人是“相对的”?

我们在讨论行政相对人法律特征时已经提到,行政相对人是“相对”的。这里需要进一步解释,如何理解行政相对人的“相对性”。

公民、法人或者其他组织是行政相对人的载体,但不等于说它们只有相对人一种法律身份。它们同时可能成为另一种法律关系中的民事主体,或者行政主体(有关组织得到法律法规授权时),或者行政人(限于个人)。某一组织,在一个法律关系中是行政相对人,在另外一个关系中就可以是行政主体。这就是行政相对人的“相对性”的含义。

认识行政相对人“相对性”的意义在于,可以有助于我们动态而不是静态地认识行政相对人,从而厘清不同的法律关系。

其实,就行政法律关系的主体而言,不仅行政相对人具有“相对性”,行政主体同样具有“相对性”,这主要表现在行政机关不是绝对的行政主体。

三、公民在行政法上的权利与民法上的权利有区别吗?

从理论上说,公民作为自然人在民法上享有的权利是民事权利,而公民作为行政相对人在行政法上享有的权利则是行政法权利。公民的民事权利是私法上的权利,行政法上的权利属于公法上的权利。

但是一落地到实践,似乎这种理论上的区分就显得毫无意义。譬如说,人身权和财产权是公民的两大基本权利,它既是民事权利,也是行政法权利,我们很难找出民法上的人身权、财产权与行政法上的人身权、财产权之间的差异。一个公民的 1000 元财产权,受到另一个民事主体的不法侵占与受到行政主体的违法没收,对公民来说是一样的被侵害结果。但要承认,民法与行政法对公民权利的保护方法和途径是有所不同的,民法是通过民事诉讼追究侵权人的民事责任来补救当事人的权利的,行政法是通过行政复议和行政诉讼追究行政主体的行政责任补救相对人的权利的。由此说来,与其说公民的民事权利与行政法权利有区别,不如说权利本身无区别,只是民法与行政法对公民权利的保护方式有区别。

当我们以这样的逻辑走下去,在大多数情况下没有问题。但是遇到某些权利好像又发生了问题。在民法中,当事人的大多数权利是可以自由转让和自由处分的,除非法律有特别禁止。某公民获得了房屋的所有权,他可以自己使用,也可以让给别人使用。但在行政法中,公民获得机动车驾照(被行政许可权),他就不得将驾照让与别人使用,否则会受到行政处罚。所以,是否可以说,公民行政法上的权利会比民事权利在处分上受到更多的限制。

公民公法上的权利与私法上的权利,到底是权利本身有区别,还是仅仅就法律的保护方式有区别而已?这是一个尚未全面彻底解决的问题。

四、行政法上的“其他组织”与民法上的“非法人组织”是否相同?

我国不少行政性法律将“行政相对人”表述为“公民、法人或者其他组织”。而《民法典》(2020)表述的是“非法人组织”。行政法上的“其他组织”与民法上的“非法人组织”,是否就是“同一回事”?

确实,我国行政性法律对“相对人”或“当事人”的表述以“公民、法人或者其他组织”为多,如《行政许可法》(2019)第 2 条、《行政处罚法》(2021)第 2 条、《行政强制法》(2011)第 2 条、《行政复议法》(2023)第 2 条、《行政诉讼法》(2017)第 2 条等,这里对第三主体的表述都是“其他组织”。但是《民法典》(2020)第 2 条表达的是“自然人、法人和非法人组织”,将民事主体的第三个主体一律表述为“非法人组织”,并在第一篇第四章对“非法人组织”作了专门规定。可是,《民事诉讼法》对第三主体一直使用“其他组织”。如《民事诉讼法》(2021)第 51 条规定:“公民、法人和其他组织可以作为民事诉讼的当事人。法人由其法定代表人进行诉讼。其他组织由其主要负责人进行诉讼。”

那么,“其他组织”与“非法人组织”的表述是否有区别,特别是在范围上?

我们认为,“其他组织”与“非法人组织”,行政法上的“其他组织”与民法上的“非法人组织”,就主体载体的范围而言,应当是没有区别的,它们仅仅是表述习惯上的差异而已。根据《民法典》(2020)第 102 条和最高人民法院《关于适用〈中华人民共和国民事诉讼法〉的解释》(法释〔2022〕11 号)第 52 条规定,“其他组织”或“非法人组织”,都应当是指合法成立的,有一定的组织机构和财产,但又不具备法人资格的组织,包括:(1)依法登记领取营业执照的个人独资企业;(2)依法登记领取营业执照的合伙企业;(3)依法登记领取我国营业执照的中外合作经营企业、外资企业;(4)依法成立的社会团体的分支机构、代表机构;(5)依法设立并领取营业执照的法人的分支机构;(6)依法设立并领取营业执照的商业银行、政策性银行和非银行金融机构的分支机构;(7)经依法登记领取营业执照的乡镇企业、街道企业;(8)其他符合本条规定条件的组织。

但是,其他组织(非法人组织)在行政关系与民事关系中的法律地位是不同的。作为行政关系主体的其他组织（非法人组织），它一般是作为“行政相对人”身份存在，依法享受行政法权利、承担行政法义务。但当它得到法律法规授权时，它就具有“行政主体”的身份，依法享有行政职权，同时承担行政职责。或者，当它得到行政机关的委托，那它就作为实施行政管理的“行为主体”存在，可以委托方的行政机关的名义实施行政行为，法律效果由委托方的行政机关承受。而作为民事主体的其他组织（非法人组织），它在民事关系中的地位比较固定，就是民事权利的享受者和民事义务的承担者。

本章小结

行政相对人系指在具体的行政法律关系中与行政主体相对应并直接承受行政行为效果的另一方当事人，表现为公民、法人和其他组织。它与行政主体一起构成了行政法主体。

除了我国公民、法人和其他组织，在中国境内的外国人（包括无国籍人）和外国组织也是行政相对人，它们必须服从中国的法律。

行政相对人是指被管理一方的当事人，但它不能被视作单纯的义务人。因为任何主体，在行政法律关系中都既有权利也有义务。

与行政主体、行政人一样，行政相对人也是相对的，不是绝对的。没有某个组织或个人会永恒而无条件地成为行政主体、行政人或行政相对人。它们的法律身份只有被置于具体的某个法律关系之中才能被确定。

行政相对人同样可作不同的分类，如内部行政相对人与外部行政相对人、组织类行政相对人与个人类行政相对人、法人类行政相对人与非法人类行政相对人、国内行政相对人与国外行政相对人。掌握这些分类，对于全面认识和理解行政法学原理是有帮助的。

行政相对人既享有行政法上的权利，也负有行政法上的义务。这种权利与义务的综合体现为相对人的法律地位。行政相对人的行政权利由两部分构成，即基础权利与派生权利。基础权利是指由宪法和法律直接设定给公民、法人或者其他组织的主要权利，如人身权、财产权、政治权、经济权、社会权和文化权等。派生权利是指为形成和保护基础权利而在行政法律关系中延伸的权利，主要包括行政受益权、行政保护权、对行政的参与权、对无效行政行为的抵抗权、行政补偿权、行政赔偿权、纠纷调处权、行政复议和诉讼权等。

行政相对人在享有行政权利的同时，也承担着行政义务，如遵守行政法律秩序、服从行政命令、协助行政管理等。

行政相对人的行政权利和行政义务均是法定的，必须由法律、法规和规章设定。

规范链接

- 《中华人民共和国宪法》（2018）第 32～33、37 条
- 《中华人民共和国民法典》（2020）第 57、65、85、94、102、137～138、141～142、145～146、154、164、170～172 条
- 《中华人民共和国兵役法》（2021）第 5 条
- 《中华人民共和国民办教育促进法》（2018）第 19 条
- 《中华人民共和国商业银行法》（2015）第 29 条
- 《中华人民共和国行政复议法》（2023）第 2 条
- 《中华人民共和国行政诉讼法》（2017）第 25 条

案例讨论

针对市物价管理局的土地管理处罚案

|案 情|

某市物价管理局因办公用房紧张,特向政府主管部门申请扩地15亩扩建办公大楼。经该市计委、经委、城建委批准,领取了城市建设规划许可证。但在建造中,因资金缺乏,便引进某房地产开发公司共同建造。双方商定:由某市物价管理局出地,某房地产开发公司出钱,建房以后,产权证登记在市物价管理局名下,但一半建筑归房地产开发公司使用50年,使用期满后归还该建筑。事后,双方履行了该合同。事中,被土地管理部门查处。某市土地管理局认定某市物价管理局和某房地产开发公司是非法买卖土地,并依据《土地管理法》有关规定,分别对某市物价管理局和某房地产开发公司作出了行政处罚。

该市物价管理局和该市房地产开发公司均对该市土地管理部门的处罚决定不服,于法定期限内向人民法院提起了行政诉讼。市物价管理局提出不服的理由是:它与房地产开发公司的合同,是一个内部合作关系,实为部分建筑的租赁关系,不属于非法买卖土地;再则,市物价管理局属于国家行政机关,行政机关不应当对行政机关作出行政处罚,否则违背《行政处罚法》的精神。房地产开发公司提出不服的理由是:当时某市物价管理局声称一切官方的手续由它办妥,我公司不知这种合作方式违法。

人民法院受理了该案以后,依法进行了审理。

|评 析|

该案所涉其他问题鉴于本章的任务而不作讨论,这里限于评析一家行政机关是否可以另一家行政机关为对象作出行政处罚?处罚以后,被处罚的行政机关可否以原告的身份提起行政诉讼?从行政法理上说,国家行政机关是否也可成为行政相对人?

行政相对人是指在具体的行政法律关系中处于与行政主体相对应的另一方当事人,是行政主体所作行政行为效果的承受者;行政相对人资格的标准是法律、法规和规章为它直接设定行政法上的义务。

在一般情况下,行政机关常常以行政主体的身份出现,而企业事业单位及个人通常以行政相对人的身份出现。但是,行政相对人是相对的,不是绝对的。行政机关在一定条件下也可成为行政相对人。当一家行政机关与另一家行政机关处于法定的管理与被管理关系中时,处于被管理地位的行政机关便是行政相对人。

在本案中,虽然作为原告的物价管理局是国家行政机关,但它也有服从与遵守国家土地管理法规的义务;它违反该义务,也应受到国家土地管理部门的处罚。从行政法理上说,国家行政机关可以成为行政主体,同样也可以成为行政相对人。所以在本案中,某市物价管理局是可以成为被处罚人的,同理,这时的它当然同样可以原告的身份提起行政诉讼。

(该案例由笔者根据现实中的有关事例编纂而成)

复习思考题

1. 什么是行政相对人?它与行政相关人是什么关系?
2. 行政相对人在行政实体法和行政诉讼法中有什么法律地位?
3. 行政相对人是否就是行政义务人?
4. 行政机关也能成为行政相对人吗?

Ⅲ. 职权论

第六章　行政职权(一)

第七章　行政职权(二)

本篇为职权论篇，旨在阐述“行政职权”理论。行政职权是整个行政法学的核心概念。行政主体就是拥有行政职权的主体，行政行为就是实施行政职权的行为，行政违法就是实施行政职权行为违法，行政责任就是行政主体因违法实施行政职权所必须承担的法律后果。本篇分设两章阐述有关行政职权的法理。前一章是从静态角度阐述行政职权的概念和要素，重点解决什么是行政职权，它与其他国家权力是什么关系，它的构成要素是什么。后一章是从动态角度阐述行政职权的产生、转移、代理和合作的制度和理论，重点把握行政职权的设定、授权、委托和协助等职权制度。

第六章　行政职权(一)

行政职权是行政法学的中心概念,是行政法学研究的出发点和落脚点。[1]行政法的使命在于保障行政主体行使行政职权的合法性和正当性。行政职权也是判断行政行为是否合法的第一要件。本章的任务是从“静态”的视角阐述有关行政职权的基本概念和基本理论,重点掌握行政职权、行政权能、行为权能、行政优益权、行政权限、行政职责等基本概念和原理。

第一节　权力与职权法定

一、国家权力与行政权力

国家权力是一种政治权力,通常由一种政治组织和力量通过暴力或和平的方式获得,通过国家机关来实现一种政治意志。作为国家权力,它对内具有强制性,对外具有主权性,不允许外来干涉。在法治化国家,国家权力也是一种法定权力,它必须依法设定,通常以宪法、法律等加以确认和颁布,由政权机关保证其实现。

西方国家多数实行国家权力的分立与制衡。以美国为代表的国家,把国家权力分为立法权、行政权与司法权,分别由国会、总统和法院行使,并相互牵制。以英国为代表的国家,实行议会主权,议会具有至高无上的地位,由它派生出立法权、行政权和司法权。

中国是一个社会主义国家。人民代表大会制度是中国的根本政治制度。我国《宪法》(2018)第2条规定:“中华人民共和国的一切权力属于人民。人民行使国家权力的机关是全国人民代表大会和地方各级人民代表大会。人民依照法律规定,通过各种途径和形式,管理国家事务,管理经济和文化事业,管理社会事务。”在中国宪法体制下,国家权力由立法权、行政权、监察权、审判权、检察权和军事权等组成,并分工合作。

行政权也称行政权力,是国家权力的组成部分。它是宪法和法律设定给行政机关,管理国家经济、教育、科学、文化、卫生、体育事业、城乡建设事业和财政、民政、公安、民族事务、司法行政、计划生育等行政工作的权力。

二、职权法定原则

职权法定原则乃是行政职权制度的灵魂和基础。行政职权的产生和转移无不受到职权法

---

〔1〕 作为“管理法”的行政法国家自不待说,即便是“控权法”的行政法国家,也认为行政法学应当以“行政权力”为研究重心。如美国行政法专家伯纳德·施瓦茨(Bernard Schwartz)指出:“行政法是管理政府行政活动的部门法。它规定行政机关可以行使的权力,确定行使这些权力的原则,对受到行政行为损害者给予法律补偿。”参见[美]伯纳德·施瓦茨:《行政法》,徐炳译,群众出版社1986年版,第1页。

定原则的支配、约束和影响。有的国家还将职权法定原则写进了行政程序法,如葡萄牙《行政程序法》[2]第30条第1款规定:“权限由法律或规章规定,不可放弃且不可转让,但不影响有关授权及代任的规定。”[3]

职权是归属于国家公权的范畴,它的产生规则从“神定”“人定”走向“法定”,乃是人类文明的结果。职权法定是现代法治的基本要求,同时构成现代公法的基本原则。

职权法定原则以宪法所确立的法治原则为基础并为我国宪法和有关法律所蕴含和体现。《宪法》第5条确立了我国的法治原则,它规定:“中华人民共和国实行依法治国,建设社会主义法治国家。国家维护社会主义法制的统一和尊严。一切法律、行政法规和地方性法规都不得同宪法相抵触。一切国家机关和武装力量、各政党和各社会团体、各企业事业组织都必须遵守宪法和法律。一切违反宪法和法律的行为,必须予以追究。任何组织或者个人都不得有超越宪法和法律的特权。”《宪法》(2018)第85条明确了国务院的法律地位,它是最高国家权力机关的执行机关;第89条列明了国务院的18项职权,体现了国务院职权的法定化。《宪法》(2018)第107条第1款规定:“县级以上地方各级人民政府依照法律规定的权限,管理本行政区域内的经济、教育、科学、文化、卫生、体育事业、城乡建设事业和财政、民政、公安、民族事务、司法行政、计划生育等行政工作,发布决定和命令,任免、培训、考核和奖惩行政工作人员。”第115条又规定:“自治区、自治州、自治县的自治机关行使宪法第三章第五节规定的地方国家机关的职权,同时依照宪法、民族区域自治法和其他法律规定的权限行使自治权,根据本地方实际情况贯彻执行国家的法律、政策。”这里“依照法律规定”和“依照宪法、民族区域自治法和其他法律规定”,都表明行政职权和权限必须由宪法和法律直接规定。《地方各级人民代表大会和地方各级人民政府组织法》(2022)进一步具体化,第73条确立了县级以上的地方各级人民政府的11项职权;第76条又规定了乡镇级政府的7项职权。我国《立法法》(2023)第11条第2项将人民政府的职权与人民代表大会、监察委员会、人民法院和人民检察院的职权一并纳入法律保留范围。这意味着,关于人民政府的职权必须由法律设定,其他法规和规章不得设定人民政府的行政职权。

职权法定原则的基本含义,一般是就职权的产生而言,不涉其他。但是,在中国的行政法理论中,有时常被用于广义,涉及产生、流转和行使三个领域。这种意义上的职权法定原则是指:行政职权由法律设定,行政职权通过法或者依据法律得以流转,行政职权必须依法行使。

第二节　行政职权基本概念

一、行政职权的概念和特征

行政职权是国家行政权的转化形式。国家行政权落实到具体的行政机关身上便转化为具体的行政职权。因此,行政职权是国家行政权的具体化。

---

[2] 1991年11月15日颁布,经1996年1月31日修改。

[3] 中国澳门特别行政区在法律制度上由于受葡萄牙的影响,其1999年制定的《行政程序法典》(1999年法令第57/99/M号,于公布日之后满30日后开始生效)第31条第1款作了同样的规定:“权限系由法律或规章规定,不可放弃且不可转让,但不影响有关授权及代任之规定之适用。”

从行政法学意义上说,行政职权,是指行政主体管理国家事务和社会事务,对公民、法人或者其他组织发生法律影响的权能。行政职权具有以下法律特征:

1. 法定性。任何一个组织的行政职权都是依法设定的,而不是自我设定的。换句话说,行政主体拥有行政职权必须通过合法途径获得,否则行政职权便不能成立。行政主体取得行政职权有三种合法途径:设定、授权和委托。

2. 国家意志性。行政职权是国家意志的体现,而不是某一行政机关或公务员个人意志的体现。虽然在行政职权的行使中可能被行政职权的实施者参与一定的个人意志,但行政职权本身的内容始终是国家意志的体现。正因如此,行政职权的行使以国家强制力为保障;也正因为这样,行政职权违法所引起的是国家赔偿而不是个人赔偿。

3. 专属性。行政职权的归属,在主体上具有专属性。行政职权只属于行政主体,相对人不具有行政职权。

4. 支配性。行政职权表现为行政主体对行政相对人具有一定的支配力;行政职权的支配力又表现为它所制定的规范对相对人具有约束力,通过各种行政行为可以为相对人设定义务、形成和处分权利。

5. 不可处分性。行政职权与民事权利不同,它具有不可处分性,即不能任意转让、放弃、赠与等。行政职权被依法设定后,不得随意授权和委托。

6. 优益性。任何组织和个人,当它行使行政职权时,均依法享有行政优先权和行政受益权。在任何一个行政法律关系中,实施行政职权的主体,相对于行政相对人而言,均处于优益的法律地位,这是基于公共利益的需要。

二、行政职权的结构

行政职权是个多维结构。以下是几个层面的考察。

(一)行政主管权、行政管辖权、行政决定权

行政职权是行政主管权、行政管辖权、行政决定权的组合。任何一项行政职权,都会涉及它的主管范围、管辖范围和决定范围。行政主管、行政管辖和行政决定,是行政职权的三大内容要素。行政职权是通过行政主管权、行政管辖权和行政决定权体现出来的。

行政主管,系指由宪法和法律所划定的行政主体对某类事项所拥有的管理范围。简单地说,主管权就是对事权的支配范围。它旨在解决行政机关与权力机关、监察机关、司法机关、军事机关等其他国家机关之间的权力划分。

行政管辖,系指行政主体对某一行政事项依法所拥有的专有管理范围。如果说行政主管旨在解决行政主体与其他主体、国家行政权与其他国家权力之间的分工,那么,行政管辖则在于解决行政机关之间的权力分工,决定某一行政事项由哪一地和哪一级的行政机关处理。和诉讼管辖一样,行政管辖同样包括地域管辖、级别管辖和专属管辖。

行政决定,则是行政职权的第三个内容要素。从行政行为过程考察,行政行为一般经历"行政调查—行政决定—对决定的执行"三个阶段,尽管它可能由一个行政机关完成,也可能由几个行政机关完成。这种意义上的行政决定是狭义的,它排除了为形成决定提供服务的行政调查和对生效行政决定的强制执行。但是,由于这里的"行政决定"是指行政主体针对行政法律关系形成、变更、消灭所作的意思表示。因此,这里的行政决定权应当作广义理解,特指行政

主体依法作出某种行政行为的权力,表现为作出行政许可决定、行政处罚决定、行政征收征用决定等一切意思表示的权力。(见图 6－1)

图 6－1　行政职权

虽然行政主管权、行政管辖权、行政决定权共同构成了行政职权,但三者并非并列关系。行政主管权和行政管辖权只是解决国家机关或行政机关之间的管理分工问题,并未对相对人权利和义务直接作出处分。它们是行政决定权的前提,无此前提,行政决定不可能发生。行政决定权是整个行政职权的核心,它与行政相对人直接发生关系,直接处分了相对人的权利与义务。行政主管权、行政管辖权是回答和解决由谁处理的问题,而行政决定权是回答和解决谁如何处理的问题;超越行政主管权、行政管辖权是行政越权行为,而超越行政决定权乃会导致多种违法,特别是适用法律错误。当然,习惯上我们所述的行政职权往往是指行政决定权,即指某行政主体可以作出行政处罚、行政许可、行政给付和行政裁决等决定的权力。

(二)行政权能与行为权能

民法学上民事主体的民事权利有权利能力与行为能力之说,行政法学上行政主体的行政职权也有行政权能与行为权能之说。但是,行政权能与行为权能主要体现在行政决定权之中。(见图 6－2)

图 6－2　行政决定权

行政权能,系指行政主体基于设定和授权而形成的可以以自己的名义作出行政决定,并由自己为该行为承担责任的法律资格。公安机关依据《治安管理处罚法》可以直接对当事人作出有关治安处罚,就意味着公安机关拥有治安处罚的行政权能。

行为权能,系指行为主体基于行政委托而产生的以委托方的行政主体名义作出行政决定,其行为后果由它所代理的行政主体承担的法律资格。例如,依据《国有土地上房屋征收与补偿条例》(2011)第 5 条[4]规定,房屋征收部门可以委托房屋征收实施单位,承担房屋征收与补偿的具体工作。基于这一委托关系,房屋征收实施单位便拥有了实施房屋征收的行为权能,但它不具有行政权能。

如果说行政权能旨在解决一个主体的权力能力问题,那么,行为权能旨在解决一个主体的行为能力问题。相应地,行政权能决定了行政主体的归属,行为权能决定了行为主体的归属。这是说,如果一个组织只有行政权能但没有行为权能,它依然可以成为行政主体;但相反,如果

[4] 《国有土地上房屋征收与补偿条例》(2011)第 5 条规定:"房屋征收部门可以委托房屋征收实施单位,承担房屋征收与补偿的具体工作。房屋征收实施单位不得以营利为目的。"

一个组织只有行为权能但没有行政权能,那么,它充其量只能成为行为主体而不能成为行政主体。可以简单地说,行政权能决定了行政主体,行为权能只能决定行为主体。行政主体与行为主体之间最大的区别是:行政主体以自己的名义实施行政行为并承受该行为的法律后果,在行政诉讼中作为独立的当事人(被告),而行为主体是以别人(委托人)的名义实施行政行为并由别人承受该行为的法律后果,在行政诉讼中不能作为诉讼被告(在一定条件下可以成为第三人)。

一般情况下,一个拥有行政职权的主体,它往往既拥有行政权能,又拥有行为权能。或者说,拥有行政权能的组织,同时也拥有行为权能,行政权能与行为权能往往统一于一个行政职权主体之中。但在行政委托关系中,行为权能便与行政权能相分离。作为委托方的行政主体所拥有的是行政权能,作为代理方的行为主体所拥有的是行为权能。(见图6-3)

图6-3　行政职权

(三)行政职权的标的:行政事项

行政职权的标的,是指行政职权所作用的对象,即行政事项。从行政事项的角度确立和划分职权,往往被称作"事权"。事权是所有职权划分的基础。行政事项作为国家划分行政职权的考量因素,它由三个要素构成:主体、行为和事务。(见图6-4)

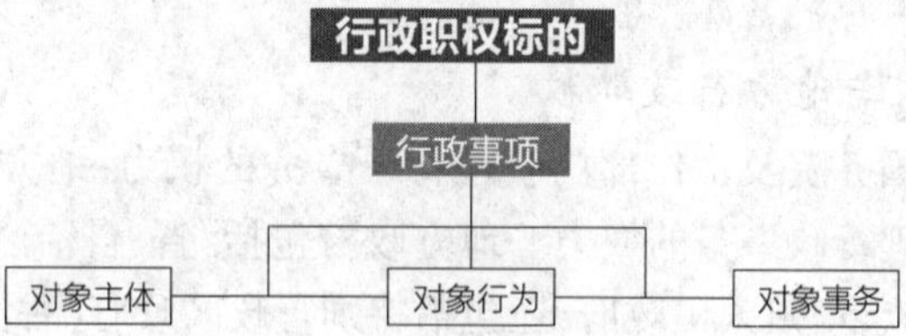

图6-4　行政职权标的

主体,系指作为行政职权作用对象的主体,包括公民、法人或者其他组织。行政职权的对象主体可以等同于行政相对人。国家某些行政职权的设立和权限划定是以对象主体为标准的。例如,中华全国妇女联合会和地方各级妇女联合会依照法律授权和中华全国妇女联合会章程规定,行使有关旨在维护各族各界妇女的利益的职权,就以"妇女"为对象主体。[5] 同样,中国残疾人联合会及其地方组织依照法律、法规、章程规定或者接受政府委托,开展残疾人工作,动员社会力量,发展残疾人事业,为此所体现的部门行政职权,也以对象主体"残疾人"

---

〔5〕《妇女权益保障法》(2018)第7条规定:"中华全国妇女联合会和地方各级妇女联合会依照法律和中华全国妇女联合会章程,代表和维护各族各界妇女的利益,做好维护妇女权益的工作。工会、共产主义青年团,应当在各自的工作范围内,做好维护妇女权益的工作。"

为限。[6]

行为,系指作为行政职权作用对象的行为,也就是指行政相对人的行为。同样,国家有的行政职权的设立和权限划定是以对象行为为标准的。例如,政府建设行政主管部门依据《建筑法》(2019)及相关法的规定,对有关组织和个人的建筑活动[7]行使监督管理职权,包括建筑许可、建筑安全生产管理、建筑工程质量管理、对违反建筑管理行为进行处罚等,就是以特定的对象行为"建筑行为"为标准的。

事务,系指作为行政职权作用对象的事务,如外交、税务、交通等事务。我国有些行政职权的设立和权限划定是以对象事务为标准的。例如,根据《税收征收管理法》(2015)规定,[8]税收的征收管理权归属于税务机关,而这一职权的确立便是以对象事务"税收征收"为标准的。

(四)行政决定权的结构

行政决定权是行政主体通过行政行为直接影响特定行政相对人,以相对人的权利、义务为内容直接形成、变更或消灭某种行政法律关系的权力。这种权力总是通过行政行为表现出来。具体包括行政命令权、行政证明权、行政确认权、行政给付权、行政裁决权、行政许可权、行政处罚权、行政强制权、行政征收和行政征用权等。而这些职权,都体现为行政主体的行政权能和行为权能。

三、行政职权的分类

以上关于行政职权的结构,其实也是一种分类研究。行政职权结构也可决定行政职权类型,如行政主管权、行政管辖权、行政决定权;行政权能与行为权能;主体的事权、行为的事权、事务的事权;等等。这里对行政职权的分类,是在职权结构分析的基础上,补充其他的分类形式。

(一)中央行政职权与地方行政职权

中央行政职权是指国务院及工作部门管理行政事务的权力;地方行政职权是指地方各级人民政府及工作部门管理行政事务的权力。地方政府包括:省、自治区、直辖市、自治州、县、自治县、市、市辖区、乡、民族乡、镇人民政府,还包括特别行政区政府(香港和澳门)。

中央行政职权与地方行政职权的划分属于宪法关系,即原则上得由宪法和宪法性法律直

---

[6] 《残疾人保障法》(2018)第8条第2款规定:"中国残疾人联合会及其地方组织依照法律、法规、章程或者接受政府委托,开展残疾人工作,动员社会力量,发展残疾人事业。"

[7] 这是指各类房屋建筑及其附属设施的建造和与其配套的线路、管道、设备的安装活动。

[8] 《税收征收管理法》(2015)第5条规定:"国务院税务主管部门主管全国税收征收管理工作。各地国家税务局和地方税务局应当按照国务院规定的税收征收管理范围分别进行征收管理。地方各级人民政府应当依法加强对本行政区域内税收征收管理工作的领导或者协调,支持税务机关依法执行职务,依照法定税率计算税额,依法征收税款。各有关部门和单位应当支持、协助税务机关依法执行职务。税务机关依法执行职务,任何单位和个人不得阻挠。"

接规定。我国《宪法》(2018)第 89 条[9]规定了国务院的 18 项职权,第 107 条[10]规定了地方人民政府的职权。在此基础上,《地方各级人民代表大会和地方各级人民政府组织法》(2022)进一步具体化,第 73 条[11]确立了县级以上的地方各级人民政府的 11 项职权;第 76 条[12]又规定了乡级政府的 7 项职权。

另外,根据《中共中央关于全面深化改革若干重大问题的决定》(2013),国防、外交、国家安全、关系全国统一市场规则和管理等作为中央事权;部分社会保障、跨区域重大项目建设维护

---

[9] 《宪法》(2018)第 89 条规定:"国务院行使下列职权:(一)根据宪法和法律,规定行政措施,制定行政法规,发布决定和命令;(二)向全国人民代表大会或者全国人民代表大会常务委员会提出议案;(三)规定各部和各委员会的任务和职责,统一领导各部和各委员会的工作,并且领导不属于各部和各委员会的全国性的行政工作;(四)统一领导全国地方各级国家行政机关的工作,规定中央和省、自治区、直辖市的国家行政机关的职权的具体划分;(五)编制和执行国民经济和社会发展计划和国家预算;(六)领导和管理经济工作和城乡建设、生态文明建设;(七)领导和管理教育、科学、文化、卫生、体育和计划生育工作;(八)领导和管理民政、公安、司法行政等工作;(九)管理对外事务,同外国缔结条约和协定;(十)领导和管理国防建设事业;(十一)领导和管理民族事务,保障少数民族的平等权利和民族自治地方的自治权利;(十二)保护华侨的正当的权利和利益,保护归侨和侨眷的合法的权利和利益;(十三)改变或者撤销各部、各委员会发布的不适当的命令、指示和规章;(十四)改变或者撤销地方各级国家行政机关的不适当的决定和命令;(十五)批准省、自治区、直辖市的区域划分,批准自治州、县、自治县、市的建置和区域划分;(十六)依照法律规定决定省、自治区、直辖市的范围内部分地区进入紧急状态;(十七)审定行政机构的编制,依照法律规定任免、培训、考核和奖惩行政人员;(十八)全国人民代表大会和全国人民代表大会常务委员会授予的其他职权。"

[10] 《宪法》(2018)第 107 条规定:"县级以上地方各级人民政府依照法律规定的权限,管理本行政区域内的经济、教育、科学、文化、卫生、体育事业、城乡建设事业和财政、民政、公安、民族事务、司法行政、计划生育等行政工作,发布决定和命令,任免、培训、考核和奖惩行政工作人员。乡、民族乡、镇的人民政府执行本级人民代表大会的决议和上级国家行政机关的决定和命令,管理本行政区域内的行政工作。省、直辖市的人民政府决定乡、民族乡、镇的建置和区域划分。"

[11] 《地方各级人民代表大会和地方各级人民政府组织法》(2022)第 73 条规定:"县级以上的地方各级人民政府行使下列职权:(一)执行本级人民代表大会及其常务委员会的决议,以及上级国家行政机关的决定和命令,规定行政措施,发布决定和命令;(二)领导所属各工作部门和下级人民政府的工作;(三)改变或者撤销所属各工作部门的不适当的命令、指示和下级人民政府的不适当的决定、命令;(四)依照法律的规定任免、培训、考核和奖惩国家行政机关工作人员;(五)编制和执行国民经济和社会发展规划纲要、计划和预算,管理本行政区域内的经济、教育、科学、文化、卫生、体育、城乡建设等事业和生态环境保护、自然资源、财政、民政、社会保障、公安、民族事务、司法行政、人口与计划生育等行政工作;(六)保护社会主义的全民所有的财产和劳动群众集体所有的财产,保护公民私人所有的合法财产,维护社会秩序,保障公民的人身权利、民主权利和其他权利;(七)履行国有资产管理职责;(八)保护各种经济组织的合法权益;(九)铸牢中华民族共同体意识,促进各民族广泛交往交流交融,保障少数民族的合法权利和利益,保障少数民族保持或者改革自己的风俗习惯的自由,帮助本行政区域内的民族自治地方依照宪法和法律实行区域自治,帮助各少数民族发展政治、经济和文化的建设事业;(十)保障宪法和法律赋予妇女的男女平等、同工同酬和婚姻自由等各项权利;(十一)办理上级国家行政机关交办的其他事项。"

[12] 《地方各级人民代表大会和地方各级人民政府组织法》(2022)第 76 条规定:"乡、民族乡、镇的人民政府行使下列职权:(一)执行本级人民代表大会的决议和上级国家行政机关的决定和命令,发布决定和命令;(二)执行本行政区域内的经济和社会发展计划、预算,管理本行政区域内的经济、教育、科学、文化、卫生、体育等事业和生态环境保护、财政、民政、社会保障、公安、司法行政、人口与计划生育等行政工作;(三)保护社会主义的全民所有的财产和劳动群众集体所有的财产,保护公民私人所有的合法财产,维护社会秩序,保障公民的人身权利、民主权利和其他权利;(四)保护各种经济组织的合法权益;(五)铸牢中华民族共同体意识,促进各民族广泛交往交流交融,保障少数民族的合法权利和利益,保障少数民族保持或者改革自己的风俗习惯的自由;(六)保障宪法和法律赋予妇女的男女平等、同工同酬和婚姻自由等各项权利;(七)办理上级人民政府交办的其他事项。"

等作为中央和地方共同事权;区域性公共服务作为地方事权。[13]

2016 年,国务院推出了《关于推进中央与地方财政事权与支出责任划分改革的指导意见》(国发〔2016〕49 号),通过对财政事权的划分推进了对行政事权的科学划分。

中央行政职权与地方行政职权划分的意义在于:地方政府行使中央事权会构成行政越权。

(二)政府职权与部门职权

按宪法和地方组织法所设置的行政机构体系是,我国的行政机关是由各级人民政府及所属工作部门组成。各级人民政府依次为:(1)国务院;(2)省、直辖市、自治区人民政府;(3)县、市、市辖区、自治州、自治县人民政府;(4)乡、民族乡、镇人民政府。国务院的部、委和直属机构属于国务院的工作部门;厅局属于省级人民政府的工作部门……县级以上的人民政府都有工作部门。

各级人民政府的职权由宪法和地方组织法设定。《宪法》(2018)第 89 条对国务院所规定的 18 项职权和《地方各级人民代表大会和地方各级人民政府组织法》(2022)第 73 条对县级以上的地方各级人民政府所规定的 11 项职权,都属于政府职权。

人民政府职能部门的职权由宪法和宪法性法律以及其他管理性法律作出规定。《宪法》(2018)第 90 条和第 91 条[14]规定了各部、各委员会的职权,特别是国家审计机关的职权。《地方各级人民代表大会和地方各级人民政府组织法》(2022)第 83 条[15]规定了地方政府工作部门的法律地位。另外,一些专门领域的管理性法律,也对人民政府职能部门的特定职权作出规定,如《土地管理法》(2019)第 74 条[16]将某些对违反土地管理行为的处罚权设定给"县级以上人民政府自然资源主管部门"。

政府职权与部门职权的分类意义在于:它为研讨政府是否有权行使部门职权、上级政府工作部门是否有权行使下级政府工作部门职权,提供了概念基础。

---

〔13〕《中共中央关于全面深化改革若干重大问题的决定》(2013 年 11 月 12 日中国共产党第十八届中央委员会第三次全体会议通过)指出:"建立事权和支出责任相适应的制度。适度加强中央事权和支出责任,国防、外交、国家安全、关系全国统一市场规则和管理等作为中央事权;部分社会保障、跨区域重大项目建设维护等作为中央和地方共同事权,逐步理顺事权关系;区域性公共服务作为地方事权。中央和地方按照事权划分相应承担和分担支出责任。中央可通过安排转移支付将部分事权支出责任委托地方承担。对于跨区域且对其他地区影响较大的公共服务,中央通过转移支付承担一部分地方事权支出责任。保持现有中央和地方财力格局总体稳定,结合税制改革,考虑税种属性,进一步理顺中央和地方收入划分。"

〔14〕《宪法》(2018)第 90 条规定:"国务院各部部长、各委员会主任负责本部门的工作;召集和主持部务会议或者委员会会议、委务会议,讨论决定本部门工作的重大问题。各部、各委员会根据法律和国务院的行政法规、决定、命令,在本部门的权限内,发布命令、指示和规章。"第 91 条又规定:"国务院设立审计机关,对国务院各部门和地方各级政府的财政收支,对国家的财政金融机构和企业事业组织的财务收支,进行审计监督。审计机关在国务院总理领导下,依照法律规定独立行使审计监督权,不受其他行政机关、社会团体和个人的干涉。"

〔15〕《地方各级人民代表大会和地方各级人民政府组织法》(2022)第 83 条规定:"省、自治区、直辖市的人民政府的各工作部门受人民政府统一领导,并且依照法律或者行政法规的规定受国务院主管部门的业务指导或者领导。自治州、县、自治县、市、市辖区的人民政府的各工作部门受人民政府统一领导,并且依照法律或者行政法规的规定受上级人民政府主管部门的业务指导或者领导。"

〔16〕该条规定:"买卖或者以其他形式非法转让土地的,由县级以上人民政府自然资源主管部门没收违法所得;对违反土地利用总体规划擅自将农用地改为建设用地的,限期拆除在非法转让的土地上新建的建筑物和其他设施,恢复土地原状,对符合土地利用总体规划的,没收在非法转让的土地上新建的建筑物和其他设施;可以并处罚款;对直接负责的主管人员和其他直接责任人员,依法给予处分;构成犯罪的,依法追究刑事责任。"

（三）设定职权、授予职权和委托职权

行政职权的来源[17]有三种方式：一是法律授权，也可称法的设定；二是行政授权；三是行政委托。据此，依据职权的来源方式，就可将行政职权划分为：(1)基于法律授权而产生的职权（设定职权）；(2)基于行政授权而产生的职权（授让职权）；(3)基于行政委托而产生的职权（委托职权）。这种职权分类的意义在于：

1. 有助于我们把握职权来源的合法性和有效性。对于设定职权，要注意把握“设定法”是否够格。例如，根据《行政处罚法》的有关规定，对于罚款权，行政规章也可设定；但对于行政机关的行政强制执行权，根据《行政强制法》的有关规定，必须由法律设定。对于授让职权，要注意把握“授权法”是否够格。根据中国现行制度的惯例，“授权法”一般被限于法律、法规，规章不得授权。关于委托职权，不是直接依据“设定法”或者“授权法”产生，而是基于行政委托关系产生，当然，这并不排斥有关行政机关实施行政委托必须有法的明文许可。

2. 有助于我们把握不同职权在内容上的差异性。虽然行政职权可以基于法律授权、行政授权和行政委托而产生，但是由这三种途径产生的行政职权之间在性质上和内容上是有差异的：经法律授权和行政授权所产生的行政职权，是包括行政权能与行为权能在内的，具有行政职权的完整性；而经行政委托产生的行政职权，只限于行为权能，无以形成行政权能。

（四）类别职权与事项职权

行政职权首先表现为某一行政机关所主管的工作类别，但这些不同类别的工作又是通过具体的行为去体现和落实的。例如，《宪法》(2018)第107条第1款规定：“县级以上地方各级人民政府依照法律规定的权限，管理本行政区域内的经济、教育、科学、文化、卫生、体育事业、城乡建设事业和财政、民政、公安、民族事务、司法行政、计划生育等行政工作，发布决定和命令，任免、培训、考核和奖惩行政工作人员。”根据该款规定，县级以上地方各级人民政府所拥有的对经济、教育、科学、文化、卫生等领域的管理权，这类行政职权就属于类别职权。但《宪法》(2018)第107条第3款规定：“省、直辖市的人民政府决定乡、民族乡、镇的建置和区域划分。”这类权力属于事项职权。

又如，《国有土地上房屋征收与补偿条例》(2011)第4条规定：“市、县级人民政府负责本行政区域的房屋征收与补偿工作。市、县级人民政府确定的房屋征收部门（以下称房屋征收部门）组织实施本行政区域的房屋征收与补偿工作。市、县级人民政府有关部门应当依照本条例的规定和本级人民政府规定的职责分工，互相配合，保障房屋征收与补偿工作的顺利进行。”这里所表述的都是类别职权。但该条例第26条第1款规定：“房屋征收部门与被征收人在征收补偿方案确定的签约期限内达不成补偿协议，或者被征收房屋所有权人不明确的，由房屋征收部门报请作出房屋征收决定的市、县级人民政府依照本条例的规定，按照征收补偿方案作出补偿决定，并在房屋征收范围内予以公告。”这就属于对事项职权的表述。

应当说，类别职权，系指行政机关依法所拥有的某一类管理权，它是行政主管权和行政管辖权的反映；事项职权，系指行政机关依法所拥有的对某一类事项的处理权，这是行政决定权的反映。

类别职权与事项职权的分类与以下规则相关：(1)类别职权主要是解决行政主体资格问

---

〔17〕　有关行政职权的来源，详见本书第七章“行政职权(二)”。

题,而事项职权主要是解决行政权限问题;(2)类别职权主要由宪法、组织法和有关法律规定,事项职权主要由具体管理法规作出规定;(3)法律授权可以适用类别职权和事项职权,但行政授权与行政委托主要适用事项职权;(4)事项职权必须以类别职权为基础并服从类别职权。行政授权和行政委托不得超越类别职权范围。

(五)一般职权与专属职权

这是基于行政职权实施者的专有性而作的一种分类。如果一种职权纵向具有覆盖性,横向不具有排他性,那么它就是一般职权。所谓纵向的覆盖性,系指同类机关的上下级之间都拥有该类职权,而且在权限上,下级拥有的权限上级必然有,上级拥有的权限下级未必有;所谓横向不具有排他性,系指不同地域的同类机关之间不排斥同类职权。如治安管理权,市县公安局、省公安厅和公安部之间具有覆盖性;一个省的公安厅所拥有的治安管理权并不排斥另一个省的公安厅同样拥有治安管理权。因此,治安管理权属于一般职权。相反,如果一种职权纵向不具有覆盖性,横向具有排他性,那么它就是专属职权。由《行政处罚法》(2021)所规定的公安机关专属行使的限制人身自由的行政处罚权[18],由《商标法》(2019)所设定的商标评审委员会对商标争议的裁决权[19]等,都属于不可逾越的专属职权。

一般职权与专属职权的分类理论,将构成行政权限和行政越权理论的基础。

(六)明示职权与隐含职权

这是基于行政职权的表示方式所作的一种分类。明示职权系指行政主体所拥有的并为法所明文列示的行政职权。如公安机关的行政拘留权,它为《治安管理处罚法》所明示。隐含职权[20]系指虽无法规明文列示,但基于它与前项明示职权的逻辑关系和包含关系,为行政主体所实际拥有的行政职权。例如,一个行政主体若有行政强制执行的明示职权,那么它必然拥有中止强制执行的隐含职权;一个行政机关拥有行政处罚的明示权,那么它必然同时拥有责令被处罚者纠正其违法行为的隐含职权。[21]

由于明示职权与隐含职权之间客观上存在一种不可分离的逻辑关系,所以当一个行政主体拥有某种明示职权时,它必然同时拥有一定的被前项职权所包含的隐含职权。可在实际执法中,人们只注意明示职权,而忽视隐含职权,这对行政主体最有效地发挥管理职能是不利的。从明示职权到隐含职权,表明人们对行政职权的认识进入到更深的层次。[22]

(七)行政羁束权与行政裁量权

行政职权从一定的意义上说,是行政主体依据事实与法律,针对管辖事务所作的一种裁量,而裁量有羁束裁量和自由裁量之分。据此,便出现了羁束裁量权(也称行政羁束权)与自由

---

〔18〕《行政处罚法》(2021)第18条第3款规定:“限制人身自由的行政处罚权只能由公安机关和法律规定的其他机关行使。”

〔19〕《商标法》(2019)第2条第2款规定:“国务院工商行政管理部门设立商标评审委员会,负责处理商标争议事宜。”

〔20〕也有称“默示授权”或者“附带权力”者。

〔21〕《行政处罚法》制定之后,责令当事人纠正违法也不再是行政处罚机关的隐含职权。无论是1996年制定的《行政处罚法》,还是2021年修订的《行政处罚法》,都规定行政处罚机关具有责任当事人纠正违法的权力与责任。

〔22〕在“张某春诉湖北省当阳市规划行政管理及行政赔偿案”中,宜昌市中级人民法院成功地引用了“附带权力”的理论,认为城规部门进入住宅是对住宅建设检查权中的附带权力。参见《宜昌市中级人民法院行政赔偿判决书》(〔2007〕宜中行字终字第26号)。转引自何海波:《行政诉讼法》,法律出版社2011年版,第254页。

裁量权(行政裁量权)的分类。

行政羁束权系指在法对具体事务的决定有明确严格规定的条件下,行政主体毫无选择余地地作出特定行政行为的权力。如《个人所得税法》(2018)第3条规定:"个人所得税的税率:(一)综合所得,适用百分之三至百分之四十五的超额累进税率(税率表附后);(二)经营所得,适用百分之五至百分之三十五的超额累进税率(税率表附后);(三)利息、股息、红利所得,财产租赁所得,财产转让所得和偶然所得,适用比例税率,税率为百分之二十。"税务机关征收个人所得税,便是行政羁束权,因为税务机关没有选择的余地。

相反,在法对某种行政行为没有明确严格规定的条件下,或虽有明确规定,但保留了行政行为的一定幅度,行政主体据此在一定幅度内自由决意作出某种行政行为的职权,便是行政自由裁量权。如《治安管理处罚法》(2012)第23条〔23〕规定,对扰乱公共秩序的行为,可处警告或者200元以下罚款;情节较重的,处5日以上10日以下拘留,可以并处500元以下罚款。这里,公安机关在5～10日的拘留幅度内决定几日的拘留,便是行政裁量权的例证。

行政羁束权主要涉及合法性问题,行政裁量权则主要涉及合理性问题。行政合法性原则主要适用羁束裁量权,行政合理性原则主要适用自由裁量权;羁束裁量权违反合法性原则构成行政违法,自由裁量权违反合理性原则构成行政不当。但现代行政法认为,自由裁量权在下述两种情况下同样会构成行政违法:(1)超越自由裁量权限;(2)滥用自由裁量权。

(八)平常权力与紧急权力

行政职权还可分为平常权力与紧急权力。

紧急权力是指有关行政机关,在应急状态中为应对突发事件,或者在紧急状态、战争状态中,依据宪法和有关法律所采取有关措施的权力。〔24〕紧急权力之外的就是平常权力。

平常权力与紧急权力的划分有助于我们在理论上明确这几点:(1)平常权力作为行政职权,受行政法的规制,但紧急权力并不全属于行政职权的范畴,并不全受行政法的调整;(2)紧急权力中政府机关在应急状态中对突发事件的处置权,属于行政职权,属于行政法调整范围,但它应当属于特别行政法调整;(3)有关机关在紧急状态和战争状态中的紧急权力,不属于行政职权,而属于国家的特别权力,它不受行政法调整,而受宪法和有关法律支配。

---

〔23〕该条规定:"有下列行为之一的,处警告或者二百元以下罚款;情节较重的,处五日以上十日以下拘留,可以并处五百元以下罚款:(一)扰乱机关、团体、企业、事业单位秩序,致使工作、生产、营业、医疗、教学、科研不能正常进行,尚未造成严重损失的;(二)扰乱车站、港口、码头、机场、商场、公园、展览馆或者其他公共场所秩序的;(三)扰乱公共汽车、电车、火车、船舶、航空器或者其他公共交通工具上的秩序的;(四)非法拦截或者强登、扒乘机动车、船舶、航空器以及其他交通工具,影响交通工具正常行驶的;(五)破坏依法进行的选举秩序的。聚众实施前款行为的,对首要分子处十日以上十五日以下拘留,可以并处一千元以下罚款。"

〔24〕这里的"突发事件",是指突然发生,造成或者可能造成重大人员伤亡、财产损失、生态环境破坏和严重社会危害,危及公共安全的紧急事件。它包括自然灾害、事故灾难、公共卫生事件和社会安全事件。这里的"应急状态",是指根据《突发事件应对法》(2007),国务院和县级以上地方各级人民政府针对所发生的突发事件所确定宣布的状态;"紧急状态",是指发生或者即将发生特别重大突发事件,需要国家机关行使紧急权力予以控制、消除其社会危害和威胁时,有关国家机关按照宪法、法律规定的权限决定并宣布局部地区或者全国实行的一种临时性的严重危急状态。紧急状态涵盖的范围很广,包括战争、骚乱、动乱、叛乱、恐怖袭击、重大自然灾害、重大技术事故、重大公共安全事件。全国或者个别省、自治区、直辖市进入紧急状态,由全国人民代表大会常务委员会决定,国家主席宣布;省、自治区、直辖市的范围内部分地区进入紧急状态,由国务院决定和宣布;"战争状态",是指当国家安全受到国外军事严重威胁时,将军队处于最高级的备战准备,并向全国发布战争动员令的一种战斗紧张形势。战争状态由全国人大及其常委会决定,国家主席宣布。

第三节 行政优益权

一、行政职权与行政优益权的关系

行政优益权是与行政职权相伴随的一种行政法上的权利。为保障国家行政职权的有效行使,国家赋予行政主体及行政人职务上和物质上的优益条件。行政主体及其行政人依法享受这些优益条件的资格便是行政优益权。行政优益权由行政优先权和行政受益权构成。前者为职务上的优益权,后者为物质上的优益权。如图6-5所示:

图6-5 行政优益权

行政优益权虽然不属于行政职权,但它与行政职权密切相关。行政优益权以行政职权为基础的,无行政职权的主体便无行政优益权;行政优益权是为行政职权服务的,它是行政职权的保障条件。

但是,行政职权与行政优益权完全是两种不同的权力范畴。它们之间的区别主要在于:(1)主体不同。行政职权的主体就是行政主体,因而它只归属于组织而不归属于个人,但享受行政优益权的主体可以是行政主体(组织),也可以是行政人(个人)。(2)处分性程度不同。行政主体对行政职权是不能放弃的,否则便是行政失职,而行政主体及行政人可以放弃行政优益权(如某执行公务的车辆放弃优先通过权),只要不影响行政职权的有效行使。

二、行政优先权

如前所述,行政优益权由行政优先权和行政受益权构成。如果说前者是一种职务上的优益条件,那么后者是一种物质上的优益条件。

行政优先权在不同国家以不同方式存在。法国早就确立"公务优先原则",并把"推定有效"作为其主要内容。行政优先权被美国的行政法学称为"行政特权"(executive privilege),其内容主要指某些涉及国家机密或对外关系方面的行政决定或措施,不受一般行政法的约束;某些担任特殊职务的人员,如行政法官(在行政机构中执行司法职能的人员)享有行政豁免权等。

在中国,行政优先权,是指行政主体及行政人在行使职权时依法所享有的种种优越条件。其基本内容包括:

1. 获得社会协助权。行政主体及行政人从事公务时,有关机关、个人均有协助的义务。如《人民警察法》(2012)第34条规定:"人民警察依法执行职务,公民和组织应当给予支持和协助……"

2. 优先通过、使用权。优先通过权,是指行政主体及行政人在执行职务时享有优先通行的权利。如《消防法》(2021)第47条规定:"消防车、消防艇前往执行火灾扑救或者应急救援任务,在确保安全的前提下,不受行驶速度、行驶路线、行驶方向和指挥信号的限制,其他车辆、船舶以及行人应当让行,不得穿插超越;收费公路、桥梁免收车辆通行费。交通管理指挥人员应当保证消防车、消防艇迅速通行。赶赴火灾现场或者应急救援现场的消防人员和调集的消防装备、物资,需要铁路、水路或者航空运输的,有关单位应当优先运输。"[25]

3. 人身特别保护权。这一权利是指,从事公务时的人员的人身权受到法律的特别保护。我国的《刑法》和《治安管理处罚法》对此均有体现。如《人民警察法》(2012)第5条规定:"人民警察依法执行职务,受法律保护。"公务人员人身特别保护权的确立,是基于这样的考虑:公务人员依法执行公务,难免会得罪个别人,有时会遭到他们的威胁和报复;公务人员如果没有人身上的安全感,他们就无法为国家服务,无法有效地执行职务。

行政优先权的享受必须符合三个条件:(1)主体必须是行政主体及行政人,不适用相对人;(2)行政主体及行政人只有在行使职权、从事公务时确为实现行政目标所需要,方能享受该权利;(3)所享受的优先条件为法律所特许。

三、行政受益权

行政受益权,是指国家为保证行政主体有物质能力行使行政职权而向它提供的物质条件;行政主体享受这些条件的资格便是行政受益权。行政受益权是行政主体从国家所享受到的权益,而不是由相对人提供的。因此,它与行政优先权不同,仅体现它与国家的关系,而不体现它与相对人之间的关系。行政受益权的内容表现为国家向行政主体提供行政经费、办公条件、交通工具等。根据《公务员法》(2018)第11条和第15条规定,国家必须为公务员提供工资、福利、保险和工作条件。[26]

行政受益权不能与民法中的"受益权"相混淆。后者是指民事主体基于对财产的所有权而享有该财产所带来的利益。前者是基于国家的特别权力关系而发生。

第四节　行 政 职 责

一、行政职责的概念和特征

任何法律关系中的当事人,都处于权利与义务的"纽带"之中。或者说,任何一个法律关系中的当事人,它都是权利与义务的"结合体"。行政法律关系中的情况与此相同,无论是行政主体还是行政相对人,它们都既有行政法上的权利,也有行政法上的义务。这里略有区别的是,权利在行政主体身上转化为行政职权和行政优益权,义务在行政主体身上则转化为行政职责和行政责任。(见图6-6)

---

〔25〕 又如《国家情报法》(2018)第17条第1款规定:"国家情报工作机构工作人员因执行紧急任务需要,经出示相应证件,可以享受通行便利。"

〔26〕 《公务员法》(2018)第11条规定:"公务员工资、福利、保险以及录用、奖励、培训、辞退等所需经费,列入财政预算,予以保障。"第15条规定:"公务员享有下列权利:(一)获得履行职责应当具有的工作条件;(二)非因法定事由、非经法定程序,不被免职、降职、辞退或者处分;(三)获得工资报酬,享受福利、保险待遇;(四)参加培训;(五)对机关工作和领导人员提出批评和建议;(六)提出申诉和控告;(七)申请辞职;(八)法律规定的其他权利。"

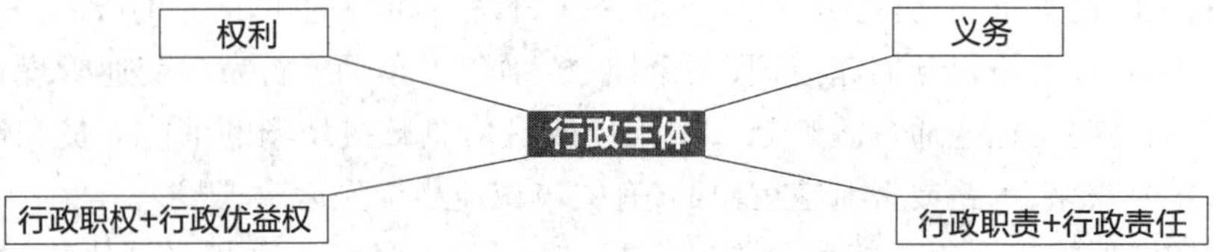

图6-6　行政主体的权利与义务

行政职权和行政优益权,我们已在本章的前两节作了交代;行政责任,我们将在后面作专章讨论;这里的任务便是阐述行政职责及它与行政职权的关系。

行政职责系指行政主体及其行政人在行使行政职权过程中依法必须承担的义务。行政职责具有四大法律特征:

1. 义务性。行政职责是行政法上的义务在行政主体及其行政人身上的体现和转化形式。它是与权利相对应的内容和范畴。

2. 法定性。行政职责是行政主体及行政人在实施行政管理中必须履行的进行一定作为与不作为的义务,但这种义务是"法定"的,而不是"人定"的。也就是说,行政职责同行政机关自定的纪律是不同的。因而违反行政职责的法律后果是承担行政责任,而不是承担纪律责任。

3. 强制性。行政职责的义务性和法定性决定了行政职责具有强制性。行政主体及其行政人在行政管理中必须履行行政职责,否则会被强制要求承担行政责任。

4. 同行政职权的不可分割性。既然行政职权是行政法权利的转化形式,行政职责是行政法义务的转化形式,那么,中国法律上权利与义务的一致性同样会在行政职权与行政职责的关系上得到反映。行政职责是行政职权的"孪生兄弟"。任何组织和个人有行政职权,必然同时具有行政职责;没有无职权的职责,也没有无职责的职权;行政职责随行政职权的产生、变更或消灭而相应变化。

二、行政职责的基本内容

行政职责的内容具有多样性。正如不同行政主体具有不同行政职权一样,不同行政主体亦有不同的行政职责。这取决于行政主体的地位、任务以及法律对其职权的设定。然而,它们还是存在一些带有共性的行政职责的具体内容,那就是:(1)履行职务,不失职;(2)遵守权限,不越权;(3)正确使用裁量权,不滥用职权;(4)正确适用法律、法规,避免适法错误;(5)重事实和证据;(6)遵守法定程序,防止程序违法;(7)遵循合理原则,防止行政不当。而行政职责的核心是"合法行政"和"合理行政"。

三、行政职责与行政职权的关系

如果说,行政职权是行政法上的权利在行政主体及行政人身上的转化形式,那么,行政职责便是行政法上的义务在行政主体及行政人身上的转化形式。有行政职权必然同时有行政职责,法律不允许存在无行政职权的行政职责,也不允许存在无行政职责的行政职权,这是权利义务统一性的高度体现。这便是行政职权与行政职责的不可分割性。

行政职权与行政职责不仅具有不可分割性,而且还具有密切的对应性。如果说行政职权与行政职责的不可分割性是一个"质"的关系,那么,它们之间的对应性便是一种"量"的关系。

行政职权与行政职责的对应性表现在:有多少行政职权,便必然,而且也应该有多少行政职责,反之亦然。

尽管行政职权与行政职责具有不可分割性和密切的对应性,但它们毕竟是两个不能等同的概念。行政职权属于权利范畴,行政职责则属义务范畴。

第五节　行 政 权 限

阐述行政职权不能不阐述行政权限。这不是因为行政职权就是行政权限,而是因为行政权限是行政职权的边界。任何行政职权都是有限制、有边界的。无限制的行政职权为当代的行政法治所不许。行政职权被限制的结果便形成行政权限的法理。控制行政主体的行政行为超越权限,乃是行政法的任务之一;不得超越行政权限,乃是行政主体之行政职责的内容之一。这就是行政职权、行政职责与行政权限之间的逻辑关系。难怪有美国学者认为,“行政法研究可以被视为对行政机关权力和行为边界的分析”。[27]另外,行政权限理论又构成行政越权理论的基础。不掌握行政权限理论,便无法认定行政越权之违法。

一、行政权限的概念和特征

“权限”一词源于拉丁文“*compelentia*”,表示“按法律归属”的意思。行政权限系指行政主体行使行政职权时所不能逾越的法定范围和界限,是行政主体与其他法律主体、行政主体与行政主体之间分工关系的反映。

任何行政职权的行使都被附于各种条件,其中就有范围上的限定。行政权限就是行政职权的限度。行政主体行使职权超越该“限度”,便构成行政越权。

行政权限与行政职权密不可分。无行政职权便无行政权限,行政权限只能是行政职权的最外界限,而不能是其他。但行政职权与行政权限不是同一个概念,前者是本概念,后者是派生概念。

行政权限不是指合法条件的限制。一个合法有效的行政行为,起码必须符合四个方面的条件:一是职权,即要求职权来源合法,并在行使中不逾越权限;二是事实,即要求作出某种行政行为必须有充分的事实根据,表现为行政证据的真实性和充分性;三是依据,即要求作出某种行政行为必须具备规范依据,特别是法律依据;四是程序,即要求作出某种行政行为必须符合法定程序或者正当程序。违反上述四个方面的行政行为合法要件或者要件中的某一条,都构成行政违法,但不全构成行政越权。行政权限只是衡量行政行为是否违法的标准之一,因而不能将行政权限等同于行政行为的合法要件。

行政权限主要法律特征在于:

1. 法定性。职权法定是现代法治的基本要求。行政权限是伴随行政职权依法设定的,行政主体及行政人均不得擅自改变。

2. 义务性。行政权限是义务而不是权利的范畴。不得超越行政权限是每个行政主体及行政人的法定职责。

---

〔27〕［美］罗纳德·M. 莱文、杰弗瑞·S. 拉博斯:《行政程序法精要》,苏苗罕译,中国法制出版社2022年版,第3页。

3. 依附性。行政权限与行政职权有个依附关系,前者依附于后者。行政权限随着行政职权的产生而产生,又随着行政职权的变化而变化。行政法上不会存在行政职权以外的行政权限。

二、行政主管权限和行政管辖权限

(一)行政权限的基本制度

我们已在第一节论述到,行政主管权、行政管辖权、行政决定权是行政职权的基本构造。但就行政权限而言,行政主管权和行政管辖权构成了行政权限制度,行政决定权不会发生权限问题,只会发生法律适用的对错问题。我们平常所指的行政机关职权之权限,其实就是指行政主管权的范围和行政管辖权的范围,将行政决定权的范围也视作为权限那是一种误解。例如,根据《治安管理处罚法》(2012)第16条及有关规定,公安机关对于违反治安管理行为人的行政拘留处罚,单项处罚最高15日,合并处罚最高不超过20日。现在某公安机关对违反治安管理行为人张三作出行政拘留25日的决定,这不是越权问题(行政越权),而是适用法律问题(适用法律错误)。这在实践中常常有人误认为属于行政越权。

(二)行政主管

行政主管,系指由宪法和法律所划定的行政主体对某类事项所拥有的管理范围。它旨在解决行政机关与权力机关、监察机关和司法机关等其他国家机关之间的权力划分。行政主管,既是职权,同时也是权限。行政主管的法律特征是:

1. 行政主管旨在解决行政机关与其他国家机关之间的分工,而不是解决行政机关之间的分工。这正是与行政管辖的区别。

2. 行政主管的范围由宪法和法律设定,法规和规章不得设定行政主管的范围。之所以作此限制,是因为行政机关与其他国家机关之间的关系属于宪法关系。

我国宪法对有关国家机关的定位,对行政主管构成了法律基础。国务院和地方各级人民政府是行政机关,是国家权力机关的执行机关,它们负责经济、教育、科学、文化、卫生、体育事业、城乡建设事业和财政、民政、公安、民族事务、司法行政、计划生育等行政工作。全国人民代表大会及其常务委员会,地方各级人民代表大会及其常务委员会,为国家权力机关,它们具有一定程度上的立法权、形成权(产生一府一委两院)和监督权。各级监察委员会是国家的监察机关,监察委员会依照法律规定行使监察权;人民法院是国家的审判机关,人民检察院是国家的法律监督机关。

另外,根据《刑事诉讼法》(2018)的规定〔28〕,对刑事案件的侦查、拘留、逮捕、预审、公诉、刑事审判等事项属于司法权,依法由人民法院、人民检察院、公安机关、国家安全机关行使,行政机关便无这方面的权限。同样,根据《民事诉讼法》(2017)的规定〔29〕,以中间人和第三者的身份裁决公民之间、法人之间、其他组织之间以及他们相互之间的财产关系和人身关系,属于

---

〔28〕《刑事诉讼法》(2018)第3条第1款规定:"对刑事案件的侦查、拘留、执行逮捕、预审,由公安机关负责。检察、批准逮捕、检察机关直接受理的案件的侦查、提起公诉,由人民检察院负责。审判由人民法院负责。除法律特别规定的以外,其他任何机关、团体和个人都无权行使这些权力。"第4条规定:"国家安全机关依照法律规定,办理危害国家安全的刑事案件,行使与公安机关相同的职权。"

〔29〕《民事诉讼法》(2017)第3条规定:"人民法院受理公民之间、法人之间、其他组织之间以及他们相互之间因财产关系和人身关系提起的民事诉讼,适用本法的规定。"第124条规定:"人民法院对下列起诉,分别情形,予以处理:……(三)依照法律规定,应当由其他机关处理的争议,告知原告向有关机关申请解决……"

人民法院的权限,除非法律另行规定由行政机关处理者例外(如行政裁决)。

(三)行政管辖

前面已述,行政管辖系指行政主体对某一行政事项依法所拥有的专有管理范围。如果说行政主管旨在解决行政主体与其他主体、国家行政权与其他国家权力之间的分工,那么,行政管辖则在于解决行政机关之间的权力分工。与行政主管一样的是,行政管辖,既是职权,也是权限。

行政主管旨在解决行政机关的外部分工,即行政机关与权力机关、司法机关等其他国家机关之间的权限划分;行政管辖则是解决行政机关的内部分工,即一类行政机关与另一类行政机关,以及一个行政机关与另一个行政机关之间的权限划分。行政主管权限是行政管辖权限的前提,因为行政管辖仅仅是解决行政主管权限范围内的行政权限划分问题,并不超越行政主管范围之外。(见图6－7)

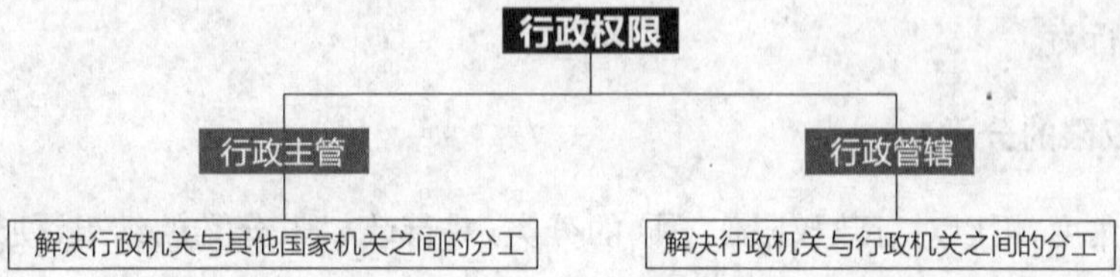

图6－7　行政权限

行政管辖与诉讼管辖有接近之处,但不完全相同。行政管辖由事项管辖、层级管辖、地域管辖和专属管辖组成。

事项管辖,是指依据不同事项在不同类别行政机关之间的一种分工。它的法律特征有两项:(1)以事项类别为划分标准,对于土地资源的管理权属于县级以上的人民政府的土地行政主管部门,而对于水资源的管理权自然属于县级以上人民政府水行政主管部门。(2)以不同类别的行政机关为划分主体。也就是说,它是解决这一类行政机关与另一类行政机关之间的分工问题,而不是解决这一个行政机关与另一个行政机关之间的分工问题。这里的类别又包括两类:一是政府与工作部门之间的分工。如县人民政府与县土地管理局之间的分工便是。二是政府不同部门之间的分工。如公安部门与国家安全部门、税务管理部门与规划管理部门之间的分工便是。

层级管辖,是指不同层级的同类行政机关对同类事项权的分工。所谓同类行政机关,它包括两种类型:一种是各级人民政府之间的关系,从国务院到乡镇人民政府,即从中央人民政府到地方各级人民政府之间,都属于同类行政机关;另一种是各工作部门之间的关系,如公安部、公安厅、公安局等之间也属于同类行政机关。此外都属于不同类行政机关之间的关系。所谓同类事项权,是指国务院对征地的审批权与省政府对征地的审批权,这里"对征地的审批权"就属于同类事项权。如果是对水资源的管理与对土地资源的管理,便属于不同类的事项权了。层级管辖的法律特征是:(1)它发生在同类行政机关之间,包括人民政府之间和同类部门(公安部、公安厅、公安局)之间;(2)它发生在不同层级的行政机关之间,国务院与某省人民政府之间就属于不同层级,某省人民政府与某直辖市人民政府之间就不属于不同层级,而是同一层级;(3)它发生在同类事项权之间,如果是不同的事项权,那就属于事项管辖权问题了。

地域管辖,是指不同地域的同类行政机关之间对同类事权的分工。例如,某地公安局与另一地公安局之间对治安案件管辖的分工,便属于地域管辖。地域管辖的法律特征是:(1)它发生在同类行政机关之间,不同类行政机关之间便属于事项管辖了;(2)它发生在同一层级的行政机关之间,不同层级行政机关之间不发生地域管辖问题;(3)与层级管辖一样,它发生在同类事项权之间。

专属管辖,系指法律和法规将某一事项的管理权特别设定给某一个行政机关,使该行政机关对该事务具有专属性和排他性。专属管辖的法律特征是:(1)它是适用某一特定事项,不适用概括性事项;(2)它是适用某一个行政机关,而不是某一类行政机关;(3)专属管辖权由法律和法规设定,规章及行政规定无权设定。对照以上特征,《商标法》(2019)第五章(注册商标争议的裁定)规定国家商标评审委员会对注册商标争议的裁定权,《专利法》(2020)第41条规定国务院专利行政部门对当事人专利申请的复审权等,都属于专属管辖。

无论是事项管辖、层级管辖、地域管辖,还是专属管辖,设定行政管辖的依据法应当限于法律和法规。行政管辖就表明了行政管辖的权限。行政机关实施行政行为超越行政管辖权限,属于行政越权行为。

三、行政权限的分类

从不同的角度,可以对行政权限作不同的分类;对行政权限分类的结果,便形成行政权限的各种类型。

(一)纵向权限与横向权限

从行政隶属关系角度对行政权限进行分类,便有纵向权限与横向权限之分。

纵向权限系指有上下行政隶属关系的行政主体之间的权限划分,主要表现为层级权限,如省人民政府与国务院之间的权限划分,公安部与公安厅之间的权限划分等。纵向权限具有下列法律特征:(1)纵向权限的行政主体之间具有上下级的行政隶属关系,而这种行政隶属关系既可以是上下级的领导关系,也可以是上下级的指导关系。如省人民政府与市人民政府、省公安厅与市县公安局之间的关系,便是行政隶属关系。行政隶属关系以外的权限不属于纵向权限。(2)纵向权限为同类事项权,而非异类事项权。在纵向权限中,上下级行政主体之间,它们所拥有的职权是同类权。(3)纵向权限为递减权,而非等量权。也就是说,在纵向权限中,从上到下的各级行政主体之间,其权限呈递减趋向,即下一级行政主体的权限比上一级行政主体的权限小。这不仅是客观现象,同时也是必须遵守的行政法上的一项法则。

横向权限系指没有行政隶属关系的行政主体之间的权限划分。如公安局、工商局和海关之间的权限划分。横向权限主要表现为事项管辖权和地域管辖权。横向权限具有与纵向权限显然不同的法律特征:(1)行政权限主体之间没有上下级的行政隶属关系。只要没有行政隶属关系,无论权限主体之间是否处于同一级别,它们之间的权限均属横向权限,如某省工商行政管理局与另一省内的某一县的工商行政管理局之间的权限。(2)横向权限可以是同类权,也可以是非同类权。如两个市公安局之间的公安权限划分,属同类权的划分,而同一个市内的公安局与工商行政管理局之间的权限划分,则属非同类权的划分。(3)横向权限之间没有递减或递增的关系。横向权限主体之间的职权,可以是等量的,也可以是不等量的,可以是递增的,也可以是递减的,只要是依法设定的都可以。

(二)层级权限与地域权限

这适用上述的层级管辖与地域管辖原理。

1. 层级权限

层级管辖的划分依据,大体有下列确定标准:(1)行政相对人的地位与级别。一般说来,行政相对人的地位和级别越高,所设定的管辖主体也就越高,反之亦然。(2)对社会公共利益的影响程度。一般说来,对社会公共利益影响较大的事务,由较高层次的行政主体管辖,相反,便由较低的行政主体管辖。(3)对相对人权利义务的影响程度。对相对人的权利义务影响大的,由较高层次的行政主体管辖;对相对人的权利义务影响小的,则由较低层次的行政主体管辖。(4)标的物的价值。标的物的价值较大的,由较高层次的行政主体管辖;标的物的价值较小的,由较低层次的行政主体管辖。(5)涉外因素。具有涉外因素的事务由较高层次的行政主体管辖,不具有涉外因素的事务则由较低层次的行政主体管辖。

2. 地域权限

关于地域管辖,它的划分标准与层级管辖不同,主要依据下列因素:(1)有关不动产或与土地相关的权利义务或法律事实,由该不动产或该土地所在地行政主体管辖。例如,同土地、水域、森林、草原和房屋等有关的事务,即由其所在地行政主管部门管辖。(2)由相对人所在地行政主体管辖。公民、法人和其他社会组织都有其所在地。公民的所在地包括住所地和居所地。公民的住所地,是指公民的户籍所在地或经常居住地;公民的居所地,是指公民的临时居住地。某些事务由公民住所地行政主体管辖,如申请营业执照、居民身份证等;某些事务由居所地行政主体管辖,如申请暂住证等。法人和其他社会组织以其机关所在地为其住所地或所在地,所在地行政主体对其享有管辖权。法人和其他社会组织的分支机构所在地行政主体,对该分支机构也享有一定的地域管辖权。(3)由相对人的行为地行政主体管辖。例如,机动车违反《道路交通安全法》造成交通事故的,也由该违法行为地公安机关交通管理部门管辖。[30] 行为地,有时还应区分行为实施地、经过地和结果发生地。这时,就会产生两个或两个以上的行政主体对某一事务都有地域管辖权的问题。

(三)平常权限与紧急权限

这是基于平常权力与紧急权力划分而滋生的一对范畴。这对权限的划分意义与前述职权的划分意义是相通的。

四、行政权限争议及其处理

(一)行政权限争议

行政主体之间就权限划分所发生的争议,乃是行政权限争议。行政权限争议有两个特点:(1)行政权限争议发生在行政主体之间,不发生在行政主体与行政相对人之间;(2)这种争议的焦点是关于行政职权的划分问题。行政权限争议有两类:

第一类是纵向权限争议与横向权限争议。上下级有行政隶属关系的行政主体之间的权限

---

〔30〕 公安部《道路交通事故处理程序规定》(2017)第9条规定:"道路交通事故由事故发生地的县级公安机关交通管理部门管辖。未设立县级公安机关交通管理部门的,由设区的市公安机关交通管理部门管辖。"第10条第1款规定:"道路交通事故发生在两个以上管辖区域的,由事故起始点所在地公安机关交通管理部门管辖。"

争议属于前类,此外,无行政隶属关系的行政主体之间的权限争议,便属于后者。

第二类是积极权限争议与消极权限争议。当两个行政主体都主张自己对某一事务享有行政管辖权,从而出现管理"重叠",这类争议为积极权限争议;相反,当两个行政主体都主张自己对某一事务不享有管辖权,从而拒绝管理,出现管理"真空",这类争议为消极权限争议。

导致行政权限争议的原因是多种多样的,其中最主要的有两个方面:一是客观上对行政权限划分不合理;二是行政主体主观上对行政权限的态度,如果行使职权为利益所驱动,行政权限争议便不可避免。

行政权限争议在所难免。但追求行政主体之间权限上的合法合理的划分,并尽可能减少行政权限争议,而且主动积极地解决行政争议,此亦为行政法的任务之一。

(二)对行政权限争议的处理

从世界各国行政法律制度上考察,解决行政权限争议的途径主要有三条:第一,议会途径。由议会作为中间人裁决行政机关之间的权限争议。英国议会便具有这一功能。第二,司法途径。由法院作为中间人裁决行政机关之间的权限争议。日本行政诉讼中的"机关诉讼"便是指法院裁决行政机关之间权限争议的司法制度。第三,行政途径。由行政机关(一般为共同的上级行政机关)自身作为中间人裁决行政机关之间的权限争议。这是一种最普遍的做法。它为许多国家的行政程序法所确认。

中国目前还没有一个专门的法律或法规对行政机关之间的权限争议作出规范,但根据我国的体制和实践中的做法,针对纵向权限争议,按下级服从上级原则处理;针对横向权限争议,一般奉行两项原则:

1. 最先立案管辖原则。如果两个机关都具有管辖权,那么原则上"谁先立案,就谁管辖"。如《行政处罚法》(2021)第25条第1款规定:"两个以上行政机关都有管辖权的,由最先立案的行政机关管辖。"

2. 共同上级机关裁决原则。两个机关对管辖权发生争议,应当报请共同上级机关裁决。如《行政处罚法》(2021)第25条第2款规定:"对管辖发生争议的,应当协商解决,协商不成的,报请共同的上一级行政机关指定管辖;也可以直接由共同的上一级行政机关指定管辖。"又如《审计法》(2021)第31条第2款规定:"审计机关之间对审计管辖范围有争议的,由其共同的上级审计机关确定。"

第六节 疑难问题探讨

一、职权法定原则中的"法"范围如何把握?

职权法定原则的核心意义,是行政职权由"法"产生,而不是由"人"产生,否则便是"职权人定"。但问题是,这里的"法"的范围有多大,是否包括法律、法规、规章?从《宪法》(2018)第107、115条和《立法法》(2023)第11条规定看,显然只限于全国人大及其常委会制定的"法律"。

但若坚持这一原则,显然又与现实法律制度不符,根据我国《行政处罚法》(2021)的有关规定,[31]规章在一定条件下也可设定一定的罚款权(行政处罚权)。

陷入这一困境的原因是,我们没有分辨行政职权的结构。本章第一节已述及,行政职权是由三类职权构成,即行政主管权、行政管辖权和行政决定权。这三种权力的产生,对"法"的要求是不同的。笔者认为,行政职权的产生规则应当区分以下三种情况:

1. 行政主管权应当由法律设定,因为它涉及行政机关与司法机关等其他国家机关的分工。行政机关与其他国家机关之间关系应当由宪法和法律调整。

2. 行政管辖权应当由法律和行政法规设定。法律依据是《宪法》(2018)第 89 条第 4 项。该项规定,"国务院……统一领导全国地方各级国家行政机关的工作,规定中央和省、自治区、直辖市的国家行政机关的职权的具体划分……"

3. 行政决定权由具体的法设定。由于行政决定权不涉及行政机关与其他国家机关,以及行政机关之间的分工,只涉及法律适用问题,而法律适用中的"法"的范围显然应当包括《立法法》(2023)所规制的"法律、法规、规章"范围。

二、中央政府是否可以直接行使地方事权?

在中国,中央行政事权与地方行政事权的划分逐渐清晰起来。根据《中共中央关于全面深化改革若干重大问题的决定》(2013),国防、外交、国家安全、关系全国统一市场规则和管理等作为中央事权;部分社会保障、跨区域重大项目建设维护等作为中央和地方共同事权;区域性公共服务作为地方事权。2016 年,国务院《关于推进中央与地方财政事权和支出责任划分改革的指导意见》(国发〔2016〕49 号),通过对财政事权的划分推进了行政事权的科学划分。

当中央事权与地方事权界线明确之后,一个问题出现了:中央政府是否可以直接处理地方事权?中央政府直接处理了地方事权,是否构成行政越权?这在理论上存在两种观点:肯定说与否定说。

肯定说认为,中央政府即国务院乃是我国最高国家行政机关,它是全国所有行政机关的最高领导机关,在必要时它当然有权直接处理地方事权。

否定说认为,如果中央政府可以直接处理地方事权,那么,中央事权与地方事权的划分就会失去意义。

笔者的观点是:中央政府原则上不宜直接处理地方事权,否则会影响我国行政职权的科学配制,影响地方的积极性,但在必要时,中央政府是有权直接处理地方事权的。理由如下:

1. 具有宪法和宪法性法的依据。《宪法》(2018)第 89 条第 4 项规定:国务院"统一领导全国地方各级国家行政机关的工作,规定中央和省、自治区、直辖市的国家行政机关的职权的具体划分"。《地方各级人民代表大会和地方各级人民政府组织法》(2015)第 55 条第 2 款规定:"全国地方各级人民政府都是国务院统一领导下的国家行政机关,都服从国务院。"

2. 有体制依据。我国的国家结构不是联邦制,而是单一制。我国中央与地方的关系,绝对

---

〔31〕《行政处罚法》(2021)第 13 条第 2 款规定:"尚未制定法律、行政法规的,国务院部门规章对违反行政管理秩序的行为,可以设定警告、通报批评或者一定数额罚款的行政处罚。罚款的限额由国务院规定。"第 14 条第 2 款规定:"尚未制定法律、法规的,地方政府规章对违反行政管理秩序的行为,可以设定警告、通报批评或者一定数额罚款的行政处罚。罚款的限额由省、自治区、直辖市人民代表大会常务委员会规定。"

不是美国式的联邦与各州关系。联邦政府不得行使各州的权力,因为联邦和各州都有自己的宪法,但中国不同,只有一个宪法。在一个宪法的统率下,中央政府是可以行使地方的事权的。

3. 划分仍有意义。有人说,既然中央政府可以直接处理地方事权,那么,中央事权与地方事权的划分就会失去意义。这个观点是不对的。在我国体制的背景下,中央事权与地方事权的划分至少还有两个方面的意义:一是对中央政府而言,它的基本态度是,地方事务尽量让地方政府去处理;二是对地方政府而言,它们无权处理中央事权。

中央政府具有直接处理地方事务的权力。在这一原则之下,同时可以要求两点:(1)必要性原则。要以"必要"为前提,非"必要"中央政府尽量避免直接处理地方事权。必要性表现在:地方政府无力驾控或者需作为全国政策的改革试点。(2)提级程序。中央政府直接处理地方事务如同层级上的提级管辖,所以必须经过一个得由"行政程序法"加以规定的提级管辖程序。

三、《土地管理法》(2019)第46条规定属于行政决定权还是行政管辖权?

如本章前面所述,行政主管权、行政管辖权和行政决定权是行政职权的三大结构性权力,但是,行政主管权和行政管辖权同时构成了行政权限,而行政决定权不构成行政权限问题。

但是,长期以来,人们常常将《土地管理法》(2019)第46条第1~2款规定视作行政决定的权限例子。该款规定:"征收下列土地的,由国务院批准:(一)永久基本农田;(二)永久基本农田以外的耕地超过三十五公顷的;(三)其他土地超过七十公顷的。征收前款规定以外的土地的,由省、自治区、直辖市人民政府批准。"

我们认为,行政决定权是必须在行政主管权限内和行政管辖之中作出决定的权力,行政行为超越权限就是指超越行政主管权限和行政管辖权限,而不是指行政决定的其他越权。上述《土地管理法》的规定,并不是规定行政决定的权限,而是指行政管辖(层级管辖)中的权限。正因为这样,如果省、自治区、直辖市人民政府批准对永久基本农田的征收,就属于"行政越权",而不是"适用法律错误"。

四、派出机关与被派出组织之间是属于不同的层级还是同一层级?

我们在确定行政管辖法律制度时,必须确定行政机关的"同一层级"和"不同层级"。在这一过程中会遇到一个难题:派出机关与被派出组织之间是属于不同的层级还是同一层级?

根据行政主体的有关原理,派出机关与被派出组织之间原则上不属于两个行政主体,被派出组织作出的行为效果应当归属于派出机关,除非法律、法规对被派出组织有特别的授权。同理,派出机关与被派出组织之间原则上属同一个行政层级,除非法律、法规对被派出组织有特别的授权。

本章小结

行政职权是行政法学的中心概念之一,也是国家行政权的转化形式,是行政主体依法拥有的实施国家行政管理活动的资格及其权能。它具有法定性、国家意志性、专属性、支配性、不可处分性、单方性、优益性等特点。

行政职权是个多维结构。行政主管权、行政管辖权、行政决定权是行政职权第一层次的结构形式。行政主管权旨在解决行政机关与其他国家机关(特别是司法机关)之间的分工,行政管辖权旨在解决行政机关之间的分工,行政决定权旨在解决行政机关在适用法律作出处理结论的权力。行政主管权、行政管辖权同时构成行政权限的范畴。行政决定权的问题不是权限问题而是法律适用问题。

行政权能与行为权能属于行政决定权的内在结构形式。行政权能决定行政主体,行为权能决定行为主体。

行政标的是行政职权的构成要素之一。从行政事项的角度确立和划分职权,往往被称作“事权”。事权与行政主管权、行政管辖权、行政决定权不属同一界面,事项是决定行政主管权、行政管辖权的要素和标准之一,又是行政决定权的标的之一。事权是所有职权划分的基础。

这些行政职权的分类模式,设定职权、授予职权和委托职权,政府职权与部门职权,概括职权与具体职权,一般职权与专属职权,明示职权与隐含职权,行政羁束权与行政裁量权,平常权力与紧急权力等,在行政法学上都具有非同小可的法律意义。

行政优益权是与行政职权相伴的一种行政法上的权利,它由行政优先权和行政受益权构成。前者为职务上的优益权,后者为物质上的优益权。

行政职责系指行政主体及其行政人在行使行政职权过程中依法必须承担的义务,它与行政职权相辅相成。在行政法上不存在无职权的职责,也不存在无职责的职权。

世界上既不存在无职责的职权,也不存在无权限的职权。任何行政职权都是有限制、有边界的。这种职权的边界就是行政权限。

行政权限有纵向权限与横向权限、层级权限与地域权限、事务权限与对象权限、平常权限与紧急权限之分。它们将构成划分权限与认定越权行为的基础。

行政主体之间就权限划分所发生的争议,乃是行政权限争议。行政权限争议有纵向争议与横向争议之分。处理纵向权限争议按下级服从上级原则处理;处理横向权限争议,先由争议的双方协商解决,协商不成的,报由其共同的上级行政机关处理。

规范链接

- 《中共中央关于全面深化改革若干重大问题的决定》(2013)
- 国务院《关于推进中央与地方财政事权和支出责任划分改革的指导意见》(国发〔2016〕49号)
- 《中华人民共和国宪法》(2018)第89、107、115条
- 《中华人民共和国立法法》(2023)第11条
- 《中华人民共和国地方各级人民代表大会和地方各级人民政府组织法》(2015)第59条
- 《中华人民共和国公务员法》(2018)第11、15条
- 《中华人民共和国行政处罚法》(2021)第13、16、18条
- 《中华人民共和国治安管理处罚法》(2012)第16、23条
- 《中华人民共和国妇女权益保障法》(2018)第7条
- 《中华人民共和国税收征收管理法》(2015)第5条
- 《中华人民共和国土地管理法》(2019)第46条
- 《中华人民共和国商标法》(2019)第2条,第五章
- 《中华人民共和国专利法》(2020)第41条
- 《中华人民共和国消防法》(2021)第47条
- 《中华人民共和国个人所得税法》(2018)第3条
- 《中华人民共和国人民警察法》(2012)第5、34条
- 《中华人民共和国刑事诉讼法》(2018)第3条
- 《中华人民共和国民事诉讼法》(2017)第3、124条
- 《国有土地上房屋征收与补偿条例》(2011)第5条
- 公安部《道路交通事故处理程序规定》(2017)第9、10条

案例讨论

万某森诉武汉市工商行政管理局江岸分局不服行政处罚案

|案　情|

上诉人(原审原告):万某森。

被上诉人(原审被告):武汉市工商行政管理局江岸分局。

湖北省武汉市江岸区人民法院一审查明,2007年10月28日万某森向武汉市工商行政管理局江岸分局(以下简称江岸工商分局)所属的岱山工商所举报,其从吉林市幸福冷冻食品有限公司(以下简称幸福公司)(该公司因逾期未年检已于2007年5月被吉林市工商行政管理局吊销营业执照)购进的38吨速冻熟玉米发生严重霉变,并有馊味,属于不合格食品,并请求江岸工商分局责令幸福公司召回该批玉米。江岸工商分局对该举报调查后认为,幸福公司的行为涉嫌合同欺诈,因协议签订地、付款、货物发运地均在吉林市,故依据《行政处罚法》确立的管辖原则,案件应由吉林市工商行政管理局(以下简称吉林市工商局)调查、处理。江岸工商分局于2007年12月29日、2008年1月15日两次邮寄移送函至吉林市工商局。2008年1月25日吉林市工商局昌邑区分局给江岸工商分局予以回复。江岸工商分局在处理上述举报中,对幸福公司在武汉的经营点内存放的玉米存在食品安全隐患问题立案处理,向所属区食品安全领导小组报告并将幸福公司涉嫌合同欺诈问题的有关材料移交武汉市公安局江岸区分局处理,并将处理情况以政府信息公开的形式于2008年2月1日邮寄给万某森。万某森对江岸工商分局作出的案件移送处理不服,于2008年2月1日向武汉市工商行政管理局提出复议申请,该局于2008年2月25日作出武工商复决字(2008)09号行政复议决定书,认为购销协议签订地、履行地均在吉林市,依据《行政处罚法》的规定,该案应由吉林市工商局管辖,江岸工商分局已将案件移送吉林市工商局调查处理,同时还将此案移送公安局处理,江岸工商分局已履行法定职责,不支持万某森提出的责令江岸工商分局作为并赔偿损失的复议请求,而驳回万某森的行政复议申请。2009年4月23日,万某森又向武汉市工商行政管理局申请行政复议。该局于2009年6月19日以万某森重复提起行政复议申请并超过法定期限为由,再次驳回万某森的复议申请。万某森对江岸工商分局就其举报问题不服诉至湖北省武汉市江岸区人民法院,请求判令江岸工商分局履行法定职责。

湖北省武汉市中级人民法院二审查明事实与一审相同。

湖北省武汉市江岸区人民法院经审理认为,依据《产品质量法》第18条第2款规定,江岸工商分局对本辖区内涉嫌违法销售活动负有监督管理的法定职责,江岸工商分局在接到万某森举报后,对举报问题进行了核实,对举报材料中被举报人可能涉嫌犯罪的问题向公安机关移送材料,对举报所涉违法物品销售有关单位进行了立案处理,对所涉食品安全隐患问题向所属区食品安全领导小组进行报告,对万某森要求查处的事项依据《行政处罚法》和《工商行政管理机关行政处罚程序规定》(以下简称《程序规定》)将案件移送给有管辖权的吉林市工商局调查处理,且将处理情况以政府信息公开形式书面告知万某森,江岸工商分局已履行了法定职责,万某森要求江岸工商分局对其举报的违法行为立案查处,缺乏事实依据。依据最高人民法院《关于执行〈中华人民共和国行政诉讼法〉若干问题的解释》第56条第1项的规定,判决驳回万某森的诉讼请求。

宣判后,万某森不服一审判决,上诉至湖北省武汉市中级人民法院。湖北省武汉市中级人民法院经审理认为,(1)工商行政管理机关具有查处经销存在安全隐患产品行为的职责。根据《工商行政管理暂行条例》第15条第2项、国务院《关于加强食品等产品安全监督管理的特别规定》(国务院令第503号)第9条、国务院办公厅关于《国家工商行政管理总局职能配置内设机构和人员编制规定》(国办发〔2001〕57号)、《国家工商行政管理总局主要职责内设机构和人员编制规定》(国办发〔2008〕88号)等规定,工商行政管理机关是市场监督管理的行政执法机关,对流通领域商品质量具有监督管理职责。在市场交易活动中,销售的产品存在安全隐患,可能对人体健康和生命安全造成损害的,工商行政管理机关有权依法对经销商品中的违法行为人进行查处。销售存在安全隐患产品的行为表现形式多样,销售没有任何标识的白袋包装产品是表现形式之一。因此,工商行政管理机关对万某森所举报的幸福公司向其经销没有任何标识的白袋包装产品的违法行为有查处的职责。(2)江岸工商分局对涉案违法行为的查处有地域管辖权。《程序规定》第5条规定:"行政处罚由违法行为发生地的县级以上工商行政管理机关管辖。法律、行政法规另有规定的除外。"违法行为发生地应包括违法行为的着手地、经过地、实施地和结果地等。作为违法行为危害结果地和发现地的武汉,对万某森举报事项具有查处的地域管辖权。(3)江岸工商分局在有管辖权的情况下,不立案查处,而作案件线索移送,是对《程序规定》第11条所规定的移送管辖权的滥用,不能视为其履行了法定职责。《程序规定》第11条规定:"工商行政管理机关发现所查处的案件不属于自己管辖时,应当将案件移送有管辖权的工商行政管理机关。受移送的工商行政管理机关对管辖权有异议的,应当报请共同的上一级工商行政管理机关指定管辖,不得再自行移送。"该项规定所说移送管辖是指立案后的移送管辖。江岸工商分局虽然有移送管辖的权力,但在其有管辖权的情况下,不立案,仅移送案件线索,属滥用移送管辖权,违背了上述法律规定的精神,客观上也造成对万某森所举报事项无人监管的事实,不能视为江岸工商分局已履行了其应尽职责。综上,江岸工商分局在有查处幸福公司经销有安全隐患问题产品的法定职责的情况下,不立案却将案件线索移送,于法无据。一审判决认定主要事实清楚,但对江岸工商分局是否履行其法定职责定性不当,适用法律错误。依据《行政诉讼法》第61条第2项之规定,判决如下:(1)撤销武汉市江岸区人民法院(2009)岸行初字第42号行政判决;(2)江岸工商分局从本判决生效之日起90日内,就万某森所举报幸福公司销售存在安全隐患问题产品的行为依法履行立案处理的法定职责。

|评　析|

这是一个涉及行政管辖争议的案件。关于行政处罚的地域管辖,《行政处罚法》第20条规定:"行政处罚由违法行为发生地的县级以上地方人民政府具有行政处罚权的行政机关管辖。法律、行政法规另有规定的除外。"但是并未对"违法行为发生地"作出明确界定。《工商行政管理机关行政处罚程序规定》第5条规定:"行政处罚由违法行为发生地的县级以上工商行政管理机关管辖。法律、行政法规另有规定的除外。"同样没有对"违法行为发生地"作出明确界定。在行政执法或行政诉讼中,由于对"违法行为发生地"的理解不同,在认定行政处罚地域管辖权时容易产生争议与混乱。

在本案中,一审法院将"违法行为发生地"狭义地认为是违法行为着手地、实施地,故对江岸工商分局提出的"幸福公司向万某森销售无任何标识的白袋包装速冻熟玉米,因合同签订地、履行地均在吉林市,案件应由吉林市工商局调查、处理;江岸工商分局无管辖权"之观点予以认同和支持,判决驳回万某森的诉讼请求。

《行政处罚法》的立法目的是保障和监督行政机关及时有效地打击违法活动,使公共利益和社会秩序得到有效的维护,使公民、法人或者其他组织的合法权益获得充分的保护。从目前的执法实际看,为避免行政机关相互推诿而使查处违法行为陷于"真空地带",防止公民、法人或者其他组织的合法权益得不到保护,大多数行政机关、人民法院依据全国人大法工委编写的有关《行政处罚法》的释义中对"违法行为发生地"所作的扩张解释,将"违法行为发生地"广义地理解为违法行为的着手地、实施地、经过地、结果地。二审法院也是基于这样的认识,认定江岸工商分局是违法行为危害结果地和发现地的行政执法机关,对万某森举报事项具有立案查处的地域管辖权。江岸工商分局怠于行使法定职责,对万某森举报事项不予立案查处而作案件线索移送,客观上已造成行政机关对查处幸福公司经销有安全隐患问题产品的相互推诿,故二审改判责令江岸工商分局从判决生效之日起90日内就万某森所举报幸福公司销售存在安全隐患问题产品的行为依法履行立案处理的法定职责。

在对"违法行为发生地"作广义理解时,要妥善处理管辖冲突,既要防止行政机关相互推诿,也要防止行政机关乱争管辖,一般应由最先发现违法行为并立案查处的行政执法机关管辖。中华人民共和国国家工商行政管理总局《工商行政管理机关行政处罚程序规定》第9～14条对共同管辖、管辖争议、指定管辖作出了明确规定,较好地解决了工商行政管理机关争管辖和推管辖的问题。对于工商行政管理机关依照法定程序进行的移送管辖、协商管辖、报请指定管辖等,司法审查要予以充分尊重。但是,对于违反上述管辖规定,为了地方利益争管辖和为了逃避责任推管辖的行为,要依法进行司法审查。

[资料来源:中国行政审判案例第146号,载《中国行政审判案例》(第4卷),中国法制出版社2012年版。评析部分字面上笔者略作增减]

复习思考题

1. 什么是行政职权？它与行政职责、行政权限是什么关系？
2. 行政权能与行为权能有何区别？它们对行政主体与行为主体有何影响？
3. 行政主管权、行政管辖权、行政决定权之间是什么关系？
4. 什么是职权竞合？它对行政权限的确定有何影响？

第七章　行政职权(二)

如果说前一章是从静态的角度探讨行政职权的基本概念和原理,本章则从动态的角度阐述行政职权的有关问题,主要涉及行政职权的产生、转让、代理和协助等环节,相应阐述法律授权、行政授权、行政委托和行政协助制度。法律授权是行政职权的产生方式;行政授权是行政职权的调整方式;行政委托是行政职权的代行方式;行政协助是行政职权的合作方式。这些制度和理论为行政行为奠定了制度和理论基础。

第一节　法律授权——职权的产生

一、法律授权与行政职权的产生

"授权"(delegation),是一个在法学、经济学、管理学和政治学中广泛使用的概念和制度。但在中国的公法学中,没有比"授权"这一概念更具有不确定性的了。法律和理论对"授权"赋予了各种各样的含义。更糟糕的是,法律上对"授权"的表达和定位五花八门,理论上对"授权"的解读更是我行我素,法律与理论相互脱节。任何一个理论上的授权"定义"都可以找到法律上的"反例"推翻它。"授权"的这一混乱状态延伸至"法律授权"。

授权的基础含义是指特定主体通过一定程序赋予某些组织和个人一定的权力。法律授权就应当是指特定主体通过法律将一定的权力赋予某些组织或个人。授权的原始含义是"赋权",法律授权的原始含义当然也就是指"法律赋权",即"法律赋予权力"的行为过程和制度。

对公权力,从"授权"到"法律授权",乃是人类法治文明的发展成果,反映了国家权力产生的历史轨迹。国家公权力的产生方式,人类社会经历了"职权神定—职权人定—职权法定"的漫长演进过程,反映了国家对社会的治理模式的"神治—人治—法治"之历史发展轨迹,体现了人类法治文明的进步。我国作为一个社会主义民主和法治的国家,人民是国家的主人,是国家的主权者。任何国家机构的权力,都必须由人民通过宪法和法律授予。"法无授权不可为。"不经过人民的法律授权,任何国家机构的权力都将成为无源之水、无本之木。而人民的授权就是经过由人民代表组成的人民代表大会的立法来实现的。这就自然形成了公权力由法律授予的要求和原则。

国家的公权力包括立法权、行政权、监察权、审判权、检察权、军事管理权等。仅就行政职权而言,法律授权乃是国家行政权力的产生方式,是宪法和法律对国家行政权力架构和体系的设计,是人民通过宪法和法律对国家行政机关的初始赋权活动。行政职权作为国家权力的组成部分必须由法律授予,这是人民主权和依法治国的要求和体现。

法律对行政职权的授予,也就是法律对行政职权的设定,是国家权力的"一级市场",由人民通过宪法和法律对国家行政机关的第一次赋权。我国《宪法》《国务院组织法》《地方各级人民代表大会和地方各级人民政府组织法》,赋予国务院和地方各级人民政府以行政管理权。还有,《行政许可法》《行政处罚法》《行政强制法》等法律把行政许可权、行政处罚权和行政强制权授予一定的行政机关,凡此种种,都属于法律授权,都属于法律对行政职权的赋予。也就从这种意义上说,法律授权是行政职权产生的法定方式。

二、对公权的赋权与对私权的赋权

从原始含义上说,法律授权就是法律赋权。赋权的结果,是从无到有,使被赋权者从无权力到有权力。而且从范围上看,法律授权应当包括对公权的赋权与对私权的赋权。(见图7-1)

图7-1 法律授权

"公权"是"公权力"的简称,是指国家机关为了公共利益,代表国家管理社会的权力。笼统地讲就是国家管理权。在我国,主要包括立法权、行政权、监察权、审判权、检察权、军事管理权等。(见图7-2)

图7-2 对公权的赋权

"私权"是"私权利"的简称,是指公民、法人或者其他组织所拥有并受法律保护的权利,包括人身权、财产权、政治权、经济权和社会权等。

公权力必须经法律授权产生和存在。"职权法定"原则要求公权力做到"法无授权不可为"。私权利虽然奉行"法无禁止皆可为",但如果公民、法人或者其他组织的私权利经法律授权后从自然权利变成法律权利之后,行政相对人的私权会受到国家和法律的保护。因此,法律授权对公权和私权都是必要的。

三、对行政职权授权的类型

鉴于本书本章的任务,这里限于讨论对公权的授权,不讨论对私权的授权。在对公权的授权中,只限于讨论对行政职权的授权,暂不讨论对其他公权的授权问题。

对行政职权授权的类型,是根据一定的授权标准进行分类的结果。阐述行政职权授权的类型,有助于我们更全面地认知对行政职权的授权,以及掌握各类授权的不同特点,从而正确区分赋权意义上的授权与转让意义上的授权,特别是厘清法律授权、行政授权、行政委托和行政协助之间的关系。法律对行政职权的授权类型主要有:对行政机关的授权与对社会组织的授权;岗位授权与行为授权;抽象授权与具体授权;直接授权与间接授权;个别授权与普遍授权。

(一)对行政机关的授权与对社会组织的授权

就国家机构的分工以及国家与社会的关系而言,作为政府部门的行政机关自然负有对社会管理和服务的职责,社会组织只是被管理和被服务的对象。在行政法律关系中,前者属于行政主体,后者属于行政相对人。但在“人民主权”的国家,在民主与法治、职权法定的原则下,行政机关管理社会的职权也不是天生具有或者自我赋予的,它必须由人民通过法律对它进行授权。人民通过法律将行政职权赋予行政机关,行政机关才具有行政主体的资格和地位。这就是法律对行政机关的授权。[1]

但自20世纪以来,让社会组织来参与国家管理已成为现代国家治理的一个特点和趋向。政务外包、政府购买服务、私法主体行使公权力等现象越来越普遍。政府管理社会必须经过法律授权,社会组织要作为行政主体管理社会就更须经过法律授权了。社会组织不经法律授权就可管理社会,那社会就会变得不成样子。

“人民”作为国家的“主权者”和“所有人”,它有权通过法律将行政权力授权给政府,同样也有权力将一定的行政权力授权给社会组织;行政机关只有通过人民的法律授权才能获得行政职权,社会组织更应当通过人民的法律授权才能获得行政职权。这样,对行政权力的法律授权就出现了两大类型:法律对行政机关的授权与法律对社会组织的授权。前者如《地方各级人民代表大会和地方各级人民政府组织法》(2022)第73条[2],将11项行政职权赋予县级以上的地方各级人民政府;后者如《妇女权益保障法》(2018)第7条[3]赋予妇女联合会和工会、共青团等以维护妇女权益的职责,还有《教育法》(2021)第22条规定:“国家实行学业证书制度。经国家批准设立或者认可的学校及其他教育机构按照国家有关规定,颁发学历证书或者其他学业证书。”

对这两类法律授权的认知有助于我们认识和理解:(1)一切行政职权都不是天上掉下来的,是人民通过法律授权才产生的。行政机关的行政职权必须经法律授权,社会组织的行政职权更应经法律授权。(2)行政机关经法律授权后就获得行政主体资格,社会组织经法律授权也

---

[1] 在德国,法律赋予政府机关某些职权,也被称为“法律授权”。如《德意志联邦共和国基本法》(Grundgesetz für die Bundesrepublik Deutschland,GG)第80条第1款规定:“经法律授权,联邦政府、联邦部长或各州政府可制定法规命令。但授权法案必须明确授权的内容、目的和界限。”

[2] 《地方各级人民代表大会和地方各级人民政府组织法》(2022)第73条规定:“县级以上的地方各级人民政府行使下列职权:(一)执行本级人民代表大会及其常务委员会的决议,以及上级国家行政机关的决定和命令,规定行政措施,发布决定和命令;(二)领导所属各工作部门和下级人民政府的工作;(三)改变或者撤销所属各工作部门的不适当的命令、指示和下级人民政府的不适当的决定、命令;(四)依照法律的规定任免、培训、考核和奖惩国家行政机关工作人员;(五)编制和执行国民经济和社会发展规划纲要、计划和预算,管理本行政区域内的经济、教育、科学、文化、卫生、体育、城乡建设等事业和生态环境保护、自然资源、财政、民政、社会保障、公安、民族事务、司法行政、人口与计划生育等行政工作;(六)保护社会主义的全民所有的财产和劳动群众集体所有的财产,保护公民私人所有的合法财产,维护社会秩序,保障公民的人身权利、民主权利和其他权利;(七)履行国有资产管理职责;(八)保护各种经济组织的合法权益;(九)铸牢中华民族共同体意识,促进各民族广泛交往交流交融,保障少数民族的合法权利和利益,保障少数民族保持或者改革自己的风俗习惯的自由,帮助本行政区域内的民族自治地方依照宪法和法律实行区域自治,帮助各少数民族发展政治、经济和文化的建设事业;(十)保障宪法和法律赋予妇女的男女平等、同工同酬和婚姻自由等各项权利;(十一)办理上级国家行政机关交办的其他事项。”

[3] 《妇女权益保障法》(2018)第7条规定:“中华全国妇女联合会和地方各级妇女联合会依照法律和中华全国妇女联合会章程,代表和维护各族各界妇女的利益,做好维护妇女权益的工作。工会、共产主义青年团,应当在各自的工作范围内,做好维护妇女权益的工作。”

可以成为行政主体。(3)法律对行政机关的授权应当具有普遍性,法律对社会组织的授权应当限于个别性。(见图7－3)

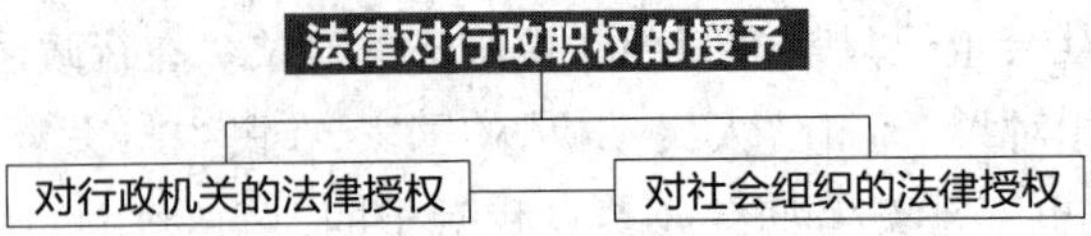

图7－3　法律对行政职权的授予

目前中国《行政诉讼法》上的“授权”主要是指“法律对社会组织的授权”。这对确认行政诉讼的被告是有益的,但在概念上会将“法律对行政机关的授权”和“转让意义上的行政授权”推出“授权”概念之外。

(二)类别授权与事项授权

当我们考察法律如何对行政机关进行授权时,会发现存在两种不同的授权方式,即类别授权与事项授权。[4]

类别授权与事项授权的划分取决于行政职权的划分。前一章我们曾将行政职权划分为类别职权与事项授权。类别职权是指行政机关依法所拥有的某一类管理权,它是行政主管权和行政管辖权的反映;事务职权,系指行政机关依法所拥有的对某一类事项的处理权,这是行政决定权的反映。以此为基础,法律授权也就可以划分为类别授权与事项授权。前者如《宪法》(2018)第89条授予国务院具有领导和管理经济工作和城乡建设、生态文明建设;领导和管理教育、科学、文化、卫生、体育和计划生育工作;领导和管理民政、公安、司法行政等工作;领导和管理国防建设事业;领导和管理民族事务,保障少数民族的平等权利和民族自治地方的自治权利;等等。后者如《治安管理处罚法》,它是对公安机关具体实施治安处罚权的授予。

区别这两类授权的意义在于:(1)类别授权主要是解决行政主体资格问题,而事项授权主要是解决行政权限问题;(2)类别授权主要由宪法、组织法和有关法律作为授权形式,事项授权主要由具体管理法规作为授权形式;(3)法律授权可以适用类别职权和事项职权,但行政授权与行政委托主要适用事项职权;(4)事项授权必须以类别授权为基础并服从类别授权。行政授权和行政委托不得超越事项职权的范围,更不得超越类别职权的范围。

(三)具体授权与抽象授权

法律授权某类或某个行政机关行使某种具体权力的,称为具体授权。法律授权没有指明某类或某个行政机关行使某一权力的,就是抽象授权。

《食品安全法》(2021)第110条规定:“县级以上人民政府食品安全监督管理部门履行食品安全监督管理职责,有权采取下列措施,对生产经营者遵守本法的情况进行监督检查:(一)进入生产经营场所实施现场检查;(二)对生产经营的食品、食品添加剂、食品相关产品进行抽样检验;(三)查阅、复制有关合同、票据、账簿以及其他有关资料;(四)查封、扣押有证据证明不符合食品安全标准或者有证据证明存在安全隐患以及用于违法生产经营的食品、食品添加剂、食

〔4〕这两种授权方式,主要指法律对行政机关的授权而言,但它同样适用法律对社会组织的授权方法。以下的抽象授权与具体授权、直接授权与间接授权、个别授权与普遍授权等几种分类,同理,主要指法律对行政机关的授权方式,但也不排斥这种方式可以适用法律对社会组织的授权。

品相关产品;(五)查封违法从事生产经营活动的场所。"这里主体和行为都是明确的,因而属于法律的具体授权。但以前有过类似的表述是:"……有关部门可以处罚。"这种表述就是抽象授权。

这种授权分类的意义在于贯彻一项法则:授权必须是具体的,法治不允许抽象授权。因为抽象授权没有法律上的直接意义。

上述的类别授权与事项授权都属于具体授权。

(四)直接授权与间接授权

这是依据被授权主体是否依据授权行为直接拥有所授职权所作的一种分类。一般而言,凡法律授权都是直接授权,法律授权发生之后,被授权主体就直接获得了所授职权。但在现实中可能会有这种情况,法律对某主体授权时,为它设置了获得这种权力的前置条件,或者规定必须依据另外一个法律才可行使该权力,这种授权就成为间接授权。在直接授权中,被授权主体可以直接依据该授权法律行使权力,无须通过其他法律转换,但在间接授权中,被授权主体应当依据另外一种法律的转换方能行使所授权力。

例如,《行政处罚法》(2021)第72条第1款第1项规定:"当事人逾期不履行行政处罚决定的,作出行政处罚决定的行政机关可以采取下列措施:(一)到期不缴纳罚款的,每日按罚款数额的百分之三加处罚款,加处罚款的数额不得超出罚款的数额……"这属于直接授权。因为任何作出行政处罚决定的行政机关都可以直接依据该规定,对到期不缴纳罚款的当事人,每日按罚款数额的3%加处罚款。《治安管理处罚法》(2012)第48条规定:"冒领、隐匿、毁弃、私自开拆或者非法检查他人邮件的,处五日以下拘留或者五百元以下罚款。"这类规定也是"直接授权规范",公安机关直接可以依据该条款对当事人实施治安处罚。

但如《行政强制法》(2011)第34条规定:"行政机关依法作出行政决定后,当事人在行政机关决定的期限内不履行义务的,具有行政强制执行权的行政机关依照本章规定强制执行。"第13条规定:"行政强制执行由法律设定。法律没有规定行政机关强制执行的,作出行政决定的行政机关应当申请人民法院强制执行。"从上述规定看,《行政强制法》对行政机关的自身强制执行权是一种间接授权,而不是直接授权。因为行政机关并不依据上述规定直接获得强制执行权,只有在其他法律规定某行政机关对某事务具有强制执行权时,它才具有行政强制执行权。[5]

间接授权的表达方式,在主体上通常表达为"有权机关""有关部门"等;法律依据上通常表达为"依法""依照法律规定""依照有关法律"等;行为上通常表达为"给予处罚""给予罚款""给予处分"等。总之,间接授权的表达方式常常在主体、条件、行为上具有很大的抽象性,使被授权主体无法直接依据它实施行政行为。间接授权需要经过其他法律的具体规定,或是在其他法律的同时适用情况下,方可直接而具体地执行。

---

〔5〕　再如《行政处罚法》(2021)第19条规定:"法律、法规授权的具有管理公共事务职能的组织可以在法定授权范围内实施行政处罚。"这也是间接授权,因为并不是所有"具有管理公共事务职能的组织"直接依据本条规定就获得了行政处罚权。它们是否获得行政处罚权,还是有赖于其他法律和法规的具体规定。还有《个人信息保护法》(2021)第67条规定:"有本法规定的违法行为的,依照有关法律、行政法规的规定记入信用档案,并予以公示。"这意味着,虽然该法规定已赋予履行个人信息保护职责的部门有权将违法者记入信用档案,但必须另行按照有关法律、行政法规才能实施这项权力。

直接授权与间接授权这一分类,有助于我们把握授权法、授权行为与被授权主体之间的法律距离,认识和把握被授权主体行使所授职权的时机,最终确定被授权主体所作行政行为的合法性和有效性。执法机关要特别注意区分法律中的直接授权规范与间接授权规范。千万不要直接依据间接授权规范,或者只是依据间接授权规范而直接作出执法行为,以避免造成"缺乏法律依据"之尴尬。

(五)个别授权与普遍授权

这是依据被授权主体是否具有普遍性所作的一种分类。法律将某一行政职权授予一类或几类组织的,属于普遍授权;如果法律只是将某职权授予某一特定主体的,这是个别授权。

例如,《行政处罚法》(2021)第19条规定:"法律、法规授权的具有管理公共事务职能的组织可以在法定授权范围内实施行政处罚。"这种授权的结果是使一类组织获得行政职权,因而属于普遍授权。又如,《城乡规划法》(2019)第64条规定:"未取得建设工程规划许可证或者未按照建设工程规划许可证的规定进行建设的,由县级以上地方人民政府城乡规划主管部门责令停止建设;尚可采取改正措施消除对规划实施的影响的,限期改正,处建设工程造价百分之五以上百分之十以下的罚款;无法采取改正措施消除影响的,限期拆除,不能拆除的,没收实物或者违法收入,可以并处建设工程造价百分之十以下的罚款。"该规定将这方面的行政处罚权赋予"县级以上地方人民政府城乡规划主管部门",而这类机关并不指特定的某一个,因而是普遍授权。但是,《妇女权益保障法》(2018)第7条赋予"中华全国妇女联合会"以维护妇女权益的职责,还有《海南自由贸易港法》(2021)为海南自由贸易港的管理机关规定了一些具体的行政职权,由于被授权人为特定的海南自由贸易港,这属于个别授权。

这一分类有助于我们认识和把握行政授权的法律效果,普遍授权会使一类组织成为某一法律关系中的行政主体;个别授权只是导致一个组织或者几个特定的组织成为某一法律关系中的行政主体。

四、法律授权与授权法律

法律授权是人民通过法律对行政机关进行赋权,授予行政职权。那么,这里进行授权的"法律"就是"授权法律"(以下简称"授权法")。这一"授权法"的范围应当包括哪些呢?

进行法律授权中的"法律"应当从广义理解,包括宪法、法律、行政法规、地方性法规和规章,也就是限于《立法法》所调整的"法"的范围。规范性文件不得进行法律授权。但是,尽管如此,也并不意味着任何"法"(宪法、法律、行政法规、地方性法规和规章)都可以授权任何行政职权。"授权法"与"行政职权"之间具有一定的对应关系。

根据我国的宪制体系和立法原理,"授权法"与"行政职权"之间存在如下的对应关系:

1. 宪法及宪法相关法。各级人民政府的基本权力由宪法及宪法相关法授权,如《宪法》(2018)第89、107、119条,《国务院组织法》(1982)第3、10条,以及《地方各级人民代表大会和地方各级人民政府组织法》(2022)第73、76条等,都对各级人民政府及工作部门的行政职权进行了直接的授权。行政机关与其他国家机关之间的职权分工,也都由宪法授权。

2. 法律。涉及法律保留事项[6]和公民基本权利的行政职权,以及法律明文规定必须由法律设定的行政职权,由法律授权。

3. 行政法规。为落实宪法所规定的国务院的职权以及为执行法律需设定的行政职权,由行政法规授予。

4. 地方性法规。为执行法律和行政法规,管理地方性事务的行政职权,地方性法规可以在宪法、法律和行政法规的框架内进行一定程度的授权。

5. 规章。规章原则上不得设定行政机关行政职权,否则会有自己为自己授权之嫌。但为落实法律和法规所规定的职权,在不违反立法设定权力规则的前提下,可以进行极小范围内的授权。

五、法律授权与法律设定

自从1996年的《行政处罚法》首次使用"设定"[7]这一概念以来,"设定"一词接着被使用于《行政许可法》和《行政强制法》等诸多法律,"法律设定"这一概念也就随之形成,得到较大范围内的使用。

如果从《行政处罚法》《行政许可法》《行政强制法》的立场来解释"法律设定",那么,"法律设定"不是直接指对行政职权的设定。《行政处罚法》中的"设定"是指法律对处罚种类的创设;《行政许可法》中的"设定"是指法律对许可事项范围的划定;《行政强制法》中的"设定"是指法律对行政强制措施和行政强制手段的确立。它们直接要解决的是"行为"和"事项",而不是指"权力"。所以,《行政处罚法》《行政许可法》《行政强制法》中的"设定"不宜被分别解读为"对行政处罚权的设定""对行政许可权的设定""对行政强制权的设定"。

当然,法律设定也可以指法律对行政职权的设定。从这一意义上说,法律设定可以和法律授权相等同,都是指将行政职权赋权给某组织,使该组织从无到有,由此获得行政职权,成为够格的行政主体。在这一层面上,法律授权、法律赋权、法律设定不过是表达方面的不同而已。

六、法律授权的基础架构

现在可以用图7-4归纳一下法律授权的基础架构。法律授权的基础架构也就是原始架构。

---

[6] 《立法法》(2023)第11条规定的事项。该条规定:"下列事项只能制定法律:(一)国家主权的事项;(二)各级人民代表大会、人民政府、监察委员会、人民法院和人民检察院的产生、组织和职权;(三)民族区域自治制度、特别行政区制度、基层群众自治制度;(四)犯罪和刑罚;(五)对公民政治权利的剥夺、限制人身自由的强制措施和处罚;(六)税种的设立、税率的确定和税收征收管理等税收基本制度;(七)对非国有财产的征收、征用;(八)民事基本制度;(九)基本经济制度以及财政、海关、金融和外贸的基本制度;(十)诉讼制度和仲裁基本制度;(十一)必须由全国人民代表大会及其常务委员会制定法律的其他事项。"

[7] 1996年的《行政处罚法》第二章的标题是:"行政处罚的种类和设定"。

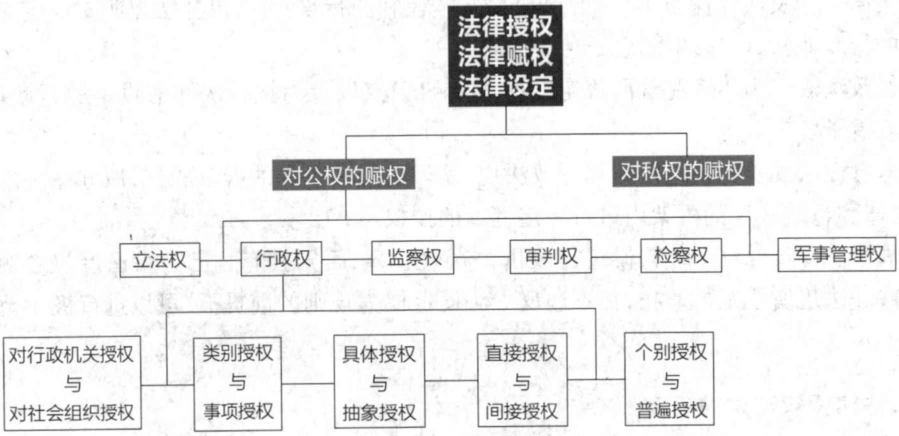

图 7-4 法律授权的基础框架

第二节 行政授权——职权的转让

一、第一次授权与第二次授权

要讲清什么是行政授权,最好从"第一次授权与第二次授权"范畴入手。

"职权法定"原则不仅要求行政机关的行政职权经法律授权获得,不经法律授权,行政机关便无行政职权[8];而且要求获得授权的主体必须自己行使该职权,被授权者不得像对待民事权利那样对行政职权进行自由处分和转让,必须自己拥有和自己行使。[9] 按照这一原理,如果经法律授权所获得的行政职权,被授权者觉得自己无条件行使,需要改由另一主体行使,被授权者应当将所授职权还回去,由法律重新对另一机关进行授权。但是,这种做法贯彻了"职权法定"的法治原则,但明显影响行政效率。于是,人们在法律制度中探讨和创设了一种方法:法律在授权中提前设计好一个机制,在法律允许的前提下,当某一被授权主体获得行政职权之后,发现自己无法行使(如缺乏条件和能力等)该职权,或者调整为由另一组织来行使这一权力更符合客观规律或实际需要,出于国家管理效率的考虑,它可以通过法定程序将自己的职权转让给另一组织。如果将职权的"转让"也称作为"授权",那么就出现了两次授权,第一次授权与第二次授权。原始的法律授权就是第一次授权,事后依法调整权力配置,就是第二次授权。在国际公法理论上,"授权"正是在两种意义上被使用:一是指法律、法规对权力的最初设定(授予);二是已获得权力的主体把自己的权力转移给其他主体,使后者亦拥有这种权力。[10] 在这

[8] 社会组织也是同理。以下为阐述方便,社会组织的授权问题暂作省略,不作同步阐述。

[9] 美国行政法也认为,"立法部门、行政部门和司法部门拥有的权力是人民授给它们的。既然这三个部门是人民所授的立法权、行政权、司法权的授受者,那么它们也就必须是这种权力的唯一所有者"。参见[美]伯纳德·施瓦茨:《行政法》,徐炳译,群众出版社 1986 年版,第 31 页。

[10] 参见《简明不列颠百科全书》(第 7 卷),中国大百科全书出版社 1986 年版,第 340 页;*Black's Law Dictionary*, Fifth Edition, West Publishing co., 1979. p. 384;[英]伊丽莎白·A. 马丁编著:《牛津法律词典》,上海翻译出版公司 1991 年版,第 145 页;[英]戴维·M. 沃克:《牛津法律大辞典》,光明日报出版社 1988 年版,第 255 页;[英]戴维·米勒、韦农·波格丹诺:《布莱克维尔政治学百科全书》,中国政法大学出版社 1992 年版,第 197 页。

一点上,中外理论正好是相通的。

我们前面所述的法律授权就是第一次授权。第一次授权就是法律赋权,是法律对行政机关的原始授权,是人民通过法律将行政职权授给行政机关;该行政机关在经过法律授权获得行政职权之后,出于国家管理效率的需要,在法律许可的前提下,通过法定程序将自己的职权转让给另一组织行使,这就是第二次授权。如果把行政职权比喻为国有土地,国家在一级市场里将国家土地使用权"出让"给建设企业,建设企业经一定的开发又依法"转让"给另一企业。这里的"出让"就是第一次授权,"转让"就是第二次授权。也可以说,第一次授权是赋权意义上的授权,第二次授权则是转让意义上的授权。(见图7－5)

图7－5　行政授权

从行政职权的流程上看,第一次授权与第二次授权的关系如图7－6所示:

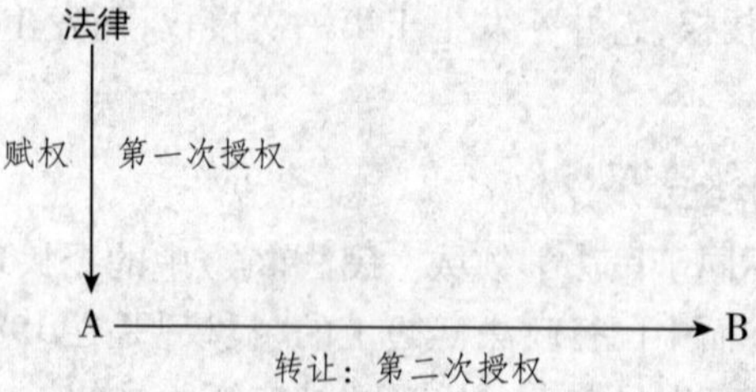

图7－6　第一次授权与第二次授权的关系

法律通过法律授权赋予行政机关A以行政职权。行政机关A获得行政职权之后,在法律许可并出于国家管理需要的条件下,通过法定程序将自己的职权转让给另外的组织B。前一个过程是第一次授权,第二个过程便是第二次授权。

例如,《宪法》(2018)第89条赋予国务院18项职权,特别是《土地管理法》(2019)第35条〔11〕和第46条〔12〕,将农用土地转为建设用地以及将对农用土地的征收权设定给了国务院,这其实是第一次授权。现国务院又依据《海南自由贸易港法》(2021)第48条第1款规定〔13〕,将由国务院审批的农用地转为建设用地和土地征收事项等职权下放(转让)给了海南省人民政

〔11〕《土地管理法》(2019)第35条规定:"永久基本农田经依法划定后,任何单位和个人不得擅自占用或者改变其用途。国家能源、交通、水利、军事设施等重点建设项目选址确实难以避让永久基本农田,涉及农用地转用或者土地征收的,必须经国务院批准。禁止通过擅自调整县级土地利用总体规划、乡(镇)土地利用总体规划等方式规避永久基本农田农用地转用或者土地征收的审批。"

〔12〕《土地管理法》(2019)第46条第1款规定:"征收下列土地的,由国务院批准:(一)永久基本农田;(二)永久基本农田以外的耕地超过三十五公顷的;(三)其他土地超过七十公顷的。"

〔13〕《海南自由贸易港法》(2021)第48条第1款规定:"国务院可以根据海南自由贸易港建设的需要,授权海南省人民政府审批由国务院审批的农用地转为建设用地和土地征收事项;授权海南省人民政府在不突破海南省国土空间规划明确的生态保护红线、永久基本农田面积、耕地和林地保有量、建设用地总规模等重要指标并确保质量不降低的前提下,按照国家规定的条件,对全省耕地、永久基本农田、林地、建设用地布局调整进行审批。"

府。从此之后,这些权力不再由国务院行使,而是由海南省人民政府行使。这就是第二次授权。再如,《审计法》(2021)第18条规定:“审计机关对本级各部门(含直属单位)和下级政府预算的执行情况和决算以及其他财政收支情况,进行审计监督。”这属于《审计法》对审计机关审计职权的原始授权,显然属于第一次授权。然后,审计机关依据《审计法》(2021)第10条[14]和第31条[15]规定,对派出机关或下级审计机关进行的授权,就是转让意义上的授权,显然属于第二次授权。

区分第一次授权与第二次授权对于正确认知中国行政法上的“授权”特别有帮助。中国行政法上的行政授权就是转让意义上的授权,属于第二次授权,但我们在表述上常常和第一次授权相混同。

二、行政授权的定位

行政授权,是指行政机关经法律授权获得行政职权之后,由于行政管理活动的繁杂性、专业性、技术性,有的行政机关现有的人力物力资源难以满足行政管理的实际需要,或者由于客观情况的变化,需要把自己的一些职权调配给其他组织行使,为此,行政机关将自己已获得的行政职权转让给别的组织。这种法律制度被称作行政授权。而这种授权显然不是赋权意义上的授权,而是转让意义上的授权,它并不发生于第一次授权,而发生于以第一次授权为基础的第二次授权之中。

(一)行政授权概念的流变

中国行政法上的授权不同于民法学领域。民法(学)中的授权理论和制度由来已久,成熟到无人争议和关注的地步。而中国行政法(学)上的“授权”是在1989年《行政诉讼法》的制定时,和“委托”一起作为一对孪生兄弟一并出现并被广泛关注的。1989年《行政诉讼法》第25条第4款规定:“由法律、法规授权的组织所作的具体行政行为,该组织是被告。由行政机关委托的组织所作的具体行政行为,委托的行政机关是被告。”[16]由此确立了认定诉讼被告的一项规则:在授权关系中,被授权方组织是被告;在委托关系中,委托方组织是被告。在行政诉讼制度的反射下,人们才开始广泛关注和研究行政实体法上的“授权”和“委托”及其两者的关系。

但是,1989年《行政诉讼法》第25条只是确立了一项被告认定规则,并未对“授权”本身下定义。2014年和2017年的修正,《行政诉讼法》将原来第25条里关于“授权”规定,调整为第2条的第2款。该款规定:“前款所称行政行为,包括法律、法规、规章授权的组织作出的行政行为。”但对“授权”的定位没有改变。在最高人民法院对《行政诉讼法》的四个配套解释中,对这一“授权”的解释,始终定格在“法律法规(后来扩大到规章)对非行政机关或者不具有行政主

---

〔14〕《审计法》(2021)第10条规定:“审计机关根据工作需要,经本级人民政府批准,可以在其审计管辖范围内设立派出机构。派出机构根据审计机关的授权,依法进行审计工作。”

〔15〕《审计法》(2021)第31条第3款规定:“上级审计机关对其审计管辖范围内的审计事项,可以授权下级审计机关进行审计,但本法第十八条至第二十条规定的审计事项不得进行授权;上级审计机关对下级审计机关审计管辖范围内的重大审计事项,可以直接进行审计,但是应当防止不必要的重复审计。”

〔16〕《行政诉讼法》2014年修订后,原第25条第4款规定已分解为新法第2条和第26条第5款。但规则内容没有改变。《行政诉讼法》(2014)第2条规定:“公民、法人或者其他组织认为行政机关和行政机关工作人员的行政行为侵犯其合法权益,有权依照本法向人民法院提起诉讼。前款所称行政行为,包括法律、法规、规章授权的组织作出的行政行为。”第26条第5款规定:“行政机关委托的组织所作的行政行为,委托的行政机关是被告。”

体资格的行政机关内部机构或派出机构所作的授权"[17]。为了和这种意义上的"授权"相吻合,《行政许可法》《行政处罚法》《行政强制法》等都有了一种类似的规定:《行政许可法》(2019)第23条规定:"法律、法规授权的具有管理公共事务职能的组织,在法定授权范围内,以自己的名义实施行政许可。被授权的组织适用本法有关行政机关的规定。"《行政处罚法》(2021)第19条规定:"法律、法规授权的具有管理公共事务职能的组织可以在法定授权范围内实施行政处罚。"《行政强制法》(2011)第70条规定:"法律、行政法规授权的具有管理公共事务职能的组织在法定授权范围内,以自己的名义实施行政强制,适用本法有关行政机关的规定。"

这种意义上的"授权"由此被定格为"法律法规的授权",而且它仅仅是指法律法规对社会组织[18]赋予行政职权,仅仅是"赋权意义上的授权"(第一次授权),而不是"转让意义上的授权"(第二次授权)。而在我国法律制度中,"转让意义上的授权"(第二次授权)和"不通过法律法规的授权"恰恰大量存在。前者如《海南自由贸易港法》(2021)第48条第1款规定:"国务院可以根据海南自由贸易港建设的需要,授权海南省人民政府审批由国务院审批的农用地转为建设用地和土地征收事项;授权海南省人民政府在不突破海南省国土空间规划明确的生态保护红线、永久基本农田面积、耕地和林地保有量、建设用地总规模等重要指标并确保质量不降低的前提下,按照国家规定的条件,对全省耕地、永久基本农田、林地、建设用地布局调整进行审批。"国务院《关于授权和委托用地审批权的决定》(国发〔2020〕4号)第1项规定:"将国务院可以授权的永久基本农田以外的农用地转为建设用地审批事项授权各省、自治区、直辖市人民政府批准。自本决定发布之日起,按照《中华人民共和国土地管理法》第四十四条第三款规定,对国务院批准土地利用总体规划的城市在建设用地规模范围内,按土地利用年度计划分批次将永久基本农田以外的农用地转为建设用地的,国务院授权各省、自治区、直辖市人民政府批准;按照《中华人民共和国土地管理法》第四十四条第四款规定,对在土地利用总体规划确定的城市和村庄、集镇建设用地规模范围外,将永久基本农田以外的农用地转为建设用地的,国务院授权各省、自治区、直辖市人民政府批准。"

"不通过法律法规的授权"同样在法律制度和现实中比比皆是,如《审计法》(2021)第10条规定:"审计机关根据工作需要,经本级人民政府批准,可以在其审计管辖范围内设立派出机构。派出机构根据审计机关的授权,依法进行审计工作。"第31条第3款规定:"上级审计机关对其审计管辖范围内的审计事项,可以授权下级审计机关进行审计,但本法第十八条至第二十条规定的审计事项不得进行授权;上级审计机关对下级审计机关审计管辖范围内的重大审计事项,可以直接进行审计,但是应当防止不必要的重复审计。"《森林法》(2019)第14条规定:"森林资源属于国家所有,由法律规定属于集体所有的除外。国家所有的森林资源的所有权由国务院代表国家行使。国务院可以授权国务院自然资源主管部门统一履行国有森林资源所有者职责。"这里的授权,可以通过行政法规,也可以不通过行政法规,用行政决定的形式。广西壮族自治区体育局《关于授权广西射击射箭运动发展中心开展冬季、街舞等项目裁判员技术等级认证的通知》(桂体竞〔2022〕11号)所实施的授权,并不通过法律、法规和规章。

---

〔17〕《行政诉讼法解释》(1991)第1条;《行政诉讼法解释》(1999)第20、21条;《行政诉讼法解释》(2018)第20、24条。《行政诉讼法解释》(2015)对这类"授权"没有相应规定。

〔18〕这个被授权主体的"社会组织"附带包括了行政机关的内部机构和派出机构。

但是,由于《行政诉讼法》将“授权”限定为“通过法律法规的授权”,因而,只要“不通过法律法规的授权”,即便具有“授权”的性质和特征,依然会被推进“行政委托”的范围,而它们与真正的“行政委托”极不相同。最高人民法院的司法解释补强了这一做法。[19]

显然,我们无法将《行政诉讼法》中的“授权”简单放大为行政法意义上的“行政授权”。中国的学理和法律开始为“行政授权”寻找一种普遍性的定位,以此确立普遍的,而不是狭隘的“行政授权”概念和制度,为将来制定行政程序法中的相应内容奠定基础。学理和法律试图在以下几种意义上来确立“行政授权”:

1. 法律法规授权论。授权是指法律法规直接赋予有关组织以行政职权。这一观点的法律依据是《行政诉讼法》(1989)第25条第4款。该条款规定:“由法律、法规授权的组织所作的具体行政行为,该组织是被告。”2014年和2017年《行政诉讼法》修正后,将“法律法规”的授权扩大为“法律法规规章”的授权。《行政诉讼法》(2017)第2条第2款规定:“前款所称行政行为,包括法律、法规、规章授权的组织作出的行政行为。”法规授权论是中国当下关于行政授权的主流理论。而且这一观点将是否通过“法律法规”的授权看作“行政授权与行政委托”的区别标准,以至于出现这样的表述:授权是通过法律法规的委托,委托是非通过法律法规的授权。

2. 社会组织授权论。由于“法律法规的授权”与“法律法规对行政机关职权的设定”都属于赋予职权的立法行为,无法区别。后来有些学者[20]在理论上对授权对象作了些微调,主张“法律法规把行政职权赋予行政机关”的制度属于行政职权的“设定”;“法律法规把行政职权赋予行政机关以外的具有管理公共事务职能的社会组织”的制度,定义为“授权”。[21] 也就是说,法律法规把行政职权授给行政机关是“设定”,法律法规把行政职权授给社会组织的才是“授权”。这一理论的法律依据也能轻易找到,行政行为三大基本法律中的授权都是指对“具有管理公共事务职能的组织”的授权。[22] 但是这一理论遇到了两大障碍:一是和现行法律规定的授权含义不一致。我国不少法律规定的授权就是指对“行政机关”的授权。[23] 二是它在理论上没有很好地突出“授权”的根本特征,即授权是指一个权力主体依法将自己的权力转让给另一个主体行使,它具有权力的“转让性”。“设定”与“授权”的最大区别是“第一次赋权”(原始赋权)还是“第二次赋权”(转让赋权)。

---

[19] 《行政诉讼法解释》(1999)第21条规定:“行政机关在没有法律、法规或者规章规定的情况下,授权其内设机构、派出机构或者其他组织行使行政职权的,应当视为委托。当事人不服提起诉讼的,应当以该行政机关为被告。”《行政诉讼法解释》(2018)第20条第3款规定:“没有法律、法规或者规章规定,行政机关授权其内设机构、派出机构或者其他组织行使行政职权的,属于行政诉讼法第二十六条规定的委托。当事人不服提起诉讼的,应当以该行政机关为被告。”

[20] 作者在本书的前一版中也接受了这一观点。参见胡建淼:《行政法学》(第4版),法律出版社2015年版,第550页。

[21] 有学者认为:“行政授权是为了缓解政府的行政压力,而将次要性、临时性、辅助性和专业性的行政职权授予符合条件的社会组织行使。”参见周远洋:《行政授权事项范围的界定》,载《南海法学》2020年第2期(总第20期)。

[22] 如《行政许可法》(2019)第33条、《行政强制法》(2011)第70条、《行政处罚法》(2021)第19条。

[23] 如《海南自由贸易港法》(2021)第7条规定:“国家支持海南自由贸易港建设发展,支持海南省依照中央要求和法律规定行使改革自主权。国务院及其有关部门根据海南自由贸易港建设的实际需要,及时依法授权或者委托海南省人民政府及其有关部门行使相关管理职权。”第48条第1款规定:“国务院可以根据海南自由贸易港建设的需要,授权海南省人民政府审批由国务院审批的农用地转为建设用地和土地征收事项;授权海南省人民政府在不突破海南省国土空间规划明确的生态保护红线、永久基本农田面积、耕地和林地保有量、建设用地总规模等重要指标并确保质量不降低的前提下,按照国家规定的条件,对全省耕地、永久基本农田、林地、建设用地布局调整进行审批。”

3. 行政行为授权论。这种观点认为,以上所述的“授权”,无论是“法律法规授权论”还是“社会组织授权论”,都是一种广义上的立法行为。行政法上的“授权”是一种行政授权,它必须是行政行为。因此,行政授权应当是指一个行政主体在特定条件下,依法将自己的行政职权转让给另外一个组织行使的法律制度。这一理论的依据是,我国有不少法律所规定的“授权”都是指行政行为的授权,而不是法律法规的授权。[24] 但是这一理论又陷入了三大困境:(1)它与我国的实际法律制度不吻合。它无视了在中国的行政授权中,确实存在一个行政主体通过法律法规和规章进行授权的法律制度和事实,特别是国务院。[25] (2)它与我国“法规授权论”的法律规定和主流观点相冲突。我国行政法上的“授权”恰恰是起源于 1989 年《行政诉讼法》第 25 条第 4 款[26]的规定。这正是“法律法规授权论”。(3)在中国现行“行政委托”的制度和理论中,不通过法律法规,而是通过行政行为的授权恰恰被定性为“行政委托”而不是“行政授权”。

可见,以上的几种定位都有点盲人摸象,只是反映授权的一个局部特征。如果将《行政诉讼法》中的“授权”拉出来置于整个行政法学中的“行政授权”来立论和考察,特别是置于中国整个“法律授权”的体系中进行研究,那么,“行政授权”必须重新定位。

(二)行政授权的重新定位

我们认为,以上的几个定位都是正确的,在现行法律制度中也是客观存在的,但是,无论哪个单一性的定位,都可以找到法律上的反例,并且无法反映行政法意义上的“行政授权”的本质和全部特征。因为,对于“法律法规授权论”,“法律法规”仅仅是授权的一种“形式”和“路径”而已,并不是授权的全部“形式”和“路径”;对于“社会组织授权论”,法律将行政职权赋予行政机关还是社会组织,在法律效果上是一样的;对于“行政行为授权论”,在现行法律制度上,通过法律法规转让权力与通过行政行为转让权力其实是并存的。

行政法意义上的“行政授权”,应当是指行政机关经法律设定获得行政职权之后,当自己无法行使职权,或者出于国家管理的需要,在法律允许的前提下,通过法定程序将自己职权的部分或全部转让给另一行政机关或社会组织的法律制度。行政授权是行政职权的事后调配制度。也就是说,行政授权主要不是指通过法律法规的授权,或者通过行政行为的授权,而是指行政主体对行政职权的授权,即将自己的行政职权在法律许可前提下转让给别的组织。[27] 这种意义上的行政授权具有下列法律特征:

1. 行政授权的主体是行政主体,而不是立法主体,一般是行政机关。不是行政主体,它就不会有行政职权;自己没有行政职权,就不会发生给别人授权之事。这正好与行政职权的法律

---

〔24〕 如《烟草专卖法》(2015)第 21 条规定:“托运或者自运烟草专卖品必须持有烟草专卖行政主管部门或者烟草专卖行政主管部门授权的机构签发的准运证;无准运证的,承运人不得承运。”《反洗钱法》(2006)第 28 条规定:“国务院反洗钱行政主管部门根据国务院授权,代表中国政府与外国政府和有关国际组织开展反洗钱合作,依法与境外反洗钱机构交换与反洗钱有关的信息和资料。”《海域使用管理法》(2001)第 18 条规定:“下列项目用海,应当报国务院审批……前款规定以外的项目用海的审批权限,由国务院授权省、自治区、直辖市人民政府规定。”

〔25〕 如前面提到的,国务院依据《海南自由贸易港法》(2021)第 7 条和第 48 条对海南省人民政府的授权大多是通过行政法规授权的。

〔26〕 《行政诉讼法》(1989)第 25 条第 4 款规定:“由法律、法规授权的组织所作的具体行政行为,该组织是被告。”

〔27〕 葡萄牙行政法认为,行政授权(delegação)是指“一个行政当局机关(一般为主管某事宜之机关)依法容许另一机关或人员作出关于同一事宜之行政行为。”参见[葡]迪奥戈·弗雷塔斯·亚玛勒:《行政法教程》(第 2 卷),黄显辉、黄淑禧、黄景禧译,社会科学文献出版社 2020 年版,第 155 页。

设定相区别。因为法律设定(法律授权)的主体是立法机关(制法机关),而行政授权的主体是行政机关。但如果一个机关既是制法机关,又是行政主体,这种身份的重合是允许的。只不过当它进行行政授权时,它具有多种身份而已(既是行政主体,又是制法主体)。换句话说,行政授权的主体可以有多种身份,但必须具有行政主体的基本身份。

2. 行政授权的对象可以是行政机关,也可以是其他组织。在现行法律制度中,行政授权既有授给行政机关的,也有授给"具有管理公共事务职能的社会组织"。

3. 行政授权的客体是行政职权,包括行政权能和行为权能。它可以是行政职权的全部,也可以是行政职权的一部分。行政授权中的"行政性"主要体现在客体上,是指对行政职权的授权,而不是指对其他国家权力的授权。这正好与立法授权、司法授权等相区别。

4. 行政授权行为表现为职权的事后转让。行政授权不是指法律对职权的初次赋权、原始赋权和第一次授权,而是指被初次赋权(设定)、第一次授权后,被赋权者将自己的职权调配给别的组织的行为。所以,它是第二次及以后的赋权行为。这一点正好与行政职权的设定相区别。设定是原始赋权,授权是事后转让权力,具有职权转移的特点。〔28〕授权之后,授权主体一般不同时行使已授出的职权。因为行政授权就是在某行政主体自己无法或不便行使行政职权,而需要转让给另一个可以行使或适宜行使职权的组织的情况下,由法律所设定的一种职权调配制度。

5. 行政授权的效果是导致被授权组织成为新的行政主体。行政授权关系依法成立之后,被授权组织,无论它是行政机关还是社会组织,它都将成为这一法律关系中的行政主体。〔29〕被授权组织可以自己的名义实施所授行政职权,并对行为后果承担责任,在行政诉讼中又成为被告当事人。这一点正与行政委托相区别,行政委托不会导致新行政主体的产生。

理解行政授权,最关键的是要掌握两条:一是行政职权的转让。行政授权是转让意义上的授权而不是赋权意义上的授权;是第二次授权,而不是第一次授权。它转让的是行政职权而不是其他职权。二是法律的明文许可。在"职权法定"原则支配下,法律将行政职权赋予某行政主体(第一次授权)之后,该行政主体无权擅自将该权力转让,但在法律明文许可,并通过严格的法定程序,该权力是可以被转让(第二次授权)的。但是,这种范围受到严格控制。

还必须指出的是,"行政授权行为"不同于"实施所授职权行为"。行政授权行为是授权主体通过法定程序将自己的职权转让给另一主体(被授权主体)的行为过程,被授权主体得到所授职权之后据此实施所授职权的行为更是"实施所授职权行为"。"行政授权行为"处于"实施所授职权行为"的"上流";"实施所授职权行为"正处于"行政授权行为"的"下流"。"行政授权行为"依据授权方式的不同,是制法行为抑或是内部行政行为,而"实施所授职权行为"乃是被授权主体以行政主体身份独立行使所授权的行为,这是一种典型的行政行为。

---

〔28〕 如在行政处罚法理论和制度中,行政处罚的授权就是指"行政处罚权的转移,经过授权,特定组织取得行政处罚的主体资格,可以自己的名义行使行政处罚权并独立承担相应的法律责任,以自己的名义参加行政复议和行政诉讼"。参见许安标主编:《中华人民共和国行政处罚法释义》,中国民主法制出版社 2021 年版,第 80 页。

〔29〕 正如行政法专家苏乐治(R. G. E. Soares)所述:"所谓授权,指以法律规定为基础,一个行政机关允许另一个行政机关行使其权力;允许一个机关作出一个特别行为之法律规定允许其权限由另一机关行使;第一个机关之行为足以启动这个(授权)机制,结果是增加第二个机关之权力(被授权人),被授权人以授权为基础作出之行为,归责被授权人(而非授权人)。""两个公共机关之间的权力的一种表象转移,称之为授权。"参见[葡]苏乐治:《行政法》,冯文庄译,法律出版社 2014 年版,第 123 ~ 124 页。

(三)不是行政授权的"授权"

如果不是从上述的行政授权定位和法律特征,而仅仅从字面表达上去把握行政授权,那么,就会将一些不是行政授权的授权误认为行政授权。

特别是单位领导对其工作人员指派工作时常常会使用"授权"一词,也包括单位正职外出时"授权"副职主持或负责某项工作。这其实是一种内部工作委派或分配,或者明确对外的代表关系,它们都不属于行政法意义上的"行政授权"。行政授权会设定行政权限,超越行政权限构成行政越权。但上述情况一般不会构成对外意义上的权限。就外部关系而言,它们不认是谁代表了单位,而认为是以该单位的名义作出了该行为。

还要注意的是,有时我们将"授权"与"委托"混用,不加区分,常常用"授权"表达"委托"。但在法律关系和行为性质的认定中,必须加以区分。

三、行政授权的类别

(一)对行政机关的授权与对社会组织的授权

如上所述,在我国法律授权(第一次授权)中存在对行政机关的授权与对社会组织的授权,在行政授权(第二次授权)中同样存在对行政机关的授权与对社会组织的授权。当然,行政授权是指职权转让意义上的授权。

在行政授权中,对行政机关的授权表现为一个行政机关对下级行政机关,或者行政机关对它的工作部门和内部机构、派出机构的授权。后者一般表现为一个行政机关对具有管理公共事务职能社会组织所进行的授权,包括学校、企业、社会团体等。

至于到底应当将行政职权转让给行政机关还是社会组织,这完全取决于"授权法"如何规定,并非由授权主体自己选择。

这一分类有助于我们全面认识和把握我国行政授权的范围,特别是有助于确认行政主体的范围。

(二)通过法律法规的授权与通过行政行为的授权

这是依据授权方式的不同所作的分类。传统观点认为,行政授权就是指法律法规对行政职权的授权,而且将是否通过法律法规授权作为区别行政授权与行政委托的标准。其实这是片面的。在我国现行行政授权法律制度中,行政授权的方式既包括通过法律法规的授权,也包括通过行政行为的授权。[30] 还必须指出的是,现实中不少所谓"法律法规授权"其实是法律法规对行政职权的"设定"(第一次授权),因为它不具有行政职权的"转让性"。

须注意的是,在法律授权(第一次授权)中,授权主体是人民,授权方式是通过宪法、法律和法规,不存在非法律法规的授权,但在行政授权中,授权主体是行政主体,授权方式有的通过法律法规,有的则通过行政行为。

这一分类有助于我们认识和把握行政授权的根本特征以及与行政委托的区别。行政授权的根本特征以及行政授权与行政委托的根本区别都不在于"是否通过法律法规",而在于行政主体是否转让自己的行政职权。

---

〔30〕 详见本节"四、行政授权的前提和方式(二)行政授权的方式"。

四、行政授权的前提和方式

(一)行政授权的前提

从本质上说,行政职权的法律设定,是人民通过法律将国家权力初次分配给有关组织的过程,体现了"人民主权"和"中华人民共和国的一切权力属于人民"的政治原则和宪法原则。而行政授权是指,行政机关通过法律设定获得行政职权之后,事后在一定条件下转让自己职权的行为,它意味着对法律所设定的职权分配的事后调整,因而必须严格控制。

允许行政授权制度的存在,是为了保留国家权力运行的机动性,呼应国家管理的行政效率。但是不对行政授权进行严格控制,势必导致国家原始权力设置架构变形。所以,我们必须为行政授权设置前提。不具备前提,不得允许行政授权的发生。行政授权的前提最基本的有两项:一是出于行政管理的需要;二是为法律所许可。

所谓行政管理的需要,就是公共利益的需要。具体指行政管理的实际需求与行政职权的原始配置出现了一些脱节,具有行政职权的主体不具备行使该职权的条件,或者行使该职权成本过高,但具备条件和迫切需要行使该职权的组织又没有该职权,比如有的地方出现了"管得着的看不见""看得见的管不着",为此就需要对原始的权力配置作一些微调,这就出现了行政授权。

但是,单凭行政管理的需要还不够,更重要的是必须为法律所许可。这就要求,行政主体要发动行政授权,就必须有法律依据。只有在有法律明文规定的条件下,行政主体才能依据法律规定实施授权;没有允许授权的法律规定,行政机关不得实施行政授权。

明文规定可以授权的法律规定,乃是行政机关实施行政授权的法律依据,因而也被称为"授权依据法"。前面多次引用的《海南自由贸易港法》(2021)第7条[31]和第48条[32]就是典型的"授权依据法"。有了这一规定,国务院才可以将某些职权直接授给海南省人民政府。又如《土地管理法》(2019)第44条第4款规定:"在土地利用总体规划确定的城市和村庄、集镇建设用地规模范围外,将永久基本农田以外的农用地转为建设用地的,由国务院或者国务院授权的省、自治区、直辖市人民政府批准。"接着,国务院《关于授权和委托用地审批权的决定》(国发〔2020〕4号)规定,"将国务院可以授权的永久基本农田以外的农用地转为建设用地审批事项授权各省、自治区、直辖市人民政府批准"。在这一授权关系中,《土地管理法》就是"授权依据法"。有了这一依据法,国务院才可通过国发〔2020〕4号文进行授权。

(二)行政授权的方式

行政授权是一种行为,它必须通过一定的行为方式来进行。在我国现行法律制度中,行政授权是通过两种形式来进行的,一是通过法律、法规和规章授权,可简称为"法规授权";二是通过行政行为授权,可简称为"行为授权"。"法规授权"是一种广义的"立法行为","行为授权"

---

〔31〕《海南自由贸易港法》(2021)第7条规定:"国家支持海南自由贸易港建设发展,支持海南省依照中央要求和法律规定行使改革自主权。国务院及其有关部门根据海南自由贸易港建设的实际需要,及时依法授权或者委托海南省人民政府及其有关部门行使相关管理职权。"

〔32〕《海南自由贸易港法》(2021)第48条第1款规定:"国务院可以根据海南自由贸易港建设的需要,授权海南省人民政府审批由国务院审批的农用地转为建设用地和土地征收事项;授权海南省人民政府在不突破海南省国土空间规划明确的生态保护红线、永久基本农田面积、耕地和林地保有量、建设用地总规模等重要指标并确保质量不降低的前提下,按照国家规定的条件,对全省耕地、永久基本农田、林地、建设用地布局调整进行审批。"

则是一种“内部行政行为”。(见图7-7)

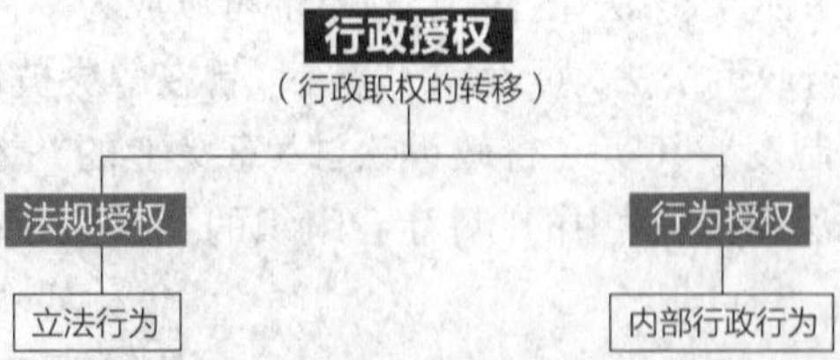

图7-7　行政授权

在德国,行政授权同样包括法规授权与行为授权两类。如德国行政法专家毛雷尔说:“授权必须由法律规定或者根据法律授权进行。在授权的行政主体和被授权人之间是公法上的授权关系,该关系通过法律和具体的授权行为得以确定。”〔33〕

(三)关于法规授权

我们有时不加思考地说,行政授权包括法律、法规和规章的授权,这是不精准的。原因是将法律授权(第一次授权)与行政授权(第二次授权)混为一谈了。法律授权或许可以通过宪法、法律、法规和规章授权,但行政授权只能通过行政法规和行政规章授权。因为,行政授权中的授权主体限于行政主体,如果承认可以通过法律和地方性法规进行行政授权,那等于承认全国人大及其常委会、地方人大及其常委会是行政主体了。将国家权力机关视作国家行政机关,这会导致一个宪法性错误。所以,行政授权中的法规授权,应当仅仅是指通过行政法规和行政规章的授权。

但是,我们马上会发现,这恰恰与我国《行政诉讼法》中的“授权”含义不一致。《行政诉讼法》中,一开始将“授权”限定为“法律、法规”的授权,后来扩展至“规章”,至今依然如此。《行政诉讼法》对“授权”的定位直接影响到行政实体法制度和理论的定位,一开始就将行政授权的方式锁定为“通过法律法规”,行政法上的授权就是指通过法律法规的授权。这主要源自1989年《行政诉讼法》第25条的规定。该条规定:“由法律、法规授权的组织所作的具体行政行为,该组织是被告。”至今还有大量法律将授权方式限定为“法律、法规”。〔34〕1989年的《行政诉讼法》实施10年后,《行政诉讼法解释》中(1999)将授权从“法律法规”扩大到“规章”,“法规授权”成了“法律法规规章授权”。〔35〕2014年和2017年《行政诉讼法》的修改,使规章的授权终于得到确认。〔36〕接着,为配合《行政诉讼法》(2017),《行政诉讼法解释》(2018)对规章授权的表达有了更多扩张,涉及6个条款。〔37〕这样,“法规授权”已经包含了“法律、法规和规章授

〔33〕[德]哈特穆特·毛雷尔:《行政法学总论》,高家伟译,法律出版社2000年版,第583页。

〔34〕如《行政许可法》(2019)第33条、《行政强制法》(2011)第70条、《行政处罚法》(2021)第19条、《个人信息保护法》(2021)第37条、《政府信息公开条例》(2019)第54条等。

〔35〕《行政诉讼法解释》(1999)第20条规定:“……行政机关的内设机构或者派出机构在没有法律、法规或者规章授权的情况下,以自己的名义作出具体行政行为,当事人不服提起诉讼的,应当以该行政机关为被告。法律、法规或者规章授权行使行政职权的行政机关内设机构、派出机构或者其他组织,超出法定授权范围实施行政行为,当事人不服提起诉讼的,应当以实施该行为的机构或者组织为被告。”第21条规定:“行政机关在没有法律、法规或者规章规定的情况下,授权其内设机构、派出机构或者其他组织行使行政职权的,应当视为委托。当事人不服提起诉讼的,应当以该行政机关为被告。”这些规定反映出:最高人民法院承认了规章的授权。

〔36〕《行政诉讼法》(2017)第2条第2款规定:“前款所称行政行为,包括法律、法规、规章授权的组织作出的行政行为。”

〔37〕参见《行政诉讼法解释》(2018)第20、24、148、155条。

权”。虽然不能说任何法律、法规、规章都可授权任何行政职权,但至少可以说,法律、法规、规章都可以成为行政授权的一种方式,法律、法规、规章都可以成为一种“授权法”。

我们正想指出的是,《行政诉讼法》意义上的“授权”旨在解决被告的认定问题,不在于全面确立“行政授权”的概念和制度。其实,《行政诉讼法》意义上的“授权”不仅指行政授权中的“法规授权”,而且还包括“法律授权”中的“对社会组织的授权”,于是作这样概括性表述也就无可指责的了。

(四)关于行为授权

以为中国行政授权方式只有一种,即“法规授权”(通过法律、法规和规章的授权),这绝对是一种误解。在现行法律制度和实践做法中,恰恰还存在一种不是通过“法规”而是通过“行政行为”所实施的授权,即“行为授权”。

“行为授权”是相对于“法规授权”而言,是指行政机关通过行政行为的方式,准确地说,是内部行政行为的方式,将自己的行政职权授给另外一个组织。例如,《引渡法》(2000)第52条规定:“根据本法规定是否引渡由国务院决定的,国务院在必要时,得授权国务院有关部门决定。”国务院这种情形下的授权,显然不会通过一个行政法规,而是通过一个授权决定实施的。又如,住房和城乡建设部制定的《市政公用事业特许经营管理办法》(2015)第4条第3款规定:“直辖市、市、县人民政府市政公用事业主管部门依据人民政府的授权(以下简称主管部门),负责本行政区域内的市政公用事业特许经营的具体实施。”国家发展和改革委员会发布的《基础设施和公用事业特许经营管理办法》(2015)第14条规定:“县级以上人民政府应当授权有关部门或单位作为实施机构负责特许经营项目有关实施工作,并明确具体授权范围。”这两个办法中所涉“授权”都是一种行为授权,而不是法规授权。

现行的《行政诉讼法》只承认“法规授权”而不承认“行为授权”,并且还将“行为授权”因其没有通过法律法规授权而被认定为“行政委托”。这说明,《行政诉讼法》意义上的“授权”并不可与行政法意义上的“行政授权”画上等号。

(五)授权方式的选择和救济

必须澄清的理论和事实是:行政授权并非只是“法规授权”,同时还存在“行为授权”。这类“行为授权”,我们无法将它们推向“行政委托”。

既然行政授权存在两种授权方式,那么,行政机关实施行政授权时,如何选择这两种不同的授权方式呢?这不应当取决于行政机关的兴趣和高兴与否,而是取决于“授权依据法”和“授权管理法”的规定。法律、法规和规章对授权方式有明确要求的,按要求办。没有要求的,作为授权方的行政机关可以根据授权的具体情况酌选一定的方式。

行政授权作为一种行为,其性质因形式而异。通过法规的授权,其实是一种立法(制法)行为,受《立法法》而不是行政法调整。如果法规授权不合法,不得申请行政复议或者提起行政诉讼解决,可以适用合宪性审查和合法性审查处理;通过行政行为的授权,其实是一种内部行政行为,如果行为授权不合法,当事人不得直接针对该授权行为申请行政复议或提起行政诉讼,但可以在诉讼中对被授权主体是否具备行政主体资格进行置疑,以便人民法院在确认被告资格时延伸审查这一授权关系的合法性和效力。

五、行政授权的规则和效果

(一)行政授权规则的概念

行政机关要实施授权,不仅要出于行政管理的需要并为法律所许可(具有"授权依据法"),而且还必须符合授权规则。

行政授权的规则,就是指实施行政授权行为所必须遵循的基本要求,它包括实体上的,更多是包括程序上的。

我国尚未制定行政程序法或行政法总则,行政授权尚未被设定统一的规则。目前的行政授权规则散见于各种有关授权的法律规范之中。

(二)行政授权规则的内容

行政授权规则的内容,包括但不限于下列几项:

1. 不授无权之权。行政授权是授权主体(一般是行政机关)将自己所拥有的行政职权通过法定程序和形式授给被授权主体。授权的客体是行政职权。从"质"上讲,授权主体不得将自己所不拥有的职权授给被授权主体;从"量"上讲,授权主体所授出的职权可以等于或小于自己的职权,但不得大于自己所拥有的职权。如工商行政机关不得将行政拘留权授给下级工商机关,因为工商机关本来就不拥有行政拘留权。

2. 授权公开。由于授权的结果是形成新的行政主体,因而其结果必须公开。不公开授权结果,被授权主体不得与行政相对人发生行政关系。在法规授权中,这一要求不成问题,因为按照《立法法》的要求,所有法律、法规与规章自然是必须公开的。对于行为授权,授权主体必须提高公开意识,应当向社会公布授权决定。我国近几年的法律在规定授权时同时规定了授权公开原则。如《行政处罚法》(2021)第 24 条〔38〕规定,省、自治区、直辖市决定将县级人民政府部门的行政处罚权授给乡镇人民政府、街道办事处行使时,这一授权决定必须公开。

3. 所授职权不得再授权。这也称为"一次性授权原则",是指授权主体将职权授给被授权主体之后,被授权主体是不得将这一权力再次授权给另外的主体。这一原则以"人民主权"和"职权法定"为基础。一切公权力来自人民通过法律的赋予,各个国家机关被法律设定权力之后,原则上不得变动;只有在极个别的情况下,出于公共利益的需要,并以法律允许为前提,才出现了授权。但是,这一授权发生之后,被授权主体不得进行二次授权;否则,就违背了法律设定和前轮授权的本意。〔39〕 为此,我国已有更多的法规和授权文件开始强调这一点,如国务院《关于授权和委托用地审批权的决定》(国发〔2020〕4 号)就明确规定:"各省、自治区、直辖市人民政府不得将承接的用地审批权进一步授权或委托。"

(三)行政授权的法律效果

行政授权法律关系依法成立之后,行政授权会引起一系列的法律效果。这些效果表现为

---

〔38〕 如《行政处罚法》(2021)第 24 条第 1 款规定:"省、自治区、直辖市根据当地实际情况,可以决定将基层管理迫切需要的县级人民政府部门的行政处罚权交由能够有效承接的乡镇人民政府、街道办事处行使,并定期组织评估。决定应当公布。"

〔39〕 在美国,"被授予权力不得再委任"原则,系源于拉丁法谚"*delegata potestas non potest delegari*",原为代理法的原则。正如美国大法官斯托里所说:"法的普遍原则是,被授予的权力不能授出。"参见[美]B. 施瓦茨:《行政法》,徐炳译,群众出版社 1986 年版,第 30 页。

对三个主体的影响。

1. 对授权主体的影响。授权主体将自己的职权授给被授权主体之后,自己并未失去原有的行政职权,也不会失去行政主体的资格,但它原则上不再行使或者很少行使原有职权了。如果授权之后,授权主体行使原有职权的情况没有变化,那就失去了授权的目的和意义。授权发生之后,授权主体会从自己行使职权转变为监督被授权主体行使所授职权。

2. 对被授权主体的影响。在行政授权中,被授权主体既可以是下级行政机关,也可以是社会组织。无论是行政机关还是社会组织,被授权主体原来是不是行政主体,行政授权发生之后,被授权主体就会成为授权所针对法律关系中的行政主体,它可以自己的名义实施所授职权,并对自己的行为承担责任,在行政诉讼中成为独立的被告当事人。

3. 对行政相对人的影响。行政授权发生后,行政相对人与被授权主体之间的关系,完全视同授权主体与行政相对人之间的关系。在授权所对应的法律关系中,被授权主体与相对人之间的权利义务关系完全承受授权主体与相对人之间的原有权利义务关系。

六、授权依据法、授权法和授权管理法

在行政授权中,有三个概念都和"法"有关。行政授权必须有法律依据,没有法律依据就不得进行行政授权,作为行政授权法律依据的"法"就是"授权依据法";行政授权有两类,一是法规授权,二是行为授权。在法规授权中,行政机关通过行政法规或规章进行授权的,这些作为授权形式的法就是"授权法"。为了规范行政授权,有关法对如何进行授权作出规定,为行政授权设定了程序和规则,这些用以规范如何授权的法,就是"授权管理法"。正确分辨这三个概念,可以消除理论上的许多误解。

(一)授权依据法

在行政授权中,无论是法规授权还是行为授权,行政主体要实施行政授权,将自己的职权转让给别的机关或组织,就必须有法律依据。没有法律的允许就不得实施行政授权。为行政主体实施行政授权提供依据的法律,就是"授权依据法"。上述的《海南自由贸易港法》(2021)就是典型"授权依据法"。正是有了这一法律规定(第7条和第48条),才使国务院对海南省人民政府的授权、国务院有关部门对海南省人民政府有关部门的授权有了法律依据。另外,前面已经提到的《土地管理法》(2019)第44条第4款、国务院《关于授权和委托用地审批权的决定》(国发〔2020〕4号)等都属于"授权依据法"。

界定"授权依据法"还必须解决一个问题:哪些"法"可以成为"授权依据法"?换句话说,什么"法"可以对行政授权作出许可?对此,必须坚持"授权法与设定法相一致"原则。该原则要求:某项职权由某类法设定,那么就由某类法作出授权许可。比如,某项职权是由宪法设定的,那么,允许对该职权进行授权也得由宪法规定;某项职权是由法律设定的,那么,允许对该职权进行授权也得由法律规定;某项职权是由行政法规设定的,那么,允许对该职权进行授权也得由行政法规规定;以此类推。更准确地说,设定法的同位法和上位法可以作为授权依据法,但设定法的下位法不得成为授权依据法。还有一个底线是:规章和其他规范性文件不得作

为“授权依据法”,依据是《立法法》(2023)第 91 条第 2 款[40]和第 93 条第 6 款[41],没有法律法规依据,行政规章是不得增加自身权力和减损自身职责,不得减损相对人权利和增加相对义务。

(二)授权法

在有了“授权依据法”的前提下,行政主体方可实施行政授权。但行政主体实施行政授权可通过两种方式,一种是通过法规进行授权,另一种是通过行为进行授权。通过法规进行授权的,法规就成为授权的一种方式。这种作为授权方式的法规,就是“授权法”。行政授权并不一定存在“授权法”,但在“法规授权”中就一定存在“授权法”。

我们最易犯的一个错误是,将“授权依据法”误读为“授权法”。“授权依据法”与“授权法”必须加以区别。继续以上述的《海南自由贸易港法》(2021)为例。该法第 48 条第 1 款规定:“国务院可以根据海南自由贸易港建设的需要,授权海南省人民政府审批由国务院审批的农用地转为建设用地和土地征收事项;授权海南省人民政府在不突破海南省国土空间规划明确的生态保护红线、永久基本农田面积、耕地和林地保有量、建设用地总规模等重要指标并确保质量不降低的前提下,按照国家规定的条件,对全省耕地、永久基本农田、林地、建设用地布局调整进行审批。”这就为国务院对海南省人民政府的授权提供了法律依据。现假设国务院以此为依据,制定了一个“行政法规”,通过这个行政法规将《海南自由贸易港法》(2021)第 48 条第 1 款中所规定的“农用地转为建设用地和土地征收事项”的审批权授予海南省人民政府。在这种场景中,《海南自由贸易港法》的有关规定就是“授权依据法”,国务院的“行政法规”就是“授权法”。

经比较可以发现,“授权依据法”是行政授权的“法律依据”,“授权法”是行政授权的“法律形式”;“授权依据法”是实施行政授权的前提,“授权法”则属于行政授权行为本身;“授权依据法”是解决行政主体“是否可以授权”的问题,而“授权法”是解决行政主体“如何进行授权”的问题。两者泾渭分明。

(三)授权管理法

授权是对原始权力设定的事后调整,所以是一项极其严肃的法律行为和法律制度。我国有关法律法规对如何授权作出了许多规定和要求,如授权必须公开,授予职权不得进行再次授权(禁止二次授权),包括在授权关系中如何确定被告和责任分担,等等。有关对如何授权进行规定的法律规范就是“授权管理法”。它是一种针对“授权行为”的“规制法”。如《行政处罚法》(2021)第 24 条[42]规定,当省、自治区、直辖市将县级人民政府部门的行政处罚权交由乡镇

---

[40] 《立法法》(2023)第 91 条第 2 款规定:“部门规章规定的事项应当属于执行法律或者国务院的行政法规、决定、命令的事项。没有法律或者国务院的行政法规、决定、命令的依据,部门规章不得设定减损公民、法人和其他组织权利或者增加其义务的规范,不得增加本部门的权力或者减少本部门的法定职责。”

[41] 《立法法》(2023)第 93 条第 6 款规定:“没有法律、行政法规、地方性法规的依据,地方政府规章不得设定减损公民、法人和其他组织权利或者增加其义务的规范。”

[42] 《行政处罚法》(2021)第 24 条规定:“省、自治区、直辖市根据当地实际情况,可以决定将基层管理迫切需要的县级人民政府部门的行政处罚权交由能够有效承接的乡镇人民政府、街道办事处行使,并定期组织评估。决定应当公布。承接行政处罚权的乡镇人民政府、街道办事处应当加强执法能力建设,按照规定范围、依照法定程序实施行政处罚。有关地方人民政府及其部门应当加强组织协调、业务指导、执法监督,建立健全行政处罚协调配合机制,完善评议、考核制度。”

人民政府、街道办事处行使时,必须定期组织评估,决定应当公布,还要建立考核制度等。这些就属于"授权管理法"规范。如果某一天我们单独制定一个"行政授权条例",或者在"行政程序法"中对行政授权的规则作出规定,这些都属于"授权管理法"。

"授权管理法"的"法"之范围,根据"职权法定"和"法律保留"原则,必须限于法律和法规。规章和其他规范性文件不得创设"授权管理法"规范。

我们在理论上或操作上都要防止将"授权管理法"误作"授权依据法"或"授权法"使用。严格地说,《行政诉讼法》中有关"授权"的规定,既不是"授权依据法",也不是"授权法"。无论是原《行政诉讼法》第25条第4款〔43〕,还是现行《行政诉讼法》第2条第2款〔44〕,抑或《行政诉讼法解释》(2018)第20条第2款〔45〕,都仅仅是一种"授权管理法",而不是"授权依据法"或"授权法"本身,因为它们只是解决"行政行为"和"行政诉讼被告"如何认定的问题,并没有表达"授权的允许范围"和"授权的方式"问题。"授权依据法"和"授权法"必须到《行政诉讼法》之外去寻找。《行政许可法》(2019)第23条、《行政处罚法》(2021)第19条和《行政强制法》(2011)第70条等规定也是同理,也只是"授权管理法",而不是"授权依据法"和"授权法"。因为它们只是解决社会组织得到法律法规授权后如何适用法律的问题,而并没有直接为对社会组织的授权提供法律依据,也没有成为这种授权的法律方式。

第三节 行政委托——职权的代理

前文已述,行政职权由法律设定(法律授权)之后,被法律设定的行政主体原则上必须自己行使行政职权,不得处分、转让该职权,也不得让别的组织或个人代行其职权。实属国家管理需要,法律在一定范围内保留了两种职权的事后调节机制,那就是行政授权与行政委托。所不同的是,行政授权调节的是行政权能,而行政委托调节的是行为权能。前者是一种职权的转让关系,后者是一种职权的代理关系。

一、行政委托的概念和特征

某一组织被赋予行政职权以后,它便成为行政主体。行政主体原则上应该亲自行使职权。但当某些行政主体因受条件限制无法亲自行使职权,它需要由其他组织或人员代理其行使职权时,行政委托制度便应运而生。如果说设定和授权都旨在解决某一组织的行政权能,那么行政委托是旨在解决某一组织的行为权能问题。

基于行政委托在国家行政管理中的特殊作用,而这些作用又无法为行政授权所能替代,于是在世界上不少国家和地区的法律制度和行政法学理论中,均可找到行政委托的理论和制度。在德国行政法学中,行政委托(Beleihung)是指国家等行政主体将公权力交由人民行使的现象,

---

〔43〕《行政诉讼法》(1989)第25条第4款规定:"由法律、法规授权的组织所作的具体行政行为,该组织是被告。由行政机关委托的组织所作的具体行政行为,委托的行政机关是被告。"

〔44〕《行政诉讼法》(2017)第2条第2款规定:"前款所称行政行为,包括法律、法规、规章授权的组织作出的行政行为。"

〔45〕《行政诉讼法解释》(2018)第20条第2款规定:"法律、法规或者规章授权行使行政职权的行政机关内设机构、派出机构或者其他组织,超出法定授权范围实施行政行为,当事人不服提起诉讼的,应当以实施该行为的机构或者组织为被告。"

而且将受托行使公权力之人民视为《德国行政程序法》(1976年)第1条第4款所称的"行政机关"。[46] 法国亦有在长期的行政判例中确立的行政权限的委托和代理制度,其有关法律把权限委托分为"严格意义的权限委托"和"签名委托"。[47] 日本有非常成熟的行政委托理论。他们把"行政委托"称作"行政(权限)代理"[48],并认为行政代理是指:"A行政厅的权限的全部或一部分由B行政厅以A的名义来行使,B之所作为A的行为发生效果。"日本行政法学还把行政代理分为两大基本类别,即授权代理和法定代理。[49] 英国在1972年的《地方政府法》中,对政府机构间的职权委托作了一定的规定。[50] 西班牙把行政委托法律制度置于其1992年的《公共行政机关及共同的行政程序法》[51]之中。

在我国的行政法理上,行政委托是指,出于管理上的需要,某一行政主体(委托人)委托另一组织及个人(被委托人)以委托人的名义代行职权或其他事务,其行为效果归属于委托人的法律制度。行政委托作为一种行为和法律制度,具有下列几个法律特征:

1. 在行政委托法律关系中,委托方必然为行政主体。非行政主体不能成为行政委托法律关系中的委托方当事人。因为,行政委托是拥有行政职权的组织(行政主体)将自己所拥有的行政职权中的行为权能转移由另一组织或个人代为行使。委托方不是行政主体,就意味着它没有行政职权,这就会失去行政委托的基础。

2. 在行政委托法律关系中,被委托方可以是行政机关,也可以是非行政机关;可以是组织,也可以是个人,除非法律法规另有特别限定。

3. 行政委托的客体是行为权能,而不是行政权能[52],所以,行政委托不会导致行政职权(准确地说,在这里是行政权能)的转移,只会导致行为权能的转移。另外,委托不得委托类别职权,只可委托事项职权。[53]

4. 行政委托关系是一种平等的协商关系,不具有强制性。行政委托通过委托方与被委托方的行政协议方式实施,不通过"法律法规"形式实施。

5. 在行政委托关系中,被委托人只能以委托方的名义实施行政行为,而且行为效果归属于委托方。

6. 行政委托的法律效果是设定行为主体,而不设定行政主体。所以在行政诉讼中,只能以委托方的主体为被告,而不以被委托方的当事人为被告。

---

〔46〕 Vgl. etwa Ule/Laubinger, S. 52; Möllgaard, in Knack (Hrsg.), Verwaltungsverfahrensgesetz, § 1 Rn. 7; Rengeling, Erfüllung staatlicher Aufgaben durch Private, 1986, S. 31.

〔47〕 参见王名扬:《法国行政法》,中国政法大学出版社1989年版,第151~152页。

〔48〕 行政委托与行政代理是同一种法律制度,只是定义的角度不同而已。行政委托是处于委托方角度而言,行政代理则处于被委托方角度而言。

〔49〕 参见[日]南博方:《日本行政法》,杨建顺、周作彩译,中国人民大学出版社1988年版,第16页。

〔50〕 在英国的行政法中,一个地方政府可以把自己的一种或几种职务委托其他地方政府执行,权力委任以有法律规定时为限。1972年的《地方政府法》规定,任何地方政府可以把它的任何职权委托其他地方政府执行。但关于征税、借款、病畜法中规定的事项以及法律规定必须由地方议会中委员会决定的事项例外。参见王名扬:《英国行政法》,中国政法大学出版社1987年版,第73页。

〔51〕 1992年11月26日经西班牙国王胡安·卡洛斯一世批准,1992年11月27日发表于《国家官方公报》第285期。

〔52〕 关于行政职权中的"行政权能"与"行为权能",请参阅第六章第二节中的相应部分。

〔53〕 关于行政职权中的"类别职权"与"事项职权",同样请参阅第六章第二节中的相应部分。

二、行政委托的合法有效要件

行政委托必须依法设立,否则它不具有法律效力。行政委托必须符合一定的条件并遵循一定的规则才是合法有效的。作为一种有效的行政委托必须具备的条件,便是行政委托的有效要件。行政委托的有效要件包含以下几个方面。

(一)行政委托必须有明文的法律依据

行政委托必须有明文的法律依据,是指行政委托须以法律的明文许可为前提;没有法律依据,行政机关就不得实施委托。可见,法律许可行政委托是行政主体实施行政委托的前提。这同样是“职权法定”原则的要求。行政主体对于自己所拥有的行政职权,无论是想转让给别的组织(行政授权),还是让别的组织或者个人代行(行政委托),都必须有明文的法律依据。这一点,行政委托与行政授权是一样的。

我国有不少法律法规规定了行政委托。例如,《行政许可法》(2019)第24条规定:“行政机关在其法定职权范围内,依照法律、法规、规章的规定,可以委托其他行政机关实施行政许可。委托机关应当将受委托行政机关和受委托实施行政许可的内容予以公告。委托行政机关对受委托行政机关实施行政许可的行为应当负责监督,并对该行为的后果承担法律责任。受委托行政机关在委托范围内,以委托行政机关名义实施行政许可;不得再委托其他组织或者个人实施行政许可。”《行政处罚法》(2021)第20条第1款规定:“行政机关依照法律、法规、规章的规定,可以在其法定权限内书面委托符合本法第二十一条规定条件的组织实施行政处罚。行政机关不得委托其他组织或者个人实施行政处罚。”《残疾人保障法》(2018)第8条第2款规定:“中国残疾人联合会及其地方组织依照法律、法规、章程或者接受政府委托,开展残疾人工作,动员社会力量,发展残疾人事业。”《税收征收管理法》(2015)第29条规定:“除税务机关、税务人员以及经税务机关依照法律、行政法规委托的单位和人员外,任何单位和个人不得进行税款征收活动。”《护照法》(2006)第4条规定:“普通护照由公安部出入境管理机构或者公安部委托的县级以上地方人民政府公安机关出入境管理机构以及中华人民共和国驻外使馆、领馆和外交部委托的其他驻外机构签发。外交护照由外交部签发。公务护照由外交部、中华人民共和国驻外使馆、领馆或者外交部委托的其他驻外机构以及外交部委托的省、自治区、直辖市和设区的市人民政府外事部门签发。”《测绘法》(2017)第42条规定:“永久性测量标志的建设单位应当对永久性测量标志设立明显标记,并委托当地有关单位指派专人负责保管。”

接着的问题是,作为行政委托法律依据的“法律”范围有多大?换句话说,是不是法律、法规和规章都有权许可行政委托?

从行政委托的依据法上看,现在的规定是不统一的。有的规定可以依据“法律、法规和规章”进行行政委托,如上述《行政许可法》(2019)第24条和《行政处罚法》(2021)第21条第1款;有的规定只能依据“法律和行政法规”,如上述《税收征收管理法》(2015)第29条。我们认为,作为行政委托的法律依据,必须把握以下几点:

1. 行政委托的法律依据限于法律、法规和规章,规章以下的规范性文件不得设定行政委托。这是底线。

2. 行政委托的法律依据必须与所委托的行政职权设定法律相一致,即如果某行政职权是由法律设定的,那么就只能由法律规定行政委托才是够格的;如果行政职权是规章设定的,那么规章规定行政委托也是有效的;以此类推。例如,对公民在银行存款的查询和扣划职权是由法律设定的,那么,要将这一职权委托给其他组织或个人,就必须有明文的法律依据,法规或规章规定行政委托是不够格的。

3. 如果法律法规将某一行政职权设定为具有排他性行政专属职权,对于这类职权就不得实施委托。《行政处罚法》(2021)第 18 条第 3 款规定:“限制人身自由的行政处罚权只能由公安机关和法律规定的其他机关行使。”这就意味着,对于行政拘留不得实施行政委托。

(二)行政委托必须有合法的行政职权基础

行政委托不仅要求委托方是行政主体,而且还要求委托方的行政主体合法地拥有可作委托的职权基础。这一职权基础包含下列几层意思:

1. 委托方必须合法地拥有对应的行政权能。前文已述,行政委托的客体是行为权能,而不是行政权能,而行为权能以行政权能为前提和基础。如果某一行政主体不拥有行政权能,那么它就不拥有以此为基础的行为权能,正如某一行政主体不拥有行政处罚的行政权能,它就无法将行政处罚的行为权能委托给其他组织。

2. 经委托而转移的权限应当等于或少于委托方所拥有的权限。假设某一行政主体拥有 20 元至 3 万元的罚款权,它就不能委托其他组织行使 4 万元的罚款权,因为这超过了其本身所拥有的权限量。

(三)被委托人必须符合一定的条件

行政委托是行政主体在法律明文许可的前提下,通过法定程序将行政职权委托给另一组织行使的法律制度。行政主体的行政委托行为是否有效,不仅在于须有法律的明文许可,而且还在于被委托人须符合一定的条件。关于被委托人的条件,应当注意把握以下三点:

1. 被委托人可以是组织,也可以是个人。但法律明确规定是组织的,则必须是组织。我国《国家赔偿法》(2012)是承认对个人的委托关系的。[54] 相反,许多现行法律,如《行政许可法》(2019)第 24 条、《行政处罚法》(2021)第 20 条、《残疾人保障法》(2018)第 8 条、《循环经济促进法》(2018)第 11 条等,都将被委托人列为组织。

2. 被委托人可以是行政机关,也可以是行政机关以外的社会组织,这根据具体法的要求而定。《行政许可法》(2019)第 24 条[55]和《烟草专卖法》(2015)第 16 条[56]都将被委托人列为

---

〔54〕 如《国家赔偿法》(2012)第 7 条第 4 款规定:“受行政机关委托的组织或者个人在行使受委托的行政权力时侵犯公民、法人和其他组织的合法权益造成损害的,委托的行政机关为赔偿义务机关。”第 16 条第 1 款又规定:“赔偿义务机关赔偿损失后,应当责令有故意或者重大过失的工作人员或者受委托的组织或者个人承担部分或者全部赔偿费用。”另有《烟草专卖法》(2015)第 16 条规定:“经营烟草制品零售业务的企业或者个人,由县级人民政府工商行政管理部门根据上一级烟草专卖行政主管部门的委托,审查批准发给烟草专卖零售许可证。已经设立县级烟草专卖行政主管部门的地方,也可以由县级烟草专卖行政主管部门审查批准发给烟草专卖零售许可证。”这里也将个人列为“被委托人”。

〔55〕 《行政许可法》(2019)第 24 条规定:“行政机关在其法定职权范围内,依照法律、法规、规章的规定,可以委托其他行政机关实施行政许可。委托机关应当将受委托行政机关和受委托实施行政许可的内容予以公告。委托行政机关对受委托行政机关实施行政许可的行为应当负责监督,并对该行为的后果承担法律责任。受委托行政机关在委托范围内,以委托行政机关名义实施行政许可;不得再委托其他组织或者个人实施行政许可。”

〔56〕 《烟草专卖法》(2015)第 16 条规定:“经营烟草制品零售业务的企业或者个人,由县级人民政府工商行政管理部门根据上一级烟草专卖行政主管部门的委托,审查批准发给烟草专卖零售许可证。已经设立县级烟草专卖行政主管部门的地方,也可以由县级烟草专卖行政主管部门审查批准发给烟草专卖零售许可证。”

行政机关;但《行政处罚法》(2021)第20条[57]和第21条[58],将被委托人列为“管理公共事务的事业组织”。这些均因法而异。[59]

3. 如果被委托人是行政机关以外的社会组织,它还须具备一定的条件。如根据《行政处罚法》(2021)第21条的规定,行政处罚委托中的被委托人,必须是依法成立的管理公共事务的事业组织,而且还具有熟悉有关法律、法规、规章和业务的工作人员。如果对违法行为需要进行技术检查或者技术鉴定的,应当有条件组织进行相应的技术检查或者技术鉴定。

(四)行政委托必须形成委托文件并予公开

行政委托是个要式行为,原则上必须形成书面的委托文件,除非是紧急状态并由紧急状态法作特别规定。行政委托文件可以是委托方行政主体与被委托方组织之间签订的委托协议,也可以是委托方行政主体所形成的委托文件。[60] 但无论是委托协议还是委托文件,都必须包括并表明下列内容:(1)委托方行政主体与被委托方组织的名称、地址、性质、法定代表人等信息;(2)委托行使的职权内容与权限,如行政处罚的实施、行政许可证的颁发等;(3)委托期限,即委托关系成立与消灭的时间与条件;(4)法律责任,即委托期间双方当事人的权利与义务关系;(5)其他,即明确其他双方约定的内容或法律规定的内容。

无论是委托协议还是委托文件,都必须通过一种便于让公众知晓的方式公开。[61] 委托协议或委托文件不公开的,该行政委托关系不成立。

三、行政委托的法定规则

行政委托的规则与行政委托的有效条件虽有联系,但侧重点是不同的。行政委托的有效条件构成行政委托规则的基础,但前者重在解决行政委托关系的效力,后者重在解决行政委托关系中双方当事人的行为规则。行政委托的法定规则主要有下列几项。

1. 被委托人以委托人名义实施委托行为,行为效果归属于委托主体。在行政委托关系中,被委托人必须以委托方行政主体的名义进行所委托的行为,在委托权限范围的行为后果由委托方行政主体承受,包括担任行政诉讼的被告等。

目前在现实中,有的被委托组织在进行所委托行为时,仍然以自己的名义进行,这不影响对行政委托关系的认定。

2. 被委托人不得超越委托权限从事委托行为,否则应当自行承担委托范围外的责任。被委托人的委托行为是基于行政委托而发生。所以,被委托人必须在委托权限范围内从事它的

---

〔57〕《行政处罚法》(2021)第20条第1款规定:“行政机关依照法律、法规、规章的规定,可以在其法定权限内书面委托符合本法第二十一条规定条件的组织实施行政处罚。行政机关不得委托其他组织或者个人实施行政处罚。”

〔58〕《行政处罚法》(2021)第21条规定:“受委托组织必须符合以下条件:(一)依法成立并具有管理公共事务职能;(二)有熟悉有关法律、法规、规章和业务并取得行政执法资格的工作人员;(三)需要进行技术检查或者技术鉴定的,应当有条件组织进行相应的技术检查或者技术鉴定。”

〔59〕在国外也存在将委任和委托都限定为以私人组织为对象的情况。如韩国《行政基本法》(韩国法律第17979号,国会2021年3月23日制定并施行)第2条的第2款规定,“‘行政厅’,是指下列各目规定的内容:a. 决定并表示有关行政的意思的国家或地方自治团体的机关;b. 其他依据法令等的规定决定并表示有关行政的意思之权限,或者被委任或受托该权限的公共团体或其机关或私人”。

〔60〕国务院《关于授权和委托用地审批权的决定》(国发〔2020〕4号)也是一种委托文件的形式。

〔61〕我国不少法律都已明文规定委托书或其他委托文件必须向社会公开。如《行政处罚法》(2021)第20条、《行政许可法》(2019)第24条等。

受托行为。如果被委托人超越委托权限从事受托行为,其行政行为构成越权并由被委托人自行承担越权责任。

3. 被委托人不得对受托行为进行再委托。被委托职权不得再行委托,这也称"一次性委托规则"。该规则要求,一个主体接受另一主体委托后,不得将所受权限再行委托给其他主体。行政委托是一种合同行为,从合同法原理上讲,被委托人未经委托方同意,是不能再行委托的。作者认为,行政委托应受这一规则的约束,我国已有许多法规表明了这一点。[62]

4. 委托方有权对受委托方的受托行为进行监督。在委托关系中,被委托方的行政职权(行为权能)来自委托方行政机关的委托;被委托方须以委托方的名义进行行为并对行为后果承担责任,为此,委托方行政机关自然有权对被委托方行使受托行为进行监督。我国不少法律都表明了这一点。[63]

四、行政委托与行政授权

从名称和概念上看,行政委托与行政授权是一组非常对称的范畴,它们是行政职权被依法设定之后,出于行政管理的需要,在法律的许可下,对职权进行事后调整的两种形式。但它们之间到底如何区别,按理是非常容易的问题却让人大非常纠结。

由于受《行政诉讼法》(1989)第 25 条第 4 款[64]的影响[65],人们一直将"行政授权"限定为"法律法规授权",并且把是否通过"法律法规"作为区别行政授权与行政委托的根本标准[66],以至于有人说,"授权是通过法律法规的委托,委托是不通过法律法规的授权"。这将授权和委托的一种实现方式混同为它们之间的区别标准,势必导致行政委托与授权之间区别标准的模糊。

如前所述,行政授权是指行政主体依法转移自己的职权,它可以通过法律法规,也可以通过行政行为(行政决定、决议等)。所以,是否通过法律法规恰恰不是行政委托与行政授权的根本区别。行政授权与行政委托之间的区别,既不在于是否通过"法律法规",也不是其对象是否为行政机关以外的"具有管理公共事务职能的组织",而在于以下几个方面:

1. 转移的行政职权内容不同。行政授权与行政委托都是行政职权转移的一种方式,通过授权或委托,本该由 A 组织行使的职权现由 B 组织来行使。但区别在于:授权是转移"行政权

---

〔62〕 如《行政许可法》(2019)第 24 条第 3 款规定:"受委托行政机关在委托范围内,以委托行政机关名义实施行政许可;不得再委托其他组织或者个人实施行政许可。"《行政处罚法》(2021)第 20 条第 4 款规定:"受委托组织在委托范围内,以委托行政机关名义实施行政处罚;不得再委托其他组织或者个人实施行政处罚。"

〔63〕 如《行政许可法》(2019)第 24 条第 2 款规定:"委托行政机关对受委托行政机关实施行政许可的行为应当负责监督,并对该行为的后果承担法律责任。"《行政处罚法》(2021)第 20 条第 3 款规定:"委托行政机关对受委托组织实施行政处罚的行为应当负责监督,并对该行为的后果承担法律责任。"《国有土地上房屋征收与补偿条例》(2011)第 5 条规定:"房屋征收部门可以委托房屋征收实施单位,承担房屋征收与补偿的具体工作。房屋征收实施单位不得以营利为目的。房屋征收部门对房屋征收实施单位在委托范围内实施的房屋征收与补偿行为负责监督,并对其行为后果承担法律责任。"

〔64〕《行政诉讼法》(1989)第 25 条第 4 款规定:"由法律、法规授权的组织所作的具体行政行为,该组织是被告。由行政机关委托的组织所作的具体行政行为,委托的行政机关是被告。"

〔65〕 2014 年《行政诉讼法》修订后,这一款虽然被拆散,但这样的规定依然存在:分别见第 2 条第 2 款和第 26 条第 5 款。

〔66〕《行政诉讼法解释》(2018)第 20 条第 3 款规定:"没有法律、法规或者规章规定,行政机关授权其内设机构、派出机构或者其他组织行使行政职权的,属于行政诉讼法第二十六条规定的委托。当事人不服提起诉讼的,应当以该行政机关为被告。"

能”(附带行为权能),而委托只是转移“行为权能”,不包括行政权能。

2. 所处法律关系不同。一般而言,授权发生在纵向关系中,是“上级”对“下级”的授权,不可能反之,因而,授权具有强制性,它由授权方主体的单方意志决定的;[67]而委托发生在横向关系中,它们不是上下级、不具有命令与被命令的关系,所以委托不具有强制性,乃需委托方与被委托方协商一致达到合意后才能成立。

3. 行为性质不同。授权和委托本身就是一种行为,但是它们作为行为的性质是不同的。授权有“法规授权”与“行为授权”之分,“法规授权”是一种“立法行为”(受《立法法》规制),“行为授权”是一种“内部行政行为”;而委托是一种行政协议行为。

4. 法律地位不同。由于授权是行政权能的转移,其结果会导致被授权组织成为某一法律关系中的行政主体;而委托只是行为权能的转移,其结果只会导致被委托组织成为某一法律关系中的行为主体,而不是行政主体。由此就决定了,在授权关系中,被授权人实施行政行为以自己的名义进行,而且行为的效果归属于自己,在行政诉讼中成为被告当事人;而在行政委托关系中,被委托人实施行政行为不得以自己而只能以委托机关的名义进行,该行政行为的效果自然也归属于委托机关,发生诉讼,它一般以第三人而不以被告身份出现。

到此,我们可以把行政授权与行政委托两种制度比较如表 7－1 所示:

表 7－1　行政授权与行政委托之比较

比较项目	行政授权	行政委托
主动方主体	授权主体:行政主体	委托主体:行政主体
被动方主体	被授权方:行政机关、社会组织。必须是组织,不得为个人	被委托组织:行政机关、社会组织。可以是组织,也可以是个人
法律许可	必须有法律法规规章的依据才能授权	必须有法律法规规章的依据才能委托
职权转移内容	行政权能和行为权能同时转移	只发生行为权能的转移
所处法律关系	纵向法律关系,上级对下级的授权	横向法律关系,行政主体对不具有隶属关系的组织的委托
行为性质和形式	通过立法行为(法律法规规章)和内部行政行为(行政决定和决议)授权。 授权是具有强制性的单方行为	通过行政协议进行委托。 委托是不具有强制性的双方行为
行为效果	使被授权方成为行政主体	使被委托方成为行为主体
行为名义和责任	被授权方以自己的名义进行行为,并对行为后果承担责任	被委托方以委托方名义进行行为,行为效果归属于委托方
在行政诉讼中的地位	由被授权方成为行政诉讼被告	由委托方成为行政诉讼被告

[67]　在行政处罚制度中就是这样,“授权实施行政处罚是单方性的,不需要以被授权人的同意作为授权成立的前提,被授权者不得拒绝;而委托实施行政处罚一般要征得被委托人同意”。参见许安标主编:《中华人民共和国行政处罚法释义》,中国民主法制出版社 2021 年版,第 80 页。

第四节　行政协助——职权的合作

如果说“法律设定”是行政职权的产生方式,“行政授权”和“行政委托”是行政职权的调整方式,那么,“行政协助”则是行政职权的合作方式。

一、行政协助的概念和特征

行政协助可以从广义和狭义理解。从广义上说,行政协助系指有关组织和个人对一个行政主体行使行政职权进行法律上的协助,它包括行政机关之间的协助、司法机关对行政机关的协助以及社会组织和个人对行政机关的协助。

这里是从狭义上研讨行政协助。这种协助系指,行政主体在实施行政职权过程中,基于本身的条件和公务上的需要,其他行政主体配合其实施同一行政行为或共同行政行为的法律制度。这种行政协助具有下列法律特征:

1. 行政协助发生在行政主体之间。一个行政主体为另一个行政主体实施行政行为而提供协助性的行政行为,方属行政协助。行政主体以外的社会组织和个人协助行政主体实施行政行为,不属行政协助,而属社会协助。

2. 行政协助是两个以上的行政主体实施同一个行政行为或一个共同行政行为,而不是实施两个以上的行政行为。行政协助行为是请求协助的行政主体之行政行为的补充行为,或是其行为的组成部分。

3. 在行政协助法律关系中,行政协助主体与被协助主体共同对其行为负责,因而在行政诉讼中,它们或者是作为共同行政诉讼的被告,或者是各自作为自身行为的被告出现。

虽然目前,世界上还没有单一的“行政协助法”,但它已成为“行政程序法”中的一项重要内容,不少国家的行政程序法典均对行政协助作出规定。中国虽然在目前尚无行政程序法典,但已有不少法律、法规对此作出规定。[68]

二、可以请求行政协助的情形

有下列情形之一的,行政主体可依法请求有关行政主体提供职务协助:[69]

1. 由于法律上的原因,行政主体无法自行执行公务的。例如,海关没有逮捕人犯的职权。为此,《海关法》(2021)第12条规定,海关在执行公务受到抗拒时,可请求公安机关和人民武装警察部队提供职务协助。

2. 由于事实上的原因,特别是缺乏履行公务所必需的工作人员或机构时,行政主体无法自行执行公务的。例如,对在逃的人犯,公安机关可发布通缉令,请求有关公安机关和海关等协

---

〔68〕 如《行政处罚法》(2021)第26条规定:“行政机关因实施行政处罚的需要,可以向有关机关提出协助请求。协助事项属于被请求机关职权范围内的,应当依法予以协助。”《银行业监督管理法》(2006)第13条规定:“银行业监督管理机构在处置银行业金融机构风险、查处有关金融违法行为等监督管理活动中,地方政府、各级有关部门应当予以配合和协助。”

〔69〕 参见叶必丰:《行政法学》,武汉大学出版社1996年版,第96~98页。

助缉拿。

3. 行政主体执行公务还需要有一定的事实材料,而该事实材料又不得由其自行调查的。例如,行政主体所需要的事实材料在军事禁区和属于国家秘密不对外开放的其他场所、部门的,可请求有关部门协助提供。

4. 行政主体执行其公务所必要的文件或其他证据,为被请求行政主体所占有的。例如,公安机关在办理走私、抗税等治安案件时,往往要请求海关、税务机关提供有关证据、予以协助。

5. 行政主体执行公务,显然比被请求行政主体协助办理需付出更多费用的。例如,相对人在外地而需要对其进行调查或执行处罚决定的,可请求相对人所在地有关行政主体协助办理,以节省经费,提高效率。

三、不得予以和可以不予以行政协助的情形

有下列情形之一的,被请求行政主体不得予以职务协助:(1)基于法律上的原因,被请求行政主体不得作此行为的。例如,工商行政管理机关,对不属于其职权范围内的职务协助请求,不得予以职务协助;对请求内容违反宪法、法律法规的,不得予以职务协助。(2)职务协助将损害国家利益的。例如,原行政行为是违法的,协助执行将严重损害国家利益,因而被请求行政主体就不得予以职务协助。(3)被请求行政主体对事实的经过,根据法律或依其性质应当保密的,不得予以提供文件或卷宗以及答复询问的职务协助。

在下列情形下,被请求行政主体可以给予或者不予职务协助:(1)被请求行政主体以外的行政主体完全能够以更简单或更低廉的费用完成该协助行为的;(2)被请求行政主体必须付出巨额的费用才能完成该协助行为的;(3)被请求行政主体如果实施该协助行为,其自身的职务将受重大危害的。

四、行政协助的实行

如果没有不得予以职务协助和可以不予职务协助的情形,被请求行政主体不得以其他原因或认为原行政行为不当为由而拒绝提供职务协助。被请求行政主体认为自己没有提供职务协助的义务时,应将其意见通知请求协助的行政主体。请求协助的行政主体对此有异议的,由它们共同的上级行政主体就有无协助义务作出裁决。

从理论和实践上看,职务协助所要实现的行政行为是否合法,应按请求行政主体所在地有效的法律、法规和规章认定;协助行为的合法性,则按被请求行政主体所在地有效的法律、法规和规章认可。被请求行政主体按要求实施协助行为的,请求行政主体应承担由此所产生的法律效果。被请求行政主体违法实施协助行为的,应对此承担法律责任。

请求行政主体一般不必向被请求行政主体支付职务协助的费用。在被请求行政主体所垫付的费用超过一定限度时,请求行政主体应根据被请求行政主体的要求支付该项费用。目前,我国这方面的法律依据很少。

五、行政协助与行政委托

最易与行政协助混淆的是行政委托。行政协助与行政委托,发动方主体是相同的,都是行政主体,但行为的性质及在诉讼中的地位是不同的。具体区别在:

1. 行政协助发生在行政主体之间,而行政委托可以发生在行政主体之间,也可以发生在行政主体与其他组织之间。

2. 在行政协助关系中,协助主体与被协助主体均以各自独立的名义进行行为,或以共同主体的名义实施共同行政行为,而且各自对自己的行为负责或共同对它们的共同行政行为负责,而在行政委托关系中,被委托主体是以委托主体的名义进行行为的,而行为效果归属于委托方主体。

第五节　疑难问题探讨

一、法律授权与行政授权的主要区别是什么?

如果望文生义,这一问题会变得非常简单,答案就会是:法律授权就是通过法律进行授权,行政授权就是通过行政行为进行授权。但其实,问题并没有那么简单。由于在目前中国的法律制度和法学理论中,“授权”概念很不确定,法律授权与行政授权的区别也变得复杂起来。

现在的“授权”,仅就行政职权关系而言,大体有这几种含义,依次可称为“广义”“中义”“狭义”。

“广义的授权”,是指法律的一切赋权行为。在“人民主权”和“职权法定”原则的支配下,人民通过法律将行政职权赋予有关机关和组织,包括行政机关和社会组织。这种授权的主体是“人民”,授权的方式是“通过法律”,所以被称为“法律授权”。“法律授权”实质上是法律对行政职权的设定(从无到有),所以也可称“法律设定”。

“中义的授权”,是指法律将行政职权赋予有关社会组织。这种理论认为,行政机关按照国家机构的定位,天生、原本就具有行政职权,这是由宪法设定的。而社会组织它不具有行政管理的职能。在行政关系中,行政机关是行政主体,社会组织是行政相对人。所以,法律对行政机关的行政职权作出规定就理所当然,不称作为“授权”了,而法律将某些行政职权赋予社会组织,使原本不具有行政职权的社会组织由此具有了行政职权,从原来的行政相对人变成了行政主体,这就应当称作为“授权”了。《行政诉讼法》上的“授权”主要是指这一意思。

“狭义的授权”,是指行政主体在法律允许的前提下,将自己行政职权的全部或部分转让给另一组织。这是指职权转让意义上的授权,被行政法理称作为“行政授权”。

在以上的三种“授权”含义中,法律授权与行政授权的区别问题其实就是“广义的授权”“中义的授权”“狭义的授权”之间的关系问题。

但是严格地说,以上的三种含义被称作为“广义”“中义”“狭义”是不精准的。“广义的授权”显然比“中义的授权”范围要广泛一些,但是,在“广义的授权”与“狭义的授权”,或者在“中义的授权”与“狭义的授权”之间,其实是很难比较“谁广”“谁狭”的。所以,应当回到“第一次授权”与“第二次授权”的关系中来讨论法律授权与行政授权的区别问题。

我们将第一次授权称作为“法律授权”(法律设定),第二次授权称作为“行政授权”。第一次授权是原始赋权,法律直接将行政职权设定给了行政机关或者社会组织,使它们获得行政主体的资格。行政主体获得行政职权之后,出于国家管理的需要,在法律允许的前提下,将自己的行政职权转让给另一组织,这就是第二次授权。第二次授权就是“行政授权”。如果说第一次授权是赋权意义上的授权,那么,第二次授权就是转让意义上的授权。法律授权与行政授权的主要区别,就在于前者是第一次授权,后者是第二次授权,前者是赋权意义上的授权,那么,第二次授权就是转让意义上的授权。问题由此就变得非常简单、清晰了。

还剩下一点需要进一步解释的问题是,作为第二次授权的行政授权,又有法规授权与行为授权之分。作为行政授权中的"法规授权"与前面所述的"法律授权"是什么关系?

其实这还是属于前一个问题。虽然作为第一次授权的法律授权与作为第二次授权中的法规授权,都以法律法规为授权形式,但是前者属于原始授权,是赋权意义上的授权,后者是转让意义上的授权。是否发生职权的"转让",乃是它们之间的根本区别。

二、行政职权可以授权和委托给个人吗?

在职权法定原则的支配下,行政职权是否可以授权和委托给个人,完全取决于"授权依据法"和"委托依据法"如何规定。但在现行的法律制度中,法律法规规定可以将行政职权授权或委托给个人情况,几乎没有。《国家赔偿法》(2012)第7条第4款规定:"受行政机关委托的组织或者个人在行使受委托的行政权力时侵犯公民、法人和其他组织的合法权益造成损害的,委托的行政机关为赔偿义务机关。"这是难得的一个法例。但我还是认为,《国家赔偿法》(2012)第7条第4款中的"委托"是广义的,不是授权、委托意义上的"委托"。

但从理论上说,这一问题和行政主体理论有关。授权会创设一个新的行政主体,授权的结果会使被授权方成为某一法律关系中的行政主体,但委托不是,委托的结果只是让被委托方成为行为主体而不是行政主体。行政主体是行政职权的拥有者,它可以自己的名义实施行政行为并独立承受行为效果,而行为主体不同,它只是行政职权的具体实施者而不是拥有者,它只能以委托方的名义实施行政行为并由委托方承受行为的法律效果。因此,作者主张,授权应当只授权给组织,但委托既可以委托给组织,也可以委托给个人。因为国家权力的拥有者必须是组织,而不应当是个人。再说,如果可以将行政职权授权给个人,那就会破坏"行政主体只能是组织不得为个人"的法则。

三、规章是否可以成为行政授权的法律依据?

有关行政授权方面的法律有"授权依据法""授权管理法""授权法"之分。关于规章是否可以成为行政授权的法律依据,其实是问:规章在行政授权中是否可以成为"授权依据法"?

我们认为,必须坚持"授权依据法与职权设定法相一致"原则。该原则要求:某项职权由某类法设定,那么就由某类法作出授权许可。比如,某项职权是由宪法设定的,那么,允许对该职权进行授权也得由宪法规定;某项职权是由法律设定的,那么,允许对该职权进行授权也得由法律规定;某项职权是由行政法规设定的,那么,允许对该职权进行授权也得由行政法规规定;以此类推。更准确地说,设定法的同位法和上位法可以作为授权依据法,但设定法的下位法不得成为授权依据法。另外还有一个底线是:规章和其他规范性文件不得作为"授权依据法"。《立法法》(2023)的第91条第2款规定:"部门规章规定的事项应当属于执行法律或者国务院的行政法规、决定、命令的事项。没有法律或者国务院的行政法规、决定、命令的依据,部门规章不得设定减损公民、法人和其他组织权利或者增加其义务的规范,不得增加本部门的权力或者减少本部门的法定职责。"第93条第6款也规定:"没有法律、行政法规、地方性法规的依据,地方政府规章不得设定减损公民、法人和其他组织权利或者增加其义务的规范。"也就是说,没有法律法规依据，行政规章是不得增加自身权力和减损自身职责，不得减损相对人权利和增加相对人义务。由此可以推论，规章是不得在法律法规之外创设行政职权的，行政授权也一样。

本章小结

如果说第六章在于静态地考察行政职权的基本概念与原理，那么本章在于动态地研讨行政职权产生和运行中的基本制度。行政职权的设定（法律授权）、行政授权、行政委托和行政协助正是行政职权产生和运行中的四种形态和制度。

在人类历史长河之中，国家机关公权力的产生经历了“职权神定—职权人定—职权法定”的漫长过程，反映了国家对社会的治理模式的“神治—人治—法治”之历史演进轨迹，体现了人类法治文明的进步。仅就行政职权而言，它自然必须坚持“职权法定”。行政机关的行政职权不是天生的，或者行政机关自己赋予的，而是人民通过法律设定和赋予的。人民通过国家法律将行政职权赋予行政机关，这一过程和制度就称为法律授权。在原则上，法律只将行政职权授予国家行政机关，但在必要时和极其有限的范围内，法律也可以将某些行政职权直接授予社会组织，使它们和国家行政机关一样获得行政主体的法律地位。法律授权包括对行政机关的授权与对社会组织的授权。

法律授权也可称法律赋权或法律设定。它是法律第一次将行政职权赋予行政机关或社会组织，使它们“从无到有”获得了国家的行政职权和行政主体的法律地位，因此也可称为原始授权、初始授权，特别当它与事后转让行政职权的授权比较，被称为第一次授权。

第一次授权发生后，据此获得行政职权的行政机关或社会组织，原则上必须自己行使所授予的职权，它们无权处分和转让被法律赋予的行政职权。但在法律许可的前提下，出于国家管理的需要，通过第一次授权已获得行政职权的行政主体可以依照法定程序将自己权力的部分或全部转让给另一组织，使另一组织由此获得行政主体地位，以自己名义实施被转让的职权，这就是行政授权。

行政授权属于第二次授权，它是在经过法律授权获得行政职权之后，在法律许可前提下通过法定程序将自己的职权转让出去的制度。这一制度的确立是对“职权法定”与“行政效率”之间的一种平衡。行政授权从方式上讲，包括法规授权与行为授权。前者是指行政主体通过法律法规将行政职权转让给其他组织，后者是指行政主体通过行政行为将行政职权转让给其他组织。

行政授权也是行政机关被法律设定行政职权之后，事后进行调节的一种职权补充制度。这种职权的事后调节制度除了行政授权，还有行政委托。行政委托是行政主体在法律许可的前提下，出于国家管理的需要，委托其他组织或个人代行自己职权的法律制度。它与行政授权不同的是，行政授权是转让行政权能，行政委托是转让行为权能；在行政授权关系中，被授权组织成为独立的行政主体，以自己名义实施行政行为并承受行为效果，而在行政委托关系中，被委托人只具有行为主体而不具有行政主体地位，只能以委托人的名义实施行政行为并由委托方承受该行为的法律效果。

行政协助乃是一种行政合作制度，表现为两个以上的行政机关出于同一行政管理目标所作的相互配合。它们可以成为一个共同行政行为，共同对该行为负责；也可以以各自名义实施同向的行政行为，各自对自己的行为负责。

综上可见，法律授权（法律设定）、行政授权、行政委托和行政协助，覆盖行政职权产生、转让、代理和协助四个环节。法律授权是行政职权的产生方式；行政授权是行政职权的转让方式；行政委托是行政职权的代行方式；行政协助是行政职权的合作方式。它们构成了行政职权的动态理论。

规范链接

- 《中华人民共和国宪法》（2018）第三章第三节、第五节
- 《中华人民共和国立法法》（2023）第11条

- 《中华人民共和国治安管理处罚法》(2012)第7条
- 《中华人民共和国行政处罚法》(2021)第13~14、19~21、24、26、72条
- 《中华人民共和国行政强制法》(2011)第70条
- 《中华人民共和国行政许可法》(2019)第24、33条
- 《中华人民共和国土地管理法》(2019)第44条
- 《中华人民共和国烟草专卖法》(2015)第16、21条
- 《中华人民共和国审计法》(2006)第28条
- 《中华人民共和国海关法》(2021)第12条
- 《中华人民共和国教育法》(2021)第22条
- 《中华人民共和国城乡规划法》(2019)第64条
- 《中华人民共和国审计法》(2006)第28条
- 《中华人民共和国反洗钱法》(2006)第28条
- 《中华人民共和国海域使用管理法》(2001)第18条
- 《中华人民共和国个人信息保护法》(2021)第37、67条
- 《中华人民共和国妇女权益保障法》(2018)第7条
- 《中华人民共和国残疾人保障法》(2018)第8条
- 《中华人民共和国循环经济促进法》(2018)第11条
- 《中华人民共和国海南自由贸易港法》(2021)第7、48条
- 《中华人民共和国引渡法》(2000)第52条
- 《中华人民共和国行政诉讼法》(2017)第2条
- 《中华人民共和国国家赔偿法》(2012)第7条
- 《中华人民共和国政府信息公开条例》(2019)第54条
- 《中华人民共和国银行业监督管理法》(2006)第13条
- 国务院《关于授权和委托用地审批权的决定》(国发〔2020〕4号)
- 最高人民法院《关于适用〈中华人民共和国行政诉讼法〉的解释》(法释〔2018〕1号)第20条

案例讨论

何某某诉华中科技大学拒绝授予学位案

|案 情|

原告何某某系第三人华中科技大学武昌分校(以下简称武昌分校)2003级通信工程专业的本科毕业生。武昌分校是独立的事业单位法人,无学士学位授予资格。根据国家对民办高校学士学位授予的相关规定和双方协议约定,被告华中科技大学同意对武昌分校符合学士学位条件的本科毕业生授予学士学位,并在协议附件载明《华中科技大学武昌分校授予本科毕业生学士学位实施细则》(以下简称《实施细则》)。其中第2条规定凡具有我校学籍的本科毕业生,符合本《实施细则》中授予条件者,均可向华中科技大学学位评定委员会申请授予学士学位,第3条规定达到相关水平和要求,经学术评定委员会审核通过者,可授予学士学位。2006年12月,华中科技大学作出《关于武昌分校、文华学院申请学士学位的规定》,规定通过全国大学外语四级考试是非外国语专业学生申请学士学位的必备条件之一。2007年6月30日,何某某获得武昌分校颁发的《普通高等学校毕业证书》,由于其本科学习期间未通过全国英语四级考试,武昌分校根据上述《实施细则》,未向华中科技大学推荐其申请学士学位。8月26日,何某某向华中科技大学和武昌分校提出授予工学学士学位的申请。2008年5月21日,武昌分校作出书面答复,因何某某没有通过全国大学英语四级考试,不符合授予条件,华中科技大学不能授予其学士学位。

何某某不服,以华中科技大学为被告提起行政诉讼。湖北省武汉市洪山区人民法院于2008年12月18日作

出(2008)洪行初字第81号行政判决,驳回原告何某某要求被告华中科技大学为其颁发工学学士学位的诉讼请求。湖北省武汉市中级人民法院于2009年5月31日作出(2009)武行终字第××号行政判决,驳回上诉,维持原判。

法院生效裁判认为:本案争议焦点主要涉及被诉行政行为是否可诉、是否合法以及司法审查的范围问题。(1)被诉行政行为具有可诉性。根据《学位条例》等法律、行政法规的授权,被告华中科技大学具有审查授予普通高校学士学位的法定职权。依据《学位条例暂行实施办法》第4条第2款非授予学士学位的高等院校,对达到学士学术水平的本科毕业生,应当由系向学校提出名单,经学校同意后,由学校就近向本系统、本地区的授予学士学位的高等院校推荐。授予学士学位的高等院校有关的系,对非授予学士学位的高等院校推荐的本科毕业生进行审查考核,认为符合本暂行办法及有关规定的,可向学校学位评定委员会提名,列入学士学位获得者名单,以及国家促进民办高校办学政策的相关规定,华中科技大学有权按照与民办高校的协议,对于符合本校学士学位授予条件的民办高校本科毕业生经审查合格授予普通高校学士学位。本案中,第三人武昌分校是未取得学士学位授予资格的民办高校,该院校与华中科技大学签订合作办学协议约定,武昌分校对该校达到学士学术水平的本科毕业生,向华中科技大学推荐,由华中科技大学审核是否授予学士学位。依据《学位条例暂行实施办法》的规定和华中科技大学与武昌分校之间合作办学协议,华中科技大学具有对武昌分校推荐的应届本科毕业生进行审查和决定是否颁发学士学位的法定职责。武昌分校的本科毕业生何某某以华中科技大学在收到申请之日起60日内未授予其工学学士学位,向人民法院提起行政诉讼,符合最高人民法院《关于执行〈中华人民共和国行政诉讼法〉若干问题的解释》第39条第1款的规定。因此,华中科技大学是本案适格的被告,何某某对华中科技大学不授予其学士学位不服提起诉讼的,人民法院应当依法受理。(2)被告制定的《实施细则》第3条的规定符合上位法规定。《学位条例》第4条规定:“高等学校本科毕业生,成绩优良,达到下述学术水平者,授予学士学位:(一)较好地掌握本门学科的基础理论、专门知识和基本技能……”《学位条例暂行实施办法》第25条规定:学位授予单位可根据本暂行条例实施办法,制定本单位授予学位的工作细则。该办法赋予学位授予单位在不违反《学位条例》所规定授予学士学位基本原则的基础上,在学术自治范围内制定学士学位授予标准的权力和职责,华中科技大学在此授权范围内将全国大学英语四级考试成绩与学士学位挂钩,属于学术自治的范畴。高等学校依法行使教学自主权,自行对其所培养的本科生教育质量和学术水平作出具体的规定和要求,是对授予学士学位的标准的细化,并没有违反《学位条例》第4条和《学位条例暂行实施办法》第25条的原则性规定。因此,何某某因未通过全国大学英语四级考试不符合华中科技大学学士学位的授予条件,武昌分校未向华中科技大学推荐其申请授予学士学位,故华中科技大学并不存在不作为的事实,对何某某的诉讼请求不予支持。(3)对学校授予学位行为的司法审查以合法性审查为原则。各高等学校根据自身的教学水平和实际情况在法定的基本原则范围内确定各自学士学位授予的学术水平衡量标准,是学术自治原则在高等学校办学过程中的具体体现。在符合法律法规规定的学位授予条件前提下,确定较高的学士学位授予学术标准或适当放宽学士学位授予学术标准,均应由各高等学校根据各自的办学理念、教学实际情况和对学术水平的理想追求自行决定。对学士学位授予的司法审查不能干涉和影响高等学校的学术自治原则,学位授予类行政诉讼案件司法审查的范围应当以合法性审查为基本原则。

|评 析|

本案涉及授权主体、行政行为、行政协议、行政授权等诸多行政法问题。但鉴于本章的教学任务,只限于讨论行政授权问题。

法院的裁判多处提到,根据相关法律、行政法规的“授权”,被告华中科技大学具有审查授予普通高校学士学位的法定职权。这里的“授权”,到底是什么意义上的“授权”呢?

根据《教育法》第14~15条规定,[70]教育行政管理属于国务院和地方各级人民政府的职权。《教育法》第23

---

〔70〕《教育法》(2021)第14条规定:“国务院和地方各级人民政府根据分级管理、分工负责的原则,领导和管理教育工作。中等及中等以下教育在国务院领导下,由地方人民政府管理。高等教育由国务院和省、自治区、直辖市人民政府管理。”第15条规定:“国务院教育行政部门主管全国教育工作,统筹规划、协调管理全国的教育事业。县级以上地方各级人民政府教育行政部门主管本行政区域内的教育工作。县级以上各级人民政府其他有关部门在各自的职责范围内,负责有关的教育工作。”

条第 1 款规定:“国家实行学位制度。”这说明,学位制度是国家的教育制度。作为国家学位制度,理应由国务院或国务院授权的组织来管理。现《学位条例》第 7 条规定:“国务院设立学位委员会,负责领导全国学位授予工作。学位委员会设主任委员一人,副主任委员和委员若干人。主任委员、副主任委员和委员由国务院任免。”第 8 条第 1 款又规定:“学士学位,由国务院授权的高等学校授予;硕士学位、博士学位,由国务院授权的高等学校和科学研究机构授予。”这说明,国务院是通过国务院学位委员会来领导全国学位授予工作,而学位的具体授予又是通过国务院授权的高等学校和科学研究机构来实施的。而国务院对具体高等学校和科学研究机构的“授权”则是通过有关的批准文件实施的。

鉴于此,本案中的华中科技大学是经国务院授权才获得授予学位资格的。国务院对华中科技大学学位授予资格方面的“授权”属于标准的“行政授权”,这一授权的“依据法”就是《学位条例》第 8 条。华中科技大学获得授权之后便成为授权主体,它所进行的学位授予工作便属于行政行为。因此,就本案的程序而言,原告何某某以华中科技大学为被告提起行政诉讼是符合《行政诉讼法》的规定的。

(资料来源:最高人民法院指导案例第 39 号。“案情”部分的文字表达根据教学需要作了一点增减。“评析”部分由笔者根据教学需要撰写)

复习思考题

1. 法律授权与“人民主权”“职权法定”是什么关系?
2. 中国现行法律制度中,“授权”有哪几种含义?你主张如何定位?
3. 行政授权和委托制度存在的理论基础是什么?它们之间有何区别?
4. 什么是行政协助?它的法律效果如何?

Ⅳ. 行为论（一）

第八章　行政行为基本理论

第九章　行政行为基本范畴

第十章　行政规定与行政决定

本篇为行为论（一），共设三章，具体阐述行政行为的概念与特征、内容与形式、合法性与有效性，以及行为之间的相互关系，特别是重点研讨了行政行为的两大基本板块，即行政规定与行政决定，旨在阐述“行政行为”的基础理论和基本理论。它为行为论（二）和行为论（三）作一理论上的铺垫。

第八章　行政行为基本理论

行政法的任务是保障行政行为的合法性和合理性。因而，行政行为理论是整个行政法学理论的核心板块。本章将围绕行政行为这个核心概念，着重阐述行政行为的概念、特征、分类、合法要件与效力要件，以及行政行为成立、变更和消灭等有关原理。

第一节　行政活动概念和结构

一、行政活动的概念

在不少国家的行政法学中，可能考虑到行政行为覆盖行政职能的局限性，都为行政行为设定了一个上位概念，即行政活动（或行政作用）。在法国，行政活动称 activités administatives，以区别于行政行为（acte administratif）；在德国，行政活动称 Werwaltungshandeln，以区别于行政行为（Verwaltungsakt）；在日本，也在行政行为之上设置了一个上位概念即行政活动（也称行政作用或者行政的行为形式）。[1] 行政活动的范围显然要大于行政行为，行政行为是行政活动的核心部分。

在中国的行政法学中，也很有必要在行政行为之上再设定一个种概念作为它的上位概念，这个概念就是行政活动。行政活动应当大于行政行为，小于国家活动。

这种意义上的行政活动，是指各级人民政府从事国家和社会管理的国家活动。它既区别于社会管理，也区别于国家的其他活动，如立法活动、监察活动、司法活动和军事指挥活动等。（见图 8－1）

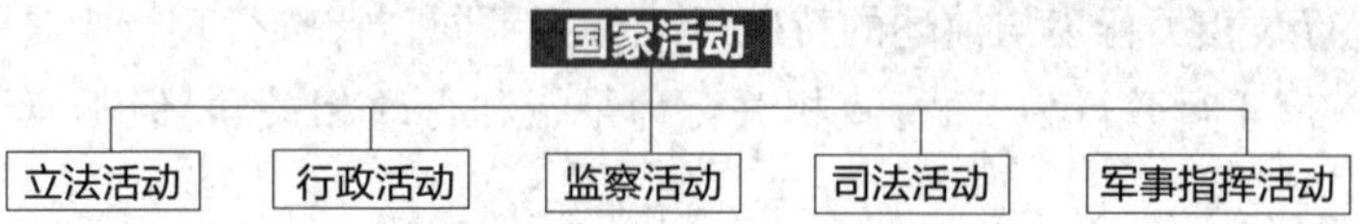

图 8－1　国家活动分类

国家行政活动的特征在于：

1. 行政活动是一种国家活动，而不是社会活动。它是由国家机关而不是社会组织从事的管理活动。

2. 行政活动是由从中央到地方各级人民政府从事的管理活动。也就是说，行政活动的主

---

[1] 参见［日］盐野宏：《行政法总论》，杨建顺译，北京大学出版社 2008 年版；杨建顺：《日本行政法通论》，中国法制出版社 1998 年版；吴东镐、徐炳煊：《日本行政法》，中国政法大学出版社 2011 年版；江利红：《日本行政法学基础理论》，知识产权出版社 2008 年版。

体是恒定的,限于各级人民政府,或者说行政机关。由国家权力机关、监察机关、人民法院、人民检察院、军事指挥机关从事的活动不属于行政活动。

3. 行政活动以国家行政权的存在为基础,是实施行政权的活动。当一个国家的行政权与国家的其他权力混合,即尚未单列时,行政活动不可能发生。行政活动是国家行政权的实施活动。

4. 行政活动的对象,是对国家事务和社会事务的管理。政府既是国家管理的主体,也是社会管理的主体。国家和社会的有关事务构成了行政活动的对象。

二、行政活动的结构

行政活动,是国家行政机关实施国家和社会管理的各种手段和方式,分为权力性行为与非权力性行为。行政活动包括制定规则、作出许可、实施处罚,与行政相对人签订协议,裁决有关纠纷等。按活动功能以及是否受行政法调整,行政活动由几个重要板块组成:

1. 行政立法。这是指政府机关的立法活动。根据《立法法》的有关规定,它包括国务院制定行政法规,国务院部、委、中国人民银行、审计署和具有行政管理职能的直属机构制定部门规章,以及由省、自治区、直辖市和较大的市的人民政府制定地方政府规章等。行政法学固然要研究行政立法,但行政立法不是行政法的调整范围,而是宪法和立法法调整的范围。行政立法是行政活动,但不是受行政法规制的行政行为,它属于国家"立法"的范畴。当然,由于这种行为与行政行为相关联,它同时属于行政相关行为。

2. 行政行为。它是指行政主体代表国家所实施,体现国家行政权意志,并受行政法规制的,能够直接或者间接产生法律效果的国家管理活动。行政行为可分为常规行政行为与特殊行政行为。常规行为也称标准行政行为或典型行政行为,行政规定与行政决定是它的两大基本形式。特殊行政行为,是指具有行政行为的特征但不具有行政行为全部特征的行为,如行政协议、行政调查、行政证明、行政强制等。

3. 其他行政活动。是指行政立法以外的其他行政相关行为。行政相关行为是指与行政行为有关联,但不产生行政法律效果的行为,如国家行为、行政指导行为、行政调解行为、行政重复处理行为等。这类行为和行政职权有关联,但它不被作为行政行为对待,不适用行政复议和行政诉讼救济。行政相关行为与前述的特殊行政行为不同。特殊行政行为是一种不够标准的行政行为,但依然属于行政行为,而行政相关行为是指和行政相关联,但不属于行政行为的行为。

到此,行政活动的内部结构如图 8-2 所示:

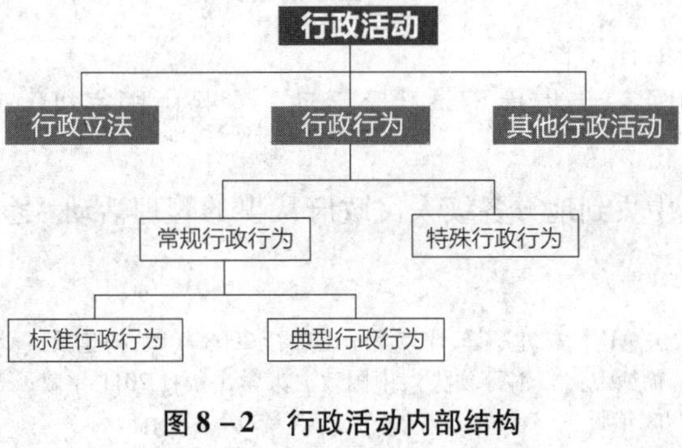

图 8-2 行政活动内部结构

三、行政活动与行政行为

尽管图 8－2 已反映了行政活动与行政行为之间的逻辑关系，但是这里还是需从理论上补充阐述。不讲透行政活动，就无法理解行政法学的理论体系；不讲透行政行为，就无法把握行政法的调整范围。

行政活动是相对于立法活动、监察活动、司法活动和其他国家活动国家管理层面上的一个概念，是国家行政权的体现；行政行为是相对于民事行为、刑事行为（犯罪与惩罚）部门法（行政法）层面上的一个概念。行政活动既受行政法调整，也受宪法和有关法的调整；行政行为只受行政法调整，反过来说，不受行政法调整的管理行为就不是行政行为。

行政法只规制行政行为，行政法学也自然以行政行为为研究重点。但是，不从整个行政活动的视野来探视行政行为，行政行为的许多界线和规则就无法讲述清楚。这就是本书在“行为篇”内重点探讨行政行为，但同时阐述行政行为以外的其他国家行政活动的原因。

第二节　行政行为概念、特征和结构

一、行政行为理论溯源

行政法上的“行政行为”，也有翻译为“行政处分”者，其德文表达为“Verwaltungsakt”，法文表达为“acte administratif”，英文则表达为“administrative act”或“agency action”。

“行政行为”这一概念最早可追溯到法国大革命时期的“acte administratif”，系指法律之下与司法相并列的裁决行为，1810 年起被学界广泛接受。由于法国设有自成体系的行政法院系统，其行政行为概念始终和行政法院的管辖和审查相联系。法国的行政行为作为行政机关活动的一种法律手段，必须符合一定的法律制度，否则可能被行政法院撤销或者宣告无效。法国行政行为概念与行政诉讼管辖范围相统一。由于法国学者对行政行为的确认标准不同，就出现了对行政行为的不同理解：（1）以行政机关为标准，行政行为被确定为行政机关所采用的全部行为。这种理解属于形式意义上的行政行为，它有助于同议会、司法机关行为相区别，但不能说明行政机关内部不同性质的行为。（2）以行为内容为标准，行政行为被确定为适用普遍性规则于具体事件的行为。这种理解属于实质意义上的行政行为，它有助于区别制定普遍性规则的行为（立法行为）和适用法律解决争端的行为（司法行为），但它无法说明行政机关制定规章的行为。（3）以行为作用为标准，行政行为是指行政机关用以达到一定行政法律效果的行为，以及行政机关以外的主体在得到行政授权的条件下执行的公务行为。这种理解属于功利意义上的行政行为，它成功地把行政机关内部的非行政行为排除出去，同时又把行政机关以外的行政行为纳入概念的范围。这一理论产生于法国行政法院的判例，当今在理论上占据了统治地位。〔2〕

法国的行政行为概念后被德国继受。从 1826 年起，德国学者从法国引进了这一概念，并用“Verwaltungsakt”表示。德国学者所提的行政行为仅限指行政主体的具体行为，不包括制定

---

〔2〕 参见王名扬：《法国行政法》，中国政法大学出版社 1989 年版，第 130～133 页。

行政规范之类的抽象行为。德国19世纪的奥托·迈耶指出:行政行为是“行政机关对相对人在具体事件中作出的决定其权利的优越性的宣示”[3]。联邦德国1976年制定的《行政程序法》第35条规定:“行政行为是指国家行政机关在公法领域调整具体事务的且对外直接产生法律效果的命令、规定或其他行政处分。”德国行政法专家毛雷尔赞同这一定义并进而认为,行政行为是指“行政机关针对具体事件,单方作出的,具有外部效果的行政法上的处理行为”。[4]由此将行政行为推向一个具有行政实体法、行政程序法和行政诉讼法意义的概念。[5]受德国影响,葡萄牙行政法认为,行政行为是指行政人(葡:agentes)行使行政法之权力而作出之关于一个个别情况,具有外部之积极(或消极)法律效果之一个当局决定。[6]

日本学者从德国引进“Verwaltungsakt”后直接将其翻译为“行政行为”。尽管日本在《行政程序法》《行政不服审查法》《行政案件诉讼法》上均使用“行政厅的处分”的表达,但学术上的“行政行为”则构成日本整个行政法学的核心概念。[7]作为“行政厅的处分”意义上的“行政行为”,系指行政厅针对特定的相对人,直接形成、变更或消灭其权利与义务关系的行为。学理上的解释,也和立法表达靠近。如南博方指出,行政行为是指“行政厅为了调整具体事实,作为公权力的行使,对外部采取的产生直接法律效果的行为”[8]。室井力也认为,行政行为是指“行政机关为公权力的行使,对外部赋予具体规范的法律行为”[9]。

在美国,“行政行为”(administrative act)这一概念最早出现并逐渐流行于第二次世界大战后的行政学界。美国著名学者赫伯特·A.西蒙(Herbert A. Stmon)曾在1968年出版的《国际社会科学百科全书》[10]中使用了“行政行为”一词,但他并没有对含义作出明确解释。尔后,大多数行政学家也先后采用了这一概念,但他们往往是以科学的观点来研究各种行政上的行为,目的是从行为的动态或“行为的途径”中把握行政效率。以后,社会学者、心理学者、社会心理学者纷纷把它“移植”到自己的学科领域。就美国行政法而言,在一般的教科书上找不到行政行为的概念。1946年制定的美国《联邦行政程序法》(经1978年修订)把行政行为表达为“agency action”并指出:“‘行政行为’包括行政规章、裁决令、决定、许可、制裁和救济行为的全部或一部分;行政机关采取的其他类似的行为及其否定行为和不作为的全部或一部分。”[11]从这一规定上可以发现,美国的行政行为范围非常广泛,除了具体行为,还包括抽象行为和救济行为。在英国的行政法中,“行政行为”概念的地位更不容乐观。由此看来,普通法系国家不同于大陆法系国家,对于行政行为,他们没有一个清晰明确的理论上的概念。

我国行政法学对“行政行为”的研究由来已久,早在20世纪90年代就开始研讨。除了在行政法教材中专章阐述之外,有关“行政行为”的专著更是硕果累累,如《行政行为法:中国行政法制建设的理论与实践》(应松年主编,人民出版社1993年版)、《具体行政行为论》(张弘、王

---

[3] [德]奥托·迈耶:《德国行政法》(第1卷),1895年版,第95页。转引自[德]哈特穆特·毛雷尔:《行政法学总论》,高家伟译,法律出版社2000年版,第181页。

[4] 参见[德]哈特穆特·毛雷尔:《行政法学总论》,高家伟译,法律出版社2000年版,第182页。

[5] 参见[德]哈特穆特·毛雷尔:《行政法学总论》,高家伟译,法律出版社2000年版,第203页。

[6] 参见[葡]苏乐治:《行政法》,冯文庄译,法律出版社2014年版,第38页。

[7] 参见[日]盐野宏:《行政法总论》,杨建顺译,北京大学出版社2008年版,第71~73页。

[8] [日]南博方:《日本行政法》,杨建顺、周作彩译,中国人民大学出版社1988年版,第33页。

[9] [日]室井力主编:《日本现代行政法》,吴微译,中国政法大学出版社1995年版,第81页。

[10] See *International Encyclopedia of the Social Science*, New York, The Mac Millan and the Free Press.

[11] 美国法典第五编第551条第13款。

红日著，辽宁大学出版社 1993 年版）、《论具体行政行为》（方世荣著，武汉大学出版社 1996 年版）、《行政执法行为》（杨生、孙秀君著，中国法制出版社 2003 年版）、《行政行为研究》（马生安著，山东人民出版社 2008 年版）、《行政行为的性质界定与实务》（闫尔宝著，法律出版社 2010 年版）、《行政行为原理》（叶必丰著，商务印书馆 2014 年版）和《行政行为合法性审查类型化研究》（高家伟著，中国政法大学出版社 2019 年版）等。经过 30 多年的研究，中国关于“行政行为”的理论已基本成熟。

二、行政行为的概念和特征

（一）行政行为的概念和特征

我国行政法（学）上的“行政行为”，特指行政主体基于行政职权，为实现国家行政目标而作出的，以作为或者不作为形式表现，能直接或间接引起法律效果并受行政法规制的行为。行政规定（行为）与行政决定（行为）是行政行为的两大基本形式。行政行为具有以下几个方面的法律特征：

1. 行政行为是具有行政性的国家活动。行政行为属于国家活动，但它是立法活动、监察活动、司法活动和其他国家活动以外的国家活动，即行政活动。行政行为的“行政性”表现在：一是在主体上，这种行为由国家行政机关进行（在法律法规有特殊授权的条件下才允许行政机关以外的社会组织实施），国家权力机关、监察机关、人民法院、人民检察院和军事指挥机关按照宪法的分工不实施国家行政行为；二是在职权上，行政行为是行政主体基于行政职权实施的管理行为，是国家行政权而不是立法权、监察权、司法权、军事指挥权的体现；三是在目标上，行政行为的目标是国家行政机关依法实施对国家和社会事务的管理，实现国家秩序和社会秩序的有序化，也就是说，它是为了实现行政目标而不是其他目标。

2. 行政行为是能够对外引起行政法律效果的行为。不会引起行政法律效果，或者引起的不是行政法律效果，而是其他法律效果的，就不是行政行为。所谓引起行政法律效果，是指能决定行政法律关系的产生、变更或消灭之结果，表现为行政权利与行政义务的设定或消灭、增加或减少。至于引起行政法律效果的方式，可以是“直接”的，也可以是“间接”的，这主要是针对行政决定与行政规定的划分。行政决定是能够对行政相对人直接产生法律效果的行政行为，而行政规定是间接产生法律效果的行政行为。行政决定与行政规定是行政行为的两大基本形式。

3. 行政行为是受行政法规制的行为。在我国的法治体系中，不同的行为受不同的法律部门规制，宪法行为受宪法规制，民事行为受民法规制，刑事行为受刑法规制，行政行为便受行政法规制。不受行政法规制的行为就不是行政行为。所以，我们不应当将由宪法、民法和刑法规制的行为纳入行政行为的范围。[12] 行政行为受行政法规制性，是行政行为的法律部门属性。

4. 行政行为是可以行政复议和行政诉讼的行为。在我国，行政诉讼的受案范围与行政复议的受案范围基本上是一致的。作为行政行为，都应当受到法律监督，所以原则上，只要是行政行为都应当是可诉的，都应当适用行政复议和行政诉讼，除非法律有特别的例外规定。目前

---

〔12〕 我们之所以不将国务院制定行政法规、有关行政机关制定行政规章作为行政行为对待，乃是因为这些制法行为已由《立法法》调整，《立法法》不是行政法，而是“宪法性法律”。行政法规与规章无疑是行政法的渊源，但制定行政法规和规章不属于行政行为。

的制度是,公民、法人或者其他组织对行政决定不服的,原则上都可直接申请行政复议或提起行政诉讼;对于行政规定不服的,原则上也可以申请附带审查。因此,行政行为是适用行政复议和行政诉讼救济的行为,这一特征在理论上总体是成立的。

(二)理解行政行为的几个关注点

另外,我们在理解行政行为时还必须把握这几点:

1.行政行为包括"作为"形式,也包括"不作为"形式。所以,行政不作为也是一种行政行为。[13]

2.行政行为包括肯定意思,也包括否定意思。所以,否定意思的行为也是行政行为。如行政处罚机关对当事人作出"行政处罚决定"或"不予行政处罚的决定"都属于行政处罚行为,受《行政处罚法》规制。[14]

3.行政行为包括合法行政行为,也包括违法行政行为。要特别注意的是,违法的行政行为也是行政行为。所以,如果从"合法"的层面对行政行为下定义是不够完整的。[15]

4.行政行为包括初始的行政行为(第一次行为),也包括事后对该行为的纠正行为(第二次行为),如原行政机关撤回或改变原始行为,或者行政监督机关撤销原行政行为。这要特别提醒的是,改变、撤回或者撤销原行政行为的行为(第二次行为)本身又是一个新的行政行为,所以,第二次行为应当像第一次行为一样遵循行政程序并适用行政复议和行政诉讼。(见图8-3)

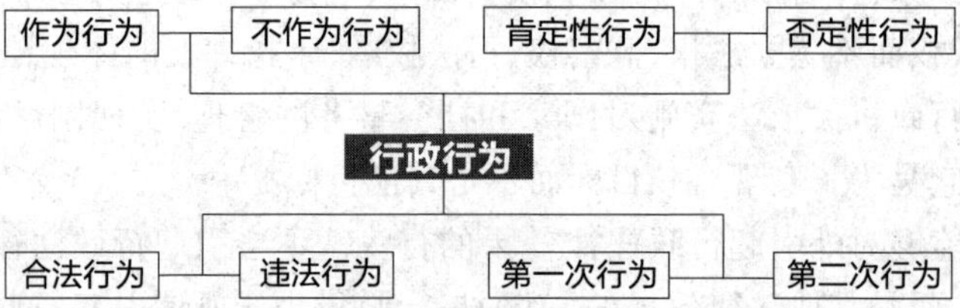

图8-3　行政行为类型

5.行政行为大多是形成行政法律关系,但也有一些会形成民事法律关系。不能认为形成民事法律关系的行政行为就不是行政行为。例如,虽然通过婚姻登记形成的婚姻法律关系是

[13] 如韩国《行政程序法》(1996)第2条对"行政处分"(行政决定)的定义是:"处分,是指行政机关对具体事实的执法行为,行使或者拒绝公权力及其准于此行政作用。"美国《联邦行政程序法》第551条对"行政行为"的定义表达得比较完整:"机关行为"包括机关规章、裁决令、决定、许可、制裁和救济的全部或部分;机关采取的其他类似的行为及其否定行为和不作为的全部或部分……也就是说,行政行为除了作为形态的行政行为,还包括不作为形态的行政行为;除了肯定性行政行为,还包括否定性行政行为。

[14] 又如《行政许可法》(2019)第2条规定:"本法所称行政许可,是指行政机关根据公民、法人或者其他组织的申请,经依法审查,准予其从事特定活动的行为。"严格地说,这一定义是不完整的,它将"否定意思"的行为(不准予许可行为)踢出本类行政行为的范围。完整的定义应当这样:"本法所称行政许可,是指行政机关根据公民、法人或者其他组织的申请,准予或不准予其从事特定活动的行为。"

[15] 同样以"行政许可"为例。《行政许可法》(2019)第2条规定:"本法所称行政许可,是指行政机关根据公民、法人或者其他组织的申请,经依法审查,准予其从事特定活动的行为。"这里的"经依法审查"其实不自觉地套用了"合法行政行为"的逻辑。因为行政机关作出行政许可决定,无论是否经过"依法审查",都不能改变其作为一种行政许可行为的性质。作出许可决定是否经过"依法审查",这只与该许可行为"是否合法"有关,与"是否属于许可行为"无关。

民事关系，但婚姻登记本身恰恰是行政行为。[16]

6. 行政复议行为也是一种行政行为。行政复议也是行政纠纷的一种解决机制，同时也是行政复议机关对被复议机关的行政监督。行政复议机关作出的行政复议决定，本身也是一种行政行为，所以，它同样适用行政诉讼，除非法律（狭义）有相反的特别规定。

三、行政行为的相近概念

（一）行政行为与行政活动

如上所述，行政活动是国家行政机关从事的区别于国家立法活动、监察活动、审判活动、检察活动和军事指挥活动的国家活动，是国家行政权的体现。行政活动有的受宪法及宪法性法律的调整（如行政立法受立法法调整），有的受民法调整（如政府采购行为），有的受行政法调整（如行政行为）。行政行为是国家行政活动的组成部分，而且是核心部分，它是由行政主体作出的受行政法规制并适用行政复议和行政诉讼的行为。一句话，行政行为是行政活动的一部分，而且是核心的部分。

（二）行政行为与行政法行为

从行为主体视角可以这么说，行政主体的行为是行政行为，而行政法主体的行为是行政法行为。行政法行为是行政法律关系中的行为。由于行政法主体包括行政主体与行政相对人。所以，行政法行为也包括行政主体的行政行为与行政相对人的相对行为。（见图8－4）

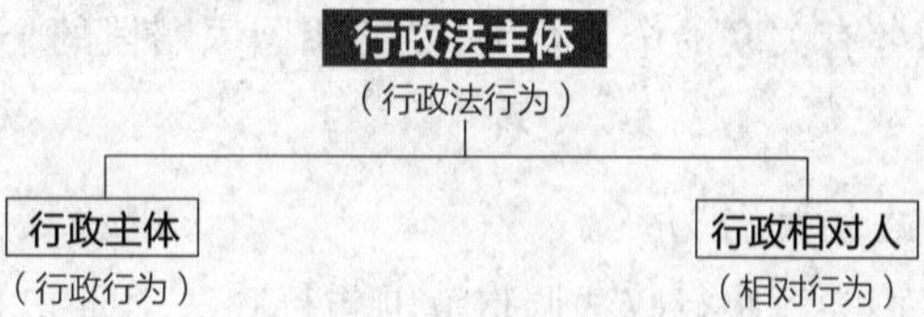

图8－4　行政法行为

（三）行政行为与行政机关的行为

行政机关是指各级人民政府及其工作部门。行政机关可以多种法律身份参与多种法律关系从事多种法律行为，如行政机关制定法规和规章时（国务院制定行政法规、有关行政机关制定行政规章），这是立法（制法）行为，受立法法调整；行政机关根据刑事诉讼法从事司法活动时（公安机关实施刑事侦查、刑事拘留行为），这是刑事司法行为，受刑事法律调整；行政机关购买办公用品时，这是受民法调整的民事行为；只有在行政机关以行政主体身份从事行政行为时，才受行政法规制。可见，行政机关的行为不等于就是行政行为。行政机关的行为具有多样性，只有当行政机关以行政主体身份行使行政职权时，它的行为才是行政行为。行政行为只是行政机关的一种行为而已。

（四）行政行为与公务行为

在管理学上，公务行为与私人行为相对应，它泛指个人行为以外的所有行为，不仅包括国

---

〔16〕 德国法学认为，“当法律具有特别规定时，人们可以通过单方行政行为形成私法法律关系。在这种情形中，法律关系受私法管辖，而法律关系形成行为却受规范行政行为的公法管辖”。参见［德］维尔纳·弗卢梅：《法律行为论》，迟颖译，法律出版社2013年版，第52页。

家的管理行为,还包括社会组织的管理行为。但从宪法和法律的视角看,公务行为应当是指有关组织及人员行使国家公权力的行为,它应当包括权力机关的立法行为、行政机关的行政行为、监察机关的监察行为、司法机关的司法行为、军事机关的军事指挥和管理行为等。可见,行政行为属于公务行为,但公务行为不一定是行政行为。

(五)行政行为与职务行为

职务行为系指一种组织行为,与个人行为相对应。国家的职务类别很多,包括人大职务、行政职务、监察职务、审判职务、检察职务、党群职务等,只有实施行政职务的行为才是行政行为。行政行为可以等同于行政职务行为,但不能等同于一切职务行为。

(六)行政行为与职务相关行为

职务相关行为是与职务行为相对而言的。职务行为系指公务人员执行职务的行为,而职务相关行为系指与职务相关联但不属于职务本身职责范围内的个人行为,如公务人员在执行职务期间殴打他人,某公务员在执行公务期间盗窃他人财物。职务相关行为的设立,是国际上为保护国家赔偿关系中受害人的合法权益而创设的一个概念,许多国家的法院将引起国家赔偿责任的行为从职务行为扩大到职务相关行为。我国《国家赔偿法》(2012)第5条第1项已承认了"职务相关行为"这一概念。[17]

在行政法里不宜将职务相关行为纳入行政行为,因为这种行为对公民、法人或者其他组织不具有法律约束力,但在国家赔偿法领域确立这一概念,有助于受害人获得国家赔偿。可见,职务相关行为是特指与职务有关联的个人行为,是适用国家赔偿的个人行为,但它不属于行政行为。

(七)行政行为与行政相关行为

行政相关行为是学者们为解决行政法调整范围与行政法学研究范围的衔接而创设的一个理论概念。它是指由行政机关及其工作人员进行的与"行政"相关联但不受行政法调整的行为。行政相关行为不属于行政行为。行政相关行为虽然不属于行政法的调整范围,但属于行政法学的研究范围。不研究"行政相关行为"就无法划清"行政行为"的外部"边界"。

在我国,行政相关行为大体包括国家行为、行政立法行为、行政指导行为、行政调解行为等。前项所述的职务相关行为也是其中的一例。

(八)行政行为与行政决定

长期以来,中国的行政法理将"抽象行政行为与具体行政行为"视作"行政行为"的两大板块,而且以它们之间的划分直接影响许多法律制度的设计,如具体行为可以诉(属于行政诉讼受案范围),抽象行为不可诉(不属于行政诉讼受案范围);国家赔偿只适用于具体行为,不适用抽象行为;等等。2014年《行政诉讼法》修正时,一是为了扩大行政诉讼受案范围,二是业已发现"抽象行政行为"概念的不科学[18],《行政诉讼法》就以"行政行为"概念代替了"具体行政行

---

〔17〕《国家赔偿法》(2012)第5条规定:"属于下列情形之一的,国家不承担赔偿责任:(一)行政机关工作人员与行使职权无关的个人行为;(二)因公民、法人和其他组织自己的行为致使损害发生的;(三)法律规定的其他情形。"第1项可以倒推这样的理论:行政机关工作人员作出的和职务相关联的个人行为也可以适用行政赔偿。

〔18〕因为世界上只有抽象的"规则",没有抽象的"行为"。一切"行为"都是"具体"的。如同不存在"抽象的犯罪行为"和"抽象的民事行为"一样,不可能存在"抽象的行政行为"。

为”概念，从而动摇了“抽象行政行为与具体行政行为”这对范畴的法律基础。接着立法和理论慢慢地用“行政规定与行政决定”这一范畴取代了“抽象行政行为与具体行政行为”的范畴。在此背景下，人们下意识地将“（具体）行政行为”与“行政决定”对应和等同起来。

其实，如果把行政行为限定为原来的“具体行政行为”，确实可以和“行政决定”打通适用。相对人要提起行政诉讼，与其说是对“行政处罚行为”不服，不如说是对“行政处罚决定”不服……在操作上对它们进行区别没有多大意义。但是仔细分析，其在理论上还是有区别的。“行政行为”是一个“过程”加“结果”的综合概念，“行政决定”是一个结果形式。以行政处罚为例，“行政处罚行为”是指从立案、调查、听证、研究讨论，直到行政处罚决定的作出，这所有的过程和结果综合成一个“行政处罚行为”，而“行政处罚决定”就是指最后作出的行政处罚决定书。行政决定是行政行为的核心内容；行政行为是行政决定的一种外在形态。行政处罚主要指行政处罚决定，行政许可主要指行政许可决定，行政给付也主要指行政给付决定……但由于行政决定都有一个从启动到最终形成的过程，于是在操作上没有必要过度强调行政行为与行政决定的差别。其差别仅仅在于，有的行政行为并不以行政决定为结果形式，如行政强制和行政协议等。这些行为因此被称作特殊行政行为。

四、行政行为的排除

为界定行政行为范围，必须把一些容易误解的非行政行为排除出去。那些行为可以成为“行政法学”的研究对象，但不是“行政法”的规制对象。它们除了本书第十七章将阐述的行政相关行为，即国家行为、行政立法、行政指导、行政调解、行政重复处理、政府采购、假象行政行为、对行政的司法协助行为之外，还包括以下几种：

（一）公安安全等机关的刑事司法行为

我国公安机关、国家安全机关、监狱管理部门和海关缉私部门等机关，其法律职能比较特殊。它们除了具有行政职权，还在刑事诉讼法和其他有关法律的授权下，具有刑事司法职能。例如，公安机关对刑事案件的侦查、拘留、执行逮捕、预审等；[19]国家安全机关在国家安全工作中依法行使侦查、拘留、预审和执行逮捕以及法律规定的其他职权；[20]监狱管理部门对罪犯的收监等行为[21]和海关缉私部门对其管辖的走私犯罪案件的侦查、拘留、执行逮捕、预审等行为。[22] 它们行使刑事司法职能的行为，最高人民法院的司法解释称为“公安、国家安全等机关

---

〔19〕《刑事诉讼法》(2018)第3条规定：“对刑事案件的侦查、拘留、执行逮捕、预审，由公安机关负责。检察、批准逮捕、检察机关直接受理的案件的侦查、提起公诉，由人民检察院负责。审判由人民法院负责。除法律特别规定的以外，其他任何机关、团体和个人都无权行使这些权力。人民法院、人民检察院和公安机关进行刑事诉讼，必须严格遵守本法和其他法律的有关规定。”

〔20〕《刑事诉讼法》(2018)第4条规定：“国家安全机关依照法律规定，办理危害国家安全的刑事案件，行使与公安机关相同的职权。”《国家安全法》(2015)第42条规定：“国家安全机关、公安机关依法搜集涉及国家安全的情报信息，在国家安全工作中依法行使侦查、拘留、预审和执行逮捕以及法律规定的其他职权。有关军事机关在国家安全工作中依法行使相关职权。”

〔21〕参见《监狱法》(2012)第三章刑罚的执行。

〔22〕《海关法》(2021)第4条第1、2款规定：“国家在海关总署设立专门侦查走私犯罪的公安机构，配备专职缉私警察，负责对其管辖的走私犯罪案件的侦查、拘留、执行逮捕、预审。海关侦查走私犯罪公安机构履行侦查、拘留、执行逮捕、预审职责，应当按照《中华人民共和国刑事诉讼法》的规定办理。”

依照刑事诉讼法的明确授权实施的行为”。[23] 这种行为不属于行政行为。

(二)法律规定的仲裁行为

仲裁是指法律规定的仲裁机构以中间人的身份对当事人之间的民事纠纷依照法定程序作出具有法律效力的裁决行为。《仲裁法》[24]的有关规定表明了仲裁制度的自治性、平等性和民间性,因而不属于行政行为。[25] 仲裁制度属于法律保留制度,必须由法律设定。[26] 现在我国的仲裁制度有:

1. 民商事仲裁。它由《仲裁法》设定,依法仲裁平等主体的公民、法人和其他组织之间发生的合同纠纷和其他财产权益纠纷。但不包括:(1)婚姻、收养、监护、扶养、继承纠纷;(2)依法应当由行政机关处理的行政争议。这类仲裁实行一裁终局,当事人不服仲裁不能提起诉讼。

2. 劳动争议仲裁。它由《劳动法》[27]和《劳动争议调解仲裁法》[28]设定,依法仲裁中华人民共和国境内的用人单位与劳动者发生的劳动争议。当事人对劳动争议仲裁决定不服的,依法提起民事诉讼。

3. 农村土地承包经营纠纷仲裁。它由《农村土地承包法》[29]和《农村土地承包经营纠纷调解仲裁法》[30]设定,依法仲裁农村土地承包经营方面的纠纷。当事人不服仲裁裁决的,可以自收到裁决书之日起30日内向人民法院提起民事诉讼。

---

〔23〕 参见《行政诉讼法解释》(2018)第1条第2款第1项。

〔24〕《仲裁法》(2017)第2条规定:“平等主体的公民、法人和其他组织之间发生的合同纠纷和其他财产权益纠纷,可以仲裁。”第3条规定:“下列纠纷不能仲裁:(一)婚姻、收养、监护、扶养、继承纠纷;(二)依法应当由行政机关处理的行政争议。”

〔25〕 最高人民法院的一个司法解释也表明了这一态度。《行政诉讼法解释》(2018)第1条第2款第2项规定,“调解行为以及法律规定的仲裁行为”,不属于行政诉讼受案范围。这是一种反射性规定,明确了仲裁行为的性质。

〔26〕《立法法》(2023)第11条规定:“下列事项只能制定法律:……(十)诉讼制度和仲裁基本制度……”

〔27〕《劳动法》(2018)第79条规定:“劳动争议发生后,当事人可以向本单位劳动争议调解委员会申请调解;调解不成,当事人一方要求仲裁的,可以向劳动争议仲裁委员会申请仲裁。当事人一方也可以直接向劳动争议仲裁委员会申请仲裁。对仲裁裁决不服的,可以向人民法院提起诉讼。”

〔28〕《劳动争议调解仲裁法》(2007)第2条规定:“中华人民共和国境内的用人单位与劳动者发生的下列劳动争议,适用本法:(一)因确认劳动关系发生的争议;(二)因订立、履行、变更、解除和终止劳动合同发生的争议;(三)因除名、辞退和辞职、离职发生的争议;(四)因工作时间、休息休假、社会保险、福利、培训以及劳动保护发生的争议;(五)因劳动报酬、工伤医疗费、经济补偿或者赔偿金等发生的争议;(六)法律、法规规定的其他劳动争议。”

〔29〕《农村土地承包法》(2018)第55条规定:“因土地承包经营发生纠纷的,双方当事人可以通过协商解决,也可以请求村民委员会、乡(镇)人民政府等调解解决。当事人不愿协商、调解或者协商、调解不成的,可以向农村土地承包仲裁机构申请仲裁,也可以直接向人民法院起诉。”

〔30〕《农村土地承包经营纠纷调解仲裁法》(2009)第2条规定:“农村土地承包经营纠纷调解和仲裁,适用本法。农村土地承包经营纠纷包括:(一)因订立、履行、变更、解除和终止农村土地承包合同发生的纠纷;(二)因农村土地承包经营权转包、出租、互换、转让、入股等流转发生的纠纷;(三)因收回、调整承包地发生的纠纷;(四)因确认农村土地承包经营权发生的纠纷;(五)因侵害农村土地承包经营权发生的纠纷;(六)法律、法规规定的其他农村土地承包经营纠纷。因征收集体所有的土地及其补偿发生的纠纷,不属于农村土地承包仲裁委员会的受理范围,可以通过行政复议或者诉讼等方式解决。”第13条规定:“农村土地承包仲裁委员会由当地人民政府及其有关部门代表、有关人民团体代表、农村集体经济组织代表、农民代表和法律、经济等相关专业人员兼任组成,其中农民代表和法律、经济等相关专业人员不得少于组成人员的二分之一。农村土地承包仲裁委员会设主任一人、副主任一至二人和委员若干人。主任、副主任由全体组成人员选举产生。”

4. 人事争议仲裁。它由《公务员法》[31]设定，具体程序由《人事争议处理规定》(2011)作出规定。人事争议仲裁受理以下人事纠纷：(1)实施公务员法的机关与聘任制公务员之间、参照《公务员法》管理的机关(单位)与聘任工作人员之间因履行聘任合同发生的争议；(2)事业单位与工作人员之间因解除人事关系、履行聘用合同发生的争议；(3)社团组织与工作人员之间因解除人事关系、履行聘用合同发生的争议；(4)军队聘用单位与文职人员之间因履行聘用合同发生的争议；(5)依照法律、法规规定可以仲裁的其他人事争议。[32]

(三)行政过程行为

行政过程行为是指在形成行政行为的结果(如行政决定)之前所发生的程序上的行为，它与结果行为相对应。行政行为是一个过程，从不成形到成形，从内部转向外部，从开始到结束。行政机关针对某一事项拟作一个决定，往往会经历准备、论证、研究、层报、咨询、集体讨论等过程，最后才形成一个行为结果(如行政决定)。行政行为尚未完成前的任何一个环节上的行为都属于过程行为，只有形成最终的行为结果(如行政规定、行政决定或一个事实行为的结果状态)时，才称为结果行为。结果行为的作出意味着行政行为的成立。行政行为的成立是行政行为发生效力的基础。

从理论概念说，行政行为可分为过程行为与结果行为，因此，过程行为与结果行为都是行政行为。但从行政行为的效力和适用诉讼救济上讲，过程行为不作为行政行为对待，因为一个尚未最终形成的行政行为不会对相对人发生权利义务关系，它可被视作一个不存在的行为而无法适用行政复议和行政诉讼。按美国行政法的"成熟原则"，过程行为是一个尚未成熟的"苹果"，人们还不到"吃"的时候。但是，如果一个过程行为直接和相对人发生关系，对相对人权利和义务产生了影响，这属于"过程行为的结果化"，如同"内部行为的外化"一样，可作为后者对待(视作结果行为)。

这种行为被最高人民法院的司法解释表达为"行政机关为作出行政行为而实施的准备、论证、研究、层报、咨询等过程性行为"。[33] 这种过程行为既不对行政相对人发生效力，也不属于行政复议和行政诉讼的受理范围。正是从这一意义上说，过程行为不是行政行为。

(四)内部层级监督行为

根据行政组织法原理，上级政府对下级政府，各级政府对其所属工作部门，上级政府工作部门对下级政府工作部门，具有领导、指导和监督的权力，这种组织关系就是层级关系。基于组织层级关系发生的领导、指导、协调、督查、处理等有关行为，属于内部层级监督行为。这类

---

[31] 《公务员法》(2018)第105条规定："聘任制公务员与所在机关之间因履行聘任合同发生争议的，可以自争议发生之日起六十日内申请仲裁。省级以上公务员主管部门根据需要设立人事争议仲裁委员会，受理仲裁申请。人事争议仲裁委员会由公务员主管部门的代表、聘用机关的代表、聘任制公务员的代表以及法律专家组成。当事人对仲裁裁决不服的，可以自接到仲裁裁决书之日起十五日内向人民法院提起诉讼。仲裁裁决生效后，一方当事人不履行的，另一方当事人可以申请人民法院执行。"

[32] 2003年最高人民法院发布的《关于人民法院审理事业单位人事争议案件若干问题的规定》(法释〔2003〕13号)明确：事业单位与其工作人员之间因辞职、辞退及履行聘用合同所发生的争议，适用《劳动法》的规定处理。但必须指出的是，如果是行政机关的人事主管部门或者行政性质的仲裁委员会，对除因辞职、辞退及履行聘用合同所发生争议以外的其他人事争议作出仲裁裁决等决定，该决定直接涉及当事人人身权、财产权等合法权益的，应当作为行政案件受理。

[33] 参见《行政诉讼法解释》(2018)第1条第2款第6项。

行为是基于内部行政关系形成的行政行为,对外部相对人不会直接发生法律上的影响。

从理论上说,行政行为应当包括外部行政行为与内部行政行为。内部行政层级监督行为属于内部行政行为。但由于目前中国和世界上大多数国家都把行政法定位为"公共行政法"(public administrative law),就"公共行政法"而言,内部行政层级监督行为不属于行政行为。《行政诉讼法解释》(2018)第1条第2款第8项也表明,"上级行政机关基于内部层级监督关系对下级行政机关作出的听取报告、执法检查、督促履责等行为",不属于行政诉讼受案范围。

(五)信访办理行为

根据中共中央、国务院《信访工作条例》(2022)的定位[34],政府信访工作机构是各级人民政府或政府工作部门负责信访事务的专门机构,具体负责受理、交办、转送信访人提出的信访事项,协调处理和督促检查信访事项的处理等。它不是对公民、法人和其他组织权利义务的直接处理决定机关。行政机关针对信访事项作出的登记、受理、交办、转送、复查、提出复核意见等行为不是对公民、法人和其他组织权利义务的直接处分行为,而是一种程序上的协调和传递行为,因而不作为行政行为对待,自然也不得对其提起行政诉讼。

早在2005年,最高人民法院《关于不服县级以上人民政府信访行政管理部门、负责受理信访事项的行政管理机关以及镇(乡)人民政府作出的处理意见或者不再受理决定而提起的行政诉讼人民法院是否受理的批复》(〔2005〕行立他字第4号)就作了这样的表态。该复函指出:(1)信访工作机构是各级人民政府或政府工作部门授权负责信访工作的专门机构,其依据《信访条例》作出的登记、受理、交办、转送、承办、协调处理、监督检查、指导信访事项等行为,对信访人不具有强制力,对信访人的实体权利义务不产生实质影响。信访人对信访工作机构依据《信访条例》处理信访事项的行为或者不履行《信访条例》规定的职责不服提起行政诉讼的,人民法院不予受理。(2)对信访事项有权处理的行政机关依据《信访条例》作出的处理意见、复查意见、复核意见和不再受理决定,信访人不服提起行政诉讼的,人民法院不予受理。也就是说,只要是按信访程序处理的信访案件,都不属于行政诉讼的受案范围。但是最高法院还是留了一个口子,对于行政机关以信访答复形式行使《信访条例》规定之外行政管理法上的职权行为,不能因其在信访程序中作出而排除于行政诉讼受案范围之外。[35]《行政诉讼法解释》(2018)第1条第2款第9项规定,"行政机关针对信访事项作出的登记、受理、交办、转送、复查、复核意见等行为",不属于行政诉讼受案范围。

(六)政府对国有企业的投资行为

中国的企业有全民企业(国有)、集体企业、个体企业、私营合伙企业、联营企业、有限责任公司、股份有限公司、中外合作经营企业、中外合资经营企业、外资企业、外商投资股份有限公司等。政府机关如果对非国有企业经营及资产进行干预和处置,当然属于行政行为。但如果政府部门对国有企业及其资产进行监督管理和处置,是否属于行政行为,不能一概而论。一般

〔34〕《信访工作条例》(2022)第14条第1款规定:"各级党委和政府信访部门是开展信访工作的专门机构,履行下列职责:(一)受理、转送、交办信访事项;(二)协调解决重要信访问题;(三)督促检查重要信访事项的处理和落实;(四)综合反映信访信息,分析研判信访形势,为党委和政府提供决策参考;(五)指导本级其他机关、单位和下级的信访工作;(六)提出改进工作、完善政府和追究责任的建议;(七)承担本级党委和政府交办的其他事项。"

〔35〕参见最高人民法院行政审判庭行政审判指导案例第123号:张某堂诉江西省定南县岿美山镇人民政府信访事项办理意见案。

而言,行政机关代表国家对国有企业的投资和履行投资人义务的各类行为,不属于行政行为,但如果以管理者身份对国有企业的经营自主权进行干预的各类行为,则属于行政行为。因为国有企业也是企业,它享有企业的经营自主权。最高人民法院也表明了这一态度。[36]

(七)学校自治管理行为

学校是由国家设立或投资者依法登记成立的,有计划、有组织地对受教育者进行系统教育活动的组织机构。它包括公立学校和私立学校。学校不同于政府机关,它一方面得到法律法规授权作为授权主体从事国家教育行为的某些工作,如学籍学位等国家所设制度的管理,这些行为属于行政行为,适用行政诉讼,但是,大量的管理表现为对本校的教育、教学、科研、后勤和师生员工等各项工作进行计划、组织、协调和控制的活动,这些活动属于学校自我管理的一种形式,不作为行政行为对待。

五、行政行为的结构

(一)行政诉讼案由中的行政行为结构

行政行为结构是以一定的标准对所有行政行为进行的一种分类。最高人民法院对行政诉讼案由的规定必须以行政行为的分类和结构为基础。行政诉讼法上的案由规定会反射行政实体法的理论和制度。早在2004年,最高人民法院推出第一个有关行政诉讼案由的规定,即最高人民法院《关于规范行政案件案由的通知》(法发〔2004〕2号)。该通知把行政行为分为42个领域、27种行为。42个行政管理的领域是:公安行政管理;资源行政管理;城乡建设行政管理;计划生育行政管理(计划生育);工商行政管理(工商);商标行政管理(商标);质量监督检验检疫行政管理;卫生行政管理(卫生);食品药品安全行政管理(食品、药品);农业行政管理(农业);物价行政管理(物价);环境保护行政管理(环保);交通运输行政管理(交通);信息电讯行政管理(信息、电讯);邮政行政管理(邮政);专利行政管理(专利);新闻出版行政管理(新闻、出版);税务行政管理(税务);金融行政管理(金融);外汇行政管理(外汇);海关行政管理(海关);财政行政管理(财政);劳动和社会保障行政管理(劳动、社会保障);审计行政管理(审计);经贸行政管理(内贸、外贸);水利行政管理(水利);旅游行政管理(旅游);烟草专卖行政管理(烟草专卖);司法行政管理(司法行政);民政行政管理(民政);教育行政管理(教育);文化行政管理(文化);广播电视电影行政管理(广电);统计行政管理(统计);电力行政管理(电力);国有资产行政管理(国资);外资行政管理(外资管理);盐业行政管理(盐业);体育行政管理(体育);行政监察(监察);乡政府;其他行政管理。27种行政行为是:行政处罚;行政强制;行政裁决;行政确认;行政登记;行政许可;行政批准;行政命令;行政复议;行政撤销;行政检查;行政合同;行政奖励;行政补偿;行政执行;行政受理;行政给付;行政征用;行政征购;行政征收;行政划拨;行政规划;行政救助;行政协助;行政允诺;行政监督;其他行政行为。也就是说,27种行政行为存在于42个领域。

2020年,最高人民法院推出了第二个有关行政诉讼案由的规定,即最高人民法院《关于行政案件案由的暂行规定》(法发〔2020〕44号),它废止了前一个行政诉讼的案由规定。该规定

---

〔36〕 参见最高人民法院《关于当事人对行政机关作出的全民所有制工业企业分立的决定不服提起诉讼人民法院应作为何种行政案件受理问题的复函》(1994年6月27日,法函〔1994〕34号)。

从案由的角度列举了以下行政行为:行政处罚;行政强制措施;行政强制执行;行政许可;行政征收或者征用;行政登记;行政确认;行政给付;行政允诺;行政征缴;行政奖励;行政收费;政府信息公开;行政批复;行政处理;行政复议;行政裁决;行政协议;行政补偿;行政赔偿;不履行法定职责;行政行为公益诉讼。和第一个案由规定比较,第二个规定对行政行为类别的认识上有很大改进,主要表现在:一是细化了行政行为的分类。将前一规定的"行政强制"细化为"行政强制措施"与"行政强制执行"两个独立的行政行为。二是增加了新的行政行为种类。如"政府信息公开行为"。特别是,在原有的"行政征收、征用"之外,增加了"行政征缴"和"行政收费",纠正了将"行政征税"视作"行政征收"的错误。[37] 三是注意到"不作为"的行政违法。前一规定没有特别关注"不作为"类型的行政行为,后规定为它单设了"不履行法定职责"的行为。

但是,行政诉讼的案由不能全盘用以作为行政行为的结构,否则以下几个问题就会暴露出来:一是有的可以作为案由,但不宜作为独立的行政行为,如"行政批复";二是有的行政行为之间发生了交叉,如"行政登记"与"行政确认"、"行政许可"并列,其实"行政登记"只是"行政确认"或"行政许可"的一种表现形式;三是将"行政处理"单列会带来更大的问题,因为我国的"行政处理"相当于德国等大陆法系中的"行政处分"概念,它包括了事实行为以外的所有行政法律行为。我国大多行政决定都属于"行政处理决定",如行政许可决定、行政给付决定、行政奖励决定、行政处罚决定、行政裁决决定等。

(二)行政法理中的行政行为结构

关于各种行政行为,包括行政规定与行政决定,以及行政许可、行政处罚、行政强制等,后面有机会专门阐述。在这里,我们需要事先展示一张行政行为的结构图(见图8-5),以便对各种各样的行政行为有一个直观的了解,同时为行政行为的基本原理提供一个载体。

我们不承认"抽象行政行为"的提法,因为任何"行为"都是"具体"的。但是,行政行为的结果有两类形式:一是抽象的"规则",如行政机关制定一个管理办法;二是具体的"决定",如行政机关作出一个处罚决定。所以,前者可称"行政规定",后者可称"行政决定"。但在这两者之外,还存在一些既不是行政规定,也不是行政决定,或者说是行政决定特征不明显的其他行政行为,如行政证明、行政强制措施等。这样一来,行政行为就由三类行为组成:行政规定、行政决定和其他(行政)行为。

图8-5 行政行为结构

(三)授益行为、负担行为与中性行为

但是,行政行为并非只有一种结构模式,我们可以建构多种模式。如果以一种行为的正常结果为例,针对行政相对人而言是有利的、不利的,或者是中性的,那就可以把行政行为划分为有利行为、不利行为和中性行为。对相对人有利的行为,在大陆法系称为"授益行为"[38],如行

---

〔37〕 因为行政征用以行政补偿为前提和条件,但行政征税不存在补偿问题。

〔38〕 "授益行为",德文用"Begruenstender Verwaltungsakt"表达。

政许可和行政奖励等；对相对人不利的行为，在大陆法系称为“负担行为”[39]，如行政处罚、行政强制等；还有一种行为对相对人可能是有利的，也可能是不利的，如行政确认、行政裁决等，我们就称它为“中性行为”。这样就出现了另一种结构模式如图8-6所示：

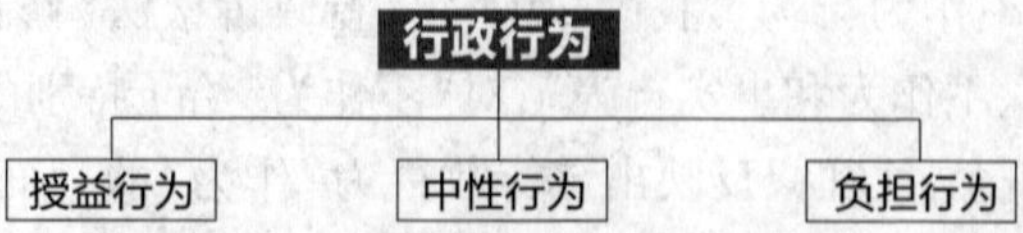

图8-6　基于性质的行政行为结构

“授益行为”（有利行为）与“负担行为”（不利行为）不能从当事人个体上评判，也不是从事实关系评判，只能从法律关系上评判。例如，不能因某公民因行政拘留而被耽误了一次旅行，躲过了这次旅行中的事故，从而将这次行政拘留行为定性为授益行为。授益行为与负担行为的划分，要从法律关系以及对相对人的总体法律效果上进行评价。一种行政行为，只要其法律效果是为相对人增加权利的，就是授益行为，为相对人增加义务者，为负担行为。[40]

（四）作为行为与不作为行为

“作为”（德文：Handlung）与“不作为”（德文：Unterlassung）是任何法律行为存在的两种方式。行政行为同样可以分为“作为行政行为”与“不作为行政行为”。它们是行政行为的基本架构。（见图8-7）

图8-7　作为行政行为与不作为行政行为

“作为行政行为”是指具有积极动作的行政行为，如实施行政检查、作出行政处罚、采取行政强制措施等。作为式行政行为以作为义务为基础。作为式行为是行政行为的主要方式，大量的行政行为是作为式的行政行为，由此决定了大量的行政违法也是作为式的行政违法。

“不作为行政行为”是指处于消极状态的行政行为，如不履行法定义务等。如法律谚语所云，“不作为也是行为”（Et non facere facere est）。[41] 不作为式行政行为是以不作为义务为基础的。这种行为的违法就构成不履行法定职责。

一个完整的“行政行为”概念，应当既反映其“作为”形式，也应当反映“不作为”形式，从而防止对行政行为的认知“只知其一，不知其二”的困境。世界上不少国家的行政程序法在规定行政行为时，特别表明：行政行为除了“作为”，还包括“不作为”的方式。如美国《联邦行政程序法》规定：“‘行政行为’（agency action）包括行政规章、裁决令、决定、许可、制裁和救济行为

---

〔39〕“负担行为”，德文用“Belastender Verwaltungsakt”表达。

〔40〕1993年《日本行政程序法》第2条指出，“不利益处分，是指行政厅基于法令，以特定人为相对人，直接课以义务，或限制其权利的处分，但是，以下所列者除外：1. 事实行为以及在行使事实行为时，为了明确其范围、时期等，作为法令上必要之程序处分。2. 对许认可等申请所作的拒绝处分，以及依其他申请以该申请人为相对人所作的处分。3. 基于相对人的同意所作的处分。4. 以构成许可等之基础事实已消灭的申报为理由，使该许认可等失去效力所作的处分”。

〔41〕参见张明楷：《刑法格言的展开》（第3版），北京大学出版社2013年版，第26页。

的全部或一部分;行政机关采取的其他类似的行为及其否定行为和不作为的全部或一部分。”[42]又如韩国1996年《行政程序法》第2条规定:“行政行为”(行政处分)“谓行政机关对具体事实的执法行为,行使或拒绝公权力及其他准于此之行政作用”。这里的“拒绝公权力”既包括否定性行为,也包括不作为行为。我国2014年《行政诉讼法》修正之后,权威部门就明确解释“行政行为包括作为、不作为和事实行为”,对“不作为”给予特别的关注。[43]

我国目前不少法律概念,往往只反映出该行政行为“作为”的一面,而不够反映出其“不作为”的一面。如《行政许可法》(2019)第2条对“行政许可”所下的定义是:“本法所称行政许可,是指行政机关根据公民、法人或者其他组织的申请,经依法审查,准予其从事特定活动的行为。”其实,行政机关“不准予”申请人的许可申请同样属于“行政许可”行为。因此从学理上说,“行政许可”的定义应当是:“行政许可,系指行政许可机关,根据公民、法人或者其他组织的申请,经依法审查,作出准予或不准予其从事特定活动之决定的行政行为。”

第三节 行政行为功能和形式

一、行政行为的功能

行政行为的功能亦指行政行为的作用,即行政行为引起的效果。行政行为的功能表现在多个方面,有政治上的功能、社会上的功能和法律上的功能。本书只限于阐述其法律上的功能。行政行为在法律上的功能,即法律效果表现在以下几个方面:

1. 设定权利与义务的规则。行政行为具有设定行政相对人享受权利与履行义务之规则的功能。行政行为,特别是行政行为中的行政规定,它虽不能创制行政相对人的权利与义务[44],但它可以落实行政相对人的权利与义务并为享受权利与履行义务规定一定的程序。这种功能虽然不直接导致相对人权利与义务的形成,但它为形成权利与义务提供了条件。

2. 形成权利与义务。有的行政行为具有直接产生相对人权利与义务的功能,这可以是私法上的权利与义务[45],也可能是公法上的权利与义务,如行政许可赋予相对人一定的权能,行政处罚科以相对人一定的义务。

3. 处分权利与义务。处分相对人的权利与义务功能系指相对人的权利与义务关系形成以后,行政行为又直接导致权利与义务的变化或消灭。按德国法的说法,“处分”(Verfügung)是转移、变更或者消灭权利的法律行为。[46] 处分行为是指对某一权利进行处分的法律行为,如行政征收导致相对人被征收物之所有权的转移,减轻处罚的决定使相对人义务得以减少。

---

[42] The Administrative Procedure Act,APA,美国国会1946年制定,经1978年修订。参见美国法典第五编第551条第13款。

[43] 参见袁杰主编、全国人大常委会法制工作委员会行政法室编著:《中华人民共和国行政诉讼法解读》,中国法制出版社2014年版,第7、8页。

[44] 因为行政相对人行政法上的权利与义务是由法律直接设定的,行政规定只能落实由法律设定的权利与义务,而不能直接创制权利与义务。

[45] 德国法学专家维尔纳·弗卢梅指出:“当法律具有特别规定时,人们可以通过单方行政行为形成私法法律关系。”[德]维尔纳·弗卢梅:《法律行为论》,迟颖译,法律出版社2013年版,第52页。

[46] 参见[德]维尔纳·弗卢梅:《法律行为论》,迟颖译,法律出版社2013年版,第165页。

4. 确认权利与义务。有的行政行为,既没有直接赋予相对人权利,也没有直接处分相对人的权利,而是对相对人已有的权利进行确认,从而使相对人的权利获得国家的宣示和保护。如房产管理部门对当事人房产权的登记。

5. 证明权利与义务。行政行为中的行政证明,它能有效地表明一种权利义务关系的客观存在,从而为相对人取得权利或免除义务提供事实依据。

二、行政行为的形式

(一)行政行为与意思表示

除了事实行为,行政行为就是意思表达行为。[47] 是否具有意思表示,正是法律行为区别于事实行为的重要标志。[48] 但是,行政行为的意思又必须通过一定的形式表现出来。不同的行政行为会有不同的表现形式。“行政行为的形式是行政行为的载体,是行政主体对行政相对人权利义务实施影响的媒介。”[49] 行政行为形式的法律意义在于:(1)影响行政行为的成立。有的行政行为尚未到达以一定的形式表达时,会影响其行为的成立。(2)影响行政行为的合法性。对于要式行政行为,法律法规对形式有专门要求的,而该行为未采用法定形式,便会构成形式违法。(3)影响行政行为的有效性。有的行政行为不通过法定形式表达出来,该行为就不具有法律效力。(4)影响行政相对人权利义务的形成变更和消灭。行政行为的形式,特别是默示这种形式,有时会直接导致相对人权利义务的变化。

行政行为的形式有书面形式、口头形式、动作形式和默示形式四种,但它们不是并列关系。(见图 8 - 8)书面形式、口头形式、动作形式是三种不同的明示形式,这三种形式哪一种都不采用,就构成默示。行政法不允许行政主体以默示形式来表达行政行为,但一旦出现了默示,就必须承担一定的法律责任,因而为某些默示设定了法律效果。

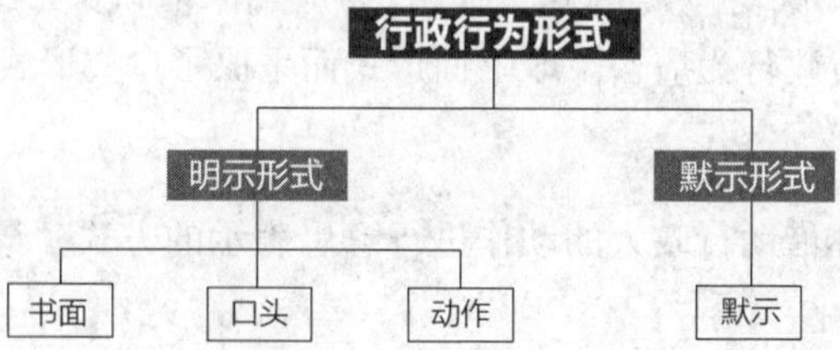

图 8 - 8　行政作为的形式

(二)书面形式

书面形式是行政主体借助书面文字实现其行为意思的一种方式,如各种书面文件等。随着政务电子化,行政行为的书面形式已从纸质载体向电子邮件、传真等多种媒体扩张。书面是

[47] 德国法认为,意思表示是“旨在将心灵世界的历程向外部世界予以告知的行为”,应当说是“意思的实施行为”。参见[德]维尔纳·弗卢梅:《法律行为论》,迟颖译,法律出版社 2013 年版,第 58 页。

[48] 尽管从一定意义上说,包括事实行为在内的所有行为,都是行为人意思的外化。因而可以说,任何行为都是一种意思行为。但作为意思表示的法律行为是 18、19 世纪法律科学为私法领域形成的一个特定概念,它特指契约、决定等特定的意思表示形式。

[49] 柳砚涛等:《行政行为新理念》,山东人民出版社 2008 年版,第 59 页。

行政行为最大量、最普遍、最常见的形式。[50]

行政行为是否采取书面形式,有的法律有规定,如《行政许可法》要求行政许可采用许可证形式[51],《行政处罚法》要求对相对人的处罚制作处罚裁决书[52],等等;有的法律则没有规定。但是,行政行为必须采取书面形式,除非法律法规另有规定,这应当成为行政行为形式的主要原则。原则上,行政机关制作"行政规定"或者作出"行政决定",都必须适用书面原则。坚持这一"书面原则",既是对行政相对人权利的尊重,又可作为证据有利于保存。在具体操作上应当是:法律法规对行政行为有书面形式要求的,必须采用书面形式;法律法规对行政行为没有其他形式要求的,一律推定需要采取书面形式,除非是事实行为。

(三)口头形式

口头形式是行政主体借助语言实现其行为意思的方式。如口头宣布命令,或者电话通知行政决定内容等。这种形式的优点是简便、易行、直接、迅速;缺点是缺乏文字依据,发生争议时不易处理。所以,它仅适用于比较简单的行政行为,内容复杂、后果重大的行政行为则不宜采用。

口头作为行政行为的形式,不少法是允许的,如《治安管理处罚法》(2012)第 82 条规定了"口头传唤"。[53] 用口头形式表达的行政行为,只要有其他证据证明它的存在,人民法院或行政机关可以认定它的客观性;至于它的效力,则取决于法律法规是否许可这种形式。由于口头形式不是行政行为的常态形式,故应当把握:在法律法规许可采用口头形式的条件下,该行政行为可以采用口头形式;在法律法规指明采用其他形式时,该行政行为就不得采用口头形式;在法律法规对行政行为的形式不作规定时,原则上要采取书面形式。还有,"如果关系人对此具有正当利益并且提出要求,口头作出的行政行为必须以书面方式确认"[54]。

由于书面形式比口头形式严格,因此,行政行为应当采取口头形式而采取了书面形式,是不影响合法性的;相反,行政行为应当采取书面形式而采取了口头形式,会构成形式违法。

(四)动作形式

动作形式是行政主体借助行政人的动作进行意思表示的方式。最常见的是交通警察指挥

---

〔50〕 德国行政法以书面形式为原则,以其他形式为补充。"通过口头、姿势,或者其他结论性的活动作出行政行为,只有在客观上能够实现行政行为目的的情况下才能适用。"参见[德]哈特穆特·毛雷尔:《行政法学总论》,高家伟译,法律出版社 2000 年版,第 236 页。

〔51〕 《行政许可法》(2019)第 38 条规定:"申请人的申请符合法定条件、标准的,行政机关应当依法作出准予行政许可的书面决定。行政机关依法作出不予行政许可的书面决定的,应当说明理由,并告知申请人享有依法申请行政复议或者提起行政诉讼的权利。"

〔52〕 《行政处罚法》(2021)第 59 条规定:"行政机关依照本法第五十七条的规定给予行政处罚,应当制作行政处罚决定书。行政处罚决定书应当载明下列事项:(一)当事人的姓名或者名称、地址;(二)违反法律、法规、规章的事实和证据;(三)行政处罚的种类和依据;(四)行政处罚的履行方式和期限;(五)申请行政复议、提起行政诉讼的途径和期限;(六)作出行政处罚决定的行政机关名称和作出决定的日期。行政处罚决定书必须盖有作出行政处罚决定的行政机关的印章。"

〔53〕 《治安管理处罚法》(2012)第 82 条规定:"需要传唤违反治安管理行为人接受调查的,经公安机关办案部门负责人批准,使用传唤证传唤。对现场发现的违反治安管理行为人,人民警察经出示工作证件,可以口头传唤,但应当在询问笔录中注明。公安机关应当将传唤的原因和依据告知被传唤人。对无正当理由不接受传唤或者逃避传唤的人,可以强制传唤。"

〔54〕 [德]哈特穆特·毛雷尔:《行政法学总论》,高家伟译,法律出版社 2000 年版,第 236 页。

交通的各种手势和交通信号灯的表达作用等。

以动作作为行政行为的形式,是一种非常态形式,一般出现在交通、消防、军事等管理领域。所以它必须以法律法规有明文规定为前提。没有特别规定者,应当采用行政行为的通常形式,即书面形式。

(五)默示形式

如果说口头形式、书面形式和动作形式都是一种明示形式,那么默示形式正相反。它是指行政主体在行政行为中并没有表达肯定,也没有表达否定,而以一种不作为方式来表达的行政行为。

在德国法看来,"虽然以口头或者书面形式作出的宣示是最明确的和最常见的,但是也可以其他方式作出这些宣示……"[55]而默示就是其他方式的一种。"沉默作为'无言的表示',如同语言那样,也可以作为表示的媒介,以沉默的方式作出的表示,即'无言的表示',与'通过语言作出的表示',因此而具有同等效力。"[56]在中国的民法领域,默示在一定条件下也可成为作出意思表示的有效形式。[57]

在行政法上,默示在法律无明文规定的条件下,不作为一种有效的行为形式,因而不产生法律效果,但在法律明文规定的条件下,它将作为一种行为形式而产生法律效果。许多国家的行政法都承认了默示性的行政行为。如德国行政法专家毛雷尔所说:"单纯的沉默不能认为是行政行为,但法律有时推定行政机关的不作为构成行政行为,这是可以理解的。"[58]葡萄牙行政法也在一定程度上承认默示行政行为的积极效果(actos tácitos)。[59] 在我们看来,行政行为的默示形式在一定条件下是存在的,而且具有正反两种不同的行政法效果。它可以被推定为对当事人权利的肯定,也可以推定为对当事人权利的否定。到底产生了哪一种效果,取决于法律的具体规定。

默示并非法律许可的通用形式。它仅仅是一种特殊的、例外的行政行为形式。为了加强对它的控制,法律才在一定范围内为它设定了对行政主体不利、对行政相对人有利的法律效果。但是,对默示效果的过多肯定,会导致国家资源的减损,因而需要采取严格政策。由此所确立的原则是:只有在"法律"(狭义)有明文规定的条件下,默示才会产生法律效果。目前,我国有少量法律规定了默示的法律效果,而且这些效果是积极的效果,[60]我们必须服从其规定:《行政许可法》(2019)第32条规定:"行政机关对申请人提出的行政许可申请,应当根据下列情况分别作出处理:……(四)申请材料不齐全或者不符合法定形式的,应当当场或者在五日内一次告知申请人需要补正的全部内容,逾期不告知的,自收到申请材料之日起即为受理……"第

---

[55] [德]克莱特迈尔:《马克西米利安巴伐利亚民法典评注》(Anmerkung über den Codicem Maximilianeum bavaricum civilem)Ⅳ,1,§Ⅴ。转引自[德]维尔纳·弗卢梅:《法律行为论》,迟颖译,法律出版社2013年版,第72页。

[56] 参见[德]维尔纳·弗卢梅:《法律行为论》,迟颖译,法律出版社2013年版,第74页。

[57] 我国《民法典》(2020)第140条规定:"行为人可以明示或者默示作出意思表示。沉默只有在有法律规定、当事人约定或者符合当事人之间的交易习惯时,才可以视为意思表示。"

[58] [德]哈特穆特·毛雷尔:《行政法学总论》,高家伟译,法律出版社2000年版,第236页。

[59] 参见[葡]苏乐治:《行政法》,冯文庄译,法律出版社2014年版,第39页。

[60] 在葡萄牙法律中,默示行为原则上是消极的,仅在法律明示规定之情况下方出现积极默示行为。参见[葡]迪奥戈·弗雷塔斯·亚玛勒:《行政法教程》(第2卷),黄显辉、黄淑禧、黄景禧译,社会科学文献出版社2020年版,第197页。

50 条第 2 款规定:“行政机关应当根据被许可人的申请,在该行政许可有效期届满前作出是否准予延续的决定;逾期未作决定的,视为准予延续。”《集会游行示威法》(2009)第 9 条第 1 款规定:“主管机关接到集会、游行、示威申请书后,应当在申请举行日期的二日前,将许可或者不许可的决定书面通知其负责人。不许可的,应当说明理由。逾期不通知的,视为许可。”

第四节　行政行为相互关系

行政行为处于复杂的系统之中。研究和协调行政行为之间的关系,对于有效落实公民、法人或者其他组织的权利与义务非常重要。在行政行为中,行政规定的相互关系相对简单,这里要研究的是行政规定以外的行政行为,包括行政决定行为和特殊行政行为,相当于原来的“具体行政行为”之间的关系。这种关系主要是两大类:相容关系与相斥关系。但是,无论研究相容关系还是相斥关系,它们都以行政行为的独立性为基础。所以,行政行为之间的关系其实是其独立性、相容性和相斥性的反映。

一、行政行为的独立性:一个行为与多个行为

(一)行政行为的独立性

行政行为的各类关系都以行政行为的“独立性”为基础。如果不存在一个一个独立的行政行为,就无以发生行政行为与行政行为之间的关系。正因为行政行为具有“独立性”,我们才可以说该行政行为是一个独立的行为。作为一个独立的行政行为,就意味着:它可以独立地产生行政法律效果,形成、变更或者消灭某种行政法律关系;它可以单独适用某类法律规范;它可以单独获得法律救济,当事人对该行政行为不服,可以单独对它申请行政复议或者提起行政诉讼。这正是行政行为“独立性”的构成元素和认定标准。

行政行为的“独立性”决定了一个独立行政行为的存在。我们之所以确定某一行为是一个独立的行为,那正是以行政行为“独立性”标准衡量和确认的结果。但当我们这么做时,会发现问题并没有如此简单。“一个行为”与“多个行为”如何辨别一直困扰着我们。

研讨“一个行为”与“多个行为”的关系,最终落实到两个问题:一是如何事先把握作出一个行为还是多个行为?这是对行政主体如何作出行政行为的指引和规制,教导行政机关在什么情况下应当作出一个行政行为,什么情况下可以作出多个行政行为。二是如何事后辨别是一个行为还是多个行为?这是对业已作出行政行为的一种事后辨识,旨在解决法律适用和法律救济问题。前者是事先的指引,后者是事后的判断。

不要以为“一个行为”与“多个行为”的区分,不论是事先还是事后,如同一个人头上的“一只耳朵还是两只耳朵”那样一望而知。它无法用上述三条标准简单地加以分辨。

(二)处理封闭原则

面对复杂的行政事务,行政主体应当作出一个行政行为还是多个行政行为?解决这一问题,目的是防止行政执法机关将一个行政行为分拆为多个行政行为,造成当事人负担的加重,或者把多个法律关系中的行政行为合并作为一个行为作出,会影响法律对不同行为的不同适用。

行政行为是行政主体作出、针对当事人行为（相对行为）的一种反应。所以，确立可以作出一个行为还是多个行为的标准和规则，需要考虑双方的行为状况。假设，某公民驾车从北京开到天津，在长达120公里的路程中，一直保持每小时150公里的速度；交通管理门在路上设了10个摄像头，全程拍下。请问：交警对该公民应当作10次处罚还是一次处罚？

大家能够接受的处理规则是：如果有10个交警在路上对当事人的超速行为查处了10次，那就可以处罚10次；但如果在路上交警未查处到当事人的行为，几天后在查看摄像时才发现当事人违法，那就应当处罚1次，将其按照当事人的一个连续违法行为对待。

这里就应当确立"处理封闭"原则，即针对当事人属于同一法律关系中的行为，在行政主体作出处理之前，应当把当事人的行为作为一个违法行为对待，因而只能作出一个处罚决定；在处理决定作出之后，相对人又有违法行为的，可作第二次处罚。

但是，现实中的情形远不止此，要确立普遍性标准，还有待行政执法和行政诉讼的总结和行政法学研究的深入。

（三）行政主体与相对人的对应关系

行政行为其实是特定的行政主体针对特定的行政相对人作出的行为。所以，辨识一个行为与多个行为，首先应当考察两个元素，即"行政主体"和"行政相对人"，以及它们之间的对应关系。这里会出现"1对1""2对2""1对2""2对1"四种模式。如果是一个行政主体针对一个相对人（"1对1"）作出的行为，一般是一个行政行为；两个行政主体针对两个相对人（"2对2"）作出的行为，一般是两个行政行为；如果一个行政主体针对两个相对人（"1对2"）作出行为，一般是合并行政行为，按两个行政行为对待；如果两个行政主体针对一个相对人（"2对1"）作出行为，一般是共同行政行为，按一个行政行为对待。这里之所以冠之以"一般"两字，是鉴于可能存在例外情况，再则还需同步考虑其他要素。仅就行政主体与行政相对人的对应关系而言，对一个行政行为与多个行政行为的认定规则如表8－1所示：

表8－1　行政主体与相对人的对应关系

编号与类型	行政主体	行政相对人	一个行为与多个行为的认定
A:1对1	1	1	典型的一个行政行为
B:1对2	1	2	合并行政行为，按两个行政行为对待
C:2对1	2	1	共同行政行为，按一个行政行为对待
D:2对2	2	2	典型的两个行政行为

（四）行为内容与行为形式

但是，辨识一个行为与多个行为，仅仅考虑"行政主体"和"行政相对人"这两个元素是不够的，还必须同时考虑"行为内容"和"行为形式"。行为内容是指行为所包含的决定事项，是一个决定事项还是多个决定事项也会影响一个行为与多个行为的认定；行为形式，是指行政行为的表达形式，即以一个"行政决定书"表达一个"决定事项"，抑或以多个"行政决定书"表达多个"决定事项"。这些情况同样会影响对一个行为与多个行为的认定。

那么，到底应当以"行为内容"作为认定标准，即一个决定事项就是一个行为，多个决定事项就是多个行为，还是应当以"行为形式"作为认定标准，即只要是一个处理决定，里面不论包含多少决定事项，都应当作为一个行政行为对待？

按理说,应当坚持“行为内容”即“决定事项”优先,即无论是一个决定形式或多个决定形式,行政行为的数额应当以决定事项的多少为标准,一个决定事项就是一个行政行为,多个决定事项就是多个行政行为。如果一个行政处理决定中包含了三个决定事项:罚款500元;责令限期改正;同意续展行政许可期限。那就应当作为三个行政行为对待:一是行政处罚行为;二是行政命令行为;三是行政许可行为。

但是,如果这样对待行政行为,一是操作成本很高,势必将一个“行政处理决定书”分拆为三个行政行为;二是否定了“一个行政行为可以包含多项决定事项”的行为原理。但如果坚持“决定形式”优先,只要是一个行为形式出现的行政行为,无论其包含了多少决定事项,就按一个行政行为对待,那就陷入了另一个困境:将适用不同法律的不同行为并入一个行为,这就违反了行为的法律适用原理。以上为例,将用一个行为形式表达的行政处罚行为、行政命令行为和行政许可行为作为一个行政行为对待显然是荒唐的,因为它们适用不同的法律规范。看来,我们不能抽象而简单地在“行为内容”(决定事项)与“行为形式”(决定形式)之间挑选一个标准了事,必须将它们置于各种关系模型中进行考察。

单从这两个元素(决定事项与决定形式)及其相互关系考察,同样也有四种组合:(1)以一个决定形式表达一个决定事项(“1对1”);(2)以两个决定形式表达两个决定事项(“2对2”);(3)以一个决定形式表达两个决定事项(“1对2”);(4)以两个决定形式表达一个决定事项(“2对1”)。

在“1对1”模式中,以一个决定形式表达一个决定事项,这当然是最为典型的一个行政行为;在“2对2”模式中,以两个决定形式表达两个决定事项,这也是典型的两个行政行为。而在“1对2”的模式中,以一个决定形式表达两个决定事项,这两个决定事项可能是针对一个相对人,也可能是针对两个相对人,前者如一个处理决定里包含了对张三的两项决定事项,后者如一个处理决定里包含了对张三和李四两个相对人的处理决定。这种情况下,前者属于一个行政行为,属于一个行为包含多个决定事项;后者属于两个行政行为,是用一个行为形式表达了两个行政行为,是两个行政行为的合并表达。最后一种模型是“2对1”,即用两个行政决定来表达同一个决定事项,这在现实中是不可能发生也不应当发生的,否则属于“一事二理”的违法情形了。为此,就决定形式和决定事项两个元素及其对应关系而言,对一个行政行为与多个行政行为的认定规则可归结如表8-2所示:

表8-2 决定形式和决定事项的对应关系

编号与类型	决定形式	决定事项	一个行为与多个行为的认定
A:1对1	1	1	典型的一个行政行为
B:1对2	1	2 (一个相对人或两个相对人)	一个行政行为(一个行为表达多个事项) 或者两个行为(两个行为的合并表达)
C:2对1	2	1	不存在
D:2对2	2	2	典型的两个行政行为

(五)四种元素的结合

上述2个表格、4个元素对接之后就会出现16种模型,一个行为与多个行为的认定规则便可细化如表8-3所示:

表 8-3　行为认定模型

编号与类型	行政主体	相对人	决定形式	决定事项	行为认定
A-1:1 对 1	1	1	1	1	一个行为
A-2:1 对 1	1	1	2	2	两个行为
A-3:1 对 1	1	1	1	2	一个行为
A-4:1 对 1	1	1	2	1	不可能行为,否则一事重处
B-1:1 对 2	1	2	1	1	不可能行为
B-2:1 对 2	1	2	2	2	两个行为
B-3:1 对 2	1	2	1	2	两个行为的集中表达,属于两个行为
B-4:1 对 2	1	2	2	1	不可能行为
C-1:2 对 1	2	1	1	1	共同行为,按一个行为对待
C-2:2 对 1	2	1	2	2	两个行为
C-3:2 对 1	2	1	1	2	共同行为与复合行为,都属于一个行为
C-4:2 对 1	2	1	2	1	不可能行为
D-1:2 对 2	2	2	1	1	不可能行为
D-2:2 对 2	2	2	2	2	两个行为
D-3:2 对 2	2	2	1	2	两个行为
D-4:2 对 2	2	2	2	1	不可能行为

(六)四种行为形态的重述

当我们努力辨识一个行政行为和多个行政行为时,有四种行为形态需要重述,即单一行政行为、复合行政行为、合并行政行为和共同行政行为。

1. 单一行政行为。它是指一个行政主体针对一个相对人以一个行为形式表达一个决定事项,在"行政主体—行政相对人—决定形式—决定事项"的四个行为元素中属于"1+1+1+1"模型。这属于一个典型的单一行政行为。单一行政行为当然是指一个行政行为而不是多个行政行为。

2. 复合行政行为。它是指一个行政主体针对一个相对人以一个行为形式表达多个决定事项,在上述四个行为元素中属于"1+1+1+2"模型。例如,某一行政机关针对某一企业作出一个处理决定,但包含了三个决定事项:罚款 5 万元;责令限期改正;同意续展行政许可期限。这就是一个复合行政行为。将复合行政行为作为一个行为对待,在行政程序和诉讼程序上都按行为告知、申辩、听证、复议和诉讼进行,但在作司法审查时,可对不同决定事项以不同法律为标准进行审查,并作出不同的司法决定。如在上例中,对"罚款 5 万元"按《行政处罚法》审查,对"责令限期改正"按有关行政法规范审查,对"同意续展行政许可期限"按《行政许可法》进行审查,如果这些决定事项违法,可视情况全部或部分撤销。

3. 合并行政行为。它是指一个行政主体针对多个相对人以一个行为形式表达多个决定事项,在上述四个行为要素中属于"1+2+1+2"模型。如行政机关发布一个关于张三等 105 户住宅限期拆迁的通知,这是一个决定形式,但包含了针对 105 个当事人的 105 个行政行为。这是以一个决定形式聚集了针对多个相对人的不同行为,应当按多个行政行为对待。因为针对不同相对人的行为肯定是多个行为,这里须以独立的相对人作为行政行为的认定标准。这就意味着每个相对人都有权单独以此通知为对象申请行政复议或提起行政诉讼。至于人民法院是否合并审理,那是诉讼程序问题,不影响对合并行政行为作多个行政行为认定的做法。[61]

4. 共同行政行为。这是指多个行政主体针对一个相对人以一个行为形式作出一个或多个决定事项,在上述四个行为要素中属于"2+1+1+(1或2)"模型。如一个工商管理机关和文化执法机关联合对某公司作出一个行政决定,决定的内容可以是一项,也可以是多项。这属于一个共同行政行为或共同行政行为加上复合行政行为,但无论是哪一种情况,都作为一个行为对待。

表8-4　行为形态及模式

行为名称	模式	一个行为或多个行为
单一行政行为	1+1+1+1	一个行政行为
复合行政行为	1+1+1+2	一个行政行为
合并行政行为	1+2+1+2	多个行政行为
共同行政行为	2+1+1+(1或2)	一个行政行为(共同行为)

二、行政行为的相容关系

行政行为的相容关系是指两个行政行为因内容上具有同向性而可以同时存在。在相容关系中,同一个行政主体或两个不同的行政主体可以作出两个(及两个以上)行政行为。行政相容关系包括但不限于:包含关系、前置关系、主从关系、竞合关系、吸收关系、协助关系。

(一)包含关系

包含关系是指:两个行政行为之间,一个行政行为属于另一行政行为的组成部分。它允许整体行为与组成行为并存。例如对执行标的进行拍卖是一个行为,即拍卖行为,但它属于对执行标的强制执行中的一种手段。在这里,强制执行行为是整体行为,拍卖是组成行为,它们是可以并存的。又如公安机关依据治安管理处罚法对违反治安管理的当事人作出一个"治安处罚决定",内容有两项:一是罚款500元;二是行政拘留7天。在这里,罚款决定和拘留决定同样是整体治安处罚决定的组成行为。它们都属于包含关系。

在包含关系中,行政行为的作出、存在或救济必须服从以下规则:

1. 整体行为与组成行为允许并存而且应当并存。因为离开组成行为,整体行为就不复存在。

2. 不得以整体行为对抗组成行为,也不得相反。

3. 应当将整个行为作为一个独立的行为对待,但是,不得将各组成行为作为一个独立行为对待。

4. 当事人不服该行政行为,无论是针对整体行为还是组成行为,都只能针对整体行为申请

[61] 当然,"1对1"的多个单一行为也可合并,如《治安管理处罚法》(2012)第16条规定:"有两种以上违反治安管理行为的,分别决定,合并执行。行政拘留处罚合并执行的,最长不超过二十日。"这里的合并执行就是一个"合并行政行为"。

复议或提起诉讼。

(二)前置关系

前置关系,是指在前后两个行政行为之间,前一个行为是后一个行为的前置条件。不作出前一个行为,就不得作出后一个行为,否则构成程序违法。在前置关系中,前一个行为称前置行为,后一个行为称后续行为。前置行为与后续行为可以由同一机关作出,也可以由不同机关作出,它们都是可以并存的。例如,《噪声污染防治法》(2022)第30条规定:“排放噪声造成严重污染,被责令改正拒不改正的,生态环境主管部门或者其他负有噪声污染防治监督管理职责的部门,可以查封、扣押排放噪声的场所、设施、设备、工具和物品。”这里,责令当事人改正(行政命令)是一个前置行为,查封、扣押排放噪声的场所、设施、设备、工具和物品(行政强制措施)是一个后续行为。又如,由医疗部门出具的出生证明是公安机关办理户口登记的前置材料,由此决定了医疗部门[62]出具出生证明的行为(行政证明行为)是前置行为,公安机关办理户口登记行为(行政确认行为)是后续行为。它们之间也构成了一种“前置关系”。

在前置关系中,行政行为的作出、存在或救济必须服从以下规则:

1. 前置行为与后续行为可以并存。不得以前置行为对抗后续行为,也不得以后续行为对抗前置行为。

2. 不作出前置行为,不得作出后续行为;但作出了前置行为,不等于必须作出后续行为。[63]

3. 前置行为和后续行为是两个独立的行为,当事人对行政行为不服,可以分别以前置行为或后续行为为对象申请复议或提起诉讼,除非后续行为吸收了前置行为。

4. 在行政证明关系上,“后续行为”可以证明“前置行为”的存在,但“前置行为”不能证明“后续行为”的存在。这有助于防止要求当事人重复提交证据。

(三)主从关系

如果在两个行政行为之间,一个行政行为依附于另一个行政行为而存在,那么,它们之间便构成“主从关系”。在主从关系中,一个独立存在的行政行为是主行为;依附于主行为而存在的行为是从行为。它们之间的关系是“皮与毛”的关系,主行为是“皮”,从行为是“毛”。“皮之不存,毛将焉附。”例如,评奖与获得奖金之间就是一种主从关系。评奖结果张三获得国家科技进步奖一等奖(评奖行为),由此他获得500万元奖金(行政奖励)。这里,前者就是主行为,后者就是从行为。

在主从关系中,行政行为的作出、存在或救济必须服从以下规则:

1. 行政行为中的主行为与从行为可以并存。它们具有同向性,不可以是反向关系。

2. 没有主行为,不可能有从行为;没有从行为,不影响主行为的存在。

3. 主行为与从行为是两个行政行为,而不是一个行政行为。当事人对行政行为不服,可以分别以主行为或从行为为对象申请复议或提起诉讼。

4. 主行为无效的,从行为必然无效;从行为无效的,不影响主行为的效力。如果一个主行为被法院判决无效了,那么从行为也应当被判决无效。前一个判决对后一个判决具有既判力。后一个判决可以也应当以前一个判决为依据。

---

〔62〕 医疗部门这时的法律身份是授权行政主体。

〔63〕 如在上例中,如果行政监督管理机关责令当事人改正,而当事人确实改正了,那就不得再行实施查封、扣押措施。

行政行为的“主从关系”与“前置关系”有相近之处,但属于两种不同的法律关系。在“主从关系”中,主行为发生在前,从行为发生在后,这与在“前置关系”中前置行为发生在前、后续行为发生在后,确有相近之处。但它们之间的区别也是明显的:在“主从关系”中,主行为决定了从行为的存在和内容。没有主行为便不会有从行为,并且主行为的有效无效决定了从行为的有效无效;而在“前置关系”中,前置行为与后续行为仅仅是一种程序先后的排列,前置行为并不决定后续行为的存在和效力。简单地说,在“主从关系”中,主行为是从行为的“充分条件”,而在“前置关系”中,前置行为仅仅是后续行为的必要条件。

(四)竞合关系

行政行为的竞合系指当相对人的一个行为牵涉两个以上的法律关系,行政机关只能选择一个法律关系、适用一种法律作出处理时,这一最终作出的处理行为就是竞合行政行为。例如,当事人假冒他人商标生产销售3M口罩,同时违反了《商标法》《产品质量法》《进出口商品检验法》,这时,行政机关选择最重处罚规定的法律作出一个处理决定,这个决定就是竞合行政行为。行政行为的竞合是以法律的竞合、法律关系的竞合以及相对人行为的竞合为前提的。

在竞合关系中,行政行为的作出、存在或救济必须服从以下规则:

1. 在竞合法律关系中,行政主体只能作出一个行政行为,不能作多个行政行为。所以,竞合行政行为只能按一个行政行为对待,而不能按多个行政行为对待。

2. 如果竞合行为属于授益行为,那么在诸个授益规定中,就按当事人最为受益的一项规定处理。相反,如果竞合行为属于侵益行为,那就选择对当事人最为不利的一项规定处理。

3. 当事人对竞合行为不服的,只能将该竞合行为作为一个行为申请复议或提起诉讼。

(五)吸收关系

行政行为的吸收关系,系指当前一个行为因后一个行为的出现使其独立性失去意义的法律状态。在吸收关系中,前后有两个(及以上)行为,后一行为吸收了前一行为的功能,使前一行为不再作为一个独立行为。在这一关系中,前一个行为称作“吸前行为”,后一个行为称作“吸后行为”。

不是任何行政行为都会发生吸收关系。吸收关系的发生是有条件的:(1)两个行政行为都已作出。这是吸收的前提。如果前一个行为已作出,而第二个行为未发生,那么,前一个行为就作为一个独立的行为对待,不会发生吸收现象。(2)基于实现同一个行政目标,两个行政行为(吸前行为与吸后行为)发生在同向的行政行为过程中。(3)两个行为之间有一种逻辑上的关联性,如后一行为以前一行为为前置条件,或者前一行为构成后一行为的辅助性手段。(4)后一个行为已经作出,并且其行为效果已取代了前一个行为。(5)后一个行为作出以后,使前一个行为没有被单独救济的机会,或者单独救济已失去意义。

当然,并非任何行政行为之间都会发生吸收现象。行政行为的吸收一般发生在几个对应关系中。这些对应关系,可以发生在行政实体行为之间,更多地发生在行政程序行为与行政实体行为之间。行政实体行为之间的对应关系主要表现在:(1)行政确认与行政许可。行政确认可以被行政许可吸收。任何行政许可都以行政确认为前提,作出行政许可以后,行政确认自然被行政许可吸收。行政确认如果不与行政许可相衔接,它会成为一个独立的行为,如交通事故的责任认定、工伤认定等;如果行政确认与行政许可相衔接,行政确认往往就会成为行政许可的前提。这种情况下,当行政许可完成时,行政确认就会被行政许可吸收。例如,司法行政部门对公民颁发"律师资格证",属于行政确认;对于符合资格者又颁发"律师执业证",这属于行政许可。只要司法行政部门对某公民颁发了"律师执业证",就自然意味着该公民具有"律师资格"。(2)行政强制措施与行政强制执行。有的行政强制措施会被行政强制执行吸收。根据《行政强制法》第9条的规定,限制公民人身自由,查封场所、设施或者财物,扣押财物,冻结存款、汇款等,是行政强制措施的基本手段。但在实施行政强制执行的过程中,执行机关有时也会采取这些手段(特别是查封、扣押和冻结)用以保障执行的实现。尽管执行过程中的强制措施也需要服从《行政强制法》内作为强制措施的规则,[64]但当行政强制执行已经完成时,这些行政强制措施手段必然为行政强制执行所吸收。因为此时,如果行政强制执行是错误的,行政强制措施就不可能正确;行政强制执行被确认违法并撤销,那么执行过程中的强制措施也不得不接受同样的法律效果。当然,如果行政强制措施不发生在行政强制执行的"过程中",这时的行政强制措施不会被行政强制执行吸收,它是独立的行政行为。

行政行为之间的吸收,更多地发生在行政程序行为与行政实体行为之间,许多程序性行为往往会被实体性行为吸收。例如,(1)行政命令与行政强制措施或者行政强制执行。行政命令作为以直接要求相对人进行一定的作为或者不作为,但不直接形成权利或者义务[65]的意思表示,可作为实体行政行为出现,但更多的是作为程序行政行为出现。当行政命令作为一种程序性行为出现时,它往往会被行政强制措施或者行政强制执行所吸收。因为实施某些行政强制措施前的"告诫"和实施行政强制执行前的"催告"[66],都属于程序性的行政命令行为。(2)行政检查与行政强制措施或者行政强制执行。如前所述,行政检查是一种特殊的行政行为,它以获取有关信息为主要特征。其实行政机关作出任何行政决定或者实施行政强制(行政强制措施和行政强制执行),都需要有充分的"事实依据",而行政检查是获得"事实依据"的主要手段。例如,要"冻结"(行政强制措施)张三的存款,就得要事先"查询"(查检)张三账户内的存款信息;要对躲藏在家里的张三强制履行"服兵役"义务[67](行政强制执行),首先就得进住宅检查张三是否在家里。在这种情况下,前一个检查行为会被事后实施的行政强制措施或者行政强制执行所吸收,因为这时的检查行为其实是一种程序性行为,并作为行政强制措施或者行政强制执行中的一个环节对待。(3)行政检查与行政处理决定。行政决定是与行政规定相对应的,行政行为的一种主要形式;行政处理决定是一种具有直接处分相对人权利义务功能的行

---

〔64〕 如《行政强制法》(2011)第45条规定:"行政机关依法作出金钱给付义务的行政决定,当事人逾期不履行的,行政机关可以依法加处罚款或者滞纳金。加处罚款或者滞纳金的标准应当告知当事人。加处罚款或者滞纳金的数额不得超出金钱给付义务的数额。"第46条规定:"行政机关依照本法第四十五条规定实施加处罚款或者滞纳金超过三十日,经催告当事人仍不履行的,具有行政强制执行权的行政机关可以强制执行。行政机关实施强制执行前,需要采取查封、扣押、冻结措施的,依照本法第三章规定办理。没有行政强制执行权的行政机关应当申请人民法院强制执行。但是,当事人在法定期限内不申请行政复议或者提起行政诉讼,经催告仍不履行的,在实施行政管理过程中已经采取查封、扣押措施的行政机关,可以将查封、扣押的财物依法拍卖抵缴罚款。"

〔65〕 行政命令是形成权利义务的条件,而不是形成权利义务行为本身。

〔66〕 《行政强制法》(2011)第35条规定:"行政机关作出强制执行决定前,应当事先催告当事人履行义务。催告应当以书面形式作出,并载明下列事项:(一)履行义务的期限;(二)履行义务的方式;(三)涉及金钱给付的,应当有明确的金额和给付方式;(四)当事人依法享有的陈述权和申辩权。"

〔67〕 《兵役法》(2021)第57条第1款规定:"有服兵役义务的公民有下列行为之一的,由县级人民政府责令限期改正;逾期不改正的,由县级人民政府强制其履行兵役义务,并处以罚款:(一)拒绝、逃避兵役登记的;(二)应征公民拒绝、逃避征集服现役的;(三)预备役人员拒绝、逃避参加军事训练、担负战备勤务、执行非战争军事行动任务和征召的。"

政决定,它又是行政决定中的一个主要类型。有时,行政检查可以被行政处理决定所吸收。例如,行政机关在作出行政处罚决定之前,必须进行有关调查和查检。[68] 这时的行政检查行为会被行政处罚行为所吸收。

行政行为的吸收与行政行为的竞合非常接近,但依然有质的区别。行政行为的竞合是指两个以上的行政行为之间在客观上存在交叉关系,而行政行为的吸收则指当前一个行为被后一个行为所代替或覆盖时,由后一个行为吸收前一个行为。当出现行政行为的吸收时,被吸收的行为不作为一个独立的行政行为对待。

在吸收关系中,行政行为的作出、存在或救济必须服从以下规则:

1. 在吸收关系中,同一行政主体前后作出了两个独立的行政行为,只是由于前一行为的功能已被后一行为所吸收,前一行为不再作为一个独立的行为对待,以节省行政资源和诉讼资源。

2. 虽然前一行为已被后一行为吸收,但是当事人只对前一行为不服,只对前一行为提请权利救济,这也是可以的,在程序上不涉及后一行为。

(六)协助关系

这里的行政协助关系仅仅是指一个行政机关对另一个行政机关、一个行政行为对另一个行政行为的协助关系。在协助关系中,被协助机关的行为称被协助行为,提供协助一方的行为称为协助行为。被协助行为与协助行为固然是一种同向的相容关系。

在尚未制定行政程序法的我国,行政机关的协助关系是通过具体的法律法规规定的,一般是基于一个行政机关缺乏完成行政任务的条件,有赖于另一行政机关配合的情况才发生。行政协助关系是一个法定关系,是基于法律法规的规定,而非出于两个行政机关负责人之间的感情好坏而确立。

在协助关系中,行政行为的作出、存在或救济必须服从以下规则:

1. 在协助关系中,被协助行为与协助行为是由两个行政主体作出了两个行政行为。

2. 被协助行为与协助行为各自独立适用法律,当事人对被协助行为或协助行为不服的,有权单独针对一个行为申请复议或提起诉讼。

3. 在法律效力上,协助行为对被协助行为具有依赖性。如果被协助行为无效,协助行为也可能无效。

三、行政行为的相斥关系

(一)相斥关系和理论基础

行政行为的相斥关系是指两个行政行为因内容上具有反向性而不可以同时存在。在相斥关系中,同一行政主体或不同的行政主体都不得作出两个(及两个以上)的行政行为,不允许其同时存在。否则构成违反行政行为原理和规则。

在行政法理论上确认行政行为相斥关系的存在,是以行政行为的公定力、公信力和既定力为基础,还以许多原则如法治统一性原则、法的安定性原则、信赖利益保护原则、正当程序原则等为支撑的。

---

〔68〕 依据是《行政处罚法》(2021)第54条和第55条。

（二）相斥关系具体情形

行政行为相斥关系的发生，是因为两个行政行为在内容上反向，前一行为要求当事人“向东走”，而后一行为要求当事人“向西走”，从而造成“客观不能”。行政行为的正确原理和规则恰恰是，当针对同一行政标的作出两个行政行为时，后一行为必须以前一行为为依据。用德国学者的话来说，“以后作出的行政行为必须建立在以前作出的行政行为基础上，尤其是其行为必须依据这个基础作出”〔69〕。因为法治不允许两个矛盾的行政行为并存。最高人民法院行政审判庭《关于对六六一厂不服禄丰县公安局没收雷管行政处罚一案适用法律问题请示的电话答复》（〔2000〕行他字第4号）也表明了这个观点：当前一个行政行为许可相对人做某事，后一个行政行为不予许可并对该相对人作处罚，在前一个行政行为没有被认定错误并撤销之前，后一行政行为的作出是不应该的。〔70〕

类似情形比比皆是，例如，公民经申请建房得到批准并取得政府机关颁发的房屋所有权证，结果水利部门以影响水利设施和抗洪为由，认定其建筑违法，作出强制拆除决定。这样就造成了当事人一手拿着房屋所有权证，表明其建筑合法，另一手却拿着强制拆除通知书，表明其建筑违法。房屋所有权证和强制拆除通知书都是政府有关部门作出的，都代表着国家的意志。行政行为的排他性就是告诉大家：在当事人的房屋所有权证未被依法撤销之前，另一行政机关就不得作出对该房屋“强制拆除”的决定。

又如，地方政府为了招商引资，引进一家外商企业，并对它作出一个“免税五年”的政策性决定。五年后，上级税务部门在专项治理活动中，作出要求外商企业补税的决定，理由是：地方政府无权决定免税。这样做也是不允许的，因为“免税决定”和“补税决定”的意思正好相反，但它们都是政府机关作出的，对外商企业来说，它根本不可能知道，政府的决定是否越权。行政行为的排他性表明，只要“免税决定”未被依法撤销，就不得作出“补税决定”。前一个“免税决定”对后一个“补税决定”具有对抗性。

当然，前一个行政行为对后一个行政行为具有对抗性不是无条件的。如果出于公共利益的需要，国家对私有财物进行紧急征收和征用，这是允许的，但要事后补偿。

（三）确立相斥关系的意义

确立某些行政行为之间的相斥关系之意义在于：对行政主体而言，只要前一行为还存在，就不得作出后一行为，这是国家公信力的要求；对行政相对人而言，当遇到前后两个相斥的行政行为时，它有权以前一行为对抗后一行为；对行政复议机关和人民法院而言，可以依法确认后一行为违法或无效。

---

〔69〕［德］奥托·迈耶：《德国行政法》，刘飞译，商务印书馆2002年版，第101页。

〔70〕江西萍乡矿务局六六一厂诉云南省禄丰县公安局行政处罚案：第三人云南省煤炭供销总公司向云南省公安厅申请，并获得了后者出具的爆炸剧毒物品准购证明和爆炸剧毒物品准运证后，向原告购买雷管50万发。依照当时的《民用爆炸物品管理条例》，购买民用爆炸物品的主管机关是“所在地县、市公安局”，省公安厅不在规定之列。县公安局没收雷管的处罚是否合法，部分取决于省公安厅的许可是否越权。最高院行政庭的答复没有对此给予正面回应，但认为公安厅的许可没有被认定错误和撤销之前，县公安局不能作出与之相冲突的行政行为。参见何海波：《行政诉讼法》，法律出版社2011年版，第268～269页。

第五节 行政行为合法要件

行政行为的合法要件,是指行政行为合法的必备条件,也是行政法对行政行为的基本要求,因而也是判断一个行政行为是否合法的基本标准。各国行政法都高度关注行政行为的合法要件。[71] 在我国,行政职权、行政事实、行政依据、行政程序,是行政行为的四大合法要素。[72] (见图8-9)

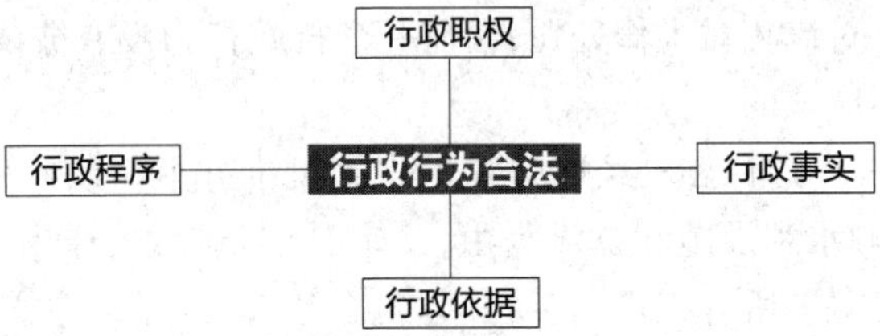

图8-9 行政行为合法

一、行政职权要素

行政行为的职权要素属于行政行为的主体要件。行政行为必须由依法拥有行政职权的主体作出,否则该行政行为不合法。行政行为的职权要素旨在解决三个问题:

1. 行政职权的来源是否合法?行政行为必须由具有行政职权的组织来行使。某组织不依法拥有行政职权,它便不是该类行政法关系中的行政主体。不具有这类行政职权的行政主体作出的"行政行为"是"无权行为",不具有行政法律效力。

一个组织的行政职权来源有两个途径:一是法对行政机关的权力设定;二是法对非行政机关的授权。行政委托不是行政职权的合格来源,因为这里的行政职权是包括行政权能与行为权能在内的完整职权,而行政委托仅仅是行为权能的来源而不是行政权能的来源,它只形成行为主体而不形成行政主体。所以,一个组织的行政职权,如果既没有"设定法"依据,也没有"授权法"依据,那就属于没有行政职权。

2. 行政职权的范围是否超越?行政行为不仅必须由行政主体作出,而且该行政主体在作出该行政行为时,不得超越权限,否则构成"行政越权"。某组织是否拥有行政职权与它拥有多大的行政职权还是两个问题。例如,行政拘留处罚只能由公安机关和安全部门行使,工商行政管理部门和税务部门对某公民实施行政拘留,属于无权行为;而公安派出所对公民实施行政拘

---

〔71〕 如德国行政法对行政行为的合法性要求是:(1)行政机关对本案有权通过行政行为作出处理;(2)符合有关管辖权、程序和形式的规定;(3)行政行为内容合法。参见[德]哈特穆特·毛雷尔:《行政法学总论》,高家伟译,法律出版社2000年版,第230页。

〔72〕 国务院办公厅《关于全面推行行政执法公示制度执法全过程记录制度重大执法决定法制审核制度的指导意见》(国办发〔2018〕118号)第(十三)部分表明:要判断行政执法行为是否合法,主要应当审核:行政执法主体是否合法,行政执法人员是否具备执法资格;行政执法程序是否合法;案件事实是否清楚,证据是否合法充分;适用法律、法规、规章是否准确,裁量基准运用是否适当;执法是否超越执法机关法定权限;行政执法文书是否完备、规范;违法行为是否涉嫌犯罪、需要移送司法机关等。

留便属于行政越权。[73]

3. 行政职权的行使是否符合合法目的？行政行为是行政职权的体现，行政职权的行使必须符合合法目的，否则构成“滥用职权”。合法目的包括法定目的和正当目的。“法定目的”是指某法律明文所规定的立法目的，如《行政许可法》的立法目的，是“规范行政许可的设定和实施，保护公民、法人和其他组织的合法权益，维护公共利益和社会秩序，保障和监督行政机关有效实施行政管理”；[74]“正当目的”是指在法规对于立法目的没有规定，或者在规定的范围之外，按照正当性原则所要求的目的。行政行为无论是违反法定目的还是违反正当性目的，都属于“滥用职权”。

综上可见，针对行政职权要素中的三个问题，正好构成了三个对应的行政违法行为。（见图 8－10）

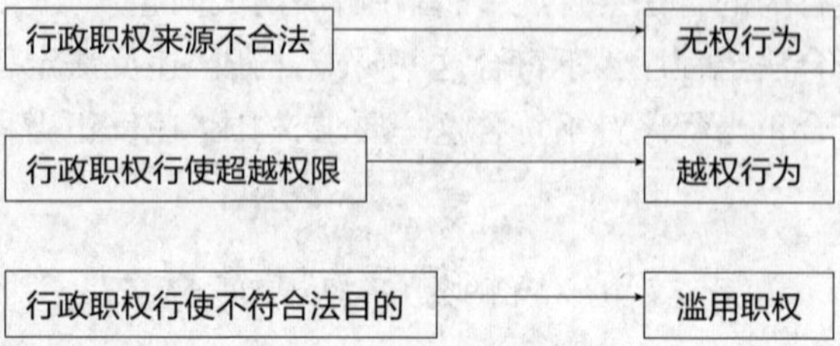

图 8－10　行政违法行为

二、行政事实要素

这是行政行为的事实要件。任何行政行为的作出都必须有事实依据。在行政程序法中，事实依据就是行政证据。如果事实依据不成立，行政证据不足，就会导致行政行为的违法。行政事实要素作为行政行为的合法要件之一，旨在解决以下几个问题：

1. 行政行为据以作出的事实依据是否成立？这表现为行政证据是否成立。
2. 行政行为据以作出的事实依据是否充分？这表现为行政证据是否充分。
3. 行政行为据以作出的事实本身是否清楚？这表现为事实是否清楚。

行政行为不符合上述要求，就构成行政违法。这种违法在《行政诉讼法》中表达为“主要证据不足”，[75]在行政实体法理论上称作“事实依据错误”。[76]

三、行政依据要素

这是行政行为的法律要件。[77] 行政行为的作出必须既有事实依据，又有法律依据。如果法律依据不成立，同样构成行政行为违法。法律依据，在行政程序法上称为“行政依据”。行政

---

〔73〕 因为《治安管理处罚法》(2012)第 91 条规定：“治安管理处罚由县级以上人民政府公安机关决定；其中警告、五百元以下的罚款可以由公安派出所决定。”

〔74〕 参见《行政许可法》(2019)第 1 条。

〔75〕 《行政诉讼法》(2017)第 70 条规定：“行政行为有下列情形之一的，人民法院判决撤销或者部分撤销，并可以判决被告重新作出行政行为：(一)主要证据不足的……”

〔76〕 “事实依据错误”的具体情形，详见本书第二十三章“行政违法”相应部分。

〔77〕 结合阅读本书第十九章“行政依据”。

依据要素作为行政行为的合法要件之一,旨在解决以下几个问题:

1. 行政行为的作出是否具有行政依据?

2. 行政行为的内容是否符合行政依据的规定?

3. 行政依据矛盾时,行政行为是否符合规范适用规则?

行政行为不符合上述要求,就构成行政违法。这种违法在《行政诉讼法》中表达为"适用法律法规错误",[78]在行政实体法上表达为"适用依据错误"。[79]

四、行政程序要素

这是行政行为的程序要件。[80] 任何行政决定都是通过一定的程序形成、表达和实现的,所以行政行为离不开程序。行政行为在程序上是否符合要求,这是行政行为合法性要件之一。行政程序要素作为行政行为的合法要件之一,旨在解决两大问题:

1. 行政行为是否符合法定程序?不符合这一要求,构成"违反法定程序"。

2. 行政行为是否符合正当程序?不符合这一要求,构成"违反正当程序"。[81]

第六节 行政行为法律效力

行政行为的法律效力,是指行政行为对有关组织或个人权利义务的影响力。它是行政行为对外产生法律效果的基础。一个无法律效力的行政行为,就不可能对外引起行政法律效果。

一、行政行为法律效力的内容

关于行政行为法律效力的内容,中外存在从"二效力说"到"六效力说"各种观点,至今未成统一,包括拘束力、确定力、公定力、执行力、不可争力和不可变更力等。[82] 在我国,行政行为的法律效力应当包括四个"力",即拘束力、公定力、既定力和执行力。

(一)行政行为的拘束力

行政行为的拘束力,是指行政行为的内容直接约束特定公民、法人或者其他组织的行为,约束特定行政相对人不得做出与行政行为反向的行为,否则会引起不利后果。行政行为是行政主体在特定的行政法律关系中针对特定相对人作出的能够产生法律效果的行为,因此,该行为成立之后,便可直接约束特定相对人。行政相对人不能无视该行政行为的存在。

行政行为的拘束力,表现为直接性和特定性。它是直接约束特定的相对人,而不是抽象地约束全社会。行政行为的拘束力,是行政行为公定力、既定力和执行力的基础、出发点和最终归宿。如果不是为了实现行政行为的拘束力,设定公定力、既定力和执行力都将失去意义。

---

[78] 《行政诉讼法》(2017)第70条规定:"行政行为有下列情形之一的,人民法院判决撤销或者部分撤销,并可以判决被告重新作出行政行为:……(二)适用法律、法规错误的……"

[79] "适用依据错误"的具体情形,详见第二十章相应部分。

[80] 结合阅读本书第二十章"行政程序"。

[81] 违反正当程序既是程序违法,也属于滥用职权范围内的程序滥用。详见本书有关行政滥用职权和行政程序违法章节。

[82] 参见章志远:《行政行为效力论》,中国人事出版社2003年版,第43~102页。

（二）行政行为的公定力

行政行为的公定力，是指行政行为的"推定有效"力，即行政行为没有被依法撤销或确认无效之前，应当推定它是合法有效的，即使相对人与行政主体就该行政行为发生了争议，也应当先行服从，事后再寻求权利救济途径。〔83〕 可见，行政行为的公定力其实是一种"优先力"，具体包含两点：(1)推定有效。行政行为一经作出，只要未被依法撤销或确认无效，就应当推定它是合法有效的。(2)先行服从。正是基于前一点，所以即便相对人与行政主体发生争议，相对人也应当先行服从。〔84〕 行政行为的这一特性，在和民事行为比较时就会显得突出。在民事关系中，如果双方当事人发生争议，原则上双方当事人都必须把自己的行为停下来，等待纠纷解决（司法或仲裁）后方能恢复行动。行政行为之所以具有公定力，因而具有优先力，乃是因为行政行为是国家意志的体现，具有很强的公共性，而民事行为大多是私人意志的体现。

行政行为的公定力，是对行政行为拘束力的进一步拓展和巩固，又是行政行为既定力和执行力的基础。

（三）行政行为的既定力

行政行为的既定力〔85〕，是指行政行为的内容对作出该行为的机关本身或者其他机关具有排他力。这一"排他力"表现为：(1)作出该行政行为的机关，原则上不得事后撤回、改变或废止，也不得作出第二个反向的行政行为；(2)其他机关不得无视该行为的存在而作出其他反向行为。有学者解释说，行政行为一经作出，所有组织都必须予以尊重。这里的"尊重"，主要表现为行政行为对作出该行为的机关及以外所有机关的拘束效力〔86〕，也即"行政行为应当受到其他国家机关的尊重，并且作为其决定的既定'事实要件'采用"。〔87〕 如果说行政行为的拘束力主要针对行政相对人而言，那么行政行为的既定力主要是针对作出该行为的行政机关和其他国家机关而言。〔88〕

行政行为既定力的确立，乃是法的安定性和信赖利益保护原则的要求和体现。行政行为的既定力，又是对行政行为拘束力的一种维护。行政行为"既定力"的行政法理对行政执法机关的最大提醒是：只要原行政行为还存在，任何行政机关（包括作出原行政行为的机关和其他

〔83〕 中国司法中已有不少案例体现了行政行为的公定力。如在最高人民法院的一个行政裁定[(2017)最高法行申1164号]中，法院认为：由于行政行为具有公定力，一经作出，不论合法与否，除因严重违法而依法无效外，在未经法定机关和法定程序撤销或变更之前，都推定为有效，对行政机关、相对人、其他利害关系人以及其他国家机关均具有约束力。征收决定也是如此，一经作出，无论是否合法，立即发生效力，对作出决定的行政机关和被征收人都有法律约束力，并直接导致物权变动的法律效果。

〔84〕 除非是法律明文规定可以或应当拒绝的行为。参见本书第二十四章"行政无效"。

〔85〕 "既定力"是参照司法上的"既判力"而形成。"既定力"接近于"固定力"，在司法判决上称"既判力"，在行政行为上就称"既定力"。因为行政行为的核心就是"行政决定"。

〔86〕 参见赵宏：《法治国下的行政行为存续力》，法律出版社2007年版，第81页。

〔87〕 参见[德]哈特穆特·毛雷尔：《行政法学总论》，高家伟译，法律出版社2000年版，第268页。

〔88〕 在德国，行政行为的既定力被称为"存续力"(Bestandskraft)，并作为行政行为效力的核心。存续力要求行为机关同受该行为拘束，而不能随意撤销或废止该行为。参见赵宏：《法治国下的目的性创设——德国行政行为理论与制度实践研究》，法律出版社2012年版，第8页。

行政机关)就不得另行作出一个与原行政行为“反向”的行政行为。[89]

(四)行政行为的执行力

行政行为的执行力,是指行政行为形成后,无须等待法院的判决,行政机关就可以行政行为为依据,强制执行该行政行为。按日本学者南博方的说法,“在许多情况下,法律上行政厅无需获得判决等债务名义,只需以行政行为自身为依据,即可强制实现其内容。这种强制实现其内容的效力便称为执行力”[90]。在中国,行政行为的执行力,是指行政行为作出以后,如果相对人不履行,行政机关原则上可以申请人民法院强制执行或者自己依法强制执行,无须等待行政复议和行政诉讼的结果。

行政行为的执行力,是行政行为拘束力的最终保障,它得以让行政行为最终落地。

(五)行政行为效力的归纳

综上可见,行政行为的拘束力主要是指对当事人的约束力,当事人必须服从和执行,不得拒绝;公定力主要是指行政行为的推定有效力;既定力主要是指对作出该行为的行政机关和其他各机关的约束力,它们不得作出与该行政行为反向的行为;执行力主要是指该行政行为的强制执行力。(见图8-11)

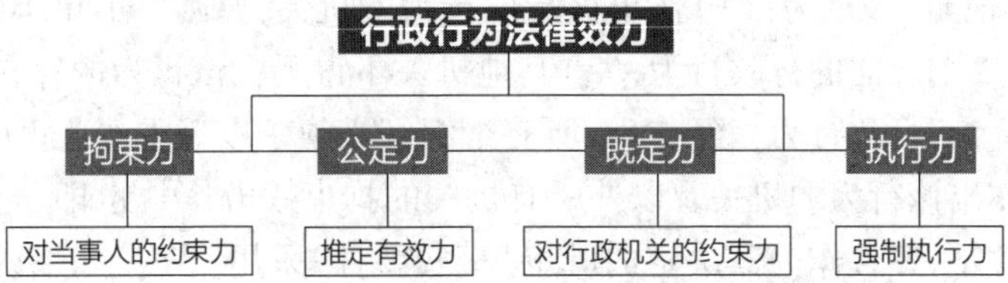

图8-11　行政行为法律效力

二、行政行为的效力范围

从行政行为的效力范围考察,会涉及时间上、空间上和对人的效力。

(一)时间上的效力

行政行为的效力起始于行政行为的成立,终止于行政行为的消灭。在这一时间内,行政行为始终具有拘束力、公定力、既定力和执行力。

(二)空间上的效力

行政行为空间上的效力,是指行政行为所拘束的地域范围,它包括中华人民共和国的陆

---

[89] 但在行政执法现实中,我们还常常发现这类现象的存在:有的公民一手拿着政府颁发的房屋所有权证,另一手又接到了违法建筑强制拆除通知书;有的公司一手拿着与当地政府签订的《招商引资协议书》,享受着免税五年的优惠政策,而税务机关又发来五年补税通知书,除了补税,还外加“滞纳金”;有的企业一手持有矿石开采许可证,另一手接到了停止开采通知书……到底是“许可证”大于“通知书”抑或相反?这里都出现了前后两个行政行为,并且完全“反向”,当事人无所适从。出现这种现象的原因在很大程度上是由于后一行政执法机关没有尊重前一行政机关所作行政行为的“既定力”。行政行为“既定力”理论不允许前后两个“反向”行政行为并存。正确的做法是:(1)如果前一行政行为合法,那么就不该作出后一“反向”行政行为;(2)如果前一行政行为违法或者无效,那么,后一“反向”行政行为须等待前一行政行为被依法撤销或确认无效后方能作出。

[90] [日]南博方:《日本行政法》,杨建顺、周作彩译,中国人民大学出版社1988年版,第43页。

地、领海、领空。但对具体的某一个行政行为而言,并不是所有的行政行为都不加区别地对全国具有约束力,其约束力范围取决于作出该行政行为行政主体的法律地位,取决于具体行政主体在某个事务上的主管范围和管辖范围。

(三)对人的效力

行政行为对人的效力,是指行政行为约束人的范围。具体指哪些人受该行政行为的约束。总体而言,行政行为对人的约束范围应当与行政法对人的效力是一样的,所有的中国公民和组织,所在在中国境内的外国组织和外国人,都可以受到行政行为的约束,这是我国主权原则的体现。但是具体而言,还是要视行为而定:(1)行政规定可约束全国或者某一地的组织或者个人。如国务院办公厅的有关文件。(2)行政规定可以约束中国或者外国的组织或者个人。(3)行政决定可以约束特定的组织或者个人。

行政行为对人的约束范围,是由该行政行为所基于的行政职权的性质和范围决定的。

三、行政行为的生效规则

行政行为的生效规则是指行政行为以怎样的方式从何时开始生效的规则,它旨在解决生效的起算时间,而不是确定效力的范围。从理论上说,行政行为具有下列五种生效规则:

1. 即时生效。指行政行为一经作出即具有效力,行政命令大多遵循这种生效规则。这是行政行为的常态性生效规则,即行政行为的生效无其他特别规定者,一概推定为即时生效。

2. 告知生效。指行政行为须为告知相对人后方能生效。如德国1996年《联邦行政程序法》(Verwaltungsverfarensgesetz VwVfG)第43条第1项规定:"行政行为以对相对人或涉及的人通知的时刻开始生效。行政行为内容的有效以通知为准。"告知有多种形式,有口头的,也有书面的(如信函、通告、通报、公报或布告等)。对于要式行政行为必须采取法定形式告知;法规无特别要求的,原则上要采取书面形式。

3. 受领生效。指行政行为须经相对人受领后才能生效。受领是指行政行为告知相对人,并为相对人所领受。对于口头告知,告知之时即为受领之时;如为文书告知,则以文书交付相对人之时或文书到达相对人居所之时为受领之时;对于多数人或住所不明的人的告知则以公报、公告等发表之时或发表一定时间后,作为相对人的受领之时。行政行为告知相对人并为相对人所受领的时间即为行政行为正式生效时间。

4. 附条件生效。当行政行为的作出附有条件时,该条件达到之时为该行政行为生效之时。

5. 公告生效。除非法律有明文规定,否则公告不能作为行政行为的一种送达方式。在其他方式无法送达时,公告送达应当是被允许的。在允许公告送达的情况下,超过公告规定期限即视为行政行为送达。

四、行政行为的效力状态

行政行为的效力状态,系指行政行为效力存在与否的法律状态。行政行为并非在什么时候以及在什么条件下都具有法律效力。行政行为的法律效力具有三种状态:有效、无效和不发生效力。

(一)行政行为的有效状态

行政行为的有效状态,系指行政行为处于具有法律效力的期间。行政行为依法成立并且合法,它就会处于有效状态。在有效状态下,行政行为就具有拘束力、公定力、既定力和执行力。

(二)行政行为的无效状态

行政行为的无效状态,系指行政行为处于不具有法律效力的期间。这一期间的行政行为就不具有拘束力、公定力、既定力和执行力。以下几种情形会导致行政行为的无效状态:

1. 行政行为被依法撤销。行政行为被上级行政机关、行政复议机关或者人民法院依法撤销之后,就没有效力了。行政行为的撤销,有的有一定的溯及力,有的没有,但撤销之后从此便无效力,这一点是统一的。

2. 行政行为被确认无效。对行政行为的确认无效制度比对行政行为的撤销制度要严格得多,必须由法律(狭义)来设定,因为撤销是针对违法行政行为,而确认无效是针对重大且明显的违法行为。中国目前对行政行为的确认无效制度主要存在于行政诉讼制度中。[91]

3. 行政行为被依法撤回。根据行政行为的既定力和信赖利益保护原则,行政主体针对相对人作出行政行为之后,不得擅自撤回或改变。但如果出于公共利益的需要而对当事人进行行政征收时,可以依法撤回已作出的行政行为并予以合理补偿。[92]

4. 行政行为被依法废止。行政行为的废止,系指行政主体作出行政行为后,由于客观情况的变化,包括法律依据的变化,使该行政行为不再适应新的情况,便依职权决定停止该行政行为的往后效力。行政行为的废止与行政行为的撤回不同,废止是往后停止该行为的效力,而撤回是回到该行政行为的原点。

5. 行政行为已经履行完毕。具体的行政决定都是一次性有效。当一个行政决定履行完毕后,该行政行为就不再发生效力了。比如,一个行政处罚决定,当事人已经履行完毕,那往后就不再具有效力了。

6. 行政行为已经终结。行政行为的终结与行政行为的完成不同。终结是指行政行为未履行完毕,但因法定事由使该行政行为永远无法继续下去,便依法确定该行政行为不再继续。例如要对当事人进行行政拘留,但在实施拘留之前,当事人已经去世。

"行政行为的无效"与"无效的行政行为"不同。前者是指行政行为的一种效力状态,后者是指一种极端严重的违法行为。无效的行政行为当然会使行政行为处于无效力状态,但是无效力的状态并不只由无效行政行为导致。

(三)行政行为不发生效力

民事行为除了存在"撤销""无效"情形外,还存在一种"不发生效力"的情形。《民法典》(2020)第157、171、209、546、696、765条规定了各种"不发生效力"的情形。[93] 行政行为也一

---

〔91〕《行政诉讼法》(2017)第75条规定:"行政行为有实施主体不具有行政主体资格或者没有依据等重大且明显违法情形,原告申请确认行政行为无效的,人民法院判决确认无效。"

〔92〕如《行政许可法》(2019)第8条规定:"公民、法人或者其他组织依法取得的行政许可受法律保护,行政机关不得擅自改变已经生效的行政许可。行政许可所依据的法律、法规、规章修改或者废止,或者准予行政许可所依据的客观情况发生重大变化的,为了公共利益的需要,行政机关可以依法变更或者撤回已经生效的行政许可。由此给公民、法人或者其他组织造成财产损失的,行政机关应当依法给予补偿。"

〔93〕如《民法典》(2020)第209条规定:"不动产物权的设立、变更、转让和消灭,经依法登记,发生效力;未经登记,不发生效力,但是法律另有规定的除外。"

样，同样存在“不发生效力”的效力状态，只是在行政性法律和司法解释等文件中反映极少。[94]

所谓行政行为“不发生效力”[95]，系指行政行为已经成立，但因欠缺一定的生效要件而使其法律效力尚不发生。行政行为“不发生效力”的情形包括但不限于：(1)行政行为已经形成，但没有送达当事人；(2)行政行为应当公告而未公告的；(3)行政行为须经上级机关批准而尚未批准时。

行政行为“不发生效力”与行政行为的“无效”不同。行政行为的“无效”是指该行政行为现在已没有效力，并且将来也不可能有效力；而行政行为“不发生效力”只是指该行政行为现在尚未生效，但是不排除将来生效的可能。

(四)行政行为效力状态的确认

行政行为的三种效力状态，即有效、无效和不发生效力，如何确认？行政主体与行政相对人意见分歧怎么办？

对于行政行为的“有效”状态，不存在确认问题。因为基于行政行为的公定力，只要该行政行为没有被依法撤销、确认无效，就应当推定它是合法有效的。当事人不服，也得先行履行（除非法律明文规定可以拒绝或应当拒绝的行政行为），事后再依法寻求权利救济。

对于行政行为的“无效”或“不发生效力”的状态，则须经有权机关依法确认。对于“无效”或“不发生效力”的确认权必须由法律设定。就目前的法律依据而言，人民法院在行政诉讼中可以依法确认某行政行为“无效”或“不发生效力”。

第七节　行政行为成立、变更和消灭

如果将行政行为看作一个过程[96]，总体而言，它必然经历“成立—变更—消灭”三个阶段。[97] 行政行为的成立是“从无到有”；行政行为的变更是“从有到有”；行政行为的消灭是“从有到无”。考察行政行为在这三个阶段中的标志、形态，对于阐述行政行为的各项规则和原理是有帮助的。[98]

一、行政行为的成立

(一)行政行为成立的法律意义

行政行为的成立，系指行政主体经过行政活动的一些前置性过程（如研究、咨询、调查、报

---

[94] 最高人民法院《关于审理行政协议案件若干问题的规定》（法释〔2019〕17 号）第 15 条第 1 款规定：“行政协议无效、被撤销或者确定不发生效力后，当事人因行政协议取得的财产，人民法院应当判决予以返还；不能返还的，判决折价补偿。”这里首次在行政法规范中使用了这一概念。

[95] 德文用“unwirksam”表达。参见［德］维尔纳·弗卢梅：《法律行为论》，迟颖译，法律出版社 2013 年版，第 654 页。

[96] 在中国行政法学界，近十几年来，由于受大陆法系行政法，尤其是日本行政法的影响，“行政行为过程论”的声音日益增高。朱维究、胡卫列所撰《行政行为过程性论纲》（载《中国法学》1998 年第 4 期）具有一定的代表性。

[97] 当然，就每一个行政行为而言，其并非都会经历“变更”，但都会经历“成立”和“消灭”形态。

[98] 从完整的概念上说，行政行为包括“行政规定（行为）”与“行政决定（行为）”。但是，本节所研讨的“行政行为的成立、变更和消灭”专题中的“行政行为”，限于“行政决定”的范围。因为“行政规定”的制定、修改和废止等不适用“行政决定”的过程规则，它将在本书第十九章“行政依据”中阐述。

批等)而最终形成一个行政决定。该行为从物质上看,已经形成一种物质形态;从法律上看,已始对外发生法律效力。确定行政行为是否成立,具有多方面的法律意义。

1. 行政行为的成立,是行政行为整体过程中的逻辑起点。这一起点不存在,行政行为的变更和消灭就无以发生。

2. 行政行为的成立,是有权机关对其作合法性、合理性审查的前提。行政法的使命是保障行政行为的合法性和合理性。这一使命通过行政机关和司法机关以有关法律程序(主要是行政复议和行政诉讼)对行政行为进行合法性和合理性审查来实现。但是,我们判断和审查行政行为是否合法、合理都是以行政行为的成立为前提的,有权机关无法对不存在的行政行为进行法律监督。

3. 行政行为的成立,标志着它对外发生法律效力。尚不成立的行政行为是不会发生法律效力的。尽管成立后的行政行为也有可能被确认无效,但是,行政行为的法律效力无疑是从行政行为的成立开始的。行政行为的成立时间,决定了其对外发生法律效力的时间。

4. 行政行为的成立,使行政相对人获得了法律救济的机会。行政行为一经成立,如果行政相对人对其不服,他就有权依法提起行政复议或行政诉讼。也就是说,行政行为的成立构成了相对人对其申请法律救济的前提。从理论上说,相对人无法对尚不成立的行政行为申请复议或者提起诉讼,行政复议机关或人民法院也无法对尚未成立的行政行为进行法律监督。

5. 行政行为的成立,决定了人民法院的判决方式。从现行司法制度来看,对于已经成立的行政行为,人民法院可以有多种判决方法,如确认违法或无效,撤销行政行为,责令重作等,但对于不成立的行政行为,人民法院只能驳回起诉。

(二)行政行为的成立要素

确认行政行为是否成立如此重要,那么我们如何来认定行政行为的成立与否呢?这就涉及行政行为的成立要素,或称成立要件了。当某一行政行为具备这些要素时,它才算成立,否则就是不成立。行政行为的成立要素是指构成每个行政行为的必备“部件”。行政行为这一“机器”就是由这些“部件”配置而成的。行政行为的要素有多有少,但决定行政行为成立的最基本的要素有五项。缺少任何一项,行政行为都不算成立。这五个要素是:

1. 行政行为的主体要素。行政行为是行政主体作出的行为,而且也只能是行政主体(通过行政人)的行为,非行政主体作的行为不属于行政行为,因而不具有行政行为的效力。可见,离开行政主体,行政行为便无法存在。任何一个行政行为的存在,都必须明确作出该行为的行政主体,当一个行政行为的行政主体尚未明确或落实时,这个行政行为就不算存在。当一个公民收到一张无任何落款(或不明行政主体)作出的“罚款决定书”,就可视作“罚款决定书”不存在。

2. 行政行为的对象要素。行政行为是针对一定的对象作出的。无对象的行政行为同样是不成立的。行政行为的对象无非三类,即人、行为和物。人,指行政相对人,包括公民、法人和其他组织。行为,指行政相对人的各种行为,它受到行政行为的规制。物,指各种财物,包括公物和私物,无主财物和有主财物。当一个行政行为未表明适用对象时,这一行政行为也是无法实施的,也可视作不成立。

3. 行政行为的内容要素。任何行政行为都有一定的内容,不是赋予权利,便是科以义务,或是确认关系。如果一个行为虽然表明了主体与对象,但不具有行为内容,也同样不构成行政行为。

4. 行政行为的固化。行政行为的固化,系指行政行为的意思已经通过一种程序得到最终确定。它不是一个酝酿中的决定,而是一个最终确定了的决定。也就是说,这个行为已不是个别工作人员,包括领导人在考虑中的一个决定,而是已按规定通过一定的程序(如厅务会议、部务会议等)形成了的一个决定。〔99〕

5. 行政行为的外化。行政行为的外化,系指行政行为对外已发生影响。这表现为已通知相对人,或虽未通知相对人但已对相对人实际发生作用。虽已形成但永远锁在保险箱里的行政决定不能视作行政行为已成立。〔100〕

以上五个要素是衡量行政行为是否成立的标准,而不是决定行政行为是否合法有效的标准。至于行政主体是否够格、适用对象是否准确、行为内容是否符合法律、行为作出是否符合程序等,都与行政行为的成立问题无关,只与行政行为的合法性有关。

(三)行政行为的不成立和其他

"行政行为的成立",显然是与"行政行为不成立"相反的一个对应概念。从理论上说,行政行为的不成立就是指行政行为不具备成立要素。但从法律上说,由于我国尚未制定行政程序法,故对行政行为的不成立,未作法律上的统一规定。中国第一个涉及"行政行为不成立"概念的法规首推1996年的《行政处罚法》。该法第41条规定:"行政机关及其执法人员在作出行政处罚决定之前,不依照本法第三十一条〔101〕、第三十二条〔102〕的规定向当事人告知给予行政处罚的事实、理由和依据,或者拒绝听取当事人的陈述、申辩,行政处罚决定不能成立;当事人放弃陈述或者申辩权利的除外。"三年后,最高人民法院在一个司法解释中使用了"行政行为依法不成立"一词。《行政诉讼法解释》(1999)第57条第2款规定:"有下列情形之一的,人民法院应当作出确认被诉具体行政行为违法或者无效的判决:……(三)被诉具体行政行为依法不成立或者无效的。"这里首次提出了"不成立的行政行为"的概念。

但是严格说来,"不成立的行政行为"不是"行政行为",正如尚未完成拼装的汽车部件不能称为"汽车"一样,不成立的"行政行为"就不是"行政行为"。这一理论逻辑慢慢地被人们发现。2021年《行政处罚法》的修订,取消了"行政处罚不成立"的提法;《行政诉讼法解释》(1999)第57条所规定的"不成立的行政行为"也为《行政诉讼法解释》(2018)所纠正。在后一司法解释中,不再出现"不成立行政行为"的提法。

我国关于"不成立的行政行为"提法和国外"不成熟行为"非常接近。在美国行政法"成熟

---

〔99〕德国有一种理论,它将一种尚未最终确定的行政行为称作"预备性的行政行为"。这种行为严格来说,不属于行政行为,因为"行政行为是在具体案件中阐明和固定法律已确定的、具有存续力的处理行为"。参见[德]哈特穆特·毛雷尔:《行政法学总论》,高家伟译,法律出版社2000年版,第221~222页。

〔100〕在第73号行政审判案例"四川省南充市顺庆区源艺装饰广告部诉四川省南充市顺庆区安全生产监督管理局安全生产行政处罚案"中,法院裁判要旨认为:送达是行政执法活动的重要组成部分,如果处罚告知书未予送达行政相对人,则行政处罚决定不能成立。参见江必新主编、中华人民共和国最高人民法院行政审判庭编:《中国行政审判案例》(第2卷),中国法制出版社2011年版。

〔101〕《行政处罚法》(1996)第31条规定:"行政机关在作出行政处罚决定之前,应当告知当事人作出行政处罚决定的事实、理由及依据,并告知当事人依法享有的权利。"

〔102〕《行政处罚法》(1996)第32条规定:"当事人有权进行陈述和申辩。行政机关必须充分听取当事人的意见,对当事人提出的事实、理由和证据,应当进行复核;当事人提出的事实、理由或者证据成立的,行政机关应当采纳。行政机关不得因当事人申辩而加重处罚。"

原则”的影响下,有些国家存在一个“未成熟的行政行为”概念。[103] 一个行政行为在尚未完成所有过程之前属于一个“未成熟的行政行为”,它尚不到适用法律救济的时机。一个“未成熟的行政行为”就是一个“未完成的行政行为”;一个“未完成的行政行为”就是一个“未成立的行政行为”。“未成立的行政行为”属于行政行为不成立,但行政行为不成立并不全是因为行政行为“未完成”。

行政行为不成立不是行政行为违法和无效的原因。行政行为的违法和无效,都是指一个已经成立了的行政行为的违法和无效。行政行为不成立,不会发生是否合法和是否无效的问题。行政行为的违法和无效都须以行政行为的成立为前提。归纳来说,行政行为是否成立,是解决行政行为的“有无”问题;行政行为是否合法,是解决行政行为的“质量”问题;行政行为是否有效,是解决行政行为的“效力状态”问题。

二、行政行为的变更

行政行为成立之后,迟早会消灭。在行政行为的成立与消灭之间,有的行政行为会发生变更。行政法不能绝对禁止行政行为成立后的变更,但也不能无条件地放任这种变更,否则将影响行政秩序的稳定,冲击信赖保护原则。所以,行政法应为行政行为的变更作出规范。

(一)行政行为变更的概念和特点

行政行为的变更,系指行政行为作出以后、消灭以前,在内容、依据和形式上的变化。它有两个主要特点:

1. 从时间上看,行政行为的变更发生在该行政行为作出以后与消灭以前。该行为尚未作出,行政行为就没有变更的前提;行政行为的变更同时又发生在该行政行为消灭之前。任何行政行为最终都将消灭,只是方式不同而已,如撤回、废止、撤销、无效和失效等。行政行为的变更发生在行为消灭之前,而不是之中。因为行政行为的变更不包括行政行为的消灭。

2. 从变更范围上看,行政行为的变更不应包括作出行为行政主体的更换或所针对行政相对人的更换。假设原由某市工商局对张三作出处罚,现改为由某省工商局对张三的处罚,这不是行政行为的变更,而是前一个行政行为的消灭与后一个行政行为的形成。关于行为所针对的相对人也是同理。假设某公安局将对“张三”的处罚改变为对“李四”的处罚,这与其说是行政处罚决定的改变,不如说是对张三处罚的消灭和对李四处罚的产生。行政行为的变更是指在行政主体与行政相对人不变的条件下,行政行为内容、依据和形式上的变化。

行政法意义上的“变更”有时与部分立法表述上的变更有差异。如房产管理部门在产权登记中的“变更登记”,是相对于“初始登记”而言的,它既包括产权内容上的变更(这才是行政法意义上的“变更”),也包括所有权人的变更登记(这在我们看来是对原所有权人登记的消灭与对新所有权人登记的形成)。

行政行为的变更还不同于我国行政复议法和行政诉讼法所指的行政行为“改变”。《行政诉讼法》(2017)第26条第2款所涉对行政行为的“改变”[104]应从广义理解,它包括了行政行

---

[103] 参见王名扬:《美国行政法》(下册),中国法制出版社1995年版,第642~648页;Peter L. Strauss, Todd D. Rakkoff, Cyntha R. Farina & Gillian E. Metzger, *Administrative Law*, Foundation Press, 2003, NY10004, Part4, The Agency and the Courts;杨建顺:《日本行政法通论》,中国法制出版社1998年版,第730页。

[104] 《行政诉讼法》(2017)第26条第2款规定:“……复议机关改变原行政行为的,复议机关是被告。”

为的变更和撤销。

行政行为的变更也不同于行政行为的部分撤销。行政行为的撤销包括全部撤销和部分撤销。部分撤销不属于行政行为变更的范畴。当然，从一定意义上说，行政行为的变更包括整个行政行为的变更和该行政行为中部分内容的变更，而部分变更与部分撤销十分接近。但无论整个行政行为还是一个行政行为中的部分，变更与撤销的一个明显区别在于：变更是用一个“存在”代替另一个“存在”，而撤销是以一个“不存在”代替一个“存在”。况且，就整个行政行为的过程而言，撤销属于行政行为“消灭”的范畴。

（二）行政行为变更的范围

行政行为的变更应该包括以下几个方面：

1. 行政行为处理结果的变更。行政行为的处理结果是指结论性的处分当事人权利与义务的决定，如给予行政许可或罚款 3 万元等。对处理结果的变更包括：（1）对处理结果质的变更，如把权利变更为义务，或把一类权利（或义务）变更为另一类权利（或义务）；（2）对处理结果量的变更，如把“罚款 2000 元”改为“罚款 1000 元”；（3）对处理结果履行方式的变更，如把“限期两个月拆除违法建筑”改为“限期 3 个月拆除违法建筑”。

2. 行政行为处理定性的变更。虽然没有对处理结果的内容进行改变，如罚款 500 元，但对相对人行为或事件的定性发生改变，原定性为“侵犯公私财物”，现改为“扰乱公共秩序”。这种情况也属于行政行为的变更。

3. 行政行为处理依据的变更。这里的处理依据是指事实依据和法律依据。一个行政行为作出以后，行政机关虽然没有改变处理结果，也没有改变定性，但改变了事实依据（事实认定）和法律依据（所适用的法律规范），这同样属于行政行为的变更。

（三）行政行为变更权及其约束

从行政行为变更权上考察，行政行为的变更有四类：

1. 作出该行政行为的行政主体对自己行为的变更。这种变更主要须受以下规则的约束：（1）固定原则。行政行为一经作出，不得擅自改变，否则影响行政行为的公定力，也不利于保护行政相对人的信赖利益，除非有法定理由并经过法定程序。[105]（2）法定理由原则。行政行为一经作出，除非符合法定理由，否则不得改变。“法定理由”包括作出该行为的法律依据的改变（如作为依据性的法律修改），或出于公共利益的需要而实施征收征用等。其他就不得作为行政行为的变更理由。[106]（3）程序同一原则。在法律允许变更行政行为的条件下，变更行政行为的程序必须与作出该行政行为的程序相同，表现即为主体相同与步骤相同。（4）补偿原则。行政行为依法进行变更后对相对人造成损害的，行政主体应当承担补偿责任。

2. 作出该行政行为行政主体的上级行政机关对下级行政机关行政行为的变更。确切地说，这是指各级人民政府对其所属工作部门行政行为的变更权。根据我国《宪法》（2018）第 89 条和第 108 条规定，国务院有权“改变或者撤销各部、各委员会发布的不适当的命令、指示和规

〔105〕 如《行政许可法》（2019）第 8 条第 1 款规定：“公民、法人或者其他组织依法取得的行政许可受法律保护，行政机关不得擅自改变已经生效的行政许可。”

〔106〕 如《行政许可法》（2019）第 8 条第 2 款规定：“行政许可所依据的法律、法规、规章修改或者废止，或者准予行政许可所依据的客观情况发生重大变化的，为了公共利益的需要，行政机关可以依法变更或者撤回已经生效的行政许可。由此给公民、法人或者其他组织造成财产损失的，行政机关应当依法给予补偿。”

章”,有权“改变或者撤销地方各级国家行政机关的不适当的决定和命令”;“县级以上的地方各级人民政府领导所属各工作部门和下级人民政府的工作,有权改变或者撤销所属各工作部门和下级人民政府的不适当的决定”。[107]

这种变更虽然不受上述固定原则和程序同一原则的约束,但它须受法定条件的约束。也就是说,只有当下级行政机关的行政行为“不适当”时,上级行政机关才有权予以变更。这里的“不适当”应作广义理解,包括不合法和不合理。这种变更也要受几项规则的约束:(1)法定原则。一个行政机关要改变另一个行政机关的行政行为,必须要有明文的法律法规依据,必须由法定机关,根据法定事由,通过法定程序来进行。这必须采取严格限制原则。(2)赔偿补偿原则。行政行为变更后对相对人权利造成损害的,应当依法给予赔偿或者补偿。

3. 行政复议机关对被复议行政行为的变更。根据《行政复议法》(2023)第 63 条第 1 款规定[108],复议机关经过审理,针对“内容不适当”等情形的行政行为,可以作出“变更”决定。《行政复议法实施条例》(2007)第 47 条又规定:“具体行政行为有下列情形之一,行政复议机关可以决定变更:(一)认定事实清楚,证据确凿,程序合法,但是明显不当或者适用依据错误的;(二)认定事实不清,证据不足,但是经行政复议机关审理查明事实清楚,证据确凿的。”

这类变更,完全受《行政复议法》和《行政复议法实施条例》的约束。

4. 人民法院对被审查行政行为的变更。根据《行政诉讼法》(2017)第 77 条的规定,人民法院在行政诉讼中,对“明显不当”的“行政处罚”或者“涉及对款额的确定、认定确有错误的”,可以判决“变更”。[109]

这类变更,完全受《行政诉讼法》的约束。严格地说,这是司法行为对行政行为的变更,而不是行政行为自身的变更。

三、行政行为的消灭

行政行为的消灭,系指行政行为从“存在”到“不存在”的过程及结果。准确地说,行政行为的消灭,不是指行政行为“物体”上的消失,而是指行政行为法律效力的失去。导致行政行为法律效力失去的原因性行为,才是行政行为的消灭形式。行政行为消灭的主要形式有:行政行为的撤回、撤销、无效、废止、失效和终结。以下分述:

(一)行政行为的撤回

行政行为的撤回,系指行政主体作出行政行为以后,发现该行为不符合作出的法定条件,便依职权收回该行政行为,使社会关系回归到未作出该行政行为时的状态。行政行为的撤回有下列几个法律特征:

1. 从行为主体上看,作出行政行为的主体与消灭行政行为的主体是同一的。也就是说,撤回行政行为的主体就是原来作出该行政行为的主体。它是指一个行政主体作出某一行政行为

[107] 《地方各级人民代表大会和地方各级人民政府组织法》(2022)第 73 条第 3 项有同类规定。

[108] 《行政复议法》(2023)第 63 条第 1 款规定:“行政行为有下列情形之一的,行政复议机关决定变更该行政行为:(一)事实清楚,证据确凿,适用依据正确,程序合法,但是内容不适当;(二)事实清楚,证据确凿,程序合法,但是未正确适用依据;(三)事实不清、证据不足,经行政复议机关查清事实和证据。”

[109] 《行政诉讼法》(2017)第 77 条规定:“行政处罚明显不当,或者其他行政行为涉及对款额的确定、认定确有错误的,人民法院可以判决变更。人民法院判决变更,不得加重原告的义务或者减损原告的权益。但利害关系人同为原告,且诉讼请求相反的除外。”

后,事后发现该行政行为不符合作出条件,而收回该行政行为,使该行为回到作出“原点”。其他有权机关取消该行政行为,就不属于“撤回”的范畴。行政行为的撤回,是行政行关的“自我”行为,而不是“他我”行为。

2. 从行为原因上看,行政行为的撤回是因为行政主体作出该行政行为后,发现该行为的作出不符合作出条件。不符合条件行政行为的形成,可能是由于相对人欺骗,或者由行政机关误解、失职等原因造成。发现这一情况后,为了依法行政,行政机关就必须自我纠错。换句话说,行政行为的撤回,不是因为相对人得到这一行政行为(如行政许可)结果后违法,而是行政机关作出这一行为不符合条件。它是行政行为的“先天不足”问题,而不是行政行为作出以后的“后天违法”问题。例如,某公民申领驾驶执照,医生为他不符合要求的听力开具了合格证明,公安交通管理部门发给其机动车驾驶证。后经人检举查实,公安交通管理部门便依法撤回了该驾驶证。如果该公民合法获得了机动车驾驶证,但事后“醉驾入刑”,那么公安交通管理部门对他的驾驶证处理就不是“撤回”的问题了,而是“吊销”(行政处罚)的问题。

3. 从行为效果上看,行政行为撤回之后,该行政行为不仅往后失去了效力,而且向前回复到行政行为的“起点”。因而,必须作恢复原状处理。如果某当事人骗取了抚恤金、低保金,事后就必须追回。

4. 从行为性质上看,行政行为的撤回属于依职权的自我纠错行为,不是行政处罚行为,也不是法律救济行为。

5. 从行为适用法律上看,行政行为的撤回,适用行政程序法,而不适用行政处罚法或者法律救济法(如行政复议法或者行政诉讼法等)。

行政行为的撤回,要从上述法律特征上认定,不能简单地从“用词”上认定。在中国行政法理极不成熟的今天,有些法规上的用词也是不规范、不准确的。有些具有“撤回”意义的行为恰恰是用“收回”“取消”“撤销”等词来表达的,这不影响对“撤回”的认定。[110] 也有一些法律开始将“撤回”与“撤销”区别开来。[111]

从行政法理上说,任何行政机关有权作出某一行政行为,它也有权撤回这一行为,不需要有法规的特别规定。[112] 这叫作“作出权隐含了撤回权”。但是,如果行政机关作出行政行为后可以随意撤回行为,它又会违背法律的安定性和相对人的信赖利益,又会违反行政行为的公定力。所以,行政法必须对它保留严格的限制性。行政行为的撤回,须受以下五项原则约束:

第一,固定原则。行政行为一经作出,原则上不得撤回,以保障社会关系的稳定性。只有在该行政行为符合法定必须撤回的条件下方能撤回。

第二,事由法定。已作出的行政行为,只有到达了法定可撤回事由时,方可撤回。这个“事由”是,该行为不符合作出的条件,而且严重违法构成了无效。没有到达这一程度,行政机关是不得行使撤回权的。从立法和实践情况看,相对人骗取批准的,行政机关越权作出的,行为内容严重违反法律法规或者严重影响公共利益的,都属于可撤回事由。由于行政行为的撤回条件已与行政行为无效的条件相同,因而可以说,行政行为的撤回其实是行政机关对自己作出的

---

〔110〕 我们要用成熟的行政法理论来指导立法和司法活动,而不是被不规范的立法和司法行为所绑架。

〔111〕 如《行政许可法》(2019)第 8 条第 2 款规定:“行政许可所依据的法律、法规、规章修改或者废止,或者准予行政许可所依据的客观情况发生重大变化的,为了公共利益的需要,行政机关可以依法变更或者撤回已经生效的行政许可。由此给公民、法人或者其他组织造成财产损失的,行政机关应当依法给予补偿。”

〔112〕 以后制定行政程序法时,应当由行政程序法作统一规定。

已属无效的行政行为的一次“无效确认”。

第三,程序同一原则。这里不仅要求作出行政行为与撤回行政行为的主体相同,而且还要求作出行政行为与撤回行政行为的步骤、方式等都相同。行政行为撤回的程序不得宽于该行政行为的作出程序。

第四,责任原则。在行政相对人无过错的情况下,行政主体撤回行政行为给相对人造成损失的,行政主体必须承担赔偿责任;在行政相对人有过错的条件下,行政主体可减少承担或不承担赔偿责任。

第五,救济原则。行政主体的“撤回”行为本身就构成了一个新的行政行为,当事人对“撤回”行为不服的,适用原行为(被撤回的行为)的救济途径。如果原行政行为适用行政复议和行政诉讼救济,那么当事人对“撤回”行为本身不服的,同样可以申请行政复议、提起行政诉讼。

(二)行政行为的撤销

在行政行为的消灭形态中,“撤销”远比“撤回”好理解。但在目前的立法和执法实践中,“撤销”被使用到了真正的“撤销”意义以外的场合:一是“撤回”(自我纠错)意义上的撤销,如原行政机关对自己作出的行政许可依据《行政许可法》(2019)第69条[113]有关规定予以“撤销”,其中有些情形实际上是“撤回”;二是“吊销”(行政处罚)意义上的撤销,如《商标法》(2019)第49条第1款[114]所规定的“撤销”,其性质实际上是针对相对人事后违法而作出的属于行政处罚性质的“吊销”;等等。

我们所研讨的行政行为的撤销,是指行政行为的“被撤销”。[115] 因为无论撤销主体是谁,只要该行政行为“被撤销”,都会导致行政行为的“消灭”状态。就这种意义而言,行政行为的撤销,是指有权机关针对违法且尚未达到无效程度的行政行为,依职权或者依声请通过法律程序,消除该行政行为全部或者部分法律效力的活动。行政行为的撤销具有以下法律特征:

1. 从行为主体上看,作出行政行为的主体与消灭行政行为的主体不具有同一性。行政行为的撤销,系由有权机关对某一行政主体作出的行政行为,发现其违法而尚不构成无效的,通过法律监督程序作出决定,使其失去法律效力的行为。撤销机关可以是上级行政机关、行政复议机关或者人民法院。如果由作出该行政行为的行政主体自己撤销该行政行为以作自我纠正,这其实是“撤回”而不是“撤销”。作出行政行为的主体与消灭行政行为的主体是否具有同一性,是区别行政行为“撤销”与“撤回”的主要标准之一。可以这样说,针对一个有瑕疵的行政行为,由作出该行为的主体作“自我纠错”,属于撤回;由其他机关“他我纠错”的,属于撤销。

---

[113] 《行政许可法》(2019)第69条规定:“有下列情形之一的,作出行政许可决定的行政机关或者其上级行政机关,根据利害关系人的请求或者依据职权,可以撤销行政许可:(一)行政机关工作人员滥用职权、玩忽职守作出准予行政许可决定的;(二)超越法定职权作出准予行政许可决定的;(三)违反法定程序作出准予行政许可决定的;(四)对不具备申请资格或者不符合法定条件的申请人准予行政许可的;(五)依法可以撤销行政许可的其他情形。被许可人以欺骗、贿赂等不正当手段取得行政许可的,应当予以撤销。依照前两款的规定撤销行政许可,可能对公共利益造成重大损害的,不予撤销。依照本条第一款的规定撤销行政许可,被许可人的合法权益受到损害的,行政机关应当依法给予赔偿。依照本条第二款的规定撤销行政许可的,被许可人基于行政许可取得的利益不受保护。”

[114] 《商标法》(2019)第49条第1款规定:“商标注册人在使用注册商标的过程中,自行改变注册商标、注册人名义、地址或者其他注册事项的,由地方工商行政管理部门责令限期改正;期满不改正的,由商标局撤销其注册商标。”

[115] 也有学者将“行政行为的撤销”界定为一种行政行为对另一种行政行为的撤销。这种撤销更接近行政程序意义上的撤销。参见章剑生:《现代行政法基本理论》,法律出版社2008年版,第8章。这些界定都不存在对错,只是研究范围大小的定位不同而已。

2. 从行为原因上看,行政行为的撤销不是由于相对人的违法而需要惩罚,而是由于行政主体行政行为违法需要纠错。而且,行政行为的违法尚未达到无效的程度,否则就不属于行政行为的撤销,而属于行政行为的无效了。

3. 从行为效果上看,行政行为撤销之后,该行为往后便失去了法律效力[116],同时追溯到被撤销行政行为作出之日。但是,基于正当事由(公共利益、社会秩序、相对人权益等),有权机关也可另行确定被撤销行政行为消灭法律效力的时间。[117] 这正是行政行为撤销与无效的区别,因为行政行为的无效是绝对的自始无效。

4. 从行为性质上看,行政行为的撤销属于对行政行为的监督行为,也属于法律救济行为。行政行为的撤销既不属于自我纠错,也不属于针对相对人的行政处罚。在法律救济程序(如行政复议程序和行政诉讼程序)中,有权机关对行政行为的撤销,往往是依声请行为;而在其他行政监督程序中,往往是依职权行为。

5. 从行为适用法律上看,行政行为的撤销,更多的是适用法律救济法(如行政复议法和行政诉讼法等),行政监督部分也适用行政程序法,而不适用行政处罚法。

行政行为的撤销,既是行政行为消灭的一种常见情形,更是一种行政监督和法律救济的重要手段,故被中外行政法所普遍确立。基于信赖利益保护,行政行为的撤销权受到严格限制,尤其在大陆法系行政法里。[118] 中国尚未制定行政程序法,对行政撤销权的限制未有统一规定。《行政诉讼法解释》(1999),提出了一种新主张,即对于违法行政行为,如果撤销将会给国家利益或者公共利益造成重大损失,可以只确认违法而不撤销。[119] 这一规定弥补了《行政诉讼法》(1989)规定中的不足。《行政诉讼法》2014 年的修正已处理好了这一问题。[120] 为此,对行政行为的撤销,要牢牢把握撤销条件:(1)行政行为已构成违法。一种行政行为尚未构成违法,仅仅是不当而已,尚不满足撤销条件。(2)行政行为的违法尚未达到无效的程度。如果已经达到了无效的程度,那就不适用"撤销"手段,而适用"确认无效"手段了。

(三)行政行为的无效

行政行为被确认无效,同样是行政行为消灭的情形之一。而且是一种比"撤销"还要严厉

---

[116] 我国有的法规明文规定撤销不溯及既往。如《海关行政裁定管理暂行办法》(2001)第 19 条规定:"有下列情形之一的,由海关总署撤销原行政裁定:(一)原行政裁定错误的;(二)因申请人提供的申请文件不准确或者不全面,造成原行政裁定需要撤销的;(三)其他需要撤销的情形。海关撤销行政裁定的,应当书面通知原申请人,并对外公布。撤销行政裁定的决定,自公布之日起生效。经海关总署撤销的行政裁定对已经发生的进出口活动无溯及力。"

[117] 如我国台湾地区"行政程序法"(1999 年 2 月 3 日公布,自 2001 年 1 月 1 日起施行,经 2000 年 12 月 27 日、2001 年 6 月 20 日、2001 年 12 月 28 日、2005 年 12 月 28 日共 4 次修订)第 118 条规定:"违法行政处分经撤销后,溯及既往失其效力。但为维护公益或为避免受益人财产上之损失,为撤销之机关得另定失其效力之日期。"

[118] 1922 年 11 月 3 日法国行政法院关于 Arret Dame Cachet 判例和 1956 年 11 月 14 日德国柏林高等法院采纳 F. Haueisen 意见所作的一个判例,授益处分即使违法也未必一概撤销。

[119] 《行政诉讼法解释》(1999)第 58 条规定:"被诉具体行政行为违法,但撤销该具体行政行为将会给国家利益或者公共利益造成重大损失的,人民法院应当作出确认被诉具体行政行为违法的判决,并责令被诉行政机关采取相应的补救措施;造成损害的,依法判决承担赔偿责任。"

[120] 《行政诉讼法》(2017)第 74 条规定:"行政行为有下列情形之一的,人民法院判决确认违法,但不撤销行政行为:(一)行政行为依法应当撤销,但撤销会给国家利益、社会公共利益造成重大损害的;(二)行政行为程序轻微违法,但对原告权利不产生实际影响的。行政行为有下列情形之一,不需要撤销或者判决履行的,人民法院判决确认违法:(一)行政行为违法,但不具有可撤销内容的;(二)被告改变原违法行政行为,原告仍要求确认原行政行为违法的;(三)被告不履行或者拖延履行法定职责,判决履行没有意义的。"

的监督手段。[121]

这里可能有必要讨论一下行政行为无效与行政行为撤销的关系。行政行为的无效与行政行为的撤销,都是行政行为消灭的一种情形,都以行政行为的成立和存在为前提,而且都是对行政违法行为的监督和救济。但是,它们之间有显然的区别,这种区别构成了大陆法系的行政法主张不得用行政行为的撤销代替行政行为无效的"二元论"理论之理由。以下几点区别是最具实质性的:

1. 无效标准与撤销标准不同。撤销只针对行政违法,无效可以针对行政违法,也可适用行政违法以外的情形,如行为不能和意思误解等。另外,可撤销的行政违法行为,未必都是无效的行政行为,只有严重违法的行为才构成无效。

2. 无效效力与撤销效力不同。行政行为被撤销或者确认无效,往后都会失去行为效力,这一点两者是相同的。但是,关于是否溯及既往问题两者有区别,行政行为被撤销后,是否自始无效要视具体情况而论,而无效行为是绝对地、当然地、确定地无效,它自始没有法律效力,不具有例外。[122]

3. 当事人主张救济权的时效不同。从理论上说,当事人对可撤销行政行为不服而主张撤销权利的,受行政复议和行政诉讼时效的限制,而当事人对无效行政行为不服而请求确认无效权利的,就不受时效限制。

(四)行政行为的废止

行政行为的废止,系指行政主体作出行政行为后,由于客观情况的变化,该行政行为不再适应新的情况,便依职权决定停止该行政行为的往后效力。它的法律特征是:

1. 从行为主体上看,行政行为的废止决定是由作出该被废止行政行为的机关或者其他有权机关作出的,未必具有主体上的"同一性"。

2. 从行为原因上看,废止并非因行政行为不符合作出条件、行政行为违法或者相对人违法所引起,它是一个合法有效的行政行为事后因客观情况的变化(如所依据的法律修改)而必须终止其往后的法律效力。

3. 从行为效果上看,废止决定作出以后,被废止的行政行为往后失去法律效力,但不溯及既往,不影响废止前的法律关系。

4. 从行为性质和法律适用上看,"废止"是有权机关对行政行为效力的一种处分,既不属于纠错,也不属于行政处罚,也不属于救济行为。因而它只适用行政程序法,不适用行政处罚法,行政监督法和法律救济法。

最后必须指出,废止是"规范"的消灭形式,适用法律、法规、规章和行政规定,而不是"决定"的消灭形式,不适用行政决定行为。如果限于行政行为的范围讨论,那么,废止仅仅是"行政规定"行为的一种消灭形式。

有关"废止"的规则一般由具体法律法规作具体单个规定,但有的国家的行政程序法对它作出了统一而系统的规定。葡萄牙《行政程序法》在第二章行政行为中单设一节(第四节)行政行为的废止,规定了废止的定义、不可废止的行为、有效行为可废止情形、非有效行为的废止、

---

[121] 行政行为无效的理论和制度,详见本书第二十四章"行政无效"。

[122] 韩国《行政基本法》(2021)第15条(处分的效力)规定:"因有权机关取消或撤回或期间届满等事由被消灭前,处分视为是有效的。但无效处分自始不发生其效力。"

废止的权限、废止形式和手续、废止之法律效果等，可谓世界上对“废止”规定得最为完整的行政程序法。[123]

（五）行政行为的失效

行政行为的失效，是指因一定事由的出现，行政行为往后自然地失去效力的现象。当有权机关对某一行政行为作出一个确认其失效的决定，便构成了一种“确认失效”行为，它同样是行政行为的一种形态。[124] 行政行为的失效（确认失效行为），具有以下法律特征：

1. 原因上的客观自然性。行政行为的失效是基于一种自然而客观的原因，与行政行为违法或者相对人违法没有联系。

2. 效力上的无溯及性。行政行为的失效，只使该行政行为往后失去法律效力，但不溯及既往。这一点与行政行为的废止是相同的。

使行政行为失效的客观事由有以下几种情况：第一，期限届满。如果行政行为被规定有存在期限，它会因期限的届满而失效。第二，行政对象消失。如对张三的行政处罚决定会因张三的死亡而消失。第三，履行完毕。行政行为的权利和义务实现完毕，该行政行为自然失效。如对张三行政拘留 15 日，张三接受 15 日拘留后，“拘留张三 15 日”的行政决定自然失效。

（六）行政行为的终结

行政行为的终结，其实是一种程序制度，是指行政行为未履行完毕，但因法定事由使该行政行为永远无法继续下去，便依法确定该行政行为不再继续。行政行为的终结与行政行为的完成不同。行政行为的完成，是指该行政行为已被履行或执行完毕，它已完成法律使命，此后就不再发生法律效力；而行政行为的终结，则是指该行为没有履行或没有执行完毕，但因法定事由（如当事人消失等），使该行政行为永远地停止下来。

行政行为的终结，同样是行政行为消灭的一种方式。

第八节　疑难问题探讨

一、我国行政法中的行政行为是否包括事实行为？

法律行为（Rechtsgeschäft）与事实行为（Realakt）源自德国民法学中的一对范畴。前者是指通过合格的民事主体以一种意思表示来决定一种法律效果的行为，它是一种表意行为，如赠与、签约等；后者是指民事主体的非表意行为，即事实上发生的、行为人的主观意图或认识并没有以一定的方式表现于外部的行为，这种行为的法律后果并不取决于行为人的意思，而是取决于法律的规定，如殴打他人的侵权行为。

法律行为和事实行为被引入行政法领域后便有行政法律行为与行政事实行为之称。行政法律行为应当是指以行政决定的意思直接处分相对人权利和义务的行为，集中表现为行政决

---

[123] 参见［葡］迪奥戈·弗雷塔斯·亚玛勒：《行政法教程》（第 2 卷），黄显辉、黄淑禧、黄景禧译，社会科学文献出版社 2020 年版，第 265 ~ 280 页。

[124] 有的学者只从“效力现象”考察“失效”，而不从“确认失效”行为角度考察“失效”，从而导致了只承认“失效”是一种现象，而同时承认它是一种行为和行为消灭的形态。

定,如行政许可决定、行政给付决定、行政处罚决定、行政征收决定、行政征用决定和行政裁决决定等。行政事实行为,系指行政机关及其工作人员在行政过程中发生的并不表达为"决意"的行为。它既包括积极的服务活动,如气象局提供气象预报,也包括消极的行为,如执法人员殴人。行政调查、行政证明、政府信息公开、行政强制措施和行政强制执行等,都属于典型的行政事实行为。

中国的行政法学起初主张行政行为就是指行政法律行为,不包括事实行为。如有学者认为,"行政行为是行政法律行为的简称,与民事法律行为相对称"〔125〕。至今还有不少教材著作将事实行为排除于行政行为之外,理由是:"这些行为并不直接产生法律效果,也不具有强制执行力。"〔126〕但是随着行政诉讼受案范围的扩大,这一观点开始受到质疑。特别是2014年《行政诉讼法》修正之后,"行政行为包括作为、不作为和事实行为""行政行为还包括学理上所说的'事实行为'",已成为权威部门的官方解释。〔127〕

我们以前之所以把行政行为局限于法律行为,未把事实行为包含在内,原因可能有两点:一是想当然的逻辑推理。行政法是规制行政行为的法,那么行政行为当然是行政法律行为,否则就脱离了"法"的属性。二是将"法律效果"与"意思表示"混为一谈了。行政行为当然是能对外引起法律效果的行为,但引起法律效果的行为不等于只限于"意思表示"(决意行为),大多事实行为也是能够引起法律效果的(如法律责任等)。它们之间最大的区别不是是否引起法律效果,而是在行政法律行为中,法律效果是由行政行为的意思直接决定的,如一个罚款决定直接减损了当事人的财产权,而在行政事实行为中,法律效果是由法律规定的,并非行为人的意思目标,如殴打他人须承担赔偿责任等。

今天在行政法律制度和行政法理上,之所以能够突破法律行为与事实行为之间的鸿沟,将一定条件下的事实行为纳入行政行为之中,乃是中国行政法理的成熟和行政诉讼制度与实践的推进所致。今天的行政行为,不应再将意思表示作为主要特征,而应以直接影响行政相对人的权益作为主要特征。为此,应当说,行政行为是行政主体依法作出的直接影响公民、法人或者其他组织权利和义务的行政活动。它理应包括行政法律行为与行政事实行为,还有作为与不作为。

二、公安机关的刑事侦查行为与行政行为如何区分?

理论上非常清晰的是:行政机关适用行政法所实施的职权行为属于行政行为;司法机关适用刑事法律规范实施的职权行为属于司法行为。但是,这一理论适用到公安、国家安全机关上,有时就会变得不够清晰,因为公安、国家安全机关属于行政机关,一般它以行政主体身份从事行政行为,但同时它又是受刑事诉讼法规制的司法主体(司法刑事侦查主体)。公安、国家安全机关以行政主体还是司法主体身份出现,从事行政行为还是司法行为,完全适用不同的法律部门。这一界线不清晰,也会为个别公安机关利用司法权插手经济纠纷留下空间。

在我国,公安机关具有双重职能,具体表现在:一方面,它依照治安管理法规,道路交通管

---

〔125〕 应松年主编:《行政行为法:中国行政法制建设的理论与实践》,人民出版社1993年版,第1页。

〔126〕 《行政法与行政诉讼法学》编写组编:《行政法与行政诉讼法学》(第2版),高等教育出版社2018年版,第83页。

〔127〕 参见袁杰主编、全国人大常委会法制工作委员会行政法室编著:《中华人民共和国行政诉讼法解读》,中国法制出版社2014年版,第7、8页。

理法规，户籍登记管理法规进行的公安、交通秩序等方面的管理活动是行政行为；另一方面，它依照刑事诉讼法在刑事案件侦查过程中实施的刑事拘留、取保候审、羁押等行为属于刑事强制措施行为。国家安全机关也具有双重身份：它既可依照国家安全法的规定从事有关维护国家安全方面的行政管理活动，同时也具有一定的刑事强制措施权。在实际生活中，公安、国家安全机关实施的维护社会治安和国家安全的某些行政行为又往往与其刑事侦查行为极为类似，不易区分，特别是在某些涉及经济纠纷的案件中，公安机关如果以"经济诈骗"为由实施作为行政行为的查封、扣押、没收等措施，如何区分此类行为的性质就较为困难了。

《行政诉讼法解释》(1999)第1条第2款第2项已经涉及这一问题，"公安、国家安全等机关依照刑事诉讼法的明确授权实施的行为"，不属于行政诉讼的受案范围。《行政诉讼法解释》(2018)保留了同样的规定。[128] 这里提出了"授权论"标准。所谓"授权论"，是指"凡是《刑事诉讼法》明确授权公安机关或者国家安全机关实施某一行为的，该行为原则上属于刑事司法行为……如果《刑事诉讼法》没有明确授权公安机关或者国家安全机关实施某种行为，则该行为属于超越《刑事诉讼法》授权的行为，该行为就属于可诉的行政行为。这里的'明确授权实施的行为'包括两个方面的要求：既要符合授权的范围，也要符合《刑事诉讼法》的授权目的"。[129] 这一"授权论"标准，在事后最高人民法院针对下级人民法院的请示所作的多次批复[130]和指导性案例[131]中，也被反复体现。

最高人民法院专家法官的主流观点是，区分公安、国家安全机关实施的行为(特别是强制措施)到底属于行政行为还是司法行为，要对该行为的过程进行综合、全面的分析。通过分析该行为的过程，最终确定该行为的目的。"如果一个行为确实属于为追究犯罪而搜集证据，就应当认定该行为属于刑事司法行为。但是，如果通过分析认为公安、国家安全机关实施上述强制措施的目的是干预经济纠纷或者为一方当事人讨债，则该行为属于行政行为的范畴"，并认为确定公安、国家安全机关实施行为的目的，要同时考察四个因素：(1)是否已作为刑事案件立案侦查；(2)实施该行为的原因和过程；(3)所获取钱财的流向；(4)当事人的行为是否明显地不构成犯罪。[132]

作者完全赞同上述理论标准。对于公安、国家安全机关涉及司法职能的行政案件，可以从

---

〔128〕《行政诉讼法解释》(2018)第1条第2款规定："下列行为不属于人民法院行政诉讼的受案范围：(一)公安、国家安全等机关依照刑事诉讼法的明确授权实施的行为……"

〔129〕刘德权主编：《最高人民法院司法观点集成(4)：行政、国家赔偿卷》，人民法院出版社2010年版，第104页。

〔130〕如最高人民法院行政审判庭对福建省高级人民法院《关于对公安机关采取监视居住行为不服提起诉讼法院应否受理问题的电话答复》(1991年5月25日)；最高人民法院行政审判庭对四川省高级人民法院《关于公安机关未出具法定立案搜查手续对公民进行住宅人身搜查被搜查人提起诉讼人民法院可否按行政案件受理问题的电话答复》(1991年6月18日)；最高人民法院行政审判庭对河北省高级人民法院《关于海源县土畜产公司诉丰宁满族自治县公安局赔偿一案应否受理的复函》(1994年5月11日)；最高人民法院行政庭对江西省高级人民法院《关于如何界定公安机关的行为是刑事侦查行为还是具体行政行为请示的答复意见》(2000年4月28日，〔1999〕行他字第26号)；最高人民法院行政审判庭对甘肃省高级人民法院《关于李彩莲、姜伟诉兰州公安局违法使用武器及请求赔偿一案请示的电话答复》(2005年12月29日，法〔2005〕行他字第3号)；等等。资料来源：刘德权主编：《最高人民法院司法观点集成(4)：行政、国家赔偿卷》，人民法院出版社2010年版，第98～100页。

〔131〕如最高人民法院公报案例：《张晓华不服磐安县公安局限制人身自由、扣押财产行政案》(载《最高人民法院公报》1994年第4期)；《黄梅县振华建材物资总公司不服黄石市公安局扣押财产及侵犯企业财产权行政上诉案》(载《最高人民法院公报》1996年第1期)；等等。

〔132〕参见江必新、梁凤云：《行政诉讼法理论与实务》，北京大学出版社2009年版，第269～270页。

以下两方面来认定行为性质:首先,从程序方面,因为刑事侦查行为与行政行为在程序上有所不同。刑事侦查有其自身的一整套的立案、管辖、侦查程序,比行政行为在程序上要求更为严格。如果未作刑事案件立案,则应当先作行政行为对待。其次,应着重从实体方面认定。公安、国家安全机关进行刑事侦查的前提是当事人有犯罪事实存在,并且侦查对象涉嫌犯罪,如果没有这一条件而作出强制措施,只能认定是行政行为。笔者还想补充的是,当刑事行为与行政行为界线模糊时,如果当事人提起行政诉讼,应当按照"有利于相对人原则"处理。

三、公证行为是否属于行政行为?

根据《公证法》(2017)第2条规定,"公证"是指公证机构根据自然人、法人或者其他组织的申请,依照法定程序对民事法律行为、有法律意义的事实和文书的真实性、合法性予以证明的活动。但是,由于长期以来公证机构属于司法行政机关内的一个职能部门,而且司法行政机关是公证活动的监督机关,它有权对公证机构及其公证员给予行政处罚,[133]以致"公证"长期被看作行政行为。2005年,《公证法》将公证机构从司法行政机关中剥离出来以后,"公证"已不再属于行政行为,而是承担民事责任的证明行为。具体理由如下:

1. 从公证机构的性质看,它不再属于行政机关或者是行政机关的一部分,而是隶属于行业协会管理的中介机构。《公证法》(2017)第4条规定:"全国设立中国公证协会,省、自治区、直辖市设立地方公证协会。中国公证协会和地方公证协会是社会团体法人。中国公证协会章程由会员代表大会制定,报国务院司法行政部门备案。公证协会是公证业的自律性组织,依据章程开展活动,对公证机构、公证员的执业活动进行监督。"第5条又规定:"司法行政部门依照本法规定对公证机构、公证员和公证协会进行监督、指导。"

2. 从法律责任看,公证机构的公证行为应当属于民事证明行为。《公证法》(2017)第6条规定,"公证机构是依法设立,不以营利为目的,依法独立行使公证职能、承担民事责任的证明机构"。公证法已经明确了它的法律责任形式,它是承担民法上的民事责任,而不是行政法上的行政责任。

3. 从诉讼途径看,公证机构的公证行为也应当属于民事行为。《公证法》(2017)第43条规定,"公证机构及其公证员因过错给当事人、公证事项的利害关系人造成损失的,由公证机构承担相应的赔偿责任;公证机构赔偿后,可以向有故意或者重大过失的公证员追偿。当事人、公证事项的利害关系人与公证机构因赔偿发生争议的,可以向人民法院提起民事诉讼"。

必须注意的是,公证机构的公证行为不是行政行为而是民事行为,但是,司法行政机关依法对公证机构及其公证员作出行政处罚的行为,以及行政复议机关对该处罚决定的复议决定,属于行政行为。

四、高校的学术评价是否属于行政行为?

长期以来,高等学校的内部管理属于不受司法监督的"真空"范围,教师和学生对学校的管理行为不服是无法申请行政复议和提起行政诉讼的。1999年田某诉北京科技大学拒绝颁发毕业证、学位证行政诉讼案打破了这一"寂静",高校从事学籍证和学位证等管理属于得到法律法

---

[133] 依据《公证法》(2017)第41条和第42条。

规授权的行政主体从事的可诉行政行为，这一司法观点被普遍接受。但当司法机关介入高校管理后，有一个问题仍未解决：高校对教师和学生的学术评价是否属于行政行为。

高校管理中有许多管理行为是以学术评价为前置条件的，如对学生学位论文是否达到通过标准的认定、对教师水平是否达到晋升教授的认定等。笔者认为，学校对于师生作出的以国家制度（学籍制度、学位制度、职称制度）为基础的决定，如授予（或者不授予）学位决定，准予（或者不准予）毕业决定，属于可诉的行政行为，但是，前置性的学术评价不属于行政行为，而属于学术行为。为此，当事人不得直接针对这些学术评价申请行政复议或者提起行政诉讼（但是学校应当给予其他的救济渠道），行政复议机关和人民法院也不得直接审查这些行为的合法性和合理性。但在当事人已对后续决定（如不授予学位决定、不准予毕业决定等）提起复议和诉讼的条件下，行政复议机关和人民法院可以连带审查这些学术活动程序上的合法性。

本章小结

行政行为是行政活动中的一部分。行政行为特指行政主体基于行政职权，为实施国家行政职能而作出的，能直接或间接引起法律效果并受行政法规制的行政活动。

行政行为都是具体的，世界上不存在“抽象行政行为”，如同不存在“抽象民事行为”和“抽象犯罪行为”一样。但是行政行为的结果有两类：一类是最终形成一个抽象管理规则，如行政机关制定了一个“管理办法”；另一类是行政机关最终作出了一个处理决定，行政处罚决定便是一例。我们将前者称为“行政规定”，后者称为“行政决定”。此外，还有一些行为不具有典型的“行政决定”特征，如行政证明、行政协议等，这些可称为“其他行为”。这样一来，行政行为就由行政规定、行政决定和其他行为构成。另外，根据行政行为的结果对当事人是否有利进行分类，可将行政行为分为三类：授益行为（有利行为）、负担行为（不利行为）和中性行为。

行政行为在法律上的功能是多方面的，其中最主要的有：(1)设定权利与义务的规则；(2)形成当事人的权利与义务；(3)处分当事人的权利与义务；(4)确认当事人的权利与义务；(5)证明当事人的权利与义务关系。

行政行为必须通过一定的形式表现出来，而这种行为形式共有四种，即口头形式、书面形式、动作形式和默示形式。其中书面形式是最为常用的形式，法律对默示形式采取严格限制的态度。

行政法旨在保障行政行为的合法性。行政行为的合法要件是衡量行政行为是否合法的基本标准。行政职权、行政事实、行政依据、行政程序，是行政行为的四大合法要素。

行政行为合法有效才会具有法律效力。行政行为的法律效力表现为行政行为的拘束力、公定力、既定力和执行力。

“成立—变更—消灭”，是行政行为的完整过程，尽管并不是所有行为都经历变更。行政行为的成立，是行政行为过程的逻辑起点。判断一个行政行为是否成立的标准，就是行政行为的成立要件。成立要件要看主体要素、对象要素、内容要素的成熟度，以及行政行为的固化和外化程度。行政行为的变更，系指行政行为在作出以后、消灭以前，在内容、依据和形式上的变化。行政行为的消灭，系指行政行为从“存在”到“不存在”的过程。行政行为的撤回、撤销、无效、废止、失效和终结是行政行为消灭的主要形态。它们的特点可以归纳如表8－5所示：

表 8－5 行政行为消灭的形态

名称	定义	主体	前提	效力	行为属性	适用法律关系
撤回	行政主体作出行政行为以后,发现该行为不符合作出的法定条件,便依职权收回该行政行为,使社会关系回归到未作出该行政行为时的状态	本机关	行政行为不符合作出的条件(先天不足)	溯及行为起点	自我纠错	行政程序法
撤销	有权机关针对违法且尚未达到无效程度的行政行为,依职权或者依申请通过法律程序,消除该行政行为全部或者部分法律效力的活动	他机关	行政行为违法(先天不足)	侵益溯及;受益不溯及	监督行为	行政程序法 行政监督法 行政救济法
无效	针对严重违法、行为不能或者意思误解的行政行为,有权机关通过法律程序,依职权或者依申请,确定该行为自始无效的活动	他机关	严重违法或者其他无效情形	绝对地自始无效	确认行为	行政程序法 行政救济法
废止	行政主体作出行政行为后,由于客观情况的变化,使该行政行为不再适应新的情况,便依职权决定停止该行政行为的往后效力	有关机关	客观情况的变化针对行政规定	往后无效力	确认行为	行政程序法
失效	因一定事由的出现,行政行为自然地往后失去效力时,由有权机关对其作出一个确认其失效的决定	他机关或本机关	因自然原因使行政行为往后失去效力	往后无效力	确认行为	行政程序法
终结	行政行为未履行完毕,但因法定事由而让该行为永远停止下来	本机关	因当事人消失等原因	往后无效力	确认行为	行政程序法

为了法律的安定性和保护相对人的信赖利益,行政行为成立以后并不可以随意变更和撤销,它受严格的条件和程序的限制。

规范链接

- 《中华人民共和国立法法》(2023)第 11 条
- 《中华人民共和国民法典》(2020)第 140 条
- 《中华人民共和国兵役法》(2021)第 57 条
- 《中华人民共和国劳动法》(2018)第 79 条
- 《中华人民共和国仲裁法》(2017)第 2 条
- 《中华人民共和国商标法》(2019)第 49 条
- 《中华人民共和国公证法》(2017)第 4、5、41、42 条
- 《中华人民共和国海关法》(2021)第 4 条
- 《中华人民共和国公务员法》(2018)第 105 条
- 《中华人民共和国国家赔偿法》(2012)第 5 条
- 《中华人民共和国刑事诉讼法》(2018)第 3 ~4 条

- 《中华人民共和国国家安全法》(2015)第4条
- 《中华人民共和国行政许可法》(2019)第1、8、32、38、50、69条
- 《中华人民共和国行政处罚法》(2021)第54~55、59条
- 《中华人民共和国行政强制法》(2011)第35、45条
- 《中华人民共和国行政复议法》(2023)第63条
- 《中华人民共和国行政诉讼法》(2017)第26、70、74、77条
- 《中华人民共和国治安管理处罚法》(2012)第82、91条
- 《中华人民共和国集会游行示威法》(2009)第9条
- 《中华人民共和国农村土地承包法》(2018)第55条
- 《中华人民共和国劳动争议调解仲裁法》(2007)第2条
- 《中华人民共和国农村土地承包经营纠纷调解仲裁法》(2009)第2、13条
- 《中华人民共和国地方各级人民代表大会和地方各级人民政府组织法》(2022)第73条
- 《中华人民共和国行政复议法实施条例》(2007)第47条
- 国务院《信访条例》(2005)(已失效)第6条
- 最高人民法院《关于适用〈中华人民共和国行政诉讼法〉的解释》(法释〔2018〕1号)第1条
- 最高人民法院《关于人民法院审理事业单位人事争议案件若干问题的规定》(法释〔2003〕13号)
- 最高人民法院《关于劳动仲裁委员会逾期不作出仲裁裁决或者作出不予受理通知的劳动争议案件人民法院应否受理的批复》(法释〔1998〕24号)(已失效)
- 最高人民法院《关于不服县级以上人民政府信访行政管理部门、负责受理信访事项的行政管理机关以及镇(乡)人民政府作出的处理意见或者不再受理决定而提起的行政诉讼人民法院是否受理的批复》(〔2005〕行立他字第4号)
- 最高人民法院《关于当事人对行政机关作出的全民所有制工业企业分立的决定不服提起诉讼人民法院应作为何种行政案件受理问题的复函》(法函〔1994〕34号)

案例讨论

焦某刚诉天津市公安局和平分局行政处罚案

｜案　情｜

原告:焦某刚。

被告:天津市公安局和平分局。

原告焦某刚因不服天津市公安局和平分局(以下简称和平公安分局)作出的公(和)决字(2004)第870号行政处罚决定书(以下简称870号处罚决定书),向天津市和平区人民法院提起行政诉讼。

原告焦某刚诉称:因原告错误举报查扣车辆的执勤交通民警酒后执法,被告和平公安分局已经给予原告治安罚款200元的行政处罚。该行政处罚决定生效后,被告又说要重新查处,重新裁决。被告的重新裁决是给予原告治安拘留10日的行政处罚,原告不服申请复议,天津市公安局也以事实不清为由撤销了该处罚决定,要求被告再重裁。然而被告在相同的事实基础上,以870号处罚决定书再次裁决,竟然把对原告治安拘留10日改成了治安拘留15日。被告完全不顾《行政处罚法》上关于"行政机关不得因当事人申辩而加重处罚"的规定,对不服处罚决定而申辩的原告加重处罚,是滥用职权的违法行为。请求判决撤销被告作出的870号处罚决定书。

被告辩称:被告虽然对原告作出过治安罚款200元的行政处罚,但因为天津市公安局公安交通管理局向天津市公安局纪检组反映该治安处罚过轻,市公安局纪检组根据公安部监督条例的相关规定要求被告重新裁决,故被告在撤销了原治安罚款200元的行政处罚决定后,依法作出870号处罚决定书。该处罚决定事实清楚、证据确凿、

适用法律正确、程序合法,法院应当维持。

天津市和平区人民法院经审理查明:2004 年 3 月 30 日 23 时许,原告焦某刚驾驶一辆报废的夏利牌汽车途经天津市卫津路与鞍山道交叉路口时,被正在这里执行查车任务的交通民警王某魁、方某瑞、王某静等人查获。交通民警决定暂扣焦某刚驾驶的汽车,但焦某刚拒绝交出汽车钥匙,交通民警遂调来拖车将暂扣汽车拖走。汽车被拖走后,焦某刚向交通民警索要被滞留的驾驶证,未果,便拨打"110"报警,称交通民警王某魁酒后执法。接报警后,天津市公安局督察处立即赶到现场询问了情况,并带王某魁、焦某刚一起到天津市公安局刑事科学技术鉴定部门,当场委托该部门化验王某魁的尿液。经化验鉴定,结论为:在王某魁的尿液中未检查出酒精成分。据此,天津市公安局督察处向交通民警王某魁本人及其所在单位发出公安警务督察正名通知书,确认焦某刚举报交通民警王某魁酒后执法一事不实,并按管辖分工,将不实举报人焦某刚移交给被告和平公安分局处理。和平公安分局认为,焦某刚的不实举报阻碍了国家工作人员依法执行职务,属于《治安管理处罚条例》(已失效)第 19 条第 7 项规定的扰乱公共秩序行为,遂根据该条规定,于同年 3 月 31 日作出公(和)决字(2004)第 056 号行政处罚决定书(以下简称 056 号处罚决定书),决定给予焦某刚治安罚款 200 元的行政处罚。在 056 号处罚决定书已经发生法律效力后,同年 7 月 4 日,和平公安分局告知焦某刚,由于天津市公安局公安交通管理局反映处罚过轻,所以要撤销 056 号处罚决定书,重新查处,重新裁决。同年 7 月 13 日,和平公安分局作出公(和)决字(2004)第 047 号行政处罚决定书(以下简称 047 号处罚决定书),决定给予焦某刚治安拘留 10 日的行政处罚。焦某刚不服申请复议,天津市公安局以事实不清为由撤销了 047 号处罚决定书,要求和平公安分局重新作出具体行政行为。同年 11 月 19 日,和平公安分局作出 870 号处罚决定书,决定给予焦某刚治安拘留 15 日的行政处罚。焦某刚再次申请复议,天津市公安局维持了 870 号处罚决定书,焦某刚为此提起行政诉讼。

认定上述事实的证据有:(证据共 14 件,略)。

天津市和平区人民法院认为:《治安管理处罚条例》第 33 条第 1 款规定:"对违反治安管理行为的处罚,由县、市公安局、公安分局或者相当于县一级的公安机关裁决。"被告和平公安分局是有权作出行政处罚决定的公安机关,行政主体适格。原告焦某刚在交通民警王某魁执行公务时,不仅不配合,反而拨打"110"无中生有地举报王某魁酒后执法。和平公安分局据此认定焦某刚阻碍王某魁执行职务,根据《治安管理处罚条例》第 19 条第 7 项规定,决定给予焦某刚罚款 200 元的行政处罚,事实清楚、证据确凿,处罚在法律规定的幅度内,且执法程序合法。天津市公安局公安交通管理局认为和平公安分局对焦某刚所作的处罚过轻,应当在复议期限内依法定程序解决。非经复议机关复议和人民法院审判,任何机关和个人都不得改变已经发生法律效力的处罚决定。和平公安分局在 056 号处罚决定书已经生效的情况下,仅因天津市公安局公安交通管理局认为处罚过轻,即随意地自行变更处罚决定,程序明显违法。特别是焦某刚对和平公安分局的第二次处罚决定不服申请复议后,不但未能得到应有的行政救助,反而受到加重处罚。和平公安分局的做法明显与《行政处罚法》(1996)第 32 条第 2 款"行政机关不得因当事人申辩而加重处罚"的规定不符。

据此,天津市和平区人民法院依照《行政诉讼法》(1989)第 54 条第 2 项第 3 目规定,于 2005 年 3 月 30 日判决:撤销被告和平公安分局所作的 870 号处罚决定书。诉讼受理费 50 元,其他费用 150 元,均由被告和平公安分局负担。

一审宣判后,和平公安分局不服,向天津市第一中级人民法院提起上诉称:(1)公安部《公安机关内部执法监督工作规定》(1999)第 13 条规定:"在执法监督过程中,发现本级或者下级公安机关已经办结的案件或者执法活动确有错误、不适当的,主管部门报经主管领导批准后,直接作出纠正的决定,或者责成有关部门或者下级公安机关在规定的时限内依法予以纠正。"第 19 条第 1 项规定,"对错误的处理或者决定予以撤销或者变更"。依照上述规定,上诉人在接到上级机关要求重新裁决的指令后,撤销了对被上诉人焦某刚罚款 200 元的 056 号处罚决定书,责令办案单位重新查处,才又作出给予被上诉人治安拘留的行政处罚决定。这个行政处罚决定的作出符合法律规定,程序不违法。(2)《行政处罚法》(1996)第 32 条第 2 款的规定,是指行政机关在行政处罚决定作出前,要允许当事人申辩,不得因当事人申辩而加重处罚,这个规定不适用于行政处罚决定作出后的行政复议程序。(3)《行政复议法》(1999)没有规定行政处罚决定被复议机关撤销后,行政机关重新作出的裁决不得加重处罚。上诉人在决定对被上诉人治安拘留 10 日的 047 号处罚决定书被复议机关撤销后,重新作出给予被上诉人治安拘留 15 日的 870 号处罚决定书,符合法律规定。一审认定 870 号处罚决定书违反法定程序、违反法律规定,是不当的。请求撤销一审判决,依法判决维持被诉具体行政行为。

被上诉人焦某刚答辩称:一审认定事实清楚,适用法律正确,程序合法,所作判决并无不当。上诉人的上诉理由不能成立,二审应当维持一审判决,驳回上诉人的上诉请求。

天津市第一中级人民法院经审理,确认了一审查明的事实。

本案争议焦点是:(1)056 号处罚决定书生效后,能否被撤销?(2)上诉人根据《公安机关内部执法监督工作规定》(1999),以 047 号处罚决定书取代 056 号处罚决定书,其行为是否合法?(3)行政处罚决定书被复议机关撤销后,行政机关能否在重新作出的处罚决定中加重对当事人的行政处罚?

天津市第一中级人民法院认为:

1.《治安管理处罚条例》第 19 条第 7 项规定,对未使用暴力、威胁方法的拒绝、阻碍国家工作人员依法执行职务行为,尚不够刑事处罚的,处 15 日以下拘留、200 元以下罚款或者警告。被上诉人焦某刚驾驶报废汽车,被执行查车任务的交通民警查获。交通民警暂扣焦某刚驾驶的汽车和滞留其驾驶证,是依法执行职务。对交通民警依法执行职务的行为,公民有义务配合。而焦某刚不仅不配合,还拨打"110"报警,无中生有地举报交通民警王某魁酒后执法,使交通民警正在依法执行的公务不得不中断。经天津市公安局督察处查证,确认焦某刚的举报不实。上诉人和平公安分局据此认定焦某刚的行为触犯了《治安管理处罚条例》第 19 条第 7 项规定,并根据该条规定作出 056 号处罚决定书,给予焦某刚治安罚款 200 元的处罚。这个处罚决定事实清楚、证据确凿,处罚在法律规定的幅度内,且执法程序合法,是合法的行政处罚决定,并已发生法律效力。依法作出的行政处罚决定一旦生效,其法律效力不仅及于行政相对人,也及于行政机关,不能随意被撤销。已经生效的行政处罚决定如果随意被撤销,也就意味着行政处罚行为本身带有随意性,不利于社会秩序的恢复和稳定。

2.上诉人和平公安分局称,由于天津市公安局公安交通管理局认为 056 号处罚决定书处罚过轻提出申诉,天津市公安局纪检组指令其重新裁决,这样做的执法根据是《公安机关内部执法监督工作规定》(1999)第 13 条、第 19 条第 1 项规定,因此重新裁决符合法律规定,程序并不违法。

错误的行政处罚决定,只能依照法定程序纠正。《治安管理处罚条例》第 39 条规定:"被裁决受治安管理处罚的人或者被侵害人不服公安机关或者乡(镇)人民政府裁决的,在接到通知后五日内,可以向上一级公安机关提出申诉,由上一级公安机关在接到申诉后五日内作出裁决;不服上一级公安机关裁决的,可以在接到通知后五日内向当地人民法院提起诉讼。"根据此条规定,有权对治安管理处罚决定提出申诉的,只能是被处罚人和因民间纠纷引起的打架斗殴等违反治安管理事件中的被侵害人。交通民警是国家工作人员,交通民警是根据法律的授权才能在路上执行查车任务。交通民警依法执行职务期间,是国家公权力的化身,其一举一动都象征着国家公权力的行使,不是其个人行为的表现。交通民警依法执行职务期间产生的责任,依法由国家承担,与交通民警个人无关。交通民警依法执行职务的行为受法律特别保护,行政相对人如果对依法执行职务的交通民警实施人身攻击,应当依法予以处罚。被上诉人焦某刚因实施了阻碍国家工作人员依法执行职务的行为被处罚。虽然焦某刚的不实举报直接指向了交通民警王某魁,但王某魁与焦某刚之间事先不存在民事纠纷,焦某刚实施违反治安管理行为所侵害的直接客体,不是王某魁的民事权益,而是公共秩序和执法秩序。因此,无论是交通民警王某魁还是王某魁所供职的天津市公安局公安交通管理局,都与焦某刚不存在个人恩怨,都不是治安管理处罚条例所指的被侵害人,都无权以被侵害人身份对上诉人和平公安分局所作的 056 号处罚决定书提出申诉。

《公安机关内部执法监督工作规定》(1999)第 13 条、第 19 条第 1 项,要求公安机关纠正在执法活动过程中形成的错误的处理或者决定。纠正的目的,该规定第 1 条已经明示,是为保障公安机关及其人民警察依法正确履行职责,防止和纠正违法和不当的执法行为,保护公民、法人和其他组织的合法权益。这样做的结果,必然有利于树立人民警察公正执法的良好形象。前已述及,056 号处罚决定书依照法定程序作出,事实清楚、证据确凿,处罚在法律规定的幅度内,是合法且已经发生法律效力的处罚决定,不在《公安机关内部执法监督工作规定》所指的"错误的处理或者决定"之列,不能仅因交警部门认为处罚过轻即随意撤销。这样做,只能是与《公安机关内部执法监督工作规定》的制定目的背道而驰。再者,《公安机关内部执法监督工作规定》是公安部为保障公安机关及其人民警察依法正确履行职责,防止和纠正违法和不当的执法行为,保护公民、法人和其他组织的合法权益而制定的内部规章,只在公安机关内部发挥作用,不能成为制作治安管理行政处罚决定的法律依据。

3.上诉人和平公安分局认为,《行政处罚法》第 32 条第 2 款的规定是指在行政处罚决定作出前,行政机关要允许当事人申辩,不得因当事人申辩而加重处罚,这个规定不适用于行政处罚决定作出后的行政复议程序;《行政复议法》没有规定行政处罚决定被复议机关撤销后,行政机关重新作出的裁决不得加重处罚。因此,047号处罚决定书被复议机关撤销后,其在870号处罚决定书中决定给予被上诉人焦某刚治安拘留15日的行政处罚,符合法律规定。

《行政复议法》确实没有"行政处罚决定被复议机关撤销后,行政机关重新作出的裁决不得加重处罚"的规定。之所以不作这样的规定,是因为实践中存在因原裁决处罚过轻被复议机关撤销的实际情况,重新作出的裁决当然有必要加重处罚。

《行政处罚法》第32条第1款的规定是:"当事人有权进行陈述和申辩。行政机关必须充分听取当事人的意见,对当事人提出的事实、理由和证据,应当进行复核;当事人提出的事实、理由或者证据成立的,行政机关应当采纳。"第2款的规定是:"行政机关不得因当事人申辩而加重处罚。"行政处罚决定权掌握在行政机关手中。在行政处罚程序中始终贯彻允许当事人陈述和申辩的原则,只能有利于事实的查明和法律的正确适用,不会混淆是非,更不会因此而使违法行为人逃脱应有的惩罚。法律规定不得因当事人申辩而加重处罚,就是对当事人申辩进行鼓励的手段。无论是行政处罚程序还是行政复议程序,都不得因当事人进行申辩而加重对其处罚。认为"不得因当事人申辩而加重处罚"不适用于行政复议程序,是对法律的误解。

上诉人和平公安分局作出给予被上诉人焦某刚治安拘留10日的047号处罚决定书后,焦某刚以处罚明显过重为由申请复议,这是一种申辩行为。复议机关以事实不清为由撤销了047号处罚决定书后,和平公安分局在没有调查取得任何新证据的情况下,在870号处罚决定书中决定给予焦某刚治安拘留15日的处罚。这个加重了的行政处罚明显违反《行政处罚法》第32条第2款规定,也背离了行政复议法的立法本意。

综上所述,上诉人和平公安分局的上诉理由不能成立,不予支持。一审判决撤销870号处罚决定书,并无不当。据此,天津市第一中级人民法院依照《行政诉讼法》(1989)第61条第1项规定,于2005年9月6日判决驳回上诉,维持原判。上诉案件受理费100元,由上诉人和平公安分局负担。

|评　析|

该案所涉其他问题鉴于本章任务而不作讨论,这里限于评析行政行为一经作出生效以后,行政机关是否可以擅自收回并且作出对相对人更加不利的行政行为。

本案的情况是:原告焦某刚不实举报查扣原告车辆的执勤交通民警酒后执法,被和平公安分局给予了治安罚款200元的行政处罚。该行政处罚决定生效后,被告和平公安分局又撤销原处罚决定,并重新以(2004)第870号处罚决定书裁决给予原告治安拘留10日的行政处罚。原告不服申请复议,天津市公安局也以事实不清为由撤销了该处罚决定,要求被告再重裁。然而被告在相同的事实基础上,仍以(2004)第870号处罚决定书再次裁决,竟然把对原告治安拘留10日改成了治安拘留15日。原告提起了行政诉讼。

行政主体和平公安分局对行政相对人焦某刚作出了治安罚款200元的行政处罚,事后又由原行政主体撤销该行政处罚决定。这在行政法理上不属于监督程序中对行政行为的"撤销",而是属于行政行为的"撤回"。虽然由于中国行政法理不成熟,具有严格区别的"撤销"与"撤回"在立法文本和执法实践中未被严格区分,但是理论上的界线是清晰的:"撤销"是监督机关针对被监督机关作出的一种监督手段,它发生在两个主体(监督主体与被监督主体)与两个行为(撤销行为与被撤销的原行为)之间;而"撤回"是行政机关的一种自我纠错手段,它发生在同一个主体(作出原行为的机关与作出撤回决定的机关是同一个机关)的两个行为(原行政行为与撤回行为)之间。

行政机关对于已经作出的行政行为可否事后收回,这需要用行政行为的"撤回"理论去分析。根据本章对于"撤回"理论的阐述,我们发现,并非行政机关作出行政行为后就不得撤回,但是这一撤回受五项原则的严格限制:(1)固定原则。行政行为一经作出,原则上不得撤回,以保障社会关系的稳定性。(2)事由法定。已作出的行政行为,只有到达了法定的可撤回事由时,方可撤回。这个"事由"是,该行为不符合作出的条件,而且严重违法构成了无效。没有到达这一程度,行政机关是不得行使撤回权的。行政行为的撤回其实是行政机关对自己作出的已属于无效的行政行为的一次"无效确认"。(3)程序同一原则。这里不仅要求作出行政行为与撤回行政行为的主体相同,而且还要求作出行政行为与撤回行政行为的步骤、方式等都相同。行政行为撤回的程序不得松于该行政行为的作出程序。(4)责任原则。在行政相对人无过错的情况下,行政主体撤回行政行为给相对人造成损失的,行政主体必须承担赔偿责任；在行政相对人有过错的条件下，行政主体便可减少承担或不承担赔偿责任。(5)救济原则。行政主体的“撤回”行为本身就构成了一个新的行政行为，当事人对“撤回”行为不服的，可能申请行政复议、提起行政诉讼。行政行为的“撤回”之所以受到严格的限制，是基于行政行为“公定力”理论的。作为行政行为法律效力之一的“公定力”，要求行政机关依法作出行政行为之后，该行为不仅对行政相对人而且对行政机关本身都具有拘束力，不得擅自改变和取消，以保障社会秩序的稳定性和相对人的信赖利益，除非是在法定的监督程序(如在行政复议和行政诉讼)中被监督机关依法撤销或者改变。

在本案中，和平公安分局对焦某刚治安罚款200元的行政处罚，所认定的事实是焦某刚不实举报，定性是“扰乱公共秩序”，适用法律是当时的《治安管理处罚条例》第19条第7项[134]。根据重新作出的(2004)第870号处罚决定书来看，事实依据、法律依据和定性都无变化，对于这类违反治安管理的行为，本身就可处200元罚款或者15日以下的拘留，该处罚在裁量的幅度之内。这就说明原处罚决定即便有错，也没有到达“无效”的程度。我们的结论是：和平公安分局撤回对焦某刚治安罚款200元的处罚决定，不具备“法定事由”，因而是不合法的。

行政机关撤回自己已经作出的行政行为，一般是在这种情况下发生：在依申请行为中，往往是针对相对人骗取批准的行为；在依职权行为中，往往发生在意思误解或者违反法律的强制性规定中，如将吴斌的房产证错发给吴兵，或者建筑许可违反城市规划法规定。本案的三个行为，依次在加重当事人的处罚，但是事实依据和法律依据都是相同的，确有滥用职权(报复)之嫌。

（资料来源：《中华人民共和国最高人民法院公报》2006年第10期。评析部分为笔者根据教学需要所撰）

复习思考题

1. 行政行为与行政活动是什么关系？
2. 行政行为的合法要件是什么？
3. 行政行为的撤回与撤销有什么区别？
4. 行政行为的变更和消灭受到什么规则的约束？

---

[134] 《治安管理处罚条例》第19条规定：“有下列扰乱公共秩序行为之一，尚不够刑事处罚的，处十五日以下拘留、二百元以下罚款或者警告：……(七)拒绝、阻碍国家工作人员依法执行职务，未使用暴力、威胁方法的。”

第九章　行政行为基本范畴

行政行为的基本范畴，系指以一定标准对行政行为进行划分从而形成相互对应、关联的基本概念。它本属行政行为的基本理论，但鉴于篇幅问题，我们单设一章阐述。行政行为的基本范畴，直接关乎行政行为的各种形态、各种功能和各种行为规则。本章分四类（结构性范畴、功能性范畴、关系性范畴和效力性范畴）对 20 多个范畴的基本原理进行阐述，为行政法的后续理论奠定基础。

第一节　行政行为结构性范畴

一、作为行政行为与不作为行政行为

作为行政行为与不作为行政行为，是基于行政行为的作用方式确立的范畴。

（一）行为范畴的确立

“作为”（德文：Handlung）与“不作为”（德文：Unterlassung）是所有行为存在的两种方式，行政行为也不例外。不少国家的行政程序法在规定行政行为时，特别表明：行政行为除了“作为”，还包括“不作为”的方式〔1〕。如美国《联邦行政程序法》规定：“‘行政行为’（agency action）包括行政规章、裁决令、决定、许可、制裁和救济行为的全部或一部分；行政机关采取的其他类似的行为及其否定行为和不作为的全部或一部分。”〔2〕又如 1996 年韩国《行政程序法》第 2 条规定，“行政行为”（行政处分）“谓行政机关对具体事实的执法行为，行使或拒绝公权力及其他准于此之行政作用”。这里的“拒绝公权力”既包括否定性行为，也包括不作为行为。我国 2014 年《行政诉讼法》修正之后，权威部门就明确解释“行政行为包括作为、不作为和事实行为”，对“不作为”给予了特别关注。〔3〕

作为方式的行政行为是指具有积极动作的行政行为，如实施行政检查、作出行政处罚、采取行政强制措施等。作为式行政行为以作为义务为基础。作为式行为是行政行为的主要方式，大量的行政行为是作为式的行政行为，由此决定了大量的行政违法也是作为式的行政违法。

不作为方式的行政行为系指具有消极状态的行政行为，如不履行法定义务等。如法律谚语所云，“不作为也是行为”（Et non facere facere est）。〔4〕不作为式行政行为以不作为义务为

---

〔1〕 法谚说：“不作为也是行为。”（Et non facere facere est）

〔2〕 The Administrative Procedure Act，APA，美国国会 1946 年制定，经 1978 年修订。参见美国法典第五编第 551 条第 13 款。

〔3〕 参见袁杰主编、全国人大常委会法制工作委员会行政法室编著：《中华人民共和国行政诉讼法解读》，中国法制出版社 2014 年版，第 7、8 页。

〔4〕 参见张明楷：《刑法格言的展开》（第 3 版），北京大学出版社 2013 年版，第 26 页。

基础。这种行为的违法就构成不履行法定职责。

(二)行为范畴的意义

作为的行政行为与不作为的行政行为不是基于法律的不同规定而发生,而是基于行为的存在方式而确定的。区分这两种行为的意义在于:

1. 有助于全面认识行政行为。作为的行政行为是行政行为,不作为的行政行为也是行政行为。对行政行为下定义时,最好表明这一点。

2. 有助于全面认识行政违法。根据作为行政行为与不作为行政行为,可推演出其他相应的概念,如行政违法就可相应地分为作为形式的违法与不作为形式的违法。相对人针对这些不同的违法,适用不同的案由和诉讼请求。

3. 有助于全面监督行政行为。行政相对人不服行政行为可以申请复议或提起行政诉讼,既然行政行为包括作为行为与不作为行为,那么,行政相对人不仅对作为形式的行政行为可以申请法律救济,对不作为形式的行政行为同样可以申请法律救济。

4. 有助于准确适用法律救济程序。以行政诉讼为例,针对这两种行为,当事人的诉请及法院的判决都是不同的。对于作为行政行为的违法,当事人一般提起撤销之诉,法院适用"撤销判决"的救济方式;对于不作为行政行为的违法,当事人一般提起履行之诉,法院适用"履行判决"的救济方式。此外,在举证责任分配上,两者也会有所差异。

二、实体行政行为与程序行政行为

实体行政行为与程序行政行为,系基于实体法与程序法的体系形成的一种分类。实体行政行为与程序行政行为是一个行政行为的两个不同方面。因为任何一个行政行为,都会既涉及实体的一面,也涉及程序的一面。世界上既不存在无实体内容的程序行为,同样也不存在程序以外的实体行为。

(一)行为范畴的确立

行政行为的内核是一个行政决定,行政决定的内容,如确认一种关系,要求作为或者不作为,处分相对人的权利,就属于实体行政行为。与程序行政行为比较,实体行政行为是整个行政行为中的主要方面。

如果说一个行政行为中的行政决定内容属于实体行政行为,那么,这个行政决定的形式和过程就构成程序行政行为。任何行政行为都离不开程序,因而任何行政行为都存在程序行政行为。程序行政行为的表现形式不是千篇一律的,受理、通知、听证、送达等便是其中的形式。

综上不难发现,实体行政行为系指直接关系行政行为内容的行为,解决诸如对张三是否处罚以及给予什么样的处罚等问题;而程序行政行为系指为实现行政行为的实体内容所采取的步骤和形式,旨在解决该行政行为采取什么步骤、遵循什么时限、采用什么形式等问题。

(二)行为范畴的意义

实体行政行为违法称实体违法,程序行政行为违法则称程序违法。由于中国长期以来受到"重实体、轻程序"观念的影响,确立实体行政行为与程序行政行为这对范畴显得特别重要,它有助于把行政程序置于与行政实体同等的地位。中国行政法不仅要防止和制裁实体违法,同样也应防止和制裁程序违法。中国行政复议法和行政诉讼法把"违反法定程序"纳入人民法院应予撤销的范围,表明了中国行政法对程序的重视态度。

三、内部行政行为与外部行政行为

内部行政行为与外部行政行为,是基于行为的效力范围划分形成的一对范畴。

(一)行为范畴的确立

行政机关(政府)肩负着管理国家和社会的公共职能。政府对国家的管理,体现的是内部行政关系;政府对社会的管理,体现的是外部行政关系。调整内部行政关系的是内部行政法;调整外部行政关系的则是外部行政法(也称公共行政法)。由此,行政机关的管理行为就形成了内部行政行为与外部行政行为。

内部行政行为是行政主体代表国家对隶属于自身的组织、人员和财物的一种管理。例如上级公务员对下级公务员发布命令、指示;上级行政机关对下级行政机关报告的审批等。[5]

外部行政行为亦称公共行政行为,它是行政主体对社会行政事务的一种法律管理。如果说内部行政行为体现为国家的自我管理,那么,外部行政行为则体现了国家对社会的管理;如果说内部行政行为发生于行政主体之间、行政人之间以及行政主体与行政人之间,那么,外部行政行为则发生在行政主体与行政相对人之间。公安机关对社会的治安管理,工商机关对企业经营的监督管理等,都属于外部行政行为。

内部行为与外部行为不是一种法律划分而是一种理论划分。任何一种法律均不会表明"此行为"是"内部"或"彼行为"是"外部",该划分是人们根据法律设定的行政职权所涉及的效力范围所作的一种理论判断。

(二)行为范畴的意义

中国现行行政法,整体属于外部行政法,因而,《行政许可法》《行政处罚法》《行政强制法》《行政复议法》《行政诉讼法》等都适用外部关系而不适用内部关系。但是在理论上确立内部行为与外部行为并对它们作正确划分是完全必要的。

1. 内部行政行为与外部行政行为的不少形式是不同的,不得混用。虽然某些内部行政行为与外部行政行为在外部形式上是重合的,如内外均有审批问题,但也有不少是截然分离的,如行政处罚只能作为外部行政行为,行政处分则只能作为内部行政行为。

2. 内部行政行为只得针对内部作出,不得适用于外部。内部行政行为对社会相对人不发生法律效果。

3. 行政相对人不服内部行政行为不适用行政复议和行政诉讼。目前中国的体制,针对内部行政行为既不能申请复议又不能提起诉讼,[6]法律、法规另有规定的除外。

---

[5] 葡萄牙行政法认为,由于"内部行为基本上见于内部秩序,只以间接途径体现在整体秩序上",因此,"内部行为(葡:actos internos)不是行政行为"。参见[葡]苏乐治:《行政法》,冯文庄译,法律出版社 2014 年版,第 45 ~ 46 页。

[6] 虽然我国的《行政复议法》和《行政诉讼法》条文上没有直接使用"内部行政行为"这一概念,但是有关法律和司法解释都是以"内部行政行为"这一概念为基础的:《行政复议法》(2017)第 8 条第 1 款规定,"不服行政机关作出的行政处分或者其他人事处理决定的,依照有关法律、行政法规的规定提出申诉";《行政诉讼法》(2017)第 13 条第 3 项规定,"人民法院不受理公民、法人或者其他组织对下列事项提起的诉讼:……(三)行政机关对行政机关工作人员的奖惩、任免等决定";《行政诉讼法解释》(2018)第 1 条第 2 款规定,"下列行为不属于人民法院行政诉讼的受案范围:……(五)行政机关作出的不产生外部法律效力的行为……(八)上级行政机关基于内部层级监督关系对下级行政机关作出的听取报告、执法检查、督促履责等行为……"

(三)内部行政行为的“外化”

在行政诉讼的受案范围上,相对人对内部行政行为不可诉,外部行政行为可以诉,这符合我国行政诉讼制度的设计原旨。但在司法实践中遇到了一种新情况,即一种内部行政行为(如会议纪要、内部批复等),它没有经过外部行政行为的“转换”,直接对外发生作用(如直接发给了当事人,并以此直接处分其权利)。最高人民法院提出了一种观点,认为这种情况下属于“内部行政行为的外化”,应当属于行政诉讼的受案范围。一个最高人民法院的“判决要旨”指出:“内部行政行为不可诉,如果内部行政行为通过行政权力运作的方式外化了,在满足其他条件的情况下,该行政行为就成为可诉的行为。”[7]《中国行政审判指导案例》第1号再次强调了这一观点。其裁判要旨指出:“按照《行政诉讼法》的规定,作为内部行政行为的批复不可诉,但内部行政行为通过行政机关的职权行为外化后,则可纳入行政诉讼的受案范围。”[8]这一司法观点为中国行政法学界普遍接受。

从行政实体法理论上说,当一种内部行政行为通过职权行为直接对行政相对人发生作用后,就意味着内部行政行为发生了“外化”;“外化”了的内部行政行为视作外部行政行为。这就意味着,“外化”了的内部行政行为,是可以像外部行政行为那样适用行政复议和行政诉讼的。

四、行政法律行为与行政事实行为

由于受民法的影响,行政行为长期被定性为法律行为,因而也称行政法律行为。随着行政诉讼受案范围的不断扩大,当下的行政行为已扩展到事实行为。行政行为既包括法律行为,也包括一定范围内的事实行为。特别是2014年《行政诉讼法》修正之后,“行政行为包括作为、不作为和事实行为”“行政行为还包括学理上所说的‘事实行为’”,已成为权威部门的官方解释。[9] 尽管如此,从理论上和制度上区别行政法律行为与行政事实行为,对于构建和丰富行政行为理论依然是有意义的。

(一)行政法律行为

“法律行为”(Rechtsgeschäft)是与“事实行为”相对应的一个法学概念。[10] 在民法学中,法律行为以意思表示为主要特征,有意思表示的行为是法律行为,否则是事实行为。[11] 所以,“法律行为”和“意思表示”的概念在许多情形中被作为同义词适用。[12] 法律行为与事实行为

---

[7] 赖某安诉重庆市人民政府不予复议上诉案,最高人民法院(1998)行终字第10号,判决时间2000年2月23日。参见刘德权主编:《最高人民法院司法观点集成(4):行政、国家赔偿卷》,人民法院出版社2010年版,第94页。

[8] 江必新主编、中华人民共和国最高人民法院行政审判庭编:《中国行政审判指导案例》(第1卷),中国法制出版社2010年版,第1页。

[9] 参见袁杰主编、全国人大常委会法制工作委员会行政法室编著:《中华人民共和国行政诉讼法解读》,中国法制出版社2014年版,第7、8页。

[10] 起始于古罗马法的“法律行为”的意义在于奉行“无法律即无行为”(nullum negotium sine lege)原则。参见[德]维尔纳·弗卢梅:《法律行为论》,迟颖译,法律出版社2013年版,第27页。

[11] 德国民法认为“法律行为”有两大要素:一是意思表示;二是法律效果。德国当年在制定民法典过程中,第一草案的《立法理由书》关于“法律行为”的概念记载如下:“草案意义上的法律行为是旨在产生特定法律效果的私人意思表示,该法律效果之所以依法律秩序而产生,是因为人们希望产生这一法律效果。法律行为的本质在于作出旨在引起法律效果的意思表示,且法律秩序通过认可该意思来判定意思表示旨在进行的法律形成在法律世界中的实现。”参见[德]维尔纳·弗卢梅:《法律行为论》,迟颖译,法律出版社2013年版,第26页。

[12] 参见[德]维尔纳·弗卢梅:《法律行为论》,迟颖译,法律出版社2013年版,第29页。

这一范畴被引进行政法学,行政法学者们一直认为在行政活动中同样存在法律行为与事实行为,而行政上的法律行为就是行政行为,行政上的事实行为就不是行政行为。如有学者认为,"行政行为是行政法律行为的简称,与民事法律行为相对称"。[13] 还有不少教材著作将事实行为排除于行政行为之外,理由是:"这些行为并不直接产生法律效果,也不具有强制执行力。"[14] 后来,虽然"行政行为限于法律行为"的结论已被推翻,但"行政法律行为"与"行政事实行为"这一理论范畴依然存在,而且有必要继续存在。

行政法律行为是行政行为的主体部分和典型形态,它是行政主体依法作出的,能直接或者间接影响公民、法人或者其他组织的意思表示。行政法律行为具有两个明显的特点:它是一种意思表示,是一种决意行为;这直接处分相对人的权利与义务,它会直接导致相对人权利与义务的变化。行政许可决定、行政给付决定、行政处罚决定、行政征收决定、行政征用决定和行政裁决决定等,就属于典型的行政法律行为,它们都表现和落实为一种处分相对人权利与义务的"决意"。

(二)行政事实行为

"事实行为"(Realakt)是与法律行为相对应的一个民法学概念,它是指民事主体的非表意行为,即事实上发生的、行为人的主观意图或认识并没有以一定的方式表现于外部的行为。"事实行为"一词引入行政法领域,源于德国学者耶利·纳克(Waler Jelinek)所谓的"单纯高权行政"概念。[15] 毛雷尔认为,行政事实行为就是纯行政活动,"是指以某种事实结果而不是法律后果为目的的所有行政措施"。[16] 而我国行政法学引入"事实行为"而成为"行政事实行为"后,旨在解决事实行为是否可以成为行政行为的问题。

行政法学中的行政事实行为,系指行政机关在行政管理中基于国家管理和社会管理所作出的但并不表达为"决意"的行为。它既包括积极的服务活动,如气象局提供气象预报,也包括消极的行为,如执法人员殴人。行政调查、行政证明、政府信息公开、行政强制措施和行政强制执行等便是典型的行政事实行为。

(三)行为范畴的意义

归纳起来,行政法律行为是一种意思表达,是一种决意行为,能够直接处分相对人的权利与义务;而行政事实行为是一种物理性动作,是一种形体行为,它不能直接处分相对人的权利与义务。虽然行政法律行为与行政事实行为都能引起行政法律效果,但是行政法律行为的法律效果是由行政主体行政行为的意思决定的,而行政事实行为引起的效果则基于法律的直接规定。认识和掌握行政法律行为与行政事实行为这对范畴的意义在于:

1. 有利于全面认识行政行为,有利于扩大权利救济范围。由于行政行为既包括行政法律行为,也包括行政事实行为,因而以行政行为为审查对象的行政诉讼,自然也应当以行政法律行为和行政事实行为为受案范围。

2. 有利于认知行政行为的完成标志,全面掌握行政行为的成立要件。一个行政行为的完

---

〔13〕 应松年主编:《行政行为法:中国行政法制建设的理论与实践》,人民出版社1993年版,第1页。

〔14〕 《行政法与行政诉讼法学》编写组编:《行政法与行政诉讼法学》(第2版),高等教育出版社2018年版,第83页。

〔15〕 参见马生安:《行政行为研究——宪政下的行政行为基本理论》,山东人民出版社2008年版,第334页。

〔16〕 参见[德]哈特穆特·毛雷尔:《行政法学总论》,高家伟译,法律出版社2000年版,第391页。

成是行政行为成立(发生法律效力)的前提,对于行政法律行为主要以是否形成一个行政决定为标志,而对于行政事实行为,则以行为的实际发生为标志。

五、意思行政行为与物理行政行为

意思行政行为与物理行政行为,是基于行政行为的物质形态以及对相对人的作用方式不同而对行为所作的一种分类。

(一)行为范畴的界定

意思行政行为,是指行政主体以意思力对行政相对人所作的一种行为,对相对人所形成的法律效果系由行政行为的意思所决定。所以,意思行政行为也称为"意思表示行为""决意行为"等。大量的行政行为属于意思行政行为,如行政命令、行政许可决定、行政处罚决定、行政裁决等。

物理行政行为,也称实力行政行为,是指行政主体通过物理性的动作对行政相对人所作的一种行为,这种行为的法律效果(后果)是由法律法规所规定,而不是由行政行为的意思所决定的。如行政检查、查封、扣押、拆除建筑等,都属于这类行为。

(二)行为范畴的意义

确立物理行政行为与意思行政行为这对范畴的意义在于,它有助于我们探讨行政行为的作用力以及对行政相对人的影响,特别有助于我们区别行政强制行为和有关行政强制的决定。

一种传统理论认为,法律行为是一种意思行为,物理行为是一种事实行为。所以,可以把意思行政行为与物理行政行为看作行政法律行为与行政事实行为的另一种表达。这样,意思行政行为与物理行政行为的法律意义就完全和行政法律行为与行政事实行为相同了。

六、羁束行政行为与裁量行政行为

羁束行政行为与裁量行政行为,系基于行政职权的性质,以及行政主体主观意志的参与程度,对行政行为所作的一种划分。

(一)羁束行政行为

羁束行政行为是指在法律对行为适用条件有明确而详细规定的条件下,行政主体严格依法律作出的行政行为。这种行为的特点在于,行政主体无法参与主观意志,没有裁量的余地。例如《居民身份证法》(2011)规定居民身份证按有效期分为三种,即10年、20年和长期,而且对发放这三种身份证的年龄条件作了明确规定:16周岁至25周岁的,发给有效期10年的居民身份证;26周岁至46周岁的,发给有效期20年的居民身份证;46周岁以上的,发给长期有效的居民身份证。在这种条件下,公安机关在决定某公民该发哪种居民身份证时,没有裁量余地。所以,发放居民身份证的行政行为属于羁束行政行为。

(二)裁量行政行为

但是,法律不可能对所有的行政行为都作出详细规定,故有时只规定一种行为原则,或规定一种行为幅度。在这种条件下,行政主体作出行为时有一定的裁量余地,故称裁量行为。例如根据《治安管理处罚法》(2012)第23条的规定,对于某些扰乱公共秩序的行为人,可以处予5~15日的拘留和500元以下罚款或者警告的处罚。

这里,对具体的行为人究竟处以哪种处罚(拘留、罚款还是警告),以及处以多少处罚(多少天的拘留,多少元的罚款)等,便由公安机关视情况而定,因而这属于裁量行政行为。

(三)行为范畴的意义

羁束行政行为和裁量行政行为的区分并不困难,它是依据法律对作出行政行为是否留有选择余地而作出的理论判断。只要法对行为的作出已规定了详细的条件或标准且无选择余地,这种行为就是羁束行为;法对该行为的作出未规定条件或标准,或者虽作出规定但为行政主体作出该行为留有选择余地,这种行为就是裁量行为。〔17〕 区别羁束行政行为和裁量行政行为的法律意义是基于:

1. 羁束行政行为只发生违法与否的问题,不发生适当与否的问题;而裁量行政行为一般只发生是否合理的问题(在裁量权限范围内),不发生是否合法的问题,除非超越裁量幅度或滥用职权。

2. 羁束行政行为只受行政合法性原则的约束,而裁量行政行为主要受行政合理性原则的约束。

3. 从法律救济上说,羁束行政行为接受行政审查和司法审查,在范围上基本不受限制,而裁量行政行为接受行政审查和司法审查,在范围上有很大的限制。

七、依职权行政行为与依声请行政行为

依职权行政行为与依声请行政行为,系基于行为的主动性程度对行政行为所作的一种划分。

(一)行为范畴的确立

依职权行政行为是指行政主体依据自己的职权,无须经过相对人的意思表示,如申请、声明、要求等,便能作出并发生效力的行为。大量的行政行为属于这一类。例如行政主体作出行政规定,或对行政相对人实施行政处罚等。

依声请行政行为,也称依申请行政行为〔18〕,系指行政主体只有在相对人声明或申请的条件下方能作出的行为。没有相对人的主动声请,行政主体不能主动作出行为。例如行政复议须以相对人申请为前提,相对人没申请,复议机关就不能主动复议;我国的某些行政给付以当事人申请为前提,公民申请专利、单位申请注册商标等亦属此类。

(二)行为范畴的意义

中国在制度设计上,一般而言,不利行为(侵益行为)是依职权的;有利行为(授益行为)相

〔17〕 羁束行为和裁量行为的划分有个历史演变过程。在工业革命以前,政府行政职能狭窄,“无法律便无行政”的原则尚能奏效。但到19世纪末,尤其是进入20世纪后,随着社会政治经济的发展,政府职能日益扩大,行政机关无法以羁束行为来应付错综复杂的社会事务。于是,政府的裁量行为得到了承认。尽管不少法官和学者担心它会越出“法治”的轨道,但同时其也意识到,目前“还没有找到一条没有裁量权而能担负起政府职能的路”。虽然裁量行为原则上不受司法审查,但它仍必须从属于法治原则,同样受行政法的调整。当今,人们普遍要求裁量行为遵守两个规则:不得超越裁量权的范围(这是对裁量行为的外部界定);在权限范围内必须处置适当、合理(这是对裁量行为的内部界定)。联邦德国1960年的《行政法院法》和1976年的《行政程序法》均反映了这种精神;英国的法官和美国的学者们也表明了同样的态度。

〔18〕 “依声请”的表达比“依申请”含义要广。包括申请、声明、其他意思表示等。但是“申请”比“声请”更通俗,使更多的人使用“依申请行为”。

反是依声请的。在具体认定上，法对行政行为有“依声请”要求的〔19〕，属于“依声请行政行为”；法不作规定的，推定该行为属于“依职权行政行为”。区别这两种行政行为具有多种法律意义：

1. 关系到行政行为的法律效力。在没有行政相对人声请的条件下，行政主体只能作出依职权行为，不能作出依声请行为，否则便影响行为的效力。

2. 关系到行政相对人权利取得的时间。对行政相对人来说，这直接关系到其权利的取得和义务的免除。如果相对人的权利是通过行政主体的依职权行政行为取得的，那么其权利的取得时间可追溯到其符合取得该权利的条件之时；如果相对人的权利是通过行政主体的依声请行政行为取得的，那么其权利的取得时间以相对人提出声请时间而不是以其符合取得该权利的时间为准。

3. 关系到行政程序中的举证责任。一般而言，在行政程序中，对于依声请行为，由行政相对人（申请人）负担其申请是否符合条件的举证责任；〔20〕而对于依职务行为，由作出该行为的行政主体负担作出该决定的举证责任。〔21〕

八、要式行政行为与不要式行政行为

要式行政行为与不要式行政行为，是基于法规对行为形式的要求而对行政行为所作的一种分类。各国和地区行政法对行政行为的形式非常重视，有的国家（地区）甚至规定行政行为不符合法定形式者无效。〔22〕

（一）行为范畴的确立

行政行为是通过一定的形式存在的，而行政行为赖以存在的形式无非四种：口头形式、书面形式、动作形式和默示形式。法对某些行政行为采用特定的形式有专门要求的，属于要式行政行为；当法对行政行为采用什么形式没有特别规定时，这类行为便是不要式行政行为。换句话说，要式行政行为是指法对行为形式有专门要求的行政行为，不要式行政行为则指法对行为形式不作专门要求的行政行为。

---

〔19〕 法律对“依声请”行为的规定方式，不是采用定性的表达方式，而是采用程序上的规定方式。例如，行政许可属于“依声请”行为，《行政许可法》（2012）并没有直接对行政许可行为作定性表达，而是通过第 29 条的程序规定来体现：“公民、法人或者其他组织从事特定活动，依法需要取得行政许可的，应当向行政机关提出申请。申请书需要采用格式文本的，行政机关应当向申请人提供行政许可申请书格式文本。申请书格式文本中不得包含与申请行政许可事项没有直接关系的内容。申请人可以委托代理人提出行政许可申请。但是，依法应当由申请人到行政机关办公场所提出行政许可申请的除外。行政许可申请可以通过信函、电报、电传、传真、电子数据交换和电子邮件等方式提出。”

〔20〕 如《行政许可法》（2012）第 31 条规定：“申请人申请行政许可，应当如实向行政机关提交有关材料和反映真实情况，并对其申请材料实质内容的真实性负责……”

〔21〕 如《行政处罚法》（2021）第 40 条规定：“公民、法人或者其他组织违反行政管理秩序的行为，依法应当给予行政处罚的，行政机关必须查明事实；违法事实不清、证据不足的，不得给予行政处罚。”

〔22〕 如德国《联邦行政程序法》第 44 条第 2 款规定，“根据法规，行政行为仅可以交付一定的文书方式作出，而未交付文书的”无效；日本行政法专门规定了违反形式要求的无效情形，“规定有义务应书面提交而口头实施的行为”“规定应交付特定形式的许可证而欠缺的行为”，可以确定为无效；葡萄牙《行政程序法》第 134 条规定，“根本违反法定方式作出的行为”无效；我国澳门特别行政区《行政程序法典》第 122 条第 2 款规定，“绝对不依法定方式作出之行为”无效；我国台湾地区“行政程序法”第 111 条（无效之行政处分）规定，“不能由书面处分中得知处分机关者”，或者“应以证书方式作成而未给予证书者”无效。

(二)行为范畴的意义

要式行为与不要式行为是基于法律对行为形式作不同要求而发生,而不是一种纯理论的分类。[23] 区分这两种行为的意义也是多方面的,其中最为重要的意义在于:要式行政行为必须遵守法规对其形式上的要求,否则便构成形式违法,而不要式行政行为则不会发生形式违法的问题。要式行政行为的有效条件会比不要式行政行为的条件严格得多。

九、明示行政行为与默示行政行为

明示行政行为与默示行政行为,是基于行政行为意思表达的明朗程度所形成的一种分类。

(一)行为范畴的确立

前面讲到,行政行为的形式无非四种,即口头形式、书面形式、动作形式和默示形式。行政行为采用口头、书面或动作形式来表达其内容的,该行为是明示行为;行政行为采用默示形式来表达它的内容的,该行为则是默示行为。

(二)行为范畴的意义

明示行为与默示行为分类,与要式行为与不要式行为的分类还是不同的。要式行为与不要式行为是依据法律对行为形式的要求而确定的,而明示行为与默示行为是依据该行为客观上所采用的形式所确定的。

区别明示行为与默示行为的法律意义在于,有助于我们深化认识行为形式对行为效力的影响,特别是默示行为,它只有在法律明文认可的条件下才能存在。

十、基于合同的行政行为与基于法律的行政行为

行政主体作出行政行为,特别是对于一种合法有效的行政行为,都以某种规范为依据而作出。这种依据可能是行政主体与相对人之间的合同(约定),或者是直接依据法律。前者就是基于合同的行政行为,后者是基于法律的行政行为。

(一)基于合同的行政行为

基于合同的行政行为,是指行政主体作出某种行政行为,这种行为所包含的权力和义务来自合同的约定,而不是直接来自法律规定。譬如,公安机关承诺对提供破案线索者予以奖励,张三为此提供了有效线索,这时,公安机关对张三按许诺进行奖励。理解这种行为要把握两点:一是这里的合同是指行政合同,如果行政主体不是基于行政合同而是基于民事合同作出某种行为,那么,这种行为就不是行政行为,而应按民事行为处理。二是基于合同的行为对行政

---

〔23〕 划分要式行政行为与不要式行政行为与当今世界人们对行政行为形式要求日益重视相联系。不少行政法学者认为:在行政行为内容合法的条件下,形式违法同样能直接损害相对人的合法权利。在法国,行政行为"形式上的瑕疵"可以构成法院审查范围和撤销的理由。行政行为"违反基本程式或以无效为制裁的程式"构成比利时最高行政法院撤销的根据。英国行政法把形式违法纳入"越权"范围,同受司法审查。既然不要式行为不发生形式违法问题,那么不要式行为是否可以不受任何形式原则约束呢?今天的行政法不再对此袖手旁观了。1976年《联邦德国行政程序法》明确规定:"对行为形式无特别法律规定的,行政行为不受一定的形式约束。行政程序的进行以简单而符合目的为宗旨"(第10条)。这里反映了德国人对不要式行政行为的形式要求:(1)必须简单方便;(2)有助于行政目标的实现。英美的部分学者要求不要式行为采用形式时考虑公益的效率。

合同行为有所覆盖,但不全覆盖。基于合同的行为,是指依据合同作出的行为,而行政合同行为是指行政主体对行政合同签订、变更、解除和履行等所有行为。基于合同的行为与行政合同行为都属于行政行为(特殊行政行为),但只有行政合同的履行行为才同时属于基于合同的行为。(见图9－1)

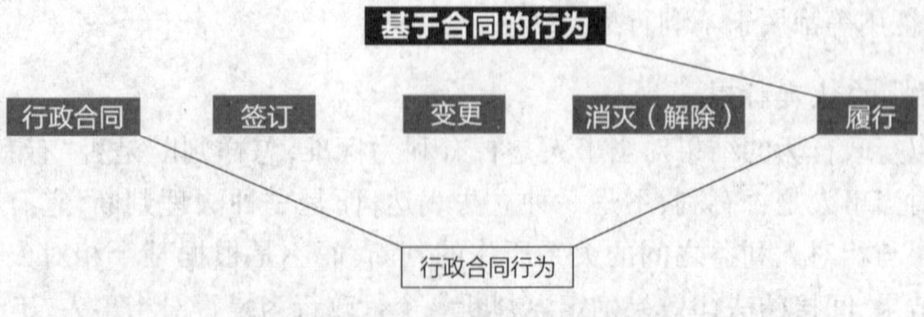

图9－1　基于合同的行政行为

(二)基于法规的行政行为

基于法规的行政行为,系指行政主体作出该行为,不是基于双方的约定(合同)而发生,而是直接依据法律、法规和规章作出,如税务机关对公民征收个人所得税。这种行政行为可以是依职权行为,也可以是依声请行为。

(三)行为范畴的意义

这两种行政行为的区别标准是非常清楚的,即作出行政行为的依据不同。需要补充说明的是,这里的"依据"是指行政权力的来源依据和行政行为的内容依据。确立这一行政行为范畴的意义在于:

1. 理论上的意义。确立"基于合同的行政行为"这一概念,有助于拓宽"行政行为"的内涵和外延,厘清行政行为与行政合同之间的关系,区别"基于合同的行政行为"与"行政合同行为",接受"基于合同的行为本身就是行政行为"这一认识。

2. 诉讼上的意义。经2014年修正的《行政诉讼法》第12条第11项规定,公民、法人或者其他组织"认为行政机关不依法履行、未按照约定履行或者违法变更、解除政府特许经营协议、土地房屋征收补偿协议等协议的",可以提起行政诉讼。这就意味着,《行政诉讼法》不仅将"基于合同的行政行为",而且将整个"行政合同行为"都纳入了行政诉讼的受案范围,这是一个很大的进步。

第二节　行政行为功能性范畴

一、授益行政行为与负担行政行为

大陆法系行政法对行政行为有授益行为(Begruenstender Verwaltungsakt)与负担行为(Belastender Verwaltungsakt)之分。这是根据行政行为的结果对当事人是否有利所作的划分。凡行为结果对当事人有利的,这行为就是授益行为,相反就是负担行为。也正因如此,授益行为也称有利行为,负担行为也称不利行为。

(一)行为范畴的确立

授益行为是指行政行为的结果对当事人是有利的,包括形成和增加权利、减损义务等,如行政许可、行政给付、行政奖励、行政允诺、行政赔偿和行政补偿等。负担行为是指行政行为的结果对当事人是不利的,表现为剥夺、限制当事人的权利或设定、增加其义务等,如行政处罚、行政征收、行政征用等都属于不利行为。[24]

(二)"有利"的认定标准

这一范畴以行政行为的结果对当事人是否有利为标准,怎样判断是否"有利"乃问题的关键。一个行为对当事人是否有利,不是一种立法表达,而是一种法理判断,它有赖于人们对某种行为客观效果与相对人利益之间的关系所作的判断,而不是根据某个相对人的主观感受或者直接的事实效果、间接的法律效果确定。判断一个行政行为是否对当事人"有利",把握三点非常重要:一是指对"当事人"是否有利,而不是对第三人或社会是否有利,因为对当事人有利的行为对第三人或社会不一定全有利。二是指法律效果上是否有利,而不是指事实上是否有利。比如张三因受到行政拘留而不经意地躲过了一场交通事故,就不能由此说对他的行政处罚行为就是授益行为。三是指对当事人直接而必然的有利,而不是指其间接或偶然地获利。例如,某公民房屋被国家征收,他的房屋所有权被强制性转移,属于不利行为。但该公民正因他的房屋被征收而获补偿,并且他用这补偿款另行投资后获利,由于这一投资获利不是征收的直接效果而是投资的直接效果,而且并不是人人投资都能获利,因此不能将国家征收定为有利行为。

除了授益行为(有利行为)与负担行为(不利行为),客观上还存在一种"中性行为",即行为结果对当事人是否有利具有不确定性,如行政证明、行政裁决,它们都可能对当事人有利,也可能对当事人不利。

(三)行为范畴的意义

在行政法制度和理论中,区别有利行政行为与不利行政行为具有多方面的意义:

1. 涉及行政行为的程序要求。一般来说,行政主体在作出不利行为时,在程序上比作出有利行为更应保障相对人的参与权,如提供听证等,否则会被视作违反法定程序或者正当程序。

2. 涉及行政行为的法律依据。行政法是否要求所有行政行为的作出都必须有直接的法规依据,这本身是有争议的。但从各国的行政法来看,更多的国家主张行政主体作出不利行为时必须有直接的法规依据。一个国家的立法,对于不利行为法律依据的设定往往严于对于有利行为的设定。

3. 涉及行政行为的时效后果。行政时效是指法律为行政行为的作出或完成规定明确时限,超过这一时限会导致一定法律效果的法律制度。有一种纯法律性的思维认为:行政行为超过时限属于程序违法,程序违法当属无效。这一理解是不全面的。其实行政时效的后果是因

---

[24] 1993 年日本《行政程序法》第 2 条对"不利处分"有详尽解释:"不利处分是指行政厅基于法令,以特定人为相对人,直接课以义务,或限制其权利的处分,但是,以下所列者除外:①事实行为以及在行使事实行为时,为了明确其范围、时期等,作为法令上必要之程序处分。②对许认可等申请所作的拒绝处分,以及依其他申请以该申请人为相对人所作的处分。③基于相对人的同意所作的处分。④以构成许可等之基础事实已消灭的申报为理由,使该许可等失去效力所作的处分。"参见[日]室井力、芝池义一、浜川清主编:《日本行政程序法逐条注释》,朱芒译,上海三联书店 2009 年版,第 7 页。

行为性质的不同而不同的。对于不利行为，行政行为逾时是无效的，如行政机关违反《行政处罚法》(2021)第36条[25]的规定，对超过2年或5年才发现的违反行政管理的行为人给予处罚，或公安机关违反《治安管理处罚法》(2012)第22条[26]规定，对超过6个月才发现的违反治安管理的行为人给予治安处罚，当然是违法无效的。但对于有利行为，行政主体超出该时限作出的，只要行政相对人不主张无效，依然有效，否则就会造成行政主体行政行为违法(超越时限)由无过错的行政相对人承受不利后果的局面。

二、肯定性行政行为与否定性行政行为

肯定性行政行为与否定性行政行为，系基于行政行为的内容所体现对相对人请求的态度不同所作的一种分类。这对范畴一般发生在依声请行政行为中。

(一)行为范畴的确立

行政相对人向行政主体申请某项权利时，行政主体作出同意决定的，称作肯定性行政行为，如公民申请建房，行政机关同意而颁发建设许可证。相反，行政相对人向行政主体申请某项权利时，行政主体作出不同意请求决定的，称作否定性行政行为，如对于公民申请行政许可的，行政机关作出"不予行政许可决定"。[27]"否定性决定"概念在不少国家和地区单独存在。德国有"否定决定"和"否定决定之诉"概念，并且"否定决定之诉"与"不作为之诉"共同构成德国行政诉讼中的"义务之诉"。中国台湾地区的行政诉讼中有"拒绝申请之诉(否准之诉)与"怠为处分之诉"，前者就是指"否定性决定"。[28]

根据同一方法，从量上说，无论肯定性还是否定性行为，都还可细分为全部肯定性或全部否定性、部分肯定性或部分否定性行为。

(二)行为范畴的标准

肯定性行政行为与否定性行政行为，和授益行为(有利行为)与负担行为(不利行为)是完全不同的两类范畴。肯定性行政行为与否定性行政行为只由行政主体针对当事人提出的申请所作的反应态度所决定，行政主体的行政行为满足当事人申请要求的，属于肯定性行政行为，不满足当事人申请要求的，乃是否定性行政行为。而授益行为与负担行为只是以行为的结果在法律效果上是否对当事人有利而确定。所以，这两对范畴会有一定的交叉性，在授益行为与负担行为中都会有肯定性行为与否定性行为。

还有，肯定性行为不等于权利性行为，相对人向行政主体申请给予权利或者免除义务，或者要求行政主体进行一定的作为或者不作为，行政主体同意其要求的，都属于肯定性行为。相

---

[25] 《行政处罚法》(2021)第36条规定："违法行为在二年内未被发现的，不再给予行政处罚；涉及公民生命健康安全、金融安全且有危害后果的，上述期限延长至五年。法律另有规定的除外。前款规定的期限，从违法行为发生之日起计算；违法行为有连续或者继续状态的，从行为终了之日起计算。"

[26] 《治安管理处罚法》(2012)第22条规定："违反治安管理行为在六个月内没有被公安机关发现的，不再处罚。前款规定的期限，从违反治安管理行为发生之日起计算；违反治安管理行为有连续或者继续状态的，从行为终了之日起计算。"

[27] 有作者主张将"否定性决定"称作"明示拒绝行为"。参见霍振宇、钱佳：《行政诉讼类型化转型中明示拒绝行为审理规则的重构》，载中华人民共和国最高人民法院行政审判庭编：《行政执行与行政审判》(总第67集)，中国法制出版社2016年版，第27～40页。

[28] 参见李广宇：《新行政诉讼法逐条注释》，法律出版社2015年版，第607页。

反,则属于否定性行为。所以,肯定性行为与否定性行为既存在于权利性行为中,也存在于义务性行为之中。

(三)否定性行政行为与行政不作为

区分肯定性行为与否定性行为的意义也是多方面的,其中最为重要的在于厘清不作为行政行为(行政不作为)与否定性行政行为的关系。目前现实中时有这种误解,认为只要行政机关拒绝相对人的请求,就属于行政不作为,从而提起一个"履行法定职责"之诉。其实,不作为行政行为与否定性行政行为是完全不同的:

1. 不作为行为与作为行为是根据行为的方式确定的,肯定性行为与否定性行为则是根据行为的内容(同意申请或不同意申请)确定的。

2. 不作为行为与作为行为既发生在依声请行为之中,也发生在依职权行为之中,而肯定性行为或否定性行为只发生在依声请行为之中。

3. 肯定性行为或否定性行为只发生在作为行为中,不发生在不作为行为之中。如图 9-2 所示:

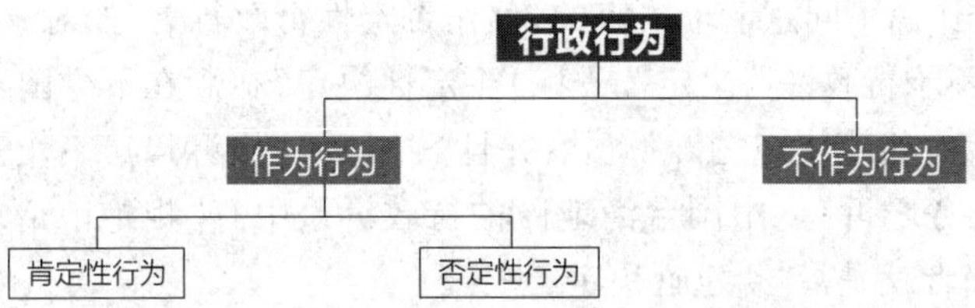

图 9-2 肯定性行为或否定性行为与不作为行为的关系

据此,我们不能将否定性行为误认为行政不作为。例如,某公民申请建房,如果行政机关置之不理,不予答复,这属于行政不作为;但如果行政机关经过审核与调查作出决定,不同意该公民申请建房,这就不是不作为,而是作出了一个"否定性"行为。相对人为此救济,应当提起"撤销之诉"而不是"履行之诉"。[29]

三、命令性行为、确认性行为与形成性行为

命令性行为、确认性行为与形成性行为,是基于行政行为的法律功能所作的一种划分。

(一)行为范畴的确立

命令性行为,是行政主体要求相对人进行一定的作为或者不作为的意思行为,如要求相对人离开现场,责令纠正违法等。行政命令是这种行为的唯一形态。它并不直接形成相对人的权利与义务,但它为相对人权利与义务的形成创设了前提。

确认性行为,是行政主体对相对人已经发生或者形成的社会关系进行法律上的认定并宣示其效力的一种行为。它是对现有关系的肯定。行政确认、行政裁决等属于这类行政行为。

---

〔29〕"否定性决定"不是不作为,而是作为,所以不适用针对不作为的"履行之诉",而应当适用针对作为的"撤销之诉"。最高人民法院《关于审理行政许可案件若干问题的规定》(法释〔2009〕20号)第11条正是以这一理论为基础。它规定:"人民法院审理不予行政许可决定案件,认为原告请求准予许可的理由成立,且被告没有裁量余地的,可以在判决理由写明,并判决撤销不予许可决定,责令被告重新作出决定。"这说明最高人民法院已注意到"否定性行政行为"不是"行政不作为",所以在判决上应当适用撤销型判决(可附加重作型判决)而不是履行型判决。

行政确认属于确认性行为,但确认性行为不只是行政确认。

形成性行为,是指行政主体作出的直接形成相对人权利义务关系的行为。这种行政行为的直接法律效果,是直接决定相对人法律关系的形成、变更和消灭,以及权利与义务的直接增减。行政处罚、行政给付、行政征收、行政征用等都属于这一类行为。

(二)行为范畴的意义

命令性行为、确认性行为与形成性行为虽然都属于意思行为,不是物理行为,但是把握它们之间的区别,有助于把握它们的不同功能,从而把握它们的不同行为规则。

四、处分权利行为与限制权利行为

这对范畴并不覆盖所有的行政行为,它是根据行政行为对相对人财产权利的影响程度所作的一种分类。

(一)行为范畴的确立

处分权利行为,是行政主体作出的使相对人的财产所有权形成或消灭的行政行为。限制权利行为,是行政主体作出的使相对人财产权利限制而不被剥夺的行政行为。处分权利主要是处分相对人财产的"所有权",限制权利主要是限制相对人财产的"使用权",因此,它们也可被称为处分所有权行为与限制使用权行为。

(二)行为范畴的意义

确立这对范畴的意义在于,有助于我们划清有关行政行为之间的界线。例如,行政强制措施与行政处罚、行政征用与行政征收之间最大的区别就在于,前者是"限制使用权",后者是"处分所有权"。

五、人动行政行为与自动行政行为

这对范畴是在人类社会进入高度自动化的背景,机器(人)能够代替人作出行为的条件下形成的。

(一)行为范畴的确立

传统的行政行为都是由行政主体通过行政人作出的,因而可以称为"人动行政行为"。但由于人工智能的发展,人类社会进入高度自动化时代,机器能够按照人类的程序设计,自动作出行政行为,如机器代替交通警察对违法驾车者开出罚单等,这就出现了"自动行政行为"。

(二)行为范畴的意义

确立这对行为范畴的意义在于:它提示我们,随着人类社会人工智能的发展,自动行政行为迟早会出现,而且会更多地出现;我们是否应当通过立法在一定范围和一定程度上赋予"自动行政行为"有效性,这是不能回避和迟疑的问题。

有的国家的法律和理论已率先作出反应。如德国行政法早就承认了"自动行政行为"。德国行政法专家哈特穆特·毛雷尔指出:"使用电子数据处理并不影响行政行为的成立。"德国司法对自动作成决定的特殊性作了多方面的探索,最终"承认其性质是行政行为",并为其创制了不同于一般行政行为的规则。[30] 韩国《行政基本法》[31]第 20 条(自动处分)规定:"行政厅可以依照法律规定,利用完全自动化系统(包括适用人工智能技术的系统)作出处分。但对处分具有裁量时,除外。"

六、过程行政行为与结果行政行为

从行政行为的过程考察,行政行为由"预备行为—中间行为—结果行为"构成。如果把"预备行为"和"中间行为"合称为"过程行为",那么就出现了"过程行为与结果行为"这一范畴。

(一)行为范畴的确立

行政行为是一个过程,而这个过程中的每一环节又可能是一个支行为,所以,一个行政行为又由多个过程行为组成。行政主体对某一事件尚未最终处理完毕时所实施的各种行政行为,可称过程行为,包括预备行为与中间行为;当行政主体对某一事件最终处理完毕时,则形成一个结论性的行为(如一个"决定"或违法建筑被拆除的结果),可称结果行为。"过程行为"与"结果行为"是互为对应的一对范畴。"过程行为"系指行政机关在作出某个行政行为过程中所作出的一个程序性行为,这一程序行为无法独立存在,不会直接影响当事人的权利与义务,并往往被事后的结果行为所吸收。例如,行政机关在作出行政处罚决定(结果行为)之前,须为当事人提供听证(过程行为)。如果当事人认为听证程序违法,单独对听证行为提起诉讼是不可以的,他应当在最后对"行政处罚决定"起诉时,增加一个"诉由"(行政处罚程序违法)。因为"听证"本身并不会直接带来当事人权利被剥夺和限制的法律后果。但"结果行为"不同,其系指针对某一行政事项已形成的最终决定,如作出了一个行政处罚决定或其他行政处理决定等。

我们还可设想一个场景:公路上的一个执行检查站,行政执法机关觉得车辆上的货物可疑,先行上车检查;发现这是违禁品,于是扣留;最后又作出了"没收该违禁品"的处罚决定。这里其实出现了三个行政行为:行政检查、行政扣留和行政处罚。就该违禁品的处理而言,行政检查和行政扣留属于过程行政行为[32],行政处罚(没收)决定才属结果行政行为。只有在过程行为停止并对当事人权益发生影响,过程行为已不可能被后续行为吸收时,该过程行为才可作为一个结果行为对待。如行政机关扣押当事人车辆后既不返还也不处理时,该扣押行为可作为一个可诉的结果行为(行政强制措施)对待。

(二)行为范畴的意义

这种分类对于我们探讨行政行为适用法律救济的起始时间,显得特别重要。美国行政法学中的"成熟原则",就是为了排斥过程行政行为的司法复审权而确立的理论原则。而中国的行政诉讼法原则上也排斥过程行政行为的可诉性。《行政诉讼法解释》(2018)第 1 条第 2 款第 6 项规定,"行政机关为作出行政行为而实施的准备、论证、研究、层报、咨询等过程性行为"不属于行政诉讼的受案范围。但是,如果过程行为已形成一定的"独立性",那么就按一个可诉的行政行为对待。例如,对于行政强制措施,根据《行政诉讼法》(2017)第 12 条第 1 款的第 2 项,它是可诉的行政行为,但它如果作为行政强制执行中的一个措施,或者行政处罚中的一个前置

---

〔30〕 参见[德]哈特穆特·毛雷尔:《行政法学总论》,高家伟译,法律出版社 2000 年版,第十八章行政自动化。

〔31〕 韩国国会法律第 17979 号,2021 年 3 月 23 日制定,同日生效。

〔32〕 因为它尚未对该事件处理完毕,行政程序尚未封闭。

性行为而且事后被作为后续行为的行政处罚所吸收，它就不具有独立的可诉性。如果任何过程行为都无条件地适用法律救济，那么对同一事件的处理会出现多种复议与诉讼，造成法律资源的浪费。因此，对这一范畴的认知，不仅有助于认识行政行为的过程性，更有助于研究对过程行为的适度监督。

七、终裁行政行为与非终裁行政行为

终裁行为与非终裁行为，是“最终裁决的行政行为”与“非最终裁决的行政行为”的简称。它是基于行为的行政终审性对行政行为所作的一种划分。这一范畴的立法依据是《行政诉讼法》(2017)第13条第4项〔33〕和《行政复议法》(2023)第10条。〔34〕

(一)行为范畴的确立

终裁行政行为系指依法律规定由行政机关最终裁决的行政行为。它具有两个特点：(1)这种行为体现着行政机关拥有最终行政裁决权。也就是说，终裁行政行为一经作出，便具有最终的法律效力，如果行政相对人对这种行政行为不服，不能提起行政诉讼，以求司法救济，但不排除可以申请行政复议。也就是说，行政机关的“最终裁决权”不是相对于“行政复议权”而是相对于“司法权”而言的。(2)这种行为的最终行政裁决权须由法律明文规定。这里所指的“法律”为狭义，仅指全国人民代表大会及其常务委员会制定的法律，不包括行政法规和地方性法规，更不包括行政规章。〔35〕 行政机关的最终行政裁决权之所以必须由狭义的“法律”来设定，因为它会导致对司法救济一定程序上的阻却，必须谨慎。

(二)终裁行为的法律

截至目前，中国只有七个法律明文规定了九种由行政机关最终裁决的情景：

1. 被审计单位对审计机关作出的有关财政收支的审计决定不服而提请审计机关的本级人民政府裁决的。《审计法》(2021)第53条规定：“被审计单位对审计机关作出的有关财务收支的审计决定不服的，可以依法申请行政复议或者提起行政诉讼。被审计单位对审计机关作出的有关财政收支的审计决定不服的，可以提请审计机关的本级人民政府裁决，本级人民政府的裁决为最终决定。”

2. 公安机关依据《出境入境管理法》(2012)对外国人作出继续盘问、拘留审查、限制活动范围、遣送出境行为，或者对其他境外人员作出的遣送出境的行为，当事人申请行政复议的，该行政复议决定为最终决定。〔36〕

3. 公安部对外国人作出的“限期出境”行政处罚决定。《出境入境管理法》(2012)第81条规定：“外国人从事与停留居留事由不相符的活动，或者有其他违反中国法律、法规规定，不适

---

〔33〕《行政诉讼法》(2017)第13条规定：“人民法院不受理公民、法人或者其他组织对下列事项提起的诉讼：……(四)法律规定由行政机关最终裁决的行政行为。”

〔34〕《行政复议法》(2023)第10条规定：“公民、法人或者其他组织对行政复议决定不服的，可以依照《中华人民共和国行政诉讼法》的规定向人民法院提起行政诉讼，但是法律规定行政复议决定为最终裁决的除外。”

〔35〕《行政诉讼法解释》(2018)第2条第4款规定：“行政诉讼法第十三条第四项规定的‘法律规定由行政机关最终裁决的行政行为’中的‘法律’，是指全国人民代表大会及其常务委员会制定、通过的规范性文件。”

〔36〕《出境入境管理法》(2012)第64条规定：“外国人对依照本法规定对其实施的继续盘问、拘留审查、限制活动范围、遣送出境措施不服的，可以依法申请行政复议，该行政复议决定为最终决定。其他境外人员对依照本法规定对其实施的遣送出境措施不服，申请行政复议的，适用前款规定。”

宜在中国境内继续停留居留情形的,可以处限期出境。外国人违反本法规定,情节严重,尚不构成犯罪的,公安部可以处驱逐出境。公安部的处罚决定为最终决定。被驱逐出境的外国人,自被驱逐出境之日起十年内不准入境。"也就是说,外国人如果对公安部对其作出的"限期出境"行政处罚决定不服,既不能申请行政复议,也不得提起行政诉讼。

4. 由国务院作出的复议裁决。《行政复议法》(2023)第 26 条规定:"对省、自治区、直辖市人民政府依照本法第二十四条第二款的规定、国务院部门依照本法第二十五条第一项的规定作出的行政复议决定不服的,可以向人民法院提起行政诉讼;也可以向国务院申请裁决,国务院依照本法的规定作出最终裁决。"

5. 政府商务、投资主管部门对外商投资作出的安全审查决定。《外商投资法》(2019)第 35 条规定:"国家建立外商投资安全审查制度,对影响或者可能影响国家安全的外商投资进行安全审查。依法作出的安全审查决定为最终决定。"

6. 国家数据安全管理部门对数据处理活动的安全审查决定。《数据安全法》(2021)第 24 条规定:"国家建立数据安全审查制度,对影响或者可能影响国家安全的数据处理活动进行国家安全审查。依法作出的安全审查决定为最终决定。"

7. 国务院有关部门作出的为反外国制裁而采取的反制措施。《反外国制裁法》(2021)第 7 条规定:"国务院有关部门依据本法第四条至第六条规定作出的决定为最终决定。"而第 4 条的规定是:"国务院有关部门可以决定将直接或者间接参与制定、决定、实施本法第三条规定的歧视性限制措施的个人、组织列入反制清单。"第 6 条又规定:"国务院有关部门可以按照各自职责和任务分工,对本法第四条、第五条规定的个人、组织,根据实际情况决定采取下列一种或者几种措施:(一)不予签发签证、不准入境、注销签证或者驱逐出境;(二)查封、扣押、冻结在我国境内的动产、不动产和其他各类财产;(三)禁止或者限制我国境内的组织、个人与其进行有关交易、合作等活动;(四)其他必要措施。"

8. 国家反恐部门对恐怖活动组织和人员的认定。《反恐怖主义法》(2018)第 15 条规定:"被认定的恐怖活动组织和人员对认定不服的,可以通过国家反恐怖主义工作领导机构的办事机构申请复核。国家反恐怖主义工作领导机构应当及时进行复核,作出维持或者撤销认定的决定。复核决定为最终决定。国家反恐怖主义工作领导机构作出撤销认定的决定的,由国家反恐怖主义工作领导机构的办事机构予以公告;资金、资产已被冻结的,应当解除冻结。"

终裁行政行为须有法律的明文规定,无法律规定者,均推定为非终裁行政行为。

(三)行为范畴的意义

终裁行政行为与非终裁行政行为这一范畴,不能同不可诉行政行为与可诉行政行为这对范畴等同。终裁行政行为确为不可诉行政行为,但不可诉行政行为并不只限于终裁行政行为;同理,非终裁行政行为并非全是可诉行政行为。

终裁行政行为与非终裁行政行为这一范畴的确立,有助于探讨行政终审权与司法终审权的分界问题。随着国家法治化的推进,终裁行政行为不是越多越好,相反应当尽量减少。

八、无条件行政行为与附条件行政行为

无条件行政行为与附条件行政行为,是基于行为的生效条件对行政行为所作的一种分类。

(一)行为范畴的确立

一般情况下,行政行为一经作出即为生效,便具有法律效力。而有的行政行为虽已作出,但附有条件,须等该条件达到时,该行政行为才发生法律效力。前类在行政行为作出时不附加任何条件,是无条件的行政行为,如作出行政处罚决定;后类在行政行为作出时附有一定的条件,须等该条件达到时才使行政行为发生效力,便是附条件的行政行为,如附条件的行政许可、行政允诺等。在不少国家与地区,将附条件的行政行为称作附款行政行为。

(二)行为范畴的意义

无条件行政行为与附条件行政行为这一范畴的确立,有助于我们探讨各种行政行为的生效规则。一般说来,无条件行政行为一经作出即发生法律效力,而附条件行政行为作出以后未必马上发生效力,它是否生效取决于所附条件的达到程度。

还有,行政行为的"附条件"本身也必须是有条件的。是否所有行政行为都可附条件,而且所附条件不受限制?若是,行政行为的确定性就会受到影响。这是行政程序法必须解决的问题。

第三节　行政行为关系性范畴

一、主行政行为与从行政行为

主行政行为与从行政行为,亦称独立行政行为与补充行政行为。这是基于两个行为之间的依赖关系对行政行为所作的一种分类。[37]

(一)行为范畴的确立

当两个行政行为之间有主从关系时,便出现了主行政行为与从行政行为。主行政行为是一种独立的行政行为,它不以其他行政行为的存在为前提;从行政行为则从属于主行政行为,它以主行政行为的存在而存在。

主行政行为与从行政行为之间的界限,并非取决于法律的明文规定,因为法律并不会表明哪种是主行政行为,以及哪种是从行政行为。主行政行为与从行政行为之间的界限,取决于人们对实际存在的两个以上的行政行为之间关系的分析,只要两个行政行为之间客观上存在依赖关系,便可作主从认定。而且必须指出的是,行政行为与行政行为之间的主从关系不是绝对的,而是相对的。这一关系中的主行为,可能是另一关系中的从行为。

(二)行为范畴的意义

主行政行为与从行政行为之间的这种内在逻辑关系,决定了以下行政法学规则:主行政行为无效的,从行政行为也一概无效;从行政行为无效的,主行政行为未必无效。这如同民法上的主合同与从合同之间的关系。

掌握这一范畴有助于把握行为与行为之间在效力上的关联性:当一个行政行为以另一个行政行为的存在为前提时,即当它属于另一个行为(主行为)的从行为时,它的效力同样以另一个行为法律效力的存在为前提。

---

〔37〕 请同步阅读本书第八章"行政行为基本理论"第四节"行政行为相互关系"中"二、行政行为的相容关系"中的对应部分。

二、基础行政行为与执行行政行为

基础行为(Grundverwaltungsakt)与执行行为(Vollstreckungsverfahren),是德国学者为了区别即时强制(sofortiger Zwang)与强制执行(Verwaltungsvollstreckung)而创设的一个范畴。尔后,这对范畴影响了大陆法系整个行政处分理论,以至于将行政处分也相应地划分为基础处分与执行处分。

(一)行为范畴的确立

德国行政法上的"即时强制"与"强制执行"相当于中国行政法学中的"行政强制措施"与"行政强制执行"。他们认为,无论"即时强制"(如查封、扣押等)还是"强制执行"(如对罚款决定的执行,强制从银行账上划拨)都由两个行为构成。对于"即时强制",前面先有"即时强制"的决定,无论口头还是书面的,后面才有"即时强制"的动作(执行措施);对于"强制执行"也是如此,前面先有罚款决定,后面才有执行罚款的动作(执行措施)。前面那个决定,就是基础行为,后面那个实施性或执行性的行为,就是执行行为。以此为基础,德国学者认为,如果基础行为与执行行为是合一而不可分离的,如查封决定与查封行为很难分离,这种行为就是"即时强制";相反,如果基础行为与执行行为是可分离的,如当事人对罚款决定不服,可适用独立的法律救济,当事人对基础性的决定既不起诉又不履行的,行政主体才启动强制执行程序,这种情况下的行为才是"强制执行"。

由此可见,基础行为应当是指行政主体作出的有关行政强制措施或者行政强制执行的意思行为;执行行为是指行政主体实施基础决定的一个物理性行为。基础行为是个意思行为,执行行为是个物理行为。

(二)行为范畴的意义

基础行为与执行行为这一范畴对中国学者也有一定的影响。无论它作为区别"行政强制措施"与"行政强制执行",或者"即时强制"与"强制执行"的标准是否成立,它对于扩展我们对行政行为结构的视野是有帮助的。另外,它有助于帮助我们从理论上确立一种认识:无论是基础行为还是执行行为,本身都是独立的行政行为,各自独立适用权利救济。[38] 也就是说,当事人对基础行为不服,或者只对执行行为不服,都可依法单独对基础行为或者执行行为申请行政复议或提起行政诉讼。只是行政复议或行政诉讼对基础行为的审查与对执行行为的审查深度显然不同。

---

〔38〕 最高人民法院《关于"裁执分离"后行政机关组织实施行为是否具有可诉性问题的批复》(〔2017〕最高法行他550号)指出,"人民法院受理行政机关申请执行其行政行为的案件,对行政行为的合法性进行审查。人民法院依法作出准予执行裁定的,行政机关就其申请并经法院审查准予执行的行政决定所实施的强制执行行为,仍属于行政行为。该行为是否可诉,应根据当事人的诉讼请求及理由作区分处理:一、人民法院作出准予执行裁定后,公民、法人或者其他组织又就行政机关申请执行的行政行为提起行政诉讼或者行政赔偿诉讼的,人民法院不予受理。二、被执行人及利害关系人仅以行政机关据以申请执行的行政行为(决定)本身违法等为由主张行政机关实施的强制执行行为违法提起行政诉讼或者行政赔偿诉讼的,人民法院不予受理。三、被执行人及利害关系人以行政机关实施的强制执行行为存在违反法定程序,与人民法院作出的准予执行裁定确定的范围、对象不符等特定情形,给其造成损失为由提起行政诉讼或者行政赔偿诉讼的,人民法院应当依法受理"。笔者认为,无论是行政机关的行政强制执行行为,还是经非诉执行程序,人民法院裁决由行政机关执行的行为,都属于可诉的行政行为。

三、职务行为与职务相关行为

职务行为与职务相关行为，是基于该行为与行政职务的关联度所作出的一种分类。

（一）行为范畴的确立

任何行政行为都是职务行为，行政行为都是基于行政主体及其行政人职务意思的表示而形成并作出的，因而有时也用“职务行为”来表达“行政行为”。但在现实中，有些行为不属于行政行为（职务行为），但与职务相关联，如警察在执行公务过程中殴打了公民，警察在擦枪中走火伤人等，这些与职务相关联的非职务行为就是职务相关行为。职务相关行为是指与职务有关联，但不属于职务行为（行政行为）的行为。对其要注意几点：（1）职务相关行为不属于职务行为（行政行为）；（2）它与职务相关联。其与职务的“关联性”表现为：职务成了行为形式，足以使外界误认为它具有公务性；职务为这种行为和结果创造了可能和条件等。

职务相关行为概念，是大陆法系国家为了扩大保护相对人的合法权益，扩大国家赔偿范围通过判例而确立的。在我国《国家赔偿法》（2012）中，也已将“职务相关行为”纳入国家赔偿范围之内。〔39〕 最高人民法院《关于审理行政赔偿案件若干问题的规定》（法释〔2022〕10号）（已失效）更阐明了这一点。〔40〕

（二）行为范畴的意义

确立这一范畴的法律意义在于，它扩大了国家赔偿法的保护范围。

职务相关行为不属于职务行为（行政行为），因而，它不适用行政复议和行政诉讼救济途径，但是，正因为这种行为与国家职务的相关性，国家必须为它对外造成的损害承担连带责任，因而将它列入国家赔偿范围。目前大多数国家的现状是，职务相关行为不属于行政复议和行政诉讼范围，但属于国家赔偿范围。

四、单一行政行为与共同行政行为

单一行政行为与共同行政行为是根据行政行为“独立性”强度和行政主体的数量所作的一种分类。在从“独立性”到“非独立性”，从单一行政主体到多个行政主体的排列中，最为两端的行为就是单一行政行为与共同行政行为。介于它们中间的，还有复合行政行为和合并行政行为。〔41〕

（一）行为范畴的确立

单一行政行为，也指独立行政行为，它是一个行政主体针对一个相对人以一个行为形式表达一个决定事项。如某行政机关对张三作出罚款500元的处罚决定。

复合行政行为，它是指一个行政主体针对一个相对人以一个行为形式表达多个决定事项。

---

〔39〕 参见《国家赔偿法》（2012）第3～5条。

〔40〕 最高人民法院《关于审理行政赔偿案件若干问题的规定》（法释〔2022〕10号）第1条规定：“国家赔偿法第三条、第四条规定的‘其他违法行为’包括以下情形：（一）不履行法定职责行为；（二）行政机关及其工作人员在履行行政职责过程中作出的不产生法律效果，但事实上损害公民、法人或者其他组织人身权、财产权等合法权益的行为。”

〔41〕 这部分内容请结合本书第八章“行政行为基本理论”第四节“行政行为相互关系”中“一、行政行为的独立性：一个行为与多个行为”。

如某一行政机关针对某一企业作出一个处理决定,包含了三个决定事项:罚款 5 万元;责令限期改正;同意续展行政许可期限。将复合行政行为作为一个行为对待。

合并行政行为,它是指一个行政主体针对多个相对人以一个行为形式表达多个决定事项。如行政机关发布一个《关于张三等 105 户住宅限期拆迁的通知》,这是一个决定形式,但包含了针对 105 个当事人的 105 个行政行为。这是以一个决定形式聚集了针对多个相对人的不同行为,应当按多个行政行为对待。

共同行政行为,这是指多个行政主体针对一个相对人以一个行为形式作出一个或多个决定事项。如一个工商管理机关和文化执法机关联合对某公司作出一个行政决定,决定的内容可以是一项,也可以是多项。这属于一个共同行政行为。共同行政行为作为两个行政行为的合并,在行政程序与权利救济程序中按一个行为对待,但法律文书上必须载明两个行政主体。

葡萄牙行政法将行政行为分为"单一行政行为""集合行政行为""复数行政行为""一般行政行为",对我们会有一定的启发。[42]

(二)行为范畴的意义

认识这一行为范畴,特别是正确分辨单一行政行为、复合行政行为、合并行政行为和共同行政行为,对于正确适用行政行为的行政程序规则和权利救济规则是极有帮助的。

单一行政行为和共同行政行为均可成为行政复议中的行政审查对象和行政诉讼中的司法审查对象,但行政复议中的被申请人和行政诉讼中的被告的认定规则是不同的。对于对单一行政行为不服的复议和诉讼,在行政复议中只出现一个被申请人,在行政诉讼中也只出现一个被告;而对于对共同行政行为不服的复议和诉讼,在行政复议中须有共同被申请人,在行政诉讼则须有共同被告。另外,在一个共同行政行为中,不同行政主体之间的法律责任如何划分也是一个难题。

对于复合行政行为,虽然行政行为的作出以及当事人不服申请复议或提起诉讼都以一个行为对待,但在对行政行为的合法性审查中,依然必须根据不同的事项适用不同的法律。

总之,对于复合行为、合并行为和共同行为,在中国的行政法理和行政立法上具有广阔的研究空间和立法空间。

五、一次性行为、持续性行为与继续性行为

这是根据行政行为对当事人发生作用的频率和时间长度所确立的行为范畴。

(一)行为范畴的确立

一次性行政行为,系指一次便可完成的行政行为。如行政机关对当事人作出一个罚款决定,公安机关一次性驱散聚集人员等。一次性行为属于常态性行为,在现实中大量的行为都是一次性行为。

持续性行政行为,系指一个行政行为需持续一段时间才能完成的行为。持续性行为主要存在于约束性行为而不是处分性行为之中。如警察约束一个醉汉至酒醒,但因当事人三天才醒来,所以警察对当事人强制约束了三天。这三天里的强制约束行为(行政强制措施)就是持

---

[42] 参见[葡]迪奥戈·弗雷塔斯·亚玛勒:《行政法教程》(第 2 卷),黄显辉、黄淑禧、黄景禧译,社会科学文献出版社 2020 年版,第 135～137 页。

续性的行政行为。

继续性行政行为,系指在一段时间内,行政主体针对特定相对人反复作出同一内容的行政行为。如拆除违法建筑,但由于该建筑非常牢固,行政主体断断续续花了6个月拆了60多次才完成拆除。这就不能认定行政机关作出了60多个拆除行为,只能认定作出了一个继续性行政行为。

(二)行为范畴的意义

认识这一行为范畴,特别是正确分辨一次性行为、持续性行为与继续性行为,具有重要的理论意义和司法实践意义。

1.有助于推进行政行为理论的成熟。我国现行的行政法理对"行政行为"的研究上基本上停留在对"一次性行为"的研究上,对于"持续性行为"与"继续性行为"几乎无人问津。

2.有助于立法的关注。现行立法由于尚未制定行政程序法,使其无法统一关注和规范"持续性行政行为"和"继续性行政行为"。其他单行立法,更是少有触及。正在研究制定的"行政程序法"不能不表达这些特殊形态的行政行为。

3.有助于纠正现实中的不规范执法现象。由于对"一次性行为、持续性行为与继续性行为"范畴研究上的薄弱,立法上的忽视,使在行政执法实践中出现将一个行政行为分拆为多个行政行为,一个行政处罚分拆为多个行政处罚,从而造成事实上的"一事多罚"等现象。

4.有助于正确适用法律。一次性行为、持续性行为与继续性行为都应当作为一个行政行为对待,但它们在行政程序、法律适用上具有一定的特殊性。例如,关于当事人起诉期限的计算,对于持续性行为与继续性行为的起诉,起诉期限应当从行为完成或停止时计算。

六、相容行政行为与相斥行政行为

这是根据行政行为之间内容上的同向或反向所确定的行为范畴。[43]

(一)行为范畴的确立

行政行为与行政行为之间的关系,最为典型的有两种:相容关系与相斥关系。这两种关系中的行政行为分别称为相容行政行为与相斥行政行为。

相容行政行为是指两个行政行为因内容上具有"同向性"而可以同时存在。在相容关系中,同一个行政主体或两个不同的行政主体可以作出两个(及以上)行政行为。行政行为相容关系包括但不限于:包含关系、前置关系、主从关系、竞合关系、吸收关系、协助关系。

相斥行政行为是指两个行政行为因内容上具有"反向性"而不可以同时存在。在相斥关系中,同一行政主体或不同的行政主体都不得作出两个(及以上)的行政行为,不允许其同时存在,否则构成违反行政行为原理和规则,直接造成行政秩序的混乱。

(二)行为范畴的意义

认识这一行为范畴,特别是正确分辨相容行政行为与相斥行政行为,有助于推进行政行为理论的丰富和成熟,有助于指引行政主体正确作出行政行为,特别是杜绝出现相斥行政行为。杜绝相斥行政行为,是行政行为拘束力、公定力、既定力和公信力的要求,是法治统一性原则、

---

〔43〕 这部分内容请结合本书第八章"行政行为基本理论"第四节"行政行为相互关系"中"二、行政行为相容关系"和"三、行政行为的相斥关系"。

法的安定性原则、信赖利益保护原则、正当程序原则的体现。

七、可吸收行政行为与不可吸收行政行为

可吸收行政行为与不可吸收行政行为,是基于该行为是否可以被另一个行为所吸收所作的一种分类。

(一)行为范畴的确立

我们在考察行政行为的相互关系时发现,有的行政行为之间具有“吸收”关系。例如,在一定条件下,行政确认可以被行政许可吸收,行政命令、行政检查可以被行政强制吸收,行政强制措施可以被行政强制执行吸收等。

在上述关系中,一些具有可以被另一个行政行为吸收特点的行政行为,是可吸收行政行为,行政确认、行政许可、行政命令、行政检查等便是;相反,那些不具有被吸收性的,就是不可吸收行政行为,行政许可、行政处罚、行政给付、行政征收和征用等便是。

(二)行为范畴的意义

确立这对范畴的意义在于,便于确立行政行为吸收制度,有助于节省行政资源和司法资源。

八、第一次行政行为与第二次行政行为

第一次行政行为与第二次行政行为,是基于行政行为的直接目的与相对人关系的远近而确立的分类。德国有“第二次裁决”(Zweitbescheid)的概念,相当于本部分所称第二次行为。

(一)行为范畴的确立

大量行政行为是针对相对人而作出的,是为了形成和处分相对人的权利与义务,如行政命令、行政许可、行政确认、行政给付、行政处罚、行政征收、行政征用和行政裁决等。这些行为作出后,行政过程就结束了。但如果一个行政行为作出以后,原行政机关发现该行为有错误,需要纠正,或者行政监督机关发现该行为违法或不当,需要纠正。为纠正前一个行政行为,有关行政主体作出了第二个行政行为,如撤回、撤销和变更等,这就出现了第一次行为与第二次行为的概念。第一次行为针对相对人而作出,第二次则针对行政行为而作出。

第一次行为都是常规性的行政行为,也称本行为或基础行为,当不出现第二次行为时,它也无须被称作第一次行为。而第二次行为是针对第一次行为而作的行政行为,它可能发生,也可能不发生。第二次行为其实是对第一次行为的纠正行为,是有关行政主体事后发现原行政行为有错误,为了纠正错误而作出的一个新行为。〔44〕第二次行为可以由原行政机关作出,也可由监督机关(上级行政机关或行政复议机关等)作出。由权力机关或司法机关作出的矫正行为不属于行政行为。矫正的方式有:撤回原行政行为,撤销原行政行为,确认原行政行为违法,确认原行政行为无效,变更原行政行为,等等。没有第一次行为,绝对不可能出现第二次行为;有了第一次行为,未必就有第二次行为。当然,对“第二次”的理解不应机械地停留在字面上,第

---

〔44〕 有文章将这类行为称为“自纠行政行为”,并指出:“自纠行政行为是依职权作出的行政行为。”参见李星星:《自纠行政行为亦应遵循正当程序》,载中华人民共和国最高人民法院行政审判庭编:《行政执行与行政审判》(总第71集),中国法制出版社2018年版,第131~136页。

二次、第三次及多次纠正行为，都属于第二次行为的类型。

从法律关系上看，当本行为作出而未作出矫正行为时，这时只有一个行政行为，即本行政行为（第一次行政行为）；但当矫正行为即第二次行为作出时，虽在理论上出现了两个行政行为，但在法律效力上依然只存在一个行为。因为这时第二个行为代替了第一个行为，第一个行为已不复存在。这一行为范畴的效力特点，决定了相对人不服行政行为而提起的权利救济方式。

（二）行为范畴的意义

确立和认知这一行为范畴的意义是多方面的：

1. 有助于拓展对行政行为的全面认识。行政行为不仅主要指本行政行为，而且也应包括行政矫正行为。这里的第一次行为与第二次行为都属于行政行为。要认识到，行政行为的变更、撤回、撤销，确认行政行为违法或无效，包括行政复议决定等，本身也是行政行为。所以，行政程序法和权利救济法（行政复议法和行政诉讼法等）必须覆盖第一次行政行为和第二次行政行为，不得将第二次行为排斥在“行政行为”范畴以外，以防止出现法律救济上的“灯下黑”。《行政诉讼法解释》（2018）第 12 条已经表明这一点：如果原行政行为被撤销或者变更涉及当事人合法权益，那么该撤销和变更行为本身就是可诉的行政行为。[45]

2. 有助于揭示行政行为之间的运行规则。这些规则反映在：（1）有第一次行为的，未必发生第二次行为，但第二次行为发生后，第一次行为就不复存在；（2）法律对第二次行为的作出设定了比第一次行为更多更严格的要求，如服从行政行为的公定力和既定力，禁止不利变更原则等。

3. 有助于确立权利救济规则。这些规则包括：（1）第二次行为本身就是行政行为，所以，如果行政相对人对这类行为不服，拥有如同针对本行政行为不服时一样的诉权，同时可以对第二次行为申请行政复议或提起行政诉讼；（2）当第二次行为作出以后，原行政行为（第一次行为）已不复存在，所以原则上相对人不得再对原行政行为提起诉讼，但原行政行为作出之后到被纠正之前对当事人造成损害的除外；（3）如果第二次行为作出时，原行政行为已进入行政复议或行政诉讼过程中，当事人可以提出撤诉或者继续诉讼要求确认原行政行为违法。

第四节　行政行为效力性范畴

一、合法行政行为与违法行政行为

合法行政行为与违法行政行为，是基于行为的合法性对行政行为所作的一种分类。

（一）行为范畴的确立

行政法的任务无疑是保障行政行为的合法行使，并排斥违法行政行为。但从范围上讲，违法行政行为与合法行政行为一样，同样属于行政行为。行政行为既包括合法行政行为，也包括违法行政行为。

---

〔45〕《行政诉讼法解释》（2018）第 12 条规定：“有下列情形之一的，属于行政诉讼法第二十五条第一款规定的‘与行政行为有利害关系’：……（四）撤销或者变更行政行为涉及其合法权益的……”

合法行政行为系指符合合法要件(职权、事实、依据、程序)的行政行为,如职权来源合法,事实证据充分,适用法律正确,符合法定程序和正当程序等。违法行政行为则指不符合合法要件的行政行为,如超越职权、无事实依据或者法律依据,违反法定程序或者正当程序,不履行法定义务等。

(二)行为范畴的意义

合法行政行为与违法行政行为这对范畴的确立,不仅符合行政法的中心任务,即保障合法行政行为,控制违法行政行为,还有助于划清行政行为的性质与行政行为的合法性、行政行为的范围与行政行为的有效性之间的界限。

二、有效行政行为与无效行政行为

有效行政行为与无效行政行为,是基于行为的效力对行政行为所作的一种分类。

(一)行为范畴的确立

符合有效要件的行政行为,具有法律效力,即为有效行政行为。相反,不符合有效要件的行政行为,不具有法律效力,便是无效行政行为。有效行政行为对人对世具有拘束力、公定力、既定力和执行力;无效行政行为则不具有这四大"力"。

(二)行为范畴的意义

有效行政行为与无效行政行为这对范畴的确立,不仅有助于探讨行政行为的法律效力,而且还有助于在合法行政行为与有效行政行为、违法行政行为与无效行政行为之间寻求分界限。一般而言,合法和有效是统一的,但是,违法行为不一定是无效行为。

三、行政违法与行政不当

行政违法与行政不当,是基于和合法性原则与合理性原则、羁束行为与裁量行为的对应性而确立的一种分类。

(一)行为范畴的确立

行政法的使命在于控制行政违法和行政不当。从理论上说,违反合法性原则的行政行为是行政违法,违反合理性原则的行政行为就是行政不当。行政违法主要发生在羁束行为领域,行政不当则主要发生在裁量行为领域。对于羁束行为,它不是合法就是违法,不会发生是否合理问题。而裁量行为,除了超越裁量幅度和滥用职权外,只发生是否合理问题。德国行政法将行政违法与行政不当合称为行政瑕疵(Fehler),中国尚无这一统称。

(二)行为范畴的意义

行政违法与行政不当范畴的确立,具有多方面的意义:

1. 有助于理论上的纠偏。笔者以前长期认为,行政法是保障行政机关依法行政,旨在解决行政行为的合法性问题。其实,保障行政行为的合法性与合理性是行政法的两大使命,缺一不可。

2. 有助于行政合法性原则与行政合理性原则的落地。无论如何表述,行政法的两大原则都是合法性原则与合理性原则。违反合法性原则就是行政违法,违反合理性原则就是行政不当。确立了行政违法与行政不当这一范畴,才使行政合法性原则与行政合理性原则"长了牙齿”。

3. 有助于推进行政瑕疵理论的研究。德国的行政瑕疵包括行政违法、行政不当,还包括无效行政行为。我国目前的行政法学理论只研究行政违法,不研究行政不当,或者虽然涉及行政不当,但不研究作为上位总概念的行政瑕疵。行政违法与行政不当范畴的确立,有助于推进行政瑕疵理论的建立和成熟。

4. 有助于在权利救济中,一方面加重对行政行为的合理性审查,另一方面防止司法权逾越行政权。在行政复议中,复议机关既要审理行政行为的合法性,也要审查行政行为的合理性;而在行政诉讼中,人民法院对行政行为原则上进行合法性审查,同时适度扩展到合理性审查。这一切,都和认识和把握行政违法与行政不当这一行为范畴有关。

第五节　疑难问题探讨

一、“程序性行为”不具有独立性,是否可以独立地成为复议、诉讼客体?

前面已阐述:行政行为可分为实体性行为与程序性行为;确立这一范畴,尤其是确立行政程序行为这一概念,有助于强调行政行为不仅应当实体合法,而且应当程序合法;行政相对人对行政行为程序不服的,可以申请行政复议或者提起行政诉讼,行政行为程序是否合法被纳入了行政法律救济范围之内。但是,我们又指出,在行政行为中,和依职权行为与依声请行为、作为行为与不作为行为、内部行为与外部行为、明示行为与默示行为等不同的是,实体性行为与程序性行为不是指两种不同的行政行为,而是指一个行为的两个方面。准确地说,不存在实体性行为与程序性行为,只能说任何行政行为都既涉及实体问题,也涉及程序问题;要求行政行为合法,是既要求其实体方面合法,也要求其程序方面合法。

如果是这样的说法,那么程序性行为就不具有独立性,行政相对人无法独立针对程序性行为申请复议或者提起诉讼,它只是以“程序违法”作为案由而已。这种理论是符合逻辑和司法实践的。所以,当我们说某个程序性行为违法,其实是指某个行政行为在程序方面违法了。

但是在现实中,有些行为确实是程序性的,如提供和组织听证行为。无论如何,我们无法说“听证行为”属于实体性行为,说它是程序性行为是更接近实际的。只是,任何程序性行为都是依附于实体性行为的而已,因为听证只能是某个许可中的听证,或者某个处罚中的听证,不存在抽象的听证。

鉴于此,将行政行为划分为实体性行为与程序性行为,在理论上是成立的。

二、如何理解内部行政行为的“外化”?

我们在前面已阐述过内部行政行为的“外化”理论。这种理论认为:内部行政行为在一定条件下会发生“外化”;外化了的行政行为,按外部行政行为对待。这一理论的最大意义是有效阻却了有的行政机关以内部行政行为的形式,实现外部行政的目的,而又规避了受行政复议和行政诉讼的监督。这一理论已从一种司法观点演变成一种行政法理论。

然而,如何理解和把握内部行政行为的“外化”,尚存较大的研究空间。理解和把握内部行政行为的“外化”,至少要注意以下两点:

1.“外化”是指通过“职务行为”的正规外化,即由有关行政机关以正当的工作程序将该内部行政行为适用至外部,直接对社会相对人发生法律效果。如果由相对人通过内部关系不正当地取得,则不属于这种意义上的“外化”。

2.“外化”不是指该内部行为成了外部行为的依据,而是指内部行为被当作外部行为直接适用,如直接将会议纪要送达当事人而代替依据该纪要作出的行政决定。如果客观上一个外部行政行为已经根据一个内部行政行为作出,那么,这个内部行政行为并没有“外化”,它只是作为一个外部行政行为的依据存在而已。

三、对“职务相关行为”不得复议和诉讼,但可请求国家赔偿,是否有理论逻辑上的矛盾?

我们已注意到,“职务相关行为”是大陆法系的一些行政法院通过判例确立的,一种旨在扩大国家赔偿范围、有效保护受害人的合法权益而创设的一个法学概念。“职务相关行为”虽然不是职务行为(行政行为),不适用行政复议或者行政诉讼,但它是适用国家赔偿的行为;公务人员的“职务相关行为”违法侵害公民、法人或者其他组织的合法权益,应当由其所属国家机关先行承担国家赔偿责任,然后视情况作内部求偿。

但问题在于,根据我国行政复议和行政诉讼制度的设计,对于作为国家赔偿的行政赔偿,可独立申请,也可在复议和诉讼中一并提出。这样就带来了操作和理论上的混乱,即一种不适用行政复议和行政诉讼的行为恰恰要通过行政复议或者行政诉讼予以解决。

我们是否可以在理论上向前跨一步,即将“职务相关行为”纳入职务行为(行政行为)的系列之内。这可能是我们未来的研究课题之一。

本章小结

本章在上面阐述了近30个行政行为的基本范畴。这些范畴按“结构性”“功能性”“关系性”“效力性”被分配成四个板块。

结构性范畴,系指以行政行为的组合结构为侧重点而形成的行为范畴。它包括:作为行政行为与不作为行政行为;实体行政行为与程序行政行为;内部行政行为与外部行政行为;行政法律行为与行政事实行为;物理行政行为与意思行政行为;羁束行政行为与裁量行政行为;依职权行政行为与依声请行政行为;要式行政行为与不要式行政行为;明示行政行为与默示行政行为;基于合同的行政行为与基于法律的行政行为。

功能性范畴,系指以行政行为的特别功能为侧重点而形成的行为范畴。如果说将人划分为男人与女人,或者老年人、中年人、青少年和幼儿,属于结构性范畴,那么将人划分为喜欢足球与不喜欢足球的人,就是功能性范畴了。功能性范畴包括:授益行政行为与负担行政行为;肯定性行政行为与否定性行政行为;命令性行为、确认性行为和形成性行为;限制权利的行政行为与处分权利的行政行为;人动行政行为与自动行政行为;过程行政行为与结果行政行为;终裁行政行为与非终裁行政行为;无条件行政行为与附条件行政行为。

关系性范畴,系指以行政行为之间的相互关系为侧重点而形成的行为范畴。它包括:主行政行为与从行政行为;基础行政行为与执行行政行为;职务行为与职务相关行为;单一行政行为与共同行政行为;一次性行政行为、持续性行政行为和继续性行政行为;相容行政行为与相斥行政行为;可吸收行政行为与不可吸收行政行为;本行政行为与行政矫正行为(第一次行为与第二次行为)。

效力性范畴,系指以行政行为是否合法有效为侧重点而形成的行为范畴。它包括:合法行政行为与违法行政行为;有效行政行为与无效行政行为;行政违法行为与行政不当行为。

当然,以上的四类归并未必十分科学,但这不是主要的。重要的在于它促使我们认识行政行为的多样性,并揭示不同行为范畴之间的划分标准和行为规则,从而加速了行政行为理论的成熟。

规范链接

- 《中华人民共和国审计法》(2021)第53条
- 《中华人民共和国外商投资法》(2019)第35条
- 《中华人民共和国数据安全法》(2021)第24条
- 《中华人民共和国行政处罚法》(2021)第36、40条
- 《中华人民共和国国家赔偿法》(2012)第3~5条
- 《中华人民共和国行政许可法》(2012)第29、31条
- 《中华人民共和国行政复议法》(2023)第10、12、26条
- 《中华人民共和国行政诉讼法》(2017)第12、13条
- 《中华人民共和国反外国制裁法》(2021)第4、6、7条
- 《中华人民共和国反恐怖主义法》(2018)第15条
- 《中华人民共和国治安管理处罚法》(2012)第22条
- 《中华人民共和国出境入境管理法》(2012)第81条
- 最高人民法院《关于适用〈中华人民共和国行政诉讼法〉的解释》(法释〔2018〕1号)第1、2、12条
- 最高人民法院《关于审理行政赔偿案件若干问题的规定》(法释〔2022〕10号)第1条
- 最高人民法院《关于"裁执分离"后行政机关组织实施行为是否具有可诉性问题的批复》(〔2017〕最高法行他550号)

案例讨论

延安宏盛建筑工程有限责任公司诉市安监局批复案

案　情

上诉人(原审被告):延安市安全生产监督管理局(以下简称市安监局)。

被上诉人(原审原告):延安宏盛建筑工程有限责任公司(以下简称宏盛公司)。

一审法院查明:宏盛公司承建延安市子长县石窑坪小区河东村村民安置建设工程项目后,与山东省济南圣龙建筑机械有限公司签订塔吊买卖合同,购买了该公司制造日期为2004年7月14日的塔式起重机一部,合同约定卖方不负责安装,由买受人找有资质的队伍安装,出卖人派技术人员指导。后项目部将起重机的安装口头承包给一个长期从事塔吊安装但没有建设厅签发的资质证和上岗证的安装队伍,并于2007年7月16日将塔吊首次安装好。同月23日,延安市特种设备检验所对塔吊检验合格。2007年10月21日7时许,因塔吊提升高度不够,在安装附墙加升第4个标准节的作业过程中,塔吊外套架、回转机构及以上部位的起重臂、平衡臂、平衡重及塔帽整体朝后臂方向倾翻,从33米高处坠落,造成3人死亡、2人受伤,直接经济损失达431415.2元。事故当日天气多云转晴,日平均温度9.6摄氏度,日平均风速1米/秒,可排除自然因素造成事故。事故发生后,由市安监局、市技术监督局、市城乡建设局、市公安局等单位成立子长县"10·21"事故调查组,对事故进行了调查,调查期间,技术组于11月18日给调查组出具了事故分析报告,认为"该塔吊是否存在质量问题有待于司法鉴定"。后宏盛公司就塔

吊的产品质量向调查组申请司法鉴定,调查组认为事故的原因很明确,不需要进行技术鉴定。宏盛公司遂向呼和浩特市科学技术咨询服务中心申请司法鉴定,后经子长县公证处证据保全公证后,2008 年 1 月 7 日,呼和浩特市科学技术咨询服务中心作出的鉴定结论为:顶升套架焊接质量存在明显缺陷;顶升套架所检结构材料中部分材料性能不符合 GB/T 700 -2006 对 Q235B 的要求。其间,子长县"10・21"事故调查组于 2007 年 12 月 5 日向延安市人民政府作出子长县"10・21"建筑工地塔式起重机倒塌事故调查报告,认为该事故是一起安全生产责任事故,直接原因是塔吊安装队没有安装资质,并按照《生产安全事故报告和调查处理条例》的规定,报请延安市政府批复。

2008 年 1 月 10 日,市安监局作出了延市安监发〔2008〕16 号《关于子长县"10・21"建筑工地塔式起重机倒塌事故调查报告的批复》(以下简称《批复》)。《批复》同意《事故调查报告》中对事故原因的分析以及对事故性质和事故责任的认定。后子长县监察局将该批复内容告知被上诉人宏盛公司,并向宏盛公司送达了该批复的复印件。宏盛公司后向陕西省安全生产监督管理局提出行政复议:陕西省安全生产监督管理局 2008 年 7 月 4 日作出行政复议决定书,对《批复》予以维持,同时告知申请人可以自接到复议决定之日起 15 日内向人民法院起诉。宏盛公司遂起诉至法院。

宏盛公司诉称,子长县"10・21"建筑工地塔式起重机倒塌事故调查报告对事故原因的分析以及对事故性质和事故责任的认定缺乏事实依据。延安市安监局作出的延市安监〔2008〕16 号《批复》,"同意《事故调查报告》中对事故原因的分析、事故性质和事故责任的认定"是违法的,严重违反了《生产安全事故报告和调查处理条例》第 27 条之规定,应当进行技术鉴定而不作技术鉴定,并据此提出对宏盛公司和有关人员的处理意见,是错误的。该起事故的原因是产品质量,而不是安装资质。子长县监察局通知宏盛公司要按《批复》对其进行处理,并给宏盛公司送达了该批复的复印件,《批复》严重侵犯了宏盛公司的合法权益。宏盛公司不服该批复,向陕西省安全生产监督管理局申请行政复议,陕西省安全监督管理局行政复议维持了该批复,现向法院起诉,要求撤销延市安监发〔2008〕16 号批复中"同意《事故调查报告》中对事故原因的分析、事故性质和事故责任的认定"。

延安市安监局辩称,其作出的延市安监发〔2008〕16 号《批复》是其代表延安市人民政府对子长县人民政府的批复,是内部批复,批复中认定的事故责任、事故性质、事故原因仅在之后职能部门的处罚中作为处罚依据,并不对宏盛公司送达,不对宏盛公司产生法律效力,该批复不可诉;分析报告中虽有"是否存在质量问题有待司法鉴定"这一句话,宏盛公司也口头申请司法鉴定,但出事塔吊有厂方生产合格证,也经特种设备检验所检验合格,调查组的专家排除了质量问题,认为主要是无资质造成事故,无须鉴定,所以就未鉴定,本案中司法鉴定不是必经程序,上诉人所作批复是合法的,应予维持。

一审法院认为,2007 年 11 月 18 日事故调查技术组出具的事故分析报告明确指出"该塔吊是否存在质量问题还有待司法鉴定"。原告也一再要求对塔吊的产品质量申请司法鉴定,调查组未按照《生产安全事故报告和调查处理条例》第 27 条"事故调查中需要进行技术鉴定的,事故调查组应当委托具有国家规定资质的单位进行技术鉴定。必要时,事故调查组可以直接组织专家进行技术鉴定"的规定进行技术鉴定,致使事故调查未能够准确、全面查清原因。原告所述理由及诉讼请求应当予以支持。依照《行政诉讼法》(1989)第 54 条第 2 项之规定,判决撤销被告市安监局于 2008 年 1 月 10 日作出的延市安监发〔2008〕16 号《批复》中同意《事故调查报告》中对事故原因的分析、事故性质和事故责任的认定,并由被告延安市安监局重新作出具体行政行为。案件诉讼费 50 元由被告市安监局承担。

宣判后,市安监局不服,以本案《批复》属内部行为,不属行政诉讼受案范围、被诉《批复》合法等为由,上诉至陕西省高级人民法院。

二审法院认为,被诉延市安监发〔2008〕16 号《批复》虽未由上诉人延安市安监局正式给宏盛公司送达,但作为事故调查成员单位之一的子长县监察局将批复作为谈话内容告知被上诉人宏盛公司,并送达了复印件,已将批复的内容外化,而该批复中将宏盛公司列为责任单位,并要求给予处罚,为被上诉人设定了一定的义务,该批复与被上诉人有利害关系,且陕西省安全生产监督管理局复议决定亦告知宏盛公司可以提起行政诉讼,所以一审法院受理被上诉人宏盛公司的起诉正确,上诉人市安监局称该批复属内部批复,不对被上诉人宏盛公司产生法律效力,本案不属人民法院受案范围的上诉理由不能成立。本案事故调查中,技术组给调查组出具的《事故调查报告》中明确指出"该塔吊是否存质量问题还有待司法鉴定",被上诉人也申请对塔吊的产品质量进行司法鉴定,在未按照《生产安全事故报告和调查处理条例》第 27 条"事故调查中需要进行技术鉴定的,事故调查组应当委托具有国家规定资质的单位进行技术鉴定。必要时，事故调查组可直接组织专家进行技术鉴定”的规定进行鉴定，且没有任何有效证据排除出事塔吊产品质量问题的情况下，上诉人即作出批复，对事故原因、责任等进行了分析、认定，属事实不清，故一审判决认为事故批复未能全面查清原因，从而撤销批复中对事故原因的分析、事故性质和事故责任的认定正确，依法应予维持，上诉人市安监局的上诉理由不能成立，依法应予驳回。故依照《行政诉讼法》(1989)第61条第1项的规定，判决驳回上诉，维持原判。

｜评　析｜

该案所涉其他问题鉴于本章任务而不作讨论，这里限于评析内部行政行为经过怎样的“外化”才成为外部性的“行政行为”。

本案的有关情节是：市安监局作出了延市安监发〔2008〕16号《批复》，原告宏盛公司对该批复不服，提起行政诉讼。而被告抗辩称，《批复》属于内部行政行为，不属于行政诉讼的受案范围。

内部行政行为与外部行政行为是行政行为的基本范畴之一，它是以行为的效力范围为标准所作的一种分类。内部行政行为行政主体代表国家对隶属于自身的组织、人员和财物的一种管理；外部行政行为亦称公共行政行为，它是行政主体对不隶属于自身的社会上的公民、法人或者其他组织所作的一种法律管理。如果说内部行政行为体现为国家的自我管理，那么外部行政行为则体现了国家对社会的管理。虽然“内部行政行为”这一概念尚未被引入法律文本，但是，最高人民法院的有关判决阐述已多处使用了这一概念，其中包括“中国行政审判指导案例”第1号。“内部行政行为”被确立的法律意义在于，它被排斥于(外部)行政法调整范围之外，同时也被排斥于行政复议、行政诉讼的法律救济之外。

在本案中，市安监局作出了延市安监发〔2008〕16号《批复》系属它对由市安监局、市技术监督局、市城乡建设局、市公安局等单位成立的子长县“10·21”事故调查组形成的关于子长县“10·21”建筑工地塔式起重机倒塌事故调查报告的内部批复，并不发给原告，也不对原告直接发生影响，因而从行政实体法理论或者行政诉讼法理论上讲都是不可诉的。解决这一问题的规范性依据就是《行政诉讼法解释》(2018)第1条第10项规定，“对公民、法人或者其他组织权利义务不产生实际影响的行为”不属于行政诉讼的受案范围。内部行政行为就是“对公民、法人或者其他组织权利义务不产生实际影响”的主要行为。但是，本案《批复》作出后，虽未正式向宏盛公司送达，但作为事故调查组员单位之一的子长县监察局将批复作为谈话内容告知被上诉人宏盛公司，并送达了该批复的复印件，而该批复中将宏盛公司列为责任单位，并要求给予处罚。这样，作为内部行政行为的《批复》已通过一定的行政程序实现了“外化”，它直接为宏盛公司设定了一定的不利义务，已经对宏盛公司产生实际影响。而且，本案《批复》的“外化”，是一种正常的职务上的外化(通过子长县监察局的谈话并送达了《批复》的复印件)，而不是非职务性的“外化”(如以私下打听、索取甚至窃取一些内部文件等不正当手段获得)。内部行政行为被正常地“外化”之后，应当视作外部行政行为，适用行政复议和行政诉讼。再则，该批复与宏盛公司有利害关系，且陕西省安全生产监督管理局复议决定亦告知宏盛公司可以提起行政诉讼，所以上诉人市安监局称该批复属内部批复，不对被上诉人宏盛公司产生法律效力，不属人民法院受案范围的上诉理由不能成立。

[资料来源：中国行政审判指导案例第1号，载《中国行政审判指导案例》(第1卷)，中国法制出版社2010年版。评析部分为笔者参考该案“评析”并根据教学需要所撰]

复习思考题

1. 什么是行政行为的基本范畴？
2. 确立行政行为的基本范畴有何意义？
3. 实体行为与程序行为这一范畴与其他行为范畴有何区别？
4. 怎样认定内部行政行为的“外化”？

第十章　行政规定与行政决定

从行政行为约束力特点的视角出发，行政行为由行政规定（行为）与行政决定（行为）构成。行政规定与行政决定又是行政行为中一对最为基本的、结构性的范畴。鉴于它的特殊地位，我们没有将它沉没于第九章行政行为基本范畴中阐述，而是单列一章在此作专门阐述。

第一节　行政行为两大板块

一、行政行为由两大板块组成

任何行政机关在实施行政职权的过程中，均有两大职能，一是制定普遍性规则，二是作出具体性决定。所以，"两分法"基本成为许多国家对行政行为的划分模式。美国行政法及行政法学，将行政行为（agency action）分为"规章制定"（rulemaking）与"行政裁决"（adjudication）。[1] 前者是制定抽象规则的行为，后者是作出具体裁决的行为。[2] 德国行政法将政府的行政行为（Verwaltungshandeln）划分为"法规命令"（Rechtsverordnung）与"行政处分"（Verwaltungsakt）。[3] 1993 年日本《行政程序法》（Gyosei－tetsuzuki）第 2 条将行政厅的行政行为分为"行政命令"与"行政处分"。这说明，无论名称如何选定，行政行为的两大职能并存这一点，在不同国家乃异曲同工，得到普遍肯定。

在中国[4]，制定普遍适用规则的行为被称为"抽象行政行为"，作出具体决定的行为被称为"具体行政行为"。"抽象行政行为与具体行政行为"的"两分法"适用了二十几年。2014 年《行政诉讼法》修正后，我们在行政法理上更倾向于用"行政规定与行政决定"代替"抽象行政行为与具体行政行为"。

笔者认为，行政行为系指由行政主体基于行政职权所作出的，能直接或间接引起法律效果并受行政法规制的行政活动。所以，行政行为的基本组成板块应当是行政规定与行政决定。行政规定是以"行政规则"为行为结果形式的行政行为，以间接引起法律效果为特征；行政决定是以"行政决定"为行为结果形式的行政行为，以直接产生法律效果为特征。

---

〔1〕 参见 1946 年美国《联邦行政程序法》，2011 年修改。

〔2〕 美国行政法专家伯纳德・施瓦茨指出："制定规章通常具有普遍性，仅着眼于未来；行政裁决具有特殊性，面对过去。"参见［美］施瓦茨：《行政法》，徐炳译，群众出版社 1986 年版，第 166 页。

〔3〕 参见 Verwaltungsverfahrensgesetz Kommentar，8. Aufl. C. H. Beck，2003，S. 515。转引自赵宏：《法治国下的目的性创设——德国行政行为理论与制度实践研究》，法律出版社 2012 年版，第 101 页。

〔4〕 在我国台湾地区，前者被称作"行政命令"，后者被称作"行政处分"。

二、行为与行为结果形式

严格说来，"制作行政规定"与"行政规定"、"作出行政决定"与"行政决定"是有区别的，它们是行为与行为结果形式之间的关系。在这一点上，美国行政法的思路与我们最为接近。在美国行政法中，"制定规章"（rulemaking）是个行为，这个行为的结果形式是"规章"（rule）；"作出裁决"（adjudication）是个行为，这个行为的结果形式则是一个"命令"（order）。

在中国，"制作行政规定"与"行政规定"也是一种"行为"与"结果"之间的关系。"制作行政规定"是一种行政行为，以前将它纳入"抽象行政行为"的范畴。[5] 这种行为的结果便是形成"行政规定"。为了方便起见，将这种行为简称为"行政规定"。

同理，"作出行政决定"与"行政决定"也是一种"行为"与"结果"之间的关系。"作出行政决定"是一种行政行为，以前将它纳入"具体行政行为"的范畴，这种行为的结果便是形成"行政决定"。为与"行政规定"称呼相对应，就将这一行为称作"行政决定"。

可见，"行政规定"与"行政决定"不仅是两种行政行为的结果形式，更是两种对应的行政行为。

三、行政行为结构图

这样，行政行为的结构图就可以构划为如图 10－1：

图 10－1　行政行为的结构

本章不仅要研讨作为行为结果形式的"行政规定"和"行政决定"，同时更要阐述"制作行政规定的行为"和"作出行政决定的行为"。

第二节　行 政 规 定

一、行政规定的概念与特征

行政机关在管理社会中可以依法制定行政法规[6]、规章[7]和规章以下的规范性文件。虽然行政法规和规章是行政法规范的主要形式，但是国务院制定行政法规和有关行政机关制定规章的行为不属于行政行为，而属于由《立法法》规制的"立法活动"，因而在"行政行为"中不加讨论。有关行政机关制定规章以下的"其他规定性文件"，正是本节研讨的"行政规定（行为）"，它属于行政行为的一种类别和形式。

关于"行政规定"的用词，以前的行政法理论将它置于"抽象行政行为"之中。《行政诉讼

〔5〕　之前的"抽象行政行为"范围比"行政规定"要广，它还包含了一部分行政立法。
〔6〕　限于国务院制定。
〔7〕　由国务院有关部门，省、自治区、直辖市和设区的市、自治州的人民政府制定。

法》(2023)第13条〔8〕将它表述为“行政机关制定、发布的具有普遍约束力的决定、命令”,1996年的《行政处罚法》第14条〔9〕首次使用了“其他规范性文件”一词,2021年修订的《行政处罚法》第16条继续保留了这一提法。此外,其他不少法律也采用了这一表达〔10〕,学者们也开始用“规章以下的规范性文件”来表达这一抽象性的行政行为。1999年制定的《行政复议法》没有沿用“其他规定性文件”一词,而是首次使用了“规定”一词,〔11〕后面的几次修正没有改变这一表达,它最终演变成了行政法学界的“行政规定”概念。〔12〕

行政规定系指各级人民政府及其工作部门依据法律、法规、规章或者上级行政机关的有关规定,基于其行政职权的范围,针对不特定的行政相对人作出的,并可反复适用的行政规则。行政规定是由行政主体制定的具有普遍约束力的行政规则。行政主体制作行政规则的行为就是“行政规定行为”。

这种综合意义上的行政规定,具有下列几个法律特征:

1. 从主体上看,行政规定的制定主体是行政机关,不是立法机关,也不是司法机关。根据《行政复议法》(2017)第7条的规定,行政规定的制定机关应当包括:国务院各工作部门〔13〕;县级以上地方各级人民政府及其工作部门;乡、镇人民政府。也就是说,由行政机关制定的除行政法规和规章以外的规范性文件都属于行政规定。

2. 从依据上看,行政规定是行政机关依据法律、法规、规章或者上级行政机关的规定制定的,或者虽无法律、法规和规章的直接依据,但它是行政机关根据职权范围为实现行政目标而制定的。

3. 从内容上看,行政规定不能创设行政相对人的权利和义务,只是落实已由法律、法规和规章创设的权利和义务。

4. 从法律属性上看,行政规定是个行政规则,而不是法律规范。所以它可以成为行政行为的依据(行政依据),而原则上不能成为司法裁判的依据(司法依据)。也正因为行政规定是行

---

〔8〕《行政复议法》(2023)第13条规定:“公民、法人或者其他组织认为行政机关的行政行为所依据的下列规范性文件不合法,在对行政行为申请行政复议时,可以一并向行政复议机关提出对该规范性文件的附带审查申请:(一)国务院部门的规范性文件;(二)县级以上地方各级人民政府及其工作部门的规范性文件;(三)乡、镇人民政府的规范性文件;(四)法律、法规、规章授权的组织的规范性文件。前款所列规范性文件不含规章。规章的审查依照法律、行政法规办理。”第56条规定:“申请人依照本法第十三条的规定提出对有关规范性文件的附带审查申请,行政复议机关有权处理的,应当在三十日内依法处理;无权处理的,应当在七日内转送有权处理的行政机关依法处理。”

〔9〕《行政处罚法》(1996)第14条规定:“除本法第九条、第十条、第十一条、第十二条以及第十三条的规定外,其他规范性文件不得设定行政处罚。”

〔10〕如《行政许可法》(2019)第17条规定:“除本法第十四条、第十五条规定的外,其他规范性文件一律不得设定行政许可。”《行政强制法》(2011)第10条第4款规定:“法律、法规以外的其他规范性文件不得设定行政强制措施。”

〔11〕《行政复议法》(1999)第7条规定:“公民、法人或者其他组织认为行政机关的具体行政行为所依据的下列规定不合法,在对具体行政行为申请行政复议时,可以一并向行政复议机关提出对该规定的审查申请:(一)国务院部门的规定;(二)县级以上地方各级人民政府及其工作部门的规定;(三)乡、镇人民政府的规定。前款所列规定不含国务院部、委员会规章和地方人民政府规章。规章的审查依照法律、行政法规办理。”第26条规定:“申请人在申请行政复议时,一并提出对本法第七条所列有关规定的审查申请的,行政复议机关对该规定有权处理的,应当在三十日内依法处理;无权处理的,应当在七日内按照法定程序转送有权处理的行政机关依法处理,有权处理的行政机关应当在六十日内依法处理。处理期间,中止对具体行政行为的审查。”

〔12〕参见朱芒:《论行政规定的性质——从行政规范体系角度的定位》,载《中国法学》2003年第1期;章剑生:《现代行政法基本理论》,法律出版社2008年版,第9章行政规范制定论。本书从第3版开始,单设“行政规定与行政决定”一章。

〔13〕笔者认为,国务院制定的行政法规以外的规范性文件也应当包括在内。

政规则而不是法律规范，所以，不同行政规定之间的从属关系，不取决于法律位阶，而取决于制定行政规定的行政机关之间的从属关系，如市政府制定的行政规定就必须服从省政府制定的行政规定。

5. 从约束力上看，行政规定是针对不特定的相对人并可反复适用的行政规则，因而具有抽象性。

二、行政规定与相近概念的区别

讨论行政规定与相近概念的关系，有助于界定行政规定的准确范围。

（一）行政规定与行政立法

“行政立法”概念在行政法领域被广泛使用，但其含义不甚统一，最常用的是两种含义：一是认为，行政立法就是指行政机关的立法活动。包括国务院制定行政法规，国务院工作部门制定规章，省级人民政府，设区的市、自治州人民政府制定规章。二是认为，行政立法是指国家机关制定行政性的法律、法规和规章活动。无论是全国人大还是地方人大，无论是国务院还是省市人民政府，无论是哪个制定法律、法规和规章的机关，只要它制定的法律、法规和规章属于行政管理活动，就属于行政立法。如全国人大常委会制定《治安管理处罚法》（2012）就是行政立法，因为治安管理是国家行政管理的一部分。

这两种含义，第一种以制定法律的机关为标准，第二种以法律内容为标准。但无论哪一种，行政立法都是指国家的“立法”活动，而不是“行政”活动。因为“法律—法规—规章”是由《立法法》规制的范围，而《立法法》属于宪法性法律，而不是行政性法律。行政规定则是行政机关所制定的规章以下的规范性文件，它是纯行政活动，受行政法调整。可见，行政规定与行政立法最大的区别在于行为的性质不同，前者是行政行为的一种形式，后者则是立法活动的形式。

（二）行政规定与抽象行政行为

抽象行政行为是相对于具体行政行为而提出的一个概念，系指行政主体针对不特定的相对人作出的可以反复适用的规则。[14] 它包括：国务院制定行政法规；国务院有关工作部门制定规章；省级人民政府、设区的市和自治州政府制定规章；有关行政机关制定规章以下的其他规范性文件。

行政规定与抽象行政行为不同，它仅指上述的第 4 项，即有关行政机关制定规章以下的其他规范性文件的活动。所以，“抽象行政行为”的范围大于“行政规定”。（见图 10 – 2）

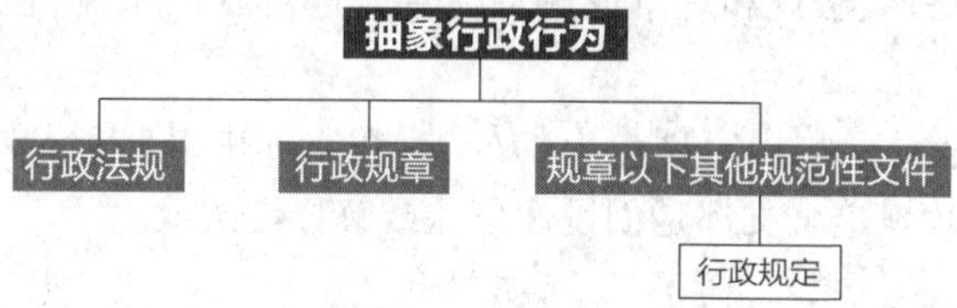

图 10 – 2 抽象行政行为与行政规定

---

〔14〕 抽象行政行为这个概念在以前的行政法学界被广泛接受和使用，现在已越来越受到人们的摒弃，主要在于这一概念的表态缺乏科学性。世界上不存在“抽象行为”。正如没有“抽象民事行为”“抽象犯罪行为”一样，不可能有“抽象行政行为”。一切行为都是“具体”的，只有行为的结果才有可能是抽象的（如制定的行政规则）。

我们之所以没有将制定行政法规和规章的行为纳入行政规定,是因为行政规定是行政行为的一种类型,而行政法规和规章的制定属于《立法法》所规定的广义上的"立法行为"。这种行为的结果(行政法规和规章)无疑是行政法渊源和行政行为的依据,但是这种行为本身恰恰不是行政行为。行政法学研究行政法规和规章,那是将其作为一种"行政法渊源"和"行政行为的依据",而不是作为"行政行为"对待的。

(三)行政规定与行政规范性文件

国务院办公厅《关于加强行政规范性文件制定和监督管理工作的通知》(国办发〔2018〕37号)提出了一个新概念,即"行政规范性文件",而"行政规范性文件",是指"除国务院的行政法规、决定、命令以及部门规章和地方政府规章外,由行政机关或者经法律、法规授权的具有管理公共事务职能的组织(以下统称行政机关)依照法定权限、程序制定并公开发布,涉及公民、法人和其他组织权利义务,具有普遍约束力,在一定期限内反复适用的公文"。

笔者认为,"行政规定"与"行政规范性文件"是可以相互通用的概念,它们的范围完全同一。

三、行政规定的种类、名称与制定程序

(一)行政规定的种类

从中国的实际情况来看,行政规定最主要的有四种:

1. 创设性行政规定。这种规定是在法律、法规和规章未作规定的条件下,该规定率先确立有关权利与义务或行为标准。由于行政规定是行政规则而不是法律规范,按理不具有创设性。所以,这种"创设性"有严格的限制:(1)以法律、法规和规章的授权为前提;(2)内容一般限于授益性的行政行为,而不是负担性的行政行为。

2. 执行性行政规定。这种规定是为了执行和落实国家法律、法规和规章而制定的,其内容大多是将国家法规变换成行政规定,以便有效实施。如国家制定了《土地管理法》(法律),某省人大制定了《土地管理法实施条例》(地方性法规),某县人民政府(不具有规章制定权)接着制定了《某县土地管理具体办法》,这个县政府的办法就是执行性行政规定。

3. 指导性行政规定。有不少行政规定,仅是行政机关对相对人行为的一种指导,不具有强制性。

4. 解释性行政规定。这是行政机关为实施法律、法规和规章以及有关行政规定而对它们所作的解释。当然,对法律、法规和规章的解释受到其解释权的限制,但对行政规定进行解释的行政规定大量存在。

以上四个类别仅是对行政规定理论上的分类,在实际中,许多行政规定都不是纯种类性的,即不可能有一个行政规定全文都是创设性条款或解释性条款。

(二)行政规定的名称

中国目前尚未制定有关行政规定方面的法律或规定。根据国务院《规章制定程序条例》

(2017)第36条[15]规定的精神,参照该条例第7条[16],行政规定的名称一般称“规定”“办法”,但不得称“条例”[17]。但不少地方已有自己的规定,行政规定的名称亦非常广泛,有决定、命令、通知、规定、办法、意见等。

(三)行政规定的制定程序

同样根据国务院《规章制定程序条例》(2017)第36条规定的精神,参照该条例第二章至第六章,行政规定的制定程序应当经过下列环节:立项—起草—审查—备案。[18]

2018年,国务院办公厅发布了《关于加强行政规范性文件制定和监督管理工作的通知》(国办发〔2018〕37号)。该通知对于制定行政规定的程序提出了许多新要求,大大推进了制定行政规定的规范化和程序化程度。

四、行政规定的法律地位

行政规定是一种行政规则而不是法律规范,这一“定性”便决定了它的法律地位。行政规定的法律地位表现在以下几个方面:

1. 行政规定与法律、法规、规章和其他规定。首先,行政规定是由行政机关制定的规章以下的规范性文件。它不属于由《立法法》规定的“法”的范畴。[19] 所以,它不能创设应当由法律、法规和规章创设的内容,它只能落实已由法律、法规和规章规定了的内容,除非有法律、法规和规章的授权。其次,行政规定不得与法律、法规和规章相抵触,否则就没有效力。最后,任何行政规定在内容上都必须服从上级行政机关所作的行政规定。

2. 行政规定与行政相对人。行政规定对行政相对人具有约束力。相对人违反行政规定,可能会带来不利的法律后果。除非该行政规定通过法律程序被确认违法或无效。

3. 行政规定与行政主体。行政规定不仅约束相对人的行为,同时也约束行政主体的行政行为。行政规定本应是也应当是行政行为的依据,属于“行政依据”中的一部分。任何行政行为,除必须符合法律、法规和规章外,还必须符合上级行政机关的行政规定。

4. 行政规定与人民法院。行政规定可以成为行政行为的依据,但原则上不能成为人民法院审判行政案件的依据。因为根据行政诉讼法有关规定,人民法院审理行政案件,应当适用法律、法规,参照规章。《行政诉讼法解释》(1999)对这一审判依据的范围在态度上有所改变,它将合法有效的行政规定纳入了“引用”的范围。[20] 2018年的司法解释保留了这一规定。[21]

此外,行政规定在行政诉讼中还可作为行政证据存在,它的存在与否将影响到行政行为的证据是否充分。《行政诉讼法》(2017)在第五章证据中的第34条第1款规定:“被告对作出的

---

〔15〕《规章制定程序条例》(2017)第36条规定:“依法不具有规章制定权的县级以上地方人民政府制定、发布具有普遍约束力的决定、命令,参照本条例规定的程序执行。”

〔16〕《规章制定程序条例》(2017)第7条规定:“规章的名称一般称‘规定’‘办法’,但不得称‘条例’。”

〔17〕国家的法律和法规都可称“条例”;规章和规定都不得使作“条例”名称。

〔18〕参见本书第十九章“行政依据”中的行政规章部分。

〔19〕《立法法》(2023)中规定的“法”包括法律、法规和规章。

〔20〕《行政诉讼法解释》(1999)第62条规定:“人民法院审理行政案件,适用最高人民法院司法解释的,应当在裁判文书中援引。人民法院审理行政案件,可以在裁判文书中引用合法有效的规章及其他规范性文件。”

〔21〕《行政诉讼法解释》(2018)第100条规定:“人民法院审理行政案件,适用最高人民法院司法解释的,应当在裁判文书中援引。人民法院审理行政案件,可以在裁判文书中引用合法有效的规章及其他规范性文件。”

行政行为负有举证责任,应当提供作出该行政行为的证据和所依据的规范性文件。”这里的“规范性文件”,当然包括“行政规定”。

五、对行政规定的法律救济

任何行为都应当是可救济的,否则不符合正当程序。对于行政规定的法律救济问题,主要涉及它是否可以被申请行政复议,是否可以被提起行政诉讼,上级行政机关、同级人大是否可以撤销行政规定。

(一)行政规定与行政复议

行政规定属于抽象行政行为,而抽象行政行为是不可复议、不可诉的,这是我国行政复议制度和行政诉讼制度建立以来所确立的一个思维定式,也是立法定式。1990 年制定、1994 年修订的《行政复议条例》〔22〕第 10 条规定:“公民、法人和其他组织对下列事项不服,不能依照本条例申请复议:(一)对行政法规、规章或者具有普遍约束力的决定、命令不服的……”这里的“具有普遍约束力的决定、命令”就是指“行政规定”。

如果说《行政复议条例》(1994)对行政规定进入行政复议是一概排除,那么《行政复议法》的制定将行政规定间接地列入了行政复议的范围,显然是个进步。1999 年制定经 2009 年和 2017 年修正的《行政复议法》第 7 条规定:“公民、法人或者其他组织认为行政机关的具体行政行为所依据的下列规定不合法,在对具体行政行为申请行政复议时,可以一并向行政复议机关提出对该规定的审查申请:(一)国务院部门的规定;(二)县级以上地方各级人民政府及其工作部门的规定;(三)乡、镇人民政府的规定。前款所列规定不含国务院部、委员会规章和地方人民政府规章。规章的审查依照法律、行政法规办理。”根据这一规定,如果一个行政规定成为一个其他行政行为的依据,当这个行政行为被申请复议时,该行政规定也可被同时申请复议审查。这离行政规定可以被直接申请复议已只有一步之遥。

(二)行政规定与行政诉讼

《行政诉讼法》(2017)至今还阻碍着行政规定的可诉性。该法第 13 条规定:“人民法院不受理公民、法人或者其他组织对下列事项提起的诉讼:……(二)行政法规、规章或者行政机关制定、发布的具有普遍约束力的决定、命令……”这里规定的“行政机关制定、发布的具有普遍约束力的决定、命令”就是指行政规定。

但由于行政诉讼从一定意义上说是行政复议的后续程序,因此当在行政复议中某个行政规定已作为审查对象,并且复议决定已包含了对行政规定的审查决定时,那么从行政复议进入行政诉讼,该行政规定其实也被带进了行政诉讼的受案范围和审查范围。

况且,《行政诉讼法》2014 年和 2017 年的修正,增设了第 53 条。该条规定:“公民、法人或者其他组织认为行政行为所依据的国务院部门和地方人民政府及其部门制定的规范性文件不合法,在对行政行为提起诉讼时,可以一并请求对该规范性文件进行审查。前款规定的规范性文件不含规章。”这次修正虽未将“行政规定”直接纳入行政诉讼范围,但至少已名正言顺地将它附带纳入诉讼范围。这也算是一个进步。

---

〔22〕《行政复议条例》于 1990 年 12 月 24 日由国务院发布,1994 年 10 月 9 日根据国务院《关于修改〈行政复议条例〉的决定》修订发布,1999 年 10 月 1 日因《行政复议法》实施而被废止。

这就是说，在目前的行政诉讼制度中，行政规定在一定程度上和一定范围内已被纳入行政诉讼范围。

（三）行政规定与行政监督

这里的行政监督是指上级行政机关对下级行政机关作出的行政规定的监督。

除了行政复议机关和行政审判机关分别依据《行政复议法》和《行政诉讼法》对行政规定拥有法律监督权外，上级行政机关对所属行政机关的行政规定是否同样拥有法律监督权，我国的《宪法》和有关法律对此作了肯定性的回答。

《宪法》（2018）第 89 条规定："国务院行使下列职权：……（十三）改变或者撤销各部、各委员会发布的不适当的命令、指示和规章；（十四）改变或者撤销地方各级国家行政机关的不适当的决定和命令……"

《宪法》（2018）第 108 条规定："县级以上的地方各级人民政府领导所属各工作部门和下级人民政府的工作，有权改变或者撤销所属各工作部门和下级人民政府的不适当的决定。"

《地方各级人民代表大会和地方各级人民政府组织法》（2022）第 73 条规定："县级以上的地方各级人民政府行使下列职权：……（三）改变或者撤销所属各工作部门的不适当的命令、指示和下级人民政府的不适当的决定、命令……"

根据上述《宪法》和《地方各级人民代表大会和地方各级人民政府组织法》的规定，我国县级以上的各级人民政府有权撤销或改变其所属工作部门或下级人民政府不适当的行政规定。

这一行政监督权属于行政机关层级关系中的一般监督权，而行政复议或行政诉讼中的监督权是由专门法律特设的监督权，前者必须服从后者。也就是说，如果下级行政机关的行政规定已经行政复议或行政诉讼程序所确认，上级行政机关是不得绕开行政复议或行政诉讼程序予以直接纠正的。

（四）行政规定与人大监督

这里的人大监督是指各级人民代表大会及其常委会对同级行政机关作出的行政规定的监督。

人民代表大会制度是我国的基本政治制度。根据《宪法》（2018）的有关规定[23]，全国人民代表大会和地方各级人民代表大会都是国家权力机关，人民代表大会常务委员会是国家权力机关的常设机关；从中央到地方的各级人民政府是权力机关的执行机关。因而，国家权力机关自然有权监督各级行政机关行政规定的合法性与适当性。

《宪法》（2018）第 67 条规定："全国人民代表大会常务委员会行使下列职权：……（七）撤销国务院制定的同宪法、法律相抵触的行政法规、决定和命令……"

《宪法》（2018）第 104 条规定："县级以上的地方各级人民代表大会常务委员会……撤销本级人民政府的不适当的决定和命令……"

《地方各级人民代表大会和地方各级人民政府组织法》（2022）第 11 条规定："县级以上的地方各级人民代表大会行使下列职权：……（十一）撤销本级人民政府的不适当的决定和命令……"

《地方各级人民代表大会和地方各级人民政府组织法》（2022）第 12 条规定："乡、民族乡、

---

〔23〕《宪法》（2018）第 2、3、57、85、96、105 条。

镇的人民代表大会行使下列职权:……(十)撤销乡、民族乡、镇的人民政府的不适当的决定和命令……”

《地方各级人民代表大会和地方各级人民政府组织法》(2022)第50条规定:“县级以上的地方各级人民代表大会常务委员会行使下列职权:……(十二)撤销本级人民政府的不适当的决定和命令……”

从上规定可以看出,我国各级权力机关是有权撤销同级人民政府“不适当”[24]的行政规定的。

人大对行政规定的监督与上级行政机关对行政规定的监督在手段上不同的是,在行政监督中,上级行政机关是有权“改变或者撤销”下级行政机关的行政规定的,而在人大监督中,权力机关对同级行政机关的行政规定只有“撤销”权而无“改变”权,这主要基于人大对行政机关适用监督权而不是代替行政权。

与前同理,人大对行政规定的监督权同样是指行政复议和行政诉讼程序以外的监督权,如遇行政复议或行政诉讼,应当按照行政复议或行政诉讼程序纠正。

第三节 行政决定

一、行政决定的概念与特征

如果说行政规定是行政主体制定普遍规则的行为,那么行政决定就是行政主体根据普遍规则对具体事项作出裁决的行为。这种功能上的行政决定,在美国被称作“行政裁决”(adjudication),在德国被称作“行政行为”或“行政处分”(Verwaltüngsakt)[25],在法国被称作“行政处理”,在日本被称作“行政处分”,我国台湾地区也称之为“行政处分”。

我们行政法学意义上的行政决定,系指行政主体依据法律、法规、规章和行政规定,基于行政职权,针对特定的行政相对人,就特定的事项,作出有关其权利与义务并直接产生法律效果的决意行为。

行政决定具有以下法律特征:(1)从主体上看,行政决定由行政主体作出,而不是由行政相对人作出。(2)从依据上看,行政决定由行政主体依据法律、法规、规章和上级行政机关制定的行政规定作出。(3)从内容上看,行政决定不是设定相对人的权利和义务,而是依法形成、处分或确认相对人的权利与义务,或者命令相对人履行一定的权利与义务。(4)从约束力上看,行政决定是针对特定的相对人作出并直接对其产生法律效果的行为,因而具有个别性和具体性。

二、行政决定与行政行为

行政决定是行政行为的内核。任何行政行为的核心内容就是行政决定。行政行为是行政决定的外在形态。行政决定仅仅是实体,行政行为还包括程序。行政决定是内容,行政行为是

---

〔24〕《宪法》(2018)中的“不适当”的表述应当作广义理解,它是指“不合法或不合理”等。

〔25〕德国的“行政行为”接近于我国的行政决定。因为根据德国学者毛雷尔的解释,这种行政行为就是“行政机关对具体事实做出的具有直接外部法律效果的处理行为”。参见[德]哈特穆特·毛雷尔:《行政法学总论》,高家伟译,法律出版社2000年版,第182页。

依据内容的不同特点而形成的外在形态。行政决定的不同特性决定了行政行为的不同形态。行政命令、行政处罚等不过是行政决定的不同形态而已。

行政相对人对某一行政行为不服，其实主要是对针对其的行政决定不服。如果相对人接受行政决定，他就不会计较与行政决定有关的程序。如果相对人对行政决定不服，他才会以形式违法、程序违法等相关理由来加重反对行政决定的砝码。

但是，"行政决定"仅从"行为结果形式"意义上理解和使用是不够的。行政决定也应理解成一种行政行为，它是"行政决定行为"。这种意义上的"行政决定"，不应当将行政决定仅仅框限在一个书面决定中，它应当指包括决定的内容与形式，决定的实体与程序在内的一个完整的行政行为。这时，行政决定其实是一种行政决定行为。

三、行政决定的形态

我们原来所提的任何具体行政行为，除了事实行为，从本质上说都是一种"行政决定"。行政许可就是一种许可决定，行政处罚其实是一种处罚决定，行政征收是一种征收决定。

行政决定是行政主体通过一定的法律程序形成的针对某一事项如何处理的决定性意思。根据不同行政决定内容上的不同功能，才形成了不同的行政行为。例如，当一种决定的内容不是直接处分相对人的权利与义务，而是要求特定相对人履行一定的作为或不作为义务时，这就是"行政命令"；当一种决定的内容不是直接处分相对人的权利与义务，也不是要求相对人履行一定的作为或不作为义务，而是对相对人业已存在的权利进行审查承认时，这就是"行政确认"；当一种决定的内容是以相对人的违法为前提从而处分其已有的权益，这又成了"行政处罚"……

由此可见，原来所提的大多行政行为，其本质都是一种行政决定；行政决定根据其内容功能上的不同，才形成不同的行政行为。行政行为不过是行政决定的一种形态而已。我国已有不少法律开始用"决定"取代以前的其他提法。[26]

根据我国现行主流的行政法学理论，行政决定的行为形态有：行政命令、行政确认、行政许可、行政给付、行政征收、行政征用、行政处罚、行政裁决、行政矫正行为等。

四、行政决定各种形态的属性与结构

行政决定作为行政行为的一大板块，它首先适用第九章所阐述的行政行为各种分类方法，其次，我们还要在此从行政决定的直接法律功能出发，来剖析与重组它们的结构。这样，行政决定便可分为五类：

1. 行政赋权性决定。这种决定的功能是创制权利，即赋予行政相对人一定的权利和利益。因此在性质上，它是一种有利行为，即有利于行政相对人的行为。行政赋权行为的形式有：行

---

〔26〕 例如，1999年制定的《行政复议法》（后经2009年和2017年修正）第五章和2007年配套制定的《行政复议法实施条例》第四章，都使用"行政复议决定"概念。2005年制定的《治安管理处罚法》（2012年修正）已用"处罚决定"代替了1986年制定1994年修订的《治安管理处罚条例》所使用的"处罚裁决"。2011年制定的《国有土地上房屋征收与补偿条例》第二章使用"征收决定"。还有《行政强制法》（2011）也使用了大量的"行政决定"，如第50条规定："行政机关依法作出要求当事人履行排除妨碍、恢复原状等义务的行政决定，当事人逾期不履行，经催告仍不履行，其后果已经或者将危害交通安全、造成环境污染或者破坏自然资源的，行政机关可以代履行，或者委托没有利害关系的第三人代履行。"

政许可、行政给付等。

2. 行政限权性决定。这种决定的功能是剥夺与限制权利,即科以行政相对人一定的义务,限制或剥夺其一定的权利和利益。因此在性质上,它是一种不利行为,即不利于行政相对人的行为。行政限权行为的形式有:行政命令、行政处罚、行政征收、行政征用等。

3. 行政确认性决定。这种决定的功能是确认某种事实和法律关系的存在。因此在性质上,它是一种中性行为,对行政相对人可能有利,也可能不利。行政确认行为的形式有:登记、认定、鉴定等。

4. 行政裁决性决定。这种决定的功能是,行政主体以中间人的身份裁断一定范围内的民事纠纷。因此在性质上,它是行政机关的一种准司法行为;对行政相对人而言,它又是一种中性行为。行政裁决行为的形式有:确权和其他裁决等。

5. 行政矫正性决定。这种决定的功能是纠正行政行为,即行政主体对已经作出的行政行为本身进行矫正。在性质上,它也是个中性行为。行政矫正行为的形式有:行政行为的变更、撤回、撤销,确认违法和确认无效等。

以上内容如表 10－1 所示:

表 10－1　行政决定的形态

<table>
<tr><th>名　称</th><th>说　明</th><th>性　质
(对相对人)</th><th>对　象</th><th>形　式</th></tr>
<tr><td>行政赋权性决定</td><td>赋予权利
与利益</td><td>有利行为</td><td rowspan="4">行政
相对人</td><td>行政许可、行政给付等</td></tr>
<tr><td>行政限权性决定</td><td>剥夺
与限制权利</td><td>不利行为</td><td>行政命令、行政处罚、
行政征收、行政征用等</td></tr>
<tr><td>行政确认性决定</td><td>确认事实与法律
关系的存在</td><td>中性行为</td><td>登记、认定、鉴定等</td></tr>
<tr><td>行政裁决性决定</td><td>以中间人身份
解决民事纠纷</td><td>中性行为</td><td>确权、其他裁决等</td></tr>
<tr><td>行政矫正性决定</td><td>纠正行政行为</td><td>中性行为</td><td>行政主体</td><td>行政行为的撤回和改变</td></tr>
</table>

第四节　行政规定与行政决定

一、抽象行政行为与具体行政行为

在中国以前的行政法学理论中,抽象行政行为与具体行政行为被公认为行政行为的基本分类和行政行为制度设置的中轴线。特别是对抽象行为与具体行为的划分,既重要又困难,它关系到法律的适用和行政复议、行政诉讼范围的确定。以至于有人认为:在中国不掌握"抽象行政行为与具体行政行为"之间的关系,他就没有掌握中国的行政法学。

我们以前在概念上将抽象行政行为界定为:由行政主体作出的具有普遍约束力的行政行为。它包括:国务院制定行政法规;国务院的有关工作部门制定部门规章;省级人民政府和设区的市、自治州人民政府制定地方政府规章;其他行政机关制定规章以下的规范性文件。

具体行政行为则是指行政主体针对特定的行政相对人就具体事项作出的有关权利与义务的行为。如对某一公民作出一个处罚决定,裁决一个复议案件等。

抽象行政行为与具体行政行为之间最大的区别在于:

1. 在行为对象上,如果一种行政行为是针对特定的对象作出的,就是具体行政行为;如果一种行为是针对不特定的对象作出的,那它就是抽象行政行为。而所谓对象的特定性,包含两项内容:一是明确性,即一种行为是针对谁、约束谁,行为双方主体及第三人都是明确的。如"禁止张三通行"与"禁止通行"就不同,前者的对象是明确的,后者是不明确的,因而前者是具体的禁令,后者则是抽象的禁令。二是固定性,即该行为约束的对象在该行为约束期间是固定的,可数的,既不会增加,也不会减少。如市政府作出两个不同的决定:第一个决定为"在2002年前在本市已领取车牌的车主必须交城市扩容费1000元";第二个决定"今后凡在本市申领'个性化车牌'的车主必须交城市扩容费1000元"。第一个决定由于行为对象已形成,车主是固定的、可统计的,因而属于具体行政行为;第二个决定由于车主尚未形成,是不固定的、无法事先统计的,因而属于抽象行政行为。

2. 在行为的溯及方向上,如果一种行政行为约束人们业已发生的行为,即具有"向前约束性",该行政行为是具体的;相反,如果一种行政行为约束人们将来可能发生的行为,即具有"往后约束性",那它便是抽象的。换句话说,如果一种行政行为适用以前的事项,它便是具体行政行为;如果一种行政行为适用往后的事项,那它便是抽象行政行为。如"对张三昨天在公共场所吸烟的行为罚款100元",这个罚款决定是针对业已发生的事项作出的,因而属于具体行政行为;"凡在公共场所抽烟的,必须罚款100元。该规定从颁布之日起施行",这显然是一个适用将来事项的规则,因而属于抽象行政行为。

3. 在行为适用的次数上,如果一种行政行为只能适用一次,那它是具体的;如果一种行政行为可以反复适用,那它便是抽象的。这一标准显然与上一标准紧密联系。因为,如果一种行为是针对业已发生的事项作出的,它当然只能适用一次,即属于"一次性消费"。上述"对张三昨天在公共场所吸烟的行为罚款100元"决定施行以后,该决定就永远失效了,不得再用该决定去约束李四的行为或张三后天的同类行为。如果一种行为是针对人们将来可能发生的事项作出的,它当然可被反复适用,直到该行为被取消。上述"凡在公共场所抽烟的,必须罚款100元",这显然是一个可以反复适用的罚则,因而属于抽象行政行为。

4. 在行为效力的间隔性上,如果一种行政行为无须通过中间的行为环节就可直接约束相对人的权利或义务,那么该行为是具体的;相反,如果一种行政行为还需要通过中间环节的行为才能对相对人的权利和义务发生影响,那它则属于抽象行政行为。譬如,卫生行政管理部门因张三吐痰而对其作出了"罚款200元"的决定,该决定能直接导致张三200元的财产权被剥夺,因而属于具体行政行为。如果卫生行政管理部门制定了"吐痰者必须被罚款200元"的规则,今天张三在公共场所吐了痰。这种情况只表明:张三面临被罚的"可能性",但还没有出现"现实性"。卫生行政管理部门制定的"吐痰者必须被罚款200元"的规则要真正对张三的吐痰行为发生作用,还需通过中间环节的行政决定,即有赖于有关部门根据前一罚则对张三作出一个罚款决定后才能发生效力作用。这就说明,卫生行政管理部门制定的"吐痰者必须被罚款200元"的规则,属于抽象行政行为。

之所以要区别抽象行为和具体行为是基于这样的意义:一是有助于确定行政行为在时间上的适用性。抽象行政行为可以对尔后的事件反复适用,具体行政行为只能对业已发生的事件作“一次性”适用。与此相适应,抽象行政行为被依法撤销后一般不溯及既往,而具体行政行为被撤销后大多情况下不溯及既往,但也有溯及既往的情况,行政主体应承担补救责任。二是有助于确定行政复议和行政诉讼的受案范围。根据我国《行政复议法》和《行政诉讼法》,行政复议和行政诉讼只限于受理具体行政行为,不受理抽象行政行为。

二、向“行政规定与行政决定”演进

中国在1990年之前没有抽象行政行为与具体行政行为这一范畴。[27] 1989年制定的《行政诉讼法》首次使用了“具体行政行为”这一概念。[28] 从逻辑上讲,“具体”是相对于“抽象”而言的;“具体行政行为”也是相对于“抽象行政行为”而言的。鉴于此,《行政诉讼法》既然使用了“具体行政行为”这一概念,那就意味着它同时肯定了“抽象行政行为”的存在,尽管《行政诉讼法》并没有像使用“具体行政行为”那样直接使用“抽象行政行为”一词。学者们受《行政诉讼法》的影响,开始在学理上甚至在教材中使用“抽象行政行为与具体行政行为”这对范畴。[29]

2000年之后,人们开始对“抽象行政行为与具体行政行为”这对传统范畴提出挑战。重要的背景是:

1. 最高人民法院司法解释用“行政行为”概念取代“具体行政行为”概念。《行政诉讼法》制定于1989年、实施于1990年。为了配合该法的实施,《行政诉讼法解释》(1991)首次对“具体行政行为”作了一个解释。其第1条规定:“‘具体行政行为’是指国家行政机关和行政机关工作人员、法律法规授权的组织、行政机关委托的组织或者个人在行政管理活动中行使行政职权,针对特定的公民、法人或者其他组织,就特定的具体事项,作出的有关该公民、法人或者其他组织权利义务的单方行为。”这一解释为准确把握行政诉讼的受案范围,起到了很大的作用。但是,事后最高人民法院就发现了它的一个缺陷:由于这一解释将“具体行政行为”局限于“单方行为”,从而将本属于行政行为但又具有“双方性”的行政合同拒之于“行政行为”门外。为了解决这一问题,最高人民法院在《行政诉讼法》(1989)实施10周年的时机,公布施行了一个新的司法解释,即《行政诉讼法解释》(1999)。该解释不仅取消了原司法解释对“具体行政行为”所作的定义,旨在取消将“具体行政行为”局限于“单方行为”的观点,同时也用“行政行为”这一概念取代了原“具体行政行为”的概念。[30] 2014年和2017年《行政诉讼法》的修改,都将“具体行政行为”改用为“行政行为”。《行政诉讼法》及其司法解释的变化,意义不仅在于突破了“单方行为”的篱笆,更在于推翻了“抽象行为与具体行为”的不科学范畴。用“行政行为”代替“具体行政行为”时,已自觉或不自觉地展示了一个新的理论基点:任何行政行为都是具体的,世界上不存在抽象的行政行为,因而将“行政行为”称作“具体行政行为”无疑是多此一举。

2. 我国《立法法》的制定和实施,打破了“抽象行政行为”的理论基础。《立法法》于2000

---

[27] 参见应松年、杨伟东编:《中国行政法学20年研究报告》,中国政法大学出版社2008年版,第九章。

[28] 《行政诉讼法》(1989)将行政诉讼的受案范围限定为“具体行政行为”,并有36处使用了“具体行政行为”这一概念。

[29] 例如,姜明安主编的《行政法与行政诉讼法》(北京大学出版社、高等教育出版社)教材从第1版到第3版都使用了“抽象行政行为与具体行政行为”的概念分类。拙著《行政法学》(法律出版社)从第1版到第2版使用了“抽象行政行为与具体行政行为”的行政行为基本结构,到2010年的第3版才改用“行政规定与行政决定”模式。

[30] 在新司法解释中,凡按《行政诉讼法》常理用到“具体行政行为”的地方都一概换用“行政行为”一词,除非是对《行政诉讼法》中原用“具体行政行为”概念的引用。

年3月15日第九届全国人民代表大会第三次会议通过，2000年3月15日中华人民共和国主席令第31号公布，自2000年7月1日起施行。这一宪法性法律将“法律、行政法规、地方性法规和政府规章”明文纳入《立法法》的调整范围。2015年和2023年《立法法》的修改保留了这一框架。这就意味着，有关机关制定法律、行政法规、地方性法规和规章的行为属于立法活动。由《立法法》规制的立法活动不应当属于由行政法调整的行政行为。这就意味着，抽象行政行为中的行为并不全是行政行为，恰恰大部分（制定行政法规和规章）是立法行为。抽象行政行为失去了立法依据。

3. 我国立法中出现了用“（行政）规定”代替“规章以下的其他规范性文件”的倾向。国务院制定行政法规、有关行政机关制定规章被《立法法》纳入“立法活动”后。原来“抽象行政行为”中只剩下一块内容了，即“规章以下的其他规范性文件”。当学者们正为这一原“抽象行政行为”中剩下的最后一块“孤岛”应当如何处理犯愁时，中国立法上出现了一种迹象，即有的法律将“规章以下的其他规范性文件”用“（行政）规定”来表达。《行政复议法》起了领先作用。[31]

4. 我国立法中出现了用“（行政）决定”代替“具体行政行为”的倾向。当“抽象行政行为”概念被推翻后，那么“具体行政行为”概念同样难以成立。关于是否有更好的概念来代替原来的“具体行政行为”的问题，同样困扰着学术界。这时，我们意外地注意到，我国有些法规开始用“（行政）决定”代替“具体行政行为”概念，如《行政复议法》《行政复议法实施条例》《治安管理处罚法》《行政强制法》《国有土地上房屋征收与补偿条例》等。

在上述立法和司法背景下，不少学者开始摒弃“抽象行政行为与具体行政行为”的提法，而改用“行政立法与行政执法”“行政规范与行政处理”“行政规定与行政决定”。此后，“行政规定与行政决定”的提法开始增加。

“行政规定与行政决定”是否是最好的“替代品”尚可讨论，但是，传统的“抽象行政行为与具体行政行为”范畴的基石已经动摇，这一点是确定无疑的。

2014年《行政诉讼法》的修改，一律以“行政行为”取代“具体行政行为”，这可以被视作“抽象行政行为与具体行政行为”这一行为范畴被摒弃。

三、“行政规定与行政决定”的区分标准

我们用“行政规定与行政决定”代替“抽象行政行为与具体行政行为”，并不是为了躲避“抽象行政行为与具体行政行为”两者区分上的困难，而是基于原有的范畴不科学而进行的。当我们用“行政规定与行政决定”代替“抽象行政行为与具体行政行为”之后，同样需要区分“行政规定”与“行政决定”。所幸的是，原有区分“抽象行政行为与具体行政行为”的标准，同样适用于“行政规定与行政决定”的区分。

1. 在行为对象上，行政决定是针对特定的行政相对人作出的，而行政规定是针对不特定的行政相对人制定的。因而行政规定具有普遍约束力，行政决定不具有普遍约束力。

2. 在行为的溯及方向上，行政决定适用于以前的事项，行政规定则适用于以后的事项。

3. 在行为适用的次数上，行政决定针对具体事项只能适用一次，属于“一次性消费”，而行

---

〔31〕 参见《行政复议法》（2017）第7、26条。

政规定是一种可以反复适用的规则。〔32〕

4. 在行为效力的间隔性上,行政决定直接对相对人的权利与义务造成影响,无须通过中间行为,而行政规定是间接地对相对人的权利与义务造成影响。也就是说,行政决定具有行为效力上的直接性,而行政规定具有行为效力上的间接性。

第五节 一般行政决定

其实,行政行为除了行政规定与行政决定这两大板块之外,还存在一种中间状态,即"一般行政决定"。"一般行政决定"应当视作"行政决定"。

一、行政行为"两分法"的困境

无论是过去使用的"抽象行政行为与具体行政行为",还是当前使用的"行政规定与行政决定",都是采用"对偶概念"式立法技术导出的概念组合,即"最抽象的概念都只容许有两个——彼此处于矛盾对立关系的——导出概念,唯如是始能保障其要求的圆满性"。但是,"只要碰到'既如此亦如此'以及中间形式的情况,这种体系就让人沦于无法克服的困难中"〔33〕。

当我们以行政规定与行政决定,抑或以抽象行政行为与具体行政行为的划分标准去考察现实时,马上就会发现,现实中存在一种介于两者之间的"中间状态"的行为。以下几个案例就对传统的行政行为"两分法"提出了挑战。

案例1:"乔某祥诉铁道部票价上浮案"。2000年12月21日,铁道部向全国铁路局发布了关于2001年春运期间部分旅客列车实行票价上浮的通知。该通知决定:2001年春运期间部分旅客列车的票价上浮20%~30%。2001年4月9日,乔某祥律师针对铁道部的通知向北京市第一中级人民法院提起行政诉讼,对一审判决不服又向北京市高级人民法院提起上诉。一审、二审法院审理结果是驳回乔某祥的诉讼请求。〔34〕在该案中,通知是否属于可诉的具体行政行为,引起了巨大的争议。因为该通知在时间适用和事项上都是确定的,但所约束的行政相对人是不确定的。

案例2:"施某遇诉上海市地名办道路命名案"。2010年6月23日,上海市地名管理办公室作出"沪地名批示[2010]58号《关于批准命名吴家湾路的通知》"。该通知决定:将"由纪念路494弄、纪念路吴家湾、汶水东路141"组成的弄堂通道命名为"吴家湾路"。原告施某遇认为该行政行为严重影响了原告和周边居民的生活,向上海市黄浦区人民法院提起行政诉讼,要求撤销该道路命名行为。2011年7月29日,黄浦区人民法院受理了该案,后来判决驳回原告的

---

〔32〕 德国也承认这一辅助标准。"从联邦行政法院所给出的标准来看,判断行为属于特定还是抽象,可以行为规制的效力具有一次性或是反复性作为辅助标准。如果行为规制效力属于一次性,通常就可以认定该事项是特定的,反之,行为规制效力若可反复适用则为抽象的。"参见赵宏:《法治国下的目的性创设——德国行政行为理论与制度实践研究》,法律出版社2012年版,第102页。

〔33〕 [德]卡尔·拉伦茨:《法学方法论》,陈爱娥译,商务印书馆2003年版,第331页。

〔34〕 参见北京市第一中级人民法院行政判决书[(2001)行初字第149号]和北京市高级人民法院行政判决书[(2001)高行终字第39号]。

诉讼请求。[35] 该案中，被诉的通知是否属于可诉的具体行政行为，存有争议。因为该通知所针对的相对人是不特定的（究竟有多少人会使用该道路，于该“批准命名通知”作出的时候，是无法预知的），但它又是一次性适用，即确定了“吴家湾路”成为市政公共道路的公物属性。

案例3：“顾某诉建邺区教育局划分施教区行为案”。2014年5月8日，南京市建邺区教育局作出《建邺区2014年小学入学工作实施办法》及其附件——“建邺区2014年公办小学招生计划及施教区一览表”，对该区该年度的学区划分事项作出处理。2014年7月29日，南京市民顾某针对该办法向南京市建邺区人民法院提起行政诉讼，对一审不予受理裁定不服又向南京市中级人民法院提起上诉。[36] 该案中，虽然二审法院裁定该办法属于具体行政行为，但其并没有给出相应的理由，难以令人信服。因为该办法所针对的相对人是不特定的，[37]但它又仅针对该年度“适龄儿童入学”具体事项一次性适用。

上述案例无论在“抽象行政行为与具体行政行为”，还是在“行政规定与行政决定”的划分中，都出现了中间状态，都表现为时间适用与对象的特定性发生了碰撞。按理说，行政规定与行政决定的区别主要在于时间适用和拘束对象，时间上可以反复适用并拘束不特定的对象人，这是行政规定（抽象行政行为）；时间上是一次性有效，不可反复适用，拘束对象为特定的相对人，这是行政决定。现在出现的情况恰恰是：时间适用上的一次性有效，但针对不特定的对象人。上述三案都属于这一类型。其实还会出现另一种类型，那就是时间上可以反复适用，但所拘束的对象人是特定的，比如某行政机关作出一个决定：凡是张三的车辆从此以后永远禁止它在“中山桥”上通行。

二、“一般行政处分”的创制

这种困境在德国等国家早已被发现，并且其已找到了一种方法，那就是“一般行政处分”（Allgemeinverfügung）概念的创设。

在德国早期的“行政行为”概念体系中，只有作为抽象行为的“法规命令”（Rechtsverordnung）与作为具体行为的“行政处分”（Verwaltungsakt），不存在“一般行政处分”这一概念。而德国区分“法规命令”与“行政处分”的主要标准有两条：一是对象人是否“特定”（individuell）；二是事实关系是否“具体”（konkret）。例如，行政机关禁止张三建房，这是行政处分，因为这一行政行为的对象人是张三，非常特定，事实关系也非常具体，是禁止他建房。如果行政机关确定一个规则“任何人未经规划审批，一律不得建房”，这显然属于法规命令。但是后来发现，以其原有“相对人是否特定”与“事实关系是否具体”两个标准来划分行政处分与法规命令的做法，无法适用一些“中间状态”。如1953年发生在德国巴登—符腾堡州的“菊苣色拉案件”即为典型。在该案中，内政部因巴登—符腾堡之北部以及南部地区出现了伤寒病流行而发布禁令：

〔35〕 参见上海市黄浦区人民法院行政判决书［（2011）黄行初字第221号］。

〔36〕 参见南京市建邺区人民法院行政裁定书［（2014）建行诉初字第12号］和南京市中级人民法院行政裁定书［（2014）宁行诉终字第127号行政裁定书］。

〔37〕 根据《建邺区2014年小学入学工作实施办法》第2条“学校招生”规定，该行为所针对的对象有以下几类：（1）户籍在南京市建邺区的儿童；（2）满足一定条件且有材料证明的儿童；（3）拆迁家庭子女；（4）政策规定儿童；（5）残疾儿童；（6）进城务工人员随迁子女。以上六类适龄儿童，除了第一类比较固定或方便统计外，其他几类人员及数目都存在太多的变数。如第六类随迁子女的人数，通过查阅2016年度、2017年度南京市建邺区教育局发布“学区划分办法”与发布“随迁子女入学登记”的时间顺序就可以看出，在学区划分行为作出时，有多少随迁子女将会受到该学区划分行为规范是未知的、不确定的。

严重警告民众不要食用生菜沙拉,并禁止这些地区所有商家批发和零售生菜沙拉。[38] 本案引发的争议在于,该禁令究竟属于法规命令还是一种新型的行政处分?从“相对人是否特定”标准来看,该禁令存续期间,该地区的生菜沙拉商贩不断变动(贩售生菜沙拉行为不断出现)以致相对人数目呈现开放性,即相对人不是传统的行政处分之“特定一人”或“特定的多数人”,毋宁呈“一般性”特征。从“事实关系是否具体”标准来看,该禁令所规制的事实关系又是具体的,即该处理行为的规范效力仅针对一个特定事件——此次伤寒病流行时疫区内生菜沙拉不得销售。

把“相对人是否特定”与“事实关系是否具体”两个标准进行简单的逻辑排列可以得出四个组合形式[39],如表 10-2 所示:

表 10-2 “相对人是否特定”与“事实关系是否具体”的组合

编号	相对人	事实关系
A	特定	具体
B	特定	抽象
C	不特定	具体
D	不特定	抽象

这四种组合形式中,A 是典型行政处分,D 是典型的法规命令,B 和 C 就是“既如此亦如此”的“中间状态”行为。

据此,德国行政法学创设了“一般行政处分”概念,[40]解决了行政行为“制定普遍性规则和作出具体性决定”两分法所导致的“中间状态”难题,将上述 B 和 C 的行为定性为“一般行政处分”,而“一般行政处分”又视作“行政处分”。

德国行政法规范体系采纳了一般行政处分理论,并将其予以明文规定。1963 年《德国行政程序法(标准草案)》第 27 条规定:“行政行为系指行政机关为规制公法上之个别事件,所为之处分、决定或其他公权力措施,而对外直接发生法律效果者;一般处分是对由一般性特征所确定范围内之人,所为之行政处分。”嗣后 1966 年慕尼黑草案(1966 年版行政程序法标准草案)第 27 条、1967 年《Schleswig-Holstein 邦普通行政法》第 106 条对于一般行政处分概念都采用了与 1963 年《行政程序法(标准草案)》一致的规定。1976 年通过,于 1977 年 1 月 1 日生效的《德国联邦行政程序法》(1998 年修订)第 35 条规定:“行政行为是行政机关为规范公法领域的个别情况采取的具有直接对外效力的处分、决定或其他官方措施。一般处分是一类行政行为,它针对依一般特征确定或可确定范围的人,或涉及物的公法性质或公众对该物的使用。”[41]

一般行政处分概念的影响并不止在德国,许多大陆法系国家和地区的行政法学理论与法规范体系都深受其影响。如日本在行政法学理论与法规范中就借鉴、使用了一般行政处分范

[38] 参见 BverwGE12,87。转引自[德]哈特穆特·毛雷尔:《行政法学总论》,高家伟译,法律出版社 2000 年版,第 188 页。

[39] 参见胡建淼、胡茂杰:《行政行为两分法的困境和出路——“一般行政处分”概念的引入和重构》,载《浙江大学学报(人文社会科学版)》2020 年第 6 期,人大复印资料《宪法学、行政法学》2021 年第 5 期。

[40] 至此,在德国行政法中“相对人是否特定”标准,不再具有区分“制定普遍性规则”和“作出具体性决定”的标准作用,而成为区分“经典行政决定”和“一般行政处分”的标准。

[41] 翁岳生:《行政法与现代法治国家》,台北,祥新印刷有限公司 1985 年版,第 4~5 页。

畴——“根据这项特征,即使具有不利益法律效果内容的处分,如是以不特定多数人为相对人作出的一般处分,该处分不属于本法中的不利益处分”〔42〕。

三、“一般行政处分”的引入和重构

就我国“行政规定与行政决定”两分的“划分标准”及“中间状态”问题的应对方法来说,德国的“一般行政处分”概念具有借鉴价值。但是,必须将“一般行政处分”改造为我国的“一般行政决定”,无论是形式还是内容。

德国对行政行为两分法中的区分标准主要是两条,一是对象人是否“特定”,二是事实关系是否“具体”。第一条是成立的,一个行政行为所拘束的对象人当然有特定与不特定之分,但是第二条就存在问题,因为任何规定或决定中的事实关系其实都是具体的,除非它是抽象口号式的表达。我国关于区分行政规定与行政决定的标准也主要是两条:第一条是相同的,主要看行政行为所约束的对象人是否特定。对象人特定,是行政决定;对象人不特定,便是行政规定。如“禁止通行”中的对象人是不特定的,而“禁止张三通行”中的对象人是特定的,非常明确地指向张三当事人。第二条则不同,主要是指时间的适用上,是可以反复适用的,还是一次性有效?德国也存在这个标准,但只是作为一个辅助标准而已。一个行政行为可以反复适用,没有时间限定的,是行政规定;一次性有效,或者适用于一个特定的时间段的,这是行政决定。“中山桥上车禁止车辆通行”与“国庆期间禁止中山桥上车辆通行”,前者的禁令可以反复适用,时间段是不确定的,因而是抽象的行政规定,后者的禁令时间段是确定的,只适用于这段时间,因而是具体的行政决定。再如,“禁止春节期间在城区燃放烟花爆竹”与“禁止2022年春节期间在城区燃放烟花爆竹”,也是同理。

但是,这两个标准的组合就会出现四种状态:(1)对象是特定的,时间适用是一次性的,这是典型的行政决定。(2)对象是不特定的,时间上是可以反复适用的,这是典型的行政规定。(3)对象是特定的,但时间上是可以反复适用的。如某行政机关将张三列入“不受欢迎人”的黑名单,永远禁止他入境,这就是中间状态。(4)对象是不特定的,但时间适用上是一次性的。如“将江南路改名为南山路”。我们主张将第三种组合定性为“一般行政决定”。将第四种组合仍然定性为行政规定。(见表10-3)

表10-3　“对象是否特定”与“事实关系是否具体”的组合

组合编号	约束对象	时间适用	行为定性
1	特定	一次性	行政决定
2	不特定	反复适用	行政规定
3	特定	反复适用	一般行政决定
4	不特定	一次性	行政规定

四、“一般行政决定”

综上,现在可以对“一般行政决定”作出定义。所谓一般行政决定,系指行政主体针对特定相对人作出的,直接约束特定相对人的权利与义务,并可以反复适用的行政行为。“一般行政

〔42〕［日］室井力、芝池义一、浜川清主编:《日本行政程序法逐条注释》,朱芒译,上海三联书店2009年版,第13页。

决定”视作“行政决定”,它处于与“行政决定”相同的法律地位。所以,从行政复议和行政诉讼角度说,“一般行政决定”就应当像“行政决定”一样属于可诉的行政行为,理应纳入权利救济范围。

最后还有一个难点是:关于所约束的对象人范围,如何判断其“特定性”? 因为“特定性”具有一定的“相对性”,“特定性”的程度也有强弱之分。如“张三—海淀区的居民—北京市的居民—公民”,这几个主体之间,其“特定性”正是从强到弱,是相比较而言的。

所谓“特定的对象”,不是指人数的多少,而是指这一行政行为所指的对象范围:一是明确的,行政主体和相对人都明白,某一对象人是否处于该行为的约束范围;二是固定的,不会增加或减少;三是可统计的。所以,关于中山路 1-101 号住户限期搬迁的通知如同责令张三限期拆除违法建筑的通知一样,对象都是特定的、明确的、固定的、可统计的,因而属于具体的行政决定,但《关于年满 18 周岁的公民都有服兵役的义务》,这一规定属于抽象的规则,不属于具体的决定。因为年满 18 周岁的公民每时每刻都在变化(增加或减少),无法统计和固定。

第六节 疑难问题探讨

一、为什么要用“行政规定与行政决定”代替“抽象行为与具体行为”?

本章的疑难问题讨论这个问题就足够了:既然“抽象行政行为与具体行政行为”之间的关系完全适用“行政规定与行政决定”之间的关系,那么有什么必要用后者取代前者呢? 是否只是为了满足文字使用上的新鲜感? 回答是否定的。

我们用“行政规定与行政决定”取代“抽象行政行为与具体行政行为”不是为了回避抽象行政行为与具体行政行为区分上的复杂性与困难性,而是因为以前的范畴不科学。用“行政规定与行政决定”代替“抽象行政行为与具体行政行为”更加科学。

二、抽象行政行为全是行政行为吗?

如前所述,抽象行政行为由立法性行为与行政性行为组成;行政规定只是抽象行政行为中的一部分,而不是全部。

我们之所以将国务院制定行政法规、国务院的有关工作部门制定部门规章、省级人民政府和设区的市、自治州人民政府制定地方政府规章定性为“立法性行为”,是因为它们是由《立法法》规制的行为。

显然,原来的抽象行政行为既包括了行政性行为,也包括了立法性行为,从而造成了两种不同性质行为的混同。而且,立法性行为不属于行政行为,它属于由《立法法》调整的“立法行为”(或称“制法行为”)。将不属于行政法调整范围的“立法行为”置于“抽象行政行为”的概念之中,事实的结果是导致不适当地扩大了行政法的调整范围。

当然,制定行政法规和规章不属于行政行为,不等于说与行政法学无关。行政法规和规章作为行政法的渊源和行政行为的依据,依然是行政法学的重点研究问题。

三、世界上存在“抽象行为”吗？

世界上只有抽象的规则，不可能有抽象的行为。刑法并没有将犯罪行为分为抽象犯罪行为与具体犯罪行为；民法也没有将民事行为分为抽象的民事行为与具体的民事行为。在行政法学中，将行政行为分为抽象行政行为与具体行政行为的依据何在？

规则是行为制定的结果，它可以是抽象的，也可以是具体的；但制定规则的行为本身恰恰又是具体的。以前我们将国务院制定行政法规、省市政府制定规章、县政府制定其他规范性文件列为抽象行政行为时，恰恰是因为作为“规则”的“行政法规、行政规章和其他规范性文件”是抽象的，而不是指“制定”行政法规、行政规章和其他规范性文件的“行为”是抽象的。国务院制定的行政法规是个抽象的规则，但国务院制定这个行政法规恰恰又是具体性的行为。由此可以发现，当我们将国务院制定行政法规、省市政府制定规章、县政府制定其他规范性文件等行为举例为抽象行政行为时，恰恰是搞错了“行为本身”与“行为结果”的关系。任何“行为”本身都是具体的，只有行为的“结果”才有两种可能，一种是具体的，如某行政机关对某当事人作出一个“罚款决定”；另一种是抽象的，如行政机关制定一个“管理办法”。在这里，有关行政机关制定行政法规、行政规章和其他规范性文件这一行为依然是“具体的”，只有作为“行为结果”的行政法规、行政规章和其他规范性文件才是“抽象的”。所以说，世界上只存在抽象的规则，不存在抽象的行为。

四、“具体行政行为”的提法是否“画蛇添足”？

所谓“行为”，自然是指特定的主体针对特定的对象，在特定的时间与空间内，作出一种具有特定内容的活动。所以，只要是“行为”，就只能是具体的。一切民事行为是具体的，一切犯罪行为是具体的，一切行政行为也只能是具体的。

既然一切行政行为都是具体的，那么“具体行政行为”的提法就多此一举了。

我们说行政行为由行政决定与行政规定构成，这里的行政规定，就“规定”本身而言是抽象的，但制定“行政规定”的行为仍然是具体的。所以，我们主张行政行为由行政规定（行为）与行政决定（行为）组成，会比主张行政行为由抽象行政行为与具体行政行为组成要科学得多。

本章小结

任何行政机关的行政职能均包括两项，即制定规则和根据规则作出决定。前者就是行政规定行为，后者就是行政决定行为。这就决定了行政行为由行政规定（行为）与行政决定（行为）组成。

行政规定是指有关行政主体依据法律、法规、规章或者上级行政机关的行政规定，基于其行政职权范围，针对不特定的行政相对人作出的，可反复适用的行政规则。

它与抽象行政行为不同。原有的“抽象行政行为”将制定行政法规和政府规章这种属于立法性的行为与制定规章以下的其他规范性文件这种行政性行为混为一谈，而行政规定只指抽象行政行为中的一部分（制定规章以下的规范性文件）。

行政决定，系指行政主体依据法律、法规、规章和行政规定，基于行政职权，针对特定的行政相对人，就特定的事项，作出有关其权利与义务并直接产生法律效果的决意行为。

但在抽象的行政规定与具体的行政决定之间还存在中间状态。这就决定了一般行政决定的存在。

行政决定从直接功能上考察，可归纳为五类，即行政赋权性决定、行政限权性决定、行政确认性决定、行政裁决性决定和行政修正性决定。

原来意义上的任何具体行政行为,从本质上说都是一种“决定”(除了事实行为)。行政决定根据其内容上的不同功能,才形成了不同的行政行为。各种行政行为不过是行政决定的一种形态而已,这些形态包括但不限于:行政命令、行政确认、行政许可、行政给付、行政征收、行政征用、行政处罚、行政裁决等。

行政规定与行政决定之间的关系完全适用抽象行政行为与具体行政行为之间的关系。但鉴于“抽象行政行为与具体行政行为”提法上的不科学性,我们以“行政规定与行政决定”范畴取代之。

规范链接

- 《中华人民共和国宪法》(2018)第2、3、57、67、85、89、96、104、105、108条
- 《中华人民共和国地方各级人民代表大会和地方各级人民政府组织法》(2022)第11、12、50、73条
- 《中华人民共和国行政许可法》(2019)第17条
- 《中华人民共和国行政复议法》(2023)第13、56条
- 《中华人民共和国行政诉讼法》(2017)第13、34、53条
- 《规章制定程序条例》(2017)第36条
- 最高人民法院《关于适用〈中华人民共和国行政诉讼法〉的解释》(法释〔2018〕1号)第100条
- 国务院办公厅《关于加强行政规范性文件制定和监督管理工作的通知》(国办发〔2018〕37号)

案例讨论

陶某诉市新闻管理部门关于停止对“水变油”“水基燃料”宣传报道的通知案

|案　情|

陶某原为火车司机,1975年来开始从事“以水代油”的发明研制工作。1985年他发明的“水基燃料”开始面世。陶某曾多次为有关方面领导、科学家演示其发明,引起社会重视。1988年,有关领导邀请陶某共同探讨“水基燃料”的生产合作问题,陶某以泄密等为由拒绝合作。尔后陶某曾被押两次,1992年10月出狱。到1995年年底,陶某开始推广其膨化柴油技术,注册成立了“新能源总公司”,并在全国许多地方设立了分公司,新闻舆论界对此进行了大量报道。1998年元月,某市新闻管理部门向有关单位下发了关于停止对“水变油”“水基燃料”宣传报道的通知。该通知明令禁止各所辖新闻单位对“水基燃料”的发明进行报道,并要求所有与“新能源公司”有经济往来的企事业单位不要给该公司投钱投物,不得参与此事,已经参与的要退出等。

陶某认为该市的新闻管理部门向有关单位下发关于停止对“水变油”“水基燃料”宣传报道的通知,已严重侵害了他的声誉和经营业权,故向当地法院提起行政诉讼。法院收到陶某的起诉状后,部分法官主张不予立案,理由是陶某所控告的某市新闻管理部门下发的关于停止对“水变油”“水基燃料”宣传报道的通知,属于抽象行政行为(行政规定)。

|评　析|

《行政诉讼法》第2条第1款规定:“公民、法人或者其他组织认为行政机关和行政机关工作人员的行政行为侵犯其合法权益,有权依照本法向人民法院提起诉讼。”第12条规定:“人民法院受理公民、法人或者其他组织提起的下列诉讼……”第13条又规定:“人民法院不受理公民、法人或者其他组织对下列事项提起的诉讼:……(二)行政法规、规章或者行政机关制定、发布的具有普遍约束力的决定、命令……”这说明,中国目前的行政诉讼受案范围,只限于受理行政相对人对具体的行政决定不服的起诉,不受理针对抽象性的行政规定的起诉。

所以本案需要讨论的关键问题是：该市的新闻管理部门向有关单位下发的关于停止对“水变油”“水基燃料”宣传报道的通知，是属于抽象的行政规定，还是具体的行政决定？

行政规定系指行政主体制作的具有普遍约束力的规则。行政决定是指行政主体针对特定的对象，就已经发生的事件作出处理的行政行为。抽象的行政规定与具体的行政决定之间主要的区别在于：

1. 在行为对象上，行政决定是针对特定的行政相对人作出的，而行政规定是针对不特定的行政相对人制定的。因而行政规定具有普遍约束力，行政决定不具有普遍约束力。

2. 在行为的溯及方向上，行政决定适用于以前的事项，行政规定则适用于以后的事项。

3. 在行为适用的次数上，行政决定针对具体事项只能适用一次，属于“一次性消费”；而行政规定是一种可以反复适用的规则。

4. 在行为效力的间隔性上，行政决定是直接对相对人的权利与义务发生影响，无须通过中间行为；而行政规定是间接地对相对人的权利与义务发生影响。也就是说，行政决定具有行为效力上的直接性，而行政规定具有行为效力上的间接性。

在本案中，该市的新闻管理部门向有关单位下发的关于停止对“水变油”“水基燃料”宣传报道的通知，实质上属于一个行政命令，准确地说，是一项禁令。而行政命令是行政决定的一种形态。对于这项命令，就对象而言，是明确的，它是对所属新闻部门所作的一种行为约束；就内容而言，它是明确要求已经出现的行为（特别是报道）停止。因为命令“停止”肯定是针对已经发生并还存在的行为状态。

所以，该通知属于具体性的行政决定，陶某如对此不服，有权提起行政诉讼。

［资料来源：陈桂明、冯怀德：《案例诉讼法教程》（上卷），中国政法大学出版社1996年版，第248页。情节已根据教学需要略作修改。评析部分由作者撰写］

复习思考题

1. 什么是行政规定？什么是行政决定？
2. 行政规定与行政决定的关系是否等同于抽象行为与具体行为的关系？
3. 我们为什么要摈弃抽象行政行为、具体行政行为两个概念？
4. 行政规定是否适用行政复议和行政诉讼？

Ⅴ.行为论(二)

第十一章　行政许可

第十二章　行政处罚

第十三章　行政强制

本篇为行为论(二),共设三章。行政许可、行政处罚和行政强制,是行政执法中的三种基本行为,而且我国已分别制定了《行政许可法》《行政处罚法》《行政强制法》,它们被称为行政行为的三大基本法律。鉴于这三类行政行为在国家治理中使用率较高,且都已制定了专门的对应法律,便都单设专章对待,而且置于同一篇幅之内。本篇分别阐述行政许可、行政处罚和行政强制三类行政行为的立法、制度和行为规则,研讨了行政行为的核心部分,对于全面而具体地认知和掌握行政行为理论和规则颇有裨益。

第十一章　行 政 许 可

行政许可是行政机关监管社会的一种控制手段，是行政行为的一种行为形态，也是行政决定的一种基本形式。本章将具体阐述行政许可的概念与特征、行政许可事项及其设定、行政许可的实施机关、行政许可的实施程序等有关原理与制度。

第一节　行政许可概念、种类和形式

一、行政许可立法

（一）行政审批制度的改革

中国《行政许可法》的出台可以说是行政审批制度改革的成果。2001 年 9 月，国务院成立了行政审批改革工作领导小组，积极、稳妥地推进行政审批制度改革，2002 年 10 月和 2003 年 2 月分两批、共取消了 1195 项行政审批事项，对 82 项行政审批事项改变了管理方式，取得了显著成效。在这些改革成果的基础上，2003 年 8 月 27 日第十届全国人民代表大会常务委员会第四次会议通过了《行政许可法》，该法于 2003 年 8 月 27 日中华人民共和国主席令第 7 号公布，自 2004 年 7 月 1 日起施行。

《行政许可法》出台以后，中国的行政审批制度改革还在继续，而且是以"取消和下放行政许可等事项"为主要内容和主要形式。2012 年以来，国务院继续简政放权，将行政许可审批等事项的取消和下放作为全面深化行政体制改革的"当头炮"，分七批〔1〕共取消和下放行政审批项目等事项 632 项。〔2〕 到 2016 年，随着"放管服"改革的深化，根据《国务院对确需保留的行

〔1〕 依据国务院《关于取消和下放一批行政审批项目等事项的决定》（国发〔2013〕19 号）、《关于取消和下放 50 项行政审批项目等事项的决定》（国发〔2013〕27 号）、《关于取消 76 项评比达标表彰评估项目的决定》（国发〔2013〕34 号）、《关于取消和下放一批行政审批项目的决定》（国发〔2013〕44 号）、《关于取消和下放一批行政审批项目的决定》（国发〔2014〕5 号）、《关于取消和调整一批行政审批项目等事项的决定》（国发〔2014〕27 号）等。

〔2〕 2013 年，国务院取消和下放 416 项行政审批等事项，修订政府核准的投资项目目录，推动工商登记制度改革。各地积极推进政府职能转变和机构改革，大幅减少行政审批事项。扩大"营改增"试点，取消和免征行政事业性收费 348 项，减轻企业负担 1500 多亿元。2014 年，国务院取消和下放 246 项行政审批事项，取消评比达标表彰项目 29 项、职业资格许可和认定事项 149 项，再次修订投资项目核准目录，大幅缩减核准范围。2015 年，国务院取消和下放 311 项行政审批事项，取消 123 项职业资格许可和认定事项，彻底终结了非行政许可审批。工商登记前置审批精简 85%，全面实施三证合一、一照一码。2016 年，国务院取消 165 项国务院部门及其指定地方实施的审批事项，清理规范 192 项审批中介服务事项、220 项职业资格许可认定事项，全面推行"双随机、一公开"，增强事中事后监管的有效性。过去几年，简政放权的成效持续显现，行政效率提升，市场主体迅速增加，营商环境逐步改善。

政审批项目设定行政许可的决定》[3]的公布,全国保留行政许可(审批)项目共计500项。

行政许可本身就意味着公权力对私权利的监管。中国行政审批制度的改革正在悄悄调整公权与私权的边界,完善和调整公权力与私权利的关系。

(二)行政许可法及立法形式

行政许可法,从广义言之,是指由国家制定的用以规范行政许可设定与实施的法律规范之总和;从狭义言之,就是指2003年制定、后经2019年修正的《行政许可法》。

行政许可的立法,与其他立法一样,存在两种模式,即分散式与集中式。分散式就是通过各类单行法律分别对各类行政许可作出规定;集中式就是通过制定统一的"行政许可法"来集中规范中国的行政许可制度。一般来说,集中式的立法自然比分散式的立法要显得成熟和科学。

2003年以前,中国的行政许可立法采用的是分散制。这种模式造成的后果是:行政许可项目过多过滥,部门利益滋长,法律相互"打架"严重。2003年制定统一的《行政许可法》后,中国的行政许可立法才走向成熟。

《行政许可法》制定后,其第83条第2款明文规定:"本法施行前有关行政许可的规定,制定机关应当依照本法规定予以清理;不符合本法规定的,自本法施行之日起停止执行。"这说明,中国的《行政许可法》是有关行政许可方面的"基本法",而不是"补充法",其他各类有关行政许可的规定均不得与《行政许可法》相抵触或不一致。

(三)行政许可法的立法过程

行政许可法是继行政诉讼法、国家赔偿法、行政处罚法、行政复议法之后的又一部行政性法律。《行政许可法》的制定,是顺应中国依法行政的深入,特别是行政审批体现的改革的需要。具体而言,《行政许可法》的制定大致可分成三个阶段:[4]

第一阶段,基础研究与试拟"征求意见稿"。这一工作由全国人大常委会法工委承担。全国人大常委会法工委从1996年着手行政许可法的调研、起草工作,形成了《行政许可法(征求意见稿)》,这是一个很好的开端,为尔后的顺利立法打下了基础。

第二阶段,国务院起草阶段。第九届全国人大常委会将行政许可法列入立法规划,确定由国务院提出法律草案,起草工作交由国务院法制办公室负责。此后,国务院法制办以"征求意见稿"为基础,结合清理国务院部门行政审批事项,从2000年年初开始,进行了行政许可法的起草、调研、论证工作。在此基础上起草了《行政许可法(初稿)》,于2001年7月印发各有关部门和专家学者征求意见。"初稿"经广泛听取意见与研讨,形成了《行政许可法(草案)》。该"草案"于2002年7月5日由国务院提请全国人大常委会审议。

第三阶段,审议通过阶段。2003年8月,第九届人大常委会第二十九次会议对"草案"进行了初步审议,并在会后由法制工作委员会将草案印发各有关部门与法学专家征求意见。法律委员会和法制工作委员会联合召开座谈会,邀请中央有关部门、企业事业单位和法学专家座谈

---

[3] 2004年6月29日中华人民共和国国务院令第412号公布。根据2009年1月29日国务院《关于修改〈国务院对确需保留的行政审批项目设定行政许可的决定〉的决定》第一次修订,根据2016年8月25日国务院《关于修改〈国务院对确需保留的行政审批项目设定行政许可的决定〉的决定》第二次修订。

[4] 参见张春生、李飞主编:《中华人民共和国行政许可法释义》,法律出版社2003年版,第2~3页。

征求意见。第九届全国人大常委会第三十一次会议对“草案”进行了二次审议。第二次审议对“草案”稿中关于行政许可的含义和范围、设定权和设定程序、实施程序，特别是听证程序等问题作了修改。第十届全国人大常委会第三次会议对《行政许可法（草案）》进行了三审。会后，根据常委会组成人员的审议意见，法律委员会、法制工作委员会就草案三次审议稿的主要问题，同国务院法制办进行了多次研究，并召开国务院有关部门、部分地方人大常委会和部分法律专家座谈会，进一步听取意见。2003 年 8 月，第十届全国人大常委会第四次会议进行了四审。四次审议稿对本法争议最大的问题，及对行政许可的分类问题提出了解决方案。[5] 四次审议稿受到了常委会组成人员的高度评价，经进一步审议修改后交付表决。2003 年 8 月 27 日，第十届全国人民代表大会常务委员会第四次会议对《行政许可法（草案）》进行了正式表决，到会常委会组成人员 152 人，赞成 151 票，弃权 1 票。《行政许可法》以高票通过。至此，历经 7 年的起草、审议工作，《行政许可法》终于正式出台。

《行政许可法》共八章 83 条。自 2004 年 7 月 1 日起施行。

（四）行政许可法的立法宗旨与基本原则

《行政许可法》开宗明义，第 1 条就表明了立法宗旨，即为了规范行政许可的设定和实施，同时又为了实现公民利益和维护公共利益的统一。

《行政许可法》从第 4 ~ 10 条，规定了行政许可法的六项原则：

1. 合法原则。《行政许可法》（2019）第 4 条规定：设定和实施行政许可，应当依照法定的权限、范围、条件和程序。这就是合法性原则在行政许可中的体现。

2. 公开、公平、公正原则。根据《行政许可法》（2019）第 5 条的规定，有关行政许可的规定应当公布；未经公布的，不得作为实施行政许可的依据。行政许可的实施和结果，除涉及国家秘密、商业秘密或者个人隐私的外，也应当公开。另外，符合法定条件、标准的，申请人有依法取得行政许可的平等权利，行政机关不得歧视任何人。

3. 便民原则。它由《行政许可法》（2019）第 6 条所确立，为其他法律条文所体现。行政机关实施行政许可，应当方便相对人，提高办事效率，提供优质服务。如《行政许可法》确立的作出许可决定的限时制，[6] 在当事人申请材料不齐时的一次性书面告知制度，[7] 都是便民原则的体现。

4. 救济原则。没有救济的权利不是真正的权利。根据《行政许可法》（2019）第 7 条规定，救济原则在行政许可中表现为：（1）公民、法人或者其他组织对行政机关实施行政许可，享有陈述权、申辩权；（2）对行政许可决定不服，有权依法申请行政复议或者提起行政诉讼；（3）其合法权益因行政机关违法实施行政许可受到损害的，有权依法要求赔偿。

5. 信赖保护原则。《行政许可法》（2019）第 8 条确立了信赖保护原则。行政许可决定一经依法作出，对行政机关与相对人都有约束力，行政机关不得擅自改变已经生效的行政许可。行政许可所依据的法律、法规、规章修改或者废止，或者准予行政许可所依据的客观情况发生重大变化的，为了公共利益的需要，行政机关可以依法变更或者撤回已经生效的行政许可。由此

---

〔5〕 解决方案就是：鉴于对行政许可分类标准的争议，不对行政许可加以分类，用统一的行政许可概念来规范行政许可行为。

〔6〕 参见《行政许可法》（2019）第 37 ~ 44 条。

〔7〕 参见《行政许可法》（2019）第 32 条。

给公民、法人或者其他组织造成财产损失的,行政机关应当依法给予补偿。

6. 监督原则。根据《行政许可法》(2019)第10条规定,监督原则体现在两个方面:一是上级行政机关对下级行政机关实施行政许可的监督,及时纠正其违法行为并追究责任;二是行政机关对当事人遵守《行政许可法》的监督,当事人不得违法行使被许可的权利或违法转让被许可的权利。

二、行政许可的概念与特征

行政许可因具有对特定活动范围进行事先控制的功能而被各国政府作为一种行政管理手段而广泛采用。它也是行政法上的一种最基本的行政决定形式,是一种独立的行政行为。

我国《行政许可法》对行政许可下过一个专门的定义。《行政许可法》(2019)第2条规定:"本法所称行政许可,是指行政机关根据公民、法人或者其他组织的申请,经依法审查,准予其从事特定活动的行为。"将它转换成理论概念亦大体接近:

所谓行政许可,系指特定的行政主体,根据行政相对人的申请,经依法审查,作出准予或不准予其从事特定活动之决定的行政行为。行政许可作为一种独特的行政行为,显然具有自己的法律特征:

1. 事先性。行政许可的本质功能是一种事先控制。当因球场空间限制无法让所有观众观赏比赛时,只能发票,持票者才能入内。这种票就具有许可功能。为防止拆迁人在不符合条件的情况下进行拆迁,"拆迁许可证"便应运而生。从理论上说,事先的同意称许可,事后的同意称认可。行政许可具有事先控制性,凡是针对事后行为的处理(如行政处罚等)均不可能是行政许可。所以,"事先性"是行政许可的首要特征。

2. 授益性。行政许可首先是一种行政赋权行为,它是赋予特定行政相对人从事某种活动的权利和资格,如捕捞、开业、建房等,而不是限权行为。其次,在法律已有禁止规定的条件下,行政许可又属于解禁行为,如持枪、采矿等。所以,行政许可具有双重性,即赋权性与解禁性。但无论是赋权还是解禁,都属于授益行政行为而不是负担行政行为。

3. 依申请性。行政许可是一种依声请行政行为。前文述及,依声请行政行为是与依职权行政行为相对应的一种行政行为,其特点是:行政行为的作出须以行政相对人的声请为前提。根据《行政许可法》(2019)第四章第一节的规定,行政许可须经相对人申请;不经相对人申请,行政主体不得主动实施行政许可。2004年国务院法制办的一个复函强调了这一点。[8]

4. 法定性。行政许可是一种非常严格的行政法律制度,并由专门的《行政许可法》作单独调整,因而具有明显的法定性。法定性主要表现在:(1)实施行政许可的机关是法定的,不是任何行政机关都有行政许可权;[9](2)许可的事项又是法定的,对未被《行政许可法》列入的事项不得实施许可;(3)许可的程序也是法定的,已由《行政许可法》作出统一规定的,任何机关都

---

〔8〕 国务院法制办《对〈关于行政许可实施主体清理有关问题的请示〉的复函》(国法秘函〔2004〕169号,2004年6月23日发布,自发布之日起施行)中的第五点写道:"……行政机关指定相对人实施特定活动的行为,如果不需要申请人申请,是行政机关依职权可以主动作出的,原则上不属于行政许可,但需要予以规范。"

〔9〕 不仅《行政许可法》第三章对此作了明确规定,而且国务院法制办在一个复函中作了强调。国务院法制办《对〈关于提请解释《中华人民共和国行政许可法》有关适用问题的函〉的复函》(国法函〔2004〕293号,2004年8月2日发布,自发布之日起施行)中第一点指出:"公民、法人或者其他组织具体向哪个行政部门申请行政许可,应当根据特定的行政许可事项、设定该行政许可的法律、行政法规和其他有关规定确定。"

无法创设自己的程序。

理解与掌握行政许可的概念与特征时还要澄清三个问题：

一是行政许可到底是一种解禁行为还是赋权行为。这在历史上经历了一种理论演变。早在自由资本主义时期，须由政府许可的事项很少，只有一些非常特别的事项需要政府的批准，如卖酒、销售枪支等。这些事项对全社会来说都是禁止的，只有经政府的许可才可例外。在这种背景下，法学理论才将行政许可看成是普遍禁止的解除。可到了现代，由于政府干预经济生活和社会生活的程度加强，需经政府许可的事项范围大大扩大，而且这些事项大多未被法律明文禁止，这样赋权说就代替了解禁说，认为行政许可是政府对公民权利的一种赋予。而我们现在认为，行政许可具有双重性，它以准予当事人进行特定行为为内容，因而具有赋权性；同时，如果该被许可行为又以法律上的被禁止为前提，那么它同时也是一种解禁行为。

二是无论准予许可，还是不准予许可，都属于行政许可行为。因为任何行政行为在内容上都具有肯定性或否定性，在形式上都有作为形式与不作为形式。这一认识对于其他行政行为都是适用的，所以后面不再复述。

三是当事后获得行政许可之后，因实施违法行为，被有关行政机关暂扣或吊销许可证的，这就不属于行政许可行为，而属于行政处罚行为了。暂扣或吊销许可证属于行政处罚的一种手段和形式，[10]因而适用《行政处罚法》而不是适用《行政许可法》。

三、行政许可的种类与形式

（一）行政许可的领域

根据最高人民法院《关于行政案件案由的暂行规定》（法发〔2020〕44号），可诉的行政许可行为包括但不限于以下领域：工商登记；社会团体登记；颁发机动车驾驶证；特许经营许可；建设工程规划许可；建筑工程施工许可；矿产资源许可；药品注册许可；医疗器械许可；执业资格许可。

（二）行政许可的种类

按不同标准对行政许可进行分类，无疑是一种必需的方法。但在中国，对行政许可的分类理论意义可能胜过立法意义。《行政许可法（草案）》曾将行政许可分为普通许可、特许、认可、核准和登记五大类。后来鉴于它们的划分界线不清，难以把握而取消，从而使现行的许可法最终无分类条款。但从行政法理论上考察，对行政许可的分类非常必要，其主要的意义在于，法律为不同许可设定的规则是（应当是）不同的。笔者认为，以下的几种分类是比较常见并有意义的：

1. 普通许可与特别许可

这是根据获得许可的易难程度所作的一种分类。特别许可（特许）是国家对许可事项严格控制而对许可审查与决定程序异常严格的许可；特别许可以外的许可就是普通许可。国家设定许可审查与决定程序的严格程度取决于所许可行为事项的性质：如果所许可事项正是国家法律所禁止的事项，如持枪、吸毒、从事博彩业等，现为执行特别任务需要给某警察颁发持枪特许证，或为治病需要同意给某病人吸一定控制量的毒品等，就是特许；此外，针对不以国家法律

---

〔10〕《行政处罚法》（2021）第9条规定："行政处罚的种类：……（三）暂扣许可证件、降低资质等级、吊销许可证件……"

禁止为前提的行为事项进行许可,就是普通许可,如许可饭店经营(营业执照)。特别许可是对禁止的解除;普通许可是对权利的赋予。

有人主张将"是否有数量限制"作为区别普通许可与特别许可的标准,特许是有数量控制的许可,普通许可则是无数量控制的许可,这样划分并不正确。有数量控制的许可与无数量控制的许可本身属于一种独立的分类,与特别许可与普通许可并不完全重合。特许的事项,有的属于有数量控制的,有的便无数量控制。[11]

从《行政许可法》条文设置的立法意图上,适用行政许可普通程序的许可就是普通许可,适用行政许可特别程序的许可就是特别许可(特许)。《行政许可法》(2019)第四章第一节至第五节规定的是普通许可程序,第六节规定的是特别许可程序。这两种程序的选择规则是:特别程序优于普通程序。有特别程序规定的,适用特别程序;无特别程序规定的,就适用普通程序。根据《行政许可法》(2019)第四章第六节规定,特别许可包括:(1)国务院实施的行政许可(第52条);(2)通过招标、拍卖等竞争方式实施的许可(第53条);(3)通过考试等方式确认资格、资质的许可(第54条);(4)根据技术标准对物品质量进行审定允许其使用的许可(第55条);(5)关于组织的成立、变更或消灭等有关主体资格的许可(第56条);(6)有数量控制的许可(第57条)。这些特别许可以外的就是普通许可。

这一分类的意义在于:(1)正确引导行政机关正确适用许可的程序规则。规则表现为:一是特别程序优于普通程序。这是说,特别程序与普通程序在规定上不一致的,应当优先适用特别程序。二是普通程序是特别程序的补充程序。特别许可并不绝对地排斥普通程序。普通程序对于特别许可依然能起到补充作用。也就是说,特别许可既适用特别程序,也适用普通程序。在普通程序与特别程序规定不一致时,优先适用特别程序;但对于特别程序未作规定的部分,依然适用普通程序。(2)正确引导立法部门科学地设置许可程序。针对国家法律禁止的许可事项应当设定严格的许可程序,并不必对非为国家法律所禁止的事项设定不恰当而过严的许可程序,相反,应当尽量简化普通许可程序。

2. 长期许可与临时许可

临时许可系由《行政许可法》(2019)第14条[12]与第15条[13]所设定的一种许可。这种许可分两类:(1)由国务院的决定所设定的行政许可。[14] 它是指对于由《行政许可法》(2019)第12条所列的许可事项,在法律与行政法规尚未规定时,国务院可以用决定的方式设定的一种许可。这种许可实施后,除临时性行政许可事项外,国务院应当及时提请全国人民代表大会及其常务委员会制定法律,或者自行制定行政法规。(2)由省级人民政府(省、自治区、直辖市

---

〔11〕 参见应松年主编:《当代中国行政法》,中国方正出版社2005年版,第704页。

〔12〕 《行政许可法》(2019)第14条规定:"本法第十二条所列事项,法律可以设定行政许可。尚未制定法律的,行政法规可以设定行政许可。必要时,国务院可以采用发布决定的方式设定行政许可。实施后,除临时性行政许可事项外,国务院应当及时提请全国人民代表大会及其常务委员会制定法律,或者自行制定行政法规。"

〔13〕 《行政许可法》(2019)第15条第1款规定:"本法第十二条所列事项,尚未制定法律、行政法规的,地方性法规可以设定行政许可;尚未制定法律、行政法规和地方性法规的,因行政管理的需要,确需立即实施行政许可的,省、自治区、直辖市人民政府规章可以设定临时性的行政许可。临时性的行政许可实施满一年需要继续实施的,应当提请本级人民代表大会及其常务委员会制定地方性法规。"

〔14〕 2004年6月29日,国务院已以决定的方式宣布保留500项临时许可。参见《国务院对确需保留的行政审批项目设定行政许可的决定》(中华人民共和国国务院令第412号,2004年6月29日公布,自2004年7月1日起施行。2016年修订,数量不变)。

人民政府,下同)临时设定的一种许可。它是指对于由《行政许可法》(2019)第12条所列的许可事项,尚未制定法律、行政法规和地方性法规的,因行政管理的需要,确需立即实施行政许可时,由省级人民政府以规章形式设定的一种许可。临时性的行政许可实施满一年需要继续实施的,应当提请本级人民代表大会及其常务委员会制定地方性法规。这两种临时许可,都有其共同点:以无上位法与本位法的存在为前提;出于行政管理的需要;临时性。这种许可实施后,应当"及时"(第一种许可)或"满一年"(第二种许可)后取消或提请制定上位法或本位法。临时许可以外的许可属于长期许可,尽管是长期许可也有期限。

这一分类有助于指导我们分别对待它们两者的期限。对于长期许可,应当注意延续的程序〔15〕;对于临时许可,应当严格监督它的"临时性",防止将临时许可变成长期许可。

3. 法定许可、授权许可与委托许可

这是基于实施行政许可机关的不同所作的分类。法定许可,系指由具有法定职权的行政机关实施的许可。按照《行政许可法》(2019)第22条的规定,"行政许可由具有行政许可权的行政机关在其法定职权范围内实施"。授权许可,系指按照《行政许可法》(2019)第23条的规定,由法律、法规授权的具有管理公共事务职能的组织所实施的许可。委托许可,系指按照《行政许可法》(2019)第24条的规定,由受行政机关委托的另一个行政机关以委托行政机关的名义所实施的许可。

这种分类有助于完整地认识与把握行政许可的实施机关。不同机关实施行政许可受不同法则的约束。

4. 全国许可与地方许可

这是基于行政许可证的空间范围所作的一种分类。凡是在全国范围内有效的行政许可,就是全国许可;凡是在地方范围(省、市、县等)内有效的行政许可则是地方许可。

全国许可与地方许可的划分,不是根据发证机关的地位,而是根据设定这一许可的法律而进行的。我们不能简单地推定:国务院及国务院部门颁发的许可证是全国许可,地方政府颁发的许可证就一定是地方许可。律师执业证(行政许可证)由地方司法行政机关颁发,但律师可以接受全国各地案件当事人的委托,并到全国各地法院办案,所以律师证恰恰是全国许可证。

全国许可是指由国家法律、行政法规和国务院决定设定全国统一标准而没有规定地域范围限制的许可,如果国家法律、行政法规和国务院决定设定的许可同时被规定了地方适用范围,则按地方许可对待。对于由地方性法规和省级政府规章设定的许可,当然属于地方许可。

全国许可与地方许可是指许可证的法律效力在全国范围内有效还是地方范围内有效。全国许可表现为"一证通用",即办理一张许可证在全国各地都具有效力;地方许可只能是"一地办一证",超越一个地方的区域范围,就要另行依法申请许可证。从这个意义上说,全国许可与地方许可的显著区别就是:可以"一证通用",还是"多地多证"。〔16〕

当然,全国许可全国有效,不能理解为任何许可证都不得规定许可的具体地点和许可量。

---

〔15〕《行政许可法》(2019)第50条规定:"被许可人需要延续依法取得的行政许可的有效期的,应当在该行政许可有效期届满三十日前向作出行政许可决定的行政机关提出申请。但是,法律、法规、规章另有规定的,依照其规定。行政机关应当根据被许可人的申请,在该行政许可有效期届满前作出是否准予延续的决定;逾期未作决定的,视为准予延续。"

〔16〕关于全国许可与地方许可的划分,可遵循国务院法制办《对〈关于提请解释《中华人民共和国行政许可法》有关适用问题的函〉的复函》(国法函〔2004〕293号)。

例如,公民、法人或者其他组织申请取水,行政机关作出的准予行政许可决定应当规定取水量和取水地点,被许可人只能在该地点取水。所以,不能将许可证的效力范围与许可证的使用地点和使用量等同。

区分全国许可与地方许可的法律意义主要表现在两个方面:(1)立法上的意义。由法律和行政法规所设定的全国许可,地方性法规和省级政府规章不得将它转变为地方许可,不得设定应当由国家统一确定的公民、法人或者其他组织资格、资质的行政许可,不得设定企业或者其他组织设立登记及其前置性的行政许可。(2)执法上的意义。地方政府不得禁止其他地区的个人或者企业到本地区从事生产经营活动和提供服务,不得限制其他地区的商品进入本地区市场。

5. 有数量控制的许可与无数量控制的许可

行政许可的这一分类是基于《行政许可法》(2019)第57条[17]的规定而形成。许可事项有数量控制的是有数量控制的许可,相反是无数量控制的许可。数量有无控制源于自然条件的限制或有权机关对数量的限定,前者如许可使用某一无线电频道,后者如高速路上的加油站。

这一分类直接决定了行政许可机关作出许可决定的规则。根据《行政许可法》(2019)第57条的规定,有数量限制的行政许可,两个或者两个以上申请人的申请均符合法定条件、标准的,行政机关应当根据受理行政许可申请的先后顺序作出准予行政许可的决定,除非法律、行政法规有例外规定。

6. 排他性许可与非排他性许可

排他性许可,是指某个人或组织获得该项许可以后,其他任何个人或组织便都不能再申请获得该项许可,例如专利许可、商标许可等;非排他性许可,是指可以为所有具备法定条件者申请、获得的许可,例如驾驶执照、营业执照等。

鉴于这两种许可的不同特性,我们在审查与决定许可申请时,对于排他性许可尤其要注意是否有利害关系第三人的存在。[18]

7. 独立证书许可与附文件许可

独立证书许可,是指单独的许可证便足以表明持证人被许可的活动范围、方式、时间等,无需其他文件加以补充说明的行政许可。例如入境检疫证、持枪证、特种工具购买证、驾驶执照等。附文件许可,是指必须附加文件予以说明被许可的范围、方式、时间等的行政许可。例如专利许可、商标许可、建设许可、对动植物及其产品入境的海关许可等,都必须附加相应的文件才能表明其许可的全部内容,附加文件是该类行政许可中一个不可缺少的组成部分。

这种分类有助于我们把握行政许可的完整性。

8. 附条件许可与无条件许可

这是基于行政许可的生效条件对许可所作的一种分类。我国《行政许可法》并未确立这一

---

〔17〕《行政许可法》(2019)第57条规定:"有数量限制的行政许可,两个或者两个以上申请人的申请均符合法定条件、标准的,行政机关应当根据受理行政许可申请的先后顺序作出准予行政许可的决定。但是,法律、行政法规另有规定的,依照其规定。"

〔18〕《行政许可法》(2019)在设定许可程序时业已注意到这一点。该法第36条规定:"行政机关对行政许可申请进行审查时,发现行政许可事项直接关系他人重大利益的,应当告知该利害关系人。申请人、利害关系人有权进行陈述和申辩。行政机关应当听取申请人、利害关系人的意见。"

分类,所以它是一种纯理论上的分类。从理论上说,一种行政许可一经作出,无须等待达到所附条件才发生法律效力,这种许可是无条件许可;相反,如果一种许可作出以后,能否生效要视其是否达到所附条件,这便是附条件行政许可。

这种分类的意义在于把握行政许可的生效条件。

(三)行政许可的形式

行政许可是一种要式行政行为,不是不要式行为,所以它必须符合法律所要求的形式。

关于行政许可的具体形式,如果从许可行为本身的形式考察,其形式具有多样性,包括许可、认可、审批、审核、核准、登记、备案等。目前,这些行政许可的形式还过于杂乱,究其原因主要在于理论上的不成熟与立法上的不成熟,立法和理论还无力统一和规范行政许可的形式。另外,千万必须注意,除“许可”本身作为行政许可的行为形式外,其他形式如认可、审批、审核、核准、登记、备案等,并非都是行政许可的“专有”形式,它们可能同时又成为其他行政行为的一种形式。例如“登记”,它既可成为行政许可的一种形式,也可能而且是大量的,属于行政确认的一种形式。所以,我们应当以行政许可的特征去把握行政许可行为,而不能以行政许可的表达去认定行政许可行为。

从书面范畴考虑,行政许可又表现为一种许可证书。这种证书的形式,根据《行政许可法》(2019)第 39 条规定,[19] 应当包括许可证、执照、资格证、资质证、合格证书、批文等各种证照。

四、行政许可的相关概念

(一)行政许可与行政审批

中国的行政许可立法起源于行政审批制度的改革,这使不少人误以为行政许可就是行政审批。

中国的“行政许可”已由《行政许可法》下了专门的定义,而“行政审批”至今没有一个法对它下过定义。根据国务院行政审批制度改革工作领导小组《关于贯彻行政审批制度改革的五项原则需要把握的几个问题》(国审改发〔2001〕1 号)的解释,“《实施意见》[20] 所称行政审批,是指行政审批机关(包括有行政审批权的其他组织)根据自然人、法人或者其他组织依法提出的申请,经依法审查,准予其从事特定活动、认可其资格资质、确认特定民事关系或者特定民事权利能力和行为能力的行为……行政审批是行政审批机关作为行政主体对相对人实施的具体

---

〔19〕《行政许可法》(2019)第 39 条规定:“行政机关作出准予行政许可的决定,需要颁发行政许可证件的,应当向申请人颁发加盖本行政机关印章的下列行政许可证件:(一)许可证、执照或者其他许可证书;(二)资格证、资质证或者其他合格证书;(三)行政机关的批准文件或者证明文件;(四)法律、法规规定的其他行政许可证件。行政机关实施检验、检测、检疫的,可以在检验、检测、检疫合格的设备、设施、产品、物品上加贴标签或者加盖检验、检测、检疫印章。”

〔20〕指国务院批转《关于行政审批制度改革工作的实施意见》(国发〔2001〕33 号)。2015 年 11 月 27 日,根据国务院《关于宣布失效一批国务院文件的决定》(国发〔2015〕68 号),该意见已失效,但关于“行政审批”的概念依然可以参考。

行政行为”。[21]

单就这一解释来看,行政审批是指行政机关基于公民、法人或者其他组织的申请,对其请求和条件进行依法审查,就公民、法人或者其他组织从事特定活动、取得资格资质、确认特定民事关系或者特定民事权利能力和行为能力,作出准予或者不准予的意思表示。它是行政主体针对行政相对人作出的行政行为。

由此与行政许可比较,发现行政许可与行政审批都是一种行政主体针对行政相对人的外部行政行为,它不包括作为内部行政行为范畴的“行政机关对其内部有关人事、财务、外事等事项的审批”。与行政审批不同的是,行政许可仅指准予行政相对人“从事特定活动”的行为。[22]而行政审批的范围就大得多,只要行政相对人的事务需要行政主体审批同意,都属于行政审批的范围,除行政许可外,还包括对以下事项的申请与审批:

1. 申请行政机关确认法律关系。行政机关确认特定民事关系或者特定民事权利能力和行为能力,如产权登记、婚姻登记等。这类行为属于行政确认。

2. 申请行政机关给予权益。如公民向行政机关申领低保金、抚恤金等。这类事项发生在行政给付行为中。

3. 申请法定义务的减免。如相对人向行政机关申请税费的减免,也属于行政审批,但不属于行政许可。[23] 这类事项发生在行政征收征用和其他行政行为中。

可见,行政许可属于行政审批,但行政审批不限于行政许可。为此,国务院将行政审批分为行政许可内的审批与行政许可外的审批。[24] (见图11－1)

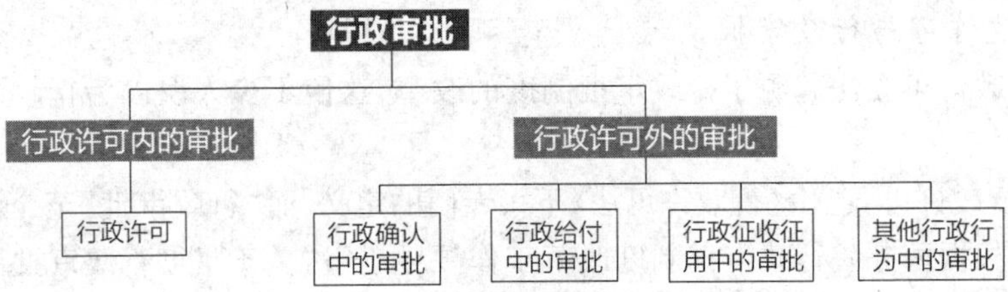

图11－1　行政审批

---

〔21〕 国审改发〔2001〕1号还解释道:“目前,行政审批的形式多样、名称不一,有审批、核准、批准、审核、同意、注册、许可、认证、登记、鉴证等。只要自然人、法人或者其他组织等相对人实施某一行为、确认特定民事关系或者取得某种资格资质及特定民事权利能力和行为能力,必须经过行政机关同意的,都属于《实施意见》所要求清理和处理的行政审批项目范围。因此,在清理行政审批项目时,不能只注意其名称和形式,而应当把握其“必须经过行政审批机关同意”这一实质,才能保证不重项、不漏项。行政审批是行政审批机关作为行政主体对相对人实施的具体行政行为,因此,行政机关对其内部有关人事、财务、外事等事项的审批、决定不属于《实施意见》所要求清理和处理的行政审批项目范围。”

〔22〕 《行政许可法》(2019)第2条规定:“本法所称行政许可,是指行政机关根据公民、法人或者其他组织的申请,经依法审查,准予其从事特定活动的行为。”

〔23〕 国务院法制办明确解释:税费减免审批就不是行政许可。国务院法制办在《对〈关于行政许可清理工作有关问题的请示及建议〉的复函》(国法秘函〔2004〕175号,2004年7月8日发布,自发布之日起施行)中规定:“……3、税费减免审批不是行政许可……”

〔24〕 2004年8月2日,国务院办公厅发布了《关于保留部分非行政许可审批项目的通知》(国办发〔2004〕62号),宣布保留211项行政许可以外的审批项目。2015年11月27日,国务院《关于宣布失效一批国务院文件的决定》(国发〔2015〕68号)废止了此文。

对于行政法学理论而言，在行政许可法理中探讨行政许可与行政审批的关系是非常必要的，以免行政实践部门的工作人员混淆。但是，如同行政决策概念一样，我们不能将行政审批作为一种行政行为的类型对待，否则它会影响现行行政行为的结构，导致行政行为之间的交叉。在行政许可内的行政审批，就是行政许可行为；在行政确认中的审批，就是行政确认行为；在行政给付中的审批，就是行政给付行为；在行政征收征用中的审批和其他行政行为中的审批，同样是该行政行为而不能另称为行政审批行为。任何一个行政行为，都包含成立、变更、消灭以及同意或者不同意等环节和意思表示的全过程。

（二）行政许可与非行政许可审批

"非行政许可审批"最早出现在国务院 2004 年的一个通知中，〔25〕事后的一个通知又重复了这一名词，〔26〕但它的含义似乎并不稳定。

从字面逻辑上理解，"非行政许可审批"显然与"行政许可审批"相对应。如果说"许可内的审批"就是行政许可，那么，"许可外的审批"就是"非行政许可审批"。这类审批的范围在上一问题的讨论中已经解决，包括行政确认中的审批、行政给付中的审批、行政征收征用（税费等）中的审批和其他行政行为中的审批。这种意义上的"非行政许可审批"，是一种除行政许可审批以外的存在于其他行政行为的审批行为，显然是一种外部行政行为。

但是，国务院的通知似乎并不这样定义，它当初在设立"非行政许可审批"这一概念时，就将它限定于"内部事项"〔27〕的审批。〔28〕 2014 年有关"非行政许可审批"的第二个通知，虽然还是将它定位于"内部事项"，但同时承认，事实上"非行政许可审批""既有属于政府内部管理事务的事项，还有以非行政许可审批名义变相设定的面向公民、法人或其他组织的行政许可事项"。〔29〕 这次清理的范围恰恰不限于属于"内部事务"的"非行政许可审批"，还包括行政主体

〔25〕 参见国务院办公厅《关于保留部分非行政许可审批项目的通知》（国办发〔2004〕62 号）。

〔26〕 参见国务院《关于清理国务院部门非行政许可审批事项的通知》（国发〔2014〕16 号）。

〔27〕 国务院办公厅《关于保留部分非行政许可审批项目的通知》（国办发〔2004〕62 号）解释道：这些经国务院同意暂予保留的 211 项"非行政许可审批事项"，"主要是政府的内部管理事项，不属于行政许可；随着社会主义市场经济体制的逐步完善，今后还将逐步取消或作必要的调整"。

〔28〕 尽管第一个有关"非行政许可审批"的通知中所列的 211 个项目中，大多依然属于行政机关与公民、法人或者其他组织之间的外部事项，如省级税务机关对外商投资企业在优惠期内因不可抗力提前解散免予补税审批、税务机关对西部地区企业享受税收优惠政策审批等。

〔29〕 国务院《关于清理国务院部门非行政许可审批事项的通知》（国发〔2014〕16 号）中规定："《中华人民共和国行政许可法》公布实施后，根据当时有效管理的需要，国务院于 2004 年决定保留部分属于政府内部管理事务的非行政许可审批事项，同时明确随着社会主义市场经济体制的逐步完善，对这些非行政许可审批事项要逐步取消或作必要调整。此后，国务院在开展行政审批制度改革过程中，陆续取消和调整了一批非行政许可审批事项。但一些部门通过各种形式又先后设定了一批非行政许可审批事项，其中既有属于政府内部管理事务的事项，还有以非行政许可审批名义变相设定的面向公民、法人或其他组织的行政许可事项。这些审批事项，设定和实施不够规范，不利于激发市场活力、增强发展动力。按照行政审批制度改革工作要求，国务院决定对各部门现有非行政许可审批事项进行清理……此次清理对象是已向社会公开的国务院各部门行政审批事项汇总清单所列非行政许可审批事项。根据审批对象的不同，这些事项包括面向公民、法人或其他组织的审批事项和面向地方政府等方面的审批事项……该取消的一律取消，该调整的坚决调整，最终将面向公民、法人或其他组织的非行政许可审批事项取消或依法调整为行政许可，将面向地方政府等方面的非行政许可审批事项取消或调整为政府内部审批事项，不再保留'非行政许可审批'这一审批类别……各部门面向公民、法人或其他组织的非行政许可审批事项，要于本通知印发后一年内予以取消……今后，任何部门或单位不得在法律、行政法规和国务院决定之外，设定面向公民、法人或其他组织的审批事项……"

针对相对人的“非行政许可审批”。

笔者认为,“非行政许可审批”应当基于国务院的两个有关“非行政许可审批”的通知,并衔接《行政许可法》(2019)第3条[30]的精神来界定其内涵。“非行政许可审批”,系指不属于《行政许可法》调整的行政审批,包括行政机关内部审批、政府行使产权人对有关资产管理投入和使用的审批、政府财政优惠待遇审批、授予荣誉称号审批和宗教民族政策性事项审批等。这就是说,“非行政许可审批”不仅仅指“内部事项”审批。它的界定标准不是内部与外部关系、合法与违法关系,而是是否属于《行政许可法》调整范围的问题。属于《行政许可法》调整的审批是“行政许可审批”,不属于《行政许可法》调整的审批,则属于“非行政许可审批”。

2015年国务院发布了《关于取消非行政许可审批事项的决定》(国发〔2015〕27号),决定全面取消“非行政许可审批”。2016年,第十二届全国人民代表大会第四次会议通过了《关于2015年国民经济和社会发展计划执行情况与2016年国民经济和社会发展计划的决议》,宣布已“全部取消非行政许可审批”。因此,当下再行讨论“非行政许可审批”,意义已不是太大。

(三)行政许可与行政确认

在中国目前的行政许可立法及行政许可法理论中,最难找到清晰界线的正是行政许可与行政确认的关系。在美国与德国,行政许可范围都比较大,不少行政确认已被并入行政许可,故不发生这一难题;[31]而我国在行政法理论上和司法实践中都将行政许可与行政确认列为两种独立的行政行为,[32]但《行政许可法》扩大了行政许可的范围,[33]将不少行政确认列入行政许可范围之中,从而使我们的理论与立法陷入一种悖论。

行政确认是对业已存在的主体资格、法律事实与法律关系依法进行认定,赋予其法律效力并宣示该效力的行为;而行政许可是赋予特定当事人拥有在一定期限内进行某类行为的权利。行政确认是对业已存在的状态(主体资格、人身关系、行为等级、所有权效力等)的一种评判,行政许可是对尚未发生的行为的许可,是对未来行为权利的赋予。所以,司法行政机关颁发律师资格证属于行政确认,颁发律师执业证属于行政许可,因为前者解决主体资格问题,后者解决从事行为的权利问题;前者是对主体的确认,后者是对其行为的许可。无前者不可能有后者,但有前者未必有后者。这两者是相互不能替代的,要领取律师执业证必须先取得律师资格证,但已领取律师资格证的人未必就能领取律师执业证。

对于法律事实与法律关系的认定,属于行政确认而不是行政许可,这一点是肯定的。关于主体资格的认定是行政确认还是行政许可,这还需要作进一步解释。如果是对业已成立的主

---

〔30〕《行政许可法》(2019)第3条规定:“行政许可的设定和实施,适用本法。有关行政机关对其他机关或者对其直接管理的事业单位的人事、财务、外事等事项的审批,不适用本法。”

〔31〕在美国,行政许可主要有四种:一是允许(permit),即对具备了某种客观技能和水平的人从事某项活动的一项许可,如汽车驾照;二是资格证明(certification),即对具有相应教育经历或者专业资格的人从事特定职业的一种能力证明;三是特许(franchise),是对有限资源进行配置的一种方式,如出租车的经营许可;四是执照(license),是对经营关系公众健康、社会福利事业的一种许可,如餐馆经营执照。德国的行政法将行政许可分为普通行政许可、例外准允(豁免)、特许和备案,范围亦很广泛。参见张春生、李飞主编:《中华人民共和国行政许可法释义》,法律出版社2003年版,第10、368~369页。

〔32〕最高人民法院《关于规范行政案件案由的通知》(法发〔2004〕2号,已失效)和最高人民法院《关于行政案件案由的暂行规定》(法发〔2020〕44号)都将“行政许可”与“行政确认”单独列为两种不同的行政行为。

〔33〕《行政许可法》(2019)第12条所规定的许可事项,第1、2项是典型的行政许可事项,第3、4、5项有很大的成分属于行政确认。

体及主体的资格作一评定(如对企业资质的评定),这是行政确认;如果是登记或批准成立一个新主体,如企业登记与社团登记,这是行政许可,因为拥有了新的主体资格就意味拥有了新的行为权利。

其实任何行政许可都以行政确认为前提,行政许可决定的前提是对被许可人是否符合被许可资格与条件的确认。只是当行政确认与行政许可两种行为同步作出,确认证书与许可证书被合而为一时,行政确认就被行政许可吸收,总体作为行政许可对待。假设对律师改为只发律师执业证,而不另行颁发律师资格证,就属于这种状态;相反,当行政确认与行政许可两种行为分别作出,并分别颁发确认证书与许可证书时,那就作为两种行政行为对待。我们在现实中之所以往往难以区别行政确认与行政许可,与我们没有掌握“行政许可以行政确认为前提,而有时行政确认会被行政许可所吸收”这一原理有关。〔34〕

(四)行政许可与行政登记

行政登记系指行政机关依法对主体资格、行为状态、法律关系以及其他有关事项进行审核、确认、记载以赋予其权利或宣示其效力的行为。目前在中国的行政法理中,行政登记不是作为一种独立的行政行为对待,〔35〕而是作为一种行为形式对待的,它可以成为行政确认的一种形式,也可成为行政许可的一种形式,甚至成为其他行为的一种形式。根据行政登记的特性考察,它可分为确认性登记、许可性登记与备案性登记。〔36〕

确认性登记,系指行政机关对当事人业已存在的法律事实和法律关系进行核实与认定,确认与宣示其法律效力的行为。如房产管理部门对当事人房产权的登记。

许可性登记,系指行政机关在对当事人的有关条件与理由进行审查的基础上赋予当事人从事某种特定行为的权利或解除法律对其行为的禁止。如人民政府民政部门对社会团体的登记〔37〕,因为这一登记直接赋予社团从事社团活动的权利。

备案性登记,系指行政机关为了收集信息和事后监督而对当事人的有关信息进行记载的行为。这种登记属于一种事实行为,是政府信息公开制度中的一个配套性环节。〔38〕

正因为行政登记的多样性与复杂性,在2004年的行政许可项目清理中,国务院法制办针对地方的不少请示,作出了许多解释。〔39〕这对于我们如何从实质上准确认定行政登记的行为归属是有帮助的。国务院法制办在《关于对〈关于请解释行政许可有关问题的函〉的复函》(国法秘函〔2004〕171号)指出:进口单位拟进口的农药依照《农药管理条例》进行农药登记,农业部对其发放“进出口农药登记证明”。这一“登记证明”属于行政确认,不是行政许可。国务院法制办在《对〈关于行政许可清理工作有关问题的请示及建议〉的复函》(国法秘函〔2004〕175

---

〔34〕 这是对“行政行为吸收”理论的延伸。可参考本书第八章、第九章的对应部分。

〔35〕 尽管最高人民法院《关于规范行政案件案由的通知》(法发〔2004〕2号,已失效)将“行政登记”作为一种与“行政确认”“行政许可”相并列的独立性的行政行为,最高人民法院《关于行政案件案由的暂行规定》(法发〔2020〕44号)依然如此,但这是从“案由”而不是从“行政行为”角度进行的分类。案由以行政行为为基础,但更从诉讼便利和裁判角度考虑。

〔36〕 参见崔卓兰、吕艳辉:《行政许可的学理分析》,载《吉林大学社会科学学报》2004年第1期。

〔37〕 参见国务院法制办《对〈关于行政许可实施主体清理有关问题的请示〉的复函》(国法秘函〔2004〕169号,2004年6月23日发布,自发布之日起施行)中的相关解释。

〔38〕《行政许可法(草案)》之所以将“备案”列为行政许可的一个种类,是因为在现实中存在许多名为“备案”实为“许可”(事先审查与赋权)的行为。

〔39〕 当然,国务院法制办的上述解释依然是基于《行政许可法》的定位进行的。

号)中指出:"根据《中华人民共和国道路交通安全法》的规定,国家对机动车实行登记制度。《中华人民共和国道路交通安全法实施条例》将机动车登记分为注册登记、变更登记、转移登记、抵押登记和注销登记,其中:注册登记是行政许可。按照《中华人民共和国海商法》的规定,船舶登记包括国籍登记、所有权登记、抵押权登记,其中:国籍登记是行政许可,所有权登记、抵押权登记均不是行政许可";"城市园林绿化企业资质"属于行政许可项目。

(五)行政许可与行政备案

行政备案,是指公民、法人或者其他组织对于自身已经存在和发生的事实和行为,按规定向主管机关报告登记,以便主管部门掌握信息、帮助决策和事后监督的制度。

行政备案不属于行政许可。它与行政许可是不同的:(1)功能不同。设置备案制度的目的是让主管部门掌握信息,为国家立法和决策服务,也便于有关部门对备案者所备案行为作事后监督;而设置许可制度的目的,则是直接控制行为的"流量"。(2)效力不同。对于需备案的行为,当事人可以先做,后报备,而且报备与否及报备的结果不影响已作应报备行为的法律效力。[40] 但许可完全不同,未获准许可之前,当事人从事许可行为是违法的。(3)事先与事后。行政备案是一种事后监督,而行政许可是一种事先许可。

但是,中国的备案在有的地方又被分为许可性备案与登记性备案,事前备案与事后备案,这是不规范的。备案就是备案,许可就是许可。"备案"不得被变相地转化为"许可"。

(六)行政许可与行政认可

行政许可与行政认可是一对范畴。如果说许可是一种事先控制手段,那么认可则是一种事后控制手段;如果说许可是一种"事先的同意",那么认可则是一种"事后的同意"。具体说来,行政认可系指行政主体对当事人已经作出的行为作事后承认。《行政许可法(草案)》将"认可"作为行政许可的一个种类。但《行政许可法(草案)》不是从"时间的事后性"来界定认可,而是从"许可事项"来界定的。[41]

认可应当属于许可范畴,它是一种许可程序上的例外。正如"先行执行"是"强制执行"的一种例外,同时也属于强制执行制度的一部分一样。许可与认可的关系如图 11-2 所示:

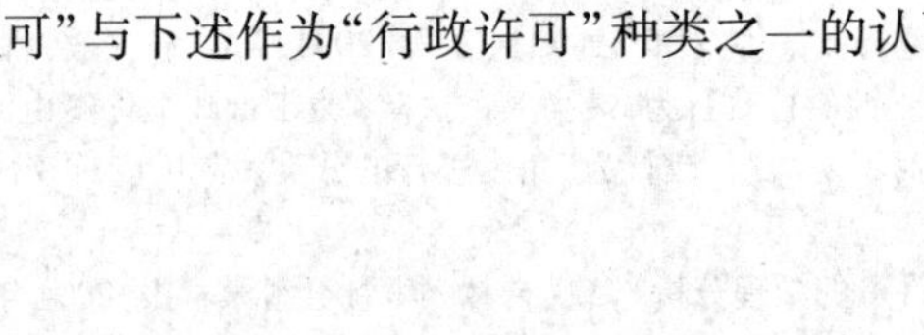

图 11-2 行政许可

当然,这里的"行政认可"与下述作为"行政许可"种类之一的认可又是不同的。

---

〔40〕如《香港特别行政区基本法》(1990)第 17 条第 1~2 款规定:"香港特别行政区享有立法权。香港特别行政区的立法机关制定的法律须报全国人民代表大会常务委员会备案。备案不影响该法律的生效。"

〔41〕《行政许可法(草案)》主张"认可"是对"提供公众服务并且直接关系公共利益的职业、行业,需要确定具备特殊信誉、特殊条件或者特殊技能等资格、资质的事项"的许可。

五、《行政许可法》规定的许可种类和形式

上述分类理论是基于一般的行政许可理论而言的，而中国的《行政许可法》所基于和体现的理论与上述理论有一致之处，也有不一致之处，特需分别阐明，以免造成“应然”与“是然”的混淆。

在起草行政许可法时，有关部门对具有许可意义的称谓作了统计，发现有许可、审批、审核、批准、认可、同意、登记、确认、备案等70余种。行政许可法以什么分类为基础，曾有四种意见：一是以对申请人的限制程度为标准，将行政许可分为一般许可与特别许可。前者对申请人无特殊限制，如驾驶许可；后者对申请人有特殊限制，如持枪许可。二是以是否需经行政机关审批为标准，将行政许可分为普通许可与登记许可。前者需要行政机关审批，后者无须审批。三是以行政机关的管制力度为标准，将行政许可分为审批、核准和登记备案三种。对于审批事项，行政机关要严格控制，但有最大的自由裁量权；对于核准事项，行政机关控制较松，但自由裁量权较小；对于登记备案事项，行政机关控制最松，自由裁量权也最小。四是以行政许可的性质、功能和适用条件为标准，将行政许可分为普通许可、特许、认可、核准、登记。〔42〕

《行政许可法（草案）》使用了第四种分类方法，但在通过《行政许可法》时，鉴于人们对于这种划分的科学性有不同看法，便取消了这种表达，从而使现行的许可法最终无分类条款。《行政许可法》虽然没有采用这种分类表述，但行政许可立法的整体构架依然以这种分类为基础，行政许可事项、程序等的设立都与此相对应。一些权威性教程依然使用这一分类及其五个基础概念，〔43〕并依然表明“《行政许可法》采纳了”这种分类。〔44〕所以，我们还是将它们作为现行行政许可法理论来介绍。

1. 普通许可。普通许可，系指行政机关准予符合法定条件的公民、法人或者其他组织从事特定活动的行为。这是一种使用最广泛、最常见并与《行政许可法》（2019）第2条〔45〕定义最为一致的许可形式，如治安许可、爆炸物品生产运输许可、颁发驾照等。这种许可的特点是：（1）作用对象是相对人的行为，是对相对人行使法定权利或者从事法律没有禁止但附有条件活动的准许。（2）适用事项是《行政许可法》（2019）第12条第1项所述事项，即直接涉及国家安全、公共安全、经济宏观调控、生态环境保护以及直接关系人身健康、生命财产安全等特定活动，需要按照法定条件予以批准的事项。（3）这种许可一般无数量控制。风险由当事人自我承担，所赋行为权利可以自生自灭。（4）这种许可行政机关一般无裁量权。对于相对人申请符合条件者，应当给予许可；反之亦然。

2. 特许。这里的特许，不是指“特别许可”的简称，而是指针对《行政许可法》（2019）第12条第2项和第53条所适用程序的特定权利的许可，表现为由行政机关代表国家向公民、法人或者其他组织转让原本属于国家的资源或专营权的行为。如向相对人转让水、电、气的专营权，

---

〔42〕 参见汪永清主编：《行政许可法教程》，中国法制出版社2011年版，第7页。

〔43〕 参见汪永清主编：《行政许可法教程》，中国法制出版社2011年版。

〔44〕 参见汪永清主编：《行政许可法教程》，中国法制出版社2011年版，第7页。

〔45〕 《行政许可法》（2019）第2条规定：“本法所称行政许可，是指行政机关根据公民、法人或者其他组织的申请，经依法审查，准予其从事特定活动的行为。”

或者向申请人颁发海域使用权证和土地使用权证等。[46] 这种许可的特点是:(1)作用对象是国家所属的有限资源,包括自然资源(土地、森林、草原、水流、矿产、海域等)、公共资源(公共运输线路和电讯资源,如无线电频道、航空线路、公交线路等)和专营市场(电力、铁路、民航、通讯、石油、烟草等行业)等。其主要功能是解决有限资源的分配问题。(2)适用事项是《行政许可法》第12条第2项所述事项,即关于有限自然资源开发利用、公共资源配置以及直接关系公共利益的特定行业的市场准入等,需要赋予特定权利的事项。(3)这种许可一般有数量控制,目的是保护稀缺资源。(4)这种许可行政机关一般具有一定的裁量权。对于符合条件的申请人,未必一定要给予许可,可根据保护稀缺资源的需要而定。(5)这种许可权的取得一般应当支付一定的费用,而且许可权利可以依法转让和继承。

3. 认可。认可,系指由行政机关对公民、法人或者其他组织是否具备特定技能的认定。如律师资格证、教师资格证、注册会计师资格证、医师资格证的颁发。这种许可的特点是:(1)作用对象是相对人技能的确认。这种技能一般通过考试等方式检验认定。(2)适用事项是《行政许可法》(2019)第12条第3项所述事项,即提供公众服务并且直接关系公共利益的职业、行业,需要确定具备特殊信誉、特殊条件或者特殊技能等资格、资质的事项。(3)这种许可一般没有数量控制,目的是保障技能的可靠性。(4)这种许可行政机关一般具有一定的裁量权。(5)这种许可权与申请人的特定身份相联系,不能转让和继承。

4. 核准。核准,由行政机关对某种事项是否达到特定技术标准、经济技术规范的判断、确定。如消防验收、电梯安装核准等。这种许可的特点是:(1)作用对象是对相对人的行为和物品技术标准的确认。一般通过技术性和专业性的验收、检测进行。(2)适用事项是《行政许可法》(2019)第12条第4项所述事项,即直接关系公共安全、人身健康、生命财产安全的重要设备、设施、产品、物品,需要按照技术标准、技术规范,通过检验、检测、检疫等方式进行审定的事项。(3)这种许可一般没有数量控制,目的是保障行为和物品的可靠性。(4)这种许可行政机关没有裁量权。

5. 登记。登记,由行政机关确立个人、企业或者其他组织的特定主体资格的行为。如工业企业注册登记、社团登记等。这种许可的特点是:(1)作用对象是相对人的主体资格。登记的目的在于保障主体的能力和信誉。(2)适用事项是《行政许可法》第12条第5项所述事项,即企业或者其他组织的设立等,需要确定主体资格的事项。(3)这种许可一般没有数量控制,目的是保障主体资格。(4)这种许可一般对申请作形式审查,并当场决定是否许可,故无裁量权。

要注意的是,“登记”是行政许可的一种形式,但并不是所有登记都是行政许可。登记可分为许可性登记与非许可性登记,区别标准在于它是否具有“许可”功能。

如表11-1所示,我们对五种许可形式作一对比。

---

[46] 颁发土地使用权证属于行政许可,但颁发房屋所有权证不属于行政许可,因为土地的所有权为国有,而房屋的所有权可以是私有。

表 11-1 许可形式对比

种类	定义	作用对象	适用事项	数量控制	裁量权
普通许可	准予符合法定条件的申请人从事特定活动的行为	行为	《行政许可法》第 12 条第 1 项	无	无
特许	向申请人转让原本属于国家的资源或专营权的行为	资源	《行政许可法》第 12 条第 2 项	有	有
认可	对申请人是否具备特定技能的认定	技能	《行政许可法》第 12 条第 3 项	无	有
核准	对某种事项是否达到有关标准的确定	标准	《行政许可法》第 12 条第 4 项	无	无
登记	确立申请人具有主体资格的行为	主体	《行政许可法》第 12 条第 5 项	无	无

六、不属于行政许可的其他行为

根据《行政许可法》和有关行政许可法的解释，下列行为没有被列入行政许可范围：

1. 内部行政审批行为。根据《行政许可法》(2019)第 2 条的规定，行政许可的本质是解决政府与社会(公民、法人或者其他组织)的关系，而不是处理政府机关之间或者政府与党的机关、其他国家机关之间的关系。根据《宪法》的设计，行政机关不仅肩负着对社会经济、文化、科技等方面的管理工作，同时也承担着对政府和国家人事、财务、外事等事项的审批权。行政机关行使后一审批权时，大多基于特别权力关系，其行为性质为内部行政行为，不属于《行政许可法》意义上的行政许可行为，因而不适用《行政许可法》。为此，该法第 3 条第 2 款明确规定："有关行政机关对其他机关或者对其直接管理的事业单位的人事、财务、外事等事项的审批，不适用本法。"

2. 以出资人身份处置财产权的行政审批。行政机关具有双重身份：一是代表国家行使行政管理权，这是行政主体身份；二是代表国家行使国有资产所有权人的权利与义务，[47]这是出资人身份。行政机关以行政主体身份行使行政管理权属于行政行为，受行政法调整；行政机关以出资人身份处置其所有的财产权，这属于由民法调整的民事行为。因此，行政机关以国有资产出资人身份从事的对所属财产的投资和对其他处置行为进行审批的行为，不属于行政许可。

3. 确认民事权利的登记行为。行政许可作为一种赋权行为，直接赋予行政相对人某种行政法上的行为权利，民事权利不是行政许可的直接结果。因此，行政机关确认民事权利的登记行为，不属于行政许可，而属于行政确认。确认民事权利的登记行为有两类：一类是为确认民事权利所作的登记，如房屋所有权登记、财产抵押权登记、机动车登记、植物新品种权的授予、

〔47〕《企业国有资产法》(2008)第 3 条规定："国有资产属于国家所有即全民所有。国务院代表国家行使国有资产所有权。"第 4 条又规定："国务院和地方人民政府依照法律、行政法规的规定，分别代表国家对国家出资企业履行出资人职责，享有出资人权益。国务院确定的关系国民经济命脉和国家安全的大型国家出资企业，重要基础设施和重要自然资源等领域的国家出资企业，由国务院代表国家履行出资人职责。其他的国家出资企业，由地方人民政府代表国家履行出资人职责。"

组织机构代码、商品条码的注册等;另一类是为确认民事关系所作的登记,如婚姻登记、收养登记、身份登记、户籍登记等。

4. 知识产权的授予和注册行为。行政机关依据《专利法》(2020)和《商标法》(2019)对当事人的专利权和商标权进行保护,其中的有效方法就是对专利的授予和商标的注册。但是,行政机关对专利的授予和商标的注册行为不是行政许可,其同样属于行政确认。因为在对专利授予和商标注册之前,该专利和商标都已存在,对专利的授予和商标的注册不过是对它的事后承认和保护而已。但是对于法律、行政法规规定必须使用注册商标的商品(如烟草制品等的商标),对于这些商品的商标注册,属于行政许可,因为它具有事先的赋权性。[48]

5. 作为日常性监督的检验、检测、检疫等行为。对有关物品的检验、检测、检疫是行政机关进行日常监督的主要手段。但是,检验、检测、检疫是事实行为而不是行政许可行为。另外,《行政许可法》(2019)第55条规定:"实施本法第十二条第四项所列事项的行政许可的,应当按照技术标准、技术规范依法进行检验、检测、检疫,行政机关根据检验、检测、检疫的结果作出行政许可决定。行政机关实施检验、检测、检疫,应当自受理申请之日起五日内指派两名以上工作人员按照技术标准、技术规范进行检验、检测、检疫。不需要对检验、检测、检疫结果作进一步技术分析即可认定设备、设施、产品、物品是否符合技术标准、技术规范的,行政机关应当当场作出行政许可决定。行政机关根据检验、检测、检疫结果,作出不予行政许可决定的,应当书面说明不予行政许可所依据的技术标准、技术规范。"这一规定也恰恰说明,检验、检测、检疫等行为是行政许可的条件,而不是行政许可本身。

第二节　行政许可事项及其设定

一、行政许可的事项范围

界定行政许可的范围,首先要界定被许可人可以从事的"活动"范围,因为行政许可本质上是"准予其从事特定活动的行为"[49]。但要界定"活动"范围又得界定可以从事该活动的"事项"范围,因为任何活动都具有一定的"事项"内容。

对行政许可事项范围的划定问题,是一个直接影响公权力与私权利界线的敏感问题。行政许可事项范围划定过大,会导致政府对公民权利干预过多过宽;相反,可能会导致政府对社会的管理失控。所以,《行政许可法》(2019)第11条规定了设定行政许可的原则,设定行政许可,应当遵循经济和社会发展规律,有利于发挥公民、法人或者其他组织的积极性、主动性,维护公共利益和社会秩序,促进经济、社会和生态环境协调发展。

从《行政许可法》的立法设计来看,行政许可的事项被分为两类:一是可以设定许可的事项;二是可以不设定许可的事项。

(一)可以设定许可的事项

根据《行政许可法》(2019)第12条规定,以下六类属于可以设定许可的事项:

---

〔48〕 参见许安标:《〈行政许可法〉的调整对象》,载《行政法学研究》2004年第2期;杨临萍:《行政许可法与司法审查》,人民法院出版社2004年版,第19~20页。

〔49〕 参见《行政许可法》(2019)第2条。

1. 准予公民、法人或者其他组织从事直接涉及国家安全、公共安全、经济宏观调控、生态环境保护以及人身健康、生命财产安全等特定活动的事项。这类事项有三个特点：一是这些活动必须直接涉及国家安全、公共安全、经济宏观调控、生态环境保护以及直接关系人身健康、生命财产安全等；二是它们一般无数量控制；三是行政机关只是审查申请者的申请条件，符合法定条件者给予许可，否则就不予许可。这类事项又可分为：

(1)直接涉及国家安全的事项。国家安全是国家生存与发展的状态，它是国家的最高利益。如根据《测绘法》(2017)第8条规定，外国的组织或者个人在中华人民共和国领域和中华人民共和国管辖的其他海域从事测绘活动，应当经国务院测绘地理信息主管部门会同军队测绘部门批准，并遵守中华人民共和国有关法律、行政法规的规定。外国的组织或者个人在中华人民共和国领域从事测绘活动，应当与中华人民共和国有关部门或者单位合作进行，并不得涉及国家秘密和危害国家安全。

(2)直接涉及公共安全的事项。公共安全与国家安全略有不同，它主要指对社会公众构成危险的事项。如公安机关对烟花爆竹方面的审批许可。

(3)直接涉及经济宏观调控的事项。对国家经济进行宏观调控，这是世界各国政府的一项职能，它直接关系到一国经济的安全与发展。如国家经济管理部门对投资立项、产业布局和进出口管制方面的许可。

(4)直接涉及生态环境保护的事项。生态环境表现为人与自然的和谐，能否保护好生态环境直接关系到社会的可持续发展。我国的环境保护与各种污染防止项目均实行许可制度。

(5)直接涉及人身健康、生命财产安全的事项。人是社会的要素与细胞，人的人身安全与财产安全是每个人首要关注的问题，所以有关这方面的活动，国家自然要实行许可制度。药品经营许可就是一例。

2. 赋予公民、法人或者其他组织从事有限自然资源开发利用、公共资源配置以及直接关系公共利益的特定行业的市场准入等权利的事项。这类事项有三个特点：一是它的功能在于赋予有限自然资源开发利用、公共资源配置以及特定行业的市场准入等权利；二是它一般有数量控制；三是具有对价性。当事人被许可获得特定权利后，需支付一定的对价。具体说来，它涉及“两大资源一大行业”。

(1)对自然资源的利用。自然资源包括土地、矿藏、水流、森林、山岭、草原、荒地、滩涂等，它们都由国家所有。由于自然资源的有限性以及涉及国家的可持续发展，国家对自然资源的开发与利用大多规定了审批许可制度。

(2)对公共资源的配置。公共资源与自然资源不同，它是指需要人们建造和维护并为社会公众服务的资源，包括市政建设、道路交通设施、航空航线、无线电频道等。对公共资源实行许可制度，主要为了优化资源配置。

(3)特定行业市场的进入。这里的特定行业是指公用事业服务等行业，如自来水、煤气、电力、电信、邮政等与人民群众日常生活、公共利益密切相关的行业。由于这类行业的特殊性，国家对其市场的进入实行许可制。

3. 有关确定资格、资质方面的事项。[50] 这类事项有两个特点：一是它只限于“提供公众服务并且直接关系公共利益的职业、行业”，如医生与律师等。不提供公众服务或虽提供公众服

---

〔50〕 从行政法理上讲，这一类行为中有许多成分属于“行政确认”而不是“行政许可”。

务但并不直接关系公共利益的职业、行业,也不需实行许可制度。二是从事这些职业、行业的个人和组织依法需要确定“特殊信誉、特殊条件或者特殊技能”的,如果只需有一般的信誉、一般的条件或者一般的技能,就无须实施许可制度。

4. 对特定物的检测、检验和检疫事项。[51]《行政许可法》第 12 条第 4 项将其表达为:“直接关系公共安全、人身健康、生命财产安全的重要设备、设施、产品、物品,需要按照技术标准、技术规范,通过检验、检测、检疫等方式进行审定的事项。”根据这一表达,可了解这一事项的特点:一是它是“通过检验、检测、检疫等方式进行审定”的活动,它接近事实上的鉴定,而不是一般的审批活动;二是这种活动的对象是“物”而不是“人”,是设备、设施、产品、物品等;三是这种“物”必须直接关系公共安全、人身健康、生命财产安全,否则也无须许可。民用航空器及发动机设备,应当向国务院民用航空主管部门申领合格证书,就属于这类许可。

5. 有关组织的设立需确定主体资格的事项。[52] 这是为有关企业或者社会组织(如社会团体)设立的行政登记制度。我们在前面已经表明,行政登记并不全部属于行政许可,主体设立登记[53]或行为登记属于行政许可,但权属登记与人身关系登记不属于行政许可。

6. 法律、行政法规规定可以设定行政许可的其他事项。这是一个兜底条款,意味着除了以上五类可设定许可的事项以外,全国人大及其常委会的法律和国务院的行政法规还可通过单一性法律、法规来规定新的可设定许可事项。当然,这一规定必须受到《行政许可法》(2019)第 13 条[54]的约束。

(二)可以不设定许可的事项

根据《行政许可法》(2019)第 13 条规定,上述六类可以设定行政许可的事项,如果通过以下方式能够解决,可以不设定行政许可:

1. 公民、法人或者其他组织能够自主决定的。当某种事项由当事人自己决定、处理,不实行许可一般也不会妨害国家安全、公共安全和他人权利时,对该事项则不必设定许可,如对于保姆资格就是一例。

2. 市场竞争机制能够有效调节的。如果某种事项通过市场竞争机制能够有效调节,就无须通过政府干预来解决,也可不设定许可,如对于服务业的价格就是一例。

3. 行业组织或者中介机构能够自律管理的。行业组织和中介机构是连接市场主体与政府的桥梁,它们具有自律、高效等特点。随着市场经济的成熟,这类机构越来越能担当起一定的社会管理职能。所以,诸如资质评定等可由行业组织或者中介机构自律解决的,也可不设行政许可。

4. 行政机关采用事后监督等其他行政管理方式能够解决的。如果某些事项不以事先许可,事后发现违法追究其责任便可解决的,也可不设定行政许可,如一般的生活用品假冒伪劣问题。

---

[51] 从行政法理上讲,这一类行为全部属于“行政确认”而不是“行政许可”。

[52] 这一类行为是行政登记行为。关于行政登记,直接具有准予从事特定行为的部分属于行政许可;其他类登记就不是行政许可。可结合阅读本章第一节第三题中的相应部分。

[53] 对业已成立的主体进行资格登记就不属于行政许可而属于行政确认了。

[54]《行政许可法》(2019)第 13 条规定了可以不设定行政许可的事项。

（三）停止实施行政许可问题

在阐述了上述“可以设定行政许可的事项”与“可以不设定行政许可的事项”之后，还有几个问题很有必要说明：

1.《行政许可法》用“可以设定行政许可的事项”与“可以不设定行政许可的事项”的分别规定来界定行政许可的事项范围，最终造成的结果是界线依然模糊不清。因为，“可以设定的事项”意味着“可以不设定”；而“可以不设定的事项”又意味着“可以设定”。这只得等待在《行政许可法》的实施与探索中进一步厘清思路。

2. 上述两种设定行政许可的事项，是指“设定”行政许可的范围，而不是“实施”行政许可。因为，无论该事项是否属于《行政许可法》第 12 条规定的“可以设定”的范围，还是属于《行政许可法》第 13 条规定的“可以不设定”的范围，只要法律、法规已作设定，行政机关只能执行和实施。换句话说，《行政许可法》第 12 条和第 13 条所规定的许可范围是用来约束有关机关的“立法行为”，而不是用来约束行政机关的“执法行为”的。

3. 对于已经设定的行政许可，有关行政机关要停止实施，是有条件与程序限制的。根据《行政许可法》（2019）第 21 条规定，省、自治区、直辖市人民政府对行政法规设定的有关经济事务的行政许可，根据本行政区域经济和社会发展情况，认为通过《行政许可法》第 13 条所列方式能够解决的，应当报国务院批准后，才可以在本行政区域内停止实施该行政许可。

二、行政许可的设定

（一）行政许可设定的概念

权力法定乃法治国家法治原则的要求与体现。国家的公权力必须由法律来设定，否则其就失去了合法的来源。

行政许可的设定有广义与狭义之分。广义上的设定包括狭义上的设定与规定。《行政许可法》第二章的章名所用的“设定”是基于广义，第二章章内的各条文所用的“设定”均是狭义的。广义的设定与狭义的设定及规定之间的关系如图 11－3 所示：

图 11－3　设定与规定

行政许可的设定（狭义）〔55〕，系指上位法创制有关行政许可制度的行为。它的主要特点是：

1. 立法性。行政许可的设定是指有关法律、法规和规章对行政许可作出原创性规定，而根据《立法法》的规定，法律、法规和规章均属“法”的范畴，因而这是一种“立法”行为，而不是“行政行为”。〔56〕

---

〔55〕 关于行政许可的设定，在本章内，后面的处理方法是：广义上的设定作特别说明；无特别说明者，都推定为狭义上的设定。

〔56〕 根据《行政许可法》（2019）第 14 条规定，国务院的“决定”可以设定临时行政许可，那只是一种例外规定而已。

2. 创制性。所谓创制性系指原创性,即在其他法律未作规定时,本法律作第一次规定。如果其他法律已作规定,本法只是在此基础上再作具体化规定,那么就不属于"设定",而是"规定"了。可以简单地说,行政许可的设定是有关法规对行政许可作第一次规定。

3. 上位性。如果上位法与下位法都对行政许可作出规定,无论谁先谁后,只有上位法的规定算作"设定",下位法的规定则定为"规定"。假设,在没有任何法律作出规定的情况下,国务院的行政法规第一次规定要对公民购买第二套房实施行政许可制度,这时的规定属于"设定";但事后全国人大及其常委会的法律也对同一制度作出规定,这时,全国人大及常委会的法律属于"设定",而国务院的行政法规则改属"规定"了。因为法律是行政法规的上位法,这时的行政法规必须对照法律规定作出相应修改(如果不一致)。

必须强调的是,"创制性"适用于同一机关制定的法律之间,而"上位性"则适用于不同法律位阶之间。如果"创制性"与"上位性"发生冲突,那么,"创制性"必须服从"上位性"。

(二)行政许可设定的内容

根据《行政许可法》(2019)第 12 条和第 18 条,行政许可的设定内容应当包括:

1. 实施行政许可的事项。这就是《行政许可法》第 12 条所列事项,但对它的具体设定,必须符合《行政许可法》(2019)第 13 条的要求。[57]

2. 实施行政许可的机关。在我国,不同的行政许可事项是由不同的行政机关来实施的,而具体由哪一机关实施这一许可,是由具体法规规定的。

3. 实施行政许可的条件。这是关于当事人提出许可申请后,行政机关审查其是否符合条件的标准。这些标准,具体法律在设定行政许可时必须同时规定清楚。

4. 实施行政许可的程序。虽然《行政许可法》对实施行政许可的程序作出了统一的规定[58],但这属于程序上的最低标准,具体法规可以在此基础上规定对相对人更为有利的程序,至少应当结合具体许可事项,将《行政许可法》规定的程序转化为某个许可事项中的程序。

5. 实施行政许可的期限。《行政许可法》(2019)第 42 ~ 44 条对行政机关作出许可决定的期限和送达决定书的期限作出了统一的规定。但《行政许可法》规定的期限属于最长期限,具体法规可以在最长期限范围内再作具体规定。[59] 特别必须注意的是,《行政许可法》(2019)第 42 条第 1 款对一个行政机关作出许可决定的期限虽有统一规定(20 天),但同时保留了"但书"条款。[60] 所以,具体法规是可以,也有必要规定行政许可的有关期限。

我们以前对设定内容的理解是狭隘的,一讲"设定"就理解为"设定权力",一讲"设定权

---

[57] 有人可能会认为,既然《行政许可法》(2019)第 12 条已统一设定了行政许可的事项,那么其他法规就没有必要重复性地再行设定行政许可事项了,这理解是不对的。因为《行政许可法》(2019)第 12 条只规定了"可以设定许可的事项",这些事项同时意味着未必一定需要设定。它意味着其他法规不得超越《行政许可法》(2019)第 12 条的范围设定许可,但不意味着对第 12 条的事项必须无选择地设定。第 12 条所列事项最终是否设定,不是由《行政许可法》本身解决的,而是由其他具体的法规来解决的。从这一意义上说,《行政许可法》不是设定行政许可的法,而是规范如何设定行政许可的法。

[58] 参见《行政许可法》第四章。

[59] 根据《行政许可法》第 42 条第 2 款规定,对于行政机关联合办理的行政许可,应当于 45 日内办结。但如果某项法规对于某项许可中的联合办结许可时间缩短为 35 日,应当也是允许的。

[60] 《行政许可法》(2019)第 42 条第 1 款规定:"除可以当场作出行政许可决定的外,行政机关应当自受理行政许可申请之日起二十日内作出行政许可决定。二十日内不能作出决定的,经本行政机关负责人批准,可以延长十日,并应当将延长期限的理由告知申请人。但是,法律、法规另有规定的,依照其规定。"

力”就理解为规定“谁是实施机关”,仅此而已。其实,设定当然主要是设定权力(如许可权、处罚权等),但这里的权力是个综合概念,它不仅包括实施机关,还应当包括实施这一权力的条件、行为方式和程序等。因此,对行政许可的设定,不能只理解为设定行政许可的实施机关,而应当包括上述五项内容。

(三)行政许可设定权的分配

行政许可设定权的分配,系指不同位阶的法律之间如何设定许可事项的分工。与其他法律〔61〕不同的是,《行政许可法》对许可设定权的分配不是采用“范围划分法”〔62〕,而是采用“条件划分法”,即不是根据权力对象的范围划分,而是在所有行为对象范围相同的前提下,划分其不同的行使条件。它的特点是:行使权力的范围是相同的,但行使权力的条件与前提是不同的。

根据《行政许可法》(2019)第14~15条规定,法律、行政法规和地方性法规对行政许可的设定权划分如下:

1. 法律的设定权。法律可以设定《行政许可法》(2019)第12条所列事项,即(1)直接涉及国家安全、公共安全、经济宏观调控、生态环境保护以及直接关系人身健康、生命财产安全等特定活动,需要按照法定条件予以批准的事项;(2)有限自然资源开发利用、公共资源配置以及直接关系公共利益的特定行业的市场准入等,需要赋予特定权利的事项;(3)提供公众服务并且直接关系公共利益的职业、行业,需要确定具备特殊信誉、特殊条件或者特殊技能等资格、资质的事项;(4)直接关系公共安全、人身健康、生命财产安全的重要设备、设施、产品、物品,需要按照技术标准、技术规范,通过检验、检测、检疫等方式进行审定的事项;(5)企业或者其他组织的设立等,需要确定主体资格的事项;(6)法律、行政法规规定可以设定行政许可的其他事项。法律设定上述事项时,必须以它们无法通过《行政许可法》(2019)第13条规定的方式加以规范为条件。

2. 行政法规的设定权。行政法规同样可以设定《行政许可法》(2019)第12条所列事项。但它的设定必须符合两个条件:一是通过《行政许可法》(2019)第13条方式无法规范的;二是尚未制定法律。如果作为上位法的法律已设定了某项许可,行政法规就不得再行设定,而只能作出规定了。

3. 地方性法规的设定权。地方性法规同样可以设定《行政许可法》(2019)第12条所列事项。但它的设定条件会更加严格。这些条件有四项:一是通过《行政许可法》(2019)第13条方式无法规范的。二是尚未制定法律和行政法规。如果作为上位法的法律和行政法规已设定了某项许可,地方性法规就不得再行设定,而只能作出规定了。三是在内容上,不得设定应当由国家统一确定的公民、法人或者其他组织的资格、资质的行政许可,不得设定企业或者其他组织的设立登记及其前置性行政许可。四是在效力上,其设定的行政许可,不得限制其他地区的个人或者企业到本地区从事生产经营和提供服务,不得限制其他地区的商品进入本地区市场。

必须关注的是,自治条例和单行条例一律不得设定行政许可。〔63〕

〔61〕 如《行政处罚法》(2021)对处罚权的设定。

〔62〕 即不同的法设定不同范围的事项。它们之间的权力划分其实是一种行为对象的范围划分。

〔63〕 参见国务院法制办公室编:《中华人民共和国行政处罚法注解与配套》(第4版),中国法制出版社2017年版,第8页。

(四)对临时许可的设定

上述法律、行政法规和地方性法规所设定的许可属于常态性许可,或称一般许可。根据《行政许可法》(2019)第14~15条,国务院的决定和省级人民政府在一定条件下也可以设定许可,但这种许可属于临时许可。

1. 国务院决定的设定权。根据《宪法》(2018)第89条第1项规定,国务院可以"根据宪法和法律,规定行政措施,制定行政法规,发布决定和命令"。国务院对临时许可作出临时设定的"决定",不属于法律、法规和规章,而属于前面提到的"行政规定"。所以严格说来,国务院决定对许可的设定不属于"立法"行为。国务院决定设定的临时许可,其事项范围还是与法律、行政法规和地方性法规的设定权相同,但鉴于它属于一种临时许可,设定这种许可的条件更加苛刻,其除了同样受制于《行政许可法》(2019)第13条规定外,还必须符合以下几个条件:一是法律、行政法规尚未设定该许可。二是确有"必要"。这必要性表现在还来不及制定法律和行政法规,即"等不及立法",并且又为行政管理所必需。三是实施后,应当"及时"〔64〕提请全国人大及其常委会制定法律或者自行制定行政法规。

2. 省级人民政府规章的设定权。省级人民政府规章系指省人民政府、自治区人民政府和直辖市人民政府依照《立法法》所制定的规章,它属于法的范畴。根据《行政许可法》(2019)第15条规定,它也有权设定临时许可。省级人民政府规章设定许可的范围,与法律、行政法规、地方性法规、国务院决定的设定范围相同,但其限制条件更多,除同样受制于《行政许可法》(2019)第13条规定外,还受以下要求的约束:一是法律、行政法规和地方性法规尚未设定该许可;二是为国家行政管理所需要,确需立即实施该行政许可;三是实施期限为1年,1年内应当自行取消,如果实施满1年需要继续实施,应当提请本级人民代表大会及其常务委员会制定地方性法规。其他还有内容上与效力上的条件与地方性法规相同。

最后强调两点尤有必要:一是国务院决定和省级人民政府规章只能在一定条件下设定临时许可,不得设定一般许可;二是根据《行政许可法》(2019)第17条规定〔65〕,除法律、行政法规、地方性法规、国务院决定和省级人民政府规章外,其他任何规范性文件一律不得设定行政许可。

三、行政许可的规定

(一)行政许可规定的概念

行政许可的规定,系指在上位法已经设定行政许可的前提下,它在上位法设定的许可范围内作具体化规定的行为。它的主要特点是:

1. 立法性。行政许可的规定系指有关法规和规章对行政许可作出进一步细化的规定,由于法规与规章均属于"法"的范畴,因而,行政许可的规定也是一种"立法行为",而不是一种"行政行为"。

2. 非创制性。行政许可的规定虽然也是立法权的体现,但它不具有创制性,或称原创性。它的非创制性具体表现为两点:一是它是以设定法为依据的,如果设定许可的法不存在,那就

---

〔64〕 目前对这一"及时"的期限未作出明确规定,还属于一个不确定的法律概念。

〔65〕 《行政许可法》(2019)第17条规定:"除本法第十四条、第十五条规定的外,其他规范性文件一律不得设定行政许可。"

无以发生对许可的规定问题;二是它是二次立法,是在设定法对许可已作出设定的条件下再行对其具体化。

3. 下位性。上位法对下位法,或者同位法之间,都不会发生对许可的规定问题。行政许可的规定总是发生在下位法对上位法之间。法律不存在对法规作出规定,法规不对规章作出规定,法律之间、行政法规之间、地方性法规之间或规章之间也不会发生规定问题,只有规章对地方性法规、地方性法规对行政法规、行政法规对法律,才发生行政许可的规定问题。

行政许可的设定与规定,虽然两者都是立法行为,但它们之间最大的区别有三点:一是设定具有创制性,规定不具有创制性,其只是对设定的具体化。因而可以说,设定是从"无到有",规定是从"有到有"(从"粗到细")。二是设定是首次对许可的规定,规定是二次以后对许可的设定。三是设定是上位法针对下位法,规定是下位法针对上位法。设定法是规定法的依据。

(二)行政许可规定权的分配

行政许可规定权的分配,系指不同位阶的法规之间如何具体规定有关行政许可内容的分工。《行政许可法》(2019)有关行政许可规定权的基本规定是第 16 条。根据该条规定,行政法规、地方性法规、规章都拥有规定权,也只有它们才拥有"规定权",即行政法规可以在法律设定的行政许可事项范围内,对实施该行政许可作出具体规定;地方性法规可以在法律、行政法规设定的行政许可事项范围内,对实施该行政许可作出具体规定;规章可以在上位法〔66〕设定的行政许可事项范围内,对实施该行政许可作出具体规定。

这里要提醒的是:拥有"设定权"的规章只限于"省级人民政府规章";但拥有"规定权"的规章却扩大到所有规章,即包括国务院有关部门制定的规章,省级人民政府制定的规章和较大的市人民政府制定的规章。为什么在规章领域,"规定权"的范围大于"设定权"的范围?主要是鉴于"设定"是对许可事项"从无到有"的设立,"规定"仅仅是对业已设立的许可事项进行具体化而已,所以对"设定权"的控制应当严于对"规定权"的控制。

还有,法律为什么只有"设定权"而无"规定权"呢?"规定"是下位法对上位法已有"设定"内容的具体化,而法律的上位法是宪法,但宪法是根本法,它不可能对行政许可作出设定或者规定。在行政许可的规范上,法律以外不会再有上位法。因此,法律对行政许可作出规定,只是"设定",不会属于"规定"。

最后一个问题是行政法规、地方性法规和省级人民政府规章既可设定行政许可,又可规定行政许可,那么当它们对某一行政许可事项作出规定时,我们凭借什么判断它属于"设定"还是"规定"呢?这一方法很简单,如果已有上位法对同一事项作出规定,它便属于"规定",如果尚未有上位法对同一事项作出规定,那么它便属于"设定"。〔67〕

(三)行政许可规定的内容和限制

《行政许可法》(2019)第 18 条关于设定许可内容上的要求,不仅适用于行政许可的设定,

---

〔66〕 这里的"上位法"应当区别不同的规章,依据《立法法》和《行政许可法》来具体确定,它包括有关法律、行政法规和地方性法规。

〔67〕 为此,国务院法制办特地于 2004 年 8 月 2 日作出解释,其第 4 条规定:"根据行政许可法第十五条第一款的规定,对依法可以设定行政许可的事项,法律或者行政法规已设定行政许可的,地方性法规或者规章只能对如何实施该行政许可作出具体规定,不得再设行政许可。"参见国务院法制办《对〈关于提请解释《中华人民共和国行政许可法》有关适用问题的函〉的复函》(国法函〔2004〕293 号发布,自发布之日起施行)。

同样也适用于行政许可的规定。有关法规在规定行政许可时也要保持内容上的完整性,应当对实施行政许可的事项、实施行政许可的机关、实施行政许可的条件、实施行政许可的程序以及实施行政许可的期限作出规定。

但行政许可规定不是对行政许可设定的内容作简单重复,否则便失去了立法意义,而是作进一步的“细化”。然而,这一细化也不是无条件的,它受到下列条件的严格限制:

1. 不得超越设定法所规定的行政许可事项范围。按照《行政许可法》(2019)第16条规定〔68〕,行政法规、地方性法规和规章在规定行政许可时,都必须限于在上位法“设定的行政许可事项范围内”作出,而且还“不得增设行政许可”。

2. 不得改变实施行政许可的机关。上位法已将某项许可权设定给某一行政机关,下位法在作出具体规定时,不得改变实施主体。但下位法在不改变上位法设定的许可实施机关的前提下,规定其内设机构或所属事业单位以实施机关的名义受理许可申请是允许的。〔69〕

3. 不得增设实施行政许可的条件。根据《行政许可法》(2019)第16条第4款的规定,“法规、规章对实施上位法设定的行政许可作出的具体规定……不得增设违反上位法的其他条件”。因为实施行政许可的条件增设得越多,相对人获准许可的难度就会增加,这既不利于保护相对人依法获得行政许可,也有悖中国法制的统一性。

其他方面的内容则按照下位法不得违反上位法原则处理。

第三节　行政许可实施机关

一、实施行政许可的主体

实施行政许可的机关,系指依法具体实施行政许可权的组织,或称实施行政许可的主体。由于相对人申请行政许可都是向实施行政许可的机关提出,因而,实施行政许可的机关又可称行政许可被申请机关。《行政许可法》要规范行政许可制度,不仅要划定行政许可事项范围,而且要确定实施行政许可的机关。实施行政许可的机关,并不是由《行政许可法》本身直接规定的,还需结合具体法律、法规和规章进行确定。〔70〕

根据《行政许可法》(2019)第三章和其他有关法律、法规和规章的规定,实施行政许可的主体有下列四类:

---

〔68〕《行政许可法》(2019)第16条规定:“行政法规可以在法律设定的行政许可事项范围内,对实施该行政许可作出具体规定。地方性法规可以在法律、行政法规设定的行政许可事项范围内,对实施该行政许可作出具体规定。规章可以在上位法设定的行政许可事项范围内,对实施该行政许可作出具体规定。法规、规章对实施上位法设定的行政许可作出的具体规定,不得增设行政许可;对行政许可条件作出的具体规定,不得增设违反上位法的其他条件。”

〔69〕依据是:国务院法制办《关于对〈关于请解释行政许可有关问题的函〉的复函》(国法秘函〔2004〕171号,2004年6月25日发布,自发布之日起施行)。该复函中第2条规定:“法律、行政法规规定由行政机关实施行政许可,规章可以根据行政许可法的规定,规定由该行政机关内设机构或者所属事业单位以该行政机关名义受理许可申请。”

〔70〕国务院法制办《对〈关于提请解释《中华人民共和国行政许可法》有关适用问题的函〉的复函》(国法函〔2004〕293号)第1条指出:“公民、法人或者其他组织具体向哪个行政部门申请行政许可,应当根据特定的行政许可事项、设定该行政许可的法律、行政法规和其他有关规定确定。”

(一)拥有行政许可权的行政机关

《行政许可法》(2019)第22条规定:“行政许可由具有行政许可权的行政机关在其法定职权范围内实施。”这一规定首先确立了“行政许可应当由行政机关实施”的原则。因为行政许可权属于国家的行政权力,它就必须由国家行政机关依法行使。这是为了保证国家公权力的严肃性。其次,不是任何行政机关都具有实施行政许可的资格,它的权力来自法律、行政法规和地方性法规,如果是临时许可,那么它的权力也可来自国务院决定和省级人民政府规章。最后,行政机关必须在法定职权范围内实施行政许可。这是许可行为的合法性要求。

(二)法律、法规授权的具有管理公共事务职能的组织

行政许可应当由行政机关实施,但在得到法律、法规授权的条件下,具有管理公共事务职能的组织也可以实施行政许可,这就是授权许可制度。《行政许可法》之所以设立授权许可制度,主要是考虑随着当今社会的高速发展,行政管理事务范围越加广泛,专业性越来越强,授权行政机关以外的社会组织实施许可,不仅可以节省行政成本,而且可以提高许可质量(尤其在专业许可领域)。

《行政许可法》(2019)第23条规定:“法律、法规授权的具有管理公共事务职能的组织,在法定授权范围内,以自己的名义实施行政许可。被授权的组织适用本法有关行政机关的规定。”这说明授权许可制度需具备以下几个要素:

1. 主体必须是具有管理公共事务职能的组织。这组织不是指国家机关和政党组织,而是指企业、事业单位与社会团体。[71]

2. 这些组织必须得到法律、法规的授权。实施行政许可并非具有管理公共事务职能组织的当然权力,只有得到法律、法规明文授权的具有管理公共事务职能的组织才可实施行政许可。这种授权的授权法范围只限于法律、行政法规和地方性法规,规章和行政规定不得作出这方面的授权。

3. 被授权的组织以自己的名义实施行政许可。这些组织得到法律、法规授权时,其法律身份成为行政主体。而行政主体实施行政行为必须以自己的名义进行并承受行为效果。

4. 被授权的组织适用《行政许可法》有关行政机关的规定。这些组织被授权后便成为行政主体,因而被视作行政机关。这些组织在实施行政许可时,必须受《行政许可法》对行政机关各种规定特别是第27条的约束。

(三)受委托的行政机关

根据《行政许可法》(2019)第22条的规定精神,行政许可原则上应当由具有许可职权的行政机关依法实施,不得由另外的行政机关实施。但《行政许可法》考虑到行政管理事务的复杂性,并为精简机构,规定了委托许可制度。

《行政许可法》(2019)第24条规定:“行政机关在其法定职权范围内,依照法律、法规、规章的规定,可以委托其他行政机关实施行政许可。委托机关应当将受委托行政机关和受委托实施行政许可的内容予以公告。委托行政机关对受委托行政机关实施行政许可的行为应当负责监督,并对该行为的后果承担法律责任。受委托行政机关在委托范围内,以委托行政机关名义

---

〔71〕 目前,法律、法规授权实施行政许可的组织有:证券监督管理委员会、银行保险监督管理委员会等。它们属于事业单位。

实施行政许可;不得再委托其他组织或者个人实施行政许可。”根据这一规定,委托许可制度由下列几个要素构成:

1. 委托方是依法被设定拥有行政许可权的行政机关,受委托方也是行政机关。这与行政处罚中的委托不同,处罚委托是行政机关对具有管理公共事务职能组织的委托,这组织可以是行政机关,也可以不是行政机关[72],而许可委托是行政机关对行政机关的委托。

2. 委托方的委托行为必须在法定职权范围内进行。委托方行政机关必须拥有许可职权,它只能将所拥有职权的全部或一部分委托给其他行政机关。

3. 委托许可须以有法律、法规、规章的规定为前提。行政机关实施委托许可,必须有法律、法规、规章的依据,无此依据,不得实施委托。[73]

4. 受委托许可的机关在委托范围内,以委托行政机关名义实施行政许可,行为效果归属委托方行政机关。这是因为,在行政委托关系中,受委托方不是作为行政主体,而是作为行为主体身份出现的,因而它只能以委托方的名义实施许可,并由委托方承受行为后果。

5. 委托方行政机关应当将委托信息公开并监督受委托机关的许可行为。这是委托方行政机关的法定职责,体现了行政公开原则与监督原则。

6. 受委托机关不得再行将许可委托给其他组织或者个人。这是一次性委托原则的要求。原则上,任何委托只能委托一次,不允许再委托,否则不利于公权力的监督与控制。

(四)专业技术组织

根据《行政许可法》(2019)第 28 条的规定,对直接关系公共安全、人身健康、生命财产安全的设备、设施、产品、物品的检验、检测、检疫,除法律、行政法规规定由行政机关实施的外,应当逐步由符合法定条件的专业技术组织实施。专业技术组织及其有关人员对所实施的检验、检测、检疫结论承担法律责任。本条虽不是对专业技术组织作为行政许可实施机关的直接授权,但它无疑为将来针对直接关系公共安全、人身健康、生命财产安全的设备、设施、产品、物品的检验、检测、检疫方面的授权许可与委托许可提供了依据。

二、相对集中行政许可权

《行政处罚法》首次设立“相对集中行政处罚权”制度之后,[74]《行政许可法》(2019)第 25 条[75]也设立了“相对集中行政许可权”制度。这一制度的设立,主要是为了防止和减少多头许可,贯彻精简、统一、效能原则。

相对集中行政许可权,系指经国务院批准,省、自治区、直辖市人民政府根据精简、统一、效能原则,可以决定一个行政机关行使有关行政机关的行政许可权。这一制度具有以下特点:

1. 集中性。这一制度是让一个行政机关行使其他有关行政机关的行政许可权,其实是将多个行政机关的行政许可权集中到一个行政机关上,以提高办事效率。

---

〔72〕 参见《行政处罚法》(2021)第 20 ~ 21 条。

〔73〕 《烟草专卖法》(2015)第 16 条规定:“经营烟草制品零售业务的企业或者个人,由县级人民政府工商行政管理部门根据上一级烟草专卖行政主管部门的委托,审查批准发给烟草专卖零售许可证。已经设立县级烟草专卖行政主管部门的地方,也可以由县级烟草专卖行政主管部门审查批准发给烟草专卖零售许可证。”

〔74〕 参见《行政处罚法》(1996)第 16 条、《行政处罚法》(2021)第 18 条。

〔75〕 《行政许可法》(2019)第 25 条规定:“经国务院批准,省、自治区、直辖市人民政府根据精简、统一、效能的原则,可以决定一个行政机关行使有关行政机关的行政许可权。”

2. 相对性。但这一“集中”不是绝对和全部的集中,而是“相对集中”。之所以称“相对集中”,是因为这一制度并未将所有行政机关的所有许可权都集中到一个行政机关上。对于集中行政许可权,鉴于它会在一定程度上改变原有法规对许可实施机关的设定,我们就必须持谨慎态度。

3. 严格性。相对集中行政许可权不是行政机关之间的随意性行为,它必须由省级人民政府报经国务院批准后作出决定,其程序非常严格。

4. 主体资格转移性。当经过上述严格程序确定设立一个行政机关行使其他有关行政机关的行政许可权时,其他有关行政机关的行政许可实施资格便转移到这个行政机关上,原行政机关不得再行使行政许可权。

三、行政许可的办理制度

《行政许可法》为了便民、高效,除了设立相对集中行政许可权制度外,还对办理许可工作制度进行了改革,肯定了地方“发明”的许多先进经验。《行政许可法》(2019)第 26 条[76]创设了下列几种便民的许可办理制度:

(一)一个行政机关内多个机构的统一办理制度

许可涉及一个行政机关内多个机构办理的,该行政机关应当确定一个机构统一受理行政许可申请,统一送达行政许可决定。

尽管多个机构的行政许可被确定为一个机构统一受理与送达行政许可,但该机构依然不是行政主体,它所属的行政机关才是实施行政许可的行政主体。因此,实施行政许可的名义及承受行政许可的行为效果的应当是该行政机关,而不是该行政机构。

(二)多个行政机关的并联办理

并联办理,也称并联审批,它来自地方政府的实践,现被《行政许可法》确认。并联审批系指,当行政许可依法由地方人民政府两个以上部门分别实施时,本级人民政府可以确定一个部门受理行政许可申请并转告有关部门分别提出意见后统一办理。它主要适用于企业的设立登记。这一制度的特点是:

1. 前提是在同一地方人民政府内有两个以上部门分别实施行政许可时,才可采用并联审批。对于不同政府之间或者跨越政府的部门之间的许可,不存在并联审批问题。

2. 程序是由本级人民政府确定一个行政部门作为并联审批单位。谁作为并联审批部门不是随意确定的,而是经过一个法定程序,即由本级人民政府确定。

3. 审批只有一个接口与出口。这一制度最明显的特点是,这一许可虽经多个机关审批,但与当事人发生关系的只有一个机关,由它接受申请并由它送达许可决定。

对于这一制度,有一个问题立法上还不明确,那就是对于不同机关的审批结论,如果当事人不服,是统一起诉负责并联审批的一个机关,还是分别起诉不同的机关?如果审批错误,由

---

〔76〕《行政许可法》(2019)第 26 条规定:“行政许可需要行政机关内设的多个机构办理的,该行政机关应当确定一个机构统一受理行政许可申请,统一送达行政许可决定。行政许可依法由地方人民政府两个以上部门分别实施的,本级人民政府可以确定一个部门受理行政许可申请并转告有关部门分别提出意见后统一办理,或者组织有关部门联合办理、集中办理。”

不同的审批机关分别承担自己应当承担的部分,还是统一由负责并联审批的机关来承担责任?笔者认为,并联审批是为了方便申请者所采用的一项措施,但在法律上它并没有将多个行政主体归并为一个行政主体,因而当发生诉讼与责任承担问题时,应当按照行政主体的理论分别承受法律效果。

(三)多个行政机关的联合办理与集中办理

行政许可依法由地方人民政府两个以上部门分别实施的,本级人民政府除可以实施并联审批外,还可由有关部门联合办理、集中办理。

联合办理、集中办理与并联办理都以行政许可由地方人民政府两个以上部门分别实施为前提,都是一项便民措施。但不同的是,并联审批是由一个行政部门接受,内转有关部门审批,而联合办理、集中办理依然是由不同部门分别接受与审批许可,只是办公地点集中在一个大厅,故称为"一站式服务"。

联合办理、集中办理都是指办理方式的"联合"或"集中",不是指行政主体的联合或集中,因而其实施许可的名义,承受行为效果等,都由各行政主体承担,不发生任何实质上的变化。

四、行政许可机关的义务与职责

行政许可机关是依法代表国家实施行政许可的主体,其行为代表国家的意志与形象,所以《行政许可法》对其作出了许可职责规定与义务要求。其中最为突出的有两项:

(一)许可信息公开的义务

根据《行政许可法》(2019)第30条的规定,行政机关应当将法律、法规、规章规定的有关行政许可的事项、依据、条件、数量、程序、期限以及需要提交的全部材料的目录和申请书示范文本等在办公场所公示。申请人要求行政机关对公示内容予以说明、解释的,行政机关应当说明、解释,提供准确、可靠的信息。

(二)不得向申请人谋取私利

《行政许可法》(2019)第27条规定,行政机关实施行政许可,不得向申请人提出购买指定商品、接受有偿服务等不正当要求。行政机关工作人员办理行政许可,不得索取或者收受申请人的财物,不得谋取其他利益。这是针对近年实践中出现的情况所作的特别规定,具有针对性与紧迫性。

第四节 行政许可实施程序

行政许可的实施程序,系指由《行政许可法》和其他有关法律规定,行政许可机关和相对人必须遵循的,有关行政许可实施的方式、步骤和时限等法律制度。国家设置行政许可程序的目的,在于保障实施行政许可权的公正与效率。行政许可的实施程序,不仅是行政许可机关实施行政许可的程序,同时也是行政相对人参与行政许可的程序。"申请—受理—审查—听证—决定",是行政许可实施程序的基本环节。

一、申请

行政相对人从事特定活动,依法需要取得行政许可的,应当向行政许可机关提出申请。申请人除依法应当亲自到行政机关办公场所提出行政许可申请外,也可以委托代理人提出行政许可申请。

行政许可申请可以通过信函、电报、电传、传真、电子数据交换和电子邮件等方式提出。

申请人申请行政许可,应当如实向行政机关提交有关材料和反映真实情况,并对其申请材料实质内容的真实性负责。行政机关不得要求申请人提交与其申请的行政许可事项无关的技术资料和其他材料。

二、受理

行政许可机关对申请人提出的行政许可申请,应当根据下列情况分别作出处理:

1. 申请事项依法不需要取得行政许可的,应当即时告知申请人不受理。

2. 申请事项依法不属于本行政机关职权范围的,应当即时作出不予受理的决定,并告知申请人向有关行政机关申请。

3. 申请材料存在可以当场更正的错误的,应当允许申请人当场更正。

4. 申请材料不齐全或者不符合法定形式的,应当当场或者在 5 日内一次告知申请人需要补正的全部内容,逾期不告知的,自收到申请材料之日起即为受理。

5. 申请事项属于本行政机关职权范围,申请材料齐全、符合法定形式,或者申请人按照本行政机关的要求提交全部补正申请材料的,应当受理行政许可申请。

行政机关受理或者不予受理行政许可申请,应当出具加盖本行政机关专用印章和注明日期的书面凭证。

三、审查

(一)审查申请材料

行政机关应当对申请人提交的申请材料进行审查,对申请人提交的申请材料审查把关是行政许可实施机关的法定职责。如果审查错误导致许可决定错误,行政许可机关就应当承担相应的责任。

行政机关对申请材料的审查有形式审查与实质审查之分。形式审查系指,行政许可机关针对当事人提交的申请材料,只要审查其是否"齐全"以及是否符合"法定形式"即可,符合这两个标准的,即予当场作出行政许可。《行政许可法》(2019)第 34 条第 2 款规定:"申请人提交的申请材料齐全、符合法定形式,行政机关能够当场作出决定的,应当当场作出书面的行政许可决定。"这正是针对形式审查而言的。

实质审查系指,行政许可机关针对当事人提交的申请材料,不仅要审查其是否"齐全"以及是否符合"法定形式",还要审查这些材料的真实性,在这些基础上方能作出行政许可。《行政许可法》(2019)第 34 条第 3 款规定:"根据法定条件和程序,需要对申请材料的实质内容进行核实的,行政机关应当指派两名以上工作人员进行核查。"这正是针对实质审查而言的。

行政许可机关针对哪些许可项目需作形式审查,又针对哪些许可项目需作实质审查,这是值得深层次研究的课题,但《行政许可法》本身尚未直接解决这一问题。目前在实践中的做法是依据具体法律、法规和规章所设定的程序而定。法规所规定的程序体现为形式审查的,行政许可机关就作形式审查,反之,就作实质审查。[77]

行政许可机关无论是进行形式审查,还是实质审查,都需对审查结果承担责任。[78] 因为《行政许可法》(2019)第34条第1款[79]设立了行政许可机关对所有申请材料的"审查职责"。当然,行政许可机关针对实质审查所负的审查责任与针对形式审查所负的审查责任程度上会有差别,而且,针对实质审查所负的审查责任显然会大于针对形式审查所负的审查责任。[80]

(二)听取申请人、利害关系人的意见

行政机关对行政许可申请进行审查时,发现行政许可事项直接关系他人重大利益的,应当告知该利害关系人。申请人、利害关系人有权进行陈述和申辩。行政机关应当听取申请人、利害关系人的意见。

四、听证会

(一)听证会的适用范围

听证会是行政许可机关在对许可申请审查时,在作出许可决定前所举行的听取申请人、利害关系人意见的最高形式。听证会并不是实施行政许可过程中的必经程序,但它已经成为一个广泛的程序。根据《行政许可法》(2019)第46~47条规定,有下列情形之一的,必须举行听证会:

1. 法律、法规、规章明文规定应当听证的。一般来说,许可事项涉及公共利益时,法律、法规、规章才会作出这方面的要求。行政许可机关举行这类听证会,应当事先向社会公告。

2. 行政许可机关认为需要听证的。虽然法律、法规、规章并未规定需要听证,但如果许可事项涉及公共利益,行政许可机关也可举行听证会。行政许可机关举行这类听证会,也应当事先向社会公告。

3. 申请人、利害关系人要求听证的。这类听证限于"行政许可直接涉及申请人与他人之间重大利益关系"的事项,如果许可事项并不直接涉及"申请人与他人之间重大利益关系",那么通过"听取意见"方式解决便可。对于这类听证,行政机关在作出行政许可决定前,应当告知申请人、利害关系人享有要求听证的权利;申请人、利害关系人在被告知听证权利之日起5日内提出听证申请的,行政机关应当在20日内组织听证。

---

〔77〕 例如,《民办教育促进法》(2018)第18条规定:"审批机关对批准正式设立的民办学校发给办学许可证。审批机关对不批准正式设立的,应当说明理由。"这里,民办学校的登记属于许可性质,而且这一登记只要作形式审查就行。而《食品安全法》(2021)第35条第2款规定:"县级以上地方人民政府食品安全监督管理部门应当依照《中华人民共和国行政许可法》的规定,审核申请人提交的本法第三十三条第一款第一项至第四项规定要求的相关资料,必要时对申请人的生产经营场所进行现场核查;对符合规定条件的,准予许可;对不符合规定条件的,不予许可并书面说明理由。"这里就需作实质审查。

〔78〕 但也有人认为,行政许可机关对形式审查是不承担审查责任的。参见张春生、李飞主编:《中华人民共和国行政许可法释义》,法律出版社2003年版,第123~124页。

〔79〕 《行政许可法》(2019)第34条第1款规定:"行政机关应当对申请人提交的申请材料进行审查。"

〔80〕 但对这一程度上的差别作量化的研究,目前尚未有最终结果。最高人民法院认为:"人民法院在审理行政登记案件中,应当以登记机关的法定职责和专业能力为标准,对其是否尽到合理审慎的审查义务作出认定。"参见最高人民法院办公厅《行政审判办案指南(一)》(法办〔2014〕17号)第15条。

（二）听证会的程序

根据《行政许可法》(2019)第48条规定，听证按照下列程序进行：

1. 行政机关应当于举行听证的7日前将举行听证的时间、地点通知申请人、利害关系人，必要时予以公告。

2. 听证应当公开举行。

3. 行政机关应当指定审查该行政许可申请的工作人员以外的人员为听证主持人，申请人、利害关系人认为主持人与该行政许可事项有直接利害关系的，有权申请回避。

4. 举行听证时，审查该行政许可申请的工作人员应当提供审查意见的证据、理由，申请人、利害关系人可以提出证据，并进行申辩和质证。

5. 听证应当制作笔录，听证笔录应当交听证参加人确认无误后签字或者盖章。

举行听证会的，行政机关应当根据听证笔录，作出行政许可决定，否则听证会便会失去意义。

五、决定

（一）作出许可决定的条件

申请人的申请符合法定条件、标准的，行政许可机关应当依法作出准予行政许可的书面决定。不符合法定条件、标准的，行政许可机关应当作出不予许可的书面决定。依法作出不予行政许可的书面决定的，应当说明理由，并告知申请人享有依法申请行政复议或者提起行政诉讼的权利。

（二）作出许可决定的方式

对于《行政许可法》(2019)第12条第2项所列许可事项，即有限自然资源开发利用、公共资源配置以及直接关系公共利益的特定行业的市场准入等，需要赋予特定权利的事项，根据第53条第1、2款规定，行政许可机关应当通过招标、拍卖等公平竞争的方式作出决定。但是，法律、行政法规另有规定的，依照其规定。行政机关通过招标、拍卖等方式作出行政许可决定的具体程序，依照有关法律、行政法规的规定。

对于《行政许可法》(2019)第12条第3项所列许可事项，即提供公众服务并且直接关系公共利益的职业、行业，需要确定具备特殊信誉、特殊条件或者特殊技能等资格、资质的事项，根据第54条第1款规定，赋予公民特定资格，依法应当举行国家考试的，行政机关根据考试成绩和其他法定条件作出行政许可决定；赋予法人或者其他组织特定的资格、资质的，行政机关根据申请人的专业人员构成、技术条件、经营业绩和管理水平等的考核结果作出行政许可决定。但是，法律、行政法规另有规定的，依照其规定。

对于《行政许可法》(2019)第12条第4项所列许可事项，即直接关系公共安全、人身健康、生命财产安全的重要设备、设施、产品、物品，需要按照技术标准、技术规范，通过检验、检测、检疫等方式进行审定的事项，根据第55条第1、2款规定，应当按照技术标准、技术规范依法进行检验、检测、检疫，行政机关根据检验、检测、检疫的结果作出行政许可决定。行政机关实施检验、检测、检疫，应当自受理申请之日起5日内指派两名以上工作人员按照技术标准、技术规范进行检验、检测、检疫。不需要对检验、检测、检疫结果作进一步技术分析即可认定设备、设施、产品、物品是否符合技术标准、技术规范的，行政机关应当当场作出行政许可决定。

对于《行政许可法》(2019)第12条第5项所列许可事项,即企业或者其他组织的设立等,需要确定主体资格的事项,根据第56条规定,申请人提交的申请材料齐全、符合法定形式的,行政机关应当当场予以登记。需要对申请材料的实质内容进行核实的,行政机关依照《行政许可法》第34条第3款[81]的规定办理。

对于有数量限制的行政许可,两个或者两个以上申请人的申请均符合法定条件、标准的,行政许可机关应当根据受理行政许可申请的先后顺序作出准予行政许可的决定。但是,法律、行政法规另有规定的,依照其规定。

行政许可机关作出的准予行政许可决定,应当予以公开,公众有权查阅。

(三)颁发行政许可证书

行政许可机关作出准予行政许可的决定,需要颁发行政许可证件的,应当向申请人颁发加盖本行政机关印章的行政许可证件。这些证件包括:许可证、执照或者其他许可证书;资格证、资质证或者其他合格证书;行政机关的批准文件或者证明文件;法律、法规规定的其他行政许可证件。

行政机关实施检验、检测、检疫的,可以在检验、检测、检疫合格的设备、设施、产品、物品上加贴标签或者加盖检验、检测、检疫印章。

六、期限

《行政许可法》(2019)第四章第三节专门规定了行政许可的期限。这期限包括行政许可机关作出许可的期限与送达当事人的期限。

行政许可机关作出许可决定的期限,分四种情况:

1. 能够当场作出许可决定的,就当场作出许可决定。

2. 不能当场作出许可决定的,应当自受理行政许可申请之日起20日内作出行政许可决定。20日内不能作出决定的,经本行政机关负责人批准,可以延长10日,并应当将延长期限的理由告知申请人。但是,法律、法规另有规定的,依照其规定。

3. 对于统一办理或者联合办理、集中办理的许可,[82]办理的时间不得超过45日;45日内不能办结的,经本级人民政府负责人批准,可以延长15日,并应当将延长期限的理由告知申请人。

4. 依法应当先经下级行政机关审查后报上级行政机关决定的行政许可,下级行政机关应当自其受理行政许可申请之日起20日内审查完毕。但是,法律、法规另有规定的,依照其规定。

关于送达许可决定的期限,《行政许可法》(2019)第44条规定,行政机关作出准予行政许可的决定,应当自作出决定之日起10日内向申请人颁发、送达行政许可证件,或者加贴标签、加盖检验、检测、检疫印章。

行政机关作出行政许可决定,依法需要听证、招标、拍卖、检验、检测、检疫、鉴定和专家评审的,所需时间不计算在上述期限内。行政机关应当将所需时间书面告知申请人。

---

[81] 《行政许可法》(2019)第34条第3款规定:"根据法定条件和程序,需要对申请材料的实质内容进行核实的,行政机关应当指派两名以上工作人员进行核查。"

[82] 根据《行政许可法》(2019)第26条。

七、变更与延续

行政许可的变更,系指申请人取得行政许可以后,要求变更许可事项。被许可人要求变更行政许可事项的,应当向作出行政许可决定的行政机关提出申请;符合法定条件、标准的,行政机关应当依法办理变更手续。

行政许可的延续,系指申请人取得行政许可到期的,要求延长许可证期限。被许可人需要延续依法取得的行政许可的有效期的,应当在该行政许可有效期届满30日前向作出行政许可决定的行政机关提出申请。但是,法律、法规、规章另有规定的,依照其规定。行政机关应当根据被许可人的申请,在该行政许可有效期届满前作出是否准予延续的决定;逾期未作决定的,视为准予延续。

第五节　行政许可特别程序

一、行政许可的一般程序与特别程序

《行政许可法》(2019)第四章第一节至第五节,对行政机关实施行政许可的包括申请与受理、审查与决定、听证、期限、变更与延续等在内的各个环节,作了详细规定,构成了行政许可的一般程序。接着,《行政许可法》(2019)又在同章设第六节“特别规定”,在一般程序的基础上,对某些许可程序作出特别要求,构成了行政许可的特别程序。一般程序与特别程序的关系是,有特别程序规定者,适用特别程序规定;无特别程序规定时,适用行政许可的一般程序。这一适用原则已由《行政许可法》(2019)第51条作直接表明。[83]

在划分行政许可的一般程序与特别程序时,根据《行政许可法》(2019)的立法设计,有几点必须说明:

1. 从主体上,行政许可可以划分为由国务院实施的行政许可与由其他行政机关实施的行政许可。由国务院实施的行政许可适用特别程序;由其他行政机关实施的行政许可是否适用特别程序,取决于《行政许可法》(2019)第四章第六节是否有特别规定。

2. 从许可形式上看,行政许可主要是五类,即普通许可、特许、认可、核准和登记。《行政许可法》(2019)第四章第六节未对普通许可作出特别规定,只对特许、认可、核准和登记作出了特别规定。这表明:普通许可适用一般许可程序,不适用特别许可程序。

3.《行政许可法》(2019)第四章第六节对特许、认可、核准和登记程序作出了特别规定,不等于说特许、认可、核准和登记的整个程序全部属于特别程序。它只是表明:特许、认可、核准和登记程序,适用行政许可的一般程序;有特别规定的方面,才适用特别程序。

最终需要归纳的结论是:由国务院实施的行政许可适用特别程序;国务院以外的行政机关实施的普通许可适用一般程序;由行政机关实施的特许、认可、核准和登记许可,既要适用《行政许可法》(2019)第四章第一节至第五节所规定的一般程序,也要适用第六节所规定的程序上

---

〔83〕《行政许可法》(2019)第51条规定:“实施行政许可的程序,本节有规定的,适用本节规定;本节没有规定的,适用本章其他有关规定。”

的特别要求,而且在两者不一致时,优先适用特别规定。

二、国务院实施行政许可的程序

《行政许可法》(2019)第 52 条规定:"国务院实施行政许可的程序,适用有关法律、行政法规的规定。"这一规定,表明了以下几点:

1. 国务院所实施的行政许可程序,无论是普通许可,还是特许、认可、核准和登记,都不适用《行政许可法》(2019)第四章第一节至第五节所规定的一般程序。

2. 国务院所实施的行政许可程序,也不适用《行政许可法》(2019)第四章第六节所规定的特别程序。

3. 国务院所实施的行政许可程序,适用《行政许可法》(2019)以外的有关法律和行政法规。这是说其不适用《行政许可法》;适用有关的法律和行政法规;不适用地方性法规、行政规章和行政规定。

4.《行政许可法》(2019)第 52 条对国务院所实施的行政许可程序的特别规定,只适用于国务院实施行政许可的程序,而不适用于国务院设定行政许可等其他行为。除了行政许可的实施程序外,国务院有关行政许可的其他行为和事项,都应当服从《行政许可法》。例如,由《行政许可法》所确立的公开、公平、公正原则,便民原则和信赖保护原则等;行政相对人对行政机关实施的行政许可享有陈述权、申辩权;许可实施程序中的说明理由和听证制度;等等,都应当适用国务院实施的行政许可行为。[84] 因为《行政许可法》是规范中国行政许可制度的基本法律。

《行政许可法》(2019)第 52 条为什么要将国务院实施行政许可的程序,排除在《行政许可法》所设定的一般程序和特别程序之外?这是基于两个方面的考虑:一是按照《宪法》(2018)规定,国务院是我国最高国家行政机关,领导和管理国家的经济工作、城乡工作、民政、公安、司法行政和行政监察等各项事务,它实施的行政许可都涉及重大、复杂事项。对国务院实施的行政许可,不宜也不应该按照《行政许可法》规定的受理、决定、期限等要求进行。二是在现实中,国务院所实施的行政许可,大多已有实体法和程序法规定,不是"无法可依"。例如,《土地管理法》(2019)第 46 条第 1 款规定,征收基本农田、基本农田以外的耕地超过 35 公顷的以及其他土地超过 70 公顷的,要由国务院审批;《文物保护法》(2017)第 62 条第 1 款规定,一级文物超过国务院规定的数量的出境展览需经国务院批准。另外,《国务院工作规则》(2018)已对国务院的工作程序作出了详细规定。

三、对特许程序的特别规定

特许,是指行政机关代表国家向申请人转让原本属于国家的资源或专营权的许可行为,它事关有限资源的开发利用、公共资源的配置以及直接关系公共利益的特定行业的市场准入等权利。有限资源的开发利用,是指对包括土地、森林、草原、水流、矿产、海域等在内的自然资源的开发利用;公共资源的配置,是指对公共运输线路和电讯资源(包括无线电频道、航空线路、公交线路)等有限公共资源的配置;直接关系公共利益的特定行业的市场准入,是指企业进入电力、铁路、民航、通讯、石油、烟草等行业从事相关经营活动。[85] 《行政许可法》(2019)第 53

[84] 参见张春生、李飞主编:《中华人民共和国行政许可法释义》,法律出版社 2003 年版,第 172 页。

[85] 这些行业一般都形成自然垄断的公用事业。

条[86]对特许程序作出了特别规定。

《行政许可法》(2019)第53条规定最本质的要求是:对于这类行政许可(特许),应当通过招标、拍卖等公平竞争的方式作出决定。《行政许可法》(2019)第53条之所以提出这一特别要求,主要是基于两点考虑:一是由于自然资源、公共资源的有限性和稀缺性,公用事业市场巨大及国家对市场准入的限制,决定着获得这类许可具有巨大的经济价值。有关企业会千方百计地通过各种手段试图进入该领域,钱权交易的“暗箱操作”可能出现,腐败可能滋生机会。二是这类许可属于有数量控制的许可,有效地保护资源显得特别重要。在这两点的压力下,通过公平竞争的方式作出许可,既有利于防止腐败滋生,又有利于资源的保护。

同时,鉴于目前的一些法律和法规对这类许可依然采用“双轨制”,如国有土地使用权的出让,既可通过招标、拍卖,也可通过协议方式进行。国家应当允许经过一定时间从“双轨制”过渡到只能通过招标、拍卖等公平竞争方式的“单轨制”。为此,《行政许可法》(2019)同时设置了“例外”条款,即规定关于应当通过招标、拍卖等公平竞争方式实施许可的,“法律、行政法规另有规定的,依照其规定”。这一“例外条款”是个过渡性条款,而不是“目标条款”。以后有关法律和行政法规修订时,显然应当向“单轨制”靠近。

招标和拍卖,是公平竞争的最好方式。招标是一种国际上普遍运用的、有组织的市场交易行为,是买方(招标人)通过事先公开的采购要求,吸引众多的卖方(投标人)平等参与竞争,按照规定程序并组织技术、经济和法律等方面的专家对众多投标人进行综合评审,择优选定中标人的行为过程。拍卖也称竞买,系指以公开竞价的方式,将特定的物品或财产权利转让给最高应价者的买卖方式。招标和拍卖程序,依照有关法律和行政法规的规定,目前主要指按《招标投标法》(2017)和《拍卖法》(2015)等规定办理。

行政机关按照招标、拍卖程序确定中标人、买受人后,应当对他们作出准予行政许可的决定,并依法向中标人、买受人颁发行政许可证件,不具有选择的权力。许可申请人对于行政机关违反规定,应当采用招标、拍卖方式而不采用该方式的,或者虽然采用了招标、拍卖方式但违反招标、拍卖程序,损害申请人合法权益的,申请人可以依法申请行政复议或者提起行政诉讼。

四、对认可程序的特别规定

认可,系指行政机关赋予公民特定资格,赋予法人或者其他组织特定资格、资质的行政许可。对于这种许可程序,《行政许可法》(2019)第54条[87]作出了特别规定。这一特别规定的

---

〔86〕《行政许可法》(2019)第53条规定:“实施本法第十二条第二项所列事项的行政许可的,行政机关应当通过招标、拍卖等公平竞争的方式作出决定。但是,法律、行政法规另有规定的,依照其规定。行政机关通过招标、拍卖等方式作出行政许可决定的具体程序,依照有关法律、行政法规的规定。行政机关按照招标、拍卖程序确定中标人、买受人后,应当作出准予行政许可的决定,并依法向中标人、买受人颁发行政许可证件。行政机关违反本条规定,不采用招标、拍卖方式,或者违反招标、拍卖程序,损害申请人合法权益的,申请人可以依法申请行政复议或者提起行政诉讼。”

〔87〕《行政许可法》(2019)第54条规定:“实施本法第十二条第三项所列事项的行政许可,赋予公民特定资格,依法应当举行国家考试的,行政机关根据考试成绩和其他法定条件作出行政许可决定;赋予法人或者其他组织特定的资格、资质的,行政机关根据申请人的专业人员构成、技术条件、经营业绩和管理水平等的考核结果作出行政许可决定。但是,法律、行政法规另有规定的,依照其规定。公民特定资格的考试依法由行政机关或者行业组织实施,公开举行。行政机关或者行业组织应当事先公布资格考试的报名条件、报考办法、考试科目以及考试大纲。但是,不得组织强制性的资格考试的考前培训,不得指定教材或者其他助考材料。”

核心要求是:认可必须根据考试或者考核结果作出许可。具体内容分述如下:

1. 对于公民从事提供公众服务并且直接关系公共利益的职业、行业,需要确定具备特殊信誉、特殊条件或者特殊技能等资格的,行政机关必须根据考试成绩和其他法定条件作出行政许可决定,但是法律和行政法规另有规定的除外。

2. 赋予法人或者其他组织特定的资格、资质的,行政机关必须根据申请人的专业人员构成、技术条件、经营业绩和管理水平等的考核结果作出行政许可决定,但是法律、行政法规另有规定的除外。

3. 公民特定资格的考试依法由行政机关或者行业组织实施,公开举行。行政机关或者行业组织应当事先公布资格考试的报名条件、报考办法、考试科目以及考试大纲。但是,不得组织强制性的资格考试的考前培训,不得指定教材或者其他助考材料。这是为防止出现行业腐败所作出的规定。

五、对核准程序的特别规定

核准,系指由行政机关对某种物品是否达到特定技术标准、经济技术规范的判断、确定。对于这种许可程序,《行政许可法》(2019)第55条[88]也作出了特别规定。这一特别规定的主要内容是:

1. 关于许可依据。对于直接关系公共安全、人身健康、生命财产安全的重要设备、设施、产品、物品,应当按照技术标准、技术规范依法进行检验、检测、检疫,行政机关根据检验、检测、检疫的结果作出行政许可决定。对于这类许可,检验、检测、检疫的结果是作出行政许可决定的唯一依据。

2. 关于期限要求。行政机关实施检验、检测、检疫,应当自受理申请之日起5日内指派工作人员按照技术标准、技术规范进行检验、检测、检疫。不需要对检验、检测、检疫结果作进一步技术分析即可认定设备、设施、产品、物品是否符合技术标准、技术规范的,行政机关应当当场作出行政许可决定。

3. 关于人员要求。行政机关实施检验、检测、检疫时,应当指派两名以上工作人员进行,以保证检验、检测、检疫的质量。

4. 关于说明理由。行政机关根据检验、检测、检疫结果,作出不予行政许可决定的,应当书面说明不予行政许可所依据的技术标准、技术规范。

六、对登记程序的特别规定

登记,系指由行政机关确立个人、企业或者其他组织特定主体资格的行为。对于这类许

---

〔88〕《行政许可法》(2019)第55条规定:"实施本法第十二条第四项所列事项的行政许可的,应当按照技术标准、技术规范依法进行检验、检测、检疫,行政机关根据检验、检测、检疫的结果作出行政许可决定。行政机关实施检验、检测、检疫,应当自受理申请之日起五日内指派两名以上工作人员按照技术标准、技术规范进行检验、检测、检疫。不需要对检验、检测、检疫结果作进一步技术分析即可认定设备、设施、产品、物品是否符合技术标准、技术规范的,行政机关应当当场作出行政许可决定。行政机关根据检验、检测、检疫结果,作出不予行政许可决定的,应当书面说明不予行政许可所依据的技术标准、技术规范。"

可,《行政许可法》(2019)第56条[89]作出了特别规定。这一规定的特别内容是:

1. 关于当场登记。对于企业或者其他组织的设立等需要确定主体资格的许可,申请人提交的申请材料齐全、符合法定形式的,行政机关应当当场予以登记。

2. 关于两人核查。需要对申请材料的实质内容进行核实的,行政机关应当依照《行政许可法》第34条第3款的规定办理,即指派两名以上工作人员进行核查。

七、对有数量限制许可程序的特别规定

中国的行政许可,根据许可事项的具体内容,可分为有数量限制的行政许可与无数量限制的行政许可。对于有限资源的开发利用、公共资源的配置以及直接关系公共利益的特定行业的市场准入方面的许可,属于有数量限制的许可,其他许可一般无数量限制,前者如飞行航道许可,后者如发放驾驶执照。根据《行政许可法》(2019)第57条规定,对于有数量限制的行政许可,两个或者两个以上申请人的申请均符合法定条件、标准的,行政机关应当根据受理行政许可申请的先后顺序作出准予行政许可的决定,这有利于实现社会公正,减少人为矛盾。但是,法律、行政法规另有规定的,依照其规定。因此,法律、行政法规规定要进行招标和拍卖的,规定要照顾残疾人的,都应当优先适用这些例外规定。

第六节 行政许可其他规定

一、行政许可的地域效力

行政许可的地域效力,是解决在一个地方取得的行政许可是否在全国或其他地方有效的问题。

根据《行政许可法》(2019)的规定,行政许可的地域效力不是按照实施行政许可机关的地域管理原则确定的,而是按照有关法规的设定原则来确定的。这就是说,行政许可的地域效力,不是取决于由哪个机关实施许可,而是取决于由哪个法规设定了许可以及如何设定。由此确立的规则是:

1. 对于由法律、行政法规设定的行政许可,其适用范围没有地域限制,申请人取得的行政许可在全国范围内有效,除非法律、行政法规对地域限制作出特别规定。[90] 当法律和行政法规

---

[89] 《行政许可法》(2019)第56条规定:"实施本法第十二条第五项所列事项的行政许可,申请人提交的申请材料齐全、符合法定形式的,行政机关应当当场予以登记。需要对申请材料的实质内容进行核实的,行政机关依照本法第三十四条第三款的规定办理。"

[90] 《行政许可法》(2019)第41条规定:"法律、行政法规设定的行政许可,其适用范围没有地域限制的,申请人取得的行政许可在全国范围内有效。"国务院法制办《对〈关于提请解释《中华人民共和国行政许可法》有关适用问题的函〉的复函》规定:"……二、法律、行政法规规定的取得有关行政许可的条件、标准应当是全国统一的。只要申请人取得的行政许可的适用范围依法没有地域限制,被许可人在一个地方取得了行政许可,就可以在全国范围内从事被许可的活动,无需在其他地方再次申请同一行政许可或者目的相同的行政许可。例如,一个建筑企业在某地依法登记、取得营业执照后,就可以在全国范围内参加投标、承揽建设工程,无需在其他地方再次申请登记、办理营业执照。但是,如果为了方便生产经营活动,在某地依法设立的企业拟在其他地方设立分支机构或者投资设立独立核算的法人,则应当按照有关法律、行政法规等的规定申请办理登记、领取营业执照。"

规定地域限制时,行政许可机关作出许可时,必须表明行政许可的适用地域。[91]

2. 对于由地方性法规和省级人民政府规章设定的行政许可,在本区域内有效,不适用全国。但它不得限制其他地区的个人或者企业到本地区从事生产经营和提供服务,不得限制其他地区的商品进入本地区市场。[92]

二、行政许可的变更与撤回

《行政许可法》(2019)第8条第2款规定:“行政许可所依据的法律、法规、规章修改或者废止,或者准予行政许可所依据的客观情况发生重大变化的,为了公共利益的需要,行政机关可以依法变更或者撤回已经生效的行政许可。由此给公民、法人或者其他组织造成财产损失的,行政机关应当依法给予补偿。”这里的“变更”系指对已经生效的行政许可内容的改变,如许可事项范围的缩小、许可期限的缩短等。这里的“撤回”系指提前收回已经生效的行政许可。但《行政许可法》(2019)第8条第2款所设立的“行政许可之变更与撤回制度”不属于一般意义上的行政行为之变更与消灭范畴,而具有以下特点:[93](1)它以行政许可所依据的法律、法规、规章修改或者废止,或者准予行政许可所依据的客观情况发生重大变化为前提。无此前提,对于已经生效的行政许可不得变更与撤回。(2)它以符合公共利益为标准。变更与撤回的方向与程度必须符合公共利益。(3)它以事后补偿为原则。行政许可的变更与撤回给当事人造成财产损失的,行政机关应当依法给予补偿。从以上的三个特征可以发现,这一意义上的行政许可之变更与撤回,实质上属于行政征收,所以,它必须同时符合我国有关行政征收的有关规则与原理。[94]

三、行政许可的撤销与注销

行政许可的撤销与注销是行政机关对行政许可实施的监督管理制度与手段。它属于行政行为消灭范畴,但它不属于“吊销许可证与执照”之行政处罚范畴。

---

〔91〕 国务院法制办《对〈关于提请解释《中华人民共和国行政许可法》有关适用问题的函〉的复函》规定:“……三、行政许可法第四十一条规定,法律、行政法规设定的行政许可,其适用范围没有地域限制的,申请人取得的行政许可在全国范围内有效。据此,一项行政许可如果有地域限制,行政机关作出的准予行政许可决定应当明确规定该行政许可的适用范围。例如,公民、法人或者其他组织申请取水,行政机关作出的准予行政许可决定应当规定取水量和取水地点,被许可人只能在该地点取水。”

〔92〕 《行政许可法》(2019)第15条第2款规定:“地方性法规和省、自治区、直辖市人民政府规章,不得设定应当由国家统一确定的公民、法人或者其他组织的资格、资质的行政许可;不得设定企业或者其他组织的设立登记及其前置性行政许可。其设定的行政许可,不得限制其他地区的个人或者企业到本地区从事生产经营和提供服务,不得限制其他地区的商品进入本地区市场。”国务院法制办《对〈关于提请解释《中华人民共和国行政许可法》有关适用问题的函〉的复函》规定:“……五、地方性法规对其设定的行政许可的适用范围没有施加地域限制的,申请人取得的行政许可在本行政区域内有效。”

〔93〕 国务院法制办《对〈关于在行政许可法实施前行政机关是否有权撤回行政许可的请示〉的复函》(国法秘函〔2004〕226号)中作了类似的解释:“……根据行政许可法的规定,撤回行政许可的适用前提是相对人已经取得的行政许可合法,而且必须是为了公共利益的需要。适用情形包括:1. 行政许可依据的法律、法规、规章修改或者废止;2. 行政许可依据的客观情况发生重大变化。撤回行政许可对公民、法人或者其他组织造成财产损失的,作出撤回行政许可决定的行政机关应当依法予以补偿。”

〔94〕 可参阅本书“行政征收”部分。

（一）行政许可的撤销

根据《行政许可法》(2019)第69条规定，行政许可机关违法作出许可决定或被许可人以不正当手段取得行政许可的，行政许可机关或其上级行政机关，根据利害关系人的请求或者依据职权，依法取消行政许可的法律制度。这一制度的特点是：

1. 以行政许可机关违法许可或被许可人违法取得许可为前提。行政许可的撤销适用于两类情况：一类是行政许可机关的许可行为违法，包括：(1)行政机关工作人员滥用职权、玩忽职守作出准予行政许可决定的；(2)超越法定职权作出准予行政许可决定的；(3)违反法定程序作出准予行政许可决定的；(4)对不具备申请资格或者不符合法定条件的申请人准予行政许可的；(5)行政许可机关及其工作人员违法作出许可依法可以撤销行政许可的其他情形。另一类是被许可人违法，即被许可人以欺骗、贿赂等不正当手段取得行政许可的。

2. 以行政许可机关或上级行政机关为撤销机关。行政许可机关之所以有"撤销权"，是因为对许可申请的审查、决定及事后监督，都是行政许可机关的法定职责；行政许可机关的上级行政机关之所以有"撤销权"，则鉴于行政上的层级关系，上级行政机关对下级行政机关拥有监督权。不过一般说来，针对行政许可机关违法作出的许可，由行政许可机关的上级行政机关撤销为多；针对被许可人违法取得的许可，由行政许可机关自己撤销为多。

3. 以利害关系人的请求或者依据职权来启动撤销程序。无论行政许可机关还是其上级行政机关要发动撤销程序，均可以根据利害关系人的请求或者依据职权进行。

4. 撤销行政许可，该许可行为自始无效。这就是说，行政许可被撤销以后，大多情况下自该许可作出起至撤销时，均无法律效力。

5. 撤销行政许可所引起的被许可人利益的损害，视不同情况分别处理。撤销针对行政许可机关违法所作出的许可，被许可人的合法权益受到损害的，行政机关应当依法给予赔偿；撤销针对被许可人以不正当手段取得的许可，被许可人基于行政许可取得的利益不受保护。

对行政许可的撤销有一个底线，如果依照规定撤销行政许可，可能对公共利益造成重大损害，则不予撤销。这坚持了公共利益至上的原则。

（二）行政许可的注销

行政许可的注销系指有关行政机关针对各种效力已消灭的行政许可进行登记，以确认其往后不再具有许可效力的法律制度。作为一种行政行为，行政许可的注销既不属于行政处罚，也不属于行政许可本身，而属于行政确认。注销本身并不导致行政许可效力的消灭，注销只是对已经不再具有效力的行政许可的核实、认定与宣示，以防止对社会与他人造成不利。

《行政许可法》(2019)第70条规定，有下列情形之一的，行政机关应当依法办理有关行政许可的注销手续：(1)行政许可有效期届满未延续的；(2)赋予公民特定资格的行政许可，该公民死亡或者丧失行为能力的；(3)法人或者其他组织依法终止的；(4)行政许可依法被撤销、撤回，或者行政许可证件依法被吊销的；(5)因不可抗力导致行政许可事项无法实施的；(6)法律、法规规定的应当注销行政许可的其他情形。

(三)行政许可的撤回、撤销、注销与吊销[95]

在学习行政许可法制度与理论中,最难区分的是行政许可的撤回、撤销、注销与吊销这四者之间的关系。

行政许可的撤回,系指行政许可机关在行政许可所依据的法律、法规、规章修改或者废止,或者准予行政许可所依据的客观情况发生重大变化的前提下,出于公共利益的需要,提前收回行政许可,并对被许可人依法补偿的行政征收行为。

行政许可的撤销,系指行政许可机关违法作出许可决定或被许可人以不正当手段取得行政许可的,行政许可机关或其上级行政机关,根据利害关系人的请求或者依据职权,依法取消行政许可,使其自始不发生法律效力的行政行为。

行政许可的注销,系指有关行政登记机关,针对各种效力已消灭的行政许可进行登记,以认定和宣示其往后不再具有许可效力的行政确认行为。

行政许可的吊销,系指行政处罚机关针对相对人违法从事被许可的行为,依法取消其行政许可,使其往后不再具有效力的行政处罚行为。吊销许可证作为一种行政处罚种类由《行政处罚法》(2021)第9条[96]设定,行政处罚机关一般是行政许可机关。

从上述概念的比较以及前面的分别阐述中可以发现,它们在实施主体、行为性质、适用条件、效力溯及、是否赔偿和补偿等方面都存在差异。[97]

还必须说明的是,对于撤回、撤销与吊销的行政许可,有关行政机关都要对其进行注销登记。行政许可的撤回、撤销与吊销属于注销的事项之一。

四、行政许可的费用

(一)行政许可不得收费原则

行政许可的费用,系指行政机关实施行政许可和对行政许可事项进行监督检查所发生的费用,《行政许可法》(2019)第五章对此作了专章规定。

《行政许可法》(2019)第58条第1款规定:"行政机关实施行政许可和对行政许可事项进行监督检查,不得收取任何费用。但是,法律、行政法规另有规定的,依照其规定。"这就确立了一个总原则,即行政许可不得收费原则。确立这一原则的法理基础在于:实施行政许可是国家的公权力行为,不是一项有偿的民事行为,而公权力使用的费用来自纳税人的税款,相对人在总体上已经承担了这一费用。

现行的法律与解释已明确了:行政机关提供行政许可申请书格式文本,不得收费。[98]申请人、利害关系人不承担行政机关组织听证的费用。[99]

(二)行政许可可以收费的条件

行政许可不得收费原则,系指行政机关实施行政许可和对行政许可事项进行监督检查,不

---

〔95〕行政许可中的撤回、撤销、注销和吊销,个别特征与本书第六章第七节行政行为的成立、变更和消灭的原理不符。凡不符合者,在理论上要以前者为准,在制度上以这里的规定为准。这种脱节只能说明,我国的某些立法并不是在成熟理论的指导下进行的;理论与立法发生了脱节。

〔96〕《行政处罚法》(2021)第9条规定:"行政处罚的种类:……(三)暂扣许可证件、降低资质等级、吊销许可证件……"

〔97〕有关它们之间的对比表见本章小结部分。

〔98〕依据是《行政许可法》(2019)第58条第2款。

〔99〕依据是《行政许可法》(2019)第47条第2款。

得收取任何费用。如果属于“实施行政许可和对行政许可事项进行监督检查”范围以外的费用，则不受本原则的约束。所以，如果申请人申请鉴定，应当承担鉴定费用。

行政许可不得收费原则还有一个例外，就是法律和行政法规有收费规定的，那就可以收费。这里的收费依据范围很严格，只限于法律和行政法规，地方性法规、政府规章和行政规定均无权设定收费项目。[100]

（三）对行政许可费用的监督管理

《行政许可法》(2019)第59条规定，行政机关实施行政许可，依照法律、行政法规收取费用的，应当按照公布的法定项目和标准收费；所收取的费用必须全部上缴国库，任何机关或者个人不得以任何形式截留、挪用、私分或者变相私分。财政部门不得以任何形式向行政机关返还或者变相返还实施行政许可所收取的费用。

《行政许可法》(2019)第75条规定，行政机关实施行政许可，擅自收费或者不按照法定项目和标准收费的，由其上级行政机关或者监察机关责令退还非法收取的费用；对直接负责的主管人员和其他直接责任人员依法给予行政处分。截留、挪用、私分或者变相私分实施行政许可依法收取的费用的，予以追缴；对直接负责的主管人员和其他直接责任人员依法给予行政处分；构成犯罪的，依法追究刑事责任。

《行政许可法》(2019)第58条第3款规定，行政机关实施行政许可所需经费应当列入本行政机关的预算，由本级财政予以保障，按照批准的预算予以核拨。

第七节 疑难问题探讨

一、到底应当从什么意义上来界定行政许可？

《行政许可法》的“难点”主要在于“行政许可”的难点上。前面说过，《行政许可法》虽然在条文上取消了“普通许可、特许、认可、核准、登记”的分类表达，但《行政许可法》整个立法架构和支撑这一立法架构的理论架构依然是“普通许可、特许、认可、核准、登记”的分类。顺着这种分类基础，我们很难把握到底什么是行政许可。

1. 将行政许可分为普通许可、特许、认可、核准和登记，本身就因同时采用两种标准而使这种分类出现交叉。普通许可与特许(特别许可)是根据许可的难度和许可程序的特别要求而生成的一种分类；许可与认可又是以“事先”与“事后”为标准所形成的另一对范畴；审批、核准、登记等是行政许可的有关形式。将行政许可划分为“普通许可、特许、认可、核准、登记”，显然混淆了行政许可难易标准和“事先”“事后”标准，同时也搞乱了内容与形式的关系。

---

〔100〕 国务院法制办的一个解释补强了这一点。国务院法制办在《对〈关于国务院第412号令决定予以保留并设定行政许可事项涉及收费问题的请示〉的复函》(国法秘函〔2004〕207号)中指出：“根据行政许可法第58条的规定，行政机关实施行政许可和对行政许可事项进行监督检查需要收取费用的，要由法律、行政法规作出规定。据此，国务院部门规范性文件不能就行政许可的收费问题作出规定。行政许可法施行前国务院部门制定的规范性文件包含的这类规定，应当按照该法第83条第2款的规定停止执行。”

2.《行政许可法》(2019)第2条[101]将行政许可定义为"准予其从事特定活动的行为",而在"普通许可、特许、认可、核准、登记"的设定中,其实只有普通许可和特许才属于对申请人行为权的赋予,认可、核准、登记都不是对申请人行为权的直接赋予,而是对主体资格、行为条件和物品标准的评判,它们构成行政机关据此作出行政许可的条件和前提,而不是行政许可本身。在行政行为理论中,后者恰恰属于"行政确认"而不是"行政许可"。由此可以说,现行行政许可立法和行政许可理论,又将行政许可与行政确认混为一谈。

3. 我们凭什么将企业法人登记和社团登记归入行政许可,而又将房产登记、婚姻登记、知识产权登记推出行政许可之外?背后的理论标准是什么?如果我们试图以相对人的"公权利"与"私权利"作为标准,并主张行政机关赋予相对人"公权利"的为行政许可,赋予"私权利"的就不是行政许可。这也是一种理论"出路"。但问题在于,行政许可的结果并非全赋予相对人一种"公法上的权利",因为企业登记后的营业依然受"私法"调整。

笔者认为要对现行的行政许可进行"瘦身",让行政许可真正回到《行政许可法》(2019)第2条的定义上来,只有行政机关直接准予相对人从事特定活动,赋予相对人一种"行为权",才属于行政许可,否则就不属于行政许可的范畴。

二、可以设定许可的范围与可以不设定许可的范围如何把握?

《行政许可法》(2019)第12条规定对于六类事项可以设定行政许可:(1)直接涉及国家安全、公共安全、经济宏观调控、生态环境保护以及直接关系人身健康、生命财产安全等特定活动,需要按照法定条件予以批准的事项;(2)有限自然资源开发利用、公共资源配置以及直接关系公共利益的特定行业的市场准入等,需要赋予特定权利的事项;(3)提供公众服务并且直接关系公共利益的职业、行业,需要确定具备特殊信誉、特殊条件或者特殊技能等资格、资质的事项;(4)直接关系公共安全、人身健康、生命财产安全的重要设备、设施、产品、物品,需要按照技术标准、技术规范,通过检验、检测、检疫等方式进行审定的事项;(5)企业或者其他组织的设立等,需要确定主体资格的事项;(6)法律、行政法规规定可以设定行政许可的其他事项。而第13条又规定,上述事项通过下列方式能够予以规范的,可以不设行政许可:(1)公民、法人或者其他组织能够自主决定的;(2)市场竞争机制能够有效调节的;(3)行业组织或者中介机构能够自律管理的;(4)行政机关采用事后监督等其他行政管理方式能够解决的。

上述可以设定行政许可与可以不设定行政许可的事项恰恰是"同一"(重合)的,"可以设定许可"与"可以不设定许可"的划分标准在于行政相对人是否能够"自主决定"等四种情况。那么,如何来判断"能够"呢?

笔者认为,由于对行政许可的"设定"属于立法行为。因此,对于某些事项,是否应当设定行政许可,还是由于公民能够自主解决而无需设定行政许可,应当由设定行政许可的立法机关来判断。关于"能够"的标准,可能各地是不同的。有的城市保姆数量很大,而且发生了不少问题,如保姆的合法权利得不到保护,或者保姆偷窃房东财物、伤害小孩事件不断等。这就要区别对待。对于可以通过公民、法人或者其他组织自主决定,或者市场竞争机制能够有效调节,或者行业组织或中介机构能够自律管理,或者行政机关采用事后监督等其他行政管理方式能

[101] 《行政许可法》(2019)第2条规定:"本法所称行政许可,是指行政机关根据公民、法人或者其他组织的申请,经依法审查,准予其从事特定活动的行为。"

够解决的，就一律不要设定行政许可。《行政许可法》是旨在减少行政许可而不是增加行政许可的法，只有这样做才符合立法目的。

三、如何理解行政许可不得收取费用？

行政许可不得收取费用，是《行政许可法》的重要原则之一，目的在于控制行政机关的收费范围。但当有的城市对小车牌照进行拍卖时，引起了争议：该拍卖行为是否违反《行政许可法》不得收取费用原则？

规定行政机关实施行政许可不得收取任何费用，源于《行政许可法》（2019）第 58 条[102]和第 59 条[103]。根据这两条规定，可以看出有关收费上的几个要点：

1.《行政许可法》禁止收费的“费用”，是指行政机关“实施行政许可的费用”。行政机关实施行政许可的行为属于公务行为，公务行为应当由国家财政承担费用。这是公权行为与私权行为的最大区别之一。行政机关实施行政许可不得收取费用应当包括：（1）对行政许可事项进行审查和审批不得收费；（2）对行政许可事项进行监督检查不得收费；（3）为申请人提供行政许可申请书格式文本不得收费；（4）为当事人举行听证会不得收费。[104]

2. 行政机关实施行政许可，在有法律和行政法规规定的条件下，是可以收取费用的。所以，行政机关实施行政许可并非绝对地不得收费，只是必须有法律和行政法规的依据，地方性法规、规章和行政规定不得设定收费依据。

3.《行政许可法》（2019）第 58 条和第 59 条所确立的“行政机关实施行政许可不得收取任何费用”原则，仅仅适用于行政机关“实施行政许可的行为”，而不得对抗申请人获得许可权利的有偿性和对价性。例如，行政机关审批土地的行为不得收费，但不等于说国有土地使用权的受让人不需要交纳土地出让金。在我国，申请人获取有限资源的开发利用、公共资源的配置以及直接关系公共利益的特定行业的市场准入，恰恰是有偿的。

---

[102]　《行政许可法》（2019）第 58 条规定：“行政机关实施行政许可和对行政许可事项进行监督检查，不得收取任何费用。但是，法律、行政法规另有规定的，依照其规定。行政机关提供行政许可申请书格式文本，不得收费。行政机关实施行政许可所需经费应当列入本行政机关的预算，由本级财政予以保障，按照批准的预算予以核拨。”

[103]　《行政许可法》（2019）第 59 条规定：“行政机关实施行政许可，依照法律、行政法规收取费用的，应当按照公布的法定项目和标准收费；所收取的费用必须全部上缴国库，任何机关或者个人不得以任何形式截留、挪用、私分或者变相私分。财政部门不得以任何形式向行政机关返还或者变相返还实施行政许可所收取的费用。”

[104]　《行政许可法》（2019）第 47 条第 2 款规定：“申请人、利害关系人不承担行政机关组织听证的费用。”

本章小结

行政许可是政府管理社会的一个重要手段,是行政决定的另一种行为形态,是一个独立的行政行为。具体言之,行政许可系指特定的行政主体,根据行政相对人的申请,经依法审查,作出准予或不准予其从事特定活动之决定的行政行为。它具有事先性、赋权性与解禁性、依申请性和法定性之特点。

行政许可有普通许可与特别许可,排他性许可与非排他性许可,有数量控制的许可与无数量控制的许可,长期许可与临时许可,法定许可、授权许可与委托许可,独立证书许可与附文件许可,附条件许可与无条件许可之分。这些许可无不通过许可、认可、审批、审核、核准、登记、备案等多种形式来表现。最终作出的许可通过"许可证和执照"等有关书面形式来表现。

中国的行政许可立法起因于行政审批制度的改革,但行政许可不能简单地等同于行政审批,只能说部分行政审批属于行政许可。

行政许可与行政确认最难区别。行政确认是对业已存在的主体资格、法律事实与法律关系依法进行认定,赋予其法律效力并宣示该效力的行为;而行政许可是赋予特定当事人拥有在一定期限内进行某类行为的权利。前者解决效力问题,后者解决行为问题。其实任何行政许可都以行政确认为前提,当行政确认与行政许可两种行为同步作出时,行政确认就被行政许可吸收,总体就作为行政许可对待。

行政登记系指行政机关依法对主体资格、行为状态、法律关系以及其他有关事项进行审核、确认、记载以赋予其权利或宣示其效力的行为。它可分为确认性登记、许可性登记与备案性登记。只有许可性登记才属于行政许可。

对什么事项可以设定许可以及由谁来设定许可,这是《行政许可法》要解决的核心问题。这一设定制度可归结如表 11-2 所示:

表 11-2　中国行政许可设定

许可种类	设定文件	可设定许可的事项	设定条件	法律依据
一般许可	法律	《行政许可法》第 12 条所列事项：(1) 直接涉及国家安全、公共安全、经济宏观调控、生态环境保护以及直接关系人身健康、生命财产安全等特定活动，需要按照法定条件予以批准的事项；(2) 有限自然资源开发利用、公共资源配置以及直接关系公共利益的特定行业的市场准入等，需要赋予特定权利的事项；(3) 提供公众服务并且直接关系公共利益的职业、行业，需要确定具备特殊信誉、特殊条件或者特殊技能等资格、资质的事项；(4) 直接关系公共安全、人身健康、生命财产安全的重要设备、设施、产品、物品，需要按照技术标准、技术规范，通过检验、检测、检疫等方式进行审定的事项；(5) 企业或者其他组织的设立等，需要确定主体资格的事项；(6) 法律、行政法规规定可以设定行政许可的其他事项	通过《行政许可法》第 13 条方式无法规范的	《行政许可法》第 14 条
	行政法规	同上	通过《行政许可法》第 13 条方式无法规范的；尚未制定法律的	《行政许可法》第 14 条
	地方性法规	同上	通过《行政许可法》第 13 条方式无法规范的；尚未制定法律、行政法规的；不得设定应当由国家统一确定的公民、法人或者其他组织的资格、资质的行政许可，不得设定企业或者其他组织的设立登记及其前置性行政许可；设定的行政许可，不得限制其他地区的个人或者企业到本地区从事生产经营和提供服务，不得限制其他地区的商品进入本地区市场	《行政许可法》第 15条
临时许可	国务院决定	同上	通过《行政许可法》第 13 条方式无法规范的；尚未制定法律、行政法规的；确有“必要”，来不及制定法律和行政法规并又为行政管理所必需的；实施后，应当“及时”提请全国人民代表大会及其常务委员会制定法律或者自行制定行政法规	《行政许可法》第 14 条
	省级人民政府规章	同上	通过《行政许可法》第 13 条方式无法规范的；尚未制定法律、行政法规和地方性法规的；为国家行政管理所需要，确需立即实施该行政许可的；实施期限为 1 年，1 年内应当自行取消。如果实施满 1 年需要继续实施，应当提请本级人民代表大会及其常务委员会制定地方性法规；不得设定应当由国家统一确定的公民、法人或者其他组织的资格、资质的行政许可，不得设定企业或者其他组织的设立登记及其前置性行政许可；设定的行政许可，不得限制其他地区的个人或者企业到本地区从事生产经营和提供服务，不得限制其他地区的商品进入本地区市场	《行政许可法》第 15 条

在上位法已经设定行政许可的前提下,作为下位法的行政法规、地方性法规和规章可以在上位法设定行政许可的事项范围内,对实施该行政许可作出具体规定。

确定实施行政许可的主体,同样是《行政许可法》的一大任务。根据《行政许可法》第三章的规定,实施行政许可的主体包括:拥有行政许可权的行政机关,法律、法规授权的具有管理公共事务职能的组织,受委托的行政机关和专业技术组织四类。

为保证实施行政许可的公正性与效率,《行政许可法》设计了非常严格的程序。"申请—受理—审查—听证—决定",是行政许可实施程序的最基本环节。当然,行政许可有特别程序规定的,优先适用特别程序。

行政许可必须在规定的期限内作出。各类许可期限如表 11 -3 所示:

表 11 -3　作出行政许可期限

编号	适用条件	期限	延长	但书
1	依法当场能够作出许可决定的	当场作出		
2	不能当场作出许可决定的	20 日	10 日 (经本行政机关负责人批准)	法律、法规另有规定的,依照其规定
3	对于统一办理或者联合办理、集中办理的	45 日	15 日 (经本级人民政府负责人批准)	
4	依法应当先经下级行政机关审查后报上级行政机关决定的行政许可,下级机关的审查期限	20 日		法律、法规另有规定的,依照其规定

一般而言,由法律、行政法规设定的行政许可,申请人取得的行政许可在全国范围内有效,除非法律、行政法规对地域限制作出特别规定;由地方性法规和省级人民政府规章设定的行政许可,在本区域内有效,不适用于全国。

行政许可的变更与撤回是由《行政许可法》确立的行政征收制度;行政许可的撤销与注销是由《行政许可法》确立的对行政许可的监督管理制度。行政许可的撤回、撤销、注销,与作为行政处罚形式的许可证的吊销是最易混淆的,特将它们之间的关系归结如表 11 -4 所示:

表 11 -4　行政许可的撤回、撤销、注销、吊销对比

行为名称	行为主体	行为性质	适用条件	效力的溯及	赔偿与补偿
行政许可的撤回	行政许可机关	行政征收	行政许可所依据的法律、法规、规章修改或者废止,或者准予行政许可所依据的客观情况发生重大变化,并为了公共利益的需要	自撤回之时往后不发生效力,但不影响原有效力	对被许可人依法补偿
行政许可的撤销	行政许可机关或其上级行政机关	行政许可的收回	行政许可机关违法作出许可或被许可人以不正当手段取得许可	自始不具有效力	撤销针对行政许可机关违法作出的许可,被许可人的合法权益受到损害的,行政机关应当依法给予赔偿

续表

行为名称	行为主体	行为性质	适用条件	效力的溯及	赔偿与补偿
行政许可的注销	法定的注销登记机关	行政确认	行政许可有效期届满未延续的；赋予公民特定资格的行政许可，该公民死亡或者丧失行为能力的；法人或者其他组织依法终止的；行政许可依法被撤销、撤回，或者行政许可证件依法被吊销的；因不可抗力导致行政许可事项无法实施的；法律、法规规定的应当注销行政许可的其他情形	往后不再具有效力	
行政许可的吊销	行政处罚机关	行政处罚	被处罚人犯有关违反行政管理而应当被吊销许可证的行为	往后不再具有效力	

规范链接

- 《中华人民共和国宪法》(2018)第89条
- 《中华人民共和国行政许可法》(2019)
- 《中华人民共和国行政处罚法》(2021)第9条
- 《中华人民共和国烟草专卖法》(2015)第16条
- 《中华人民共和国企业国有资产法》(2008)第3、4条
- 《中华人民共和国土地管理法》(2019)第45、46条
- 《中华人民共和国文物保护法》(2017)第62条
- 《中华人民共和国民办教育促进法》(2018)第18条
- 最高人民法院《关于行政案件案由的暂行规定》(法发〔2020〕44号)
- 国务院《对确需保留的行政审批项目设定行政许可的决定》(2004年中华人民共和国国务院令第412号，2016年修订)
- 国务院《关于修改〈国务院对确需保留的行政审批项目设定行政许可的决定〉的决定》(2009)
- 国务院《关于取消和下放一批行政审批项目等事项的决定》(国发〔2013〕19号)
- 国务院《关于取消和下放50项行政审批项目等事项的决定》(国发〔2013〕27号)
- 国务院《关于取消76项评比达标表彰评估项目的决定》(国发〔2013〕34号)
- 国务院《关于严格控制新设行政许可的通知》(国发〔2013〕39号)
- 国务院《关于取消和下放一批行政审批项目的决定》(国发〔2013〕44号)
- 国务院《关于取消和下放一批行政审批项目的决定》(国发〔2014〕5号)
- 国务院《关于清理国务院部门非行政许可审批事项的通知》(国发〔2014〕16号)
- 国务院《关于取消和调整一批行政审批项目等事项的决定》(国发〔2014〕27号)
- 国务院行政审批制度改革工作领导小组《关于贯彻行政审批制度改革的五项原则需要把握的几个问题》(国审改发〔2001〕1号)
- 国务院法制办《对〈关于行政许可实施主体清理有关问题的请示〉的复函》(国法秘函〔2004〕169号)
- 国务院法制办《关于对〈关于请解释行政许可有关问题的函〉的复函》(国法秘函〔2004〕171号)
- 国务院法制办《对〈关于行政许可清理工作有关问题的请示及建议〉的复函》(国法秘函〔2004〕175号)
- 国务院法制办《对〈关于国务院第412号令决定予以保留并设定行政许可事项涉及收费问题的请示〉的复函》(国

法秘函〔2004〕207 号)

- 国务院法制办《对〈关于提请解释《中华人民共和国行政许可法》有关适用问题的函〉的复函》(国法函〔2004〕293 号)
- 国务院法制办《对〈关于在行政许可法实施前行政机关是否有权撤回行政许可的请示〉的复函》(国法秘函〔2004〕226 号)
- 最高人民法院《关于审理行政许可案件若干问题的规定》(法释〔2009〕20 号)

案例讨论

北京世纪星碟文化传播有限公司不服北京市工商行政管理局朝阳分局撤销行政登记案

|案　情|

原告(被上诉人):北京世纪星碟文化传播有限公司(以下简称北京世纪星碟公司)。

被告(上诉人):北京市工商行政管理局朝阳分局(以下简称朝阳区工商局)。

第三人:周某军。

第三人:孙某刚。

2006 年 6 月 19 日,北京市朝阳区工商局作出京工商朝注册企许撤字(2006)0000001 号撤销登记决定书,以法院判决《转股协议》无效为由,依据《行政许可法》第 69 条的规定,撤销了北京世纪星碟公司于 2003 年 11 月 5 日取得的股东变更登记。

原告不服被告作出的撤销登记决定书,便向北京市朝阳区人民法院提起行政诉讼,并诉称:在北京世纪星碟公司设立之初,周某军既未实际出资,也没有作出任何成为股东的意思表示,因此,周某军自始至终都不是该公司的实际股东。该公司于 2003 年进行的股权转让实际上是该公司对成立时注册瑕疵行为的自行纠正。被告作出的撤销登记决定书是将已经纠正到合法状态的公司登记情况重新处于不合法状态。同时原告认为,被告引用的《行政许可法》第 69 条中并不包含被诉决定书所依据的情形,属适用法律错误。故请求法院撤销朝阳区工商局作出的京工商朝注册企许撤字(2006)0000001 号撤销登记决定书。

被告辩称:2006 年 5 月 31 日,该局接到北京世纪星碟公司原股东周某军的申请,反映该公司在《股东会决议》和《转股协议》等文件上伪造周某军的签名,于 2003 年 11 月 5 日取得了变更该公司股东的行政许可。同时,周某军提交了两审法院的民事判决书,判决书中均认定原告北京世纪星碟公司申请变更登记时向该局提供的《转股协议》《股东会决议》无效。该局经审核确认后依据《行政许可法》第 69 条的规定,作出撤销原告于 2003 年 11 月 5 日取得的变更股东行政许可的决定。该局认为其作出撤销登记决定书的具体行政行为合法,请求人民法院予以维持。

第三人周某军述称,被告作出的撤销登记决定书事实清楚,程序合法,请求法院依法维持该决定书。第三人孙某刚经合法传唤未参加诉讼。

北京市朝阳区人民法院经公开审理查明:2003 年 11 月 3 日,原告北京世纪星碟公司向北京市工商行政管理局申请股东变更登记,同时提交了一份《股东会决议》,内容为"全体股东一致同意公司变更股东,原股东周某军所持股份 5 万元全部转让给孙某刚"和一份《转股协议》,内容为"周某军将自己在北京世纪星碟公司所持 5 万元股权全部转让给孙某刚"。上述文件中均有署名"周某军"的签字。2003 年 11 月 5 日,北京市工商行政管理局对原告的变更登记申请予以核准。随后另案中,两审法院经审理,认定北京世纪星碟公司用作办理股东变更登记的《股东会决议》《转股协议》实为冒用周某军名义所形成,内容上不真实,并分别判决上述决议及协议无效。2006 年 5 月 31 日,周某军向朝阳区工商局递交撤销公司变更登记行为申请书,要求撤销将其股东身份变更为孙某刚的公司登记行为,并提交了前述生效判决书。2006 年 6 月 19 日,朝阳区工商局以法院判决转股协议无效为由,作出前述京工商朝注册企许撤字(2006)0000001号撤销登记决定书。原告对此不服,申请行政复议。2006年9月29日,北京市工商行政管理局作出行政复议决定书,维持了原撤销登记决定。

北京市朝阳区人民法院经审理认为:依照《公司登记管理条例》的规定,区、县工商行政管理机关有权对符合法定条件的有限责任公司进行公司变更登记,亦有权撤销相应的登记事项。据此,朝阳区工商局撤销原告股东变更登记系履行法定职责的行政行为。依照《行政许可法》的规定,行政许可是指行政机关根据公民、法人或者其他组织的申请,经依法审查,准予其从事特定活动的行为。据此,《行政许可法》定义的行政许可是赋予行政相对人某种权利和资格,准予当事人从事某种活动的行政行为。依照《公司法》的规定,公司应当将股东的姓名或者名称及其出资额向公司登记机关登记;登记事项发生变更的,应当办理变更登记。未经登记或者变更登记的,不得对抗第三人。据此,公司股东转让股权的民事法律行为,经股东会决议表决通过即发生民事法律效力,登记机关的核准登记并非该民事法律行为的生效要件,不经登记机关办理变更登记只是不产生对抗第三人的效力,登记机关的登记行为不具有赋权性,仅具有对社会公示的法律效力。因此,股东变更登记不具有《行政许可法》规定的行政许可行为的法律属性。被告朝阳区工商局将股东变更登记定性为行政许可事项,并依据《行政许可法》作出《撤销登记决定书》,属适用法律错误。

鉴于此,北京市朝阳区人民法院依照《行政诉讼法》(1989)第54条第2项第2目之规定,作出如下判决:撤销被告朝阳区工商局于2006年6月19日作出的京工商朝注册企许撤字(2006)0000001号撤销登记决定书;案件受理费80元,由被告朝阳区工商局负担。

被告朝阳区工商局不服一审判决,便向北京市第二中级人民法院上诉。上诉人:股东变更登记赋予了行政相对人对抗第三人的权利,是一种赋权性的行政行为。《行政许可法》第12条第5项"企业或者其他组织的设立等"的规定,包含了变更登记,属于行政许可的事项。股东的变更直接影响企业主体资格的存废,故股东变更登记属于行政许可。此外,在《公司登记管理条例》及北京市工商行政管理局、北京市人民政府法制办公室所作有关通知中,亦将企业变更登记确定为行政许可。将股东变更登记作为行政许可事项符合我国现阶段经济生活的需要。故请求依法改判。

被上诉人(原审原告)北京世纪星碟公司同意一审法院所作判决,请求予以维持。

北京市第二中级人民法院经审理,确认一审法院认定的事实和证据。北京市第二中级人民法院经审理认为:朝阳区工商局作出撤销登记决定书是在法定职权范围内履行职责的行为。《行政许可法》的有关条款规定,行政许可是指行政机关根据公民、法人或者其他组织的申请,经依法审查,准予其从事特定活动的行为。企业或者其他组织的设立等,需要确定主体资格的事项可以设定行政许可。公民、法人或者其他组织能够自主决定的,可以不设行政许可。本案中,北京世纪星碟公司股东变更前后的股东人数和股东出资总额等情况未有变化,该股东变更未涉及需要确定主体资格的事项,且根据相关法律规定,北京世纪星碟公司上述股东转让股权的情形,经股东会决议通过即发生民事法律效力,登记机关的核准登记并非该民事法律行为的生效要件,股东对股东会通过的股东转让股权决议、协议有异议的,可请求人民法院予以撤销或宣告无效。依照《行政许可法》的规定,北京世纪星碟公司涉案股东变更登记并非行政许可。朝阳区工商局将涉案股东变更登记认定为行政许可,并依据《行政许可法》作出撤销登记决定书,一审法院对此认定为适用法律错误并无不当。

朝阳区工商局上诉所提《行政许可法》关于"企业或其他组织的设立等"的规定中,规定了企业变更登记是行政许可的主张,以及股东符合法定人数等是设立有限责任公司的法定要件,股东的变更直接影响企业主体资格的存废,故股东变更登记属于行政许可的主张,因涉案股东变更登记不涉及确定主体资格问题,也与朝阳区工商局上述股东变更登记的情形不同,故二审法院对涉案股东变更登记属于行政许可的主张不予采信。此外,朝阳区工商局上诉所称股东变更登记赋予了行政相对人对抗第三人的权利,有关法律规范将企业变更登记确定为行政许可,将股东变更登记作为行政许可事项符合我国现阶段经济生活的需要等主张,均不能成为涉案北京世纪星碟公司股东变更登记属于行政许可的充分理由。朝阳区工商局要求维持撤销登记决定书的上诉理由不能成立,二审法院对其上诉请求不予支持。

北京市第二中级人民法院依照《行政诉讼法》(1989)第61条第1项之规定,作出如下判决:驳回上诉,维持一审判决。

|评 析|

本案庭审中当事人各方的争议焦点集中在公司股东变更登记法律性质的问题上。围绕股东变更登记的法律性质问题,还存在被告是否有权对股东变更登记予以撤销和应当适用何种法律进行撤销的争议。因此,本案审理中需解决的主要问题有三:(1)公司股东变更登记本身的法律性质是什么;(2)被告朝阳区工商局是否有权以及能否撤销其上级单位北京市工商行政管理局的变更登记;(3)依据司法确认的事实对变更登记予以撤销的理由和法律依据何在。

(一)公司登记的法律性质

关于公司登记的法律性质,学理上存在诸多争议。主要的观点有两种,即行政许可说和行政确认说。前者认为公司登记是一种行政许可行为,是登记机关赋予公司企业法人主体资格和一般营业能力的设权性行政行为,后者认为公司登记是一种行政确认行为,是登记机关对公司法人主体资格和一般营业能力进行确认、认可、证明并予以宣告的确权性行政行为。其本质区别在于前一观点中的公司登记行为创设权利,赋予行为相对人某种资格;而后一观点中的登记行为并不创设新的权利。然而此两种学说并未解决实践中公司登记的性质问题,主要原因在于:一方面公司登记种类繁多,如公司设立登记、股东登记、出资额登记、公司注销登记等,单纯一种学说无法解释不同情形下公司登记的性质;另一方面,针对同一事项的公司登记可能因具体内容的不同而产生性质上的差异,必须依具体的登记情形具体分析,才能得出符合实际的结论。因此,对本案中股东变更登记的性质也必须作具体的分析。

(二)股东变更登记的法律性质与法律效果

就股东变更登记的情形而言,股东主体、身份、人数的变更都可囊括其中。无论何种股东变更都必须不违反法律的禁止性规定,并且履行相应的变更程序。这意味着任何股东变更都必须符合法律法规规定的公司设立的基本条件,违反或超越公司设立的禁止性规定,除了承担民事法律责任之外,还必须承担行政法上的制裁性法律后果。因此,应当区分涉及公司设立基本底线的股东变更登记与法律许可范围内自主性股东变更登记的法律性质。

首先,从股东变更登记的具体内容来看,本案中的股东仅仅是发生了替换性变更,股东的人数、出资额均未改变,也未违反任何关于股东变更的强制性规定。上诉人主张"股东的变更直接影响企业主体资格的存废"显然过于笼统武断,不符合本案的实际情况,应当不予支持。其次,《公司法》(2005)第33条第3款对股东变更登记的规定使用了"应当"的句式,并明确了未经登记或者变更登记的法律后果,即不得对抗第三人。从法律规定可以得出的结论为,股东变更登记仅产生一种对抗效力,法律并不否认此时民事法律行为的效力,只是规定了此种变更不能对抗第三人。简言之,登记本身并未创设权利,未登记仅不产生公示、公信的效力。此种对于登记效力的规定显然不同于《行政许可法》对行政许可行为的定义,并未赋予行政相对人某种新的权利和资格。因此,公司股东变更登记的性质应属行政确认行为,其意义在于对公司事项变更进行宣示。一审被告认为此种登记属于行政许可的认识错误。

(三)被告是否有权撤销

本案中,原告于2001年8月成立时办理注册登记及2003年11月办理股东变更登记时的注册机关均为北京市工商行政管理局。《公司法》和《公司登记管理条例》实施后,区、县工商局对有限责任公司的注册登记享有管辖权。这是否意味着被告可以不遵循行为主体与层级管理的基本原则,直接对非自身作出的登记行为予以撤销?对于此情况,国家工商行政管理总局和北京市工商行政管理局目前尚未出台具体的规范性文件。新法对区、县工商局享有有限责任公司注册登记事项管辖权也作出了规定,可见区、县工商局对该事项的管辖是一种必然趋势。本案被诉的行政行为在诉讼前曾经北京市工商行政管理局复议,复议结果维持了原决定,可见北京市工商行政管理局对一审被告的此种做法也不持异议。因此可以认定被告以自己的名义撤销变更登记合法。

(四)法律依据与法律适用

股东变更登记的法律性质不是行政许可行为,那么一审被告适用《行政许可法》撤销原变更登记显然属于适用法律错误。一审被告在上诉中称北京市工商行政管理局、北京市人民政府法制办公室所作的有关通知中,亦将企业变更登记确定为行政许可,并以此作为法律依据。必须明确的是,《行政许可法》第二章确立了行政许可的一个重要原则,许可法定原则,即行政许可的设定权必须遵循严格的法律规定。省级人民政府的行政主管部门或法制办公室不具有设定行政许可的主体资格。一审被告所主张的规范性法律文件不能作为其将本案中的股东变更登记认定为行政许可的法律依据。一审被告的撤销登记决定书应当以适用法律错误为由予以撤销。

但有一点必须明确：对于行政登记机关作出的原登记行为，因法院判决确认登记的依据无效，那么，登记机关必须依法纠正原登记行为。如果登记机关适用《行政许可法》是适用法律错误，那么它应当适用正确法律重新作出登记行为。

[资料来源：李洋：《北京世纪星碟文化传播有限公司不服北京市工商行政管理局朝阳分局撤销行政登记案》，载国家法官学院、中国人民大学法学院编：《中国审判案例要览》（2007年行政审判案例卷），中国人民大学出版社、人民法院出版社2008年版，第1～6页。使用中，根据教学需要，证据部分略，形式上作一定调整，评论部分内容予以增加]

复习思考题

1. 什么是行政许可？它与行政审批是何关系？
2. 行政许可与行政确认是什么关系？
3. 哪些事务可以设定行政许可？
4. 实施行政许可应当遵循什么法定程序？

第十二章　行 政 处 罚

本章将单独阐述行政处罚行为，具体展开行政处罚的概念与特征、行政处罚的种类和设定、行政处罚的实施机关、行政处罚的管辖和适用、行政处罚的决定与执行等有关原理与制度。

第一节　行政处罚法

“行政处罚法”既可指一国集中规制行政处罚的单一法规，也可泛指有关行政处罚各种法律规范的总称，它是一国行政法的重要组成部分。

一、行政处罚立法

行政处罚是行政执法的重要手段，是最为常见的行政行为之一。行政处罚的后果会直接导致当事人权利的限制、剥夺或者义务的增加。因而，世界上大多国家十分重视行政处罚的法制化，通过各种立法方式将行政处罚纳入法治轨道。

世界各国有关行政处罚的立法模式，因法系的不同而不同，因国情的不同而不同，但大体有三种形式：

1. 通过单一法规或法典表达行政处罚法。大陆法系国家以单独制定“行政处罚法”或“行政处罚法典”居多。最早单独制定“行政处罚法”的应当是奥地利，它早在 1925 年就制定了单一的《行政罚法》。[1] 几经修改后，现行法律由奥地利联邦公报第 172 号于 1950 年 5 月 23 日颁布。[2] 德国的行政处罚法律制度源自奥地利又不同于奥地利，它将行政处罚的范围限定于秩序罚，并制定了《违反秩序罚法》。[3] 俄罗斯的行政处罚制度基本继承了苏联的衣钵，形成了一个世界上最为庞大的体系。[4] 2001 年颁布的俄罗斯联邦《行政违法法典》[5]把自然人和法人各种违反行政管理的行为定性为“行政违法”[6]，并详细规定了对行政违法当事人的处罚方式和程序。这部世界上条文最多、字数最长的行政处罚法典，几乎集实体与程序、决定程

〔1〕 Verwaltungsstrafgesetz – VStG. 该法于 1926 年 1 月 1 日生效。后于 1932 年以联邦法律公报第 246 号修正，于同年 10 月 1 日生效；1948 年连同行政程序法以联邦法律公报第 49 号修正条文而变更，于同年 5 月 28 日生效。

〔2〕 参见城仲模：《奥国行政罚制度析论》，载《行政法之基础理论》，台北，三民书局 1994 年版。

〔3〕 1968 年 5 月 20 日公布，1975 年 1 月 2 日修正。现行法 1992 年修订。

〔4〕 参见刘春萍：《俄罗斯联邦行政法理论基础的变迁》，法律出版社 2006 年版，第 161 ~ 167 页。

〔5〕 国家杜马于 2001 年 12 月 20 日通过，联邦委员会于 2001 年 12 月 26 日赞成，俄罗斯联邦总统普京于 2001 年 12 月 30 日签署联邦法律第 196 号令批准。这部法律与 1984 年颁布的《行政违法法典》相比，在立法原则、法典结构、基本内容等方面均存在较大变化。

〔6〕 俄罗斯联邦《行政违法法典》第 2 条之一（行政违法行为）规定：“1. 自然人或法人违反法律的、有过错的并被本法典或俄罗斯联邦主体行政违法法规定了行政责任的行为（不作为），被视为行政违法行为……”

序与执行程序、行政程序与司法程序于一身。[7] 越南学习俄罗斯模板,制定了越南《行政违法处罚法》,体系非常完整。

2. 通过行政程序法表达行政处罚法规范。还有不少国家并没有制定单一的"行政处罚法",但它们制定了统一的行政程序法,将行政处罚规范,特别是行政处罚的程序规范,通过行政程序法来表达。最具代表性的是美国。它早在 1946 年就制定了《联邦行政程序法》,[8] 里面有一个和"行政处罚"接近的概念,即"制裁"(sanction)。该法第 551 条[9] 第 10 款规定了"制裁"(行政处罚)的近 10 种手段,并将它们纳入"正当程序"的法治轨道。

3. 通过判例法表达行政处罚法。法国虽属大陆法系,但它关于"行政处罚"的制度更接近判例法。其行政机关对违法当事人实施行政处罚的依据,没有通过制定统一的处罚法进行规定,只是散见于各种具体法规之中,更多的是通过行政法院诉讼所形成的有关判例。[10]

中国关于行政处罚的立法模式总体上属于第一类,即通过单一的"行政处罚法"(《行政处罚法》)集中规制行政处罚行为。和俄罗斯联邦《行政违法法典》不同的是,我国的《行政处罚法》主要属于"行政程序法",重点是规定行政处罚的统一程序,行政处罚的实体规范,主要存在于相关行政实体法规之中。

二、《行政处罚法》的制定和修改

行政处罚法是指由国家有权机关制定的用以规范行政处罚行为的各种法律规范的总和。在中国,自中华人民共和国成立就着手制定行政处罚方面的法律法规,只是当时的立法形式,往往是把行政处罚的罚则作为一个法律或法规中的一个部分(大多为章节)来表现,而并未作为一个专门的行政处罚法来制定。1989 年,第七届全国人民代表大会第二次会议通过了《行政诉讼法》。根据该法第 11 条第 1 款第 1 项规定,行政相对人对行政主体的行政处罚行为不服,有权提起行政诉讼。这就要求我们制定统一的行政处罚法,用以规范行政机关的行政处罚行为。

行政处罚法的研究工作先由全国人大常委会法制工作委员会委托行政立法研究小组的专家进行。行政立法研究小组在中央有关部委、地方政府中进行广泛调查研究,并于 1991 年起草完成。与此同时,国务院法制局也于 1990 年 3 月开始研究,计划制定行政法规,便于同年起草了《行政处罚条例》(讨论稿)。1992 年,全国人大常委会认为行政处罚直接涉及公民的基本权利,需要上升为法律的形式来制定,于是将行政处罚法列入立法规划,并要求在 1995 年提请全国人大常委会审议。经过广泛、深入的调查、研究、讨论和论证,全国人大常委会终于在 1995 年制定了《行政处罚法(草案)》,并于 10 月将该草案提交第八届全国人大常委会第十六次会议审议。1996 年 2 月,全国人大法律工作委员会向第八届全国人大常委会第十八次会议提出修改建议。1996 年 3 月 17 日,第八届全国人大第四次会议通过了现行的《行政处罚法》。该法共

---

〔7〕 现行俄罗斯联邦《行政违法法典》有 5 篇 32 章,共 603 条。当然,它的条文编号非常特殊,把每章编为同一条,各条以"之一""之二""之三"等表示实际条文。

〔8〕 美国《联邦行政程序法》(The Administrative Procedure Act, APA)于 1945 年由美国国会参众两院先后通过,1946 年 6 月 11 日由杜鲁门总统签署公布生效。该法于 1966 年 9 月 6 日编入美国法典第五篇。1978 年,美国国会对该法的部分条款作过修订。

〔9〕 这是按美国法典的统一编号。

〔10〕 参见王名扬:《法国行政法》,中国政法大学出版社 1989 年版,第 168 页。

八章64条,于1996年10月1日起施行。《行政处罚法》成为中国规范行政行为的第一个基本行政法律。

《行政处罚法》于1996年由第八届全国人民代表大会第四次会议通过实施后,经过了2009年和2017年两次小的修正。2009年8月27日,第十一届全国人民代表大会常务委员会第十次会议通过了《关于修改部分法律的决定》,第一次修正了《行政处罚法》。2017年9月1日,第十二届全国人民代表大会常务委员会第二十九次会议通过了《关于修改〈中华人民共和国法官法〉等八部法律的决定》,第二次修正《行政处罚法》。但就内容而言,这两次修改(2009年和2017年)都属于技术性和表述上的修改,没有对内容作实质性修改。因而可以说,《行政处罚法》自1996年制定以来,在内容上没有作过实质性修改。

《行政处罚法》实施26年来,一方面,对于维护社会法律秩序,推进行政机关依法行政,规范行政机关依法适当实施行政处罚,保护公民、法人或者其他组织的合法权益,起到了很好的作用,积累了许多宝贵经验;另一方面,执法实践中也遇到了一些新困难,提出了一些新问题,亟待研究和解决。特别是党的十八大以来,以习近平同志为核心的党中央推进全面依法治国,深化行政执法体制改革,建立权责统一、权威高效的行政执法体制,完善行政执法程序,坚持严格规范公正文明执法。随着全面深化改革的推进,急需将改革的成果吸收到法律中来,有些法律规定经实践证明需要进行调整。为贯彻落实党中央重大改革决策部署,推进国家治理体系和治理能力现代化,加强法治政府建设,完善行政处罚制度,解决执法实践中遇到的突出问题,特别是防止和克服钓鱼执法、小过重罚、一案多罚、反复处罚、逐利处罚等,有必要修改《行政处罚法》。

2021年1月22日第十三届全国人大常委会第二十五次会议通过了《行政处罚法(修订草案)》,对《行政处罚法》作了全面的修订。和前两次不同,这次不是技术上的"小修"(改),而是属于内容上的"大修"(改)。

从结构和条文上看,虽然整个法律的结构没有变化,新法旧法都是八章,但是条文从原来的64条增加到86条,新增加22个条文。修改所涉条文,有70条之多,还不包括技术性和字面上的改动。从内容上看,这些修订的内容包括了12个"亮点":(1)突出教育,增加温度,强调公正文明执法;(2)增设"行政处罚"概念,走向实质认定行政处罚行为;(3)增加行政处罚手段,完善行政处罚种类;(4)扩大行政处罚的设定权限,提高行政处罚的效率;(5)推动综合执法和行政处罚权下移,落实行政执法体制改革;(6)引进行政执法"三项制度"〔11〕,完善行政处罚程序;(7)确认和规范电子技术手段在行政处罚中的应用;(8)修改行政处罚时效制度,遏制严重的违法行为;(9)细化行刑衔接制度,防止"以行代刑"或"以刑代行";(10)完善行政处罚无效制度,严格区别违法与无效的界限;(11)明确法律适用规则,强调对外国组织和外国人的适用力;(12)明确应急状态下的处罚原则,有效衔接《突发事件应对法》。

修订后的《行政处罚法》于2021年7月15日起实施。

三、《行政处罚法》的指导思想

《行政处罚法》(2021)第1条规定:"为了规范行政处罚的设定和实施,保障和监督行政机关有效实施行政管理,维护公共利益和社会秩序,保护公民、法人或者其他组织的合法权益,根

〔11〕"三项制度"即执法公示制度、执法全过程记录制度和重大执法决定法制审核制度。

据宪法，制定本法。”这表明了我国行政处罚法的指导思想。

1. 规范行政处罚的设定和实施。在《行政处罚法》制定以前，我国虽有大量的行政处罚方面的规范，但罚则的设定没有规则。例如哪一级的法律法规可以设定罚则，以及设定什么样的罚则，均无规则。此外，行政处罚由谁实施，以及如何实施等，亦无法律依据。因而造成了行政处罚执法中的混乱。制定行政处罚法的目的，就在于规范行政处罚的设定和实施。

2. 保障和监督行政机关有效地实施行政管理。行政处罚是国家行政机关实施行政管理的有效手段，但它能否正确适用与行政处罚立法是否完善直接有关。以前由于行政处罚立法完善程度不够，致使一方面行政处罚力度不够，另一方面行政处罚权的滥用得不到有效控制。《行政处罚法》的制定，既是对国家行政管理的有力保障，也是对国家行政机关是否合法和合理地实施行政管理的监督。

3. 维护公共利益和社会秩序。行政处罚是行政主体依法对违反行政管理秩序的行为人的一种行政制裁，其目的就在于维护公共利益和社会秩序。如果没有合法有效的行政处罚制度，那么社会公共利益和秩序将得不到保障。《行政处罚法》的制定，有助于维护公共利益和社会秩序。

4. 保护公民、法人或者其他组织的合法权益。行政处罚法一方面保障行政主体对违反行政管理秩序的相对人给予有效的处罚，另一方面又保护相对人的合法权利不受违法行政处罚的侵害，如行政处罚法定原则和听证制度的构造等都反映了这一点。因此，《行政处罚法》的制定，有助于保护公民、法人或者其他组织的合法权益不受非法处罚的侵害。

四、《行政处罚法》的基本原则

我国《行政处罚法》(2021)在第一章总则部分不仅确立了行政处罚法的指导思想，而且还设立了行政处罚法的基本原则。《行政处罚法》基本原则，是指由《行政处罚法》所确立和体现的，用以指导和约束行政处罚的设定和实施的法治精神和基本行为规则。这些原则统率着《行政处罚法》的具体条文，并由具体条文所体现。这些原则能够，也应当直接指导和约束我国行政处罚的设定和实施。行政处罚的设定和实施违背行政处罚法基本原则的，都属于违反《行政处罚法》的行为。行政机关实施行政处罚，不仅要符合有关行政处罚的具体条文，还必须符合《行政处罚法》的有关原则。人民法院审理行政处罚案件，不仅可以依据有关行政处罚的具体条文判案，也可依据《行政处罚法》的有关原则判案。根据《行政处罚法》(2021)在第一章总则部分的规定，行政处罚的基本原则包括：处罚法定原则，处罚公正原则，处罚公开原则，处罚和教育相结合原则，权利救济原则。

(一)处罚法定原则

处罚法定原则，系指行政处罚必须依法设定和依法实施。《行政处罚法》(2021)第3条规定：“行政处罚的设定和实施，适用本法。”第4条又规定：“公民、法人或者其他组织违反行政管理秩序的行为，应当给予行政处罚的，依照本法由法律、法规、规章规定，并由行政机关依照本法规定的程序实施。”行政处罚的设定，属于立法行为；行政处罚的实施，属于行政行为。处罚法定原则，既约束有关行政处罚的立法行为，又约束实施行政处罚的行政行为。所以，处罚法定原则的效力和基本要求覆盖行政处罚的设定和行政处罚的实施这两大领域，横跨立法行为和行政行为。

处罚法定原则,首先要求行政处罚依法设定。对行政处罚的设定,是一种对行政处罚法律规范的创制行为,具体指有关机关通过法律、法规和规章对行政处罚的有关内容作出规定。这些内容主要包括:(1)实施行政处罚的主体,解决“谁有权实施行政处罚”的问题;(2)可以被行政处罚的行为,解决“对什么行为可以实施行政处罚”的问题;(3)可采取的行政处罚手段和种类,解决“用什么手段给予处罚”的问题;(4)可选择的行政处罚幅度,解决“对什么行为可以罚多重”的问题;(5)必须遵循的行政处罚程序,解决“如何实施行政处罚”的问题。这里“依法设定”中的“依法”是指依什么“法”,即由什么“法”来设定行政处罚?《行政处罚法》(2021)第4条本身已回答了这一问题,即“依照本法由法律、法规、规章规定”。可以“设定”行政处罚的“法”,首先是本法,即《行政处罚法》,其次是和《行政处罚法》相配套的其他法律、法规和规章。为此,《行政处罚法》(2021)第16条进一步明确:“除法律、法规、规章外,其他规范性文件不得设定行政处罚。”

行政处罚的设定,是行政处罚实施的前提和基础。行政处罚未被设定,行政处罚的实施便失去法律基础。但不能说,只要行政处罚依法设定了,行政处罚的实施就一定合法。行政处罚不仅必须依法设定,而且必须依法实施。行政处罚必须依法实施,系指有关组织实施行政处罚从主体、行为到程序,都必须符合《行政处罚法》及有关法律、法规和规章的规定。行政处罚的实施必须和行政处罚的设定相对应。具体而言,至少应做到:(1)由有处罚权的行政机关或其他组织实施行政处罚;(2)对依法可以被处罚的违反行政管理秩序的行为进行处罚;(3)采用法定的处罚手段进行处罚;(4)在法定的幅度内进行处罚;(5)通过法定程序进行处罚。[12]

处罚法定原则,实质上是“行政处罚权”法定原则。行政处罚权是国家行政机关针对公民、法人或者其他组织的行政制裁权,是行政职权的体现。因此,处罚法定原则无疑是职权法定原则的延伸。职权法定,落实在行政处罚权上,就是行政处罚权的设定和实施都必须由法律、法规、规章规定。法律、法规、规章以外的规范性文件不得设定行政处罚权;国家行政机关也不得依据法律、法规、规章以外的规范性文件实施行政处罚。

(二)处罚公正原则

《行政处罚法》(2021)第5条第1款规定:“行政处罚遵循公正……的原则。”这就是确立“处罚公正原则”的法律依据。

“公正”是一个十分复杂的概念。这个肇始于古希腊的传统概念与“法”有不可割裂的关系。其英文表达方式为“justice”,其中的“jus”本身就有“法”的意思。“公正”以“jus”(法)为词根演变而来。从内容上说,公正和法治更是不可分离。公正是法治的灵魂,公正是法治的核心价值,公正是法治的出发点和最终归宿。法治是指公正的法律得到公正的实施,一切法律制度都是为了体现和保证社会的公正性。

“公正”是“公平”和“正义”的合称,因而,公平和正义是公正的基本内涵。但是,公正也会因时代的不同和人们视角的不同而不同,正如博登海默所言,“正义是一张普罗透斯似的脸,变

---

〔12〕 有一种观点是不全面的,即以为行政处罚的“依法实施”仅仅是要求“由行政机关依照本法规定的程序实施”[《行政处罚法》(2021)第4条],认为行政处罚的“依法实施”只是要求依照处罚程序规定实施而已。行政处罚的“依法实施”,不仅要依照“程序法”,更要依照“实体法”。

幻无常,随时可呈现不同形状并具有极不相同的面貌"[13]。但在我国,公正的内涵还是基本确定的。公正是中国特色社会主义的内在要求,是社会主义法治的核心价值,是社会主义核心价值观的基本要求。[14]"公正是法治的生命线。"[15]公正在我国社会主义法治体系中具有丰富的内涵,包含着平等性、合理性、可行性、文明性等诸多的内涵。但仅就《行政处罚法》而言,"处罚公正原则"体现在以下有关制度和行政处罚的适用原则之中:(1)过罚相当原则;(2)轻微不罚原则;(3)初次不罚原则;(4)无错不罚原则;(5)一事不二罚原则;(6)加处罚款封顶原则。

(三)处罚公开原则

《行政处罚法》(2021)第5条第1款规定:"行政处罚遵循……公开的原则。"这就是确立"处罚公开原则"的法律依据。

行政处罚公开原则,是我国行政公开原则在行政处罚领域的落实和体现。我国行政公开原则,系以宪法为依据,由《政府信息公开条例》所直接确认。这个2007年制定、2019年修订的行政法规,确立了政府信息"以公开为常态、不公开为例外"的原则。根据《政府信息公开条例》有关规定,政府信息是指行政机关在履行行政管理职能过程中制作或者获取的,以一定形式记录、保存的信息。除了国家秘密,法律、行政法规禁止公开的政府信息,公开后可能危及国家安全、公共安全、经济安全、社会稳定的政府信息,以及涉及商业秘密、个人隐私等公开会对第三方合法权益造成损害的政府信息不得公开外,其他政府信息都必须予以公开。行政处罚公开原则,是行政公开和政府信息公开原则的具体转化结果。它包含着处罚依据公开、处罚决定公开和处罚制度信息的公示。

1. 处罚依据公开。《行政处罚法》(2021)第5条第3款规定:"对违法行为给予行政处罚的规定必须公布;未经公布的,不得作为行政处罚的依据。"这是关于处罚依据公开的规定。处罚依据,是指执法机关对作出违法行为的当事人作出行政处罚决定所依据的法律、法规和规章。直白地说,处罚依据公开就意味着,行政执法机关不可拿出一个锁在抽屉里的秘密文件来处罚公民或企业。

2. 处罚决定公开。《行政处罚法》(2021)第48条规定:"具有一定社会影响的行政处罚决定应当依法公开。公开的行政处罚决定被依法变更、撤销、确认违法或者确认无效的,行政机关应当在三日内撤回行政处罚决定信息并公开说明理由。"这是关于处罚决定公开的规定,而且是2021年修订中的新规定。关于处罚决定,对当事人当然必须公开。任何处罚决定都必须送达给当事人,这就是对当事人的公开。这一点是没有问题的。问题在于,处罚决定是否应当向社会公开。处罚决定对社会的公开,既是对行政处罚机关是否依法处罚的一种监督,同时也是对被处罚的当事人个人隐私的外泄,更是对当事人违法行为的曝光。这种曝光所带来的不利后果(精神上的压力、声誉上的不利影响),可能远大于其他处罚所带来的后果。不少当事人情愿接受几千元的罚款,也不愿意不罚款但向社会公布他的违法信息。所以,这一问题成为2021年修订中的一个争论焦点。2021年修订的《行政处罚法》第48条的规定,已经作了一点折中,表现为三点限制:一是并不是所有处罚决定都必须公开,仅限于具有一定社会影响的行

---

〔13〕［美］E. 博登海默:《法理学:法律哲学与法律方法》(修订版),邓正来译,中国政法大学出版社2004年版,第261页。

〔14〕社会主义核心价值观是:富强、民主、文明、和谐;自由、平等、公正、法治;爱国、敬业、诚信、友善。

〔15〕《习近平关于〈中共中央关于全面推进依法治国若干重大问题的决定〉的说明》,2014年10月28日发布。

政处罚决定应当公开。二是公开不是怎样公开都可以的,应当“依法”公开。这里的“依法”,主要是指依照《政府信息公开条例》所规定的范围、方式和程序来公开。而根据《政府信息公开条例》(2019)第14、15条规定,公开后可能危及国家安全、公共安全、经济安全、社会稳定的政府信息,以及涉及商业秘密、个人隐私等公开会对第三方合法权益造成损害的政府信息,不得公开〔16〕。三是处罚决定公开后,如果该决定是错误的,被依法变更、撤销、确认违法或者确认无效的,行政机关应当及时纠正信息,即在3日内撤回行政处罚决定信息并公开说明理由,以挽回对当事人不利的影响。

3. 处罚制度信息公开。《行政处罚法》(2021)第39条规定:“行政处罚的实施机关、立案依据、实施程序和救济渠道等信息应当公示。”这一规定和上述两项不同,它是要求具有处罚权的行政主体,以一定的方式公示实施机关、立案依据、实施程序和救济渠道等信息,以便让公民、法人或者其他组织知晓:谁有权处罚?什么情况下可以立案?如何实施处罚?当事人不服处罚如何寻找权利救济?这也是一项便民服务措施。公示,是指通过公开的载体展示出来,让公众知晓。公示是公开的一种方式。通常的做法,是在处罚实施机关的官方公开网站上登载上述信息。

(四)过罚相当原则应当单列

过罚相当原则,既是《行政处罚法》的基本原则(处罚公正原则的重要内容),也是处罚的适用原则。它既约束行政处罚的设定,也约束行政处罚的实施。在行政处罚的实施中,也直接约束行政处罚决定的法律适用。

《行政处罚法》(2021)第5条第2款规定:“设定和实施行政处罚必须以事实为依据,与违法行为的事实、性质、情节以及社会危害程度相当。”这是对过罚相当原则的法律表达。

过罚相当原则,仅从法律适用上讲,包含以下意思和要求:(1)当事人的违法行为明显轻微的,不予处罚;(2)当事人的违法行为应当处罚的,处罚的轻重必须和当事人违法行为的事实、性质、情节以及社会危害程度相当,既不能轻过重罚,也不能重过轻罚。

2021年修订的《行政处罚法》还增加了处罚基准制度。《行政处罚法》(2021)第34条规定:“行政机关可以依法制定行政处罚裁量基准,规范行使行政处罚裁量权。行政处罚裁量基准应当向社会公布。”制定和公布行政处罚裁量基准,有助于防止行政机关滥用处罚裁量权。

(五)处罚和教育相结合原则

教育是影响人的身心发展的社会实践活动。《行政处罚法》始终贯彻处罚和教育相结合原则,而且坚持以教育为重,不是以处罚为重。处罚的最终目的也是教育人民群众自觉守法。

《行政处罚法》(2021)第6条规定:“实施行政处罚,纠正违法行为,应当坚持处罚与教育相结合,教育公民、法人或者其他组织自觉守法。”这就很好地表达了这一原则。《行政处罚法》对处罚和教育相结合这一原则,既有直接条文上的表达,也有具体制度的体现。

《行政处罚法》(2021)第33条规定:“违法行为轻微并及时改正,没有造成危害后果的,不

---

〔16〕《政府信息公开条例》(2019)第14条规定:“依法确定为国家秘密的政府信息,法律、行政法规禁止公开的政府信息,以及公开后可能危及国家安全、公共安全、经济安全、社会稳定的政府信息,不予公开。”第15条又规定:“涉及商业秘密、个人隐私等公开会对第三方合法权益造成损害的政府信息,行政机关不得公开。但是,第三方同意公开或者行政机关认为不公开会对公共利益造成重大影响的,予以公开。”

予行政处罚。初次违法且危害后果轻微并及时改正的，可以不予行政处罚。当事人有证据足以证明没有主观过错的，不予行政处罚。法律、行政法规另有规定的，从其规定。对当事人的违法行为依法不予行政处罚的，行政机关应当对当事人进行教育。"这里确立和肯定的"轻微不罚""初次不罚""无错不罚"三项制度，本身就是为了进一步体现"多教育、少处罚"的指导思想。特别是第33条第3款规定，"对当事人的违法行为依法不予行政处罚的，行政机关应当对当事人进行教育"，就是要求执法人员对于依法不处罚的当事人不要一放了之，应当给予批评教育。

（六）权利救济原则

《行政处罚法》（2021）第7条规定："公民、法人或者其他组织对行政机关所给予的行政处罚，享有陈述权、申辩权；对行政处罚不服的，有权依法申请行政复议或者提起行政诉讼。公民、法人或者其他组织因行政机关违法给予行政处罚受到损害的，有权依法提出赔偿要求。"由此确立了行政处罚中的权利救济原则。

权利救济原则源于世界的法治文明。法谚道：没有救济的权利不是真正的权利。或者说：有权利，就有救济（Ubi jus，ibi remedium）。行政处罚法中的权利救济原则，包含但不限于三个方面的内容：

1. 保障当事人的陈述、申辩、听证权。作为当事人的公民、法人或者其他组织，具有行政处罚程序的参与权，特别是在行政处罚过程中，当事人享有陈述权、申辩权，和一定条件下的听证权，并且行政机关不得因当事人的陈述和申辩，而加重对他的处罚。对这些程序权利的保障规定，除了《行政处罚法》（2021）第7条，还体现在第41、44、45、62条之中。

2. 保障当事人申请行政复议和提起行政诉讼的权利。作为当事人的公民、法人或者其他组织，对行政处罚决定不服的，有权申请行政复议或提起行政诉讼。依照《行政复议法》和《行政诉讼法》规定，行政处罚行为是第一类可诉的行政行为。《行政处罚法》（2021）第7条第1款重申："公民、法人或者其他组织……对行政处罚不服的，有权依法申请行政复议或者提起行政诉讼。"该法第73条第3款还新增规定："当事人申请行政复议或者提起行政诉讼的，加处罚款的数额在行政复议或者行政诉讼期间不予计算。"这些规定消除了当事人的后顾之忧。

3. 保障当事人依法获得国家赔偿的权利。如果行政处罚违法甚至无效给当事人造成损害，当事人可以依法要求获得行政赔偿。《国家赔偿法》（2012）第3、4条明文将违法的行政处罚行为列入行政赔偿范围之内。[17]《行政处罚法》（2021）第7条第2款重申："公民、法人或者其他组织因行政机关违法给予行政处罚受到损害的，有权依法提出赔偿要求。"

第二节　行政处罚行为

《行政处罚法》是集中规制"行政处罚行为"的法。认知行政处罚行为，辨别行政处罚与其

---

〔17〕《国家赔偿法》（2012）第3条规定："行政机关及其工作人员在行使行政职权时有下列侵犯人身权情形之一的，受害人有取得赔偿的权利：（一）违法拘留或者违法采取限制公民人身自由的行政强制措施的……（五）造成公民身体伤害或者死亡的其他违法行为。"第4条又规定："行政机关及其工作人员在行使行政职权时有下列侵犯财产权情形之一的，受害人有取得赔偿的权利：（一）违法实施罚款、吊销许可证和执照、责令停产停业、没收财物等行政处罚的……（四）造成财产损害的其他违法行为。"

他行政行为,把握行政处罚行为的基本概念和理论,乃是学习和掌握《行政处罚法》的前提。

一、行政处罚的概念和特征

(一)国外同类概念的考察

基于世界上各国行政法制和行政法理论之不同,寻找其和"行政处罚"相对应的概念是一件困难的事。在英美法系国家,由于没有单独的行政处罚立法,很难在行政法理论上找到一个和我国行政法中的"行政处罚"相对应的概念。英国行政法被定位为以司法审查为核心,旨在控制政府权力的法。它的行政法重在研究和阐释司法机关对政府权力进行控制的程序和手段,几乎不研究,也无必要研究政府的管理行为。所以,"在英国行政法中找不到行政处罚的概念"〔18〕。美国和英国稍有不同,它毕竟有一个《联邦行政程序法》,里面有一个和"行政处罚"接近的概念,即"制裁"(sanction)。但它只列举了"制裁"的近10种手段,而无一行政法上的理论定义。其实,在英美法系国家,和我国行政处罚制度接近的是:其均是当事人因违反行政法上的义务,有关国家机关对当事人依法采取法律制裁的措施。法律制裁可由行政机关作出,但大多由司法机关作出。它们把一切对当事人不利的措施都称作"制裁"。因而,它们的"行政处罚"显然是行政责任与司法责任不分,行政处罚与行政强制措施不分。这就是英美法系国家行政制裁制度的法律特点。

大陆法系国家则不同,不仅大多国家以单独立法为基础,而且还在理论上具有一个对应概念——"行政罚"(Verwaltungsstrafe)。由奥地利早在1925年就制定了《行政罚法》所确立的"行政罚",是指行政官署对违反行政义务行为人(行政犯)所实施的法律制裁。〔19〕德国将行政处罚的范围限定于秩序罚,即行政官署对当事人违反管理秩序而给予的制裁,相当于中国的治安管理处罚。德国没有像奥地利那样制定一个完整的《行政罚法》,而是通过《违反秩序罚法》设定了该制度。德国违反秩序罚是一种独特的制度,它既不是刑事法律制度〔20〕,也因不适用《行政程序法》〔21〕而不属于行政程序制度。其处罚手段也比较简单,以罚锾为主罚,没入为从罚。

法国虽属大陆法系,但它关于"行政处罚"的制度更接近判例法。其行政机关对违法当事人实施行政处罚的依据,没有统一的处罚法,只是散见于各种具体法规之中。但它理论上同样把"行政处罚"定性为"行政罚"。其行政罚是指对违反行政法上义务的人,由行政机关科以刑罚以外的处罚。这种处罚的特点是它由行政机关决定,不由法院判决,处罚的种类是刑罚以外的制裁。〔22〕

日本是一个深受德国、奥地利和美国法影响的国家。它的"行政罚"有广狭两种含义。广义上的"行政罚"是指,因违反行政法上的义务而基于一般统治权,作为制裁所给予的行政刑罚和秩序罚。前者是刑罚制度,适用有关刑事罪名给予制裁;后者是适用各种管理性法规及《非

---

〔18〕　皮纯协主编:《行政程序法比较研究》,中国人民公安大学出版社2000年版,第350页。

〔19〕　参见城仲模:《奥国行政罚制度析论》,载《行政法之基础理论》,台北,三民书局1994年版。

〔20〕　德国行政官署的行政处罚权是"非犯罪化"(decriminalization)和"非刑罚化"(depenalization)潮流的产物。

〔21〕　具体指联邦1976年德国《行政程序法》(Verwaltungsverfarensgesetz VwVfG)。

〔22〕　参见王名扬:《法国行政法》,中国政法大学出版社1989年版,第168页。

诉案件程序法》[23]给予处罚。[24] 狭义上的“行政罚”，即“秩序罚”，更接近中国的“行政处罚”。但在日本，无论是行政刑罚还是秩序罚，都由法院科处。[25]

韩国于2021年制定了《行政基本法》。[26] 它将行政处罚称作“制裁处分”，并于第2条第5款将它定义为：“因违反或没有履行法令等规定的义务，向当事人赋予义务或限制权益的处分。但第30条第1款各项规定的行政强制，除外。”此外，还规定了行政处罚的标准、处罚裁量和处罚的追诉时效等，特别是对行政罚款作出了详细的规定。

俄罗斯对“行政违法”进行制裁的主体也是最为广泛的，包括司法组织和行政组织，以及各类委员会。参考俄罗斯联邦《行政违法法典》第3条规定，其行政处罚是指国家和地方的治安法官和其他有关组织对行政违法行为人所实施的制裁。[27]

（二）中国“行政处罚”的概念

中国自1983年第一本行政法方面的国家统编教材[28]问世以来，大多数行政法学教材对“行政处罚”下了定义。中国学界对“行政处罚”概念的探讨并不热烈，而且大都将它定义为国家行政机关依法对违反行政管理秩序而尚未构成犯罪的公民、法人或者其他组织所实施的一种惩戒行为。[29] 正如有学者所述，“学者对行政处罚概念的看法基本一致，没有实质区别，只是行文表述上有些差异”。[30] 也正因如此，学者们没有再进一步着力推进“行政处罚”概念的完善，直到2021年修订的《行政处罚法》为“行政处罚”增加了一个定义。

2021年《行政处罚法》修订的“亮点”之一就是在法律中第一次增加了“行政处罚”的定义。《行政处罚法》（2021）第2条规定：“行政处罚是指行政机关依法对违反行政管理秩序的公民、法人或者其他组织，以减损权益或者增加义务的方式予以惩戒的行为。”这一定义反映了“新《行政处罚法》”对“行政处罚”这一行政行为的定性、定位，它会影响我国行政处罚的制度、理论和实践，于是引起广泛关注和研讨。

2021年修订的《行政处罚法》增设了“行政处罚”的定义，从而使我国的“行政处罚”有了一个法律概念，由此告别了25年来忽视和回避行政处罚法律定义的行政处罚立法史，实现了在立法模式上和《行政许可法》《行政强制法》的看齐。“行政处罚”法律概念的出现，有助于中国的行政执法走向以实质而不是形式标准甄别行政处罚行为，不再仅仅将警告、罚款、拘留等符合处罚形式的行为看成是行政处罚，不再使大量随意“创设发明”的带有惩罚意义的各种措施，游离于《行政处罚法》之外而不受行政处罚基本法的约束。“行政处罚”定义的增设，不只是增加一个条文而已，它给立法、执法和理论带来的积极意义不能低估。

另就《行政处罚法》（2021）新增加的“行政处罚”概念本身构造而言，这一法律概念是一个

---

〔23〕 1898年（明治三十一年）6月21日法律第14号公布。

〔24〕 参见［日］田中二郎：《简明行政法》（新版），弘文堂1983年版，第490页；［日］南博方：《日本行政法》，杨建顺、周作彩译，中国人民大学出版社1988年版，第85～88页；［日］市桥克哉等：《日本现行行政法》，田林、钱蓓蓓、李龙贤译，法律出版社2017年版，第211页。

〔25〕 参见杨建顺：《日本行政法通论》，中国法制出版社1998年版，第490～491页。

〔26〕 韩国《行政基本法》系由韩国议会于2021年3月23日制定，当日施行。韩国法律第17979号。

〔27〕 参见刘春萍：《俄罗斯联邦行政法理论基础的变迁》，法律出版社2006年版，第161～167页。

〔28〕 王珉灿主编：《行政法概要》，法律出版社1983年版。

〔29〕 参见应松年主编：《当代中国行政法》，中国方正出版社2005年版，第840页；江必新、梁凤云：《行政诉讼法理论与实务》（第3版），法律出版社2016年版，第213页。

〔30〕 余凌云：《行政法讲义》（第3版），清华大学出版社2019年版，第330页。

基本科学合理,同时也是一个可略微改进的理论范畴。“行政处罚”法律概念设置了四个内容元素:处罚主体、处罚对象、被处罚行为和处罚内容。处罚主体是国家行政机关,还包括得到法律法规授权的其他组织。从理论上说是行政主体。行政处罚就是由具有行政处罚权的行政主体实施的行政行为。处罚对象是违反行政管理秩序的公民、法人或者其他组织,即从事违法行为的当事人。被处罚行为是指行政处罚所针对的违法行为,即违反行政管理秩序的行为。处罚内容是对当事人的“惩戒”,即减损当事人的权益或者增加当事人的义务。这四大概念元素,内容完整、结构科学。特别是“以减损权益或者增加义务的方式予以惩戒”这一“制裁”特性的表述,为中国数十年来的理论成果、数百本行政法学教科书所没有。这些都是值得肯定的地方。但是与此同时,这一法律概念也还存在可商榷的地方。[31]

笔者认为,所谓行政处罚,系指行政机关在行政法律关系中,对违反行政法律规范而尚不需追究刑事责任的公民、法人或者其他组织,作出惩罚性的不利决定。理解这一定义,需要关注以下几个要点:

1. 行政处罚是一个基础决定。严格地说,把“行政处罚”称为“行政处罚行为”过于笼统,它更是一种“决定”,是行政机关针对当事人作出的一个“行政处罚决定”。而且这种决定属于“基础决定”(基础行为),即对事件最早作出处理的一个决定,也有人将它称为“第一次行政行为”,它与事后对这一决定的纠正、修复、救济和执行等不同。这样,行政处罚作为一种基础性的决意行为,就和行政强制措施和行政强制执行等行为区别开来了。

2. 行政处罚是一个不利的基础决定。行政处罚决定对当事人来说,是一种不利行为,它强制当事人并由当事人承受一种不利后果,包括剥夺、限制、减少当事人的权益,或科以、增加当事人的义务,还包括对当事人声誉等的不利影响。本定义之所以不用《行政处罚法》中的“减损权益或者增加义务”的表达方式,是因为让当事人承担“不利后果”远比“减损权益或者增加义务”广泛。“减损权益或者增加义务”仅是让当事人承担“不利后果”的一种方式而已。这一特点,可以将作为不利行为的行政处罚与中性行为、授益行为区别开来。

3. 行政处罚是一个惩罚性的不利决定。不利决定具有一定的广泛性,它包括各种行政强制措施决定、行政强制执行决定、行政征收征用决定、责令当事人纠正违法的决定等,但只有具有“惩罚性”的不利决定才属于行政处罚。

4. 行政处罚是针对违反行政法律规范而尚不需追究刑事责任行为的一种法律反应。这里将当事人作出的“可处罚的行为”表述为“违反行政法律规范的行为”,而不是“违反行政管理秩序的行为”或“违反行政法义务的行为”,是因为:一是它比“违反行政管理秩序的行为”更凸显“法”性。“行政管理秩序”并非一定是“合法秩序”,从而“违反行政管理秩序的行为”不一定是“违法行为”。二是“违反行政法义务”行为的表述无法涵盖所有可处罚的行为。关于行政处罚作为一种行政责任与刑事责任的关系,这里的表述一反传统“尚未构成犯罪”的表述,而代之以“尚不需追究刑事责任行为”,这样表述更为完整,因为可受到行政处罚的行为不仅包括尚未构成犯罪的违法行为,还包括构成犯罪但不需追究刑事责任或免于追究刑事责任的行为。

5. 行政处罚发生在行政法律关系之中。行政处罚当然是行政机关对当事人的一种法律制裁,但这种制裁必须发生于“行政法律关系”之中。如果发生在民事法律关系中,行政机关作为

---

〔31〕 请延伸阅读本章第七节“疑难问题探讨”中对应部分。

一个民事主体,对违反合同的另一方当事人追究合同责任,那就不属于行政处罚。这一点可以将行政处罚与民事合同责任区别开来。

(三)行政处罚的法律特征

行政处罚的概念必须反映它的主要法律特征。但是,概念毕竟是概念,它由于篇幅的限制而无法表达更多的法律特征。为此,我们试图在行政处罚行为原有构成要素基础上,紧密结合行政处罚的定义,从抽象到具体、从宏观到微观、从外部到内部,对行政处罚的法律特征作一次全方位的展开。

1. 行政性。实施行政处罚是行政主体适用《行政处罚法》等行政法律规范依法作出的行政行为,它不是国家的立法行为、司法行为,也不是民事行为。对当事人实施行政处罚,属于对当事人追究行政责任,而不是刑事责任、民事责任或纪律责任。所以,司法机关对违反行政法义务的当事人追究刑事责任就不属于行政处罚。

2. 具体性。按传统的说法,行政处罚是一种具体行政行为,不是抽象行政行为。作为一种具体行政行为,又可派生出另外两个特点:(1)对象的特定性。它是针对特定的公民、法人或者其他组织作出的,而不是针对普遍的不特定的对象作出的行为。(2)效力适用上的一次性。一个处罚决定只能适用一次,不能反复适用于同一人、同一事。这显然与可以反复适用的处罚规则不同。因此,具有制裁性的抽象规则不属于行政处罚。

3. 外部性。行政处罚是行政主体代表国家对社会上的公民、法人或者其他组织所作出的行政制裁行为,是一种外部行政行为,不是内部行政行为。它体现的是国家对社会的监督和管理关系,而不是国家自身、政府自身或单位自身的内部管理或劳动关系。因此,上级行政机关对下级行政机关、行政机关对其工作人员的通报批评及其他制裁性的处理,都不属于《行政处罚法》意义上的行政处罚。

4. 主动性。行政行为可分为依职权行为与依申请行为。行政处罚系由行政主体依法针对公民、法人或者其他组织违反行政法律规范行为依职权主动作出的行政行为。它既不是“不告不理”的司法裁判行为,也不是依申请的行政行为(如行政复议)。

5. 单方性。依行为的成立是否须以双方(或多方)的意思一致为标准,行政行为有单方行为与双方行为之分。行政处罚属于单方行政行为,由处罚机关的单方意志所决定,它不以违法当事人的同意为前提。所以,行政协议行为以及追究合同责任不属于行政处罚。

6. 决意性。行政行为还有意思行为与物理行为之分。〔32〕行政处罚是一个基础性的行政决定,是一种意思的表达。对生效行政处罚决定的强制执行属于物理行为,不能作行政处罚而只能作为行政强制执行对待。为此需要强调两点:一是不能把对生效行政处罚决定的强制执行视作行政处罚;〔33〕二是不能将一个行政处罚决定与对处罚决定的强制执行笼统地合称为行政

〔32〕 以前行政法学术界由于受民法学的影响,把意思行为称作法律行为,把物理行为称作事实行为。当下的行政法学理论已经淡化这一划分,都称为行政行为。

〔33〕 例如《行政处罚法》第72条第1款第3项规定,行政机关可以对到期不缴纳罚款的当事人,“每日按罚款数额的百分之三加处罚款”。在这里,前一个“罚款”属于行政处罚行为,后一个“罚款”就属于行政强制执行(执行罚)行为。

处罚行为,[34]行政处罚决定与对行政处罚决定的强制执行属于两个不同的行政行为而分别受《行政处罚法》和《行政强制法》的调整。

7. 封闭性。行政行为是一个过程,其会经历程序启动(立案等)、有关措施、调查取证、研究讨论,到最终形成一个处理决定的部分或全部过程。为此在行政法学上形成了过程行为与结果行为这一理论范畴。过程行为也称中间行为,它仅构成对某一事项处理过程中的一个环节,并未对该事项作出最终处理,不具有封闭性。它是为结果行为服务的一种临时性的行为,如查封、扣押便是一例。结果行为系指对某事项最终处理完毕,有了最终的处理结论,程序上达到了封闭。所以,结果行为也可称为最终行为或封闭行为。行政处罚是一种结果行为,具有封闭性。这正是行政处罚与行政强制措施的区别之一。[35]

8. 基础性。从行政强制执行法角度考察,行政行为有基础行为(基础决定)与执行行为(执行决定)之分。前者是行政主体作出的直接处分相对人权利与义务的原始行为,后者是指前者生效之后,当事人拒不履行基础决定的,由行政机关或者由行政机关申请人民法院强制执行。行政处罚决定属于基础行为,并且具有可执行性。[36]

9. 不利性。行政行为还有不利行为与有利行为之分。前者也称侵益行为,系指该行政行为的后果是让当事人权利减损;后者称授益行为,系指该行政行为的后果是让当事人获得或增加权益。行政处罚在本质上是强制当事人承担一种不利的后果,作为其因违法行为而不得不付出的"代价"。不利性可以表现为对当事人某种合法权益的剥夺(如罚款)或限制(如扣证6个月),也可表现为对其科以或增加义务,还包括让当事人承担声誉上的不利后果(如警告和公开违法事实等)。行政处罚必然是强制当事人承受一种不利后果。当然,并不是所有的不利行为都属于行政处罚,所以还需要结合下一个特征来界定。

10. 制裁性。行政处罚是行政主体针对违反行政管理秩序的行为人所实施的法律制裁,具有很强的惩罚性和制裁性。制裁性是行政处罚所有法律特征中最为核心和关键的特征,是行政处罚之所以称为行政处罚的核心要义。行政处罚的制裁性具体表现在:

(1)其以当事人违法为前提。行政处罚是一种行政制裁,而制裁是针对当事人的违法行为作出的。制裁的起因和目的都是针对当事人的违法行为。所以,如果不是因当事人违法并以制裁当事人的违法为目的就不是行政处罚。比如,当事人殴打他人,违反治安管理,公安机关对他拘留14天,限制他14天的人身自由,这是行政处罚;但是,如果当事人有携带新冠肺炎病毒嫌疑,政府防疫部门对他强制隔离14天,这14天他的人身自由同样在一定程度上受到限制,

---

[34] 例如《治安管理处罚法》(2012)第10条第2款规定:"对违反治安管理的外国人,可以附加适用限期出境或者驱逐出境。"对于公安机关对违反治安管理的外国人"驱逐出境",我们不能笼统地说是行政处罚或是行政强制执行。其实作出的对违反治安管理的外国人"驱逐出境"的决定,属于"行政处罚决定",而有关机关对到期不离境的外国人实施强制"驱逐出境",这就不属于行政处罚,而属于行政强制执行了。

[35] 假如:执法机关在道路上执法,一辆载货大车徐徐开来,形迹可疑,执法人员上前一拦,要求停车,这时出现了第一个行为,即"行政命令";车子停下后,执法人员爬上车辆检查货物,这时出现第二个行为,即"行政检查";检查后发现货物有走私嫌疑,便扣留车辆和货物,要求当事人等候调查处理,这时出现了第三个行为,即"行政扣留"(属于行政强制措施);经过两个月的调查,最终认定当事人走私,便作出决定,没收货物、罚款5万元,这就出现了第四个行为,即"行政处罚"。只有等第四个行为作出,才意味着这件事处理完毕,整个行政程序实现了封闭。在这里,前面的行政命令、行政检查、行政扣留都属于过程行为,是行政程序中的一个环节,而最后作出的"没收货物、罚款5万元"的决定才是结果行为,它具有封闭性,意味着整个处理程序的完毕。当然,并不是所有的结果行为都是行政处罚,但行政处罚一定属于结果行为;中间行为就不可能是处罚行为。

[36] 基础行为与执行行为的范畴可结合第九章第三节的对应部分。

但这不是行政处罚,而是行政防疫措施。因为强制隔离的目的不是惩罚他,而是预防新冠肺炎病毒的传播。

(2)其强制当事人承受一种不利后果。制裁的内容是强制当事人承受一种不利后果。由于处罚的种类包括人身罚、财产罚、行为罚、资格罚和申诫罚,其不利的后果所涉载体具有广泛性,包括权利与义务,有形的与无形的。

(3)不利后果与当事人违法之间是"对价"而不是"等价"。当事人承受不利后果是为其违法行为付出的一种"代价";违法行为越严重,承受的不利后果也就越大。这就是说,不利后果与当事人的违法行为是一种"对价"关系。而且,行政处罚作为一种制裁,必须让当事人承担"额外"的付出。如果是违法行为的"等价"付出,仅仅是一种利益上的"垫平",那就谈不上制裁。这就是为什么纠正违法不属于处罚的道理。例如,当事人毁坏一株树苗,政府责令他补种一株树苗,这不是行政处罚,这是"等价"的修复,不具有惩罚性;但现在政府责令他补种十倍甚至百倍的树苗,这就具有惩罚性,当事人承受了"额外"的付出。[37] 又如,当事人开车违章撞坏了公路隔离栏,如果仅仅责令当事人修复被他撞坏了的公路隔离栏,属于"等价赔偿",不属于处罚。如果除了修复,还要对他罚款1000元,这就是处罚了。因为修复公路隔离栏,是等价赔偿的一种方式,而不是一种额外的付出。在修复之外,还要罚款,这就是额外的付出了。

(四)行政处罚的外部边界

在行政执法实践中最容易混淆的是这几种关系:行政处罚与行政强制措施;行政处罚与行政强制执行;行政处罚与纠正违法。厘清这几种关系,有助于准确把握行政处罚的外部边界。

1. 行政处罚与行政强制措施

根据《行政强制法》(2011)第2条第2款规定,行政强制措施是指行政机关在行政管理过程中,为制止违法行为、防止证据损毁、避免危害发生、控制危险扩大等情形,依法对公民的人身自由实施暂时性限制,或者对公民、法人或者其他组织的财物实施暂时性控制的行为。行政强制措施的手段主要有查封、扣押、冻结和限制公民人身自由等。这类行为和行政处罚一样,是强制当事人承受一种不利后果,故很容易造成混淆。特别是有些行政强制措施手段和行政处罚手段在形式上相同,如暂扣驾驶证。

尽管有时行政处罚与行政强制措施较难区分,但对比它们之间的法律特征,划清它们之间界限并非难事。行政处罚与行政强制措施的主要区别在于:(1)前提不同。行政处罚是以当事人违法为前提,行政强制措施不一定以当事人违法为前提。(2)目的不同。行政处罚的直接目的是制裁当事人,而行政强制措施不以制裁为目的,而是以保证行政程序的继续,或者预防和制止社会危害事件的发生和继续为目的。(3)行为性质不同。行政处罚是结果行为,具有封闭

〔37〕 例如我国《森林法》(2019)第74条规定:"违反本法规定,进行开垦、采石、采砂、采土或者其他活动,造成林木毁坏的,由县级以上人民政府林业主管部门责令停止违法行为,限期在原地或者异地补种毁坏株数一倍以上三倍以下的树木,可以处毁坏林木价值五倍以下的罚款;造成林地毁坏的,由县级以上人民政府林业主管部门责令停止违法行为,限期恢复植被和林业生产条件,可以处恢复植被和林业生产条件所需费用三倍以下的罚款。违反本法规定,在幼林地砍柴、毁苗、放牧造成林木毁坏的,由县级以上人民政府林业主管部门责令停止违法行为,限期在原地或者异地补种毁坏株数一倍以上三倍以下的树木。向林地排放重金属或者其他有毒有害物质含量超标的污水、污泥,以及可能造成林地污染的清淤底泥、尾矿、矿渣等的,依照《中华人民共和国土壤污染防治法》的有关规定处罚。"

性,而行政强制措施是过程行为,具有中间性和临时性。[38]

2. 行政处罚与行政强制执行

根据《行政强制法》(2011)第2条第3款规定,行政强制执行是指行政机关或者行政机关申请人民法院,对不履行行政决定的公民、法人或者其他组织,依法强制履行义务的行为。在行政强制执行中,尤其是行政机关所实施的强制执行行为,有时和行政处罚较难区分。行政机关实施强制执行的手段包括加处罚款或者滞纳金,划拨存款或汇款,拍卖或者依法处理查封、扣押的场所、设施或者财物,排除妨碍、恢复原状,代履行,等等。这些执行手段和处罚一样会给当事人带来不利结果,尤其是"加处罚款或者滞纳金",本身就具有"罚"的性质。

从法律特征上考察,行政处罚与行政强制执行都属于不利行为,其结果都会给当事人带来不利,而且它们又都属于结果行为,都具有行政程序上的封闭性。但它们之间的区别也是明显的,那就是:(1)基础行为与执行行为。行政处罚是一个基础行为,行政强制执行是一种执行行为,它只有在当事人不履行行政处罚决定时才会发生。(2)意思行为与物理行为。行政处罚实际上是一个行政处罚"决定",这是一种"意思行为",行政强制执行是对这种"处罚决定"的"执行措施"。所以,前者是"意思行为",后者是"物理行为",它具有物理性的"动作"。[39]

3. 行政处罚与纠正违法

纠正违法包括行政机关直接纠正当事人的违法或者责令当事人自我纠正违法,而且,纠正行为包括作为与不作为,前者如责令限期拆除违法建筑,后者如责令停止违法行为。行政机关在行政执法过程中发现当事人违法的,无论是否给予行政处罚,都有权力也有责任纠正当事人的违法。在中国现行法律、法规中,存在大量的行政机关责令当事人纠正违法行为(针对已完成的违法行为)或者责令当事人停止违法行为(针对继续着的违法行为)的规定,如责令改正,[40]责令限期治理,[41]责令该学校招收,[42]责令消除安全隐患,[43]责令行为人排除妨碍,[44]

---

〔38〕 举例来说,关于公安交警部门对当事人扣证(驾照)的行为是否属于行政处罚,就有两种可能:一是扣证是保障措施,那就不是处罚。例如交警依据《道路交通安全法》(2021)第110条第1款规定,认为应当对道路交通违法行为人给予暂扣或者吊销机动车驾驶证处罚的,可以先予扣留机动车驾驶证,并在24小时内将案件移交公安机关交通管理部门处理。这里的"先予扣留机动车驾驶证",不属于行政处罚,而属于行政强制措施。因为它是过程行为而不是结果行为,并且直接目的不是制裁,而是保证事后处罚程序的畅通。二是扣证是处罚措施,那就属于处罚。例如当事人饮酒后驾驶机动车的,公安机关交通管理部门依据《道路交通安全法》(2021)第91条第1款规定,对当事人作出"暂扣六个月机动车驾驶证"的决定。这一决定属于行政处罚,因为它具有封闭性和制裁性。

〔39〕 例如《行政处罚法》(2021)第72条第1款第1项规定,当事人逾期不缴纳罚款的,行政机关可以对他每日按罚款数额的3%加处罚款。这里出现了两个"罚款"。如何定性?第一个"罚款"属于行政处罚,第二个"罚款"则属于行政强制执行(执行罚)。再如对外国人驱逐出境,如何定性?对外国人驱逐出境,既可作为一种刑罚(附加刑),也可作为一种行政处罚。仅就行政处罚而言,公安机关对外国人作出一个"驱逐出境"的决定,属于"行政处罚决定";到期后,由警察强制押送当事人登上出境飞机,或押送到边界把当事人逐出国门,这属于对"驱逐出境处罚决定"的强制执行。

〔40〕 如《兵役法》(2021)第57、58条;《农民专业合作社法》(2017)第70条等。

〔41〕 如《防沙治沙法》(2018)第39条。

〔42〕 如《残疾人保障法》(2018)第25条。

〔43〕 如《道路交通安全法》(2021)第102条。

〔44〕 如《道路交通安全法》(2021)第106条。

责令停止违法行为，[45]责令停止开采，[46]责令停止生产、销售，[47]责令停止使用，[48]责令停止发布广告，[49]责令停业整顿，[50]责令停止招生，[51]责令停止接受新业务[52]和责令限期拆除，[53]等等。它们的情况非常复杂，行为定性不能一概而论。但仅就《行政处罚法》意义上的“责令改正违法”而言，它绝对不可能是行政处罚。

“纠正违法”，包括行政机关直接纠正当事人的违法状态和责令当事人纠正违法。这都不属于行政处罚，而属于行政命令行为。这首先符合《行政处罚法》的立法本意。《行政处罚法》(2021)第6条规定：“实施行政处罚，纠正违法行为，应当坚持处罚与教育相结合，教育公民、法人或者其他组织自觉守法。”第28条第1款规定：“行政机关实施行政处罚时，应当责令当事人改正或者限期改正违法行为。”这里都已直接表明，“纠正违法行为”是“行政处罚”之外的且和行政处罚相配套的一个独立行政行为。

行政处罚与纠正违法，这两种行为确实不易区别，因为它们都以当事人违法为前提，并且都是不利行为和结果行为。而且，以前有一种观点是把“责令拆除违法建筑”等责令纠错行为视为行政处罚[54]，这更增添了两者之间界限的模糊性。最高人民法院《印发〈关于行政案件案由的暂行规定〉的通知》(法发〔2020〕44号)将“责令限期拆除”列入行政处罚的案由是不妥当的。但它发生在《行政处罚法》2021年修订之前，这就可以理解。其实，“责令拆除违法建筑”仅仅是责令当事人纠正违法的一种情形而已。[55]

行政处罚和纠正违法，都是针对当事人的违法行为而发动的，但这两者是有区别的：一是行政处罚属于“处分”行为，它是对当事人权利和利益的一种处分(包括取消和限制)，而责令当事人纠正违法是一种“命令”行为，如果行政机关直接纠正当事人的违法，则是一种行政强制执行；二是行政处罚，如前所述，是让当事人承受一种“额外”的付出，而纠正违法仅仅是恢复原

---

〔45〕 如《反不正当竞争法》(2019)第21条。

〔46〕 如《矿产资源法》(2009)第39条。

〔47〕 如《产品质量法》(2018)第49条。

〔48〕 如《港口法》(2018)第47条、《保守国家秘密法》(2010)第44条。

〔49〕 如《广告法》(2021)第55、57条。

〔50〕 如《保险法》(2015)第160条。

〔51〕 如《民办教育促进法》(2018)第62条。

〔52〕 如《保险法》(2015)第161条。

〔53〕 如《公路法》(2017)第79、81条。

〔54〕 最高人民法院曾有法官主张“责令改正行为属于行政处罚”[参见刘德权主编：《最高人民法院司法观点集成：行政及国家赔偿卷》(第2版)，人民法院出版社2014年版，第52页]。2021年《行政处罚法》修订过程中，曾经有一稿将“责令拆除违法建筑”列入“行政处罚种类”之中，后因受到大量批评而最终取消。

〔55〕 国务院法制办公室《关于“责令限期拆除”是否是行政处罚行为的答复》(国法秘函〔2000〕13号)指出：根据《行政处罚法》(1996)第23条关于“行政机关实施行政处罚时，应当责令当事人改正或者限期改正违法行为”的规定，《城市规划法》(1989，已失效)第40条规定的“限期拆除”，不应当理解为行政处罚行为。国务院法制办公室《对陕西省人民政府法制办公室〈关于“责令限期拆除”是否属于行政处罚行为的请示〉的复函》(国法秘研函〔2012〕665号)也指出：根据《行政处罚法》(2009)第23条关于“行政机关实施行政处罚时，应当责令当事人改正或者限期改正违法行为”的规定，责令改正或限期改正违法行为与行政处罚是不同的行政行为。因此，《城乡规划法》(2007)第64条规定的“限期拆除”、第68条规定的“责令限期拆除”不应当理解为行政处罚行为。

状,让违法状态回复到原始的合法状态。[56] 它只是一种"垫平"式的纠正,而不是一种"额外付出"的惩罚。[57] 责令改正违法是一种修复行为,具有对价性。它的本质是恢复原状(从违法状态回复到原始的合法状态),行政处罚则不同。例如,当事人破坏1棵树,责令其补种1棵树,此乃改正违法(相当于对损坏东西的修复);如果当事人破坏1棵树,责令他补种100棵树,那显然是一种具有制裁性而不是修复性的行政处罚。

所以,行政处罚与纠正违法是两种不可相互替代的行为。根据《行政处罚法》的规定,就当事人而言,违法当事人不仅要接受行政处罚,同时还必须纠正违法;就行政机关而言,在对当事人实施行政处罚的同时,一定要责令当事人纠正违法,不得以处罚代替纠正违法。为此,《行政处罚法》(2021)第28条第1款规定:"行政机关实施行政处罚时,应当责令当事人改正或者限期改正违法行为。"

二、行政处罚手段和种类

行政处罚的具体措施就是行政处罚的手段。[58] 这些手段按一定标准或从一定视角出发进行排列或分类便形成行政处罚的种类。[59] 处罚法定原则要求一国的处罚手段和种类都必须依法设定,不得由处罚机关及执法人员自我规定。

(一)行政处罚的手段

世界各国行政处罚制度关于行政处罚手段的设定并不统一,有多有少。在美国,其行政处罚("制裁")的手段由1946年的美国《联邦行政程序法》直接设定。该法第551条第10款规定:"'制裁'包括下列行政机关行为的全部或一部分:(1)禁止、强制、限制或者其他影响个人自由的措施;(2)不予救济;(3)给予处罚或罚金;(4)销毁、禁用、没收或者扣押财产;(5)确定应给付的损害赔偿、归还、恢复原状、补偿、成本费、收费或酬金的数额;(6)许可证的吊销、停止

---

[56] 例如,当事人申报并获得了国家科学技术奖,事后被发现获奖者是剽窃、侵占他人的发现、发明或者其他科学技术成果,或以其他不正当手段骗取国家科学技术奖。政府主管部门依据《国家科学技术奖励条例》(2020)第30条规定,撤销奖励,追回奖章、证书和奖金,同时依据第33条规定,将当事人记入科研诚信严重失信行为数据库,并共享至全国信用信息共享平台,按照国家有关规定实施联合惩戒。在这里,"撤销奖励,追回奖章、证书和奖金"不是处罚,而是纠正违法;"将当事人记入科研诚信严重失信行为数据库,并共享至全国信用信息共享平台,按照国家有关规定实施联合惩戒",属于处罚,准确地说,是"其他罚"。又如,当事人以欺诈、贿赂等不正当手段取得律师执业证书的,司法行政部门依据《律师法》(2017)第9条规定,"撤销准予执业的决定,并注销被准予执业人员的律师执业证书"。如果当事人取得律师执业证书是正当的,但事后在办案中贿赂法官,司法行政部门依据《律师法》(2017)第49条规定,"吊销其律师执业证书"。在这里,"撤销准予执业的决定,并注销被准予执业人员的律师执业证书",属于纠正违法,而"吊销其律师执业证书",属于行政处罚。

[57] 当然,也有国家把责令纠正违法视为行政处罚。越南《行政违法处罚法》所规定的处罚方式非常广泛,包括:(1)警告;(2)罚款;(3)剥夺许可证使用权;(4)没收用于行政违法的赃物、工具;(5)强制其将行政违法造成的变更恢复到原来的状况或强制其拆除违法建筑工程;(6)强制行政违法的公民、组织采取措施克服因行政违法行为引起的生活环境污染和疾病传播造成的后果;(7)强制赔偿因行政违法行为造成的损失;(8)销毁危害人体健康的物品和文化毒品。此外还有:在乡、坊、镇进行教育;送入教养学校;送入教育机构;送入医疗机构;行政管制。参见徐中起主编:《越南法研究》,云南大学出版社1997年版,第66~67页。

[58] 我国《行政处罚法》(1996)第8条和《行政处罚法》(2021)第9条,与其说是对行政处罚"种类"的规定,不如说是对行政处罚"手段"的规定。

[59] 当然,行政处罚的种类并不只限于对处罚手段的划分。

或附加条件；(7)采取其他强制性或限制性措施。”[60] 奥地利《行政罚法》清晰地设立了5种处罚手段，即警告、自由罚、没入、罚锾、易科罚。[61] 德国《违反秩序罚法》规定的处罚手段比较简单，以罚锾为主罚，没入为从罚。法国关于行政处罚的手段由行政法院的判例和分散的制定法作出规定，大体包括申诫、罚款、扣留、没收、停止营业、停止发行、取消执业证件、取消开车执照、丧失某种利益、取消某种资格等。[62] 日本“行政罚”中的制裁手段包括：罚款；停止或撤销授益行为；赋课加算税、征收金；公布违反义务行为等。[63] 俄罗斯对行政处罚手段的规定集中在《行政违法法典》之中，它覆盖了广泛的处罚措施，包括：(1)训诫；(2)行政罚款；(3)有偿收缴实施行政违法行为的工具或行政违法对象；(4)没收实施行政违法行为的工具或行政违法对象；(5)剥夺赋予自然人的专门权利；(6)行政拘留；(7)将外国公民或无国籍人行政驱逐出俄罗斯联邦国境；(8)取消资格。[64] 越南学习俄罗斯模板，制定了越南《行政违法处罚法》。它将处罚设定为主罚和补充罚两种：主罚包括警告和罚款；补充罚也只有两项，即没收许可证和没收赃物、违法工具。[65]

中国关于行政处罚的手段，在1996年的《行政处罚法》中集中在第8条。[66] 该条规定了“6+1”的处罚手段：(1)警告；(2)罚款；(3)没收(没收违法所得、没收非法财物)；(4)责令停产停业；(5)吊扣证照(暂扣或者吊销许可证、暂扣或者吊销执照)；(6)行政拘留；(7)其他处罚。2021年修订的《行政处罚法》集中在第9条。[67] 该条在原有基础上增加了五种处罚手段，即通报批评、降低资质等级、限制经营、限制从业、责令关闭等。现行《行政处罚法》所规定的行政处罚手段有下列几种：

1. 警告，是指行政主体对违法当事人实施的一种书面形式的谴责，指出其违法行为，告诫其吸取教训，以防再犯。这是一种既有教育性又有惩罚性的处罚手段，属于精神上的申诫罚。

2. 通报批评，是指行政主体在一定范围内，通过一定的形式，对违法当事人公布其违法行为，教育其本人和他人引以为戒的一种处罚手段。它和警告一样属于申诫罚。所不同的是，警告是“一对一”的关系，只有处罚机关和被处罚人知道，而通报批评是“一对十”的关系，当事人一人违法，但可能整个单位，甚至整个社会都知晓。

---

[60] 原文是：“sanctionincludes the whole or a part of an agency：(A) prohibition, requirement, limitation or other condition affecting the freedom of a person；(B) withholding of relief；(C) imposition of penalty or fine；(D) destruction, taking, seizure, or withholding of property；(E) assessment of damages, reimbursement, restitution, compensation, costs, charges, or fees；(F) requirement, revocation, or suspension of a license；or (G) taking other compulsory or restrictive action.”

[61] 参见城仲模：《奥国行政罚制度析论》，载《行政法之基础理论》，台北，三民书局1994年版。

[62] 参见王名扬：《法国行政法》，中国政法大学出版社1989年版，第168页。

[63] 参见[日]田中二郎：《简明行政法》(新版)，弘文堂1983年版，第490页；[日]南博方：《日本行政法》，杨建顺、周作彩译，中国人民大学出版社1988年版，第85～88页；[日]市桥克哉等：《日本现行行政法》，田林、钱蓓蓓、李龙贤译，法律出版社2017年版，第211页。

[64] 参见俄罗斯联邦《行政违法法典》第3条之二。

[65] 参见徐中起主编：《越南法研究》，云南大学出版社1997年版，第66～67页。

[66] 我国《行政处罚法》(1996)第8条规定：“行政处罚的种类：(一)警告；(二)罚款；(三)没收违法所得、没收非法财物；(四)责令停产停业；(五)暂扣或者吊销许可证、暂扣或者吊销执照；(六)行政拘留；(七)法律、行政法规规定的其他行政处罚。”

[67] 《行政处罚法》(2021)第9条规定：“行政处罚的种类：(一)警告、通报批评；(二)罚款、没收违法所得、没收非法财物；(三)暂扣许可证件、降低资质等级、吊销许可证件；(四)限制开展生产经营活动、责令停产停业、责令关闭、限制从业；(五)行政拘留；(六)法律、行政法规规定的其他行政处罚。”

3. 罚款,是指行政主体强制违法当事人用自己的合法财产缴纳一定数量货币的处罚。它是实践中相对比较常用的一种处罚手段,属于典型的财产罚。

4. 没收违法所得,是指行政主体把违法当事人的违法所得予以收缴的处罚手段。[68] 它也是财产罚的一种形式。

5. 没收非法财物,是指行政主体把违法当事人从事违法行为过程中的违禁物品、违法财物强制无偿收归国有的处罚手段。它也属于财产罚的一种形式。

6. 暂扣许可证件,是指行政主体对违法当事人通过暂扣其许可证件,以实现在一定期限内暂时剥夺当事人从事某项资格性活动的目的的处罚手段。它是资格罚的一种形式。

7. 降低资质等级,是指行政主体对违法当事人通过降低其资质等级而限制其生产、经营和其他活动的处罚手段。资质是指企业事业单位,特别是建设单位、设计单位、施工单位、工程监理单位等,从事某种工作或活动所具备的条件、资格、能力等综合评价。资质被分为一定的等级。从事某种工作或活动往往会有一定的资质等级要求。降低资质等级无疑是对企业事业单位从事经营和其他活动的一种限制。

8. 吊销许可证件,是指行政主体对违法当事人通过吊销其许可证件,使其永远失去从事某项资格性活动资格和权利的处罚手段。它是资格罚的一种形式。

9. 限制开展生产经营活动,是指行政主体对违法生产经营当事人限制其生产经营权的处罚手段。限制开展生产经营活动的方法很多,上面所列的暂扣和吊销生产经营许可证、降低生产经营方面的资质等,都属于限制其开展生产经营活动。但是,有的生产经营者不存在许可证和资质问题,所以需要设置这一兜底式的处罚形式。[69]

10. 责令停产停业,是指行政主体对违法生产经营当事人责令其在一定期限内停止全部或部分生产经营活动的处罚手段。责令停产停业与限制开展生产经营活动不同,责令停产停业是剥夺当事人的生产经营权,而限制开展生产经营活动仅仅是限制当事人的生产经营权。

11. 责令关闭,是指行政主体对违法设立的组织,或者对合法的组织因进行违法的活动,责令其停止活动的处罚手段。它包括对非法组织的取缔,或者对依法设立的组织责令其停止非法活动。[70] 关闭对象包括企业、场所、职业中介机构、图书馆、建设项目、网站等。

12. 限制从业,是指行政主体对违法从业的当事人通过限制其从业以示惩罚的处罚手段。

---

〔68〕 关于违法所得的计算,依据《行政处罚法》(2021)第 28 条第 2 款规定,不扣除成本。但是法律、行政法规、部门规章对违法所得的计算另有规定的,从其规定。另外,根据全国人大常委会法工委《关于对违法建设进行行政处罚计算违法收入有关问题的函》(法工委发〔2011〕1 号),违法建设工程不能拆除的,应当没收实物或者违法收入。没收的违法收入应当与应依法没收的实物价值相当。

〔69〕 例如依据《证券法》(2019)第 202 条第 2 款规定,证券公司违反证券法的,可以"禁止其在一定期限内从事证券融资融券业务",便属于这类处罚。

〔70〕 例如国务院发布的《社会团体登记管理条例》(2016)第 32 条规定,筹备期间开展筹备以外的活动,或者未经登记,擅自以社会团体名义进行活动,以及被撤销登记的社会团体继续以社会团体名义进行活动的,由登记管理机关予以"取缔"。这一"取缔"就属于这类处罚。

限制从业包括限制从业范围、限制从业时间、限制从业地域等。[71]

13. 行政拘留，系指特定行政机关在一定期限内剥夺违法当事人人身自由的行政处罚。它是一种最为严厉的行政处罚。因此，《行政处罚法》(2021)第10条第2款规定："限制人身自由的行政处罚，只能由法律设定。"

在此必须说明的是，以上各种处罚手段要从实质上，而不是形式或者名称上去认定。比如说"收缴许可证件""注销许可证件"在《行政处罚法》(2021)第9条中没有列举，但它其实依然属于"吊销许可证件"的处罚。

严格固定和明确行政处罚手段的意义在于：一是在"处罚法定"原则的支配下，未经"依法设定"的行政处罚手段是不应当出现和存在的。出现和存在了的，也应当是无效的。二是凡是没有列入上述13种处罚手段范围的，都应当属于"其他行政处罚"，而"其他行政处罚"必须由法律和行政法规设定[72]，由地方性法规、规章或其他文件设定的"其他行政处罚"一概无效。

（二）行政处罚的种类

行政处罚种类是对行政处罚手段按功能划分的结果。1996年的《行政处罚法》第8条直接设定了8种处罚手段，当时在理论上就已经将它们分成四个种类：人身罚、财产罚、行为罚和申诫罚。[73] 2021年对《行政处罚法》修订时，第9条按五个种类设计，即申诫罚、财产罚、资格罚、行为罚和人身罚。

1. 申诫罚，亦称声誉罚、名誉罚和精神罚，系指行政机关向违法当事人发出警诫，申明其有违法行为，通过对其名誉、荣誉、信誉等施加影响，引起其精神上的警惕，使其不再违法的处罚手段。警告和通报批评都是申诫罚的主要形式。

2. 财产罚，系指行政机关剥夺违法当事人的财产或通过违法所获得的经济利益的经济制裁。罚款和没收违法所得、非法财物等便属于财产罚。

3. 资格罚，是指行政机关剥夺或限制违法当事人某些特定行为能力和资格的处罚。暂扣许可证照、吊销许可证照、降低资质等级等便属于这类处罚。

4. 行为罚，系指行政机关直接要求当事人进行一定的作为或不作为，由此承受不利后果的处罚。限制开展生产经营活动、责令停产停业、责令关闭、限制从业等就属于此类。

5. 人身罚，亦称自由罚，系指行政机关在一定期限内剥夺违法当事人人身自由的行政处

---

〔71〕 例如《证券法》(2019)第221条规定："违反法律、行政法规或者国务院证券监督管理机构的有关规定，情节严重的，国务院证券监督管理机构可以对有关责任人员采取证券市场禁入的措施。前款所称证券市场禁入，是指在一定期限内直至终身不得从事证券业务、证券服务业务，不得担任证券发行人的董事、监事、高级管理人员，或者一定期限内不得在证券交易所、国务院批准的其他全国性证券交易场所交易证券的制度。"《保险法》(2015)第164条规定："违反本法规定，有下列行为之一的，由保险监督管理机构责令改正，处五万元以上三十万元以下的罚款；情节严重的，可以限制其业务范围、责令停止接受新业务或者吊销业务许可证：（一）未按照规定提存保证金或者违反规定动用保证金的；（二）未按照规定提取或者结转各项责任准备金的；（三）未按照规定缴纳保险保障基金或者提取公积金的；（四）未按照规定办理再保险的；（五）未按照规定运用保险公司资金的；（六）未经批准设立分支机构的；（七）未按照规定申请批准保险条款、保险费率的。"

〔72〕 《行政处罚法》(2021)第9条规定："行政处罚的种类……（六）法律、行政法规规定的其他行政处罚。"

〔73〕 曹志于1996年3月12日在第八届全国人民代表大会第四次会议上作《关于〈中华人民共和国行政处罚法〉(草案)的说明》时就指出："行政处罚的种类较多，按其性质划分，大体可分为四类：一是行政拘留等涉及人身权利的人身自由罚；二是吊销许可证或执照、责令停产停业等行为罚；三是罚款、没收非法财产等财产罚；四是警告等申诫罚。这些行政处罚，对当事人权益的影响程度是不同的。"

罚。行政拘留是一种最典型的人身罚。

在以上五类处罚手段中,最难区别的就是“资格罚”与“行为罚”。因为“行为”与“资格”是不可分的。行为以资格为前提,任何资格的剥夺或限制均意味着其基于资格所从事的行为被禁止。吊销你的经营许可证,你就不得经营;收回你的土地使用权证,就禁止了你使用该土地的行为;吊销驾照,你就不能从事驾车行为;吊销律师证,就意味着禁止了你的律师从业;取消了教师资格证,你就无法做教师……正因如此,有的国家的行政处罚立法和理论不对“资格罚”与“行为罚”加以区分,而是把“资格罚”与“行为罚”合称为“行为罚”。

然而,把“资格罚”与“行为罚”区别开来,是一种精细化的操作,并且其在理论上是可以区分并且应该区分的。公民、法人或者其他组织取得某种资格才能从事对应的行为,这就是行政许可制度。中国的《行政许可法》并没有对公民、法人或者其他组织的所有行为实施许可证制度。这样,当事人的行为就分为两类:一类是基于行政许可所从事的行为,当事人没有取得许可证就不得从事该行为;另一类是不实施行政许可的行为,当事人无须取得许可证就可实施该行为。行政处罚要禁止前一类行为,就适用“资格罚”;行政处罚要禁止后一类行为,或者对前一类行为只禁止或限制一段时间,而不是永恒和全部,那就适用“行为罚”。换句话说,直接禁止或限制当事人行为的,适用行为罚;通过取消或限制其许可证件来达到禁止或限制当事人行为的目的的,适用资格罚。

(三)行政处罚种类的排序

上述五类处罚,即人身罚、财产罚、资格罚、行为罚、申诫罚,到底哪类属于重型罚,哪类属于轻型罚,应当作个排序。这个排序很重要,它关乎两个方面:一是和法律设定有关。从法理逻辑上说,对于重型罚,应当由法律位阶高的法律来设定;对于轻型法,可以由法律位阶低的法律来设定。二者不能轻重颠倒。二是和程序设计有关,应当为重型罚设置严格的程序规则,可为轻型法设置轻便的程序规则,绝对不能轻重颠倒。

考虑到五类处罚手段所针对的当事人权利及其法律后果,处罚种类从轻到重,应当这样排列:申诫罚—财产罚—行为罚—资格罚—人身罚。

人身罚是最高罚,申诫罚是最轻罚,这两端的定位是没有问题的。因为,人身罚是自由罚,当一个人的人身自由被剥夺或限制时,其一切行为也随之被剥夺或限制,一切资格、财产都失去意义。申诫罚并没有剥夺和限制当事人有形的东西,没有直接影响当事人的人身权、财产权和行为权,所以属于最轻微的处罚。关键是中间的三类如何排列,可能会有分歧。

中间三类的排列,从重到轻为“资格罚—行为罚—财产罚”也是没有问题的,因为限制“资格”必然同时限制了对应的“行为”,但限制“行为”未必就限制了资格。另外,财产是经营等行为的结果。

其实《行政处罚法》在规定“对行政处罚的设定”时,已暗示或确认了这一排列,从轻到重为:申诫罚—财产罚—行为罚—资格罚—人身罚。例如规定人身罚只能由法律设定;行政法规不得设定限制人身自由的处罚;地方性法规不得设定限制人身自由、吊销营业执照的处罚;规章可以设定警告、通报批评和一定数额的罚款。至于“其他行政处罚”的手段,同时属于前五种的都有可能。

当然,上述排列仅仅是一种理论上的排序,不具有绝对性。拘留一天与罚款20亿元,孰轻孰重,固然不好说。罚款1000元与通报批评的选择可能也因人而异。尽管如此,上述的排序基本还是正确的。

（四）行政处罚手段和种类的对应关系

2021 年修订的《行政处罚法》把所列举的各种行政处罚手段进行分类表达，形成了不同的种类，实现了处罚手段和处罚种类的有机结合。《行政处罚法》（2021）第 9 条所列举的五类处罚手段，正好归类如下（见表 12－1）：

表 12－1　行政处罚手段

处罚种类	处罚手段	《行政处罚法》（2021）依据
申诫罚	1. 警告 2. 通报批评	第 9 条第 1 项
财产罚	1. 罚款 2. 没收违法所得 3. 没收非法财物	第 9 条第 2 项
行为罚	1. 限制开展生产经营活动 2. 责令停产停业 3. 责令关闭 4. 限制从业	第 9 条第 4 项
资格罚	1. 暂扣许可证件 2. 降低资质等级 3. 吊销许可证件	第 9 条第 3 项
人身罚	行政拘留	第 9 条第 5 项

（五）关于“其他行政处罚”（其他罚）

《行政处罚法》（1996）第 8 条第 7 项和《行政处罚法》（2021）第 9 条第 6 项都在设定行政处罚的基本种类之后，保留了“法律、行政法规规定的其他行政处罚”，即“其他行政处罚”（又称其他罚）种类。

从行政处罚种类而言，其他罚是一种和申诫罚、财产罚、资格罚、行为罚、人身罚相并列的第 6 种处罚种类，它所包含的处罚手段应当是未被《行政处罚法》（2021）第 9 条第 1 ~ 5 项所规定的手段所包含的；但从具体行政处罚手段而言，任何一种处罚手段都不可能是申诫罚、财产罚、资格罚、行为罚、人身罚之外的处罚手段，因为行政处罚的五种类别已经穷尽了所有的处罚种类。

“其他罚”的处罚手段，是指《行政处罚法》（2021）第 9 条第 1 ~ 5 项所列举的 13 种处罚手段以外的其他处罚手段。这些手段在现实中形式很多，如禁闭，取消资格或除名，停止或取消抚恤和优待，规定期限内不得申领有关执照和证书，暂停其原产地证签发权，几年内不得申请许可，几年内不得再次参加资格考试，终身不予注册，不得从事药品生产、经营活动，取消批准文件，撤销学位、取消学籍，撤销登记，关闭营业场所，停止招生或办园，责令搬迁，责令补种盗伐株数 10 倍的树木，征收（超标）排污费，缴纳土地闲置费和收回土地使用权，收回海域使用权，征收滞报金、罚息，停止出售、销毁、撤销出版社登记，加收费用、停止供电，禁止或限制进入市场,对外国人的限期出境(离境)、驱逐出境、遣送出境[74],6个月以内不受理其出境、入境申请,缩短其停留期限,等等。大量的法律和行政法规规定了大量的"其他罚"。[75] 同时地方性法规、规章,甚至规章以下的其他规范性文件,都在设定行政处罚。"其他罚"的数量自然远大于"本行政处罚"的"存量"。"其他罚"手段的不当扩大,势必侵害公民、法人或者其他组织的合法权益,影响社会正常秩序和营商环境。

为此,正确认定"其他罚"必须严格把握两点:一是只要是《行政处罚法》(2021)第9条所列的13项处罚手段以外的处罚手段,都属于"其他罚";二是"其他罚"必须由法律和行政法规设定,地方性法规、政府规章和其他规范性文件设定的"其他罚"一概无效。

第三节　行政处罚设定和规定

行政处罚必须先依法设定,此后才是依法实施。依法设定是依法实施的前提和基础。

一、行政处罚设定与规定的关系

《行政处罚法》(2021)第二章标题上的"设定",是"广义上的设定"概念。"广义上的设定"包括:狭义上的设定与规定。这与行政许可法上的设定与规定同理。(见图12-1)

图12-1　设定的含义

对行政处罚的"设定",系指上位法首次对行政处罚权(包括处罚主体、可被处罚的行为、处罚种类和处罚幅度等)作出的规定。如《治安管理处罚法》率先规定公安机关在什么条件下可以对当事人实施治安拘留,这便属"设定"。

对行政处罚的"规定",系指在上位法已对行政处罚作出设定的条件下,在上位法所设定的处罚行为、种类和幅度范围内再作具体细化的规定。如全国人大常委会制定的《道路交通安全法》对违反道路交通安全行为的处罚作出规定,国务院制定的《道路交通安全法实施条例》对这种处罚作了进一步细化规定。《道路交通安全法》对处罚的规定为"设定",《道路交通安全法实施条例》对处罚的规定为"规定"。

同"设定"和"规定"相适应,作出"设定"的"法"叫作"设定法",作出"规定"的"法"叫作

---

[74] 我国有6部法律规定了对外国人的限期出境或者驱逐出境:《治安管理处罚法》(2012)第10条,《防震减灾法》(2008)第86条,《出境入境管理法》(2012)第81条,《反间谍法》(2014)第34条,《测绘法》(2017)第51条,《境外非政府组织境内活动管理法》(2017)第50条。

[75] 我国在1996年制定《行政处罚法》时,就有人作过统计,认为当时施行的法律和行政法规规定的行政处罚手段就有120种之多。参见全国人大常委会法制工作委员会国家法、行政法室编著:《〈中华人民共和国行政处罚法〉讲话》,法律出版社1996年版,第33页。从1996年《行政处罚法》的制定和实施,到2021年《行政处罚法》的修订,属于"其他罚"的处罚手段,只会增加而不会减少。

“规定法”。“设定法”对行政处罚作出设定的权限称作“设定权”,同理,“规定法”对行政处罚作出规定的权限称作“规定权”。

《行政处罚法》(2021)第二章对于行政处罚的“设定”,既包括“设定”,也包括“规定”,而且“设定权”与“规定权”、“设定规则”与“规定规则”是完全不同的。所以,严格区分“设定”与“规定”极为重要。“设定”与“规定”的区别,涉及三个关系:

1. 从无到有与从粗到细。如果法律对处罚的规定是“从无到有”,那就是对处罚的“设定”。如以前对在公共场所抽烟是不禁止、不处罚的,现在某个法律首次规定对在公共场所抽烟的当事人要给予处罚,这就是“从无到有”,属于对处罚的“设定”。如果法律对处罚的规定是“从粗到细”,即上位法已对在公共场所抽烟的处罚作出了规定,现在下位法又对这种处罚作更详细的规定,这就属于对处罚的“规定”了。可以说,“设定”是“从无到有”的表达方式,“规定”是“从粗到细”的表达方式。

2. 第一次与第二次。一般而言,“设定”是对处罚的第一次规定,“规定”是对处罚的第二次及以后的规定。因为,只有第一次规定才会是“从无到有”,第二次及以后的规定,都是一个细化过程,属于“从粗到细”。

3. 上位法与下位法。如果几个法都对处罚作出了规定,那么,应当把上位法的规定称作“设定”,下位法的规定称作“规定”。从某种意义上可以这样说:上位法的规定称“设定”,下位法的“设定”称规定。

必须补充说明的是,上述对“设定”与“规定”区别的三项规则有时会发生碰撞。比如,某个地方性法规率先规定对公共场所抽烟的处罚,若干年后,国家层面的法律也规定了对公共场所抽烟的处罚。这两个规定,即地方性法规的规定与国家法律的规定,到底谁是“设定”,谁是“规定”呢?这里两个规则,即第一次与第二次和上位法与下位法之间,发生了碰撞。依据前一规则,应当认定地方性法规的规定为“设定”,认定国家法律的规定为“规定”;而依据后一规则,国家法律是上位法,它的规定应当是“设定”,地方性法规是下位法,它的规定应当是“规定”。

当上述几个规则冲突时,应当以“上位法”优先。上位法哪怕是事后制定的,也属于“设定”。无论是什么状态下,上位法制定以后,下位法都必须服从上位法,不一致的、抵触的,都必须修改。所以在上述例子中,只要国家法律规定了对公共场所抽烟的处罚,哪怕是事后,原先属于“设定法”的地方性法规,也要让位变成“规定法”。

二、行政处罚的设定

(一)行政处罚的设定权

行政处罚必须“依法设定”和“由法设定”,但并不是任何“法”都可以设定任何“处罚”,这就涉及“法”的设定权限。

1. 法律对行政处罚的设定权

宪法是国家的根本大法,不可能对行政处罚作出设定或者规定。所以,设定行政处罚最高位阶的“法”就是“法律”。法律可以设定任何行政处罚,包括申诫罚、财产罚、行为罚、资格罚、人身罚,还有其他罚。因为法律是由全国人民代表大会及其常委会制定的,而全国人民代表大会是我国的最高国家权力机关,全国人大常委会是全国人民代表大会的常设机关。

《行政处罚法》(2021)第10条规定:“法律可以设定各种行政处罚。限制人身自由的行政处罚,只能由法律设定。”在中国现行行政处罚制度中,限制人身自由的行政处罚只有一种手段,就是行政拘留。行政拘留只能由法律设定,行政法规、地方性法规和规章无权设定。如果在行政拘留之外,还要增加其他限制人身自由的行政处罚,如有的国家有"罚役"(强制无偿劳动作为惩罚),那就一定要由法律设定,其他法规等设定无效。

2. 行政法规对行政处罚的设定权

《行政处罚法》(2021)第11条第1款规定:"行政法规可以设定除限制人身自由以外的行政处罚。"

法律可以设定任何行政处罚,但行政法规的法律位阶要低于法律,它的设定权就不可能和法律一样。由于《行政处罚法》(2021)第10条第2款明文规定,"限制人身自由的行政处罚,只能由法律设定",所以行政法规只能设定限制人身自由以外的行政处罚。这就是说,对于行政法规,除了限制人身自由的行政处罚不能设定,其他行政处罚都可以设定。

3. 地方性法规对行政处罚的设定权

《行政处罚法》(2021)第12条第1款规定:"地方性法规可以设定除限制人身自由、吊销营业执照以外的行政处罚。"第9条还规定,其他行政处罚应当由法律和行政法规设定。

地方性法规的法律位阶低于法律和行政法规,高于规章,所以,它对行政处罚的设定权要低于法律和行政法规,但高于规章。根据《行政处罚法》的上述规定,地方性法规可以设定除了以下三项外的任何行政处罚:(1)限制人身自由的行政处罚;(2)吊销营业执照的处罚;(3)必须由法律和行政法规设定的其他行政处罚。

4. 规章对行政处罚的设定权

规章可以分为国务院的部门规章和地方政府规章。规章的法律位阶是最低的,所以,它原则上只有"规定权","设定权"较弱。

《行政处罚法》(2021)第13条第2款规定:"尚未制定法律、行政法规的,国务院部门规章对违反行政管理秩序的行为,可以设定警告、通报批评或者一定数额罚款的行政处罚。罚款的限额由国务院规定。"这一规定反映出两点:第一,部门规章对行政处罚具有一定的设定权,但只限于警告、通报批评或者一定数额罚款这三种处罚,其他处罚无权设定。罚款的限额由国务院规定。[76] 第二,部门规章对行政处罚的设定必须有一个前提,即"尚未制定法律、行政法规",即法律、行政法规未对这类行为作出规定。如果法律、行政法规对这类行为已作出规定,那么无论是可罚还是可不罚,一切都必须依照法律、行政法规的规定,部门规章无权作自主设定。

关于地方政府规章的设定权,《行政处罚法》(2021)第14条第2款作了类似规定:"尚未制定法律、法规的,地方政府规章对违反行政管理秩序的行为,可以设定警告、通报批评或者一定数额罚款的行政处罚。罚款的限额由省、自治区、直辖市人民代表大会常务委员会规定。"这里的规定和部门规章的设定权相类似:一是地方政府规章对行政处罚具有一定的设定权,但只限于警告、通报批评或者一定数额罚款这三种处罚,其他处罚无权设定。罚款的限额由省、自治

---

〔76〕 国务院《关于进一步贯彻实施〈中华人民共和国行政处罚法〉的通知》(国发〔2021〕26号)规定:"尚未制定法律、行政法规,因行政管理迫切需要依法先以部门规章设定罚款的,设定的罚款数额最高不得超过10万元,且不得超过法律、行政法规对相似违法行为的罚款数额,涉及公民生命健康安全、金融安全且有危害后果的,设定的罚款数额最高不得超过20万元;超过上述限额的,要报国务院批准。"

区、直辖市人民代表大会常务委员会规定，全国尚不完全统一。[77] 二是地方政府规章对行政处罚的设定必须有一个前提，即“尚未制定法律、法规”，即法律、法规未对这类行为作出规定。如果法律、法规对这类行为已作出规定，那么无论是可罚还是可不罚，一切都必须依照法律、法规的规定，地方政府规章无权作自主设定。

5. 其他规范性文件对行政处罚的设定权问题

除法律、法规、规章外，其他规范性文件不得设定行政处罚。

这里还有一个问题是，自治条例和单行条例是否也可设定行政处罚？对于这一问题，《行政处罚法》本身没有回答。有关部门的回答是：其和地方性法规的制定权相一致。省级人大及其常委会、设区的市人大及其常委会制定自治条例和单行条例时，可以设定行政处罚；县级人大及其常委会制定单行条例时不得设定行政处罚。[78]

（二）行政处罚的设定内容

行政处罚的设定内容，系指“设定法”在设定行政处罚时，必须包括和覆盖的内容要素，目的在于增进“设定法”表达行政处罚规范的完整性。

“设定法”在设定行政处罚时，到底应当表达行政处罚中的哪些内容，关于这一行政处罚设定内容的问题，人们还存在两种误解：一是由于《行政处罚法》（2011）第二章的名称是“行政处罚的种类和设定”，给人的感觉是“法律”对行政处罚的“设定”仅仅是指对行政处罚“种类”的设定。这是一种误解。法对“行政处罚”的设定，其实是指对“行政处罚权”的设定，不只是对行政处罚“种类”的设定。二是由于《行政处罚法》（2021）第 11 条第 2 款、第 12 条第 2 款、第 13 条第 1 款和第 14 条第 1 款规定中只提到三项内容：给予行政处罚的行为、行政处罚的种类、行政处罚的幅度。由此，人们误以为行政处罚的设定内容就只有这三项，其他不属于行政处罚的设定内容。

《行政处罚法》并没有表达行政处罚设定内容的范围。上述《行政处罚法》（2021）第 11 条第 2 款、第 12 条第 2 款、第 13 条第 1 款和第 14 条第 1 款所规定的三项内容（给予行政处罚的行为，行政处罚的种类，行政处罚的幅度）也不是对行政处罚设定内容的表达，仅仅是对“规定法”不得超越“设定法”内容的要求。

如上所述，法对“行政处罚”的设定其实是指法对“行政处罚权”的设定。从理论上说，行政处罚权应当包括几个要素：（1）处罚主体。确定行政处罚的实施机关，解决“谁有权实施处罚”问题。（2）处罚对象。确定违法当事人和被处罚人，解决“谁应当被处罚”问题。（3）被处罚行为。确定违反行政管理秩序的行为，[79] 解决“什么行为应当被处罚”问题。（4）处罚内容。确

---

[77] 如江西省人民代表大会常务委员会《关于政府规章设定罚款限额的规定》（1996 年 10 月 19 日江西省第八届人民代表大会常务委员会第二十四次会议通过，2018 年 7 月 27 日江西省第十三届人民代表大会常务委员会第四次会议修正）第 3 条规定，政府规章设定罚款限额按下列规定执行：（1）对公民违反行政管理秩序的行为，设定罚款不超过 500 元，但对直接关系人身健康、生命财产安全以及直接涉及国家安全、生态环境保护、历史文化保护、有限自然资源开发利用方面的违反行政管理秩序的行为，从事经营活动的，设定罚款不超过 5 万元；非经营活动的，设定罚款不超过 3 万元。（2）对法人或者其他组织违反行政管理秩序的行为，设定罚款不超过 3 万元，但对直接关系人身健康、生命财产安全以及直接涉及国家安全、生态环境保护、历史文化保护、有限自然资源开发利用方面的违反行政管理秩序的行为，从事经营活动的，设定罚款不超过 20 万元；非经营活动的，设定罚款不超过 10 万元。

[78] 参见国务院法制办公室编：《中华人民共和国行政处罚法注解与配套》（第 4 版），中国法制出版社 2017 年版，第 8 页；许安标主编：《中华人民共和国行政处罚法释义》，中国民主法制出版社 2021 年版，第 63 页。

[79] 《行政处罚法》将它表述为“给予行政处罚的行为”。

定行政处罚的种类和幅度,解决“给予什么处罚”问题。它们同时构成了行政处罚设定的内容。

(三)对行政处罚的补充设定

《行政处罚法》2021年修订的亮点之一在于增加了行政法规和地方性法规对行政处罚的补充设定权。所谓对行政处罚的补充设定权,系指下位法在上位法只设定义务规范(包括命令规范和禁止规范)而未设定处罚规范的情况下,依法补充设定处罚规范的行为和权力。对行政处罚的补充设定只存在于两种情况:一是行政法规对法律的补充设定;二是地方性法规对法律、行政法规的补充设定。

1. 行政法规对法律的补充设定

《行政处罚法》(2021)第11条第3款规定:“法律对违法行为未作出行政处罚规定,行政法规为实施法律,可以补充设定行政处罚……”这就是说,行政法规可以对法律的设定作出补充设定。行政法规行使对法律设定的补充权,是2021年修订新增加的内容。行使这一补充设定权,必须掌握几个要义:

(1)前提。行使对法律设定的补充权,必须有一个前提:法律已对违法行为作出规定,但未设定处罚。处罚规定属于责任规范,而责任规范须以义务规范,即命令规范(要求作为)和禁止规范(要求不作为)为前提,当事人只有在违反义务规范时才有可能被处罚。现在法律设定了义务规范,但未对该违法行为对应地设定处罚规范,在这种前提下,行政法规才可为法律补充设定处罚规范。[80]

(2)目的。行政法规要对法律补充设定处罚,必须是“为实施法律”。这一目的不是抽象的,而是具体的。因为抽象意义上可以说,任何法规的制定和执法活动都是为了实施法律。这里是指,某个行政法规系为实施某一法律而制定,那么它才可以对前一个法律未设定的处罚作补充性设定。[81]

(3)内容。行政法规对法律的补充设定,到底可以补充什么?不是对“违法行为”的补充,而是对“行政处罚”的补充。换句话说,行政法规不是为法律补充命令规范和禁止规范,而是补充对应的处罚规范。

(4)保留。行政法规对法律的补充设定,不得违反“法律保留原则”,不得突破《行政处罚法》(2021)第10条第2款的禁止性规定,即“限制人身自由的行政处罚,只能由法律设定”。也就是说,行政法规对限制人身自由的行政处罚不得作补充设定。

(5)性质。行政法规对法律的补充设定权,是一项“可以行使”的权力,而不是“必须行使”的权力。《行政处罚法》的修订,一方面赋予行政法规对法律设定的补充权,另一方面对此持非常谨慎的态度。行政法规是否对法律作补充设定,要根据具体的立法和执法状况而定,不能“一刀切”,更不能“一起哄”地推广这一权力。

(6)程序。正因为《行政处罚法》修订时,对行政法规的补充设定制度持谨慎的态度,所以规定了严格的程序。《行政处罚法》(2021)第11条第3款特别规定,“……拟补充设定行政处罚的,应当通过听证会、论证会等形式广泛听取意见,并向制定机关作出书面说明。行政法规

〔80〕 如《大气污染防治法》(2018)第51条第1款规定,机动车污染物排放超过规定排放标准的,不得上路行驶。但该法的“法律责任”一章未对违法上路的驾驶人规定行政处罚。

〔81〕 比如说,全国人大常委会制定了《土地管理法》,国务院为实施这一法律而制定了《土地管理法实施条例》,那么,《土地管理法实施条例》可以对《土地管理法》未设定的处罚作补充设定。

报送备案时,应当说明补充设定行政处罚的情况”。

2. 地方性法规对法律、行政法规的补充设定

《行政处罚法》(2021)第12条第3款规定:“法律、行政法规对违法行为未作出行政处罚规定,地方性法规为实施法律、行政法规,可以补充设定行政处罚。拟补充设定行政处罚的,应当通过听证会、论证会等形式广泛听取意见,并向制定机关作出书面说明。地方性法规报送备案时,应当说明补充设定行政处罚的情况。”

地方性法规对法律和行政法规的补充设定,其权力要素上,即前提、目的、内容、保留、性质和程序等,和行政法规对法律补充设定权的要素基本相同,故不重复。

需要补充说明的是,地方性法规对法律、行政法规的补充设定权,应当包括省级人大及其常委会制定的地方性法规,和设区的市人大及其常委会制定的地方性法规。省级地方性法规的补充设定是对法律和行政法规的补充设定,而市级地方性法规的补充设定乃是对法律、行政法规和省级地方性法规的补充设定。

(四)行政处罚设定权的归纳

至此,我们可以对行政处罚设定权归结如下(见表12-2):

表12-2　行政处罚设定权

编号	设定文件	设定处罚种类	《行政处罚法》(2021)依据
1	法律	(1)警告;(2)通报批评;(3)罚款;(4)没收违法所得;(5)没收非法财物;(6)暂扣许可证件;(7)降低资质等级;(8)吊销许可证件;(9)限制开展生产经营活动;(10)责令停产停业;(11)责令关闭;(12)限制从业;(13)行政拘留;(14)其他行政处罚	第9、10条
2	行政法规	(本职设定)(1)警告;(2)通报批评;(3)罚款;(4)没收违法所得;(5)没收非法财物;(6)暂扣许可证件;(7)降低资质等级;(8)吊销许可证件;(9)限制开展生产经营活动;(10)责令停产停业;(11)责令关闭;(12)限制从业;(13)除限制人身自由以外的其他行政处罚。 (补充设定)法律对违法行为未作出行政处罚规定,行政法规为实施法律,可以补充设定行政处罚	第11条
3	地方性法规(自治条例和单行条例)	(本职设定)(1)警告;(2)通报批评;(3)罚款;(4)没收违法所得;(5)没收非法财物;(6)暂扣许可证件;(7)降低资质等级;(8)吊销许可证件(吊销企业营业执照除外);(9)限制开展生产经营活动;(10)责令停产停业;(11)责令关闭;(12)限制从业。 (补充设定)法律、行政法规对违法行为未作出行政处罚规定,地方性法规为实施法律、行政法规,可以补充设定行政处罚	第12条
4	国务院部门规章	在无法律、行政法规规定的前提下:(1)警告;(2)通报批评;(3)一定数额的罚款(限额由国务院规定)	第13条
5	地方政府规章	在无法律、法规规定的前提下:(1)警告;(2)通报批评;(3)罚款(限额由省、自治区、直辖市人民代表大会常务委员会规定)	第14条

三、行政处罚的规定

(一)行政处罚的规定权

在行政处罚法律制度中,上位法如果对行政处罚权作出“设定”,那么下位法就可以在上位法的范围内对行政处罚作出“规定”。所谓对行政处罚的“规定”,系指下位法在上位法的范围内对行政处罚作细化规定。行政处罚法在“设定”之外确立“规定”制度是十分必要的,它在法治轨道内促进了法的细化,有利于法的适用和实施。

《行政处罚法》(2021)有四个条款专门规定了行政处罚的“规定权”:第 11 条第 2 款规定:“法律对违法行为已经作出行政处罚规定,行政法规需要作出具体规定的,必须在法律规定的给予行政处罚的行为、种类和幅度的范围内规定。”第 12 条第 2 款规定:“法律、行政法规对违法行为已经作出行政处罚规定,地方性法规需要作出具体规定的,必须在法律、行政法规规定的给予行政处罚的行为、种类和幅度的范围内规定。”第 13 条第 1 款规定:“国务院部门规章可以在法律、行政法规规定的给予行政处罚的行为、种类和幅度的范围内作出具体规定。”第 14 条第 1 款规定:“地方政府规章可以在法律、法规规定的给予行政处罚的行为、种类和幅度的范围内作出具体规定。”

根据上述规定,行政法规、地方性法规和规章都具有对行政处罚的“规定权”,并且这些“规定权”存在于特定的“设定法—规定法”之间的对应关系之中:行政法规可以对法律所设定的处罚进行细化规定;地方性法规可以对法律和行政法规所设定的处罚进行细化规定;国务院部门规章可以对法律和行政法规所设定的处罚进行细化规定;地方政府规章可以对法律、行政法规和地方性法规所设定的处罚进行细化规定。(见表 12 - 3)

表 12 - 3 规定法与设定法的对应关系

规定法	设定法
行政法规	法律
地方性法规	法律、行政法规
国务院部门规章	法律、行政法规
地方政府规章	法律、行政法规、地方性法规

(二)行政处罚规定权的限制

《行政处罚法》的上述规定,不仅赋予行政法规、地方性法规和规章对行政处罚的“规定权”,同时也对这一“规定权”进行了限制。那就是,行政法规、地方性法规和规章在对行政处罚作细化规定时,不得超越作为上位法的设定法所规定的给予行政处罚的行为、种类和幅度的范围。具体而言,就是指不得超越以下三个事项进行规定:

1. 给予行政处罚的行为。这是指当事人作出的违反行政管理秩序的行为,即可处罚行为。如《治安管理处罚法》(2012)第三章规定了四类违反治安管理的行为,即扰乱公共秩序的行为、妨害公共安全的行为、侵犯人身权利和财产权利的行为、妨害社会管理的行为。不得超越“给予行政处罚的行为”,是指规定法不得超越设定法所规定的可处罚行为的范围。《治安管理处罚法》(2012)第三章设定了四类违反治安管理的行为,下位法不得扩展为五类可处罚行为。

2. 行政处罚的种类。这就是指《行政处罚法》(2021)第 9 条所规定的处罚手段和种类。如果设定法只规定对某种违法行为可以进行警告和罚款,那么规定法就不得增加一种吊扣许可证的处罚。[82]

3. 行政处罚的幅度。这是指:(1)几种罚种之间的选择幅度;[83](2)一个罚种内的处罚幅度。[84] 规定法对行政处罚的规定,不得超越设定法所规定的处罚幅度。

《行政处罚法》规定在三个方面(给予行政处罚的行为、种类和幅度),规定法不得和设定法相抵触,并不意味着在其他方面(如处罚主体和处罚程序等)就不作要求。由于规定法是下位法,设定法是上位法,按照法律适用规则,下位法不得和上位法任何内容相抵触。所以,应当说,作为下位法的规定法其任何内容都不得和作为上位法的设定法相抵触,并不只限于上述三个事项。《行政处罚法》之所以只规定在上述三个事项上不得相抵触,乃是鉴于行政处罚的特殊领域所作的特别强调。

四、行政处罚的设定法与规定法原理的应用

对行政处罚进行"设定"的法可称"设定法",对行政处罚进行"规定"的法可称"规定法"。区别并把握"设定法"与"规定法",对于法规的合法性审查非常有用。

在中国的法规备案审查中,有的法规的问题正发生在对行政处罚的"设定权"与"规定权"的超越上。当我们拿到一个法律,审查其对行政处罚的规定是否存在问题时,从技术上说要分两步走:

第一步,要确认本法是"设定法"还是"规定法"。确认的方法是找到它对应的上位法,看上位法对这一处罚是否已有规定。上位法对这一处罚没有规定的,本法属于"设定法";上位法对这一处罚已有规定的,本法则属于"规定法",上位法才属于"设定法"。

第二步,对"设定法"和"规定法"采取不同的审查方法。

对于"设定法",主要审查其是否超越"设定权限",如行政法规不得设定限制人身自由的行政处罚;地方性法规不得设定限制人身自由和吊销营业执照的行政处罚;规章只能设定警告、通报批评和一定数额的罚款;等等。

对于"规定法",主要是审查其规定是否超越上位法所设定的行政处罚的三个范围:可处罚的违法行为范围、行政处罚的种类、行政处罚的幅度。

第四节　行政处罚实施机关

行政处罚的实施机关,系指有权实施行政处罚的主体。我国《行政处罚法》(2021)设专章

---

〔82〕 这方面的事例并不少见。最高人民法院《对〈关于秦大树不服重庆市涪陵区林业局行政处罚争议再审一案如何适用法律的请示〉的答复》(〔2001〕行他字第7号)指出:《重庆市林业行政处罚条例》(地方性法规,2001年修订,现已失效)第22条第1款第1项关于没收无林产品运输证的林产品的规定,超出了《森林法》规定没收的范围。人民法院审理有关行政案件时,应当适用上位法的规定。参见刘德权主编:《最高人民法院司法观点集成:行政及国家赔偿卷》,中国法制出版社2017年版,第665页。

〔83〕 例如《治安管理处罚法》(2012)第23条规定:"有下列行为之一的,处警告或者二百元以下罚款;情节较重的,处五日以上十日以下拘留,可以并处五百元以下罚款……"这表明警告、罚款、拘留三个罚种之间存在选择。

〔84〕 如1~15日行政拘留,20~30000元罚款。

(第三章)规范了这一问题。根据《行政处罚法》(2021)第三章的规定,我国实施行政处罚的主体共有三类:(1)拥有行政处罚权的行政机关;(2)法律、法规授权的组织;(3)行政机关委托的组织。它们可分别称为职权主体、授权主体和委托主体。

一、拥有行政处罚权的行政机关

《行政处罚法》(2021)第17条规定:"行政处罚由具有行政处罚权的行政机关在法定职权范围内实施。"这是对职权主体的规定。

所谓职权主体,是指基于其本身的职权而自然拥有行政执法资格的组织。它的处罚权是"天生"的,从组织设立的那天起就已拥有,而不是事后通过法律、法规的"授权"或行政机关的"委托"而取得的。行政处罚权属于行政职权的一部分,而行使行政职权的机关是国家行政机关,这是由宪法所设定的国家治理架构。我国宪法规定,各级人民政府是国家行政机关,它是国家权力机关的执行机关,是国家法律的实施机关,它依法拥有和行使行政管理职权。所以,国家行政机关才是行政处罚中的职权主体。

《行政处罚法》(2021)第17条为实施行政处罚的职权主体确立了三个条件:

1. 必须是行政机关。行政处罚权是行政职权的一项重要内容,而按照我国宪法对国家机关职权的分工规则,国家行政职权由国家行政机关行使。因此,实施行政处罚的主体必须是国家行政机关,确切地说,必须由具有行政主体资格的行政组织来实施行政处罚。[85]

2. 必须是拥有行政处罚权的行政机关。行政处罚权在行政职权中是一种特别职权,而不是一般职权,并不是所有的行政机关"先天"拥有该职权。必须在法律、法规、规章作特别设定的条件下,行政机关方拥有行政处罚权,并可实施行政处罚。

3. 必须是在法定职权范围内实施行政处罚。这就是说,没有行政处罚权的行政机关不得实施行政处罚,具有行政处罚权的行政机关也必须在法定职权范围内实施行政处罚,否则该行政处罚不具有法律效力。

并不是任何行政机关都拥有任何行政处罚权。哪些行政机关拥有哪些行政处罚权,并不是由《行政处罚法》本身直接作出规定,而是由具体的实体法作出具体的规定。[86] 因为准确地说,《行政处罚法》是有关行政处罚的"程序法",而不是"实体法"。

必须注意的是,有的行政处罚权属于专有职权,它只归特定机关行使。关于实施限制人身自由行政处罚的主体,《行政处罚法》(2021)本身作出了直接的规定。该法第18条第3款规

---

〔85〕 基于职权法定原则,行政处罚权原则上由具有行政处罚权的行政机关在法定职权范围内实施,非行政机关,包括政府直属的事业单位,非经授权和委托,不得行使行政处罚权。国务院法制办公室《对政府赋予行政管理职能的直属事业单位能否作为法定行政执法主体问题的复函》(国法秘函〔1999〕3号,1999年1月13日发布并实施)指出:依照《行政处罚法》的有关规定,行政处罚原则上由具有行政处罚权的行政机关在法定职权范围内实施;行政机关以外的其他组织(包括城市人民政府直属事业单位),未经法律、法规授权,或者未经具有行政处罚权的行政机关依照法律、法规、规章的规定在其法定权限范围内委托,不得实施行政处罚。

〔86〕 例如,《治安管理处罚法》把治安管理处罚权设定给公安机关;《出境入境管理法》把对违反出入境管理的行为人的处罚权设定给县级以上地方人民政府公安机关和出入境边防检查机关;《土地管理法》把对违反土地管理行为人的处罚权设定给县级以上人民政府自然资源主管部门和农业农村主管部门;《森林法》把对违反森林管理行为人的处罚权设定给县级以上人民政府林业主管部门;《食品安全法》把对违反食品安全行为人的处罚权设定给县级以上人民政府食品安全监督管理部门;《证券法》把对违反证券管理行为人的处罚权设定给国务院证券监督管理机构;等等。

定:“限制人身自由的行政处罚权只能由公安机关和法律规定的其他机关行使。”至于公安机关以外的法律规定的“其他机关”,根据《国家安全法》(2015)第42条,《反间谍法》(2014)第8、29~32条,以及《海警法》(2021)第31、60条和第四章“海上行政执法”的规定,国家安全机关和人民武装警察部队海警部队(海警机构)有权对违法当事人实施行政拘留。

二、法律、法规授权的组织

一般说来,行政处罚权只能由国家行政机关行使,非国家行政机关不得行使行政处罚权。但在一定的条件下,非国家行政机关也能行使行政处罚权,经法律、法规授权才具有实施行政处罚资格的主体可称为授权主体。授权主体是指原本不具有行政处罚权,但通过法律、法规授权拥有了处罚权的组织,或者说是通过授权获得处罚权的组织。

《行政处罚法》(2021)第19条规定:“法律、法规授权的具有管理公共事务职能的组织可以在法定授权范围内实施行政处罚。”这就为非国家行政机关行使行政处罚权提供了可能,同时也为其设定了限制条件。这些条件就是:

1. 它必须是具有管理公共事务职能的组织。不具有管理公共事务职能的组织,不得成为经法律、法规授权的行政处罚主体。这些组织是指行政机关以外的社会组织,包括中国证券监督管理委员会、中国银行保险监督管理委员会、中国气象局、中国残疾人联合会、行业协会(律师协会)、学校等。

2. 它必须经法律、法规的授权。这里的“法律、法规”包括:(1)全国人民代表大会及其常务委员会制定的法律;(2)国务院制定的行政法规;(3)省、自治区、直辖市人民代表大会及其常务委员会,设区的市人民代表大会和常务委员会制定的地方性法规。规章及以下的规范性文件不得实施行政处罚的授权。

3. 这些组织必须在法定授权范围内实施行政处罚。否则便会构成行政越权,导致行政处罚的无效。

经法律、法规授权的组织实施行政处罚,可以也应该以自己的名义进行,其行为效果归属于自己;在行政诉讼中,以该组织为被告。

需要特别补充说明的是,人民军队得到法律法规授权行使行政权,也作为授权主体对待。如《海警法》(2021)授权人民武装警察部队海警部队即海警机构,统一履行海上维权执法职责,具有海上行政执法权,由此,海警机构也就成了授权行政主体。[87]

三、行政机关委托的组织

根据我国《行政处罚法》的规定,除了拥有行政处罚权的行政机关和法律、法规授权的组织可以实施行政处罚外,行政机关委托的组织亦可实施行政处罚。行政机关委托的组织作为实施行政处罚的主体,必须以行政处罚行政委托关系的合法成立为前提。基于委托关系而拥有实施行政处罚资格的组织可简称为委托主体。委托主体,其实是被委托的主体,是指经行政机关的委托,代理行政机关实施处罚的组织。一般而言,行政处罚应当由行政机关自己依法行使。但有时,行政机关自己行使处罚权在条件上受到限制,于是可以依法委托具有管理公共事

---

〔87〕《海警法》(2021)第2条规定:“人民武装警察部队海警部队即海警机构,统一履行海上维权执法职责。海警机构包括中国海警局及其海区分局和直属局、省级海警局、市级海警局、海警工作站。”

务职能的组织行使行政处罚权。

《行政处罚法》(2021)第20条规定:“行政机关依照法律、法规、规章的规定,可以在其法定权限内书面委托符合本法第二十一条规定条件的组织实施行政处罚。行政机关不得委托其他组织或者个人实施行政处罚。委托书应当载明委托的具体事项、权限、期限等内容。委托行政机关和受委托组织应当将委托书向社会公布。委托行政机关对受委托组织实施行政处罚的行为应当负责监督,并对该行为的后果承担法律责任。受委托组织在委托范围内,以委托行政机关名义实施行政处罚;不得再委托其他组织或者个人实施行政处罚。”这一规定为行政处罚中的行政委托关系的成立设定了条件。具体要求如下:

1. 行政处罚中的委托方必须是国家行政机关,即上述实施行政处罚的第一种主体。经法律、法规授权的非国家行政机关不能成为行政处罚委托关系中的委托方。

2. 行政处罚中的受委托方必须是符合《行政处罚法》(2021)第21条要求的组织。这种组织必须符合三个条件:(1)依法成立并具有管理公共事务职能;(2)具有熟悉有关法律、法规、规章和业务并取得行政执法资格的工作人员;(3)需要进行技术检查或者技术鉴定的,应当有条件组织进行相应的技术检查或者技术鉴定。行政机关不得委托其他组织或者个人实施行政处罚。

3. 行政处罚的委托必须有法律、法规、规章的明文依据。无此明文依据,行政机关不得对行政处罚实施委托。

4. 行政机关实施委托必须出具委托书并向社会公布。委托书应当载明委托的具体事项、权限、期限等内容。

5. 行政处罚的委托不得再委托。《行政处罚法》特别强调,行政处罚不许进行二次委托,即接受委托的组织不得再行将该处罚事项委托给其他组织。这样禁止的目的,是防止受托组织对处罚委托事项不负责任,影响国家行政处罚管理秩序。

行政处罚委托关系成立之后,受委托组织在委托范围内,以委托行政机关名义实施行政处罚,并由委托行政机关承担行为的后果。

上述三类主体,即拥有行政处罚权的国家行政机关(职权主体)、法律、法规所授权的组织(授权主体)和行政机关所委托的组织(委托主体),在行政执法中的主体地位是不同的,职权主体和授权主体属于行政主体,委托主体只属于行为主体而不是行政主体。(见图12-2)

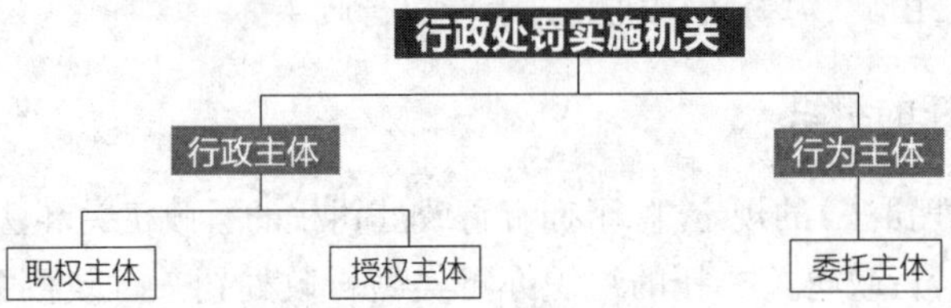

图12-2　行政处罚实施机关

四、相对集中行政处罚权

相对集中行政处罚权,是我国有关行政处罚实施主体制度中的一项特殊制度。《行政处罚法》(2021)第18条规定,国家在城市管理、市场监管、生态环境、文化市场、交通运输、应急管理、农业等领域推行建立综合行政执法制度,相对集中行政处罚权。国务院或者省、自治区、直辖市人民政府可以决定一个行政机关行使有关行政机关的行政处罚权。[88] 行政处罚权相对集中后，被集中的行政机关不得再行使相对集中行政处罚权。相对集中行政处罚权，是由《行政处罚法》于1996年所创设的一项行政执法制度。2021年修订的《行政处罚法》保留了这一制度。

根据《行政处罚法》(2021)第18条的规定，国家在城市管理、市场监管、生态环境、文化市场、交通运输、应急管理、农业等领域推行建立综合行政执法制度，相对集中行政处罚权。国务院或者省、自治区、直辖市人民政府可以决定一个行政机关行使有关行政机关的行政处罚权。相对集中行政处罚权的领域非常广泛，覆盖了管理上具有交叉性的大部分领域，但在程序上，必须由国务院或者省、自治区、直辖市人民政府决定。[89]

相对集中行政处罚权，不适用限制人身自由的行政处罚权。行政拘留等限制人身自由的行政处罚权只能由公安机关和法律规定的其他机关行使。

实施相对集中处罚权的组织，属于特殊的授权主体。它具有行政主体的地位，应当以自己的名义实施行政处罚权并对行为后果承担责任。

五、行政处罚权的下放

2021年修订的《行政处罚法》关于行政处罚实施主体的制度设计中，还有一项新内容，那就是行政处罚实施权向基层延伸，推动了执法重心的下移。

1996年《行政处罚法》第20条规定，行政处罚由县级以上地方人民政府具有行政处罚权的行政机关实施。据此，乡镇人民政府和街道办事处一般不享有行政处罚的实施权。之所以将行政处罚的实施权只授予县级以上地方人民政府及主管部门，而不授予乡镇人民政府和街道办事处，主要是因为县级以上人民政府及主管部门具有专业人员、专门知识和专业技能，也具有较完善的执法设备和技术条件。但在实践中发现，乡镇人民政府、街道办事处是最基层的政府机关，往往是最早、最直接发现当事人违法行为的机关，它们一概没有处罚权，会造成"看得见但管不着"和"管得着但看不见"的情况。2021年修订，将行政处罚权适度地延伸至乡镇基层人民政府和街道办事处，解决了这一矛盾。

2021年修订的《行政处罚法》第24条规定："省、自治区、直辖市根据当地实际情况，可以决定将基层管理迫切需要的县级人民政府部门的行政处罚权交由能够有效承接的乡镇人民政

---

〔88〕 未经国务院或者省、自治区、直辖市人民政府决定，其他任何组织都不得擅自集中行政处罚权。国务院法制办公室对西宁市人民政府法制办公室《关于将城市园林、市容卫生、城市建设等行政主管部门的处罚权委托依法成立的城市广场管理事业组织问题的请示》的答复(2002年3月25日，国法秘函〔2002〕50号)指出："《行政处罚法》第十六条规定：'国务院或者经国务院授权的省、自治区、直辖市人民政府可以决定一个行政机关行使有关行政机关的行政处罚权，但限制人身自由的行政处罚权只能由公安机关行使。'根据上述规定，一个行政机关集中行使其他有关行政机关的行政处罚权，必须经国务院或者国务院授权的省、自治区、直辖市人民政府决定。"这一答复的内容今天依然有效。

〔89〕 未经国务院或者省、自治区、直辖市人民政府决定，其他任何组织都不得擅自集中行政处罚权。国务院法制办公室《对西宁市人民政府法制办公室〈关于将城市园林、市容卫生、城市建设等行政主管部门的处罚权委托依法成立的城市广场管理事业组织问题的请示〉的答复》(国法秘函〔2002〕50号，2002年3月25日发布并实施)第1条指出："《行政处罚法》第十六条规定：'国务院或者经国务院授权的省、自治区、直辖市人民政府可以决定一个行政机关行使有关行政机关的行政处罚权，但限制人身自由的行政处罚权只能由公安机关行使。'根据上述规定，一个行政机关集中行使其他有关行政机关的行政处罚权，必须经国务院或者国务院授权的省、自治区、直辖市人民政府决定。"这一答复的内容现在依然有效。

府、街道办事处行使,并定期组织评估。决定应当公布。承接行政处罚权的乡镇人民政府、街道办事处应当加强执法能力建设,按照规定范围、依照法定程序实施行政处罚。有关地方人民政府及其部门应当加强组织协调、业务指导、执法监督,建立健全行政处罚协调配合机制,完善评议、考核制度。”把行政处罚权从县一级下放到基层必须十分慎重,根据《行政处罚法》(2021)第24条规定,必须把握这一制度的诸多要点。(1)下放之权限于县级人民政府部门的行政处罚权。县人民政府的处罚权,县级以上各行政机关的处罚权,不在下放之列。(2)下放之权必须是基层管理迫切需要的,并且基层政府能够承接得住的。并不是基层管理迫切需要的,或者虽然需要,但是基层政府承接不住的,一律不放。(3)处罚权从县级人民政府部门下放至乡镇人民政府和街道办事处不是一个自然过程,它必须由省、自治区、直辖市根据当地实际情况具体决定,全国不搞“一刀切”。

省、自治区、直辖市依据《行政处罚法》(2021)第24条决定把处罚权下放的,既包括省、自治区、直辖市人大及其常委会通过地方性法规决定,也包括省、自治区、直辖市人民政府通过政府规章决定;既可通过授权方式下放,也可通过委托方式下放,还可通过相对集中行政处罚权方式下放。[90] 通过授权方式的,乡镇人民政府和街道办事处可以自己的名义实施行政处罚;通过委托方式的,乡镇人民政府和街道办事处应当以委托方行政机关的名义实施行政处罚;通过相对集中行政处罚权方式的,由集中行使处罚权的组织以自己的名义实施行政处罚。

第五节　行政处罚管辖和适用

一、行政处罚的管辖

行政处罚的管辖是确定某个行政处罚案件由哪一个行政机关受理和实施处罚的法律制度。《行政处罚法》分别规定了行政处罚案件的地域管辖、级别管辖、共同管辖和移送管辖制度。

(一)地域管辖:违法行为发生地管辖原则

地域管辖,是解决行政处罚案件发生之后,应当由哪一地的行政机关来处理的问题。

《行政处罚法》(2021)第22条规定:“行政处罚由违法行为发生地的行政机关管辖。法律、行政法规、部门规章另有规定的,从其规定。”这是对违法行为发生地管辖原则的确认。理解这一原则,应当掌握两个意思:

1. 行政处罚由违法行为发生地的行政机关管辖。违法行为发生地,包括违法行为的准备地、实施地和结果发生地。当事人在哪一地方实施违法行为,就由当地的行政机关进行处罚。这体现了“属地管辖原则”,有利于提高执法效率,降低执法成本,同时方便当事人。

2. 法律、行政法规、部门规章另有规定的,从其规定。这就是说,这里的“属地管辖”不是绝对的,如果法律、行政法规、部门规章规定了另外的管辖规则,按其规定。[91] 这主要是考虑到行

---

〔90〕 参见国务院《关于进一步贯彻实施〈中华人民共和国行政处罚法〉的通知》(国发〔2021〕26号)。

〔91〕 例如,《海关行政处罚实施条例》(2022)第3~4条,《教育行政处罚暂行实施办法》(1998)第5条,《道路交通安全违法行为处理程序规定》(2020)第4~5条,《安全生产违法行为行政处罚办法》(2015)第6、10、11条,等等。

政处罚案件的多样性和复杂性。

(二)级别管辖:县级以上行政机关管辖原则

级别管辖,是解决行政处罚案件发生之后,应当由哪一级的行政机关来处理的问题。《行政处罚法》(2021)第23条规定:"行政处罚由县级以上地方人民政府具有行政处罚权的行政机关管辖。法律、行政法规另有规定的,从其规定。"这是对县级以上行政机关管辖原则的确认。对于级别管辖的规定,同样包含了两个意思:

1. 行政处罚由县级以上地方人民政府具有行政处罚权的行政机关管辖。这里有三个要点:(1)"县级"包括县级市和县级区(直辖市的区)等;(2)"县级以上"包括县级本身,所以县人民政府就可以依法行使处罚权;(3)"行政机关"包括县级人民政府和县级人民政府具有执法权的职能部门。

2. 法律、行政法规另有规定的,从其规定。这里的"例外法"范围比地域管辖中的"例外法"范围要小,只限于法律和行政法规,不包括部门规章。《行政处罚法》(2021)第24条本身就是一个"除外"规定。

(三)共同管辖:最先立案和上级指定原则

《行政处罚法》(2021)第25条规定:"两个以上行政机关都有管辖权的,由最先立案的行政机关管辖。对管辖发生争议的,应当协商解决,协商不成的,报请共同的上一级行政机关指定管辖;也可以直接由共同的上一级行政机关指定管辖。"这是对共同管辖状态下如何确定一个行政机关进行管辖的规定。

当两个以上行政机关对同一个行政处罚案件都有管辖权时,就会出现共同管辖的状态。在共同管辖的状态下还是需要确定一个行政机关进行管辖。对此有两个处理规则:最先立案管辖原则和指定管辖原则。

最先立案管辖,是指当两个以上行政机关都有管辖权时,由最先立案的行政机关管辖。如果两个以上行政机关在不知情的情况下已同时立案,应当对比立案时间的早晚,由立案较晚的行政机关撤案。

指定管辖,是指当管辖权发生争议时,由特定的行政机关确定管辖权的法律制度。指定管辖的机关,是管辖权争议机关的共同上级行政机关;指定管辖的条件,是争议机关协商不成而报请指定,也可由共同上级行政机关依职权直接指定。

如果说最先立案管辖是有共同管辖权的行政机关之间自我处理的规则,那么指定管辖是指在具有共同管辖权的行政机关之外由第三方确定管辖的规则。

(四)移送管辖:行政与司法的双向移送

行政处罚中的移送管辖,特指行政机关与司法机关之间的案件移送制度。《行政处罚法》(2021)第27条第1款规定:"违法行为涉嫌犯罪的,行政机关应当及时将案件移送司法机关,依法追究刑事责任。对依法不需要追究刑事责任或者免予刑事处罚,但应当给予行政处罚的,司法机关应当及时将案件移送有关行政机关。"

这是一种双向移送制度。对行政机关而言,当发现所立的行政处罚案件涉嫌刑事犯罪时,应当及时将案件移送司法机关,由司法机关依法追究刑事责任;对司法机关而言,如果发现刑事案件依法不需要追究刑事责任或者免予刑事处罚,但应当给予行政处罚,应当及时将案件移送有关行政机关。

二、行政处罚的适用原则

行政处罚的适用是指行政处罚实施机关将行政处罚的法律规范应用于具体行政处罚案件并作出处理的法律过程。在行政处罚的适用中,既存在具有普遍指导和约束意义的适用原则,也存在不少具体的量罚制度。

行政处罚的适用原则,是指有权机关在处理行政处罚案件过程中,就法律规范应用于客观事实,所必须遵循的行为规则。行政处罚的适用原则是行政处罚法基本原则的下位原则,具体包括以下几个原则。

(一)行政处罚与纠正违法相结合原则

《行政处罚法》(2021)第28条第1款规定:"行政机关实施行政处罚时,应当责令当事人改正或者限期改正违法行为。"该规定确立了行政处罚与纠正违法相结合的原则。该原则包含了四层意思:(1)有权实施行政处罚的行政机关同时也有权责令违法行为人纠正其违法行为。(2)行政机关在实施行政处罚时应当同时责令违法行为人改正其违法行为。(3)行政处罚和责令纠正是两个并行的行为,相互不能替代,既不能"罚而不管",也不能"管而不罚"。(4)就违法当事人而言,他既有接受行政处罚的义务也有纠正违法的义务。纠正违法应当包括主动纠正和被责令纠正。

这一原则是鉴于长期以来,在某些行政执法领域,存在"以罚代管"和"以管代罚"的不正常现象而确立的,它理顺了"罚"与"管"的辩证关系。

责令当事人纠正违法,包括责令当事人停止违法行为、恢复原状。前者针对正在进行的违法行为;后者针对已完成的违法行为。[92] 从行为性质上讲,责令当事人纠正违法不属于行政处罚,而属于行政命令,是行政处罚的一种配套措施。责令当事人纠正违法一般随行政处罚决定书一并作出,也可另行单独作出。当事人对责令纠正违法这一行政命令不服的,有权单独对责令纠正违法命令依法申请行政复议或提起行政诉讼,也可针对行政处罚决定和责令纠正违法命令一并依法申请行政复议或提起行政诉讼。

(二)行政处罚与收缴所得相结合原则

《行政处罚法》(2021)第28条第2款规定:"当事人有违法所得,除依法应当退赔的外,应当予以没收。违法所得是指实施违法行为所取得的款项。法律、行政法规、部门规章对违法所得的计算另有规定的,从其规定。"由此确立了行政处罚与收缴所得相结合原则。

在实际中,并不是所有被处罚的违法行为都会有所得。但如果有所得,就必须退还或者收缴。这体现了不让违法者获益的处理原则。

违法所得,是指违法当事人因违法行为所取得的财产,包括货币和财物。计算时,原则上

---

〔92〕 有的法律、法规和规章对责令当事人纠正违法规定得非常详细。例如《环境行政处罚办法》(2010)第12条规定:"根据环境保护法律、行政法规和部门规章,责令改正或者限期改正违法行为的行政命令的具体形式有:(一)责令停止建设;(二)责令停止试生产;(三)责令停止生产或者使用;(四)责令限期建设配套设施;(五)责令重新安装使用;(六)责令限期拆除;(七)责令停止违法行为;(八)责令限期治理;(九)法律、法规或者规章设定的责令改正或者限期改正违法行为的行政命令的其他具体形式。根据最高人民法院关于行政行为种类和规范行政案件案由的规定,行政命令不属行政处罚。行政命令不适用行政处罚程序的规定。"

不扣除成本,除非法律、行政法规、部门规章对违法所得的计算另有规定。之所以原则上不扣除成本,一是操作上有难度,二是为了体现"不让违法者获益"。[93]

对于违法所得,有特定受害人的,应当退还给受害人,包括受害的公民、法人或者其他组织,也包括国家机关。无特定受害人的,应当收缴后上缴国库。

该原则提醒行政执法机关,对违法当事人不能一罚了事,一定要同步处理其违法所得。

(三)一事不二罚原则

《行政处罚法》(2021)第29条规定:"对当事人的同一个违法行为,不得给予两次以上罚款的行政处罚。同一个违法行为违反多个法律规范应当给予罚款处罚的,按照罚款数额高的规定处罚。"这就是一事不二罚原则的法律表达。

一事不二罚原则是行政处罚适用中的一项重要原则。它源自罗马法上的"一事不再理原则"(ne bis in idem)和德国的"禁止双重处罚原则"(der Prinzip des Doppelbestrafungsverbot)。在美国称为"一行为不二罚原则"(double jeopardy),它源自英语古老的格言"一罪不得两治"(Never hang a man twice for one offence)。在中国就行政处罚而言,它是指处理机关针对当事人的同一个违反行政管理秩序的行为,不得给予两次以上罚款的行政处罚。如果同一个违法行为违反多个法律规范应当给予两个以上罚款处罚的,也只能按照罚款数额高的规定处罚一次。

所谓同一个违法行为,系指同一个当事人在特定的时间、地点做出的一个侵害某个特定法律关系的行为。一次性行为、连续行为和继续行为都按一个行为对待。[94] 一个连续行为被处理之后新发生的连续行为,应当按照一个"新行为"处理。[95]

一事不二罚原则对于控制"滥罚款"和"多头罚款"无疑具有直接的意义。但《行政处罚法》将一事不得两次"处罚"原则限缩为一事不得两次"罚款"原则,无疑是一块"短板"。因为,对于同一个违法行为,不仅不得给予两次以上的罚款,同样也不得给予两次以上的警告、两次以上的没收、两次以上的拘留等。

---

〔93〕 全国人大常委会法工委《关于对违法建设进行行政处罚计算违法收入有关问题的函》(法工委发〔2011〕1号)规定:"住房和城乡建设部:你部2010年12月3日'关于违法收入计算问题的请示'(建法函〔2010〕313号)收悉。经研究,原则同意你部的意见,根据城乡规划法第六十四条规定,违法建设工程不能拆除的,应当没收实物或者违法收入。没收的违法收入应当与应依法没收的实物价值相当。"住房和城乡建设部《关于违法收入计算问题的请示》(建法函〔2010〕313号)中指出:"全国人大常委会法制工作委员会:《城乡规划法》实施以来,一些地方城乡规划主管部门来函来电,请示对该法第六十四条中'违法收入'计算问题进行解释。第一种意见认为,违法收入就是违法建设工程的销售收入;第二种意见认为,违法收入应以房地产价格评估机构评估的违法建设工程的价格来确定;第三种意见认为,违法收入应为违法建设工程的销售收入与工程成本之差。我们认为,追究违法建设行为的法律责任,应当坚持提高违法成本、让违法者无利可图的原则,以达到惩戒违法行为、有效遏制违法建设的目的。为此,我们倾向于第一种意见。为正确理解和执行《城乡规划法》第六十四条,现就违法收入计算问题请示你委,请予答复。"

〔94〕 国务院法制办公室《对湖北省人民政府法制办公室〈关于如何确认违法行为连续或继续状态的请示〉的复函》(国法函〔2005〕442号)指出:《行政处罚法》(1996)第29条中规定的违法行为的连续状态,是指当事人基于同一个违法故意,连续实施数个独立的行政违法行为,并触犯同一个行政处罚规定的情形。

〔95〕 关于如何认定"同一个违法行为"问题,有关部门正在结合具体实践,探讨具体标准。环境保护部《关于印发〈规范环境行政处罚自由裁量权若干意见〉的通知》(环发〔2009〕24号)、国家环境保护总局《关于污泥排入城市下水道法律适用问题的复函》(环函〔2005〕259号)对此作出过很好的推进。在人口集中地区焚烧医疗废物的行为,虽然同时违反了《大气污染防治法》和《固体废物污染环境防治法》的规定,但构成独立的违法行为,只能作为一个违法行为对待;将产生的污泥直接用水冲稀排入城市下水道的行为也一样,虽然同时违反了《水污染防治法》和《固体废物污染环境防治法》的规定,但属于同一个违法行为。

(四)从旧兼从轻原则

《行政处罚法》(2021)第 37 条规定:“实施行政处罚,适用违法行为发生时的法律、法规、规章的规定。但是,作出行政处罚决定时,法律、法规、规章已被修改或者废止,且新的规定处罚较轻或者不认为是违法的,适用新的规定。”这是对从旧兼从轻原则的规定。

从旧兼从轻原则,是针对新旧法律交替时如何适用法律的规则。根据上述规定,《行政处罚法》(2021)生效之后,处理原违法行为时,依然按照违法行为发生时的法律、法规、规章处理。这是从旧原则。但是,如果新的法律、法规、规章处罚较轻或者不认为是违法,适用新的规定。这是从轻原则。从旧兼从轻的法律适用原则,体现了“有利于当事人”的原则。

(五)重大违法无效原则

《行政处罚法》(2021)第 38 条规定:“行政处罚没有依据或者实施主体不具有行政主体资格的,行政处罚无效。违反法定程序构成重大且明显违法的,行政处罚无效。”这是对重大违法无效原则的规定。

行政机关实施行政处罚,如果违反《行政处罚法》的各项规定,属于违法的行政行为(行政违法),重大的违法行政行为则构成无效行政行为(行政无效)。行政机关实施行政处罚,不仅必须阻却行政违法,更应当阻却行政无效。

根据上述规定,有下列情形之一的,属于无效的行政处罚行为:(1)实施行政处罚的机关不具有行政主体资格的。这里应当包括两种情况:非行政主体实施行政处罚;行政主体越权实施行政处罚。(2)行政处罚没有依据的。这里的“依据”是指规范依据,即法律、法规和规章的依据。处罚法定是行政处罚的基本原则,实施行政处罚必须具有法律、法规和规章的依据,否则无效。(3)行政处罚违反法定程序构成重大且明显违法的。行政处罚的无效,不仅包括实体上的违法,也包括程序上的违法。如果行政处罚违反程序并且构成重大且明显违法,该行政处罚无效。

无效的行政处罚其“无效性”反映在:自始无效、当然无效、绝对无效。“无效”的绝对性,赋予相对人及利害关系人针对无效行政处罚的两项权利:一是对抗权。由于无效行政行为具有重大且明显违法的特征,判断起来相对容易,相对人及利害关系人在任何阶段都可以拒绝执行无效行政行为,不因拒绝而被追究责任。二是不受期限限制的诉权。有权机关确认某行政处罚无效,或者当事人对该无效行政处罚提起“无效之诉”,不受起诉期限和其他期限的限制。有权机关确认某处罚行为无效,或者当事人要求有权机关确认某处罚行为无效,任何时候都可发动和进行。

三、行政处罚的适用制度

行政处罚的适用制度内容非常广泛,这里重点阐述行政处罚的实施机关在作出行政处罚决定时必须考量的因素。就这一视角而言,下列几种制度必须掌握:不予处罚、减轻处罚、从轻处罚、从重处罚。

(一)不予处罚制度

不予处罚,是指行政执法机关对于违反行政管理秩序的当事人,因法定事由,依法不予追究行政处罚责任的法律制度。不予处罚包括绝对不罚与相对不罚制度。绝对不罚,是指在法定情形下,行政执法机关对于违法当事人,无条件地不予处罚的制度。相对不罚,是指行政执法机关对于违法当事人,可以不予处罚的制度。相对不罚,仅仅是指“可以不罚”。这就同时意味着也可以处罚。执法机关对此具有一定的裁量权。(见图12-3)

图12-3　不予处罚的情形

绝对不罚包括以下几种情形:

1. 轻微不罚。《行政处罚法》(2021)第33条第1款第1句规定:“违法行为轻微并及时改正,没有造成危害后果的,不予行政处罚。”轻微不罚,是指违法轻微、对社会危害不大的,不予处罚。具体而言,轻微不罚必须同时符合三个条件:(1)违法行为轻微。(2)当事人及时纠正了违法。这应当包括自我纠正和执法人员指出后的纠正。(3)没有造成危害后果。这种情况之所以不予行政处罚,是因为这种违法行为对社会并没有危害性。[96]

2. 无错不罚。[97]《行政处罚法》(2021)第33条第2款规定:“当事人有证据足以证明没有主观过错的,不予行政处罚。法律、行政法规另有规定的,从其规定。”这就是说,对当事人的违法行为进行处罚,要考虑当事人的主观过错。对当事人违法行为的处罚还是须以当事人的主观过错为前提。但由于证明当事人对违法行为是否有主观过错有很大的难度,所以《行政处罚法》(2021)采用的不是“过错原则”,而是“过错推定原则”。“过错推定原则”意味着,只要当事人作出了违法行为,原则上就可以推定当事人是有主观过错的。主观过错包括主观上的故意和过失。但如果当事人能够证明自己是无过错的,那么就不予处罚。[98] 当然,法律、行政法规另有规定的,按法律、行政法规规定办。

3. 无责任年龄人不罚。在行政责任的追究中,被追究人不满14周岁的,属于无责任年龄人。对于无责任年龄人作出的违反行政管理秩序行为,不予处罚。《行政处罚法》(2021)第30条规定:“不满十四周岁的未成年人有违法行为的,不予行政处罚,责令监护人加以管教……”这是对无责任年龄人不罚制度的规定。[99]

4. 无行为能力者不罚。行为能力是指能以自己的行为依法行使权利和承担义务,从而使法律关系形成、变更或消灭的资格。决定行为能力的因素,一是年龄,二是智力。《行政处罚法》(2021)第31条第1句规定:“精神病人、智力残疾人在不能辨认或者不能控制自己行为时

---

〔96〕 例如,某个“情人节”,一名学生在大学城里卖玫瑰花,赚取零花钱。结果被城管人员处罚,认为他是无照经营。这其实没有必要处罚。因为,就学生在“情人节”卖玫瑰花的行为而言,第一,并非天天在卖,一年只有一天;第二,卖的是玫瑰花,对社会没有明显的危害性。因此,不应当处罚。

〔97〕 行政执法机关对当事人的违法行为进行处罚,是否须以违法当事人的主观过错为前提。这一问题一直有争议。之前《行政处罚法》未对此作出规定,其实是回避了这一问题。2021年《行政处罚法》修订时增加了这一规定,明确了“无错不罚”的原则。

〔98〕 “过错原则”与“过错推定原则”的区别在于举证责任不同:“过错原则”是要求执法机关必须证明当事人有过错,证明不了的即视为无过错;而“过错推定原则”是要求当事人来证明自己是否有“过错”,不能证明“无过错”的,就推定为“有过错”。

〔99〕 关于如何计算不满14周岁年龄的问题,要把握几条:(1)以公历而不是农历为标准;(2)以足龄而不是虚龄为标准;(3)以日为计算单位即过了14周岁生日,从第二天算起;(4)以行为人实施违法行为时的时间为时点。

有违法行为的,不予行政处罚,但应当责令其监护人严加看管和治疗。"这是对无行为能力者不罚制度的规定。

5. 过时不罚。这是指超过行政处罚追诉时效的,不予处罚。《行政处罚法》(2021)第36条第1款规定:"违法行为在二年内未被发现的,不再给予行政处罚;涉及公民生命健康安全、金融安全且有危害后果的,上述期限延长至五年。[100] 法律另有规定的除外。[101]"所谓行政处罚追诉时效制度,就是指行政机关对违反行政管理秩序的公民、法人或者其他组织追究行政责任、给予行政处罚的有效期限。行政机关在法律规定的期限内未发现违法行为的,对当时的违法行为人不再给予行政处罚。关于"未被发现"如何理解,全国人大常委会法工委有一解释:有权处理的机关启动调查、取证和立案程序,均可视为"发现";群众举报后被认定属实的,发现时效以举报时间为准。[102] 至于追诉时效的"起算点",按照《行政处罚法》(2021)第36条第2款的规定,从违法行为发生之日起计算;违法行为有连续或者继续状态的,从行为终了之日起计算。[103] 行政处罚追诉时效制度的确立,一方面是为了督促执法机关依法及时履行行政处罚职责,防止不作为;另一方面则是为了实现社会秩序的稳定,体现法的安定性,尊重和保护公民、法人或者其他组织的合法权益。

相对不罚,是指"可以不罚"的情形。《行政处罚法》(2021)第33条第1款第2句规定:"初次违法且危害后果轻微并及时改正的,可以不予行政处罚。"这就是"初次不罚"的制度。"初次不罚"的适用条件是:(1)是初次违法而不是二次以后的违法。从理论上讲,"初次违法"是指"在一定期限内同一领域或者同一领域中的同一种类违法行为范围内,当事人第一次有该违法行为"[104]。但具体标准和认定方法应由有关部门和地方根据实际情况,合理确定。(2)危害后果轻微,是指对社会危害性不大的违法。(3)及时改正。这三条缺一不可。

必须说明的是,"初次不罚"不是"绝对不罚",而是指"可以不罚"。所以,即使上述三个条件同时具备,也不等于一定不罚。

至此,绝对不罚和相对不罚的情形可以归结如下(见表12-4):

---

[100] 我国《行政处罚法》(1996)第29条第1款规定,"违法行为在二年内未被发现的,不再给予行政处罚。法律另有规定的除外"。2021年修订后明文规定对某些违法行为的追诉期放宽至5年。世界上也有一些国家将行政处罚追诉期规定为5年,如韩国《行政基本法》(2021)第23条(制裁处分的除斥期间)规定:(1)违反法令等的行为结束之日起满5年的,行政厅不得对该违反行为做出制裁处分(指停止、撤销、撤回认许可、吊销、代替关闭营业场所和停业的罚款。以下本条中亦同)。(2)属于下列各项情形之一的,不适用第1款规定:①通过虚假或其他不正当方法获得认许可或申报的;②当事人知道认许可或申报的违法性或者因重大过失未能知道的;③无正当事由,逃避、妨碍、拒绝行政厅的调查、出入、监查致除斥期间届满的;④若不做出制裁处分,会严重侵害或可能严重侵害国民的安全、生命或环境的。

[101] 法律另有规定的除外,如《治安管理处罚法》规定的追诉时效为6个月。《治安管理处罚法》(2012)第22条规定:"违反治安管理行为在六个月内没有被公安机关发现的,不再处罚。前款规定的期限,从违反治安管理行为发生之日起计算;违反治安管理行为有连续或者继续状态的,从行为终了之日起计算。"

[102] 参见全国人大常委会法工委《关于提请明确对行政处罚追诉时效"二年未被发现"认定问题的函的研究意见》(法工委复字〔2004〕27号)。

[103] 根据全国人大常委会法工委《对关于违反规划许可、工程建设强制性标准建设、设计违法行为追诉时效有关问题的意见》(法工办发〔2012〕20号),违反规划许可、工程建设强制性标准建设、设计违法行为,属于继续状态的,应当自纠正违法行为之日起计算行政处罚追诉时效。

[104] 许安标主编:《中华人民共和国行政处罚法释义》,中国民主法制出版社2021年版,第110页。

表 12－4　绝对不罚和相对不罚的适用情形

绝对不罚	相对不罚
轻微不罚 无错不罚 无责任年龄人不罚 无行为能力者不罚 超过追诉时效不罚	初次不罚

（二）从轻或减轻处罚制度

从轻处罚，是指在处罚幅度中，靠近低线给予处罚的制度；减轻处罚，是指在处罚幅度中的低线以下给予处罚的制度。从轻或减轻处罚，可以分为"应当"和"可以"两类情形。"应当"从轻或减轻处罚，系属行政执法机关的法定义务，没有选择余地，必须这样做。"可以"从轻或减轻处罚，表明行政执法机关在处罚时有一定的裁量余地。

根据《行政处罚法》(2021)第 30、32 条规定，有下列情形之一的，"应当"从轻或减轻处罚：(1)已满 14 周岁不满 18 周岁的未成年人有违法行为的；(2)当事人主动消除或者减轻违法行为危害后果的；(3)当事人受他人胁迫或者诱骗实施违法行为的；(4)当事人主动供述行政机关尚未掌握的违法行为的；(5)当事人配合行政机关查处违法行为有立功表现的；(6)法律、法规、规章规定其他应当从轻或者减轻行政处罚的情形。

根据《行政处罚法》(2021)第 31 条规定，尚未完全丧失辨认或者控制自己行为能力的精神病人、智力残疾人有违法行为的，"可以"从轻或减轻处罚。

（三）从重处罚制度

从重处罚，是指在处罚幅度中，靠近高线给予处罚的制度。

《行政处罚法》(2021)第 49 条规定："发生重大传染病疫情等突发事件，为了控制、减轻和消除突发事件引起的社会危害，行政机关对违反突发事件应对措施的行为，依法快速、从重处罚。"这是对从重处罚制度的规定。

在行政处罚制度中，从重处罚只适用一种情况，即当发生自然灾害、事故灾难、公共卫生事件和社会安全事件等突发事件时，行政机关对于违反突发事件应对措施的行为，如拒绝隔离、囤积居奇、哄抬物价、制假售假等违法行为，应当从重处罚。这和《突发事件应对法》实现了有效对接。[105]

必须提醒的是，行政处罚有"从重"处罚，但没有"加重"处罚制度。加重处罚和从重处罚不同，它是超越处罚幅度，在处罚的高线以上给予处罚，这是违背"处罚法定"原则的。

第六节　行政处罚程序

行政处罚程序，系指行政执法机关对当事人违反行政管理秩序行为实施处罚的过程。从

〔105〕《突发事件应对法》(2007)第 49 条规定，履行统一领导职责的人民政府可以依法从严惩处囤积居奇、哄抬物价、制假售假等扰乱市场秩序的行为，稳定市场价格，维护市场秩序；可以依法从严惩处哄抢财物、干扰破坏应急处置工作等扰乱社会秩序的行为，维护社会治安。

狭义上说,它只包括从立案到作出处罚决定;从广义上说,它还应当包括对行政处罚决定的执行。

一、行政处罚程序的原则

行政处罚程序的原则,是指实施行政处罚在程序上必须遵循的规则。它和行政处罚的适用原则一样,属于行政处罚法基本原则的下位原则。

行政处罚程序的原则主要集中在《行政处罚法》(2021)第五章第一节"一般规定"之中。这一节规定了许多程序要求,如行政执法机关、程序制度的信息公示,[106]对执法人员的资格要求和执法中的回避制度,[107]强调不得因数字化执法而剥夺或限制当事人的程序权利,[108]等等。特别是以下几项原则比较凸显。

(一)查明事实原则

查明事实原则的基本要求是:处罚必须以事实清楚,证据确实、充分为前提。《行政处罚法》(2021)第40条规定:"公民、法人或者其他组织违反行政管理秩序的行为,依法应当给予行政处罚的,行政机关必须查明事实;违法事实不清、证据不足的,不得给予行政处罚。"

如果以电子技术监控设备记录为证据,那么,电子技术监控设备记录的违法事实应当真实、清晰、完整、准确。行政机关应当审核记录内容是否符合要求;未经审核或者经审核不符合要求的,不得作为行政处罚的证据。

特别是《行政处罚法》(2021)第46条第2、3款首次新增规定:证据必须经查证属实,方可作为认定案件事实的根据;以非法手段取得的证据,不得作为认定案件事实的根据。

(二)事先告知原则

事先告知原则的基本要求是:在正式作出行政处罚决定之前,处罚机关必须向当事人告知拟作出的行政处罚决定的有关信息。

《行政处罚法》(2021)第44条规定:"行政机关在作出行政处罚决定之前,应当告知当事人拟作出的行政处罚内容及事实、理由、依据,并告知当事人依法享有的陈述、申辩、要求听证等权利。"这是对事先告知原则的基本规定。理解这一原则,必须把握几个要求:

1. 告知内容。行政机关应当向当事人告知的内容包括:(1)拟作出的行政处罚内容,如罚款5万元等;(2)认定违法行为的事实;(3)处罚的理由;(4)所适用的规范依据,指明什么法第几条;(5)当事人依法享有的陈述、申辩、听证等权利。

2. 告知时间。将上述内容告知当事人,必须是在作出行政处罚决定之前,而不是之后。如果是之后告知,就无法让行政机关在作出处罚决定前听到当事人的意见,事先告知就会失去

---

〔106〕《行政处罚法》(2021)第39条规定:"行政处罚的实施机关、立案依据、实施程序和救济渠道等信息应当公示。"

〔107〕《行政处罚法》(2021)第42条规定:"行政处罚应当由具有行政执法资格的执法人员实施。执法人员不得少于两人,法律另有规定的除外。执法人员应当文明执法,尊重和保护当事人合法权益。"第43条规定:"执法人员与案件有直接利害关系或者有其他关系可能影响公正执法的,应当回避。当事人认为执法人员与案件有直接利害关系或者有其他关系可能影响公正执法的,有权申请回避。当事人提出回避申请的,行政机关应当依法审查,由行政机关负责人决定。决定作出之前,不停止调查。"

〔108〕《行政处罚法》(2021)第41条第3款规定:"行政机关应当及时告知当事人违法事实,并采取信息化手段或者其他措施,为当事人查询、陈述和申辩提供便利。不得限制或者变相限制当事人享有的陈述权、申辩权。"

意义。

3. 告知形式。事先告知是一项严肃的工作,事关当事人的权利和行政处罚的合法性,所以应当采取书面形式(一般为《事先告知单》),并且必须有效送达。

行政机关不得以事后告知当事人的诉权(申请行政复议或提起行政诉讼)代替事先告知义务。行政机关作出处罚决定之后,要告知当事人有权申请行政复议或提起行政诉讼,这称为告知诉权。告知诉权和事先告知在内容和时间上均不同,它告知的仅仅是诉权,并且是在作出处罚决定之后(一般是同时附在《行政处罚决定书》之中)告知。

(三)陈述申辩不加重处罚原则

《行政处罚法》(2021)第45条规定:"当事人有权进行陈述和申辩。行政机关必须充分听取当事人的意见,对当事人提出的事实、理由和证据,应当进行复核;当事人提出的事实、理由或者证据成立的,行政机关应当采纳。行政机关不得因当事人陈述、申辩而给予更重的处罚。"这是对陈述申辩不加重处罚原则的基本表达。这一原则有以下几个含义:

1. 当事人有权进行陈述和申辩。行政机关不得以任何理由和任何方式剥夺或限制当事人的陈述权和申辩权。听证是行使陈述权和申辩权的最高形式。

2. 行政机关必须认真对待当事人的陈述和申辩意见。对当事人提出的事实、理由和证据,应当进行复核;当事人提出的事实、理由或者证据成立的,行政机关应当采纳。不能"你归你申辩,我归我决定",使陈述和申辩仅仅成为一种形式。

3. 陈述、申辩不加罚。行政机关不得因当事人陈述、申辩和发表听证意见而给予更重的处罚。关于陈述申辩不加重处罚原则,须特别关注以下两点:(1)当事人提出的陈述和申辩意见即使不成立,也不得加重处罚。当事人提出的事实、理由和证据,即使不成立,也不能因此给予更重的处罚。(2)不得加重处罚,是指正式的处罚决定不得比拟处罚决定对当事人更加不利,包括处罚数量加重、罚种加重,还包括从行政处罚转变为司法追究。

但在行政处罚实施过程中,如果行政机关发现了新的事实和证据,根据法律规定应当给予更重处罚,或者认为其构成犯罪而应当移交给司法机关,这就发生了"实事求是原则"与"陈述申辩不加重处罚原则"之间的碰撞,应当如何处理,还有待理论上的研讨和法律上的规定。

(四)尊重隐私权原则

《行政处罚法》(2021)第50条规定:"行政机关及其工作人员对实施行政处罚过程中知悉的国家秘密、商业秘密或者个人隐私,应当依法予以保密。"这是2021年《行政处罚法》修订新增加的内容,体现了对隐私权的尊重。

二、行政处罚基本程序制度

1996年的《行政处罚法》已为行政处罚设置了三项基本程序制度:事先告知制度、听证制度和集体讨论决定制度。2021年《行政处罚法》修订时,又增加了三项新的程序制度:执法公示制度、执法全过程记录制度和重大执法决定法制审核制度。六大程序制度构成了中国行政处罚制度的特色。

(一)事先告知制度

事先告知既是实施行政处罚的一项程序原则,也是行政处罚的一项程序制度。这项制度要求实施行政处罚的机关,在正式作出行政处罚决定之前,必须向当事人告知拟作出的行政处罚决定的有关内容和程序权利。

这一制度由1996年的《行政处罚法》首次确立,2021年《行政处罚法》修订时保留了这一制度。[109]

(二)听证制度

听证是行政处罚中的一项重要程序制度,听证权是被处罚的当事人在行政处罚中的一项程序权利。听证制度由1996年的《行政处罚法》首次引入法律,2021年的《行政处罚法》作了保留和完善。为了凸显听证制度的重要性,《行政处罚法》(2021)在第五章中单设一节进行规定。

听证,也称听证会,系指行政处罚主体在作出行政处罚决定之前,在非本案调查人员的主持下,举行由该案的调查人员和拟被行政处罚的当事人参加的,供当事人陈述、申辩以及与调查人员辩论的听证会。严格地说,听证程序不是与简易程序、普通程序相并列的第三种程序,而是普通程序中的一个程序环节。

我国在行政处罚中设置听证程序,有利于更充分地听取当事人的意见,体现了保障当事人陈述、申辩权的原则,但它同时增加了国家行政管理的成本。因此,《行政处罚法》为听证的适用设置了两个方面的条件,即实体方面的条件和程序方面的条件,只有符合这两个方面的条件方可适用听证。

1. 实体条件。根据《行政处罚法》(2021)第63条规定,听证只适用以下案件:(1)较大数额罚款。对于适用听证的"较大数额罚款"标准,《行政处罚法》本身未作规定,目前实践中由有关法律、法规和规章来规定。一般的规则是,实行中央垂直领导的行政管理部门作出的没收处罚决定,应参照国务院部委有关较大数额罚款标准的规定认定;其他行政管理部门作出没收处罚决定,应参照省、自治区、直辖市人民政府的相关规定认定。[110] (2)没收较大数额违法所得、没收较大价值非法财物。这里的"较大数额"也应当由有关法律、法规和规章来规定,无规定的,参照上述标准。(3)降低资质等级、吊销许可证件。这里不包括暂扣许可证件。(4)责令停产停业、责令关闭、限制从业。这涉及生产经营权,需要列入听证范围。(5)其他较重的行政处罚。这是对上述第1~4项规定的兜底条款,具体也须由有关法律、法规和规章来确定。(6)法律、法规、规章规定的其他情形。这是对上述第1~5项规定的兜底条款,它表明哪怕不是"较重的处罚",只要法律、法规、规章规定需要听证,就应当听证。这体现了"能听证即听证"的原则。

2. 程序条件。根据《行政处罚法》(2021)第63~64条规定,听证须以当事人申请为条件。只有在当事人要求听证的情况下,行政机关才可以提供听证。但是,行政处罚主体在作出行政处罚决定之前,应当告知当事人有要求听证的权利。[111] 当事人收到可以要求听证的权利告知后,如果要求听证,必须按时提出。

---

[109] 详见上一部分中的"事先告知原则"。

[110] 例如,《治安管理处罚法》(2012)第98条规定:"公安机关作出吊销许可证以及处二千元以上罚款的治安管理处罚决定前,应当告知违反治安管理行为人有权要求举行听证;违反治安管理行为人要求听证的,公安机关应当及时依法举行听证。"

[111] 在《事先告知单》中应当包括对听证权的告知。

听证的具体步骤如下:(1)告知听证权。行政机关在作出行政处罚决定之前,向当事人送达《事先告知单》,告知当事人有要求听证的权利。(2)提出听证要求。当事人要求听证的,应当在接到行政机关告知单后的5日内提出。(3)通知听证。行政机关应当在听证的7日前,通知当事人及有关人员举行听证的时间、地点。(4)举行听证会。听证会由行政机关指定的非本案调查人员主持;当事人认为主持人与本案有直接利害关系的,有权申请回避。当事人可以亲自参加听证,也可以委托一至二人代理。当事人及其代理人无正当理由拒不出席听证或者未经许可中途退出听证的,视为放弃听证权利,行政机关终止听证。除涉及国家秘密、商业秘密或者个人隐私依法予以保密外,听证公开举行。举行听证时,调查人员提出当事人违法的事实、证据和行政处罚建议,当事人进行申辩和质证。(5)形成听证笔录。听证会结束时,必须形成听证会笔录。笔录应当交当事人或者其代理人核对无误后签字或者盖章。当事人或者其代理人拒绝签字或者盖章的,由听证主持人在笔录中注明。(6)处罚决定的参考。听证结束后,行政机关方可作出正式的行政处罚决定。行政机关不得先决定后听证。决定时,应当根据听证笔录,依照《行政处罚法》(2021)第57条规定,作出决定。行政机关作出决定必须参考听证笔录,不得"听证归听证,决定归决定"。"参考"不是"无视",但也不是"照办"。

(三)集体讨论决定制度

集体决定制度,是指行政机关对于情节复杂或者重大违法行为给予行政处罚,必须经过行政机关负责人的集体讨论的程序制度。

《行政处罚法》(2021)第57条第2款规定:"对情节复杂或者重大违法行为给予行政处罚,行政机关负责人应当集体讨论决定。"这一制度由1996年《行政处罚法》首次确立,2021年《行政处罚法》继续保留。

至于适用集体讨论决定的"情节复杂"或者"重大违法"的标准认定,《行政处罚法》本身没有规定,须由有关法律、法规和规章作出规定。

关于集体讨论决定的时间,根据《行政处罚法》(2021)第57条[112]规定,集体讨论必须在调查终结之后,但应在作出正式决定之前。至于在这期间,集体讨论是否可以多次,这只是一个技术问题。[113]

集体决定制度,既是一项内部管理程序,也是一项外部程序制度。所以,如果行政机关对于应当集体讨论决定的案件不经过集体讨论而作出处罚决定,属于违反法定程序。

(四)执法公示制度

执法公示制度,是要求执法机关依法及时主动向社会公开有关行政执法信息,行政执法人员在执法过程中要主动表明身份,接受社会监督的程序制度。

2021年《行政处罚法》修订,将这一制度引入法律,并在多处体现。《行政处罚法》(2021)第5条第3款重申:"对违法行为给予行政处罚的规定必须公布;未经公布的,不得作为行政处

〔112〕《行政处罚法》(2021)第57条规定:"调查终结,行政机关负责人应当对调查结果进行审查,根据不同情况,分别作出如下决定:(一)确有应受行政处罚的违法行为的,根据情节轻重及具体情况,作出行政处罚决定;(二)违法行为轻微,依法可以不予行政处罚的,不予行政处罚;(三)违法事实不能成立的,不予行政处罚;(四)违法行为涉嫌犯罪的,移送司法机关。对情节复杂或者重大违法行为给予行政处罚,行政机关负责人应当集体讨论决定。"

〔113〕在实践中,有的单位集体讨论安排两次,一次是调查终结之后,作出拟处罚决定之前;另一次是听证之后,作出正式处罚决定之前。

罚的依据。”第 34 条要求“行政处罚裁量基准应当向社会公布”。第 39 条特别规定:“行政处罚的实施机关、立案依据、实施程序和救济渠道等信息应当公示。”第 41 条第 1 款要求电子技术监控设备设置地点向社会公布。第 48 条第 1 款首次规定,“具有一定社会影响的行政处罚决定应当依法公开”。

(五)执法全过程记录制度

执法全过程记录制度,是要求通过文字、音像等记录方式,对行政执法行为进行记录并归档,实现全过程留痕和可回溯管理的制度。这是调查取证阶段必须遵循的制度。

《行政处罚法》(2021)第 47 条规定:“行政机关应当依法以文字、音像等形式,对行政处罚的启动、调查取证、审核、决定、送达、执行等进行全过程记录,归档保存。”

这里强调“全过程记录”非常重要。所谓执法全过程记录,特别是指执法机关的执法摄录仪所拍摄录像,应当从执法的“起点”,即发现当事人违法或者和当事人接触的第一个时间开始,到执法活动的结束为止,不能只拍摄对自己有利的一个时间段。

(六)重大执法决定法制审核制度

重大执法决定法制审核制度,是要求执法机关在作出重大执法决定之前,必须进行法制审核的程序制度。未经法制审核或者审核未通过的,不得作出决定。

2021 年修订的《行政处罚法》将重大执法决定法制审核制度引进了法律。《行政处罚法》(2021)第 58 条第 1 款规定:“有下列情形之一,在行政机关负责人作出行政处罚的决定之前,应当由从事行政处罚决定法制审核的人员进行法制审核;未经法制审核或者审核未通过的,不得作出决定:(一)涉及重大公共利益的;(二)直接关系当事人或者第三人重大权益,经过听证程序的;(三)案件情况疑难复杂、涉及多个法律关系的;(四)法律、法规规定应当进行法制审核的其他情形。”国务院办公厅《关于全面推行行政执法公示制度执法全过程记录制度重大执法决定法制审核制度的指导意见》(国办发〔2018〕118 号)第 12 条规定:“……凡涉及重大公共利益,可能造成重大社会影响或引发社会风险,直接关系行政相对人或第三人重大权益,经过听证程序作出行政执法决定,以及案件情况疑难复杂、涉及多个法律关系的,都要进行法制审核……”这就将重大复杂的、较大范围内的行政处罚案件纳入法制审核之中,为行政处罚决定的合法性设立了最后一道屏障。

在以上必须进行法制审核的有关情形中,“涉及重大公共利益”中的“重大公共利益”这一范围较难把握。

从行政法理上说,“公共利益”与个人利益相对应,是国家利益、社会公共利益和不特定的社会成员所享有的利益的总称。公共利益首先应当包括国家利益和社会公共利益。国家利益最重要的是国家的核心利益,即“国家主权,国家安全,领土完整,国家统一,中国宪法确立的国家政治制度和社会大局稳定,经济社会可持续发展的基本保障”。社会公共利益应当是指受益面较大的不特定的社会成员受益的公共设施和事业政策等,它具有公众性和抽象性。公众性,是指它肯定是为大多数人服务而不是为少数人、个别人服务的;抽象性,是指它是让不特定的公众受益,而不是只让特定的少数人群受益。譬如,建造某个医院,如果这个医院只限于为单位内部职工看病,就不属于公共利益;相反,如果它为社会公众服务,那就是公共利益。综合上述法律规定及法理,公共利益应当包括:第一类,有关国家主权与安全的事业,如国防、外交、军事等;第二类,有关国家重点建设的项目及公共设施建设,如三峡工程;第三类,有关抢险、救灾等工作；第四类，使社会公众受益的事业，如教育、卫生、医疗、社会保障等。以上第一至三类一概属于“重大公共利益”，至于第四类，要根据所涉项目数量、质量、范围和程度等具体判断确定。

三、行政处罚简易程序

行政处罚程序可以分为简易程序与普通程序。《行政处罚法》(2021)第五章设专节规定了行政处罚的简易程序。

简易程序属于特别程序，普通程序属于一般程序。不适用简易程序的，都属于普通程序。那么，什么是简易程序呢？

《行政处罚法》(2021)第51条第1款规定：“违法事实确凿并有法定依据，对公民处以二百元以下、对法人或者其他组织处以三千元以下罚款或者警告的行政处罚的，可以当场作出行政处罚决定。法律另有规定的，从其规定。”根据这一规定，简易程序应当是指对于违法事实清楚、依据明确、处罚轻微的案件当场进行处罚的程序。具体需要把握以下几点：

1. 简易程序是指当场处罚程序，是指违法行为当场发生和发现，执法人员当着当事人的面，当即作出处罚决定，并将决定交给当事人。简易程序相对于普通程序而言，显得比较简单，无须经过普通程序所必须经历的立案、调查取证、拟处罚决定、事先告知、听证、作出决定、送达等复杂的程序环节。

2. 简易程序不是无条件的程序。适用简易程序的案件，必须符合几项严格的条件：(1)违法事实确凿，指违法事实清楚简单，如违法停车，一见便知，一般双方对事实都无争议。(2)有明确的处罚依据，即法律、法规、规章明文规定这种行为是必须处罚的。(3)处罚轻微。轻微的处罚案是指低额的罚款和警告。罚款限于对公民处以200元以下、对组织处于3000元以下。[114] 但这里不包括通报批评，因为通报批评这种处罚无法当场进行。

3. 简易程序不是没有程序。简易程序相对于普通程序而言，比较简单但简易程序也是有程序的。《行政处罚法》(2021)第52条对简易程序作出了明确要求：执法人员当场作出行政处罚决定的，应当向当事人出示执法证件，填写预定格式、编有号码的行政处罚决定书，并当场交付当事人。当事人拒绝签收的，应当在行政处罚决定书上注明。行政处罚决定书应当载明当事人的违法行为，行政处罚的种类和依据、罚款数额、时间、地点，申请行政复议、提起行政诉讼的途径和期限以及行政机关名称，并由执法人员签名或者盖章。执法人员当场作出的行政处罚决定，应当报所属行政机关备案。

4. 简易程序不是绝对程序。是否只要符合上述三个条件的案件就必须一律采用简易程序？不是的。《行政处罚法》(2021)第51条第2句设置了一个“例外”条款，规定“法律另有规定的，从其规定”。这就是说，哪怕是违法事实确凿、处罚依据明确和处罚轻微的案件，只要法律另有规定，那就不适用简易程序，而是适用法律另行规定的程序。

5. 简易程序不是放弃诉权程序。以前在实务中的操作方法是，执法机关对于当事人对处罚没有异议的案件才适用简易程序。简易程序以当事人声明对处罚无异议，并由此放弃诉讼

---

〔114〕《行政处罚法》(1996)第33条把轻微的罚款限定为，对公民处以50元以下，对法人或者其他组织处以1000元以下。《行政处罚法》(2021)第51条调整了罚款的标准。新的标准是对公民处以200元以下罚款，对法人或者其他组织处于3000元以下罚款。

权利为前提。当事人接受简易程序以后,就不得再行申请复议或提起诉讼了。这样,简易程序就等同于当事人放弃诉权的程序。《行政处罚法》(2021)第52条表明,适用简易程序不影响当事人申请复议或提起诉讼的权利。

四、行政处罚普通程序

简易程序以外的程序是普通程序。普通程序属于一般程序,它遵循常规性的程序步骤。普通程序的基本环节是:立案—调查取证—拟制决定—事先告知—听取陈述申辩—听证—作出决定—送达决定。

1. 立案。立案是指行政执法机关发现当事人有违法行为或违法嫌疑时,决定启动调查核实并视情况决定是否处罚的程序。立案是整个行政处罚程序的起点。尽管立案前,有时也会有事先的调查取证过程,但那只是一个"预程序"。正式的处罚程序应当从"立案"开始。

根据《行政处罚法》(2021)第54条规定,发现当事人有违法事实或有违法嫌疑,符合立案标准的,行政机关应当及时立案。对于立案标准,《行政处罚法》未作集中规定,但根据《行政处罚法》的有关规定,可以归纳为以下几条:(1)当事人有违法行为或有违法嫌疑的;(2)该违法行为是依法必须处罚的;(3)违法行为未超过处罚追诉时效的;(4)属于本行政机关管辖的。

2. 调查取证。立案之后,必须进一步调查取证。证据包括:(1)书证;(2)物证;(3)视听资料;(4)电子数据;(5)证人证言;(6)当事人的陈述;(7)鉴定意见;(8)勘验笔录、现场笔录。证据必须经查证属实,方可作为认定案件事实的根据。以非法手段取得的证据,不得作为认定案件事实的根据。《行政处罚法》(2021)第40条还规定,违法事实不清、证据不足的,不得给予行政处罚。

3. 拟制决定。根据《行政处罚法》(2021)第57条规定,调查终结以后,行政机关负责人应当对调查结果进行审查,根据不同情况,分别作出如下决定:(1)确有应受行政处罚的违法行为的,根据情节轻重及具体情况,作出行政处罚决定;(2)违法行为轻微,依法可以不予行政处罚的,不予行政处罚;(3)违法事实不能成立的,不予行政处罚;(4)违法行为涉嫌犯罪的,移送司法机关。

这一阶段,对于应当处罚的违法行为作出的处罚决定,属于拟制决定而不是正式决定。因为这一决定还须听取当事人的申辩,有的还须经过听证。

4. 事先告知。拟制处罚决定作出以后,正式处罚决定作出之前,必须事先告知当事人。根据《行政处罚法》(2021)第44条规定,告知的内容应当包括两个方面:一是处罚决定的有关信息,如处罚决定的内容、事实、理由、依据等;二是当事人的程序权利,即告知其具有陈述、申辩和听证的权利。

事先告知是所有普通处罚程序的必经环节,目的是保障当事人的陈述、申辩权和听证的权利。事先告知的方式,是行政机关向当事人送达《事先告知单》。

5. 听取陈述申辩。事先告知之后,应当在一定期限内听取当事人的陈述和申辩。一般而言,陈述是当事人针对事实和证据发表的意见;申辩是当事人针对依据和理由所发表的意见。陈述和申辩意见供行政机关作出正式决定时参考。至于当事人必须在多长期限内作出陈述和申辩,《行政处罚法》本身没有规定,适用其他法律、法规和规章的规定。在实践中,一般掌握在

7 天或 7 天以上。[115]

6. 听证。听证并不是普遍的程序环节，它只适用于《行政处罚法》(2021)第 63 条所规定的案件。适用听证的案件，行政机关必须在送达《事先告知单》时一并告知听证权；当事人要求听证的，必须在收到《事先告知单》之日起 5 日内提出；行政机关必须在举行听证会 7 日前，通知当事人及有关人员听证的时间、地点。

7. 作出决定。完成调查取证、事先告知和听取意见以及听证之后，行政机关应当依法作出正式的决定。决定包括给予处罚的决定和不给予处罚的决定等。决定应当自行政处罚案件立案之日起 90 日内作出，法律、法规、规章另有规定的除外。[116]

根据《行政处罚法》(2021)第 59 条规定，行政处罚决定书应当载明下列事项：(1)当事人的姓名或者名称、地址；(2)违反法律、法规、规章的事实和证据；(3)行政处罚的种类和依据；(4)行政处罚的履行方式和期限；(5)申请行政复议、提起行政诉讼的途径和期限；(6)作出行政处罚决定的行政机关名称和作出决定的日期。行政处罚决定书必须盖有作出行政处罚决定的行政机关的印章。[117]

在决定过程中，如果属于《行政处罚法》(2021)第 57 条第 2 款和第 58 条规定的案件，必须经过负责人的集体讨论和法制审核。

8. 送达决定。行政处罚决定书应当在宣告后当场交付当事人；当事人不在场的，行政机关应当在 7 日内依照《民事诉讼法》的有关规定，将行政处罚决定书送达当事人。当事人同意并签订确认书的，行政机关可以采用传真、电子邮件等方式，将行政处罚决定书等送达当事人。行政处罚决定书一经送达，便发生法律效力。

---

〔115〕 如原国家环境保护总局《关于实施行政处罚时听取陈述申辩时限问题的复函》(环函〔2006〕262 号)指出，《行政处罚法》(1996)第 31 条规定："行政机关在作出行政处罚决定之前，应当告知当事人作出行政处罚决定的事实、理由及依据，并告知当事人依法享有的权利。"该法第 32 条规定："……行政机关必须充分听取当事人的意见，对当事人提出的事实、理由和证据，应当进行复核；当事人提出的事实、理由或者证据成立的，行政机关应当采纳……"该法第 41 条还规定："行政机关及其执法人员在作出行政处罚决定之前，不依照本法第三十一条、第三十二条的规定向当事人告知给予行政处罚的事实、理由和依据，或者拒绝听取当事人的陈述、申辩，行政处罚决定不能成立……"但《行政处罚法》并未规定统一的陈述和申辩时限。为了规范环保部门的行政处罚行为，保障行政处罚相对人的合法权利和环保部门的行政效率，该局制定了《环境保护行政处罚常用法律文书格式》，将当事人陈述和申辩的时限规定为自接到事先告知书之日起 7 日。在法律、法规和部门规章没有明确规定当事人陈述和申辩时限的情况下，可按此规定执行。

〔116〕 如《治安管理处罚法》(2012)第 99 条规定："公安机关办理治安案件的期限，自受理之日起不得超过三十日；案情重大、复杂的，经上一级公安机关批准，可以延长三十日。为了查明案情进行鉴定的期间，不计入办理治安案件的期限。"《市场监督管理行政处罚程序规定》(2022)第 64 条规定："适用普通程序办理的案件应当自立案之日起九十日内作出处理决定。因案情复杂或者其他原因，不能在规定期限内作出处理决定的，经市场监督管理部门负责人批准，可以延长三十日。案情特别复杂或者有其他特殊情况，经延期仍不能作出处理决定的，应当由市场监督管理部门负责人集体讨论决定是否继续延期，决定继续延期的，应当同时确定延长的合理期限。案件处理过程中，中止、听证、公告和检测、检验、检疫、鉴定、权利人辨认或者鉴别、责令退还多收价款等时间不计入前款所指的案件办理期限。"

〔117〕 中国澳门特别行政区的法规对行政处罚决定书的要求非常严格，规定不按要求载明有关事项者无效。其《行政上之违法行为之一般制度及程序》(1999 年 10 月 4 日，第 52/99/M 号法令公布，1999 年 11 月 1 日生效)第 14 条规定，处罚决定应载有下列内容，否则无效：(1)违法者之身份资料；(2)叙述被归责之不法事实；(3)指出规定及处罚被归责之不法事实之规范；(4)提出证据方法；(5)指出所科处之处罚及履行期限，该期限不得少于 10 日但不得多于 30 日；(6)指出对决定提出申诉之可能性、提出申诉之期间及向哪一法院提出申诉；(7)指出不对决定提出申诉时该决定可即时执行。

五、行政处罚执行程序

从广义上说,对行政处罚决定的执行程序也是行政处罚程序的一部分。但它不是一种绝对程序,因为它只有在当事人不自我履行生效的行政处罚决定时才会发生。

(一)行政处罚执行的原则

《行政处罚法》(2021)第35、66~74条确立了行政处罚执行的几项原则,体现了中国行政处罚制度的特色。

1. 当事人自觉履行原则

《行政处罚法》(2021)第66条第1款规定:"行政处罚决定依法作出后,当事人应当在行政处罚决定书载明的期限内,予以履行。"这表明行政处罚决定依法作出并送达后,即刻产生法律效力,当事人具有自我履行的义务,行政机关具有强制执行的权力;尽管如此,我们应当尽量期待当事人自我履行,避免强制执行,这样有利于社会和谐。

2. 收缴分离原则

《行政处罚法》(2021)第67条第1款规定:"作出罚款决定的行政机关应当与收缴罚款的机构分离。"这是对决定罚款与收缴罚款相分离原则的直接规定。这一原则的确立,有利于防止行政机关在"利益驱动"下的"滥罚",有利于维护行政相对人的合法权益。

根据《行政处罚法》(2021)第67条第2~3款规定,作出行政处罚决定的行政机关及其执法人员不得自行收缴罚款。[118] 当事人应当自收到行政处罚决定书之日起15日内,到指定的银行或者通过电子支付系统缴纳罚款。银行应当收受罚款,并将罚款直接上缴国库。

3. 照顾和方便当事人原则

这一原则体现在多个方面:(1)当事人确有经济困难,需要延期或者分期缴纳罚款的,经当事人申请和行政机关批准,可以暂缓或者分期缴纳。(2)在边远、水上、交通不便地区,当事人到指定的银行或者通过电子支付系统缴纳罚款确有困难,经当事人提出,行政机关及其执法人员可以当场收缴罚款。(3)当事人对限制人身自由的行政处罚决定不服,申请行政复议或者提起行政诉讼的,可以向作出决定的机关提出暂缓执行申请。符合法律规定情形的,应当暂缓执行。(4)当事人申请行政复议或者提起行政诉讼的,加处罚款的数额在行政复议或者行政诉讼期间不予计算。

4. 加罚封顶原则

《行政处罚法》(1996)在第六章"行政处罚的执行"中规定,当事人到期不缴纳罚款的,行政机关可以对当事人每日按罚款数额的3%加处罚款,并没有"封顶"规定。但我国《行政强制法》(2011)恰恰是有"封顶"规定的。[119] 2021年《行政处罚法》修订补充了"封顶"规定,第72条第1款第1项规定,"到期不缴纳罚款的,每日按罚款数额的百分之三加处罚款,加处罚款的数额不得超出罚款的数额"。这不仅使行政处罚法与行政强制法相衔接,而且更加凸显行政处罚制度的公正性。

---

〔118〕 但有下列情形之一的,执法人员可以当场收缴罚款:(1)依法给予100元以下罚款的;(2)不当场收缴事后难以执行的。

〔119〕《行政强制法》(2011)第45条第2款规定:"加处罚款或者滞纳金的数额不得超出金钱给付义务的数额。"

5. 执行款项与考核脱钩原则

《行政处罚法》(2021)第74条第3款增加规定:"罚款、没收的违法所得或者没收非法财物拍卖的款项,不得同作出行政处罚决定的行政机关及其工作人员的考核、考评直接或者变相挂钩……"这是为了防止处罚与执法者利益挂钩而作出的特别规定。

6. 行政处罚折抵刑罚原则

行政处罚折抵刑罚原则,系指违法行为构成犯罪的,人民法院在执行当事人的刑罚时,对于他已经执行的行政处罚应予折抵。《行政处罚法》(2021)第35条规定:"违法行为构成犯罪,人民法院判处拘役或者有期徒刑时,行政机关已经给予当事人行政拘留的,应当依法折抵相应刑期。违法行为构成犯罪,人民法院判处罚金时,行政机关已经给予当事人罚款的,应当折抵相应罚金;行政机关尚未给予当事人罚款的,不再给予罚款。"这就是对于行政处罚折抵刑罚原则的规定。[120]

(二)行政处罚执行的措施

行政处罚决定作出以后,当事人应当自觉履行。当事人逾期不履行行政处罚决定的,作出行政处罚决定的行政机关可依据《行政处罚法》(2021)第72条规定采取下列措施:(1)到期不缴纳罚款的,每日按罚款数额的3%加处罚款,加处罚款的数额不得超出罚款的数额;(2)根据法律规定,将查封、扣押的财物拍卖、依法处理或者将冻结的存款、汇款划拨抵缴罚款;(3)根据法律规定,采取其他行政强制执行方式;(4)依照《行政强制法》的规定申请人民法院强制执行。[121]

第七节 疑难问题探讨

一、上"黑名单"是否属于行政处罚?

将"失信当事人"列入"黑名单",这是近几年社会上使用较多的管理方式。这里的"失信当事人"之前是指"不文明行为人",后来称"失信当事人",有的领域限定为"严重失信当事人"。但其实,列入"黑名单"的行为人范围非常广泛,幅度很大,从违反道德的"不文明行为人"、一般的"违法者",直到"犯罪行为人"。这里的"黑名单",现在主要是指"信用系统"。有权机关将公民、法人或者其他组织记入"黑名单",是否属于"行政处罚",《行政处罚法》对此未作规定,理论界争议颇大,肯定者有之,否定者也有之。

肯定者主张上"黑名单"就是"处罚",而且是比较严厉的处罚。他们认为,上"黑名单"都

---

〔120〕 这一原则的适用,必须注意四个问题:(1)行政主体给予行政处罚的和人民法院判处刑罚的,是行政相对人的同一个行为,而不是两个不同的行为。(2)不是任何行政处罚都可以折抵任何刑罚,只限于已经执行的行政拘留可以折抵已经判处的拘役或者有期徒刑,已经执行的罚款可以折抵已经判处的罚金。行政拘留、罚款以外的行政处罚(如警告、没收、责令停产停业、吊扣证照等),不能折抵拘役、有期徒刑、罚金以外的刑罚(如管制、无期徒刑、死刑、剥夺政治权利、没收财产、驱逐出境等)。(3)行政处罚折抵刑罚以后,原行政处罚和现判处刑罚依然有效。可见,行政处罚折抵刑罚是惩罚决定"执行"上的折抵,而不是惩罚"决定"本身的折抵。(4)实行等价折抵,即1元的罚款折抵1元的罚金;1日拘留折抵1日的拘役或有期徒刑。

〔121〕 行政机关批准延期、分期缴纳罚款的,申请人民法院强制执行的期限,自暂缓或者分期缴纳罚款期限结束之日起计算。

以当事人有违法行为(大量被标注“不文明”或“失信的行为”,实际上也是“违法”行为)为前提,上了“黑名单”,当事人的一系列权利会被连锁剥夺或限制。这种后果实为对当事人的一种惩罚。上“黑名单”不仅是行政处罚,而且是比一般行政处罚更为严厉的行政处罚。试想一下:你愿意被罚款2000元,还是愿意被记入“黑名单”?

否定者认为,上“黑名单”不属于行政处罚。理由主要有两条:一是行政处罚是针对违法行为作出的,而上“黑名单”是针对“不文明”行为或者“失信”行为作出的;二是在《行政处罚法》中没有上“黑名单”这种处罚形式。所以,“黑名单”制度不是“行政处罚”制度,上“黑名单”不应当受《行政处罚法》约束。

2021年《行政处罚法》修订时,在行政处罚种类(第9条)中没有规定上“黑名单”这种处罚手段,因而它是否属于行政处罚,这一问题再次被提起。

笔者认为,在现实中上“黑名单”这种情况很复杂,性质也各不相同,需要作具体分析而确定。最常见的有下列三种:

1. 人民法院将执行“老赖”列入失信“黑名单”,然后限制其高消费。其法律依据是《民事诉讼法》(2021)第262条。该条规定:“被执行人不履行法律文书确定的义务的,人民法院可以对其采取或者通知有关单位协助采取限制出境,在征信系统记录、通过媒体公布不履行义务信息以及法律规定的其他措施。”这种行为不是行政行为,而属于司法执法措施。[122]

2. 企业将某些交易人列入失信“黑名单”,从而调整和限制自己与其合作和交易的做法。例如银行将某些失信的企业和个人列入“黑名单”,然后控制对其的贷款。这也不是行政行为,而是一种民事商业的管理行为。[123]

3. 政府部门或者具有公共管理职能的其他组织(如行业协会、公立学校、航空公司、铁路公司、电力公司、燃气公司等),将违法犯罪和失信行为人记入“黑名单”,还连锁地限制其一系列权利。这实质上属于一种行政处罚。

至于第三种情况既然存在,为何《行政处罚法》未作规定?笔者的看法是:2021年《行政处罚法》修订没有对上“黑名单”作出规定,既不意味着肯定上“黑名单”属于行政处罚,也不意味着否定上“黑名单”属于行政处罚。主要是考虑到上“黑名单”的情况很复杂,不能一概而论。

笔者认为,对行政处罚行为的认定,要以实质认定为主,形式认定为辅。《行政处罚法》(2021)第9条规定:“行政处罚的种类:(一)警告、通报批评;(二)罚款、没收违法所得、没收非法财物;(三)暂扣许可证件、降低资质等级、吊销许可证件;(四)限制开展生产经营活动、责令停产停业、责令关闭、限制从业;(五)行政拘留;(六)法律、行政法规规定的其他行政处罚。”这里虽然没有把上“黑名单”列入行政处罚的种类之中,但《行政处罚法》(2021)第2条首次表明了行政处罚的定义:“行政处罚是指行政机关依法对违反行政管理秩序的公民、法人或者其他组织,以减损权益或者增加义务的方式予以惩戒的行为。”这就为实质认定“行政处罚”提供了标准。无论名称上是否冠以“行政处罚”,只要以当事人作出违法(违反行政管理秩序)行为为前提,针对该违法行为而作出一种对应性的制裁,通过减损权益或者增加义务强制当事人承受

---

〔122〕 当事人不服的,适用《民事诉讼法》(2021)第232条和最高人民法院《关于公布失信被执行人名单信息的若干规定》(法释〔2017〕7号)第12条规定,可以依法提出异议和复议。

〔123〕 被列入“黑名单”的企业或个人,如果认为制作“黑名单”一方的当事人的行为属于侵权或者违约,适用民事诉讼程序解决。

一种不利后果,就是行政处罚。而且,具有行政处罚性质的“黑名单”,对当事人的不利程度远远高于通常性的警告、罚款、没收、责令停产停业、暂扣或者吊销证照、行政拘留六种处罚手段,因为这些处罚都是“单项性”的,而列入“黑名单”是一种“综合性”“连锁性”的处罚,当事人的几十项权益由此会被或将被限制或剥夺。再则,依照《行政处罚法》(2021)第9条第6项规定,将当事人列入“黑名单”的行政处罚属于“其他行政处罚”,它必须由法律和行政法规设定。

二、对违法行为进行曝光是否属于“行政处罚”?

近年来,社会上出现和存在对“违法行为”通过媒体和数字平台进行公开“曝光”等做法。这种做法虽不能说具有普遍性,但确实已不是个别现象。如某省交警部门对不走斑马线的行人,通过人脸识别自动获取违法人信息,在路口竖立的显示屏上循环播放人脸,进行实名曝光;某省人社厅发布《重大劳动保障违法行为社会公布办法》,有关部门据此可对具有7种重大劳动保障违法行为的企业进行曝光;某市制定《价格违法行为工作规定》,对价格违法行为及违法企业进行不定期曝光……凡此种种,举不胜举。对于这种管理措施,反对者有之,赞成者更多。

反对者认为,对“违法行为”应当依法处罚,而不是公开曝光,否则会侵害行为人的隐私权。而赞成者认为,违法者不怕处罚(法律规定的处罚力度不足),但怕曝光。对违法行为及行为人进行曝光,不存在侵犯隐私权问题。其中一篇代表性文章就是《保护隐私不是曝光违法的挡箭牌》,该文章发表在一份公开的报刊上。

对违法行为及行为人进行曝光,这一管理措施之所以被有关执法部门所经常使用。可能有两个原因:一是“管用”。这一方法确实可以预防某种违法行为,在一定程度上也维护了社会秩序和公民、法人或者其他组织的合法权益。如对不走斑马线的行人在公开的显示屏上循环播放人脸和实名曝光,确实通过对当事人声誉的压力而减少了行人违法;对拖欠职工工资的企业老板进行曝光,不仅影响其声誉,而且影响其招工和经营,有助于职工的追薪;对价格违法行为及行为人进行曝光,有利于打击价格违法行为。社会上确有一些违法者,不怕“罚”,但怕“晒”。二是“方便”。对违法者进行行政处罚或采取强制措施,受到《行政处罚法》和《行政强制法》约束,处罚或强制都必须依法设定并依法实施,但“对违法行为进行曝光”,各机关可自行规定和自行实施。

对于上述两个催生“对违法行为进行曝光”的原因,第一个原因反映了执法机关认识上的片面性,只看到此做法“利”的一面,忽视了“弊”的一面;只看到“积极”的一面,忽视了“消极”的一面。第二个原因是执法机关的错觉和误解。“对违法行为进行曝光”并非全不是处罚,并非不受法律规制,可以任意实施。

以法治思维考量一种社会治理手段,必须学会“两分法”,不能陷于“单一思维”。我们不能只以是否“管用”作为唯一标准。除了“管用”,还应当考虑目的与手段、目标与成本、权利与义务之间的平衡。如果我们可以任意放大“对违法行为进行曝光”的手段,势必会造成对隐私权的侵害和社会怨气的增加,这显然背离了在法治轨道上推进国家治理现代化的要求。

至于“对违法行为进行曝光”是否属于行政处罚以及是否合法问题,不能一概而论,需要具体情况具体分析。一般而言,“对违法行为进行曝光”有下列几种情形和性质:

1. 行政处罚行为。如果当事人违法,执法机关以公开曝光其违法行为及个人信息,以影响其声誉的方法,达到制裁的目的。这种性质的行为,实质上就是行政处罚。[124]《行政处罚法》(2021)第2条规定:"行政处罚是指行政机关依法对违反行政管理秩序的公民、法人或者其他组织,以减损权益或者增加义务的方式予以惩戒的行为。"这就是说,不论行为被冠以什么名称,只要行政执法机关针对当事人的违法行为,以减损权益或者增加义务的方式予以惩戒,就是行政处罚。换句话说,只要强制当事人承受一种不利后果,作为其为违法行为所付出的代价,就是行政处罚。同时对照《行政处罚法》(2021)第9条规定,"对违法行为进行曝光"不属于该条第1~5项常规处罚,而属于第6项"法律、行政法规规定的其他行政处罚"。这就是说,将"对违法行为进行曝光"列为"行政处罚"的一种手段是可以的,但必须由法律和行政法规直接设定。说得通俗点,执法机关要实施"对违法行为进行曝光"这类处罚手段,必须有法律和行政法规依据。

2. 政府信息公开行为。如果行政机关依据《政府信息公开条例》公开一种政府信息,里面包括了当事人违法的信息,这不属于行政处罚,而属于政府信息公开行为。《行政处罚法》(2021)第48条第1款规定:"具有一定社会影响的行政处罚决定应当依法公开。"行政执法机关据此公开了"行政处罚决定",这一决定又必然包含了当事人的违法信息,属于政府信息公开行为。对于这类信息,如何公开,应当遵循《政府信息公开条例》的有关规定。根据《政府信息公开条例》规定,对于依法确定为国家秘密的政府信息,法律、行政法规禁止公开的政府信息,以及公开后可能危及国家安全、公共安全、经济安全、社会稳定的政府信息,不予公开。对于涉及商业秘密、个人隐私等公开会对第三方合法权益造成损害的政府信息,不得公开;但是,第三方同意公开或者行政机关认为不公开会对公共利益造成重大影响的,予以公开。

3. 政府对社会危害事件的预警。《突发事件应对法》(2007)第43条规定:"可以预警的自然灾害、事故灾难或者公共卫生事件即将发生或者发生的可能性增大时,县级以上地方各级人民政府应当根据有关法律、行政法规和国务院规定的权限和程序,发布相应级别的警报,决定并宣布有关地区进入预警期,同时向上一级人民政府报告,必要时可以越级上报,并向当地驻军和可能受到危害的毗邻或者相关地区的人民政府通报。"《政府信息公开条例》(2019)第15条规定,行政机关对于虽然涉及商业秘密、个人隐私等公开会对第三方合法权益造成损害,但不公开会对公共利益造成重大影响的政府信息,应当予以公开。这里都规定了政府机关对社会危害事件发布预警的权力和责任。当自然灾害、事故灾难或者公共卫生事件即将发生或者发生的可能性增大时,政府必须依法及时向社会发出预警。假如一地突然发生多起食物中毒事件,初步查明是某企业生产的食品所致,但它销售范围较广,为防止危害扩大,政府紧急公布这一信息(包含了当事企业的违法信息),这就是发布预警的行为,而不属于对当事人违法行为进行曝光的处罚。至于政府如何发布预警,其必须严格遵循《突发事件应对法》及其他有关法律的规定。

三、政府部门向当事人"收回国有土地使用权"是否属于行政处罚?

我国土地有国家所有和集体所有两种所有制形式,不存在私有。《宪法》(2018)第10条第1~2款规定:"城市的土地属于国家所有。农村和城市郊区的土地,除由法律规定属于国家所

[124] 我国台湾地区的"行政罚法"第2条就将"公布姓名或名称、公布照片或其他相类似之处分"列为行政处罚的一种手段。

有的以外，属于集体所有；宅基地和自留地、自留山，也属于集体所有。”尽管土地一律属于国有或集体所有，不存在也不允许私有，但是土地的使用权可以“依照法律的规定转让”。并且，公民、法人或者其他组织可以通过法定的出让或者转让程序获得国有土地使用权。

当事人依法获得土地使用权之后，如果政府部门又依法收回当事人的国有土地使用权，这是否属于行政处罚呢？这要具体分析，主要有三种情况：

1. 原给予当事人土地使用权不合法（当事人骗取批准或者行政机关违反法律规定出让），“收回土地使用权”属于纠错行为，它属于行政行为的“撤回”范畴，不属于行政处罚。

2. 原给予当事人土地使用权合法，现为了公共利益的需要而提前收回，并依法给予补偿。这时，“收回土地使用权”其实是“行政征收”行为，也不属于行政处罚行为。

3. 根据《土地管理法》（2019）第38条[125]、《城市房地产管理法》（2019）第26条[126]和《城镇国有土地使用权出让和转让暂行条例》（2020）第17条[127]规定，当事人受让国有土地使用权后，“未经原批准机关同意，连续二年未使用的”，土地管理部门有权收回土地使用权。这种情况属于行政处罚。理由如下：（1）它以当事人的行为违法（未经原批准机关同意，连续2年未使用）为前提，土地主管部门“收回土地使用权”是对当事人违法行为的一种惩罚，具有制裁性。（2）行政法规和有关部门发布的文件已经解释了这种行为的性质。《城镇国有土地使用权出让和转让暂行条例》（2020）第17条和1994年国家土地管理局《关于对执行〈土地管理法〉第十九条规定的请示的批复》中已经表明：这种情况下的“收回土地使用权”属于行政处罚。

四、公安交通部门对驾车者违章“扣分”是否属于行政处罚？

根据《道路交通安全法》（2021）和《道路交通安全法实施条例》（2017）的有关规定，机动车驾驶人违反道路交通安全法律、法规关于道路通行的规定的，会受到警告、罚款、暂扣或者吊销机动车驾驶证、拘留等行政处罚。同时，《道路交通安全法》（2021）第24条[128]、《道路交通安

---

[125] 《土地管理法》（2019）第38条规定：“禁止任何单位和个人闲置、荒芜耕地。已经办理审批手续的非农业建设占用耕地，一年内不用而又可以耕种并收获的，应当由原耕种该幅耕地的集体或者个人恢复耕种，也可以由用地单位组织耕种；一年以上未动工建设的，应当按照省、自治区、直辖市的规定缴纳闲置费；连续二年未使用的，经原批准机关批准，由县级以上人民政府无偿收回用地单位的土地使用权；该幅土地原为农民集体所有的，应当交由原农村集体经济组织恢复耕种。在城市规划区范围内，以出让方式取得土地使用权进行房地产开发的闲置土地，依照《中华人民共和国城市房地产管理法》的有关规定办理。”

[126] 《城市房地产管理法》（2019）第26条规定：“以出让方式取得土地使用权进行房地产开发的，必须按照土地使用权出让合同约定的土地用途、动工开发期限开发土地。超过出让合同约定的动工开发日期满一年未动工开发的，可以征收相当于土地使用权出让金百分之二十以下的土地闲置费；满二年未动工开发的，可以无偿收回土地使用权；但是，因不可抗力或者政府、政府有关部门的行为或者动工开发必需的前期工作造成动工开发迟延的除外。”

[127] 《城镇国有土地使用权出让和转让暂行条例》（2020）第17条规定：“土地使用者应当按照土地使用权出让合同的规定和城市规划的要求，开发、利用、经营土地。未按合同规定的期限和条件开发、利用土地的，市、县人民政府土地管理部门应当予以纠正，并根据情节可以给予警告、罚款直至无偿收回土地使用权的处罚。”

[128] 《道路交通安全法》（2021）第24条规定：“公安机关交通管理部门对机动车驾驶人违反道路交通安全法律、法规的行为，除依法给予行政处罚外，实行累积记分制度。公安机关交通管理部门对累积记分达到规定分值的机动车驾驶人，扣留机动车驾驶证，对其进行道路交通安全法律、法规教育，重新考试；考试合格的，发还其机动车驾驶证。对遵守道路交通安全法律、法规，在一年内无累积记分的机动车驾驶人，可以延长机动车驾驶证的审验期。具体办法由国务院公安部门规定。”

全法实施条例》(2017)第23条[129]都确立了“道路交通安全违法行为累积记分制度”。依据道路交通安全违法行为的严重程度,将一次记分的分值分为12分、6分、3分、2分、1分五种,适用规则例如对于“饮酒后驾驶机动车的”一次记12分;对于“驾驶机动车违反道路交通信号灯通行的”一次记6分;对于“驾驶机动车在高速公路上行驶低于规定最低时速的”一次记3分;等等。公安机关交通管理部门对累积记分达到规定分值的机动车驾驶人,扣留机动车驾驶证,对其进行道路交通安全法律、法规教育,重新考试;考试合格的,发还其机动车驾驶证。在实践中,这一记分制度往往被称作“扣分”制度。

我们在这里需要讨论的是,公安交通部门对机动车驾驶人实施“扣分”是否属于行政处罚?这一问题也引起了部分学者的兴趣,有学者主张是“行政处罚”,有学者主张是“证据行为”。作者均不认同。

1.“扣分”本身不是行政处罚,而是行政确认。因为,每次“扣分”(2分、3分或者6分)时,本身没有直接处分相对人的权利,只是确认了相对人违章分值,不具有直接的制裁性。即便“扣分”达到了12分,也不是通过“扣分”直接停止了相对人驾车的资格,而是公安交通部门依据“扣分”已达12分这一情况而另行作出一个“扣留机动车驾驶证”的处理决定。“扣分”是为公安交通部门最终作出处理决定服务的,是后者的事实依据。从这一点上说,“扣分”这一行政确认行为确实具有证据意义。

2. 公安交通部门依据“扣分”已达12分这一情况所作出的“扣留机动车驾驶证”的处理决定属于行政处罚。因为这一处理决定的效果是剥夺和暂停了机动车驾驶人的驾驶资格,属于《行政处罚法》(2021)第9条第3项“暂扣许可证件、吊销许可证件”之处罚种类。

3. 公安交通部门作出的“扣分”和最终的处理决定都是可诉的。当事人对“扣分”不服,可以直接以不服行政确认行为为由而申请行政复议或者提起行政诉讼;对于记分达12分时公安交通部门最终作出的“扣留机动车驾驶证”处理决定不服,更可以直接以不服行政处罚行为为由而申请行政复议或者提起行政诉讼。

五、关于行政管理中的“终身罚”如何定性?

“终身罚”系指以终生剥夺当事人的某项权利作为惩罚的制裁制度。在古代,无论中外,“终身罚”皆有过“热潮”,如我国汉朝时期兴盛一时的“禁锢”罚便是典型。随着近现代法治文明浪潮席卷全球,“终身罚”因当事人其“生有涯而罚无尽”这一过于严苛的特点,在近现代法治建设勃兴中“遇冷”,其适用范围被不断严格限缩乃至废弃,现主要集中保留于多国刑事司法领域。在我国,“终身罚”也主要被限缩在刑罚领域,如“无期徒刑”和“剥夺政治权利终身”。

如今,“终身罚”更多地被应用于行政执法领域。“终身禁考”“终生禁驾”“终身禁赛”“终身禁入”“终身不得担任某职务”“终身不授予”“终身限制申报”“终身不得参与”“终身剥夺博导资格”等。从立法层面看,现有立法对“终身罚”的规定大多出现在2000年之后,2018年开始

---

[129] 《交通安全法实施条例》(2017)第23条规定:“公安机关交通管理部门对机动车驾驶人的道路交通安全违法行为除给予行政处罚外,实行道路交通安全违法行为累积记分(以下简称记分)制度,记分周期为12个月。对在一个记分周期内记分达到12分的,由公安机关交通管理部门扣留其机动车驾驶证,该机动车驾驶人应当按照规定参加道路交通安全法律、法规的学习并接受考试。考试合格的,记分予以清除,发还机动车驾驶证;考试不合格的,继续参加学习和考试。应当给予记分的道路交通安全违法行为及其分值,由国务院公安部门根据道路交通安全违法行为的危害程度规定。公安机关交通管理部门应当提供记分查询方式供机动车驾驶人查询。”

暴增，并呈现一定普遍性。[130] 例如，“法律”层面的《道路交通安全法》（2021）第 91 条第 5 款规定：“饮酒后或者醉酒驾驶机动车发生重大交通事故，构成犯罪的，依法追究刑事责任，并由公安机关交通管理部门吊销机动车驾驶证，终生不得重新取得机动车驾驶证。”作为“行政法规”的《娱乐场所管理条例》（2020）第 53 条第 1 款规定：“因擅自从事娱乐场所经营活动被依法取缔的，其投资人员和负责人终身不得投资开办娱乐场所或者担任娱乐场所的法定代表人、负责人。”“部门规章”也有不少直接设定了“终身罚”，如《反兴奋剂管理办法》（2021）对“终身取消参加体育系统各类评优评先、荣誉称号、职称、科研项目的申报和评比资格”进行了规定。“地方性法规”规定“终身罚”的数量远远超过法律、行政法规和部门规章的数量。在这样的立法背景下，执法层面的“终身罚”案件也随之剧增。[131]

这些存在于行政执法领域的“终身罚”，为区别于其他领域中的“终身罚”，可以简称为“行政终身罚”。“行政终身罚”是指在当事人因违反法律或行政法规的禁止性规定，其犯罪或违法行为已被有权机关（司法机关和行政机关）依法追究法律责任的前提下，行政执法机关另行作出一个相关的、终身剥夺当事人获得某类权利决定的行为和制度。就理论维度而言，“行政终身罚”具有下列法律特性：

1. 行政终身罚具有惩罚性。行政执法机关对当事人处以“终身罚”的前提是当事人实施了违法或犯罪行为，其法律效果是永远剥夺当事人某类权利资格。“终身罚”是当事人为自己的违法或犯罪行为所付出的对价性的“代价”，具有明显的“惩罚性”。而且，“终身罚”远比一般的行政处罚严厉。

2. 行政终身罚具有终身性。“终身罚”不是对当事人已有权利的剥夺（这属于“本罚”），而是对其将来权利资格的剥夺，并且是永远地被剥夺。对已有权利的剥夺（如吊销许可证），并未禁止当事人在自身条件具备时重新申请权利（重新申请许可证），而“终身罚”意味着，当事人从此往后“永远”“终身”地丧失了申请权利的资格。

3. 行政终身罚具有附加性。“终身罚”不是“本罚”，而是“附加罚”。这正是“终身罚”不同于其他处罚的最大区别。“终身罚”是让当事人在承担刑事责任（针对犯罪）和行政处罚责任（针对违法）的“本罚”之外，再行承担一种额外的“不利后果”。根据《安全生产法》（2021）第 92 条规定，承担安全评价、认证、检测、检验职责的机构租借资质、挂靠、出具虚假报告的，对机构及其直接责任人员除给予罚款、没收违法所得和吊销其相应资质、资格的处罚外，情节严重的，还可“实行终身行业和职业禁入”。

4. 行政终身罚具有行政性。虽然“终身罚”的“起因”是当事人的“违法”或者“犯罪”，但“终身罚”本身则是一种行政行为。一是因为实施“终身罚”的主体是行政执法机关。对当事人实施“本罚”可以追究刑事责任或行政处罚责任，追究刑事责任的主体自然是司法机关。但“终身罚”属于“附加罚”，这一附加罚只能由行政执法机关（行政主体）实施。二是因为“终身罚”的内容是剥夺当事人行政法上的权利资格，大多与行政确认和行政许可等有关。可以说，“终身罚”本身表现为行政机关通过一个“行政行为”永远剥夺当事人的某项行政法上的权利资格，

---

〔130〕 通过对北大法宝、小包公等法律检索平台的初步检索，据不完全统计，截至 2022 年 8 月上旬，涉及行政执法领域“终身罚”的现行有效规范性文件共有法律 23 部、行政法规 18 件、部门规章 54 件，地方性法规 76 件、团体规定 3 件、行业规定 23 件、其他规范性文件若干。

〔131〕 根据对公开的行政处罚决定书的检索统计（北大法宝），2017 年全国范围内公开的行政“终身罚”案件为 131 件，2021 年已猛增至 645 件，形式也不断翻新。

或者通过一个个的“行政行为”永远阻挡当事人对获取权利的申请。这些行为的“行政性”显而易见。

行政终身罚属于行政行为,而且属于行政行为中的“行政处罚”行为。根据《行政处罚法》(2021)第9条规定,我国现行行政处罚的种类包括:(1)申戒罚(警告、通报批评);(2)财产罚(罚款、没收违法所得、没收非法财物);(3)资格罚(暂扣许可证件、降低资质等级、吊销许可证件);(4)行为罚(限制开展生产经营活动、责令停产停业、责令关闭、限制从业);(5)人身罚(行政拘留);(6)其他罚(法律、行政法规规定的其他行政处罚)。在上述行政处罚种类中,“终身罚”又属于“其他行政处罚”。

作为一种新型社会治理和行政执法手段,“行政终身罚”在维护社会公共秩序和公共利益,遏制严重违法行为,降低行政成本,提升行政效能等方面,确有积极意义。在立法层面对某些主体的某类行为设置“终身罚”亦具备正当性,有利于完善当前我国行政处罚体系,弥合刑罚与行政处罚之间的沟壑。但基于“终身罚”本身的严苛程度,一旦被滥用就会严重侵害公民基本权益,更有悖于我国《行政处罚法》确立的过罚相当原则,不利于国家整体发展。因此,不能让“终身罚”游离于《行政处罚法》之外,它应当作为一种“其他行政处罚”受《行政处罚法》的约束。[132]

六、《行政处罚法》只规定一事不得二次“罚款”,是否意味着其他处罚不受二次限制?

《行政处罚法》(2021)第29条规定:“对当事人的同一个违法行为,不得给予两次以上罚款的行政处罚……”这里把一事不二罚原则限制于“罚款”这一处罚手段之内,那么,是否意味着其他处罚手段,如警告、没收、吊扣证照、行政拘留等,不适用一事不二罚原则?

关于“一事不得给予两次以上罚款”,又称一事不二罚原则,新、旧《行政处罚法》没有变化。1996年《行政处罚法》第24条规定:“对当事人的同一个违法行为,不得给予两次以上罚款的行政处罚。”2021年修订后的《行政处罚法》第29条依然保留了这一规定,并且一字不差,只是增加补充了第2句:“同一个违法行为违反多个法律规范应当给予罚款处罚的,按照罚款数额高的规定处罚。”这只是对“违法竞合”的补充规定而已,并非对“一事不得给予两次以上罚款”规定的修正。

“一事不得给予两次以上罚款”规定源自行政法上的一事不二罚原则;而行政法上的一事不二罚原则又源自普通法上的一事不二罚原则。

一事不二罚原则是一项国际上公认的法治原则。联合国于1966年通过,并于1976年3月23日生效的《公民权利和政治权利国际公约》第14条第7款规定:“任何人已依一国的法律及刑事程序被最后定罪或宣告无罪者,不得就同一罪名再予审判或惩罚。”美国宪法第五修正案规定:任何人不得因同一犯罪行为而两次遭受生命或身体的危害(nor shall any person be subject for the same offense to be twice put in jeopardy of life or limb)。一事不二罚原则原先只适用于刑事领域,后来慢慢扩展至行政和民事领域。所以现在,“一事不二罚”中的“罚”是广义的,系指一次犯错,不仅不得给予两次以上的罚款,也不得给予两次以上的行政处罚,更包括不得给予两次以上的刑事追究,以及不得承担两次以上的民事责任。所以,一事不二罚原则,实际上是指:对于一个违法行为,不得追究两次以上的法律责任,不得重复追责,除非法律有特别

〔132〕 参见胡建淼、刘馨蔓:《行政执法中的“终身罚”》,载《学习时报》2022年9月28日,第3版。

规定。[133]

这一原则应用于行政处罚制度,显然是指:对于当事人的一个违法行为,不得给予两次以上的行政处罚。如果当事人只有一次违法,但执法机关要处罚他两次,这肯定是不合理的,也是不合法的。

但是,新、旧《行政处罚法》都把一事不二罚原则限缩于"罚款"之内,即"对当事人的同一个违法行为,不得给予两次以上罚款的行政处罚。"这里只限制"罚款",对其他处罚如警告、通报批评、没收、吊扣证照、降低资质等级、限制开展生产经营活动、责令停产停业、责令关闭、限制从业和行政拘留等不作限制。这就隐含着:对同一个违法行为,不得给予两次以上"罚款"的行政处罚,但不排除可以给予两次以上的通报批评、没收、吊扣证照、降低资质等级、限制开展生产经营活动、责令停产停业、责令关闭、限制从业,甚至行政拘留。这一隐含的意思是明显违背一事不二罚原则的。

事实上和理论上,对于同一个违法行为,固然不得给予两次以上的"罚款"处罚,但同样也不得给予两次以上的警告、通报批评,两次以上的没收,两次以上吊扣证照,两次以上降低资质等级,两次以上限制开展生产经营活动、责令停产停业,两次以上责令关闭、限制从业,直到两次以上的行政拘留处罚。

2021年《行政处罚法》修订时,包括笔者在内的几位学者已对这一规定提出了异议,并建议将"对当事人的同一个违法行为,不得给予两次以上罚款的行政处罚"这一规定,修改为"对当事人的同一个违法行为,不得给予两次以上的行政处罚",但最终未被采纳。至于新、旧《行政处罚法》为什么不修改这一规定,追问原因,发现有两种理由:

1. 因为罚款是行政处罚的主要形式,所以把一事不二罚原则局限于"罚款"是有积极意义的。如国务院法制办组织编写的《行政处罚法教程》(曹康泰主编)中解释道:"我国《行政处罚法》第二十四条规定:'对当事人的同一个违法行为,不得给予两次以上罚款的行政处罚。'这一规定,与理论上的一事不再罚原则不完全相同,它是一事不再罚原则的主要内容和组成部分。它既肯定了一事不再罚的精神,又考虑到了行政执法职权范围内的实际情况,把一事不再罚的'罚'仅仅局限在'罚款'。这是因为罚款是行政处罚的主要形式,几乎所有的行政处罚实施机关都具有这项权力,而且它与当事人的利害关系最为密切,在罚款领域规定一事不再罚,具有积极的现实意义。"[134]但这种观点又同时认为,"不能因为《行政处罚法》仅规定了涉及罚款的一事不再罚,就认为一事不再罚仅限于重复罚款的禁止"[135]。这就是说,"一事不二罚款"应当理解为"一事不二处罚"。

既然《行政处罚法》中关于"一事不二罚款"的规定,并不只限于禁止重复"罚款",对其他行政处罚也适用,那么,将"对当事人的同一个违法行为,不得给予两次以上罚款的行政处罚",修正为"对当事人的同一个违法行为,不得给予两次以上的行政处罚",仅仅是删除"罚款"两字而已,为何不做呢?

2. 有关部门有人员解释说,在现实中,对当事人的一个违法行为,既给予罚款又给予其他处罚(如吊销许可证或行政拘留)很常见,而且法律也是允许的。所以,《行政处罚法》只能禁止

[133] 如果是违法竞合,按照数个处罚中的最高罚处理。
[134] 曹康泰主编:《行政处罚法教程》,中国法制出版社2011年版,第86页。
[135] 曹康泰主编:《行政处罚法教程》,中国法制出版社2011年版,第121页。

重复罚款,但不宜禁止同时给予两种以上的处罚。

这一考虑是应当的。但是,这里搞混了两个概念,即“两次处罚”与“两项处罚”。

就行政处罚制度而言,对于“一事”是不得给予“二罚”的,两次罚款不行,两次没收、两次拘留也不行。对于任何违法,都不得给予“两次”以上处罚。但是,对于“一事”给予“两项”以上的处罚是可以的。如对某种违法行为,既罚款又拘留,既罚款又没收,或者既罚款又吊销许可证等是可以的,《治安管理处罚法》等不少法律有此规定。以上表述,显然是把针对“一事”的“两次”处罚与“两项”处罚混淆了。

笔者最终的结论是:对于一个违法行为,不得给予“两次”以上的行政处罚,但可以给予“两项”以上的行政处罚。所以,正确的表述应当是:“对当事人的同一个违法行为,不得给予两次以上的行政处罚。但在法律有明文规定的情况下,对当事人的同一个违法行为,可以给予两项以上的行政处罚。”

尽管新、旧《行政处罚法》关于一事不二罚的表述存在缺陷,但立法的本意是清楚的,行政处罚应当遵循一事不二罚原则。所以,执法机关及执法人员在实际执法中,应当把握三条:(1)对当事人的同一个违法行为不得给予“两次”以上的行政处罚。对同一个违法行为,不能给予两次以上的罚款,同样也不能给予两次以上的其他处罚,如警告、通报批评、没收、吊扣证照、降低资质等级、限制开展生产经营活动、责令停产停业、责令关闭、限制从业和行政拘留等。(2)对当事人的同一个违法行为,如果法律规定可以给予“两项”以上行政处罚,执法机关及执法人员就可以依法给予两项以上的行政处罚。(3)如果当事人的一个违法行为,同时违反多个法律关系,构成违法竞合,就按《行政处罚法》(2021)第29条第2句规定办理,即“同一个违法行为违反多个法律规范应当给予罚款处罚的,按照罚款数额高的规定处罚”。

七、在具体情形中如何确定被处罚人?

在行政处罚法律关系中,被处罚人如何确定?这一问题似乎最简单不过:谁作出了违反行政管理秩序的行为,谁就是被处罚人。但其实这一问题没有这么简单。

被处罚人,显然是指违反了行政管理秩序的当事人。而所谓违反行政管理秩序,本质上乃是指其违反了行政法上的义务。行政法上的义务,是指由法律、法规和规章所设定的公民、法人或者其他组织在行政管理中必须履行(作为)或遵守(不作为)的义务。

“处罚法定”乃是《行政处罚法》的基本原则,它不仅要求行政机关的处罚权是法定的,也要求公民所违反的义务及接受处罚的义务是法定的。法律将行政法上的义务设定给谁,这位当事人违反了该义务,他就是被处罚人。这是确定被处罚人的基本规则。

然而,上述规则适用于单一当事人的单一违法确实非常简单,谁是违反义务的行为人,就依法处罚谁。可在实践中会出现许多复合、交叉、关联的法律关系,此时认定被处罚人就显得比较困难了。例如,承租人在承租房里从事违法行为,应当处罚承租人还是出租人?当事人借用别人车辆进行违法活动,应当处罚使用人还是所有权人?当事人运输物品是单位行为,运输行为违法(如超载),应当处罚司机还是处罚单位……

这些情况下如何确定被处罚人,确实比较复杂,但是认定规则还是没有变,依然是按照“谁是违反义务的行为人,就处罚谁”的规则处理。具体可以区分为以下几种情况:

1. 使用人与出借人。如果当事人借用别人的工具从事或发生了违法。借用人是实际违法行为人,当然必须依法处罚作为行为人的借用人,违反什么法律,就按什么法律处罚。而对于出借人应当区别不同情况分别对待:(1)明知借用人借用工具从事违法行为的,按共同违法处理;(2)违反法律规定出借工具的,如出借枪支、不合格的车辆等,不是按使用人的违法行为处罚,而是按违反出借方面的法定义务处罚;(3)没有上述情况的,不承担责任。

2. 承租人与出租人。如果承租人在承租房内从事违法活动,承租人理应受到处罚,因为他是行为人。但出租人是否应当处罚,适用上一情景中的规则:(1)明知承租人租用房子从事违法行为的,按共同违法处理;(2)违反租赁法律规定而出租房屋的,按违反房屋租赁法定义务处罚;(3)没有上述情况的,不承担责任。

3. 名义行为人与实际控制人。在公司治理中,常有这种情况:某人被登记为法定代表人,但不是实际控制人;某组织被登记为股东,但它不是真正的股东……当法律将法定义务设定给名义行为人时,由名义行为人作为被处罚人;当法律为实际控制人设定义务时,实际控制人也可作为被处罚人;当法律为名义行为人与实际控制人共同设定义务时,它们可以共同成为被处罚人。

4. 行为人与直接主管人员。有的法律不仅为行为人,而且同时为直接主管人员设定了义务,这时,除了行为人本人,直接主管人员也应当成为被处罚人。如运输单位的车辆有超载或违规载货,经处罚不改的情况,可以对直接负责的主管人员进行处罚。

5. 单位、单位机构和单位成员。单位是指依法登记成立的法人组织或非法人组织;单位内部的组织就是单位的内部机构;单位的工作人员就是单位成员。法律设定义务一般是直接设定给个人或单位,而不设定给单位机构,因为它不具有法律上的主体资格。如果一个培训学校(单位)里的培训部(机构)的一位老师(成员)将培训楼里的消防安全门锁上了,可以该老师和单位为被处罚人,但不能以培训部为被处罚人,但将培训部领导确定为直接主管人员是可以的。

6. 推定被处罚人。当行为人无法确定,而法律明文规定由所有权人或管理人承担责任时,可由所有权人或管理人作为被处罚人。如公安机关交通管理部门根据交通技术监管记录资料无法确定驾驶人的,可以对违法的机动车所有人或者管理人依法予以处罚。

无论上述哪种情况,无论对谁进行处罚,都必须有法律、法规和规章的明文依据。这是处罚法定原则的要求。

八、当事人的同一个违法行为被追究刑事责任后,还可同时给予行政处罚吗?

当事人的同一个违法行为(已构成犯罪),已被司法机关追究刑事责任的,行政机关是否还可对当事人的同一个行为进行行政处罚?这涉及刑事责任与行政处罚责任的关系问题。

行政法与刑法保护的是同一个社会关系,只是程度和方式不同而已。当事人的行为违反了行政法律规范,构成违反行政管理秩序的行为,当事人就应当承担行政处罚责任。但如果该行为已构成犯罪,就应当由司法机关追究刑事责任。但已被追究刑事责任的,不再追究行政处罚责任,否则有悖一事不二罚原则。这一精神已在《行政处罚法》(2021)第8、27、57条中体现出来。

顺便指出:和民事责任不同,当事人的同一个违法行为已被追究刑事责任或者已受到行政处罚的,不影响当事人同时承担民事责任。因为,行政处罚责任、刑事责任反映的都是国家与当事人之间的关系,即公权与私权的关系,而民事责任反映的是公民、法人或者其他组织之间的关系,即私权与私权的关系。所以,前者自身不得重复追究法律责任,而前者与后者之间,互不影响各自承担法律责任。

上面论述的是刑事责任、行政责任和民事责任之间的一般关系。但在特殊情况下,如果法律有特别规定,当事人除依法承担刑事责任外,还须依法承担行政责任。这种情况一般发生在资格准入领域。如《道路交通安全法》(2021)第91条第5款规定:"饮酒后或者醉酒驾驶机动车发生重大交通事故,构成犯罪的,依法追究刑事责任,并由公安机关交通管理部门吊销机动车驾驶证,终生不得重新取得机动车驾驶证。"

本章小结

行政处罚是行政机关管理社会的手段之一,是一种独立的行政行为,是行政决定的一种形态。具体是指,特定的行政主体在行政法律关系中,对违反行政法律规范而尚不需追究刑事责任的公民、法人或者其他组织,作出惩罚性的不利决定。其具有行政性、具体性、外部性、主动性、单方性、决意性、封闭性、不利性和制裁性等法律特征。其中,制裁性是其核心特征。

在行政法学理论上,行政处罚被分为五类:人身罚、财产罚、资格罚、行为罚和申诫罚。每一类都和一定的处罚手段相对应。《行政处罚法》设置了13种处罚手段,这些手段以外的行政处罚称为"其他行政处罚"(其他罚)。这就形成了"5+1"的罚种模式。

行政处罚必须依法设定。法律可以设定任何行政处罚;行政法规可以设定除限制人身自由处罚以外的任何行政处罚;地方性法规可以设定除限制人身自由处罚和吊销营业执照以外的任何行政处罚;规章只能设定警告、通报批评或者一定数额罚款的行政处罚。下位法可以在上位法所设定的可处罚行为、处罚种类和处罚幅度范围内进行细化规定。

行政处罚由具有行政处罚权的行政机关和得到法律、法规授权的具有管理公共事务职能的组织实施。实施行政处罚必须通过简易程序或普通程序。简易程序就是当场处罚程序。普通程序不仅必须符合事先告知、听证、集体决定等程序制度,还必须遵循2021年《行政处罚法》修订所增加的执法公示、执法全过程记录和重大执法决定法制审核制度。

行政处罚必须正确适用,要坚持过罚相当、处罚与纠正违法相结合、处罚与收缴所得相结合、一事不两罚、从旧兼从轻等原则,掌握好不予处罚、减轻处罚、从轻处罚、从重处罚等处罚适用制度。

行政处罚决定一经作出便具有强制性,当事人不自觉履行,行政机关可以自身依法强制执行或申请人民法院强制执行。

规范链接

- 《中华人民共和国行政处罚法》(2021)
- 《中华人民共和国刑法》(2020)第17条
- 《中华人民共和国治安管理处罚法》(2012)
- 《中华人民共和国国家安全法》(2015)第42条
- 《中华人民共和国证券法》(2019)第202、221条
- 《中华人民共和国森林法》(2019)第74条
- 《中华人民共和国兵役法》(2021)第57、58条
- 《中华人民共和国广告法》(2021)第55、57条
- 《中华人民共和国港口法》(2018)第47条
- 《中华人民共和国保险法》(2015)第161条
- 《中华人民共和国公路法》(2017)第79、81条

- 《中华人民共和国道路交通安全法》(2021)第24、91、102、106条
- 《中华人民共和国土地管理法》(2019)第38条
- 《中华人民共和国城市房地产管理法》(2019)第26条
- 《中华人民共和国残疾人保障法》(2018)第25条
- 《中华人民共和国防沙治沙法》(2018)第39条
- 《中华人民共和国反不正当竞争法》(2019)第21条
- 《中华人民共和国矿产资源法》(2009)第39条
- 《中华人民共和国产品质量法》(2018)第49条
- 《中华人民共和国民办教育促进法》(2018)第62条
- 《中华人民共和国农民专业合作社法》(2017)第70条
- 《中华人民共和国保守国家秘密法》(2010)第44条
- 《中华人民共和国国家赔偿法》(2012)第3、4条
- 《中华人民共和国行政强制法》(2011)第2、45条
- 《中华人民共和国突发事件应对法》(2007)第43、49条
- 《中华人民共和国城镇国有土地使用权出让和转让暂行条例》(2020)第17条
- 《中华人民共和国道路交通安全法实施条例》(2017)第23条
- 《中华人民共和国政府信息公开条例》(2019)第14、15条
- 《中华人民共和国海关行政处罚实施条例》(2022)第3、4条
- 《中华人民共和国民事诉讼法》(2017)第225条
- 《社会团体登记管理条例》(2016)第32条
- 国务院《关于进一步贯彻实施〈中华人民共和国行政处罚法〉的通知》(国发〔2021〕26号)
- 国务院《关于贯彻实施〈中华人民共和国行政处罚法〉的通知》(国发〔1996〕13号)
- 国务院法制办公室《关于"责令限期拆除"是否是行政处罚行为的答复》(国法秘函〔2000〕13号)
- 国务院法制办公室《对陕西省人民政府法制办公室〈关于"责令限期拆除"是否属于行政处罚行为的请示〉的复函》(国法秘研函〔2012〕665号)
- 国务院法制办公室《对湖北省人民政府法制办公室〈关于如何确认违法行为连续或继续状态的请示〉的复函》(国法函〔2005〕442号)
- 国务院法制办公室《对政府赋予行政管理职能的直属事业单位能否作为法定行政执法主体问题的复函》(国法秘函〔1999〕3号)
- 国务院法制办公室《对西宁市人民政府法制办公室〈关于将城市园林、市容卫生、城市建设等行政主管部门的处罚权委托依法成立的城市广场管理事业组织问题的请示〉的答复》(国法秘函〔2002〕50号)
- 最高人民法院《关于公布失信被执行人名单信息的若干规定》(法释〔2017〕7号)第12条
- 最高人民法院《对〈关于秦大树不服重庆市涪陵区林业局行政处罚争议再审一案如何适用法律的请示〉的答复》(〔2001〕行他字第7号)
- 《机动车驾驶证申领和使用规定》(2021年公安部令第162号)
- 《教育行政处罚暂行实施办法》(1998)第5条
- 《道路交通安全违法行为处理程序规定》(2020)第4、5条
- 《安全生产违法行为行政处罚办法》(2015)第6、10、11条
- 国家环境保护总局《关于实施行政处罚时听取陈述申辩时限问题的复函》(环函〔2006〕262号)

案例讨论

黄某富、何某琼、何某诉四川省成都市金堂工商行政管理局行政处罚案

|案　情|

原告黄某富、何某琼、何某诉称:被告四川省成都市金堂工商行政管理局(以下简称金堂工商局)行政处罚行为违法,请求人民法院依法撤销成工商金堂处字(2005)第02026号《行政处罚决定书》,返还电脑主机33台。

被告金堂工商局辩称:原告违法经营行为应当受到行政处罚,对其进行行政处罚的事实清楚,证据确实、充分,程序合法,处罚适当;所扣留的电脑主机是32台而非33台。

法院经审理查明:2003年12月20日,四川省金堂县图书馆与原告何某琼之夫黄某富联办多媒体电子阅览室。经双方协商,由黄某富出资金和场地,每年向金堂县图书馆缴管理费2400元。2004年4月2日,黄某富以其子何某的名义开通了ADSL84992722(期限到2005年6月30日),在金堂县赵镇桔园路一门面房挂牌开业。4月中旬,金堂县文体广电局市场科以整顿网吧为由要求其停办。经金堂县图书馆与黄某富协商,金堂县图书馆于5月中旬退还黄某富2400元管理费,摘除了金堂县图书馆多媒体电子阅览室的牌子。2005年6月2日,金堂工商局会同金堂县文体广电局、金堂县公安局对原告金堂县赵镇桔园路门面房进行检查时发现,金堂实验中学初一学生叶某、杨某、郑某和数名成年人在上网玩游戏。原告未能出示网络文化经营许可证和营业执照。金堂工商局按照《互联网上网服务营业场所管理条例》(2002)第27条关于擅自设立互联网上网服务营业场所,或者擅自从事互联网上网服务经营活动的,由工商行政管理部门或者由工商行政管理部门会同公安机关依法予以取缔,查封其从事违法经营活动的场所,扣押从事违法经营活动的专用工具、设备的规定,以成工商金堂扣字(2005)第02747号《扣留财物通知书》决定扣留原告的32台电脑主机。何某琼对该扣押行为及扣押电脑主机数量有异议遂诉至法院,认为实际扣押了其33台电脑主机,并请求撤销该扣留财物通知书。2005年10月8日,金堂县人民法院作出(2005)金堂行初字第13号行政判决,维持了成工商金堂扣字(2005)第02747号《扣留财物通知书》,但同时确认金堂工商局扣押了何某琼33台电脑主机。同年10月12日,金堂工商局以原告的行为违反了《互联网上网服务营业场所管理条例》(2002)第7、27条的规定作出了成工商金堂处字(2005)第02026号《行政处罚决定书》,决定没收在何某琼商业楼扣留的从事违法经营活动的电脑主机32台。

四川省金堂县人民法院于2006年5月25日作出(2006)金堂行初字第3号行政判决:(1)撤销成工商金堂处字(2005)第02026号《行政处罚决定书》;(2)金堂工商局在判决生效之日起30日内重新作出具体行政行为;(3)金堂工商局在本判决生效之日起15日内履行超期扣留原告黄某富、何某琼、何某的电脑主机33台所应履行的法定职责。宣判后,金堂工商局向四川省成都市中级人民法院提起上诉。成都市中级人民法院于2006年9月28日以同样的事实作出(2006)成行终字第228号行政判决,撤销一审行政判决第3项,对其他判项予以维持。

法院生效裁判认为:《行政处罚法》(1996)第42条规定,行政机关作出责令停产停业、吊销许可证或者执照、较大数额罚款等行政处罚决定之前,应当告知当事人有要求举行听证的权利。虽然该条规定没有明确列举没收财产,但是该条中的等系不完全列举,应当包括与明文列举的责令停产停业、吊销许可证或者执照、较大数额罚款类似的其他对相对人权益产生较大影响的行政处罚。为了保证行政相对人充分行使陈述权和申辩权,保障行政处罚决定的合法性和合理性,对没收较大数额财产的行政处罚,也应当根据《行政处罚法》(1996)第42条的规定适用听证程序。关于没收较大数额的财产标准,应比照《四川省行政处罚听证程序暂行规定》(1996,已失效)第3条关于本规定所称较大数额的罚款,是指对非经营活动中的违法行为处以1000元以上,对经营活动中的违法行为处以20000元以上罚款中对罚款数额的规定。因此,金堂工商局没收黄某富等三人32台电脑主机的行政处罚决定,应属没收较大数额的财产,对黄某富等三人的利益产生重大影响的行为,金堂工商局在作出行政处罚前应当告知被处罚人有要求听证的权利。本案中,金堂工商局在作出处罚决定前只按照行政处罚一般程序告知黄某富等三人有陈述、申辩的权利,而没有告知听证权利,违反了法定程序,依法应予撤销。

|评　析|

这案例虽然发生在2021年《行政处罚法》修订之前,但其指导意义没有失去。因为新、旧《行政处罚法》关于

听证程序的规定是一致的。

听证是行政机关为当事人提供陈述申辩机会的最高形式。按照 1996 年《行政处罚法》第 42 条和 2021 年《行政处罚法》第 44、63 条规定，对于没收较大数额财产的行政处罚，必须为当事人提供听证的机会。为当事人提供听证的机会表现为：一是行政机关作出行政处罚决定前必须告知当事人有要求听证的权利；二是当事人提出听证要求后，必须依法举行听证会；三是在作出行政处罚决定时必须考虑听证意见。本案行政机关作出的《行政处罚决定书》，是没收在何某琼商业楼扣留的从事违法经营活动的电脑主机 32 台。对照《四川省行政处罚听证程序暂行规定》(1996) 第 3 条，这已属于适用听证的“较大数额的罚款”。但是行政机关只是按照行政处罚一般程序告知当事人有陈述、申辩的权利，而没有告知听证权利，这事实上剥夺了当事人的听证权，属于严重违反法定程序。这一行政处罚行为，不仅违法，而且应当属于无效。

鉴于被处罚人只是提起撤销之诉，所以人民法院只是判决撤销该行政处罚行为完全正确。从行政法和行政诉讼法原理上说，无论人民法院在判决中是否责令行政机关重新作出行政行为，行政机关都是可以依法重新作出行政处罚的，当事人对行政机关新的行为依然享有诉权。

[资料来源：最高人民法院指导性案例。审理法院：四川省成都市中级人民法院。案号：(2006) 成行终字第 228 号。评析部分由作者撰写]

复习思考题

1. 什么是行政处罚？它有哪些手段？
2. 行政处罚如何设定、如何规定？
3. 什么是相对集中行政处罚权？
4. 在现行法律制度中，哪些属于“其他行政处罚”？

第十三章 行 政 强 制

行政强制是行政强制行为的简称，包括行政强制措施与行政强制执行。行政强制是行政执法的重要方式，是行政行为的一个重要类型。有关“行政强制”的各种法律规范，可以统称为“行政强制法”，而《行政强制法》是有关行政强制的基本法律。

第一节 《行政强制法》

行政强制是世界上各国政府监管社会的重要手段。没有强制就没有社会秩序。但是，如果对行政强制不作法律规制，那就有导致滥用权力、侵害相对人合法权益的可能。为此，世界各国都重视行政强制立法。

一、行政强制立法及体系

（一）国外行政强制立法

世界上，大陆法系国家的行政强制法律制度大多以有关行政强制方面的成文立法为基础。奥地利是世界上行政强制立法（成文）最早的国家。早在1925年6月，奥地利国会就通过了有关行政程序的4个法律，其中就有奥地利《行政强制执行法》[1]。紧跟奥地利，德国于1952年7月1日颁布了《行政送达法》（VwZG），1953年4月27日颁布了关于行政强制执行制度的基本法典，即《联邦行政强制执行法》[2]。该法经过了1977年与1997年的两次主要修订，迄今依然有效。另外还有一部法律非常重要，即德国1963年3月10日制定的《联邦执行机关行使公权力直接强制执行的法律》。法国虽然没有行政强制方面的成文法，但法国的行政法院判例创制了一系列行政强制规则。西班牙和葡萄牙等欧洲国家，虽然没有单一的行政强制法，但都通过成熟的行政程序法加以规制。日本早在明治时代就制定了《行政执行法》，1948年该法寿终正寝被《行政代执行法》替代。以英美为核心的普通法系国家，较少制定统一的行政强制法文本，但它们大多建立了以司法为中心的行政强制法律制度。

（二）中国行政强制立法

中国历来重视有关行政强制的立法活动，早在1955年，全国人民代表大会常务委员会第

---

〔1〕 Verwaltungsvollstreckungsgesetz – VVG. 该法于1925年7月26日由奥国联邦法律公报第267号颁布，共计13条，分为总则，金钱给付之征收（Eintreibung Von geldleistung），其他负担与不作为义务之强制履行（Erzwingung anderer Leistungen und Vnterlassungen），假处分（临时处分）（einstweilige Verfugungen），执行机关，执行程序，救济，费用及附则。其他的三部法律是奥地利《普通行政程序法》（AVG）、《行政罚法》（VSTG）、《行政程序法施行法》。

〔2〕 Verwaltungsvollstreckungsgesetze BRD.

二十三次会议通过的《关于处理违法的图书杂志的决定》就明确规定，对于“违法”的“图书杂志”，各级主管机关经过审查确实后，可以呈准国务院或者省、直辖市人民委员会，自治区自治机关，按照这些图书杂志的违法情节，分别作停止发行、停止出卖、停止出租或者没收等处理。[3] 1957 年《治安管理处罚条例》[4]既规定了不少行政强制措施，也规定了行政强制执行。前者如《治安管理处罚条例》(1957)第 28 条规定：“酒醉状态中违反治安管理的，酒醒后给予处罚。酒醉状态中对酒醉者本身有危险或者使周围的安全受到威胁的时候，应当将酒醉的人约束到酒醒。”后者如第 17 条规定：“治安管理处罚，由市、县公安局、公安分局裁决；警告可以由公安派出所裁决。在农村，五日以下拘留，可以由公安派出所裁决；没有公安派出所的地方，警告、五日以下拘留，可以委托乡(镇)人民委员会裁决。为了照顾农村的具体情况，公安派出所和乡(镇)人民委员会执行拘留时，用劳动代替。”1978 年改革开放以来，我们党高度重视社会主义民主与法制建设，制定了大量的法律、法规，有关行政强制的法律规范不断丰富。这一方面推进了中国行政强制法律规范的丰富和完善，另一方面也反映出一些强制立法方面的问题，那就是各种法律、法规和规章对行政强制执法规定上的“散”“杂”“乱”“滥”“重”，影响了立法上的统一性。

2011 年《行政强制法》的出台，标志着中国特色社会主义行政强制法律规范体系已经形成，基本上解决了有关行政强制立法上的统一性问题。

(三)行政强制法律规范体系

法律规范，是指由国家制定或认可，并由国家强制力保证实施的行为规则。它具体规定法律主体的权利义务及法律后果。它是由法律条文所表达的法律基本细胞。行政强制法律规范，是指用以规制行政强制行为的各种规则，包括对行政强制的设定和实施两个方面。

集中表达行政强制法律规范，统一规范行政强制行为的设定和实施的基本法律就是《行政强制法》。在该法的基础之上，还有各类法律和法规，它们共同构成了中国行政强制法律规范体系。为此，要学习和掌握行政强制法律规范知识，必须重点学习和掌握《行政强制法》。此外还必须学习相关的法律法规，如《行政处罚法》《治安管理处罚法》《人民警察法》《城乡规划法》《兵役法》《消防法》《防洪法》《戒严法》《传染病防治法》《国有土地上房屋征收与补偿条例》，还有《行政复议法》和《行政诉讼法》等。

二、《行政强制法》

《行政强制法》的制定和实施，对于建立和完善中国特色社会主义行政强制法律规范体系，

---

〔3〕 全国人民代表大会常务委员会《关于处理违法的图书杂志的决定》(1955 年 11 月 8 日全国人民代表大会常务委员会第二十三次会议通过)规定：“全国人民代表大会常务委员会第二十一次会议和第二十三次会议讨论了国务院周恩来总理提出的图书杂志审查处理暂行条例(草案)，认为有下列情形之一的图书杂志：(一)反对人民民主政权，违反政府现行政策和法律、法令的；(二)煽动对民族和种族的歧视和压迫，破坏国内各民族团结的；(三)妨碍邦交，反对世界和平，宣传帝国主义侵略战争的；(四)泄露国家机密的；(五)宣扬盗窃、淫秽、凶杀、纵火及其他犯罪行为，危害人民身体健康，败坏社会公德，破坏公共秩序的；(六)其他违反宪法和法律、法令的，都是违法的。各级主管机关经过审查确实后，可以呈准国务院或者省、直辖市人民委员会、自治区自治机关，按照这些图书杂志的违法情节，分别作停止发行、停止出卖、停止出租或者没收等处理。对于出卖出租上述违法图书杂志的生活困难的书商书贩，可以采取收购收换的办法处理。所提图书杂志审查处理条例，可以暂不制定。”

〔4〕 1957 年 10 月 22 日第一届全国人民代表大会常务委员会于第八十一次会议通过，1957 年 10 月 22 日中华人民共和国主席令公布，自公布之日起生效。自 1987 年 1 月 1 日起废止。

对于规范行政执法机关及执法人员实施行政强制执法行为,都具有标志性的意义。

(一)《行政强制法》的立法意义

《行政强制法》制定的意义是多方面的。这里仅对立法、执法和理论方面的意义进行阐述。

从立法上看,《行政强制法》的制定标志着中国行政行为立法的基本完备。2011 年 3 月,吴邦国委员长在十一届全国人大四次会议上郑重宣布中国特色社会主义法律体系已经形成。中国的行政法体系无疑是中国特色社会主义法律体系的组成部分。就行政法体系而言,作为以规范政府行政行为为主要使命的行政法,我国已于 1996 年制定了《行政处罚法》,2003 年制定了《行政许可法》,2011 年制定了《行政强制法》。《行政强制法》的制定,表明作为行政行为立法的"三步曲",《行政许可法》《行政处罚法》《行政强制法》已经完成,政府行政管理的主要环节,即审批许可、监督处罚、保障执行,都有了基本的法律依据,政府行政管理真正做到了"有法可依"。从立法状态上说,长期以来,中国对于行政强制行为不是没有法律规定,而是其规定处于"散""杂""乱""滥""重"状态。2011 年《行政强制法》的制定可以结束这一状态。

从执法上看,《行政强制法》的实施有助于规范政府的行政强制行为,切实维护公民的合法权益。行政强制行为包括了以查封、冻结、扣押等为主要形式的行政强制措施和以扣划、强制拆除等为主要形式的行政强制执行,它是政府对国家和社会进行管理所不可或缺的重要手段。国家无强制,社会便无秩序;行政强制权如果放任,社会将更无秩序可言。以前,一方面由于有关行政强制的立法上的"散""杂""乱""滥""重",加之部分执法机关及执法人员执法理念不正,行政强制权的滥用和乱用时有发生,尤其是在征地拆迁中,部分违法拆迁、野蛮拆迁严重损害公民的合法权益;另一方面,对于个别公民无视法律、不守秩序的情况,行政机关因缺乏强制手段而无所适从,行政管理效率非常低下。《行政强制法》的实施,加强了对政府行政强制行为的规范,一方面对行政机关滥用行政强制权进行控制,严格保护公民的合法权益不受非法强制权的侵害;另一方面也依法赋予行政机关必要的行政强制手段,以防止执法"疲软",影响国家法律秩序的维护和法律的有效实施。

从行政法学理论研究上看,《行政强制法》的制定和实施推进了中国行政法学理论的成熟,促进了法律与理论的融合。具体表现在:第一,长期以来,中国的行政法理论与行政法律是"两张皮",法学概念与法律概念脱节,法学理论与法律实践脱节。《行政强制法》关于"行政强制""行政强制措施""行政强制执行"的定义及其相互关系,即"行政强制 = 行政强制措施 + 行政强制执行",与行政法学有关行政强制的概念和理论完全吻合。这无疑为中国行政法学的理论发展和行政法律的制定指明了一种理想模式。第二,相对于刑法学和民法学,行政法学理论较为年轻,不够成熟。《行政强制法》关于行政强制的规定有许多创新,从而也促进了行政法理论的创新,推动了中国行政法学理论的成熟和完善。[5]

(二)《行政强制法》的立法过程

中国《行政强制法》的制定过程可概括为"235",即历时 23 年、经过五次审议,这已超越了"十年磨一剑"。

1. 起草和第一次审议。早在 1988 年,国务院法制局就启动了有关"行政强制"的立法工

---

〔5〕 例如,关于行政强制措施不得委托的规定,丰富和成熟了"行政委托"理论;关于可由第三人或行政机关实施的"代履行"制度的规定,不仅是对传统代履行理论的一种冲击,同时也为创设新型"行政代履行"理论提供了法律依据。

作,当初的初议稿名称是《行政强制执行条例》。1996年,行政立法研究组受委托开始起草《行政强制法》试拟稿,建议将该法的调整范围从"行政强制执行"扩大到整个"行政强制"领域。1999年3月,全国人大常委会法工委正式启动《行政强制法》的调研和起草工作,并于2002年形成立法征求意见稿。随后,经过立法机关、部分全国人大代表和专家、学者长达3年的艰难研讨,《行政强制法(草案)》在2005年12月的第十届全国人大常委会第十九次会议上,接受首次审议。第一次的审议稿共有七章77条,其调整范围包括行政强制措施和行政强制执行两个方面的内容。该草案规定了行政强制措施和行政强制执行的定义、种类和方式、行使条件、程序等,也规定了实施行政强制应当遵循的原则,即法定原则、适当原则、禁止滥用原则、和解原则。其中还明确规定:除情况紧急或者当事人同意外,行政强制执行不得在夜间和法定节假日实施;行政机关也不得采取停止供水、供电、供热、供气等方式迫使当事人履行行政义务,充分体现了立法的人文关怀。

2. 第二次审议。初次审议后,全国人大常委会法工委将草案印发各省(区、市)、中央有关部门和法学教学、研究机构等单位征求意见。2007年6月,全国人大法律委员会、全国人大常委会法工委会同国务院法制办在江苏省召开研讨会,听取部分省市人大常委会法制工作委员会、地方政府法制办的意见。随后,全国人大法律委员会召开会议,根据常委会组成人员的审议意见和各方面的意见,对该草案进行了逐条审议,并形成了二审稿。2007年10月,第十届全国人大常委会第三十次会议对《行政强制法(草案)》进行了第二次审议。在第二次审议中,委员们提出了不少意见和建议〔6〕,推进了该草案的进一步完善。

3. 第三次审议。第二次审议之后,全国人大法律委员会、全国人大常委会法工委在前两次审议的基础上,认真研究了常委会组成人员和各方面的意见,对草案作了进一步的修改,形成了三审稿。2009年8月,第十一届全国人大常委会第十次会议对《行政强制法(草案)》进行了第三次审议。但在"三审"时,《行政强制法(草案)》未能表决通过。

4. 第四次审议。第三次审议后,全国人大下属新闻网站中国人大网开始公开征求社会各界意见。在一个多月时间里,共征集到社会各方面对这一草案的意见和建议3707条。同时,全国人大常委会法工委会同国务院法制办对行政法规中规定的行政强制措施和行政强制执行的情况进行了全面梳理和分析研究。在此基础上,全国人大常委会法工委形成了四审稿。〔7〕2011年4月,第十一届全国人大常委会第二十次会议第四次审议了《行政强制法(草案)》。这次审议,总体上肯定了四审稿对三审稿的修改,但也有一些争议,主要是关于地方性法规对行政强制措施的设定权问题,有人主张应当将对行政强制措施的设定权收归中央,不该下放给地方;有人认为在现有规定下,地方性法规应当拥有对行政强制措施的设定权,但是现行的设定条件不好把握。

5. 第五次审议和通过。2011年6月,第十一届全国人大常委会第二十一次会议第五次审议了《行政强制法(草案)》。在这次审议中,虽然委员们对部分条款仍有一点意见和建议,但总

〔6〕 如要求对限制人身自由的强制措施有更严格的程序约束,实施限制人身自由的强制措施的目的已经达到或条件已经消失的,应当立即解除该措施;要求在强制执行程序中,进一步规范催告程序等。

〔7〕 四审稿与三审稿相较,主要有以下几点变化:一是明确规定行政机关应当及时解除查封、扣押的五种情形;二是增加规定行使相对集中行政处罚权的机关,可以实施法律、法规规定的与行政处罚权有关的行政强制措施;三是关于对违法建筑物的拆迁,规定了应当由行政机关事先公告,限期当事人自我拆除的程序;四是规定了行政机关的代履行问题;五是对行政强制措施的设定更加严格;等等。

体认为,《行政强制法(草案)》经过了全国人大常委会的多次审议、修改,比较充分地吸收了方方面面的意见,已比较完善;为了规范行政强制的设定和实施,保障和监督行政机关依法履行职责,维护公共利益和社会秩序,保护公民、法人和其他组织的合法权益,制定该法很有必要,因而第十一届全国人大常委会第二十一次会议最终以 145 票赞成、1 票反对、7 票弃权通过了《行政强制法》。

(三)《行政强制法》的法律属性

研讨《行政强制法》的法律属性,对于我们认识《行政强制法》的法律地位和作用,从而正确适用《行政强制法》是非常重要的。认识《行政强制法》的法律属性,必须把握以下三个方面。

1.《行政强制法》是一部行政性法律。《行政强制法》是一部"行政性法律"。这里有三个含义:

(1)从法律形式上说,《行政强制法》是一部法律。按照《立法法》的规定,我国的法律形式有:宪法、法律、行政法规、地方性法规、自治条例和单行条例、规章等。法律是由全国人大及其常委会制定,必须由国家主席令发布。《行政强制法》于 2011 年 6 月 30 日由第十一届全国人民代表大会常务委员会第二十一次会议通过,2011 年 6 月 30 日中华人民共和国主席令第 49 号公布,显然属于"法律"的范畴。

(2)从法律位阶上说,《行政强制法》仅次于宪法。我国《立法法》(2023)第 98 条规定:"宪法具有最高的法律效力,一切法律、行政法规、地方性法规、自治条例和单行条例、规章都不得同宪法相抵触。"第 99 条又规定:"法律的效力高于行政法规、地方性法规、规章。行政法规的效力高于地方性法规、规章。"这说明,《行政强制法》的法律位阶低于宪法,但高于行政法规、地方性法规、自治条例和单行条例、规章,应当比行政法规、地方性法规、规章优先适用。[8]

(3)从法律内容上说,《行政强制法》是一部"行政性"法律。我国法律对社会关系是分类规范和分类调整的,所以法律有刑事法律、民事法律、经济法律、行政法律、社会法律等类别,尽管这种分类因法律内容的交叉性而显得并不绝对。从这种分类上说,《行政强制法》显然属于行政性法律。

2.《行政强制法》是实体法与程序法的统一。实体法与程序法是法律分类的一对范畴。实体法系指创制权利与义务的法,程序法系指落实权利与义务的法。《行政强制法》既不是单纯的实体法,也不是单纯的程序法。《行政强制法》虽然规定了许多实施行政强制的程序,尤其是第三章规定了行政强制措施的实施程序,第四章规定了行政机关实施行政强制执行的程序,第五章规定了人民法院实施行政强制执行的程序,但其同时而且首先规定了许多实体法上的内容,如行政强制的主体、行政强制的种类和设定等。所以,《行政强制法》是集实体与程序于一身的综合性法律。

3.《行政强制法》是有关行政强制的基础性法律。所谓"基础性法律",往往具有这几个特征:(1)它是法律,必须由全国人大或者全国人大常委会制定。行政法规、地方性法规和规章不能成为基础性法律。(2)它是一个综合性法律。基础性法律和某一领域的专门法律不同,它在

---

〔8〕 根据《立法法》(2023)第 101 条规定,自治条例和单行条例依法对法律、行政法规、地方性法规作变通规定的,在本自治地方适用自治条例和单行条例的规定。经济特区法规根据授权对法律、行政法规、地方性法规作变通规定的,在本经济特区适用经济特区法规的规定。这说明,法律位阶高的比法律位阶低的法规优先适用,但有变通法时,优先适用变通法。

内容上具有综合性,往往覆盖所有领域。“综合性”是其“基础性”的条件。(3)它是一个统领性法律。“统领性”表现在该法所确立的立法目的、指导思想、基本原则和基本规则能够约束其他法律、法规和规章的规定。除了该法本身明文保留“除外”和“但书”条款外,其他法律、法规和规章不得与其相抵触或不一致。(4)它是一个优先适用的法律。正因为基础性法律具有“统领性”,因而当其他法律、法规和规章的内容与它相抵触或不一致时,应当优先适用基础性法律,除非它有“除外”规定。

《行政强制法》(2011)是一个基础性法律。该法第3条第1款规定:“行政强制的设定和实施,适用本法。”这就意味着,它统领和约束着中国所有有关行政强制的立法规定,在法律适用上具有优先性,除非法律另有规定。

(四)《行政强制法》的内容和适用

1.《行政强制法》的内容结构

《行政强制法》共设七章六节71条。第一章总则,规定了制定本法的目的和依据、基本概念、法律适用范围、基本原则和指导思想。第二章行政强制的种类和设定,分别规定了行政强制措施的种类和设定规则,行政强制执行的种类和设定规则,以及设定行政强制的程序要求和设定实施后的评估。第三章行政强制措施实施程序,分设三节,规定了行政强制措施的一般程序,还对查封、扣押、冻结强制措施之程序作出了特别规定。第四章行政机关强制执行程序,分设三节,规定了行政机关强制执行的一般程序,另对金钱给付义务的执行和代履行作出了专门规定。第五章申请人民法院强制执行,规定了人民法院受理、审查、裁定非诉行政案件的程序和要求。第六章法律责任,规定了行政强制实施机关及其工作人员、协助机关及其人员因违反行政强制法规定所必需承担的法律责任。第七章附则,明确了期限计算方法、法律法规授权组织对本法的适用,以及本法的生效时间。

2.《行政强制法》的适用范围

《行政强制法》(2011)第3条规定:“行政强制的设定和实施,适用本法。发生或者即将发生自然灾害、事故灾难、公共卫生事件或者社会安全事件等突发事件,行政机关采取应急措施或者临时措施,依照有关法律、行政法规的规定执行。行政机关采取金融业审慎监管措施、进出境货物强制性技术监控措施,依照有关法律、行政法规的规定执行。”这是对《行政强制法》适用范围的全面规定。理解这一条文,必须把握三点:

(1)有关行政强制的设定和实施,都必须适用《行政强制法》。《行政强制法》既约束对行政强制的设定,也约束行政强制的实施。有关行政强制的“设定”,其实是一种行政立法行为;有关行政强制的“实施”,乃是一种行政执法行为。这就是说,《行政强制法》既约束对行政强制的立法活动,其他法律、法规和规章制定有关行政强制的内容,必须符合《行政强制法》的要求,又约束行政强制的执法活动,行政强制行为的实施,必须符合《行政强制法》的要求,特别是强制手段和强制程序。有人认为《行政强制法》仅仅规范行政强制的执行活动,不约束其他法律、法规和规章的立法活动,那是一种误解。

(2)《行政强制法》不适用处理突发事件(emergency)的强制措施。《行政强制法》(2011)第3条第2款规定:“发生或者即将发生自然灾害、事故灾难、公共卫生事件或者社会安全事件等突发事件,行政机关采取应急措施或者临时措施,依照有关法律、行政法规的规定执行。”这是一个法律适用上的“除外”条款,它直接表明《行政强制法》不适用政府机关为预防或制止自然灾害、事故灾难、公共卫生事件或者社会安全事件等突发事件所采取的应急措施或者临时措施。突发事件是指突然发生,造成或者可能造成重大人员伤亡、财产损失、生态环境破坏和严重社会危害,危及公共安全的紧急事件,包括自然灾害、事故灾难、公共卫生事件和社会安全事件。为了应对突发事件,政府机关依据《突发事件应对法》《戒严法》《传染病防治法》等进行应急处置,这些应急处置手段有不少属于强制措施,但鉴于其特殊性和应急性,不适用《行政强制法》。《行政强制法》属于常态法,而应急处置适用"应急法"。

(3)《行政强制法》不适用金融业审慎监管措施和进出境货物强制性技术监控措施。《行政强制法》(2011)第3条第3款规定:"行政机关采取金融业审慎监管措施、进出境货物强制性技术监控措施,依照有关法律、行政法规的规定执行。"所谓"金融业审慎监管措施",系指我国金融行政监管机关,如中国人民银行、中国银行保险监督管理委员会、中国证券监督管理委员会及其地方派驻机构,为了防范和化解金融业风险,预防和制止金融违法犯罪,维护正常的金融秩序和有关股东的合法权益,根据有关法律和行政法规所采取的一些行政强制措施。如根据我国《银行业监督管理法》《证券法》《保险法》等法律及相关行政法规的规定,我国银行保险监督管理机构可以依法采取责令暂停部分业务、对资金流往境外采取限制性措施、限制分红、限制资产转让、限制股东转让股权、对利润分配和利润汇往境外采取限制性措施。这些措施与传统的行政强制措施相比较,有很强的专业性和独特性,不宜适用《行政强制法》。所谓"进出境货物强制性技术监控措施",系指我国海关、检验检疫机关按照国家技术规范的强制性要求或者参照国外有关标准开展的针对出入境货物采取的强制性技术监控措施。这些措施包括有关机关依据《进出境动植物检疫法》及相关条例规定,在国(境)外发生重大动植物疫情并可能传入中国时,可以采取的措施。例如下令禁止来自动植物疫区的运输工具进境或者封锁有关口岸,对可能受病虫害污染的进境各物采取紧急检疫处理措施,等等。这些技术性监控措施之所以不适用《行政强制法》,而适用有关法律和行政法规,是因为这些措施具有很强的专业性,这些措施所应对的事件具有紧迫性和扩散性。

三、行政强制法基本原则

行政强制法的基本原则,是由《行政强制法》确立和体现的,贯穿于所有行政强制法律规范中,指导和统帅具体法律规范,要求所有法律主体在行政强制的设定和实施中必须遵循的基本行为准则。《行政强制法》确立和体现了行政强制法中的多项原则,如行政强制合法原则、行政强制适当原则、教育与强制相结合原则、禁止谋利原则、权利救济原则等。

(一)行政强制合法原则

1. 行政强制合法原则的确立

《行政强制法》(2011)第4条规定:"行政强制的设定和实施,应当依照法定的权限、范围、条件和程序。"由此确立了行政强制的合法原则。

行政强制合法原则包含和体现为:一是在行政强制的设定上,表现为"强制法定"原则;二是在行政强制的实施中,表现为"依法强制"原则。如图13-1所示:

图 13-1 行政强制合法原则的含义

2.“强制法定”原则

行政强制合法原则，首先要做到行政强制设定上的“法定化”，坚持“强制法定”原则。

(1)无法律便无强制。这是“法律保留”的体现。意思是说，行政强制应当由法律来设定，未经法律(包括一定条件下的行政法规和地方性法规)设定的行政强制是不应当存在的行政强制。

(2)对行政强制的设定必须符合权限。根据《行政强制法》的有关规定，法律可以设定行政强制，行政法规和地方性法规在一定条件下可以设定行政强制，其他规范不得设定行政强制，这是必须遵守的行政强制设定上的权限规则。

(3)对行政强制的设定必须符合范围。行政强制的种类很多，范围很广，除了法律，行政法规和地方性法规可设定的行政强制的范围是受限制的，譬如，行政法规不得设定限制人身自由和冻结存款、汇款的强制措施，地方性法规只限于设定查封、扣押之强制措施。

(4)对行政强制的设定必须符合条件。行政法规和地方性法规设定行政强制，不仅有范围上的限制，而且有条件上的限制。例如，根据《行政强制法》(2011)第 10 条规定，行政法规只有在尚未制定法律(狭义)，且属于国务院行政管理职权事项的情况下，才可设定有关行政强制措施；地方性法规只有在尚未制定法律、行政法规，且属于地方性事务的情况下，才可以设定查封和扣押之强制措施。

(5)对行政强制的设定必须符合程序。对行政强制的设定，除了必须遵守《立法法》规定的立法程序外，还必须遵守《行政强制法》所规定的其他有关程序。《行政强制法》(2011)第 14 条对起草法律、法规草案时拟设定行政强制的听证会、论证会作出了规定，第 15 条确立了设定后的评价制度，等等。这些程序规定都必须遵守。

3.“依法强制”原则

“依法强制”原则，是指行政机关在实施行政强制过程中，必须坚持“依法行政”。行政强制的“设定”处于立法阶段，行政强制的“实施”则处于执法阶段。要做到行政强制的合法原则，首先要做到“设定”上的合法，它是保障“实施”上合法的前提，同时还必须做到“实施”上的合法。在立法阶段，要做到行政强制设定上的“法定”化；在执法阶段，要做到“依法强制”。“依法强制”的具体要求主要在于下列几个方面：

(1)实施行政强制必须符合主体权限。首先，根据《行政强制法》的要求，行政强制措施必须由行政机关实施，行政强制执行必须由有关行政机关或者人民法院实施，其他任何机关、企业、事业单位和社会团体均不得实施行政强制行为。其次，根据《行政强制法》(2011)第 70 条规定〔9〕，具有管理公共事务职能的组织在一定条件下也可实施行政强制。这一条件就是：有

〔9〕《行政强制法》(2011)第 70 条规定：“法律、行政法规授权的具有管理公共事务职能的组织在法定授权范围内，以自己的名义实施行政强制，适用本法有关行政机关的规定。”

具体法律、行政法规的特别授权。但必须说明的是:《行政强制法》(2011)第70条不是对具有管理公共事务职能的组织实施行政强制的概括授权和直接授权,而是对有关法律和行政法规对具有管理公共事务职能的组织实施行政强制授权的授权。所以,具有管理公共事务职能的组织不能直接依据《行政强制法》(2011)第70条拥有实施行政强制的权力,而须依据《行政强制法》以外的其他法律和行政法规的具体授权方能拥有实施行政强制的权力。最后,无论是行政机关实施行政强制,还是具有管理公共事务职能的组织实施行政强制,都必须在法定的权限范围内进行,不得越权。例如,根据中国现行法律的规定,戒严实施机关、公安机关、安全机关和海关等才拥有限制人身权的强制措施权,其他机关不拥有这一强制措施权,那么其他行政机关就不得实施限制人身自由之强制措施。

(2)实施行政强制必须符合强制范围。这里的强制范围,应当包括对象范围和手段范围。首先,正确合法的行政强制必须适用正确的对象。行政强制的对象是指行政强制所涉的主体、行为和财产。关于主体,涉及是针对个人还是组织,至于个人还涉及是否关乎人身权(包括人身自由),因为人身权受到法律的特别保护,所针对的当事人之行为也具有较广的范围,如作为、不作为,关乎某种社会利益的程度或危害程度;关于财产,涉及财产所有权或使用权,动产或不动产,特别是涉及住宅权,更受法律的严格约束。其次,正确合法的行政强制必须使用正确的手段。行政强制的手段由《行政强制法》或者其他法律设定,现有的行政强制措施手段很广。《行政强制法》和其他法律对行政强制手段的选择会有要求,尤其是涉及限制人身自由、住宅权、金融方面的权益时。

(3)实施行政强制必须符合强制条件。这个条件就是实施行政强制的事实依据与法律依据。所谓实施行政强制的事实依据,系指用以实施行政强制的事实条件,它必须以证据来证明。例如,人民警察对某人要实施"留置盘问"(继续盘问),是因为他"携带的物品有可能是赃物",那就必须有事实证据来证明这一点。所谓实施行政强制的法律依据,系指行政强制机关作出这一强制是符合《行政强制法》或者其他法律之规定的。继续以上例为例,人民警察之所以可以对"携带的物品有可能是赃物"的人进行"留置盘问",是因为《人民警察法》(2012)第9条有此规定,[10]是有法律依据的。任何机关都不得在既无事实依据又无法律依据的情况下作出行政强制行为。

(4)实施行政强制必须符合强制程序。实施行政强制不仅必须符合实体规范,同时必须符合程序规范,这才能体现"依法强制"。世界上不存在没有行为内容的程序,也不存在程序以外的行为。程序是实现实体正义的形式保障。《行政强制法》(2011)第三、四、五章分别规定了行政强制措施、行政机关的行政强制执行和人民法院的行政强制执行的程序,实施行政强制必须遵守这些程序。

---

〔10〕《人民警察法》(2012)第9条规定:"为维护社会治安秩序,公安机关的人民警察对有违法犯罪嫌疑的人员,经出示相应证件,可以当场盘问、检查;经盘问、检查,有下列情形之一的,可以将其带至公安机关,经该公安机关批准,对其继续盘问:(一)被指控有犯罪行为的;(二)有现场作案嫌疑的;(三)有作案嫌疑身份不明的;(四)携带的物品有可能是赃物的。对被盘问人的留置时间自带至公安机关之时起不超过二十四小时,在特殊情况下,经县级以上公安机关批准,可以延长至四十八小时,并应当留有盘问记录。对于批准继续盘问的,应当立即通知其家属或者其所在单位。对于不批准继续盘问的,应当立即释放被盘问人。经继续盘问,公安机关认为对被盘问人需要依法采取拘留或者其他强制措施的,应当在前款规定的期间作出决定;在前款规定的期间不能作出上述决定的,应当立即释放被盘问人。"

（5）在行政强制法律规范的适用中，一切违反《行政强制法》的规定都不得适用。2012 年 1 月 1 日起《行政强制法》正式实施，从这时起，无论原有法律、法规、规章和其他规范性文件是否完成清理，一切违反《行政强制法》的规定都必须停止适用，行政机关和人民法院不得适用与《行政强制法》规定相抵触或不一致的条款。

（二）行政强制适当原则

1. 行政强制适当原则的确立

《行政强制法》（2011）第 5 条规定："行政强制的设定和实施，应当适当。采用非强制手段可以达到行政管理目的的，不得设定和实施行政强制。"由此确立了行政强制的适当原则。

行政强制必须合法，违反合法性原则会导致行政强制行为违法；同时，行政强制还必须合理，违反合理性原则会导致行政强制行为不当，严重的也会导致违法。

"适当性"有广义、狭义之分。广义上的"适当性"与"合理性"相通，因此，"适当性原则"可以等同于"合理性原则"；狭义上的"适当性"只是"合理性"的一部分，但是，"适当"无疑是"合理"的核心，适当性原则也就是合理性原则的核心。《行政强制法》（2011）第 5 条有关"适当性"的规定是基于广义而不是狭义。广义的"适当性"应当包括合理性原则的全部要求。

我国《行政强制法》（2011）第 5 条的规定，便是对行政强制适当原则的确立和主要表述。我国行政强制适当原则包含了两大基本要求，即设定行政强制必须适当和实施行政强制必须适当。

2. 设定行政强制必须适当

设定行政强制必须适当，这是行政强制适当原则在行政强制立法领域的体现，是对立法机关立法活动的要求。

有权设定行政强制的机关，在设定行政强制时，必须符合立法目的并为这一目的所必需，注意保障行政机关履行职责与监督行政机关履行职责，维护公共利益、社会秩序与保护公民、法人和其他组织的合法权益之间的平衡。

有权设定行政强制的机关，要克服本位主义，防止不必要地为自己设定行政强制权力，将强制权力作为自己的财产和利益；特别是在设定行政强制的手段时，要以必要为限度，不要随意设定剧烈的强制手段。

根据《行政强制法》（2011）第 14、15 条规定，起草法律草案、法规草案，拟设定行政强制的，起草单位应当采取听证会、论证会等形式听取意见，并向制定机关说明设定该行政强制的必要性、可能产生的影响以及听取和采纳意见的情况。行政强制的设定机关应当定期对其设定的行政强制进行评价，并对不适当的行政强制及时予以修改或者废止。这种事先听取意见和事后评估的制度，本身就是保障行政强制设定适当性的有效手段和制度。

3. 实施行政强制必须适当

坚持行政强制适当原则，不仅要求设定行政强制必须适当，更要求实施行政强制必须适当。实施行政强制的适当性，是行政强制适当原则在行政强制实施领域的体现，是对各类行政强制实施机关执法活动的要求。《行政强制法》对适当实施行政强制的要求体现在"三个优先、一个相当、一个评估"上。

"三个优先"就是：（1）强制与非强制之间，非强制优先。根据《行政强制法》（2011）第 5 条规定，采用非强制手段可以达到行政管理目的的，不得实施行政强制。第 16 条规定，违法行为情节显著轻微或者没有明显社会危害的,可以不采取行政强制措施。第39条规定,行政机关对于当事人履行行政决定确有困难或者暂无履行能力的,应当中止执行;对没有明显社会危害,当事人确无能力履行,中止执行满三年未恢复执行的,行政机关不再执行。(2)重强制与轻强制之间,轻强制优先。当我们面对一种情形有多种强制手段可以选择时,应当选择剧烈程度最轻的强制手段,以能够实现强制目的为限,特别是不要轻易采用限制人身自由的强制手段。(3)直接强制与间接强制之间,间接强制优先。在强制执行中,有直接执行与间接执行之分。直接执行是强制机关直接采取措施以达到当事人义务被履行的状态;间接执行是强制机关通过代履行或执行罚以达到当事人义务被履行之状态。一般说来,间接执行比直接执行更能减少与当事人直接发生碰撞,故可优先选择。

“一个相当”,就是要求查封、扣押、冻结的财物价值应当相当。如根据《行政强制法》(2011)第23条规定,查封、扣押限于涉案的场所、设施或者财物,不得查封、扣押与违法行为无关的场所、设施或者财物;不得查封、扣押公民个人及其所扶养家属的生活必需品。当事人的场所、设施或者财物已被其他国家机关依法查封的,不得重复查封。又根据第29条规定,冻结存款、汇款的数额应当与违法行为涉及的金额相当;已被其他国家机关依法冻结的,不得重复冻结。

“一个评估”,就是根据《行政强制法》(2011)第15条的规定,行政强制的实施机关可以对已设定的行政强制的实施情况及存在的必要性适时进行评价,并将意见报告该行政强制的设定机关;公民、法人或者其他组织也可以向行政强制的设定机关和实施机关就行政强制的设定和实施提出意见和建议。有关机关应当认真研究论证,并以适当方式予以反馈。这类行政强制实施中的评估和反馈机制显然是保障行政强制适当性的有效制度。

(三)教育与强制相结合原则

《行政强制法》(2011)第6条规定:“实施行政强制,应当坚持教育与强制相结合。”这是直接确立在实施行政强制过程中应当坚持教育与强制相结合原则的基本条款。这一原则的基本精神,不是指在行政强制中既可教育,也可强制,或者相反,而是指在行政强制的实施过程中,应当贯彻并发挥说服教育的功能,促进当事人更加主动地履行行政法律义务。具体而言,它包括两项子原则:一是“并重”原则。任何行政强制都应当与教育相结合,教育并不是实施行政强制过程中可有可无的环节,而是必不可少的环节。二是“优先”原则。在教育和强制两个手段中应当教育优先,强制次之,只有在教育无法达到管理目的的前提下方可采取强制。

教育与强制相结合的原则,除了第6条的基本规定外,在《行政强制法》(2011)中还有许多具体体现。例如根据第35、37条规定,行政机关在作出强制执行决定前,应当事先催告当事人履行义务;经催告,当事人逾期仍不履行行政决定,且无正当理由的,行政机关方可实施强制执行。根据第54条规定,行政机关申请人民法院强制执行前,也应当催告当事人履行义务。这一“催告”当事人履行义务的过程,就是对当事人的说明教育过程。

我们之所以要坚持教育与强制并重,特别是坚持教育优先,主要是基于下列理由:一是惩罚和强制本身不是目的,目的是有效地实施行政管理之任务,所以能够通过说明教育达到目的的,一定要优先考虑;二是行政强制是一种侵益性和限权性行政行为,它的实施必然以相对人的人身或财产受到不利限制或不利处分为代价,因而必须慎重;三是实施行政强制国家机关在人力、财力上不得不投入较大的成本,通过说明教育以实现行政义务的被履行,其成本远远小于前者。

(四)禁止谋利原则

禁止谋利也是《行政强制法》所确立的一项原则。《行政强制法》(2011)第7条规定:“行政机关及其工作人员不得利用行政强制权为单位或者个人谋取利益。”

《行政强制法》之所以要确立这一原则,是基于实践与理论方面的考虑。从实践上说,以前在现实中存在个别行政机关及其工作人员,利用行政强制权谋利,“执法创收”的情况,几度出现的“天价拖车费”便是例证,严重损害当事人的合法财产权益,影响政府及执法人员的形象;从理论上说,行政强制权属于国家的公权力,它不是一种以营利为目的的经营行为,我们不能将公权行为混同于经营行为,也不能将公权力与财产利益作不当联结。

禁止谋利原则的基本精神是,行政机关及其工作人员不得利用行政强制权的便利为单位或者个人谋利益,特别是经济利益。为贯彻这一原则,《行政强制法》(2011)除第7条基本规定外,还在其他有关条款中有所体现,特别是在程序和操作层面作出了严密的设计。

1. 不得使用被查封、扣押的财产。如《行政强制法》(2011)第26条第1款规定,对查封、扣押的场所、设施或者财物,行政机关应当妥善保管,不得使用。

2. 不得收取保管费。行政强制属于国家的公权力行为,它的费用由国家财政支付,所以查封、扣押物品不得收取保管费用。《行政强制法》(2011)第26条第3款规定,“因查封、扣押发生的保管费用由行政机关承担”。

3. 不得截留、私分款项。根据《行政强制法》(2011)第49条和第60条第4款规定,划拨的存款、汇款以及拍卖和依法处理所得的款项应当上缴国库或者划入财政专户,不得以任何形式截留、私分或者变相私分。

4. 收支两条线。继续坚持收支两条线,不得用行政强制中所得的款项来冲抵支出,除非本法有特别规定。划拨的存款、汇款以及拍卖和依法处理所得的款项应当一律上缴国库或者划入财政专户。

5. 合理确定代履行费用。根据《行政强制法》(2011)第51条规定,代履行的费用按照成本合理确定,防止有关机关及人员以代履行之名,收取高额费用。

6. 明确了赔偿责任和纪律追究责任。根据《行政强制法》(2011)第8、26条规定,对查封、扣押的场所、设施或者财物造成损失,或有其他违法实施行政强制行为造成损失的,应当承担赔偿责任。另根据第62~64条规定,对于违反《行政强制法》规定,有使用查封、扣押场所、设施或者财物,将查封、扣押的财物或者划拨的存款、汇款以及拍卖和依法处理所得的款项截留、私分或者变相私分,利用职务上的便利,将查封、扣押的场所、设施或者财物据为己有,以及利用行政强制权为单位或者个人谋取利益的行为的,由上级行政机关或者有关部门责令改正,对直接负责的主管人员和其他直接责任人员依法给予处分。

(五)权利救济原则

“无救济便无权利”,“无真正的救济则无真正的权利”,这是亘古不变的公法原则。行政强制行为在行政行为中属于不利行为,对行政相对人具有侵益性和限权性,因此,如果公民、法人或者其他组织对行政强制行为不服应当有救济的途径。

《行政强制法》(2011)第8条规定:“公民、法人或者其他组织对行政机关实施行政强制,享有陈述权、申辩权;有权依法申请行政复议或者提起行政诉讼;因行政机关违法实施行政强制受到损害的,有权依法要求赔偿。公民、法人或者其他组织因人民法院在强制执行中有违法行为或者扩大强制执行范围受到损害的,有权依法要求赔偿。”这是《行政强制法》对当事人权利救济原则的立法确定。这一原则包含了当事人的三项权利:

1. 陈述权、申辩权。公民、法人或者其他组织对行政机关实施行政强制的行为,享有陈述权、申辩权,这是正当程序的要求。《行政强制法》(2011)在许多程序环节都为当事人设置了这一权利,如第18、35、36条分别在实施行政强制措施和实施行政强制执行的程序中规定了当事人的陈述权和申辩权。陈述权重在陈述事实,指当事人对行政机关实施行政强制所作的事实认定和法律适用,发表自己的看法和意见,同时也提出自己的主张和要求;申辩权重在申辩理由,指当事人针对行政机关拟作出的强制决定,提出不同意见,申述事由。在实施行政强制的程序中的陈述和申辩环节,既是对行政相对人权利的尊重,又有助于行政强制机关准确办案,提高行政强制行为的合法性和适当性。

2. 复议、诉讼权。无论是行政强制措施还是行政强制执行,都属于可诉的行政行为。公民、法人或者其他组织对行政机关实施行政强制不服,有权申请行政复议或者提起行政诉讼,或者经行政复议后提起行政诉讼。行政相对人的复议、诉讼权不仅源于《行政强制法》(2011)第8条的基本规定,也直接形成于《行政复议法》(2023)第11条[11]和《行政诉讼法》(2017)第12条[12]规定。

3. 请求赔偿权。根据《行政强制法》(2011)第8条规定,行政机关或者人民法院违法实施行政强制行为的,受损的公民、法人或者其他组织有权要求赔偿。由于行政强制行为属于公权力行为,因而这里的赔偿属于国家赔偿而不是民事赔偿。正因如此,公民、法人或者其他组织请求国家赔偿的程序完全适用《国家赔偿法》。

第二节 行政强制行为

行政强制是行政强制行为的简称,包括行政强制措施与行政强制执行。行政强制措施与行政强制执行都属于行政行为。

一、行政强制措施

(一)行政强制措施的概念和特征

关于行政强制措施,《行政强制法》(2011)第2条第2款作了明文解释:“行政强制措施,是指行政机关在行政管理过程中,为制止违法行为、防止证据损毁、避免危害发生、控制危险扩大等情形,依法对公民的人身自由实施暂时性限制,或者对公民、法人或者其他组织的财物实施暂时性控制的行为。”根据该法并结合行政法理论,我们拟对“行政强制措施”下这样一个定义,以作定位:行政强制措施,系指国家行政机关在行政管理过程中,为了维护行政管理秩序和实

---

[11] 《行政复议法》(2023)第11条规定:“有下列情形之一的,公民、法人或者其他组织可以依照本法申请行政复议……(二)对行政机关作出的行政强制措施、行政强制执行决定不服……”

[12] 《行政诉讼法》(2017)第12条规定:“人民法院受理公民、法人或者其他组织提起的下列诉讼……(二)对限制人身自由或者对财产的查封、扣押、冻结等行政强制措施和行政强制执行不服的……”

施行政管理,依法对当事人的人身自由或者财物实施暂时性限制或控制的行政行为。

行政强制措施作为一种行政行为具有行政行为的一般特征,同时,作为一种行政强制行为除具有行政强制的一般特征之外,还具有以下独特的法律特征:

1. 行政强制措施是一种“限权性”行为。这一特征首先表明它是一种负担行政行为而不是授益行政行为。就当事人而言,它将承担一种不利后果。其次表明它是一种限权性行政行为而不是处分性行政行为。它表现为对当事人权利的限制而不是剥夺。扣押一块走私手表与没收一块走私手表的最大区别是,前者只是对走私手表使用权的限制,后者则是对走私手表所有权的一种处分(剥夺),而前者正属于行政强制措施,后者则属于行政处罚。在行政强制措施中,无论表现为行政机关对公民人身自由的限制,还是表现为行政机关对法人财产的查封,都是行政机关对当事人人身自由权或财产权的一种限制。

2. 行政强制措施是一种“暂时性”行为。暂时性也称临时性,是相对于永恒性而言的。行政强制措施是行政机关在行政管理过程中为维护行政管理秩序和实施行政管理而采取的暂时性手段,本身不是其管理的最终目标。采取行政强制措施并未达到也不可能达到管理上的封闭结果,它是为另一种处理结果的实现服务的。如对当事人财产的扣押,本身不是目的,因而不可能是永恒的(迟早会解除扣押),它是为防止财产转移而使事后的处理结果无法实施而采取的预防性、保障性措施。行政强制措施作为一种暂时性行为也同时可理解为一种中间性行为,显然与作为最终性行为的行政处罚、行政裁决和行政强制执行等行为有区别。

3. 行政强制措施是一种“可复原性”行为。在行政强制措施实施前,被强制人的人身自由权与财产权处于“原状态”,强制机关对其实施强制措施后,被强制人的人身自由权和财产权就处于“被限制状态”,强制措施被撤销或强制措施到期后,被强制人的人身自由权和财产权又会回复到被强制前的状态即“原状态”。这就表明行政强制措施具有“可复原性”,行政处罚和行政执行等一般不具有“可复原性”。行政强制措施的“可复原性”显然与“暂时性”有关,但还是属于两个不同的特征,因为前者是时间要素,后者是状态要素。

4. 行政强制措施是一种“从属性”行为。所谓从属性行为,系指为另外一种行政行为服务的辅助性行为,具有预防性、保障性之特点。限制人身自由是为了防止该人继续危害社会,对财产的查封是为了防止该财产的转移,从而防止事后的处理决定得不到执行。《行政强制法》(2011)第2条第2款所表明的采取行政强制措施的目的,即“制止违法行为、防止证据损毁、避免危害发生、控制危险扩大等情形”,本身就表明了这种“预防性、保障性”之特点。

5. 行政强制措施是一种“物理性”行为。在行政行为的分类上还存在一对大家相对陌生的概念,那就是意思行为与实力行为(物理性行为)。大量的行政行为与民法上的民事行为一样,是一种意思行为,如行政命令、行政许可、行政处罚、行政确认、行政裁决、行政征收、行政征用等,都是一种意思的表示。[13] 它们与其说是一种“行为”,不如说是一种“决定”。例如,作出行政处罚其实就是作出行政处罚决定。此外,也有一些行政行为,其虽然也包含一定的意思,但主要表现为一种强制性的动作,具有物理形态,因而被称为物理性行为或实力行为。作为行政强制措施种类的对人身强制约束,对财物的查封、扣押、冻结,以及作为行政强制执行的强制拆

---

〔13〕 与民事行为不同的是,其是一种公权力的意思反映。

除等,正好属于此类。这种行为在行政法的发展史上往往是从事实行为转化而来。[14] 所以,“物理性”也是行政强制措施区别于其他行政行为的一个法律特征。

6. 行政强制措施是一种基础行为与执行行为合一的行为。在大陆法系行政法学理论上,尤其是德国、奥地利、日本,早有“基础行为与执行行为合分说”,[15]我国台湾地区则有“基础处分”与“执行处分”之说。[16] 按此理论,无论是即时强制(我国法意义上的行政强制措施),还是行政强制执行,都是对“基础行为”的一种执行;即时强制无非是“基础行为”与“执行行为”在程序上的合一,行政强制执行最典型地表现为“基础行为”与“执行行为”的分离。从这一理论上说,行政强制措施显然表现为“基础行为”与“执行行为”合一的行为。

(二)行政强制措施的相关区别

探讨行政强制措施与相关概念之间的区别,从而划定行政强制措施与其他行为之间的“边界”,有助于我们准确地把握行政强制措施这一概念的内涵。

1. 行政强制措施与规定行政措施

在中国,“规定行政措施”是个法律概念,特指县级以上各级人民政府为执行本级人民代表大会及其常务委员会的决议或上级行政机关的决议或命令而规定各种办法的行为。它的法律依据是《宪法》(2018)第89条第1项[17]和《地方各级人民代表大会和地方各级人民政府组织法》(2022)第73条第1项。[18] 县级以上地方人民政府根据宪法和地方组织法所规定的“行政措施”,在内容上侧重于规范行政管理的程序、手段和方法,它并不直接规定相对人的权利和义务;从性质上看,它是行政规范的一种形式,对行政行为具有普遍的规范意义,但它不属于行政法律规范形式;至于其名称,目前法律尚未作出统一要求,常见的名称有命令、令、指令、决定、决议、指示、布告、公告、通告、通知等。

可见,这种意义上的“行政措施”是作为一种行为的规范形式而存在的,与在此讨论的属于行政行为范畴内的“行政强制措施(行为)”显然不同。

2. 行政强制措施与行政处罚

区分“行政强制措施”与“行政处罚”,并非纯粹基于学理上界定概念的需要,它既涉及在行政执法阶段对法律的适用,更关系到在行政诉讼阶段对诉讼管辖的选择。某一行政行为如果被界定为“行政处罚”,那它就必须受制于《行政处罚法》,我们必须按行政处罚法的标准去衡量该行政行为的合法性;相反,如果该行政行为被确定是“行政强制措施”,那它就不受行政处罚法的约束,而应受《行政强制法》规制。还有,当某一行政行为被界定为针对人身自由权的行政处罚(如行政拘留)时,诉讼管辖就按“原告就被告”规则处理;[19] 相反,如果该行政行为被确定

[14] 在历史上,人们曾将行政强制措施、行政强制执行等行为归类为事实行为,以区别于以意思表示为特征的行政行为。后来意识到,将它们排除于行政行为之外反而不受行政法控制,于是理论和立法上将它们作为行政行为对待。

[15] 参见[德]哈特穆特·毛雷尔:《行政法学总论》,高家伟译,法律出版社2000年版,第489页。

[16] 参见翁岳生编:《行政法》,台北,翰芦图书出版有限公司1998年版,第911页。

[17] 《宪法》(2018)第89条第1项规定,“根据宪法和法律,规定行政措施,制定行政法规,发布决定和命令”。

[18] 《地方各级人民代表大会和地方各级人民政府组织法》(2022)第73条第1项规定:县级以上地方各级人民政府“执行本级人民代表大会及其常务委员会的决议,以及上级国家行政机关的决定和命令,规定行政措施,发布决定和命令”。

[19] 《行政诉讼法》(2017)第18条规定:“行政案件由最初作出行政行为的行政机关所在地人民法院管辖……”

是针对人身自由权的行政强制措施(如强制约束),诉讼管辖就按"当事人选择"原则处理[20]。

中国早在1996年就已制定了《行政处罚法》,"行政处罚"行为已被严格界定。特别是2021年《行政处罚法》修订后,第2条已为"行政处罚"下了一个专门的定义:"行政处罚是指行政机关依法对违反行政管理秩序的公民、法人或者其他组织,以减损权益或者增加义务的方式予以惩戒的行为。"按理说,两者的"界河"较为明晰。但由于行政强制措施与行政处罚都属行政行为,而且两者的某些行为手段在形式上相同,如"暂扣证照",这给我们的区分工作带来困难。但如果我们能注意到以下几点区别,并注意对这些标准的综合应用,划清"行政强制措施"与"行政处罚"之间的界限也许会容易一些:

(1)处分权利与限制权利。行政处罚与行政强制措施,其法律效果是不同的。行政处罚是对行政相对人权利的最终处分,如没收财产之所以是行政处罚,是因为它是对相对人财产所有权的最终处分即剥夺;而行政强制措施是对相对人权利(特别是财产使用权和处分权)的一种临时限制,如查封财物之所以是行政强制措施,是因为它不是对该财物所有权的最终处分,而仅是在短期内对该财物使用权和处分权的临时限制。

(2)违法性与制裁性。行政处罚是一种行政制裁行为,因而必然以行政相对人的行为违法为前提;行政强制措施不是一种行政制裁行为,因而与行政相对人的行为是否违法没有必然联系。它可以针对相对人的违法行为,也可针对相对人的合法行为作出。例如,对当事人行政拘留14天和在疫情防控中对当事人强制隔离14天,两者的法律效果都限制了当事人14天的人身自由权,但前者是行政处罚,后者是行政强制措施。

(3)过程行为与结果行为。行政行为是一个过程,而这个过程中的每一环节又可能是一个支行为,所以,一个行政行为又由多个过程行为组成。行政主体对某一事件尚未最终处理完毕时所实施的各种行政行为,可称为过程行为,包括预备行为与中间行为;行政主体对某一事件最终处理完毕时,形成的一个结论性的行为(如一个"决定"或违法建筑被拆除的结果),可称为结果行为。行政强制措施是一种过程行为,它是为保证结果行政行为的作出所采取的一种临时性措施,它没有达到对事件最终处理完毕的状态。如扣押财物,扣押本身不是最终的目的,它是为保证尔后行政处理决定的最终作出和执行所采取的临时措施。行政处罚则是一种最终的结果性行政行为。它的作出,表明该行政违法案件已被处理完毕。如没收财物,它表达了行政主体对该财物的最终处理,也就属于行政处罚。

(4)立法上的表现形式。一般说来,从法律法规上看,行政处罚作为一种罚则,被规定在"法律责任"这一章节中,而行政强制措施被规定在"执法检查"的章节中。我国已有"行政处罚"和"行政强制"的单行法,两者的立法形式就更易区别了。

需要提醒的是,我们不能简单地根据行为"形式""手段"认定行为性质,因为有的行为形式既可作为"行政强制措施"的一种手段,也可作为"行政处罚"的一种手段,这需对照上述标准作具体分析。如本部分开头提到的"暂扣证照"行为,如因发生交通事故,公安机关扣留责任者的驾驶执照,以保证对事故的顺利处理,这种扣留证照行为属于行政强制措施,因为它是一种临时的保证措施,而不是对事故的最终处理;如驾驶员因违反道路交通安全法而被依法暂扣三个月的机动车驾驶证,这恰恰属于行政处罚,因为它是公安机关对相对人违法行为的一种制裁和

〔20〕《行政诉讼法》(2017)第19条规定:"对限制人身自由的行政强制措施不服提起的诉讼,由被告所在地或者原告所在地人民法院管辖。"

最终处理。

3. 行政强制措施与行政命令

目前在中国,行政命令既可作为抽象行政行为的一种形式,也可作为具体行政行为的一种形式。作为前者,没有必要进行比较。作为后者的行政命令,系指由行政主体作出的强制要求相对人进行一定的作为或不作为的意思表示。行政命令是纯意思行为,行政强制措施则是意思与有形动作合一的行政行为,这作为它们之间理论上最主要的区别标准是没有问题的。问题在于我们时常发现,不少行政强制措施在实施时同时伴随行政命令,大多数行政强制措施以行政命令为程序上的辅助手段,如要驱散人群,必然同时命令被驱者离开。这时,如何划分行政强制措施与行政命令之间的界限,会使我们感到困惑。笔者认为,这里应区分以下不同情况对待:

(1)如果行政主体在前面作出一个行政命令,而且该命令尚未最终生效,事后根据该命令实施一种强制行为,那么事前的行政命令作为独立的具体行政行为对待,事后的行政强制行为也作为独立的行政强制措施行为对待。

(2)如果行政主体在前面作出一个行政命令,并且该命令已获得最终效力,事后根据该命令实施一种强制行为,那么,事前的行政命令作为独立的具体行政行为(命令性决定)对待,事后的行政强制行为便作为"行政强制执行"而不是"行政强制措施"对待。

(3)如果行政主体在实施行政强制措施过程中或与实施行政执行措施同时作出行政命令,那么,这种命令只是行政强制措施或行政强制执行中的一个程序上的告诫环节,它被行政强制措施行为和行政强制执行所吸收,不能作为一个独立的行政行为(行政命令)存在。

4. 行政强制措施与即时强制

在以德国、奥地利为代表的大陆法系国家,其行政强制制度以"行政强制执行法"为基础,同时保留一种例外的强制行为——"即时强制"〔21〕。即时强制是指由行政机关当场作出的,无须以生效行政决定为前提的强制行为。这种行为与我国的"行政强制措施"有一定的对应性,有必要加以探讨。

国内关于"即时强制"与"行政强制措施"的对应关系,有三种观点:第一种观点是,国外的"即时强制"就是我国《行政强制法》上所界定的"行政强制措施",它无须以"行政决定"的事先存在为前提,往往可以即时和当场作出。第二种观点是,国外的"即时强制"不能等同于我国的"行政强制措施",但它是行政强制措施中的应急措施。在我国,它不是由《行政强制法》作出规定,而是由《突发事件应对法》《戒严法》《传染病防治法》等应急性法律法规另行规定。这些措施就是《行政强制法》(2011)第3条第2款所规定的"应急措施"和"临时措施",不适用《行政强制法》。〔22〕 第三种观点是我国的官方观点。〔23〕 该观点认为国外的"即时强制"相当于我国的"紧急强制",它既存在于行政强制措施之中,也存在于行政强制执行之中。在行政强制措施

---

〔21〕 "即时强制"德语表达为:sofortiger Zwang,或 Sofortvollzug,或 sofortiger Vollzug。

〔22〕《行政强制法》(2011)第3条第2款规定:"发生或者即将发生自然灾害、事故灾难、公共卫生事件或者社会安全事件等突发事件,行政机关采取应急措施或者临时措施,依照有关法律、行政法规的规定执行。"

〔23〕 参见乔晓阳主编、全国人大常委会法制工作委员会行政法室编著:《中华人民共和国行政强制法解读》,中国法制出版社2011年版,第10页。

之中,适用《行政强制法》(2011)第19条[24]的情形;在行政强制执行之中,适用《行政强制法》(2011)第50条[25]的情形。可见,“即时强制”并不是《行政强制法》(2011)第3条第2款所规定的不适用《行政强制法》的“应急措施或者临时措施”,而是适用《行政强制法》的紧急行政强制措施和紧急行政强制执行。

当下对于“即时强制”,在操作层面,我们应当按照上述第三种观点理解和适用,但在理论上还有很大的研究空间。中国的行政强制制度和理论到底是否应当引进“即时强制”,“即时强制”到底应当对应中国行政强制中的哪一行为,这是我们迫切需要研讨的主题。

（三）把握行政强制措施的视角

要准确地把握行政强制措施的范围,除需要划清上述几条“界限”外,还需注意以下两个“视角”:

1. 行政强制措施是一种行为,而不是指一种手段。应以行为附带手段,而不是以手段定位行为。有学者从“手段、方法”的“视角”研讨“行政强制措施”,于是把它分为“预防措施”“制止措施”“执行措施”,并认为“执行措施”就是“行政强制执行”。这种以“手段、方法”定位而不是以“行为”定位的方法,把与“行政强制措施(行为)”相并列的“行政强制执行(行为)”置于前者之中,以“包含关系”取代“并列关系”,完全与《行政强制法》规定所表达的理论相悖。

行为与手段、方法是不可分离的。手段和方法是行为的一个构成要素。不存在行为以外的行为手段或行为方法;也不存在没有行为手段、方法的行政行为。以“手段、方法”来界定行政行为不是不可以,但鉴于它会带来上述麻烦,又与我国《行政诉讼法》(2017)第12条与第95、97条规定的架构,[26]特别是《行政强制法》的规定不一致,我们应从“行为”的角度来定位,即行政强制措施是一种行政行为,而不是指一种行政行为的手段和方法。

2. 行政强制措施是具体概念,而不是综合概念。在行政管理实践中,有时“行政强制措施”被作为一个综合概念使用,即把它看成是一系列活动的总称。例如,鉴于目前食品安全事故频频发生,国家将采取有力“措施”,加强食品安全上的监管。这里的“措施”是个综合性概念,必然是包括制定法规、规章,作出一系列行政决定在内的综合性活动,显然不是行政法意义上的“行政强制措施”。行政法上的“行政强制措施”,必须是由行政主体针对特定对象、就特定事项作出的“单个性”行为。

（四）行政强制措施的分类

对行政强制措施分类的意义,不仅在于为法律设定奠定基础,同时也为诸如程序设计和救济途径创设前提。

1. 限制人身权的措施、限制财产权的措施与限制住宅权的措施

行政强制措施是一种限权行为而不是处分行为,它的作用必然表现为对强制对象权利行

---

〔24〕《行政强制法》(2011)第19条规定:“情况紧急,需要当场实施行政强制措施的,行政执法人员应当在二十四小时内向行政机关负责人报告,并补办批准手续。行政机关负责人认为不应当采取行政强制措施的,应当立即解除。”

〔25〕《行政强制法》(2011)第50条规定:“行政机关依法作出要求当事人履行排除妨碍、恢复原状等义务的行政决定,当事人逾期不履行,经催告仍不履行,其后果已经或者将危害交通安全、造成环境污染或者破坏自然资源的,行政机关可以代履行,或者委托没有利害关系的第三人代履行。”

〔26〕《行政诉讼法》(2017)第12条第1款第2项与第95、97条分别规定了“行政强制措施”与“行政强制执行”。这一架构表明两者是并列关系,而不是包含关系。

使的限制,而不是对强制对象权利的处分。从对强制对象限制的权利内容出发,行政强制措施可分为限制人身权的强制措施、限制财产权的强制措施和限制住宅权的强制措施。

限制人身权的强制措施,系指其行为结果会使强制对象的人身权受到限制的强制措施。这里的人身权系指与人身相联系且不可分离的没有直接财产内容的权利,亦称人身非财产权。人身权包括生命权、健康权、身体权、自由权、身份权等。人身权是绝对权,其权利主体是特定的,权利主体之外的任何人都是义务人,都负有不侵害权利主体人身权的义务。人身权既是自然人在民法中的两大类基本民事权利之一,也是行政相对人在行政法中的行政法权利之一。行政机关对醉驾人的强制约束,对有违法犯罪嫌疑的人员之留置盘问(继续盘问)等,都属于限制人身权的强制措施。

限制财产权的强制措施,系指其行为结果会使强制对象对财产权的使用和处分受到限制的强制措施。这里的财产权系指以财产利益为内容,直接体现财产利益的经济权利。财产权可以以金钱计算价值,一般具有可让与性,受到侵害时需以财产方式予以救济。财产权既是民事主体在民法中的两大类基本民事权利之一,也是行政相对人在行政法中的行政法权利之一。它既包括物权、债权,也包括继承权和知识产权。行政机关查封财物、冻结存款等都属于限制财产权的行政强制措施。

限制住宅权的强制措施,系指其行为结果会使强制对象对住宅权的使用和处分受到限制的强制措施。住宅的产权属于财产权,但住宅权不属于财产权。住宅权,又称适宜或充分住房权,是指公民有权获得可负担得起的适宜于人类居住的,有良好的物质设备和基础服务设施的,具有安全、健康和尊严,并不受歧视的住房权利。住宅权是由联合国确定的人权之一,是被不少国家宪法所确认的公民基本权利之一。进入住宅检查便是典型的限制住宅权的强制措施。

上述分类的法律意义在于:(1)人身权高于财产权,我国对于限制人身权的强制措施采用法律保留原则,限于由法律设定;(2)住宅权不同于财产权,它是受宪法保护的公民基本权利,理应受到法律的特别保护。

2. 对人身的强制、对行为的强制、对财物的强制和对场所的强制

这是根据行政强制的直接对象所作的分类,存在一定的分类理由。

对人身的强制,就是以公民人身为强制对象,使公民人身自由受到限制的强制措施。这种强制只适用于个人,不能适用于组织;它的直接行为效能是限制个人的人身自由。盘问、约束、隔离、驱散等均属此类。

对行为的强制,就是以限制当事人行为权为直接目的的行政强制措施。这种强制措施既适用于个人,也适用于组织。暂扣驾驶证便是典型。

对财物的强制,就是以限制财物使用权和处分权为直接目的的强制措施,也是较为普遍的一种强制措施。对公民、法人或者其他组织的财物进行查封、扣押和冻结等就属于此类。

对场所的强制,就是以限制当事人对场所的使用为直接目的的强制措施。从广义上讲,这里的场所应当包括工作场所和私人住所。封锁现场、进屋检查等就属于此类。

这种分类虽然在理论上具有很大的可接受性,但在实践中面临一些困难:一是有时人身与行为很难划分,大多数行为与人身有关;二是对财物使用权、场所使用权的限制同时也是对某种行为权的限制。尽管如此,这一分类还是具有一定的理论意义和实践意义,那就是有助于我们深化对强制对象分类的认识,并在法律设定上和程序设置上注重分别对待。

3. 事先的预防性措施、事中的制止性措施与事后的执行性措施

从一定意义上说,行政强制措施是针对有关事件所作出的处置行为。根据事件发生的过程和处置功能的变化,行政强制措施可以分为预防性措施、制止性措施与执行性措施。由于它们分别处于事先、事中和事后三个阶段,因而也可合称为事先的预防性措施、事中的制止性措施与事后的执行性措施。

事先的预防性措施,是指在社会危害事件或违法事件发生之前所采取的旨在预防社会危害事件或违法事件发生的各类行政强制措施。如强制性检疫、检查,查封、扣押、冻结等都属于预防性措施。

事中的制止性措施,是指在社会危害事件或违法事件发生时所采取的旨在制止社会危害事件或违法事件继续的各类行政强制措施。如消防灭火、对醉酒者的强制约束等便属于此类。

事后的执行性措施,是指有关行政机关对社会危害事件或违法事件作出处理决定后为执行该决定所采取的措施。强制拆除、强制履行等均属此类。

不过,在《行政强制法》的结构中,事先的预防性措施、事中的制止性措施属于行政强制措施,事后的执行性措施则属于行政强制执行。

这一分类的法律意义在于:有助于我们了解和把握行政强制措施所针对的事件的过程性以及强制措施功能、方法上的对应性。

4. 独立性措施与辅助性措施

行政强制措施还有独立性措施与辅助性措施之分。在大量的行政强制措施中,有的措施能够独立存在,如强制戒毒,这类措施称为独立性强制措施;而有的措施往往会被事后的行政行为所吸收,不具有独立性,这是辅助性强制措施,行政检查在大多数情况下属于此类。

这一分类的法律意义在于:独立性措施能够独立地适用法律救济,而辅助性措施并不独立适用法律救济,其被后续行为吸收,法律只对后续行为进行救济,其随着后续行为的被救济而得到救济。

5. 检查性措施与处置性措施

信息是行政机关工作的燃料。行政机关各种强制措施的作出,均需事先获得有关信息。为获取信息而采取的措施就是检查性措施。检查性措施包括检查、检疫、盘问等,它以获取有关信息为前提。检查性以外的措施都可称作处置性措施。

这一分类的法律意义在于:有助于认知检查性措施与处置性措施之间的逻辑关系,并重视关注检查性措施。

6. 综合性措施与单一性措施

工作中要采取的措施与法律上的强制措施不同,前者往往是综合性的。例如,控制房价措施、刺激就业措施、拉动内需措施等,都属于综合性措施,它们既包括立法手段、执法手段,也包括法律手段和经济手段等。单一措施是指具体的针对特定对象所采取的特定措施,如对某物的扣押、对某人的强制约束等。

这一分类的法律意义在于:有助于认识《行政强制法》意义上的强制措施仅指单一措施而不是指综合措施,从而防止对工作上的综合性措施与法律上的单一性措施不加区分。

7. 常态措施与非常态措施

常态措施系指一般状态下的行政强制措施,非常态措施系指在非常时期所采取的行政强制措施。非常时期包括应急状态、紧急状态和战争状态时期。我国《行政强制法》属于常态法

而不是非常态法,不适用于应急状态、紧急状态和战争状态下的强制措施,《行政强制法》(2011)第3条第2款已表明了这一点。

这一分类的法律意义在于:有助于我们把握《行政强制法》的适用范围以及该法本身的属性(常态法)。

8.受《行政强制法》调整的措施与受其他法调整的措施

从法理上说,《行政强制法》是常态法,而不是非常态法。这样,非常时期的非常措施不属于《行政强制法》的适用范围,它们应当由其他特别法律来调整。作为常态下的行政强制措施,根据《行政强制法》(2011)第3条规定,除了针对发生或者即将发生自然灾害、事故灾难、公共卫生事件或者社会安全事件等突发事件,行政机关所采取的应急措施或者临时措施,以及行政机关采取的金融业审慎监管措施、进出境货物强制性技术监控措施外,均适用《行政强制法》。这样就形成了另外一种分类,适用《行政强制法》的强制措施与不适用《行政强制法》的强制措施。

这一分类的法律意义在于:有助于我们把握《行政强制法》中行政强制措施的适用范围。

二、行政强制执行

(一)行政强制执行的概念

"行政强制执行"(或行政执行)的概念远比"行政强制措施"简单得多,因为在世界各国(地区),它都以"行政强制执行法"为基础。如奥地利于1925年制定了《行政强制执行法》,德国于1953年和1957年分别制定了《联邦行政强制执行法》[27]和《莱茵州柏尔兹行政强制执行法》(Verwaltungsvollstreckungsgesetz im Rheinland – Pfalz),[28]日本于第二次世界大战后推出了《行政代执行法》,[29]我国台湾地区于1998年重新制定了"行政执行法"。[30]

德奥学者对"行政执行"(Verwaltungsvollstreckung)的看法比较统一,其中最具代表性的是德国康斯坦茨大学哈特穆特·毛雷尔教授(Pro. Hartmut Maurer)的解释。他在《行政法学总论》(Allgemeines Verwaltungsrecht)一书中指出:"行政强制执行是指行政机关按照行政程序以强制方式实现公民或者其他法律主体所承担的公法义务的行为。"[31]

日本在法制上紧跟德奥国家,认为"行政执行"是行政上的强制执行之简称,具体系指行政厅对于不履行行政法上的义务者,采取强制手段,迫使其履行义务或实现与履行义务相同状态的作用。[32]

在英美国家,"administrative execution"一词更接近"行政执行"的含义。英国的行政强制执行法律制度主要包括司法性强制执行和行政性强制执行两大部分内容。其中司法性强制执行是指公民拒不履行行政机关的行政决定或法律规定时,行政机关通过向法院申请,由法院颁

---

[27] 1953年4月27日颁布,自1953年5月1日起生效,后经1977年税捐法实施法修改。1997年12月17日最后一次修改。参见联邦法律公报第3039页。

[28] 该法于1957年7月8日颁布,1958年1月1日起正式施行。

[29] 昭和二十三年(1948年)法律第43号公布。

[30] 原"行政执行法"于1932年12月28日由国民政府公布施行,后经1943年与1947年两次修订。新"行政执行法"制定于1998年11月11日。新法实施后,旧法已被废止。

[31] [德]哈特穆特·毛雷尔:《行政法学总论》,高家伟译,法律出版社2000年版,第479页。

[32] 参见[日]田中二郎:《行政法总论》(第13版),有斐阁昭和四十年版,第385页。

布禁制令来制止这种违法行为的法律制度。运用私法救济手段由普通法院颁布强制执行令状来完成行政法上的强制执行任务的司法性强制执行成了英国行政强制法律制度的核心。与此同时,由行政机关自力强制执行的行政性强制执行便在整个制度中显得次要和较为平淡。司法权与行政权不分,经常采用司法强制执行形式来完成行政强制执行是英国行政强制法律制度的一大特色。所以,英国的"行政执行",不是指行政机关所实施的强制执行,而是指由法院或在法院的严密监督下对相对人执行行政法义务的强制行为。

美国的行政法领域对行政执行这一概念有迥异于其他国家尤其是大陆法系国家的理解,其具有更为宽泛的内涵。美国学者认为,从某种程度上说,行政执行是政府的使命,影响公民行为的政府权力很大程度源于政府可以采取强制措施,以确保政府规则和决定的履行。实质上,政府的每一项职能都包含了行政执行。〔33〕 美国《联邦行政程序法》第551节把行政机构的职能分为两大类:制定规则和行政裁决。行政执行事实上是对行政机构规则和决定的执行,它涉及对行政规则和决定履行的监督与调查,以及解决履行争议的非正式裁决或正式的行政与司法程序。〔34〕 它涵盖了行政机构对受规范的相对人的监督和调查、对违法的指控和制裁以及对裁决的强制执行的全过程。从这一解释上看,美国理解的"行政执行"的范围比英国要广,它主要是指有关机关(法院和行政机关)对行政法的全面实施行为。

在中国,"行政强制执行"这一概念完全以《行政强制法》为基础,并且由《行政强制法》作出直接规定。我国《行政强制法》(2011)第2条第3款规定:"行政强制执行,是指行政机关或者行政机关申请人民法院,对不履行行政决定的公民、法人或者其他组织,依法强制履行义务的行为。"

依据上述规定,我们拟对"行政强制执行"下这样一个定义,以作定位:行政强制执行,系指国家行政机关或者行政机关申请人民法院,对于在规定期限内拒不履行行政决定的当事人,依法采用有关强制手段,迫使其履行义务,或者达到与履行义务相同状态的行为。

（二）行政强制执行的特征

这种意义上的行政强制执行,具有以下法律特征:

1. 在主体上,行政强制执行是由国家行政机关或者人民法院实施的一种强制行为。这种主体上的双重性显然与行政强制措施及其他许多行政行为不同。包括行政强制措施在内的其他行政行为都只限于由国家行政机关实施,而行政强制执行既可由国家行政机关实施(在法律授予行政机关行政强制执行权时),也可由人民法院实施(在行政机关无强制执行权并由行政机关申请人民法院强制执行时)。

2. 在客体上,行政强制执行是有权机关对行政决定的执行。也就是说,行政强制执行,无论是由行政机关实施,还是由行政机关申请人民法院实施,都限于对业已作出的行政决定的执行,而不是对司法裁判或权力机关决议的执行。换句话说,行政强制执行是对行政行为的执行而不是对其他行为的执行。所以,它在属性上具有"行政性"。

3. 在基础行为与执行行为的关系上,行政强制执行具有"分离性"并且是对基础行为的执行。前面说过,行政强制措施表现为基础行为与执行行为合一,而行政强制执行恰恰表现为基

〔33〕 参见[美]Willam C. Banks 等:《中美行政执行制度比较》,2000年中美行政执行研讨会论文。

〔34〕 参见[美]Willam C. Banks 等:《中美行政执行制度比较》,2000年中美行政执行研讨会论文。

础行为与执行行为的分离。基础行为与执行行为的“分离”表现在两大含义上:一是指行为的形态,即基础行为与执行行为肯定是两种不同行为形态。在行政强制措施中,行政机关可能先作一个“查封”决定,接着实施“查封”行为,作为基础行为的“查封”决定与之后作为执行行为的“查封”实施行为,都属于“查封”同一个行为形态,它们之间互相吸收,作为同一个行为而不是两个行为形态出现。“扣押”行为也同理。而在行政强制执行中,执行行为所面对的被执行的基础行为,可能是“行政处罚决定”或“行政征收决定”等,与执行行为本身不是同一个行为形态。在行政强制执行中,作为基础行为的行政决定可以单独适用法律救济,作为执行行为的执行也可另行适用法律救济。二是指行为的时间,在行政强制措施中,基础行为与执行行为没有经过法律救济程序(行政复议和行政诉讼)的间隔,即行政强制措施的决定一经作出(无论是否采用书面形式),便立即实施,无须等待“当事人在规定期限内不申请行政复议或者提起行政诉讼,又不履行行政决定”这一时间上的间隔,而在行政强制执行中,基础行为与执行行为之间恰恰需要有此时间上的间隔。

4. 从行为的过程性考察,行政强制执行不是一个暂时性的过程行为,而是一个最终封闭的行为。行政强制执行是发生在不得已的情况下,即在当事人在法定期限内既不申请行政复议或者提起行政诉讼,又不履行行政决定时才由国家行政机关或者人民法院发动实施的一个强制行为,它的目的是保障基础行为的被执行。执行行为不是一个暂时性的中间行为,它的作出,表现为管理行为过程的最终封闭。

(三)行政强制执行的分类

认识行政强制执行的分类和类型,有助于我们全面把握行政强制执行行为的各类特性和实施规则。

1. 行政机关强制执行与申请人民法院强制执行

世界上关于行政强制执行的主体,主要有两类:行政机关或司法机关。有的国家以行政机关执行为主,如德国;有的国家以司法机关执行为主,如英美国家。中国在行政强制执行主体上也是采用双主体制,行政机关本身和人民法院对行政决定都具有强制执行权。由此,中国的行政强制执行就可区分为两类:一是行政机关的强制执行;二是人民法院的强制执行。由于人民法院不得对行政决定主动执行,人民法院对行政决定的执行,必须由行政机关提出申请,因而,人民法院的强制执行往往被称为“申请人民法院强制执行”。(见图 13-2)

图 13-2 行政机关强制执行与申请人民法院强制执行

那么,行政机关与人民法院如何分工呢?这取决于法律的具体规定。《行政强制法》(2011)第 13 条规定:“行政强制执行由法律设定。法律没有规定行政机关强制执行的,作出行政决定的行政机关应当申请人民法院强制执行。”这就是说,法律明文规定由行政机关执行的,由行政机关强制执行;只要法律没有明文规定由行政机关强制执行,就一律由作出决定的行政机关申请人民法院强制执行。这种执行权的分工方式体现了这样的原则:以人民法院执行为原则,以行政机关执行为例外。

认识这一分类，有助于行政执法机关掌握在什么条件下应当由自己实施强制执行，什么条件下应当申请人民法院强制执行。

2. 对金钱义务的执行与对行为义务的执行

行政强制执行从本质上说，是有权机关强制当事人履行由行政决定所确定的义务。虽然这些义务以法律、法规的规定为基础，但当进入强制执行阶段时，直接的执行依据恰恰就是一个行政决定。行政决定所确定的义务，其实是法律、法规设定义务的转化结果。

行政决定所确定的义务可分为两类：一类是金钱给付义务，如当事人对罚款决定的履行和对税收决定的履行等。和民事强制执行不同的是，履行行政强制执行中的金钱给付义务时，当事人是向国家，而不是向其他当事人给付金钱。另一类是行为义务。行为义务表现为当事人必须按照行政决定的要求依法作出或不作出一定的行为，如停止违法招生或拆除违法建筑，或者必须容忍公权力主体对其作出的行为，如当事人接受停业决定。由此，便形成了对金钱义务的执行与对行为义务的执行。

认识这一分类，有助于行政执法机关掌握对于当事人不同的履行义务依法采取不同而对应的执行方式。

3. 对作为义务的执行与对不作为义务的执行

行政强制执行是有权机关对当事人由行政决定所确定的义务的执行，而当事人的义务可分为“作为义务”与“不作为义务”。在上述对金钱义务的执行与对行为义务的执行的分类中，在对金钱义务的执行中，不存在当事人的不作为义务，但在对行为义务的执行中，当事人的义务就有两类：一类是作为义务，如清除倾倒在道路上的垃圾；另一类是不作为义务，如不得违法悬挂户外广告牌。所以，在对行为义务的执行中又可划分为对作为义务的执行与对不作为义务的执行。（见图 13－3）

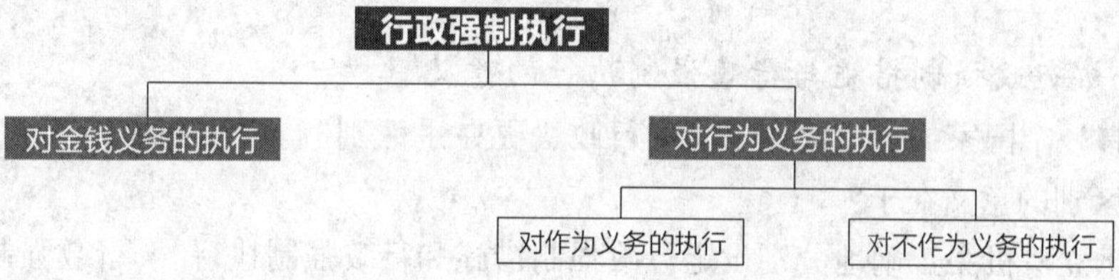

图 13－3　对作为义务的执行与对不作为义务的执行

认识这一分类，同样有助于行政执法机关掌握对于当事人不同的履行义务依法采取不同而对应的执行方式，并正确适用《行政强制法》。

4. 直接强制执行与间接强制执行

如果从强制执行的方法上考察，还可将行政强制执行划分为直接强制执行与间接强制执行。直接强制执行是指行政机关通过自己的行为直接达到了当事人义务被履行的状态，如当事人拒不缴纳税金的，行政机关直接从当事人在银行的账号中划拨款项，或者行政机关自己直接拆除了当事人的违法建筑。间接强制执行是指行政机关通过执行罚迫使当事人自己履行义务或者通过第三方的代履行达到当事人义务被履行的状态，如当事人到期拒不缴纳罚款的，行政机关按日对当事人加处3%的罚款。[35]

在我国行政强制执行制度中,这些属于直接强制执行的方式:(1)将当事人直接交付拘留所执行行政拘留;(2)直接采取排除妨碍、恢复原状措施;(3)直接到金融机构划拨当事人存款、汇款;(4)拍卖或者依法处理查封、扣押的场所、设施或者财物;(5)其他直接强制执行的方式。而虚线框中则属于间接强制执行的方式,如加处罚款或者滞纳金、代履行等。(见图13－4)

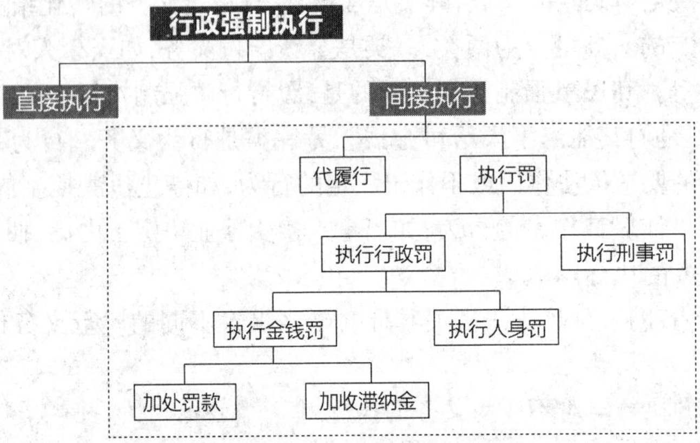

图13－4　直接强制执行与间接强制执行

认识这一分类,有助于我们为各种强制执行方式定性(直接强制或间接强制),正确分辨直接执行方式与间接执行方式,从而在多种方式的选择中体现合理性原则,在同样能够实现行政管理目标的前提下,尽量选择对当事人权利影响最小的执行方法。

三、行政强制措施与行政强制执行

(一)分辨行政强制措施与行政强制执行的意义

可能没有一个国家的行政法比中国的行政法更在乎区别"行政强制措施"与"行政强制执行"的了,其区别的意义在于:

1.有助于立法机关正确地分别设定行政强制措施和行政强制执行。《行政强制法》(2011)对行政强制措施与行政强制执行的设定作了不同的规定。该法第10、11条规定法律、行政法规和地方性法规对行政强制措施都拥有设定权,尽管设定的权限不同[36],而根据第13条规定,行政强制执行只限于由法律设定,行政法规和地方性法规都不得设定行政强制执行。也就是说,对于行政强制执行,只限于由全国人大及其常委会制定的"法律"设定;而对于行政强制措施,"法律、行政法规和地方性法规"都有权设定。如果行政强制措施与行政强制执行区分不清,可能会导致法律法规设定上的错位。

---

〔35〕《行政处罚法》(2021)第72条第1款规定:"当事人逾期不履行行政处罚决定的,作出行政处罚决定的行政机关可以采取下列措施:(一)到期不缴纳罚款的,每日按罚款数额的百分之三加处罚款,加处罚款的数额不得超出罚款的数额……"

〔36〕法律可以设定任何行政强制措施;行政法规在尚未制定法律,且属于国务院行政管理职权事项的条件下,可以设定除限制公民人身自由,冻结存款、汇款以及应当由法律设定的行政强制措施以外的其他行政强制措施;地方性法规在尚未制定法律、行政法规,且属于地方性事务的条件下,可以设定查封场所、设施或者财物,扣押财物之行政强制措施。

2. 有助于行政机关在实施行政强制时运用正确的强制手段。《行政强制法》对行政强制措施与行政强制执行的手段分别作出类型化规定。根据《行政强制法》(2011)第9条规定,行政强制措施的种类有:(1)限制公民人身自由;(2)查封场所、设施或者财物;(3)扣押财物;(4)冻结存款、汇款;等等。第12条规定了行政机关实施行政强制执行的方式,包括:(1)加处罚款或者滞纳金;(2)划拨存款、汇款;(3)拍卖或者依法处理查封、扣押的场所、设施或者财物;(4)排除妨碍、恢复原状;(5)代履行;等等。一般来说,不同的行为手段附属于不同的行为类别,如"冻结存款"属于行政强制措施,而"划拨存款"属于行政强制执行。因此,正确区分行政强制措施与行政强制执行乃是正确运用强制手段的关键。

3. 有助于行政机关正确地分别遵循行政强制措施的程序和行政强制执行的程序。由于行政强制措施与行政强制执行特性上的区别,《行政强制法》(2011)设立第三、四章分别规定了两者的实施程序。两者程序全然不同,尤其是在实施行政强制措施的程序中,全面禁止了委托;在实施行政强制执行的程序中,突出了事先催告当事人自我履行义务的环节。正确区分行政强制措施与行政强制执行乃是正确适用对应的法律程序的前提。

4. 有助于防止误将行政强制措施作为行政强制执行申请人民法院强制执行。根据《行政强制法》所设定的行政强制制度结构,对于行政强制措施,一律由行政机关实施;对于行政强制执行,在有法律授权情况下由行政机关自身强制执行,在无法律授权情况下则由行政机关申请人民法院强制执行。在这一制度背景下,如果我们无法区分行政强制措施事项与行政强制执行事项,那么就会面临误将行政强制措施作为行政强制执行而申请人民法院强制执行可能。

(二)理论和实践中存在的困惑

分辨行政强制措施与行政强制执行,一方面非常重要,另一方面又非常困难。困难主要在于,确立一个清晰的理论标准后,马上就会出现许多"反例"将该标准推翻。

1. 以是否事先存在"行政决定"为标准,但原则上行政强制措施也事先有"决定"。以前曾有一个标准,即认为行政强制措施发生在"行政决定"之前,而行政强制执行发生在"行政决定"之后,因为行政强制执行是对"行政决定"的执行。可见,行政强制执行以行政决定的事先存在为前提,而行政强制措施则无此前提。有行政决定不一定发生强制执行,因为并非所有的行政决定都具有可执行性,并且强制执行须以当事人拒不履行行政决定为前提,但是无行政决定一定不会发生强制执行,因为行政决定是强制执行的执行依据。这样,是否事先存在行政决定就成了区别行政强制措施与行政强制执行的标准。[37]

这一标准不仅非常清晰、便于掌握,而且符合行政行为的逻辑。但是,《行政强制法》恰恰要求行政机关在作出行政强制措施之前作出一个行政决定。《行政强制法》(2011)第18条规定行政强制措施启动前"须向行政机关负责人报告并经批准",这就意味着"一般需要由行政机关作出书面的决定"。[38] 从《行政强制法》(2011)第18、19条规定精神上看,行政机关实施行政强制措施,除非情况紧急允许先实施事后补办手续外,一律事先向行政机关负责人报告并经

〔37〕 参见乔晓阳主编、全国人大常委会法制工作委员会行政法室编著:《中华人民共和国行政强制法解读》,中国法制出版社2011年版,第9页;《中华人民共和国行政强制法》,中国法制出版社2011年版,第3~4页。

〔38〕 乔晓阳主编、全国人大常委会法制工作委员会行政法室编著:《中华人民共和国行政强制法解读》,中国法制出版社2011年版,第66页。

批准形成实施行政强制措施的决定,然后才能实施行政强制措施。当行政强制措施在实施中也须事先作出一个有关行政强制措施的"行政决定",接着根据这一"决定"而实施行政强制措施时,实施行政强制措施也就成了实施行政强制执行了,原本清晰的标准顿时又变得模糊不清。

2. 以所执行的行政决定是否"生效"为标准,而"生效"又是指当事人在规定期限内既不起诉又不履行,但同时复议诉讼不停止行政行为的执行。还有一种理论认为,行政强制执行是对一个行政决定的执行,但这一行政决定作为基础行为,只有"生效"之后的执行才是行政强制执行,"生效"之前的执行是行政强制措施。[39] 那么,如何理解作为基础行为的行政决定已经"生效"呢?在德国,基础行为的生效就是指基础行为具有"不可撤销性"或称"不可争议性"(Unanfechtbarkeit);而根据德国1960年《行政法院法》(Verwaltungsgericht - VwGO)第70、74条规定,"不可撤销性"体现为两种情况:一是超过法定的救济时间;二是经有效判决维持。否则,无以发生"强制执行力"(Vollstreckbarkeit)。这种对基础行为"生效"的解释在德国、奥地利、日本等国很有代表性。参考国外这一观点,我国学者根据《行政诉讼法》(2017)第97条[40]和最高人民法院对该条的司法解释[41],以及《行政诉讼法》(2017)第94~95条的规定[42],认为作为基础行为的行政决定的"生效",是指行政相对人在法定救济时间内放弃救济权利或经人民法院判决维持原行政行为。这样一来,行政强制措施与行政强制执行的划分标准就成为:当行政机关执行一个已经生效的行政决定时,这是行政强制执行;当行政机关执行一个未生效的行政决定时,那就是行政强制措施。而行政决定的生效是指:(1)当事人在规定期限内未申请复议也未提起行政诉讼;(2)当事人申请了行政复议或提起了行政诉讼,但复议机关或人民法院维持了被诉的行政决定。

这一标准同样清晰而便于掌握。但是,它和行政行为的生效理论和复议诉讼不停止行政行为执行的原则相悖。行政行为与司法行为不同。司法判决要经过一审和二审,只有在一审裁判作出后,当事人未在规定期限内上诉,或者人民法院作出二审裁判的情况下,司法裁判才算生效。而行政行为则不同,它一经作出就具有法律效力,行政机关即可依法执行。这取决于行政行为的公定力、既定力和执行力。正因如此,我国《行政复议法》和《行政诉讼法》都确立了

---

[39] 参见胡建淼:《行政强制法论》,法律出版社2014年版,第29~33页。

[40] 《行政诉讼法》(2017)第97条规定:"公民、法人或者其他组织对行政行为在法定期限内不提起诉讼又不履行的,行政机关可以申请人民法院强制执行,或者依法强制执行。"

[41] 《行政诉讼法解释》(2018)第155条第1款规定:"行政机关根据行政诉讼法第九十七条的规定申请执行其行政行为,应当具备以下条件:(一)行政行为依法可以由人民法院执行;(二)行政行为已经生效并具有可执行内容;(三)申请人是作出该行政行为的行政机关或者法律、法规、规章授权的组织;(四)被申请人是该行政行为所确定的义务人;(五)被申请人在行政行为确定的期限内或者行政机关催告期限内未履行义务;(六)申请人在法定期限内提出申请;(七)被申请执行的行政案件属于受理执行申请的人民法院管辖。"

[42] 《行政诉讼法》(2017)第94条规定:"当事人必须履行人民法院发生法律效力的判决、裁定、调解书。"第95条规定:"公民、法人或者其他组织拒绝履行判决、裁定、调解书的,行政机关或者第三人可以向第一审人民法院申请强制执行,或者由行政机关依法强制执行。"

复议诉讼不停止行政行为执行的原则，[43]实践中除了法律法规有特别规定的，行政决定不需要等待当事人超过法定的申请复议或提起诉讼的期限才能强制执行。显然，这一理论标准又难成立。

3. 以强制方式的不同为标准，但有不少强制方式为行政强制措施和行政强制执行所共享。如果把行政强制措施中的强制方式与行政强制执行中的强制方式区别开来，前者包括查封、扣押等，后者包括强制履行、强制划拨等，那么只要采用查封、扣押等强制方式，就属于行政强制措施行为；只要采用强制划拨存款、汇款等强制方式，就属于行政强制执行行为。

这是一种简单而方便的分辨方法，先分别列出行政强制措施的各种强制方式和行政强制执行的各种强制方式，然后根据行政机关所采取的强制方式来分辨行政强制措施与行政强制执行。确实，我国《行政强制法》对行政强制措施与行政强制执行的强制方式分别作出列举。根据《行政强制法》(2011)第9条规定，行政强制措施的具体方式有：限制公民人身自由；查封场所、设施或者财物；扣押财物；冻结存款、汇款；其他行政强制措施。《行政强制法》(2011)第12条又列举了六种强制执行方式：加处罚款或者滞纳金；划拨存款、汇款；拍卖或者依法处理查封、扣押的场所、设施或者财物；排除妨碍、恢复原状；代履行；其他强制执行方式。但问题在于，上述强制方式的划分并不是绝对的：在一定条件下，排除妨碍、恢复原状也可以成为行政强制措施的方式；进入强制执行阶段，查封、扣押、冻结也可能成为强制执行程序中的一个环节；特别是行政强制措施中的"其他行政强制措施"与行政强制执行中的"其他强制执行方式"，存在极大的交叉可能性。

正确的逻辑是"方式"依附于"行为"，而不是"行为"依附于"方式"。因此，这一分辨标准同样不可取。

4. 完整的行政强制措施应当包括强制预防措施、强制制止措施和强制执行措施，但这导致将行政强制执行并入了行政强制措施之中。还有一种观点对行政强制措施与行政强制执行的划分冲突较大。该观点认为，行政行为中有一种强制性手段，即强制措施。这种措施从功能和目的上讲无非三种：一是预防性措施，即为预防各种违法行为或社会危害状态的发生所采取的预防措施，如对嫌疑人进行搜查；二是制止性措施，即违法行为或社会危害状态已经发生，为了制止违法行为或社会危害状态所采取的制止措施，如醉汉正在伤人，警察对醉汉进行强制约束至酒醒；三是执行性措施，即为了执行旨在维护社会秩序、消除各种危害所作出的行政决定而采取的强制措施。这就是说，正确的结构应当是：行政强制措施包括强制预防措施、强制制止措施和强制执行措施。这正好体现了"事先(预防措施)—事中(制止措施)—事后(执行措施)"的过程。

这一理论结构既完整又完美，但它等于把"行政强制执行"并入了"行政强制措施"，和《行

---

[43]《行政复议法》(2023)第42条规定："行政复议期间行政行为不停止执行；但是有下列情形之一的，应当停止执行：(一)被申请人认为需要停止执行；(二)行政复议机关认为需要停止执行；(三)申请人、第三人申请停止执行，行政复议机关认为其要求合理，决定停止执行；(四)法律、法规、规章规定停止执行的其他情形。"《行政诉讼法》(2017)第56条规定："诉讼期间，不停止行政行为的执行。但有下列情形之一的，裁定停止执行：(一)被告认为需要停止执行的；(二)原告或者利害关系人申请停止执行，人民法院认为该行政行为的执行会造成难以弥补的损失，并且停止执行不损害国家利益、社会公共利益的；(三)人民法院认为该行政行为的执行会给国家利益、社会公共利益造成重大损害的；(四)法律、法规规定停止执行的。当事人对停止执行或者不停止执行的裁定不服的，可以申请复议一次。"

政强制法》的设计处于两种不同的频道。

5. 以基础行为与执行行为的“合一”或“分离”为标准,但是它们之间的“分合”标准已越来越模糊。有一种德国首创的理论具有较大的市场,即“基础行为与执行行为”的“合分说”。在国外行政法学中,特别是德奥日国家,对于行政强制早有“基础行为”(Grundverwaltungsakt)与“执行行为”(Vollstreckungsverfahren)的划分理论。[44] 我国台湾地区则有“基础处分”与“执行处分”之说。[45] 按此理论,无论是即时强制,还是行政强制执行,都是对“基础行为”的一种执行;即时强制无非是“基础行为”与“执行行为”在程序上的“合一”,行政强制执行最典型地表现为“基础行为”与“执行行为”的“分离”。

这一“即时强制”与“强制执行”的区分方法被引入中国而套用到“行政强制措施”与“行政强制执行”的区分上。那就等于说,无论是行政强制措施还是行政强制执行,它们都由两种行为组合而成:一是基础行为,如行政强制措施中的“查封决定”和行政强制执行中的“罚款决定”;二是执行行为,如行政强制措施中“实施查封的行为”,它体现为对“查封决定”这一基础行为的执行,以及在行政强制执行中将当事人冻结的存款划拨抵缴罚款,其同样体现为对“罚款决定”这一基础行为的执行。如果基础行为与执行行为是合一的,那就是“行政强制措施”;相反,如果基础行为与执行行为是分离的,那么它就属于“行政强制执行”。

这一标准有点过于理论,但对照某些实务中的例子,其具有可验证性。一般来说,行政主体实施查封、扣押等行政强制措施时,往往当即实施,一般不会分两步走,先作一个查封或扣押的决定,然后再去实施查封或者扣押行为。对当事人来说,行政机关的查封决定和实施查封行为往往是当场同步进行的。而在行政强制执行中,往往相反,先有一个行政决定,这一决定生效以后(一般是在当事人既不起诉又不履行该决定的情况下),才对该决定实施强制执行。这等于分“两步走”。

但这一理论的困境在于,所谓基础行为与执行行为的“分”与“合”到底是行为的“形式”概念还是行为的“时间”概念。如果是“形式”概念,那就是说,哪怕是行政强制措施,如查封,只要事先作出一个“查封决定”,原本作为行政强制措施的“查封”便属于行政强制执行了。同样,哪怕是行政强制执行,如拆除违章建筑,只要事先不作一个“拆除决定”,原本作为行政强制执行的“拆除”便属于行政强制措施了。行政强制措施与行政强制执行之间如此具有变异性,不能不使人怀疑它的科学性。如果是行为的“时间”概念,那么这种理论没有回答基础行为与执行行为需间隔多长时间属于“分”,间隔多长时间又属于“合”。可见,本标准在理论上是成立的,但操作上是困难的。

(三)正确分辨行政强制措施与行政强制执行

正确分辨行政强制措施与行政强制执行,既要在理论上确立一种清晰的标准,也要掌握一种理论上的认知方法。

1. 分辨行政强制措施与行政强制执行的理论标准

在中国今天业已制定了统一规制行政强制行为的基础性法律即《行政强制法》的背景下,寻找行政强制措施与行政强制执行的区分标准,显然要以《行政强制法》为基础,不能脱开《行

---

[44] 参见[德]哈特穆特·毛雷尔:《行政法学总论》,高家伟译,法律出版社2000年版,第489页。

[45] 参见翁岳生编:《行政法》,台北,翰芦图书出版有限公司1998年版,第911页。

政强制法》另搞“创造发明”。《行政强制法》(2011)第2条对行政强制措施和行政强制执行分别作了定义:行政强制措施,“是指行政机关在行政管理过程中,为制止违法行为、防止证据损毁、避免危害发生、控制危险扩大等情形,依法对公民的人身自由实施暂时性限制,或者对公民、法人或者其他组织的财物实施暂时性控制的行为”;行政强制执行,“是指行政机关或者行政机关申请人民法院,对不履行行政决定的公民、法人或者其他组织,依法强制履行义务的行为”。这两个定义在一定程度上也揭示了行政强制措施和行政强制执行各自的特征,如行政强制措施具有“暂时性”“保障性”特点,行政强制执行具有“以行政决定为前提”和“强制履行义务”的特点,但尚未构成全面系统的划分理论。

笔者以《行政强制法》的上述定义为“基点”,结合行政法理和实践操作,确立了以下几个理论标准。要正确分辨行政强制措施与行政强制执行,必须综合分析以下几个问题。

(1)分析行为的目的是什么:保障性抑或执行性。行政强制措施与行政强制执行都是一种行政强制行为,但它们的直接目的是有区别的。根据《行政强制法》(2011)第2条第2~3款规定,行政强制措施的直接目的是,“制止违法行为、防止证据损毁、避免危害发生、控制危险扩大等”,是维护社会秩序和保障行政管理的正常进行,显然具有“保障性”。而行政强制执行的直接目的是,“对不履行行政决定的公民、法人或者其他组织,依法强制履行义务”,即在当事人拒不履行行政决定确定义务的前提下,强制执行行政决定,强迫当事人履行义务,这显然具有“执行性”。这就是说,以保障社会秩序为直接目的的强制行为是行政强制措施,以执行行政决定为直接目的的强制行为乃是行政强制执行。

(2)分析行为在程序上是否封闭:暂时性抑或永久性。《行政强制法》(2011)第2条第2款对行政强制措施作了“暂时性控制的行为”的定性,而对行政强制执行没有作“暂时性”的定性。这就是说,一种强制行为的“暂时性”或“永久性”乃是区别行政强制措施与行政强制执行的重要标准。

中国行政法理已形成“过程行为与结果行为”这一理论范畴。行政行为是一个过程,而这个过程中的每一环节又可能是一个支行为,所以,一个行政行为又由多个过程行为组成。行政主体对某一事件尚未最终处理完毕时所实施的各种行政行为,可称为过程行为,包括预备行为与中间行为;行政主体对某一事件最终处理完毕时,形成的一个结论性的行为(如一个“决定”或违法建筑被拆除的结果),可称为结果行为。如行政机关在执法检查中发现了可疑物品,为防止物品被转移,先进行“扣押”;调查结束后,发现这是一批走私物品,于是作出“没收”之行政处罚决定。这里,“扣押”属于过程行为,“没收”决定属于结果行为。过程行为不具有封闭性,因而是一种“暂时性”行为;结果行为意味着事情已最终处理完毕,在行政程序上具有封闭性,因而是一种“永久性”行为。在这里,“扣押”就是行政强制措施,“没收”是行政处罚行为,对“没收”决定的强制执行(拍卖走私物品,款项上缴国库)就是行政强制执行行为。结果行为的“永久性”决定了执行行为的“永久性”。

可见,行政强制执行与行政强制措施正好分别验证了这些属性:以查封、扣押、冻结等为典型手段的行政强制措施,本身都不是行为的目的,它们只属于为保障后续行为的作为而采取的“暂时性”行为;而行政强制执行是对结果行为的执行,它使一个最终处理结果落地,自然具有“永久性”。

(3)分析是否事先存在行政决定:程序决定与本体决定。《行政强制法》(2011)第2条第3款在表达“行政强制执行”时,特别突出了对“行政决定”的执行。这就是说,一种强制行为以

“行政决定”的事先存在为前提,并对这一“行政决定”进行执行的,是行政强制执行;事先无“行政决定”的强制行为,就是行政强制措施。

但是,《行政强制法》恰恰要求行政强制措施实施前必须作出一个有关行政强制措施的“措施决定”[46],而进入行政强制执行阶段,行政执行机关也必须先作一个“执行决定”[47]。这就给这一标准带来困难。

这里关键是要区别“程序决定与本体决定”。“程序决定”是为落实行政程序而作出的决定,这种决定并没有为当事人设定实体上的权利与义务,只是推动行政程序而已,行政强制措施中的“措施决定”和行政强制执行中的“执行决定”都是一种“程序决定”;《行政强制法》(2011)第2条第3款所表达的“行政决定”是一个属于“基础行为”的“本体决定”,如行政处罚决定、行政征税决定、行政征用决定等。行政强制执行从本质上说,是对“本体决定”的执行,而不是对“程序决定”的执行。所以准确地说,一种强制行为以作为“本体决定”的“行政决定”的事先存在为前提,并对这一“本体决定”进行执行的,是行政强制执行;事先无“本体决定”的强制行为,就是行政强制措施。

(4)分析被强制履行的义务性质:无法自我履行与可以自我履行。从理论上讲,行政强制是强制当事人履行“义务”的行为,否则就不需要强制。所以,以当事人的“义务”属性为标准,也是一个很好的区别标准。这里需分别考察“义务的来源”与“义务的履行”。

强制当事人履行法律规定的义务是行政强制措施,强制当事人履行行政决定确定的义务是行政强制执行。当事人在行政法上的义务的直接来源有两种情况:一种是直接来自法律、法规、规章的规定;另一种是直接来自行政决定的规定。行政强制执行其实是对“行政决定”所确定“义务”的执行。这种义务不是来自法律、法规、规章的直接规定,而是来自依据法律、法规、规章作出的“行政决定”的规定。

强制当事人履行无法自我履行的义务是行政强制措施,强制当事人履行可以自我履行的义务乃是行政强制执行。当事人的“义务”,一类是可以自我履行的,如缴纳罚款、拆除违法建筑;另一类是无法自我履行的,如醉汉无法自我强制约束,当事人无法扣押自己的物品。[48] 对于当事人无法自我履行的义务,适用行政强制措施,对于当事人可以自我履行的义务,适用行政强制执行。我国的《行政强制法》以期待当事人自我履行为原则,本身就反映了行政强制执行的这一特点。

2. 分辨行政强制措施与行政强制执行的理论方法

除了以上几条认知标准,还必须掌握几条认知方法。认知方法的把握,有助于正确地应用理论标准。

(1)行政强制是一种包含强制“方式”的“行为”,而不是指包含“行为”的强制“方式”。实

---

〔46〕 参见《行政强制法》(2011)第18条。另参见乔晓阳主编、全国人大常委会法制工作委员会行政法室编著:《中华人民共和国行政强制法解读》,中国法制出版社2011年版,第66页。

〔47〕 《行政强制法》(2011)第37条规定:“经催告,当事人逾期仍不履行行政决定,且无正当理由的,行政机关可以作出强制执行决定。强制执行决定应当以书面形式作出,并载明下列事项:(一)当事人的姓名或者名称、地址;(二)强制执行的理由和依据;(三)强制执行的方式和时间;(四)申请行政复议或者提起行政诉讼的途径和期限;(五)行政机关的名称、印章和日期。在催告期间,对有证据证明有转移或者隐匿财物迹象的,行政机关可以作出立即强制执行决定。”

〔48〕 自己可以不动用自己的物品,但这不是“扣押”。

施行政强制措施会采取各种强制方式，如驱散人群、扣押物品等；实施行政强制执行也会采取各种强制方式，如强制履行、划拨存款和代履行等。但如前所述，上述强制方式的划分并不是绝对的：在一定条件下，排除妨碍、恢复原状也可以成为行政强制措施的方式；进入强制执行阶段，查封、扣押、冻结也可能成为强制执行程序中的一个环节；特别是行政强制措施中的“其他行政强制措施”与行政强制执行中的“其他强制执行方式”，存在极大的交叉可能性。所以，应当让“行为”吸纳“方式”，而不是让“方式”吸纳“行为”。要把行政强制措施和行政强制执行都看成是一个完整的行为，而不是具体单一的方式。

(2)行政强制行为是一个过程，不能将过程分割为多种行为。其实，行政机关无论是实施行政强制措施还是行政强制执行，都是一个“过程”。例如，实施“查封”这一强制措施，会由下列环节构成：报告领导—领导批准—作出决定—将决定送达或告知当事人—落实“查封”措施（贴上封条）。应当将整个行政强制措施中的所有过程环节整体上合称为一个“行政强制措施”行为，而不是多个“行政强制措施”行为。又如，拆除违法建筑，也由许多环节构成：送达“行政决定”书，要求当事人限期拆除—催告履行—（当事人到期不予拆除的）作出强制执行决定书—公告—强制拆除。这里也应当将整个行政强制执行中的所有过程环节整体上合称为一个“行政强制执行”行为，而不是多个“行政强制执行”行为。也正因为要从“整体过程”考量强制行为，所以，如果在实施行政强制措施过程中出现了一些执行性的措施，或者在实施行政强制执行过程中出现了一些协助性措施，都应当把它们看作整个行为过程中的一个环节，而不是一个独立的其他行为。例如，进入强制执行阶段之后，出现“扣押”等辅助性措施的，就不宜再把“扣押”作为独立的行政强制措施，而应当将它视作行政强制执行中的一个环节。

(3)“强制行为”也可理解为“强制措施”，但措施因功能不同而对应地划入行政强制措施与行政强制执行之中。如果我们将“行政强制行为”理解和解释为“行政强制措施”似乎也是可以的。这样，如上所述，从强制措施的功能和目的出发，就可以将强制措施分成强制预防措施、强制制止措施和强制执行措施，正好体现了“事先（预防措施）—事中（制止措施）—事后（执行措施）”的完整过程。这样建构行为和概念是符合行为逻辑的。但是我国《行政强制法》主要考虑到强制执行措施与强制预防措施、强制制止措施有很大的区别，它是对“行政决定”的一种事后执行，以行政决定的存在为前提，而强制预防措施、强制制止措施往往即时作出，不存在一个基础性的行政决定。所以将强制预防措施、强制制止措施归并为行政强制措施行为，将强制执行措施归并为行政强制执行行为。《行政强制法》将行政强制措施行为和行政强制执行行为合称为行政强制行为，并在《行政强制法》内作分类规制，这样做也是符合行政强制行为的客观规律的。既然我国已经制定了《行政强制法》，那么，有关行政强制的法学理论就应当与规范相一致。对照《行政强制法》，行政强制行为和概念的结构就清晰起来。（见图13－5）

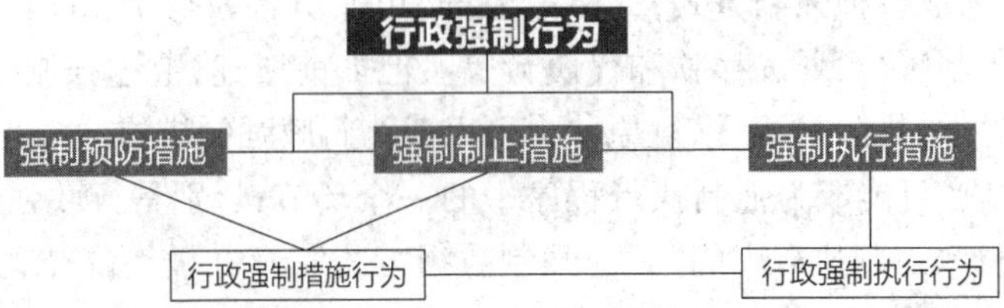

图 13-5 行政强制行为与行政强制措施

第三节 行政强制措施种类和设定

一、行政强制措施的种类

《行政强制法》(2011)第9条规定:"行政强制措施的种类:(一)限制公民人身自由;(二)查封场所、设施或者财物;(三)扣押财物;(四)冻结存款、汇款;(五)其他行政强制措施。"这里所指的行政强制措施"种类",其实更是指行政强制措施的"手段"和"方式",它表现为行政执法机关所采取的"有形动作"。行政强制措施的"种类"是行政强制措施"设定"的基础和前提,因为针对行政强制措施的不同"种类",会有不同的"设定"权限和规则。

(一)限制公民人身自由

1. 概念和特征

限制公民人身自由系指行政机关为了实施行政管理的需要,依据法律对公民的人身自由进行短期内限制的行政强制措施。这种措施的法律特征在于:

(1)从强制主体看,它是由有关行政机关实施的强制措施。从中国现行的法律制度看,有权实施限制人身自由的行政强制措施的机关是公安机关、国家安全机关、公安交通管理部门、海关等机关。

(2)从强制对象看,它是仅以个人为强制对象的强制措施。虽然就整个行政强制行为的对象而言,它可针对公民、法人和其他组织,但仅就限制公民人身自由这一行政强制措施而言,它在对象上只适用于个人而不适用于组织,因为对于组织无人身自由权可言。

(3)从强制客体看,它是直接限制公民人身自由的强制措施。换句话说,这一强制措施直接作用的客体是公民的人身自由权而不是其他权利。

(4)从强制依据看,它是须由法律直接设定的行政强制措施。根据《行政强制法》(2011)第10条[49]规定,限制人身自由的强制措施实行法律保留原则,即只限于法律的直接规定,法规和规章不得规定限制人身自由的强制措施。限制人身自由的强制措施只能以法律为直接依据。依据范围应当包括实施主体、实施手段、适用条件和实施程序。

(5)从强制手段看,它是一种包含多种手段的综合性行政强制措施。与查封、扣押、冻结等

---

〔49〕《行政强制法》(2011)第10条规定:"行政强制措施由法律设定。尚未制定法律,且属于国务院行政管理职权事项的,行政法规可以设定除本法第九条第一项、第四项和应当由法律规定的行政强制措施以外的其他行政强制措施。尚未制定法律、行政法规,且属于地方性事务的,地方性法规可以设定本法第九条第二项、第三项的行政强制措施。法律、法规以外的其他规范性文件不得设定行政强制措施。"

行政强制措施相比较,限制人身自由是一个综合性而不是单一性概念,因为限制人身自由不是一种具体的方法,而是对许多方法的归类。限制人身自由与其说是一种强制方法,不如说是某些强制方法的结果。采取约束、隔离等方法的结果都是使某公民的人身自由受到限制。

2. 现行制度

中国现行规定行政强制措施的法律主要有:《人民警察法》《治安管理处罚法》《集会游行示威法》《禁毒法》《海关法》《传染病防治法》《国境卫生检疫法》《出境入境管理法》《铁路法》《军事设施保护法》《渔业法》《海商法》等。它们所规定的限制公民人身自由的强制措施比较广泛,大致有当场盘查、留置盘问(继续盘问)、强制传讯、拘留审查、强制扣留、强制戒毒、强制治疗、强制约束、强行驱散等。

3. 限制公民人身自由和刑事强制措施的区别

限制人身自由的行政强制措施与刑事上的强制措施非常接近,它们都表现为对当事人人身自由权的限制,而且有时实施主体也相同(公安机关既是行政强制措施的主体,也是刑事强制措施的主体)。因而有必要加以区别。

刑事强制措施是国家为了保障侦查、起诉、审判活动的顺利进行,而由司法机关依据《刑事诉讼法》对犯罪嫌疑人、被告人采取的限制其一定程度人身自由的方法。根据《刑事诉讼法》(2018)第六章“强制措施”的规定,我国的刑事强制措施包括拘传、取保候审、监视居住、拘留、逮捕5种。刑事强制措施不属于行政行为,因而不适用行政程序法、行政复议法和行政诉讼法的调整。

(二)查封场所、设施或者财物

1. 概念和特征

查封场所、设施或者财物是《行政强制法》(2011)第9条第2项所设定的一种种类和手段。从理论上说,这种手段是指有关行政机关为了预防和制止违法,保证行政决定的有效作出和执行,通过“就地封存”的方法,在短时间内禁止对场所的使用和限制对财物的使用、毁损、转移和处分的行政强制措施。这种措施的法律特征在于:

(1)主体。查封的主体包括实施查封的主体和被查封的主体。关于查封主体,从《行政强制法》(2011)第10、70条[50]规定来看,由法律、行政法规和地方性法规授权的行政机关或者具有管理公共事务职能的组织均可成为实施查封的主体;从中国现行法律制度来看,公安、交通、税收、工商、卫生、金融、监察等行政执法机关都被授予了查封的权力。关于被查封的主体,其既包括公民、法人或者其他组织,也包括场所、财物的所有权人或者使用权人。

(2)目的。虽然《行政强制法》(2011)第2条将所有行政强制措施的目的表述为“制止违法行为、防止证据损毁、避免危害发生、控制危险扩大等情形”,但查封作为行政强制措施的特定手段,还是有它特定的目的,那就是:一是预防和制止违法,如为了防止违法使用添加剂而封存该添加剂,为了制止违法生产而查封违法生产的场所等。二是保证行政决定的有效作出和执行。譬如,封存证据就是为了保障对行政决定的有效作出,没有有效证据就无法作出有效行政决定;查封违法物品就是为了保障对行将作出的没收该违法物品决定的有效执行。

---

〔50〕《行政强制法》(2011)第70条规定:法律、行政法规授权的具有管理公共事务职能的组织在法定授权范围内,以自己的名义实施行政强制,适用本法有关行政机关的规定。

(3)依据。根据《行政强制法》(2011)第10条规定,查封措施必须由法律、行政法规和地方性法规设定,尽管行政法规和地方性法规对查封的设定不是无条件的。换句话说,只有法律、行政法规和地方性法规才能作为查封措施的设定依据,其他规范性文件不得作为查封措施的法律依据。当然,如果某一查封措施缺乏有效的法律依据,只能说明该措施不合法,但不影响对查封措施性质的认定,因而也不影响对它的法律救济。

(4)对象。查封的对象是场所、设施和财物,而不是人体或人身自由。具体说来,查封对象既包括场所、设施、工具、设备、财物、资料、合同、账簿,也包括原料、辅料、添加剂和产品,还包括作为违法结果的物和作为证据的物,同时也可针对动产和不动产。可见,查封措施的对象非常广泛。但它不包括存款、汇款,其属于“冻结”的对象范围。

(5)客体。客体与对象不同。对象是最直接与查封措施接触的行为和物体,而客体是对象所隐含的权利。查封措施直接影响的客体是被强制人对场所、设施或者财物所拥有的所有权或者使用权。

(6)手段。查封措施的主要手段是“就地封存”。这里有两个关键点:一是“就地”,如果“异地”查封就成了“扣押”;二是“封存”,即对查封物进行完好保存,未作处理,否则可能是行政处罚或者行政执行。

2. 法律效果

作为行政强制措施的查封实施之后,就会引起以下法律效果:

(1)实施查封以后,所查封的场所和物品的所有权不变,依然属于原所有权人。查封是个限制行为而不是处分行为,查封不会导致原所有权关系的变化。

(2)原所有权人和管理人对于被查封场所与物品在查封期间不得转移、销毁和处分。查封虽然没有直接处分所有权,但它的任务就是要为将来可能发生的处分行为提供保障,因而在查封期间,原所有权人不得处分被查封场所和物品。

(3)原所有权人和管理人在查封期间丧失了对查封场所和物品的占有和使用。在查封期间,由于有关场所和物品被封存,当事人无法使用和占有。

(4)查封的效力及于查封物的从物、孳息。从物是指附属物,汽车被查封,汽车上的坐垫作为从物自然也随之被查封;孳息是民法中的一个法律概念,指由原物所产生的额外收益,包括天然孳息(如鸡生蛋)和法定孳息(如银行利息)。查封效力及于孳息,是指原物被查封后,对其孳息也作同样处理。

3. 现行制度

查封是法律、法规规定得最多的行政强制措施之一。[51] 现在有许多法律法规设定了查封措施,如《行政处罚法》《行政诉讼法》《国家赔偿法》《邮政法》《食品安全法》《专利法》《商标法》《动物防疫法》《反垄断法》《治安管理处罚法》《道路交通安全法》《消防法》《安全生产法》《税收征收管理法》《药品管理法》《产品质量法》《农产品质量安全法》《证券法》《外国企业常驻代表机构登记管理条例》《消耗臭氧层物质管理条例》《军服管理条例》《特种设备安全监察条例》《生猪屠宰管理条例》《乳品质量安全监督管理条例》《棉花质量监督管理条例》《进出口

〔51〕 据统计,截至2010年6月底,设定行政强制措施的65部法律中涉及查封的有13部,设定或者根据法律规定行政强制措施的106部行政法规中涉及查封的有31部。参见袁曙宏主编:《行政强制法教程》,中国法制出版社2011年版,第21页。

商品检验法实施条例》《易制毒化学品管理条例》《直销管理条例》《禁止传销条例》《麻醉药品和精神药品管理条例》《工业产品生产许可证管理条例》《世界博览会标志保护条例》《兽药管理条例》《互联网上网服务营业场所管理条例》《税收征收管理法实施细则》《药品管理法实施条例》《奥林匹克标志保护条例》《出版管理条例》《军事设施保护法实施办法》《医疗器械监督管理条例》，以及国务院《关于加强食品等产品安全监督管理的特别规定》。[52]

（三）扣押财物

1. 概念和特征

扣押财物是《行政强制法》（2011）第 9 条第 3 项所设定的并与查封相并行的一种种类和手段。之所以说扣押是与查封相并行的一项措施，是因为这两项措施的主体、功能、依据基本相同，法律法规往往对这两项措施同时作出规定，行政机关可以针对不同财物的特点选择不同措施。[53] 从理论上说，扣押措施是指有关行政机关为了预防和制止违法，保证行政决定的有效作出和执行，将涉嫌违法的财物移动至有关地点进行直接控制，在短时间内禁止当事人对扣押财物的使用、毁损、转移和处分的行政强制措施。[54] 扣押财物行为的法律特征在于：

（1）主体。扣押的主体包括实施扣押的主体和被扣押的主体。关于扣押主体，同样从《行政强制法》（2011）第 10、70 条规定来看，由法律、行政法规和地方性法规授权的行政机关或者具有管理公共事务职能的组织均可成为实施扣押的主体。由于扣押是与查封相并列的一项强制措施，所以一般有权查封的机关往往同时具有扣押的权力。从中国现行法律制度来看，公安、交通、税收、工商、卫生、金融、监察等行政执法机关都被授予了扣押的权力。关于被扣押的主体，其既包括公民、法人或者其他组织，也包括被扣押物的所有权人或者使用权人。

（2）目的。与查封措施相同，扣押措施的目的：一是预防和制止违法，如为了防止当事人使

---

〔52〕 参见胡建淼主编：《中国现行行政法律制度》，中国法制出版社 2011 年版。

〔53〕 例如《农产品质量安全法》（2018）第 39 条规定："县级以上人民政府农业行政主管部门在农产品质量安全监督检查中，可以对生产、销售的农产品进行现场检查，调查了解农产品质量安全的有关情况，查阅、复制与农产品质量安全有关的记录和其他资料；对经检测不符合农产品质量安全标准的农产品，有权查封、扣押。"

〔54〕 不少专家和学者从不同视角对作为行政强制措施的扣押下过不少定义，主要内容基本相同。例如，《中华人民共和国行政强制法解读》（乔晓阳主编、全国人大常委会法制工作委员会行政法室编著，中国法制出版社 2011 年版，第 33 页）中定义为："扣押是行政机关解除当事人对其财物的占有，并限制其处分的强制措施。"《〈中华人民共和国行政强制法〉条文理解与适用》（江必新主编、最高人民法院行政强制法研究小组编著，人民法院出版社 2011 年版，第 65 页）中认为："扣押财物，又称扣留财物，是指行政机关为了取证等需要，对财产所有人的财物，限制其继续对之占有、使用和处分的强制措施。"《行政强制法教程》（袁曙宏主编，中国法制出版社 2011 年版，第 23 页）中认为扣押是"行政机关为了预防制止违法行为、保障行政决定的执行，对行政相对人涉嫌违法的财物予以暂时扣留的行为"。《中国现行行政法律制度》（胡建淼主编，中国法制出版社 2011 年版，第 246 页）中认为："扣押是行政机关依法将可以用作证据或者与案件有关，须作其他处理的物品、文件等置于控制之下，以防止当事人毁损或转移的一项强制措施。"《行政强制法释论》（张锋、杨建峰主编，中国法制出版社 2011 年版，第 20 页）中认为："被扣押财物的所有人或使用人在扣押期间不能行使对财产的使用与处分权，其主要是针对动产，如相对人实施违法行为的工具、违禁品或其他非法财物。同时扣押往往是异地的，即将扣押的财物空间上移至行政机关的办公地或其他适宜存放、易于控制的地点。"《公安机关适用行政强制法规范与指引》（王丽英编著，中国法制出版社 2011 年版，第 166 页）中指出、扣押是指公安机关在办理治安案件过程中，发现能够证明违反治安管理行为人有无违反治安管理行为的物品和文件，选用先行登记保存不足以防止当事人销毁或者转移证据的，经办案单位负责人批准，依法予以强行扣留的调查措施。

用报废车辆或继续使用该车辆而对该车辆进行扣押等;二是保证行政决定的有效作出和执行。[55]

(3)依据。根据《行政强制法》(2011)第10条规定,扣押措施必须由法律、行政法规和地方性法规设定,尽管行政法规和地方性法规对查封的设定不是无条件的。换句话说,只有法律、行政法规和地方性法规才能作为扣押措施的设定依据,其他规范性文件不得作为扣押措施的法律依据。

(4)对象。扣押的对象是财物,而不是人体或人身自由。这里的"财物"不包括存款、汇款和财产的所有权,它们属于冻结措施的对象。扣押只限于动产,不包括不动产。扣押以移动而控制被扣押物为主要特征,而不动产无法移动。此外,扣押不包括场所。场所是空间而不是财物,它只适用查封而不适用扣押。具体说来,扣押对象既包括工具、设备、财物、资料、合同、账簿,也包括原料、辅料、添加剂和产品,还包括作为违法结果的物和作为证据的物。

(5)客体。扣押措施直接影响的客体是被强制人对被扣押物所拥有的所有权或者使用权。

(6)手段。如果查封措施的主要手段是"就地封存",那么扣押措施的主要手段是"异地控制"。这里有两个关键点:一是"异地",如果"当地"扣押就成了"查封";二是"控制",即处在行政机关的掌控之下,当事人无法使用、转移、销毁和处分。

2. 法律效果

在实施扣押期间,当事人对被扣押物的使用权和所有权受到限制,无法对扣押物进行使用、转移、销毁和处分。具体而言,扣押的法律效果与查封一样,同样表现为四点:(1)实施扣押以后,所扣押物品的所有权不变,依然属于原所有权人;(2)原所有权人和管理人对于被扣押的物品在扣押期间不得转移、销毁和处分;(3)原所有权人和管理人在扣押期间丧失了对扣押物品的占有和使用;(4)扣押的效力及于扣押物的从物、孳息。

3. 现行制度

扣押财物是现行法律法规所规定的行政机关所实施的一种常用措施。我国有不少法律规定了扣押措施,如《水土保持法》《食品安全法》《专利法》《反垄断法》《动物防疫法》《农产品质量安全法》《治安管理处罚法》《渔业法》《农业法》《安全生产法》《药品管理法》《税收征收管理法》《道路交通安全法》《枪支管理法》《种子法》《海关法》《邮政法》等。另有《交通安全法实施条例》《知识产权海关保护条例》《内河交通安全管理条例》《公安机关督察条例》《禁止传销条例》《出版管理条例》等行政法规也规定了扣押强制措施。

(四)冻结存款、汇款

1. 概念和特征

冻结存款、汇款是《行政强制法》(2011)第9条第4项所设定的一种行政强制措施。冻结这一措施与查封、扣押措施有明显的区别,《行政强制法》对它采用了严格的"法律保留原则"。从理论上说,冻结措施是指有关行政执法机关,为了防止当事人转移或者隐匿违法资金,损毁证据,或者为了保障行政决定得到有效执行,通过金融机构对当事人的账户采取的停止支付、

〔55〕 譬如,为了保证行政决定的正确作出,对涉案证据进行扣留,以防止当事人销毁;为了保障对行将作出的没收该违法物品决定的有效执行,行政机关对该物进行扣押,以防止当事人转移该物品。

禁止转移资金的行政强制措施。[56] 冻结行为的法律特征在于：

(1)主体。冻结措施所涉的主体与其他行政强制措施所涉主体不同,它由三方而不只是两方构成。冻结措施所涉的主体包括冻结决定机关、冻结协助机关和被冻结当事人。冻结决定机关限于由法律直接授权的行政机关,目前并不多,只包括证券监管机构、税务机关、反洗钱行政主管部门和海关等部门。与其他行政强制措施不同的是,冻结是需要经过金融机构和邮政企业的协助才能完成的强制措施,因此,金融机构和邮政企业成了该措施的协助机关。被冻结的当事人,是指其账户或款项被冻结的公民、法人或者其他组织,包括被冻结资金形式上或者实际上的所有权人。

(2)目的。冻结措施的直接目的,是防止当事人转移或者隐匿违法资金;防止当事人转移或者隐匿违法资金的目的,又是保全证据和保障行政决定得到有效执行。

(3)依据。根据《行政强制法》(2011)第10条规定,冻结是一种在严格"法律保留原则"支配下的法律设定制度。冻结措施必须由法律直接设定,没有直接的法律依据,任何行政机关都不得实施冻结措施。行政法规、地方性法规、规章和其他规范性文件都不得设定冻结措施。

(4)对象。冻结的对象既不是场所,也不是其他财物,而是当事人的存款、汇款。存款是指存款人在其开设的金融机构存款账户上存入的货币资金,包括现金存款和票据存款,转账存款和贷款转存款,单位存款和个人储蓄存款,活期存款、定期存款和定活两便存款,人民币存款与外币存款等。汇款是指金钱机构接受客户的委托,通过自身建设的网络,使用合适的支付凭证,将款项交付给收款人的一种结算方式,有电汇、信汇、票汇三种类型。存款和汇款属于金融资产。

(5)客体。冻结措施直接影响的客体是被强制人对其存款、汇款的占有和使用权。

(6)手段。冻结措施的手段方法是在原账户上冻结资金而不是转移资金。

2. 法律效果

在实施冻结期间,当事人对被冻结资金的使用权和所有权受到限制,无法对该资金进行使用、转移以及作其他支配。但是冻结本身并没有处分被冻结资金的所有权。在冻结期间,被冻结资金依然属于被冻结人所有。

3. 现行制度

冻结存款、汇款的措施必须有全国人大及其常委会制定的法律作为直接法律依据,这一严格的"法律保留原则"是由《立法法》和有关法律确立和体现的。《立法法》(2023)第11条规定:"下列事项只能制定法律……(九)基本经济制度以及财政、海关、金融和外贸的基本制度……"《商业银行法》(2015)第29条规定:"商业银行办理个人储蓄存款业务,应当遵循存款自愿、取款自由、存款有息、为存款人保密的原则。对个人储蓄存款,商业银行有权拒绝任何单位或者

---

[56] 不少专家和学者从不同视角对作为行政强制措施的冻结行为作过不少解释。例如,《中华人民共和国行政强制法解读》(乔晓阳主编、全国人大常委会法制工作委员会行政法室编著,中国法制出版社2011年版,第34页)中认为:"冻结主要是限制金融资产的流动的强制措施。包括冻结银行存款、汇款和邮政企业汇款,也包括股票等有价证券。"《〈中华人民共和国行政强制法〉条文理解与适用》(江必新主编、最高人民法院行政强制法研究小组编著,人民法院出版社2011年版,第65~66页)中认为:"冻结存款、汇款,是指金融机构或者邮政局根据行政机关的请求,对行政相对人的存款、股票等有价证券或者汇款暂停支付,未经许可不准其提取或转让的行为。"《行政强制法教程》(袁曙宏主编,中国法制出版社2011年版,第24页)中认为,其是指行政机关为了防止当事人转移或者隐匿违法资金,损毁证据,或者为了保障行政决定得到有效执行,对当事人的账户采取的停止支付、禁止转移资金的强制措施。

个人查询、冻结、扣划,但法律另有规定的除外。”第 30 条又规定:“对单位存款,商业银行有权拒绝任何单位或者个人查询,但法律、行政法规另有规定的除外;有权拒绝任何单位或者个人冻结、扣划,但法律另有规定的除外。”这就是说,对单位或者个人的存款,任何单位或者个人都无权冻结,除非法律另有特别规定。《邮政法》(2009)对于邮政企业所从事的“汇款”也作了相应要求。该法第 3 条第 2 款规定:“除法律另有规定外,任何组织或者个人不得检查、扣留邮件、汇款。”之后的《行政强制法》(2011)第 9、10 条作了对接。

这里的立法原旨很清晰:行政强制措施必须由法律设定;行政法规和地方性法规在一定条件下可以设定某些行政强制措施,但必须排除限制公民人身自由和冻结存款、汇款这两项强制措施;其他规范性文件不得设定任何行政强制措施。

根据上述“法律保留”的要求,目前,中国有下列几部法律直接设定了行政机关或者授权具有管理公共事务职能的组织实施冻结存款、汇款这一行政强制措施的权力:《海关法》(2021)第 61 条第 1 款规定:“进出口货物的纳税义务人在规定的纳税期限内有明显的转移、藏匿其应税货物以及其他财产迹象的,海关可以责令纳税义务人提供担保;纳税义务人不能提供纳税担保的,经直属海关关长或者其授权的隶属海关关长批准,海关可以采取下列税收保全措施:(一)书面通知纳税义务人开户银行或者其他金融机构暂停支付纳税义务人相当于应纳税款的存款……”《税收征收管理法》(2015)第 38 条第 1 款规定:“税务机关有根据认为从事生产、经营的纳税人有逃避纳税义务行为的,可以在规定的纳税期之前,责令限期缴纳应纳税款;在限期内发现纳税人有明显的转移、隐匿其应纳税的商品、货物以及其他财产或者应纳税的收入的迹象的,税务机关可以责成纳税人提供纳税担保。如果纳税人不能提供纳税担保,经县以上税务局(分局)局长批准,税务机关可以采取下列税收保全措施:(一)书面通知纳税人开户银行或者其他金融机构冻结纳税人的金额相当于应纳税款的存款……”《证券法》(2019)第 170 条第 1 款规定:“国务院证券监督管理机构依法履行职责,有权采取下列措施……(六)查询当事人和与被调查事件有关的单位和个人的资金账户、证券账户、银行账户以及其他具有支付、托管、结算等功能的账户信息,可以对有关文件和资料进行复制;对有证据证明已经或者可能转移或者隐匿违法资金、证券等涉案财产或者隐匿、伪造、毁损重要证据的,经国务院证券监督管理机构主要负责人或者其授权的其他负责人批准,可以冻结或者查封,期限为六个月;因特殊原因需要延长的,每次延长期限不得超过三个月,冻结、查封期限最长不得超过二年……”《证券投资基金法》(2015)第 113 条规定:“国务院证券监督管理机构依法履行职责,有权采取下列措施……(六)查询当事人和与被调查事件有关的单位和个人的资金账户、证券账户和银行账户;对有证据证明已经或者可能转移或者隐匿违法资金、证券等涉案财产或者隐匿、伪造、毁损重要证据的,经国务院证券监督管理机构主要负责人批准,可以冻结或者查封……”《反洗钱法》(2006)第 26 条第 1 款规定:“经调查仍不能排除洗钱嫌疑的,应当立即向有管辖权的侦查机关报案。客户要求将调查所涉及的账户资金转往境外的,经国务院反洗钱行政主管部门负责人批准,可以采取临时冻结措施。”《网络安全法》(2016)第 75 条规定:“境外的机构、组织、个人从事攻击、侵入、干扰、破坏等危害中华人民共和国的关键信息基础设施的活动,造成严重后果的,依法追究法律责任;国务院公安部门和有关部门并可以决定对该机构、组织、个人采取冻结财产或者其他必要的制裁措施。”

此外,有几部法律规定行政机关可以申请司法机关冻结有关当事人的资金:《银行业监督管理法》(2006)第 41 条规定:“经国务院银行业监督管理机构或者其省一级派出机构负责人批准,银行业监督管理机构有权查询涉嫌金融违法的银行业金融机构及其工作人员以及关联行为人的账户;对涉嫌转移或者隐匿违法资金的,经银行业监督管理机构负责人批准,可以申请司法机关予以冻结。"《保险法》(2015)第154条第1款规定:"保险监督管理机构依法履行职责,可以采取下列措施……(七)对有证据证明已经或者可能转移、隐匿违法资金等涉案财产或者隐匿、伪造、毁损重要证据的,经保险监督管理机构主要负责人批准,申请人民法院予以冻结或者查封。"《审计法》(2021)第38条第2款规定:"审计机关对被审计单位违反前款规定的行为,有权予以制止;必要时,经县级以上人民政府审计机关负责人批准,有权封存有关资料和违反国家规定取得的资产;对其中在金融机构的有关存款需要予以冻结的,应当向人民法院提出申请。"

(五)其他行政强制措施

《行政强制法》(2011)第9条第1~4项所确立的行政强制措施,是实践中最为常见和典型的行政强制措施,但它无法列举完毕。在现实中还有许多行政强制措施尚未列入,如证据保全、冻结价格、冻结产权,以及各类行政检查,特别是进入住宅,还有对违法用具和工具的收缴[57],等等。为了防止挂一漏万,《行政强制法》(2011)第9条在第5项设计了一个兜底性规定,即"其他行政强制措施"。

在《行政强制法(草案)》第一审稿和第二审稿制定修改时,有人主张对这一兜底性条款作一些限制,曾表述为"法律规定的其他行政强制措施"。但在事后的讨论和修改中,有人认为,行政管理情况复杂多样,法律难以将所有行政强制措施都设定完整,应当为行政法规设定其他行政强制措施留下余地,故最后表述为"其他行政强制措施"。

"其他行政强制措施"并不是一种直接可实施的行政措施,它须经过有关法律和行政法规设定以后才形成可实施的措施。对于这种措施的设定和实施,我们要持更为谨慎的态度。[58]

二、行政强制措施的设定

"强制法定",这是《行政强制法》所蕴含的内在精神和原则。《行政强制法》正是"强制法定"精神的外化。"强制法定"精神的两大基本内容是:一是行政强制必须依法"设定";二是行政强制必须依法"实施"。前者是个立法活动,后者是个执法行动。据此,行政强制措施的设定,系指有关法律法规对什么机关可以实施强制措施及实施什么样的强制措施作出规定。根据《行政强制法》(2011)第10~11条规定,行政强制措施原则上必须由法律设定,在一定条件下也可由行政法规和地方性法规设定。

(一)法律对行政强制措施的设定

1. 法律对行政强制措施的设定权

《行政强制法》(2011)第10条第1款规定:"行政强制措施由法律设定。"这是原则规定,意

---

〔57〕 例如《治安管理处罚法》(2012)第11条第1款规定:"办理治安案件所查获的毒品、淫秽物品等违禁品,赌具、赌资,吸食、注射毒品的用具以及直接用于实施违反治安管理行为的本人所有的工具,应当收缴,按照规定处理。"

〔58〕 对于现实中存在的交警强制当事人检验血液行为,最高人民法院倾向于将它作为可诉的行政强制措施。作者主张将强制当事人检验血液行为作为其他行政强制措施来认定。参见李国宁、管筱笛:《交警强制检验血液行为属于行政诉讼受案范围》,载最高人民法院行政审判庭编:《行政执法与行政审判》(总第82集),中国法制出版社2021年版,第161~168页。

味着原则上行政强制措施只能由全国人大及其常委会制定的法律设定。这一原则的确立,不仅基于《行政强制法》(2011)第10~11条的直接规定,更基于《宪法》(2018)第62[59]、67条[60]所规定的职权基础,同时还有《立法法》(2023)第10~11条所规定的立法权基础。

2. 法律的一般设定范围

法律对行政强制措施的设定,可以区分为一般设定范围与特别保留范围。对于一般范围,法律可以设定,其他法规在一定条件下也可以设定,它包括:查封场所、设施或者财物;扣押财物;其他行政强制措施。

3. 法律的特别保留范围

法律在行政强制措施设定中的特别保留范围,具有"排他性",即只能由法律来设定,其他法规、规章和规章以下的规范性文件都不得设定。就目前中国法律制度而言,这种特别保留范围包括:

(1)限制公民人身自由。公民人身自由权是受宪法直接保护的基本权利。《宪法》(2018)第37条明文规定:"中华人民共和国公民的人身自由不受侵犯。任何公民,非经人民检察院批准或者决定或者人民法院决定,并由公安机关执行,不受逮捕。禁止非法拘禁和以其他方法非法剥夺或者限制公民的人身自由,禁止非法搜查公民的身体。"《行政强制法》(2011)第10条体现和落实了宪法的这一精神。

(2)冻结存款、汇款。这一措施必须有全国人大及其常委会制定的法律作为直接法律依据,这一严格的"法律保留原则"最早是由《商行银行法》确立的。之后的《行政强制法》继续保持该规则。[61]

(3)进入公民住宅。这一措施在《行政强制法》(2011)第9条中没有单列,而是置于该条第5项所规定的"其他行政强制措施"之中。在现实中,"进入住宅"不是一种独立的行政强制措施,它只可能作为其他行政强制措施(如行政检查)或行政强制执行(如执行行政拘留时需要进入住宅)中的一个环节。在行政强制执行中,若需进入住宅实施行政强制执行,根据行政行为的吸收理论,进入住宅被行政强制执行行为所吸收,不作为独立的行为对待;而在行政强制措施中,不论进入住宅是否构成其他行政强制措施中的一个环节,它都应当作为一种独立的强制措施对待,因为住宅权是公民受宪法直接保护的基本权利。[62] 进入公民住宅的行政强制措施必须由法律设定,这一设定规则虽然因《行政强制法》本身未将"进入住宅"单列为一种行政强制措施的种类而未作明文规定,但《宪法》(2018)第39条是其直接且最高的法律依据。[63]

---

[59] 《宪法》(2018)第62条规定了全国人民代表大会的职权,其中包括"制定和修改刑事、民事、国家机构的和其他的基本法律"。

[60] 《宪法》(2018)第67条规定了全国人民代表大会常务委员会的职权,其中包括"制定和修改除应当由全国人民代表大会制定的法律以外的其他法律",以及"在全国人民代表大会闭会期间,对全国人民代表大会制定的法律进行部分补充和修改"的职权。

[61] 参见《行政强制法》(2011)第10条。

[62] 公民的住宅权之所以被包括中国在内的大多数国家的宪法列为直接受宪法保护的公民基本权利,是因为住宅不仅是公民日常生活、工作和休息的场所,而且是自然人保持其人格尊严与人身自由,发展个性的物质保障。这里的住宅权不是一种物权,而是一种事关人身自由与安全的空间权利,所以对于该住宅公民是否享有所有权无关紧要。此外,进入住宅不包含进入经营场所,但如果经营场所内的某一个空间是用作居住用途的,仍可作为住宅对待。

[63] 《宪法》(2018)第39条明文规定:"中华人民共和国公民的住宅不受侵犯。禁止非法搜查或者非法侵入公民的住宅。"

(4)限制公民通信自由和秘密。这里的"通信"必须作广义理解,包括了书信、电话、电报、传真、纸质邮件、电子邮件等现代通讯方式。通信自由,是指公民通过通讯工具来表达其意愿的自由;通信秘密,是指公民通过现代通讯方式表达其意愿时,不得通过非法扣押、隐匿、拆阅、录音、窃听或者其他方式获知其内容。限制公民通信自由和秘密的行政强制措施,虽然《行政强制法》(2011)未在第9条中作单独列举,但在现实中是存在的,如扣留、拆阅公民信件,录音、窃听公民电话等。我们之所以在这里要将它作为独立的强制措施单列,是因为它同样涉及公民受宪法直接保护的基本权利而需要保留给法律作专属设定。[64]

(5)其他"应当由法律规定的行政强制措施"。"应当由法律规定的行政强制措施"这一概念是由《行政强制法》(2011)第10条第2款提出的。这样提是基于限制公民人身自由,冻结存款、汇款,进入公民住宅,限制公民通信自由和秘密,这四类行政强制措施固然必须只限于由法律直接设定,但应当只限于由法律直接设定的行政强制措施不止于此,以后可能还会有其他法律来作补充性设定。"应当由法律规定的行政强制措施"的提法显然为这种情况留下空间。从法治理论上说,只要涉及以下事项的行政强制措施,都必须由法律直接设定:一是《宪法》所规定的公民基本权利;二是《立法法》(2023)第11条所规定的"法律保留事项";三是其他法律明文规定应当由法律规定的事项。

(二)行政法规对行政强制措施的设定

1. 行政法规的设定权

行政法规是指国务院为领导和管理国家各项行政工作,根据宪法和法律制定的有关政治、经济、教育、科技、文化、外事等各类法规的总称。行政法规对行政强制措施的设定规则,主要来自《行政强制法》的下列规定:《行政强制法》(2011)第10条第2款规定:"尚未制定法律,且属于国务院行政管理职权事项的,行政法规可以设定除本法第九条第一项、第四项和应当由法律规定的行政强制措施以外的其他行政强制措施。"《行政强制法》(2011)第11条第2款规定:"法律中未设定行政强制措施的,行政法规、地方性法规不得设定行政强制措施。但是,法律规定特定事项由行政法规规定具体管理措施的,行政法规可以设定除本法第九条第一项、第四项和应当由法律规定的行政强制措施以外的其他行政强制措施。"

上述规定表明两个意思:一是行政法规也有权设定行政强制措施;二是这种设定权是有前提并有条件限制的。前提和条件要区分两种不同的情况:"尚未制定法律"的情况与"法律中未设定行政强制措施"的情况。

2. "尚未制定法律"时的设定权

行政法规在第一种情况,即"尚未制定法律"的情况下,对行政强制措施的设定权是由《行政强制法》(2011)第10条第2款作出规定的。这一款的规定由三个内容要素构成:前提、职权和排除。

(1)前提。行政法规设定行政强制措施,须以"尚未制定法律"为前提。所谓"尚未制定法律",是指某一特定事项的管理领域暂无专门的法律。

---

〔64〕 公民的通信自由和通信秘密,是我国《宪法》(2018)第40条所明文保护的基本权利。我国《邮政法》(2015)第3条依据宪法,作出了相应的规定:"公民的通信自由和通信秘密受法律保护。除因国家安全或者追查刑事犯罪的需要,由公安机关、国家安全机关或者检察机关依照法律规定的程序对通信进行检查外,任何组织或者个人不得以任何理由侵犯公民的通信自由和通信秘密。除法律另有规定外,任何组织或者个人不得检查、扣留邮件、汇款。"

(2)职权。在“尚未制定法律”这一前提下,也并不等于说行政法规可以无条件地设定行政强制措施。这时的行政法规设定行政强制措施,必须符合一个条件,即它只能针对“属于国务院行政管理职权”的事项设定行政强制措施,对于国务院管理职权以外的事务依然不得设定行政强制措施。[65]

(3)排除。根据《行政强制法》(2011)第10条第2款的规定,即使具备“尚未制定法律”的前提和属于国务院管理职权的范围,行政法规设定行政强制措施还受到一个条件的限制,那就是它对于法律特别保留的设定事项不得设定。其是指上面已经提到的限制公民人身自由,冻结存款、汇款,进入公民住宅,限制公民通信自由和秘密,以及其他“应当由法律规定的行政强制措施”。

3.“法律中未设定行政强制措施”时的设定权

这种情况与前一情况有所不同:前一情况“尚未制定法律”是指在某一事项的管理领域尚无法律基本制度;而本情况“法律中未设定行政强制措施”是指某一事项的管理领域已有法律基本制度,但这一法律未设定行政强制措施。

行政法规在这种情况下对行政强制措施的设定权是由《行政强制法》(2011)第11条第2款作出规定的。根据这一款的规定,原则上行政法规无针对这方面行政强制措施的设定权。理由是,在已有上位法律,而该法律又不设定行政强制措施的情况下,我们应当推定这不是上位法律的疏忽,而是上位法律认为不需要在这一事项管理中设定行政强制措施,那么,行政法规的制定者就不得违反法律制定者的意志。

但是,如果“法律规定特定事项由行政法规规定具体管理措施”,那么行政法规依然可以设定行政强制措施。有专家举例道:《农业法》(2012)第64条第2款规定,“农业转基因生物的研究、试验、生产、加工、经营及其他应用,必须依照国家规定严格实行各项安全控制措施”,但对于实施什么样的“安全控制措施”,该法本身未作规定。国务院发布的《农业转基因生物安全管理条例》(2017)第38条第5项便依据前者规定了“在紧急情况下,对非法研究、试验、生产、加工,经营或者进口、出口的农业转基因生物实施封存或者扣押”。这便属于这种情况,为《行政强制法》(2011)第11条第2款所允许。[66]

当然,在这种情况下,行政法规设定行政强制措施依然不得设定应当由法律设定的特别保留事项。

至此,我们可以对行政法规在两种情形下对行政强制措施的设定权归结如下(见表13-1):

表13-1 行政法规对行政强制措施的设定权

情况(前提)	不得设定行政强制措施	可以设定行政强制措施
情况一: “尚未制定法律”	未达到右列条件者	1.属于国务院管理职权事项范围 2.不属于法律特别保留的设定事项
情况二: “法律中未设定行政强制措施”	不属右列情况者	1.法律规定特定事项由行政法规规定具体管理措施的 2.不属于法律特别保留的设定事项

〔65〕 国务院行政管理职权的范围,目前主要根据《宪法》(2018)第89条和《立法法》(2023)第72条确定。

〔66〕 参见乔晓阳主编、全国人大常委会法制工作委员会行政法室编著:《中华人民共和国行政强制法解读》,中国法制出版社2011年版,第42页。

(三)地方性法规对行政强制措施的设定

地方性法规是指省、自治区、直辖市和设区的市的人民代表大会及其常务委员会依照法定权限,在不同宪法、法律和行政法规相抵触的前提下,制定的在本行政区域内实施的规范性文件。地方性法规对行政强制措施的设定权,是由《行政强制法》(2011)第10~11条作出规定的。与行政法规一样,《行政强制法》同样区别两种情况来分别规定地方性法规对行政强制措施的设定权问题。

1."尚未制定法律、行政法规"。对于这种情况下地方性法规对行政强制措施的设定权,《行政强制法》(2011)第10条第3款作出了规定:"尚未制定法律、行政法规,且属于地方性事务的,地方性法规可以设定本法第九条第二项、第三项的行政强制措施。"这里表明三点:一是在"尚未制定法律、行政法规"的情况下,地方性法规方能享有对行政强制措施的设定权。如果无此前提,地方性法规便无设定权。二是地方性法规在设定行政强制措施时,必须属于"地方性事务"。也就是说,地方性法规只能针对相应的地方性事务设定行政强制措施,不得对中央事务设定行政强制措施,否则是越权之举。[67] 三是地方性法规在设定行政强制措施时,只能设定"查封"(场所、设施或者财物)和"扣押"(财物)两项措施,其他措施不得设定。因为其他行政强制措施属于法律保留的范围或者一定条件下限由行政法规设定的范围。[68]

2."法律中未设定行政强制措施"。对于这种情况下地方性法规对行政强制措施的设定权,《行政强制法》完全持否定态度。《行政强制法》(2011)第11条第2款规定:"法律中未设定行政强制措施的,行政法规、地方性法规不得设定行政强制措施。但是,法律规定特定事项由行政法规规定具体管理措施的,行政法规可以设定除本法第九条第一项、第四项和应当由法律规定的行政强制措施以外的其他行政强制措施。"这里无条件地表明:当"法律中未设定行政强制措施"时,行政法规还可"例外性"地拥有设定权,而地方性法规绝对无设定权。这主要是为了保证国家法律的一致性。

至此,我们同样可以对地方性法规在两种情况下对行政强制措施的设定权作出归结(见表13-2):

表13-2　地方性法规对行政强制措施的设定权

情况(前提)	不得设定行政强制措施	可以设定行政强制措施
情况一: "尚未制定法律、行政法规"	未达到右列条件者	1.属于地方事务范围 2.限于"查封"和"扣押"措施
情况二: "法律中未设定行政强制措施"	(原则)	(无设定权)

---

〔67〕关于何谓"地方性事务",在理论上不少专家学者有过不少的解释;在法律上,主要是依据《宪法》(2018)第99、107条以及其他法律的专门规定。在实行单一制国家结构形式的中国,中央与地方事务的划分现状是:法律法规已明文规定为中央专属事务的,属于中央事务,如军事和外交等;法律法规已明文规定属于地方专属事务的,属于地方事务,如决定乡、民族乡、镇的建置和区域划分;法律法规在对中央和地方职权的规定中在中央和地方职权中都有规定的,属于中央与地方共有事务,如经济、文化建设等;法律法规对于某些事务在中央和地方职权中均未规定,地方又可先行立法的事项,暂属于地方事务。

〔68〕《行政强制法》(2011)第11条第2款可设定行政强制措施的例外并未放宽至地方性法规。

(四)法律、法规以外的其他规范性文件不得设定行政强制措施

关于对行政强制措施的设定,以上已阐述了有关规则,即法律可以设定行政强制措施,行政法规和地方性法规在一定条件下也可以设定行政强制措施。现在还必须补充一条,那就是《行政强制法》(2011)第 10 条第 4 款所强调的,"法律、法规以外的其他规范性文件不得设定行政强制措施"。这就意味着:规章不得设定行政强制措施;规章以下的其他规范性文件更不得设定行政强制措施。

三、"其他行政强制措施"的设定问题

《行政强制法》(2011)第 9 条将行政强制措施确立为五类手段,即限制人身自由、查封、扣押、冻结以及其他行政强制措施。前四种强制手段与法的设定关系比较清晰,唯有"其他行政强制措施"因手段本身的不清晰,而使有关"法"与它在设定关系上不清晰,故需在此作专门阐述。根据《行政强制法》的有关规定,法律、法规以及其他规范性文件对"其他行政强制措施"的设定权问题,可以归结为下列几层意思。

1. 法律可以设定"其他行政强制措施"。《行政强制法》(2011)第 10 条第 1 款规定:"行政强制措施由法律设定。"这里的"行政强制措施"当然应当包括"其他行政强制措施"。

2. 行政法规也可以设定"其他行政强制措施"。《行政强制法》(2011)第 10 条第 2 款规定:"尚未制定法律,且属于国务院行政管理职权事项的,行政法规可以设定除本法第九条第一项、第四项和应当由法律规定的行政强制措施以外的其他行政强制措施。"这就是说,行政法规在一定条件下是可以设定"其他行政强制措施"的,但应当将由法律设定的"其他行政强制措施"排除在外,如影响公民住宅权的措施。

3. 地方性法规不得设定"其他行政强制措施"。《行政强制法》(2011)第 10 条第 3 款规定:"尚未制定法律、行政法规,且属于地方性事务的,地方性法规可以设定本法第九条第二项、第三项的行政强制措施。"这就是说,虽然地方性法规在一定条件下也可设定行政强制措施,但只限于设定"查封场所、设施或者财物"和"扣押财物"这两类措施,不得设定"其他行政强制措施"。

4. 法律、法规以外的其他规范性文件不得设定"其他行政强制措施"。《行政强制法》(2011)第 10 条第 4 款明确规定:"法律、法规以外的其他规范性文件不得设定行政强制措施。"这里的"法律、法规以外的其他规范性文件"包括政府规章和规章以下的其他规范性文件。这里的"行政强制措施"当然包括"其他行政强制措施"。

第四节 行政强制措施实施主体和程序

一、行政强制措施的实施主体

行政强制措施的实施主体是指实施行政强制措施的有权组织,它包括法律和法规直接设定的行政机关,法律和行政法规授权的组织,以及相对集中行政处罚权的行政机关。

(一)法律、法规直接设定的行政机关

《行政强制法》(2011)第 17 条第 1 款第 1 句规定:"行政强制措施由法律、法规规定的行政

机关在法定职权范围内实施。"这里的"法律、法规"是指全国人大及其常委会制定的法律,国务院制定的行政法规,以及由省、自治区、直辖市和设区的市的人民代表大会及其常务委员会依法制定的法规。这里的"法律、法规规定"其实是指由法律、法规"设定"。行政强制措施的主体是国家行政机关,但并不是所有国家行政机关都可当然地成为实施行政强制措施的主体。只有法律和法规直接赋予其行政强制措施权的行政机关,才是行政强制措施的实施主体。

由法律和法规直接设定行政强制措施权的行政机关,是实施行政强制措施的基本主体。目前,公安、交通、卫生、工商、税务、土地、环境、海关等行政管理机关都属此列。之所以称其为基本主体,是因为中国大量的行政强制措施是由其实施的,其他实施主体只是这类主体的补充而已。

(二)法律和行政法规授权的组织

《行政强制法》(2011)第70条规定:"法律、行政法规授权的具有管理公共事务职能的组织在法定授权范围内,以自己的名义实施行政强制,适用本法有关行政机关的规定。"这一规定,与其说是行政强制法中的准用条款,不如说是行政强制措施实施主体的授权条款。它表明:得到法律、行政法规授权的具有管理公共事务职能的组织也是实施行政强制措施的主体;与由法律、法规设定的行政机关不同,它不是"设定主体"而是"授权主体"。

这类授权主体受到两项限制:一是授权法限于法律和行政法规,即只有法律和行政法规才可作此授权,地方性法规、规章和其他规范性文件都不能作此授权;二是授权对象限于"具有管理公共事务职能的组织"。这类组织既不是国家行政机关,也不是其他国家机关,如权力机关、监察机关、人民法院、人民检察院等,而是指国家机关以外的社会组织,包括事业单位、企业单位和社会团体等。但是这些组织并非全具有"管理公共事务的职能",只有"具有管理公共事务职能的组织"才能成为行政强制措施权的授权对象。就中国的现状而言,中国证券监督管理委员会、中国银行保险监督管理委员会等便属于"具有管理公共事务职能的组织"。

还必须指出的是,《行政强制法》(2011)第70条对"具有管理公共事务职能的组织"的授权并不属于普遍而直接的授权。也就是说,"具有管理公共事务职能的组织"并不因《行政强制法》(2011)第70条的规定而普遍、直接地获得了实施行政强制措施的权力。其若要获得实施行政强制措施的权力,还有赖于具体法律和行政法规的规定(授权)。

(三)相对集中行政处罚权的行政机关

相对集中行政处罚权,是指国务院或者经国务院授权的省、自治区、直辖市人民政府,将单行法律、法规和规章设定给有关行政机关的行政处罚权的部分或者全部,从原行政机关的管理职能中分离出来,集中到一个行政机关统一行使;行政处罚权相对集中后,被集中的行政机关不得再行使。相对集中行政处罚权,是由《行政处罚法》于1996年所创设的一项行政执法制度。[69] 2021年修订的《行政处罚法》第18条规定:"国家在城市管理、市场监管、生态环境、文化市场、交通运输、应急管理、农业等领域推行建立综合行政执法制度,相对集中行政处罚权。国务院或者省、自治区、直辖市人民政府可以决定一个行政机关行使有关行政机关的行政处罚权。限制人身自由的行政处罚权只能由公安机关和法律规定的其他机关行使。"

---

〔69〕《行政处罚法》(1996)第16条规定:"国务院或者经国务院授权的省、自治区、直辖市人民政府可以决定一个行政机关行使有关行政机关的行政处罚权,但限制人身自由的行政处罚权只能由公安机关行使。"

《行政强制法》(2011)第17条第2款规定:“依据《中华人民共和国行政处罚法》的规定行使相对集中行政处罚权的行政机关,可以实施法律、法规规定的与行政处罚权有关的行政强制措施。”如果说《行政处罚法》创设了“相对集中行政处罚权”制度,那么,《行政强制法》(2011)第17条则创设了“相对集中行政强制措施权”制度。

相对集中行政强制措施权,是指将单行法律、法规授权各行政机关的行政强制措施权从原行政机关的管理职能中分离出来,由一个行政机关统一行使;行政强制措施权相对集中后,被集中的行政机关不得再行使原来的行政强制措施。相对集中行政强制措施权制度,造就了一个行政强制措施的实施主体,即只要是集中行使行政处罚权的行政机关,就也可以集中行使与该行政处罚有关的行政强制措施。

为了准确而全面地理解相对集中行政强制措施权制度,特别是由这一制度包含或者支撑的行使相对集中的行政强制措施权的主体资格问题,有必要全面解读用以创设这一制度及主体的法律依据,即《行政强制法》(2011)第17条第2款全部而准确的内容。

1. 直接授权。《行政强制法》(2021)第17条第2款是个直接授权条款,而不是间接授权条款。也就是说,只要是依据《行政处罚法》的规定行使相对集中行政处罚权的行政机关,就可以直接依据该条款,无须通过其他法律法规的再行授权,实施有关的行政强制措施。

2. 跟随制度。《行政强制法》(2021)第17条第2款还表明,相对集中行政强制措施权是因相对集中行政处罚权而发生的。相对集中行政强制措施权是相对集中行政处罚权的跟随制度而不是并行制度。这就意味着,相对集中行政处罚权必须依据《行政处罚法》(2021)第18条的要求经过“国务院或者省、自治区、直辖市人民政府”的“决定”,而相对集中行政强制措施权无须再行经过“国务院或者省、自治区、直辖市人民政府”的“决定程序”。只要“国务院或者省、自治区、直辖市人民政府”已经“决定”了相对集中行政处罚权,与行政处罚有关的行政强制措施即跟随前者同时转移,无须另行审批。

3. 有关性。根据《行政强制法》(2011)第17条第2款规定,跟随行政处罚可以同时转移集中的行政强制措施必须与行政处罚具有“相关性”。不具有“相关性”的行政强制措施不得跟随转移。例如,对乱砍森林的处罚与对违法建筑的强制措施之间就不具有“相关性”。

4. 限于法律法规设定。《行政强制法》(2011)第17条第2款还表明,可以与行政处罚同步集中的行政强制措施必须由法律和法规设定。必须注意的是,在行政处罚制度中,法律、法规和规章都可设定行政处罚;而在行政强制措施制度中,只限于由法律和法规设定行政强制措施。《行政强制法》(2011)第17条第2款是有关相对集中行政强制措施权,而不是相对集中行政处罚权的条款,所以必须与《行政强制法》的要求相一致。这就是说,在行政处罚制度中,由法律、法规和规章设定的行政处罚都有可能被相对集中,但在行政强制措施制度中,跟随处罚可以被相对集中的只限于由法律和法规设定的行政强制措施。[70]

5. 限制人身自由措施除外。由于相对集中行政强制措施权是相对集中行政处罚权的跟随制度,而《行政处罚法》(2021)第18条第3款明文规定,“限制人身自由的行政处罚权只能由公

---

〔70〕 最高人民法院的有关专家表明了一个观点:“在行政强制措施权相对集中的情况下,如果相对集中的行政处罚权中存在规章设定的行政处罚权,即使该行政处罚权的设定合法,但规章中关于该行政处罚权配套的行政强制措施权的规定是没有法律依据的,人民法院在审理此类案件时,不宜将相关规章作为合法性判断的参照依据。”参见江必新主编、最高人民法院行政强制法研究小组编著:《〈中华人民共和国行政强制法〉条文理解与适用》,人民法院出版社2011年版,第118页。

安机关和法律规定的其他机关行使”。这一对处罚的限制同时适用于对强制措施的限制，也就是说，限制公民人身自由的行政强制措施同样不得被集中至“公安机关和法律规定的其他机关”以外的机关。

（四）行政强制措施“禁止委托”原则

《行政强制法》（2011）第 17 条第 1 款第 2 句规定：“行政强制措施权不得委托。”这是行政强制法与行政处罚法、行政许可法在委托规定上的最大区别，行政处罚法和行政许可法允许对处罚和许可进行委托，而行政强制法一概不允许对行政强制措施进行委托。

至于这样做的理由，有一种权威性的解释是，“行政强制措施的即时性和强制性，决定了它对于公民、法人和其他组织的权益影响更大，所以对行政强制措施实施主体的规定更加严格，只能由行政机关来实施，不得委托给其他行政机关、组织或者个人”〔71〕。这就是说，是否允许委托是由行政行为对公民权利的影响程度决定的。〔72〕

（五）行政执法人员的资格要求

实施行政强制措施，是国家行政机关及其有关组织实施行政执法行为。从事行政执法行为的机关称为行政执法机关。行政执法机关的执法行为都是通过行政执法人员来实现的。无行政执法人员，行政执法机关与行政相对人之间便无衔接环节。

行政执法人员，系指基于职务关系、授权关系或者委托关系，依法代表行政执法机关对外实施执法行为，其行为效果归属于行政执法机关的人员。执法人员的素质和水平直接决定了执法机关执法行为的质量。为此，《行政强制法》为行政执法人员设置了执法资格制度。

《行政强制法》（2011）第 17 条第 3 款规定：“行政强制措施应当由行政机关具备资格的行政执法人员实施，其他人员不得实施。”这一资格制度的具体内容有待有关法规具体化，但是，下列基本内容应当包括：第一，实施行政强制措施的执法人员必须具有“行政执法资格证”，无资格证者，不得从事该活动。第二，行政执法人员获得“资格证”，必须进行相关法律知识和其他有关知识的考试，经考试合格的才能授予其行政执法资格，上岗行政执法。第三，行政执法人员在实施行政强制措施行为时，必须出示有关“资格证”，否则，行政相对人有权拒绝。

二、行政强制措施的一般程序

《行政强制法》对实施行政强制措施的程序非常重视，以一章三节 18 个条文对行政强制措施的一般程序和各类程序作出规范。实施行政强制措施的一般程序之基本要求由《行政强制

〔71〕 乔晓阳主编、全国人大常委会法制工作委员会行政法室编著：《中华人民共和国行政强制法解读》，中国法制出版社 2011 年版，第 61 页。

〔72〕 其实依据这一标准恰恰很难解释行政处罚、行政许可和行政强制三种行为的排列顺序。因为行政许可是授益性行为，行政处罚和行政强制都是侵益性行为，而且行政强制只是限制权益，行政处罚则是处分权益。按对公民权利影响的大小排列，从轻到重恰恰是这样排列的：行政许可—行政强制—行政处罚。

法》(2011)第18条[73]作出规定。根据该条规定,行政机关实施行政强制措施应当遵守下列规定。

(一)事先报批和决定

《行政强制法》(2011)第18条第1项要求,“实施前须向行政机关负责人报告并经批准”。这是一项事先的程序要求,包含了两项内容:一是事先报批制。行政执法人员在现场发现有需实施行政强制措施的情形,不得擅自实施行政强制措施(除非是紧急情况),必须事先向所在行政机关的负责人报告并获得批准后方可实施。这对现场强制无疑是一个约束,并且强化了单位领导人的责任。这里的“行政机关负责人”不是指“行政机关行政负责人”。它一般指行政负责人,但也不排除非行政职务的负责人,这视组织部门的分工而定。二是事先决定制。我们以前常将是否存在事先的“行政决定”作为区别行政强制措施与行政强制执行的主要标准[74],而现在《行政强制法》规定,实施任何行政强制措施也都需要事先制作“行政决定”,而这一决定在实施行政强制措施时是必须交付给当事人的。而且这一要求已被列为行政强制措施的一般程序要求。

对于有关行政强制措施的《行政决定书》内容,《行政强制法》(2011)第18条未作统一规定,但根据该法的立法精神和有关常识,一般应当包括下列基本内容:(1)决定名称,一般是标有“关于对××××进行××××的决定”;(2)当事人的姓名或者名称、地址;(3)强制措施的种类、手段、期限等;(4)被强制物的名称、质量、数量等;(5)实施强制的理由:事实部分;(6)实施强制的理由:规范依据;(7)当事人的程序权利,如陈述、申辩、复议和诉讼的权利;(8)行政机关的名称、印章和日期。

(二)由两名以上行政执法人员实施

这是《行政强制法》(2011)第18条第2项的要求。一般的操作程序是这样的,行政机关负责人批准实施行政强制措施并作出行政决定时,会同时落实和指定具体的行政执法人员。在落实具体行政执法人员时,必须符合三个要求:一是所落实的行政执法人员必须具备执法资格;二是所落实的行政执法人员必须与本案无利害关系,这既是正当程序的要求,也是不少制定法的要求[75];三是行政执法人员必须为两名及以上。之所以作出这一要求,既是为了相互监督,防止侵犯当事人权益的行为发生,也是为了保护执法人员,避免当事人诬告、报复、贿赂执法人员的现象发生。两名以上执法人员的要求,已被越来越多的法律法规所体现,如《行政

---

[73] 《行政强制法》(2011)第18条规定:“行政机关实施行政强制措施应当遵守下列规定:(一)实施前须向行政机关负责人报告并经批准;(二)由两名以上行政执法人员实施;(三)出示执法身份证件;(四)通知当事人到场;(五)当场告知当事人采取行政强制措施的理由、依据以及当事人依法享有的权利、救济途径;(六)听取当事人的陈述和申辩;(七)制作现场笔录;(八)现场笔录由当事人和行政执法人员签名或者盖章,当事人拒绝的,在笔录中予以注明;(九)当事人不到场的,邀请见证人到场,由见证人和行政执法人员在现场笔录上签名或者盖章;(十)法律、法规规定的其他程序。”

[74] 该标准认为需要事先制作“行政决定”的属于行政强制执行,不需要事先制作“行政决定”的,属于行政强制措施。

[75] 关于执法人员的回避制度,中国目前因暂无“行政程序法”而无统一的程序规定,但不少法律法规已作出要求。如《道路交通安全法》(2021)第83条规定:“交通警察调查处理道路交通安全违法行为和交通事故,有下列情形之一的,应当回避:(一)是本案的当事人或者当事人的近亲属;(二)本人或者其近亲属与本案有利害关系;(三)与本案当事人有其他关系,可能影响案件的公正处理。”

处罚法》[76]、《行政许可法》[77]和《出境入境管理法》[78]中均有类似规定。

(三)出示执法身份证件

在执法活动中,执法人员出示执法身份证件,既是公共管理的需要,也是执法人员的程序义务。出示执法身份证件的意义在于:一是宣示行政执法人员的法律地位,表明他正代表国家行政机关进行执法活动;二是便于社会公众对他的执法活动进行监督;三是防止有人假冒国家工作人员"执法",避免公民上当受骗。

出示执法身份证件,原则上要求出示行政执法证件。在行政执法证件尚不完备的地方和阶段,至少应当出示工作证件。

(四)通知当事人到场

在实施行政强制措施时,通知当事人到场,对行政执法机关及其执法人员来说,是一种法定义务,因为他们不得背着当事人对当事人的财物实施强制措施;对当事人来说,到达现场,既是权利也是义务。作为权利,当事人只有到达现场,才能有效地主张权利,如陈述、申辩等;作为义务,如对当事人实施限制人身自由的强制措施,只有当事人在场,行政机关才能实施这一强制措施。可见,无论是对行政执法机关而言还是对当事人而言,无论是针对当事人的权利而言还是针对当事人的义务而言,通知当事人到场,都是实施行政强制措施程序中一个不可或缺的重要环节。

(五)告知内容、理由和救济权利

实施任何行政强制措施,行政执法机关都必须告知当事人实施该强制措施的内容、理由和救济权利。实施该行政强制措施的内容,系指具体措施的内容,包括当事人、强制对象和强制手段等,如对张三什么牌号的车辆实施扣留。理由,系指作出该行政强制措施的理由,包括事实证据和法律依据。救济权利,系指当事人事先的陈述权和申辩权,事后的申请复议和提起诉讼的权利。

向当事人告知实施行政强制措施的内容、理由和救济权利,是行政执法机关的事先义务,而不是事后义务。这就是说,行政执法机关必须在实施行政强制措施之前,而不是之后,告知当事人实施该行政强制措施的内容、理由和救济权利。

当然,这种事先的告知,一般是通过有关行政强制措施的行政决定来表达的。因为行政执法机关在实施行政强制措施前必须送达行政决定,而行政决定本身就应当包含这些内容。

《行政强制法》(2011)第18条在程序上作这一规定,是富有程序意义和实体意义的。从程序意义上说,告知当事人内容、理由和救济权利,是正当程序中的一个环节;从实体意义上说,它有助于保障实施行政强制措施行为的合法性和正确性。

(六)听取当事人的陈述和申辩

前一环节是"告知",这一环节是"听取"。这一环节与前一环节并不重复。前一环节"告

---

[76] 《行政处罚法》(2021)第42条第1款规定:"行政处罚应当由具有行政执法资格的执法人员实施。执法人员不得少于两人,法律另有规定的除外。"

[77] 《行政许可法》(2019)第34条第3款规定:"根据法定条件和程序,需要对申请材料的实质内容进行核实的,行政机关应当指派两名以上工作人员进行核查。"

[78] 《出境入境管理法》(2012)第66条规定:"根据维护国家安全和出境入境管理秩序的需要,必要时,出入境边防检查机关可以对出境入境的人员进行人身检查。人身检查应当由两名与受检查人同性别的边防检查人员进行。"

知”当事人的虽然包括了陈述、申辩权和法律救济权,但法律救济权是发生在程序之后的,所有措施实施以后当事人才有权申请行政复议或者提起行政诉讼。因而,“告知”以后的程序环节当然就是“听取”当事人的陈述和申辩了。

“告知”是“听取”的前提。行政执法机关不告知当事人享有陈述、申辩权利,当事人可能会不行使这一权利;当事人不行使这一权利,行政执法机关及其执法人员就不存在“听取”。反过来说,“听取”是“告知”的结果和保障。如果行政执法机关及其执法人员对当事人的陈述和申辩意见可以置之不理,不予“听取”,那么“告知”当事人享有陈述权和申辩权就失去意义。

当然,“听取”不是无条件接受。当事人的陈述和申辩意见有道理的,行政执法机关及其执法人员一定要吸收;如果没有道理,一定要作解释,尽量消除误解。

(七)制作现场笔录

《行政强制法》(2011)第18条第7~9项都是对制作现场笔录的规定,因而我们将它们合并为一个程序环节进行说明。

制作现场笔录,系指行政执法机关及其执法人员在行政执法过程中,对实施该执法活动的过程所作的书面记录。现场笔录包括现场检查笔录、现场勘验笔录、现场检验笔录、现场实施笔录等。行政强制措施的现场笔录,主要指实施该行政强制措施的过程记录,包括:(1)送达有关行政强制措施的行政决定及签收情况;(2)告知当事人有关权利和当事人主张权益的情况;(3)行政强制措施的实施情况;等等。现场笔录由当事人和行政执法人员签名或者盖章。当事人拒绝的,在笔录中予以注明。当事人不到场的,邀请见证人到场,由见证人和行政执法人员在现场笔录上签名或者盖章。

制作现场笔录的意义在于:一是有助于建立行政执法档案制度;二是有助于行政机关的自我监督;三是有助于形成证据,克服事后取证难。根据最高人民法院《关于行政诉讼证据若干问题的规定》(法释〔2002〕21号)的有关规定,在行政诉讼中,现场笔录作为书证优于其他书证、视听资料和证人证言。[79]

(八)法律、法规规定的其他程序

根据《行政强制法》(2011)第18条第10项的规定,作为实施行政强制措施的基本程序,行政执法机关及其执法人员除了必须遵循上述七个环节外,还必须遵循“法律、法规规定的其他程序”。这里有几个要点必须把握:第一,作为实施行政强制措施的基本程序,上述七个环节并未穷尽,其本身就允许其他法律和行政法规进行补充。第二,其他法律和行政法规所补充的程序,不得与前七个环节规定相抵触。其只是对前者的补充而不是改变。第三,对其他程序的规定,只限于法律和行政法规,并不包括所有的法规。

(九)行政强制措施中的紧急程序

如果说《行政强制法》(2011)第18条规定了实施行政强制措施的一般程序,那么第19条的规定就属于一般程序中的“紧急程序”。《行政强制法》(2011)第19条规定:“情况紧急,需要当场实施行政强制措施的,行政执法人员应当在二十四小时内向行政机关负责人报告,并补办批准手续。行政机关负责人认为不应当采取行政强制措施的,应当立即解除。”

---

〔79〕 最高人民法院《关于行政诉讼证据若干问题的规定》(法释〔2002〕21号)第63条第2项规定:“鉴定结论、现场笔录、勘验笔录、档案材料以及经过公证或者登记的书证优于其他书证、视听资料和证人证言。”

需要注意的是,这一规定只是对第18条中的第一个环节,即事先报批和决定的变通,而不是对所有程序环节的变通。根据第18条第1项的规定,行政执法人员在实施行政强制措施之前,必须向行政机关负责人报告并经批准,由此制作"行政决定书";但根据第19条规定,如果"情况紧急,需要当场实施行政强制措施",那么就可以变通这一要求,即可不经批准而先行实施。

所谓"情况紧急",系指事态的发展之快之严重,无法等待报经行政机关负责人批准并制作行政决定书。如灭火中要拆除有关建筑,对醉酒者的强制约束,等等。如遇这种情况,行政执法人员应当在实施行政强制措施后的24小时内向行政机关负责人报告,并补办批准手续。行政机关负责人认为不应当采取行政强制措施的,应当立即解除。

三、行政强制措施的具体程序

(一)限制人身自由措施的程序

在中国,对有关公民人身自由权利的事项采用"法律保留原则"。宪法将公民的人身自由权列入宪法权利,立法法又明确将公民的政治权利和人身自由权利列入法律保留范围。宪法和立法法的上述原则落实到行政强制法中的结果,就是该法确立了限制公民人身自由的行政强制措施只得由法律设定的规定。这些对公民人身自由权利的特别保护原则,必然影响法律对限制公民人身自由措施的程序设定和要求。

《行政强制法》(2011)第20条对有关限制公民人身自由的强制措施的程序作出了特别要求:"依照法律规定实施限制公民人身自由的行政强制措施,除应当履行本法第十八条规定的程序外,还应当遵守下列规定:(一)当场告知或者实施行政强制措施后立即通知当事人家属实施行政强制措施的行政机关、地点和期限;(二)在紧急情况下当场实施行政强制措施的,在返回行政机关后,立即向行政机关负责人报告并补办批准手续;(三)法律规定的其他程序。实施限制人身自由的行政强制措施不得超过法定期限。实施行政强制措施的目的已经达到或者条件已经消失,应当立即解除。"这一条文虽然置于第三章"行政强制措施实施程序"中的第一节"一般规定"之中,但其实它并不属于一般程序,而是有关限制公民人身自由强制措施的特别程序。作为特别程序就意味着,它必须以服从《行政强制法》(2011)第16~19条规定的一般程序为前提,在这一前提下,还必须遵循下列程序要求。

1. 当场告知或立即通知家属

行政机关对当事人实施限制人身自由的行政强制措施必须当场或者立即将有关信息告知其家属;无家属者,必须通知其单位,这是正当程序的要求。一个人可以秘密地被带走并且不知去向,那是警察国家的做法,为民主国家所不允许,有悖真正的法治。《行政强制法》(2011)第20条第1项的程序规定,实施行政强制措施的行政机关应当当场告知或者实施行政强制措施后立即通知当事人家属实施行政强制措施的行政机关、地点和期限。这构成了行政机关的法定义务,而不是可做可不做的行为。这一义务包含了以下几个要点;

(1)通知时间:当场或者立即。在当事人家属在场的场所(如住所等)对其实施限制人身自由的行政强制措施时,行政机关必须"当场"告知其家属;在当事人家属不在场的场所(如其他场所)对其实施限制人身自由的行政强制措施时,行政机关必须"立即"将有关信息告知其家属。所谓"立即",指"事后及时"的意思。

(2)通知对象:家属或者单位。通知对象有两个:一是家属;二是单位。家属,是指本人以外的家庭成员,包括配偶、父母和子女。对被实施限制人身自由强制措施的当事人来说,家属一般是与其关系最亲近的人员,因此,家属是需要通知的首要对象。无论是当场通知还是实施强制措施后的通知,都应当首先通知其家属;无家属或者家属通知不到的,才通知其单位。

(3)通知内容:机关、地点和期限。无论通知家属还是单位,通知的内容都应当包括:①实施限制人身自由的机关;②当事人被限制人身自由的地点,即约束地点;③当事人被限制人身自由的期限。这三个信息是最基本的信息,行政机关必须将它们毫无保留地通知给家属或者单位。行政机关履行通知义务时,不得少于这三个信息,但可以多于这三个信息,如告知强制的种类、依据和理由。

2. 紧急情况下的补办手续

《行政强制法》(2011)第20条第2项规定,在紧急情况下当场实施行政强制措施的,在返回行政机关后,立即向行政机关负责人报告并补办批准手续。这里的“紧急情况”,系指情况到了无法事先向行政机关负责人报告并办理批准手续的程度,等待单位报批会造成无法挽回的后果,例如一个醉汉正在大街上殴打别人。

这里的补办手续,是指补办实施限制人身自由强制措施整个程序上的手续,而不是仅指补办通知手续。关于通知问题,依然适用上述规定。

3. 遵守法律规定的其他程序

行政机关实施限制人身自由的行政强制措施,除必须遵循上述程序外,还必须遵守法律规定的其他程序。这里的“法律”是狭义,限指全国人大及其常委会制定的法律。《行政强制法》对限制人身自由的强制措施采取严格的法律保留原则,因而,所增加的程序自然也必须限于法律规定。

4. 两大原则:禁超期限和立即解除

《行政强制法》(2011)第20条第2款还为实施限制人身自由的强制措施确立了两项原则,即“禁超期限”和“立即解除”。这两项原则的确立,是对公民人身自由权的有力保护。

(1)“禁超期限”原则。“禁超期限”原则系指行政机关实施限制人身自由行政强制措施,不得超越“法定期限”。这里的“法定期限”,应当指法律规定的期限。我国不少法律已对期限作出规定。例如,根据《人民警察法》(2012)第9条规定[80],公安机关对当事人的留置盘问不得超过24小时,延长不得超过48小时;根据《治安管理处罚法》(2012)第83条规定[81],公安机关对违反治安管理行为人实施强制传唤不得超过8小时,最长不得超过24小时;根据《海关

[80] 《人民警察法》(2012)第9条规定:“为维护社会治安秩序,公安机关的人民警察对有违法犯罪嫌疑的人员,经出示相应证件,可以当场盘问、检查;经盘问、检查,有下列情形之一的,可以将其带至公安机关,经该公安机关批准,对其继续盘问:(一)被指控有犯罪行为的;(二)有现场作案嫌疑的;(三)有作案嫌疑身份不明的;(四)携带的物品有可能是赃物的。对被盘问人的留置时间自带至公安机关之时起不超过二十四小时,在特殊情况下,经县级以上公安机关批准,可以延长至四十八小时,并应当留有盘问记录。对于批准继续盘问的,应当立即通知其家属或者其所在单位。对于不批准继续盘问的,应当立即释放被盘问人。经继续盘问,公安机关认为对被盘问人需要依法采取拘留或者其他强制措施的,应当在前款规定的期间作出决定;在前款规定的期间不能作出上述决定的,应当立即释放被盘问人。”

[81] 《治安管理处罚法》(2012)第83条规定:“对违反治安管理行为人,公安机关传唤后应当及时询问查证,询问查证的时间不得超过八小时;情况复杂,依照本法规定可能适用行政拘留处罚的,询问查证的时间不得超过二十四小时。公安机关应当及时将传唤的原因和处所通知被传唤人家属。”

法》(2021)第6条规定[82],海关对走私犯罪嫌疑人的扣留不得超过24小时,最长不得超过48小时;《禁毒法》(2007)第47条规定[83],强制隔离戒毒的期限为2~3年;等等。

(2)"立即解除"原则。"立即解除"原则,系指根据《行政强制法》(2011)第20条第2款规定,行政机关实施限制公民人身自由行政强制措施后,实施该措施的目的已经达到或者条件已经消失的,应当立即解除该措施的要求。"禁超期限"原则适用于"期限之外",是指一旦超越"期限",必须无条件放人;限制人身自由不得超越"法定期限"。而"立即解除"原则适用于"期限之内",系指即使尚未到达或超出"法定期限",但实施该措施的目的已经达到或者条件已经消失,应当立即解除该措施。

(二)查封、扣押措施的程序

《行政强制法》(2011)在第三章"行政强制措施实施程序"中,将查封和扣押合并于一节(第二节)作统一规定,是基于这两种措施的功能,除了"当地"与"异地"之区别外,基本相同,都是对当事人财物的一种限制。

《行政强制法》(2011)在第三章第二节从第22条至第28条,用了共计7个条文,详细规定了查封、扣押中的有关问题。

1. 查封、扣押的对象范围

《行政强制法》(2011)第23条规定:"查封、扣押限于涉案的场所、设施或者财物,不得查封、扣押与违法行为无关的场所、设施或者财物;不得查封、扣押公民个人及其所扶养家属的生活必需品。当事人的场所、设施或者财物已被其他国家机关依法查封的,不得重复查封。"这是有关查封、扣押对象范围的限制性规定。必须注意的是:

(1)查封、扣押对象仅限于场所、设施或者财物,不包括人。如果扣押人,便属于"限制人身自由"的强制措施了,不属于"查封、扣押"措施。

(2)涉案原则。它是由《行政强制法》(2011)第23条所确立的一项实施原则,即"查封、扣押限于涉案的场所、设施或者财物,不得查封、扣押与违法行为无关的场所、设施或者财物"。根据这一原则,对有关场所、设施或者财物实施查封或者扣押时,其必须具有"涉案性",即与案件有关。[84] "涉案性"又体现为两个保障原则和一个禁止原则,以下分述。

(3)生活保障原则。《行政强制法》(2011)第23条规定"不得查封、扣押公民个人及其所

---

[82] 《海关法》(2021)第6条规定:"海关可以行使下列权力……(四)在海关监管区和海关附近沿海沿边规定地区,检查有走私嫌疑的运输工具和有藏匿走私货物、物品嫌疑的场所,检查走私嫌疑人的身体;对有走私嫌疑的运输工具、货物、物品和走私犯罪嫌疑人,经直属海关关长或者其授权的隶属海关关长批准,可以扣留;对走私犯罪嫌疑人,扣留时间不超过二十四小时,在特殊情况下可以延长至四十八小时……"

[83] 《禁毒法》(2007)第47条规定:"强制隔离戒毒的期限为二年。执行强制隔离戒毒一年后,经诊断评估,对于戒毒情况良好的戒毒人员,强制隔离戒毒场所可以提出提前解除强制隔离戒毒的意见,报强制隔离戒毒的决定机关批准。强制隔离戒毒期满前,经诊断评估,对于需要延长戒毒期限的戒毒人员,由强制隔离戒毒场所提出延长戒毒期限的意见,报强制隔离戒毒的决定机关批准。强制隔离戒毒的期限最长可以延长一年。"

[84] 关于如何认定"涉案性",有专家将它归纳为:(1)作为违法行为结果的物;(2)作为违法行为的工具;(3)处于危险状态的物;(4)证明违法行为存在的物;(5)实施违法行为或者产生危险危害的场所。参见江必新主编、最高人民法院行政强制法研究小组编著:《〈中华人民共和国行政强制法〉条文理解与适用》,人民法院出版社2011年版,第145页。

扶养家属的生活必需品”。这是生活保障原则的体现。[85] 这一原则所保障的人,包括当事人本人,也包括他所扶养的家属。这里的“家属”应当包括与当事人有扶养关系的配偶、直系血亲、同胞兄弟姐妹。这里的“生活必需品”,应当指为吃、住、行、受教育和医疗所必需的物品。[86]

(4)第三人权益保障原则。第三人权益保障原则,系指行政机关在实施查封、扣押强制措施时,不得对被侵害人和善意第三人的合法财物进行查封或扣押。这一原则在《行政强制法》中虽然未作规定,但根据其他法律的规定,并结合《行政强制法》的立法目的,应当适用于行政强制领域。如《治安管理处罚法》规定,公安机关办理治安案件,对与案件有关的需要作为证据的物品,可以扣押;对被侵害人或者善意第三人合法占有的财产,不得扣押。[87]

(5)禁止重复查封原则。根据《行政强制法》(2011)第23条第2款规定,当事人的场所、设施或者财物已被其他国家机关依法查封的,不得重复查封。这就是对“禁止重复查封原则”的规定。这一原则内的“其他国家机关”,包括司法机关和其他行政机关。

2. 查封、扣押的实施程序

根据《行政强制法》(2011)第24条规定,行政机关决定实施查封、扣押的,首先应当履行《行政强制法》(2011)第18条所规定的一般程序,其次行政机关应当制作并当场交付查封、扣押决定书和清单。[88] 查封、扣押清单一式二份,由当事人和行政机关分别保存。

3. 查封、扣押的期限

《行政强制法》(2011)第25条规定,查封、扣押的期限不得超过30日;情况复杂的,经行政机关负责人批准,可以延长,但是延长期限不得超过30日。在这里,第一个30日属于查封、扣押的基本期限。所谓基本期限就是指基础期限,行政机关实施查封和扣押,原则上必须在这一期限内完成。另一个30日属于延长期限。延长期限是指在基本期限之外可以增加的时间长度。基本期限加上延长期限等于最长期限。可见,我国查封、扣押的基本期限是30日,延长期限也是30日,最长期限是60日。这里必须特别说明的是,基本期限与延长期限之间不允许间

[85] 这一原则在不少国家和地区都有所体现。一般规定下列财物不列入查封范围:(1)债务人及其亲属生活必需之物品及金钱;(2)必须之衣服、寝具、餐具及其他物品;(3)职业上或教育上所必需之器具物品;(4)勋章及其他表彰荣誉之物品;(5)遗像、牌位、墓碑及其他祭祀礼拜所用之物;(6)未成熟之天然孳息;(7)尚未发表之发明或著作;(8)建筑物所附防止灾害物品;(9)禁止查封物之变换。参见杨与龄编著:《强制执行法论(最新修正)》,中国政法大学出版社2002年版,第325~328页。

[86] 这一原则体现了对人的生存权的尊重和保护,是人权原则的体现,符合我国的宪法精神。保障当事人及其家属的生活条件,早在《民事诉讼法》中就有体现,之后最高人民法院《关于人民法院民事执行中查封、扣押、冻结、财产的规定》和最高人民检察院发布的《人民检察院扣押、冻结涉案款物工作规定》都作了类似规定。但上述规定原来只适用于司法领域,这次《行政强制法》的规定,使该原则从司法领域扩展至行政强制领域,这无疑是一个进步。

[87] 《治安管理处罚法》(2012)第89条第1款规定:“公安机关办理治安案件,对与案件有关的需要作为证据的物品,可以扣押;对被侵害人或者善意第三人合法占有的财产,不得扣押,应当予以登记。对与案件无关的物品,不得扣押。”

[88] 查封、扣押决定书应当载明下列事项:(1)当事人的姓名或者名称、地址;(2)查封、扣押的理由、依据和期限;(3)查封、扣押场所、设施或者财物的名称、数量等;(4)申请行政复议或者提起行政诉讼的途径和期限;(5)行政机关的名称、印章和日期。

隔,从查封、扣押行为的开始到结束,连续计算不得超过 60 日,此为最长时间,当然也是绝对时间。[89]

上述期限属于一般期限。一般期限是指常态下的期限。但《行政强制法》(2011)第 25 条在规定一般期限的同时,又明文规定"法律、行政法规另有规定的除外"。这意味着,法律和行政法规可以对查封、扣押的期限作出例外规定。所谓例外规定就是特别规定,在期限适用上它们优于一般期限。特别规定限于法律和行政法规作出,地方性法规和规章无资格作出例外规定。[90]

4. 查封、扣押期间的保管和费用

查封、扣押行为发生后,被查封、扣押的物品就处于行政机关的控制之下。被查封、扣押的物品在查封、扣押期间,其处分权和使用权受到限制,但所有权依然没有转移,依然属于当事人所有。因而,在查封、扣押期间,实施该措施的行政机关必须负有妥善保管的义务。《行政强制法》(2011)第 26 条第 1 款规定,对查封、扣押的场所、设施或者财物,行政机关应当妥善保管,不得使用或者损毁。

此外,关于费用承担问题,《行政强制法》(2011)第 25 条第 3 款明文规定,"……检测、检验、检疫或者技术鉴定的费用由行政机关承担"。另根据第 26 条第 3 款规定,因查封、扣押发生的保管费用也由行政机关承担。这些规定十分重要,有助于防止行政腐败。

5. 查封、扣押财物的处理

查封、扣押是一种过程行为而不是结果行为。它们是一种服务于结果行为的暂时性措施,最终需要有一个结果加以了结。《行政强制法》(2011)第 27 条规定:"行政机关采取查封、扣押措施后,应当及时查清事实,在本法第二十五条规定的期限内作出处理决定。对违法事实清楚,依法应当没收的非法财物予以没收;法律、行政法规规定应当销毁的,依法销毁;应当解除查封、扣押的,作出解除查封、扣押的决定。"这是对"期限内处理原则"的确立。根据这一原则,针对不同情况会有三种处理结果:一是依法没收;二是依法销毁;三是依法解除。解除查封、扣押后,应当立即退还财物。已将鲜活物品或者其他不易保管的财物拍卖或者变卖的,退还拍卖或者变卖所得款项。变卖价格明显低于市场价格,给当事人造成损失的,应当给予补偿。

(三)冻结措施的程序

冻结,系指有权冻结的实施主体依法作出冻结决定并向金融机构发出协助执行通知书,禁止当事人在一定期限内支取或转移账户存款或汇款的强制措施。它属于一种独立的行政行为。由于这种行为既关系到金融机构的信用,又关系到公民、法人和其他组织的财产安全,并被列入"法律保留"范围,所以《行政强制法》(2011)在第三章"行政强制措施实施程序"中对冻结措施的程序单设一节作了专门规定。

---

〔89〕《行政强制法》将查封、扣押的基本期限也定为 30 日,延长期限也定为 30 日,从而决定了最长期限是 60 日,已经平衡了两个方面的考虑:一是行政强制措施的"暂时性"。查封、扣押作为行政强制措施,具有"暂时性"之特点,查封、扣押期限规定过长就会背离查封、扣押行为的"暂时性"。二是行政强制措施的目的性。行政强制措施的目的是预防、制止违法或社会危害事件,保障后续行政行为的有效作出。如果查封、扣押期限过短,就会使行政强制措施无法达到目的。

〔90〕目前,中国有不少法律和行政法规规定了不同于一般期限的例外期限。例如,《禁止传销条例》(2005)第 18 条第 1 款规定工商行政管理部门实施查封、扣押的期限不得超过 30 日,延长不得超过 15 日。

1. 冻结的实施原则

鉴于冻结措施的特殊性,行政强制法为冻结程序设定了两项原则,即相当性原则和禁止重复冻结原则。

(1)相当性原则。《行政强制法》(2011)第29条第2款规定:"冻结存款、汇款的数额应当与违法行为涉及的金额相当……"这是对"相当性原则"的表述。所谓"相当性",是指冻结存款、汇款的数额应当与违法行为涉及的金额接近、成比例。冻结一方面有效地保障了行政秩序,另一方面也会对公民、法人或者其他组织的财产权益构成威胁,所以坚持"相当性原则"非常重要。冻结措施中的"相当性原则",源于《行政强制法》(2011)第5条的规定,即"行政强制的设定和实施,应当适当"。它是行政强制适当性原则的体现和要求。我国一些其他法律也已体现了这一原则。如《税收征收管理法》(2015)第38条规定,可以冻结纳税人的金额"相当于"应纳税款的存款。[91]

(2)禁止重复冻结原则。《行政强制法》(2011)第29条第2款还规定:"……已被其他国家机关依法冻结的,不得重复冻结。"这是对"禁止重复冻结原则"的表述。所谓重复冻结,系指两个或者两个以上的国家机关对于同一账户内的同一额度存款或者汇款在同一时间内进行冻结的行为。这里的"国家机关"包括行政机关、监察机关和司法机关等。之所以禁止重复冻结,一是为了防止国家机关之间的利益冲突,二是为了保护当事人的合法财产权益。

2. 冻结的实施程序

冻结的实施程序可分为行政机关的实施程序和金融机构的协助程序。根据《行政强制法》(2011)第30、31条的有关规定,行政机关实施冻结措施涉及几个环节:

(1)履行《行政强制法》(2011)第18条中的部分程序环节。《行政强制法》(2011)第30条第1款规定:"行政机关依照法律规定决定实施冻结存款、汇款的,应当履行本法第十八条第一项、第二项、第三项、第七项规定的程序……"这里首先表明,行政机关实施冻结存款、汇款,应当履行《行政强制法》(2011)第18条中规定的四项程序:实施前须向行政机关负责人报告并经批准;由两名以上行政执法人员实施;出示执法身份证件;制作现场笔录。其次表明,这几个一般程序环节不适用于措施。一是通知当事人到场;二是当场告知当事人采取行政强制措施的理由、依据以及当事人依法享有的权利、救济途径;三是听取当事人的陈述和申辩;四是现场笔录由当事人和行政执法人员签名或者盖章,当事人拒绝的,在笔录中予以注明;五是当事人不到场的,邀请见证人到场,由见证人和行政执法人员在现场笔录上签名或者盖章。这主要是由于冻结措施具有及时性和秘密性,因而不适用当事人在场并陈述之要求。

(2)向金融机构交付冻结通知书。冻结措施的特点在于,行政机关实施冻结措施,需要得到金融机构的协助。为此,行政机关就必须向其交付"冻结通知书"。为了规范冻结行为,防止

---

[91] 《税收征收管理法》(2015)第38条规定:"税务机关有根据认为从事生产、经营的纳税人有逃避纳税义务行为的,可以在规定的纳税期之前,责令限期缴纳应纳税款;在限期内发现纳税人有明显的转移、隐匿其应纳税的商品、货物以及其他财产或者应纳税的收入的迹象的,税务机关可以责成纳税人提供纳税担保。如果纳税人不能提供纳税担保,经县以上税务局(分局)局长批准,税务机关可以采取下列税收保全措施:(一)书面通知纳税人开户银行或者其他金融机构冻结纳税人的金额相当于应纳税款的存款;(二)扣押、查封纳税人的价值相当于应纳税款的商品、货物或者其他财产。纳税人在前款规定的限期内缴纳税款的,税务机关必须立即解除税收保全措施;限期期满仍未缴纳税款的,经县以上税务局(分局)局长批准,税务机关可以书面通知纳税人开户银行或者其他金融机构从其冻结的存款中扣缴税款,或者依法拍卖或者变卖所扣押、查封的商品、货物或者其他财产,以拍卖或者变卖所得抵缴税款。个人及其所扶养家属维持生活必需的住房和用品,不在税收保全措施的范围之内。"

行政执法人员的随意性,“冻结通知书”必须以书面形式作出。在实践中,无论通知书以什么名称出现,一般都应当包括以下信息:协助冻结单位的名称;冻结的法律依据;存款汇款人姓名;存款、汇款的账号;冻结数额;冻结财产所在机构的名称和地址;冻结起止时间;其他有关信息。

(3)向当事人交付冻结决定书。冻结的实施主体向金融机构交付的是“冻结通知书”,而向当事人交付的是“冻结决定书”。根据《行政强制法》(2011)第31条规定,“冻结决定书”必须载明下列内容:当事人的姓名或者名称、地址;冻结的理由、依据和期限;冻结的账号和数额;申请行政复议或者提起行政诉讼的途径和期限;行政机关的名称、印章和日期。“冻结决定书”必须于决定作出的3日内向当事人交付,但可以在冻结之后或冻结的同时交付,以防止冻结的流产。

行政机关完成上述几个程序环节后,就进入金融机构协助冻结的程序。金融机构,除了中国人民银行,还包括商业银行、政策性银行、财务公司、城市和农村信用合作社、邮政储蓄机构等,也应当包括外资金融机构。在冻结的实施程序中,没有金融机构的协助,冻结是无法完成的。为此,《行政强制法》(2011)第30条第2~3款规定,“金融机构接到行政机关依法作出的冻结通知书后,应当立即予以冻结,不得拖延,不得在冻结前向当事人泄露信息。法律规定以外的行政机关或者组织要求冻结当事人存款、汇款的,金融机构应当拒绝”。金融机构应当根据《行政强制法》的有关规定,并结合中国人民银行发布的《金融机构协助查询、冻结、扣划工作管理规定》,依法履行协助职责。

3. 冻结的期限

冻结的期限,系指行政主体实施冻结后,当事人的存款、汇款被限制处分和转移的时间长度。它是冻结程序中不可或缺的内容要素。为此,《行政强制法》(2011)第32条作了专门规定,“自冻结存款、汇款之日起三十日内,行政机关应当作出处理决定或者作出解除冻结决定;情况复杂的,经行政机关负责人批准,可以延长,但是延长期限不得超过三十日。法律另有规定的除外。延长冻结的决定应当及时书面告知当事人,并说明理由”。这说明冻结有三种期限:

(1)冻结的基本期限。根据《行政强制法》(2011)第32条规定,冻结当事人的存款、汇款的期限是30日内,这是冻结的基本期限。原则上,自冻结存款、汇款之日起30日内,行政机关应当作出处理决定或者作出解除冻结决定。

(2)冻结的延长期限。如果情况复杂,行政机关无法在上述期限内完成处理,经行政机关负责人批准,可以延长,但是延长期限不得超过30日。

(3)例外期限。根据《行政强制法》第32条规定,对于上述基本期限和延长期限,“法律另有规定的除外”。这意味着,《行政强制法》以外的法律可以对冻结的期限作出例外规定。所谓例外规定就是特别规定,在期限适用上它们优于一般期限。目前,中国已有一些法律对冻结期限作出了例外规定,如《反洗钱法》(2006)第26条第3款规定,“临时冻结不得超过四十八小时。金融机构在按照国务院反洗钱行政主管部门的要求采取临时冻结措施后四十八小时内,未接到侦查机关继续冻结通知的,应当立即解除冻结”。

4. 冻结的处理和解除

(1)期限内的处理。《行政强制法》(2011)第32条第1款规定:“自冻结存款、汇款之日起三十日内,行政机关应当作出处理决定或者作出解除冻结决定……”这里不仅确立了冻结的基本期限是30日,更重要的是确立了行政机关必须在期限内处理的义务和要求。在30日的基本期限内,如果案件成立,行政机关必须作出处理决定,如没收决定等;如果案件不成立,必须作出解除决定。这既是为了提高行政效率,也是为了尊重和保护当事人的合法财产权益,同时也是为了维护金融机构的正常经营活动。

(2)解除冻结的情形。根据《行政强制法》(2011)第33条第1、2款规定,有下列情形之一的,行政机关应当及时作出解除冻结决定:当事人没有违法行为;冻结的存款、汇款与违法行为无关;行政机关对违法行为已经作出处理决定,不再需要冻结;冻结期限已经届满;其他不再需要采取冻结措施的情形。行政机关作出解除冻结决定的,应当及时通知金融机构和当事人。金融机构接到通知后,应当立即解除冻结。

(3)逾期解冻的权利。根据《行政强制法》(2011)第33条第3款规定,"行政机关逾期未作出处理决定或者解除冻结决定的,金融机构应当自冻结期满之日起解除冻结"。这是《行政强制法》赋予金融机构的逾期解冻的权利和义务。这一制度的确立,便于金融机构对行政机关是否依法行政进行监督,同时也是对当事人存款、汇款权益的一种有效保护。就存款和汇款的性质来说,无论是存款还是汇款,都既涉及存款人、汇款人、收款人的财产权利,也关系到金融机构的经营活动和金融业的发展,所以作此规定很有必要。

四、涉嫌犯罪案件财物的移送

(一)一并转移原则及意义

《行政强制法》(2011)第21条还规定,违法行为涉嫌犯罪应当移送司法机关的,行政机关应当将查封、扣押、冻结的财物一并移送,并书面告知当事人。

这一规定是为了防止有的行政机关,出于部门利益考虑,不愿将涉嫌犯罪案件移送司法机关,以罚代刑,而作出的明确规定,很有现实意义和针对性。这一制度早在1996年制定的《行政处罚法》中已有体现,[92]2021年《行政处罚法》修订时保留了这一内容。[93]此外,2001年7月国务院颁布的《行政执法机关移送涉嫌犯罪案件的规定》(2020年修订),对行政执法机关向公安机关移送涉嫌犯罪案件的依据、程序、标准,以及有关部门的责任,作出了详细规定。《行政强制法》的这一规定是对上述制度的衔接。

(二)一并转移原则的要求

《行政强制法》(2011)第21条包含了两项重要内容:一是物随人走,当案件移送时,当事人跟着被移送,而人被移送时,财物应当随人移送;二是书面告知当事人,以便当事人及时了解案件的主管机关和自己财物的去向,有助于维护其合法权益。

《行政执法机关移送涉嫌犯罪案件的规定》(2020)明确要求:行政执法机关对公安机关决定立案的案件,应当自接到立案通知书之日起3日内将涉案物品以及与案件有关的其他材料移交公安机关,并办结交接手续;法律、行政法规另有规定的,依照其规定。行政执法机关向公

---

[92]　《行政处罚法》(1996)第61条规定:"行政机关为牟取本单位私利,对应当依法移交司法机关追究刑事责任的不移交,以行政处罚代替刑罚,由上级行政机关或者有关部门责令纠正;拒不纠正的,对直接负责的主管人员给予行政处分;徇私舞弊、包庇纵容违法行为的,比照刑法第一百八十八条的规定追究刑事责任。"

[93]　《行政处罚法》(2021)第82条规定:"行政机关对应当依法移交司法机关追究刑事责任的案件不移交,以行政处罚代替刑事处罚,由上级行政机关或者有关机关责令改正,对直接负责的主管人员和其他直接责任人员依法给予处分;情节严重构成犯罪的,依法追究刑事责任。"

安机关移送涉嫌犯罪案件时,应当附有下列材料:(1)涉嫌犯罪案件移送书;(2)涉嫌犯罪案件情况的调查报告;(3)涉案物品清单;(4)有关检验报告或者鉴定结论;(5)其他有关涉嫌犯罪的材料。

第五节 行政强制执行方式和设定

行政强制执行的方式有两类:一类是行政机关对行政决定实施强制执行所采取的执行方式;另一类是人民法院对行政决定实施强制执行所采取的执行方式。这两类方式在手段上有相同的地方,但区别更多。

一、行政机关行政强制执行方式

本部分讨论行政机关对行政决定实施强制执行所采取的执行方式。这类强制执行方式,由《行政强制法》第12条[94]作出专门规定,共有“5+1”种方式,由五种具体方式和一种作为兜底条款的“其他方式”组成。

(一)加处罚款或者滞纳金

1. 加处罚款和滞纳金在行政强制执行中的位置

加处罚款和加收滞纳金是行政执行罚的两种基本方式。

行政执行罚是与直接强制执行相对应的间接强制执行,间接强制执行包括执行罚与代履行,执行罚包括行政执行罚与刑事执行罚,行政执行罚又包括金钱执行罚与人身执行罚,金钱执行罚包括加处罚款与加收滞纳金。

可见,加处罚款或滞纳金,属于一种作为间接强制执行的金钱执行罚。

2. 加处罚款

中国“加处罚款”的措施最早由1996年制定的《行政处罚法》确立。该法第六章“行政处罚的执行”中的第51条规定:“当事人逾期不履行行政处罚决定的,作出行政处罚决定的行政机关可以采取下列措施:(一)到期不缴纳罚款的,每日按罚款数额的百分之三加处罚款……”2021年修订的《行政处罚法》第72条保留了这一规定。《行政处罚法》(2021)第72条第1款规定:“当事人逾期不履行行政处罚决定的,作出行政处罚决定的行政机关可以采取下列措施:(一)到期不缴纳罚款的,每日按罚款数额的百分之三加处罚款,加处罚款的数额不得超出罚款的数额……”2011年制定的《行政强制法》,对加处罚款作了扩展性规定。《行政强制法》(2011)不仅在第12条第1项将“加处罚款”设定为一种普遍性的行政执行罚措施,而且还在第45条专门规定:“行政机关依法作出金钱给付义务的行政决定,当事人逾期不履行的,行政机关可以依法加处罚款或者滞纳金。加处罚款或者滞纳金的标准应当告知当事人。加处罚款或者滞纳金的数额不得超出金钱给付义务的数额。”根据《行政处罚法》和《行政强制法》的上述规定,对于加处罚款必须把握几个要点:

---

[94] 《行政强制法》(2011)第12条规定:“行政强制执行的方式:(一)加处罚款或者滞纳金;(二)划拨存款、汇款;(三)拍卖或者依法处理查封、扣押的场所、设施或者财物;(四)排除妨碍、恢复原状;(五)代履行;(六)其他强制执行方式。”

(1)加处罚款适用于所有"金钱给付义务的行政决定"。《行政处罚法》确立了对拒不履行"罚款决定"当事人"加处罚款"的制度,《行政强制法》将适用范围扩展到所有"金钱给付义务的行政决定"。"金钱给付义务的行政决定"不仅包括罚款决定,还包括征收税款决定、行政事业性收费决定和其他金钱给付义务的决定。

(2)加处罚款的数额不得超出金钱给付义务的数额。《行政强制法》(2011)第45条第2款规定:"加处罚款或者滞纳金的数额不得超出金钱给付义务的数额。"为和这一规定相衔接,《行政处罚法》2021年修订时也增加了这一规定。[95] 上述规定确立了"加处罚款不得超过本金"的原则,有效地阻止了"天价罚款"的出现。

(3)加处罚款必须通知当事人。《行政强制法》(2011)第45条第1款规定:"……加处罚款或者滞纳金的标准应当告知当事人。"由于加处罚款会在原处罚决定之外增加新的金钱负担,所以必须告知当事人。这里要告知当事人的,不仅仅是标准,还有结果。具体表现为:第一,在送达处罚决定时,就应当告知当事人不履行处罚决定的后果(加处罚款)和标准;第二,当事人超过期限时给予催告履行,催告中应当包括加处罚款的标准;第三,加处罚款时作出一个加处罚款的决定,此决定中也应当告知计算标准。

除了《行政处罚法》和《行政强制法》,中国还有多部法律规定了"加处罚款",如《道路交通安全法》[96]和《海警法》[97]等。

3. 加收滞纳金

加收滞纳金,系指当事人逾期不缴纳税款、规费时,行政征收机关依法向当事人征收一定的具有惩罚性的款项的行政强制执行行为。

加收滞纳金行为的属性、法律特征、程序要求等都与加处罚款相同。但是一般而言,加处罚款针对的是拒不履行行政处罚决定的行为,而加收滞纳金主要针对拒不缴纳税费的情况。

目前中国多部法律规定了滞纳金。例如,《税收征收管理法》[98]《船舶吨税法》[99]《水法》[100]

---

〔95〕 具体体现为《行政处罚法》(2021)第72条第1款第1项规定。

〔96〕 《道路交通安全法》(2021)第109条规定:"当事人逾期不履行行政处罚决定的,作出行政处罚决定的行政机关可以采取下列措施:(一)到期不缴纳罚款的,每日按罚款数额的百分之三加处罚款;(二)申请人民法院强制执行。"

〔97〕 《海警法》(2021)第33条第1款规定:"当事人逾期不履行处罚决定的,作出处罚决定的海警机构可以依法采取下列措施:(一)到期不缴纳罚款的,每日按罚款数额的百分之三加处罚款……"

〔98〕 《税收征收管理法》(2015)第32条规定:"纳税人未按照规定期限缴纳税款的,扣缴义务人未按照规定期限解缴税款的,税务机关除责令限期缴纳外,从滞纳税款之日起,按日加收滞纳税款万分之五的滞纳金。"

〔99〕 《船舶吨税法》(2018)第12条规定:"应税船舶负责人应当自海关填发吨税缴款凭证之日起十五日内缴清税款。未按期缴清税款的,自滞纳税款之日起至缴清税款之日止,按日加收滞纳税款万分之五的税款滞纳金。"第17条第1款规定:"海关发现少征或者漏征税款的,应当自应税船舶应当缴纳税款之日起一年内,补征税款。但因应税船舶违反规定造成少征或者漏征税款的,海关可以自应当缴纳税款之日起三年内追征税款,并自应当缴纳税款之日起按日加征少征或者漏征税款万分之五的税款滞纳金。"

〔100〕 《水法》(2016)第70条规定:"拒不缴纳、拖延缴纳或者拖欠水资源费的,由县级以上人民政府水行政主管部门或者流域管理机构依据职权,责令限期缴纳;逾期不缴纳的,从滞纳之日起按日加收滞纳部分千分之二的滞纳金,并处应缴或者补缴水资源费一倍以上五倍以下的罚款。"

《水土保持法》〔101〕《社会保险法》〔102〕《海关法》〔103〕《劳动法》〔104〕等。另有十几部行政法规规定了滞纳金，如《税收征收管理法实施细则》〔105〕《防治船舶污染海洋环境管理条例》〔106〕《工伤保险条例》〔107〕《电影管理条例》〔108〕等。

4. 加处罚款和滞纳金的几个问题

（1）关于加处罚款和加收滞纳金是否可以并用问题。一般而言，加处罚款是针对"行政处罚决定"的执行罚，加收滞纳金是针对"征收税费决定"的执行罚。但在现行立法中确实出现了一些并用的规定，如我国《水法》（2016）第70条的规定，在当下《行政处罚法》和《行政强制法》未对这一问题作排他性规定的情况下，可以按以下规则处理：一是对"行政处罚决定"的执行罚只适用加处罚款，不适用加收滞纳金；二是对"征收税费决定"的执行罚原则上只适用加收滞纳金，但法律〔109〕有特别规定时，可以同时加处罚款。

（2）关于加处罚款和加收滞纳金的标准和起算点问题。关于加处罚款的标准，〔110〕除《行政处罚法》（2021）第72条第1款规定的"每日按罚款数额的3%"之外，还有规定按应缴款项数额的倍数加处罚款的。〔111〕鉴于《行政处罚法》（2021）第72条第1款第1项属于直接授权条款，又考虑到《行政处罚法》属于我国行政处罚领域的基本法，必须这样把握：对"罚款决定"的加处罚款，只能按照"每日按罚款数额的3%"标准执行，对于"罚款决定"以外的"其他行政处

---

〔101〕《水土保持法》（2010）第57条规定："违反本法规定，拒不缴纳水土保持补偿费的，由县级以上人民政府水行政主管部门责令限期缴纳；逾期不缴纳的，自滞纳之日起按日加收滞纳部分万分之五的滞纳金，可以处应缴水土保持补偿费三倍以下的罚款。"

〔102〕《社会保险法》（2018）第86条规定："用人单位未按时足额缴纳社会保险费的，由社会保险费征收机构责令限期缴纳或者补足，并自欠缴之日起，按日加收万分之五的滞纳金；逾期仍不缴纳的，由有关行政部门处欠缴数额一倍以上三倍以下的罚款。"

〔103〕《海关法》（2021）第60条规定："进出口货物的纳税义务人，应当自海关填发税款缴款书之日起十五日内缴纳税款；逾期缴纳的，由海关征收滞纳金……"

〔104〕《劳动法》（2018）第100条规定："用人单位无故不缴纳社会保险费的，由劳动行政部门责令其限期缴纳；逾期不缴的，可以加收滞纳金。"

〔105〕《税收征收管理法实施细则》（2016）第42条规定："纳税人需要延期缴纳税款的，应当在缴纳税款期限届满前提出申请，并报送下列材料：申请延期缴纳税款报告，当期货币资金余额情况及所有银行存款账户的对账单，资产负债表，应付职工工资和社会保险费等税务机关要求提供的支出预算。税务机关应当自收到申请延期缴纳税款报告之日起20日内作出批准或者不予批准的决定；不予批准的，从缴纳税款期限届满之日起加收滞纳金。"

〔106〕《防治船舶污染海洋环境管理条例》（2018）第72条第2款规定："货物所有人或者代理人逾期未缴纳船舶油污损害赔偿基金的，应当自应缴之日起按日加缴未缴额的万分之五的滞纳金。"

〔107〕《工伤保险条例》（2010）第62条第1款规定："用人单位依照本条例规定应当参加工伤保险而未参加的，由社会保险行政部门责令限期参加，补缴应当缴纳的工伤保险费，并自欠缴之日起，按日加收万分之五的滞纳金；逾期仍不缴纳的，处欠缴数额1倍以上3倍以下的罚款。"

〔108〕《电影管理条例》（2001）第65条规定："未按照国家有关规定履行电影事业发展专项资金缴纳义务的，由省级以上人民政府电影行政部门责令限期补交，并自欠缴之日起按日加收所欠缴金额万分之五的滞纳金。"

〔109〕这里的"法律"是指由全国人大及其常委会制定的"法律"，因为根据《行政强制法》的规定，设定行政强制执行的只能是"法律"。

〔110〕关于加处罚款的标准，在世界上不具有可比性，差异较大，而且往往具有幅度。德国1953年的《联邦行政强制执行法》第11条第3款将"强制金"定为"最少为三马克，最高为两千马克"。德国1957年《莱茵州柏尔兹行政强制执行法》第64条第3款将"强制金"定为"3马克以上500马克以下"。奥地利1925年《行政强制执行法》第5条第3项规定，"作为强制方法之执行罚，不得超过3000先令"。日本旧《行政执行法》规定了代执行和25元以下"过料"（怠金）制度。我国台湾地区现行的"行政执行法"，改以新台币为计算单位，将"怠金"标准提高到"新台币5000元以上30万元以下"。

〔111〕如《水法》（2016）第70条。

罚决定”或“行政处罚决定”的标准,可按照具体法律所确定的标准执行。加处罚款的起算点是行政决定所确定的履行期限期满之日的第二天。[112]

关于加收滞纳金的标准,《行政强制法》未作统一规定,其他法律法规规定的滞纳金标准,大体有按日加收5‱、0.5‱、1‰、2‰、3‰、5‰和按月加处5%等几种标准。在这种情况下,加收滞纳金的标准就应当按照具体法律规定执行。加收滞纳金应当从滞纳税费之日起算。

(3)关于《行政处罚法》第72条第1款第1项和《行政强制法》第45条第1款是否属于直接授权问题。对照普遍授权与个别授权、直接授权与间接授权之法理,《行政处罚法》(2021)第72条第1款第1项属于普遍而直接的授权,而《行政强制法》(2011)第45条第1款属于普遍而间接的授权。为此,可以推演出以下规则:第一,所有作出“罚款决定”的行政机关,对于当事人拒不履行“罚款决定”的,都可直接依据《行政处罚法》(2021)第72条第1款第1项作出“加处罚款”的决定。第二,所有作出“金钱给付义务决定”(“罚款决定”除外)的行政机关,对于当事人拒不履行“金钱给付义务决定”的,不能直接依据《行政强制法》(2011)第45条第1款加处罚款或者加收滞纳金。在其他法律有明文规定的前提下,行政机关方可依据其他法律加处罚款和加收滞纳金。

(4)关于复议诉讼期间是否继续计算加处罚款和加收滞纳金问题。关于加处罚款在复议诉讼期间是否继续计算的问题,《行政处罚法》(2021)第73条第3款已经明确:“当事人申请行政复议或者提起行政诉讼的,加处罚款的数额在行政复议或者行政诉讼期间不予计算。”但是,对于加收滞纳金,在复议诉讼期间是否继续计算的问题,目前法律没有规定。

(5)关于对加处罚款和加收滞纳金决定本身的强制执行问题。当事人不履行“金钱给付义务”的决定时,行政机关才依法作出“加处罚款”或“加收滞纳金”的决定。这里,前一个决定属于“基础决定”,后一个决定属于“执行决定”。但如果当事人对“执行决定”也不履行,对“执行决定”又如何强制执行呢?《行政强制法》(2011)第46条已作出规定。[113] 根据该规定,可把握如下:第一,对“执行决定”可以依法强制执行,但以逾期和催告为前提,即作出加处罚款或加收滞纳金决定超过30日,经催告当事人仍不履行的,才实施强制执行。第二,区别执行主体。如果行政机关有强制执行权,可通过依法查封、扣押、冻结当事人的财物并拍卖抵缴等方式实施强制执行。如果行政机关无强制执行权,就申请人民法院强制执行。第三,“基础决定”与“执行决定”一并执行。一般在这种情况下,往往是当事人既没有执行“基础决定”,也没有执行“执行决定”,那就必须一并执行。假如“基础决定”是罚款10万元,“执行决定”是加处罚款10万元,那么就应当将20万元一并执行。[114]

---

〔112〕《民法典》(2020)第201条第1款规定:“按照年、月、日计算期间的,开始的当日不计入,自下一日开始计算。”

〔113〕《行政强制法》(2011)第46条规定:“行政机关依照本法第四十五条规定实施加处罚款或者滞纳金超过三十日,经催告当事人仍不履行的,具有行政强制执行权的行政机关可以强制执行。行政机关实施强制执行前,需要采取查封、扣押、冻结措施的,依照本法第三章规定办理。没有行政强制执行权的行政机关应当申请人民法院强制执行。但是,当事人在法定期限内不申请行政复议或者提起行政诉讼,经催告仍不履行的,在实施行政管理过程中已经采取查封、扣押措施的行政机关,可以将查封、扣押的财物依法拍卖抵缴罚款。”

〔114〕对于“一并执行”的规则,在《税收征收管理法》(2015)第40条第2款中规定得更加清晰。该条款规定:“税务机关采取强制执行措施时,对前款所列纳税人、扣缴义务人、纳税担保人未缴纳的滞纳金同时强制执行。”

（二）划拨存款、汇款

1. 划拨存款、汇款概念和特征

划拨存款、汇款，是《行政强制法》（2011）第 12 条为行政机关设定的第二种行政强制执行手段。它是指行政机关在当事人拒不履行行政决定所确定的金钱给付义务的情况下，依照法律规定，通过有关金融机构、邮政机构将义务人账户上的存款或者邮寄给其的汇款，直接划入国家账户的执行方式。它具有下列法律特征：

（1）以当事人拒不履行行政决定所确定的金钱给付义务为前提。它只适用于金钱给付义务的执行，不适用行为义务（作为或不作为）的执行。

（2）以直接强制执行为行为性质。划拨存款、汇款并不像加处罚款或者加收滞纳金一样给当事人增加新的金钱给付义务，而只是对原金钱给付义务的直接执行。

（3）以金融机构的协助为条件。由于存款、汇款存留在金融机构或者邮政机构并由它们而不是行政机关直接控制，因而对当事人的存款、汇款进行划拨必须通过金融机构或者邮政机构的协助。

（4）以法律为直接的行为依据。对银行存款的扣划必须有法律的特别授权，《商业银行法》对此早有要求。[115] 之后的《行政强制法》保留了这一原则。[116] 这就是说，除了法律，行政法规、地方性法规、政府规章和其他规范性文件不得作为行政机关划拨存款、汇款的法律依据。

2. 划拨存款、汇款的领域和法律

在现行制度中，行政机关实施划拨存款、汇款执行措施的，只适用于税收和征收社会保险费等少数领域，并有几部法律作出了规定。例如，《税收征收管理法》（2015）第 40 条、[117]《海关法》（2021）第 60 条、[118]《社会保险法》（2018）第 63 条，[119] 等等。

3. “存款、汇款”的理解

“冻结存款、汇款”是《行政强制法》（2011）第 9 条第 4 项所确立的一种行政强制措施，“划拨存款、汇款”是该法第 12 条第 2 项所确立的一种行政强制执行方式。这里的强制措施和强

〔115〕《商业银行法》（2015）第 29 条规定：“商业银行办理个人储蓄存款业务，应当遵循存款自愿、取款自由、存款有息、为存款人保密的原则。对个人储蓄存款，商业银行有权拒绝任何单位或者个人查询、冻结、扣划，但法律另有规定的除外。”第 30 条又规定：“对单位存款，商业银行有权拒绝任何单位或者个人查询，但法律、行政法规另有规定的除外；有权拒绝任何单位或者个人冻结、扣划，但法律另有规定的除外。”

〔116〕《行政强制法》（2011）第 13 条第 1 款规定：“行政强制执行由法律设定。”第 47 条第 2 款规定：“法律规定以外的行政机关或者组织要求划拨当事人存款、汇款的，金融机构应当拒绝。”

〔117〕《税收征收管理法》（2015）第 40 条第 1 款规定，“从事生产、经营的纳税人、扣缴义务人未按照规定的期限缴纳或者解缴税款，纳税担保人未按照规定的期限缴纳所担保的税款，由税务机关责令限期缴纳，逾期仍未缴纳的，经县以上税务局（分局）局长批准，税务机关可以采取下列强制执行措施：（一）书面通知其开户银行或者其他金融机构从其存款中扣缴税款……”

〔118〕《海关法》（2021）第 60 条第 1 款规定，“进出口货物的纳税义务人，应当自海关填发税款缴款书之日起十五日内缴纳税款；逾期缴纳的，由海关征收滞纳金。纳税义务人、担保人超过三个月仍未缴纳的，经直属海关关长或者其授权的隶属海关关长批准，海关可以采取下列强制措施：（一）书面通知其开户银行或者其他金融机构从其存款中扣缴税款……”

〔119〕《社会保险法》（2018）第 63 条第 2 款规定：“用人单位逾期仍未缴纳或者补足社会保险费的，社会保险费征收机构可以向银行和其他金融机构查询其存款账户；并可以申请县级以上有关行政部门作出划拨社会保险费的决定，书面通知其开户银行或者其他金融机构划拨社会保险费。用人单位账户余额少于应当缴纳的社会保险费的，社会保险费征收机构可以要求该用人单位提供担保，签订延期缴费协议。”

制执行所针对的都是“存款、汇款”,立法表达上没有出现“等”字。所以不能放大至产权和股权等,但应当包括股票等有价证券。

(三)拍卖或者依法处理查封、扣押的场所、设施或者财物

1. 拍卖或依法处理查封扣押的财物之概念和特征

拍卖或者依法处理查封、扣押的场所、设施或者财物,系由《行政强制法》(2011)第12条为行政机关设定的第三种行政强制执行方式。它是指行政机关在当事人拒不履行行政决定所确定的金钱给付义务的情况下,依照法律规定,对当事人已被依法查封、扣押的场所、设施或者财物,通过变现方式实行当事人的金钱给付义务的执行方式。它具有下列法律特征:

(1)适用于金钱给付义务的执行。拍卖或者依法处理查封、扣押的场所、设施或者财物,是对金钱给付义务的执行,而不是对行为义务(作为或不作为)的执行。

(2)执行的标的是当事人的场所、设施或者财物,而不是行为或金钱等。

(3)以已被行政机关依法查封或者扣押为前提。这一执行方式针对的是“已被”依法查封、扣押的财物,即处于查封、扣押状态的财物。对于未被查封、扣押的财物不适用这一执行措施。

(4)它是一种以“变现”为特点的直接强制执行行为。拍卖或者依法处理查封、扣押的场所、设施或者财物,属于一种直接强制执行,而且以“变现”为特点。“变现”是指通过拍卖或者变卖等其他方式使物品转化为货币。“变现”的目的是实现当事人的金钱给付义务之履行。

(5)它必须具有直接的法律依据。拍卖或者依法处理查封、扣押的场所、设施或者财物属于行政强制执行行为,而只要是行政强制执行行为,就一律由法律设定。

2. 拍卖和处理的方式

这里的“拍卖”,也称竞买,系指按照《拍卖法》的要求,以公开竞价的方式,将特定的物品或财产权利转让给最高应价者的买卖方式。它必须符合三个基本条件:(1)拍卖必须有两个以上的买主;(2)拍卖必须有不断变动的价格;(3)拍卖必须有公开竞争的行为。《行政强制法》第48条规定:“依法拍卖财物,由行政机关委托拍卖机构依照《中华人民共和国拍卖法》的规定办理。”

这里的“依法处理”,是指“变卖”等其他方式。“变卖”是指出卖财物,换取现款,属于一般买卖行为。有学者还将“销毁”“返还被侵害人或者善意第三人”列入“依法处理”的范围之内,[120]“依法处理”虽然不受《拍卖法》的约束,但为防止行政腐败,对这种行为也需依法约束。

3. 现行法律制度

在现行法律中,有几部法律规定了拍卖或者依法处理查封、扣押的场所、设施或者财物之执行方式。例如,《行政处罚法》(2021)第72条,[121]《行政强制法》(2011)第46条,[122]《税收征

---

[120] 参见江必新主编、最高人民法院行政强制法研究小组编著:《〈中华人民共和国行政强制法〉条文理解与适用》,人民法院出版社2011年版,第92~93页。

[121] 《行政处罚法》(2021)第72条第1款规定:“当事人逾期不履行行政处罚决定的,作出行政处罚决定的行政机关可以采取下列措施:……(二)根据法律规定,将查封、扣押的财物拍卖、依法处理或者将冻结的存款、汇款划拨抵缴罚款……”

[122] 《行政强制法》(2011)第46条第3款规定:“没有行政强制执行权的行政机关应当申请人民法院强制执行。但是,当事人在法定期限内不申请行政复议或者提起行政诉讼,经催告仍不履行的,在实施行政管理过程中已经采取查封、扣押措施的行政机关,可以将查封、扣押的财物依法拍卖抵缴罚款。”

收管理法》(2015)第37、40条,[123]《海关法》(2021)第60条,[124]《道路交通安全法》(2021)第112条,[125]等等。

(四)排除妨碍、恢复原状

1.排除妨碍、恢复原状的概念

排除妨碍、恢复原状,系由《行政强制法》(2011)第12条为行政机关设定的第四种行政强制执行手段。这一执行手段,源于《民法典》[126]所规定的一种民事责任形式。

作为行政强制执行方式的排除妨碍,系指当事人的行为妨碍了社会管理秩序,行政机关责令其予以纠正,在当事人拒不纠正的情况下,行政机关依法直接排除妨碍的行政强制执行行为。作为行政强制执行方式的恢复原状,系指当事人的行为导致原物状态和功能变化,行政机关在责令其恢复原状而当事人拒不履行该义务时,所采取的直接恢复原状的行政强制执行行为。

当然,从某种意义上说,排除妨碍也是为了恢复原状,这使排除妨碍与恢复原状两种行为的界限变得模糊,甚至于怀疑区分两者的必要性。但是,排除妨碍主要针对行为,恢复原状主要针对物质,似乎亦有区别必要。

2.排除妨碍、恢复原状的特征

排除妨碍和恢复原状与其他行政强制执行的方式有所不同,这主要表现在它的法律特征上:

(1)适用于当事人行为义务的执行。从本质上说,任何行政强制执行都是对当事人拒不履行行政决定所确定义务的一种强制执行,如果说前述几种执行方式(加处罚款或者滞纳金,划拨存款、汇款,拍卖或者依法处理查封、扣押的场所、设施或者财物)都是针对当事人的金钱给付义务的强制执行,那么排除妨碍和恢复原状就是对当事人行为义务的一种强制执行,这种行为义务包括了作为义务与不作为义务。

(2)排除妨碍、恢复原状具有手段上的多样性。这是因为排除妨碍、恢复原状的表述方法

---

[123] 《税收征收管理法》(2015)第37条规定:"对未按照规定办理税务登记的从事生产、经营的纳税人以及临时从事经营的纳税人,由税务机关核定其应纳税额,责令缴纳;不缴纳的,税务机关可以扣押其价值相当于应纳税款的商品、货物。扣押后缴纳应纳税款的,税务机关必须立即解除扣押,并归还所扣押的商品、货物;扣押后仍不缴纳应纳税款的,经县以上税务局(分局)局长批准,依法拍卖或者变卖所扣押的商品、货物,以拍卖或者变卖所得抵缴税款。"第40条第1款规定:"从事生产、经营的纳税人、扣缴义务人未按照规定的期限缴纳或者解缴税款,纳税担保人未按照规定的期限缴纳所担保的税款,由税务机关责令限期缴纳,逾期仍未缴纳的,经县以上税务局(分局)局长批准,税务机关可以采取下列强制执行措施:……(二)扣押、查封、依法拍卖或者变卖其价值相当于应纳税款的商品、货物或者其他财产,以拍卖或者变卖所得抵缴税款。"

[124] 《海关法》(2021)第60条规定:"进出口货物的纳税义务人,应当自海关填发税款缴款书之日起十五日内缴纳税款;逾期缴纳的,由海关征收滞纳金。纳税义务人、担保人超过三个月仍未缴纳的,经直属海关关长或者其授权的隶属海关关长批准,海关可以采取下列强制措施:(一)书面通知其开户银行或者其他金融机构从其存款中扣缴税款;(二)将应税货物依法变卖,以变卖所得抵缴税款;(三)扣留并依法变卖其价值相当于应纳税款的货物或者其他财产,以变卖所得抵缴税款。海关采取强制措施时,对前款所列纳税义务人、担保人未缴纳的滞纳金同时强制执行。进出境物品的纳税义务人,应当在物品放行前缴纳税款。"

[125] 《道路交通安全法》(2021)第112条规定:"公安机关交通管理部门扣留机动车、非机动车,应当当场出具凭证,并告知当事人在规定期限内到公安机关交通管理部门接受处理。公安机关交通管理部门对被扣留的车辆应当妥善保管,不得使用。逾期不来接受处理,并且经公告三个月仍不来接受处理的,对扣留的车辆依法处理。"

[126] 《民法典》(2020)第179条第1款规定:"承担民事责任的方式主要有:……(二)排除妨碍……(五)恢复原状……"

与加处罚款、加收滞纳金、划拨存款汇款、拍卖财物等的表述方法不同,它并不是对执行行为的直接表述,而是按执行目的进行归类性表述。也就是说,排除妨碍、恢复原状是一种行为类别,而不是具体的执行方法,它由许多行为方式组成,如拆除、修复、清理等都属于此类行为。

(3)排除妨碍、恢复原状属于直接强制执行。在直接强制与间接强制的分类中,排除妨碍、恢复原状属于直接强制执行,它以直接实现执行目的为特征。

(4)它必须具有直接的法律依据。排除妨碍、恢复原状属于行政强制执行,而根据《行政强制法》关于行政强制执行的设定规则,它们必须由法律设定,行政法规、地方性法规、政府规章和其他规范性文件不得设定排除妨碍、恢复原状的强制执行措施。所以,行政机关采取排除妨碍、恢复原状的强制执行措施必须以法律为直接依据。

3. 现行法律制度

在中国现行制度中,已有不少法律规定了这一执行措施。例如,《气象法》(2016)第 35 条,[127]《道路交通安全法》(2021)第 104、106 条,[128]《放射性污染防治法》(2003)第 50 条,[129]《水法》(2016)第 65 条,[130]等等。

(五)代履行

1. 代履行的概念和特征

代履行系由《行政强制法》(2011)第 12 条为行政机关设定的第五种行政强制执行手段。它是指,在当事人拒不履行行政决定所确定义务时,由行政机关或者第三人代替当事人履行该

---

[127] 《气象法》(2016)第 35 条规定:“违反本法规定,有下列行为之一的,由有关气象主管机构按照权限责令停止违法行为,限期恢复原状或者采取其他补救措施,可以并处五万元以下的罚款;造成损失的,依法承担赔偿责任;构成犯罪的,依法追究刑事责任:(一)侵占、损毁或者未经批准擅自移动气象设施的;(二)在气象探测环境保护范围内从事危害气象探测环境活动的。在气象探测环境保护范围内,违法批准占用土地的,或者非法占用土地新建建筑物或者其他设施的,依照《中华人民共和国城乡规划法》或者《中华人民共和国土地管理法》的有关规定处罚。”

[128] 《道路交通安全法》(2021)第 104 条规定:“未经批准,擅自挖掘道路、占用道路施工或者从事其他影响道路交通安全活动的,由道路主管部门责令停止违法行为,并恢复原状,可以依法给予罚款;致使通行的人员、车辆及其他财产遭受损失的,依法承担赔偿责任。有前款行为,影响道路交通安全活动的,公安机关交通管理部门可以责令停止违法行为,迅速恢复交通。”第 106 条规定:“在道路两侧及隔离带上种植树木、其他植物或者设置广告牌、管线等,遮挡路灯、交通信号灯、交通标志,妨碍安全视距的,由公安机关交通管理部门责令行为人排除妨碍;拒不执行的,处二百元以上二千元以下罚款,并强制排除妨碍,所需费用由行为人负担。”

[129] 《放射性污染防治法》(2003)第 50 条规定:“违反本法规定,未编制环境影响评价文件,或者环境影响评价文件未经环境保护行政主管部门批准,擅自进行建造、运行、生产和使用等活动的,由审批环境影响评价文件的环境保护行政主管部门责令停止违法行为,限期补办手续或者恢复原状,并处一万元以上二十万元以下罚款。”

[130] 《水法》(2016)第 65 条第 1 ~ 2 款规定:“在河道管理范围内建设妨碍行洪的建筑物、构筑物,或者从事影响河势稳定、危害河岸堤防安全和其他妨碍河道行洪的活动的,由县级以上人民政府水行政主管部门或者流域管理机构依据职权,责令停止违法行为,限期拆除违法建筑物、构筑物,恢复原状;逾期不拆除、不恢复原状的,强行拆除,所需费用由违法单位或者个人负担,并处一万元以上十万元以下的罚款。未经水行政主管部门或者流域管理机构同意,擅自修建水工程,或者建设桥梁、码头和其他拦河、跨河、临河建筑物、构筑物,铺设跨河管道、电缆,且防洪法未作规定的,由县级以上人民政府水行政主管部门或者流域管理机构依据职权,责令停止违法行为,限期补办有关手续;逾期不补办或者补办未被批准的,责令限期拆除违法建筑物、构筑物;逾期不拆除的,强行拆除,所需费用由违法单位或者个人负担,并处一万元以上十万元以下的罚款。”

义务,并向当事人收取履行费用的执行方式。[131]

关于中国有关代履行的特征和要求,《行政强制法》(2011)作了专门规定。该法第 50 条规定:“行政机关依法作出要求当事人履行排除妨碍、恢复原状等义务的行政决定,当事人逾期不履行,经催告仍不履行,其后果已经或者将危害交通安全、造成环境污染或者破坏自然资源的,行政机关可以代履行,或者委托没有利害关系的第三人代履行。”第 51 条第 2 款规定:“代履行的费用按照成本合理确定,由当事人承担。但是,法律另有规定的除外。”第 52 条又规定:“需要立即清除道路、河道、航道或者公共场所的遗洒物、障碍物或者污染物,当事人不能清除的,行政机关可以决定立即实施代履行;当事人不在场的,行政机关应当在事后立即通知当事人,并依法作出处理。”根据上述规定,中国行政强制执行中的代履行,具有下列法律特征:

(1)从主体上看,代履行的主体可以是行政机关,也可以是第三人。代履行作为行政强制执行的一种方式,与其他执行方式一样,其实施主体应当是行政机关。但代履行与其他执行方式不同的是,它除了作为执行主体的行政机关外,还存在代履行的主体。这个代履行主体,可以是作为原行政执行机关的行政机关,也可以是行政机关以外的第三人。代履行主体在其他执行方式中是不可能出现,也不需要存在的。从行政法理上说,作为执行主体的行政机关与作为代履行主体的行政机关或者第三人,其法律身份是不同的:前者是行政主体,后者是行为主体。

(2)从适用义务上看,代履行是针对当事人的作为义务并且是可替代义务而选择的一种执行方式。行政强制执行的本质是对当事人行政义务的执行,这种行政义务由行政决定所确定,并有多种类别,如有作为义务与不作为义务、可替代义务与不可替代义务之分。而代履行就是针对当事人的作为义务和可替代义务而实施的。这类义务在《行政强制法》(2011)第 50 条中的表述为当事人负有“排除妨碍、恢复原状等义务”。对于不作为义务和不可替代义务,采取代履行执行方式是无法达到目的的。

(3)从适用领域看,代履行只允许适用于交通安全、环境污染防治和自然资源保护这三个领域。之所以要作这一限制,是因为在代履行中,代履行主体可以向当事人收取执行费用,把握不好,可能导致行政机关将不得收费的直接强制都转换为可收费的代履行。所以必须强调,代履行的适用不得超越上述三个领域,对这三个领域不得作扩大解释。另外,代履行强制性较弱,往往具有“做好事”的性质,如代为清除、代为种树、代为修复等,所以不适用于对违法建筑的拆除。[132]

(4)从执行手段上看,代履行属于间接强制而不是直接强制,而且其核心是“义务的替代履

---

〔131〕这种制度为世界上不少国家和地区所设有。奥地利早在 1925 年的《行政强制执行法》中就设置了代履行制度,确立了对于可以替代之作为义务,由行政机关自身或委托第三人代为执行,并向义务人征收执行费用的一种行政强制执行方法。根据该法规定,负有劳务给付或实务负担之义务人,不为履行或不为全部履行,或不在规定时间内履行的,执行官署可实施代执行。关于代执行的费用,奥地利《行政强制执行法》第 4 条第 2 款规定,执行官署得先令缴纳费用,随后补行计算。可以看出,在代执行费用征收问题上,奥地利采取的是事前征收的方式。德国 1953 年的《联邦行政强制执行法》(VwVG)将代履行作为对作为、容忍或不作为的行政强制执行中的“替代行为”而设计。日本于 1948 年制定《行政代执行法》,取代了旧时的《行政执行法》,表明它将“代执行”确立为整个行政强制执行的主要方式。我国台湾地区的“行政执行法”第 28 条将“代履行”设立为与怠金相并列的两种间接执行方式之一,其第 29 条规定了代履行的程序和费用问题。

〔132〕参见乔晓阳主编、全国人大常委会法制工作委员会行政法室编著:《中华人民共和国行政强制法解读》,中国法制出版社 2011 年版,第 164 页。

行”。正如有专家所解释的,“对当事人而言是作为义务转化为金钱给付义务,对行政机关而言是通过代履行,避免了强制手段的使用,实现了行政管理目的,恢复了行政管理秩序”[133]。

(5)从收费上看,代履行的费用由当事人承担。从《行政强制法》的立法精神来看,行政机关实施行政强制执行不得向当事人收取执行费用。理由是,行政强制执行属于国家公务行为,国家公务行为的费用是纳入国家预算的,而国家的财政收入部分源于纳税人的纳税,所以不得向当事人收取该费用。唯独代履行不同,因为代履行是由于当事人拒绝履行有关行政义务而发生的,并且形成了新的履行费用,而且这些代履行费用是不该由第三人承担的。所以,《行政强制法》规定了由当事人承担代履行费用的原则。

(6)从法律依据上看,代履行必须由法律设定。在《行政强制法》的制定过程中,有人主张代履行是否可以根据工作的需要,放宽到由行政法规设定,因为在现实中确有不少行政法规规定了代履行。最后《行政强制法》还是坚持了由法律设定代履行的原则,以与“行政强制执行由法律设定”原则相一致。《行政强制法》(2011)不仅规定了代履行由法律设定原则,而且通过第50、52条直接作了普遍性授权,即“只要符合法定代履行的情形,所有行政机关都可以实施代履行,不需要法律法规的单个授权”[134]。

2. 现行法律制度

在中国,关于代履行有不少法律法规作出了规定,其中最早可追溯到1954年政务院制定的《海港管理暂行条例》。该条例第15条规定了对沉船、沉物的代为打捞或者清除。[135] 目前,我国有多部法律法规规定了代履行,其中法律就有十几部。它们包括但不限于:《道路交通安全法》[136]《气象法》[137]《森林法》[138]《防洪法》[139]《水法》[140]《水土保持法》[141]《水污染防治

---

[133] 乔晓阳主编、全国人大常委会法制工作委员会行政法室编著:《中华人民共和国行政强制法解读》,中国法制出版社2011年版,第159页。

[134] 乔晓阳主编、全国人大常委会法制工作委员会行政法室编著:《中华人民共和国行政强制法解读》,中国法制出版社2011年版,第164页。

[135] 《海港管理暂行条例》(1954)第15条规定:“港务局之权限:……(六)对在海港水域、航道或港区附近之沉船、沉物,得要求原主限期打捞。如其阻碍航行,经公告或书面通知而未依限办理时,可不经原主同意径行打捞或清除。其所需费用及按章应纳之其他税款,均在捞获船舶及物品变价所得项下抵偿,其不足之数,应由原主负担,如有多余当付交原主。”

[136] 具体内容可参见《道路交通安全法》(2021)第106条规定。

[137] 具体内容可参见《气象法》(2016)第35条规定。

[138] 《森林法》(2019)第81条规定:“违反本法规定,有下列情形之一的,由县级以上人民政府林业主管部门依法组织代为履行,代为履行所需费用由违法者承担:(一)拒不恢复植被和林业生产条件,或者恢复植被和林业生产条件不符合国家有关规定;(二)拒不补种树木,或者补种不符合国家有关规定。恢复植被和林业生产条件、树木补种的标准,由省级以上人民政府林业主管部门制定。”

[139] 《防洪法》(2016)第42条第1款规定:“对河道、湖泊范围内阻碍行洪的障碍物,按照谁设障、谁清除的原则,由防汛指挥机构责令限期清除;逾期不清除的,由防汛指挥机构组织强行清除,所需费用由设障者承担。”第56条又规定:“违反本法第十五条第二款、第二十三条规定,围海造地、围湖造地、围垦河道的,责令停止违法行为,恢复原状或者采取其他补救措施,可以处五万元以下的罚款;既不恢复原状也不采取其他补救措施的,代为恢复原状或者采取其他补救措施,所需费用由违法者承担。”

[140] 具体内容可参见《水法》(2016)第65条第1~2款规定。

[141] 《水土保持法》(2010)第56条规定:“违反本法规定,开办生产建设项目或者从事其他生产建设活动造成水土流失,不进行治理的,由县级以上人民政府水行政主管部门责令限期治理;逾期仍不治理的,县级以上人民政府水行政主管部门可以指定有治理能力的单位代为治理,所需费用由违法行为人承担。”

法》[142]《固体废物污染环境防治法》[143]《海上交通安全法》[144]等。

《行政强制法》实施后，关于代履行，单行法律有特别规定的，适用特别规定，无特别规定的，统一适用《行政强制法》(2011)第50、52条。第50、52条属于普遍的直接授权。

3. 代履行的有关区别

(1)代履行与代执行。在国际上，“代履行”或“代执行”表述相同，对我们来说，更多的是翻译上的用词习惯而已。中国学界原有两种观点：一是等同论，认为两者无区别，只是解释方法而已；[145]二是非同论，认为“代履行”不同于“代执行”。[146] 特别是《行政强制法》(2011)出台并在第50、52条规定了“代履行”之后，官方也表明“代履行不是当事人委托第三人履行，不是代执行，也不是行政机关直接强制执行”[147]。这样，代履行与代执行就应当加以区别。

笔者认为，代履行与代执行都属于间接强制执行，但它们有两点区别：

第一，当事人态度不同。代履行是在当事人没有能力和条件履行义务的情况下，行政机关或行政机关委托他人“做好事”，代当事人履行并向他收取费用，如当事人驾车把公用“变电箱”撞坏，因其没有能力修复(需要专业条件)，故行政机关委托电力公司代为修复，当事人负责修复费用。而代执行是针对当事人拒不履行义务的情况，行政机关自己执行就是直接强制，如果行政机关缺乏条件(如专业人员和专业设备)而委托第三人代为执行，就是代执行。代执行的费用同样由当事人承担。当事人拒不拆除违法建筑，行政机关委托第三方强制拆除，就属于代执行。可见，代履行是当事人应当履行义务而没有能力和条件履行义务，而代执行是当事人有能力履行义务但拒不履行义务。对当事人而言，前者是帮助行为、授益行为，后者是负担行为和强制行为。

第二，《行政强制法》的授权不同。正因为代履行是一种“做好事”，强制性较弱，所以《行政强制法》(2011)第50、52条作了普遍而直接的授权。而对于代执行，《行政强制法》将它置于“其他强制执行方式”之中，并未作普遍而直接的授权。它须由具体法律作个别性授权。

(2)代履行与直接强制执行。在当事人不履行义务的情况下，如果行政机关以自己的行为直接实现了当事人义务被履行的状态，这就是直接强制执行；如果行政机关委托第三方代为履

---

[142] 《水污染防治法》(2017)第85条规定：“有下列行为之一的，由县级以上地方人民政府环境保护主管部门责令停止违法行为，限期采取治理措施，消除污染，处以罚款；逾期不采取治理措施的，环境保护主管部门可以指定有治理能力的单位代为治理，所需费用由违法者承担……”

[143] 《固体废物污染环境防治法》(2020)第113条规定：“违反本法规定，危险废物产生者未按照规定处置其产生的危险废物被责令改正后拒不改正的，由生态环境主管部门组织代为处置，处置费用由危险废物产生者承担；拒不承担代为处置费用的，处代为处置费用一倍以上三倍以下的罚款。”

[144] 《海上交通安全法》(2021)第51条第1款规定：“碍航物的所有人、经营人或者管理人应当按照有关强制性标准和技术规范的要求及时设置警示标志，向海事管理机构报告碍航物的名称、形状、尺寸、位置和深度，并在海事管理机构限定的期限内打捞清除。碍航物的所有人放弃所有权的，不免除其打捞清除义务。”

[145] 参见应松年主编：《当代中国行政法》，中国方正出版社2005年版，第901页；姜明安、余凌云主编：《行政法》，科学出版社2010年版，第329页；胡建淼主编：《行政强制》，法律出版社2002年版，第207页。

[146] 如有专家明确指出“代履行不是代执行”。参见江必新主编、最高人民法院行政强制法研究小组编著：《〈中华人民共和国行政强制法〉条文理解与适用》，人民法院出版社2011年版，第259页。另有学者解释道：代履行“与直接强制执行、执行罚并列，是行政强制执行方式之一。有些国家和地区的立法例，以及很多学者也将这种强制执行方式称为代执行，这是个理论误区。两种称谓虽然只有一字之差，但其背后的意义却相去甚远”。参见张锋、杨建峰主编：《行政强制法释论》，中国法制出版社2011年版，第245～246页。

[147] 乔晓阳主编、全国人大常委会法制工作委员会行政法室编著：《中华人民共和国行政强制法解读》，中国法制出版社2011年版，第160页。

行,并向当事人收取费用,这是代履行(或者代执行)。这种区别标准立足于执行主体的不同,简单而明了。但问题在于,我国《行政强制法》所规定的"代履行"既包括行政机关委托第三方代履行,也包括行政机关自己代履行。这样,行政机关所实施的代履行与行政机关所实施的直接强制执行之间的区分就存在困难。日本学者在区分直接强制与代执行方面作出了一定的理论贡献。美浓部作了如下描述:"命令撤除风俗上有害的绘画店牌,当不履行该命令时,政府机关代之撤除之,称为代执行;而用涂料将店牌涂毁损之,则是直接强制。命令打捞成为航海障碍的沉没船,当该命令不被履行时,行政机关代替实施打捞,称代执行;而用爆破物粉碎之,则是直接强制。"[148]但这样的区别方法还是模糊的。

从理论上可以说:代履行是间接强制,直接执行是直接强制;代履行应当由当事人承担履行费用[149],直接强制是否应当由当事人承担履行费用,取决于其他法律的具体规定。但是这一理论标准,恰恰是操作之后的分析标准,无法成为操作之前的引导标准。在操作上可以这样办理:针对当事人无法(无能力或无条件)履行义务,而且不履行这一义务的后果已经或者将危害交通安全、造成环境污染或者破坏自然资源的情况,行政机关帮助代为履行的,属于代履行,除此之外其他状态下,行政机关以自己的行为直接实现当事人义务被履行的状态,则属于直接强制执行。

(3)代履行与排除妨碍、恢复原状。单纯从理论的视野来看,代履行与排除妨碍、恢复原状不难区别:第一,代履行是由《行政强制法》(2011)第12条[150]第5项规定的执行方式,属于间接强制执行;"排除妨碍、恢复原状"是由《行政强制法》(2011)第12条第4项规定的执行方式,属于直接强制执行。第二,代履行的手段比"排除妨碍、恢复原状"宽广一些,它除了"排除妨碍、恢复原状"外,还有一些其他手段。[151] 第三,代履行可由行政机关实施,也可由行政机关委托的第三人实施;而排除妨碍、恢复原状是由行政机关直接实施的直接执行。第四,在代履行中,当事人应当承担履行费用,而在排除妨碍、恢复原状中不能由当事人承担执行费用,除非法律有特别规定。

但现在的问题在于,根据《行政强制法》(2011)第50条[152]规定,中国行政强制执行中的代履行主体既可以是第三人,也可以是行政机关自己,而且代履行和直接强制执行都可采取"排除妨碍、恢复原状"的手段。这样,行政机关既可以"排除妨碍、恢复原状"的手段实施代履行,也可以同一手段实施直接强制执行。这就为区别作为"代履行"的"排除妨碍、恢复原状"与作为"直接执行"的"排除妨碍、恢复原状"带来困难。其实,这一问题又回到"代履行与直接强制执行"之间的关系上,按照上述理论标准和操作标准处理便可。

---

〔148〕[日]盐野宏:《行政法》,杨建顺译,法律出版社1999年版,第168页。

〔149〕《行政强制法》(2011)第51条第2款规定:"代履行的费用按照成本合理确定,由当事人承担。但是,法律另有规定的除外。"

〔150〕《行政强制法》(2011)第12条规定:"行政强制执行的方式:(一)加处罚款或者滞纳金;(二)划拨存款、汇款;(三)拍卖或者依法处理查封、扣押的场所、设施或者财物;(四)排除妨碍、恢复原状;(五)代履行;(六)其他强制执行方式。"

〔151〕法律依据是,根据《行政强制法》第50条规定,在代履行中,行政机关或者第三人是代为履行当事人的"排除妨碍、恢复原状等义务"。这里有个"等"字。

〔152〕《行政强制法》(2011)第50条规定:"行政机关依法作出要求当事人履行排除妨碍、恢复原状等义务的行政决定,当事人逾期不履行,经催告仍不履行,其后果已经或者将危害交通安全、造成环境污染或者破坏自然资源的,行政机关可以代履行,或者委托没有利害关系的第三人代履行。"

（六）其他强制执行方式

1. 其他强制执行方式的概念

其他强制执行方式，是《行政强制法》（2011）在第 12 条第 1～5 项设定的五种执行方式（加处罚款或者滞纳金，划拨存款、汇款，拍卖或者依法处理查封、扣押的场所、设施或者财物，排除妨碍、恢复原状，代履行）之外所规定的一个兜底条款。因为前述五种执行方式并未穷尽所有实践中和法律中的执行方式。《行政强制法》（2011）第 12 条第 6 项设置的兜底条款，为其他法律设定行政强制执行手段留下空间。

其他强制执行方式，是指由法律所设定的，除加处罚款或者滞纳金，划拨存款、汇款，拍卖或者依法处理查封、扣押的场所、设施或者财物，排除妨碍、恢复原状，代履行这五种执行方式以外的强制执行方式。

2. 其他强制执行方式的特征

其他强制执行方式具有下列几个突出的法律特征：

（1）除外性。其他强制执行方式，显然是指加处罚款或者滞纳金，划拨存款、汇款，拍卖或者依法处理查封、扣押的场所、设施或者财物，排除妨碍、恢复原状，代履行这五种执行方式以外的强制执行方式。如果其他执行方式已为前五种方式所包含，那就不属于"其他强制执行方式"了。

（2）法律性。其他强制执行方式必须由法律设定，行政法规、地方性法规、规章和其他规范性文件不得设定其他强制执行方式。尽管在立法过程中，关于对"其他强制执行方式"的设定权是否可以放宽，是否除了法律，也可允许法规来设定，有过争论，但最终还是采取"法律保留原则"，这与《行政强制法》（2011）第 13 条规定相一致。

（3）待定性。在直接执行与间接执行，可替代义务执行与不可替代义务执行，金钱给付义务执行与作为、不作为义务执行诸关系的选择上，其他强制执行方式具有待定性。待定性是指《行政强制法》并未直接规定，也无法规定其他强制执行方式的具体属性。其具体属性（属于哪一类执行方式）需随着具体的法律对其他强制执行方式的设定而确定。

3. 现行法律制度

从现行制度来看，确实已有法律规定了一些其他执行方式。例如，《治安管理处罚法》（2012）第 103 条规定："对被决定给予行政拘留处罚的人，由作出决定的公安机关送达拘留所执行。"这里的"强制送拘留所"便是。《兵役法》（2021）第 57 条规定："有服兵役义务的公民有下列行为之一的，由县级人民政府责令限期改正；逾期不改正的，由县级人民政府强制其履行兵役义务，并处以罚款……"这里的"强制履行兵役义务"亦是。

将来的法律，可根据管理的需要，依照《行政强制法》的立法精神，设定新的"其他强制执行方式"。

二、人民法院行政强制执行方式

前一部分阐述的是行政机关实施强制执行的各种方式，本部分则阐述行政机关申请人民法院强制执行，人民法院所实施的强制执行方式。

（一）人民法院强制执行方式的法律依据

《行政强制法》（2011）第 12 条所设定的强制执行方式都是行政机关实施强制执行的方式，

《行政强制法》(2011)未对人民法院实施强制执行的方式作出规定。

在中国行政诉讼法律制度中,人民法院执行人民法院发生法律效力的判决、裁定的活动,称为诉讼执行;人民法院执行生效的行政决定之活动,称为非诉执行。这两种执行制度都是行政诉讼法律制度的组成部分,并受《行政诉讼法》(2017)第八章"执行"规范的约束。该法第八章只对行政机关的强制执行方式作出规定,[153]但未对非诉执行作出规定。但根据《行政诉讼法》(2017)第101条[154]的规定,非诉执行的强制执行方式应当适用《民事诉讼法》所规定的执行方式。

根据《民事诉讼法》(2021)第二十一章"执行措施"的规定,人民法院实施强制执行的方式,可分为执行措施和辅助措施。执行措施,是人民法院为了实现生效裁判所确定的权利义务,对被执行人实施强制执行的具体方法和手段;辅助措施,是人民法院为了保障执行措施的作出和实现,所采取的一些前置性、辅助性的方法和手段。执行措施实现的法律效果,是直接导致当事人义务被履行;而辅助措施实现的法律效果,并不直接导致当事人义务被履行,但它有助于人民法院实施执行措施。辅助措施显然是为执行措施服务的。

(二)人民法院的强制执行措施

人民法院的执行措施,主要源于《民事诉讼法》的设定。该法第二十一章规定了人民法院可以采取的强制执行措施。另外最高人民法院《关于人民法院执行工作若干问题的规定(试行)》(2020)进行了补充性规定。该规定分"金钱给付的执行""交付财产和完成行为的执行""被执行人到期债权的执行"三类对执行措施进行了具体规定。这些措施可能并不全部适用于行政非诉执行,但它同样涉及直接执行与间接执行、对金钱给付义务的执行与对作为或不作为义务的执行、对可替代义务的执行与对不可替代义务的执行。具体执行方式有:

1. 划拨,系指在当事人拒不履行生效法律文书所确定的金钱给付义务的情况下,由人民法院直接通知金融机构等通过转账的方式,将被执行人的款项直接转到申请执行人账户上的强制方法。它由《民事诉讼法》(2021)第249条[155]所创设。

2. 变价,系指在当事人拒不履行生效法律文书所确定的金钱给付义务的情况下,人民法院将被执行人的财产,通过合法方式进行处分、转让或者折价,以取得价款的行为和过程。它由《民事诉讼法》(2021)第249条同条创设。

3. 收入提取。收入,系指被执行人依法所得和依法应得的收入,主要是指金钱收入,包括

[153] 《行政诉讼法》(2017)第96条规定:"行政机关拒绝履行判决、裁定、调解书的,第一审人民法院可以采取下列措施:(一)对应当归还的罚款或者应当给付的款额,通知银行从该行政机关的账户内划拨;(二)在规定期限内不履行的,从期满之日起,对该行政机关负责人按日处五十元至一百元的罚款;(三)将行政机关拒绝履行的情况予以公告;(四)向监察机关或者该行政机关的上一级行政机关提出司法建议。接受司法建议的机关,根据有关规定进行处理,并将处理情况告知人民法院;(五)拒不履行判决、裁定、调解书,社会影响恶劣的,可以对该行政机关直接负责的主管人员和其他直接责任人员予以拘留;情节严重,构成犯罪的,依法追究刑事责任。"

[154] 《行政诉讼法》(2017)第101条规定:"人民法院审理行政案件,关于期间、送达、财产保全、开庭审理、调解、中止诉讼、终结诉讼、简易程序、执行等,以及人民检察院对行政案件受理、审理、裁判、执行的监督,本法没有规定的,适用《中华人民共和国民事诉讼法》的相关规定。"

[155] 《民事诉讼法》(2021)第249条规定:"被执行人未按执行通知履行法律文书确定的义务,人民法院有权向有关单位查询被执行人的存款、债券、股票、基金份额等财产情况。人民法院有权根据不同情形扣押、冻结、划拨、变价被执行人的财产。人民法院查询、扣押、冻结、划拨、变价的财产不得超出被执行人应当履行义务的范围。人民法院决定扣押、冻结、划拨、变价财产,应当作出裁定,并发出协助执行通知书,有关单位必须办理。"

工资、奖金、劳务报酬、智力成果的使用报酬等。收入提取,系指针对当事人拒不履行生效法律文书所确定的金钱给付义务的情况,人民法院就被执行人的收入,依法通知有关部门协助直接交付给执行机关指定的账户,以实现债务被履行的目的。它由《民事诉讼法》第250条[156]创设。

4.拍卖、变卖。拍卖,系指针对当事人拒不履行生效法律文书所确定的金钱给付义务的情况,人民法院就被执行人金钱以外的财物,通过公开竞价的方式,将其财产权利转让给最高应价者,以拍卖所得款项清偿债务的执行方式。变卖,系指针对当事人拒不履行生效法律文书所确定的金钱给付义务的情况,人民法院将被执行人的查封、扣押财产交给有关单位出卖或者自行组织出卖,以所得价款清偿债务的执行方式。拍卖和变卖都由《民事诉讼法》(2021)第251条[157]创设。

5.强制交付,系指针对当事人拒不履行生效法律文书所确定的将其占有和支配的财物或票证交付给权利人的义务的情况,人民法院将该财物或票证强制交付给权利人的执行方式。强制交付由《民事诉讼法》(2021)第256条[158]所设定。

6.强制迁出房屋、强制退出土地。强制迁出房屋,系指人民法院根据生效法律文书确定的权利义务以及申请执行人的申请,依法强制被执行人或者居住人搬出非法占有、使用的房屋并交付申请执行人的一种强制执行方式。强制退出土地,系指人民法院根据生效法律文书确定的权利义务以及申请执行人的申请,依法强制被执行人退还非法占用的土地并交付申请执行人使用和支配的一种强制执行方式。强制迁出房屋、强制退出土地的执行方式系由《民事诉讼法》(2021)第257条[159]设定,它同样适用于行政非诉案件中的国有土地上房屋征收与补偿中的强制执行。

7.代履行,系指被执行人拒不履行生效法律文书所确定的作为义务时,由人民法院委托有关单位或者个人代替义务人履行义务并向其收取履行费用的制度。民事执行中的代履行由《民事诉讼法》(2021)第259条[160]所设定。

8.加倍罚息。这是一种特殊的民事强制执行措施,也是一种法律责任形式,既带有补偿性

---

[156] 《民事诉讼法》(2021)第250条规定:"被执行人未按执行通知履行法律文书确定的义务,人民法院有权扣留、提取被执行人应当履行义务部分的收入。但应当保留被执行人及其所扶养家属的生活必需费用。人民法院扣留、提取收入时,应当作出裁定,并发出协助执行通知书,被执行人所在单位、银行、信用合作社和其他有储蓄业务的单位必须办理。"

[157] 《民事诉讼法》(2021)第251条规定:"被执行人未按执行通知履行法律文书确定的义务,人民法院有权查封、扣押、冻结、拍卖、变卖被执行人应当履行义务部分的财产。但应当保留被执行人及其所扶养家属的生活必需品。采取前款措施,人民法院应当作出裁定。"

[158] 《民事诉讼法》(2021)第256条规定:"法律文书指定交付的财物或者票证,由执行员传唤双方当事人当面交付,或者由执行员转交,并由被交付人签收。有关单位持有该项财物或者票证的,应当根据人民法院的协助执行通知书转交,并由被交付人签收。有关公民持有该项财物或者票证的,人民法院通知其交出。拒不交出的,强制执行。"

[159] 《民事诉讼法》(2021)第257条规定:"强制迁出房屋或者强制退出土地,由院长签发公告,责令被执行人在指定期间履行。被执行人逾期不履行的,由执行员强制执行。强制执行时,被执行人是公民的,应当通知被执行人或者他的成年家属到场;被执行人是法人或者其他组织的,应当通知其法定代表人或者主要负责人到场。拒不到场的,不影响执行。被执行人是公民的,其工作单位或者房屋、土地所在地的基层组织应当派人参加。执行员应当将强制执行情况记入笔录,由在场人签名或者盖章。强制迁出房屋被搬出的财物,由人民法院派人运至指定处所,交给被执行人。被执行人是公民的,也可以交给他的成年家属。因拒绝接收而造成的损失,由被执行人承担。"

[160] 《民事诉讼法》(2021)第259条规定:"对判决、裁定和其他法律文书指定的行为,被执行人未按执行通知履行的,人民法院可以强制执行或者委托有关单位或者其他人完成,费用由被执行人承担。"

质,又带有惩罚性质。它是指被执行人未在生效法律文书所规定的期限内履行金钱给付义务的,应当加倍支付迟延履行期间的债务利息。〔161〕 这一制度的法律依据是《民事诉讼法》(2021)第260条。〔162〕

9. 支付迟延履行金。这同样是由《民事诉讼法》(2021)第260条所确立的一种强制执行方法,具体指被执行人未在生效法律文书所规定的期限内履行非金钱给付义务的行为义务的,由人民法院确定其向权利人支付迟延履行金的法律制度。与加倍罚息一样,支付迟延履行金是一种特殊的民事强制执行措施,也是一种法律责任形式,既带有补偿性质,又带有惩罚性质。〔163〕

由于上述九种强制执行的方法属于人民法院在民事诉讼中采用但可以被行政非诉执行参照适用的强制执行手段,因此从理论上说,只要操作上具有对应性都可适用,从实践上说,未必全部能适用。

(三)人民法院的辅助措施

我国民事诉讼法不仅为人民法院设定了九种执行措施,同时为保障执行措施的落实,还设定了一些非常有效的辅助措施。这些措施有:

1. 财产报告,系指被执行人在未按执行通知履行法律文书确定的义务时,必须向人民法院报告当前以及收到执行通知之日前一年的真实财产情况的制度。财产报告本身不属于执行措施,因为这一制度并不直接导致执行义务的被履行,但它有助于人民法院查清和找到义务人可供执行的财产,以便及时实现申请执行人的合法权益。这一措施的依据是《民事诉讼法》(2021)第248条。〔164〕

2. 查询、查封、扣押、冻结。人民法院在司法程序中所实施的查询、查封、扣押、冻结不属于行政强制措施,而属于司法执行中的辅助措施。它由《民事诉讼法》所设立。

3. 搜查,是指人民法院对不履行法律文书确定的义务,并隐匿财产的被执行人及拒绝按人民法院的要求提供有关财产状况报告的被执行人的人身及其住所地或财产隐匿地依法进行搜寻、查找的强制措施。它由《民事诉讼法》(2021)第255条〔165〕直接授权。

---

〔161〕 关于加倍罚息的数额计算,根据最高人民法院《关于在执行工作中如何计算迟延履行期间的债务利息等问题的批复》(法释〔2009〕6号)的规定,应当按照中国人民银行规定的同期贷款基准利率计算。具体计算方法是:(1)执行款=清偿的法律文书确定的金钱债务+清偿的迟延履行期间的债务利息。(2)清偿的迟延履行期间的债务利息=清偿的法律文书确定的金钱债务×同期贷款基准利率×2×迟延履行期间。加倍罚息自判决、裁定和其他法律文书指定的履行期间届满的次日起计算,如果法律文书指定分期履行,则从每一次应当履行期间的次日分别计算,直至被执行人实际偿付债务之日止。

〔162〕 《民事诉讼法》(2021)第260条规定:"被执行人未按判决、裁定和其他法律文书指定的期间履行给付金钱义务的,应当加倍支付迟延履行期间的债务利息。被执行人未按判决、裁定和其他法律文书指定的期间履行其他义务的,应当支付迟延履行金。"

〔163〕 关于迟延履行金的计算标准,"已经造成损失的,双倍补偿申请执行人已经受到的损失;没有造成损失的,迟延履行金可以由人民法院根据具体案件情况决定"。关于迟延履行金的计算时间,自判决、裁定和其他法律文书指定的履行期间届满的次日起计算,如果法律文书指定分期履行,则从每一次应当履行期间的次日分别计算,直至被执行人实际偿付债务之日止。

〔164〕 《民事诉讼法》(2021)第248条规定:"被执行人未按执行通知履行法律文书确定的义务,应当报告当前以及收到执行通知之日前一年的财产情况。被执行人拒绝报告或者虚假报告的,人民法院可以根据情节轻重对被执行人或者其法定代理人、有关单位的主要负责人或者直接责任人员予以罚款、拘留。"

〔165〕 《民事诉讼法》(2021)第255条规定:"被执行人不履行法律文书确定的义务,并隐匿财产的,人民法院有权发出搜查令,对被执行人及其住所或者财产隐匿地进行搜查。采取前款措施,由院长签发搜查令。"

4. 限制出境,系指由于被执行人不履行生效法律文书确定的义务,人民法院可以对其采取或者通知有关单位协助采取限制出境措施。这是对人身自由的一种限制,目的在于防止义务人逃避对义务的履行。这种手段由《民事诉讼法》(2021)第262条[166]所设定。具体程序按最高人民法院《关于适用〈中华人民共和国民事诉讼法〉执行程序若干问题的解释》(法释〔2020〕21号)的规定办理。

5. 在征信系统记录,系指人民法院对于被执行人拒不履行生效法律文书确定的义务之状况,在征信系统中进行记录,直接影响被执行人的信用评级,并提醒相关利害关系人注意,谨慎与其进行交易,防止受到损害。这种手段由《民事诉讼法》(2021)第262条同条设定。

6. 通过媒体公布不履行义务信息,是指人民法院将被执行人不履行义务的信息,通过电台、电视台、报刊、网络等媒体,以公告形式公布的一种方法。其目的在于使义务人不履行义务的情况在一定范围内为社会公众所知晓,造成一定的社会影响和压力,促使被执行人自动履行义务。这种手段也由《民事诉讼法》(2021)第262条同条设定。

7. 限制高额消费。根据最高人民法院《关于限制被执行人高消费及有关消费的若干规定》(法释〔2015〕17号)的有关规定,被执行人未按执行通知书指定期间履行生效法律文书确定的给付义务的,人民法院可以限制其高消费。

8. 法律规定的其他措施。这是《民事诉讼法》(2021)第262条为人民法院可能采取的强制手段留下的一个空间。但是这种措施必须由"法律"规定。这就是说,除《民事诉讼法》或者其他法律外,行政法规、地方性法规、规章和规章以下的其他规范性文件不得创设"其他措施"。

三、行政强制执行方式的设定

行政强制执行的方式,无论是行政机关实施的执行措施,还是人民法院在非诉执行中对行政决定的执行措施,都必须由法律设定。人民法院在非诉执行中对行政决定的执行措施主要由《民事诉讼法》设定,因而在这里主要是阐述《行政强制法》及其他法律对行政机关实施强制执行方式的设定规则问题。

(一)行政强制执行的设定原则

行政强制执行的设定,系指国家立法机关通过法律形式直接赋予有关主体行政强制执行权的立法活动和法律制度。它重点解决两个问题:一是谁拥有行政强制执行权,是行政机关还是人民法院,这是权力要素;二是拥有什么样的行政强制执行权,是直接强制执行还是间接强制执行,是针对人身权的执行还是针对财产权的执行,即可采取哪些执行方式,这是行为要素。在一定意义上,可以把"设定"理解为"授权"。

《行政强制法》(2011)第13条规定,"行政强制执行由法律设定。法律没有规定行政机关强制执行的,作出行政决定的行政机关应当申请人民法院强制执行"。这里确立了对行政强制执行设定上的总原则。这一总原则又表现为两项原则:

1. 法律保留原则。除了全国人民代表大会及其常务委员会制定的法律,行政法规、地方性法规、自治条例和单行条例,政府规章和行政规定等,均不得设定行政强制执行。这显然与对

---

〔166〕《民事诉讼法》(2021)第262条规定:"被执行人不履行法律文书确定的义务的,人民法院可以对其采取或者通知有关单位协助采取限制出境,在征信系统记录、通过媒体公布不履行义务信息以及法律规定的其他措施。"

行政强制措施的设定不同。对于行政强制措施的设定,主要是法律,但在一定条件下也可由行政法规和地方性法规设定;而对于行政强制执行,《行政强制法》采取了更为严格的法律保留原则,仅限于"法律"。这样设计的理由是,行政强制措施只是暂时限制行政相对人的权利而已,但行政强制执行的后果则是造成相对人权利被最终剥夺。

2. 执行权分工原则。在中国的行政强制执行制度中,执行主体有两类:行政机关和人民法院。那么,它们如何分工呢?根据《行政强制法》(2011)第13条第2款规定,法律明文规定由行政机关实施强制执行的,由行政机关实施强制执行;法律没有规定由行政机关实施强制执行的,由行政机关申请人民法院强制执行。这体现了"以人民法院强制执行为原则,行政机关强制执行为例外"之执行权的分工原则。

(二)《行政强制法》《行政处罚法》对强制执行的直接、普遍设定

首先,法律对行政强制执行的设定,有直接设定与间接设定之分。直接设定系指这种授权无须经过其他法律法规的转换,被授权人直接依据该法律规定便拥有强制执行权;间接设定系指这种授权须经过其他法律法规的转换,被授权人不能直接依据该法律拥有强制执行权。其次,法律对行政强制执行的设定,又有普遍设定与个别设定之分。普遍设定系指法律对所有符合条件的行政机关都作了授权;个别设定系指法律只对个别行政机关作了授权。以下几种行政强制执行,属于法律对其的直接和普遍设定。

1. 对罚款决定的加处罚款的设定。加处罚款是行政执行罚的一种手段。从理论上说,它可适用于对金钱给付义务的执行,也可适用于对行为义务的执行。但从现行法律制度考察,《行政处罚法》(2021)第72条第1项〔167〕对拒不履行"罚款决定"的"加处罚款"作了普遍而直接的授权,但《行政强制法》(2011)第45条〔168〕所设定的"加处罚款"并不是一种直接授权。因此,所有作出罚款决定的行政机关对于拒不履行罚款决定的当事人都有权作出"加处罚款"的决定,但是行政机关对于拒不履行其他行政决定的当事人是否可以加处罚款,必须依据其他法律的具体规定。

2. 对代履行的设定。代履行是与执行罚相并列的一种间接强制执行手段,系指在当事人拒不履行行政决定所确定义务时,由行政机关或者第三人代替当事人履行该义务,并向当事人收取履行费用的执行方式。关于代履行的法律设定,就直接设定和普遍设定而言,只限于《行政强制法》本身,其他属于个别设定。《行政强制法》有三个条文直接规定了代履行。其中两个是实体法规定,一个是程序法规定。〔169〕根据这些规定,任何行政主管部门〔170〕在交通安全、环境污染防治和自然资源保护领域,针对当事人逾期不履行行为义务的情况,都有权自己或者通过第三人实施代履行并向义务人征收费用。

3. 对查扣物转执行的设定。对查扣物转执行的方法,是指行政机关将已经查封或者扣押

---

〔167〕《行政处罚法》(2021)第72条规定:"当事人逾期不履行行政处罚决定的,作出行政处罚决定的行政机关可以采取下列措施:(一)到期不缴纳罚款的,每日按罚款数额的百分之三加处罚款……"

〔168〕《行政强制法》(2011)第45条规定:"行政机关依法作出金钱给付义务的行政决定,当事人逾期不履行的,行政机关可以依法加处罚款或者滞纳金。加处罚款或者滞纳金的标准应当告知当事人。加处罚款或者滞纳金的数额不得超出金钱给付义务的数额。"

〔169〕具体为《行政强制法》(2011)第50~52条。

〔170〕譬如,涉及道路、河道、航道或者公共场所的遗洒物、障碍物或者污染物的代清除,就由主管该道路、河道、航道或者公共场所的行政机关实施。

的当事人财物，在一定条件下直接转为执行履行款，以实现当事人执行义务被履行状态。它是直接强制执行中的一种方法。对查扣物转执行的强制，从普遍设定的角度看，是《行政强制法》(2011)第46条第3款作了直接设定。该条款规定："没有行政强制执行权的行政机关应当申请人民法院强制执行。但是，当事人在法定期限内不申请行政复议或者提起行政诉讼，经催告仍不履行的，在实施行政管理过程中已经采取查封、扣押措施的行政机关，可以将查封、扣押的财物依法拍卖抵缴罚款。"

对于以上三种强制执行方式，《行政强制法》已作了普遍而直接的授权，有关行政机关无须依据其他法律的具体规定，便可直接依据《行政强制法》而实施该强制执行方式。上述三种强制执行方式以外的强制执行方式，都由《行政强制法》间接设定。对于《行政强制法》间接设定的强制执行方式，行政机关不得直接依据《行政强制法》行使之，还须以同时有其他法律的具体规定为条件。

(三)其他法律对强制执行的直接个别设定

除了作为基础法的《行政强制法》和《行政处罚法》可以作普遍性的直接设定外，其他具体法律不太可能作普遍性设定，但可作直接设定。这些法律所作的个别性的直接设定，除了对上述加处罚款、代履行和对查扣物转执行三种强制执行方式的重复设定外，还涉及对罚款决定以外的决定的加处罚款、加收滞纳金和某些直接强制执行等方式。[171]

(四)关于对违法建筑拆除的性质问题

对于违法建筑必须拆除，法律允许补办手续和采取其他措施的除外，这是《行政处罚法》所确立的"违法必须纠正"原则的体现和要求。但是，这里有两个问题必须明确。

1.拆除违法建筑是否属于"恢复原状"。《行政强制法》(2011)第12条在设置强制执行方式时，在第4项设置了"排除妨碍、恢复原状"，在第6项设置了一个兜底方式，即"其他强制执行方式"，没有单列"拆除违法建筑"这一执行方式。那么，拆除违法建筑是属于"恢复原状"呢，还是属于"其他强制执行方式"？笔者认为其属于"恢复原状"的一种手段。

恢复原状，是指当事人的违法行为形成了一种违法结果，消除这一违法结果从而让社会秩序回复到违法行为发生之前的合法状态。恢复原状的方法多种多样，如拆除违法建筑、消除障碍物、修复被损坏设施、赔偿损失等。

把拆除违法建筑归类于"恢复原状"的执行方式之中，这就决定在法律适用上，法律对拆除违法建筑有特别规定的，适用特别规定；无特别规定的，适用"恢复原状"的一般规定。

2.《行政强制法》第44条是否属于直接授权。由于建筑的财产价值较大，又可能会涉及公民的住宅权，因而对建筑的拆除问题法律持特别谨慎的态度。对于房屋征收过程中对合法建筑的拆除问题，适用《国有土地上房屋征收与补偿条例》(2011)第28条[172]规定，由行政机关申请人民法院强制执行；对于违法建筑的拆除问题，《行政强制法》(2011)设置了一个特别条款，其第44条规定："对违法的建筑物、构筑物、设施等需要强制拆除的，应当由行政机关予以

---

〔171〕对这些执行方式的法律规定，在前面介绍的各类强制执行方式中已作介绍，故在此不作重复。

〔172〕《国有土地上房屋征收与补偿条例》(2011)第28条规定："被征收人在法定期限内不申请行政复议或者不提起行政诉讼，在补偿决定规定的期限内又不搬迁的，由作出房屋征收决定的市、县级人民政府依法申请人民法院强制执行。强制执行申请书应当附具补偿金额和专户存储账号、产权调换房屋和周转用房的地点和面积等材料。"

公告,限期当事人自行拆除。当事人在法定期限内不申请行政复议或者提起行政诉讼,又不拆除的,行政机关可以依法强制拆除。”有人将《行政强制法》(2011)第44条视为对行政机关的“直接授权”,因而简单地认为:对合法建筑的拆除须申请人民法院强制执行;对违法建筑的拆除,行政机关自己可以强制执行。这一认识是错误的,特别是后半句。

《行政强制法》(2011)第44条处于第四章“行政机关强制执行程序”的第一节“一般规定”之中。它是一般规定中的一个特别条款,但并不是一个直接授权条款,行政机关并不因此而直接拥有了对违法建筑的拆除权。行政机关是否拥有强制执行权,还须“依法”确定,即法律规定行政机关自己强制执行的,行政机关才可自己直接实施强制拆除;如果法律规定由人民法院强制执行,或者法律未作规定,那就应当申请人民法院强制执行。

《行政强制法》(2011)第44条的规定并没有突破行政机关与人民法院在强制执行权上的分工原则(“以人民法院执行为原则,行政机关执行为例外”),其意义在于为对违法建筑的拆除设置了一个统一的前提:“当事人在法定期限内不申请行政复议或者提起行政诉讼,又不拆除的”,才可启动强制执行。它恰恰是对“复议诉讼不停止行政行为执行”原则的突破。

第六节　行政强制执行实施主体

行政强制措施的实施主体就是单纯的行政机关,而行政强制执行的实施主体既有行政机关,也有人民法院。这就直接关系到行政强制执行体制以及行政机关与人民法院在执行权上的分工问题。

一、行政强制执行体制

(一)国外行政强制执行体制的几种模式

在奥地利,对行政行为的执行原则上由县级行政官署实施,但在下列两种情况下,行政官署可选择请求管辖法院强制执行:第一,对金钱给付义务的执行;第二,对公法社团或营造物上的金钱义务确定。这表明,它的体制是:以行政执行为主、司法执行为辅的模式。

沿袭奥地利传统的德国,它区分几种不同的情况:第一,对公法上金钱债权的执行,由有关行政部门的最高联邦行政机构与联邦内政部长一致确定的某个有关的行政分支机关为执行机关,或由(无明文规定涉及前一项时)联邦财税部门的有关机关为执行机关;第二,对行为、容忍或不行为义务的执行,由作出该行政处分的行政机关为执行机关;第三,即时强制,由法律授权的行政机关依法实施。可见,德国的行政强制执行体制属于行政执行模式。

在行政法之母的法国,依职权强制执行,由行政机关实施;执行行政罚,由行政机关实施;执行刑罚,由刑事法院实施。因而总体上,其行政强制执行体制还是属于行政执行模式。

西班牙将行政执行模式推向极致,只有行政机关拥有“永远、完全”的强制权,行政强制执行在任何时间与任何条件下均与司法机关无涉。

同样属于大陆法系的葡萄牙,以公共行政机关执行为主,某些公共行政机关无法以法律允许的方式实现强制执行的领域,才由行政法院与税务法院执行。因而,总体上它属于以行政机关为主、司法机关为辅的混合模式。

普通法系国家的行政强制执行体制会有很大的不同。在英国,行政强制执行最主要的方式,是通过行政机关向普通法院起诉申请禁止令或执行令来达到对行政行为的执行。这种体制属于司法执行模式。

美国与英国基本相同,行政强制执行的主要方式,也是通过行政机关向普通法院起诉申请禁止令或执行令来达到对行政行为的执行;但在极个别情况下,根据法律的特别授权,行政机关也可直接实施强制行为。因而这种体制还是属于司法执行模式。

实行"拿来主义"的日本,汇合了大陆法系和英美法系的法渊。但它在行政强制执行的体制上,还是坚守固有的大陆法系传统,即行政执行由作出处分的行政厅实施;即时强制由法律所授权的行政厅实施。其体制显然属于行政执行模式。

考察上述一些国家的行政强制执行体制,其执行模式主要有两类:一类是单轨制。它的特点是,行政强制执行权设置给行政机关或者司法机关,两者并不共享执行权。在单轨制中又有"行政执行制"与"司法执行制"之分。在"行政执行制"中,行政机关是行政强制执行机关,如德国、法国便是。在"司法执行制"中,则由司法机关承担行政强制执行任务,英国便是。另一类是双轨制。它的特点是,行政强制执行的主体被设有两类,强制执行权由行政机关和司法机关共享。根据行政机关和司法机关在执行中的主次地位,双轨制又可分为"行政为主、司法辅助型"与"司法为主、行政辅助型",前者如奥地利,后者如葡萄牙。(见图 13-6)

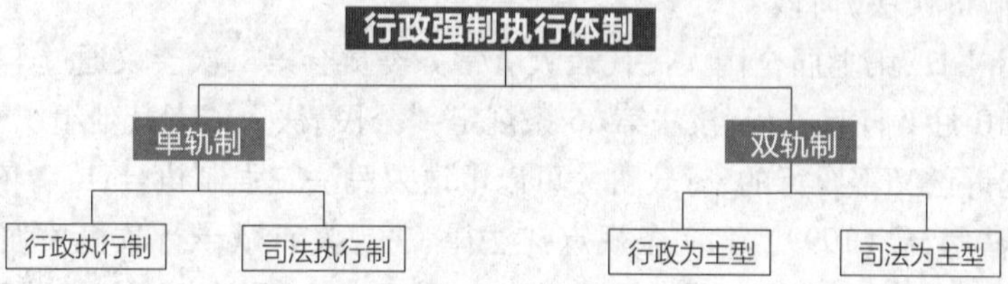

图 13-6 行政强制执行体制

(二)中国行政强制执行体制的演变

中国行政强制执行体制有较长的演变时期。大体可以划分为以下三个阶段。

1. 适用《民事诉讼法》阶段

自中华人民共和国成立以来,虽然我国许多基本法律制度已经建立起来,但行政强制执行制度尚未建立,并且也未意识到需要建立这一制度,因为当时我国长期实行高度集中的计划经济体制和高度集权的政治体制,国家的行政管理活动主要依靠组织力量和政府指令推进,似乎不存在需要事先有个成熟的行政决定,再找专门行政机关或者人民法院强制执行。那时的行政管理,决定、执行、救济等不加区分,混为一体,在整个行政管理活动中区分一种单独的执行行为自然不可思议。

1978 年,中国共产党召开了具有重大历史意义的十一届三中全会,开启了改革开放历史新时期。1982 年,中国制定了《民事诉讼法(试行)》,该法第 161 条规定:"发生法律效力的民事判决、裁定和调解协议,以及刑事判决、裁定中的财产部分,由原第一审人民法院执行。法律规定由人民法院执行的其他法律文书,由有管辖权的人民法院执行。"这里的"法律规定由人民法院执行的其他法律文书"就为行政强制执行制度留下了司法空间。该规定意味着,如果有法律明文规定对于某些行政决定的强制执行由人民法院管辖,人民法院就必须依据《民事诉讼法(试行)》(1982)第 161 条并适用民事诉讼中的执行程序执行。尔后《民事诉讼法》修改了几次,但这一规定一直保留着,[173]为中国行政强制执行体制上的"双轨制"提供了司法依据。

这时,我们开始有一些法律规定对于某些行政决定可以申请人民法院强制执行。1986年通过的《土地管理法》第52条规定:"本法规定的行政处罚由县级以上地方人民政府土地管理部门决定,本法第四十五条规定的行政处罚可以由乡级人民政府决定。当事人对行政处罚决定不服的,可以在接到处罚决定通知之日起三十日内,向人民法院起诉;期满不起诉又不履行的,由作出处罚决定的机关申请人民法院强制执行。"

这一时期我国行政强制执行制度的特点是:第一,行政强制执行制度非常不完整,既无成熟的理论,也无完备的法律制度。第二,双轨制慢慢确立。当时事实上的做法是,如果法律明文规定由行政机关实施行政强制执行者,由行政机关直接实施强制执行;如果法律明文规定由人民法院实施强制执行者,则由人民法院强制执行。第三,行政机关实施强制执行没有统一的执行程序;人民法院实施强制执行,适用民事诉讼的司法程序。第四,对行政强制执行的法律救济制度尚未建立,当事人受到不法强制执行,其权利得不到有效保障。

在这一制度中,就行政强制执行体制而言,中国已开始出现行政机关和司法机关均可作为执行主体的"双轨制"。但是,在行政机关和司法机关执行权的配制上,尚无明确的法律规则和理论规则。

2. 适用《行政诉讼法》阶段

1989年4月4日,第七届全国人民代表大会常务委员会第二次会议通过了《行政诉讼法》,该法自1990年10月1日起施行,该法第66条规定:"公民、法人或者其他组织对行政行为在法定期限内不提起诉讼又不履行的,行政机关可以申请人民法院强制执行,或者依法强制执行。"

《行政诉讼法解释》(1999)第87条规定:"法律、法规没有赋予行政机关强制执行权,行政机关申请人民法院强制执行的,人民法院应当依法受理。法律、法规规定既可以由行政机关依法强制执行,也可以申请人民法院强制执行,行政机关申请人民法院强制执行的,人民法院可以依法受理。"

上述规定反映了下述内容:(1)行政强制执行权必须由法律、法规设定,法律、法规以外的文件(包括规章)不得设定行政强制执行权。(2)法律、法规赋予行政机关强制执行权的,由行政机关实施强制执行;法律、法规对行政强制执行权未作规定或把强制执行权赋予人民法院的,由人民法院实施强制执行。(3)法律、法规把行政强制执行权既赋予行政机关,也赋予人民法院的,行政机关便可自行强制执行或申请人民法院强制执行;但行政机关已启动以行政程序实施强制执行的,便不得再申请人民法院强制执行。

上述内容体现了一项原则,即我国的行政强制执行,以申请人民法院强制执行为原则,以

---

[173] 1991年4月9日中华人民共和国第七届全国人民代表大会第四次会议通过的《民事诉讼法》第207条规定:"发生法律效力的民事判决、裁定,以及刑事判决、裁定中的财产部分,由第一审人民法院执行。法律规定由人民法院执行的其他法律文书,由被执行人住所地或者被执行的财产所在地人民法院执行。"经2007年10月28日第十届全国人民代表大会常务委员会第三十次会议修改的《民事诉讼法》第201条规定:"发生法律效力的民事判决、裁定,以及刑事判决、裁定中的财产部分,由第一审人民法院或者与第一审人民法院同级的被执行的财产所在地人民法院执行。法律规定由人民法院执行的其他法律文书,由被执行人住所地或者被执行的财产所在地人民法院执行。"经2012年8月31日第十一届全国人民代表大会常务委员会第二十八次会议修改的《民事诉讼法》第224条规定:"发生法律效力的民事判决、裁定,以及刑事判决、裁定中的财产部分,由第一审人民法院或者与第一审人民法院同级的被执行的财产所在地人民法院执行。法律规定由人民法院执行的其他法律文书,由被执行人住所地或者被执行的财产所在地人民法院执行。"

行政机关自己执行为例外。因为申请人民法院强制执行无须以特别明示的法律、法规为依据，而由行政机关自己实施强制执行须以法律、法规的特别规定为前提。

这一阶段的行政强制执行制度，较之上一阶段已有很大变化。具体表现在：第一，行政强制执行已覆盖了整个行政管理领域，即任何生效的行政决定都必须得到履行或者执行，当事人不自觉履行者，应当强制执行。第二，行政强制执行权的分配，采取法律、法规授权行政机关强制执行者由行政机关强制执行，法律法规不授权由行政机关执行者，则由人民法院强制执行。第三，人民法院实施强制执行，由行政机关提出申请，以适用行政诉讼程序为主，适用民事诉讼程序为辅助。第四，行政机关实施行政强制执行尚无统一的行政程序。

就行政强制执行的体制而言，这时已经确立了"以人民法院执行为原则，行政机关执行为例外"的权力配置模式。这种体制模式属于"司法为主型"，而不是"行政为主"型。

3. 适用《行政强制法》阶段

2011 年第十一届全国人民代表大会常务委员会第二十一次会议通过《行政强制法》。该法自 2012 年 1 月 1 日起施行。《行政强制法》的出台，是中国行政强制执行制度形成和发展过程中的一个里程碑，是中国行政强制执行制度从分散到统一的标志。

《行政强制法》以行政强制执行制度基本法律的形式，确立了行政强制执行方式、主体、条件和程序制度，改进和改革了原先的行政强制执行制度。《行政强制法》公布实施后，新阶段的行政强制执行制度与前一阶段制度比较，又发生了一些变化。第一，在行政强制执行体制上，虽然依然实行"以人民法院执行为原则，行政机关执行为例外"的执行权配置体制，但《行政强制法》对行政机关的强制执行权作了一定的扩大，将部分执行罚、代履行，甚至直接执行权，直接授权给有关行政机关。第二，在对行政强制执行权的设定上，对"设定法"范围作了一定的限缩，从"法律、法规"的设定改变为"法律"的设定。第三，详细设置了行政强制执行的法律程序，尤其是填补了行政机关实施强制执行程序上的长期"空白"。

（三）中国现行行政强制执行体制

中国现行行政强制执行体制基本延续了《行政诉讼法》以来的体制，主要表现在《行政强制法》的两个条文上：《行政强制法》(2011)第 13 条规定："行政强制执行由法律设定。法律没有规定行政机关强制执行的，作出行政决定的行政机关应当申请人民法院强制执行。"《行政强制法》(2011)第 53 条规定："当事人在法定期限内不申请行政复议或者提起行政诉讼，又不履行行政决定的，没有行政强制执行权的行政机关可以自期限届满之日起三个月内，依照本章规定申请人民法院强制执行。"

可见，我国现行行政强制执行体制，是"双轨制"而不是"单轨制"。行政强制执行主体，既可以是行政机关，也可以是人民法院。

（四）中国现行行政强制执行权的分配

既然存在两个强制执行的主体，即行政机关和人民法院，实践中就涉及它们在执行权上的分工问题。关于行政机关与人民法院在执行权上的分工，我国法律确立了一项核心规则，即法律授权行政机关强制执行的，由行政机关强制执行；法律没有授权行政机关强制执行的，由行政机关申请人民法院强制执行。这体现了"以人民法院执行为原则，行政机关执行为例外"的"司法为主型"分配原则。围绕上述原则，行政机关与人民法院的具体分工规则如下：第一，法律授权行政机关强制执行的，行政机关才可强制执行。这种情况下，行政机关不得申请人民法院强制执行。第二,法律没有授权行政机关强制执行的,或者法律只规定由人民法院强制执行的,就一律由行政机关申请人民法院强制执行。第三,法律对行政机关或人民法院的强制执行权都不作规定的,就推定为由人民法院强制执行,行政机关就应当申请人民法院强制执行。第四,法律规定既可以由行政机关强制执行,也可以由人民法院强制执行的,那么,行政机关可以自己强制执行或者申请人民法院强制执行。[174]

二、执行主体:行政机关

如前所述,中国的行政强制执行体制属于“双轨制”,即行政机关与人民法院都是行政强制执行的主体。从理论上说,行政强制执行,主要是行政机关所实施的强制执行。但由于中国的执行体制采取了“以人民法院执行为原则、行政机关执行为例外”的“司法为主型”,这一理论无疑受到一定程度上的挑战。

(一)行政机关

我国的“行政机关”,从宪法意义上理解,是指从国务院到乡镇的各级人民政府,它们是同级权力机关的执行机关。而从行政法意义上理解,行政机关主要是指各级人民政府及其所属工作部门,还包括得到法律法规授权的其他组织。有时,“行政机关”就是“行政主体”的代名词。

(二)由法律设定的行政机关

由于《行政强制法》对行政强制执行的设定采取了严格的“法律保留原则”,行政强制执行只能由法律设定,行政法规、地方性法规和规章等均不得设定行政强制执行。

任何对权力的设定,自然包括对权力主体的设定。既然行政强制执行权由法律设定,那么,行政强制执行的主体当然也由法律设定。

在中国行政强制制度中,并非任何行政机关都是天然的行政强制执行机关,它必须在由《行政强制法》本身或者其他法律的直接授权下,方可成为行政强制执行的主体。

(三)与实施行政强制措施行政机关的区别

这里要讨论的是:作为行政强制措施主体的行政机关与作为行政强制执行主体的行政机关到底有何区别?了解这一区别对于全面掌握行政强制主体制度是有益的。

区别主要有两点:第一,唯一性不同。在中国的行政强制制度中,行政强制措施主体实行“单轨制”,行政机关是行政强制措施的唯一主体;行政强制执行主体实行“双轨制”,行政机关和人民法院都可成为执行主体,因而,行政机关并非行政强制执行的唯一主体。第二,设定法不同。由于对于行政强制措施的设定,可以是法律、行政法规和地方性法规,因而,作为行政强制措施主体的行政机关可以由法律、行政法规和地方性法规设定。对于行政强制执行的设定只限于法律,因而,作为行政强制执行主体的行政机关只限于由法律设定。

(四)直接赋予行政机关强制执行权的法律

既然中国行政强制执行权的分配规则是,法律赋予行政机关有强制执行权的,由行政机关

---

〔174〕 如我国《税收征收管理法》(2015)第88条第3款规定:“当事人对税务机关的处罚决定逾期不申请行政复议也不向人民法院起诉、又不履行的,作出处罚决定的税务机关可以采取本法第四十条规定的强制执行措施,或者申请人民法院强制执行。”

实施强制执行；法律没有赋予行政机关具有强制执行权的，则由行政机关申请人民法院强制执行，那么，到底已有哪些法律直接赋予行政机关具有强制执行权呢？

在回答这一问题之前，还必须明确两点：一是赋权的法律只限于全国人大及其常委会制定的法律，不包括行政法规、地方性法规和规章；二是必须是直接赋权而不是间接赋权。在现行制度下，直接赋予行政机关具有强制执行权的法律包括但不限于：

《行政强制法》(2011)。(1)该法第46条直接赋予行政机关对于在法定期限内不申请复议或者提起诉讼，经催告仍不履行金钱给付义务的当事人，将查封、扣押的财物依法拍卖抵缴罚款的权力；[175] (2)该法第50条和第52条直接赋予行政机关对于已经或者将危害交通安全、造成环境污染或者破坏自然资源的遗洒物、障碍物或者污染物等，可以实施代履行的权力。[176]

《行政处罚法》(2017)。该法第51条直接赋予作出行政处罚决定的行政机关对于到期不缴纳罚款的当事人，可以实施执行罚，即每日按罚款数额的3%加处罚款。[177]

《治安管理处罚法》(2012)。该法第103条直接赋予公安机关对于行政拘留决定的执行权。[178]

《税收征收管理法》(2013)。(1)该法第40条直接赋予税务机关对于缴税决定和罚款决定的直接执行和间接执行；[179] (2)该法第68条直接赋予税务机关对于不缴或者少缴税款实施执行罚的权力；[180] (3)该法第88条直接赋予税务机关对于税务处罚决定具有直接执行和间接执行的权力。[181]

---

[175] 《行政强制法》(2011)第46条第3款规定："没有行政强制执行权的行政机关应当申请人民法院强制执行。但是，当事人在法定期限内不申请行政复议或者提起行政诉讼，经催告仍不履行的，在实施行政管理过程中已经采取查封、扣押措施的行政机关，可以将查封、扣押的财物依法拍卖抵缴罚款。"

[176] 《行政强制法》(2011)第50条规定："行政机关依法作出要求当事人履行排除妨碍、恢复原状等义务的行政决定，当事人逾期不履行，经催告仍不履行，其后果已经或者将危害交通安全、造成环境污染或者破坏自然资源的，行政机关可以代履行，或者委托没有利害关系的第三人代履行。"第52条规定："需要立即清除道路、河道、航道或者公共场所的遗洒物、障碍物或者污染物，当事人不能清除的，行政机关可以决定立即实施代履行；当事人不在场的，行政机关应当在事后立即通知当事人，并依法作出处理。"

[177] 《行政处罚法》(2017)第51条规定："当事人逾期不履行行政处罚决定的，作出行政处罚决定的行政机关可以采取下列措施：(一)到期不缴纳罚款的，每日按罚款数额的百分之三加处罚款；(二)根据法律规定，将查封、扣押的财物拍卖或者将冻结的存款划拨抵缴罚款；(三)申请人民法院强制执行。"

[178] 《治安管理处罚法》(2012)第103条规定："对被决定给予行政拘留处罚的人，由作出决定的公安机关送达拘留所执行。"

[179] 《税收征收管理法》(2013)第40条规定："从事生产、经营的纳税人、扣缴义务人未按照规定的期限缴纳或者解缴税款，纳税担保人未按照规定的期限缴纳所担保的税款，由税务机关责令限期缴纳，逾期仍未缴纳的，经县以上税务局(分局)局长批准，税务机关可以采取下列强制执行措施：(一)书面通知其开户银行或者其他金融机构从其存款中扣缴税款；(二)扣押、查封、依法拍卖或者变卖其价值相当于应纳税款的商品、货物或者其他财产，以拍卖或者变卖所得抵缴税款。税务机关采取强制执行措施时，对前款所列纳税人、扣缴义务人、纳税担保人未缴纳的滞纳金同时强制执行。个人及其所扶养家属维持生活必需的住房和用品，不在强制执行措施的范围之内。"

[180] 《税收征收管理法》(2013)第68条规定："纳税人、扣缴义务人在规定期限内不缴或者少缴应纳或者应解缴的税款，经税务机关责令限期缴纳，逾期仍未缴纳的，税务机关除依照本法第四十条的规定采取强制执行措施追缴其不缴或者少缴的税款外，可以处不缴或者少缴的税款百分之五十以上五倍以下的罚款。"

[181] 《税收征收管理法》(2013)第88条规定："纳税人、扣缴义务人、纳税担保人同税务机关在纳税上发生争议时，必须先依照税务机关的纳税决定缴纳或者解缴税款及滞纳金或者提供相应的担保，然后可以依法申请行政复议；对行政复议决定不服的，可以依法向人民法院起诉。当事人对税务机关的处罚决定、强制执行措施或者税收保全措施不服的，可以依法申请行政复议，也可以依法向人民法院起诉。当事人对税务机关的处罚决定逾期不申请行政复议也不向人民法院起诉、又不履行的，作出处罚决定的税务机关可以采取本法第四十条规定的强制执行措施，或者申请人民法院强制执行。"

《海关法》(2017)。(1)该法第60条直接赋予海关对税款缴款决定的执行权;[182](2)该法第93条直接赋予作出处罚决定的海关,对于逾期不履行海关处罚决定又不申请复议或者提起诉讼的,可以将其保证金抵缴或者将其被扣留的货物、物品、运输工具依法变价抵缴。[183]

《城乡规划法》(2019)。(1)该法第65条直接赋予乡、镇人民政府对于乡、村庄规划区内的违法建筑有直接拆除的权力。[184] (2)该法第68条直接赋予建设工程所在地县级以上地方人民政府可以强制拆除违法建设工程的权力。[185]

《消防法》(2021)。该法第60条直接赋予消防管理部门的强制执行权。[186]

《公路法》(2017)。该法第79条直接赋予交通主管部门拆除其他标志的权力。[187]

《海上交通安全法》(2021)。该法第51条和第106条直接赋予海上交通主管部门强制打捞清除沉没物、漂浮物等代履行权力。[188]

《草原法》(2021)。该法第71条直接赋予草原行政主管部门强制拆除违法建筑物的权力。[189]

---

[182] 《海关法》(2017)第60条规定:"进出口货物的纳税义务人,应当自海关填发税款缴款书之日起十五日内缴纳税款;逾期缴纳的,由海关征收滞纳金。纳税义务人、担保人超过三个月仍未缴纳的,经直属海关关长或者其授权的隶属海关关长批准,海关可以采取下列强制措施:(一)书面通知其开户银行或者其他金融机构从其存款中扣缴税款;(二)将应税货物依法变卖,以变卖所得抵缴税款;(三)扣留并依法变卖其价值相当于应纳税款的货物或者其他财产,以变卖所得抵缴税款。海关采取强制措施时,对前款所列纳税义务人、担保人未缴纳的滞纳金同时强制执行。进出境物品的纳税义务人,应当在物品放行前缴纳税款。"

[183] 《海关法》(2017)第93条规定:"当事人逾期不履行海关的处罚决定又不申请复议或者向人民法院提起诉讼的,作出处罚决定的海关可以将其保证金抵缴或者将其被扣留的货物、物品、运输工具依法变价抵缴,也可以申请人民法院强制执行。"

[184] 《城乡规划法》(2019)第65条规定:"在乡、村庄规划区内未依法取得乡村建设规划许可证或者未按照乡村建设规划许可证的规定进行建设的,由乡、镇人民政府责令停止建设、限期改正;逾期不改正的,可以拆除。"

[185] 《城乡规划法》(2019)第68条规定:"城乡规划主管部门作出责令停止建设或者限期拆除的决定后,当事人不停止建设或者逾期不拆除的,建设工程所在地县级以上地方人民政府可以责成有关部门采取查封施工现场、强制拆除等措施。"

[186] 《消防法》(2021)第60条第3款规定:"有本条第一款第三项、第四项、第五项、第六项行为,经责令改正拒不改正的,强制执行,所需费用由违法行为人承担。"

[187] 《公路法》(2017)第79条规定:"违反本法第五十四条规定,在公路用地范围内设置公路标志以外的其他标志的,由交通主管部门责令限期拆除,可以处二万元以下的罚款;逾期不拆除的,由交通主管部门拆除,有关费用由设置者负担。"

[188] 《海上交通安全法》(2021)第51条规定:"碍航物的所有人、经营人或者管理人应当按照有关强制性标准和技术规范的要求及时设置警示标志,向海事管理机构报告碍航物的名称、形状、尺寸、位置和深度,并在海事管理机构限定的期限内打捞清除。碍航物的所有人放弃所有权的,不免除其打捞清除义务。不能确定碍航物的所有人、经营人或者管理人的,海事管理机构应当组织设置标志、打捞或者采取相应措施,发生的费用纳入部门预算。"第106条规定:"碍航物的所有人、经营人或者管理人有下列情形之一的,由海事管理机构责令改正,处二万元以上二十万元以下的罚款;逾期未改正的,海事管理机构有权依法实施代履行,代履行的费用由碍航物的所有人、经营人或者管理人承担:(一)未按照有关强制性标准和技术规范的要求及时设置警示标志;(二)未向海事管理机构报告碍航物的名称、形状、尺寸、位置和深度;(三)未在海事管理机构限定的期限内打捞清除碍航物。"

[189] 《草原法》(2021)第71条规定:"在临时占用的草原上修建永久性建筑物、构筑物的,由县级以上地方人民政府草原行政主管部门依据职权责令限期拆除;逾期不拆除的,依法强制拆除,所需费用由违法者承担。临时占用草原,占用期届满,用地单位不予恢复草原植被的,由县级以上地方人民政府草原行政主管部门依据职权责令限期恢复;逾期不恢复的,由县级以上地方人民政府草原行政主管部门代为恢复,所需费用由违法者承担。"

《森林法》(2019)。该法第 74 条直接赋予林业主管部门对补种树木的代履行。[190]

《水法》(2016)。该法第 65 条直接赋予水行政主管部门拆除违法建筑物、构筑物的权力。[191]

《海域使用管理法》(2001)。该法第 47 条直接赋予海洋行政主管部门对违法设施和构筑物的拆除权。[192]

《劳动法》(2018)。该法第 100 条直接赋予劳动行政部门对用人单位无故不缴纳社会保险费的,实施执行罚(加收滞纳金)的权力。[193]

《文物保护法》(2017)。该法第 21 条直接赋予县级以上人民政府对国有不可移动文物代为履行修缮义务的权力。[194]

《港口法》(2017)。该法第 54 条直接赋予海事管理机构对养殖、种植设施的强制拆除权。[195]

《水土保持法》(2010)。该法第 55 条直接赋予县级以上地方人民政府水行政主管部门对于砂、石、土、矸石、尾矿、废渣等有代为清理的权力。[196]

《水污染防治法》(2017)。该法第 94 条直接赋予县级以上人民政府环境保护主管部门代

---

[190] 《森林法》(2019)第 74 条规定:"违反本法规定,进行开垦、采石、采砂、采土或者其他活动,造成林木毁坏的,由县级以上人民政府林业主管部门责令停止违法行为,限期在原地或者异地补种毁坏株数一倍以上三倍以下的树木,可以处毁坏林木价值五倍以下的罚款;造成林地毁坏的,由县级以上人民政府林业主管部门责令停止违法行为,限期恢复植被和林业生产条件,可以处恢复植被和林业生产条件所需费用三倍以下的罚款。违反本法规定,在幼林地砍柴、毁苗、放牧造成林木毁坏的,由县级以上人民政府林业主管部门责令停止违法行为,限期在原地或者异地补种毁坏株数一倍以上三倍以下的树木。向林地排放重金属或者其他有毒有害物质含量超标的污水、污泥,以及可能造成林地污染的清淤底泥、尾矿、矿渣等的,依照《中华人民共和国土壤污染防治法》的有关规定处罚。"

[191] 《水法》(2016)第 65 条第 2 款规定:"未经水行政主管部门或者流域管理机构同意,擅自修建水工程,或者建设桥梁、码头和其他拦河、跨河、临河建筑物、构筑物,铺设跨河管道、电缆,且防洪法未作规定的,由县级以上人民政府水行政主管部门或者流域管理机构依据职权,责令停止违法行为,限期补办有关手续;逾期不补办或者补办未被批准的,责令限期拆除违法建筑物、构筑物;逾期不拆除的,强行拆除,所需费用由违法单位或者个人负担,并处一万元以上十万元以下的罚款。"

[192] 《海域使用管理法》(2001)第 47 条规定:"违反本法第二十九条第二款规定,海域使用权终止,原海域使用权人不按规定拆除用海设施和构筑物的,责令限期拆除;逾期拒不拆除的,处五万元以下的罚款,并由县级以上人民政府海洋行政主管部门委托有关单位代为拆除,所需费用由原海域使用权人承担。"

[193] 《劳动法》(2018)第 100 条规定:"用人单位无故不缴纳社会保险费的,由劳动行政部门责令其限期缴纳;逾期不缴的,可以加收滞纳金。"

[194] 《文物保护法》(2017)第 21 条第 1 款规定:"国有不可移动文物由使用人负责修缮、保养;非国有不可移动文物由所有人负责修缮、保养。非国有不可移动文物有损毁危险,所有人不具备修缮能力的,当地人民政府应当给予帮助;所有人具备修缮能力而拒不依法履行修缮义务的,县级以上人民政府可以给予抢救修缮,所需费用由所有人负担。"

[195] 《港口法》(2017)第 54 条规定:"在港口水域内从事养殖、种植活动的,由海事管理机构责令限期改正;逾期不改正的,强制拆除养殖、种植设施,拆除费用由违法行为人承担;可以处一万元以下罚款。"

[196] 《水土保持法》(2010)第 55 条规定:"违反本法规定,在水土保持方案确定的专门存放地以外的区域倾倒砂、石、土、矸石、尾矿、废渣等的,由县级以上地方人民政府水行政主管部门责令停止违法行为,限期清理,按照倾倒数量处每立方米十元以上二十元以下的罚款;逾期仍不清理的,县级以上地方人民政府水行政主管部门可以指定有清理能力的单位代为清理,所需费用由违法行为人承担。"

为治理权。[197]

《防洪法》(2016)。该法第42条直接赋予防洪部门的强行清除和紧急处置权。[198]

《动物防疫法》(2015)。该法第73条直接赋予动物卫生监督机构对动物的代作处理权。[199]

《固体废物污染环境防治法》(2013)。该法第55条直接赋予环境保护行政主管部门对危险废物等代为处置的权力。[200]

《放射性污染防治法》(2003)。该法第56条直接赋予环境保护行政主管部门代履行的权力。[201]

三、执行主体:人民法院

人民法院是行政强制执行中的另一主体。而且在“以人民法院执行为原则、行政机关执行为例外”的原则下,它担当着更多的行政强制执行任务。

(一)人民法院组织体系

当行政机关自己无行政强制执行权而申请人民法院强制执行生效行政决定时,人民法院经审查立案以后,就形成了“非诉行政案件”。因而,人民法院对行政机关所申请的生效行政决定的执行,称作为“非诉执行案件”。

中国行使审判权的国家机关是人民法院;人民法院是国家的审判机关,属于司法机关的一部分。《宪法》(2018)第128条规定:“中华人民共和国人民法院是国家的审判机关。”

根据《宪法》(2018)第129条第1款规定,我国人民法院的组织体系,由最高人民法院、地方各级人民法院和军事法院等专门人民法院构成。

---

[197] 《水污染防治法》(2017)第94条第1款规定:“企业事业单位违反本法规定,造成水污染事故的,除依法承担赔偿责任外,由县级以上人民政府环境保护主管部门依照本条第二款的规定处以罚款,责令限期采取治理措施,消除污染;未按照要求采取治理措施或者不具备治理能力的,由环境保护主管部门指定有治理能力的单位代为治理,所需费用由违法者承担;对造成重大或者特大水污染事故的,还可以报经有批准权的人民政府批准,责令关闭;对直接负责的主管人员和其他直接责任人员可以处上一年度从本单位取得的收入百分之五十以下的罚款;有《中华人民共和国环境保护法》第六十三条规定的违法排放水污染物等行为之一,尚不构成犯罪的,由公安机关对直接负责的主管人员和其他直接责任人员处十日以上十五日以下的拘留;情节较轻的,处五日以上十日以下的拘留。”

[198] 《防洪法》(2016)第42条规定:“对河道、湖泊范围内阻碍行洪的障碍物,按照谁设障、谁清除的原则,由防汛指挥机构责令限期清除;逾期不清除的,由防汛指挥机构组织强行清除,所需费用由设障者承担。在紧急防汛期,国家防汛指挥机构或者其授权的流域、省、自治区、直辖市防汛指挥机构有权对壅水、阻水严重的桥梁、引道、码头和其他跨河工程设施作出紧急处置。”

[199] 《动物防疫法》(2015)第73条规定:“违反本法规定,有下列行为之一的,由动物卫生监督机构责令改正,给予警告;拒不改正的,由动物卫生监督机构代作处理,所需处理费用由违法行为人承担,可以处一千元以下罚款:(一)对饲养的动物不按照动物疫病强制免疫计划进行免疫接种的;(二)种用、乳用动物未经检测或者经检测不合格而不按照规定处理的;(三)动物、动物产品的运载工具在装载前和卸载后没有及时清洗、消毒的。”

[200] 《固体废物污染环境防治法》(2013)第55条规定:“产生危险废物的单位,必须按照国家有关规定处置危险废物,不得擅自倾倒、堆放;不处置的,由所在地县级以上地方人民政府环境保护行政主管部门责令限期改正;逾期不处置或者处置不符合国家有关规定的,由所在地县级以上地方人民政府环境保护行政主管部门指定单位按照国家有关规定代为处置,处置费用由产生危险废物的单位承担。”

[201] 《放射性污染防治法》(2003)第56条规定:“产生放射性固体废物的单位,不按照本法第四十五条的规定对其产生的放射性固体废物进行处置的,由审批该单位立项环境影响评价文件的环境保护行政主管部门责令停止违法行为,限期改正;逾期不改正的,指定有处置能力的单位代为处置,所需费用由产生放射性固体废物的单位承担,可以并处二十万元以下罚款;构成犯罪的,依法追究刑事责任。”

最高人民法院是最高审判机关，设在首都北京。最高人民法院监督地方各级人民法院和专门人民法院的审判工作。

根据《人民法院组织法》的有关规定，地方各级人民法院包括基层人民法院、中级人民法院、高级人民法院。基层人民法院设在县级，包括县、自治县（旗）、不设区的市、市辖区，完全按行政区划设置。基层人民法院根据地区、人口和案件情况可以设立若干人民法庭。人民法庭是基层人民法院的派出机构和组成部分，它的判决和裁定就是基层人民法院的判决和裁定。中级人民法院设立在省、自治区的各地区，直辖市、省、自治区辖市、自治州。高级人民法院设立在省、自治区和直辖市。相对专门法院而言，地方各级人民法院可简称“普通法院”。[202]

专门人民法院，简称“专门法院”，是中国国家统一的审判体系即人民法院组织体系中的一个组成部分。它和地方各级人民法院共同行使审判权。但是，它是国家审判体系中特定的具有专门性质的审判机关。它的设置亦与地方各级人民法院不同：它不是按行政区划而是按特定的组织体系或案件性质建立。中国现行的专门人民法院包括军事法院、海事法院、铁路运输法院等。

由此可见，中国现行人民法院组织体系结构如图 13－7 所示：

图 13－7　人民法院组织体系

（二）中国现行行政审判体制

中国对生效行政决定的司法执行，即关于“非诉执行案件”的审理和执行体制，与司法行政审判体制有关。因为在中国，将“非诉执行案件”的审理和执行看作行政审判的职能的一部分，所以，只有具有行政审判职能的司法机关方有“非诉执行案件”的审理和执行职能。

对照上述中外司法体制的比较，中国现行行政审判机关体制可以从三个角度进行考察说明。

1. 从中央法院与地方法院关系角度考察，我国采用了“单一制”。从中央法院与地方法院关系角度考察，联邦制国家实行了联邦法院与地方法院并存并且互不隶属的“双轨制”；单一制国家采用了设置一个法院系统，下级法院均应服从上级法院的体制。我国人民法院的组织体制虽严格言之与西方的“双轨制”“单一制”不能等同，但总体上靠近“单一制”，因为中国没有联邦法院与地方法院互不隶属的并存局面，中国的地方法院均是中央法院的下属法院。从这一体制上说，对“非诉行政案件”的审理和执行，在职能上从中央法院到地方法院均应具有，只是管辖分工区别而已。

2. 从行政法院与普通法院关系角度考察，我国同样属于“单一制”。中国并未在人民法院之外设立独立的行政法院[203]；行政案件不是由行政法院审理，而是由各级人民法院中的行政审判庭审理。

---

〔202〕 当然，它与“普通法系”的“普通法院”含义不同。

〔203〕 尽管这几年有不少学者提出此建议。

3. 从地方各级人民法院与专门人民法院关系角度考察，我国采用最高人民法院和地方各级人民法院审理制，即普通法院审理制，专门人民法院原则上不审理行政案件，因而也就没有对“非诉执行案件”进行审理和执行的职能。

从《宪法》(2018)第128[204]、129[205]、131条[206]规定本身看，似乎最高人民法院、地方各级人民法院和专门人民法院都拥有行政审判权，因为它们都属于人民法院，而人民法院拥有司法审判权，行政审判权又是司法审判权的一个组成部分。但是，宪法是国家的根本大法，国家审判权的分工不能直接据此推论。行政审判权由什么法院行使，应当由《人民法院组织法》规定。

但是，我国的原《人民法院组织法》在规定人民法院的任务时，只规定到审理刑事案件和民事案件，没有设定审理行政案件之职责，更没有提及审理行政案件的分工问题。2018年该法的修订才写入了人民法院处理“行政纠纷”的职能。[207]

《行政诉讼法》的制定更使人民法院审理行政案件有了法律依据。《行政诉讼法》(2017)第4条第1款明确规定：“人民法院依法对行政案件独立行使审判权，不受行政机关、社会团体和个人的干涉。”《行政诉讼法解释》(2018)第3条第2款规定：“专门人民法院、人民法庭不审理行政案件，也不审查和执行行政机关申请执行其行政行为的案件。铁路运输法院等专门人民法院审理行政案件，应当执行行政诉讼法第十八条第二款的规定。”这就是说，在我国行政案件原则上由各级人民法院审理，专门法院和人民法庭不审理行政案件，但铁路运输法院等专门人民法院审理行政案件除外。

(三)行政审判机构

行政审判机构系指人民法院内分工负责审理行政案件的组织。《行政诉讼法》(2017)第4条第2款规定：“人民法院设行政审判庭，审理行政案件。”《行政诉讼法解释》(2018)第3条第1款配套规定：“各级人民法院行政审判庭审理行政案件和审查行政机关申请执行其行政行为的案件。”

这就是说，我国的行政审判机构就是行政审判庭。可见，“非诉行政案件”的审理和执行，从第一个层次上说，是由各地普通人民法院来承担；从第二个层次上说，是由行政审判庭承担。

(四)对诉讼裁判的执行权

前面不断反复的行政机关与人民法院对执行权的分工规则，即“法律赋予行政机关有强制执行权的，由行政机关实施强制执行；法律没有赋予行政机关有强制执行权的，由行政机关申请人民法院强制执行”。这一规则适用非诉执行案件是毫无疑问的，但是否也适用普通行政诉讼案件所形成生效裁判的执行呢？有人认为，不是非诉执行而是作为司法执行的后者，应当一概由人民法院强制执行。这是误解。这正是行政诉讼与民事诉讼不同的地方。在行政诉讼

---

[204] 《宪法》(2018)第128条规定：“中华人民共和国人民法院是国家的审判机关。”

[205] 《宪法》(2018)第129条第1款规定：“中华人民共和国设立最高人民法院、地方各级人民法院和军事法院等专门人民法院。”

[206] 《宪法》(2018)第131条规定：“人民法院依照法律规定独立行使审判权，不受行政机关、社会团体和个人的干涉。”

[207] 《人民法院组织法》(2018)第2条规定：“人民法院是国家的审判机关。人民法院通过审判刑事案件、民事案件、行政案件以及法律规定的其他案件，惩罚犯罪，保障无罪的人不受刑事追究，解决民事、行政纠纷，保护个人和组织的合法权益，监督行政机关依法行使职权，维护国家安全和社会秩序，维护社会公平正义，维护国家法制统一、尊严和权威，保障中国特色社会主义建设的顺利进行。”

中,人民法院的生效裁判作出后,对行政相对人的执行,依然适用非诉执行中的分工原则。《行政诉讼法》(2017)第95条规定:“公民、法人或者其他组织拒绝履行判决、裁定、调解书的,行政机关或者第三人可以向第一审人民法院申请强制执行,或者由行政机关依法强制执行。”最高人民法院的司法答复也补强了这一规定。[208]

四、房屋拆除中的执行主体

房屋拆除是一个重要、复杂和敏感的问题,所以需要单独讨论一下。“房屋”系指按永久存在设计而建成的,用以作为住宅、仓库、工厂、牲畜圈棚或其他用处的建筑物。对于国家所有和集体所有土地上的房屋都有合法建筑与违法建筑之分。合法建筑适用征收拆迁制度,违法建筑则适用处罚与拆除制度。它们在强制执行的主体上有所不同。

(一)对已被征收国有土地上房屋拆迁的执行主体

中国关于国有土地上房屋征收拆迁制度经历了1991年的《城市房屋拆迁管理条例》时期(1991～2001年)和2001年的《城市房屋拆迁管理条例》时期(2001～2011年)。在这两个时期,尽管补偿标准在不断提高,但房屋拆迁关系事实上被视作一种拆迁人(一般是建设单位)与被拆迁人之间的民事关系,拆迁的执行主体主要是建设单位,因而出现了不少暴力拆迁和违法拆迁现象。2011年《国有土地上房屋征收与补偿条例》的制定,确立了现行的国有土地上房屋征收体制,将拆迁关系改为国家征收关系,将民事关系改为行政关系。这样,拆迁实施主体就从“民方”变成了“官方”,有效遏制了暴力拆迁和违法拆迁现象。

关于对已被征收的国有土地上房屋的强制拆迁主体问题,《国有土地上房屋征收与补偿条例》(2011)第28条第1款规定:“被征收人在法定期限内不申请行政复议或者不提起行政诉讼,在补偿决定规定的期限内又不搬迁的,由作出房屋征收决定的市、县级人民政府依法申请人民法院强制执行。”另最高人民法院《关于办理申请人民法院强制执行国有土地上房屋征收补偿决定案件若干问题的规定》(法释〔2012〕4号)第9条规定:“人民法院裁定准予执行的,一般由作出征收补偿决定的市、县级人民政府组织实施,也可以由人民法院执行。”

这就是说,对已被征收的国有土地上房屋强制拆迁的强制执行主体,是人民法院而不是行政机关。应当由作出房屋征收决定的市、县级人民政府依法申请人民法院强制执行。人民法院经过审理裁定准予执行的,一般由作出征收补偿决定的市、县级人民政府组织实施,也可以由人民法院执行,这是“裁执分离”改革的尝试。

(二)对已被征收的集体土地上房屋拆除的执行主体

与对国有土地上的房屋征收不同,对集体土地上房屋的征收是因国家对集体土地的征收

---

〔208〕 即使是经过普通行政诉讼,人民法院裁判维持行政决定或者驳回原告诉讼请求后,对行政决定的强制执行,依然适用非诉执行中行政机关与人民法院对执行权的分工,即“法律赋予行政机关有强制执行权的,由行政机关实施强制执行;法律没有赋予行政机关有强制执行权的,由行政机关申请人民法院强制执行”。最高人民法院行政审判庭《关于行政机关申请法院强制执行维持或驳回诉讼请求判决应如何处理的答复》(〔2013〕行他字第11号)如下:“人民法院判决维持被诉行政行为或者驳回原告诉讼请求后,行政机关申请人民法院强制执行的,人民法院应当依照《中华人民共和国行政强制法》第十三条第二款的规定,作出如下处理:一、法律已授予行政机关强制执行权的,人民法院不予受理,并告知由行政机关强制执行。二、法律未授予行政机关强制执行权的,人民法院对符合法定条件的申请,可以作出准予强制执行的裁定,并应明确强制执行的内容。”

而发生。目前,对集体土地上房屋的征收没有单独的法律进行规定,它是跟随土地征收程序进行,因此它适用的是《土地管理法》上的土地征收条款。对集体土地上房屋的征收,与其说是对房屋的征收,不如说是对集体土地的征收及对征收土地及地上附属物的补偿。因为实践中一般的做法是,农民原宅基地被征收后,政府会给其分配新的原宅基地建房。

我国《宪法》(2018)第10条第3款规定:“国家为了公共利益的需要,可以依照法律规定对土地实行征收或者征用并给予补偿。”《土地管理法》(2019)第2条第4款同样规定:“国家为了公共利益的需要,可以依法对土地实行征收或者征用并给予补偿。”

国家因建设需要占用集体土地的,必须办理土地征收手续。根据《土地管理法》(2019)第46条规定,征收基本农田、基本农田以外的耕地超过三十五公顷的、其他土地超过七十公顷的,由国务院批准;征收前款规定以外的土地的,由省、自治区、直辖市人民政府批准。

如果土地已被依法征收,但是当事人拒不交出土地,或者拒不交出土地上房屋的,由谁强制执行,现行《土地管理法》未作对应规定。[209]《土地管理法实施条例》(2021)第62条规定:“违反土地管理法律、法规规定,阻挠国家建设征收土地的,由县级以上地方人民政府责令交出土地;拒不交出土地的,依法申请人民法院强制执行。”这里的“交出土地”,当然包括交出土地上的房屋。由此可见,中国目前对于集体土地被征收后地上房屋拆迁的强制执行权的归属,应当是属于人民法院。[210] 这一点已由最高人民法院《关于审理涉及农村集体土地行政案件若干问题的规定》(法释〔2011〕20号)[211]和最高人民法院《关于被征地人拒不交出土地的执行问题请示案的答复》(〔2017〕最高法行他206号)[212]进行了补强。

(三)对违法建筑的拆除主体

上述两题均是讨论对合法建筑,特别是房屋被征收后拆迁的强制执行主体问题,这里讨论对违法建筑拆除的强制执行主体问题。

《行政强制法》针对违法建筑的强制拆除有一个专门条款。《行政强制法》(2011)第44条规定:“对违法的建筑物、构筑物、设施等需要强制拆除的,应当由行政机关予以公告,限期当事人自行拆除。当事人在法定期限内不申请行政复议或者提起行政诉讼,又不拆除的,行政机关可以依法强制拆除。”如果该条文属于一种直接而普遍性的授权,那么对违法建筑的强制拆除

---

〔209〕 第83条规定不具有明显的对应性。

〔210〕 当然从严格意义上说,根据《行政强制法》(2011)第13条规定,对于集体土地被征收后地上房屋拆迁的强制执行权的归属,应当由法律设定,由作为行政法规的《土地管理法实施条例》设定是不合适的。但愿下次《土地管理法》修改时能够解决这一问题。

〔211〕 最高人民法院《关于审理涉及农村集体土地行政案件若干问题的规定》(法释〔2011〕20号)第14条规定:“县级以上人民政府土地管理部门根据土地管理法实施条例第四十五条的规定,申请人民法院执行其作出的责令交出土地决定的,应当符合下列条件:(一)征收土地方案已经有权机关依法批准;(二)市、县人民政府和土地管理部门已经依照土地管理法和土地管理法实施条例规定的程序实施征地行为;(三)被征收土地所有权人、使用人已经依法得到安置补偿或者无正当理由拒绝接受安置补偿,且拒不交出土地,已经影响到征收工作的正常进行;(四)符合最高人民法院《关于执行〈中华人民共和国行政诉讼法〉若干问题的解释》第八十六条规定的条件。人民法院对符合条件的申请,应当裁定予以受理,并通知申请人;对不符合条件的申请,应当裁定不予受理。”

〔212〕 最高人民法院《关于被征地人拒不交出土地的执行问题请示案的答复》(〔2017〕最高法行他206号)指出:“在省级人民政府土地征收审批文件下发后,诉争土地已经法定程序转为国有建设用地。被征地人拒不交出土地的,应当按照《中华人民共和国土地管理法实施条例》第四十五条规定的程序执行。即由县级以上人民政府土地行政主管部门作出责令交出土地的决定,仍拒不交出土地的,按照《最高人民法院关于审理涉及农村集体土地行政案件若干问题的规定》(法释〔2011〕20号)第十四条的规定,申请人民法院强制执行。”

主体已就被统一解决了，即一概属于行政机关实施。但问题在于，该条款不具有直接而普遍的授权性，因为《行政强制法》(2011)第44条规定中的“行政机关可以依法强制拆除”中的“依法”是指“依照法律”。这样就依然回归到原有的一个原则，即法律规定行政机关自己强制执行的，就由行政机关自己强制执行；如果法律没有明确规定由行政机关自行强制拆除，则行政机关应当申请法院强制拆除。[213]

完整地说，现行中国法律制度中的违法建筑有三类：一是城镇国有土地上的违法建筑；二是农村集体土地上的违法建筑；三是违反交通、环境、自然资源管理中的建筑障碍物。要注意的是，必须强制拆除的肯定是违法建筑，但违法建筑未必都必须强制拆除。所以，违法建筑与必须强制拆除的建筑还不能画上等号。[214] 在上述三类违法建筑中，强制拆除的主体是有所不同的。

1. 城镇国有土地上的违法建筑

城镇国有土地上的违法建筑，包括建立在城镇国有土地上违反各种法律法规的建筑。根据《城乡规划法》(2019)第64、66条规定[215]，可以或者必须拆除的违法建筑包括：(1)未取得建设工程规划许可证建设的建筑；(2)未按照建设工程规划许可证的规定建设的建筑；(3)未经批准进行临时建设的建筑；(4)未按照批准内容进行临时建设的建筑；(5)临时建筑物、构筑物超过批准期限不拆除的。

根据《城乡规划法》(2019)第68条规定，城乡规划主管部门作出责令停止建设或者限期拆除的决定后，当事人不停止建设或者逾期不拆除的，建设工程所在地县级以上地方人民政府可以责成有关部门采取查封施工现场、强制拆除等措施。这就是说，对于城镇国有土地上的违法建筑的强制执行，由县级以上地方人民政府责成有关部门实施，而不是申请人民法院强制执行。最高人民法院的一个批复也衔接了这一点。[216]

2. 农村集体土地上的违法建筑

农村集体土地上的违法建筑，包括建立在农村集体土地上的违反各种法律法规的建筑，主要指违反《土地管理法》和《城乡规划法》等法律的建筑。

(1)关于违反土地管理法的建筑。违反土地管理法的建筑主要包括：未经批准或者采取欺骗手段骗取批准，在非法占用土地上建设住宅、工厂和其他的设施。对于这些违法建筑的强制

---

[213] 参见乔晓阳主编、全国人大常委会法制工作委员会行政法室编著：《中华人民共和国行政强制法解读》，中国法制出版社2011年版，第147页。

[214] 例如，对于违反《建筑法》(2019)的建筑肯定是违法建筑，但该法只规定处罚、返工、赔偿等处理方法；对于违反《城乡规划法》(2019)的建筑肯定是违法建筑，但根据该法第64～65条规定，只有对于“无法采取改正措施”的违法建筑才予拆除。

[215] 《城乡规划法》(2019)第64条规定：“未取得建设工程规划许可证或者未按照建设工程规划许可证的规定进行建设的，由县级以上地方人民政府城乡规划主管部门责令停止建设；尚可采取改正措施消除对规划实施的影响的，限期改正，处建设工程造价百分之五以上百分之十以下的罚款；无法采取改正措施消除影响的，限期拆除，不能拆除的，没收实物或者违法收入，可以并处建设工程造价百分之十以下的罚款。”第66条规定：“建设单位或者个人有下列行为之一的，由所在地城市、县人民政府城乡规划主管部门责令限期拆除，可以并处临时建设工程造价一倍以下的罚款：(一)未经批准进行临时建设的；(二)未按照批准内容进行临时建设的；(三)临时建筑物、构筑物超过批准期限不拆除的。”

[216] 最高人民法院《关于违法的建筑物、构筑物、设施等强制拆除问题的批复》(法释〔2013〕5号)：“北京市高级人民法院：根据行政强制法和城乡规划法有关规定精神，对涉及违反城乡规划法的违法建筑物、构筑物、设施等的强制拆除，法律已经授予行政机关强制执行权，人民法院不受理行政机关提出的非诉行政执行申请。”

拆除,根据《土地管理法》(2019)第 83 条[217]和《土地管理法实施条例》(2021)第 52、53 条规定[218],由作出行政处罚决定的行政机关申请人民法院强制执行。

(2)关于违反城乡规划法的建筑。在农村集体土地上的违反城乡规划法的违法建筑,主要是指在乡、村庄规划区内未依法取得乡村建设规划许可证或者未按照乡村建设规划许可证的规定进行建设的建筑。对于这类违法建筑的强制拆除,根据《城乡规划法》(2019)第 65 条的规定,由乡、镇人民政府实施强制拆除。[219]

但是,最高人民法院《关于违反土地管理法的建筑物、其他设施强制拆除实施主体问题的答复》(〔2018〕行他 822 号)指出:"对于违反土地管理法的建筑物、其他设施的强制拆除,也可以参照《最高人民法院关于办理申请人民法院强制执行国有土地上房屋征收补偿决定案件若干问题的规定》第九条的规定,朝着'裁执分离'的方向作出探索和改进。"这就是说,目前的做法是:对于违反城乡规划法的建筑由行政机关强制执行;国有土地上的征收房屋和农村违反土地管理法的建筑的拆除,应当由行政机关申请人民法院强制执行,但可适用"裁执分离",交由市、县级人民政府组织实施。

3. 违反交通、环境、自然资源管理中的建筑障碍物

违反交通、环境、自然资源管理中的建筑障碍物,是指除上述两类违法建筑以外的违反《道路交通安全法》《海上交通安全法》《防洪法》《水法》《环境保护法》《气象法》《森林法》《水土保持法》《水污染防治法》《固体废物污染环境防治法》等所建造的建筑障碍物。按《行政强制法》的有关规定,对这类违法建筑障碍物采取代履行的执行方式,而且实施这种执行方式的主体已由《行政强制法》(2011)第 50 条和第 52 条直接授权给行政处理决定机关。

最高人民法院也多次明确,对于这一领域的违法建筑物、构筑物、设施和公路桥梁下面违法建筑,都由行政机关直接强制执行,无须申请人民法院强制执行。[220]

---

[217] 《土地管理法》(2019)第 83 条规定:"依照本法规定,责令限期拆除在非法占用的土地上新建的建筑物和其他设施的,建设单位或者个人必须立即停止施工,自行拆除;对继续施工的,作出处罚决定的机关有权制止。建设单位或者个人对责令限期拆除的行政处罚决定不服的,可以在接到责令限期拆除决定之日起十五日内,向人民法院起诉;期满不起诉又不自行拆除的,由作出处罚决定的机关依法申请人民法院强制执行,费用由违法者承担。"

[218] 《土地管理法实施条例》(2021)第 52 条规定:"违反《土地管理法》第五十七条的规定,在临时使用的土地上修建永久性建筑物的,由县级以上人民政府自然资源主管部门责令限期拆除,按占用面积处土地复垦费 5 倍以上 10 倍以下的罚款;逾期不拆除的,由作出行政决定的机关依法申请人民法院强制执行。"第 53 条规定:"违反《土地管理法》第六十五条的规定,对建筑物、构筑物进行重建、扩建的,由县级以上人民政府自然资源主管部门责令限期拆除;逾期不拆除的,由作出行政决定的机关依法申请人民法院强制执行。"

[219] 《城乡规划法》(2019)第 65 条规定:"在乡、村庄规划区内未依法取得乡村建设规划许可证或者未按照乡村建设规划许可证的规定进行建设的,由乡、镇人民政府责令停止建设、限期改正;逾期不改正的,可以拆除。"

[220] 参见最高人民法院《关于违法的建筑物、构筑物、设施等强制拆除问题的批复》(法释〔2013〕5 号):"根据行政强制法和城乡规划法有关规定精神,对涉及违反城乡规划法的违法建筑物、构筑物、设施等的强制拆除,法律已经授予行政机关强制执行权,人民法院不受理行政机关提出的非诉行政执行申请。"最高人民法院《关于对公路桥梁下面违法建筑强制拆除适用法律问题的答复》(〔2013〕行他字第 12 号):"根据《中华人民共和国行政强制法》第五十条、《中华人民共和国公路法》第五十六条、第八十一条和《公路安全保护条例》第十一条第三款的规定,公路管理机构对公路桥梁下面修建的违法建筑,有强制拆除的权力。公路管理机构向人民法院申请强制执行的,人民法院不予受理。"

第七节　行政机关强制执行程序

行政强制执行程序应当包括行政机关实施强制执行的程序和行政机关申请人民法院强制执行的程序。本节阐述行政机关实施强制执行的程序，下一节将阐述行政机关申请人民法院强制执行的程序。

一、行政强制执行一般程序

（一）行政强制执行一般程序的意义

行政强制执行程序，系指由法律设定的具有行政强制执行权的行政机关，依照《行政强制法》和其他法律的规定，具体实施行政强制执行任务所必须遵循的步骤、方式和时限，是行政强制执行行为所存在的时间与空间方式。行政强制执行程序，是一种法定程序；严格遵循行政强制执行程序，是行政程序法定原则的体现和要求。

行政强制执行程序在行政法上具有诸多意义：它是认定行政强制执行行为是否合法的标准之一，违反行政强制执行程序，属于违反法定程序的行政违法行为，后果严重者可能会导致该行政强制执行行为的无效或者被撤销。它同时是行政相对人正确有效行使程序权利的依据和保障。设置科学合理的行政强制执行程序，对于规范行政机关强制执行行为，提高行政效率，约束行政强制权的滥用，保障行政相对人的合法权益，具有重要而直接的意义。

中国现行行政强制执行程序集中在《行政强制法》第四章行政机关强制执行程序的有关规定之中。该章共设三节：第一节是一般规定，第二节是金钱给付义务的执行，第三节是代履行。第一节一般规定确立了行政强制执行中的一般程序，第二节金钱给付义务的执行和第三节是代履行是分别确立了行政强制执行中的金钱给付义务的执行程序和代履行的执行程序，后两者是特别程序。行政强制执行中的一般程序是指所有行政强制执行行为都必须遵循的基本法律程序。它在法律适用上的意义在于以下几个方面。

1. 一般程序是基本程序。行政强制执行中的一般程序，是所有行政强制执行行为都必须服从的法律程序，它适用于直接强制执行与间接强制执行，对金钱给付义务的执行与对行为义务的执行，对作为义务的执行与不作为义务的执行，对可替代义务的执行与不可替代义务的执行。

2. 一般程序是最低程序。行政强制执行中的一般程序，是所有行政强制执行行为中的最低程序标准。也就是说，它并不排斥对其他特别程序的适用，如对于金钱给付义务的执行必须同时而且优先适用《行政强制法》（2011）第四章第二节所规定的金钱给付义务的执行程序，对于代履行的执行必须同时而且优先适用《行政强制法》第四章第三节所规定的代履行的执行程序。但是，任何行政强制执行程序都必须同时服从这一一般程序，因为它是所有行政强制执行所必须遵循的最低程序要求。其他特别程序严于一般程序是可以的，但宽于一般程序是不许的，除非一般程序条款中本身就有例外规定。

3. 一般程序是补充程序。在《行政强制法》（2011）第四章行政机关强制执行程序的规定中，第一节一般规定确立了行政强制执行中的一般程序，第二节和第三节分别确立了行政强制执行中的金钱给付义务和代履行的特别执行程序。就一般程序与特别程序而言，一般程序是对特别程序的补充。具体言之,适用特别程序的行政强制执行行为,一定同时适用一般程序,而适用一般程序的行政强制执行行为,不一定同时适用特别程序;一般程序与特别程序不一致时,特别程序优先适用。

4. 一般程序是兜底程序。行政强制执行中的一般程序又是一个兜底程序,所谓"兜底"程序,是指如果出现未被明文列举的"其他"行政强制执行行为,都应当适用这一程序规定。从《行政强制法》(2011)第四章看,第二节规定了对金钱给付义务的执行程序,包括直接执行与间接执行;第三节规定了对代履行的执行程序,但在这里没有穷尽对所有行为义务的执行〔221〕,尤其是对金钱给付义务以外的行为义务中的直接强制和对不作为义务的强制执行没有涉及。因此,对于行为义务中的不作为义务的执行和作为义务中的直接执行,都直接适用行政强制执行中的一般程序。

《行政强制法》有关行政强制执行一般程序的规定,不仅设置步骤,而且同时规定了行政强制执行程序的启动条件,催告、决定和执行等实施环节,包括执行和解在内的执行原则,当事人陈述和申辩的权利,以及执行中止、终结和回转等有关制度。

(二)行政强制执行的条件

行政强制执行的条件是指行政机关启动行政强制执行程序的前置性要求。《行政强制法》(2011)第34条规定:"行政机关依法作出行政决定后,当事人在行政机关决定的期限内不履行义务的,具有行政强制执行权的行政机关依照本章规定强制执行。"这就意味着,行政机关启动行政强制执行必须符合以下条件。

1. 当事人负有行政法上义务。行政法上的义务,系指当事人根据行政法,基于一定的法律行为和法律事实而形成的,处于一定行政法律关系中的义务。这种义务表现为当事人必须进行一定的作为或者不作为,否则将承担不利的法律后果。如当事人必须接受行政处罚、必须依法纳税等,都属于行政法上的义务范畴。行政强制执行是对当事人行政法上义务之执行。〔222〕当事人存在行政法上的义务,显然是启动行政强制执行的前提。

2. 该义务已由行政基础决定所确定。行政强制所执行的义务是当事人直接依据法律、法规所形成,还是直接依据某一种行政基础决定而确定,这是有争议的。〔223〕但笔者认为,法规上的义务是一种抽象的义务,只有通过具体行政决定的转化,才能转变为某一当事人的具体义务。例如,根据《兵役法》的规定,年满18周岁的公民有服兵役的义务。但这一法律所规定的义务,针对不满18周岁的公民而言不会形成该义务,即使针对某一年满18周岁的公民,在未有通过具体的行政决定确定该义务之前,这一服兵役的义务还只是一个抽象而可能的义务,只有通过某一个具体的征兵决定,才使这一公民产生了具体而实际发生了的服兵役义务。所以,任何法律义务都是抽象的,都依赖于具体行政决定的转换。法律义务是行政决定所确定义务的基础,没有法律义务就不可能有行政决定所确定义务;但有法律义务,未必就一定形成行政决定义务。行政强制执行是对行政基础决定所确定义务的执行,而不是直接对法律义务的执行。

---

〔221〕 因为代履行仅仅是适用对行为义务中的作为义务的执行,对于不作为义务的执行没有涉及。

〔222〕 对权利不存在执行问题只存在保障问题。

〔223〕 如有学者认为,行政强制执行的依据,"是已经生效的行政决定或者法律的直接规定"。参见张锋、杨建峰主编:《行政强制法释论》,中国法制出版社2011年版,第199页。

3. 当事人逾期不履行该义务。当事人负有法律义务，并且这一法律义务已经行政基础决定转换而被确定为当事人的具体义务，仅此，行政强制执行也尚未能启动，还须有当事人逾期不履行该义务的事实。这一事实有两个要素构成：第一，当事人未履行义务。这是指当事人不履行由行政基础决定所确定的义务。这义务可以是金钱给付义务，也可以是行为义务；可以是作为义务，也可以是不作为义务。这里的“不履行”，是指义务未被履行的客观状态，包括义务未履行、义务未被按要求履行。第二，当事人已逾规定履行义务的期限。当事人未履行义务不会马上发生行政强制执行问题，关键还要看它是否“逾期”。当事人在规定期限内不履行义务，不会发生强制执行问题。只有“逾期”了并且还未履行者，才会发生强制执行问题。然而，这里的“逾期”，是超逾了什么期限？对此，还需要区别两种情况。

(1)行政基础决定所确定的期限。这里的“逾期”是指超逾了行政基础决定所确定的期限，而不是指超逾了执行催告书或者执行决定书所规定的期限，因为在这一阶段后者还不会发生。譬如，某行政处罚决定书载明，当事人如果接受处理的，自接受处理之日起15日内到指定银行交纳罚款。以行政基础决定所确定的期限为标准者，其行政法理的基础是大陆法系的行政行为确定力理论，即行政行为与司法行为不同，只要一经依法作出就具有确定力和执行力，便可立即执行，行政复议和行政诉讼也不停止行政行为的执行。

(2)逾期不申请行政复议或者提起行政诉讼的期限。由于我国奉行“复议诉讼不停止行政行为执行”的原则，因此原则上，行政机关无须等待当事人超过了复议或诉讼期限再行强制执行，但是，如果法律有特别规定，那就应当等待当事人超过复议或诉讼的期限。如《税收征收管理法》(2015)第88条第3款规定：“当事人对税务机关的处罚决定逾期不申请行政复议也不向人民法院起诉、又不履行的，作出处罚决定的税务机关可以采取本法第四十条规定的强制执行措施，或者申请人民法院强制执行。”[224]这时，就应当将当事人申请行政复议的期限或者提起行政诉讼的期限作为“逾期”中的“期限”。

4. 当事人无正当理由不履行该义务。仅有当事人逾期不履行行政基础决定所确定义务的客观状态，依然不足以启动行政强制执行程序，还须看当事人不履行是否有正当的理由。之所以要区别是否有“正当理由”就是为了区分当事人是拒不履行还是无法履行。拒不履行是指当事人有条件履行，但其因不肯履行而没有履行，主观上存有恶意；无法履行是因为客观上的条件使其无法履行，如遇不可抗力、条件不具备、规定履行时间太短而做不到等，这种情况下当事人主观上无恶意。行政机关只有在当事人拒不履行的情况下方能进入强制执行。

(三)行政强制执行的原则

这里所阐述的行政强制执行原则，系指由《行政强制法》和有关法律所确立，行政机关在实施强制执行过程中必须遵循的基本规则。它和本章第一节行政强制法基本原则所阐述的行政强制合法性原则、行政强制适当性原则、教育与强制相结合原则、禁止谋利原则和权利救济原则不处于同一个层次。行政强制执行原则是行政强制法原则的下位原则。

1. 行政复议、行政诉讼不停止执行原则

行政复议和行政诉讼，是在行政相对人对行政主体的行政行为不服时诉请法律救济的两

---

[224] 我国还有不少法律都作了类似规定，如《海关法》(2021)第93条规定：“当事人逾期不履行海关的处罚决定又不申请复议或者向人民法院提起诉讼的，作出处罚决定的海关可以将其保证金抵缴或者将其被扣留的货物、物品、运输工具依法变价抵缴，也可以申请人民法院强制执行。”

大行政法途径,是行政复议机关和人民法院对行政主体行政行为进行合法性和合理性监督的重要手段。但当行政相对人对行政决定不服申请行政复议或者提起了行政诉讼,在这行政复议和行政诉讼期间,原行政决定是否必须执行,这是行政强制执行中无法回避、必须解决的问题。

关于法律救济是否具有延缓执行原行政行为的法律效果,世界上的做法是不同的。大多数国家和地区规定行政相对人诉请法律救济不影响原行政行为的执行效力。法国是奉行这一原则的代表,早在其1945年制定的《最高行政法院组织法》[225]中就明文规定,向最高行政法院起诉不具有中止原行政行为的执行效力。[226] 2001年的《行政诉讼法典》前言部分的第4条规定:"除非法律特别规定,未经法院允许,行政决定不因诉讼而中止执行。"[227]并不紧跟法国的日本在这一点上紧跟了法国,其早在1962年的《行政不服审查法》[228]中确立了提起行政审查"不妨碍处分的效力、处分的执行或程序的继续进行"之原则。[229] 同步制定的日本《行政案件诉讼法》[230]几乎是原封不动地拷贝了《行政不服审查法》中的原则,规定当事人提起撤销之诉"不妨碍处分的效力、处分的执行及程序的进行。"[231]韩国由于历史上的原因紧跟日本的脚步,其1951年的《行政诉愿法》[232]规定了"诉愿期间原行政处分的决定继续执行"的原则。[233] 后经历年修订的韩国《行政复议法》[234]第21条第1款规定:"审查请求不影响处分的效力、执行

---

[225] 1945年7月31日法国临时政府第45－1708号法令公布。

[226] 法国1945年《最高行政法院组织法》第4分节(向最高行政法院起诉无中止效力),第48条规定:"除法律另有规定外,向最高行政法院起诉如无该法院的特别命令不具有中止效力。"

[227] 参见王名扬:《法国行政法》,中国政法大学出版社1989年版,第621～622页。王名扬先生在该书中详细地阐述了这一法律制度。

[228] 相当于中国的《行政复议法》。它于1962年(昭和三十七年)9月15日以法律第160号公布施行。

[229] 日本1962年《行政不服审查法》第34条规定:"一、提起审查请求,并不妨碍处分的效力、处分的执行或程序的继续进行。二、处分厅的上级行政厅作为审查厅在认为必要时,可依审查请求人的申请或以职权,全部或部分停止处分的效力、处分的执行或程序的继续进行,或者采取其他措施。三、处分厅的上级行政厅以外的审查厅在认为必要时,可依审查请求人的申请并在听取处分厅的意见以后,实施停止执行。但不得采取全部或部分处分的效力、处分的执行或程序的继续进行以外的其他措施。四、审查请求人提出前两款规定的申请以后,为了避免因处分、处分的执行或程序的继续进行产生难以恢复的损害而认为有紧急必要时,审查厅必须实施停止执行。但可能对公共福利产生重大影响或使处分的执行、程序的继续进行有成为不可能的危险时,或者原告人的诉讼请求看来没有理由时,不在此限。五、在前三款情形下,如果通过停止处分效力以外的措施可以达到目的时,不得停止处分的效力。六、停止执行的申请提出以后,审查厅应迅速决定是否实施停止执行。"

[230] 日本《行政案件诉讼法》于1962年5月16日(昭和三十七年5月16日)法律第139号颁布,经2004年6月9日(平成十六年6月9日)法律第83号修订。

[231] 日本1962年《行政案件诉讼法》第25条规定:"1.撤销处分之诉的提起,不妨碍处分的效力、处分的执行及程序的进行。2.提起撤销处分之诉时,为避免由于处分、处分的执行或程序的进行而产生的重大损害,在有紧急处置必要时,法院根据申请,可以决定全部或部分停止处分的效力、处分的执行及程序的进行(以下称'停止执行')。但是,停止处分效力,能够达到停止处分的执行和程序进行的目的,则不能停止执行。3.法院在判断是否会产生前款中规定的重大损害时,须考量损害恢复的困难程度、损害的性质和程度,以及处分的内容和性质。4.如果停止执行有可能对社会福祉带来重大影响,或就本案来看理由不成立的,则不能停止执行……"

[232] 1951年8月3日法律第211号公布。

[233] 韩国1951年《行政诉愿法》第8条规定:"除法律另有规定外,在诉愿期间原行政处分的决定继续执行。但法院行政庭根据职权或诉愿人的申请,认为确有必要停止执行原行政处分的决定时,在诉愿期间,可以决定原行政处分决定暂缓执行。"

[234] 韩国1998年《行政复议法》经1988年8月5日法律第4017号、1995年12月6日法律第5000号、1997年8月22日法律第5370号和1998年12月28日法律第5600号修订。

或者程序的继续进行。”[235]与复议审查制度相衔接，其行政诉讼法同样规定了除法院裁定，诉讼不停止原行政行为的执行原则。[236] 我国台湾地区现行的行政诉愿和行政诉讼制度，也有类似规定。我国台湾地区“诉愿法”[237]第23条规定：“原行政处分之执行，除法律另有规定外，不因提起诉愿而停止。但原行政处分机关或受理诉愿机关，必要时得依职权或依诉愿人之申请，停止其执行。”我国台湾地区现行“行政诉讼法”[238]第11条第1款规定：“原处分或决定之执行，除法律另有规定外，不因提起行政诉讼而停止。”[239]上述规定表明，这些国家和地区实行的是“以复议、诉讼不中止原行政行为执行为原则，以中止执行为例外”的原则。这里可以中止原行政行为执行的“例外”，是指法律的特别规定、行政复议机关或者行政诉讼审判机关的裁定。

但是，世界上同时存在另一种做法，即当事人申请行政复议或者提起行政诉讼具有延缓执行原行政行为的法律效果。这一制度的代表是德国。德国早在1960年的《行政法院法》[240]中就规定，当事人提出异议或提起撤销之行政诉讼“具有延缓执行之效力”。[241] 这样的规定显然奉行了另外一种原则，即“以复议、诉讼中止原行政行为执行为原则，以不中止执行为例外”。

美国的做法有点奇特，就其在这一问题上的态度，很难将它划归于上述“两派”中的任何一

---

[235] 韩国1998年《行政复议法》第21条共有八个款项，其中第1～4款是：“1.审判请求不影响处分的效力、执行或者程序的继续进行。2.裁决机关认为为了避免由于处分或者其执行、程序的继续进行而产生难以回复的损害且有紧急的必要的，可以根据当事人的申请或者依职权、经过委员会的审理以及议决，决定全部或者部分地停止处分的效力、其执行或者程序的继续进行。但是，停止处分的执行或者程序的继续进行可以达到目的的，不能停止处分的效力。3.执行停止有可能对公共利益产生重大影响的，不得为之。4.裁决机关决定执行停止后，执行停止对公共利益产生重大影响或者停止事由消失的，依当事人的申请或者依职权，经过委员会的审理以及议决，裁决机关可以撤销执行停止的决定。”

[236] 韩国1951年《行政诉讼法》（1951年8月24日第213号法律公布）第10条规定：“1.法院认为原行政处分决定的执行将影响恢复原状，或者有紧急事由时，可以根据职权或当事人的申请，决定停止原行政处分决定的执行。2.法院停止执行的决定影响公共利益时，法院也可以随时取消其停止执行的决定。”2002年的韩国《行政诉讼法》（2002年1月26日法律第6626号公布，2002年7月1日施行）规定得更为详细，其第23条规定：“1.撤销诉讼的提起，不影响处分等的效力、处分等的执行或程序的进行。2.已提出撤销诉讼的前提下，为了预防因处分等、处分等的执行或程序的进行造成无法恢复的损害，有紧急处置必要时，承担本案的法院根据当事人的申请或依职权，可以决定全部或部分停止处分等的效力、处分等的执行或程序的进行。但通过停止处分等的执行或程序的进行能够达到目的时，不允许停止处分的效力。3.有可能对公共福利产生重大影响时，不允许停止执行……”

[237] 1930年3月24日公布实施，后经1937年、1970年、1979年修正和2000年6月14日修正。

[238] 1932年11月17日颁布，经1933年6月23日、1937年1月8日、1942年7月27日、1969年11月5日、1975年12月12日、1998年10月28日、2000年7月1日、2001年10月22日、2007年7月4日、2010年1月13日、2011年5月6日、2011年5月25日共12次修订。

[239] 我国台湾地区2011年“行政诉讼法”第116条的内容是：原处分或决定之执行，除法律另有规定外，不因提起行政诉讼而停止。行政诉讼系属中，行政法院认为原处分或决定之执行，将发生难于回复之损害，且有急迫情事者，得依职权或依声请裁定停止执行。但于公益有重大影响，或原告之诉在法律上显无理由者，不得为之。于行政诉讼起诉前，如原处分或决定之执行将发生难于回复之损害，且有急迫情事者，行政法院亦得依受处分人或诉愿人之声请，裁定停止执行。但于公益有重大影响者，不在此限。行政法院为前二项裁定前，应先征询当事人之意见。如原处分或决定机关已依职权或依声请停止执行者，应为驳回声请之裁定。停止执行之裁定，得停止原处分或决定之效力、处分或决定之执行或程序之续行之全部或部分。

[240] 德国1960年《行政法院法》（VwGO）于1960年1月21日由联邦议会通过。最后一次于1997年12月22日修改。见《联邦法律公报》第3224页。

[241] 德国1960年《行政法院法》第80条（延缓期效）规定：“一、异议和撤销之诉具有延缓原行政行为执行之效力。此款也适用于创设权利的行政行为。二、延缓执行效力仅适用于：1.征收公共税金及费用；2.公安机关执行人员的紧急命令及措施；3.联邦法律所规定的其他情况；4.关于公共利益的立即执行，或者由发布行政行为的官署或者就异议进行裁决的官署作为一个参与人占主要利益的立即执行，有特别规定的情况……”

“派”。美国 1946 年的《联邦行政程序法》[242] 第 705 条(复审期间的救济)规定:“如果行政机关认为出于司法需要应推迟该行政行为的生效日期,以待司法复审,它便可以推迟生效日期,在必要情况下,为了防止发生不可弥补的损害,复审法院,包括可以受理上诉请求的法院,向复审法院下达调卷令和其他命令的法院,可以采取一切必要和适当的措施,推迟行政行为的生效日期,或在复审程序终结以前维持原状或保留权利。”这一规定表明,无论是行政机关本身或是司法机关,都有权保持原行政行为的执行效力,也可中止其执行效力。

中国的做法是,无论是行政复议法还是行政诉讼法都坚持“复议诉讼不停止原行政行为执行”的原则。《行政复议法》(2023)第 42 条规定:“行政复议期间行政行为不停止执行;但是有下列情形之一的,应当停止执行:(一)被申请人认为需要停止执行;(二)行政复议机关认为需要停止执行;(三)申请人、第三人申请停止执行,行政复议机关认为其要求合理,决定停止执行;(四)法律、法规、规章规定停止执行的其他情形。”《行政诉讼法》(2017)第 56 条规定:“诉讼期间,不停止行政行为的执行。但有下列情形之一的,裁定停止执行:(一)被告认为需要停止执行的;(二)原告或者利害关系人申请停止执行,人民法院认为该行政行为的执行会造成难以弥补的损失,并且停止执行不损害国家利益、社会公共利益的;(三)人民法院认为该行政行为的执行会给国家利益、社会公共利益造成重大损害的;(四)法律、法规规定停止执行的。当事人对停止执行或者不停止执行的裁定不服的,可以申请复议一次。”这就表明,我国行政机关实施强制执行,原则上不因当事人申请行政复议或提起行政诉讼而停止,除非符合《行政复议法》(2023)第 42 条和《行政诉讼法》(2017)第 56 条所规定的几种停止执行的情形。

“复议诉讼不停止行政行为执行”的原则,不仅适用行政机关自己强制执行的行政决定,也适用行政机关申请人民法院强制执行的行政决定。确立这一原则的理论基础在于行政行为的公定力和既定力。

2. 间接强制执行优于直接强制执行原则

直接强制执行,是指行政执行机关自身采取强制手段,直接达到当事人履行义务或当事人义务被履行的状态,如直接从当事人在银行的账户上扣缴税款。间接强制执行,是指行政执行机关通过代履行或执行罚等间接强制手段,以达到当事人履行义务或当事人义务被履行的状态。可是,有时这两者的界线很难划分,因为“直接性”与“间接性”本身就是相对而言的。德国《行政强制执行法》第 67 条第 1 项明文规定,直接强制是指执行机关使用身体力量、体力补助器或武器对抗义务人或其物,以达履行义务之同一状态。在此所谓“体力补助器”,特别是指镣铐、拒马、警犬、勤务车辆、兴奋剂以及麻醉品等。[243] 但这一对“直接强制”特征的刻画仅局限于针对人身。笔者认为,直接强制与间接强制的最大区别在于,通过某一执行手段直接达到了当事人义务被履行的状态,还是需要通过当事人自己的行为转换或第三人的行为转换而达到当事人义务被履行状态。

间接强制优于直接强制是行政执行法而不是民事执行法上的一项基本原则,它为各国行政强制执行制度所接受。有的国家和地区通过行政执行法明文表达了这一原则。德国 1953

[242] 美国 1946 年《联邦行政程序法》(The Administrative Procedure Act, APA),1946 年第七十九届美国国会通过,1946 年 6 月 11 日由杜鲁门总统签署公布生效。1966 年 9 月 6 日编入美国法典第五篇,1978 年第九十五届国会修订。

[243] 参见翁岳生编:《行政法》(第 2 版),中国法制出版社 2009 年版,第 1207 页。

年《联邦行政强制执行法》[244]第12条规定:“代执行或执行罚不能达到目的或难以实行的,执行机关可强制义务人作为、容忍或不作为,或者自行执行。”日本于1948年制定了《行政代执行法》并取代旧时代的《行政执行法》[245]。这本身就表明,在日本现行行政强制执行中,作为间接执行的“代执行”已作为其行政强制执行制度中的基本制度和主导制度由行政强制的基本法加以确立,直接执行恰恰留给了个别法作分散性规定,几乎将“间接强制优于直接强制”原则推向极端。中国台湾地区的现行“行政执行法”[246]第32条规定:“经间接强制不能达成执行目的,或因情况急迫,如不及时执行,显难达成执行目的时,执行机关得依直接强制方法执行之。”我国《行政强制法》虽然对于这一原则未作明文表达,但是这一精神仍处处可验。《行政强制法》(2011)第5条规定:“行政强制的设定和实施,应当适当。采用非强制手段可以达到行政管理目的的,不得设定和实施行政强制。”

所谓间接强制优于直接强制,系指在行政强制执行手段的选择上,首先应当选择间接强制执行手段;只有当间接强制执行手段无法达到执行目的时,方可选择直接强制执行手段。它同样是我国行政强制执行中的一项基本原则,是行政强制适当原则的要求和体现。

3. 执行和解原则

《行政强制法》(2011)第42条规定:“实施行政强制执行,行政机关可以在不损害公共利益和他人合法权益的情况下,与当事人达成执行协议。执行协议可以约定分阶段履行;当事人采取补救措施的,可以减免加处的罚款或者滞纳金。执行协议应当履行。当事人不履行执行协议的,行政机关应当恢复强制执行。”由此确立了行政强制执行中的执行和解原则,体现了《行政强制法》的一大创新。

我们长期受到一个行政法理论的困扰,即在行政法律关系中,一方是行使公权力的主体,另一方是作为行政相对人的公民、法人或者其他组织,它们实质上是一种公权力与私权利的关系。与作为平等主体间的民事关系不同,由于公权力具有不可处分性,行政主体无法拿公权力与私人方进行交易,因而在行政主体与行政相对人之间类似调解、和解之类的制度往往较难授受。《行政强制法》将执行和解引入行政强制执行制度,是一种理论上的解放,对传统的行政法理论也是一个冲击。其实,公权力与私权利进行适度地“交易”是公平与效率关系的体现和要求,国际上早有先例,西方刑事制度中的“辩诉交易”就是例证。

《行政强制法》意义上的执行和解,系指在行政强制执行过程中,在不损害公共利益和他人合法权益的情况下,行政机关与当事人自愿就义务履行的时间、方式作出约定,共同遵守的状态。执行和解既是行政强制执行制度,又是行政强制执行制度中的一项基本原则。其法律特征包括以下几个方面。

(1)双方自愿性是执行和解的前提。和解是指双方当事人的合意,它须以双方当事人意思上的自愿为基础。在行政强制执行的和解中,须以执行主体一方的行政机关与作为被执行人的当事人双方的自愿为前提,任何一方都不是被胁迫和误解的状态下做某件事。双方当事人

---

[244] Verwaltungsvollstreckungsgesetz BRD,1953年4月27日颁布,1953年5月1日生效,1997年12月17日最后一次修改。

[245] 该法于1900年(明治三十三年)颁布施行,后被1948年的日本《行政代执行法》所取代。

[246] 我国台湾地区现行“行政执行法”于1932年12月28日颁布,经1943年12月1日、1947年11月11日、1998年11月11日、2000年6月21日、2005年6月22日、2007年3月21日、2009年4月29日、2009年12月30日、2010年2月3日、2010年5月10日、2010年6月3日共11次修正。

没有自愿性,就不会有执行和解的基础。

(2)不损害公共利益和他人合法权益是执行和解的基本条件。《行政强制法》(2011)第42条明文设立了这一条件。在我国,公共利益(Public Interest)是指国家利益、社会利益和不特定的社会成员所享有的利益。他人合法权益是指双方当事人以外的其他组织或者个人的合法权益,包括人身权、财产权、住宅权、教育权、政治权等各项基本权利。执行和解,双方签订执行协议,不得损害公共利益和他人合法权益,否则,有关组织和个人可以主张该协议无效。

(3)执行协议是执行和解的书面载体。行政机关与当事人达成执行和解,必须签订执行协议。执行协议必须采用书面形式。行政机关与当事人签订执行协议书,是执行和解原则的体现和要求,是行政机关与当事人实现执行和解的标志。执行协议书的内容应当包括:双方当事人;义务履行的时间和方式;遵守与不遵守协议的后果;时间和地点等。执行协议书虽然不像司法调解书那样具有执行力,但它是具有法律效果的法律文书。

(4)履行义务时间和方式的变通是执行和解的具体内容。尽管达成了执行和解,但是当事人所必须履行的义务不得取消。既然是执行和解,就意味着双方就双方的权利与义务具有一定的变通性。不存在变通性,执行和解就不复存在。但变通主要限于履行义务的时间与方式方面,如履行时间的适当推迟,从一次性履行变通为分阶段性履行,执行方式的适当改变,从现金履行变通为财物履行等,特别是当事人采取补救措施的,行政机关可以减免加处的罚款或者滞纳金。不得以取消履行义务作为变通的内容。

(5)从执行程序的启动到完成前是执行和解的有效时间。行政强制执行程序以催告为启动点,以义务被实现或者执行终结为程序终点。在整个行政强制执行程序的始终之内,都可以实现执行和解,签订执行和解协议。执行程序启动之前是或者结束之后,都无以发起执行和解。

(6)执行协议签订具有法律效果。执行和解协议一经签订,就会发生法律效果。具体表现在:第一,产生遵守的义务。执行和解协议一经签订,无论是行政机关还是当事人,都必须严格遵守,不得擅自改变或放弃。第二,产生执行中止或者终结的效果。某些协议的履行过程和履行结果,会导致执行中止或者执行终结。第三,导致履行义务时间和方式的改变。由于执行协议会在一定程序上变通原义务履行的时间和方式,从而导致原义务履行时间和方式的改变,其中包括因当事人采取补救措施而使行政机关减免加处的罚款或者滞纳金。第四,形成不遵守执行协议的法律后果。如果当事人签订执行协议后又不履行,行政机关应当恢复强制执行。

4. 文明执行原则

文明是与野蛮是相对立的、人类社会进步的体现和标志。所谓文明执法,就是在执法过程中树立以人为本、执政为民的理念,充分尊重行政相对人的权益,严格遵循法律规定的执法程序,坚持教育与处罚相结合,管理与服务相结合,不断提高行政执法效能,为建设和谐社会和法治社会提供保障之要求和状态。文明执法是推进社会主义物质文明、政治文明和精神文明协调发展的体现,是依法治国基本方略的具体内涵,是科学发展观的核心——以人为本的要求。

文明执行,是文明执法的要求和内容,是我国行政强制执行的基本原则之一。早在《国有土地上房屋征收与补偿条例》的立法中，我国已对文明拆迁作出明确要求。[247] 文明执行原则集中体现在《行政强制法》(2011)第43条规定上，该条规定："行政机关不得在夜间或者法定节假日实施行政强制执行。但是，情况紧急的除外。行政机关不得对居民生活采取停止供水、供电、供热、供燃气等方式迫使当事人履行相关行政决定。"根据这一规定，文明执行原则主要表现为两个方面的要求。

(1)行政机关不得在夜间或者法定节假日实施行政强制执行。这是对行政强制执行的时间限制。这里需要弄清几个问题：

第一，什么是"夜间"？"夜间"也称夜里，最早是个日光概念，专指从日落至日出之间的时段；或者说是指从黄昏到黎明的那段时间。但由于各国，甚至一个国家内的不同地区的地理位置不同，从而造成日照时间的长短和日照的时间段不同，因而还是需要以法律规定为宜。我国虽有几部法律规定到"夜间"[248]，但对"夜间"时间段作出解释的目前是《噪声污染防治法》。根据《噪声污染防治法》(2021)第63条规定，"夜间"是指晚上十点至次日早晨六点之间的期间。[249] 目前，我国的"夜间"时间段应当以此作为参照。

第二，什么是"法定节假日"？法定节假日是指根据各国、各民族的风俗习惯或纪念要求，由国家法律统一规定的用以进行庆祝及度假的休息时间。法定节假日制度是国家政治、经济、文化制度的重要反映，涉及经济社会的多个方面，涉及广大人民群众的切身利益。各国对法定节假日的规定不甚统一。中国根据国务院发布的《全国年节及纪念日放假办法》(2013)规定，我国法定节假日包括三类：第一类是全体公民放假的节日。包括：新年，放假1天(1月1日)；春节，放假3天(正月初一、初二、初三)；清明节，放假1天(农历清明当日)；劳动节，放假1天(5月1日)；端午节，放假1天(农历端午当日)；中秋节，放假1天(农历中秋当日)；国庆节，放假3天(10月1日、2日、3日)。第二类是部分公民放假的节日及纪念日。包括：妇女节(3月8日)，妇女放假半天；青年节(5月4日)，14周岁以上的青年放假半天；儿童节(6月1日)，不满14周岁的少年儿童放假1天；中国人民解放军建军纪念日(8月1日)，现役军人放假半天。第三类是少数民族习惯的节日，由各少数民族聚居地区的地方人民政府，按照各该民族习惯，规定放假日期。除上述三类外，二七纪念日、五卅纪念日、七七抗战纪念日、九三抗战胜利纪念日、九一八纪念日、教师节、护士节、记者节、植树节等其他节日、纪念日，均不放假。《全国年节及纪念日放假办法》(2013)还规定，全体公民放假的假日，如果适逢星期六、星期日，应当在工作日补假。部分公民放假的假日，如果适逢星期六、星期日，则不补假。

第三，"法定节假日"不是指双休日。双休日不等于法定节假日；但法定节假日可以发生在双休日。所以从理论上说，行政机关不得在夜间或者法定节假日实施行政强制执行，并未排除双休日可以实施行政强制执行。但如果行政强制执行从工作日开始，延续到双休日、夜间和法定节假日是否可以，《行政强制法》本身未作规定，但从立法精神来看，也应当尽量避免。所以，

---

[247] 《国有土地上房屋征收与补偿条例》(2011)第27条明文规定："实施房屋征收应当先补偿、后搬迁。作出房屋征收决定的市、县级人民政府对被征收人给予补偿后，被征收人应当在补偿协议约定或者补偿决定确定的搬迁期限内完成搬迁。任何单位和个人不得采取暴力、威胁或者违反规定中断供水、供热、供气、供电和道路通行等非法方式迫使被征收人搬迁。禁止建设单位参与搬迁活动。"

[248] 如《道路交通安全法》等。

[249] 《噪声污染防治法》(2021)第88条规定："本法中下列用语的含义：……(二)夜间，是指晚上十点至次日早晨六点之间的期间，设区的市级以上人民政府可以另行规定本行政区域夜间的起止时间，夜间时段长度为八小时……"

最高人民法院的一个司法答复认为,“法定节假日”应当包括“双休日”。[250]

第四,为什么不得在“夜间”和“法定节假日”实施行政强制执行?“夜间”是公民的自然休息时间,是几千年来的“日落而息”习惯之反映;“法定节假日”是《劳动法》明文规定休息的时间。[251] 休息权是劳动者获得休息和休假的一项基本权利,旨在保障公民身心健康和自由发展。赋予并保障劳动者的休息权是个人和社会发展的共同需要,禁止在“夜间”和“法定节假日”实施行政强制执行,与社会进步和文明发展相吻合。再则,作此规定是针对现实中的一些“夜袭”“堵被窝”等不文明执行行为。世界上的一些国家和地区对此也有类似规定。德国1957年《莱茵州柏尔兹行政强制执行法》第8条[252]和我国台湾地区现行“行政执行法”第5条[253]均有详细规定。

第五,情况紧急者除外。《行政强制法》(2011)第43条在设置对于不得在“夜间”和“法定节假日”实施行政强制执行规定的同时,设定了一个例外,即“情况紧急的除外”。这个“除外”条款意味着,在情况紧急条件下,行政机关是可以在“夜间”和“法定节假日”实施行政强制执的。所谓情况紧急的情形,大体包括:一是有证据证明当事人有逃逸、有转移或者隐匿财物的迹象的;二是属于《行政强制法》(2011)第52条所指的情形,需要立即清除道路、河道、航道或者公共场所的遗洒物、障碍物或者污染物的。类似这类情况都属于“情况紧急”,行政机关可以立即执行,不受“不得在夜间或者法定节假日实施行政强制执行”规定的约束。

(2)行政机关不得对居民生活采取停止供水、供电、供热、供燃气等方式。这是对行政强制执行的手段限制。这里有三点需要说明:

第一,禁止“停止供水、供电、供热、供燃气等方式”是针对居民生活,对于企业生产并不适用。因为从民生角度考虑,人的生活是第一需要,生产是第二需要。之所以对居民生活不得采取停止供水、供电、供热、供燃气等方式,这是居民的生活和生存需要,否则不符合以人为本的宗旨。

第二,禁止停止供应的是水、电、热、燃气等生活资源,是人们生存和生活所必需的资源性资料,而且这些资源常常被行政机关直接或间接地控制。所以,对此作禁止性规定是必要的。

第三,禁止“停止供水、供电、供热、供燃气等方式”没有除外条款。《行政强制法》(2011)第43条为“行政机关不得在夜间或者法定节假日实施行政强制执行”设定的例外条款,即“情

---

〔250〕 最高人民法院《关于行政机关在星期六实施强制拆除是否违反〈中华人民共和国行政强制法〉第四十三条第一款规定的请示的答复》(〔2016〕最高法行他81号)指出:“安徽省高级人民法院:你院《关于孙邦柱诉房屋强制拆除一案如何适用〈中华人民共和国行政强制法〉第四十三条第一款的请示》收悉。经研究,答复如下:依照《中华人民共和国行政强制法》第四十三条第一款及第六十九条的规定,行政机关不得在星期六实施强制拆除,但情况紧急的除外。”

〔251〕 《劳动法》(2018)第40条规定:“用人单位在下列节日期间应当依法安排劳动者休假:(一)元旦;(二)春节;(三)国际劳动节;(四)国庆节;(五)法律、法规规定的其他休假节日。”

〔252〕 德国1957年《莱茵州柏尔兹行政强制执行法》(Verwaltungsvollstreckungsgesetz im Rheinland – Pfalz,1957年7月8日颁布,1958年1月1日正式施行)第8条(夜间、星期日及法定假日之执行)规定:“夜间、星期日及法定假日之执行行为,仅以持有执行官署之书面许可始得为之。执行时应出示许可证。称夜间者,四月一日至九月三十日系指二十一时至四时,十一月一日至三月卅一日系指二十一时至六时。”

〔253〕 我国台湾地区现行“行政执行法”第5条(执行时间之限制与提示证件)规定:行政执行不得于夜间、星期日或其他休息日为之。但执行机关认为情况急迫或征得义务人同意者,不在此限。日间已开始执行者,得继续至夜间。执行人员于执行时,应对义务人出示足以证明身份之文件;必要时得命义务人或利害关系人提出国民身份证或其他文件。

况紧急的除外”，但没有为禁止“停止供水、供电、供热、供燃气等方式”设置“除外条款”。因为这方面的“除外”没有存在的必要。

（四）行政强制执行程序的基本步骤

行政强制执行的基本步骤是行政强制执行程序的核心内容，是实现和达到行政强制执行目标的时间方式和程序保障。行政强制执行的基本步骤又构成了行政强制执行的法定程序，违反该步骤会构成程序违法。催告和送达—陈述和申辩—记录、复核、处理—执行决定—送达—执行，这是行政强制执行的基本程序环节。

1. 催告和送达

任何行政强制执行都应当期待当事人的自我履行，“催告”便成了“整个行政强制之核心”（Das Kernstück des ganzen Zwangsverfahrens）。[254] 在法国，行政机关在采取强制执行措施之前，除非是紧急情况，必须事先催告当事人履行义务。只有在当事人表示反抗或者恶意不履行时，才能采取强制执行措施。[255] 德国1953年的《联邦行政强制执行法》（VwVG）第13条明文要求，行政机关在采取强制执行手段之前，必须先作书面告诫。告诫书必须指明义务履行时间。[256] 日本现行《行政代执行法》也详细规定了实施“代执行”前的告诫和通知制度。[257]

作为行政强制执行程序中的催告，是指当事人逾期不履行由行政基础决定所确定的义务，行政机关为督促当事人在强制执行前自行履行义务，而向当事人书面发出的要求其在一定期限内履行义务，否则将承担被强制执行后果的一种意思通知。催告的法律特征包括以下几种。

（1）催告是一种准法律行为，不具有延缓强制执行的效力。催告是由行政机关向当事人发出的要求其在一定期限内履行义务的意思通知，它既不改变由行政基础决定所确定的履行义务，也不创设新的履行义务，只是向当事人提醒和重复履行义务的内容、程序权利以及不履行的后果等，其目的在于通过威慑以实现当事人自我履行的状态，不具有迟延执行效力之效果。因而在理论上，催告不是法律行为，而是可以准用关于意思表示有关规定的准法律行为。

（2）催告是强制执行决定的前置程序，是整个行政强制执行程序的逻辑起点。从时间上考量，催告发生在当事人逾期不履行行政基础决定所确定义务之后，又在行政机关作出行政执行决定之前，不经催告，行政机关不得启动行政强制执行程序。《行政强制法》（2011）第35条第1句明文规定：“行政机关作出强制执行决定前，应当事先催告当事人履行义务。”这说明，催告是行政机关作出强制执行决定的前置程序，也是行政机关必须严格遵守、不可逾越的“法定程序”。

（3）催告不是一种执行决定，但它直接产生当事人陈述和申辩权利。相对于原行政决定即

〔254〕 参见城仲模：《行政法之基础理论》，三民书局股份有限公司1999年版，第375页。

〔255〕 参见全国人大常委会法制工作委员会行政法室编著、乔晓阳主编：《中华人民共和国行政强制法解读》，中国法制出版社2011年版，第118～119页。

〔256〕 德国1953年《联邦行政强制执行法》（Verwaltungsvollstreckungsgesetz BRD，1953年4月27日颁布，1953年5月1日生效，1997年12月17日最后一次修改）第13条第1款规定：“强制手段不能立即采用（第6条第2款）的，应事先予以书面告诫。为便于履行义务，告诫时应指定期限，确定期限时应公正考虑义务人履行义务所需的时间。”

〔257〕 日本1948年《行政代执行法》第3条（告诫、通知）规定：“一、为作出前条规定的处分（代执行），在规定相当的履行期限，而到期仍不履行时，必须预先以文书告诫代执行的宗旨。二、在义务人接到前款的告诫，到指定期限仍不履行义务时，该行政机关以代执行令书，把要进行代执行的时间、为代执行而派遣的执行负责人的姓名以及代执行所需费用估计的概算额通知义务人。三、在特殊或危险紧急情况下，对迅速实施该行为有紧急的需要，并没有时间采取前二款规定的程序时，可以不按其程序实施代执行。”

"行政基础决定"而言,执行决定是一种"行政执行决定"。催告既不是一种行政基础决定,也不是一种行政执行决定,它是一种无法为当事人设置或改变履行义务的程序性决定,这种程序性决定的直接法律效果是产生了当事人对原履行义务的陈述、申辩权利。

根据《行政强制法》(2011)第35条规定,催告必须采用书面形式。催告书是催告行为的法定形式,未采用书面形式的催告,如口头、电话等,不被法律所承认,属于违反法定程序。催告书必须包含完整的有关信息,其中应当包括:一是履行义务的期限;二是履行义务的方式;三是涉及金钱给付的,应当有明确的金额和给付方式;四是当事人依法享有的陈述权和申辩权。

催告书作出并送达后,事态的发展会有几种情况:一是当事人在催告书规定的期限内履行了义务,行政强制执行程序到此结束,属于行政强制执行的终结;二是行政机关与当事人达成了执行和解,签订了执行协议书,行政强制执行程序中止;三是当事人拒不履行义务而且无正当理由,这样,行政机关应当紧跟作出行政执行决定。

2. 陈述和申辩

当事人收到催告书后,由于《行政强制法》的规定和催告书的提示,当事人可以行使陈述权和申辩权。陈述权和申辩权都是当事人表达自己意见的权利,有时很难区分。但严格说来,它们还是存有差异。陈述权(the right of statement)是指当事人对自己主张的说明,如当事人对于某项申请的理由作解释和进一步的说明;申辩权(the right to defend oneself)是指当事人对他人对自己的指控进行辩解和反驳。他们的侧重点有所不同。

陈述和申辩是当事人的程序权利,它源自《宪法》有关公民的基本权利规定,[258]是正当程序原则的核心内容和基本要求。[259] 当事人在行政强制执行程序中的陈述权和申辩权,同时是行政机关的程序义务;当事人权利的享受与行政机关义务的承担,构成了行政强制执行法定程序的必要环节。当事人放弃该权利不影响行政强制执行的继续,但行政机关不履行该义务,将构成程序违法,会减损行政强制执行行为的效力和导致行政机关责任人员的纪律责任。关于当事人陈述权和申辩权的享有和行使,涉及以下几个内容要素。

(1)关于主体。享受和行使陈述权和申辩权的主体,应当是在行政强制执行关系中应当承担履行义务的当事人,包括公民、法人或者其他组织。当事人可以自己行使陈述、申辩权利,也可否委托律师行使陈述、申辩权利。

(2)关于对象。当事人的陈述和申辩针对基础决定,也可针对催告书,因为它们在内容上是相通的。

(3)关于内容。当事人的陈述和申辩的内容范围,不能不作限定。一般而言,当事人的陈述和申辩意见就下述内容而发表:一是原行政基础决定所确定的当事人义务是否合法;二是对

---

[258] 《宪法》(2018)第41条规定:"中华人民共和国公民对于任何国家机关和国家工作人员,有提出批评和建议的权利;对于任何国家机关和国家工作人员的违法失职行为,有向有关国家机关提出申诉、控告或者检举的权利,但是不得捏造或者歪曲事实进行诬告陷害。对于公民的申诉、控告或者检举,有关国家机关必须查清事实,负责处理。任何人不得压制和打击报复。由于国家机关和国家工作人员侵犯公民权利而受到损失的人,有依照法律规定取得赔偿的权利。"

[259] 这一程序权利被引入行政程序,可以首推我国的《行政处罚法》。《行政处罚法》早在1996年就引进和确立了听证制度和事先告知制度。2003年制度的《行政许可法》将听取意见制度完整地运用于许可审批领域。2011年制定的《行政强制法》将当事人的陈述和申辩权推向极致,尤其是该法第36条规定:"当事人收到催告书后有权进行陈述和申辩。行政机关应当充分听取当事人的意见,对当事人提出的事实、理由和证据,应当进行记录、复核。当事人提出的事实、理由或者证据成立的,行政机关应当采纳。"

这一义务的履行方式是否合理；三是对义务履行时间和方式进行变通的方案及理由；四是当事人想表达并与执行有关的其他意见。换言之，当事人可以就行政强制执行行为所涉事实、理由和证据发表意见。

（4）关于方式。当事人行使陈述权和申辩权的方式，可以是书面的，也可以是口头的。以口头形式提出意见，行政机关必须负责记录并让当事人签字。行政机关听取当事人陈述和申辩意见，可以当场进行，也可以约时进行，还可以举行听证会。法律未对方式作出规定，方式只要有利于当事人发表意见便可。

（5）关于时间。当事人发表陈述和申辩意见，从收到催告书之日起至强制执行决定作出前都是可以的。针对催告书之前的行政基础决定和催告书之后的行政执行决定，都适用其他的救济方式（行政复议和行政诉讼）。

3. 记录、复核、处理

行政强制执行程序的第三个环节，是记录、复核、处理。当事人依法提出陈述和申辩意见后，行政机关必须保存其书面材料；当事人是口头提出陈述和申辩意见的，行政机关必须负责记录，让当事人核对签字后保存。对于当事人无论是书面还是口头提出的意见，都必须认真核对和考虑，本着实事就是原则，坚持以人为本，兼顾公共利益与当事人的私人权利，进行处理。

当事人提出的事实、理由或者证据成立的，行政机关应当采纳。当事人的意见是有道理并可接受的，一定要及时纠正或者修正。行政强制执行不合法的，要及时取消；行政强制执行不合理的，要及时调整。能达成执行和解的，尽量争取。对于当事人的意见不成立的，也要耐心地解释和说服。

4. 强制执行决定

根据《行政强制法》（2011）第37条规定，经催告，当事人逾期仍不履行行政决定，且无正当理由的，行政机关可以作出强制执行决定。行政机关作出强制执行决定是行政强制执行程序的第四个环节。

《行政强制法》（2011）第37条所规定的“强制执行决定”，就是指“行政执行决定”。“行政执行决定”，是指在行政强制执行过程中行政机关针对经催告逾期仍不履行执行义务且无正当理由的当事人，所作出的要求其立即履行义务的行政命令。“行政执行决定”是相对于“行政基础决定”而言的一个理论概念。“行政基础决定”[260]是在行政强制执行程序之前作出的，“行政执行决定”则在行政强制执行程序之中作出的；“行政基础决定”是由行政机关作出的实体性决定，“行政执行决定”是由行政执行机关作出的程序性决定；“行政基础决定”是一项本体性决定，它直接确定当事人的义务，“行政执行决定”是一项并不创设当事人实体义务的辅助性决定，它显然是为前一个决定服务，只是对由“行政基础决定”所确定的义务进行程序上的落实而已。行政执行决定应当以书面形式作出，并载明下列事项：（1）当事人的姓名或者名称、地址；（2）强制执行的理由和依据；（3）强制执行的方式和时间；（4）申请行政复议或者提起行政诉讼的途径和期限；（5）行政机关的名称、印章和日期。

5. 强制执行决定的送达

行政机关不作出强制执行决定就不得实施行政强制执行；但强制执行决定不依法送达给当事人就不具有法律效力。根据《行政强制法》（2011）第38条的规定，催告书和行政强制执行

---

〔260〕 一般简称“行政决定”。

决定书都应当直接送达当事人。当事人拒绝接收或者无法直接送达当事人的,应当依照《民事诉讼法》的有关规定送达。送达是个受领行为,必须以当事人签收为准,无签收不视为送达。根据民事诉讼法的有关规定,行政机关对催告书和强制执行决定书的送达,适用以下几种方法:直接送达;留置送达;委托送达;邮寄送达;转交送达;公告送达。在上述六种送达方式的选择中,有两项由《民事诉讼法》所确立,同样适用于行政送达的原则需要强调,即"直接送达优先原则"和"公告送达最后原则"。

关于"直接送达优先原则",是指在上述六种送达方式中,直接送达为优先送达方式,行政机关原则上都应当采取直接送达方式,只有在直接送达无法实现时,才可考虑其他送达方法。因为直接送达最为简便易行,并且确保了当事人的知情权。

关于"公告送达最后原则",是指在上述六种送达方式中,公告送达应当是最后选择的方式,只有当行政机关采用上述第1～5种方式都无法送达时,才可采用公告方式。因为公告方式是不得已的方式,它无法保证当事人确实收悉公告内容。在现实中尤其要防止行政机关滥用公告送达方式,仅图处事方便,不尊重当事人的知情权利。

6. 实施行政强制执行

强制执行决定作出和送达以后,行政机关应当尽快实施行政强制执行。这时,从法律设计和理论上讲,都不存在期待当事人自我履行、陈述和申辩以及等待其申请行政复议或者提起行政诉讼之环节了,行政机关可以立即强制执行。即使当事人对强制执行决定申请了行政复议或者提起了行政诉讼,也不停止行政强制执行,这是《行政强制法》(2011)第四章体现的精神。但是,如果在实施行政强制执行之前,当事人已经履行执行义务,或者与行政机关达成了执行和解,应当还是允许的。

(五)行政强制执行的中止、终结和回转

行政强制执行的中止、终结和回转,是行政强制执行中的三大制度。

1. 行政强制执行的中止

《行政强制法》(2011)第39条规定:"有下列情形之一的,中止执行:(一)当事人履行行政决定确有困难或者暂无履行能力的;(二)第三人对执行标的主张权利,确有理由的;(三)执行可能造成难以弥补的损失,且中止执行不损害公共利益的;(四)行政机关认为需要中止执行的其他情形。中止执行的情形消失后,行政机关应当恢复执行。对没有明显社会危害,当事人确无能力履行,中止执行满三年未恢复执行的,行政机关不再执行。"这是《行政强制法》对执行中止制度的规定。

行政强制执行的中止,系指行政强制执行程序开始以后,由于出现致使强制执行无法进行下去的法定情形,行政机关暂时停止强制执行程序,待该情况消除后,继续执行的法律制度。中止的主要法律特征是暂停性和可恢复性。暂停性是指短期性,即短期内暂停执行,不是长期或者永远停止执行;可恢复性是指从法律上讲行政机关拥有可恢复执行权力,从物理上讲具有可以恢复执行的现实性。中止有严格的适用条件。

(1)当事人履行行政决定确有困难或者暂无履行能力的。当事人履行行政决定确有困难,是指当事人的客观处境使其无法履行义务;当事人履行行政决定暂无履行能力,是指当事人的主体条件使其无法履行义务。两者综合起来大体包括几种情况:一是不可抗力(irresistible force)。按《民法典》(2020)第180条第2款的解释,"不可抗力是不能预见、不能避免且不能克

服的客观情况”。它包括海啸、地震等自然灾害和战争等。各国法律都将“不可抗力”列为免责条款。二是经济和生活发生严重困难。因某种原因(如生病、失业、破产等)使当事人的经济和生活发生困难,履行义务会使当事人及家庭生活低于最低生活保障线。当然,这种情况主要针对其金钱给付义务的履行。三是因身体原因使当事人暂时无法履行义务的,如生病、残疾等使当事人失去履行义务的身体条件。这种情况主要针对其行为上的作为义务的履行。四是其他情形。

(2)第三人对执行标的主张权利,确有理由的。执行标的,是指执行物,如建筑、其他物体、款项等。第三人,是指行政机关和当事人以外的与执行标的有法律关系的组织或者个人。第三人对执行标的主张权利,一般是指第三人主张对执行标的具有所有权、使用权、抵押权等,如果情况属实并且理由成立,应当中止执行,等待对第三人主张的权利核实以后再视情况处理,这是基于对第三人合法权益的保护。

(3)执行可能造成难以弥补的损失,且中止执行不损害公共利益的。这种情况一般是指由于执行标的的特殊性(某一特定物、文物等),执行了会造成难以弥补的损失,并且不执行又不会不损害公共利益,此时应当中止执行。

(4)行政机关认为需要中止执行的其他情形。这是一项兜底性规定,指以上三种情况以外的行政机关认为需要中止执行的情形。有专家认为至少包括三种情况:一是被执行的自然人死亡,需要等待继承人继承权利或者承担义务,或者被执行的法人或者其他组织终止,尚未确定权利义务承受人时。二是人民法院已经受理以被执行人的法人为债务人的破产申请。三是行政机关与当事人已达成执行和解协议,等待当事人履行协议时。[261] 此外,可能还包括行政机关怀疑行政基础决定有错,或者执行会遇当事人的过激行为等情况。

恢复执行是指中止执行的法定情形消失后,行政机关恢复原行政强制执行程序的行为和状态。行政强制执行本质上是行政机关实现国家的行政管理目标,实现和维护法律秩序,所以,当中止执行的法定情形消失之后,行政机关有权力更有义务恢复执行。[262]

不再执行是执行中止后的另一种程序结果。中止执行使原已启动的行政强制执行程序暂时停止,执行所涉的法律关系和有关权利义务处于未定状态,长此以往对国家、社会和当事人都是不利的。出于公共利益与公民权益的平衡和稳定社会法律关系的考虑,《行政强制法》确立了“不再执行”制度。《行政强制法》(2011)第39条第2款第2句规定:“对没有明显社会危害,当事人确无能力履行,中止执行满三年未恢复执行的,行政机关不再执行。”由此可见,不再执行是一种永远中止执行的制度。

2. 行政强制执行的终结

行政强制执行的终结,系指行政强制执行程序开始以后,由于出现致使强制执行已无必要或者已无可能进行下去的法定情形,行政机关决定结束执行,从此不再执行的法律制度。终结的主要法律特征是最终的封闭性。执行终结决定一旦作出,整个行政强制执行程序,无论它已进行到哪个阶段,都被宣告结束,任何法律实体行为和法律程序行为都将失去执行力。根据

---

〔261〕 参见袁曙宏主编:《行政强制法教程》,中国法制出版社2011年版,第113页。

〔262〕 《行政强制法》(2011)第39条第2款第1句规定:“中止执行的情形消失后,行政机关应当恢复执行。”所以,恢复执行更是行政机关的法定义务。

《行政强制法》(2011)第40条[263]规定,行政强制执行的终结,适用以下几种情形:

(1)公民死亡,无遗产可供执行,又无义务承受人的。当被执行人是公民时,如果该公民死亡,其又无遗产可供执行,那么,执行就因履行义务主体的消亡而终结,因为作为行政法上的履行义务不适用父债子还的传统规则。如果被执行人的公民死亡,其有遗产但无继续人或者继承人放弃继承权的,行政机关可直接执行该公民的遗产;继承人继承遗产的,行政机关可变更被执行人,但对继承人的执行仅以遗产为限。

(2)法人或者其他组织终止,无财产可供执行,又无义务承受人的。法人或者其他组织的终止有几种情况:依法被撤销;自行解散;依法宣告破产;分拆和重组等。法人或者其他组织终止后,在上述第一至三种情形中,无义务承受主体(但主管部门或者按法律程序能够依法处理好已发生的债务);在第四种情形中会有义务承受主体。如果法人或者其他组织终止,无财产可供执行,又无义务承受人,行政强制执行终结。如果法人或者其他组织终止,有义务承受人,则行政机关应当变更被执行主体,继续进行执行程序。对终止组织义务承受人的执行与对死亡公民继承人的执行不同,后者以所继承的遗产为限,前者无类似限制。

(3)执行标的灭失的。执行标的系指所执行的义务载体,如拆除违法建筑中的"建筑",执行没收某交通工具中的"交通工具",执行征收集体土地中的"集体土地"。如果由于自然(地震、海啸等)或者人为(焚烧等)因素造成执行标的物灭失,行政强制执行便就终结。

(4)据以执行的行政决定被撤销的。这里的行政决定是指确定当事人义务的行政基础决定,它是行政强制执行的依据,而不是指行政强制执行程序中的催告书或者强制执行决定。行政基础决定被撤销,大体来自几种情况:自我撤回;行政复议撤销;行政诉讼撤销;行政监督撤销;权力机关监督中的撤销。这里要注意的是,如果行政基础决定仅在法律程序中被有关机关确认违法但不撤销,那它依然具有执行力,因为它的效力未被取消。

(5)行政机关认为需要终结执行的其他情形。这是一个兜底性、自由裁量性的条款,有两个要求:一是"其他情形",即上述(1)~(4)以外的情形;二是"行政机关认为需要终结执行",这将赋予行政机关一定的自由裁量权,由行政机关合理判断。[264]

执行终结的适用时间和方式都与执行中止相同。它发生在整个行政强制执行过程之中,既不是过程之前,也不是过程之后。执行终结后,行政机关必须制作"执行终结决定书"并送达给当事人。

3. 行政强制执行的回转

执行回转是一项执行错误的弥补制度,适用于民事执行等广泛领域。[265] 与对行政强制执行的中止、终结一样,《行政强制法》对行政强制执行中的回转作出了专门规定。《行政强制法》(2011)第41条规定:"在执行中或者执行完毕后,据以执行的行政决定被撤销、变更,或者执行

---

[263] 《行政强制法》(2011)第40条规定:"有下列情形之一的,终结执行:(一)公民死亡,无遗产可供执行,又无义务承受人的;(二)法人或者其他组织终止,无财产可供执行,又无义务承受人的;(三)执行标的灭失的;(四)据以执行的行政决定被撤销的;(五)行政机关认为需要终结执行的其他情形。"

[264] 有专家认为,其他情形应当包括下列向几种情况:"一是行政相对人自行履行义务的;二是据以执行的行政决定虽然未被撤销,但行政机关认为该行政决定确有错误或者瑕疵的,不宜再执行的;三是作出行政决定的目的已经消灭或者变更,行政相对人是否履行义务已经不影响行政管理目的的实现,不必要再执行的。"参见袁曙宏主编:《行政强制法教程》,中国法制出版社2011年版,第116页。

[265] 《民事诉讼法》(2021)第240条规定:"执行完毕后,据以执行的判决、裁定和其他法律文书确有错误,被人民法院撤销的,对已被执行的财产,人民法院应当作出裁定,责令取得财产的人返还;拒不返还的,强制执行。"

错误的,应当恢复原状或者退还财物;不能恢复原状或者退还财物的,依法给予赔偿。”

作为行政强制执行中的执行回转,是指在执行中或者执行完毕后,据以执行的行政决定被撤销、变更,或者执行错误时,行政机关将已执行的财产恢复到执行前状态的法律制度。它是行政强制执行程序中的一种个别现象,并非行政强制执行中的必然环节;它是当被执行人的合法权益因行政机关的行政决定错误或者行政执行错误而给当事人造成侵害时的一种补救和救济措施。作为一种法律制度,执行回转具有下述法律特征。

(1)执行回转发生的条件,是据以执行的行政决定被撤销、变更,或者执行错误。其实这里有两种情况:一是行政决定被撤销或者变更,使当事人应当履行的义务随之被撤销或者改变。这里的行政决定是指作为执行依据的,发生于行政强制执行程序以前的行政基础决定,而不是强制执行程序中的程序性决定(如强制执行决定、执行中止决定和执行终结决定等),因为行政基础决定才是当事人的“义务之源”。二是执行错误。这是指,虽然行政基础决定没有被撤销或者变更,但行政机关在执行实施过程中执行行为本身发生了错误,例如在拆除违法建筑时误拆了合法建筑。这两种情况都应当执行回转。

(2)执行回转的标的,限于财物。对于人身的强制执行无法进行执行回转。这里的财物,包括建筑、设施、工具、艺术品和生活用品等物质,也包括证书、文件等纸质用品,还包括金钱等。只要是对于可以复回的执行标的都适用执行回转。

(3)执行回转的方式,包括恢复原状或者退还财物。这是两种针对不同性质执行标的的回转方式。恢复原状是针对不可移动的执行标的,指将已执行的标的回复到执行前的状态和性能;退还财物是针对可以移动的执行标的,指将已执行的标的返还给当事人。返还标的物区分不同情况处理:〔266〕执行标的物是特定物的,应当返还特定物;执行标的为种类物的,应当返还相同规格、数量和品质的种类物;执行标的是金钱的,应当返还相同数额的金钱及其孳息。

(4)执行回转的范围和时间。执行回转是对已执行的标的物的回转,所以,执行回转的范围应当是已被全部执行或者部分执行的标的物。执行回转的时间,肯定发生在执行之后,尚未执行不会发生执行回转问题。

正如发动行政强制执行需要有执行依据一样,发动执行回转也需要有回转依据。执行回转的依据必须是有权机关对原行政决定进行依法撤销或者变更的处理决定,包括新的行政决定书、行政复议决定书、人民法院的司法裁判书等,或者是有权机关针对执行错误的确认书等,而且这些依据必须经过法定程序而具有最终效力。

如果发生执行回转不能时,行政机关应当按照《国家赔偿法》的规定,对受损人承担国家赔偿责任。执行回转不能,是指“不能恢复原状或者退还财物”,无法实现执行回转。它包括,特定物已灭失或者已被第三人善意取得;因技术和条件上的原因使某些执行标的无法修复等。这时,有关行政机关必须承担行政赔偿责任:如果执行回转是基于行政决定被撤销或者变更,那么应当由作出该行政决定的行政机关承担赔偿责任;如果执行回转是基于执行错误,那么就由行政执行机关承担赔偿责任。〔267〕

---

〔266〕 参见乔晓阳主编、全国人大常委会法制工作委员会行政法室编著:《中华人民共和国行政强制法解读》,中国法制出版社2011年版,第135页。

〔267〕 但在中国目前行政决定机关与行政执行机关合一的制度中,这种理论上的区别意义不大。

二、金钱给付义务的执行程序

(一)金钱给付义务执行程序概述

在行政强制执行种类中,金钱给付义务的执行居特别重要地位。许多国家和地区的行政强制执行法中,都将金钱给付义务执行单列设置并专门规定其执行程序。德国1953年《联邦行政强制执行法》(Verwaltungsvollstreckungsgesetze BRD)第一章和1957年莱茵邦·柏尔兹《行政强制执行法》(Verwaltungsvollstreckungsgesetz im Rheinland – Pfalz)第二章都设置了“金钱币债权的行政执行”。一个世界上最古老的行政强制执行法即奥地利1925年《行政强制执行法通则》(Verwaltungsvollstreckungsgesetz – VVG)也将“金钱给付的强制执行”置于凸显位置。我国台湾地区现行“行政执行法”也在第二章单设“公法上金钱给付义务之执行”并对其程序作专门规定。

我国《行政强制法》(2011)在第四章行政机关强制执行程序中,单设一节(第二节,金钱给付义务的执行)从第45条到第49条专门规定了金钱给付义务的执行程序。它与第一节一般规定所确立的“一般程序”的关系是特别与一般的关系:金钱给付义务执行程序有特别规定者,优先适用该程序;无特别规定者,适用“一般程序”规定。

金钱给付义务的执行,有直接执行与间接执行之分。直接执行主要表现为行政机关通过银行等金融机构直接划拨当事人的存款、汇款,以及通过对查扣物的拍卖和出卖抵缴执行款项。间接执行主要表现为行政机关对当事人实施执行罚,即加处罚款或者加收滞纳金。

(二)对金钱给付义务直接执行程序

《行政强制法》对金钱给付义务直接执行,只对两种执行方式作了特别规定,即对存款、汇款的划拨和对查扣物的抵缴。

1. 对存款、汇款的划拨

划拨存款、汇款,是《行政强制法》(2011)第12条为行政机关设定的第二种行政强制执行手段。它是指行政机关对当事人拒不履行行政决定所确定的金钱给付义务,依照法律规定,通过有关金融机构、邮政机构将义务人账户上的存款或者邮寄给其的汇款,直接划入权利人账户的执行方式。

关于对存款、汇款划拨的程序,《行政强制法》(2011)第47条作出专门规定:“划拨存款、汇款应当由法律规定的行政机关决定,并书面通知金融机构。金融机构接到行政机关依法作出划拨存款、汇款的决定后,应当立即划拨。法律规定以外的行政机关或者组织要求划拨当事人存款、汇款的,金融机构应当拒绝。”根据《行政强制法》的这一规定,并结合中国人民银行《金融机构协助查询、冻结、扣划工作管理规定》(银发〔2002〕1号),存款、汇款划拨的程序主要有以下三个环节。

(1)作出划拨存款、汇款决定。行政机关作出划拨存款、汇款的决定。这一决定不是指行政强制执行程序之前,由此确定当事人义务的行政基础决定,而是指在行政强制执行程序中的行政执行决定。在执行的一般程序(催告和送达—陈述和申辩—复核—执行决定—送达—执行)中属于“执行决定”这一环节。《行政强制法》(2011)第47条直接规定这一程序环节,不是说前面几个程序环节不需要,而是因为前面几个环节属于一般程序。在“执行决定”这个环节上,《行政强制法》(2011)第47条对之特别规定,因而优先适用该规定;前面几个环节(催告和送达—陈述和申辩—复核),《行政强制法》(2011)未作特别规定,那就适用一般规定。

由于《行政强制法》对于涉及存款、汇款的金融事项采取严格的法律保留原则,因而理所当然地,划拨存款、汇款的决定必须"由法律规定的行政机关决定"。"行政强制执行由法律设定"的原则既约束作出行政基础决定的机关,也同时支配作出划拨存款、汇款决定的机关。"行政强制执行由法律设定"的原则既要求作出行政基础决定的机关由法律设定,也同时要求作出划拨存款、汇款决定的机关由法律设定。由于我国目前的法律制度是,在行政机关自己实施强制执行的领域内,作出行政基础决定的机关、作出划拨存款、汇款决定的机关和最后实施强制执行的机关,是同一机关。这样,问题又回归到执行主体上了。

关于对存款、汇款的划拨,中国人民银行《金融机构协助查询、冻结、扣划工作管理规定》(银发〔2002〕1号)附有一张表格,不妨参考相关部分。(见表13-3)

表13-3　有权查询、冻结、扣划单位、个人存款的执法机关

单位名称	查询		冻结		扣划	
	单位	个人	单位	个人	单位	个人
人民法院	有权	有权	有权	有权	有权	有权
税务机关	有权	有权	有权	有权	有权	有权
海关	有权	有权	有权	有权	有权	有权
人民检察院	有权	有权	有权	有权	无权	无权
公安机关	有权	有权	有权	有权	无权	无权
国家安全机关	有权	有权	有权	有权	无权	无权
军队保卫部门	有权	有权	有权	有权	无权	无权
监狱	有权	有权	有权	有权	无权	无权
走私犯罪侦查机关	有权	有权	有权	有权	无权	无权
监察机关(包括军队监察机关)	有权	有权	无权	无权	无权	无权
审计机关	有权	无权	无权	无权	无权	无权
工商行政管理机关	有权	无权	暂停结算	暂停结算	无权	无权
证券监管管理机关	有权	无权	无权	无权	无权	无权

尽管中国人民银行在这一表格下面作出依据时间上的说明,[268]但是对照今天的立法变化,发现在对存款、汇款的划拨权方面还是基本适用。现行有权作出划拨存款、汇款决定的行政机关有以下几家:县级以上税务局。依据是《税收征收管理法》(2015)第40条。[269] 海关。依据

〔268〕中国人民银行在这一表格下面注明:"本表所列机关是《金融机构查询、冻结、扣划工作管理规定》发布之日前有关法律、行政法规明确规定具有查询、冻结或者扣划存款权力的机关。规定发布实施之后,法律、行政法规有新规定的,从其规定。"

〔269〕《税收征收管理法》(2015)第40条规定:"从事生产、经营的纳税人、扣缴义务人未按照规定的期限缴纳或者解缴税款,纳税担保人未按照规定的期限缴纳所担保的税款,由税务机关责令限期缴纳,逾期仍未缴纳的,经县以上税务局(分局)局长批准,税务机关可以采取下列强制执行措施:(一)书面通知其开户银行或者其他金融机构从其存款中扣缴税款……"

是《海关法》(2021)第 60 条。[270] 县级以上社会保险管理行政部门。依据是《社会保险法》(2018)第 63 条第 2 款。[271]

根据《行政强制法》(2011)第 30 条第 3 款规定,法律规定以外的行政机关或者组织要求划拨当事人存款、汇款的,金融机构应当拒绝。

(2)通知金融机关。有权行政机关作出划拨存款、汇款决定之后,应当以书面形式通知有关金融机构。这里的金融机构是指依法经营存款业务的金融机构(含外资金融机构),包括政策性银行、商业银行、城市和农村信用合作社、财务公司、邮政储蓄机构等。

通知采取《协助扣划存款通知书》。通知书内容必须完整、准确,应当包括:被执行人;执行依据;需被扣划存款的单位或个人开户金融机构名称、户名和账号、大小写金额;划入账号;执行机关。《协助扣划存款通知书》应当附上作为执行依据的行政基础决定书和行政执行决定书。

(3)审查和划拨。办理协助扣划业务时,金融机构经办人员应当核实以下证件和法律文书:一是有权机关执法人员的工作证件;二是有权机关县团级以上机构签发的协助扣划存款通知书;三是有关生效法律文书或行政机关的有关决定书。

金融机构在协助扣划单位或个人存款时,应当审查:第一,《协助扣划存款通知书》填写的需被冻结或扣划存款的单位或个人开户金融机构名称、户名和账号、大小写金额;第二,协助扣划存款通知书上的义务人应与所依据的法律文书上的义务人相同;第三,协助扣划存款通知书上的扣划金额应当是确定的。如发现缺少应附的法律文书,以及法律文书有关内容与《协助扣划存款通知书》的内容不符,应说明原因,退回《协助扣划存款通知书》或所附的法律文书。

对于符合规定的,金融机构应当立即办理协助扣划业务。

2. 对查扣物的抵缴

对查扣物的抵缴,是指行政机关对于已经查封、扣押的财物,在一定条件下可以通过拍卖抵缴罚款的法律制度,系由《行政强制法》(2011)第 12 条为行政机关设定的第三种行政强制执行手段,同样属于直接执行的方法。

根据《行政强制法》(2011)第 46 条第 3 款规定,没有行政强制执行权的行政机关应当申请人民法院强制执行。但是,当事人在法定期限内不申请行政复议或者提起行政诉讼,经催告仍不履行的,在实施行政管理过程中已经采取查封、扣押措施的行政机关,可以将查封、扣押的财物依法拍卖抵缴罚款。由此可见,对于对查扣物的抵缴方式和程序具有下列法律特征。

(1)它的适用主体是原本没有强制执行权的行政机关。在中国双轨制的执行体制中,行政机关与人民法院执行权的分配原则是,法律规定行政机关有执行权者,行政机关便可自己实施强制执行;法律对行政机关没有授权的,行政机关应当申请人民法院强制执行,意味着这时的

---

[270] 《海关法》(2021)第 60 条规定:"进出口货物的纳税义务人,应当自海关填发税款缴款书之日起十五日内缴纳税款;逾期缴纳的,由海关征收滞纳金。纳税义务人、担保人超过三个月仍未缴纳的,经直属海关关长或者其授权的隶属海关关长批准,海关可以采取下列强制措施:(一)书面通知其开户银行或者其他金融机构从其存款中扣缴税款……"

[271] 《社会保险法》第 63 条第 2 款规定:"用人单位逾期仍未缴纳或者补足社会保险费的,社会保险费征收机构可以向银行和其他金融机构查询其存款账户;并可以申请县级以上有关行政部门作出划拨社会保险费的决定,书面通知其开户银行或者其他金融机构划拨社会保险费。用人单位账户余额少于应当缴纳的社会保险费的,社会保险费征收机构可以要求该用人单位提供担保,签订延期缴费协议。"

强制执行权归属于人民法院。当法律授权行政机关拥有强制执行权时,一般执行方式和程序都一并作了规定,行政机关按此办理便可,不受《行政强制法》(2011)第46条第3款的约束。《行政强制法》(2011)第46条第3款所设定的对查扣物的抵缴权是专门授给原本没有强制执行权的行政机关,而且是一种普遍性授权。"在实施行政管理过程中已经采取查封、扣押措施的行政机关"都拥有了这一抵缴权。这是一种权力的转换,原本无权者才有此权,原本有权者则不适用此规定。

(2)它的适用义务是"罚款"。根据《行政强制法》(2011)第46条第3款规定,行政机关通过拍卖当事人已被查封、扣押财物所得款项是用来履行交纳"罚款"义务的。换句话说,拍卖款是用来折抵"罚款"而不是税款、滞纳金等其他款项的。从文字本意来说,这里的"罚款"属于行政基础行为的罚款决定,而非指作为执行罚的"加处罚款"。因而有人主张应当将作为执行罚的"加处罚款"也纳入这一"罚款"范围之内[272],这有待有权机关的明确。

(3)它的适用条件是当事人的财物在行政管理阶段已被依法查封或者扣押。这是一个非常关键的条件,如果当事人的财物未被查封、扣押,或者未在行政管理阶段(而不是在行政强制执行阶段)被查封、扣押,行政机关就没有拍卖权和抵缴权。之所以作这样的要求,是因为既然当事人的财物在管理阶段已被依法查封、扣押,而且到执行阶段尚未解除,一般来说,这些财物是可被合法执行的财物,为提高行政效率,作此规定并无不妥。

(4)它的适用时间是当事人在法定期限内不申请行政复议或者提起行政诉讼,经催告仍不履行,这时行政机关才能发动拍卖折抵行为。在这里,发动执行的时间点虽然是催告书规定的履行期之后,但在程序上依然需要同时符合两个不可缺失的程序环节:一是当事人在法定期限内不申请行政复议或者提起行政诉讼,如果已经进入行政复议或者行政诉讼程序,就不再适用拍卖折抵执行方式了。二是超过法定的申请行政复议或者提起行政诉讼期限之后,行政机关又向当事人发出了催告书,限期其履行义务,而当事人又逾期(催告书规定的履行期限)不履行时,行政机关才能实施拍卖折抵执行行为。

(5)它的执行方式是通过拍卖抵缴履行义务款项。这种执行方式虽然依然属于直接执行,但它需要通过拍卖变现环节。这里的"拍卖",也称竞买,系指按照《拍卖法》的要求,以公开竞价的方式,将特定的物品或财产权利转让给最高应价者的买卖方式。它必须符合三个基本条件:一是拍卖必须有两个以上的买主;二是拍卖必须有不断变动的价格;三是拍卖必须有公开竞争的行为。"变现"是指通过拍卖或者变卖等其他方式使物品转化为货币。"变现"的目的是实现当事人的金钱给付义务之履行。

(三)对金钱给付义务间接执行程序

加处罚款和加收滞纳金是行政机关针对金钱给付义务的两种间接执行方法,同属于行政执行罚的范畴。

1. 加处罚款或者滞纳金

《行政强制法》(2011)共有2个条文(第45、46条)对加处罚款和加收滞纳金作出特别规定。这就意味着,加处罚款和加收滞纳金除了适用《行政强制法》(2011)第四章第一节所规定

---

[272] 例如有专家主张:"拍卖所得也可以抵缴因不在法定期限内缴纳罚款而应当承担的加处罚款,这样才能确保加处罚款得到执行,也可以简化执行程序。"参见袁曙宏主编:《行政强制法教程》,中国法制出版社2011年版,第133页。

的一般程序外,还必须并且是优先适用这两个条文所规定的特别程序。有关加处罚款和加收滞纳金的特别程序,我们应当关注以下几个内容要点。

(1)作出金钱给付义务决定的行政机关拥有加处罚款、滞纳金之权。《行政强制法》(2011)第45条是个普遍性授权,它为作出金钱给付义务决定的行政机关,设定了在当事人逾期不履行由行政决定所确定的金钱给付义务时,对其加处罚款或者加收滞纳金的职权。同时,它也解决了履行义务的适用范围。加处罚款或者加收滞纳金只适用金钱给付义务的履行,不适用行为(作为或不作为)义务的履行。

(2)加处罚款或者加收滞纳金必须"依法"作出。《行政强制法》(2011)第45条对这一权力的表述为"行政机关可以依法加处罚款或者滞纳金"。这里的"依法"表达意味着该条虽是一个普遍授权,但不是直接授权。虽然作出金钱给付义务决定的行政机关一概拥有加处罚款、滞纳金之权,但它具体行使该权力还有赖于具体法律的具体授权。这就是说,行政机关不能直接依据《行政强制法》(2011)第45条行使加处罚款或者滞纳金的权力,还必须有其他法律的具体授权。[273] 特别要求,必须在具体法律对加处罚款、滞纳金已规定标准的前提下,方可行使这一权力,以体现"无标准便无授权"的原则。

(3)加处罚款或者加收滞纳金以当事人逾期不履行有关金钱给付义务的行政决定为前提。由行政机关作出的有关金钱给付义务的行政决定,属于行政基础决定。当事人逾期不执行该行政决定的,按照一般程序规定,就可进入行政强制执行程序。它与一般程序不同的是,在一般程序中,必须有事先催告这一独立的程序环节,而在加处罚款或者加收滞纳金程序中,《行政强制法》未作要求,那么,催告就可以与行政基础决定合并作出。

(4)加处罚款与加收滞纳金原则不得并用。因为一般而言,加处罚款是针对"行政处罚决定"的执行罚,加收滞纳金是针对"征收税费决定"的执行罚,不可混淆和混用。再从《行政强制法》立法表达形式看,在对加处罚款、加收滞纳金的表达中,总在两者之间用"或者"加以连接,如"行政机关可以依法加处罚款或者滞纳金",这表明它们两者不可并用,只可选择。但如果法律有特别规定者,可以服从特别规定。[274]

2. 执行罚本身的程序和执行问题

加处罚款、加收滞纳金是行政执行罚的两种方式。执行罚本身的具体程序和执行问题还需要明确以下两个问题。

(1)行政机关作出加处罚款或者加收滞纳金本身是否需要作出决定?如果需要作出加处罚款或者加收滞纳金的决定,从性质上说,这个决定是行政执行决定,而不是行政基础决定。行政执行决定在行政强制执行的一般程序中是有明确要求的,但在执行罚的条款中,《行政强制法》未作要求。笔者认为,根据无特别规定者适用一般规定的适用规则,应当说,行政机关作

---

[273] 如《行政处罚法》(2021)第72条第1款规定:"当事人逾期不履行行政处罚决定的,作出行政处罚决定的行政机关可以采取下列措施:(一)到期不缴纳罚款的,每日按罚款数额的百分之三加处罚款,加处罚款的数额不得超出罚款的数额……"又如《税收征收管理法》(2015)第32条规定:"纳税人未按照规定期限缴纳税款的,扣缴义务人未按照规定期限解缴税款的,税务机关除责令限期缴纳外,从滞纳税款之日起,按日加收滞纳税款万分之五的滞纳金。"这些规定才是直接的具体授权。

[274] 如我国《水法》(2016)第70条规定:"拒不缴纳、拖延缴纳或者拖欠水资源费的,由县级以上人民政府水行政主管部门或者流域管理机构依据职权,责令限期缴纳;逾期不缴纳的,从滞纳之日起按日加收滞纳部分千分之二的滞纳金,并处应缴或者补缴水资源费一倍以上五倍以下的罚款。"

出加处罚款或者加收滞纳金本身就应当作出决定，因为它是《行政强制法》所规定的一般程序要求。再则，根据《行政强制法》的立法精神，当事人对行政机关作出的行政执行决定是有权申请行政复议或者提起行政诉讼的，如果不作该决定，就不便当事人寻求法律救济。

（2）对行政机关作出的加处罚款或者加收滞纳金决定本身如何强制执行？加处罚款或者加收滞纳金是针对当事人逾期不履行由行政基础决定所确定的金钱给付义务而采取的执行罚措施，但是这种执行措施与其他执行措施不同的是，它本身又创设了一种新的金钱给付义务，而这种新的金钱给付义务又是需要执行的。《行政强制法》所设定的行政强制执行制度，它是对行政基础决定的执行，而不是针对执行行为的执行。在其他执行种类中不可能发生的问题在执行罚中发生了，也就是对作为执行罚的加处罚款或者加收滞纳金该如何执行的问题。好在针对这一问题，《行政强制法》（2011）第 46 条第 1 款作了专门规定："行政机关依照本法第四十五条规定实施加处罚款或者滞纳金超过三十日，经催告当事人仍不履行的，具有行政强制执行权的行政机关可以强制执行。"这一规定确立了程序上的三个环节和有关内容：

第一步，行政机关作出加处罚款或者滞纳金的决定。这一决定属于行政执行决定，因而其基本内容应当符合《行政强制法》（2011）第 37 条第 2 款的要求，同时还要符合第 45 条第 1 款第 2 句的要求，即"加处罚款或者滞纳金的标准应当告知当事人"。

第二步，催告当事人。自作出加处罚款或者滞纳金决定（送达）之日起，当事人超过 30 日仍不履行的，行政机关需对当事人作出催告。催告不仅要求当事人履行原行政基础决定所确定的金钱给付义务，而且同时要求当事人履行执行罚（加处罚款或者滞纳金决定）所确定的新的金钱给付义务，即要求当事人基础义务和执行义务一并履行。执行罚程序与其他执行程序不同的是，其他执行程序是先催告后作执行决定，而执行罚程序中，是先作执行罚决定，后作催告。

第三步，强制执行。经催告后，当事人依然不履行义务者，行政机关自己拥有强制执行权的，行政机关便可自行实施强制执行；行政机关自己无强制执行权的，只能申请人民法院强制执行。这里的执行内容，既包括当事人由行政基础决定所确定的原金钱给付义务，又包括由行执行罚（加处罚款或者滞纳金的决定）所确定的新的金钱给付义务。〔275〕换句话说，这时的强制执行，应当坚持"基础决定"与"执行决定"一并执行。一般在这种情况下，往往是当事人既没有执行"基础决定"，也没有执行"执行决定"，那就必须一并执行。假如"基础决定"是罚款 10 万元，"执行决定"是加处罚款 10 万元，那么，就应当将 20 万元一并执行。

3."罚数不超过本数"原则

《行政强制法》（2011）第 45 条第 2 款规定："加处罚款或者滞纳金的数额不得超出金钱给付义务的数额"。这在行政法理上称作"罚数不超过本数"原则。所谓"罚数不超过本数"，是指执行罚的数额不得大于基础罚的数额。例如，对当事人作出 1 万元的罚款（基础罚），当事人拒不履行，行政机关可以加处罚款（执行罚），但加处的罚款数额不得超过 1 万元。加收滞纳金也是同理。《行政强制法》确立这一原则，不能不说是一大创新，因为此前的任何法律，包括《行

---

〔275〕 人民法院系统也有专家指出："对于这些加处罚款或者滞纳金，只要单行法律没有授权行政机关强制执行，行政机关在申请执行生效行政决定的同时，可以一并或者单独申请执行加处罚款或者滞纳金。"参见江必新主编、最高人民法院行政强制法研究小组编著：《〈中华人民共和国行政强制法〉条文理解与适用》，人民法院出版社 2011 年版，第 273 页。

政处罚法》,都无此规定。这一原则对于维护当事人的合法权益,阻止行政机关滥用职权,防止出现"天价罚款"和"天价拖车费"之现象是很有意义的。

(四)对金钱给付义务执行的监督管理

行政强制执行与民事强制执行最大的不同是,在民事强制执行中,债权人也是当事人,而在行政强制执行中,债权人恰恰是国家。公法上的金钱给付义务是当事人向国家履行的,私法上的金钱给付义务是当事人向当事人履行的。为此,《行政强制法》对金钱给付义务的执行过程和执行结果特别重视,专设第48条和第49条对此作了有关规定。

1. 拍卖财物必须依照拍卖法

《行政强制法》(2011)第48条规定:"依法拍卖财物,由行政机关委托拍卖机构依照《中华人民共和国拍卖法》的规定办理。"这就严格了拍卖程序。

《拍卖法》对拍卖原则、拍卖人、拍卖程序和拍卖责任等都作了明确规定。拍卖活动应当遵守有关法律、行政法规,遵循公开、公平、公正、诚实信用的原则。国家行政机关依法没收的物品,充抵税款、罚款的物品和其他物品,由财产所在地的省、自治区、直辖市的人民政府和设区的市的人民政府指定的拍卖人进行拍卖。委托人委托拍卖物品或者财产权利,应当提供身份证明和拍卖人要求提供的拍卖标的的所有权证明或者依法可以处分拍卖标的的证明及其他资料。拍卖人应当对委托人提供的有关文件、资料进行核实。拍卖人接受委托的,应当与委托人签订书面委托拍卖合同。拍卖人应当于拍卖日7日前发布拍卖公告。竞买人的最高应价经拍卖师落槌或者以其他公开表示买定的方式确认后,拍卖成交。拍卖成交后,买受人和拍卖人应当签署成交确认书。国家机关违反《拍卖法》(2015)第9条的规定,将应当委托财产所在地的省、自治区、直辖市的人民政府或者设区的市的人民政府指定的拍卖人拍卖的物品擅自处理的,对负有直接责任的主管人员和其他直接责任人员依法给予行政处分,给国家造成损失的,还应当承担赔偿责任。

2. 所得款项应当上缴国库

根据《行政强制法》(2011)第49条规定,划拨的存款、汇款以及拍卖和依法处理所得的款项应当上缴国库或者划入财政专户。任何行政机关或者个人不得以任何形式截留、私分或者变相私分。

行政机关将查封、扣押的财物或者划拨的存款、汇款以及拍卖和依法处理所得的款项,截留、私分或者变相私分的,由财政部门或者有关部门予以追缴;对直接负责的主管人员和其他直接责任人员依法给予记大过、降级、撤职或者开除的处分。

行政机关工作人员利用职务上的便利,将查封、扣押的场所、设施或者财物据为己有的,由上级行政机关或者有关部门责令改正,依法给予记大过、降级、撤职或者开除的处分。

三、代履行的执行程序

(一)代履行概念和启动条件

代履行系由《行政强制法》(2011)第12条为行政机关设定的第五种行政强制执行手段。它是指,在当事人拒不履行行政决定所确定义务时,由行政机关或者第三人代替当事人履行该义务,并向当事人收取履行费用的执行方式。代履行只适用于交通安全、环境污染防治和自然资源保护的三个领域。

《行政强制法》(2011)第50条规定:“行政机关依法作出要求当事人履行排除妨碍、恢复原状等义务的行政决定,当事人逾期不履行,经催告仍不履行,其后果已经或者将危害交通安全、造成环境污染或者破坏自然资源的,行政机关可以代履行,或者委托没有利害关系的第三人代履行。”该条规定不仅为代履行作了普遍性授权,而且为代履行的实施设定了四个条件:

1. 行政机关依法作出了要求当事人履行排除妨碍、恢复原状等义务的行政决定。这一决定属于行政基础决定,而且它是针对行为作为义务,而不是针对金钱给付义务。代履行只适用排除妨碍、恢复原状等义务的执行,不适用金钱给付义务的执行。

2. 当事人逾期不履行上述行政决定所确定的排除妨碍、恢复原状等义务。这里的“逾期”是指超过了行政决定所规定的履行期限。

3. 经催告仍不履行。当事人逾期不履行行政机关依法作出的要求当事人履行排除妨碍、恢复原状等义务的行政决定,就进行催告。催告后,当事人仍不履行的,才可启动代履行。

4. 当事人不履行义务的后果已经或者将危害交通安全、造成环境污染或者破坏自然资源的。到了这样的程度,行政机关才可代履行,或者委托没有利害关系的第三人代履行。

(二)代履行的程序要求

根据《行政强制法》(2011)第51条规定,实施代履行时,程序上必须遵守下述规定:

1. 在实施代履行前,应当向当事人送达代履行决定书。代履行决定书应当载明当事人的姓名或者名称、地址,代履行的理由和依据、方式和时间、标的、费用预算以及代履行人。

2. 代履行3日前,催告当事人履行。当事人履行的,停止代履行;当事人不履行的,实施代履行。

3. 代履行时,作出决定的行政机关应当派员到场监督,尤其是委托第三人代履行时。

4. 代履行完毕,行政机关到场监督的工作人员、代履行人和当事人或者见证人应当在执行文书上签名或者盖章。

代履行的费用按照成本合理确定,由当事人承担。但是,法律另有规定的除外。

代履行不得采用暴力、胁迫以及其他非法方式。

(三)立即代履行

以上是正常的代履行程序。但如果需要立即清除道路、河道、航道或者公共场所的遗洒物、障碍物或者污染物,当事人不能清除的,行政机关可以决定立即实施代履行,无须经过“作出代履行决定—催告当事人履行”这两个程序环节。实施代履行,当事人在场的,应当责令其马上自己履行该义务;当事人不在场的,行政机关应当在事后立即通知当事人,并依法作出处理。

四、房屋拆除的执行程序

关于房屋拆除的执行,因涉及公民的住宅权,故作单列讨论。前几节的论述中,我们将房屋拆除分为三类:一是国有土地上房屋的征收;二是集体土地上房屋的征收;三是对违法建筑的拆除。房屋拆除的执行程序也作同样的分述。

(一)国有土地上房屋的征收程序

国有土地上房屋被征收后,大多是要拆除的,但也有可不拆除的(如列入文物保护范围的建筑)。但与当事人有关的是房屋征收问题,而不是征收后的拆除问题。因为如果当事人同意其房屋被征收,那么是否拆除就与当事人没有关系了;如果当事人不同意其房屋被征收,那么当然也不会同意被拆除了。所以,对国有土地上房屋的拆除执行问题,其实是对国有土地上房屋的征收决定的执行问题。

关于对国有土地上房屋的征收决定的执行程序,主要来自《国有土地上房屋征收与补偿条例》的规定。根据这一规定,其程序环节主要是:

第一步,征收补偿费用到位。根据《国有土地上房屋征收与补偿条例》(2011)第12条第2款规定,作出房屋征收决定前,征收补偿费用应当足额到位、专户存储、专款专用。

第二步,征收决定。所有的房屋征收程序都以市、县级人民政府作出房屋征收决定为前提。市、县级人民政府作出房屋征收决定前,应当按照有关规定进行社会稳定风险评估;房屋征收决定涉及被征收人数量较多的,应当经政府常务会议讨论决定。

第三步,补偿方案。房屋征收部门拟定征收补偿方案,报市、县级人民政府。

第四步,对征收决定的公告。征收决定作出后,应当及时公告。公告应当载明征收补偿方案和行政复议、行政诉讼权利等事项。

第五步,补偿协议。房屋征收部门与被征收人依照《国有土地上房屋征收与补偿条例》(2011)的规定,就补偿方式、补偿金额和支付期限、用于产权调换房屋的地点和面积、搬迁费、临时安置费或者周转用房、停产停业损失、搬迁期限、过渡方式和过渡期限等事项,订立补偿协议。补偿协议订立后,一方当事人不履行补偿协议约定的义务的,另一方当事人可以依法提起诉讼。

第六步,补偿决定。房屋征收部门与被征收人在征收补偿方案确定的签约期限内达不成补偿协议,或者被征收房屋所有权人不明确的,由房屋征收部门报请作出房屋征收决定的市、县级人民政府依照《国有土地上房屋征收与补偿条例》(2011)的规定,按照征收补偿方案作出补偿决定,并在房屋征收范围内予以公告。

第七步,申请行政复议或者提起行政诉讼。市、县级人民政府作出的征收决定和补偿决定,都属于行政行为,当事人(被征收人)不服有权申请行政复议或者提起行政诉讼。

第八步,强制执行。被征收人在法定期限内不申请行政复议或者不提起行政诉讼,在补偿决定规定的期限内又不搬迁的,由作出房屋征收决定的市、县级人民政府依法申请人民法院强制执行。

(二)集体土地上房屋的征收程序

与对国有土地上的房屋征收不同,对集体土地上房屋的征收是因国家对集体土地的征收而发生。目前国家对集体土地上房屋的征收并没有单独的法律规定,它是跟随土地征收程序进行的,因此它适用的是《土地管理法》上的土地征收条款。对集体土地上房屋的征收,与其说是对房屋的征收,不如说是对集体土地的征收及对征收土地及地上附属物的补偿。因为一般的做法是,农民原宅基地被征收后,政府会给其分配新的原宅基地建房。

与对国有土地上的房屋征收不同的还有第二点,即国家对国有土地上的房屋征收后,可能是征而拆除,也可能是征而不折;而对集体土地上房屋征收后一般都是拆除的。

也正因为目前国家对集体土地上房屋的征收没有专门法律作出规定,对其中房屋的征收程序也就不够规范和系统。目前有关这一程序的法律依据主要是《土地管理法》和《土地管理法实施条例》。依据上述法律法规，国家对集体土地上房屋的征收程序如下：

第一步，征地前期工作。国家因公共利益的需要，可依法征收集体土地。县级以上地方人民政府拟申请征收土地的，应当开展拟征收土地现状调查和社会稳定风险评估，并将征收范围、土地现状、征收目的、补偿标准、安置方式和社会保障等在拟征收土地所在的乡（镇）和村、村民小组范围内公告至少30日，听取被征地的农村集体经济组织及其成员、村民委员会和其他利害关系人的意见。多数被征地的农村集体经济组织成员认为征地补偿安置方案不符合法律、法规规定的，县级以上地方人民政府应当组织召开听证会，并根据法律、法规的规定和听证会情况修改方案。拟征收土地的所有权人、使用权人应当在公告规定期限内，持不动产权属证明材料办理补偿登记。县级以上地方人民政府应当组织有关部门测算并落实有关费用，保证足额到位，与拟征收土地的所有权人、使用权人就补偿、安置等签订协议；个别确实难以达成协议的，应当在申请征收土地时如实说明。相关前期工作完成后，县级以上地方人民政府方可申请征收土地。

第二步，征地报批。征收基本农田、基本农田以外的耕地超过35公顷的、其他土地超过70公顷的，由国务院批准：征收前款规定以外的土地的，由省、自治区、直辖市人民政府批准。国家征收土地的，依照法定程序批准后，由县级以上地方人民政府予以公告并组织实施。

第三步，征地补偿。征收土地应当给予公平、合理的补偿，保障被征地农民原有生活水平不降低、长远生计有保障。征收土地应当依法及时足额支付土地补偿费、安置补助费以及农村村民住宅、其他地上附着物和青苗等的补偿费用，并安排被征地农民的社会保障费用。征收农用地的土地补偿费、安置补助费标准由省、自治区、直辖市通过制定公布区片综合地价确定。征收家用地以外的其他土地、地上附着物和青苗等的补偿标准，由省、自治区、直辖市制定。对其中的农村村民住宅，应当按照先补偿后搬迁、居住条件有改善的原则，尊重农村村民意愿，采取重新安排宅基地建房、提供安置房或者货币补偿等方式给予公平、合理的补偿，并对因征收造成的搬迁、临时安置等费用予以补偿，保障农村村民居住的权利和合法的住房财产权益。征收土地申请经依法批准后，县级以上地方人民政府应当自收到批准文件之日起15个工作日内在拟征收土地所在的乡（镇）和村、村民小组范围内发布征收土地公告，公布征收范围、征收时间等具体工作安排，对个别未达成征地补偿安置协议的应当作出征地补偿安置决定，并依法组织实施。

第四步，行政复议和行政诉讼。人民政府有关土地征收补偿的决定属于行政决定，它是行政行为的一种形态，当事人对它不服，可以申请行政复议或者提起行政诉讼。

第五步，申请人民法院执行。违反土地管理法律、法规规定，阻挠国家建设征收土地的，由县级以上地方人民政府责令交出土地；拒不交出土地的，依法申请人民法院强制执行。这里的“交出土地”，当然包括交出土上的房屋。

（三）对违法建筑的拆除程序

上述两题均是讨论对合法建筑，特别是房屋拆迁的强制执行程序问题，这里讨论对违法建筑拆除的强制执行程序问题。

在我国，违法建筑主要是指违反《城乡规划法》《建筑法》《土地管理法》等法律法规的建筑。在实践中，违法建筑主要有三类，即城镇国有土地上的违法建筑、农村集体土地上的违法建筑和违反交通、环境、自然资源管理中的建筑障碍物。其中，对违法建筑的拆除程序主要依据《城乡规划法》和《土地管理法》等。事后,《行政强制法》(2011)专设四个条文涉及对违法建筑处理的规定,第44条为拆除违法建筑普遍设置了一个最低的程序要求;第50~52条对违反交通、环境、自然资源管理中的建筑障碍物的清除设置了代履行的执行程序。

1. 对违法建筑的拆除基本程序要求

《行政强制法》(2011)第44条规定:"对违法的建筑物、构筑物、设施等需要强制拆除的,应当由行政机关予以公告,限期当事人自行拆除。当事人在法定期限内不申请行政复议或者提起行政诉讼,又不拆除的,行政机关可以依法强制拆除。"这是《行政强制法》对所有违法建筑的拆除设置的一个普遍性的要求和程序,所有行政机关拆除各种违法建筑都必须遵守。这一基本程序的要求是包括以下两个方面。

(1)公告和期待当事人自我拆除。对违法建筑强制拆除之前,行政机关应当予以公告,限期当事人自行拆除。公告必须指明当事人自我拆除的期限,为当事人自我履行留出时间。

(2)当事人在法定期限内不申请行政复议或者提起行政诉讼,又不拆除的,行政机关才可以依法强制拆除(如果法律规定行政机关有强制执行权),或者申请人民法院强制执行(如果法律没有规定行政机关有强制执行权)。这就是说,无论行政机关自己实施强制执行,还是申请人民法院强制执行,都必须以当事人在法定期限内不申请行政复议或者提起行政诉讼,又不拆除的为条件。

2. 对城镇国有土地上违法建筑的拆除程序

城镇国有土地上的违法建筑,包括建立在城镇国有土地上违反各种法律法规的建筑,如违反《城乡规划法》《建筑法》《土地管理法》等。但必须拆除的违法建筑主要是违反《城乡规划法》的建筑。

根据《城乡规划法》(2019)第68条规定,城乡规划主管部门作出责令停止建设或者限期拆除的决定后,当事人不停止建设或者逾期不拆除的,建设工程所在地县级以上地方人民政府可以责成有关部门采取查封施工现场、强制拆除等措施。

现结合《行政强制法》,县级以上地方人民政府对城镇国有土地上违法建筑的拆除程序应当是:

(1)县级以上地方人民政府作出限期拆除的行政决定并送达。

(2)公告和催告当事人履行。当事人在限期拆除的行政决定所规定的期限内不予拆除的,行政机关应当公告并向当事人发出催告履行书。

(3)申请行政复议或者提起行政诉讼。当事人对限期拆除的行政决定不服的,有权申请行政复议或者提起行政诉讼。

(4)实施强制执行。当事人在法定期限内不申请行政复议或者提起行政诉讼,又不履行的,县级以上地方人民政府实施强制执行。

3. 对农村集体土地上违法建筑的拆除程序

农村集体土地上的违法建筑,包括建立在农村集体土地上的违反各种法律法规的建筑,主要指违反《土地管理法》《城乡规划法》等法律的建筑。

(1)关于违反《土地管理法》的建筑。主要包括:未经批准或者采取欺骗手段骗取批准,在非法占用土地上建设住宅、工厂和其他的设施。对于这些违法建筑的强制拆除,根据《土地管理法》(2019)第83条[276]和《土地管理法实施条例》(2021)第52、53条规定[277]，由作出行政处罚决定的行政机关申请人民法院强制执行。

(2)关于违反城乡规划法的建筑。主要是指在乡、村庄规划区内未依法取得乡村建设规划许可证或者未按照乡村建设规划许可证的规定进行建设的建筑。对于这类违法建筑的强制拆除，根据《城乡规划法》(2019)第65条的规定，由乡、镇人民政府实施强制拆除。[278]

这两类违法建筑的强制拆除，除执行主体不同外，其他程序应当相同，都必须经过"行政机关作出限期拆除的行政决定并送达—公告和催告当事人履行—当事人对限期拆除的行政决定不服的，有权申请行政复议或者提起行政诉讼—当事人在法定期限内不申请行政复议或者提起行政诉讼，又不履行的，行政机关实施强制执行"等程序环节。

4. 违反交通、环境、自然资源管理中的建筑障碍物

违反交通、环境、自然资源管理中的建筑障碍物，是指除上述两类违法建筑以外的违反《道路交通安全法》《海上交通安全法》《防洪法》《水法》《环境保护法》《气象法》《森林法》《水土保持法》《水污染防治法》《固体废物污染环境防治法》等所建造的建筑障碍物。

按《行政强制法》(2011)的有关规定，对这类违法建筑障碍物采取代履行的执行方式，而且实施这种执行方式的主体已由《行政强制法》(2011)第50条和第52条直接授权给行政处理决定机关。[279]

第八节　申请人民法院强制执行程序

上一节已阐述了《行政强制法》和有关法律对行政机关实施强制执行的程序要求。本节将研讨行政机关申请人民法院强制执行的程序问题。

一、非诉执行案件

行政机关自己有强制执行权的，自己实施强制执行；自己无强制执行权的，就应当申请人民法院强制执行。就人民法院而言，行政机关申请其强制执行行政决定的案件，被称为"非诉执行案件"，它和人民法院执行生效司法裁判的"诉讼执行案件"不同。

---

[276] 《土地管理法》(2019)第83条规定："依照本法规定，责令限期拆除在非法占用的土地上新建的建筑物和其他设施的，建设单位或者个人必须立即停止施工，自行拆除；对继续施工的，作出处罚决定的机关有权制止。建设单位或者个人对责令限期拆除的行政处罚决定不服的，可以在接到责令限期拆除决定之日起十五日内，向人民法院起诉；期满不起诉又不自行拆除的，由作出处罚决定的机关依法申请人民法院强制执行，费用由违法者承担。"

[277] 《土地管理法实施条例》(2021)第52条规定："违反《土地管理法》第五十七条的规定，在临时使用的土地上修建永久性建筑物的，由县级以上人民政府自然资源主管部门责令限期拆除，按占用面积处土地复垦费5倍以上10倍以下的罚款；逾期不拆除的，由作出行政决定的机关依法申请人民法院强制执行。"第53条规定："违反《土地管理法》第六十五条的规定，对建筑物、构筑物进行重建、扩建的，由县级以上人民政府自然资源主管部门责令限期拆除；逾期不拆除的，由作出行政决定的机关依法申请人民法院强制执行。"

[278] 《城乡规划法》(2019)第65条规定："在乡、村庄规划区内未依法取得乡村建设规划许可证或者未按照乡村建设规划许可证的规定进行建设的，由乡、镇人民政府责令停止建设、限期改正；逾期不改正的，可以拆除。"

[279] 关于代履行的程序，见本章第三节。

(一)非诉行政执行案件的定位

非诉执行与诉讼执行不同,其最大的区别在于:诉讼执行是由人民法院执行由自己通过司法程序形成的司法裁判,而非诉执行是由人民法院执行由其他机关(仲裁组织、公证组织或者行政机关)通过其他程序形成的生效法律文书。在现行的法律制度中,非诉执行又包括以下几种:

1. 对仲裁裁决的执行。这是指人民法院对依法设立的仲裁机构所作裁决的执行。这一执行的法律依据是《民事诉讼法》(2021)第231条第2款、[280]第244条第1款,[281]以及《仲裁法》(2017)第62条。[282] 这类执行的特点在于:(1)执行的依据是仲裁机构的仲裁决定,而不是人民法院自己作出的司法裁判;(2)执行以仲裁当事人的申请为前提,不是人民法院的依职权行为;(3)人民法院对仲裁决定拥有审查权。根据《民事诉讼法》和《仲裁法》的有关规定,对依法设立的仲裁机构作出的裁决,一方当事人不履行的,对方当事人可以向有管辖权的人民法院申请执行。受申请的人民法院应当执行。[283]

2. 对公证债权文书的执行。这是指人民法院对由公证机关作出的依法赋予强制执行效力的债权文书的强制执行。这一执行的法律依据,除了《民事诉讼法》(2021)第231条第2款外,还有《民事诉讼法》第245条[284]和《公证法》(2017)第37条[285]规定。这类执行的特点在于:(1)执行的依据是公证机关依法作出的债权文书,而不是人民法院自己作出的司法裁判。(2)执行以公证债权文书的当事人的申请为前提,不是人民法院的依职权行为。(3)人民法院对公证债权文书拥有审查权。如果经审查,发现公证债权文书确有错误,人民法院裁定不予执行,并将裁定书送达双方当事人和公证机关。

3. 非诉行政执行。这是指无行政强制执行权的行政机关依法作出行政决定后,当事人既不申请行政复议或者提起行政诉讼,又逾期不履行该行政决定的,由该行政机关申请人民法院强制执行的制度。这一制度的特点和法律依据容后再述。

到此,可以对人民法院的执行制度归结如图13-8所示:

---

[280] 《民事诉讼法》(2021)第231条第2款规定:"法律规定由人民法院执行的其他法律文书,由被执行人住所地或者被执行的财产所在地人民法院执行。"

[281] 《民事诉讼法》(2021)第244条第1款规定:"对依法设立的仲裁机构的裁决,一方当事人不履行的,对方当事人可以向有管辖权的人民法院申请执行。受申请的人民法院应当执行。"

[282] 《仲裁法》(2017)第62条规定:"当事人应当履行裁决。一方当事人不履行的,另一方当事人可以依照民事诉讼法的有关规定向人民法院申请执行。受申请的人民法院应当执行。"

[283] 但是,如果被申请人提出证据证明仲裁裁决有下列情形之一,经人民法院组成合议庭审查核实,裁定不予执行:(1)当事人在合同中没有订有仲裁条款或者事后没有达成书面仲裁协议的;(2)裁决的事项不属于仲裁协议的范围或者仲裁机构无权仲裁的;(3)仲裁庭的组成或者仲裁的程序违反法定程序的;(4)裁决所根据的证据是伪造的;(5)对方当事人向仲裁机构隐瞒了足以影响公正裁决的证据的;(6)仲裁员在仲裁该案时有贪污受贿,徇私舞弊,枉法裁决行为的。另外,人民法院认定执行该裁决违背社会公共利益的,裁定不予执行。

[284] 《民事诉讼法》(2021)第245条规定:"对公证机关依法赋予强制执行效力的债权文书,一方当事人不履行的,对方当事人可以向有管辖权的人民法院申请执行,受申请的人民法院应当执行。公证债权文书确有错误的,人民法院裁定不予执行,并将裁定书送达双方当事人和公证机关。"

[285] 《公证法》(2017)第37条规定:"对经公证的以给付为内容并载明债务人愿意接受强制执行承诺的债权文书,债务人不履行或者履行不适当的,债权人可以依法向有管辖权的人民法院申请执行。前款规定的债权文书确有错误的,人民法院裁定不予执行,并将裁定书送达双方当事人和公证机构。"

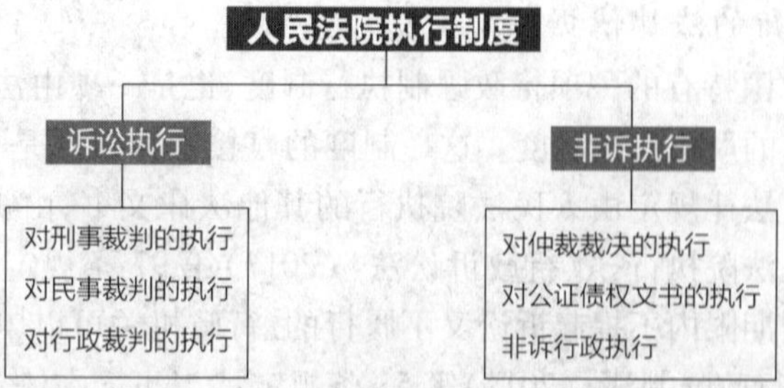

图 13-8　人民法院执行制度

(二)非诉行政执行案件的界定

在以上人民法院执行制度的结构中,与行政法有关的只有两项制度,即"对行政裁判的执行"与"非诉行政执行"。但是,"对行政裁判的执行"属于行政诉讼法上的执行制度,并不是作为行政强制执行中的"非诉行政执行"。

"非诉行政执行",系指无行政强制执行权的行政机关依法作出行政决定后,当事人在法定期限内既不申请行政复议或者提起行政诉讼,又逾期不履行该行政决定的,由该行政机关申请人民法院强制执行,人民法院据此对执行申请进行审查并作出是否准予执行的裁定,由人民法院或者行政机关实施执行的法律制度。这一制度的特点有以下几个方面。

1. 执行的依据是行政机关作出的行政决定,而不是人民法院自己作出的司法裁判。尽管人民法院有权也有义务对作为执行依据的行政决定进行审查,并作出是否准予执行的裁定,但还是不能改变执行依据的性质。如果说"对行政裁判的执行"是对司法意志的执行,那么"非诉执行"便是对行政意志的执行。

2. 被执行人是行政相对人,不是行政机关。这也是与作为诉讼执行的"行政裁判的执行"的最大不同点之一。在对行政裁判的执行中,由于行政裁判是由人民法院通过司法程序作出的,作为双方当事人的行政主体和行政相对人都必须履行,因而,它既可以行政相对人为被执行人,也可以行政主体为被执行人。而在"非诉执行"中,由于作为执行依据的行政决定是行政主体针对行政相对人的决定,因而它只以作为行政相对人的公民、法人或者其他组织为被执行人,行政机关只是执行申请人而不是被执行人。

3. 以行政机关没有行政强制执行权为条件。"非诉执行"制度的存在,是以行政机关没有行政强制执行权为条件的。如果行政机关自身具有强制执行权,行政机关便可自己也应当由自己实施强制执行,无须申请人民法院强制执行。

4. 以行政机关申请执行为启动。"非诉执行"不是人民法院的依职权行为,它须以当人的申请执行为前提。而且,这里的申请人只以行政机关为限,不能以行政相对人为申请人。

5. 以行政相对人在法定期限内不申请行政复议或者提起行政诉讼,又逾期不履行行政决定为前提。行政机关申请人民法院强制执行,或者说发动"非诉执行",必须符合两个条件:一是行政相对人在法定期限内不行使法律救济权,即不申请行政复议或者提起行政诉讼,使行政决定具有最终确定力;二是逾期不履行该行政决定。这两个条件缺一不可。

6. 人民法院对行政决定拥有审查权和裁决权。行政机关提出执行申请以后,人民法院有权对申请以及作为申请内容的行政决定进行合法性审查,并依法作出是否准予执行的裁定。对行政决定进行审查并作出裁定,是人民法院的法定职权和职责。

(三)非诉行政执行的法律依据

非诉行政执行是中国特有的一项行政强制执行制度,也是一项由法律直接设定,其他法规和司法解释作配套规定的严格法律制度。这一制度的直接法律依据是:《民事诉讼法》(2021)第231条第2款规定:"法律规定由人民法院执行的其他法律文书,由被执行人住所地或者被执行的财产所在地人民法院执行。"《行政诉讼法》(2017)第97条规定:"公民、法人或者其他组织对行政行为在法定期限内不提起诉讼又不履行的,行政机关可以申请人民法院强制执行,或者依法强制执行。"《行政强制法》(2011)第53条规定:"当事人在法定期限内不申请行政复议或者提起行政诉讼,又不履行行政决定的,没有行政强制执行权的行政机关可以自期限届满之日起三个月内,依照本章规定申请人民法院强制执行。"《行政处罚法》(2021)72条第1款规定:"当事人逾期不履行行政处罚决定的,作出行政处罚决定的行政机关可以采取下列措施:……(四)依照《中华人民共和国行政强制法》的规定申请人民法院强制执行。"

此外,还有几个行政法规对非诉行政执行作了衔接性规定。包括:《国有土地上房屋征收与补偿条例》(2011)第28条规定:"被征收人在法定期限内不申请行政复议或者不提起行政诉讼,在补偿决定规定的期限内又不搬迁的,由作出房屋征收决定的市、县级人民政府依法申请人民法院强制执行。强制执行申请书应当附具补偿金额和专户存储账号、产权调换房屋和周转用房的地点和面积等材料。"

最高人民法院的一些司法解释,对非诉行政执行制度的完善,特别是对司法程序中的操作,起了很大的作用。这些司法解释包括:《行政诉讼法解释》(2018);最高人民法院《关于人民法院执行工作若干问题的规定(试行)》(2020);最高人民法院《关于人民法院办理执行案件若干期限的规定》(法发〔2006〕35号);最高人民法院《关于办理申请人民法院强制执行国有土地上房屋征收补偿决定案件若干问题的规定》(法释〔2012〕4号)等。

二、非诉行政执行案件的管辖

非诉行政执行案件的管辖,系指人民法院在受理非诉行政执行案件时,上下级人民法院之间和同级人民法院之间的分工关系。从理论上说,非诉行政执行案件的管辖属于整个行政诉讼管辖的一部分,但它又与一般的行政诉讼管辖制度不同。

(一)非诉行政执行案件管辖的有关规定

关于非诉执行的管辖,《行政诉讼法》并没有直接作出规定,但《行政强制法》和最高人民法院的一些司法解释对其进行了规定:《行政强制法》(2011)第54条规定:"行政机关申请人民法院强制执行前,应当催告当事人履行义务。催告书送达十日后当事人仍未履行义务的,行政机关可以向所在地有管辖权的人民法院申请强制执行;执行对象是不动产的,向不动产所在地有管辖权的人民法院申请强制执行。"《行政诉讼法解释》(2018)第3条规定:"各级人民法院行政审判庭审理行政案件和审查行政机关申请执行其行政行为的案件。专门人民法院、人民法庭不审理行政案件,也不审查和执行行政机关申请执行其行政行为的案件。铁路运输法院等专门人民法院审理行政案件,应当执行行政诉讼法第十八条第二款的规定。"第157条又规定:"行政机关申请人民法院强制执行其行政行为的,由申请人所在地的基层人民法院受理;执行对象为不动产的,由不动产所在地的基层人民法院受理。基层人民法院认为执行确有困难的,可以报请上级人民法院执行;上级人民法院可以决定由其执行,也可以决定由下级人民法院执行。”最高人民法院《关于人民法院执行工作若干问题的规定(试行)》(法释〔2020〕21号)第11条规定:“专利管理机关依法作出的处理决定和处罚决定,由被执行人住所地或财产所在地的省、自治区、直辖市有权受理专利纠纷案件的中级人民法院执行。”第12条又规定:“国务院各部门、各省、自治区、直辖市人民政府和海关依照法律、法规作出的处理决定和处罚决定,由被执行人住所地或财产所在地的中级人民法院执行。”最高人民法院《关于办理申请人民法院强制执行国有土地上房屋征收补偿决定案件若干问题的规定》(法释〔2012〕4号)第1条规定:“申请人民法院强制执行征收补偿决定案件,由房屋所在地基层人民法院管辖,高级人民法院可以根据本地实际情况决定管辖法院。”

(二)非诉行政执行案件的管辖原则

根据上述规定,可把非诉执行管辖制度归结为下列原则:

1. 普通法院管辖原则。我国的法院系统,有专门法院与普通法院之分,前者如海事法院、军事法院等,后者如各级人民法院。而有的普通法院又设有作为派出机构的人民法庭。根据上述规定,对于非诉执行只能由普通人民法院管辖,人民法庭不受理该类案件,专门法院原则上不受理非诉执行案件。

2. 申请人所在地有管辖权的人民法院管辖原则。行政机关申请人民法院强制执行其行政行为的,由申请人所在地的基层人民法院受理。法律另有规定的,按其规定。

3. 不动产所在地法院管辖原则。如果执行对象为不动产,由不动产所在地的人民法院管辖。对于不动产案件,由不动产所在地法院管辖,这是民事诉讼和行政诉讼的通例。这一制度设计的目的,是促进案件的审理和执行。

4. 上级法院管辖原则。对于行政机关申请人民法院强制执行其行政行为的案件,基层人民法院受理后,认为执行确有困难的,可以报请上级人民法院执行;上级人民法院可以决定由其执行,也可以决定由下级人民法院执行。

5. 中级法院管辖原则。专利管理机关依法作出的处理决定和处罚决定,由被执行人住所地或财产所在地的省、自治区、直辖市有权受理专利纠纷案件的中级人民法院执行;国务院各部门、各省、自治区、直辖市人民政府和海关依照法律、法规作出的处理决定和处罚决定,由被执行人住所地或财产所在地的中级人民法院执行。

三、申请人及申请条件

(一)申请人

处理非诉行政执行案件的司法程序以申请人向人民法院提出申请为前提和起点。而在这一程序中的申请人,是作出行政处理决定的行政机关。将申请人确定为行政机关的法律依据,是《行政诉讼法》(2017)第95条和《行政强制法》(2011)第53条。

关于提起非诉行政执行的申请人必须是行政机关这一法律要求,具体有两点要求需要把握:

1. 申请人必须是行政机关。这就同时意味着:(1)非行政机关不得成为提起非诉行政执行的申请人,因为它们不是行政主体,不会与行政相对人构成行政法律关系。(2)行政机关的工作人员(公务员)不得成为提起非诉行政执行的申请人,因为他们是行政人而不是行政主体,他们无法以自己的名义与行政相对人构成行政法律关系。(3)受行政机关行政裁决的民事主体也不得成为提起非诉行政执行的申请人,法律另有规定的除外。[286]

2. 申请人必须是作出行政处理决定的行政机关。在中国的行政实践中,大量的行政决定都可由某一行政机关独立地作出,但也有个别行政决定需要经过上级行政机关的审批。在这样的行政审批关系中,应当以对行政相对人作出行政决定的落款单位作为行政处理机关,由它作为提起非诉行政执行的申请人。

(二)申请条件

行政机关就非诉行政执行向人民法院提起强制执行申请,必须具备申请条件。《行政诉讼法》(2017)第97条规定:"公民、法人或者其他组织对行政行为在法定期间不提起诉讼又不履行的,行政机关可以申请人民法院强制执行,或者依法强制执行。"《行政诉讼法解释》(2018)第155条第1款规定:"行政机关根据行政诉讼法第九十七条的规定申请执行其行政行为,应当具备以下条件:(一)行政行为依法可以由人民法院执行;(二)行政行为已经生效并具有可执行内容;(三)申请人是作出该行政行为的行政机关或者法律、法规、规章授权的组织;(四)被申请人是该行政行为所确定的义务人;(五)被申请人在行政行为确定的期限内或者行政机关催告期限内未履行义务;(六)申请人在法定期限内提出申请;(七)被申请执行的行政案件属于受理执行申请的人民法院管辖。"《行政强制法》(2011)有两个条文涉及行政机关申请人民法院强制执行的条件,该法第53条规定:"当事人在法定期限内不申请行政复议或者提起行政诉讼,又不履行行政决定的,没有行政强制执行权的行政机关可以自期限届满之日起三个月内,依照本章规定申请人民法院强制执行。"第54条又规定:"行政机关申请人民法院强制执行前,应当催告当事人履行义务。催告书送达十日后当事人仍未履行义务的,行政机关可以向所在地有管辖权的人民法院申请强制执行;执行对象是不动产的,向不动产所在地有管辖权的人民法院申请强制执行。"上述规定表明,申请人申请非诉执行的条件涉及以下几个方面。

1. 对有关主体的要求

在主体方面,非诉行政执行案件申请人民法院强制执行,必须由行政处理机关针对由行政决定所确定的义务人向有管辖权的人民法院提出申请。如果对于行政裁决的执行,当事人在法定期限内不起诉又不履行,作出裁决的行政机关在申请执行的期限内未申请人民法院强制执行的,生效行政裁决确定的权利人或者其继承人、权利承受人也可申请人民法院强制执行。

2. 对执行依据的要求

任何强制执行都必须有合法的执行依据。执行依据系指执行机关据以实施强制执行的法律文书。它是当事人申请强制执行的前提,也是人民法院启动强制执行的必要条件。在强制执行过程中,执行依据必须始终存在,如果被依法撤销,执行程序就必须终止。

在非诉行政执行程序中,行政机关已经依法作出的行政处理决定,便是执行依据。行政强制执行所涉的行政决定有基础性决定与执行性决定之分。作为执行依据的行政决定应当是指基础性决定;执行性决定不过是在程序上对基础性决定的重复进而起催告作用而已。

行政决定要成为执行依据,必须符合三项要求:(1)该行政决定合法;(2)该行政决定已经

[286] 参见本章第六节"对行政裁决的执行"。

生效;[287](3)该行政决定具有可执行内容。

3. 对当事人的行为状态要求

在非诉行政执行中,当事人的行为状态也构成行政机关申请人民法院强制执行的条件。根据《行政强制法》(2011)第53条[288]和《行政诉讼法》(2017)第97条[289]规定,行政机关申请人民法院强制执行的条件是,当事人在法定期限内既不申请行政复议或者提起行政诉讼,又不履行行政决定。这里的"不履行行政决定",应当包括"没有履行"和"没有完全履行"。

在行政机关自己实施行政强制执行的程序中,当事人在法定期限内不申请行政复议或者提起行政诉讼是不作为必然的条件。[290] 因为行政复议和行政诉讼不中止执行是《行政复议法》(2023)第42条[291]和《行政诉讼法》(2017)第56条[292]所确立的原则。

4. 对有关时间的要求

行政机关在非诉行政执行案件中申请人民法院强制执行,必须在规定的时间内提出申请,规定的时间包括以下几种。

(1)当事人不履行义务已超过法定期限。这是时间中的"下限"标准。我国的行政强制执行,无论是司法执行还是行政执行,无论是诉讼执行还是非诉执行,都采用期待当事人自觉履行原则。只有义务人于规定期限内不自觉履行的,行政机关才可申请人民法院强制执行。当事人在法定期限内不履行义务,是行政机关申请人民法院强制执行的前提。至于当事人履行义务的"法定期限"的确定,可区分几种情况:

第一,行政决定确定了当事人履行义务的期限,而法规未规定履行义务的期限的,以行政决定所确定的当事人履行义务的期限为法定期限。

第二,行政决定未规定当事人履行义务的期限,而法规对当事人履行义务的期限作出规定的,以法规所规定的当事人履行义务的期限为法定期限。

第三,当法律所确定的义务履行期限与行政决定所确定的义务履行期限不一致时,以行政决定所确定的当事人履行义务的期限为法定期限。因为一般来说,行政决定都是依据有关法规同时考虑实际情况确定具体期限的,因此它更符合实际情况。但不得以行政决定所确定的

---

[287] 但有专家不主张用行政决定的"生效"作为申请强制执行的条件,而主张用行政决定具有"最终的确定力和执行力"作为此条件。而所谓"最终的确定力和执行力",是指"当事人没有在法律规定提起行政救济的期限内提起行政救济,则自此期限届满之日起,行政决定就具有了执行力"。参见乔晓阳主编、全国人大常委会法制工作委员会行政法室编著:《中华人民共和国行政强制法解读》,中国法制出版社2011年版,第174页。

[288] 《行政强制法》(2011)第53条规定:"当事人在法定期限内不申请行政复议或者提起行政诉讼,又不履行行政决定的,没有行政强制执行权的行政机关可以自期限届满之日起三个月内,依照本章规定申请人民法院强制执行。"

[289] 《行政诉讼法》(2017)第97条规定:"公民、法人或者其他组织对行政行为在法定期间不提起诉讼又不履行的,行政机关可以申请人民法院强制执行,或者依法强制执行。"

[290] 依据是《行政强制法》(2011)第34条,该条规定:"行政机关依法作出行政决定后,当事人在行政机关决定的期限内不履行义务的,具有行政强制执行权的行政机关依照本章规定强制执行。"

[291] 《行政复议法》(2023)第42条规定:"行政复议期间行政行为不停止执行;但是有下列情形之一的,应当停止执行:(一)被申请人认为需要停止执行;(二)行政复议机关认为需要停止执行;(三)申请人、第三人申请停止执行,行政复议机关认为其要求合理,决定停止执行;(四)法律、法规、规章规定停止执行的其他情形。"

[292] 《行政诉讼法》(2017)第56条规定:"诉讼期间,不停止行政行为的执行。但有下列情形之一的,裁定停止执行:(一)被告认为需要停止执行的;(二)原告或者利害关系人申请停止执行,人民法院认为该行政行为的执行会造成难以弥补的损失,并且停止执行不损害国家利益、社会公共利益的;(三)人民法院认为该行政行为的执行会给国家利益、社会公共利益造成重大损害的;(四)法律、法规规定停止执行的。当事人对停止执行或者不停止执行的裁定不服的,可以申请复议一次。"

义务履行期限来缩短法律规定的履行义务期限。

第四,当基础决定和执行决定所确定的义务履行期限不一致时,以执行决定所确定的当事人履行义务的期限为法定期限。因为执行决定比基础决定的作出时间要近,一般来说,越近作出的行政决定越符合实际情况。

(2)当事人不申请行政复议或者提起行政诉讼已超过法定期限。这也是时间中的"下限"标准。在现实中的一般规律和制度设计是,当事人如果同意接受行政决定,其就会也应当履行该行政决定所规定的义务;当事人如果不同意接受行政决定,其就不会履行该行政决定所规定的义务,但其会申请行政复议或者提起行政诉讼。但如果当事人既不接受行政决定,拒不履行行政决定所确定的义务,又不申请行政复议或者提起行政诉讼,那么,程序就会走不下去。为此,无论是《行政诉讼法》还是《行政强制法》,都规定在这样的情况下,行政机关可以申请人民法院强制执行。

第一,当事人对行政决定不服而申请行政复议的期限是60日或是法律规定的60日以上的期限。《行政复议法》(2023)第20条第1款规定:"公民、法人或者其他组织认为行政行为侵犯其合法权益的,可以自知道或者应当知道该行政行为之日起六十日内提出行政复议申请;但是法律规定的申请期限超过六十日的除外。"

第二,当事人对行政决定不服而提起行政诉讼的期限是6个月或法律规定的其他期限。《行政诉讼法》(2017)第46条第1款规定:"公民、法人或者其他组织直接向人民法院提起诉讼的,应当自知道或者应当知道作出行政行为之日起六个月内提出。法律另有规定的除外。"

但是必须注意的是,根据《行政处罚法》(2021)第72条第2款[293]规定,如果当事人申请延期、分期缴纳罚款而行政机关批准延期、分期缴纳罚款,当事人未按期缴纳罚款的,申请人民法院强制执行的期限,自暂缓或者分期缴纳罚款期限结束之日起计算。因为,当事人已经申请延期或者分期缴纳罚款并得到行政机关批准,即意味着当事人已经明确表示同意履行行政罚款决定,所以,行政机关申请人民法院强制执行不再需要等待申请行政复议或者提起行政诉讼法定期限届满。

(3)行政机关向人民法院申请强制执行必须自期限届满之日起3个月内提出。这是时间中的"上限"标准。这里的"期限届满",是指当事人不履行义务已超过法定期限,同时,当事人不申请行政复议或者提起行政诉讼已超过法定期限。如果这里的几个时间不一致,以最后一个时间为起算时点。从这一"时点"起算,行政机关必须在3个月内提出强制执行的申请,否则人民法院可以不予受理。

(4)催告书送达10日后当事人仍未履行义务的,行政机关方可向人民法院申请强制执行。这是时间中的"下限"标准。《行政强制法》(2011)第54条规定:"行政机关申请人民法院强制执行前,应当催告当事人履行义务。催告书送达十日后当事人仍未履行义务的,行政机关可以向所在地有管辖权的人民法院申请强制执行;执行对象是不动产的,向不动产所在地有管辖权的人民法院申请强制执行。"根据这一规定,行政机关在符合上述第一、二、三种时间要求后可以向人民法院申请强制执行时,还必须事先向当事人发出催告书,为当事人留出自我履行的时间和机会。如果催告书送达10日后当事人仍未履行义务,行政机关便可向人民法院申请强制

---

〔293〕《行政处罚法》(2021)第72条第2款规定:"行政机关批准延期、分期缴纳罚款的,申请人民法院强制执行的期限,自暂缓或者分期缴纳罚款期限结束之日起计算。"

执行。这里的催告是行政机关申请人民法院强制执行前的催告，正好与行政机关自己实施强制执行中的催告相对应。非诉执行中的催告书应当与行政机关自身实施强制执行中的催告书一样，在形式上必须采用书面形式，在内容上必须包含以下各项：履行义务的期限；履行义务的方式；涉及金钱给付的，应当有明确的金额和给付方式；当事人依法享有的陈述权和申辩权；当事人不履行义务的后果。

催告书必须在行政机关申请人民法院强制执行之前发出，这一点是明确的；但它的"时间起点"，即最早可以在什么时间发出，《行政强制法》本身是不明确的。权威部门的解释是，"可以在行政复议或者行政诉讼期限届满之日的前十日向当事人发出催告书""也可以在当事人申请行政救济的期限届满后向当事人发出催告书"。〔294〕 最高人民法院主张，当事人在行政决定所确定的履行期限届满后仍未履行义务的，行政机关即可催告当事人履行义务。行政机关既可以在行政复议和行政诉讼期限届满后实施催告，也可以在行政复议和行政诉讼期限届满之前实施催告。〔295〕 也有专家认为，"只要在行政决定所确定的履行期限届满后，相对人仍未履行义务的，行政机关就可能催告自动履行"。〔296〕但笔者主张，催告书不得提前发送，否则会缩短当事人自我履行义务的时间。催告书应当在上述第一、二、三种时间符合要求之后，在向人民法院申请强制执行之前发出。

最后必须说明，上述四种期限会有交叉和重合，这是正常且允许的，符合《行政强制法》的精神的。但在时间要求上，必须是上述四个时间要求都符合时才可提起非诉强制执行的申请。上述四个时间要求的同时符合，不是指四个期限的简单相加，而是指要件上的同时具备。

（三）申请材料

对于符合上述申请条件者，行政机关方可正式向人民法院提出非诉行政执行的申请。《行政诉讼法解释》（2018）第155条第2款规定："行政机关申请人民法院执行，应当提交行政强制法第五十五条规定的相关材料。"而根据《行政强制法》（2011）第55条〔297〕规定，行政机关向人民法院申请强制执行时，应当提供下列材料：

1. 强制执行申请书。行政机关申请人民法院强制执行是个要式行为，必须以书面形式提出。强制执行申请书是行政机关申请强制执行的意思表示。行政机关不提出强制执行申请书，整个非诉行政执行程序无法启动。强制执行申请书必须载明以下内容：（1）申请人和被申请人的有关信息；（2）有管辖权的人民法院；（3）申请强制执行的方式（如划拨存款或者拆除建筑物等）；（4）申请强制执行的具体理由和法律依据；（5）其他应当载明的有关内容。强制执行申请书应当由行政机关负责人签名，加盖行政机关的印章，并注明日期。

2. 行政决定书及作出决定的事实、理由和依据。这里的"行政决定书"是指作为执行依据

〔294〕 乔晓阳主编、全国人大常委会法制工作委员会行政法室编著：《中华人民共和国行政强制法解读》，中国法制出版社2011年版，第181页。

〔295〕 参见最高人民法院《关于行政机关申请人民法院强制执行前催告当事人履行义务的时间问题的答复》（〔2019〕最高法行他48号）。

〔296〕 参见江必新主编：《〈中华人民共和国行政强制法〉条文理解与适用》，人民法院出版社2011年版，第284页。

〔297〕 《行政强制法》（2011）第55条规定："行政机关向人民法院申请强制执行，应当提供下列材料：（一）强制执行申请书；（二）行政决定书及作出决定的事实、理由和依据；（三）当事人的意见及行政机关催告情况；（四）申请强制执行标的的情况；（五）法律、行政法规规定的其他材料。强制执行申请书应当由行政机关负责人签名，加盖行政机关的印章，并注明日期。"

的基础决定,如行政处罚决定等;"事实"是指该行政决定据以作出的有关事实,如当事人违法行为的事实;"理由"是指为什么要作出该行政决定;"依据"是指作出该行政决定的法律依据。这一依据与上述申请强制执行的依据不同,这里是指作出基础行政决定的依据。

3. 当事人的意见及行政机关催告情况。行政机关在申请人民法院强制执行之前,有几个环节都要听取当事人的意见,尤其是发出催告书时。另外,必须表明向当事人送达催告书的情况,因为根据《行政强制法》(2011)第54条的要求,向当事人送达催告书是行政机关申请人民法院强制执行的前置性环节。

4. 申请强制执行标的情况。执行标的,又称执行客体、执行对象,系指强制执行所指向的对象,如银行存款、建筑物等。行政机关向人民法院申请强制执行时,必须向人民法院提供执行标的的情况,以便人民法院实施强制执行。

5. 法律、行政法规规定的其他材料。这是一个兜底条款,以上材料以外的,并由法律和行政法规规定必须提交的其他材料,行政机关在申请执行时也必须提交。这里之所以将其他材料限定为"法律、行政法规"规定的材料,是为了防止人民法院随意扩大要求行政机关提交材料的范围。

四、受理、审查、裁定和执行

(一)人民法院的受理

1. 审查和受理

根据《行政强制法》(2011)第五章和《行政诉讼法解释》(2018)的有关规定,行政机关按规定的要求向人民法院提出强制执行的申请后,人民法院应当先作形式审查,符合形式条件的就应当受理。这里的形式条件就是:(1)有明确的申请人(行政机关)和被申请人;(2)当事人在法定期限内既不申请行政复议或者提起行政诉讼,又不履行行政决定;(3)行政机关提交的申请材料齐全;(4)行政机关在规定期限内提出申请;(5)行政机关对当事人已送达了执行催告书并超过10日当事人仍不履行义务。

这里之所以作形式审查而不是实质审查,是因为这阶段的审查是解决是否受理的问题,而不是解决是否执行的问题。正因为是形式审查,所以这时人民法院尚不需要审查作为执行依据的行政决定的合法性。

经审查,人民法院认为行政机关申请强制执行是符合申请条件的,就应当按照《行政强制法》(2011)第56条规定在5日内受理。人民法院要求行政机关补充材料的,补充材料时间不计在内。受理就必须制作"受理通知书"并送达给申请人和被申请人。

2. 异议和复议

经审查,人民法院认为行政机关的申请不符合申请的条件,就应当裁定不予受理。行政机关对人民法院不予受理的裁定有异议的,可以在15日内向上一级人民法院申请复议,上一级人民法院应当自收到复议申请之日起15日内作出是否受理的裁定。该裁定为最终裁定,不得上诉。

如果上一级人民法院的复议决定支持下一级人民法院不予受理裁定,行政机关应当视不同情况作不同的补救办法:材料需要补正的,补正材料;还不到申请执行时间的,应当到达申请时间时再行申请;不属于该人民法院管辖范围的,应当向有管辖权的人民法院提出申请等。如果上一级人民法院的复议决定否定下一级人民法院不予受理裁定,可以交原下一级人民法院继续审查,也可自行受理后作出是否准予强制执行的裁定,也可指定辖区内的其他法院受理处理。

(二)人民法院的审查

人民法院受理行政机关非诉执行的申请之后,执行程序就从受理阶段进入审查阶段。这一阶段的审查与受理前的审查不同。前一阶段的审查主要是审查行政机关申请人民法院强制执行的材料是否齐全,以便决定是否受理;这一阶段的审查则是对作为执行依据的行政决定的合法性审查,以便决定是否准予强制执行。

根据《行政强制法》(2011)第 57 条和第 58 条规定,人民法院对行政机关强制执行的申请进行书面审查,即不采取开庭审查方式,但人民法院发现有下列情形之一的,在作出裁定前可以听取被执行人和行政机关的意见:(1)明显缺乏事实根据的;(2)明显缺乏法律、法规依据的;(3)其他明显违法并损害被执行人合法权益的。

(三)人民法院的裁决

1. 裁决的标准

人民法院对行政机关强制执行的申请进行审查后,对于符合下列条件者,应当作出准予执行的裁定;相反,就应当裁定不予予执行:

(1)行政机关已经按要求向人民法院提供了规定的材料。这些材料就是由《行政强制法》第 55 条所规定的五个方面的材料。

(2)作为执行依据的行政决定已具备法定的执行效力。这一法定的执行效力就是,当事人在法定期限内不履行行政决定所确定的义务,又不申请行政复议或者提起行政诉讼,使基础决定具有了确定的执行力。

(3)没有出现《行政强制法》(2011)第 58 条和《行政诉讼法解释》(2018)第 161 条所规定的情形之一。这些情形包括实施主体不具有行政主体资格的;明显缺乏事实根据的;明显缺乏法律、法规依据的;其他明显违法并损害被执行人合法权益的。

2. 裁决的期限

关于作出裁定的期限,《行政强制法》(2011)第 57 条和第 58 条规定了两种不同的时间,自受理之日起 7 日内作出裁定和 30 日内作出裁定。这与执行申请是否有三种情形有关,(1)明显缺乏事实根据的;(2)明显缺乏法律、法规依据的;(3)其他明显违法并损害被执行人合法权益的。有这三种情形之一的,适用 30 日期限;其他适用 7 日的期限。

人民法院作出裁定,如果准予执行,那么案件就进入强制执行的实施阶段;如果不予执行,那就应当说明理由,并在 5 日内将不予执行的裁定送达提出申请的行政机关。

3. 对裁决的异议和复议

根据《行政强制法》(2011)第 58 条第 3 款规定,行政机关对人民法院不予执行的裁定有异议的,可以自收到裁定之日起 15 日内向上一级人民法院申请复议,上一级人民法院应当自收到复议申请之日起 30 日内作出是否执行的裁定。

(四)人民法院的执行

1. 执行程序

关于人民法院对于非诉执行案的执行程序,《行政强制法》、《行政诉讼法》和《行政诉讼法解释》(2018)都未作详细规定。但根据《行政诉讼法》(2017)第101条[298]规定,非诉执行程序应当适用民事案件的执行程序。根据《民事诉讼法》和最高人民法院《关于人民法院执行工作若干问题的规定(试行)》(法释〔2020〕21号),一般经过以下几个程序环节。

(1)送达强制执行裁定书。人民法院对非诉执行案件经审查作出准予强制执行裁定后,应当同时送达给执行申请人与被申请人。将执行裁定书送达给被执行人,一方面是为其提供一个陈述意见的机会,其可依法提出异议;另一方面也为其自觉履行义务提供了一个时间,其可在规定的期限内自我履行义务。

(2)异议和处理。执行中的异议来自几个方面:当事人、利害关系人和案外人。根据《民事诉讼法》(2021)第232条和第234条以及最高人民法院《关于人民法院执行工作若干问题的规定(试行)》(法释〔2020〕21号)的有关规定,当事人、利害关系人认为执行行为违反法律规定的,可以向负责执行的人民法院提出书面异议。当事人、利害关系人提出书面异议的,人民法院应当自收到书面异议之日起15日内审查,理由成立的,裁定撤销或者改正;理由不成立的,裁定驳回。案外人、当事人对裁定不服,认为原判决、裁定错误的,依照审判监督程序办理;与原判决、裁定无关的,可以自裁定送达之日起15日内向人民法院提起诉讼。

(3)采取执行措施。经过以上程序,执行决定被最终确定后,由人民法院组织执行。人民法院的执行措施有:划拨,变价,收入提取,拍卖、变卖,强制交付,迁出房屋、退出土地,代履行,加倍罚息,支付迟延履行金等。

2. 执行期限

虽然在执行程序中已有许多期限规定,但从立案到实施执行,或者从人民法院作出准予执行裁定到实施执行的期限,尚未有法律作出规定。根据最高人民法院《关于人民法院办理执行案件若干期限的规定》(法发〔2006〕35号),非诉执行案件一般应当在立案之日起3个月内执结。[299] 最高人民法院《关于人民法院办理执行案件若干期限的规定》(2006)第13条规定:"下列期间不计入办案期限:1. 公告送达执行法律文书的期间;2. 暂缓执行的期间;3. 中止执行的期间;4. 就法律适用问题向上级法院请示的期间;5. 与其他法院发生执行争议报请共同的上级法院协调处理的期间。"

五、对交出土地和房屋的执行

(一)对交出被征收集体土地的强制执行

我国的土地所有权制度是二元结构,国家所有与集体所有。根据《宪法》(2018)第10条和《土地管理法》(2019)第9条规定,城市市区的土地属于国家所有;农村和城市郊区的土地,除由法律规定属于国家所有的以外,属于农民集体所有;宅基地和自留地、自留山,属于农民集体所有。在集体土地上要进行国家建设的,必须事先对集体土地进行依法征收。我国《宪法》《土

---

[298] 《行政诉讼法》(2017)第101条规定:"人民法院审理行政案件,关于期间、送达、财产保全、开庭审理、调解、中止诉讼、终结诉讼、简易程序、执行等,以及人民检察院对行政案件受理、审理、裁判、执行的监督,本法没有规定的,适用《中华人民共和国民事诉讼法》的相关规定。"

[299] 最高人民法院《关于人民法院办理执行案件若干期限的规定》(法发〔2006〕35号)第1条规定:"被执行人有财产可供执行的案件,一般应当在立案之日起6个月内执结;非诉执行案件一般应当在立案之日起3个月内执结。有特殊情况须延长执行期限的,应当报请本院院长或副院长批准。申请延长执行期限的,应当在期限届满前5日内提出。"

地管理法》《民法典》等都对土地征收作出了有关规定。

关于集体土地被征收以后，当事人拒不交出的，由谁实施强制执行，目前有两个实体法上的依据：《土地管理法》（2019）第 81 条规定："依法收回国有土地使用权当事人拒不交出土地的，临时使用土地期满拒不归还的，或者不按照批准的用途使用国有土地的，由县级以上人民政府自然资源主管部门责令交还土地，处以罚款。"《土地管理法实施条例》（2021）第 62 条规定："违反土地管理法律、法规规定，阻挠国家建设征收土地的，由县级以上地方人民政府责令交出土地；拒不交出土地的，依法申请人民法院强制执行。"

在这类非诉执行案中，申请人是县级以上人民政府及其自然资源主管部门，被执行人是侵占土地的当事人，包括集体组织或者个人；执行标的是已被依法征收但仍被占用的原集体所有的土地（此时在权属上已属于国有），以及土地上的附属物。

根据最高人民法院《关于审理涉及农村集体土地行政案件若干问题的规定》（法释〔2011〕20 号）第 14 条的规定，县级以上人民政府及其自然资源主管部门，向人民法院申请强制执行其作出的责令当事人交出土地的行政决定，应当符合下列条件：（1）征收土地方案已经有权机关依法批准。（2）市、县人民政府和土地管理部门已经依照《土地管理法》和《土地管理法实施条例》规定的程序实施征地行为。（3）被征收土地所有权人、使用人已经依法得到安置补偿或者无正当理由拒绝接受安置补偿，且拒不交出土地，已经影响到征收工作的正常进行。（4）符合《行政诉讼法解释》（1999）第 86 条规定的条件。[300]

这类案件的法院管辖，适用对不动产执行的管辖，即由不动产所在地基层人民法院管辖。

人民法院对这类案件的审查、裁定和执行，有特别规定的适用特别规定，无特别规定的适用前几节所述的一般规定。

（二）对国有土地上房屋征收决定的强制执行

在中国现行土地制度中，对集体土地存在征收，而对国有土地不存在征收问题。对集体土地上的房屋是随土地的被征收而随同解决，但对国有土地上的房屋征收恰恰需要单独处理。如果说，对于集体土地房地处理规则是"以地带房"，那么，对于国有土地上的房地处理规则重在"以房带地"，即只有房屋被征收，所涉国有土地使用权同时被收回。

1. 法律依据

对国有土地上房屋征收补偿决定的强制执行，有两个规范可作为依据：一个是国务院的行政法规，即《国有土地上房屋征收与补偿条例》（2011）；另一个是司法解释，即最高人民法院《关于办理申请人民法院强制执行国有土地上房屋征收补偿决定案件若干问题的规定》（法释〔2012〕4 号）。国务院《国有土地上房屋征收与补偿条例》第 28 条第 1 款明文规定："被征收人在法定期限内不申请行政复议或者不提起行政诉讼，在补偿决定规定的期限内又不搬迁的，由作出房屋征收决定的市、县级人民政府依法申请人民法院强制执行。"最高人民法院《关于办理

---

〔300〕 本条已在《行政诉讼法解释》（2018）中改为第 155 条。其第 1～2 款规定："行政机关根据行政诉讼法第九十七条的规定申请执行其行政行为，应当具备以下条件：（一）行政行为依法可以由人民法院执行；（二）行政行为已经生效并具有可执行内容；（三）申请人是作出该行政行为的行政机关或者法律、法规、规章授权的组织；（四）被申请人是该行政行为所确定的义务人；（五）被申请人在行政行为确定的期限内或者行政机关催告期限内未履行义务；（六）申请人在法定期限内提出申请；（七）被申请执行的行政案件属于受理执行申请的人民法院管辖。行政机关申请人民法院执行，应当提交行政强制法第五十五条规定的相关材料。"

申请人民法院强制执行国有土地上房屋征收补偿决定案件若干问题的规定》(法释〔2012〕4号)司法解释,对这类执行案的执行条件和程序作了详细规定。

国有土地上房屋征收补偿决定,是指市、县级人民政府依法对国有土地上房屋进行征收,同时给予补偿的行政决定。严格地说,它可分为"征收决定"和"补偿决定",尽管在操作上有时可以合为一个决定。从行政法理论上说,"征收决定"是一个"不利决定",具有"执行性",被征收人具有交出被征收物的义务;而"补偿决定"是个"授益决定",不具有"行政执行性"。[301] 行政机关申请人民法院强制执行的是针对"征收决定"而不是"补偿决定"。但在法律制度和实践中,"征收补偿决定"已是一个统称概念。

对国有土地上房屋征收补偿决定的强制执行,其实在指当事人对市、县级人民政府作出的征收补偿决定不服,在规定的期限内不申请行政复议或者提起行政诉讼,又不搬迁被征收房屋的,由作出征收补偿决定的行政机关申请人民法院强制执行的法律制度。

2. 申请条件及程序

对国有土地上房屋征收决定的强制执行,应当由申请人针对被申请人向有管辖权的人民法院提出。这里的申请人,应当是作出征收补偿决定的市、县级人民政府。既不是省、自治区和直辖市人民政府,也不是市、县级人民政府的工作部门。因为房地产实行属地管理,而且以市、县级人民政府为直接的管理主体。被申请人,应当是征收补偿决定的相对人,具体指拒不搬迁房屋的当事人。这类执行案的管辖法院,是房屋所在地基层人民法院,高级人民法院可以根据本地实际情况决定管辖法院。

申请人向人民法院申请强制执行对国有土地上房屋征收补偿决定,首先必须符合一个前提,即当事人对征收补偿决定不服,在规定期限内不申请行政复议或者提起行政诉讼,又不搬迁房屋。这一前提既来自国务院《国有土地上房屋征收与补偿条例》(2011)第28条第1款,也来自《行政强制法》(2011)第53条的规定。

申请人向人民法院申请强制执行对国有土地上房屋征收补偿决定,必须在规定期限内提出。这一申请期限,根据《行政强制法》(2011)第53条[302]和最高人民法院《关于办理申请人民法院强制执行国有土地上房屋征收补偿决定案件若干问题的规定》(法释〔2012〕4号)第2条第3款[303]规定,都是指当事人在法定期限内不申请行政复议或者提起行政诉讼,又不履行行政决定的,市、县级人民政府可以自期限届满之日起3个月内,向人民法院申请强制执行。

3. 申请材料

申请人向人民法院申请强制执行对国有土地上房屋征收补偿决定,必须提交有关材料。材料包括《国有土地上房屋征收与补偿条例》第28条规定的材料,和最高人民法院《关于办理申请人民法院强制执行国有土地上房屋征收补偿决定案件若干问题的规定》(2012)补偿要求

---

〔301〕从这一点说,国务院《国有土地上房屋征收与补偿条例》不是在第二章征收决定中设定而是在第三章补偿中设定强制执行条款(第28条),这不能不说是一种逻辑上的欠缺。有关机关只会对征收决定实施强制执行,而无法对补偿决定实施强制执行。

〔302〕《行政强制法》(2011)第53条规定:"当事人在法定期限内不申请行政复议或者提起行政诉讼,又不履行行政决定的,没有行政强制执行权的行政机关可以自期限届满之日起三个月内,依照本章规定申请人民法院强制执行。"

〔303〕最高人民法院《关于办理申请人民法院强制执行国有土地上房屋征收补偿决定案件若干问题的规定》第2条第3款规定:"强制执行的申请应当自被执行人的法定起诉期限届满之日起三个月内提出;逾期申请的,除有正当理由外,人民法院不予受理。"

的材料。

根据《国有土地上房屋征收与补偿条例》(2011)第28条规定,行政机关申请人民法院强制执行征收补偿决定,必须提交以下材料:(1)强制执行申请书。申请书应当由申请机关负责人签名,加盖申请机关印章,并注明日期。(2)行政机关确定给当事人的补偿金额和专户存储账号。这便于人民法院确认补偿金额已经到位,以实现房屋征收“先补偿、后搬迁”的原则。(3)行政机关确定给当事人的产权调换房屋和周转用房的地点和面积等材料。这便于人民法院确认当事人的住房已得到落实。

另外,根据最高人民法院《关于办理申请人民法院强制执行国有土地上房屋征收补偿决定案件若干问题的规定》(法释〔2012〕4号)第2条规定,行政机关还必须提交以下材料:(1)征收补偿决定及相关证据和所依据的规范性文件;(2)征收补偿决定送达凭证、催告情况及房屋被征收人、直接利害关系人的意见;(3)社会稳定风险评估材料;(4)申请强制执行的房屋状况;(5)被执行人的姓名或者名称、住址及与强制执行相关的财产状况等具体情况;(6)法律、行政法规规定应当提交的其他材料。

4. 受理

人民法院认为强制执行的申请符合形式要件且材料齐全的,应当在接到申请后5日内立案受理,并通知申请机关;不符合形式要件或者材料不全的应当限期补正,并在最终补正的材料提供后5日内立案受理;不符合形式要件或者逾期无正当理由不补正材料的,裁定不予受理。

申请机关对不予受理的裁定有异议的,可以自收到裁定之日起15日内向上一级人民法院申请复议,上一级人民法院应当自收到复议申请之日起15日内作出裁定。

5. 审查与裁定

人民法院受理行政机关申请之后,应当对征收补偿决定是否合法和适当进行审查。人民法院在审查期间,可以根据需要调取相关证据、询问当事人、组织听证或者进行现场调查。

人民法院应当自立案之日起30日内作出是否准予执行的裁定;有特殊情况需要延长审查期限的,由高级人民法院批准。

征收补偿决定存在下列情形之一的,人民法院应当裁定不准予执行:(1)明显缺乏事实根据;(2)明显缺乏法律、法规依据;(3)明显不符合公平补偿原则,严重损害被执行人合法权益,或者使被执行人基本生活、生产经营条件没有保障;(4)明显违反行政目的,严重损害公共利益;(5)严重违反法定程序或者正当程序;(6)超越职权;(7)法律、法规、规章等规定的其他不宜强制执行的情形。

人民法院裁定不准予执行的,应当说明理由,并在5日内将裁定送达申请机关。申请机关对不准予执行的裁定有异议的,可以自收到裁定之日起15日内向上一级人民法院申请复议,上一级人民法院应当自收到复议申请之日起30日内作出裁定。

6. 执行:裁执分离

人民法院裁定准予执行的,应当在5日内将裁定送达申请机关和被执行人,并可以根据实际情况建议申请机关依法采取必要措施,保障征收与补偿活动顺利实施。根据最高人民法院《关于办理申请人民法院强制执行国有土地上房屋征收补偿决定案件若干问题的规定》(法释〔2012〕4号)第9条规定,人民法院裁定准予执行的,一般由作出征收补偿决定的市、县级人民政府组织实施,也可以由人民法院执行。这就确立了人民法院的“裁执分离”制度。

关于“裁执分离”,《国有土地上房屋征收与补偿条例》并无规定,《行政强制法》也未直接明文规定,但在立法精神上已经为此留下空间,作为《行政强制法》组成部分的《全国人民代表大会法律委员会关于〈中华人民共和国行政强制法(草案)〉审议结果的报告》(2011)已阐述了这一精神。[304] 尽管如此,“裁执分离”作为一种司法诉讼制度,本该属于法律保留的事项[305],现在不是通过一项法律,而是通过一项司法解释进行创设,实在是一种遗憾。

中国以前的执行制度是“裁执合一”制度,即当行政机关向人民法院申请强制执行时,人民法院不仅要在审查的基础上对执行申请进行裁定(准予或者不予执行),而且还要负责实施强制执行。现在的“裁执分离”,是指将对强制执行申请的裁定权与具体实施强制执行权分由两个不同主体行使。具体而言,是指在非诉执行案件中,当行政机关向人民法院申请强制执行后,人民法院只对行政机关的申请进行审查和裁定,裁定准予强制执行的,可交由行政机关自己组织实施。中国现行的“裁执分离”制度,具有两个特点:第一,它不是一项普遍的执行制度,目前仅仅适用于对国有土地上房屋征收补偿决定的非诉执行范围。第二,它不是一项绝对的“裁执分离”制度,人民法院具有很大的裁量权。人民法院裁定准予执行的,一般由作出征收补偿决定的市、县级人民政府组织实施,也可以由人民法院执行。

最后必须说明的是,“对国有土地上房屋征收补偿决定的强制执行”不适用对“违法建筑物、构筑物、设施等强制拆除”。对于“违法的建筑物、构筑物、设施等”强制拆除,应当适用《行政强制法》第44条规定。[306]

六、对行政裁决的强制执行

(一)行政裁决

行政裁决是行政机关以中间人的身份,居间通过裁决程序对平等的民事主体之间的权利归属进行裁断的法律行为。行政裁决是一种独立的行政行为,其结果形式是一个“行政裁决决定”。行政裁决与其他行政行为不同的是,它是一种“准司法行为”。它并不与相对人发生一种管理与被管理的行政关系,而是以中间人的身份居间处理一种平等主体之间的民事关系。

正因为行政裁决具有“准司法性”,所以,这种制度必须由“法律”直接设定,没有法律依据,

---

[304] 2011年6月27日《全国人民代表大会法律委员会关于〈中华人民共和国行政强制法(草案)〉审议结果的报告》指出:“草案四次审议稿第六十条规定:‘行政机关向人民法院申请强制执行的案件,裁定执行的,由人民法院执行。’最高人民法院提出,实践中向人民法院申请强制执行的案件,除依照现行体制由法院审查裁定并执行的外,还正在探索对有的案件原来由行政机关强制执行或者申请人民法院强制执行的双轨制,改为均需由行政机关申请人民法院强制执行的单轨制,法院审查裁定执行的,由行政机关组织实施,建议行政强制法对此予以体现。法律委员会经同最高人民法院、国务院法制办公室研究,考虑到这种执行方式尚在改革探索,草案对具体执行方式可不作规定,为法院探索改革执行方式留下空间。因此,建议删去草案四次审议稿上述规定。”

[305] 《立法法》(2023)第11条规定:“下列事项只能制定法律:(一)国家主权的事项;(二)各级人民代表大会、人民政府、监察委员会、人民法院和人民检察院的产生、组织和职权;(三)民族区域自治制度、特别行政区制度、基层群众自治制度;(四)犯罪和刑罚;(五)对公民政治权利的剥夺、限制人身自由的强制措施和处罚;(六)税种的设立、税率的确定和税收征收管理等税收基本制度;(七)对非国有财产的征收、征用;(八)民事基本制度;(九)基本经济制度以及财政、海关、金融和外贸的基本制度;(十)诉讼制度和仲裁基本制度;(十一)必须由全国人民代表大会及其常务委员会制定法律的其他事项。”

[306] 《行政强制法》(2011)第44条规定:“对违法的建筑物、构筑物、设施等需要强制拆除的,应当由行政机关予以公告,限期当事人自行拆除。当事人在法定期限内不申请行政复议或者提起行政诉讼,又不拆除的,行政机关可以依法强制拆除。”

行政机关就不具有行政裁决权。根据现行法律规定,我国的行政裁决存在下列确权领域:(1)对土地、矿藏、水流、荒地或者滩涂权属的确权;(2)对林地、林木、山岭权属的确权;(3)对海域使用权的确权;(4)对草原权属的确权;(5)对水利工程权属的确权;(6)对企业资产性质的确认等。[307]

(二)对行政裁决的执行

行政裁决本身就是行政决定的一个种类。所以,对行政裁决的强制执行,应当适用对所有行政决定强制执行的原则和程序,即法律规定行政机关具有强制执行权的,由行政机关自己强制执行;法律没有规定行政机关具有强制执行权的,由行政机关申请人民法院强制执行。行政机关向人民法院申请对行政裁决的强制执行(非诉执行),适用对一般行政决定的强制执行程序。

但是,行政裁决涉及三方关系(民事关系中的甲乙方和作为中间人的行政机关),如果行政机关不在规定期限内向人民法院申请强制执行,就会损害另一方民事主体的合法权益,所以,最高人民法院的一个司法解释为此设定了一个补充程序。《行政诉讼法解释》(2018)第158条规定:"行政机关根据法律的授权对平等主体之间民事争议作出裁决后,当事人在法定期限内不起诉又不履行,作出裁决的行政机关在申请执行的期限内未申请人民法院强制执行的,生效行政裁决确定的权利人或者其继承人、权利承受人在六个月内可以申请人民法院强制执行。享有权利的公民、法人或者其他组织申请人民法院强制执行生效行政裁决,参照行政机关申请人民法院强制执行行政行为的规定。"

(三)补充程序的特别要求

《行政诉讼法解释》(2018)第158条对行政裁决非诉执行所设定的补充程序,其实是一种特别程序,即该处有特别规定的适用特别规定;没有特别规定的,适用对行政决定执行的一般程序。

1. 适用前提

适用上述特别程序必须符合几个前提条件。这几个条件缺一不可:

(1)针对行政裁决。行政裁决也是一种行政决定,但它与其他行政决定不同的是,它是对民事关系的一种裁断。这一程序只适用行政裁决,不适用其他行政决定。

(2)该行政裁决已经生效,但是负有义务一方当事人在法定期限内既不申请行政复议或者提起行政诉讼,又不履行该行政裁决。

(3)作出行政裁决的行政机关未在法定期限内申请人民法院强制执行。根据《行政强制法》(2011)第53条规定,行政机关向人民法院申请强制执行的期限,是自期限届满之日起3个月内。

2. 申请人

提起非诉执行的申请人原则上是作出行政决定的行政机关,但对于行政裁决的执行,在上述前提下,可以由享有权利的公民、法人或者其他组织作为申请人。享有权利的公民、法人或者其他组织,是指由生效行政裁决确定的权利人或者其继承人、权利承受人。

---

〔307〕　参见最高人民法院《关于行政案件案由的暂行规定》(法发〔2020〕44号)。

3. 申请期限

享有权利的公民、法人或者其他组织向人民法院申请强制执行的期限与行政机关申请人民法院强制执行的期限不同。行政机关向人民法院申请非诉执行的期限是3个月,从当事人既不履行又不申请复议或提起诉讼期满之日起;但享有权利的公民、法人或者其他组织向人民法院申请强制执行的期限是6个月,同样从当事人(另一方)既不履行又不申请复议或提起诉讼期满之日起。之所以确定为6个月,是因为前3个月有已被行政机关占用(浪费)了。

4. 其他程序

根据《行政诉讼法解释》(2018)第158条第2款规定,享有权利的公民、法人或者其他组织申请人民法院强制执行生效行政裁决,参照行政机关申请人民法院强制执行行政行为的规定。这里参照的程序要求包括强制执行申请书的要求、提交其他材料的要求等。

七、非诉行政执行的其他制度

(一)立即执行

以上所述的非诉执行程序均属常态程序,这种程序从行政机关申请(或当事人申请)到人民法院实施强制执行,一般需要3个月时间。[308] 这样的制度设计,虽然最大限度地保护了相对人的合法权益,但难以适应紧急情况。为此,《行政强制法》(2011)第59条规定:"因情况紧急,为保障公共安全,行政机关可以申请人民法院立即执行。经人民法院院长批准,人民法院应当自作出执行裁定之日起五日内执行。"

这属于立即执行制度,它是非诉执行中的一种特殊制度和紧急程序。适用这一紧急程序必须符合两个条件:一是情景上满足"情况紧急";二是目的上满足"为保障公共安全"。联系起来的条件就是,如果不立即强制执行,就会危害公共安全。例如,不排除妨碍泄洪的违法设施,会导致严重的安全事故,便可适用立即执行。

立即执行制度是对《行政强制法》(2011)第56~58条所规定期限的突破,而不是对申请条件和审查标准的突破。行政机关申请强制执行的条件、人民法院的审查、裁定环节和标准等都不得省略,唯一可以省略的是程序中的时间。所谓突破期限,不是指要突破上述期限的高限,而是指原则上每一环节都要"立即"决定。而且有一个"高限"是,人民法院应当自作出执行裁定之日起5日内执行。但是,所有程序上的突破,都需要经过一个审批程序,即经人民法院院长同意。

(二)财产保全

行政诉讼执行中的财产保全,系指遇有关财产可能被转移、隐匿、毁灭等情形,从而可能造成对利害关系人权益的损害或可能使人民法院将来难以执行时,在行政诉讼前或行政诉讼中,或在非诉执行程序前,为了确保具体行政行为或将来生效裁判的全部履行,经当事人申请或者依职权作出裁定,对当事人有争议的财物所采取的临时性强制措施。

关于非诉执行中的财产保全,《行政诉讼法解释》(2018)第159条作出了规定:"行政机关或者行政行为确定的权利人申请人民法院强制执行前,有充分理由认为被执行人可能逃避执

---

[308] 根据最高人民法院《关于人民法院办理执行案件若干期限的规定》(法发〔2006〕35号),非诉执行案件一般应当在立案之日起3个月内执结。

行的,可以申请人民法院采取财产保全措施。后者申请强制执行的,应当提供相应的财产担保。”非诉执行中的财产保全具有下列特点:

1. 财产保全的适用条件是有充分理由认为被执行人可能逃避执行。这须有充分的理由来证明这一可能性。

2. 财产保全可以由行政机关提出申请或者行政行为确定的权利人提出申请。后者提出的申请必须提供相应的财产担保。

3. 财产保全只适用有财产给付内容的义务执行。没有财产给付内容的执行是不适用财产保全的。

4. 财产保全由人民法院决定和实施。因为非诉执行中的财产保全,属于司法制度而不是行政制度,因而必须由人民法院决定和实施。

(三)执行费用

《行政强制法》(2011)第 60 条第 1 款明文规定:“行政机关申请人民法院强制执行,不缴纳申请费。强制执行的费用由被执行人承担。”这意味着:

1. 关于执行申请费。行政机关申请人民法院强制执行,不缴纳申请费,人民法院不得向行政机关收取申请费。

2. 关于强制执行费用。这里是指申请费以外的,人民法院因审理和实施执行所实际发生的费用。这些费用应当由人民法院责令被执行人承担。人民法院以划拨、拍卖方式强制执行的,可以在划拨、拍卖后将强制执行的费用扣除。

(四)执行中止、终结和回转

执行中止、终止和回转,是行政强制执行中的程序性制度,无论在行政机关实施的强制执行中,还是在行政机关申请人民法院的强制执行中,都会发生。《行政强制法》(2011)以第39～41 条对行政机关实施强制执行中的中止、终止和回转制度作出了明确规定,但对行政机关申请人民法院的强制执行,人民法院据此在实施强制执行中的中止、终止和回转,未作规定。这是因为人民法院在审理和实施强制执行中所采取的中止、终止和回转,完全适用《民事诉讼法》的有关规定。

第九节 疑难问题探讨

一、冻结存款、汇款措施的对象是否只限于“存款、汇款”?

“冻结存款、汇款”是由《行政强制法》(2011)第 9 条第 4 项所设定的一种行政强制措施。它是行政执法机关,为了防止当事人转移或者隐匿违法资金,通过金融机构对当事人的账户采取的停止支付、禁止转移资金的行政强制措施。

这里的问题是:“冻结存款、汇款”措施的对象是否只限于“存款、汇款”?可以包括产权、股权或其他资金吗?

《行政强制法》(2011)第9 条第4 项所确立的行政强制措施是“冻结存款、汇款”,没有出现“等”。这就意味着,这项强制措施的对象只限于“存款、汇款”,不包括“存款、汇款”以外的财产。可在现行制度中,冻结的对象除了存款、汇款外,还包括股票、期货、基金份额、应收账款和不动产等。例如,最高人民法院《关于人民法院执行工作若干问题的规定(试行)》(法释〔2020〕21号)第36条规定:“对被执行人从有关企业中应得的已到期的股息或红利等收益,人民法院有权裁定禁止被执行人提取和有关企业向被执行人支付,并要求有关企业直接向申请执行人支付。对被执行人预期从有关企业中应得的股息或红利等收益,人民法院可以采取冻结措施,禁止到期后被执行人提取和有关企业向被执行人支付。到期后人民法院可从有关企业中提取,并出具提取收据。”第38条第1款又规定:“对被执行人在有限责任公司、其他法人企业中的投资权益或股权,人民法院可以采取冻结措施。”《中国证券监督管理委员会冻结、查封实施办法》(2020)第2条规定:“中国证券监督管理委员会及其派出机构依法履行职责,有权冻结、查封涉案当事人的违法资金、证券等涉案财产或者重要证据。”此外,在实践中还存在诸如冻结房屋产权,禁止其交易,冻结土地使用权,禁止其转让等冻结手段。这怎么办?应当承认现行的冻结范围而对冻结的对象“存款、汇款”作扩大解释,还是应当严格服从《行政强制法》规定?

首先,我们必须清楚,《行政强制法》(2011)第9条第4项所设定的“冻结存款、汇款”,是法律赋予行政机关的强制措施,而不是人民法院的强制措施。人民法院的冻结措施主要依据《民事诉讼法》及其有关规定,而行政机关的冻结措施则主要依据《行政强制法》及其他有关规定,所以,行政机关不得套用人民法院的冻结依据、冻结手段和冻结范围。

其次,从《行政强制法》的立法精神来看,立法就是为了防止行政机关的冻结手段范围过大,才将它严格限定在“存款、汇款”之内。“存款、汇款”作为冻结对象的“一般范围”已由《行政强制法》(2011)第9条第4项作了明确而统一的规定,而对“存款、汇款”之外财物的冻结需由特别法作特别规定。这就意味着,对于“存款、汇款”以外的冻结,虽然也是属于行政强制措施,但它不属于《行政强制法》(2011)第9条第4项所确立的“冻结存款、汇款”之行政强制措施范围之内,而属于《行政强制法》(2011)第9条第5项所确立的“其他行政强制措施”范围,而且也必须采取严格的“法律保留”原则。

但是笔者认为,“存款、汇款”应当包含存于当事人账号内的股票等“有价证券”中,因为股票等“有价证券”与“存款、汇款”的性质非常接近。将它置于“存款、汇款”之内是符合立法目的的。[309] 所以,最高人民法院在其《关于行政案件案由的暂行规定》(法发〔2020〕44号)中,将冻结对象从“存款、汇款”扩大至“资金、证券”,这是有道理的。但是不包括股权和不动产。

二、对证据的“先行登记保存”与“查封、扣押”有什么区别?

在行政执法中常常发现,违法当事人从事违法行为的设备和工具,如电脑、车辆等,往往同时也是“证据”。这样,行政机关就可以依据《行政处罚法》(2021)第56条规定,实施“证据先行登记保存”。具体的登记保存方法有两种:一是当事人的场所进行登记封存,责令当事人妥为保管,不得动用、转移、损毁或者隐匿;二是将证据拉回到行政机关,由行政机关监管保存或者委托第三方监管保存。这两种方法从《行政强制法》的角度看,前者就是“查封”措施,后者就

〔309〕 参见乔晓阳主编、全国人大常委会法制工作委员会行政法室编著:《中华人民共和国行政强制法解读》,中国法制出版社2011年版,第34页。此书也持这一观点,认为“冻结主要是限制金融资产的流动的强制措施。包括冻结银行存款、汇款和邮政企业汇款,也包括股票等有价证券”。此外还有袁曙宏主编的《行政强制法教程》,也认为冻结的对象“是当事人的账户资金,包括存款、汇款、有价证券等”。参见袁曙宏主编:《行政强制法教程》,中国法制出版社2011年版,第26页。

是“扣押”措施。那么,《行政处罚法》所规定的“证据先行登记保存”与《行政强制法》规定的“查封”“扣押”行政强制措施是同一类行为吗？还有,《行政处罚法》第56条规定“证据先行登记保存”的期限是7日之内,而《行政强制法》第25条规定的“查封”“扣押”期限都是30日,另可批准延长30日。我们应当适用《行政处罚法》还是《行政强制法》呢？

对证据的“先行登记保存”,是《行政处罚法》授予行政处罚机关在对违反行政管理秩序的当事人进行查处过程中的一项调查取证措施。《行政处罚法》(2021)第56条规定:“行政机关在收集证据时,可以采取抽样取证的方法;在证据可能灭失或者以后难以取得的情况下,经行政机关负责人批准,可以先行登记保存,并应当在七日内及时作出处理决定,在此期间,当事人或者有关人员不得销毁或者转移证据。”

对证据的“先行登记保存”,是指行政执法机关在对违反行政管理秩序的当事人进行查处过程中,在证据可能灭失或者以后难以取得的情况下,对需要保全的证据当场登记造册,暂时先予封存固定,责令当事人妥为保管,不得动用、转移、损毁或者隐匿,等待行政机关进一步调查和处理的证据保全措施。这项证据保全措施由《行政处罚法》(2021)第56条直接设定并直接而普遍地授权给了所有的行政执法机关。任何行政执法机关在行政执法中都可直接依据《行政处罚法》(2021)第56条规定实施证据保全,无须等待其他法律的具体规定。

“查封”和“扣押”是《行政强制法》所设置的两种行政强制手段。“查封”是指行政机关为了预防和制止违法,保证行政决定的有效作出和执行,通过“就地封存”的方法,在短时间内禁止对场所使用和限制对财物的使用、毁损、转移和处分的行政强制措施。“扣押”是指行政机关为了预防和制止违法,保证行政决定的有效作出和执行,将涉嫌违法的财物移动至有关地点进行直接控制,在短时间内禁止当事人对扣押财物的使用、毁损、转移和处分的行政强制措施。“查封”与“扣押”在主体、对象、标的物和法律效果上都是相同的。它们的主要区别就在于“地点”上:现场控制物品就是“查封”,异地控制物品就是“扣押”。当然,对不动产只能“查封”而无法“扣押”。

对照《行政强制法》(2011)第2条第2款关于“行政强制措施”的定义不难发现,对证据的“先行登记保存”,本身就是一种行政强制措施,而且与《行政强制法》所规定的“查封”或“扣押”,从行为方式上看几乎并无二致,特别是当证据表现为设备、工具等物证时。比如,将当事人从事违法行为的电脑作为证据,扣留在现场,不让当事人动用的,就是“查封”;将电脑搬运到行政机关或委托第三方监管,这就是“扣押”。“查封”是当场的“扣押”;“扣押”是异地的“查封”。从理论上说,“查封”和“扣押”可以出于其他目的,也可以出于保全证据的目的。这样,“证据先行登记保存”应当是“特殊的”的查封、扣押措施,是查封、扣押措施中的一种特别类型。这就导致有的行政机关将“证据先行登记保存”与“查封”“扣押”等同起来。

但是我们必须澄清的是,从《行政强制法》《行政处罚法》的立法原意和立法背景来看,行政执法机关的“证据先行登记保存”是“查封”“扣押”以外的“其他行政强制措施”,而不属于“查封”“扣押”的一种类型和方式。《行政强制法》(2011)第9条规定:“行政强制措施的种类:(一)限制公民人身自由;(二)查封场所、设施或者财物;(三)扣押财物;(四)冻结存款、汇款;(五)其他行政强制措施。”行政机关的“证据先行登记保存”属于本条中的第5项,而不是第2、3项。

这是因为,尽管“证据先行登记保存”与“查封”“扣押”都属于“行政强制措施”,两者在行为特征上具有许多共同点,但应当且也可以加以区别的。对它们不加区别,会导致法律适用上

的错误。它们两者的区别在于:

1. 目的和条件不同。"证据先行登记保存"的目的就是在当证据"可能灭失或者以后难以取得的情况下"保全证据,不能出于其他目的。而"查封"和"扣押"的目的是多方面的,如为了制止违法,避免危害发生、控制危险扩大,或为了后续的"收缴"等。这里的"查封"和"扣押"手段并不为"保全证据"而设置。

2. 地点不同。"证据先行登记保存"只能在当事人的场所实施,不得将证据拿回到行政机关保存,否则就变成了扣押。而"扣押"是指将当事人的物品转移到当事人不能控制的场所由行政机关或者委托第三方监管,不发生在当事人的场所。"查封"虽然发生在当事人的场所,但目的是保全证据,而不是其他。

3. 期限不同。"证据先行登记保存"的期限,根据《行政处罚法》(2021)第 56 条,被严格限制在"7 日内";而"查封"和"扣押"的期限,根据《行政强制法》(2011)第 25 条规定,要宽得多,原则上不超过 30 日,特殊情况可延长 30 日,即最长可达 60 日。

4. 授权不同。行政机关的"证据先行登记保存"权是由《行政处罚法》(2021)第 56 条授予的,行政机关的"查封权""扣押权"是由《行政强制法》(2011)第 22 条[310]规定的。但是,《行政处罚法》(2021)第 56 条属于直接授权,任何行政执法机关都据此拥有"证据先行登记保存"的权力,无须等待其他法律的专门规定;而《行政强制法》(2011)第 22 条属于间接授权条款,行政执法机关并不直接依据该条就获得了查封权和扣押权。哪些行政执法机关具有查封权和扣押权,还须另有法律、法规的具体规定。

5. 法律适用不同。"证据先行登记保存"作为《行政强制法》第 9 条所规定的"其他行政强制措施"的一种,当然应当适用《行政强制法》;同时,它作为由《行政处罚法》所设定的一项行政职权和强制措施,又必须适用《行政处罚法》。而且,在关于对"证据先行登记保存"的规定上,《行政处罚法》对它的规定属于特别法,《行政强制法》对它的规定属于一般法。按照特别法优于一般法的适用规则,应当优先适用《行政处罚法》(2021)第 56 条,此外,同时适用《行政强制法》的有关规定。

根据上述理论和制度规定,我们行政机关在执法中要实施"证据先行登记保存"的,必须关注和遵循以下几点:

第一,严格条件。必须"在证据可能灭失或者以后难以取得的情况下",方可适用"证据先行登记保存"。当没有到达这一条件,或者可以采取其他方法获得的证据(如摄像、拍照、现场笔录等)时,不得采取"证据先行登记保存"。

第二,就地保存。"证据先行登记保存"是将证据物"就地""当场"登记造册,暂时先予封存固定,责令当事人妥为保管,不得动用、转移、损毁或者隐匿,等待行政机关进一步调查和处理。如果将证据物拉回到行政机关进行监管,这是名为"证据保存"实为"扣押",必须予以纠正。

第三,期限限制。"证据先行登记保存"应当适用《行政处罚法》(2021)第 56 条,在 7 日内及时作出处理决定,不适用《行政强制法》(2011)第 25 条所规定的 30 日。

第四,法定程序。实施"证据先行登记保存"要遵循法定程序,不仅要根据《行政处罚法》

---

[310] 《行政强制法》(2011)第 22 条规定:"查封、扣押应当由法律、法规规定的行政机关实施,其他任何行政机关或者组织不得实施。"

(2021)第56条规定,经行政机关负责人批准,而且还要服从《行政强制法》(2011)的有关程序规定,特别是《行政强制法》(2011)第三章行政强制措施实施程序第一节的"一般规定"。

当然,以上是基于《行政处罚法》(2021)第56条将"证据先行登记保存"行为定性为"现场封存"基础上的解释。但我们也发现,将"证据先行登记保存"的地点一律限制在当事人的场所是不现实的,因为在现实中不少违法行为恰恰发生在当事人场所以外的第三处(如砍伐森林和交通违法),这时要将证据送回到当事人单位进行封存,而不是拉回行政机关保存就是不现实的。建议有权机关对《行政处罚法》(2021)第56条所规定的"证据先行登记保存"作一扩大性解释,将"证据先行登记保存"视作为特殊的"查封"或"扣押"。这样,行政机关既可以在当事人现场封存证据(这是特殊的"查封"),也可以将证据拉回行政机关保存(这是特殊的"扣押"),但在法律适用上,按照特别法优于一般法原则,在期限上只用7日,而不是30日的规定。

三、行政机关所实施的代履行与代执行有何区别?有必要区别吗?

在行政强制法理论和制度中,行政机关所实施的代履行与代执行之间有何区别,这是最大的难题之一。

在国际上,代履行或代执行的表达没有实质性区别。而在我国的《行政强制法》中,行政机关实施的代履行出现在第50条和第52条之中,而行政机关的代执行并没有单独的条文表达,只是寓含在第12条第6项的"其他强制执行方式"之中。但是,作为行政强制执行方式的代履行与代执行,到底是两个不同的概念还是同一概念的不同表达,存在两种不同的观点:"等同论"与"非同论"。

"等同论"认为,国外原本就没有区别,是我们的翻译方法不同而形成了两个不同用词,从而误造了两个不同的概念。行政机关所实施的代履行抑或代执行,都是由行政机关代替当事人履行义务,并由义务人承担费用。它们之间只是表达角度不同,没有实质性区别。[311]

"非同论"认为,代履行不同于代执行。[312] 特别是《行政强制法》出台并在第50条和第52条规定了代履行之后,官方也表明"代履行不是当事人委托第三人履行,不是代执行,也不是行政机关直接强制执行。"[313]这样,有不少专家学者就按"立法精神"进行解释,明确主张它们是不同的概念,并且挖掘出了不少区点。如认为,代履行与代执行都属于间接强制执行,但它们有以下两点区别。

1. 当事人态度不同。代履行是针对当事人没有能力和条件履行义务,行政机关或行政机关委托他人"做好事",代当事人履行并向当事人收取费用,如当事人驾车把公用"变电箱"撞坏了,当事人苦于没有能力修复(需要专业条件),行政机关委托电力公司代为修复,当事人负责修复费用。而代执行是针对当事人拒不履行义务的情况,行政机关自己执行就是直接强制,如

---

[311] 参见应松年主编:《当代中国行政法》,中国方正出版社2005年版,第901页;姜明安、余凌云主编:《行政法》,科学出版社2010年版,第329页;胡建淼主编:《行政强制》,法律出版社2002年版,第207页。

[312] 如有专家明确指出:"代履行不是代执行。"参见江必新主编:《〈中华人民共和国行政强制法〉条文理解与适用》,人民法院出版社2011年版,第259页。另有学者解释:代履行是"与直接强制执行、执行罚并列,是行政强制执行方式之一。有些国家和地区的立法例,以及很多学者也将这种强制执行方式称为代执行,这是个理论误区。两种称谓虽然只有一字之差,但其背后的意义却相去甚远"。参见张锋、杨建峰主编:《行政强制法释论》,中国法制出版社2011年版,245~246页。

[313] 乔晓阳主编、全国人大常委会法制工作委员会行政法室编著:《中华人民共和国行政强制法解读》,中国法制出版社2011年版,第160页。

果行政机关缺乏条件(如专业人员和专业设备)而委托第三代执行,就是代执行。代执行的费用同样由当事人承担。当事人拒不拆除违法建筑,行政机关委托第三方强制拆除,就属于代执行。可见,代履行是当事人应当履行义务而没有能力和条件履行义务,而代执行是当事人有能力履行义务但拒不履行义务。对当事人而言,前者是帮助行为、授益行为,后者是负担行为和强制行为。

2.《行政强制法》的授权不同。正因为代履行是一种"做好事",强制性较弱,《行政强制法》(2011)第50条和第52条作了普遍而直接的授权。而对于代执行,《行政强制法》将它置于"其他强制执行方式"之中,没能作普遍而直接的授权。它须由具体法律作个别性授权。

但笔者认为,虽然在中文的表达上,代履行与代执行在视角上是不同的。代履行,是从当事人的视角出发,原本属于当事人应当履行的义务,现由行政机关或者第三人来履行,这实质上是行政机关或者第三人代替当事人履行原本应当由当事人履行义务的行为;代执行,是从行政执行机关的执行权的视角出发,代执行还是一种行政强制执行制度,而不是当事人的一种自我履行制度。但这仅仅是表达的视角不同而已,在实质内容上无区别。具体理由如下:

(1)代履行与代执行在行为和制度本质上是相通的。尽管代履行与代执行在表达的视角上有所不同,但客观上是同一件事,即当事人拒不履行某种义务时,由当事人以外的其他主体(行政机关或第三人)代替当事人完成该义务,并由当事人承担费用;这一替代行为具有强制性,无需以当事人同意为前提;而且,它是行政强制执行的一种方式。另外,任何代履行,当事人义务的被履行,都是行政强制执行即代执行的结果;任何代执行,都是行政机关通过强制手段以实现当事人义务被履行的状态。任何代履行都是通过代执行实现的;任何代执行都将最终实现代履行状态。这说明,代履行与代执行不是它们所表达的客观事物有区别,而是人们对同一事物的认识和表达有区别。这样,问题似乎不再是代履行与代执行所代表的客体有什么区别,而是对同一个客体用"代履行"或者"代执行"表达何者更妥当的问题了。

(2)代履行并不是当事人的自我履行制度,而是行政强制执行制度。行政强制法中的代履行,都是行政执行机关强制的结果,而不是当事人自觉履行义务的结果。如果代履行是当事人对义务的自觉履行,那么它根本就不是行政强制执行制度。任何行政强制执行,都以当事人拒不履行由行政决定所确定的义务为前提,并以国家的强制力保障为特征,况且,无论是我国的《行政强制法》还是我国台湾地区1998年修订的"行政执行法",它们虽然都使用代履行这一表达方式,但都将代履行列为行政强制执行的一种方式,[314]而不是当事人的一种义务履行方式。

(3)接受代执行不用担心会破坏《行政强制法》关于"行政强制禁止委托"的原则。行政强制的委托是指行政执行机关不是由自己而是委托其他组织或者个人来行使行政强制权力,它需以行政执行机关的行政委托为前提,并以行政强制实施权的转移为结果,固然会有导致权力滥用的风险。而在代执行(代履行)制度中,其核心是由法律来设定让当事人的新增金钱给付义务来换取其原有的行为作为义务,而且行政机关自身或者第三人来替代当事人履行义务都

---

[314] 《行政强制法》(2011)第12条规定:"行政强制执行的方式:(一)加处罚款或者滞纳金;(二)划拨存款、汇款;(三)拍卖或者依法处理查封、扣押的场所、设施或者财物;(四)排除妨碍、恢复原状;(五)代履行;(六)其他强制执行方式。"我国台湾地区"行政执行法"(1998年修订)第28条规定:"前条所称之间接强制方法如下:一、代履行。二、怠金。前条所称之直接强制方法如下:一、扣留、收取交付、解除占有、处置、使用或限制使用动产、不动产。二、进入、封闭、拆除住宅、建筑物或其他处所。三、收缴、注销证照。四、断绝营业所必须之自来水、电力或其他能源。五、其他以实力直接实现与履行义务同一内容状态之方法。"

是基于当事人没有条件履行，所以法律才允许当事人义务的转换。这种制度的起因与其说是基于行政机关的“委托”，不如说是行政机关基于法律的规定而作的“指定”。“委托”与“指定”的最大区别是，前者需以双方的合意为条件，后者具有单方的指向性。

(4)目前的制度设计带来了两大困难：一是很难区别行政机关实施的代履行与代执行；二是很难区别行政机关的直接执行与代履行（或代执行）。还有，我们又将“代履行”限定为“做好事”，不包括拆除违法建筑[315]，逻辑上实在说不通。在德国，代履行适用一切领域，其特点仅仅在于：一是由第三人执行；二是向当事人收费。[316] 我们自己将“代履行”搞复杂了。

我们应当以这样的思路来重构执行概念之间的逻辑关系：第一，只要由行政机关直接实施强制执行以实现当事人义务被履行状态的，都应归纳为“直接执行”，并不得收费；第二，由行政机关委托第三人实施强制执行，以实现当事人义务被履行状态的，都归纳为“代履行”，并由当事人承担执行费用；第三，“代履行”就是“代执行”。但为了体现“期待当事人自我履行”的原则，用“代履行”取代“代执行”的表达未尝不可。

四、行政机关对行政决定的执行须等待当事人超过复议诉讼期限吗？

复议、诉讼不停止行政行为的执行，这是行政法中的一项原则。这意味着，行政机关作出行政决定之后，无须等待当事人超过申请行政复议或提起行政诉讼的期限，就可强制执行该行政决定。但是，不少法律又规定，特别是针对违法建筑，都必须在当事人逾期不履行行政决定所确定的义务，并且逾期不申请复议又不提起诉讼时，行政机关才可进入强制执行程序，这该如何掌握是好？

行政机关作出一个行政决定（基础行为），事后有权机关强制执行该决定（执行行为），这属于行政强制执行问题，受《行政强制法》及有关法律的规制。

首先，并非行政机关作出的行政决定，都会发生强制执行问题。我们要把行政决定区分为“可执行决定”与“不可执行决定”。具有可执行内容的行政决定就是“可执行决定”，如行政处罚决定、行政裁决决定、责令当事人纠正违法的决定等；相反，不具有可执行内容的决定就是“不可执行决定”，如行政证明、行政确认等。行政行为（行政决定）具有各种性质和类别，并不是所有的行政决定都具有可执行的内容。对于不具有可执行内容的行政决定（不可执行决定）不会发生强制执行的问题。

其次，即使是具有可执行内容的决定（可执行决定），也未必一定发生强制执行。对于任何可执行决定，行政法是遵循“当事人自我履行”原则，希望当事人自我履行，事实上大量的行政决定也是由当事人自我履行的，从而不会发生强制执行问题。行政强制执行的发生，是以当事人拒不自我履行为前提的。

如果不得已进入强制执行，那么要注意到：我国行政强制执行的主体有两类，一是行政机关，二是人民法院。执行主体绝对不得搞错。它们实施强制执行的分工原则是：法律（狭义）明文规定由行政机关强制执行的，由行政机关实施强制执行；法律没有规定，或者法律规定由人民法院执行的，则由行政机关申请人民法院实施强制执行。这样的分工，就称为“以人民法院

---

[315] 参见乔晓阳主编、全国人大常委会法制工作委员会行政法室编著：《中华人民共和国行政强制法解读》，中国法制出版社 2011 年版，第 164 页。

[316] 参见［德］哈特穆特·毛雷尔：《行政法学总论》，高家伟译，法律出版社 2000 年版，第 485 页。

强制执行为原则,以行政机关强制执行为例外”。

行政机关的行政决定作出以后,到底可以先执行,还是要等待当事人超过权利救济期限,即当事人在法定期限内既不申请行政复议[《行政复议法》(2023)第20条,原则上为60日],也不提起行政诉讼[《行政诉讼法》(2017)第46条,原则上为6个月],才可实施强制执行?这确实有一定的模糊性。

行政机关作出的行政决定不同于人民法院作出的司法判决。行政行为具有强烈的存续力和效力先定性,行政决定原则上是一经作出便发生法律效力,便可依法执行的。而司法判决的执行一定要等到司法判决生效之后,而司法判决并不像行政决定一样,一经作出便生效,而是须等到一审判决超过上诉期,或等待二审判决(终审判决)的作出,才可强制执行。行政行为(行政决定)的先行执行力,其中就体现为“复议诉讼不停止行政行为的执行”的原则。该原则由《行政复议法》(2023)第42条和《行政诉讼法》(2017)第56条所确立。[317] 复议、诉讼期间不停止行政行为的执行,那么在行政决定作出生效后,当事人申请行政复议或提起行政诉讼之前,就更不会停止行政行为的执行了。

但是问题在于,确有不少法律规定了强制执行要以当事人在法定期限内既不申请复议又不提起诉讼为前提。这就意味着,只要当事人处于申请复议或提起诉讼的期限内,有关机关是不得实施强制执行的。如《行政强制法》(2011)第44条规定:“对违法的建筑物、构筑物、设施等需要强制拆除的,应当由行政机关予以公告,限期当事人自行拆除。当事人在法定期限内不申请行政复议或者提起行政诉讼,又不拆除的,行政机关可以依法强制拆除。”第46条第3款规定:“没有行政强制执行权的行政机关应当申请人民法院强制执行。但是,当事人在法定期限内不申请行政复议或者提起行政诉讼,经催告仍不履行的,在实施行政管理过程中已经采取查封、扣押措施的行政机关,可以将查封、扣押的财物依法拍卖抵缴罚款。”特别是第53条规定:“当事人在法定期限内不申请行政复议或者提起行政诉讼,又不履行行政决定的,没有行政强制执行权的行政机关可以自期限届满之日起三个月内,依照本章规定申请人民法院强制执行。”另外,《国有土地上房屋征收与补偿条例》(2011)第28条第1款规定:“被征收人在法定期限内不申请行政复议或者不提起行政诉讼,在补偿决定规定的期限内又不搬迁的,由作出房屋征收决定的市、县级人民政府依法申请人民法院强制执行。”还有,《行政诉讼法》(2017)第97条规定:“公民、法人或者其他组织对行政行为在法定期限内不提起诉讼又不履行的,行政机关可以申请人民法院强制执行,或者依法强制执行。”

初看,似乎觉得上述法律规定之间是相互矛盾的:前面说对行政决定的强制执行无须等待当事人超过申请复议或提起诉讼的期限便可执行;后面又说强制执行须以当事人在法定期限内既不申请复议又不提起诉讼为前提。其实,只要仔细研读上述有关法律条文就会明白,上述

---

[317] 《行政复议法》(2023)第42条规定:“行政复议期间行政行为不停止执行;但是有下列情形之一的,应当停止执行:(一)被申请人认为需要停止执行;(二)行政复议机关认为需要停止执行;(三)申请人、第三人申请停止执行,行政复议机关认为其要求合理,决定停止执行;(四)法律、法规、规章规定停止执行的其他情形。”《行政诉讼法》(2017)第56条规定:“诉讼期间,不停止行政行为的执行。但有下列情形之一的,裁定停止执行:(一)被告认为需要停止执行的;(二)原告或者利害关系人申请停止执行,人民法院认为该行政行为的执行会造成难以弥补的损失,并且停止执行不损害国家利益、社会公共利益的;(三)人民法院认为该行政行为的执行会给国家利益、社会公共利益造成重大损害的;(四)法律、法规规定停止执行的。当事人对停止执行或者不停止执行的裁定不服的,可以申请复议一次。”

法律规定之间并不矛盾，只是我们没有掌握法律的一般规定与特别规定、原则规定与例外规定的关系而已。根据以上法律规定，我们可以作这样的归纳：

1. 要区别行政机关自己对该行政决定是否具有强制执行权。对于行政机关自己无强制执行权的，行政机关就必须申请人民法院强制执行。对于这类执行（非诉执行），一律须以当事人在法定期限内既不申请复议又不提起诉讼为前提。当事人没有超过申请复议和提起诉讼期限的，行政机关不得申请人民法院强制执行。

2. 对于行政机关自己有权实施强制执行的行政决定，原则上行政机关无须等待当事人超过申请复议和提起诉讼的期限便可执行，但是法律（狭义）有例外规定的从其规定。也就是说，全国人大及其常委会制定的法律明文规定须以当事人在法定期限内既不申请复议又不提起诉讼为前提的，那么，行政机关就不得事先强制执行。因为《行政复议法》（2023）第 42 条和《行政诉讼法》（2017）第 56 条所确立的“行政复议诉讼不停止执行”原则本身就保留了一个“口子”，即“法律规定停止执行的”，就应当停止执行。于是，对违法建筑物、构筑物、设施等的强制拆除，还有对国有土地上房屋征收的强制执行等，这些在法律中有特别规定，故在当事人没有超过申请复议和提起诉讼期限之前，不得实施强制执行。法律没有特别规定的，行政机关就无须等待当事人超过申请复议和提起诉讼的期限，就可依法强制执行。

五、人民法院对行政基础决定是否拥有实质审查权？

在行政诉讼中，行政相对人对行政机关的行政行为提起诉讼后，人民法院当然要对被诉的行政行为进行实质性审查，这一点是毫无疑问的。但在非诉执行案件中，行政机关作出行政（基础）决定后，当事人既不履行，又不申请复议或者提起行政诉讼，无行政强制执行权的行政机关向人民法院申请强制执行以后，人民法院是否应当对行政机关的行政（基础）决定再行作实质性审查，这一点是有争论的。这里的争论来自两种观点：一种主张形式审；另一种主张实质审。

所谓形式审，是指在非诉行政执行案中，人民法院对于行政机关作出的申请执行的行政基础决定，不作是否合法的实质性审查，只作是否存在以及是否具有可执行性的审查。在《行政强制法》的制定过程中，以及在此之前，有学者主张，在非诉行政执行程序中，人民法院对于行政机关作出的申请执行的行政基础决定，只能作形式审查，不能作实质审查。理由主要有两条：一是行政相对人对行政机关的行政基础行为不服，是可以申请行政复议或者提起行政诉讼的，行政相对人因不申请行政复议或者提起行政诉讼才进入到非诉执行程序，这意味着行政相对人已放弃了诉权。如果到了非诉执行阶段，人民法院可以重新审查行政机关行政基础决定的合法性，等于变相为行政相对人不当地延长了诉讼期限。二是行政相对人在法定期限内既不申请复议又不起诉，导致行政基础决定具有了最终的确定力并具备了“法定执行效力”。如果到了非诉执行阶段，人民法院可以对行政机关行政基础决定进行实质性审查，等于超过法律救济期限的行政决定失去了原有的最终“确定力”和“执行力”。

所谓实质审，是指在非诉行政执行案中，人民法院对于行政机关作出的申请执行的行政基础决定，要对其内容作是否合法的审查，合法的才裁定执行，不合法的会裁定不予执行。理由是，非诉执行制度，不是由人民法院单纯执行的制度，而是人民法院对行政机关的监督制度。如果人民法院受理行政机关的强制执行申请之后，不得对作为执行依据的行政基础决定进行实质性审查,那么人民法院就无以发挥监督作用,这就会违背制度设计的初衷。[318]

如果从制度视角进行考察,人民法院从未放弃过在非诉执行制度中,对作为执行依据的行政基础决定进行实质性审查的态度和立场。只是实质性审查的标准有所演进,从是否"错误"到是否"合法",从是否"违法"到是否"明显违法"。

早在《行政诉讼法》制定之前,最高人民法院就主张人民法院应当对所申请执行的行政行为进行实质审查,而且审查的标准是"是否错误"。1985 年,最高人民法院《关于人民法院依法执行行政机关的行政处罚决定应用何种法律文书的问题的批复》[319]指出:"……依照民诉法(试行)第一百七十条规定,人民法院接到主管行政机关的申请执行书后,应当了解案情。如果认为处罚决定正确,则用《执行通知书》通知被执行人在指定的期限内履行。逾期不履行的,强制执行。如果发现处罚决定确有错误,则不予执行,并通知主管行政机关。"1989 年出台 1990 年生效的《行政诉讼法》,对于非诉执行中的审查原则和标准未作规定。2014 年和 2017 年修正的《行政诉讼法》也保持原样。最高人民法院有关《行政诉讼法》的第一个配套性司法解释[320],依然坚持了"是否错误"的审查标准。《行政诉讼法解释》(1991)第 85 条曾规定:"行政机关依法申请人民法院强制执行时,应当提交申请执行书、据以执行的法律文书和其他必须提交的材料,如果人民法院发现据以执行的法律文书确有错误,经院长批准,不予执行,并将申请材料退回行政机关。"

《行政诉讼法解释》(1999)将审查标准从是否"错误"转向是否"合法",并且具体定位为是否"明显违法"。这由两个条文所体现,《行政诉讼法解释》(1999)第 93 条曾规定:"人民法院受理行政机关申请执行其具体行政行为的案件后,应当在 30 日内由行政审判庭组成合议庭对具体行政行为的合法性进行审查,并就是否准予强制执行作出裁定;需要采取强制执行措施的,由本院负责强制执行非诉行政行为的机构执行。"第 95 条也曾规定:"被申请执行的具体行政行为有下列情形之一的,人民法院应当裁定不准予执行:(一)明显缺乏事实根据的;(二)明显缺乏法律依据的;(三)其他明显违法并损害被执行人合法权益的。"《行政诉讼法解释》(2018)第 161 条只是在原有基础上增加了一项,即"实施主体不具有行政主体资格的"。[321]

最高人民法院有关《行政诉讼法》的第一个配套性司法解释到 2018 年的配套性司法解释,从是否"错误"到是否"违法",又从"一般违法"到"明显违法",是一个了不起的"转型",其使人民法院的主要任务更加准确。人民法院作为司法机关,其职能主要是解决是否"合法"问题,而不是解决是否"正确"问题。从"一般违法"到"明显违法",使人民法院对非诉行政执行中的审查标准与在行政诉讼中的司法审查标准相区别,抓住了"量"的差异。《行政诉讼法》(2017)

---

[318] 李国光指出:"要重视对非诉具体行政行为合法性审查工作。人民法院对生效的非诉具体行政行为的强制执行是一种司法行为,依法审查申请执行的非诉具体行政行为的合法性,是法律赋予人民法院的重要职责,人民法院必须认真履行合法性审查职责,不能成为非诉具体行政行为纯粹执行工具。"参见李国光:《努力开创行政审判工作新局面　为全面建设小康社会提供司法保障》,载《最高人民法院公报》2003 年第 2 期。

[319] 参见《最高人民法院公报》1985 年第 4 期。

[320] 参见《行政诉讼法解释》(1991)。该意见已被《行政诉讼法解释》(1999)所取代。

[321] 《行政诉讼法解释》(2018)第 161 条规定:"被申请执行的行政行为有下列情形之一的,人民法院应当裁定不准予执行:(一)实施主体不具有行政主体资格的;(二)明显缺乏事实根据的;(三)明显缺乏法律、法规依据的;(四)其他明显违法并损害被执行人合法权益的情形。行政机关对不准予执行的裁定有异议,在十五日内向上一级人民法院申请复议的,上一级人民法院应当在收到复议申请之日起三十日内作出裁定。"

第 70 条确立的是“一般违法”标准[322]，而《行政诉讼法解释》(2018)第 161 条确立的是“明显违法”标准。在行政诉讼案件中，人民法院对于被诉的具体行政行为的审查，只要“违法”了就可依法撤销，而在非诉行政执行案件中，人民法院对于行政机关申请执行的行政基础决定的审查，一定要到达“明显违法”的程序，才可以裁定不予执行。这一差别是合理的。

《行政强制法》(2011)第 55、57、58 条对人民法院在非诉行政执行中的审查模式和标准作了规定。但是人们的解读有所不同：有人认为，《行政强制法》是采取了“以形式审查为原则，实质审查为例外”的模式；[323]有人认为《行政强制法》是确立了“书面审查原则”，而这一原则“既不是形式审查，也不是实质审查，而是介于两者中间的一种新型的审查标准”。[324]

笔者认为，《行政强制法》对于非诉行政执行制度的规定，在审查方式上采取了“书面审理与言词审理”相结合的模式，在审查标准上采取了“形式审查与实质审查”相结合的标准。具体而言，对于行政机关申请强制执行是否受理的审查标准是采取形式审，主要看：申请标准是否齐全；作为执行依据的行政基础决定是否具备了法定执行效力。对于受理之后是否作出准予执行的裁定，是采取实质审，主要看：是否明显缺乏事实根据；是否明显缺乏法律、法规依据；是否有其他明显违法并损害被执行人合法权益的情况。笔者赞成《行政强制法》现行的定位。

六、被处罚人申请行政复议或者提起行政诉讼前的复议和起诉期限内，是否计算加处罚款?

加处罚款属于行政执行罚的一种方式。《行政处罚法》(2021)第 73 条第 3 款规定：“当事人申请行政复议或者提起行政诉讼的，加处罚款的数额在行政复议或者行政诉讼期间不予计算。”问题是在被处罚人提起行政复议或者提起行政诉讼前的申请复议和提起诉讼的法定期限内，是否计算加处罚款？比如：处罚决定书于 2021 年 6 月 1 日送达被处罚人，处罚决定确定被处罚人的履行罚款的期限为 15 天内。法定起诉期限为 6 个月。被处罚人于 2021 年 12 月 1 日提起诉讼。那么，2021 年 6 月 16 日至 11 月 30 日(起诉前)是否计算加处罚款？

我国《行政处罚法》(2021)第 72 条第 1 款第 1 项规定：“当事人逾期不履行行政处罚决定的，作出行政处罚决定的行政机关可以采取下列措施：(一)到期不缴纳罚款的，每日按罚款数额的百分之三加处罚款……”这里每日按罚款数额的 3% 加处的“罚款”，不属于行政处罚行为，而属于行政执法罚(行政强制执行行为)。设置这一执行罚制度是完全有必要的，有利于提高行政处罚决定的执行力。但也要防止它的滥用，影响当事人的合法权益。为此，我国《行政处罚法》对它作出两项限制：

1. 确立加罚封顶原则。根据《行政处罚法》(2021)第 72 条第 1 款第 1 项的规定，“加处罚款的数额不得超出罚款的数额”。这一规定是为了和《行政强制法》相衔接。《行政强制法》(2011)第 45 条第 2 款规定：“加处罚款或者滞纳金的数额不得超出金钱给付义务的数额。”那就是说，如果行政处罚的本罚是 200 元，加处的罚款就不得超过 200 元，本罚加上执行罚总数不得超过 400 元；如果行政处罚的本罚是 5000 元，加处的罚款就不得超过 5000 元，本罚加上执行

---

[322] 因为根据《行政诉讼法》(1989)第 54 条规定，只要有以下情形之一的，人民法院都可撤销被诉的具体行政行为，没有“程度”上的要求：主要证据不足的；适用法律、法规错误的；违反法定程序的；超越职权的；滥用职权的。

[323] 参见袁曙宏主编：《行政强制法教程》，中国法制出版社 2011 年版，第 161 页。

[324] 江必新主编：《〈中华人民共和国行政强制法〉条文理解与适用》，人民法院出版社 2011 年版，第 296 页。

罚总数不得超过10000元。这样做是为了防止当事人承受过重的负担。

2. 确立起诉不加罚原则。《行政处罚法》(2021)第73条第3款规定:"当事人申请行政复议或者提起行政诉讼的,加处罚款的数额在行政复议或者行政诉讼期间不予计算。"这就是说,只要当事人已经依法申请了行政复议或者提起了行政诉讼(以申请复议或提起诉讼的时间起算,而不是以复议机关和人民法院受理的时间起算),从这时开始就不得加处罚款了,加处罚款就必须停下来。这是《行政处罚法》2021年修订时作出的新规定。这样规定的目的在于体现起诉不加罚原则,有利于保障当事人合法地行使诉权。

至于当事人履行罚款期满之日起至提起行政诉讼前,是否应当加处罚款?其实是问,加处罚款是否覆盖当事人交纳罚款逾期日起到起诉前的时间段?笔者的回答是肯定的。比如:处罚决定书于2021年6月1日送达被处罚人,处罚决定确定被处罚人的履行罚款的期限为15天内。法定起诉期限为6个月。被处罚人于2021年12月1日提起诉讼。那么,从2021年6月16日至11月30日(起诉前)是应当加处罚款的。起诉之后就不得加处罚款了。但是,加处的罚款不得超过本罚的罚款数。所以,有可能在这种情况下,在当事人起诉之前已经到达封顶而停止了加处罚款。行政复议按同理处理。

本章小结

行政强制,一种传统行政法意义上的事实行为,已被当今行政法拉入作为法律行为的行政行为之中,以便得到行政法的规制。而行政法意义上的行政强制,是行政强制行为的简称,是一种独立的行政行为,它包括行政强制措施与行政强制执行,相当于大陆法系行政法理论中的"即时强制"与"强制执行"。

《行政强制法》的制定,使中国有了统一规范行政强制行为的基本法律。该法确立了行政强制合法原则、行政强制适当原则、教育与强制相结合原则、禁止谋利原则、权利救济原则等。这些原则,对于设定和实施行政强制具有重大的指导意义。

行政强制是行政强制措施与行政强制执行的合称,《行政强制法》也是分类规制行政强制措施与行政强制执行的法律。行政强制措施系指国家行政机关在行政管理过程中,为了维护和实施行政管理秩序,依法对当事人的人身自由或者财物实施暂时性限制或控制的行政行为。它具有限权性、暂时性、可复原性、从属性、物理性、基础行为与执行行为的合一性等特点。行政强制执行系指国家行政机关或者行政机关申请人民法院,对于在规定期限内拒不履行行政决定的当事人,依法采用有关强制手段,迫使其履行义务,或者达到与履行义务相同状态的行为。它的法律特征在于:(1)在主体上,是由国家行政机关或者人民法院实施的一种强制行为;(2)在客体上,是有权机关对行政决定的执行;(3)在基础行为与执行行为的关系上,具有"分离性"并且是对基础行为的执行;(4)在行为过程上,是一个最终封闭的行为。行政强制措施与行政强制执行最实质性的区别在于,所针对的当事人义务不同:针对当事无法自我履行义务的强制行为,属于行政强制措施;针对当事人可以并应当自我履行义务的强制行为,属于行政强制执行。

根据《行政强制法》(2011)第9条规定,行政强制措施有以下几种方式:(1)限制公民人身自由;(2)查封场所、设施或者财物;(3)扣押财物;(4)冻结存款、汇款;(5)其他行政强制措施(如行政检查、进入住宅等)。对于这几种强制措施方式的设定,法律可以设定所有的强制措施,其中限制公民人身自由、冻结存款、汇款、进入住宅和限制通讯自由等只限于法律设定;尚未制定法律,且属于国务院行政管理职权事项的,行政法规可以设定查封、扣押和应当由法律规定的行政强制措施以外的其他行政强制措施;尚未制定法律、行政法规,且属于地方性事务的,地方性法规可以设定查封、扣押的行政强制措施。法律、法规以外的其他规范性文件不得设定行政强制措施。

行政强制措施由法律和法规直接设定的行政机关、法律和行政法规授权的组织、相对集中行政处罚权的行政机关实施。但行政强制措施"禁止委托",因此,受行政机关委托的组织不得实施行政强制措施。

事先报批和决定、由两名以上行政执法人员实施、出示执法身份证件、通知当事人到场、告知内容、理由和救济权利、听取当事人的陈述和申辩、制作现场笔录等，这是实施行政强制措施的一般程序。此外，《行政强制法》对于某些措施还提出了特别要求，如在限制人身自由措施程序中要求当场告知或立即通知家属，并确立"禁超期限和立即解除"两大原则；对于查封、扣押措施的程序，规定不得向当事人收取费用；对于冻结措施的程序，规定逾期不解除的，金融机构应当自冻结期满之日起解除冻结。这些都体现了立法的进步。

中国的行政强制执行在主体上实行双重体制：法律授权行政机关自己执行的，由行政机关自己执行，法律没有授权的，行政机关应当申请人民法院强制执行。这种体制体现了"以人民法院执行为原则，行政机关执行为例外"的原则。

行政机关的执行方式有以下几种：(1)加处罚款或者滞纳金；(2)划拨存款、汇款；(3)拍卖或者依法处理查封、扣押的场所、设施或者财物；(4)排除妨碍、恢复原状；(5)代履行；(6)其他强制执行方式。法律对这几种执行方式采取严格的"法律保留"，规定只有法律才能设定这些执行措施，行政法规、地方性法规、政府规章和行政规定等均无权设定。人民法院的执行方式适用民事诉讼法。

行政机关实施强制执行必须遵循四项原则：(1)行政复议、行政诉讼不停止执行；(2)间接强制优于直接强制；(3)执行和解；(4)文明执行。启动强制执行必须符合条件：(1)当事人负有行政法上义务；(2)该义务已由行政基础决定所确定；(3)当事人逾期不履行该义务；(4)当事人无正当理由不履行该义务。催告和送达—陈述和申辩—记录、复核、处理—执行决定—送达—执行等，这是行政强制执行的一般程序，任何执行都必须遵循。《行政强制法》还对金钱给付义务的执行和代履行的执行作出了特别程序要求。

人民法院对行政决定的执行（非诉行政执行）程序，《行政强制法》未作规定，适用司法程序规定。

规范链接

- 《中华人民共和国行政强制法》(2011)
- 《中华人民共和国民事诉讼法》(2021)第三篇执行程序
- 《中华人民共和国人民法院组织法》(2018)第2条
- 《中华人民共和国水法》(2016)第65、70条
- 《中华人民共和国森林法》(2019)第42、81条
- 《中华人民共和国草原法》(2021)第71条
- 《中华人民共和国海关法》(2021)第6、60、61、93条
- 《中华人民共和国公路法》(2017)第79条
- 《中华人民共和国消防法》(2021)第60条
- 《中华人民共和国防洪法》(2016)第42条
- 《中华人民共和国海警法》(2021)第33条
- 《中华人民共和国邮政法》(2015)第3条
- 《中华人民共和国证券法》(2019)第170条
- 《中华人民共和国审计法》(2021)第38条
- 《中华人民共和国保险法》(2015)第154条
- 《中华人民共和国气象法》(2016)第35条
- 《中华人民共和国劳动法》(2018)第100条
- 《中华人民共和国港口法》(2017)第54条
- 《中华人民共和国禁毒法》(2007)第47条
- 《中华人民共和国反洗钱法》(2006)第26条
- 《中华人民共和国行政处罚法》(2021)第18、42、51、72条
- 《中华人民共和国行政复议法》(2023)第11、20、42条

- 《中华人民共和国行政诉讼法》(2017)第4、12、19、94、95、96、97、101条
- 《中华人民共和国行政许可法》(2019)第34条
- 《中华人民共和国人民警察法》(2012)第9条
- 《中华人民共和国商业银行法》(2015)第29、30条
- 《中华人民共和国文物保护法》(2017)第21条
- 《中华人民共和国动物防疫法》(2015)第73条
- 《中华人民共和国城乡规划法》(2019)第64~66、68条
- 《中华人民共和国土地管理法》(2019)第81、83条
- 《中华人民共和国水土保持法》(2010)第55、56条
- 《中华人民共和国社会保险法》(2018)第63条
- 《中华人民共和国船舶吨税法》(2018)第12条
- 《中华人民共和国网络安全法》(2016)第75条
- 《中华人民共和国水污染防治法》(2017)第83、85条
- 《中华人民共和国税收征收管理法》(2015)第32、37、38、40、68、88条
- 《中华人民共和国道路交通安全法》(2021)第51、104、106、109、112条
- 《中华人民共和国海上交通安全法》(2021)第51条
- 《中华人民共和国海域使用管理法》(2001)第47条
- 《中华人民共和国治安管理处罚法》(2012)第83、89、103条
- 《中华人民共和国农产品质量安全法》(2018)第39条
- 《中华人民共和国证券投资基金法》(2015)第113条
- 《中华人民共和国银行业监督管理法》(2006)第41条
- 《中华人民共和国土地管理法实施条例》(2021)第62条
- 《中华人民共和国放射性污染防治法》(2003)第50、56条
- 《中华人民共和国固体废物污染环境防治法》(2020)第55、113条
- 《国有土地上房屋征收与补偿条例》(2011)第27、28条
- 《最高人民法院关于适用〈中华人民共和国行政诉讼法〉的解释》(法释〔2018〕1号)第3、155条
- 最高人民法院《关于人民法院执行工作若干问题的规定》(法释〔2020〕21号)
- 最高人民法院《关于人民法院办理执行案件若干期限的规定》(法发〔2006〕35号)
- 最高人民法院《关于办理申请人民法院强制执行国有土地上房屋征收补偿决定案件若干问题的规定》(法释〔2012〕4号)
- 中国人民银行《金融机构协助查询、冻结、扣划工作管理规定》(银发〔2002〕1号)
- 最高人民法院《关于违法的建筑物、构筑物、设施等强制拆除问题的批复》(法释〔2013〕5号)
- 最高人民法院《关于对公路桥梁下面违法建筑强制拆除适用法律问题的答复》(〔2013〕行他字第12号)
- 最高人民法院《关于对林业行政机关依法作出具体行政行为申请人民法院强制执行问题的复函》(法释〔2020〕21号)

案例讨论

刘某务诉太原市公安局交通警察支队晋源一大队行政强制案

|案　情|

2001年7月,刘某务通过分期付款的方式在山西省威廉汽车租赁有限公司购买了一辆东风EQ1208G1型运输汽车,发动机号码133040,车架号码11022219,合格证号0140721,最终上户车牌为晋A2××××号。刘某务

依约付清车款后，车辆仍登记挂靠在该公司名下。2006 年 12 月 12 日，刘某务雇佣的司机任某荣驾驶该车辆行驶至太原市和平路西峪乡路口时，晋源交警一大队的执勤民警以该车未经年审为由将该车扣留并于当日存入存车场。2006 年 12 月 14 日，刘某务携带该车审验日期为 2006 年 12 月 13 日的行驶证去处理该起违法行为。晋源交警一大队执勤民警在核实过程中发现该车的发动机号码和车架号码看不到，遂以该车涉嫌套牌及发动机号码和车架号码无法查对为由对该车继续扣留，并口头告知刘某务提供其他合法有效手续。刘某务虽多次托人交涉并提供相关材料，但晋源交警一大队一直以其不能提供车辆合法来历证明为由扣留该车。

刘某务不服，提起行政诉讼，请求法院撤销晋源交警一大队的扣留行为并返还该车。在法院审理期间，双方当事人在法院组织下对该车车架号码的焊接处进行了切割查验，切割后显示的该车车架号码为 GAGJB－DK011022219，而刘某务提供的该车行驶证载明的车架号码为 LGAGJBDK011022219。山西省太原市中级人民法院一审认为：晋源交警一大队口头通知刘某务提供其他合法有效手续后，刘某务一直没有提供相应的合法手续，故晋源交警一大队扣留涉案车辆于法有据。由于扣留涉案车辆的行为属于事实行为，故晋源交警一大队在行政执法过程中的程序瑕疵不能成为撤销扣留行为的法定事由。刘某务虽然提供了由山西吕梁东风汽车技术服务站出具的更换发动机缸体的相关证明，但未经批准擅自更换发动机、改变发动机号码的行为均为我国相应法律、法规所禁止。刘某务一直未提供该车的其他合法有效手续，故其要求撤销扣留行为，返还涉案车辆的诉讼请求不能成立。据此，一审法院作出(2010)并行初字第 3 号行政判决：驳回刘某务的诉讼请求。

刘某务不服，提起上诉。山西省高级人民法院二审认为：刘某务对晋源交警一大队于 2006 年 12 月 12 日因涉案车辆未经审验而予扣留并无争议，争议在于刘某务是否提供了该车的合法来历证明，晋源交警一大队是否应及时返还车辆。对于该车的车架号码，切割查验后显示的号码与该车行驶证载明的号码不符。对于该车没有发动机号码，刘某务虽然提供了由山西吕梁东风汽车技术服务站出具的更换发动机缸体的相关证明，但未经批准擅自更换发动机、改变发动机号码的行为均为我国相应法律、法规所禁止。刘某务一直没有提供相应的合法手续，依据当时有效的《道路交通安全违法行为处理程序规定》，晋源交警一大队扣留该车于法有据。依据《道路交通安全违法行为处理程序规定》第 15 条之规定，晋源交警一大队作为行政执法机关，对认为来历不明的车辆可以自行调查，但晋源交警一大队一直没有调查，也未及时作出处理，行为不当。据此，二审法院作出(2010)晋行终字第 75 号行政判决：(1)撤销山西省太原市中级人民法院(2010)并行初字第 3 号行政判决；(2)晋源交警一大队在判决生效后 30 日内对扣留涉案车辆依法作出处理并答复刘某务；(3)驳回刘某务的其他诉讼请求。

刘某务向最高人民法院提出再审，请求撤销山西省高级人民法院终审判决，判令再审被申请人返还涉案车辆，并请求判令再审被申请人赔偿涉案车辆损失、涉案车辆营运损失以及交通费、律师费、医疗费、精神损失费、误工费等。其事实与理由为：(1)再审申请人是涉案车辆的实际所有人。机动车车架号码由 17 位字符组成，包含了车辆生产厂家、年代、车型、车身型式及代码、发动机代码及组装地点等信息。机动车车架号码第一位是生产国家代码，L 字母代表该机动车的产地为中国。L 字母的缺失明显是由于对大梁进行切割时操作不慎所致。法律并不禁止更换发动机，机动车所有人只是在更换发动机之后，有义务申请对机动车行驶证上的发动机号码进行变更。原审法院认定再审申请人无法提供该车的合法来历，构成事实认定错误。(2)再审被申请人未履行法定告知义务，没有作出书面通知，构成不作为。原审法院在此情况下，认定再审申请人应自行主动提供该车的合法手续，并承担相应的举证责任，构成法律适用错误。(3)如果认定再审申请人没有提供该车的合法手续，扣留该车的时间则不受 30 日的拘束，那么原审判决要求再审被申请人在 30 日内答复再审申请人没有依据。同时，再审被申请人已经查验了该车的发动机号码、车架号码，原审法院认为再审被申请人一直没有调查，也未及时作出处理也不成立。(4)再审被申请人本来答应交 4000 元罚款后放车，但由于再审申请人托记者前往取车，再审被申请人便拒绝放车，将车辆一直扣留至今。这造成再审申请人长期诉讼，患上脑干出血，形成三级残疾。

再审被申请人晋源交警一大队提交答辩意见称：(1)涉案车辆被扣留之后，再审申请人虽然提供了该车的来历证明、机动车行驶证、检验合格证等相关材料，但发动机号码、车架号码等相关信息是确认车辆身份及车辆合格与否的唯一资料，同时也是该车的身份证明。再审申请人对涉案车辆未经批准擅自更换发动机、改变发动机号码、改装大梁焊装钢板，将车架号码焊死在新装钢板和大梁之间，造成证车不符无法发还。即使能够证明涉案车辆所有权和合法来历，也依法丧失涉案车辆所有权。(2)因涉案车辆在持续扣留过程中，故再审被申请人的执法行为针对未经年检上路行驶与已达到强制报废标准上路行驶两个违法行为，无须作出两个扣留决定。再审被申请人口头通知继续提供有效合法手续,但再审申请人一直没有前来处理。(3)因再审申请人多次涉访涉诉,为保留证据所需,涉案车辆目前仍由再审被申请人保存。目前属于强制拆解报废的机动车辆,依法不能返还。(4)对于再审申请人私自改装车辆的行为,应当严厉打击,严格依法处置。故再审被申请人扣留涉案车辆合法,原审判决认定事实基本清楚,适用法律相对准确,请求法院驳回刘某务的再审申请。

在最高人民法院对刘某务的再审申请进行审查的听证中,双方当事人对原审判决认定的主要事实均无异议,最高人民法院予以确认。关于再审申请人刘某务在原审期间提交的山西吕梁东风汽车技术服务站出具的更换发动机缸体、更换发动机缸体造成不显示发动机号码、车架用钢板铆钉加固致使车架号码被遮盖三份证明,再审被申请人晋源交警一大队在最高人民法院听证中对上述三份证明的真实性未发表否定意见。最高人民法院再审期间依法到该服务站进行了核实,该服务站对该三份证明予以确认。最高人民法院要求晋源交警一大队对上述相关证据发表质证意见,晋源交警一大队表示不发表任何意见。最高人民法院认为上述三份证据具有真实性、合法性和相关性,依法予以采信。最高人民法院另查明,车架号码,即车辆识别代号,通常也称大架号,由字母和数字共17位字符组成,是车辆的重要身份证明。第1位字符是国家或者地区代码,中国的代码是L。最后8位即第10位至第17位字符代表车辆的年份、生产工厂、生产下线顺序号等信息。对于特定汽车生产厂家生产的特定汽车而言,车架号码最后8位字符组成的字符串具有唯一性。最高人民法院审理期间曾组织当事人就赔偿问题进行调解,因双方分歧较大,调解未果。

最高人民法院判决:(1)撤销山西省高级人民法院(2010)晋行终字第75号行政判决和山西省太原市中级人民法院(2010)并行初字第3号行政判决;(2)确认再审被申请人山西省太原市公安局交通警察支队晋源一大队扣留晋A2××××号车辆的行为违法;(3)再审被申请人山西省太原市公安局交通警察支队晋源一大队在本判决生效后30日内将晋A2××××号车辆返还再审申请人刘某务。

|评　析|

最高人民法院认为:本案的争议焦点为再审被申请人晋源交警一大队扣留涉案车辆的行政强制措施是否合法。具体涉及以下三个问题:

1. 决定扣留涉案车辆的程序是否合法。依照全国人民代表大会常务委员会于2003年10月28日通过的《道路交通安全法》第96条第1款及公安部于2004年4月30日发布的《道路交通安全违法行为处理程序规定》第13条第2项的规定,晋源交警一大队在行政执法中发现车辆涉嫌套牌的,有依法扣留的职权。在再审申请人刘某务提交合法年审手续后,晋源交警一大队又发现涉案车辆无发动机号码、无法识别车架号码而涉嫌套牌时,可依法继续扣留。但是,晋源交警一大队决定扣留应遵循《道路交通安全法》(2003)第112条第1款和《道路交通安全违法行为处理程序规定》(2004)第11条第1款规定的告知当事人违法行为的基本事实、拟作出行政强制措施的种类、依据及其依法享有的权利,听取当事人的陈述和申辩,制作行政强制措施凭证并送达当事人等行政程序。晋源交警一大队违反上述行政程序,始终未出具任何形式的书面扣留决定,违反了法定程序。在刘某务提供合法年审手续后,晋源交警一大队初始以未经年审为由扣留车辆的行为应已结束,其关于以车辆涉嫌套牌为由继续扣留无需另行制作扣留决定的主张,依法不能成立,法院不予支持。

2. 认定涉案车辆涉嫌套牌而持续扣留证据是否充分。比对切割查验后显示的涉案车辆车架号码和涉案车辆行驶证载明的车架号码,前者共16位字符,后者共17位字符,前者缺失了代表车辆生产国家或者地区的首字母。再审申请人刘某务主张缺失的首字母L系在切割查验时不慎损毁所致,再审被申请人对此未发表相反意见。鉴于涉案汽车确系中国生产,且对于该型号的东风运输汽车而言,切割查验后显示的车辆车架号码和涉案车辆行驶证载明的车架号码的最后8位字符均为11022219,可以认定被扣留的车辆即为刘某务所持行驶证载明的车辆。晋源交警一大队在刘某务先后提供购车手续、山西省威廉汽车租赁有限公司出具的说明、山西吕梁东风汽车技术服务站出具的三份证明等相关证据材料后,认定涉案车辆涉嫌套牌而持续扣留,构成主要证据不足。

3. 既不调查核实又长期扣留涉案车辆是否构成滥用职权。车辆车体打刻的发动机号码、车架号码,是确认车辆身份的重要证明。根据公安部于2004年4月30日发布的《机动车登记规定》第9、10条的规定,刘某务在车辆生产厂家指定的维修站对涉案车辆的发动机、车架进行维修,并不违法,且其仅为对涉案车辆更换发动机缸体而非更换发动机。但刘某务未及时请相关单位在相应部位重新打刻号码并履行相应手续不当。在涉案车辆发动机缸体未打刻发动机号码且车架号码被钢板铆钉遮盖无法目视确认的情况下，刘某务让所雇佣的司机驾驶车辆上路具有过错，晋源交警一大队认为涉嫌套牌依法有权扣留车辆，刘某务应承担相应责任。但扣留车辆属于暂时性的行政强制措施，不能将扣留行为作为代替实体处理的手段。晋源交警一大队扣留车辆后，应依照《道路交通安全法》（2003）第96条第2款和《道路交通安全违法行为处理程序规定》（2004）第15条的规定，分别作出相应处理：如认为刘某务已经提供相应的合法证明，则应及时返还机动车；如对刘某务所提供的机动车来历证明仍有疑问，则应尽快调查核实；如认为刘某务需要补办相应手续，也应依法明确告知补办手续的具体方式方法并依法提供必要的协助。刘某务先后提供的车辆行驶证和相关年审手续、购车手续、山西省威廉汽车租赁有限公司出具的说明、山西吕梁东风汽车技术服务站出具的三份证明，已经能够证明涉案车辆在生产厂家指定的维修站更换发动机缸体及用钢板铆钉加固车架的事实。在此情况下，晋源交警一大队既不返还机动车，又不及时主动调查核实车辆相关来历证明，也不要求刘某务提供相应担保并解除扣留措施，以便车辆能够返回维修站整改或者返回原登记的车辆管理所在相应部位重新打刻号码并履行相应手续，而是反复要求刘某务提供客观上已无法提供的其他合法来历证明，其行为构成滥用法律法规赋予的职权。

（资料来源：《刘某务诉山西省太原市公安局交通警察支队晋源一大队道路交通管理行政强制案》，载《最高人民法院公报》2017年第2期。根据教学需要，内容有所删减）

复习思考题

1. 行政强制措施与行政强制执行如何区分？
2. 行政机关与人民法院的强制执行权如何分配？
3. 我国有哪些行政强制的方式？法律是如何设定的？
4. 行政强制应当遵循什么样的法定程序？

法 学 阶 梯
INSTITUTIONES

普通高等教育**法学精品教材**

| **第五版** 2024年修订 |

行政法学 (下)

ADMINISTRATIVE LAW

胡建淼 著

法律出版社
LAW PRESS · CHINA
—北京—

总目录

细　目

Ⅰ. 绪　论

Ⅱ. 主 体 论

Ⅲ. 职 权 论

Ⅳ. 行为论(一)

V. 行为论（二）

Ⅵ. 行为论(三)

Ⅶ. 依 据 论

Ⅷ.程序论

Ⅵ. 行为论(三)

第十四章　授益行政行为

第十五章　负担行政行为

第十六章　中性行政行为

第十七章　行政相关行为

本篇为行为论(三),共设四章。从行政行为的结果对相对人权利与义务的影响关系作分类考察,行政行为不外乎三种,即授益行政行为、负担行政行为和中性行政行为。所以,在前三章依次阐述了授益行为、负担行为和中性行为的有关理论和规则。此外,还单设一章研讨了行政相关行为。行政相关行为是与行政有关联但不属于行政行为的行为。行政法并不规制这些行为,但行政法学又不能不研究这些行为。

第十四章　授益行政行为

授益行政行为[1]，也称有利行政行为，系指行政行为的结果对当事人有利的行为，表现为对当事人增设权益和免减义务。授益行为包括：行政许可、行政给付、行政奖励、行政允诺、行政赔偿和行政补偿等。下面依次阐述其行为原理。[2]

第一节　行政给付

一、行政给付的行政法背景

行政给付是一种独立的行政行为，是行政决定的一种形态。就行为结果与当事人权利的关系而言，这是一种授益行为。

行政给付的概念最早可以追溯到德国的"Leistungsverwaltung"（给付行政）。1938 年，福尔斯托霍夫（Ernst Forsthoff）在其著作《作为给付主体的行政》（*Die Verwaltung als Leistungsträger*）中创立行政给付的理论。行政给付作为一种独立的行政行为而存在，与国家行政的演变是有关系的。准确地说，它是国家从管制行政到福利行政的产物。英国的韦德爵士曾精辟指出："在国家步入了法治国家的阶段之后，行政权力已经摆脱了以往只是作为执行国家统治者意志的工具的角色，进一步要为国家的发展与全体人民的福利，创造出一个发展的空间与秩序。"[3]

人类历史上很早就出现过具有行政给付意义的贫民救济或社会救济。在农业社会，统治者救济贫民的主要目的是恢复社会正常活动，保持社会稳定，从而维护和继续其统治。救济的性质是对穷人的临时性的恩赐，而不是国家的责任，如中国古代统治者的"开仓放粮"。直到 1601 年英王颁布了《伊丽莎白济贫法》，世界上才有法律确认国家负有解决贫民问题的责任。[4]

西方历史进入自由资本主义时期后，资产阶级从巩固自己政权的目的出发，强调个性自由，政治权利占主导地位。西方国家大都奉行"自由放任"的经济政策，奉行"管的最少的政府，就是最好的政府"，政府由此变成了消极的"守夜人"。在这一时期，虽然不能说完全没有行政给付，但是被限制在极少数领域和极少数量。19 世纪末以后，资本主义国家进入垄断时期。经

---

〔1〕 德文表达为"Begruenstender Verwaltungsakt"。

〔2〕 行政许可是典型的行政授益行为之一。由于它已有单独的《行政许可法》加以规制，本书已在第十一章作了单独阐述，故在本章不再重复。行政赔偿和行政补偿既是行政机关的行政法律责任，也是行政机关的行政行为，由于本书将于第二十四章和第二十五章对此作单独论述，为避免重复，不在本章论述。

〔3〕 陈新民：《中国行政法学原理》，中国政法大学出版社 2002 年版，第 3 页。

〔4〕 参见何勤华主编：《英国法律发达史》，法律出版社 1999 年版，第 344 页。

济危机使大量企业破产,大批工人失业,这不仅导致了工人及其家庭的生活陷入困境,而且也影响了劳动力的再生产及其质量的提高。在工人运动的压力之下,西方各资本主义国家的政府采取了一系列旨在缓和阶级矛盾的措施。在立法和制度层面上主要表现为对社会经济强者的经济自由权的积极限制和对社会经济弱者的“社会权”的保障。其中,加强政府在行政给付方面的职能就是一个重要的举措。

如美国继20世纪30年代的经济大萧条之后,出现了新政时期的机构激增。“新政”的目的在于稳定经济,缓和毫无管理的市场的无节制性,同时向个人提供一些资金上的保障。在战争时期,也设立或扩大了一些机构,以便动员人力、组织生产并施行价格控制和给养分配。〔5〕在20世纪60年代,贫穷和种族歧视的不公成为全国关注的紧迫问题,为解决这些问题而制定的各项计划进一步扩大了政府机关的规模。日本在第二次世界大战后制定的《宪法》采用了社会国家的原理。给付行政中的社会保障行政,就是基于这一宪法原理而建立的。政府为保障最低限度的健康文明生活而负有义务。〔6〕德国1949年的基本法确认了德国是社会法治国的国家性质,它把国家的社会任务和法治任务结合起来,把法律所体现的形式上的平等和国家福利任务所体现的物质上对社会弱者的帮助与辅助社会公正结合起来。〔7〕德国“基本法确认了给付行政和引导行政的任务。因此,除了至今仍然需要法学予以重视的传统侵害行政之外,为了执行给付行政和引导行政的典型任务而需要的行政法手段应当予以特别的重视和发展”。〔8〕

随着行政职能和形态的演变,作为上层建筑的行政法学也会随之发生变化。在日本,甚至有学者将“行政作用法”的体系划分为侵害行政、规制行政及给付行政三类,给付行政已经达到了非常高的独立程度。〔9〕

在中国,行政给付有厚实的宪法基础。《宪法》(2018)第45条规定:“中华人民共和国公民在年老、疾病或者丧失劳动能力的情况下,有从国家和社会获得物质帮助的权利。国家发展为公民享受这些权利所需要的社会保险、社会救济和医疗卫生事业。国家和社会保障残疾军人的生活,抚恤烈士家属,优待军人家属。国家和社会帮助安排盲、聋、哑和其他有残疾的公民的劳动、生活和教育。”

综上所述,行政给付是国家发展到一定阶段的产物,是其从“行政国家”转向“福利国家”的体现,也是国家的行政从“秩序行政”向“给付行政”转变的反映。

二、行政给付的概念和特征

虽然行政给付是给付行政的产物与体现,但行政给付毕竟不是给付行政。因为给付行政是国家行政的一种形态,属于福利行政的范畴,是相对于干预行政、计划行政而言;但行政给付是行政决定的一种形态,是一种与行政命令、行政许可、行政确认、行政处罚等相并列的独立的行政行为。正因如此,属于给付行政范围的诸如国家提供公共服务设施等内容不应当属于行

〔5〕参见[美]欧内斯特·盖尔霍恩、[美]罗纳德·M. 利文:《行政法和行政程序法概要》,黄列译,中国社会科学出版社1996年版,第1页。

〔6〕参见杨建顺:《日本行政法通论》,中国法制出版社1998年版,第331页。

〔7〕参见于安编著:《德国行政法》,清华大学出版社1999年版,第12页。

〔8〕[德]哈特穆特·毛雷尔:《行政法学总论》,高家伟译,法律出版社2000年版,第21页。

〔9〕参见[日]和田英夫:《现代行政法》,倪健民、潘世圣译,中国广播电视出版社1993年版,第233~272页。

政给付的具体内容。

关于行政给付的概念,可以从两个方面来考虑。一方面,一个行政行为只要具有支付内容的,就属于行政给付。也就是说,行政给付系行政主体作出的依法必须支付相对人一定财物的行政行为。按此理解,不仅行政主体对相对人发放抚恤金等属于行政给付,甚至连行政奖励、行政赔偿、行政补偿等都属于行政给付了。这种含义与民事诉讼法上的"给付之诉"非常接近。另一方面,鉴于行政给付是给付行政的体现,而给付行政是福利行政、福利国的象征,因而不能将只要有"支付"内容的行为一概定性为行政给付,应当只将作为国家福利政策的给付行为纳入行政给付范围之内。

笔者倾向于从第二方面来考虑行政给付的概念。行政给付系指行政主体根据相对人的申请,依据国家法律,考虑相对人的具体条件,而决定无偿给予一定财物的行政行为。这种意义上的行政给付,具有下列法律特征:第一,财物性。行政给付表现为行政主体给予相对人一定的财物,以金钱或物质为给付内容。不具有"财物性"的给付不属于这种意义上的行政给付。第二,单向性。行政给付与行政征收不同,它不是由相对人向国家交纳财物,而是国家(通过行政主体)向相对人支付财物,所以具有行政主体针对行政相对人的单向性。第三,无偿性。行政给付是国家针对一些生活困难者或其他需要救助的情况,依据法律给予救助的行为,其是国家福利政策的表现,因而是无偿的。任何对价性的、有偿性的支付均不属于行政给付。第四,依申请性。行政给付属于依申请行为而不是依职权行为。行政给付一般需由当事人向特定的行政主体申请,行政主体对其情况与条件进行审查,并依法决定给予或不给予救助。但是,法律另有规定,或者紧急状态等特别情形的例外。第五,救助和福利性。行政给付是给付行政的体现,而给付行政又是福利国家和福利行政的反映,因此,行政给付的一个明显功能,不是出于刺激一种行为或者对损失的弥补,而是对公民生活困难的一种救助和补助。救助和福利性恰恰是行政给付的本质特征。

对照以上法律特征,有些行为和做法是否属于行政给付应当给予明确:

1. 行政奖励不是行政给付。行政奖励也是一种授益行为,但它不属于行政给付。因为行政奖励不是国家给予国民的福利政策,不具有求助性和福利性。

2. 给经营者的优惠政策不是行政给付。地方政府在招商引资中往往给一些企业优惠政策,如免税和土地出让金的返还等。这些措施不论是否合法,都不属于行政给付。因为这是对特定主体的刺激措施而不是针对国民的福利措施。

3. 国家给相对人提供行政保护的行为不是行政给付。政府保护国民的安全,特别是人身安全和财产安全,乃是国家和政府的法定职责,如解救人质、打击违法犯罪等。这些行为自然让国民受益,但不属于行政给付,因为其不具有财物上的福利性和救济性。

4. 行政赔偿和行政补偿不是行政给付。行政机关行政行为违法侵害了当事人的合法权益,行政机关必须依据《国家赔偿法》给予行政赔偿;或者国家对当事人的财物进行征收和征用,必须依法对当事人补偿,这些赔偿和补偿虽然也表现为国家给付当事人金钱,但同样不属于行政给付。因为行政赔偿和补偿并不是国家给予当事人的一种额外福利,它是对当事人财产损失的等价和对价性的弥补,不具有无偿性。

三、行政给付的形式与制度

我国行政给付散见于各类给付制度之中,包括给付抚恤金、给付基本养老金、给付基本医疗保险金、给付失业保险金、给付工伤保险金、给付生育保险金、给付最低生活保障金等。这些行政给付行为分属于下列各类法律制度之中。

(一)行政保障制度

行政保障制度是指行政机关在当事人因发生年老、疾病或丧失劳动能力等情况时,或者其他特殊情况下,依照有关法律规定,赋予其实质利益的制度。这是我国目前数量最大,也是比较成熟的制度。但是我国目前没有统一的保障法,各类制度渊源分散于《残疾人保障法》(2018)、《老年人权益保障法》(2018)、国务院《关于安置老弱病残干部的暂行办法》(1978)、国务院《关于工人退休、退职的暂行办法》(1978)、国务院《关于老干部离职休养的暂行规定》(1980)、《城市居民最低生活保障条例》(1999)、《妇女权益保障法》(2022)等法规之中。

行政保障制度是当前行政给付制度中较为发达的部分。行政保障的形式种类较多,分类较细,一般包括发给牺牲、病故军人、警察以及国家公务人员家属的抚恤金;发给革命残疾军人的抚恤金;发给烈军属、复员退伍军人的生活补助费等;发给退职人员的离退休金;对低于最低生活保障标准的城市居民提供生活保障费等。

(二)行政救助制度

行政救助是指行政机关应申请向面临或遭遇巨大困难或危险的公民、法人或其他组织给予帮助,使其摆脱困境或危险的行政行为。行政救助制度包括灾害救济制度、社会救济及福利事业规定两大类临时性、应急性的行政给付制度。

1. 灾害救济制度。它包括洪涝灾害救济、防震减灾救济、地质灾害救济、森林火灾救济、突发公共卫生事件救济等。如《防洪法》(2016)第 47 条规定:"发生洪涝灾害后,有关人民政府应当组织有关部门、单位做好灾区的生活供给、卫生防疫、救灾物资供应、治安管理、学校复课、恢复生产和重建家园等救灾工作以及所管辖地区的各项水毁工程设施修复工作。水毁防洪工程设施的修复,应当优先列入有关部门的年度建设计划。国家鼓励、扶持开展洪水保险。"其中在生活供给、卫生防疫、救济物资供应、恢复生产和重建家园方面,有关人民政府及其相关部门承担大量行政给付职责。

2. 社会救济制度。主要包括对城市生活无着的流浪乞讨人员救助和农村特困户救济。如根据《城市生活无着的流浪乞讨人员救助管理办法》(2003)的有关规定,县级以上城市人民政府应当根据需要设立流浪乞讨人员救助站。救助站对流浪乞讨人员的救助是一项临时性社会救助措施,它应当提供符合食品卫生要求的食物,提供符合基本条件的住处,对在站内突发急病的,及时送医院救治,帮助与其亲属或者所在单位联系,对没有交通费返回其住所地或者所在单位的,提供乘车凭证。农村特困户救济,包括对"五保户"的生活保障。

(三)行政补助制度

行政补助制度由行政补助制度、行政助长制度两大类制度组成。前者包括对不可移动文物保护的补贴、扑救森林火灾人员医疗与抚恤、粮食生产补贴、增加农民收入的补贴、促进就业补贴构成。如根据《文物保护法》(2017)第 21 条规定,非国有不可移动文物有损毁危险,所有人不具备修缮能力的,当地人民政府应当给予帮助。其中的财物性帮助属于行政给付。后者包括国家助学贷款、义务教育经费。如根据《义务教育法》(2018)第 42 条规定,义务教育经费全面纳入财政保障范围,由国务院和地方各级人民政府依照本法规定予以保障。

四、行政给付的法律救济

行政相对人对行政给付决定不服,是否适用行政复议和行政诉讼?我们的回答是肯定的。

首先,从理论上说,由于行政给付是行政决定的一种形态,是一种独立、形成性的行政行为,直接关系到行政相对人权利与利益的给予与否,因而当然适用行政复议和行政诉讼。

其次,我国在法规规定上,对此也是明确的。我国《行政复议法》(2023)第11条规定:"有下列情形之一的,公民、法人或者其他组织可以依照本法申请行政复议:……(十二)申请行政机关依法给付抚恤金、社会保险待遇或者最低生活保障等社会保障,行政机关没有依法给付……"我国《行政诉讼法》(2017)第12条第1款规定:"人民法院受理公民、法人或者其他组织提起的下列诉讼:……(十)认为行政机关没有依法支付抚恤金、最低生活保障待遇或者社会保险待遇的……"

虽然《行政复议法》与《行政诉讼法》在当时规定的表达上有点狭窄,似乎没有覆盖所有的"行政给付",但由于无论是《行政复议法》还是《行政诉讼法》,在受案范围上都有一个兜底条款,故不会发生遗漏问题。[10] 特别是,无论是2004年最高人民法院关于行政诉讼案由的司法解释[11],还是2020年最高人民法院关于行政诉讼案由的司法解释[12],都把"行政给付"单列为一种独立的行政诉讼案由,其中规定,公民对行政机关给付抚恤金、基本养老金、基本医疗保险金、失业保险金、工伤保险金、生育保险金和最低生活保障金等行政行为不服的,有权依法提起行政诉讼。

第二节　行　政　奖　励

行政奖励和行政给付一样,也是一种独立的行政行为,而且属于授益行为。

一、行政奖励的理论基础和作用

(一)行政奖励的理论基础

行政奖励作为一种政府管理的手段被世界各国广泛采用,不仅有一定的时代背景,而且有深厚的理论基础。

政府代表国家对社会的管理,经历了从消极行政到积极行政、从秩序行政到福利行政、从直接行政到间接行政,以及从国家行政到公共行政,行政奖励作为行政处罚的另一端,受到了广泛的重视和推崇。

有学者认为,行政奖励作为一种政府的管理手段广泛兴起,和政府行为模式的变革、激励

---

〔10〕《行政复议法》(2023)第11条规定:"有下列情形之一的,公民、法人或者其他组织可以依照本法申请行政复议……(十五)认为行政机关的其他行政行为侵犯其合法权益。"《行政诉讼法》(2017)第12条规定:"人民法院受理公民、法人或者其他组织提起的下列诉讼……(十二)认为行政机关侵犯其他人身权、财产权等合法权益的。除前款规定外,人民法院受理法律、法规规定可以提起诉讼的其他行政案件。"

〔11〕参见最高人民法院《关于规范行政案件案由的通知》(法发〔2004〕2号)。

〔12〕参见最高人民法院《关于行政案件案由的暂行规定》(法发〔2020〕44号)。

机制在行政法领域的崛起,以及博弈论在行政法领域的运用有关。[13] 这自然不无道理。但是政府模式的转变,从国家治理走向社会治理,从单一治理走向共享共治,背后还有更深的理论基础,其中和人民民主理论的拓展和人权原则的深化也有关联。

在我国,行政奖励作为一种政府管理的新型手段,受到重视和关注。行政奖励作为一种常态的行政行为受到行政法理论的承认,并被纳入行政复议和行政诉讼的范围。这是中国推进国家治理现代化和法治化的体现和要求。

(二)行政奖励的作用

政府在行政管理中要实现行政目标,既需要行政处罚,也需要行政奖励。这两者相辅相成,缺一不可。如果说行政处罚是通过对违法者的鞭笞来保证社会秩序,那么,行政奖励则是通过表彰先进来引导社会进步。另外,行政奖励还具有行政处罚所不具有的优势:降低管理成本,减少社会对抗,有助于社会和谐。我们为此呼吁:让社会多一点奖励,少一点处罚。

(三)行政奖励的原则

虽然我国尚未制定统一的"行政奖励法",因而也未确立统一的奖励原则,但是行政奖励的若干原则已被行政法理所肯定,也为不少法律法规所体现。

1. 依法奖励原则。行政奖励也是行政行为,任何行政行为都必须坚持依法行政。依法奖励是依法行政原则的深化和具体化。依法奖励原则具体要求:(1)行政奖励必须依法设定;(2)行政奖励必须由法定机关决定和实施;(3)行政奖励必须符合法定程序。

2. 公正公平公开原则。行政奖励程序必须做到公正公平公开,坚持奖励面前人人平等,公开评奖的标准、程序、候选人材料和评选结果,接受社会监督,杜绝评奖腐败。

3. 物质奖励与精神奖励相结合原则。既要重视物质奖励,也要重视精神奖励。物质奖励与精神奖励有机衔接、协调配合,相得益彰。

二、行政奖励的概念和特征

(一)行政奖励的概念

行政奖励,是指行政主体对于具有先进行为和事迹,或者符合法定奖励事由的公民、法人或者其他组织,给予物质上和精神上利益,以表彰先进、激励后进的行政行为。

(二)行政奖励的特征

行政奖励也是一种行政行为,但它和其他行政行为不同,具有自己独特的法律特征。

1. 实施行政奖励行为的主体是行政主体,是国家行政机关和得到法律法规授权的组织。所以,党组织、权力机关、监察机关、司法机关、军事机关和民间组织所实施的奖励就不是行政奖励。

2. 行政奖励的对象是作为行政相对人的公民、法人或者其他组织。一个单位内部的先进个人和先进集体的奖励,以及对先进党员和先进公务员的奖励,也不属于行政奖励。

3. 行政奖励的起因是被奖励人作出了某种应当被奖励的行为,如见义勇为等。

---

〔13〕 参见傅红伟:《第十六章行政奖励》,载应松年主编:《当代中国行政法》,中国方正出版社 2005 年版,第 774 ~ 784 页。

4. 行政奖励的法律效果是被奖励人因奖励而获得精神上的满足和物质上的利益。因此，行政奖励属于一种授益行政行为。

(三) 行政奖励的外部边界

准确把握行政奖励这种特殊性的行政行为，仅仅掌握行政奖励的内涵和法律特征是不够的，还必须划清其与相近行为的外部边界。

1. 行政奖励与行政给付。行政奖励分为物质奖励与精神奖励。其中物质奖励与行政给付很接近，都表现为行政机关对行政相对人给予一定的金钱；行政机关不履行奖励或给付职责的，相对人都可提起给付之诉，在行政诉讼中可纳入履行法定职责之诉。但两者的目的与性质是不同的，行政奖励是出于对先进的表彰，以行政奖励法为基础和依据；而行政给付是福利行政的体现，是一种社会救助制度，它以社会救助法为基础和依据。

2. 行政奖励与享受优惠政策。政府在招商引资中往往会给企业和投资者一定的优惠政策，如免税五年，返还土地出让金等。这些应当作为行政补贴行为，而不作为行政奖励对待。

3. 行政奖励与国家奖励。行政奖励其实属于政府奖励，它由行政机关依法决定并实施该奖励，而国家奖励则是以国家的名义实施的奖励，具体由全国人民代表大会常务委员会决定，它比政府奖励的层次要高。依据《国家勋章和国家荣誉称号法》(2015)所实施的奖励就是国家奖励。

4. 行政奖励与其他组织奖励。行政奖励是行政机关对公民、法人或者其他组织所实施的奖励。其他组织对本单位的职员或者本系统人员的奖励不属于行政奖励，如党组织对先进党员和先进支部的奖励，部队对军人的奖励，司法机关对司法人员的奖励等。还有单位给职工发放奖金，也不属于行政奖励。换句话说，我国《公务员法》《监察官法》《法官法》《检察官法》《现役军官法》所规定的奖励，都不属于行政奖励。

5. 行政奖励与民间奖励。民间奖励是指非政府组织以自己的民间资金依章程奖励特定个人和事项的行为。国务院办公厅于 2017 年印发了《关于深化科技奖励制度改革方案的通知》(国办函〔2017〕55 号)，鼓励民间资金支持科技奖励，鼓励学术团体、行业协会、企业、基金会及个人等设立科学技术奖。以民间组织和民间资金所实施的奖励就是民间奖励。

6. 行政奖励与民事奖励。民事奖励是指民事主体之间基于民事活动所给予的奖励。如《专利法》(2020)第 15 条规定："被授予专利权的单位应当对职务发明创造的发明人或者设计人给予奖励；发明创造专利实施后，根据其推广应用的范围和取得的经济效益，对发明人或者设计人给予合理的报酬。国家鼓励被授予专利权的单位实行产权激励，采取股权、期权、分红等方式，使发明人或者设计人合理分享创新收益。"类似这类奖励属于民事奖励，它受民法调整。

三、行政奖励的种类和设定

(一) 行政奖励的种类

行政奖励首先可分为物质奖励与精神奖励。物质奖励是指以增加物质利益的方式对当事人进行表扬和鼓励，包括给予金钱或车、房等有形物质。精神奖励也称"荣誉奖励"，包括口头表扬、口头嘉奖，给予肯定性、表彰性的名誉、荣誉、称号等。

其次，行政奖励可分为对个人的奖励与对组织的奖励。前者包括对公民和外国人的奖励，后者包括对法人或其他组织的奖励,也包括在一定条件下的外国组织。

(二)行政奖励的设定

授予荣誉、称号等精神奖励是一件非常严肃的事情,给予金钱或有形物质的物质奖励事关国家财产收入的支配,行政奖励是一种严肃的行为,不是任何行政机关和执法人员可以任意实施的行政行为。

行政奖励必须坚持"奖励法定"原则。这就要求,奖励的种类、形式、条件和主体都必须依法设定。在目前尚未制定"行政奖励法"或"行政程序法"的背景下,由什么"法"设定行政奖励,尚无统一的规则。从行政法理上说,应当限于法律和法规为宜。规章和其他规范性文件不得设定行政奖励。

四、行政奖励现行制度

我国有大量的法律都规定了行政奖励制度,如《科学技术进步法》(2021)、《人口与计划生育法》(2021)、《森林法》(2019)、《民办教育促进法》(2018)、《文物保护法》(2017)、《环境保护法》(2014)、《教师法》(2009)、《安全生产法》(2021)、《草原法》(2021)、《消防法》(2021)、《野生动物保护法》(2018)、《农业法》(2012)、《人民警察法》(2012)。此外,行政法规和地方性法规也有不少规定,如行政法规《国家科学技术奖励条例》(2020)和地方性法规《浙江省见义勇为人员奖励和保障条例》(2020)等。我国法律法规中规定"奖励"比例之高,几乎可以说是"无奖励不成法"。

立法规定的区别在于,有的已作具体规定,属于直接授权,有关行政机关可以直接依据该法实施行政奖励,如作为行政法规的《国家科学技术奖励条例》(2020);而有的只是抽象规定,如《环境保护法》(2014)第 11 条规定:"对保护和改善环境有显著成绩的单位和个人,由人民政府给予奖励。"这不属于直接授权,还须经有关法规进行细化规定。

五、行政奖励的可诉性

《行政复议法》(2023)第 11 条和《行政诉讼法》(2017)第 12 条都未将"行政奖励"直接列入具体明示的受案范围。但行政奖励是一种行政行为,因而可以列入《行政复议法》和《行政诉讼法》受案范围中的"侵犯合法权益的其他行政行为"之中。

在行政法学界,学者们认为,既然行政奖励也是一种行政行为,那么,公民、法人或者其他组织认为该行政奖励行为不合法并侵害当事人合法权益的,当然有权申请复议或者提起行政诉讼。

最高人民法院的司法文件从制度上肯定和明确了这一观点。最高人民法院《关于行政案件案由的暂行规定》(法发〔2020〕44 号)明确将"行政奖励"列入第 11 种案由,其包括行政机关"授予荣誉称号"和"发放奖金"的行为。最高人民法院 2003 年的一个复函再次补强了这一立场。[14]

---

〔14〕 最高人民法院《关于张树东与平阴县平阴镇人民政府追索奖励费纠纷一案的复函》(〔2003〕民监他字第 14 号)。

第三节 行政允诺

行政允诺和行政给付、行政奖励一样,是一种授益行政行为。但它是一种在21世纪才获得制度和理论承认的独立行政行为,是现代国家管理模式从消极行政到积极行政、从秩序行政到福利行政、从单向的命令行政到双方的协作行政转变的产物。

一、行政允诺的德国概念

在以判例法为主要法律形式的英美法系,行政允诺没有概念上和法律上的独立地位。但在大陆法系,特别是德国,行政允诺受到了行政法律和行政法理的关注。德国联邦行政法院认为,"允诺是行政主体基于嗣后作为或不作为之受拘束意思,按其内容所为之高权的自我课予义务"〔15〕。德国联邦行政法院的解释与德国《联邦行政程序法》〔16〕的规定比较接近,该法第38条第1款规定:"有权行政机关作出的有关以后作出特定行政行为或不作为的允许(许诺),需具有书面方式方为有效。作出所许诺的行政行为之前,因法规要求而需要听证参与人,需要另一行政机关或委员会共同参与的,则许诺仅在听证参与人,得到另一行政机关或委员会共同参与之后方可作出。"可见,德国《联邦行政程序法》第38条第1款将行政允诺认定为一种后一行政行为的预先性行为(前行为),这是一种具有从属性的特殊的行政行为,并从规范上对行政允诺的内容、程序、效力等进行了规定,解决了实践中行政允诺法律适用的问题。

德国的学者们同样将行政允诺看成是一种具有约束力的意思表示,是一种特殊的行政行为。如德国行政法专家毛雷尔认为:"行政允诺是指行政机关作出的采取或不采取特定措施的、具有法律约束力的承诺。"〔17〕德国教授平特纳认为:行政允诺本身并不包含处分的内容,它只是为下一步有可能发生的行政行为进行准备,因此对其定性可以参照民事法上的预约合同,将其视为"预先行政行为"。"行政允诺是行政机关以一定方式在将来做某事或不做某事的单方表示。"〔18〕

二、中国背景下的行政允诺

中国行政法学对行政允诺的关注起始于21世纪初。行政允诺作为一种行政行为在概念上和制度上的确立,应当以最高人民法院《关于规范行政案件案由的通知》(法发〔2004〕2号)为标志。该通知在"行政行为种类"部分第一次将"行政允诺"列为第26种行政行为之一,并明确将其作为行政诉讼的具体案由。

但是,关于对行政允诺的定位和概念表达,理论界还没有形成通说。有人认为,行政允诺仅仅是行政机关的承诺而已。如"行政承诺是行政主体为实现一定的行政管理目标,依其行政

---

〔15〕 城仲模主编:《行政法之一般法律原则》(二),台北,三民书局1997年版,第309页。

〔16〕 指Verwaltungsverfarensgesetz(VwVfG),德国议会1976年5月25日通过,1977年1月1日起生效。

〔17〕 [德]哈特穆特·毛雷尔:《行政法学总论》,高家伟译,法律出版社2000年版,第215页。

〔18〕 [德]G.平特纳:《德国普通行政法》,朱林译,中国政法大学出版社1999年版,第124页。

职权,对特定的事项或者特定的人员,作出的答应照办某项事务的行为。”〔19〕有人将行政允诺局限于允诺行政奖励。如“行政承诺行为即给予其利益回报的单方的授益性的意思表示行为,是行政机关或法律、法规授权的其他组织通过公开的方式对社会作出许诺,相对人完成了其在承诺中指定的行为后给予一定奖励的行政行为。”〔20〕还有学者认为,行政允诺是行政主体为实现管理目标,为自己设定义务,为相对人设定权利的行政行为。〔21〕还有专家认为,行政允诺是行政主体的单方意思表示,“是指行政机关在行政管理过程中,在其职权范围内采取或不采取行政措施,具有法律效果的单方意思表示”〔22〕。最高人民法院的判决认为,行政允诺是指行政主体为实现特定的行政管理目的,向行政相对人公开作出的当行政相对人作出一定的行为即给予其利益回报的意思表示行为。〔23〕

笔者认为,行政允诺,也称行政承诺,系指行政主体为实现特定的行政管理目的,向不特定的行政相对人公开作出的当行政相对人完成一定的行为即给予其利益回报的意思表示行为。对于这一行为,应当结合其法律特征作全方位的定性。

1. 行政允诺是一种行政行为。行政行为是相对于立法行为、监察行为、司法行为、军事行为和民事行为而言的。行政允诺之所以是一种行政行为,是因为它具有明显的“行政性”:(1)它是国家行政机关为实现特定的行政管理目的而实施行政管理的一种方式,是国家行政权运行的体现;(2)它发生在行政主体与行政相对人的法律关系之中,并为双方当事人(行政主体与行政相对人)形成行政法上的权利与义务。

2. 行政允诺是一种授益行为。行政主体作出行政允诺后,就为自己设定了一种呈现允诺的义务,为行政相对人设定了一种权益。只要相对人完成允诺所要求的行为,相对人就可依据行政允诺获得一种对应的权益。这种权益包括精神上的利益或物质上的利害,包括获得奖金或者享受优惠政策(如免税等)。

3. 行政允诺是一种附款行为。大多行政行为属于无条件行为,即行政行为一经作出就产生法律效果。但是此外还存在一种附条件行政行为(也称附款行为),即只有达到某种要求的条件后,才产生该行政行为的法律效果。行政允诺就是典型的附款行为。行政允诺作出以后,并不意味着相对人即刻就获得了行政主体所允诺的权益,它须以相对人完成允诺所要求的行为条件。相对人只有完成了允诺所要求的行为后,才可获得相应的权益。

4. 行政允诺是向不特定相对人作单方意思表示的行为。这里还有三层意思:一是行政允诺是一种意思表示,因而属于意思行为而不是物理行为;二是行政允诺是一种单方行为,而不是双方行为;三是行政允诺是一方为确定的行政主体,另一方为不确定的相对人,是确定的行政主体向不确定的相对人作出的一种意思表示。完成允诺所要求的行为的一方,才构成另一方当事人。如果某一被允诺人已事先确定,且双方签订了协议,那就不作为行政允诺,而作为行政协议对待了。

---

〔19〕 王伦、耿志武:《行政承诺及其可诉性》,载《人民司法》2002 年第 8 期。

〔20〕 李玉敏、陈志力、蔡靖:《行政承诺案件的性质及审理对象》,载《法律适用》2003 年第 12 期。

〔21〕 参见闫尔宝:《行政允诺行为详论》,载《山东审判》2001 年第 2 期。

〔22〕 江必新、梁凤云:《行政诉讼法理论与实务》,法律出版社 2016 年版,第 370 页。

〔23〕 参见《崔某书诉丰县人民政府行政允诺案》,载《最高人民法院公报》2017 年第 11 期。

三、行政允诺的相关区别

要全面而准确地定位行政允诺，还必须划清它与相近行为的外部边界。

1. 行政允诺与司法允诺。允诺广泛地存在于各个领域，但只有存在于行政管理领域，行政主体为实现国家行政管理而作出的允诺才是行政允诺。司法领域中的辩诉交易，嫌疑人承认犯罪，司法机关作最轻的司法追究，这属于司法允诺而不是行政允诺。

2. 行政允诺与民事允诺。民事允诺是平等的民事主体之间所发生的一种允诺，一方当事人向不特定的当事人宣布，谁从事允诺中所约定的民事行为，就可以获得约定的利益回报。民事允诺中最常见的是悬赏广告，是指广告人以广告的方式声明对完成一定行为的人给予报酬或者其他优惠的意思表示。民事允诺是一种民事行为而不是行政行为。

3. 行政允诺与行政奖励。在行政允诺中，行政主体允诺回报相对人的利益具有广泛性，包括奖励、享受优惠政策或者其他。当行政主体允诺奖励时，这时的行政允诺与行政奖励确实不好区分。一个有效的区分方法是，如果相对人的奖励是基于国家或政府的奖励制度（如技术进步奖、见义勇为奖等），并通过这一制度的法定程序（申报、评审、决定）确定，且由行政机关所实施的奖励，就是行政奖励。如果相对人的奖励是基于某一行政机关的允诺，并作为呈现允诺而获得的奖励，这就是行政允诺。行政奖励须有国家的法律法规依据，行政允诺以法律法规不禁止为前提，即只要法律法规不明文禁止的，行政机关就可以允诺。因为行政允诺是一次性行为，而行政奖励可以反复适用。

4. 行政允诺与行政给付。如果行政允诺的内容是一种奖励，并且这种奖励又是金钱奖励，那么在支付金钱时，形式上确实就是一种“给付”。但我们在前提说过，行政法上的给付与民法上的给付不同，它不是指一种形式上的“支付”行为，而是特指作为社会救助制度中的补助行为，只有支付作这社会救助性质的补助款项才属于行政法上的“行政给付”。其他性质的支付，如行政赔偿、行政补偿、退还税款等，都不作为行政给付对待。行政允诺中对回报利益的支付同样不作为行政给付对待。

5. 行政允诺与行政协议。行政允诺与行政协议确实非常相像，都发生在行政主体与相对人之间，而且本质上都是双方当事人的一种合意行为及结果。但是仔细比较，还是可以区别的。行政协议的双方当事人是事先确定的，确定了双方当事人（行政主体与相对人）签约才形成行政协议；而行政允诺中，事先只有行政主体（允诺方）是确定的，另一方当事人是不确定的，也不需要事先确定。谁作出了允诺所要求的行为，谁就自然成为被允诺人。行政协议须经双方正式签订协议后，该协议关系才成立，而行政允诺只要单方公布允诺意思，该行政行为便宣告成立。但如果行政主体与相对人就行政允诺签订了一种协议，则按照行政协议对待即可。

6. 行政允诺与优惠政策。如果政府机关以规章和其他规范性文件的形式来制定和公布优惠政策（特别是在招商引资中），那么，这些政策属于行政允诺的依据，而不是行政允诺行为本身。因为行政允诺是一种可诉的具体行政行为，不是指抽象的行为规范。行政机关依据抽象的优惠政策再行发布一个具体的允诺性通知或告示，这就转化成具体的行政允诺。

四、行政允诺的合法要件

行政允诺作为一种行政行为，首先适用通常行政行为的一般合法要件。正如德国《联邦行政程序法》（1976）第38条第2款所规定的，行政允诺的撤销和无效条件适用一般行政行为的撤销和无效条件。[24] 其次,行政允诺又是一种特殊的行政行为,鉴于它的"特殊性",又必须特别关注它的特殊要求。

由于目前的法律法规尚无对行政允诺作出统一规定,特别是因没有制定行政程序法,而无法对其作出统一规定。在此背景下,我们只能先从法理上为它确立一些行为要求。

首先从实体上看,行政机关作出行政允诺必须符合以下条件:(1)符合行政目的。作出行政允诺必须是为了有效实现行政管理的目的,而不是其他目的。(2)符合权限范围。作出该行政允诺必须符合允诺机关的法定权限,如公安机关不能允诺对当事人免税。(3)允诺的内容不为法律法规所禁止,如允诺外商担任该县县长或人大代表。

其次从程序上看,行政机关作出行政允诺必须符合以下条件:(1)允诺机关必须公开向不特定的相对人告示允诺的内容,作出行政要约。不得秘密进行,也不是"一对一"进行,否则不属于允诺。(2)允诺机关有权在相对人进行允诺要求行为之前撤回允诺。撤回允诺程序与发出允诺程序相同。(3)行政机关发出允诺后、呈现允诺前发现法律变化或事实变化致使行政机关不可能作出该允诺时,行政机关有权基于行政优益权撤销该允诺。[25] (4)当相对人完成允诺要求行为,允诺机关呈现允诺利益时,行政机关必须作出一个成文决定。[26] 因为行政允诺是一个要式行政行为。

五、行政允诺的可诉性

1989年《行政诉讼法》刚制定时,由于行政允诺未在理论上被确定为一种行政行为,将行政允诺纳入行政诉讼范围是不可思议的。从2000年开始,随着行政法学理论对行政允诺研究的展开和深入,为回应依法行政的实际需要,最高人民法院于2004年正式通知将行政允诺视作为一种行政行为而纳入行政诉讼范围。最高人民法院《关于规范行政案件案由的通知》(法发〔2004〕2号)在"行政行为种类"部分首次将"行政允诺"列为第26种行政行为之一,并明确将其作为行政案件的具体案由。2009年,最高人民法院《关于依法保护行政诉讼当事人诉权的意见》(法发〔2009〕54号)又明确要求,"要依法积极受理行政给付、行政监管、行政允诺、行政不作为等新型案件"。2020年最高人民法院关于"行政案件案由"规定的修改,又将行政允诺列入第9类行政行为,将"兑现奖金"和"兑现优惠"作为行政诉讼的具体案由。[27] 在《行政诉讼法》(2017)的规定中,行政允诺虽然未在受案范围中被单独列举规定,但它作为"侵犯其他人身权、财产权等合法权益的"其他行政行为属于行政诉讼的可诉范围是非常明确的。[28]

行政允诺作为一种行政行为纳入行政诉讼范围,主要是基于在理论上行政允诺已被定性为行政行为,而作为行政行为原则上都是可诉的,除非法律有特别规定,另外,更大的意义

---

〔24〕 德国《联邦行政程序法》(1976)第38条第2款规定:"不影响第1款第1句,许诺的无效准用第44条规定,听证参与人以及取得另一行政机关协助或委员会共同参与过程中的瑕疵准用第45条第1款第3至5项及第2款的规定,其撤销准用第48条,废止准用第49条规定,但不影响本条第3款规定。"

〔25〕 德国《联邦行政程序法》(1976)第38条第3款规定:"作出许诺后,因法律或事实状况作出如此的变更,以致事先行政机关如知道事后的变更即不会作出许诺,或基于法律原因即不允许作出许诺时,行政机关不受许诺的约束。"

〔26〕 德国《联邦行政程序法》第38条第1款规定:"有权行政机关作出的有关以后作出特定行政行为或不作为的允许(许诺),需具有书面方式方为有效。"

〔27〕 参见最高人民法院《关于行政案件案由的暂行规定》(法发〔2020〕44号)。

〔28〕《行政诉讼法》(2017)第12条第1款规定:"人民法院受理公民、法人或者其他组织提起的下列诉讼:……(十二)认为行政机关侵犯其他人身权、财产权等合法权益的。"

在于推进法治政府建设,监督行政机关遵守诚信原则。行政允诺纳入行政复议范围,适用同理。

准确地说,行政相对人不服行政允诺而提起行政诉讼,其实不是针对行政允诺不服,而是针对行政机关没有按照行政允诺呈现利益回报。相对人针对行政允诺本身无权,也不会提起诉讼,因为行政允诺不具有强制性,相对人不认可行政允诺就不会去进行允诺所约定的行为。相对人的起诉,往往是因为已按照允诺要求完成了约定行为,但行政机关不呈现利益回报。可见,在针对行政允诺的诉讼中,相对人不是针对行政允诺本身提起诉讼,而是针对行政机关事后不呈现行政允诺,即行政允诺的履行所提起的诉讼。所以,最高人民法院《关于行政案件案由的暂行规定》(法发〔2020〕44 号)将行政允诺中的案由具体表达为"兑现奖金"和"兑现优惠",即将落脚点定在允诺的"呈现",而不是允诺的"本身",这是非常敏锐的。

第四节 疑难问题探讨

一、行政给付与民法上的给付有何区别?

"给付"从字面上看,指"付给"的意思,一般是指对金钱款项的付给。它和"交付"不同。交付包括对金钱款项以外的东西(如文件、证书等)的给予。在民法上,"给付"主要是指债务人以支付款项方式向债权人履行债务的行为。与此相适应,在民事诉讼上就形成了"给付之诉"。

而行政法上的给付,即行政给付,虽然它在形式上也有"给予"的特征,但它并不将所有具有"给予"特征的行为都并入"行政给付"。行政法上的给付,主要是从行为性质定位。它是指政府给予社会成员的物质帮助,具体指行政机关对公民在年老、疾病或丧失劳动能力等情况或其他特殊情况下,依照有关法律、法规、规章或政策等规定,赋予其一定的物质权益(如金钱或实物)或与物质有关的权益的行政行为。它包括抚恤金、社会救济金、福利金、离退休金、社会养老保险金,还有自然灾害救济金及救济物资等。行政给付是福利行政的体现和反映。所以,它不包括行政奖励、行政赔偿、行政补偿和行政允诺等。比较之下,行政给付的范围会比民法上的给付范围小得多。

二、行政补贴属于行政给付、行政奖励还是行政允诺?

行政补贴也是一种授益行政行为,但它属于行政给付、行政奖励还是行政允诺?

行政补贴是指政府或其他公共机构为了实现特定的公共利益,而给经营者或者企业发放财产性资助的行为。根据《反补贴条例》(2004)规定,就出口贸易而言,行政补贴包括政府针对企业和经营者的下列行为:(1)政府以拨款、贷款、资本注入等形式直接提供资金,或者以贷款担保等形式潜在地直接转让资金或者债务;(2)政府放弃或者不收缴应收收入;(3)政府提供除一般基础设施以外的货物、服务,或者由出口国(地区)政府购买货物;(4)政府通过向筹资机构付款,或者委托、指令私营机构履行上述职能。

除了针对出口,政府补贴还用于:(1)为了解决"三农"问题而实施的粮食补贴、良种补贴、农机具购置补贴、农业生产资料综合补贴,种植业、畜牧业补贴,农村医疗和养老的补贴;(2)为了加速高新技术产业的发展,实施税收优惠政策和提取科研开发准备金等;(3)为了解决区域经济发展不平衡，政府实施中央财政的转移支付、税收的优惠、对落后企业的直接补贴、向落后地区投资的补贴和税收减免、贴息和低息贷款、担保贷款等；(4)为了解决就业问题，国家对大学生的创业实行补贴和对农民工实行职业培训补贴和创业补贴。

类似这样的行政补贴在各国都多少存在，而且对于促进经济发展也是有利的。但自从我国2004年加入WTO后，对补贴的研究主要在WTO视野下进行，旨在避免对WTO规则的违反，引起其他国家的反补贴诉讼。因而，行政补贴没有被确立为一个独立的行政行为之概念，至今在我国的各类行政法教材中颇少论及。

行政补贴与行政给付非常接近，以至于有学者认为行政补贴就属于行政给付。[29] 笔者认为，行政补贴与行政给付是两种独立的行政行为。因为行政补贴是为了刺激社会经济的发展，是国家通过政府对企业和经营者的经营补贴；而行政给付是基于国家对社会成员的“生存照顾”，是通过政府对特定社会成员进行的求助性补助。

行政补贴与行政奖励也非常接近。从广义上说，补贴就是一种奖励。但笔者认为，行政补贴与行政奖励同样是两种独立的行政行为。因为行政补贴从性质上说是一种经济刺激措施，而行政奖励是一种对先进事物的表彰，引导社会其他成员向先进人员和组织看齐。

行政补贴与行政允诺也有点接近，因为似乎可以说，任何行政补贴都是对行政允诺的呈现。但是，笔者还是认为两者不同。因为，行政补贴的对象是特定的，而行政允诺的对象是不特定的；行政补贴是以行政补贴政策的存在为前提，而不是以行政允诺为前提。

行政补贴是一种独立的授益行政行为，其主要特征是：(1)对象是针对企业和经营者，是一项经济刺激措施，而不是对社会成员的“生存照顾”。(2)内容是财政补助。行政补贴现在之所以没有作为一种独立的行政行为概念，乃是因为我国加入WTO之后，鉴于政府对企业出口补贴的“违法性”。笔者认为，一种行为是否合法与一种行为是否实际存在完全是两码事。起码，撇开对出口的补贴不说，其他领域的行政补贴是确实存在而且是有必要进行单独研究的。我们期待着以后的行政法教材能够补齐这一点。

三、在行政允诺的诉讼中，司法审查的对象应当是行政允诺本身还是行政允诺的履行？

行政允诺属于一种可诉的行政行为。所以，最高人民法院《关于行政案件案由的暂行规定》(法发〔2020〕44号)将行政允诺列入第9类行政行为，将“兑现奖金”和“兑现优惠”作为行政诉讼的具体案由。但如前所述，行政相对人不服行政允诺而提起的行政诉讼，其实不是对行政允诺不服，而是因为行政机关没有按照行政允诺呈现利益回报。

现在的问题是，当人民法院受理相对人对行政允诺的起诉后，人民法院应当只限于审查行政允诺是否依法呈现，还是应当一并审查行政允诺本身是否合法？笔者认为，行政允诺呈现的合法性是以行政允诺本身的合法性为基础的。行政允诺本身违法的，行政允诺的呈现一定违法；但行政允诺本身合法，不等于行政允诺的呈现就一定合法（如行政机关拒不呈现行政允诺，或者不完全呈现行政允诺）。所以，人民法院审理行政允诺案件，不仅应当审查行政允诺是否被依法呈现，而且必须同时审查行政允诺本身的合法性。

---

〔29〕 参见杨解君主编：《行政法学》，中国方正出版社2002年版，第383页。

本章小结

授益行政行为也称有利行政行为，系指行政行为的结果对当事人有利的行为，表现为对当事人增设权益和免减义务。授益行为包括：行政许可、行政给付、行政奖励、行政允诺等。行政许可因在我国已有单独的法律即《行政许可法》调整，故已单独设章论述，本章只阐述了行政给付、行政奖励和行政允诺三种行政行为的相关理论。

给付是指“付给”的意思。在民法上是指债务人以支付款项方式向债权人履行债务的方式。而行政法上的给付，即行政给付，它不仅仅从形式，更是从行为性质所作定位。行政给付作为一种授益行为，特指政府给予社会成员的物质帮助。具体指行政机关对公民在年老、疾病或丧失劳动能力等情况或其他特殊情况下，依照有关法律、法规、规章或政策等规定，赋予其一定的物质权益（如金钱或实物）或与物质有关的权益的行政行为，其包括抚恤金、社会救济金、福利金、离退休金、社会养老保险金，还有自然灾害救济金及救济物资等。它不包括行政奖励、行政赔偿和补偿等。

行政奖励是另一种授益行为，是指行政主体对于具有先进行为和事迹，或者符合法定奖励事由的公民、法人或者其他组织，给予物质上和精神上利益，以表彰先进、激励后进的行政行为。行政奖励作为一种行政行为，发生在行政主体与行政相对人之间，是行政主体代表国家和政府对公民、法人或者其他组织进行表彰的行为，所以，一个单位内部的奖励（包括发放奖金）、司法系统、军队系统的奖励都不属于行政奖励。行政奖励包括物质奖励和精神奖励。行政奖励涉及国家财政的支出，所以，必须由法律、法规设定。

行政允诺也称行政承诺，系指行政主体为实现特定的行政管理目的，向不特定的行政相对人公开作出的当行政相对人完成一定的行为即给予其利益回报的意思表示行为。行政允诺的内容包括给予奖励或其他利益回报，但行政允诺和行政奖励不同的是，它是针对不特定的相对人发起的，被允诺人是由相对人完成约定行为后才确定的。

行政给付、行政奖励和行政允诺等在现代行政管理中被政府广泛采用。尽管它们属于授益行政行为，但它们同样属于可诉的行政行为，行政相对人认为行政主体的上述行为不合法、侵害了当事人的合法权益的，有利害关系的相对人有权依法申请行政复议或提起行政诉讼。

规范链接

- 《中华人民共和国行政复议法》（2023）第 11 条
- 《中华人民共和国行政诉讼法》（2017）第 12 条
- 《中华人民共和国防洪法》（2016）第 47 条
- 《中华人民共和国文物保护法》（2017）第 21 条
- 《中华人民共和国义务教育法》（2018）第 42 条
- 最高人民法院《关于规范行政案件案由的通知》（法发〔2004〕2 号）
- 最高人民法院《关于行政案件案由的暂行规定》（法发〔2020〕44 号）
- 最高人民法院《关于张树东与平阴县平阴镇人民政府追索奖励费纠纷一案的复函》（〔2003〕民监他字第 14 号）

案例讨论

崔某书诉丰县人民政府行政允诺案

案　情

原告崔某书因与被告丰县人民政府（以下简称丰县政府）产生招商引资奖励允诺纠纷，向江苏省徐州市中级人民法院提起诉讼。

原告崔某书诉称:根据江苏省丰县县委、江苏省丰县政府2001年6月18日丰委发〔2001〕23号《关于印发丰县招商引资优惠政策的通知》(以下简称《23号通知》)的精神和承诺,崔某书从2003年年初起就积极为丰县招商引资,经过多方奔走,四处联络,最终为丰县引进并建成投产了徐州康达环保水务有限公司(以下简称徐州康达公司),该项目总投资额6733.9万元,为丰县经济社会发展做出了积极贡献,并带动和提高了相关人员参与招商引资工作的积极性,起到了良好的示范作用,用实际行动兑现了对丰县政府的庄严承诺。在崔某书长期从未间断的要求下,丰县政府却拒不履行自己的承诺,违背诚信,失信于民。为切实保障崔某书应有的权益,特提起诉讼,要求丰县政府支付所欠奖金140万元。

被告丰县政府辩称:第一,本案不属于行政诉讼受案范围,依法应驳回原告的起诉。原告崔某书据以提起诉讼的根据是《23号通知》,该政策在民法上应该属于一种要约或者要约邀请,从原告诉求的理由和依据的事实看,原告与丰县政府之间产生的是民事权利义务关系,而不是行政管理或行政奖励关系。原告享受奖励的条件必须是为了完成丰县政府的要约而付出的民事活动,丰县政府做出的《23号通知》不是履行行政管理的职责,而是以发展地方经济为目的做出的一种悬赏,应该属于民事行为。因此,原告提起行政诉讼是不适当的。第二,原告的诉求没有事实和法律根据,从实体上应驳回原告的诉求,理由如下:(1)徐州康达公司的签约不是基于招商引资完成,而是重庆康达环保股份有限公司(以下简称重庆康达公司)通过李某恩的市场运作实现的。在重庆康达公司与丰县政府签约的过程中,丰县政府无须任何人通过任何关系引进重庆康达公司,实际上是重庆康达公司花推介费交由李某恩在全国范围内帮助寻找投资机遇来完成与丰县政府的签约。(2)原告在丰县污水处理厂的项目中没有做任何工作,也无须其做任何工作,原告也没有任何花费,所有的费用支出都是丰县建设委员会支付的,因此,原告无权要求丰县政府奖励。(3)原告诉求的涉案项目也并非招商引资项目,更不符合丰县政府作出的《23号通知》中关于奖励的规定,该规定是对引进外资的奖励而不包括国内资金的投资。(4)涉案项目并没有按照《丰县招商引资优惠政策》的规定在丰县商务局办理招商引资备案,从2003年至今没有任何人向该局提出过奖励申请,既然原告从2001年即知晓《丰县招商引资优惠政策》的规定,则时隔十余年才要求奖励早已超过诉讼时效,其诉求也不应得到法律的支持与保护。综上,原告的起诉不属于行政诉讼受案范围,依法应驳回其起诉;从实体看,原告的诉求没有事实和法律根据,依法应驳回其诉讼请求。

江苏省徐州市中级人民法院一审查明:

2001年9月24日,重庆康达公司向李某恩出具《关于城市污水处理厂项目运作的合作承诺》,对由李某恩负责运作的城市污水处理项目成功后,该公司向李某恩支付项目经营费的标准及方式等作出承诺。2002年3月28日,江苏省发展计划委员会作出苏计投资发(2002)332号《关于丰县污水处理厂一期工程可行性研究报告的批复》,同意丰县建设污水处理厂一期工程。2003年1月4日,李某恩以重庆康达公司的名义与丰县建设局签订《关于投资建设江苏省丰县四万吨污水处理厂的框架协议书》。2003年3月10日,被告丰县政府与重庆康达公司签订《特许经营权协议书》,双方就丰县污水处理厂厂区工程的投资建设、特许经营事宜进行了约定;同日,丰县建设局与重庆康达公司签订《建设经营丰县污水处理厂厂区工程合同书》,就双方合作建设丰县污水处理厂的相关事宜进行了详细约定。

2013年5月17日,丰县人民法院立案受理李某恩诉重庆康达公司居间合同纠纷一案,李某恩要求重庆康达公司支付丰县污水处理厂二期项目经营费40万元。该案审理过程中,李某恩提交了其书写的《推介江苏丰县污水处理厂项目的概况》,其中有"2000年年底我在帮助康达运作徐州市开发区污水投资项目时得知丰县污水项目已立项,准备建四万吨级的污水处理厂,第二年年初我就通过江苏丰县人大刘副主任介绍认识了丰县建设局刘某君局长……我分别多次向他们介绍了重庆康达的业绩、经济实力和投资意向;几经工作,建设局报县政府相关领导,同意重庆康达用BOT方式投建该污水处理厂……"的陈述。2013年6月3日,李某恩与重庆康达公司签订调解协议并经丰县人民法院出具民事调解书予以确认,重庆康达公司应于2013年6月24日前支付李某恩赔偿款30万元,李某恩自愿放弃其余诉讼请求。

2014年4月12日,徐州康达公司出具证明,内容为:"康达丰县污水处理厂(徐州康达环保水务有限公司)是在李某恩的推介运作下,由重庆康达环保股份有限公司[现为重庆康达环保产业(集团)有限公司]投资建设的。特此证明。"2014年4月15日,重庆康达公司出具证明,内容为:"丰县人民政府:重庆康达环保产业(集团)有限公司前身为重庆环保股份有限公司，成立于1996年7月19日，当时该企业性质为股份有限公司。2003年公司以BOT模式投资建设运营康达丰县污水处理厂（徐州康达环保水务有限公司），特许经营期25年（不含建设期），该项目推介人为李某恩。”

2001年6月28日，中共丰县县委和丰县政府印发《23号通知》，其中《丰县招商引资优惠政策》中载明：制定的优惠政策包括，(1)土地使用。(2)税费征收。(3)服务保护。(4)引资奖励。其中第25条规定，对引进外资项目实行分类奖励。引进资金用于工业生产和农业综合开发项目的，五年内，按纳税额的5%奖励引资人；引进资金用于高新技术项目或对我县经济发展有较大带动作用的项目，五年内，按纳税额的10%奖励给引资人；引进资金用于社会公益事业项目的，竣工后按引资额的1%奖励引资人。第30条规定，凡需要奖励的，引荐人须向县招商局等有关单位提出申请，由招商局牵头，会同县金融、财政、税务、审计等部门对其进行初审，并将初审意见上报县政府，县政府区别不同情况研究确定是否奖励、奖励标准及兑现方式等。(5)附则规定，本县新增固定资产投入300万元人民币以上者，可参照此政策执行……本文由县体改委负责解释。2015年5月，原告崔某书提起本案诉讼。一审案件审理过程中，崔某书当庭明确其要求奖励的依据是《23号通知》第25条，后变更其要求奖励的依据为《23号通知》第25条及附则的规定。

一审审理期间，被告丰县政府提供了2015年6月19日丰县发展改革与经济委员会（以下简称丰县发改委）出具的《关于对〈关于印发丰县招商引资优惠政策的通知〉部分条款的解释》（以下简称《招商引资条款解释》），对《23号通知》中的部分条款及概念作如下说明：“1. 外资：是指其他国家地区（包括港澳台地区）来中国大陆以从事经济社会活动为主要目的，在遵守中国法律法规前提下，遵循市场机制法则，本着互利互惠的原则进行的独资、合资、参股等市场流人的资金。2. 外资项目：是指利用外资建设的项目。3. 本县新增固定资产投入300万元人民币以上者，可参照此政策执行。本条款是为了鼓励本县原有企业，增加固定资产投入，扩大产能，为我县税收作出新的贡献，可参照本优惠政策执行。”应一审法院要求，丰县政府提供了丰委发〔1988〕48号《关于建立丰县经济体制改革委员会的通知》、丰政办发〔1997〕90号《县政府办公室关于印发〈丰县人民政府办公室职能配置、内设机构和人员编制方案〉的通知》等文件，以证明丰县经济体制改革委员会已不存在，其职能由丰县发改委行使，丰县发改委对《23号通知》中的部分条款及概念进行解释有职权依据。

本案的争议焦点是：被告丰县政府是否应当兑现对原告崔某书招商引资奖励的承诺。

江苏省徐州市中级人民法院一审认为：

根据审理查明的事实，徐州康达公司系李某恩帮助重庆康达公司进行市场运作、以BOT模式投资建设运营的项目。

关于该项目是否属于《23号通知》规定的引进外资项目。法院认为，首先，《23号通知》中凡涉及外商投资额的内容，均以美元而非人民币作为货币种类；对引荐的对外承包工程项目或劳务合作项目，项目总额也以美元计。其次，《23号通知》规定的有权解释主体丰县体改委已不存在，承继其职能的丰县发改委对该文件进行解释属于有权解释；且丰县发改委在《招商引资条款解释》中将“外资”界定为“其他国家地区（包括港澳台地区）来中国大陆以从事经济社会活动为主要目的，在遵守中国法律法规前提下，遵循市场机制法则，本着互利互惠的原则进行的独资、合资、参股等市场流入的资金”，将外资项目界定为“利用外资建设的项目”，上述解释符合《23号通知》的本意，予以采信。综合以上两点，徐州康达公司不属于《23号通知》规定的引进外资项目。

关于该项目是否属于《23号通知》附则规定的“本县新增固定资产投入300万元人民币以上者”。一审法院认为，根据该文件的字面本意及有权解释机关丰县发改委的《招商引资条款解释》，“本县新增固定资产投入300万元人民币以上者”，是指丰县原有企业增加固定资产投入、扩大产能。因徐州康达公司系重庆康达公司以BOT模式投资建设运营的新企业，故不属于《23号通知》附则规定的“本县新增固定资产投入300万元人民币以上者”。

综上，无论原告崔某书提供的丰县人大常委会的两份证明、丰县建设局的证明是否真实，无论徐州康达公司是否系崔某书引进，均因该项目不属于《23号通知》第25条及附则规定的奖励范畴而不应予以奖励。江苏省徐州市中级人民法院依据《行政诉讼法》(2014)第69条之规定，于2015年11月18日判决：驳回崔某书的诉讼请求，诉讼费50元由崔某书承担。

崔某书不服一审判决，向江苏省高级人民法院提起上诉称：根据《23号通知》，上诉人成功引进了徐州康达公司项目并已竣工投产，依照《23号通知》第25条和附则的规定，上诉人应该获得1.15亿元总投资1%的奖励。丰县发改委的《招商引资条款解释》歪曲篡改了《23 号通知》的宗旨和原则,理应不予采用。重庆康达公司与李某恩之间的民事关系与上诉人应当获得的行政奖励无关。请求依法撤销一审判决。

被上诉人丰县政府答辩称:根据丰县发改委的《招商引资条款解释》,《23 号通知》第 25 条规定的引资奖励针对的是外资,结合优惠政策中关于引资性质均为美元的表述,说明该政策除了附则外,均是对外资项目的奖励。而涉案的徐州康达公司不属于外资项目,因此不符合第 25 条规定的条件。徐州康达公司系通过市场化运作在丰县建设的 BOT 的项目,根本不存在投资的事实,所以上诉人亦不符合《23 号通知》附则规定的奖励条件。上诉人只起到了推荐的作用,且李某恩因同一项目已经获得了相应赔偿,故丰县人民政府不应当承担对崔某书的奖励义务。一审法院的判决认定事实清楚,适用法律法规正确,请求驳回上诉,维持原判。

江苏省高级人民法院经二审,确认了一审查明的事实。

另查明:上诉人崔某书与李洪某系夫妻关系,案外人李某恩系李洪某哥哥。崔某书曾任宋楼镇砖瓦厂厂长,李洪某曾任宋楼镇妇女联合会主任。一审中上诉人崔某书提供了三份证明材料:(1)2003 年 10 月 13 日丰县人民代表大会常务委员会出具的《证明》,该《证明》称:“丰县污水处理厂建设项目由宋楼镇砖瓦厂厂长崔某书同志引进”。(2)2003 年 10 月 13 日丰县人民代表大会常务委员会致李某恩的函,该函称:“今派崔某书同志前去接洽,请您代表康达环保有限公司速来我县洽谈投资地面水厂建设事宜”。(3)2005 年 6 月 18 日丰县建设局出具《证明》,该《证明》称:“丰县污水处理厂建设项目由宋楼镇砖瓦厂厂长崔某书、李红某夫妻二人引进。”上述三份材料均为复印件。一审庭审中,上诉人崔某书称上述三份材料的原件已在以往申请奖励时交予政府有关部门。被上诉人丰县政府对上述三份材料的真实性不予认可。

二审期间,上诉人崔某书提供了徐州市妇女联合会(以下简称徐州市妇联)2004 年 3 月颁发的“李红某”被评为徐州市妇联系统“十佳招商引资先进个人”的荣誉证书原件,并称该证据系一审后才找到,以进一步证明徐州康达公司系崔某书、李洪某夫妻二人共同完成的招商引资项目,并称证书中的“李红某”系李洪某的曾用名。在二审法院组织的质证中,被上诉人丰县政府认为,没有证据可以证明荣誉证书中的“李红某”系崔某书的代理人李洪某;亦不能确定荣誉证书上所称的招商引资项目为本案所涉的徐州康达公司项目,对荣誉证书的真实性不予认可。

经上诉人崔某书申请,二审法院依职权调取了徐州市妇联在“全国农村妇女转移就业现场培训大会”上的发言材料、徐州市妇联举办的“坚持科学发展观为指导,务实创新,积极推进农村妇女劳动力转移会议”上的发言材料以及徐州市妇联组织的巡回报告团在铜山县巡回报告时有关领导的主持词,上述三份文稿中均提到李洪某克服种种困难,引进了丰县污水厂项目,受到表彰的事实。在二审法院组织的质证过程中,崔某书及其代理人李洪某均称,夫妻二人在涉案招商引资项目中共同出力,崔某书所做工作更多,只是因为其文化程度不高,不善言辞,且李洪某系镇妇联干部,所以在有关表彰活动中,荣誉均给了李洪某,由崔某书出面提起本案之诉是夫妻二人的共同意思表示。崔某书对上述证据的关联性、合法性和真实性均予认可。被上诉人丰县政府坚持认为,上述证据不能证明涉案项目系崔某书引进。在二审法院组织的质证过程中,双方当事人均认可,丰县当地仅有徐州康达公司一个污水处理厂项目,且目前经营状况良好。

法院认为,本案相关证据材料中“李红某”和“李洪某”的名字虽多次交替出现,但联系本案所涉的特定的徐州康达公司项目,可以认定,本案相关证据中“李红某”和“李洪某”系同一人。被上诉人丰县政府未能提供证据证明除徐州康达公司外,上诉人崔某书、李洪某夫妻二人在丰县还有其他招商引资项目。丰县人民代表大会常务委员会 2003 年 10 月 13 日出具的《证明》和函件,以及丰县建设局 2005 年 6 月 18 日出具的《证明》虽均为复印件,但彼此内容可以相互印证。同时,结合二审期间崔某书提供的荣誉证书、二审法院调取的徐州市妇联相关证据材料,可以认定,徐州康达公司系上诉人崔某书及其妻子李洪某介绍引进,且该招商引资项目已经取得实际效果。

江苏省高级人民法院二审认为:本案当事人之间的争议主要在于,如何正确适用法律,准确理解《23 号通知》中的有关规定以及被上诉人丰县政府是否应当依法、依约履行相应义务等问题。

1. 如何正确适用法律,准确理解《23 号通知》中的有关规定。二审法院认为,本案涉及的《23 号通知》系被上诉人丰县政府为充分调动社会各界参与招商引资积极性,以实现政府职能和公共利益为目的向不特定相对人发出的承诺,在相对人实施某一特定行为后,由自己或其所属职能部门给予该相对人物质奖励的单方面意思表示。根据该行为的法律特征,应当认定《23 号通知》属于行政允诺。对于被上诉人丰县政府在《23 号通知》所作出的单方面行政允诺,只要相对人作出了相应的承诺并付诸行动,即对双方产生约束力。本案中,上诉人崔某书及其妻子李洪某响应丰县政府《23 号通知》的号召，积极联系其亲属，介绍重庆康达公司与丰县建设局签订投资建设协议，以BOT 模式投资建设成涉案项目并投产运行至今，为丰县地方取得了良好的经济效益和社会效益。基于丰县政府在《23 号通知》中的明确允诺，丰县政府至今未履行《23 号通知》中允诺相应奖励义务的现实，崔某书夫妻二人推举崔某书为代表提起本案之诉，于法有据。

本案中，被上诉人丰县政府作出的《23 号通知》已就丰县当地的招商引资奖励政策和具体实施作出了相应规定，该规定与现行法律规范中的强制性规定并无抵触。同时，由于当事人双方系在《23 号通知》内容的基础上，达成有关招商引资奖励的一致意思表示，因此该文件应当是本案审查丰县政府是否应当兑现相关允诺的依据。依照《行政诉讼法解释》(2015)第 14 条的规定，本案的审理可以适用不违反行政法和行政诉讼法强制性规定的民事法律规范。对丰县政府相关行为的审查，既要审查合法性，也要审查合约性。不仅要审查丰县政府的行为有无违反行政法的规定，也要审查其行为有无违反准用的民事法律规范所确定的基本原则。

法治政府应当是诚信政府。诚实信用原则不仅是契约法中的“帝王条款”，也是行政允诺各方当事人应当共同遵守的基本行为准则。在行政允诺的订立和履行过程中，基于保护公共利益的需要，赋予行政主体在解除和变更中的相应的优益权固然必要，但行政主体不能滥用优益权。行使优益权既不得与法律规定相违背，也不能与诚实信用原则相抵触。在对行政允诺关键内容的解释上，同样应当限制行政主体在无其他证据佐证的情况下，任意行使解释权。否则，将可能导致该行政行为产生的基础，即双方当事人当初的意思表示一致被动摇。

本案一审判决驳回上诉人崔某书诉讼请求的主要根据是丰县发改委在一审期间作出的《招商引资条款解释》，该解释将“本县新增固定资产投入”定义为仅指丰县原有企业，追加投入，扩大产能。二审法院认为，该解释不能作为认定被上诉人丰县政府行为合法的依据。主要理由是：(1)《招商引资条款解释》系对被上诉人业已作出的招商引资文件所作的行政解释，在本案中仅作为判定行政行为是否合法的证据使用，其关联性、合法性、真实性理应受到司法审查。(2)《招商引资条款解释》是在丰县政府收到一审法院送达的起诉状副本后自行收集的证据，根据最高人民法院《关于行政诉讼证据若干问题的规定》(法释〔2002〕21 号)第 60 条第 1 项的规定，该证据不能作为认定被诉具体行政行为合法的依据。(3)我国统计指标中所称的“新增固定资产”是指通过投资活动所形成的新的固定资产价值，包括已经建成投入生产或交付使用的工程价值和达到规定资产标准的设备、工具、器具的价值及有关应摊入的费用。从文义解释上看，《23 号通知》中的“本县新增固定资产投入”，应当理解为新增的方式不仅包括该县原有企业的扩大投入，也包括新企业的建成投产。申言之，如《23 号通知》在颁布时需对“本县新增固定资产投入”作出特别规定，则应当在制定文件之初即予以公开明示，以避免他人陷入误解。(4)诚实守信是法治政府的基本要求之一，诚信政府是构建诚信社会的基石和灵魂。《论语·为政》言明，言而无信，不知其可。本案中丰县政府所属工作部门丰县发改委，在丰县政府涉诉之后，再对《23 号通知》中所作出的承诺进行限缩性解释，有为丰县政府推卸应负义务之嫌疑。丰县政府以此为由，拒绝履行允诺义务，在一定程度上构成了对优益权的滥用，有悖诚实信用原则。故对丰县发改委作出的《招商引资条款解释》，不予采信。

2. 被上诉人丰县政府是否应当依法、依约履行相应义务。

本案上诉人崔某书一审中提交的丰县人民代表大会常务委员会和丰县建设局在不同时间出具的三份材料虽均为复印件，但其在一审质证中，已经对不能提供原件的理由进行了说明，上述三份材料之间的内容可以相互印证。同时，结合二审法院二审中查明的事实，足以认定涉案的丰县康达公司项目系崔某书及其妻子李洪某介绍引进，该项目投资高于《23 号通知》附则所指的新增固定资产投入 300 万元，且已建成并运行良好。故应当认定崔某书已经履行自身相关义务，被上诉人丰县政府应当依照《23 号通知》附则中的规定，兑现其招商引资奖励允诺。依照《行政诉讼法》(2014)第 34 条的规定，结合本案的特点，丰县政府对其行政行为的合法性和合约性负有举证责任。丰县政府虽主张崔某书不符合《23 号通知》规定的条件，不应当予以参照奖励，但并未提供充分证据证明之。无论是主体还是内容，案外人李某恩通过居间活动从重庆康达公司获得报酬，与本案之间不属于同一法律关系。丰县政府以案外人李某恩已经从重庆康达公司获取了中介报酬，从而认为崔某书不应当依照行政允诺获得奖励的主张，没有法律依据，依法不予支持。本案在卷证据足以证明，丰县政府存在未依法、未依约履行招商引资奖励允诺义务之情形。一审判决未能依照本案的特点，准确适用相关法律规定，未能对丰县政府不履行约定义务的行为作出正确判断，应依法予以纠正。

鉴于《23 号通知》中凡涉及外商投资额的内容，均以美元而非人民币作为货币种类；对引荐的对外承包工程项目或劳务合作项目,项目总额也以美元计。同时,将“外资”理解为引进自其他国家和地区(包括港澳台地区)的资金亦符合社会公众对这一概念的通常理解,故上诉人崔某书主张被上诉人丰县政府应当按照《23 号通知》第 25 条的规定履行奖励义务的观点缺乏事实根据,依法不予支持。

综上所述,上诉人崔某书的部分上诉理由成立,其请求撤销一审判决依法有据。一审法院认定事实不清,适用法律错误,判决结果不当。江苏省高级人民法院依照《行政诉讼法》(2014)第 78 条第 1 款、第 89 条第 1 款第 2 项的规定,于 2017 年 3 月 29 日判决如下:撤销江苏省徐州市中级人民法院(2015)徐行初字第 00102 号行政判决;责令被上诉人丰县人民政府依照丰委发〔2001〕23 号《关于印发丰县招商引资优惠政策的通知》,在本判决生效后 60 日内依法履行对崔某书的奖励义务。

|评　析|

该案所涉其他问题鉴于本章的任务而不作讨论,这里限于评析与行政允诺有关的几个法律问题。

(一)丰县政府的《23 号通知》是属于行政允许本身还是行政允诺的依据?

在现实中,一个完整的行为链条可能是这样:第一步,某机关制定一个“招商引资”方面奖励规定,它可以是法规、规章或其他规范性文件,它是行政允诺的规范依据。第二步,某个行政机关依据该规定作出一个行政允诺,即向不特定的当事人发布一个通知,向当事人作出一个承诺,表达如果当事人完成某项行为便给予奖励的意思内容。这就是行政机关作出了行政允诺行为。第三步,某当事人去完成行政允诺中所约定的行为,在本案中就是“招商引资”。通常在程序上会有一个报备和登记。第四步,当事人完成所约定的行为之后,向行政允诺机关申请呈现奖励。第五步,行政机关对当事人的申请进行审核确认,决定给予或不给予奖励。第六步,如果行政机关不呈现允诺,当事人便申请行政复议或提起行政诉讼。

现在要讨论的是:丰县政府的《23 号通知》属于上述行为过程中的第一步还是第二步? 如果是第一步,那么,这只是一个抽象性的规范文件,它是行政允许的依据而已;如果是第二步,那么,这就成了具体的行政决定,属于行政允诺行为本身。由于第一步行为与第二步行为,从表面上观察都具有一定的抽象性(对象的不特定),这就带来了区别的困难。还有,如果作出允诺依据的机关与作出允诺的机关是两个不同的机关,对其区别就不成问题;但如果是同一个机关(这种情况也较普遍),这就同样不好区分。

笔者认为,第一步只是解决行政允诺的依据问题,第二步是决定行政允诺是否发生的问题。应当有依据而无依据者,只是发生是否合法问题;而行政允诺是否作出,则决定了行政机关与当事人之间的行政允诺关系是否构成的问题。整个行政允诺过程,可以省略第一步〔30〕,但无法省略第二步。在操作层面可以这样处理:

1. 如果第一步的行为与第二步的行为是由两个机关作出,就分别作为第一步行为(规范行为)与第二步行为(要约性行政决定)对待。第二步行为就是行政允诺行为本身。

2. 如果作出允诺依据的机关与作出允诺的机关是同一个机关,它又没有分两步作出两个文件,那么,如果该文件属于法律、法规和规章,就视作为允诺依据;如果是规章以下的规范性文件或其他文件,就按行政允诺本身对待。

根据上述原理,我们认为,丰县政府的《23 号通知》就是行政允诺行为本身。

(二)丰县政府对当事人的允诺是行政关系还是民事关系?

丰县政府在诉讼中辩称,政府与当事人就招商引资的奖励而言,是一种民事关系,而不是行政关系。

笔者极不认同。招商引资本身就是政府的工作。基于这一目的,政府向不特定的行政相对人作出允诺意思表示,相对人只要完成特定的行为,就可获得允诺中的利益回报,这是典型的行政允诺,它是基于行政关系中的行政允诺,是一种独立的行政行为。

(三)丰县政府对当事人的允诺是否属于行政奖励?

确实,当行政允诺的内容为一种奖励时,行政允诺与行政奖励就不易区分了。但我们在前面已有所述,在行政允诺中,行政主体允诺回报相对人的利益具有广泛性,包括奖励、享受优惠政策或者其他。当行政主体允诺奖励时,这时的行为应当作为行政允诺还是行政奖励呢? 一个有效的划分方法是,如果相对人的奖励是基于国家或政府的奖励制度(如技术进步奖、见义勇为奖等),并通过这一制度的法定程序(申报、评审、决定)确定,且由行政机

〔30〕 因为有的行政允诺,并非被要求有特定的法律依据。行政允诺在原则上是以“法不禁止”为底线。

关所实施的奖励，就是行政奖励。如果相对人的奖励是基于某一行政机关的允诺，并作为呈现允诺而获得的奖励，这就是行政允诺。

本案中，丰县政府对当事人允诺的奖励，应当作为行政允诺而不是行政奖励立案。

（四）本案当事人是否可以对丰县政府的允诺行为提起诉讼？

对于行政允诺，如果相关的公民、法人或者其他组织从事了允诺所约定的行为，其认为行政机关没有依法呈现允诺利益的，就可以依法申请行政复议或者提起行政诉讼。本案当事人的起诉和人民法院作为行政案件受理和审查是符合行政诉讼法的要求的。

（资料来源：崔某书诉丰县人民政府行政允诺案，载《最高人民法院公报》2017 年第 11 期。"评析"由笔者根据教学需要撰写，不代表法院观点）

复习思考题

1. 什么是授益行政行为？我国有哪些行政授益行为？
2. 什么是行政给付？它与民法上的给付有何区别？
3. 什么是行政奖励？行政奖励与行政给付有何区别？
4. 什么是行政允诺？行政允诺行为与行政允诺的依据如何区别？

第十五章　负担行政行为

负担行政行为〔1〕,也称不利行政行为,系指行政行为的结果对当事人带来不利效果的行为,表现为对当事人减损权益或增加义务。负担行为包括:行政命令;行政处罚;行政强制(行政强制措施和行政强制执行);行政征收;行政征用;行政征缴;行政收费等。还有一种特殊的行政行为即行政检查,对相对人而言同样具有负担性,因而也放在本章阐述。下面依次阐述其行为原理。〔2〕

第一节　行政命令

一、行政命令的多样性

在一些国家,“命令”常常作为一个抽象规则而不是具体行为的形式出现。如在德国,命令通常是对委任立法的一种称谓。而委任立法分为三种形式,即法规命令、自治规章和特别命令。其中法规命令是指经联邦法律的授权,由联邦政府、联邦部长或邦政府发布的对公民具有拘束力的一般抽象规定;特别命令是指在法律的许可下由行政机关自行制定的同样拘束公民行为的行政规则。〔3〕 日本将由行政权定立的法规叫法规命令,包括内阁制定的政令、各省大臣制定的总理府令及省令等,内容上具体又分为执行命令与委任命令两种。〔4〕 在我国台湾地区,有“行政命令”概念。但是,它的“行政命令”是“行政机关行使公权力,单方面订定,具有抽象及一般性拘束力之规范”〔5〕。另外,还包括紧急命令、法规命令、职权命令、行政规则和特别命令等,〔6〕也不是指一种“具体行政行为”。

当然,将行政命令作为一种具体行政行为形式的现象也是存在的。德国将作为“具体行政行为”的“行政处分”(Verwaltungsakt)分为“下令处分”(befehlende Verwaltungsakte)、“形成处分”(gestaltende Verwaltungsakte)和“确认处分”(feststellende Verwaltungsakte)。〔7〕 德国的“下令处分”(befehlende Verwaltungsakte)即我们作为具体行政行为的“行政命令”。

在我国,“命令”也被应用于广泛的领域并具有不同性质。如授权令、公告令、执行令、嘉奖令、任免令等,都有“命令”的文字表达。还有,我国《宪法》所规定的国务院有权发布的“决定

---

〔1〕 德文表达为:Belastender Verwaltungsakt。

〔2〕 行政处罚和行政强制都是典型的行政负担行为。由于它们已有单独的《行政处罚法》和《行政强制法》加以规制,本书已在第十二章和第十三章作了单独阐述,故在本章不再重复。

〔3〕 参见[德]哈特穆特·毛雷尔:《行政法学总论》,高家伟译,法律出版社2000年版,第四章行政法的法律渊源。

〔4〕 参见杨建顺:《日本行政法通论》,中国法制出版社1998年版,第153页。

〔5〕 翁岳生编:《行政法》,中国法制出版社2002年版,第122页。

〔6〕 参见翁岳生编:《行政法》,中国法制出版社2002年版,第122~138页。

〔7〕 参见翁岳生编:《行政法》(第2册),中国法制出版社2009年版,第634~641页。

和命令”〔8〕，以及县级以上人民政府有权发布的“决定和命令”〔9〕，这里的“命令”更多的是指“规范性文件”，但也不排除作为具体决定意义上的“行政命令”。

二、行政命令的概念和特性

（一）行政命令概念的确立

本章所讨论的“行政命令”仅限于作为一种独立的具体行政行为，它是行政决定的一种表达形式。这种意义上的行政命令，我国的行政法理论研究甚少。最早将“行政命令”作为一种独立的具体行政行为加以研究的，应当首推张焕光、胡建淼编著的《行政法学原理》〔10〕，该书第十二章第二节将“行政命令”作为一种独立的“行政处理行为”进行阐述。另外就是杨生、孙秀君所著的《行政执法行为》〔11〕，该书第一次用整整一章（第十章）的篇幅全面系统深入地研讨了作为一个独立的“行政执法行为”的“行政命令”。可以说，这是迄今为止中国行政法理中研究行政命令最全面最深入的一个理论成果。此外，近年来，也出现了一些将行政命令作为独立的行政行为加以对待的教材。〔12〕

而在制度上将“行政命令”纳入可诉的具体行政行为，应当归功于2004年最高人民法院的一个司法文件。最高人民法院《关于规范行政案件案由的通知》（法发〔2004〕2号）将“行政命令”列为第8种“具体行政行为”，从而名正言顺地将“行政命令”纳入行政诉讼的受案范围。2020年最高人民法院制定了《关于行政案件案由的暂行规定》（法发〔2020〕44号）。该规定虽然未对“行政命令”进行行为上的单列，但它明确地把“行政命令”的各种行为形式（大多用“责令”表达〔13〕）纳入“行政处理”的行政行为类别之内。

中国之所以在理论上和制度上给予“行政命令”以一种独立的行政行为地位步履维艰，主要原因是行政命令被使用在广泛的领域具有不确定性，而且和其他行为广泛交叉。问题不是行政命令作为一种独立的行政行为是否存在，而是我们如何去准确地界定它。

（二）行政命令的概念和特性

行政命令应当是指，行政主体针对特定的行政相对人要求其进行一定作为或不作为的意思表示。它是行政决定的一种表现形式，是一种独立的行政行为。行政命令具有下列法律特性：

1. 行政性。命令可以出现在立法、执法、司法、军事等各个领域，只有作为行政主体的国家行政机关针对作为行政相对人的公民、法人或者其他组织所发布的命令才是行政命令，其是出于行政管理的目的，体现国家行政权运行的一种行政行为。

---

〔8〕《宪法》（2018）第89条第1款规定：“国务院行使下列职权：（一）根据宪法和法律，规定行政措施，制定行政法规，发布决定和命令……”

〔9〕《宪法》（2018）第107条第1款规定：“县级以上地方各级人民政府依照法律规定的权限，管理本行政区域内的经济、教育、科学、文化、卫生、体育事业、城乡建设事业和财政、民政、公安、民族事务、司法行政、监察、计划生育等行政工作，发布决定和命令，任免、培训、考核和奖惩行政工作人员。”

〔10〕参见张焕光、胡建淼：《行政法学原理》，劳动人事出版社1989年版。

〔11〕参见杨生、孙秀君：《行政执法行为》（第7版），中国法制出版社2003年版。

〔12〕参见姜明安主编：《行政法与行政诉讼法》，北京大学出版社、高等教育出版社2019年版，第十五章第三节。

〔13〕如责令退还非法占用土地、责令交还土地、责令改正、责令采取补救措施、责令停止建设、责令恢复原状、责令公开、责令召回、责令暂停使用等。

2. 具体性。即使是行政机关发布的行政命令,还包括作为抽象规范的行政命令与作为具体决定的行政命令。国务院依据《宪法》(2018)第89条第1款规定发布的“命令”或县级以上地方各级人民政府依据《宪法》(2018)第107条第1款规定发布的“命令”更多的属于抽象性的规范文件,它不属于本节所讨论的“行政命令”。这里的“行政命令”仅指行政主体向特定行政相对人发出的要求其进行一定的作为或不作为,如责令某当事人拆除违法建筑。

3. 意思性。行政行为可分为意思行为与物理行为。而行政命令属于意思行为,它是行政主体要求当事人进行一定的作为(如责令修复)或不作为(责令停止违法行为)的行政决定。它是一种特定的不同于行政许可决定、行政处罚决定、行政征收征用决定的特殊决定。

4. 负担性。行政行为可分为授益行为与负担行为。行政命令是为特定相对人设定一种作为或不作为的义务,并要求当事人在一定期限内履行义务,因而属于负担性的行政行为。

5. 强制性。行政命令具有很强的强制性,行政主体作出行政命令之后,行政相对人必须服从,否则可引起不利的后果(行政处罚或强制执行)。

6. 依职权性。行政行为可分为依职权行为与依申请行为。行政命令属于前者,是行政主体依职权作出的行政行为,不以相对人申请为前提。

7. 基础性与可执行性。行政行为可分为基础行为与执行行为。行政命令属于基础行为并且具有可执行性。当事人逾期不履行行政命令所要求的义务,行政机关有权依法实施强制执行。

8. 可诉性。既然行政命令是一种独立的行政行为,它为相对人设定必须强制履行的义务,对相对人的权利与义务直接发生效果,因而,行政相对人如果对行政命令不服,是可以依法申请行政复议或提起行政诉讼的。

三、行政命令与相近行为的区别

以上对行政命令概念的界定和性质的定位,已经轻松地将行政法上的行政命令与其他领域中的行政命令区别开来了。但是,即使在行政法的范围内,要将作为行政命令的行政行为与其他行政行为中所依附的行政性命令清晰地区别开来,也是一件重要而复杂的事,且它还是影响和制约行政命令作为一个独立行政行为而存在的关键。

为此,我们要特别关注,以下三种情况中所存在和出现的行政命令不宜作为本节意义上的行政命令对待。

(一)作为行政奖励的命令

行政奖励是指行政主体对于具有先进行为和事迹,或者符合法定奖励事由的公民、法人或者其他组织,作出表彰和激励的行政行为,它包括物质奖励和精神奖励。有时在精神奖励中,行政机关以颁发嘉奖令的方式实施奖励。这种嘉奖令只是行政奖励的一种表达方式,不应当作为一个独立的行政命令行为来对待。

(二)作为行政处罚的命令

如果行政机关将针对相对人的违法行为作为一种制裁手段,依据《行政处罚法》对其作出一种让其承受不利后果的决定,那么即使以“命令”形式来表达,依然属于行政处罚行为,而不是行政命令行为。如行政机关对违法当事人作出的“责令停产停业”或者“责令关闭”等决定,虽然有“责令”之命令式表达,但它依然属于行政处罚行为而不是行政命令行为。

（三）作为行政强制执行的命令

根据《行政强制法》（2011）第四章的规定，如果行政机关对当事人作出一个基础决定，当事人逾期不履行，行政机关可以依法强制执行。而在启动强制执行程序中，行政机关首先应当向当事人发出一个书面的"催告令"（或称"催告书""催告通知"），当事人还不履行的，行政机关就作出一个强制执行决定，然后依法强制执行。这里的"催告令"和强制执行决定都具有"命令"的功能，但不宜作为独立的行政命令行为对待，因为它们不过是行政强制执行程序中的一个环节而已，应当总体上作为"行政强制执行"行为对待。

四、行政命令的种类、形式和依据

（一）行政命令的种类

西方不少学者把行政命令分为四个种类，即执行命令、委托命令、独立命令和紧急命令。由于他们所说的行政命令是指国家行政机关制定和发布行政法规的职权，与我们的含义不同，因此这种分类不适用我国作为行政决定的行政命令形态。

国内有的学者把行政命令划分为五大类：授权令、禁止令、执行令、任免令、公告令。这有把实质意义上的行政命令同形式意义上的行政命令混为一谈之弊。

由于行政命令最本质的特性表现为行政主体要求相对人进行一定的作为或不作为，因此，依据行政主体的要求内容进行划分更接近事物的本质。据此，行政命令无非有两种：一种是要求相对人进行一定作为的命令，称作为"令"，如命令纳税，命令（外国人）出境；另一种是要求相对人进行一定的不作为的命令，称作为"禁（止）令"，如因修建马路禁止通行，禁止旅客携带危险品上车。（见图 15－1）

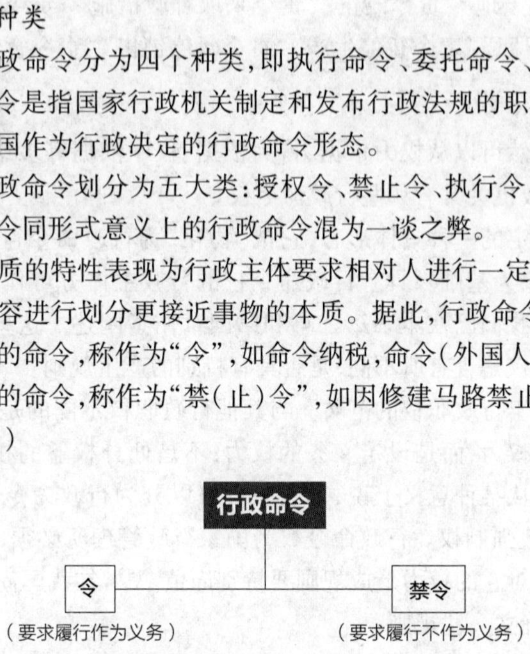

图 15－1　行政命令

（二）行政命令的形式

行政命令的形式，是指行政命令内容的表达方式。由于行政命令会对相对人的权利和义务直接发生影响，它不仅直接为当事人设定作为或不作为的义务，而且具有强制性，如果当事人不履行行政命令所要求的义务，会导致被处罚和被强制执行；所以，坚持行政命令形式的法定化非常重要。

行政命令的形式有三种：书面形式，口头形式和动作形式。具体要求是：

1. 坚持以书面形式为原则。原则上，行政命令必须采取书面形式，制作正式的命令文本，送达给相对人，否则就不产生效力。

2. 在紧急情形下才适用口头形式。在目前没有行政程序法和其他单一法规定的情况下，具体程序可参照适用《行政强制法》(2011)第 19 条规定。[14]

3. 在法律允许以动作形体方式执法时,行政命令可采取动作方式。最典型的就是交警执法。

行政命令是一种要求相对人进行一定作为或不作为的意思表示,本质上也是一种行政决定。从这些决定的名称上看,行政命令有"命令书""通知书""责令书""决定书"等诸多表示方法。不论采取什么名称,只要这一行为是要求相对人进行一定的作为或不作为的意思表示,就应当认定为行政命令。

在现实中,用"责令"形式表达行政命令的最为多见。所以,最高人民法院《关于行政案件案由的暂行规定》(法发〔2020〕44 号)用诸多的"责令"行为来表达行政命令,如"责令退还非法占用土地""责令交还土地""责令改正""责令采取补救措施""责令停止建设""责令恢复原状""责令公开""责令召回""责令暂停生产""责令暂停销售""责令暂停使用"等。

(三)行政命令的依据

行政命令的依据虽然可以从权力依据、行为依据、程序依据等多维度考察,但这里主要是指权力依据,即哪些行政机关具有哪些行政命令权。

行政命令是行政决定的一种具体形态,它被"物化"为行政命令行为。行政命令这种行政行为,自然以行政命令权为基础。具有行政命令权的行政主体方可作出行政命令行为。关于行政职权的来源的原理我们已在本书第三章和第四章作了阐述。这里要直接讨论的是,行政命令权与一般的行政职权是否有所不同,是否具有特别的产生规则。

行政命令权显然属于行政职权的范畴。与其他行政职权不同的是,针对行政相对人,行政命令权不是赋予权益的权力,而是设定义务的权力;不是处分权益的权力,而是为处分权益设置前提和依据的权力。从某种意义上说,行政职权可以分为行政命令权、行政形成权、行政处分权、行政裁决权和行政强制权。行政命令权为国家行政管理所必须,其会形成不利于行政相对人的行政行为,因此,对它的权力形成规则要特别谨慎。[15] 在我国尚未制定行政程序法的今天,我们只能在理论上确立一些规则:

1. 行政命令权以行政执法权为基础。无行政执法权者一定不具有行政命令权,有行政执法权者才会有相应的行政命令权。任何行政命令权都不得超越行政机关的执政执法权限。

2. 行政命令权是行政处罚权和行政执行权等处理权的辅助权和隐含权。就是说,如果某一行政主体已经拥有行政处罚权,它同时也自然拥有对被处罚人"责令其纠正违法"的命令权;[16] 如果某一行政主体已经拥有行政强制执行权,它同时也自然拥有对义务"责令其限期履

---

〔14〕《行政强制法》(2011)第 19 条规定:"情况紧急,需要当场实施行政强制措施的,行政执法人员应当在二十四小时内向行政机关负责人报告,并补办批准手续。行政机关负责人认为不应当采取行政强制措施的,应当立即解除。"

〔15〕有学者认为:"行政命令权是行政权的组成部分。鉴于行政机关、行政主体不得自己为自己设定权力之'规矩',行政命令权当然也得由立法机关来设定。"参见杨生、孙秀君:《行政执法行为》,中国法制出版社 2003 年版,第 671 页。

〔16〕法律依据是《行政处罚法》(2021)第 28 条。该条规定:"行政机关实施行政处罚时,应当责令当事人改正或者限期改正违法行为。"

行”的命令权。[17]

五、行政命令的独立性与被吸收性

我们之所以在本章对行政命令单设一节研讨，就是因为它是一个独立的行政决定，一个独立的行政行为。这一独立性便意味着，这种行为可以接受且应当接受行政法的单独规制，并且，如果当事人对该行为不服可以单独对它提起诉讼以获权利救济。2004 年最高人民法院《关于规范行政案件案由的通知》（法发〔2004〕2 号），以及 2020 年最高人民法院《关于行政案件案由的暂行规定》（法发〔2020〕44 号），都是把行政命令作为独立的行政行为而予承认。

我们在看到行政命令“独立性”的一面的同时，还必须看到另一面，那就是，行政命令确实与其他行政行为（如行政许可、行政处罚、行政裁决和行政强制等）不同，它容易在一定条件下被其他行政行为所吸收。如当行政主体对相对人实施进入住宅检查（行政强制措施）时，同时命令相对人将门开启，这时的行政命令（要求相对人将门开启）就会被行政检查（进入住宅检查）行为所吸收。当行政主体为对相对人实施强制执行而对相对人发布一个执行令（催告书），这个执行令就会被行政强制执行所吸收。当行政命令被其他行政行为吸收时，它就不作为一个独立的行政行为对待，而是被纳入吸收它的其他行政行为之中，受行政法的统一规制。

六、行政命令的可诉性

行政相对人对行政命令不服，且行政命令未被其他行政行为吸收的情况下，可以单独对行政命令申请行政复议和提起行政诉讼。

行政命令也是一种行政决定，无非是这种决定不直接为相对人设定权利与义务，或处分权利与义务，而是表现为要求相对人进行一定的作为或不作为。但行政命令为相对人设定了在不履行行政命令的条件下被处罚和被强制执行的结果，故它明显而必然地影响着相对人的权利与义务。因而从行政法理和行政诉讼法理上说，行政命令当然是一种可诉的行政行为。

从制度上说，在《行政复议法》（2023）第 11 条关于复议范围的规定中，虽然行政命令未被单列，但在第 11 条第 8、9、10、15 项中都可能涉及行政命令。[18]《行政诉讼法》（2017）也一样，其第 12 条第 1 款的第 7、8、9、12 项中也包含了行政命令。[19] 2004 年最高人民法院《关于规范行政案件案由的通知》（法发〔2004〕2 号），以及取代该文件的 2020 年最高人民法院《关于行政案件案由的暂行规定》（法发〔2020〕44 号），都肯定了行政命令行为的可诉性。

---

〔17〕 法律依据是《行政强制法》（2011）第 35 条。该条规定：“行政机关作出强制执行决定前，应当事先催告当事人履行义务。催告应当以书面形式作出，并载明下列事项：（一）履行义务的期限；（二）履行义务的方式；（三）涉及金钱给付的，应当有明确的金额和给付方式；（四）当事人依法享有的陈述权和申辩权。”

〔18〕《行政复议法》（2023）第 11 条规定：“有下列情形之一的，公民、法人或者其他组织可以依照本法申请行政复议……（八）认为行政机关侵犯其经营自主权或者农村土地承包经营权、农村土地经营权；（九）认为行政机关滥用行政权力排除或者限制竞争；（十）认为行政机关违法集资、摊派费用或者违法要求履行其他义务……（十五）认为行政机关的其他行政行为侵犯其合法权益。”

〔19〕《行政诉讼法》（2017）第 12 条第 1 款规定：“人民法院受理公民、法人或者其他组织提起的下列诉讼：……（七）认为行政机关侵犯其经营自主权或者农村土地承包经营权、农村土地经营权的；（八）认为行政机关滥用行政权力排除或者限制竞争的；（九）认为行政机关违法集资、摊派费用或者违法要求履行其他义务的……（十二）认为行政机关侵犯其他人身权、财产权等合法权益的。”

第二节 行政征收

行政征收是一种独立的行政行为,也是行政法上的重要制度。在法治国家,不仅国家与私人之间的管理关系是法定的,它们之间的财产关系也是法定的。这种财产关系被法律所固定并受法律的严格保护。在这一关系中,私人不得侵占国家的财产,同样,国家也不得侵占私人的财产。但是,出于公共利益的需要,国家可以补偿为前提,依法收归个人财产为国家所有,这就出现了国家征收制度。由于国家征收通过行政权实施,因而常常被称作为行政征收。行政征收实质上是对国家与私人财产关系的一次再调整,因而必须通过法律严格规制。

一、行政征收的理论基础和法律渊源

(一)行政征收的理论基础

征收概念最早可以追溯到古罗马时期。那时,具有最高权力的主权者被赋予一种"紧急权",这种权力被允许对臣民的私权进行剥夺和限制。国家对私有财产的征收就是这种"紧急权"重要内容。这种"紧急权"即为国家行使征收权的基础。到了17世纪,荷兰学者格劳秀斯(Hugo Grotius)在近代意义上对国家的征收权予以解释。他认为,君主只要基于公共用途的需要,即使没有法律依据,也应当有权对私人财产进行征收,但要给予补偿回报。[20] 征收的公益性和补偿性慢慢得到固定。到了法国大革命时期,其《人权宣言》明确规定"公用征收须依法律始得为之"的条件后,征收才成为坚持"法律保留"的宪法制度和行政法制度。

在德国,行政征收(Zwangsbeitreibung)制度在19世纪中期就普遍存在。当时德国各邦的宪法大多都规定了公用征收制度,规定只有基于公共利益的目的并且给予一定的补偿,才能进行公用征收。公用征收的法律形式主要体现在行政机关的处分行为中,即将私有财产权予以剥夺,并移转于特定的公用事业,同时给予被征收人完全补偿。这一时期的公用征收制度后被称为"古典征收"。到了1919年,德国公布了《魏玛宪法》[21],其第153条提出了财产权的社会义务性,认为私人的财产权本身应当促进社会公共利益,否则公权力就会介入,迫使财产权人履行这一社会义务。在该观念影响下,德国的征收目的就从原有用于"特定公用事业需要"扩大为有利于一般"公共利益"。另外,在魏玛时期法院和法学家的诠释下,征收又从剥夺当事人财产所有权扩大至对财产权的限制。在征收目的和征收方式的扩大趋势下,德国就实现了从"古典征收"到"扩张征收"的过渡。在法国,行政主体基于公共利益目的,按照法定的形式和事先公平补偿原则,以强制方式取得私人不动产的所有权或其他物权的程序叫作公用征收。[22] 与此同时,平衡私权与公权的行政征收制度在大多数国家得到确立和发展。

行政征收是指国家基于公共利益需要,以行政权取得私人财产的所有权并给予补偿的法

---

〔20〕 参见董彪:《财产权保障与土地权利限制》,社会科学文献出版社2013年版,第149页。

〔21〕 《魏玛宪法》(Weimarer Verfassung)是德国魏玛共和国时期(1919~1933年)的宪法,也是德国历史上第一部实现民主制度的宪法。它建立了一个议会民主制、联邦制的共和国。今天的德意志联邦共和国宪法《德国基本法》仍保留着《魏玛宪法》的少许条文。

〔22〕 参见王名扬:《法国行政法》,中国政法大学出版社1989年版,第354页。

律制度。它体现和反映了国家对私人财产权的态度。行政征收制度的确立和发展是私人财产的神圣性与国家建设的公益性之间平衡的结果,它具有三个方面的意义:

1. 私有财产的神圣性。公民财产权是与公民人身权并列的公民两大基本权利之一。在资本主义国家,强调"私有财产神圣不可侵犯";在我们社会主义国家,强制私有财产和公有财产一样受到法律的平等保护。国家不得随意将私有财产转归国有。行政征收制度的确立,体现了法律对公民私有财产的严格保护。因为行政征收制度为国家实施行政征收设定了许多严格的条件,如出于公共利益的需要,必须有法律的明文依据等,这就将国家公权力行为对私人财产的影响限制在一定的范围之内。

2. 财产权的社会义务性。公民的个人财产并不存在于"真空"之中,公民之间的财产,以及公民财产与公共利益,有时会发生碰撞。公民也应当为社会承担一定的义务,特别是当为了公共利益的情形下,公民应当对自己财产价值的克减有所容忍。这样一来,政府在必要时对公民个人财产可以征收,转变其所有权或者限制其使用、收益和处分。这正是行政征收得以成立的基础。

3. 公权与私权的平衡。行政征收制度的确立,反映了在财产权领域公权与私权的平等。正如17世纪英国法学家约翰·洛克(John Locke)所说,权力不能私有,财产不能公有,否则人类就进入灾难之门。行政征收制度赋予政府单方的征收权,政府在必要时对公民私有财产进行强制征收。同时,这一征收权又受到严格的限制,即征收必须出于公共利益的需要、有明文的法律依据,且符合比例原则,国家不得随意将公民私有财产收归公有。对公民而言,一方面其对政府的征收具有容忍的义务,必须服从和配合,另一方面其有权获得补偿。显然,当公民的财产被国家侵占和限制时,这是否作为"征收"对待,关系到它是否可以获得补偿的问题。行政征收正是通过强制性、限制性、补偿性来实现国家公权与公民私权之间的平衡。

(二)行政征收的法律渊源

行政征收作为平衡国家公益与公民私权关系重要而敏感的制度,世界将它上升至宪法、人权和基本法律制度加以对待。在私有财产的神圣性已成为世界人权保障的普遍观念的背景下,1948年《世界人权宣言》[23]第17条第2款规定:"任何人的财产不得任意剥夺。"《欧洲人权公约第一议定书》也重点规定了对财产权的保护,其第1条规定:"每个自然人或法人都有权和平地享有其财产。没有人可以被剥夺其财产,除非为公共利益并符合法律和国际法普遍原则所规定的条件。"[24]此外,法国《人权宣言》[25]第17条规定:"财产权神圣不可侵犯。任何人的财产不得被剥夺,除非依法确认公共需要符合明确的要求并事先给予公平的补偿。"英国《人权法》[26]附表1第2部分第1条规定:"每个自然人或法人均有权和平等地享有其所有物。任何人均不得被剥夺其所有物,除非基于公共利益并受法律规定的条件和国际法的一般原则约束。"

---

〔23〕《世界人权宣言》(Universal Declaration of Human Rights),由联合国大会于1948年12月10日以第217A(II)号决议通过并颁布。它是联合国的基本法之一,是世界上第一个人权问题的国际文件,为国际人权领域的实践奠定了基础,对后来世界人民争取、维护、改善和发展自己的人权产生了深远影响。

〔24〕白桂梅、刘骁编:《人权法教学参考资料选编》,北京大学出版社2012年版,第280页。

〔25〕法国1789年《人权宣言》(暨人权和公民权利宣言)。

〔26〕1998年英国《人权法》,1998年11月9日议会授权女王颁布。

除了“人权法”,世界上大多国家都从宪法的高度设定和规制行政征收制度。如《德意志联邦共和国基本法》[27]第14条第3款规定:“只有为实现公共福祉才可允许剥夺财产权。对财产权的剥夺只能通过和依据规定了财产补偿方式和程度的法律进行。确定补偿时要公正权衡社会公共利益和相关人的利益。对于补偿有争议的,可向普通法院提起诉讼。”1791年,美国联邦宪法通过的第5修正案规定:“未经法律的正当程序,任何人不得被剥夺生命、自由和财产。不给予公平补偿,私有财产不得充作公用。”日本《宪法》[28]第29条规定:“财产权不受侵犯。财产权的内容应与公共福祉相适合,由法律规定。私有财产在正当的补偿下,可收归公有。”俄罗斯《联邦宪法》[29]第35条规定:“私有财产受法律保护。每个人都有权拥有私有财产,有权单独地或与他人共同地占有、使用和支配这些财产。非依据法院的判决,任何人都不得被剥夺其财产。只有为了国家的需要,并且在预先作出等价补偿的条件下,才能对私有财产进行征收。国家保障继承权。”

(三)我国宪法和法律对行政征收的规定

我国奉行法治和人权原则。《宪法》(2018)第10条第3款规定:“国家为了公共利益的需要,可以依照法律规定对土地实行征收或者征用并给予补偿。”第13条更全面地规定:“公民的合法的私有财产不受侵犯。国家依照法律规定保护公民的私有财产权和继承权。国家为了公共利益的需要,可以依照法律规定对公民的私有财产实行征收或者征用并给予补偿。”这从宪法的层次对行政征收设定了“公共利益”“法律保留”“合理补偿”原则。

我国《立法法》(2023)第11条规定:“下列事项只能制定法律:……(七)对非国有财产的征收、征用……”由《立法法》直接表达和落实了“法律保留”原则,规定有关对非国有财产行政的征收只能由全国人大及其常委会制定的法律规定,行政法规、地方性法规和规章无权设定行政征收制度。

我国《民法典》(2020)共有9个条款涉及征收补偿,特别是第117条规定:“为了公共利益的需要,依照法律规定的权限和程序征收、征用不动产或者动产的,应当给予公平、合理的补偿。”这里明确了行政征收的条件、范围、程序,特别是确立了“公平、合理”的补偿原则,为我国行政征收制度设定了普遍性的法律要求。

此外,还有大量的单行法,如《土地管理法》(2019)、《国有土地上房屋征收与补偿条例》(2011)、《国防法》(2020)、《森林法》(2019)、《外商投资法》(2019)、《台湾同胞投资保护法》(2019)等,对有关行政征收作出了具体规定。

上述宪法、立法法、民法典和其他单行法律构成了我国行政征收的法律规范体系。

二、行政征收的概念和行为

(一)行政征收的概念和特征

在我国,行政征收是指政府出于公共利益的需要,依照法律规定强制性地将非国有财产(包括不动产和动产)征为国有,同时给予补偿的行政法制度。行政征收的核心形式是行政征

[27] 1949年5月23日由德国国会颁布并生效。

[28] 称昭和宪法,1946年11月7日帝国议会通过,10月29日经天皇裁可,11月3日天皇正式公布,1947年5月3日实施。

[29] 1993年12月12日以公民公决形式通过,1993年12月25日公布并生效。

收决定。它是一种独立的负担行政行为。

行政征收行为所对应的是《立法法》(2023)第11条第7项“对非国有财产的征收、征用”，以及最高人民法院《关于行政案件案由的暂行规定》(法发〔2020〕44号)中第43～45项行政诉讼案由。〔30〕这种行政行为具有明显的特殊性,主要表现在它的法律特征之中。作为一项宪法和人权制度的行政征收行为,它具有以下法律特征:

1. 财产性。财产是为组织或个人所拥有的金钱、物资、房屋、土地等物质财富,包括动产、不动产。〔31〕行政征收是对原有国家与私人之间的财产利益关系的一种重新调整,让某些私人所有的财产变为国家所有。显然它是对财产权的一种处分,而不是对人身权的限制和处分。行政征收只是对财产的征收,而不是指对人的征收。对人可以征调,但无法征收。因此说,行政征收是一种财产类行为,而不是人身类行为。这里的财产包括不动产和动产。

2. 私人性。财产可以分为国有财产和私人财产。行政征收所针对的财产是指私人财产,不是国有财产。对国有财产只发生调配问题,不发生征收问题。在我国,作为行政征收对象的财产,是指非国有财产,包括集体所有的财产,个人投资企业和财产,以及其他非国有组织的财产。行政征收是对私人财产权的干预,而不是对国有财产的干预。

3. 处分性。行政征收是国家行政主体对行政相对人财产所有权的一种处分,不包括对财产使用权的限制。在物权法上,征收是物权变动的一种情形,它直接导致标的物所有权的取得和丧失。行政征收的直接法律效果,是导致行政相对人对自己财产所有权的丧失。通过征收,原属行政相对人自己的财产(无论是动产还是不动产),都不再属于自己,而是国家的了。一句话,行政征收是处分私人财产“所有权”的行为,而不是限制私人财产“使用权”的行为。〔32〕

4. 负担性。行政征收是一种负担行政行为,而不是授益行政行为。尽管被征收人因征收而获得一定的补偿,但最主要的是,其原有的财产所有权被强制剥夺了,被征收人具有很大程度上的不利性。

5. 强制性。行政征收决定属于行政机关的单方行为,不以相对人是否同意为前提。征收决定一经依法作出,当事人必须服从和配合。被征收人可以和征收机关协商的仅仅是补偿的方式和数量问题,而且也被限定在法定的裁量范围内。之所以行政征收被赋予强制性,是因为征收是为了公共利益,为了国家的建设和发展。〔33〕

6. 公益性。由于行政征收的结果是对私人财产所有权的剥夺,因而政府对于行政征收不得随意发动,只有在公共利益有需要时方可进行。公共利益是行政征收的前提条件,而且是非常严格的条件。

7. 法定性。对于行政征收,我国实行严格的法律保留制度:一是对于行政征收制度应当由法律直接设定,行政法规、地方性法规和规章等不得设定行政征收制度;二是行政机关只有在具有直接的法律依据的条件下才可实施行政征收行为。

8. 补偿性。我国各类行政征收制度严格规定,征收机关的征收行为必须以保证补偿为前

---

〔30〕根据最高人民法院《关于行政案件案由的暂行规定》(法发〔2020〕44号)的规定,行政征收或者征用的对象包括:征收或者征用房屋;征收或者征用土地;征收或者征用动产。

〔31〕当代民法对财产的认识,除了动产和不动产,还包括知识产权。行政征收应当包括对知识产权的征收。

〔32〕限制私人财产使用权的行为,在有的国家已被纳入“管制性征收”。中国目前尚未确立“管制性征收”的概念和制度。

〔33〕当然,现在世界上的发展趋向已慢慢地转向一定程度上的协商制。

提,无补偿便无征收。因此,征收和补偿必须同步进行。也正因如此,行政征税和行政收费等就不属于行政征收,它们不存在补偿问题。必须指出的是,行政征收必然伴随行政补偿,不具有补偿性的行政行为肯定不是行政征收行为;但是,具有补偿性的行为不全是行政征收行为,如行政机关为了公共利益的需要,依法提前收回建设土地使用权〔34〕或收回行政许可权等。〔35〕

(二)行政征收行为的甄别

从征收对象范围上考察,行政征收是指政府对私人财产所有权的征收,主要指对不动产的征收,如对集体土地征收、对私有房屋的征收等,另外也包括对一定范围内动产的征收,如对交通工具的征收等。哪些不动产和动产可以作为征收对象,完全取决于法律的具体规定。但行政征收不包括对税费、财产使用权的征收,也不包括国有资产的征调,另外,也不包括对行政许可权的收回。行政征收必须以财产所有权为征收对象。为此,需要对下列几种行为作进一步甄别。

1. 征收税款和行政收费。税是由法律设定的,国家向纳税人征收的货币或实物。按照征税对象的不同,税可分为流转税、资源税、收益(所得)税、财产税和行为税五种。征收税款是税务机关依照税收法律、行政法规的规定,将纳税义务人依法应缴纳的各税组织征收入库的一系列活动的总称。税款征收是税务机关依法征税和纳税人依法纳税过程的统一。征收税款是征税机关针对纳税人依法实施的强制性行政行为,其具有的强制性、公益性以及财产所有权的转移性和行政征收完全吻合,但它无须补偿,不以补偿为条件,因而不属于行政征收。最高人民法院《关于行政案件案由的暂行规定》(法发〔2020〕44 号)将征收税款列入"行政征收"以外的"行政征缴"行为,笔者完全赞成。费是指税以外的款项。行政收费,系指国家行政机关为满足特别的行政支出,向与特别支出存在特定关系的行政相对人收取货币的行为,如证照费、车辆通行费、道路停车费、企业注册登记费、不动产登记费、船舶登记费、考试考务费等。行政收费固然也是一种行政行为,但它不属于行政征收,因为它不具有强烈的强制性和公益性,它仅仅是特定相对人因占用公共资源和得到公共服务所付出的对价性回报,它更不以补偿为条件。

2. 对国有资产的强制性征调。在针对突发事件〔36〕的应对中,有关政府部门依据《突发事件应对法》强制性调集国家的物资,用以抗灾,这种行为称为行政征调。这种行为具有公益性和强制性,但因对象是国有物资而不是私人财产,所以不属于行政征收。但如果强制调用私人财产,那又属于行政征用了。

3. 私营企业和外资企业的国有化。如果因股东(包括国家股东)之间的投资和股权转让而使私有企业或外商企业变成国有,这是正常的经济行为;但如果政府出于公共利益的需要,通过行政命令强制由国家收购私营企业和外资企业,这属于行政征收,购买款实际上就是补偿款。

---

〔34〕《民法典》(2020)第 358 条规定:"建设用地使用权期限届满前,因公共利益需要提前收回该土地的,应当依据本法第二百四十三条的规定对该土地上的房屋以及其他不动产给予补偿,并退还相应的出让金。"

〔35〕《行政许可法》(2019)第 8 条规定:"公民、法人或者其他组织依法取得的行政许可受法律保护,行政机关不得擅自改变已经生效的行政许可。行政许可所依据的法律、法规、规章修改或者废止,或者准予行政许可所依据的客观情况发生重大变化的,为了公共利益的需要,行政机关可以依法变更或者撤回已经生效的行政许可。由此给公民、法人或者其他组织造成财产损失的,行政机关应当依法给予补偿。"

〔36〕突发事件(emergency)是指突然发生,造成或者可能造成重大人员伤亡、财产损失、生态环境破坏和严重社会危害,危及公共安全的紧急事件。包括自然灾害、事故灾难、公共卫生事件和社会安全事件。

4. 提前收回国有土地、滩涂、森林、草原等自然资源的使用权。我国通过出让等法定程序允许相对人在一定期限内使用国有土地使用权、海滩使用权等。这些自然资源的使用权,因使用人骗取批准或者违法使用而被依法收回,实质上是行政处罚;但如果使用人无任何违法行为,只是行政机关因公共利益的需要,提前收回这些自然资源的使用权并给予补偿的,这种情况和行政征收非常接受,都具有公益性、强制性和补偿性。但问题在于,我国的土地(除集体所有外)、滩涂、森林、草原等自然资源的所有权都属于国家,提前收回的仅仅是使用权,不属于对财产所有权的处分,因而也不属于目前意义上的行政征收;将集体土地收归国有并给予补偿的行为,才属于行政征收。

5. 提前收回行政许可权。行政相对人依法取得行政许可之后,行政机关不得擅自改变。但如果出于公共利益的需要,也可在给予合理补偿的条件下提前收回行政许可。《行政许可法》(2019)第 8 条规定:"公民、法人或者其他组织依法取得的行政许可受法律保护,行政机关不得擅自改变已经生效的行政许可。行政许可所依据的法律、法规、规章修改或者废止,或者准予行政许可所依据的客观情况发生重大变化的,为了公共利益的需要,行政机关可以依法变更或者撤回已经生效的行政许可。由此给公民、法人或者其他组织造成财产损失的,行政机关应当依法给予补偿。"这一提前收回行政许可的行为和行政征收非常相近,同样具有显著的公益性、强制性、补偿性。但问题在于,本章定位的行政征收仅限于对不动产或动产所有权的征收,而不是对行为权能的征收。所以,提前收回行政许可权,也不属于行政征收。[37]

6. 提前收回土地承包经营权。我国于 2002 年制定了《农村土地承包法》后,又经 2009 年和 2018 年的两次修正,该法确立了农村土地承包经营制度。在这制度中,农村土地,包括农民集体所有和国家所有依法由农民集体使用的耕地、林地、草地,以及其他依法用于农业的土地,可以采取农村集体经济组织内部的家庭承包方式,不宜采取家庭承包方式的荒山、荒沟、荒丘、荒滩等农村土地,可以采取招标、拍卖、公开协商等方式承包。农村土地承包后,土地的所有权性质不变。承包地不得买卖。耕地的承包期为 30 年;草地的承包期为 30 ~ 50 年;林地的承包期为 30 ~ 70 年。耕地承包期届满后再延长 30 年,草地、林地承包期届满后依照规定相应延长。承包方承包土地后,享有土地承包经营权,可以自己经营,也可以保留土地承包权,流转其承包地的土地经营权,由他人经营。国家保护承包方依法、自愿、有偿流转土地经营权,保护土地经营权人的合法权益,任何组织和个人不得侵犯。根据《农村土地承包法》(2018)第 27 条规定,承包期内,发包方不得收回承包地。如果承包方交回承包地或者发包方依法收回承包地时,承包方对其在承包地上投入而提高土地生产能力的,有权获得相应的补偿。发包方提前收回农民土地承包经营权的行为,不属于行政征收。因为作为发包方的农村集体经济组织或者村民委员会与作为承包方的本集体经济组织的农户之间的土地承包经营关系属于民事关系,它们的纠纷适用《农村土地承包法》(2018)第 55 条[38]规定处理。

7. 单方变更或解除行政协议。行政协议是指行政机关为了实现行政管理或者公共服务目标,与公民、法人或者其他组织协商订立的具有行政法上权利义务内容的协议。它包括政府特

---

[37] 这种提前收回行政许可的行为应当作为一种"行政变更行为"对待,可将它置于行政行为的"成立—变更—消灭"的范畴和过程中加以研究处理。

[38] 《农村土地承包法》(2018)第 55 条规定:"因土地承包经营发生纠纷的,双方当事人可以通过协商解决,也可以请求村民委员会、乡(镇)人民政府等调解解决。当事人不愿协商、调解或者协商、调解不成的,可以向农村土地承包仲裁机构申请仲裁,也可以直接向人民法院起诉。"

许经营协议、土地、房屋等征收征用补偿协议、矿业权等国有自然资源使用权出让协议、政府投资的保障性住房的租赁、买卖等协议、政府与社会资本合作协议等。行政主体与相对人签订行政协议之后,双方必须依法遵守和履行。但是,出于公共利益的需要,基于行政机关在行政协议中的行政优益权,行政机关可以变更或解除协议,但必须给予补偿。行政机关依法变更或解除行政协议,虽然也适用行政复议和行政诉讼,但该行为不属于行政征收。行政征收应当表现为一个单方的行政征收决定,其效果是对财产所有权的直接处分。行政协议的变更或解除并不直接处分相对人的财产所有权。如果行政机关通过对行政协议的变更,直接将相对人的财产所有权变更为国家,则可以按行政征收行为对待。

8. 限制使用私有财产。这里是讨论如果政府出于公共利益的需要,限制特定相对人对其特定财产的使用,从而影响其财产价值,是否属于行政征收。如公民购置了一辆小车,本当可以合法地行驶使用,但政府对车辆实施了限号措施,按单双号对应使用,该车的财产价值事实上受到了很大程度的缩水。公民私人所有的房产,被政府定性为国家文物后,其使用、处分和修缮等受到很大限制。这种情况,在美国等有些国家作为"管制性征收"对待。"管制性征收"是"行政征收"的一种特殊形式,适用所有的行政征收规则,也应当给予补偿。但是,目前我国的行政征收,还属于"古典征收"意义上的征收,仅以财产所有权转移为限,所以,这种情况目前不属于行政征收。

9. 公共行为影响私有财产的价值。这一情况和上一情况不同。上一情况是指政府直接限制公民对其私有财产的使用,从而影响其财产的经济价值。这里的情况是指,政府并未直接限制公民私有财产,只是政府的一种公共行为,影响了个别公民财产的价值。如政府建造了机场,机场附近的房屋受到质量上和使用上的影响;政府所建造的高架桥经过公民房屋屋顶等。政府并未限制公民使用自己的财产,但在事实上,公民财产的价值明显受到影响。这种情况,虽然政府也给予补偿,但不作为行政征收对待。

三、行政征收的原则和条件

行政征收的原则,系指法律、理论和实践所确立的行政机关实施行政征收所必须遵循的基本行为准则,同时作为一种条件对行政征收进行约束。它包括公益原则、法定原则、比例原则和补偿原则。公益原则解决行政征收的目的;法定原则解决行政征收的依据;比例原则解决行政征收的选择;补偿原则解决行政征收的对价。

(一)公益原则

公益原则是公共利益原则的简称,它是指行政机关实施行政征收必须出于公共利益的目的,不得出于其他的目的。这一原则旨在解决行政征收的目的,构成了实施行政征收的出发点和标准条件;该原则挡住了不符合公共利益的各类征收。

公共利益,英文是 public interest[39],德文是 Öffentliches Interesse。世界各国关于行政征收的法律,无不规定必须符合公共利益,我国《宪法》《民法典》《土地管理法》《国有土地上房屋征收与补偿条例》等法律法规也都对此作出规定。但是,到底什么才属于"公共利益",各国立法和理论基本上都无法形成一个统一而确定的精确定义,它是一个具有抽象性、开放性、时代性

---

[39] 也有译 public advantages、public interests 或 public benefits 者。

的不确定性概念。

在我国,现行法律尚未提供一个确定概念和统一标准,只有一些列举式规定。国家的核心利益属于公共利益。《中国的和平发展》白皮书[40]指出:“中国坚决维护国家核心利益。中国的核心利益包括:国家主权,国家安全,领土完整,国家统一,中国宪法确立的国家政治制度和社会大局稳定,经济社会可持续发展的基本保障。”《民法典》(2020)第 399 条第 3 项规定:“下列财产不得抵押……(三)学校、幼儿园、医疗机构等为公益目的成立的非营利法人的教育设施、医疗卫生设施和其他公益设施……”这说明,为公益目的成立的非营利法人的教育设施、医疗卫生设施和其他公益设施等也属于公共利益。《土地管理法》(2019)第 45 条所规定征用集体土地的公共利益范围,包括:(1)军事和外交需要用地的;(2)由政府组织实施的能源、交通、水利、通信、邮政等基础设施建设需要用地的;(3)由政府组织实施的科技、教育、文化、卫生、体育、生态环境和资源保护、防灾减灾、文物保护、社区综合服务、社会福利、市政公用、优抚安置、英烈保护等公共事业需要用地的;(4)由政府组织实施的扶贫搬迁、保障性安居工程建设需要用地的;(5)在土地利用总体规划确定的城镇建设用地范围内,经省级以上人民政府批准由县级以上地方人民政府组织实施的成片开发建设需要用地的;(6)法律规定为公共利益需要可以征收农民集体所有的土地的其他情形。上述建设活动应当符合国民经济和社会发展规划、土地利用总体规划、城乡规划和专项规划;其中第 4、5 项建设活动,还应当纳入国民经济和社会发展年度计划;第 5 项规定的成片开发应当符合国务院自然资源主管部门规定的标准。《国有土地上房屋征收与补偿条例》(2011)第 8 条规定了 6 个公共利益的事项:(1)国防和外交的需要;(2)由政府组织实施的能源、交通、水利等基础设施建设的需要;(3)由政府组织实施的科技、教育、文化、卫生、体育、环境和资源保护、防灾减灾、文物保护、社会福利、市政公用等公共事业的需要;(4)由政府组织实施的保障性安居工程建设的需要;(5)由政府依照城乡规划法有关规定组织实施的对危房集中、基础设施落后等地段进行旧城区改建的需要;(6)法律、行政法规规定的其他公共利益的需要。《信托法》(2001)第 60 条规定了几类公共利益事项:救济贫困;救助灾民;扶助残疾人;发展教育、科技、文化、艺术、体育事业;发展医疗卫生事业;发展环境保护事业,维护生态环境;发展其他社会公益事业。《测绘法》(2017)第 15 条第 1 款表明:“基础测绘是公益性事业。国家对基础测绘实行分级管理。”《民办教育促进法》(2018)第 3 条规定:“民办教育事业属于公益性事业,是社会主义教育事业的组成部分。国家对民办教育实行积极鼓励、大力支持、正确引导、依法管理的方针。各级人民政府应当将民办教育事业纳入国民经济和社会发展规划。”这说明,民办教育事业也属于公共利益。

根据以上规定可以发现,公共利益是与个人利益相对应的,包括国家利益和社会公共利益和不特定的社会成员所享有的利益的总称。公共利益首先应当包括国家利益和社会公共利益。国家利益最重要的是国家的核心利益,即国家主权,国家安全,领土完整,国家统一,中国宪法确立的国家政治制度和社会大局稳定,经济社会可持续发展的基本保障。社会公共利益应当是指受益面较大的不特定的社会成员受益的公共设施和事业政策等,它具有公众性和抽象性。公众性是指,其肯定是为大多数人服务而不是为少数人、个别人服务的;抽象性是指,其是让不特定的公众受益,而不是只让特定的少数人群受益。譬如,建造某个医院,如果这个医院只限于为单位内部职工看病,就不属于公共利益;相反,若其是为社会公众服务的,那就是公

---

〔40〕 国务院新闻办公室 2011 年 9 月 6 日发表。

共利益。综合上述法律规定及法理,公共利益应当包括:第一类,有关及国家主权与安全的事业,如国防、外交、军事等;第二类,有关国家重点建设的项目及公共设施建设,如三峡工程;第三类,有关抢险、救灾等工作;第四类,使社会公众受益的事业,如教育、卫生、医疗、社会保障等。

但是,下列事项不属于行政征收中的"公共利益":一是商业利益不是公共利益。如征收集体土地的目的是建造商品房,这就不是公共利益,但为了建设保障房或国家重点建设的项目及公共设施建设是公共利益。二是仅仅为了充实国库,不属于行政征收中的公共利益。世界上将这种情况称作"国库利益",如果仅仅为了这一目的,不得进行征收。[41] 三是为了本部门、本单位和小集体的利益,就不属于公共利益。如为了建设某个国有单位的内部医院和内部宿舍。

必须指出,公共利益的需要是实施行政征收的前提和必要条件,但不是充分条件。不符合公共利益的需要,肯定不得实施行政征收;但符合公共利益的需要也不等于就可实施行政征收。

(二)法定原则

行政征收的法定原则,是指行政征收必须依法设定并依法实施。它是作为行政法基本原则的"行政法定"在行政征收领域的贯彻和体现。

1. 行政征收必须由法律设定。鉴于行政征收是政府强制性地处分私人的财产权,在大陆法系国家都会要求有明文的法律依据。我国对行政征收设定的要求,采取了最为严格的方式,即"法律保留"原则。所谓法律保留,就是对某些事项必须由全国人大及其常委会制定的"法律"作出规定,行政法规、地方性法规和规章不得规定该事项。

《宪法》(2018)第13条第3款规定:"国家为了公共利益的需要,可以依照法律规定对公民的私有财产实行征收或者征用并给予补偿。"《民法典》(2020)第117条规定:"为了公共利益的需要,依照法律规定的权限和程序征收、征用不动产或者动产的,应当给予公平、合理的补偿。"《立法法》(2023)第11条规定:"下列事项只能制定法律:……(七)对非国有财产的征收、征用……"这些规定都是对"法律保留"原则的体现,要求行政机关实施行政征收必须具有明文的法律依据。行政法规、地方性法规和规章不得成为行政征收的合格依据。

2. 行政征收必须依法实施。这首先要求做到征收主体合格,如对集体土地的征收决定必须由国务院或者省级人民政府作出;对城市国有土地上房屋的征收决定必须由县级以上地方人民政府作出。不得越权征收。另外还必须遵循法律规定的征收程序,如征收方案和征收决定的公告;对征收方案的社会风险评估;听取群众对征收补偿方案的意见;对征收决定的集体讨论决定等。

(三)比例原则

比例原则[42],又称为均衡原则或者平衡原则[43],是指行政机关在行使行政权的过程中,对于在法律依据范围之内可以采取的各种措施,必须选择使相对人利益受到限制或损害最小的方式来行使,同时,所采取的方式对相对人个人利益造成的损害与所追求的行政目的或者所

---

〔41〕 参见陈新民:《德国公法学基础理论》(上卷),法律出版社2010年版,第510页。

〔42〕 英文:the principle of proportionality;德文:Grundsatz der Verhaltnismassigkeit。

〔43〕 参见于安编著:《德国行政法》,清华大学出版社1999年版,第29页。

要实现的公共利益相适应,从而既能够充分实现公共利益又合理保护公民合法权益。比例原则包括三个子原则:妥当性原则、必要性原则和狭义比例原则,从比例原则的内容看,其核心在于行为手段与行为目的之间的考量。

这一比例原则落实到行政征收,就要以相对人所受财产最小损失来实现行政征收所期望达到的目标。当可征收可不征收时,不轻易启动征收;当可征收 A 范围和 B 范围时,尽量减少征收范围。

(四)补偿原则

补偿原则,是指政府实施行政征收,必须给予被征收人行政补偿。补偿构成征收的条件,不补偿不得征收。这就演化为"无补偿无征收"原则。世界各国宪法或其他法律,只要规定"征收",必然同时规定"补偿",所以"补偿"是"征收"的"唇齿条款"。补偿一方面体现了对私人财产权的尊重和保护,另一方面也成为对行政征收的一种制约。正如有学者指出,将征收视作为一种必须给予补偿的征收,可以防止"征收"走得"太远"。[44]

对征收必须补偿,而且必须合理补偿。由此,"补偿原则"就演化为"合理补偿原则"。对征收的补偿原则由我国《宪法》直接确立。《宪法》(2018)第 10 条第 3 款规定:"国家为了公共利益的需要,可以依照法律规定对土地实行征收或者征用并给予补偿。"第 13 条第 3 款又规定:"国家为了公共利益的需要,可以依照法律规定对公民的私有财产实行征收或者征用并给予补偿。"这就形成了"要征收必补偿"的法治逻辑。接着,我国《民法典》《土地管理法》又将"补偿原则"细化为"合理补偿""公平补偿""平等补偿""足额补偿""先行补偿""公开补偿"等。如《民法典》(2020)第 117 条规定:"为了公共利益的需要,依照法律规定的权限和程序征收、征用不动产或者动产的,应当给予公平、合理的补偿。"《土地管理法》(2019)第 48 条第 1 款规定:"征收土地应当给予公平、合理的补偿,保障被征地农民原有生活水平不降低、长远生计有保障。"《国有土地上房屋征收与补偿条例》(2011)第 2 条规定:"为了公共利益的需要,征收国有土地上单位、个人的房屋,应当对被征收房屋所有权人(以下称被征收人)给予公平补偿。"《国防法》(2020)第 51 条规定:"国家根据国防动员需要,可以依法征收、征用组织和个人的设备设施、交通工具、场所和其他财产。县级以上人民政府对被征收、征用者因征收、征用所造成的直接经济损失,按照国家有关规定给予公平、合理的补偿。"《森林法》(2019)第 21 条规定:"为了生态保护、基础设施建设等公共利益的需要,确需征收、征用林地、林木的,应当依照《中华人民共和国土地管理法》等法律、行政法规的规定办理审批手续,并给予公平、合理的补偿。"

以上的各种表述,最终可以归纳为"合理补偿"。因为这里的"理"是广义的,包括"法理"和"情理"。合理补偿原则在我国已经演化为一项综合而先进的原则,具体包括:足额补偿原则;平等补偿原则;公开补偿原则;同时补偿原则;先行补偿原则等。

足额补偿原则,也称全面补偿原则,要求对被征收财产在征收时的实际价值进行不折不扣地补偿。我国已有不少法律规定了这一原则,如《民法典》(2020)第 243 条第 2 款规定:"征收集体所有的土地,应当依法及时足额支付土地补偿费、安置补助费以及农村村民住宅、其他地上附着物和青苗等的补偿费用,并安排被征地农民的社会保障费用,保障被征地农民的生活,

---

[44] 参见[美]理查德·A.艾珀斯坦:《征收——私人财产和征用权》,李昊、刘刚、翟小波译,中国人民大学出版社 2011 年版,第 67 页。

维护被征地农民的合法权益。"《土地管理法》(2019)第 48 条第 2 款规定:"征收土地应当依法及时足额支付土地补偿费、安置补助费以及农村村民住宅、其他地上附着物和青苗等的补偿费用,并安排被征地农民的社会保障费用。"《国有土地上房屋征收与补偿条例》(2011)第 12 条第 2 款规定:"作出房屋征收决定前,征收补偿费用应当足额到位、专户存储、专款专用。"原先的一种理论是,赔偿是等价的,补偿是不等价的;而且补偿的价值要远远低于被征收财产的实际价值。理由是,征收是基于公共利益的需要,是一种合法行为,赔偿是针对违法行为。所以赔偿遵循"等价"原则,而补偿遵循"不等价"原则,因为补偿中的被征收人既是受损者,也是受益者。这种传统理论已渐渐被推翻。所以,今天的行政法理已不再认为赔偿与补偿的区别在于"等价"与"不等价",而仅仅是起因不同:行政赔偿是行政违法的后果,行政补偿是行政征收的结果。

平等补偿原则,是指被征收补偿者所获得补偿是平等的。我国许多法律规定了"公平补偿",如《土地管理法》(2019)第 48 条第 1 款规定:"征收土地应当给予公平、合理的补偿,保障被征地农民原有生活水平不降低、长远生计有保障。"《国有土地上房屋征收与补偿条例》(2011)第 2 条规定:"为了公共利益的需要,征收国有土地上单位、个人的房屋,应当对被征收房屋所有权人(以下称被征收人)给予公平补偿。"《外商投资法》(2019)第 20 条规定:"国家对外国投资者的投资不实行征收。在特殊情况下,国家为了公共利益的需要,可以依照法律规定对外国投资者的投资实行征收或者征用。征收、征用应当依照法定程序进行,并及时给予公平、合理的补偿。"这里的"公平补偿"包含而且主要是指"平等补偿"。平等补偿要求对所有被征收者进行一视同仁的补偿,同样的财产适用给予同样的补偿。

公开补偿原则,是指补偿标准、补偿程序、补偿方案和补偿结果都必须公开,以便接受社会监督。不得将行政补偿置于秘密状态私下进行。我国不少法律已规定和体现了这一原则。如《土地管理法》(2019)第 49 条第 1 款规定:"被征地的农村集体经济组织应当将征收土地的补偿费用的收支状况向本集体经济组织的成员公布,接受监督。"《国有土地上房屋征收与补偿条例》(2011)第 3 条规定:"房屋征收与补偿应当遵循决策民主、程序正当、结果公开的原则。"

同时补偿原则,是要求补偿与征收工作同步进行,补偿未确定之前,不得先行征收。这主要是针对在现实中出现不少征收、拆迁、搬迁多少年后补偿款迟迟不到位的现象而确立的原则。我国不少法律规定"及时补偿",这正是同时补偿原则的反映,如《土地管理法》(2019)第 48 条第 2 款规定:"征收土地应当依法及时足额支付土地补偿费、安置补助费以及农村村民住宅、其他地上附着物和青苗等的补偿费用,并安排被征地农民的社会保障费用。"《外商投资法》(2019)第 20 条第 2 款规定:"在特殊情况下,国家为了公共利益的需要,可以依照法律规定对外国投资者的投资实行征收或者征用。征收、征用应当依照法定程序进行,并及时给予公平、合理的补偿。"

先行补偿原则。这是同时补偿原则的延伸,是指在具体的征收补偿过程中,要求具体做到"先补偿、后搬迁"。如《土地管理法》(2019)第 48 条第 4 款规定:"……对其中的农村村民住宅,应当按照先补偿后搬迁、居住条件有改善的原则,尊重农村村民意愿,采取重新安排宅基地建房、提供安置房或者货币补偿等方式给予公平、合理的补偿,并对因征收造成的搬迁、临时安置等费用予以补偿,保障农村村民居住的权利和合法的住房财产权益。"

四、行政征收的基本制度

我国已有几百部法律对行政征收作出规定。在尚无统一的“行政征收法”的背景下，行政征收法律制度正在逐步形成。现在已有几种较为定型的行政征收制度。

（一）土地征收制度

1. 土地征收概念和依据

征收土地在世界各国都会发生，它是国家取得土地的常用方法，但在土地私有制国家里，征收土地表现为一种强制购买权，只有在正常收买无法取得土地时才动用征收权。因此，土地私有制国家的土地征收实际上是对私有土地的强制性征购。

我国的土地征收，是指政府为了公共利益的需要，依法将集体所有的土地收为国有，并给予补偿的行政行为及其法律制度。土地征收的根本特征是土地所有权从集体所有变成国家所有。国家将依法出让的国有土地使用权提前收回，即便是出于公共利益的需要，也不属于土地征收，因为它没有导致土地所有权的变化。

根据《宪法》(2018)第10条的规定，我国的土地所有制只有两种，即国家所有和集体所有。城市的土地属于国家所有；农村和城市郊区的土地，除由法律规定属于国家所有的以外，属于集体所有；宅基地和自留地、自留山，也属于集体所有。国家为了公共利益的需要，可以依照法律规定对集体土地实行征收并给予补偿。对土地的征收权，是由《宪法》和《土地管理法》直接设定的。《宪法》(2018)第10条第3款规定：“国家为了公共利益的需要，可以依照法律规定对土地实行征收或者征用并给予补偿。”《土地管理法》(2019)第2条第4款规定：“国家为了公共利益的需要，可以依法对土地实行征收或者征用并给予补偿。”土地征收的具体制度，则由《土地管理法》及其他有关法律法规作出规定。

2. 土地征收的条件

土地征收，是政府代表国家对集体所有土地的征收，使土地从集体所有变成国家所有。正因如此，土地征收的条件是极其严格的，必须真正出于公共利益的需要。根据《土地管理法》(2019)第45条规定，可以征收土地的公共利益具体包括：(1)军事和外交需要用地的；(2)由政府组织实施的能源、交通、水利、通信、邮政等基础设施建设需要用地的；(3)由政府组织实施的科技、教育、文化、卫生、体育、生态环境和资源保护、防灾减灾、文物保护、社区综合服务、社会福利、市政公用、优抚安置、英烈保护等公共事业需要用地的；(4)由政府组织实施的扶贫搬迁、保障性安居工程建设需要用地的；(5)在土地利用总体规划确定的城镇建设用地范围内，经省级以上人民政府批准由县级以上地方人民政府组织实施的成片开发建设需要用地的；(6)法律规定为公共利益需要可以征收农民集体所有的土地的其他情形。而且要求，这些建设项目还必须符合国民经济和社会发展规划、土地利用总体规划、城乡规划和专项规划和有关国家标准。

3. 土地征收的决定主体和实施主体

土地征收决定主体系指作出土地征收最终决定的机关，包括最终决定机关或最终审批机关。根据《土地管理法》(2019)第46条规定，征收下列土地的，由国务院批准：(1)永久基本农田；(2)永久基本农田以外的耕地超过三十五公顷的；(3)其他土地超过七十公顷的。征收上述三项以外的土地的，由省、自治区、直辖市人民政府批准。这就表明，土地征收的决定机关被严格地限定为国务院或者省级人民政府(省、自治区、直辖市人民政府)。省级以下人民政府或省级人民政府的工作部门都无权决定土地征收,否则将构成无效决定。

土地征收实施主体,是指土地征收最终决定以后,具体落实实施的机关。《土地管理法》(2019)第47条第1款规定:“国家征收土地的,依照法定程序批准后,由县级以上地方人民政府予以公告并组织实施。”这就是说,土地征收的具体实施机关,和土地征收决定机关未必是同一机关。土地征收决定机关是国务院或者省级人民政府,而土地征收的实施机关是县级以上地方人民政府。

县级以上地方人民政府实施行政征收决定的工作,具体包括发布征收公告,组织实施拆迁,协商和落实补偿等。

区别土地征收的决定主体与实施主体的法律意义在于:行政相对人针对行政征收决定不服的,应当以作出最终决定的土地征收机关为被告[45];而对于实施过程中的征收和补偿行为不服的,可以具体的实施机关为被告。

4. 土地征收的程序

土地征收应当由县级以上地方人民政府提出。应当由省级人民政府审批的,直接向省级人民政府提出;应当由国务院批准的,应当由省级人民政府向国务院提出。

根据《土地管理法》(2019)第47条规定,县级以上地方人民政府拟申请征收土地的,必须事先完成相关前期工作。这些工作包括:

(1)开展拟征收土地现状调查和社会稳定风险评估。

(2)拟定征收范围、土地现状、征收目的、补偿标准、安置方式和社会保障等征收补偿方案。

(3)公告和听取意见。[46] 征收补偿方案,由土地征收实施机关在拟征收土地所在的乡(镇)和村、村民小组范围内公告至少30日,听取被征地的农村集体经济组织及其成员、村民委员会和其他利害关系人的意见。多数被征地的农村集体经济组织成员认为征地补偿安置方案不符合法律、法规规定的,县级以上地方人民政府应当组织召开听证会,并根据法律、法规的规定和听证会情况修改方案。

(4)办理补偿登记。拟征收土地的所有权人、使用权人应当在公告规定期限内,持不动产权属证明材料办理补偿登记。

(5)签订补偿协议。县级以上地方人民政府应当组织有关部门测算并落实有关费用,保证足额到位,与拟征收土地的所有权人、使用权人就补偿、安置等签订协议;个别确实难以达成协议的,应当在申请征收土地时如实说明。

如果征收土地属于农用地,那就应当先办理“农用地转用审批”。其中,经国务院批准农用地转用的,同时办理征地审批手续,不再另行办理征地审批;经省、自治区、直辖市人民政府在征地批准权限内批准农用地转用的,同时办理征地审批手续,不再另行办理征地审批,超过征地批准权限的,应当另行办理征地审批手续。

土地征收依法批准之后,由县级以上地方人民政府具体实施土地征收补偿工作,包括公告、组织拆迁、搬迁,落实补偿等。

---

〔45〕 现行制度和理论对于土地征收决定是否可诉还有争议。

〔46〕 《土地管理法》(2019)第47条、《土地管理法实施条例》(2021)第26条和第28条都对土地征收补偿公告作出详细规定。

对草原、森林等征收,适用《土地管理法》所规定的征收补偿程序。

(二)房屋征收制度

1. 房屋征收概念和依据

对集体所有土地上的房屋的征收,是作为被征收土地附属物按照土地征收程序处理的,不作单独讨论。所以,这里的房屋征收是指国有土地上的房屋征收。设定房屋征收的直接法律依据是《城市房地产管理法》和《国有土地上房屋征收与补偿条例》。

城市房屋征收,系由权是由《城市房地产管理法》作直接授权,由《国有土地上房屋征收与补偿条例》作具体规定。《城市房地产管理法》(2019)第6条规定:"为了公共利益的需要,国家可以征收国有土地上单位和个人的房屋,并依法给予拆迁补偿,维护被征收人的合法权益;征收个人住宅的,还应当保障被征收人的居住条件。具体办法由国务院规定。"《国有土地上房屋征收与补偿条例》(2011)第2条也规定:"为了公共利益的需要,征收国有土地上单位、个人的房屋,应当对被征收房屋所有权人(以下称被征收人)给予公平补偿。"

2. 房屋征收的条件

房屋征收必须出于公共利益的需要,即为了保障国家安全、促进国民经济和社会发展等公共利益的需要。根据《国有土地上房屋征收与补偿条例》(2011)第8条规定,公共利益包括以下具体事项:(1)国防和外交的需要;(2)由政府组织实施的能源、交通、水利等基础设施建设的需要;(3)由政府组织实施的科技、教育、文化、卫生、体育、环境和资源保护、防灾减灾、文物保护、社会福利、市政公用等公共事业的需要;(4)由政府组织实施的保障性安居工程建设的需要;(5)由政府依照城乡规划法有关规定组织实施的对危房集中、基础设施落后等地段进行旧城区改建的需要;(6)法律、行政法规规定的其他公共利益的需要。

3. 房屋征收的主体

《国有土地上房屋征收与补偿条例》(2011)第4条规定:"市、县级人民政府负责本行政区域的房屋征收与补偿工作。市、县级人民政府确定的房屋征收部门(以下称房屋征收部门)组织实施本行政区域的房屋征收与补偿工作。市、县级人民政府有关部门应当依照本条例的规定和本级人民政府规定的职责分工,互相配合,保障房屋征收与补偿工作的顺利进行。"另结合第8条〔47〕和第26条〔48〕规定,可以确定:

(1)征收和补偿的决定机关。市、县级人民政府是征收和补偿的决定机关,征收决定和补偿决定必须由它们作出并以它们的名义公告。市、县级人民政府的工作部门无权作出征收和补偿决定。

(2)征收和补偿工作的实施部门。具体的征收、补偿工作由市、县级人民政府确定的房屋征收部门(一般是城乡建设部门)组织实施,包括拟定征收补偿方案,还有传达、公告、宣传、沟通、拆迁、补偿等工作。

这就意味着,当事人对征收决定或者补偿决定不服的,应当以作出征收决定、补偿决定的

〔47〕《国有土地上房屋征收与补偿条例》(2011)第8条规定:"为了保障国家安全、促进国民经济和社会发展等公共利益的需要,有下列情形之一,确需征收房屋的,由市、县级人民政府作出房屋征收决定……"

〔48〕《国有土地上房屋征收与补偿条例》(2011)第26条第1款规定:"房屋征收部门与被征收人在征收补偿方案确定的签约期限内达不成补偿协议,或者被征收房屋所有权人不明确的,由房屋征收部门报请作出房屋征收决定的市、县级人民政府依照本条例的规定,按照征收补偿方案作出补偿决定,并在房屋征收范围内予以公告。"

市、县级人民政府为被告,不得以其工作部门为被告。如果市、县级人民政府的工作部门在实施征收补偿过程中自己独立地作出一个行政行为,当事人认为该行政行为侵害其合法权益的,可以该工作部门为被告。

另外,根据《国有土地上房屋征收与补偿条例》(2011)第5条的规定,房屋征收部门必要时可以委托房屋征收实施单位,如拆迁办等,承担房屋征收与补偿的具体工作。房屋征收实施单位不得以营利为目的。房屋征收部门对房屋征收实施单位在委托范围内实施的房屋征收与补偿行为负责监督,并对其行为后果承担法律责任,因为它们之间属于委托关系而不是授权关系。

4. 房屋征收的程序

房屋征收程序,应当遵循《国有土地上房屋征收与补偿条例》(2011)第3条要求,做到"决策民主、程序正当、结果公开"。具体包括:

(1)拟定征收补偿方案。启动征收程序,应当由市、县级人民政府确定的房屋征收部门拟定征收补偿方案,报请市、县级人民政府决定。

(2)征收补偿方案征求意见。市、县级人民政府在作出决定前,应当组织有关部门对征收补偿方案进行论证并予以公布,征求公众意见。征求意见期限不得少于30日。接着,市、县级人民政府还应当将征求意见情况和根据公众意见修改的情况及时公布。因旧城区改建需要征收房屋,多数被征收人认为征收补偿方案不合法、不合规、不合理的,市、县级人民政府应当组织由被征收人和公众代表参加的听证会,并根据听证会情况修改方案。

(3)社会稳定风险评估和补偿资金到位。市、县级人民政府作出房屋征收决定前,必须进行社会稳定风险评估,还要做到征收补偿费用足额到位、专户存储、专款专用。不经过风险评估,补偿资金未到位的,不得作出征收决定。

(4)作出征收决定。前期工作步骤进行完毕,由市、县级人民政府作出房屋征收决定。房屋征收决定涉及被征收人数量较多的,应当经政府常务会议讨论决定。

(5)及时公告。市、县级人民政府作出房屋征收决定后,应当及时公告。公告应当载明征收补偿方案和行政复议、行政诉讼权利等事项。

房屋被依法征收的,国有土地使用权同时收回。

(三)其他征收

我国行政征收,除了对集体土地的征收、城市房屋的征收,还包括对企业征收和对动产的征收。

1. 企业征收。企业征收系指国家为了公共利益的需要,依法将非国有企业收归国有并给予补偿的行为和制度。我国的法律立场是:非国有企业的合法权益受到法律保护,原则上不得对非国有企业进行征收;如果出于公共利益的需要,并有法律的明文依据,国家可以对其实施征收,但必须给予合理补偿。我国《中小企业促进法》(2017)第50条规定:"国家保护中小企业及其出资人的财产权和其他合法权益。任何单位和个人不得侵犯中小企业财产及其合法收益。"《外商投资法》(2019)第5条规定:"国家依法保护外国投资者在中国境内的投资、收益和其他合法权益。"第20条又规定:"国家对外国投资者的投资不实行征收。在特殊情况下,国家为了公共利益的需要,可以依照法律规定对外国投资者的投资实行征收或者征用。征收、征用应当依照法定程序进行,并及时给予公平、合理的补偿。"《台湾同胞投资保护法》(2019)第4条规定:"国家对台湾同胞投资者的投资不实行国有化和征收;在特殊情况下,根据社会公共利益的需要,对台湾同胞投资者的投资可以依照法律程序实行征收,并给予相应的补偿。"上述规定充分反映了我国的法律态度,对企业的征收既涉及不动产,也涉及动产,其属于包括财产和权能、不动产和动产的综合性征收。

2. 动产征收。《民法典》(2020)第115条规定:"物包括不动产和动产。"根据该法117条规定,行政征收应当包括对不动产的征收和动产的征收。[49] 动产是指能够移动而不损害其经济用途和经济价值的物。不动产是指依自然性质或法律规定不可移动的土地、土地定着物、与土地尚未脱离的土地生成物、因自然或者人力添附于土地并且不能分离的其他物。我国行政征收,除了对土地、房屋等不动产的征收,还应当包括对动产的征收。

鉴于我国对企业的征收和对不动产的征收尚未形成完整的征收程序和制度,这里暂不展开。但无论如何,出于公共利益的需要、有明文的法律依据、必须给予合理补偿,这几项要求是不能缺失的。

五、行政征收的可诉性

行政征收是一种行政决定,是一种负担行政行为,其行为结果会导致被征收人财产所有权的丧失。因此,如果被征收人或其他利害关系人认为行政征收行为违法,有权申请行政复议或提起行政诉讼。这是行政法理的逻辑,在中国已不再存有分歧。

我国的有关法律也明文肯定了行政征收的可诉性。《行政复议法》和《行政诉讼法》都明确将行政征收列入行政复议和行政诉讼的范围。《行政复议法》(2023)第11条规定:"有下列情形之一的,公民、法人或者其他组织可以依照本法申请行政复议:……(五)对行政机关作出的征收征用决定及其补偿决定不服……"《行政诉讼法》(2017)第12条第1款规定:"人民法院受理公民、法人或者其他组织提起的下列诉讼:……(五)对征收、征用决定及其补偿决定不服的……"此外,我国《国有土地上房屋征收与补偿条例》(2011)也明文规定了"行政征收决定"的可诉性。该法第14条规定:"被征收人对市、县级人民政府作出的房屋征收决定不服的,可以依法申请行政复议,也可以依法提起行政诉讼。"还有,《国家赔偿法》(2012)第4条第3项规定:"行政机关及其工作人员在行使行政职权时有下列侵犯财产权情形之一的,受害人有取得赔偿的权利:……(三)违法征收、征用财产的……"最高人民法院《关于行政案件案由的暂行规定》(法发〔2020〕44号)和行政征用一起,单设了三个诉讼案由,包括征收或者征用房屋;征收或者征用土地;征收或者征用动产。

但是现行制度中还存在一个"例外",至今存在分歧。那就是,国务院或省级人民政府作出的土地征收决定是否可诉。《行政复议法》(1999)第30条第2款首次[50]规定:"根据国务院或者省、自治区、直辖市人民政府对行政区划的勘定、调整或者征用土地的决定,省、自治区、直辖市人民政府确认土地、矿藏、水流、森林、山岭、草原、荒地、滩涂、海域等自然资源的所有权或者使用权的行政复议决定为最终裁决。"2009年和2017年的两次修正未修改这一条。

《行政复议法》(2017)第30条第2款涉及两类决定:一是国务院或者省、自治区、直辖市人

---

〔49〕《民法典》(2020)第117条规定:"为了公共利益的需要,依照法律规定的权限和程序征收、征用不动产或者动产的,应当给予公平、合理的补偿。"

〔50〕因为这一规定为原1994年的《行政复议条例》所没有。

民政府对行政区划的勘定、调整或者征用土地的决定；二是省、自治区、直辖市人民政府确认土地、矿藏、水流、森林、山岭、草原、荒地、滩涂、海域等自然资源的所有权或者使用权的行政复议决定。这里的情况是:第二类决定是依据第一类决定作出的。从语义表达上说,这里对第一类决定如何救济没有表达,这里只是表达省、自治区、直辖市人民政府根据国务院或者省、自治区、直辖市人民政府对行政区划的勘定、调整或者征用土地的决定,所作出的确认土地、矿藏、水流、森林、山岭、草原、荒地、滩涂、海域等自然资源的所有权或者使用权的行政复议决定为最终裁决。也就是说,依据第一类决定所作出的第二类决定才属于不可诉的“最终裁决”。全国人民代表大会常务委员会法制工作委员会所编的“释义”也作此解释:“本款规定的终局复议活动仅限于根据国务院或者省级政府对行政区划的勘定、调整或者征用土地的决定基础上,省级人民政府确认有关自然资源性的所有权或者使用权行为进行的复议活动,也就是说,对此类行为的复议决定为终局决定,不再对复议决定或原具体行政行为提起行政诉讼。”〔51〕

但到2005年,最高人民法院的一个司法解释将它解释为:国务院或者省、自治区、直辖市人民政府作出的土地征收〔52〕决定也是不可诉的“最终裁决”。最高人民法院《关于适用〈中华人民共和国行政复议法〉第三十条第二款有关问题的答复》(〔2005〕行他字第23号)指出,《行政复议法》第30条第2款规定的最终裁决应当包括两种情形:一是国务院或者省级人民政府对行政区划的勘定、调整或者征用土地的决定;二是省级人民政府据此确认自然资源的所有权或者使用权的行政复议决定。由此造成了全国法院系统至今还拒绝受理相对人因不服行政机关征收土地决定而提起的行政诉讼,即将上述的第一类决定和第二类决定都解释为“最终裁决”,由此调整和统一了全国法院对该类案件的受理态度。从此,土地征收决定变成为一个不可诉的最终行政决定。这一司法解释和现状还被一个“理由”支撑着:根据《土地管理法》规定,土地征收的决定机关是国务院或者省、自治区、直辖市人民政府,而土地征收决定是它们的“专属权力的表现形式”,因而不可诉。〔53〕

《行政复议法》2023年的修订绕开了这一困扰人们20多年的问题。它表明:

第一,行政征收决定是可复议、可诉讼的。《行政复议法》(2023)第11条规定:“有下列情形之一的,公民、法人或者其他组织可以依照本法申请行政复议……(五)对行政机关作出的征收征用决定及其补偿决定不服……”这里没有限定行政征收的主体。另外,《行政复议法》(2023)第23条未将征收行为列入复议前置范围。从理论上说,可复议的行政行为同时也是可诉讼的行政行为,除非法律另有规定。

第二,由国务院部门或省级人民政府作出的征收决定,应当由原机关进行复议。《行政复议法》(2023)第24条第2款规定:“除前款规定外,省、自治区、直辖市人民政府同时管辖对本机关作出的行政行为不服的行政复议案件。”第25条又规定:“国务院部门管辖下列行政复议案件:(一)对本部门作出的行政行为不服的……”

第三,国务院部门或省级人民政府对本单位作出的征收决定进行复议的,当事人对复议决定不服,可以提起行政诉讼,也可申请国务院作最终裁决。《行政复议法》(2023)第26条规定:

〔51〕 张春生主编:《中华人民共和国行政复议法释义》,法律出版社1999年版,第153页。

〔52〕 我国长期将“土地征收”误称为“土地征用”,直到2004年宪法修正时才纠正了这一点,并且严格区分了“征收”与“征用”。

〔53〕 参见刘德权主编:《最高人民法院司法观点集成(行政、国家赔偿卷)》,人民法院出版社2010年版,第98页。

"对省、自治区、直辖市人民政府依照本法第二十四条第二款的规定、国务院部门依照本法第二十五条第一项的规定作出的行政复议决定不服的,可以向人民法院提起行政诉讼;也可以向国务院申请裁决,国务院依照本法的规定作出最终裁决。"

六、管制性征收与行政征收的改革

上述所述的行政征收,实际上属于古典和传统意义上的"征收"。这种征收以被征收财产的所有权转移为特征,不包括对财产权利的限制。中国目前的"征收"也属于这一范围之内。但从世界上看,不少国家已从"古典征收"扩张至"管制性征收"(也称"准征收")。根据中国的发展趋向,行政征收的含义也可能会慢慢扩大,会吸收不少属于管制性征收的内容。

管制性征收突破了将征收限定于财产所有权的剥夺,其是指,即使私人的财产所有权未被剥夺,但由于政府的管制行为过度限制了个人财产的使用,造成了公民财产权益的特别牺牲,也应当视作征收并予补偿。在传统征收意义下,公民的房屋只有被征收为国有(所有权转移)时才可获得补偿,但是国家没有征收公民的房屋,只是限制了公民对自己房屋的使用,那是得不到补偿的。比如,将公民的房屋定性为国家文物,没有改变房屋的所有权,但公民对该房屋的使用受到了极大的限制。后一情况被确定为管制性征收后,自然也可获得补偿了。可见,管制性征收被确立的意义,在于扩大了公民财产受到国家干预而获得补偿的机会和范围。

管制性征收(regulatory takings)概念和制度发端于美国,今天已成为较为成熟的法律制度。美国管制性征收概念和制度,是美国判例法孕育的产物。自美国联邦最高法院1922年审理第一起管制性征收案件,即宾夕法尼亚煤炭公司诉马洪案(Pennsylvania Coal Co. v. Mahon)〔54〕后,管制性征收就从标准、范围、补偿等形成了较为固定的规则。该案件是美国管制性征收制度诞生的重要标志。在该案中,宾夕法尼亚煤炭公司将一块土地的地上权转让给马洪的前任房主,但在合同中明确保留了在其地下采煤的权利。后来马洪在知情的情况下向前任房主买下了该地产。1921年宾夕法尼亚州制定公布了《柯勒法案》。该法防止地面建筑物下陷危险而禁止煤炭公司开采房屋下煤矿。马洪据此向法院申请禁止煤炭公司在他的房屋下采煤的禁制令,而煤炭公司拒绝,从而引发了诉讼。该案件最后上诉到联邦最高法院。最高法院判决《柯勒法案》对宾州煤炭公司采矿权的限制实质上构成了征收,应当给予补偿。在该案中,法院首次确认政府的管制行为限制私人财产达到一定程度也可以构成征收,并确立了判断管制性征收的有关标准。〔55〕

其实,管制性征收概念和制度并不只存在于美国,在以德国为代表的大陆法系同样发达。德国关于国家限制私人财产应予补偿的理念,源于德国《魏玛宪法》实践,并且与"征收"概念的扩张有直接的联系。最初的"公用征收"概念,是沿用古典自由主义的主张,指国家为了公共利益而强制取得公民财产所有权的行为。随着帝国法院与学者认识的发展,征收不再以所有权转移到国家为唯一特征。征收被扩大至对于财产权的限制,例如土地使用权的限制、建筑物外观变更的禁止等。但并不是所有的公民财产受到国家限制都可被定性为"管制性征收",德国便提出了"特别牺牲理论"。"特别牺牲理论"是指所有财产权的行使都要受到一定的限制,这是财产权社会义务的内在要求。当所有公民都平等地承受一定限制时不存在"特别牺牲",因

〔54〕 Pennsylvania Coal Co. v. Mahon, 260U. 5 . 393, 415, 416(1922).

〔55〕 参见许迎春:《论美国管制性征收制度及其对我国的启示》,载《法治研究》2019年第4期。

而也不产生补偿问题;只有对财产的限制超出一定合理范畴,权利人承担了比一般公民更多的负担时才构成“特别牺牲”,这就必须给予补偿。换言之,“特别牺牲”的判断实际上以平等原则为基准。为了更方便判断是否属于管制性征收,德国基本法实务与学说又提出了许多实质区分理论,比如期待可能性理论、本质减损理论和目的相悖理论等。[56]

管制性征收所面对的问题在中国也已发现,已有不少法律规定个人财产受到限制但无补偿规定,还有个别地方对财产使用的过度限制而得不到约束。如我国的《动物防疫法》《文物保护法》《森林法》《防沙治沙法》《自然保护区条例》等都有过度限制公民财产权的规定,还有各地的“禁摩”事件、山西煤矿兼并重组事件、张某英古宅改建事件、石某银植树造林却禁止砍伐事件和为保证“APEC 蓝”无数企业被勒令停产事件等。特别典型的一个案件就是中国贵州的“中国天眼”案,其既不是征收房屋,也不征收集体土地,而是管制规定。[57] 这是现实对我们传统“行政征收”概念和制度的挑战。

国家保护财产权自然不限于所有权,还应当保护财产的使用权、收益权等。所以,我们对行政征收的改革方向,应当是适度扩大行政征收的内涵和范围,将一定范围内限制个人财产权的管制性行为定性为管制性征收并入我国原有行政征收轨道。如果这样,我们在前面排除的某些不属于征收的行为就应当重新定性了,如为了公共利益提前收回国有土地、滩涂、森林、草原等自然资源的使用权;提前收回行政许可权;提前收回土地承包经营权;限制特定相对人对其特定财产的使用;还有特定公共行为影响特定私有财产的价值等。

第三节 行 政 征 用

行政征用和行政征收是一对“孪生兄弟”,属于国家合法干预私人财产权的两种并行手段。国外的行政征用被行政征收所包含和吸收,不作为独立的概念;在中国,行政征用也是事后从行政征收概念中分离出来的。现行行政征用和行政征收一样,都是一种独立的行政行为。

一、行政征用的概念和特征

行政征用有和行政征收相同的理论基础、基本原则和适用条件,所以我国宪法和法律常常对它们作一并规定。如《宪法》(2018)第 13 条第 3 款规定:“国家为了公共利益的需要,可以依照法律规定对公民的私有财产实行征收或者征用并给予补偿。”《立法法》(2023)第 11 条规定:“下列事项只能制定法律:……(七)对非国有财产的征收、征用……”《民法典》(2020)第 117 条规定:“为了公共利益的需要,依照法律规定的权限和程序征收、征用不动产或者动产的,应当给予公平、合理的补偿。”《土地管理法》(2019)第 2 条第 4 款规定:“国家为了公共利益的需要,可以依法对土地实行征收或者征用并给予补偿。”

但是,行政征用毕竟是一种独立的行政行为,它与行政征收还是存在一定的区别的。《民

---

[56] 参见郭晖:《财产权的社会义务与管制性征收》,载《河北法学》2019 年第 2 期。

[57] 在该案中,政府并没有征收房屋,只是规定以“中国天眼”台址为圆心的半径 5 公里的核心区内严禁设置、使用无线电台(站),严禁建设产生辐射电磁波的设施,从而使不少农民房屋无法使用。参见耿宝建、黄瑶:《管制性征收理论在行政审判中的引入与运用——以“中国天眼”建设中的管制性征收为例》,载《人民司法》2019 年第 1 期。

法典》(2020)第245条终于对行政征用作了单独的规定:“因抢险救灾、疫情防控等紧急需要,依照法律规定的权限和程序可以征用组织、个人的不动产或者动产。被征用的不动产或者动产使用后,应当返还被征用人。组织、个人的不动产或者动产被征用或者征用后毁损、灭失的,应当给予补偿。”这是确立行政征用概念和特征的法律依据。

根据《民法典》(2020)第245条的规定,行政征用是特指政府出于抢险救灾、疫情防控等紧急需要,依照法律规定强制性地使用非国有单位和个人的财产(包括不动产和动产)并给予补偿的行政法制度。行政征用的核心形式是行政征用决定。这是一种独立的负担行政行为。

这一意义上的行政征用,反映了几个法律特征:除了和行政征收所共有的财产性、私人性、负担性、强制性、公益性、法定性、补偿性之外,还具有为行政征用本身所特有的紧急性、使用性、返还性和短期性。

二、行政征用与行政征收

将行政征用置于与行政征收的比较之中来揭示其法律特征,乃是一种明智而简便的方法。因为,我国法律或理论总是将“行政征收和行政征用”捆绑在一起。

行政征用和行政征收是一对“孪生兄弟”,具有共同的“血源”。但它们毕竟是两个独立的行政行为,必然存在部分特征上的差异。准确认识它们之间的共性和差异,有助于法律的正确适用。

以下法律特征为行政征收和行政征用所共有:(1)财产性。行政征用和行政征收一样,是一种干预财产权的行为,而不是干预人身权的行为。(2)私人性。行政征用和行政征收一样,都是针对私人的财产,不是针对国家财产。对国有财产不存在征收征用之说。(3)负担性。行政征用和行政征收一样,对作为被征收征用人的行政相对人而言,都增加了义务的负担,因而都属于负担行政行为,而不是授益行政行为。(4)强制性。行政征用和行政征收一样,都是由政府依法强制性地作出决定,单方启动征收征用程序,被征收征用人必须服从和配合。(5)公益性。行政征用和行政征收一样,都必须出于公共利益的需要。不符合公共利益,就不得发动行政征收和行政征用。(6)法定性。行政征用和行政征收一样,都是国家对私人财产的干预,因而实行“法律保留”原则,即行政征用和行政征收都必须由法律直接设定,行政法规、地方性法规和规章无权设定征收征用,政府也只有在有法律的明确而具体规定时方可实施征收征用。(7)补偿性。行政征用和行政征收一样,事后都必须对被征收征用人进行补偿。补偿是征收征用的“唇齿条款”。无补偿便无征收征用。

与此同时,行政征用还存在自身所特有的特征,那就是:

1. 紧急性。行政征用出于公共利益需要还不够,还必须出于抢险救灾、疫情防控等紧急需要。行政征收可以出于抢险救灾、疫情防控等紧急需要,也可以不出于紧急需要,只要符合公共利益就行。而紧急需要是行政征用的必备条件,不处于紧急需要状态,不得实施行政征用。这是行政征用与行政征收之间的最大区别之一。在平常,政府要借用私人财产,就按平等关系的民事借用行为对待,不具有强制性。从这一意义上说,行政征用其实是一种紧急行政行为,应当纳入“紧急行政法”的理论范畴。

2. 使用性。行政征用不是政府处分私人财产所有权,而只是在短时间内强制性地使用私人财产。行政征用不是对私人财产所有权的剥夺,而仅仅是对其财产使用权短期内的转移。在征用期间,只有政府可以使用该财产,原财产所有人无法使用该财产。

3. 返还性。由于行政征用本质上是一种强制性"借用",因而,用毕必须返还。返还是征用机关的法定义务。无法返还的,征用机关必须按照实际价值补偿。

4. 短期性。由于行政征用是发生在抢险救灾、疫情防控等紧急需要的状态下,向非国有单位或个人强制性地"借用"财产用于抗险。抗险结束后,政府必须及时返还所征用的财产并给予补偿。可见,行政征用是一项短期性行为。

三、对"紧急需要"的界定

出于抢险救灾、疫情防控等"紧急需要",是行政征用的关键特征和显著标志,也是认定行政征用的突出标准。但要准确界定"紧急需要",必须厘清两大关系。

(一)紧急需要与公共利益

我国不少法律规定到"紧急需要",如《消防法》(2021)第45条第3款规定:"根据扑救火灾的紧急需要,有关地方人民政府应当组织人员、调集所需物资支援灭火。"《海警法》(2021)第19条规定:"海警机构因处置海上突发事件的紧急需要,可以采取下列措施:(一)责令船舶停止航行、作业;(二)责令船舶改变航线或者驶向指定地点;(三)责令船舶上的人员下船,或者限制、禁止人员上船、下船;(四)责令船舶卸载货物,或者限制、禁止船舶卸载货物;(五)法律、法规规定的其他措施。"第54条又规定:"海警机构因海上维权执法紧急需要,可以依照法律、法规、规章的规定优先使用或者征用组织和个人的交通工具、通信工具、场地,用后应当及时归还,并支付适当费用;造成损失的,按照国家有关规定给予补偿。"《人民武装警察法》(2020)第24条规定:"人民武装警察因执行任务的紧急需要,经出示人民武装警察证件,可以优先乘坐公共交通工具;遇交通阻碍时,优先通行。"

明确表明作为行政征用必备条件的"紧急需要",那是《民法典》(2020)第245条的规定,它表达为"因抢险救灾、疫情防控等紧急需要"。这里要注重理解两个字:"因"和"等"。

"因"抢险救灾、疫情防控等紧急需要。这里的"因"既包括原因,也包括目的,还包括现状,即只要是与抢险救灾、疫情防控等工作相关的紧急需要,都属于行政征用中的"紧急需要"。

因抢险救灾、疫情防控"等"紧急需要。这里的"等"意味着,行政征用中的"紧急需要"并不只限于"抢险救灾、疫情防控",它应当包括政府管理中所有公务领域中的"紧急需要"。

行政征用中的"紧急需要",应当是指抢险救灾、疫情防控和执行公务等领域和过程中发生的,不及时处置会造成或者可能造成严重社会危害的情形。

公共利益,如前所述,是主要是指国家利益和社会公共利益,即国家、社会和不特定的社会成员所享有的利益之总称。行政征用中的紧急需要本身就属于公共利益,它是公共利益范畴内的紧急需要。不属于公共利益中的紧急需要则不属于行政征用中的紧急需要。所以,行政征收中的紧急需要以公共利益为前提,本身又属于公共利益。

公共利益的范围大于紧急需要。公共利益包括有关国家主权与安全的事业,有关国家重点建设的项目及公共设施建设,有关抢险、救灾等工作,使社会公众受益的事业,如教育、卫生、医疗、社会保障等。而行政征用中的紧急需要,主要发生在有关抢险、救灾等工作间公共利益领域。所以说,有的紧急需要不属于公共利益(如民间的紧急需要);有的公共利益并不具有"紧急性",不属于紧急需要。

认知这一关系的最后结论是:行政征用中的紧急需要并不是公共利益以外的需要;行政征

用中的紧急需要同样必须出于并符合公共利益的需要。

(二)紧急需要与紧急状态

“紧急需要”最易与“紧急状态”相混淆。要认知“紧急状态”就应当从应急状态讲起,因为“紧急状态”只是应急状态中的一种状态而已。

应急状态由突发事件引起。突出事件(emergency)是指突然发生,造成或者可能造成重大人员伤亡、财产损失、生态环境破坏和严重社会危害,危及公共安全的紧急事件。它包括自然灾害、事故灾难、公共卫生事件和社会安全事件。国家和政府应对突发事件的状态就是应急状态。应急状态可以从广义和狭义上理解。广义上的应急状态,就是指因自然灾害、事故灾难、公共卫生事件和社会安全事件等突发事件,引发全国或一定范围内的混乱和危害,使国家和政府部门必须紧急应对处置的状态。这种状态具有突发性、危害性和紧迫性等特点。广义上的应急状态又包括三种状态:一是应急状态(狭义);二是紧急状态;三是战争状态。(见图 15-2)

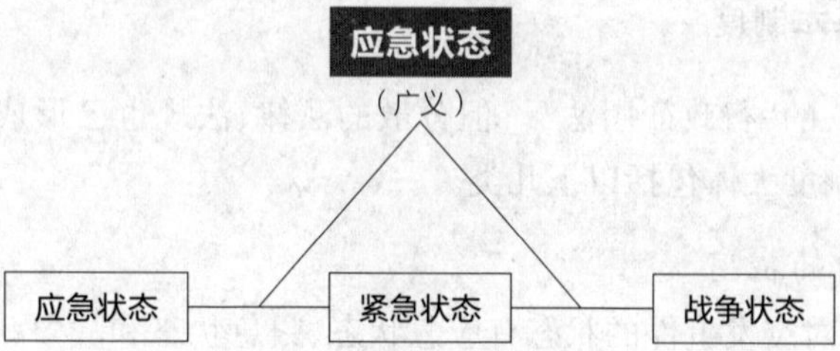

图 15-2 应急状态

这三种状态在确认和宣布机关、法律适用和程序等方面都是有所区别的。狭义上的应急状态,不包括紧急状态与战争状态。它虽然也由自然灾害、事故灾难、公共卫生事件和社会安全事件等突发事件引起,但它没有到达紧急状态的程度,也未进入战争状态,它是适用《突发事件应对法》及相关法律规定,而不是适用“紧急状态法”或“战时状态法”处置的状态。简单地说,应急状态(狭义)就是《突发事件应对法》所界定的状态;《突发事件应对法》其实是一部“应急状态(狭义)”的应对法。根据《突发事件应对法》(2007)第 7 条规定,应急状态的确认和宣布权归属于县级以上人民政府:突发事件发生于本行政区域内的,由该区域的县级人民政府负责;突发事件涉及两个以上行政区域的,由有关行政区域共同的上一级人民政府负责,或者由各有关行政区域的上一级人民政府共同负责。

紧急状态是比应急状态(狭义)更严重的一种状态,是指发生特别重大突发事件,有关部门采取《突发事件应对法》和其他有关法律、法规、规章规定的应急处置措施不能消除或者有效控制突发事件,需要有关国家机关采取更严厉更特殊的措施进行应对的状态。[58] 紧急状态一般因内乱和战争等社会安全事件引发,但也不排除因自然灾害、事故灾难、公共卫生事件而引起。

---

[58] 《突发事件应对法》(2007)第 69 条规定:“发生特别重大突发事件,对人民生命财产安全、国家安全、公共安全、环境安全或者社会秩序构成重大威胁,采取本法和其他有关法律、法规、规章规定的应急处置措施不能消除或者有效控制、减轻其严重社会危害,需要进入紧急状态的,由全国人民代表大会常务委员会或者国务院依照宪法和其他有关法律规定的权限和程序决定。紧急状态期间采取的非常措施,依照有关法律规定执行或者由全国人民代表大会常务委员会另行规定。”

根据《宪法》规定,决定和宣布进入紧急状态是一项宪法权力。全国或者个别省、自治区、直辖市进入紧急状态的,得由全国人大常委会决定、国家主席宣布;省、自治区、直辖市的范围内部分地区进入紧急状态的,由国务院依照法律规定决定和宣布。[59]

战争状态,是指因战争使国家安全受到严重威胁时,国家通过法定程序宣布进入的一种法律状态。进入这种状态,对外(针对战争敌对方)会断绝外交关系或领事关系和商务关系;对内将军队处于最高级的备战准备,并向全国发布战争动员令,实行国内战时管制(包括对公民权利和社会物资)。战争状态并不适用自然灾害、事故灾难、公共卫生事件,也不适用所有社会安全事件(如内乱等),它只适用于国与国之间的战争事件。决定和宣布战争状态更是一项宪法权力。在我国,进入战争状态由全国人大决定,国家主席宣布。[60]

在应急状态中,政府机关会比较多的使用行政征用措施,但不等于说,只有社会进入应急状态才可发动行政征用,在应急状态之外就不得发动行政征用。这是因为,行政征用中的紧急需要主要存在于应急状态,但也存在于应急状态之外,如发生在消防灭火、警察执法中。

四、行政征用的基本制度

我国尚未制定统一的"行政征用法"。但分散的法律、法规也已形成了行政征用的基本制度。我行政征用法律制度大体包括以下几类。

(一)应急状态中的征用

前面已述,我国应对突发事件的状态有应急状态、紧急状态和战争状态。应急状态是指由于突发事件的发生,政府依据《突发事件应对法》等法律法规依法进行应对处置的法律状态。在应急状态中,行政征用是政府机关常常采取的应对措施之一。

《突发事件应对法》(2007)第12条规定:"有关人民政府及其部门为应对突发事件,可以征用单位和个人的财产。被征用的财产在使用完毕或者突发事件应急处置工作结束后,应当及时返还。财产被征用或者征用后毁损、灭失的,应当给予补偿。"第52条第1款规定:"履行统一领导职责或者组织处置突发事件的人民政府,必要时可以向单位和个人征用应急救援所需设备、设施、场地、交通工具和其他物资,请求其他地方人民政府提供人力、物力、财力或者技术支援,要求生产、供应生活必需品和应急救援物资的企业组织生产、保证供给,要求提供医疗、交通等公共服务的组织提供相应的服务。"这里表明,为应对突发事件,履行统一领导职责或者组织处置突发事件的人民政府,有权向单位和个人征用应急救援所需设备、设施、场地、交通工具和其他物资。

另根据《传染病防治法》(2013)第45条规定,传染病暴发、流行时,根据传染病疫情控制的需要,国务院有权在全国范围或者跨省、自治区、直辖市范围内,县级以上地方人民政府有权在本行政区域内紧急调集人员或者调用储备物资,临时征用房屋、交通工具以及相关设施、设备。临时征用房屋、交通工具以及相关设施、设备的,应当依法给予补偿;能返还的,应当及时返还。

---

〔59〕 根据《宪法》(2018)第67条规定,全国人大常委会"决定全国或者个别省、自治区、直辖市进入紧急状态"。第80条又规定,由国家主席根据全国人大常委会的决定,"宣布进入紧急状态"。第89条还规定,国务院"依照法律规定决定省、自治区、直辖市的范围内部分地区进入紧急状态"。

〔60〕 根据《宪法》(2018)第62条规定,由全国人大"决定战争和和平的问题"。第80条规定,由国家主席根据全国人民代表大会的决定"宣布战争状态"。

(二)紧急状态中的征用

紧急状态是指发生特别重大突发事件,有关部门采取《突发事件应对法》和其他有关法律、法规、规章规定的应急处置措施不能消除或者有效控制突发事件,经国务院或全国人大常委会决定,有关部门可采取非常措施的法律状态。在紧急状态可采取的非常措施,包括戒严等手段。

根据《戒严法》(1996)第17条规定,戒严地区的县级以上人民政府,根据执行戒严任务的需要,可以临时征用国家机关、企业事业组织、社会团体以及公民个人的房屋、场所、设施、运输工具、工程机械等。在非常紧急的情况下,执行戒严任务的人民警察、人民武装警察、人民解放军的现场指挥员可以直接决定临时征用,地方人民政府应当给予协助。实施征用应当开具征用单据。临时征用物,在使用完毕或者戒严解除后应当及时归还;因征用造成损坏的,由县级以上人民政府按照国家有关规定给予相应补偿。

(三)国防征用

国防事关国家主权和国家安全。在国防建设和国防斗争中,有时也会涉及对非国有财产的征用。在国防征用中,有的征用主体是军事机关,而大量是由政府机关出面征用。所以,国防征用主要还是行政征用。

《国防法》(2020)第51条规定:"国家根据国防动员需要,可以依法征收、征用组织和个人的设备设施、交通工具、场所和其他财产。县级以上人民政府对被征收、征用者因征收、征用所造成的直接经济损失,按照国家有关规定给予公平、合理的补偿。"

《国防动员法》(2010)第十章专门规定了对民用资源的征用与补偿。民用资源是指组织和个人所有或者使用的用于社会生产、服务和生活的设施、设备、场所和其他物资。国家决定实施国防动员后,如果储备物资无法及时满足动员需要,县级以上人民政府可以依法对民用资源进行征用。任何组织和个人都有接受依法征用民用资源的义务,对人民政府作出的征用决定,必须服从和配合。县级以上地方人民政府对民用资源进行征用时,必须对被征用的民用资源予以登记,向被征用人出具凭证。用毕后,应当及时组织返还;经过改造的,应当恢复原使用功能后返还;不能修复或者灭失的,以及因征用造成直接经济损失的,按照国家有关规定给予补偿。根据《国防动员法》(2010)第56条规定,下列民用资源免予征用:(1)个人和家庭生活必需的物品和居住场所;(2)托儿所、幼儿园和孤儿院、养老院、残疾人康复机构、救助站等社会福利机构保障儿童、老人、残疾人和救助对象生活必需的物品和居住场所;(3)法律、行政法规规定免予征用的其他民用资源。

国防征用除了需要对场所、建筑、设备、设施和其他财产进行征用外,还可对运载工具和运载能力进行征用。因为在国防斗争中,军队需要大量的运载工具和运载能力,这就出现了"动力征用"和"运力征用"。动力征用仅仅是指对运载工具的征用。《国防交通法》(2016)第7条规定:"县级以上人民政府根据国防需要,可以依法征用民用运载工具、交通设施、交通物资等民用交通资源,有关组织和个人应当予以配合,履行相关义务。民用交通资源征用的组织实施和补偿,依照有关法律、行政法规执行。""运力征用"范围更广,除了对运载工具的征用,还包括对交通线路和交通操作人员的调用。如《民用运力国防动员条例》(2019)第27条规定:"军区级以上单位批准的军事训练、演习,可以征用民用运力。军事训练、演习需要征用民用运力的,按照中央军事委员会规定的程序报军区级以上单位批准后,由国防交通主管机构根据民用运力国防动员预案组织实施。军事训练、演习征用民用运力的补偿费用,按照租用方式计价结算。具体办法由国务院财政部门会同国务院有关部门和军队有关部门制定。”根据《国防交通条例》(2011)第34、35条规定,在特殊情况下,军队或者其他单位需要使用征用的运力的,应当向当地国防交通主管机构提出申请,由省、自治区、直辖市人民政府批准。有关政府对动力进行征用的,被征用运力的单位和个人必须依法履行义务,保证被征用的运载工具和设备的技术状况良好,并保证随同的操作人员具有相应的技能。

此外,国家安全人员、情报人员在执行职务时对民间财物的征用也属于国防征用。如《国家情报法》(2018)第17条第2款规定,国家情报工作机构工作人员根据工作需要,按照国家有关规定,可以依法征用有关机关、组织和个人的交通工具、通信工具、场地和建筑物,必要时,可以设置相关工作场所和设备、设施,任务完成后应当及时归还或者恢复原状,并依照规定支付相应费用;造成损失的,应当补偿。

(四)其他征用

这里的其他征用是指应急状态(广义)征用和国防征用之外的行政征用。行政征用除了发生在应急状态处理期间和国防动员期间,在其他期间也会发生。

1. 对土地的征用

根据《土地管理法》(2019)第2条第4款的规定,国家为了公共利益的需要,对集体土地不仅可以依法征收,也可依法征用,但必须给予补偿。然而,虽然《土地管理法》对土地征收主体、权限和程序作出了规定,但未对土地征用主体、权限和程序作出规定。这主要是因为,在现实中,对集体土地征收较多,但征用很少发生。如果对土地征用真的发生,按以下规则处理:(1)如果发生在应急状态之中或国防动员中,其主体、权限和程序优先适用“应急法”和《国防法》规定。(2)发生在以上情况之外的土地征用,可参照适用《土地管理法》关于土地征收的规定。

根据《森林法》(2019)第21条[61]和《草原法》(2021)第38、39条[62]规定,国家为了生态保护、基础设施建设等公共利益的需要,可以依法征用林地、林木和草原,但征用程序和补偿按照《土地管理法》办理。

2. 对房屋的征用

行政征用除了对土地的征用,还包括对私人房屋的征用。如《归侨侨眷权益保护法》(2009)第13条规定:“国家依法保护归侨、侨眷在国内私有房屋的所有权。依法征收、征用、拆迁归侨、侨眷私有房屋的,建设单位应当按照国家有关规定给予合理补偿和妥善安置。”

3. 对通讯、交通等工具的征用

在实践中,对通讯、交通等工具的征用比较常见。如《海警法》(2021)第54条规定:“海警

---

[61] 《森林法》(2019)第21条规定:“为了生态保护、基础设施建设等公共利益的需要,确需征收、征用林地、林木的,应当依照《中华人民共和国土地管理法》等法律、行政法规的规定办理审批手续,并给予公平、合理的补偿。”

[62] 《草原法》(2021)第38条规定:“进行矿藏开采和工程建设,应当不占或者少占草原;确需征收、征用或者使用草原的,必须经省级以上人民政府草原行政主管部门审核同意后,依照有关土地管理的法律、行政法规办理建设用地审批手续。”第39条规定:“因建设征收、征用集体所有的草原的,应当依照《中华人民共和国土地管理法》的规定给予补偿;因建设使用国家所有的草原的,应当依照国务院有关规定对草原承包经营者给予补偿。因建设征收、征用或者使用草原的,应当交纳草原植被恢复费。草原植被恢复费专款专用,由草原行政主管部门按照规定用于恢复草原植被,任何单位和个人不得截留、挪用。草原植被恢复费的征收、使用和管理办法,由国务院价格主管部门和国务院财政部门会同国务院草原行政主管部门制定。”

机构因海上维权执法紧急需要，可以依照法律、法规、规章的规定优先使用或者征用组织和个人的交通工具、通信工具、场地，用后应当及时归还，并支付适当费用；造成损失的，按照国家有关规定给予补偿。”

4. 对投资的征用

根据我国《外商投资法》(2020)第 20 条的规定，国家原则上对外国投资者的投资不实行征收。但在特殊情况下，国家为了公共利益的需要，可以依照法律规定对外国投资者的投资实行征收或者征用。征收、征用应当依照法定程序进行，并及时给予公平、合理的补偿。

五、行政征用主体、对象、补偿和程序

考察以上行政征用基本制度可以发现，和行政征收制度相比，行政征用制度相对薄弱，但是有几项要求还是可以确定的。

(一)征用主体

行政征用的主体必须限于县级以上人民政府，或者是法律特别授权的执法主体和执行人员。

(二)征用对象

行政征用和行政征收一样，限于对非国有财产的征用。对于国有财产属于“征调”的范畴。行政征用除了法律规定不得征用的[63]，原则上动产和不动产都可征用。

(三)征用补偿

行政征用和行政征收都必须对当事人依法补偿，这一点是相同的。但由于在行政征收中，被征收物被征为国有，不存在返还问题，而行政征用存在返还义务，所以补偿上会有差异。对于行政征收的补偿，实际上是按被征物的实际购买价补偿；而对于行政征用的补偿，要明确几点：(1)必须原物返还。有损坏的，必须修复。同时还要进行折旧或损耗补偿。(2)原物无法返还的，按实际价值补偿。(3)不补偿可得利益。

(四)征用程序

由于行政征用都发生在“紧急需要”之时，大多又处于“应急状态”，所以其程序也反映出“紧急性”特点，一般无法按照征收程序办理。

但是，有几个环节还是必需的：(1)向被征用人告知征用主体。如出示证件，告知征用机关和征用人员，包括编号、电话等。(2)制定和送达征用决定。如果当场来不及，事后必须尽快补上。(3)列出被征用物的清单，双方签字。(4)用毕返还和及时补偿。

六、行政征用的可诉性

行政征用和行政征收一样，是一种行政决定和负担行政行为，其行为结果虽不导致被征人财产所有权的丧失，但它直接影响被征人对自己财产的使用权和收益。因此，如果被征用人或其他利害关系人认为行政征用行为违法，同样有权申请行政复议或提起行政诉讼。

我国的有关法律在规定行政征收可诉性的同时，同步规定了行政征用的可诉性。《行政复

---

〔63〕 如《国防动员法》(2010)第 56 条规定免予征用的范围。

议法》(2023)第11条、《行政诉讼法》(2017)第12条都明文规定了对征收、征用决定及其补偿决定的可诉性。《国家赔偿法》(2012)第4条第3项也同样规定,行政机关及其工作人员"违法征收、征用财产的",必须承担赔偿责任。最高人民法院《关于行政案件案由的暂行规定》(法发〔2020〕44号)单设了三个诉讼案由:"43.征收或者征用房屋;44.征收或者征用土地;45.征收或者征用动产。"

第四节 行政征缴

一、行政征缴概述

行政征缴是指国家为了保障国家社会秩序的有序运行及社会公共服务的质量等,通过政府机关依法强制性地从公民、法人或者其他组织的收入中收取一部分作为社会公共财政储备或用于特定的社会公共领域等的行政行为。它是行政主体处理相对人财物的一种行政决定,是一种负担性行政行为。

它和行政征收、征用不同的是,它不以补偿作为条件,实施行政征缴不存在补偿问题。

以前的理论将行政征缴,特别是其中的行政征税,纳入行政征收制度对待。但事后发现,行政征收以补偿为条件,而行政征缴不存在补偿问题,便将行政征缴从行政征收中脱离出来。[64] 2020年,最高人民法院《关于行政案件案由的暂行规定》(法发〔2020〕44号)在行政案由中首次单列了第10类行政行为"行政征缴"。行政征缴一般包括行政征税、行政征费。

二、行政征税

国家税务机关依法向纳税人收取税收的行为就是行政征税行为,它是一种负担性行政行为。

(一)税和税收法定原则

税,亦称税收,是国家税收机关凭借其行政权力,依法强制无偿取得财政收入的一种手段。

按照征税对象的不同,可分为流转税、资源税、收益(所得)税、财产税和行为税五种。按照税收支配权的不同,可分为中央税、地方税和中央地方共享税。

国家通过对各种税的征管,达到调节资源分配和收入分配、各行各业协调发展的目的。通过对中央税、地方税和中央地方共享税的合理分配,兼顾中央和地方的利益,有利于市场经济条件下宏观调控的实施。

由于税收是对私人财产与国家财产的调节,其法律效果是使私人财产以税收形式转变为国家财产,因而在法治国家无不确立"税收法定"原则。我国的"税收法定"最终落实到"法律保留"原则,即"税种的设立、税率的确定和税收征收管理等税收基本制度"必须由全国人民代表大会及其常务委员会以"法律"设定,行政法规、地方性法规和规章都无权设定税种、税率和

---

〔64〕 所以,官方的有关解读也表明这一点:"一般意义的征收,还应当包括征税和行政收费,但本项所规定的征收不包括征税和行政收费,对于征税和行政收费引起的争议,行政相对人可以根据税法和本条第1款第9项向法院提起诉讼。"参见王杰主编、全国人大常委会法制工作委员会行政法室编著:《中华人民共和国行政诉讼法解读》,中国法制出版社2014年版,第40页。

税收征收管理等制度。[65]

(二)纳税义务

税务机关行政征税权力和征税行为的存在系以公民和企业的纳税义务为前提。如果行政相对人没有纳税义务,行政主体就不会有征税权力,从而不会发生行政征税行为。

我国公民和企业的纳税义务是由宪法和法律直接设定的。《宪法》(2018)第56条规定:"中华人民共和国公民有依照法律纳税的义务。"

《企业所得税法》(2018)第1条第1款规定:"在中华人民共和国境内,企业和其他取得收入的组织(以下统称企业)为企业所得税的纳税人,依照本法的规定缴纳企业所得税。"

《个人所得税法》(2018)第1条规定,在中国境内有住所,或者无住所而一个纳税年度内在中国境内居住累计满183天的居民个人,从中国境内和境外取得的所得,必须依法缴纳个人所得税;在中国境内无住所又不居住,或者无住所而一个纳税年度内在中国境内居住累计不满183天的非居民个人,从中国境内取得的所得,也必须依法缴纳个人所得税。根据《个人所得税法》(2018)第2条的规定,下列各项个人所得,应纳个人所得税:(1)工资、薪金所得;(2)劳务报酬所得;(3)稿酬所得;(4)特许权使用费所得;(5)经营所得;(6)利息、股息、红利所得;(7)财产租赁所得;(8)财产转让所得;(9)偶然所得。

其他的纳税义务,由《契税法》(2020)、《印花税法》(2021)、《烟叶税法》(2017)、《资源税法》(2019)、《耕地占用税法》(2018)、《环境保护税法》(2018)、《城市维护建设税法》(2020)、《车辆购置税法》(2018)、《车船税法》(2019)和《船舶吨税法》(2018)等作出规定。

(三)征税行为

税收只能由国家特定的行政机关——税务机关及海关负责征收。税收一经征收入库,就为国家所有,无论是什么税种,都处于国家整体支配之中,通过国家预算支出,统一用于社会各方面的需要,在整个国家活动中体现出"取之于民,用之于民"的宗旨,而不直接返还给纳税人或再次用于税收。征收行为的基本依据是《税收征收管理法》《海关法》等有关法律。

征税由纳税人和扣缴义务人按规定申报,征税机关核定征收。征税方式包括查账征收、查定征收、查验征收、定期定额征收、代扣代缴和代收代缴等。纳税人未按照规定期限缴纳税款的,扣缴义务人未按照规定期限解缴税款的,税务机关可以作出责令限期缴纳决定,并从滞纳税款之日起,按日加收滞纳税款万分之五的滞纳金。

欠缴税款的纳税人或者他的法定代表人需要出境的,应当在出境前向税务机关结清应纳税款、滞纳金或者提供担保。未结清税款、滞纳金,又不提供担保的,税务机关可以通知出境管理机关阻止其出境。

根据《税收征收管理法》(2015)第45条规定,税务机关征收税款,税收优先于无担保债权,法律另有规定的除外;纳税人欠缴的税款发生在纳税人以其财产设定抵押、质押或者纳税人的财产被留置之前的,税收应当先于抵押权、质权、留置权执行。纳税人欠缴税款,同时又被行政机关决定处以罚款、没收违法所得的,税收优先于罚款、没收违法所得。

纳税人、扣缴义务人在规定期限内不缴或者少缴应纳或者应解缴的税款,经税务机关责令

---

〔65〕《立法法》(2023)第11条规定:"下列事项只能制定法律……(六)税种的设立、税率的确定和税收征收管理等税收基本制度……"

限期缴纳,逾期仍未缴纳的,税务机关除依照《税收征收管理法》(2015)第40条的规定采取强制执行措施追缴其不缴或者少缴的税款外,可以处不缴或者少缴的税款50%以上5倍以下的罚款。

税务机关依法执行职务,各有关部门和单位应当支持、协助,不得阻挠。

(四)争议与救济

根据《税收征收管理法》(2015)第88条规定,纳税人、扣缴义务人、纳税担保人同税务机关在纳税上发生争议时,必须先依照税务机关的纳税决定缴纳或者解缴税款及滞纳金或者提供相应的担保,然后可以依法申请行政复议;对行政复议决定不服的,可以依法向人民法院起诉。当事人对税务机关的处罚决定、强制执行措施或者税收保全措施不服的,可以依法申请行政复议,也可以依法向人民法院起诉。当事人对税务机关的处罚决定逾期不申请行政复议也不向人民法院起诉、又不履行的,作出处罚决定的税务机关可以采取《税收征收管理法》(2015)第40条[66]规定的强制执行措施,或者申请人民法院强制执行。

税收征收争议属于行政争议,主要表现为纳税人、扣缴义务人、纳税担保人对税务机关作出的纳税决定(包括补税决定)、保全措施、执行措施、处罚决定不服。其中对"纳税决定"不服的,适用以下原则处理:(1)"先缴后诉"原则。对税收决定的法律救济与对其他行政决定的法律救济不同,它要求当事人必须先依照税务机关的纳税决定缴纳或者解缴税款及滞纳金或者提供相应的担保,不这样做就没有"诉权"。(2)"复议前置"原则。行政诉讼有"复议前置诉讼"和"复议选择诉讼"两类。对"纳税决定"的行政诉讼,适用"复议前置诉讼",即当事人对纳税决定不服的,必须先申请行政复议,对复议决定不服的才可提起行政诉讼,不得不经过行政复议而直接提起行政诉讼。

当事人对"纳税决定"以外的行政行为(包括保全措施、执行措施、处罚决定等)不服的,不适用以上的两项原则,而适用一般的法律救济程序,即既可申请行政复议,对复议决定不服的再提起行政诉讼,也可直接提起行政诉讼。

还有一点必须说明,对"处罚决定"的强制执行,适用"选择执行"原则。我国行政强制执行制度采取"双轨制",行政机关和人民法院都可作为执行主体。他们之间的分工是:法律授权行政机关强制执行的,由行政机关自己强制执行;法律没有授权行政机关强制执行的,由行政机关申请人民法院强制执行。而对"税收处罚决定"的强制执行很特殊,既可由行政机关自己强制执行,也可由行政机关申请人民法院强制执行。

三、行政征费

(一)行政征费概述

在税收以外,国家向公民收取费用,有一定的普遍性。在德国就存在规费和受益费两类收

[66] 《税收征收管理法》(2015)第40条规定:"从事生产、经营的纳税人、扣缴义务人未按照规定的期限缴纳或者解缴税款,纳税担保人未按照规定的期限缴纳所担保的税款,由税务机关责令限期缴纳,逾期仍未缴纳的,经县以上税务局(分局)局长批准,税务机关可以采取下列强制执行措施:(一)书面通知其开户银行或者其他金融机构从其存款中扣缴税款;(二)扣押、查封、依法拍卖或者变卖其价值相当于应纳税款的商品、货物或者其他财产,以拍卖或者变卖所得抵缴税款。税务机关采取强制执行措施时,对前款所列纳税人、扣缴义务人、纳税担保人未缴纳的滞纳金同时强制执行。个人及其所扶养家属维持生活必需的住房和用品,不在强制执行措施的范围之内。"

费，前者如建房许可费，后者如铺设污水排放管费。德国是联邦制国家，他从中央到地方分为三个层面的行政收费体系。中央有《行政费用法》统一规范行政收费，各州有收费及开支法案，地方也有具体的征收项目、征收标准和征收程序方面的法规。三个层面构成一个相互依存的立法体系。[67] 在美国也存在行政收费并分两类：一类是涉及商业类的行政收费，如公园休闲费等；另一类是涉及监管类行政收费，如签证费、移民费等。[68] 我国台湾地区早在 2002 年制定了统一的“规费法”，对税收以外的行政收费进行了统一的规范。

“我国是行政收费大国。”[69] 行政收费也分为两类：一类是带“征”字的费，如征缴社会抚养费、征缴社会保险费、征缴污水处理费、征缴防空地下室易地建设费、征缴水土保持补偿费、征缴土地闲置费、征缴土地复垦费和征缴耕地开垦费等；另一类是不带有“征”字的费，如证照费、工本费、登记费、考务费和其他手续费等。前者带有“强制性”，接近税收性质；后者接近“服务性”收费。前者的改革方向是并入“税收”，后者的改革方向是走向立法规范。本节所述行政征费显然是指前者，后者作为“行政收费”将在下一节讨论。

作为征缴意义上的行政征费，是指行政主体依据法律和行政法规向特定公民、法人或者其他组织强制收取一定费用用于特定目的的行政行为。行政征费一般通过“行政征费决定”表达，是一种负担性的行政行为。

它的法律特征中，财产性、处分性、负担性、强制性、法定性和行政征收、行政征税相通、一致。至于它的“个性”，置于与行政征税的比较中进行阐述，会方便得多。

（二）行政征费与行政征税

行政征费与行政征税。它们都带有一个“征”字，这就表明具有“单方性”和“强制性”。行政征费、行政征税都由征收机关单方依法决定，包括是否该缴以及缴纳多少，不是由被征收人的意志决定；征收机关作出“征收决定”之后，当事人就必须服从和配合，否则会导致不利的法律后果。这是它们之间最大的共性。它们之间的区别也很多，但最为突出的一点是：税收入库后，无论是什么税种，国家打通使用，都处于国家整体支配之中，通过国家预算支出，统一用于社会各方面的需要，而不直接返还给纳税人或再次用于税收。而行政征费为特定目的而征，征后又用于这一目的，不得移作他用。例如征缴社会保险费，为公民提供社会保险而征，也必须用于公民的社会保险；征缴防空地下室易地建设费，所征款项只能用于地下防空设施的建设。从这个意义上说，“税”是国家统筹使用的“费”；“费”是为了特定目的并用于特定目的的“税”。

（三）行政征费制度

我国没有统一的行政征费法，行政征费制度由单行法作单一规定。目前存在下列行政征费：

1. 征缴社会保险费。社会保险制度是国家保障公民在年老、疾病、工伤、失业、生育等情况下依法从国家和社会获得物质帮助的社会保障制度。它包括基本养老保险、基本医疗保险、工伤保险、失业保险、生育保险等。《社会保险法》是这一制度的基本法。中华人民共和国境内的用人单位和个人依法缴纳社会保险费，个人依法享受社会保险待遇。社会保险费由县级以上

---

〔67〕 参见史莉莉：《德国公共收费的概况、立法及启示》，载《政治与法律》2012 年第 8 期。

〔68〕 参见苏苗罕：《美国联邦政府行政收费的法律规范研究》，载《行政法学研究》2013 年第 4 期。

〔69〕 应松年主编：《当代中国行政法》（下卷），人民出版社 2018 年版，第 1639 页。

人民政府统一征收。用人单位未按时足额缴纳社会保险费的,由社会保险费征收机构责令其限期缴纳或者补足。用人单位逾期仍未缴纳或者补足社会保险费的,社会保险费征收机构可以向银行和其他金融机构查询其存款账户;并可以申请县级以上有关行政部门作出划拨社会保险费的决定,书面通知其开户银行或者其他金融机构划拨社会保险费。用人单位账户余额少于应当缴纳的社会保险费的,社会保险费征收机构可以要求该用人单位提供担保,签订延期缴费协议。用人单位未足额缴纳社会保险费且未提供担保的,社会保险费征收机构可以申请人民法院扣押、查封、拍卖其价值相当于应当缴纳社会保险费的财产,以拍卖所得抵缴社会保险费。

2. 征缴污水处理费。污水处理费是按照“污染者付费”原则,由排水单位和个人缴纳并专项用于城镇污水处理设施建设、运行和污泥处理处置的资金。根据财政部、国家发展和改革委员会、住房和城乡建设部发布的《污水处理费征收使用管理办法》(财税〔2014〕151 号)规定,污水处理费属于政府非税收入,全额上缴地方国库,纳入地方政府性基金预算管理,实行专款专用。污水处理费的征收标准,按照覆盖污水处理设施正常运营和污泥处理处置成本并合理盈利的原则制定,由县级以上地方价格、财政和排水主管部门提出意见,报同级人民政府批准后执行。缴纳义务人不缴纳污水处理费的,按照《城镇排水与污水处理条例》(2013)第 54 规定,由城镇排水主管部门责令限期缴纳,逾期拒不缴纳的,处应缴纳污水处理费数额 1 倍以上 3 倍以下罚款。我国不少法律法规对征缴污水处理费作出了规定,如《水污染防治法》(2017)第 49 条,《固体废物污染环境防治法》(2020)第 71 条,等等。

3. 征缴防空地下室易地建设费。防空地下室易地建设费是指建设单位因地质、结构等原因无法同步配套修建防空地下室,必须依法向人防部门交纳建设规定面积的防空地下室所需的工程费用,由人防主管部门统一易地建设,简称为易地建设费。根据党中央、国务院关于政府非税收入征管职责划转的有关要求,自 2021 年 1 月 1 日起,防空地下室易地建设费划转至税务部门征收。征收范围、征收对象、征收标准等政策仍按现行规定执行。

4. 征缴水土保持补偿费。水土保持补偿费是指在山区、丘陵区、风沙区以及水土保持规划确定的容易发生水土流失的其他区域开办生产建设项目或者从事其他生产建设活动,损坏了水土保持设施、地貌植被,不能恢复原有水土保持功能,应当向水行政部门缴纳的费用,专项用于水土流失预防和治理。水土保持补偿费的收取使用管理办法由国务院财政部门、国务院价格主管部门会同国务院水行政主管部门制定。设定水土保持补偿费的法律是《水土保持法》(2010)。该法第 32 条规定:“开办生产建设项目或者从事其他生产建设活动造成水土流失的,应当进行治理。在山区、丘陵区、风沙区以及水土保持规划确定的容易发生水土流失的其他区域开办生产建设项目或者从事其他生产建设活动,损坏水土保持设施、地貌植被,不能恢复原有水土保持功能的,应当缴纳水土保持补偿费,专项用于水土流失预防和治理。专项水土流失预防和治理由水行政主管部门负责组织实施。水土保持补偿费的收取使用管理办法由国务院财政部门、国务院价格主管部门会同国务院水行政主管部门制定。生产建设项目在建设过程中和生产过程中发生的水土保持费用,按照国家统一的财务会计制度处理。”该法还规定,违反本法规定,拒不缴纳水土保持补偿费的,由县级以上人民政府水行政主管部门责令限期缴纳;逾期不缴纳的,自滞纳之日起按日加收滞纳部分万分之五的滞纳金,可以处应缴水土保持补偿费三倍以下的罚款。

5. 征缴土地闲置费。征缴土地闲置费是由《城市房地产管理法》所设定的,取得土地使用权而不按时开发利用必须依法交纳的费用，目的在于提高土地的利用率。《城市房地产管理法》(2019)第26条规定："以出让方式取得土地使用权进行房地产开发的，必须按照土地使用权出让合同约定的土地用途、动工开发期限开发土地。超过出让合同约定的动工开发日期满一年未动工开发的，可以征收相当于土地使用权出让金百分之二十以下的土地闲置费；满二年未动工开发的，可以无偿收回土地使用权；但是，因不可抗力或者政府、政府有关部门的行为或者动工开发必需的前期工作造成动工开发迟延的除外。"《城市房地产开发经营管理条例》(2020)第15条也规定："房地产开发企业应当按照土地使用权出让合同约定的土地用途、动工开发期限进行项目开发建设。出让合同约定的动工开发期限满1年未动工开发的，可以征收相当于土地使用权出让金20%以下的土地闲置费；满2年未动工开发的，可以无偿收回土地使用权。但是，因不可抗力或者政府、政府有关部门的行为或者动工开发必需的前期工作造成动工迟延的除外。"关于土地闲置费征收具体标准，区分两种情况。第一种情况是，已经签订国有土地使用权出让合同的闲置土地，每月的土地闲置费标准为：(1)经营性房地产用地为合同出让金总额的1.2%；(2)一般建设用地为合同出让金总额的0.8%；(3)工业和基础设施用地为合同出让金总额的0.4%。各类用地累计征收的土地闲置费总额不超过该宗用地土地使用权出让金合同总额的20%。第二种情况是，未签订国有土地使用权出让合同或未办理划拨用地手续的闲置土地，土地闲置费按各地规定的标准征收，计征时间累计不超过24个月。

6. 征缴土地复垦费。土地复垦费是指有关企业和个人为履行土地复垦义务，在没有条件自行复垦或者复垦没有达到规定要求时，向当地政府或土地行政主管部门缴纳的进行土地复垦的费用。县级以上地方人民政府国土资源主管部门有权依法向土地复垦义务人征收土地复垦费。征收土地复垦费由《土地管理法》(2019)第43条直接设定。《土地管理法》(2019)第43条规定："因挖损、塌陷、压占等造成土地破坏，用地单位和个人应当按照国家有关规定负责复垦；没有条件复垦或者复垦不符合要求的，应当缴纳土地复垦费，专项用于土地复垦。复垦的土地应当优先用于农业。"国务院《土地复垦条例》依据《土地管理法》对土地复垦制度作出具体规定。《土地复垦条例》(2011)第3条规定："生产建设活动损毁的土地，按照'谁损毁，谁复垦'的原则，由生产建设单位或者个人(以下称土地复垦义务人)负责复垦。但是，由于历史原因无法确定土地复垦义务人的生产建设活动损毁的土地(以下简称历史遗留损毁土地)，由县级以上人民政府负责组织复垦。自然灾害损毁的土地，由县级以上人民政府负责组织复垦。"这是说，土地复垦义务人应当是损毁土地的生产建设单位或者个人，历史遗留损毁土地或自然灾害损毁的土地才由县级以上地方人民政府负责复垦。根据《土地复垦条例》(2011)第10条规定，对下列损毁土地要进行复垦：(1)露天采矿、烧制砖瓦、挖沙取土等地表挖掘所损毁的土地；(2)地下采矿等造成地表塌陷的土地；(3)堆放采矿剥离物、废石、矿渣、粉煤灰等固体废弃物压占的土地；(4)能源、交通、水利等基础设施建设和其他生产建设活动临时占用所损毁的土地。土地复垦费的标准由省、直辖市和自治区确定。

7. 征缴耕地开垦费。耕地开垦费是指在土地利用总体规划确定的城市和村庄、集镇建设用地范围内，为实施城市规划和村庄、集镇规划占用耕地，以及在土地利用总体规划确定的城市建设用地范围外的能源、交通、水利、矿山、军事设施等建设项目占用耕地的，分别由市、县人民政府、农村集体经济组织和建设单位依照《土地管理法》规定负责开垦耕地；没有条件开垦或者开垦的耕地不符合要求，应当按照省、自治区、直辖市的规定缴纳耕地开垦费。耕地开垦费由《土地管理法》(2019)第30条第2款直接设定。它规定："国家实行占用耕地补偿制度。非农业建设经批准占用耕地的,按照‘占多少,垦多少’的原则,由占用耕地的单位负责开垦与所占用耕地的数量和质量相当的耕地;没有条件开垦或者开垦的耕地不符合要求的,应当按照省、自治区、直辖市的规定缴纳耕地开垦费,专款用于开垦新的耕地。”《土地管理法实施条例》(2021)第8条作了更加具体的规定。〔70〕耕地开垦费的标准同样由省、直辖市和自治区确定。

此外,行政征费还包括征缴社会抚养费。社会抚养费,是指为调节自然资源的利用和保护环境,适当补偿政府的公共社会事业投入的经费,而对不符合法定条件生育子女的公民征收的费用。社会抚养费属于行政性收费,具有补偿性和强制性的特点。征收社会抚养费由2001年的《人口与计划生育法》〔71〕和2002年的《社会抚养费征收管理办法》确立和具体落实。2021年6月26日,中共中央、国务院《关于优化生育政策促进人口长期均衡发展的决定》公布,取消社会抚养费等制约措施。2021年7月21日,国家卫生健康委《关于贯彻落实〈中共中央、国务院关于优化生育政策促进人口长期均衡发展的决定〉的通知》,取消社会抚养费,将入户、入学、入职等与个人生育情况全面脱钩。2021年8月20日第十三届全国人民代表大会常务委员会第三十次会议通过了《关于修改〈中华人民共和国人口与计划生育法〉的决定》,取消了社会抚养费。2021年9月9日,国务院发布《关于废止部分行政法规的决定》(国务院令第747号),废止了《社会抚养费征收管理办法》。从此,征收社会抚养费制度彻底废止。

(四)行政征费的改革

有学者认为,我国对征税有严格而统一的规定(《税收征收管理法》),但对征费没有统一的立法和规定,于是造成征费的混乱,特别是“收税与收费倒挂,费中有税,税中有费,费大于税”。〔72〕这一评价不无道理。

但是,我国的“行政征费”比下一节要讨论的“行政收费”好得多。从上述七类所征缴的费用看,一是这些费都为国家建设所需要,二是这些费都由国家法律直接设定,它本身就具有“税”的性质。以后的改革方向可以是:需要保留的并入“税”,不需保留的就取消。

第五节 行政收费

一、行政收费的概念和特征

从广义上说,除了“税”之外,只要政府向公民、法人或者其他组织收取费用,都是“行政收费”,它包括“行政征费”和“其他行政收费”。

本节所阐述的“行政收费”,是基于狭义理解,它是指“行政征费”以外的“其他行政收费”。

---

〔70〕《土地管理法实施条例》(2021)第8条第1款规定:“国家实行占用耕地补偿制度。在国土空间规划确定的城市和村庄、集镇建设用地范围内经依法批准占用耕地,以及在国土空间规划确定的城市和村庄、集镇建设用地范围外的能源、交通、水利、矿山、军事设施等建设项目经依法批准占用耕地的,分别由县级人民政府、农村集体经济组织和建设单位负责开垦与所占用耕地的数量和质量相当的耕地;没有条件开垦或者开垦的耕地不符合要求的,应当按照省、自治区、直辖市的规定缴纳耕地开垦费,专款用于开垦新的耕地。”

〔71〕《人口与计划生育法》(2001)第41条规定:“不符合本法第十八条规定生育子女的公民,应当依法缴纳社会抚养费。未在规定的期限内足额缴纳应当缴纳的社会抚养费的,自欠缴之日起,按照国家有关规定加收滞纳金;仍不缴纳的,由作出征收决定的计划生育行政部门依法向人民法院申请强制执行。”

〔72〕参见应松年主编:《当代中国行政法》(下卷),人民出版社2018年版,第1644页。

因为“行政征费”带有“征”字，它和“行政征税”一起已被纳入“行政征缴”的行政行为范畴之内。

这种意义上的行政收费，特指基于行政法律关系，行政主体因向特定公民、法人或者其他组织提供社会公共服务，就支出的成本向他们依法收取一定费用的行为。它是一种行政决定的形态化，是一种负担性的行政行为。

行政收费的法律特征中，行政性、财产性、处分性、负担性与行政征收、行政征税、行政征费等行为相通，但其他几个特征具有一定的特殊性需要单独阐述：

1. 服务性。行政收费是因政府向特定公民、法人或者组织提供服务而收取费用。当事人交费乃是对政府所提供服务的一种对价和回报。

2. 统筹性。行政收费所收之费，纳入政府财产，统筹支配，不像行政征费中征得经费必须用于征收的目的，专款专用。

3. 法定性。行政收费必须有法律和法规[73]的依据，并且必须取得收费许可证。[74]

二、行政收费与行政征费

行政收费与行政征费的关系最为接近，区别也较为困难。

行政收费与行政征费的相同点在“费”，不同点在“征”。

行政收费与行政征费，对行政机关来说，都是一种“收费”；对行政相对人来说，都是一种“交费”，落脚点都在“费”，都表现为对金钱的收取和交纳，这是形式上的相同之处。但严格地说，这两种“费”也是不同的。行政征费中的“费”接近于“税”，它是为了特定目的并用于特定目的的“税”。而行政收费则不同，它是因相对人在行政主体那里受到特定服务而必须支付的“对价”。

更重要的是，行政收费与行政征费两者的“收取”有所不同，行政收费是“收”，而行政征费是“征”。“征”不同于一般的“收”，它具有明显的单方性和强制性，当事人拒绝交纳，会带来惩罚性和强制执行后果。而在行政收费中当事人拒不交费的，后果一般是行政机关不提供服务而已。因为在行政收费中，这一服务当事人可以接受，也可以不接受；可以在这家接受，也可以在另一家接受，具有一定的自由度和选择性。从一定意义上说，行政收费中行政主体所提供的服务与相对人的付费，是一种合同关系。例如当事人在国家公路停车位中停车，他就必须付费。这一对价关系和在私人停车场内停车付费是同一个道理。无非前者是行政协议，后者是民事协议而已。

三、行政收费的基本制度

中国当下的行政收费，主要有但不限于以下几种：

1. 证照费。它是公民、法人或者其他组织在办理登记和证照过程中，办证机关向当事人收取的证照成本费。根据原国家物价局、财政部《关于证照收费管理的通知》（[1990]价费字228号）规定，关于证照费标准，国务院各部门发放证照，应将印制证照的有关成本资料如实报国家物价局、财政部，由国家物价局会同财政部核定收费标准；各省、自治区、直辖市人民政府各部

---

〔73〕目前也存在规章规定收费的情况。

〔74〕这几年在“放管服”改革中，收费许可证制度正在改革，有的收费许可证正在取消年审。

门发放的证照,其收费标准由同级物价部门会同财政部门审定。证照收费应严格按工本费核定,不得附加任何形式的管理费。涉外证照可参照国际上同类证照的收费标准制定。证照收费原则上以收抵支,如有节余,全部上缴财政;对财政部门已核拨经费的,则不能再收费。

2. 车辆通行费。它是指政府部门对在收费公路上通过的车辆征收的费用。其依据是《公路法》(法律)和《收费公路管理条例》(行政法规)。《公路法》(2017)第58、59条规定,国家允许依法设立收费公路,同时对收费公路的数量进行控制。符合国务院交通主管部门规定的技术等级和规模的下列公路,可以依法收取车辆通行费:(1)由县级以上地方人民政府交通主管部门利用贷款或者向企业、个人集资建成的公路;(2)由国内外经济组织依法受让前项收费公路收费权的公路;(3)由国内外经济组织依法投资建成的公路。第68条还规定:"收费公路的具体管理办法,由国务院依照本法制定。"国务院于2004年制定了《收费公路管理条例》。根据《收费公路管理条例》规定,全部由政府投资或者社会组织、个人捐资建设的公路,不得收取车辆通行费。收费公路经营管理者不得有下列行为:(1)擅自提高车辆通行费收费标准;(2)在车辆通行费收费标准之外加收或者代收任何其他费用;(3)强行收取或者以其他不正当手段按车辆收取某一期间的车辆通行费;(4)不开具收费票据,开具未经省、自治区、直辖市人民政府财政、税务部门统一印(监)制的收费票据或者开具已经过期失效的收费票据。有上述情况的,通行车辆有权拒绝交纳车辆通行费。政府还贷公路的管理者收取的车辆通行费收入,应当全部存入财政专户,严格实行收支两条线管理。收费公路的收费期限届满,必须终止收费。必须指出的是:在政府组织投资、管理的收费公路上,由政府部门或政府部门委托的组织的收取车辆通行费,才属于由行政法调整的行政收费。由政府以外的经济组织和社会组织投资建造并管理的收费公路上发生的收费,属于民事收费关系。

3. 企业注册登记费。它是指企业在向工商行政管理部门办理开业登记发照、注册登记和变更登记项目及年度检验时交纳的费用,包括企业注册登记费、个体工商户注册登记费、广告经营单位注册登记费等。企业注册登记费属于行政性收费。行政性收费的立项审批,实行中央和地方两级报批。全国性的行政性收费,以及涉及中央的地方性行政性收费,统一由国家市场监督管理总局报财政部、国家发展和改革委员会审批;地方性行政性收费,由省、自治区、直辖市工商行政管理局报当地财政、计划(物价)部门审批。未经财政部、国家发展和改革委员会或省级财政、计划(物价)部门批准,工商行政管理机关不得擅自设立收费项目和提高收费标准。

4. 不动产登记费。根据财政部和国家发改委《关于不动产登记收费标准等有关问题的通知》(发改价格规〔2016〕2559号)规定,县级以上不动产登记机构依法办理不动产权利登记时,根据不同情形,收取不动产登记费。住房登记收费标准为每件80元,非住房登记收费标准为每件550元。为推进保障性安居工程建设,减轻登记申请人负担,廉租住房、公共租赁住房、经济适用住房和棚户区改造安置住房所有权及其建设用地使用权办理不动产登记,登记收费标准为零。不动产登记机构依法办理不动产查封登记、注销登记、预告登记和因不动产登记机构错误导致的更正登记,不得收取不动产登记费。

5. 船舶登记费。我国《船舶登记条例》[75]规定,中华人民共和国港务监督机构是船舶登记主管机关。港务监督机构负责对船舶进行登记并收取船舶登记费。船舶登记包括对船舶的所

〔75〕 1994年6月2日发布。根据2014年7月29日国务院《关于修改部分行政法规的决定》修订。

有权登记、船舶的国籍登记、船舶的抵押权登记、光船租赁登记,还有船舶的变更登记和注销登记。除公务船舶外,船舶登记机关按照规定收取船舶登记费。船舶登记费的收费标准和管理办法,由国务院财政部门、物价行政主管部门会同国务院交通行政主管部门制定。2017 年 3 月 15 日,财政部、国家发改委发布了《关于清理规范一批行政事业性收费有关政策的通知》(财税〔2017〕20 号),该通知明文规定取消船舶登记费。

6. 考试考务费。它包括考试费(报名费)和考务费。现在,全国性或全省性专业技术人员职业资格、职称等考试收取考试考务费。按照国家发展改革委、财政部《关于改革全国性职业资格考试收费标准管理方式的通知》(发改价格〔2015〕1217 号),中央考试单位联合省级考试单位组织实施考试的,考务费由负责考务工作的中央考试单位向省级考试单位收取,用于补偿中央考试单位考务成本支出;考试费由省级考试单位向考生收取,用于上缴考务费和补偿省级考试单位组织考试所产生的成本。中央考试单位直接组织实施考试的,由中央考试单位向考生收取考试费。中央考试单位收取的考务费标准或考试费标准,由中央考试单位在考务费标准上限内按成本补偿原则自行确定考务费标准。中央考试单位直接组织实施考试的,按成本补偿原则确定考试费标准,并且除实践操作科目外,每人每科考务费标准之外加收的考试费标准不得超过 50 元。地方单位组织的考试,由省、自治区、直辖市价格主管部门、财政部门制定考试费具体收费标准。人力资源和社会保障部人事考试中心收取的考务费收入应全额上缴中央国库,纳入中央财政预算管理,具体收缴办法按照财政部《关于确认人事部收入收缴管理制度改革试点有关事宜的通知》(财库〔2003〕121 号)、财政部办公厅《关于人力资源社会保障部非税收入收缴电子化管理有关事宜的通知》(财办库〔2016〕376 号)等有关规定执行。省、自治区、直辖市考试工作承担单位,应按规定向人力资源和社会保障部人事考试中心及时、足额缴纳考务费。省、自治区、直辖市考试工作承担单位收取的考试费收入应全额上缴地方国库,纳入地方财政预算管理,具体缴库办法按照省级财政部门有关规定执行。

7. 停车费等。如果企业和个人经营停车场向公民收取停车费,属于民事关系。具有行政收费性质的停车费,是指政府依据《城市道路管理条例》规定,向临时占用城市道路的车辆当事人收取停车费。《城市道路管理条例》(2019)第 37 条规定:“占用或者挖掘由市政工程行政主管部门管理的城市道路的,应当向市政工程行政主管部门交纳城市道路占用费或者城市道路挖掘修复费。城市道路占用费的收费标准,由省、自治区人民政府的建设行政主管部门、直辖市人民政府的市政工程行政主管部门拟订,报同级财政、物价主管部门核定;城市道路挖掘修复费的收费标准,由省、自治区人民政府的建设行政主管部门、直辖市人民政府的市政工程行政主管部门制定,报同级财政、物价主管部门备案。”收取公共道路上所设停车位中的停车费,就是收取城市道路占用费的一种形式。

四、行政收费的可诉性

从行政法理上说,行政收费是一种负担行政行为,公民、法人或者其他组织对行政机关的行政收费行为不服的,当然有权依法申请行政复议或提起行政诉讼。

我国行政法规范也肯定了行政收费的可诉性。《行政复议法》(2023)第 11 条第 10 项规定,公民、法人或者其他组织“认为行政机关违法集资、摊派费用或者违法要求履行其他义务”,有权依法申请行政复议。《行政诉讼法》(2017)第 12 条第 1 款第 9 项规定,公民、法人或者其他组织“认为行政机关违法集资、摊派费用或者违法要求履行其他义务的”,有权依法提起行政诉讼。最高人民法院《关于行政案件案由的暂行规定》(法发〔2020〕44号)单列一种行政行为即"行政收费",并确立了六种行政诉讼的案由。[76]

第六节 行政检查

如果说,上述行政命令、行政征收、行政征用、行政征税、行政征费和行政收费都是一种可以通过行政决定表达的意思行为,那么,行政检查则是一种没有行政决定形式的物理行为和事实行为。由于我国的行政行为已经突破"法律行为与事实行为"的界线,作为事实行为的行政检查,其中有一部分也属于行政行为,而且是负担性的行政行为。

一、行政检查的意义和概念

(一)行政检查的意义

行政行为必须"以事实为依据"。而要掌握"事实"就必须进行一定的"检查",通过检查获得相对人及相对人行为的有关信息。行政检查是行政主体获得有关相对人行为事实信息的重要手段。"信息是燃料,没有它行政机器无法发动。"[77]

许多行政决定都是基于行政检查所获得的事实作出的。虽然,行政检查的正确未必能保证行政决定的正确。但是,行政检查的错误,必然导致行政决定的错误。

行政法的任务是:既要授予并保障行政主体拥有一定的行政检查权,以有效维护社会秩序,实现国家行政目标,又要对其行政检查权进行严格的规制,以防止因滥用而严重侵害行政相对人的合法权利。

(二)行政检查的概念和特征

行政检查行为,是指行政主体通过执法人员,针对特定的公民、法人或者其他组织,基于行政主体的检查职权和相对人的配合义务,通过询问、查看、勘察、检验、搜查等手段,强制性获取相对人行为信息的行政行为。

行政检查不同于人口普查、灾害结果调查等不与相对人权利义务发生关系的一般意义上的行政调查,而是特指行政主体在行政执法过程中,为获取相对人的行为信息,强制要求当事人配合,对当事人的人体、场所、行为、状态等进行检视了解的取证行为。我国不少法律对行政主体的检查权、检查手段和当事人的配合义务作出了规定,如《行政处罚法》(2021)第54条[78]、

---

〔76〕 即"94. 证照费;95. 车辆通行费;96. 企业注册登记费;97. 不动产登记费;98. 船舶登记费;99. 考试考务费"。

〔77〕 [美]伯纳德·施瓦茨:《行政法》,徐炳译,群众出版社1986年版,第82页。

〔78〕 《行政处罚法》(2021)第54条规定:"除本法第五十一条规定的可以当场作出的行政处罚外,行政机关发现公民、法人或者其他组织有依法应当给予行政处罚的行为的,必须全面、客观、公正地调查,收集有关证据;必要时,依照法律、法规的规定,可以进行检查。符合立案标准的,行政机关应当及时立案。"

第55条〔79〕,《治安管理处罚法》(2012)第87条〔80〕,《海关法》(2021)第6条〔81〕,《噪声污染防治法》(2021)第29条〔82〕等。

这类检查行为对相对人具有强制性,并以限制相对人权利为条件,因而必须作为行政行为对待。行政检查行为与其他行政行为及纯行政调查行为不同,具有自己的法律特征。

1. 对象特定性。行政检查是针对特定的相对人进行的。和人口普查、灾害结果调查等不同,行政检查直指作为相对人的当事人而发动,其出发点就是获取当事人行为的信息,同时在检查过程中便以当事人的人体、财物、场所等作为检查对象。

2. 直接限权性。虽然行政检查不具有处分性,即本身不会直接剥夺行政相对人的权利,但它会与相对人的人身自由权和财产权等直接发生碰撞。行政主体在实施行政检查时会直接限制相对人的行为自由或对财产权的享用,如进入住宅检查会影响公民的私人住宅权,对人体检查会影响当事人的自由权、人格权和隐私权。正是这一限权性,行政检查才归入负担性的行政行为。

3. 行为强制性。行政检查具有强制性,主要表现在:行政主体实施行政检查,以行政主体所拥有的强制检查权和相对人具有的接受和配合检查的义务为基础;相对人如果拒绝接受和配合行政检查,会导致不利的法律后果(行政处罚或强制执行等)。

4. 辅助性和被吸收性。行政检查是一种程序性行为。与行政许可、行政处罚等行政行为不同,行政检查本身不是目的,它恰恰是为另一种行政行为服务的,如核实申请人所提供的事实以便行政机关作出一种正确的行政许可决定,或查实当事人的违法行为事实,取得有效证据,以便作出一项合法的行政处罚决定。正是它的辅助性,使它在一定条件下可以被后续行为(如行政强制措施、行政强制执行、行政处理决定等)所吸收。行政检查被吸收后,其效果和权利救济就失去独立的法律意义。

5. 依职权性。行政行为有依职权行为与依申请行为之分,行政检查属于依职权行为。尽

〔79〕《行政处罚法》(2021)第55条规定:"执法人员在调查或者进行检查时,应当主动向当事人或者有关人员出示执法证件。当事人或者有关人员有权要求执法人员出示执法证件。执法人员不出示执法证件的,当事人或者有关人员有权拒绝接受调查或者检查。当事人或者有关人员应当如实回答询问,并协助调查或者检查,不得拒绝或者阻挠。询问或者检查应当制作笔录。"

〔80〕《治安管理处罚法》(2012)第87条:"公安机关对与违反治安管理行为有关的场所、物品、人身可以进行检查。检查时,人民警察不得少于二人,并应当出示工作证件和县级以上人民政府公安机关开具的检查证明文件。对确有必要立即进行检查的,人民警察经出示工作证件,可以当场检查,但检查公民住所应当出示县级以上人民政府公安机关开具的检查证明文件。检查妇女的身体,应当由女性工作人员进行。"

〔81〕《海关法》(2021)第6条规定:"海关可以行使下列权力:(一)检查进出境运输工具,查验进出境货物、物品;对违反本法或者其他有关法律、行政法规的,可以扣留。……(四)在海关监管区和海关附近沿海沿边规定地区,检查有走私嫌疑的运输工具和有藏匿走私货物、物品嫌疑的场所,检查走私嫌疑人的身体;对有走私嫌疑的运输工具、货物、物品和走私犯罪嫌疑人,经直属海关关长或者其授权的隶属海关关长批准,可以扣留;对走私犯罪嫌疑人,扣留时间不超过二十四小时,在特殊情况下可以延长至四十八小时。在海关监管区和海关附近沿海沿边规定地区以外,海关在调查走私案件时,对有走私嫌疑的运输工具和除公民住处以外的有藏匿走私货物、物品嫌疑的场所,经直属海关关长或者其授权的隶属海关关长批准,可以进行检查,有关当事人应当到场;当事人未到场的,在有见证人在场的情况下,可以径行检查;对其中有证据证明有走私嫌疑的运输工具、货物、物品,可以扣留……"

〔82〕《噪声污染防治法》(2021)第29条规定:"生态环境主管部门和其他负有噪声污染防治监督管理职责的部门,有权对排放噪声的单位或者场所进行现场检查。被检查者应当如实反映情况,提供必要的资料,不得拒绝或者阻挠。实施检查的部门、人员对现场检查中知悉的商业秘密应当保密。检查人员进行现场检查,不得少于两人,并应当主动出示执法证件。"

管作为获取事实情报手段的行政检查,可以为依申请的行政行为服务(如行政许可机关在作出行政许可决定前对申请人提供的事实信息进行调查核实),也可为依职权的行政行为服务(如行政处罚机关在对当事人作出行政处罚之前,对当事人违反行政管理行为的事实进行取证),但行政主体发动行政检查恰恰是依职权的,不以相对人的申请为前提。

6. 法定性。行政检查的法定性并不基于“行政行为必须依法进行”的普通意义,而是特指行政检查并不是任何行政机关的当然权力,它必须以有关法律、法规的特别授权为依据。在当今中国尚未制定行政检查法或行政程序法的背景下,行政检查权应当由哪一级法规来设定尚无法律依据。作者主张以法律和法规的设定为限。[83]

(三)行政检查与行政调查

研讨行政检查不能不研讨“行政检查与行政调查”之间这一至今依然模糊不清的关系。

行政调查与行政检查,无论中文表述或英文表述均有明显区别。“行政调查”英文用“administrative investigations”表示;“行政检查”的英文则用“administrative inspection”表示。当下中国,无论在立法用语上还是行政法理论上,关于“行政调查与行政检查”之间的关系,表达都不甚一致。归纳起来有“并列说”与“包含说”之分;“包含说”又有“行政调查包含行政检查”与“行政检查包含行政调查”之分。

“并列说”认为,行政检查与行政调查是两种并列而互不包含的关系。它们是两种独立的行为或独立的手段和方法。我国《行政处罚法》就将行政调查与行政检查作为两种并列手段表达。[84]

“包含说”则认为,行政调查与行政检查并非并列关系,而是包含关系。至于谁包含谁,又有两种不同的观点:一种观点认为,行政检查是个上位概念,行政调查是个下位概念,行政调查只是行政检查制度中的一种类别,或者说,行政调查只是行政检查行为的一种方法或手段。例如有学者认为,行政检查的方法具有多样性,它包括了调查、检查、勘察、稽查、查核、稽核、检验、询问、访视、普查、察查、审核、查验等。所以,调查只是检查的一种方法或手段而已。[85] 但更多的人持相反观点,即认为不是行政检查包含行政调查,相反是行政调查包含行政检查。行政检查只是行政调查中的一种方法而已。《反垄断法》(2022)将检查视作调查的一种措施[86];其他不少法规均以“调查”作为“检查”的上位概念[87]。

笔者认为,行政调查与行政检查不是一种并列关系,而是一种包含关系。行政调查,是行

---

〔83〕《行政处罚法》(2021)第54条规定:“……必要时,依照法律、法规的规定,可以进行检查。”这说明,《行政处罚法》已含有“行政检查必须由法律和法规设定”的立法精神。

〔84〕《行政处罚法》(2021)第54条规定:“除本法第五十一条规定的可以当场作出的行政处罚外,行政机关发现公民、法人或者其他组织有依法应当给予行政处罚的行为的,必须全面、客观、公正地调查,收集有关证据;必要时,依照法律、法规的规定,可以进行检查。”第55条规定:“执法人员在调查或者进行检查时,应当主动向当事人或者有关人员出示执法证件。当事人或者有关人员有权要求执法人员出示执法证件。执法人员不出示执法证件的,当事人或者有关人员有权拒绝接受调查或者检查。当事人或者有关人员应当如实回答询问,并协助调查或者检查,不得拒绝或者阻挠。询问或者检查应当制作笔录。”

〔85〕参见应松年主编:《当代中国行政法》(上卷),中国方正出版社2005年版,第809~836页。

〔86〕参见《反垄断法》(2022)第六章对涉嫌垄断行为的调查。第47条规定:“反垄断执法机构调查涉嫌垄断行为,可以采取下列措施:(一)进入被调查的经营者的营业场所或者其他有关场所进行检查……”

〔87〕例如《治安管理处罚法》(2012)第四章处罚程序中的第一节调查;公安部《道路交通事故处理程序规定》(2017)第六章调查;《公安机关办理行政案件程序规定》(2020)第七章调查取证。

政机关为了行政决策、行政执法或其他管理目的而获得各类信息的手段和行为;[88]行政检查只是行政调查的一种方式,而且以直接针对当事人的人体、物体、场所为主要特征。完整地说,行政调查包括行政了解和行政检查。(见图15-3)

图15-3　行政调查

行政了解与行政检查是行政调查的两种方式,都是获得有关信息的重要途径。但是,它们之间的区别是非常明显的。行政了解,系指行政机关为了决策而向国家机关、社会组织、企业和个人了解情况、收集信息的过程;行政检查,系指行政机关在行政执法过程中,为了针对当事人作出一个行政行为而向其强制获取信息的过程。具体比较,主要区别如下:

1. 目的不同。行政了解与行政检查都是获得信息的手段和途径,但是信息的用途是不同的。行政了解获得的信息主要是为行政决策服务的;行政检查获得信息则是为行政执法服务的,具体地服务于一个行政强制措施决定、行政处罚决定或行政许可决定等。

2. 对象不同。行政了解的对象具有广泛性,包括国家机关、社会组织、企业和个人等,而行政检查只是针对作为行政相对人的当事人本人,是通过对当事人本人的人体,或当事人的财物、场所等进行直接的检验。

3. 影响不同。行政了解一般不会直接影响相对人的权利与义务,但行政检查期间,被检查人的人身权或财产权受到限制。

4. 强制性不同。行政了解一般以机关协助和当事人自愿为前提,不具有强制性。但行政检查是以检查机关的强制检查权与被检查人接受和配合检查的义务为基础,具有明显的强制性。当事人不接受检查,就会引发对他不利的法律后果。

5. 性质不同。正由于上述特征之不同,才决定了它们性质上的不同。行政了解属于纯事实行为,行政检查是行政行为。

(四)行政检查与行政鉴定

鉴定系指有鉴定资格的机构依法通过科学手段对某物体的客观性进行甄别的过程和行为。鉴定包括司法鉴定等各类鉴定。行政鉴定是其中的一类,特指行政鉴定机构依据国家有关法律、法规,在行政执法过程中对有关物体或客观关系进行甄别、作出结论的行为。

在行政检查中有时需要鉴定,但行政鉴定不属于行政检查,也不属于其他行政行为。获取行政鉴定结论并提交给有关部门,属于证明行为,行政鉴定属于证据形成、收集和提交的范畴。所以,当事人对行政检查不服可以申请行政复议或提起行政诉讼,但对行政鉴定不服,不得直接对其申请行政复议或提起行政诉讼,只适用包括申请重新鉴定在内的证据规则处理。

(五)行政检查与行政强制措施

行政检查具有强制性并直接和当事人的人体和财物发生关系,这和行政强制措施非常接

---

[88]《韩国行政调查基本法》(2008年2月29日,法律第8852号)第2条规定,所谓"行政调查"是指行政机关为了收集决定政策或者履行职务所必要的信息或资料,进行现场调查,阅览文书,抽样等或者责令被调查对象提交报告或要求提交资料以及责令出席、进行陈述等的活动。这一定义与我国"行政调查"的定义相似。

近。而且在行政执法中,往往行政检查与行政强制措施关联在一起,很难区分。尽管如此,行政检查与行政强制措施是可以区分也是必须区分的。

《行政强制法》(2011)第2条第2款规定:"行政强制措施,是指行政机关在行政管理过程中,为制止违法行为、防止证据损毁、避免危害发生、控制危险扩大等情形,依法对公民的人身自由实施暂时性限制,或者对公民、法人或者其他组织的财物实施暂时性控制的行为。"这说明,行政强制措施的强制性以及对相对人权利的临时限制这两个特征与行政检查相同,至少接近。但它们之间存在的一个最大区别是"目的"不同:行政强制措施是出于"制止违法行为、防止证据损毁、避免危害发生、控制危险扩大等情形"的目的,而行政检查是为了获取当事人的信息,仅此而已。比如,向银行"查询"当事人的存款是行政检查,但"冻结"当事人的存款乃是行政强制措施;车站执法人员对嫌疑旅客进行"搜身"是行政检查,事后扣留住不让其离开,属于强制措施;强制检查人的身体属于行政检查,但他拒不配合,就强制约束他身体以保证检查的实施,是强制措施;需要进入住宅检查危房的危险程度,强制进入属于强制措施,进入后拍照取证属于行政检查。

从理论上说,上述区分具有法律适用上的意义。对于行政强制措施应当适用《行政强制法》,对于行政检查应当适用"行政程序法"或者单一的"行政检查法"。

笔者建议,由于行政检查是一项强制性的临时限权措施,和行政强制措施的特征非常接近,可以将行政检查作为一种行政强制措施对待,统一受《行政强制法》规制。但现行的《行政强制法》并没有接纳行政检查〔89〕,所以,在行政法理上暂且将行政检查作为一种特殊的行政行为对待。

正因为行政检查是一种程序性、辅助性行为,它常常可以被行政强制措施吸收,所以,当行政检查被行政强制措施吸收时,在法律适用和法律救济上可以将它并入吸收它的行为之内,不再作为独立的行为对待。

二、行政检查的方法

根据依法行政的要求,我们不仅在乎某个行政主体是否拥有行政检查权,而且还应当在乎它是否采用了合法而适当的方法。关于行政检查的方法,无论哪个国家都不具有单一性,这取决于检查目的与检查所涉权利的复杂性。

美国的通用字典认为,行政检查的方法主要有查问(examine)、细看(scrutinize)、细察(look into)、查核(check over)、观察(view)等。〔90〕 美国行政法专家伯纳德·施瓦茨在其《行政法》一书中认为,行政机关实施强制性(非自愿性)的检查的方法有三种:命令制作记录和档案;检查账簿、档案和住所;用传票传唤证人、索取文件。〔91〕

中国目前尚无统一的"行政检查法"或"行政程序法"及"行政程序法"对行政检查的统一规定,2011年制定的《行政强制法》甚至没有提及"检查"一词,这使行政调查的方法散见在各种法规或行政机关根据需要而实际采用的事实之中。例如根据《土地管理法》(2019)第68条

〔89〕 参见乔晓阳主编、全国人大常委会法制工作委员会行政法室编著:《中华人民共和国行政强制法解读》,中国法制出版社2011年版,第35页。

〔90〕 See *Black's Law Dictionary*, West Publishing Co., 1979, p. 716.

〔91〕 [美]伯纳德·施瓦茨:《行政法》,徐炳译,群众出版社1986年版,第82页。

规定，土地行政执法部门在履行监督检查职责时，有权采取要求被检查的单位或者个人提供有关土地权利的文件和资料，进行查阅或者予以复制，要求被检查的单位或者个人就有关土地权利的问题作出说明，进入被检查单位或者个人非法占用的土地现场进行勘测等措施。[92] 又如根据《反垄断法》(2022)第47条规定，反垄断执法机构调查涉嫌垄断行为，可以采取下列措施：(1)进入被调查的经营者的营业场所或者其他有关场所进行检查；(2)询问被调查的经营者、利害关系人或者其他有关单位或者个人，要求其说明有关情况；(3)查阅、复制被调查的经营者、利害关系人或者其他有关单位或者个人的有关单证、协议、会计账簿、业务函电、电子数据等文件、资料；(4)查封、扣押相关证据；(5)查询经营者的银行账户。《反倾销条例》(2004)将问卷、抽样、听证会、现场核查等方式列入调查方法。[93] 根据《公安机关办理行政案件程序规定》(2020)第七章之规定，公安机关在调查检查时，可以采用询问、勘验、检查、鉴定、检测、抽样取证等方法。公安部《公安机关行政许可工作规定》(2005)第26条规定，监督检查可以采取下列方式：(1)实地检查；(2)抽样检查、检验、检测；(3)查阅从事行政许可事项活动的相关资料；(4)其他法律、法规、规章规定的监督检查方式。

但是，具有行政行为性质的检查方法，必须限指那些强制性的、直接影响相对人权利的手段。讨论这些方法，在事实意义上无非是解决其效果程度；但在法律意义上，只是关注当采取这些方法与公民的其他权利，如人身权、财产权、住宅权碰撞时，如何平衡。

三、行政检查立法与原则

(一)行政检查立法

行政检查的法治化首先应当体现在行政检查的立法上。当下各国或地区有关行政检查立法的状况大致有三类：一是通过制定单独的行政调查法来规制行政检查，如韩国早在2008年就制定了《行政调查基本法》和《行政调查基本法施行令》；二是制定行政程序法，通过行政程序法来规范行政检查行为，如奥地利1950年的《普通行政程序法》[94]、德国1976年的《行政程序法》[95]、中国澳门特别行政区1999年的《行政程序法典》[96]等，均有行政调查或行政检查的专章、专节或专题规定；三是既未制定"行政调查法"，也未制定"行政程序法"，而是通过各种分散的单一法规来规制行政检查行为，中国目前的情况就是如此。

(二)行政检查的法律原则

行政检查的法律原则，系指由行政检查法律规范所确立或体现的，用以指导设定与实施行政检查的法律精神。正由于在中国尚未制定统一的"行政检查法"，所以行政检查的法律原则

---

[92] 《土地管理法》(2019)第68条规定："县级以上人民政府自然资源主管部门履行监督检查职责时，有权采取下列措施：(一)要求被检查的单位或者个人提供有关土地权利的文件和资料，进行查阅或者予以复制；(二)要求被检查的单位或者个人就有关土地权利的问题作出说明；(三)进入被检查单位或者个人非法占用的土地现场进行勘测；(四)责令非法占用土地的单位或者个人停止违反土地管理法律、法规的行为。"

[93] 《反倾销条例》(2004)第20条规定："商务部可以采用问卷、抽样、听证会、现场核查等方式向利害关系方了解情况，进行调查。商务部应当为有关利害关系方提供陈述意见和论据的机会。商务部认为必要时，可以派出工作人员赴有关国家(地区)进行调查；但是，有关国家(地区)提出异议的除外。"

[94] Allgemeines Vewaltungsverfahrensgesetz – AVG. 1925年7月由奥地利国会通过，并于1926年1月1日正式公布生效。

[95] 经联邦议院于1976年5月25日通过并征得联邦参议院同意公布，于1977年1月1日生效。

[96] 1999年法令第57/99/M号，于公布日之后满三十日后开始生效。

只是一种理论上的探讨。

1. 依法检查原则。依法检查原则是行政合法性原则在行政检查领域的体现,它具体表现为:(1)职权法定。行政法意义上的行政检查具有一定的强制性,它的行使会直接影响行政相对人或第三人的权利,因此,行政机关实施行政检查必须拥有法律所设定的检查职权。(2)行政检查机关实施某一行政检查必须有法律依据。(3)行政检查机关实施行政检查必须符合法定程序。

2. 全面、客观、公正原则。全面性,指检查必须全面完整,不能以点盖面;客观性,指检查必须反映事实的真实情况,不能用主观的臆想代替客观事实;公正性,指通过检查既要获取对当事人不利的信息,也要获取对当事人有利的信息。

3. 关联性原则。这一原则有两个含义:一是行政机关实施行政检查,不得对与检查目的无关的内容进行检查;二是行政检查的结果,应当构成作出后续行政行为的事实依据。

4. 维护公益与尊重私权原则。实施行政检查必须出于维护公共利益的客观需要;经行政检查所获得的信息必须用于公益目的,不得服务于某一机关的经营活动。还有,实施行政检查时要尊重公民的私权,坚持比例原则,当有多种检查方法可以选择时,应当选择对公民权利影响最小的方法;对于经行政检查获得信息的使用,要尊重与保护公民的隐私权利。

四、行政检查主体及职权

(一)行政检查的职权法定主义

现代行政法是采用"职权法定主义",行政检查权也是如此。对于行政检查之所以要坚持职权法定,是因为行政法意义上的行政检查具有强制性,它的行使会直接影响行政相对人或第三人的权利。一般而言,行政检查权是依附行政处理权而产生,拥有行政处理权的机关肯定同时拥有为获取作为处理决定前提的事实信息而实施检查的权力。但对于某些特殊的行政检查权,如进入住宅检查、对妇女身体的检查、银行存款的检查等,必须以有法律的特别授权为前提。

如果行政检查作为一项职权被确立,那么被检查人就负有配合的义务。

(二)对人体的检查职权

对人体实施检查,显然会影响被检查人的声誉与人身自由。尤其是对妇女人体的检查,更是敏感。所以对人体实施检查必须符合两个条件:

1. 必须有法律(狭义)的明文规定。例如《治安管理处罚法》(2012)第 87 条第 1 款规定:"公安机关对与违反治安管理行为有关的场所、物品、人身可以进行检查……"根据《海关法》(2021)第 6 条第 4 项规定,海关有权"检查走私嫌疑人的身体"。

2. 检查妇女的人体,必须有女工作人员实施或参加,这是考虑妇女人体的特殊性需要提供特别的保护。我国《治安管理处罚法》(2012)第 87 条第 2 款规定:"检查妇女的身体,应当由女性工作人员进行。"公安部《公安机关办理行政案件程序规定》(2020)第 84 条规定:"对违法嫌疑人进行检查时,应当尊重被检查人的人格尊严,不得以有损人格尊严的方式进行检查。检查妇女的身体,应当由女性工作人员进行。依法对卖淫、嫖娼人员进行性病检查,应当由医生进行。"

（三）对未成年人的检查职权

未成年人是指未满16周岁的人，他们的身心都处于成长时期。对他们的检查，不得影响他们的身心健康。因此对未成年人的检查，必须有其监护人在场。《治安管理处罚法》(2012)第84条第3款规定："询问不满十六周岁的违反治安管理行为人，应当通知其父母或者其他监护人到场。"

（四）进入住宅的检查职权

公民的住宅权属于由宪法直接设定的公民基本权利之一。在美国，行政机关要进入公民住宅进行检查，同样要受宪法第四修正案[97]的约束。美国行政法专家伯纳德·施瓦茨(Bernard Schwartz)解释说："行政检查和其他政府机关侵入民宅一样，要依下述法定原则办：除非有合法搜查证的许可，否则，搜查私人财产如不经其所有人同意是'非法'的"。[98]

我国《宪法》(2018)第39条明文规定："中华人民共和国公民的住宅不受侵犯。禁止非法搜查或者非法侵入公民的住宅。"为此，实施进入公民住宅的行政调查必须受到法律的严格限制。笔者认为，行政机关进入公民住宅进行检查，起码必须符合两个条件：一是必须有法律的明文依据；二是必须经一定级别行政机关的特别审批。我国《治安管理处罚法》(2012)第87条第1款的规定，已多少体现了这一要求。[99]

（五）银行存款的检查职权

行政机关是否可以向银行查询被调查人的存款？这会与银行管理规则及个人的隐私权发生冲突。

《商业银行法》(2015)第29条规定："商业银行办理个人储蓄存款业务，应当遵循存款自愿、取款自由、存款有息、为存款人保密的原则。对个人储蓄存款，商业银行有权拒绝任何单位或者个人查询、冻结、扣划，但法律另有规定的除外。"第30条又规定："对单位存款，商业银行有权拒绝任何单位或者个人查询，但法律、行政法规另有规定的除外；有权拒绝任何单位或者个人冻结、扣划，但法律另有规定的除外。"这说明设定对个人储蓄存款的检查权的必须是法律；设定对单位存款的检查权的必须是法律和行政法规。

我国已有一些法规对银行存款的检查职权作了设定。例如，《海关法》(2021)第6条规定："海关可以行使下列权力：……（五）在调查走私案件时，经直属海关关长或者其授权的隶属海关关长批准，可以查询案件涉嫌单位和涉嫌人员在金融机构、邮政企业的存款、汇款……"根据《反垄断法》(2022)第39条第5项的规定，反垄断执法机构调查涉嫌垄断行为，可以"查询经营者的银行账户"。

---

[97] 美国宪法第四修正案系指经1791年12月15日第一届美国国会提出并被批准的《权利法案》第四条修正案。其内容是："人人具有保障人身、住所、文件及财物的安全，不受无理之搜查和拘捕的权利；此项权利，不得侵犯；除非有可成立的理由，加上宣誓或誓愿保证，并具体指明必须搜查的地点，必须拘捕的人，或必须扣押的物品，否则一概不得颁发搜捕状。"

[98] [美]伯纳德·施瓦茨：《行政法》，徐炳译，群众出版社1986年版，第88页。

[99] 《治安管理处罚法》(2012)第87条第1款规定："公安机关对与违反治安管理行为有关的场所、物品、人身可以进行检查。检查时，人民警察不得少于二人，并应当出示工作证件和县级以上人民政府公安机关开具的检查证明文件。对确有必要立即进行检查的，人民警察经出示工作证件，可以当场检查，但检查公民住所应当出示县级以上人民政府公安机关开具的检查证明文件。"

五、行政检查的程序

行政主体实施行政检查必须符合法定程序。在中国目前尚无统一的"行政检查法"或"行政程序法",还不可能有统一的行政检查程序。但从我国各种分散性的法规对行政检查程序所作的规定考察,以下几个步骤和要求是必需的:

1. 通知。行政机关在实施检查之前,必须通知被检查人将要实施的检查内容、依据以及配合义务等。

2. 出示证件。行政检查人员在实施检查前必须出示有关工作证件,以证明身份的合法性。

3. 实施检查。检查必须有两个及以上工作人员参加。这是为了保证客观公正。

4. 听取当事人的意见。行政机关在实施行政检查过程中,必须听取当事人的意见,以便核实信息与证据。

六、行政检查的定性及法律救济

行政检查是否适用行政复议与行政诉讼之法律救济,与行政检查行为本身的定性有关。

(一)行政检查行为的定性

行政检查,作为一种行为考察,到底属于什么性质的行为,在英美法系国家(地区)的行政法中似乎不太重要,都统一作为"administrative action"或"agency action"(行政行为)接受统一的司法审查。而大陆法系国家(地区)的行政法习惯于对行政行为进行分类与定性,不同类别的行为属于不同性质的行为,不同性质的行为又适用不同的法律救济态度。但关于行政检查行为的属性,在大陆法系国家(地区)行政法中还是存有分歧。例如在日本,就有四种观点并存。一是行为类型说,将行政检查作为一种与行政命令、行政处分相并列的行政行为对待;二是行政制度说,认为行政检查只是行政过程中的一个环节,为各类行政行为所必需的一种共同制度;三是先行程序说,认为行政检查只是各种行政行为的一个先置性程序,它服务于所属行政行为的正确作出;四是信息收集说,认为行政检查不是一种行政行为,而是政府收集信息的一种制度。[100] 在中国台湾地区,学者对行政检查的定性看法亦有较大分歧,但一种主流观点认为:"行政检查,简言之为行政机关为达成特定行政目的,对于特定行政客体所为之察查、收集资料活动,或指行政主体以收集、察查、验证相关事实与资料为目的,就个别具体事件,针对特定人民,行使公权力之事实行为。"[101]也就是说,中国台湾地区学者还是主张将行政检查定性为"事实行为"。

在中国大陆,行政检查的研究引起行政法学者们的重视是20世纪90年代以后的事,第一次作为专章研究的要归功于应松年主编的《行政行为法》[102]一书。事后不少教材开始问津这一主题。关于定性,主要有两种观点:一种倾向于事实行为,认为行政监督检查"基本上不产生法律效果,即大量的活动属于行政事实行为,有些属于西方学术界称的行政上'准法律行为'"[103]。另一种倾向于行政行为,认为"行政检查是行政主体基于其享有的行政职权,为了保

---

[100] 参见洪文玲:《行政调查与法之制约》,学知出版社1998年版,第27页。

[101] 翁岳生编:《行政法》,中国法制出版社2002年版,第907~908页。

[102] 人民出版社1993年版。

[103] 王连昌主编:《行政法学》,四川人民出版社1990年版,第224页。

障相应法律、法规、规章及有关行政命令、行政处理决定等得到遵守和执行，依法对公民、法人或者其他组织守法和履行法定义务的情况进行检查、了解、监督的外部具体行政行为”〔104〕。

笔者认为，行政检查是行政机关强制向当事人收集信息的行为，在检查期间直接限制了当事人的人身权或财产权，而且，今天中国的行政法和行政法理论已使行政行为冲破了“法律行为”的“藩篱”，所以，行政检查就是一种特殊的行政行为。

（二）行政检查行为的法律救济

纯事实行为的行政调查，一般不会发生行政复议和行政诉讼问题。至于行政调查过程中发生的问题，那就按实际情况具体处理（民事纠纷、行政赔偿等）。而具有强制性的、与相对人权利直接发生关系的行政检查，就应当作为可诉的行政行为对待。但在具体的方法上，又应当区分两种情况分别对待：

1. 当行政检查的结果被后续的行政处理决定所吸收时，在法律救济上相对人可以通过对后续行政处理决定的救济而达到对行政检查的救济。比如，行政机关依据错误的检查所获得的错误信息而作出一个错误的行政决定，当事人只要直接起诉错误的行政决定便可，无须也不该单独起诉检查行为本身，因为在对行政决定的诉讼中，行政检查将作为证据问题而同时受到司法审查。

2. 当行政检查的结果未被后续的行政处理决定所吸收时，当事人又认为该行政检查行为侵害了自己的合法权益，就有权单独提起行政诉讼。

第七节 疑难问题探讨

一、行政征收是否只限于对私人财产的征收？

无论中外，无论是狭义的行政征收还是广义的行政征收，都是指政府为了公共利益的需要，对私人财产的一种干预，剥夺或限制私人的财产权利。在中国，行政征收是指政府出于公共利益的需要，将“非国有财产”征为国有并给予补偿的行政法制度，它会导致财产从非国有主体所有变成国家所有的法律效果。

行政征收只能针对“非国有财产”。它包括集体所有的财产、企业所有的财产和个人所有的财产。针对国有财产不会发生征收问题，只会发生行政征调，因为它们不会导致财产所有权的转移。

所以说，我国的行政征收，只限于对“非国有财产”的征收。

二、为什么作为行政法规的《国有土地上房屋征收与补偿条例》可以规定行政征收？

行政征收是国家对私人财产的合法剥夺，是一种改变财产所有权的强制手段，因而在法治国家无不确立“法律保留”原则，即只有在国家有明文法律依据的前提下，国家才可对私人财产实施行政征收。

---

〔104〕 应松年主编：《当代中国行政法》（上卷），中国方正出版社 2005 年版，第 813 页。应松年主编：《行政行为法：中国行政法制建设的理论与实践》，人民出版社 1993 年版，第 348 页。

我国《宪法》(2018)第13条第3款、《民法典》(2020)第117条和《立法法》(2023)第11条,都规定了行政征收的"法律保留"原则。我国行政征收的"法律保留"原则要求:(1)行政征收必须由全国人民代表大会及其常务委员会制定的"法律"设定,行政法规、地方性法规和规章都无权设定行政征收制度;(2)政府实施行政征收必须有明文的"法律"依据,行政法规、地方性法规和规章不能成为行政征收的直接法律依据。

然而,我国对国有土地上房屋征收恰恰是以作为行政法规的《国有土地上房屋征收与补偿条例》作为专门依据的,这是否违反了行政征收的"法律保留"原则?

笔者认为不是。所谓行政征收要以"法律"为依据,是指行政征收必须由法律"设定",但可以由下位法作具体"规定"。"是否可以征收"必须由法律规定,但如何征收,可以在法律的授权下,由行政法规规定。

我国对国有土地上房屋征收恰恰是由"法律"设定的。作为"法律"的《城市房地产管理法》(2019)第6条明文规定:"为了公共利益的需要,国家可以征收国有土地上单位和个人的房屋,并依法给予拆迁补偿,维护被征收人的合法权益;征收个人住宅的,还应当保障被征收人的居住条件。具体办法由国务院规定。"这里不仅由法律直接设定了对国有土地上房屋的征收,而且法律还授权国务院制定具体办法。国务院制定《国有土地上房屋征收与补偿条例》正是以上述立法授权为前提。所以说,国务院制定《国有土地上房屋征收与补偿条例》并没有违反行政征收的"法律保留"原则。

三、对土地征收决定是否适用行政诉讼?

根据《土地管理法》规定,我国的土地征收系指国务院或者省级人民政府为了公共利益的需要而依法作出的将集体土地转变为国有土地并给予补偿的法律制度。它显然是一种独立的行政决定和行政行为。从行政法理上说,我国任何行政行为都可适用行政复议或行政诉讼,除非法律有特别规定。我国《行政复议法》(2023)第11条、《行政诉讼法》(2017)第12条第1款,以及《国有土地上房屋征收与补偿条例》(2011)第14条都明文规定了土地征收行为的可诉性。按理说,这不该有分歧。

但问题出在对《行政复议法》(1999)第30条第2款的理解上。《行政复议法》(1999)第30条第2款规定:"根据国务院或者省、自治区、直辖市人民政府对行政区划的勘定、调整或者征用土地的决定,省、自治区、直辖市人民政府确认土地、矿藏、水流、森林、山岭、草原、荒地、滩涂、海域等自然资源的所有权或者使用权的行政复议决定为最终裁决。"2009年和2017年的两次修正未修改这一条。但到2005年,最高人民法院的一个司法解释将它解释为:国务院或者省、自治区、直辖市人民政府作出的土地征收〔105〕决定也是不可诉的"最终裁决"。最高人民法院《关于适用〈中华人民共和国行政复议法〉第三十条第二款有关问题的答复》(〔2005〕行他字第23号)指出,《行政复议法》第30条第2款规定的最终裁决应当包括两种情形:一是国务院或者省级人民政府对行政区划的勘定、调整或者征用土地的决定;二是省级人民政府据此确认自然资源的所有权或者使用权的行政复议决定。由此造成了全国法院系统至今还拒绝受理相对人因不服行政机关征收土地决定而提起的行政诉讼,即将上述的第一类决定和第二类决定

〔105〕 我国长期将"土地征收"误称为"土地征用",直到2004年宪法修正时才纠正了这一点,并且严格区分了"征收"与"征用"。

都解释为“最终裁决”,由此调整和统一了全国法院对该类案件的受理态度。从此,土地征收决定变成了一个不可诉的最终行政决定。

笔者认为,这一司法解释有点偏离《行政复议法》第 30 条第 2 款的原意。因为《行政复议法》第 30 条第 2 款的规定涉及两类决定:一是国务院或者省、自治区、直辖市人民政府对行政区划的勘定、调整或者征用土地的决定;二是省、自治区、直辖市人民政府确认土地、矿藏、水流、森林、山岭、草原、荒地、滩涂、海域等自然资源的所有权或者使用权的行政复议决定。这里的情况是:第二类决定是依据第一类决定作出的。从语义表达上说,这里对第一类决定如何救济没有表达,这里只是表达:省、自治区、直辖市人民政府根据国务院或者省、自治区、直辖市人民政府对行政区划的勘定、调整或者征用土地的决定,所作出的确认土地、矿藏、水流、森林、山岭、草原、荒地、滩涂、海域等自然资源的所有权或者使用权的行政复议决定为最终裁决。也就是说,依据第一类决定所作出的第二类决定才属于不可诉的“最终裁决”。全国人民代表大会常务委员会法制工作委员会所编的“释义”也作此解释。[106]

上述否定土地征收决定可诉性的司法解释,还被一个“理由”支撑着:根据《土地管理法》规定,土地征收的决定机关是国务院或者省、自治区、直辖市人民政府,而土地征收决定是它们的“专属权力的表现形式”,因而不可诉。[107]

现在的问题不是法律如何理解或者法律如何规定,而是我们的法治理念上能否推翻一个根深蒂固的传统思想:国务院或省级人民政府的行为是否可以被诉?笔者认为,任何行政行为,任何主体作出的行政行为,都应当是可诉的,除非法律有特别的例外规定。

四、任何行政机关都可依据《民法典》第 245 条享有行政征用权吗?

行政征用与行政征收不同,是指政府出于抢险救灾、疫情防控等紧急需要,依照法律规定强制性地使用非国有单位和个人的财产(包括不动产和动产)并给予补偿的行政法制度。我国《民法典》(2020)第 245 条对行政征用作了专门规定:“因抢险救灾、疫情防控等紧急需要,依照法律规定的权限和程序可以征用组织、个人的不动产或者动产。被征用的不动产或者动产使用后,应当返还被征用人。组织、个人的不动产或者动产被征用或者征用后毁损、灭失的,应当给予补偿。”

问题在于,《民法典》(2020)第 245 条第 1 句是否属于对行政机关的普遍而直接的授权,是否意味着所有行政机关据此就拥有了行政征用权?笔者认为,这不是一个直接而普遍的授权规定,而是一个抽象而间接的授权规定。因为一是它没有表明主体是谁,没有规定谁是征用主体;二是表明须“依照法律规定”,说明行政征用还须由其他具体法律来授权。这里只是为行政征用设定了条件(因抢险救灾、疫情防控等紧急需要)、程序(依照法律规定的权限和程序)和范围(组织、个人的不动产或者动产),行政机关不得据此直接行使行政征用权。

---

〔106〕 “本款规定的终局复议活动仅限于根据国务院或者省级人民政府对行政区划的勘定、调整或者征用土地的决定基础上,省级人民政府确认有关自然资源的所有权或者使用权行为进行的复议活动,也就是说,对此类行为的复议决定为终局决定,不再对复议决定或原具体行政行为提起行政诉讼。”参见张春生主编、全国人民代表大会常务委员会法制工作委员会编:《中华人民共和国行政复议法释义》,法律出版社 1999 年版,第 153 页。

〔107〕 参见刘德权主编:《最高人民法院司法观点集成(4):行政、国家赔偿卷》,人民法院出版社 2010 年版,第 98 页。

五、行政征用中的“紧急需要”是否限于“紧急状态”?

行政征用的一个最大特点,就是出于因抢险救灾、疫情防控等“紧急需要”。那么,这一“紧急需要”是否指“紧急状态”呢?回答是否定的。

如本章前面所述,在我国,与“常态”相对应的就是“非常态”或称“应急状态”(广义)。广义上的应急状态,是指因自然灾害、事故灾难、公共卫生事件和社会安全事件等突发事件,引发全国或一定范围内的混乱和危害,使国家和政府部门必须紧急应对处置的状态。它又包括三种状态:一是应急状态(狭义);二是紧急状态;三是战争状态。紧急状态只是应急状态中的一种状态。

行政征用中的“紧急需要”不仅发生在“紧急状态”之中,还会发生在“应急状态”和“战争状态”之中;不仅会发生在广义的应急状态之中,还会发生在广义的应急状态之外。所以,不能说行政征用中的“紧急需要”只限于“紧急状态”。

本章小结

负担行政行为是与授益行政行为相对应的一种行政行为,也称不利行政行为,系指行政行为的结果对当事人带来不利效果的行为,表现为对当事人减损权益或增加义务。负担行为包括:行政命令、行政处罚、行政强制、行政征收、行政征用、行政征缴、行政收费等。由于行政处罚和行政强制已有单独的《行政处罚法》和《行政强制法》而且已在前面单独设章论述,本章依次阐述了行政命令、行政征收、行政征用、行政征缴、行政收费等行政行为的行政法原理。

行政命令虽被使用于广泛的领域,但在这里仅作为一个具体行政行为来定位,系指由行政主体作出的要求特定相对人进行一定作为或不作为的行政决定和意思表示。这一行为并非为相对人确认或形成某种权利与义务关系,只是为相对人设定一种行为义务,要求其一定的作为或不作为,否则会引起其他的法律后果(如行政处罚或强制执行)。要求相对人进行一定作为的,称为“令”;要求相对人进行一定的不作为的,称为“禁令”。行政命令大多表现为“责令”行为,如“责令停止违法”“责令限期拆除”“责令离开、不得停留”等。行政命令是一项辅助性行为,常常伴随行政处罚、行政强制措施和行政强制执行而作出,并且在后续行为作出后常常被后续行为所吸收。当行政命令未被后续行为吸收时,可以作为一个独立的可诉行为。当事人对其不服,可以单独对其申请行政复议或者提起行政诉讼。

行政征收是指政府出于公共利益的需要,依照法律规定强制性地将非国有财产(包括不动产和动产)征为国有,同时给予补偿的行政法制度。行政征收的核心形式是行政征收决定。它是一种独立的负担行政行为。行政征收体现为国家公权对私人财产所有权的干预,因而受到三项原则的严格限制:公益原则、法律保留原则和补偿原则。它们要求:行政征收必须出于公共利益的需要,没有公共利益需要,或只为小集体的需要,不得实施行政征收;实施行政征收必须具有全国人民代表大会及其常务委员会制定的“法律”依据,行政法规、地方性法规和规章不得设定行政征收制度;实施行政征收必须给予合理补偿,无补偿便无征收。

在国外,许多国家已将行政征收扩大至管制性征收。他们不仅将国家剥夺私人财产所有权行为称作行政征收,而且将国家限制私人财产权的行为(称为“管制性征收”)也并入行政征收范畴之内。在中国,管制性征收已经引起学术界和实务界的广泛关注。

行政征用是指政府出于抢险救灾、疫情防控等紧急需要,依照法律规定强制性地使用非国有单位和个人的财产(包括不动产和动产)并给予补偿的行政法制度。行政征用和行政征收是一对孪生兄弟,属于国家合法干预私人财产权的两种并行手段,我国不少法律常常对它们一并作规定。行政征用和行政征收有许多法律特征,如公益性、强制性、法律保留和补偿原则等,是相通的。但它们之间存在明显的区别:一是出发点。行政征收仅仅是出于一般的公共利益需要,但行政征用必须在公共利益的基础上,还要出于抢险救灾、疫情防控等“紧急需要”;二是所有权与使用权。行政征收会导致被征收人财产所有权的转移,而行政征用仅仅是国家在短期内强制使用该财产,使用完毕还必须返还。行政征收是对财产所有权的处分,行政征用仅仅对财产使用权的限制。

行政征缴是一种单向的、无须补偿的国家征收行为。它包括行政征税和行政征费。行政征税是指国家征税机关依法向纳税人收取税收的行为。它具有法定性和强制性。“税种的设立、税率的确定和税收征收管理等税收基本制度”必须由全国人民代表大会及其常务委员会的“法律”设定,行政法规、地方性法规和规章都无权设定税种、税率和税收征收管理等制度。我国税收包括流转税、资源税、收益(所得)税、财产税和行为税五种。

行政征费是指国家通过有关行政机关,依照法律规定向特定相对人收取的用于特定目的费用,如征缴社会保险费、征缴污水处理费、征缴防空地下室易地建设费、征缴水土保持补偿费、征缴土地闲置费、征缴土地复垦费和征缴耕地开垦费等。行政征费与行政征税都带有一个“征”字,这就表明它们都具有“单方性”和“强制性”。但它们之间最突出的区别是:税收入库后,国家打通使用,不直接返还给纳税人或再次用于税收。而行政征费为特定目的而征,征后又用于这一目的,不得移作他用。例如,社会保险费为公民提供社会保险而征,也必须用于公民的社会保险;征缴防空地下室易地建设费,所征款项只能用于地下防空设施的建设。从这种意义上说,“税”是国家统筹使用的“费”;“费”是为了特定目的并用于特定目的的“税”。

行政收费是行政征缴行为以外的一种收费行为。它之所以被单列,是因为它不带“征”字。行政收费特指基于行政法律关系,行政主体因向特定公民、法人或者其他组织提供一定服务,而依法收取一定费用的行为。它包括行政机关向公民、法人或者其他组织收取证照费、车辆通行费、企业注册登记费、不动产登记费、考试考务费、公共道路上的停车费等。

行政收费不同于行政征费,前者是“收”费,后者是“征”费,区别在于“征”上。行政征费中的“费”接近于“税”,它是为了特定目的并用于特定目的的“税”。而行政收费则不同,它是相对人因在行政主体那里受到特定服务而必须支付的“对价”。

还有一种是作为事实行为的行政调查,它一部分是作为纯事实行为(行政了解)而不受行政法关注,其中那些具有强制性并直接关联相对人权利的行政检查,应当作为特殊的行政行为对待。

行政征收、行政征用、行政征税、行政收费和行政检查,都是可诉的行政行为。

规范链接

- 《中华人民共和国宪法》(2018)第10、13、67、80、89、107条
- 《中华人民共和国立法法》(2023)第11条
- 《中华人民共和国民法典》(2020)第115、117、245、358、399条
- 《中华人民共和国行政强制法》(2011)第19条
- 《中华人民共和国行政复议法》(2023)第11、23~25条
- 《中华人民共和国行政诉讼法》(2017)第12条
- 《中华人民共和国国家赔偿法》(2012)第4条
- 《中华人民共和国行政许可法》(2019)第8条
- 《中华人民共和国土地管理法》(2019)第2、31、43、45~49条
- 《中华人民共和国突发事件应对法》(2007)第12、52、69条
- 《中华人民共和国传染病防治法》(2013)第45条
- 《中华人民共和国国防法》(2020)第51条
- 《中华人民共和国戒严法》(1996)第17条
- 《中华人民共和国森林法》(2019)第21条

- 《中华人民共和国草原法》(2021)第 38 ~39 条
- 《中华人民共和国国防动员法》(2010)第十章、第 56 条
- 《中华人民共和国国家情报法》(2018)第 17 条
- 《中华人民共和国消防法》(2021)第 45 条
- 《中华人民共和国海警法》(2021)第 19、54 条
- 《中华人民共和国信托法》(2001)第 60 条
- 《中华人民共和国测绘法》(2017)第 15 条
- 《中华人民共和国公路法》(2017)第 58 ~59、68 条
- 《中华人民共和国人民武装警察法》(2020)第 24 条
- 《中华人民共和国税收征收管理法》(2015)第 40、45、88 条
- 《中华人民共和国水土保持法》(2010)第 32 条
- 《中华人民共和国水污染防治法》(2017)第 49 条
- 《中华人民共和国城市房地产管理法》(2019)第 26 条
- 《中华人民共和国外商投资法》(2019)第 5、20 条
- 《中华人民共和国台湾同胞投资保护法》(2019)第 4 条
- 《中华人民共和国中小企业促进法》(2017)第 50 条
- 《中华人民共和国民办教育促进法》(2018)第 3 条
- 《中华人民共和国土地管理法实施条例》(2021)第 8、26、28 条
- 《中华人民共和国固体废物污染环境防治法》(2020)第 71 条
- 《国有土地上房屋征收与补偿条例》(2011)
- 《城镇排水与污水处理条例》(2013)第 54 条
- 《城市房地产开发经营管理条例》(2020)第 15 条
- 《城市道路管理条例》(2019)第 37 条
- 《土地复垦条例》(2011)第 3、10 条
- 最高人民法院《关于行政案件案由的暂行规定》(法发〔2020〕44 号)
- 最高人民法院《关于适用〈中华人民共和国行政复议法〉第三十条第二款有关问题的答复》(〔2005〕行他字第 23 号)
- 财政部、国家发展和改革委员会、住房和城乡建设部《污水处理费征收使用管理办法》(财税〔2014〕151 号)
- 原国家物价局、财政部《关于证照收费管理的通知》(〔1990〕价费字 228 号)
- 财政部和国家发展和改革委员会《关于不动产登记收费标准等有关问题的通知》(发改价格规〔2016〕2559 号)

案例讨论

李某诉某区人民政府房屋征收补偿案

|案　情|

某区人民政府在旧城改造中对某地块作出国有土地上的房屋征收决定,确定房屋征收范围,并将该征收决定和征收补偿方案进行了公告。该区住房保障和房屋管理局(以下简称房管局)作为房屋征收部门委托该区第二房屋征收服务事务所有限公司承担该旧城区改建地块房屋征收与补偿的具体工作。本案所涉房屋在上述征收决定的征收范围内,性质为公房,承租人为当事人李某,房屋类型为旧里,租用公房凭证记载的居住面积:二层阁 14.1 平方米、二层前楼 13.3 平方米。根据该区《旧城区改建被征收房屋建筑面积认定和补贴办法》规定,合计居住面积 20.35 平方米,换算建筑面积 31.34 平方米。经某房地产估价师事务所有限公司评估,被征收房屋于征收决定公告之日的房地产市场评估单价为 29233 元/平方米,该地块评估均价为 29200 元。公有房屋承租人李某在规定的

期限内未申请复核。该区房管局向李某征询是否需要专家鉴定，李某明确表示拒绝。征收决定公告之日，该户常住户口为4人。根据《某某市国有土地上房屋征收与补偿实施细则》及该基地征收补偿方案，房管局核定被征收房屋评估价格为732929.78元，价格补贴为274538.4元，套型面积补贴为438000元，李某房屋补偿金额为1445468.18元。旧城区改建补贴250720元，装潢补贴15670元，认定建筑面积外的使用面积补贴80000元等。协商过程中，房管局向李某提供货币补偿和房屋产权调换两种方式选择，因李某不认可补偿方案，双方在签约期限内未达成补偿协议。区房管局便报请区人民政府作房屋征收补偿决定。区人民政府受理后，组织双方进行调查和调解，李某出席但调解未成。区人民政府经审查，认定房管局提出的以结算差价的房屋产权调换方式补偿李某的方案合法、适当，遂作出房屋征收补偿决定，并将决定书依法送达李某及区房管局，同时在基地张贴公示。李某不服，向市政府提出行政复议。市政府受理后，经审查作出行政复议决定，维持区人民政府所作征收补偿决定。李某仍不服，诉至法院。

一审法院认为：根据《国有土地上房屋征收与补偿条例》和实施细则的有关规定，区人民政府具有作出房屋征收补偿决定的行政职权。房管局因与李某在征收补偿方案确定的签约期限内达不成补偿协议，报请区人民政府作补偿决定。区人民政府受理后，核实了相关材料，组织召开调解会，在调解未成的情况下，于法定期限内作出被诉房屋征收补偿决定，行政程序并无不当。区人民政府所作房屋征收补偿决定对被征收房屋的性质、类型、建筑面积、评估价格、应得房屋价值补偿款、安置房屋的建筑面积和价格的认定以及差价款的计算等，均有相应的证据予以佐证，计算准确，安置方案符合实施细则及决定方案的相关规定，房屋征收补偿决定认定事实清楚，法律适用准确。关于李某认为本案所涉征收决定程序违法的问题，一审法院认为，本案系房屋征收补偿决定纠纷，房屋征收决定的合法性不属于本案审查范围。房屋征收补偿决定是在征收双方无法达成协议的情况下，由市、县人民政府根据法律规定，单方作出的具有强制性的行政决定，故《国有土地上房屋征收与补偿条例》中关于市、县级人民政府应当提供改建地段或者就近地段的房屋供被征收人选择的规定，并非区人民政府在作出征收补偿决定时必须适用的法律规范。区人民政府补偿安置给李某的产权房系市土地储备中心安排的用于征收地块安置的房源，未侵犯李某的合法利益，安置方案并无不当。李某关于征收决定未提供就近房源、被诉征收补偿决定剥夺其选择权等异议，一审法院不予采信。市政府受理李某复议申请后，经过审查，在规定的期限内作出行政复议决定，程序合法，一审法院予以确认。综上所述，李某的诉讼请求和理由，缺乏事实证据和法律依据，一审法院不予支持。据此，依照《行政诉讼法》第69条、最高人民法院《关于适用〈中华人民共和国行政诉讼法〉若干问题的解释》第10条第1款之规定，判决驳回李某的诉讼请求。

当事人李某对一审判决不服，提起上诉。市高级人民法院二审查明事实与一审法院认定事实一致。二审法院认为：区房管局因与李某在征收补偿方案确定的签约期内达不成协议，报请区人民政府作出补偿决定，区人民政府具有作出被诉房屋征收补偿决定的法定职权。区人民政府受理后核实了相关材料，在调解未果后于法定期限内作出被诉房屋征收补偿决定并公告，行政程序合法。区人民政府依据租用公房凭证记载的居住面积乘以相应系数计算被征收房屋建筑面积，结合房屋评估单价等确定货币补偿金额及补贴款等，并以房屋征收补偿方案公示的房源安置均无不当。李某认为评估报告程序违法及结果与实际不符等异议，缺乏依据，二审法院不予采信。李某对征收决定的合法性所提异议不属本案审查范围。故原审判决驳回李某的诉讼请求正确，应予维持。判决驳回上诉，维持原判。

李某不服二审判决，向最高人民法院申请再审。最高人民法院经审查后驳回李某的再审申请。

|评　析|

本案是一个国有土地上房屋征收补偿案件，涉及多个法律问题可以讨论。鉴于本章的教学任务，只讨论以下几个问题：

1. 对公房是否存在征收补偿问题。当事人李某是被征收房屋的承租人，而被征收的房屋属于公房。如果该公房是国有房产，那么对于该房而言，不属于“征收”。征收是对非国有财产的征收。即使如此，作为公房的承租人李某，在旧城改造和房屋征收中也是有权获得补偿，而政府也确实对其进行了安置补偿。

2. 房屋征收补偿机关是否合法问题。根据《国有土地上房屋征收与补偿条例》(2011)第4~5条规定，市、县级人民政府负责本行政区域的房屋征收与补偿工作；市、县级人民政府确定的房屋征收部门组织实施本行政区域的房屋征收与补偿工作;房屋征收部门又可以委托房屋征收实施单位承担房屋征收与补偿的具体工作。在本案中,区人民政府全面负责该案所涉地块房屋征收补偿工作;区房管局是房屋征收部门,具体组织实施本案所涉地块的房屋征收与补偿工作;区第二房屋征收服务事务所有限公司受房屋征收部门委托,承担该旧城区改建地块房屋征收与补偿的具体工作。这三者法律关系清晰,分工明确。征收决定和补偿决定均由区人民政府作出,不存在主体不够格或越权问题。

3. 房屋征收补偿程序是否合法问题。在本案中,某区人民政府作出房屋征收决定,确定房屋征收范围后,将该征收决定和征收补偿方案进行了公告。在处理李某的补偿过程中,先请评估公司对房屋进行了评估,并将结果告知当事人。李某在规定的期限内未申请复核。该区房管局向李某征询是否需要专家鉴定,李某明确表示拒绝。接着房管局与李某具体协商补偿事宜。后因与李某在征收补偿方案确定的签约期限内达不成补偿协议,便报请区人民政府作补偿决定。区人民政府受理后,核实了相关材料,组织召开调解会,在调解未成的情况下,于法定期限内作出被诉房屋征收补偿决定。事后又保障了当事人的诉权,整个程序没有发现问题。

4. 当事人对征收决定和补偿决定是否具有诉权问题。当事人虽然是公房的承租人,但他对区人民政府作出的征收决定和补偿决定均有诉权。但他只是在补偿阶段对区人民政府作出的补偿决定申请复议,接着进入诉讼。所以,人民法院只对补偿决定进行审查和裁判,是符合行政诉讼程序的。

(资料来源:2017 年最高人民法院行政审判十大典型案例第一批,〔2016〕最高法行申 2615 号。根据教学需要编撰)

复习思考题

1. 如何理解行政负担行为?它具体包括哪些行政行为?
2. 什么是行政命令?它在什么情况下具有独立的可诉性?
3. 什么是行政征收?什么是行政征用?它们之间有什么区别?
4. 什么是行政征缴?它具体包括哪些行政行为?
5. 行政调查与行政强制措施是什么关系?

第十六章　中性行政行为

> 行政行为除了授益行为与负担行为之外，还存在一种介于它们两者之间的行为。这种行为的特点是，其行为结果对相对人是否有利不能一概而论。在同一类行政行为中，可能这个行为对相对人是有利的，另一个行为恰恰是对相对人不利的。比如行政确认，可以确认相对人的权利（如产权登记），也可确认相对人的责任（如事故责任认定）。还有行政行为，如行政裁决，它本身就是对民事关系双方当事人的裁决。裁决内容如果对甲方有利，就同时意味着对乙方不利。我们就将这类行为称作中性行政行为。
>
> 中性行政行为，就是由行政主体作出的，其行政效果对相对人是否有利具有不确定性，既可能有利也可能不利的行为。它包括行政证明、行政确认、行政裁决、行政公开、行政协议、行政规划、行政矫正、对司法的行政协助等行为。行政复议决定同样是一个行政决定，也是一种中性行政行为。但本书将它置于第二十七章作为一种行政监督和权利救济制度阐述，故不在本章论及。

第一节　行 政 证 明

一、行政法与证明

在"以事实为依据，法律为准绳"的普遍要求下，行政决定必须基于完整的"客观事实"而作出。而获得"客观事实"信息的途径无非是两条：一是通过行政机关的行政调查；二是通过当事人或其他机关提供的证明。证明作为一种材料和信息载体，是一种证据；制作或提供证明，则属于一种证明行为。证明材料与证明行为相辅相成。在证明可靠的条件下，证明是一种比调查更快捷、更经济获取"客观事实"信息的重要途径。这就是证明制度存在的必然性和合理性。但是，如果行政机关一方面随意要求公民、法人或者其他组织提供不必要或无法提供的证明，增加相对人行政法上的证明义务；另一方面应当由行政机关提供给当事人的证明，行政机关又拒不提供，或者提供错误证明而不予纠正，这会让当事人陷入两难境地。行政法不能对此袖手旁观。

中国政府起始于2016年的"放管服"[1]改革，工作重点在于"减证便民"。随着改革的深入和"减证便民"范围的扩展，清理"证明"事项被纳入改革的范围。自从中国最"奇葩"证明，即"证明我妈是我妈"受到普遍诟病和抵制之后，各部门、各地方掀起了清理"奇葩"证明、循环证明、重复证明的"运动"，这也推进了"行政证明"理论和制度的成熟。

在工作和生活中，公民、法人或者其他组织不得不去提供各种各样的"证明"，以证明各种

---

〔1〕"放管服"，是简政放权、放管结合、优化服务的简称。"放"即简政放权，降低准入门槛。"管"即创新监管，促进公平竞争。"服"即高效服务，营造便利环境。

事项。例如要证明你爸是你爸,要证明你没犯过罪,要证明你没结过婚,要证明你没有要过孩子,要证明你没买过房……各种证明覆盖了人身关系、财产关系、学历证明、户口证明、身份证明、死亡证明、无犯罪记录等。这些证明,有的可以自己提供(如以《房产证》证明自己的产权),有些不得不依赖有关政府和组织提供(如无犯罪记录)。

不少证明发生在民事关系中,但更多地发生在行政关系中,受到行政法的规制。行政法意义上的"证明"可分为两类:

1. 由相对人提供的"证明"及"证明行为"。例如公民在非户籍地申请居住证,根据《居住证暂行条例》(2015)第9条第1~2款规定,必须提供:(1)居民身份证或户口簿,以及近期相片;(2)居住处所证明,包括房屋所有权证、购房合同、房屋租赁登记备案凭证、房屋租赁合同、单位出具的集体宿舍证明等;(3)就业证明,包括工商营业执照、劳动合同、用人单位出具的劳动关系证明或者其他能够证明有合法稳定就业的材料等;(4)如果是学生,须提供就读证明,包括学生证、就读学校出具的其他能够证明连续就读的材料等。[2] 相对人所需提供的证明材料,有的为相对人自己所拥有,自己就可以提供,但有的要向政府部门或有关单位申请获取。无论哪种情况,相对人获取和提供证明的行为,不属于行政行为,只属于相对人在行政程序中的证明行为。它虽然也受行政法的规制,但不具有行政行为的属性。

2. 由行政主体提供的"证明"及"证明行为"。行政主体往往是相对人有关信息的储存、审核和处理的机关。在两种情况下,相对人会向掌握当事人信息的行政主体申请提供"证明":(1)该证明为特定行政机关所掌握,该行政机关是提供该证明的权威机关。例如无犯罪记录证明,只能由公安机关予以证明,其他机关无权证明。某大学生到某大公司去求职,公司要求他提供"无犯罪记录"证明,他只能向户口所在地派出所申请获取该证明。(2)作为证明载体的"身份证""结婚证""产权证""独生子女证"等遗失期间、补办之前,需要行政机关提供临时证明。例如在"身份证"遗失期间、补办之前,需要购买高铁票并乘坐高铁,公民只得向所在派出所申请临时身份证明。行政主体基于相对人的申请,向其提供证明的行为,就是行政证明行为,它属于行政行为的一个特殊种类。

本节所研讨的行政证明,特指行政主体向相对人提供证明的行政行为。

二、行政证明的界定

(一)行政证明的概念和特征

行政证明,既可以从载体上考察,也可以从行为上考察。

作为一种载体,行政证明是指能够证明客观行政关系的信息载体,包括法定文件、证书和其他资料等。各类法定的身份证、权属证和许可证等都可成为证明文件。[3] 这些证明文件,不

---

[2] 《居住证暂行条例》(2015)第9条第1~2款规定:"申领居住证,应当向居住地公安派出所或者受公安机关委托的社区服务机构提交本人居民身份证、本人相片以及居住地住址、就业、就读等证明材料。居住地住址证明包括房屋租赁合同、房屋产权证明文件、购房合同或者房屋出租人、用人单位、就读学校出具的住宿证明等;就业证明包括工商营业执照、劳动合同、用人单位出具的劳动关系证明或者其他能够证明有合法稳定就业的材料等;就读证明包括学生证、就读学校出具的其他能够证明连续就读的材料等。"

[3] 在现实生活中,存在大量的证书,它们都能起证明作用。如毕业证书、学历证书、专利证书、身份证、结婚证;各种职业证书、执业资格证书;土地使用权证、房屋所有权证;离婚证、收养(子女)登记证;养犬证、持枪证、临时居住证、务工证;等等。

限于行政机关制作的文件,其他有权机关制作和提供的可以证明行政关系的,也是行政证明,如仲裁书和法院裁判文件。但是,作为一种行政行为的证明,应当限于行政机关作出。完整地说,行政证明系指,经公民、法人或者其他组织的申请,行政机关为特定相对人制作和提供用以证明其特定行政关系的证明载体的行政行为。行政证明行为具有下列法律特征:

1. 主体上的行政性。行政证明是由行政机关制作和提供证明的行为,其他机关制作和提供证明的行为,也属于证明行为,但不属于行政证明行为。

2. 对象上的特定性。行政证明是行政机关根据当事人的申请并为当事人制定和提供证明的行为。行政证明具有"一对一"的对应性和隐私性,原则上不得向社会公开。

3. 效果上的证明性。行政证明是一种证据行为,只是证明真假,不直接形成或处分相对人的权利与义务关系。

4. 存在状态上的可吸收性。行政证明和行政检查、行政确认、行政命令等一样,是一项可以被吸收的行政行为。当行政证明被后续行政行为吸收时,它可作为行政证据的范畴适用法律。

(二)行政证明的种类

行政证明的种类很多,以下几种是主要的。[4]

1. 权利性证明与义务性证明。权利性证明,是行政主体证明特定相对人拥有某种权利,包括政治权利、人身权利和财产权利等,如证明某人享有选举权等。义务性证明,是指行政主体证明特定相对人具有某种义务或者已履行了某种义务等,税务机关出具的税收完税证便是一例。

2. 身份性证明与财产性证明。前者是指对居民身份、户口、家庭关系、婚姻状况、婚姻关系、生育状况、荣誉称号的证明,后者是指对相对人财产状态和财产权益方面的证明。

3. 职业性证明与资格性证明。前者是指对职业、职务、职别、职称等事实的证明,后者是指律师资格、教师资格、医师资格等证明。

其他还有检验性证明与鉴定性证明、单一性证明与重合性证明、法定证明与非法定证明、证书式证明与文书式证明、单个证明与组合证明等。

(三)行政证明与行政许可

行政许可是指行政机关根据公民、法人或者其他组织的申请,经依法审查,准予其从事特定活动的行为。行政许可的核心是行政许可决定,行政许可决定的载体就是"行政许可证",而"行政许可证"常常能作为证明当事人已获得某种许可权利的凭证。所以可以说,"行政许可证"可以成为行政证明的载体,但是行政许可行为不是行政证明行为。因为行政证明仅仅是行政机关以权威者的身份表明证明对象的真伪,而行政许可是对当事人的赋权行为。两者都是行政行为,但是不同的行政行为。

(四)行政证明与行政鉴定

行政鉴定系指行政鉴定机关通过技术手段对某一客观事实进行探真、分析,得出结论的活

---

〔4〕 在中国行政法学界,把行政证明作为一种独立的行政行为作单独研究的研究者不多,杨生、孙秀君著的《行政执法行为》(中国法制出版社 2003 年版)是一部难得的研究成果。关于行政证明的分类研究,主要参考该书相应的部分。

动。例如劳动能力鉴定委员会对劳动能力的鉴定。

行政鉴定书是一种证明的载体,能作为证据使用。但是,行政鉴定行为不是行政证明行为,它发生在证明之前的时段。行政机关对客观事实制作或提供证明,都是基于证明材料所载信息的确定性。只有在该人身份已被确认的前提下,才能为他提供身份证明;也只有在该房已被确定为"危房"的前提下,才能提供"危房证明"。而行政鉴定正发生在行政证明之前对客观事物的确认过程中。可见,行政鉴定是发生在事实的确认过程中,行政证明是在事实确定以后,如何制作和提供证明文件的问题。

行政鉴定作为一个纯事实行为,不具有可诉性。当事人对其不服,可以依法申请重新鉴定,或者在后续的其他诉讼中作为证据问题解决。而行政证明行为,乃是可诉的行政行为。

(五)行政证明与行政调查

行政调查,是行政机关为了行政决策、行政执法或其他管理目的而获得各类信息的手段和行为。它包括不具有强制性的行政了解和具有强制性的行政检查。

行政调查是获得信息的手段,而行政证明是在行政机关已经掌握信息的前提下出具证明的行为。所以,行政调查是行政证明机关提供证明的前提,两者不能等同。

三、非行政证明的证明

行政证明是证明制度中的一种制度。行政证明是行政行为,其他证明就不是行政行为。目前在中国,还存在许多非行政证明的证明,要注意区分。例如:

1. 单位的人事关系证明。各单位为自己的职员提供人事关系证明(在职、离职、退休等),或学校为学生提供学籍证明,都不是行政证明。因为这不是基于行政主体与相对人行政法律关系而作出的证明。

2. 党员身份证明。党组织为党员出具的身份证明,也不是行政证明。因为党组织不是行政主体。

3. 公司股权证明。公司为投资者证明股权,这也不是行政证明。

4. 公证。公证是公证机构根据自然人、法人或者其他组织的申请,依照法定程序对民事法律行为、有法律意义的事实和文书的真实性、合法性予以证明的活动。国家法律赋予公证很强的证明力。但由于公正机关已不再是行政机关,所以公证行为也不作为行政证明对待。[5]

四、行政证明事项与设定

行政证明事项,系指行政证明旨在证明的客观事实,包括身份、能力、状态和财产关系等。

行政证明事项的设定,系指通过立法划定需要证明或不需要证明的客观事实之范围,以及行政法主体提供证明的职权与义务。它旨在解决两个问题:一是什么法可以设定行政证明事项;二是哪些事项需要行政证明。

关于第一个问题,应当由法律和法规设定行政证明事项。法律和法规没有规定必须提交的证明材料,行政相对人就没有提交的义务。这可避免各类规章和其他规范性文件无端地加

---

〔5〕 在中国改革以后的公证制度中,公证机构已不再是行政机关,而是"依法设立,不以营利为目的,依法独立行使公证职能、承担民事责任的证明机构"。见《公证法》(2017)第6条。

重当事人提供证明的负担,也可提高行政管理的效率和降低行政管理的成本。[6]

关于第二个问题,行政证明的事项应当限于行政机关据以作出行政决定的主要事实根据。例如申领驾驶执照,申请人的身体条件是必须证明的事项;申请保障房,申请人的住房状态是必须证明的事项。

五、行政机关证明权力与义务

行政机关提供证明既是一种权力,也是一种义务。它们是相辅相成的。

行政证明权力属于行政职权的组成部分。之所以将行政机关提供行政证明称作"权力",是因为行政机关提供的证明才是权威的,具有很高的证明力。行政证明权是依附于一般的行政管理权而存在的。行政机关只要对某一事项具有管理权,就意味着其对该事项具有证明权,无须法律明文授权,除非法律有特别规定。例如,政府民政部门是公民结婚的登记机关,那么其就应当是证明公民婚姻关系的有权机关。

拥有行政证明权的行政机关,同时存在为当事人提供证明的义务,这无须有法律的明文规定。行政机关在下列两种情况下,必须为当事人提供证明:

一是行政证明的载体在行政机关手上,相对人不拥有该行政证明载体。例如某些个人档案资料,公民在申请权利或免除义务时必须提交该材料信息时,便可向保管该证明材料的行政机关申请提供证明。

二是相对人拥有行政证明的载体(如身份证、产权证、许可证等),但在遗失之后、补办之前,当事人可向该事项的行政管理机关申请提供证明。

在上述情形下,行政机关必须提供证明。行政机关不仅具有证明的义务,而且具有保证证明正确的责任。如果发现提供证明有错误的,应当及时纠正。

六、行政证明的可诉性

行政证明是否适用行政复议和行政诉讼,取决于对行政证明行为的定性。如果它属于行政行为,那无疑适用行政复议和行政诉讼救济;反之亦然。长期以来,行政证明因被定性为一种"非法律性"和"非独立性"事实行为,而被拒于行政复议和行政诉讼救济之外。

所谓"非法律性",是指行政证明不会引起法律效果,不会直接形成、变更或消灭某种行政法律关系,它仅仅是表明某种事实的"表明行为";它对相对人的权利与义务没有直接影响,因而不是行政行为。中国台湾地区的行政法理论也未将"行政证明"列入"行政处分"的范畴之内。[7] 所谓"非独立性",是指行政证明被看成一种从属性行为,不具有独立性。[8] 行政证明的"非法律性"和"非独立性",长期成为否定行政证明的"行政性"与"可诉性"的"理由"。

但是这种理论和实践慢慢地暴露出一个问题:当行政相对人需要凭行政主体作出的行政

---

〔6〕 国务院办公厅于2015年11月27日发布的《关于简化优化公共服务流程方便基层群众办事创业的通知》(国办发〔2015〕86号),要求"坚决砍掉各类无谓的证明和繁琐的手续"。该通知宣布:"凡没有法律法规依据的证明和盖章环节,原则上一律取消。确需申请人提供的证明,要严格论证,广泛听取各方面意见,并作出明确规定,必要时履行公开听证程序。"

〔7〕 参见翁岳生编:《行政法》(上下册)(第2版),中国法制出版社2009年版,第十一章行政处分。

〔8〕 有人认为,行政证明常被看作从属于行政确认、行政处理、行政措施或者行政许可。参见杨生、孙秀君:《行政执法行为》,中国法制出版社2003年版,第522页以下。

证明才能申请另外一种权利时,而行政主体拒绝作出行政证明。例如大学生申请某一工作岗位需要提交“无犯罪记录”证明,而当事人向派出所申请出具证明时又遭到拒绝;当行政主体为相对人作出行政证明时,证明的内容错误,导致对相对人权益的不利。如果该大学生无犯罪记录,结果向他开出了“犯罪记录证明”,而事后又拒绝纠正……这时,如何来保障相对人的权益不受拒绝证明和证明错误的损害?

要想将行政证明纳入行政复议和行政诉讼范围之内,需要重新讨论行政证明的行为性质。有人就认为,“行政证明是行政主体执行法律,依法对社会实施行政管理过程中作出的一种行政行为,”〔9〕“是行政主体在行政执法过程中作出的具体行政行为”。〔10〕 因为“行政证明行为在行政主体、行为对象、行为形式、行为客体和行为依据五个方面,均具备了行政执法行为的必要条件”〔11〕。

笔者认为,行政证明是一种特殊的行政行为。说它是“行政行为”,是因为它是由行政主体出于行政管理职能为特定行政相对人作出的旨在证明既存事实的公法行为;说它具有“特殊性”,是因为这种行政行为与其他一般的行政行为不同,它并不直接形成、处分和确认相对人的权利与义务,而只是证明相对人既有的事实关系,为相对人在其他法律关系中权利的取得提供证据。

最高人民法院的态度要引起关注。其作出的《关于教育行政主管部门出具介绍信的行为是否属于可诉具体行政行为请示的答复》(〔2003〕行他字第17号)指出:“教育行政主管部门出具介绍信的行为对相对人的权利义务产生实际影响的,属于可诉具体行政行为。”该司法解释性的答复确定了一项原则:行政机关出具的对当事人的权利义务产生实际影响的介绍信的行为属于可诉具体行政行为。〔12〕

公民、法人或者其他组织对行政机关的证明行为提起诉讼一般发生在这几种场景:(1)法律和行政法规没有要求相对人提供证明,而行政机关擅自要求当事人提供证明的;(2)相对向行政机关申请提供证明,行政机关拒绝提供或者迟延提供的;(3)行政机关所提供的证明被发现有错误的,行政机关拒不纠正的。

行政证明是一项可以被吸收的行政行为。当行政证明被后续行政行为吸收时,它可并入后续行为一起享受法律救济;如果未被后续行政行为吸收,它可被单独提起诉讼。行政复议同理。

第二节 行政确认

一、行政确认的概念和法律意义

行政确认是行政决定的一种行为形态,系指行政主体对既存的法律事实和法律关系进行

〔9〕 杨生、孙秀君:《行政执法行为》,中国法制出版社2003年版,第517页。

〔10〕 杨生、孙秀君:《行政执法行为》,中国法制出版社2003年版,第527页。

〔11〕 杨生、孙秀君:《行政执法行为》,中国法制出版社2003年版,第527页。

〔12〕 参见王达:《行政机关出具介绍信对相对人的权利义务产生影响的行为具有可诉性——兼谈[2003]行他字第17号答复》,载万鄂湘主编、最高人民法院行政审判庭编:《行政审判指导》2004年第1辑(总第1辑),人民法院出版社2004年版,第143~144页。

审查、认定并宣示其法律效力的行政行为。它是国家行政管理的重要手段,往往是诸如行政许可、行政给付等其他行政行为的前提。无论是最高人民法院的司法解释还是行政法学理论界,都将行政确认作为一种独立的行政行为对待。行政确认具有下列法律特征:

1. 既存性。行政确认是行政主体对既存的法律事实和法律关系进行审查、认定并宣示其法律效力的行政行为,它是对业已存在或发生了的事实与关系的认定,因而具有既存性。也就是说,在行政确认中,被确认对象是业已存在了的事实和关系。确认除了创设确认本身,并没有创设新的法律事实和法律关系。

2. 非处分性。行政确认并不直接形成或处分相对人的权利与义务,它只是对业已存在的权利与义务关系进行认定,所以它不具有处分性。它具有对法律关系的确认性,而不具有对法律关系的处分性。

3. 中性行为。行政确认行为对行政相对人来说,既不是行政赋权行为,即对相对人的有利行为,也不是行政限权行为,即对相对人的不利行为,而是一种"中性"行为。因为它或许对相对人有利,或许对相对人不利。

4. 宣示性与保护性。行政确认的法律功能在于对世宣示某种已被确认的法律事实与法律关系的存在与效力,并起到对抗善意取得第三人的法律作用。

5. 证据性。行政确认是有关行政主体在法律授权条件下针对相对人有关法律事实和法律关系的一种认定,它经过严格的审查程序。确认结果往往可以成为行政主体作出其他行政行为的前提,同时也可构成有关行政行为的证据。

6. 可吸收性。行政确认属于可吸收的行政行为之一。部分行政确认有时被行政许可和行政裁决等行政行为所吸收。

从形式上考察,行政确认通过确认、认定、认证、评定、审定、核定、指定、登记等方式表达出来。

行政确认的法律意义在于它的证据性和对抗性。证据性表现为,行政确认书可以成为被确认之法律事实和法律关系的当然证明,具有证据的效力。例如,结婚证是行政确认行为的载体,具有证明男女婚姻关系的证据效力,除非存在有效的反证。对抗性表现为,被行政确认了的财产权可以对抗善意第三人。例如,经过产权登记的产权可以对抗善意的第三人;没有经过产权登记的产权就不具有这一对抗性。

二、行政确认的种类

行政确认则是行政主体对既存的法律事实和法律关系进行审查、认定并宣示其法律效力的行政行为。根据行政确认的内容或确认途径,对行政确认可作以下分类。

1. 对人身关系的确认与对财产关系的确认。行政确认主要包括对人身关系的确认与对财产关系的确认。人身关系是指自然人基于人格和身份而产生的,不以经济利益而是以特定精神利益为内容的人与人之间的相互关系。人身关系虽然没有财产内容,但它可以成为财产关系的前提,例如夫妻关系可以成为财产法定继承的基础。有的人身关系需要得到国家的特别保护,便须通过行政确认而肯定和宣示这种关系,如夫妻关系的结婚登记与收养人与被收养人之间的收养登记。

财产关系是指人们在社会生产、分配、交换与消费中所形成的,基于物质利益而形成的社会关系。财产关系包括静态的财产支配关系,如所有权关系;还包括动态的财产流转关系,如债权债务关系。[13] 我国对不动产实现登记制度。《民法典》(2020)第208条第1句规定:“不动产物权的设立、变更、转让和消灭,应当依照法律规定登记。”对不动产进行登记就是对财产关系进行行政确认的体现。例如对房屋权属登记,作为法定的物权公示方法,宣告了权利人对房屋依法享有的所有权及他项权利,与群众生活息息相关,往往涉及相对人重大权利义务。对不动产登记是典型的行政确认方式。

2. 对权利的确认与对责任的确认。行政确认既有对当事人权利的确认,也存在对当事人责任(义务)的确认。前者如对不动产所有权、使用权的确认,后者如对交通事故责任认定和火灾事故责任的认定等。

3. 对主体资格的确认与对行为及结果状态的确认。主体资格,是指主体从事某项工作、职业、活动时依照法律或专业规范应当具备的相应资质。主体资格常常须经行政机关的认定。对主体资格的认定往往成为行政许可的前提和依据。例如,律师经司法考试获得到律师资格(律师资格证),司法行政部门接着发给他律师执业证。前者是行政确认行为,后者是行政许可行为。行为及结果状态,是指当事人某种行为性质及状态和程度的认定。对工伤的认定便是例子。

4. 通过登记的确认与通过裁决的确认。行政确认的方式具有多样性。但最主要的是这两种方式:一是通过登记确认,如产权登记、机动车登记等;二是通过行政裁决,即当事人之间发生有关自然资源所有权或使用权的纠纷,由行政机关居间作出裁决决定,以确定财产权的归属。所以有专家认为,行政确认应当包括行政确权与行政裁决。[14]

三、行政确认与相近概念的区别

1. 行政确认与行政确权。行政确权是指行政机关依法对相对人财产权利的确认。行政确权,从广义理解是指行政机关对相对人财产所有权、使用权和经营权、承包权等权属归属的确定,它包括产权登记等;[15] 从狭义理解,仅指行政机关居间对当事人有关自然资源所有权或使用权归属的裁断,常常被视作行政裁决的同义词。[16] 无论是广义还是狭义,行政确权都应当属

---

〔13〕 参见黄薇主编:《中华人民共和国民法典释义》(上),法律出版社2020年版,第16页。

〔14〕 例如有专家指出:“根据土地管理法、矿产资源法、水法、森林法、草原法、渔业法、海域使用管理法等法律的规定,县级以上各级人民政府对土地、矿藏、水流、森林、山岭、草原、荒地、滩涂、海域等自然资源的所有权或者使用权予以确认和核发相关证书。这里的确认,包括颁发确认所有权或者使用权证书,也包括所有权或者使用权发生争议,由行政机关作出裁决。”参见袁杰主编、全国人大常委会法制工作委员会行政法室编著:《中华人民共和国行政诉讼法解读》,中国法制出版社2014年版,第39页。

〔15〕 《土地管理法》(2019)第12条规定:“土地的所有权和使用权的登记,依照有关不动产登记的法律、行政法规执行。依法登记的土地的所有权和使用权受法律保护,任何单位和个人不得侵犯。”《农村土地承包法》(2018)第24条规定:“国家对耕地、林地和草地等实行统一登记,登记机构应当向承包方颁发土地承包经营权证或者林权证等证书,并登记造册,确认土地承包经营权。土地承包经营权证或者林权证等证书应当将具有土地承包经营权的全部家庭成员列入。登记机构除按规定收取证书工本费外,不得收取其他费用。”最高人民法院《关于适用〈行政复议法〉第三十条第一款有关问题的批复》(法释〔2003〕5号)规定:“根据《行政复议法》第三十条第一款的规定,公民、法人或者其他组织认为行政机关确认土地、矿藏、水流、森林、山岭、草原、荒地、滩涂、海域等自然资源的所有权或者使用权的具体行政行为,侵犯其已经依法取得的自然资源所有权或者使用权的,经行政复议后,才可以向人民法院提起行政诉讼,但法律另有规定的除外;对涉及自然资源所有权或者使用权的行政处罚、行政强制措施等其他具体行政行为提起行政诉讼的,不适用《行政复议法》第三十条第一款的规定。”

〔16〕 在中国现行行政行为的分类体系中,行政确权是作为行政裁决的一部分,而不是行政确认的一部分对待。

于行政确认的一部分。只是行政裁决这类确权，它带有“准司法性”，故单列作为一种独立的行政行为对待。

行政确权与行政确认一样，都属于行政行为，都适用行政复议和行政诉讼。

2. 行政确认与行政认可。行政许可大多都以行政确认为前提，而且往往吸收了行政确认。而行政认可是行政许可的范畴，而不是行政确认的范畴。如果说许可是一种事先控制手段，那么认可是一种事后控制手段；如果说许可是一种“事先的同意”，那么认可是一种“事后的同意”。具体来说，行政认可系指行政主体对当事人已经作出的行为作事后承认，它是行政许可的一种例外和补充，如同“先行执行”是“强制执行”的一种例外一样。

3. 行政确认与行政认定。行政认定是行政确认中的一个环节。行政确认一般经历审查和认定两个环节，认定是行政机关经过调查、审查之后最终对法律事实和法律关系的确定。可见，认定是指最后的确定，是行政确认中的最后环节。有时，人们也将行政认定作为行政确认的同义词使用。

4. 行政确认与行政登记。行政登记是行政登记机关根据公民、法人或者其他组织的申请，依据法律法规等规定的程序对相关申请材料进行审核，审核通过的即在登记系统里记载相关事实，以此达到向社会公示的法律效果。行政登记主要适用于对社会生活中各类权属的登记。行政登记是行政行为的一种形式，本身不宜作为一种行政行为对待。因为行政登记的性质非常复杂，行政登记有许可性登记、确认性登记、备案性登记之分。它们分别属于行政许可行为、行政确认行为与行政备案行为。前两者都是行政行为，行政备案不作为行政行为对待。

5. 行政确认与行政证明。可以说，行政确认是对已有法律事实和法律关系的审核和肯定，而行政证明是对已被确认了的信息对外向特定的相对人进行表达，它们发生的时间和功效都是不同的。虽然行政确认的证书（如产权证）能够起证明作用，但不能由此说行政确认行为就是行政证明行为。

6. 行政确认与行政鉴定。行政鉴定系指有关行政鉴定机关通过技术手段对某一客观事实进行探真、分析，得出结论的活动。例如劳动能力鉴定委员会对劳动能力的鉴定。

行政鉴定与行政确认不同，是一种事实行为，而不是行政法律行为。行政鉴定在行政法中具有证据地位，但不具有行政行为的地位。行政确认是对法律事实和法律关系的认定，而行政鉴定只是对某一客观事实进行还原。行政鉴定可以成为行政确认的依据，但行政鉴定行为本身不属于行政确认行为。行政鉴定针对事实关系，而行政确认针对法律关系。

行政相对人对行政确认不服，适用行政复议和行政诉讼；但是当事人对行政鉴定不服，不适用行政复议和行政诉讼，只适用包括申请重新鉴定在内的证据规则处理。

四、行政确认的权力基础

行政确认是以通过审查认定行政相对人有关的法律事实和法律关系为特征的一种行政决定，同时又“物化”为一种行政行为。这种行为的权力基础是行政确认权。行政确认权当然属于行政职权的一部分，但它并不是所有行政机关当然拥有的一项普遍职权。

鉴于行政确认的结果能使相对人的某种行为、权利、关系产生法律效果（可以是正面的，也可以是反面的），其权利还可对抗善意第三人，而且能够成为行政主体另一行政行为的证据和依据，行政确认权不应当成为行政机关的普设权，也不应当成为行政管理的附带权。

从现行法律制度看,行政确认权一般来自法律、法规的授权,如《民法典》(2020)〔17〕和《婚姻登记条例》(2003)〔18〕将对婚姻关系的确认权授给有关民政部门;《道路交通安全法》(2021)〔19〕和《道路交通安全法实施条例》(2017)〔20〕将交通事故责任的认定权授给公安机关交通管理部门;等等。

从权力形成视角考察,行政确认权可分两类:独立性的行政确认和被吸收的行政确认。前者是指,该行政确认的作出是基于独立的法律目的,它的存在具有独立的法律意义,并且行政确认主体与另一个相关行政行为的主体不是同一个主体,如政府民政部门对男女婚姻关系的确认(颁发结婚证),公安机关交通管理部门对交通事故责任的认定,社会保险行政部门对职工工伤的认定等,都属于独立的行政确认。后者是指,该行政确认的作出不具有独立的法律意义,它是为后续的行政行为服务的,并且行政确认主体与后续行政行为主体又是同一个主体。例如,司法行政部门颁发律师执业证(行政许可)往往以确认其律师资格(通过律师资格证进行行政确认)为前提,这里的行政确认就被后续的行政许可所吸收。

对于上述两种不同的行政确认权,其产生的规则是不同的。独立的行政确认权,根据职权法定原则,应当由法律和行政法规设定;对于被吸收的行政确认权,它依附于后续行政行为职权并属于后一行政职权的隐含权,因而无须法律和行政法规作单独设定,任何具有后续行政行为的职权主体自然拥有前置性的行政确认权。

五、行政确认的法律制度

中国现行的行政确认制度,主要有以下几种:

(一)对身份关系的确认

对身份关系的确认主要表现为结婚登记和收养登记。

结婚登记,系指根据男女当事人的申请,婚姻登记机关依法对男女当事人结婚申请进行审查,并作出是否予以登记的行政决定。准予结婚登记决定的形式就是结婚证。结婚登记是有关行政机关对有关当事人婚姻关系的确认。符合法定结婚条件的男女,只有在办理结婚登记以后,其婚姻关系才具有法律效力,受到国家的承认和保护。

结婚登记的法律依据是《民法典》和《婚姻登记条例》。根据《民法典》和《婚姻登记条例》的有关规定,要求结婚的男女双方必须亲自到婚姻登记机关进行结婚登记。内地居民结婚,男女双方应当共同到一方当事人常住户口所在地的婚姻登记机关办理结婚登记。中国公民同外

---

〔17〕《民法典》(2020)第1049条规定:"要求结婚的男女双方必须亲自到婚姻登记机关进行结婚登记。符合本法规定的,予以登记,发给结婚证。取得结婚证,即确立夫妻关系。未办理结婚登记的,应当补办登记。"

〔18〕《婚姻登记条例》(2003)第2条规定:"内地居民办理婚姻登记的机关是县级人民政府民政部门或者乡(镇)人民政府,省、自治区、直辖市人民政府可以按照便民原则确定农村居民办理婚姻登记的具体机关。中国公民同外国人,内地居民同香港特别行政区居民(以下简称香港居民)、澳门特别行政区居民(以下简称澳门居民)、台湾地区居民(以下简称台湾居民)、华侨办理婚姻登记的机关是省、自治区、直辖市人民政府民政部门或者省、自治区、直辖市人民政府民政部门确定的机关。"

〔19〕《道路交通安全法》(2021)第73条规定:"公安机关交通管理部门应当根据交通事故现场勘验、检查、调查情况和有关的检验、鉴定结论,及时制作交通事故认定书,作为处理交通事故的证据。交通事故认定书应当载明交通事故的基本事实、成因和当事人的责任,并送达当事人。"

〔20〕《道路交通安全法实施条例》(2017)第91条规定:"公安机关交通管理部门应当根据交通事故当事人的行为对发生交通事故所起的作用以及过错的严重程度,确定当事人的责任。"

国人在中国内地结婚的，内地居民同香港居民、澳门居民、台湾居民、华侨在中国内地结婚的，男女双方应当共同到内地居民常住户口所在地的婚姻登记机关办理结婚登记。

结婚的条件，一是男女双方自愿，二是达到法定结婚年龄（男不得早于22周岁，女不得早于20周岁）。有下列情形之一的，婚姻登记机关不予登记：（1）未到法定结婚年龄的；（2）非双方自愿的；（3）一方或者双方已有配偶的；（4）属于直系血亲或者三代以内旁系血亲的；（5）患有医学上认为不应当结婚的疾病的。

收养登记，系指根据收养关系当事人的申请，人民政府民政部门依法对收养关系进行审查，并作出是否予以登记的行政决定。准予收养决定的形式就是收养登记证。收养登记是有关行政机关对有关当事人收养的确认。经收养登记后，收养关系成立，受到国家的承认和保护。自收养关系成立之日起，养父母与养子女间的权利义务关系，适用法律关于父母子女关系的规定，养子女与养父母的近亲属间的权利义务关系，适用法律关于子女与父母的近亲属关系的规定。养子女与生父母及其他近亲属间的权利义务关系，因收养关系的成立而消除。

收养登记的法律法规依据是《民法典》《中国公民收养子女登记办法》《外国人在中华人民共和国收养子女登记办法》《收养登记工作规范》。根据前述有关规定，收养关系当事人必须亲自到登记机关办理收养登记。收养登记机关为县级以上人民政府民政部门。

下列不满14周岁的未成年人可以被收养：丧失父母的孤儿；查找不到生父母的弃婴和儿童；生父母有特殊困难无力抚养的子女。下列公民、组织可以作为送养人：孤儿的监护人；社会福利机构；有特殊困难无力抚养子女的生父母。收养人应当同时具备下列条件：无子女；有抚养教育被收养人的能力；未患有在医学上认为不应当收养子女的疾病；年满三十周岁。收养人只能收养一名子女。收养孤儿、残疾儿童或者社会福利机构抚养的查找不到生父母的弃婴和儿童，可以不受收养人无子女和收养一名的限制。无配偶的男性收养女性的，收养人与被收养人的年龄应当相差40周岁以上。收养人收养与送养人送养，须双方自愿。收养年满十周岁以上未成年人的，应当征得被收养人的同意。

（二）对财产关系的确认

对财产关系的确认，具体表现为对财产权的登记。

1. 不动产登记

我国以前对土地等自然资源和房屋分别进行登记，自2015年起整合为统一的不动产登记。《民法典》（2020）第209条规定："不动产物权的设立、变更、转让和消灭，经依法登记，发生效力；未经登记，不发生效力，但是法律另有规定的除外。依法属于国家所有的自然资源，所有权可以不登记。"第210条又规定："不动产登记，由不动产所在地的登记机构办理。国家对不动产实行统一登记制度。统一登记的范围、登记机构和登记办法，由法律、行政法规规定。"国务院制定的《不动产登记暂行条例》[21]和自然资源部制定的《不动产登记暂行条例实施细则》[22]乃是不动产登记的程序法。

不动产（immovable property）是指依其自然性质或法律规定不可移动或者移动后会引起性

---

〔21〕 2014年11月24日中华人民共和国国务院令第656号，根据2019年3月24日国务院《关于修改部分行政法规的决定》修订。

〔22〕 2016年1月1日中华人民共和国国土资源部令第63号，根据2019年7月16日自然资源部第2次部务会《关于废止和修改的第一批部门规章的决定》修正。

质、形状、价值改变的财产,包括土地、海域以及房屋、林木等定着物等。不动产登记是由《民法典》所确立的一项物权制度,指经权利人或利害关系人申请,由国家不动产登记部门将有关不动产物权及其变动事项记载于不动产登记簿的行为。它包括不动产首次登记、变更登记、转移登记、注销登记、更正登记、异议登记、预告登记、查封登记等。

根据国务院《不动产登记暂行条例》(2019)第5条规定,下列不动产权利,必须依法办理不动产登记:(1)集体土地所有权;(2)房屋等建筑物、构筑物所有权;(3)森林、林木所有权;(4)耕地、林地、草地等土地承包经营权;(5)建设用地使用权;(6)宅基地使用权;(7)海域使用权;(8)地役权;(9)抵押权;(10)法律规定需要登记的其他不动产权利。

国务院国土资源主管部门负责指导、监督全国不动产登记工作。不动产登记由不动产所在地的县级人民政府不动产登记机构办理;直辖市、设区的市人民政府可以确定本级不动产登记机构统一办理所属各区的不动产登记。国务院确定的重点国有林区的森林、林木和林地,国务院批准项目用海、用岛,中央国家机关使用的国有土地等不动产登记,由国务院国土资源主管部门会同有关部门规定登记机构。

2. 机动车登记

国家对机动车实行登记发证制度源于《道路交通安全法》〔23〕、《道路交通安全法实施条例》〔24〕和《行政许可法》等有关规定;具体的登记工作主要依据是公安部2004年制定的《机动车登记规定》,该规定后经2008年、2012年和2021年修订。

机动车登记是一项综合行为,它是公安机关交通管理部门根据当事人的申请,对当事人机动车的取得和行驶条件进行审查,对其所有权进行确认,对上道路行驶进行许可的行为。它是行政确认与行政许可的结合。其中,核发机动车登记证书属于行政确认行为,机动车登记证书属于所有权证书;核发机动车行驶证和号牌属于行政许可行为,机动车行驶证是行政许可证的表现形式,号牌属于准予行驶的外在形式。

限于本节的任务,这里的机动车登记不包括核发机动车行驶证和号牌的行为。机动车登记,实质上是公安机关交通管理部门对当事人机动车所有权的一种确认登记,目的在于保障机动车来源的合法性和保障当事人的所有权,经过登记的车辆,具有宣示效力和对抗善意第三人的效力。

根据公安部《机动车登记规定》(2021),机动车登记包括注册登记、变更登记、转让登记、抵押登记、注销登记。直辖市公安机关交通管理部门车辆管理所、设区的市或者相当于同级的公安机关交通管理部门车辆管理所负责办理本行政辖区内机动车登记业务。县级公安机关交通管理部门车辆管理所可以办理本行政辖区内除危险货物运输车、校车、中型以上载客汽车以外的其他机动车登记业务。具体业务范围和办理条件由省级公安机关交通管理部门确定。

申请注册登记的,机动车所有人应当填写申请表,交验机动车,并提交以下证明、凭证:(1)机动车所有人的身份证明;(2)购车发票等机动车来历证明;(3)机动车整车出厂合格证明或者进口机动车进口凭证;(4)机动车交通事故责任强制保险凭证;(5)车辆购置税、车船税完

〔23〕《道路交通安全法》(2021)第8条规定:"国家对机动车实行登记制度。机动车经公安机关交通管理部门登记后,方可上道路行驶。尚未登记的机动车,需要临时上道路行驶的,应当取得临时通行牌证。"

〔24〕《道路交通安全法实施条例》(2017)第4条规定:"机动车的登记,分为注册登记、变更登记、转移登记、抵押登记和注销登记。"

税证明或者免税凭证,但法律规定不属于征收范围的除外;(6)法律、行政法规规定应当在机动车注册登记时提交的其他证明、凭证。不属于经海关进口的机动车和国务院机动车产品主管部门规定免予安全技术检验的机动车,还应当提交机动车安全技术检验合格证明。车辆管理所应当自受理申请之日起二日内,确认机动车,核对车辆识别代号拓印膜,审查提交的证明、凭证,核发机动车登记证书。

有下列情形之一的,不予办理注册登记:(1)机动车所有人提交的证明、凭证无效的;(2)机动车来历证明被涂改或者机动车来历证明记载的机动车所有人与身份证明不符的;(3)机动车所有人提交的证明、凭证与机动车不符的;(4)机动车未经国务院机动车产品主管部门许可生产或者未经国家进口机动车主管部门许可进口的;(5)机动车的型号或者有关技术参数与国务院机动车产品主管部门公告不符的;(6)机动车的车辆识别代号或者有关技术参数不符合国家安全技术标准的;(7)机动车达到国家规定的强制报废标准的;(8)机动车被监察机关、人民法院、人民检察院、行政执法部门依法查封、扣押的;(9)机动车属于被盗抢骗的;(10)其他不符合法律、行政法规规定的情形。

3. 船舶登记

我国的船舶登记受《海上交通安全法》《船舶登记条例》《渔业船舶登记办法》等法律法规的统一规制。

根据上述法律法规规定,下列船舶应当进行登记:(1)在中华人民共和国境内有住所或者主要营业所的中国公民的船舶;(2)依据中华人民共和国法律设立的主要营业所在中华人民共和国境内的企业法人的船舶,但是,在该法人的注册资本中有外商出资的,中方投资人的出资额不得低于50%;(3)中华人民共和国政府公务船舶和事业法人的船舶;(4)中华人民共和国港务监督机构认为应当登记的其他船舶。军事船舶、渔业船舶和体育运动船艇的登记依照有关法规的规定办理。

船舶登记包括船舶所有权登记、抵押权登记、光船租赁登记、变更登记和注销登记。船舶登记属于行政确认,登记后可以对抗善意第三人。船舶登记机关是各港的港务监督机构,其管辖范围由中华人民共和国港务监督机构确定。

就船舶所有权登记而言,船舶所有人应当向船籍港船舶登记机关交验足以证明其合法身份的文件,并提供有关船舶技术资料和船舶所有权取得的证明文件的正本、副本。就购买取得的船舶申请船舶所有权登记的,应当提供下列文件:(1)购船发票或者船舶的买卖合同和交接文件;(2)原船籍港船舶登记机关出具的船舶所有权登记注销证明书;(3)未进行抵押的证明文件或者抵押权人同意被抵押船舶转让他人的文件。就新造船舶申请船舶所有权登记的,应当提供船舶建造合同和交接文件。但是,就建造中的船舶申请船舶所有权登记的,仅需提供船舶建造合同;就自造自用船舶申请船舶所有权登记的,应当提供足以证明其所有权取得的文件。就因继承、赠与、依法拍卖以及法院判决取得的船舶申请船舶所有权登记的,应当提供具有相应法律效力的船舶所有权取得的证明文件。船籍港船舶登记机关应当对船舶所有权登记申请进行审查核实;对符合规定的,应当自收到申请之日起 7 日内向船舶所有人颁发船舶所有权登记证书,授予船舶登记号码,并在船舶登记簿中载明有关事项。船舶登记机关对不符合规定的,应当自收到申请之日起 7 日内书面通知船舶登记申请人。

(三)对交通事故的责任认定

对交通事故的责任认定制度源于《道路交通安全法》[25]和《道路交通安全法实施条例》[26]的有关规定,具体的操作依据是公安部《道路交通事故处理程序规定》。

对交通事故的责任认定,是指公安机关交通管理部门对交通事故的基本事实、成因和当事人的责任,依法进行认定的行政确认行为。这一行为的书面形式就是交通事故认定书。

对交通事故进行责任认定,是公安机关交通管理部门的法定职责,其可依当事人的申请,也可依职权实施该行为。公安机关交通管理部门对交通事故进行责任认定,应当根据交通事故现场勘验、检查、调查情况和有关的检验、鉴定结论,围绕交通事故的基本事实、成因和当事人的责任,作出行政决定。

对于当事人之间的责任划分,应当根据交通事故当事人的行为对发生交通事故所起的作用以及过错的严重程度来确定。公安部《道路交通事故处理程序规定》(2017)第60条规定,公安机关交通管理部门应当根据当事人的行为对发生道路交通事故所起的作用以及过错的严重程度,确定当事人的责任:(1)因一方当事人的过错导致道路交通事故的,承担全部责任;(2)因两方或者两方以上当事人的过错发生道路交通事故的,根据其行为对事故发生的作用以及过错的严重程度,分别承担主要责任、同等责任和次要责任;(3)各方均无导致道路交通事故的过错,属于交通意外事故的,各方均无责任。一方当事人故意造成道路交通事故的,他方无责任。第61条还规定,当事人有下列情形之一的,承担全部责任:发生道路交通事故后逃逸的;故意破坏、伪造现场、毁灭证据的。

公安机关交通管理部门应当自现场调查之日起10日内制作道路交通事故认定书。交通肇事逃逸案件在查获交通肇事车辆和驾驶人后10日内制作道路交通事故认定书。对需要进行检验、鉴定的,应当在检验、鉴定结论确定之日起5日内制作道路交通事故认定书。道路交通事故认定书应当载明以下内容:(1)道路交通事故当事人、车辆、道路和交通环境等基本情况;(2)道路交通事故发生经过;(3)道路交通事故证据及事故形成原因的分析;(4)当事人导致道路交通事故的过错及责任或者意外原因;(5)作出道路交通事故认定的公安机关交通管理部门名称和日期。道路交通事故认定书应当由办案民警签名或者盖章,加盖公安机关交通管理部门道路交通事故处理专用章,分别送达当事人,并告知当事人向公安机关交通管理部门申请复核、调解和直接向人民法院提起诉讼的权利、期限。

(四)对工伤认定

工伤认定是劳动行政部门依据法律的授权对职工因事故伤害(或者患职业病)是否属于工伤或者视同工伤给予定性的行政确认行为。工伤认定的法律依据是《劳动法》[27]、《社会保险

[25] 《道路交通安全法》(2021)第73条规定:"公安机关交通管理部门应当根据交通事故现场勘验、检查、调查情况和有关的检验、鉴定结论,及时制作交通事故认定书,作为处理交通事故的证据。交通事故认定书应当载明交通事故的基本事实、成因和当事人的责任,并送达当事人。"

[26] 《道路交通安全法实施条例》(2017)第91条规定:"公安机关交通管理部门应当根据交通事故当事人的行为对发生交通事故所起的作用以及过错的严重程度,确定当事人的责任。"

[27] 《劳动法》(2018)第70条规定:"国家发展社会保险事业,建立社会保险制度,设立社会保险基金,使劳动者在年老、患病、工伤、失业、生育等情况下获得帮助和补偿。"

法》[28]和《工伤保险条例》[29]。

根据《工伤保险条例》的有关规定，职工有下列情形之一的，应当认定为工伤：(1)在工作时间和工作场所内，因工作原因受到事故伤害的；(2)工作时间前后在工作场所内，从事与工作有关的预备性或者收尾性工作受到事故伤害的；(3)在工作时间和工作场所内，因履行工作职责受到暴力等意外伤害的；(4)患职业病的；(5)因工外出期间，由于工作原因受到伤害或者发生事故下落不明的；(6)在上下班途中，受到非本人主要责任的交通事故或者城市轨道交通、客运轮渡、火车事故伤害的；(7)法律、行政法规规定应当认定为工伤的其他情形。职工有下列情形之一的，视同工伤：(1)在工作时间和工作岗位，突发疾病死亡或者在48小时之内经抢救无效死亡的；(2)在抢险救灾等维护国家利益、公共利益活动中受到伤害的；(3)职工原在军队服役，因战、因公负伤致残，已取得革命伤残军人证，到用人单位后旧伤复发的。但是有下列情形之一的，不得认定为工伤或者视同工伤：故意犯罪的；醉酒或者吸毒的；自残或者自杀的。

工伤认定申请由职工所在单位提出。职工发生事故伤害或者按照《职业病防治法》规定被诊断、鉴定为职业病，所在单位应当自事故伤害发生之日或者被诊断、鉴定为职业病之日起30日内，向统筹地区社会保险行政部门提出工伤认定申请。遇有特殊情况，经报社会保险行政部门同意，申请时限可以适当延长。用人单位未按前述规定提出工伤认定申请的，工伤职工或者其近亲属、工会组织在事故伤害发生之日或者被诊断、鉴定为职业病之日起1年内，可以直接向用人单位所在地统筹地区社会保险行政部门提出工伤认定申请。

用人单位所在地统筹地区社会保险行政部门应当自受理工伤认定申请之日起60日内作出工伤认定的决定，并书面通知申请工伤认定的职工或者其近亲属和该职工所在单位。对受理的事实清楚、权利义务明确的工伤认定申请，应当在15日内作出工伤认定的决定。

被认定为工伤或者视作工伤的，依照《工伤保险条例》(2010)的有关规定享受工伤保险待遇。

(五)对有关"情形"的认定

作为行政确认意义上的行政主体对相对人有关"情形"的认定，主要发生在证券监管领域。根据国务院《证券公司监督管理条例》(2014)第10条规定，有关单位或者个人具有下列情形之一的，不得成为持有证券公司5%以上股权的股东、实际控制人：(1)因故意犯罪被判处刑罚，刑罚执行完毕未逾3年；(2)净资产低于实收资本的50%，或者或有负债达到净资产的50%；(3)不能清偿到期债务；(4)国务院证券监督管理机构认定的其他情形。

根据国务院《证券公司风险处置条例》(2016)第58条规定，有下列情形之一的机构或者人员，禁止参与处置证券公司风险工作：(1)曾受过刑事处罚或者涉嫌犯罪正在被立案侦查、起诉；(2)涉嫌严重违法正在被行政管理部门立案稽查或者曾因严重违法行为受到行政处罚未逾3年；(3)仍处于证券市场禁入期；(4)内部控制薄弱、存在重大风险隐患；(5)与被处置证券公司处置事项有利害关系；(6)国务院证券监督管理机构认定不宜参与处置证券公司风险工作的其他情形。

此外，在商标管理等领域同样存在对有关情形的认定问题。根据《商标法》(2019)第14条

---

[28] 《社会保险法》(2018)第2条规定："国家建立基本养老保险、基本医疗保险、工伤保险、失业保险、生育保险等社会保险制度，保障公民在年老、疾病、工伤、失业、生育等情况下依法从国家和社会获得物质帮助的权利。"

[29] 《工伤保险条例》(2010)第三章工伤认定。

规定,在商标注册审查、工商行政管理部门查处商标违法案件过程中,对于为相关公众所熟知的商标,持有人认为其权利受到侵害时,可以请求驰名商标保护。这时,商标局根据审查、处理案件的需要,可以对商标驰名情况作出认定。商标局依法对商标驰名情况的认定,也属于行政确认。

特定行政机关对有关"法定情形"的认定之所以属于行政确认,是因为这些特定的"情形"直接包含当事人的法律责任,它将直接成为行政机关作出对当事人不利或有利决定的必要条件。

(六)其他行政确认行为

除上述制度外,还有不少法律制度也属于行政确认制度。例如公安消防部门依据《消防法》[30]对火灾事故进行性质和责任认定以及消防验收[31]等;海关依据《海关审定进出口货物完税价格办法》的有关规定估定完税价格;国家专利局和国家商标局依据《专利法》和《商标法》的有关规定,对当事人的专利的授予和商标的注册;公安机关或者其委托的戒毒医疗机构依据《禁毒法》和《吸毒成瘾认定办法》的有关规定,对吸毒人员进行人体生物样本检测、收集其吸毒证据或者根据生理、心理、精神的症状、体征等情况,判断其是否成瘾以及是否成瘾严重的"吸毒成瘾"的认定;教育行政部门对留学生境外学历、学位的认定;等等。

除了上述确认,行政确认还包括对法律区域的划分的确认,包括行政区划和各种功能区的确定。有学者认为,对声环境功能区的划分也属行政确认行为。[32]

六、行政确认的法律救济

对于行政确认的法律救济问题,从理论上说不会有分歧。因为行政确认是行政决定的一种行为形态,是一种独立的行政行为,它当然适用行政复议与行政诉讼,而且行政复议与行政司法实践上基本上也都是这么做的。而且,最高人民法院《关于行政案件案由的暂行规定》(法发〔2020〕44号)也将"行政确认"独立地列为第七类行政行为和案由。

在行政确认制度中,一种例外情况是,公安机关对道路交通事故的责任认定是否适用行政复议与行政诉讼。对于这一问题的态度连最高人民法院也在变化。关于这一特殊问题,我们将在本章的"疑难问题探讨"部分再作专门研讨,这里不作展开。

笔者的观点是,只要是行政确认,它作为一种独立的行政行为,自然是可诉的,否则是违背行政法理的。

需要注意到的一个情况是,如前所述,行政确认与行政命令、行政调查一样,属于一种"可被吸收"的行政行为。在一定条件下,行政确认可以被后续的行政许可、行政处罚等行政行为所吸收。当行政确认被后续的行政行为吸收时,它就没有必要作为一种独立的行政行为适用法律救济,后续行政行为的法律适用同时包含了对它的救济。所有"被吸收行政行为"都适用这样的法律救济规则。用最高人民法院观点来说,行政确认如果成为行政程序中的一个环节,

---

〔30〕《消防法》(2021)第51条第3款规定:"公安机关消防机构根据火灾现场勘验、调查情况和有关的检验、鉴定意见,及时制作火灾事故认定书,作为处理火灾事故的证据。"

〔31〕最高人民法院指导案例59号指出,消防验收属于行政确认,具有可诉性。

〔32〕参见鲍蕊:《对声环境功能区的划分属行政确认行为》,载中华人民共和国最高人民法院行政审判庭编:《行政执行与行政审判》(总第72集),中国法制出版社2018年版,第134~138页。

是不可诉的；但如果该确认直接对公民、法人或者其他组织的权利义务产生实质影响的，具有可诉性。〔33〕

第三节　行政裁决

一、行政裁决的制度背景

行政裁决是一种独立的行政行为，其结果形式是一个"行政裁决决定"。行政裁决与其他行政行为不同的是，它是一种"准司法行为"。它并不与相对人发生一种管理与被管理的行政关系，而是以中间人的身份居间处理一种平等主体之间的民事关系。

按传统的行政权与司法权划分的原理，行政机关处理行政纠纷，司法机关处理民事纠纷，两者泾渭分明。当一个国家通过法律赋予行政机关处理一定的民事纠纷时，行政裁决制度便应运而生。行政裁决制度的产生和发展，与社会政治经济的发展、各种纠纷的复杂化和技术化、权力分立原则的危机化有关。

行政裁决制度在英国最为发达。英国以行政裁判所（Administrative Tribunals）为核心的行政裁决制度具有显著的特色，一直影响了美国和日本。英国由单一的法规单独性地设置行政裁判所，并授权其对相关而对应的民事纠纷和行政纠纷进行裁决。英国最早的裁判所可以追溯到 1660 年的关税和消费税委员会、1846 年的铁路委员会和 1873 年的铁路和运河委员会。20 世纪以后，英国出现了行政裁决所的高峰期。后来，由单一法对应设立裁判所就成为惯例。例如，英国《老年金法案》创设了老年金委员会，并授权其裁决有关老年金的争议；《国民保险法案》设立了专门裁判庭以裁决这方面的案件；《就业裁判所法》设置就业裁判所，并授权它裁决因雇佣关系而发生的纠纷；《租金法》设置租金评估裁判所，并授权它裁决财产租赁租金方面的纠纷；《专业和设计法》《设计和专利、版权法》《设计登记法》等有关单行法律，授权专利、设计和商标裁判员有权裁决专利、设计、商标方面的权属争议和侵权争议，版权裁判所有权裁决版权方面的争议。随着裁判所的日益增加，为了加强统一规范，1958 年英国国会制定了《裁判所与调查法》（Tribunals and Inquiries Act）〔34〕，对裁判所的组织、调查规则以及对行政裁判的司法审查作了全面系统的规定，成为行政裁判所发展史上的一个重要里程碑。接着在裁判程序的设置上，自 1957 年以来，根据《弗兰克斯委员会报告》的建议而设立的裁判所委员会（Council on Tribunals）一直致力于对各类裁判所程序规则进行规范，其于 1991 年颁布了《裁判所程序规则指南》（Model Rules of Procedure for Tribunals），后来又在 2003 年颁布了《裁判所规则指南草案》（Guide to Draft Tribunal Rules），对裁判所的程序启动、证据、听证、裁决等作出统一的、指南性规定，这是难能可贵的。时至今日，英国受《裁判所与调查法》规制的行政裁判所已有 50 多个，裁判事项多达 2000 多个。

---

〔33〕 最高人民法院办公厅《行政审判办案指南（一）》（法办〔2014〕17 号）第 3 条指出："行政机关委托有关社会组织就特定事实作出确认，并将其作为行政处理决定事实根据的，该确认行为不可诉。（40 号）行政机关依职权就特定事实作出确认，并将其作为行政处理决定事实根据的，该确认行为不能成为独立的诉讼客体，但其直接对公民、法人或者其他组织的权利义务产生实质影响的具有可诉性。（43 号）"

〔34〕 1971 年 7 月 27 日通过英国上下两院制定，1971 年 8 月 27 日起施行。

美国的行政裁决制度,并不是其1946年《联邦行政程序法》中所表达的"行政裁决"(administrative adjudication)行为。因为美国《联邦行政程序法》中所表达的"行政裁决"[35],是与"规章制定"(rulemaking)相对应的针对特定对象的处理决定,相当于中国行政法中的"具体行政行为"。美国真正的"行政裁决"是指由其独立行政管制机构居间对有关争议所作的裁断。美国的行政裁决制度是以独立行政管制机构(Indepedent Regulatory Agencies)为主体而建立的一种纠纷裁判制度。自从1887年第一个独立管制机构即州际贸易委员会成立以来,一系列独立管制机构在美国相继成立:1914年成立联邦商业委员会,1934年成立证券交易委员会,1934年还成立联邦电讯委员会,1935年成立全国劳工关系委员会,1938年成立民用航空委员会,1946年成立了原子能委员会。到第二次世界大战后,美国独立管制机构发展到50多个。这些机构被称为"第四权力",它们具有政策制定权和对有关纠纷的裁决权。除了独立管制机构,有的政府机构同样被法律授予行政裁决的权力,如农业部和内务部等。无论是独立管制机构还是一般政府部门,其行政裁决在程序上都受1946年《联邦行政程序法》的调整。

日本行政裁决制度受美国的影响,同样采用单一法分别授权的方式。例如,根据《公害纠纷处理法》,设立了公害调整委员会,对公害所引起的相关纠纷进行斡旋、调解和裁决;根据《建设业法》,又设立了建设工程纠纷审查会,对有关建设工程承包合同的纠纷进行斡旋、调解和裁决。和美国不同的是,其行政裁决程序并不适用统一的行政程序法,而是由单一法作单独设计。[36]

中国行政裁决制度形成于20世纪90年代,但是至今没有专门的行政裁决机构。在法律授权的情况下,往往由地方人民政府行使行政裁决权。行政裁决的范围,当初涉及确权、赔偿、补偿等广泛的领域。但在20世纪末和21世纪初,行政裁决的范围和概念正在慢慢萎缩。例如,由国务院2001年制定的《城市房屋拆迁管理条例》所确立的对房屋拆迁补偿纠纷的行政裁决,[37]随着该条例因《国有土地上房屋征收与补偿条例》(2011)的公布实施被废止。[38] 还有一种依据司法部《民间纠纷处理办法》(1990)所确立的由基层人民政府对民间纠纷所进行的裁

---

[35] 美国行政法对"行政裁决"的解释是:"行政机关以正式形式发布一个肯定、否定或宣示性命令的行为过程。"("The Process by which an administrative agency issues an order, such order being affirmative, negative or declaratory in form." Adm. Procedure Act, §551.) See *Black's Law Dictionary*, Fifth Edition, St. Paul Minn. West Publishing Co., 1979, p. 42.

[36] 日本《行政程序法》(1993)第3条第12项规定,"依据以调整有正反利害关系者间之利害为目的之法令所为之裁定或其他处分(以双方为相对人时为限)及行政指导",不适用日本《行政程序法》。因此,日本的行政裁决程序不受日本《行政程序法》的调整,而由单独法律所调整。

[37] 国务院《城市房屋拆迁管理条例》(2001)第16条规定:"拆迁人与被拆迁人或者拆迁人、被拆迁人与房屋承租人达不成拆迁补偿安置协议的,经当事人申请,由房屋拆迁管理部门裁决。房屋拆迁管理部门是被拆迁人的,由同级人民政府裁决。裁决应当自收到申请之日起30日内作出。当事人对裁决不服的,可以自裁决书送达之日起3个月内向人民法院起诉。拆迁人依照本条例规定已对被拆迁人给予货币补偿或者提供拆迁安置用房、周转用房的,诉讼期间不停止拆迁的执行。"原建设部《城市房屋拆迁行政裁决工作规程》(2003)第2条又规定:"按照《城市房屋拆迁管理条例》的规定,因拆迁人与被拆迁人就搬迁期限、补偿方式、补偿标准以及搬迁过渡方式、过渡期限等原因达不成协议,当事人申请裁决的,适用本规程。"这构成了城市房屋拆迁行政裁决制度。这种制度系指拆迁人与被拆迁人就搬迁期限、补偿方式、补偿标准以及搬迁过渡方式、过渡期限等原因达不成协议,由一方当事人申请,由城市房屋拆迁管理部门裁决的法律制度。

[38] 《国有土地上房屋征收与补偿条例》(2011)将原《城市房屋拆迁管理条例》上的"补偿裁决制"改为"行政决定制"。

决性处理,也很难将它归属于这种意义上的行政裁决了。[39]

但中国近十年来,国家最高层高度关注行政裁决制度,将强化行政裁决功能,扩大行政裁决范围,作为推进国家治理和政府治理现代化的一个方向。2019年6月2日,中共中央办公厅、国务院办公厅印发了《关于健全行政裁决制度加强行政裁决工作的意见》,强调要发挥行政裁决化解民事纠纷的"分流阀"作用。中共中央印发的《法治中国建设规划(2020-2025年)》明确要求:"完善调解、信访、仲裁、行政裁决、行政复议、诉讼等社会矛盾纠纷多元预防调处化解综合机制,整合基层矛盾纠纷化解资源和力量,充分发挥非诉纠纷解决机制作用。深化法律援助制度改革,扩大法律援助覆盖面。有序推进行政裁决工作,探索扩大行政裁决适用范围。"中共中央、国务院发布的《法治政府建设实施纲要(2015-2020年)》指出:"健全行政裁决制度,强化行政机关解决同行政管理活动密切相关的民事纠纷功能。有关行政机关要依法开展行政调解、行政裁决工作,及时有效化解矛盾纠纷。"2021年公布的《法治政府建设实施纲要(2021-2025年)》进一步要求:"有序推进行政裁决工作。发挥行政裁决化解民事纠纷的'分流阀'作用,建立体系健全、渠道畅通、公正便捷、裁诉衔接的裁决机制。推行行政裁决权利告知制度,规范行政裁决程序,推动有关行政机关切实履行行政裁决职责。全面梳理行政裁决事项,明确行政裁决适用范围,稳妥推进行政裁决改革试点。强化案例指导和业务培训,提升行政裁决能力。研究推进行政裁决法律制度建设。"强化行政裁决功能,让行政裁决成为化解民事纠纷的"分流阀",将会成为推进国家治理现代化的一个方向。

在中国设立行政裁决制度,不仅符合国家的最高层面的决策,而且还具有深厚的法律依据。《民事诉讼法》(2021)第3条规定:"人民法院受理公民之间、法人之间、其他组织之间以及他们相互之间因财产关系和人身关系提起的民事诉讼,适用本法的规定。"这就确立了民事纠纷由人民法院通过民事诉讼处理的原则。但是与此同时,《民事诉讼法》又为行政机关通过行政裁决处理某些民事纠纷保留了空间。该法第127条规定:"人民法院对下列起诉,分别情形,予以处理:(一)依照行政诉讼法的规定,属于行政诉讼受案范围的,告知原告提起行政诉讼……(三)依照法律规定,应当由其他机关处理的争议,告知原告向有关机关申请解决……"这就表明,我国社会的民事纠纷不仅应当通过民事诉讼解决,而且在法律明文授权的情况下,可以通过行政机关的行政裁决解决。

为此,我国已有不少法律,如《土地管理法》《森林法》《草原法》《矿产资源法》《专利法》等,设定了有关行政裁决制度。

二、行政裁决的概念和特征

在中国,行政性的"裁决"被冠名于各种场合,如国务院在行政法规与行政法规之间、规章与规章不一致时的"裁决"[40],上级行政机关对下级机关之间权限争议的裁决,有时行政处罚的"决定"也被称作"裁决"[41]。但作为一种行政决定形态的行政行为,行政裁决特指:行政主

---

〔39〕《民间纠纷处理办法》(1990)第17条规定:"经过调解后,仍达不成协议的纠纷,基层人民政府可以作出处理决定。"这种"处理决定"具有典型的"裁决性"。但"裁决"必须由法律直接设定。

〔40〕《立法法》(2023)第105条第2款规定:"行政法规之间对同一事项的新的一般规定与旧的特别规定不一致,不能确定如何适用时,由国务院裁决。"

〔41〕《道路交通安全法》(2021)第111条规定:"对违反本法规定予以拘留的行政处罚,由县、市公安局、公安分局或者相当于县一级的公安机关裁决。"

体依照法律授权,根据当事人的申请,居间对特定的民事纠纷进行处理的行政行为。

这种意义上的行政裁决,具有下列法律特征:

1. 性质上的行政性和具体性。行政裁决虽是行政机关对民事纠纷的裁决,但它属于行政行为,而不是司法行为或立法行为。因为它是由法律授权行政机关行使的一种职能。另外,行政裁决是针对特定的当事人的特定关系所作的一种裁决,因而具有具体性,它属于行政决定的范畴而不是行政规定的范畴。

2. 对象上的民事性。行政裁决是行政主体对民事纠纷而不是行政纠纷的裁决。行政主体对行政纠纷或行政关系上的裁决,都不是行政法学意义上的行政裁决。作为行政裁决对象的民事纠纷,包括民事赔偿纠纷、有关财产所有权和使用权的纠纷等。

3. 身份上的中间性。行政裁决虽是由行政主体作出的一种行政行为,但它与其他行政行为不同的是,它不是双方关系(管理方行政主体与被管理方相对人)中的一方,而是三方关系中的一方,是作为平等的双方当事人之外的第三方并作为中间人身份出现。换句话说,行政裁决是行政主体以中间人的身份对平等主体间的民事关系的裁决,从这一点讲具有"准司法"的性质。

4. 法律上的授权性。《民事诉讼法》(2021)第3、127条表明:平等主体间的民事纠纷原则上由人民法院通过民事诉讼程序解决;如果由其他组织处理的,必须具有"法律"(狭义)的明文规定。所以说,行政机关的行政裁决权必须来自全国人民代表大会及其常务委员会的特别授权。[42]

5. 程序上的准司法性。行政裁决虽然属于行政行为而不是司法行为,但无可否认的是,它是由作为中间人和裁决者的行政机关处理民事纠纷,因而在程序上具有而且应当具有"准司法性"。首先它应当是依申请行为,必须由一方或双方当事人申请;其次,行政裁决机关必须举行听证会,听取双方的意见,并允许双方当事人辩论,否则属于违反正当程序;最后还必须作出正式的书面裁定,写明事实与理由、法律依据、裁定内容、救济途径等。[43]

三、行政裁决的相关区别

(一)行政裁决与行政确认

行政裁决与行政确认都是行政决定的一种行为形态,都是独立的行政行为。但行政裁决系指行政主体依照法律授权,以中间人的身份,对特定的民事纠纷进行审理和公断的行政行为;行政确认则是行政主体对既存的法律事实和法律关系进行审查、认定并宣示其法律效力的行政行为。具体区别在于:

1. 行政裁决属于纠纷解决制度,是行政主体对于已经发生的纠纷的一种公断;而行政确认是一种认定制度,是行政主体对行政相对人的主体资格及有关法律事实或法律关系的一种

---

〔42〕 有的地方所制定的"行政程序规定"将"行政裁决"定义为:"行政机关根据法律、法规的授权,处理公民、法人或者其他组织相互之间发生的与其行政职权密切相关的民事纠纷的活动。"这无疑将行政裁决的授权法范围从"法律"扩大至"法规",这不符合行政裁决法律特征。从宪法和法理上说,行政裁决作为解决民事纠纷的处理机制,涉及行政权与司法权的分工问题,而行政权与司法权的分工则属于宪法关系。再从《立法法》(2023)第11条看,这也属于法律保留事项。因此,行政裁决应当由"法律"设定,不宜放宽至"法规"。

〔43〕 有学者明确指出:"行政裁决既不是民事行为,也不是司法行为,而是行政行为的一种特殊类型,具有准司法行政行为性质。"参见王小红:《行政裁决制度研究》,知识产权出版社2011年版,第52页。

认定。

2. 行政裁决是对民事关系的处理,行政确认则是对行政关系的处理。

3. 行政裁决中行政主体是作为第三方中间人的身份出现的,行政裁决发生在三方关系之中;而行政确认是发生在行政主体与行政相对人的双方关系之中,行政主体是以管理方身份不是以第三方中间人身份出现。如图 16－1、图 16－2 所示:

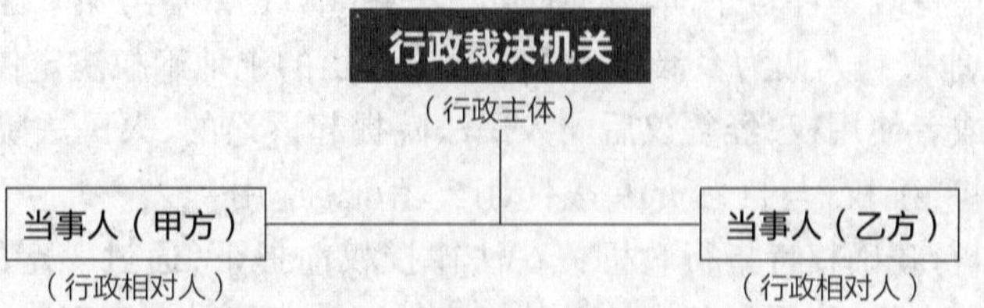

图 16－1　行政裁决关系

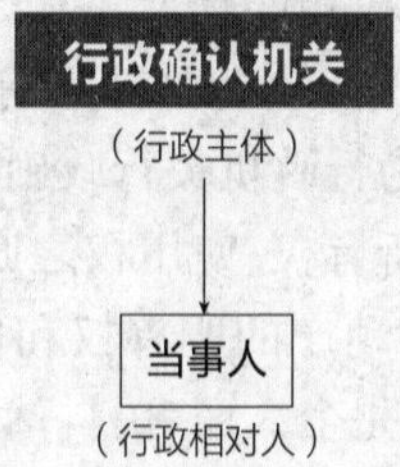

图 16－2　行政确认关系

从某种意义上讲,行政裁决,至少部分行政裁决,是以行政确认为前提的,此时的划分方法是:如果行政确认进入行政裁决程序作为行政裁决的前置行为而存在,那么,行政确认被行政裁决所吸收,总体按行政裁决行为对待;如果行政确认发生在行政裁决程序以外,那么,行政确认与行政裁决就分别作为两个独立的行政行为而存在。

(二)行政裁决与行政确权

我国的行政裁决主要表现在为解决当事人之间对对自然资源所有权、使用权的争议而进行的确权,所以,行政裁决往往与行政确权等同起来。[44] 但从行政法理上说,行政裁决与行政确权之间有交叉,还不宜画上等号。

中国行政法上的行政确权,从它的提出和形成过程都可发现,始终与自然资源和不动产权

〔44〕 有专家指出:根据《土地管理法》《森林法》《草原法》《矿产资源法》等规定,发生土地、矿藏、草原等自然资源权属纠纷的,当事人可以向相关政府申请确权,相关政府就当事人之间的土地、矿藏、草原权属民事纠纷所作的确权决定,属于行政裁决行为。参见江必新主编:《新行政诉讼法专题讲座》,中国法制出版社 2015 年版,第 53～54 页。又如有专家说:"行政裁决主要是行政机关利用其掌握的信息和调查职权等,根据公民、法人或者其他组织的申请,对公民、法人或者其他组织之间有关所有权、使用权争议进行居中判断、确认。一旦行政机关通过行政裁决的方式对公民、法人或者其他组织之间关于争议标的物的使用权或所有权进行了认定,则具有法律效力。"参见仝蕾:《行政案件案由制度解析与适用》,人民法院出版社 2022 年版,第 207 页。

利有关。最初,由于不少法律都规定了“确认”自然资源的“所有权”“使用权”〔45〕,从而这种表述被简称为“确权”。后来,最高人民法院行政审判庭《关于行政机关颁发自然资源所有权或者使用权证的行为是否属于确认行政行为问题的答复》(〔2005〕行他字第4号)又将“确认”解释为当事人对自然资源的权属发生争议后,行政机关对争议的自然资源的所有权或者使用权所作的“确权”决定,而这个意义上的“确权”,其实就是“行政裁决”。〔46〕 最高人民法院《关于审理涉及农村集体土地行政案件若干问题的规定》(法释〔2011〕20号)第6条第1款是这样使用“确权”一词的:“土地权利人认为乡级以上人民政府作出的土地确权决定侵犯其依法享有的农村集体土地所有权或者使用权,经复议后向人民法院提起诉讼的,人民法院应当依法受理。”可见我国不少部门是将“确权”与自然资源等不动产“登记”连用。〔47〕

由此可以推断,行政确权特指行政机关在法律授权前提下,通过一定的法律程序,确认自然资源等不动产的所有权、使用权归属的行政行为。行政确权具有下列法律特征:

1. 以行政机关为主体。行政确权是由行政机关作出的确权决定,而不是由司法机关通过司法裁判所实施的确权,由此与司法确权相区别。

2. 以法律授权为前提。并非所有的行政机关都具有行政确权的职能,它须以法律的直接授权为前提。法规和规章等均不得作为行政机关行政确权的授权法。

3. 旨在解决自然资源等不动产的所有权、使用权之归属问题。这里不包括人身权,也不包括所有的财产权,只限于自然资源等不动产的所有权和使用权。之所以将行政确权限定于自然资源等不动产,是因为无论就国家还是个人而言,自然资源等不动产都是财产中的最为重要部分。

---

〔45〕 例如《土地管理法》(2004)第11条规定:“农民集体所有的土地,由县级人民政府登记造册,核发证书,确认所有权。农民集体所有的土地依法用于非农业建设的,由县级人民政府登记造册,核发证书,确认建设用地使用权。单位和个人依法使用的国有土地,由县级以上人民政府登记造册,核发证书,确认使用权;其中,中央国家机关使用的国有土地的具体登记发证机关,由国务院确定。确认林地、草原的所有权或者使用权,确认水面、滩涂的养殖使用权,分别依照《中华人民共和国森林法》、《中华人民共和国草原法》和《中华人民共和国渔业法》的有关规定办理。”《森林法》(1998)第3条第2款规定:“国家所有的和集体所有的森林、林木和林地,个人所有的林木和使用的林地,由县级以上地方人民政府登记造册,发放证书,确认所有权或者使用权。国务院可以授权国务院林业主管部门,对国务院确定的国家所有的重点林区的森林、林木和林地登记造册,发放证书,并通知有关地方人民政府。”《行政复议法》(1999)第30条规定:“公民、法人或者其他组织认为行政机关的具体行政行为侵犯其已经依法取得的土地、矿藏、水流、森林、山岭、草原、荒地、滩涂、海域等自然资源的所有权或者使用权的,应当先申请行政复议;对行政复议决定不服的,可以依法向人民法院提起行政诉讼。根据国务院或者省、自治区、直辖市人民政府对行政区划的勘定、调整或者征用土地的决定,省、自治区、直辖市人民政府确认土地、矿藏、水流、森林、山岭、草原、荒地、滩涂、海域等自然资源的所有权或者使用权的行政复议决定为最终裁决。”上述法律中,除了《行政复议法》,其他有关“确权”的提法有关法律的事后修改中都有改变,这就影响了不把“行政确权”作为独立行政行为的趋向。

〔46〕 最高人民法院行政审判庭《关于行政机关颁发自然资源所有权或者使用权证的行为是否属于确认行政行为问题的答复》(〔2005〕行他字第4号)内容是:“最高人民法院法释〔2003〕5号批复中的‘确认’,是指当事人对自然资源的权属发生争议后,行政机关对争议的自然资源的所有权或者使用权所作的确权决定。有关土地等自然资源所有权或者使用权的初始登记,属于行政许可性质,不应包括在行政确认范畴之内。据此,行政机关颁发自然资源所有权或者使用权证书的行为不属于复议前置的情形。”

〔47〕 例如国家林业局、国家档案局《集体林权制度改革档案管理办法》(自2013年6月22日起施行)第10条规定:“确权和林权登记类中有关确认森林、林木、林地权属、实地勘界、登记和林权证审核发放等文件材料,应当以农户或者宗地为单元,进行整理、归档和管理。”2013年中共中央《关于全面深化改革若干重大问题的决定》也将“确权登记”连用。该决定第51条第1款规定:“健全自然资源资产产权制度和用途管制制度。对水流、森林、山岭、草原、荒地、滩涂等自然生态空间进行统一确权登记,形成归属清晰、权责明确、监管有效的自然资源资产产权制度。建立空间规划体系,划定生产、生活、生态空间开发管制界限,落实用途管制。健全能源、水、土地节约集约使用制度。”

4. 通过严格的法律程序。基于行政确权的特别任务，它须通过严格的法律程序作出。行政确权一般通过两种程序实现：在当事人对权属无争议时，通过直接的产权登记加以确权；当事人对权属有争议时，通过行政裁决来确权。发证不过是经过登记审查或者行政裁决确权后的一种后续行为。

在行政行为的分类上，由于行政确权是通过直接的确认登记或者行政裁决来实现，而行政确认和行政裁决都已被作为独立的行政行为对待，那么，行政确权就已被两者分解。凡通过直接的确认登记实现确权者，归附于行政确认行为；凡通过行政裁决实现确权者，归附于行政裁决行为。由此，行政确权就没有必要作为一种独立的行政行为对待，否则势必与行政确认或者行政裁决发生交叉。[48]

同时可以发现，行政确认与行政裁决是行政确权的两种途径和形式，行政裁决、行政确认中都可以有行政确权的内容。（见图 16－3）

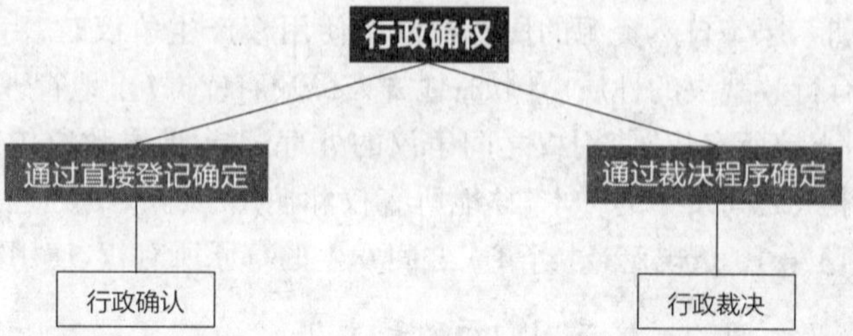

图 16－3　行政确权与行政确认、行政裁决之间的关系

从这一意义上说，行政裁决只是行政确权的一种途径和方式而已。

（三）行政裁决与行政决定

行政决定系指行政主体依职权或者依行政相对人的申请，针对特定的行政相对人作出的并对其权利义务发生具体而直接影响的意思表示。行政决定是行政行为的核心；行政行为是行政决定的过程。行政决定包括许多类型，如行政许可决定、行政给付决定、行政奖励决定等，还有行政裁决决定。

行政裁决过程的最后结论就是行政裁决决定。行政裁决决定属于行政决定的一个种类。

（四）行政裁决与行政裁判

行政裁判是指人民法院通过行政诉讼程序，对行政案件进行审理后，依法作出裁定或判决的司法行为。从字面上看，行政裁决与行政裁判只有一字之差，似乎非常接近，其实区别甚远，主要表现在：

1. 主体不同。行政裁决的主体是行政机关，而行政裁判的主体是人民法院。

2. 对象不同。行政裁决的对象是民事纠纷，而行政裁判的对象是行政纠纷。

3. 性质不同。行政裁决是行政主体的一种行政行为，而行政裁判是人民法院的一种司法行为。

---

〔48〕 所以，最高人民法院《关于行政案件案由的暂行规定》（法发〔2020〕44 号）所确立的行政诉讼案由和所附的“行政行为种类”，只列行政裁决和行政确认，没有列“行政确权”，是有道理的。

四、行政裁决的主要制度

根据最高人民法院《关于行政案件案由的暂行规定》(法发〔2020〕44号)的表达,从行政案件案由视角考察,行政裁决制度应当包括:对土地、矿藏、水流、荒地或者滩涂权属的确权;对林地、林木、山岭权属的确权;对海域使用权的确权;对草原权属的确权;对水利工程权属的确权;对企业资产性质的确认。

但由于行政裁决应当以法律授权为准,不是由法律设定的行政裁决制度不能作为行政法意义上的行政裁决。那么,当下中国的行政裁决制度,由《土地管理法》《森林法》《草原法》《矿产资源法》《专利法》等各类法律作直接设定,范围不是太广。

(一)对土地等自然资源所有权、使用权归属的裁决

现行的行政裁决基本上被局限于通过裁决程序的行政确权,即当公民、法人或其他组织间对森林、土地、矿产和草原等自然资源的所有权或者使用权产生争议时,由有关行政机关依法处理。这种处理具有行政裁决的性质。例如:地方人民政府依据《土地管理法》(2019)第14条规定,对当事人之间土地所有权、使用权之间争议的处理。[49] 地方政府依据《森林法》(2019)第22条规定,对当事人之间发生的林木、林地所有权和使用权争议的处理。[50] 地方人民政府依据《草原法》(2021)第16条规定,对当事人之间发生的草原所有权、使用权争议的处理。[51]

(二)对矿山企业之间的矿区范围归属的裁决

《矿产资源法》(2009)第49条规定:"矿山企业之间的矿区范围的争议,由当事人协商解决,协商不成的,由有关县级以上地方人民政府根据依法核定的矿区范围处理;跨省、自治区、直辖市的矿区范围的争议,由有关省、自治区、直辖市人民政府协商解决,协商不成的,由国务院处理。"

矿区不仅在地上,更多的是在不能直接看见的山下、地下,所以,矿山企业之间关于矿区范围的争议时有发生。《矿产资源法》为此设立了行政裁决制度。对于矿山企业之间的矿区范围的争议,按属地管理原则,由县级以上地方人民政府根据依法核定的矿区范围处理;跨省、自治区、直辖市的矿区范围的争议,由有关省、自治区、直辖市人民政府协商解决,协商不成的,由国务院处理。这种"处理",性质上属于行政裁决。

矿山企业之间矿区范围争议的处理,在程序上要坚持"先行协商";协商不成的,才进行行

---

〔49〕《土地管理法》(2019)第14条规定:"土地所有权和使用权争议,由当事人协商解决;协商不成的,由人民政府处理。单位之间的争议,由县级以上人民政府处理;个人之间、个人与单位之间的争议,由乡级人民政府或者县级以上人民政府处理。当事人对有关人民政府的处理决定不服的,可以自接到处理决定通知之日起三十日内,向人民法院起诉。在土地所有权和使用权争议解决前,任何一方不得改变土地利用现状。"

〔50〕《森林法》(2019)第22条规定:"单位之间发生的林木、林地所有权和使用权争议,由县级以上人民政府依法处理。个人之间、个人与单位之间发生的林木所有权和林地使用权争议,由乡镇人民政府或者县级以上人民政府依法处理。当事人对有关人民政府的处理决定不服的,可以自接到处理决定通知之日起三十日内,向人民法院起诉。在林木、林地权属争议解决前,除因森林防火、林业有害生物防治、国家重大基础设施建设等需要外,当事人任何一方不得砍伐有争议的林木或者改变林地现状。"

〔51〕《草原法》(2021)第16条规定:"草原所有权、使用权的争议,由当事人协商解决;协商不成的,由有关人民政府处理。单位之间的争议,由县级以上人民政府处理;个人之间、个人与单位之间的争议,由乡(镇)人民政府或者县级以上人民政府处理。当事人对有关人民政府的处理决定不服的,可以依法向人民法院起诉。在草原权属争议解决前,任何一方不得改变草原利用现状,不得破坏草原和草原上的设施。"

政裁决。

（三）对专利强制许可费用纠纷的裁决

此外，行政裁决还存在于有关专利方面的争议处理。

《专利法》（2020）第62条规定："取得实施强制许可的单位或者个人应当付给专利权人合理的使用费，或者依照中华人民共和国参加的有关国际条约的规定处理使用费问题。付给使用费的，其数额由双方协商；双方不能达成协议的，由国务院专利行政部门裁决。"这里，由国务院专利行政部门对当事人之间的强制许可费用的纠纷的裁决，也是典型的行政裁决。

五、行政裁决的法律程序

关于行政裁决是应当适用普通的行政程序，还是应当适用自己的特别程序，世界上的做法本不统一。美国将行政裁决视为行政行为（agency action）的一部分统一受1946年《联邦行政程序法》的调整。英国通过裁判所委员会于1991年颁布了《裁判所程序规则指南》，为所有行政裁判所的行政裁决行为设定了统一的程序。在日本，既没有为行政裁决设定统一的程序法，也不适用日本《行政程序法》，而是由分散性的单一裁决法作分散性规定。

在中国，由于尚未制定统一的"行政程序法"或"行政裁决法"，因而对行政裁决的程序未作统一的规定，各种行政裁决系由不同法律作单一规定，而且有不少设定行政裁决的法律并未规定程序。

比较之下，进入21世纪以来，作为地方性法规和规章的"行政程序规定"纷纷出台，它们对行政裁决的程序不乏规定。例如我国第一个地方政府行政程序规章，即2008年制定、2018年和2022年修改的《湖南省行政程序规定》（2022），设专节对行政裁决程序作出规定，这是个伟大的尝试。[52]

中国将来对行政裁决程序的设置，可以通过两个途径解决：一是通过制定一个"行政裁决法"对行政裁决程序作出统一的规定；二是通过制定"行政程序法"，在程序法中既为它设置适用所有行政行为的一般程序，又为它单设行政裁决的特别程序。

---

〔52〕《湖南省行政程序规定》（2022）第110条规定：公民、法人或者其他组织申请行政裁决，可以书面申请，也可以口头申请。口头申请的，行政机关应当当场记录申请人的基本情况、行政裁决请求、申请行政裁决的主要事实、理由和时间。行政机关收到公民、法人或者其他组织申请后，应当在5日内审查完毕，并根据下列情况分别作出处理：（1）申请事项属于本机关管辖范围内的，应当受理，受理后5日内，应当将申请书副本或者申请笔录复印件发送给被申请人；（2）申请事项不属于本机关管辖范围内的，应当告知申请人向有关行政机关提出；（3）申请事项依法不能适用行政裁决程序解决的，不予受理，并告知申请人。第111条规定：被申请人应当自收到申请书副本或者申请笔录复印件之日起10日内，向行政机关提交书面答复及相关证据材料。行政机关应当在收到被申请人提交的书面答复之日起5日内，将书面答复副本发送申请人。申请人、被申请人可以到行政机关查阅、复制、摘抄案卷材料。第112条规定：行政机关审理行政裁决案件，应当由2名以上工作人员参加。双方当事人对主要事实没有争议的，行政机关可以采取书面审查的办法进行审理。双方当事人对主要事实有争议的，行政机关应当公开审理，充分听取双方当事人的意见，依法不予公开的除外。行政机关认为必要时，可以实地调查核实证据；对重大、复杂的案件，申请人提出要求或者行政机关认为必要时，可以采取听证的方式审理。行政机关应当先行调解，调解不成的，依法作出裁决。第113条规定：行政机关作出裁决后应当制作行政裁决书。行政裁决书应当载明：（1）双方当事人的基本情况；（2）争议的事实；（3）认定的事实；（4）适用的法律规范；（5）裁决内容及理由；（6）救济的途径和期限；（7）行政机关的印章和日期；（8）其他应当载明的事项。第114条规定：行政机关应当自受理申请之日起60日内作出裁决，情况复杂的，经本行政机关主要负责人批准，可以延长30日作出裁决，并应当将延长期限告知申请人。

六、行政裁决的法律救济

行政裁决是一种行政行为,它不得"一裁终身"。行政裁决必须适用司法审查,这是国际上的通识。在英国,当事人对行政裁判所的行政裁决不服的,可以向另一裁判所上诉,向部长上诉,最后可以向有关法院上诉。在美国,当事人对独立管理机构的行政裁决不服的,和其他行政行为一样适用司法审查。在日本,当事人对行政裁决不服的,适用《行政不服审查法》和《行政案件诉讼法》中的"当事人争讼"程序。中国关于行政裁决的法律救济,具有自己的特色。

(一)从民事诉讼到行政诉讼

无论过去或者是现在,无论是立法还是实践,对于行政裁决的可诉性是没有疑问的。问题只是在于,当事人对于行政机关的行政裁决不服,应当以原当事人互为原被告提起民事诉讼,还是以行政裁决机关为被告提起行政诉讼。关于这一点,我们经历了从民事诉讼到行政诉讼的转型。

1986 年 11 月 7 日最高人民法院对广东省高级人民法院的《关于双方不服政府对山林纠纷处理决定,向人民法院起诉,应将谁列为被告的批复》([86]民他字第 46 号)〔53〕,以及 1987 年 7 月 31 日最高人民法院对山东省高级人民法院的《关于人民法院审理案件如何适用〈土地管理法〉第十三条〈森林法〉第十四条规定的批复》[法(经)复字〔1987〕第 28 号]〔54〕都认为,"此类案件虽经人民政府作过处理,但其性质仍属于民事权益纠纷,人民法院审理此类案件仍应以原争议双方为诉讼当事人",而不应以政府机关为被告提起行政诉讼。

1989 年出台了《行政诉讼法》。该法第 11 条〔55〕是关于受案范畴的规定,行政裁决未被规定在可诉的 8 个行为事项之内。但根据第 11 条第 2 款规定,行政裁决可以被解释为"法律、法规规定可以提起诉讼的其他行政案件"。2014 年《行政诉讼法》第一次修正,其第 12 条〔56〕将

---

〔53〕 该批复已依据最高人民法院《关于废止部分司法解释(第十三批)的决定》(法释〔2019〕11 号)而失效。

〔54〕 该批复已依据最高人民法院《关于废止 1993 年底以前发布的部分司法解释的通知》(1994 年 7 月 27 日)失效。

〔55〕 《行政诉讼法》(1989)第 11 条规定:"人民法院受理公民、法人和其他组织对下列具体行政行为不服提起的诉讼:(一)对拘留、罚款、吊销许可证和执照、责令停产停业、没收财物等行政处罚不服的;(二)对限制人身自由或者对财产的查封、扣押、冻结等行政强制措施不服的;(三)认为行政机关侵犯法律规定的经营自主权的;(四)认为符合法定条件申请行政机关颁发许可证和执照,行政机关拒绝颁发或者不予答复的;(五)申请行政机关履行保护人身权、财产权的法定职责,行政机关拒绝履行或者不予答复的;(六)认为行政机关没有依法发给抚恤金的;(七)认为行政机关违法要求履行义务的;(八)认为行政机关侵犯其他人身权、财产权的。除前款规定外,人民法院受理法律、法规规定可以提起诉讼的其他行政案件。"

〔56〕 《行政诉讼法》(2014)第 12 条规定:"人民法院受理公民、法人或者其他组织提起的下列诉讼:(一)对行政拘留、暂扣或者吊销许可证和执照、责令停产停业、没收违法所得、没收非法财物、罚款、警告等行政处罚不服的;(二)对限制人身自由或者对财产的查封、扣押、冻结等行政强制措施和行政强制执行不服的;(三)申请行政许可,行政机关拒绝或者在法定期限内不予答复,或者对行政机关作出的有关行政许可的其他决定不服的;(四)对行政机关作出的关于确认土地、矿藏、水流、森林、山岭、草原、荒地、滩涂、海域等自然资源的所有权或者使用权的决定不服的;(五)对征收、征用决定及其补偿决定不服的;(六)申请行政机关履行保护人身权、财产权等合法权益的法定职责,行政机关拒绝履行或者不予答复的;(七)认为行政机关侵犯其经营自主权或者农村土地承包经营权、农村土地经营权的;(八)认为行政机关滥用行政权力排除或者限制竞争的;(九)认为行政机关违法集资、摊派费用或者违法要求履行其他义务的;(十)认为行政机关没有依法支付抚恤金、最低生活保障待遇或者社会保险待遇的;(十一)认为行政机关不依法履行、未按照约定履行或者违法变更、解除政府特许经营协议、土地房屋征收补偿协议等协议的;(十二)认为行政机关侵犯其他人身权、财产权等合法权益。除前款规定外,人民法院受理法律、法规规定可以提起诉讼的其他行政案件。"

"行政机关作出的关于确认土地、矿藏、水流、森林、山岭、草原、荒地、滩涂、海域等自然资源的所有权或者使用权的决定"即行政裁决,明文列举进可诉的行政行为范围之内,将行政裁决从"其他行政案件"转正为"正式行政案件"。2017年《行政诉讼法》第二次修正,没有改动这一内容。

素有和《行政诉讼法》是姐妹篇之称的《行政复议法》于1999年制定。它取代了1990年国务院制定的《行政复议条例》。《行政复议条例》第9条[57]未将行政裁决明文列入可复议范围,充其量也只能作为"法律、法规规定可以提起行政诉讼或者可以申请复议的其他具体行政行为"。1999年制定的《行政复议法》第6条[58]第4项明文将"行政机关作出的关于确认土地、矿藏、水流、森林、山岭、草原、荒地、滩涂、海域等自然资源的所有权或者使用权的决定",即行政裁决纳入行政复议范围之内。2023年修订的《行政复议法》虽然对行政复议的受案范围改变很大,但依然保留了这一内容。[59]

伴随着《行政诉讼法》的出台和修改,最高人民法院的司法解释一直跟随《行政诉讼法》不离不弃。《行政诉讼法解释》(1991)第7条就表明:"公民、法人或者其他组织对人民政府或者其主管部门有关土地、矿产、森林等资源的所有权或者使用权归属的处理决定不服,依法向人民法院起诉的,人民法院应作为行政案件受理。"接着,《关于废止1993年底以前发布的部分司法解释的通知》(最高人民法院审判委员会第667次会议讨论通过),明文废止了最高人民法院法(经)复字(1987)第28号批复。《行政诉讼法解释》(1999)、《行政诉讼法解释》(2015)和《行政诉讼法解释》(2018)始终没有将行政裁决推出行政诉讼范围以外。此外,最高人民法院关于行政案件案由的两个规定[60],都将"行政裁决"作为一种可诉的独立行政行为对待。30多年来中国行政审判实践,对此始终同一,没有出现过不同做法。

---

[57] 《行政复议条例》(1990)第9条规定:"公民、法人和其他组织对下列具体行政行为不服可以向行政机关申请复议:(一)对拘留、罚款、吊销许可证和执照、责令停产停业、没收财物等行政处罚不服的;(二)对限制人身自由或者对财产的查封、扣押、冻结等行政强制措施不服的;(三)认为行政机关侵犯法律、法规规定的经营自主权的;(四)认为符合法定条件申请行政机关颁发许可证和执照,行政机关拒绝颁发或者不予答复的;(五)申请行政机关履行保护人身权、财产权的法定职责,行政机关拒绝履行或者不予答复的;(六)认为行政机关没有依法发给抚恤金的;(七)认为行政机关违法要求履行义务的;(八)认为行政机关侵犯其他人身权、财产权的;(九)法律、法规规定可以提起行政诉讼或者可以申请复议的其他具体行政行为。"

[58] 《行政复议法》(1999)第6条规定:"有下列情形之一的,公民、法人或者其他组织可以依照本法申请行政复议:(一)对行政机关作出的警告、罚款、没收违法所得、没收非法财物、责令停产停业、暂扣或者吊销许可证、暂扣或者吊销执照、行政拘留等行政处罚决定不服的;(二)对行政机关作出的限制人身自由或者查封、扣押、冻结财产等行政强制措施决定不服的;(三)对行政机关作出的有关许可证、执照、资质证、资格证等证书变更、中止、撤销的决定不服的;(四)对行政机关作出的关于确认土地、矿藏、水流、森林、山岭、草原、荒地、滩涂、海域等自然资源的所有权或者使用权的决定不服的;(五)认为行政机关侵犯合法的经营自主权的;(六)认为行政机关变更或者废止农业承包合同,侵犯其合法权益的;(七)认为行政机关违法集资、征收财物、摊派费用或者违法要求履行其他义务的;(八)认为符合法定条件,申请行政机关颁发许可证、执照、资质证、资格证等证书,或者申请行政机关审批、登记有关事项,行政机关没有依法办理的;(九)申请行政机关履行保护人身权利、财产权利、受教育权利的法定职责,行政机关没有依法履行的;(十)申请行政机关依法发放抚恤金、社会保险金或者最低生活保障费,行政机关没有依法发放的;(十一)认为行政机关的其他具体行政行为侵犯其合法权益的。"

[59] 参见《行政复议法》(2023)第11条第4项。

[60] 即最高人民法院《关于规范行政案件案由的通知》(法发〔2004〕2号)和最高人民法院《关于行政案件案由的暂行规定》(法发〔2020〕44号)。

(二)适用行政诉讼程序的几个问题

笔者认为,只要是行政裁决,无论它属于哪一类,一概适用行政复议与行政诉讼的法律救济。因为行政裁决在本质上是一种行政决定,是一种独立的行政行为,所以它在法律救济上不应当与其他行政行为有不同的政策。但从争议处理和行政诉讼的程序上说,还必须认识和把握住几个问题:

1. 行政裁决所针对的民事纠纷,不适用民事诉讼而适用行政诉讼。行政裁决所针对的是一种民事纠纷,按理说,它应当通过民事诉讼途径解决,但一旦法律为它设定了行政裁决途径,它就不再适用民事诉讼途径解决纠纷,除非法律是作选择性规定。因为《民事诉讼法》(2021)第127条规定:"人民法院对下列起诉,分别情形,予以处理:(一)依照行政诉讼法的规定,属于行政诉讼受案范围的,告知原告提起行政诉讼……(三)依照法律规定,应当由其他机关处理的争议,告知原告向有关机关申请解决……"这就表明了"法律规定的其他程序优先适用原则"。行政裁决是由全国人大及其常委会制定的"法律"所特别规定的解决特定民事纠纷的法律途径。民事诉讼是普遍法律程序,行政裁决是特定法律程序。它们之间的程序选择适用"特别法优于一般法"规则。

2. 行政裁决所针对的民事纠纷当事人,不得未经过行政裁决而直接提起行政诉讼。因为行政裁决所要解决的争议是一种民事争议,而不是行政争议。不经过行政裁决,原本的民事案件就不可能转换成行政案件。经过行政裁决后,当事人的起诉就转换成因对行政裁决不服的诉讼,而行政裁决是一种行政行为而不是民事行为。这就使民事案件最终转换成行政案件。

3. 经过行政机关行政裁决之后,当事人不接受的,都可以行政裁决机关为被告,针对行政裁决决定提起行政诉讼,不得以另一方当事人为被告提起民事诉讼。

4. 提起行政诉讼时,当事人一方或双方都可以原告身份,以行政裁决机关为被告,针对行政裁决决定提起诉讼。如果只有一方当事人起诉的,那么另一当事人就列为第三人,不得列为被告。在行政裁决案件的行政诉讼中,无论什么情况,都由行政裁决机关作为被告。

行政复议与上同理。

(三)对行政裁决的非诉执行

任何具有执行内容的行政决定生效以后,当事人拒不履行的,都可依法进入行政强制执行程序。对于行政决定的强制执行,法律授权行政机关具有强制执行权的,行政机关自己强制执行;法律没有授权行政机关具有强制执行权的,由行政机关申请人民法院强制执行。这就是"非诉执行"。

对于行政裁决的非诉执行具有一定的"特殊性"。其他行政决定都发生在作为行政主体的甲方与作为行政相对人的乙方之间,而行政裁决则发生在"三角关系"之中,是居间处理民事纠纷的行政机关与民事纠纷的双方当事人之间。因而,在非诉执行中,一方当事人在一定条件下也具有申请人民法院强制执行的权利。

《行政诉讼法解释》(2018)第158条规定:"行政机关根据法律的授权对平等主体之间民事争议作出裁决后,当事人在法定期限内不起诉又不履行,作出裁决的行政机关在申请执行的期限内未申请人民法院强制执行的,生效行政裁决确定的权利人或者其继承人、权利承受人在六个月内可以申请人民法院强制执行。享有权利的公民、法人或者其他组织申请人民法院强制执行生效行政裁决,参照行政机关申请人民法院强制执行行政行为的规定。"这表明,当作出裁决的行政机关在申请执行的期限内未申请人民法院强制执行的,生效行政裁决确定的权利人就可参照行政机关申请人民法院强制执行的程序,依法申请强制执行。这一"特权"为其他行政决定中的相对人所没有。

第四节　行政公开

行政公开可以从行政法原则角度讨论,也可以从行政程序角度讨论。但这里行政公开是作为一种特殊的行政行为讨论,专指行政机关针对政府信息所作出的公开或不公开的行政决定及其行为状态。可见,行政公开是"政府信息公开行为"的简称。行政公开既是一种特殊的行政行为,也是一种中性的行政行为。

一、知情权与政府信息公开制度

行政机关的行政公开行为是依附于政府信息公开制度而存在的。而政府信息公开制度又是以公民的知情权基础。公民的知情权就会形成对应的行政机关对政府信息的公开义务。政府信息的公开行为其实就是政府机关履行政府信息公开义务的行为状态。

(一)公民的"知情权"

知情权(right to know)是指公民接受、寻求和获取官方所掌握的情报信息的自由和权利。作为一个特指的政治与法律概念,它最早由美联社编辑肯特·库珀在1945年发表于《时代》上的一篇文章中率先提出〔61〕,随后被联合国所肯定。1946年,联合国第一次大会通过第59号决议,将信息自由提升为一项基本人权。该决议明确宣告:"信息自由是一项基本人权,也是联合国追求的所有自由的基石。"后来,联合国的文件又把"信息自由"作为"表达自由权"的一部分对待。1948年《联合国世界人权宣言》〔62〕第19条规定:"每个人均有观点和表达的自由权利,本项权利包括不受干预地拥有观点以及通过任何方式寻找、接受和传播消息与观念的自由。"接着,1966年的《公民权利和政治权利国际公约》〔63〕和《经济、社会及文化权利国际公约》〔64〕再次表达自由权。除了联合国,有的国家还在宪法中明确规定知情权,将知情权作为"表达自由"的一部分,视作一项宪法权利。"因为,知情是表达的基础,没有知情的权利,表达自由便无从谈起。"〔65〕

在中国,虽然《宪法》对公民的知情权没有直接地表达,但它是作为公民参政议政的基础隐

〔61〕　参见莫于川、林鸿潮主编:《政府信息公开条例实施指南》,中国法制出版社2008年版,第310页。

〔62〕　1948年12月10日,联合国大会通过第217A(Ⅱ)号决议并颁布《世界人权宣言》(Universal Declaration of Human Rights)。《世界人权宣言》是第一个关于人权问题的国际文件,它为国际人权领域的实践奠定了基础,对后来世界人民争取、维护、改善和发展自己的人权产生了深远影响。

〔63〕　《公民权利和政治权利国际公约》(International Covenant on Civil and Political Rights),是联合国制定的国际人权文书之一,联合国大会1966年12月16日第2200A(XXI)号决议通过并开放给各国签字,于1976年3月23日生效。

〔64〕　《经济、社会及文化权利国际公约》于1966年12月16日由第21届联合国大会通过,1976年1月3日生效。它与《世界人权宣言》《公民权利和政治权利国际公约》并称为"国际人权宪章"。该公约第一次以法律形式对经济、社会及文化权利加以确认,突破了以往片面强调公民和政治权利的传统人权观局限,反映了广大发展中国家要求同等重视两类人权的呼声,是一项具有积极意义的国际人权文书。

〔65〕　李广宇:《政府信息公开司法解释读本》,法律出版社2011年版,第5页。

含其中。我国2007年制定、2019年修订的《政府信息公开条例》是对公民知情权的直接表达和保护。2020年通过的《民法典》第四编人格权专设第六章隐私权和个人信息保护，对个人知情权在内的信息权保护进行了专门规定。2021年制定的《个人信息保护法》第一次确立了“个人信息权益”的概念。〔66〕“个人信息权益”的范围远大于“知情权”，这是一个了不起的发展。

(二)国外政府信息公开制度

世界上有不少国家为了落实公民的知情权和政府信息的公开义务，专门制定了有关政府信息公开的法规。世界上第一部政府信息公开法规诞生于瑞典。瑞典于1766年颁布世界上第一部信息公开法，即《新闻自由与获取公共档案权法》〔67〕，开启了政府信息公开制度的先河，独领一代风骚。该法由序言和15个条文组成。虽然条文不多，但内容完整，包含了两个方面：一是出版和新闻自由，以保障人们的思想、言论和表达自由；二是人们有权获取公共档案信息，以保障公民的知情权。

美国在1966年制定了《信息自由法》〔68〕，明文要求公共机关“为了指导公众，分别记载并及时在《联邦政府公报》上公布”公共信息，并规定公众有权获得这些信息。1976年，美国又制定了一个《阳光下的政府法》〔69〕。如果说《信息自由法》是旨在解决公共档案的公开问题，那么，《阳光下的政府法》旨在解决公共机关的会议公开问题。所以，《阳光下的政府法》也称“会议公开法”。〔70〕

英国于2000年11月30日制定了《信息自由法》。该法是基于对1998年《数据保护法》和1958年《公共档案法》的修改而形成，目的在于“规范由公共当局所持有的信息披露”。〔71〕所以，其实质上是一个“政府信息公开法”。该法明确赋予公众向政府获取公共信息的普遍性权利。其第1条开宗表达：“任何人都具有向某公共当局请求获得信息的权利。”

在行政法上的以判例法为主的法国，于1978年在政府信息公开方面专门制定了一个成文法，即《获得行政文件法》〔72〕。该法适用至今，未作修订。它全面规定了公民获取政府文件信息的权利和程序，明确了可获得行政文件的范围，还有由此产生的争议和管辖。

加拿大于1982年制定了《资讯取得法》。这里的“资讯”就是指官方的公共信息。整个法律共77个条文，规定加拿大公民和移民法所指的永久居民都是政府信息的获取者和享用者。《资讯取得法》对应当公开的政府信息范围以及公开的程序作出了明确规定。

澳大利亚于1982年制定了《资讯公开法》。〔73〕该法共设七篇94条，体系完整、内容全面。

---

〔66〕《个人信息保护法》(2021)第1条规定：“为了保护个人信息权益，规范个人信息处理活动，促进个人信息合理利用，根据宪法，制定本法。”

〔67〕法规全称是：Freedom - of - Press and the Right - of - Access to Public Records Act。现行立法于1949年制定，1976年修订。参见杨伟东：《政府信息公开主要问题研究》，法律出版社2013年版，“引言”、第11页。

〔68〕美国《信息自由法》(The Freedom of Information Act)，1967年6月5日经美国国会批准，7月6日由约翰逊总统签署，于美国独立纪念日施行，后经1974年、1976年、1986年和1996年修订。该法列入美国法典第五篇第552条。

〔69〕美国《阳光下的政府法》(The Government in Sunshine Act)，1976年9月13日由美国国会制定并实施，编号公法94－409。该法被编入美国法典第五篇第5526节。

〔70〕学者后向东的《美国联邦信息公开制度研究》(中国法制出版社2014年版)一书对美国的政府信息公开制度作了详细的阐述。

〔71〕参见英国2000年《信息自由法》序。

〔72〕Law on Access to Administrative Documents.

〔73〕The Opening Information Act.

其第3条所阐述的"立法目的"是:"借由下列方式尽量扩大澳洲人民查阅联邦政府所掌资讯之权利。关于政府部门及其他机关所掌公共资讯,应提供给人民加以利用;尤其对于影响人民与政府当局交涉事项之规定,应尽量作最方便且有利于人民之规定",并表明"人民对政府首长或其他政府部门、机关所掌以文件形式作成的资讯的查阅、取得",乃是人民的一种"普遍性权利"。

新西兰于1982年制定了《公务资讯法》。〔74〕 该法共设七章53条,对公共信息的公开范围和公开程序作出详细规定。为了保障公民获得公务资讯的权利,监督公务机关履行公开信息的职责,第37条明文规定成立"资讯局"。

日本于1998年制定了《资讯公开法》〔75〕,其实就是一部"政府信息公开法"。该法共四章外加一个附则,47个条文。其第3条规定:"任何人都可以依据本法的规定,向行政机关的首长(机关为前条第1款第3项中由政令规定的机关时,首长指各机关中由政令规定的人员)请求公开该行政机关拥有的行政文件。"该法对信息公开的范围、申请公开程序和法律救济都作了明确规定。

同样作为亚洲国家的韩国,1996年制定了《关于公共机关信息公开的法律》。该法律共设五章27个条文。该法第1条明确宣布,制定本法的目的"在于保障国民的知情权,确保国民的参与以及提高政策运行的透明性"。另外,该法对申请政府信息公开的当事人、负有公开义务的公共机关、政府信息公开的程序以及法律救济途径都作了明确规定,还规定设立"信息公开委员会"等专门的机构,用于全面制定政策和协调公开事宜。

此外,还有许多北欧及其他国家也在20世纪末制定了政府信息公开方面的法律。例如挪威早在1970年制定了《行政公开法》,1997年以此为基础制定了《信息自由法》;丹麦在1970年制定了《获取公共行政档案法》,现行立法为1985年通过的《获取公共行政档案法》〔76〕;荷兰在1951年同步制定了《公务文件公开法》和《公务文件公开法例外规定命令》,1991年又在此基础上制定了《政府信息(公共查阅)法》〔77〕;芬兰于1951年制定了《行政文件公开法》〔78〕,1999年改名为《政府活动公开法》〔79〕;奥地利于1987年制定了《联邦提供信息义务法》〔80〕;匈牙利于1992年制定了《个人数据保护和公众获得公共利益数据法》〔81〕,2005年该法修订为《电子方式信息公开法》〔82〕;比利时于1994年制定了《获得联邦公共机关持有的行政文件权利的法律》〔83〕;葡萄牙于1993年制定了《获取行政文件法》〔84〕,并于1995年、1999年和2006年进行了修订;爱尔兰于1997年制定了《信息自由法》。

---

〔74〕 本法于1982年新西兰座谈会通过,1983年7月1日生效。

〔75〕 全称是《行政机关拥有信息公开法》(Law Concerning Access to Information Held by Administrative Organs),1998年5月14日由日本国会通过,自公布之日起两年内由政令规定之日起施行。

〔76〕 Access to Public Administration Files Act.

〔77〕 Government Information (Public Access) Act.

〔78〕 Act on the Openness of Public Documents.

〔79〕 Act on the Openness of Government Activities.

〔80〕 Federal law on the Duty to Furnish Information.

〔81〕 Act on the Protection of Personal Date and Public Access to Data of Public Interest.

〔82〕 Act on the Freedom of Information by Electronic Means.

〔83〕 Law on the Rights of Access to Administrative Documents Held by Federal Public Authorities.

〔84〕 Law of Access to Administrative Documents.

(三)中国政府信息公开制度

中国曾经是世界上公共信息公开制度最早最发达的国家。正如西方的文官制度起源于中国一样,西方的政府信息公开制度同样起源于中国。1766 年在瑞典发起制定世界上第一部政府信息公开法的专家,瑞典信息公开之父安德斯·屈德纽斯(Anders Chydenius)认为,唐代时的中国是新闻公开的典范,是其他国家效仿的榜样。[85]

新中国成立以来,特别是改革开放以来,党和政府一直推进法治化建设,政务公开作为其一项重要内容和抓手得到重视。在政策层面,中共中央办公厅和国务院办公厅于 2011 年就印发了《关于深化政务公开加强政务服务的意见》,2016 年又印发了《关于全面推进政务公开工作的意见》(中办发〔2016〕8 号)。

就法律层面而言,国务院于 2007 年制定了《政府信息公开条例》(国务院令第 492 号)。这是新中国第一个专门规定政府信息公开的行政法规。整个法规共五章 38 个条文,它首次确立了政府信息公开的目的和原则,界定了政府信息,对政府信息的公开和不公开范围作出划分,设置了政府信息主管部门的职责和公开程序。正如有学者所评价的,"《政府信息公开条例》,虽然只是行政法规,但意义非凡,它的颁布标志着政府信息公开制度在我国的真正建立。从制度构建或生成角度分析,该条例是政府信息公开制度在世界的勃兴和我国自 20 世纪 80 年代起推行的政务信息公开共同作用的产物,代表着国内对政府信息公开理念和制度的认同和推进决心"。[86]

2019 年,国务院以第 711 号令修订了《政府信息公开条例》。修订后的新条例,从五章扩展至六章,从原 38 个条文增加至 56 个条文,内容更加完整,程序更加可行,特别是明确规定了行政机关公开政府信息,应当坚持"以公开为常态、不公开为例外"的原则,使中国政府信息公开制度上了一个新台阶。

《政府信息公开条例》(2007)第 33 条和《政府信息公开条例》(2019)第 51 条都规定了政府信息公开行为的可诉性,最高人民法院于 2010 年制定的《关于审理政府信息公开行政案件若干问题的规定》(法释〔2011〕17 号),进一步明确了有关政府信息公开方面受案范围和诉讼程序,使中国的政府信息公开制度从实体到程序、从行政程序到诉讼程序达到高度契合。

二、行政公开行为

这里的行政公开不是泛指行政机关的行政公开化活动,或者作为行政行为的程序原则,而是指基于《政府信息公开条例》[87]而形成的政府信息公开行为。这类行为不纳入行政行为,就无法适用行政复议和行政诉讼;但一旦将它纳入行政行为,又觉得它与传统的行政行为定位不符。所以,可将它作为一种特殊行政行为对待。

按理说,行政公开是一种程序性的事实行为,因为它并不直接形成或者处分行政法上的权利与义务。但由于《政府信息公开条例》及相关性法的存在,使公开政府的相关信息成为行政

---

〔85〕 See John M. Ackerman & Irma E. Sandoval – Ballesteros, *The Global Explosion of Freedom of Information Laws*, Administrative Law Review, Vol. 58:85, 2006, p. 88. 转引自杨伟东:《政府信息公开主要问题研究》,法律出版社 2013 年版,引言。

〔86〕 参见杨伟东:《政府信息公开主要问题研究》,法律出版社 2013 年版,第 3 页。

〔87〕 2007 年 4 月 5 日中华人民共和国国务院令第 492 号公布,2019 年 4 月 3 日中华人民共和国国务院令第 711 号修订。

机关针对相对人的法定职责，它能间接地影响相对人的权利与义务。因此将它看作一种特殊的行政行为是有理由的。况且，有专家认为，《行政诉讼法》上的“行政行为”并非只限于“法律行为”，还包括一定范围内的“事实行为”。[88]

这种意义上的行政公开，是指行政主体依照《政府信息公开条例》，基于行政相对人的知情权，依法公开或不公开、主动公开或者依相对人的申请公开政府信息的行政行为。其法律特征是：

1. 行政公开行为以政府信息为行为标的。行政公开不是指行政主体公开任何信息，而特指公开由《政府信息公开条例》及相关性法所规定的必须公开的政府信息。行政公开行为特指法定义务机关公开政府信息的行为。

2. 行政公开行为以行政主体的公开义务和相对人的知情权为基础。行政相对人的“知情权”是指公民接受、寻求和获取官方所掌握的情报信息的自由和权利。它已被联合国列为一种公民的基本权利。作为相对人知情权的对价，行政机关负有公开有关信息的法定义务。行政公开行为正是基于上述权利与义务关系而存在。

3. 行政公开行为既是物理行为，也是意思行为。行政机关可以不作行政决定而直接公开或不公开某种政府信息，这表现为一种物理行为。但是，许多政府信息公开或不公开行为往往是基于一个关于该政府信息是否公开的行政决定而进行，特别是在相对人申请政府信息公开的情况下，行政机关往往会作出一个公开或不公开的行政决定，这个决定就是意思行为。

4. 行政公开行为既是事实行为，也是法律行为。行政公开在没有行政决定的情况下是一种物理行为，而且无论行政机关是否同意公开，都不直接限制或剥夺当事人的实体权利与义务，因而可以说是事实行为。但由于相对人的知情权已列入行政复议和行政诉讼所保护的范围，行政机关侵害当事人知情权的，相对人也有权申请行政复议或提起行政诉讼，从这一意义上说，行政公开行为也已成为法律行为。

无论就哪一特征而言，行政公开在中国当代行政法理和行政法制度中，都是一种行政行为。在行政公开行为的概念和特征基础上认知这一行政行为，还必须关注到以下几点：

第一，行政公开是一种特殊行政行为。常规的行政行为往往是一种以一个行政决定为核心的行为形态，而且这种行政决定又表现为要求当事人进行一定的作为或不作为，或者形成、变更或者消灭一种与当事人有关的权利与义务关系。但是行政公开并不一定具有行政决定，而且没有直接处分当事人权利或义务的法律效果。但是，行政公开虽不直接影响当事人的人身权或财产权，但它直接影响当事人的知情权。它们只是所影响的权利不同而已，因而行政公开是一种特殊的行政行为。

第二，行政公开是一种中性行政行为。“信息”本身是没有“立场”的，其内容本身对当事人可能有利，也可能不利；对这位当事人有利，对另一位当事人可能不利。信息公开或不公开的结果，对特定当事人是否有利是不确定的。所以说，行政公开是一种中性行为。

第三，行政公开行为仅仅是指行政机关对政府信息的公开行为。行政公开被限定在：一是

---

〔88〕 例如，李广宇法官认为，事实上，我国《行政诉讼法》中的具体行政行为本身就是广义的具体行政行为，因为在其所列举的可诉行为中，有些行为本身就是行政事实行为而不是行政法律行为。解释中放弃使用具体行政行为概念，而代之以“行政行为”（其中包括行政事实行为），完全符合《行政诉讼法》的立法意图。参见李广宇：《政府信息公开司法解释读本》，法律出版社 2011 年版，第 34 ~ 35 页。

主体为“行政机关”。立法机关、监察机关、司法机关和党务机关如何公开有关信息问题都不属于行政公开行为的范畴。二是客体是“政府信息”。这里的政府信息是特指行政机关在履行行政管理职能过程中制作或者获取的,以一定形式记录、保存的信息。至于行政机关作为特定行政主体针对特定相对人作出某一行政行为(行政许可、行政处罚、行政强制等)中没有履行程序公开义务或者没有将行为结果载体送达给当事人,就不能作为行政公开行为对待,只能作为原属性的行政行为对待。例如行政机关在对违法建筑强制拆除前没有依照《行政强制法》(2011)第 44 条[89]规定进行“公告”的,不能作为行政公开行为对待,应当作为行政强制执行程序违法对待。

第四,行政公开行为是一个综合概念,它包括事实上的公开或不公开,作出同意公开的决定或作出不同意公开的决定。这些行政公开中的各种情形,都适用政府信息公开程序和政府信息公开的诉讼程序。

三、政府信息及其公开原则

(一)政府信息

行政公开行为以“政府信息”为行为标的。政府信息是政府和公民赖以工作和生活的资源。尤其是大数据时代,人们已越来越离不开政府信息。根据《政府信息公开条例》(2019)第 2 条规定,政府信息是指行政机关在履行职责过程中制作或者获取的,以一定形式记录、保存的信息。政府信息的特点在于:

1. 政府信息是由行政机关在履行职责过程中制作或者获取的信息。这是政府信息的主体特征。它说明,政府信息是由行政机关在履行职责过程中自己制作或者从相对人处获取的信息,如果由立法机关或者司法机关制作或者获取的信息可称为“官方信息”,但不能称“政府信息”。对政府信息以外的其他信息(如立法信息、司法信息、军事信息、个人信息等)的公开,不属于受《政府信息公开条例》调整的行政公开行为。

2. 政府信息是以一定形式记录、保存的信息。这是政府信息的形式特征。信息必须以一定的形式记录和保存下来,如纸质、光盘、网络等,没有一定的形式,无以公开信息。

3. 政府信息是由行政机关管理和负责公开的信息。这是政府信息的责任特征。依照《政府信息公开条例》有关规定,各级人民政府及县级以上人民政府部门应当建立健全本行政机关的政府信息公开工作制度,并指定机构负责本行政机关政府信息公开的日常工作。法律、法规授权的具有管理公共事务职能的组织,以及教育、卫生健康、供水、供电、供气、供热、环保、公共交通等与人民群众利益密切相关的公共企事业单位在提供社会公共服务过程中制作、获取的信息的公开,参照《政府信息公开条例》执行。

(二)公开原则

关于政府信息公开,世界上大多国家都确立了“以公开为原则,以不公开为例外”的原则。正如美国学者伯纳德·施瓦茨指出:“公开情报(信息)是普遍原则,而不是例外。”[90]

---

[89] 《行政强制法》(2011)第 44 条规定:“对违法的建筑物、构筑物、设施等需要强制拆除的,应当由行政机关予以公告,限期当事人自行拆除。当事人在法定期限内不申请行政复议或者提起行政诉讼,又不拆除的,行政机关可以依法强制拆除。”

[90] [美]伯纳德·施瓦茨:《行政法》,徐炳译,群众出版社 1986 年版,第 120 页。

中国于2007年制定的《政府信息公开条例》第6条第1句规定“行政机关应当及时、准确地公开政府信息”，体现了“政府信息公开”原则。2019年新修订的《政府信息公开条例》第5条规定：“行政机关公开政府信息，应当坚持以公开为常态、不公开为例外，遵循公正、公平、合法、便民的原则。”特别是首次宣布了“以公开为常态、不公开为例外”，这在中国政府信息公开的立法史上具有宣示的意义。

政府信息的公开，采取主动公开与依申请公开相结合的方式。

四、政府信息公开的范围

对于政府信息，根据《政府信息公开条例》（2019）的规定，就是否应当公开的态度而言，可分为四类：第一类是应当主动公开的信息；第二类是依当事人的申请而公开的信息；第三类是不得公开的信息；第四类是可以不公开的信息。第一类、第二类是对公开的肯定；第三类是对公开的否定；第四类是中性态度，公开或不公开视条件而定，不构成违法。

（一）应当主动公开的政府信息

《政府信息公开条例》（2019）第19条要求，对涉及公众利益调整、需要公众广泛知晓或者需要公众参与决策的政府信息，行政机关应当主动公开。根据该要求，第20条规定，行政机关应当主动公开本行政机关的下列政府信息：（1）行政法规、规章和规范性文件；（2）机关职能、机构设置、办公地址、办公时间、联系方式、负责人姓名；（3）国民经济和社会发展规划、专项规划、区域规划及相关政策；（4）国民经济和社会发展统计信息；（5）办理行政许可和其他对外管理服务事项的依据、条件、程序以及办理结果；（6）实施行政处罚、行政强制的依据、条件、程序以及本行政机关认为具有一定社会影响的行政处罚决定；（7）财政预算、决算信息；（8）行政事业性收费项目及其依据、标准；（9）政府集中采购项目的目录、标准及实施情况；（10）重大建设项目的批准和实施情况；（11）扶贫、教育、医疗、社会保障、促进就业等方面的政策、措施及其实施情况；（12）突发公共事件的应急预案、预警信息及应对情况；（13）环境保护、公共卫生、安全生产、食品药品、产品质量的监督检查情况；（14）公务员招考的职位、名额、报考条件等事项以及录用结果；（15）法律、法规、规章和国家有关规定规定应当主动公开的其他政府信息。

除了上述应当主动公开的政府信息，设区的市级、县级人民政府及其部门还应当根据本地方的具体情况，主动公开涉及市政建设、公共服务、公益事业、土地征收、房屋征收、治安管理、社会救助等方面的政府信息；乡（镇）人民政府还应当根据本地方的具体情况，主动公开贯彻落实农业农村政策、农田水利工程建设运营、农村土地承包经营权流转、宅基地使用情况审核、土地征收、房屋征收、筹资筹劳、社会救助等方面的政府信息。

（二）依当事人申请而公开的政府信息

根据《政府信息公开条例》（2019）第27条规定，除行政机关主动公开的政府信息外，公民、法人或者其他组织可以向地方各级人民政府、对外以自己名义履行行政管理职能的县级以上人民政府部门申请获取相关政府信息。这意味着除行政机关依法必须主动公开的政府信息外，其他的政府信息，只要不是法律、行政法规禁止公开的，都属于当事人申请公开的范围。这样的定位，才体现了“以公开为常态、不公开为例外”的原则。

当事人向行政机关申请公开政府信息的，应当提交政府信息公开申请。申请包括以下内容：（1）申请人的姓名或者名称、身份证明、联系方式；（2）申请公开的政府信息的名称、文号或者便于行政机关查询的其他特征性描述;(3)申请公开的政府信息的形式要求,包括获取信息的方式、途径。

对政府信息公开申请,行政机关根据下列情况,在规定期限内分别作出答复:(1)所申请公开信息已经主动公开的,告知申请人获取该政府信息的方式、途径;(2)所申请公开信息可以公开的,向申请人提供该政府信息,或者告知申请人获取该政府信息的方式、途径和时间;(3)行政机关依据《政府信息公开条例》的规定决定不予公开的,告知申请人不予公开并说明理由;(4)经检索没有所申请公开信息的,告知申请人该政府信息不存在;(5)所申请公开信息不属于本行政机关负责公开的,告知申请人并说明理由;能够确定负责公开该政府信息的行政机关的,告知申请人该行政机关的名称、联系方式;(6)行政机关已就申请人提出的政府信息公开申请作出答复、申请人重复申请公开相同政府信息的,告知申请人不予重复处理;(7)所申请公开信息属于工商、不动产登记资料等信息,有关法律、行政法规对信息的获取有特别规定的,告知申请人依照有关法律、行政法规的规定办理。

(三)不予公开和可以不公开的政府信息

不予公开的政府信息,是指法律和行政法规禁止公开的政府信息。行政机关及其工作人员对这些信息负有保密的义务,擅自公开须承担相应的法律责任。上述行政机关应当主动公开的政府信息和依当事人申请公开的政府信息,都不包括不予公开的政府信息。换句话说,不得将依法不予公开的政府信息列入行政机关应当主动公开的或者依当事人申请公开的政府信息。它们之间不是包含与被包含的关系,而是排斥关系。根据《政府信息公开条例》(2019)第14~15条规定,依法不予公开的政府信息,包括:(1)依法确定为国家秘密[91]的政府信息;(2)法律、行政法规禁止公开的政府信息;(3)开后可能危及国家安全、公共安全、经济安全、社会稳定的政府信息;(4)涉及商业秘密[92]、个人隐私[93]等公开会对第三方合法权益造成损害的政府信息。但是,第三方同意公开或者行政机关认为不公开会对公共利益造成重大影响的,予以公开。

可以不予公开的政府信息,是指行政机关对此没有公开的义务,但也没有保密的责任。是否公开视行政机关和信息的条件而定。

根据《政府信息公开条例》(2019)第16条规定,可以不予公开的政府信息包括:一是行政机关的内部事务信息,包括人事管理、后勤管理、内部工作流程等方面的信息;二是行政机关在履行行政管理职能过程中形成的讨论记录、过程稿、磋商信函、请示报告等过程性信息以及行政执法案卷信息。

---

〔91〕 所谓国家秘密,根据《保守国家秘密法》(2010)第2条规定,系指关系国家安全和利益,依照法定程序确定,在一定时间内只限一定范围的人员知悉的事项。而关系国家安全和利益的秘密事项,根据同法第9条规定,包括:(1)国家事务重大决策中的秘密事项;(2)国防建设和武装力量活动中的秘密事项;(3)外交和外事活动中的秘密事项以及对外承担保密义务的秘密事项;(4)国民经济和社会发展中的秘密事项;(5)科学技术中的秘密事项;(6)维护国家安全活动和追查刑事犯罪中的秘密事项;(7)经国家保密行政管理部门确定的其他秘密事项。国家秘密的密级分为绝密、机密、秘密三级。

〔92〕 所谓商业秘密,根据《反不正当竞争法》(2019)第9条第2款规定,系指不为公众所知悉、具有商业价值并经权利人采取相应保密措施的技术信息、经营信息等商业信息。其包括:(1)非专业技术和经营信息,如管理方法、营销策略等;(2)技术信息,如生产配方、设计图纸等。

〔93〕 所谓个人隐私,系指基于个人隐私权而需加以保护的个人信息,如个人的基本情况(如出生日期、住址、电话号码、国籍等)、家庭情况(如婚姻、子女、亲属等主)和其他信息(如银行账户、个人财产等)。

对于这类可以不公开的信息,应当把握两点:一是只要不属于依法不予公开的政府信息,行政机关应当尽可能公开,以方便群众;二是法律、法规、规章规定这些信息应当公开的,就应当无条件地公开。

五、政府信息的公开方式和程序

政府信息公开有两种方式:一是政府主动公开;二是经公民、法人或者其他组织申请才公开。

(一)主动公开方式和程序

根据《政府信息公开条例》的有关规定,对于属于主动公开的政府信息,行政机关应当通过政府公报、政府网站、新闻发布会以及报刊、广播、电视等便于公众知晓的方式公开。行政机关还可以根据需要设立公共查阅室、资料索取点、信息公告栏、电子信息屏等场所、设施,公开政府信息。行政机关应当及时向国家档案馆、公共图书馆提供主动公开的政府信息。各级人民政府应当在国家档案馆、公共图书馆设置政府信息查阅场所,并配备相应的设施、设备,为公民、法人或者其他组织获取政府信息提供便利。

行政机关制作的政府信息,由制作该政府信息的行政机关负责公开;行政机关从公民、法人或者其他组织处获取的政府信息,由保存该政府信息的行政机关负责公开。法律、法规对政府信息公开的权限另有规定的,从其规定。属于主动公开范围的政府信息,应当自该政府信息形成或者变更之日起 20 个工作日内予以公开。法律、法规对政府信息公开的期限另有规定的,从其规定。

(二)申请公开方式和程序

对于属于申请公开的政府信息,相对人申请获取的,应当采用书面形式(包括数据电文形式);采用书面形式确有困难的,申请人可以口头提出,由受理该申请的行政机关代为填写政府信息公开申请。政府信息公开申请应当包括下列内容:(1)申请人的姓名或者名称、身份证明、联系方式;(2)申请公开的政府信息的名称、文号或者便于行政机关查询的其他特征性描述;(3)申请公开的政府信息的形式要求,包括获取信息的方式、途径。

对申请公开的政府信息,行政机关收到相对人申请后,根据下列情况分别作出答复:(1)所申请公开信息已经主动公开的,告知申请人获取该政府信息的方式、途径;(2)所申请公开信息可以公开的,向申请人提供该政府信息,或者告知申请人获取该政府信息的方式、途径和时间;(3)行政机关依据《政府信息公开条例》的规定决定不予公开的,告知申请人不予公开并说明理由;(4)经检索没有所申请公开信息的,告知申请人该政府信息不存在;(5)所申请公开信息不属于本行政机关负责公开的,告知申请人并说明理由;能够确定负责公开该政府信息的行政机关的,告知申请人该行政机关的名称、联系方式;(6)行政机关已就申请人提出的政府信息公开申请作出答复、申请人重复申请公开相同政府信息的,告知申请人不予重复处理;(7)所申请公开信息属于工商、不动产登记资料等信息,有关法律、行政法规对信息的获取有特别规定的,告知申请人依照有关法律、行政法规的规定办理。

依申请公开的政府信息公开会损害第三方合法权益的,行政机关应当书面征求第三方的意见。第三方应当自收到征求意见书之日起 15 个工作日内提出意见。第三方逾期未提出意见的,由行政机关依照《政府信息公开条例》的规定决定是否公开。第三方不同意公开且有合理理由的,行政机关不予公开。行政机关认为不公开可能对公共利益造成重大影响的,可以决定予以公开,并将决定公开的政府信息内容和理由书面告知第三方。

行政机关收到政府信息公开申请,能够当场答复的,应当当场予以答复。行政机关不能当场答复的,应当自收到申请之日起 20 个工作日内予以答复;如需延长答复期限的,应当经政府信息公开工作机构负责人同意,并告知申请人,延长答复的期限最长不得超过 20 个工作日。申请公开的政府信息涉及第三方权益的,行政机关征求第三方意见所需时间不计算在期限内。

在申请公开政府信息程序中,对于申请人是否包括外国人问题,国务院办公厅和最高人民法院都有过答复。2008 年,国务院办公厅秘书局对《关于请明确能否受理国外驻华机构和人员申请政府信息公开事宜的函》(发改办厅[2008]1057 号)作出如下答复〔94〕:(1)在我国境内的外国公民、法人或其他组织,因生产、生活、科研等特殊需要,向我行政机关申请获取相关政府信息,由我行政机关依照《政府信息公开条例》有关规定办理。在我国境外的外国公民、法人或其他组织向我行政机关提出政府信息公开申请的,我行政机关不予受理。(2)我行政机关收到在我境内的外国公民、法人或其他组织关于公开政府信息的申请后,应当对申请人的身份进行核实;对于拟提供的政府信息,要依照《保守国家秘密法》及其他法律法规和国家规定进行严格的保密审查。(3)我行政机关向外国公民、法人或其他组织提供的政府信息一般为中文,不提供外文译本。香港特别行政区、澳门特别行政区和台湾地区居民、法人或其他组织向我行政机关申请获取政府信息事宜,参照上述意见办理。

2015 年,最高人民法院《关于如何判断外国人是否具有政府信息公开申请人资格以及相应行政诉讼原告资格问题的电话答复》(〔2015〕行他字第 17 号)指出:在我国境内的外国公民、法人或其他组织,因生产、生活、科研等特殊需要,向我行政机关申请获取相关政府信息,由我行政机关依照《政府信息公开条例》有关规定办理。在我国境外的外国公民、法人或其他组织向我行政机关提出政府信息公开申请的,我行政机关不予受理。〔95〕

六、行政公开行为的法律救济

从《行政复议法》和《行政诉讼法》规定看,作为行政法上法律救济的两种基本形式,行政复议和行政诉讼,限于救济行政相对人的人身权和财产权等;对于旨在保护相对人的知情权的行政公开行为,是否可以适用行政复议和行政诉讼,这两部法律没有明确规定。但是,根据《行政诉讼法》(2017)第 12 条第 2 款的规定,人民法院还可受理法律、法规规定可以提起诉讼的其他行政案件。〔96〕 基于这一立法授权,2007 年《政府信息公开条例》第 33 条第 2 款就规定:"公民、法人或者其他组织认为行政机关在政府信息公开工作中的具体行政行为侵犯其合法权益的,可以依法申请行政复议或者提起行政诉讼。"2019 年修订的《政府信息公开条例》第 51 条又规定:"公民、法人或者其他组织认为行政机关在政府信息公开工作中侵犯其合法权益的,可以向上一级行政机关或者政府信息公开工作主管部门投诉、举报,也可以依法申请行政复议或者提起行政诉讼。"根据该行政法规的规定,行政相对人对行政机关的行政公开行为不服提起行政

---

〔94〕 参见国务院办公厅《关于外国公民、法人或其他组织向我行政机关申请公开政府信息问题的处理意见》(国办秘函〔2008〕50 号)。

〔95〕 参见中华人民共和国最高人民法院行政审判庭:《行政执法与行政审判》(总第 74 集),中国法制出版社 2019 年版,第 279 页。

〔96〕 这一规定同样适用于行政复议制度。

诉讼的,人民法院应当依法受理。

2010 年,最高人民法院《关于审理政府信息公开行政案件若干问题的规定》(法释〔2011〕17 号)进一步明确了有关政府信息公开方面的受案范围和诉讼程序。行政相对人认为下列政府信息公开工作中的具体行政行为侵犯其合法权益,依法提起行政诉讼的,人民法院应当受理:(1)向行政机关申请获取政府信息,行政机关拒绝提供或者逾期不予答复的;(2)认为行政机关提供的政府信息不符合其在申请中要求的内容或者法律、法规规定的适当形式的;(3)认为行政机关主动公开或者依他人申请公开政府信息侵犯其商业秘密、个人隐私的;(4)认为行政机关提供的与其自身相关的政府信息记录不准确,要求该行政机关予以更正,该行政机关拒绝更正、逾期不予答复或者不予转送有权机关处理的;(5)认为行政机关在政府信息公开工作中的其他具体行政行为侵犯其合法权益的。行政相对人认为政府信息公开行政行为侵犯其合法权益造成损害的,可以一并或单独提起行政赔偿诉讼。

但是,行政相对人对于下列行为不服提起行政诉讼的,人民法院不予受理:(1)因申请内容不明确,行政机关要求申请人作出更改、补充且对申请人权利义务不产生实际影响的告知行为;(2)要求行政机关提供政府公报、报纸、杂志、书籍等公开出版物,行政机关予以拒绝的;(3)要求行政机关为其制作、搜集政府信息,或者对若干政府信息进行汇总、分析、加工,行政机关予以拒绝的;(4)行政程序中的当事人、利害关系人以政府信息公开名义申请查阅案卷材料,行政机关告知其应当按照相关法律、法规的规定办理的。

对于属于主动公开的政府信息,行政相对人认为行政机关不依法履行主动公开的义务,应当先向行政机关申请获取相关政府信息。对行政机关的答复或者逾期不予答复不服的,方可以向人民法院提起诉讼。

政府信息公开诉讼已成为我国一种特别类型的行政诉讼。行政诉讼法对政府信息公开行为的救济规定同样适用于行政复议制度。

第五节　行 政 协 议

这一节不仅要研讨行政协议,同时要展开行政主体有关行政协议的行为。行政主体有关行政协议的行为同样是行政行为。

一、行政协议的历史和理论背景

(一)行政协议的域外背景

协议(合同),作为设定和约束双方当事人权利与义务手段,原本只属于民法的范畴,它与传统的以命令与服从为特征的行政法律关系不相同。随着国家行政从命令行政走向给付行政、从秩序行政走向福利行政,特别是 20 世纪市场经济理念、契约理念向公共管理领域渗透,协议才同时作为国家管理的手段被引入公共行政领域。英国学者指出:“在一个混合式行政的时代,一个对公权力和私权利的创造性相互作用及其依赖的时代,合同乃行政法的核心。”〔97〕

〔97〕［英］卡罗尔·哈洛、［英］理查德·罗林斯:《法律与行政》,杨伟东等译,商务印书馆 2004 年版,第 54 页。

王名扬教授也说:“合同本身就是执行公务的一种方式。”[98]

在英美法系国家,由于实行一元化的普通法制度,不注重公法与私法的划分,也无行政法院与普通法院的区别,行政协议不具有独立于民事协议的特别地位,但他们也存在政府合同(government contract)的概念和理论。在美国,政府与私人所签订的合同都作为私法合同对待。这些合同主要有三类:供应合同(supplies contract)、劳务合同(service contract)和建筑合同(construction contract)。这和英国的分类方法基本一样。[99]

大陆法系正好相反,由于存在严格的公私法划分,又在普通法院之外单设了专门的行政法院,行政协议作为不同于普通合同的法律制度甚为发达。不少国家和地区的行政程序法都专门规定了行政协议行为及程序。[100] 难怪有人说,“一百多年前,行政协议在大陆法系国家首先发端,已成为一项成熟完备的制度”。[101]

德国《联邦行政程序法》专设第四章从第54条到第62条用了9个条文专门对行政协议作出规定。其54条规定:“公法范畴的法律关系可以通过合同设立、变更或撤销(公法合同),但以法规无相反规定为限。行政机关尤其可以与拟作出行政行为的相对人,以签订公法合同代替行政行为的作出。”德国《联邦行政程序法》赋予德国行政机关,在法律不禁止的前提下,都可以通过行政协议的方式代替作出行政行为。为此,德国学者对其行政协议定义道:“根据联邦行政程序法第54条第1款的法律定义,行政协议是指设立、变更和终止公法上法律关系的合同。”[102] 根据德国的行政程序法理论,行政协议(公法契约)可以划分为:(1)对等契约(Koordinationsrechtliche Verträge)与隶属契约(Subordinationsrechtliche Verträge)。前者是指平等的主体之间所签订的合意,后者是指有隶属关系的主体之间所作的合意。(2)和解契约(Vergleichsverträge)与双务契约(Austauschverträge)。这是隶属契约以下的一种分类。和解契约是指在行政机关难以查明事实的状态下与相对人达成了一种妥协,以节省行政资源,双务契约是在行政机关和相对人都有给付义务的状态下所作的一种处理协议。(3)负担契约(Verpflictungsverträge)与处分契约(Verfugungsverträge)。前者是指行政机关承诺将来为相对人作出给付的协议,后者是指行政机关直接处分相对人权利义务的协议。[103]

在法国,行政协议制度和理论也非常成熟和发达。法国将四种协议纳入行政协议范围:(1)政府采购合同;(2)公共特许合同以及其他类似的涉及公私法合作的合同,统称公共服务委托合同(délégations de service public);(3)由私人支配公产公共占有合同(contrats d'occupation domaniale);(4)公共雇佣合同。[104] 而且,行政协议由普通法院以外的行政法院管辖。

葡萄牙《行政程序法典》第178条明文规定行政协议尤其包括下列合同:(1)公共工程承揽

---

[98] 王名扬:《法国行政法》,中国政法大学出版社1989年版,第181页。

[99] 参见余凌云:《行政契约论》,清华大学出版社2022年版,第51页。

[100] 如德国《联邦行政程序法》(经联邦议院于1976年5月25日通过并征得联邦参议院同意公布,于1977年1月1日生效),葡萄牙《行政程序法典》(1991年11月15日颁布,1996年1月31日修改),中国澳门特别行政区《行政程序法典》,中国台湾地区“行政程序法”(1999年2月3日公布,自2001年1月1日起施行,经2000年12月27日、2001年6月20日、2001年12月28日、2005年12月28日共4次修订)等。

[101] 参见梁凤云:《行政协议司法解释讲义》,人民法院出版社2020年版,导言。

[102] [德]哈特穆特·毛雷尔:《行政法学总论》,高家伟译,法律出版社2000年版,第348页。

[103] 参见翁岳生编:《行政法》(下册)(第2版),中国法制出版社2009年版,第十二章行政契约。

[104] 参见[荷]勒内·J. G. H. 西尔登、[荷]弗里茨·斯特罗因克:《欧美比较行政法》,伏创宇、刘国乾、李国兴译,中国人民大学出版社2013年版,第74~76页。

合同;(2)公共工程特许合同;(3)公共事业特许合同;(4)公产的开发合同;(5)公产的专用合同;(6)博彩经营特许合同;(7)继续供应合同;(8)为直接公益提供劳务的合同。

(二)行政协议的中国背景

中国政府实施行政管理的方式从传统的单方命令、处罚、强制到更多地采取以双方合意为基础的协议方式,乃是中国国家治理和政府治理走向现代化和法治化的体现。"在人类管理公共事务的历史上,行政协议的运用使人类找到通往善治的阶梯,实现了治理方式的刚柔并举,使公民有序参与政治、人人皆享治权在技术上成为可能,也可借此破解'主仆关系'名实难副的千古难题。"〔105〕早在2004年,国务院在《全面推进依法行政实施纲要》(国发〔2004〕10号)就明确提出:要"改革行政管理方式","充分发挥行政规划、行政指导、行政合同等方式的作用"。"行政合同"被定性为"政府行政管理的一种方式"。2016年,中共中央、国务院发布了《关于完善产权保护制度依法保护产权的意见》(中发〔2016〕28号),突出强调了要"完善政府守信践诺机制",还对政府合同提出了具体要求。〔106〕

就法律层面而言,中国1989年制定的《行政诉讼法》所确立的"具体行政行为"概念并不明确是否包括行政协议。《行政诉讼法解释》(1991)将行政协议推到"具体行政行为"之外〔107〕,《行政诉讼法解释》(1999)〔108〕取消了原先对"具体行政行为"的解释,为行政协议留下了解释的空间。接着,最高人民法院行政审判庭开始尝试受理行政协议案件〔109〕,最高人民法院行政审判庭的主流观点认为:以国有土地出让合同为典型的行政协议是一种应当通

---

〔105〕 江必新:《中国行政合同法律制度:体系、内容及其构建》,载《中外法学》2012年第6期。

〔106〕 中共中央、国务院《关于完善产权保护制度依法保护产权的意见》(中发〔2016〕28号)还特别指出:"大力推进法治政府和政务诚信建设,地方各级政府及有关部门要严格兑现向社会及行政相对人依法作出的政策承诺,认真履行在招商引资、政府与社会资本合作等活动中与投资主体依法签订的各类合同,不得以政府换届、领导人员更替等理由违约毁约,因违约毁约侵犯合法权益的,要承担法律和经济责任。因国家利益、公共利益或者其他法定事由需要改变政府承诺和合同约定的,要严格依照法定权限和程序进行,并对企业和投资人因此而受到的财产损失依法予以补偿。对因政府违约等导致企业和公民财产权受到损害等情形,进一步完善赔偿、投诉和救济机制,畅通投诉和救济渠道。将政务履约和守诺服务纳入政府绩效评价体系,建立政务失信记录,建立健全政府失信责任追究制度及责任倒查机制,加大对政务失信行为惩戒力度。"

〔107〕 《行政诉讼法解释》(1991)第1条规定:"具体行政行为是指国家行政机关和行政机关工作人员、法律法规授权的组织、行政机关委托的组织或者个人在行政管理活动中行使行政职权,针对特定的公民、法人或者其他组织,就特定的具体事项,作出的有关该公民、法人或者其他组织权利义务的单方行为。"它将"具体行政行为"限定为"单方行为",显然将属于"双方行为"的行政协议排斥于外。

〔108〕 《行政诉讼法解释》(1999)。

〔109〕 这时发生了两个典型的行政协议案件,即大连市华运产业房地产开发公司诉大连市房地产开发管理领导小组办公室废止中标通知案[最高人民法院(1997)行终字第2号,判决时间:1998年1月4日]和武汉兴松房地产开发有限公司诉湖北省武汉市国土资源管理局收回国有土地使用权上诉案[最高人民法院(2002)行终字第7号,判决时间:2002年2月25日]。其中最高人民法院在第二个裁判要旨中指出:"国有土地使用权出让合同纠纷本质是行政纠纷,应当通过行政诉讼途径解决。审理行政协议案件,法律有特别规定的,适用法律的规定,没有规定的可以适用《合同法》的规定。收回土地使用权的处罚实际是解除合同行为,属于最严厉的制裁措施,应当是在一方严重违约,致使合同目的不能实现时,另一方采取的制裁措施。在出让合同约定收回土地使用权的期限未超过时,土地管理部门即收回土地使用权处罚决定,认定事实不清,证据不足。"

过行政诉讼程序解决的特殊合同。[110] 最高人民法院也作了相应的表态,[111] 即逐步将行政协议案件纳入行政诉讼范围。2004 年 1 月 14 日,最高人民法院发布了《关于规范行政案件案由的通知》(法发〔2004〕2 号),并将“行政协议”单独列入“行政行为种类”范围之内。尽管如此,这时将行政协议(行为)视作行政行为并列入行政诉讼的受案范围,还是缺乏《行政诉讼法》的直接依据。

民法学界和民事审判领域对行政协议一直具有不同的认识,认为行政协议没有单独存在的理由或者只能在很小的领域内存在。例如有民法学者认为,如果存在“所谓行政合同”,也仅仅是指行政机关之间的一种权力关系。[112] 20 世纪 90 年代以后中国研讨制定《合同法》时,行政法学者曾呼吁在统一的合同法中反映“行政协议”的特殊地位。这一要求虽然未被立法部门接受,但是 1999 年最终出台的《合同法》[113] 还是为行政协议留下了一点空间。其第 123 条规定:“其他法律对合同另有规定的,依照其规定。”

2005 年最高人民法院发布了《关于审理涉及国有土地使用权合同纠纷案件适用法律问题的解释》(法释〔2005〕5 号)[114],它将国有土地使用权出让合同这一最为典型的行政协议纳入民事合同范围之内,明确规定适用相关民事法律和民事诉讼程序。[115] 在这种背景下,中国法院的行政审判庭虽然放弃了对国有土地使用权出让合同纠纷案件的受理和审理,但还是坚持受

---

〔110〕 马永欣法官在评述“武汉兴松房地产开发有限公司诉湖北省武汉市国土资源管理局收回国有土地使用权上诉案”中指出:“国有土地出让合同不同于普通的民事合同,是一种特殊的合同。这种合同反映的是行政职权作用于他人权益的特殊法律形式,是行政职权受合同规则调整的法律状态,是公法规则与私法规则共同作用的结果,表现出行政与合同的双重属性。在行政法理论上,将这种合同称为行政协议。由于行政法律关系的内容是行政法上的权利义务,从而在根本上决定了该法律关系的性质是行政法律关系的性质。因此,土地出让合同纠纷本质上还是行政纠纷,因此应当通过行政诉讼的途径解决。”参见万鄂湘主编、最高人民法院行政审判庭编:《行政审判指导》2004 年第 1 辑(总第 1 辑),人民法院出版社 2004 年版,第 177 ~ 179 页。

〔111〕 时任最高人民法院副院长李国光在 2003 年 2 月 13 日全国法院行政审判工作会议上的讲话,即《深入贯彻党的十六大精神,努力开创行政审判工作新局面为全面建设小康社会提供司法保障》中指出:“随着行政管理方式的多样化和行政管理理念的变革,行政机关常常通过与行政相对人签订合同的方式,履行行政管理职能,形成大量的国有土地出让、国有资产租赁等独具特色的行政协议。这种以实现行政管理为目的的合同,不同于平等主体之间订立的以设定民事权利义务关系为目的的民事合同。在行政审判实践中,行政协议纠纷案件成为日益增多的新类型行政案件。不少法院对审理行政协议案件进行了有益的探索,积累了一定的经验,但在审理中也遇到了一些问题。今后,我们需要对行政协议的类型、行政协议与民事合同的区别和联系、审理行政协议案件的法律适用及判决方式等问题,继续进行深入探索。从目前的情况看,在审理行政协议纠纷案件时,法律、法规对行政协议有特别规定的,应当优先适用特别规定;没有特别规定的,可以根据案件的具体情况,参照合同法的相应规定,并对实体处理方式进行积极的尝试,及时总结审判经验。”转引自刘德权主编:《最高人民法院司法观点集成④:行政及国家赔偿卷》,人民法院出版社 2010 年版,第 62 页。

〔112〕 著名民法学者梁慧星认为:“如果说有所谓行政合同,只能存在于行政权力作用领域,属于行政法律关系,例如改革过程中实行的中央财政与地方财政之间的财政包干合同、行政机关与财政之间关于规定罚没款上缴、留用比例的合同。按我的理解,所谓行政协议的双方当事人都必须是行政机关或者被授予行政权的团体(如中介机构、行业协会),合同内容必须属于行政权力的行使行为。本质上属于市场交易的行为,即使一方当事人为行政机关(如政府采购合同),即使法律规定实行强制签约(如粮食订购),也仍然属于民事合同,而与所谓行政协议有本质区别。”参见梁慧星:《中国统一合同法的起草》,载梁慧星主编:《民商法论丛》(第 9 卷),法律出版社 1998 年版。

〔113〕 1999 年 3 月 15 日第九届全国人民代表大会第二次会议通过,自 1999 年 10 月 1 日起施行。

〔114〕 2004 年 11 月 23 日最高人民法院审判委员会第 1334 次会议通过,2005 年 8 月 1 日起施行。

〔115〕 该解释虽经 2020 年 12 月 23 日最高人民法院审判委员会第 1823 次会议通过的最高人民法院《关于修改〈最高人民法院关于在民事审判工作中适用《中华人民共和国工会法》若干问题的解释〉等二十七件民事类司法解释的决定》而修正,但是国有土地使用权出让合同的性质仍不明确。

理和审理其他行政协议案件,如行政审判指导案例第56号“张炽脉、裘爱玲诉浙江省绍兴市人民政府不履行招商引资奖励行政职责案”、第68号“爱克福得有限公司诉广东省深圳市国土资源和房产管理局无偿收回国有土地使用权决定案”、第83号“莱芜市泰和房地产开发有限公司诉山东省莱芜市国土资源局行政拍卖案”等。[116] 由此就形成了这样的格局:国有土地使用权出让这类行政协议纠纷案件,因有最高人民法院《关于审理涉及国有土地使用权合同纠纷案件适用法律问题的解释》而作为民事合同对待并适用民事诉讼程序;行政允诺等行政协议纠纷案件依据最高人民法院行政审判庭中国行政审判指导案例的态度而作为特殊合同按行政行为对待并适用行政诉讼程序;其他大量的行政协议案件还在研讨和探索过程之中。

(三)行政协议的现行地位

可以说,在2014年之前,行政协议诉讼处于非常尴尬的境地:它或者被民事诉讼所吸收,或者在行政诉讼中隐现。原因是:是否存在行政协议,以及行政协议是不是独立于民事协议之外的一种独特的协议,一直受到质疑。2014年《行政诉讼法》的修改至少在制度上平息了这一争论,终于为“行政协议”“正名”。修改后的《行政诉讼法》第12条第1款第11项正式将有关行政协议的行为第一次明文纳入行政诉讼范围之内。它规定,人民法院受理公民、法人或者其他组织“认为行政机关不依法履行、未按照约定履行或者违法变更、解除政府特许经营协议、土地房屋征收补偿协议等协议”而提起的诉讼。[117] 第78条又规定:“被告不依法履行、未按照约定履行或者违法变更、解除本法第十二条第一款第十一项规定的协议的,人民法院判决被告承担继续履行、采取补救措施或者赔偿损失等责任。被告变更、解除本法第十二条第一款第十一项规定的协议合法,但未依法给予补偿的,人民法院判决给予补偿。”2019年,最高人民法院专门制定并公布的《关于审理行政协议案件若干问题的规定》(法释〔2019〕17号),为行政协议诉讼程序作出全面规定。2020年,最高人民法院公布了新版《关于行政案件案由的暂行规定》(法发〔2020〕44号),其将行政协议确立为第18类行政案件案由。到此,行政协议(行为)作为可诉的行政行为得到全面确认。

二、行政协议及其行为

(一)行政协议的表达和概念探讨

世界上无论是否区分公法与私法,行政协议(行政合同),或称公法上的协议,这一名词都是存在的。行政协议,在英美国家被表达为“administrative contract”,或“public contract”;在法国被表达为“contracts de l´administration”;在德国被表达为“Verwaltungsvertray”,或“contracts administratifs”,还有“offentlich - rechtlicher Vertrag”;在葡萄牙被表达为“contrato administrativo”。

从行政协议概念上看,无论是两大法系之间,还是大陆法系国家之间,都有较大差异。

中国的《行政诉讼法》从2014年开始将“行政协议”写进了法律,但一直未给“行政协议”下过定义。最高人民法院的司法解释弥补了这一点。《行政诉讼法解释》(2015)第11条第1

---

〔116〕 参见中华人民共和国最高人民法院行政审判庭编:《中国行政审判指导案例》(第1-4卷),中国法制出版社。

〔117〕 《行政诉讼法》(2014)第12条第1款规定:“人民法院受理公民、法人或者其他组织提起的下列诉讼:……(十一)认为行政机关不依法履行、未按照约定履行或者违法变更、解除政府特许经营协议、土地房屋征收补偿协议等协议的……”

款规定:“行政机关为实现公共利益或者行政管理目标,在法定职责范围内,与公民、法人或者其他组织协商订立的具有行政法上权利义务内容的协议,属于行政诉讼法第十二条第一款第十一项规定的行政协议。”这是中国法律规范文本第一次对“行政协议”所下的正式定义。2019年最高人民法院专门出台的《关于审理行政协议案件若干问题的规定》(法释〔2019〕17号)第1条就对行政协议作出定义:“行政机关为了实现行政管理或者公共服务目标,与公民、法人或者其他组织协商订立的具有行政法上权利义务内容的协议,属于行政诉讼法第十二条第一款第十一项规定的行政协议。”前后两个定义的表达非常接近。

与此同步,学术界也对行政协议展开广泛研究,也不乏为“行政协议”创造“定义”。有学者认为,“行政合同,也称行政契约,是指行政主体以实施行政管理为目的,与行政相对人就有关事项经协商一致而达成的协议”〔118〕。还有认为,“行政协议,即行政合同、行政契约,是行政主体为维护与增进公共利益,实现行政管理目标,行使行政职权,与行政相对人经过协商达成的协议”〔119〕。这些定义,与司法界的认识非常接近。

(二)行政协议的概念和特征

行政协议,也称行政合同或行政契约,系指行政主体为了实现行政管理目的,与行政相对人,经协商一致所达成的,能够形成、变更或消灭相对人行政法权利义务关系的合意。基于这一定义,并结合最高人民法院《关于审理行政协议案件若干问题的规定》(法释〔2019〕17号)第1条规定,行政协议具有下列法律特征,覆盖四个要素:〔120〕

1. 主体要素。行政协议是“行政机关与公民、法人或者其他组织”之间签订的协议,它发生在行政主体与行政相对人之间。行政主体之间的协议属于其他行政协议(内部行政协议),不属于行政诉讼法意义上的行政协议;相对人之间可以签订民事协议,但不可能形成行政协议。

2. 目的要素。行政协议是“为了实现行政管理或者公共服务目标”而签订的协议。行政协议是政府机关实施国家行政管理的一种方式,目的是落实行政管理任务和提供社会公共服务。不是基于这种目的者就不是行政协议。

3. 意思要素。行政协议是行政主体与行政相对人“协商订立”的协议。行政协议与行政命令、行政处罚、行政强制等行政行为不同,它是一种双方行为,须经双方协商、意思达成一致才能成立。行政协议是行政主体与相对人双方的合意行为。行政主体不得强迫相对人签订行政协议。这正是行政协议作为“协议”和“合同”的本质要素。没有这一要素,就称不上“协议”和“合同”。〔121〕

4. 内容要素。行政协议“具有行政法上权利义务内容”。行政协议的内容是由行政协议的

---

〔118〕 姜明安主编:《行政法与行政诉讼法》(第3版),北京大学出版社、高等教育出版社2007年版,第350页。其他学者的定义也比较接近。例如,余凌云认为,“行政合同,也称行政协议,是以行政主体为一方当事人发生、变更或消灭行政法律关系的合意”(余凌云:《行政法讲义》,清华大学出版社2010年版,第253页);何海波认为,“行政合同,又称行政契约,通常是指行政机关为实现特定的行政目的,与公民、法人、其他组织或者其他行政机关达成的协议”(何海波:《行政诉讼法》,法律出版社2011年版,第159页)。

〔119〕 海南省高级人民法院课题组:《行政协议的受案范围及审理规则初探》,载中华人民共和国最高人民法院行政审判庭编:《行政执法与行政审判》(总第68集),中国法制出版社2018年版,第71页。

〔120〕 参见最高人民法院行政审判庭编著:《最高人民法院关于审理行政协议案件若干问题的规定理解与适用:条文主旨·起草背景·条文释义·实务指导》,人民法院出版社2020年版,第31~34页。

〔121〕 在实践中,我们要防止名为“协议”实为“命令”的现象出现。

目的决定的。行政主体出于行政管理和公共服务的需要,便与相对人之间形成、变更或消灭特定的权利与义务关系。这些“行政法上的权利义务”,对行政主体而言,表现为特定的行政职权与职责;对行政相对人而言,表现为行政法上的权利与义务。

(三)行政协议与行政允诺

行政协议与行政允诺非常接近,不易分辨。行政允诺,也称行政承诺,系指行政主体为实现特定的行政管理目的,向不特定的行政相对人公开作出的当行政相对人完成一定的行为即给予其利益回报的意思表示行为。行政协议与行政允诺都发生在行政主体与相对人之间,而且本质上都是双方当事人的一种合意行为及结果。但是仔细比较,还是可以区别的。行政协议的双方当事人是事先确定的,确定了双方当事人(行政主体与相对人)签约才形成行政协议;而行政允诺中,事先只有行政主体(允诺方)是确定的,另一方当事人是不确定,也不需要事先确定。谁作出了允诺所要求的行为,谁就自然成为被允诺人。对于行政协议须经双方正式签订协议后,该协议关系才成立,而对于行政允诺只要单方公布允诺意思,该行政行为便宣告成立。但如果行政主体与相对人就行政允诺签订了一种协议,那就按照行政协议对待便是。还有,对于行政相对人而言,行政允诺一定是一种授益行为,而行政协议是一种中性行为。

(四)行政协议的公私法特性

行政协议是现代行政引进私法手段的结果,是公法与私法的“混血儿”,所以处于公法与私法的交汇点。“行政契约是介于公权力与合意之间的一种特殊形式,是公法与私法和解的最大公约数。”[122]行政协议是一种“行政性的协议”,也是一种“协议性的行政”。这一“双重性”当然是不可置疑、无可非议的。但是,如果对它的认识仅仅是“既有公法特性,又有私法特性”,或者“既有行政性,又有协议性”是不够的。必须把握好它们之间的主次位置。

1. 行政协议是一种“协议”。协议就是一种合同,是平等主体间的双方合意,是双方当事人真实意思的反映;协议签订之后,双方当事人都必须按约履行。没有这些特性,就称不上“合同”。如果行政主体不便以平等的身份实施行政任务,必须以单方强制方式落实行政目标,那就不该选择行政协议的方式,而应当采取行政命令、行政处罚、行政强制或其他行政手段。行政协议是一种协议(合同),只是一种特殊的协议而已。所以,行政协议依然适用民法上的合同法。

2. 行政协议具有“行政性”。“行政性”主要表现在:行政协议是政府实施行政管理的一种方式,其目的在于落实行政任务和提供公共服务,直接实现行政法上权利义务的形成、变更或者消灭。所以,行政协议争议和行政机关作出的有关行政协议的行为应当作为行政案件,适用行政法律规范和行政诉讼法规范。

也正因如此,规制行政协议的法律规范,既来自民法,也来自行政法。在德国,按照当今通说,公法合同由公法而非私法调整。然而,不存在可以被适用于公法合同的一般性法律规范。[123]

(五)行政协议的范围

根据《行政诉讼法》(2017)第12条第1款第11项和最高人民法院《关于审理行政协议案件若干问题的规定》(法释〔2019〕17号)规定,行政协议应当包括:

---

〔122〕 余凌云:《论行政协议的司法审查》,载《中国法学》2020年第5期。

〔123〕 参见[德]维尔纳·弗卢梅:《法律行为论》,迟颖译,法律出版社2013年版,第45页。

1. 政府特许经营协议。这种协议是指政府通过招标等公平竞争方式,许可特定经营者经营某项公共产品或者提供某项公共服务,和特定经营者之间所签订的经营协议。特许经营的项目广泛存在于城市供水、供气、供热、污水处理、垃圾处理、城市公共交通等公用事业领域。

2. 土地、房屋等征收补偿协议。这种协议是指政府部门依据《土地管理法》或《国有土地上房屋征收与补偿条例》,因征收集体所有土地而给予补偿,或者因征收集体土地上的房屋和城市国有土地上的房屋而给予的补偿,就补偿方式和内容,政府部门与被征收组织或个人之间所签订的协议。

3. 土地、房屋等征用补偿协议。征用与征收不同,是指有关政府出于抢险救灾、疫情防控等紧急需要,依照法律规定强制性地使用非国有单位和个人的财产(包括不动产和动产)并给予补偿的行政法制度。与行政征收不同的是,行政征用并不导致被征用物所有权的转移。作为征用方的政府机关与被征用的组织或个人之间因征用土地、房屋等而签订的补偿协议,就属于此类协议。

4. 矿业权等国有自然资源使用权出让协议。我国土地、矿藏等自然资源都属于国家。矿业权包括探矿权和采矿权等。矿业权出让协议是指行政机关代表国家将矿业自然资源使用权出让给相对人,允许相对人在一定期限内使用探矿权和采矿权,相对人支付一定的出让金的协议。

5. 政府投资的保障性住房的租赁、买卖等协议。政府为了保障人民群众的住房需要,推行和实现住房福利政策。为此政府投资建设了许多保障性住房。政府将这些保障房出售或租赁给相对人,为此所签订的保障房租赁、买卖协议,就属于行政协议。《廉租住房保障办法》(2007)规定了相应的协议类型和协议内容。

6. 政府与社会资本合作协议。这类协议也称 PPP 协议、公私合作协议,是指行政机关为了公共基础设施的建设,引入社会资本共同投资建设的合作协议。由于这类协议具有很强的社会公益目的,因而属于行政协议。[124]

7. 其他行政协议。除了上述类型的行政协议,在现实中还存在其他行政协议,或者还会出现新的行政协议形式,如治安担保协议、鼓励生育协议、招商引资协议、行政和解协议、国有资产承包经营出售或者租赁合同、行政机关委托科研咨询协议等。

根据法律、法规和最高人民法院《关于审理行政协议案件若干问题的规定》(法释〔2019〕17号)第3条的规定,下列协议不是行政协议或者不是行政诉讼法意义上的协议:(1)行政委托协议。这是指行政机关出于行政管理的目的将某些行政事务委托给另一行政机关或者其他社会组织和个人,他们之间就会签订一个行政委托协议。由于行政委托涉及行政职权中的行为权能的转移,因而作为内部行政协议对待。(2)行政协助协议。这是指一个行政机关从事一项主体行政,由另一行政机关或者社会组织和个人依法提供协助,他们之间为此所签订的协议。(3)行政协作协议。这是指几个行政机关联合实施某项行政任务,相互之间分工合作,为此所签订的协议。(4)劳动人事协议。这是指某些行政机关内的人事关系实行合同制管理,行政机关与员工之间签订的劳动合同关系。这种关系的改革方向是应当定性为纯劳动雇佣合同。(5)行政机关为自身需要而对外签订的建设、维修、服务和采购协议。(6)行政机关之间或行政机关与公务员之间的其他协议。

---

〔124〕 2015年,国家发展和改革委员会、财政部、住房和城乡建设部、交通运输部、水利部、中国人民银行联合发布了《基础设施和公用事业特许经营管理办法》,对这类行政协议作了很好的规范。

上述协议虽然带有“行政性”，但它与相对人无关系，或者虽然协议是与相对人签订的，但这些协议并不直接形成和改变相对人的实体权利。这些协议应当作为其他法律关系由特别法或特别规定处理，不作为行政诉讼法意义上的行政协议对待。

此外，还有两种协议需要明确它的性质：

一是国有土地使用权出让协议。从理论上说，国有土地使用权出让协议与转让协议不同，它是县市人民政府代表国家将土地使用权在一定年限内让与土地使用者，并由土地使用者向国家支付土地使用权出让金的协议。这是在作为行政主体的政府与作为相对人的土地使用者之间对国家公产使用的一种约定，是典型的行政协议。许多学者和专家也这么主张。[125] 最高人民法院《关于审理行政协议案件若干问题的规定》（法释〔2019〕17号）之所以没有将国有土地使用权出让合同作为行政协议明示列举，主要是考虑到最高人民法院《关于审理涉及国有土地使用权合同纠纷案件适用法律问题的解释》（法释〔2005〕5号）已将包括国有土地使用权出让协议在内的有关国有土地使用权的合同全面纳入民事合同范畴之内。有关部门的表态是：“本次司法解释暂未将国有土地使用权出让协议列入。一些地方已经就该类案件作为行政协议案件进行审理，积累了一些审判经验。今后，人民法院行政审判部门就可以审理此类案件继续进行探索，条件成熟时，司法解释再行明确规定。”[126] 但是2020年，最高人民法院对《关于审理涉及国有土地使用权合同纠纷案件适用法律问题的解释》（法释〔2020〕17号）作出修正，依然保留了原来对国有土地使用权出让合同的定性（民事合同）。这样，尽管在理论上依然可以研讨这一合同的性质，但在法律制度上必须将国有土地使用权合同定性为民事合同。

二是政府采购协议。最高人民法院《关于审理行政协议案件若干问题的规定》（法释〔2019〕17号）既没有在第2条中正面将它列入行政协议范围之内，也没有在第3条将它列入“排除清单”之中，那么，它的性质该如何确定？《世界贸易组织政府采购协议》将“政府采购”界定为：“成员国的中央政府、次中央政府租赁、购买货物、服务、工程及公共设施的购买营造”活动。[127] 我国《政府采购法》（2014）第2条第2款规定，政府采购“是指各级国家机关、事业单位和团体组织，使用财政性资金采购依法制定的集中采购目录以内的或者采购限额标准以上的货物、工程和服务的行为”。从行政法理上说，政府采购协议也是行政协议。但由于现行《政府采购法》（2014）第43条第1款规定：“政府采购合同适用合同法。采购人和供应商之间的权利和义务，应当按照平等、自愿的原则以合同方式约定。”第79条又规定：“政府采购当事人有本法第七十一条、第七十二条、第七十七条违法行为之一，给他人造成损失的，并应依照有关民事法律规定承担民事责任。”因此，在该法修正之前，政府采购协议暂且按民事合同对待。

（六）行政协议的行为

以上如此大的篇幅重点讨论的是“行政协议”。其实还有一个关联概念——“行政协议行为”。它们之间不可分离，密切关联，但又是两个不同的概念，直接影响到法律适用、诉讼请求

---

〔125〕 参见戴文波：《关于国有土地使用权出让合同属于行政协议的几点认识》，载中华人民共和国最高人民法院行政审判庭编：《行政执法与行政审判》（总第84集），中国法制出版社2021年版，第6～10页。

〔126〕 最高人民法院行政审判庭编著：《最高人民法院关于审理行政协议案件若干问题的规定理解与适用：条文主旨·起草背景·条文释义·实务指导》，人民法院出版社2020年版，第52页。

〔127〕 参见最高人民法院行政审判庭编著：《最高人民法院关于审理行政协议案件若干问题的规定理解与适用：条文主旨·起草背景·条文释义·实务指导》，人民法院出版社2020年版，第61页。

和司法裁判。

行政协议方面的行政争议,从行政相对人的视角出发,主要有两类:一类是相对人对"行政协议"文本的内容不服。例如相对人签订协议之后,又觉得该协议的内容是违法的、无效的、不公正的,要求人民法院确认该协议违法或者无效,要求撤销协议,要求变更或解除该协议。这其实是行政协议文本内容的争议,可简称为"行政协议争议"。

另一类是相对人针对行政主体有关行政协议的"行为"不服。例如行政协议签订之后,行政主体拒不履行,或者单方变更和解除行政协议等,相对人便提起诉讼,要求人民法院判令行政主体履行协议,或者确认并撤销行政主体的单方变更和解除协议的行为。这其实是对行政主体作出的有关行政协议的行为不服,可简称为"行政协议行为争议"。(见图 16－4)

图 16－4　行政协议案件

最高人民法院《关于审理行政协议案件若干问题的规定》(法释〔2019〕17 号)第 9 条规定了相对人的七种诉讼请求:(1)请求判决撤销行政机关变更、解除行政协议的行政行为,或者确认该行政行为违法;(2)请求判决行政机关依法履行或者按照行政协议约定履行义务;(3)请求判决确认行政协议的效力;(4)请求判决行政机关依法或者按照约定订立行政协议;(5)请求判决撤销、解除行政协议;(6)请求判决行政机关赔偿或者补偿;(7)其他有关行政协议的订立、履行、变更、终止等诉讼请求。其实,第 3、5 项属于"行政协议争议";第 1、2、4、6 项属于"行政协议行为争议";第 7 项是其他请求,既可能是"行政协议争议",也可能是"行政协议行为争议"。

但仅就行政机关对行政协议的行为而言,最高人民法院还认为有必要再将它区分为两类不同行为:一类是行政机关不依法履行、未按照约定履行行政协议的行为;另一类是行政机关变更、解除行政协议等行政行为。有法官将它解释为行政协议的两类纠纷:一是"行政机关与行政相对人履行行政协议所产生的纠纷";二是"行政机关行使行政优益权行为的纠纷";并认为"这两类纠纷适用不同的法律规则"。[128] 这一"两分法"便在最高人民法院《关于审理行政协议案件若干问题的规定》(法释〔2019〕17 号)中得到体现。其第 25 条规定:"公民、法人或者其他组织对行政机关不依法履行、未按照约定履行行政协议提起诉讼的,诉讼时效参照民事法律规范确定;对行政机关变更、解除行政协议等行政行为提起诉讼的,起诉期限依照行政诉讼法及其司法解释确定。"这样一来,原来关于行政协议纠纷的结构图需要进行补充。(见图 16－5)

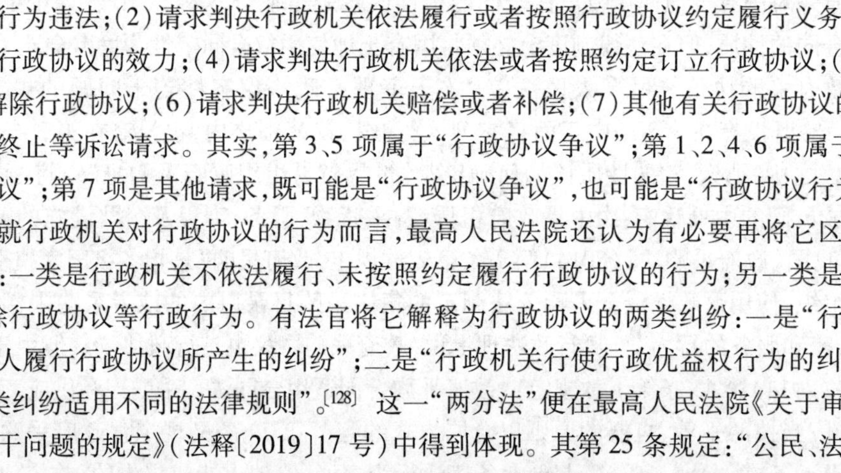

图 16－5　行政协议案件之补充

〔128〕　参见梁凤云:《行政协议司法解释讲义》,人民法院出版社 2020 年版,第 181～182 页。

“行政协议”是一种“行政性”的合同,“行政协议行为”是行政主体作出的有关行政协议的“行政行为”,它们都是行政诉讼的受案范围。但《行政诉讼法》对有关行政协议案件的表达是有缺陷的。其第 12 条第 1 款第 11 项的表达是相对人“认为行政机关不依法履行、未按照约定履行或者违法变更、解除政府特许经营协议、土地房屋征收补偿协议等协议的”,这里只表达了“行政协议行为”的可诉性,而不是“行政协议”的可诉性。行政诉讼的受案范围从“行政协议行为”扩大至“行政协议”本身,乃是最高人民法院《关于审理行政协议案件若干问题的规定》(法释〔2019〕17 号)所作的“补漏”和“贡献”,具体体现在第 2 条和第 9 条。

总而言之,“行政协议行为”,这里特指作为行政协议一方当事人的行政主体,对行政协议不履行或单方变更和解除行政协议的行为。行政协议行为就是一种行政行为,准确地说,是一种特定的行政行为和中性的行政行为。它具体包括:(1)不履行行政协议的行为,包括不履行、不依法履行和不依约定履行行政协议的行为。(2)变更行政协议的行为,包括违法变更或单方变更行政协议。(3)解除行政协议的行为,包括解除、废止、撤销、撤回已签订的行政协议。

还有一点必须说明,如果相对人不履行行政协议,其他行政机关或者作为行政协议一方当事人的行政主体,依据其他法律法规对当事人进行行政处罚或行政强制执行等行政行为,就不应当作为“行政协议行为”,而应当作为行政处罚、行政强制等其他行政行为对待。《民法典》(2020)第 534 条规定:“对当事人利用合同实施危害国家利益、社会公共利益行为的,市场监督管理和其他有关行政主管部门依照法律、行政法规的规定负责监督处理。”这些“监督处理”行为,就不属于“行政协议行为”,而属于其他的行政行为。

三、行政协议的缔结、变更和解除

(一)行政协议的缔结

行政协议的缔结,系指行政主体与行政相对人对行政协议的签订,属于行政协议“成立”的范畴。行政协议虽然是行政主体与相对人的双方合意,但依然由行政主体主动发起。这就需要解决行政主体对行政协议的缔结权问题,即是否任何行政主体在任何领域都可以和相对人通过行政协议的方式实施行政管理。

在德国,缔结行政协议是行政主体的一项普遍权力,只要法律不明文禁止的,行政协议都被允许。德国《联邦行政程序法》第 54 条规定:“公法范畴的法律关系可以通过合同设立、变更或撤销(公法合同),但以法规无相反规定为限。行政机关尤其可以与拟作出行政行为的相对人,以签订公法合同代替行政行为的作出。”这就是说,在德国,行政协议方式得到充分鼓励,只要法律不明文禁止的,行政主体可以尽量通过行政协议实现行政目标。

在中国,由于尚未制定行政法总则、行政程序法或单行的行政协议法,行政主体到底具有多大的行政协议缔结权尚不清楚。《行政诉讼法》和最高人民法院《关于审理行政协议案件若干问题的规定》(法释〔2019〕17 号)是“程序法”而不是“实体法”,行政机关对行政协议的缔结权也未受到统一的授权。但鉴于国务院《全面推进依法行政实施纲要》(国发〔2004〕10 号)对“行政合同”方式的鼓励和我国立法现状的考虑,行政机关对行政协议的缔结权,可以按下列规则进行:(1)法律对行政协议作出规定的,行政机关必须采取行政协议方式实施行政管理。例如,根据《城市房地产管理法》(2019)第15条[129]规定,政府代表国家出让国有土地使用权必须签订出让协议。根据《国有土地上房屋征收与补偿条例》(2011)第25条第1款[130]规定,房屋征收部门征收房屋必须与被征收人签订补偿协议。(2)在法律不禁止的前提下,行政机关出于公共利益的需要,可以和特定相对人签订行政协议。

必须指出的是,行政协议是行政主体与相对人的双方合意,是双方真实意志的体现,所以,即使行政主体享有行政协议的缔结权,也必须以相对人的同意为前提,不得通过胁迫、欺诈等方式与相对人签订协议。

行政协议的缔结,与普通合同一样,可通过协议、招标、拍卖等方式进行。略有不同的是:行政机关有优先要约的地位;赋予行政机关选择相对人的机会。这些都是为了选择最具有履行能力的相对人,保证行政管理目标更好地得以实现。

行政协议必须采取书面形式,除非法律另有特别规定。

行政协议签订之后,即告成立。行政协议的生效有几种情形:(1)合同签订之日起生效;(2)合同指定的日期生效;(3)附生效条件的合同,自条件成就时生效。但是,法律、行政法规规定应当办理批准、登记等手续生效的,依照其规定,不适用前面第1~3类情况。

(二)行政协议的变更

协议的变更有广义与狭义之分。广义的变更包括协议主体和内容的变更;狭义的变更仅指协议内容的变更。由于行政协议中当事人的特定和恒定性,行政协议的变更应当是指狭义的变更,是指在行政主体与相对人不变的前提下,协议内容的改变。行政协议变更的法律特征是:

1. 行政协议的变更是对原协议的变更。所以,它以原行政协议已经成立为前提。原行政协议尚未签订的,无以发生行政协议的变更问题。其次是,原行政协议尚未履行完毕。如果原行政协议已经履行完毕,行政协议的变更就失去意义。

2. 行政协议的变更是指协议内容的改变而不是指协议主体的改变。协议内容的改变包括协议标的物数量和协议履行方式等内容的变化。如果是行政协议主体的改变,那就属于行政协议的转让,或者是原行政协议的消灭和新协议的形成,不再属于行政协议的变更范畴了。

行政协议签订生效之后,双方当事人必须依法依约履行,谁也不得单方改变。如果确需改变的,必须经双方协商一致才能改变。《民法典》(2020)第543条规定:"当事人协商一致,可以变更合同。"这一要求同样适用于行政协议。

在双方无法协商一致的情况下,行政相对人单方要求变更行政协议的,相对人应当对行政协议提起行政诉讼,要求变更行政协议。相对人对行政协议的变更只有请求权,而没有单方变更权。

对于作为协议当事人的行政主体而言,其同样无权单方变更行政协议,在法律有明文而具体的授权,或者按照协议本身的规定,可以有单方变更行政协议的,才可为之。最高人民法院

---

[129] 《城市房地产管理法》(2019)第15条规定:"土地使用权出让,应当签订书面出让合同。土地使用权出让合同由市、县人民政府土地管理部门与土地使用者签订。"

[130] 《国有土地上房屋征收与补偿条例》(2011)第25条第1款规定:"房屋征收部门与被征收人依照本条例的规定,就补偿方式、补偿金额和支付期限、用于产权调换房屋的地点和面积、搬迁费、临时安置费或者周转用房、停产停业损失、搬迁期限、过渡方式和过渡期限等事项,订立补偿协议。"

《关于审理行政协议案件若干问题的规定》(法释〔2019〕17 号)第 16 条第 1 款规定:“在履行行政协议过程中,可能出现严重损害国家利益、社会公共利益的情形,被告作出变更、解除协议的行政行为后,原告请求撤销该行为,人民法院经审理认为该行为合法的,判决驳回原告诉讼请求;给原告造成损失的,判决被告予以补偿。”这一规定表明在履行行政协议过程中,“可能出现严重损害国家利益、社会公共利益的情形”,行政主体是可以依法或依约作出变更行政协议之行政行为的。这就是行政优益权在行政协议中的体现。

但必须清楚的是,最高人民法院《关于审理行政协议案件若干问题的规定》(法释〔2019〕17 号)第 16 条第 1 款的规定,是一种程序性的释义规范,而不是对行政主体的一种普遍性授权规范。作为协议一方当事人的行政主体,并不因这一条款而直接获得了单方变更权。行政主体在某一行政协议中是否具有单方的协议变更权,必须有赖于具体法律的明文规定或行政协议本身的规定。

(三)行政协议的解除

行政协议的解除,系指经行政协议的双方当事人协商一致或者通过法律程序消灭原行政协议效力的行为。从解除的原因考察,行政协议的解除,分为协商解除、约定解除和法定解除。

协商解除,是指协议签订后,如果双方当事人同意,可以解除协议,以体现合同法上的意思自治。《民法典》(2020)第 562 条第 1 款规定:“当事人协商一致,可以解除合同。”

约定解除,是指协议本身规定了解除的条件,当该条件出现时,一方当事人或双方当事人都可要求解除协议。《民法典》(2020)第 562 条第 2 款规定:“当事人可以约定一方解除合同的事由。解除合同的事由发生时,解除权人可以解除合同。”

法定解除,是指当法律规定可以解除协议的事由出现时,当事人可以解除协议。《民法典》(2020)第 563 条规定:“有下列情形之一的,当事人可以解除合同:(一)因不可抗力致使不能实现合同目的;(二)在履行期限届满前,当事人一方明确表示或者以自己的行为表明不履行主要债务;(三)当事人一方迟延履行主要债务,经催告后在合理期限内仍未履行;(四)当事人一方迟延履行债务或者有其他违约行为致使不能实现合同目的;(五)法律规定的其他情形。以持续履行的债务为内容的不定期合同,当事人可以随时解除合同,但是应当在合理期限之前通知对方。”上述解除情形,对于行政协议同样适用。另外,最高人民法院《关于审理行政协议案件若干问题的规定》(法释〔2019〕17 号)第 16 条第 1 款规定:“在履行行政协议过程中,可能出现严重损害国家利益、社会公共利益的情形,被告作出变更、解除协议的行政行为后,原告请求撤销该行为,人民法院经审理认为该行为合法的,判决驳回原告诉讼请求;给原告造成损失的,判决被告予以补偿。”这一规定表明:在履行行政协议过程中,“可能出现严重损害国家利益、社会公共利益的情形”,同样是“法定解除”的事由。

鉴于行政协议的特殊性,就协议解除的方式和途径而言,对于作为协议一方当事人的行政相对人来说,无论是遇到约定解除还是法定解除情形,都无权单方宣布解除协议。在协议的另一方当事人行政主体拒绝解除的情况下,相对人只能通过行政诉讼途径来实现自己的请求。最高人民法院《关于审理行政协议案件若干问题的规定》(法释〔2019〕17 号)第 17 条明文规定:“原告请求解除行政协议,人民法院认为符合约定或者法定解除情形且不损害国家利益、社会公共利益和他人合法权益的,可以判决解除该协议。”

但对于协议的另一方当事人行政主体来说,当出现约定解除和法定解除事由时,其有权单方决定解除协议,但必须事先听取相对人意见,作出解除决定后必须书面通知相对人。相对人对此不服的,可以提起行政诉讼。

四、行政协议及其行为的违法、撤销和无效

行政协议及其行为的违法、撤销和无效,是对行政协议及其行为违法状态的具体定性,目的在于指引行政监督机关和司法机关对它们进行针对性的监督和救济。

(一)行政协议的违法

行政协议的违法,是指行政协议内容的违法,包括:(1)违反法律规定;(2)违背公共利益和公序良俗;(3)处分了法律保留事项;(4)其他违法。

(二)行政协议的撤销

关于行政协议的撤销,根据最高人民法院《关于审理行政协议案件若干问题的规定》(法释〔2019〕17 号)第 14 条规定,对于存在胁迫、欺诈、重大误解、显失公平等情形的行政协议,可以依法撤销。[131]

(三)行政协议的无效

行政协议的无效是最严重的违法状态。德国《行政程序法》规定,公法契约的无效一方面适用民法上的无效规定,另一方面适用行政处分的无效规定。[132] 葡萄牙《行政程序法典》对行政协议的无效和撤销一并作出了规定。根据其第 185 条规定,行政协议的无效或者可撤销适用于下列几种情况:(1)决定签订行政协议的行为本身无效或者可撤销(如越权决定);(2)按民法典规定,该合同属于"意思欠缺及瑕疵"者;(3)如果行政协议标的作为行政行为对待,而这种行为按本《行政程序法典》规定正好属于无效或者可撤销者;(4)如果行政协议标的作为民事合同对待,而这种合同按照民事法律规定属于无效或者可撤销者。[133]

中国关于行政协议的无效主要是依据《行政诉讼法》和最高人民法院的有关司法解释。行政协议的无效,根据最高人民法院《关于审理行政协议案件若干问题的规定》(法释〔2019〕17

---

〔131〕 最高人民法院《关于审理行政协议案件若干问题的规定》(法释〔2019〕17 号)第 14 条规定:"原告认为行政协议存在胁迫、欺诈、重大误解、显失公平等情形而请求撤销,人民法院经审理认为符合法律规定可撤销情形的,可以依法判决撤销该协议。"

〔132〕 德国《行政程序法》第 59 条规定:"(一)公法契约如准用民法规定之结果无效者,无效。(二)第五十四条第二句所谓之公法契约,又于下列情形时无效:1. 与其相同内容之行政处分,将无效者。2. 与其相同内容之行政处分,将不仅有第四十六条所称之程序上或方式上之瑕疵而违法,且此为订约人所明知者。3. 未具备缔结和解契约之前提要件,且与其相同内容之行政处分,将不仅有第四十六条所称之程序上或方式上之瑕疵而违法者。4. 使官署许诺依第五十六条不得准许之对待给付者。(三)只有契约之一部分无效者,如可认为缺少该无效部分,当事人仍不缔结契约者,该契约全部无效。"

〔133〕 葡萄牙《行政程序法典》第 185 条规定:"一、如果根据本法典规定,决定行政协议订立的行政行为为无效或可撤销,则该行政协议也同样为无效或可撤销。二、民法典有关意思欠缺及瑕疵的规定,适用于所有行政协议。三、不影响本条第一款的规定,行政协议的非有效性适用下列规则:a)如果行政协议标的同样适合于行政行为,适用本法典规范行政行为非有效性的规定;b)如果行政协议标的同样适合于私法合同,适用民法典规范法律行为非有效性的规定。"

号）第12条[134]和《行政诉讼法》（2017）第75条[135]规定，如果行政协议存在签订协议的行政机关不具有行政主体资格，或者没有依据等重大且明显违法的情形，可以依法确立该协议无效。根据最高人民法院《关于审理涉及国有土地使用权合同纠纷案件适用法律问题的解释》（法释〔2020〕17号）第2、3条规定，开发区管理委员会作为出让方与受让方订立的土地使用权出让合同，应当认定无效。经市、县人民政府批准同意以协议方式出让的土地使用权，土地使用权出让金低于订立合同时当地政府按照国家规定确定的最低价的，应当认定土地使用权出让合同约定的价格条款无效。

另外，由于行政协议的无效可以适用民事法律规定。根据《民法典》（2020）第144条[136]、第146条[137]、第153条[138]规定，下列行政协议亦属无效：（1）签订行政协议的相对人为无民事行为能力的人；（2）协议双方或一方以虚假的意思表示签订协议；（3）协议的签订或协议的内容违反了法律、行政法规的强制性规定；（4）协议的内容违背公序良俗。

（四）行政协议行为的违法、撤销和无效

这里的行政协议行为，特指作为协议一方当事人的行政主体针对行政协议所作出的行政行为。行政协议行为的违法，是撤销和无效的前提。行政协议行为的违法，主要包括以下情形：（1）拒绝依法与特定相对人签订行政协议。例如相对人经过招投标程序中标后，行政主体拒绝与该相对人签订协议。（2）违背相对人的意志，通过胁迫、欺诈等方式强制当事人签订行政协议。（3）行政协议依法签订生效之后，行政主体拒不依法依约履行行政协议。《民法典》（2020）第509条第1款规定："当事人应当按照约定全面履行自己的义务。"不论是民事合同还是行政合同，全面履约乃是合同的基本要求。（4）在没有法律依据或协议依据的前提下，单方变更或解除行政协议。（5）以"可能出现严重损害国家利益、社会公共利益"为由滥用行政优益权。（6）违反法定程序或正当程序单方变更或解除行政协议。（7）其他违法情形。

对于行政协议行为的违法，行政复议机关和人民法院应当依法撤销之；如果没有撤销内容，或者撤销已无意义的，就可确认违法而不撤销；对于重大且明显的违法，可以依法确认无效。

五、行政优益权的存在和抑制

中国的主流观点认为，行政机关在行政协议中享有"行政优益权"，"行政机关享有行政优益权是行政协议的重要特征"。[139]

---

〔134〕 最高人民法院《关于审理行政协议案件若干问题的规定》（法释〔2019〕17号）第12条规定："行政协议存在行政诉讼法第七十五条规定的重大且明显违法情形的，人民法院应当确认行政协议无效。人民法院可以适用民事法律规范确认行政协议无效。行政协议无效的原因在一审法庭辩论终结前消除的，人民法院可以确认行政协议有效。"

〔135〕 《行政诉讼法》（2017）第75条规定："行政行为有实施主体不具有行政主体资格或者没有依据等重大且明显违法情形，原告申请确认行政行为无效的，人民法院判决确认无效。"

〔136〕 《民法典》（2020）第144条规定："无民事行为能力人实施的民事法律行为无效。"

〔137〕 《民法典》（2020）第146条规定："行为人与相对人以虚假的意思表示实施的民事法律行为无效。以虚假的意思表示隐藏的民事法律行为的效力，依照有关法律规定处理。"

〔138〕 《民法典》（2020）第153条规定："违反法律、行政法规的强制性规定的民事法律行为无效。但是，该强制性规定不导致该民事法律行为无效的除外。违背公序良俗的民事法律行为无效。"

〔139〕 参见最高人民法院行政审判庭编著：《最高人民法院关于审理行政协议案件若干问题的规定理解与适用：条文主旨·起草背景·条文释义·实务指导》，人民法院出版社2020年版，第504页。

（一）行政优益权

在中外行政法理论中，关于“行政优益权”(the administrative prior rights)的提法不甚突出。我国最早论述到行政优益权的专家是王名扬先生。他认为在法国行政合同中，行政机关具有行政优益权，特别是在合同履行过程中享有许多“特权”。[140] 另有学者在同年，是从行政主体的法律地位层面提出了“行政优益权”。认为行政优益权是行政主体依法享有的，为行政职权所需要的保障性条件。它由行政优先权与行政受益权构成。[141] 从那以后，也许由于受王名扬先生，特别是他所介绍的法国行政合同理论的影响，中国学者一般将“行政优益权”置于行政合同的范围内，而不是站在“行政行为”的高度和广度加以研讨。人们之所以不是从一般行政行为的层面，而仅仅从“行政合同”的范围内讨论“行政优益权”问题，主要是为了将行政合同与民事合同相区别，而且认为“是否存在行政优益权”乃是行政合同与民事合同的最大区别。

（二）行政协议与行政优益权

无论是国外还是中国，无论是制度还是理论，行政优益权确实在行政协议中一定程度上存在。大多学者认为，行政优益权理论肇始于法国并和其行政合同不可分离。自20世纪后半叶，行政合同在法国被广泛运用于资源开发经济社会管理各领域。1983年，法国行政法院在“公共运输联盟案”中确立了行政主体具有单方变更解除协议的权力后，逐渐发展出了一套成熟的行政优益权理论。法国行政法将行政合同履行过程中政府享有的一系列“超越性”权力统称为优益权。这些优益权主要表现为四项权力：(1)监督、指导权(contrôle)；(2)单方修改权(Modification Unilatérale)；(3)单方终止权(Résiliation unitatérale)；(4)制裁权(Sanction)。[142] 不仅如此，法国还有一套严密的行政司法体系来支撑行政优益权的理论和制度。法国的司法实行普通法院与行政法院并存的“双轨制”，在它们之外又设置了“权限争议法庭”以解决普通法院与行政法院对案件管辖的争议。法国行政合同及其行政优益权的规定，除了稀少的成文法如《公共采购法》之外，主要是依靠行政法院的判例及行政法学家们对这些判例总结所形成的行政法理。[143]

除了法国，德国也是承认行政协议行政优益权的国家。德国《联邦行政程序法》独设第四章共9个条文专门规定了“公法合同”(Verwaltungsvertray)制度。德国行政法认为，公法合同仅仅是行政行为的一种“替代方式”。[144] 从德国《联邦行政程序法》规范看，行政机关在公法合同中确实存在一定的优益权，主要表现为单方的变更或解除权。该法第60条规定：“(1)确定合同内容所依据的关系，如在合同成立后作出显著变更，以致遵守原合同对当事人一方不合理的，该当事人可要求将合同内容作出符合变更关系的调整，或不能调整或对合同当事人一方不合理的，作出解除合同通知。为避免或消除公共福利遭受严重不利，行政机关也可作出解约通知。(2)解约通知须以书面作出，法规另有规定的，依其规定。通知内应说明理由。”从上述规定可以看出，行政机关对公法合同的变更或解除权，是有严格条件的：(1)确实是合同签订后发

---

[140] 参见王名扬：《法国行政法》，中国政法大学出版社1989年版，第186～190页。
[141] 参见张焕光、胡建淼编著：《行政法学原理》，劳动人事出版社1989年版，第125～127页。
[142] 参见李颖轶：《论法国行政合同优益权的成因》，载《复旦学报(社会科学版)》2015年第6期。
[143] 参见李颖轶：《法国行政合同优益权重述》，载《求是学刊》2015年第4期。
[144] 德国《联邦行政程序法》第54条规定：“公法范畴的法律关系可以通过合同设立、变更或撤销(公法合同)，但以法规无相反规定为限。行政机关尤其可以与拟作出行政行为的相对人，以签订公法合同代替行政行为的作出。”

生了情势变更，按原合同履行对一方当事人已不再合理；(2)为了公共利益的需要；(3)变更或解约须以书面形式通知对方当事人，并说明变更或解约的理由。

行政机关在行政协议中的优益权之所以在一定范围内和一定程度上得到承认，与社会契约论和公共利益理论有关。[145]

(三)行政优益权的表现

在中国，不少学者认为，行政协议中的行政优益权，是指"行政机关在合同法的框架之外作出的单方处置权"[146]，是"行政主体在行政合同签订后享有的超越一般合同权利的特别权力"。[147] 而且优益权的范围非常广泛，从"两权论"一直延伸到"九权论"，包括行政机关对另一方合同当事人(相对人)的指导权、监督权、制裁权和强制权，以及行政机关对协议的变更权和解除权，甚至还有对行政协议的单方解释权、对当事人单位的临时接管权和提前收回合同标的，等等。[148] 大家比较公认的是作为一方当事人的行政机关对另一方当事人(公民、法人或者其他组织)具有监督权、制裁权、强制权；或者，为了"公共利益或行政管理目标实现"的需要，可以单方变更或解除合同，可以提前收回合同标的等。接着，我们还为这些优益权找到了对应的规范依据。

(四)对行政优益权的正确理解和抑制

如果认为行政机关在与相对人签订行政协议之后，就可单方行使"处置权"，包括对相对人的监督权、制裁权、强制执行权，以及对行政协议的单方变更或解除，提前收回合同标的等，那是对行政机关在行政协议中行政优益权的过度提拔。我们必须正确理解和把握行政机关在行政协议中的优益权。

1. 行政机关与相对人在行政协议中的地位是平等的，行政机关不存在可以单方处置的"特

---

[145] 根据社会契约论的说法，政府的一切权力都源于公民对自己部分权利的让渡。公民与政府之间实际上存在一种契约，公民通过这种契约让渡了自己一定的权利，政府由此获得了一定的权力。政府以为公民提供公共产品为条件来享有公民让渡出来的权力。"因此，公共机关与私人的行为具有不同的性质和目的，需要给予不同的法律对待。对政府特权的承认意味着对由政府所代表和维护的社会公共利益的承认，政府享有一定特权是维护社会共同利益必不可少的手段。"参见最高人民法院行政审判庭编著：《最高人民法院关于审理行政协议案件若干问题的规定理解与适用：条文主旨・起草背景・条文释义・实务指导》，人民法院出版社2020年版，第93页。王名扬先生在阐述法国行政合同法时指出，行政机关在履行行政合同时不能完全遵循私法上的规则，行政机关享有称之为行政优益权的"单方特权"。因为，"缔结行政合同的目的在于满足某种公共利益，在公共利益所需要的范围内，行政主体对于合同的履行必须具有特权"。参见王名扬：《法国行政法》，中国政法大学出版社1989年版，第186页。我国对行政优益权的承认，主要源于"公共利益优于个人利益"的思想，即当私人利益与公共利益发生冲突时，个人利益应无条件地服从公共利益。参见毛毅坚：《行政协议理论观点与实务指引》，人民法院出版社2020年版，第26页。在强调"公权"高于"私权"、"国家"高于"集体"、"集体"又高于"个人"的中国，寻找行政机关在行政协议中优益权的理论基础更是容易得多，不仅执法者，甚至大多学者，都认为行政机关在行政协议中享有"特权"理所当然。

[146] 参见最高人民法院行政审判庭编著：《最高人民法院关于审理行政协议案件若干问题的规定理解与适用：条文主旨・起草背景・条文释义・实务指导》，人民法院出版社2020年版，第36页。

[147] 参见何彤文、刘慧娟：《行政优益权行使的合法性审查》，载《人民司法》2015年第22期。

[148] 参见最高人民法院行政审判庭编著：《最高人民法院关于审理行政协议案件若干问题的规定理解与适用：条文主旨・起草背景・条文释义・实务指导》，人民法院出版社2020年版，第35、36、94、227、236～237页；马玉丽：《行政协议相对人违约救济机制的证成与完善——以〈最高人民法院关于审理行政协议案件若干问题的规定〉第24条为中心》，载《山东法官培训学院学报》2020年第5期；何彤文、刘慧娟：《行政优益权行使的合法性审查》，载《人民司法》2015年第22期；严新龙：《行政协议非诉执行制度的审视与完善——以〈行政协议司法解释〉第24条第2款为对象》，载《安徽行政学院学报》2022年第2期。

权”。行政机关虽然在其他行政管理关系中,是管理主体(行政主体),公民、法人或者其他组织是相对人;但在行政协议关系中,其是合同的一方当事人,与合同的另一方当事人(公民、法人或者其他组织)处于平等的地位。如果说在前一关系中行政机关是“裁判员”,那么在后一关系中其就是“运动员”,不得混淆这两种不同的身份。作为合同当事人的行政机关就是一位“运动员”而不是“裁判员”,其与合同的另一方当事人的地位如同“运动员”之间的地位一样就是平等的。我国不少法律法规都表明了这一点。《城镇国有土地使用权出让和转让暂行条例》(2020)第 11 条规定:“土地使用权出让合同应当按照平等、自愿、有偿的原则,由市、县人民政府土地管理部门(以下简称出让方)与土地使用者签订。”合同签订以后,也并不是行政机关具有单方的解除权,而是在法定条件下或合同约定条件下,双方当事人具有平等的解除权。[149]《全民所有制工业企业承包经营责任制暂行条例》(2011)第 18 条明文规定:“承包经营合同依法成立,即具有法律效力,任何一方均不得随意变更或解除。”第 20 条同样规定了双方的平等解约权,“由于承包方经营管理不善完不成承包经营合同任务时,发包方有权提出解除承包经营合同。由于发包方违约使承包方无法履行承包经营合同时,承包方有权提出解除承包经营合同”。《全民所有制小型工业企业租赁经营暂行条例》(1990)第 23 ~ 24 条[150]规定了出租方的权利与义务,第 25 ~ 26 条[151]同时规定了承租方的权利与义务,作为出租方的行政机关与作为承租方的个人,他们之间的权利与义务是平等的,行政机关并没有处于只有权力而没有义务的地位。

2. 行政机关对相对人履行行政协议的监督管理权,是行政机关的法定职责,而不是基于行政协议而产生的行政优益权。行政机关作为行政主体,对公法、法人或者其他组织是否遵守法律,是否服从行政管理秩序,本身就具有监督管理权。这是具体法律法规授予具体行政机关的行政职权和职责。例如,《土地管理法》赋予有关人民政府和土地管理部门对土地保护方面的监管权;《道路交通安全法》赋予县级以上地方各级人民政府公安机关交通管理部门对本行政区域内的道路交通安全的监管权。公民、法人或者其他组织无论是否作为行政协议的当事人,其有关行为一概受到行政机关的监管。行政协议不具有排除有关行政机关法定监管的效力。例如《全民所有制工业企业承包经营责任制暂行条例》(2011)第 6 条规定:“实行承包经营责任制,合同双方必须遵守国家法律、法规和政策,接受人民政府有关部门的监督。”只是要注意的

---

[149] 所以,《城镇国有土地使用权出让和转让暂行条例》(2020)第 14 条规定了行政机关的解除权,“土地使用者应当在签订土地使用权出让合同后六十日内,支付全部土地使用权出让金。逾期未全部支付的,出让方有权解除合同,并可请求违约赔偿”。第 15 条同时规定了相对人的解约权,“出让方应当按照合同规定,提供出让的土地使用权。未按合同规定提供土地使用权的,土地使用者有权解除合同,并可请求违约赔偿”。可见,这里的解约权为双方拥有,是平等的,并非只属于行政机关的单方权力。

[150] 《全民所有制小型工业企业租赁经营暂行条例》(1990)第 23 条规定:“出租方的权利:(一)监督承租方遵守国家方针政策、法律法规,完成国家下达的计划;(二)监督租赁企业的财产不受损害;(三)收取承租方按照合同规定交付的租金。”第 24 条同时规定:“出租方的义务:(一)按照合同规定保障承租方的经营自主权,依法维护企业租赁前享有的各项优惠待遇;(二)为租赁企业的生产发展提供必要的服务;(三)根据承租方的要求,会同有关部门协助租赁企业解决经营活动中的困难。”

[151] 《全民所有制小型工业企业租赁经营暂行条例》(1990)第 25 条规定:“承租方的权利:(一)享有国家规定的厂长权利;(二)任免厂级行政副职,并报有关部门备案;(三)决定企业脱产人员编制;(四)根据市场需求,调整企业的经营方向,并按照国家有关规定办理变更登记手续。”第 26 条同时规定:“承租方的义务:(一)履行国家规定的厂长职责;(二)执行价格政策,维护用户和消费者的利益;(三)维护职工的合法权益;(四)维护租赁经营企业资产,保证设备完好,办理企业财产保险;(五)按期交付租金。”

是,如果作为监管方的行政机关同时作为协议当事人,并且又将监管内容写进了协议,那就应当作为协议中的权利与义务对待,不应当作为优益权对待。[152] 如果是协议以外的行政机关,其依据法律对协议中的有关行为和内容进行监管,这并不是其协议权利,而是协议以外法定职责的体现。可见,无论是作为行政协议当事人的行政机关,抑或是协议当事人以外的行政机关,其对相对人有关行为的监管,与行政协议中的优益权没有关系。

3. 对行政协议的解约权双方当事人是对等的,行政机关在行政协议中不具有,也不应当具有单方的解约权。最高人民法院《关于审理行政协议案件若干问题的规定》(法释〔2019〕17号)第16条第1款规定:"在履行行政协议过程中,可能出现严重损害国家利益、社会公共利益的情形,被告作出变更、解除协议的行政行为后,原告请求撤销该行为,人民法院经审理认为该行为合法的,判决驳回原告诉讼请求;给原告造成损失的,判决被告予以补偿。"不少学者据此解释为:只要行政机关认为"可能出现严重损害国家利益、社会公共利益的情形",就可单方不履行协议,或者变更和解除协议。这显然是误读。最高人民法院《关于审理行政协议案件若干问题的规定》第16条第1款并非一个授权条款,而是关于法院如何判决的程序条款。它属于"程序法"而不是"授权法"范畴,它并没有,也不可能对行政协议中的行政机关作普遍授权,授予他们在行政协议中具有单方解约权。[153] 其实,无论是行政主体还是相对人,对行政协议的解约权,"主张权利"是对等的,双方都有权提出。[154] 此外,双方可以解约的"法定事由"也是同一的,都是基于《民法典》(2020)第563条所规定的五项事由。[155] 至于《城市房地产管理法》和《土地管理法》中的一些单方解约权的规定,恰恰属于《民法典》所规定的"法律规定的其他情形"。这些解除权都被限定于"法律"框架之内,不存在"法律"框架之外的合同优益权。

4. 行政机关提前收回合同标的物,不是行政协议中的行政优益权,而是国家的征收征用权。《城市房地产管理法》(2019)第20条规定:"国家对土地使用者依法取得的土地使用权,在出让合同约定的使用年限届满前不收回;在特殊情况下,根据社会公共利益的需要,可以依照法律程序提前收回,并根据土地使用者使用土地的实际年限和开发土地的实际情况给予相应的补偿。"《土地管理法》(2019)第58条规定:"有下列情形之一的,由有关人民政府自然资源主管部门报经原批准用地的人民政府或者有批准权的人民政府批准,可以收回国有土地使用

---

〔152〕 如《全民所有制工业企业承包经营责任制暂行条例》(2011)第22条第1款规定:"发包方有权按承包经营合同规定,对承包方的生产经营活动进行检查、监督。"

〔153〕 正如有关人士所解释的,最高人民法院"《行政协议司法解释》中规定行政机关行使优益权并非赋予行政机关优益权,而是行政机关在行使优益权的情况下,法院要进行合法性审查予以监督"。参见梁凤云:《行政协议司法解释讲义》,人民法院出版社2020年版,第14页。司法机关恰恰要"坚持对行政机关行使优益权行为的合法性审查,确保行政机关'法无授权不可为'原则的落实"。参见梁凤云:《行政协议司法解释讲义》,人民法院出版社2020年版,导论。

〔154〕 例如,根据《城镇国有土地使用权出让和转让暂行条例》(2020)第15条规定,国有土地使用人对土地出让合同同样具有解除权。最高人民法院《关于审理行政协议案件若干问题的规定》(法释〔2019〕17号)第17条规定:"原告请求解除行政协议,人民法院认为符合约定或者法定解除情形且不损害国家利益、社会公共利益和他人合法权益的,可以判决解除该协议。"

〔155〕 《民法典》(2020)第563条规定:"有下列情形之一的,当事人可以解除合同:(一)因不可抗力致使不能实现合同目的;(二)在履行期限届满前,当事人一方明确表示或者以自己的行为表明不履行主要债务;(三)当事人一方迟延履行主要债务,经催告后在合理期限内仍未履行;(四)当事人一方迟延履行债务或者有其他违约行为致使不能实现合同目的;(五)法律规定的其他情形。以持续履行的债务为内容的不定期合同,当事人可以随时解除合同,但是应当在合理期限之前通知对方。"这一规定的情形既是行政机关解约的事由,同样也是相对人解约的事由。

权:(一)为实施城市规划进行旧城区改建以及其他公共利益需要,确需使用土地的……依照前款第(一)项的规定收回国有土地使用权的,对土地使用权人应当给予适当补偿。”类似这些法律规定常常被视作行政机关在行政协议中的行政优益权。这同样是个误解。上述法律规定,恰恰是国家的行政征收制度,而不是行政协议中的行政优益权。当行政协议的标的物成为国家征收征用对象时,行政协议必须服从国家的征收征用。[156] 国家按照征收征用程序处置行政协议标的物,不是行政协议中的行政优益权体现,而是国家征收征用的法律效果。另外,国家征收征用的主体并非一定是作为行政协议一方当事人的行政机关。

5. 行政机关的行政处罚权与强制执行权并不是行政协议本身的行政优益权,而是行政机关在协议以外的法定职权。如果是合同当事人以外的行政机关,对相对人不履行合同违反法律规定的行为,依照《行政处罚法》或《行政强制法》实施处罚或强制执行的,属于合同当事人以外的行政机关依法履行行政职责,与行政协议中的行政优益权毫无关联。作为合同当事人的行政机关,对于相对人不履行行政协议,只能按照合同规定或者依照法律规定,追究另一方当事人的违约责任,不具有行政处罚权。至于相对人不履行合同规定义务,合同另一当事人的行政机关实施强制执行,那也仅仅是因为这一行政机关从“运动员”转变为“裁判员”依照《行政强制法》实施行政强制权而已,它同样不属于行政协议中的优益权。[157] 行政强制执行就是强制当事人履行“行政决定”所确定的“义务”,而这“义务”同样包括由“行政协议”所确定的“义务”。所以,当行政机关(无论是否是合同一方当事人)依照《行政强制法》实施强制执行时,这并不属于行使行政协议中的行政优益权,而是依照《行政强制法》行使行政协议以外的行政强制权。

总之,我们不能将行政机关在行政协议中的合同权利标榜为行政优益权,更不能将行政协议以外的行政机关行使法定职责视作行政协议中的行政优益权。即使在行政协议之内,行政机关也不具有法律规定和合同约定以外的优益权。如果说行政机关在行政协议中具有行政优益权,那也仅仅是指在我国的法律制度背景下,由于行政机关对行政协议没有“起诉权”和诉讼中的“反诉权”,所以当行政机关遇到“法定事由”可以变更或解除合同时,当双方协商不成时,只能先行作出行政决定(变更协议的决定或解除协议的决定等),但该决定也不是最终决定,必须接受严格的行政审查(行政复议)和司法审查(行政诉讼)。合同另一方当事人对这一决定不服的,有权申请行政复议或者提起行政诉讼。显然,行政机关对行政协议的单方解约权其实和另一方当事人一样,仅仅是一种“主张权”或“请求权”而已。

六、行政协议的履行、违约责任和强制执行

(一)行政协议的履行

行政协议一经签订生效后,合同双方当事人,无论是行政主体还是相对人都必须履行,谁都不存在可以不履行的“特权”。《民法典》(2020)第 509 条第 1 款规定:“当事人应当按照约

---

[156] 法律依据正是《民法典》(2020)第 563 条第 1 款“有下列情形之一的,当事人可以解除合同:……(五)法律规定的其他情形……”的规定。

[157] 我国《行政强制法》(2011)第 34 条规定:“行政机关依法作出行政决定后,当事人在行政机关决定的期限内不履行义务的,具有行政强制执行权的行政机关依照本章规定强制执行。”第 53 条又规定:“当事人在法定期限内不申请行政复议或者提起行政诉讼,又不履行行政决定的,没有行政强制执行权的行政机关可以自期限届满之日起三个月内,依照本章规定申请人民法院强制执行。”

定全面履行自己的义务。"这一规定对行政协议同样适用。

行政主体因"法定情形"〔158〕不能履行协议,并要变更或解除行政协议的,应当按照法定程序作出决定并通知对方当事人。对方当事人对此不服的,有权依法提起行政诉讼。

行政相对人因"法定情形"不能履行协议,并要变更或解除行政协议的,有权通过行政诉讼提出自己的主张。

行政协议的履行,是指协议双方当事人必须按照合同约定或法律规定,全面、适当地履行合同所约定的义务。

（二）违约和违约责任

当事人拒不履行或者不依约履行行政协议所规定的义务,就是违约行为;违约必须承担违约责任。这是合同的基本原则。它对合同双方当事人(行政主体与行政相对人)同样适用。《民法典》(2020)第577条规定:"当事人一方不履行合同义务或者履行合同义务不符合约定的,应当承担继续履行、采取补救措施或者赔偿损失等违约责任。"最高人民法院《关于审理行政协议案件若干问题的规定》(法释〔2019〕17号)第16条第3款规定:"被告变更、解除行政协议的行政行为违法,人民法院可以依据行政诉讼法第七十八条的规定判决被告继续履行协议、采取补救措施;给原告造成损失的,判决被告予以赔偿。"

这就是说,违约责任非常广泛,包括继续履行协议、采取补救措施、赔偿损失等。当然,就每个行政协议而言,应当承担哪种违约责任以及如何承担,不能一概而论,应当就具体的违约情形、合同的具体约定和法律的具体规定而定。

行政机关对相对人违约行为的处理。作为合同当事人的行政机关只能追究相对人的违约责任。至于相对人的违约同时构成违法,其他行政机关依法追究相对人的违法责任,这是可以的,并且是应当的。行政机关作为"裁判员"与"运动员"的身份不得混淆。

（三）行政协议的强制执行

行政相对人拒不履行行政协议规定的义务,行政机关是否可以对相对人实施强制执行,严格地说,这不是行政协议的问题,而是行政强制执行制度的一部分。

行政强制执行就是强制当事人履行"行政决定"所确定的"义务",而这一"义务"同样包括由"行政协议"确定的"义务"。所以,对行政协议所确定义务的强制执行适用《行政强制法》。《行政强制法》(2011)第34条规定:"行政机关依法作出行政决定后,当事人在行政机关决定的期限内不履行义务的,具有行政强制执行权的行政机关依照本章规定强制执行。"第53条又规定:"当事人在法定期限内不申请行政复议或者提起行政诉讼,又不履行行政决定的,没有行政强制执行权的行政机关可以自期限届满之日起三个月内,依照本章规定申请人民法院强制执行。"

这就是说,行政相对人拒不履行行政协议所规定的义务,行政机关如果具有强制执行权,可以依法强制执行,如果没有强制执行权,就可以申请人民法院强制执行。

七、行政协议的法律适用与可诉性

（一）行政协议及其行为的法律适用

行政协议的法律适用是一个非常特殊而复杂的问题。正如一位德国专家所说,"按照当今

---

〔158〕《民法典》(2020)第563条所规定情形。

通说,公法合同由公法而非私法调整。然而,不存在可以被适用于公法合同的一般性法律规范"[159]。确实,在中国,目前也不存在专门适用于行政协议的"一般性法律规定"。有法官认为,对于行政协议的法律适用,要坚持"行政法律规范优先适用原则"和"行政法考量下的民事法律规范兼用原则"。[160]

我国《行政诉讼法》(2017)对行政诉讼如何适用民事法律规范问题有专门的规定。其第101条规定:"人民法院审理行政案件,关于期间、送达、财产保全、开庭审理、调解、中止诉讼、终结诉讼、简易程序、执行等,以及人民检察院对行政案件受理、审理、裁判、执行的监督,本法没有规定的,适用《中华人民共和国民事诉讼法》的相关规定。"还有最高人民法院《关于审理行政协议案件若干问题的规定》(法释〔2019〕17号)第27条规定:"人民法院审理行政协议案件,应当适用行政诉讼法的规定;行政诉讼法没有规定的,参照适用民事诉讼法的规定。人民法院审理行政协议案件,可以参照适用民事法律规范关于民事合同的相关规定。"

行政协议属于特殊的"合同",行政机关作出的有关行政协议的行为属于特殊的"行政行为"。根据"特别法优于一般法"的规则,对于行政协议,行政法有特别规定的,优先适用行政法,行政法没有特别规定的,适用《民法典》中的合同法;对于行政协议行为,行政法对行政协议行为有特别规定的,优先适用特别规定,无特别规定的,适用行政法关于行政行为的一般原理。

(二)相对人对行政协议及其行为的可诉性

在相对长的一段时间里,行政协议和行政机关的行政协议行为都未被纳入行政诉讼受案范围,《行政诉讼法》2014年的修改结果改变了这一现状。《行政诉讼法》(2014)第12条第1款规定:"人民法院受理公民、法人或者其他组织提起的下列诉讼:……(十一)认为行政机关不依法履行、未按照约定履行或者违法变更、解除政府特许经营协议、土地房屋征收补偿协议等协议的……"但是严格地说,修改后的《行政诉讼法》第12条第1款,只规定对行政机关的有关行政协议"行为",即不依法履行、未按照约定履行或者违法变更、解除行政协议的行为的可诉性,并未规定对行政"协议"本身的可诉性(如相对人要求确认协议违法或无效等),事后的司法解释和行政诉讼法理论弥补了这一点。

最高人民法院《关于审理行政协议案件若干问题的规定》(法释〔2019〕17号)第2条规定:"公民、法人或者其他组织就下列行政协议提起行政诉讼的,人民法院应当依法受理:(一)政府特许经营协议;(二)土地、房屋等征收征用补偿协议;(三)矿业权等国有自然资源使用权出让协议;(四)政府投资的保障性住房的租赁、买卖等协议;(五)符合本规定第一条规定的政府与社会资本合作协议;(六)其他行政协议。"最高人民法院《关于行政案件案由的暂行规定》(法发〔2020〕44号)将行政协议列为第18类案由,其包括第123～133个具体案由项目。

所以,今天的制度现状是,相对人对行政协议本身或者对行政机关作出的有关行政协议的行为(如单方变更或解除等)都有权依法提起行政诉讼。

无论是对行政协议还是行政协议行为提起行政诉讼,都由作为相对人一方的当事人以原告身份提起,协议的另一方当事人即行政主体只能作为被告。如果相对人不履行行政协议的,由行政主体作出行政处理决定或者依法实施强制执行。

---

〔159〕 [德]维尔纳·弗卢梅:《法律行为论》,迟颖译,法律出版社2013年版,第45页。

〔160〕 参见黄吉明:《行政协议有效性的司法审查研究》,载中华人民共和国最高人民法院行政审判庭编:《行政执法与行政审判》(总第67集),中国法制出版社2018年版,第53～54页。

相对人提起行政协议方面的诉讼,根据最高人民法院《关于审理行政协议案件若干问题的规定》(法释〔2019〕17 号)第 9 条规定,可以提起以下具体诉讼请求:(1)请求判决撤销行政机关变更、解除行政协议的行政行为,或者确认该行政行为违法;(2)请求判决行政机关依法履行或者按照行政协议约定履行义务;(3)请求判决确认行政协议的效力;(4)请求判决行政机关依法或者按照约定订立行政协议;(5)请求判决撤销、解除行政协议;(6)请求判决行政机关赔偿或者补偿;(7)其他有关行政协议的订立、履行、变更、终止等诉讼请求。

在行政诉讼中,人民法院应当对行政协议以及行政协议行为进行合法性审查。审查标准应当包括:(1)对主体资格的审查。审查行政主体和相对人是否都是有权签订行政协议的合格主体。(2)对协议内容的审查。无论是针对“行政协议”的诉讼还是针对“行政协议行为”的诉讼,都应当审查行政协议本身的内容是否合法。(3)对程序的审查。审查是否反映双方当事人的真实意思,是否符合法定程序,如招标、投标和集体讨论决定等。

第六节　行 政 规 划

行政规划是否属于一种行政行为,至今仍有争议,但它无疑是现代政府的一种管理方式。早在 2004 年,国务院在《全面推进依法行政实施纲要》(国发〔2004〕10 号)就明确提出:要“改革行政管理方式……充分发挥行政规划……方式的作用”。

一、行政规划的基本概念

行政规划,或称行政计划,作为政府的一种管理方式为世界各国或地区所广泛采用。而且这种方式到了 20 世纪伴随社会福利国家的发展更得到国家或地区与行政法的重视。“制定计划之目的,是通过最大可能地利用社会的有限资源的方式扩大人们的福利。”〔161〕同时,行政规划的实施又导致了对公民权利的限制。因而,不少国家或地区的行政程序法都对行政规划作出特别规定,〔162〕现代行政法理应将“行政规划”纳入行政法的调整范围之内。

(一)行政规划的概念和特征

德国行政法对行政规划非常重视,其在《行政程序法》(VwVfG)第五章第二节专设了“确定规划程序”。德国行政法专家毛雷尔认为,“规划”有立法机关制定的,也有行政机关制定的,所以并不全部属于行政法调整的范围。但是围绕规划的一些行政行为,则因计划而异。计划有成为各种行为的可能性。行政法讨论行政规划,更多的不是从行政行为的视角,而是为了确立公民具有利益上的请求权。这些请求权包括:计划存续请求权;计划执行请求权;过渡措施和补救措施请求权;补偿请求权。〔163〕

日本学者认为:“行政计划,是指行政权为了一定的公共目的而设定目标,综合地提出实现该目标的手段的活动。”〔164〕另一种定义大同小异:“所谓行政计划,是指为谋求行政计划化,规

---

〔161〕　[印]M. P. 赛夫:《德国行政法》,周伟译,台北,五南图书出版公司 1991 年版,第 141 页。

〔162〕　例如,德国 1997 年《行政程序法》(VwVfG)第五章第二节设立了“确定规划程序”。

〔163〕　参见[德]哈特穆特·毛雷尔:《行政法学总论》,高家伟译,法律出版社 2000 年版,第 410 ~418 页。

〔164〕　[日]盐野宏:《行政法》,杨建顺译,法律出版社 1999 年版,第 152 页。

定应达到的目标及其实现的顺序以及为实现目标所表示的必要手段的行政方针行为的总称。”[165]

中国台湾地区学者认为:行政计划是指“行政机关为达成某种特定目的或实现一定构想,于将来一定期限内,就达成该目的或实现该构想之方法、步骤或措施等所为之先前设计或规划”。[166]中国台湾地区的“行政程序法”[167]第163条专门为行政计划作了界定:“本法所称行政计划,系指行政机关为将来一定期限内达成特定之目的或实现一定之构想,事前就达成该目的或实现该构想有关之方法、步骤或措施等所为之设计与规划。”中国大陆学者认为:行政规划是指“行政主体为了实现特定的行政目标而对未来一定时期内拟采取的方法、步骤和措施依法作出的具有约束力的设计与计划”。[168]另有学者认为:“行政计划既指制定计划的行政过程,也包含作为计划行为结果的计划文本。”[169]

上述一些定义大体还是比较接近的,作者并非想标新立异,但确有必要试图作出自己的概括。所谓行政规划,系指行政主体依据法律法规,为实现某一特定的行政目标,事先通过严格的法律程序为将来的行为作出安排,这些安排将严格拘束将来行为的法律制度。

行政规划是个综合性概念。它首先是一种法律制度,是由法律法规所设定的包括规划主体、规划目标、规划内容、规划对象、规划程序、规划救济等在内的制度体系;其次作为一种法律行为,指行政主体制定、变更和实施规划的各项行为;最后是作为文本意义上的行政规划,系指通过规划行为所形成的规划本身,或者说是一种规划文本。行政法意义上的行政规划,主要是作为一种特殊的行政行为存在。作为一种特殊的行政行为,行政规划的特征在于:

1. 法律法规的授权性。行政法上的行政规划是一种法律制度而不是事实制度,它必须以法律法规的直接设定为前提。行政规划之所以要求必须具有法律法规的授权性,是取决于它所涉权利的广泛性并具有往后的约束力。我国的城市规划,2008年1月1日之前由《城市规划法》[170]调整,之后则由《城乡规划法》(2007)规制。

2. 事先设计与事后约束性。行政规划与其他行政行为不同的是,它既具有事先性又具有事后性。事先性表现在,它为将来的行为“事先”作出设计,是决定将来做什么而不是决定现在做什么;事后性表现在,它在今天做出的决定用以约束将来的行为,具有“往后”的溯及力。

3. 内容上的公益性。任何规划都不是为某一组织或个人设计的,而是为公众设计的,它事关社会经济、文化与环境的发展,因而它具有社会公益性。

4. 所涉权利的广泛性。规划的制定、改变或实施,不是只涉及某个人的权益,往往会涉及许多人的权益。正因如此,行政法更有必要对它规制。

5. 依职权性、中性与间接性。首先,行政规划是依职权行为而不是依申请行为,无须相对人的申请,行政规划主管部门有权自行启动行政规划行为;其次,行政规划对相对人的权益来说,可能是有益的,也可能是不利的,因人而异,所以总体而言,行政规划是中性行为,而不是单

---

[165] [日]室井力主编:《日本现代行政法》,吴微译,中国政法大学出版社1995年版,第53页。

[166] 参见翁岳生主编:《行政法》(下册),台北,翰芦图书出版有限公司1998年版,第656页。

[167] 1999年2月3日公布,自2001年1月1日起施行。

[168] 参见应松年主编:《当代中国行政法》(下卷),中国方正出版社2005年版,第1038页。

[169] 朱新力等:《行政法学》,清华大学出版社2005年版,第275页。

[170] 于1989年12月26日由第七届全国人民代表大会常务委员会第十一次会议通过,1989年12月26日中华人民共和国主席令第二十三号公布,自1990年4月1日起施行。2008年1月1日起,因《城乡规划法》出台而废止。

纯的侵益行为或授益行为;最后,行政规划对相对人权益的影响,无论有利还是不利,都是间接的。行政规划通过实施行政规划的具体行为方具有直接性。

(二)行政规划的种类与意义

对行政规划进行理论上的分类,它的种类可谓丰富多彩。

从规划的内容进行分类,行政规划有综合规划与单项规划之分。前者如"国民经济和社会发展规划",后者如立法规划、经济振兴规划、水利规划、环境保护规划等。

从规划的强制性进行分类,行政规划有强制性规划与指导性规划之分。前者如城市控制性详细规划,后者如全国城镇体系规划〔171〕。

从规划的有效期进行分类,行政规划有短期规划、中期规划与长期规划之分。它们划分时间的长短,因国而异。例如在德国,1~2年称为短期规划,3~7年称为中期规划,7~15年称为长期计划。而在中国,1~2年称为短期规划,2~6年称为中期规划,6年以上称为长期规划。

关于规划的意义,或称功能,中国台湾地区有学者将其概括为三项:(1)作为行政发展的指导与协调手段;(2)行政机关之自我确定;(3)提高人民预期之可能性。〔172〕 中国大陆有学者将行政规划的功能归结为两项,即有效利用资料,减少市场经济的盲目性,以及拘束和引导行政主体与行政相对人的行为。〔173〕 上述功能自然存在,但笔者认为,我们更需要的是阐述行政规划的法律意义或功能。行政规划的法律意义主要集中在以下两个方面:

1.行政规划构成未来行政行为的依据,如行政规划部门依据规划对相对人颁发建设用地规划许可证。

2.行政规划构成审查行政行为是否合法的依据。行政复议机关和人民法院在法律救济程序中审查被诉行政行为的合法性时,如果这种行为是与行政规划有关的行为,那么在很大程度上,行政规划会成为审查行政行为合法性的有效依据。

(三)行政规划与相关概念的关系

1.行政规划与行政计划。讨论行政规划,不可避免地涉及与行政计划的关系。对于两者,如果针对国外的材料,那可能更多是由翻译技术引起,而问题在于本国的教材与著作也无统一的用法,用"行政规划"者〔174〕有之,用"行政计划"者〔175〕也有之。关于它们之间的关系,无非有"同一说"与"分离说"两种观点。前者认为,行政规划与行政计划应当是一个相通的概念,故无区别意义;后者认为,行政规划与行政计划,前者是个抽象性概念,后者是个具体性概念。为实施行政规划而作具体的设计才是计划。

在中国的文字上,行政规划与行政计划并非完全相同,前者侧重于目标,后者侧重于步骤。但笔者认为:(1)使用"行政规划"比使用"行政计划"更适合,因为中国立法上有"规划法",但无"计划法";(2)在行政法的意义上,区别行政规划与行政计划并无必要,不发生实质意义上的区别。

---

〔171〕《城乡规划法》(2019)第12条第1款规定:"国务院城乡规划主管部门会同国务院有关部门组织编制全国城镇体系规划,用于指导省域城镇体系规划、城市总体规划的编制。"

〔172〕参见翁岳生主编:《行政法》(下册),台北,翰芦图书出版有限公司1998年版,第653页以下。

〔173〕参见应松年主编:《当代中国行政法》,中国方正出版社2005年版,第1048页。

〔174〕例如,应松年主编:《当代中国行政法》,中国方正出版社2005年版。

〔175〕例如,朱新力等:《行政法学》,清华大学出版社2005年版。

2. 行政规划与行政规划行为。在这对概念中,行政规划是指行政规划的文本,如城市总体规划和土地使用规划等,行政规划行为则指行政规划部门制定规划的行为,包括起草、听证、通过、修改、废止等。在这一意义上,行政规划行为是个行为过程,而行政规划是行政规划行为的结果。

3. 行政规划行为与行政规划的实施行为。上面已说,行政规划行为是指行政规划部门制定规划的行为,包括起草、听证、通过、修改、废止等。而行政规划的实施行为,是指有关行政机关为实施或保障实施行政规划而作出的各种行为,如依据规划对有关项目申请作出规划许可,对违反规划的行为人进行查处等。行政规划行为由规划法调整,行政规划的实施行为则由其他相关法律调整,如依据规划对有关项目申请作出规划许可由"行政许可法"调整,对违反规划的行为人进行处罚则由"行政处罚法"进行规制。

二、行政规划的主体与职权

行政规划的主体系指制定行政规划的主体与实施行政规划的主体。制定行政规划的主体,就是指制定、修改和废止行政规划的机关,在有的国家是国会,在有的国家是行政机关,有的规划由国会制定,有的规划则由行政机关制定;关于行政规划的实施主体,系指为执行和保障实施行政规划而作出有关行为的主体,如依据规划颁发规划许可证,对违反规划的行为人给予处罚等。如果说行政规划的制定主体可能是国会也可能是行政机关,那么,行政规划的实施主体肯定是行政机关。一般来说,行政规划的制定主体与行政规划的实施主体是同一的,但也可能有部分是分离的,如在中国的某些城市,对于违反规划的某些行为的处罚权是依法〔176〕集中给城市执法机关的。

行政规划的制定主体和实施主体,依法拥有有关行政规划制定与实施的职权,具体表现为:

1. 行政规划的制定权。这里的制定权,从狭义说仅指起草与通过;从广义上说还包括修改和废止。

2. 行政规划的许可权。这是行政机关依据规划,对有关申请进行审查,并颁发有关许可证,如中国的建设用地规划许可证与建设工程规划许可证。

3. 行政规划的监督检查等强制权。这是行政规划主体为保障已生效的规划得到执行而对相对人的有关行为与情况进行监督检查的权力。

4. 行政规划的处罚权。这是有关行政机关对违反行政规划的当事人予以处罚的权力。例如《城乡规划法》(2019)第66条规定:"建设单位或者个人有下列行为之一的,由所在地城市、县人民政府城乡规划主管部门责令限期拆除,可以并处临时建设工程造价一倍以下的罚款:(一)未经批准进行临时建设的;(二)未按照批准内容进行临时建设的;(三)临时建筑物、构筑物超过批准期限不拆除的。"

5. 行政规划的处理决定执行权。当事人对行政机关的行政处理决定不执行的,有关行政机关可以依法强制执行。

---

〔176〕《行政处罚法》(2021)第18条第1~2款规定:"国家在城市管理、市场监管、生态环境、文化市场、交通运输、应急管理、农业等领域推行建立综合行政执法制度,相对集中行政处罚权。国务院或者省、自治区、直辖市人民政府可以决定一个行政机关行使有关行政机关的行政处罚权。"

三、行政规划的程序

行政规划的程序，当然指行政规划的制定程序。而行政规划的制定程序，狭义而言，就指规划的起草与通过程序；广义而言，还包括规划的变更与废止。以下立足广义言之。

（一）行政规划的制定

行政规划的制定一般经过起草—协调—听证—通过四个环节。起草工作一般由行政规划主管部门自己进行，也可由其委托有关组织或个人承担。起草成文本后，接着由有关部门或起草部门组织与相关部门的沟通与协调，以促进修改与成熟。规划文稿相对成熟以后，由有关部门或规划部门组织听证，听取利害关系人的意见。最后经过国会程序或行政机关的某种程序通过规划。

（二）行政规划的变更

行政规划一经通过生效后，不得随意变动。生效后的行政规划具有公定力，对规划方及被规划方当事人均有约束力。行政规划的变更还受信赖保护原则的约束。这些约束都落实到以下三个具体原则上：

1. 条件法定。行政规划只有在符合法定条件的前提下才能实施变更，法定条件一般有两项：一是规划所依据的法律发生变化（修改或废止）；二是因客观情势的变化，而出于公共利益的需要。

2. 程序同一。那就是要求规划变更的程序与原制定程序同一，不允许以比制定程序宽松的程序实施规划变更。[177]

3. 责任原则。这一原则表现在，规划的变更给有关当事人造成损害，如果是行政规划部门原先的过错行为造成的，那就必须对当事人承担赔偿责任；如果行政规划部门原先的行为没有过错，那么有关行政机关必须依法补偿。[178]

（三）行政规划的废止

行政规划的废止系指行政规划通过实施后，尚未终止以前，由于规划所依据的法律发生变化（修改或废止），或因客观情势的变化而出于公共利益的需要，而提前终止行政规划的效力。行政规划废止的程序与原则，适用行政规划变更的程序与原则。

四、行政规划的定性与法律救济

这里所讨论的对行政规划的法律救济，系指行政规划本身及有关规划的行为是否适用行政复议和行政诉讼，这恰恰与行政规划（行为）的定性有关。根据本节第一部分的阐述，行政规划及其行为无非三种：行政规划、行政规划行为与行政规划的实施行为。

1. 行政规划与法律救济。行政规划是指行政规划文本。当事人对已经生效的行政规划有异议，在德国与法国，适用行政法院的救济，因为他们专设行政法院并且在理论上不区分抽象行政行为与具体行政行为。在中国，行政规划长期被作为抽象行政行为对待，迄今不适用行政

---

〔177〕 如果变更程序比制定程序更严格，从理论上讲是允许的。

〔178〕 鉴于行政规划本身的抽象性，它的变更给当事人造成损害的，是否承担赔偿责任或补偿责任，必须以法律的明文规定为条件。

复议和行政诉讼。

2. 行政规划行为与法律救济。行政规划行为是指行政规划部门制定规划的行为,包括起草、听证、通过、修改、废止等。这类行为在德国与法国,与行政规划一样,适用行政法院的救济,而在中国目前,它受有关规划法的调整,不适用行政复议与行政诉讼。

3. 行政规划的实施行为与法律救济。如上所述,行政规划的实施行为,是指有关行政机关为实施或保障实施行政规划而作出的各种行为,如依据规划对有关项目申请作出规划许可,对违反规划的行为人进行处罚等。这些行为其实不是行政规划行为本身,而是属于其他有关的行政行为,如行政许可、行政调查、行政处罚和行政强制执行等,它们的法律救济由其自身的行为性质所决定。

五、中国行政规划制度

(一)城乡规划与规划法

中国的行政规划从理论上说是覆盖政治、经济、社会、文化等各领域的规划制度,但作为规划法调整的行政规划制度,目前最定型的是城市规划。中国的城市规划立法,最早可追溯到1984年1月5日由国务院公布的《城市规划条例》。这一行政法规共分七章,由55个条文组成。1989年12月26日,第七届全国人民代表大会常务委员会第十一次会议通过的《城市规划法》,取代了《城市规划条例》。该法于1989年12月26日由中华人民共和国主席令第23号公布,自1990年4月1日起施行。该法由六章46个条文组成。虽然该法的章数与条文数比1984年国务院公布的《城市规划条例》减少了,但它毕竟标志了中国对规划的立法从"法规"时代上升为"法律"时代。2007年10月28日,第十届全国人民代表大会常务委员会第三十次会议通过了《城乡规划法》,同日该法由国家主席令第74号公布,自2008年1月1日起施行。该法由七章70条组成,虽然与前一个法律相比,其章数与条文数并不增加许多,但它意味着中国的城市规划从单纯的城市规划过渡到城乡一体化的综合规划。《城乡规划法》后于2015年和2019年修正。

《城乡规划法》明确,国务院城乡规划主管部门负责全国的城乡规划管理工作。县级以上地方人民政府城乡规划主管部门负责本行政区域内的城乡规划管理工作。

根据《城乡规划法》的要求,城乡规划组织编制机关应当及时公布经依法批准的城乡规划,法律、行政法规规定不得公开的内容除外;任何单位和个人都应当遵守经依法批准并公布的城乡规划,服从规划管理,并有权就涉及其利害关系的建设活动是否符合规划的要求向城乡规划主管部门查询。

(二)城乡规划的种类与内容

《城乡规划法》(2019)第2条规定,城乡规划包括城镇体系规划、城市规划、镇规划、乡规划和村庄规划。城市规划、镇规划分为总体规划和详细规划。详细规划分为控制性详细规划和修建性详细规划。(见图16-6)

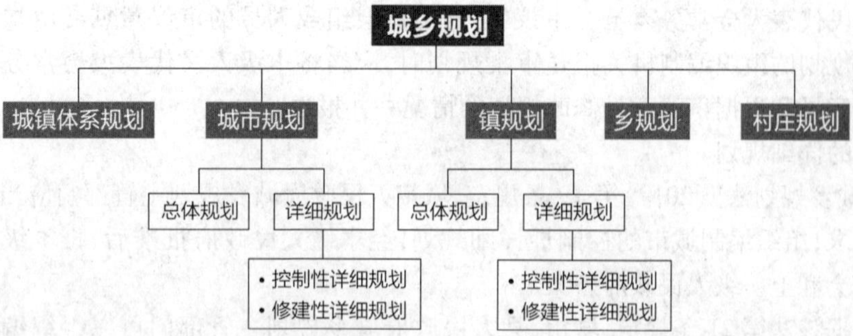

图 16－6　城市规划的种类

根据《城乡规划法》(2019)第 13 条规定,省域城镇体系规划的内容应当包括:城镇空间布局和规模控制,重大基础设施的布局,为保护生态环境、资源等需要严格控制的区域。

根据《城乡规划法》(2019)第 17 条规定,城市总体规划、镇总体规划的内容应当包括:城市、镇的发展布局,功能分区,用地布局,综合交通体系,禁止、限制和适宜建设的地域范围,各类专项规划等。其中,规划区范围、规划区内建设用地规模、基础设施和公共服务设施用地、水源地和水系、基本农田和绿化用地、环境保护、自然与历史文化遗产保护以及防灾减灾等内容,应当作为城市总体规划、镇总体规划的强制性内容。城市总体规划、镇总体规划的规划期限一般为 20 年。

根据《城乡规划法》(2019)第 18 条规定,乡规划、村庄规划的内容应当包括:规划区范围,住宅、道路、供水、排水、供电、垃圾收集、畜禽养殖场所等农村生产、生活服务设施、公益事业等各项建设的用地布局、建设要求,以及对耕地等自然资源和历史文化遗产保护、防灾减灾等的具体安排。乡规划还应当包括本行政区域内的村庄发展布局。

(三)城乡规划的制定机关与制定程序

1. 城镇体系规划

根据《城乡规划法》(2019)第 12～13 条规定,全国城镇体系规划由国务院城乡规划主管部门会同国务院有关部门组织编制,并由国务院城乡规划主管部门报国务院审批。全国城镇体系规划用于指导省域城镇体系规划、城市总体规划的编制。省域城镇体系规划,由省、自治区人民政府组织编制,并报国务院审批。按《城乡规划法》(2019)第 16 条的要求,省、自治区人民政府组织编制的省域城镇体系规划,在报国务院审批前,应当先经本级人民代表大会常务委员会审议,常务委员会组成人员的审议意见交由本级人民政府研究处理。规划的组织编制机关报送审批规划时,应当将本级人民代表大会常务委员会组成人员的审议意见和根据审议意见修改规划的情况一并报送。

2. 城市总体规划

根据《城乡规划法》(2019)第 14 条规定,城市总体规划由该城市人民政府组织编制,并报省级以上人民政府审批。审批权限具体划分如下:直辖市的城市总体规划由直辖市人民政府报国务院审批;省、自治区人民政府所在地的城市以及国务院确定的城市的总体规划,由省、自治区人民政府审查同意后,报国务院审批;其他城市的总体规划,由城市人民政府报省、自治区人民政府审批。

按《城乡规划法》(2019)第 16 条的要求,城市总体规划,在报上一级人民政府审批前,应当先经本级人民代表大会常务委员会审议,常务委员会组成人员的审议意见交由本级人民政府研究处理。规划的组织编制机关报送审批规划时,应当将本级人民代表大会常务委员会组成人员的审议意见和根据审议意见修改规划的情况一并报送。

3. 城市的详细规划

根据《城乡规划法》(2019)第 19 条规定,城市人民政府城乡规划主管部门应当根据城市总体规划的要求,组织编制城市的控制性详细规划,经本级人民政府批准后,报本级人民代表大会常务委员会和上一级人民政府备案。

同时依据该法第 21 条规定,城市、县人民政府城乡规划主管部门可以组织编制重要地块的修建性详细规划。修建性详细规划应当符合控制性详细规划。

4. 镇总体规划

根据《城乡规划法》(2019)第 15 条规定,县人民政府所在地镇的总体规划,由县人民政府组织编制,并报上一级人民政府审批。其他镇的总体规划由镇人民政府组织编制,报上一级人民政府审批。

按《城乡规划法》(2019)第 16 条的要求,由县人民政府组织编制的镇总体规划,在报上一级人民政府审批前,应当先经本级人民代表大会常务委员会审议,常务委员会组成人员的审议意见交由本级人民政府研究处理;镇人民政府组织编制的镇总体规划,在报上一级人民政府审批前,应当先经镇人民代表大会审议,代表的审议意见交由本级人民政府研究处理。规划的组织编制机关报送审批规划时,应当将本级人民代表大会常务委员会组成人员的审议意见或者镇人民代表大会代表的审议意见和根据审议意见修改规划的情况一并报送。

5. 镇的详细规划

根据《城乡规划法》(2019)第 20 条规定,镇人民政府根据镇总体规划的要求,组织编制镇的控制性详细规划,报上一级人民政府审批。县人民政府所在地镇的控制性详细规划,由县人民政府城乡规划主管部门根据镇总体规划的要求组织编制,经县人民政府批准后,报本级人民代表大会常务委员会和上一级人民政府备案。

同时依据该法第 21 条规定,镇人民政府可以组织编制重要地块的修建性详细规划。修建性详细规划应当符合控制性详细规划。

6. 乡、村庄规划

根据《城乡规划法》(2019)第 22 条规定,乡、村庄规划由乡、镇人民政府组织编制,报上一级人民政府审批。村庄规划在报送审批前,应当经村民会议或者村民代表会议讨论同意。

乡规划、村庄规划应当从农村实际出发,尊重村民意愿,体现地方和农村特色。

7. 其他程序的一般性规定

《城乡规划法》还要求,城乡规划报送审批前,组织编制机关应当依法将城乡规划草案予以公告,并采取论证会、听证会或者其他方式征求专家和公众的意见。公告的时间不得少于 30 日。组织编制机关应当充分考虑专家和公众的意见,并在报送审批的材料中附具意见采纳情况及理由。

省域城镇体系规划、城市总体规划、镇总体规划批准前,审批机关应当组织专家和有关部门进行审查。

(四)规划编制单位及编制要求

城乡规划组织编制机关应当委托具有相应资质等级的单位承担城乡规划的具体编制工

作。从事城乡规划编制工作应当具备下列条件,并经国务院城乡规划主管部门或者省、自治区、直辖市人民政府城乡规划主管部门依法审查合格,取得相应等级的资质证书后,方可在资质等级许可的范围内从事城乡规划编制工作:(1)有法人资格;(2)有规定数量的经国务院城乡规划主管部门注册的规划师;(3)有规定数量的相关专业技术人员;(4)有相应的技术装备;(5)有健全的技术、质量、财务管理制度。规划师执业资格管理办法,由国务院城乡规划主管部门会同国务院人事行政部门制定。

编制城乡规划必须遵守国家有关标准,并应当具备国家规定的勘察、测绘、气象、地震、水文、环境等基础资料。县级以上地方人民政府有关主管部门应当根据编制城乡规划的需要,及时提供有关基础资料。

(五)城乡规划的修改

《城乡规划法》(2019)第7条规定:"经依法批准的城乡规划,是城乡建设和规划管理的依据,未经法定程序不得修改。"经法定程序制定并生效的城乡规划具有高度的严肃性,任何机关不得随意变更;如需变更,必须符合法定的条件并经过严格的法定程序。

根据《城乡规划法》(2019)第四章规定,有下列情形之一的,组织编制机关方可按照规定的权限和程序修改省域城镇体系规划、城市总体规划、镇总体规划:(1)上级人民政府制定的城乡规划发生变更,提出修改规划要求的;(2)行政区划调整确需修改规划的;(3)因国务院批准重大建设工程确需修改规划的;(4)经评估确需修改规划的;(5)城乡规划的审批机关认为应当修改规划的其他情形。

修改省域城镇体系规划、城市总体规划、镇总体规划前,组织编制机关应当对原规划的实施情况进行总结,并向原审批机关报告;修改涉及城市总体规划、镇总体规划强制性内容的,应当先向原审批机关提出专题报告,经同意后,方可编制修改方案。修改后的省域城镇体系规划、城市总体规划、镇总体规划,应当依照《城乡规划法》(2019)第13~16条规定的审批程序,即原审批程序报批。

修改控制性详细规划的,组织编制机关应当对修改的必要性进行论证,征求规划地段内利害关系人的意见,并向原审批机关提出专题报告,经原审批机关同意后,方可编制修改方案。修改后的控制性详细规划,应当依照《城乡规划法》(2019)第19、20条规定的审批程序报批。控制性详细规划修改涉及城市总体规划、镇总体规划的强制性内容的,应当先修改总体规划。修改乡规划、村庄规划的,应当依照《城乡规划法》(2022)第22条规定的审批程序报批。

在选址意见书、建设用地规划许可证、建设工程规划许可证或者乡村建设规划许可证发放后,因依法修改城乡规划给被许可人合法权益造成损失的,应当依法给予补偿。经依法审定的修建性详细规划、建设工程设计方案的总平面图不得随意修改;确需修改的,城乡规划主管部门应当采取听证会等形式,听取利害关系人的意见;因修改给利害关系人合法权益造成损失的,应当依法给予补偿。

(六)城乡规划的实施

城乡规划在实施过程中,对于城市、镇规划区内的规划,应当遵循以下步骤与要求:

1.选址意见书。按照国家规定需要有关部门批准或者核准的建设项目,以划拨方式提供国有土地使用权的,建设单位在报送有关部门批准或者核准前,应当向城乡规划主管部门申请核发选址意见书。前述项目以外的建设项目不需要申请选址意见书。

2. 建设用地规划许可证。在城市、镇规划区内以划拨方式提供国有土地使用权的建设项目,经有关部门批准、核准、备案后,建设单位应当向城市、县人民政府城乡规划主管部门提出建设用地规划许可申请,由城市、县人民政府城乡规划主管部门依据控制性详细规划核定建设用地的位置、面积、允许建设的范围,核发建设用地规划许可证。

在城市、镇规划区内以出让方式提供国有土地使用权的,在国有土地使用权出让前,城市、县人民政府城乡规划主管部门应当依据控制性详细规划,提出出让地块的位置、使用性质、开发强度等规划条件,作为国有土地使用权出让合同的组成部分。未确定规划条件的地块,不得出让国有土地使用权。以出让方式取得国有土地使用权的建设项目,建设单位在取得建设项目的批准、核准、备案文件和签订国有土地使用权出让合同后,向城市、县人民政府城乡规划主管部门领取建设用地规划许可证。城市、县人民政府城乡规划主管部门不得在建设用地规划许可证中,擅自改变作为国有土地使用权出让合同组成部分的规划条件。

3. 申请与划拨土地。建设单位在取得建设用地规划许可证后,方可向县级以上地方人民政府土地主管部门申请用地,经县级以上人民政府审批后,由土地主管部门划拨土地。

4. 建设工程规划许可证。在城市、镇规划区内进行建筑物、构筑物、道路、管线和其他工程建设的,建设单位或者个人应当向城市、县人民政府城乡规划主管部门或者省、自治区、直辖市人民政府确定的镇人民政府申请办理建设工程规划许可证。

申请办理建设工程规划许可证,应当提交使用土地的有关证明文件、建设工程设计方案等材料。需要建设单位编制修建性详细规划的建设项目,还应当提交修建性详细规划。对符合控制性详细规划和规划条件的,由城市、县人民政府城乡规划主管部门或者省、自治区、直辖市人民政府确定的镇人民政府核发建设工程规划许可证。

对于在乡、村庄规划区内进行乡镇企业、乡村公共设施和公益事业建设的,建设单位或者个人应当向乡、镇人民政府提出申请,由乡、镇人民政府报城市、县人民政府城乡规划主管部门核发乡村建设规划许可证。建设单位或者个人在取得乡村建设规划许可证后,方可办理用地审批手续。

5. 核实与验收。县级以上地方人民政府城乡规划主管部门按照国务院规定对建设工程是否符合规划条件予以核实。未经核实或者经核实不符合规划条件的,建设单位不得组织竣工验收。建设单位应当在竣工验收后6个月内向城乡规划主管部门报送有关竣工验收资料。

第七节 对司法的行政协助

在我国法律制度中,既存在行政机关对司法的协助,也存在司法机关对行政的协助。这两类协助行为的性质如何认定,是行政行为还是司法行为,理论上还缺乏统一的逻辑标准。我们在这里,将行政机关对司法的协助行为视作特殊的行政行为。

一、行政机关对司法协助行为的概念和特征

行政机关理应依法实施自己的事务,但当有法律、法规规定时,行政机关会有协助其他机关,尤其是司法机关的义务。例如,根据《刑事诉讼法》(2018)第67条规定,公安机关执行司法机关作出的“取保候审决定”,根据第74条的规定,公安机关执行司法机关作出的“监视居住”

的决定。又如《民事诉讼法》(2021)第258条规定:"在执行中,需要办理有关财产权证照转移手续的,人民法院可以向有关单位发出协助执行通知书,有关单位必须办理。"由此为行政机关(房屋登记管理部门)设定了对司法的协助义务。

暂且将这类行为称作"行政机关对司法的协助行为"。这类行为是指,行政机关依照法律规定执行司法决定或协助司法的法律行为。其法律特征在于:

1. 行为主体是行政机关。这类协助行为发生时,虽然被协助的行为是司法机关作出的行为(如司法裁判),但协助行为是行政机关在行政职权范围内作出的行为。如房产登记部门根据法院的通知变更当事人的产权登记,虽然财产变更通知是司法机关作出的,但产权变更登记是行政登记机关作出的。

2. 行为性质是对司法决定的执行和其他协助。在这类行为中,协助行为是由行政机关作出的,但它是司法机关意志的延伸。行政机关如何协助,要依法进行,但对无权阻却、改变或者取消司法决定。

3. 权力依据的法定性。行政机关协助司法的行为所基于的权力和义务是法定的,不是出于行政机关是否愿意以及行政机关与司法机关的个人关系,而属于法定职责。只有法律明文规定行政机关有协助义务的,行政机关才应当协助。

二、行政机关对司法协助行为的有效条件

行政机关为司法提供协助行为,是有条件的。这一行为的发动和实施都必须在一定的条件下进行。

1. 必须有法律依据。并不是任何行政机关都有对司法的协助义务,都可协助或不协助。行政机关对司法协助必须是由法律设定的义务,行政机关不得拒绝。这里的法律是狭义的,限指全国人民代表大会及其常务委员会制定的法律。之所以将这一义务的"设定法"限定得如此之窄,是因为,行政机关对司法的协助涉及行政权与司法权的关系。

2. 必须有协助通知。尽管法律为某类行政机关设定了某类协助义务,也不等于说该行政机关随时可以提供协助。行政机关必须在司法机关发出协助通知的条件下方可启动协助行为。法律依据是行政机关提供协助的权力基础,司法机关的协助通知书则是行政机关提供协助的行为启动。

3. 协助行为不得超越权限。这里的权限包括两个方面:一是司法决定的权限。司法协助通知要求变更A的产权,行政机关就不得执行变更B的产权。二是行政机关自己的权限。行政机关的协助权必须以其本身的职权为基础,并且权限范围一致。例如,司法机关通知政府规划部门变更A的产权登记,政府规划部门就不得协助,因为这超越其行政权限。

行政机关不符合上述条件所实施的协助行为,应当视为无效。

三、行政机关对司法协助行为的性质

按理说,是行为性质决定受案范围而不是相反。如果将行政机关对司法的协助行为定性为行政行为,那么它就属于行政诉讼的受案范围;如果将行政机关对司法的协助行为定性为司法行为,那么它就不属于行政诉讼的受案范围,适用其他途径救济。但在"(行政)诉讼先行"的中国,我们的思维逻辑恰恰是倒过来的:如果它是可诉的,那么它就是行政行为,如果是不可诉的,那么就不是行政行为。但在这一点上,恰恰缺少清晰的逻辑和标准。

司法机关的主流观点是:行政机关对司法的协助行为不属于行政诉讼的受案范围,因为它在"本质上是司法行为"的"某种继续和延伸"。最高人民法院《关于行政机关根据法院的协助执行通知书实施的行政行为是否属于人民法院行政诉讼受案范围的批复》(法释〔2004〕6 号)〔179〕指出:"行政机关根据人民法院的协助执行通知书实施的行为,是行政机关必须履行的法定协助义务,不属于人民法院行政诉讼受案范围。但如果当事人认为行政机关在协助执行时扩大了范围或违法采取措施造成其损害,提起行政诉讼的,人民法院应当受理。"最高人民法院《关于行政机关不履行人民法院协助执行义务行为是否属于行政诉讼受案范围的答复》(〔2012〕行他字第 17 号)同样指出:"行政机关根据人民法院的协助执行通知书实施的行为,是行政机关必须履行的法定协助义务,公民、法人或者其他组织对该行为不服提起诉讼的,不属于人民法院行政诉讼受案范围。行政机关拒不履行协助执行义务的,人民法院应当依法采取执行措施督促其履行;当事人请求人民法院判决行政机关限期履行协助执行义务的,人民法院不予受理。但当事人认为行政机关不履行协助执行义务造成其损害,请求确认不履行协助执行义务行为违法并予以行政赔偿的,人民法院应当受理。"2011 年由最高人民法院行政审判庭公布的一个行政审判指导案例〔180〕又补强了这一观点。

上述规定总体上没有将行政机关对司法的协助行为定性为可诉的"行政行为"。但在一个特殊的案例中,似乎又出现了另一种观点和主张。在宋某基诉湛江市赤坎区国家税务局追缴税款案中,被告赤坎区国家税务局(以下简称赤坎国税局)调查立球贸易公司税务违法问题后,责令其追补税款和教育附加费共 448 余万元,但立球贸易公司没有履行。赤坎国税局将该案移送赤坎区检察院,后者对该公司法定代表人宋某基立案侦查。1996 年年底,赤坎区检察院致函赤坎国税局,告知对宋某基免予起诉、追缴已冻结存款的处理结果,并写明"请你局办理有关入库手续"。被告于当天填发税收缴款书,将被冻结的存款 254 余万元划入国库,缴交税款。宋某基对税收缴款书提起诉讼。最高人民检察院抗诉认为,上述款项系赤坎区检察院冻结并通知银行划拨的,赤坎国税局的行为是"司法协助行为",不属于行政诉讼的受案范围。广东省高级人民法院坚持认为,税收征收应当由税务机关根据法律法规独立行使,检察院或者法院不宜直接追缴税款。税务机关所作的税收决定是一种行政管理行为,不是"司法协助行为"。是否根据检察院的通知而为,不能改变行政行为的性质。〔181〕 最高人民法院同意了该意见。〔182〕

关于行政机关对司法协助行为的性质,只有两个选择,定性为"行政行为"抑或是"司法行为"。笔者的观点是,行政机关对司法的协助行为是一种特殊的行政行为。〔183〕 因为行政机关基于自己的行政职权所作的行为就是行政行为,无论它以法律为依据或以司法判决为依据,都

〔179〕 2019 年 7 月 8 日被最高人民法院《关于废止部分司法解释(第十三批)的决定》(法释〔2019〕11 号)废止。

〔180〕 第 047 号案例:行政机关履行法院协助执行通知产生的特定行为不可诉——周某华、周某诉江苏省镇江市房产管理局房屋行政登记案。裁判要旨:行政机关履行法院协助执行通知的行为不属于行政诉讼受案范围,不具有可诉性。该案例认为这类行为"本质上是司法行为在房产管理中的某种继续和延伸"。参见中华人民共和国最高人民法院行政审判庭编:《中国行政审判案例:第 40 - 80 号案例》(第 2 卷),中国法制出版社 2011 年版,第 40 ~ 43 页。

〔181〕 本案例参见何海波:《行政诉讼法》,法律出版社 2011 年版,第 139 ~ 140 页。

〔182〕 参见广东省高级人民法院《关于宋某基诉湛江市赤坎区国家税务局追缴税款行政纠纷最高人民检察院抗诉再审一案有关问题的请示报告》(〔2000〕粤高法行监字第 10 号);最高人民法院《对广东省高级人民法院〈关于宋某基诉湛江市赤坎区国家税务局追缴税款行政纠纷最高人民检察院抗诉再审一案有关问题的请示〉的答复》(〔2001〕行他字第 17 号)。

〔183〕 参见胡建淼、刘威:《行政机关协助司法的行为性质及其可诉性研究》,载《法学论坛》2020 年第 5 期。

不会改变其行为的性质。

四、行政机关对司法协助行为的可诉性

《行政诉讼法》和其他法律并没有回答行政机关对司法的协助行为的性质和可诉性，最高人民法院的司法文件和有关案例指导是否定这类行为的“行政性”和“可诉性”的。最高人民法院印发的《〈关于行政案件案由的暂行规定〉的通知》（法发〔2020〕44 号）将这类行为表述为“执行生效裁判行为”并明文规定不可诉。但是，最高人民法院还是为整个行政机关对司法的协助行为的“可诉性”留了一个“口子”，即认为如果行政机关协助行为违法或者超越了行政权限，或者司法协助通知书超越了法定权限的，行政机关的协助行为应当是可诉的并应承担责任。这一观点为现行的司法解释所传承。《行政诉讼法解释》（2018）第 1 条第 2 款规定：“下列行为不属于人民法院行政诉讼的受案范围：……（七）行政机关根据人民法院的生效裁判、协助执行通知书作出的执行行为，但行政机关扩大执行范围或者采取违法方式实施的除外……”

从《行政诉讼法解释》（2018）第 1 条第 2 款第 7 项作为一种“实然”制度考虑，我们按此对待行政机关对司法的协助行为就行；但作为“应然”考虑，这样的规定还是可以讨论的。因为这其实走向了“合法性”标准，即如果行政机关对司法的协助没有超越权限和范围，是合法的，那就不可诉；相反，就按“可诉的行政行为”对待。这样势必导致推翻行政诉讼受案范围的划定规则和颠倒先判后诉的程序。在行政诉讼中，相对人只要“认为”行政行为“违法”就可以起诉，并不要求只对“实际违法”的行政行为起诉。因为被诉行政行为是否违法，得经过漫长的诉讼程序最后由司法裁判确定。

如果将所有行政机关对司法的协助行为定性为“行政行为”并表明都是“可诉”的并不可怕，因为对于大量的合法协助行为，大多数相对人并不会起诉；起诉了，该协助行为也总是被法院判决所维持。

第八节　疑难问题探讨

一、交通事故责任认定行为是可诉的行政行为吗？

交通事故责任认定是否可诉不只是行政诉讼问题，更是行为性质的认定问题。如果交通事故责任认定属于行政确认行为，那么，它就是可诉的行政行为；如果它仅仅属于证据行为，那自然不属于可诉的行政行为。但现在人们的讨论重点似乎不在交通事故责任认定行为的性质上，而是落在是否可诉的问题上。

对道路交通事故的责任认定历来是公安机关的法定职责。公安机关履行这一法定职责属于行政行为，亦属无异议。但是 1990 年《行政诉讼法》在全国施行后，最高人民法院和公安部联合于 1992 年 12 月 1 日发布《关于处理道路交通事故案件有关问题的通知》（法发〔1992〕39 号）〔184〕。该通知规定：“当事人仅就公安机关作出的道路交通事故责任认定和伤残评定不服，

---

〔184〕 自 2013 年 1 月 18 日起因最高人民法院《关于废止 1980 年 1 月 1 日至 1997 年 6 月 30 日期间发布的部分司法解释和司法解释性质文件（第九批）的决定》（法释〔2013〕2 号）而废止。

向人民法院提起行政诉讼或民事诉讼的,人民法院不予受理。当事人对作出的行政处罚不服提起行政诉讼或就损害赔偿问题提起民事诉讼的,以及人民法院审理交通肇事刑事案件时,人民法院经审查认为公安机关所作出的责任认定、伤残评定确属不妥,则不予采信,以人民法院审理认定的案件事实作为定案的依据。"这里,公安机关交通管理部门对交通事故责任认定行为,第一次被推出了行政诉讼的受案范围之外。

2000 年 3 月 20 日,公安部在《关于对火灾事故责任认定不服是否属行政诉讼受案范围的批复》(公复字〔2000〕3 号)中指出:"火灾事故责任认定是公安消防机构在查明火灾事故事实后,根据当事人的行为与火灾事故之间的因果关系,以及其行为在火灾事故中所起的作用而作出的结论,其本身并不确定当事人的权利义务,不是一种独立的具体行政行为,不属于《行政诉讼法》第十一条规定的受案范围。当事人对火灾事故责任认定不服的,依据公安部《火灾事故调查规定》第三十一条的规定,可以申请重新认定。"言下之意是,任何有关事故的责任认定,不直接产生权利与义务关系,不是独立的具体行政行为,故不可诉。这是 1992 年最高人民法院和公安部的"联合通知"精神从道路交通事故责任认定向火灾事故责任认定的扩展。

但自 2001 年起,《最高人民法院公报》连续两年刊登了两个有关交通事故责任认定的行政诉讼案例,即"李某芳不服交通事故责任重新认定决定案"(2001 年第 5 期)和"罗某富不服道路交通事故责任认定案"(2002 年第 5 期)。通过这两个案例,最高人民法院表明了一个态度:公安机关对交通事故责任认定属于可诉的行政行为。与 1992 年的通知相比较,是最高人民法院态度上的一大转变。

2003 年,第十届全国人民代表大会常务委员会第五次会议通过了《道路交通安全法》,该法取代了 1988 年由国务院制定的《道路交通管理条例》,并自 2004 年 5 月 1 日起施行。新制定的《道路交通安全法》第 73 条规定:"公安机关交通管理部门应当根据交通事故现场勘验、检查、调查情况和有关的检验、鉴定结论,及时制作交通事故认定书,作为处理交通事故的证据。交通事故认定书应当载明交通事故的基本事实、成因和当事人的责任,并送达当事人。"这里的"作为处理交通事故的证据"的表达,用以表明公安机关对交通事故责任认定是一种"证据行为",而不是可诉的行政行为。2007 年、2011 年和 2021 年的三次修改都保留了这一表述。公安部《道路交通事故处理程序规定》(2017)第 65 条第 1 款也规定:"道路交通事故认定书应当在制作后三日内分别送达当事人,并告知申请复核、调解和提起民事诉讼的权利、期限。"

在这一背景下,虽然最高人民法院至今也未出正式的司法解释,但是在法院系统内部统一了司法政策,即将公安机关的交通事故责任认定行为排除于行政诉讼范围之外。特别是 2005 年,全国人民代表大会常务委员会法制工作委员会《关于交通事故责任认定行为是否属于具体行政行为,可否纳入行政诉讼受案范围的意见》(法工办复字〔2005〕1 号)明确答复:"根据道路交通安全法第七十三条的规定,公安机关交通管理部门制作的交通事故认定书,作为处理交通事故案件的证据使用。因此,交通事故责任认定行为不属于具体行政行为,不能向人民法院提起行政诉讼。如果当事人对交通事故认定书牵连的民事赔偿不服的,可以向人民法院提起民事诉讼。"不难发现,目前认为公安机关的交通事故责任认定行为不可诉的理由主要是,它是《道路交通安全法》第 73 条所规定的"证据行为",而不是"行政行为"。

笔者不敢苟同。公安机关对道路交通事故的责任认定,是一种典型的行政确认行为,理应纳入行政复议与行政诉讼范围之内。具体理由如下:

1. 公安机关对道路交通事故的责任认定是一种行政确认,属于独立、具体的行政行为。它的可诉性是由《行政诉讼法》直接规定的。它不属于《行政诉讼法》(2017)第13条排除范围中的任何一种情形。

2.《道路交通安全法》不构成该行为不可诉的法律依据。该法第73条并没有规定公安机关对道路交通事故的责任认定不可诉,也没有将此行为定性为纯"证据行为",它不过是表明交通事故认定书可以作为处理交通事故的证据而已。行政确认可以成为其他行政行为或者民事行为的证据本身就是行政确认的一个特性,而不是排斥它作为行政确认的理由。[185]

3. 目前,在其他的行政确认都可诉的条件下,诸如对行政机关的房产登记、结婚登记、工伤认定等行政确认的不服诉讼,如果只将公安机关对道路交通事故的责任认定这种行政确认行为排除于可诉范围之外,会导致行政法理论上的混乱和实践中的不平衡。

二、自然资源的初始登记属于行政确认还是行政许可?

本章第二节阐述"行政确认"之行政行为时讨论过"行政登记",特别是行政登记与行政确认之间的关系。

行政登记是行政登记机关根据公民、法人或者其他组织的申请,依据法律法规等规定的程序对相关申请材料进行审核,审核通过的即在登记系统里记载相关事实,以此达到向社会公示的法律效果。行政登记主要适用于对社会生活中各类权属的登记。行政登记是行政行为的一种形式,本身不宜作为一种行政行为对待。因为行政登记的性质非常复杂,有许可性登记、确认性登记、备案性登记之分。它们分别属于行政许可行为、行政确认行为与行政备案行为。前两者都是行政行为,行政备案不作为行政行为对待。

那么,行政机关对自然资源所有权或者使用权的初始登记属于什么行政行为呢?是属于行政确认还是行政许可呢?请关注一个司法答复。

最高人民法院行政审判庭《关于行政机关颁发自然资源所有权或者使用权证的行为是否属于确认行政行为问题的答复》(〔2005〕行他字第4号)指出:"最高人民法院法释[2003]5号批复中的'确认',是指当事人对自然资源的权属发生争议后,行政机关对争议的自然资源的所有权或者使用权所作的确权决定。有关土地等自然资源所有权或者使用权的初始登记,属于行政许可性质,不应包括在行政确认范畴之内。据此,行政机关颁发自然资源所有权或者使用权证书的行为不属于复议前置的情形。"这里包含了一个观点:行政机关对自然资源所有权或者使用权的初始登记属于行政许可行为,不属于行政确认行为。

这一观点是可以讨论的。行政确认是指行政主体对既存的法律事实和法律关系进行审查、认定并宣示其法律效力的行政行为。而行政许可,根据《行政许可法》(2019)第2条规定,是指"行政机关根据公民、法人或者其他组织的申请,经依法审查,准予其从事特定活动的行为"。笔者认为,对法律关系、主体资格和权属的肯定属于行政确认,而对相对人行为的准许才是行政许可,如结婚证和产权登记属于行政确认,它们是肯定法律关系和主体地位,而《采矿许可证》和《律师执业证》属于行政许可,它是准许你"采矿行为"和"律师执法行为"。行政许可以行政确认为前提,但行政确认未必一定走到行政许可。例如公民想作为律师执业,必须先取得"律师资格",但他取得律师资格证(行政确认)后可以不申请律师执业证(行政许可)。

---

〔185〕 例如,作为行政确认结果形式的房屋所有权证,可能作为认定行政侵权的证据之一;同样作为行政确认结果形式的结婚登记证,能够作为处理财产关系的证据;等等。

行政机关对自然资源所有权或者使用权的初始登记,与对个人的房屋所有权进行"产权登记"是一样的道理,应当属于行政确认而不是行政许可。

三、国有土地使用权出让协议是否属于行政协议?

我国《行政诉讼法》和有关司法解释对行政协议的列举中,都没有明文列举"国家土地使用权出让协议"。《行政诉讼法》(2017)第12条第1款规定:"人民法院受理公民、法人或者其他组织提起的下列诉讼:……(十一)认为行政机关不依法履行、未按照约定履行或者违法变更、解除政府特许经营协议、土地房屋征收补偿协议等协议的……"最高人民法院《关于审理行政协议案件若干问题的规定》(法释〔2019〕17号)第2条规定:"公民、法人或者其他组织就下列行政协议提起行政诉讼的,人民法院应当依法受理:(一)政府特许经营协议;(二)土地、房屋等征收征用补偿协议;(三)矿业权等国有自然资源使用权出让协议;(四)政府投资的保障性住房的租赁、买卖等协议;(五)符合本规定第一条规定的政府与社会资本合作协议;(六)其他行政协议。"那么,国有土地使用权出让协议到底是否属于行政协议呢?这需要考察一下历史背景。

国有土地使用权出让协议长期被作为民事合同对待。早在2000年,最高人民法院《民事案件案由规定(试行)》(法发〔2000〕26号)[186]就将"土地使用权出让合同纠纷"作为民事案件纳入"房地产开发经营合同纠纷"。2020年的民事案件案由规定,即最高人民法院《民事案件案由规定》(法〔2020〕347号)依然将"建设用地使用权出让合同纠纷"列入民事案件的案由。特别是2004年制定,2020年修正的最高人民法院《关于审理涉及国有土地使用权合同纠纷案件适用法律问题的解释》(法释〔2020〕17号)第1条指出:"本解释所称的土地使用权出让合同,是指市、县人民政府自然资源主管部门作为出让方将国有土地使用权在一定年限内让与受让方,受让方支付土地使用权出让金的合同。"并明确将这类案件列入民事案件范围。

但是,最高人民法院的某些司法解释已表现出将这类合同纳入行政协议的倾向,如最高人民法院行政审判庭《关于拍卖出让国有建设用地使用权的土地行政主管部门与竞得人签署成交确认书行为的性质问题请示的答复》(〔2010〕行他字第191号),最高人民法院《关于地方人民政府作出的同意收回国有土地使用权批复是否属于可诉具体行政行为问题的答复》(2012年8月23日),最高人民法院《关于收回国有土地使用权案件适用法律问题的答复》(〔2012〕行他字第10号)等。特别是最高人民法院《关于审理行政协议案件若干问题的规定》(法释〔2019〕17号)出台以后,司法界更强化了这一倾向。至于这次最高人民法院《关于审理行政协议案件若干问题的规定》(法释〔2019〕17号)尚未将国有土地使用权出让协议明文列举出来,有关部门的表态是:"本次司法解释暂未将国有土地使用权出让协议列入。一些地方已经就该类案件作为行政协议案件进行审理,积累了一些审判经验。今后,人民法院行政审判部门就可以审理此类案件继续进行探索,条件成熟时,司法解释再行明确规定。"[187]

笔者认为,除非不承认行政协议的存在。如果承认其存在,那么,国有土地使用权出让协议就是典型的行政协议。因为从理论上说,国有土地使用权出让协议与转让协议不同,它是县、市人民政府代表国家将土地使用权在一定年限内让与土地使用者,并由土地使用者向国家

---

〔186〕 现已失效。

〔187〕 最高人民法院行政审判庭编著:《最高人民法院关于审理行政协议案件若干问题的规定理解与适用:条文主旨·起草背景·条文释义·实务指导》,人民法院出版社2020年版,第52页。

支付土地使用权出让金的协议。这发生在作为行政主体的政府与作为相对人的土地使用者之间对国家公产使用的一种约定,自然属于行政协议。也就是说,国有土地使用权出让协议是行政协议,但国有土地使用权的转让协议是民事协议。

四、如何理解行政机关在行政协议中的优益权?

自从2004年的国务院《全面推进依法行政实施纲要》(国发〔2004〕10号)将"行政合同"定性为"政府行政管理的一种方式",2014年,《行政诉讼法》的修改首次将行政协议纳入行政诉讼的受案范围,接着最高人民法院《关于审理行政协议案件若干问题的规定》(法释〔2019〕17号),使行政协议诉讼在程序中完整落地。在此背景下,中国行政法学界对行政协议的研究如火如荼,论文著作硕果累累。令人关注的是,大多成果都表达了一种观点:"行政机关在行政协议中具有行政优益权","行政机关享有行政优益权是行政协议的重要特征"〔188〕;行政优益权实为"行政机关在合同法的框架之外作出的单方处置"权;等等。〔189〕这就意味着,行政机关和相对人签订了行政协议之后,只要出于"公共利益或行政管理目标实现"的需要,行政机关就可以单方不履行协议,或单方变更和解除协议,还可直接处罚和强制对方当事人……这种对行政机关在行政协议中行政优益权的过度提拔,以及理论上对行政优益权不完整、不准确的宣传,导致了行政机关的误解,以为自己在行政协议中真是与相对人地位不平等的"决策者",完全可以"公共利益需要"或者"行政管理目标实现需要"为由,不履行双方签订的行政协议,还可单方变更或解除行政协议,特别是当相对人不履行行政协议时,又可单方对相对人作出行政处罚或行政强制执行……这种"误解"在客观上为本已存在的地方政府任意违约毁约行为提供了"合法依据",助长了本已存在的"行政违法"现象,势必成为法治政府建设的"拦路虎"。所以,正确理解和把握行政机关在行政协议中的地位十分重要。

行政优益权,是指行政主体依法享有的,为实施行政职权所需要的保障性条件。它由行政优先权与行政受益权构成。行政优益权主要存在和体现于行政命令、行政处罚和行政强制等强制性行政行为领域,在行政协议中也会有所体现,但鉴于"合同"的本性它显得非常微小,行政机关在行政协议中根本不存在那种普遍、单方的"处置权"。

现在不是不存在"行政优益权",问题只是如何理解"行政优益权"。行政机关的行政优益权,表现为处于单方优势地位的行政机关享有单方"特权"。但在行政协议中,作为一方当事人的行政机关,所享有的优势地位和单方特权是非常有限的。

行政协议中的优益权是指作为合同一方当事人的行政机关具有的优益权。合同当事人以外的行政机关依照法律规定,对作为合同当事人的公民、法人或者其他组织是否守法、是否守约的监督和管理,乃是一般行政机关的法定职责,不属于行政协议中的行政优益权。因为,行政机关的这些职责与行政协议是否存在没有关系。行政协议不具有排除有关行政机关对相对人实施法定监管的效力。上面所列举的法律规定恰恰是对合同当事人以外行政机关监管权的规定,而不是对作为合同当事人的行政机关监管权的法律规定。

---

〔188〕 参见最高人民法院行政审判庭编著:《最高人民法院关于审理行政协议案件若干问题的规定理解与适用:条文主旨·起草背景·条文释义·实务指导》,人民法院出版社2020年版,第504页。

〔189〕 参见最高人民法院行政审判庭编著:《最高人民法院关于审理行政协议案件若干问题的规定理解与适用:条文主旨·起草背景·条文释义·实务指导》,人民法院出版社2020年版,第36页。

行政协议中的优益权是指作为合同一方当事人的行政机关在合同中依照法律规定或者合同约定所具有的合同权益。这首先是说,行政协议中的优益权必须存在于合同之内而不是合同之外。行政机关在行政协议以外的优益权,如体现在行政命令、行政处罚、行政强制、行政征收和征用中的行政优益权,与行政协议没有关系。其次必须说明,如果作为合同一方当事人的行政机关在行政协议中存在优益权,那么其就必须基于法律的特别规定或者合同的特别约定而产生。例如,《城镇国有土地使用权出让和转让暂行条例》(2020)第14条规定:"土地使用者应当在签订土地使用权出让合同后六十日内,支付全部土地使用权出让金。逾期未全部支付的,出让方有权解除合同,并可请求违约赔偿。"这时,无论国有土地使用权出让协议是否写进这一法律规定,行政机关都具有在这一情形下的合同单方解除权。如果在法律规定以外,合同双方当事人约定了行政机关的某些特别权益,那应当视作为平等的合同权益,而不是单方的优益权。总之,行政机关在行政协议中不具有抽象的、普遍的、无条件的优益权。行政机关只有在有法律的直接而具体授权条件下,或者有合同的具体约定条件下才会有优益权。行政机关不具有法律规定和合同约定以外的优益权。行政机关作为合同的一方当事人,基于行政协议所自然具有的,法律规定以外和合同约定以外的"单方处置权"是不存在,也不应当存在的。

如果说行政机关在行政协议中具有行政优益权,那也仅仅是指在我国的法律制度背景下,由于行政机关对行政协议没有"起诉权"和诉讼中的"反诉权",所以当其遇到"法定事由"可以变更或解除合同时,当双方协商不成时,只能先行作出行政决定(变更协议的决定或解除协议的决定等),但也不是最终决定,其必须接受严格的行政审查(行政复议)和司法审查(行政诉讼)。合同另一方当事人对这一决定不服的,有权申请行政复议或者提起行政诉讼。显然,行政机关对行政协议的单方解约权其实和另一方当事人一样,仅是一种"主张权"或"请求权"。

本章小结

本章阐述的是授权行政行为(有利行为)与负担行政行为(不利行为)之外的一种行为。这种行政行为的特点是,它既不为行政相对人直接设定权利,也不为相对人直接设定义务,其行为的结果对相对人可能是有利的,也可能是不利的;可能对这一相对人是有利的,对另一相对人又是不利的,所以称之为"中性行政行为"。

"中性行政行为"包括行政证明、行政确认、行政裁决、行政公开、行政协议、行政规划和行政机关对司法的协助行为。当然,这七种行为并未穷尽所有的"中性行政行为"。对于其他的中性行为,还有待于随着实践的推进,依靠理论进行深化和总结。

行政证明以前多从载体上理解,它是作为能够证明客观行政关系的信息载体,包括法定文件、证书和其他资料等,自然作为行政证据而存在。作为一种行为,它包括行政主体为相对人提供证明的行为,和相对人向行政主体申请权利时向行政机关提供证明的行为。但作为一种中性行政行为,仅仅是指经公民、法人或者其他组织的申请,行政主体为特定相对人制作和提供用以证明其特定行政关系的证明载体的行政行为。行政证明长期被视作并不直接处分相对人权利与义务的纯事实行为,不在行政诉讼受案范围之内。但经过长期的行政实践,人们慢慢发现,相对人向行政主体申请权利时必须提供证据,而这证据的来源恰恰又被限制为行政机关(如公安机关为公民提供无犯罪记录证明),但负有证明职责的行政机关拒不提供证明或者提供了错误的证明,相对人的权利如何获得救济,这一问题摆到了人们的面前。将行政证明定性为行政行为并纳入行政诉讼受案范围之内,一切问题都迎刃而解了。

行政确认与行政证明非常靠近,但它是另一种中性行政行为。行政确认是指具有确认权的行政主体对既存的法律事实和法律关系进行审查、认定并宣示其法律效力的行政行为。行政确认的方式包括确认、认定、认证、评定、审定、核定、指定、登记等。所确认的法律关系也比较广泛，包括对人身关系的确认与对财产关系的确认，对权利的确认与对责任的确认，对主体资格的确认与对行为及结果状态的确认。

行政确认主要通过“登记”和“裁决”来实现，而通过裁决的确认又成了行政裁决行为。行政裁决特指：行政主体依照法律授权，根据当事人的申请，居间对特定的民事纠纷进行处理的行政行为。现在主要表现为行政机关对自然资源等所有权、使用权归属争议的裁定，曾被称为确权行为。

自政府信息公开制度确立以来，行政机关公开或不公开政府信息，也被视作一种可诉的行政行为对待。政府信息公开诉讼作为一种特殊的行政诉讼，正如火如荼、如日中天。《政府信息公开条例》和《个人信息保护法》乃是这一制度的基本法律依据。

行政协议也称行政合同、行政契约，是现代政府实施行政管理的一种新型方式。自从在2014年《行政诉讼法》的修改首次将行政协议纳入行政诉讼的受案范围之后，行政机关针对行政协议的行为（不履行协议、单方变更或解除协议，对合同另一方当事人的单方处置等）也被视作一种特殊的行政行为。不少学者认为行政机关在行政协议中具有行政优益权，但是，这种优益权只存在于合同和法律框架之内。

行政规划也称行政计划，它本身接近于一种抽象规则，但是行政机关对规划的制定、变更和实施的行为，已被不少国家纳入行政程序法进行规制。在中国，行政规划在行政法中的地位正在被慢慢地确立。

在现行法律制度中，既存在行政机关对司法的协助行为（如行政机关落实司法判决变更当事人的产权登记），也存在司法机关对行政的协助行为（如人民法院对行政行为的非诉执行）。这类行为到底属于行政行为还是司法行为，一直缺少统一的逻辑和标准。在这里，我们以主体和职权为标准，将行政机关对司法的协助行为定性为特殊的行政行为。

上述这些行为是中性的行政行为，而且都是可诉的行政行为。

规范链接

- 《中华人民共和国民法典》（2020）第144、146、153、208～210、509、543、562、563、577条
- 《中华人民共和国民事诉讼法》（2021）第3、127、258条
- 《中华人民共和国行政诉讼法》（2017）第12、13、75、101条
- 《中华人民共和国行政强制法》（2011）第3、53条
- 《中华人民共和国刑事诉讼法》（2018）第67、74条
- 《中华人民共和国商标法》（2019）第14条
- 《中华人民共和国专利法》（2020）第62条
- 《中华人民共和国城乡规划法》（2019）第7、12～22、66条
- 《中华人民共和国城市房地产管理法》（2019）第15、20条
- 《中华人民共和国土地管理法》（2019）第12、14、58条
- 《中华人民共和国森林法》（2019）第22条
- 《中华人民共和国草原法》（2021）第16条
- 《中华人民共和国矿产资源法》（2009）第49条
- 《中华人民共和国农村土地承包法》（2018）第24条
- 《中华人民共和国劳动法》（2018）第70条
- 《中华人民共和国社会保险法》（2018）第2条
- 《中华人民共和国道路交通安全法》（2021）第73条
- 《中华人民共和国消防法》（2021）第51条
- 《中华人民共和国个人信息保护法》（2021）第1条
- 《中华人民共和国政府采购法》（2014）第2、43、79条

- 《中华人民共和国政府信息公开条例》(2019)第2、5、14~16、19、20、27、51条
- 《中华人民共和国城镇国有土地使用权出让和转让暂行条例》(2020)第6条
- 全国人民代表大会常务委员会法制工作委员会《关于交通事故责任认定行为是否属于具体行政行为,可否纳入行政诉讼受案范围的意见》(法工办复字〔2005〕1号)
- 中共中央办公厅、国务院办公厅《关于健全行政裁决制度加强行政裁决工作的意见》(2019)
- 国务院《全民所有制工业企业承包经营责任制暂行条例》(2011)第6、18条
- 国务院《全民所有制小型工业企业租赁经营暂行条例》(1990)第23~24条
- 国务院《国有土地上房屋征收与补偿条例》(2011)第25条
- 国务院《居住证暂行条例》(2015)第9条
- 国务院《工伤保险条例》(2010)第三章
- 国务院《不动产登记暂行条例》(2019)第5条
- 国务院《证券公司监督管理条例》(2014)第10条
- 国务院《证券公司风险处置条例》(2016)第58条
- 国务院《全面推进依法行政实施纲要》(国发〔2004〕10号)
- 最高人民法院《关于适用〈中华人民共和国行政诉讼法〉的解释》(法释〔2018〕1号)
- 最高人民法院《关于行政案件案由的暂行规定》(法发〔2020〕44号)
- 最高人民法院《关于审理政府信息公开行政案件若干问题的规定》(法释〔2011〕17号)
- 最高人民法院《关于审理行政协议案件若干问题的规定》(法释〔2019〕17号)
- 最高人民法院《关于审理涉及国有土地使用权合同纠纷案件适用法律问题的解释》(法释〔2020〕17号)
- 最高人民法院《关于审理涉及农村集体土地行政案件若干问题的规定》(法释〔2011〕20号)
- 最高人民法院《关于适用〈行政复议法〉第三十条第一款有关问题的批复》(法释〔2003〕5号)
- 最高人民法院《关于行政机关不履行人民法院协助执行义务行为是否属于行政诉讼受案范围的答复》(〔2012〕行他字第17号)
- 最高人民法院办公厅《行政审判办案指南(一)》(法办〔2014〕17号)第3条
- 最高人民法院行政审判庭《关于行政机关颁发自然资源所有权或者使用权证的行为是否属于确认行政行为问题的答复》(〔2005〕行他字第4号)
- 最高人民法院行政审判庭《关于拍卖出让国有建设用地使用权的土地行政主管部门与竞得人签署成交确认书行为的性质问题请示的答复》(〔2010〕行他字第191号)
- 最高人民法院《关于地方人民政府作出的同意收回国有土地使用权批复是否属于可诉具体行政行为问题的答复》(2012年8月23日)
- 最高人民法院《关于收回国有土地使用权案件适用法律问题的答复》(〔2012〕行他字第10号)
- 公安部《道路交通事故处理程序规定》(2017)
- 公安部《关于对火灾事故责任认定不服是否属行政诉讼受案范围的批复》(公复字〔2000〕3号)
- 公安部《火灾事故调查规定》(2021)

案例讨论

戴某华诉济南市公安消防支队消防验收纠纷案

|案 情|

原告戴某华诉称:原告所住单元一梯四户,其居住的801室坐东朝西,进户门朝外开启。距离原告门口0.35米处的南墙挂有高1.6米、宽0.7米、厚0.25米的消火栓。人员入室须后退避让,等门扇开启后再前行入室。原告的门扇开不到60~70度根本出不来。消防栓的设置和建设影响原告的生活。请求依法撤销被告济南市公安消

防支队批准在其门前设置的消防栓通过验收的决定;依法判令被告责令报批单位依据国家标准限期整改。

被告济南市公安消防支队辩称:建设工程消防验收备案结果通知是按照建设工程消防验收评定标准完成工程检查,是检查记录的体现。如果备案结果合格,则表明建设工程是符合相关消防技术规范的;如果不合格,公安机关消防机构将依法采取措施,要求建设单位整改有关问题,其性质属于技术性验收,并不是一项独立、完整的具体行政行为,不具有可诉性,不属于人民法院行政诉讼的受案范围,请求驳回原告的起诉。

法院经审理查明:针对戴某华居住的馆驿街以南棚户区改造工程 1 ~8 号楼及地下车库工程,济南市公安消防支队对其消防设施抽查后,于 2011 年 11 月 21 日作出济公消验备〔2011〕第 0172 号《建设工程消防验收备案结果通知》。

济南高新技术产业开发区人民法院于 2012 年 11 月 13 日作出(2012)高行初字第 2 号行政裁定,驳回原告戴某华的起诉。戴某华不服一审裁定提起上诉。济南市中级人民法院经审理,于 2013 年 1 月 17 日作出(2012)济行终字第 223 号行政判决:(1)撤销济南高新技术产业开发区人民法院作出的(2012)高行初字第 2 号行政裁定;(2)本案由济南高新技术产业开发区人民法院继续审理。

法院生效裁判认为:关于行为的性质。《消防法》第 4 条规定:县级以上地方人民政府公安机关对本行政区域内的消防工作实施监督管理,并由本级人民政府公安机关消防机构负责实施。公安部《建设工程消防监督管理规定》第 3 条第 2 款规定:“公安机关消防机构依法实施建设工程消防设计审核、消防验收和备案、抽查,对建设工程进行消防监督。”该规定第 24 条第 1 款规定:“对本规定第十三条、第十四条规定以外的建设工程,建设单位应当在取得施工许可、工程竣工验收合格之日起七日内,通过省级公安机关消防机构网站进行消防设计、竣工验收消防备案,或者到公安机关消防机构业务受理场所进行消防设计、竣工验收消防备案。”上述规定表明,建设工程消防验收备案就是特定的建设工程施工人向公安机关消防机构报告工程完成验收情况,消防机构予以登记备案,以供消防机构检查和监督,备案行为是公安机关消防机构对建设工程实施消防监督和管理的行为。消防机构实施的建设工程消防备案、抽查的行为具有行使行政职权的性质,体现国家意志性、法律性、公益性、专属性和强制性,备案结果通知是备案行为的组成部分,是备案行为结果的具体表现形式,也具有上述行政职权的特性,应该纳入司法审查的范围。

关于行为的后果。《消防法》第 13 条规定:“按照国家工程建设消防技术标准需要进行消防设计的建设工程竣工,依照下列规定进行消防验收、备案:……(二)其他建设工程,建设单位在验收后应当报公安机关消防机构备案,公安机关消防机构应当进行抽查。依法应当进行消防验收的建设工程,未经消防验收或者消防验收不合格的,禁止投入使用;其他建设工程经依法抽查不合格的,应当停止使用。”公安部《建设工程消防监督管理规定》第 25 条第 2、3 款规定:“公安机关消防机构应当在已经备案的消防设计、竣工验收工程中,随机确定检查对象并向社会公告。对确定为检查对象的,公安机关消防机构应当在二十日内按照消防法规和国家工程建设消防技术标准完成图纸检查,或者按照建设工程消防验收评定标准完成工程检查,制作检查记录。检查结果应当向社会公告,检查不合格的,还应当书面通知建设单位。建设单位收到通知后,应当停止施工或者停止使用,组织整改后向公安机关消防机构申请复查。公安机关消防机构应当在收到书面申请之日起二十日内进行复查并出具书面复查意见。”上述规定表明,在竣工验收备案行为中,公安机关消防机构并非仅仅是简单地接受建设单位向其报送的相关资料,还要对备案资料进行审查,完成工程检查。消防机构实施的建设工程消防备案、抽查的行为能产生行政法上的拘束力。对建设单位而言,在工程竣工验收后应当到公安机关消防机构进行验收备案,否则,应当承担相应的行政责任,消防设施经依法抽查不合格的,应当停止使用,并组织整改;对公安机关消防机构而言,备案结果中有抽查是否合格的评定,实质上是一种行政确认行为,即公安机关消防机构对行政相对人的法律事实、法律关系予以认定、确认的行政行为,一旦消防设施被消防机构评定为合格,那就视为消防机构在事实上确认了消防工程质量合格,行政相关人也将受到该行为的拘束。

据此,法院认为作出建设工程消防验收备案通知,是对建设工程消防设施质量监督管理的最后环节,备案结果通知含有消防竣工验收是否合格的评定,具有行政确认的性质,是公安机关消防机构作出的具体行政行为。备案手续的完成能产生行政法上的拘束力。故备案行为是可诉的行政行为,人民法院可以对其进行司法审查。原审裁定认为建设工程消防验收备案结果通知性质属于技术性验收通知,不是具体行政行为,并据此驳回上诉人戴某华的起诉,确有不当。

|评 析|

本案是一个有关消防验收纠纷的行政案件,涉及多个法律问题可以讨论。鉴于本章的教学任务,只限于讨论公安消防机构对建设工程消防验收备案行为的法律性质,它是否属于行政行为,以及属于什么行政行为?

本案被告济南市公安消防支队认为,其对建设工程消防验收备案,是对按照建设工程消防验收评定标准所作的工程检查。如果备案结果合格,则表明建设工程是符合相关消防技术规范的;如果不合格,公安机关消防机构将依法采取措施,要求建设单位整改有关问题。所以,这是一种技术性验收,并不是一项独立、完整的具体行政行为,不具有可诉性,不属于人民法院行政诉讼的受案范围。

而法院生效裁判认为,公安机关消防机构依法实施建设工程消防设计审核、消防验收和备案、抽查,是对建设工程进行消防监督,是行使行政管理权的体现。就本案而言,公安机关消防机构对建设工程消防验收备案行为,属于行政确认,对相对人具有法律上的约束力,是可诉的行政行为。

笔者赞同法院的观点。按理说,备案与审批不同,它是按法律规定负有报备义务的当事人,依照法律程序向有关行政机关报告有关行为信息的制度。它是国家有关部门获取社会信息的重要途径。备案既不是行政许可,也不是行政确认,备案与否只会引起报备人的法律责任(法律规定应当备案而当事人不报备的,可能会依法受到处罚),但不会影响它的行为作出和继续。

但由于我国部分法律用词不够规范,备案出现了三种性质:一是许可性备案。要求当事人经过行政机关的备案审查通过后才可从事某项行为。这是名为"备案"实为"许可"。这类情况必须纠正。二是确认性备案,即要求当事人进行报备,报备后行政机关对当事人报备的行为或状态进行是否合格的认定。这是名为"备案"实为"确认"。这类行为也应当正名。三是纯粹的备案,即真正的备案。它是负有报备义务的当事人,在行为之前、之中或之后,依照法律程序向有关行政机关报告有关行为信息。但当事人是否报备,只会引起责任后果,不会引起阻却其从事某项行为的后果。

本案的消防验收备案,虽然名为备案,本质上是一种验收行为,它是消防管理部门对建设工程是否符合消防要求和标准的评判,因而属于行政确认行为。

(资料来源:最高人民法院指导案例第 59 号,2016 年 5 月 20 日发布。评析部分由笔者根据教学需要进行编辑)

复习思考题

1. 什么是行政确认? 它与行政证明有什么区别?
2. 什么是行政裁决? 行政裁决等于行政确权吗?
3. 如何理解行政机关在行政协议中的优益权?
4. 为什么说对司法的行政协助属于行政行为?

第十七章　行政相关行为

在“法律行为”之外存在一种“法律相关行为”。〔1〕同理，在“行政行为”之外，也存在一种“行政相关行为”。行政相关行为是指与行政相关联，但本质上不属于行政行为的行为。这种行为不是行政行为，但它与行政有一定的关联性，如在主体上、内容或形式上。例如行政指导不是行政行为，但它由行政机关作出。行政相关行为由于不属于行政行为，因而不受行政法规制，进而不适用行政复议和行政诉讼救济。但它依然属于“行政法学”的研究范围。讨论这种非行政行为的目的在于，解决行政行为的周边关系，从而达到真正把握行政行为的效果。目前，较常见的行政相关行为有：国家行为、行政立法、行政指导、行政调解、行政重复处理、行政采购、假象行政行为和对行政的司法协助等。它们之中，有的属于行政活动，如行政立法行为、行政指导行为、行政调解行为、行政重复处理行为、行政采购行为，有的不属于行政活动，如国家行为、假象行政行为和对行政的司法协助，但都不属于行政行为。

第一节　国家行为

一、国家行为的含义和特征

对国家行为不能从字面上理解。如果从形式上理解，认为国家行为就是由国家机关作出的行为，那么，国家行为理应包括国家权力机关作出的立法行为、人民法院作出的司法审判行为、人民检察院作出的司法检察行为、人民政府作出的行政行为等。行政法学上讨论的国家行为，特指涉及重大国家利益，具有很强的政治性，因而被排除在司法审查对象之外的统治行为。在法国称为 acte de gouvernement，在英国称为 act of state，在美国称为 political question，而在德国称为 Regierungsakt。因此，国家行为又称统治行为、政治行为或政府行为。在中国，国家行为具有如下特征：

1. 国家行为是涉及重大国家利益，具有很强政治性的行为。从广义上讲，国家为管理社会、经济、文化等所采取的一切行为，以及国家为防御外敌所采取的一切措施，都属于国家行为。但是，并不是国家所为的所有这些行为都作为特定概念“国家行为”来理解，“国家行为”仅指涉及重大国家利益，具有很强政治性的行为。

2. 国家行为与行政相关联，但不属于行政行为。之所以说国家行为与行政相关联，是因为不少国家行为系由行政机关作出，如国务院、外交部等。但它们都不属于行政行为，因为它们不受行政法的约束，而受特别法的约束。

---

〔1〕 德国法学将“法律行为”与“法律相关行为”（rechtlich relevantes Verhalten）区别开来，认为“法律相关行为”不属于“法律行为”本身，但它就“事实情形而言依法产生法律意义的作为或不作为的事实”。参见[德]维尔纳·弗卢梅：《法律行为论》，迟颖译，法律出版社 2013 年版，第 133 页。

3. 国家行为不能成为司法审查的对象。之所以将国家行为限定为涉及重大国家利益,具有很强的政治性的行为,是因为对于这部分行为,一概排除司法审查。换言之,尽管对国家行为也可以通过法律适用作出判断,但是,由于其涉及重大国家利益,具有很强的政治性,机械地适用法律往往难以有效维护国家主权和国家安全,因而排除司法权对这部分行为的干预。

二、国家行为的内容

我国立法对国家行为首次进行规定的,是 1989 年《行政诉讼法》。该法第 12 条规定:"人民法院不受理公民、法人或者其他组织对下列事项提起的诉讼:(一)国防、外交等国家行为……"《行政复议条例》(1990)第 10 条作了与《行政诉讼法》类似的规定:"公民、法人或者其他组织对下列事项不服,不能依照本条例申请行政复议:……(四)对国防、外交等国家行为不服的。"1999 年制定的《行政复议法》取消了对"国家行为"的规定,这不是因为否定了"国家行为"的存在,而是基于"国家行为"不属于复议范围是显而易见的事。2014 年和 2017 年,《行政诉讼法》的两次修正,都保留了"国防、外交等国家行为"这一提法。〔2〕《行政诉讼法解释》(2018)第 2 条第 1 款对国家行为作出进一步的解释:"行政诉讼法第十三条第一项规定的'国家行为',是指国务院、中央军事委员会、国防部、外交部等根据宪法和法律的授权,以国家的名义实施的有关国防和外交事务的行为,以及经宪法和法律授权的国家机关宣布紧急状态等行为。"另外,《香港特别行政区驻军法》(1996)第 26 条规定:"香港驻军的国防等国家行为不受香港特别行政区法院管辖。"《澳门特别行政区驻军法》(1999)第 26 条作出同样规定:"澳门驻军的国防等国家行为不受澳门特别行政区法院管辖。"

可见,国家行为是指涉及重大国家利益,具有很强的政治性,因而被排除在司法审查对象之外的统治行为。在中国指全国人民代表大会及其常务委员会、国家主席、国务院、中央军事委员会、国防部、外交部等根据宪法和法律的授权,以国家机关的名义实施的有关国防、外交事务的行为,宣布紧急状态、实施戒严和总动员,驻军和军事等行为。国家行为包括以下内容:

1. 国防行为。国防行为是指国家为了防备和抵抗侵略、制止武装颠覆,保卫国家的主权、领土完整和安全所进行的军事活动。其具体指国家主席、国务院、中央军事委员会、国防部、外交部等根据宪法和法律的授权,以国家的名义实施的有关宣战、应战、发布动员令、宣布战争状态,调动军队、驻军、设立军事禁区等军事行为。

2. 外交行为。外交行为是指国家之间或者国家与国际组织之间发生的政治交往行为。在我国外交行为是指国家主席、国务院、中央军事委员会、国防部、外交部等根据宪法和法律的授权,以国家的名义实施的有关外交的活动,主要指对外国国家和政府的承认、建交、断交、缔结条约、公约和协定等。

3. 宣布紧急状态和实施戒严。根据《宪法》和《突发事件应对法》的规定,当发生特别重大突发事件,对人民生命财产安全、国家安全、公共安全、环境安全或者社会秩序构成重大威胁,由全国人民代表大会常务委员会或者国务院依照宪法和其他有关法律规定的权限和程序决定

〔2〕 已调整为第 13 条。

进入的一种非常态。〔3〕 在紧急状态里，国家和政府可以依法采取非常措施。戒严，也称警戒，是指在发生严重危及国家的统一、安全或者社会公共安全的动乱、暴乱或者严重骚乱，不采取非常措施不足以维护社会秩序、保护人民的生命和财产安全的紧急状态时，国家依法所采取的一种紧急措施。〔4〕 它的法律依据是《戒严法》，由全国人大常委会于 1996 年制定。

4. 其他国家行为。

三、对国家行为排除司法审查的理由

国家行为的一个最主要的特征在于，它不受司法审查。关于国家行为排除司法审查的理论基础，主要存在如下两种观点：

第一种观点：法院自我限制说。这种观点认为，被界定为国家行为的行为，本来也应该接受法院的审查，只是由于法院自我限制，法院为了避免介入政治部门的判断，尊重政治部门的有关决定，才排除对其司法审查。不过这种观点存在一个无法解决的疑点：法院行使审判权，属于其在国家法律上的职务，法院自己限制本应属于其审判对象的范围，在法理上是讲不通的。

第二种观点：权力构造、本质和机能说。该观点认为，国家行为的成立基础，在于权力分立构造。某种行为的最终决定权属于立法部门和行政部门。这种权力的行使，只能接受来自人民的政治监督，司法权当然不应干预。

诚然，国家的任何行为，都必须服从法的规制。不过，并不是国家的所有行为都适合接受司法审查。所以，一般认为，以权力构造、本质和机能来说明国家行为的成立基础较有说服力。根据这种学说，可将国家行为排除司法审查的主要理由归纳为如下几点：

1. 虽然国家行为也要依法进行，但是，国家行为由于往往基于政治和策略上的考虑，而非单纯依据法律所为，有时难免突破某些法律界限。对此种突破，由于其最终决定权属于立法部门和行政部门，应通过政治监督的方式承担责任，司法机关事前事后都不宜加以干预。

2. 国家行为涉及重大国家利益，具有很强的政治性，一般都需要保密，而司法程序要求公开，这样就可能造成泄密，导致国家利益的重大损失。

3. 国家行为涉及重大国家利益，要求对国际国内的新动向，迅速、及时、灵活、全面、准确地作出反映，而司法的公平公正在很大程度上体现在其程序的完整和严谨，若将国家行为诉诸法院，便可能延误时间，丧失良机，导致国家利益的重大损失。

4. 国家行为影响的往往不是某一个或某几个相对人的利益，而是一定地区、一定领域、一定行业多数相对人或全体相对人的利益。虽然其有时也仅影响特定相对人的利益，但是，对于这种例外情形，可以事后通过其他途径（如国家补偿）予以救济，而不是寻求事前事后的司法审查。

---

〔3〕 《宪法》（2018）第 67 条规定，全国人大常委会“决定全国或者个别省、自治区、直辖市进入紧急状态”。第 80 条又规定，由国家主席根据全国人大常委会的决定，“宣布进入紧急状态”。第 89 条还规定，国务院“依照法律规定决定省、自治区、直辖市的范围内部分地区进入紧急状态”。这说明，决定和宣布进入紧急状态是一项宪法权力。全国或者个别省、自治区、直辖市进入紧急状态的，得由全国人大常委会决定、国家主席宣布；省、自治区、直辖市的范围内部分地区进入紧急状态的，由国务院依照法律规定决定和宣布。

〔4〕 戒严的决定权和宣布权，法律有特别规定。《戒严法》（1996）第 3 条规定，全国或者个别省、自治区、直辖市的戒严，由国务院提请全国人大常委会决定，由国家主席根据全国人大常委会的决定发布戒严令；省、自治区、直辖市的范围内部分地区的戒严，由国务院决定，国务院总理发布戒严令。

第二节 行 政 立 法

在世界各国的宪法体制中,一方面都认为立法应当归属于民意机关的议会,体现人民主权;另一方面,行政机关都存在一定的立法权,只不过在性质上,英国称为“委任立法”,美国称为“从属立法”。[5] 在中国,行政机关制定法规和规章的行为被称为“行政立法”。行政立法不作为行政行为对待,它是受《立法法》调整的行政相关行为。

一、行政立法范围的选定

“行政立法”概念无论在行政法理论还是行政法实践中均存在并被广泛使用。它曾与行政执法、行政司法概念并用。[6] 但是,行政立法的含义因其范围的不同而不同,最常用的是两种含义:一是行政立法就是指行政机关的立法活动。其包括国务院制定行政法规,国务院工作部门制定规章,省、自治区、直辖市和设区的市、自治州人民政府制定规章。二是行政立法是指国家机关制定行政性的法律、法规和规章活动,即无论是全国人大还是地方人大,无论是国务院还是较大市人民政府,无论是哪个机关,只要制定与行政相关的法律、法规和规章的活动,就属于行政立法。

这两种含义中,第一种是以制定法的机关为标准,只有行政机关制定法规和规章的行为才属于行政立法,国家权力机关制定法律法规的活动就不属于行政立法了;第二种是以法的内容为标准,即无论是什么机关,行政机关或者权力机关,只要是制定“行政性”的法,就是行政立法。例如,就全国人大而言,其制定《民法典》不属于行政立法,而属于民事立法,但制定《行政处罚法》就属于行政立法。

笔者主张,行政立法应当指前者而不是后者。因为行政立法虽不是行政行为,但它是行政活动,主体必须限定于行政机关。

二、行政立法的概念和特征

所谓行政立法,系指有关国家行政机关制定法规和规章的活动。它包括国务院制定行政法规,国务院有关工作部门制定部门规章,以及省、自治区、直辖市和设区的市、自治州人民政府制定地方政府规章。行政立法具有以下法律特征:

1. 主体上的行政性。从主体上看,行政立法是行政机关的国家管理活动,以行政机关的活动为限。国家权力机关和司法机关的各类创制规范活动不属于行政立法。

2. 形式上的立法性。国务院制定的行政法规,国务院有关工作部门制定的部门规章,以及省、自治区、直辖市和设区的市、自治州人民政府制定的地方政府规章,这里的“行政法规”和

---

[5] 美国行政法认为,立法机关的立法权属于“固有职权”,行政机关的立法权属于“从属立法权”。参见[美]伯纳德·施瓦茨:《行政法》,徐炳译,群众出版社 1986 年版,第 7 页。

[6] 在行政法理中,曾存在“行政立法—行政执法—行政司法”的架构设计和概念组合。但后来,“行政执法”已被各种行政行为所分解;“行政司法”被指向行政复议和行政诉讼,但这一提法不够科学,因而近来基本不使用。然而“行政立法”概念依然存在。

"规章",按照《立法法》的规定,都属于"法"的范畴,都属于《立法法》的调整范围。

3. 性质上的行政相关性。从行为性质上看,行政立法属于行政活动,但是不属于行政行为;行政立法不是行政行为,但与"行政"(政府行政管理)有关联,属于行政相关行为;行政立法具有形式上的"立法性",因而行政立法活动由属于宪法性法律的《立法法》调整而不是由"行政法"调整。

三、行政立法的相近概念

与行政立法相近并且最易混淆的两个概念是:抽象行政行为、行政规定。

1. 行政立法与抽象行政行为。正像具体行政行为还在使用一样,抽象行政行为还在一定范围内使用。〔7〕以前人们将抽象行政行为界定为行政机关制定行政性规范的行为,包括国务院制定行政法规,国务院工作部门制定部门规章,地方政府制定地方政府规章,以及有关行政机关制定规章以下的规范性文件。

行政立法与上述意义下的抽象行政行为比较,区别主要在于范围上,行政立法既然指立"法",而"法"的范围已由我国《立法法》所确定,是指法律、法规和规章,那么,行政机关制定规章以下的规范性文件自然不能算作"行政立法"。(见表 17 - 1)

表 17 - 1　行政立法与行政规定

<table>
<tr><td rowspan="2">行政立法</td><td>制定行政法规</td><td rowspan="3">抽象行政行为</td></tr>
<tr><td>制定规章(国务院部门规章和地方政府规章)</td></tr>
<tr><td>行政规定</td><td>制定规章以下规范性文件(其他规范性文件)</td></tr>
</table>

可见,抽象行政行为的概念大于行政立法。

2. 行政立法与行政规定。本书所述"行政规定"是与行政决定相对应的一个概念,系指有关国家行政机关依据法律、法规、规章或者上级行政机关的有关规定,依职权针对不特定的行政相对人作出的,并可反复适用的行政规则。也就是上文所述的,有关行政机关制定规章以下的其他规范性文件。

从表 17 - 1 可发现,行政规定属于抽象行政行为的范围,但不属于行政立法的范围。还有,行政规定属于行政行为的范畴,而行政立法不属于行政行为,只属于行政相关行为。

四、行政立法的基本制度

制定行政法规和规章是行政立法的两大基本形式。

(一)制定行政法规

行政法规是指国务院为领导和管理国家各项行政工作,根据宪法和法律制定的有关政治、经济、教育、科技、文化、外事等各类法规的总称。行政法规的特点是:

1. 主体上的唯一性。行政法规只限于由国务院制定,并且以国务院令发布。国家权力机关制定的法规不叫行政法规,国务院工作部门和地方人民政府无权制定行政法规。行政法规由国务院制定,但由国务院制定的文件并非全是行政法规。一个形式上的区别标准是:由国务

---

〔7〕　抽象行政行为是相对于具体行政行为而言的,只要具体行政行为还在使用,抽象行政行为自然还会被使用。

院制定并通过国务院令发布的才是行政法规,由国务院制定但不是通过国务院令发布者不属于行政法规,只属于国务院其他文件。

2. 效力上的全国性。行政法规由于是由作为中央人民政府的国务院制定,因而其效力约束全国所有地方。它在中华人民共和国的领土、领空和领海上都具有法律上的约束力,这显然与地方性法规不同。

3. 内容上的广泛性。行政法规并不只限于规定狭义上的行政工作,其内容可以涉及国家的政治、经济、教育、科技、文化、外事等领域和事项。只要是国务院制定的法规都称行政法规,不论是规定经济内容还是文化内容等。在行政法规的下位概念,才可再分政治法规、经济法规、教育法规、科技法规、文化法规、外事法规等。

4. 名称上的特定性。行政法规的名称是法定的。根据国务院《行政法规制定程序条例》(2017)第5条规定,行政法规的名称一般称"条例",也可以称"规定""办法"等。国务院根据全国人民代表大会及其常务委员会的授权决定制定的行政法规,称"暂行条例"或者"暂行规定"。国务院各部门和地方人民政府制定的规章不得称"条例"。

根据《立法法》(2023)第72条规定,行政法规可以就下列事项作出规定:(1)为执行法律的规定需要制定行政法规的事项;(2)《宪法》第89条规定的国务院行政管理职权的事项;(3)根据全国人民代表大会及其常务委员会的授权需立法的事项。国务院对于第1、2项事项所制定的法规是"职权性法规",对于第3项事项所制定的法规是"授权性法规"。

根据《行政法规制定程序条例》(2017)的有关规定,国务院制定行政法规必须经过严格的法律程序,需要经过"立项—起草—审查—决定—公布—备案"六个环节。

(二)制定规章

规章,在学理上称行政规章或政府规章,是指有关行政机关依照行政职权所制定、发布的针对某一类事件或某一类人的一般性规定。

行政规章可分为两类:一类是国务院部门规章。它是指国务院各部、各委员会、中国人民银行、审计署和具有行政管理职能的直属机构(以下简称国务院部门)根据法律和国务院的行政法规、决定、命令,在本部门的职权范围内依照《规章制定程序条例》制定的规章。[8] 国务院部门规章规定的事项应当属于执行法律或者国务院的行政法规、决定、命令的事项。另一类是地方政府规章。它是指地方政府规章,是指省、自治区、直辖市和设区的市、自治州人民政府根据法律、行政法规和本省、自治区、直辖市的地方性法规,依照《规章制定程序条例》制定的规章。地方政府规章可以就下列事项作出规定:(1)为执行法律、行政法规、地方性法规的规定需要制定规章的事项;(2)属于本行政区域的具体行政管理事项;(3)全国人民代表大会常务委员会授权制定规章的事项。与行政法规比较,行政规章的特点是:

1. 主体上的限定性。行政规章只限于国务院各部、各委员会、中国人民银行、审计署和具有行政管理职能的直属机构,省、自治区、直辖市和设区的市、自治州人民政府制定。并非所有行政机关都具有规章制定权。

2. 效力上的局部性。行政法规的效力约束全国所有地方,但是地方政府规章,只限于在相应的区域发生效力。

---

〔8〕 依据国务院《法规规章备案条例》(2001)第2条第2款。

3. 内容上的从属性。虽然《立法法》将规章也纳入“法”的范围，但在我们的立法定位和理论定位上都还是将规章作为“准法”对待。行政规章不得像法律法规那样创设公民的权利与义务，它只能落实已由法律法规所创设的权利与义务内容。行政规章必须从属于法律、行政法规，不得与两者相抵触。

4. 名称上的特定性。行政规章的名称也是法定的。根据国务院《规章制定程序条例》(2017)第7条规定，规章的名称一般称“规定”“办法”，但不得称“条例”。

有关行政机关制定规章，与行政法规一样，同样必须经过“立项—起草—审查—决定—公布—备案”六个环节。

五、对行政立法的法律监督

对行政立法不得通过行政复议和行政诉讼制度实施法律监督。

如果行政法规和规章违反上位法或者不适当，如何实施监督，按《宪法》和《立法法》有关规定办理。[9]

第三节　行政指导

一、行政指导的概念和特征

在命令行政状态下，政府的行政管理长期以强制性的命令为特征，但随着福利行政和给付行政形态的形成，特别是第二次世界大战以后，包括行政指导在内的“软性”方式初见端倪，并日益盛行。由于特殊的历史背景，行政指导在日本被运用得最为娴熟。[10] 日本不仅将“行政指导”写进《行政程序法》，而且还在1993年《行政程序法》的第2条为“行政指导”下了定义：“是指行政机关在其职权或所管事务的范围内，为实现一定的行政目的，要求特定人为一定的作为或不作为的指导、劝告、建议以及其他的不属于处分的行为。”中国由于尚未制定行政程序法，行政指导尚未被立法确立。[11] 但由于中国行政审判和司法解释的触及[12]，这一概念才进入行政法教科书的视线。

所谓行政指导，是指国家行政机关依据其职权，或者依据法律、法规、规章和其他规定，在其所管理事务的范围内，以指导、劝告、提醒、建议等非强制性方式，引导公民、法人和其他组织作出或者不作出某种行为的活动。行政指导是行政机关的一种重要的行为形式，以行政指导方法调整行政机关同行政相对人之间的关系，形成行政指导关系。行政指导具有如下法律特征：

---

〔9〕 这部分内容请见本书第十九章“行政依据第四节行政依据适用关系”部分。

〔10〕 第二次世界大战后的日本，由于受美国占领军的统治，行政指导成为占领军统治日本的命令方式。

〔11〕 中国的立法虽对“行政指导”不乏零星的触及，但无统一的规范。例如，《食品安全法》(2021)多处规定到“国家鼓励”和“倡导”，这实有行政指导之意。可喜的是，中国在“行政指导”立法上体现了“地方先行”。2008年的《湖南省行政程序规定》第一次对行政指导作出了系统的规定。2018年、2022年的修改依然保留了对“行政指导”的规定。

〔12〕 《行政诉讼法解释》(1999)和《行政诉讼法解释》(2018)，以及最高人民法院《关于行政案件案由的暂行规定》(法发〔2020〕44号)，都在列举不可诉范围时提到了“行政指导”。

1. 行政指导具有非强制性。就行政主体与相对人的关系而言,行政指导不具有强制性。这就意味着,行政相对人对于行政指导,没有必须服从的义务。尽管行政指导也是行政机关对于相对人的单方面的行为,但它不同于行政行为,对行政相对人没有强制性,行政相对人是否服从行政指导,是任意的、可选择的。相对人认为行政指导合情合理,便服从;认为行政指导有悖情理,也可以不服从。如果在实践中出现了"强制性的行政指导",那就不能作为"行政指导"对待,只能以该行为的实际功能来认定(可能是行政命令、行政强制措施或者行政处罚等)。

2. 行政指导具有非处分性。就行为的效力而言,行政指导不具有处分性,即它不会直接导致相对人某种义务的增加或者权利的减损。它既不是形成行为(形成法律关系),更不是处分行为(处分相对人的权利),它只是一种信息的宣示行为。行政指导系由行政机关向相对人传递服务性信息,供相对人参考。

3. 行政指导对相对人的作用具有间接性。如果说行政指导对相对人的行为发生了作用,那是通过相对人的行为上的接受、采纳才发生的。行政指导行为不能直接影响相对人的行为结果。

4. 行政指导可以是具体行为,也可以是抽象行为。行政指导可以针对特定的相对人作出,也可针对不特定的相对人作出。

5. 行政指导可以是依职权行为,也可以是依申请行为。有些行政指导因有法的规定而成为行政主体的职责,从而成为依职权行为;而有些行政指导因法无规定,往往由行政主体在相对人的要求下作出。

行政指导作为一种行政管理手段发挥着作用,但由于它的上述法律特征,它并不直接而强制性地影响相对人的权利与义务,因而不作为一种行政行为对待。它属于行政相关行为的范畴。

二、行政指导的方式和种类

行政指导,通常采用以下方式实施:(1)制定和发布指导性政策;(2)提供技术指导和帮助;(3)发布有关信息;(4)示范、引导、提醒;(5)建议、劝告、说服;(6)其他指导方式。

从行政指导的作用来看,行政指导一般可以分为助成性行政指导、规制性行政指导和调整性行政指导三大类。

1. 助成性行政指导。助成性行政指导,是行政主体为相对人即公民、法人和其他组织出主意的行政指导,故又称为出主意的行政指导。关于助成性行政指导,当相对人提出申请,要求给予助成性行政指导时,只要没有正当理由,行政机关不得拒绝,必须一律公平对待。

2. 规制性行政指导。规制性行政指导,是指行政主体为了维持和增进公共利益,对违反公共利益的行为加以规范和制约的行政指导。规制性行政指导又可分为独立行政指导和附带行政指导两种。前者是指与权力性规制无关,独立进行的行政指导;后者是指在权力性规制的同时附带进行的行政指导。

独立行政指导又分为应急性行政指导和代替性行政指导。在没有法律根据便无法进行权力性规制的情况下,为应急而进行的行政指导,称为应急性行政指导。在制定法律、法规和条例等,设立法律根据之后再实行权力性规制,不如通过行政指导更能满足行政需要的情况下,代替权力性规制而实施的行政指导,称为代替性行政指导。

附带行政指导又分为事前指导、更正指导和对申请人的指导三种。事前指导是指行政机关在法律上具有发布命令的权限,而在发布命令之前,对相对人进行的有关采取或不采取某种行为的行政指导。发布命令权,只是在相对人不接受行政指导的情况下才予以行使。更正指导是指存在违反法律规定标准的状态时,劝告相对人更正该状态的行政指导。存在违反法律规定标准的状态时,命令相对人更正该状态的行为,称为更正命令。更正命令属于权力行为,其发布需要有法律根据。而更正指导则是在没有法律根据的情况下进行的,或者虽然有关于更正命令的法律规定,但在实际的行政实践中,一般事前进行更正指导,相对人不接受更正指导时,才发布更正命令。对于相对人要求行政机关采取许可、确认等一定的授益行为的申请,行政机关认为其不符合有关法律规定时,有权予以拒绝。行政机关以此权限为背景,对申请人或者准备申请的人进行撤回申请、变更申请或不申请等的指导,称为对申请人的指导。若相对人不接受行政机关的指导,并不发生任何法律效果。但是,只要具备一定条件,行政机关有权拒绝相对人的申请。可见,对申请人进行的指导,是在行使申请的权限之前,试图达到与行使该权限相同效果的行政指导,是一种事前指导。

3. 调整性行政指导。调整性行政指导,是以调整相互对立的当事人之间的利害关系为目的的行政指导。此种行政指导,以行政机关在法律上对当事人某方或双方有一定的权限为基础。

三、行政指导的依据和条件

(一)行政指导的法律根据

关于行政指导是否需要有法律根据的问题,人们有不同的看法。有人认为,所有行政指导都需要有法律上的根据,只要没有法律根据,任何行政指导都不得实施。也有人认为,至少行政指导中实质上规制相对人的权利和自由的规制性行政指导,需要有法律根据,其他行政指导的法律依据可以不作要求。换言之,规制性行政指导的实质形态是权力作用。因此,要实行这种权力作用,仅有组织法上的权限规范还不够,还需要有行为规范作为其基础。根据这种观点,规制性行政指导,在法律上有行政行为的根据时,除了正式行使行政行为的事前阶段,由行政机关以(事前的、代替性的)行政指导代替行政行为外,只有在法律上有关于行政指导的独立根据时,才能进行行政指导。也就是说,为了防止行政指导的任意专横,应通过法律的明文规定来拘束规制性行政指导。

但是,如前所述,行政指导的优点在于补充法律的不完备,机动而敏捷地对应新的行政需要,以更好地完成行政任务。若要求所有行政指导都必须在有相应的法律根据时才能实施,便会抹杀行政指导的优点。并且,假设给行政指导设置根据规定,那也不过是抽象的、概括性的规定,不可能事无巨细地、面面俱到地作出规定,那是不会有多大意义的。进一步说,对于行政指导,若没有适当而充分的救济手段,即使要求行政指导有法律根据,也不会收到理想的效果。并且,要求有法律根据,往往导致行政指导的非公开化,行政机关有可能会为了逃避法律责任而以隐蔽、秘密的方式进行行政指导。综合考虑上述诸种情况,一般来说,要求行政指导有法律根据,不允许进行法定外的行政指导的观点,只能是违反行政实际的观念论,是不会有什么实际效益的空谈。所以,即使是法定外的行政指导,只要其内容不违反法令,并且不是采取实质上等于强制的不正当手段,就应该充分承认。

(二)实施行政指导的条件

不论行政指导是否须有明文的法律依据,行政主体实施行政指导,均涉及实施行政指导的

条件。无论是哪类行政指导的进行,都必须符合下列条件:

1. 行政指导必须是属于该行政机关权限范围内的事项。

2. 行政指导也要服从法律优先的原则,不能与法律明文规定及法律的一般原则相抵触。

3. 行政指导不得适用于必须依法处理(处罚、强制等)的情形,但可适用于下列情形:(1)需要从技术、政策、安全、信息等方面帮助当事人增进其合法利益;(2)需要预防当事人可能出现的妨害行政管理秩序的违法行为;(3)其他需要行政机关实施行政指导的情形。

四、行政指导的法律救济

这里旨在讨论这样一个问题:如果行政主体实施行政指导有误,是否该承担法律责任?如果行政相对人对行政主体的行政指导行为不服,是否可以申请行政复议和提起行政诉讼?

从世界各国的行政法律制度上看,大多国家没有把行政指导纳入行政复议和行政诉讼轨道之内,也没有把它纳入行政赔偿范围之内。这是一种合理的通则。

在中国,行政指导同样不适用行政复议、行政诉讼和国家赔偿救济。《行政诉讼法解释》(2018)和《关于行政案件案由的暂行规定》(法发〔2020〕44 号),都将"行政指导"列为不可诉的事项。

这样处理是有道理的。因为行政指导对行政相对人的权利和利益不具有直接的处分性,它与行政相对人权利的损害之间不会构成直接的因果关系。行政指导对行政相对人不具有强制性,行政相对人没有服从的义务,因而不具有可诉性。但是,如果出现一些具有"强制性"的"行政指导",那就是名为"行政指导"实为"行政行为",应按照该行为的实际性质适用行政诉讼。

日本《行政程序法》明文规定不得将行政指导转化为强制性行为。其第 32 条确立了两项原则:一是行政指导时,行政指导实施者不得超越行政机关的任务或者所管事务范围,行政指导内容只能以完全依靠相对人自愿合作的方式实现;二是行政指导实施者不得以相对人不服从指导为由,对他作出不利益措施。[13] 我国也始有法律规定,违法进行行政指导的应当承担相应的法律责任。例如,《农业技术推广法》(2012)第 36 条规定:"违反本法规定,向农业劳动者、农业生产经营组织推广未经试验证明具有先进性、适用性或者安全性的农业技术,造成损失的,应当承担赔偿责任。"

第四节 行政调解

一、行政调解的制度背景和范围

"调解"的原意是指争议当事人之外的第三人对当事人之间的纠纷进行调停、斡旋等活动。中国历来有调解的传统,人民调解、司法调解和行政调解等制度世界闻名。

行政调解作为政府处理社会矛盾的一种手段,在世界各国以各种方式存在。中国政府对

---

〔13〕 参见[日]室井力、[日]芝池义一、[日]浜川清主编:《日本行政程序法逐条注释》,朱芒译,上海三联书店 2009 年版,第 217 页。

行政调解尤其重视。行政调解被行政机关作为一种协调社会关系的手段应用于各种领域。早在2004年,国务院发布《全面推进依法行政实施纲要》(国发〔2004〕10号),提出要充分发挥行政调解在解决社会矛盾中的作用。2010年国务院发布《关于加强法治政府建设的意见》(国发〔2010〕33号),特别要求各级人民政府建立和完善普遍性的行政调解制度。《关于加强法治政府建设的意见》第23条指出:"健全社会矛盾纠纷调解机制。要把行政调解作为地方各级人民政府和有关部门的重要职责,建立由地方各级人民政府负总责、政府法制机构牵头、各职能部门为主体的行政调解工作体制,充分发挥行政机关在化解行政争议和民事纠纷中的作用。完善行政调解制度,科学界定调解范围,规范调解程序。对资源开发、环境污染、公共安全事故等方面的民事纠纷,以及涉及人数较多、影响较大、可能影响社会稳定的纠纷,要主动进行调解。认真实施人民调解法,积极指导、支持和保障居民委员会、村民委员会等基层组织开展人民调解工作。推动建立行政调解与人民调解、司法调解相衔接的大调解联动机制,实现各类调解主体的有效互动,形成调解工作合力。"中共中央、国务院发布的《法治政府建设实施纲要(2015－2020年)》和《法治政府建设实施纲要(2021－2025年)》,再次强调要完善和加强行政调解制度。

目前,虽然在国家层面前尚无行政调解法,但全国各地已制定了许多有关行政调解的地方政府规章。[14] 这种立法背景加速了行政调解理论和制度的成熟。

行政调解显然是指在行政管理阶段由行政机关所主持的调解。所以它不包括:

1. 人民调解。是指人民调解委员会依据《人民调解法》通过说服、疏导等方法,促使当事人在平等协商基础上自愿达成调解协议,解决民间纠纷的活动。[15]

2. 仲裁调解。是指仲裁委员会依据《仲裁法》对平等主体的公民、法人和其他组织之间发生的合同纠纷和其他财产权益纠纷进行仲裁过程中的调解。[16]

3. 行政复议中的调解。是指行政复议机关在行政复议过程中,以当事人自愿为前提,对有关行政纠纷(有自由裁量权或者有关行政赔偿和补偿的纠纷)进行的调解。[17]

4. 行政诉讼中的调解。是指人民法院在行政诉讼过程中,以当事人自愿为前提,对有关行政纠纷(有自由裁量权或者有关行政赔偿和补偿的纠纷)进行的调解。[18]

---

〔14〕 例如,《潍坊市行政调解工作规定》(潍政发〔2013〕5号)、《无锡市行政调解实施办法》(锡政办发〔2012〕195号)、《贵阳市行政调解暂行规定》(2020)等。

〔15〕 《人民调解法》(2010)第17条规定:"当事人可以向人民调解委员会申请调解;人民调解委员会也可以主动调解。当事人一方明确拒绝调解的,不得调解。"第28条规定:"经人民调解委员会调解达成调解协议的,可以制作调解协议书。当事人认为无需制作调解协议书的,可以采取口头协议方式,人民调解员应当记录协议内容。"

〔16〕 《仲裁法》(2017)第51条规定:"仲裁庭在作出裁决前,可以先行调解。当事人自愿调解的,仲裁庭应当调解。调解不成的,应当及时作出裁决。调解达成协议的,仲裁庭应当制作调解书或者根据协议的结果制作裁决书。调解书与裁决书具有同等法律效力。"

〔17〕 《行政复议法实施条例》(2007)第50条规定:"有下列情形之一的,行政复议机关可以按照自愿、合法的原则进行调解:(一)公民、法人或者其他组织对行政机关行使法律、法规规定的自由裁量权作出的具体行政行为不服申请行政复议的;(二)当事人之间的行政赔偿或者行政补偿纠纷。当事人经调解达成协议的,行政复议机关应当制作行政复议调解书。调解书应当载明行政复议请求、事实、理由和调解结果,并加盖行政复议机关印章。行政复议调解书经双方当事人签字,即具有法律效力。调解未达成协议或者调解书生效前一方反悔的,行政复议机关应当及时作出行政复议决定。"

〔18〕 《行政诉讼法》(2017)第60条规定:"人民法院审理行政案件,不适用调解。但是,行政赔偿、补偿以及行政机关行使法律、法规规定的自由裁量权的案件可以调解。调解应当遵循自愿、合法原则,不得损害国家利益、社会公共利益和他人合法权益。"第94条规定:"当事人必须履行人民法院发生法律效力的判决、裁定、调解书。"

二、行政调解的基本概念

(一)行政调解的概念和特征

行政法意义上的行政调解,系指行政机关在实施行政管理过程中,依法对与本机关行政职权有关的各类争议纠纷,以当事人自愿为原则,通过对争议当事人的说服和疏导,促使当事人平等协商、互谅互让,达成调解协议,解决争议纠纷的活动。行政调解具有下列法律特征:

1. 以行政机关为调解主体。行政调解是由行政机关(包括得到法律法规授权的具有公共管理职能的组织)主持的调解,由群众组织主持的人民调解、仲裁机构在仲裁程序中的调解、人民法院在诉讼程序中的调解等,都不属于行政调解。

2. 以与本机关行政职权有关的各类争议为处理范围。行政调解可以针对行政争议,也可针对民事争议,但都必须与本行政机关的行政职权的行使有关。之所以强调这种职权上的相关性,取决于行政调解制度的定位。行政调解不是面对全社会的仲裁性制度,它只是赋予原行政机关一种新的处理方法而已。

3. 以当事人的自愿为前提。行政调解以一方当事人向行政机关申请为前提,以各方当事人的同意为条件。如果当事人双方,哪怕只有一方不同意调解,都不适用调解。行政调解具有高度的自愿性。

4. 以当事人自觉履行调解协议为保障。行政调解的结果就是形成调解书,但是,调解书形成后,一方或者双方反悔而拒不签字,就不发生法律效力。即便双方签订调解书,当事人事后拒不履行该调解书的,调解书也不具有强制执行力〔19〕。所以,行政调解完全以当事人自觉履行调解协议为保障。

(二)行政调解与行政裁决

行政调解与行政裁决都是行政机关的一种行政活动,并且都是用以解决纠纷的有效手段。这使两者不易区分。其实,两者的区别还是很大的,无论在理论上还是实践中都必须加以区别。

1. 处理纠纷不同。行政调解既可针对民事纠纷,也可针对行政纠纷,尽管须与该行政机关的职权有关联,而行政裁决只针对由法律所设定的特定民事纠纷(大多是自然资源的所有权和使用权纠纷)。

2. 是否须法律授权不同。行政裁决是行政机关处理一定范围内的民事纠纷,因而具有"准司法"的功能,为此,行政机关行使裁决权,须以法律的明文授权为前提。无法律的明文授权,行政机关不得行使裁决权。而行政调解权则不同,它是依附于行政职权而产生。就是说,任何具有行政职权的行政机关,本身就拥有职权范围内的调解权。所以,它无须法律的特别授权。

3. 行为性质不同。虽然行政裁决和行政调解都是行政机关的行政活动,但是行政裁决属于行政行为,而行政调解不是行政行为,只是行政相关行为而已。

4. 是否可诉不同。由其行为的性质所决定,行政裁决作为行政行为,自然适用行政复议和行政诉讼,但行政调解作为行政相关行为,自然不适用行政复议和行政诉讼。

---

〔19〕 这不同于仲裁程序中的调解和司法程序中的调解,它们是具有执行力的。

（三）行政调解的适用范围

行政调解是解决纠纷的一种方法。行政调解解决的纠纷包括行政纠纷，也包括民事纠纷，具体包括以下三类：

1. 该行政机关在行使职权中与公民、法人和其他组织之间产生的行政纠纷。行政纠纷的特点是纠纷双方当事人中必有一方是行政主体，且与行政职权有关，涉及行政相对人行政法上的权利与义务。行政主体在行使职权过程中形成的行政纠纷，自然拥有调解的职权与职责。

2. 公民、法人或者其他组织之间产生的与该行政机关行使职权直接关联的民事纠纷。民事纠纷的特点在于，它发生于公民、法人或者其他组织之间，而不发生于他们与行政机关之间，且内容是民事上的权利与义务。当这种民事纠纷与该行政机关的职权直接相关时，也可由行政机关进行调解。

3. 依法由行政机关进行裁决的民事纠纷。行政裁决系指行政主体依照法律授权，以中间人的身份，对特定的民事纠纷进行处理的行政行为，主要表现为当公民、法人或其他组织间因森林、土地、矿产和草原等自然资源的所有权或者使用权争议时，由有关行政机关依法处理。只要是行政机关有权进行裁决的民事纠纷，该行政机关也当然地拥有对民事纠纷的调解权。

三、行政调解组织和当事人

（一）行政调解组织

行政调解属于行政机关的本职工作，各行政机关应当重视和发挥好这一功能。因此，行政调解组织无需在原有行政机关之外再另行设置。各级人民政府及其工作部门都可履行调解职能，无须法律作特别授权。但是，依法具有公共管理职能的组织要行使调解权，根据法规授权理论，必须经法律法规的授权。

行政调解实行属地管理、分级负责，按照“谁主管，谁负责”的原则开展工作。

（二）行政调解中的当事人

行政调解中的当事人，系指接受行政调解的纠纷双方当事人。

在民事纠纷中，当事人是指处于纠纷中的公民、法人或者其他组织。而在行政纠纷中，双方当事人中一方是行政机关。在这一关系中，虽然行政主体与行政相对人都是当事人，但是关于行政调解的申请，应当由作为相对人一方的公民、法人或者其他组织提出，作为行政主体的行政机关不得提出。

四、行政调解的程序和原则

（一）行政调解的程序

行政调解在程序上一般经历以下步骤：

1. 申请。行政调解可以书面申请，也可以口头申请；可以由一方当事人申请，也可以由行政机关依职权提出，但必须征得各方当事人同意。一方当事人是行政机关的，另一方当事人可以向该部门或者该部门的上一级主管部门提出调解要求，也可以向同级“大调解”工作机构或者同级政府法制机构提出调解申请。

2. 受理。行政机关收到行政调解申请后，应当在规定的期限内决定是否受理并及时告知当事人。决定不受理的，应当说明理由。

3. 调处。行政机关受理行政调解申请后,应当及时告知当事人依法享有的权利和应当遵守的程序及相关事项。行政机关主持行政调解,应当充分听取当事人的陈述、申辩和质证意见,依据法律、法规、规章及有关规定,对当事人进行说服、劝导,引导争议各方达成谅解。对争议纠纷基本事实有异议的,行政机关可以采取听证、现场调查等方式调查取证。涉及第三人的,应当通知第三人参加行政调解。

4. 制作调解书。如果调解成功,应当制作调解书。调解书应当由主持的行政机关盖章,双方当事人签字。盖章、签字后,调解书即具有效力。

如果调解不成,不影响行政机关的依法处理,也不影响当事人申请复议、仲裁和诉讼。

(二)行政调解的原则

行政调解应当遵循以下原则:

1. 自愿原则。行政调解以当事人申请和双方同意为前提和条件。要充分尊重当事人意愿,不得逼迫当事人接受调解方式或者调解结果。

2. 合法原则。行政调解要遵循法律、法规、规章和有关规定,不得损害国家利益、公共利益,不得侵犯公民、法人和其他组织的合法权益。

3. 平等原则。行政机关主持调解,要尊重争议各方表达意愿和诉求的权利,公正平等地协商解决利益纠纷。行政机关作为当事人一方时,与行政管理相对人的地位平等。

4. 便捷原则。行政调解应当简便、快捷、高效,鼓励采取既灵活多样又诚信规范的方式化解矛盾。

五、行政调解的效力与不可诉性

由于中国目前的行政调解尚未有国家级立法,因而行政调解的法律效力暂无法律依据。从行政法理论上说,由于行政调解既不是行政行为,也不是仲裁调解或者司法调解,因而不具有法律上的强制力。

行政调解以当事人自愿为前提,以当事人自觉履行协议为保障。在调解过程中,当事人随时可以退出调解;即便形成调解书后,一方当事人不履行的,另一方当事人也无法申请法院或者行政机关强制执行。

即便如此,有一效力是必须肯定的:当行政调解书生效后,它可阻却行政机关就同一事由再行作出行政处理(包括处罚)。因为,对于必须依法处理(处罚)的事项,行政机关是不得进行调解的;既然可以依法调解,那就意味着如果调解成功可以不再另行处理。[20]

我国《治安管理处罚法》(2012)第9条明文规定:“对于因民间纠纷引起的打架斗殴或者损毁他人财物等违反治安管理行为,情节较轻的,公安机关可以调解处理。经公安机关调解,当事人达成协议的,不予处罚。经调解未达成协议或者达成协议后不履行的,公安机关应当依照本法的规定对违反治安管理行为人给予处罚,并告知当事人可以就民事争议依法向人民法院提起民事诉讼。”这一行政调解可以阻却行政处罚的原则虽然还不是法律的普遍原则,但可以

---

〔20〕 由最高人民法院行政审判庭公布的一个案例,表明了治安调解可以阻却治安处罚的原则。第058号案例:行政审判中对行政调解成立的认定——李某云诉福建省宁德市公安局蕉城分局治安行政处罚案。参见江必新主编、中华人民共和国最高人民法院行政审判庭编:《中国行政审判案例》(第2卷),中国法制出版社2011年版。

确认其为行政法理论上的普遍原则。[21]

和行政调解的法律属性相联系，行政相对人对行政机关的行政调解结果是不能申请行政复议和提起行政诉讼的。《行政复议法》(2023)第12条明确规定："行政机关对民事纠纷作出的调解"不属于行政复议范围。《行政诉讼法解释》(2018)第1条第2款第2项规定，"调解行为以及法律规定的仲裁行为"，不属于行政诉讼受案范围。最高人民法院《关于行政案件案由的暂行规定》(法发〔2020〕44号)，同样表明"行政调解行为"不适用行政诉讼。

第五节　行政重复处理

一、行政重复处理的概念与特征

行政重复处理行为，[22]源于德国的"Wielderholtende Verfügung"。中文上有"重复处置行为"[23]"复审行为""重复行政处分"等多种译法。根据德国行政法的理论，行政重复处理行为系指行政机关对先前行政行为已确定的行政法律关系状态予以再确定，并未产生新的法律效果之行为。它是对前一行政行为的重复，并未改变原行为之理由、依据，属于单纯事实的叙述及理由说明，因此不构成行政处分。[24]

对德国"行政重复处理行为"大加推崇的应当首推我国台湾地区学者了。我国台湾地区学者以德国行政法为基础，引进并阐发了这一概念。他们论述道："在人民对同一事实先后多次提出申请，官署亦一一为之批驳的情形，第一次批驳属行政处分，固无问题，但其后再次的批驳是否亦属行政处分，则不无疑义。基本上，倘若官署对其后的申请并未作成新的实质决定，也就是未重新作实质审查，而只是重申过去所作成处分，亦即第一次处分的内容，因其本身不生任何法律效果，故不能认系行政处分，学说上称之为重复处置。"[25]由此推论，中国台湾地区学者眼里的"行政重复处理行为"，系指行政机关作出某一行政处分以后，行政相对人因同一事实而提出第二次以后的申请，行政机关不作实质性审查，也不作新的处分决定，只是重复原行政处分内容的重复处置行为。

在中国大陆，对"行政重复处理行为"的顾及始于最高人民法院颁布《行政诉讼法解释》(1999)之后。最高人民法院行政审判庭在解释《行政诉讼法解释》(1999)时将该行为界定为："所谓重复处理行为，是指行政机关所作出的没有改变原有行政法律关系、没有对当事人的权

---

〔21〕　如果某一天我们制定"行政调解法"或者"行政调解办法"，建议将这一原则写入法规，使其成为不仅仅只适用于治安处罚领域的普遍原则。

〔22〕　本节主要参考陶莉的《有关"行政重复处理行为"若干问题的研究》一文，载《浙江大学学报(人文社会科学版)》2004年第2期。

〔23〕　最高人民法院在《行政诉讼法解释》(1999)的讨论稿中曾表述为"重复处置行为"。参见甘文：《行政诉讼司法解释之评论——理由、观点与问题》，中国法制出版社2000年版，第26页。

〔24〕　参见陈新民：《行政法学总论》(第6版)，台北，三民书局1997年版，第211～212页；[德]哈特穆特·毛雷尔：《行政法学总论》，高家伟译，法律出版社2000年版，第300～307页；[德]平特纳：《德国普通行政法》，朱林译，中国政法大学出版社1999年版，第108～112页。

〔25〕　翁岳生编：《行政法》，中国法制出版社2002年版，第646页。

利和义务发生新的影响的行为。”〔26〕必须指出的是,最高人民法院行政审判庭的上述表述是重在对《行政诉讼法解释》(1999)第1条第2款第5项所表达的“驳回当事人对行政行为提起申诉的重复处理行为”的解释。而这类行为应该说仅仅是“行政重复处理行为”中的一部分。

能对“行政重复处理行为”作全面性的定位的学者,也许应当首推赵德关了。他在《试论行政法上的重复处理行为》〔27〕一文中指出:“重复处理行为实际上就是指对先前行政法律行为所确定的权利义务状态予以承认(包括积极承认如复议机关维持原具体行政行为、消极承认如行政机关驳回相对人对原具体行政行为的申诉),或予以实现(如对原具体行政行为所定义务的强制执行),未产生新的法律效果的行政事实行为。”〔28〕这一定义立足于“行政重复处理行为”的整体下定义,视野可取,但其所界定的行为范围又失之过宽,笔者不敢苟同。

笔者认为,“行政重复处理行为”,系指行政主体作出行政决定并已生效,行政相对人不服该行政决定,向行政机关申诉,或者行政相对人没有申请,但行政机关依职权作出与原行政决定内容相同而不产生新的法律效果的行为。这一行为的最基本的特征在于:

1. 行政重复处理行为以行政主体已经作出行政决定并已生效为前提。重复处理行为首先以第一次行政决定的存在为前提,第一次行政决定是对某一行政法律关系的设立、变更或者消灭。其次还在于,这一行政决定已经生效。这里的“生效”是基于《行政诉讼法》(2017)第97条〔29〕意义而言,系指该行政决定已被行政复议决定或者行政诉讼裁判最终维持,或者行政相对人在法定的期限内不申请行政复议或者提起行政诉讼,从而使该行政决定具有最终的确定力和执行力。为此,我们自然主张行政复议决定不属于行政重复处理行为,因为任何行政复议决定的作出都不是以被复议的原行政决定的生效为前提;相反,原行政决定的生效恰恰以复议决定的生效为前提而不是相反。

2. 行政重复处理行为是行政主体第二次以上的决定并且其内容与第一次行政决定相同。如果我们将已经作出的行政决定称作第一次行政行为,那么,行政重复处理行为显然是第二次以上的行为(可以是第三次或第四次等)。〔30〕更重要的是,第二次以上的行为其内容必须与第一次行政行为的内容相同。至于“内容相同”的要求,在中国台湾地区只限于要求结果相同。〔31〕而在中国大陆,鉴于《行政诉讼法解释》(2018)的规定,有学者主张必须是对原行为的“事实与证据、依据、结果”三个方面的相同。〔32〕笔者表示认同。

3. 行政重复处理行为是对原行为的重复而不产生新的法律效果的行为。由于行政重复处理行为的内容是与原行政行为相同的,因而属于对原行为的重复。但十分需要说明的是:行政重复处理行为“对原行为的重复”,并非要求行政相对人“重复地、加倍地”承受行政行为的效果;行政相对人只是承受第一次行政行为的效果,而不承受第二次行政行为的效果,因为作为行政重复处理行为的第二次行为并未创置新的法律关系,对相对人不发生新的法律效果。如

---

〔26〕 最高人民法院行政审判庭编:《〈关于执行《中华人民共和国行政诉讼法》若干问题的解释〉释义》,中国城市出版社2000年版,第8页。

〔27〕 赵德关:《试论行政法上的重复处理行为》,载《行政法学研究》2000年第4期。

〔28〕 赵德关:《试论行政法上的重复处理行为》,载《行政法学研究》2000年第4期。

〔29〕 《行政诉讼法》(2017)第97条规定:“公民、法人或者其他组织对行政行为在法定期限内不提起诉讼又不履行的,行政机关可以申请人民法院强制执行,或者依法强制执行。”

〔30〕 但它不属于德国行政法所述的“第二次裁决”。因为行政重复处理行为是不可诉的,而第二次裁决恰恰是可诉的。

〔31〕 参见吴庚:《行政法之理论与实用》(第3版),台北,三民书局1985年版,第295页。

〔32〕 参见赵德关:《试论行政法上的重复处理行为》,载《行政法学研究》2000年第4期。

果行政机关就同一事件作出两次以上的行政决定，而且均要求当事人分别履行该决定，那就属于两个独立的行政行为，而不属于行政重复处理行为。例如，行政机关针对当事人的一次违法，作出了两次以上的处罚（一事重罚），这就属于两个独立的行政行为〔33〕，均应纳入法律救济，而不属于不受法律救济的行政重复处理行为。

至于行政重复处理行为是否须以行政相对人提起申诉为前提，笔者认为这不能构成行政重复处理行为的基本特征，它仅是行政诉讼法中不属行政诉讼范围的“驳回当事人对行政行为提起申诉的重复处理行为”的基本特征之一。因为从行政实体法视野考察，行政重复处理行为既可以依据行政相对人的申诉而作出，也有可能依据职权作出，如行政机关再三声明原行政行为的内容便是例子。

二、行政重复处理的情景与相关区别

探讨行政重复处理行为的各种表现，并将其与相近行为相区别，这有助于从行政法理的角度全面而准确地把握住“行政重复处理行为”。

关于对行政重复处理行为表现形式的挖掘，也许中国大陆学者走得比德国学者和中国台湾学者更远一些。最高人民法院行政审判庭认为，行政重复处理行为通常发生在以下情形：“当事人对历史遗留问题的行政行为、对已过争诉期间的行政行为或行政机关具有终局裁决权的行为不服，向行政机关提出申诉，行政机关经过审查，维持原有的行为，驳回当事人的申诉。”〔34〕赵德关在《试论行政法上的重复处理行为》一文中〔35〕认为，行政重复处理行为主要包括：(1)对原行政行为的积极承认，如行政复议机关维持原具体行政行为；(2)对原行政行为的消极承认，如行政机关驳回相对人对原具体行政行为的申诉；(3)对原行政行为所定义务的实现，如行政强制执行。

笔者认为，最高人民法院行政审判庭所列“情形”固然属于行政重复处理行为的形式，但肯定不限于此。赵德关在《试论行政法上的重复处理行为》一文中所示“情形”，正如我们在上一题所述，由于其所定义范围过宽，其所列行为形式必然同样失之过宽。由此使我们想到的是：界定行政重复处理行为的“边界”会比列举行政重复处理行为的“形式”更为重要。要完成后一任务，划清以下几条与行政重复处理行为相关而存有模糊的界线更为重要：

1. 行政重复处理行为与第二次裁决。从单纯的形式次数来讲，任何行政重复处理行为均是行政机关所作出的第二次以上的行为，但第二次行为不等于“第二次裁决”。因为“第二次裁决”(Zweitbescheid)概念源于德国行政法，它特指行政机关在正式的法律程序中，根据行政相对人的申请，对原行政处分作新的实质性审查，从而作出一个与原决定不同或者相同的决定。〔36〕第二次裁决属于一个新的行政处分，故适用司法救济。而重复处理行为不属于一个新的行政处分，它不过是对原行政处分的重复，因而不适用司法救济。德国行政法之所以将第二次裁决，不论其内容是否与原行政处分相一致，均列入一个新的行政处分，而不将作为第二次

〔33〕如果说这两个行为有关联，那就是，前一个行政处罚未必违法，而重复的行政处罚必然是违法的。因为《行政处罚法》禁止一事重罚。

〔34〕最高人民法院行政审判庭编：《〈关于执行《中华人民共和国行政诉讼法》若干问题的解释〉释义》，中国城市出版社2000年版，第8页。

〔35〕参见赵德关：《试论行政法上的重复处理行为》，载《行政法学研究》2000年第4期。

〔36〕参见翁岳生编：《行政法》，中国法制出版社2002年版，第646页。

行为的行政重复处理行为列为一个新的行政处分,根本性的区别在于:行政重复处理行为对原行为的审查是处于非正式的法律程序之中,它以原行为已经生效为前提,而第二次裁决处于正式的法律程序之中,前一行政处分的效力尚未最终确定,这犹如中国的"申请"与"申诉"之别。[37]

2. 行政重复处理行为与维持性行政复议决定。根据《行政复议法》的规定,行政复议机关在行政复议的法律程序中,既可以对原具体行政行为作出肯定性决定(维持原具体行政行为),也可以对其作出否定性决定(如变更或撤销原具体行政行为)。关于后者,自然不会发生混淆现象;而对于前者,由于维持性行政复议决定的内容与原具体行政行为相同,不免会被误认为行政重复处理行为。其实,它们之间的区别已由上一关系阐明。维持性行政复议决定虽与原具体行政行为的内容相同,但它因处于正式的法律程序即行政复议程序中进行,行政相对人申请复议不属于"申诉"范畴。

3. 行政重复处理行为与一事重罚。一事重罚,系指行政机关对行政相对人的同一个违法行为给予两次以上的行政处罚。一事不再罚是各国行政处罚制度中的普遍原则,所以说,行政法是排斥一事重罚现象的。但问题在于,当一事重罚事件发生时,我们该如何界定对"一事"的"重罚行为"与"行政重复处理行为"之间的界线。一事重罚,显然会出现两个处罚决定,这两个决定的内容可能是不同的,也可能是相同的。关于前者,当然不用担心会与行政重复处理行为相混;关于后者,虽然前后两个行政处罚决定的内容相同,但它们依然属于两个行政行为,因为如果这两个行政行为生效,当事人将承担两个行为所产生的效果。可以设计两种情景来比较行政重复处理行为与一事重罚行为:情景一,行政机关对公民张三作出罚款500元的决定,该决定生效之后,张三为撤销该罚款决定而申诉,有关行政机关表明原罚款决定正确而驳回其申诉,这时,张三所承受的后果仅为一个罚款决定的后果,即被罚500元;情景二,行政机关对公民张三的违法行为,分别作出两个罚款决定,每个罚款决定的内容均是对张三罚款500元,这种情况下,如果这两个处罚决定都生效并被履行,那么该公民张三所承受的后果是被罚1000元而不是500元。正因如此,一事中的重罚决定,应作为另一个独立的行政行为接受司法救济。

4. 行政重复处理行为与重作行政行为。行政机关重作行政行为,是依据《行政诉讼法》(2017)第70条[38]而发生的。但行政机关据此重新作出行政行为时,受到《行政诉讼法》(2017)第71条[39]的约束,即重作的行政行为在内容上是不得与原行政行为"基本相同"的,具体地说,它们在行为的事实上、依据上、理由上或结果上是肯定有区别的。最重要的一点在于,当行政机关据此重作行政行为时,其前一个行政行为已被人民法院撤销,故实质上无"重复"可言。可见,重作的行政行为与重复处理行为也不可同日而语。

---

〔37〕 在中国的台湾地区,关于行政重复处理行为与第二次裁决之间的区别,在标准上有几种不同的观点。请参见吴庚、陈新民和李建良的有关论述。

〔38〕《行政诉讼法》(2017)第70条规定:"行政行为有下列情形之一的,人民法院判决撤销或者部分撤销,并可以判决被告重新作出行政行为……"

〔39〕《行政诉讼法》(2017)第71条规定:"人民法院判决被告重新作出行政行为的,被告不得以同一的事实和理由作出与原行政行为基本相同的行政行为。"

三、行政重复处理与法律救济

追溯德国行政法的渊源,"行政重复处理行为"似乎就为"不可诉讼"而设计,而且理由也是那么地同一。德国的一个典型判例表明了德国行政法院对待"行政重复处理行为"的态度。某企业主的营业被某行政机关依据德国《营利事业法》第35条规定而禁止。该企业主没有在法定期限内申请法律救济,但在复议期限届满后才向行政机关递交一封信,请求重新审查原行政决定,并列举了大量的复审理由。该行政机关答复:这一案件已处理完毕,不再复查。企业主不服,遂向德国行政法院提起行政诉讼。行政法院认为,行政机关原则上有权对已逾法律救济期限的行政行为再次处理,依据新的观点作出新的裁决,由此代替旧的行政行为,而新的行政行为又具有可撤销性。但假设行政机关对新的复审要求的每一个答复都意味着新的行政行为,那么,任何不遵守撤销期限的人都可以利用一封短信而引起这一程序,这就会使法律救济期限失去意义。因此,司法机关把仅对第一个行政行为的重复或解释不视作为一个"新的实体性决定",故不再适用司法救济。〔40〕

中国台湾地区学者再次重复了德国的结论与理由。如许宗力先生认为,行政重复处理行为"只是重申过去所作成处分,亦即第一次处分的内容,因其本身不生任何法律效果,故不能认系行政处分";"重复处置因本身非属行政处分,故不能对其提起行政救济"。〔41〕

在中国大陆,《行政诉讼法解释》(2018)和最高人民法院《关于行政案件案由的暂行规定》(法发〔2020〕44号)都将"驳回当事人对行政行为提起申诉的重复处理行为"推出行政诉讼受案范围以外,表明了中国行政诉讼法的态度。

应当注意的是,《行政诉讼法解释》(2018)第1条第2款第4项表达的是"驳回当事人对行政行为提起申诉的重复处理行为",讲的是发生在"行政申诉"过程中的"行政重复处理"行为。但不能理解为:"行政重复处理"行为只发生在"行政申诉"过程中。无论是"驳回当事人对行政行为提起申诉的重复处理行为",还是其他"行政重复处理"行为,都不应当属于行政诉讼受案范围。

至于"行政重复处理行为"不可诉的理由,最高人民法院行政审判庭将它归结为两点:一是重复处理行为没有对当事人的权利义务产生新的影响,没有形成新的行政法律关系;二是如果对这类重复处理行为可以提起诉讼,就是在事实上取消复议或者提起诉讼的期限,就意味着任何一个当事人在任何时候都可以通过申诉的方式重新将任何一个行政行为提交行政机关或法院进行重新审查。〔42〕

第六节 政府采购

政府采购协议符合行政协议的特征,因此,政府的采购行为也应当是行政协议行为。但鉴

〔40〕 参见[德]平特纳:《德国普通行政法》,朱林译,中国政法大学出版社1999年版,第109~111页。See BverwGE 13, S. 99ff.; Kassel NJW 1981, S. 281f.

〔41〕 参见翁岳生编:《行政法》,中国法制出版社2002年版,第646页。

〔42〕 参见最高人民法院行政审判庭编著:《最高人民法院行政诉讼法司法解释理解与适用》(上下),人民法院出版社2018年版,第50页。

于《政府采购法》尚未修改,政府采购协议依然被作为民事协议对待,那么,如果政府采购行为想被作为行政机关的私行为对待,就只能作为行政相关行为了。

一、政府采购行为

政府采购,也称行政采购,它作为一种行政活动被纳入行政法学研究,无疑与一个法律有关,即《政府采购法》。2002 年,第九届全国人民代表大会常务委员会第二十八次会议通过了《政府采购法》,该法自 2003 年 1 月 1 日起施行。该法 2014 年作过修正。

根据该法第 2 条第 2 款规定,政府采购系指各级国家机关、事业单位和团体组织,使用财政性资金采购依法制定的集中采购目录以内的或者采购限额标准以上的货物、工程和服务的行为。

这里的“采购”,是指以合同方式有偿取得货物、工程和服务的行为,包括购买、租赁、委托、雇用等。这里的“货物”,是指各种形态和种类的物品,包括原材料、燃料、设备、产品等。这里的“工程”,是指建设工程,包括建筑物和构筑物的新建、改建、扩建、装修、拆除、修缮等。这里的“服务”,是指除货物和工程以外的其他政府采购对象。

之所以将“政府采购”纳入“行政活动”而不是“行政行为”的范畴,主要基于两点考虑:

1. 集中采购的主体和对政府采购行为的监督都是行政机关,而且使用的资金是国家财政性资金,还带有政府的“行政性”。

2. 这些财政性资金并不只来自行政机关,还来自其他国家机关、事业单位和团体组织,主体并不只涉及行政机关。同时,采购行为本身是一种“买卖”行为,而“买卖”行为属于民事行为。

二、政府采购制度

对政府采购进行规范,旨在防止垄断和防止腐败,提高购买效率。根据《政府采购法》及有关法的规定,纳入政府采购的条件是:(1)主体上限于各级国家机关、事业单位和团体组织,不包括企业或者个人;(2)资金限于国家财政性资金,故自筹资金不包括在内;(3)采购的标的是货物、工程和服务;(4)采购的标准是属于依法制定的集中采购目录以内的或者采购限额标准以上。政府采购应当遵循公开透明原则、公平竞争原则、公正原则和诚实信用原则。

政府采购实行集中采购和分散采购相结合。集中采购的范围由省级以上人民政府公布的集中采购目录确定。属于中央预算的政府采购项目,其集中采购目录由国务院确定并公布;属于地方预算的政府采购项目,其集中采购目录由省、自治区、直辖市人民政府或者其授权的机构确定并公布。纳入集中采购目录的政府采购项目,应当实行集中采购。

政府采购采用以下方式:(1)公开招标;(2)邀请招标;(3)竞争性谈判;(4)单一来源采购;(5)询价;(6)国务院政府采购监督管理部门认定的其他采购方式。公开招标应作为政府采购的主要采购方式。

三、政府采购行为的法律适用

关于政府采购行为的法律适用,旨在解决政府采购行为应当适用公法还是私法的问题,进而解决适用什么法律程序进行救济的问题。

《政府采购法》(2014)第43条第1款规定:“政府采购合同适用合同法。采购人和供应商之间的权利和义务,应当按照平等、自愿的原则以合同方式约定。”第79条又规定:“政府采购当事人有本法第七十一条、第七十二条、第七十七条违法行为之一,给他人造成损失的,并应依照有关民事法律规定承担民事责任。”

根据上述规定,政府采购行为应当适用民法,不适用行政法,因而,政府采购关系上的纠纷不适用行政复议和行政诉讼,应当适用民事诉讼程序处理。

四、政府采购监管行为

必须提到的是,《政府采购法》不仅规范了“政府采购行为”,还设定了对政府采购行为的“监管行为”。《政府采购法》(2014)第59条规定:“政府采购监督管理部门应当加强对政府采购活动及集中采购机构的监督检查。监督检查的主要内容是:(一)有关政府采购的法律、行政法规和规章的执行情况;(二)采购范围、采购方式和采购程序的执行情况;(三)政府采购人员的职业素质和专业技能。”第67条又规定:“依照法律、行政法规的规定对政府采购负有行政监督职责的政府有关部门,应当按照其职责分工,加强对政府采购活动的监督。”

对政府采购的监管行为,系指政府采购监督管理部门依照《政府采购法》及有关法律法规,对政府采购关系中的当事人(包括政府采购主体和供应商等),依法进行监督和管理的行为,包括监督检查和处理等。如果说“政府采购行为”属于行政活动而不是行政行为,因而适用民法而不适用行政法,那么,对政府采购的“监管行为”恰恰属于行政行为,应当适用行政法。为此,《政府采购法》(2014)第58条规定:“投诉人对政府采购监督管理部门的投诉处理决定不服或者政府采购监督管理部门逾期未作处理的,可以依法申请行政复议或者向人民法院提起行政诉讼。”

第七节　假象行政行为

一、假象行政行为的概念和特征

假象行政行为在德国被称为行政行为不存在(Nichtovrhandensein)或非行政行为(Nichtvrwaltungsakt)。在法国,也将假象行政行为视作行政行为的不存在;行政行为的不存在,就按无效行政行为处理。

在中国的行政法理和行政实践中,“假象行政行为”的理论尚未成熟。一般的观点,假象行政行为系指真正的行政行为没有发生的状况,或者说,发生了以行政行为的形式出现,而实质上不是行政行为的有关行为。

假象行政行为具有两大法律特征:

1. 它在形式上具有行政行为的外部形态,容易给人们造成误导,把一种非行政行为看作行政行为,或者行政行为在法律意义上未作出,但给人以作出行政行为的假象。如一家物业公司给业主开出的行政罚款单。

2. 它在内容上和实质上不属于行政行为,不具有行政行为最本质的特征。行为者往往不是行政主体,不拥有真正的行政职权,或者是行政主体,但没有作出行政行为。

假象行政行为与越权行政行为、无效行政行为和违法行政行为等都不同。假象行政行为不是行政行为或者没有发生行政行为,而越权行政行为、无效行政行为和违法行政行为都是行政行为,只是有瑕疵的行政行为而已。

二、假象行政行为的具体形态

分析假象行政行为的具体形态,有助于我们掌握假象行政行为;讨论和掌握假象行政行为,又有助于我们准确地把握住真正的具体行政行为。假象行政行为的具体形态主要有两类。

1. 民事主体行使所谓的"行政行为"。民事主体原则上只能从事民事行为,可它从事了该由行政主体进行的行政行为。如一家公司对行人吐痰行为给予"行政罚款";一家学校"吊销"或者"扣留"在其门口所设摊位的营业执照;商场停车位管理员对过时取车者"行政罚款";等等。

2. 行政主体没有作出法律意义上的行政行为。这是指行政主体可能已有行为,但还不是法律意义上的行政行为(如停留在内部的过程行为之中),或者行政主体根本无行为发生。

三、假象行政行为的性质和法律救济

假象行政行为不是行政行为或者行政行为未发生是肯定的,但具体属于哪一种性质的行为,则需要具体分析。总的认定原则是,按实际行为的性质认定。一般而言,假象行政行为有三种行为的可能性:(1)民事侵权行为,如公司没收职工的电动车;(2)内部的过程性行为,如内部会议讨论阶段;(3)刑事犯罪行为,如乡镇领导非法拘禁他人构成犯罪的。

对于民事侵权行为,适用民法和民事诉讼法救济;对于内部的过程性行为,按内部行为和过程行为处理;对于刑事犯罪行为,适用刑法和刑事诉讼法的救济。

第八节 司法机关对行政的协助行为

就行政机关与司法之间的协助关系而言,既存在行政机关对司法行为的协助,也存在司法机关对行政行为的协助。在上一章里,我们已将行政机关对司法的协助行为作为特殊行政行为进行了阐述,这里对应地将司法机关对行政的协助行为作为行政相关行为进行阐述。

一、司法机关对行政的协助制度

行政主体所实施的行政行为,大多是无须经司法机关协助的。但也存在一些行政行为,由于行政主体权限的限制,必须通过司法机关的协助才能实施。这种行为在制度中大量存在。

以"冻结存款、汇款"为例,"冻结存款、汇款"是由《行政强制法》(2011)第9条所设定的"行政强制措施"手段之一。在我国现行制度中,一类"冻结"措施是由行政主体直接作出,无须

求助司法机关的协助。《税收征收管理法》(2015)第38条第1款第1项〔43〕、《海关法》(2021)第61条第1款第1项〔44〕、《证券法》(2019)第170条第1款第6项〔45〕和《反洗钱法》(2006)第26条第1款〔46〕所规定的"冻结"措施都属于此类。

另一类"冻结"措施需要由司法机关协助。如《审计法》(2021)第38条第2款规定:"审计机关对被审计单位违反前款规定的行为,有权予以制止;必要时,经县级以上人民政府审计机关负责人批准,有权封存有关资料和违反国家规定取得的资产;对其中在金融机构的有关存款需要予以冻结的,应当向人民法院提出申请。"其他如《银行业监督管理法》(2006)〔47〕、《证券投资基金法》(2015)〔48〕和《保险法》(2015)〔49〕都有类似规定。这里的"司法机关",应当理解为人民检察院和人民法院。

此外,行政行为的非诉执行制度也是典型的此类制度。我国的行政强制执行制度是指对行政行为的执行制度。对生效行政行为的强制执行,法律赋予行政机关执行权的,由行政机关自己强制执行;法律没有赋予行政机关强制执行权的,行政机关应当申请人民法院强制执行。《行政强制法》(2011)第53条规定:"当事人在法定期限内不申请行政复议或者提起行政诉讼,又不履行行政决定的,没有行政强制执行权的行政机关可以自期限届满之日起三个月内,依照本章规定申请人民法院强制执行。"人民法院的这类执行制度在行政诉讼制度中称为"非诉执行",表现为司法机关对行政机关强制执行行政行为的协助。

---

〔43〕 该项规定:"税务机关有根据认为从事生产、经营的纳税人有逃避纳税义务行为的,可以在规定的纳税期之前,责令限期缴纳应纳税款;在限期内发现纳税人有明显的转移、隐匿其应纳税的商品、货物以及其他财产或者应纳税的收入的迹象的,税务机关可以责成纳税人提供纳税担保。如果纳税人不能提供纳税担保,经县以上税务局(分局)局长批准,税务机关可以采取下列税收保全措施:(一)书面通知纳税人开户银行或者其他金融机构冻结纳税人的金额相当于应纳税款的存款……"

〔44〕 该项规定:"进出口货物的纳税义务人在规定的纳税期限内有明显的转移、藏匿其应税货物以及其他财产迹象的,海关可以责令纳税义务人提供担保;纳税义务人不能提供纳税担保的,经直属海关关长或者其授权的隶属海关关长批准,海关可以采取下列税收保全措施:(一)书面通知纳税义务人开户银行或者其他金融机构暂停支付纳税义务人相当于应纳税款的存款……"

〔45〕 该项规定:"国务院证券监督管理机构依法履行职责,有权采取下列措施……(六)查询当事人和与被调查事件有关的单位和个人的资金账户、证券账户、银行账户以及其他具有支付、托管、结算等功能的账户信息,可以对有关文件和资料进行复制;对有证据证明已经或者可能转移或者隐匿违法资金、证券等涉案财产或者隐匿、伪造、毁损重要证据的,经国务院证券监督管理机构主要负责人或者其授权的其他负责人批准,可以冻结或者查封,期限为六个月;因特殊原因需要延长的,每次延长期限不得超过三个月,冻结、查封期限最长不得超过二年……"

〔46〕 该款规定:"经调查仍不能排除洗钱嫌疑的,应当立即向有管辖权的侦查机关报案。客户要求将调查所涉及的账户资金转往境外的,经国务院反洗钱行政主管部门负责人批准,可以采取临时冻结措施。"

〔47〕 该法第41条规定:"经国务院银行业监督管理机构或者其省一级派出机构负责人批准,银行业监督管理机构有权查询涉嫌金融违法的银行业金融机构及其工作人员以及关联行为人的账户;对涉嫌转移或者隐匿违法资金的,经银行业监督管理机构负责人批准,可以申请司法机关予以冻结。"

〔48〕 该法第27条规定:"在公开募集基金的基金管理人被责令停业整顿、被依法指定托管、接管或者清算期间,或者出现重大风险时,经国务院证券监督管理机构批准,可以对该基金管理人直接负责的董事、监事、高级管理人员和其他直接责任人员采取下列措施……(二)申请司法机关禁止其转移、转让或者以其他方式处分财产,或者在财产上设定其他权利。"

〔49〕 该法第153条规定:"保险公司在整顿、接管、撤销清算期间,或者出现重大风险时,国务院保险监督管理机构可以对该公司直接负责的董事、监事、高级管理人员和其他直接责任人员采取以下措施:(一)通知出境管理机关依法阻止其出境;(二)申请司法机关禁止其转移、转让或者以其他方式处分财产,或者在财产上设定其他权利。"

二、司法机关对行政的协助行为概念和特征

司法机关对行政的协助行为,系指司法机关基于行政机关的申请,依照法律规定作出处分或限制行政相对人权利,协助机关实现行政目标的行为。这类行为具有以下几个法律特征。

1. 以行政行为为源点。司法机关对行政的协助行为,都是在行政机关已作出行政决定,但由于权限上的限制而无法直接实现的情况下,特申请司法机关协助,以帮助其行政行为的实现。所以,整个行为的源点是行政机关的行政意志,而不是司法机关的司法意志。这一“与行政的相关性”决定了它不是“行政行为”,而是“行政相关行为”。

2. 以司法行为为归宿。在这类行为中,虽然行政行为是源点,但它必须转换成司法行为才能落地。它要通过司法机关作出的协助行为才能实现行政意志。但是,司法机关对于行政的协助,并不是纯粹的协助,同时也是一种审查和监督。司法机关要基于本身的职权范围,在认可行政行为合法的前提下提供协助。所以,这种协助行为已不再是行政意志,已转化为司法意志。

3. 以法律规定为前提。一种行政行为是否需要司法机关协助,这不是一种工作关系,也不是私人的帮忙关系,而是一种法律关系。绝不是由行政机关或者司法机关根据工作需要自行决定是否需要司法协助,或者是否愿意司法协助,而是依据法律的设定来决定是否必须经司法协助。这里的“法律”是指由全国人大及其常委会制定的法律。法规、规章和其他规范性文件都不得“设定”该行为。之所以“设定法”范围被限定得如此之小,是因为这种行为涉及行政机关(行政权)与司法机关(司法权)之间的关系。

三、司法机关对行政的协助行为之定性和法律救济

司法机关对行政的协助行为,是属于行政行为还是司法行为,必须有一定论。

笔者认为,司法机关对行政的协助行为是一种特殊的司法行为,而不是行政行为。因为这类行为最终落地的是司法机关作出的行为,它通过对行政机关申请协助的审查,已将行政意志转换成司法意志。所以,当事人对司法机关作出的协助行为不服,不适用行政复议或行政诉讼救济,而应当适用其他途径救济。这在行政诉讼的非诉执行制度中得到了验证。当事人对人民法院对行政行为的执行不服的,不可能以人民法院为被告对非诉执行行为另行提起行政诉讼。

在上一章将行政机关对司法的协助行为定性为一种特殊的行政行为,与本章将司法机关对行政的协助行为定性为一种特殊的司法行为,背后的逻辑是同一的。

第九节　疑难问题探讨

一、征兵行为和对违反征兵管理行为的处罚是否属于国家行为?

征兵是一项政治性强且与军事有关的工作,因而有的地方将征兵和与征兵有关的行为视作“国家行为”,行政相对人对这种行为提起行政诉讼,人民法院拒绝受理。

这里首先要将“征兵行为”与“因违反征兵管理而引发的处罚行为”区别开来。“征兵行

为”是指有关组织征集公民入伍的行为。有的地方法院将它视为“国家行为”，也不是没有道理，因为它是一项政治性、政策性和军事性极强的工作。但是，最高人民法院倾向于不承认它是国家行为。有关权威人士解释道：根据《行政诉讼法解释》(2018)第2条的规定，国家行为是指国务院、中央军事委员会、国防部、外交部等根据宪法和法律的授权，以国家的名义实施的有关国防和外交事务的行为，以及经宪法和法律授权的国家机关宣布紧急状态、实施戒严和总动员等行为。司法解释之所以要作这样的限定，主要是针对有的地方把征兵行为、出入境管理方面的行为，都当成国家行为。这是不正确的。国家行为是一种具有高度政治性和政策性的统治行为。国家行为不仅在内容上与国防、外交有关，而且与特定的主体有关，非特定主体实施的行为不属于国家行为的范围。[50]

而笔者认为，“征兵行为”与“因违反征兵管理而引发的处罚行为”完全不同。《兵役法》(2021)第9条规定：“全国的兵役工作，在国务院、中央军事委员会领导下，由国防部负责。省军区(卫戍区、警备区)、军分区(警备区)和县、自治县、不设区的市、市辖区的人民武装部，兼各该级人民政府的兵役机关，在上级军事机关和同级人民政府领导下，负责办理本行政区域的兵役工作。机关、团体、企业事业组织和乡、民族乡、镇的人民政府，依照本法的规定完成兵役工作任务。兵役工作业务，在设有人民武装部的单位，由人民武装部办理；不设人民武装部的单位，确定一个部门办理。普通高等学校应当有负责兵役工作的机构。”这就是说，“征兵行为”不仅在于这种行为本身的政治性、政策性和军事性，还在于从主体上看，这项工作在地方主要是由军事部门主管，行政部门不过是配合而已。如果将这种行为归入行政行为，那么怎么可能对军事机关提起行政诉讼？

“国家行为”与因违反国家行为的管理而引起的“处罚行为”不同，后者未必是“国家行为”。同理，“因违反征兵管理而引发的处罚行为”不同于“征兵行为”，依据还是《兵役法》(2021)。该法第57条第1款规定：“有服兵役义务的公民有下列行为之一的，由县级人民政府责令限期改正；逾期不改正的，由县级人民政府强制其履行兵役义务，并处以罚款：(一)拒绝、逃避兵役登记的；(二)应征公民拒绝、逃避征集服现役的；(三)预备役人员拒绝、逃避参加军事训练、担负战备勤务、执行非战争军事行动任务和征召的。”从这里可以看出，该法第57条规定的处罚行为和强制行为，系属于以县级人民政府为行政主体的行政行为。

总之，作者的观点是：征兵行为是国家行为；因违反征兵工作而引起由行政机关依法实施的处罚或者强制行为，属于行政行为，不是国家行为。

二、行政指导是否有强制性与非强制性之分？

行政指导在中国的行政法理论和行政审判实践中，都被作为一种不可诉的事实行为对待，并且以“非强制性”和“非处分性”为本质特征。

但是，《行政诉讼法解释》(1999)第1条第1款规定：“公民、法人或者其他组织对下列行为不服提起诉讼的，不属于人民法院行政诉讼的受案范围：……(四)不具有强制力的行政指导行为……”这里对“不具有强制力的行政指导”的表述，不经意地引起出了理论界和实务界的误

---

〔50〕 参见江必新：《“若干解释”疑难问题探讨》，载李国光主编、最高人民法院行政审判庭编：《行政执法与行政审判参考》(2001年第1辑)，法律出版社2001年版，第83页；刘德权主编：《最高人民法院司法观点集成(4)：行政、国家赔偿卷》，人民法院出版社2010年版，第84～85页。

解,以至于有人主张将行政指导划分为两类:一是不具有强制力的行政指导;二是具有强制力的行政指导。前者不可诉,后者可诉。

笔者认为,行政指导就是以“非强制性”和“非处分性”为本质特征。不具备这些特征的“所谓行政指导”就不能按“行政指导”对待。就“强制性”而言,行政指导不存在“不具有强制力的行政指导”与“具有强制力的行政指导”之分。只要是行政指导,就是“不具有强制力”的。

况且,《行政诉讼法解释》(1999)第1条第1款对“不具有强制力的行政指导”的表述,只是对“行政指导”“不具有强制力”的强调,并非承认存在“具有强制力的行政指导”之意。[51] 另外,《行政诉讼法解释》(2018)第2条对其已作了更正,将“不具有强制力的行政指导”表述为“行政指导行为”。

对于具有“强制力”的“所谓行政指导”,要按照该行为的实际功能来界定它的行为性质。例如,以行政指导名义实施罚款的,就按行政处罚认定;以行政指导名义强制驱赶人员的,就按行政强制措施认定。

三、行政调解时间是否应当从起诉期限中扣除?

根据《行政复议法》(2023)第20条规定,行政相对人对行政行为不服申请复议,原则上必须在60日内提出;[52] 根据《行政诉讼法》(2017)第46条规定,行政相对人对行政行为不服直接提起诉讼的,原则上必须在6个月内提出。[53]

现在的问题是,如果当事人在规定的期间内不是申请复议或者提起诉讼,而是申请行政调解,那么行政调解的时间是否可以从申请行政复议或者提起行政诉讼的期间里扣除?如果不能扣除,那么就不排除当事人因申请行政调解而耽误申请行政复议或者提起行政诉讼的机会。

从理论上说,由于行政调解一般发生在行政复议或者行政诉讼之前,因而行政调解的时间应当从申请复议和提起诉讼期限中扣除。但由于申请行政复议期限和提起行政诉讼期限不属于诉讼时效,它是除斥期间,不适用时效的中断和中止。

但是《行政诉讼法》(2017)第48条规定:“公民、法人或者其他组织因不可抗力或者其他不属于其自身的原因耽误起诉期限的,被耽误的时间不计算在起诉期限内。公民、法人或者其他组织因前款规定以外的其他特殊情况耽误起诉期限的,在障碍消除后十日内,可以申请延长期限,是否准许由人民法院决定。”建议在执行该条规定时,要将正式的行政调解作为一种合理的事由考虑。

四、在司法机关对行政的协助中如何适用法律救济和责任承担?

司法机关对行政的协助行为,总体上定性为一种特殊的司法行为,从行政法角度看,是一种行政相关行为,这不会有问题。问题在于,这类行为由两个“半段”组成,“前半段”被协助的行为是行政行为,“后半段”协助行为本身又是司法行为,如果行政相对人不服应当如何救济?

---

[51] 参见甘文:《行政诉讼法司法解释之评论——理由、观点与问题》,中国法制出版社2000年版,第25~26页。

[52] 《行政复议法》(2023)第20条第1款规定:“公民、法人或者其他组织认为行政行为侵犯其合法权益的,可以自知道或者应当知道该行政行为之日起六十日内提出行政复议申请;但是法律规定的申请期限超过六十日的除外。”

[53] 《行政诉讼法》(2017)第46条第1款规定:“公民、法人或者其他组织直接向人民法院提起诉讼的,应当自知道或者应当知道作出行政行为之日起六个月内提出。法律另有规定的除外。”

具言之:(1)是否可以申请行政复议或者提起行政诉讼?(2)以谁为被申请人或者被告?(3)行政机关与司法机关的责任如何划分?

关于第一个问题,针对前半截的“行政行为”,适用行政复议和行政诉讼,是没有问题的;但针对后半截的“司法行为”,当然不适用行政复议和行政诉讼,但可适用国家赔偿。[54]

关于第二个问题,作者主张,这类行为一旦进入行政复议或者行政诉讼,均可以行政机关为被告。

关于第三个问题,即责任的分担问题,前半段行为的过错应当由行政机关承担;后半段行为的过错,应当由司法机关承担。

本章小结

本章讨论了国家行为、行政立法行为、行政指导行为、行政调解行为、行政重复处理行为、行政采购行为、假象行政行为和司法机关对行政的协助行为等八种行政相关行为。尽管这八种行为并未穷尽所有的行政相关行为,但它们显然属于最“相关”的行为部分。

行政相关行为,系指与行政相关联,但不属于行政行为的行为。“与行政的相关性”,表现在这种行为可能在主体上(是行政机关)、内容上(有部分行政行为的内容)、形式上(以行政行为的形式出现)与行政有关系;但这种行为不属于行政行为,因而不适用行政法,不适用行政复议和行政诉讼之法律救济。在行政相关行为中,其中的行政立法行为、行政指导行为、行政调解行为、行政重复处理行为、行政采购行为等,虽然不是行政行为,但依然属于行政活动。

国家行为并不能按字面理解成由国家机关作出的行为,而是特指涉及重大国家利益,具有很强政治性,不受司法审查的行为。它包括国防行为、外交行为、军事和紧急行政权行为等。

行政指导以国家的福利行政和给付行政为基础,并作为一种“软性”的管理方式,在第二次世界大战以后为各国政府所采用。它是指国家行政机关依据其职权,或者依据法律、法规、规章和其他规定,在其所管理事务的范围内,以指导、劝告、提醒、建议等非强制性方式,引导公民、法人和其他组织作出或者不作出某种行为的活动。它以非强制性、非处分性和对相对人作用的间接性为主要特点。

为实现和谐社会,各级政府的行政调解功能受到高度重视。虽然中国尚未制定国家级的“行政调解法”,但不少地方已制定了有关“行政调解”的地方政府规章。这种行政调解,是指行政机关在实施行政管理过程中,依法对与本机关行政职权有关的各类争议纠纷,以当事人自愿为原则,通过对争议当事人的说服和疏导,促使当事人平等协商、互谅互让,达成调解协议,解决争议纠纷的活动。行政调解书虽然不具有强制执行力,但它对于诉前解决有关纠纷还是一种可选择的捷径。

确立“行政重复处理行为”可以挡住当事人无益的恶意诉讼。它是指行政机关所作出的没有改变原有行政法律关系、没有对当事人的权利和义务发生新的影响的行为。这种行为在中国的信访程序和申诉过程中大量出现。

政府采购因《政府采购法》的出台而被纳入行政法学的视野,但它还不能被作为行政行为对待。准确的定义是,政府采购系指各级国家机关、事业单位和团体组织,使用财政性资金采购依法制定的集中采购目录以内的或者采购限额标准以上的货物、工程和服务的行为。它作为一种使用财政性资金的买卖行为适用民法而不是行政法。但随着行政协议概念的确立,政府采购协议非常接近行政协议的性质。

假象行政行为在国外主要是指行政行为不存在,而在我国更多是指一些带有行政行为的形式,而实际

〔54〕 针对后半截的“司法行为”,适用国家赔偿是无异议的。如《行政强制法》(2011)第8条规定:“公民、法人或者其他组织对行政机关实施行政强制,享有陈述权、申辩权;有权依法申请行政复议或者提起行政诉讼;因行政机关违法实施行政强制受到损害的,有权依法要求赔偿。公民、法人或者其他组织因人民法院在强制执行中有违法行为或者扩大强制执行范围受到损害的,有权依法要求赔偿。”

不是行政行为的行为,更多的恰恰是一些以“行政”形式出现的“民事行为”。这些行为同样不能被作为行政行为对待。

与上一章所述的“行政机关对司法的协助行为”相对应,“司法机关对行政的协助行为”是一种特殊的司法行为,同时属于行政相关行为。这种行为不适用行政复议和行政诉讼,但对它们如何救济乃是一个值得研究的重要课题。

行政法并不规制这些不属于行政行为的行政相关行为,但行政法学不能放弃对它们的关注和研究,因为只有正确认知这些行政相关行为,方能理解和把握真正的行政行为。

规范链接

- 《中华人民共和国宪法》(2018)第8、67、89、115条
- 《中华人民共和国立法法》(2023)第72条
- 《中华人民共和国香港特别行政区驻军法》(1996)第26条
- 《中华人民共和国澳门特别行政区驻军法》(1999)第26条
- 《中华人民共和国戒严法》(1996)第3条
- 《中华人民共和国兵役法》(2021)第9、57条
- 《中华人民共和国行政诉讼法》(2017)第13、46、48、60、70、71、94、97条
- 《中华人民共和国行政复议法》(2023)第11、12、20条
- 《中华人民共和国行政强制法》(2011)第9、53条
- 《中华人民共和国治安管理处罚法》(2012)第9条
- 《中华人民共和国农业技术推广法》(2012)第36条
- 《中华人民共和国人民调解法》(2010)第17、28条
- 《中华人民共和国仲裁法》(2017)第51条
- 《中华人民共和国政府采购法》(2014)第43、58条
- 《中华人民共和国税收征收管理法》(2015)第38条
- 《中华人民共和国海关法》(2021)第61条
- 《中华人民共和国证券法》(2019)第170条
- 《中华人民共和国保险法》(2015)第153条
- 《中华人民共和国反洗钱法》(2006)第26条
- 《中华人民共和国审计法》(2021)第38条
- 《中华人民共和国银行业监督管理法》(2006)第14条
- 《中华人民共和国证券投资基金法》(2015)第27条
- 《中华人民共和国行政复议法实施条例》(2007)第50条
- 国务院《行政法规制定程序条例》(2017)第5条
- 国务院《规章制定程序条例》(2001)第2、7条
- 最高人民法院《关于适用〈中华人民共和国行政诉讼法〉的解释》(法释〔2018〕1号)第1、2条

案例讨论

杨某诉成都市人民政府其他行政纠纷案

|案　情|

原告杨某因与被告四川省成都市人民政府(以下简称成都市政府)发生其他行政纠纷,向四川省成都市中级人民法院提起行政诉讼。

原告杨某诉称:原告系原成都市第五中学(现为成都列五中学)职工,该校以1992年就已对原告作"除名处理"为由,拒绝给原告安排工作、发放工资,还强行收缴原告住房,但长期不向原告送达相关处理文书,其行为严重侵犯原告的人身权、财产权。为此,原告于2005年向成都市教育局申诉。成都市教育局于2005年5月20日以其办公室的名义向原告作出信访回复,称原成都市教育委员会(成都市教育局的前身)已于1992年作出《对成都市第五中学〈关于对我校职工杨某作除名处理的报告〉的批复》,并认为该批复符合法律规定。原告不服,向四川省教育厅申诉,四川省教育厅责令成都市教育局复查。成都市教育局又于2005年8月18日再次给予原告信访答复,答复内容与前次信访回复一致。原告仍不服该信访答复,于2005年9月9日向被告成都市政府提出行政复议申请,请求成都市政府就该信访答复所涉及的事项作出行政复议。成都市政府收到复议申请后,认为原告的复议申请不符合行政复议的受理条件,于2005年9月13日作出成府复不字(2005)第6号不予受理决定。原告认为,成都市教育局对原告作出的信访答复是具有行政确认和行政处理性质的申诉处理决定,对原告的人身权、财产权有严重影响,而不是一种单纯的"解释、说明",故原告依法向成都市政府提起的行政复议申请,完全符合《行政复议法》(1999)第6条第9、11项关于行政复议受案范围的规定。成都市政府在没有向原告正确说明理由和依据的情况下,对这种明显属于依法可申请行政复议的案件作出不予受理决定,忽视了宪法赋予公民的救济权,剥夺了可供原告选择的法定救济机会。该不予受理决定与有关法律、法规的规定明显不符,适用法律、法规明显错误。故请求法院判决撤销成都市政府作出的成府复不字(2005)第6号不予受理决定。

被告成都市政府辩称:根据行政复议法的相关规定,行政复议是一项旨在对具体行政行为进行监督的制度。由于原告杨某申请行政复议针对的事项是成都市教育局作出的信访答复,该信访答复不是成都市教育局作出的具体行政行为,因此杨某的申请依法不属于行政复议的受理范围。请求法院依法驳回杨某的诉讼请求,维持成都市政府对杨某的行政复议申请作出的不予受理决定。

成都市中级人民法院一审查明:1992年,原成都市第五中学向原成都市教育委员会报送了《关于对我校职工杨某作除名处理的报告》,原成都市教育委员会于1992年12月23日作出《对成都市第五中学〈关于对我校职工杨某作除名处理的报告〉的批复》,同意将原告杨某作除名处理。2005年,杨某因上述纠纷到成都市教育局进行信访申诉,该局于2005年5月20日以其办公室的名义向杨某作出信访回复,认为原成都市教育委员会于1992年作出的《对成都市第五中学〈关于对我校职工杨某作除名处理的报告〉的批复》是符合法律规定的。收到该信访回复后,杨某向四川省教育厅上访,四川省教育厅责成成都市教育局重新答复杨某。成都市教育局于2005年8月18日再次给予杨某信访答复,其内容与前次信访回复一致。2005年9月9日,杨某就成都市教育局于2005年8月18日作出的信访答复向被告成都市政府提出行政复议申请,成都市政府于2005年9月9日作出成府复不字(2005)第6号不予受理决定,并已送达杨某。

本案的争议焦点是:原告杨某因不服成都市教育局作出的信访答复,向被告成都市政府提出的行政复议申请,是否属于行政复议受理范围。

成都市中级人民法院一审认为:原成都市教育委员会于1992年批复同意原成都市第五中学对原告杨某作除名处理,时隔13年之后,原告杨某就自己被除名一事先后到成都市教育局、四川省教育厅信访申诉,成都市教育局针对杨某的申诉最终作出信访答复,认为当年原成都市教育委员会作出的批复符合相关规定。杨某对该信访答复不服,向被告成都市政府提出的行政复议申请,不属于行政复议受理范围。

首先,《行政复议法》(1999)第6条规定,并未明确将行政机关驳回当事人对行政行为提起申诉的重复处理行为列入行政复议的受理范围。

其次,行政复议的受理范围,应当是行政机关作出的影响公民、法人及其他组织的权利义务关系的具体行政行为。本案中,成都市教育局作出的信访答复,对原告杨某的现实权利义务状态并未产生新的影响,亦未改变原有的行政法律关系,属于行政机关驳回当事人对具体行政行为提起申诉的重复处理行为。行政机关驳回当事人就具体行政行为提出的申诉请求,实际上仅是告知当事人该具体行政行为正确,并说明当事人就该具体行政行为提出的申诉请求依法不应支持。驳回当事人申诉的信访答复既没有改变原有行政法律关系,也没有形成新的行政法律关系,对当事人的权利义务没有产生新的影响,故不属于行政复议的受理范围。

综上,被告成都市政府作出的成府复不字(2005)第6号行政复议不予受理决定认定事实清楚,证据确实、充分,适用法律正确,程序合法,应予维持。

据此,成都市中级人民法院依照《行政诉讼法》(1989)第54条第1项的规定,于2006年7月21日判决:(1)维持被告成都市政府作出的成复不字(2005)第6号行政复议不予受理的决定;(2)一审案件受理费100元、其他诉讼费用30元,共计130元,由原告杨某负担。

杨某不服一审判决,向四川省高级人民法院提起上诉,主要理由是:(1)成都市教育局以其办公室名义作出的信访答复中涉及的原成都市第五中学《关于对我校职工杨某作除名处理的报告》和原成都市教育委员会《对成都市第五中学〈关于对我校职工杨某作除名处理的报告〉的批复》,仅仅是单方面陈述的内部文件,从未送达上诉人。因此,成都市教育局作出的确认上述内部文件符合有关规定的信访答复,不属于驳回当事人对行政行为提起申诉的重复处理行为,且成都市教育局以其办公室的名义作出信访答复主体不符,是越权行为。一审法院认为成都市教育局作出的信访答复属于驳回当事人对行政行为提起申诉的重复处理行为,对上诉人现存权利义务状态并未产生新的影响,亦未改变原有的行政法律关系,是对行政机关重复处理行为的错误理解。上诉人提出的行政复议申请,依法属于行政复议受理范围,上诉人的诉讼请求依法应当得到支持。(2)一审法院依职权调取的证据未经庭审质证,一审判决依据上述证据认定本案事实,违反了证据规则和审判原则。综上,请求二审法院依法改判,判令被上诉人成都市政府依法受理上诉人的行政复议申请。上诉人杨某没有提交新的证据。

被上诉人成都市政府答辩称:上诉人杨某因不服原成都市第五中学作出的除名处理决定,到成都市教育局、四川省教育厅信访申诉。成都市教育局办公室最终于2005年8月18日对上诉人作出驳回其申诉的信访答复,该行为属于行政机关对同一事项的重复处理行为,不属于可以申请行政复议的具体行政行为,当事人应当依照国务院《信访条例》的明确规定寻求救济途径。一审判决维持被上诉人作出的不予受理决定是正确的,请求二审法院依法维持并由上诉人承担诉讼费用。被上诉人成都市政府没有提交新的证据。

四川省高级人民法院二审查明:2005年,上诉人杨某以成都列五中学借口已对其作"除名处理",不给其安排工作、发放工资,还强行收缴其住房,但长期不送达相关处理文书,侵犯其人身权、财产权为由,向成都市教育局申诉。2005年5月20日,成都市教育局办公室对杨某作出信访回复,该回复认为原成都市教育委员会于1992年作出的《对成都市第五中学〈关于对我校职工杨某作除名处理的报告〉的批复》符合法律规定。杨某不服,向四川省教育厅申诉。四川省教育厅于2005年6月28日答复杨某:"已将上访材料转送成都市教育局,责成其按照当时的有关法律法规、政策规定和事实依据重新答复你本人。"2005年8月18日,成都市教育局办公室再次对杨某作出信访答复,该答复载明:"我们再一次对事实进行了调查核实。查明,1992年原成都市第五中学根据你的旷工事实向原成都市教育委员会报送的《关于对我校职工杨某作除名处理的报告》和原成都市教育委员会于当年作出的《对成都市第五中学〈关于对我校职工杨某作除名处理的报告〉的批复》符合川人发(1984)4号文件规定。"该信访答复已送达杨某。

2005年9月9日,上诉人杨某就成都市教育局于2005年8月18日作出的信访答复向被上诉人成都市政府申请行政复议,请求撤销或者确认该信访答复违法,并责令成都市教育局在一定期限内重新作出具体行政行为。同日,成都市政府以杨某提出的行政复议申请不符合行政复议受理条件为由,根据行政复议法的相关规定,作出成府复不字(2005)第6号不予受理决定书,并于同月13日送达杨某。杨某不服,向成都市中级人民法院提起行政诉讼,请求撤销成都市政府作出的不予受理决定。

本案二审的争议焦点仍然是上诉人杨某因不服成都市教育局作出的信访答复,向被上诉人成都市政府提出的行政复议申请,是否属于行政复议受理范围。

四川省高级人民法院二审认为,《行政复议法》(1999)第12条规定:"对县级以上地方各级人民政府工作部门的具体行政行为不服的，由申请人选择，可以向该部门的本级人民政府申请行政复议，也可以向上一级主管部门申请行政复议。对海关、金融、国税、外汇管理等实行垂直领导的行政机关和国家安全机关的具体行政行为不服的，向上一级主管部门申请行政复议。"第 17 条第 1 款规定："行政复议机关收到行政复议申请后，应当在五日内进行审查，对不符合本法规定的行政复议申请，决定不予受理，并书面告知申请人；对符合本法规定，但是不属于本机关受理的行政复议申请，应当告知申请人向有关行政复议机关提出。"根据上述规定，被上诉人成都市政府有权管辖当事人对其下属职能部门作出的具体行政行为不服申请行政复议的案件，对当事人提出的行政复议申请，经审查认为不符合行政复议法规定的受理范围的，有权作出不予受理决定。成都市政府于 2005 年 9 月 9 日收到上诉人杨某递交的行政复议申请，经审查后以该申请不符合行政复议受理条件为由，作出了不予受理决定书，并于同月 13 日送达杨某。成都市政府作出该不予受理决定的程序合法。

根据《行政复议法》(1999)第 1、2、6 条规定，可以申请行政复议的具体行政行为，是指行政主体在行使行政职权过程中，针对特定的行政相对人就特定的事项作出的、能够对行政相对人的权利义务产生法律效果的行为。本案中，上诉人杨某申请行政复议的事项，是成都市教育局办公室针对杨某的申诉作出的信访答复，该信访答复的内容仅是重申 1992 年原成都市第五中学报送的《关于对我校职工杨某作除名处理的报告》和原成都市教育委员会于当年作出的《对成都市第五中学〈关于对我校职工杨某作除名处理的报告〉的批复》均符合川人发(1984)4 号文件规定，并没有对杨某的权利义务产生新的法律效果，属于行政机关对当事人不服具体行政行为提出申诉的重复处理行为，因而不是行政复议法所规定的可以申请行政复议的具体行政行为。

行政复议法规定了申请行政复议的期限，而当事人向有关行政机关申诉并没有相应的时效限制。如果将行政机关驳回当事人对具体行政行为提起的申诉的重复处理行为视为新的具体行政行为，则无论是否在法律规定的期间内，当事人都可以通过申诉启动行政复议程序，即"申诉—驳回申诉的重复处理行为—对该重复处理行为申请行政复议—行政复议或者再申诉"的重复循环，这样必将导致行政复议申请期限失去意义，影响行政行为的稳定性，影响行政机关依法行政。

综上，成都市教育局针对上诉人杨某的申诉作出的信访答复，属于行政机关对当事人不服行政行为提出的申诉的重复处理行为，不属于行政复议的受理范围。被上诉人成都市政府针对杨某提出的行政复议申请作出的不予受理决定正确，杨某关于其申请行政复议的事项符合行政复议受理条件的上诉理由不能成立。一审判决认定事实清楚，适用法律正确，审判程序合法，应予维持。

据此，四川省高级人民法院依照《行政诉讼法》(1989)第 61 条第 1 项之规定，于 2006 年 11 月 21 日判决：(1)驳回上诉，维持原判；(2)二审案件受理费 100 元，由杨某负担。本判决为终审判决。

｜评　析｜

本案所涉的事实与法律适用问题甚多，限于本章的任务，这里只讨论下列问题：成都市教育局针对杨某的申诉作出的信访答复是否属于"行政重复处理行为"；"行政重复处理行为"是否属于行政复议的受案范围。

从行政法理上说，"行政重复处理行为"是一种与行政相关的行为而不是行政行为本身。从概念上说，行政重复处理行为系指行政主体作出行政决定并已生效，行政相对人不服该行政决定，向行政机关申诉，或者行政相对人没有申请，但行政机关依职权作出与原行政决定内容相同而不产生新的法律效果的行为。它的基本特征在于：(1)行政重复处理行为以行政主体已经作出行政决定并已生效为前提；(2)行政重复处理行为是行政主体第二次以上的行为并且其内容与第一次行为相同；(3)行政重复处理行为只是对原行为的重复而不产生新的法律效果。

在本案中，对当事人杨某的权利直接而最终进行处分的行政行为，是原成都市教育委员会根据原成都市第五中学于 1992 年向其报送的《关于对我校职工杨某作除名处理的报告》，而于 1992 年 12 月 23 日作出《对成都市第五中学〈关于对我校职工杨某作除名处理的报告〉的批复》，内容是"同意将杨某作除名处理"。当事人对这一直接处理其权利的行政处理决定恰恰没有提起行政复议或行政诉讼，而是于 2005 年到成都市教育局进行信访申诉，该局于 2005 年 5 月 20 日以其办公室的名义向杨某作出信访回复，认为原成都市教育委员会于 1992 年作出的《对成都市第五中学〈关于对我校职工杨某作除名处理的报告〉的批复》是符合法律规定的。收到该信访回复后，杨某向四川省教育厅上访，四川省教育厅责成成都市教育局按照当时的有关法律法规、政策规定和事实依据重新答复当事人。2005 年 8 月 18 日，成都市教育局办公室再次对杨某作出信访答复，该答复载明："我们再一次对事实进行了调查核实。查明,1992 年原成都市第五中学根据你的旷工事实向原成都市教育委员会报送的《关于对我校职工杨某作除名处理的报告》和原成都市教育委员会于当年作出的《对成都市第五中学〈关于对我校职工杨某作除名处理的报告〉的批复》符合川人发(1984)4 号文件规定。"该信访答复已送达杨某。2005 年 9 月 9 日,杨某就成都市教育局于 2005 年 8 月 18 日作出的信访答复向成都市政府申请行政复议。显然,杨某提请行政复议所针对的行为恰恰是成都市教育局对他所作的再次信访答复,这一答复不仅重复了前一次信访答复,而且也重复了已具有终局效力的原成都市教育委员会的《对成都市第五中学〈关于对我校职工杨某作除名处理的报告〉的批复》。行政机关驳回当事人申诉的信访答复,并未对当事人的权利义务产生新的法律效果,属于行政机关针对当事人不服行政行为的申诉作出的重复处理行为。

由于行政重复处理行为是不发生新的法律效果的行为,因而不适用行政复议和行政诉讼。

(资料来源:《中华人民共和国最高人民法院公报》2007 年第 10 期。评析部分系笔者根据教学需要所编撰)

复习思考题

1. 什么是国家行为? 为什么国家行为不可诉?
2. 为什么行政立法不属于行政行为?
3. 行政调解会产生行政法律效果吗?
4. 行政机关对司法的协助与司法机关对行政的协助在行为性质上如何定性?

Ⅶ. 依据论

第十八章　行政证据

第十九章　行政依据

本篇为依据论，旨在讨论行政行为的依据是否充分。从广义上说，行政行为的“依据”应当包括“事实依据”与“法律依据”。而在行政法学中，“事实依据”主要是“行政证据”问题；“法律依据”则是“行政依据”问题。

第十八章 行政证据

> 行政法的主要任务在于保障行政主体所作行政决定的合法性。任何行政主体要作出一个合法有效的行政决定,必须具备行政决定赖以作出的事实依据与法律依据。这一“事实依据”就是本章讨论的行政证据问题;而“法律依据”正是下一章要讨论的行政依据问题。

第一节 行政证据基本概念

一、行政证据的概念

关于“证据”的定义,除了刑事诉讼法,我国民事诉讼法和行政诉讼法都未作规定。关于“行政证据”的定义,在行政法律规范乃至所有法律规范中,至今尚不存在。

在理论上,关于什么是行政证据,因其范围上的区别而存在两种不同观点。一种观点认为,行政证据是指行政主体作出行政决定的证据,而不是人民法院审理行政案件的证据。也就是说,行政证据是行政程序中的证据,而不是行政诉讼中的证据;[1]另一种观点是,行政证据是行政程序证据与行政诉讼证据之总和,是指行政法上的证据。[2]

笔者认为,行政证据应当是指在行政程序而不是行政诉讼中所使用的证据。完整地说,行政证据是指在行政程序中,由行政主体所收集或相对人所提供的,用以证明行政法事实的一切材料。这说明:第一,行政证据是能够证明行政法事实的一切材料,如用以证明当事人违法的证人证言,或用以证明当事人收入情况的材料。第二,它发生在行政程序中,不是发生在行政诉讼程序中(后者是行政诉讼证据),如行政处罚、行政给付、行政许可中所收集和提供的证据。第三,行政证据包括行政主体收集和使用的证据,也包括当事人收集和提供的证据。

二、行政证据的法律特征

行政证据,在法律特征上,是共性与个性的结合体。

(一)行政证据的共性

行政证据,作为一种证据,自然具有证据的共性,即客观性、关联性和合法性。这一证据的三大属性同时构成证据的三大法律特征。《行政诉讼法解释》(2018)第42条规定:“能够反映案件真实情况、与待证事实相关联、来源和形式符合法律规定的证据,应当作为认定案件事实的根据。”这是对证据三大属性的承认。

---

〔1〕 参见姬亚平:《论行政证据与行政诉讼证据关系之重构》,载《行政法学研究》2009年第4期。

〔2〕 如徐继敏在《行政证据通论》(法律出版社2004年版,第20页)中认为:“行政证据包括行政程序中的证据与行政诉讼中的证据,它是行政机关认定案件事实和人民法院审理行政案件的依据。”

1. 客观性。客观性也称真实性,指证据是能够反映案件真实情况,能用以证明案件事实的各种材料。它可以是一个文件、一个记录,或者一个物品……但它们必须是客观存在的,不是主观臆想或者创作的东西。不是客观存在的东西,不能作为证据。

2. 关联性。不是任何材料都能成为证据,只有能够证明事实的材料才可作为证据。这就要求,作为证据的材料必须与待证事实具有关联性。"关联性是证据的自然属性,是证据与案件事实之间的客观存在的联系。"[3]关联性是指证据材料与待证事实之间的客观联系,是有权机关审查判断证据能力的基本标准。缺乏关联性的证据没有证据能力,不属于法律所规定的证据,不能作为认定事实的根据。

3. 合法性。证据材料必须由当事人、证人合法形成并提交,或者由有权机关依法收集。通过违法程序取得的证据不能作为证据使用。根据最高人民法院《关于行政诉讼证据若干问题的规定》(法释〔2002〕21 号)第 55 条规定,人民法院对证据的合法性审查,应当根据案件的具体情况,审查以下几个问题:(1)证据是否符合法定形式;(2)证据的取得是否符合法律、法规、司法解释和规章的要求;(3)是否有影响证据效力的其他违法情形。尤其是非法证据不能作为定案的依据。

(二)行政证据的个性

行政证据,在具有客观性、关联性和合法性共性之外,还保留着它的特殊性。作为"行政证据",它又具有自己的个性。行政证据必须发生于行政程序之中,它是在行政程序中,按法律及程序要求,由当事人、证人提供或者由行政机关调取收集的,由行政处理机关审查取舍,便于作出有关行政决定的客观材料。行政证据受"行政程序法"而不是"行政诉讼法"规制,并且是为行政主体作出行政决定服务的,这是它不同于其他证据的最大"个性"。这一"个性"决定和影响了其在制度上的特殊性。(见图 18－1)

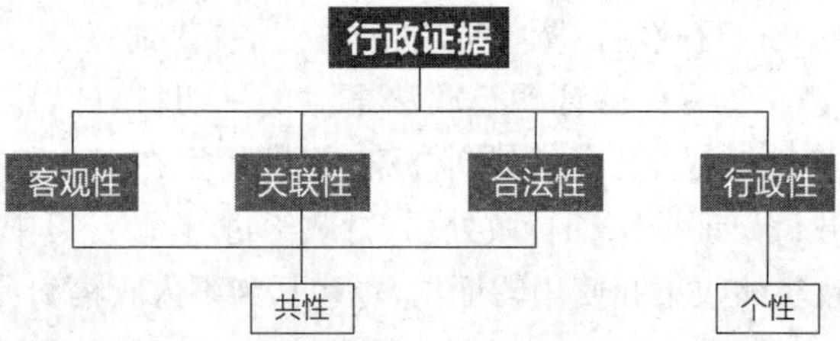

图 18－1　行政证据的法律特征

三、行政证据与行政诉讼证据

如果站在广义的行政法学视角,证据分为两类:一是在行政执法阶段所使用的证据,也可称为行政程序证据。例如,行政机关对当事人张三进行处罚,其收集并使用了证明张三违法的证据。公民向政府申请低保待遇,其向政府提交用以证明其经济状况的证据。二是在行政诉讼阶段所使用的证据。如案件受理之后,被告行政机关向法院提交的用以证明被诉行政行为合法的证据,或者由原告向法院提交的用以证明自己行为合法、被告行为违法的证据。为论述方便,这里就把前一类证据称作"行政证据",把后一类证据称作"行政诉讼证据"。

〔3〕　何家弘:《论证据的基本范畴》,载《法学杂志》2007 年第 1 期。

(见图 18－2)

图 18－2　行政法学上的证据

行政证据与行政诉讼证据之间的关系表现为同一性、区别性与关联性。

1. 行政证据与行政诉讼证据都是证据,因而无疑具有作为证据的共性,如对于前者还是后者,都有客观性、相关性与合法性的要求,这就是它们的"同一性"。

2. 行政证据与行政诉讼证据虽然都是证据,但毕竟还是有区别的。这一"区别性"表现在:(1)行政证据是直接为行政主体作出行政决定服务的,而行政诉讼证据则是直接为人民法院作出行政裁判服务的;(2)行政证据由行政主体依职权收集或由行政相对人提供,而行政诉讼证据则由诉讼当事人提供(大多由行政主体提供,作为被告的行政主体对被诉行政行为的合法性负举证责任)或由人民法院依职权收集;(3)行政证据更多的是现实的反映,行政诉讼证据如同其他司法证据一样,更多是过去事实的反映;(4)在行政诉讼中,当事人提供证据受严格的举证期限的限制,而在行政程序中,当事人提供证据的期限不那么严格。

3. 行政证据与行政诉讼证据虽然有区别,是两种不同法律程序,即行政程序与行政诉讼程序中的证据制度,但它们之间也有关联。由于行政程序一般与行政诉讼相衔接,不少行政行为经过行政程序后会进入行政诉讼,所以,行政诉讼中的证据要求会影响行政程序中的证据要求。

在中国目前尚无"行政程序法"或"行政证据法"的情况下,行政证据的有关规则可以参照适用"行政诉讼法"的有关规定。

第二节　行政证据种类和要求

行政证据的分类符合一般证据的分类方法,固然有原始证据与传来证据、直接证据与间接证据、物证与书证、本证与反证等,这里无须展开。这里需要提一下的是,行政证据可以分为行政主体收集的证据与行政相对人提供的证据,这一分类与行政主体、相对人的举证责任分配有关。一般说来,对于依职权行政行为,行政主体负有举证责任,而对于依申请行政行为,行政相对人负有举证责任。

从证据的载体上分类,我国三大诉讼法所规定的证据是非常接近的。[4] 由于行政证据不

---

〔4〕《刑事诉讼法》(2018)第 50 条第 2 款规定:"证据包括:(一)物证;(二)书证;(三)证人证言;(四)被害人陈述;(五)犯罪嫌疑人、被告人供述和辩解;(六)鉴定意见;(七)勘验、检查、辨认、侦查实验等笔录;(八)视听资料、电子数据。"《民事诉讼法》(2021)第 66 条第 1 款规定:"证据包括:(一)当事人的陈述;(二)书证;(三)物证;(四)视听资料;(五)电子数据;(六)证人证言;(七)鉴定意见;(八)勘验笔录。"《行政诉讼法》(2017)第 33 条第 1 款规定:"证据包括:(一)书证;(二)物证;(三)视听资料;(四)电子数据;(五)证人证言;(六)当事人的陈述;(七)鉴定意见;(八)勘验笔录、现场笔录。"

是诉讼证据,更多的要借助行政实体法的规定。《行政处罚法》(2021)第46条第1款规定:“证据包括:(一)书证;(二)物证;(三)视听资料;(四)电子数据;(五)证人证言;(六)当事人的陈述;(七)鉴定意见;(八)勘验笔录、现场笔录。”

一、书证

书证是指以文字、符号、图形等形式记载,能够表达人的思想和行为,用以证明案件事实的证据材料。它应当作狭义理解,主要指文书形式,如许可证书、房产证等。

书证是各类证据中使用较多的证据之一。它用书面形式所记载的内容来证明事实,具有表达明确、内容与形式稳定等特点,因而可以作为直接证据。

书证的提交,世界上一般采用“原始文书规则”,除有特别理由,当事人必须提供原始文本。我国对书证的提交也有特别而具体的要求。参照最高人民法院《关于行政诉讼证据若干问题的规定》(法释〔2002〕21号)第10条规定,除非法律、法规、司法解释和规章对书证的制作形式另有规定的,书证的提交必须符合以下要求:

1. 书证必须提供原件。原本、正本和副本均属于书证的原件。提供原件确有困难的,可以提供与原件核对无误的复印件、照片、节录本。原件使用完毕后,必须交还给当事人。

2. 提供由有关部门保管的书证原件的复制件、影印件或者抄录件的,应当注明出处,经该部门核对无异后加盖其印章。

3. 提供报表、图纸、会计账册、专业技术资料、科技文献等书证的,应当附有说明材料。

4. 行政主体提供的行政行为所依据的询问、陈述、谈话类笔录,应当有行政执法人员、被询问人、陈述人、谈话人签名或者盖章。

5. 法律、法规、司法解释和规章对书证的制作形式另有规定的,从其规定。

二、物证

物证是指以外部特征、物质属性和存在场所证明事实的物品和痕迹。基于物质的表现形式,物证可分为实体物证、痕迹物证和微量物证。

物证具有三个特点:(1)它以实体物作为载体,是一种物质的存在,因而具有客观性。(2)它可排斥人为的主观性,因而具有可靠性。正如美国著名物证技术专家赫伯特·麦克唐奈所说,“物证不会说谎”。[5] 它比证人证言等更为可靠。(3)物证也被称为“哑巴证据”。它本身不会说话,需依赖人们的解读,因而常常作为间接证据使用。

提交物证的,必须提供原物。提供原物确有困难的,可以提供与原物核对无误的复制件或者证明该物证的照片、录像等其他证据。原物为数量较多的种类物的,可以提供其中的一部分。

三、视听资料

视听资料是指以录音、录像、电子计算机及其他电磁方式记录储存的音像信息证明案件事实的证据。主要表现为录音带、录像带、胶卷、VCD、DVD等。

---

〔5〕 参见何家弘、刘品新:《证据法学》,法律出版社2004年版,第154页。

随着科技的发展,视听资料作为证据早被世界各国立法所确认并在司法实践中广泛应用。只是英美国家将它纳入“文书证据”范畴,适用书证规则。刑事、民事和行政诉讼法早已承认它的独立证据地位,《行政处罚法》也确立了它的证据地位。

视听资料作为证据的特点是,它具有物质上的依赖性,方便使用,生动形象,但容易被伪造。关于这类证据的提交,最高人民法院《关于行政诉讼证据若干问题的规定》(法释〔2002〕21号)第12条规定,(1)必须提供有关资料的原始载体。提供原始载体确有困难的,可以提供复制件。(2)同时注明制作方法、制作时间、制作人和证明对象等。(3)声音资料应当附有该声音内容的文字记录。

四、电子数据

电子数据是指能够证明案件事实的电子文件,包括电子邮件,电子数据交换,电子资金划拨,网络IP地址和电子公告牌记录等。

电子数据作为一种新型证据形式,伴随现代电子技术发展而出现并为立法所承认。世界上一些国际组织、国家和地区的证据立法,已经确认其作为证据的法定形式。在中国,2012年修改的《民事诉讼法》率先将电子数据作为一种独立的证据类型,2014年修改的《行政诉讼法》和2021年修改的《行政处罚法》也新增了这一证据种类。

电子数据具有技术和系统依赖性,载体多样性,复制、删改和伪造相对简单、隐蔽等方面的特点。关于这类证据的提供,最高人民法院《关于行政诉讼证据若干问题的规定》(法释〔2002〕21号)将计算机数据一并纳入。事后,最高人民法院《关于审理证券行政处罚案件证据若干问题的座谈会纪要》(法〔2011〕225号)则在审理证券行政处罚案件领域对电子数据证据作出了如下要求:

1. 提交电子数据,必须提供电子数据原始载体。无法提取电子数据原始载体或者提取确有困难的,可以提供电子数据复制件,但必须附有不能或者难以提取原始载体的原因、复制过程以及原始载体存放地点或者电子数据网络地址的说明,并有复制件制作人和原始电子数据持有人的签名或者盖章,或者以公证等其他有效形式证明电子数据与原始载体的一致性和完整性。

2. 收集电子数据应当依法制作笔录,详细记载取证的参与人员、技术方法、步骤和过程,记录收集对象的事项名称、内容、规格、类别及时间、地点等,或者将收集电子数据的过程拍照或录像。

3. 收集的电子数据应当使用光盘或者其他数字存储介质备份。监管机构为取证人时,应当妥善保存至少一份封存状态的电子数据备份件,并随案移送,以备法庭质证和认证使用。

4. 提供通过技术手段恢复或者破解的与案件有关的光盘或者其他数字存储介质、电子设备中被删除的数据、隐藏或者加密的电子数据,必须附有恢复或破解对象、过程、方法和结果的专业说明。对方当事人对该专业说明持异议,并且有证据表明上述方式获取的电子数据存在篡改、剪裁、删除和添加等不真实情况的,可以向人民法院申请鉴定,人民法院应予准许。

这些规定,可以作为提交电子数据的普遍要求。

五、证人证言

证人证言是指证人就自己所知道的案件事实情况向司法机关所作的陈述。证人是指案件当事人以外知道案情的自然人。它可分为关系证人与无关证人。前者是指与案件本身有利害关系的人,包括对案件的处理与其有利害关系等,后者是指与案件无利害关系的人。这种分类对于司法机关审查和采信证据是有影响和作用的。

由于证人的证言具有很强的主观性和分歧性,所以必须对证人资格作出要求。证人必须是了解案件事实的人,并且必须有辨别能力,能够正确表达意思,这是证人资格的基本要求。

证人证言在英美法系比在大陆法系更受重视,因为前者的庭审方式是当事人辩论主义,故有“无证人便无诉讼”之说,〔6〕而后者以职权审理主义和书面审查为原则。

根据最高人民法院《关于行政诉讼证据若干问题的规定》(法释〔2002〕21 号)第 13 条规定,当事人向人民法院提供证人证言的,应当符合下列要求:(1)写明证人的姓名、年龄、性别、职业、住址等基本情况;(2)有证人的签名,不能签名的,应当以盖章等方式证明;(3)注明出具日期;(4)附有居民身份证复印件等证明证人身份的文件。

六、当事人的陈述

当事人的陈述是指参加行政程序的相对人和利害关系人,就自己所知道的案件事实情况,向行政机关或司法机关等其他机关所作的叙述、承认和陈词。

当事人对案件事实比其他人更加清楚,其陈述具有很强的证明力。除此之外,当事人又是本案的直接利害关系人,其所作陈述又会因其利益和立场而取舍,甚至于故意作虚假陈述,或者拒绝陈述。因此,行政机关对当事人的陈述,应当结合其他证据审查。当事人拒绝陈述的,不影响行政机关依法认定事实。

当事人的陈述,是一种独立的证据形式。虽然当事人的陈述,既可以采取口头形式(在法庭当场陈述),也可以通过书面形式,但即便口头陈述,也必须用书面形式记载保存下来,以作为证据。当事人书面的陈述,依然属于“当事人的陈述”证据形式,而不能归至于“书证”的证据范畴。

从某种意义上说,当事人以自己的陈述来证明案件事实时,他其实是起了证人的作用。那么当事人是否也是证人呢? 就美国定义而言,证人是指“经过宣誓对案件有关事实作证的人”〔7〕,因而当事人也是证人的一种。但是在中国,三大诉讼法(刑事诉讼法、民事诉讼法和行政诉讼法)都把证人视作当事人以外的个人,因而当事人的陈述就不属于证人证言。

当事人的陈述不仅起证明作用,还起自认作用。最高人民法院《关于行政诉讼证据若干问题的规定》(法释〔2002〕21 号)第 65 条规定:“在庭审中一方当事人或者其代理人在代理权限范围内对另一方当事人陈述的案件事实明确表示认可的,人民法院可以对该事实予以认定。但有相反证据足以推翻的除外。”当事人的陈述可以包括对案件事实的自认;当事人对案件事实的自认,属于当事人的陈述,可作为证据使用和采纳。

七、鉴定意见

鉴定意见,是指经有权机关指派或者当事人聘请,有鉴定资格的专业人员运用自己的专门知识和技能,借助一定的仪器和方法,根据案件的事实材料,对需要鉴定的专门问题进行分析、

---

〔6〕 参见江伟主编:《证据法学》,法律出版社 1999 年版,第 365 页。

〔7〕 白绿铉:《美国民事诉讼法》,经济日报出版社 1996 年版,第 145 页。

鉴别和判断后得出的意见。

由于鉴定意见是法定的证据形式之一，必须按照法律规定办理鉴定的委托或聘请手续。

最高人民法院《关于行政诉讼证据若干问题的规定》（法释〔2002〕21 号）第 14 条规定，被告向人民法院提供的在行政程序中采用的鉴定结论，应当载明委托人和委托鉴定的事项、向鉴定部门提交的相关材料、鉴定的依据和使用的科学技术手段、鉴定部门和鉴定人鉴定资格的说明，并应有鉴定人的签名和鉴定部门的盖章。通过分析获得的鉴定结论，应当说明分析过程。

需要提到的是，修改前的民事诉讼法和行政诉讼法都把这种证据表达为“鉴定结论”，2012 年《民事诉讼法》的修改和 2014 年《行政诉讼法》的修改都相应地将它们改为“鉴定意见”，2021 年《行政处罚法》修改时也将其表述为“鉴定意见”，目的就是准确反映这种证据的地位。鉴定是为司法证明服务的一种特殊的科学认知活动。鉴定的任务是解答案件中的专门问题。鉴定意见属于“意见证据”，而不是“物质证据”。整个案件事实的认定，不是只按“鉴定意见”定论。“鉴定意见”只是诸多证据中的一种证据而已，行政机关要结合案件的全部证据作出判定。所以，“意见”比“结论”更加名副其实。

八、勘验笔录、现场笔录

勘验笔录，是指执法人员或者司法人员对案发现场和有关涉案物品进行勘察、测量、检验后所作的记录。现场笔录指执法人员在执法程序中对执法现场和过程所作的记录。

两者都是行政证据的形式，而且都属于记录证据。但两者也有区别：勘验笔录是对一些涉案的特定场所和物品作勘测的结果的记录，重点是记录客体，而且一般是事后作出；现场笔录是对执法现场当时的情况所作的记录，重点是记录执法过程，而且往往是即时制作的。

根据最高人民法院《关于行政诉讼证据若干问题的规定》（法释〔2002〕21 号）第 15 条规定，有关机关提供现场笔录，应当载明时间、地点和事件等内容，并由执法人员和当事人签名。当事人拒绝签名或者不能签名的，应当注明原因。有其他人在现场的，可由其他人签名。法律、法规和规章对现场笔录的制作形式另有规定的，从其规定。这一要求同样适用于勘验笔录。

第三节　行政证据举证责任与证明标准

一、行政证据的举证责任

举证责任系指当事人根据法规规定对特定的事实提供相关的证据加以证明的义务，举证义务人若不能按要求提供证据，其将在法律程序中承担不利后果的法律制度。

根据《行政诉讼法》（2017）第五章、《行政诉讼法解释》（2018）第四章和最高人民法院《关于行政诉讼证据若干问题的规定》（法释〔2002〕21 号）的有关规定，行政诉讼中的举证责任分配如下：由被告对被诉行政行为的合法性负举证责任，但行政不作为与行政赔偿案件中原告应负相关的举证责任。由于行政诉讼任务与行政程序任务不同，行政诉讼中的举证责任分配不能套用于行政程序之中。

行政程序中的举证责任，应当区别依申请行政行为与依职权行政行为。在依申请行政行为中，应当由提出申请的当事人，即行政相对人，负举证责任。如《行政许可法》（2019）第 31 条第1款规定:“申请人申请行政许可,应当如实向行政机关提交有关材料和反映真实情况,并对其申请材料实质内容的真实性负责……”在依职权行政行为中,应当由行政主体方负举证责任。如《行政处罚法》(2021)第40条规定:“公民、法人或者其他组织违反行政管理秩序的行为,依法应当给予行政处罚的,行政机关必须查明事实;违法事实不清的,不得给予行政处罚。”

根据“放管服”改革的精神,在行政证据举证问题上,还应当注意和确立以下几点:第一,要将“增加相对人提供证据的权利,减少其举证责任”作为举证责任分配的要求。第二,即便应当由相对人提供的证据,如果行政机关已经掌握,或者能够在政府平台中找到有关信息,尽量由政府部门自行解决,减免当事人提供证据的责任。第三,行政机关不得要求当事人提供法律法规要求以外的证据,不得要求其提供无法证明的证据。第四,不得要求当事人重复提供证据。在前置性行政行为中已提供了证据的,不得在后置性行为中再次要求当事人提供证据。

二、行政证据的证明标准

关于行政证据的证明标准,系指在行政程序中,利用证据对有关事实加以证明所要达到的程度。这一证明程度,会直接决定当事人举证的深度与有权机关利用证据认定事实的密度。

在刑事诉讼中,我们采取了“排除合理怀疑”的证明标准;在民事诉讼中,我们采用了“优势证据”的证明标准;在行政诉讼中,人民法院采用了“主要证据”“确凿”标准。[8]

笔者认为,行政程序中的证明标准可以比司法程序中的证明标准略低。但鉴于目前行政诉讼中的证明标准并不太高,它没有要求“充分证明”,只要求“主要证据”“确凿”,所以这一标准可以同时作为行政程序中的证据证明标准。

第四节　行政证据的认证规则

行政证据的认证规则,系指行政处理机关审查、采信、使用证据的基本规则。它对行政处理机关和行政程序当事人都有约束力。行政证据的认证规则,主要包括证据决定主义、证据案卷主义、非法证据排除、最佳证据和自认证据等规则。

一、证据决定主义规则

“以事实为根据,以法律为准绳”,这是我国行政程序与司法程序中的基本要求。行政决定必须根据事实来作出,而事实必须根据证据来证明。无证据证明的事实不能作为行政决定所依据的事实。

德国学者卡尔·拉伦茨(Karl Larenz)在其《法学方法论》[9]一书中指出,案件的事实可分为“客观事实”与“法律事实”。“客观事实”已经过去,不可复原。通过证据对原始事实的复原便形成“法律事实”。

---

〔8〕《行政诉讼法》(2017)第69条规定:“行政行为证据确凿……人民法院判决驳回原告的诉讼请求。”第70条规定:“行政行为有下列情形之一的,人民法院判决撤销或者部分撤销,并可以判决被告重新作出行政行为:(一)主要证据不足的……”

〔9〕参见[德]卡尔·拉伦茨:《法学方法论》,陈爱娥译,商务印书馆2003年版。

无论是行政判决还是行政决定都是依据"法律事实"作出的,而"法律事实"又是依据"行政证据"加以证明的。行政决定必须依据由行政证据证明的"法律事实"作出,此乃是证据决定主义的核心要义。

最高人民法院《关于行政诉讼证据若干问题的规定》(法释〔2002〕21 号)第 53 条规定:"人民法院裁判行政案件,应当以证据证明的案件事实为依据。"这一规则同样适用于行政机关作出行政决定。

二、证据案卷主义规则

证据案卷主义,也称案卷排他性原则,原是法院诉讼中的一项原则。它要求法院在作司法审查时,只限于依据案卷内的证据进行审查,不得另行收集证据并依据案卷外的证据进行审查和裁判。1946 年美国《联邦行政程序法》将这一原则移植于行政程序,要求行政机关在行政程序中作出行政行为,也必须限于据案卷内的证据作出裁决。1946 年美国《联邦行政程序法》第 556 条规定:"证言、物证,连同诉讼文书和诉讼程序中提出的申请书构成作为裁决依据的唯一案卷。"行政机关只能依据案卷内的证据作出裁决。美国行政法专家伯纳德·施瓦茨指出:"案卷的排他性是受公正审讯权的核心。"〔10〕他还形象地说:"如果没有这一原则,审讯就会成为骗局。行政机关可以走形式,接纳堆积如山的证言和书证;但是,如果行政机关可以依据未在审讯中出示的材料作出裁决,那么厚厚的案卷就成了掩盖真相的假面具。秘密证据或几分钟的秘密会议可以推翻长时间的审判。"〔11〕

证据案卷主义不仅体现在中国的诉讼法中,还体现在中国的行政程序法理论中,其已受到人们的关注和重视。它要求,行政主体作出行政决定,必须收集完整的证据并入案卷,行政决定必须依据案卷内的证据作出。行政机关依据案卷外的证据作出行政决定,视作该决定没有事实依据。

三、非法证据排除规则

非法证据,指以违反法律禁止性规定或者侵犯他人合法权益的方法取得的证据。非法证据排除,系指非法证据不得作为裁决的依据。

非法证据排除规则,在我国诉讼法中均有体现。《刑事诉讼法》(2018)第 52 条规定:"审判人员、检察人员、侦查人员必须依照法定程序,收集能够证实犯罪嫌疑人、被告人有罪或者无罪、犯罪情节轻重的各种证据。严禁刑讯逼供和以威胁、引诱、欺骗以及其他非法方法收集证据,不得强迫任何人证实自己有罪。必须保证一切与案件有关或者了解案情的公民,有客观地充分地提供证据的条件,除特殊情况外,可以吸收他们协助调查。"第 60 条又规定:"对于经过法庭审理,确认或者不能排除存在本法第五十六条规定的以非法方法收集证据情形的,对有关证据应当予以排除。"《行政诉讼法》(2017)第 43 条第 3 款规定:"以非法手段取得的证据,不得作为认定案件事实的根据。"最高人民法院《关于行政诉讼证据若干问题的规定》(法释〔2002〕21 号)第 58 条也规定:"以违反法律禁止性规定或者侵犯他人合法权益的方法取得的证据,不能作为认定案件事实的依据。"

---

〔10〕［美］伯纳德·施瓦茨:《行政法》,徐炳译,群众出版社 1986 年版,第 329 页。

〔11〕［美］伯纳德·施瓦茨:《行政法》,徐炳译,群众出版社 1986 年版,第 329 页。

这一认证规则同样适用于行政程序。行政机关作出行政决定,必须依据合法的证据作出。违法取得的证据不得作为行政决定的依据。

至于非法证据的范围,根据最高人民法院《关于行政诉讼证据若干问题的规定》(法释〔2002〕21号)第57条规定,主要包括:(1)严重违反法定程序收集的证据材料;(2)以偷拍、偷录、窃听等手段获取侵害他人合法权益的证据材料;(3)以利诱、欺诈、胁迫、暴力等不正当手段获取的证据材料。

四、最佳证据规则

最佳证据规则,是指当多个证据都具有证明力时,只能采用可能得到的最令人信服和最有说明力的证据予以证明的制度。在英美法系国家,最佳证据规则仅适用于书证,对书证内容真实性的最佳证据方式是出示原件,副本、抄件、复印件都是第二手或第二手以下的材料。

最佳证据规则在我国行政诉讼中也存在。根据最高人民法院《关于行政诉讼证据若干问题的规定》(法释〔2002〕21号)第63条规定,证明同一事实有数个证据时,其证明效力一般可以按照下列规则分别认定:(1)国家机关以及其他职能部门依职权制作的公文文书优于其他书证;(2)鉴定结论、现场笔录、勘验笔录、档案材料以及经过公证或者登记的书证优于其他书证、视听资料和证人证言;(3)原件、原物优于复制件、复制品;(4)法定鉴定部门的鉴定结论优于其他鉴定部门的鉴定结论;(5)法庭主持勘验所制作的勘验笔录优于其他部门主持勘验所制作的勘验笔录;(6)原始证据优于传来证据;(7)其他证人证言优于与当事人有亲属关系或者其他密切关系的证人提供的对该当事人有利的证言;(8)出庭作证的证人证言优于未出庭作证的证人证言;(9)数个种类不同、内容一致的证据优于一个孤立的证据。

上述最佳证据规则,同样适用于行政机关在行政程序中作出的行政决定。

五、自认证据规则

自认仅指一方当事人对对方当事人所主张的不利于己的案件事实承认其真实的意思表示。自认是对事实的承认,而不包括对对方当事人法律主张和请求的认诺。

自认证据规则已引入我国行政诉讼领域。根据最高人民法院《关于行政诉讼证据若干问题的规定》(法释〔2002〕21号)第65条规定,在庭审中一方当事人或者其代理人在代理权限范围内对另一方当事人陈述的案件事实明确表示认可的,人民法院可以对该事实予以认定。第67条还规定,在不受外力影响的情况下,一方当事人提供的证据,对方当事人明确表示认可的,可以认定该证据的证明效力。

但是,自认证据存在几点例外:(1)虽然当事人作了自认,但有相反证据证明相反事实的除外;(2)调解时当事人为达成调解协议而对案件事实的认可,不得在其后的诉讼中作为对其不利的证据。

上述自认证据规则,同样适用于行政机关在行政程序中作出的行政决定,尤其是在行政裁决程序中。

第五节　疑难问题探讨

一、行政机关对行政证据的审查深度如何把握?

从主体上考察,行政证据有行政处理机关(如行政处罚机关、行政许可机关等)主动收集和提供的证据以及作为行政相对人的当事人提供的证据。两者的划分取决于举证责任的分配。

对于前一种证据,固然是行政处理机关自我把握的问题,不存在审查深度的讨论。但对于后一种证据,一般发生在依申请行为之中,行政处理机关对于当事人提供的证据到底应当审查得多深,这是一个很值得研讨的问题。因为它直接关系到行政处理机关的责任问题。

我国由于尚未制定"行政程序法",行政主体对相对人提供证据的审查深度未确立清晰而统一的标准。但从理论上说,并参考《行政许可法》对申请材料的审查要求的规定,以下规则有望建立:

1. 行政主体对于当事人提供的证据都具有审查的责任,并且必须对审查后果承担责任。这就是说,行政主体不存在对一部分证据有审查责任,对另一部分证据无审查责任之说。原则上,行政主体因审查证据不严造成行政决定错误的,应当承担法律责任。如《行政许可法》(2019)第34条第1款规定:"行政机关应当对申请人提交的申请材料进行审查。"这可称为"责任说"。

2. 行政主体对行政证据的审查有形式审查与实质审查之分。以行政许可审查为例,形式审查系指,行政许可机关针对当事人提交的申请材料,只要审查其是否"齐全"以及是否符合"法定形式"便可。符合这两个标准的,即予当场作出行政许可。[12] 实质审查系指,行政许可机关针对当事人提交的申请材料,不仅要审查其是否"齐全"以及是否符合"法定形式",还要审查这些材料的真实性,在此基础上方能作出行政许可。[13] 但是,行政许可机关针对哪些许可项目需作形式审查,又针对哪些许可项目需作实质审查,《行政许可法》本身尚未直接解决这一问题。目前在实践中的做法是依据具体法律、法规和规章所设定的程序而定。法律所规定的程序体现为形式审查的,行政许可机关就作形式审查,反之,就作实质审查。[14] 这可称为"法定说"。

3. 在法律未对实质审查或者形式审查作明文规定的条件下,[15]行政主体如何把握实质审查或者形式审查,一般应当视下列情况而定:

(1)主观把握说。行政主体面对当事人提供的证据材料,可以主观上判断一下。如果主观

〔12〕《行政许可法》(2019)第34条第2款规定:"申请人提交的申请材料齐全、符合法定形式,行政机关能够当场作出决定的,应当当场作出书面的行政许可决定。"

〔13〕《行政许可法》(2019)第34条第3款规定:"根据法定条件和程序,需要对申请材料的实质内容进行核实的,行政机关应当指派两名以上工作人员进行核查。"

〔14〕例如,《民办教育促进法》(2018)第19条第4款规定:"民办学校取得办学许可证后,进行法人登记,登记机关应当依法予以办理。"这里对民办学校的法人登记就属于形式审查。而《食品安全法》(2021)第35条第2款规定:"县级以上地方人民政府食品安全监督管理部门应当依照《中华人民共和国行政许可法》的规定,审核申请人提交的本法第三十三条第一款第一项至第四项规定要求的相关资料,必要时对申请人的生产经营场所进行现场核查;对符合规定条件的,准予许可;对不符合规定条件的,不予许可并书面说明理由。"这类规定就属于实质审查。

〔15〕目前这种状态很多。

上比较有把握,相信材料是真实的,可以作形式审查;如果在形式审查中,发现材料有疑点,便应当作实质审查。

(2)权利轻重说。行政主体作出的决定都会涉及相对人的权利与义务。如果该决定涉及公民的重要权利,如人身权、重大财产权等,就必须作实质审查;相反,针对一般的权利,如某辆车在某一路段的通行权,可以作形式审查。

(3)尊重权威说。有些证据是有权机关通过法定程序形成的,如法院作出的判决书、仲裁机关作出的仲裁决定书、民政部门颁发的结婚证书等,对于这些证据,只要核对原件,判断是真实的,就无须再作实质审查。而有些证据是当事人自我制作的,那就应当作实质审查。

4. 对于当事人提供虚假材料,骗取批准的,原则上由当事人承担责任;行政机关有混合过错的,根据过错程度分担责任。

二、如何理解行政机关对行政证据的实质审查?

我们不能说,行政机关对行政证据的实质审,是作真实性审查;对行政证据的形式审,是不作真实性审查。这样的理解是错误的。无论是实质审还是形式审,都包含对证据材料是否真实的审查。它们的主要区别在于:行政机关对行政证据的形式审,意味着法允许行政主体只审查当事人提供的证据是否完整和是否符合法定形式(如原件等)便可;而行政机关对行政证据的实质审,意味着法要求行政主体通过调查等有关程序审查当事人所提供证据的真实性。这两种审查义务与行政机关事后承担审查后果的责任有关联:在形式审查中,行政机关只要尽到了形式审查义务(如检查了完整性、核对了原件等),它就没有其他法律责任;而在实质审查中,行政机关就必须对证据的真实性负责。

但是必须注意的是,针对有权机关作出的证据(如法院作出的判决书、仲裁机关作出的仲裁决定书、民政部门颁发的结婚证书等),行政机关在作实质审查时,也只能审查其"真实性",而不能审查其"合法性"。譬如,当事人向行政机关提供法院判决书,以证明某房所有权归属于他,因而来办理房产登记。房产登记机关有权核实该判决书是否真实(以防止当事人编造),但不得对该判决的内容(判决内容是否符合法律规定)进行审查,否则便超越了它的职权范围。从这种意义上说,实质审是指真实审,而不是合法审。

本章小结

"以事实为根据,以法律为准绳",这不仅是司法行为的准则,也是行政行为的准则。行政决定必须根据事实作出,而事实必须通过证据予以证明。

行政证据是指在行政程序中,行政决定据此作出的,由行政相对人提供或由行政主体依职权收集的,用以证明某一事实的真实材料。它虽然与行政诉讼证据一样,作为证据的共性,必须符合客观性、关联性与合法性,但依然存在诸多明显的差别。

行政程序中行政证据的举证责任的分配,不适用行政诉讼中的原被告分配说,而是依据依申请行政行为与依职权行政行为的划分而定。在依申请行政行为中,应当由提出申请的行政相对人负举证责任;在依职权行政行为中,应当由行政主体方负举证责任。但无论是行政主体还是行政相对人,其举证期限都必须限于"行政决定作出之前"。如果行政决定作出之后有了新证据,应当按照"有错必纠"原则,适用行政行为的变更与消灭程序处理。

在行政程序中,行政证据由作为处理机关的行政主体负责审查,具体视情况依据法的要求作形式审查或实质审查。

规范链接

- 《中华人民共和国刑事诉讼法》(2018)第50、52、60条
- 《中华人民共和国行政诉讼法》(2017)第五章、第43条
- 《中华人民共和国行政处罚法》(2021)第30、46条
- 《中华人民共和国行政许可法》(2019)第31、34条
- 最高人民法院《关于适用〈中华人民共和国行政诉讼法〉的解释》(法释〔2018〕1号)第四章
- 最高人民法院《关于行政诉讼证据若干问题的规定》(法释〔2002〕21号)第10、12~15、53、57、58、63、65条
- 最高人民法院《关于审理证券行政处罚案件证据若干问题的座谈会纪要》(法〔2011〕225号)

案例讨论

孙某与城市管理行政执法局行政纠纷案

|案　情|

2009年10月14日,S市某新区,18岁男子孙某驾车经过某建筑工程公司时,看到一年轻人站在路中央拦车。孙某顺道开车将他送到了1.5公里外的目的地。到达目的地后,在孙某停车的瞬间,那名男青年突然从裤子右后侧口袋里拿出了一沓钱,抽出一张放在副驾驶位置前的台面上,随后侧身伸手去拔车钥匙。接着,路边一条胡同里冲出来好几个人,将孙某强行拽下车。该新区城市管理行政执法局认定孙某为"非法营运",金杯牌面包车被扣押。孙某为证明自己的清白,自断手指。

S市有关方面组成的联合调查组经调查认为,2009年10月14日,某交通行政执法大队一中队的一名队员通过社会人员将当天执法的时间和地点告诉了"乘客"陈某,当晚8时许,陈某在招呼孙某驾驶车辆后驶至甲航路188号时被执法人员检查,执法人员为陈某制作了笔录作为从事"非法营运"的重要证据。

调查组在对"乘客"陈某进行访谈时,陈某否认还有其他以"乘客"身份对非法营运作证的行为;但调查组在抽查其他执法活动案卷中发现了同属于陈某的作证笔录,说明其对调查组的陈述存在虚假。

|评　析|

该案所涉其他问题鉴于本章的任务而不作讨论,这里限于评析:在本案中,陈某的证言是否属于行政证据?有关行政机关是否可以据此作出行政处罚决定?

答案是否定的。任何行政决定必须根据事实作出,而事实必须由行政证据证明。在本案中,虽然陈某的证言可以成为行政证据的一种形式,但它因缺乏客观性与合法性而不得作为行政证据使用:第一,孙某没有"非法营运"的事实,这一"事实"恰恰由陈某伪造所成;第二,这属于"钓鱼执法","证据"取得的方式和途径不合法。鉴此,如果有关行政机关据此作出行政处罚决定同样也是不合法的。

(该案例由笔者根据现实中的事例并结合教学需要编纂)

复习思考题

1. 什么是行政证据?它与行政诉讼证据有何区别?
2. 行政证据的举证责任在行政程序中如何分配?
3. 行政机关对行政证据的审查职责和责任有多大?
4. 行政证据的证明标准和认证规则是什么?

第十九章　行 政 依 据

行政行为的依据包括事实依据与法律依据。上一章通过“行政证据”讨论了行政行为的“事实依据”问题,本章主要通过“行政依据”讨论行政行为的“法律依据”问题。行政行为的法律依据,准确地说,应当是指据以作出行政行为的“规范依据”。因为“行政依据”的范围远大于“法律依据”的范围。

第一节　行政依据理论基础

一、行政依据的概念

行政依据,从广义理解,系指行政主体作出行政行为的依据。它包括事实依据和法律依据。事实依据就是行政行为的证据问题,法律依据系指行政行为的规范依据问题,涉及行政行为的法律适用。但从狭义上言之,行政依据就仅指法律依据问题,即指行政主体作出行政行为的规范依据。(见图 19－1)

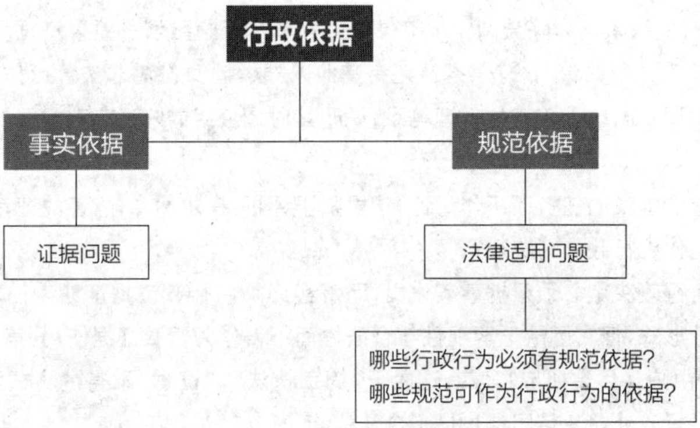

图 19－1　行政依据结构

本章基于狭义。狭义上的行政依据,有两个基本问题需要讨论:

1. 哪些行政行为需要有规范依据,特别是法律依据?这旨在讨论行政行为的范围。
2. 哪些规范可以成为行政行为的依据?这旨在讨论规范依据的范围。

第一个问题涉及行政依据的理论基础,第二个问题则涉及行政依据的范围。

二、对行政的法律保留说

当我们讨论第一个问题的时候,自然联想到一种与此直接有关的理论学说,即对行政的“法律保留说”。这一在德国和日本比较盛行的理论,要求政府的行政活动必须有国会制定法的依据。

但是,是否所有的行政活动都必须有国会制定的法律依据呢？对此,学术界又有不同主张:一是“侵害保留论”,即主张法律保留原则只适用于侵害公民权益的行政活动;二是“重大事项论”,即主张关系到公民的自由、平等的重大事项必须有法律的依据;三是“权力行政保留论”,即主张无论是授益行为还是侵益行为,凡权力行政都需要有法律依据;四是“全部保留论”,即主张所有行政活动都必须有法律依据。

日本行政法专家南博方认为:“如果一切行政活动都需要有法律的根据,则法律将泛滥成灾”,“若法律保留的原理只限于严格意义上的侵益行政,则又失之于偏狭”。所以,他认为:“无论侵益行政还是授益行政,在行政享有首次法律适用权时,便应该有法律的根据。”〔1〕

三、行政依据的理论基础

中国已有越来越多的法律、法规和法律解释,表明了一定的行政行为必须有直接明文的法律依据,否则不得实施行政行为。然而,这些被要求有直接法律依据的行政行为,目前主要被限于行政许可、行政处罚和行政强制。行政许可、行政处罚和行政强制必须依法设定,已分别由我国的《行政许可法》《行政处罚法》《行政强制法》明文确立。

但是,需要有直接法律依据的行政行为,是否只限于上述三种行政行为？这一法律依据问题,本身尚未有直接的法律依据。中国的法学理论界,至今也尚未形成一种有权解释。

笔者认为,从原则上说,行政主体实施行政行为,必须有法律依据。正如有学者所说的:“对于行政主体来说,其行为没有法律根据本身就是违法,而无需用另外的法律规范来加以衡量。”〔2〕行政行为必须有法律依据是行政合法性原则的体现和基本要求,也是公法学上“公权力,法不授权便无权;私权利,法不禁止便自由”法则的延伸结果。

但是,行政行为必须有法律依据,并不意味着每一个行政行为都必须有直接而明文的法律条文依据。哪些行政行为需要有直接明文的法律条文依据,哪些行政行为可以不作这样的严格要求,只需要符合一般的法律精神便可。这样的范围有待我们来划定。一般说来,只要直接关系到行政相对人行政法上的基本权利的行政行为,特别是对行政相对人不利的行为,就需要有直接明文的法律依据;此外的行政行为,只要符合法的精神便可。

第二节　行政依据范围

完整地说,行政依据并不只限于规范依据,行政协议或上级行政机关的命令也可成为作出行政行为的依据。但本章所阐述的行政依据,只限于规范依据。可以成为行政行为依据的规范,首先是法律规范,包括宪法、法律、行政法规、地方性法规、规章、自治条例和单行条例、经济特区的法规、特别行政区的法律法规、国际条约、行政协定、国际惯例等。当然,行政依据的范围会大于法律依据的范围,它除了法律依据,还包括行政规范性文件。

---

〔1〕　胡建淼:《十国行政法——比较研究》,中国政法大学出版社1993年版,第237页。

〔2〕　江必新:《行政诉讼法——疑难问题探讨》,北京师范学院出版社1991年版,第70～71页。

一、宪法

宪法是国家的根本法,集中反映人民的意志和利益,规定了我们国家和社会的基本制度和基本原则,国家机构和组织,公民的基本权利和义务等带有根本性的问题。其主要功能是制约和平衡国家权力,保障公民权利。

宪法由人民制定。根据我国现行《宪法》(2018)第62条〔3〕与第64条〔4〕规定,宪法由全国人民代表大会以全体代表的2/3以上多数通过才能修改。

我国第一部宪法是1954年9月20日第一届全国人民代表大会第一次会议通过的《宪法》,简称“五四宪法”。接着,1975年1月17日第四届全国人民代表大会第一次会议和1978年3月5日第五届全国人民代表大会第一次会议分别制定过两部《宪法》,简称“七五宪法”和“七八宪法”。“七八宪法”于1980年作过一次修改。现行《宪法》于1982年12月4日由第五届全国人民代表大会第五次会议通过,简称“八二宪法”。现行《宪法》经过了1988年、1993年、1999年、2004年和2018年的修改,修改后的《宪法》由序言、四章、143条组成。

在我国法律体系中具有最高的法律地位和法律效力,是我国最高的法律渊源。宪法是最高、最权威的行政依据。

二、法律(狭义)

法律是全国人民代表大会及其常务委员会根据宪法或依职权制定的规范性法律文件。它是我国法律的基本形式和基本渊源。

根据制定机关的区别,它可分为基本法律和其他法律。相对于“基本法律”,其他法律也可称“一般法律”。基本法律是指有关国家刑事、民事、国家机构等方面的基本规定;其他方面的基本规定属于其他法律。原则上,前者由全国人民代表大会制定,后者则由全国人民代表大会常务委员会制定。法律一般以国家主席令形式公布,但是有些由全国人大常委会制定,不以国家主席令公布的决定,也属于法律的范畴。〔5〕

其中在基本法律中还包括“基本法”。我国目前有两个基本法,即《香港特别行政区基本法》〔6〕和《澳门特别行政区基本法》〔7〕。

我国的“法律”形式结构见图19-2:

---

〔3〕《宪法》(2018)第62条规定:“全国人民代表大会行使下列职权:(一)修改宪法……”

〔4〕《宪法》(2018)第64条规定:“宪法的修改,由全国人民代表大会常务委员会或者五分之一以上的全国人民代表大会代表提议,并由全国人民代表大会以全体代表的三分之二以上的多数通过。法律和其他议案由全国人民代表大会以全体代表的过半数通过。”

〔5〕例如,全国人民代表大会常务委员会《关于授权国务院在广东省暂时调整部分法律规定的行政审批的决定》(2012)。

〔6〕1990年4月4日第七届全国人民代表大会第三次会议通过,1990年4月4日中华人民共和国主席令第26号公布,自1997年7月1日起施行。

〔7〕1993年3月31日第八届全国人民代表大会第一次会议通过,1993年3月31日中华人民共和国主席令第3号公布,自1999年12月20日起施行。

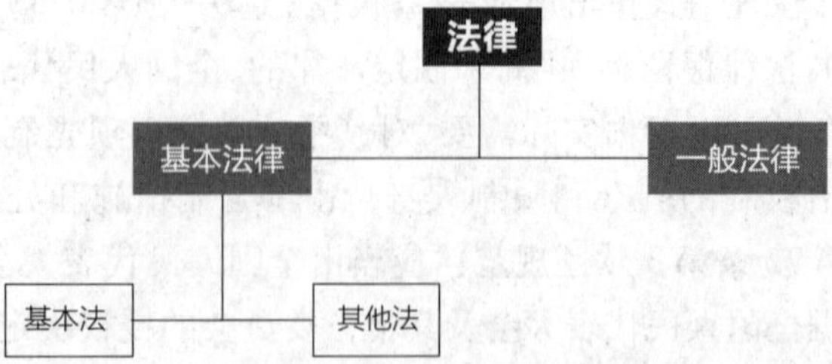

图 19－2　我国的“法律”形式结构

根据《立法法》(2023)第 10、11 条规定,全国人民代表大会和全国人民代表大会常务委员会行使国家立法权。全国人民代表大会制定和修改刑事、民事、国家机构的和其他的基本法律。全国人民代表大会常务委员会制定和修改除应当由全国人民代表大会制定的法律以外的其他法律;在全国人民代表大会闭会期间,对全国人民代表大会制定的法律进行部分补充和修改,但是不得同该法律的基本原则相抵触。但是,下列事项只能制定法律:(1)国家主权的事项;(2)各级人民代表大会、人民政府、人民法院和人民检察院的产生、组织和职权;(3)民族区域自治制度、特别行政区制度、基层群众自治制度;(4)犯罪和刑罚;(5)对公民政治权利的剥夺、限制人身自由的强制措施和处罚;(6)税种的设立、税率的确定和税收征收管理等税收基本制度;(7)对非国有财产的征收、征用;(8)民事基本制度;(9)基本经济制度以及财政、海关、金融和外贸的基本制度;(10)诉讼和仲裁制度;(11)必须由全国人民代表大会及其常务委员会制定法律的其他事项。关于法律的名称,《立法法》没有作出规定,一般都称“中华人民共和国……法”。

法律是最基本的行政依据。

三、行政法规

行政法规是指国务院为领导和管理国家各项行政工作,根据宪法、法律,或者依据全国人大及其常委会的授权,或者依职权所制定的有关政治、经济、教育、科技、文化、外事等各类法规的总称。

行政法规就立法事项而言,可分为职权立法与授权立法。职权立法是指国务院根据宪法和法律,基于它的职权而制定的行政法规。根据《立法法》(2023)第 72 条第 2 款规定,属于职权立法性质的行政法规可以就下列事项作出规定:(1)为执行法律的规定需要制定行政法规的事项;(2)《宪法》第 89 条规定的国务院行政管理职权的事项。

授权立法是指,对于本来属于应当由法律规定的事项,经全国人民代表大会及其常务委员会的授权,以国务院行政法规形式作出规定。[8] 根据《立法法》(2023)第12条规定,属于《立法法》第11条所规定的"法律保留事项"尚未制定法律的,全国人民代表大会及其常务委员会有权作出决定,授权国务院可以根据实际需要,对其中的部分事项先制定行政法规,但是有关犯罪和刑罚、对公民政治权利的剥夺和限制人身自由的强制措施和处罚、司法制度等事项除外。《立法法》(2023)第72条第3款还规定:"应当由全国人民代表大会及其常务委员会制定法律的事项,国务院根据全国人民代表大会及其常务委员会的授权决定先制定的行政法规,经过实践检验,制定法律的条件成熟时,国务院应当及时提请全国人民代表大会及其常务委员会制定法律。"

行政法规由国务院制定并以国务院令发布,这是行政法规区别于其他法规或者规章的形式标志。根据《行政法规制定程序条例》(2017)第5条规定,行政法规的名称一般称"条例",也可以称"规定""办法"等。国务院根据全国人民代表大会及其常务委员会的授权决定制定的行政法规,称"暂行条例"或者"暂行规定"。国务院各部门和地方人民政府制定的规章不得称"条例"。

国务院是国家最高行政机关,是全国行政管理的最高指挥机关。制定行政法规是国务院领导全国行政工作的一种有效手段。行政法规是我国法律的重要形式和渊源,是国家治理和社会治理的重要依据,是行政行为的主要依据。

四、地方性法规

地方性法规是指享有地方性法规制定权的地方国家权力机关依照法定的权限,在不同宪法、法律和行政法规相抵触的前提下,制定的在本行政区域内实施的规范性文件。从主体视角考察,地方性法规包括以下几类:

1. 省、自治区、直辖市人民代表大会及其常务委员会制定的地方性法规。根据《宪法》

---

[8] 自现行宪法实施以来,全国人大及其常委会对国务院已作过12次授权,分别是:全国人民代表大会常务委员会《关于授权国务院对职工退休退职办法进行部分修改和补充的决定》(1983年9月2日发布)、全国人民代表大会常务委员会《关于授权国务院改革工商税制发布有关税收条例草案试行的决定》(1984年9月18日发布,根据第十一届全国人大常委会第九次会议2009年6月27日通过的全国人民代表大会常务委员会《关于废止部分法律的决定》已经被废止)、全国人大常委会《关于授权国务院改革工商税制和发布试行有关税收条例(草案)的决定》(1984年9月18日发布)、全国人民代表大会《关于授权国务院在经济体制改革和对外开放方面可以制定暂行的规定或者条例的决定》(1985年4月10日发布)、全国人大常委会《关于授权国务院在广东省暂时调整部分法律规定的行政审批的决定》(2012年12月28日发布)、全国人大常委会《关于授权国务院在中国(上海)自由贸易试验区暂时调整有关法律规定的行政审批的决定》(2013年8月30日发布)、全国人大常委会《关于授权国务院在中国(广东)自由贸易试验区、中国(天津)自由贸易试验区、中国(福建)自由贸易试验区以及中国(上海)自由贸易试验区扩展区域暂时调整有关法律规定的行政审批的决定》(2014年12月28日发布)、全国人大常委会《关于授权国务院在北京市大兴区等三十三个试点县(市、区)行政区域暂时调整实施有关法律规定的决定》(2015年2月27日发布)、全国人大常委会《关于授权国务院在部分地方开展药品上市许可持有人制度试点和有关问题的决定》(2015年11月4日发布)、全国人大常委会《关于授权国务院在广东省暂时调整部分法律规定的行政审批试行期届满后有关问题的决定》(2015年12月27日发布)、全国人大常委会《关于授权国务院在实施股票发行注册制改革中调整适用〈中华人民共和国证券法〉有关规定的决定》(2015年12月27日发布)、全国人大常委会《关于授权国务院在北京市大兴区等232个试点县(市、区)、天津市蓟县等59个试点县(市、区)行政区域分别暂时调整实施有关法律规定的决定》(2015年12月27日发布)。

(2018)第100条第1款[9]、《地方各级人民代表大会和地方各级人民政府组织法》(2022)第10条第1款[10]和《立法法》(2023)第80条[11]规定,省、自治区、直辖市人民代表大会及其常务委员会,在不同宪法、法律、行政法规相抵触的前提下,可以在自己的职权范围内制定地方性法规,报全国人民代表大会常务委员会备案。

2. 设区的市人民代表大会及其常务委员会制定的地方性法规。根据《宪法》(2018)第100条第2款[12]、《地方各级人民代表大会和地方各级人民政府组织法》(2022)第10条第2款[13]和《立法法》(2023)第81条第1款[14]规定,设区的市的人民代表大会及其常务委员会可以根据本市的具体情况和实际需要,在不同宪法、法律、行政法规和本省、自治区的地方性法规相抵触的前提下,可以对城乡建设与管理、环境保护、历史文化保护等方面的事项制定地方性法规。这类法规报省、自治区的人民代表大会常务委员会批准后施行。设区的市人民代表大会及其常务委员会制定的地方性法规,具体包括以下几类:

(1)省、自治区所在地的市人民代表大会及其常务委员会制定的地方性法规。目前中国大陆有22个省,5个自治区。目前这类市有27个,被称为"省会市"。

(2)经国务院批准的较大市人民代表大会及其常务委员会制定的地方性法规。这种较大的市共有18个。它们是:1984年国务院批准的唐山市、大同市、包头市、大连市、鞍山市、抚顺市、吉林市、齐齐哈尔市、无锡市、淮南市、青岛市、洛阳市(同时批准的重庆市目前已升为直辖市);1988年批准的宁波市,1992年批准的淄博市、邯郸市和本溪市;1993年批准的徐州市、苏州市。

(3)经济特区所在地的市人民代表大会及其常务委员会制定的地方性法规。我国设立经济特区,始于1980年,至今已有七个经济特区,即深圳经济特区、珠海经济特区、厦门经济特区、汕头经济特区、海南经济特区、喀什经济特区、霍尔果斯经济特区。经济特区市的人大及其常委会也有权制定地方性法规。

---

〔9〕《宪法》(2018)第100条第1款规定:"省、直辖市的人民代表大会和它们的常务委员会,在不同宪法、法律、行政法规相抵触的前提下,可以制定地方性法规,报全国人民代表大会常务委员会备案。"

〔10〕《地方各级人民代表大会和地方各级人民政府组织法》(2022)第10条第1款规定:"省、自治区、直辖市的人民代表大会根据本行政区域的具体情况和实际需要,在不同宪法、法律、行政法规相抵触的前提下,可以制定和颁布地方性法规,报全国人民代表大会常务委员会和国务院备案。"

〔11〕《立法法》(2023)第80条规定:"省、自治区、直辖市的人民代表大会及其常务委员会根据本行政区域的具体情况和实际需要,在不同宪法、法律、行政法规相抵触的前提下,可以制定地方性法规。"

〔12〕《宪法》(2018)第100条第2款规定:"设区的市的人民代表大会和它们的常务委员会,在不同宪法、法律、行政法规和本省、自治区的地方性法规相抵触的前提下,可以依照法律规定制定地方性法规,报本省、自治区人民代表大会常务委员会批准后施行。"

〔13〕《地方各级人民代表大会和地方各级人民政府组织法》(2022)第10条第2款规定:"设区的市、自治州的人民代表大会根据本市的具体情况和实际需要,在不同宪法、法律、行政法规和本省、自治区的地方性法规相抵触的前提下,可以制定地方性法规,报省、自治区的人民代表大会常务委员会批准后施行,并由省、自治区的人民代表大会常务委员会报全国人民代表大会常务委员会和国务院备案。"

〔14〕《立法法》(2023)第81条第1款规定:"设区的市的人民代表大会及其常务委员会根据本市的具体情况和实际需要,在不同宪法、法律、行政法规和本省、自治区的地方性法规相抵触的前提下,可以对城乡建设与管理、生态文明建设、历史文化保护、基层治理等方面的事项制定地方性法规,法律对设区的市制定地方性法规的事项另有规定的,从其规定。设区的市的地方性法规须报省、自治区的人民代表大会常务委员会批准后施行。省、自治区的人民代表大会常务委员会对报请批准的地方性法规,应当对其合法性进行审查,认为同宪法、法律、行政法规和本省、自治区的地方性法规不抵触的,应当在四个月内予以批准。"

(4)其他设区的市人民代表大会及其常务委员会制定的地方性法规。以上三类市,即省、自治区所在地的市,经国务院批准的较大市和经济特区所在地的市,都属于“设区的市”,但“设区的市”远多于前三种市。目前,其他设区的市有235个。《立法法》(2023)已将地方性法规的制定权从上述三种市扩大到所有“设区的市”。与上述三种市不同的是,根据《立法法》(2023)第81条第3款规定,其他设区的市人民代表大会及其常务委员会制定的地方性法规的具体步骤和时间,须由省、自治区的人民代表大会常务委员会综合考虑本地因素确定,并报全国人民代表大会常务委员会和国务院备案。〔15〕

3. 自治州人民代表大会及其常务委员会制定的地方性法规。根据《立法法》(2023)第81条第4款规定,自治州的人民代表大会及其常务委员会可以依照《立法法》规定行使设区的市制定地方性法规的职权。自治州开始制定地方性法规的具体步骤和时间,须由省、自治区的人民代表大会常务委员会综合考虑本地因素确定,并报全国人民代表大会常务委员会和国务院备案。

4. 四个不设区的市人民代表大会及其常务委员会制定的地方性法规。根据全国人民代表大会《关于修改〈中华人民共和国立法法〉的决定》(2015)的授权,有四个不设区的地级市也拥有地方性法规的制定权。它们是:广东省的东莞市和中山市、甘肃省的嘉峪关市、海南省的三沙市。〔16〕

虽然上述省市的人民代表大会和常务委员会都有制定地方性法规的权力,但是《立法法》(2023)第86条特别规定,规定本行政区域特别重大事项的地方性法规,应当由人民代表大会通过。

根据《立法法》(2023)第82条规定,地方性法规可以就下列事项作出规定:(1)为执行法律、行政法规的规定,需要根据本行政区域的实际情况作具体规定的事项;(2)属于地方性事务需要制定地方性法规的事项;(3)除《立法法》第11条规定的事项外,其他国家尚未制定法律或者行政法规的事项。其中,设区的市、自治州制定地方性法规,限于对城乡建设与管理、生态文明建设、历史文化保护等方面的事项,并且法律对设区的市制定地方性法规的事项另有规定的,从其规定。

关于地方性法规的名称,目前尚无法律作出专门规定。在现实中,一般使用“条例”“规定”“办法”等。

地方性法规是我们实施地方治理的法律依据之一,也是我国法律的渊源和形式。

五、经济特区法规

《立法法》(2023)第84条第1款规定:“经济特区所在地的省、市的人民代表大会及其常务委员会根据全国人民代表大会的授权决定,制定法规,在经济特区范围内实施。”

经济特区的人民代表大会及其常务委员会,既可制定地方性法规,也可制定经济特区法

〔15〕《立法法》(2023)第81条第3款规定:“除省、自治区的人民政府所在地的市,经济特区所在地的市和国务院已经批准的较大的市以外,其他设区的市开始制定地方性法规的具体步骤和时间,由省、自治区的人民代表大会常务委员会综合考虑本省、自治区所辖的设区的市的人口数量、地域面积、经济社会发展情况以及立法需求、立法能力等因素确定,并报全国人民代表大会常务委员会和国务院备案。”

〔16〕全国人民代表大会《关于修改〈中华人民共和国立法法〉的决定》(2015)规定:“广东省东莞市和中山市、甘肃省嘉峪关市、海南省三沙市,比照适用本决定有关赋予设区的市地方立法权的规定。”

规。经济特区法规是我国地方立法的一种特殊形式。我国的经济特区和经济特区立法是改革开放的产物。经济特区法规与地方性法规的区别在于：经济特区法规可以根据授权变通法律、法规，但只限于经济特区范围内实施。

1980年8月2日，国务院向全国人大常委会提出了在广东省的深圳、珠海、汕头和福建省的厦门设立经济特区，并同时将《广东省经济特区条例（草案）》提请审议。同年8月26日，第五届全国人大常委会第十五次会议批准了国务院提出的《广东省经济特区条例》。此后，全国人大及常委会作出了一系列关于经济特区立法的授权决定：全国人民代表大会常务委员会《关于授权广东省、福建省人民代表大会及其常务委员会制定所属经济特区的各项单行经济法规的决议》（1981）；全国人民代表大会《关于建立海南经济特区的决议》（1988）；全国人大常委会《关于授权深圳市人民代表大会及其常务委员会和深圳市人民政府分别制定法规和规章在深圳经济特区实施的决定》（1992）；全国人民代表大会《关于授权厦门市人民代表大会及其常务委员会和厦门市人民政府分别制定法规和规章在厦门经济特区实施的决定》（1994）；全国人民代表大会《关于授权汕头市和珠海市人民代表大会及其常务委员会、人民政府分别制定法规和规章在各自的经济特区实施的决定》（1996）。

我国现有七个经济特区：深圳经济特区、珠海经济特区、厦门经济特区、汕头经济特区、海南经济特区、喀什经济特区、霍尔果斯经济特区。

经济特区法规的名称和程序等适用地方性法规的名称和程序。但经济特区法规属于授权立法而不是职权立法，所以，它的报备程序是法规公布后的30日内向授权决定规定的机关备案，并且应当说明对法律、行政法规、地方性法规作出变通的情况。

六、自治条例和单行条例

根据《宪法》（2018）第116条[17]、《立法法》（2023）第85条[18]和《民族区域自治法》（2001）第19条[19]规定，民族自治地方的人民代表大会有权制定自治条例和单行条例。[20]

具体而言，自治条例是指民族自治地方的人民代表大会，即自治区、自治州、自治县的人民代表大会，依照当地民族的政治、经济和文化的特点，经法律程序制定的，用以全面调整本自治地方事务的综合性规范性文件。单行条例是指民族自治地方的人民代表大会，即自治区、自治

---

〔17〕《宪法》（2004）第116条规定："民族自治地方的人民代表大会有权依照当地民族的政治、经济和文化的特点，制定自治条例和单行条例。自治区的自治条例和单行条例，报全国人民代表大会常务委员会批准后生效。自治州、自治县的自治条例和单行条例，报省或者自治区的人民代表大会常务委员会批准后生效，并报全国人民代表大会常务委员会备案。"

〔18〕《立法法》（2023）第85条规定："民族自治地方的人民代表大会有权依照当地民族的政治、经济和文化的特点，制定自治条例和单行条例。自治区的自治条例和单行条例，报全国人民代表大会常务委员会批准后生效。自治州、自治县的自治条例和单行条例，报省、自治区、直辖市的人民代表大会常务委员会批准后生效。自治条例和单行条例可以依照当地民族的特点，对法律和行政法规的规定作出变通规定，但不得违背法律或者行政法规的基本原则，不得对宪法和民族区域自治法的规定以及其他有关法律、行政法规专门就民族自治地方所作的规定作出变通规定。"

〔19〕《民族区域自治法》（2001）第19条规定："民族自治地方的人民代表大会有权依照当地民族的政治、经济和文化的特点，制定自治条例和单行条例。自治区的自治条例和单行条例，报全国人民代表大会常务委员会批准后生效。自治州、自治县的自治条例和单行条例报省、自治区、直辖市的人民代表大会常务委员会批准后生效，并报全国人民代表大会常务委员会和国务院备案。"

〔20〕请注意：自治条例与单行条例只限于民族自治地方的人民代表大会制定，其人大常委会无权制定自治条例与单行条例。这正与地方性法规不同。

州、自治县的人民代表大会,依照当地民族的政治、经济和文化的特点,经法律程序制定的,用以全面调整本自治地方某个方面事务的单项规范性文件。自治区的自治条例和单行条例,报全国人民代表大会常务委员会批准后生效。自治州、自治县的自治条例和单行条例,报省或者自治区的人民代表大会常务委员会批准后生效,并报全国人民代表大会常务委员会备案。

自治条例和单行条例可以依照当地民族的特点,对法律和行政法规的规定作出变通规定,但不得违背法律或行政法规的基本原则,不得对宪法和民族区域自治法的规定以及其他有关法律、行政法规专门就民族区域地方所作的规定作出变通规定。

自治条例和单行条例是我国的法律渊源之一,它直接为我国地方民族自治提供了法律依据。

七、规章

规章,也称政府规章或行政规章,是有关国家行政机关依据法律、法规,在本职权范围内制定的具有普遍约束力的规范性文件。它同样属于我国的一种法源。规章可以分为国务院部门规章和地方人民政府规章。

(一)国务院部门规章

根据《宪法》(2018)第90条第2款[21]、《立法法》(2023)第91条第1款[22]规定,国务院各部、委员会、中国人民银行、审计署和具有行政管理职能的直属机构,可以根据法律和国务院的行政法规、决定、命令,在本部门的权限范围内,制定规章。部门规章规定的事项应当属于执行法律或者国务院的行政法规、决定、命令的事项。没有法律或者国务院的行政法规、决定、命令的依据,部门规章不得设定减损公民、法人和其他组织权利或者增加其义务的规范,不得增加本部门的权力或者减少本部门的法定职责。涉及两个以上国务院部门职权范围的事项,应当提请国务院制定行政法规或者由国务院有关部门联合制定规章。部门规章应当经部务会议或者委员会会议决定,并由部门首长签署命令予以公布。

(二)地方人民政府规章

根据《立法法》(2023)第93条第1款[23],《地方各级人民代表大会和地方各级人民政府组织法》(2022)第74条[24],以及全国人民代表大会常务委员会《关于授权深圳市人民代表大会及其常务委员会和深圳市人民政府分别制定法规和规章在深圳经济特区实施的决定》(1992),全国人民代表大会《关于授权厦门市人民代表大会及其常务委员会和厦门市人民政府

---

〔21〕《宪法》(2018)第90条第2款规定:"各部、各委员会根据法律和国务院的行政法规、决定、命令,在本部门的权限内,发布命令、指示和规章。"

〔22〕《立法法》(2023)第91条第1款规定:"国务院各部、委员会、中国人民银行、审计署和具有行政管理职能的直属机构以及法律规定的机构,可以根据法律和国务院的行政法规、决定、命令,在本部门的权限范围内,制定规章。"

〔23〕《立法法》(2023)第93条第1款规定:"省、自治区、直辖市和设区的市、自治州的人民政府,可以根据法律、行政法规和本省、自治区、直辖市的地方性法规,制定规章。"

〔24〕《地方各级人民代表大会和地方各级人民政府组织法》(2022)第74条规定:"省、自治区、直辖市的人民政府可以根据法律、行政法规和本省、自治区、直辖市的地方性法规,制定规章,报国务院和本级人民代表大会常务委员会备案。设区的市、自治州的人民政府可以根据法律、行政法规和本省、自治区的地方性法规,依照法律规定的权限制定规章,报国务院和省、自治区的人民代表大会常务委员会、人民政府以及本级人民代表大会常务委员会备案。依照前款规定制定规章,须经各该级政府常务会议或者全体会议讨论决定。"

分别制定法规和规章在厦门经济特区实施的决定》(1994),全国人民代表大会《关于授权汕头市和珠海市人民代表大会及其常务委员会、人民政府分别制定法规和规章在各自的经济特区实施的决定》(1996)等规定,有关地方人民政府可以制定地方政府规章。地方人民政府规章包括:(1)省、自治区、直辖市人民政府制定的规章;(2)经济特区所在地的市人民政府制定的规章;(3)设区的市人民政府制定的规章;(4)自治州人民政府制定的规章。

根据《立法法》(2023)的有关规定,地方政府规章可以就下列事项作出规定:(1)为执行法律、行政法规、地方性法规的规定需要制定规章的事项;(2)属于本行政区域的具体行政管理事项。其中,设区的市、自治州的人民政府制定规章,必须限于城乡建设与管理、环境保护、历史文化保护等方面的事项。应当制定地方性法规但条件尚不成熟的,因行政管理迫切需要,可以先制定地方政府规章。规章实施满两年需要继续实施规章所规定的行政措施的,应当提请本级人民代表大会或者其常务委员会制定地方性法规。

与部门规章类似,没有法律、行政法规、地方性法规的依据,地方政府规章不得设定减损公民、法人和其他组织权利或者增加其义务的规范。地方政府规章应当经政府常务会议或者全体会议决定,并由省长、自治区主席、市长或者自治州州长签署命令予以公布。

(三)规章制定程序和名称

根据国务院《规章制定程序条例》(2017)规定,规章的制定,要经过“立项—起草—决定—公布—备案”等程序。规章公布后,应当自公布之日起30日内,依照下列规定报送备案:部门规章由国务院部门报国务院备案,两个或者两个以上部门联合制定的规章,由主办的部门报国务院备案;省、自治区、直辖市人民政府规章由省、自治区、直辖市人民政府报国务院备案;较大的市的人民政府规章由较大的市的人民政府报国务院备案,同时报省、自治区人民政府备案。国务院部门法制机构,省、自治区、直辖市人民政府和较大的市的人民政府法制机构,具体负责本部门、本地方的规章备案工作。《规章制定程序条例》(2017)第7条规定,规章的名称一般称“规定”“办法”,但不得称“条例”。行政规章从内容上看,主要针对的是行政活动,但它也是我国法律的渊源,在国家治理和社会治理中发挥着重要的作用。

八、法律解释

法律解释指人们对法律规范含义以及所使用的概念、术语、定义所作的说明和解释。法律解释可分为有权解释和无权解释。无权解释(学理解释)没有法律效力,因此不能成为行政法的渊源。作为有权解释的法律解释,可以分为广义的法律解释与狭义的法律解释。

(一)狭义的法律解释

狭义的法律解释,仅指全国人民代表大会常务委员会对由全国人大会及其常委会制定的法律本身含义的解释。根据《立法法》(2023)第48条[25]和第49条[26]规定,法律解释权专属

---

〔25〕《立法法》(2023)第48条规定:“法律解释权属于全国人民代表大会常务委员会。法律有以下情况之一的,由全国人民代表大会常务委员会解释:(一)法律的规定需要进一步明确具体含义的;(二)法律制定后出现新的情况,需要明确适用法律依据的。”

〔26〕《立法法》(2023)第49条规定:“国务院、中央军事委员会、国家监察委员会、最高人民法院、最高人民检察院、全国人民代表大会各专门委员会,可以向全国人民代表大会常务委员会提出法律解释要求或者提出相关法律案。省、自治区、直辖市的人民代表大会常务委员会可以向全国人民代表大会常务委员会提出法律解释要求。”

于全国人民代表大会常务委员会,其他国家机关不具有法律解释权。国务院、中央军事委员会、最高人民法院、最高人民检察院和全国人民代表大会各专门委员会以及省、自治区、直辖市的人民代表大会常务委员会可以向全国人民代表大会常务委员会提出法律解释要求。有以下情况之一的,全国人民代表大会常务委员会可以作出法律解释:(1)法律的规定需要进一步明确具体含义的;(2)法律制定后出现新的情况,需要明确适用法律依据的。《立法法》(2023)第53条规定:"全国人民代表大会常务委员会的法律解释同法律具有同等效力。"

(二)广义的法律解释

广义的法律解释,是指有权机关对法律法规本身含义及其应用的解释。其基本依据是1981年第五届全国人民代表大会常务委员会第19次会议通过的《关于加强法律解释工作的决议》。该决议将法律解释分为四种:(1)立法解释。凡关于法律、法令条文本身需要进一步明确界限或作补充规定的,由全国人民代表大会常务委员会进行解释或用法令加以规定。(2)司法解释。它是属于法院审判工作和检察院工作中具体应用法律、法令的问题,分别由最高人民法院和最高人民检察院进行解释。(3)行政解释。它是不属于法院审判工作和检察院工作中的其他法律、法令如何具体应用的问题,由国务院及主管部门进行解释。(4)地方解释。凡属于地方性法规条文本身需要进一步明确界限或作补充规定的,由制定法规的省、自治区、直辖市人民代表大会常务委员会进行解释或作出规定。凡属于地方性法规如何具体应用的问题,由省、自治区、直辖市人民政府主管部门进行解释。任何法律都存在解释的可能。

鉴于此,广义上的法律解释应当包括:(1)对宪法的解释;(2)对法律(狭义)的解释;(3)对行政法规的解释;(4)对地方性法规的解释;(5)对自治条例、单行条例的解释;(6)对规章的解释;等等。

(三)法律解释结构和地位

综上可见,我国法律解释结构见图19-3:

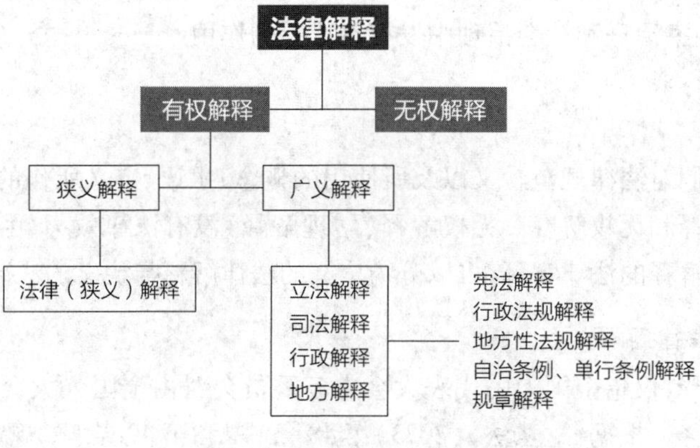

图19-3 我国法律解释结构

法律解释与被解释的法律具有同等效力,因而,法律解释就成为我国的一种独特法律渊源。

九、条约和行政协定

条约是指两个或两个以上国家关于政治、经济、贸易、法律、文化、军事等方面规定其相互权利和义务的各种协议的总称。行政协定是指两个或两个以上的政府相互之间签订的有关政治、经济、贸易、法律、文化和军事等方面内容的协议。

国家或政府签订的条约或协定，对国内的机关、组织和公民同样具有法律拘束力。因此，它们也可以成为我国的一种特殊法律渊源。

我国行政依据法律渊源可见表 19－1。

表 19－1　我国行政依据法律渊源

名称	制定机关	法律依据	备注
宪法	全国人民代表大会	《宪法》第 62、64 条	修改权
法律（狭义）	全国人大及其常委会	《宪法》第 62、67 条，《立法法》第 10 条	
行政法规	国务院	《宪法》第 89 条，《立法法》第 72 条	
地方性法规	省、自治区、直辖市、设区的市和自治州的人大及其常委会，以及广东省东莞市和中山市、甘肃省嘉峪关市、海南省三沙市人大及其常委会	《宪法》第 100 条，《立法法》第 80、81、82 条，《地方各级人民代表大会和地方各级人民政府组织法》第 10 条，全国人民代表大会《关于修改〈中华人民共和国立法法〉的决定》（2015）	
经济特区法规	经济特区人大及其常委会	全国人民代表大会常务委员会《关于授权广东省、福建省人民代表大会及其常务委员会制定所属经济特区的各项单行经济法规的决议》（1981），全国人民代表大会《关于建立海南经济特区的决议》（1988），全国人大常委会《关于授权深圳市人民代表大会及其常务委员会和深圳市人民政府分别制定法规和规章在深圳经济特区实施的决定》（1992），全国人大《关于授权厦门市人民代表大会及其常务委员会和厦门市人民政府分别制定法规和规章在厦门经济特区实施的决定》（1994），全国人大《关于授权汕头市和珠海市人民代表大会及其常务委员会、人民政府分别制定法规和规章在各自的经济特区实施的决定》（1996）	现有七个经济特区：深圳经济特区、珠海经济特区、厦门经济特区、汕头经济特区、海南经济特区、喀什经济特区、霍尔果斯经济特区
自治条例 单行条例	自治区、自治州、自治县的人民代表大会	《宪法》第 116 条，《民族区域自治法》第 19 条，《立法法》第 85 条	
条约协定	国务院	《宪法》第 89 条第 9 项，第 67 条第 14 项	全国人大常委会批准
法律解释（立法解释与具体应用解释）	全国人大常委会、最高人民法院、最高人民检察院、国务院及主管部门、省级人大常委会与省级人民政府主管部门	《宪法》第 67 条，《立法法》第 48 条，全国人大常委会《关于加强法律解释工作的决议》（1981）	

续表

名称	制定机关	法律依据	备注
行政规章(部委规章与地方规章)	国务院各部、委,中国人民银行,审计署与具有行政管理职能的直属机构;省、自治区、直辖市和设区的市、自治州的人民政府	《宪法》第90条,《立法法》第91、93条,《地方各级人民代表大会和地方各级人民政府组织法》第60条,全国人大常委会《关于授权深圳市人民代表大会及其常务委员会和深圳市人民政府分别制定法规和规章在深圳经济特区实施的决定》(1992),全国人大《关于授权厦门市人民代表大会及其常务委员会和厦门市人民政府分别制定法规和规章在厦门经济特区实施的决定》(1994),全国人大《关于授权汕头市和珠海市人民代表大会及其常务委员会、人民政府分别制定法规和规章在各自的经济特区实施的决定》(1996)	

十、行政规范性文件(行政规定)

行政依据除了以上各类法律规范之外,还包括行政规范性文件。根据国务院办公厅《关于加强行政规范性文件制定和监督管理工作的通知》(国办发〔2018〕37号)和《关于全面推行行政规范性文件合法性审核机制的指导意见》(国办发〔2018〕115号)的规定和解释,行政规范性文件是除国务院的行政法规、决定、命令以及部门规章和地方政府规章外,由行政机关或者经法律、法规授权的具有管理公共事务职能的组织依照法定权限、程序制定并公开发布,涉及公民、法人和其他组织权利义务,具有普遍约束力,在一定期限内反复适用的公文。

行政规范性文件不属于"法"的范畴,不属于法的渊源和形式,不能成为人民法院审理行政案件的法律依据。[27] 但"制发行政规范性文件是行政机关依法履行职能的重要方式,直接关系群众切身利益,事关政府形象"。[28]行政规范性文件在一定条件下可以成为下级行政机关实施行政行为的依据。

在行政法理中,行政规范性文件又被称为"行政规定",它是与"行政决定"相对应的另一类行政行为。行政规定与行政决定可以合称为"行政行为"。[29]

第三节 行政依据地位、分类和合法性

一、行政依据的地位

作为行政行为依据的各类法律规范处于一定的法律位阶之中,由此决定了其法律效力等级的高低。法律效力等级的高低又决定了行政依据在法律适用中地位的高低。

(一)法律位阶

法律位阶理论(stufenthorie des rechts)又称"法律规范层级构造理论"(die lehre vom stufenbau der rechtsordnung),是由奥地利法学家梅尔克(A. Merkl)首创,又通过奥地利另一法

〔27〕 它在行政诉讼中一般是作为行政证据而不是作为法律依据出现。

〔28〕 国务院办公厅《关于加强行政规范性文件制定和监督管理工作的通知》(国办发〔2018〕37号)。

〔29〕 有关"行政规定"的理论,请详见本书第十章"行政规定与行政决定"。

学家凯尔森(H. Kelsen)加以发挥继而成为通说。他们认为,法律是一个有等级秩序的规范体系,即由条件性规范(conditioning norm)和附条件性规范(conditioned norm)组成的,从高级法律秩序到低级法律秩序的"梯井结构"(stairwell structure)。在这结构中,上位依据规范是下位依据规范的效力依据,下位依据规范的创造应当符合上位依据规范预设的创制方式和内容要求,下位依据规范是上位依据规范的具体化和个别化。因此,上下位依据规范发生冲突时,下位依据应当服从上位依据。〔30〕

所谓法律位阶,是指每一部规范性法律文本在法律体系中的纵向等级。确立法律位阶的意义在于:(1)确定立法依据的来源。上位依据可以成为下位依据的立法依据,但不能相反。(2)在"高位法优于低位法"的适用原则中,当它们之间发生抵触时,肯定应当优先适用高位法。中国国内法规范的法律位阶,从高到低应当如下排列:

第一位阶,宪法。宪法是国家的根本法,因而处于最高的法律位阶。根据《宪法》(2018)第5条〔31〕和《立法法》(2023)第98条〔32〕规定,宪法具有最高的法律效力,是国家立法的最高依据,一切法律、行政法规、地方性法规、自治条例和单行条例、规章都不得同宪法相抵触。

第二位阶,法律和法律解释。法律(狭义)是指由全国人民代表大会及其常务委员会制定并由国家主席令发布的规范性文件。它可分为基本法律与其他法律。法律解释是由全国人大常委会对法律(包括基本法律与其他法律)所作的有权解释。根据《立法法》(2023)第99条第1款〔33〕和第53条〔34〕规定,法律解释与被解释法律具有同等的法律效力;法律和法律解释处于第二层次,即宪法以下,法规规章以上的法律位阶。需要说明的是,虽然我国立法法依然保留"基本法律"与"其他法律"的理论概念,〔35〕但在法律位阶上未作区分,因而,基本法律与其他法律处于同一个位阶。

第三位阶,行政法规、行政解释、司法解释。行政法规是由国务院制定并以国务院令发布的规范性文件。行政解释是指由国务院及主管部门对法律法规在行政管理领域如何具体应用问题的有权解释。司法解释是最高人民法院和最高人民检察院就审判工作和检察工作中如何具体应用法律法规所作的有权解释。根据《立法法》(2023)第99条第2款〔36〕和全国人大常委

---

〔30〕 正如美国学者弗里德曼所言,法的"规则可以像金字塔那样按低级到高级排列。当规则发生冲突时,高级规则控制低级规则"。[美]弗里德曼:《法律制度》,李琼英、林欣译,中国政法大学出版社1994年版,第46页。

〔31〕 《宪法》(2018)第5条规定:"中华人民共和国实行依法治国,建设社会主义法治国家。国家维护社会主义法制的统一和尊严。一切法律、行政法规和地方性法规都不得同宪法相抵触。一切国家机关和武装力量、各政党和各社会团体、各企业事业组织都必须遵守宪法和法律。一切违反宪法和法律的行为,必须予以追究。任何组织或者个人都不得有超越宪法和法律的特权。"

〔32〕 《立法法》(2023)第98条规定:"宪法具有最高的法律效力,一切法律、行政法规、地方性法规、自治条例和单行条例、规章都不得同宪法相抵触。"

〔33〕 《立法法》(2023)第99条第1款规定:"法律的效力高于行政法规、地方性法规、规章。"

〔34〕 《立法法》(2023)第53条规定:"全国人民代表大会常务委员会的法律解释同法律具有同等效力。"

〔35〕 如《立法法》(2023)第10条规定:"全国人民代表大会和全国人民代表大会常务委员会根据宪法规定行使国家立法权。全国人民代表大会制定和修改刑事、民事、国家机构的和其他的基本法律。全国人民代表大会常务委员会制定和修改除应当由全国人民代表大会制定的法律以外的其他法律;在全国人民代表大会闭会期间,对全国人民代表大会制定的法律进行部分补充和修改,但是不得同该法律的基本原则相抵触。全国人民代表大会可以授权全国人民代表大会常务委员会制定相关法律。"

〔36〕 《立法法》(2023)第99条第2款规定:"行政法规的效力高于地方性法规、规章。"

会《关于加强法律解释工作的决议》(1981)〔37〕,行政法规、行政解释、司法解释处于第三层次,效力应当在法律之下,地方性法规和规章之上。

第四位阶,地方性法规、自治条例、单行条例、地方解释。地方性法规是指省、自治区、直辖市,设区的市和得到授权的有关市人大及其常委会所制定出的规范性文件。自治条例和单行条例是由民族自治地方的人民代表大会制定的规范性文件。地方解释分两类:一类是属于地方性法规条文本身需要进一步明确界限或作补充规定的,由制定法规的省、自治区、直辖市人民代表大会常务委员会进行的解释或作出的规定;另一类是属于地方性法规如何具体应用的问题,由省、自治区、直辖市人民政府主管部门进行的解释。本位阶的地方性法规限于第一类。根据《立法法》(2023)第100条第1款〔38〕、第101条〔39〕和全国人大常委会《关于加强法律解释工作的决议》(1981)的有关规定,地方性法规、自治条例、单行条例和由省、自治区、直辖市人民代表大会常务委员会进行的地方解释,处于第四法律位阶。

第五位阶,政府规章、地方解释。政府规章包括国务院有关部门制定的规章和地方有关政府制定的规章。地方性解释,这里仅指由省、自治区、直辖市人民政府主管部门对地方性法规如何具体应用问题所进行的解释。根据《立法法》(2023)第102条〔40〕和全国人大常委会《关于加强法律解释工作的决议》(1981)的有关规定,政府规章和由省、自治区、直辖市人民政府主管部门对地方性法规作出的地方解释,处于第五法律位阶。

法律位阶具体情况见图19-4:

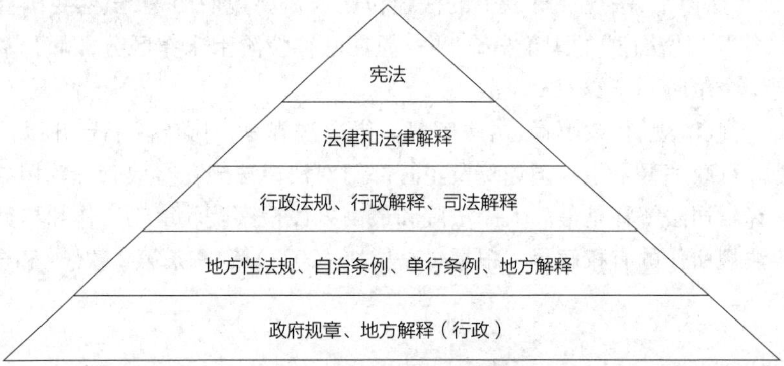

图19-4　法律位阶

确立法律位阶的意义是:(1)位阶高的法规可作为位阶低的法规的立法依据和法律渊源,

〔37〕全国人大常委会《关于加强法律解释工作的决议》(1981)规定:"二、凡属于法院审判工作中具体应用法律、法令的问题,由最高人民法院进行解释。凡属于检察院检察工作中具体应用法律、法令的问题,由最高人民检察院进行解释。最高人民法院和最高人民检察院的解释如果有原则性的分歧,报请全国人民代表大会常务委员会解释或决定。三、不属于审判和检察工作中的其他法律、法令如何具体应用的问题,由国务院及主管部门进行解释。"

〔38〕《立法法》(2023)第100条第1款规定:"地方性法规的效力高于本级和下级地方政府规章。"

〔39〕《立法法》(2023)第101条规定:"自治条例和单行条例依法对法律、行政法规、地方性法规作变通规定的,在本自治地方适用自治条例和单行条例的规定。经济特区法规根据授权对法律、行政法规、地方性法规作变通规定的,在本经济特区适用经济特区法规的规定。"

〔40〕《立法法》(2023)第102条规定:"部门规章之间、部门规章与地方政府规章之间具有同等效力,在各自的权限范围内施行。"

但不能相反;(2)位阶越高,其对权利义务的设定权就越高;[41](3)低位阶法规不得与高位阶法规相抵触,抵触无效,法律另有规定除外;(4)低位阶法规与高位阶法规抵触时,高位阶法规具有优先适用力,除法律另有特别规定。

(二)效力等级

法律效力是指,一个法律对他人(行为与事项)所具有的拘束力。拘束力又表现为约束力、公定力、执行力。约束力、公定力、执行力属于法律效力的具体内容。就法律效力内容而言,不存在等级问题。任何法律法规对他人的拘束力都是一样的,他人都有服从的义务,不会有服从程度上的区别。但在法律适用上,存在效力等级问题。

所谓法律的效力等级系指法律规范的优先适用力,即当法律规范之间发生抵触或不一致时,优先适用的规范就是效力等级高的规范。效力等级以法律位阶为基础,法律位阶越高,其优先适用力就越强,因而才有"高位法优于低位法"的适用规则。但在法律有特别规定时,优先适用力与法律位阶可以不一致。如法律和行政法规的位阶远高于自治条例、单行条例和经济特区法规,但当自治条例、单行条例和经济特区法规对法律和行政法规作"变通"规定时,在民族区域自治地方和经济特区地方应当优先适用自治条例、单行条例和经济特区法规。这时,在法律适用上,"变通法优于被变通法"。

根据《立法法》(2023)第五章的有关规定,法律效力等级(优先适用力)如下:(1)宪法 > 法律、行政法规、地方性法规、自治条例和单行条例、规章;[42](2)法律 > 行政法规、地方性法规、规章;[43](3)行政法规 > 地方性法规、规章;[44](4)地方性法规 > 本级和下级地方政府规章;[45](5)省、自治区的人民政府制定的规章 > 本行政区域内的设区的市、自治州的人民政府制定的规章;[46](6)自治条例和单行条例(限于依法变通部分) > 法律、行政法规、地方性法规;[47](7)经济特区法规(限于依法变通部分) > 法律、行政法规、地方性法规。[48]

(三)同等效力

法律规范之间的同等效力,不是指同等法律位阶,而是指法律规范之间的同等适用力。同等效力的法律规范,在适用力上是相同的,不存在谁先适用、谁后适用的问题。根据《立法法》(2023)的有关规定,同等效力存在于下列法律规范之间:

1. 法律与法律解释具有同等效力。《立法法》(2023)第 53 条规定:"全国人民代表大会常

---

〔41〕 如根据《行政处罚法》(2009)有关规定,法律可以设定任何处罚;行政法规可以设定除限制人身自由以外的行政处罚;地方性法规可以设定除限制人身自由、吊销企业营业执照以外的行政处罚;规章只能设定警告或者一定数量罚款。

〔42〕《立法法》(2023)第 98 条规定:"宪法具有最高的法律效力,一切法律、行政法规、地方性法规、自治条例和单行条例、规章都不得同宪法相抵触。"

〔43〕《立法法》(2023)第 99 条第 1 款规定:"法律的效力高于行政法规、地方性法规、规章。"

〔44〕《立法法》(2023)第 99 条第 2 款规定:"行政法规的效力高于地方性法规、规章。"

〔45〕《立法法》(2023)第 100 条第 1 款规定:"地方性法规的效力高于本级和下级地方政府规章。"

〔46〕《立法法》(2023)第 100 条第 2 款规定:"省、自治区的人民政府制定的规章的效力高于本行政区域内的设区的市、自治州的人民政府制定的规章。"

〔47〕《立法法》(2023)第 101 条第 1 款规定:"自治条例和单行条例依法对法律、行政法规、地方性法规作变通规定的,在本自治地方适用自治条例和单行条例的规定。"

〔48〕《立法法》(2023)第 101 条第 2 款规定:"经济特区法规根据授权对法律、行政法规、地方性法规作变通规定的,在本经济特区适用经济特区法规的规定。"

务委员会的法律解释同法律具有同等效力。"法律解释是对法律所作的有权解释,法律解释依附于法律而存在。法律的效力决定了法律解释的效力。法律解释的生效时间可追溯至法律生效的时点。

2. 部门规章与部门规章之间具有同等效力。《立法法》(2023)第102条规定:"部门规章之间……具有同等效力,在各自的权限范围内施行。"这就是说,不仅同一个国务院部门(如公安部)制定的多个规章之间效力相同,而且不同国务院部门(如教育部与文化部)制定的规章之间,其效力都是相同的。

3. 部门规章与地方政府规章之间具有同等效力。《立法法》(2023)第102条规定:"……部门规章与地方政府规章之间具有同等效力,在各自的权限范围内施行。"如果说部门规章与部门规章之间具有同等效力是可以理解和接受的,那么国务院部门规章与地方政府规章之间具有同等效力就没那么容易理解和接受了。国务院的各工作部门(部委和直属机构)是国务院的组成部分,它们是代表国务院对全国行使管理权,国务院部门规章大多依据并为落实和实施国务院的行政法规而制定;而地方政府规章,包括省、自治区、直辖市人民政府,经济特区所在地的市人民政府,设区的市人民政府和自治州人民政府制定的规章,它们大多依据并为落实行政法规、地方性法规和国务院部门规章而制定。作为单一制国家的中国,地方政府的规章怎么可能、可以不服从国务院部门的规章,地方政府有关土地方面的政策怎么可以不服从国务院自然资源部的有关政策?但是官方的解释是:"虽然国务院部门对地方政府相应的部门有指导和领导关系,但在行政领导关系上,国务院部门是国务院的组成部门,地方政府是地方行政机关,都属国务院领导,它们之间没有领导与被领导的关系。因此,它们制定的规章也没有高低、上下之分,效力是一样的。"〔49〕

二、行政依据的分类

行政依据就是作为行政行为依据的各种规范,包括法律、法规、规章和行政规范性文件等。所以,行政依据的分类也就是作为行政依据的各类规范的分类。

(一)权力依据、行为依据和程序依据

行政行为的规范依据,旨在解决几个主要问题:一是谁可作出该行政行为?这是行政主体资格和权限问题。二是作出的行政行为内容和形式是否符合规范的要求?这是行政行为内容与形式的合法性问题。三是作出该行政行为是否符合法定程序?这是行政行为的程序合法性问题。分别对应三个方面问题的规范依据就可分别称为权力依据、行为依据和程序依据。

例如,张三殴打李四,公安机关对张三作出行政拘留7日的行政处罚。这一行政处罚行为涉及权力依据、行为依据和程序依据。《治安管理处罚法》(2012)第2条规定:"扰乱公共秩序,妨害公共安全,侵犯人身权利、财产权利,妨害社会管理,具有社会危害性,依照《中华人民共和国刑法》的规定构成犯罪的,依法追究刑事责任;尚不够刑事处罚的,由公安机关依照本法给予治安管理处罚。"第7条又规定:"国务院公安部门负责全国的治安管理工作。县级以上地方各级人民政府公安机关负责本行政区域内的治安管理工作。治安案件的管辖由国务院公安部门

〔49〕 全国人大常委会法制工作委员会国家法室编著:《中华人民共和国立法法解读》,中国法制出版社2015年版,第322~323页。

规定。”这些就是权力依据规范，表明公安机关有权对违反治安管理的当事人实施治安处罚。第 43 条第 1 款规定：“殴打他人的，或者故意伤害他人身体的，处五日以上十日以下拘留，并处二百元以上五百元以下罚款；情节较轻的，处五日以下拘留或者五百元以下罚款。”这是行为依据。整个《治安管理处罚法》(2012)第四章就是程序依据。

行政依据的这一分类，对于我们具体而对应地寻找和分析行政行为的规范依据具有方法上的意义。另外，对于有关机关对行政行为的合法性审查也是一个指引。

（二）直接依据与间接依据

如果行政主体直接依据某一规范就能直接作出某一行政行为，该规范属于直接依据；如果行政主体仅仅依据这一规范还无法作出某一行政行为，它必须同时结合其他规范才能作出某种行政行为的，那么，这类规范就是间接依据。

例如，《治安管理处罚法》(2012)第 48 条规定：“冒领、隐匿、毁弃、私自开拆或者非法检查他人邮件的，处五日以下拘留或者五百元以下罚款。”这类规定就是“直接依据”，公安机关直接可以依据该条款对当事人实施治安处罚。又如，《行政处罚法》(2021)第 72 条第 1 款第 1 项规定：“当事人逾期不履行行政处罚决定的，作出行政处罚决定的行政机关可以采取下列措施：(一)到期不缴纳罚款的，每日按罚款数额的百分之三加处罚款，加处罚款的数额不得超出罚款的数额。”这也是直接依据。因为任何实施行政处罚的行政机关都可直接依据这一规定对当事人加处罚款。

而《行政处罚法》(2021)第 72 条第 1 款第 2 项规定就属于间接依据了。它规定：“当事人逾期不履行行政处罚决定的，作出行政处罚决定的行政机关可以采取下列措施：……(二)根据法律规定，将查封、扣押的财物拍卖、依法处理或者将冻结的存款、汇款划拨抵缴罚款……”因为，行政处罚机关不仅要“将查封、扣押的财物拍卖、依法处理或者将冻结的存款、汇款划拨抵缴罚款”，还须依据其他法律的具体规定。

《税收征收管理法》(2015)第 78 条规定：“未经税务机关依法委托征收税款的，责令退还收取的财物，依法给予行政处分或者行政处罚；致使他人合法权益受到损失的，依法承担赔偿责任；构成犯罪的，依法追究刑事责任。”在这一条文中，除了“责令退还收取的财物”是直接依据，其他如“给予行政处分”“给予行政处罚”“承担赔偿责任”“追究刑事责任”都属于间接授权，是指由法律规定的机关依照有关法律规定行使上述权力，不是指税务机关依据该条规定就可直接行使上述权力。

区分直接依据与间接依据的法律意义在于，行政执法机关必须依据“直接授权规范”进行执法，不得依据“间接授权规范”进行直接执法，否则会被视为“没有权力依据”。

直接依据因具体而可直接适用，也称具体依据；间接依据因表达的抽象性，或附其他法律条件而不可直接适用，亦可称为抽象依据。

（三）义务规范依据与责任规范依据

依据就是规范。规范可分为义务规范与责任规范。要求当事人进行一定的作为或不作为，这就是义务规范。义务规范又可分为积极义务规范与消极义务规范(禁止性规范)。前者如规范公民有服兵役的义务和纳税的义务；后者如禁止当事人殴打他人、损害他人财产等。责任规范，是指当事人因违反义务规范而必须承担的法律后果，包括处罚、强制、赔偿等。

责任规范以义务规范为前提，无义务规范就不存在责任规范。但并不是所有的义务规范都必须配设责任规范,因为对于有些违法行为未必须给予行政处罚,批评教育既可。在法律表达上,有时义务规范和责任规范在同一个法律条文中出现;[50]有时它们分设在两个及两个以上的条文里。[51]

行政主体在实施行政处罚中,区分义务规范与责任规范非常重要。行政主体实施行政处罚,只有在既存在义务规范,又存在责任规范的立法背景下,方可实施行政处罚,并且在实施行政处罚时,行政处罚机关既必须适用义务规范,也必须适用责任规范,缺一不可。从操作技术上说,如果义务规范与责任规范合为一体,只适用一个条文便可;如果义务规范与责任规范分属两个不同的法律条文,那就必须同时适用两个条文。

三、行政依据的合法性

行政依据必须合法,才能成为行政行为的有效依据。而要保证行政依据的合法性,就必须符合行政依据的合法要件,具体应做到下列几点。

1. 行政依据必须由具有规范制定权的主体制定。不同的行政依据由不同的主体制定,无制定权的主体制定依据规范无效。根据《宪法》《立法法》《地方各级人民代表大会和地方各级人民政府组织法》《民族区域自治法》,以及全国人大及其常委会的授权法,全国人大及其常委会可以制定法律;国务院可以制定行政法规;省、自治区、直辖市,设区的市和自治州的人大及其常委会,以及广东省东莞市和中山市、甘肃省嘉峪关市、海南省三沙市人大及其常委会,可以制定地方性法规;经济特区的人大及其常委会可以制定经济特区法规;自治区、自治州、自治县的人民代表大会可以制定自治条例和单行条例;国务院部、委,中国人民银行,审计署和具有行政管理职能的直属机构,可以制定部门规章;省、自治区、直辖市和设区的市、自治州的人民政府,可以制定地方政府规章。另外,其他有关行政机关在自己的职权范围内可以制定行政规范性文件。

2. 行政依据内容必须符合规定事项范围。法律、法规、规章和行政规范性文件分别可以规定什么事项,这就是依据的内容范围。超越可规定事项范围的,构成依据内容越权。根据《宪法》《立法法》等有关法的规定,各种法规的内容范围界定如下。

(1)法律(狭义)。可以规定除只能由宪法规定的事项以外的一切事项,并且以下事项只能由法律规定:国家主权;各级人民代表大会、人民政府、人民法院和人民检察院的产生、组织和职权;民族区域自治制度、特别行政区制度、基层群众自治制度;犯罪和刑罚;对公民政治权利的剥夺、限制人身自由的强制措施和处罚;税种的设立、税率的确定和税收征收管理等税收基本制度;对非国有财产的征收、征用;民事基本制度;基本经济制度以及财政、海关、金融和外贸的基本制度;诉讼和仲裁制度;必须由全国人民代表大会及其常务委员会制定法律的其他

---

[50] 如《治安管理处罚法》(2012)第34条规定:“盗窃、损坏、擅自移动使用中的航空设施,或者强行进入航空器驾驶舱的,处十日以上十五日以下拘留。在使用中的航空器上使用可能影响导航系统正常功能的器具、工具,不听劝阻的,处五日以下拘留或者五百元以下罚款。”

[51] 如《城乡规划法》(2019)第44条规定:“在城市、镇规划区内进行临时建设的,应当经城市、县人民政府城乡规划主管部门批准。临时建设影响近期建设规划或者控制性详细规划的实施以及交通、市容、安全等的,不得批准。临时建设应当在批准的使用期限内自行拆除。临时建设和临时用地规划管理的具体办法,由省、自治区、直辖市人民政府制定。”这是义务规范。第66条规定:“建设单位或者个人有下列行为之一的,由所在地城市、县人民政府城乡规划主管部门责令限期拆除,可以并处临时建设工程造价一倍以下的罚款:(一)未经批准进行临时建设的;(二)未按照批准内容进行临时建设的;(三)临时建筑物、构筑物超过批准期限不拆除的。”这属于责任规范。

事项。

(2)行政法规。可以就下列事项作出规定:为执行法律的规定需要制定行政法规的事项;《宪法》第89条规定的国务院行政管理职权的事项。

(3)地方性法规。省、自治区、直辖市人大及其常委会制定的地方性法规,可以根据本行政区域的具体情况和实际需要,作出有关规定。设区的市人大及其常委会制定的地方性法规,可以对城乡建设与管理、环境保护、历史文化保护等方面的事项作出规定。法律对设区的市制定地方性法规的事项另有规定的,从其规定。除《立法法》(2023)第11条规定的事项外,其他事项国家尚未制定法律或者行政法规的,地方性法规可以先行作出规定。

(4)自治条例和单行条例。可以依照当地民族的政治、经济和文化的特点,对法律和行政法规的规定作出变通规定,但不得违背法律或者行政法规的基本原则,不得对宪法和民族区域自治法的规定以及其他有关法律、行政法规专门就民族自治地方所作的规定作出变通规定。

(5)部门规章。部门规章规定的事项应当属于执行法律或者国务院的行政法规、决定、命令的事项。没有法律或者国务院的行政法规、决定、命令的依据,部门规章不得设定减损公民、法人和其他组织权利或者增加其义务的规范,不得增加本部门的权力或者减少本部门的法定职责。

(6)地方政府规章。可以就下列事项作出规定:为执行法律、行政法规、地方性法规的规定需要制定规章的事项;属于本行政区域的具体行政管理事项。其中,设区的市、自治州人民政府制定的规章,限于城乡建设与管理、环境保护、历史文化保护等方面的事项。应当制定地方性法规但条件尚不成熟的,因行政管理迫切需要,可以先制定地方政府规章。规章实施满两年需要继续实施规章所规定的行政措施的,应当提请本级人民代表大会或者其常务委员会制定地方性法规。没有法律、行政法规、地方性法规的依据,地方政府规章不得设定减损公民、法人和其他组织权利或者增加其义务的规范。

(7)授权立法。以上立法都属于职权立法。此外,我国还存在授权立法。授权立法是指,原立法机关无权规定的事项,经授权主体的授权,它可以自身法规的形式,对这些事项作出规定。我国存在全国人大及其常委会对国务院的授权立法〔52〕,以及对经济特区的授权立法〔53〕。

另外,行政规范性文件的内容范围由制文机关的职权范围所决定。

3. 行政依据的内容不得与上位依据相抵触。在我国的行政依据体系中,不同依据处于不同法律位阶之中,下位依据内容不得与上位依据内容相抵触。我国行政依据位阶序列从高到低是这样排列的:宪法—法律—行政法规—地方性法规、自治条例和单行条例—规章—行政规范性文件。一切行政依据不得与宪法相抵触,法规和规章不得与宪法和法律相抵触,规章不得与宪法、法律、法规相抵触,行政规范性文件不得与宪法、法律、法规和规章相抵触。另外,省级

---

〔52〕 如1983年全国人大常委会作出《关于授权国务院对职工退职办法进行部分修改和补充的决定》,1984年全国人大常委会作出《关于授权国务院改革工商税制发布有关税收条例草案试行的决定》,1985年全国人大常委会作出《关于授权国务院在经济体制改革和对外经济开放方面可以制定暂行的规定或者条例的决定》。

〔53〕 如全国人民代表大会常务委员会《关于授权广东省、福建省人民代表大会及其常务委员会制定所属经济特区的各项单行经济法规的决议》(1981);全国人民代表大会《关于建立海南经济特区的决议》(1988);全国人大常委会《关于授权深圳市人民代表大会及其常务委员会和深圳市人民政府分别制定法规和规章在深圳经济特区实施的决定》(1992);全国人大《关于授权厦门市人民代表大会及其常务委员会和厦门市人民政府分别制定法规和规章在厦门经济特区实施的决定》(1994);全国人大《关于授权汕头市和珠海市人民代表大会及其常务委员会、人民政府分别制定法规和规章在各自的经济特区实施的决定》(1996)。

政府制定的规章效力高于本行政区域内设区的市、自治州政府制定的规章。自治条例和单行条例依法对法律、行政法规、地方性法规作变通规定的,在本自治地方适用自治条例和单行条例的规定。经济特区法规根据授权对法律、行政法规、地方性法规作变通规定的,在本经济特区适用经济特区法规的规定。下位依据与上位依据相抵触,不仅是违法的,而且是无效的。

4. 行政依据内容不得违背法治原则。行政依据内容不仅不得与上位依据相抵触,而且不得违背法治原则。所谓法治原则,是指人类在民主基础上,经长期的法治建设实践所形成的,用以体现和实现法治价值,指导和规范立法、执法、司法、守法活动,存在于法律体系和法治实践之中并由它们所反映,具有本原性、基础性、综合性、稳定性的规范原理和基本行为准则。这些原则包括:人民主权原则、平等原则、法不溯及既往原则、正当程序原则、法律保留原则、比例原则、信赖利益保护原则、一事不再罚原则、过罚相当原则、权利救济原则等。如果某依据公然规定对某类人群的歧视,那么这法规就会因违反平等原则而失去合法性。

5. 行政依据的制定不得违背法定程序。否则,同样会影响它的合法性和有效性。全国人大制定的《立法法》,国务院制定的《行政法规制定程序条例》和《规章制定程序条例》,以及地方人大制定的《地方立法条例》等,已为法律、法规和规章的制定设置了立法程序。国务院制定的《重大行政决策程序暂行条例》直接约束了行政规范性文件的制定程序。

四、行政依据不合法的情形

行政依据不符合合法性要件就属于不合法。我国有关法律、法规和司法解释的下列规定,同样适用于行政依据的不合法情形。

《立法法》(2023)第107条规定:"法律、行政法规、地方性法规、自治条例和单行条例、规章有下列情形之一的,由有关机关依照本法第一百零八条规定的权限予以改变或者撤销:(一)超越权限的;(二)下位法违反上位法规定的;(三)规章之间对同一事项的规定不一致,经裁决应当改变或者撤销一方的规定的;(四)规章的规定被认为不适当,应当予以改变或者撤销的;(五)违背法定程序的。"这里作为"通用性"的有三项:(1)越权立法;(2)内容违反上位法规定;(3)立法违反法定程序。

《各级人民代表大会常务委员会监督法》(2006)第30条规定:"县级以上地方各级人民代表大会常务委员会对下一级人民代表大会及其常务委员会作出的决议、决定和本级人民政府发布的决定、命令,经审查,认为有下列不适当的情形之一的,有权予以撤销:(一)超越法定权限,限制或者剥夺公民、法人和其他组织的合法权利,或者增加公民、法人和其他组织的义务的;(二)同法律、法规规定相抵触的;(三)有其他不适当的情形,应当予以撤销的。"这里其实规定了四种不合法情形:(1)作出的决议、决定超越权限;(2)限制或者剥夺法律法规规定的公民、法人和其他组织的合法权利,或者增加公民、法人和其他组织的义务的;(3)内容与法律、法规规定相抵触的;(4)其他应当予以撤销的情形。

全国人大常务委员会委员长会议通过的《法规、司法解释备案审查工作办法》[54]第38条规定:"对法规、司法解释进行审查研究,发现法规、司法解释违背法律规定,有下列情形之一的,应当提出意见:(一)违反立法法第八条,对只能制定法律的事项作出规定;(二)超越权限,违法设定公民、法人和其他组织的权利与义务,或者违法设定国家机关的权力与责任;(三)违

〔54〕 2019年12月16日第十三届全国人民代表大会常务委员会第四十四次委员长会议通过。

法设定行政许可、行政处罚、行政强制，或者对法律设定的行政许可、行政处罚、行政强制违法作出调整和改变；(四)与法律规定明显不一致，或者与法律的立法目的、原则明显相违背，旨在抵消、改变或者规避法律规定；(五)违反授权决定，超出授权范围；(六)对依法不能变通的事项作出变通，或者变通规定违背法律的基本原则；(七)违背法定程序；(八)其他违背法律规定的情形。”这里，对法规和司法解释的违法情形列举了八项，乃是范围最广的一次。[55]

2014 年《行政诉讼法》的修改，将行政规范性文件的合法性审查纳入行政诉讼的附带范围。与此相配套的《行政诉讼法解释》(2018)对“规范性文件不合法”作出了具体规定。该解释第148 条规定：“人民法院对规范性文件进行一并审查时，可以从规范性文件制定机关是否超越权限或者违反法定程序、作出行政行为所依据的条款以及相关条款等方面进行。有下列情形之一的，属于行政诉讼法第六十四条规定的‘规范性文件不合法’：(一)超越制定机关的法定职权或者超越法律、法规、规章的授权范围的；(二)与法律、法规、规章等上位依据的规定相抵触的；(三)没有法律、法规、规章依据，违法增加公民、法人和其他组织义务或者减损公民、法人和其他组织合法权益的；(四)未履行法定批准程序、公开发布程序，严重违反制定程序的；(五)其他违反法律、法规以及规章规定的情形。”它基本还是回到了三大元素：主体、内容和程序。

我们可以通过上述各类规定，将行政依据不合法的情形归结如下：(1)制定行政依据的主体不够格或者超越制文权限；(2)行政依据的内容与上位依据相抵触；(3)法律以下的行政依据对“法律保留事项”作出规定；(4)在无法律规法规依据的前提下，行政规章和行政规范性文件，创设公民的权利与义务，或增减公民的权利与义务；(5)制定行政依据违反法定程序。

第四节　行政依据适用关系

一、法律适用原则

行政依据的适用关系旨在解决行政行为如何适用行政依据，寻找行政依据与行政行为的对应性。如果行政行为脱离了与行政依据的对应性，那么就会导致适用法律错误。为了保证行政行为与行政依据的对应性，坚持和遵循以下原则非常重要。

(一)法律调整主义

行政行为适用行政依据时，必须符合法律的调整范围。某一法律的调整范围，就是某一法律所适用、所约束的事项范围，即法律的适用范围。属于某一法律调整范围内的行政行为，就必须以该法律为依据。如果某一行政行为超越了该法的适用范围，该法就不能成为这一行政行为的依据。

例如，《行政处罚法》(2021)第 3 条规定：“行政处罚的设定和实施，适用本法。”这就是对

[55] 除了“不合法”情形，《法规、司法解释备案审查工作办法》同时还列举了法规、司法解释的“明显不适当”情形。其第 39 条规定：“对法规、司法解释进行审查研究，发现法规、司法解释存在明显不适当问题，有下列情形之一的，应当提出意见：(一)明显违背社会主义核心价值观和公序良俗；(二)对公民、法人或者其他组织的权利和义务的规定明显不合理，或者为实现立法目的所规定的手段与立法目的明显不匹配；(三)因现实情况发生重大变化而不宜继续施行；(四)变通明显无必要或者不可行，或者不适当地行使制定经济特区法规、自治条例、单行条例的权力；(五)其他明显不适当的情形。”

《行政处罚法》适用范围的表达。按照这一规定,对行政处罚的"设定"和行政处罚的"实施"都属于《行政处罚法》的调整范围。在这里,行政处罚的"设定"在很大程度上属于"立法"行为;行政处罚的"实施"在很大程度上属于"执法"行为。所以,不仅有关行政处罚的"执法"行为必须服从《行政处罚法》,有关行政处罚的"立法"行为同样必须服从《行政处罚法》。另外,正因为《行政处罚法》是规制"行政处罚行为"而不是其他行政行为的法,所以,它所规定的处罚程序不适用于行政许可、行政强制、行政征收征用等其他行政行为的程序。

又如,《城乡规划法》(2019)第2条第1款规定:"制定和实施城乡规划,在规划区内进行建设活动,必须遵守本法。"这说明,这三类行为都受到《城乡规划法》规制:(1)制定城乡规划;(2)实施城乡规划;(3)在规划区内的建设活动。它们属于本法的适用范围。这样,行政机关制定和实施城乡规划,就必须以《城乡规划法》为依据。

法律调整主义,就是指行政行为的依据受到该依据调整范围和适用范围的约束。

(二)法律保留主义

行政行为适用行政依据,要遵循"法律保留"原则。

"法律保留原则"(Grundsatz des Vorbehalts des Gesetzes)是一项源自德国,内容广泛,和"法律优越(先)原则"(Grundsatz des Vorrangs des Gesetzes)相配套的"法治国"原则。在中国,"法律保留原则"被赋予更广泛的内涵,演变成一项重要的立法原则和执法原则。其核心内容:一是对于宪法和法律规定必须由法律规定的事项,应当由全国人大及其常委会通过法律规定;二是有关机关和人员从事法律保留事项的活动,必须具有直接的法律依据。这一原则应用于行政法领域,就表现为两项要求:一是对行政依据的制定者来说,涉及"法律保留"事项的行政依据,必须限于"法律(狭义)依据",不得用行政法规、地方性法规、规章和行政规范性文件等来规定这些事项;二是对行政执法者来说,从事涉及"法律保留"事项的行政行为,必须直接以规定该事项的"法律"(狭义)为依据。

确立"法律保留"原则的主要法律依据是《立法法》(2023)第11条。该条规定:"下列事项只能制定法律:(一)国家主权的事项;(二)各级人民代表大会、人民政府、人民法院和人民检察院的产生、组织和职权;(三)民族区域自治制度、特别行政区制度、基层群众自治制度;(四)犯罪和刑罚;(五)对公民政治权利的剥夺、限制人身自由的强制措施和处罚;(六)税种的设立、税率的确定和税收征收管理等税收基本制度;(七)对非国有财产的征收、征用;(八)民事基本制度;(九)基本经济制度以及财政、海关、金融和外贸的基本制度;(十)诉讼和仲裁制度;(十一)必须由全国人民代表大会及其常务委员会制定法律的其他事项。"[56]这就是说,这11个事项属于"法律保留"的事项范围。行政机关从事"法律保留事项"(限于行政事项)的行政行为就必须直接以法律为依据。

《立法法》(2023)第11条第11项"法律保留"事项规定,是一个"兜底条款",很多内容尚未展开。它应当不包括:

1. 对公民基本权利的限制和剥夺。公民的权利可分为基本权利与一般权利。基本权利是由宪法和法律直接设定的,其他权利则由法律、法规和规章设定。但是,没有法律法规依据,规章不得设定减损公民权利或者增加其义务的规范。我国坚持"以人民为中心",没有法律依据,

---

〔56〕 如《公务员法》(2018)第13~15条。

不得作出限制或剥夺公民基本权利的行为;没有法律、法规、规章依据,不得限制或剥夺公民一般权利的行为。所以说,无论是什么行政行为,只要该行为是对公民基本权利的限制和剥夺,就必须具有直接的“法律”依据。《立法法》(2023)第11条第5项只将公民的政治权利和人身自由权列入法律保留,这一范围是不够的,必须放宽至所有的基本权利。

2. 行政机关的设置和行政职权的设定。我国宪法和法律确立了“职权法定”原则,行政机关及其行政职权必须由法律设定。例如,《宪法》(2018)第95条规定:“省、直辖市、县、市、市辖区、乡、民族乡、镇设立人民代表大会和人民政府。地方各级人民代表大会和地方各级人民政府的组织由法律规定。自治区、自治州、自治县设立自治机关。自治机关的组织和工作根据宪法第三章第五节、第六节规定的基本原则由法律规定。”又如,《宪法》(2018)第107条第1款规定:“县级以上地方各级人民政府依照法律规定的权限,管理本行政区域内的经济、教育、科学、文化、卫生、体育事业、城乡建设事业和财政、民政、公安、民族事务、司法行政、计划生育等行政工作,发布决定和命令,任免、培训、考核和奖惩行政工作人员。”

3. 法律具体表明“依法”“依照法律规定”等要求的事项。例如,《公务员法》(2018)第9条规定:“公务员就职时应当依照法律规定公开进行宪法宣誓。”这就意味着,公务员的宪法宣誓,是否进行、如何进行等,必须依照法律规定。又如,《民法典》(2020)第117条规定:“为了公共利益的需要,依照法律规定的权限和程序征收、征用不动产或者动产的,应当给予公平、合理的补偿。”这就意味着,行政机关实施征收征用,必须符合法律规定的权限和程序。凡是法律已对某些事项作出“依照法律规定”要求的,行政主体从事这方面的行政行为时,必须直接依据有关法律。

4. 对于某些法定的“除外”事项。我国不少法律常常在规定一种基本规则时,同时规定“法律另有规定的除外”。当我们进行“除外”的行为时,就必须有规定的“法律依据”。如《突发事件应对法》第13条规定:“因采取突发事件应对措施,诉讼、行政复议、仲裁活动不能正常进行的,适用有关时效中止和程序中止的规定,但法律另有规定的除外。”这里,有关组织或个人在实施不适用时效中止和程序中止规定的行为时,必须有另外的“法律”依据。

(三)法律设定主义

“职权法定”原则要求做到行政职权依法设定,“法无授权不可为”。但是,什么“法”设定什么“权”是有“规矩”的,并不是所有的“法律”可以设定所有的“职权”。

例如,《行政许可法》(2019)规定,第12条[57]所规定的六类事项,应当由法律设定;法律无规定时,可以由行政法规设定。还有根据《行政许可法》(2019)第14~15条规定,国务院的决定和省、自治区、直辖市人民政府的规章可以设定临时许可。

又如,《行政处罚法》(2021),根据第10~14条规定,法律可以设定所有行政处罚;行政法规可以设定除限制人身自由以外的所有行政处罚;地方性法规可以设定除限制人身自由、吊销

---

〔57〕《行政许可法》(2019)第12条规定:“下列事项可以设定行政许可:(一)直接涉及国家安全、公共安全、经济宏观调控、生态环境保护以及直接关系人身健康、生命财产安全等特定活动,需要按照法定条件予以批准的事项;(二)有限自然资源开发利用、公共资源配置以及直接关系公共利益的特定行业的市场准入等,需要赋予特定权利的事项;(三)提供公众服务并且直接关系公共利益的职业、行业,需要确定具备特殊信誉、特殊条件或者特殊技能等资格、资质的事项;(四)直接关系公共安全、人身健康、生命财产安全的重要设备、设施、产品、物品,需要按照技术标准、技术规范,通过检验、检测、检疫等方式进行审定的事项;(五)企业或者其他组织的设立等,需要确定主体资格的事项;(六)法律、行政法规规定可以设定行政许可的其他事项。”

营业执照以外的行政处罚;规章只能设定警告、通报批评或者一定数额罚款的行政处罚。

再如,《行政强制法》(2011),其规定行政强制执行权一律由法律设定。[58] 至于行政强制措施,根据其第10条[59]规定,法律可以设定所有行政强制措施;尚未制定法律,且属于国务院行政管理职权事项的,行政法规可以设定除限制公民人身自由,冻结存款、汇款和应当由法律规定的行政强制措施以外的其他行政强制措施;尚未制定法律、行政法规,且属于地方性事务的,地方性法规可以设定查封场所、设施或者财物和扣押财物的行政强制措施。

法律对行政职权设定之后,下位依据必要时可以在上位依据所规定的主体、行为、种类和幅度范围内作出具体规定。设定行政职权的法称为"设定法",在设定法以下,在设定法规定范围内具体规定职权的法称为"规定法"。

法律设定主义是要求行政主体作出行政行为时,必须依据"设定法",依据有设定权的法;如同时依据"规定法"的,必须依据符合"设定法"的"规定法"。

(四)有利于相对人原则

有利于相对人原则,是指在新、旧法的"过渡期",无论是实体法还是程序法,哪个对相对人更有利,就应当适用哪个法律规范。

这一原则以"当事人主义"为基础,是人权保障原则的体现。我国《立法法》(2023)第104条将"更好地保护公民、法人和其他组织的权利和利益"作为法不溯及既往原则的"立法例外"。刑法上的"从旧兼从轻"原则,体现了"有利于被告人"的初衷,与有利于相对人原则相融通。最高人民法院《关于审理行政案件适用法律规范问题的座谈会纪要》(法〔2004〕96号)第三部分"关于新旧法律规范的适用规则",同样将"适用新法对保护行政相对人的合法权益更为有利的",作为实体从旧程序从新原则的"例外"理由。[60] 最高人民法院《关于审理行政许可案件若干问题的规定》(法释〔2009〕20号)第9条规定:"人民法院审理行政许可案件,应当以申请人提出行政许可申请后实施的新的法律规范为依据;行政机关在旧的法律规范实施期间,无正当理由拖延审查行政许可申请至新的法律规范实施,适用新的法律规范不利于申请人的,以旧的法律规范为依据。"这是有利于相对人原则的再次体现。

这一原则同样适用于新旧法的"过渡期"。在"过渡期"之外不得扩大使用。假如说实体从旧程序从新原则是对法不溯及既往原则的一种例外,那么,有利于相对人原则是对实体从旧程序从新原则的一种例外。它是说,在坚持实体从旧程序从新的时候,如果坚持实体从新程序从旧更有利于当事人,就应当按照有利于相对人原则,坚持实体从新程序从旧。

---

〔58〕《行政强制法》(2011)第13条规定:"行政强制执行由法律设定。法律没有规定行政机关强制执行的,作出行政决定的行政机关应当申请人民法院强制执行。"

〔59〕《行政强制法》(2011)第10条规定:"行政强制措施由法律设定。尚未制定法律,且属于国务院行政管理职权事项的,行政法规可以设定除本法第九条第一项、第四项和应当由法律规定的行政强制措施以外的其他行政强制措施。尚未制定法律、行政法规,且属于地方性事务的,地方性法规可以设定本法第九条第二项、第三项的行政强制措施。法律、法规以外的行政规范性文件不得设定行政强制措施。"

〔60〕最高人民法院《关于审理行政案件适用法律规范问题的座谈会纪要》(法〔2004〕96号)第三部分关于新旧法律规范的适用规则中规定:"根据行政审判中的普遍认识和做法,行政相对人的行为发生在新法施行以前,具体行政行为作出在新法施行以后,人民法院审查具体行政行为的合法性时,实体问题适用旧法规定,程序问题适用新法规定,但下列情形除外……(二)适用新法对保护行政相对人的合法权益更为有利的……"

（五）不让违法者获益原则

不让违法者获益原则，是指当事人拒不履行或拖延履行法定义务和合同义务的，致使新法生效，按不让违法者获益原则确定法律适用。

这一原则在民事法律中大量体现。例如，《民法典》（2020）第159条规定："附条件的民事法律行为，当事人为自己的利益不正当地阻止条件成就的，视为条件已经成就；不正当地促成条件成就的，视为条件不成就。"又如，《民法典》（2020）第1125条第1款规定："继承人有下列行为之一的，丧失继承权：（一）故意杀害被继承人；（二）为争夺遗产而杀害其他继承人；（三）遗弃被继承人，或者虐待被继承人情节严重；（四）伪造、篡改、隐匿或者销毁遗嘱，情节严重；（五）以欺诈、胁迫手段迫使或者妨碍被继承人设立、变更或者撤回遗嘱，情节严重。"

不让违法者获益原则同样适用于行政诉讼中的法律适用。在秋实房地产公司诉内蒙古自治区呼和浩特市人民防空办公室行政征收案中，司法机关的一个观点是：当涉及两个法律交叉适用而需选择法律时，必须考虑不能让"违法成本小于守法成本"结果的出现。〔61〕另外，最高人民法院《关于审理行政许可案件若干问题的规定》（法释〔2009〕20号）第9条规定："人民法院审理行政许可案件，应当以申请人提出行政许可申请后实施的新的法律规范为依据；行政机关在旧的法律规范实施期间，无正当理由拖延审查行政许可申请至新的法律规范实施，适用新的法律规范不利于申请人的，以旧的法律规范为依据。"这里同样体现了这一精神，而且这一精神同样可用于行政机关对行政依据的适用。

这一原则的法理基础是：法治在于维系正当合法的社会秩序，如果违法者因他的违法行为而获益，那就会诱惑更多的人违法，从而背离法治的目的。〔62〕

二、行政行为对宪法的适用

虽然《宪法》是否可以成为司法裁判的依据，至今还处于争论之中。但《宪法》是否可以成为行政行为的依据，这一点应当是肯定的。

事实上，并不是所有行政行为都可直接依据《宪法》作出，但不能由此说，行政行为不得依据《宪法》作出。《宪法》如果不能被直接适用，那么，事实上它就会被架空。

《宪法》是国家的根本法，就行政依据而言，它是最高的行政依据。国务院和有关行政机关从事某些行为，包括行政行为，是可以直接依据《宪法》作出的。例如，国务院直接依据《宪法》（2018）第89条第1项规定，"规定行政措施"，"发布决定和命令"；直接依据第13、14项规定，"改变或者撤销各部、各委员会发布的不适当的命令、指示和规章"，"改变或者撤销地方各级国家行政机关的不适当的决定和命令"；直接依据第16项规定，并依照法律（如《突发事件应对法》等）规定决定省、自治区、直辖市的范围内部分地区进入紧急状态。

当然，行政行为直接依据《宪法》作出的机会是非常少的。这与《宪法》的调整范围和适用范围有关。《宪法》作为国家的根本法，主要是规定国家和社会的基本制度和基本原则，国家机构和组织，公民的基本权利和义务等带有根本性的问题。大量的行政行为并不直接"够得上"

〔61〕中国行政审判案例第60号。参见中华人民共和国最高人民法院行政审判庭编：《中国行政审判案例》（第2卷），中国法制出版社2011年版，第126～131页。

〔62〕故有法谚曰："任何人不得基于他人的损失而获得利益"（Nemo debet ex aliena jactura lucrari；Nemo debet ex alieno damno lucrari）。

《宪法》。另外,《宪法》的许多规定都是通过法律法规得到具体落实的,所以大量的行政行为是通过直接依据这些法律法规而间接实施《宪法》的。

三、行政行为对民事法律的适用

这样的定式已经影响了我们几十年:刑事行为适用刑法与刑事诉讼法;民事行为适用民法与民事诉讼法;行政行为适用行政法与行政诉讼法。当2020年《民法典》出台时,行政法学界开始讨论一个问题:行政行为是否也可以适用《民法典》?

《民法典》是中华人民共和国成立以来第一部以"法典"命名的法律,是新时代我国社会主义法治建设的重大成果。《民法典》系统整合了现行有效的民事法律规范,全面而系统地调整平等主体的自然人、法人和非法人组织之间的人身关系和财产关系。但是我们必须认识到,《民法典》不仅是作为平等主体的公民、法人或者非法人组织从事民事活动的法律依据,也是作为行使公权力主体的政府机关依法行政的法律依据。习近平总书记在2020年6月29日主持中央政治局就"切实实施民法典"举行集体学习时指出:各级政府要以保证民法典有效实施为重要抓手推进法治政府建设,把民法典作为行政决策、行政管理、行政监督的重要标尺,不得违背法律法规随意作出减损公民、法人和其他组织合法权益或增加其义务的决定。要规范行政许可、行政处罚、行政强制、行政征收、行政收费、行政检查、行政裁决等活动,提高依法行政能力和水平。这就揭示了《民法典》的制定和实施与依法行政、建设法治政府之间的关系。

法律适用强调"主体—行为—规范"的"对应性",即司法主体实施刑事行为适用刑事法律;民事主体从事民事行为适用民事法律;行政主体实施行政行为适用行政法律。如果这三者没有"对应性",政府机关从事行政行为主要依据民事法律,而民事主体从事民事活动主要依据行政法,那就说明我国法律体系的设置不科学。我们在立法时,要将某些法律规范集中到某一法律文本中去,应当考虑这些法律规范的部门法属性,尽量将属于同一部门法的法律规范集中于一个法律文本,而每个法律文本大体可以归类于某一个部门法。但是,迄今为止世界上没有一个国家能够做到,其政府的行政行为仅限于依据行政法,其公民的民事行为仅限于依据民法。原因主要有三:一是在立法技术上,人们还实现不了"法律规范"与"法律部门"之间的绝对"对应性"。做不到把一类所有法律规范放进一个法律文本,接着把不同的法律文本装进不同的法律部门之中。不同的法律规范在同一法律部门中还存在"杂居"现象。一个法律文本中也常常同时存在行政法律规范、民事法律规范,甚至还有刑事法律规范。二是从客观上看,不少行为会同时竞合多种法律规范和多种法律部门。这样,对某些行为的法律适用,必然会出现跨越法律部门的情况。三是从权利保护角度看,法律的一个主要功能是为公民设定权利并保护其权利。而诸如人身权、财产权等这些基础性权利,在各个部门法中都是相通的。不同的部门法,都为这些权利提供保护。对于这些权利,只有保护方式的区别,而没有是否保护的区别。

《民法典》是我国民事法律规范的集大成者,它属于"民商法"这一法律部门,是作为平等主体的公民、法人或者非法人组织从事民事活动的基本法律依据,但它不排斥同时作为政府机关依法行政的法律依据。政府机关从事行政活动,坚持依法行政,不仅要以行政法为依据,同时也应当以民事法律为依据。现在的问题不是《民法典》是否可以成为政府机关依法行政的法律依据,而是在什么状态下、什么条件下、在哪些方面政府机关才会和应当依据《民法典》作出行政行为。从《民法典》本身的内容和意义上考察,《民法典》作为政府机关依法行政的法律依据,起码体现在以下几个方面:

1.《民法典》是划定政府机关公权力边界的法律依据。“职权法定”是由《宪法》所确立的国家机关公权力产生和运行的法则，它要求“法定职责必须为，法无授权不可为”。就政府机关的行政权力而言，“职权法定”不仅要求政府机关的行政权力要依据法律获得，由法律设定，同时意味着任何权力都必须设有“边界”，而且这种“边界”同样必须由法律设定。在一个民主法治国家里，不存在不受限制的、没有边界的绝对权力。政府机关行政权力的边界，不仅包括行政权与立法权、行政权与监察权、行政权与审判权，以及行政权与检察权等其他公权力之间的分工，而且特别重要的是注意划清国家与社会之间的边界，正确处理好国家与社会、政府与市场之间的关系。法律规定由社会主体自主决定的事务、由市场调节的关系，政府机关就不得用行政权力去干预。政府机关不得对无须国家管控的事务设定行政许可，不得代替业主处分物业权益，不得对市场价格设定强制性价格标准，更不得以行政权力插手民事纠纷和经济纠纷。《民法典》无疑为政府机关划定公共事务与社会个人事务的界线，正确处理好国家与社会、政府与市场、公权与私权的关系，提供了重要的法律依据。

2.《民法典》对政府机关的某些行政行为直接提出了要求。政府机关必须严格依据《民法典》上的具体规定作出行政行为。如《民法典》(2020)第 212、213、223 条对政府机关的行政登记及收费作出了规范；第 218 条对政府登记机关的信息公开提出了要求；第 1039 条明文要求“承担行政职能的法定机构及其工作人员对于履行职责过程中知悉的自然人的隐私和个人信息，应当予以保密，不得泄露或者向他人非法提供”，为行政机关保护公民隐私权设定了法定职责。特别是《民法典》(2020)第 117 条规定：“为了公共利益的需要，依照法律规定的权限和程序征收、征用不动产或者动产的，应当给予公平、合理的补偿。”这一规定表明，行政机关要对公民、法人或其他组织的动产或不动产进行征收征用，必须(1)切实出于公共利益的需要；(2)有明确的法律规定；(3)符合法定权限和程序；(4)给予被征收征用人公平、合理的补偿。这无疑是《民法典》直接为政府机关的行政征收征用这一行政行为提出了法律上的具体要求。行政机关实施行政征收征用，必须严格遵循《民法典》的这一规定。

3.《民法典》为政府机关对民事权利的保护和确认提供了法律依据。《民法典》为民事主体设定了广泛的民事权利，如生命权、身体权、健康权，人身自由权、人格尊严权，姓名权、肖像权、名誉权、荣誉权、隐私权、婚姻自主权，物权、债权、知识产权，等等，农村集体土地还包括其所有权、使用权、承包权等。这些民事权利，不仅理所当然地受到民事法律的保护，还受到行政法的保护，受到政府机关的行政保护。公安机关从事治安管理，正是对公民人身权和财产权的行政保护，土地管理部门对《土地管理法》的执法，正是对农村集体土地所有权、使用权、承包权的行政保护。另外，有的民事权利，需要经过行政机关的行政程序给予行政确认，如房屋产权属于民事物权，但是该物权要取得效力，取得排他性、对抗善意第三人的特性，必须经过政府登记机关的不动产权登记，而产权登记正是一种行政行为(行政确认)。当事人的结婚权和离婚权无疑是民事权利，但是这一权利要通过政府民政部门的婚姻登记才能实现和确认，而婚姻登记行为又恰恰是行政行为而不是民事行为。

4.《民法典》直接阻却政府机关行政行为对民事权利的不法侵害。基于依法行政的要求，政府机关的行政行为不仅不得侵害公民、法人或者其他组织在行政法上的权利(行政权利)，还不得侵害民事主体在民法上的权利(民事权利)。如果行政机关的行政行为不法侵害了民事主体的民事权利，如违法处分当事人的产权、违法限制公民的婚姻自主权等，民事主体就可以行政相对人的身份申请行政复议或提起行政诉讼。我国《行政复议法》和《行政诉讼法》确立保护的“人身权、财产权等合法权益”，既包括当事人在行政法上的权益，也包括当事人的民事权益。这就是说，行政机关的行政行为如果侵害了当事人的民事权益，后者的合法权益同样受到《行政复议法》和《行政诉讼法》的权利救济保护。

5.《民法典》直接为民事主体从事民事活动设定了行政法义务。如《民法典》（2020）第86条规定：“营利法人从事经营活动，应当遵守商业道德，维护交易安全，接受政府和社会的监督，承担社会责任。”营利法人从事经营活动，必须接受政府的监督，这就表明《民法典》为民事主体从事某项民事活动设定了行政法上的义务。它表明，民事主体从事民事活动，也必须依法接受政府的行政监管，参与行政法律关系。

6.《民法典》的很多精神原则已被行政法吸收，两大部门法在精神上越来越具有融合的趋向。从大陆法系的法律体系概念出发，行政法属于“公法”范畴；民法属于“私法”范畴。但是，公私法的相互融合则是现代法律制度和法学理论的发展方向。现代的政府管理已越来越多地引入民法精神、民法制度和民法方法。作为新型行政法律制度的“行政协议”正是以合同法为基础而引入和确立的；“行政指导”和“行政调解”方法的展开，正是民法中当事人意思自治原则的体现；“诚信政府”的提倡和确立，也正是民法诚信原则扩展的结果。

在推进全面依法治国的新时代，政府机关坚持依法行政，不仅要依据行政法律规范办事，还要依据《民法典》办事；不仅要坚持行政法原则，还要遵循和体现民法精神；不仅要尊重和保护行政相对人在行政法上的各种权利，还要尊重和保护民事主体的各项民事权利。

我们的结论是，民事法律规范在一定条件和范围内也可以成为行政行为的法律依据。

这一观点同时也得到了最高人民法院的承认。特别是在《行政诉讼法解释》（2018）中多处表明，审查行政协议案件在很大的程度上可以适用民事法律和民事诉讼法。[63]

四、行政行为对规章和规定的适用

在讨论行政依据的对应关系时，之所以专门讨论一下行政规章和行政规定，乃是因为：行政规章属于“准法”，行政规定不属于“法”。所以，它们在行政依据中的地位有一定的特殊性。

（一）行政规章

包括国务院部门规章和地方政府规章在内的行政规章，虽然属于《立法法》的调整范围，规章也成为一种“法”的形式，但它始终处于“准法”的地位。这主要表现在：

1. 立法创制权的限制。《立法法》（2023）第91条第2款规定：“部门规章规定的事项应当属于执行法律或者国务院的行政法规、决定、命令的事项。没有法律或者国务院的行政法规、决定、命令的依据，部门规章不得设定减损公民、法人和其他组织权利或者增加其义务的规范，不得增加本部门的权力或者减少本部门的法定职责。”第82条第6款规定：“没有法律、行政法规、地方性法规的依据，地方政府规章不得设定减损公民、法人和其他组织权利或者增加其义务的规范。”可见，规章原则上不能创设公民的权利与义务，它只能落实法律法规所设定的权利与义务。

2. 设定权的限制。在行政行为三大基本法律（《行政许可法》《行政处罚法》《行政强制法》）中，规章的设定权很小甚至没有。在行政许可领域，省、自治区、直辖市人民政府的规章只

〔63〕　参见《行政诉讼法解释》（2018）第12、18、25、27条等。

能在一定条件下设定临时性的行政许可;在行政处罚领域,规章只能在一定条件下设定警告、通报批评或者一定数额罚款的行政处罚;在行政强制领域,既无对行政强制措施的设定权,更无对行政强制执行的设定权。

3. 司法审判依据的限制。《行政诉讼法》(2017)第63条规定:“人民法院审理行政案件,以法律和行政法规、地方性法规为依据。地方性法规适用于本行政区域内发生的行政案件。人民法院审理民族自治地方的行政案件,并以该民族自治地方的自治条例和单行条例为依据。人民法院审理行政案件,参照规章。”这说明,作为行政审判的依据,规章只起“参照”的作用。

规章作为一种“准法”,它作为行政行为的依据,在适用上应当注意:

第一,规章原则上不能创设公民的权利与义务,没有法律和法规的依据,不得设定减损公民、法人和其他组织权利或者增加其义务的规范,不得增加本部门的权力或者减少本部门的法定职责。要将规章作为行政行为的依据,适用的行政机关应当先行审查规章内容的有效性,越权、无效的规章不得适用。

第二,将规章作为行政依据,行政机关应当认识到,规章是一种“参照”依据,而不是“绝对”依据。也就是说,到了行政诉讼阶段,人民法院审查行政行为的合法性是“依据”法律、法规,但“参照”规章。人民法院对规章本身的合法性具有一定程度上的审查权。为此,对于同一事项,行政机关应尽量适用法律法规,无法律法规时才适用规章,即“以适用法律法规为优先,适用规章为补充”。

(二)行政规定

规章以下的行政规范性文件便是行政规定。中国行政法理,一方面将行政规定视作为与行政决定相对应的抽象行政行为,它也属行政行为的范畴,因而在行政复议和行政诉讼中,行政规定成为附带审查的对象,具有一定程度上的“可诉性”。另一方面,它也是一种行政依据。行政机关作出某些行政行为时,可以上级行政机关的行政规定为依据。

但在法律效力层次上,行政规定是比行政规章更低的依据规范,所以它不能创设公民的权利与义务,不能设定行政职权,它只能在法律、法规和规章的范围内,对有关事务作出有限的规定。行政机关在依据行政规定作出行政行为时,更应当关注行政规定的合法性和有效性。

第五节 行政依据冲突及处理

由于各种复杂的原因,行政依据之间发生冲突在所难免。“抵触”与“不一致”,乃是行政依据冲突的两种基本类型。行政法的任务在于协调行政依据之间的冲突,以保障作出行政行为的合法性与有效性。

一、行政依据之间的“抵触”与“不一致”

(一)行政依据的统一与冲突

中国的法律体系要求法律规范之间协调一致。《宪法》(2018)第5条第2款规定:“国家维护社会主义法制的统一和尊严。”《立法法》(2023)第5条规定:“立法应当符合宪法的规定、原则和精神,依照法定的权限和程序,从国家整体利益出发,维护社会主义法制的统一、尊严、权威。"法与法之间的协调统一,既是中国特色社会主义法律体系的基本特征,也是坚持和完善中国特色社会主义法治体系的基本要求。法律规范之间如此,行政依据之间也当如此。

但是,由于不同的依据规范由不同的部门制定,加之法律规范的表达技术还做不到完美无缺,[64]如何保证依据规范之间的科学衔接和协调统一是一项非常复杂的工作,这就使依据规范之间抵触或不一致的现象客观存在,导致依据规范冲突无法完全避免。德国法学家基尔希曼(Julius Hermannvon Kirchmann)曾指出,即使像罗马法这种形式化程度很高的法律体系也始终贯穿着矛盾和冲突。他甚至断言:任何实在法的立法,哪怕准备一千年,也难逃导致漏洞、矛盾、晦涩、歧义的厄运。[65]

"抵触"和"不一致"是"依据冲突"的两种情形。"依据冲突"是依据规范之间"抵触"与"不一致"的合称。如何认知和判断依据规范之间的"抵触"或"不一致",在法律适用的理论和实践中都是一个并未彻底解决的关键课题,这使我们适用依据面临困难。

从语义上说,"抵触"或"不一致",都是指两个规范在内容上的"非同一性";而且它们有程度上的差别,可以说"抵触"是极端的"不一致","不一致"是轻微的"抵触"。但是,《立法法》将"纵向"法与法之间的法律冲突称为"抵触",把"横向"法与法之间的冲突称为"不一致"(见图 19-5)。这样,在《立法法》的意义上,"抵触"与"不一致"不是一种法律冲突程度上的区别,而是一种法律冲突情景上和性质上的区别:下位依据与上位依据冲突称"抵触",同位法之间的冲突称为"不一致"。

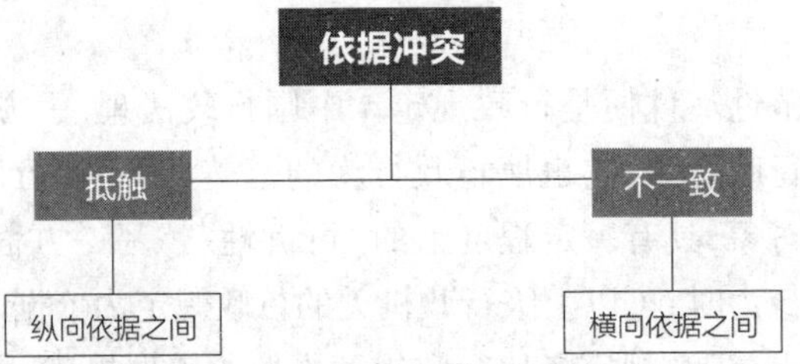

图 19-5 行政依据的统一与冲突

(二)行政依据之间的"抵触"

"抵触",其英文表达是"contravene"或"opposition",源自拉丁文"*contrvenre*",有"反对""对抗""相反"之意。[66] 但法律规范的抵触问题并不是单凭"抵触"的词义就能解决的。我国有许多专家学者不乏理论上的探讨。周旺生认为,法与法之间的抵触就是指下位法与上位法相冲突、相违背。抵触有两类,一是与宪法、法律、行政法规的具体条文的内容相冲突、相违背,此为直接抵触;二是与宪法、法律、行政法规的精神实质、基本原则相冲突、相违背,此为间接抵

〔64〕 正如一位德国学者所言,"规范之间有可能发生冲突是法律规范自身的一大局限性"。[德]罗伯特·阿列克西:《法律论证理论——作为法律证立理论的理性论辩理论》,舒国滢译,中国法制出版社 2002 年版,第 2~3 页。

〔65〕 参见[德]J. H. 冯·基尔希曼:《作为科学的法学的无价值性——在柏林法学会的演讲》,赵阳译,载《比较法学研究》2004 年第 1 期。

〔66〕 *The American Heritage Dictionary of the English Language* (fourth edition)一书中对 contravene 的解释是:(1) to act or be counter to; to violate; (2) to oppose in argument; to contradict。参见顾建亚:《行政法律规范冲突的适用规则研究》,浙江大学出版社 2010 年版,第 33 页。

触。[67] 孔祥俊认为,法律规范相抵触是指调整同一对象的法律规范之间的“有你无我、有我无你”式的不相容性。[68] 董书萍认为“抵触”即冲突,含有违背、违反、反对、相反、矛盾之意,是两个事物之间的一种“有你无我、有我无你”式的不相容状态。[69] 杨临萍同样认为,法律规范之间的抵触就是指内容上的相互矛盾、冲突和违背的意思。[70] 顾建亚从“非抵触”的视角阐述了认定“抵触”标准需把握的要件。[71]

笔者认为,所谓“纵向”的依据规范之间的冲突,是指处于不同法律位阶的依据之间,下位依据与上位依据就同一事项所规定的内容“不一致”,这就是“抵触”。可以这么说,横向依据规范之间的“不一致”就是“不一致”,而纵向依据规范之间的“不一致”就称为“抵触”。但是我国的法制体系是不允许下位法与上位法不一致的,除非法律法规另有特别规定。

至于下位法与上位法抵触的具体情形,最高人民法院早在2004年在《关于审理行政案件适用法律规范问题的座谈会纪要》(法〔2004〕96号)中就指出,从审判实践看,下位法不符合上位法的常见情形有:下位法缩小上位法规定的权利主体范围,或者违反上位法立法目的扩大上位法规定的权利主体范围;下位法限制或者剥夺上位法规定的权利,或者违反上位法立法目的扩大上位法规定的权利范围;下位法扩大行政主体或其职权范围;下位法延长上位法规定的履行法定职责期限;下位法以参照、准用等方式扩大或者限缩上位法规定的义务或者义务主体的范围、性质或者条件;下位法增设或者限缩违反上位法规定的适用条件;下位法扩大或者限缩上位法规定的给予行政处罚的行为、种类和幅度的范围;下位法改变上位法已规定的违法行为的性质;下位法超出上位法规定的强制措施的适用范围、种类和方式,以及增设或者限缩其适用条件;法规、规章或者其他规范文件设定不符合行政许可法规定的行政许可,或者增设违反上位法的行政许可条件;其他相抵触的情形。

2015年《立法法》修改以后,有关部门指出,以下几种情况应当属于与上位依据相抵触:(1)上位依据有明确的规定,与上位依据的规定相反的;(2)虽然不是与上位依据的规定相反,但旨在抵销上位依据的规定的,即搞“上有政策下有对策”的;(3)上位依据没有明确规定,与上位依据的立法目的和立法精神相反的;(4)违反了本法关于立法权限的规定,越权立法的;(5)下位依据超出上位依据规定的行政处罚种类和幅度的,下位依据超越权限设定行政许可的,下位依据超越权限设定行政强制措施种类的。[72] 此外,我国还有许多学者,在揭示和归纳

---

〔67〕 周旺生:《立法学》(第2版),法律出版社2009年版,第284页。

〔68〕 孔祥俊:《法律规范冲突的选择适用与漏洞填补》,人民法院出版社2004年版,第218页。

〔69〕 董书萍:《法律适用规则研究》,中国人民公安大学出版社2012年版,第95页。

〔70〕 “不相抵触就是不矛盾,不相冲突,不相违背的意思。”杨临萍:《中国司法审查若干前沿问题》,人民法院出版社2006年版,第91页。

〔71〕 顾建亚:《行政法律规范冲突的适用规则研究》,浙江大学出版社2010年版,第42~47页。

〔72〕 参见全国人大常委会法制工作委员会国家法室编著:《中华人民共和国立法法释义》,法律出版社2015年版,第303页。

下位法与上位法抵触方面,作出了种种努力。[73]

参考上述规定和观点并结合实际情况,笔者认为下位依据与上位依据相抵触的,大致有这些情形:

1. 下位依据扩大或缩小了上位依据规定的主体范围,包括权利主体和义务主体。比如,上位依据规定小微企业可以依法享受退税优惠政策,但下位依据将这一优惠政策的享受主体范围扩大至中小微企业。

2. 下位依据扩大或缩小上位依据所规定的权利(职权)内容范围,包括权利的种类、数量和幅度等。比如,上位依据为教师设定了6项权利,但下位依据对教师只规定了其中的4项权利,这就缩减了法定权利的范围。

3. 下位依据扩大或缩小上位依据所规定的义务(职责)内容范围,包括义务的种类、数量和幅度等。比如,上位依据规定人民警察"不得泄露国家秘密、警务工作秘密",但下位依据只规定了"不得泄露国家秘密",这就缩减了法定义务的范围。

4. 下位依据扩大或缩小上位依据所规定的责任内容范围,包括责任的种类、数量和幅度等。责任是指法律责任,包括行政责任、民事责任和刑事责任等。比如,上位依据规定高空抛物应当依法承担民事责任、行政责任或刑事责任,但下位依据只规定了民事责任,这就缩减了法律责任的范围。

5. 下位依据增加或缩减取得权利、履行义务或承担责任的条件,包括条件的提高或降低,条件的增多或减少。比如,上位依据规定,"对于因民间纠纷引起的打架斗殴或者损毁他人财物等违反治安管理行为,情节较轻的,公安机关可以调解处理"。但下位依据规定,"对于因民间纠纷引起的打架斗殴或者损毁他人财物等违反治安管理行为,公安机关可以调解处理"。这里,下位依据取消了上位依据规定调解的适用条件,即"情节较轻的",这显然属于"抵触"。

6. 下位依据改变了上位依据所规定的取得权利、履行义务或承担责任的期限。比如,上位依据规定"违法行为在二年内未被发现的,不再给予行政处罚",但下位依据规定"违法行为在三年内未被发现的,不再给予行政处罚",这属于下位依据改变了上位依据规定的对违法行为的追诉时效。

7. 下位依据改变了上位依据的法律规范性质。法律规范是各种法律的最小细胞;法律规定是对各种法律规范的文字表达。法律规范的属性非常复杂,包括:公法规范与私法规范;实体法规范与程序法规范;宣言性规范与规制性规范;权利性规范、义务性规范和责任性规范;强

---

〔73〕 如董书萍在其《法律适用规则研究》(中国人民公安大学出版社2012年版,第101~102页)一书中将下位法与上位法的抵触情形概括为17项之多:(1)上位法允许的行为,下位法予以禁止的;(2)上位法禁止的行为,下位法予以允许的;(3)上位法规定必须的行为,下位法作出了任意的规定的;(4)下位法扩张(增加)上位法授予权利的条件,限制了权利主体取得权利的范围或者增加了取得的难度的;(5)下位法扩大上位法授予权利的范围,且违反授权性质或者上位法授权意图的;(6)下位法减少上位法授予权利条件,致使扩大权利主体获得权利的范围有悖于上位法限制权利范围的意图的;(7)下位法对上位法赋予的权利进行了剥夺或者限制的;(8)下位法增加设定义务的条件,并违背上位法设定义务的意图的;(9)下位法扩展义务主体的范围而与上位法相抵触的;(10)下位法扩大、缩小或变更上位法规定的执法主体、执法主体的执法权限或执法程序;(11)下位法减少上位法规定的违法行为构成要件而产生抵触的;(12)下位法扩大或者缩小违法行为的范围;(13)下位法扩大或缩小上位法准予其设定的处罚行为、种类和幅度的范围;(14)下位法扩大或缩小上位法准予其设定处罚的权限范围,变更或者增加处罚条件或者手段、幅度等;(15)下位法在追究法律责任的时效上与上位法相抵触的;(16)扩大或缩小特定术语的内涵、外延,以致引起不同的法律后果;(17)没有法律依据,即对于《立法法》第64条所授予的地方先行立法权而言,如果超出了地方自主权的范围,行使了中央专属的立法权,即构成抵触。

制性规范与任意性规范；管理性规范与效力性规范；创制性规范、执行性规范与复述性规范；例示性规范与列举性规范；社会规范与技术规范；等等。下位依据对上位依据任何规范属性的改变，都属于与上位依据抵触。

8. 下位依据改变了上位依据规定的“度量衡”等技术标准。我国的法律规范，除了大量用以规制人们行为的社会规范，还存在许多涉及“度量衡”的技术规范。对于这些规范中“度量衡”标准，下位依据不得作半点改变，否则构成与上位依据抵触。比如，上位依据规定1公里的标准是指1000米，下位依据就不得作一丝改变。

9. 其他抵触情景。

（三）对行政依据“抵触”的几点认知

在理解和把握依据规范之间的“抵触关系”中，必须加重以下几点认知。

1. 依据规范的“抵触”与依据规范的“违法”是两码事。依据规范“违法”的范围要大于依据规范的“抵触”。依据规范的“抵触”仅仅是下位依据规范违法的一种情形而已，但不是依据规范“违法”的全部。如越权立法和立法违反法定程序，只属于依据规范“违法”，不存在依据规范“抵触”问题。

2. 依据规范的“抵触”是下位法与上位法对“同一事项”规定上的比较。如果下位法与上位法不存在对“同一事项”的规定，只是对“不同事项”作出规定，那就无以发生“抵触”问题。[74]无“同项比较”就无“抵触”。

3. 下位依据规范与上位依据规范的“抵触”，只要内容“不一致”就是“抵触”，并不要求程度上达到“对立”“矛盾”。例如，上位依据规范规定“向东走”，下位依据规范规定“向西走”是“抵触”；上位依据规范规定“向东走”，下位依据规范规定“向偏东走”同样是“抵触”。因为社会主义法制统一性原则，绝对不允许下位依据与上位依据“不一致”，任何“不一致”都属于“抵触”。

4. 下位依据与上位依据是否“同一”，不是指文字表达方式的“同一性”，而是指文字所表达内容的“同一性”。所以，不能认为下位依据规定“豆腐一碗”与上位依据规定的“一碗豆腐”相“抵触”，但应当把“豆腐一碗”与“米饭一碗”看作“抵触”关系。

5. 当上位依据允许下位依据作不同一的规定时，下位依据的另行规定，不应当被认为与上位依据相“抵触”。我们有的法律规定“法律、行政法规另有规定的，从其规定”。这时，作为下位依据的行政法规对上位依据的法律作出不同规定，恰恰是允许的。还有，自治条例和单行条例对法律和行政法规的依法变通，经济特区法规对法律、行政法规的依据变通，也不得视为“抵触”。

（四）行政依据之间的“不一致”

“不一致”的英文是 inconsistent。仅从词义上分析，它包含三层意思：(1)有差异的；(2)缺乏一贯性；(3)不和谐。“不一致”就其内涵而言是指法律规范对同一调整对象作出了不同的规

---

〔74〕 正如英国法学家杰里米·边沁(Jeremy Bentham)所说，大不列颠的法律与法兰西的那些法律之间，不能说是相互冲突的，为什么？——因为它们没有同样的属人，因此也没有同样的单个行为作为它们的适用客体。大不列颠的法律禁止念诵弥撒，而法兰西的法律不仅允许，并且命令这么做。这样，存在冲突吗？无论如何也没有。为什么？因为前一法律针对的是一群人，而后一法律是针对另外一群人，这些人在不同的轨道上生活。参见［英］杰里米·边沁：《论一般法律》，毛国权译，上海三联书店2008年版，第167页。

定,它是一种客观上的不相同和实质意义上的不兼容。另外,“不一致”也是指同位法之间具有可协调性的冲突,即同一位阶的法律规范在客观上仍然是冲突的,但这种冲突一般是立法者有意安排的,本质上是可以调和的。而且与“抵触”相比,“不一致”往往用在同位法之间。[75] 可见,行政依据规范之间的“不一致”,是指处于同一法律位阶的依据规范之间,其规定的内容出现“不同一”。

所谓处于“同一法律位阶”的依据规范之间,是指法律之间、行政法规之间、地方性法规之间、规章之间,以及行政规范性文件之间的关系。此外,《立法法》还规定,全国人民代表大会常务委员会的法律解释与法律具有同等效力;部门规章之间、部门规章与地方政府规章之间具有同等效力。

具有相同效力等级的依据规范之间,所规定的内容相互出现“不一致”的情景,其实和上述“纵向”依据规范之间的“抵触”情景是一样的。上述“抵触”情景只要“横过来”看就是“不一致”的情景,具体包括:(1)规定的主体范围不一致;(2)规定的权利范围不一致;(3)规定的义务范围不一致;(4)规定的责任范围不一致;(5)规定的取得权利、履行义务或承担责任的条件不一致;(6)规定的取得权利、履行义务或承担责任的期限不一致;(7)规定的法律规范性质不一致;(8)对“度量衡”等技术标准规定的不一致;(9)其他不一致的情景。

“不一致”与“抵触”不同。“抵触”是绝对不允许的,而“不一致”在一定范围内、一定程度上是允许的,它是一种可协调的“冲突”,大多允许并存,可以通过法律适用原则得到解决。例如,同样是法律,但特别法与一般法之间是可以不一致的。它们之间的不一致可以通过“特别法优于一般法”规则解决。又如,不同地方的地方性法规可以有规定上的差异性,它们适用于各自的地方,不会发生冲突。但有的规定出现不一致是应当避免的,否则,当同一主体处理同一事项时就发生法律冲突。

如何解决法律冲突问题,国家已设置了许多有效的措施和制度,如对法规的监督撤销制度、法规裁决制度、备案审查制度,还有诸如上位法优于下位法、新法优于旧法、特别法优于一般法等法律适用规则。

二、对行政依据冲突的裁决

所谓对行政依据冲突的裁决,系指当行政依据之间规定不一致,有关机关不知如何适用时,报请有权机关裁断,决定如何适用的法律制度。对行政依据冲突的裁决,大多是针对具有同等效力的行政依据之间的关系。因为,针对不同效力等级之间的行政依据之适用问题,一般可按“适用规则”自然解决。

我国不存在对行政依据的普遍裁决制度,由《立法法》所确立的法规裁决制度使一部分行政依据纳入了裁决轨道。《立法法》(2023)第105条规定:“法律之间对同一事项的新的一般规定与旧的特别规定不一致,不能确定如何适用时,由全国人民代表大会常务委员会裁决。行政法规之间对同一事项的新的一般规定与旧的特别规定不一致,不能确定如何适用时,由国务院裁决。”第106条又规定:“地方性法规、规章之间不一致时,由有关机关依照下列规定的权限作出裁决:(一)同一机关制定的新的一般规定与旧的特别规定不一致时,由制定机关裁决;

〔75〕 参见顾建亚:《行政法律规范冲突的适用规则研究》,浙江大学出版社2010年版,第63页;孔祥俊:《法律规范冲突的选择适用与漏洞填补》,人民法院出版社2004年版,第157～158页。

(二)地方性法规与部门规章之间对同一事项的规定不一致,不能确定如何适用时,由国务院提出意见,国务院认为应当适用地方性法规的,应当决定在该地方适用地方性法规的规定;认为应当适用部门规章的,应当提请全国人民代表大会常务委员会裁决;(三)部门规章之间、部门规章与地方政府规章之间对同一事项的规定不一致时,由国务院裁决。根据授权制定的法规与法律规定不一致,不能确定如何适用时,由全国人民代表大会常务委员会裁决。"

上述规定确立了中国完整的"法律裁决制度"。(见表 19－2)

表 19－2　法律裁决制度

冲突"法"之间	裁决条件	裁决机关	法律依据
法律(狭义)与法律(狭义)之间	对同一事项的新的一般规定与旧的特别规定不一致,不能确定如何适用时	全国人大常委会	《立法法》第 105 条第 1 款
行政法规与行政法规之间	对同一事项的新的一般规定与旧的特别规定不一致,不能确定如何适用时	国务院	《立法法》第 105 条第 2 款
同一机关制定的地方性法规之间	新的一般规定与旧的特别规定不一致时	制定机关	《立法法》第 106 条第 1 款第 1 项
同一机关制定的规章之间	新的一般规定与旧的特别规定不一致时	制定机关	《立法法》第 106 条第 1 款第 1 项
地方性法规与部门规章之间	对同一事项的规定不一致,不能确定如何适用时	国务院或全国人大常委会(先由国务院提出意见,国务院认为应当适用地方性法规的,应当决定在该地方适用地方性法规的规定;认为应当适用部门规章的,应当提请全国人大常务委员会裁决)	《立法法》第 106 条第 1 款第 2 项
部门规章之间	对同一事项的规定不一致时	国务院	《立法法》第 106 条第 1 款第 3 项
部门规章与地方政府规章之间	对同一事项的规定不一致时	国务院	《立法法》第 106 条第 1 款第 3 项
法律与根据授权制定的法规之间	规定不一致,不能确定如何适用时	全国人大常委会	《立法法》第 106 条第 2 款

三、对行政依据的改变或者撤销

对行政依据的改变或者撤销,系指当行政依据违法或不适当时,有权机关依法对其改变或者撤销的法律制度。我国《宪法》《地方各级人民代表大会和地方各级人民政府组织法》《立法法》对这一制度的建立提供了完整的法律依据。

我国《宪法》(2018)第 62 条规定:全国人民代表大会有权"修改宪法";"监督宪法的实施";"改变或者撤销全国人民代表大会常务委员会不适当的决定"。第 67 条规定:全国人民代表大会常务委员会有权"解释宪法,监督宪法的实施";"撤销国务院制定的同宪法、法律相抵触的行政法规、决定和命令";"撤销省、自治区、直辖市国家权力机关制定的同宪法、法律和行政法规相抵触的地方性法规和决议"。第 89 条规定:"国务院行使下列职权:……(十三)改变或者撤销各部、各委员会发布的不适当的命令、指示和规章;(十四)改变或者撤销地方各级国家行政机关的不适当的决定和命令……”第104条规定:县级以上地方各级人民代表大会常务委员会有权“撤销本级人民政府不适当的决定和命令”。第108条规定:“县级以上地方各级人民政府领导所属各工作部门和下级人民政府的工作,有权改变或者撤销所属各工作部门和下级人民政府的不适当的决定。”

《地方各级人民代表大会和地方各级人民政府组织法》(2022)第11条规定:“县级以上的地方各级人民代表大会行使下列职权……(十)改变或者撤销本级人民代表大会常务委员会的不适当的决议;(十一)撤销本级人民政府的不适当的决定和命令……”第50条规定:“县级以上的地方各级人民代表大会常务委员会行使下列职权……(十一)撤销下一级人民代表大会及其常务委员会的不适当的决议;(十二)撤销本级人民政府的不适当的决定和命令……”第73条规定:“县级以上的地方各级人民政府行使下列职权……(三)改变或者撤销所属各工作部门的不适当的命令、指示和下级人民政府的不适当的决定、命令……”

《立法法》(2023)在上述规定基础上,对我国法律的改变或者撤销制度作了综合性的规定。该法第107条规定:“法律、行政法规、地方性法规、自治条例和单行条例、规章有下列情形之一的,由有关机关依照本法第一百零八条规定的权限予以改变或者撤销:(一)超越权限的;(二)下位法违反上位法规定的;(三)规章之间对同一事项的规定不一致,经裁决应当改变或者撤销一方的规定的;(四)规章的规定被认为不适当,应当予以改变或者撤销的;(五)违背法定程序的。”第108条规定:“改变或者撤销法律、行政法规、地方性法规、自治条例和单行条例、规章的权限是:(一)全国人民代表大会有权改变或者撤销它的常务委员会制定的不适当的法律,有权撤销全国人民代表大会常务委员会批准的违背宪法和本法第八十五条第二款规定的自治条例和单行条例;(二)全国人民代表大会常务委员会有权撤销同宪法和法律相抵触的行政法规,有权撤销同宪法、法律和行政法规相抵触的地方性法规,有权撤销省、自治区、直辖市的人民代表大会常务委员会批准的违背宪法和本法第八十五条第二款规定的自治条例和单行条例;(三)国务院有权改变或者撤销不适当的部门规章和地方政府规章;(四)省、自治区、直辖市的人民代表大会有权改变或者撤销它的常务委员会制定的和批准的不适当的地方性法规;(五)地方人民代表大会常务委员会有权撤销本级人民政府制定的不适当的规章;(六)省、自治区的人民政府有权改变或者撤销下一级人民政府制定的不适当的规章;(七)授权机关有权撤销被授权机关制定的超越授权范围或者违背授权目的的法规,必要时可以撤销授权。”

根据上述规定,我国对行政依据的改变或者撤销的制度可见表19-3:

表19-3 我国对行政依据的改变或撤销制度

行政依据	实施改变或者撤销的机关	改变或者撤销的手段	改变或者撤销的条件	法律依据
法律(狭义)	全国人大	改变或者撤销	(1)超越权限的;(2)下位依据违反上位依据规定的;(3)违背法定程序的;(4)内容不适当的	《宪法》第62条第12项;《立法法》第107、108条
根据授权制定的法规	授权机关	撤销法规;必要时撤销授权	超越授权范围或者违背授权目的	《立法法》第107条、第108条第7项

续表

行政依据	实施改变或者撤销的机关	改变或者撤销的手段	改变或者撤销的条件	法律依据
行政法规	全国人大常委会	撤销	与宪法和法律相抵触的；或者超越权限的、下位依据违反上位依据规定的、违背法定程序的	《宪法》第 67 条第 7 项；《立法法》第 107 条第 1、2、5 项；《立法法》第 108 条第 2 项
地方性法规	全国人大常委会；省人大	改变或者撤销	与宪法、法律和行政法规相抵触的；不适当的；或者超越权限的、下位依据违反上位依据规定的、违背法定程序的	《宪法》第 67 条第 8 项；《立法法》第 107 条第 1、2、5 项；《立法法》第 108 条第 4 项
自治条例和单行条例	全国人大及其常委会	撤销	违背宪法和《立法法》第 85 条第 2 款*；或者超越权限的、下位依据违反上位依据规定的、违背法定程序的	《立法法》第 85 条第 2 款、第 107 条第 1、2、5 项；第 108 条第 1、2 项
部门规章	国务院	改变或者撤销	(1)超越权限的；(2)下位依据违反上位依据规定的；(3)规章之间对同一事项的规定不一致，经裁决应当改变或者撤销一方的规定的；(4)规章的规定被认为不适当，应当予以改变或者撤销的；(5)违背法定程序的	《宪法》第 89 条第 13 项；《立法法》第 107 条、第 108 条第 3 项
地方政府规章	国务院；同级地方人大常委会	(国务院)改变或者撤销；(同级地方人大常委会)撤销	(1)超越权限的；(2)下位依据违反上位依据规定的；(3)规章之间对同一事项的规定不一致，经裁决应当改变或者撤销一方的规定的；(4)规章的规定被认为不适当，应当予以改变或者撤销的；(5)违背法定程序的	《宪法》第 89 条第 14 项；《立法法》第 107 条、第 108 条第 3、5 项
行政规范性文件(行政规定)	国务院；上级人民政府或所属人民政府；同级人大常委会	(行政机关)改变或者撤销；(人大)撤销	(1)超越权限的；(2)下位依据违反上位依据规定的；(3)规章之间对同一事项的规定不一致，经裁决应当改变或者撤销一方的规定的；(4)规章的规定被认为不适当，应当予以改变或者撤销的；(5)违背法定程序的	《宪法》第 89 条第 14 项、第 104 条、第 108 条；《立法法》第 107 条、第 108 条第 5、6 项；《地方各级人民代表大会和地方各级人民政府组织法》第 50 条第 12 项、第 73 条第 3 项

* 《立法法》第 85 条第 2 款规定："自治条例和单行条例可以依照当地民族的特点，对法律和行政法规的规定作出变通规定，但不得违背法律或者行政法规的基本原则，不得对宪法和民族区域自治法的规定以及其他有关法律、行政法规专门就民族自治地方所作的规定作出变通规定。"

四、行政依据的备案审查

行政依据的备案审查，是指行政依据制定以后，在规定时间内按规定程序向有关部门报备，有关部门事后对其进行合法性审查的法律制度。它是为保证国家法制的统一，协调依据规范冲突的方式之一。行政依据的备案审查制度被法规、规章的备案审查制度所覆盖。在法规、规章的备案审查制度中,备案是审查的前提和主要途径,审查是备案的主要目的。

(一)法规规章备案审查制度的发展

法规规章备案审查,是指依法承担报备义务的单位在法规规章颁布后的一定时间内,按照法定程序将法规规章及有关材料向法定的国家机关报送备案,接受备案的机关依法对其合法性、适当性和协调性等进行审查与处理的一种事后监督制度。虽然备案不需要对所备案法规规章进行批准,但是备案并不排斥审查。审查的目的在于发现报备的法规规章是否存在违宪、违法或其他问题,以便启动人大的法律监督权。

法规规章备案审查制度,既是对违反宪法法律的规范性文件的及时纠偏纠正,也是更好保障人民群众合法权益、推动社会公平正义的重要手段。这一制度的存在和发展,自中华人民共和国成立以来经历了漫长的发展过程。[76]

从1978年12月党的十一届三中全会召开到1982年《宪法》的制定,是法规规章备案的确立阶段。党的十一届三中全会标志着我们党和政府拨乱反正,进入改革开放、全面恢复社会主义民主与法制时期。在这样的法制背景下,1979年《地方各级人民代表大会和地方各级人民政府组织法》的制定,规定了省级地方人大和人民政府、省会市、较大市人大以及人民政府的立法权,同时也规定了相应的法规、规章备案制度。1982年《宪法》的制定,再次规定了地方立法权和有关政府部门对规章的制定权,确立了人大和上级政府对法规规章的监督权,特别是首次确立自治条例和单行条例的批准和备案的制度。

从1982年《宪法》的实施到2000年《立法法》的制定,是法规规章备案的完善阶段。为了落实《宪法》和《地方各级人民代表大会和地方各级人民政府组织法》关于法规规章的备案制度,1987年3月7日国务院办公厅公布了《关于地方政府规章和国务院各部门规章备案工作的通知》(国办发〔1987〕15号)。同年5月,全国人大常委会办公厅和国务院办公厅联合发布了《关于地方性法规备案工作的通知》。1990年2月18日,国务院令第48号公布了《法规规章备案规定》。从此,地方性法规和政府规章的备案制度全面铺开。特别是2000年3月《立法法》的制定,它以宪法性法律的形式明确规定了法规规章制定主体和制定程序。特别是,它不仅规定了完整的备案制度,而且强调了有关部门对法规规章的审查职责,使中国的法规规章备案制度真正成为备案审查制度。

从2000年《立法法》的实施到2019年《法规、司法解释备案审查工作办法》的制定,是法规规章备案的发展阶段。为了落实《立法法》所确立的法规规章备案审查制度,2000年10月16日第九届全国人民代表大会常务委员会第三十四次委员长会议通过了《行政法规、地方性法规、自治条例和单行条例、经济特区法规备案审查工作程序》,备案审查法规从地方性法规扩大至行政法规、自治条例和单行条例及经济特区法规。2001年,国务院又将1990年制定的《法规规章备案规定》升格为《法规规章备案条例》。2006年我国制定了《各级人民代表大会常务委员会监督法》,它单设第五章,对包括法规规章在内的规范性文件的备案审查作出了全面规定,设置了备案审查程序和标准。2019年12月16日第十三届全国人民代表大会常务委员会第四

---

〔76〕 参见本书编写组编著:《规范性文件备案审查制度理论与实务》,中国民主法制出版社2011年版,第1～38页;杨书军:《规范性文件备案审查制度的起源与发展》,载《法学杂志》2012年第10期。

十四次委员长会议通过了《法规、司法解释备案审查工作办法》。它将法规规章及司法解释也纳入备案审查范围，标志着我国法规规章备案审查制度迎来了一个新的发展阶段和兴旺时期。

（二）法规规章备案审查制度的依据

法规规章备案审查的理论依据乃是人民主权原则，以及人民代表大会及其常委会和国务院对有关机关制定法规和规章的监督权。这一规范监督权的行使，旨在保障社会主义法制的统一性。同时，法规规章备案审查制度的法律依据更是丰富而具体，包括但不限于：《宪法》（2018）第100、116条；《立法法》（2023）第80、81、109、110、114条；《地方各级人民代表大会和地方各级人民政府组织法》（2022）第10、49、74条；《各级人民代表大会常务委员会监督法》（2006）第五章；《国务院组织法》（1982）第3条；《法规、司法解释备案审查工作办法》（2019）；《法规规章备案条例》（2001）。

（三）法规规章受案审查范围和程序

根据上述规定，我国备案审查的法规和规章包括：行政法规，监察法规，地方性法规，自治州和自治县的自治条例和单行条例，经济特区法规，最高人民法院、最高人民检察院作出的司法解释，政府规章（国务院部门规章与地方政府规章）。其中可以作为行政依据的规范是：行政法规，地方性法规，自治条例和单行条例，经济特区法规，政府规章。

行政法规，自公布之日起30日内，由国务院办公厅报送全国人大常委会备案。

地方性法规、自治州和自治县制定的自治条例和单行条例，自公布之日起30日内，由各省、自治区、直辖市人大常委会办公厅报送全国人大常委会和国务院备案。

经济特区法规，自公布之日起30日内，由制定法规的省、市人大常委会办公厅（室）报送全国人大常委会和国务院备案。

政府规章有所区分。国务院部门规章，自公布之日起30日内，由国务院制定部门报国务院备案，两个或者两个以上部门联合制定的规章，由主办的部门报国务院备案。省、自治区、直辖市人民政府制定的规章，自公布之日起30日内，由省、自治区、直辖市人民政府报送国务院，同时报本级人大常委会备案。设区的市、自治州人民政府制定的规章，自公布之日起30日内，由设区的市、自治州人民政府报送国务院备案。同时应当向省、自治区的人大常委会，省、自治区人民政府，以及本级人大常委会报备。

接受备案的机关同时为审查机关。全国人大常委会的审查工作具体通过专门委员会、法制工作委员会进行，国务院的审查工作由其法制工作部门具体进行。审查包括备案审查、依职权审查、依申请审查、移送审查、专项审查等方式。审查的标准包括合宪性审查、政治性审查、合法性审查和适当性审查。

合宪性审查，是指对依据规范是否存在违背宪法规定、宪法原则或宪法精神问题进行审查。

政治性审查，是指依据规范是否与党中央的重大决策部署不相符或者与国家的重大改革方向不一致问题的审查。

合法性审查，主要是审查是否存在下列情形：（1）违反《立法法》（2023）第11条，对只能制定法律的事项作出规定；（2）超越权限，违法设定公民、法人和其他组织的权利与义务，或者违法设定国家机关的权力与责任；（3）违法设定行政许可、行政处罚、行政强制，或者对法律设定的行政许可、行政处罚、行政强制违法作出调整和改变；（4）与法律规定明显不一致，或者与法律的立法目的、原则明显相违背,旨在抵消、改变或者规避法律规定;(5)违反授权决定,超出授权范围;(6)对依法不能变通的事项作出变通,或者变通规定违背法律的基本原则;(7)违背法定程序;(8)其他违背法律规定的情形。

适当性审查,即审查依据规范是否存在明显不适当的情形:(1)明显违背社会主义核心价值观和公序良俗;(2)对公民、法人或者其他组织的权利和义务的规定明显不合理,或者为实现立法目的所规定的手段与立法目的明显不匹配;(3)因现实情况发生重大变化而不宜继续施行;(4)变通明显无必要或者不可行,或者不适当地行使制定经济特区法规、自治条例、单行条例的权力;(5)其他明显不适当的情形。

只要发现依据规范有不合宪问题、违背政治性、不合法或明显不适当问题,审查机关就应依法作出处理。

到此,可以将法规规章的备案审查制度归结如表 19-4 所示:

表 19-4 行政依据(法规规章)备案审查

文件	备案机关	审查机关	法律依据
行政法规	全国人大常委会	全国人大常委会	《立法法》(2023)第 109 条第 1 项;《法规、司法解释备案审查工作办法》(2019)第 2 条
地方性法规	全国人大常委会;国务院	全国人大常委会;国务院	《宪法》(2018)第 100 条第 1 款;《立法法》(2023)第 109 条第 2 项;《地方各级人民代表大会和地方各级人民政府组织法》(2022)第 10 条第 1 款、第 49 条第 1 款;《法规、司法解释备案审查工作办法》(2019)第 2 条;《法规规章备案条例》(2001)第 3 条第 1 项
自治州、自治县的自治条例和单行条例*	全国人大常委会;国务院	全国人大常委会;国务院	《宪法》(2018)第 116 条;《立法法》(2023)第 109 条第 3 项;《法规、司法解释备案审查工作办法》(2019)第 2 条;《法规规章备案条例》(2001)第 3 条第 1 项
经济特区法规	全国人大常委会;国务院	全国人大常委会;国务院	《立法法》(2023)第 109 条第 4 项;《法规、司法解释备案审查工作办法》(2019)第 2 条;《法规规章备案条例》(2001)第 3 条第 5 项
部门规章	国务院	国务院	《立法法》(2023)第 109 条第 4 项;《法规规章备案条例》(2001)第 3 条第 2 项
省级政府规章	国务院;本级人大常委会	国务院;本级人大常委会	《地方各级人民代表大会和地方各级人民政府组织法》(2022)第 74 条;《法规规章备案条例》(2001)第 3 条第 3 项
设区的市、自治州政府规章	国务院;省、自治区的人大常委会;省、自治区人民政府;本级人大常委会	国务院;省、自治区的人大常委会;省、自治区人民政府;本级人大常委会	《地方各级人民代表大会和地方各级人民政府组织法》(2022)第 74 条;《法规规章备案条例》(2001)第 3 条第 4 项

* 自治区的自治条例和单行条例,报全国人大常委会批准后生效。依据是《宪法》(2018)第 116 条。

(四)行政规范性文件备案审查机制

行政规范性文件,也称行政规定,是除国务院的行政法规、决定、命令以及部门规章和地方政府规章外，由有关行政主体依照法定权限、程序制定并公开发布，涉及公民、法人和其他组织权利义务，具有普遍约束力，在一定期限内反复适用的公文。它在一定程度上也可成为行政行为的依据。当行政规范性文件成为行政行为依据时，它的合法性会直接影响行政行为的合法性。因此，对它的合法性审核就显得非常重要。

2004 年国务院发布的《全面推进依法行政实施纲要》（国发〔2004〕10 号）就开始关注对规章以下规范性文件的监督，要求对规范性文件"有件必备、有备必审、有错必纠"。2006 年，中共中央办公厅和国务院办公厅联合发布了《关于预防和化解行政争议健全行政争议解决机制的意见》，明确了"县级以上地方人民政府都要建立规范性文件备案制度"的层级范围要求。2008 年国务院出台的《关于加强市县政府依法行政的决定》开始推动市、县一级政府规范性文件备案审查制度的建立和完善。2010 年国务院发布的《关于加强法治政府建设的意见》（现已失效）开始重视和关注制度的实施实效和配套制度的建设。[77] 2018 年国务院办公厅发布了《关于全面推行行政规范性文件合法性审核机制的指导意见》（国办发〔2018〕115 号），行政规范性文件合法性审核机制在全国全面推开。2019 年国务院制定发布的《重大行政决策程序暂行条例》（国务院令第 713 号），将行政规范性文件的制定纳入"重大行政决策"的范围。特别是 2021 年中共中央、国务院印发的《法治政府建设实施纲要（2021—2025 年）》，再次强调"加强行政规范性文件制定监督管理"，要求"全面落实行政规范性文件合法性审核机制，明确审核范围，统一审核标准。严格落实行政规范性文件备案审查制度"。

根据国务院办公厅《关于全面推行行政规范性文件合法性审核机制的指导意见》（国办发〔2018〕115 号），凡涉及公民、法人和其他组织权利义务的规范性文件，均要纳入合法性审核范围，确保实现全覆盖，做到应审必审。行政机关内部执行的管理规范、工作制度、机构编制、会议纪要、工作方案、请示报告及表彰奖惩、人事任免等文件，不纳入规范性文件合法性审核范围。

以县级以上人民政府或者其办公机构名义印发的规范性文件，或者由县级以上人民政府部门起草、报请本级人民政府批准后以部门名义印发的规范性文件，由同级人民政府审核机构进行审核；起草部门已明确专门审核机构的，应当先由起草部门审核机构进行审核。国务院部门制定的规范性文件，由本部门审核机构进行审核。省、自治区、直辖市和设区的市人民政府部门制定的规范性文件，既可以由本部门审核机构进行审核，也可以根据实际需要由本级人民政府确定的审核机构进行审核。县（市、区）人民政府部门、乡镇人民政府及街道办事处制定的规范性文件，已明确专门审核机构或者专门审核人员的，由本单位审核机构或者审核人员进行审核；未明确专门审核机构或者专门审核人员的，统一由县（市、区）人民政府确定的审核机构进行审核。

审查的标准主要是：（1）制定主体是否合法；（2）是否超越制定机关法定职权；（3）内容是否符合宪法、法律、法规、规章和国家政策规定；（4）是否违法设立行政许可、行政处罚、行政强制、行政征收、行政收费等事项；（5）是否存在没有法律、法规依据作出减损公民、法人和其他组织合法权益或者增加其义务的情形；（6）是否存在没有法律、法规依据作出增加本单位权力或者减少本单位法定职责的情形；（7）是否违反规范性文件制定程序。

---

〔77〕 参见杨书军：《规范性文件备案审查制度的起源与发展》，载《法学杂志》2012 年第 10 期。

第六节 行政依据适用规则

行政依据之间应当协调一致。如果行政依据之间存在矛盾,应遵循以上程序和规则处理,但以上的处理需要有个时间过程。如果所有的行政依据须待协调完毕后方可启动适用,那么,国家行政管理活动和司法活动的效率会明显降低。为解决这一问题,行政法及行政法学为行政依据的适用设置了规则。这些规则用以在行政依据之间的矛盾尚未协调时,事先正确合法地选择适用行政依据。

中国行政法上行政依据的适用规则,主要有下列几项。

一、高法优于低法

高位法优于低位法,起源于罗马法的古典时期的"上位法优于下位法"。[78] 该规则的本义是:法律位阶高的规范比法律位阶低的规范优先适用。我国《立法法》(2023)有三个条文体现了高法优于低法的法律适用规则。其第98条规定:"宪法具有最高的法律效力,一切法律、行政法规、地方性法规、自治条例和单行条例、规章都不得同宪法相抵触。"第99条又规定:"法律的效力高于行政法规、地方性法规、规章。行政法规的效力高于地方性法规、规章。"还有第100条规定:"地方性法规的效力高于本级和下级地方政府规章。省、自治区的人民政府制定的规章的效力高于本行政区域内的设区的市、自治州的人民政府制定的规章。"

高法优于低法的法律适用规则同样适用于行政依据之间的适用规则。行政依据规范应当按照法律效力等级进行排序,下位法与上位法抵触时,优先适用高位法。具体要求是:

1. 宪法具有最高的法律效力,一切法律、行政法规、地方性法规、自治条例和单行条例、规章都不得同宪法相抵触。否则无效,不能适用。

2. 法律的效力高于行政法规、地方性法规、规章。行政法规、地方性法规、规章与法律冲突的,应当适用法律。[79]

3. 行政法规的效力高于地方性法规、规章。地方性法规、规章(包括国务院部门规章与地方政府规章)与行政法规冲突的,应当适用行政法规。

4. 地方性法规的效力高于本级和下级地方政府规章。地方政府规章与同级或上级地方性法规冲突的,应当适用地方性法规。

5. 省、自治区的人民政府制定的规章的效力高于本行政区域内的设区的市、自治州的人民政府制定的规章。前者与后者冲突时,应当适用前者。

6. 行政规范性文件(行政规定)不得和宪法、法律、法规、规章相抵触。和前者规定不一致时,优先适用前者。在行政规范性文件中,由于制定机关的不同,它们也还会有高低之分。原则上,上级行政机关制定的规范性文件高于下级机关制定的规范性文件。

---

〔78〕 其拉丁文是:*lex superior derogat legi inferior*;英文可译为:the laws of a superior hierarchy prevail over the laws of a inferior hierarchy;德文一般译为:die höhere norm vedrängt die rangniedriger。

〔79〕 最高人民法院《关于对人民法院审理公路交通行政案件如何适用法律问题的答复》(〔1999〕行他字第29号)和《最高人民法院行政审判庭对关于养路费征稽部门能否扣押车辆的答复》(〔2002〕行他字第7号)都表明,地方性法规与法律规定不一致时,人民法院应当适用法律。这体现了高位法优于低位法的适用原则。

二、新法优于旧法

“新法优于旧法”，又称“后法优于前法”，源于《十二铜表法》后五表补充的第十二表第5条的规定：“前后制定的法律有冲突时，后法取消前法。”〔80〕我国《立法法》(2023)第103条规定：“同一机关制定的法律、行政法规、地方性法规、自治条例和单行条例、规章……新的规定与旧的规定不一致的，适用新的规定。”这就是对法律适用中的新法优于旧法(后法优于前法)规则的表达。

这一法律适用规则同样适用于行政依据的适用规则。它意味着同一机关制定的不同依据规定之间，前后规定不一致的，应当优先适用新的规定。因为从道理上讲，越是后面作出的规定，越接近于实际情况，所以更应优先适用。

对“新法”与“旧法”的认定，应当把握两点：一是“新法”与“旧法”应当以法律文本的实施(生效)时间为准，而不是以法律文本的制定和发布时间为准。无论法律文本何时制定、何时发布，只要这一法律文本正式实施(生效)时间离现在越近的，就是“新法”，相反越远的，就是“旧法”。二是“新法”与“旧法”应当以整个法律文本为单位进行比较，不得以单个的法律条文进行比较。如果一个法律经过修改(包括修正与修订)，中有两个条文得到修改，其他条文都没有变化，我们不能说这两个修改过的条文是“新法”，其他条文都是“旧法”，应当将整个修改后的法律文本视为“新法”。〔81〕

还必须强调的是：新法优于旧法这一规则只适用“同一机关”制定的依据规范之间，不适用不同机关制定的依据规范之间。如果是不同机关制定的依据之间，那么它必须适用高法优于低法的规则。例如，2000年全国人大常委会制定的法律与2015年国务院制定的行政法规之间，应当优先适用哪个？按高法优于低法规则，应当优先适用2000年的法律；但按后法优于前法规则，便应当优先适用2015年的行政法规。前文已述，后法优于前法规则只适用于同一机关制定的行政依据。所以，在此列中，应当优先适用2000年的法律。

所谓“同一机关”，系指在法律关系中具有独立的名义，具有独立的职权与职责，具有独立的机构代码。如不同的行政法规都由国务院制定，国务院是制定所有行政法规的“同一机关”。但是，“同一机关”不是指“同一级别机关”。上海市人民政府与浙江省人民政府是同一级别的机关，都是省级人民政府，但不是“同一机关”。还有，一级人民政府与它的工作部门之间，尽管工作部门只是所属一级人民政府的组成部分，但如果工作部门依法可以自己名义行使职权，那么它可以被作为独立的行政主体对待，它与所属政府不是“同一机关”。〔82〕

三、特别法优于一般法

“特别法优于一般法”，或称“特别法优于普通法”，〔83〕最早可以追溯到罗马法学家伯比尼

〔80〕 何勤华：《〈十二表法〉：古罗马第一部成文法》，载《检察风云》2014年第6期；周枏：《罗马〈十二表法〉》，载《安徽大学学报》1983年第3期。

〔81〕 参见王锴、司楠楠：《新的一般法与旧的特别法的冲突及其解决——以〈突发事件应对法〉与〈传染病防治法〉为例》，载《首都师范大学学报(社会科学版)》2020年第3期。

〔82〕 这是中国的特有现象。世界上大多数国家，一级政府的工作部门是不被作为独立的主体对待的。

〔83〕 拉丁文是：*lex specialis derogate legi generali*；英文可翻译为：a special law prevails over the general；德文一般译为：das speziellere gesetz geht dem allgemeinen gesetzen vor。

安(Papinianus)的理论概念。[84] 在罗马法中,"对某个一般规范加以变通的个别规范,即由于特殊原因而作为一般规范的例外的个别规范,为个别法(特别法);与此相对应,在狭窄的例外范围之外适用的一般原则(规则),为共同法(一般法)",并认为"个别法"(ius singulare)优于"共同法"(ius commune)。[85]

特别法优于一般法,作为一项法律适用原则,系指同一事项上存在两个或两个以上的法律规范,当一般法律规范与特别法律规范不一致时,优先适用特别法律规范。[86] 我国《立法法》(2023)第103条规定:"同一机关制定的法律、行政法规、地方性法规、自治条例和单行条例、规章,特别规定与一般规定不一致的,适用特别规定……"[87]最高人民法院《关于审理行政案件适用法律规范问题的座谈会纪要》(法〔2004〕96号)同样规定:"同一法律、行政法规、地方性法规、自治条例和单行条例、规章内的不同条文对相同事项有一般规定和特别规定的,优先适用特别规定。"

关于"特别法"与"一般法"的区别标准,有学者提出四个区别要素:人、事、地、时。[88] (1)"人",指法律约束人的范围的大小,即法对人的效力。如公务员法与人民警察法,前者是一般法,后者是特别法;教师法与中小学教师法,同样前者是一般法,后者是特别法。(2)"事",是指法所调整的"事项"范围大小。如"合同法"与"技术合同法"之间,前者是一般法,后者是特别法。(3)"地",是指法的地域效力。适用于全国范围的法律为一般法,仅适用于国内某一地域的法律为特别法,如经济特区的授权立法、民族区域自治法。(4)"时",是指法的时间效力。一般而言,适用时间没有限制的是一般法,而只适用一段时间的是特别法。还有在常态法与应急法之间,常态法是一般法,应急法是特别法。

还有,这一规则的适用,应当把握以下几点:

1. 这里的"特别法"与"一般法"既适用两个及两个以上法规之间的关系,也适用同一个法规中的"特别规定"与"一般规定"之间的关系。它既适用"法"与"法"之间,也适用"规定"与"规定"之间。大量的"一般规定"与"特别规定"恰恰存在于同一个法律之中。

2. "特别法优于一般法"和"新法优于旧法"规则一样,它只有在同一机关制定的法律之间才适用这一规则,不同机关制定的法律之间如何优先适用,请按有关规则处理。

四、变通法优于被变通的法

变通法优于被变通的法原则,系指当某一下位依据依法对上位依据进行变通时,在这一区域内应当优先适用变通的法。这一原则由《立法法》(2023)第101条所确立。该条规定:"自治

---

〔84〕 Tamás Nótári:Summum ius summa iniuria – remarks on a legal maxim of interpretation,Tartalomjegyék,2005/2. szám. 转引自顾建亚:《行政法律规范冲突的适用规则研究》,浙江大学出版社2010年版,第57页。

〔85〕 参见孔祥俊:《法律解释与适用方法》,中国法制出版社2017年版,第587页。

〔86〕 我国司法机关在行政审判中遵循这一原则。最高人民法院行政审判庭《关于对违法收取电费的行为应由物价行政管理部门监督管理的答复》(行他字〔1999〕第6号)便是一例。该答复指出:"山西省高级人民法院:你院[1999]晋法行字第9号'关于对乡镇企业管理局是否有权对电力局非法收取农村分类综合电价外的费用的行为进行处罚的请示'收悉。经研究,答复如下:原则同意你院倾向性意见。即遵循特别法规定优于普通法规定的原则,对违法收取电费的行为,根据《电力法》第66条的规定,应由物价行政管理部门监督管理。此复。"

〔87〕 我国其他法律中也有这一规则的体现。如《民法总则》(2017)第11条规定:"其他法律对民事关系有特别规定的,依照其规定。"

〔88〕 参见顾建亚:《"特别法优于一般法"规则适用难题探析》,载《学术论坛》2007年第12期。

条例和单行条例依法对法律、行政法规、地方性法规作变通规定的,在本自治地方适用自治条例和单行条例的规定。经济特区法规根据授权对法律、行政法规、地方性法规作变通规定的,在本经济特区适用经济特区法规的规定。”

目前我国下位法对上位法的变通只有两种情况:一是自治条例和单行条例依法对法律、行政法规、地方性法规作变通规定;二是经济特区法规对法律、行政法规、地方性法规作变通规定。在下位法对上位法变通的情况下,下位的变通法优先适用,但只限本自治地方或本经济特区。

下位法对上位法的变通,必须具有宪法和立法法的明文依据,而且必须经过严格的批准程序。根据《立法法》(2023)第85条规定自治区的自治条例和单行条例,报全国人大常委会批准后生效;自治州、自治县的自治条例和单行条例,报省、自治区、直辖市的人大常委会批准后生效。根据《立法法》(2023)第109条第5项、《法规、司法解释备案审查工作办法》(2019)第2条和《法规规章备案条例》(2001)第3条第5项规定,经济特区法规须报全国人大常委会和国务院备案。

五、适用规则之间冲突的处理

以上依据适用规则单独使用时不会发生碰撞的问题,但有些情形可能会同时涉及几项规则,这时适用规则之间也会发生冲突,如新的低位法与旧的高位法之间,还有新的一般法与旧的特别法之间。当适用规则之间发生碰撞时,需要有一种更高的规则来协调它们之间的关系。

(一)高法优于低法与其他规则

从形式上看,高法优于低法,与其他适用规则都可能发生碰撞,如作为高位法的旧法与作为低位法的新法,作为高位法的一般法与作为低位法的特别法,变通法常常是对高位法的变通。这里应当区分两种情况分别对待:

第一,高法优于低法规则与新法优于旧法、特别法优于一般法规则。在这三个适用规则的相互关系中,高法优于低法属于绝对规则,新法优于旧法、特别法优于一般法规则都必须符合高法优于低法规则。这就是说,作为高位法的旧法与作为低位法的新法,应当优先适用高位法的旧法;作为高位法的一般法与作为低位法的特别法,同样应当优先适用高位法的一般法。当然严格地说,它们之间的冲突不可能发生,因为,新法优于旧法、特别法优于一般法规则只适用于“同一机关”制定的依据规范之间。

第二,高法优于低法规则与变通法优于被变通法规则。当这两个规则碰撞时,可以优先适用后一规则。因为法规的变通就是指对上位法的变通。根据我国宪法和立法法规定,自治条例和单行条例可以依法对法律、行政法规进行变通,经济特区法规可以依法对法律、行政法规和地方性法规进行变通。变通法之所以可以优先适用,一是因为变通本身具有宪法和立法法依据,二是变通须经过严格的审批备案程序。当然,变通法的优先适用是指在变通法所在地优先适用,并不涉及变通法以外的地方。

(二)新法优于旧法与特别法优于一般法

新法优于旧法与特别法优于一般法规则时常会发生碰撞。典型的情形及典型的问题是:新的一般法与旧的特别法之间,到底如何适用?

关于这种情况到底如何处理,国外有两种相反的方法:一是坚持“新的一般法优于旧的特别法”。这是英国、新西兰等普通法系国家普遍采用的立场。他们认为,“即使旧法相对于新法来说是特别法,仍应适用新法”[89]。该方式以“新法优于旧法”为原则,将“暗示废止学说”作为其理论基础。[90] 另外,议会主权理论更是这一立场的理论支撑。“传统的议会主权理论认为议会有权做除约束自己未来行为之外的一切事情。如果议会先后通过的法律之间存在冲突,那么新法将‘暗示地废止’旧法。”[91]二是坚持“新的一般法不变更旧的特别法”,亦称为“新普通法不变更旧特别法”。[92] 这一立场以德国为代表。如德国学者平特纳指出:“较新的一般法律只在适当的解释中表明废除旧的特别法律时方优于旧法(否则旧法仍作为特别法或例外规定继续有效)……任何新法律的立法者在未明确表示要废除或优先于现行法律时,即意味着立法者欲把新法作为现行法的补充。”[93]

中国在上述情况下如何适用法律,没有明文的法律规定,一般由适用机关根据立法目的、法律调整范围、职权的远近等因素综合考量。如果不知如何适用,可以报请有关机关作立法裁决。我国《立法法》(2023)第105条规定:“法律之间对同一事项的新的一般规定与旧的特别规定不一致,不能确定如何适用时,由全国人民代表大会常务委员会裁决。行政法规之间对同一事项的新的一般规定与旧的特别规定不一致,不能确定如何适用时,由国务院裁决。”第106条第1款第1项又规定,地方性法规之间或者规章之间,“同一机关制定的新的一般规定与旧的特别规定不一致时,由制定机关裁决”。

第七节 行政裁量基准

行政裁量基准,也称行政裁量权基准,是中国行政法中的一种新型行政法律制度,也是一种特殊的行政依据形式,故作单独阐述。

一、行政裁量基准的基础和发展

法律为行政主体实施行政行为设定了“做”或“不做”及“如何做”的行为规则。鉴于行政行为的复杂性,有的行政行为属于“质性”行为(只要表示同意或不同意便可),而有的属于“量性”行为,需要确定数量(如给付多少、征税多少、罚款多少等),法律为行政行为设定规则时,有的能够做到直接明确具体规定,使行政主体实施该行政行为能够“一步到位”;而在有的情况下,法律只能规定一个原则或者一个幅度,有待其他下位法细化或者让行政主体自己裁量。在这样的立法方式下,行政行为就被分成了羁束行为与裁量行为。

美国行政法认为,行政自由裁量权不应当成为真正的“自由权”。“法律不允许行政机关许

---

[89] Joost Pauwelyn, *Conflict of Norms in Public International Law: How WTO Law Relates to other Rules of International Law*, Cambridge: Cambridge University Press, 2003, p. 438.

[90] 参见顾建亚:《行政法律规范冲突的适用规则研究》,浙江大学出版社2010年版,第88~89页。

[91] Paul Craig & Gráinne de Búrca, *EU law: Text, Cases, and Materials*, 5th ed., Oxford, New York: Oxford University Press, 2011, p. 285.

[92] 参见刘志刚:《法律规范冲突解决规则间的冲突及解决》,载《政法论丛》2015年第4期。

[93] [德]平特纳:《德国普通行政法》,朱林译,中国政法大学出版社1999年版,第11页。

可某人做此行政机关在同样情况不许可别人做的事。不应当星期一用一种原则，星期二用另一种原则。一个普遍适用的原则不得在特定案件中完全被废弃。"〔94〕所以，控制自由裁量权应当是当代行政法的核心任务。〔95〕而控制自由裁量权的方法，除了发挥司法审查制度的功能外，还在于迫使执法者为自己的裁量行为设定标准。美国行政法还认为，当法律授权行政机关时，行政机关应当为自己的行为设定具体标准，否则可视为法律授权不存在。这就是"无标准便无授权"的由来。1993 年日本《行政程序法》第 5、12 条，也明文规定行政机关必须为自己行为提供基准。〔96〕

在中国，我们一方面正视行政裁量权的存在，另一方面高度重视对裁量权的规制。从政策层面看，早在 2004 年，国务院制定发布的《全面推进依法行政实施纲要》（国发〔2004〕10 号）首次提出："行使自由裁量权应当符合法律目的，排除不相关因素的干扰；所采取的措施和手段应当必要、适当。"2008 年国务院发布《关于加强市县政府依法行政的决定》，进一步明确"要抓紧组织行政执法机关对法律、法规、规章规定的有裁量幅度的行政处罚、行政许可条款进行梳理，根据当地经济社会发展实际，对行政裁量权予以细化，能够量化的予以量化，并将细化、量化的行政裁量标准予以公布、执行。"特别是自 2014 年党的十八届四中全会确立"全面依法治国"基本方略以来，建立健全行政裁量权基准制度全面推开。党的十八届四中全会所通过的《中共中央关于全面推进依法治国若干重大问题的决定》明确要求，"建立健全行政裁量权基准制度，细化、量化行政裁量标准，规范裁量范围、种类、幅度"。2019 年，党的十九届四中全会通过了《中共中央关于坚持和完善中国特色社会主义制度　推进国家治理体系和治理能力现代化若干重大问题的决定》。该决定明确提出："坚持有法必依、执法必严、违法必究，严格规范公正文明执法，规范执法自由裁量权，加大关系群众切身利益的重点领域执法力度。"2021 年，中共中央印发了《法治中国建设规划（2020—2025 年）》。该规划明确要求"全面推行行政裁量权基准制度，规范执法自由裁量权"。同年由中共中央、国务院印发的《法治政府建设实施纲要（2021—2025 年）》，更加具体地提出："全面落实行政裁量权基准制度，细化量化本地区各行政执法行为的裁量范围、种类、幅度等并对外公布。"为了落实党中央国务院关于建立健全行政裁量权基准制度，规范执法自由裁量权的任务。2020 年 11 月，国务院办公厅印发了《全国深化"放管服"改革优化营商环境电视电话会议重点任务分工方案》（国办发〔2020〕43 号），要求"压缩自由裁量空间""制定出台进一步规范行政裁量权基准制度的指导意见，推动各地区、各相关部门加快明确执法裁量基准"。2022 年 8 月，国务院办公厅发布了《关于进一步规范行政裁量权基准制定和管理工作的意见》（国办发〔2022〕27 号），对行政行为的裁量基准的制定和管理提

〔94〕 美国《联邦上诉法院判例汇编》（第 2 辑第 333 卷），第 654、660 页。转引自［美］伯纳德·施瓦茨：《行政法》，徐炳译，群众出版社 1986 年版，第 575 页。

〔95〕 "行政自由裁量权是行政权的核心。行政法如果不是控制自由裁量权的法，那它是什么呢？"参见［美］伯纳德·施瓦茨：《行政法》，徐炳译，群众出版社 1986 年版，第 566 页。

〔96〕 1993 年日本《行政程序法》第 5 条规定："一、行政厅为了根据法令的规定判断是否对申请给予许认可等，应制定必要的判断基准（以下称'审查基准'）。二、行政厅制定审查基准时，应根据许认可等的性质，尽可能使之具体化。三、除行政上有特别的障碍外，行政厅必须在法令规定的申请受理机关的事务所张贴及以其他适当方法公布审查基准。"第 12 条又规定："一、是否作出不利益处分或者作出何种不利益处分，对此，行政厅必须尽量依法制定必要的判断基准（下款的'处分基准'），并且，公布之。二、行政厅在制定处分基准时，应按照不利益处分的性质，尽可能使之具体化。"另参见［日］室井力、芝池义一、浜川清主编：《日本行政程序法逐条注释》，朱芒译，上海三联书店 2009 年版，第 72、117 页。

出了全面的要求,使中国行政行为裁量基准制度走向成熟。

从法律层面看,我国《行政复议法》(2023)第64条和《行政诉讼法》(2017)第70条所规定的"滥用职权"和"明显不当",正是为规制自由裁量行为而设,对于控制自由裁量权,防止权力滥用发挥了很好的作用。2021年《行政处罚法》迎来了第一次修订。修订后的《行政处罚法》第34条规定:"行政机关可以依法制定行政处罚裁量基准,规范行使行政处罚裁量权。行政处罚裁量基准应当向社会公布。"这为全面建立行政行为的裁量基准带来了法律契机。

行政自由裁量权的客观存在是建立行政裁量基准制度的基础。裁量权的存在始终伴随裁量权滥用的可能。行政裁量基准制度的建立,是我国推进依法行政、建设法治政府的创新举措,有助于从源头上控制行政自由裁量权,防止行政机关及其执法人员滥用职权和明显不当地实施行政行为,保证行政行为的合法性和适当性,维护和实现社会公平正义,保护公民、法人或者其他组织的合法权益。

二、行政裁量基准的基本概念

(一)行政裁量基准的概念和特征

行政裁量基准,系指有权机关制定的,供行政主体实施行政裁量时遵循的标准。这种制度和行为具有一定的特殊性,由其独特的法律特征所决定。

1. 性质上的抽象性。行政裁量基准是一种抽象的行为标准,而不是具体的行政决定。它只针对行为不针对人,或者说,它不针对特定的人,并可反复适用的抽象规则,不是具体的、一次性的行政决定。

2. 内容上的特定性。行政裁量基准并不适用所有行政行为,它只适用自由裁量行为,是为了防止裁量权的滥用而设计的。它的内容和适用范围都具有特定性,都针对和围绕行政自由裁量权。我们没有必要为羁束行为设定裁量基准。

3. 形式上的多样性。行政裁量基准并不是一种独立的法律渊源,也未必是一种行政行为。它是一种行政裁量行为的依据和标准,可以法律、法规和规章形式出现,也可以行政规范性文件形式出现。它在表达形式上具有多样性。

4. 实施上的约束性。行政裁量基准依法制定公布之后,对行政主体的行政行为具有约束力。违反行政裁量基准的行政行为,同样属于行政违法行为或行政不当行为。

(二)行政裁量基准的有关区别

行政裁量基准与有的法律制度和行为不易区分,而把握它们之间的关系恰恰是必要的。

1. 行政裁量基准与行政立法。行政裁量基准主要由行政机关制定,并且又属于抽象的行为规则,这与行政立法非常接近。如本书第十七章所述,行政立法是指行政机关的立法活动,指有关国家行政机关制定法规和规章的活动。它包括国务院制定行政法规,国务院有关工作部门制定部门规章,以及省、自治区、直辖市和设区的市、自治州人民政府制定地方政府规章。如果行政裁量基准以行政法规和规章形式出现,那么它就是一种行政立法的结果。但是,还有不少行政裁量基准会以行政规范性文件形式出现,这就称不上行政立法了。可见,行政裁量基准与行政立法具有部分重合性。

2. 行政裁量基准与行政规定、行政决定。自《行政诉讼法》2014年修正以来,行政法理中的"抽象行政行为与具体行政行为"已被"行政规定与行政决定"所代替。行政规定是行政机关制定的规章以下的行为规则,也可称行政规范性文件;行政决定是行政机关针对特定公民、法人或者其他组织作出的,一次性有效的决意行为。有部分行政裁量基准同时属于行政规定,但它不可能成为行政决定。

3. 行政裁量基准与行政协议。行政协议是行政主体与行政相对人为实施公务目的而签订的合意,但行政裁量基准是由行政机关依法单方制定的,它不以相对人是否同意为前提。所以,行政裁量基准不属于行政协议。

三、行政裁量基准的法律属性

全面准确地把握行政裁量权基准的法律属性,乃是正确制定和适用行政裁量权基准的前提和基础。行政裁量权的基准及其制定的法律属性,可以通过以下几个方面进行反映:

1. 行政裁量权基准属于抽象行政行为而不是具体行政行为。根据国务院办公厅《关于进一步规范行政裁量权基准制定和管理工作的意见》,行政裁量权基准是有关行政机关以规章和行政规范性文件形式制定的行政行为的实施标准。它是“对事不对人”并可“反复适用”的行为规则,所以它属于抽象行政行为而不是具体行政行为,是行政规定而不是行政决定。

2. 行政裁量权基准属于行政依据而不全属于司法依据。行政依据是指行政机关作出行政行为的法律依据,它包括法律、法规、规章、行政规范性文件和上级行政机关的决定和命令。行政依据的范围要大于人民法院在行政审判中的审判依据。根据《行政诉讼法》的有关规定,人民法院审理行政案件,“适用”法律、法规,“参照”规章,其他规范性文件只能作为“证据”而不能作为“依据”使用。行政机关制定的行政裁量权基准,虽然不属于法律、法规,但它对行政机关的行政行为具有直接的约束力,属于行政机关必须遵循的行政依据。

3. 行政裁量权基准是有关行政裁量权而不是行政羁束权的实施标准。行政执法,是国家行政机关基于行政职权,执行和实施法律、法规和规章的行政行为。行政职权存在两大基本类型:行政羁束权与行政裁量权。行政机关实施行政羁束权的行为称行政羁束行为;行政机关实施行政裁量权的行为称行政裁量行为。在羁束行为中,由于法律对行为适用条件有明确而详细的规定,行政机关必须严格依照法律规定作出行政行为,无法参与主观意志,没有裁量的余地。而在裁量行为中,由于法律只对行政行为作出原则性规定,或者规定了行为的幅度,行政机关作出行为时有一定的裁量余地。行政法的主要任务是控制行政机关滥用行政职权。而滥用行政职权主要发生在“裁量行为”之中。羁束行为,要不合法,要不违法,泾渭分明;而在裁量行为中,法律为执法者留下了较大的选择余地,滥用职权现象时常发生。防止和控制行政机关滥用职权,本质上就是防止和控制行政机关滥用裁量权。而防止和控制行政机关滥用裁量权的最好方法是为行政裁量权设定行政裁量基准,从源头上加以防范。行政裁量权基准正是行政机关为规范实施行政裁量权而制定的详细标准。它以行政裁量权的存在为基础,并以行政裁量权为规制对象,更以防止和控制行政裁量权的滥用为目的。如果不存在行政裁量权,那就无须制定行政裁量权基准。

4. 行政裁量权基准并不只是行政处罚的基准,它是所有行政裁量权的实施标准。2021 年《行政处罚法》的修订对于推进和规范行政裁量权基准的制定和管理带来了契机。特别是《行政处罚法》(2021)第 34 条规定:“行政机关可以依法制定行政处罚裁量基准,规范行使行政处罚裁量权。行政处罚裁量基准应当向社会公布。”但这并不意味着,只有行政处罚需要裁量基准,其他行政行为不需要裁量基准。裁量基准应当适用所有存在裁量权的行政领域,包括行政许可、行政征收、行政征用、行政确认、行政给付、行政强制、行政检查等行政行为。

5. 行政裁量权基准属于制定机关必须公开的政府信息。行政裁量权基准作为一种行政依据,是行政机关的执法标准,直接关系到作为执法对象的公民、法人或者其他组织的合法权益,它必须向社会公开。而且依据《政府信息公开条例》(2019)第13、20条,行政裁量权基准属于制定机关必须主动公开的政府信息。《政府信息公开条例》(2019)第13条规定,除了国家秘密,法律、行政法规禁止公开的政府信息,以及公开后可能危及国家安全、公共安全、经济安全、社会稳定的政府信息,以及涉及商业秘密、个人隐私等公开会对第三方合法权益造成损害的政府信息外,政府所有信息必须公开。第19条明文规定:"对涉及公众利益调整、需要公众广泛知晓或者需要公众参与决策的政府信息,行政机关应当主动公开。"第20条又规定,行政机关必须主动公开"行政法规、规章和规范性文件"。

6. 制定行政裁量权基准属于"规定权"而不是"设定权"。行政机关实施行政行为本质上是实施"行政职权"的行为,而"行政职权"属于"公权力"的范畴。我国的"职权法定原则"要求"公权力法无授权不可为"。而以前法律对行政职权的授权方式比较单一,由法律直接规定便可。自从1996年制定第一部《行政处罚法》(现行《行政处罚法》继续保留)开始,法律创设了"设定"(权)与"规定"(权)这两个概念后,授权就出现了两种方式:一是对职权的"设定";二是对职权的"规定"。上位法第一次规定"行政职权",使行政主体"从无到有"获得了某项行政职权,这称"设定";下位法在上位法已经设定行政职权的前提下,在上位法规定的范围内,再对行政职权的行使作细化规定,这称"规定"。"设定"是"从无到有","规定"是"从粗到细"。制定行政裁量权基准实际上属于下位法对上位法"设定"内容的"细化",因而属于"规定权"而不是"设定权"的范畴。正因为制定行政裁量权基准属于"规定权",那么,制定行政裁量权基准就不得超过上位法所设定的"行为、种类和幅度"之范围。

7. 制定行政裁量权基准既是行政机关的"职权",也是行政机关的"职责"。法律关系本质上就是权利与义务关系。行政机关的职权与职责是法律关系上的权利与义务在行政机关身上的转化形式。制定行政裁量权基准首先是行政机关的"职权",就有权制定行政裁量权基准的行政机关(如国务院部门和省级人民政府等)而言,它们拥有制定行政裁量权基准的职权,其他行政机关则不拥有该职权。无职权的行政机关不得制定行政裁量权基准。同时,制定行政裁量权基准又是行政机关的"职责",当有权制定也应当制定行政裁量权基准而不予制定时,就意味着该行政机关没有依法履行"职责"。

四、行政裁量基准的制定

正确制定行政裁量权基准是正确适用行政裁量权基准的前提。制定行政裁量权基准要坚持和体现法制统一原则、程序公正原则、公平合理原则和高效便民原则,并从四大元素和环节全面保障行政裁量权基准的合法性和合理性。

1. 主体,旨在解决谁有权制定行政裁量权基准的问题。根据国务院办公厅《关于进一步规范行政裁量权基准制定和管理工作的意见》,行政裁量权基准应当由有制定权的行政机关制定。具体而言,国务院有关部门可以依照法律、行政法规等制定本部门、本系统的行政裁量权基准;省、自治区、直辖市和设区的市、自治州人民政府及其部门可以依照法律、法规、规章,以及上级行政机关制定的行政裁量权基准,制定本行政区域内的行政裁量权基准;县级人民政府及其部门对上级行政机关制定的行政裁量权基准适用的标准、条件、种类、幅度、方式、时限,可以在法定范围内予以合理细化量化。也就是说，行政裁量权基准制定和管理的主体责任主要是省一级的政府有关部门、设区的市和自治州的政府及其部门；实行垂直管理部门的制定和管理责任主要在国务院有关部门。

行政机关制定行政裁量权基准，有法律法规授权规定的，从其授权规定。如《民用航空法》（2021）第 128 条第 1 款规定："国内航空运输承运人的赔偿责任限额由国务院民用航空主管部门制定，报国务院批准后公布执行。"在《民用航空法》（2021）这一授权规定之下，作为裁量基准的"国内航空运输承运人的赔偿责任限额"就应当由国务院民用航空主管部门制定，并报国务院批准。法律、法规对行政裁量权基准未作授权规定的，一律依照国务院办公厅《关于进一步规范行政裁量权基准制定和管理工作的意见》办理。

完整地说，法律、行政法规和地方性法规要对行政裁量权基准作出规定，只要符合立法权限，也是可以的。国务院办公厅《关于进一步规范行政裁量权基准制定和管理工作的意见》只是对行政机关如何制定行政裁量权基准作出规定，而不是对我国所有的行政裁量权基准作出规定。

2. 内容，旨在解决行政裁量权基准本身的合法性和合理性。制定行政裁量权基准，目的是防止和制止行政裁量权的滥用，压缩行政裁量权的空间，规范行政裁量权的行使，解决行政执法领域存在的畸轻畸重、类案不同罚、执法"一刀切"等突出问题，更好地保护市场主体和人民群众的合法权益。因此，所制定的行政裁量权基准，必须符合合法性和合理性标准。

行政裁量权基准，不得和"上位法"相抵触；不得超越"设定法"所设定的"行为、种类和幅度"范围。无法律、法规、规章依据，不得增加行政相对人的义务或者减损行政相对人的权益。对同一行政执法事项，上级行政机关已经制定行政裁量权基准的，下级行政机关原则上应直接适用；如果下级行政机关不能直接适用，可以结合本地区经济社会发展状况，在法律、法规、规章规定的行政裁量权范围内进行合理细化量化，但不能超出上级行政机关划定的阶次或者幅度。下级行政机关制定的行政裁量权基准不得与上级行政机关制定的行政裁量权基准相冲突。发生冲突的，要适用上级行政机关制定的行政裁量权基准。

3. 形式，旨在解决行政裁量权基准的表达方式。行政裁量权基准形式，系指用以表达行政裁量权基准的方式。行政裁量权基准只适用书面形式，不得采取口头形式，并且必须公开。

行政机关制定的行政裁量权基准，主要通过规章和行政规范性文件来表达。国务院有关部门在本部门、本系统内制定行政裁量权基准主要通过部门规章进行；省、自治区、直辖市和设区的市、自治州人民政府在本地区制定行政裁量权基准，主要通过地方政府规章进行；其他有权制定行政裁量权基准的行政机关制定行政裁量权基准，主要通过行政规范性文件进行。

当然，如果国家权力机关和国务院直接制定行政裁量权基准，那就应当通过相应的法律、行政法规和地方性法规形式进行。

4. 程序，旨在保证制定行政裁量权基准符合法定程序和正当程序。行政程序是行政行为存在的时间与空间方式，它表现为行政行为的步骤、顺序、时限和形式等。行政机关制定行政裁量权基准，必须符合法定程序和正当程序。行政机关以规章形式制定行政裁量权基准的，要按照《规章制定程序条例》（2017）规定，认真执行立项、起草、审查、决定、公布等程序。行政机关为实施法律、法规、规章需要对裁量的幅度、阶次、程序等作出具体规定的，可以在法定权限内以行政规范性文件的形式作出规定。以行政规范性文件形式制定行政裁量权基准的，要按照国务院办公厅《关于加强行政规范性文件制定和监督管理工作的通知》（国办发〔2018〕37

号)要求,严格执行评估论证、公开征求意见、合法性审核、集体审议决定、公开发布等程序。

五、行政裁量基准的适用

行政裁量基准的适用,是指有关机关将已经制定的行政裁量权基准应用于客观事实的法律过程。与行政裁量权基准适用过程相关的问题居多,这里限于篇幅只讨论三个问题:

1. 行政裁量权基准的法律约束力。行政机关制定的行政裁量权基准,并不是行政机关内部使用的参考标准,不是为把握精准执行而制定的内部工作指南。行政裁量权基准,作为一种依法制定的行政依据,它对外对内都具有法律约束力。它的法律约束力,无论是正面的还是反面的,都会辐射到行政相对人、行政机关和人民法院。

对于行政相对人,即公民、法人或者其他组织来说,它有权利知晓行政决定所依据的行政裁量权基准。行政裁量权基准,依据《政府信息公开条例》(2019)第13、20条规定,属于制定机关必须主动公开的政府信息。就当事人而言,行政机关在事先告知时,必须告知作出决定所依据的行政裁量权基准;作出行政决定时,决定同样必须载明所依据的行政裁量权基准。

对于行政机关来说,行政裁量权基准一经向社会公布,其所有执法行为必须受此约束。行政机关的执法行为不符合行政裁量权基准的,属于行政违法行为。

人民法院在审理行政案件中,行政机关制定的行政裁量权基准,只要不与法律法规相抵触,就可以作为审查行政行为是否合法适当的标准。行政决定违反行政裁量权基准的,人民法院可以依法确认其违法和撤销。

2. 违反行政裁量权基准的法律后果。由于行政裁量权基准作为行政依据和一定程度上的司法依据具有法律约束力,行政机关的执法行为必须受其约束,因而,如果行政机关的行政行为违反行政裁量权基准,则会构成行政违法或行政不当。

行政机关作出行政决定如果超越行政裁量权幅度,如法律规定处罚的幅度是罚款1万~10万元,结果行政机关作出20万元的罚款决定,则属于适用法律错误,不属于本书讨论的范围。

如果在行政裁量幅度内,行政机关作出的行政决定超越裁量阶次,则属于行政行为明显不当。明显不当属于滥用职权的一种情形。根据《行政诉讼法》(2017)第70、77条规定,人民法院可以判决撤销或直接变更。

如果行政机关作出的行政决定在裁量阶次范围内,则只会发生是否适当问题,不会发生是否违法的问题。根据《行政诉讼法》(2017)第6条规定的“合法性审查”原则,人民法院可以不作裁判干预(但可以提出司法建议)。

3. 行政相对人对行政裁量权基准的诉权。在现代民主法治国家里,行政裁量权和行政裁量权基准不能游离于司法监督之外。“如果没有司法监督,纯粹个人的权力,不论它在现代行政官手里,还是在《天方夜谭》中的哈里发手里,都会因此权力自身性质而变成专断的权力……谁愿意把他的案件交给一个非圣人掌握的无限自由裁量权处置呢?”〔97〕

在我国,如果公民、法人或者其他组织认为行政裁量权基准违法,要直接对它提起行政诉讼,那是不可以的。根据《行政诉讼法》(2017)第13条第2项的规定,它不属于行政诉讼的受案范围。但下列几种情况,当事人可以直接或间接地对行政裁量权基准提起行政诉讼。

---

〔97〕［美］伯纳德·施瓦茨:《行政法》,徐炳译,群众出版社1986年版,第568页。

第一,制定机关不公开行政裁量权基准的,公民、法人或者其他组织可以提起政府信息公开诉讼。根据《政府信息公开条例》(2019)第13、20条规定,行政裁量权基准属于制定机关必须主动公开的政府信息。行政机关拒不公开的,行政相对人可以依据《政府信息公开条例》(2019)第51条规定,依法提起行政诉讼。

第二,行政机关对当事人作出行政决定时,不事先告知行政决定所依据的行政裁量权基准,或者在行政决定中不说明所依据的行政裁量权基准的,当事人可以行政机关行政行为违反法定程序和正当程序为由,提起行政诉讼。

第三,行政机关对当事人作出行政决定时,不依据行政裁量权基准的,当事人可以行政机关滥用职权或明显不当为由,提起行政诉讼。

第四,如果行政机关依据行政裁量权基准对当事人作出行政决定,当事人认为行政裁量权基准本身违法的,并且行政裁量权基准是以规章以下的行政规范性文件表达的,当事人可依据《行政诉讼法》(2017)第53条规定,在对行政决定提起诉讼时,可以一并请求对该行政裁量权基准进行审查。

申请行政复议与行政诉讼同理。

第八节　疑难问题探讨

一、如何理解法律适用中的"同一机关"?

在我国诸多的法律适用规则中,唯有特别法优于一般法和新法优于旧法这两个规则,都受到同一个条件的限制,即同一机关制定的法律与法律之间。如果是不同机关制定的法律之间,那就不适用这两个规则了。《立法法》(2023)第103条规定:"同一机关制定的法律、行政法规、地方性法规、自治条例和单行条例、规章,特别规定与一般规定不一致的,适用特别规定;新的规定与旧的规定不一致的,适用新的规定。"这里就明确表明了"同一机关"的要求。

从字面上看,"同一机关"就是指"同一个机关",而不是指"两个不同的机关"。但其实还是存在一定的模糊性。正确理解和把握"同一机关",直接关系到法律适用规则的正确应用。

所谓"同一机关",系指在法律关系中具有独立的名义,具有独立的职权与职责,具有独立的机构代码,能够以自己的名义独立对外发文的机关。如不同的行政法规都由国务院制定,国务院是制定所有行政法规的"同一机关";但两个部门规章是由两个不同的国务院部门制定的,分别以自己的部令发布,它们便不属于"同一机关"。另外,还必须注意的是:(1)"同一机关"不是指"同一级别机关"。江苏省人民政府与海南省人民政府是同一级别的机关,都是省级人民政府,但不是"同一机关"。(2)"同一机关"不是指"同一类型机关"。自治区人民代表大会与自治州人民代表大会都是民族区域自治机关,但它们之间不是"同一机关"。(3)"同一机关"不仅仅是指"一级人民政府"。一级人民政府与它的工作部门之间,尽管工作部门只是所属一级人民政府的组成部分,但如果工作部门依法可以自己名义行使职权的,就可以作为独立的行政主体对待,它与所属政府不是"同一机关"。

现在最有争议的是:全国人民代表大会与全国人大常委会之间是属于"同一机关"还是"两个机关"?当年在讨论如何适用《行政处罚法》与《道路交通安全法》、《刑事诉讼法》与《律师法》时,这一问题被推到风口浪尖。现在仍未平静,依然存在两种观点:“同一机关说”与“两个机关说”。

“同一机关说”认为,在《宪法》设置上,第三章国家机构中,第一节的标题是“全国人民代表大会”,而不是“全国人民代表大会和全国人民代表大会常务委员会”。而且《宪法》(2018)第 57 条规定:“中华人民共和国全国人民代表大会是最高国家权力机关。它的常设机关是全国人民代表大会常务委员会。”《宪法》(2018)第 58 条又规定:“全国人民代表大会和全国人民代表大会常务委员会行使国家立法权。”再从《立法法》规定上看,全国人民代表大会制定的法规和全国人民代表大会常务委员会制定的法规都称“法律”,都由国家主席令发布。《立法法》(2023)第 11 条规定“法律保留事项”时,根本没有区别全国人民代表大会制定的法律与全国人民代表大会常务委员会制定的法律。《立法法》(2023)第 99 条规定法律位阶时,也没有区分全国人民代表大会制定的法律与全国人民代表大会常务委员会制定的法律。而且,全国人大法工委内部有意见认为,《立法法》中“同一机关”针对的是各省、设区的市均为地方性法规立法主体的情形,而法律只有一个制定机关。[98] 所以,“全国人民代表大会”和“全国人民代表大会常务委员会”是“一个机关”,而不是“两个机关”。“全国人民代表大会常务委员会”只是“全国人民代表大会”的常设机关而已。所以,全国人民代表大会制定的法律与全国人民代表大会常务委员会制定的法律属于“同一机关制定的法律”,没有法律位阶上的高低之分。

“两个机关说”认为,全国人民代表大会与全国人民代表大会常务委员会在宪制基础、宪法地位和职权以及立法程序上都存在明显不同。在宪制基础上,全国人大代表和全国人大常委会委员在产生途径上存在明显差别,这使全国人大能够直接代表人民意志,全国人大常委会只能间接代表人民意志,两者在反映民主价值上具有不同的表现形式。在宪法地位上,全国人大是最高国家权力机关,全国人大常委会是最高国家权力机关的常设机关,不具有最高国家权力机关的主体资格,宪法地位的不同决定了两者性质不同。在宪法职权上,全国人大在效力层次和职权范围上都高于全国人大常委会。在立法程序上,两机关在法律案的提案程序、审议程序、表决程序和公布程序上都有极大差别。[99] 所以,全国人民代表大会制定的法律与全国人民代表大会常务委员会制定的法律,不属于“同一机关制定的法律”。

笔者认为,按理说,全国人民代表大会制定的法律与全国人民代表大会常务委员会制定的法律都称为“法律”,都由“国家主席令”发布,某一法律由全国人民代表大会制定还是由全国人民代表大会常务委员会制定,属于机关内部分工问题,所以,全国人民代表大会与全国人民代表大会常务委员会应当属于“同一机关”。但根据《宪法》和《立法法》的规定,法律分为“基本法律”与“其他法律”,“基本法律”只能由全国人大制定(《宪法》第 62 条、《立法法》第 10 条),全国人大常委会只能制定或修改除应当由全国人大制定的法律以外的其他法律,虽然在全国人大闭会期间,可以对全国人大制定的法律进行部分补充和修改,但是不得同该法律的基本原则相抵触(《宪法》第 67 条、《立法法》第 10 条)。因此,将全国人大与全国人大常委会视作为“同一机关”是比较勉强的。

---

〔98〕 参见李振宁:《法的清理视阈下“新法优于旧法”规则的理解与适用》,载《南都学坛》2021 年第 1 期。

〔99〕 参见韩大元:《全国人大常委会新法能否优于全国人大旧法》,载《法学》2008 年第 10 期。

二、基本法律与其他法律是否处于同一法律位阶？

在中国的法律体系中，根据《宪法》和《立法法》规定，宪法之下存在法律、行政法规、地方性法规和规章等。法律（狭义）是指由全国人大及其常委会制定，由国家主席令颁布的规范性文件。严格地说，法律（狭义）又可分为基本法律与其他法律。但是，基本法律与其他法律是不是同一法律位阶，一直困扰着法学理论界和法律实践部门。

我们首先必须从宪法和法律（狭义）的有关规定中寻找依据。我国《宪法》（2018）第58条规定："全国人民代表大会和全国人民代表大会常务委员会行使国家立法权。"第62条规定："全国人民代表大会行使下列职权：……（三）制定和修改刑事、民事、国家机构的和其他的基本法律……"第67条规定："全国人民代表大会常务委员会行使下列职权：……（二）制定和修改除应当由全国人民代表大会制定的法律以外的其他法律；（三）在全国人民代表大会闭会期间，对全国人民代表大会制定的法律进行部分补充和修改，但是不得同该法律的基本原则相抵触……"我国《立法法》（2023）第10条规定："全国人民代表大会和全国人民代表大会常务委员会根据宪法规定行使国家立法权。全国人民代表大会制定和修改刑事、民事、国家机构的和其他的基本法律。全国人民代表大会常务委员会制定和修改除应当由全国人民代表大会制定的法律以外的其他法律；在全国人民代表大会闭会期间，对全国人民代表大会制定的法律进行部分补充和修改，但是不得同该法律的基本原则相抵触。全国人民代表大会可以授权全国人民代表大会常务委员会制定相关法律。"《全国人民代表大会议事规则》（2021）第27条规定："向全国人民代表大会提出的法律案，在全国人民代表大会闭会期间，可以先向全国人民代表大会常务委员会提出，经全国人民代表大会常务委员会会议依照有关程序审议后，决定提请全国人民代表大会审议。全国人民代表大会常务委员会对准备提请全国人民代表大会审议的法律案，应当将法律草案向社会公布，广泛征求意见，但是经委员长会议决定不公布的除外。向社会公布征求意见的时间一般不少于三十日。"上述规定，至少可能推演出以下几条：

1. 全国人民代表大会和全国人民代表大会常务委员会行使国家立法权。它们可以制定法律。

2. 法律（狭义）可以分为基本法律与其他法律。基本法律系指有关刑事、民事、国家机构及其他有关方面的基本法律。基本法律之外的属于其他法律。

3. 基本法律必须由全国人民代表大会制定，全国人民代表大会常务委员会无权制定基本法律。但是，全国人民代表大会和全国人民代表大会常务委员会都有权制定其他法律。

4. 全国人民代表大会常务委员会在全国人民代表大会闭会期间，对全国人民代表大会制定的法律进行部分补充和修改，但是不得同该法律的基本原则相抵触。

而且，《立法法》（2023）在规定法律位阶和法律适用时，第98、99条明文规定："宪法具有最高的法律效力，一切法律、行政法规、地方性法规、自治条例和单行条例、规章都不得同宪法相抵触。""法律的效力高于行政法规、地方性法规、规章。行政法规的效力高于地方性法规、规章。"这说明，《立法法》关于法律位阶和法律适用的规定，并未区分基本法律与其他法律，相反是作为整体的"法律"对待。

这就是说，在我国现行法律体系中，"基本法律"与"其他法律"处于同一法律位阶。但是，如果"基本法律"与"其他法律"发生冲突，应当是"其他法律"服从"基本法律"而不是相反，这一点也是清楚的（《宪法》第67条第3项、《立法法》第10条第3款）。所以笔者建议，将"法律”的法律位阶划分出两个位阶(基本法律/法律)比较妥当,可以解决不少目前的困境。

三、基础性法修改后,执行性法尚未修改,后者是否依然有效?

《土地管理法》与《土地管理法实施条例》,《道路交通安全法》与《道路交通安全法实施条例》等,在此类的关系中,前者是基础性法,后者是执行性法。基础性法一般是执行性法的上位依据,执行性法是基础性法的下位法并且以基础性法为依据。

实践中会发生这样的情况:当基础性法修改后,执行性法并未及时紧跟修改。这时,旧执行性法是否依然有效?

笔者认为,对于这一问题的处理,最高人民法院《关于审理行政案件适用法律规范问题的座谈会纪要》(法〔2004〕96号)所确立的规则,应当继续适用:“法律、行政法规或者地方性法规修改后,其实施性规定未被明文废止的,人民法院在适用时应当区分下列情形:实施性规定与修改后的法律、行政法规或者地方性法规相抵触的,不予适用;因法律、行政法规或者地方性法规的修改,相应的实施性规定丧失依据而不能单独施行的,不予适用;实施性规定与修改后的法律、行政法规或者地方性法规不相抵触的,可以适用。”

再则,最高人民法院于2006年所公布的一个案例(博坦公司诉厦门海关行政处罚决定纠纷案),也表明了相同的主张。[100]

四、国务院的部门规章与地方性法规是否具有同等效力?

我国《立法法》(2023)第106条第1款规定:“地方性法规、规章之间不一致时,由有关机关依照下列规定的权限作出裁决:……(二)地方性法规与部门规章之间对同一事项的规定不一致,不能确定如何适用时,由国务院提出意见,国务院认为应当适用地方性法规的,应当决定在该地方适用地方性法规的规定;认为应当适用部门规章的,应当提请全国人民代表大会常务委员会裁决……”由此,不少人以为“国务院的部门规章与地方性法规具有同等效力”。

这是一种误读。《立法法》(2023)只规定了三种同等效力:(1)法律与法律解释具有同等效力(第53条);(2)不同部门的部门规章之间具有同等效力(第102条);(3)部门规章与地方政府规章之间具有同等效力(第102条)。《立法法》(2023)没有规定过“国务院的部门规章与地方性法规具有同等效力”。

地方性法规与部门规章冲突时,应当按照《立法法》(2023)和最高人民法院《关于审理行政案件适用法律规范问题的座谈会纪要》(法〔2004〕96号)的有关规定进行选择适用。[101] 只有当有权机关“不能确定如何适用时”,才经最高人民法院报有关部门裁决。国务院和全国人民代表大会常务委员会对地方性法规与部门规章冲突时的决定和裁决,不是绝对的,而是附条件的。而且,可以被裁决的法规之间未必就是同等效力的。对法规的裁决不是法规之间同等效力的特征和标志。

---

〔100〕 参见《最高人民法院公报》2006年第6期。

〔101〕 参见本章相应部分。

本章小结

一个合法有效的行政行为的作出，必须既有事实依据又有法律依据。行政行为的法律依据就是行政依据问题。

行政依据是行政主体据以作出行政行为的规范依据。行政依据的范围显然大于法律依据的范围，它包括宪法、法律、法规、规章和行政规范性文件（行政规定）。行政裁量基准也是一种行政依据。这些规范虽然总体而言都属于行政依据，但针对某一个行政行为而言又会有特别的要求，如实施行政处罚的依据可以是法律、法规和规章，但实施限制人身自由的行政处罚仅限于以法律为依据。

行政依据的合法性是行政行为合法性的前提。衡量行政依据是否合法的标准就是行政依据的合法要件，它包括：（1）必须由具有依据规范制定权的主体制定；（2）依据内容必须符合规定事项范围；（3）依据的内容不得与上位依据相抵触；（4）依据内容不得违背法治原则；（5）依据的制定不得违背法定程序。违反依据的合法性要件，便构成行政依据违法。

行政依据违法包括：（1）制定行政依据的主体不够格或者超越制文权限；（2）行政依据的内容与上位依据相抵触；（3）法律以下的行政依据对"法律保留事项"作出规定；（4）在无法律规法规依据的前提下，行政规章和行政规范性文件，创设公民的权利与义务，或增减公民的权利与义务；（5）制定行政依据违反法定程序。

由于行政行为最终要接受司法审查，所以司法依据肯定同时要作为行政依据，但行政依据未必就是司法依据。在行政依据中，法律、法规、规章同时是司法依据，但行政规定不作为司法依据。

行政依据之间必须协调统一，若有冲突，行政主体则必须按高法优于低法、新法优于旧法、特别法优于一般法、变通法优于被变通法等规则处理。

规范链接

- 《中华人民共和国宪法》（2018）第5、58、62、64、67、89、90、95、100、104、107、108、116条
- 《中华人民共和国立法法》（2023）第5、10～12、48、49、53、72、80～86、91、93、98～110、114条
- 《中华人民共和国地方各级人民代表大会和地方各级人民政府组织法》（2022）第8、10、11、44、49、50、73、74条
- 《中华人民共和国各级人民代表大会常务委员会监督法》（2006）第30条
- 《中华人民共和国民族区域自治法》（2001）第19条
- 《中华人民共和国民法典》（2020）第86、117、159、212、213、223、1039、1125条
- 《中华人民共和国行政许可法》（2019）第12条
- 《中华人民共和国行政处罚法》（2021）第3、10～14、72条
- 《中华人民共和国行政强制法》（2011）第10、13条
- 《中华人民共和国行政诉讼法》（2017）第63条
- 《中华人民共和国治安管理处罚法》（2012）第2、7、34、43、48条
- 《中华人民共和国税收征收管理法》（2015）第78条
- 《中华人民共和国城乡规划法》（2019）第2、44、66条
- 《中华人民共和国公务员法》（2018）第13～15条
- 全国人民代表大会《关于修改〈中华人民共和国立法法〉的决定》（2015）
- 全国人大常委会《法规、司法解释备案审查工作办法》（2019）
- 全国人大常委会《关于授权广东省、福建省人民代表大会及其常务委员会制定所属经济特区的各项单行经济法规的决议》（1981）
- 全国人民代表大会《关于建立海南经济特区的决议》（1988）
- 全国人大常委会《关于授权深圳市人民代表大会及其常务委员会和深圳市人民政府分别制定法规和规章在深圳经济特区实施的决定》（1992）
- 全国人民代表大会《关于授权厦门市人民代表大会及其常务委员会和厦门市人民政府分别制定法规和规章在厦门

经济特区实施的决定》(1994)

- 全国人民代表大会《关于授权汕头市和珠海市人民代表大会及其常务委员会、人民政府分别制定法规和规章在各自的经济特区实施的决定》(1996)
- 全国人民代表大会常务委员会《关于加强法律解释工作的决议》(1981)
- 国务院《行政法规制定程序条例》(2017)
- 国务院《规章制定程序条例》(2017)
- 国务院《法规规章备案条例》(2002)
- 国务院办公厅《关于加强行政规范性文件制定和监督管理工作的通知》(国办发〔2018〕37 号)
- 国务院办公厅《关于全面推行行政规范性文件合法性审核机制的指导意见》(国办发〔2018〕115 号)
- 国务院办公厅《关于进一步规范行政裁量权基准制定和管理工作的意见》(国办发〔2022〕27 号)
- 最高人民法院《关于审理行政案件适用法律规范问题的座谈会纪要》(法〔2004〕96 号)
- 最高人民法院《关于适用〈中华人民共和国行政诉讼法〉的解释》(法释〔2018〕1 号)第 12、18、25、27、148 条
- 最高人民法院《关于审理行政许可案件若干问题的规定》(法释〔2009〕20 号)第 9 条
- 最高人民法院《关于对人民法院审理公路交通行政案件如何适用法律问题的答复》(〔1999〕行他字第 29 号)
- 《最高人民法院行政审判庭对关于养路费征稽部门能否扣押车辆的答复》(〔2002〕行他字第 7 号)

案例讨论

厦门博坦仓储有限公司诉厦门海关行政处罚案

|案 情|

原告:福建省厦门博坦仓储有限公司(以下简称博坦公司),住所地:厦门市海沧嵩屿。

被告:中华人民共和国厦门海关(以下简称厦门海关),住所地:厦门市海后路。

原告博坦公司因不服被告厦门海关对其作出的行政处罚决定,向福建省厦门市中级人民法院提起行政诉讼。

原告诉称:2004 年 10 月 27 日,被告厦门海关以明知货物走私进口仍提供卸储服务为由,根据《海关法行政处罚实施细则》(以下简称《海关行政处罚细则》)第 6 条第 2 款规定,对原告作出(2002)厦关查罚字第 05 -028 号行政处罚决定(以下简称 028 号行政处罚决定),决定没收违法所得人民币 44978766 元(以下未特殊注明的金额均为人民币),并处罚款 1000 万元。首先,因为这些油料的进口手续不全,原告曾致函厦门石油总公司,也向被告反映过,被告的工作人员曾为此进行过协调,同意放行这些油料,厦门石油总公司也表示由他们负责补办海关手续,责任由他们承担。其次,《海关行政处罚细则》是为 1987 年颁布施行的《海关法》而制定实施的。被告处理本案时,新《海关法》已经颁布实施,旧《海关法》及相关细则不再适用。被告适用旧的细则作出行政处罚决定,适用法律明显错误。再次,原告从这些业务中共获取营业收入 5797142.97 美元,折合人民币 47985271 元;扣除劳动者工资、仓储设备折旧提成以及其他必要支出 26809123 元,扣除给国家上缴的税款 3006505 元,原告的所得仅为 18169643 元。被告仅从营业收入中扣除税款,却把其他支出的经营费用都计算为违法所得,对“违法所得”的构成与数额认定错误。最后,被告既把扣除税款后的营业收入都作为违法所得没收,同时又处以 1000 万元的罚款,处罚显失公正。请求:(1)撤销被告作出的 028 号行政处罚决定,限期被告重新作出具体行政行为,或者判决变更被告作出的行政处罚决定;(2)判令被告负担本案诉讼费用。(原告博坦公司提交证据略)

被告辩称:(1)关于厦门石油总公司进口油料不办理报关手续的问题,在开始时原告虽然向被告的工作人员反映过,被告的工作人员也曾口头答复可以先放行后补办手续,但也明确表示下不为例,以后的货要海关同意才可以卸储。(2)原告是专门从事油料仓储的大型企业,有义务审查进口油料的合法来源。原告明知其卸载和仓储的油料均未在中国境内办理报关纳税手续,是走私进口货物,仍进行卸载和仓储,从中谋取利益。被告根据《海关行政处罚细则》第 6 条第 2 款的规定,决定对原告进行行政处罚,适用法律正确,处罚适当。(3)2000 年 7 月 8 日,第九

届全国人大常委会第十六次会议通过的《关于修改〈中华人民共和国海关法〉的决定》，仅是对1987年《海关法》进行修改，并未废除该法。《海关行政处罚细则》虽然是根据1987年《海关法》制定的，但至被告处理本案时，尚未被制定机关宣布废止；只要其不与2000年《海关法》相抵触，就应当继续有效。(4)知情不报并为走私人提供方便的行为是违法行为，违法行为不应受到法律保护。原告为实施违法行为，当然得投入一定成本，即原告所称的经营费用，但这种成本不应得到法律保护，只能根据咎由自取的原则令违法人自行负担。如果对行为人投入的违法成本也给予保护，无异于纵容行为人实施违法行为。因此，被告在扣除了原告上缴给国家的税款后，将原告的其他收入计算为违法所得予以没收，是正确的。原告要求从中扣除其投入的违法成本，没有法律依据，不应支持。被告作出的行政处罚决定是正确的，法院应当维持。(被告厦门海关提交证据略)

厦门市中级人民法院经审理查明：1997年3月至1998年6月，赫斯特拉号轮等64艘次船舶将未在中国境内办理报关纳税手续的柴油1150156.9吨、毛豆油256569.64吨、毛菜籽油15568.344吨、棕油7171.22吨、精豆油30008.01吨、精棕油5633.231吨、大豆油15945.921吨走私入境后，在原告博坦公司所属的油库卸载、仓储，博坦公司因此收入5797142.97美元，折合人民币47985271元，其间向国家缴纳税款3006505元。据此，被告厦门海关于2004年10月27日作出028号行政处罚决定，决定没收博坦公司的违法所得44978766元，并处罚款1000万元。2005年2月4日，海关总署作出(2004)0037号行政复议决定书，决定驳回博坦公司的复议申请，维持厦门海关作出的028号行政处罚决定。

另查明：1997年3月，原告博坦公司致函厦门石油总公司提出厦门石油总公司在博坦公司卸储的油料手续不全，不予装船，要求厦门石油总公司提供海关文件。3月25日，厦门海关工作人员吴某波在协调此事时，口头表示货可以先放，但要求厦门石油总公司补办海关手续，且下不为例，以后的货要海关同意才可以卸储。3月25日、4月1日，厦门石油总公司给博坦公司回函，称海关手续由其办理，责任由其承担，要求博坦公司以后按照现行方式进行作业。

本案争议焦点是：(1)将《海关行政处罚细则》第6条第2款作为028号行政处罚决定适用的法律依据是否正确？(2)应当如何认定博坦公司的行为？(3)本案违法所得数额认定是否恰当？

厦门市中级人民法院认为：《海关法》是法律，《海关行政处罚细则》是行政法规。行政法规当然要服从法律，但不等于说法律修改了，根据修改前法律制定的行政法规就自然失效。法律无论是否修改，根据法律制定的行政法规中，凡是与修改前或者修改后法律相抵触的条文都是无效的，其他条文必须由法律、行政法规或者国务院的命令废止才会失去法律效力。2000年7月8日，第九届全国人民代表大会常务委员会第十六次会议修改了《海关法》。2004年9月19日，国务院公布《海关行政处罚实施条例》，其中第68条规定："本实施条例自2004年11月1日起施行。1993年2月17日国务院批准修订、1993年4月1日海关总署发布的《中华人民共和国海关法行政处罚实施细则》同时废止。"028号行政处罚决定于《海关行政处罚细则》被废止之前作出，以《海关行政处罚细则》第6条第2款作为法律依据，适用法律并无不当。

作为专门从事油料仓储的大型企业，对受海关监管的仓储油料进口来源是否合法，原告博坦公司负有审查的法定义务。事实上，博坦公司起初拒绝出货，说明其清楚自己的此项义务。但在此之后，博坦公司却长期卸载、仓储及放行没有合法来源的油料，也是本案事实。博坦公司的行为符合《海关行政处罚细则》第6条第2款规定的"知情不报并为走私人提供方便的"情形，被告厦门海关据此对该公司作出处罚决定，是正确的。海关个别工作人员对本案进行的协调，以及厦门石油总公司出具责任由其承担的回函，均不能免除博坦公司的法定义务，对其行为的违法性质没有影响。

原告博坦公司违法经营油料的总收入为47985271元，双方当事人对此均无异议。上述款项是博坦公司从事违法行为获取的，与违法行为有直接联系，是违法所得，被告厦门海关在扣除3006505元税款后，将余额以违法所得没收，并无不当。博坦公司主张从中扣除经营费用，没有法律依据。

据此，厦门市中级人民法院依照《行政诉讼法》第54条第1项规定，于2005年6月10日判决：维持被告厦门海关于2004年10月27日作出的028号行政处罚决定。案件受理费284903元，由原告博坦公司负担。

一审宣判后，博坦公司不服，向福建省高级人民法院提出上诉。理由是：(1)上诉人在得知油料没有报关纳税手续后，曾拒绝放行，并且向作为监管部门的被上诉人报告过。其后由于被上诉人的工作人员进行协调，提出对厦门石油总公司进口的油料适用"简易程序"，上诉人才将这些货物放行。事实证明，对他人的走私情况，上诉人并不知情,更不是知情不报,而是每次放行货物都有被上诉人同意放行的明确指示,因此不具有《海关行政处罚细则》第6条第2款规定的情形。(2)只有"与走私人通谋为走私人提供运输、保管、邮寄或者其他方便"的,才是修改后《海关法》第84条规定应当处罚的情形;而《海关行政处罚细则》第6条第2款规定,"知情不报并为走私人提供方便"的行为就要处罚。对比两个条文可以看出,《海关行政处罚细则》比修改后的《海关法》还严厉,与修改后的《海关法》相冲突,不能在本案适用。(3)最高人民法院《关于审理非法出版物刑事案件具体应用法律若干问题的解释》第17条第2款规定:"本解释所称'违法所得数额',是指获利数额。"原国家工商行政管理局《关于投机倒把违法违章案件非法所得计算方法问题的通知》第1条规定:"在生产经营中,违反国家法律、法规、规章,构成投机倒把违法违章行为的,其非法所得的计算方法是:凡有进销价(包括批发价、零售价)的,以销价与进价之差作为非法所得;属于生产加工的,以生产加工的产品的销价与成本价之差作为非法所得。"从上述司法解释与行政规章中可以看出,经营成本应当从违法所得中扣除。在海关总署政法司的一份复函中,也有同样意见。(4)被上诉人认为上诉人负有审查货物合法来源的法定义务,认为经营成本不应从违法所得中扣除,但对这两个主张都没有提供相应法律依据,属于没有依法履行举证责任。请求撤销一审判决,撤销被上诉人作出的028号行政处罚决定。

被上诉人厦门海关辩称:(1)本案事实证明,对海关监管规定,上诉人是清楚的;在此情况下,上诉人仍为无合法手续的进口油料提供仓储方便且未向海关报告,确实符合《海关行政处罚细则》第6条第2款的规定。(2)修改后的《海关法》尽管没有提"知情不报并为走私人提供方便的"应当处罚,但规定进口货物自进境起到办结海关手续止,应当接受海关监管;经营海关监管货物仓储业务的企业,应当按照海关规定办理收存、交付手续;与走私人通谋为走私人提供运输、保管、邮寄或者其他方便,构成犯罪的,依法追究刑事责任;尚不构成犯罪的,由海关没收违法所得,并处罚款。这一切说明,无论按《海关行政处罚细则》还是按修改后的《海关法》,上诉人的行为都是违法的。另外,《海关行政处罚细则》第6条第2款对知情不报并为走私人提供方便的人只规定了行政处罚,将其当作一般违法行为处理;而修改后的《海关法》使用"通谋"一词,把为走私人提供运输、保管、邮寄或者其他方便的行为当作走私共犯行为,对实施这些行为的人首先要考虑追究刑事责任,其次才考虑行政处罚。两者相比,当然是修改后的《海关法》规定更严厉。《海关行政处罚细则》既不与修改后的《海关法》抵触,在被诉行政处罚决定作出时也未废止,当然可以适用。(3)《海关行政处罚细则》规定的违法所得,是指违法行为人因实施违法行为获得的全部收入,对此不应按合法经营计算利润的方法来确定,也不能用其他规定来解释《海关行政处罚细则》规定的违法所得。(4)对上诉人审查货物合法来源的法定义务,以及对没收违法所得,被上诉人都向法庭提交了法律依据,已经履行了举证责任。二审应当驳回上诉,维持原判。

福建省高级人民法院经审理查明:1997年3月4日,被上诉人厦门海关的工作人员吴某波曾就上诉人博坦公司所报厦门石油总公司进口油料没有报关纳税手续一事进行协调,形成一份会议纪要。该会议纪要由厦门海关作为证据向一审法院提交,但一审判决书漏列,并且将此次会议时间错认定为1997年3月25日,应当更正。对1997年3月至1998年6月,博坦公司所属油库属非保税油库,不能仓储保税油品;对厦门海关作出本案被诉行政处罚决定前履行了告知、听证义务,处罚程序合法等事实,双方当事人均无异议,应予确认。二审期间,博坦公司申请调取海关总署政策法规司的政法函〔2003〕58号函件。二审应此申请,向海关总署政策法规司进行查询。经查,海关总署政策法规司确实制作过政法函〔2003〕58号函,这是对国务院法制办公室法制司征询"违法所得"含义时制作的函复意见,从未作为海关总署的正式文件下发各地海关执行。除此以外,确认一审认定的其他事实属实。

二审争议焦点是:(1)博坦公司的行为是否属于《海关行政处罚细则》第6条第2款规定的情形?(2)《海关行政处罚细则》第6条第2款规定是否与修改后的海关法冲突?(3)违法所得应否包括违法人为实施违法行为投入的经营费用?

福建省高级人民法院认为:

1.上诉人博坦公司的行为是否属于《海关行政处罚细则》第6条第2款规定的情形,应当看其行为是否同时具备知情不报、为走私人提供方便这两个客观要件。关于知情不报,包括知道后不报,也包括应当知道而以不知道为推托不报。判断是否构成应当知道,要根据行为人的知识程度、智力状况、工作能力和业务水平等因素,对行为人主观上是否认知某一事实进行推断。从一般意义上说,了解相关行业的法律规定,是每一个参与经济活动的市场主体开展经营活动时应有的能力和基本要求。1996年,博坦公司工作人员廖某德在回复香港PAKTANK亚太公司拿斯·博纶的法律咨询时，在传真件中明确表述了进口油料在非保税油库卸储前应依法履行报关纳税手续的法律规定，说明作为一家专门从事油料仓储业务的大型企业，博坦公司十分清楚我国海关的法律规定。在具体业务过程中，博坦公司也是按照这些法律规定进行操作的。如对在“赫斯特拉”号油轮之前“佩拉”号油轮卸储的进口油料，博坦公司就曾因厦门石油总公司没有提供相应海关文件拒绝放行。其后对“赫斯特拉”号油轮卸储的进口油料，被上诉人厦门海关的工作人员在协调中，虽然提出适用“简易程序”先放行后补办手续的意见，但同时也要求厦门石油总公司在补办海关手续后，应当将申请书和海关批准文件的副本送达博坦公司，作为博坦公司提供卸储服务的根据。对“赫斯特拉”号油轮随后进境卸储的油料，博坦公司又因海关手续问题再次拒绝放行，并在发往厦门石油总公司的传真件中重申厦门海关的上述协调意见，多次明确卸入其油库的进口油料应该是已交纳关税的物品，指出“从国外进来的油品将只有在厦门海关的书面批准获得之后才能放行装油”。这些事实证明，博坦公司有能力认识到厦门石油总公司不能出示海关批准手续，多次将进口油料卸储在其经营的油库中的行为是违法行为，厦门海关的协调意见没有对博坦公司产生误导或欺骗作用。然而，博坦公司只限于一再表示拒绝提供仓储服务，却又一直实际地为厦门石油总公司的走私进口油料提供仓储服务，并不向作为监管部门的厦门海关报告。博坦公司无视我国法律规定，长期为没有合法手续的进口油料提供仓储方便，放任他人违法行为的发生和发展，主观上存在过错，行为上同时具备了知情不报、为走私人提供方便的两个客观要件，触犯了《海关行政处罚实施细则》第6条第2款的规定。博坦公司上诉主张，其已将所知道的情况向监管部门作了通报，对涉案油料的每次卸储及放行都有厦门海关同意的明确指示，缺乏相应的证据，不予支持。

2. 1987年颁布实施的原《海关法》，对走私犯罪行为的表现形式规定得不够仔细，特别是对走私共犯之间的责任如何承担未作规定，以致实际操作中产生不少问题。为了执行原《海关法》中关于法律责任的规定，根据该法第60条的授权，国务院批准制定和修订了《海关行政处罚细则》，其中第6条第1款规定：“对两人或者两人以上共同所为的走私行为，应当区别情节及责任，分别给予处罚。”第2款规定：“知情不报并为走私人提供方便的，没收违法所得，可以并处违法所得两倍以下的罚款……”这一条不仅第一次提到共同走私，也是第一次将“知情不报并为走私人提供方便”的行为列为共同走私。1999年12月25日修正的《刑法》第156条规定：“与走私罪犯通谋，为其提供贷款、资金、账号、发票、证明，或者为其提供运输、保管、邮寄或者其他方便的，以走私罪的共犯论处。”为了与修正后的《刑法》一致，修改后的《海关法》第84条规定：“伪造、变造、买卖海关单证，与走私人通谋为走私人提供贷款、资金、账号、发票、证明、海关单证，与走私人通谋为走私人提供运输、保管、邮寄或者其他方便，构成犯罪的，依法追究刑事责任；尚不构成犯罪的，由海关没收违法所得，并处罚款。”“通谋”一词，常见于刑事立法中对共犯关系的描述。既是“通谋”，前提必须是明知，而明知包括行为人知道或者应当知道。依照修改后的《海关法》第84条规定，如果行为人知道或者应当知道走私人正在从事走私活动，仍然为走私人提供运输、保管、邮寄或者其他方便，就构成“与走私人通谋”，此时首先考虑追究行为人的刑事责任，其次才考虑对不构成犯罪的给予行政处罚。两相比较，《海关行政处罚细则》第6条第2款的规定与修改后的《海关法》第84条规定不冲突，只是处罚程度没有修改后的《海关法》第84条严厉，可以对本案适用。

3. 我国是社会主义法治国家，什么样的行为违法，对违法行为人给予何种处罚，都应当由相关法律、法规来规定，各法律、法规的具体规定之间不必然具有参照适用的效力。最高人民法院《关于审理非法出版物刑事案件具体应用法律若干问题的解释》，是对人民法院审理非法出版物刑事案件中存在的法律适用问题进行解释，仅限于人民法院审理此类刑事案件时适用。原国家工商行政管理局《关于投机倒把违法违章案件非法所得计算方法问题的通知》，亦仅限于工商行政管理机关处理投机倒把违法违章案件时适用。上述两个文件均与认定走私案件的违法所得无关。海关总署政法司的复函，既不是法律、法规和规章，也不是海关总署为具体应用法律、法规和规章作出的解释，仅是海关总署内设机构对相关法律问题表达的一种观点，依法不能作为行政案件的审判依据。况且对违法行为人投入的经营费用应否从违法所得中扣除，这三份文件也没有明确、统一的标准，不具有参考价值。《海关行政处罚细则》第6条第2款只规定对知情不报并为走私人提供方便的人要没收违法所得，没有规定还要将违法行为人投入的经营费用从违法所得中扣除。上诉人博坦公司认为审理本案应当参照前述三份文件，主张其投入的经营费用应当从违法所得中扣除，没有法律依据，理由不能成立。

综上，被上诉人厦门海关作出的028号行政处罚决定，符合法律规定，是正确的。一审认定事实清楚，适用法律正确，审判程序合法，判决维持028号行政处罚决定，并无不当。上诉人博坦公司的上诉理由缺乏相应的事实根据和法律依据,不能成立。据此,福建省高级人民法院依照《行政诉讼法》第61条第1项规定,于2005年10月14日判决:驳回上诉,维持原判。本案二审案件受理费284903元,由上诉人博坦公司负担。本判决为终审判决。

|评　析|

该案主要涉及三个法律和理论问题,但鉴于本章的任务只限于讨论:当两个法之间构成了"基础性法与执行性法"之间的关系,如果基础性法修改后,执行性法并未及时紧跟修改。这时,原有的执行性法是否依然有效?

本案有关这一问题的事实是:1987年1月22日,全国人大常委会制定了《海关法》,该法自1987年7月1日起施行。为了执行这一法律,经国务院批准,海关总署制定和公布了《海关行政处罚细则》,该细则自1987年7月1日起施行。1993年2月17日国务院批准修订了《海关行政处罚细则》。该细则自1993年4月1日起执行。2000年7月8日,第九届全国人民代表大会常务委员会第十六次会议修改了《海关法》。但作为执行性法的原《海关行政处罚细则》一直未曾配套修改。直到2004年9月19日,国务院公布《海关行政处罚实施条例》,其中第68条规定:"本实施条例自2004年11月1日起施行。1993年2月17日国务院批准修订、1993年4月1日海关总署发布的《中华人民共和国海关法行政处罚实施细则》同时废止。"而在此期间,2004年10月27日,被告厦门海关以原告明知货物走私进口仍提供卸储服务为由,根据1993年制定的《海关行政处罚细则》第6条第2款规定,对原告作出028号行政处罚决定。

这就是说,行政处罚决定是在《海关法》已经修改,而其执行性法《海关行政处罚细则》未被宣布废止,新配套法《海关行政处罚实施条例》已公布而未施行时作出的。这样确需讨论的是:这时的行政处罚决定是否还可适用旧配套法。

在本案中,全国人大常委会制定的《海关法》属于基础性法,由国务院批准作为配套法的《海关行政处罚细则》属于执行性法。当基础性法修改后而执行性法尚未修改时,这时的旧执行性法是否仍可适用?

从理论上说,执行性法是依据基础性法制定的,当基础性法修改时,执行性法也必须同时修改,否则,该执行性法就无效力。我们要求,当基础性法修改后,执行性法必须尽快随之修改,以保证新执行性法与新基础性法的一致性,这完全正确。但问题在于,基础性法与执行性法的制定机关必然是两个不同的机关,当基础性法修改时,执行性法往往无法同时修改,从基础性法修改到执行性法修改,往往有个时间差。如果宣布当基础性法修改后,新执行性法出台前,旧执行性法停止使用,就必然在这段一时间内出现法律适用上的真空。

为此,最高人民法院在本案的裁判要旨中指出:"行政机关为实施法律而根据法律制定的实施细则、条例等行政法规,在相关法律修改后,只要没有被法律、行政法规或者制定机关明令废止,并且不与修改后的法律相抵触,就仍然可以适用。"这就是说:当基础性法修改后,只要旧执行性法未被宣布废止或者被新的执行性法所取代,并且所适用的条文不与修改后的基础性法相抵触的,该条文依然有效。笔者赞成这样的适用规则。

因此,本案被告适用原《海关行政处罚细则》对原告进行处罚,在法律适用上是没有问题的。

(资料来源:《博坦公司诉厦门海关行政处罚决定案》,载《中华人民共和国最高人民法院公报》2006年第6期。使用中,根据教学需要,证据部分略。评析部分笔者编撰)

复习思考题

1. 如何理解行政依据?行政依据与行政审判依据是何关系?
2. 是否什么行政行为都需要有法律依据?哪些规范性文件可以成为行政依据?
3. 行政依据之间相互矛盾时如何选择适用?
4. 对行政依据本身错误如何救济?

Ⅷ. 程序论

第二十章　行政程序

第二十一章　法定程序

第二十二章　正当程序

本篇为程序论，旨在讨论行政行为所必须遵循的行政程序规则。行政程序是行政行为存在的时间与空间方式。行政程序必须法定化与正当化，因此就出现了“法定程序”与“正当程序”的概念。由法律所规定的程序是法定程序；符合正当标准的程序是正当程序。中国的行政程序制度经历了“从实体到程序”“从法定程序到正当程序”的演进，最终将达到“法定程序”与“正当程序”的高度统一。

第二十章 行政程序

行政程序是衡量行政行为是否合法有效的标准之一。一个合法有效的行政行为,除了要求行政职权来源合法,具有充分的行政证据和准确的行政依据以外,还必须符合行政程序。而行政程序可以分为法定程序和正当程序。本章阐述行政程序和法定程序问题,下一章阐述正当程序问题。

第一节 行政程序概念、特征和意义

一、行政程序的概念

"行政程序",英语称"administrative procedure",德语称"Verwaltungsverfahren",法语称"administratif procédé",俄文称"управление процедура",日文称"行政手续",等等。这些不同形式的符号,表达了相对同一的内容。

法学界对其内涵的解释较为接近。日本《新法律学辞典》认为"行政程序"有两层含义:(1)行政机关在进行制定规则、裁决争讼及其他行政行为时必须遵循的程序;(2)与法院的审理裁判被称为司法程序相对,把行政机关的审判称为行政程序。[1] 美国《布莱克斯法学词典》对它的解释是:行政程序是由行政机关所作出的方法和步骤,它不同于诉诸法院的司法程序。[2] 显然,这些定义都把行政程序看作行政机关行政行为的程序。然而,我们倘若结合世界各国(地区)行政程序立法模式考察,不难发现行政程序的三种观念:

1. 认为行政程序就是行政诉讼程序。大陆法系国家在传统上把每一法律部门都划分为两大构成部分,即实体法与程序法,而且认为程序法就是诉讼法。他们把民事法律划分为民法与民事诉讼法;把刑事法律划分为刑法与刑事诉讼法;把行政法律划分为行政法与行政诉讼法。基于这种划分方法,他们便把行政程序等同于行政诉讼程序。

2. 认为行政程序是指行政主体的行政活动程序。这种观念主张,行政程序应是行政立法和行政行为的程序,如制定行政法规、行政许可、行政处罚、行政执行等行政活动的方式与步骤,而不是法院的司法程序。德国、奥地利、西班牙、瑞士、日本、意大利等国的行政程序立法便反映了这种观念。[3]

---

〔1〕[日]我妻荣编:《新法律学辞典》,董璠舆译,中国政法大学出版社 1991 年版,第 181 页。

〔2〕M. A. Henry Campbell Black: *Black's Law Dictionary*, St. Paul Minn West Publishing Co. 1979 p. 43.

〔3〕如德国《联邦行政程序法》第 9 条对行政程序的定义是:"本法所指的行政程序,是行政机关用于对行政行为前提的检查、准备和作出,或者公法合同的订立而采取的具有对外效力的活动;行政程序中包含行政行为的作出或公法合同的订立。"参见[德]哈特穆特·毛雷尔:《行政法学总论》,高家伟译,法律出版社 2000 年版,第 451 页。葡萄牙《行政程序法典》(1991 年制定,1996 年修改)第 1 条规定:"行政程序,是指为了形成或表示公共行政当局意思,或为执行该意思而进行的一连串顺序的行为及手续。"

3. 认为行政程序既包括行政诉讼程序,也包括行政活动程序。这种观念的理由是:行政程序应是有关行政权的一切程序,因而包括行政权的设定、行政权的运行和对行政权的监督;对行政权的监督主要有行政监督与司法监督,后者就是行政诉讼或司法审查。美国与法国的行政程序立法受到这种观念的支配。

以上第一种观念在当今世界各国的行政程序立法与行政程序法学中已无市场。第二种与第三种观念均有自身理由,而且被不少国家和地区所采纳。在中国的行政法学中,虽然关于行政程序的范围在认识上尚不一致,但大多接近上述的第二种观念。

笔者认为,行政程序是行政行为在时间与空间上的存在方式,是由法律所设定行政主体在实施行政行为时必须遵循的途径、方式、步骤和时限等义务的总称。(见图 20 - 1)

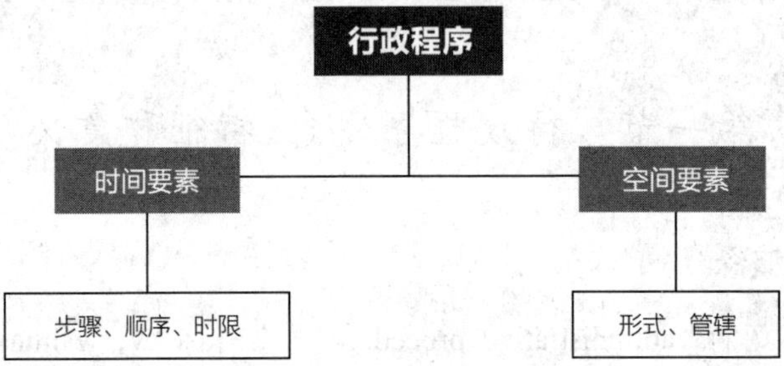

图 20 - 1　行政程序概念

二、行政程序的法律特征

这种意义上的行政程序既不同于行政实体,也不同于立法程序和司法程序,它具有自身的法律特征。

1. 行政程序具有行政性。行政程序是行政行为的程序,它体现的是行政权的运行,而不是国家立法权和司法权的运行。因而,行政程序不同于立法程序和司法程序。同时必须说明,国务院制定行政法规和有关行政机关制定规章的程序也不是行政程序。因为国务院制定行政法规和有关行政机关制定规章的行为属于《立法法》所规制的"立法行为",而不是行政行为。行政程序只能限定为行政行为的程序。

2. 行政程序具有时空性。行政程序是行政行为时间与空间的存在方式。从时间上讲,行政程序表现为行政行为的步骤、顺序、时限等;从空间上讲,行政程序表现为行政行为的形式及行政管辖。这就是说,行政程序不仅仅是行政行为的过程而已。

3. 行政程序具有依附性。它依附于行政实体行为而存在。行政实体行为不存在或者不成立,行政程序当然随之不存在或者不成立。行政实体与行政程序之间是"皮"与"毛"的关系。"皮之不存,毛将焉附"。

4. 行政程序具有参与性。虽然行政程序是行政行为的程序,而不是行政相对人行为的程序,但是现代行政程序没有一项程序是"纯行政行为"的程序,其都与行政相对人的参与有关。例如,行政听证程序既是行政主体实施和组织的程序,同时也是行政相对人得到听证的程序。可以说,行政程序是由行政主体与行政相对人共同完成的程序。

5. 行政程序具有法定性。由于行政程序事关行政实体权利与义务的实现,所以行政程序不可由行政机关及其工作人员人为设定。"程序法定"是"职权法定"的延伸;"职权法定"则是行政法治的基本要求。行政程序必须由“法”来设定，而“法”的范围就是《立法法》所规定的法律、行政法规、地方性法规和规章。由“法”以外的规范所设定的程序并非行政法意义上的行政程序。[4]

三、实体与程序

无论讨论行政程序的法律特征，还是提示行政程序的法律意义，抑或回顾中国行政程序的历史，都无法绕开“程序与实体”的关系问题。

（一）一枚硬币的两面

在行政行为理论中，当我们以一定标准揭示两个及两个以上行政行为之间的对应关系时，就发现了许多“行政行为基本范畴”，如法律行为与事实行为，羁束行为与裁量行为，内部行为与外部行为，授益行为与侵益行为，依职权行为与依申请行为，单方行为与双方行为，基础行为与执行行为，第一次行为与第二次行为，作为与不作为，肯定性行为与否定性行为，过程行为与结果行为，合法行为与违法行为，等等。[5] 此外，还包括“实体行为与程序行为”。但在上述所有行政行为基本范畴之中，其他行为范畴中都存在两个不同的、独立的、对应的行为，唯在“实体行为与程序行为”范畴中，它表达的是“一个行为的两面”，而不是“两个行为”。如果说其他范畴是“两枚硬币”的对应关系，那么，唯有“实体行为与程序行为”范畴，是“一枚硬币的两面”。

实体是指法律关系中的权利与义务内容，程序系指该权利与义务形成、变更或消灭的方式和过程。它们之间是内容与形式的关系。世界上不存在无实体内容的程序，也不存在无程序形式的实体。政府的行政管理行为未必会涉及上述所有的行政行为基本范畴，但是，所有作为基本范畴的行政行为都会经历行政程序，所有行政行为都不可能在行政程序以外存在。

（二）从实体到程序

基于上述道理，对于行政行为，我们既要重视其实体问题，也要重视其程序问题，两者不可偏废。但是，尽管理论上我们可以用“既要……又要……”或者“既不……又不……”的“辩证法”来“套用”“实体与程序”的关系，但是世界上各国对其态度还是存在差异的。在西方，尤其是英美法系国家，它们偏向于“重程序轻实体”。他们的观点是：世界上只有程序的公正而不存在实体的公正；只有通过公正的程序才能接近公正的实体。所以，程序高于实体。[6] 如英国具有所谓“程序先于权利”的普遍认识：“普通法的内容最初只是一定数目的程序，只有通过这些程序，才可以作出判决，但实质的判决将会如何是说不定的。”[7]

中国行政程序制度的发展，经历了“从实体到程序”和“从法定程序到正当程序”的两大转型和飞跃。

如果说西方国家陷于“重程序轻实体”，那么，我们曾经是“重实体轻程序”。从中华人民共

---

〔4〕 但最高人民法院有法官认为：规章以下的规范性文件中有关行政程序的规定不违反法律、法规及规章的规定和符合行政程序的基本原则的，应视为法定程序。参见刘德权主编：《最高人民法院司法观点集成（4）：行政、国家赔偿卷》，人民法院出版社 2010 年版，第 360 页。

〔5〕 关于“行政行为基本范畴”可见本书第九章和胡建森主编：《行政行为基本范畴研究》，浙江大学出版社 2005 年版。

〔6〕 参见孙笑侠：《程序的法理》，商务印书馆 2005 年版，第 46 页。

〔7〕 ［法］勒内·达维德：《当代主要法律体系》，漆竹生译，上海译文出版社 1984 年版，第 299 页。

和国成立到1989年《行政诉讼法》的制定,当时的中国总体上处于"重实体轻程序"阶段,认为实体是主要的,程序是次要的,甚至可以不要;万事只要实体正确,程序是否错误无关紧要。这种思维方式的一种基础理论是"实事求是"。人们想当然地将"实事求是"中的"实"与"实体"中的"实"等同起来了。讲"实事求是",就是要求"实体"正确。比如,"抓人是否抓错",主要是看这个人是"坏人"还是"好人",只要是"坏人",怎么抓都不算"错"。又如,"拆房是否拆错",也是看该房是否属于违法建筑,属于违法建筑,怎么拆都不算"错"。

以1989年制定《行政诉讼法》为标志,我们开始重视程序了,从"重实体轻程序"过渡到"实体程序并重"。《行政诉讼法》(1989)第54条规定,具体行政行为如果"违反法定程序",也是违法的,可以被人民法院依法"撤销"。《行政诉讼法》2014年和2017年的修正依然保留了这一规定。〔8〕 这就为行政法理和执法实践树立一种观点:行政执法行为哪怕实体是正确的(有证据、有依据、符合法律目的等),也不得程序违法。程序违法也是违法,也必须被人民法院依法撤销。在这样的背景下,中国的行政立法和行政执法走向高度重视程序和程序法定化的阶段。

(三)实体与程序关系中的三大规则

鉴于实体与程序的客观关系,为尊重和体现它们之间的实际关系,我们在工作中应当体现和遵循三项程序规则。

1. 程序服务于实体。设置程序是为了实现实体。设置公正程序的目的是实现公正实体。所以,如果设置的程序远离实体公正,这样的程序一定有问题,必须废止或者修正。另外,当我们在特殊情况下,不完全遵循程序但有替代方法实现实体目的时,应当变通程序而不是变通实体,不能出现本末倒置。〔9〕

2. 程序影响实体。设置公正程序的目的在于获得公正的实体结果,但不同的程序会导致不同的实体结果。荒唐的程序会导致荒唐的结果。所以,不要轻视程序的作用,要认真对待程序。

3. 程序高于实体。设置和遵循好的程序是需要成本的。但只要总体上该程序能保证实体的公正,花些成本也是值得的。如严格的司法程序是为了不冤枉好人,但有时会放纵坏人。英国学者布莱克斯通(S. W. Blackstone)的名言,"十个有罪的人逍遥法外,远胜过一个无罪的人冤枉坐牢",已成为公认的法律谚语。〔10〕 另外,有些实体结果的好坏没有绝对的标准,人们只有通过公正的程序才能接近公正的实体。〔11〕 这时就更应当坚持"程序高于实体"的规则了。

四、行政程序的法律意义

中国自古就重视"程序"。先秦管子认为,法就是程序与标准。"法者,天下之程式也,万事

---

〔8〕 参见《行政诉讼法》(2017)第70条。

〔9〕 例如,每年高考考生一般必须有两证,准考证与身份证。一次一考生因前一天家里发生变故,这天早晨参加高考时带了准考证,但忘带了身份证。管理人员不让其参加高考。家长向管理方提出请求,能否程序上变通一下,先让学生参加考试,家长马上回家去取身份证。如果我们机械执法,只要学生没有两证,就一概拒绝学生参加高考;如果能够理解"程序是为实体服务的",坚持"程序服务于实体"的规则,就应当允许该学生先参加考试,事后作身份证核对。由于学生携带了准考证,准考证上已有考生照片和身份证号,已在很大程度上能够确信其身份了。

〔10〕 参见孙笑侠:《程序的法理》,商务印书馆2005年版,第168页。

〔11〕 美国哈佛大学教授约翰·罗尔斯《正义论》中所讲的"分蛋糕"故事便是重要的一例。

之仪表也。”〔12〕美国学者威廉·奥威尔·道格拉斯(William Orville Douglas)认为:“程序决定了法治和恣意人治之间的基本区别。”〔13〕在笔者看来,政府行政活动程序化,与政府活动的民主化、法治化相联系,它是后者的体现和反映。这是行政程序在政府管理上的意义。从纯粹的行政法意义上考察,其行政程序意义在于:

1. 行政程序合法、适当是行政行为的有效要件之一。行政程序是行政主体实施行政行为必须遵循的程序规则。一种有效的行政行为在程序上必须合法适当。

2. 行政程序违法、失当可以构成相对人申请复议、提起诉讼的理由之一。根据我国行政复议法和行政诉讼法,相对人不服行政主体的处理决定,可以依法申请行政复议,甚至提起行政诉讼。然而,相对人申请复议或提起诉讼必须有明确、合法的理由。行政主体作出处理决定在程序上违法、失当,可以构成相对人申请复议或提起诉讼的正当理由。

3. 行政程序违法、失当可以构成权力机关和上级行政机关撤销其行为的理由之一。根据《宪法》(2018)第67、104条的规定,县级以上的人民代表大会及常务委员会,有权撤销同级行政机关不适当的决定和命令;根据《宪法》(2018)第89、108条,各级行政机关有权撤销下级行政机关和所属工作部门不适当的决定和命令。行政机关作出决定和命令不遵守程序规则,便构成同级权力机关和上级行政机关撤销其决定、命令的根据。

4. 行政程序构成行政审查(行政复议)和司法审查(行政诉讼)的内容之一。根据《行政复议法》(2023)第64条和《行政诉讼法》(2017)第70条规定,行政复议机关和人民法院对于行政主体程序违法的行政行为,有权予以撤销。

第二节 行政程序原则

程序法定与程序正当是行政程序的两大基本原则。这两大原则同时决定了法定程序与正当程序的存在及其关系。

一、程序法定原则——法定程序

法定性是现代行政程序的固有特征,它由程序法定原则所决定。“程序法定”是行政法治的基本要求之一。程序法定原则,系指行政程序必须依法设定,行政主体及其相对人必须依法遵守。程序法定原则显然包含两大内容和要求。

1. 行政程序必须由法设定

行政程序并不是行政行为的自然过程,它是法律化了的程序要求,这些要求必然来自法的设定,而不许由行政机关及其工作人员随意规定。根据《立法法》所界定的“法”的范围,行政程序应当由法律、行政法规、地方性法规和政府规章设定,行政规定和其他行政文件不得设定行政程序。但就具体的设定规则而言,程序法定又有两个特点:

(1)同步性。这是指行政程序行为与行政实体行为的同步性,行政行为由什么法设定,该行为的程序同时由该法设定,除非该法对程序作出授权立法。例如,《人民警察法》设定了“留

---

〔12〕 辛辉、荣丽双主编:《法律的精神——法律格言智慧警句精选》,中国法制出版社2016年版,第55页。
〔13〕 辛辉、荣丽双主编:《法律的精神——法律格言智慧警句精选》,中国法制出版社2016年版,第307页。

置盘问权”,那么,“留置盘问”的行政程序也应当由《人民警察法》作出规定,除非《人民警察法》授权行政法规或者规章制定程序规则。这样就保障了行政行为的严肃性。

(2)分层性。行政程序必须由法设定,不等于说,任何行政程序可以不加区别地由任何法加以设定。规章可以设定行政拘留的程序吗?显然不行。这是因为,法律、行政法规、地方性法规和规章,设定行政程序是分层次的。如果某些行政行为属于“法律保留”范围,如有关人身自由的处罚和强制措施、进入住宅的行政行为、对当事人存款汇款进行限制和处分的行政行为等,那么该行政程序的设定也必须实施“法律保留”。对于“法律保留”以外的行政程序,行政法规、地方性法规和规章也应当分层设定。

2. 行政程序必须依法遵守

行政程序被依法设定后,该行政程序便成了“法定程序”,无论行政处理机关,还是程序当事人,都必须严格遵守该程序。行政程序必须依法遵守,这是“依法行政”的延伸和体现,它使“法定程序”和“正当程序”能够真正“落地”。

二、程序正当原则——正当程序

如果说程序法定原则旨在解决行政程序的形式问题,那么,程序正当原则旨在解决行政程序的内容问题,它要求行政程序的内容符合“正当性”。那么,何为“正当性”?这就可以追溯到英国的自然公正原则和美国的正当程序原则。

英国的自然公正原则(rules of natural justice)最早可以追溯到1215年的英国《自由大宪章》,[14]后被议院和法院演绎为三项内容:(1)在公正的行政法庭前听证(听审)之权(the right to be heard by an unbiased tribunal);(2)获悉指控之权(the right to have notice of charges of misconduct);(3)就指控进行答辩之权(the right to be heard in answer to those charges)。[15] 也就是说,如果当事人受到不利处分,那么他应当被告知被指控的结论和理由,并且有权事先申辩和事后进行权利救济。

英国的自然公正原则,到了美国就被演变成“正当程序原则”(rules of dure procedure)。美国“正当程序”观念,在本国的法律制度上源于美国《宪法修正案》第5条[16]和第14条[17]。1946年,美国制定了《联邦行政程序法》,该法彻底贯彻了“正当程序”原则。尔后,这一“正当性”的内涵在各种法院判决中不断得到丰富,至今大体包含公开、听证、无偏私和权利救济的内容。

---

〔14〕 英国《自由大宪章》第38条规定:“此后,凡执行吏如未经提出可靠之证据,不得单凭本人之主张将任何人置之于法。”第39条规定:“凡自由民除经其贵族依法判决或遵照国内法律之规定外,不得加以扣留、监禁、没收其财产、褫夺其法律保护权,或加以放逐、伤害、搜索或者逮捕。”第40条规定:“国王不得对任何人滥用、拒绝或延搁权利或赏罚。”

〔15〕 参见翁岳生编:《行政法》(第2版),中国法制出版社2009年版,第1006页。

〔16〕 美国《宪法修正案》第5条规定:“无论何人,除非根据大陪审团的报告或起诉,不得受判处死罪或其他不名誉罪行之审判,惟发生在陆、海军中或发生在战时或出现公共危险时服现役的民兵中的案件,不在此限。任何人不得因同一罪行而两次遭受生命或身体的危害;不得在任何刑事案件中被迫自证其罪;不经正当法律程序,不得被剥夺生命、自由或者财产。不给予公平赔偿,私有财产不得充作公用。”

〔17〕 美国《宪法修正案》第14条第1款规定:“凡在合众国出生或归化合众国并受其管辖的人,均为合众国的和他们居住州的公民。任何一州,都不得制定或实施限制公众国公民的特权或豁免权的任何法律;不经正当法律程序,不得被剥夺任何人的生命、自由或财产;对于在其管辖下的任何人,亦不得拒绝给予平等法律保护。”

无论大陆法系还是英美法系，无论已制定了还是尚未制定“行政程序法”，现在越来越多的国家已接受一个观念：正当程序是行政法的核心。在正当程序原则的支配下，作为下位原则的程序公开原则、程序平等原则、程序参与原则，以及事先告知、听证、回避和说明理由等制度便自然而然地建立起来。

第三节　行政程序分类和过程

对行政程序进行分类，直接关系到对行政程序的审查要求以及在该程序中运行的行政行为的后果和效力。这里从两个层面对行政程序进行分类。

一、行政程序的分类（一）

（一）内部程序与外部程序

内部行政程序与外部行政程序是以内部行政行为与外部行政行为的划分为基础的。既然行政行为可以划分为内部行政行为与外部行政行为，那么相应地，行政程序也可划分为内部行政程序与外部行政程序。

内部行政程序，系指内部行政行为必须遵循的程序，如国家公务员的奖惩、任免，单位公车的管理等所涉程序。外部行政程序，系指外部行政行为必须遵循的程序，如行政处罚程序、行政强制程序等。

划分内部行政程序与外部行政程序的法律意义与下列规则有关：一是内部行政程序不得对抗外部行政程序，即行政机关不得以内部行政程序违法为由而否认外部行政行为的有效性；二是行政复议法和行政诉讼法所要控制的程序违法限于外部行政程序的违法，不涉及内部行政程序的违法。

（二）强制性程序与任意性程序

这是以行政程序的约束强度为标准所作的分类。强制性程序系指法律明文设定并要求行政主体必须遵循的程序。行政主体不遵循该程序，则构成行政程序违法，必须承担对行政主体不利的法律后果。如《行政处罚法》（2021）第44条规定，行政处罚主体在作出行政处罚决定之前，必须告知行政相对人拟作出的行政处罚的事实、理由、依据和有关权利等，否则，该行政处罚构成程序违法。任意性行政程序，虽也由法律所设定，但它并非强制要求行政主体必须严格遵循的程序。行政主体违反任意性行政程序要求并不构成行政程序违法。

任意性行政程序，并非指行政指导行为的行政程序。因为这里的“强制性”或“任意性”，不是指行政行为可以主动作出（依职权行为）或不得主动作出（依申请行为），也不是指某行政活动对相对人具有强制性（如行政处罚）或不具有强制性（如行政指导），而是指该程序要求对行政主体是否具有强制约束性。由法律设定并要求行政主体实施行政指导必须遵循的程序依然属于强制性程序；相反，由法律设定但并不要求行政主体实施行政强制中必须遵循的程序依然属于任意性程序,如行政执行机关与当事人达成“执行协议”。[18]

这一分类的法律意义在于,实施行政程序的行政主体违反强制性行政程序,其所载行政行为会构成程序违法,严重还会导致无效;而违反任意性行政程序,其行为不会导致程序违法。

(三)主要程序与次要程序

行政程序系指行政主体实施行政行为所必须遵循的各种步骤与方式。但有的步骤和方式是基本的、主要的,有的则是次要的。这样便出现了主要行政程序与次要行政程序之分。

主要行政程序,系指构成基本程序规则的主要程序步骤和方式等,不经过这种步骤或不采用这种方式,会直接影响该行政行为的成立(合法性和有效性)或者程序当事人的实体权利。例如,行政处罚机关在对当事人作出行政处罚决定之前不依据《行政处罚法》(2021)第44条规定,[19]告知当事人作出行政处罚决定的事实、理由、依据和当事人依法享有的权利,那么,该行政处罚明显违法。次要行政程序,系指行政程序的非基本步骤与方式,不遵守这些步骤与方式并不会影响当事人的权利。例如,行政复议决定的作出超过1天法定期限,它不会构成对相对人实体权利的直接影响,因而不会影响处于该程序中的实体行为效力。

主要行政程序与次要行政程序的区别标准,主要在于:违反这种程序是否可能对当事人的实体权利产生实际影响。违反这种程序,可能对当事人的实体权利产生实际影响的,就是主要程序,反之,就是次要程序。[20]

这种分类的法律意义在于,它与程序违法的效力认定有关。程序违法应该区分主要程序违法与次要程序违法,主要程序违法,必须予以撤销,而次要程序违法,只要补正或确认违法便可。德国行政法其实也对主要程序与次要程序加以区别。根据德国《联邦行政程序法》第46条规定,如果违反程序事实上对相对人权利没有实质性影响的,就不能主张撤销。[21]

(四)有利程序与不利程序

任何行政决定都经过一定的程序而最终完成,形成决定结果。从相对人角度考察,这种行政决定的结果无非两种:一种是对相对人是有利的,另一种是对相对人不利的。结果对相对人有利的行政行为程序,可称作“有利程序”,相反,结果对相对人不利的行政行为程序,便可称作“不利程序”。

有利程序与不利程序,不是根据有利行为与不利行为[22]划分的,而是根据任何行政行为的结果对相对人是否有利来划分的。不利行为的结果对相对人也可能是有利的。行政处罚属于不利行为,但不予处罚的决定对相对人来说是有利的。同理,有利行为的结果对相对人可以是不利的。行政许可是一种有利行为,但行政许可机关作出不予许可的决定,对相对人显然是

[18] 《行政强制法》(2011)第42条规定:“实施行政强制执行,行政机关可以在不损害公共利益和他人合法权益的情况下,与当事人达成执行协议。执行协议可以约定分阶段履行;当事人采取补救措施的,可以减免加处的罚款或者滞纳金。执行协议应当履行。当事人不履行执行协议的,行政机关应当恢复强制执行。”

[19] 《行政处罚法》(2021)第44条规定:“行政机关在作出行政处罚决定之前,应当告知当事人拟作出的行政处罚内容及事实、理由、依据,并告知当事人依法享有的陈述、申辩、要求听证等权利。”

[20] 《行政诉讼法》(2017)第74条第2项规定:“行政行为有下列情形之一的,人民法院判决确认违法,但不撤销行政行为:……(二)行政行为程序轻微违法,但对原告权利不产生实际影响的。”这里已隐含一个标准:主要程序与次要程序的划分标准就在于是否对当事人的权利产生实际影响。

[21] 参见[德]哈特穆特·毛雷尔:《行政法学总论》,高家伟译,法律出版社2000年版,第254页。

[22] 参见本书第九章中“有利行政行为与不利行政行为”部分。

不利的。

有利结果的程序与不利结果的程序这一分类的法律意义在于,对于违反不利程序一般构成主要程序违法,可予以撤销或者确认无效,而对于违反有利程序,一般不宜撤销或者确认无效,否则会给相对人造成更多的不利。

二、行政程序的分类(二)

如果说上述是基于抽象的行政法理探讨行政程序的分类,那么,这里是基于中国行政法律制度分析行政程序的分类。

(一)行政规定程序与行政决定程序

由于我们在行政法理上将行政行为分为制定行政规定与作出行政决定,简称行政规定与行政决定,因而,行政程序也可划分为制定行政规定的程序与作出行政决定的程序,这同美国行政法中"制定规章"的程序与"作出裁决"的程序一样,应当加以区别。

制定行政规定的程序,系指行政主体实施制定行政规定所必须遵循的程序。范围涉及所有行政规范性文件所必须遵守的步骤与方式。作出行政决定的程序,系指行政主体作出行政命令、行政许可、行政处罚、行政征收、行政征用、行政给付、行政确认、行政裁决等行政决定所必须遵守的步骤与方式。

这一分类的意义在于阐明行政程序法对这两类行政程序的法律要求是不同的。

(二)简易程序与基本程序

某类行政行为依法必须遵循的基本的程序步骤和程序形式就是基本行政程序。它往往为某类法律所专门设定,该类行政行为都必须遵循。例如《行政处罚法》第五章所规定的行政处罚决定的程序:立案与调查—事先告知—申辩和听证—作出处罚决定书—送达,便属于行政处罚的基本程序,行政主体作出行政处罚决定时都必须遵循这些程序步骤。但法律有时规定这类行为中的某一行为,或者在某种条件下,行政主体可以省略某些程序环节。这种省略性的程序就是简易程序。可以说,简易程序是对基本程序的省略。例如《行政处罚法》(2021)第51条规定,违法事实确凿并有法定依据,对公民处以200元以下、对法人或者其他组织处以3000元以下罚款或者警告的行政处罚的,可以当场作出行政处罚决定。法律另有规定的,从其规定。《行政处罚法》(2021)第52条又规定,执法人员当场作出行政处罚决定的,应当向当事人出示执法证件,填写预定格式、编有号码的行政处罚决定书,并当场交付当事人。当事人拒绝签收的,应当在行政处罚决定书上注明。执法人员当场作出的行政处罚决定,应当报所属行政机关备案。另外,根据《行政许可法》(2019)第34条第2款规定,行政机关作出当场许可决定的,也属于简易程序。[23]

简易行政程序与基本行政程序在理论上适用于各类行政行为,但从具体制度上说,完全因法律的设定而异。《行政处罚法》为行政处罚行为既设定了基本程序,也设定了简易程序,《行政许可法》亦规定了简易程序,但《行政强制法》并未设定简易行政强制程序。

适用简易程序须符合特定条件,如果不符合特定条件,应当适用基本程序而适用简易程序

〔23〕《行政许可法》(2019)第34条第2款规定:"申请人提交的申请材料齐全、符合法定形式,行政机关能够当场作出决定的,应当当场作出书面的行政许可决定。"

的,属于程序违法;但是,如果可以适用简易程序而适用了基本程序,这是可以的,因为它只是加重了行政主体的程序负担。

(三)一般程序与特别程序

一般行政程序与基本行政程序其实是同一个概念,都是指由法所设定的某类行政行为的普遍程序,程序当事人都必须遵循。但它相对于简易程序而言,称作基本程序;相对于特别程序而言,称作一般程序。这里只存在简易程序与特别程序的区别,而不存在一般程序与基本程序的区别。

例如,《行政强制法》(2011)第2条第1款规定:"本法所称行政强制,包括行政强制措施和行政强制执行。"第3条又规定:"行政强制的设定和实施,适用本法。发生或者即将发生自然灾害、事故灾难、公共卫生事件或者社会安全事件等突发事件,行政机关采取应急措施或者临时措施,依照有关法律、行政法规的规定执行。行政机关采取金融业审慎监管措施、进出境货物强制性技术监控措施,依照有关法律、行政法规的规定执行。"在这里,由《行政强制法》所设定的有关行政强制行为(包括行政强制措施与行政强制执行)的程序,就是行政强制的一般程序,而行政主体应对自然灾害、事故灾难、公共卫生事件或者社会安全事件等突发事件而采取应急措施或者临时措施的程序,或者采取金融业审慎监管措施、进出境货物强制性技术监控措施的程序,就属于行政强制的特别程序。这种程序不适用《行政强制法》,而适用其他法律和行政法规的特别规定。

特别程序是对一般程序的一种附加要求,特别程序者往往既要遵循一般程序又要遵循特别程序。特别程序与一般程序冲突时,按特别法优于一般法规则处理,即应当优先适用特别程序。

三、行政程序的过程

行政程序的过程可以分为三个阶段,即程序的开始、程序的进行和程序的结束。这个过程,意味着一个行政行为从发动到完成的过程。

(一)程序的开始

行政程序的开始因行政行为的类别不同而不同。这里特别表现在依职权行政行为与依申请行政行为的分类上。

在依职权行政行为的程序中,程序的开始表现为"提出与立案"。在行政行为的结构中,依职权的行政行为大多是侵益行为,如行政处罚、行政强制等。在这类行为程序中,首先要有人提出立案的意思,包括:(1)有人向主管部门举报,要求查处某当事人的违法行为;(2)行政处理机关自己在执行中发现当事人的违法行为;(3)行政处理机关自己或者他人提出某种行为的立案建议。立案建议提出后,行政处理机关应当研究,作出是否立案的决定。作出不予立案决定的,意味程序尚未被启动;决定立案的,意味行政程序正式启动。

在依申请行政行为的程序中,程序的开始则表现为"申请与受理"。依申请行政行为大多表现为受益行为,如行政许可、行政给付等。对于这类行为程序,首先得由当事人提出申请。行政处理机关应当对当事人的申请进行审查,符合条件者应当受理,不符合条件者应当视不同情况依法处理。当事人的申请与行政机关的受理标志着行政程序的正式开始。

无论当事人在依职权行为中提出立案建议或者在依申请行为中提出申请,其条件和形式都依照法律规定。法有明确规定者服从该规定,无明确规定者,可放宽提出和申请的形式和条件限制。

(二)程序的进行

行政主体立案或者受理当事人申请之后,行政程序便进入第二个阶段。在行政程序的这个中间时段时,大体有这几个程序环节:

1. 审核或者调查。行政程序立案或者受理之后,行政处理机关必须对申请材料进行审核,对有关事实进行调查,为最终作出行政决定作好事实依据上的准备。

2. 事先告知和听证。按照法定程序和正当程序的要求,在对当事人作出不利决定之前,必须事先告知当事人行政处理机关拟作出的行政决定以及该决定的事实依据和规范依据,提供当事人申辩和听证的权利。

3. 研究和决定。听取当事人意见之后,依照有关规定研究并作出行政处理决定。

(三)程序的结束

行政处理决定作出之后,行政程序尚未最终完成,它必须依法送达当事人。向当事人送达行政决定书是行政程序的最后环节,没有这个环节,整个行政程序没有封闭。

已作出的行政决定不送达当事人,对当事人不发生法律效果。对于不送达但对当事人已形成不利影响者,当事人有权针对该行为提出权利救济请求(行政复议和行政诉讼)。

关于行政决定的送达程序一般由行政程序法作出规定,而德国于 1952 年专门制定了《行政送达法》〔24〕。由于我国尚未制定行政程序法,行政决定的送达尚无统一的规定。行政决定书原则上要直接送达当事人。当事人拒绝接收或者无法直接送达当事人的,应当依照《民事诉讼法》的有关规定送达。送达是个受领行为,必须以当事人签收为准,无签收不视为送达。根据民事诉讼法的有关规定,送达适用以下几种方法:(1)直接送达;(2)留置送达;(3)委托送达;(4)邮寄送达;(5)转交送达;(6)公告送达。

必须强调的是,行政程序的结束并不是权利救济程序的结束。当事人对所送达的行政决定不服的,有权在规定的期限内申请行政复议和提起行政诉讼。

第四节 行政程序管辖和时间制度

一、行政程序管辖制度

如同在司法制度中存在诉讼管辖,在行政制度中同样存在行政管辖。没有诉讼管辖制度,人民法院处理案件就会出现"重复管辖"或者"空白管辖"。没有行政管辖制度,行政机关实施行政管理同样会出现"管理重叠"或"管理真空"。

(一)行政管辖的概念和特征

行政管辖是一项行政程序制度,它只适用于行政程序。因而"行政管辖"的全称是"行政程序管辖"。

---

〔24〕 1952 年 7 月 1 日德国国会制定颁布,公布 3 个月之后生效。1990 年 9 月 12 日修正。

行政管辖是由法律为行政主体所设定的在行政程序中管理某一行政事务的分工制度。它是解决对于某一类或某一项行政事务由哪一地、哪一级或哪一个行政主体处理的权限问题。行政管辖具有下列法律特征:

1. 行政管辖具有行政性。行政管辖是一项行政法制度,而不是立法制度或者司法制度,它体现为行政主体的行政职权对行政事务的权限划分。

2. 行政管辖具有程序性。行政管辖不仅是行政法制度,而且准确地说,是一种行政程序制度,各国的行政程序法一般都对行政事务管辖作出规定。[25]

3. 行政管辖具有法定性。这是说,行政管辖不是由行政机关自己为自己设定的,而是必须由法律设定。例如奥地利《普通行政程序法》第 1 条规定:"官署之事物管辖权及属地管辖权,依其有关职权范围之法规及其他行政规程定之。"中国的行政管辖制度应当由行政程序法和相关法律法规规定。

4. 行政管辖具有排他性。原则上,某一行政事务被确定为某一行政主体管辖后,其他行政主体不得管辖。这是出于避免重复管辖的需要。

(二)行政管辖的种类

行政管辖和诉讼管辖一样,可分为地域管辖、级别管辖、专属管辖和其他管辖。

地域管辖,系指在同层级行政机关之间,确定由哪一地行政机关管辖的法律制度。我国的地域管辖一般采取"属地管辖"。如果行政行为的处理对象是相对人行为的,那就由相对人行为所在地行政机关管辖。如《行政处罚法》(2021)第 22 条规定:"行政处罚由违法行为发生地的行政机关管辖。法律、行政法规、部门规章另有规定的,从其规定。"如果行政行为的处理对象是不动产的,原则上由不动产所在地行政机关管辖。如《不动产登记暂行条例》(2019)第 7 条第 1 款规定:"不动产登记由不动产所在地的县级人民政府不动产登记机构办理;直辖市、设区的市人民政府可以确定本级不动产登记机构统一办理所属各区的不动产登记。"其他行政事务,原则上也是由该行政事务所在地行政机关管辖。

级别管辖,系指不同层级行政机关之间,确定由哪一级行政机关管辖的法律制度。它又分为政府级别管辖与部门级别管辖。前者如国务院,省级人民政府(省、自治区、直辖市),县、市人民政府和乡、镇人民政府。[26] 后者如公安部、公安厅、公安局等。我国大多行政管辖是限于县级以上人民政府的工作部门。如《行政处罚法》(2021)第 23 条规定:"行政处罚由县级以上地方人民政府具有行政处罚权的行政机关管辖。法律、行政法规另有规定的,从其规定。"例如,征用农村土地的,审批权是属于国务院或省级人民政府。[27]

专属管辖,系指由法律直接设定,超越地域关系和层级关系,特定的行政事务由特定专一的行政机关管辖的法律制度。例如,根据《商标法》(2019)第 2 条第 2 款的规定,国务院工商行

---

〔25〕 例如,奥地利《普通行政程序法》、德国《联邦行政程序法》、西班牙《行政程序法》、葡萄牙《行政程序法典》、韩国《行政程序法》和我国澳门特别行政区《行政程序法典》等。

〔26〕 《宪法》(2018)第 30 条规定:"中华人民共和国的行政区域划分如下:(一)全国分为省、自治区、直辖市;(二)省、自治区分为自治州、县、自治县、市;(三)县、自治县分为乡、民族乡、镇。直辖市和较大的市分为区、县。自治州分为县、自治县、市。自治区、自治州、自治县都是民族自治地方。"

〔27〕 《土地管理法》(2019)第 46 条第 1、2 款规定:"征收下列土地的,由国务院批准:(一)永久基本农田;(二)永久基本农田以外的耕地超过三十五公顷的;(三)其他土地超过七十公顷的。征收前款规定以外的土地的,由省、自治区、直辖市人民政府批准。"

政管理部门设立商标评审委员会,负责处理商标争议事宜。商标评审委员会负责处理商标争议事宜,就属于专属管辖。又如,根据《专利法》(2020)第3条第1款规定,国务院专利行政部门负责管理全国的专利工作,统一受理和审查专利申请,依法授予专利权。这里,国务院专利行政部门统一受理和审查全国的专利申请,这也是专属管辖。

地域管辖、级别管辖、专属管辖之外的都称其他管辖。其他管辖包括共同管辖、移送管辖、指定管辖和管辖权的提级和下放等。

共同管辖,系指两个以上行政机关都具有管辖权。这有两种情况:一是法律明文规定共同管辖,由两个以上行政机关共同处理某一行政事务,这时就出现共同行政行为;二是法律不允许共同管辖,但因行政事务本身的交叉性而出现了两个以上的行政机关都有管辖权,这时按照先立案原则处理,即由先立案的行政机关管辖。

移送管辖,系指已经受理的行政机关发现自己对该事务无管辖权,便依法将事务移送给有管辖权的行政机关处理的管辖制度。如《娱乐场所管理条例》(2020)第37条规定:"任何单位或者个人发现娱乐场所内有违反本条例行为的,有权向文化主管部门、公安部门等有关部门举报。文化主管部门、公安部门等有关部门接到举报,应当记录,并及时依法调查、处理;对不属于本部门职责范围的,应当及时移送有关部门。"

指定管辖,系指在特定情形下,上级行政机关依法将某事务指定给某一行政机关管辖的法律制度。指定管辖适用以下情形:一是出现管辖权争议,两个行政机关都主张自己有或者没有对该事务的管辖权,共同上级行政机关指定其中一个行政机关管辖,这其实是一种对管辖权争议的裁决;〔28〕二是原有管辖权的行政机关因客观原因无法行使管辖权,如因自然灾害,当地行政机关无能力和无条件行使管辖权;三是为了贯彻回避制度,所查处的案件与有管辖权的行政机关有利害关系,上级机关指定"异地管辖"。

管辖权的提级和下放都是对级别管辖的一种调节制度。管辖权的提级,系指该事务(特别是具体案件)重大复杂,上级行政机关决定由自己直接处理,或者是因为有管辖权的下级机关报请上级机关处理,上级机关同意管辖的管辖制度。如《娱乐场所管理条例》(2020)第38条规定:"上级人民政府文化主管部门、公安部门在必要时,可以依照本条例的规定调查、处理由下级人民政府文化主管部门、公安部门调查、处理的案件。下级人民政府文化主管部门、公安部门认为案件重大、复杂的,可以请求移送上级人民政府文化主管部门、公安部门调查、处理。"

管辖权的下放,系指在法律许可前提下,上级行政机关可以通过授权或委托方式将自己的管辖权下放给有关行政机关。《行政处罚法》(2021)第24条第1款规定:"省、自治区、直辖市根据当地实际情况,可以决定将基层管理迫切需要的县级人民政府部门的行政处罚权交由能够有效承接的乡镇人民政府、街道办事处行使,并定期组织评估。决定应当公布。"这其实就是一种管辖权的下放制度。

(三)行政管辖争议及处理

行政管辖权出现争议在所难免。原因是多方面的:有的因为法律规定不够详尽,有的因为客观事务具有交叉性,还有的是因为行政机关对管辖权的认知不一致。

---

〔28〕 如《不动产登记暂行条例》(2019)第7条第2款规定:"跨县级行政区域的不动产登记,由所跨县级行政区域的不动产登记机构分别办理。不能分别办理的,由所跨县级行政区域的不动产登记机构协商办理;协商不成的,由共同的上一级人民政府不动产登记主管部门指定办理。"

行政管辖的争议有两种情况:一是两个(及以上,下同)行政机关对某一事务都认为自己有管辖权,势必造成"重复管辖",这被称为"积极争议";二是两个以上行政机关对某一事务都认为自己没有管辖权,势必造成"空白管辖",这被称为"消极争议"。

无论是"积极争议"还是"消极争议",都是对行政管辖秩序的一种破坏,势必影响行政管理效率,必须及时处理。我国对行政管辖争议的处理方式比较统一,都是由共同上级行政机关裁决。

(四)对行政管辖错误的救济

行政管辖错误有三种情形:一是两个行政机关都对某一事务进行了管辖;二是对某一事务没有行政机关进行管辖;三是应当由A机关管辖的却由B机关管辖。公民、法人或者其他组织对行政机关的管辖错误行为有权进行权利救济,但途径和方法要视具体情形而定。

在第一种情形中,两个行政机关都对某一事务进行了管辖,相对人应当按"先立案先管辖"原则,对第二个行政机关的管辖提出异议。行政机关不接受的,等待该机关作出行政处理决定之后,以"重复管辖"和"重复处理"为由申请行政复议或者提起行政诉讼。

在第二种情形中,两个行政机关认为对某一事务无管辖权,从而导致没有一个行政机关受理相对人的申请。相对人可以针对有管辖权的行政机关以"不履行法定职责"为由寻求权利救济,即依照《行政复议法》(2023)第20条[29]规定申请行政复议,或者依照《行政诉讼法》(2017)第47条[30]和《行政诉讼法解释》(2018)第66条[31]规定提起行政诉讼。

在第三种情形中,应当由A机关管辖的却由B机关管辖。相对人应当向B机关提出异议,B机关不纠正的,相对人可等待该机关作出行政处理决定之后,针对行政处理决定,以"违反程序"(无管辖权)为由申请行政复议或者提起行政诉讼。

二、行政程序变动制度

(一)行政程序中止

程序中止与时效中止是同一个问题,系指一个行政行为在程序过程中,因出现需要中止的原因,行政程序自然中止,等中止原因消除后再恢复行政程序的法律制度。中止的原因因行政行为的不同而不同,如《行政强制法》(2011)第39条规定:"有下列情形之一的,中止执行:(一)当事人履行行政决定确有困难或者暂无履行能力的;(二)第三人对执行标的主张权利,确有理由的;(三)执行可能造成难以弥补的损失,且中止执行不损害公共利益的;(四)行政机关认为需要中止执行的其他情形……"但是一般来说,不可抗力会成为时效中止的一般原因。

还有,行政程序的中止与诉讼时效的中止又不同。诉讼时效的中止只发生在诉讼时效期

---

〔29〕《行政复议法》(2023)第20条第1款规定:"公民、法人或者其他组织认为行政行为侵犯其合法权益的,可以自知道或者应当知道该行政行为之日起六十日内提出行政复议申请;但是法律规定的申请期限超过六十日的除外。"

〔30〕《行政诉讼法》(2017)第47条规定:"公民、法人或者其他组织申请行政机关履行保护其人身权、财产权等合法权益的法定职责,行政机关在接到申请之日起两个月内不履行的,公民、法人或者其他组织可以向人民法院提起诉讼。法律、法规对行政机关履行职责的期限另有规定的,从其规定。公民、法人或者其他组织在紧急情况下请求行政机关履行保护其人身权、财产权等合法权益的法定职责,行政机关不履行的,提起诉讼不受前款规定期限的限制。"

〔31〕《行政诉讼法解释》(2018)第66条规定:"公民、法人或者其他组织依照行政诉讼法第四十七条第一款的规定,对行政机关不履行法定职责提起诉讼的,应当在行政机关履行法定职责期限届满之日起六个月内提出。"

间的最后6个月里,[32]此前不发生作用,而行政程序中止无此要求。

(二)行政程序终结

行政程序因完成而结束,但行政程序的完成属于行政程序的结束,但不属于行政程序的终结。行政程序的终结不是行政程序的完成,而是一种行政程序完成的推定制度。当出现使行政程序无法完成的事由,使行政程序永远无法继续下去时,该行政程序自然结束的法律制度,便就是行政程序的终结。如《行政强制法》(2011)第40条规定:"有下列情形之一的,终结执行:(一)公民死亡,无遗产可供执行,又无义务承受人的;(二)法人或者其他组织终止,无财产可供执行,又无义务承受人的;(三)执行标的灭失的;(四)据以执行的行政决定被撤销的;(五)行政机关认为需要终结执行的其他情形。"

终结的主要法律特征是最终的封闭性。行政程序的终结决定一旦作出,整个行政程序,无论它已进行到哪个阶段,都被宣告结束,任何行政行为都将不再继续。

(三)行政程序延续

行政行为必须在规定的期限内完成,这是行政程序法的基本要求。但也有不少法律同时保留了程序延长制度,即经过一定的审批程序,某种行政行为可以被延长行政时限。如《行政许可法》(2017)第42条第1款规定:"除可以当场作出行政许可决定的外,行政机关应当自受理行政许可申请之日起二十日内作出行政许可决定。二十日内不能作出决定的,经本行政机关负责人批准,可以延长十日,并应当将延长期限的理由告知申请人……"

时效延长的制度规定,必须遵循"同位法原则",即由法律规定时限的,也必须由法律规定时限延长制度;由行政法规规定时限的,也必须由行政法规规定时限延长制度……如果上位法设定时限,由下位法规定延长时限,会出现下位法抵触上位法的问题。

三、行政程序期限制度

程序期限是行政程序的重要内容。它是指行政主体实施某种行政行为所被要求的时间长度限制。例如,行政许可机关原则上必须在20日内作出许可决定;相对人不服行政决定的,必须在收到行政决定书之日起60日内申请行政复议。[33]

这种期限的法律意义在于,它既会影响行政主体行政行为的合法性和有效性,也会影响行政相对人权益的形成或者灭失。行政主体必须在法定期限内完成行政行为,这是法定程序的要求;必须为相对人提供合理的获得权利的期限,这是正当程序的要求。它们都与期限有关。

行政行为的期限,可以划分为法定期限与约定期限。前者系指由法律、法规或者规章所规定的期限;后者指由行政主体指定或者由有关当事人共同约定的期限。前者如《行政许可法》规定的作出行政许可的期限,后者如行政机关所承诺或与相对人之间的合同所约定的期限。

行政行为的期限还可分为:行政行为的完成期限与追诉期限。前者如《行政处罚法》

---

〔32〕 例如,《民法典》(2020)第194条规定:"在诉讼时效期间的最后六个月内,因下列障碍,不能行使请求权的,诉讼时效中止:(一)不可抗力;(二)无民事行为能力人或者限制民事行为能力人没有法定代理人,或者法定代理人死亡、丧失民事行为能力、丧失代理权;(三)继承开始后未确定继承人或者遗产管理人;(四)权利人被义务人或者其他人控制;(五)其他导致权利人不能行使请求权的障碍。自中止时效的原因消除之日起满六个月,诉讼时效期间届满。"

〔33〕 法律规定的申请期限超过60日的除外。

(2021)第60条[34]规定作出行政处罚决定的期限,表达了行政机关必须在这期限内完成行政行为的义务,如果违反了该期限,属于程序违法。后者如《行政处罚法》(2021)第36条[35]规定了追究违法当事人行政制裁责任的期限,称为"行政追诉时效"。它表达了行政机关超越追诉时效后不得作出行政行为的要求。违反追诉时效继续追诉的,属于适用法律错误。行政行为的完成期限可以是法定的,也可以是约定的,但对于追诉期限,采取法律保留原则,必须由法律作出规定。

此外,行政行为的期限还可划分为一般期限与特别期限。前者是指常态下的行为期限;后者则是例外期限,是由其他法律法规规定的特别期限。如《行政复议法》(2023)第20条第1款规定:"公民、法人或者其他组织认为行政行为侵犯其合法权益的,可以自知道或者应当知道该行政行为之日起六十日内提出行政复议申请;但是法律规定的申请期限超过六十日的除外。"这里由《行政复议法》(2023)规定的申请复议期限60日为一般期限,由其他法律规定的60日以上的申请期限为特别期限。在期限的适用上,往往是特别期限优于一般期限。(见图20-2)

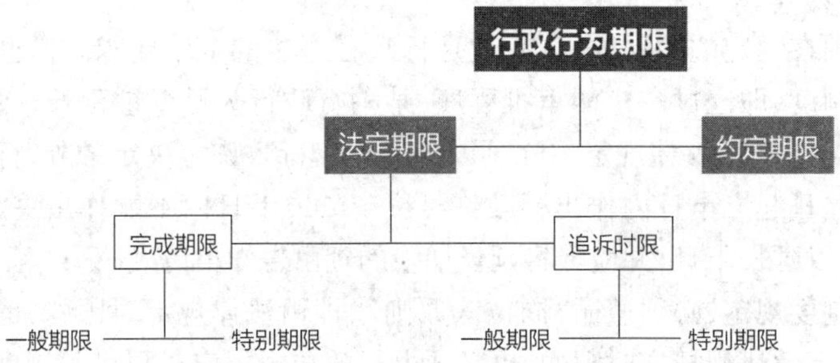

图20-2 行政行为期限

超过期限所引起的特定法律效果便是时效。时效有形成时效与消灭时效之分。如果超过某个期限,行政主体就会取得某种公权力,或者行政相对人便会形成某种权利,这就是形成时效。相反,便是消灭时效。但鉴于公权力与私权利存在一定的对应性,有时,对行政相对人来说是形成时效,同时对行政主体来说却可能是消灭时效。这种现象是正常的。

四、行政程序时间单元和计算方法

(一)时间单元

程序中的期间、期限等都会涉及时间的计算。这就涉及时间单元。时间单元是指时间的计算单位,如年、月、日等,它是时间制度的基础。

我们由于尚未制定统一的行政程序法,行政程序上的时间单元尚无法律作出统一规定。但是参照民事法律制度,并对照有关行政法律规定,行政程序中的时间单元由下列内容组成:

1. 年。有的行政程序以"年"为计算单位。如《行政处罚法》(2021)第36条规定:"违法行为在二年内未被发现的,不再给予行政处罚;涉及公民生命健康安全、金融安全且有危害后果

---

[34] 《行政处罚法》(2021)第60条规定:"行政机关应当自行政处罚案件立案之日起九十日内作出行政处罚决定。法律、法规、规章另有规定的,从其规定。"

[35] 《行政处罚法》(2021)第36条规定:"违法行为在二年内未被发现的,不再给予行政处罚;涉及公民生命健康安全、金融安全且有危害后果的,上述期限延长至五年。法律另有规定的除外。前款规定的期限,从违法行为发生之日起计算;违法行为有连续或者继续状态的,从行为终了之日起计算。"

的,上述期限延长至五年。法律另有规定的除外。前款规定的期限,从违法行为发生之日起计算;违法行为有连续或者继续状态的,从行为终了之日起计算。"

2. 月。有的行政程序以"月"为计算单位。如《治安管理处罚法》(2012)第22条规定:"违反治安管理行为在六个月内没有被公安机关发现的,不再处罚。前款规定的期限,从违反治安管理行为发生之日起计算;违反治安管理行为有连续或者继续状态的,从行为终了之日起计算。"

3. 日(天)。有的行政程序以"日(天)"为计算单位。如《行政许可法》(2017)第32条第4项规定:"申请材料不齐全或者不符合法定形式的,应当当场或者在五日内一次告知申请人需要补正的全部内容,逾期不告知的,自收到申请材料之日起即为受理。"

4. 小时。有的行政程序以"小时"为计算单位。如《行政强制法》(2011)第19条规定:"情况紧急,需要当场实施行政强制措施的,行政执法人员应当在二十四小时内向行政机关负责人报告,并补办批准手续。行政机关负责人认为不应当采取行政强制措施的,应当立即解除。"

5. 立即。有的行政程序提出"立即"的要求。如《行政强制法》(2021)第20条第1项规定:"依照法律规定实施限制公民人身自由的行政强制措施,除应当履行本法第十八条规定的程序外,还应当遵守下列规定:(一)当场告知或者实施行政强制措施后立即通知当事人家属实施行政强制措施的行政机关、地点和期限。""立即"是一个特殊的时间单元,一般是指"及时"。它是一种最短的时间要求。

(二)工作日、休息日和假日

在行政程序的期间计算中,有时会涉及"工作日""休息日""节假日"。如《行政处罚法》(2021)第85条规定:"本法中'二日''三日''五日''七日'的规定是指工作日,不含法定节假日。"必须注意的是,在法定程序中所指的"工作日""休息日""节假日"都是指"法定工作日""工作休息日""法定节假日"。因为,这里的"日期"不是由各部门各单位自行确定和调整的"日期",而是由国家法律或国务院规定的"日期"。

1. 工作日。按国家规定必须工作、上班的日子就是工作日。它与休息日相对应。根据1995年修改的国务院《关于职工工作时间的规定》[36],职工每日工作时间8小时、每周工作40小时。据此,实践中每周一至周五为工作日,每周六、周日为休息日。准确地说,双休日和法定节假日以外的工作日时间才是工作日。工作日是公民劳动权的体现。

2. 休息日。按国家规定可以休息的日子就是休息日。休息日包括每周六、周日的"双息日"和"法定节假日"。

为公民设定休息日是公民休息权的体现。劳动权和休息权都是由宪法直接规定的公民基本权利。[37]

---

〔36〕 1994年2月3日中华人民共和国国务院令第146号发布。根据1995年3月25日国务院《关于修改〈国务院关于职工工作时间的规定〉的决定》修订。

〔37〕 《宪法》(2018)第42条规定:"中华人民共和国公民有劳动的权利和义务。国家通过各种途径,创造劳动就业条件,加强劳动保护,改善劳动条件,并在发展生产的基础上,提高劳动报酬和福利待遇。劳动是一切有劳动能力的公民的光荣职责。国有企业和城乡集体经济组织的劳动者都应当以国家主人翁的态度对待自己的劳动。国家提倡社会主义劳动竞赛,奖励劳动模范和先进工作者。国家提倡公民从事义务劳动。国家对就业前的公民进行必要的劳动就业训练。"第43条同时规定:"中华人民共和国劳动者有休息的权利。国家发展劳动者休息和休养的设施,规定职工的工作时间和休假制度。"

3. 节假日。节假日是指国家年节和纪念日。根据2013年《全国年节及纪念日放假办法》[38]规定,我国全国年节及纪念日的假期包括三类。

第一类是全体公民放假的节日,包括:(1)新年,放假1天(1月1日);(2)春节,放假3天(农历正月初一、初二、初三);(3)清明节,放假1天(农历清明当日);(4)劳动节,放假1天(5月1日);(5)端午节,放假1天(农历端午当日);(6)中秋节,放假1天(农历中秋当日);(7)国庆节,放假3天(10月1~3日)。

第二类是部分公民放假的节日及纪念日,包括:(1)妇女节(3月8日),妇女放假半天;(2)青年节(5月4日),14周岁以上的青年放假半天;(3)儿童节(6月1日),不满14周岁的少年儿童放假1天;(4)中国人民解放军建军纪念日(8月1日),现役军人放假半天。

第三类是少数民族习惯的节日,由各少数民族聚居地区的地方人民政府,按照各该民族习惯,规定放假日期。

法定节假日主要包括全体公民放假的节日以及在少数民族地区地方人民政府确定的少数民族习惯节日也属于法定节假日。

4. 休假日。《民法典》使用了"休假日"这一概念,并认为"法定休假日"包括每周的双休日与法定节假日。[39] 而在《行政处罚法》中,第85条所规定的"法定节假日",是包括每周的双休日的。[40] 这两边的解释出现的差异还有待协调。

5. 工作日、休息日的调整。全体公民放假的假日,如果适逢周六、周日,应当在工作日补假。部分公民放假的假日,如果适逢周六、周日,则不补假。当工作日补假时,工作日就作为法定节假日对待。

如果为了休息的方便,国家将双休日与工作日对换时,按对换后的工作日和休息日对待工作日和休息日。

(三)计算方法

程序期间一种法律事实,是行政关系产生、变更和消灭的依据。程序期间可分为期日(termin,date)与期间(tempus,term,period)。期日是指特定的时间点,如2020年、7月、18时等,期间是指特定的时间段,如15天、3个月、5年等。[41] 期日作为不可分的特定时间点,不发生计算问题,但期间为一定时间段,存在计算问题。程序期间的计算方法存在以下几项规则。

1. 期间按年、月、日、小时计算的,都按公历计算,不按农历计算。《民法典》(2020)第200条规定:"民法所称的期间按照公历年、月、日、小时计算。"

2. 开始日不计算在内。《民法典》(2020)第201条规定:"按照年、月、日计算期间的,开始的当日不计入,自下一日开始计算。按照小时计算期间的,自法律规定或者当事人约定的时间开始计算。"

---

[38] 1949年12月23日政务院发布。根据1999年9月18日国务院《关于修改〈全国年节及纪念日放假办法〉的决定》第一次修订,根据2007年12月14日国务院《关于修改〈全国年节及纪念日放假办法〉的决定》第二次修订,根据2013年12月11日国务院《关于修改〈全国年节及纪念日放假办法〉的决定》第三次修订。发布文号是国务院令第644号。

[39] 参见最高人民法院民法典贯彻实施工作领导小组主编:《中华人民共和国民法典总则编理解与适用》(上、下),人民法院出版社2020年版,第1018页。

[40] 参见许安标主编:《中华人民共和国行政处罚法释义》,中国民主法制出版社2021年版,第201~202页。

[41] 史尚宽认为,"期日为点,期间为线"。史尚宽:《民法总论》,中国政法大学出版社2000年版,第600页。

3. 到期月的对应日为结点日。《民法典》(2020)第 202 条规定:“按照年、月计算期间的,到期月的对应日为期间的最后一日;没有对应日的,月末日为期间的最后一日。”

4. 期限届满的最后一日是法定节假日的,以法定节假日后的第一个工作日为期限届满的日期。《民法典》(2020)第 203 条第 1 款规定:“期间的最后一日是法定休假日的,以法定休假日结束的次日为期间的最后一日。”

5. 到期日的具体截止时间。《民法典》(2020)第 203 条第 2 款规定:“期间的最后一日的截止时间为二十四时;有业务时间的,停止业务活动的时间为截止时间。”

6. 期间为 7 日以内的,不含节假日,7 日以上含节假日。《行政处罚法》(2021)第 85 条作出了这一规定。它虽然只适用行政处罚中的期限计算,但在其他行政行为领域也可参照。期待将来制定的行政程序法作出统一规定。

7. 期限不包括在途时间和鉴定时间等。

第五节　行政程序法

人们对行政程序的重视会促进行政程序的立法活动。行政程序法的出现,是行政程序法治化的重要标志。行政程序法是集中规定行政程序规则的基本法律,是行政程序立法的最高形式,是行政程序法治化的最高体现。世界上已有几十个国家制定了行政程序法。中国的行政程序法也已进入“研究制定”阶段。中共中央印发的《法治中国建设规划(2020－2025 年)》明确要求:“研究制定行政程序法。”

一、行政程序立法的背景和概况

(一)行政程序立法的背景

如果说一有行政行为便有行政程序,那么,一有行政程序未必即有行政程序法。没有行政程序就不会有行政程序法,但行政程序并不直接造就行政程序法。就全球视野观察,行政程序法的产生和发展与下列因素直接相联系。

1. 政府行政职能的扩大。行政程序始终伴随着政府的各种管理活动。但在 20 世纪前,由于行政事务不甚繁杂,行政程序法制化的要求不迫切。随着社会政治、经济的发展,国家行政事务的复杂化,政府活动范围逐渐扩大,政府行政职能随之增强。这为行政程序法的产生和发展提供了社会基础。

2. 民主制度的建立和民主原则的确立。这是行政程序法产生和发展的政治条件。行政程序法是对政府活动的一种约束,是公民监督国家的一种手段。在民主制度和民主原则未被确立的时间和空间里,行政程序法是找不到立足之地的。

3. 法治思想深入人心。法律不仅保护人们的权利,还约束人们的行为。无论政府活动,还是个人行为,均受法律调整。政府必须依法行政;政府活动必须法制化,必须遵守法律实体规则和程序规则。行政程序法正是法治思想在法律形式上的表现。

4. 科学管理思想的兴起。管理科学的核心在于解决管理的效率。政府活动要提高行政效率,必须遵循管理活动的客观规律。为保证政府活动按客观规律办事,把管理规律上升为法律规则乃是主要任务。行政程序法制化,显然是行政管理科学化的要求和体现。

5. 行政程序法学理论的成熟。制定行政程序法是"搞科学",没有成熟的理论作为指导是不易成功的。理论具有超先性,往往起先行指导作用。因此,行政程序法的产生和发展,与行政程序法学理论的形成和发展有直接的联系,前者不仅以后者为条件,还是后者的反映。

(二)行政程序立法的概况

世界上对行政程序的立法最早可追溯到19世纪末,对行政程序的普遍立法起始于20世纪中叶。造就这一事实与结果的直接动因,还应归结于国家行政权力的扩张、"法治国"原则的贯彻,以及"程序理性"(procedural rationality)〔42〕观念的深化等诸种因素的交融。虽然并不是每个国家和地区都像美国那样把行政程序法等同于行政法〔43〕,但将行政程序作为行政法的核心内容加以立法,在20世纪已成为一个普遍性态度。有学者认为,行政程序法的兴起和发展有三次高潮:第一次是20世纪20年代至第二次世界大战;第二次是第二次世界大战至20世纪90年代;第三次是20世纪90年代至今。〔44〕

世界上最早制定行政程序法的"桂冠"应归属于善于哲学思维的德国人。德国制定行政程序法的举措可被追溯到19世纪末。从1883年开始,德国各邦便兴起了行政程序法典化的热潮。1883年7月30日,普鲁士邦公布了《行政法通则》〔45〕;1884年8月31日,巴登邦颁布了《行政程序法》;1926年,梯玉邻邦推出了《行政法》〔46〕;1931年,符腾堡邦公布了《行政程序法(草案)》;1936年,威敦比克邦制定了《行政法典(总则)草案》。在地方行政程序立法的推动下,德国吞并奥地利后,曾以奥地利程序法为蓝本,草拟了《帝国普通行政程序法(草案)》,只因第二次世界大战爆发而未及公布。第二次世界大战后,德国内政部于1963年组织起草了《行政程序法标准草案》,1965年又在此基础上形成了"慕尼黑草案"。1973年,德国联邦政府又对"慕尼黑草案"作再度修改,于1976年最终推出了现行的《行政程序法》〔47〕。该法共八章,103个条文。

如果说德国行政程序立法是遵循"从地方到中央"的"路径",那么奥地利正好相反,因为后者是世界上最早在整个国家内完成行政程序法典化的国家。1875年10月22日,奥地利基于1867年国家基本法的规定通过了《行政法院法》。此后,行政法院在审理行政诉讼案件中形成了一系列有关行政程序的判例,这为奥地利制定行政程序法奠定了基础。1885年,奥地利就有行政程序法提案。1919年,奥地利成立共和国之后,便着手制定行政程序法。1925年7月16日,奥地利国会最终通过了《普通行政程序法》〔48〕。该法共八章103个条文,于1926年1月1日起生效。

---

〔42〕 See D. J. Galligan, Discretionary Powers, Oxford: Clarendon Press, 1990, p. 333.

〔43〕 在美国,以伯纳德·施瓦茨为代表的学者们认为,行政法就是行政程序法而不是实体法。See Bernard Schwartz, *Administrative Law*, Little, Brown and Company Boston Toronto 1976.

〔44〕 王万华:《行政程序法研究》,中国法制出版社2000年版,第78页。

〔45〕 该法虽不称行政程序法,但就内容而言,属于行政程序法。

〔46〕 全文共205条,分行政组织与行政程序两大章。

〔47〕 "Verwaltungsverfarensgesetz"(VwVfG),也可译为"行政手续法"。该法于1976年5月25日由联邦国会通过,5月29日公布于联邦法律公报,1977年1月1日起生效,除少数条文自公布之日起施行外。

〔48〕 Allgemeines Verwaltungsverfahrensgesetz – AVG,后经1948年和1950年修正。1925年与该法同时通过的还有:《行政刑罚法》(Verwaltungsstrafgesetz – VStG)、《行政执行法》(Verwaltungsgesetz – VVG)、《行政程序法施行法》(Einführungsgesetz für den Verwaltungsverfahrensgesetzen)。

由于受奥地利行政程序立法的影响，西班牙早在1889年就制定了《行政程序基准法》〔49〕。这部包含159个法律条文的大法典，在当时不愧为行政程序法典编纂的一大创举。1958年演变为《行政程序法》。现行《行政程序法》是"Ley de Procedimiento Administrativo"，1992年11月26日第30/1992号法律，由西班牙众议院制定通过，并经当时的国王胡安·卡洛斯一世批准，1992年11月27日发表于《国家官方公报》第285期，公布之日起3个月后生效。该法由七篇十九章146个条文加附则构成，是目前世界上条文最多的一个行政程序法典。瑞士联邦议会于1965年9月24日就依据联邦宪法第103条审议了联邦政府"行政程序法"草案，1968年12月20日就制定了《行政程序法》（Bundesgesetz Über das Verwaltungsverfahren），该法共五章81个条文，且至今还在生效之中。〔50〕意大利也早在1955年就推出《行政程序法（草案）》。〔51〕第二次世界大战后的日本由于受美国"正当法律程序"的影响，于1964年提出了《行政程序法（草案）》。〔52〕经过了近30年的论证，最终于1993年推出了正式的《行政程序法》〔53〕，该法共八章38个条文（另加附则）。

由于其特殊的历史背景，美国的法律深受英国影响，但美国在行政程序法的成文化方面比英国优先跨出了一步。以《联邦宪法修正案》第5条和第14条〔54〕所确立的"正当法律程序"观念为基础，美国国会于1946年通过了《联邦行政程序法》〔55〕，同年6月11日公布施行。与此同步，美国还推出了《各州标准行政程序法》〔56〕。

英国虽分别于1946年和1971年制定了《行政法规法》和《行政裁判所与调查法》，但总体上依然是以普通法形式规范行政程序。"自然公正"原则〔57〕迄今依然作为一项普通法原则统率着英国的所有行政程序规则。

作为大陆法系国家代表的法国是个成文法国家，但其行政法恰恰是判例法。法国创设行政程序法与创设行政法院制度比较，大为逊色。他们没有成文的行政程序法，行政程序规则均由行政法院判例确立。

此外，匈牙利于1957年制定了《行政程序的一般规定》。捷克斯洛伐克于1928年制定了《行政程序法典》，后于1955年被同名法取代。波兰于1928年制定《行政程序法典》，后经1960

〔49〕 Ley de basesde procedimiento Administrativo.

〔50〕 参见[葡]迪奥戈·弗雷塔斯·亚玛勒：《行政法教程》（第2卷），黄显辉、黄淑禧、黄景禧译，社会科学文献出版社2020年版，第176～177页。

〔51〕 该草案于1955年2月21日向众议院提出，1956年7月18日始克服各种问题可望通过，随即依法送元老院审议，不料未及完成立法程序（特别委员会已通过）成为正式法律，却由于1958年3月17日众议院被解散而成为废案。

〔52〕 这是1962年成立的第一次临时行政调查会作为向内阁总理大臣提交的答辩附属资料，全文共18个条文。尔后于1983年11月由行政管理厅（现为总务厅）行政程序法研究会公布该草案纲要（第一次报告），1988年10月阐明了该纲要（第二次中间报告）。

〔53〕 1993年日本《行政程序法典》（Gyosei－tetsuzuki），1993年11月12日以法律88号公布，自公布之日起1年以内由政令规定施行日期。

〔54〕 美国《宪法修正案》第5条规定："非经大陪审团提起公诉，人民不应受判处死罪或会因重罪而被剥夺部分公权之审判……人民不得为同一罪行而二次被置于危及生命或肢体之处境；不得被强迫在任何刑事案件中自证其罪，不得不经过正当法律程序而被剥夺生命、自由或财产……"第14条规定："……任何州，如未经正当法律程序，均不得剥夺任何人的生命、自由或财产；亦不得对任何在其管辖下的人，拒绝给予平等的法律保护……"

〔55〕 The Administrative Procedure Act（APA），该法由参议院于1946年3月12日通过，众议院于同年5月24日通过，送交总统签署公布。杜鲁门总统于1946年6月11日签署公布。

〔56〕 Model State Administrative Procedure Act.

〔57〕 Natural justice，它包含两项基本内容：（1）听取对方意见；（2）不能自己作自己的法官。

年和1980年修订。[58] 蒙古国在2015年制定了《一般行政法》,相当于“行政法通则”,共五编十一章。[59]

可以推测,21世纪中下叶,世界上的行政程序立法将会迎来另一个高潮。

二、行政程序法的模式和结构

(一)行政程序法的模式

当一个国家着手制定行政程序法(administrative procedure act)时,它首先面临的是模式与结构的选择。以不同标准衡量,行政程序法便构成不同模式。若从立法形式上考察,行政程序法主要有两种模式,即法典模式与分散模式。前者系指,一个国家或地区把行政程序法律规范集中于一个专门法规之中,而这种专门法规的名称又往往直称“行政程序法”。奥地利于1925年制定《普通行政程序法》,美国于1946年制定《联邦行政程序法》,西班牙于1958年制定《行政程序法》,瑞士联邦于1968年制定《行政程序法》,德国于1976年制定《行政程序法》,日本于1993年制定《行政程序法》,我国澳门特别行政区亦于1994年制定《行政程序法》等,它们都属该模式。后者则指,一个国家并没有把行政程序法律规范通过行政程序法典来表现,而是通过判例、普通法原则或其他零星的成文法规来体现。法国是这种模式的典型代表。法国在世界上首创了行政法院体制,但这种首创的结果又羁绊了它迈向行政程序法典化的进程,因为法国人已习惯用行政法院判例,而不是以成文立法来创制行政程序规范。英国介于法典模式和分散模式之间。它与法国不同的是,它毕竟推出了部分行政程序性法规,于1946年和1971年分别制定了《行政法规法》与《行政裁判所与调查法》;但与德国、奥地利、美国等不同的是,它没有制定行政程序法典。

在大陆法系与普通法系日益交融的今天,我们已不能将大陆法系国家和地区的行政程序法与法典模式以及普通法系国家和地区的行政程序法与分散模式,简单地等同起来。作为普通法系国家的美国对行政程序法采用了成文法典化形式,而作为成文法国家的法国对行政程序法却采用了判例法形式,这一事实能佐证上述论点。当我们评价行政程序法的法典模式和分散模式时,不能绝对地肯定一种模式而否定另一种模式。正如黑格尔所说:“凡是合乎理性的东西都是存在的,凡是存在的东西都是合乎理性的。”[60] 分散模式的存在自然有其“理性”基础,但依作者之见,法典模式应是行政程序立法的高级形式,而且成为世界各国行政程序立法的普遍趋向。

如果从功能角度考察行政程序法,我们则会发现另外两种模式,即效率模式和权利模式。前者系指,行政程序法的制定以考虑行政权运行效率为主;后者相反,它从相对人权利保护的角度出发设计行政程序法。效率与权利,是世界各国行政程序立法所追寻的两大目标,是其立法设计所不可回避的一个既对立又统一的矛盾。没有一个国家在制定行政程序法时,会只追求行政权的运行效率而一点也不考虑公民的权利保障,反之亦然。但根据各国行政程序立法的出发点和内容重心,我们依然不难找到其模式的“归口”。世界的历史与现状是,第二次世界

---

〔58〕 参见[葡]迪奥戈·弗雷塔斯·亚玛勒:《行政法教程》(第2卷),黄显辉、黄淑禧、黄景禧译,社会科学文献出版社2020年版,第176~177页。

〔59〕 参见杨伟东:《基本行政法典的确立、定位与架构》,载《法学研究》2021年第6期。

〔60〕 [德]黑格尔:《法哲学原理》,范扬、张企泰译,商务印书馆1961年版。

大战前的行政程序立法相对比较注重行政效率，如德国个别邦于19世纪末所制定的几个行政程序法；第二次世界大战后，不少国家所制定的行政程序法则更注重公民的权利保障，如美国于1946年制定的《联邦行政程序法》。

或许已有更多的国家意识到，纯粹的效率模式或纯粹的权利模式均不可取，现代的行政程序立法更应追求两者的"平衡"。因为"行政不仅需要有效率，即政策所要达到的目标一定能够迅速地实现；同时行政也必须使一般公民认为在行政活动中合理地考虑到所追求的公共利益和它所干预的私人利益之间的平衡"〔61〕。奥地利、西班牙、德国和日本等国的行政程序立法已为追求这种"平衡"作出了尝试和贡献。如此看来，今后行政程序立法的任务并不是选择效率模式还是权利模式，而是在于如何在它们之间寻找恰如其分的"平衡点"。

（二）行政程序法的结构

讨论行政程序法的结构问题是本部分内容的任务；这个问题的研究只能囿于行政程序法典本身。

奥地利经1950年修正的《普通行政程序法》的结构由六篇组成：第一篇为通则；第二篇为调查程序；第三篇为裁决；第四篇为法律保护；第五篇为费用；第六篇为附则。第一篇由五章36个条文组成，主要规定了官署及管辖权；管辖权争议及处理；行政人员的回避；关系人、当事人与代理人；官署与关系人之间往来规则；笔录、阅卷与结案；传唤、拘提；送达、期间；秩序罚及放肆罚。第二篇由两章19个条文组成，主要规定了调查目的及程序；言词审理；证据；鉴定人；勘验。第三篇由7个条文组成，主要规定了裁决的作成；裁决书的内容与格式要求。第四篇由三章11个条文组成，主要规定了相对人权利保护的三种方式，即诉愿、再审和恢复原状；行政官署作出决定的义务。第五篇由6个条文组成，主要规定了行政程序中有关费用的分担规则。第六篇只有1个条文，规定了有关该法的生效、修正、废止和执行。

美国1946年制定的《联邦行政程序法》由美国法典中的第五篇〔62〕第五章行政程序中的第551～559条和第七章司法审查中的第701～706条组成。〔63〕第551条规定了行政程序中的各种主要定义，如"机关""当事人""规章""裁决""制裁""救济"等；第552条规定了公共信息的公布与取得程序；第553条规定了行政机关制定规章的行为；第554条规定了行政机关制作行政裁决的行为；第555条规定了附属事项；第556条规定了适用规章制定和裁决的听证制度；第557条规定了听证中的决定和复议程序；第558条规定了制裁；第559条规定了法律效力；第701条规定了司法审查的适用和有关定义；第702条规定了司法审查权；第703条规定了诉讼的形式和地点；第704条规定了可司法审查的行为；第705条规定了司法审查前的补救；第706条规定了司法审查的范围。

意大利1955年《行政程序法（草案）》由四篇十一章构成。第一篇行政组织，共有三章，规定了各种行政机关的权限，单独机关与合议机关的组织规则；第二篇行政程序，共有三章，规定了行政程序的开始、发展和终结；第三篇行政行为，共有三章，规定了行政行为的形式、效力和

---

〔61〕［英］J. F. 加纳：《行政法》，1979年英文版，第231页。

〔62〕美国法典共由五十篇组成，第五篇为"政府机构和雇员；以及附则"。

〔63〕美国事后分别于1974年和1976年制定了《私人秘密法》（Privacy Act）和《阳光下的政府法》（Government in the Sunshine Act；也称"会议公开法"，Opening Meeting Act），现已成为美国法典中的第552条之一和之二，并作为《联邦行政程序法》的组成部分。

无效;第四篇行政行为的再审查,共有两章,规定了职权审查和诉愿审查。

西班牙1958年的《行政程序法》共六篇十九章,另加序篇和附则。序篇共1条,规定了该法的适用范围;第一篇行政组织,共四章,规定了行政组织的管辖规则、权限争议的处理和回避制度;第二篇利害关系人,规定了参与行政程序利害关系人的法律地位;第三篇行政作用,共五章,规定了行政行为的一般原则、成立要件、效力、证据与记录;第四篇程序,共五章,规定了行政程序的开始、审理、终结与执行;第五篇依行政手段之行为再审查,共两章,规定了依职权审查与诉愿审查制度;第六篇特别程序,共三章,规定了一般性质命令的制定程序、惩戒程序、行使民事诉权与劳动诉权前的请求程序。

瑞士联邦1968年的《行政程序法》共五章。第一章规定了行政程序法适用的领域及概念;第二章规定了行政程序的一般原则,包括行政官署的权限、证据的采用、听证等制度;第三章规定了行政诉愿制度;第四章规定了向联邦行政委员会起诉的程序;第五章为终局性规定,如该法的生效、有关法律的修正以及其他过渡性条款。

德国1976年的《行政程序法》由八章组成。第一章规定了适用范围、土地管辖和职务上的协助;第二章为行政程序的一般规定,包括程序范围、当事人、证据、听证和回避等制度;第三章为行政处分,规定了行政处分的意义、形式、内容、效力、时效等;第四章为公法契约,规定了公法契约的形式与内容、签订与解除、效力等;第五章为特种程序,规定了正式程序、听证程序和计划程序等;第六章为法律救济程序,规定了适用行政法院法和诉愿程序;第七章为荣誉职之工作、委员会,规定了荣誉职与委员会的权利与义务;第八章为终结规定,规定了一些附则上的内容。

日本1993年的《行政程序法》的结构由六章和一个附则组成。第一章为总则,规定了立法的目的、主要名称的定义等;第二章为对申请的处分,规定了申请处分的基准、期间、审查、听证等;第三章为不利处分,规定了该处分的基准、听证、辨明等;第四章为行政指导,规定了行政指导的一般原则、方式和程序;第五章为申报,规定了行政机关申报的义务;第六章为补则,规定了地方公共团体的措施;最后为附则,规定了施行日期和过渡措施。

我国澳门特别行政区于1999年制定的《行政程序法》由五个部分(篇)构成。第一篇为一般原则,规定了定义、适用范围和14项程序法原则;第二篇为主体,规定了行政机关的职责、权限、会议程序、表决方式、授权与代任、回避制度等,以及利害关系人在程序中的权利与义务;第三篇为行政程序,规定了行政程序的各个环节与制度,包括听证等;第四篇为行政活动,规定了规章、行政行为、声明异议及行政上诉、行政合同等;第五篇为附则,规定了一般附则上的内容。[64]

通过对以上有关国家和地区的成文行政程序法典的结构分析,我们也许可以得出这样的

---

〔64〕 中国台湾地区于1999年制定的“行政程序法”的结构由八章组成。第一章为总则,规定了“立法”目的与适用、管辖机关、当事人、送达、期日与期间、程序开始、调查证据、回避、听证制度等;第二章为行政处分,规定了行政处分的规则与效力;第三章为行政契约,规定了行政契约的原则、范围与效力;第四章为“法规命令”与行政规则,规定了行政主体的行政立法活动;第五章为行政计划,规定了行政计划的制定规则与程序;第六章为行政指导,规定了行政主体的行政指导规则;第七章为陈情,规定了公民的陈情权利与行政机关对陈情的处理;第八章为附则,规定了该“法”施行日期的确定方式。

结论：作为一个完整的行政程序法典，除了开头的序言或总则[65]，以及结尾[66]外，其他的总体结构大体包括：(1)主体部分，一般规定行政主体以及利害关系人的各项权利与义务；(2)行政立法部分，一般规定行政机关制定法规或抽象性规范的权限与程序；(3)行政执法部分，一般规定行政机关的行政处分行为、行政指导行为、行政合同行为等；(4)法律救济部分，一般规定依职权的行政审查、行政诉愿和司法审查制度。当然，我们并不是说以上所列举的每一个成文行政程序法典都由这四个构成部分，而且也不是被行政程序法典所拥有的每一个构成部分都具有上述的完整内容。同时拥有四个结构部分的只有美国 1946 年的《联邦行政程序法》、西班牙 1958 年的《行政程序法》与中国澳门特别行政区 1999 年的《行政程序法》；其余大多采用的是"主体—(具体)行政行为—法律救济"的结构形式，如奥地利 1925 年的《普通行政程序法》、意大利 1955 年的《行政程序法(草案)》、瑞士联邦 1968 年的《行政程序法》以及德国 1976 年的《行政程序法》等。日本 1993 年的《行政程序法》与中国台湾地区 1999 年的"行政程序法"，在结构上不设"法律救济"部分。日本的程序法还不仅于此，它除了行政行为几乎没有其他的主要结构部分，因而称日本的《行政程序法》为"纯行政程序法"也许不会过分。对照上述结构，我们得承认，英国虽没有制定一个完整的行政程序法典，但它分别于 1946 年和 1971 年制定《行政法规法》与《行政裁判所与调查法》是符合把行政机关行为分成立法行为与执法行为之逻辑的，但愿英国会按照这种结构思路接着制定行政主体法与法律救济法。

三、行政程序法的内容

总体上说，行政程序法的内容主要包括四大块：(1)行政主体及关系人；(2)行政立法；(3)行政活动；(4)法律救济。但就某一国或某一地区的行政程序法典的具体内容而言，则差异颇大。以下围绕主要的内容进行比较和说明。

(一)行政主体及利害关系人

行政程序由行政主体主持，由利害关系人参与。因此，行政主体和利害关系人构成了行政程序上的主体(或当事人)。世界上的行政程序法典，除总则内容之外，首先规定的是行政程序的主体内容，还包括职权与管辖等。

(二)行政立法

无论一个国家(地区)信奉什么样的权力分配理论，都不影响其行政机关拥有制定法规与行政规则[67]的权力，但行政程序法是否应规定这一内容，各国(地区)的态度是不一致的。美国认为，当代的行政机关既拥有立法权(制定规章，ruling)，又拥有司法性的裁决权(adjudication)，[68]因而自然把行政立法视作行政程序法的内容范围。美国《联邦行政程序法》第 553

---

[65]　一般是规定立法目的、有关定义、基本原则等。

[66]　一般是规定法律的生效时间、过渡措施、有关法律的修改等。

[67]　为了方便起见，我们把行政机关制定法规与行政规则称作行政立法，尽管这是不确切的。

[68]　如美国行政法专家伯纳德·施瓦茨认为，"由于当代复杂社会的需要，行政法需要拥有立法职能和司法职能的行政机关……它们有权制定具有法律效力的规章，这是立法性权力；有权裁判案件，这是司法性权力。通过行使制定规章权和裁判权，行政机关得以决定私人的权利和义务"。See Bernard Schwartz, *Administrative Law*, Little, Brown and Company, Boston Toronto 1976, p. 4 – 5.

条[69]专门规定了美国行政机关制定规章[70]的权力与程序。西班牙的《行政程序法》把行政机关制定"一般性质的命令"作为一种特别程序加以规定。[71] 中国澳门特别行政区的《行政程序法》,把行政机关制定规章作为行政活动的一种类别加以规定,[72]而且居行政行为、行政合同之首。中国台湾地区的学者认为行政机关的行政立法活动有两项:制定法规命令与行政规则。其1999年的"行政程序法"专设第四章(法规命令与行政规则),对行政机关制定法规命令与行政规则的权力及程序作出了详细规定。然而,奥地利、意大利、瑞士、德国、日本等并没有在行政程序法中对行政立法作出规定。这并不意味它们否认其行政机关拥有类似的权力,而是倾向于用行政程序法以外的法律形式来规范行政立法。

(三)听证(hearing)制度

从一定意义上说,听证是行政程序法的核心,因为这一制度最能体现让相对人参与的公正与平等精神。在没有制定专门行政程序法的法国与英国,听证则是其"自然公正"或"合理"原则的中心制度。在业已推出行政程序法典的国家和地区,它们更会把听证制度置于行政程序法中一定的地位。

(四)行政处分(行政行为)

域外行政法学上的"行政处分"[73],系指行政主体基于职权,针对行政相对人就特定的具体事项,单方作出的具有法律效果的行政行为。它接近我国行政法理上的"行政行为"概念。规范行政处分是行政程序立法的中心任务,因此几乎没有一个国家或地区的行政程序法典不包括行政处分这一内容,只是表现形式不同而已。有的行政程序法虽规定了不少行政处分的内容,但它并没有设置专门的章节规范行政处分的一般原理,如奥地利、美国[74]、瑞士、日本[75]等国的行政程序法;有的行政程序法则不同,它们设专门章节用以规范行政处分的一般规则,意大利1955年的《行政程序法(草案)》[76]、西班牙1958年的《行政程序法》[77]、德国1976年的《行政程序法》[78]、中国澳门特别行政区的《行政程序法》[79]以及中国台湾地区1999年的"行政程序法"[80]等便属此类。比较而言,后一种方式更为成熟。

(五)行政合同

行政合同,亦称行政契约或公法契约,系指行政主体基于职权,为实现国家(地区)的行政目标,同行政相对人或其他行政主体所签订的合同。它属国家(地区)行政活动的一种形式,但显然不是行政处分。因此,它能否构成行政程序法的内容,各地态度不一。大多国家(地区)的

---

[69] 按美国法典统一编号。
[70] 美国行政机关制定的规章有3类:实体性规章、解释性规章、程序性规章。
[71] 参见西班牙《行政程序法》第六篇第一章。
[72] 参见我国澳门特别行政区《行政程序法》第四篇行政活动中的第一章规章。
[73] 德文 Verwaltungsakt;法文 Acte Administratif;英文 Administrative act 。
[74] 奥地利与美国的行政程序法更多的是规定行政裁决,而不是行政处分。
[75] 日本的行政程序法只是规定对申请的处分与不利处分,而不是规定一般行政处分的一般原理。
[76] 参见其第三篇第1~3章,第35~44条。
[77] 参见其第三篇第1~5章,第29~66条。
[78] 参见其第三章行政处分,第35~62条。
[79] 参见其第四篇行政活动第二章行政行为(行政处分),第102~136条。
[80] 参见其第二章行政处分。

行政程序法并没有规定行政合同问题,如奥地利、美国[81]、意大利、西班牙、瑞士、日本等。但有的国家(地区)的行政程序法持相反的态度,德国1976年《行政程序法》设专章规定了"公法契约"[82],我国澳门特别行政区1999年《行政程序法》将行政合同作为第四篇行政活动中的一个专章[83]加以规定,还有我国台湾地区1999年的"行政程序法"亦都设专章[84]以规范行政合同关系。

(六)行政指导

行政指导,系指行政主体为实现一定的行政目的,基于职权对行政相对人所作的非强制性的引导活动,如劝告、希望、指导、指示、指引、鼓励等。它不是行政处分,属非正式行政行为。正因为这样,大多国家和地区的行政程序法对行政指导不作规定,如美国、奥地利、意大利、西班牙、瑞士、德国、我国澳门特别行政区等。日本由于其特殊的历史原因,[85]仍把行政指导置于行政立法与行政法理论研究中的重要地位。[86] 日本1993年《行政程序法》设专章规定了行政指导,[87]内容包括行政指导的一般原则、种类、方式和程序等。我国台湾地区1990年的"行政程序法(草案)"亦设专章规定了行政指导,[88]而1995年的草案取消了这一内容。就世界总体情况而言,行政指导在行政程序法典中谋求立席之地,困难重重。

(七)行政计划

行政计划(administrative planning),系指行政主体事先安排各项工作的有关活动。它既不是行政立法,也不是行政处分,因此大多国家和地区的行政程序法对此不作规定,唯独德国1976年的《行政程序法》独树一帜。德国《行政程序法》在第五章特种程序中,把计划程序(Planfeststellungsverfahren)作为一种特种程序加以对待。[89] 我国台湾地区在1999年的"行政程序法"也设专章规定了行政计划。[90]

(八)行政执行

行政执行,系指有关国家机关对已经生效的行政行为进行强制执行的活动。世界上不少

---

[81] 作为普通法系国家主要代表的美国之所以没有把行政合同纳入行政程序法的范围,还在于美国人没有将行政合同与普通合同加以区分的观念,一切合同均受普通法调整。

[82] 参见其第四章公法契约,第54~62条。

[83] 参见其第四篇行政活动中的第四章行政合同,第157~167条。

[84] 参见其第三章行政契约,第84~97条;1995年的草案仍见第三章行政契约,但条文改为第119~133条。

[85] 日本学者南博方对此作了深刻的说明:"战后美军占领时期,总司令部常常利用间接统治手段,向日本政府提交备忘录、书信,发布指示、警告,提出劝告、建议等。这些手段形式上温和宽松,实质上却是命令,不容违反。或许从这种行为的有效性中得到启发,媾和条约生效后,行政指导得以广泛应用,渗透到各个领域。现实中,行政已不成为依法行政,行政指导简直无所不能了。"参见[日]南博方:《日本行政法》,杨建顺、周作彩译,中国人民大学出版社1988年版,第67页。

[86] 参见胡建淼:《十国行政法——比较研究》,中国政法大学出版社1993年版,第五章第五节;[日]盐野宏:《行政法Ⅰ》,刘宗德、赖恒盈译,台北,月旦出版股份有限公司出版,第二篇第四章;[日]室井力主编:《日本现代行政法》,吴微译,中国政法大学出版社1995年版,第二篇第十章;[日]和田英夫:《现代行政法》,倪健民、潘世圣译,中国广播电视出版社1993年版,第三篇第二章第四节。

[87] 参见其第四章,第32~36条。

[88] 参见其第六章行政指导,第132~137条。

[89] 参见德国1976年《行政程序法》第五章第二节,第72~78条。

[90] 参见其第五章行政计划,第163~164条。

行政程序法对它作出规定。西班牙1958年的《行政程序法》对行政执行作出专章规定,并设置了四种执行种类:(1)对物强制(apromio sobreel patrimonio);(2)代执行(ojecucion subsibiarla);(3)强制罚(multa coercivtiva);(4)对人强制(compulsio'n sobre las personas)。[91] 瑞士1968年的《联邦行政程序法》第39~43条也对行政执行作出规定。我国澳门特别行政区1999年的《行政程序法》,也设专节对行政执行作出系统规定。[92] 但不少国家的行政程序法,不包括行政执行这一内容,如奥地利、美国、意大利、德国、日本等。这并不是因为后者认为行政程序法与行政执行没有联系,而是其主张把行政执行作为行政程序法以外的其他法律加以规定,奥地利、意大利、德国、日本在行政程序法以外均有行政执行方面的法律[93],这便是例证。

(九)行政法律救济

行政法上的法律救济制度,系指有关国家机关对行政主体的行政行为进行监督、控制和补救的制度。从理论上说,它主要包括行政救济与司法救济两大部分。由于行政程序法是规范行政主体行政行为的法律,而不是支配司法机关司法行为的法律,所以世界上各种行政程序法一般不包括司法救济。一种例外是,司法审查是美国《联邦行政程序法》的重要构成内容,但我们也可以说,它并不属于美国《联邦行政程序法》的内容范围,因为从美国法典排列上看,行政程序属于美国法典第五篇中的第五章,而司法审查则属于第七章。[94] 行政救济作为行政程序法的重要构成内容是毋庸置疑的,除日本没有在行政程序法或草案中规定行政救济外,几乎世界上所有成文性的行政程序法典都为其留下了应有的位置。[95]

四、我国制定行政程序法

(一)要求制定行政程序法的呼声和理由

中国的行政立法已步入了前所未有的"高速期":1989年全国人大制定了《行政诉讼法》并于2014年和2017年作了修正;1994年全国人大常委会制定了《国家赔偿法》并于2010年和2012年作了两次修正;1996年全国人大制定了《行政处罚法》并于2009年和2017年作了两次修正,2021年作了最新的修订;1999年的《行政复议法》取代了1990年的《行政复议条例》,后续又得到2009年和2017年的修正;2003年全国人大常委会制定了《行政许可法》,并于2019年进行修正;2011年全国人大常委会又制定了《行政强制法》。在此背景下,要求制定作为行政

---

[91] 参见其第三篇行政作用,第五章执行,第100~108条。

[92] 参见其第四篇行政活动,第二章行政行为,第五节行政行为之执行,第128~136条。

[93] 如奥地利有1925年的《行政强制执行法通则》,德国有1953年的《联邦行政强制执行法》,日本有1948年的《行政代执行法》。

[94] See *United States Code*, 1988 Edition, United States Government Printing Office Washington, 1989.

[95] 奥地利1925年的《普通行政程序法》专设第四篇法律保护,内容包括诉愿与再审,共涉11个条文(第63~73条)。美国在《联邦行政程序法》中特别规定了"行政上诉"制度。意大利1955年《行政程序法(草案)》专设第四篇行政行为的再审查,按两章分别规定了依职权再审查与基于行政诉愿再审查制度,共涉19个法律条文(第45~63条)。西班牙1958年的《行政程序法》,设第五篇依行政手段之行为再审查,并分别规定了依职权之再审查与行政诉愿制度,共涉20个法律条文(第109~128条)。瑞士1968年的《联邦行政程序法》,第三章与第四章分别规定了行政诉愿制度与联邦行政委员会审查制度。德国1976年的《行政程序法》专设第六章法律救济程序,规定了对行政诉愿法与行政法院法的适用原则(第79~80条)。我国澳门特别行政区1999年的《行政程序法》,第四篇行政活动中专设第三章,创制了声明异议与行政上诉制度(第137~156条)。我们可以从以上各种行政程序法对行政救济的规定中发现,行政救济的内容主要有两块,即行政诉愿(相当于中国的行政复议)和其他行政审查。

行为基本法的“行政程序法”的呼声已越来越高,不少学者还提出了行政程序法的建议稿。

在我国尽快制定行政程序法是具备充分的理由的。

1. 它是继续推进依法行政、建设法治政府的要求。坚持依法行政、建设法治政府,是中国坚持依法治国、依法执政、依法行政共同推进,坚持法治国家、法治政府、法治社会一体建设治国方针的基本内容。制定统一的行政程序法,使政府的管理行为具有统一的程序要求,这是行政法治的要求和体现。

2. 我国制定了《行政处罚法》《行政许可法》《行政强制法》,为三大基本行政行为提供了法律依据。它一方面为我们制定统一的行政程序法提供了经验和基础,另一方面又呼唤着早日制定统一的行政程序法,有必要为所有的行政行为设定共同统一的最低程序要求,既保障了行政效率的提高,也保障了行政相对人的程序权利。

3. 我国地方立法先行,为国家制定行政程序法奠定了基础。我国虽然在国家层面至今尚未制定行政程序法,但是在地方,自 2000 年以来已出现了不少有关行政程序的地方性法规和地方政府规章。我国最早的有关行政程序的地方政府规章是 2008 年制定的《湖南省行政程序规定》。[96] 它由十章 178 条组成。最早的有关行政程序的地方性法规是 2022 年制定的《江苏省行政程序条例》[97],它由十三章 166 条组成,于 2022 年 11 月 1 日起施行。在这期间,还有不少省市制定了“行政执法程序规定”。

(二)关于行政程序法的定位

关于所要制定的行政程序法的定位,主要表现为法规的定位和内容范围的定位。作者特别建议以下几点:

1. 确立两大基本原则,一是程序法定原则,即行政程序必须依法设定;二是程序正当原则,即所设计的行政程序制度必须在内容上符合正当性标准。我们要建立一种具有正当性的行政程序,而不是一种偏私的程序。

2. 所制定的行政程序法应当是程序法而不是实体法。所以,我们并不主张对行政主体及行政职权作过多的规定。

3. 所制定的行政程序法应当是行政行为程序法而不是行政立法法,也不该是行政救济法。所以,行政程序法在“上游”不该规定行政立法程序,仅以规定“行政规定程序”为限,因为行政法规和行政规章的制定程序已由《立法法》作出规定;在“下游”也不用规定行政复议和行政诉讼,仅以规定“行政决定程序”为限,因为行政复议和行政诉讼属于行政法上的权利救济程序。

4. 所制定的行政程序法应该是行政程序方面的基本法而不是补充法,所以,一切行政行为的程序原则上都必须服从该法,它本身有例外规定的方可适用其他法。

---

〔96〕 2008 年 4 月 9 日湖南省人民政府第 4 次常务会议通过,2008 年 4 月 17 日湖南省人民政府令第 222 号公布。2018 年 7 月 10 日湖南省人民政府令第 289 号《关于废止和修改部分人民政府规章的决定》修正。

〔97〕 2022 年 7 月 29 日江苏省第十三届人民代表大会常务委员会第三十一次会议通过。

第六节 疑难问题探讨

一、行政立法程序是否属于行政程序?

行政立法,系指有关国家行政机关制定法规和规章的活动。它包括国务院制定行政法规,国务院有关工作部门制定部门规章,以及省、自治区、直辖市和设区的市和自治州的人民政府制定地方政府规章。

行政立法程序是否属于行政程序的问题,以行政立法行为是否属于行政行为这一问题为前提。《立法法》已将行政法规和规章纳入本法范围加以规定,说明行政法规和规章属于《立法法》所规制的"法"的范围。因而,无论是国务院制定行政法规,还是有关行政机关制定规章,都不属于行政行为。据此,我们就不应当将行政立法程序纳入行政程序范围之内。

二、内部行政程序与外部行政程序的划分标准是什么?

在前面有关行政程序分类的部分我们已经表明,准确划分内部行政程序与外部行政程序的法律意义在于:内部行政程序不得对抗外部行政程序;行政复议法和行政诉讼法所要控制的程序违法限于外部行政程序的违法,不涉及内部行政程序的违法。这一划分的法律意义努力推动我们去探讨内部行政程序与外部行政程序的划分标准。在这一努力过程中,有几个标准方案可以试探:

1. 以设定行政程序的规范为标准,即由法设定的行政程序是外部程序,由内部文件设定的行政程序是内部程序。从形式上看,似乎非常对称合理,但不符合实际情况。虽然内部文件无权对外部程序作出设定,但不排除法对内部程序作出设定,《公务员法》对公务员的处分程序作出规定便是例子。

2. 以程序是否涉及外部相对人为标准,即与外部相对人相关联的程序是外部程序,反之,属于内部程序。这里的外部相对人,显然是指国家系统之外的"公民、法人或者其他组织"。按此标准,如果作为内部行为的公务员的任命须经单位以外公民投票,这就成了外部程序;如果作为外部行为的行政处罚,须经单位内部人员讨论,这就成为内部程序。这就会违背外部程序与外部行为、内部程序与内部行为的对应性。

3. 以内部行政行为与外部行政行为的分类为标准。鉴于程序是对实体的辅助,程序行为从属于实体行为,内部行政程序与外部行政程序的划分标准应当以行政行为的分类为基础。法为内部行政行为设定的程序是内部程序,法为外部行为设定的程序则是外部程序。这才符合内部行政行为的程序是内部程序,外部行政行为的程序是外部程序的逻辑。这一标准理论上大体正确,但说得不够全面,如行政案卷的装订程序谁也不会认为是外部程序。

笔者认为,内部行政行为的程序必定是内部程序;外部行政行为的程序原则上是外部程序,但对相对人的权利不可能有影响的技术性程序,不属于外部程序。外部程序应当是在外部行政行为中的可能对相对人权利发生影响的程序。

三、《行政处罚法》规定的"集体讨论"是内部程序还是外部程序?

原《行政处罚法》第38条第2款,《行政处罚法》(2021)第57条第2款规定:"对情节复杂或者重大违法行为给予行政处罚,行政机关负责人应当集体讨论决定。”这里规定的“集体讨论决定”属于内部程序还是外部程序,颇有争议。

类似的案件已多次发生。某行政机关因相对人的严重违法而对其作出没收违法所得并处罚款1000万元人民币的行政处罚决定,当事人不服,依法提起行政诉讼。人民法院在审查中发现:行政机关作出如此重大的行政处罚决定,并未经过单位负责人的集体讨论,便依据《行政处罚法》的有关规定,判决撤销行政机关的处罚决定,并责令其重新作出行政行为。行政机关不能接受法院的观点,认为行政机关作出行政处罚决定是否经过单位负责人的集体讨论,仅仅是一个内部程序,不影响其外部效力。人民法院无权审查行政机关的内部程序。

笔者认为,本案的行政处罚算得上一个较重的行政处罚,行政机关应当遵守《行政处罚法》所规定的“集体讨论决定”的程序要求,这一点毫无疑问。问题在于:该条款仅仅是约束行政机关行为的内部程序,还是人民法院可以审查的行政行为外部程序?

从形式上看,行政机关的抗辩不是没有道理,这确实像是一个内部程序,因为无论集体讨论还是行政负责人一人决定,都没有与相对人发生关系。与相对人有关的,是行政机关作出了一个什么样的行政决定。但是,我们在上面已经探讨过区别内部程序与外部程序的标准。

内部行政程序与外部行政程序的区别标准,既不是以设定行政程序的规范为标准,也不是单纯以程序是否涉及外部相对人为标准,同样也不是简单地认为内部行为的程序是内部程序,外部行为的程序是外部程序。内部行政行为的程序必定是内部程序;外部程序应当是在外部行政行为中的可能对相对人权利发生影响的程序。

在本案中,行政处罚显然是一个以处分相对人权利为直接法律效果的外部行政行为,并且是否经过行政机关负责人或集体讨论决定与相对人的权利有关,[98]因而属于人民法院可以审查的外部行政程序。

本章小结

行政程序是否合法是衡量行政行为是否合法有效的标准之一。关于行政程序的内涵与外延,世界上不甚统一。但这里的行政程序,特指由法律所设定行政主体在实施行政行为时必须遵循的途径、方式、步骤、时限和形式等程序要求的总称。

行政程序有内部程序与外部程序、强制性程序与任意性程序、主要程序与次要程序之理论分类,也有行政规定程序与行政决定程序、简易程序与基本程序、一般程序与特别程序之具体分类,这些分类都具有直接的法律意义。

行政程序是一种过程。程序的开始、程序的进行和程序的结束,构成了行政程序的全过程。行政程序的过程,又伴随许多时间制度。程序的期间与期限,程序的中止、延续与终结,构成了程序上的时间要素。

程序法定与程序正当是行政程序的两大基本原则。这两大原则同时决定了法定程序与正当程序的存在及其关系。

人们对行政程序的重视推进了行政程序立法活动。制定行政程序法乃是行政程序立法的最高形式。世界上已有几十个国家和地区制定了行政程序法,中国也已进入“研究制定”行政程序法的阶段。我们期待着行政程序法的早日问世。

---

〔98〕 经过集体讨论决定与行政机关负责人个人决定,存在行政决定具体内容不同的可能性。

规范链接

- 《中华人民共和国民法典》(2020)第200~204条
- 《中华人民共和国行政许可法》(2019)第32、34、42条
- 《中华人民共和国行政处罚法》(2021)第36、44、51、60、85条
- 《中华人民共和国治安管理处罚法》(2012)第22条
- 《中华人民共和国行政强制法》(2011)第2、3、19、20、39、40、42条
- 《中华人民共和国行政复议法》(2023)第20条
- 《中华人民共和国行政诉讼法》(2017)第74条
- 中共中央《法治中国建设规划(2020-2025年)》
- 国务院《全国年节及纪念日放假办法》(2013,国务院令第644号)
- 国务院《关于职工工作时间的规定》(1995)

案例讨论

武汉分公司不服武汉市东西湖区劳动和社会保障局社会保障行政确认案

|案　情|

原告:北京天元伟业模板有限公司武汉分公司(以下简称天元伟业武汉分公司)。

被告:武汉市东西湖区劳动和社会保障局(以下简称东西湖区劳动局)。

第三人:程某。

2007年10月14日,程某与天元伟业武汉分公司签订试用期劳动合同,约定试用期限3个月。2008年1月16日,因天元伟业武汉分公司未按时发放工资,程某向天元伟业武汉分公司递交离职审批表,主管经理虽签字同意,但未注明签字日期,也未发放工资,致使程某滞留等待发放工资。2008年1月24日,天元伟业武汉分公司职工何某以承包组的名义与天元伟业武汉分公司签订“模板加工承包合同”一份,约定天元伟业武汉分公司负责承包组人员的住宿、工作场地及工具,承包组负责组织、管理加工人员的日常工作及工伤事故和伙食费。何某对辞职员工称继续工作就可拿到工资,于是程某与其他员工一起继续在天元伟业武汉分公司工作。

2008年2月12日19时许,程某在天元伟业武汉分公司的车间外进行钻孔作业时,磁力钻突发故障倾倒,程某用手去扶磁力钻,因手上佩戴的手套被绞入钻机中,导致其右上肢尺桡骨骨折,于当日就诊于武汉市东西湖区人民医院。2008年2月14日,程某向东西湖区劳动局提出工伤认定申请,填写了工伤认定申请表。2008年3月27日,东西湖区劳动局立案后,向天元伟业武汉分公司送达东劳社工伤举字〔2008〕第004号举证告知书,要求天元伟业武汉分公司在收到本告知书之日起15个工作日内向该局提交程某是或者不是工伤的证明材料。天元伟业武汉分公司在15个工作日内未举证。2008年5月13日,程某向武汉市东西湖区劳动争议仲裁委员会申请仲裁,请求确认程某与天元伟业武汉分公司之间的劳动关系。2008年6月30日,武汉市东西湖区劳动争议仲裁委员会作出仲裁裁决书,确认程某在2008年2月12日遭受事故伤害时与天元伟业武汉分公司之间存在事实劳动关系。天元伟业武汉分公司不服,于2008年12月10日向湖北省武汉市中级人民法院申请撤销该仲裁裁决书。2009年3月13日,湖北省武汉市中级人民法院作出民事裁定书,驳回天元伟业武汉分公司申请撤销武汉市东西湖区劳动争议仲裁委员会作出东劳仲裁〔2008〕第49号仲裁裁决书的请求。2009年5月4日,东西湖区劳动局依据《工伤保险条例》第14条第1项作出东劳社工伤认〔2009〕第48号工伤认定结论通知书,认定程某所受伤害为工伤。天元伟业武汉分公司对东劳社工伤认〔2009〕第48号工伤认定结论通知书不服,向武汉市东西湖区人民政府提出行政复议,2009年10月12日,武汉市东西湖区人民政府作出行政复议决定书,决定维持东西湖区劳动局的原具体行政行为。天元伟业武汉分公司不服,提起本案诉讼。

原告天元伟业武汉分公司诉称，东西湖区劳动局认定事实不清，工伤认定程序不合法。程某是2008年2月12日19时左右受伤，而天元伟业武汉分公司的工作时间是每日7时至18时。天元伟业武汉分公司规定，下班后所有工作人员均须离开车间，程某19时仍从事作业，既非公司的工作时间，又不是公司要求的加班时间，其受伤不是工伤；东西湖区劳动局于2008年2月27日受理程某提出的工伤认定申请，2009年5月4日才作出工伤认定结论，其期限早已超过60日，程序违法。请求撤销东西湖区劳动局作出的东劳社工伤认〔2009〕第48号工伤认定结论通知书。

被告东西湖区劳动局辩称，(1)东西湖区劳动局认定程序合法，2008年2月27日东西湖区劳动局受理程某提出的工伤认定申请，并于当日向天元伟业武汉分公司送达举证通知书，天元伟业武汉分公司在15个工作日内未举证。之后，程某向武汉市东西湖区劳动争议仲裁委员会申请仲裁，请求确认其与天元伟业武汉分公司之间的劳动关系，东西湖区劳动局工伤认定程序因此中止。2008年6月30日，武汉市东西湖区劳动争议仲裁委员会作出东劳仲裁字〔2008〕第49号仲裁裁决书，确认程某与天元伟业武汉分公司之间存在劳动关系。天元伟业武汉分公司不服向武汉市中级人民法院提出申请，请求撤销武汉市东西湖区劳动争议仲裁委员会东劳仲裁字〔2008〕第49号仲裁裁决书。2009年3月13日，武汉市中级人民法院作出(2009)武劳仲监字第21号民事裁定书，驳回天元伟业武汉分公司申请撤销武汉市东西湖区劳动争议仲裁委员会作出东劳仲裁字〔2008〕第49号仲裁裁决书的请求。在该裁定书生效后，工伤认定程序中止事由消除。东西湖区劳动局于2009年5月4日作出工伤认定结论通知书。(2)东西湖区劳动局认定事实清楚、证据充分、适用法律正确。请求驳回天元伟业武汉分公司的诉讼请求，维持东西湖区劳动局作出的东劳社工伤认〔2009〕第48号工伤认定结论通知书。

程某述称，天元伟业武汉分公司没有规定工作时间是每日7时至18时的规章制度，东西湖区劳动局作出的东劳社工伤认〔2009〕第48号工伤认定结论通知书，符合法定程序，请求驳回天元伟业武汉分公司的诉讼请求。

武汉市东西湖区人民法院审理认为，《工伤认定办法》(2003)第14条规定："职工或者其直系亲属认为是工伤，用人单位不认为是工伤的，由该用人单位承担举证责任。用人单位拒不举证的，劳动保障行政部门可以根据受伤害职工提供的证据依法作出工伤认定结论。"天元伟业武汉分公司在接到东西湖区劳动局的举证告知书后，在规定的期间未举证，东西湖区劳动局根据程某提供的证据作出工伤认定结论是符合该条规定的。《工伤认定办法》(2003)第15条规定："劳动保障行政部门应当自受理工伤认定申请之日起60日内作出工伤认定决定……"湖北省劳动和社会保障厅发布的《关于工伤保险若干问题的处理意见》第5条规定："当用人单位和职工在提出工伤认定申请时，就是否存在劳动关系发生争议时，先由用人单位或职工向劳动争议仲裁委员会提出申请，并由用人单位承担举证责任，劳动仲裁委员会确认后，再进行工伤认定。"东西湖区劳动局虽未在60日内作出工伤认定决定，但东西湖区劳动局在程某与天元伟业武汉分公司之间出现劳动关系争议时，等待劳动仲裁机构确认程某与天元伟业武汉分公司之间是否存在劳动关系后再进行工伤认定也是符合规范性文件规定的。天元伟业武汉分公司以东西湖区劳动局在工伤认定结论中认定事实不清、违反法定程序作为诉讼理由，缺乏事实根据。其要求撤销东西湖区劳动局作出的东劳社工伤认〔2009〕第48号工伤认定结论通知书的诉讼请求，本院不予支持。东西湖区劳动局所作的工伤认定结论通知书事实清楚、适用法律正确、程序合法，其辩称理由本院应予支持。依照《行政诉讼法解释》(1999)第56条第4项的规定，判决如下：驳回天元伟业武汉分公司的诉讼请求。

|评　析|

该案所涉其他问题鉴于本章的任务而不作讨论，这里限于评析：超过规定期限作出的工伤认定结论是否属于"违反法定程序"，并且是否应予以撤销？

本案原告(天元伟业武汉分公司)再三坚持一个观点：被告(东西湖区劳动局)作出的工伤认定结论超过了法定期限，"违反法定程序"，应当予以撤销。

在我国，工伤认定的期限是由一个部委规章规定的。由原劳动和社会保障部制定的《工伤认定办法》(2003)〔99〕第15条规定，"劳动保障行政部门应当自受理工伤认定申请之日起60日内作出工伤认定决定"。在本案中，从2008年2月27日劳动保障行政部门立案时起算至2009年5月4日作出工伤认定结论通知书，时间是432日，可

〔99〕 2003年9月23日颁布，2010年12月31日修改，自2011年1月1日起施行。

能超过规章规定的60日(当然应当扣除仲裁时间)。

笔者认为,根据《立法法》的规定,规章属于“法”的范畴,所以,由规章所设定的行政机关作出工伤认定决定的期限应当属于“法定期限”,它是“法定程序”的构成要素。超过“法定期限”属于违法“法定程序”,这在逻辑上是成立的。

但是,违反“法定程序”是否必须一概撤销?这应当区分主要程序与次要程序。主要程序与次要程序的划分标准主要看该程序是否会影响当事人的实体权利与义务。《行政诉讼法》(2017)也已表达了这一点。其第74条第1款规定:“行政行为有下列情形之一的,人民法院判决确认违法,但不撤销行政行为:……(二)行政行为程序轻微违法,但对原告权利不产生实际影响的。”

在本案中,被告是否在法定期限内作出工伤认定决定,与这一决定结果的“肯定性”或“否定性”没有关系。也就是说,行政机关不会在法定期限内就作出否定工伤决定,在法定期限外就作出认定为工伤的决定。所以结论是:在本案中,如果被告确实构成了程序违法,也属于次要程序违法,因而无须撤销。法院对行政机关的这一行为,应当确认违法但不予撤销。

当然,如果行政机关的行为延期给当事人造成实际损失的,可以引起赔偿责任。

[资料来源:《中国行政审判指导案例第39号》,载《中国行政审判指导案例》(第1卷),中国法制出版社2010年版。评析部分为笔者参考该案“评析”并根据教学需要所撰]

复习思考题

1. 什么是行政程序?它的内容要素是什么?
2. 行政程序有哪些类型?
3. 内部程序与外部程序如何区分?
4. 中国为什么要制定行政程序法?如何制定?

第二十一章　法 定 程 序

程序是自然存在的。一种自然程序经过法制化改造，并被写进法律，就成为法定程序。当自然程序变成法定程序之后，行政机关与相对人都有遵循的法定义务。若不遵循，就会引起不利的法律后果。

第一节　行政程序法定化

一、自然程序与法定程序

任何行政行为都会经过一定的过程，都会以一定的形式反映出来，它们都会在一定的自然程序中存在。这些自然程序经历无数的反复，人们对它总结和改造，并用法律表达出来，这就成为法定程序。

可见，自然程序，是行政行为的原始程序和自然过程。法定程序是人们通过立法对自然程序进行改造的结果和最终形式。法定程序以自然程序为基础，但在对它的改造中可以对它的优劣进行取舍。

自然程序的法定化，是人类在行政程序建设中改造自然的一项工程。将自然程序转化为法定程序，一是为了将合理的自然程序固定下来，供人们反复遵循；二是为了对自然程序进行改造，经过理性的取舍，让程序变得更加公正。

二、行政程序法定化的过程

行政程序法定化的过程，就是人类对行政程序进行立法的过程。行政程序法的制定，乃是行政程序法定化的最高形式和最后结果。我国虽然至今尚未制定行政程序法，但对行政程序法定化从未停止过。

中华人民共和国成立以来的一系列法律，无不对有关行政程序作出规定。如国家的税收管理，早在 1992 年制定了第一部《税收征收管理法》，对税务登记、账簿、凭证管理、纳税申报、税款征收等税收管理程序作出了规定，历经 1995 年、2001 年、2013 年和 2015 年的修改，已被现行《税收征收管理法》固定下来。又如治安管理处罚，早在 1957 年就制定了《治安管理处罚条例》，2005 年起修改为《治安管理处罚法》，就对立案、调查、决定、执行、监督等治安处罚程序作出了详细规定。

自 1999 年现行《宪法》的第三次修改，将“中华人民共和国实行依法治国，建设社会主义法治国家”写进《宪法》、“法治入宪”以来，国务院通过推进“依法行政”全面落实“依法治国”基本方略，并将推进行政程序建设作为全面落实“依法行政”的一个重要“抓手”。

2004 年，国务院制定和发布了《全面推进依法行政实施纲要》（国发〔2004〕10 号），提出

“程序正当”“严格遵循法定程序”的要求。2008 年又制定了国务院《关于加强市县政府依法行政的决定》(国发〔2008〕17 号),将行政程序建设推至市县基层。特别是 2018 年,国务院办公厅发布了《关于全面推行行政执法公示制度执法全过程记录制度重大执法决定法制审核制度的指导意见》(国办发〔2018〕118 号),首次确立行政执法公示制度、全过程记录制度和重大执法决定法制审核制度。2019 年,国务院又制定了《重大行政决策程序暂行条例》(国务院令第 713 号),要求行政机关作出重大行政决策,必须公众参与、专家论证、风险评估、合法性审查和集体讨论决定。

在行政法规、规章和行政规范性文件的制定和合法性审查方面,国务院先后制定了《行政法规制定程序条例》(2001 年制定,2017 年修订)、《规章制定程序条例》(2001 年制定,2017 年修订),以及《关于加强行政规范性文件制定和监督管理工作的通知》(国办发〔2018〕37 号)和《全面推行行政规范性文件合法性审核机制的指导意见》(国办发〔2018〕115 号)等,为行政法规、规章,特别是行政规范性文件的制定和审查提供了程序依据。

2021 年,中共中央印发了《法治中国建设规划(2020 - 2025 年)》,明确要求“研究制定行政程序法”。特别是在中国法治史上首次提出:“非因法定事由、非经法定程序不得限制、剥夺公民、法人和其他组织的财产和权利。”同年,中共中央、国务院又印发了《法治政府建设实施纲要(2021 - 2025 年)》,明确提出“修改行政复议法、行政许可法,完善行政程序法律制度。研究制定行政备案条例、行政执法监督条例”等行政程序立法任务。

在法律的层面,三大基本行政行为,行政许可、行政处罚和行政强制,已由《行政许可法》《行政处罚法》《行政强制法》分别设置了对应的法律程序。中国的行政程序立法已取得了可喜的成绩,为行政程序法的制定奠定了很好的基础。

三、行政程序法定化的意义

行政程序的法定化主要具有几个方面的意义。

1. 优化自然程序。自然程序是行政行为实施中自然经历的过程和表达的形式。自然程序很大的部分是合理的,但也存在不合理的因素。通过立法实现行政程序的法定化,立法机关会经过一个理性的取舍过程,将合理部分以法律形式固定下来,将不合理的部分剔除出去,实现了自然程序的最优化。行政程序的法定化过程就是一个自然程序的优化过程。

2. 促进实体公正。程序服务于实体,程序又在一定程度上影响实体。设置公正的程序有助于实现公正的实体。行政程序的法定化同时也将公正程序与公正实体的逻辑关系固定下来,最大限度地实现行政程序的价值。

3. 维护相对人的合法权益。所谓法律上的实体问题其实就是权利与义务问题。这里的权利与义务,表现为行政主体的行政职权与职责和行政相对人的行政法权利与义务。行政主体行政职权的行使,从本质上说是服务于公民、法人或者其他组织的行政法权利的,而通过法定化的行政程序,才能最有效地实现这一目的。

4. 保障行政行为的合法性和有效性。从一定意义上说,行政法的任务在于保障行政主体行政行为的合法性和有效性。行政行为缺乏合法性,便会构成违法行政行为;行政行为缺乏有效性,便会构成违法无效行政行为。违法行政行为与无效行政行为正是行政法全力阻却的两种行政行为后果。法定行政程序既为判断和认定违法行政行为和无效行政行为提供了程序规则,也为违法者承担法律责任提供了不可或缺的程序规则。

第二节　法定程序概念和制度

一、法律文本中的“法定程序”

法定程序就是由法律设定并要求有关组织和个人必须遵循的程序。它存在于立法领域和司法领域。如《立法法》(2023)第107条规定:“法律、行政法规、地方性法规、自治条例和单行条例、规章有下列情形之一的,由有关机关依照本法第一百零八条规定的权限予以改变或者撤销:……(五)违背法定程序的。”这里的“法定程序”显然是指“立法程序”。又如《刑事诉讼法》(2018)第52、55、56、302条都表达了“法定程序”,而这里的“法定程序”主要是指司法程序中的证据收集、认定和鉴定程序。

而作为行政主体实施行政行为中的法定程序,即“行政法定程序”,最早由《行政诉讼法》提出。我国第一部《行政诉讼法》是1989年4月4日由第七届全国人民代表大会第二次会议通过,于1990年10月1日起施行的。该法第54条规定:“人民法院经过审理,根据不同情况,分别作出以下判决:(一)具体行政行为证据确凿,适用法律、法规正确,符合法定程序的,判决维持。(二)具体行政行为有下列情形之一的,判决撤销或者部分撤销,并可以判决被告重新作出具体行政行为:……3、违反法定程序的……”这是在新中国的行政法和行政诉讼法历史上第一次提出行政上的“法定程序”概念,并将行政上的“法定程序”定性为行政行为的合法要件,同时将违反“法定程序”的行政行为定性为可撤销的行政违法。2014年《行政诉讼法》修正,继续保留原来对“法定程序”的定位。2017年的第二次修正,这两条未作改动。和《行政诉讼法》相配套的司法解释也有同步反应,使用频率较高。《行政诉讼法解释》(1991)第68条,《行政诉讼法解释》(1999)第54条,《行政诉讼法解释》(2015)第10条和《行政诉讼法解释》(2018)第22、90、148条,均对行政审判中行政行为“法定程序”中的有关问题作出了解释。

《行政诉讼法》对“行政法定程序”的规定,自然影响到《行政复议法》的制定和行政复议制度。受1989年的《行政诉讼法》影响,1990年制定的《行政复议条例》[1]也对“行政法定程序”作出了类似定位。其第42条规定:“复议机关经过审理,分别作出以下复议决定:(一)具体行政行为适用法律、法规、规章和具有普遍约束力的决定、命令正确,事实清楚,符合法定权限和程序的,决定维持……(四)具体行政行为有下列情形之一的,决定撤销、变更,并可以责令被申请人重新作出具体行政行为:……3.违反法定程序影响申请人合法权益的……”1999年4月29日第九届全国人民代表大会常务委员会第九次会议通过了《行政复议法》,《行政复议条例》由此升格为《行政复议法》。《行政复议法》第28条作出了和《行政诉讼法》相一致的规定:“行政复议机关负责法制工作的机构应当对被申请人作出的具体行政行为进行审查,提出意见,经行政复议机关的负责人同意或者集体讨论通过后,按照下列规定作出行政复议决定:(一)具体行政行为认定事实清楚,证据确凿,适用依据正确,程序合法,内容适当的,决定维持……(三)具体行政行为有下列情形之一的,决定撤销、变更或者确认该具体行政行为违法;决定撤销或者确认该具体行政行为违法的,可以责令被申请人在一定期限内重新作出具体行政行为:……

---

[1] 1994年修订了一次。

3. 违反法定程序的……”

作为行政救济法的《行政诉讼法》《行政复议法》对行政行为法定程序的规定,同样影响、带动、促进了行政实体法对行政法定程序的规定。我国三大行政行为基本法,即《行政许可法》《行政处罚法》《行政强制法》都有明显的反应。2003 年制定、2019 年修正的《行政许可法》第 69 条第 1 款规定:“有下列情形之一的,作出行政许可决定的行政机关或者其上级行政机关,根据利害关系人的请求或者依据职权,可以撤销行政许可:……(三)违反法定程序作出准予行政许可决定的……”《行政处罚法》[2]有两条对行政法定程序作出规定。第 24 条第 2 款规定:“承接行政处罚权的乡镇人民政府、街道办事处应当加强执法能力建设,按照规定范围、依照法定程序实施行政处罚。”第 38 条第 2 款规定:“违反法定程序构成重大且明显违法的,行政处罚无效。”我国《行政强制法》于 2011 年 6 月 30 日第十一届全国人民代表大会常务委员会第二十一次会议通过,至今未有修改。其第 61 条规定:“行政机关实施行政强制,有下列情形之一的,由上级行政机关或者有关部门责令改正,对直接负责的主管人员和其他直接责任人员依法给予处分:……(三)违反法定程序实施行政强制的……”

除了行政行为的三大基本法,其他一些重要法律,对行政行为的“法定程序”也有一个认可过程。我国第一部《税收征收管理法》制定于 1992 年,当时并无“法定程序”的表达。2001 年、2013 年和 2015 年的修正版,都在第 42 条规定:“税务机关采取税收保全措施和强制执行措施必须依照法定权限和法定程序,不得查封、扣押纳税人个人及其所扶养家属维持生活必需的住房和用品。”将“法定程序”引入税收征收管理领域。我国 1986 年的第一部《土地管理法》和 1988 年的修正,均无“法定程序”的表述。但经 1998 年修订之后,以及 2004 年、2019 年的修正,都写入了“法定程序”。第 47 条第 1 款规定:“国家征收土地的,依照法定程序批准后,由县级以上地方人民政府予以公告并组织实施。”[3]表达了国家征收土地必须遵循“法定程序”的明确立场。

二、行政法理中的“法定程序”

从我国行政法教材和论文所反映的行政法理来看,人们的关注点不是聚焦在“行政程序”上,就是下沉到“正当程序”中,“法定程序”很少被单独关注。自 1983 年新中国第一本统编教材《行政法概要》[4]以来,数百本行政法教材,很少有教材单独对行政程序中的“法定程序”下过定义。也许大家认为这是一个昭然若揭、一望而知、无须定义的“定义”。

很显然,行政程序中的“法定程序”就是指,由法律所设定的,行政主体与相对人都必须遵循的行政程序。

“法定程序”是“行政程序”的一种形态。如前一章所述,行政程序包括自然程序与法定程序。前者是指自然形成的、习惯上的行政程序;后者是指通过法律设定、由成文法加以固定的行政程序。法定程序与自然程序的最大区别在于它的“法定性”。由法律所规定的行政程序才是法定程序。

---

〔2〕 1996 年 3 月 17 日第八届全国人民代表大会第四次会议通过,后经 2009 年和 2017 年修正,最终经 2021 年修订。

〔3〕 在 1998 年和 2004 年版本中,此款作为第 46 条第 1 款。

〔4〕 参见王珉灿主编:《行政法概要》,法律出版社 1983 年版。

三、"法定程序"的设定

行政程序中的"法定程序",或者称"法定的行政程序",都是指由法律所设定的行政程序。未经法律设定的行政程序,不能称为行政程序中的"法定程序"。

在这里,设定行政程序的法律,包括法律、法规和规章。规章以下的行政规范性文件,原则上不得设定行政程序。但在以下情况中,可以作为法定程序对待:

1. 在法律、法规和规章未对行政程序作出规定的前提下,行政规范性文件所设定行政程序,也可视为法定程序。[5]

2. 在法律、法规和规章已对行政程序作出规定的前提下,行政规范性文件不得对行政程序再作规定。如果规定了,增设相对人程序权利和行政主体程序义务的有效,可视作法定程序对待;增设相对人程序义务和行政主体程序权利的无效,不得视作法定程序。[6]

四、现行法定的行政程序制度

行政程序法定化的最高形式,是单独制定"行政程序法"。我国尚未在国家层面制定统一的行政程序法,各类行政行为的程序由各领域的基础性法律或者其他法律、法规和规章作出规定。

《行政许可法》《行政处罚法》《行政强制法》是我国有关行政行为的三个基础性法律,它们分别设定了统一的行政许可程序、行政处罚程序和行政强制程序。作为基础性法律,它的特殊法律地位,要求所有该行政行为的程序都必须优先得到适用,只有在法律有"除外规定"的情况下,才优先适用其他法律法规。

其他行政行为程序,则由其他各领域的对应法律作出分散性规定。如对农村集体土地的征收程序,它规定在《土地管理法》之中;对国有土地上房屋的征收程序,它规定在《国有土地上房屋征收与补偿条例》;公安机关实施治安处罚的程序,它规定在《治安管理处罚法》之中。

除了法律,行政法规、地方性法规和规章也是设定行政程序的普遍形式。如作为国务院行政法规的《土地管理法实施条例》(2021)第四章建设用地中的第三节土地征收,从第 26～32 条

---

〔5〕 有法官认为,其他规范性文件规定的程序,不违反上位法的,也可视为法定程序。"不具有制定规章权的行政机关对其职权范围内的行政管理工作,在法律、法规及规章有关行政程序规定不具体,或者法律、法规及规章没有规定的行政程序问题,所公布的规范性文件确认和规范的行政管理的方式、步骤、顺序和时限规定的,在不违反法律、法规及规章的规定和符合行政程序的基本原则的情况下,应视为法定程序,人民法院在审理具体行政案件时,应予以参考。需要注意的是,目前不少行政机关向社会公布承诺制度中的一些承诺,缩短了法律、法规及规章规定的审批许可证的期限,这些规定可以作为行政机关对其内部工作人员的工作要求,但不能作为判断具体行政行为程序是否违反法定程序的标准。人民法院审理具体行政案件时,应以法律、法规及规章规定的期限作为判断具体行政行为程序是否违反法定程序的标准。"参见蔡小雪主编:《行政审判与行政执法实务指引》,人民法院出版社 2009 年版,第 636 页。转引自陈裕琨、缪蕾主编:《最高人民法院司法观点集成(行政及国家赔偿卷)》,中国法制出版社 2017 年版,第 704～705 页。

〔6〕 这在美国也有此法理。行政机关可以为自己设定程序上的约束规则,规定后必须服从之。"一旦行政机关通过制定规则的方式采纳了一系列程序,行政机关必须遵守其自身的程序性规则,即使行政机关所采纳的程序超出了正当程序所独立要求的程度。"参见[美]理查德·J. 皮尔斯:《行政法》,苏苗罕译,中国人民大学出版社 2016 年版,第 571 页。在中国,最高人民法院的法官也支持这一观点。有法官认为,"规章以下的规范性文件中有关行政程序的规定不违反法律、法规及规章的规定和符合行政程序的基本原则的,应视为法定程序"。参见刘德权主编:《最高人民法院司法观点集成(4):行政、国家赔偿卷》,人民法院出版社 2010 年版,第 360 页。

详细规定了土地征收的程序;《道路交通安全法实施条例》(2017)第五章交通事故处理从第86~97条详细规定了交通事故处理程序。我国地方性法规和地方政府规章,已有不少关于行政程序的专门立法,如《江苏省行政程序条例》(2022)、《湖南省行政程序规定》(2018)、《浙江省综合行政执法条例》(2021)、《上海市城市管理行政执法条例实施办法》(2020)等。国务院的部门规章规定对应领域的行政程序更具有一定的普遍性,如公安部制定发布的《公安机关办理行政案件程序规定》(2020)、交通运输部制定发布的《交通运输行政执法程序规定》(2021)等。

特别应当指出的是,在新中国行政程序立法史上,在国家层面尚未制定"行政程序法"的背景下,国务院于2018年前后,先后制定和公布了《重大行政决策程序暂行条例》(国务院令第713号)、《关于加强行政规范性文件制定和监督管理工作的通知》(国办发〔2018〕37号)、《关于全面推行行政规范性文件合法性审核机制的指导意见》(国办发〔2018〕115号)和《关于全面推行行政执法公示制度执法全过程记录制度重大执法决定法制审核制度的指导意见》(国办发〔2018〕118号)。这四个文件全面设置和规范了重大行政决策程序、行政规范性文件的制定和合法性审核程序,以及行政执法中的公示制度、执法全过程记录制度和重大执法决定法制审核制度,对于统一行政行为程序和行政程序的法治化起到了推进作用,为中国行政程序法的制定奠定了很好的基础。

第三节　重大行政决策的法定程序

2019年4月20日,国务院公布了《重大行政决策程序暂行条例》,自2019年9月1日起施行。这是一个行政法规,共设六章44条,为地方行政机关作出重大行政决策设定了基本的法定程序。

一、行政决策与行政行为

"行政决策"是一个行政学而不是行政法学概念,它是指管理主体为履行管理职能所做的行为设计和抉择过程,它是公共组织,特别是国家行政机关及其工作人员在处理国家政务和社会公共事务过程中所做出的决定。

但由于"行政决策"与行政行为具有很大程度上的重合性,并且国务院发布的《重大行政决策程序暂行条例》属于行政法规,因而其所确立的重大行政决策程序直接约束了对应的行政行为,成为相应行政行为的法定程序。

如前所述,行政行为包括行政规定与行政决定。前者是抽象的,是可以反复适用不特定的对象的规则;后者是具体的,是一次性适用特定对象的决定。任何一个行政行为都由两部分构成:规定或决定的制定,以及规定和决定的实施。

行政决策既可包括行政规定,也可包括行政决定。但只限于规定或决定的制定,而不包括规定或决定的实施。

重大行政决策无非是指决策内容限于重大事项而已。针对行政行为而言,重大行政决策仅仅覆盖行政行为的重大行政规定和重大行政决定的制定,并非覆盖所有行政行为。

二、适用主体及重大决策事项

根据国务院《重大行政决策程序暂行条例》的规定，该条例所适用的决策主体（决策机关），主要是指县级以上地方人民政府。这意味着：(1)它是指地方人民政府，不包括作为中央政府的国务院；(2)限于县级人民政府以上，不包括乡镇人民政府；(3)它是指一级人民政府，不单独指人民政府的工作部门。但是，县级以上人民政府部门和乡级人民政府重大行政决策的作出和调整程序，参照本条例规定执行。

《重大行政决策程序暂行条例》第3条规定，重大行政决策事项包括：(1)制定有关公共服务、市场监管、社会管理、环境保护等方面的重大公共政策和措施；(2)制定经济和社会发展等方面的重要规划；(3)制定开发利用、保护重要自然资源和文化资源的重大公共政策和措施；(4)决定在本行政区域实施的重大公共建设项目；(5)决定对经济社会发展有重大影响、涉及重大公共利益或者社会公众切身利益的其他重大事项。

法律、行政法规对上述事项的决策程序另有规定的，依照其规定。财政政策、货币政策等宏观调控决策，政府立法决策以及突发事件应急处置决策不适用本条例。

三、重大行政决策程序

重大行政决策程序包括七个环节，即决策启动、公众参与、专家论证、风险评估、合法性审查、集体讨论决定、决策公布。

（一）决策启动

关于决策事项，应当广泛收集各方建议。各类决策建议，按下列方式研究论证后予以确定：(1)决策机关领导人员提出决策事项建议的，交有关单位研究论证；(2)决策机关所属部门或者下一级人民政府提出决策事项建议的，应当论证拟解决的主要问题、建议理由和依据、解决问题的初步方案及其必要性、可行性等；(3)人大代表、政协委员等通过建议、提案等方式提出决策事项建议，以及公民、法人或者其他组织提出书面决策事项建议的，交有关单位研究论证。

决策机关决定启动决策程序的，应当明确决策事项的承办单位，由决策承办单位负责重大行政决策草案的拟订等工作。决策事项需要两个以上单位承办的，应当明确牵头的决策承办单位。决策承办单位应当在广泛深入开展调查研究、全面准确掌握有关信息、充分协商协调的基础上，拟订决策草案；全面梳理与决策事项有关的法律、法规、规章和政策，使决策草案合法合规、与有关政策相衔接；根据需要对决策事项涉及的人财物投入、资源消耗、环境影响等成本和经济、社会、环境效益进行分析预测。

各方对决策事项存在较大分歧的，决策承办单位可以提出两个以上方案。决策事项涉及决策机关所属部门、下一级人民政府等单位的职责，或者与其关系紧密的，决策承办单位应当与其充分协商；不能取得一致意见的，应当向决策机关说明争议的主要问题，有关单位的意见，决策承办单位的意见、理由和依据。

（二）公众参与

决策建议方案形成以后，除依法不予公开的决策事项外，应当采取便于社会公众参与的方式充分听取意见，特别是利害关系人的意见。

听取意见可以采取座谈会、听证会、实地走访、书面征求意见、向社会公开征求意见、问卷调查、民意调查等多种方式。决策事项涉及特定群体利益的,决策承办单位应当与相关人民团体、社会组织以及群众代表进行沟通协商,充分听取相关群体的意见建议。

决策事项向社会公开征求意见的,决策承办单位应当通过政府网站、政务新媒体以及报刊、广播、电视等便于社会公众知晓的途径,公布决策草案及其说明等材料,明确提出意见的方式和期限。公开征求意见的期限一般不少于 30 日;因情况紧急等原因需要缩短期限的,公开征求意见时应当予以说明。

对社会公众普遍关心或者专业性、技术性较强的问题,决策承办单位可以通过专家访谈等方式进行解释说明。

决策事项直接涉及公民、法人、其他组织切身利益或者存在较大分歧的,可以召开听证会。决策承办单位或者组织听证会的其他单位应当提前公布决策草案及其说明等材料,明确听证时间、地点等信息。需要遴选听证参加人的,决策承办单位或者组织听证会的其他单位应当提前公布听证参加人遴选办法,公平公开组织遴选,保证相关各方都有代表参加听证会。听证参加人名单应当提前向社会公布。听证会材料应当于召开听证会 7 日前送达听证参加人。听证会应当按照下列程序公开举行:(1)决策承办单位介绍决策草案、依据和有关情况;(2)听证参加人陈述意见,进行询问、质证和辩论,必要时可以由决策承办单位或者有关专家进行解释说明;(3)听证参加人确认听证会记录并签字。

决策承办单位应当对社会各方面提出的意见进行归纳整理、研究论证,充分采纳合理意见,完善决策草案。

(三)专家论证

并非所有重大决策都必须经过专家论证,但对专业性、技术性较强的决策事项,决策承办单位应当组织专家、专业机构论证其必要性、可行性、科学性等,并提供必要保障。

专家、专业机构应当独立开展论证工作,客观、公正、科学地提出论证意见,并对所知悉的国家秘密、商业秘密、个人隐私依法履行保密义务;提供书面论证意见的,应当署名、盖章。

决策承办单位组织专家论证,可以采取论证会、书面咨询、委托咨询论证等方式。选择专家、专业机构参与论证,应当坚持专业性、代表性和中立性,注重选择持不同意见的专家、专业机构,不得选择与决策事项有直接利害关系的专家、专业机构。

(四)风险评估

重大行政决策的实施可能对社会稳定、公共安全等方面造成不利影响的,决策承办单位或者负责风险评估工作的其他单位应当组织评估决策草案的风险可控性。按照有关规定已对有关风险进行评价、评估的,不作重复评估。

开展风险评估,可以通过舆情跟踪、重点走访、会商分析等方式,运用定性分析与定量分析等方法,对决策实施的风险进行科学预测、综合研判。开展风险评估,应当听取有关部门的意见,形成风险评估报告,明确风险点,提出风险防范措施和处置预案。开展风险评估,可以委托专业机构、社会组织等第三方进行。

风险评估结果应当作为重大行政决策的重要依据。决策机关认为风险可控的,可以作出决策;认为风险不可控的,在采取调整决策草案等措施确保风险可控后,可以作出决策。

(五)合法性审查

决策草案提交决策机关讨论前,应当由负责合法性审查的部门进行合法性审查。合法性审查不同于公开征求意见,它由专门的机构专门围绕合法性标准进行审查。不得以征求意见等方式代替合法性审查。

决策草案未经合法性审查或者经审查不合法的,不得提交决策机关讨论。对国家尚无明确规定的探索性改革决策事项,可以明示法律风险,提交决策机关讨论。

送请合法性审查,应当保证必要的审查时间,一般不少于 7 个工作日。合法性审查主要是审查以下内容:(1)决策事项是否符合法定权限;(2)决策草案的形成是否履行相关法定程序;(3)决策草案内容是否符合有关法律、法规、规章和国家政策的规定。

负责合法性审查的部门应当及时提出合法性审查意见,并对合法性审查意见负责。在合法性审查过程中,应当组织法律顾问、公职律师提出法律意见。

决策承办单位应当根据合法性审查意见对决策草案进行必要的调整或者补充。

(六)集体讨论决定

重大行政决策必须由集体讨论决定,不得由领导个人决定。集体讨论决定的会议包括决策机关常务会议或者全体会议。

讨论决定时,决策承办单位应当向决策机关报送下列材料:(1)决策草案及相关材料,决策草案涉及市场主体经济活动的,应当包含公平竞争审查的有关情况;(2)履行公众参与程序的,同时报送社会公众提出的主要意见的研究采纳情况;(3)履行专家论证程序的,同时报送专家论证意见的研究采纳情况;(4)履行风险评估程序的,同时报送风险评估报告等有关材料;(5)合法性审查意见;(6)需要报送的其他材料。

集体讨论时,由决策机关行政首长主持,在集体讨论的基础上作出决定。讨论决策草案,会议组成人员应当充分发表意见,行政首长最后发表意见。行政首长拟作出的决定与会议组成人员多数人的意见不一致的,应当在会上说明理由。

集体讨论决定情况应当如实记录,不同意见应当如实载明。

(七)决策公布

按照行政公开原则,决策机关应当通过本级人民政府公报和政府网站以及在本行政区域内发行的报纸等途径及时公布重大行政决策。对社会公众普遍关心或者专业性、技术性较强的重大行政决策,应当说明公众意见、专家论证意见的采纳情况,通过新闻发布会、接受访谈等方式进行宣传解读。依法不予公开的除外。

重大行政决策出台前应当按照规定向同级党委请示报告。

四、行政决策执行和调整

决策机关应当明确负责重大行政决策执行工作的单位,并对决策执行情况进行督促检查。决策执行单位应当依法全面、及时、正确执行重大行政决策,并向决策机关报告决策执行情况。

决策执行单位发现重大行政决策存在问题、客观情况发生重大变化,或者决策执行中发生不可抗力等严重影响决策目标实现的,应当及时向决策机关报告。公民、法人或者其他组织认为重大行政决策及其实施存在问题的,可以通过信件、电话、电子邮件等方式向决策机关或者决策执行单位提出意见建议。

有下列情形之一的,决策机关可以组织决策后评估,并确定承担评估具体工作的单位:(1)重大行政决策实施后明显未达到预期效果;(2)公民、法人或者其他组织提出较多意见;(3)决策机关认为有必要。

开展决策后评估,可以委托专业机构、社会组织等第三方进行,决策作出前承担主要论证评估工作的单位除外。开展决策后评估,应当注重听取社会公众的意见,吸收人大代表、政协委员、人民团体、基层组织、社会组织参与评估。决策后评估结果应当作为调整重大行政决策的重要依据。

依法作出的重大行政决策,未经法定程序不得随意变更或者停止执行。但是,执行中发现重大行政决策存在问题、客观情况发生重大变化,或者决策执行中发生不可抗力等严重影响决策目标实现,并且情况紧急的,决策机关行政首长可以先决定中止执行。需要作出重大调整的,应当依照《重大行政决策程序暂行条例》履行相关法定程序。

第四节　行政规范性文件的制定和审核程序

从《立法法》的规定看,法律、法规和规章属于"法"的范畴,因而,关于法律、法规和规章的制定程序不属于行政行为的程序。而行政规范性文件是指由行政机关制定的规章以下的其他规范性文件,它的制定和审核属于行政行为的程序范围。在我国目前对行政规范性文件的制定和审核已有行政法规依据和国务院文件依据的情况下,它们已经属于行政程序中的法定程序。

一、行政规范性文件与行政行为

根据国务院办公厅《关于加强行政规范性文件制定和监督管理工作的通知》(国办发〔2018〕37号)的规定,行政规范性文件是指除国务院的行政法规、决定、命令以及部门规章和地方政府规章外,由行政机关或者经法律、法规授权的具有管理公共事务职能的组织依照法定权限、程序制定并公开发布,涉及公民、法人和其他组织权利义务,具有普遍约束力,在一定期限内反复适用的公文。要全面准确理解行政规范性文件,必须把握以下几点:

1. 行政规范性文件是行政机关制定的文件,不包括权力机关、监察机关、人民法院和人民检察院等其他机关和组织制定的文件,更不是指法律、法规。这里的行政机关,系指各级人民政府及其工作部门,还有经法律、法规授权的具有管理公共事务职能的组织。可以说,行政规范性文件只是指行政主体制定的文件。

2. 行政规范性文件是指除国务院的行政法规、决定、命令以及部门规章和地方政府规章外的文件。也就是说,行政机关的文件也并不全是行政规范性文件。

3. 行政规范性文件是指行政机关制定的具有普遍约束力并可反复适用的文件,而不是指具体的行政决定。

4. 行政规范性文件是指涉及公民、法人和其他组织权利义务的文件,而不是指内部的工作指南等不直接涉及公民、法人和其他组织权利义务的文件。正因为这类文件和行政相对人的权利义务直接相关,因而必须重点规范。

前面已述,行政行为包括行政规定与行政决定。前者是抽象的,可以反复适用不特定的对象的规则;后者是具体的,是一次性适用特定对象的决定。行政规范性文件,正好与行政法理中的"行政规定"相重合。所以,我们可以将"行政规范性文件"与"行政规定"等同起来。

另外,行政规范性文件与上述重大行政决策也具有一定的交叉性。有的行政规范性文件可以成为重大行政决策的载体或结果形式。

二、行政规范性文件制定程序

行政规范性文件的制定程序,首先参照适用国务院《规章制定程序条例》。《规章制定程序条例》(2017)第36条规定:"依法不具有规章制定权的县级以上地方人民政府制定、发布具有普遍约束力的决定、命令,参照本条例规定的程序执行。"也就是说,行政规范性文件的制定程序可按照规章的制定程序进行,一般须经过下列环节:立项—起草—审查—备案。[7]

另外,国务院办公厅《关于加强行政规范性文件制定和监督管理工作的通知》(国办发〔2018〕37号)为行政规范性文件的制定提出了一些具体要求:

1. 严禁越权发文。坚持法定职责必须为、法无授权不可为,严格按照法定权限履行职责,严禁以部门内设机构名义制发行政规范性文件。

2. 防止文件内容违法。要严格落实权责清单制度,行政规范性文件不得增加法律、法规规定之外的行政权力事项或者减少法定职责;不得设定行政许可、行政处罚、行政强制等事项,增加办理行政许可事项的条件,规定出具循环证明、重复证明、无谓证明的内容;不得违法减损公民、法人和其他组织的合法权益或者增加其义务,侵犯公民人身权、财产权、人格权、劳动权、休息权等基本权利;不得超越职权规定应由市场调节、企业和社会自律、公民自我管理的事项;不得违法制定含有排除或者限制公平竞争内容的措施,违法干预或者影响市场主体正常生产经营活动,违法设置市场准入和退出条件等。

3. 要控制发文数量。凡法律、法规、规章和上级文件已经作出明确规定的,现行文件已有部署且仍然适用的,不得重复发文;对内容相近、能归并的尽量归并,可发可不发、没有实质性内容的一律不发,严禁照抄照搬照转上级文件、以文件"落实"文件。确需制定行政规范性文件的,要讲求实效,注重针对性和可操作性,并严格文字把关,确保政策措施表述严谨、文字精练、准确无误。

4. 要规范文件制发程序。行政规范性文件必须严格依照法定程序制发,重要的行政规范性文件要严格执行评估论证、公开征求意见、合法性审核、集体审议决定、向社会公开发布等程序。要加强制发程序管理,健全工作机制,完善工作流程,确保制发工作规范有序。

三、行政规范性文件审核程序

国务院办公厅于2018年12月4日制定和公布了《关于全面推行行政规范性文件合法性审核机制的指导意见》(国办发〔2018〕115号)。该文为行政规范性文件的合法性审核程序提供了指导意见。

(一)合法性审核的文件范围

行政规范性文件是行政机关依法履行职能的重要方式,直接涉及公民、法人或者其他组织

---

〔7〕 参见本书第十九章"行政依据"中的行政规章部分。

的权利与义务,关系群众切身利益,事关政府形象。对行政规范性文件建立起合法性审核制度,至关重要。

根据《关于全面推行行政规范性文件合法性审核机制的指导意见》,对于行政规范性文件,应审尽审,确保所有规范性文件均经过合法性审核,保证规范性文件合法有效。凡涉及公民、法人和其他组织权利义务的规范性文件,均要纳入合法性审核范围,确保实现全覆盖。行政机关内部执行的管理规范、工作制度、机构编制、会议纪要、工作方案、请示报告及表彰奖惩、人事任免等文件,不纳入规范性文件合法性审核范围。

(二)规范性文件的审核主体

各级人民政府及其部门要明确具体承担规范性文件合法性审核工作的部门或者机构。以县级以上人民政府或者其办公机构名义印发的规范性文件,或者由县级以上人民政府部门起草、报请本级人民政府批准后以部门名义印发的规范性文件,由同级人民政府审核机构进行审核;起草部门已明确专门审核机构的,应当先由起草部门审核机构进行审核。国务院部门制定的规范性文件,由本部门审核机构进行审核。省、自治区、直辖市和设区的市人民政府部门制定的规范性文件,由本部门审核机构进行审核,也可以根据实际需要由本级人民政府确定的审核机构进行审核。县(市、区)人民政府部门、乡镇人民政府及街道办事处制定的规范性文件,已明确专门审核机构或者专门审核人员的,由本单位审核机构或者审核人员进行审核;未明确专门审核机构或者专门审核人员的,统一由县(市、区)人民政府确定的审核机构进行审核。

(三)对规范性文件的审核程序

各地区、各部门要根据实际情况确定规范性文件合法性审核程序,明确起草单位、制定机关办公机构及审核机构的职责权限,严格执行材料报送、程序衔接、审核时限等工作要求。

起草单位报送的审核材料,应当包括文件送审稿及其说明,制定文件所依据的法律、法规、规章和国家政策规定,征求意见及意见采纳情况,本单位的合法性审核意见,以及针对不同审核内容需要的其他材料等。起草单位直接将文件送审稿及有关材料报送制定机关办公机构的,制定机关办公机构要对材料的完备性、规范性进行审查。符合要求的,转送审核机构进行审核;不符合要求的,可以退回,或者要求起草单位在规定时间内补充材料或说明情况后转送审核机构进行审核。起草单位直接将文件送审稿及有关材料报送审核机构进行审核的,审核机构要对材料的完备性、规范性进行审核,不符合要求的,可以退回,或者要求起草单位在规定时间内补充材料或说明情况。

除为了预防、应对和处置突发事件,或者执行上级机关的紧急命令和决定需要立即制定实施规范性文件等外,合法性审核时间一般不少于5个工作日,最长不超过15个工作日。

(四)合法性审核的职责和责任

审核机构要认真履行审核职责,防止重形式、轻内容、走过场,严格审核以下内容:(1)制定主体是否合法;(2)是否超越制定机关法定职权;(3)内容是否符合宪法、法律、法规、规章和国家政策规定;(4)是否违法设立行政许可、行政处罚、行政强制、行政征收、行政收费等事项;(5)是否存在没有法律、法规依据作出减损公民、法人和其他组织合法权益或者增加其义务的情形;(6)是否存在没有法律、法规依据作出增加本单位权力或者减少本单位法定职责的情形;(7)是否违反规范性文件制定程序。

审核机构要根据不同情形提出合法、不合法、应当予以修改的书面审核意见。起草单位应当根据合法性审核意见对规范性文件作必要的修改或者补充;特殊情况下,起草单位未完全采纳合法性审核意见的,应当在提请制定机关审议时详细说明理由和依据。

要充分发挥合法性审核机制对确保规范性文件合法有效的把关作用,不得以征求意见、会签、参加审议等方式代替合法性审核。未经合法性审核或者经审核不合法的文件,不得提交集体审议。审核机构未严格履行审核职责导致规范性文件违法,造成严重后果的,依纪依法追究有关责任人员的责任;未经合法性审核或者不采纳合法性审核意见导致规范性文件违法,造成严重后果的,依纪依法追究有关责任人员的责任。

第五节　行政执法制度和程序

一、行政执法制度

行政执法是指行政机关实施法律、法规、规章,履行法定职权的行为。行政执法中的三大制度,系指行政执法公示制度、执法全过程记录制度和重大执法决定法制审核制度。这"三项制度"属于行政程序中的基本制度。

早在2014年,中共中央《关于全面推进依法治国若干重大问题的决定》就提出要推进行政执法公示制度、执法全过程记录制度和重大执法决定法制审核制度。接着,中共中央、国务院印发的《法治政府建设实施纲要(2015－2020年)》和《法治政府建设实施纲要(2021－2025年)》对这"三项制度"作出了具体部署。2018年12月5日,国务院办公厅发布了《关于全面推行行政执法公示制度执法全过程记录制度重大执法决定法制审核制度的指导意见》(国办发〔2018〕118号),为落实这"三项制度"确立了指导思想、基本原则和工作目标,详细规定了"三项制度"的具体程序。

在行政执法中确立执法公示制度、执法全过程记录制度和重大执法决定法制审核制度,聚焦行政执法的源头、过程、结果等关键环节,对促进严格规范公正文明执法具有基础性、整体性、突破性作用,对切实保障人民群众合法权益,维护政府公信力,营造更加公开透明、规范有序、公平高效的法治环境具有重要意义。

二、行政执法公示制度

执法公示,是指执法机关要主动公开有关执法信息,便利行政相对人,接受人民群众监督的程序制度。它包括事先公开、事中公示和事后公开。

(一)事先公开

行政执法机关应当全面准确及时主动公开行政执法主体、人员、职责、权限、依据、程序、救济渠道和随机抽查事项清单等信息。

根据有关法律法规,结合自身职权职责,编制并公开本机关的服务指南、执法流程图,明确执法事项名称、受理机构、审批机构、受理条件、办理时限等内容。

公开的信息要简明扼要、通俗易懂,并及时根据法律法规及机构职能变化情况进行动态调整。

(二)事中公示

行政执法人员在进行监督检查、调查取证、采取强制措施和强制执行、送达执法文书等执法活动时,必须主动出示执法证件,向当事人和相关人员表明身份,鼓励采取佩戴执法证件的方式,执法全程公示执法身份。

要出具行政执法文书,主动告知当事人执法事由、执法依据、权利义务等内容。

国家规定统一着执法服装、佩戴执法标识的,执法时要按规定着装、佩戴标识。

政务服务窗口要设置岗位信息公示牌,明示工作人员岗位职责、申请材料示范文本、办理进度查询、咨询服务、投诉举报等信息。

(三)事后公开

行政执法机关要在执法决定作出之日起20个工作日内,向社会公布执法机关、执法对象、执法类别、执法结论等信息,接受社会监督,行政许可、行政处罚的执法决定信息要在执法决定作出之日起7个工作日内公开,但法律、行政法规另有规定的除外。

建立健全执法决定信息公开发布、撤销和更新机制。已公开的行政执法决定被依法撤销、确认违法或者要求重新作出的,应当及时从信息公示平台撤下原行政执法决定信息。

建立行政执法统计年报制度,地方各级行政执法机关应当于每年1月31日前公开本机关上年度行政执法总体情况有关数据,并报本级人民政府和上级主管部门。

三、行政执法全过程记录制度

行政执法全过程记录,系指行政执法机关要通过文字、音像等记录形式,对行政执法的启动、调查取证、审核决定、送达执行等全部过程进行记录,并全面系统归档保存,做到执法全过程留痕和可回溯管理的程序制度。行政执法全过程记录是行政执法活动合法有效的重要保证。

(一)文字记录

行政执法全过程记录,包括文字记录和音像记录。文字记录是以纸质文件或电子文件形式对行政执法活动进行全过程记录的方式。要研究制定执法规范用语和执法文书制作指引,规范行政执法的重要事项和关键环节,做到文字记录合法规范、客观全面、及时准确。司法部负责制定统一的行政执法文书基本格式标准,国务院有关部门可以参照该标准,结合本部门执法实际,制定本部门、本系统统一适用的行政执法文书格式文本。地方各级人民政府可以在行政执法文书基本格式标准基础上,参考国务院部门行政执法文书格式,结合本地实际,完善有关文书格式。

(二)音像记录

音像记录是通过照相机、录音机、摄像机、执法记录仪、视频监控等记录设备,实时对行政执法过程进行记录的方式。各级行政执法机关要根据行政执法行为的不同类别、阶段、环节,采用相应音像记录形式,充分发挥音像记录直观有力的证据作用、规范执法的监督作用、依法履职的保障作用。要做好音像记录与文字记录的衔接工作,充分考虑音像记录方式的必要性、适当性和实效性,对文字记录能够全面有效记录执法行为的,可以不进行音像记录;对查封扣押财产、强制拆除等直接涉及人身自由、生命健康、重大财产权益的现场执法活动和执法办案场所,要推行全程音像记录;对现场执法、调查取证、举行听证、留置送达和公告送达等容易引发争议的行政执法过程,要根据实际情况进行音像记录。

(三)记录归档

要完善执法案卷管理制度,加强对执法台账和法律文书的制作、使用、管理,按照有关法律法规和档案管理规定归档保存执法全过程记录资料,确保所有行政执法行为有据可查。对涉及国家秘密、商业秘密、个人隐私的记录资料,归档时要严格执行国家有关规定。

(四)发挥记录作用

要充分发挥全过程记录信息对案卷评查、执法监督、评议考核、舆情应对、行政决策和健全社会信用体系等工作的积极作用,善于通过统计分析记录资料信息,发现行政执法薄弱环节,改进行政执法工作,依法公正维护执法人员和行政相对人的合法权益。建立健全记录信息调阅监督制度,做到可实时调阅,切实加强监督,确保行政执法文字记录、音像记录规范、合法、有效。

四、重大执法决定法制审核制度

重大执法决定法制审核是确保行政执法机关作出的重大执法决定合法有效的关键环节。行政执法机关作出重大执法决定前,要严格进行法制审核,未经法制审核或者审核未通过的,不得作出决定。

(一)重大行政决定的范围

《关于全面推行行政规范性文件合法性审核机制的指导意见》并不要求对所有行政决定进行法制审核,但是,凡涉及重大公共利益,可能造成重大社会影响或引发社会风险,直接关系行政相对人或第三人重大权益,需经过听证程序作出行政执法决定的,以及案件情况疑难复杂、涉及多个法律关系的行政决定,都要进行法制审核。

各级行政执法机关要结合本机关行政执法行为的类别、执法层级、所属领域、涉案金额等因素,制定重大执法决定法制审核目录清单。上级行政执法机关要对下一级执法机关重大执法决定法制审核目录清单编制工作加强指导,明确重大执法决定事项的标准。

(二)法制审核机构

对重大行政执法决定的法制审核实行本单位负责制。各级行政执法机关要明确具体负责本单位重大执法决定法制审核的工作机构,确保法制审核工作有机构承担、有专人负责。加强法制审核队伍的正规化、专业化、职业化建设,把政治素质高、业务能力强、具有法律专业背景的人员调整充实到法制审核岗位,配强工作力量,使法制审核人员的配置与形势任务相适应,原则上各级行政执法机关的法制审核人员不少于本单位执法人员总数的5%。要充分发挥法律顾问、公职律师在法制审核工作中的作用,特别是针对基层存在的法制审核专业人员数量不足、分布不均等问题,探索建立健全本系统内法律顾问、公职律师统筹调用机制,实现法律专业人才资源共享。

(三)法制审核内容

法制审核的任务是审核行政执法决定是否合法、适当,具体包括:(1)行政执法主体是否合法,行政执法人员是否具备执法资格;(2)行政执法程序是否合法;(3)案件事实是否清楚,证据是否合法充分;(4)适用法律、法规、规章是否准确,裁量基准运用是否适当;(5)执法是否超越执法机关法定权限;(6)行政执法文书是否完备、规范;(7)违法行为是否涉嫌犯罪、需要移送司法机关等。

(四)法制审核结果

法制审核机构完成审核后,要根据不同情形,提出同意或者存在问题的书面审核意见。行政执法承办机构要对法制审核机构提出的存在问题的审核意见进行研究,作出相应处理后再次报送法制审核。

第六节 违反法定程序的法律后果

一、违反法定程序

行政主体的行政行为违反法定程序的,属于行政违法。[8] 我国《行政复议法》和《行政诉讼法》都将“违反法定程序”的行政行为列入“行政违法”的一个种类。《行政复议法》(2023)第64条第1款规定:“行政行为有下列情形之一的,行政复议机关决定撤销或者部分撤销该行政行为,并可以责令被申请人在一定期限内重新作出行政行为……(二)违反法定程序……”《行政诉讼法》(2017)第70条规定:“行政行为有下列情形之一的,人民法院判决撤销或者部分撤销,并可以判决被告重新作出行政行为:……(三)违反法定程序的……”

行政行为违反法定程序,系指违反法律、法规和规章规定的行政程序。规章以下的规范性文件所创设的行政程序,原则上不作为法定程序对待。但是,行政机关通过行政规范性文件或者其他形式为自己设定或增加程序义务并向外正式公布者,可按法定程序对待。行政行为违反上述程序义务,同样构成违反法定程序。但如果行政机关通过行政规范性文件或者其他形式为相对人设定或增加程序者,不得作为法定程序。

当然,在法定程序中,还有强制性程序与指导性程序之分。严格地说,违反法定程序限指违反强制性程序。违反指导性程序的行政行为不作为违反法定程序的行政违法对待。

二、违法行政行为与无效行政行为

行政主体违反行政程序中的法定程序,一般属于行政违法。但如果违反法定程序重大且明显的,可以构成无效行政行为。[9] 如《行政处罚法》第38条第2款规定:“违反法定程序构成重大且明显违法的,行政处罚无效。”其他行政行为的法定程序应当同理。

三、违反法定程序的后果

行政行为违反法定程序,可以导致以下几种结果:

1. 被有权机关确认违法。当事人对违反法定程序的行政行为不服的,可以申请行政复议

---

〔8〕 关于违反法定程序的行政违法,请详见本书第二十三章“行政违法”中的相应部分。

〔9〕 关于无效行政行为可详见本书第二十四章中的相应部分。

或提起行政诉讼，它会被行政复议机关或人民法院确认违法。

2. 被有权机关撤销。对于违反法定程序的行政行为，行政监督机关、行政复议机关或者人民法院，分别在行政监督程序、行政复议程序和行政诉讼中，可以依法撤销该行政行为。

3. 被有权机关确认无效。如果违反法定程序构成重大且明显违法的，行政监督机关、行政复议机关或者人民法院，可以分别在行政监督程序、行政复议程序和行政诉讼中，依照法律规定确认该行政行为无效。

4. 承担行政赔偿责任。如果违反法定程序的行政行为造成公民、法人或者其他组织合法权益损失的，应当依据《国家赔偿法》承担行政赔偿责任。

第七节　疑难问题探讨

一、行政规范性文件所规定的行政程序是否属于“法定程序”？

“程序法定”既是行政法治的要求，也是正当程序的要求。“程序法定”意指行政程序必须依法设定，必须成文化。但这个“法”的范围有多大呢？笔者认为，必须与《立法法》的范围相一致，即法律、行政法规、地方性法规和规章均可设定行政程序，尽管它受到“同一原则”和“分层原则”的约束。

但在实际中，存在大量的行政规定在设定行政程序，还有行政机关自订的程序。它们所规定的行政程序是否属于行政法意义上的程序？

这一问题争论不多〔10〕，但也有不同看法。有学者认为，行政机关违反自订的程序也是属于程序违法。〔11〕法官中有一种主流观点也认为，“规章以下的规范性文件中有关行政程序的规定不违反法律、法规及规章的规定和符合行政程序的基本原则的，应视为法定程序”〔12〕。

笔者认为，就现状而言，由于目前“程序法定”化的程度不高，不少行政程序由行政机关自我规定。自我规定程序多少也比没有法定程序要好。但我们必须坚持“程序法定”原则，各类行政程序由法（法律、法规、规章）直接设定，这不是件难事。所以从“应然”角度讲，“程序法定”不应当为规章以下的其他规范留下设定行政程序的空间。

二、行政机关违反自己规定的程序是否属于“违反法定程序”？

行政行为“违反法定程序”，系指行政行为违反了由法律、法规和规章所设定的行政程序。规章以下的规范性文件所创设的行政程序，原则上不作为法定程序对待。自然，行政行为违反规章以下的其他规范性文件所设定的行政程序，不属于“违反法定程序”。

“法定程序”由行政主体和行政相对人在行政程序中的法定权利与法定义务组成。原则上，行政机关不得以自己的文件来设定、改变“法定程序”。因为，“法定权利”与“法定义务”只得由“法”设定。如果行政机关通过行政规范性文件或者其他形式设定行政程序，是否可以作

〔10〕　主要是还未深入这一问题的研究。

〔11〕　参见汤德宗：《行政程序法论——论正当行政程序》（第2版），台北，元照出版有限公司2003年版，第94页。

〔12〕　刘德权主编：《最高人民法院司法观点集成（4）：行政、国家赔偿卷》，人民法院出版社2010年版，第360页。

为"法定程序"对待,这要区分两种不同情况:

1. 行政机关通过行政规范性文件或者其他形式设定为自己增加程序义务,或者为相对人增加程序权利,并向外正式公布者,在行政法学理和司法实践中被视作为"法定程序";违反它,自然也作为"违反法定程序"对待。这是诚信原则的要求。

2. 行政机关通过行政规范性文件或者其他形式设定为自己增加程序权利,或者为相对人增加程序义务的,这种程序设定是无效的,不得作为"法定程序"对待。行政行为违反它,自然也不作为"违反法定程序"对待了。这是正当程序原则的要求,因为"自己不得做自己的法官"。

三、如何区别违反法定程序中的"违法"与"无效"?

"违反法定程序"系指行政机关的行政行为违反了法律、法规和规章所设定的行政程序要求。它是行政违法的一种。

无效行政行为是指"重大且明显"的违法行为,它是行政违法中的极端部分。无效行政行为都是违法行政行为,但违法行政行为并非全是无效行政行为。

那么,行政行为违反法定程序,在什么样的情况下属于无效行政行为呢?

就抽象标准而言,就是看是否属于"重大且明显违法"。"重大"是指行为后果;"明显"是指公众的普遍认知。一些后果严重、事实清楚的违法行政行为才是无效行政行为;无法构成这一点的,就属于一般的行政违法。

至于具体的情形,到底哪些违反法定程序的行为才属于无效行政行为,这还需要行政执法实践、司法审判实践以及行政法理研究的推进。

本章小结

行政程序是行政行为的存在方式,是行政主体实施行政行为所经历和依附的途径、方式、步骤和时限等过程和形式。行政程序本来是一种自然程序,但经过法律规制以后便上升为"法定程序"。"法定程序"是由法律设定并受法律约束的行政程序,它是行政程序中的一种理想形态,是行政程序法治化的结果形式。

通过立法形式设定行政程序,同样通过立法形式规制行政程序行为,这是行政程序法治化的要求和体现。行政程序立法的最高形式是单独制定"行政程序法"。世界上已有不少国家制定了此法。在我国目前尚未制定行政程序法的背景下,行政程序法规范主要分散地存在于三个基础性法律(《行政许可法》《行政处罚法》《行政强制法》),以及对应的单项法律、法规和规章之中。

国务院于2018年前后制定的《重大行政决策程序暂行条例》(国务院令第713号)、《关于加强行政规范性文件制定和监督管理工作的通知》(国办发〔2018〕37号)、《关于全面推行行政规范性文件合法性审核机制的指导意见》(国办发〔2018〕115号)和《关于全面推行行政执法公示制度执法全过程记录制度重大执法决定法制审核制度的指导意见》(国办发〔2018〕118号)。这四个文件全面设置和规范了重大行政决策程序、行政规范性文件的制定和合法性审核程序,以及行政执法中的公示制度、执法全过程记录制度和重大执法决定法制审核制度,对于统一行政行为程序和行政程序的法治化起到了推进作用,为中国行政程序法的制定奠定了良好的基础。

行政程序中的"法定程序"包括"强制性"程序与"指导性"程序。违反前类程序规定,属于"违反法定程序"。"违反法定程序"系由《行政复议法》《行政诉讼法》所确认并规定应当依法撤销或确认违法的行政违法行为。"违反法定程序"重大而明显者,属于"无效行政行为"。

规范链接

- 《中华人民共和国立法法》(2023)第107条
- 《中华人民共和国行政诉讼法》(2017)第70条
- 《中华人民共和国行政复议法》(2023)第64条
- 《中华人民共和国行政处罚法》(2021)第38条
- 《中华人民共和国刑事诉讼法》(2018)第52、55、56、302条
- 国务院《全面推进依法行政实施纲要》(国发〔2004〕10号)
- 国务院《重大行政决策程序暂行条例》(国务院令第713号)
- 国务院《关于加强市县政府依法行政的决定》(国发〔2008〕17号)
- 最高人民法院《关于适用〈中华人民共和国行政诉讼法〉的解释》(法释〔2018〕1号)第22、90、148条
- 国务院办公厅《关于加强行政规范性文件制定和监督管理工作的通知》(国办发〔2018〕37号)
- 国务院办公厅《关于全面推行行政规范性文件合法性审核机制的指导意见》(国办发〔2018〕115号)
- 国务院办公厅《关于全面推行行政执法公示制度执法全过程记录制度重大执法决定法制审核制度的指导意见》(国办发〔2018〕118号)

案例讨论

黄某富等诉四川省成都市金堂工商行政管理局行政处罚案

|案 情|

2003年12月20日,四川省金堂县图书馆与原告何某琼之夫黄某富联办多媒体电子阅览室。经双方协商,由黄某富出资金和场地,每年向金堂县图书馆缴管理费2400元。2004年4月2日,黄某富以其子何某的名义开通了电子阅览室(期限到2005年6月30日),在金堂县赵镇桔园路一门面房挂牌开业。

4月中旬,金堂县文体广电局市场科以整顿网吧为由要求其停办。经金堂县图书馆与黄某富协商,金堂县图书馆于5月中旬退还黄某富2400元管理费,摘除了"金堂县图书馆多媒体电子阅览室"的牌子。

2005年6月2日,金堂工商局会同金堂县文体广电局、金堂县公安局对原告金堂县赵镇桔园路门面房进行检查时发现,金堂实验中学初一学生叶某、杨某、郑某和数名成年人在上网游戏。原告未能出示《网络文化经营许可证》和营业执照。金堂工商局按照《互联网上网服务营业场所管理条例》第27条"……擅自设立互联网上网服务营业场所,或者擅自从事互联网上网服务经营活动的,由工商行政管理部门或者由工商行政管理部门会同公安机关依法予以取缔,查封其从事违法经营活动的场所,扣押从事违法经营活动的专用工具、设备……"的规定,以成工商金堂扣字(2005)第02747号扣留财物通知书决定扣留原告的32台电脑主机。何某琼对该扣押行为及扣押电脑主机数量有异议遂诉至法院,认为实际扣押了其33台电脑主机,并请求撤销该扣留财物通知书。2005年10月8日金堂县人民法院作出(2005)金堂行初字第13号行政判决书,维持了成工商金堂扣字(2005)第02747号扣留财物通知书,但同时确认金堂工商局扣押了何某琼33台电脑主机。

2005年10月12日,金堂工商局以原告的行为违反了《互联网上网服务营业场所管理条例》第7、27条的规定作出了成工商金堂处字(2005)第02026号行政处罚决定书,决定"没收在何某琼商业楼扣留的从事违法经营活动的电脑主机32台"。原告又针对后一处罚决定向人民法院提起了诉讼。

四川省金堂县人民法院于2006年5月25日作出(2006)金堂行初字第3号行政判决:(1)撤销成工商金堂处字(2005)第02026号行政处罚决定书;(2)金堂工商局在判决生效之日起30日内重新作出具体行政行为;(3)金堂工商局在本判决生效之日起15日内履行超期扣留原告黄某富、何某琼、何某的电脑主机33台所应履行的法定职责。

宣判后,金堂工商局向四川省成都市中级人民法院提起上诉。成都市中级人民法院于 2006 年 9 月 28 日以同样的事实作出(2006)成行终字第 228 号行政判决,撤销一审行政判决第 3 项,对其他判项予以维持。

法院生效裁判认为:《行政处罚法》第 42 条规定:“行政机关作出责令停产停业、吊销许可证或者执照、较大数额罚款等行政处罚决定之前,应当告知当事人有要求举行听证的权利……”虽然该条规定没有明确列举“没收财产”,但是该条中的“等”系不完全列举,应当包括与明文列举的“责令停产停业、吊销许可证或者执照、较大数额罚款”类似的其他对相对人权益产生较大影响的行政处罚。为了保证行政相对人充分行使陈述权和申辩权,保障行政处罚决定的合法性和合理性,对没收较大数额财产的行政处罚,也应当根据《行政处罚法》第 42 条的规定适用听证程序。被告向原告作出所诉行政处罚决定而事先不提供听证机会,属于违法法定程序,理应依法撤销。

|评　析|

该案所涉其他问题鉴于本章的任务不作讨论,这里限于评析:被告作出行政处罚决定而不事先向原告提供听证机会,是否属于违反法定程序?

行政主体对行政相对人作出较大的不利决定,必须为其提供听证机会,这本属正当程序的基本要求。当法律明文规定某一行政行为的程序必须进行听证时,该听证程序同时成为“法定程序”。听证程序即听取利害关系人的意见的程序,是行政机关公正行使权利的基本内容,也是保护相对人合法权益的程序机制,已成为当今世界法治各国行政程序立法的核心要求。

我国《行政处罚法》,原法(1996)第 42 条〔13〕、新法(2021)第 63 条〔14〕都规定,行政机关对当事人作出较大的行政处罚,必须事先为它提供听证机会。适用听证的行政处罚范围,原法是指“责令停产停业、吊销许可证或者执照、较大数额罚款等行政处罚决定”。这里有个“等”字,自然应当包括“没收”。新法具体指:(1)较大数额罚款;(2)没收较大数额违法所得、没收较大价值非法财物;(3)降低资质等级、吊销许可证件;(4)责令停产停业、责令关闭、限制从业;(5)其他较重的行政处罚;(6)法律、法规、规章规定的其他情形。

本案的处罚决定是没收当事人 33 台电脑,价值 10 万元左右。当年的《四川省行政处罚听证程序暂行规定》第 3 条第 1 款第 1 句规定:“本规定所称较大数额的罚款,是指对非经营活动中的违法行为处以 1000 元以上,对经营活动中的违法行为处以 20000 元以上罚款。”符合数额较大的标准。但本案被告在整个处罚过程中没有为当事人提供听证,显然属于违反行政处罚的“法定程序”。所以,人民法院撤销被告的行政处罚决定是符合《行政诉讼法》的有关规定的。

(资料来源:最高人民法院指导性案例第 6 号,2012 年 4 月 9 日发布。案情根据教学需要作了文字上的简略,评析依据裁判意旨并根据教学需要撰写)

复习思考题

1. 什么是法定程序?它与行政程序是什么关系?
2. 行政机关自己设定的程序是否属于法定程序?
3. 行政行为违反法定程序会有哪些后果?
4. 行政行为违反法定程序会构成行政无效吗?

---

〔13〕《行政处罚法》(1996)第 42 条第 1 款规定:“行政机关作出责令停产停业、吊销许可证或者执照、较大数额罚款等行政处罚决定之前,应当告知当事人有要求举行听证的权利;当事人要求听证的,行政机关应当组织听证。当事人不承担行政机关组织听证的费用……”

〔14〕《行政处罚法》(2021)第 63 条规定:“行政机关拟作出下列行政处罚决定,应当告知当事人有要求听证的权利,当事人要求听证的,行政机关应当组织听证:(一)较大数额罚款;(二)没收较大数额违法所得、没收较大价值非法财物;(三)降低资质等级、吊销许可证件;(四)责令停产停业、责令关闭、限制从业;(五)其他较重的行政处罚;(六)法律、法规、规章规定的其他情形。当事人不承担行政机关组织听证的费用。”

第二十二章 正 当 程 序

> 行政程序是行政行为的存在方式,是行政主体实施行政行为所经历和依附的途径、方式、步骤和时限等过程和形式。行政程序本来是一种自然程序,但经过法律规制以后便上升为“法定程序”。但是,无论是“自然程序”还是“法定程序”,都必须符合“正当性”标准。符合“正当性”标准的程序就是“正当程序”。

第一节 正当程序的渊源

正当程序(due process)具有深远的历史渊源和理论渊源。正当程序是一个综合概念,是一种法治理念、法治原则和法律制度的融合体。

一、英国自然公正原则

正当程序最早可以追溯到英国的自然公正原则(rules of natural justice),而该原则又可追溯到英国1215年的《大宪章》(The Magna Carta)[1],也称《自由大宪章》。

它是1215年6月15日金雀花王朝国王约翰王在位时,在大封建领主、教士、骑士和城市市民的联合压力下被迫签署的一个“协议”。全文共63条。主要内容是保障封建贵族和教会的特权及骑士、市民的某些利益,限制王权。规定非经贵族会议的决定,不得征收额外税金;保障贵族和骑士的采邑继承权;承认教会自由不受侵犯;归还原侵占的领主土地、抵押物和契据;尊重领主法庭的管辖权,国王官吏不任意受理诉讼,对任何自由人非经合法判决,不得逮捕、监禁、没收财产或放逐出境;承认伦敦和其他自治城市的自由;统一度量衡,保护商业自由等。同时规定由领主推举25人负责监督宪章的实施。

从本质上说,《大宪章》是贵族对抗王权的宪章,而不是平民的宪章。它主要是封建阶级内部权力再分配的文件,并未改变广大农民的地位,而且不久即被即位的亨利三世撕毁,失去效力。但它是英国封建时期的重要宪法性文件之一。英国资产阶级革命时期,大宪章被利用作为争取权利的法律依据,并被确定为英国宪法性文件之一。

《大宪章》中的内容,特别是第38条规定:“此后,凡执行吏如未经提出可靠之证据,不得单凭本人之主张将任何人置之于法。”第39条规定:“凡自由民除经其贵族依法判决或遵照国内法律之规定外,不得加以扣留、监禁、没收其财产、褫夺其法律保护权,或加以放逐、伤害、搜索或者逮捕。”第40条规定:“朕不得对任何人滥用、拒绝或延搁权利或赏罚。”后被英国议院和法院演绎为三项内容:(1)在公正的行政法庭前听证(听审)之权(the right to be heard by an unbi-

---

〔1〕 也称“The Great Charter”。

ased tribunal);(2)获悉指控之权(the right to have notice of charges of misconduct);(3)就指控进行答辩之权(the right to be heard in answer to those charges)[2]。

也就是说,如果当事人受到不利处分,那么他应当被告知被指控的结论和理由,并且有权事先申辩和事后进行权利救济。这就成为英国自然公正原则的核心内容和基本要求,为之后正当程序原则的确立奠定了理论基础。1640 年英国制定的一个宪法性法律,即《人身保护法》,也很好地承继了这些精神。

二、美国正当程序原则

英国的自然公正原则,到了美国就被演变成"正当程序原则"(Rules of Dure Procedure)。

美国"正当程序"观念,在本国的法律制度上渊源于美国宪法第五条和第十四条修正案。美国《宪法修正案》第 5 条(1791 年)规定:"无论何人,除非根据大陪审团的报告或起诉,不得受判处死罪或其他不名誉罪行之审判,惟发生在陆、海军中或发生在战时或出现公共危险时服现役的民兵中的案件,不在此限。任何人不得因同一罪行而两次遭受生命或身体的危害;不得在任何刑事案件中被迫自证其罪;不经正当法律程序,不得被剥夺生命、自由或者财产。不给予公平赔偿,私有财产不得充作公用。"美国《宪法修正案》第 14 条(1868 年)规定:"(第 1 款)凡在合众国出生或归化合众国并受其管辖的人,均为合众国的和他们居住州的公民。任何一州,都不得制定或实施限制公众国公民的特权或豁免权的任何法律;不经正当法律程序,不得被剥夺任何人的生命、自由或财产;对于在其管辖下的任何人,亦不得拒绝给予平等法律保护。"

美国《宪法修正案》第 5 条是针对联邦政府而言,美国《宪法修正案》第 14 条则是针对州政府而言。综合两条宪法修正案,它们包含了这几项基本要求:(1)不经独立、公正的司法审判,不得为任何人定罪。(2)一事不得两罚。"任何人不得因同一罪行而两次遭受生命或身体的危害。"(3)不得自证其罪。"不得在任何刑事案件中被迫自证其罪。"(4)不经正当法律程序,不得被剥夺生命、自由或者财产。(5)不给予公平赔偿,私有财产不得被征收征用。(6)国民有获得平等保护的权利。

这是美国宪法所确立的广义上的正当程序要求。其中最核心的是:"非经正当法律程序(without due process of law),不得剥夺任何人的生命、自由或财产。"事后经几百年的演进,这些正当程序的要求从司法扩展到行政,直到扩展至所有领域。

1946 年,美国制定了《联邦行政程序法》(The Administrative Procedure Act, APA)和《各州标准行政程序法》(The Model State Administrative Procedure Act)。前者适用联邦政府,后者适用州政府。这两法彻底贯彻了"正当程序"原则。如它们规定:行政信息原则上必须公开;制定规则(rulemaking)与裁定(adjudication)应当提供必要听证;行政行为应当接受司法复审(judicial review);等等。

而后,这一"正当性"的内涵在各种法院判决中不断得到丰富,至今大体包含公开、听证、无偏私和权利救济的内容。

三、各国行政程序法的体现

20 世纪以后,正当程序原则在越来越多国家生根,特别是被"行政程序法"吸收和体现。

---

[2] 参见翁岳生编:《行政法》(第 2 版),中国法制出版社 2009 年版,第 1006 页。

许多国家的“行政程序法”，不仅明文确立“程序正当”原则，而且还设置了事先告知、说明理由和听证等许多正当程序制度。例如：

德国《联邦行政程序法》[3]确立了行政行为“书面说明理由”制度。其第 39 条规定：“一、书面或由书面证实的行政行为须以书面说明理由。须说明的理由包括行政机关在作出决定时所考虑的重要事实和法律理由。如果属裁量决定，应说明行政机关行使其裁量权时依据的出发点。二、下列情况不需要说明理由：1. 行政机关满足一请求或符合一声明的，且行政行为未损害其他人权利；2. 行政行为的相对人或涉及的人，已知道行政机关在法律或事实方向的观点，或不需书面说明理由也可以直接了解这种观点；3. 行政机关大量作出的同类行政行为，或借助自动设备作出的行政行为，根据具体情况，不需要说明理由；4. 法规规定不需说明理由；5. 公布的一般处分。”

法国为确立和落实“说明理由”制度，特地制定了《说明行政行为理由及改善行政机关与公众关系法》[4]。其第 1 条就开宗明义地规定：“自然人与法人有权即时知悉与其有关且对其不利的个别行政决定的理由。具有下列内容的决定应当说明理由：1. 限制公众自由的行使，或其他警察措施；2. 实施处罚；3. 对给予许可附加限制性条件或强制性命令；4. 撤销或废止创设权利的决定；5. 拒绝给予一项优惠，而该给予对于符合法定条件获取该优惠之人构成一项权利；6. 拒绝给予许可，但通知理由违反保密原则或损害 1978 年 7 月 17 日第 78 – 753 号法律第 6 条第 2 至 5 项规定所保护优惠的，不在此限。”第 3 条还要求：“本法要求的说明理由应以书面形式作出，且应指出构成决定根据的法律理由和事实理由。”

希腊《行政程序法》[5]确立了行政行为的公正原则和正当理由原则。其第 7 条（行政机关的公正）规定：“1. 行政机关，不论是独任制还是合议制，在履行职责时都应当保证作出公正的判断。2. 独任制机关，或者合议机关的成员，应当回避参与作出决定、陈述意见、提出提议……”第 17 条（正当理由）又规定：“1. 个别行政决定应当具备正当理由，其中包括明确决定的作出符合法定条件。2. 理由应当清楚、特定、充分，并可由卷宗材料推导而来，但法律有明确规定的，理由应当包含在行政决定书中。3. 行政决定依职权作出时，由主管机关主动收集证据。利害关系人请求作出行政决定的，利害关系人有义务提供相关规定中规定的证明文件，除非有权作出决定的机关可以得到这些文件。”听证是正当程序的核心，该法第 6 条专门规定了“利害关系人的事前听证”制度和程序。

西班牙于 1958 年制定了《行政程序法》[6]，1992 年又制定了《公共行政机关及其共同的行政程序法》[7]，部分废止了 1958 年的《行政程序法》。它们重点突出了行政机关及其人员的回避制度和行政行为说明理由制度。如《行政程序法》第 43 条规定：“一、下列行为必须作记录并简要说明事情理由和法律依据：（1）限制主体权利的行为；（2）处理提出诉愿的行为；（3）与先前行为中所遵循的标准或咨询机构意见不一致的行为；（4）由法律规定的行为；（5）成为诉愿

---

〔3〕 Verwaltungsverfarensgesetz – VwVfG. 德国联邦议会 1976 年 5 月 25 日通过，1977 年 1 月 1 日起生效。

〔4〕 1986 年 1 月 17 日第 86 – 76 号法国法律第 26 条及第 29 条，1986 年 1 月 18 日政府公报。

〔5〕 希腊法律 2690/1999。经希腊议会批准，由总统于 1999 年 3 月 9 日在《希腊共和国政府公报》第 45 期签发。

〔6〕 Ley de Procedimiento Administrativo，1958 年 7 月 17 日颁布，1958 年 7 月 18 日发表于《国家官方公报》第 171 期，1958 年 11 月 11 日起实施。

〔7〕 1992 年 11 月 26 日由西班牙众议院制定通过，并经国王胡安·卡洛斯一世批准，1992 年 11 月 27 日发表于《国家官方公报》第 285 期，公布之日起 3 个月后生效。

对象的行为的中止协议。二、《行政纠纷管辖法》第四十条第二款所规定的行为不在上款规定之限。”

葡萄牙《行政程序法典》是一部完整的行政程序法。它对正当程序的体现,首先在于确立了公正原则。其第6条(公正原则及不偏不倚原则)明文规定:“公共行政当局从事其活动时,应以公正及不偏不倚方式,对待所有与其建立关系者。”其次是在具体制度的设计上,详细规定了行政行为的事先告知制度和行政行为说明理由,当事人获得资讯的权利,特别是突出规定了当事人获得听证的权利。[8]

日本《行政程序法》[9]在第三章的“不利处分”中,特别规定了作为正当程序的“听证”制度以及当事人的“辨明机会”。

此外,正当程序原则还为越来越多的国际组织所接受。1977年,欧洲议会的部长委员会根据成员国的法律和实践在行政法领域提出了正式的建议,要求成员国必须遵守五项正当程序方面的原则,即听证、公开、协助与代理、说明理由、告知救济权。[10]

第二节 从法定程序走向正当程序

行政程序法定化的结果是形成了法定程序,程序正当化的结果是形成了正当程序。中国对程序法定原则和程序正当原则的接受、确立、丰富和发展,有一个较长的过程。这个过程伴随着“从实体到程序”,特别是“从法定程序到正当程序”的变迁。在这一程序“变迁史”中,我们经历了两大飞跃:一是“从实体到程序”;二是“从法定程序到正当程序”。准确地说,是从“重视实体、忽视程序”到“实体与程序并重”,又从“重视法定程序、轻视正当程序”到“法定程序与正当程序并重”。

一、从实体到程序

长期以来,由于人们将“实事求是”原则误读为“实体”原则,不少中国人自觉或不自觉地保持“重实体、轻程序”的习惯,认为只要“实体”不发生差错,程序对错无伤大雅:只要是“坏人”,怎么抓都是“对”的;只要是“违法建筑”,怎么拆也都是“对”的……立法上只规定实体,不规定程序,使许多实体权利无法落地,由1954年《宪法》确立的国家赔偿责任[11]直至1994年《国家赔偿法》的制定才得到落实。执法上便是忽视程序规则,违反程序往往不被追究责任。

1989年《行政诉讼法》的制定,其法律意义远不止于诉讼法意义。该法第54条将“违反法定程序”列入行政违法的情形和人民法院依法撤销的事由之一,标志着中国从“重实体轻程序”过渡到了“程序与实体并重”的阶段,是一个了不起的进步。10年后,1999年制定的《行政复议法》和《行政诉讼法》相呼应,其第28条同样将“违反法定程序”列入行政违法的情形和复议机关依法撤销的事由之一。《行政诉讼法》和《行政复议法》的规定不仅确立了一种制度,同时也

---

〔8〕 参见葡萄牙《行政程序法典》第二编主体第一章行政机关第六节不偏不倚的保障(第45~52条)。

〔9〕 日本国会1993年11月12日公布,自公布之日起1年内由政令规定施行日期。

〔10〕 参见[英]威廉·韦德:《行政法》,楚建译,中国大百科全书出版社1997年版,第1401页。

〔11〕 1954年《宪法》第97条规定:“中华人民共和国公民对于任何违法失职的国家机关工作人员,有向各级国家机关提出书面控告或者口头控告的权利。由于国家机关工作人员侵犯公民权利而受到损失的人,有取得赔偿的权利。”

帮助人们确立了一种观念:任何行政行为,不仅必须实体合法,同时必须做到程序合法。违反“法定程序”的行为,其他方面即使最正确,总体还是属于“行政违法”。

二、法定程序的确立和缺陷

但必须指出的是,由于《行政诉讼法》(1989)第54条和《行政复议法》(1999)第28条规定的是“法定程序”,而不是“正当程序”。因而这一阶段的程序观念停留在“法定程序”的认识上。这一认识的禁锢,导致了理论上和执法实践中的困境:

1. 法定程序是指由法律规定的程序。法律不作规定的就不是法定程序。《行政诉讼法》和《行政复议法》仅仅是要求行政行为遵循法定程序,这似乎意味着对于法定程序以外的程序可以不受任何约束。由于我国尚未制定统一的行政程序法,除行政许可、行政处罚和行政强制等主要行政行为已有程序规定外,还有大量的行政行为不存在完备的程序规范,从而使许多行政执法者在从事许多其他行政行为时忽视程序要求。

2. 违反法定程序构成行政违法,但违反法定程序以外的正当程序者是否也构成程序违法,没有定论。

3. 人们只在乎程序是否由法律作出了规定而成为“法定程序”,至于该程序是否符合“正当性”便不予重视。人们只重视形式程序,不重视实质程序。“正当性”这一程序法核心价值无法在行政程序中真正立足。

三、从法定程序走向正当程序

我们可否在“法定程序”之外确立“正当程序”概念,甚至以后者代替前者?行政程序必须“法定化”,但更应当“正当化”。

中国第一个提出“正当程序”观念的,要归功于国务院于2004年制定的《全面推进依法行政实施纲要》(国发〔2004〕10号)。它将“程序正当”列为“依法行政的基本要求”之一。接着,法院系统在行政诉讼中对行政机关的行政行为提出了“正当性”的程序要求。从2005年开始,全国各地法院已开始将“正当程序”引入司法裁判,形成了不少指导性案例。

在中国,如果1989年《行政诉讼法》的制定,标志了“从实体走向程序”,那么,2004年国务院制定的《全面推进依法行政实施纲要》,则标志了“从法定程序走向正当程序”。2014年党的十八届四中全会通过的中共中央《关于全面推进依法治国若干重大问题的决定》又将“程序正当”引入依法决策机制。在这样的背景下,中国的司法部门在行政诉讼中积极推进“正当程序”原则,对行政机关的行政行为提出了“正当性”的程序要求。从2005年开始,全国各地法院已开始将“正当程序”引入司法裁判。例如:

2005年,对于陆某佐诉上海市闸北区房屋土地管理局房屋拆迁行政裁决纠纷案,法院裁判认为:房屋拆迁过程中,被拆迁人、房屋承租人对于被拆房屋评估报告有异议的,有权申请复估。因此,基于正当程序原理,为保护被拆迁人、房屋承租人对被拆房屋评估报告依法申请复估的权利,拆迁人应将被拆房屋评估报告及时送达被拆迁人、房屋承租人。房屋拆迁行政裁决机关在裁决过程中,也应当对被拆房屋评估报告是否送达被拆迁人、房屋承租人的问题予以查明,并确保在裁决作出之前将评估报告送达被拆迁人、房屋承租人。[12]

2005 年,在彭某华诉浙江省宁波市北仑区人民政府工伤行政复议案中,法院裁判认为:行政复议机关拟作出对利害关系人产生不利影响的行政复议决定的,应当根据正当程序原则的要求,采取适当方式通知利害关系人参加行政复议。行政复议机关未通知利害关系人参加行政复议,直接作出对利害关系人不利影响的行政复议决定的,构成违反法定程序,依法应当撤销。[13]

2007 年,在陈某杰诉浙江省教育考试院教育行政处理案中,法院裁判认为:考试机构的内设机构无权作出"确认考试成绩无效"的处理决定;直接以网上公告方式告知当事人陈述申辩权违反正当程序。[14]

2010 年,在陈某诉句容市规划局、句容市城市管理局城建行政命令案中,法院裁判认为:在法律、法规没有明确规定的情况下,人民法院可以把正当程序原则作为判断行政行为合法性的依据。被诉行政行为存在明显违反正当程序原则情形的,可以按照《行政诉讼法》(1989)第 54 条第 2 项第 5 目作出判决。[15]

2010 年,在临清市鲁信面粉有限公司诉山东省人民政府行政复议决定案中,法院裁判认为:行政复议机关未向利害关系的第三人送达第三人参加行政复议通知书,在未听取利害关系人意见的情况下作出对其不利的行政复议决定,违背程序正当原则,构成违反法定程序或滥用职权(程序滥用),依法应予撤销。[16]

以上述行政审判为基础,2012 年,时任最高人民法院副院长的江必新在《中国社会科学》(京)2012 年第 7 期上发表了《行政程序正当性的司法审查》一文,全面系统地在理论上对司法实践进行总结,提出了理论上的明确观点:司法机关在行政诉讼中有权对行政程序的"正当性"进行审查。这在一定程度上代表了司法界的观点。同年,最高人民法院的一个司法解释,即《关于办理申请人民法院强制执行国有土地上房屋征收补偿决定案件若干问题的规定》(法释〔2012〕4 号)正式引进"正当程序"的审查标准。[17]

第三节　正当程序的基本制度

正当程序是正义性的行政程序,是对行政程序最低限度的程序正义要求。我们可以将行政程序设计得更完美,但不得低于最低的正义性标准。这些行政程序中的最低正义标准,有的

---

〔12〕 参见《最高人民法院公报》2007 年第 8 期。

〔13〕 中国行政审判指导案例第 20 号。参见中华人民共和国最高人民法院行政审判庭编:《中国行政审判指导案例》(第 1 卷),中国法制出版社 2010 年版,第 99 页。

〔14〕 中国行政审判指导案例第 21 号。参见中华人民共和国最高人民法院行政审判庭编:《中国行政审判指导案例》(第 1 卷),中国法制出版社 2010 年版,第 105 页。

〔15〕 中国行政审判案例第 106 号。参见中华人民共和国最高人民法院行政审判庭编:《中国行政审判案例》(第 3 卷),中国法制出版社 2013 年版,第 128 页。

〔16〕 中国行政审判案例第 145 号。参见中华人民共和国最高人民法院行政审判庭编:《中国行政审判案例》(第 4 卷),中国法制出版社 2012 年版,第 131 页。

〔17〕 其第 6 条规定:"征收补偿决定存在下列情形之一的,人民法院应当裁定不准予执行:……(五)严重违反法定程序或者正当程序……"

已成为固定的法律制度，有的还仅仅是一种理论上的要求。我们将前者作为正当程序的"基本制度"在本节阐述，将后者作为正当程序的"基本要求"在下一节阐述。无论是正当程序的"基本制度"，还是正当程序的"基本要求"，在将来制定行政程序法时，都必须考虑将它们写入法律。

一、行政公开制度

行政公开是指行政程序中的有关信息向当事人或社会公开的程序制度。行政公开作为一项正当程序的要求，为许多国家的行政程序法和政府信息公开法所规定和体现。这种制度的基本要求是：

1. 行政行为的依据必须公开。不公开的依据不能成为行政行为的有效依据。如《行政处罚法》(2021)第5条规定："行政处罚遵循公正、公开的原则……对违法行为给予行政处罚的规定必须公布；未经公布的，不得作为行政处罚的依据。"第39条还规定："行政处罚的实施机关、立案依据、实施程序和救济渠道等信息应当公示。"

2. 行政行为的程序必须公开。行政行为的程序必须依法保证当事人参与，如当事人的申辩、听证、出庭辩论等。有的行政行为程序应当让公众参与。如2019年国务院制定的《重大行政决策程序暂行条例》(国务院令第713号)，要求行政机关作出重大行政决策，必须由公众参与。

3. 行政行为的结果必须公开。行政行为的结果(如行政许可决定、行政处罚决定等)首先必须通过依法"送达"程序保证向当事人公开。不向当事人公开，当事人就无法在规定期限内主张权利救济。此外，如果法律明文规定向社会公开的，行政行为结果还必须向社会公开。如《行政处罚法》(2021)第48条第1款规定："具有一定社会影响的行政处罚决定应当依法公开。"

当然，如果法律(狭义)有不予公开之特别规定的，从其规定。

二、行政回避制度

行政回避是指行政机关及其工作人员在行使职权过程中，因其与所处理的事务有利害关系，为保证实体处理结果和程序进展的公正性，根据当事人的申请或行政机关及其工作人员本身的请求，有权机关依法终止其职务的行使并由其他机关或人员处理的一种法律制度。它是一项正当程序制度。[18]

行政回避包括机关回避与处理人员回避。机关回避是指当某行政机关成为行政案件中的当事人或利害关系人，但它同时又是本案的处理机关时，该行政机关应当回避。行政回避更多的是指人员回避，即当某行政处理人员与他所处理的案件具有利益关系时，他就必须依法回避。在回避程序的启动上，行政回避又包括主动回避与申请回避。前者是指处理案件的工作人员发现本案与他有利害关系，或者存在必须依法回避的情形，他主动向机关提出回避的制度；后者是指案件当事人或其他利害关系人发现本案的处理人员存在应当回避的情形，便申请处理人员回避的制度。

---

〔18〕　该回避者不回避也是程序违法。但在各国行政程序法中只作为违法而不作为无效对待。

行政回避一般适用以下情形:(1)处理机关或处理人员是本案当事人的;(2)处理人员与当事人是亲属关系;(3)处理人员与当事人具有某种特定关系(如师生)可能影响案件公正处理的;(4)其他可能影响案件公正处理的情形。

回避与人类要求应当受到公平对待的自然本性有关。作为制度的反映,回避最早出现在司法领域,后来进入到行政程序。世界上有许多国家的行政程序法都明文规定了回避制度。[19] 我国由于尚未制定行政程序法,行政回避由单行法律作出分散规定。如《行政处罚法》(2021)第43条规定:"执法人员与案件有直接利害关系或者有其他关系可能影响公正执法的,应当回避。当事人认为执法人员与案件有直接利害关系或者有其他关系可能影响公正执法的,有权申请回避。当事人提出回避申请的,行政机关应当依法审查,由行政机关负责人决定。决定作出之前,不停止调查。"《治安管理处罚法》(2012)第81条规定:"人民警察在办理治安案件过程中,遇有下列情形之一的,应当回避;违反治安管理行为人、被侵害人或者其法定代理人也有权要求他们回避:(一)是本案当事人或者当事人的近亲属的;(二)本人或者其近亲属与本案有利害关系的;(三)与本案当事人有其他关系,可能影响案件公正处理的。人民警察的回避,由其所属的公安机关决定;公安机关负责人的回避,由上一级公安机关决定。"《道路交通安全法》(2021)第83条规定:"交通警察调查处理道路交通安全违法行为和交通事故,有下列情形之一的,应当回避:(一)是本案的当事人或者当事人的近亲属;(二)本人或者其近亲属与本案有利害关系;(三)与本案当事人有其他关系,可能影响案件的公正处理。"《海关法》(2021)第81条规定:"海关工作人员在调查处理违法案件时,遇有下列情形之一的,应当回避:(一)是本案的当事人或者是当事人的近亲属;(二)本人或者其近亲属与本案有利害关系;(三)与本案当事人有其他关系,可能影响案件公正处理的。"此外,还有《人民警察法》(2012)第45条、《税收征收管理法》(2015)第12条、《证券法》(2019)第116条等都有回避规定。行政回避原则已在我国的行政程序中普遍地确立起来。

三、行政听证制度

听证是指有权机关在作出不利决定之前,必须听取当事人和利害关系人意见的法律制度。

---

[19] 如西班牙《公共行政机关及共同的行政程序法》(1992)第28条(回避)第1~2款规定:"一、行政机关及其工作人员在本条下一款所述情形下应回避参与程序并报告其直接上级以便予以处理。二、回避的原因有:1.在有关事务或别的事务中有个人利益,后一事务的裁决可能受到前一事务的裁决的影响;为企业或有关单位的行政管理人员;或与某利害关系人有未了的诉讼事宜。2.与任何一位利害关系人、有关单位或企业的行政管理人员以及参与程序的顾问、法人代表或官员有四代血缘关系或二代姻亲关系,与他们合用职业办公室或合伙从事顾问、代表或领导工作。3.与前一项所述人员中任何一位有亲密友谊或公开敌意。4.曾作为技术人员或证人参与过有关程序。5.与事务中直接有关的自然人或法人有服务关系,或在最近两年内无论在何种情形或地方向上述人员提供过职业服务。"葡萄牙《行政程序法典》(1996)第45条(回避的情况)规定:"一、在下列情况下,公共行政当局的机关据位人或人员,不得参与行政程序,或公共行政当局公法或私法上的行为或合同:a)其本人,或因身为他人代理人或无因管理人,有利害关系者;b)其配偶、任一直系血亲或姻亲、二亲等内之旁系血亲或姻亲、任何与其在共同经济下生活之人等人,或因身为他人的代理人,有利害关系者;c)其本人,或因身为他人的代理人,就与应作出决定的问题类似的问题有利害关系,或此情况发生于上项所包括的人身上者;d)曾以鉴定人或受托人的身份参与该程序,或曾对拟解决的问题作出意见书者;e)其配偶、直系血亲或姻亲、二亲等内之旁系血亲或姻亲、任何与其在共同经济下生活之人等,曾以鉴定人或授托人的身份参与该程序者;f)利害关系人或其配偶采取司法行为,针对该机关据位人或人员、其配偶或直系血亲者;g)属针对由该机关据位人或人员,又或b项所指之任一人作出或参与作出之决定之上诉者。二、上款规定所指的参与不包括对单纯公事行为,尤其是证明行为的参与。"

在国际上,听证被视作为正当程序的核心,它被广泛地应用于司法程序和行政程序。有人还将听证理念和程序追溯到公元前 15 世纪《圣经》所记载的“亚当和夏娃偷吃禁果”的故事。据称上帝当初从伊甸园驱逐亚当时,同时也给予他辩白的机会。[20] 上帝说:“亚当,你在哪里?难道你没有偷吃我诫令你不能偷吃的那棵树上的果子吗?”[21]

听证程序即听取利害关系人的意见的程序,是公正行使权利的基本内容,它渊源于英美法系的自然公正原则。听证最初适用于司法领域,谓之司法听证(judicial hearing),指法官判案时必须听取双方意见,不能偏听一面之词;后来逐渐为立法吸收,适用于立法领域,称立法听证(legislative hearing)。20 世纪初期,随着行政权力的不断扩张,听证开始在行政领域正式运用,它表现为行政主体的决定对当事人有不利影响时,必须听取当事人的意见,不能片面认定事实,剥夺对方辩护权利。时至今日,听证已成为各国行政程序法中的重要制度。美国《联邦行政程序法》将行政程序区分为正式程序(formal procedures)与非正式程序(informal procedures),正式程序(包括正式的规则订定与正式的行政裁决)应当举行对抗式的听证(adversary hearing),行政机关必须依据行政笔录(administrative record)作成决定。至于非正式程序(包括非正式的规则订定与非正式的行政裁决)仅须给予行政程序之当事人以书面表示意见之机会,而且行政机关作成决定时,仅须斟酌程序当事人表示之意见。德国《联邦行政程序法》专门规定了“当事人之听证权”(anhörung beteiligter)。为实现当事人的听证之权,将听证程序分为“正式程序”(förmliche verfahren)与“非正式程序”(nichtförmliche verfahren)。正式听证程序原则上须经言词辩论,作成书面处分并送达当事人;非正式听证,不以言词辩论为必要。日本《行政程序法》规定对不利处分设置“赋予辩明之机会”以及“听闻”两种程序,前者原则上限于书面(辩明书)表示意见,后者则须经言词辩论,只不论“辩明”或“听闻”之结果均仅供行政机关“参酌”而已。这是日本行政听证的特点。[22] 此外,希腊《行政程序法》和葡萄牙《行政程序法典》对听证都有详细规定。

在中国,行政听证由 1996 年的《行政处罚法》首次引入法律,2021 年的《行政处罚法》作了保留和完善。为了凸显听证制度的重要性,2021 年《行政处罚法》在第五章中单设一节进行规定。经过几十年的行政程序制度发展,在今天的中国,听证已广泛地应用于行政决策、行政执法、行政许可、行政给付等领域。如《行政许可法》(2019)第 46 ~ 47 条规定,法律、法规、规章规定实施行政许可应当听证的事项,或者行政机关认为需要听证的其他涉及公共利益的重大行政许可事项,行政机关应当向社会公告,并举行听证。行政许可直接涉及申请人与他人之间重大利益关系的,行政机关在作出行政许可决定前,应当告知申请人、利害关系人享有要求听证的权利;申请人、利害关系人在被告知听证权利之日起 5 日内提出听证申请的,行政机关应当在 20 日内组织听证。

四、行政告知制度

行政告知是行政行为事先告知制度的简称,特指行政机关在对当事人作出不利决定之前,

---

〔20〕 God did not remove Adam from Eden without first calling upon him to make his defence.

〔21〕 R. V. University of Cambridge(1723)1 Str. 557(Fortescue J.). 转引自[英]威廉 · 韦德:《行政法》,楚建译,中国大百科全书出版社 1997 年版,第 135 页。

〔22〕 参见蔡茂寅等:《行政程序法实用》(第 2 版),学林文化事业有限公司 2001 年版,第 121 ~ 122 页。

事先告知当事人行政机关拟作出的决定内容以及决定的依据和理由的法律制度。它作为一项正当程序制度,目的在于为当事人及时提供申辩的机会,以保证行政决定的正当性。

行政告知制度是一项“事先告知”制度,必须在行政决定正式作出之前进行。作出行政决定之后告知权利救济(申诉、复议或诉讼等),这不属于行政告知制度,因为它发生在行政行为作出之后。告知的内容应当包括:(1)拟作出决定的内容(如罚款多少等具体的处罚内容);(2)作出决定的事实依据和规范依据;(3)作出该决定的理由。

我国《行政处罚法》早在1996年就引进了这一制度。《行政处罚法》(1996)第31条规定:“行政机关在作出行政处罚决定之前,应当告知当事人作出行政处罚决定的事实、理由及依据,并告知当事人依法享有的权利。”2021年《行政处罚法》第44条规定:“行政机关在作出行政处罚决定之前,应当告知当事人拟作出的行政处罚内容及事实、理由、依据,并告知当事人依法享有的陈述、申辩、要求听证等权利。”行政机关不履行事先告知义务的,属于严重的程序违法,应属于无效行政行为。

五、行政说明理由制度

行政说明理由制度系指在行政程序中,行政主体在作出对行政相对人合法权益产生不利影响的行政行为时,除法律有特别规定外,必须向行政相对人说明该行政行为的事实依据、法律依据和其他理由的法律制度。虽然“行政说明理由”的内容范围与上述的“行政告知”的内容范围是基本一致的,都包括行政行为的内容、依据(事实依据和规范依据)和理由等,但是“行政告知”发生在行政行为作出之前,“行政说明理由”发生在行政行为作出之后。事先告知便于当事人在行政行为形成之前行使申辩权、听证权;事后的“说明理由”便于当事人寻求权利救济(申请行政复议或提起行政诉讼)。这两种制度的功能是不同的。

行政法学者认为,行政行为说明理由是非常重要的。美国行政法专家伯纳德·施瓦茨指出,“行政机关的权力不是光秃秃的、毫无限制的表示赞同或反对的权力”〔23〕。如果行政机关作出行政行为而不说明理由,那么无论对胜诉或败诉的当事人,裁决都成了“猜不透的斯芬克司”。〔24〕德国行政法专家哈特穆特·毛雷尔认为,说明理由至少有三大好处:一是体现行政机关的自我监督;二是有助于公民的权利维护;三是降低对行政行为审查的成本。〔25〕荷兰行政法认为,行政决定的作出必须基于正当理由,并且这些理由必须在通知相对人决定时予以说明。合理说明理由原则具有两方面的功能:一是增加行政决定的合理性;二是作为公民对行政决定提出异议和复议的一个起点。〔26〕

世界上有不少行政程序法对行政行为说明理由作出要求。德国《联邦行政程序法》第39条第1款规定:“书面或由书面证实的行政行为须以书面说明理由。其中须说明行政机关在作

---

〔23〕[美]伯纳德·施瓦茨:《行政法》,徐炳译,群众出版社1986年版,第385页。

〔24〕[美]伯纳德·施瓦茨:《行政法》,徐炳译,群众出版社1986年版,第386页。

〔25〕“说明理由的首要作用是行政机关的自我监督。说明理由迫使行政机关事先充分考虑行政行为的事实根据和法律依据,并且确保其充分。其次,说明理由有助于公民,一般情况下只有从理由中才能发现行政行为合法性中的问题和判断法律手段的机会。最后,说明理由减轻了法律救济程序中审查行政行为合法性和合理性的负担,因为复议机关和行政法院可以从理由中确定:行政机关以什么样的根据和权衡为出发点。”参见[德]哈特穆特·毛雷尔:《行政法学总论》,高家伟译,法律出版社2000年版,第237页。

〔26〕参见[荷]勒内·J. G. H. 西尔登、[荷]弗里茨·斯特罗因克:《欧美比较行政法》,伏创宇、刘国乾、李国兴译,中国人民大学出版社2013年版,第184页。

出决定时所考虑的重要事实和法律理由。属裁量决定,应说明行政机关行使其裁量权时依据的出发点。”第2款又规定:“下列情况不需要说明理由:1.行政机关满足一请求或符合一声明的,且行政行为未损害其他人权利;2.行政行为的相对人或涉及的人,已知道行政机关在法律或事实方向的观点,或不需书面说明理由也可以直接了解这种观点;3.行政机关大量作出的同类行政行为,或借助自动设备作出的行政行为,根据具体情况,不需要说明理由;4.法规规定不需说明理由;5.公布的一般处分。”法国还专门在1979年制定了《说明行政行为理由及改善行政机关与公众法》。根据该法第1~3条规定,行政机关作出以下行为方面的决定,必须说明理由:(1)限制公众自由的行使,或其他警察措施;(2)实施处罚;(3)对给予许可附加限制性条件或强制性命令;(4)撤销或废止创设权利的决定;(5)拒绝给予一项优惠,而该给予对于符合法定条件获取该优惠之人构成一项权利;(6)拒绝给予许可。该法还规定,个别行政决定违反法律或条例所确定的一般规则的,同样应说明理由。说明理由应以书面形式作出,且应指出构成决定根据的法律理由和事实理由。1958年西班牙《行政程序法》第43条规定,这些行为必须说明事情理由和法律依据:(1)限制主体权利的行为;(2)处理提出诉愿的行为;(3)与先前行为中所遵循的标准或咨询机构意见不一致的行为;(4)由法律规定的行为;(5)成为诉愿对象的行为的中止协议。1996年葡萄牙《行政程序法典》第125条也规定,除法律特别要求应说明理由的行政行为外,不论下列行政行为属全部或部分,亦应说明其理由:(1)以任何方式全部或部分否认、消灭、限制或损害权利或受法律保护的利益,课予、加重义务、负担或处罚;(2)对声明异议和上诉作出决定;(3)作出与利害关系人所提出的要求、反对,对官方意见、资讯、建议相反的决定;(4)在解决类似情况时,或在解释或适用相同的原则或法律规定时,以有别于惯常采取做法作出的决定;(5)废止、变更或中止先前的行政行为。第126条还规定,说明理由应简洁阐述有关决定的事实依据及法律依据,并以明文方式作出。日本《行政程序法》第8条规定,行政厅对申请作出拒发许可处分时,必须同时向申请人明示该处分的理由。但是,许可等的法定要件或已公布的审查基准在由数量指标及其他客观性指标所明确规定的情况下,申请书的记载或附件明示的有关申请不具备这些指标时,在申请时指明便可。说明理由必须以书面方式明示。第14条又规定,行政厅在作出不利益处分的同时,应向相对人说明有关处分的理由,但存在不明示理由也须作处分的紧急情况时,不在此限。〔27〕

中国最早规定行政行为必须说明理由的,是1989年制定的《集会游行示威法》〔28〕。该法第9条第1款规定:“主管机关接到集会、游行、示威申请书后,应当在申请举行日期的二日前,将许可或者不许可的决定书通知其负责人。不许可的,应当说明理由。逾期不通知的,视为许可。”当下,中国关于行政行为说明理由的制度主要体现在行政决定的内容要素上。如《行政处罚法》(2021)第59条规定:“行政机关依照本法第五十七条的规定给予行政处罚,应当制作行政处罚决定书。行政处罚决定书应当载明下列事项:(一)当事人的姓名或者名称、地址;(二)违反法律、法规、规章的事实和证据;(三)行政处罚的种类和依据;(四)行政处罚的履行方式和期限;(五)申请行政复议、提起行政诉讼的途径和期限;(六)作出行政处罚决定的行政

---

〔27〕 参见[日]室井力、[日]芝池义一、[日]浜川清主编:《日本行政程序法逐条注释》,朱芒译,上海三联书店2009年版,第96、138页。

〔28〕 后经2009年8月27日第十一届全国人民代表大会常务委员会第十次会议《关于修改部分法律的决定》修正。但这一内容未改。

机关名称和作出决定的日期。行政处罚决定书必须盖有作出行政处罚决定的行政机关的印章。”这就是说,行政决定书的内容必须包含应当说明的理由,必须包含对这些问题的回答:(1)作出了哪种决定和什么样的决定?(2)作出该决定的事实依据是什么?(3)作出该决定的规范依据是什么?(4)根据事实和规范,为何作出这样的决定?属于裁量行为的,应当说明裁量的考虑因素。(5)其他应当说明的内容,如救济途径等。

六、行政救济制度

这里的行政救济,是指对行政行为的事后救济,即行政行为作出之后,如果行政相对人不服,他就有权申请行政复议,或提起行政诉讼,获得权利上的救济制度。无论行政行为是否合法,相对人认为其合法权利受到侵害的,都应当有机会申请复议或提起诉讼,这是正当程序的要求。

“权利依赖于救济”(Rights depends upon remedies)。[29]“有权利,就有救济”(Ubi jus, ibi remedium)。因为,没有救济的权利不是真正的权利。甚至可以说,“法律的目的是对受法律支配的一切人公正地运用法律,借以保护和救济无辜者”[30]。“权利救济”已成为当今人类法治文明的崇高理念。在大陆法系,相对人不服行政行为,大多可诉至行政法院或者其他机构;在英美法系,行政行为无疑属于司法审查的当然对象。此外,公民还可以通过行政裁判所来主张自己的行政法权利。

在中国,早在1990年制定了《行政复议条例》,1999年升格为《行政复议法》,建立了普遍的行政复议制度。与此同时,1989年制定了《行政诉讼法》,后经2014年和2017年修正,建立和完善了与行政复议制度相配套的行政诉讼制度,对公民、法人或者其他组织人身权、财产权等合法权利提供了全面性的保护。

在行政救济制度的背景下,我们应当进一步扩大,而不是限缩对行政行为的行政复议和行政诉讼范围,特别要减少而不是扩大“行政终裁行为”[31]。

第四节　正当程序的基本要求

正当程序的具体内容,除了上一节已写入“基本制度”的,还有以下“基本要求”。这些要求,有的已在现行制度中有所体现和表达,有的还停留在理论研讨的层面。附着社会的进步和国家法治化程度的提高,这些要求会逐渐被人们所接受并最终写入法律。

一、告知执法主体

在行政程序中,行政执法主体(包括执法机关和执法人员)针对当事人作出行政行为时,必须告知执法主体,让当事人知道你是谁。这是正当程序的首项要求。

确立告知执法主体的意义在于:一是为了保障当事人对其合法权益的有效救济。如果你

---

[29] See H. W. R. Wade, *Administrative Law*, 5th edition, Clarendon Press, p. 513.

[30] 参见于辛辉、荣丽双主编:《法律的精神——法律格言智慧警句精选》,中国法制出版社2016年版,第66页。

[31] 即由行政机关作出的不可诉讼的最终裁决行为。参见本书第九章“行政行为基本范畴”对应部分。

的车辆被执法机关拖走,但不知道是哪个执法机关所为,你就无法去要回车辆,无法申请行政复议或提起行政诉讼。二是为了防止违法犯罪分子趁机违法犯罪。如果执法机关可以不告知执法主体,使当事人无法真正知悉执法者是谁。那么犯罪分子进行绑架、诈骗时,当事人就可能上当受骗。

告知执法主体,具体应当落实在:

1. 执法机关作出一个行政决定,必须在决定书上标明执法机关及其联系地址和电话。如《行政处罚法》(2021)第59条规定:"行政机关依照本法第五十七条的规定给予行政处罚,应当制作行政处罚决定书。行政处罚决定书应当载明下列事项:……(六)作出行政处罚决定的行政机关名称和作出决定的日期。行政处罚决定书必须盖有作出行政处罚决定的行政机关的印章。"这里已有所体现。

2. 执法人员进行现场执法时,必须向当事人告知身份、出示证件,确保当事人知道是哪个执法机关的哪位人员。这里仅仅出示工作证件是不够的,还应当出示执法证件,以便证明执法人员具有执法资格。如《行政强制法》(2011)第18条规定:"行政机关实施行政强制措施应当遵守下列规定:……(二)由两名以上行政执法人员实施;(三)出示执法身份证件……"《行政处罚法》(2021)第55条第1款规定:"执法人员在调查或者进行检查时,应当主动向当事人或者有关人员出示执法证件。当事人或者有关人员有权要求执法人员出示执法证件。执法人员不出示执法证件的,当事人或者有关人员有权拒绝接受调查或者检查。"第52条第1款也规定:"执法人员当场作出行政处罚决定的,应当向当事人出示执法证件……"〔32〕

3. 执法人员进行现场执法时,必须身着制服,法律另有规定的除外。执法人员身着制服,便于外界识别其身份,是其表明身份的一种方式。所以,原则上应当坚持制服执法。《人民警察法》(2012)第23条规定:"人民警察必须按照规定着装,佩带人民警察标志或者持有人民警察证件,保持警容严整,举止端庄。"《公安机关人民警察内务条令》(公安部令第161号)第33条进一步具体规定:"公安民警在规定的工作时间应当按要求着装。遇有下列情形之一的,可以不着装:(一)执行侦查(察)、警卫、外事等特殊工作任务不宜着装的;(二)工作时间非因公外出的;(三)女性民警怀孕期间;(四)其他不宜或者不需要着装的情形。"

二、为相对人行为留足合理期限

在行政程序中,行政主体常常要求相对人在一定期限内完成某个行为,如在规定期限内申请权利(如车辆年检,驾照换证,申请许可或登记等),或者履行义务(纠正违法等),超过规定期限的,就会失去权利或生成义务,承担不利后果。这种情况下,行政主体应当为相对人留足合理期限,否则等于变相地剥夺相对人的权利。

比如,有的地方在"拆违大会战"中,要求当事人3日内完成拆除违法建筑,这种期限是不合理的,因为当事人在如此短促的时间内是很难完成拆迁任务的。又如驾照持有人到60周岁时必须换证。现在规定换证期限是1年,这是合理的。如果规定是1个月就是不合理的,会造成许多人因疏忽而失去换证的机会。

能否为相对人留足合理的行为期限,这关系到相对人权利的享受与义务的履行,所以,为相对人行为留足合理期限应当成为一项正当程序的要求,不得以过短的期限变相剥夺当事人

〔32〕 在现实中存在的执法人员只出示证件而不让当事人看清证件的现象,是不符合告知执法主体要求的。

的合法权利。

三、限制人身自由及时通知家属或单位

对当事人限制人身自由,包括限制人身自由的强制措施(如留置盘问等)或行政处罚(如行政拘留),执法机关必须及时通知其家属,通知不到家属的,应当通知单位。这同样属于正当程序的基本要求。

在人身权、财产权、教育权、劳动权、住宅权等各项权利中,人身权是最高权利,它是其他一切权利的基础。对当事人限制人身自由后,通常当事人无法与外界联系,包括家属和单位。如果不及时通知家属或单位,就会出现一边在"执法"另一边在"报警"的尴尬局面,就无法让家属分辨是当事人遇到"正常执法"还是"黑社会绑架",抑或人身安全事故,不利于社会稳定。

限制人身自由及时通知家属或单位的正当要求,已被写进两部法律:

《行政强制法》(2011)第20条规定:"依照法律规定实施限制公民人身自由的行政强制措施,除应当履行本法第十八条规定的程序外,还应当遵守下列规定:(一)当场告知或者实施行政强制措施后立即通知当事人家属实施行政强制措施的行政机关、地点和期限……"这就是说,行政执法机关对当事人采取限制人身自由的行政强制措施,应当当场告知或者事后立即通知当事人家属。

《人民警察法》(2012)第9条第1~2款规定:"为维护社会治安秩序,公安机关的人民警察对有违法犯罪嫌疑的人员,经出示相应证件,可以当场盘问、检查;经盘问、检查,有下列情形之一的,可以将其带至公安机关,经该公安机关批准,对其继续盘问:(一)被指控有犯罪行为的;(二)有现场作案嫌疑的;(三)有作案嫌疑身份不明的;(四)携带的物品有可能是赃物的。对被盘问人的留置时间自带至公安机关之时起不超过二十四小时,在特殊情况下,经县级以上公安机关批准,可以延长至四十八小时,并应当留有盘问记录。对于批准继续盘问的,应当立即通知其家属或者其所在单位。对于不批准继续盘问的,应当立即释放被盘问人。"这就是说,人民警察对公民实施留置盘问的,应当立即通知其家属或者其所在单位。

从正当程序角度讲,如果行政执法机关要对公民实施限制人身自由的,无论是否有法律规定,都必须及时通知家属或单位。这是人权保障原则的体现。

四、对妇女儿童的特别程序保护

妇女是指14岁以上的女性人员,包括已婚妇女和未婚女子。儿童是指14岁以下的任何人员。[33] 妇女和儿童由于其生理的特殊性,历来受到法律的特别保护。我国《宪法》(2018)第48条和第49条规定了妇女和儿童的特别法律地位。[34]《妇女权益保障法》和《未成年人保护法》具体落实了对妇女儿童的特别保护措施。但仅就行政程序中的正当程序要求而言,主要要求

---

〔33〕 国际《儿童权利公约》界定儿童是指18岁以下的任何人。

〔34〕 我国《宪法》(2018)第48条规定:"中华人民共和国妇女在政治的、经济的、文化的、社会的和家庭的生活等各方面享有同男子平等的权利。国家保护妇女的权利和利益,实行男女同工同酬,培养和选拔妇女干部。"第49条规定:"婚姻、家庭、母亲和儿童受国家的保护。夫妻双方有实行计划生育的义务。父母有抚养教育未成年子女的义务,成年子女有赡养扶助父母的义务。禁止破坏婚姻自由,禁止虐待老人、妇女和儿童。"

做到并不限于以下几点:(1)对妇女进行检查和采取强制措施必须由女执法人员进行或有女执法人员在场。(2)对儿童询问和检查必须让监护人陪同。(3)不得在儿童面前对其父母或其他近亲属实施限制人身自由的强制措施或处罚。〔35〕

五、获得律师帮助

根据《律师法》(2017)第2条第1款规定,律师是指依法取得律师执业证书,接受委托或者指定,为当事人提供法律服务的执业人员。中国的律师服务于国家机关、社会组织和个人,参与诉讼活动和有关非诉讼活动,但是,对于在行政程序中是否可以代理当事人参加或参与行政程序活动,这一点是不明确的。但就正当程序而言,当事人在行政程序中有权获得律师的帮助。

世界上不少国家将当事人获得律师帮助确立为正当程序的基本要求。美国行政法便将当事人获得律师帮助列入正当程序。美国《联邦行政程序法》§555(b)规定:"被行政机关或其代表传唤出席的人,有权由律师陪同、代理、作顾问。"〔36〕

律师是经过考试等严格程序进入法律服务领域的专门人员,其使命是维护当事人合法权益,维护法律正确实施,维护社会公平和正义。所以,只要法律不作明文禁止的,当事人在行政程序中都有权获得律师的帮助,具体表现为:(1)有权聘用律师作为代理人参加行政程序;(2)有权聘请律师作为法律顾问,陪同当事人参加行政程序;(3)有权要求律师在场时表达意思。

行政主体不得禁止和拒绝律师为当事人提供帮助,除非法律(狭义)另有特别规定。

第五节　正当程序与法定程序

前文分别阐述了行政程序中的法定程序与正当程序。这里就必须讨论法定程序与正当程序的关系。对它们关系的正确认知,不仅有助于推进行政程序法理论的成熟,而且可以直接指导有关行政程序的立法、执法和司法活动。

一、正当程序与法定程序的并行或包含关系

当在"法定程序"之外又确立一个"正当程序"之后,一个无可回避的问题出现了:"法定程序"与"正当程序"是一个什么关系?它们两者到底是一种并行关系,还是一种包含关系?"并行说"与"包含说"这两种主张一直并存。

"并行说"认为,法定程序与正当程序是两个独立的概念。法定程序是指由法律所规定,行政主体和相对人都必须遵循的行政程序。而正当程序系指符合"正当性"标准的行政程序。法定程序侧重形式标准,无论它是否正当,只要法律规定的程序,就是法定程序;正当程序侧重于实质标准,无论行政程序是否由法律所设定,只有符合"正当性"标准的程序才是正当程序。所

〔35〕　现行刑事犯罪和反恐等除外。

〔36〕　[美]罗纳德·M.莱文、[美]杰弗瑞·S.拉博斯:《行政程序法精要》,苏苗罕译,中国法制出版社2022年版,第143页;[美]伯纳德·施瓦茨:《行政法》,徐炳译,群众出版社1986年版,第261~266页。

以,这是两种不同而并存的程序。

"包含说"认为,法定程序与正当程序不是一种并列关系,而是一种相互包含关系。但究竟是法定程序包含了正当程序,抑或相反,是正当程序包含了法定程序,又出现了两种主张:

一种主张是,法定程序本身就包含了正当程序。逻辑是:法定程序是指由法律设定并符合法律规定、原则和精神的程序。所以,法定程序不仅包括符合法律条文的程序,还包括符合法治原则、法治精神的程序。正当程序原则是行政程序中的一项法治原则,违反该原则的程序也应当属于违反法定程序,违反"正当程序"也可视作违反"法定程序"。有的司法裁判就反映了这一逻辑。在 2004 年张某银诉徐州市人民政府房屋登记行政复议决定案中,法院判决认为:行政机关在行政复议中可能作出不利于他人的决定时,如没有采取适当的方式通知其本人参加行政复议即作出复议决定的,构成严重违反法定程序,应予撤销。〔37〕 笔者认为,由于《行政复议法》只规定复议机关"可以"听取第三人的意见〔38〕,但没有规定在作出复议决定前必须通知利害关系人,因而属于违反正当程序而不是法定程序。但是裁判要旨恰恰将它确定为"构成严重违反法定程序"。司法机关将违反正当程序纳入违反法定程序对待,在另一个案例中讲得更加明确。在上述 2010 年陈某诉句容市规划局、句容市城市管理局城建行政命令案中,法院的裁判要旨讲得异常明确:"在法律、法规没有明确规定的情况下,人民法院可以把正当程序原则作为判断行政行为合法性的依据。被诉行政行为存在明显违反正当程序原则情形的,可以按照《行政诉讼法》第五十四条第(二)项第 5 目作出判决。"另一个案例再次补强了这一观点。在 2010 年的临清市鲁信面粉有限公司诉山东省人民政府行政复议决定案中,判决要旨指出:"行政复议机关未向利害关系的第三人送达《第三人参加行政复议通知书》,在未听取利害关系人意见的情况下作出对其不利的行政复议决定,违背程序正当原则,构成违反法定程序或滥用职权(程序滥用),依法应予撤销。"此外,最高人民法院办公厅《行政审判办案指南(一)》(法办〔2014〕17 号)第 24 条也规定:行政机关作出对利害关系人产生不利影响的行政决定前,未给予该利害关系人申辩机会的,不符合正当程序原则;由此可能损害利害关系人合法权益的,人民法院可以认定被诉行政行为违反法定程序。

另一种主张正好相反,认为不是法定程序包含了正当程序,而恰恰是正当程序包含了法定程序。〔39〕 遵守法定程序本身就是正当程序的基本要求。〔40〕 国务院《全面推进依法行政实施纲要》(国发〔2004〕10 号)对于"程序正当"作了这样的表述:"行政机关实施行政管理,除涉及国家秘密和依法受到保护的商业秘密、个人隐私的外,应当公开,注意听取公民、法人和其他组织的意见;要严格遵循法定程序,依法保障行政管理相对人、利害关系人的知情权、参与权和救济权。行政机关工作人员履行职责,与行政管理相对人存在利害关系时,应当回避。"这里显然将"要严格遵循法定程序"纳入"程序正当"的基本要求之内。2021 年由中共中央印发的《法治中国建设规划(2020－2025 年)》明文要求,"非因法定事由、非经法定程序不得限制、剥夺公民、

〔37〕 参见《最高人民法院公报》2005 年第 3 期。

〔38〕 《行政复议法》(2023)第 49 条规定:"适用普通程序审理的行政复议案件,行政复议机构应当当面或者通过互联网、电话等方式听取当事人的意见,并将听取的意见记录在案。因当事人原因不能听取意见的,可以书面审理。"

〔39〕 英国行政法曾认为,是否违反法定程序是判断是否违反自然公正原则的内容。参见城仲模主编:《行政法之一般法律原则》(第 2 版),台北,三民书局股份有限公司 1999 年版,第 44 页。

〔40〕 在英国,将是否违反法定程序作为判断是否违反自然公正原则的内容。参见城仲模主编:《行政法之一般法律原则》(第 2 版),台北,三民书局股份有限公司 1999 年版,第 44 页。

法人和其他组织的财产和权利”。这里同样将法定程纳入正当程序之内。确实,行政程序的“正当性”,除了表现为行政程序内容上存在公开、回避,事先告知、申辩、听证,说明理由,提供律师帮助等正当性要求外,在形式上便是要求行政程序法定化。行政程序必须由法律设定,防止行政程序的人为性,这本身就是行政程序“正当性”的要求。“正当程序原则”不仅要求程序内容正当化(符合正当性要求),同时要求程序形式正当化(程序必须是法定的、公开的)。总之,行政程序的法定化,本身就是行政程序“正当性”的要求。

可见,我国当下关于正当程序与法定程序关系的结构,可作图 22－1 归纳。

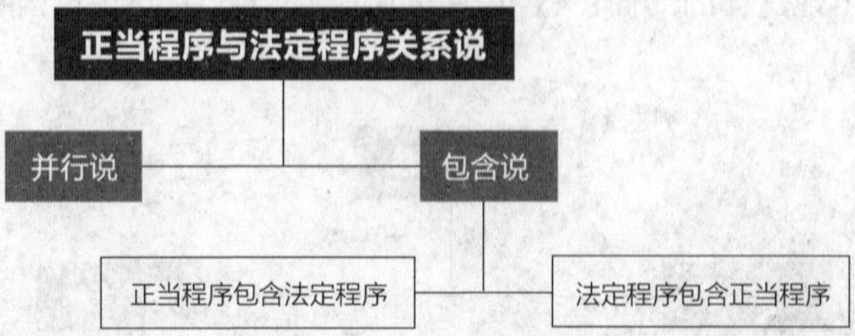

图 22－1　正当程序与法定程序的关系结构之一

二、正当程序与法定程序的独立与融合

笔者认为,正当程序与法定程序的关系,理论上具有独立性、制度上具有交叉性。或者说,它们是一种概念上的并存关系和种类上的交叉关系。

从理论概念上说,法定程序与正当程序是两个独立的法律概念和理论概念。法定程序确实是指由法律所设定的行政程序,正当程序是指符合“正当性”标准的行政程序。法定程序以行政程序的形式为标准,看该程序到底是“法定”的还是“人定”的。前者是法定程序,后者是非法定程序。正当程序侧重于实质标准,无论行政程序是“法定”的还是“人定”的,只有符合“正当性”标准的程序才是正当程序。再从行政程序的两大基本原则考察,两大原则的并存支撑了法定程序与正当程序的并存。第二十章已表明,行政程序有两大基本原则,程序法定原则与程序正当原则。程序法定原则决定、支配、调整着法定程序,程序正当原则决定、支配、调整着正当程序。所以,这两个概念和审查标准是应当并存的。我国司法文件上有时也并行使用。如最高人民法院《关于办理申请人民法院强制执行国有土地上房屋征收补偿决定案件若干问题的规定》(法释〔2012〕4 号)第 6 条表述:“征收补偿决定存在下列情形之一的,人民法院应当裁定不准予执行:……(五)严重违反法定程序或者正当程序……”在这里,“法定程序”与“正当程序”显然是两个并行而不包含的概念。(见图 22－2)

图 22－2　正当程序与法定程序的关系结构之二

正是基于法定程序与正当程序的独立性,行政执法机关在行政执法中,就既要遵循法定程序,同时必须遵循正当程序,两者缺一不可。行政复议机关在行政复议中,人民法院在行政诉讼中,对行政行为进行合法性审查,既要将法定程序作为审查标准,也要将正当程序作为审查标准。

但从种类和制度上说,法定程序与正当程序存在一定的交叉性。正因为法定程序与正当程序的标准是不同的,法定程序以程序形式是否"法定化"为标准,与程序是否"正当"没有直接关系;正当程序则是以程序的内容是否具有"正当性"为标准,与程序是否法定化同样没有直接关系。由此,可能会出现这样的局面:法定程序未必是正当程序[41],正当程序也未必是法定程序[42]。(见图22-3)

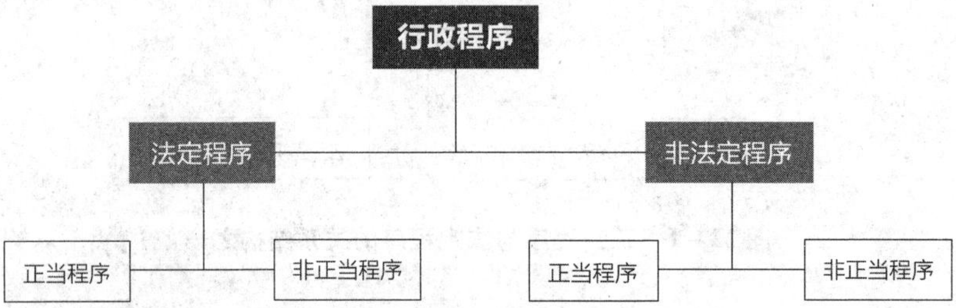

图22-3 正当程序与法定程序的关系结构之三

只有所有程序都已法定化(成为法定程序),并且法定程序都是符合"正当性"标准时,法定程序与正当程序才高度融合,两者合二为一。如果某一天我们能够做到将所有的正当程序写进法律(法定化),同时所有写进法律的程序都符合正当性(正当化),那时才可以说:法定程序就是正当程序,正当程序就是法定程序。它们之间便无区分之必要。我国行政程序的立法、执法和司法的方向,应当是促进法定程序与正当程序的融合化。

三、正当程序对法定程序的补充

在法定程序与正当程序并存,并且两者可能不一致的情况下,执法机关应当优先服从法定程序还是优先服从正当程序,这成为法律适用上的一个难题。如果一律服从法定程序,那么正当程序就失去适用价值;如果一律服从正当程序,那么,法定程序就形同虚设,执法者便可依据自己的判断任意拒绝执行法律。

由于法定程序是指由法律所设定的程序,如果这个法定程序不正当,那就属于立法质量问题。一个法律所设定的程序如果出现不正当,如何将不正当的程序规定变为正当的程序规定,这不是执法者在行政执法中,或人民法院在行政诉讼中所能直接解决的,它需要通过合宪性审查和合法性审查程序予以解决。所以,行政执法者、行政复议机关或人民法院,在法定程序与正当程序出现矛盾时,在适用上都应当遵循这样的原则:有法定程序的优先适用法定程序,无

〔41〕 假设法律规定在行政处罚中,如果当事人申请听证的,必须在3小时内书面提出;或者责令当事人拆除违法建筑的,当事时必须在3天内完成。如果这样规定,肯定是不正当的。

〔42〕 如在行政执法中,不要在儿童面前对其父母或其他近亲属采取人身强制措施或者人身处罚。这已成为大家所接受的正当程序要求,但它今天还未被普遍地写进法律。

法定程序的才可适用正当程序。[43] 适用正当程序必须以不存在法定程序为前提，有法定程序的条件下，必须无条件地适用法定程序。执法机关不得以法定程序不符合正当程序为由而拒绝适用法律规定。这就是说，应当将正当程序看作对法定程序的补充。

世界上不少国家也是这样处理的。美国法院对行政行为程序的审查中，也是以审查法定程序为多，正当程序只是补充。有美国学者指出，“在每年数以百万件的行政案件中，法院只对极少一部分适用正当程序条款，以确定行政机关作出决定时应该采用的程序。而在绝大多数的案件中，对于行政机关所采用的程序完全根据行政机关自身制定的程序性规则确定。而在第二多数的案件中，行政机关所采用的程序是根据调整行政行为的法律确定”[44]。

第六节　疑难问题探讨

一、什么是正当程序中的“正当性”标准？

当我们将行政公开、行政回避、行政听证、行政告知、行政说明理由和行政救济等列为正当程序的基本制度，将告知执法主体、为相对人行为留足合理期限、限制人身自由及时通知家属或单位、对妇女儿童的特别程序保护、获得律师帮助等列入正当程序的基本要求时，可能你又会深问：我们凭什么说这些制度和要求是“正当”的？一个最根本、最基础的问题可能是：到底什么是“正当性”标准？

“正当”（just）大多情况下与“公正”“正义”通用。而“公正”正如博登海默所言，“正义是一张普罗透斯似的脸，变幻无常，随时可呈现不同形状并具有极不相同的面貌”。[45] 恩格斯曾经指出：关于永恒公平的观念不仅因时因地而变，甚至也因人而异，这个东西正如米尔柏格说过那样，“一个人有一个人的理解”。[46] “正当”无疑是一个丰富而多变的概念，并且跨越法学、哲学、社会学等广泛的学科领域。

“正当”应当包含“公正、公平、适当”等多种含义，它是人类文明的体现和标志。“公正”主要指“善良”；“公平”主要指“平等”；“适当”主要指“适度”“不极端”。抽象的“正当性”标准，最终应当落实在具体的制度和要求上。程序的“正当化”将是一种永恒的课题。

二、如果法定程序不符合正当程序，应当通过什么程序来解决？

法定程序不符合正当程序，其实是指法律所规定的程序不符合“正当性”标准。这体现为立法质量问题。立法质量问题原则上要通过立法程序，而不是行政程序解决。

就操作而言，应当区分几种不同的情况。

1. 行政主体在行政执法中，发现法定程序不正当，应当依有关程序向制定机关提出意见和

---

〔43〕 例如，对于实施行政处罚，《行政处罚法》已规定了事先告知和听证等法定程序，执法机关必须按此办理（适用法定程序）。但是，如果执法机关单独事先作出责令当事人纠正违法这一不利决定，法律并没有规定“事先让当事人申辩”的程序，但按照正当程序的要求，执法机关必须为当事人提供事先申辩的机会。

〔44〕 ［美］理查德·J. 皮尔斯：《行政法》，苏苗罕译，中国人民大学出版社 2016 年版，第 571 页。

〔45〕 ［美］E. 博登海默：《法理学：法律哲学与法律方法》，邓正来译，中国政法大学出版社 2004 年版，第 261 页。

〔46〕 《马克思恩格斯选集》（第 3 卷），人民出版社 1995 年版，第 212 页。

建议,但在法定程序被依法改变之前,必须遵循法定程序。

2. 行政复议机关在行政复议程序中审查行政行为,发现法定程序不正当的,应当依有关程序向制定机关提出意见和建议,但在法定程序被依法改变之前,必须遵循法定程序。

3. 人民法院在行政诉讼中审查行政行为,发现法定程序不正当的,按照法律依据的适用规则处理:(1)法定程序由法律、法规设定,但不符合正当性,人民法院应当依程序向制定机关提出。但制定机关不予改变的,人民法院应当适用法定程序。(2)法定程序是由规章设定的并且违反正当程序原则的,可以不适用规章。

本章小结

任何"行为"都离不开"程序"。程序是否"正当"直接影响行为的正当性。行政程序从"人定程序"到"法定程序",再从"法定程序"到"正当程序",最后实现"正当程序与法定程序"的高度融合,合二为一,此乃是人类程序法史的历史轨迹。

"正当程序"概念的形成,是人类法律制度在"法定程序"基础上对行政程序提出的更高要求。行政程序不仅必须告别"人定化",实现"法定化",更应当"正当化",任何法定程序都必须符合"正当性"。否则,法定程序便会成为一种"恶法"。

许多正当程序要求已被定入法律,得到了法律的确认,已成为正当程序的基本制度,如行政公开制度、行政回避制度、行政听证制度、行政告知制度、行政说明理由制度、行政救济制度等。还有一些正当程序要求还停留在理论和零星的法律规定上,如告知执法主体、为相对人行为留足合理期限、限制人身自由及时通知家属或单位、对妇女儿童的特别程序保护、获得律师帮助等。未来"行政程序法"的使命,就是将正当程序的基本要求写入法律,转化为行政程序的基本制度和原则。

法定程序与正当程序是两个独立的法律概念。法定程序是指由法律所设定的行政程序,正当程序是指符合"正当性"标准的行政程序。行政主体实施行政执法,既要遵循法定程序,同时要遵循正当程序,两者缺一不可。"法定程序"不合宪法、不合法的,要通过合宪性审查和合法性审查,即通过立法程序解决;"正当程序"尚未"法定化"的,应当加快立法步伐,特别是抓紧制定行政程序法。让行政行为所遵循的程序,既是写进法律的程序,又是符合正当性标准的程序。

在法律适用上,如果出现法定程序与正当程序相冲突的,应当优先适用法定程序;没有法定程序的,适用正当程序。

规范链接

- 《中华人民共和国宪法》(2018)第48、49条
- 中共中央《关于全面推进依法治国若干重大问题的决定》(2014)
- 中共中央《法治中国建设规划(2020-2025年)》(2021)
- 《中华人民共和国行政许可法》(2019)第46、47条
- 《中华人民共和国行政处罚法》(2021)第5、39、44、48、52、55、59条
- 《中华人民共和国行政强制法》(2011)第18、20条
- 《中华人民共和国治安管理处罚法》(2012)第81条
- 《中华人民共和国道路交通安全法》(2021)第83条
- 《中华人民共和国海关法》(2021)第81条
- 《中华人民共和国人民警察法》(2012)第9、23、45条
- 《中华人民共和国税收征收管理法》(2015)第12条

- 《中华人民共和国证券法》(2019)第 116 条
- 《中华人民共和国律师法》(2017)第 2 条
- 《中华人民共和国集会游行示威法》(1989)第 9 条
- 国务院《全面推进依法行政实施纲要》(国发〔2004〕10 号)
- 国务院《重大行政决策程序暂行条例》(国务院令第 713 号)
- 最高人民法院《关于办理申请人民法院强制执行国有土地上房屋征收补偿决定案件若干问题的规定》(法释〔2012〕4 号)第 6 条
- 最高人民法院办公厅《行政审判办案指南(一)》(法办〔2014〕17 号)第 24 条
- 公安部《公安机关人民警察内务条令》(公安部令第 161 号)第 33 条

案例讨论

田某诉北京科技大学拒绝颁发毕业证、学位证案

|案　情|

原告田某于 1994 年 9 月考取北京科技大学,取得本科生的学籍。1996 年 2 月 29 日,田某在电磁学课程的补考过程中,随身携带写有电磁学公式的纸条。考试中,去上厕所时纸条掉出,被监考教师发现。监考教师虽未发现其有偷看纸条的行为,但还是按照考场纪律,当即停止了田某的考试。被告北京科技大学根据原国家教委关于严肃考场纪律的指示精神,于 1994 年制定了校发(94)第 068 号《关于严格考试管理的紧急通知》(以下简称第 068 号通知)。该通知规定,凡考试作弊的学生一律按退学处理,取消学籍。被告据此于 1996 年 3 月 5 日认定田某的行为属作弊行为,并作出退学处理决定。同年 4 月 10 日,被告填发了学籍变动通知,但退学处理决定和变更学籍的通知未直接向田某宣布、送达,也未给田某办理退学手续,田某继续以该校大学生的身份参加正常学习及学校组织的活动。1996 年 9 月,被告为田某补办了学生证,之后每学年均收取田某交纳的教育费,并为田某进行注册、发放大学生补助津贴,安排田某参加了大学生毕业实习设计,由其论文指导教师领取了学校发放的毕业设计结业费。田某还以该校大学生的名义参加考试,先后取得了大学英语四级、计算机应用水平测试 BASIC 语言成绩合格证书。被告对原告在该校的四年学习中成绩全部合格,通过毕业实习、毕业设计及论文答辩,获得优秀毕业论文及毕业总成绩为全班第九名的事实无争议。1998 年 6 月,田某所在院系向被告报送田某所在班级授予学士学位表时,被告有关部门以田某已按退学处理、不具备北京科技大学学籍为由,拒绝为其颁发毕业证书,进而未向教育行政部门呈报田某的毕业派遣资格表。田某所在院系认为原告符合大学毕业和授予学士学位的条件,但由于当时原告因毕业问题正在与学校交涉,故暂时未在授予学位表中签字,待学籍问题解决后再签。被告因此未将原告列入授予学士学位资格的名单交该校学位评定委员会审核。因被告的部分教师为田某一事向原国家教委申诉,国家教委高校学生司于 1998 年 5 月 18 日致函被告,认为被告对田某违反考场纪律一事处理过重,建议复查。同年 6 月 10 日,被告复查后,仍然坚持原结论。田某认为自己符合大学毕业生的法定条件,北京科技大学拒绝给其颁发毕业证、学位证是违法的,遂向北京市海淀区人民法院提起行政诉讼。

北京市海淀区人民法院于 1999 年 2 月 14 日作出(1998)海行初字第 00142 号行政判决:(1)北京科技大学在本判决生效之日起 30 日内向田某颁发大学本科毕业证书;(2)北京科技大学在本判决生效之日起 60 日内组织本校有关院、系及学位评定委员会对田某的学士学位资格进行审核;(3)北京科技大学于本判决生效后 30 日内履行向当地教育行政部门上报有关田某毕业派遣的有关手续的职责;(4)驳回田某的其他诉讼请求。北京科技大学提出上诉,北京市第一中级人民法院于 1999 年 4 月 26 日作出(1999)一中行终字第 73 号行政判决:驳回上诉,维持原判。

法院生效裁判认为:根据我国法律、法规规定,高等学校对受教育者有进行学籍管理、奖励或处分的权力,有代表国家对受教育者颁发学历证书、学位证书的职责。高等学校与受教育者之间属于教育行政管理关系,受教育者

对高等学校涉及受教育者基本权利的管理行为不服的,有权提起行政诉讼,高等学校是行政诉讼的适格被告。高等学校依法具有相应的教育自主权,有权制定校纪、校规,并有权对在校学生进行教学管理和违纪处分,但是其制定的校纪、校规和据此进行的教学管理和违纪处分,必须符合法律、法规和规章的规定,必须尊重和保护当事人的合法权益。本案原告在补考中随身携带纸条的行为属于违反考场纪律的行为,被告可以按照有关法律、法规、规章及学校的有关规定处理,但其对原告作出退学处理决定所依据的该校制定的第068号通知,与《普通高等学校学生管理规定》第29条规定的法定退学条件相抵触,故被告所作退学处理决定违法。退学处理决定涉及原告的受教育权利,为充分保障当事人权益,从正当程序原则出发,被告应将此决定向当事人送达、宣布,允许当事人提出申辩意见。而被告既未依此原则处理,也未实际给原告办理注销学籍、迁移户籍、档案等手续。被告于1996年9月为原告补办学生证并注册的事实行为,应视为被告改变了对原告所作的按退学处理的决定,恢复了原告的学籍。被告又安排原告修满四年学业,参加考核、实习及毕业设计并通过论文答辩等。上述一系列行为虽系被告及其所属院系的部分教师具体实施,但因他们均属职务行为,故被告应承担上述行为所产生的法律后果。国家实行学历证书制度,被告作为国家批准设立的高等学校,对取得普通高等学校学籍、接受正规教育、学习结束达到一定水平和要求的受教育者,应当为其颁发相应的学业证明,以承认该学生具有的相当学历。原告符合上述高等学校毕业生的条件,被告应当依《教育法》第28条第1款第5项及《普通高等学校学生管理规定》第35条的规定,为原告颁发大学本科毕业证书。国家实行学位制度,学位证书是评价个人学术水平的尺度。被告作为国家授权的高等学校学士学位授予机构,应依法定程序对达到一定学术水平或专业技术水平的人员授予相应的学位,颁发学位证书。依《学位条例暂行实施办法》第4条、第5条、第18条第3项规定的颁发学士学位证书的法定程序要求,被告首先应组织有关院系审核原告的毕业成绩和毕业鉴定等材料,确定原告是否已较好地掌握本门学科的基础理论、专业知识和基本技能,是否具备从事科学研究工作或担负专门技术工作的初步能力;再决定是否向学位评定委员会提名列入学士学位获得者的名单,学位评定委员会方可依名单审查通过后,由被告对原告授予学士学位。

|评 析|

这是中国首例学生状告所属学校的行政诉讼案件,它第一次推翻了长期以来将学校对师生的管理视作为不受司法监督的内部管理和自主管理的传统,将学校代表国家实施的学籍管理和学位管理纳入行政诉讼受案范围。该案作为最高人民法院的指导性案例,总结了三项裁判要旨:(1)高等学校对受教育者因违反校规、校纪而拒绝颁发学历证书、学位证书,受教育者不服的,可以依法提起行政诉讼。(2)高等学校依据违背国家法律、行政法规或规章的校规、校纪,对受教育者作出退学处理等决定的,人民法院不予支持。(3)高等学校对因违反校规、校纪的受教育者作出影响其基本权利的决定时,应当允许其申辩并在决定作出后及时送达,否则视为违反法定程序。

从最高人民法院公布的裁判要旨可见本案的意义是多方面的。但该案所涉其他问题鉴于本章的任务而不作讨论,这里限于评析:被告对原告作出的行政行为是否违反了"正当程序"?

被告北京科技大学对原告田某,事实上先后作出了两个行政行为:一是有关田某学籍的处理决定。被告于1996年3月5日认定田某的行为属作弊行为,并作出退学处理决定。同年4月10日,被告填发了学籍变动通知,但退学处理决定和变更学籍的通知未直接向田某宣布、送达,也未给田某办理退学手续。二是有关田某学位的处理决定。1998年6月,田某所在院系向被告报送田某所在班级授予学士学位表时,被告有关部门以田某已按退学处理、不具备北京科技大学学籍为由,拒绝为其颁发毕业证书,进而未向教育行政部门呈报田某的毕业派遣资格表。这等于既取消了原告的学籍,又拒绝给原告授予学位证书。法院生效裁判认为:"退学处理决定涉及原告的受教育权利,为充分保障当事人权益,从正当程序原则出发,被告应将此决定向当事人送达、宣布,允许当事人提出申辩意见。"笔者赞成法院生效裁判的观点:被告对原告作出的两个行政行为,即有关田某学籍的处理决定和有关田某学位的处理决定,就当事人而言,都属于"不利行政行为"。虽然现行法律未规定作出这两类行为学校必须事先告知、听取意见和事后送达并说明理由,但是,行政主体要对相对人作出不利行政行为,必须做到事先告知以听取意见,事后送达并说明理由,这是正当程序的基本要求。法院生效裁判认为被告违反了"正当程序",笔者高度认同。至于在法院裁判要旨中将它定性为违反"法定程序",而不是违反"正当程序",这仅仅是一种技术上的处理。因为《行政诉讼法》只将"违反法定程序",而不是"违反正当程序"规定为可撤销的行政行为。在这里,事实上是"法定程序"吸收了"正当程序"。笔者建议,《行政诉讼法》的下一轮修改,应当明文规定:"行政机关的行政行为违反法定程序或者正当程序的，应当予以撤销。”

（资料来源：最高人民法院指导案例第38号，2014年12月25日发布）

复习思考题

1. 什么是正当程序？它与法定程序是什么关系？
2. 正当程序的基本要求是什么？
3. 中国是如何从“法定程序”走向“正当程序”的？
4. 法定程序与正当程序相冲突时如何适用？

Ⅸ. 责任论

本篇为责任论，旨在阐述行政主体因违反行政行为合法要件所引起的法律后果。一种行政行为违反行政行为的合法要件，便构成行政违法。其中重大且明显违法属于无效行政行为。行政违法和无效行为除了引发本身的效力危机之外，还会引起行政主体包括行政赔偿在内的法律责任。行政补偿是一种与行政赔偿并行的财产性责任，它虽不以行政违法为前提，但在这里与行政赔偿一并阐述自然会方便一些。本篇分四章依次阐述了行政违法、行政无效、行政赔偿和行政补偿之法律制度和行政法理。

第二十三章　行政违法

> 行政法的使命在于促进和保障行政行为的“合法性”和“合理性”。合法性要求体现在“依法行政原则”之中，合理性要求则体现在“正当行政原则”之中。违反依法行政原则的行政行为是行政违法行为（以下简称行政违法），违反正当行政原则的行政行为是行政不当行为（以下简称行政不当）。任何行政行为必须符合行政职权、事实依据、法律依据和行政程序四大要件，否则会构成行政违法或者行政瑕疵。鉴于本书篇幅考虑，这里重点讨论行政违法问题。

第一节　行政违法理论

从某种意义上说，任何一种法律都是旨在控制对应的违法行为：宪法是为了阻却和制裁违宪行为；行政法是为了阻却和制裁行政违法行为；民法是为了阻却和制裁民事违法行为；刑法是为了阻却和制裁犯罪行为……

一、行政违法的概念和特征

（一）行政违法的概念

行政违法并不是各国行政法学理论上的通用概念，在有的国家很难找到与“行政违法”对应的词语。但是，在中国被称作“行政违法”的行为和理论在各国行政法中都存在。在法国，行政违法无非作为“越权之诉的撤销理由”来表达；在英国行政法学中，“越权”一词所包含的内容几乎等同于我们所述的行政违法。

按我国行政法学理论，行政违法是指行政主体所实施的，违反行政法律规范，侵害受法律保护的行政关系而尚未构成犯罪的行政行为。

（二）行政违法的法律特征

行政违法是一种独立于民事违法、刑事违法，并与后者相并列的违法行为。其特征主要表现为：

1. 行政违法的主体是行政主体，而不是行政相对人。相对人的违法称可处罚行为，或按

《行政处罚法》的说法,是“违反行政管理秩序的行为”,而不称行政违法行为。[1] 行政机关只有以行政主体身份出现时,其行为才有可能是行政违法;如果以民事主体身份出现,其行为就可能是民事违法,而不可能是行政违法。

2. 行政违法是违反行政法律规范,侵害受法律保护的行政关系的行为。行政违法的这一特征,不仅使其与违纪行为相区别,而且使其与其他违法行为相区别。首先,行政违法是违反法律规范,而不是违反纪律的行为。因此,违反党纪、团纪和社会团体章程的行为不属行政违法。[2] 其次,行政违法违反的是行政法律规范,而不是民事等其他法律规范,从而使行政违法与民事等其他违法行为相区别。

3. 行政违法是尚未构成犯罪的违法行为。行政违法与犯罪(刑事违法)显然有质的区别:它们由不同的法律规范调整,依法被追究不同的法律责任(行政责任和刑事责任)。但它们也有量上的联系:行政违法比犯罪危害程度小;某种行政违法若后果严重、危害程度大,可以上升为犯罪。例如,行政工作人员的失职行为一般属于行政违法,但如果该失职行为后果严重,便会构成渎职罪。[3] 而行政违法仅限于尚未构成犯罪的违法行为,该行为一旦上升为犯罪,就不再是行政法学研究的对象了。本特征使行政违法与刑事违法相区别。

4. 行政违法的法律后果是承担行政责任。“违法必究”,违反法律必须承担法律责任,这是社会主义法治的基本要求之一。任何行政违法主体必须为其行政违法行为承担法律责任。不过,由行政违法引起的法律责任既不是民事责任,也不是刑事责任,而是行政责任。在我国的法治系统中,违法行为与法律责任有一个对应统一关系。

二、行政违法的相关概念

这里区别几个与行政违法相关联的概念,对于深度把握行政违法的内涵与外延是有帮助的。

1. 行政违法与行政行为。行政违法本身就是一种行政行为。行政行为有合法与违法之分,不得认为违法的行政行为不是行政行为,否则行政复议和行政诉讼就失去了受理的理论基础。行政相对人是针对“行政行为”不服方可申请行政复议或者提起行政诉讼,如果违法的行政行为就不属于行政行为,那么,行政相对人就失去了“行政诉权”。行政复议机关也好,人民法院也好,不能在行政复议或者行政诉讼程序中受理和审查针对非行政行为的诉请。[4]

---

[1] 行政相对人在行政法上的违法行为,不称作“行政违法”。行政相对人违反行政法律规范的行为,诸如扰乱公共秩序的行为,妨害公共安全的行为,侵犯人身权利、财产权利的行为以及妨害社会管理的行为等,也是为行政法所阻却和制裁的行为,同时也是行政法学的研究任务。但是这种行为并不直接作为行政违法来对接,它作为“违反行政管理秩序的行为”而纳入行政行为的四大合法要件之一“事实依据”内进行处理。一种合法的行政行为,它必须基于充分的事实依据而作出,而行政处罚行为的事实依据就是对被处罚人(行政相对人)“违反行政管理秩序的行为”的认定,没有“违反行政管理秩序的行为”的存在事实,行政处罚就无以作出。所以,不用担心不将相对人的违法行为纳入“行政违法”而失去对相对人“违反行政管理秩序的行为”的研究和控制。

[2] 有种情况值得一提:目前有不少纪律规范被上升为法律规范,从而造成部分违纪行为与行政违法行为的重叠。

[3] 我国《刑法》(2020)单设“第九章渎职罪”,并在第397条第1款规定:“国家机关工作人员滥用职权或者玩忽职守,致使公共财产、国家和人民利益遭受重大损失的,处三年以下有期徒刑或者拘役;情节特别严重的,处三年以上七年以下有期徒刑。本法另有规定的,依照规定。”这里的“玩忽职守”主要是指包括“行政失职”在内的“不作为”犯罪。

[4] 在行政法学界有个别观点认为违法行政行为就不是行政行为,可能是受到早期民法理论的影响,即民事行为就是合法行为。

2. 行政违法与行政不当。行政违法与行政不当构成“不合法的行政行为”，均为行政法所阻却。所不同的是，行政违法违反的是依法行政原则，行政不当违反的则是正当行政原则。前者属于人民法院在行政诉讼中对行政行为的审查标准，后者同时成为行政机关在行政复议程序中对行政行为的审查标准[5]。可见，行政违法是一种与行政不当相并列的“不合法的行政行为”。

3. 行政违法与行政行为不成立。行政违法以行政行为的成立为前提。行政违法属于行政行为成立以后的一种“质量问题”。不成立的行政行为谈不上合法与否的问题，只是不发生效力而已。行政行为的不成立，属于行政行为成立、变更和消灭中的过程范畴；行政违法，属于行政行为成立以后的“产品质量”范畴。因此，在制度和理论上将行政行为“不成立”列入行政违法的情形是不妥当的。

4. 行政违法与行政撤销、无效。行政违法还是合法，属于行政行为的质量问题；行政行为是否可以被撤销或者确认无效，属于行政行为的效力结果问题。两者属于不同的理论范畴。行政违法的法律后果是该行为可能被撤销或者确认无效。有关行政机关和人民法院在行政程序或者司法程序中，原则上可以对行政违法行为予以撤销或者确认无效，但是，并非行政行为违法就必然导致被撤销或者无效，只有违法并具有可撤销意义的行政行为才被撤销，也只有严重且明显违法的行政行为才会被确认无效。

5. 行政违法与行政行为明显失误。行政违法都是在行政主体主观意思支配下所形成的违法行为形态。外在的行为形态与内在的主观意思是一致的，也必须是一致的。如果外在的行为形态由于技术等原因而与主观意思明显不一致时，这不能认定为“行政违法”，只能认定为行政行为“明显失误”。例如，由于工作人员的失误，将“李建国”的产权证误写成“李国建”，这就属于明显的技术错误。当事人可以要求行政主体纠正，行政主体也应当主动自我纠正。这如同民法中的不当得利，虽有返还义务，但不作为民事侵权对待。但如果行政主体拒绝纠正失误的，拒绝纠正失误的行为就构成了行政违法（不作为）。行政法之所以不将明显失误作为行政违法对待，是因为这种失误是如此的明显，行政主体不会不予纠正，无须运用国家的行政资源和司法资源进行救济。德国行政法也认为，“如果行政机关所想要表达的与行政行为实际表达的内容之间存在显而易见的矛盾”，这是行政行为的明显失误，如书写错误、计算错误、自动数据处理机器错误。这种失误不作为行政违法对待，行政机关有权也必须纠正，信赖保护原则在这里不适用。[6]

三、行政违法的构成要件

所谓行政违法的构成要件，是指由行政法所规定的为行政违法所必备的一切主、客观条件的总和。行政违法的构成要件，是判断行政主体及其行政人行政行为是否违法的标准，也是追究行为人行政责任的根据。

我们不能认为，将“行政行为的合法要件”倒置过来看就成了“行政违法的构成要件”。行政行为符合“合法要件”的，必然合法有效，但违反“合法要件”的就未必一定构成违法无效。要确定某种行政行为是否构成违法，主要看它是否同时具备以下四个要件：

---

〔5〕 在行政复议程序中，行政复议机关既审查行政行为的合法性，同时也审查行政行为的合理性。

〔6〕 参见［德］哈特穆特·毛雷尔：《行政法学总论》，高家伟译，法律出版社 2000 年版，第 231 页。

1. 主体条件。行政违法的主体必须是行政主体,即必须是行使行政职权的行政机关或者受到法律法规授权的其他社会组织。行政机关以民事主体身份出现时,其行为无论如何违法,也不会构成行政违法,只会构成民事违法。行政机关工作人员同样不能成为行政违法的主体,他们作为行政人只是行政主体的代表而已。其实,行政违法的主体必须当然同时是行政主体,因为行政违法是指行政行为的违法,不是指其他行为的违法,而行政行为是行政主体作出的行为。

2. 行为条件。行政违法是一种行政行为,不是民事行为等非行政行为。行政行为是以行政关系为基础,发生于行政主体与行政相对人之间,体现国家意志以实现行政目标为任务的公权力行为。而且,行政行为包括作为或者不作为形式。这就决定了行政违法也有作为违法与不作为违法之分。

3. 违法条件。行政违法显然具有"违法性",系指行政行为的实体或者程序,内容或者形式等违反了行政法律规范或者是行政法的原则。

4. 程度条件。行政违法还在于一种行政行为的违法性达到一定的程度。如果行政行为对行政法的违反性程度较低,只作为可治愈的瑕疵状态,那可不作为行政违法对待。

四、行政违法的分类

在我国的行政法学领域中,理论研究者从各种不同的角度对行政违法进行分类,其中具有重要意义的分类主要有。

1. 以行为的方式和状态为标准,把行政违法分为作为行政违法和不作为行政违法。在英美国家和以德国为代表的大陆法系,除了"作为违法",同时还存在"不作为违法"。在英美国家,作为违法的"行政不作为"(administrative omission),"表现为行政机关的不予答复或迟延答复"[7]。在德国,行政不作为(unterlassung),同样是指行政机关对相对人事务不作积极反映。[8]

我国行政法理认为,行政违法可以划分为"作为违法"与"不作为违法"。前者是指行政主体及其行政人不履行行政法律规范规定的不作为义务;后者是指行政主体及其行政人不履行行政法律规范的作为义务。前者如滥用职权,后者行政失职。不作为行政违法所造成的社会危害并不亚于作为行政违法。但在现实中,普通公民尤其是行政执法者,对不作为行政违法的轻视远远超过作为行政违法。

区别作为行政违法和不作为行政违法的意义在于:(1)有助于改变人们在立法、执法上对两种违法行为厚此薄彼的态度。我们既要重视作为违法,同样要重视不作为违法。(2)两种行政违法的区分,有助于规范相对人的诉由和人民法院的判决形式。相对人针对行政不作为违法,主要是提起履行之诉,人民法院主要是判决被告履行法定义务,而针对作为违法,相对人主要是提起撤销之诉、变更之诉或者无效之诉,人民法院也应当相应地作出撤销判决、变更判决或者确认无效判决。

2. 以行政行为的范围及与相对人的关系为标准,可以把行政违法分为内部行政违法与外部行政违法。内部行政违法是行政主体及其行政人进行的内部行政行为违反行政法律规范,

---

〔7〕 王名扬:《英国行政法》,中国政法大学出版社1987年版,第170页。

〔8〕 参见孙琬钟、江必新主编:《行政管理相对人的权益保护》,人民法院出版社2003年版,第183页。

是行政主体及其行政人对行政机关内部行政事务所作的一种违法管理，它在政府机关内部的行政隶属关系中产生，如行政文书的制定、处理、保管违反法定的程序等。外部行政违法是行政主体及其行政人进行的外部行政行为违反行政法律规范，是行政主体及其行政人对社会行政事务的一种违法管理，它在行政主体与相对人的行政管辖关系中产生。

在现行的法律制度和法学理论中，外部行政违法接受行政复议和行政诉讼的审查，而内部行政违法只接受内部行政监督程序的审查。

3. 以行为的实体和程序为标准，可把行政违法分为实体行政违法与程序行政违法。实体行政违法是指行政行为不符合行政法律规范要求的实质要件，它具体表现为行政行为缺乏职权要件，缺乏事实依据和法律依据。程序行政违法是指行政行为不符合行政法律规范要求的步骤和形式。实体行政违法是涉及行政法权利内容是否成立的问题，程序行政违法是涉及所成立的行政法权利内容如何实现的问题。

判断实体行政违法必须以行政实体法为依据，判断程序行政违法则以行政程序法为依据。一般而言，实体行政违法往往构成严重违法，从而影响该行政行为的法律效力；而程序违法要区别主要程序与次要程序，只有主要程序违法才会导致行为效力的失去。

4. 以行政主体的组合状态为标准，可以把行政违法划分为单一行政违法与共同行政违法。在实践当中，有的行政行为由一个行政主体独立作出，这是单一行政行为；而有的行政行为由两个以上的行政主体共同作出，此为共同行政行为。单一行政行为违法，是单一行政违法；共同行政行为违法，是共同行政违法。

单一行政违法与共同行政违法的分类，有助于我们确定行政诉讼中的被告和责任的承担者。单一行政违法，在行政诉讼中出现单一被告，责任主体同样是独立责任主体；共同行政违法，在行政诉讼中便出现共同被告，而且构成共同责任主体。

5. 以行政主体和行政相对人各自的过错状况为标准，行政违法又可以划分为单方行政违法与双方行政违法。行政行为都是行政主体针对行政相对人作出的。因此，在行政行为的进行过程中，始终与相对人的行为相伴随。例如，相对人申请建房，行政机关审批其建房，前者是相对人的行为，后者是行政主体的行为。在行政行为与相对人的行为的交融过程中，如果相对人无过错，纯由行政主体的过错而构成行政行为违法，此为单方行政违法；如果行政主体的行政违法系由行政主体本身和行政相对人共同过错造成的，由此形成的行政违法便是双方行政违法，或称混合违法。单方违法就是行政主体的违法，由行政主体单方过错所致；混合违法就是行政主体的行政违法，由行政主体和行政相对人共同过错所致。如行政处罚适用法律错误，就是单方违法；而在行政许可中，相对人提供虚假材料，行政机关又审查不严，造成行政许可决定错误的，便是混合违法。

单方行政违法与双方行政违法的分类，构成行政责任划分的基础理论之一。在单方行政违法中，行政责任只由行政主体承担；而在双方行政违法中，则需根据行政主体与行政相对人双方的过错程度确定双方的责任。也就是说，应当由双方根据过错程度的大小而分担混合行政违法的后果。

6. 以违法性程度为标准，行政违法行为可以分为轻微违法、一般违法和重大违法。这主要从行政违法的后果考量。后果表现为这种违法对法律的对抗性程度、对公共利益和相对人权利的损害程度。轻微的行政违法，是指对法律的对抗性和对公共利益和相对人权利的损害性较弱的违法；反之，对法律的对抗性和对公共利益和相对人权利的损害性较强的，属于重大的行政违法;其他就是一般的行政违法。

轻微违法、一般违法和重大违法都应当被确认违法。但是,针对轻微违法,仅是确认违法并可给予治愈机会;针对一般违法,可适用撤销;针对重大违法,可被确认无效。(见图 23 - 1)

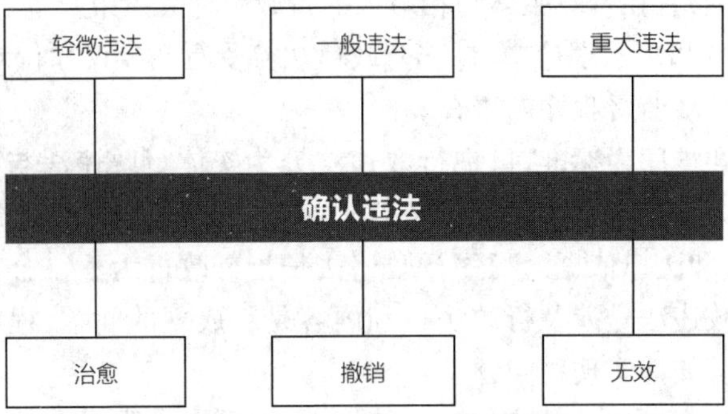

图 23 - 1 行政违法行为的分类

五、行政违法的结构

分类与结构不同,虽说结构也是一种分类,但寻找一种理想的结构模式,旨在奠定结构结果的理论基础。

(一)国外关于行政违法的结构

各国行政法都会对行政违法列出一种结构用以恰当地表示各种行政违法情形。法国行政法院传统上把越权之诉的行政违法形式列为四种:(1)无权限(越权);(2)形式上的瑕疵;(3)滥用权力;(4)违反法律(包括前三者以外的一切违法行为)。这种分类由行政法院的判例陆续提出,因此遭受一定责难。

如果从司法审查角度看,法国行政法中的行政违法包括:(1)无权限(incompetence):决定不由有权机关作出。(2)程序上的缺陷(vice de forme ou de procedure):行政决定欠缺必要的形式和程序。(3)违反法律(violation de loi):行政决定的内容违反了行政机关应当遵守的一条或多条规则(包括宪法、国际法和其他行政法规则)。(4)依据不合法(vices des motifs):事实错误(erreur de fait);法律错误(erreur de droit);不适当的限制或错误的事实条件,包括对事实定性的错误和评价明显错误等。[9]

当今,法国行政法学者以行政决定各因素的违法方式为标准把行政违法划分为下列五类:(1)行政决定主体的违法(无权限);(2)行政决定形式的违法(形式的缺陷);(3)行政决定目的的违法(权力滥用);(4)行政决定标的(内容)的违法;(5)行政决定原因(根据)的违法。最后两项违法相当于传统分类中的违反法律。这种结构模式是从行政法院撤销行政决定的理由视角勾勒的。[10]

英国行政法学上对越权这个观念的理解与这里所谈的行政违法基本吻合。根据英国法院的判例和英国学者的意见,行政违法即越权行政行为分为:(1)破坏自然公正的原则;(2)超越

---

〔9〕 参见[荷]勒内·J. G. H. 西尔登、[荷]弗里茨·斯特罗因克:《欧美比较行政法》,伏创宇、刘国乾、李国兴译,中国人民大学出版社 2013 年版,第 92 ~ 93 页。

〔10〕 参见王名扬:《法国行政法》,中国政法大学出版社 1989 年版,第 658 ~ 659 页。

权限（实质的越权）;（3）程序的错误（程序的越权）;（4）不履行义务;（5）权力滥用;（6）其他理由;（7）记录中所表现的法律错误;（8）禁止翻供。[11] 这种架构是英国普通法院判断行政机关行政行为是否合法的标准。

美国行政法有关行政违法的架构，主要反映在1946年《联邦行政程序法》第706条所确立的复审法院对行政机关行为的复审决定之中。它要求复审法院:（1）应强制履行非法拒绝履行的或不当延误的机关行为。（2）如认定机关行为、裁决、结论具有下列性质，应宣布其为非法，予以撤销:独断专横、反复无常、滥用自由裁量权或其他不合法的行为;同宪法规定的权利、权力、特权与豁免权相抵触;超越法律规定的管辖范围、权力和限度，缺少法律规定的权利;没有遵循法律规定的程序;在处理本编第556、557条规定的案件或根据法律要求对机关审讯案卷进行复议时，没有可定案证据作依据;没有事实根据，以致须由复审法院对事实重新审理。[12]

在比利时，最高行政法院有权撤销的行政机关的违法行政行为被分为三种:（1）越权或无管辖权的行政行为;（2）违反基本程式或以无效为制裁程式的行政行为;（3）权力滥用的行政行为。

（二）我国《行政复议法》和《行政诉讼法》的界分

由于尚无起行政基本法作用的行政程序法，我国行政实体法上的行政违法理论恰恰以《行政复议法》和《行政诉讼法》的有关规定为规范基础。

《行政复议法》（2023）第64条[13]将五种情形列为复议机关应当撤销的情形:（1）主要事实不清、证据不足;（2）违反法定程序;（3）适用的依据不合法;（4）超越职权;（5）滥用职权。第66条又补充了不履行法定职责。[14]

《行政诉讼法》（2017）第70条[15]将以下几种情形列入法院可以判决撤销的理由:（1）主要证据不足的;（2）适用法律、法规错误的;（3）违反法定程序的;（4）超越职权的;（5）滥用职权的;（6）明显不当的[16]。

另外，《行政复议法》（2023）第72条[17]对行政赔偿作出了特别规定，《行政诉讼法》（2017）第76条也规定:“人民法院判决确认违法或者无效的，可以同时判决责令被告采取补救措施;给原告造成损失的，依法判决被告承担赔偿责任。”而行政赔偿责任的前提是行政侵权行

---

[11] 参见王名扬:《英国行政法》，中国政法大学出版社1987年版，第279页。

[12] See The Administrative Procedure Act, APA.

[13] 《行政复议法》（2023）第64条第1款规定:“行政行为有下列情形之一的，行政复议机关决定撤销或者部分撤销该行政行为，并可以责令被申请人在一定期限内重新作出行政行为:（一）主要事实不清、证据不足;（二）违反法定程序;（三）适用的依据不合法;（四）超越职权或者滥用职权。”

[14] 《行政复议法》（2023）第66条规定:“被申请人不履行法定职责的，行政复议机关决定被申请人在一定期限内履行。”

[15] 《行政诉讼法》（2017）第70条规定:“行政行为有下列情形之一的，人民法院判决撤销或者部分撤销，并可以判决被告重新作出行政行为:（一）主要证据不足的;（二）适用法律、法规错误的;（三）违反法定程序的;（四）超越职权的;（五）滥用职权的;（六）明显不当的。”

[16] 明显不当不是一种独立的行政违法，而是滥用职权的一种现象。参见本章对应部分。

[17] 《行政复议法》（2023）第72条第1款规定:“申请人在申请行政复议时一并提出行政赔偿请求，行政复议机关对依照《中华人民共和国国家赔偿法》的有关规定应当不予赔偿的，在作出行政复议决定时，应当同时决定驳回行政赔偿请求;对符合《中华人民共和国国家赔偿法》的有关规定应当给予赔偿的，在决定撤销或者部分撤销、变更行政行为或者确认行政行为违法、无效时，应当同时决定被申请人依法给予赔偿;确认行政行为违法的，还可以同时责令被申请人采取补救措施。”

为的存在。

这样,不少行政法教科书就将下列情形确定为行政违法的结构:(1)主要证据不足的;(2)适用法律、法规错误的;(3)违反法定程序的;(4)超越职权的;(5)滥用职权的;(6)不履行或者拖延履行法定职责的;(7)行政侵权的。

(三)我国行政违法的结构和情形

将行政救济法上的救济情景引作行政实体法上的行政违法的结构性情形,也不是说没有一点道理。因为行政实体法上的行政违法情形与行政救济法中的救济理由分类存在一定的对应性和重合性。但是严格来说,行政实体法上的行政违法情形与行政救济法中的用以裁决撤销等所针对的违法情形是有区别的:救济法所针对的行政违法是从判决的角度出发设计的,而实体法所针对的行政违法是从行政法所保护的行政关系和违法后果的标准角度所作的科学设计。因此,从内容到表达都会有区别也应当有区别,如救济法上所表达的"主要证据不足"之违法,在实体法上应当表达为"认定事实错误";救济法上所表达的"适用法律法规错误"之违法,在实体法上应当表达为"适用依据错误",因为"适用依据错误"包括"适用法律法规错误",但"适用法律法规错误"并没有穷尽所有的"适用依据错误"。[18] 而且,救济法中的行政违法应当以实体法中的行政违法为基础,而不是相反。

我国行政实体法上的行政违法主要包括:(1)行政失职(不作为);(2)行政越权;(3)行政滥用职权;(4)认定事实错误;(5)适用依据错误;(6)违反行政程序(法定程序和正当程序);(7)行政侵权。它们之间的逻辑关系是:

从实体违法与程序违法以及作为形式与不作为形式视角考察,行政失职、行政越权、行政滥用职权、认定事实错误、适用依据错误都属于实体上的行政违法,其中行政失职属于不作为形式的违法,其他属于作为形式的违法;与实体违法相对应的是程序违法,它包括违反法定程序和违反正当程序。无论实体上的违法还是程序中的违法,如果给行政相对人的合法权利造成损害构成赔偿,那么这种违法同时构成行政侵权。(见表23-1)

表23-1 行政违法情形

情形	作为违法	不作为违法	如果构成赔偿责任
实体违法	行政越权 行政滥用职权 认定事实错误 适用依据错误	行政失职	行政侵权
程序违法	违反法定程序 违反正当程序	行政失职(被程序违法吸收) 程序滥用(被滥用职权违法吸收)	行政侵权

再从前述的行政行为的合法要件考察就会发现,行政失职、行政越权、行政滥用职权都与"职权"要件有关;认定事实错误和适用依据错误,分别涉及"事实"要件和"依据"要件;违反法定程序和违反正当程序,都属于违反"程序"要件。(见表23-2)

[18] 因为"行政依据"包括但不限于"法律法规"。

表 23－2　行政行为与行政违法

行政行为的合法要件	所对应的行政违法
行政职权	行政失职 行政越权 行政滥用职权
行政证据	认定事实错误
行政依据	适用依据错误
行政程序	违反行政程序（违反法定程序与正当程序）

最后从行政羁束权与行政裁量权分类上考察，在裁量权范围内发生的只是滥用职权。滥用职权又可分为实体上的滥用（如罚款的多少）与程序上的滥用（程序上的迟延）。超越裁量权的范围构成适用依据错误，基于行政羁束权发生的违法，则有行政失职、行政越权、行政滥用职权、认定事实错误、适用依据错误和违反行政程序。行政程序属于羁束程序。因而行政裁量权行使中的违法不会发生违反法定程序或违反正当程序的问题。（见表 23－3）

表 23－3　行政羁束权与行政裁量权

<table>
<tr><td>行政羁束权（行使的违法）</td><td colspan="3">行政失职
行政越权
认定事实错误
适用依据错误
违反程序
违反正当程序</td></tr>
<tr><td rowspan="3">行政裁量权（行使的违法）</td><td rowspan="2">不超越
裁量范围</td><td rowspan="2">滥用职权</td><td>实体上的滥用</td></tr>
<tr><td>程序上的滥用</td></tr>
<tr><td>超越
裁量范围</td><td colspan="2">适用依据错误</td></tr>
</table>

六、行政违法的确认和后果

（一）行政违法的确认

每一行政相对人均有怀疑某一行政行为合法性，从而请求有权机关撤销该行政行为的权利。但这仅是行政相对人对行政违法的一种“认为权”，而不是“确认权”。对行政违法的确认权，归属于有权机关，而不是行政相对人。

对行政违法的确认权，是有关组织对行政行为作出法律评价并直接产生法律后果的权力。某行政行为一经有权机关确认为违法行政行为，该行为会因此丧失效力的完整性。根据违法程度的轻重，它或许完全丧失原有的拘束力、确定力和执行力，或许需要通过一定手段（如修正）才能完全恢复它原有的合法效力。而且，严重的行政违法行为一被确认无效，可能还意味着它自始无效。确认权中这种溯及既往的效力是一种其他判断权无法获得的优惠特权。

在我国，确认行政行为违法权力，属于有关的国家机关。这些机关包括权力机关、行政机关和司法机关（仅指人民法院）。其法律依据是《宪法》《国务院组织法》《人民法院组织法》《行政复议法》《行政诉讼法》《国家赔偿法》《地方各级人民代表大会和地方各级人民政府组织法》

等。根据机关的性质,我们可以把上述机关对违法行政行为的确认权分为行政确认权、司法确认权和人大确认权。

(二)行政违法的后果

行政合法行为与行政违法行为所产生的法律后果是截然相反的。行政违法的后果是多方面的,但最主要的表现在两个方面:

1. 影响行为的法律效力。符合有效要件的行政行为方具有法律效力,即拥有拘束力、公定力、确定力和执行力。违法的行政行为,便失去上述效力的完整性。具体来说,有两种情况:(1)完全失去法律效力。如行政处罚决定严重违法,就必须无条件地撤销。(2)必须补正违法,补正后方具有法律效力。如在行政处罚决定书上写错当事人的年龄〔19〕和家庭地址;在善意越权行为中,有权机关对越权行为可以事后追认有效。

2. 引起法律责任。行政主体实施了一种行政违法行为,必然引起各种法律责任。仅从行政法领域而言,便有以下责任内容:(1)纠正行政违法的责任,即行政违法主体本身有义务纠正其业已发生的违法行为;(2)对行政违法侵害人权利的补救责任。如行政主体对行政相对人实施行政赔偿。

第二节　行政失职

一、行政失职的概念和特征

行政失职是指行政主体及其行政人因不履行法定的作为义务而构成的行政违法。如公安机关拒绝履行保护公民人身权、财产权的法定职责,消防机关见火警不出警等。《行政复议法》(2023)第11条第11项和第66条所规定的拒绝履行或未依法履行"保护人身权利、财产权利、受教育权利等合法权益的法定职责",或者"不履行法定职责的"行为〔20〕,以及《行政诉讼法》(2017)第12条和第72条所规定的"不履行法定职责"的行为〔21〕,都是对行政失职行为的表述。

行政失职行为具有下列法律特征:

1. 行政失职以违法主体负有法定职责为前提。所谓法定职责,是指法律所规定的职务上的义务。但这里的"法律"应作广义理解,包括法律、法规和规章。没有法定职责的行政主体及行政人,不会导致行政失职。如警察不制止违法是行政失职,但普通公民不制止他人违法,只属思想境界问题,不属行政失职问题。

2. 行政失职是一种不作为的行政违法。义务有作为义务与不作为义务之分,违法也有作

---

〔19〕 在与责任年龄无关的情况下。

〔20〕 《行政复议法》(2023)第11条规定:"有下列情形之一的,公民、法人或者其他组织可以依照本法申请行政复议……(十一)申请行政机关履行保护人身权利、财产权利、受教育权利等合法权益的法定职责,行政机关拒绝履行、未依法履行或者不予答复……"第66条又规定:"被申请人不履行法定职责的,行政复议机关决定被申请人在一定期限内履行。"

〔21〕 《行政诉讼法》(2017)第12条第1款规定:"人民法院受理公民、法人或者其他组织提起的下列诉讼:……(六)申请行政机关履行保护人身权、财产权等合法权益的法定职责,行政机关拒绝履行或者不予答复的……"第72条又规定:"人民法院经过审理,查明被告不履行法定职责的,判决被告在一定期限内履行。"

为违法与不作为违法之分。行政失职是违反作为义务，从而构成不作为方式的行政违法。它表现为对法定职责的“不履行”。拖延履行法定职责的，不属于行政失职，而属于违反程序。因为拖延履行法定职责，意味着行政主体已作出了行政行为，只是该行为没有在法定期限内或在合理的期限内及时作出而已。最高人民法院《关于行政案件案由的暂行规定》（法发〔2020〕44号）指出：“不履行法定职责”是指负有法定职责的行政机关在依法应当履职的情况下消极不作为，从而使行政相对人权益得不到保护或者无法实现的违法状态。未依法履责、不完全履责、履责不当和迟延履责等以作为方式实施的违法履责行为，均不属于不履行法定职责。

3. 行政失职是一种实体违法。行政违法有实体违法与程序违法之分。行政失职属于前者而不是后者，因为作为法定职责的作为义务之履行与否，不是程序问题，而是实体问题。虽然在形式上，有些行政失职的情形非常接近程序违法，如行政相对人申请行政许可，行政机关不予答复；又如应当给予听证而不给相对人提供听证机会等。这些虽然都以不作为形式反映出来，但是应当区别的是：整个行政行为的不启动（依申请行为中的不受理和依职权行为中的不发动）属于不作为违法，而进入行政程序以后环节中的违法（包括应当提供的程序机会不提供），都被程序违法所吸收。〔22〕

4. 对行政失职的救济案由是“不作为类案件”。行政案件的案由分为：作为类案件、不作为类案件、行政赔偿类案件。不作为案件的诉请的表达方式，如“诉某公安机关不履行保护人身权法定职责”。法院的判决方式是判令某行政主体在一定期限内履行法定职责。这一切，与作为类行政案件完全不同。换句话说，适用“履行之诉”的是针对行政失职行为，而适用“撤销之诉”或者“确认无效之诉”的并不针对行政失职行为。

二、“行政失职”相关概念比较

这类不作为的行政违法，在行政实体法上以“失职”表达为多〔23〕，但《行政复议法》〔24〕和《行政诉讼法》〔25〕都表述为“不履行法定职责”，而《行政诉讼法解释》（2018）既有“不作为”的表述，又有“不履行法定职责”的表述〔26〕。这就出现了三个不同的概念：“行政失职”“不履行法定职责”“行政不作为”。

（一）“行政失职”与“不履行法定职责”

行政失职是一种职务上的行政违法，并且是一种不作为形式的违法，与行政越权、滥用职权相并列。行政失职属于一种不作为违法，行政越权、滥用职权则属于作为违法。

---

〔22〕 从逻辑上说，不作为违法的行政失职，既有实体义务的不作为（如不对当事人给予行政处罚），也存在程序义务的不作为（如不给相对人予听证）。程序义务的不作为既是一种不作为违法（行政失职），也是一种程序违法。就看我们如何某构行政违法体系了。考虑行政救济法裁决形式的对接，将程序中的不作为列入“程序违法”，同时将行政失职限于实体义务的不作为，是比较合理的。

〔23〕 如《消费者权益保护法》（2013）第15条和《老年人权益保障法》（2018）第74条都涉及“违法失职”的提法，《传染病防治法》（2013）第66条等都涉及“失职、渎职行为”的提法。失职显然是一种违法行为而且与“渎职”不同。尽管严格而言，“失职”也是“渎职”的一种。“失职”与“越权”、“滥用职权”是一种并列关系，与“渎职”恰恰是一种包含关系。尽管上述法律规定在有关概念之间的逻辑关系上不甚准确，但大量的行政实体法都使用了“失职”一词，这是不争的事实。

〔24〕 参见《行政复议法》（2023）第66条。

〔25〕 参见《行政诉讼法》（2017）第12条和第72条。

〔26〕 参见《行政诉讼法解释》（2018）第66、81、98条等。

《行政复议法》和《行政诉讼法》使用“不履行法定职责”的本意也是为了表述不作为的行政违法。从这一意义上说,“不履行法定职责”就是指“行政失职”,它们之间只有称呼上的差异而无内容上的差别。但在概念的使用过程中,无论在实务还是理论上,“不履行法定职责”不免被扩大解释。人们很容易接受这样的理论和逻辑:“法定职责”本指法定的职务义务,而义务本身就包括作为义务与不作为义务;那么,“不履行法定职责”,当然既包括不履行法定的职务上的作为义务,也包括不履行法定的职务上的不作为义务。这样一来,“不履行法定职责”不仅突破了“不作为违法”的范围,而且几乎可以与“行政违法”画上等号。因为,任何行政违法都不过是没有正确履行法定职责而已。按照这种思路,“不履行法定职责”又被扩大到“拒绝履行”与“拖延履行”;“拒绝履行”又被扩展到“推脱法定职责”“不正确履行”“未实际履行”“不完全履行”等。

为了将这种行政违法紧紧地框定在“不作为违法”之内,在行政实体法理论上,采用“行政失职”会比使用“不履行法定职责”更好一些。

(二)“行政失职”与“行政不作为”

无论“行政失职”还是“不履行法定职责”,本意都是指“行政不作为违法”。为此,《行政诉讼法解释》(2018)在解释“不履行法定职责”时,几处有“不作为”的表达[27]。那么,“行政不作为”是否会比“不履行法定职责”“行政失职”表达得更好一些?

笔者并不这样认为。“行政失职”“不履行法定职责”是指行政违法的情形或者说形态,但“行政不作为”是指“行政行为的不作为”,与“行政行为的作为”相对应,它不是行政违法的专有表述。行政不作为可以是违法行为,也可以是合法行为。[28] 我们可以说,“行政失职”或者“不履行法定职责”,都属于“行政不作为”,但“行政不作为”未必就是“行政失职”或者“不履行法定职责”。

三、行政失职的构成和具体情形

(一)行政失职的构成

行政失职作为一种“不作为”行政违法,具有特别的构成条件。

1. 行政主体必须负有法定的作为义务。这种义务是“作为”义务,而不是“不作为”义务;它可直接来自法(法律、法规和规章)的设定,也可来自行政主体的承诺或者与相对人依法签订的合同。这种“作为义务”的存在,是行政失职的前提。

2. 行政主体拒不履行该作为义务。这里的拒绝是形式上的拒绝而不是内容上的拒绝。因为内容上拒绝作出某一种特定内容要求的行政决定,应视情况被其他各种行政违法(尤其是适用依据错误)所分解包含。也就是说,不作出行政行为属于行政失职,但作出不符合相对人要求的行政行为(否定性行政行为)不属于行政失职,因为后者属于“作为”状态而不是“不作为”状态。

3. 行政主体对必须履行该义务是知情的。所谓知情,是指通过相对人报案、申请等途径,

---

[27] 如《行政诉讼法解释》(2018)第81条第4款规定:“原告起诉被告不作为,在诉讼中被告作出行政行为,原告不撤诉的,人民法院应当就不作为依法作出确认判决。”

[28] 已有学者指出:“行政不作为不等于行政违法。”值得赞赏。参见章剑生:《现代行政法基本理论》,法律出版社2014年版,第884页。

或者行政主体在执法中已发现必须作为的场景。如晚上一女子在家被杀,公安机关不构成行政失职,因为它不知情;但如果被害人已报案而公安机关不出警,便属于行政失职。

(二)行政失职的主要情形

了解行政失职的具体情形,有助于我们把握和准确认定行政失职行为。目前的法律、法规和规章,对行政失职的具体情形表述不多。而《行政复议法》《行政诉讼法》《行政诉讼法解释》之有关表述,包括了“拒不履行法定职责”“拖延履行法定职责”“不予答复”等。但将这三种行为列为行政失职的主要情形也未必周延。因为,“不予答复”仅是“拒不履行法定职责”的一种现象,而且如果行政主体实施了法定义务,只是未告知(答复)而已,是否还属于实体上的行政不作为呢? 另外,“拖延履行法定职责”可能是一种超过期限而作出的行政行为,作为一种“迟到的行政行为”,一般是作为程序违法对待。

一种行为的作出,其方式是多种多样;而行为的不作出,什么也没发生,方式就显得单一。行政失职作为一种不作为形态的行政违法,其具体情形也随之简单。任何行政主体,只要具有法定的作为义务,但它拒绝作出义务性行为的,这就是行政失职。

(三)行政失职认定中的几个问题

关于行政失职,复杂的不是情形列举问题,而是性质认定问题。为此,需要关注以下几个理论问题。

1. 行政失职行为既发生在依声请行为之中,也发生在依职权行为之中。由于《行政诉讼法》(2017)第 12 条第 6 项将行政失职的情形表述为,“申请行政机关履行保护人身权、财产权等合法权益的法定职责,行政机关拒绝履行或者不予答复的”。这给人错觉是:行政失职只发生在依声请[29]行为之中。其实不然,作为不作为形态的行政违法,行政失职既可发生在依声请行为之中(如对行政许可申请不予接收),也可发生在依职权行为之中(如对相对人违反行政管理秩序的行为不予处罚)。

2. 行政失职应同行政主体作出否定性决定区别开来。公民申请建房,行政审批机关会作出同意或不同意的决定。行政审批机关所作出的“同意决定”为“肯定性行政决定”,“不同意决定”则为“否定性行政决定”。行政主体只要作出了决定,无论是“肯定性决定”,还是“否定性决定”,都不属不作为,不属于行政失职。行政失职应指“不作任何行政决定”的消极状态。行政失职的本质是不让事项进入行政程序,只要已经进入到行政程序,行政主体就是否立案、是否处罚、是否许可等作出决定,无论是肯定性的还是否定性的,都不属于不作为,不属于行政失职。

3. 行政失职属于形式上的不作为,不是实质上的不作为。虽然行政失职不能与行政不作为等同,而且我们反对用行政不作为来表达行政违法,但是,行政失职属于不作为的行政违法这一点是不可否认的。从理论上说,行政不作为可分为形式上的不作为与内容上的不作为,前者如拒不答复、不立案等;后者如行政机关作出“不予行政许可决定”(如果按照法律规定必须作出许可的)。如果真按此逻辑来设计行政不作为,那么,所有“否定性行政决定”都会被视作

〔29〕 依声请行为包含了依申请行为。

为行政不作为违法。这会与最高人民法院的司法解释不相一致。[30] 所以有人认为,“行政机关如果没有在法定期限内作出具有终结行政程序意义的决定,就构成不作为”[31]。

四、对行政失职的处理

行政失职事件发生后,行政违法主体有义务自我纠正。行政违法主体不自我纠正的,行政相对人可适用《行政复议法》和《行政诉讼法》申请行政复议和提起行政诉讼。

行政复议机关在行政复议途径中,应依法对行政违法主体作出“决定履行”的复议决定。《行政复议法》(2023)第66条规定:“被申请人不履行法定职责的,行政复议机关决定被申请人在一定期限内履行。”

同样,人民法院在行政诉讼途径中,应依法对行政违法主体作出“履行判决”。《行政诉讼法》(2017)第72条规定:“人民法院经过审理,查明被告不履行法定职责的,判决被告在一定期限内履行。”

如果行政主体的行政失职行为同时构成对行政相对人合法权益侵害的,还必须依据《国家赔偿法》承担行政赔偿责任。

第三节 行政越权

一、行政越权的概念和特征

行政越权是指行政主体超越职务权限而进行的行政行为。《行政复议法》[32]和《行政诉讼法》[33]都以“超越职权”予以表达。它与行政失职违法不同,表现为它拥有自己的法律特征:

1. 行政越权以行政主体的行政权限为衡量标准。行政越权是指超越行政权限的行政行为。特定行政主体之行政权限的大小,直接关系到其行政越权行为的构成与否。行政权限理论乃是行政越权理论的基础。

2. 行政越权是一种作为形式的行政违法。行政越权与行政失职正好相反。行政失职属于不作为的行政违法,而行政越权属于作为形式的行政违法。行政法理和行政实践,均不存在不作为形态的越权行为。

3. 行政越权是一种实体违法。前面所述,行政违法有实体违法与程序违法之分。行政越

---

〔30〕 最高人民法院《关于审理行政许可案件若干问题的规定》(法释〔2009〕20号)第11条规定:“人民法院审理不予行政许可决定案件,认为原告请求准予许可的理由成立,且被告没有裁量余地的,可以在判决理由写明,并判决撤销不予许可决定,责令被告重新作出决定。”这表明:对于“否定性行政决定”不能视作“行政不作为”,所以它不适用“履行之诉”,而适用“撤销之诉”。

〔31〕 霍振宇、钱佳:《行政诉讼类型化转型中明示拒绝行为审理规则的重构》,载最高人民法院行政审判庭编:《行政执行与行政审判》(总第67集),中国法制出版社2018年版,第27~40页。

〔32〕 《行政复议法》(2023)第64条第1款规定:“行政行为有下列情形之一的,行政复议机关决定撤销或者部分撤销该行政行为,并可以责令被申请人在一定期限内重新作出行政行为……(四)超越职权……”

〔33〕 《行政诉讼法》(2017)第70条规定:“行政行为有下列情形之一的,人民法院判决撤销或者部分撤销,并可以判决被告重新作出行政行为:……(四)超越职权的……”

权问题发生于行政主体的权限上,因而属于实体违法而不是程序违法。行政程序领域内不会发生越权的问题。

4. 行政越权是基于法律对主体的禁止而不是对行为的禁止。它可以通过主体的转换使违法行为转换成合法行为,其他行政违法不具有这一特点。公安机关对违法经营者吊销其经营许可证,这是行政越权。在这里,法律并不禁止"对违法经营者吊销其经营许可证",而是禁止"公安机关"行使该权力。为此,如果通过主体转换,改由工商部门对当事人作出"吊销经营许可证"的处罚决定,一个违法决定就可以转换为合法决定。

5. 对行政越权的救济案由是"作为类案件"。这类案件的诉请,除适用确认违法之诉外,主要适用"撤销之诉"和"确认无效"之诉。人民法院的主要判决是判令撤销某行政越权行为或者确认其无效。这一切,与不作为类行政案件完全不同。

二、行政越权的分类

行政越权可作如下分类:

1. 超越行政主管权与超越行政管辖权。我们在第六章已经阐述,行政权限主要由行政主管权和行政管辖权构成。行政主管权限,系指由宪法和法律所划定的行政主体对某类事项所拥有的管理范围,它旨在解决行政机关与权力机关、监察机关、司法机关等其他国家机关之间的权力划分。行政管辖权限,是指行政主体对某一行政事项依法所拥有的专有管理范围,它旨在解决行政机关之间的权力分工。由此,行政越权自然可以划分为超越行政主管权与超越行政管辖权。前者如行政机关对本该由人民法院处理的婚姻关系进行裁决,后者如 A 地公安局行使 B 地公安局的权力。

超越行政主管权必然导致行为无效,而超越行政管辖权,并非一律无效。

2. 纵向越权与横向越权。我们在第六章曾把行政权限划分为纵向权限与横向权限。同理,也可把行政越权划分为纵向越权与横向越权。

纵向越权,系指有行政隶属关系的上下级行政主体之间的行政越权。它既表现为下级机关行使上级机关的职权,也表现为上级机关行使下级机关的职权。

横向越权,系指无行政隶属关系的行政主体之间行使对方的行政职权。

横向越权无效,纵向越权中下级行政主体行使上级行政主体的职权也必然无效,这些均无争论。问题在于,上级行政主体行使下级行政主体的职权是否也一律无效呢?这值得讨论。各国的做法也不一样,肯定说与否定说并存。笔者主张,这应视行政职权的性质而定:对于一般行政职权,上级行政主体可以直接行使下级行政主体的行政职权,当然亦需通过一定的"升格"程序;对于专有行政职权,上级行政主体同样不得行使下级行政主体的行政职权。

3. 善意越权与恶意越权。善意越权与恶意越权是依行政违法主体的主观目的、动机所作的一种分类。

善意越权,系指行政主体在某些紧急状态下,出于公共利益的考虑所作的越权。例如,一个交通警察因心脏病发作无法指挥交通,一位税务工作人员主动代而取之。

恶意越权,系指不是出于公共利益,而是出于私利的越权。这里的"私利"既包括个人的私益,也包括单位小团体的私利。

恶意越权一律无效是肯定的,但善意越权是否可以事后追认有效呢?有的国家业已确立了善意越权的事后追认效力制度,有的国家还有待确立这种制度。我国目前尚无这方面的统一规定,还有待于行政立法和行政法理协调解决。

三、行政越权的主要情形

梳理和展示行政越权的主要情形,有助于我们加深对行政越权的直观认识和准确界定行政越权的范围。

1. 行政机关行使了该由其他国家机关行使的权力。职权法定,宪法和法律对行政机关、权力机关、监察机关、人民法院、人民检察院、军事机关等组织的职权作了设定和分工,互相不得超越,否则构成越权。行政机关行使国家权力机关、监察机关、人民法院、人民检察院、军事机关等组织的职权,都属于行政越权。这方面的越权属于超越行政主管权限。以下案例属于其中的一个例子。

最高人民法院行政审判庭行政审判案例第 147 号〔34〕“刘某宏、林某诉三亚市人民政府土地行政复议案”中,政府对农村自留地使用权纠纷进行了行政处理,法院认定为行政越权。法院认为,农村自留地使用权纠纷属于土地承包经营权纠纷,应当依照《农村土地承包法》(2002)第 51 条的规定〔35〕,在当事人协商、调解不成后,由农村土地承包仲裁机构裁决或人民法院作出裁判,政府对此类案件无权作出行政处理决定。

2. 行政机关行使了该由社会组织行使的权力。我国有不少社会组织,有时法律也授权它们一定的公权力。行政机关行使由法律授权给社会组织行使的公权力,也属于行政越权。如《仲裁法》规定,平等主体的公民、法人和其他组织之间发生的合同纠纷和其他财产权益纠纷,当事人之间有仲裁协议的,适用仲裁裁决。〔36〕 行政机关对这类纠纷进行处理的,也属于行政越权。劳动行政部门作出强制企业支付工伤职工医疗费用的决定也属于这类越权。〔37〕

3. 行政机关行使了另一行政机关的权力。一个行政机关行使了另一个行政机关的权力,也属于行政越权。与前两项不同的是,这类越权属于超越行政管辖权而不是行政主管权。以下两例属于此类。

最高人民法院行政审判庭行政审判案例第 148 号〔38〕“贵州省黔台酒厂诉仁怀市房管局房屋拆迁补偿裁决案”中,某房管部门对集体土地征收程序中的房屋拆迁补偿进行了裁决。法院认为:集体土地征收程序中的房屋拆迁补偿,在性质上属于征地补偿,应由人民政府或土地征收主管部门作出补偿决定,房管部门无权裁决。房管部门的裁决属于行政越权。

另如最高人民法院行政审判庭《关于〔1996〕豫法行字第 6 号请示的答复》(〔1997〕法行字第 2 号)指出:“县级人民政府颁发的宅基地使用证,乡人民政府认定无效或予以撤销的行为,属于超越职权的性质。”

---

〔34〕 参见最高人民法院行政审判庭编:《中国行政审判案例》(第 4 卷),中国法制出版社 2012 年版。

〔35〕 《农村土地承包法》(2002)第 51 条规定:“因土地承包经营发生纠纷的,双方当事人可以通过协商解决,也可以请求村民委员会、乡(镇)人民政府等调解解决。当事人不愿协商、调解或者协商、调解不成的,可以向农村土地承包仲裁机构申请仲裁,也可以直接向人民法院起诉。”经 2009 年和 2018 年的修正,现已调整为第 55 条,内容不变。

〔36〕 《仲裁法》(2017)第 2 条规定:“平等主体的公民、法人和其他组织之间发生的合同纠纷和其他财产权益纠纷,可以仲裁。”第 3 条规定:“下列纠纷不能仲裁:(一)婚姻、收养、监护、扶养、继承纠纷;(二)依法应当由行政机关处理的行政争议。”

〔37〕 参见最高人民法院行政审判庭:《关于劳动行政部门是否有权作出强制企业支付工伤职工医疗费用的决定的答复》,载最高人民法院行政审判庭编:《行政诉讼司法解释汇编》,金城出版社 2001 年版,第 400 页。

〔38〕 参见最高人民法院行政审判庭编:《中国行政审判案例》(第 4 卷),中国法制出版社 2012 年版。

4. 行政机关的内部机构对外以自己名义行使权力。根据行政主体法理论，行政机关的内设机构，除有法律法规的授权，不得以自己的名义对外行使职权，否则构成越权。下例案例涉及这类越权。

在最高人民法院行政审判庭行政审判案例第150号〔39〕"彭某诉新疆维吾尔自治区哈密市国土资源监察大队土地行政处罚案"中，被告新疆维吾尔自治区哈密市国土资源监察大队以自己的名义对土地违法行为人进行行政处罚。法院认为：《土地管理法》(2004)第76条规定〔40〕，未经批准或者采取欺骗手段骗取批准，非法占用土地的，由县级以上人民政府土地行政主管部门处理。被告作为新疆维吾尔自治区哈密市国土资源厅的内设机构，在无法律、法规授权的情况下，以自己的名义对外实施行政处罚，属超越职权，依法应予撤销。

四、行政越权认定中的几个问题

对行政越权的认定比对行政失职的认定复杂得多，这里有几个疑难问题需要解决。

1. 中国的行政越权与国外的行政越权。在英美法德国家，"越权之诉"是其司法审查制度中的一项主要制度；"越权无效"又是其行政法中的一项重要原则。但是，它们的"越权之诉"等于"撤销之诉"；"越权"也指法院在司法审查中用以撤销行政行为的理由和事实，如"破坏自然公正原则""超越权限""违反程序""权力滥用""不履行义务"等。由此我们可以发现，这些国家的"越权"与我国行政法上的"越权"不是同一个概念，范围上有很大的区别。中国行政法上的"越权"只是"行政违法"中的一个种类，而它们的"越权"接近，甚至等同于我国"行政违法"这一概念。

2. 行政越权与无权。严格地说，"越权"与"无权"是有区别的。有的国家对此加以区分，如意大利1955年的行政程序法草案。葡萄牙行政法区分"越权"与"无权限"两个概念，但与我国行政法的定位不一致。它将行政机关行使立法权或司法权称"越权"。行政关系中的越权称为"无权限"。"无权限"又分为"绝对无权限"与"相对无权限"。"绝对无权限是指某一行政机关作出超越其所属之法人职责范围之行为。""相对无权限是指某一行政机关作出超越其权限、等级方面无权限、地点方面无权限及时间方面无权限。"〔41〕有的国家则以"越权"吸收"无权"。

在我国的立法表达中，有的立法加以区别，如《土地管理法》(2019)第79条区分了"无权批准"与"越权批准"〔42〕，但更多的法律不区分"无权"与"越权"，如在《行政复议法》和《行政诉

---

〔39〕 参见最高人民法院行政审判庭编：《中国行政审判案例》(第4卷)，中国法制出版社2012年版。

〔40〕 《土地管理法》(2004)第76条规定："未经批准或者采取欺骗手段骗取批准，非法占用土地的，由县级以上人民政府土地行政主管部门责令退还非法占用的土地，对违反土地利用总体规划擅自将农用地改为建设用地的，限期拆除在非法占用的土地上新建的建筑物和其他设施，恢复土地原状，对符合土地利用总体规划的，没收在非法占用的土地上新建的建筑物和其他设施，可以并处罚款；对非法占用土地单位的直接负责的主管人员和其他直接责任人员，依法给予行政处分；构成犯罪的，依法追究刑事责任。超过批准的数量占用土地，多占的土地以非法占用土地论处。"现行《土地管理法》经2019年修正，已将原第76条调整为第77条，内容不变。

〔41〕 [葡]迪奥戈·弗雷塔斯·亚玛勒：《行政法教程》(第2卷)，黄显辉、黄淑禧、黄景禧译，社会科学文献出版社2020年版，第232～234页。

〔42〕 《土地管理法》(2019)第79条第1款规定："无权批准征收、使用土地的单位或者个人非法批准占用土地的，超越批准权限非法批准占用土地的，不按照土地利用总体规划确定的用途批准用地的，或者违反法律规定的程序批准占用、征收土地的，其批准文件无效，对非法批准征收、使用土地的直接负责的主管人员和其他直接责任人员，依法给予处分；构成犯罪的，依法追究刑事责任。非法批准、使用的土地应当收回，有关当事人拒不归还的，以非法占用土地论处。"

讼法》中只有“超越职权”的规定,而无“无权”的表达。

越权与无权均有一个前提,行为者必须是行政主体。非行政主体进行“假象行政行为”不发生越权或无权的问题,因为这类行为不属行政行为。在这个前提下,确有两种情况:一类是A类行政主体行使B类行政职权,如公安机关行使工商行政管理权,这是“无权”;另一类是A类行政主体行使A类行政职权,如按《治安管理处罚法》(2012)第91条〔43〕规定,公安派出所只有警告和500元以下的罚款权,但公安派出所对当事人处予2000元罚款,这就是“越权”。但由于我国《行政复议法》和《行政诉讼法》对“越权”和“无权”未加区分〔44〕,于是“越权”便吸收了“无权”。

3.行政越权包括超越行政权能与行为权能。如第六章所述,行政权能与行为权能是行政职权的两大基本权能。行政权能系指行政主体基于法律法规设定和法律法规授权而形成的可以以自己的名义作出行政决定,并由自己为该行为承担该责任的法律资格。它是行政主体的权力基础。行为权能系指行为主体基于行政委托而产生的以委托人行政主体名义作出行政决定,其行为后果由它所代理的行政主体承担的法律资格。它是行为主体的权力基础。

从这对关系上讲,既然行政职权可以分为行政权能与行为权能,那么,行政越权也不免会有两种情况:一是一个行政机关行使了另一个行政机关的行政权能,如公安机关行使了工商机关的处罚权;二是一个行政机关行使了另一组织的行为权能,如行政机关行使了一个行为主体的受委托权。

4.行政越权与适用依据错误(适用法律错误)。行政违法行为之间最难区别的可能是行政越权与适用依据错误了。在行政机关无权作出没有法律依据的行政行为的逻辑下,适用依据错误〔45〕容易被误认为行政越权。

例如,根据《治安管理处罚法》(2012)第40条的规定,对于“非法限制他人人身自由、非法侵入他人住宅或者非法搜查他人身体的”,公安机关可以给予当事人“处十日以上十五日以下拘留,并处五百元以上一千元以下罚款;情节较轻的,处五日以上十日以下拘留,并处二百元以上五百元以下罚款”。现公安机关给予当事人20日拘留并处1500元罚款。公安机关的处罚决定超越了《治安管理处罚法》第40条规定的最高限(拘留15日,罚款1000元),这种原本属于适用依据错误的违法常常被误认为行政越权。

一个行政决定的内容违反了法律的规定,恰恰属于适用依据错误,而不是越权。越权与适用依据错误的最大区别在于:行政越权的前提是法律对某种主体的禁止,适用依据错误是法律对某种行为的禁止;越权是A主体行使了该由B主体行使的权力,是主体不合法而不是所作的决定不合法,适用依据错误是所作的决定违反法律的规定,为法律所不允。因而有一个简单的检验方式可以采用,如果一个行为通过主体的转换可能会使一个违法行为转换成一个合法行为,那么,这是行政越权;相反,如果通过主体转换无法实现这一结果的,那就不是行政越权,可能是适法错误。在本案中,对于“非法限制他人人身自由、非法侵入他人住宅或者非法搜查他人身体的”当事人,任何行政主体(哪怕是公安部)都不得给予15日以上的拘留和1000元以上

〔43〕《治安管理处罚法》(2012)第91条规定:“治安管理处罚由县级以上人民政府公安机关决定;其中警告、五百元以下的罚款可以由公安派出所决定。”

〔44〕当然区分的意义也不大,因为它们的法律后果是相同的。

〔45〕《行政复议法》和《行政诉讼法》表达为“适用法律法规错误”。

的罚款,它不存在主体转换的可能性。

另一种情况就是典型的行政越权。如根据《土地管理法》(2019)第46条规定,“征收下列土地的,由国务院批准:(一)永久基本农田;(二)永久基本农田以外的耕地超过三十五公顷的;(三)其他土地超过七十公顷的”。现省人民政府批准征用基本农田以外的耕地45公顷的,显属行政越权;但倘若改由国务院作出决定(批准),那这一行政审批行为就变得合法了。

5. 行政越权与没有法律依据的行为。在“公权力,法不授权便无权;私权利,法不禁止便自由”的规则下,原则上,作为公权力载体的行政行为都必须有法律的依据。如果某个行政主体在没有法律依据条件下作出某个行政决定,该决定就属于没有法律依据的行政行为。没有法律依据的行政行为,系属适法错误中的一种行政违法。这种违法亦较易与行政越权相混淆。

就行政复议和行政诉讼而言,没有法律依据的行政行为,是纳入“适用法律法规错误”的撤销理由之中的。之所以将没有法律依据的行政行为并入“适用法律法规错误”,而不作为“行政越权”对待,道理与上一部分相同。

6. 行政越权与自由裁量权。行政行为有行政羁束行为与行政裁量行为(也称自由裁量行为)之分,行政职权也有行政羁束权与行政裁量权之分。这里需要讨论的是:对于一种自由裁量行为,如果该行政主体作出一个行政决定超越了它的自由裁量幅度,是否属于行政越权?

以前笔者和有的学者一样将“超越行政裁量权限”列为行政越权的一种情形。[46] 现在看来应当纠正。行政裁量行为在裁量幅度范围内所发生的一切决定如果违法,无非是是否构成滥用职权的问题,不会构成其他违法。但如果超越裁量的幅度,如对于可以处以50元至2000元的罚款,给予2500元的罚款,那就又回到了上一问题的讨论之中,它便是适法错误而不是越权的问题。

五、对行政越权的处理

正如英国思想家约翰·洛克(John Locke)所说,“超越权限的范围,对于大小官员都不是一种权利,对于国王和警察都一样无可宽恕”[47]。行政越权事件发生后,行政违法主体有义务自我纠正。行政违法主体不自我纠正的,行政相对人可适用《行政复议法》和《行政诉讼法》申请行政复议和提起行政诉讼。行政相对人针对行政越权行为,可以提起“确认违法之诉”“撤销之诉”“确认无效之诉”。

行政越权在行政违法中属于一种严重的违法,它可以导致该行政行为的无效。有一点例外的是,对于行政越权,被越权单位在一定条件下是可以追认越权行为有效的。[48]

行政复议机关在行政复议途径中,除确认违法外,应依法对行政违法主体作出“撤销”等复议决定。《行政复议法》(2023)第64条第1款规定:“行政行为有下列情形之一的,行政复议机关决定撤销或者部分撤销该行政行为,并可以责令被申请人在一定期限内重新作出行政行为……(四)超越职权……”

同样,人民法院在行政诉讼途径中,应依法对行政违法主体作出“撤销(包括部分撤销)判

---

〔46〕 参见章剑生:《现代行政法基本理论》,法律出版社2014年版,第485页。

〔47〕 刘松山:《运行中的宪法》,中国民主法制出版社2008年版,第551页。

〔48〕 如我国澳门特别行政区《行政程序法典》(1999年法令第57/99/M号,于公布日之后满30日开始生效)第126条第3款规定:“如属无权限之情况,则有权限作出有关行为之机关有追认该行为之权力。”

决”。《行政诉讼法》(2017)第70条规定:“行政行为有下列情形之一的,人民法院判决撤销或者部分撤销,并可以判决被告重新作出行政行为:……(四)超越职权的……”

根据行政越权违法的特征,行政复议机关和人民法院除确认其违法外,可以决定撤销和无效,但不适用变更、重作行政行为的决定和裁判。

如果行政主体的行政越权行为同时构成对行政相对人合法权益侵害的,还必须依据《国家赔偿法》承担行政赔偿责任。

第四节　行政滥用职权

一、行政滥用职权的概念和特征

(一)行政滥用职权的概念

行政滥用职权(abuse of power)在国外的行政法(学)中是一颇受青睐的问题。英国、美国、法国、德国和日本等不少国家,无不把它列为行政救济和司法控制的对象。然而,各国行政法对于行政滥用职权,不仅表述上不甚统一〔49〕,而且在认定标准上亦有差异。英国行政法拥有两大基本原则,即越权无效和自然公正。违反它们,分别构成越权和违反自然公正这两类行政违法,而权力滥用是越权的一种形式。〔50〕 美国行政法把滥用职权定义为滥用自由裁量权〔51〕,而滥用自由裁量权是指“不合理地行使”该权力。〔52〕 在法国,权力滥用是指行政主体行使权力违反法律的目的。〔53〕 德国行政法亦持同样的主张。〔54〕 联合国行政法庭在沙贝尔一案中把权力的滥用表述为“武断、歧视或带有不当动机”〔55〕。国外权威性法学词典《布莱克法律词典》对“权力滥用”下定义如下:“以违反法律为目的而行使自己拥有的权力。权力的不当行使。它区别于越权行使法律并没有赋予他的权力。”〔56〕

综合国外立法、判例和学理对行政滥用职权内涵的认定,透过其差异的表象,不难发现其相对的同一性:行政滥用职权是指在自由裁量权限范围内不适当行使权力而违反法律所设定目的的行为。

在国内,国家的立法虽确定了行政滥用职权的存在,但尚未对其内涵作出解释。在实际生活中,人们常常把行政机关及其工作人员违法行使职权指控为“滥用职权”。这显然把“滥用职权”的范围错误地扩大至“行政违法”。

笔者认为,行政滥用职权,即滥用行政自由裁量权,系指行政主体在自由裁量权限范围内不正当行使行政权力而达到一定程度的违法行为。

---

〔49〕 如英国和法国称为“权力滥用”,美国称“滥用自由裁量权”,日本则称“滥用裁量”。

〔50〕 See H. Wade:*Administrative Law*,1982;De Smith,*Judicial Review of Administrartive Law*,1984.

〔51〕 参见美国法典第五编第七章,第706条。

〔52〕 参见[美]伯纳德·施瓦茨:《行政法》,徐炳译,群众出版社1986年版,第571页。

〔53〕 参见王名扬:《法国行政法》,中国政法大学出版社1989年版,第664~671页。

〔54〕 依据1960年1月21日公布的德国《行政法院法》第114条。

〔55〕 江必新:《行政诉讼问题研究》,中国人民公安大学出版社1989年版,第271页。

〔56〕 *Black's Law Dictionary*,Fifth Edition,1979,p.11.

(二)行政滥用职权的特征

在所有的行政违法中,行政滥用职权系属最难把握的一种违法,也是中国法官们在监督行政行为中使用得最少的工具。分析行政滥用职权的法律特征,有助于我们做到这一点。行政滥用职权具有下列法律特征:

1. 行政滥用职权发生在自由裁量权限范围之内。超越这一权限,便构成其他违法。这不仅同行政越权相区别,而且也划清了行政滥用职权同"适法错误""程序违法"等其他行政违法之间的界限。

2. 行政滥用职权表现为不正当地行使裁量权力(如不正当的迟延)。滥用职权是指任性使用裁量权。根据王名扬教授的解读,"通常把专横和任性标准称为审查行政机关行使自由裁量权力的标准",因为"法律授予行政机关自由裁量权力,不是授予行政机关按照个人意志,随心所欲行使这种权力"〔57〕。顺便指出,笔者不认为背离法定目的是行政滥用职权的一个特征,而认为这只是滥用职权的一种表现。

3. 行政滥用职权是一种行政违法行为,而不是行政不当行为。它与行政不当有联系,即它是违反合理性、正当性已达一定程度的行政不当行为,如此严重的不当程度,以至于世界各国的通例做法都是把行政滥用职权视作"行政违法",而不是"行政不当"。我国行政诉讼法和行政复议法也表明了这种立场。因此,人民法院通过行政诉讼控制行政滥用职权与行政诉讼合法性审查原则并不矛盾。

4. 对行政滥用职权的救济案由是"作为类案件"。这类案件的诉请,除适用确认违法之诉外,主要适用"撤销之诉""变更之诉""确认无效"之诉。人民法院的主要判决是撤销行政滥用职权行为或确认其无效,一定条件下可以判决变更。这一切,与不作为类行政案件或其他作为案件不同。

二、行政滥用职权的表现

(一)行政滥用职权的国外情形

国外对行政滥用职权表现的讨论远早于中国。在英国,权力滥用被归纳为三种情况:(1)不符合法律规定的目的;(2)不相关的考虑;(3)不合理的决定。〔58〕

美国学者认为滥用自由裁量权有六种情形:(1)不正当的目的;(2)错误的和不相干的原因;(3)错误的法律或事实依据;(4)遗忘了其他有关事项;(5)不作为或迟延;(6)背离了既定的判例或习惯。〔59〕

法国行政法把权力滥用归结为三种现象:(1)行政主体行使权力的目的不是出于公共利益,而是出于私人利益或所属团体的利益;(2)行政主体的行为虽然符合公共利益,但不符合法律授予这种权力的特别目的;(3)不按法律要求适用程序,如用司法程序代替行政程序。〔60〕

德国行政法认为有下列情形之一的,构成滥用自由裁量权:(1)违反合理性原则;(2)不正

---

〔57〕 王名扬:《美国行政法》,中国法制出版社 1995 年版,第 685 页。
〔58〕 参见王名扬:《英国行政法》,中国政法大学出版社 1987 年版,第 171～172 页。
〔59〕 [美]伯纳德·施瓦茨:《行政法》,徐炳译,群众出版社 1986 年版,第 571 页。
〔60〕 参见王名扬:《法国行政法》,中国政法大学出版社 1989 年版,第 664～665 页。

确的目的;(3)不相关的因素;(4)违反客观性;(5)违反平等对待。[61]

日本行政法认为裁量的滥用主要表现有三:(1)事实的误认;(2)目的的违反和动机不正;(3)违反比例原则和平等原则。[62]

根据澳大利亚《行政决定(司法审查)法》[63]第5条规定,行政决定滥用职权包括以下情形:(1)在运用权力时,把不相关的事项考虑进去;(2)在运用权力时,没有把相关的事项考虑进去;(3)权力的运用是为了别的目的而不是为了授权时的目的;(4)基于恶意而行使自由裁量权;(5)在别人的指示或命令下行使个人的自由裁量权;(6)忽视特殊情况的特点仅依照法规或政策行使自由裁量权;(7)权力的行使是如此不合理以致理智的人不会如此行使权力;(8)以这样一种方法行使权力,以致权力行使的结果是不确切的;(9)任何别的会导致权力滥用的结果的权利行使方式。

(二)行政滥用职权情形的中国研讨

世界各国行政法对于表现的揭示,不少已被中国学者接受,但也有不少现象不适用于中国的法和理。[64]

在中国,关于行政滥用职权的情形,中国的专家和法官们一直处于总结、探索和研究之中。周佑勇教授通过对最高人民法院关于滥用职权的公报案例分析,以求寻找和构建认定行政滥用职权的标准。[65] 法官们更是结合司法实践总结和树立认定滥用职权的具体标准。有法官撰文认为,作为司法撤销理由的行政滥用职权情形包括八种:(1)不符合法律规定的目的;(2)不考虑相关因素或考虑不相关因素;(3)相同情况不同处理或不同情况相同处理;(4)滥用程序;(5)压迫性的强制或制裁;(6)不合情理的不作为或者过分迟延;(7)严重不合理的或者违反比例原则的决定;(8)背离了既定惯例或者行政习惯。[66]

(三)关于行政滥用职权的具体情形

笔者认为,作为行政复议和行政诉讼撤销对象之一的行政滥用职权的表现,主要有下列几种:

1. 因受不正当动机和目的支配致使行为背离法定目的和利益。这种行为有两个构成条件:(1)主观上有不正当的动机和目的。如出于个人恶意、偏见、歧视、报复,为个人或小集团谋私利等。(2)客观上其行为造成了背离法定目的和利益的结果。如果行为人只存在不正当的动机和目的,但行为的结果恰好符合法定目的和理由,便不属于行政滥用职权。法国的行政法院也作同样处理。[67]

---

〔61〕 参见[印度]M. P. 赛夫:《德国行政法——普通法的分析》,台北,五南图书出版公司1991年版,第211~232页。

〔62〕 参见[日]南博方、[日]原田尚彦、[日]田村悦一编:《行政法》,有斐阁1981年版;[日]南博方:《日本行政法》,杨建顺、周作彩译,中国人民大学出版社1988年版,第37~38页。

〔63〕 Administrative Decisions (Judical Review Act),1977年6月16日通过,1980年10月1日生效,此后作了9次修正。

〔64〕 例如,日本行政法所认定的"事实上的误认",在中国是作为"主要证据不足",而不是作为"滥用职权"对待的;美国行政法所揭示的"错误的法律依据",在中国是归类于"适法错误",而不是"滥用职权"。

〔65〕 参见周佑勇:《司法审查中的滥用职权标准——以最高人民法院公报案例为观察对象》,载《法学研究》2020年第1期。

〔66〕 参见武楠:《作为判决撤销理由的滥用职权》,载最高人民法院行政审判庭编:《行政执法与行政审判》(总第67集),中国法制出版社2018年版,第90~100页。

〔67〕 G. Peiser, *Contentjeux Administratif*, 1979.

2. 因不合法考虑致使行为结果失去正当性。这种表现同样须具备两项条件:(1)行为人有不合法考虑的事实。这既表现为没有考虑法律规定应该考虑的因素,如情节和态度,也表现为考虑了不该考虑的因素,如处罚时考虑家庭出身等。(2)行为的结果失去了正当性。如处罚结果畸重畸轻。最高人民法院办公厅《行政审判办案指南(一)》(法办〔2014〕17 号)第 25 条规定了行政裁量过程中考虑因素的确定问题:行政机关在作出无偿收回闲置土地决定时未考虑相对人是否存在免责事由、在作出房屋征收或者拆迁补偿决定时未考虑老年人等特定被拆迁人群体的合理需求的,属于遗漏应当考虑的因素,人民法院可以据此认定被诉行政行为违法。

3. 任意无常,违反同一性和平等性。如不遵循前例,同类事件作不同处理,昨天对这类事只罚 50 元,今天就罚 5000 元,同样违法,对张三罚 50 元,对李四就罚 5000 元。国外把这叫作"不遵循既成的先例和惯例的行为"。行政机关的行政行为具有公共行政性,因而必须是可预见的、连续的和平等对待的,否则亦是对自由裁量权的滥用。

4. 强人所难,违背客观性。这里是指,行政主体所作行政行为要求相对人履行一种客观上无法履行的义务。如交通信号灯转换时间设置不合理,致使老年人没有足够时间在斑马线上过马路,或者命令当事人 3 天拆除违法建筑,这在客观上根本不可能。法谚道,"法律不强人所难"(Lex non cogit ad impossibilia;Lex neminem cogit impossibilia),"任何人都不受不可能事项的拘束"(Nemo tenetur ad impossibile;Contra impossibile nemo tenetur)。[68]

5. 违反比例原则,致使相对人不必要地承受更多的损害。最高人民法院办公厅《行政审判办案指南(一)》(法办〔2014〕17 号)第 23 条规定了最小侵害原则的运用问题:行政机关未选择对相对人损害较小的执法方式达成执法目的,径行作出被诉行政行为给相对人造成不必要的较大损害的,可以认定被诉行为违法。但在损害较小的方式不能奏效时,行政机关作出被诉行政行为给相对人造成较大损害的,不宜认定违法。

6. 不正当的迟延或不作为。如果法律明文规定了行政行为的期限,但行政主体在法定期限内拒不作出行为,或延至法定期限以外作出行为,这应区别不同情况,依行政诉讼法的规定划归"违反法定程序"或"不履行法定职责"的违法类别之中。但如果法律没有明文规定行政行为期限,或规定了一定的行为幅度,致使行政主体享有自由裁量权,而且在这自由裁量权限范围内,行政主体有不正当的迟延或不作为,这便属于行政滥用职权。

7. 不正当的步骤和方式。这是一种程序上的滥用职权。它同滥用职权以外的"违反法定程序"这类违法的区别正在于,它发生在自由裁量权限范围之内,即在行为的步骤和方式属于可选择的条件下,行政主体实施行政行为采用了不适当的步骤和方式,致使损害相对人的合法权益,这便是程序上的滥用职权。

三、明显不当与滥用职权

(一)明显不当概念的提出

行政法的使命在于保障行政行为的合法性与合理性(正当性)。行政主体实施行政行为既要符合合法性要求,也要符合合理性要求,否则,分别形成了行政违法与行政不当。在行政不当的行为中,如果出现了"明显不当",就作为"违法行为"对待。"明显不当"是最严重的"行政不

〔68〕 张明楷:《刑法格言的展开》,北京大学出版社 2013 年版,第 396、397 页。

当”行为。

“明显不当”,作为一种行政违法情形,从而成为行政复议和行政诉讼予以确认违法、撤销或变更的适用条件,源自1989年的《行政诉讼法》中的“显失公正”这一概念。[69] 1989年《行政诉讼法》第54条第4项规定,对于“显失公正”的行政处罚,可以判决变更。这里的“显失公正”,当时被解释为“畸重畸轻”的行政行为,并被严格地限制在“行政处罚”行为之内,不适用其他行政行为。1999年制定的《行政复议法》首次创设了“明显不当”。其第28条第1款规定,行政复议机关对于“具体行政行为明显不当的”,可以作出撤销、变更或者确认该具体行政行为违法的复议决定。这里不仅用“明显不当”代替了“显失公正”,而且将“明显不当”的范围突破了“行政处罚”的限制,适用到所有“具体行政行为”领域。这是法治上的巨大进步。2014年《行政诉讼法》的修改,一是为了“对于行政机关行使自由裁量权过程中极端不合理的情形纳入合法性范围”[70];二是为了突破对行政处罚范围的限制;三是为了和《行政复议法》使用名称相一致,就取消了“显失公正”,改用“明显不当”。《行政诉讼法》(2017)第70条规定:“行政行为有下列情形之一的,人民法院判决撤销或者部分撤销,并可以判决被告重新作出行政行为:……(六)明显不当的。”第77条第1款又规定:“行政处罚明显不当,或者其他行政行为涉及对款额的确定、认定确有错误的,人民法院可以判决变更。”从此,“明显不当”成为一种覆盖所有行政行为,《行政复议法》和《行政诉讼法》相贯通的行政法理概念。

(二)明显不当概念及法律特征

这种意义上的“明显不当”,系指由行政主体作出的明显不合理、不适当的行政违法行为。[71] 明显不当行为具有四个法律特征:(1)裁量性;(2)不当性;(3)明显性;(4)违法性。

1. 裁量性。这是指明显不当只发生在裁量行为的范围内。行政行为有羁束行为与裁量行为之分。执法机关实施羁束行为,结果只有两种可能,即合法或不合法;而实施裁量行为,除非超越裁量权限或滥用裁量权,只发生是否合理的结果。明显不当,属于不合理的行为,所以它只发生在裁量权的幅度之内。例如,法律规定对当事人违法行为可处1万~20万元罚款,结果行政机关作出30万元罚款,这属于适用法律错误之行政违法;但在1万~20万元罚款幅度内,应当给予1万元罚款的,却给予20万元顶格处罚,这属于明显不当。

2. 不当性。这是认定明显不当的标准之一。明显不当,首先在于“不当性”。“不当性”指不合理、不适当、不正当。如果说行政违法属于刚性违法,那么,明显不当则属于柔性违法。它从形式上看,并没有直接违反法律的具体条文,但它违反了一种“天理”,即存在于人们内心的合理观念和价值标准。

---

〔69〕 有专家指出:行政复议法规定的“明显不当”实际上与“显失公正”的含义基本相当。参见江必新主编:《新行政诉讼法专题讲座》,中国法制出版社2015年版,第264页。

〔70〕 全国人大常委会法制工作委员会行政法室编著:《中华人民共和国行政诉讼法解读》,中国法制出版社2014年版,第197页。

〔71〕 有学者认为:“明显不当”是明显的不合理、不公正,是具有通常法律意识和道德水准的人均可发现和认定的不合理、不公正。参见姜明安:《行政诉讼法》(第3版),北京大学出版社2016年版,第297页。还有学者认为:“明显不当,其主要特征是行政机关及其工作人员实施的行政行为虽然没有违反法律的禁止性规定,但却明显不合情理或不符合公正要求。”参见马怀德主编:《新编中华人民共和国行政诉讼法释义》,中国法制出版社2014年版,第331页。有法官认为,明显不当是“被诉行政行为结果的畸轻畸重”。参见薛政编著:《行政诉讼法注释书》,中国民主法制出版社2020年版,第513页。

3. 明显性。这是认定明显不当的另一个标准。行政行为违反行政正当原则便构成行政不当,即不合理、不适当、不正当的行政行为。行政不当行为可以分为一般不当与严重不当,而严重不当就表现为明显不当。因为“不当”到了“明显”的程度,可见“不当性”已非常严重。所以,明显不当是一种严重的行政不当行为。而所谓不当的“明显性”,系指这种行为的不合理性如此明显,以至于到了“任何有理智的人能够判断的程度”〔72〕。例如,在分配拆迁安置房过程中,将70岁的老太太安置在没有电梯的六层,将20岁小伙子安置在二层,人人都会觉得这样不合理。

4. 违法性。这是对明显不当行为的定性。按理说,行政不当,无论它是否明显和严重,都属于一个“合理性”而不是“合法性”的范畴。违反“合理性”的行为属于行政不当行为,而行政不当行为并不是行政违法行为。但从全球范围看,自20世纪以来,由于政府机关自由裁量权的扩张和滥用,行政法将控制重点从羁束行为转向裁量行为,将滥用裁量权列入违法范畴,这正是行政法发展的伟大成果。就中国而言,自20世纪末《行政复议法》和《行政诉讼法》制定以来,为了规范和监督行政机关合理地行使裁量权,更好地保护行政相对人的合法权益,在坚持合法性审查的前提下,对合法性原则的内涵作了扩大解释,将行政执法中的明显不当行为作为“行政违法”对待。〔73〕在中国现行法律制度和行政法理背景下,明显不当不再属于行政不当,而是属于行政违法了。

在明显不当的四个法律特征中,“裁量性”界定了明显不当行为存在和发生的范围,“不当性”和“明显性”确立了认定明显不当行为的标准,“违法性”是对明显不当行为的最终定性,认定该行为属于“违法行为”而不是“不当行为”。

(三)明显不当的具体情形

明显不当只存在于裁量行为之中,但已不再限于行政处罚,它可以发生在行政许可、行政确认、行政裁决、行政给付、行政征收和政府信息公开等各种行政行为之中。

关于明显不当的具体情形,人们还处于探索之中。当年1999年《行政复议法》第一次使用“明显不当”概念,随后就出现了一些对行政复议法中“明显不当”行为的解释。有专家认为,这三种行为可视为明显不当:一是对违法行为的处理显失公正的,同类违法行为程度、后果相似而处理的内容明显不同,或严或宽的应确定为明显不当。二是明显违背国家基本方针政策的,例如对乱收费乱罚款,有些虽然有地方文件规定,但违背了中央文件的基本要求的,亦应视为明显不当。三是为局部利益而影响全局工作的行政行为。例如,在农村土地承包中为建设乡镇企业行政机关违反政策强令农民解除承包合同。〔74〕另有专家解释说,明显不当突出表现为,行政机关在行政管理中就同类管理事项没有统一的标准,随意性很大,对情况不同的行政管理相对人给予同样的处理,或对情况相同的行政管理相对人给予不同的处理,而且这种差异达到有失公正的程度。例如,某公安派出所处理一起聚众斗殴事件,对首要人员给予警告,对一般参与人则分别给予罚款或行政拘留的处罚。〔75〕

---

〔72〕 李广宇:《新行政诉讼法逐条注释》,法律出版社2015年版,第650页。

〔73〕 参见全国人大常委会法制工作委员会行政法室编著:《中华人民共和国行政诉讼法解读》,中国法制出版社2014年版,第21页;江必新主编:《新行政诉讼法专题讲座》,中国法制出版社2015年版,第264页。

〔74〕 参见张春生主编:《中华人民共和国行政复议法释义》,法律出版社1999年版,第143~144页。

〔75〕 参见曹康泰主编:《中华人民共和国行政复议法释义》,中国法制出版社1999年版,第134页。

2014年《行政诉讼法》修改使用了"明显不当"概念之后,又有学者开始阐释和揭示行政诉讼法中的"明显不当"概念及具体情形。如有学者指出,行政行为明显不当主要有下述情形:(1)行政处罚畸重畸轻。(2)行政许可厚此薄彼。(3)同样情况,不同对待;不同情况,同样对待。(4)反复无常。[76] 还有学者认为,"明显不当"的具体情形有:没有考虑依法应当考虑的因素,或者相反,考虑了不应当考虑的因素;处理方式违反比例原则;没有正当理由的区别对待;重复处罚;同一地区不同标准或不同地区同一标准;违背业已形成的裁量准则等。[77]

《行政诉讼法》(2017)实施以后,法官们在司法实践中也努力推进"明显不当"行为的认定标准:(1)未考虑相关因素;(2)处罚结果畸轻畸重;(3)违反比例原则;(4)违反平等原则;(5)法律依据适用错误;(6)存在程序性瑕疵;(7)追求不适当目的;(8)未尽到合理审查义务;(9)事实认定错误;(10)其他不当行为,如违反一事不再罚原则,复议禁止不利变更原则等。[78] 这些司法实践,同时推进了行政法理的成熟。

以上的学说和司法成果给了我们许多启迪。我们对"明显不当"行为的具体情形的揭示和归纳乃是一个不断完善和成熟的过程,无法一蹴而就。但有几点是必须明确的:一是不能简单套用滥用职权的违法情形。因为它只是滥用职权的一种情形,而且与滥用职权的其他情形比较,它侧重于客观结果。所以不应当将主观性的滥用职权情形,如出于不正当动机、追求不适当目的等,搬用到"明显不当"中来。二是不能和原本的行政违法相交叉和冲突。如认定事实错误、证据不足,适用法律、法规错误,内容违反法律,违反法定程序,超越职权等,这些原本的行政违法,它们不应当再放进到"明显不当"中去。所以,把适用法律错误、违反一事不再罚原则等[79] 作为"明显不当"情形是不妥当的。那么,"明显不当"行为应当包括哪些呢?笔者认为,"明显不当"行为应当包括但不限于以下这些情形:(1)违反过罚相当原则,轻事重罚或重事轻罚。如一个城市大妈,在公交车上谩骂一位村民为"乡下人,来城要饭的",但并未造成其他后果。这本属批评教育范畴,结果行政拘留7天。(2)处罚不考虑当事人的承受能力,使被处罚者无能力履行被处罚义务。如对民工作高额罚款。(3)不合理的决定造成行为客观不能。如要求拆迁户3天内完成拆迁,这在客观上是做不到的。(4)不合理的决定违背道德良知。在拆迁安置中,可以将老人和子女们安置在一起便于照顾却分楼安置。(5)违反平等性,对某类主体作歧视性决定。(6)同案不同裁。同样情况,不同对待;不同情况,同样对待。(7)违反权利义务的对应性。如老楼安装电梯,不同楼层承担相同费用。(8)违反比例原则,目的和成本不匹配。

(四)明显不当与滥用职权

当《行政复议法》(2017)第28条第1款,特别是2014年修改后的《行政诉讼法》第70条,将"明显不当"与"滥用职权"作并列表述后,明显不当与滥用职权到底是并列关系、交叉关系还是包含关系,引起了理论界和司法实践部门的共同关注和研讨。只要把"明显不当"限于自由

---

[76] 参见姜明安:《行政诉讼法》(第3版),北京大学出版社2016年版,第297页。

[77] 参见何海波:《论行政行为"明显不当"》,载《法学研究》2016年第3期;崔卓兰:《论显失公正行政处罚的不合法》,载《法学研究》1990年第6期。

[78] 参见王正鑫:《行政行为"明显不当"的司法审查》,载《财经法学》2021年第5期。

[79] 违反一事不再罚原则等,本身就属于行政行为内容直接违反法律规定的违法,而不是"明显不当"的范畴。因为一事不再罚原则本身就是由《行政处罚法》直接规定的。

裁量的行为之内,并且又定性为一种行政违法,那么,“明显不当”与“滥用职权”是什么关系势必会成为一个复杂问题。归纳起来,有三种观点:一是等同说。认为明显不当与滥用职权是同一种违法,只是不同角度的表述而已。[80] 二是部分重叠说。认为明显不当与滥用职权“性质上有所重叠”。[81] 三是并列说。认为明显不当与滥用职权是具有明确界线的两种不同的行政违法,互不包含、互不隶属,完全可以并行不悖,以此来诠释《行政复议法》和《行政诉讼法》表述的“科学性”。并列说的具体理由非常充分:

1. 明显不当与滥用职权规范角度不同。“明显不当与滥用职权,都针对自由裁量权,但规范角度不同,明显不当是从客观结果角度提出的,滥用职权则是从主观角度提出的。考虑到合法性审查原则的统帅地位,对明显不当不能作过宽理解,界定为被诉行政行为结果的畸重畸轻为宜。”[82]

2. 明显不当与滥用职权程度不同。“滥用职权达到了非常不合理的程度,明显不当在程度上相对较轻,是合法范围内的不当。”[83]

3. 单独规定“明显不当”是为了让法官更好地行使司法监督权。据说,“法院以前对滥用职权使用撤销判决不力”。[84] 或者说,“原《行政诉讼法》施行 20 多年,行政法官很少有人适用‘滥用职权’款项撤销行政行为……现行《行政诉讼法》将‘明显不当’作为一种单独撤销情形,会消除法官适用的顾虑,有利于保障行政相对人的权益”[85]。这样规定,“人民法院对行政行为的合理性进行有限审查的制度得以正式确立”[86]。

但是笔者认为,这样解释所基于的理论基础是缺乏的。理由为:(1)明显不当与滥用职权并不是主观视觉与客观视角的区别。滥用职权由主客观要件所组成,没有一种滥用职权的表现是“纯主观”形态。(2)明显不当与滥用职权不存在程度差别。明显不当与行政不当之间才存在程度差别问题。(3)立法概念上的创制,不可出于“权宜之计”而违背理论逻辑和范畴的科学性。

无论怎么解释,在理论上必须明确:“明显不当”应当是“滥用职权”的一种表现和形态。至于法律上对两者的并列表述,乃是出于法律适用的方便。因为对于涉及“款额”的明显不当,法院可以适用变更判决[87],但对于其他滥用职权的行为则不适用变更判决。

《行政复议法》2023 年的修订,已将“明显不当”放入“滥用职权”之内,“明显不当”已不再单列。

---

〔80〕 如有学者指出,行政行为“明显不当”完全可以构成“滥用职权”。参见姜明安:《行政诉讼法》(第 3 版),北京大学出版社 2016 年版,第 296 页。

〔81〕 参见李广宇:《新行政诉讼法逐条注释》,法律出版社 2015 年版,第 578 页。

〔82〕 全国人大常委会法制工作委员会行政法室编著:《中华人民共和国行政诉讼法解读》,中国法制出版社 2014 年版,第 197 页。

〔83〕 李广宇:《新行政诉讼法逐条注释》,法律出版社 2015 年版,第 578 页。

〔84〕 参见李广宇:《新行政诉讼法逐条注释》,法律出版社 2015 年版,第 578 页。

〔85〕 姜明安:《行政诉讼法》(第 3 版),北京大学出版社 2016 年版,第 297 页。

〔86〕 江必新主编:《新行政诉讼法专题讲座》,中国法制出版社 2015 年版,第 265 页。

〔87〕 《行政诉讼法》(2017)第 77 条第 1 款规定:“行政处罚明显不当,或者其他行政行为涉及对款额的确定、认定确有错误的,人民法院可以判决变更。”

四、行政滥用职权认定中的几个理论问题

1. 行政滥用职权与行为的目的性。滥用职权常常被表述为违背正当目的性的违法,因而需要单独讨论一下它与行为目的的关系。

行政行为是行政职权的体现,行政职权的行使必须符合合法目的,否则构成“滥用职权”。合法目的包括法定目的和正当目的。“法定目的”是指某法律明文所规定的立法目的,如《行政许可法》的立法目的,是“规范行政许可的设定和实施,保护公民、法人和其他组织的合法权益,维护公共利益和社会秩序,保障和监督行政机关有效实施行政管理”;〔88〕“正当目的”是指在法规对于立法目的没有规定,或者在规定的范围之外,按照正当性原则所要求的目的。行政行为无论是违反法定目的或者是正当性目的,都属于“滥用职权”。

2. 行政滥用职权与超越裁量范围。滥用职权只发生在自由裁量权的范围内,一旦超越裁量权的幅度,就不属于滥用职权,而属于适用依据错误了。〔89〕

3. 行政滥用职权与超过追诉时效。为了保障社会秩序的稳定性和敦促有权机关及时履行职责,各个国家(地区)都设定了追诉时效制度。行政处罚的追究时效属于行政时效的一部分,特指由法律所设定的对于相对人的违法行为超过一定的时间行政机关不得处罚的法律制度。〔90〕如果行政机关超越追诉时效而追诉相对人,貌似滥用职权〔91〕,其实属于适用法律错误。〔92〕

4. 行政滥用职权与程序违法。滥用职权有实体上的滥用与程序上的滥用之分。程序上的滥用既是滥用职权也是程序违法。从传统逻辑考虑,我们就将程序上的滥用归入滥用职权之中。因而,现行结构中的程序违法,仅仅是指羁束行为的程序违法。

五、对行政滥用职权的处理

行政滥用职权事件发生后,行政违法主体有义务自我纠正。行政违法主体不自我纠正的,行政相对人可适用《行政复议法》和《行政诉讼法》申请行政复议和提起行政诉讼。行政相对人针对行政滥用职权,可以提起“确认违法之诉”“变更之诉”“撤销之诉”“确认无效之诉”。

行政滥用职权的某些情形属于重大且明显违法的,就会导致该行政行为的无效。

行政复议机关在行政复议途径中,应依法对行政违法主体作出“撤销”“责令重作”等复议

---

〔88〕 参见《行政许可法》(2019)第1条。

〔89〕 参见本书中行政越权对应部分。

〔90〕 如《行政处罚法》(2021)第36条规定:“违法行为在二年内未被发现的,不再给予行政处罚;涉及公民生命健康安全、金融安全且有危害后果的,上述期限延长至五年。法律另有规定的除外。前款规定的期限,从违法行为发生之日起计算;违法行为有连续或者继续状态的,从行为终了之日起计算。”

〔91〕 最高人民法院行政审判庭第144号行政审判案例“潘某泉诉新沂市公安局治安行政处罚案”中,法院的裁判要旨认为:相关法律规范虽然没有规定行政机关未在法定期限作出处罚的法律后果,但行政机关无任何正当理由,“超过法定的追究时限对违法行为人作出处罚,损害了追究时效制度所维护的社会秩序的安定性,应属滥用职权的情形”。作者不敢苟同。因为行政机关超越追诉时效而追诉当事人,无论在内容上还是形式上都直接违反了法律规定,它并不发生在自由裁量的范围内。所以,这种行为既不是滥用职权,也不是程序违法,而是适用法律错误。参见最高人民法院行政审判庭编:《中国行政审判案例》(第4卷),中国法制出版社2012年版。

〔92〕 最高人民法院的专家法官认为:“人民法院审理认定被诉行政处罚决定超过了行政处罚追究时效的,因该决定未适用《行政处罚法》第29条的规定,故应以适用法律、法规错误为由,判决予以撤销。”参见刘德权主编:《最高人民法院司法观点集成(4):行政、国家赔偿卷》,人民法院出版社2010年版,第442页。

决定。《行政复议法》(2023)第64条第1款规定:“行政行为有下列情形之一的,行政复议机关决定撤销或者部分撤销该行政行为,并可以责令被申请人在一定期限内重新作出行政行为……(四)……滥用职权。”

同样,人民法院在行政诉讼途径中,应依法对行政违法主体作出“撤销(包括部分撤销)判决”和“重作判决”。《行政诉讼法》(2017)第70条规定:“行政行为有下列情形之一的,人民法院判决撤销或者部分撤销,并可以判决被告重新作出行政行为:……(五)滥用职权的……”

根据行政越权违法的特征,行政复议机关和人民法院除确认其违法外,可以决定撤销、变更和无效。如果撤销的,可以同时判令重作行政行为。

如果行政主体的行政滥用职权行为同时构成对行政相对人合法权益侵害的,还必须依据《国家赔偿法》承担行政赔偿责任。

第五节　认定事实错误

行政行为因缺乏事实要素而违法,在行政实体法上可称“认定事实错误”,而在行政诉讼法上被称为“主要证据不足”。行政违法不仅会出现在法律适用上,同样也会出现在事实认定上。[93]

一、认定事实错误的概念和特征

任何行政决定的作出都必须有事实依据。在行政程序法中,事实依据主要是行政证据问题。如果事实依据不成立,行政证据不足,就会导致行政行为的违法。行政事实要素,作为行政行为的合法要件之一,旨在解决几个问题:第一,行政决定据以作出的事实依据是否成立?这表现为行政证据是否成立。第二,行政决定据以作出的事实依据是否充分?这表现为行政证据是否充分。第三,行政决定据以作出的事实本身是否存在以及是否清楚?这表现为事实存在与否或清晰与否。

行政行为不符合上述要求,就构成行政违法。这种违法在《行政诉讼法》中表达为“主要证据不足”[94],事后出台的《行政复议法》表述为“主要事实不清、证据不足的”[95],在理论上进了一步。[96] 但从行政实体法上说,这类缺乏事实要素的违法,以“认定事实错误”的表达更为周全一些。

认定事实错误,系指行政主体作出没有合格事实依据的行政行为。这种行政违法的主要特征在于:

---

〔93〕 正如德国学者所述:“违法性不仅表现为错误理解准用法,错误援引准据法,而且表现为没有查清或错误认定作为决定根据的案件事实。行政机关以与本案无关的事实为根据作出决定,当然会导致违法。”参见[德]哈特穆特·毛雷尔:《行政法学总论》,高家伟译,法律出版社2000年版,第229页。

〔94〕《行政诉讼法》(2017)第70条规定:“行政行为有下列情形之一的,人民法院判决撤销或者部分撤销,并可以判决被告重新作出行政行为:(一)主要证据不足的……”

〔95〕《行政复议法》(2023)第64条第1款规定:“行政行为有下列情形之一的,行政复议机关决定撤销或者部分撤销该行政行为,并可以责令被申请人在一定期限内重新作出行政行为:(一)主要事实不清、证据不足……”

〔96〕 从字面上说,“证据不足”无法涵盖“事实不清”问题。

1. 行政行为的决定与它所基于的事实有直接的关联性。“关联性”主要表现为:当所认定的事实错误时,其行政决定必然错误。如税务机关对张三作出补交税款 20000 元的决定,与这补税额的可征额的大小这一事实直接有关。如果可征额的认定事实错误,那么 20000 元的补税决定就必然错误。如果事实错误对行政决定没有直接的影响,那就表明行政行为的决定与它所基于的事实没有直接的“关联性”。

2. 认定事实错误属于实体违法而不是程序违法。一个行政决定所据以作出的事实是否存在以及是否清楚,这是实体法上的问题,所以只属于实体违法而不是程序违法。

3. 认定事实错误属于作为形式的行政违法。所以它不可能发生在不作为状态之中。有人认为,认定事实错误属于行政失职,因为它系行政主体没有履行寻找事实依据的职责。这样的理解是错误的,因为任何认定事实错误都发生在以它为基础的行政处理决定业已作出之后。

4. 对认定事实错误的救济案由是“作为类案件”。这类案件的诉请,除适用确认违法之诉外,主要适用“撤销之诉”和“确认无效”之诉。人民法院的主要判决是判令没有事实依据的行政决定撤销或者无效。

二、认定事实错误的情形

有专家认为,事实依据错误主要包括“基本事实错误与基本事实不清”〔97〕。这是基本的分类。具体而言,认定事实错误这类行政违法表现为多种情形,其中包括:

1. 据以作出行政决定的事实不存在。如行政机关认定公民建有违法建筑,从而据此作出“限期拆除”的处理决定。但事实是该公民所建建筑是经过合法审批的。

2. 据以作出行政行为的事实不清。事实不清与事实不存在不同,事实不存在是指事实上的虚无,而事实不清是指,可能事实是存在的,但事实的逻辑关系没有理清。

3. 没有充分的证据来证明行政行为据以作出的事实依据的存在。行政行为的事实要件要求,行政行为据以作出的事实不仅应当是存在的,而且应当是可以证明的。特别在正式的行政程序与诉讼程序中,法律事实必须有赖于行政证据的证明。所以,没有证据或者证据不充分,同样构成认定事实错误。

4. 行政决定对象错误。正确的行政决定必须正确地针对特定的行政相对人作出,如果发生对象错误,该行政决定就属于认定事实错误。比如行政处罚,应当处罚所属法人的但处罚了法人内部的成员,应当处罚本公司的但处罚了公司的投资股东,应当处罚总公司的却处罚了分公司等,这些都属于对象错误。〔98〕

三、客观事实与法律事实

客观事实与法律事实是法学理论,尤其是民法学上的一对重要范畴。客观事实是不依赖人们的认识的事实真相,包括自然界的客观现象和社会中的客观现象;法律事实是依照法律程序、被合法证据证明了的案件事实,如经司法程序认定的鉴定结论,或者经许多证据证明了的张三殴打李四的事实。

---

〔97〕 参见江必新主编:《〈中华人民共和国行政强制法〉条文理解与适用》,人民法院出版社 2011 年版,第 301 页。

〔98〕 参见秦卫民、李德福:《行政机关错列行政相对人的司法审查》,载最高人民法院行政审判庭编:《行政执行与行政审判》(总第 72 集),中国法制出版社 2018 年版,第 109～115 页。

法律事实与客观事实是两种不同的概念,但法律事实以客观事实为基础,而客观事实只有经过法定程序转化为法律事实时才能作为司法定案的依据。有时法律真实几乎等同于客观真实,但有时候又与客观真实完全相悖。有证据支撑的事实才称法律事实,法院采信的必须是法律事实。

这里要讨论的是,在行政程序中,行政主体作出行政决定必须基于客观事实还是法律事实。由此决定了,作为行政违法的认定事实错误,这里的"事实"应当是客观事实还是法律事实。

其实,人类作为主体旨在认识客体和改造客体,但是人类不通过"证据"等桥梁是无法到达彼岸的客体的。客体是远离主体的客观存在,作为主体的人类只能接近它而不能到达它。我们无法复原已经发生过了的客观事实,人类试图去复原客观事实的过程其实是通过证据证明的方式将客观事实转化为法律事实的过程。所以,我们只能将法律事实而不是客观事实作为作出法律决定的基础。

一个明朗而不得已的结论是:这里的认定事实错误当然也是指法律事实而不是客观事实。当然,正确认定事实的努力会有助于我们接近客观事实。

四、对认定事实错误的处理

认定事实错误违法发生后,行政违法主体有义务自我纠正。行政违法主体不自我纠正的,行政相对人可适用《行政复议法》和《行政诉讼法》申请行政复议和提起行政诉讼。行政相对人针对认定事实错误,可以提起"确认违法之诉""撤销之诉""确认无效之诉"。

认定事实错误在行政违法中,其违法性程度有重有轻,对于严重的事实错误可以导致该行政行为的无效。

行政复议机关在行政复议途径中,可以依据《行政复议法》(2023)第63、64条规定,依法对行政违法主体作出"撤销""责令重作""变更"等复议决定。同样,人民法院在行政诉讼途径中,可以依据《行政诉讼法》(2017)第70条,依法对行政违法主体作出"撤销(包括部分撤销)判决"和"确认无效判决",同时也可责令重新作出行为。

如果行政主体的认定事实错误的行为同时构成对行政相对人合法权益侵害的,还必须依据《国家赔偿法》承担行政赔偿责任。

第六节　适用依据错误

一、适用依据错误的概念和特征

行政主体作出任何一个行政决定,都必须既有事实依据,又有法律依据。如果法律依据不成立,同样构成行政行为违法。对于这种违法,1989年制定的《行政诉讼法》以"适用法律、法规错误"来表达[99]。但由于行政主体作出行政决定的依据,并不只限于"法律、法规",还包括"规章"和"行政规定"(规章以下的规范性文件),甚至还包括行政允诺和行政合同的约定,行

---

〔99〕 参见《行政诉讼法》(1989)第54条第2项第2目"适用法律、法规错误的"。

政依据的范围显然大于“法律、法规”,因而,随后制定的《行政复议法》就改用“适用依据错误”[100],这是理论上的一大进步。由此形成的三个概念,适用依据错误、适用法律法规错误、适用法律错误,它们之间的逻辑关系是(用大于符号“ > ”表示):

适用依据错误 > 适用法律法规错误 > 适用法律错误

适用依据错误这种行政违法的设立,旨在落实和保障行政行为的依据要求。行政决定的作出必须具有行政依据并且符合行政依据,这是依法行政的基本要求。行政依据作为行政行为的合法要件之一,旨在解决几个问题:(1)行政行为的作出是否具有行政依据?(2)行政行为的内容是否符合所适用的依据规定?(3)行政依据之间矛盾时,行政行为是否符合规范适用规则?行政行为不符合上述要求,就构成行政违法。这种违法在行政实体法上称作“适用依据错误”。

适用依据错误是与认定事实错误相并列的一种行政违法。它是指行政主体实施行政行为没有或者违反行政依据。适用依据错误作为一种行政违法,具有下列法律特征:

1. 行政行为的决定与它所基于的行政依据有直接的关联性。“关联性”主要表现为当所适用的依据发生适用上的错误时,其行政决定必然错误。

2. 适用依据错误属于作为形式的行政违法,而不是不作为状态的行政违法。有人认为,适用依据错误,特别是其中的适用法律法规错误,属于行政失职,因为它系行政主体没有履行正确适用法律依据的法定职责。这样的理解是错误的,因为任何适法错误都发生在以它为基础的行政处理决定业已作出之后。

3. 适用依据错误属于实体违法,而不是程序违法。程序上适用依据错误归入程序违法。因而,一般说来,适用依据错误属于严重的违法。

4. 对适用依据错误的救济案由是“作为类案件”。这类案件的诉请,除适用确认违法之诉外,主要适用“撤销之诉”“确认无效之诉”。人民法院的主要判决是判令某适用依据错误违法撤销或者无效,同时往往责令行政机关重新作出行政决定以纠正适用依据上的错误。

二、适用依据错误的分类

(一)适法错误、适规错误、适约错误

这里的“适用依据错误”完整地说是“适用行政依据错误”。而作为据以作出行政决定的行政依据,包括法律、法规、规章、行政规定和行政约定(行政允诺和行政合同)。由于根据《立法法》的规定,“法律、法规和规章”属于“法”的范畴,而“行政规定”不属于“法”的范畴,行政约定又是另一种特殊的行政依据,因而可以将适用依据错误划分为三类:第一类是适用法律、法规和规章错误,简称为适法错误;第二类是适用行政规定错误,简称为适规错误;第三类是适约错误,是指行政主体违反行政允诺和行政合同的行为。

行政复议不仅要审查和纠正适法错误,也要审查和纠正适规错误和适约错误;而受制于司法权与行政权的分工的行政诉讼,其任务只限于审查和纠正适法错误。[101]

---

[100]　《行政复议法》(2017)第28条第3项第2目表达为“适用依据错误的”。《行政复议法》(2023)第64条表达为“适用的依据不合法”。

[101]　在行政诉讼中,人民法院是否可以审查行政行为的适规错误和适约错误是可以研究讨论的。

(二)内容适用错误与形式适用错误

适用依据错误既发生在内容上,也存在于形式上,故有内容适用错误与形式适用错误之分。前者指所作出的行政决定内容不符合依据的规定而导致决定本身错误,如行政决定的内容为法律所禁止(行政机关作出一个导致某企业走向垄断的行政决定);后者是指行政决定的内容符合依据的规定,但未表明依据或者表明依据错误,如在行政处罚决定书上不表明处罚的法律依据或者表明错误(如内容上适用第5条,但注明的是第6条)。

内容适用错误,属于实质性违法,因而是严重违法,应当被撤销或者确认无效;而形式适用错误,是次要违法,可适用补正治愈方法转换其效力。

三、适用依据错误的情形

适用依据错误的具体情形包括以下几种。

(一)对适用事件定性错误

所谓适用事件,系指已经发生正在依据规则被处理的事件,包括作出某种行政决定适用依据时所针对的相对人行为或者行政主体的行政行为。例如,将公民殴打他人定性为“侵犯人身权行为”,将行政机关吊销许可证行为定性为“行政处罚行为”而不是“行政许可行为”等,这对适用事件定性都是正确的。相反,就会发生定性错误。在最高人民法院行政审判庭公布的第24号案例“栾某平诉吉林省白城市洮北区东风乡人民政府不履行法定职责案”中,行政机关将未取得土地承包权的成员要求承包土地,农村集体经济组织不给予,成员向政府申请履行监督职责的,按民事纠纷对待,便是事件定性错误。〔102〕 对适用事件定性准确,是适用依据准确的前提。对适用事件定性错误,属于适用依据错误的首要情形。

(二)无行政依据

依法行政的核心是要求行政主体作出行政行为必须有法律依据。从广义上说,是指有合格的规则依据,包括法定依据与约定依据。法定依据是指由法律、法规和规章直接规定的依据,如人民警察对于“有作案嫌疑身份不明的”人可以留置盘问,这是依据《人民警察法》第9条〔103〕作出的行为。尤其是对于“法律保留事项”〔104〕,在没有法律依据的条件下,行政主体作出有关该事务的行为,都属于没有依据的行为。约定依据是指由行政机关的允诺或与相对人共同签订的合同所形成的依据,如土地管理部门代表国家将国有土地使用权出让给开发商,并签订“出让合同”,规定两年内无理由不开发的,土地使用权可以无偿收回。事后因开发商违约,土

〔102〕 参见最高人民法院行政审判庭编:《中国行政审判指导案例》(第1卷),中国法制出版社2010年版。

〔103〕 《人民警察法》(2012)第9条规定:“为维护社会治安秩序,公安机关的人民警察对有违法犯罪嫌疑的人员,经出示相应证件,可以当场盘问、检查;经盘问、检查,有下列情形之一的,可以将其带至公安机关,经该公安机关批准,对其继续盘问:(一)被指控有犯罪行为的;(二)有现场作案嫌疑的;(三)有作案嫌疑身份不明的;(四)携带的物品有可能是赃物的。对被盘问人的留置时间自带至公安机关之时起不超过二十四小时,在特殊情况下,经县级以上公安机关批准,可以延长至四十八小时,并应当留有盘问记录。对于批准继续盘问的,应当立即通知其家属或者其所在单位。对于不批准继续盘问的,应当立即释放被盘问人。经继续盘问,公安机关认为对被盘问人需要依法采取拘留或者其他强制措施的,应当在前款规定的期间作出决定;在前款规定的期间不能作出上述决定的,应当立即释放被盘问人。”

〔104〕 指有关机关作出某类行为,必须有明文的法律(全国人大及其常委会制定)依据。参见《立法法》(2023)第11条。

地管理部门无偿收回土地使用权。这里的“收回”行为依据就是约定依据。如果行政主体作出行政行为,既无法定依据,也无约定依据,就属于无依据行为,是适用依据错误的一种情形。[105]

(三)内容违反依据规定

前一种情形是无依据,本情形是虽有依据,但是行政行为的内容与行政依据的规定不一致,行为违反了依据的规定要求。它包括但不限于以下几种情况:

1. 行政主体对于相对人赋权不符合依据规定,如行政许可机关对公务员的兼职经营许可申请予以批准。

2. 行政主体违法科以相对人义务和违法要求相对人履行义务。《行政复议法》(2023)第11条第7项中所规定的“行政机关违法集资、摊派费用或者违法要求履行其他义务”,以及《行政诉讼法》(2017)第12条第9项中所规定的“行政机关违法集资、摊派费用或者违法要求履行其他义务的”,都属于内容违反依据规定。

3. 行政机关的决定内容超越法定的裁量幅度。假设有关法律规定的罚款幅度是50元至5000元,但行政机关作出罚款6000元的决定。这类貌似越权的违法,其实属于适用依据错误中的内容违反依据规定之情形。

4. 行政机关超过追责时效(追诉时效)追究相对人法律责任。追责时效是指由法律设定的,对于行政相对人的法律责任,行政主体超过一定的期限不追究的,就不得再行追究的法律制度。其中最典型的为《行政处罚法》(2021)第36条[106]所规定的“二年”或“五年”追究时效。行政主体超过追究时效处罚行政相对人的,既不是越权,也不是滥用职权或程序违法,而是适用法律错误。

5. 追究法律责任错误或者法律责任之间的违法替代。包括:应当追究刑事责任者,行政机关不移送,以行政责任代替刑事责任;应当追究行政责任而追究了刑事责任;追究了刑事责任后再行追究行政责任;应当追究民事责任而追究行政责任者;等等。[107]

6. 行政机关的决定内容违背了立法目的、精神和有关法律原则。如果行政决定虽然并不违反具体的法律规定,但它违反了立法目的、立法精神和有关法律原则,也同样属于内容违反依据规定。例如,劳动行政部门对工伤认定,不得根据字面的狭义理解,而要符合劳动保险立

[105] 当然,人民法院在认定无依据行为时应当慎重,要区别不同情况。最高人民法院《关于当前形势下做好行政审判工作的若干意见》(法发〔2009〕38号)指出:“对于没有明确法律依据但并不与上位法和法律原则相抵触的应对举措,一般不应作出违法认定。”

[106] 《行政处罚法》(2021)第36条规定:“违法行为在二年内未被发现的,不再给予行政处罚;涉及公民生命健康安全、金融安全且有危害后果的,上述期限延长至五年。法律另有规定的除外。前款规定的期限,从违法行为发生之日起计算;违法行为有连续或者继续状态的,从行为终了之日起计算。”

[107] 在最高人民法院行政审判庭第14号行政审判案例(枣庄永帮橡胶有限公司诉山东省枣庄市国家税务局税务行政处罚案)中,法院在裁判要旨中提出:“根据《行政执法机关移送涉嫌犯罪案件的规定》第三条、第五条、第八条、第十一条的规定,行政执法机关在依法查处违法行为过程中,发现违法事实涉嫌构成犯罪,依法需要追究刑事责任的,必须依照规定向公安机关移送;税务机关在发现涉嫌犯罪并移送公安机关进行刑事侦查后,不再针对同一违法行为作出行为罚和申诫罚以外的行政处罚;行政执法机关将案件移送公安机关立案侦查后,又以当事人涉嫌偷税立案,并作出罚款的行政处罚决定,属违反行政程序,缺乏法律依据,依法应予撤销。”参见最高人民法院行政审判庭编:《中国行政审判指导案例》(第1卷),中国法制出版社2010年版,第69页。

法的目的。[108]

总之，只要一个行政决定违反了依据规定的条件、标准、范围等内容，都属于内容违反依据规定。[109]

（四）援引依据错误

这种现象是指行政决定与所依据的行政依据之间在对应性上出现偏差。具体包括但不限于：

1. 适用的法规与处理事件性质明显不符，应当适用这类法律规范的却适用了另一个法律规范。如行政行为适用民事法律规范，行政行为适用刑事法律规范，行政许可行为适用行政处罚行政法律规范等。

2. 适用的法条与处理事件性质明显不符，应当适用这个法条的却适用了另一个法条。《土地管理法》（2019）第 77 条规定了对“骗取批准”的处理，而第 79 条规定了对“越权批准”的处理，而行政机关对于“骗取批准”行为适用第 79 条作出处理。

3. 行政决定适用了失效、废止或者未生效依据。例如，2005 年制定的《公务员法》[110] 从 2006 年 1 月 1 日起施行，全国人民代表大会常务委员会 1957 年 10 月 23 日批准、国务院 1957 年 10 月 26 日公布的《关于国家行政机关工作人员的奖惩暂行规定》、1993 年 8 月 14 日公布的《国家公务员暂行条例》同时废止。但行政机关依然适用国务院《关于国家行政机关工作人员的奖惩暂行规定》和《国家公务员暂行条例》，就属于这种违法现象。

4. 违反法不溯及既往原则，用现行法律适用法律生效前的事项，并据此作出行政决定。法不溯及既往是一项普遍原则，不仅是法律，任何行政依据都必须遵循，否则都构成适用依据错误。

5. 违反法律选择规则，没有优先适用有关规则。高法优于低法、后法优于前法、特别法优于一般法、变通法优于未变通法、国际法优于国内法等，这些都属于法与法之间矛盾时的选择适用规则，行政依据的适用也必须遵守，否则构成适用依据错误。

6. 基于错误解释法律而作出行政决定。法律解释错误包括：（1）在法律未明确规定或规定

---

〔108〕 在最高人民法院公布的“孙某兴诉天津园区劳动局工伤认定行政纠纷案”中，法院裁判认为：根据《工伤保险条例》第 14 条第 1 项规定，职工在工作时间和工作场所内，因工作原因受到事故伤害，应当认定为工伤。对该规定中的“工作场所”“因工作原因”应作全面、正确的理解。“工作场所”，是指职工从事职业活动的场所，在有多个工作场所的情形下，还包括职工来往多个工作场所之间的必经区域；“因工作原因”，是指职工受伤与从事本职工作之间存在因果关系，即职工系因从事本职工作而受伤。除了《工伤保险条例》第 16 条规定的因犯罪或者违反治安管理伤亡的、醉酒导致伤亡的、自残或者自杀等情形外，职工在从事工作中存在过失，不影响该因果关系的成立（参见《最高人民法院公报》2006 年第 5 期）。另外，最高人民法院行政审判庭公布的行政审判案例第 11 号“擅自扩大卫生间属于室内装修中的违规行为——路某新诉广东省珠海市城市管理行政执法局城建行政处罚案”和第 32 号“下班途中驾驶未经年检的机动车发生事故能否认定工伤——上海盈元服饰有限公司诉上海市浦东新区人力资源和社会保障局社会保障行政确认案”中，法院在判决中都要求行政机关结合立法目的全面的理解法律规定，保证正确适用法律［参见最高人民法院行政审判庭编：《中国行政审判指导案例》（第 1 卷），中国法制出版社 2010 年版］。

〔109〕 葡萄牙行政法将“违反法律规定”的行政违法情形确立为以下几种：（1）欠缺法律依据，即作出一个没有获得任何法律准许作出该类行为之行政行为；（2）行政行为之内容不确定、违法或不能；（3）行政行为目标之不确定、违法或不能；（4）行政行为之内容或目标之有关前提不存在或违法；（5）由行政当局在行为之内容中加入从属要素（主要是条件、期限或负担）违法，但按照从属要素的一般理论以该违法性属于重大者为限；（6）行政行为沾有之不可转为另一瑕疵之任何其他违法性。这意味着违反法律瑕疵具有剩余特征，此类瑕疵涵盖未被特定地包括在其他瑕疵的所有违法性。参见［葡］迪奥戈·弗雷塔斯·亚玛勒：《行政法教程》（第 2 卷），黄显辉、黄淑禧、黄景禧译，社会科学文献出版社 2020 年版，第 237 页。

〔110〕 后经 2017 年修正和 2018 年修订。

不明的情况下,适用法律明显违反立法本意;(2)在法律字面含义明确的情况下,违反法律禁止性规定,擅自扩大或限缩解释等。[111]

(五)引用依据错误

以上四项违法属于实质上的适用依据错误,而本项违法则属于形式上的适用依据错误。与上述适用依据错误比较,引用依据错误只是一些标注上的错误,行政机关是可以通过自我纠正来转换它的合法性和效力的。引用依据错误包括但不限于:

1. 行政决定虽然在内容上是依法作出的,但在行政决定书上未标注出所适用的依据。譬如,行政机关依据《行政处罚法》对张三作出行政处罚,但在行政处罚决定书中未标注所适用的《行政处罚法》。

2. 行政决定书上虽然标注了行政依据,但未标注具体条款。例如,行政决定虽然标注了法律依据,但没有具体标注条款的,也被法院认定为适用法律错误。[112]

四、适用依据错误的处理

适法错误事件发生后,行政违法主体有义务自我纠正。行政违法主体不自我纠正的,行政相对人可适用《行政复议法》和《行政诉讼法》申请行政复议和提起行政诉讼。行政相对人针对适用依据错误,可以提起"确认违法之诉""撤销之诉""确认无效之诉"。

适用依据错误在行政违法中,其违法性程度有重有轻,对于内容上的适用依据错误,这是一种实质性的违法,应当没有法律效力,对于形式上的适用依据错误(引用依据错误),是一种次要的违法,可以通过自我纠正治愈方法转换它的合法性和有效性。

行政复议机关在行政复议途径中,可以依据《行政复议法》(2023)第 64 条规定,依法对行政违法主体作出"撤销"复议决定。同样,人民法院在行政诉讼途径中,可以依据《行政诉讼法》第 70 条规定,依法对行政违法主体作出"确认违法"、"撤销(包括部分撤销)"和"确认无效"判决,行政决定被撤销的,应当同时责令重新作出行政决定。

如果行政主体的适用依据错误的行为同时构成对行政相对人合法权益侵害的,还必须依据《国家赔偿法》承担行政赔偿责任。

第七节　违反行政程序

一位德国学者指出:"违反程序规定作出的行政行为,总是违法的。"[113]行政行为违反法定程序与正当程序要求的,构成行政违法。如果说本章第二节至第六节属于实体违法,那么本节将讨论程序违法。

---

[111] 参见江必新主编:《新行政诉讼法专题讲座》,中国法制出版社 2015 年版,第 249 页。

[112] 在《最高人民法院公报》2002 年第 5 期刊登的"罗某富不服道路交通事故责任认定案"中,法院认为:交警队只笼统适用《道路交通事故处理办法》第 19 条,没有指出具体适用哪一款,属适用法律错误。在 2004 年第 4 期刊登的"宣某成等 18 人诉衢州市国土资源局收回土地使用权行政争议案"中,法院认为,行政机关在依法实施具体行政行为时,仅说明所依据的法律名称,没有说明所依据的具体法律条款,且不能证明其具体行政行为符合法律的哪些具体规定,构成违法,应予撤销。

[113] [德]弗里德赫尔穆·胡芬:《行政诉讼法》,莫光华译,法律出版社 2003 年版,第 411 页。

一、违反行政程序的概念和特征

行政程序既是行政行为的基本要素，也是行政行为的合法要件之一。符合行政程序是行政行为的合法要求，违反行政程序便发生违反行政程序的问题。

违反行政程序是一种与行政实体违法相对应的行政违法。由于行政程序是由法律或法律精神所设定和要求的行为方式和步骤（包括行为过程和各行为的时限），违反行政程序就是指行政主体违反法定程序或正当程序的行政行为，表现为行政行为在形式和时间上的欠缺性。违反行政程序主要有下列特征：

1. 违反行政程序违反的是行政程序法，而不是行政实体法。我国目前虽然尚未制定行政程序法，但行政程序法律规范在各种法律、法规和规章中已大量存在，因而在适用和对程序违法的认定上不存在问题。

2. 违反行政程序既包括作为违法也包括不作为违法。行政违法有作为违法与不作为违法之分，程序违法在这两种形态中都存在。前者如增加程序义务，要求当事人交纳保证金才给予结婚登记；后者如在行政处罚中应当提供听证而不予提供。从这一点上讲，程序违法与行政失职、行政越权等其他行政违法相区别。

3. 违反行政程序是行政复议和行政诉讼予以撤销的单独理由，但不作为原告提起权利救济的单独案由。因为，程序违法并不只存在于某一类行政行为之中，所有的行政行为都存在程序违法的可能性。对程序违法起诉的案由被归并于所属行政行为案由之中。如原告认为行政机关作出处罚违法程序的，那就适用"不服行政处罚"案由提起诉讼。其他行政行为中的程序违法，由此类推。[114]

二、违反行政程序的分类

违反行政程序的分类以行政程序分类为基础。根据行政程序的分类并参考某些其他要素，将违反行政程序作以下分类是必要的。

1. 内部程序违法与外部程序违法。如前所述，行政程序有内外之分，即内部行政程序与外部行政程序，依此，违反行政程序也有内部程序违法与外部程序违法之分。内部程序违法是指内部行政行为违反内部程序，如干部人事任免违反了任免程序；外部程序违法是指外部行政行为违反外部程序，如行政主体违反处罚程序对相对人进行处罚。

至于是否会出现外部行为违反内部程序和内部行为违反外部程序。从行政法意义上说这不会发生，因为内部行为不可能存在外部程序，否则它是内部行政行为的"外化"，会被作为外部行为对待；外部行为虽然同时涉及内部程序，但是行政复议机关和人民法院不会对外部行为中的内部程序进行审查，因为外部行为的程序违法只指其违反外部程序而不涉及违法内部程序。

内部程序违法与外部程序违法分类的理论和法律意义在于，由于现行中国的行政法主要是外部行政法，因而行政程序违法限指外部程序违法，行政复议机关在行政复议过程中和人民法院在行政诉讼过程中对行政行为是否符合内部程序问题不作审查。

---

〔114〕 参见最高人民法院《关于行政案件案由的暂行规定》（法发〔2020〕44 号）。

2. 作为形式的程序违法与不作为形式的程序违法。由于行政行为有“作为”与“不作为”之分,行政程序自然也有作为行为的程序与不作为行为的程序之分。由此,违反行政程序自然也有作为程序违法与不作为程序违法之分。但是,这里的作为程序违法与不作为程序违法,不是指“违反作为行为的程序”与“违反不作为行为的程序”,而应当指“以作为形式表现的程序违法”与“以不作为形式表现的程序违法”。因而,准确的提法应当是“作为形式的程序违法”与“不作为形式的程序违法”。

这种分类有助于我们全面地认识程序违法。程序违法也有作为形式和不作为形式,不能将程序违法只局限于作为形式的违法。

3. 时间要素上的违法与形式要素上的违法。行政程序主要有两大要素,时间要素与形式要素。时间要素表现为步骤和时限等要求,形式要素表现为途径和方式等要求。违反时间要素上的要求,是时间要素上的违法,如超越时限;违反形式要素上的要求,则是形式要素上的违法,如不形成书面形式的处罚决定书。

时间要素上的违法与形式要素上的违法分类的理论和法律意义在于,对于形式要素上的违法一般是可以补正的,而对于时间要素上的违法,一般适用撤销和无效。

4. 违反强制性程序与违反任意性程序。以约束强度为标准,行政程序可分为强制性程序与任意性程序。据此,程序违法同样可以划分为违反强制性程序与违反任意性程序。

这一分类的理论和法律意义在于,违反强制性程序构成程序违法,而违反任意性程序不构成程序违法。

5. 主要程序违法与次要程序违法。如前所述,行政程序可以分为主要程序与次要程序,随之,程序违法也当然有主要程序违法与次要程序违法之分。

这一分类的理论和法律意义在于,对于主要程序违法应当撤销或者无效,而次要程序违法可以补正。

6. 有利程序违法与不利程序违法。我们在前一章将行政程序划分为有利结果的行政程序与不利结果的行政程序。违反前一类程序者,就是有利程序违法,违反后者,则是不利程序违法。

这一分类的理论和法律意义是,有利程序违法可以确认违法,但不得撤销和确认无效,否则,行政主体的过错由相对人承受不利后果,是不公正的,而对于不利程序违法,除可以确认违法外,还可适用撤销和无效救济方式。

7. 违反法定程序与违反正当程序。如前所述,法定程序是个形式标准,只要由法律设定并要求行政主体遵循的程序就是法定程序;正当程序是个实质程序,它是指不论是否有法律的规定,只要符合“正当性”的程序就是正当程序。当正当程序的要求被纳入法律规定时,法定程序便与正当程序高度重合。显然,违反前者是违反法定程序,违反后者是违反正当程序。

这一分类的理论和法律意义在于:一是要从理论上认识到,程序违法不仅是违反法定程序的问题,违反正当程序同样构成程序违法;二是在行政和司法救济程序上,坚持法定程序优先原则,即不遵守法定程序的,按违反法定程序处理,无法定程序的,才按是否违反正当程序处理。

三、违反行政程序的情形

由于违反行政程序包括违反法定程序与违反正当程序,因而违反行政程序的情形也可依此分类阐述。

(一)违反法定程序

违反法定程序就是指违反了由法律、法规和规章所设定并要求行政主体在从事行政行为时必须遵循的程序要求。根据现行法的规定和程序违法现状分析,违反法定程序的情形包括但不限于:

1.法定步骤省略。这是指行政行为并未遵循或者未全部遵循法定程序环节,即行政主体该经过的程序不经过。如在行政处罚之前,未按《行政处罚法》(2021)第44条[115]规定,事先告知当事人作出行政处罚决定的事实、理由及依据,并告知当事人依法享有的权利;[116]或者对于符合听证条件的当事人不提供听证机会。[117] 又如在"泰国贤成两合公司、深圳贤成大厦有限公司诉深圳市工商局、深圳市招商局注销登记上诉案"中,法院认为,工商局未经清算和申请即注销企业登记违反法定程序。[118] 这就是对法定步骤的省略。[119]

2.法定步骤颠倒。指行政行为虽然经过了所有的法定程序环节,但颠倒了程序上的顺序。如根据《行政处罚法》的有关规定,行政处罚主体应当在作出行政处罚决定"之前",而不是"之后"举行听证,但行政处罚主体在作出行政处罚决定后再举行听证。这便是一例。在文某安诉商城县人民政府征收补偿决定案[120]中,人民法院认为,被告确定房屋评估在先,发布房屋征收决定在后,程序步骤先后颠倒,违反了《国有土地上房屋征收与补偿条例》的有关规定。[121]

3.无根据增加程序义务。行政程序不仅仅是行政主体行政行为的程序,同时也是相对人参与行政程序的过程。相对人在参与行政程序过程中,既有程序权利也是程序义务。行政主体可以在法律之外为相对人增加程序权利,但不得在法律以外为其增加程序义务。没有法律依据为相对人增加程序义务的,如某婚姻登记机关要求申请结婚登记人交纳保证金,就属于无根据增加步骤,这属于违反法定程序。

4.不遵守时限。指行政主体没有在法定期限内完成行政行为。如行政许可机关没有依据

---

[115] 《行政处罚法》(2021)第44条规定:"行政机关在作出行政处罚决定之前,应当告知当事人拟作出的行政处罚内容及事实、理由、依据,并告知当事人依法享有的陈述、申辩、要求听证等权利。"

[116] 在"平山县劳动就业局不服税务行政处理决定案"(判决时间:1997年3月12日。一审法院:河北省平山县人民法院)中,法院判决要旨认为:处罚前未履行告知义务的属于违反法定程序。参见《最高人民法院公报》1997年第2期。

[117] 最高人民法院《关于没收财产是否应进行听证及没收经营药品行为等有关法律问题的答复》([2004]行他字第1号)指出:"行政机关作出没收较大数额财产的行政处罚前,未告知当事人有权要求听证或者未按规定举行听证的,应当根据《行政处罚法》的有关规定,确认该行政处罚决定违反法定程序。"

[118] 参见最高人民法院(1997)行终字第18号,判决时间:1998年7月21日。参见刘德权主编:《最高人民法院司法观点集成(4):行政、国家赔偿卷》,人民法院出版社2010年版,第431页。

[119] 最高人民法院行政审判庭公布的有关程序省略的行政审判案例不少。在第15号案例"毛某将诉山东省东营市公安局交通警察支队道路行政处罚案"中,裁判要旨认为:行政机关在告知听证的申请期限未满且相对人未放弃听证权利的情况下,直接作出处罚决定,属于违反法定程序。参见最高人民法院行政审判庭编:《中国行政审判指导案例》(第1卷),中国法制出版社2010年版。

[120] 参见最高人民法院:《人民法院征收拆迁十大案例》,载《最高人民法院公报》2016年第2期。

[121] 《国有土地上房屋征收与补偿条例》(2011)第20条第1款规定:"房地产价格评估机构由被征收人协商选定;协商不成的,通过多数决定、随机选定等方式确定,具体办法由省、自治区、直辖市制定。"

《行政许可法》(2019)第42条[122]规定的期限作出行政许可决定;行政复议机关超逾复议期限[123]作出复议决定;等等。

5. 不遵循法定形式。这是指法律规定必须采用书面等特定形式而未采用该形式的情形。如作出行政处罚决定而不按《行政处罚法》(2021)第51[124]、59条[125]规定制作行政处罚决定书;或者作出行政许可而不按《行政许可法》(2019)第38～39条[126]规定制作书面决定或颁发行政许可证件的。

6. 行政决定所载内容不全。如没有按照《行政处罚法》(2021)第59条的要求在行政处罚决定书内载明:当事人的姓名或者名称、地址;违反法律、法规或者规章的事实和证据;行政处罚的种类和依据;行政处罚的履行方式和期限;不服行政处罚决定,申请行政复议或者提起行政诉讼的途径和期限;作出行政处罚决定的行政机关名称和作出决定的日期等事项。

(二)违反正当程序

违反正当程序就是指,行政行为违反了程序的“正当性”要求。“正当性”要求可以来自法条的规定,也可来自法律原则和法治的精神。无论是否有法律规定,只要违背“正当性”程序要求,就属于违反正当程序。违反正当程序的情形包括但不限于:

1. 不告知行政主体的。行政主体针对相对人作出某种行政行为,相对人当然有权知道是谁对他作出了行为。因此,行政主体在行政执法中必须向当事人告知处理单位,执法人员在执法时必须出示证件(执法证)。否则,可以视作违反正当程序。

2. 不事先告知和听取意见的。前面已述,事先告知和听取意见是正当程序的基本要求。事先告知,是指行政主体在作出一个不利决定之前,应当事先告知行政相对人和利害关系人拟作出的不利决定,以及据以作出该决定的理由(包括事实依据和法律依据);听取意见,是指行政主体必须直接听到相对人和利害关系人针对拟作出的不利决定的意见,并且对意见必须审查研究取舍。事先告知是听取意见的前提,听取意见是事先告知的目的。凡行政机关作出不

---

[122] 《行政许可法》(2019)第42条规定:“除可以当场作出行政许可决定的外,行政机关应当自受理行政许可申请之日起二十日内作出行政许可决定。二十日内不能作出决定的,经本行政机关负责人批准,可以延长十日,并应当将延长期限的理由告知申请人。但是,法律、法规另有规定的,依照其规定。依照本法第二十六条的规定,行政许可采取统一办理或者联合办理、集中办理的,办理的时间不得超过四十五日;四十五日内不能办结的,经本级人民政府负责人批准,可以延长十五日,并应当将延长期限的理由告知申请人。”

[123] 《行政复议法》(2023)第20第1款规定:“公民、法人或者其他组织认为行政行为侵犯其合法权益的,可以自知道或者应当知道该行政行为之日起六十日内提出行政复议申请;但是法律规定的申请期限超过六十日的除外。”

[124] 《行政处罚法》(2021)第51条规定:“违法事实确凿并有法定依据,对公民处以二百元以下、对法人或者其他组织处以三千元以下罚款或者警告的行政处罚的,可以当场作出行政处罚决定。法律另有规定的,从其规定。”

[125] 《行政处罚法》(2021)第59条规定:“行政机关依照本法第五十七条的规定给予行政处罚,应当制作行政处罚决定书。行政处罚决定书应当载明下列事项:(一)当事人的姓名或者名称、地址;(二)违反法律、法规、规章的事实和证据;(三)行政处罚的种类和依据;(四)行政处罚的履行方式和期限;(五)申请行政复议、提起行政诉讼的途径和期限;(六)作出行政处罚决定的行政机关名称和作出决定的日期。行政处罚决定书必须盖有作出行政处罚决定的行政机关的印章。”

[126] 《行政许可法》(2019)第38条第1款规定:“申请人的申请符合法定条件、标准的,行政机关应当依法作出准予行政许可的书面决定。”第39条第1款规定:“行政机关作出准予行政许可的决定,需要颁发行政许可证件的,应当向申请人颁发加盖本行政机关印章的下列行政许可证件……”

利于当事人的决定，必须事先告知和听取意见。否则，构成违反正当程序。[127]

3. 不提供听证机会的。听证系指行政主体在作出某种决定之前，由相对独立的第三方主持，通过庭审和对抗式，由决定机关和相对人发表意见和辩论，以供行政决定主体参考的法律制度。听证是正当程序的核心。行政主体在作出重大决定之前，必须为相对人和利害关系人提供听证的机会，否则，同样构成违反正当程序。

4. 重大决定不经集体研究的。虽然在国外，明文要求行政主体作出一个重大的决定必须经集体研究的情况不多。我国 1996 年的《行政处罚法》第 38 条第 2 款开创了这一先例，2021 年的修订保留了这一内容[128]。将重大决定必须经过集体讨论作出列为正当程序是中国行政法的一大贡献。因此，重大决定不经集体研究的，也可列为违反正当程序。

5. 对行为结果不通知或不在合理期限内通知的。这是指行政主体作出一种行政行为之后，尤其是不利的行政行为，必须通知并且必须在合理的期限内通知有关人。这里的“行为结果”，包括作出一个行政决定，带走一个当事人，或者查封某个财物，等等；这里的“有关人员”，包括当事人和第三人，当事人本身或者其家属，等等。“行为结果”包括作出一个行政决定，或者带走一个当事人，都必须在合理的期限内通知有关人员（当事人本身或者其家属等）。不履行这类通知义务，属于违反正当程序。

6. 对房屋强制搬迁不通知房屋所有权人或者使用权人到场的。对房屋强制搬迁是否必须通知该房屋所有权人或者使用权人到场，法律法规没有规定。但从公正合理要求讲，由于强制搬迁会涉及房屋内的物品，应当通知当事人到场，以便清点核实和处理。所以，不坚持这样做的，属于违反正当程序。最高人民法院行政审判庭第 72 号行政审判案例“施某英诉福建省厦门市思明区人民政府行政强制措施案”，其裁判要旨认为：实施强制搬迁时，执行人应当通知被执行人到场，否则构成程序违法。这已创设了一个正当程序要求。[129]

7. 不当接触或利害关系人不回避的。不当接触是指一个处理机关及其处理人员单方私下接触一方当事人。如果一个决定者与决定有利害关系，它就必须回避。对利害关系人的回避要求显然属于正当程序的要求。不当接触或利害关系人不回避的，都属于违反正当程序。

8. 对妇女儿童没有提供特别程序保护的。如没有做到对妇女进行检查和强制措施必须由女执法人员进行或由女执法人员在场的；没有做到对儿童询问和检查必须让监护人陪同的；在儿童面前对其父母或其他近亲属实施限制人身自由的强制措施或处罚的。

9. 程序不能导致相对人行为不能的。程序不能，有几种情况：一是行政程序互为因果。假设行政机关规定，相对人申办企业，应当先申请法人登记；但当相对人去申请法人登记时，又被要求先申领营业执照和卫生许可、环境许可等证照；但当相对人去申领后者时，又被要求先有法人登记。二是要求相对人经过某个不可能的程序环节。某一公民外出几年后回城继续领社保金，社保部门要他到派出所开具“未死亡证明”，而事实上公安机关只能开“死亡证明”，而不

---

[127] 在第 145 号行政审判案例“临清市鲁信面粉有限公司诉山东省人民政府行政复议决定案”中，法院裁判要旨认为：行政复议机关未向利害关系的第三人送达第三人参加行政复议通知书，在未听取利害关系人意见的情况下作出对其不利的行政复议决定，违背程序正当原则……依法应予撤销。参见最高人民法院行政审判庭编：《中国行政审判案例》（第 4 卷），中国法制出版社 2012 年版。

[128] 《行政处罚法》（2021）第 57 条第 2 款规定：“对情节复杂或者重大违法行为给予行政处罚，行政机关负责人应当集体讨论决定。”

[129] 参见最高人民法院行政审判庭编：《中国行政审判案例》（第 2 卷），中国法制出版社 2011 年版。

能开“未死亡证明”。该公民由此领不到社保金。这种因程序不能而导致相对人行为不能的情况,也属于违反正当程序。

10. 不提供或者不告知事后救济权利的。有权利就必须有救济。没有救济的权利不是真正的权利。向当事人提供救济权利并告知该权利是正当程序的要求。不提供救济权利,是指在制度设计上不提供救济权利的,如规定对某些行政决定不服不得申请复议或者提起诉讼。不告知事后救济权利,是指虽然制度上设置了权利的救济途径,但行政主体在行政决定中不告知诉权的。这两种情况都属于违反正当程序的情形。

上述违反正当程序的情形,有的已为法律所明文禁止,有的法律尚未规定。当法律已对上述违反正当程序的行为作出规定的,那么就意味着,这些违反正当程序的行为同时构成违反法定程序的行为。正因为正当程序可以与法定程序相重合,违反正当程序同样可以与违反法定程序相重合。

四、违反行政程序与其他行政违法

在所有行政违法中,与其他行政违法交叉最多的,除了行政侵权,莫过于程序违法了。当两种违法交叉时,我们必须按照科学的逻辑作适当的划分。

1. 违反程序与行政失职。行政失职是一种不作为形式的行政违法,它以行政主体不履行法定的作为义务为特征。而从理论上说,行政主体的作为义务,既有实体上的作为义务(如相对人符合行政许可条件,行政主体必须作出准予行政许可的决定),也有程序上的作为义务(如相对人符合听证的条件,行政主体必须为其提供听证的机会)。当行政主体违反程序上的作为义务时,它既属于违反程序,也属于行政失职。

我们主张将违反程序上的作为义务,划入程序违法而不是行政失职,将行政失职仅限于实体上的违法。

2. 违反程序与滥用职权。如前所述,滥用职权系指滥用自由裁量权的违法。纯从理论上说,滥用职权应当既包括滥用实体权力(不该处罚的给予处罚),也包括滥用程序权力(不适当的迟延)。当行政主体滥用程序权力时,同样发生交叉:它既是滥用职权的违法,也是程序违法。应当如何归类是好?

我们主张将滥用程序权力划入滥用职权范畴,不作为程序违法对待。因为国外关于滥用职权的情形中,都包含了程序的滥用。

3. 违反程序与适用法律法规错误。适用法律法规错误是适用依据错误违法中的核心部分。从理论上说,适用法律法规错误应当既包括适用实体法错误,也包括适用程序法错误,依法应当为相对人提供的程序机会而不提供者,便属于适用程序法错误。显然,适用程序法错误既是适用法律法规错误的组成部分,同时也属于程序违法。

我们主张将适用程序法错误划入程序违法范畴,不作为适用法律法规错误对待。因为,除了违反正当程序,在违反法定程序中,大多表现为适用程序法错误。如果将这部分违法归入适用法律法规错误,那么,违反法定程序的违法几乎就不存在了。

五、违反行政程序与法律效力

这里要特别研究一下违反行政程序与法律效力的关系,重点是研讨程序违法是否会导致行政行为无效。

结论既不是肯定,也不是否定。因为无法一概而论。具体而言,要根据三对范畴来区分对待。

在法定程序与正当程序中,违反正当程序的行政行为应当无效,违反法定程序的行政行为未必当然无效。但是,行政处罚违反法定程序的,一概无效。〔130〕

在法定程序之内,又有主要程序与次要程序之分。次要程序违法,并非导致无效,相反可以治愈效力;〔131〕主要程序违法,可以导致无效。最高人民法院的有关案例体现了这一原理。〔132〕

在有利程序违法与不利程序违法的分类中,不利程序违法可以导致无效,但有利程序违法不得作无效处理,否则会对无过错的当事人更加不利。如果行政机关超过作出许可决定的期限(如20天)对当事人作出了准予行政许可的决定,而在事后的救济程序中,有关部门(行政复议机关、人民法院)又以该行政许可程序违法为由确认许可决定无效,那就会导致对相对人加倍地不利,等于由无过错的相对人来承担行政机关违法的后果。〔133〕

六、对违反行政程序的处理

违反行政程序事件发生后,行政违法主体有义务自我纠正。行政违法主体不自我纠正的,行政相对人可适用《行政复议法》和《行政诉讼法》申请行政复议和提起行政诉讼。行政相对人针对违反行政程序,可以提起“确认违法之诉”“撤销之诉”“确认无效之诉”。对于可以补正的程序瑕疵,不应当撤销或者确认无效,而可以在诉讼过程中建议补正。

行政复议机关在行政复议途径中,可以依据《行政复议法》(2023)第64条规定,依法对行政违法主体作出“撤销”复议决定。同样,人民法院在行政诉讼途径中,可以依据《行政诉讼法》(2017)第70条依法对行政违法主体作出“确认违法”、“撤销(包括部分撤销)”和“确认无效”判决,行政决定被撤销的,应当同时责令重新作出行政决定。

如果行政主体的程序违法同时构成对行政相对人合法权益侵害并造成损失的,还必须依据《国家赔偿法》承担行政赔偿责任。

---

〔130〕 因为,对于相对人而言,行政处罚是最为不利的行政行为。最为不利的行政行为应当严格遵循法定程序。

〔131〕 最高人民法院《关于人民法院大力支持税收征管工作的通知》(1989年11月4日)指出:“……对于实体上处理正确,但程序上有缺陷的税务机关的处理决定,在税务机关补正后,也要维持税务机关有关征税和处罚的决定。”该通知虽于2019年7月20日因最高人民法院《关于废止部分司法解释(第十三批)的决定》(法释〔2019〕11号)而废止,但这一对程序缺陷的处理规则在后来的理论和司法政策中被保留下来。

〔132〕 在“李某同诉吉林省公主岭工商行政管理局行政处罚抗诉案”[最高人民法院(2007)行抗字第3号,判决时间:2008年8月13日]中,法院判决要旨指出:“……作出行政处罚的时间与告知听证的时间相同不符合《行政处罚法》规定,但未影响相对人在行政程序中依法享有各项权利的,该程序瑕疵不足以否定行政行为的合法性。”这是对次要程序违法如何处理的案例。参见刘德权主编:《最高人民法院司法观点集成(4):行政、国家赔偿卷》,人民法院出版社2010年版,第439页。在第156号行政审判案例“李某巧诉南阳市卧龙区民政局婚姻登记案”中,法院认为,以虚假身份证明办理结婚登记的,属于程序严重违法,结婚登记无效,应当依法撤销之。参见最高人民法院行政审判庭编:《中国行政审判案例》(第4卷),中国法制出版社2012年版,第188~191页。

〔133〕 在第39号行政审判案例“北京天元伟业模板有限公司武汉分公司不服湖北省武汉市东西湖区劳动和社会保障局社会保障行政确认案”中,法院裁判要旨认为:因确认劳动关系而超过《工伤认定办法》规定的期限作出的工伤认定结论,不属于《行政诉讼法》第54条第2项第3目规定的“违反法定程序的”情形。这里虽然没有使用“有利程序违法”的概念,但已不自觉地涉及这一概念。参见最高人民法院行政审判庭编:《中国行政审判指导案例》(第1卷),中国法制出版社2010年版。

第八节 行 政 侵 权

一、行政侵权的概念和特征

作为一个法律概念,侵权行为是指不法侵害他人人身或财产权利而负赔偿责任的行为。“行政侵权”一词由民法中的侵权行为引申而来,它指行政主体及其行政人不法侵害他人合法权益,为此必须依法承担行政赔偿责任的行政行为。

行政侵权是一种违法的行政行为,但它不包括所有的违法行政行为,因为并非所有的行政违法行为都能直接招致他人合法权益的实际损害。作为违法行政行为的一种,行政侵权具有下列法律特征:

1. 行政侵权以行政违法为前提。行政侵权与上述的几种行政违法不是一种并列关系,而是一种条件关系。行政侵权必然是行政违法,但行政违法未必全是行政侵权,因为必须承担行政赔偿责任的行政违法方为行政侵权。

2. 行政侵权以行政相对人的合法权益受到损害为条件。这里的损害是指:其一,他人确实受到了损害;其二,这种受损害的权益属于合法权益,即个人或组织法定的物权、知识产权和人身权等。违法的权益受损,不构成行政侵权。

在我国,合法行政行为损害他人合法权益,一般都以行政补偿弥补。

3. 行政侵权行为以行政主体承担行政赔偿责任为后果。当然,如果被侵害人并不要求赔偿,行政主体则可免于承担行政赔偿责任。

二、行政侵权的分类

行政侵权可作如下分类:

1. 侵犯人身权与侵犯财产权。我国的行政复议制度、行政诉讼制度和国家赔偿制度所保护的,主要是行政相对人的人身权和财产权。为此,行政侵权根据其所侵害的客体,可以划分为侵犯人身权与侵犯财产权。这两种侵权所引起的责任形式是有所区别的。

2. 行为本身侵权与行为过程侵权。以侵权行政行为的来源为标准,行政侵权可以分为两种情况,即行为本身侵权与行为过程侵权。

行为本身侵权,是指行政主体作出了错误的行政行为,因而造成了他人合法权益的损失。如工商行政管理机关错误地吊销了个体户的营业执照,直接造成了该个体户经营额的损失。

行为过程侵权,指行政主体在执法过程中对他人的合法权益造成了损失。行政行为是行政主体及其行政人行使行政权的结果,在这一行为形成过程中,极易产生侵权损害情形。如公安人员在讯问被处罚人时进行刑讯逼供,造成了被处罚人的人身伤害,就是行政行为过程侵权。

三、对行政侵权的处理

行政侵权事件发生后,行政违法主体有义务自我纠正。行政违法主体不自我纠正的,行政相对人可适用《国家赔偿法》和《行政诉讼法》申请行政赔偿和提起行政赔偿诉讼。

人民法院在行政赔偿诉讼途径中,应依据《行政诉讼法》和《国家赔偿法》有关规定对行政侵权主体作出“赔偿判决”。

第九节　疑难问题探讨

一、主观过错是否成为行政违法的构成要件？

从传统违法理论上说，任何行为都是人们有意识的活动。行为是否违法，不能仅看行为在实际上是否同法律相悖，同时应看行为是否出于行为人的过错。我国民法对侵权责任的认定，以当事人过错为原则，以推定过错为补充。[134] 我国《刑法》规定，故意犯罪，应当负刑事责任；过失犯罪，法律有规定的才负刑事责任。[135] 这里所提的过错，无论是民法还是刑法，都专指故意或过失。

在行政法上，任何既不是出于故意也不是出于过失的行为，均不构成行政违法。一位正在值勤的民警由于心脏病突发而无法履行职责，便不构成行政违法（失职）。可见，行为出于行为人过错，也是构成行政违法的一个不可缺少的条件。

但同时有学者认为，行政违法与其他违法不同，它无须以行为人的主观过错为条件。任何行政行为，只要客观上不符合法律规定的，就都属于违法，主观过错不影响行政违法的构成。例如，行政机关颁发许可证，只要向不符合条件者颁发了许可证，无论是申请人骗取批准，还是行政机关自己误发，这一许可证发放的结果都是违法的。国外有的行政程序法也明文规定这一点。[136]

笔者主张，原则上行政违法不存在行政主体是否过错的问题。在依法行政原则的支配下，行政行为只要与法律相悖，就构成行政违法。但是，行政违法的类型较多，可能还存在某些行政违法须以行政主体的主观过错为前提。这一前提到底适用哪些行政违法，还有待于我们研讨。

二、违反规章以下规范性文件是否构成行政违法？

这一问题与行政违法中的“法”范围有多大有关。按照《立法法》的调整范围，“法”应当包括法律、行政法规、地方性法规和规章（国务院部门规章和地方政府规章），由此，行政行为只要违反法律、法规和规章者都构成行政违法。对此，人们没有异议。现在的问题在于：行政行为违反规章以下的规范性文件（行政规定），是否构成行政违法？目前争议颇多。笔者认为要注

---

〔134〕《民法典》(2020)第1165条规定：“行为人因过错侵害他人民事权益造成损害的，应当承担侵权责任。依照法律规定推定行为人有过错，其不能证明自己没有过错的，应当承担侵权责任。”

〔135〕《刑法》(2020)第14条规定：“明知自己的行为会发生危害社会的结果，并且希望或者放任这种结果发生，因而构成犯罪的，是故意犯罪。故意犯罪，应当负刑事责任。”第15条规定：“应当预见自己的行为可能发生危害社会的结果，因为疏忽大意而没有预见，或者已经预见而轻信能够避免，以致发生这种结果的，是过失犯罪。过失犯罪，法律有规定的才负刑事责任。”

〔136〕如1992年西班牙《公共行政机关及共同的行政程序法》（1992年11月26日由西班牙众议院制定通过，并经国王胡安·卡洛斯一世批准，1992年11月27日发表于《国家官方公报》第285期，公布之日起3个月后生效）第129条第1款规定：“根据某项法律规定，只要破坏法律条例即构成行政违法。根据法律，行政违法划分为轻度、严重和非常严重。”

意几个要点:

行政违法不仅指违反法的条文,违反实体法与程序法,还包括违反法的原则和精神,违反正当程序等。

严格地说,需要承担法律责任的行政行为,不只限于狭义上的行政违法,还应当包括行政违规行为和行政违约行为。行政行为违反法的规定是行政违法,违反行政规定是行政违规,违反行政约定属于行政违约。三者都属于广义上的行政违法。只要行政法学除承认法对行政行为的约束外,还承认行政规定和行政约定(允诺和合同),那么就必须承认,除行政违法之外,还存在行政违规和行政违约。(见图 23-2)

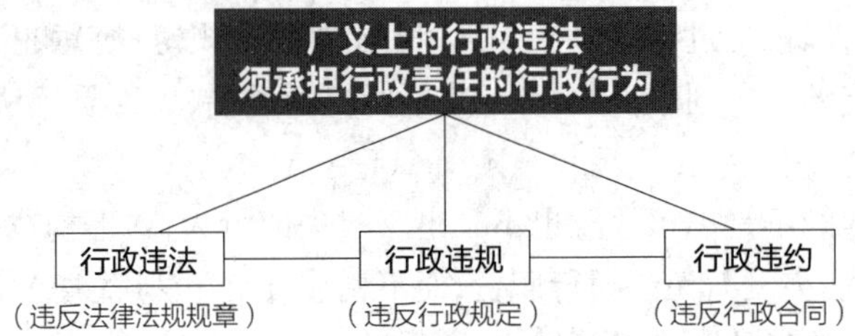

图 23-2 广义上的行政违法

只是现行的行政法学理论对行政违规和行政违约研究较为薄弱而已。

三、为什么对于不作为的行政违法不用“行政不作为”或者“不履行法定职责”表达?

行政违法有作为违法与不作为违法之分。对于不作为行政违法,《行政复议法》、《行政诉讼法》和有关司法解释,使用过两个词:“行政不作为”和“不履行法定职责”。

那我们为什么在行政实体法理论上使用“行政失职”,而不沿用“行政不作为”或者“不履行法定职责”?其理由是:

1.“行政失职”概念在行政实体法上被广泛使用。几乎各类法律的法律责任一章中都有关于对“失职”行为如何处理的问题。这说明,使用“行政失职”已成为实体法上的常用表述。

2.“行政不作为”和“不履行法定职责”是救济法上所表述的概念。它不影响实体法的表述。救济法上的行政违法体系应当以行政实体法上的行政违法体系为基础,但两者的视角会有所不同,前者从裁判的逻辑关系出发,后者从违法行为内在的逻辑出发。因此,行政实体法上的行政违法概念可以与救济法上的行政违法概念有所不同。

3.“行政不作为”是行政行为的一种存在形态,不是也不应是行政违法的专有形态。不作为的行政行为未必就违法,它有违法与合法之分,作为的行政行为也有违法与合法之分。所以,不宜用“行政不作为”表达不作为的行政违法。

4.“不履行法定职责”,从字面理解,可以指不履行职务上的法定义务,而这种义务可以是作为义务,也可以指不作为义务。因而,“不履行法定职责”容易突破“不作为违法”的范围而与整个“行政违法”等同起来。

四、上级行政机关行使下级行政机关的职权是否属于越权?

这是认定行政越权违法中的一个疑难问题,特挪移此处讨论。

在行政越权情形中,横向行政机关之间的权力逾越,以及下级机关逾越上级机关的职权,属于行政越权之违法,这一点不存异议。剩下的一点问题是:上级行政机关逾越下级行政机关的职权,是否依然构成行政越权。

正反的两种观点都有一定的道理。肯定方认为,职权法定是行政法治的体现,法将职权设定给哪个行政机关,这是通过立法行为完成的。任何一个行政机关被法设定职权之后,任何其他的行政机关都不得代行之和剥夺之,否则违背了立法机关的意志。否定方认为,上下级行政机关是领导关系,依据《宪法》[137]和《地方各级人民代表大会和地方各级人民政府组织法》[138],上级行政机关对于下级行政机关不仅具有直接的领导权,而且还有权撤销和改变下级行政机关不适当的决定和命令,国务院统一领导全国所有行政机关,而且还有权撤销和改变全国所有行政机关不适当的决定和命令。在这样的法律背景下,上级机关必要时行使下级行政机关的职权不构成越权。有的法律明文规定,必要时,上级机关可以直接行使下级机关的权力。如《土壤污染防治法》(2018)第85条第2款规定:"依照本法规定应当作出行政处罚决定而未作出的,上级主管部门可以直接作出行政处罚决定。"况且从情理上讲,县公安机关有权行使治安处罚权,作为它的领导机关的公安厅和公安部反而没有治安处罚权,是说不过去的。另外,上下级人民法院审理案件管辖权的处理是:上级法院有权将下级法院审理的案件提升到上级法院审理,也可将自己审理的案件下放至下级法院审理。行政机关也应当同样处理。

笔者认为,这一问题的答案不可能是"单一性"的。对它的回答有赖于分析以下几个关系:

1. 关于上下级行政机关。搞清什么是上下级行政机关对于认定上级行政机关逾越下级行政机关职权很重要。笔者认为,上级人民政府与下级人民政府之间(省政府与市县政府)、上级政府工作部门与下级政府工作部门(省建设厅与市县建设局)之间属于上下级行政机关的关系,但是,一级人民政府与它的工作部门(如国务院与它的部委、省政府与有关厅局)之间不属于上下级行政机关,它是一级政府与它的组成部门之间的关系。从宪法理论上说,工作部门对外的行为是代表所属政府作出的,如果政府以自己的名义行使了由部门行使的权力,不属于上级行政机关对下级行政机关的越权问题,是一个主体内的对外名义选择问题。

2. 关于职权分类。不是职权的所有分类都与本问题有关,但有一种分类需要提及,即一般

---

〔137〕《宪法》(2018)第89条规定:"国务院行使下列职权:……(三)规定各部和各委员会的任务和职责,统一领导各部和各委员会的工作,并且领导不属于各部和各委员会的全国性的行政工作;(四)统一领导全国地方各级国家行政机关的工作,规定中央和省、自治区、直辖市的国家行政机关的职权的具体划分……(十三)改变或者撤销各部、各委员会发布的不适当的命令、指示和规章;(十四)改变或者撤销地方各级国家行政机关的不适当的决定和命令……"第108条规定:"县级以上的地方各级人民政府领导所属各工作部门和下级人民政府的工作,有权改变或者撤销所属各工作部门和下级人民政府的不适当的决定。"

〔138〕《地方各级人民代表大会和地方各级人民政府组织法》(2022)第73条规定:"县级以上的地方各级人民政府行使下列职权:(一)执行本级人民代表大会及其常务委员会的决议,以及上级国家行政机关的决定和命令,规定行政措施,发布决定和命令;(二)领导所属各工作部门和下级人民政府的工作;(三)改变或者撤销所属各工作部门的不适当的命令、指示和下级人民政府的不适当的决定、命令;(四)依照法律的规定任免、培训、考核和奖惩国家行政机关工作人员;(五)编制和执行国民经济和社会发展规划纲要、计划和预算,管理本行政区域内的经济、教育、科学、文化、卫生、体育、城乡建设等事业和生态环境保护、自然资源、财政、民政、社会保障、公安、民族事务、司法行政、人口与计划生育等行政工作;(六)保护社会主义的全民所有的财产和劳动群众集体所有的财产,保护公民私人所有的合法财产,维护社会秩序,保障公民的人身权利、民主权利和其他权利;(七)履行国有资产管理职责;(八)保护各种经济组织的合法权益;(九)铸牢中华民族共同体意识,促进各民族广泛交往交流交融,保障少数民族的合法权利和利益,保障少数民族保持或者改革自己的风俗习惯的自由,帮助本行政区域内的民族自治地方依照宪法和法律实行区域自治,帮助各少数民族发展政治、经济和文化的建设事业;(十)保障宪法和法律赋予妇女的男女平等、同工同酬和婚姻自由等各项权利;(十一)办理上级国家行政机关交办的其他事项。"

职权与专属职权。[139] 这是基于行政职权实施者的专有性而作的一种分类。如果一种职权纵向具有覆盖性,横向不具有排他性,那么它就是一般职权。相反,如果一种职权纵向不具有覆盖性,横向具有排他性,那么它就是专属职权。前者如治安管理权,后者如国家商标评审委员会对注册商标争议的裁定权。对于一般职权,上级对下级的逾越通过一定的程序是可以的,而对于专属职权,任何上级行政机关都不得逾越它的职权。

3. 关于立法表述。关于上级行政机关是否可以逾越下级行政机关的职权,还与立法表述有关系。对于上下级职权划分的表述方式有两种:一种是覆盖式,对职权依次从下到上划定高线。假如规定:公安派出所只能作出 500 元以下的罚款,县公安局只能作出 2000 元以下的罚款,市(设区的市)公安局只能作出 5000 元以下的罚款,省公安厅只能作出 10000 元以下的罚款,公安部罚款不受限制。另一种是分割式,对职权在上下级之间作分段设定,互不覆盖。假如规定:公安派出所只能作出 1 ~ 500 元的罚款,县公安局只能作出 501 ~ 2000 元的罚款,市(设区的市)公安局只能作出 2001 ~ 5000 元的罚款,省公安厅只能作出 5001 ~ 10000 元的罚款,10000 元以上的罚款只能由公安部作出。

在覆盖式立法规定中,上级机关的职权本身是覆盖下级机关职权的,故上级行使可以同时由下级行使的职权,不发生越权问题;而在分割式立法规定中,上下级行政机关的职权范围是分割清楚的,如果上级机关行使由下级机关行使的职权,自然属于越权了。

要注意的一种现象是,我国有的立法表述,对于一些覆盖式职权而采用分割式表述,会给人们带来误会。这时,我们需要按照立法目的和法条原意理解执行。

最后的结论是:由于职权法定,原则上,法所设定的职权,各机关各司其职,互相不得逾越;除专属职权以外,在一般职权中,通过一定的程序,上级行政机关可以行使下级行政机关的职权。而这一程序就有赖于“行政程序法”来规定。中国之所以目前对这一问题争议较大,就是因为尚未制定“行政程序法”之故。

本章小结

行政法的主要任务是控制行政违法。行政违法就是指行政主体所实施的,违反行政法律规范,侵害受法律保护的行政关系而尚未构成犯罪的行政行为。

行政违法具有行政失职、行政越权、行政滥用职权、认定事实错误、适用依据错误、违反行政程序、行政侵权等形态。其中行政失职属于不作为形式的违法,行政越权、行政滥用职权、认定事实错误、适用依据错误、违反程序属于作为形式的违法,行政侵权既可以是不作为形式的违法,也可以是作为形式的违法。

这些违法可适用行政复议和行政诉讼之法律救济。复议机关或人民法院在行政复议或行政诉讼中,对于行政失职可判令其履行法定职责;对于行政越权、行政滥用职权、认定事实错误、适用依据错误、违反程序,可以判令撤销;对于重大违法可以确认无效。上述行政违法都应当确认违法。行政失职、行政越权、行政滥用职权、认定事实错误、适用依据错误、违反程序等违法,同时构成行政侵权的,可以同时判决行政赔偿。

---

〔139〕 参见本书第六章。

规范链接

- 《中华人民共和国宪法》(2018)第89条
- 《中华人民共和国地方各级人民代表大会和地方各级人民政府组织法》(2022)第73条
- 《中华人民共和国民法典》(2020)第1165条
- 《中华人民共和国刑法》(2020)第14条,第九章,第397条
- 《中华人民共和国行政复议法》(2023)第11、63、64、66条
- 《中华人民共和国行政诉讼法》(2017)第12、66、70、72、77条
- 《中华人民共和国行政许可法》(2019)第38、39、42条
- 《中华人民共和国行政处罚法》(2021)第36、44、51、57、59条
- 《中华人民共和国土地管理法》(2019)第79条
- 《中华人民共和国治安管理处罚法》(2012)第22、40、91条
- 《中华人民共和国国家赔偿法》(2012)第二章
- 《中华人民共和国人民警察法》(2012)第9条
- 《国有土地上房屋征收与补偿条例》(2011)第20条
- 最高人民法院《关于适用〈中华人民共和国行政诉讼法〉的解释》(法释〔2018〕1号)第66、81、98条
- 最高人民法院《关于行政案件案由的暂行规定》(法发〔2020〕44号)
- 最高人民法院《关于审理行政许可案件若干问题的规定》(法释〔2009〕20号)第11条
- 最高人民法院办公厅《行政审判办案指南(一)》(法办〔2014〕17号)第23条

案例讨论

孙某某诉乡人民政府建房审批案

|案　情|

原告:孙某某,石门村农民。

被告:某乡人民政府。

第三人:石某某,石门村农民。

石门村农民孙某某全家现有5人,在村东头有住宅三间(原宅基地占地面积0.25亩)。1990年9月7日,孙某某以"大儿子已领结婚证,很快要办喜事,住房困难"为由,向村委会递交要求在其原住房东侧的空闲地上再建二间住宅(占地面积0.15亩)的申请。村委会经研究,认为孙某某住房确实困难,原住房没有达到规定面积,可以建房(根据某省《〈土地管理法〉实施办法》的规定,石门村这类山区,每户宅基地可以多于0.3亩,但最多不得超过0.4亩),符合石门村规划要求,于是同意孙某某的增建房屋请求。同年10月7日,村委会将孙某某的建房申请报到乡政府。乡人民政府经审查认为,孙某某符合建房条件,于同年11月24日批准孙某某在其原住房东侧再建两间房屋(占地0.15亩),并发给孙某某准建证。11月27日,县人民政府干部石某山认为孙某某新建房屋的地点好,便找到乡长,要求将其父亲的宅基地批到孙某某新建房处。11月28日,乡人民政府收回孙某某的准建证,并重新作出决定:(1)撤销11月24日批准孙某某建房的决定;(2)将孙原住房东侧的空闲地批给石某某(石某山的父亲)建房;(3)将村西头0.15亩空闲地批给孙某某建房。

孙某某不服,以乡人民政府的决定不公平为由,向人民法院提起诉讼。

人民法院经审理认为,乡人民政府11月28日所作的处理决定只考虑石某某的儿子是县人民政府的干部这一不应该考虑的因素,不合理地将原批准给孙某某的宅基地收回,又批给石某某,显失公正。据此,依据《行政诉讼法》第54条第2项的规定,判决撤销乡人民政府11月28日所作的处理决定,并令乡人民政府在判决生效之日起15日内重新作出处理决定。

|评　析|

这是一个涉及如何认定“滥用职权”之行政违法的案例。

1. 乡人民政府 11 月 24 日的批准决定是合法、合理的。根据《土地管理法》和有关法规的规定,农村居民建住宅的条件有:(1)原有宅基地面积低于省、自治区、直辖市规定的标准,有子女已经达到婚龄,居住拥挤,确实需要分居的;(2)符合村建设规划;(3)节约合理使用土地。该省《〈土地管理法〉实施办法》规定,山区农民每户宅基地可以多于 0.3 亩,但最多不得超过 0.4 亩。孙某某原有宅基地 0.25 亩,儿子结婚需要分居,住房确实拥挤,新建房屋紧挨原住房,占用的是空闲地,符合村规划要求,符合农村居民建住宅的条件,而且也便于其生活。孙某某申请建房时,石某某并没有申请在该处建房,不存在使用土地纠纷问题。乡人民政府 11 月 24 日批准孙某某的建房决定,在实体上和程序上都是合法的,而且也是合理的。

2. 乡人民政府 11 月 28 日的处理决定考虑了不应考虑的因素,有失公正,属于滥用职权。乡人民政府 11 月 24 日已作出决定批准孙某某在其原住房东侧再建二间房屋。11 月 27 日县人民政府干部石某山找到乡长要求将已批给孙某某的宅基地,批准给其父亲。11 月 28 日乡人民政府便撤销了 11 月 24 日的处理决定,将已批给孙某某的宅基地批准给石某山的父亲,将孙某某的宅基地改批在村西头。县人民政府干部与普通农民虽然在职位上有所不同,但绝没有什么贵贱之分,在建房使用土地上也都应一视同仁,而不应有高于一般公民的法律没有规定的特殊待遇。否则,与我国宪法所确定的法律面前人人平等的原则相悖。乡人民政府 11 月 28 日的处理决定显然考虑了不应考虑的因素,并给孙某某的生活带来不便。乡人民政府这一决定实属不正当地行使职权的性质。

综上,人民法院判决撤销乡政府 11 月 28 日的处理决定,令乡政府重新作出处理决定,这是正确的。

(资料来源:岳志强等:《具体行政行为释论及其合法性审查 100 例》,法律出版社 1992 年版,第 195～197 页。个别字句基于教学需要有所调整)

复习思考题

1. 什么是行政违法? 它有哪些类别?
2. 行政失职与不履行法定职责是什么关系?
3. 如何认定程序违法?
4. 行政违法一律无效吗?

第二十四章　行政无效

这里的“行政无效”，不是指行政行为的一种效力状态，[1]而是指一种特殊的行政违法行为，即“无效行政行为”。行政违法到达“重大且明显”程度时，方构成无效的行政行为，即行政无效。所以，行政无效需要紧跟行政违法之后，又在行政违法之外单独阐述。

第一节　行政无效的历史渊源

一、二元论与一元论的并存及理论基础

行政法旨在控制行政违法行为。但在违法行政行为的效力认定和处置上，至今还存在以德国为代表的“二元论”与以英国为代表的“一元论”之争。“二元论”者认为，对于行政机关的违法行为，仅用“撤销”手段是不够的，还必须补充一种“确认无效”的救济方法。一般情况下，针对违法行政行为采取“撤销”便可，但对于一种严重而明显的违法，应当确认其“无效”。因为“撤销”和“无效”对于违法行为效力的否定程度是有区别的。这样就把违法的行政行为划分为“可撤销行为”与“无效行为”。而“一元论”者认为，对违法行为区分为“可撤销行为”与“无效行为”只有纯理论的意义而没有操作上的意义。无论什么违法行为，“撤销”手段都足以覆盖。

(一)“二元论”国家及主要观点

在大陆法系国家，“无效行政行为”理论非常成熟。作为该理论的核心部分，关于行政行为无效的认定标准，形成和滋生出诸如不可能理论、重大明显理论、明显性补充要件理论和瑕疵理论等多种理论。[2] 但以“重大明显理论”为主流，主张重大而明显的违法才构成无效。

作为“二元论”的代表，德国将行政违法视作为一种行政上的瑕疵(Fehler)。行政瑕疵又被区分为一般瑕疵和重大且明显的瑕疵。在救济手段上，对于前者，作为一般的违法行为适用“撤销”(Ruecknahme)措施，而对于重大且明显的瑕疵则作为无效行政行为，适用确认“无效”(Nichtigkeit)措施。[3] 这种理论观念反映在德国《联邦行政程序法》[4]上，便是该法第 44 条规定了行政行为的“无效”制度，第 46、48、51 条又规定了行政行为的“撤销”制度，而且最终又和德国《行政法院法》[5]第 42、43 条等相衔接，“二元论”特征清晰可见。

---

[1] 行政行为的效力状态，包括有效、无效和不发生效力。参见本书第八章“行政行为基本理论”第六节“行政行为法律效力”中“四、行政行为的效力状态”。

[2] 参见章剑生：《现代行政法基本理论》，法律出版社 2008 年版，第 158～159 页。

[3] 参见[德]哈特穆特·毛雷尔：《行政法学总论》，高家伟译，法律出版社 2000 年版，第十章。

[4] 德国《联邦行政程序法》(Verwaltungsverfarensgesetz VwVfG)，1976 年 5 月 25 日通过，1977 年 1 月 1 日起生效。

[5] 德国《行政法院法》(VwGO)1960 年 1 月 21 日，由联邦议会通过。最新修改于 1997 年 12 月 22 日。See Bundesgesetzblatt. IS. 3224.

紧随德国的就是日本。尽管它的法律体系已不再是第二次世界大战前单纯的大陆法系或第二次世界大战争后单纯的英美法系,而是一种两大法系的混合。但在违法行为的效力处理上,日本坚定地站在"撤销"和"无效"并存的"二元论"一边。日本首推"公定力"概念的美浓部达吉认为,无效原因与撤销原因的区别在于行政法规的性质,违反命令规定的行政行为应该予以撤销,违反能力规定的行政行为应当视为无效。[6] 此后,无效行政行为不具有公定力被日本行政法学界广泛承认,著名学者田中二郎、南博方、盐野宏、杉村敏正等人都坚持和推广这一理论。[7] 为和无效行政行为相对应,在救济制度上设立了行政行为的无效确认之诉,与日本《行政案件诉讼法》[8]第3条[9]相衔接。

法国属于大陆法系,但其行政法却是判例法。其行政法不是由制定法,而是主要以行政法院的判例所确立的规则体系为主体,因而它没有站在"二元论"国家队列之中。在法国,区分行政行为的"撤销"和"无效"是没有意义的,行政行为的无效基本适用行政行为撤销制度。[10] 由法国行政法院判例所确立的四种严重的行政违法,即行政机关没有权限,行政行为严重地违反法定的程序和形式,行政机关滥用权力、行政行为目的不符合法律目的,以及行政行为在内容上和理由上违反法律,便应当否定其效力,也是作为撤销而不是无效的事由来对待的。[11] 即使最严重的两种违法,即行政行为的不存在和行政机关的暴力行为,也只能适用越权之诉中的撤销之诉。[12]

(二)"一元论"国家及主要观点

而英美法系国家则以"一元论"为出发点,基本上不存在"无效"与"可撤销"的区分,它们认为这两种违法行为及其所决定的效力状态没有区分的意义。英国把一切违法行为都称为"越权行为"。"越权行为"又可分为"程序上的越权"与"实质上的越权"[13]。普通法院对行政机关的越权行为享有充分的救济和矫正手段,但就是没有"无效"之说。[14] 美国虽然像德国等大陆法系国家一样制定了"行政程序法"[15],但它没有像前者那样把"无效"制度和"撤销"制度一并"装入"行政程序法,因为它不存在区别于"撤销"的"无效"制度。美国行政法是以"正当程序"为中轴而建立起来的法律体系,它除了违反不多的制定法,大量的行政违法行为统

---

[6] 参见杨建顺:《日本行政法通论》,中国法制出版社1998年版,第393~394页。

[7] 参见金伟峰:《无效行政行为研究》,法律出版社2005年版,第91页。

[8] 日本《行政案件诉讼法》,1962年5月16日(昭和37年5月16日法律第139号)由日本法制审议会制定,同年10月1日生效。2004年6月9日(平成16年6月9日法律第83号)修订。

[9] 日本《行政案件诉讼法》第3条第4款规定:"……4.本法中所称的'确认无效等之诉',是指请求确认处分或裁决的存在与否或效力的有无的诉讼……"

[10] 参见金伟峰:《无效行政行为研究》,法律出版社2005年版,第98页。

[11] 参见王名扬:《法国行政法》,中国政法大学出版社1989年版, 第165页。

[12] 参见王名扬:《法国行政法》,中国政法大学出版社1989年版,第658~677页。

[13] "实质上的越权"包括:"(1)超越管辖权的范围;(2)不履行法定的义务;(3)权力滥用;(4)记录中所表现的法律错误。"

[14] 参见王名扬:《英国行政法》,中国政法大学出版社1987年版,第十、十一章;张越:《英国行政法》,中国政法大学出版社2004年版,第七编第二章。

[15] 美国于1946年分别制定了《联邦行政程序法》(The Administrative Procedure Act, APA)和《各州标准行政程序法》(The Model State Administrative Procedure Act)。

统被归入违反正当程序的行为范畴之中，享受普通法院的普遍救济。[16]

（三）肯定与否定的理论依据

以德国为代表的"二元论"者极力推崇"撤销"与"无效"、"可撤销行为"与"无效行为"的区分，这不是没有道理的。它主要以"公民抵抗权理论""正当防卫理论""行政法治理论"等为基础。[17] 其中公民抵抗权理论以及行政行为效力的存续性与正义性之间的平衡理论，乃是支持"二元论"效力结构的主要依据。

1. 公民抵抗权理论。公民的抵抗权本是政治和宪法意义上的一个概念，特指公民拥有的，必要时可以对由国家法律所产生的义务，采取不服从甚至抵抗的权利。[18] 西方抵抗权理论渊自于苏格拉底、梭罗和马丁·路德·金的"公民不服从"思想。[19] 公民只能服从正义的法律而不能服从不正义的法律。[20] 这一思想在第二次世界大战后被写入世界人权宣言和德国基本法等重要的法律文件。"公民抵抗权理论是无效行政行为制度的基础。"[21]因为，"行政行为无效的法律制度，实际上是在法律上赋予人们直接根据自己对法律的认识和判断，公开无视和抵制国家行政管理的权利。"[22]公民对政府作出的严重而明显的违法具有抵抗权，它可以无视无效行政行为的存在，把它看作从未发生过事件；不仅如此，它还有权坚决拒绝。无效行政行为的确立，就使公民的抵抗权有了清晰的发射目标。

2. 行政行为存续性与正义性的平衡。效率与公平是任何国家在治理中都要面临的一个棘手问题。只讲效率不讲公平，有违民主和法治的价值取向；但只讲公平不讲效率，国家机器就会迟延甚至停顿。落实在与国家治理最为靠近的行政法上，它所规制的行政行为必须在法的安定性原则的支配下保持行政行为的存续力，保证行政行为的稳定性，于是必须坚持任何行政行为，即使是违法行为，没有经法院等有权机关依法撤销前，始终存在法律效力；如果遇到了极端的违法行为，即重大而明显违法的无效行为，则必须确定它无效，让它自始和自后都失去效力，以实现法的正义性。正如德国行政法专家哈特穆特·毛雷尔所阐述的，"法的安定性原则要求赋予行政行为存续力，即使行政行为可能存在瑕疵；但在行政行为具有明显并且重大瑕疵的情况下，不再适用法的安定性原则，而应当适用实质的正当性原则"[23]。

但是，以英美为代表普通法系国家站在"一元论"的基点上，不认可上述理由，而且越来越持反对的态度。在英国行政法上，"无效"之含义，正如"越权"一样，是一个极为扩张和富有弹性的概念。根据越权无效原则（the ultra vires doctrine），所有违法的行政行为都是越权行为，而

---

〔16〕 参见［美］伯纳德·施瓦茨：《行政法》，徐炳译，群众出版社1986年版，第十章；王名扬：《美国行政法》，中国法制出版社1995年版，第十六章。

〔17〕 参见金伟峰：《无效行政行为研究》，法律出版社2005年版，第48～85页。

〔18〕 参见陈新民：《德国公法学基础理论》（下册），山东人民出版社2001年版，第603页。

〔19〕 参见何怀宏编：《西方公民不服从的传统》，吉林人民出版社2010年版，引言。

〔20〕 马丁·路德·金写了一封著名的《寄自伯明翰监狱的信》，阐述了他的非暴力反抗思想。他认为：世界上"存在两种法律：公正的法律和不公正的法律。我会第一个倡导服从公正的法律。人不仅有法律责任，也有道德责任，去服从公正的法律。反之，人也有道德责任，去不服从不公正的法律。我会同意圣奥古斯丁：'无公正的法律，就等于无法无天。'"参见［美］马丁·路德·金：《〈寄自伯明翰监狱的信〉及其他》，载何怀宏编：《西方公民不服从的传统》，吉林人民出版社2001年版，第66页。

〔21〕 金伟峰：《无效行政行为研究》，法律出版社2005年版，第48页。

〔22〕 于安编著：《德国行政法》，清华大学出版社1999年版，第127页。

〔23〕 ［德］哈特穆特·毛雷尔：《行政法学总论》，高家伟译，法律出版社2000年版，第251页。

所有越权行为都是无效的和可撤销的。“因此,在普通法国家,区分无效的行政行为与可撤销的行政行为之间的不同,几乎不具有任何实际的意义。”〔24〕正如韦德教授所说,无效和可撤销的问题,具体运用到某种合同上可能有意义,但是,在解决行政机关的违法行为上没有什么意义。行政行为要么合法有效,要么违法无效。〔25〕丹宁法官(Lord Denning)说得更甚:对无效和可撤销的讨论,只是文字上的、语义上的游戏,仅此而已。〔26〕此外,迪泼罗克法官(Lord Diplock)说,无效和可撤销的划分无助于分析目的。〔27〕他们反对的具体理由是:将行政违法行为区别为可撤销行为与无效行为,并对无效行为可以行使抵抗权,并享有终生的起诉权,事实上是无法操作的。因为一种行政违法属于可撤销行为还是无效行为,相对人在事先的服从过程中是无法自我确认的,只有等待经过有效的行政监督程序或司法监督程序确认后才有意义。〔28〕难怪德国行政法专家毛雷尔说,公民行使抵抗权其实是的“风险”的,不如在法定期限内按撤销程序维护自己权利为上策。〔29〕连大陆法系国家奥地利的学者凯尔森也说:“公法上没有与民法上相同之自始、当然、确定无效之概念,否则于未宣告其无效前仍有效,人民皆受其拘束,一旦宣告其无效则系自始、当然、确定无效,后果实不堪设想。”〔30〕

尽管如此,以“二元论”为基础的无效行政行为制度和理论一直没有被推倒。这一现实表明了无效行政行为制度有其存在的合理性。

二、中国学界:无效行政行为研究的推进和争议

(一)新中国改革开放以来

新中国成立伊始的行政法学,主要搬抄苏维埃行政法学模式。而苏维埃行政法只是作为“国家与法”体系的一部分,重在强调专政和管理的功能,未对行政行为作过基本的研究,关于行政行为的违法与无效问题更是无人触及。〔31〕

改革开放之后,新中国第一本行政法学教科书,即 1983 年王珉灿主编的《行政法概要》〔32〕,从“行政措施”视角专门研究了无效行政行为,认为“无效的行政措施”,是指“完全不发生与其内容相当的效力的行政措施。这就等于没有采取过行政措施。”其认为行政行为无效的原因有五种:(1)机关组织不合法;(2)行为超出行政机关权限;(3)内容欠缺,包括内容不确定或事实上不可能实现等情况;(4)意思欠缺,如行政行为是在精神错乱或无意识状态中,或遭

〔24〕［印］赛夫:《德国行政法——普通法的分析》,周伟译,台北,五南图书出版有限公司 1991 年版,第 106 页。

〔25〕Cf. H. W. W. R. Wade, *Unlawful Administrative Action: Void or Voidable?* (*Part* Ⅰ) (1967) 88 The Law Quarterly Review 525－526. 余凌云:《行政法讲义》,清华大学出版社 2018 年版,第 264 页。

〔26〕参见余凌云:《行政法讲义》,清华大学出版社 2018 年版,第 264 页。

〔27〕Cf. Christopher Forsyth, *op. Cit.*, p. 144－145. 参见余凌云:《行政法讲义》,清华大学出版社 2018 年版,第 264 页。

〔28〕英国迪泼罗克法官(Lord Diplock)说,一个决定是否有效在尚未被一个有管辖权的法院宣判之前,谈论无效或可撤销之类的术语是让人迷惑的。See P. P. Craig, *Administrative Law*, Sweet & Maxell, 2003, p. 693.

〔29〕毛雷尔解释道:“如果关系人自己认为行政行为无效,须冒一定的风险。行政机关很可能不接受公民的意见而执行(违法的、可撤销的但却有效的)行政行为;而且,确认行政行为无效的请求也可以一无所获。公民在法定期限内要求撤销行政行为,才是明智之举。”参见［德］哈特穆特·毛雷尔:《行政法学总论》,高家伟译,法律出版社 2000 年版,第 254 页。

〔30〕张正:《行政法体系重点整理》,台北,保成文化出版公司 1996 年版,第 443 页。

〔31〕参见［苏］B. M. 马诺辛等:《苏维埃行政法》,黄道秀译,江平校,群众出版社 1983 年版;［苏］Π. T. 瓦西林科夫主编:《苏维埃行政法总论》,姜明安、武树臣译,北京大学出版社 1985 年版等。

〔32〕系新中国第一部行政法学统编教材,法律出版社 1983 年版。

受不可抵抗的强制力,或基于欺诈、胁迫、贿赂等情况作出;(5)违反法定程序或形式。[33]

1988 年,应松年主编的《行政法学教材》认为行政执法行为的撤销可分两类:一是无效性撤销,二是废止性撤销。凡不符合行政执法生效要件的执法行为,都可以被无效性撤销。无效性撤销使行政执法行为在效力上始终不存在。[34]

1989 年,张焕光、胡建森合著的《行政法学原理》比较简单地把行政行为的"合法"与"有效",以及"违法"与"无效"等同起来。[35]

1994 年,王连昌主编《行政法学》对无效行政行为的研究有了进一步的推进。它认为行政行为的无效,是指行政行为不能发生和其内容相当的法律效果。根据依法行政原则,行政机关的行为只在符合法律规定时才能发生法律效力。违法的行政行为,诸如行政机关超越职权、滥用职权、适用法律、法规错误等,相对人有权请求法院宣告无效和撤销。特别是,它第一次将行政行为的无效区分为"绝对无效"与"相对无效"。[36]

1996 年,罗豪才主编的《行政法学》对无效行政行为研究推上一个更高的层次,它不仅详细列举了导致行政行为无效的诸多原因,而且第一次提示了无效行政行为的绝对无效和自始无效,特别是首次表明确认行政行为无效不受诉讼时效限制的主张。更重要的在于,它第一次触摸到了认定无效行政行为的理论标准,即"特别重大且明显的违法"。[37]

叶必丰著的《行政法学》,其 1996 年版只关注了"应撤销的行政行为"[38],到了 2003 年版开始关注"重大而明显的瑕疵"[39],不经意地撞上了行政无效问题。直到 2014 年出版的《行政行为原理》,终于将"无效行政行为"的推到一个重要的位置,不再将"重大而明显的瑕疵"单纯地视作一种"违法",而是明确将它作为行政行为无效的认定标准。[40]

(二)21 世纪以来

应当特别表达的是,到了 21 世纪初,有三本著作对无效行政行为研究最为全面而透彻。第一本是章志远著的《行政行为效力论》,它从行政行为的效力形态角度,全面系统地阐述了行政行为无效的理论。[41] 第二本是杨海坤、章志远著的《中国行政法基础理论研究》,它属于改革开放以来中国行政法学中研究无效行政行为最系统而精细的著作。作者以德国的"重大而明显违法"为标准,认为"无效指的是行政行为作出时因欠缺法定实质要件而自始全然不发生法律效力的状态"。它具有四个基本特征:(1)自始无效;(2)当然无效;(3)确定无效;(4)绝对

---

〔33〕 参见本书编写组:《行政法概要》,法律出版社 1983 年版,第 123 页。

〔34〕 参见应松年主编:《行政法学教程》,中国政法大学出版社 1988 年版,第 260 页。

〔35〕 参见张焕光、胡建淼编著:《行政法学原理》,劳动人事出版社 1989 年版,第 229、232 页。

〔36〕 王连昌主编:《行政法学》,中国政法大学出版社 1994 年版,第 308 页。

〔37〕 教材认为:行政行为具备下述情形之一的,行政相对方可视之为无效行政行为,有权国家机关可宣布该行为无效:(1)行政行为具有特别重大的违法情形或具有明显的违法情形;(2)行政主体不明确或明显超越相应行政主体职权的行政行为;(3)行政主体受胁迫作出的行政行为;(4)行政行为的实施将导致犯罪;(5)没有可能实施的行政行为。对于无效行政行为,行政相对人可在任何时候请求有权国家机关宣布该行为无效;有权国家机关可在任何时候宣布相应行政行为无效;行政行为被宣布无效后,应当自始无效,一切恢复原状。参见罗豪才主编:《行政法学》,北京大学出版社 1996 年版,第 132 ~ 133 页。

〔38〕 叶必丰:《行政法学》,武汉大学出版社 1996 年版,第 239 ~ 247 页。

〔39〕 叶必丰:《行政法学》(第 2 版),武汉大学出版社 2003 年版,第 192 ~ 194 页。

〔40〕 参见叶必丰:《行政行为原理》,商务印书馆 2014 年版,第 266 页。

〔41〕 参见章志远:《行政行为效力论》,中国人事出版社 2003 年版,第三章第一节"行政行为的无效"。

无效。并且还在对外国行政法(特别是行政程序法)和中国行政法条文梳理的基础上,把无效行政行为归纳为主体瑕疵、权限瑕疵、内容瑕疵、形式瑕疵和程序瑕疵等五种情况。[42] 第三本则是金伟峰的独著《无效行政行为研究》,这是新中国成立以来第一本以“无效行政行为”为研究专题的理论专著。全书由五章20万字组成,在考察中外无效行政行为理论和制度的基础上,系统研究和阐述了无效行政行为的概念、特征、标准,提出了我国无效制度的建构设想,明确主张“重大且明显说”应当成为我国行政程序法确认无效行政行为的一般标准。[43]

2009年应松年主编的《行政法与行政诉讼法》从行政行为效力状态视角阐述了无效行政行为问题,认为“无效行政行为,是指那些形式上已经存在,但因具有重大、明显的瑕疵或者具有法定无效情形,无须有权机关确认并宣告,自始、当然、确定不发生法律效力的行政行为。”此外,该书还阐述了无效行政行为的法律后果和认定行政行为无效的三种法律途径。[44]

章剑生的独著《现代行政法基本理论》,无论是2008年的第1版还是2014年的第2版,都反映出作者对无效行政行为研究的兴趣。此书单设第7章行政行为无效论,在对中外行政行为无效制度作了系统考察的基础上,指出“行政决定无效是指行政机关已经作出的行政决定,因合法要件缺失达到了足以使其不能产生效力的一种状态”,并在“不可能理论”“重大明显理论”“明显性补充要件理论”“违法理论”等诸多标准中,选定了“重大明显理论”作为认定无效行政行为的理论标准。[45]

在热心研究无效行政行为的概念、特征、标准和理论依据的同时,中国的专家学者也为挖掘无效行政行为的具体情形作出努力。有专家认为,“重大且明显违法”,除了《行政诉讼法》(2017)第75条所列举的“不具有行政主体资格”和“没有依据”之外,还应当包括:“行政机关要求行政相对人作出违反法律规定的行为;行政机关的行为违反公序良俗、违反法律禁止性规定、违反保障相对人权益的重大程序(如听证程序)等。”[46]姜明安教授将无效行政行为的具体情形归纳为下列六种:(1)行政相对人对相应行政行为所确定的义务的履行将导致犯罪或严重违法的;(2)行政行为在事实上是无法实际履行的;(3)行政行为严重违反公序良俗或公共秩序的;(4)行政决定未署名,行政主体不明确的;(5)行政行为应以书面形式作出而未以书面形式作出的;(6)法律、行政法规规定应确认无效的其他情形。[47] 这些理论成果的推进,专家学者们和司法实际部门同志都功不可没。

近几年,关于无效行政行为的研究,引起了更多学者专家和司法实际部门同志的兴趣。王贵松于2018年发表的《行政行为无效的认定》,[48]李荣珍、王南瑛于2020年发表的《无效行政行为的司法认定研究》,[49]何源于同年发表的《德国法中行政行为无效的认定——以〈联邦行政程序法〉第44条为中心》,[50]还有在2021年,由赵战飞、侯宇发表的《无效行政行为的司法

---

〔42〕 参见杨海坤、章志远:《中国行政法基础理论研究》,北京大学出版社2004年版,第249~252页。

〔43〕 参见金伟峰:《无效行政行为研究》,法律出版社2005年版,第193页。

〔44〕 参见应松年主编:《行政法与行政诉讼法》(第2版),法律出版社2009年版,第123~124页。

〔45〕 参见章剑生:《现代行政法基本理论》(第2版),法律出版社2014年版,第300~313页。

〔46〕 江必新主编:《新行政诉讼法专题讲座》,中国法制出版社2015年版,第288页。

〔47〕 参见姜明安:《行政诉讼法》(第3版),北京大学出版社2016年版,第302页。

〔48〕 参见王贵松:《行政行为无效的认定》,载《法学研究》2018年第6期。

〔49〕 参见李荣珍、王南瑛:《无效行政行为的司法认定研究》,载《甘肃社会科学》2020年第6期。

〔50〕 参见何源:《德国法中行政行为无效的认定——以〈联邦行政程序法〉第44条为中心》,载人大报刊复印资料《宪法学、行政法学》2020年第8期。

适用问题研究》[51]和李政洋发表的《我国确认无效诉讼没有起诉期限之考辨——兼评行政诉讼法司法解释第162条的合法性》[52]等论文,堪称为关于中外无效行政行为理论和制度研究的最新成果,大大推进了中国关于无效行政行为的实体制度和诉讼制度研究方面的精细化和中国化。

(三)学界回应

当我们在一味推进行政行为无效理论研究时,也隐约听到一些质疑声和反对声。[53] 如有学者认为,行政行为不同于司法行为,它一经作出就具有公定力,只要没有被依法撤销之前应当都具有法律效力,所以"自始无效"的行政行为很难成立。再说,"无效行政行为和可撤销行政行为之间的界限,无论是在理论上还是在立法上,都难以得到客观确定,更难以由作为普通公众的相对人加以辨认"[54]。总之,在行政行为撤销理论之外再设立一种与此并行的无效理论是没有必要的。

余凌云教授对这个问题讲得更为透彻,所表明的立场也更为机智。他认为,无效行政行为与可撤销行政行为的许多区别在操作中困难很大。譬如,公民对无效行政行为具有绝对的抵抗权(可以无视它的存在),对可撤销行为不具有绝对的抵抗权,但在操作层面公民所抵抗的行政行为到底是无效行为还是可撤销行为恰恰不是由公民判断确定的,而是须通过行政复议、行政诉讼等法律途径才能确定。所以,"我们如果仍然顽固地坚持行政行为的无效理论,就会不合时宜,变得象征意义远远大于实践意义。"他的立场是:取消无效与可撤销的区分是可以考虑的。但考虑到"无效"既已成为我们的一种语言习惯,朗朗上口,我们也不妨保留它作为一种法律状态的描述。在裁决方式上,我们完全可以采取很功利的、实用主义的态度,只要行为可撤就撤,无行为可撤,就确认违法。[55]

三、中国制度:无效行政行为与无效确认之诉

尽管在中国的理论界关于对违法行为的"撤销"轨道之外,是否还需另设"无效"轨道,存在一定的分歧,但在法律制度上一直在不经意地往前推进。

(一)零星的行政实体立法

我国立法关于行政行为的无效规定一直处于零星状态,最早的规定也并不遥远。1986年我国第一部《土地管理法》第48条规定:"无权批准征用、使用土地的单位或者个人非法批准占用土地的,超越批准权限非法批准占用土地的,批准文件无效,对非法批准占用土地的单位主管人员或者个人由其所在单位或者上级机关给予行政处分;收受贿赂的,依照《刑法》有关规定追究刑事责任。非法批准占用的土地按照非法占用土地处理。"接着1988年、1998年、2004年

---

[51] 参见赵战飞、侯宇:《无效行政行为的司法适用问题研究》,载《黑龙江省政法管理干部学院学报》2021年第3期。

[52] 参见李政洋:《我国确认无效诉讼没有起诉期限之考辨——兼评行政诉讼法司法解释第162条的合法性》,载《行政法学研究》2021年第5期。

[53] 参见黄全:《无效行政行为理论之批判》,载《法学杂志》2010年第6期;余凌云:《行政行为无效与可撤销二元结构质疑》,载《法治论丛(上海政法学院学报)》2005年第4期。

[54] 参见金伟峰:《无效行政行为研究》,法律出版社2005年版,第119~127页;叶必丰:《论行政行为的公定力》,载《法学研究》1997年第5期。

[55] 参见余凌云:《行政法讲义》(第3版),清华大学出版社2019年版,第八章第四节"行政行为的无效与可撤销"。

《土地管理法》的修订都保留了类似内容。现行《土地管理法》(2019)第79条第1款规定:“无权批准征收、使用土地的单位或者个人非法批准占用土地的,超越批准权限非法批准占用土地的,不按照土地利用总体规划确定的用途批准用地的,或者违反法律规定的程序批准占用、征收土地的,其批准文件无效,对非法批准征收、使用土地的直接负责的主管人员和其他直接责任人员,依法给予处分;构成犯罪的,依法追究刑事责任。非法批准、使用的土地应当收回,有关当事人拒不归还的,以非法占用土地论处。”这是我国立法史上第一次对“许可(审批)无效”的规定。

我国第一部税收征收法,即1992年的《税收征收管理法》首次规定了地方政府擅自减税、免税决定无效。该法第21条第2款规定:“减税、免税的申请须经法律、行政法规规定的减税、免税审查批准机关审批;地方各级人民政府、各级人民政府主管部门、单位和个人违反法律、行政法规规定,擅自作出的减税、免税决定无效。”接着,该法1995年、2001年和2013年的修改都保留了同一内容。2015年修订的《税收征收管理法》第33条第2款规定:“地方各级人民政府、各级人民政府主管部门、单位和个人违反法律、行政法规规定,擅自作出的减税、免税决定无效,税务机关不得执行,并向上级税务机关报告。”

我国第一部《教育法》于1995年制定,当时规定了考试无效和学业证书无效制度,[56]2009年修正保留了原规定,2015年修正取消了考试无效规定,保留了学业证书无效制度,[57]2021年修正未作修改。

我国第一部《草原法》于1985年制定,当时没有无效规定。2002年的修订版,增加规定了“非法批准征用、使用草原的文件无效”,[58]2009年的修正,放大了同一条文“无效”规定的适用范围,规定“非法批准征收、征用、使用草原的文件无效”。[59] 2013年和2021年的修正对该条未作修改。

我国《城乡规划法》从2007年制定,到2015年和2019年的修订,第39条始终没有变化。它规定:“规划条件未纳入国有土地使用权出让合同的,该国有土地使用权出让合同无效;对未

---

[56] 《教育法》(1995)第79条规定:“在国家教育考试中作弊的,由教育行政部门宣布考试无效,对直接负责的主管人员和其他直接责任人员,依法给予行政处分。非法举办国家教育考试的,由教育行政部门宣布考试无效;有违法所得的,没收违法所得;对直接负责的主管人员和其他直接责任人员,依法给予行政处分。”第80条规定:“违反本法规定,颁发学位证书、学历证书或者其他学业证书的,由教育行政部门宣布证书无效,责令收回或者予以没收;有违法所得的,没收违法所得;情节严重的,取消其颁发证书的资格。”

[57] 《教育法》(2015)第82条第1款规定:“学校或者其他教育机构违反本法规定,颁发学位证书、学历证书或者其他学业证书的,由教育行政部门或者其他有关行政部门宣布证书无效,责令收回或者予以没收;有违法所得的,没收违法所得;情节严重的,责令停止相关招生资格一年以上三年以下,直至撤销招生资格、颁发证书资格;对直接负责的主管人员和其他直接责任人员,依法给予处分。”

[58] 《草原法》(2002)第63条规定:“无权批准征用、使用草原的单位或者个人非法批准征用、使用草原的,超越批准权限非法批准征用、使用草原的,或者违反法律规定的程序批准征用、使用草原,构成犯罪的,依法追究刑事责任;尚不够刑事处罚的,依法给予行政处分。非法批准征用、使用草原的文件无效。非法批准征用、使用的草原应当收回,当事人拒不归还的,以非法使用草原论处。非法批准征用、使用草原,给当事人造成损失的,依法承担赔偿责任。”

[59] 《草原法》(2009)第63条规定:“无权批准征收、征用、使用草原的单位或者个人非法批准征收、征用、使用草原的,超越批准权限非法批准征收、征用、使用草原的,或者违反法律规定的程序批准征收、征用、使用草原,构成犯罪的,依法追究刑事责任;尚不够刑事处罚的,依法给予行政处分。非法批准征收、征用、使用草原的文件无效。非法批准征收、征用、使用的草原应当收回,当事人拒不归还的,以非法使用草原论处。非法批准征收、征用、使用草原,给当事人造成损失的,依法承担赔偿责任。”

取得建设用地规划许可证的建设单位批准用地的，由县级以上人民政府撤销有关批准文件；占用土地的，应当及时退回；给当事人造成损失的，应当依法给予赔偿。”

我国第一个《农村土地承包法》(2002)就有两个条文规定了“无效”情形，都可以涉及政府行为的无效。该法第55条规定：“承包合同中违背承包方意愿或者违反法律、行政法规有关不得收回、调整承包地等强制性规定的约定无效。”第57条规定：“任何组织和个人强迫承包方进行土地承包经营权流转的，该流转无效。”2009年修订无任何变化。现行《农村土地承包法》(2018)第60条将原第57条修改为：“任何组织和个人强迫进行土地承包经营权互换、转让或者土地经营权流转的，该互换、转让或者流转无效。”(第60条)

2001年制定的《海域使用管理法》确立了海域管理领域的违法审批无效制度。[60] 2010年制定的《海岛保护法》也有类似的“无效”规定。[61]

对行政行为无效制度影响最大的还是《行政处罚法》。1996年制定的《行政处罚法》第3条第2款规定：“没有法定依据或者不遵守法定程序的，行政处罚无效。”尽管当时规定内容的妥当性是可以怀疑的，因为“没有法定依据”的表达具有模糊性，“不遵守法定程序”也未必一律构成无效。但由于行政处罚是行政执法的主要方式，因而对行政行为制度影响颇大。2021年《行政处罚法》的修订，对行政处罚无效的规定成熟了许多，其第38条规定：“行政处罚没有依据或者实施主体不具有行政主体资格的，行政处罚无效。违反法定程序构成重大且明显违法的，行政处罚无效。”

(二)行政诉讼制度的反射

但是，任何实体法关于行政行为无效的规定，若需要真正落地，就不得不和行政诉讼制度相衔接。我国行政诉讼制度原来针对行政违法只有撤销之诉，不存在无效确认之诉。1989年制定的《行政诉讼法》第54条[62]只规定了维持、撤销、履行、变更等判决形式，确认无效没有影子。

《行政诉讼法解释》(1999)作了一个临时性过渡，第57条规定：“人民法院认为被诉具体行政行为合法，但不适宜判决维持或者驳回诉讼请求的，可以作出确认其合法或者有效的判决。有下列情形之一的，人民法院应当作出确认被诉具体行政行为违法或者无效的判决：(一)被告不履行法定职责，但判决责令其履行法定职责已无实际意义的；(二)被诉具体行政行为违法，但不具有可撤销内容的；(三)被诉具体行政行为依法不成立或者无效的。”这样，在没有《行政诉讼法》依据的条件下，司法实践中就开始出现行政行为确认无效之诉这一新型诉讼类型。

2014年《行政诉讼法》修订时，才正式将“确认无效”判决写进了法律。2017年《行政诉讼

---

[60]《海域使用管理法》(2001)第43条规定：“无权批准使用海域的单位非法批准使用海域的，超越批准权限非法批准使用海域的，或者不按海洋功能区划批准使用海域的，批准文件无效，收回非法使用的海域；对非法批准使用海域的直接负责的主管人员和其他直接责任人员，依法给予行政处分。”

[61]《海岛保护法》(2010)第53条规定：“无权批准开发利用无居民海岛而批准，超越批准权限批准开发利用无居民海岛，或者违反海岛保护规划批准开发利用无居民海岛的，批准文件无效；对直接负责的主管人员和其他直接责任人员依法给予处分。”

[62]《行政诉讼法》(1989)第54条规定：“人民法院经过审理，根据不同情况，分别作出以下判决：(一)具体行政行为证据确凿，适用法律、法规正确，符合法定程序的，判决维持。(二)具体行政行为有下列情形之一的，判决撤销或者部分撤销，并可以判决被告重新作出具体行政行为：1. 主要证据不足的；2. 适用法律、法规错误的；3. 违反法定程序的；4. 超越职权的；5. 滥用职权的。(三)被告不履行或者拖延履行法定职责的，判决其在一定期限内履行。(四)行政处罚显失公正的，可以判决变更。”

法》第75条规定:“行政行为有实施主体不具有行政主体资格或者没有依据等重大且明显违法情形,原告申请确认行政行为无效的,人民法院判决确认无效。”第76条还规定:“人民法院判决确认违法或者无效的,可以同时判决责令被告采取补救措施;给原告造成损失的,依法判决被告承担赔偿责任。”

为了快速配合2014年修订的《行政诉讼法》实施,《行政诉讼法解释》(2015)对行政行为的无效和行政协议的无效之诉作出程序性规定。[63] 到了2018年,《行政诉讼法解释》(2018)第94、95条[64]对行政行为的无效之诉作出了程序上的进一步完善。特别是第99条规定,对2017年《行政诉讼法》第75条所指的“重大且明显违法”作了列举式解释。2019年,无效之诉又拓宽到行政协议领域。最高人民法院《关于审理行政协议案件若干问题的规定》(法释〔2019〕17号)第12条规定:“行政协议存在行政诉讼法第七十五条规定的重大且明显违法情形的,人民法院应当确认行政协议无效。人民法院可以适用民事法律规范确认行政协议无效。”

行政诉讼法和有关司法解释对行政行为“无效之诉”的规定不仅成为人民法院作出“确认无效判决”的直接法律依据,同时也标志了我国由此承认和确立了行政行为的无效理论和确认无效之诉。

(三)波及行政规章制定

我国行政无效制度和理论,除了覆盖行政行为与行政诉讼,还涉及行政规章的制定。我国某些行政法规还规定,行政规章的制定,如果发生某些情形,应当规章无效。国务院《法规规章备案条例》(2002年国务院令第337号)第16条第1款规定:“对《规章制定程序条例》第二条第二款、第八条第二款规定的无效规章,国务院法制机构不予备案,并通知制定机关。”而《规章制定程序条例》[65]第2条规定:“规章的立项、起草、审查、决定、公布、解释,适用本条例。违反本条例规定制定的规章无效。”第9条又规定:“涉及国务院两个以上部门职权范围的事项,制定行政法规条件尚不成熟,需要制定规章的,国务院有关部门应当联合制定规章。有前款规定情形的,国务院有关部门单独制定的规章无效。”

尽管无效规章范围和标准的界定是否周全依然是可以讨论的,但至少反映了我国行政法领域无效理论的活跃程度。

---

〔63〕《行政诉讼法解释》(2015)第2条规定:“行政诉讼法第四十九条第三项规定的‘有具体的诉讼请求’是指:……(四)请求判决确认行政行为无效……”第10条第4款规定:原行政行为被撤销、确认违法或者无效,给原告造成损失的,应当由作出原行政行为的行政机关承担赔偿责任;因复议程序违法给原告造成损失的,由复议机关承担赔偿责任。第15条第2款规定:原告请求解除协议或者确认协议无效,理由成立的,判决解除协议或者确认协议无效,并根据合同法等相关法律规定作出处理。

〔64〕《行政诉讼法解释》(2018)第94条规定:“公民、法人或者其他组织起诉请求撤销行政行为,人民法院经审查认为行政行为无效的,应当作出确认无效的判决。公民、法人或者其他组织起诉请求确认行政行为无效,人民法院审查认为行政行为不属于无效情形,经释明,原告请求撤销行政行为的,应当继续审理并依法作出相应判决;原告请求撤销行政行为但超过法定起诉期限的,裁定驳回起诉;原告拒绝变更诉讼请求的,判决驳回其诉讼请求。”第95条规定:“人民法院经审理认为被诉行政行为违法或者无效,可能给原告造成损失,经释明,原告请求一并解决行政赔偿争议的,人民法院可以就赔偿事项进行调解;调解不成的,应当一并判决。人民法院也可以告知其就赔偿事项另行提起诉讼。”

〔65〕2001年11月16日中华人民共和国国务院令第322号公布。根据2017年12月22日《国务院关于修改〈规章制定程序条例〉的决定》修订。

第二节　行政无效的概念和特征

一、无效行政行为的概念

所谓行政无效行为,是指由行政主体作出的重大且明显违法,自始就没有法律效力的行政行为。所谓行政无效制度,则是指有权机关依照法律程序确认重大且明显违法的行政行为无效的法律制度。理解这一概念,要把握以下几个要点。

1. 无效行政行为是一种行政行为。“无效行政行为因其脱离了一般理性人的判断,达到‘匪夷所思’的地步,其根本不具有任何效力,任何机关和个人都可以无视它的存在。”〔66〕尽管从服从义务上说,行政相对人可无视无效行政行为的存在,不具有服从的义务。但从形式上说,它还是存在的,并且它是一种完整的行政行为。否则相对人对它提起确认无效之诉就不符合理论逻辑。

2. 无效行政行为是一种违法行为。行政行为有合法与违法之分,无效行政行为显然属于法律要否定和控制的违法行为。在德国,行政违法行为被称为有瑕疵(Fehler)的行为。尤其在“一元论”国家,无效行政行为完全和可撤销行政行为合为一体,被违法行政行为统一吸收。

3. 无效行政行为是一种极端的违法行为。违法行政行为的“违法性”有重有轻,有明显和不明显。只有“重大且明显”的违法才是无效行政行为。在德国,把具有一般瑕疵的行为称为一般违法;把具有重大而明显瑕疵的行为界定为无效行政行为。可见,无效行政行为是一种极端的“反法治”行为,行政法设置了比一般违法行为更加严厉的监控和救济手段。

4. 无效行政行为是一种适用确认无效之诉的行为。一种违法行政行为发生之后,行政相对人对它提起诉讼主要是“确认违法之诉”“撤销之诉”“确认无效”之诉等。但对于无效行政行为,依照“诉判对应”理论,相对人应当提起“确认无效”之诉。当然在实际操作中,相对人出于避免风险的考虑,往往在撤销程序中提出“确认无效”请求,这是可以理解的。〔67〕

二、无效行政行为的效力

无效行政行为的效力在法律上具有“否定性”,而且是绝对的否定性。〔68〕它和一般行政违法的效力不同,不是相对无效,而是绝对无效。〔69〕绝对无效表现为当然无效、自始无效和永远

---

〔66〕最高人民法院行政审判庭编著:《最高人民法院行政诉讼法司法解释理解与适用》(上、下),人民法院出版社 2018 年版,第 437 页。

〔67〕正如李广宇所说:当事人选择提起确认无效之诉,既有“优惠”,也有风险。参见李广宇:《新行政诉讼法逐条注释》,法律出版社 2015 年版,第 651 页。

〔68〕法国的行政法理论还将行政行为无效划分为绝对无效与相对无效。绝对无效,是指针对一切自始无效;相对无效,是指可以针对一部分人并且从该行政发生之后的某一时间开始无效。但是,这种理论容易与行政行为撤销理论相冲突,因而在强调区分行政行为“无效”与“撤销”的国家,一般不作这种分类。参见金伟峰:《无效行政行为研究》,法律出版社 2005 年版,第 98 页。

〔69〕有的专家指出:无效行政行为的效力是自始无效、当然无效、绝对无效。参见最高人民法院行政审判庭编著:《最高人民法院行政诉讼法司法解释理解与适用》,人民法院出版社 2018 年版,第 436 页;还有的表述为:自始无效、当然无效和确定无效。参见章剑生:《现代行政法基本理论》,法律出版社 2008 年版,第 156 页。而笔者认为,“绝对无效”是“种概念”,其他是“属概念”,它们之间是一种包含而不是并列关系。

无效。

(一)当然无效

当然无效,也可表述为自然无效、固然无效和确定无效。它是效力对行为性质的固化,指无效的行政行为当属无效,不具有拘束力、确定力、公定力和执行力。无效行政行为"不仅没有公定力和不可争力,而且也不发生任何法律效果。"〔70〕无效行政行为的"当然无效性"是由其本性所决定,而不是由救济程序所决定。"重大且明显的违法性",这是无效行政行为最本质属性,它天生就不具有法律效力,包括人民法院在内的有权机关依法确认其无效仅仅是对该行为本身事实的宣告而已。换言之,不论行政相对人是否提出主张,是否知道无效的情况,也不论是否经过法院或行政机关的确认,该行政行为都是无效的,确认只是对一个已经存在的事实加以确认而已。正如葡萄牙 1996 年《行政程序法典》第 135 条第 1 款所规定的,"无效行为不产生任何法律效果,不需取决于宣告无效"。无效行政行为所蕴含的意思表示内容绝对不被法律所承认,"一旦法院宣布某一行政行为在法律上无效,那就如同什么事也没有发生一样。"〔71〕

(二)自始无效

自始无效,是解决无效行政行为"无效性"往前的溯及力问题。自始无效是效力对行为时间上向前的溯及力,指无效的行政行为应当自该行为的成立之时起就不具有法律效力。这与行政行为的撤销不同,因为撤销原则上只是让该行政行为自撤销之日起往后失去效力,不溯及至行政行为开始之时。行政行为被确认无效以后,不论该行政行为已经存在多久,不论该行政行为已形成了多少种法律关系,都必须恢复到作出该行政行为之前的原始状态。世界上有不少行政程序法明文规定了这一点。如 1996 年德国《联邦行政程序法》(Verwaltungsverfarensgesetz—VwVfG)第 43 条第 3 项规定:"无效行政行为始终不产生效力。"韩国《行政基本法》(2021)第 15 条(处分的效力)规定:"因有权机关取消或撤回或期间届满等事由被消灭前,处分视为是有效的。但无效处分自始不发生其效力。"但在法国,关于行政行为被确认无效后是否一律自始无效,有一定的松动。〔72〕但这无法动摇"行政行为无效便是自始无效"的大局。有学者认为:无效行政行为自始当然不生效力,这一点无须有法律的明文规定,它是"法释义学上根深蒂固的一项法律原则"。〔73〕

(三)永远无效

如果说自始无效,是解决无效行政行为"无效性"往前的溯及力问题,那么,永远无效则是解决无效行政行为"无效性"往后的溯及力问题。无效行政行为不仅自始无效,而且永远无效。永远无效是对行为补正的限定,指无效的行政行为不可以通过补正等方式使该行为转化为有效行为。在大陆法系的行政法理论中,将行政违法按它的违法程序依次划分为:无效行政行

---

〔70〕 杨建顺:《日本行政法通论》,中国法制出版社 1998 年版,第 393 页。

〔71〕 [英]威廉·韦德:《行政法》,徐炳等译,中国大百科全书出版社 1997 年版,第 45 页。

〔72〕 如果行政行为自始无效,有时可能破坏社会生活的安定,2004 年法国出台法案,给予法官变造或改造无效宣告的权利。法院在宣布行政行为无效时,可以不宣布自始无效,而是可以根据时间和情形,决定从其中一个时间点无效,如在 1980 年作出的行政行为,法官可以宣布 1984 年至 1990 年这一阶段无效。判断标准是,如果自始无效,是否会出现显著的权利损害或者显著的经济损失,这吸收了主观诉讼中情况判决的特点。

〔73〕 参见许宗力:《行政处分》,载翁岳生编:《行政法》(上册),中国法制出版社 2009 年版,第 683 页。

为—可撤销行政行为—可追认、纠正及转换的行政行为。[74] 而无效行为是绝对不允许通过“追认、纠正及转换”等方法使它转换成有效行为。无效行政行为“不因追认或时间经过而变为有效。”[75]无效行政行为如同“死产之儿,虽有如何名医,亦不能使之复生”。[76] 总之,永远无效意味着,此后的任何事实也都不可能使之有效。

到此,我们可以将无效行政行为的绝对无效性勾勒如图 24－1 所示。

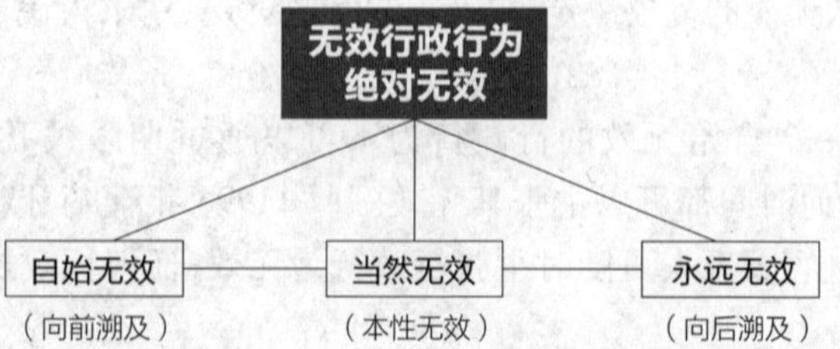

图 24－1　无效行政行为的绝对无效性

(四)全部无效与部分无效

行政行为的无效可以分为全部无效与部分无效。为此,相对人对无效行为可以主张全部或者部分无效,职权机关也可确认行政行为全部或者部分无效。

行政行为被确认部分无效的,其他部分不受影响。但德国保留了一种例外。其德国《联邦行政程序法》(1996)第 44 条第 4 款规定:“行政行为部分无效的,如无效部分十分重要,行政机关剔除该部分即不会作出该行政行为,则行政行为全部无效。”

三、针对无效行政行为的抵抗权

无效行政行为的“绝对无效性”,形成和支撑了行政相对人的两项权利:实体上的无条件抵抗权与程序上的不受时效限制的救济权。

由于无效行政行为具有“重大且明显”违法的特征,判断起来相对容易,相对人及利害关系人在任何阶段都可以拒绝执行无效行政行为,不因拒绝而被追究责任。如城市执法局要对当事人行政拘留 15 日,当事人有权不服从。“无效行政行为因其脱离了一般理性人的判断,达到‘匪夷所思’的地步,其根本不具有任何效力,任何机关和个人都可以无视它的存在。”[77]

必须指出的是:行政相对人对无效行政行为的抵抗权,在理论上是成立了,但在操作上具有一定的风险。因为无效行政行为最终还是必须通过法律程序由行政机关或人民法院加以确认,单凭相对人自我判断是否无效就行使抵抗权,万一该行政行为尚未达到无效程度,行使抵抗权的当事人会面临加倍的惩罚。所以,稳妥的做法是,对于法律明确规定可以拒绝的行政行为,大胆行使抵抗权。如《商业银行法》第 29 条第 2 款规定:“对个人储蓄存款,商业银行有权拒绝任何单位或者个人查询、冻结、扣划,但法律另有规定的除外。”这就是说,在无法律依据条件下,行政机关要求查询、冻结、扣划公民个人储蓄存款的,商业银行有权拒绝。

---

[74] 参见中国澳门特别行政区《行政程序法》第四部分第二章第三节“行政行为之非有效”。

[75] 林明锵:《行政法讲义》,台北,新学林出版股份有限公司 2014 年版,第 204 页。

[76] 参见林纪东:《行政法》,台北,三民书局股份有限公司 1984 年版,第 343 页。

[77] 最高人民法院行政审判庭编著:《最高人民法院行政诉讼法司法解释理解与适用》(上、下),人民法院出版社 2018 年版,第 437 页。

四、针对无效行政行为的救济权

相对人针对无效行政行为的另一项权利,是程序上的权利,表现为公民、法人或者其他组织针对无效行政行为,永远并随时可以向有权机关提出确认无效的要求,不受时效限制。这种权利上的救济权,包括向有监督权的行政机关申请监督确认无效,向行政复议机关申请复议,要求复议机关作出确认无效的复议决定,以及提起行政诉讼,请求人民法院作出确认无效的判决。

"在任何情况下,一个自始无效的行政行为不可以通过期限被耽误,而获得一种'确定力'。"〔78〕"任何人在任何时间都可以主张其无效。"〔79〕1996 年葡萄牙《行政程序法典》第 135 条第 2 款规定:"任何利害关系人可随时主张行政行为无效;任何行政机关或法院也可随时宣告行政行为无效。"

不受时效限制包含了"永恒性"和"随时性"。前者是指该无效行政行为无论经过了 5 年、10 年或 20 年,相对人永远享有权利救济权,永远有权向有权机关申请确认该行为无效;后者是指,自无效行政行为作出到该行为的消灭之间,在任何时间段,当事人都可以要求有权机关确认该行为无效。

从操作层面讲,相对人针对一个无效行政行为,有几种诉讼可选择:确认违法之诉,撤销之诉和确认无效之诉。但是,"当事人选择提起确认无效之诉,既有'优惠',也有风险。"〔80〕德国行政法专家毛雷尔也这么认为。〔81〕 因为,如果当事人无视诉讼时效而提起确认无效之诉,结果该行为没有达到无效行政行为的程度,那么当事人的起诉就会被驳回。所以,最理想的做法是:在行政诉讼的起诉期限内提起确认无效之诉;如果已经超过诉讼时效,那就尽早提起确认无效之诉。行政复议也是同理。

关于针对无效行政行为的确认无效之诉不受诉讼时效限制这一点,虽然《行政诉讼法》本身至今没有明文规定,但《行政诉讼法解释》(2018)第 94 条〔82〕和第 162 条〔83〕规定,已隐晦地表达了这一点。最高人民法院行政审判庭已从两条规定中解释出一种意思:"确认行政行为无效之诉不受法定起诉期限的限制。"〔84〕

---

〔78〕 [德]弗里德赫尔穆·胡芬:《行政诉讼法》,莫光华译,法律出版社 2003 年版,第 326 页。

〔79〕 [德]汉斯·J. 沃尔夫等:《行政法》(第 2 卷),高家伟译,商务印书馆 2002 年版,第 90 页。

〔80〕 李广宇:《新行政诉讼法逐条注释》,法律出版社 2015 年版,第 651 页。

〔81〕 德国学者毛雷尔解释道:"如果关系人自己认为行政行为无效,须冒一定的风险。行政机关很可能不接受公民的意见而执行(违法的、可撤销的但却有效的)行政行为;而且,确认行政行为无效的请求也可以一无所获。公民在法定期限内要求撤销行政行为,才是明智之举。"参见[德]哈特穆特·毛雷尔:《行政法学总论》,高家伟译,法律出版社 2000 年版,第 254 页。

〔82〕 《行政诉讼法解释》(2018)第 94 条规定:"公民、法人或者其他组织起诉请求撤销行政行为,人民法院经审查认为行政行为无效的,应当作出确认无效的判决。公民、法人或者其他组织起诉请求确认行政行为无效,人民法院审查认为行政行为不属于无效情形,经释明,原告请求撤销行政行为的,应当继续审理并依法作出相应判决;原告请求撤销行政行为但超过法定起诉期限的,裁定驳回起诉;原告拒绝变更诉讼请求的,判决驳回其诉讼请求。"

〔83〕 《行政诉讼法解释》(2018)第 162 条规定:"公民、法人或者其他组织对 2015 年 5 月 1 日之前作出的行政行为提起诉讼,请求确认行政行为无效的,人民法院不予立案。"

〔84〕 最高人民法院行政审判庭编著:《最高人民法院行政诉讼法司法解释理解与适用》(上、下),人民法院出版社 2018 年版,第 776 页。

第三节　行政无效的外部边界

为了全面而准确把握住“无效行政行为”概念，还必须划定这一概念的外部边界。为此必须讨论以下几对关系。它们既是概念关系，更是行为关系。

一、无效行政行为与行政行为的无效状态

在现行的行政法学理论中，“无效行政行为”与“行政行为无效”似乎是“一碗豆腐”与“豆腐一碗”的区别，好像没有区别的必要。什么行政行为构成“无效行政行为”，和行政行为在什么情况下才是“无效”的，我们习惯于采用同一个判断标准，因而作为同一个问题对待。但必须澄清和特别指出的是：两者虽有联系，而且在一定范围内是同一个问题，但其实它们是两个不同的概念，两个概念所反映的行为与状态也是不同的。

“无效行政行为”是一种行政行为的类别，是根据合法性程度对行政行为所作的一种分类。从行政行为的合法性程度考察，行政行为有合法行为与不法行为之分，不法行为在德国被称为瑕疵行为，它又包括违法行为、无效行为和可转换、补正的行为，无效行政行为是一种严重而明显的瑕疵行为。

而“行政行为无效”是指行政行为的一种效力状态。任何行政行为，从效力状态上考察，可分为行政行为的“成立—变更—消灭”。行政行为的“无效”是指行政行为在“消灭”阶段处于“无效力”的状态。

行政行为的“消灭”，其实就是指效力的“消灭”。效力“消灭”之后，行政行为便处于“无效”状态。但是，行政行为的无效源自多种原因，包括行政行为被确认无效、行政行为被撤销或撤回、行政行为被废止或者行政行为期满和履行完毕等。

可见，“无效行政行为”是一种“行为类别”，而“行政行为无效”是行为的“效力状态”。“无效行政行为”被确认无效是决定行政行为无效的一种原因，但不是全部原因。

二、无效行政行为与违法行政行为

违法行政行为与无效行政行为，“是对法律行为的两种否定性法律评价，前者属于合法性评价的范畴，后者则属于法律效力评价的范畴。”〔85〕

违法行政行为，也称行政违法，系指行政主体所实施的，违反行政法律规范，侵害受法律保护的行政关系而尚未构成犯罪的行政行为。行政违法的形态包括行政失职、行政越权、行政滥用职权、认定事实错误、适用依据错误、违反行政程序、行政侵权等。但从违法的程度上说，行政违法可以分为一般违法和极端违法。极端违法就是指“重大且明显违法”，它属于无效行政行为。

无效行政行为属于违法行政行为，但违法行政行为不一定是无效行政行为。无效行政行为是一种“重大且明显”的违法行为，是一种极端的反法治现象。

---

〔85〕　金伟峰：《无效行政行为研究》，法律出版社2005年版，第40页。

合法是有效的前提，违法是无效的前提。但合法不等于就是有效，同样，违法也不等于就是无效。因为，有的违法行为只要确认违法而不撤销，有的违法行为只要撤销便可，只有无效行政行为，必须确认其无效，彻底否定其效力。

三、无效行政行为与可撤销行政行为

在“二元论”体系的国家中，“无效行为”（void）与“可撤销行为”（voidable）的区别显得非常重要。因为两种行为的区别同时伴随着两种救济手段即“确认无效”与“撤销”之间的区别。

德国《联邦行政程序法》第44条中规定了行政行为的“无效”制度，同时又在第46、48条规定了行政行为的“撤销”制度。综合和比较解读这些条文并结合德国行政法的理论，〔86〕不难勾勒出“无效”与“撤销”两者的区别：一是无效行为是“严重而明显”的违法，可撤销行为仅仅是一般的违法；二是公民对于无效行为具有抵抗权，有权不予服从，而对于可撤销行为公民不享受该权利；三是行政行为一经确认无效，便自始不发生法律效力，而行政行为被撤销后，只是往后不发生效力，但不影响以前的存续力；四是当事人请求确认无效，或者有关机关依职权确认无效，不受时效限制，随时和终生可以，但当事人请求撤销，或者有关机关依职权撤销行政行为，都必须从撤销事由发生时起一年内提出。〔87〕日本、葡萄牙等大多国家都继承了这一理论。

中国关于无效行为与可撤销行为的区别，从1996年就开始受到关注，〔88〕当下关注热度更是升温，〔89〕观点上和德国非常接近。行政行为的无效与撤销之间的区别，无非涉及以下几个元素：

1. 违法的严重程度。无效行政行为与可撤销行政行为都属于违法的行政行为，但它们在程度上具有很大的差别。行政违法行为可划分为一般违法与极端违法。极端违法就是“重大而明显”的违法，〔90〕它就是无效行政行为。

2. 效力的否定程度。无效行政行为是绝对无效，即当然无效、自始无效和永远无效，而可撤销行政行为效力上的否定性具有相对性，只是撤销之后才归于无效。就是说，两者在效力结果的溯及力上是有区别的：行政行为被确认无效后，其效力上的否定性具有溯及力，无效的效

---

〔86〕 参见［德］哈特穆特·毛雷尔：《行政法学总论》，高家伟译，法律出版社2000年版，第十章第三节“行政行为违法的可撤销性”、第四节“行政行为的无效”。

〔87〕 但“受益人以欺诈、胁迫或者行贿取得的行政行为”除外。

〔88〕 早在1996年，罗豪才主编的《行政法学》（北京大学出版社1996年版）较早地关注了行政行为无效与撤销的区别，首次指出：“行政行为撤销不同于行政行为无效，无效行政行为自始无效，而可撤销的行政行为只有在被撤销之后才失去效力。”2003年，章志远《行政行为效力论》（中国人事出版社2003年版）在考察大陆法系行政行为无效与可撤销制度基础上，提出了行政行为与可撤销的四大区别：引发因素不同；效力意蕴不同；评判主体不同和争讼期限不同。2005年，金伟峰在其中国有关无效行政行为的第一本理论专著，即《无效行政行为研究》（法律出版社2005年版）中，同样将无效行政行为与可撤销行政行为的区别归纳为四个方面：违法程度不同；法律效力不同；争讼时效不同以及诉讼途径不同。2019年，余凌云在其《行政法讲义》（清华大学出版社2019年版）一书中，将行政行为的无效与可撤销的区别归纳为三个集中点：（1）是否自始无效；（2）是否受诉讼时效约束；（3）是否是“重大明显”违法。

〔89〕 最高人民法院行政审判庭法官认为，无效行政与可撤销行政为“两者的区别在于，无效的行政行为，其违法情形已明显到任何有理智的人能够判断的程度，因而其没有公定力，不必经法院等权威机构确认，公民可以根据自己的判断而不服从。可撤销的行政行为则具有公定力，其在被法院等权威机构撤销之前被推定有效，公民无权根据自己的判断而不服从。”参见最高人民法院行政审判庭编：《关于执行〈中华人民共和国行政诉讼法〉若干问题的解释释义》，中国城市出版社2000年版，第123页。

〔90〕 在德国称为“重大而明显的瑕疵”。

果溯及行为的起点；但是行政行为的撤销不同，它只有在撤销之后才失去效力，对于撤销之前的法律关系，应当推定为有效。[91]

3. 相对人的抵抗权。正因为无效行政行为的效力具有绝对的否定性，所以，相对人对于无效行政行为可以视作不存在；存在了，也可不服从，具有天然的抵抗权。而针对可撤销行政行为，相对人不具有天然的抵抗权。该行为被撤销之前，应当推定有效，相对人有服从的义务。

4. 救济的时效性。对于无效行政行为和可撤销行政行为，当事人均拥有救济权利，对其不服可以申请行政复议或者提起行政诉讼，但在救济时效上是不同的。对于无效行政行为，相对人随时和永远可以申请有权机关确认无效，不受时效限制，而对于可撤销行政行为，相对人只能在法定期限内提出撤销请求，受到时效限制。

四、无效行政行为与行政行为不成立

行政行为不成立，源自法国早期行政法中的“行政行为的不存在”理论。法国判例所确立的行政法理论认为：“行政行为的不存在”（non avenue）是指事实上或法律上，连形式上也不存在的行为。这种行为按无效行为对待。[92]

可能是受法国这一理论的影响，我国于 1996 年的《行政处罚法》中第一次使用了行政行为（行政处罚）“不成立”的概念，[93] 但 2021 年该法的修订又取消了这一概念。为了针对《行政处罚法》的适用，最高人民法院于 2000 年在司法解释中也使用了“依法不成立”的概念，[94] 但在现行的司法解释中又取消了这一概念。[95] 可见，行政行为“不成立”在我国还是一个不成熟的、尚未普遍使用的概念。

尽管如此，行政行为“不成立”在理论上恰恰是可以“成立”的。它是指行政行为不存在或存在了但尚未最终形成的状态。它是不发生效力的行为，而不是无效的行为。具体而言，它包括两种情况：一是行政行为不存在。如张三为了吓唬李四，编造了一份行政处罚决定书，事实上根本没有这份决定书。二是行政行为不成熟，即一个行政行为尚未完成，如行政机关研究讨论了某一事件，但尚未作出行政决定，或者作出了决定，但尚未送达给当事人。对于这类不成立的行政行为，当事人无法适用行政复议或行政诉讼进行权利救济。

---

〔91〕 但我国的民事制度则不同，无效和被撤销都是自始不具有约束力。我国《民法典》第 155 条规定：“无效的或者被撤销的民事法律行为自始没有法律约束力。”第 1054 条又规定：“无效的或者被撤销的婚姻自始没有法律约束力，当事人不具有夫妻的权利和义务……”

〔92〕 王名扬先生解释道：“不存在的行政行为在外形上也不存在。这种不存在可能是物质上的不存在，例如一件虚构的公文书，可能是法律上的不存在，例如行政机关的行为和行政机关的权限毫无关系。对于不存在的行为，当事人可以不提起诉讼而遵守，也可在任何时候向法院主张其无效，不受起诉时间的限制。普通法院有权审查这类行为的合法性。行政法院任何时候可以在越权之诉中宣告这类行为无效，不受撤销时间的限制。不存在的行为和一般的违法行为不一样，不因为时间的经过而成为不受攻击的行为。”参见王名扬：《法国行政法》，中国政法大学出版社 1989 年版，第 166 页。

〔93〕《行政处罚法》（1996）第 41 条规定：“行政机关及其执法人员在作出行政处罚决定之前，不依照本法第三十一条、第三十二条的规定向当事人告知给予行政处罚的事实、理由和依据，或者拒绝听取当事人的陈述、申辩，行政处罚决定不能成立；当事人放弃陈述或者申辩权利的除外。”

〔94〕《行政诉讼法解释》（1999）第 57 条第 2 款规定：“有下列情形之一的，人民法院应当作出确认被诉具体行政行为违法或者无效的判决：（一）被告不履行法定职责，但判决责令其履行法定职责已无实际意义的；（二）被诉具体行政行为违法，但不具有可撤销内容的；（三）被诉具体行政行为依法不成立或者无效的。”

〔95〕《行政诉讼法解释》（2018）。

无效行政行为与行政行为不成立的最大区别在于:无效行政行为,说明行政行为是成立的,只是在效力上无效而已;行政行为不成立,意味着行政行为不存在,或者未完成。在行政行为的“成立—变更—消灭”三个阶段,无效行政行为属于“成立”之后的效力状态,行政行为不成立则发生在行政行为“成立”之前。

其实,行政行为的有效与无效、有效行政行为与无效行政行为,都是以行政行为已经“成立”为前提。行政行为成立之前,尚不是讨论其有效与无效的时候。正如小孩子未出生,我们无法评判他是否聪明一样。

五、无效行政行为与假象行政行为

假象行政行为在德国被称为行政行为不存在(Nichtovrhandensein)或非行政行为(Nichtvrwaltungsakt)。法国也将假象行政行为视作行政行为的不存在;行政行为的不存在,就按无效行政行为处理。在很大程度上,假象行政行为属于不成立的行政行为。

在中国的行政法理和行政实践中,“假象行政行为”的理论尚未成熟。一般的观点,假象行政行为系指真正的行政行为没有发生的状况,或者说,发生了以行政行为的形式出现,而实质上不属于行政行为,如物业公司给业主开出行政罚款单。

无效行政行为与假象行政行为的最大区别是,无效行政行为也是一种行政行为,只不过是没有效力而已;而假象行政行为本身就不是行政行为。

第四节　行政无效的标准和情形

一、国外关于行政行为无效的标准和情形

行政行为在什么样的情形下才属于无效行政行为,这一认定标准的理论研讨经过几百年的演绎,慢慢形成和滋生出几种标准理论,如不可能理论、重大明显理论、明显性补充要件理论和瑕疵理论等。但“重大明显理论”始终处于主流地位。在这一主流理论的支配下,世界上的一些判例,特别是“行政程序法”,为树立无效行为的认定标准和揭示无效行为的具体情形作出了了不起的贡献。

德国关于无效行政行为的认定标准,源自早期的两种学说,即以沃尔夫(Hans J. Wolff)为代表的“不可能”理论和以哈契克(J. Hachek)为代表的“重大明显”理论。[96] 前者是指行政行为如果在事实上或法律上都不可能实现时,应当作无效处理,后者是指一种违法如此“严重和明显”以致具有正常理智的人都能发现,[97] 这种行为才是无效的。比较起来,德国学界还是以“重大明显瑕疵说”为主流观点和主要标准。[98] “该观点在目前的理论以及法院判例上占据通

〔96〕 参见金伟峰:《无效行政行为研究》,法律出版社2005年版,第88页。

〔97〕 如德国学者哈契克(J. Hachek)所说,明显到“犹如刻在额头上”那般。参见许宗力:《行政处分》,载翁岳生主编:《行政法》(上),台北,元照出版有限公司2006年版,第534页。

〔98〕 德国学界主流观点认为:“行政行为具有重大明显的瑕疵,该行政行为无效。”参见[荷]勒内·J. G. H. 西尔登、[荷]弗里茨·斯特罗因克:《欧美比较行政法》,伏创宇、刘国乾、李国兴译,中国人民大学出版社2013年版,第136页。

说地位。”〔99〕反映在法律制度上，德国《联邦行政程序法》主要采用了“严重而明显瑕疵”说，同是也吸收了“不可能”理论。

德国《联邦行政程序法》第44条第1款规定：“行政行为具有严重瑕疵，该瑕疵按所考虑的一切情况明智判断属明显者，行政行为无效。”这里将无效行政行为定义为“具有严重而明显瑕疵（违法）的行政行为”。该法继而在第2款规定了六种绝对无效的情形。无论是否符合上述“严重而明显违法”标准，只要有下列情形之一的，就属于无效行政行为：（1）行政行为虽已书面作出，但作出的行政机关却未表明该行为由谁作出。即未标明作出行政行为之行政主体者无效。（2）根据法规，行政行为仅可以交付一定的文书方式作出，而未交付文书的，即法律规定必须采取书面形式而未采取书面形式者无效。（3）行政机关超越地方管辖权作出的越权行为无效。即越权无效。（4）基于事实理由不能实施的行政行为，即客观上会导致“行为不能”的行政行为无效。（5）行政行为的完成以违法行为为要件，该违法行为构成犯罪或罚款事实要件，即导致违法或犯罪的行政行为无效。（6）违反善良风俗的行政行为无效。

此外，在第3款又规定了四种不会构成无效的情形：（1）未遵守地方管辖权的规定，但第2款第3项的情况除外；（2）根据第20条第1款第2～6项规定应回避的人未回避的；（3）法规规定应共同参与的委员会，未作出颁布行政行为所需的决议，或不具决议资格的；（4）根据法规，需要另一行政机关参与，而其未参与的。

在法律适用上应按照以下逻辑处理：首先对照第44条的第2款，存在第2款规定的六种情形之一的，按无效处理；其次对照第44条的第3款，如果属于第3款规定的四种情形之一的，不得按无效处理；只有既不属于第2款规定的情形，也不属于3款规定的情形，才按第1款标准进行判断，构成“严重而明显违法”的属于无效行政行为，反之亦然。〔100〕

日本虽然也像德国那样制定了行政程序法，但它没有像德国那样将无效行政行为的认定标准和具体情形写进行法律。日本紧跟德国将行政行为违法“重大明显”作为无效行为的认定标准，但是日本的这一标准是由学理和判例确立起来的。例如，1955年12月26日，日本最高法院在一个案件的判决中指出：“行政处分，即使违法，除了其违法重大明显，被认为属于使该处分当然无效的情况外，只要没有被合法地撤销，就应当解释为完全具有其效力的行为。”〔101〕而所谓“明显”，是指“在外形上客观而明显”，“不必等待调查也能够识别的情形”。〔102〕根据“重大明显”说的标准，日本的法院判例和学说将四个方面的重大瑕疵归入无效行政行为：〔103〕（1）主体方面的重大瑕疵。包括：无行政厅和公务员资格者实施的行为；未经正当组织的合议制行政厅实施的行为；缺少法律上必须的其他机关的协作（同意、表决）的行为；超越行政厅权限；行政厅存在意思欠缺。（2）内容方面的重大瑕疵。包括：内容不明确行为，事实或者法律上不可能实现的行为；基于明显错误的事实认定作出的行为；违反信义原则的行为。（3）程序方

---

〔99〕参见江利红：《日本行政诉讼法》，知识产权出版社2008年版，第500页。

〔100〕参见何源：《德国法中行政行为无效的认定——以〈联邦行政程序法〉第44条为中心》，载《国外社会科学前沿》2020年第3期。

〔101〕［日］盐野宏：《行政法》，杨建顺译，法律出版社1999年版，第101页。

〔102〕金伟峰：《无效行政行为研究》，法律出版社2005年版，第93页。

〔103〕参见金伟峰：《无效行政行为研究》，法律出版社2005年版，第94～97页；［日］和田英夫：《现代行政行法》，倪健民、潘世圣译，中国广播电视出版社1993年版，第201～202页；［日］室井力主编：《日本现代行政法》，吴微译，中国政法大学出版社1995年版，第104～105页；杨建顺：《日本行政法通论》，中国法制出版社1998年版，第397～400页；江利红：《日本行政法学基础理论》，知识产权出版社2008年版，第445～451页。

面的重大瑕疵。包括:缺少为保障利害关系者实现主张权利的机会而发出公告、通知的行为;缺少利害关系人立会[104]和协议[105]的行为;不给法定的公开听证、申辩机会的行为;缺少审查机关调查、咨询的行为,尤其是该调查、咨询的宗旨被解释为保护利害关系者时;公务员任命、公用事业的特许、国籍取得的许可等以相对人同意或者申请为条件的行为,尤其是缺少相对人同意或者申请时。(4)形式方面的重大瑕疵。包括:规定有义务应书面提交而口头实施的行为;规定应交付特定形式的许可证而欠缺的行为;缺少行政厅的署名、印鉴的行为;无理由记载的行为。

还有一些欧洲国家也纷纷主张"重大明显违法"标准说,并把无效的违法情形写进行政程序法。如1958年西班牙《行政程序法》[106]第47条规定:"一、行政机关的行为在下述情形下无效:1. 由明显无职权的机构进行的行为;2. 其内容为不可能或构成犯罪的行为;3. 完全彻底背离依法建立的专门程序或背离形成集体领导机构意志的基本规则的行为。二、行政规定在《国家行政机关法律制度法》第二十八条所列情形下同样无效。"以此为基础,西班牙于1992年制定了《公共行政机关及共同的行政程序法》,[107]其第62条规定以下七种行政行为完全无效:(1)损害受宪法保护的权利和自由的基本内容的行为;(2)从业务或地区范围上明显无管辖权的部门所作的行为;(3)含有不可能内容的行为;(4)构成违反刑法的行为或在违反刑法情况下作出的行为;(5)完全偏离依法建立的程序或偏离包含形成集体领导机构意志的根本性规定的法规情况下所作的行为;(6)在缺少取得权力或权利之基本手续时,通过与法律秩序不符的明确的或可能的行为而取得权力或权利的行为;(7)法律明文规定的其他行为。

奥地利关于无效行政行为的认定标准,偏重"最低要件标准说",即主张不符合行政行为的最低构成要件者无效。1991年奥地利《普通行政程序法》[108]第68条第4款规定,下列违法行为无效:(1)由无管辖权之官署,或由并非合法组成之合议官署所作成者;(2)将发生违反刑法之效果者;(3)事实上不能执行者;(4)具有法律条文明文规定应属无效之瑕疵者。

葡萄牙采取的是"要素加法律列举说",其对无效行政行为的认定,首先看是否属于法律明文规定无效的情形,如果不是,再行判断其是否构成"主要行为要素",没有达到"主要行为要素"者无效。1996年葡萄牙《行政程序法典》第134条规定,"无效行政行为,是欠缺任何主要要素的行政行为,或法律明文规定属无效的行政行为。"无效的具体情形包括:(1)有越权瑕疵的行为;(2)不属第2条[109]所指的部或法人职责范围内的行为;(3)标的属不能、不可理解或构成犯罪的行为;(4)侵犯基本权利的根本内容的行为;(5)受胁迫作出的行为;(6)根本违反法定方式作出的行为;(7)在秩序混乱中作出合议机关决议,或未具法定人数或未达法律要求

---

[104] 滞纳处分中财产抵押的立会。

[105] 征用土地的协议。

[106] 1958年7月17日颁布,1958年7月18日发表于《国家官方公报》第171期,1958年11月11日起实施。

[107] 1992年11月26日由西班牙众议院制定通过,并经国王胡安·卡洛斯一世批准,1992年11月27日发表于《国家官方公报》第285期,公布之日起3个月后生效。

[108] 奥地利《普通行政程序法》(Allgemeines Vewaltungsverfahrensgesetz - AVG)最早制定于1925年。现行修订版是1991年。

[109] 1996年葡萄牙《行政程序法典》第2条是指明所有行政主体的范围,包括:"a)行使行政职能的国家机关及自治区机关;b)公务法人及公共团体的机关;c)地方自治团体及其联合会的机关。"还包括从事公共管理行政活动时与私人建立关系的公共行政当局所有机关,以及不隶属于公共行政,却实际行使行政职能的国家机关所作的实质意义上的行政行为的主体。

的多数而作出的合议机关决议；(8)与既判案件相悖的行为；(9)随已被撤销或废止的行政行为而发生的行为，只要就维护该随后发生的行为并不存在有正当利益的对立利害关系人。〔110〕

二、我国行政行为无效的标准及细化

我国关于行政行为无效的标准，同样没有脱离中国行政法的发展特色。我们是先有行政行为的无效确认之诉，后有行政行为的无效认定标准。

尽管从诉讼法理论上说，确认无效之诉仅仅是撤销之诉的一种例外和补充。〔111〕但在遵循"诉讼先行"〔112〕的中国，《行政诉讼法》第75条的规定首次为无效行政行为的认定确立了一项普遍标准，即"重大且明显违法"。作为一个行政诉讼法，它显然只是为人民法院作出确认无效判决提供一个判决标准，但在中国尚无"行政基本法"的背景下，它实际上同时为行政实体法提供了一个全新的概念和标准，无效行政行为就是"重大且明显违法"的行政行为，最终帮助中国的理论和制度在"一元论"与"二元论"之间作了一个靠近德国的选择。

无效行政行为不是一般的行政违法，它是"重大且明显"的违法。"重大且明显"的违法显然由两个要件构成：一是"重大"。无效行政行为是严重的违法，不是轻微的违法。这种违法，在情节上、后果上都非常严重，如行政行为违反了法律和行政法规的强制性规定，严重侵害公民的基本权利等。二是"明显"。无效行政行为的违法性是非常明显的，几乎人人都能自我认定。"其违法情形已明显到任何有理智的人能够判断的程度。"〔113〕或者说，违法"在某种程度上犹如刻在额头上般"(gewissermassen auf der Strrn trägt)明显。〔114〕例如，乡镇政府作出行政拘留决定，行政机关违背当事人意愿强迫张三与李四结婚等。

为准确把握无效行政行为的范围，有必要从抽象理论标准过渡至具体情形列举。关于"重大且明显违法"的概念和标准，中国的立法和司法自2000年以来不断走向精细化。2000年，《行政诉讼法解释》(1999)第95条规定："被申请执行的具体行政行为有下列情形之一的，人民法院应当裁定不准予执行：(一)明显缺乏事实根据的；(二)明显缺乏法律依据的；(三)其他明显违法并损害被执行人合法权益的。"2009年最高人民法院《关于审理行政许可案件若干问题

---

〔110〕此外，顺便介绍一下，我国澳门特别行政区于1999年制定了《行政程序法典》。由于历史的原因，它关于无效行政行为的认定标准还是沿袭了葡萄牙的"要素加法律列举说"。其第122条第1款指出："无效之行政行为，系指欠缺任何主要要素之行政行为，或法律明文规定属无效之行政行为。"接着在第2款列举了9种无效情形：(1)有越权瑕疵之行为；(2)不属作出行为者所属法人之职责范围之行为；(3)标的属不能、不可理解或构成犯罪之行为；(4)侵犯一基本的权利之根本内容之行为；(5)受胁迫而作出之行为；(6)绝对不依法定方式作出之行为；(7)在不守秩序下作出之合议机关决议，又或在未具法定人数或未达法律要求之多数而作出之合义机关决议；(8)与裁判已确定之案件相抵触之行为；(9)随先前已被撤销或废止之行政行为而发生之行为，只要就维持该随后发生之行为并不存在有正当利益之对立利害关系人。我国台湾地区只有行政行为的撤销理论，本无无效理论。但在制定"行政程序法"时还是抄袭了德国。2005年"行政程序法"第111条(无效之行政处分)规定将7种情形列入无效行政行为：(1)不能由书面处分中得知处分机关者；(2)应以证书方式作成而未给予证书者；(3)内容对任何人均属不能实现者；(4)所要求或许可之行为构成犯罪者；(5)内容违背公共秩序、善良风俗者；(6)未经授权而违背法规有关专属管辖之规定或缺乏事务权限者；(7)其他具有重大明显之瑕疵者。

〔111〕关于确认无效之诉的诉讼地位，我国台湾地区学者主张无效确认诉讼属于"补充性原则之例外"。参见陈清秀：《行政诉讼法》，法律出版社2016年版，第233页。

〔112〕即以行政诉讼制度倒逼行政实体制度的成熟。

〔113〕李广宇：《新行政诉讼法逐条注释》，法律出版社2015年版，第650页。

〔114〕翁岳生编：《行政法》(第2版)，中国法制出版社2009年版，第678页。

的规定》(法释〔2009〕20 号)第 7 条规定:“作为被诉行政许可行为基础的其他行政决定或者文书存在以下情形之一的,人民法院不予认可:(一)明显缺乏事实根据;(二)明显缺乏法律依据;(三)超越职权;(四)其他重大明显违法情形。”这是第一次对行政许可的无效情形作出全面列举。2011 年出台的《行政强制法》,第一次对行政强制中的无效情形进行关注。该法第 58 条第 1 款规定:“人民法院发现有下列情形之一的,在作出裁定前可以听取被执行人和行政机关的意见:(一)明显缺乏事实根据的;(二)明显缺乏法律、法规依据的;(三)其他明显违法并损害被执行人合法权益的。”2018 年,《行政诉讼法解释》(2018)第 99 条规定,对 2017 年《行政诉讼法》第 75 条所指的“重大且明显违法”作了列举式解释,认为“重大且明显违法”包括:(1)行政行为实施主体不具有行政主体资格;(2)减损权利或者增加义务的行政行为没有法律规范依据;(3)行政行为的内容客观上不可能实施;(4)其他重大且明显违法的情形。这些规定无疑使“重大且明显违法”的概念和标准走向具体化,推进了中国行政法理论和行政法制度的成熟。

三、无效行政行为的具体情形

关于无效行政行为的概念和标准,已由《行政诉讼法》第 75 条作出规定:无效行政行为就是“重大而明显违法”的行政行为。未来的“行政基本法”或“行政程序法”不可能标新立异另立标准,只会重申现有规定。问题在于,关于无效行政行为的认定标准,在立法方式上必须采取“概括 + 列举”模式,既要对无效行政行为下一个概括性的定义,又须同步列举无效行政行为的各种情形。在法律适用上,符合具体无效情形的,按具体情形认定;不符具体无效情形的,则按概念标准判定。如同德国的做法。

目前的困难不是如何定义“无效行政行为”问题,[115]而是如何统一无效行政行为的具体情形,使之做到全面而不遗漏、分类而不交叉。而后一项工作,我们既没有从理论上系统解决,也找不到一个立法载体[116]可以解决,现行的法律、法规和司法解释也未完成这项工作。《行政诉讼法解释》(1999)第 57 条只是表明:行政行为无效与行政行为不成立是两种不同形态。《行政诉讼法》第 75 条也只是表明了,实施行政行为的主体不具有行政主体的资格,或者行政主体实施“没有依据等重大且明显违法”的行政行为,属于无效行为。它们都无法站在“行政实体法”的立场来统一确立“行政无效”制度,我国的一些具体领域的实体法也只能作一些零星地规定。[117] 在行政实体法尚未完成这项工作之前,我们迫切需要从理论上统筹解决之,为未来的立法奠定基础。

笔者认为,无效行政行为是一种重大且明显违法的行政行为。它既包括实体行为,也包括程序行为;既包括侵益行为,也包括授益行为;既包括羁束行为,也包括裁量行为。根据《行政

---

〔115〕 其充其量只是文字的表述方法而已。

〔116〕 完成这项工作的最高立法载体应当是“行政程序法”或“行政基本法”。

〔117〕 如《税收征收管理法》只是规定地方各级人民政府、各级人民政府主管部门、单位和个人违反法律、行政法规规定,擅自作出的减税、免税决定无效;《农村土地承包法》只是规定包括行政机关在内的组织或工作人员“强迫进行土地承包经营权互换、转让或者土地经营权流转的,该互换、转让或者流转无效”;《土地管理法》只是规定,“无权批准征收、使用土地的单位或者个人非法批准占用土地的,超越批准权限非法批准占用土地的,不按照土地利用总体规划确定的用途批准用地的,或者违反法律规定的程序批准占用、征收土地的,其批准文件无效”;《行政处罚法》只是规定行政处罚没有依据、实施主体不具有行政主体资格,或者违反法定程序构成重大且明显违法的行政处罚无效,这并没有覆盖所有的行政行为。《行政诉讼法解释》(2018)第 99 条是对无效行政行为具体情形最为广泛的一次列举,但依然没有穷尽所有的无效情形。

诉讼法》第75条和《行政诉讼法解释》(2018)第99条以及其他法律法规,结合中国当下的理论研究成果,并参考国外关于无效行政行为的理论和制度,行政行为有下列情形者无效:

1. 作出行政行为的组织无行政主体资格的。行政行为必须由行政主体作出,而行政主体包括行政机关或得到法律、法规、规章授权的其他社会组织。不具有行政主体资格的组织作出的行政行为是无效行为。在实践中,无行政主体资格实施行政行为主要是指:(1)没有得到法律、法规和规章授权的社会组织实施行政行为;(2)尚未依法设立的行政机关提前行使职权;(3)已经撤销的行政机关仍以原机关名义实施行政行为。[118] 行政行为实施主体不具有行政主体资格者无效,这一点在中国的立法和司法中被高度地认同,我国《行政诉讼法》第75条、《行政诉讼法解释》(2018)第99条和《行政处罚法》(2021)第38条都有此明确规定。世界上的许多"行政程序法"也将这种情形明确列为无效行政行为。[119]

2. 行政行为超越行政专属权的。世界上的行政程序法大多把"超越职权"行为列为无效情形[120],主要在于它们在理论上没有很好地厘清"没有行政主体资格"与"没有职权"的关系。我们在已将"作出行政行为的组织无行政主体资格"单设为一种独立的无效情形背景下,没有必要将一般的越权行为都确认为无效。我们仅仅规定超越行政专属权的行政行为无效,这是比较适当的。行政职权有一般职权与专属职权之分。专属职权是指由法律所设定专属于某一行政机关或某类行政机关行使的职权。除了法定性,专属职权还具有明显的排他性,表现为某一行政机关或某类行政机关拥有这一职权后,其他机关就不被允许同时拥有这一职权。例如,由《行政处罚法》所规定的公安机关专属行使的限制人身自由的行政处罚权[121],由《商标法》所设定的商标评审委员会对商标争议的裁决权[122]等,都属于不可逾越的专属职权。但是,最高人民法院将某些越权行为同样认定为无效。如最高人民法院《关于审理涉及国有土地使用权合同纠纷案件适用法律问题的解释》(法释〔2020〕17号)第2条规定:"开发区管理委员会作为出让方与受让方订立的土地使用权出让合同,应当认定无效。本解释实施前,开发区管理委员会作为出让方与受让方订立的土地使用权出让合同,起诉前经市、县人民政府自然资源主管部门追认的,可以认定合同有效。"

3. 因受贿,或当事人胁迫、伪造公文等违法犯罪行为而作出的行政行为损害公共利益或第三人利益的。这类行为应当把握两点:(1)从主观上看,行政机关及其工作人员是在接受当事

---

〔118〕 至于一个行政执法机关行使另一个行政执法机关的职权,不属于无行政主体资格,而属于越权。

〔119〕 如日本行政法规定"无行政厅和公务员资格者实施的行为"无效;西班牙1958年《行政程序法》第47条规定,"由明显无职权的机构进行的行为"无效;葡萄牙1996年《行政程序法典》第134条规定,不属于行政主体法人职责所作行为无效。中国澳门特别行政区1999年《行政程序法典》第122条第2款规定,"不属作出行为者所属法人之职责范围之行为"无效。

〔120〕 如德国《联邦行政程序法》第44条第2款规定,行政机关超越地方管辖权作出的越权行为无效;日本行政法规定,"超越行政厅权限"的无效;1992年西班牙《公共行政机关及共同的行政程序法》第62条规定,"从业务或地区范围上明显无管辖权的部门所作的行为"无效;1991年奥地利《普通行政程序法》第68条第4款规定,"由无管辖权之官署,或由并非合法组成之合议官署所作成者"无效;1996年葡萄牙《行政程序法典》第134条规定,"有越权瑕疵的行为"无效;中国澳门特别行政区1999年《行政程序法典》第122条第2款同样规定"有越权瑕疵之行为"无效;中国台湾地区2005年"行政程序法"第111条规定,"未经授权而违背法规有关专属管辖之规定或缺乏事务权限者"所作行政处分无效。

〔121〕 《行政处罚法》(2021)第18条第3款规定:"限制人身自由的行政处罚权只能由公安机关和法律规定的其他机关行使。"

〔122〕 《商标法》(2019)第2条第2款规定:"国务院工商行政管理部门设立商标评审委员会,负责处理商标争议事宜。"

人的行贿,或在当事人的胁迫状态作出行政行为,或者当事人以伪造的公文骗取了行政机关的批准,这些行政行为虽然已经作出,但显然违背了行政主体的真实意思;(2)从客观上看,这种行为的内容必须是损害公共利益或第三人利益的。将这类行为纳入无效范围的理由是,任何法律行为都必须出自行为人真实意思的反映,而受贿、胁迫都会扭曲行为人的真实意思。民事行为如此,公权力行为更应当如此。[123]

4. 就法律保留事项作出行政行为而无法律依据的。应当由国家法律作出规定的事项属于法律保留事项。这些事项的范围由《立法法》(2023)第 11 条[124]和其他法律作出明文规定。必须特别说明的是,根据基本权利保障原则和《立法法》(2023)第 11 条第 11 项规定,公民的基本权利与义务、法人和其他组织的宪法权利与义务都属于我国的法律保留事项。没有具体法律依据,行政主体就这些“法律保留事项”作出决定的,属于无效行政行为。[125]

5. 行政行为的内容违反法律和行政法规的强制性规定的。违反法律和行政法规强制性规定的行为无效,这是我国民商法中的一项通则。《民法典》(2020)第 153 条第 1 款规定:“违反法律、行政法规的强制性规定的民事法律行为无效。但是,该强制性规定不导致该民事法律行为无效的除外。”这一规定应当同样适用行政行为。[126] 在我国法律体系中,法律和行政法规的效力层次仅次于宪法,高于地方性法规和规章,它们直接体现最高国家权力机关和最高国家行政机关的意志。其强制性规范不同于倡导性规范和管理性规范,而是一种效力性规范。违反法律、行政法规中的强制性规定,当属无效。

6. 法律明文规定相对人有权抵抗和拒绝的行政行为。我国已有不少法律明文规定公民、

---

[123] 我国《民法典》(2020)第 146 条第 1 款规定:“行为人与相对人以虚假的意思表示实施的民事法律行为无效。”第 154 条又规定:“行为人与相对人恶意串通,损害他人合法权益的民事法律行为无效。”这一法理精神同样应当适用行政行为。世界上也有不少行政程序法作出了类似规定,比如,日本将“行政厅存在意思欠缺”列为无效情形之一;1992 年西班牙《公共行政机关及共同的行政程序法》第 62 条规定,“完全偏离”集体领导机构意志的情况下所作的行为无效;1996 年葡萄牙《行政程序法典》第 134 条明确规定“受胁迫作出的行为”无效;中国澳门特别行政区的《行政程序法典》第 122 条第 2 款同样把“受胁迫而作出之行为”纳入无效范围。

[124] 《立法法》(2023)第 11 条规定:“下列事项只能制定法律:(一)国家主权的事项;(二)各级人民代表大会、人民政府、监察委员会、人民法院和人民检察院的产生、组织和职权;(三)民族区域自治制度、特别行政区制度、基层群众自治制度;(四)犯罪和刑罚;(五)对公民政治权利的剥夺、限制人身自由的强制措施和处罚;(六)税种的设立、税率的确定和税收征收管理等税收基本制度;(七)对非国有财产的征收、征用;(八)民事基本制度;(九)基本经济制度以及财政、海关、金融和外贸的基本制度;(十)诉讼制度和仲裁基本制度;(十一)必须由全国人民代表大会及其常务委员会制定法律的其他事项。”

[125] 比如,没有法律依据,行政机关作出一个征收决定;或者没有法律依据,行政机关剥夺和限制公民的基本权利。从职权法定原则出发,“法无授权不可为”,原则上公权力行为的作出都必须有法的依据,没有法的依据作出行政行为都构成行政违法。但作为违法行为中的极端行为,只有涉及法律保留事项的行政行为如果没有法律的直接依据,才构成无效。1996 年葡萄牙《行政程序法典》第 134 条规定,“侵犯基本权利的根本内容的行为”无效,和本情形比较接近。

[126] 我国已有不少行政性法律反映了这一点。我国第一部税收征收法,即 1992 年的《税收征收管理法》第 21 条第 2 款规定:“减税、免税的申请须经法律、行政法规规定的减税、免税审查批准机关审批;地方各级人民政府、各级人民政府主管部门、单位和个人违反法律、行政法规规定,擅自作出的减税、免税决定无效。”接着 1995 年、2001 年和 2013 年的修改都保留了同一内容。2015 年修订的《税收征收管理法》第 33 条第 2 款规定:“地方各级人民政府、各级人民政府主管部门、单位和个人违反法律、行政法规规定,擅自作出的减税、免税决定无效,税务机关不得执行,并向上级税务机关报告。”

法人或者其他组织有权拒绝某些不合法的行政行为。例如,《行政处罚法》(2021)第55条第1款[127]、《保险法》(2018)第154条第3款、[128]《证券法》(2019)第172条[129]规定,监督检查、调查的人员少于二人或者未出示合法证件和监督检查、调查通知书的,被检查、调查的单位和个人有权拒绝;《商业银行法》(2015)第29条第2款[130]和第30条[131]、《行政强制法》(2011)第30条第3款[132]和第47条第2款[133]规定,法律规定以外组织要求冻结或划拨当事人存款、汇款的,金融机构应当拒绝;《商业银行法》(2015)第41条还规定,任何单位和个人不得强令商业银行发放贷款或者提供担保,商业银行有权拒绝任何单位和个人强令要求其发放贷款或者提供担保;《行政处罚法》(2021)第70条和第77条、[134]《治安管理处罚法》(2012)第106条[135]规定,不出具财政部门统一制发的罚款收据的,当事人有权拒绝缴纳罚款。当法律明文授予相对人具有拒绝权时,可以想象,所拒绝的行政行为一定是严重而明显的违法,所以可以列入无效行政行为的范围。

7. 行政行为内容和实施明显违反公序良俗的。公序良俗,即公共秩序与善良风俗的简称,具体包括:(1)国家和社会公序;(2)市民社会善良风俗习惯;(3)他人人格尊严;(4)家庭道德关系准则;(5)其他公序良俗。我国《民法典》(2020)第153条第2款规定:“违背公序良俗的民事法律行为无效。”行政行为违反公序良俗的,也应当无效。《公职人员政务处分法》(2020)第40条明文将公职人员“违背社会公序良俗,在公共场所有不当行为,造成不良影响的”行为列入政务处分的范围。[136]

8. 行政行为的实施会导致行政机关或者他人犯罪的。犯罪是指危害国家主权、领土完整

---

[127] 《行政处罚法》(2021)第55条第1款规定:“执法人员在调查或者进行检查时,应当主动向当事人或者有关人员出示执法证件。当事人或者有关人员有权要求执法人员出示执法证件。执法人员不出示执法证件的,当事人或者有关人员有权拒绝接受调查或者检查。”

[128] 《保险法》(2018)第154条第3款规定:“保险监督管理机构依法进行监督检查或者调查,其监督检查、调查的人员不得少于二人,并应当出示合法证件和监督检查、调查通知书;监督检查、调查的人员少于二人或者未出示合法证件和监督检查、调查通知书的,被检查、调查的单位和个人有权拒绝。”

[129] 《证券法》(2019)第172条规定:“国务院证券监督管理机构依法履行职责,进行监督检查或者调查,其监督检查、调查的人员不得少于二人,并应当出示合法证件和监督检查、调查通知书或者其他执法文书。监督检查、调查的人员少于二人或者未出示合法证件和监督检查、调查通知书或者其他执法文书的,被检查、调查的单位和个人有权拒绝。”

[130] 《商业银行法》(2015)第29条第2款规定:“对个人储蓄存款,商业银行有权拒绝任何单位或者个人查询、冻结、扣划,但法律另有规定的除外。”

[131] 《商业银行法》(2015)第30条规定:“对单位存款,商业银行有权拒绝任何单位或者个人查询,但法律、行政法规另有规定的除外;有权拒绝任何单位或者个人冻结、扣划,但法律另有规定的除外。”

[132] 《行政强制法》(2011)第30条第3款规定:“法律规定以外的行政机关或者组织要求冻结当事人存款、汇款的,金融机构应当拒绝。”

[133] 《行政强制法》(2011)第47条第2款规定:“法律规定以外的行政机关或者组织要求划拨当事人存款、汇款的,金融机构应当拒绝。”

[134] 《行政处罚法》(2021)第70条规定:“行政机关及其执法人员当场收缴罚款的,必须向当事人出具国务院财政部门或者省、自治区、直辖市人民政府财政部门统一制发的专用票据;不出具财政部门统一制发的专用票据的,当事人有权拒绝缴纳罚款。”第77条规定:“行政机关对当事人进行处罚不使用罚款、没收财物单据或者使用非法定部门制发的罚款、没收财物单据的,当事人有权拒绝,并有权予以检举,由上级行政机关或者有关机关对使用的非法单据予以收缴销毁,对直接负责的主管人员和其他直接责任人员依法给予处分。”

[135] 《治安管理处罚法》(2012)第106条规定:“人民警察当场收缴罚款的,应当向被处罚人出具省、自治区、直辖市人民政府财政部门统一制发的罚款收据;不出具统一制发的罚款收据的,被处罚人有权拒绝缴纳罚款。”

[136] 我国台湾地区的“行政程序法”第111条(无效之行政处分)也将“内容违背公共秩序、善良风俗者”列入无效情形。

和安全,分裂国家、颠覆人民民主专政的政权和推翻社会主义制度,破坏社会秩序和经济秩序,侵犯国有财产或者劳动群众集体所有的财产,侵犯公民私人所有的财产,侵犯公民的人身权利、民主权利和其他权利,以及其他危害社会的行为,依照法律应当受刑罚处罚的行为。犯罪是最严重的违法行为。如果行政行为的实施会导致行政主体自身或者他人犯罪的,说明该行政行为具有极端的违法性,当然无效。[137]

9. 行政行为的实施会导致民事关系无效的。行政行为不仅会导致行政关系的成立、变更或消灭,同时也会大量地导致民事关系的成立、变更或者消灭,如行政机关的婚姻登记(行政行为)会导致婚姻关系(民事关系)的成立、变更或者消灭。如果一个行政行为会导致相关民事关系无效的,该行政行为同样无效。我国《民法典》(2020)已对无效民事行为和无效民事关系作出明确规定。[138] 比如,民政部门为重婚者或未到法定婚龄者登记结婚的,该登记行为(行政行为)无效。

10. 行政行为的内容客观上不可能实现的。这是起源于德国的"行为不能"理论。所谓"行为不能"是指行政行为要求相对人履行的义务在客观上是不可能实现的,如行政机关在无斑马线的路口要求行人走斑马线,无交通信号灯的路口要求车辆按信号灯行驶,又如要求公民戴口罩吃饭等。将"行为不能"列入"无效行为"是许多国家和地区的"共识"。[139]

11. 重大而明显的程序违法。无效行政行为不仅是一种实体违法,同样也是一种程序违法。以上十种情形都属于实体违法,但无效行政行为并不只发生在实体领域,在程序领域同样会发生。[140] 程序上的无效行为,既包括违反法定程序,也包括违反正当程序。另外,程序上的无效行为,也不仅仅是狭义上的程序问题,还应当包括形式要件。无效的程序行为应当限于程

---

[137] 将导致犯罪的行政行为确定为无效,这在世界上基本达成共识。德国《联邦行政程序法》第 44 条第 2 款规定,"行政行为的完成以违法行为为要件,该违法行为构成犯罪或罚款事实要件"者无效;西班牙 1958 年《行政程序法》第 47 条规定,"其内容为构成犯罪的行为"无效,1992 年制定的《公共行政机关及共同的行政程序法》第 62 条又明确规定,"构成违反刑法的行为或在违反刑法情况下作出的行为"无效;奥地利 1991 年《普通行政程序法》第 68 条第 4 款规定,"将发生违反刑法之效果者"无效;葡萄牙 1996 年《行政程序法典》第 134 条规定,行政行为"构成犯罪的"无效;中国澳门特别行政区的《行政程序法典》第 122 条第 2 款指出,"构成犯罪之行为"无效;中国台湾地区"行政程序法"第 111 条(无效之行政处分)明文规定,"所要求或许可之行为构成犯罪者"无效。

[138] 如《民法典》(2020)第 144 条规定"无民事行为能力人实施的民事法律行为无效",第 154 条规定"行为人与相对人恶意串通,损害他人合法权益的民事法律行为无效",第 197 条第 2 款规定"当事人对诉讼时效利益的预先放弃无效",第 1007 条规定"买卖人体细胞、人体组织、人体器官、遗体"无效,第 1051 条规定,重婚者、有禁止结婚的亲属关系、未到法定婚龄的,婚姻无效等。

[139] 如德国《联邦行政程序法》第 44 条第 2 款规定,"基于事实理由不能实施的行政行为"无效;日本行政法规定"事实或者法律上不可能实现的行为"无效;西班牙 1958 年《行政程序法》第 47 条规定,行政行为"其内容为不可能"者无效,1992 年的《公共行政机关及共同的行政程序法》第 62 条规定,"含有不可能内容的行为"无效;奥地利 1991 年《普通行政程序法》第 68 条第 4 款规定,行政行为"事实上不能执行者"无效;葡萄牙 1996 年《行政程序法典》第 134 条规定,行政行为"标的属不能"者无效;中国澳门特别行政区《行政程序法典》第 122 条第 2 款指出,行政行为"标的属不能"者无效;中国台湾地区"行政程序法"第 111 条(无效之行政处分)规定,"内容对任何人均属不能实现者"无效。2018 年我国的一个司法解释第一次将这一情形规定为"无效"。《行政诉讼法解释》(2018)第 99 条规定,有下列情形之一的,属于《行政诉讼法》第 75 条规定的"重大且明显违法":……"行政行为的内容客观上不可能实施"。

[140] 我国《行政诉讼法》(2017)第 75 条把无效的程序行为搁置于"等"之中,《行政诉讼法解释》(2018)第 99 条虽然对无效行政行为的具体情形作了一些细化,但依然把程序上的无效行为放在"其他重大且明显违法的情形"之中,倒是《行政处罚法》始终关注程序无效问题,尽管具体标准有所变化。1996 年《行政处罚法》第 3 条第 2 款规定,"没有法定依据或者不遵守法定程序的,行政处罚无效。"2021 年修订后的《行政处罚法》第 38 条第 2 款规定,"违反法定程序构成重大且明显违法的,行政处罚无效。"由此打破了长期被隐藏在"等"和"其他"黑洞内的僵局。

序违法中的极端部分，范围包括：(1)行政行为不表明行政主体；[141](2)法律规定必须采取书面形式的行政行为不提供书面形式；[142](3)作出行政行为前不为当事人提供申辩和听证机会的。[143]

12. 其他重大且明显违法的情形。这是一个兜底规定，除了以上十一项，由法律明文规定属于“无效”的其他行政行为，当然无效。这里“其他”的空间很大，需要理论上的研究，司法上的探索，等待立法和法律解释进一步明确。世界上一些行政程序法所规定的无效情形但未被列入上述十一项之内的，应当正视和研究，如日本行政法提出的“违反信义原则的行为”和“无理由记载的行为”；葡萄牙《行政程序法典》和我国澳门特别行政区《行政程序法典》所规定的“与既判案件相悖的行为”和“随已被撤销或废止的行政行为而发生的行为”等。中国的专家学者和司法实践，还在不断挖掘兜底的“其他”无效情形，一些司法裁判将“损害重大公共利益”“登记机关未履行审慎义务”等确定为无效情形，应当引起关注。[144]

关于行政行为的无效标准与具体情形之间的关系，可以参照德国《联邦行政程序法》的做法，符合具体情形的按具体情形认定，对于具体情形之外的行为，按无效标准考量认定。

第五节　行政无效的确认机关和法律后果

一、行政无效的确认机关

尽管无效行政行为是一种重大且明显的违法行为，人人都可以视作它不存在，但这仅仅是一种理论态度和法律态度。在操作上，还是有赖于有关机关的确认。某一行政行为到底是不

---

[141] 具体表现为：作出行政决定没有行政机关的落款，执法人员现场执法不表明身份，致使行政相对人不知道谁在执法。行政行为均由特定的行政主体针对特定的公民、法人或者其他组织作出，而且直接对当事人的权利和义务发生影响。作出行政行为的行政主体有义务通过文件落款、告知身份、出示证件等方式，确保相对人知道你是谁。确保相对人知道行政主体，有助于相对人对国家行政管理进行配合，并在行政行为违法时主张权利救济。我国《行政处罚法》第19、20、59、55条均有相关规定。最高人民法院行政审判庭也倾向于把行政行为“以书面形式作出但没有注明作出机关”作为无效行为对待。参见最高人民法院行政审判庭编著：《最高人民法院行政诉讼法司法解释理解与适用》(上、下)，人民法院出版社2018年版，第460页。世界上也有不少行政程序法表明：不表明行政机关者，行政行为无效。如德国《联邦行政程序法》第44条第2款规定，“行政行为虽已书面作出，但作出的行政机关却未表明该行为由谁作出”，这种行为无效；日本行政法指出，“缺少行政厅的署名、印鉴的行为”无效；我国台湾地区“行政程序法”第111条(无效之行政处分)规定，“不能由书面处分中得知处分机关者”无效。

[142] 当法律规定必须采取书面形式的行政行为不提供书面形式的，应当认定为无效。《行政许可法》第34条和第38条明文规定许可决定必须以书面形式作出；《行政处罚法》第59条要求行政处罚必须制作“行政处罚决定书”；根据《行政强制法》的有关规定，行政机关实施行政强制措施或行政强制执行，都必须制作“行政强制措施决定书”和“行政强制执行决定书”。世界上也有行政程序法把违反法定形式的行为列为无效行为的做法，如德国《联邦行政程序法》第44条第2款规定，“根据法规，行政行为仅可以交付一定的文书方式作出，而未交付文书的”无效；日本行政法专门规定了违反形式要求的无效情形，“规定有义务应书面提交而口头实施的行为”，“规定应交付特定形式的许可证而欠缺的行为”，可以确定为无效；葡萄牙《行政程序法典》第134条规定，“根本违反法定方式作出的行为”无效；中国澳门特别行政区《行政程序法典》第122条第2款规定，“绝对不依法定方式作出之行为”无效；我国台湾地区“行政程序法”第111条(无效之行政处分)规定，“不能由书面处分中得知处分机关者”，或者“应以证书方式作成而未给予证书者”无效。

[143] 日本行政法早已明确，“不给法定的公开听证、申辩机会的行为”无效。

[144] 参见李荣珍、王南瑛：《无效行政行为的司法认定研究》，载《甘肃社会科学》2020年第6期。

是无效行政行为,并不取决于个人的判断,而取决于有关机关通过法律程序依法确认。如果人人都有无效行政行为的确认权,那会导致混乱。根据中国现行法律制度,有权确认行政行为无效的主要有三个机关,并应通过三个程序:一是行政复议机关通过行政复议程序确认被申请复议的行政行为无效;二是人民法院通过行政诉讼程序确认被诉行政行为无效;三是作出该行为的行政主体通过自我纠错程序宣布无效。

(一)行政复议机关

现行《行政复议法》制定于1999年。当时的中国,行政行为的无效制度尚未被全面确立,所以该法没有涉及"无效行政行为"以及对"无效行政行为"的审查和决定。但从法理上推论,无效行政行为是严重的违法,旨在保证行政行为的合法性和合理性,以及阻却行政行为的违法与不当的行政复议制度,自然应当包括对无效行政行为的控制。[145] 再说,最高人民法院的司法解释其实已经间接地肯定了行政复议机关拥有确认行政行为无效的权力。《行政诉讼法解释》(2018)第22条第2款规定:"复议机关确认原行政行为无效,属于改变原行政行为。"

从行政法理上说,行政相对人对于无效行政行为,任何时候都有权申请行政复议,要求复议机关确认该行政行为无效,不受诉讼时效限制。复议机关确认该行政行为无效的,应当作出确认无效的复议决定,不构成无效行政行为的,应当依照《行政复议法》第64条[146]规定,作出不同的复议决定。

(二)人民法院

《行政诉讼法》已经设置了行政行为的无效确认之诉,行政相对人认为无效行政行为侵害了其合法权益,他可以依法提起行政诉讼,请求法院对该行政行为确认无效。相对人提起行政行为的确认无效之诉的,不受诉讼时效限制。

人民法院经审查,认为被诉行政行为构成无效行政行为的,应当依照《行政诉讼法》第75条[147]规定作出确认无效的判决。如果不构成无效行政行为的,应当依照《行政诉讼法》第69~74条规定,视不同情况作出驳回原告诉讼请求、撤销判决、履行判决、给付判决和确认违法判决等。

(三)行政主体

行政复议机关通过行政复议程序,人民法院通过行政诉讼程序,都有权确认行政行为无效。那么,行政主体是否自己也拥有了确认自己行为无效的权力呢?这一问题,法律制度尚未回答。这就需要从理论上率先研讨。

笔者认为,无效行政行为是重大且明显的违法,应当是人人有权抵抗、人人有责任纠正。抵制和纠正一切反法治现象,正是法治的真正态度。所以,任何组织和个人对于自己的错误行

[145] 《行政复议法》2023年的修订将"行政行为无效"问题写进法律。《行政复议法》(2023)第67条规定:"行政行为有实施主体不具有行政主体资格或者没有依据等重大且明显违法情形,申请人申请确认行政行为无效的,行政复议机关确认该行政行为无效。"

[146] 《行政复议法》(2023)第64条第1款规定:"行政行为有下列情形之一的,行政复议机关决定撤销或者部分撤销该行政行为,并可以责令被申请人在一定期限内重新作出行政行为:(一)主要事实不清、证据不足;(二)违反法定程序;(三)适用的依据不合法;(四)超越职权或者滥用职权。"

[147] 《行政诉讼法》(2017)第75条规定:"行政行为有实施主体不具有行政主体资格或者没有依据等重大且明显违法情形,原告申请确认行政行为无效的,人民法院判决确认无效。"

为,都有自我纠正的义务。从这一理论出发,我们应当支持行政主体自己对自己作出的无效行为的纠正,它们应当宣布自己行为无效并撤回自己的行为。

为了防止行政主体作出行政行为之后,因事后情况变化而后悔(如土地批准出让后地价上涨,政府后悔),随意寻找理由自己宣布已用什么出的行为无效,行政主体一定要坚持法的安定性和信赖利益保护等原则。另一个保障措施更为重要:行政主体宣布自己已作出的行政行为无效,等于该行政主体又作出了一个新的行政行为(决定),当事人和利害关系人对此不服的,依然可以提起行政复议或者行政诉讼。

二、行政无效的法律后果

行政行为被确认无效后,就会产生一系列的法律后果,包括效力、纠错和赔偿。

1. 绝对无效。行政行为被有权机关依法确认无效之后,等于宣告了该行政行为"绝对无效"。这就意味着该行为自始无效与永远无效。从此以后,任何组织和个人都可以无视它的存在和无视它存在过。

2. 恢复原状。无效行政行为是一种极端的违法行为。对于任何违法行为,行政主体或相对人都有纠错的义务。违法行为使社会秩序处于一种"违法"的状态,纠错就是要让"违法状态"重新回复到原来的"合法状态",这就是"恢复原状"。

行政行为被确认无效后,由该行为所引起的任何法律关系都应当被否定。除了无法做到的,一切都必须"恢复原状"。有关组织和个人都有义务恢复原状或帮助恢复原状。

3. 赔偿损失。如果无效行政行为造成他人损害的,行为人还必须承担赔偿责任。无效行政行为因行政主体的单方责任决定的,由作出该行为的行政主体承担赔偿责任;如果行政主体和相对人均有过错,应当由双方根据过错责任的大小分担赔偿责任;[148] 如果因相对人的单方原因造成的(如欺骗或胁迫等),则由相对人自我承担损失。

第六节　疑难问题探讨

一、无效行为与可撤销行为的绝对无效与相对无效有何区别?

无效行政行为与可撤销行政行为在效力的否定性上是有区别的:前者是绝对无效,后者是相对无效。那么,这里的绝对无效与相对无效具体区别在哪里呢?

区别在法律对它们的态度上。对于无效行政行为,"绝对无效"表现在:(1)有权机关对它的处理只有"确认无效"一种选择,不存在第二种选择;(2)任何组织和个人都可以视它不存在,并且行政相对人对它还具有天然的抵抗权;(3)相对人请求确认该行为无效,无论是行政复议或行政诉讼,都不受时效的限制;(4)绝对无效还意味着它是自始无效和永远无效。

对于可撤销行政行为,其"相对无效"表现在:(1)有权机关对它的处理有几种选择,撤销,或只是确认违法而不撤销;(2)人们对可撤销行为不具有抵抗权;(3)相对人提起撤销之诉受诉

---

[148] 《行政诉讼法解释》(2018)第97条规定:"原告或者第三人的损失系由其自身过错和行政机关的违法行政行为共同造成的,人民法院应当依据各方行为与损害结果之间有无因果关系以及在损害发生和结果中作用力的大小,确定行政机关相应的赔偿责任。"

讼时效的限制;(4)可撤销行为被撤销后,向后不具有法律效力,但不影响以前的效力。

二、行政行为被确认无效后对公民更加不利怎么办?

行政行为被确认无效后,由该行为所形成的一切法律关系都会归于无效。这一后果在大多情况下对行政相对人是有利的,因为作为极端的行政违法行为都是对公民、法人或者其他组织合法权益的侵犯,但在少数情况下可能对公民、法人或者其他组织是有不利的,如颁发的许可证被确认无效。在后一种情况下,设置行政行为无效制度的意义不大。所以,有人主张,无效行政行为是否可以被限定在"不利行为"的范围之内。

笔者认为,无效行政行为不仅严重侵害公民的合法权益,它更是对国家利益和社会秩序的破坏,阻却无效行政行为是为了恢复法律秩序,总体上对人民群众的有益的。因此,将无效行政行为局限在"不利行为"范围内是不可取的。

当然在具体的操作中,如果一个行为被确认无效后,会对公民更加不利。有权机关应当在裁量的范围内予以平衡。德国早就遇到了这一问题,联邦行政法院的意见是:信赖保护原则与此并不矛盾,但在执行时必须在裁量权行使范围内予以考虑。[149]

三、公民对无效行政行为如何抵抗?

中外许多行政法教科书都表明:行政机关作出的无效行政行为,是极端严重的违法行为,公民、法人或者其他组织针对行政机关的无效行政行为具有抵抗权,可以拒绝履行无效行政行为。但这在实践操作中很难:一是当事人认为是无效行政行为的,不等于该行政行为就一定是无效行政行为;二是如果当事人确实遇到了无效行政行为,但未经行政复议或行政诉讼确认其无效之前,当事人进行抵抗,会遇到更加不利的法律后果,如行政执法机关会以当事人扰乱秩序为由采取更加不利的强制措施。

无效行政行为,是指由行政主体作出的重大且明显违法,自始就没有法律效力的行政行为。无效行政行为是违法行政行为的极端形式。无效行政行为一定是违法行政行为,但违法行政行为不一定是无效行政行为。违法的行政行为只有到了"重大"并"明显"的程度,才成为无效行政行为。所以说无效行政行为是极端的违法行政行为,也没有错。

在中国,关于无效的行政行为,虽然早从20世纪90年代开始在零星的法规中已有表达,但作为一个概括性的学理概念则是在2014年《行政诉讼法》修改后才被普遍确立。2014年修正的《行政诉讼法》第75条首次规定:"行政行为有实施主体不具有行政主体资格或者没有依据等重大且明显违法情形,原告申请确认行政行为无效的,人民法院判决确认无效。"第76条还规定:"人民法院判决确认违法或者无效的,可以同时判决责令被告采取补救措施;给原告造成损失的,依法判决被告承担赔偿责任。"2021年《行政处罚法》的修订也加重了对无效行为的规定。《行政处罚法》(2021)第38条规定:"行政处罚没有依据或者实施主体不具有行政主体资格的,行政处罚无效。违反法定程序构成重大且明显违法的,行政处罚无效。"

以《行政诉讼法》和《行政处罚法》为基础的"无效行政行为"理论,认为无效行政行为的效力在法律上具有"否定性",而且是"绝对的"否定性。它和一般行政违法的效力不同,不是相对

---

[149] [德]哈特穆特·毛雷尔:《行政法学总论》,高家伟译,法律出版社2000年版,第254页。

无效,而是绝对无效。绝对无效表现为当然无效、自始无效和永远无效,由此就引申出当事人对无效行政行为具有抵抗权,可以拒不服从。但这在操作层面确实是有风险的。因为如果当事人对无效行政行为判断错了,并进行了事先抵制,最后的结果是当事人“罪加一等”。对此,怎么办为好?笔者认为有以下几个方面:

1. 在理论上,这一认知不能变:无效行政行为是绝对没有效力的违法行政行为,任何人都可视它不存在,当事人有权对它行使抵抗权。确立这一理论的好处在于:如果某一行政行为经行政复议或行政诉讼最终被确认无效,那么,当事人事先的任何抵抗行为都可被同步确认为合法,当事人为此被追加的处罚等不利后果都可被推翻。

2. 对于非常明显的,一般正常认知就可判断的无效行政行为,行政相对人可以,也应当拒绝。如停车位外有车辆违章停车,挡住去路,行政相对人报警后,交警命令行政相对人将违章车辆用汽油烧毁等。

3. 对于法律明文规定可拒绝的行政行为,行政相对人可以,也应当拒绝。如《商业银行法》(2015)第29条第2款规定:“对个人储蓄存款,商业银行有权拒绝任何单位或者个人查询、冻结、扣划,但法律另有规定的除外。”

4. 对于第2、3项以外的无效行政行为,行政相对人可不抵抗,但应当表明不认可态度,并及时申请行政复议或提起行政诉讼,以便确认该行政行为无效。

本章小结

从中外的历史轨迹考察,无效行政行为制度是在履行实现控制行政违法目标过程中,为精细化区分不同程度的行政违法,在撤销手段缺乏对症下药的认知下,所补充提供的一种监控和权利救济手段。它是行政违法撤销制度的一种补充。因此,大多国家都是先有行政行为的撤销制度,后有行政行为的无效制度。对于“二元论”国家,大多是从“一元论”走向“二元论”而不是相反。中国也是如此。

行政行为无效制度的确立有深厚的理论基础。它主要以“公民抵抗权理论”“正当防卫理论”“行政法治理论”等为基础。其中公民抵抗权理论以及行政行为效力的存续性与正义性之间的平衡理论,乃是支持行政行为无效制度的主要依据。中国则是出于坚持依法行政,维护由法律所确立的法律秩序,保护公民、法人和其他组织的合法权益,精细化阻却行政违法行为而设置了行政无效制度。

中国虽然从1986年的第一部《土地管理法》开始,对某些行政行为的无效作出规定,但是零星的实体立法无法建立统一的行政无效制度。2014年《行政诉讼法》的修订,特别是其第75条将“重大且明显违法”作为认定无效行政行为的普遍标准,中国关于行政行为的确认无效之诉程序和行政无效理论慢慢走向成熟。在当下的法律制度下,行政无效行为特指由行政主体作出的重大且明显违法,绝对没有法律效力的行政行为。其效力上的绝对无效性表现为该行为自始无效和永远无效,人们可以无视它的存在,公民、法人或者其他组织对它的起诉不受诉讼时效的限制。

对于无效行政行为的认定,除了“重大且明显违法”这一普遍标准,还应列举具体情形。行政行为的无效情形应当包括:(1)作出行政行为的组织无行政主体资格的;(2)行政行为超越行政专属权的;(3)因受贿,或当事人胁迫、伪造公文等违法犯罪行为而作出的行政行为损害公共利益或第三人利益的;(4)就法律保留事项作出行政行为而无法律依据的;(5)行政行为的内容违反法律和行政法规的强制性规定的;(6)法律明文规定相对人有权抵抗和拒绝的行政行为;(7)行政行为内容和实施明显违反公序良俗的;(8)行政行为的实施会导致行政机关或者他人犯罪的;(9)行政行为的实施会导民事关系无效的;(10)行政行为的内容客观上不可能实现的;(11)重大而明显的程序违法;其他重大且明显违法的情形。

我们期待着这些情形能够在不会太久的将来写进“行政基本法”或“行政程序法”。

规范链接

- 《中华人民共和国立法法》(2023)第 11 条
- 《中华人民共和国民法典》(2020)第 144、153、154、197、1007、1051 条
- 《中华人民共和国行政处罚法》(2021)第 38、55、70、77 条
- 《中华人民共和国治安管理处罚法》(2012)第 106 条
- 《中华人民共和国行政强制法》(2011)第 30、47、58 条
- 《中华人民共和国行政诉讼法》(2017)第 54、75、76 条
- 《中华人民共和国海域使用管理法》(2001)第 43 条
- 《中华人民共和国海岛保护法》(2010)第 53 条
- 《中华人民共和国商业银行法》(2015)第 29、30、41 条
- 《中华人民共和国保险法》(2015)第 154 条
- 《中华人民共和国证券法》(2019)第 172 条
- 《中华人民共和国城乡规划法》(2019)第 39 条
- 《中华人民共和国土地管理法》(2019)第 79 条
- 《中华人民共和国税收征收管理法》(2015)第 33 条
- 《中华人民共和国教育法》(2015)第 82 条
- 《中华人民共和国草原法》(2021)第 63 条
- 《中华人民共和国农村土地承包法》(2018)第 60 条
- 最高人民法院《关于审理行政许可案件若干问题的规定》(法释〔2009〕20 号)第 7 条
- 最高人民法院《关于适用〈中华人民共和国行政诉讼法〉的解释》(法释〔2018〕1 号)第 94、95、97、99、162 条
- 最高人民法院《关于审理行政协议案件若干问题的规定》(法释〔2019〕17 号)第 12 条

案例讨论

上诉人封某勇与被上诉人永州市公安局交通警察支队确认行政行为无效案

案 情

上诉人封某勇因与被上诉人永州市公安局交通警察支队(以下简称永州交警支队)确认行政行为无效一案,不服湖南省永州市零陵区人民法院(2020)湘 1102 行初 154 号行政判决,向本院(湖南省永州市中级人民法院)提起上诉。

原审查明:2020 年 2 月 29 日 8 时 30 分,封某勇驾驶车牌号为 xxx 号重型半挂牵引车(牵引粤 BLZ 某某重型集装箱半挂车)途经广东省普宁市普宁大道"富蓝地产"路口路段时,车辆碰撞候车亭,造成车辆及候车亭受损的交通事故。事故发生后,封某勇驾车逃逸。2020 年 5 月 7 日,普宁市公安局交通警察大队对封某勇作出公交决字[2020]第 445281 -2900868786 号公安交通管理行政处罚决定书,决定:罚款 2000 元;驾驶证记 12 分;暂扣机动车驾驶证。2020 年 5 月 27 日,永州交警支队车辆管理所从公安交通管理综合信息平台系统上获知封某勇上述行政处罚信息后,于 2020 年 5 月 27 日向封某勇发出 AB 证满分注销通知,该通知的主要内容是:"您的驾驶证(432927197009121531)截至 2020 -05 -07 已记满 12 分,将被注销最高准驾车型。请在本通知后 15 日内参加满分学习考试,并办理降级换证业务,否则公告注销的最高准驾车型驾驶资格作废。"封某勇于 2020 年 5 月 29 日收到该通知后,即到蓝山县公安局交通警察大队接受满分教育,封某勇通过 7 天的满分教育并通过科目一考试合格,其驾驶证记分清零。2020 年 6 月 17 日封某勇通过驾驶证注册平台查询到自己的驾驶证准驾车型由原来的 A2 变更为 B1B2。为此,封某勇不服,提起行政诉讼,请求:(1)请求法院确认永州交警支队注销封某勇 A2 准驾车型资格的行政行为无效;(2)判令永州交警支队履行特定法定职责为封某勇恢复 A2 准驾车型的资格;(3)本案的诉

讼费由永州交警支队承担。

另查明,封某勇到蓝山县公安局交通警察大队接受满分教育和考试合格记分清零后,公安交通管理综合信息平台系统自动将封某勇的机动车驾驶证最高准驾车型A2降级为B1或B2准驾车型。

原判认为,本案争议焦点为封某勇要求确认永州交警支队注销其A2准驾车型资格的行政行为无效并为其恢复A2准驾车型资格的诉讼请求是否成立。《行政诉讼法》第63条规定,人民法院审理行政案件以法律和行政法规、地方性法规为依据,参照规章。《行政许可法》第16条第3款规定:"规章可以在上位法设定的行政许可事项范围内,对实施该行政许可作出具体规定。"《道路交通安全法》第19条第1、2款规定:"驾驶机动车,应当依法取得机动车驾驶证。申请机动车驾驶证,应当符合国务院公安部门规定的驾驶许可条件;经考试合格后,由公安机关交通管理部门发给相应类别的机动车驾驶证。"《机动车驾驶证申领和使用规定》第1条规定:"根据《中华人民共和国道路交通安全法》及其实施条例、《中华人民共和国行政许可法》,制定本规定。"根据上述规定可知,《机动车驾驶证申领和使用规定》是法律授权公安部制定的部门规章,是机动车驾驶行政许可实施过程中的具体规定。公安机关交通管理部门应当按照该规定对机动车驾驶证的申领和使用进行管理。《机动车驾驶证申领和使用规定》第68条规定:"机动车驾驶人在一个记分周期内累计记分达到12分的,公安机关交通管理部门应当扣留其驾驶证。机动车驾驶人应当在十五日内到机动车驾驶证核发地或者违法行为地公安机关交通管理部门参加为期七日的道路交通安全法律、法规和相关知识学习。机动车驾驶人参加学习后,车辆管理所应当在二十日内对其进行道路交通安全法律、法规和相关知识考试。考试合格的,记分予以清除,发还机动车驾驶证;考试不合格的,继续参加学习和考试。拒不参加学习,也不接受考试的,由公安机关交通管理部门公告其机动车驾驶证停止使用。"第78条规定:"持有大型客车、牵引车、城市公交车、中型客车、大型货车驾驶证的驾驶人有下列情形之一的,车辆管理所应当注销其最高准驾车型驾驶资格,并通知机动车驾驶人在三十日内办理降级换证业务:(一)发生交通事故造成人员死亡,承担同等以上责任;(二)在一个记分周期内记满12分记录的;(三)连续三个记分周期不参加审验的。机动车驾驶人在规定时间内未办理降级换证业务的,车辆管理所应当公告注销的准驾车型驾驶资格作废。"上述规定,是关于大型客车、牵引车、城市公交车、中型客车、大型货车驾驶人存在严重交通违法行为时,应承担满分学习考试、驾驶证被注销降级换证和公告注销的准驾车型驾驶资格作废等法律后果,是对大型客车、牵引车、城市公交车、中型客车、大型货车驾驶证的申领和使用作出的特别规定。本案中,封某勇作为重型半挂牵引车驾驶人因发生交通事故逃逸被公安机关交通管理部门作出行政处罚,在一个记分周期内记满12分。永州交警支队在公安交通管理信息平台系统中获知原告在一个记分周期内记满12分后,依法及时通知了封某勇参加满分学习,告知了封某勇将被注销最高准驾车型和通过满分学习考试后办理降级换证业务,并将封某勇如不按规定时间办理降级换证业务将被公告注销的最高准驾车型驾驶资格作废的法律后果一并在通知中告知了封某勇,已经依法履行了告知义务,其实施的行政行为事实清楚,证据确凿,适用法律、法规准确,符合法定程序,并无不当。封某勇通过满分学习和考试记分清零后,公安交通管理信息平台系统自动将原告的最高准驾车型A2注销并降级为B1或B2准驾车型,永州交警支队的行政行为不存在重大且明显违法的情形。因此,封某勇要求确认注销其A2准驾车型资格行政行为无效的诉讼理由和诉讼请求缺乏事实依据和法律依据,不符合《行政诉讼法》第75条的规定,其诉讼理由和诉讼请求均不能成立,依法不予采信和支持。综上所述,依照《行政诉讼法》第69条的规定,判决:驳回封某勇的诉讼请求。案件受理费50元,由封某勇负担。

宣判后,封某勇不服,上诉称:(1)一审判决认定事实不清。根据《道路交通安全法》第24条、《道路交通安全法实施条例》第23条、《机动车驾驶证申领和使用规定》第68条的规定,机动车驾驶人在一个记分周期内累计记分达到12分,参加为期7天的道路交通安全法律法规学习,并接受考试,考试合格的,记分予以清除,发还机动车驾驶证,封某勇参加学习并考试合格,于2020年6月9日记分清零,这足以证明永州交警支队注销其A2准驾车型驾驶资格时,其驾驶证处于正常状态。(2)《道路交通安全法》《道路交通安全法实施条例》均没有注销最高准驾车型驾驶资格的规定,在法律法规没有授权给公安部的情况下,《机动车驾驶证申领和使用规定》第78条关于记满12分注销最高准驾车型的规定是公安部私自设定减损公民权利的规定,违反了《立法法》第80条的强制性规定。为此,请求撤销一审判决,改判支持上诉人的一审诉讼请求。

永州交警支队答辩称,一审法院认定事实清楚,程序合法,适用法律正确,封某勇的上诉理由不成立,封某勇违章的事实清楚,普宁市公安局交通警察大队对封某勇进行了处罚,永州交警支队向其送达了满分注销通知,告知了其进行满分学习并办理降级换证业务,请求二审法院依法驳回上诉请求,维持原判。

二审法院经审理查明的事实与一审判决认定的事实一致,故对一审判决认定的事实予以确认。

二审法院认为,本案的焦点为永州交警支队注销封某勇 A2 准驾车型驾驶资格的行政行为是否无效。《机动车驾驶证申领和使用规定》可以作为裁判的依据,是法律授权公安部门制定的部门规章,与上位法的规定不相冲突,可以作为交通违法及其驾驶申领和使用相关管理的依据。公安机关交通管理部门应当按照该规定对机动车驾驶证的申领和使用进行管理。《道路交通安全法》第 24 条第 1 款中“考试合格的,发还其机动车驾驶证”的规定及《机动车驾驶证申领和使用规定》第 68 条第 2 款中“考试合格的,记分予以清除,发还机动车驾驶证”的规定属于机动车驾驶证申领和使用的一般规定,《机动车驾驶证申领和使用规定》第 78 条第 1 款规定持有大型客车、牵引车、城市公交车、中型客车、大型货车驾驶证的驾驶人在一个记分周期内记满 12 分记录的,车辆管理所应当注销其最高准驾车型驾驶资格,并通知机动车驾驶人在三十日内办理降级换证业务。该条是关于大型客车、牵引车、城市公交车、中型客车、大型货车驾驶证申领和使用的特别规定。在本案中应当适用《机动车驾驶证申领和使用规定》第 78 条第 1 款的规定。根据上述规定,注销最高准驾车型驾驶资格,是大型客车、牵引车、城市公交车、中型客车、大型货车驾驶证的驾驶人在其驾驶证被记满 12 分后应承担的法律后果。封某勇作为重型半挂牵引车驾驶人因发生交通事故逃逸被公安机关交通管理部门作出行政处罚,在一个记分周期内记满 12 分。永州交警支队在公安交通管理信息平台系统中获知其在一个记分周期内记满 12 分后,依法通知其参加满分学习,告知其将被注销最高准驾车型和通过满分学习考试后办理降级换证业务,如不按规定时间办理降级换证业务将公告注销最高准驾车型驾驶资格,已经依法履行了告知义务。封某勇通过满分学习和考试记分清零,从公安交通管理信息平台知晓永州交警支队将其驾驶证降级为 B1 或 B2,注销其 A2 准驾车型驾驶资格后,拒绝办理降级换证业务。永州交警支队基于封某勇在一个记分周期内记满 12 分的记录所实施的行政行为,事实清楚,证据确凿,程序合法,适用法律、法规准确。被诉行政行为既不存在《行政诉讼法》第 70 条规定的可撤销情形,也不存在《行政诉讼法》第 75 条规定的重大且明显违法的情形,不属于依法应当予以撤销或者确认无效的行政行为。因此,封某勇主张适用《道路交通安全法》第 24 条第 1 款、《机动车驾驶证申领和使用规定》第 68 条第 2 款关于机动车驾驶证申领和使用的一般规定,来对抗《机动车驾驶证申领和使用规定》第 78 条第 1 款关于大型客车、牵引车、城市公交车、中型客车、大型货车驾驶证申领和使用的特别规定,要求确认永州交警支队注销其 A2 准驾车型驾驶资格的行政行为无效,本院不予采纳和支持。封某勇要求判令永州交警支队恢复其 A2 准驾车型驾驶资格,缺乏事实和法律依据,本院亦不予支持。

综上,一审判决认定事实基本清楚,适用法律正确,应予维持。据此,依照《行政诉讼法》第 89 条第 1 款第 1 项的规定,判决如下:驳回上诉,维持原判。二审案件受理费 50 元,由上诉人封某勇负担。

|评　析|

上诉人封某勇主张被上诉人永州市公安局交通警察支队将封某勇的机动车驾驶证最高准驾车型 A2 降级为 B1 或 B2 准驾车型这一行政行为无效。主张无效的主要理由是:被诉行政行为的依据是公安部颁发的《机动车驾驶证申领和使用规定》第 78 条。该条规定:“持有大型客车、牵引车、城市公交车、中型客车、大型货车驾驶证的驾驶人有下列情形之一的,车辆管理所应当注销其最高准驾车型驾驶资格,并通知机动车驾驶人在三十日内办理降级换证业务:(一)发生交通事故造成人员死亡,承担同等以上责任,未构成犯罪的;(二)在一个记分周期内有记满 12 分记录的;(三)连续三个记分周期不参加审验的。机动车驾驶人在规定时间内未办理降级换证业务的,车辆管理所应当公告注销的准驾车型驾驶资格作废。机动车驾驶人办理降级换证业务后,申请增加被注销的准驾车型的,应当在本记分周期和申请前最近一个记分周期没有记满 12 分记录,且没有发生造成人员死亡承担同等以上责任的交通事故。”

上诉人认为,《机动车驾驶证申领和使用规定》属于公安部制定的部门规章。该规章依据《道路交通安全法》的授权而制定,作为依据法的《道路交通安全法》和《道路交通安全法实施条例》均没有注销最高准驾车型驾驶资格的规定。在法律法规没有授权给公安部的情况下,《机动车驾驶证申领和使用规定》第 78 条关于记满 12 分注销最高准驾车型的规定是公安部私自设定减损公民权利的规定,违反了《立法法》第 80 条的强制性规定。《立法法》第 80 条规定:“国务院各部、委员会、中国人民银行、审计署和具有行政管理职能的直属机构,可以根据法律和国务院的行政法规、决定、命令,在本部门的权限范围内,制定规章。部门规章规定的事项应当属于执行法律或者国务院的行政法规、决定、命令的事项。没有法律或者国务院的行政法规、决定、命令的依据，部门规章不得设定减损公民、法人和其他组织权利或者增加其义务的规范，不得增加本部门的权力或者减少本部门的法定职责。"

而被上诉人和人民法院认为，《道路交通安全法》第19条第1、2款规定："驾驶机动车，应当依法取得机动车驾驶证。申请机动车驾驶证，应当符合国务院公安部门规定的驾驶许可条件；经考试合格后，由公安机关交通管理部门发给相应类别的机动车驾驶证。"《机动车驾驶证申领和使用规定》第1条规定："根据《中华人民共和国道路交通安全法》及其实施条例、《中华人民共和国行政许可法》，制定本规定。"所以，公安部《机动车驾驶证申领和使用规定》第78条关于记满12分注销最高准驾车型的规定是有法律、法规依据的。

本案的争议点就在于：《机动车驾驶证申领和使用规定》第78条关于降低最高准驾车型驾驶资格的规定，是否和上位法抵触，是否属于《立法法》第80条所规定的"没有法律或者国务院的行政法规、决定、命令的依据"，而设定了"减损公民、法人和其他组织权利或者增加其义务的规范"。

《机动车驾驶证申领和使用规定》第78条规定："持有大型客车、牵引车、城市公交车、中型客车、大型货车驾驶证的驾驶人有下列情形之一的，车辆管理所应当注销其最高准驾车型驾驶资格，并通知机动车驾驶人在三十日内办理降级换证业务：（一）发生交通事故造成人员死亡，承担同等以上责任，未构成犯罪的；（二）在一个记分周期内有记满12分记录的；（三）连续三个记分周期不参加审验的。机动车驾驶人在规定时间内未办理降级换证业务的，车辆管理所应当公告注销的准驾车型驾驶资格作废。机动车驾驶人办理降级换证业务后，申请增加被注销的准驾车型的，应当在本记分周期和申请前最近一个记分周期没有记满12分记录，且没有发生造成人员死亡承担同等以上责任的交通事故。"

经查阅对照发现，作为依据法的《道路交通安全法》及其《道路交通安全法实施条例》，确无《机动车驾驶证申领和使用规定》第78条的规定或类似规定。笔者认为，关于公民申领机动车驾驶证的条件，《道路交通安全法》已授权给公安部确定。《道路交通安全法》第19条规定："……申请机动车驾驶证，应当符合国务院公安部门规定的驾驶许可条件……"但问题在于，《机动车驾驶证申领和使用规定》第78条第1款的规定，并不是关于公民申领机动车驾驶证的条件问题，而是属于行政处罚的问题。

《行政处罚法》第2条规定，"行政处罚是指行政机关依法对违反行政管理秩序的公民、法人或者其他组织，以减损权益或者增加义务的方式予以惩戒的行为。"换句话说，只要当事人有违反行政管理秩序行为的，为了惩罚这种行为，强迫其承担一种对他不利的后果，即减损权益或者增加义务，这就是行政处罚。

而"减损权益或者增加义务"的方式有多种多样，包括罚款、没收、吊销许可证和执照，还包括"降低资质等级"（《行政处罚法》第9条第3项）等。因上诉人交通违法，行政机关降低其机动车驾驶证的等级，这是标准的行政处罚。如果由于当事人身体条件的变化，或者驾驶水平的退化，而调整他的驾驶证等级，这才不属于行政处罚，而是行政许可的变更。

所以，这里关于《机动车驾驶证申领和使用规定》第78条规定要讨论的不是"是否违反《行政许可法》"，而是"是否违反《行政处罚法》"的问题。由于作为《机动车驾驶证申领和使用规定》依据的上位法，《道路交通安全法》及其《道路交通安全法实施条例》均无关于降低驾驶证等级的规定，那么，《机动车驾驶证申领和使用规定》第78条属于对行政处罚的"设定"。根据《行政处罚法》第13条的规定，部门规章对行政处罚的设定权只限于警告、通报批评或者一定数额的罚款。所以，这里要研讨的是，《机动车驾驶证申领和使用规定》第78条是否超越行政处罚的设定权问题。

但是，《机动车驾驶证申领和使用规定》第78条是否和上位法抵触、是否无效问题，是属于部门规章的合法性审查问题，而不属于本案诉讼所要解决和所能解决的问题。人民法院在行政诉讼中参照行政规章时，可以审查其是否和上位法相一致，但无权确认和宣布规章本身的有效和无效。规章本身是否合法有效，应当依据《规章制定程序条例》和《法规规章备案条例》通过备案审查程序解决。

所以，仅就本案而言，《机动车驾驶证申领和使用规定》第78条未被有权机关宣布无效之前，人民法院尚不能确认被上诉人降低上诉人机动车驾驶证等级行为无效。

［资料来源：法宝引证码 CLI. C. 119821769 案例，案号：(2020)湘11行终245号。案情部分出于教学需要作了一些删减。评析部分由作者撰写］

复习思考题

1. 什么是无效行政行为？它有什么法律特征？
2. 无效行为与可撤销行为有什么区别？
3. 无效行政行为的认定标准是什么？它有哪些具体情形？
4. 谁有权确认行政行为无效？

第二十五章　行 政 赔 偿

> 行政违法未必一概导致行政赔偿责任，但行政行为导致行政相对人人身权和财产权损害的，侵权的行政主体必须承担行政赔偿责任。本章的任务是，以《国家赔偿法》为主要依据，从行政法理的高度，阐述行政赔偿的概念和特征，行政赔偿立法及历史发展，行政赔偿的范围，行政赔偿请求人及赔偿义务机关，行政赔偿的程序，行政赔偿的方式、标准和费用等基本问题。

第一节　行政赔偿及立法

一、行政赔偿的概念和特征

行政赔偿系指行政主体及其行政人违法行使行政职权，侵犯行政相对人的合法权益造成损害，而依法必须承担的赔偿责任。行政赔偿作为一种法律责任，具有下列特征：

1. 行政赔偿以行政违法为前提。行政赔偿是国家行政机关及其工作人员违法行使职权所引起的法律责任。行政违法未必一概导致行政赔偿责任，但行政赔偿必然以行政违法为前提，没有行政违法这个前提，行政赔偿责任无以发生。正是这个前提，才使行政赔偿与行政补偿相区别。

2. 行政赔偿以侵犯行政相对人的合法权益并造成损害为条件。这一特征蕴含两层意思：(1)行政主体及其行政人违法行使职权侵犯了行政相对人的合法权益。如果行政主体及其行政人违法行使职权所侵犯的是行政相对人的违法权益，而不是合法权益，那就不会发生行政赔偿问题。(2)行政主体及其行政人不仅违法行使职权侵犯了行政相对人的合法权益，而且还必须是造成了行政相对人人身权和财产权的实际损害。我国《国家赔偿法》体现了"损害赔偿"原则：有损害才负赔偿，无损害不负赔偿。

3. 行政赔偿以依法赔偿为原则。这是说，行政赔偿责任的承担遵循依法承担原则。《国家赔偿法》(2012)第 2 ~ 5 条均体现了这一精神。所谓依法赔偿，系指国家行政机关是否承担赔偿责任，以及如何承担赔偿责任，完全以《国家赔偿法》和行政诉讼法本身及其他法律、法规为依据，而不以学理或判例为尺度。

4. 行政赔偿以违法行使职权的国家行政机关为赔偿义务机关。根据《国家赔偿法》(2012)第 7 条第 1 款规定，行政机关及其工作人员行使职权侵犯公民、法人和其他组织的合法权益造成损害的，该行政机关为赔偿义务机关。虽然国家行政机关的职权行为是通过行政工作人员进行的，但工作人员不是独立的侵权主体，他们只能是所属国家行政机关的代表，因而不直接对相对人承担赔偿责任。

二、行政赔偿与相关概念

为进一步把握行政赔偿的概念及特征,这里有必要理顺行政赔偿与相近概念的关系。

1. 行政赔偿与国家赔偿。有的学者把行政赔偿等同于国家赔偿,这种做法过于简单。行政赔偿与国家赔偿有范围上的区别。在西方国家,国家赔偿被分为立法赔偿、司法赔偿和行政赔偿,行政赔偿只是国家赔偿的一部分。从我国《国家赔偿法》的调整范围而言,国家赔偿分为行政赔偿和司法赔偿,行政赔偿同样不包揽国家的所有赔偿,特别是司法赔偿。可见,行政赔偿只是国家赔偿的组成部分。

2. 行政赔偿与民事赔偿。这两种赔偿从责任者交付钱币形式上说,不易区别;但从法律属性上入手,又不难区别。从起因上看,行政赔偿是行政侵权的法律后果,由行政主体及其行政人的职务违法所引起;而民事赔偿是民事侵权的法律后果,由民事主体(法人和自然人)的民事违法行为所引起。从承担主体上看,行政赔偿责任由行政主体承担;而民事赔偿由法人或自然人承担。最后从处理责任的方式上看,行政赔偿责任适用《国家赔偿法》《行政复议法》《行政诉讼法》规定的程序处理;而民事赔偿责任则适用民事诉讼法所规定的程序解决。

3. 行政赔偿与司法赔偿。我国的国家赔偿包括行政赔偿和司法赔偿两大类型,它们同受《国家赔偿法》调整。然而,它们是两种不同性质的国家赔偿。从《国家赔偿法》规定来看,行政赔偿与司法赔偿有下列区别:

(1)行政赔偿由行政主体违法行使行政职权侵害他人合法权益而引起,司法赔偿则由行使侦查、检察、审判、监狱管理职权的司法机关及其工作人员违法行使职权侵害他人合法权益而引起。

(2)行政赔偿的范围比司法赔偿广。《国家赔偿法》没有特别排除某类行政职权行为的行政赔偿责任,但却明确地将法院在民事、行政审判中的误裁、误判行为排除在司法赔偿的范围之外。

(3)行政赔偿的赔偿义务人是违法行使行政职权侵犯并损害他人合法权益的行政机关或法律、法规授权的组织,而司法赔偿的赔偿义务人则是违法行使司法职权侵害他人合法权益的相应的司法机关。

(4)行政赔偿的程序与司法赔偿不同。主要表现在三个方面:一是请求行政赔偿不必经过复议程序,而请求司法赔偿则必须经过复议程序(人民法院为赔偿义务人的除外);二是赔偿请求被提到法院后,行政赔偿请求由法院正常的审判组织处理,而司法赔偿则由中级以上法院内特设的赔偿委员会处理;三是行政赔偿可以向法院提出诉讼,司法赔偿不可以提起诉讼,只能申请赔偿委员会作出决定。

三、行政赔偿立法

(一)国外行政赔偿立法

作为国家责任的一种形式,行政赔偿表现为国家因自己的行为给人民造成损害时对后者的赔偿。行政赔偿责任的确立和发展,与社会的经济发展,尤其是国家民主与法制的完善密切相关,大致经历了三个社会历史阶段,即行政责任的豁免阶段、产生和发展阶段以及成熟阶段。

1. 行政赔偿责任的豁免阶段。这个阶段覆盖了资本主义以前的所有时间。在“朕即国家”的封建专制时代,“国王”不能为“非”,国家对自己的行为不承担任何责任。当时所存在的各种理论，为国家无责提供了“依据”。“国家至上论”“主权无责论”“国家正确论”等，虽名称标新立异，但论调如出一辙。在此阶段，既然国家是至高无上的主权，除了神，没有人能要求它承担责任。

2. 行政赔偿责任的产生和发展阶段。这个阶段始于资本主义的形成，终于第二次世界大战之前。随着社会从封建专制进入资本主义民主，国家的行政赔偿责任开始萌芽和发展。资产阶级民主制的建立，资产阶级宪法的颁布，为建立资产阶级的行政赔偿制度提供了政治和理论基础；同时，资产阶级“国民主权”“所有权神圣不可侵犯”“公务员责任”“公共负担的平等”等政治和法律原则的确立，使所谓国家无责论失去了政治和理论上的依据。行政赔偿责任制度的正式形成以法国 1873 年的一个案例为标志。[1] 19 世纪末 20 世纪初，行政赔偿责任作为国家责任的一种得到迅速的发展。[2]

3. 行政赔偿责任的成熟阶段。第二次世界大战后，国家行政赔偿责任制度无论在理论上还是在立法实践上都进入了比较成熟、充分发展的阶段。在美国，经过 1921 年、1940 年和 1942 年三次立法失败后，于 1946 年颁布了《联邦侵权行为求偿法》。1948 年美国废止该法，将该法的主要内容纳入《联邦司法法》，1966 年曾作过一次修改。此外，在司法上取消州政府侵权行为责任豁免权的趋势正在继续发展。英国在 1946 年和 1947 年发生了两起轰动一时的案件，[3] 国家明显侵权，即凭借传统的国家无责规定逃脱了赔偿责任，对此社会舆论大哗，内阁被迫审议 1921 年由国家诉讼委员会起草的确立国家责任的报告书，在 1947 年 7 月 31 日制定了《王权诉讼法》(1948 年 1 月生效)，推翻了“国王无过错”信条，确立了国家的行政赔偿责任。在日本，1946 年宪法(第 17 条和第 40 条)率先确立了国家行政赔偿原则。以此为基础，1947 年制定了统一的《国家赔偿法》，建立了完整的国家赔偿责任制度。瑞士在 1959 年制定了《联邦、官署委员会及公务员责任法》，它所明确的国家无过错责任是公法上国家无过错责任制度化的首创。第二次世界大战后，随着社会主义阵营的壮大，社会主义的行政赔偿责任制度也相继建立，奉行人民民主专政的社会主义国家以国家根本大法的形式确立起国家行政赔偿责任原则。

(二) 中国行政赔偿立法

新中国成立以后，一切权力属于人民，从而为建立新中国的国家赔偿制度奠定了政治基础。

新中国第一个规定行政赔偿制度的法规是原政务院于 1954 年 1 月 21 日第 203 次政务会

---

[1] 在法国“勃朗哥案件”中，一个名叫勃朗哥的小孩，在横过马路时被一辆国营烟草工厂的货车撞伤，小孩家属诉请国家赔偿。法国通过审理这个案件，确立了行政法上的三项重要原则，其中第 1 条便是国家对公务员的过错负有责任。从此，行政赔偿从作为官员的个人责任过渡到国家责任，与现行的含义相吻合。

[2] 这种发展主要表现在三个方面：(1) 出现了规定国家责任的统一法典。如德国在 1909 年颁布了普鲁士国家责任法，过了一年又颁布了国家官吏责任法，其中第 1 条规定：国家官吏在行使被委任的公权力时，因故意或过失违反对于第三人的职责时，国家应代官吏负民法第 839 条的责任。(2) 国家责任得到了宪法的肯定。如德国 1919 年《魏玛宪法》规定：官吏行使被委托职务上的公权力，违反对于第三人职务上的义务时，原则上由该官吏所属的国家或公共团体负起责任(第 131 条)。奥地利 1920 年制定的《联邦宪法》(第 23 条)也有同类规定。(3) 国家行政赔偿责任内容更加完善。这首先在于作为过错责任补充形式的无过错责任的出现。例如，在 1895 年法国一个案件中，基于职业的危险性，法院判定国营兵工厂对在铁块锻炼作业中因金属碎片损伤左手的劳工承担赔偿责任。其次表现在行政赔偿的细节和程序规定丰富起来了。法国这时出现了“个人过错”和“公务过错”的划分，为责任划分提供了准则。

[3] 1946 年“Adam v. Naylor”；1947 年“Royster v. Caaey”。

议通过的《海港管理暂行条例》。该条例第 20 条规定:“港务局如无任何法令根据,擅自下令禁止船舶离港,船舶得向港务局要求赔偿由于禁止离港所受之直接损失,并得保留对港务局之起诉权。”这一规定,确立了以下三项法则:一是颁发禁令必须有法律依据,否则必须承担赔偿责任;二是赔偿以直接损失为限;三是当事人有权提出赔偿诉讼请求。该条例有关行政赔偿的规定内容虽然充实、明了,但是由于没有其他法律配套施行,如诉讼法,所以实际的效果并未达到立法者的预期目的。当然,我们不能否认该条例对后来的国家立法所产生的积极影响。因为,在新中国的法制史上,它毕竟是开创了有关行政赔偿法律制度之先河。

1954 年 9 月 20 日,第一届全国人民代表大会第一次会议通过了《宪法》。1954 年《宪法》第 97 条规定:“中华人民共和国公民对于任何违法失职的国家机关工作人员,有向各级国家机关提出书面控告或口头控告的权利。由于国家机关工作人员侵犯公民权利而受到损失的人,有取得赔偿的权利。”通过该法条的内容,我们可以清楚地认识到,立法者旨在以国家根本法的形式确立新中国的国家赔偿法律制度。但是,由于该法条在表述上的缺陷,人们往往会将国家赔偿与民事赔偿混同起来,从而导致在实施中产生相当大的困难。因为国家机关工作人员的行为所引起的损害赔偿既可能是国家赔偿,也可能是民事赔偿,这直接取决于国家机关工作人员行为的性质,即是公务行为还是个人行为。如果是国家机关工作人员公务行为所引起的损害赔偿,则为国家赔偿;如果是国家机关工作人员个人行为所引起的损害赔偿,则为民事赔偿。尽管我国第一部宪法有关国家赔偿的法律条文存在不足,但它毕竟是第一次把国家赔偿(含行政赔偿)请求权确定为公民的基本权利之一。

1982 年 12 月 4 日,第五届全国人民代表大会第五次会议通过的现行《宪法》第 41 条第 3 款规定:“由于国家机关和国家工作人员侵犯公民权利而受到损失的人,有依照法律规定取得赔偿的权利。”与 1954 年《宪法》相比,现行《宪法》这一规定扩大了侵权主体的范围,即从原来的“国家机关工作人员”扩大到现在的“国家机关和国家工作人员”;另外,根据现行《宪法》规定,获取国家赔偿须依据具体的法律规定,公民不能直接依据宪法取得国家赔偿,这就为国家赔偿立法提出了任务,否则,公民的国家赔偿请求权仍然没有法律保障。

同年,第五届全国人大常委会第二十二次会议通过《民事诉讼法(试行)》。该法第 3 条第 2 款规定:“法律规定由人民法院审理的行政案件,适用本法。”由于行政案件包含着行政赔偿案件,所以法院在审理行政赔偿案件时,可以适用《民事诉讼法(试行)》。但是,该法第 3 条第 2 款规定:(1)人民法院只审理法律明文规定由人民法院审理的行政案件,法律没有明文规定由人民法院审理的行政案件,人民法院一概不予受理;(2)人民法院审理行政案件的程序适用民事诉讼程序。《民事诉讼法(试行)》虽然使行政诉讼程序与民事诉讼程序合而为一,但它首次为公民行使行政赔偿请求权提供了司法程序上的保障。

到此为止,我国法律已为公民和法人行使国家赔偿中行政赔偿请求权提供了诉讼程序的保障,但是有关行政赔偿请求权的实体法律依然缺乏。

1986 年 4 月 12 日,第六届全国人大第四次会议通过了《民法通则》。1986 年《民法通则》第 121 条规定:“国家机关或者国家机关工作人员在执行职务中,侵犯公民、法人的合法权益造成损害的,应当承担民事责任。”该法条第一次强调了“在执行职务中”发生的损害赔偿责任,在条文表述上比以前有了较大的进步。但不幸的是,立法者将这在本质上属于国家赔偿的责任划入了民事责任,间接地否定了国家赔偿责任的存在。当然,这一规定尽管存在表述上的欠缺,但它的积极意义在于为受害人提出国家赔偿请求提供了实体法的依据。

1986 年 9 月 5 日，第六届全国人大常委会第十七次会议通过了《治安管理处罚条例》。该条例第 42 条规定："公安机关对公民给予的治安管理处罚错误的，应当向受处罚人承认错误，退回罚款及没收的财物；对受处罚人的合法权益造成损害的，应当赔偿损失。"1987 年 1 月 22 日，第六届全国人大常委会第十九次会议通过《海关法》。1987 年《海关法》第 54 条规定："海关在查验进出境货物、物品时，损坏被查验的货物、物品的，应当赔偿损失。"这两个法律分别在治安、海关领域中规定了行政赔偿制度，但从某种意义上说，这两种行政赔偿都可以被《民法通则》第 121 条所包括。实际上受害人亦可依据《民法通则》第 121 条和《民事诉讼法（试行）》第 3 条第 2 款的规定提起诉讼，以实现国家赔偿的请求权。

但是，国家赔偿和民事赔偿是性质截然相反的两种赔偿，前者是由国家机关及其工作人员在执行职务过程中引起的，后者则是由公民和法人的民事侵权行为所致。所以，国家赔偿不应通过民事诉讼来解决，而应当建立一种与国家赔偿相适应的诉讼程序。

1989 年 4 月 4 日，第七届全国人民代表大会第二次会议通过了《行政诉讼法》。1989 年《行政诉讼法》以专章规定"侵权赔偿责任"，它既明确了公民、法人和其他组织获取行政赔偿的权利，行政主体对其行政侵权行为承担行政赔偿责任的义务，又确立了追究行政赔偿责任的法律程序。1989 年《行政诉讼法》第 67 条规定："公民、法人或者其他组织的合法权益受到行政机关或者行政机关工作人员作出的行政行为侵犯造成损害的，有权请求赔偿。公民、法人或者其他组织单独就损害赔偿提出请求，应当先由行政机关解决。对行政机关的处理不服，可以向人民法院提起诉讼。赔偿诉讼可以适用调解。"行政诉讼法的制定和实施，解决了行政赔偿责任实体和程序法律问题，而国家赔偿中另一重要组成部分——刑事赔偿在法律中依然毫无归宿。随着社会主义民主和法治的进一步发展，制定统一的《国家赔偿法》已势在必行。

1989 年第七届全国人大第二次会议制定《行政诉讼法》后，为了保证行政诉讼法规定的行政赔偿制度的实施，全国人大常委会法制工作委员会即组织有关法律专家成立起草小组。在总结实践经验的基础上，借鉴国外有关国家赔偿的规定，起草小组于 1992 年 10 月起草了《国家赔偿法（试拟稿）》，印发有关部门、各地方和法律专家征求意见。全国人大常委会法制工作委员会在征求各方意见，并在进一步调查研究的基础上，拟定了《国家赔偿法（草案）》，并于 1993 年 10 月提请八届全国人大常委会第四次会议审议。

1994 年 5 月 5 日，第八届全国人大常委会召开第七次会议，对《国家赔偿法》草案作进一步审议，于 1994 年 5 月 12 日正式通过并发布，自 1995 年 1 月 1 日起施行。《国家赔偿法》分 6 章共计 35 条。它构成了我国行政赔偿责任制度方面的基本法律。事后，《国家赔偿法》经过了两次修正，即依次根据 2010 年 4 月 29 日第十一届全国人民代表大会常务委员会第十四次会议《关于修改〈中华人民共和国国家赔偿法〉的决定》第一次修正和根据 2012 年 10 月 26 日第十一届全国人民代表大会常务委员会第二十九次会议《关于修改〈中华人民共和国国家赔偿法〉的决定》第二次修正。1997 年 4 月 29 日，最高人民法院又颁发《关于审理行政赔偿案件若干问题的规定》，这对于完善对行政赔偿案件的司法审判程序起了很大的作用。2021 年 12 月 6 日，最高人民法院审判委员会第 1855 次会议通过了新的《关于审理行政赔偿案件若干问题的规定》（法释〔2022〕10 号）。新规定废止了旧规定，并于 2022 年 5 月 1 日起施行。

《国家赔偿法》、《行政诉讼法》和最高人民法院《关于审理行政赔偿案件若干问题的规定》等，是我国有关行政赔偿及其诉讼制度的主要依据。

第二节　行政赔偿责任和范围

一、行政赔偿的归责原则

行政赔偿制度的核心在于行政赔偿责任的确定,而赔偿责任的确定又受赔偿归责原则的支配。确立行政赔偿的归责原则,对于从法律价值上判断国家承担赔偿责任的依据和标准,对于确定国家责任的构成及免责条件,以及对于确定国家行政赔偿的范围、国家行政赔偿中的举证责任分配等,都有直接影响。

归责和归责原则渊源于民法侵权理论。"归责",是指行为人因其行为和物件致人损害的事实发生后,应当依照何种根据承担赔偿责任。其具体是指,根据什么样的法律价值判断标准,如根据行为人的过错,或已经发生的损害结果,抑或以公平考虑等因素,来确立赔偿责任,使行为人承担侵权责任。[4] "归责原则",是指在损害事实已发生的情况下,确定侵权行为人对其行为所致损害是否需要承担民事责任的一般准则,是确定行为人侵权责任的根据与标准。[5] 中国民法上的归责原则,系以过错为原则,无过错为补充。

中国行政赔偿中的归责原则,系指行政主体及其行政人行政侵权事件发生之后,国家据以承担赔偿责任的法律理由。它是决定国家是否承担赔偿责任的根据。

世界上的归责原则各种各样,主要有过错归责原则和违法归责原则,同时亦有其他原则的补充(如无过错原则、危险责任原则和严格责任原则等)。中国在 1995 年的《国家赔偿法》中,体现的是"违法归责原则",即要求国家行政机关及其工作人员的职务行为只有在"违法"的情况下才承担赔偿责任,不违法不承担责任。1995 年《国家赔偿法》第 2 条第 1 款规定:"国家机关和国家机关工作人员违法行使职权侵犯公民、法人和其他组织合法权益造成损害的,受害人有依照本法取得国家赔偿的权利。"修订后的《国家赔偿法》一改单一的"违法归责原则",确立了多元化归责原则,即以违法原则为主,过错及无过错原则为补充的多元化归责原则体系。为此,已将《国家赔偿法》第 2 条第 1 款修改为:"国家机关和国家机关工作人员行使职权,有本法规定的侵犯公民、法人和其他组织合法权益的情形,造成损害的,受害人有依照本法取得国家赔偿的权利。"与修订前的同一条款比较,最大的区别就是将"违法行使职权"改为"行使职权",并赔偿的落脚点落在"有本法规定的……情形。"而"本法规定的……情形"又由第 3 ~ 5 条加以落实。

二、行政赔偿责任的构成要件

行政赔偿责任的归责原则为确定行政赔偿提供了根本性的理论依据,但它没有具体解决某一行政责任的构成问题。后者则须由行政赔偿责任的构成要件解决。行政赔偿责任的构成要件,是指国家(通过行政机关)在何种情况下,具备何种条件,才能承担行政赔偿责任。它是衡量国家行政赔偿责任是否成立的具体判断标准。归责原则是责任之构成的前提和基础,责

---

〔4〕 参见王利明:《侵权行为归责原则研究》,中国政法大学出版社 1992 年版,第 17 ~ 18 页。

〔5〕 参见杨立新:《侵权损害赔偿》,法律出版社 2008 年版,第 77 页。

任构成要件是归责原则的具体体现。

行政赔偿责任的构成要件，表现在主体、行为、损害和因果关系四个方面。

（一）主体方面

行政赔偿在主体方面具有很强的特殊性。在民事赔偿中，赔偿主体与侵权主体是同一的，任何一个侵权主体实施了侵权行为，就必须由侵权主体向被侵害人承担赔偿责任，其他的保险责任或者连带责任都不影响侵权人赔偿责任的存在。而行政赔偿则不同，行政侵权主体与行政赔偿责任主体并不同一。行政侵权主体表现为行使行政职权的行政主体和行为主体，但赔偿主体都是国家。行政赔偿属于国家赔偿，国家赔偿就是指由国家承担赔偿的公法责任。还有，在行政赔偿的复议或者诉讼中，国家并不作为赔偿义务机关出庭，侵权人也未必就是赔偿义务机关。赔偿义务机关与赔偿责任主体和侵权主体并不完全同一。这样，在行政赔偿责任的主体方面，其实存在三个概念，应当加以区别。

1. 行政赔偿责任主体。它是指对行政赔偿承担最终经济责任的组织。行政赔偿的主要方式是支付赔偿金，经济来源和赔偿费支出的最终承担者就是行政赔偿责任主体。我国行政赔偿责任主体就是国家。因为《国家赔偿法》（2012）第 37 条第 1 款规定，“赔偿费用列入各级财政预算。”

2. 行政赔偿义务主体。与行政赔偿请求人相对应，是指代表国家接受行政赔偿请求，参加行政复议和行政诉讼程序，具体履行支付赔偿的义务机关。由于赔偿义务主体只能是机关，不可能是个人，赔偿义务主体也被直接称为赔偿义务机关。也就是说，它是代表国家出面应诉和具体履行赔偿义务的机关。这种机关的资格就是行政主体，因而包括行政机关和得到法律法规授权的组织。[6]

3. 行政赔偿侵权主体。是指具体实施行政职权等行为而引起行政赔偿责任的组织或者个人。任何行政赔偿责任都由行政侵权行为所引起。由于国家赔偿的特殊性，并不是侵权行为就是赔偿义务机关。侵权主体是具体实施行为而直接引起赔偿的行政主体和行为主体，而赔偿义务机关则是由《国家赔偿法》明文设定的组织，两者并不完全同一。当行政主体成为侵权主体时，它同时成为赔偿义务机关；但当行为主体实施侵权行为时，它却不能成为赔偿义务机关。可以成为行政赔偿侵权主体的包括：（1）国家行政机关；（2）得到法律法规授权的组织；（3）受行政机关委托的组织或者个人；（4）行政机关工作人员；（5）行政机关以外的行政协助人员（协警和城管聘用人员等）。在上述侵权主体的种类中，只有第 1、2 类主体同时属于赔偿义务机关。

上述三个概念的逻辑关系如下：行政侵权主体实施了行政侵权行为，引起了行政赔偿责任；行政赔偿责任属于国家的责任，因而行政赔偿的最终主体是国家；国家的赔偿责任都由行政赔偿义务机关出面应诉并承担具体赔偿义务。

（二）行为方面

虽然在世界各国行政赔偿法理论上，主体要件越来越被行为要件所吸收，因为界定行为范围等于界定了主体范围。但是行为要件还是具有一定的独立性，并非侵权主体或者赔偿主体

---

〔6〕 由于受行政机关委托的组织，可以成为行政赔偿的侵权主体，但不能成为行政赔偿义务机关。因为它属于行为主体而不是行政主体。

的所有行为都属于行政赔偿的范围。引起行政赔偿责任的侵权行为包括以下两种:

1. 行使行政职权的行为。这其实就是行政行为。如实施行政命令权、行政许可权、行政处罚权、行政强制权、行政裁决权等行政行为。

2. 与行政职权相关的行为。这是指它虽不是行使行政职权本身的行为,但它在行使职权过程中发生,或者利用行政职权的便利条件而发生的行为,如行政拘留中殴打当事人、擦枪中走火伤人等。

(三)损害方面

损害事实同样是行政赔偿的构成要件之一。无论是行政行为还是行政相关行为,并且尽管是违法的,必须造成一定的损害事实。无损害事实便不予赔偿。损害事实旨在解决赔偿所针对的损害范围有多大。具体要把握以下几点:

1. 人身权、财产权与其他权。任何法律旨在保护权利,阻却违法者对权利的侵害。虽然人们对公民的权利结构和权利分类存有多种版本,但是人身权、财产权无疑是公民最为基本的两大权利,其他还有政治权和受教育等社会权利。人身权系指与人身相联系或不可分离的没有直接财产内容的权利,包括生命权、健康权和自由权等,亦称人身非财产权。财产权系指以财产利益为内容,直接体现财产利益的权利,包括物权、债权、继承权和知识产权等。行政赔偿的范围限于对人身权、财产权的侵害,而不适用对其他权利的侵害,《国家赔偿法》(2012)第3～4条明确表达了这一点。

2. 物质损害与精神损害。赔偿是对权利损害的赔偿,而权利上的损害可以分为物质损害与精神损害。物质损害,又称财产损害,是指因侵权行为所导致的具有财产形态的价值减少或利益的丧失。如物的损害,身体健康权损害所花费的医疗费、误工费等。精神损害,又称非财产性损害,是指由于加害人的侵权行为给受害人造成精神痛苦或使其精神利益受到损害。精神损害既可以是生理方面的,也可以是心理方面的,还可以是精神方面的。精神损害的受害人只适用自然人,不适用法人或者其他组织。精神上的损害不仅仅来源于加害人对受害人人身权的侵害,也可以源于对受害人财产权的侵害。我国修改前的《国家赔偿法》只限于赔偿物质损害,修改后的现行《国家赔偿法》已将赔偿范围扩大至一定程度上的精神损害。[7]

3. 直接损失与间接损失。在上述物质损害之中,又可分为直接损失与间接损失。直接损失也称实际损失,系指因侵权行为所导致的现存财产上权利和利益的数量减少和质量降低;间接损失又称为消极损失,系指侵权行为阻却了财产上的可得利益。可得利益是指在正常情况下应当得到的利益,如利息、租金、利润、劳动报酬等。如某人被关押七天,七天自由的损失(以法定标准按日赔偿)是直接损失,这七天内当事人从事经营的损失为间接损失。根据《国家赔偿法》的规定,行政赔偿限于对直接损失的赔偿,不包括对间接损失的赔偿。[8] 从这种意义上可以说,行政赔偿不是对"损害事实"的赔偿,只是对"法定损害事实"的赔偿。

(四)因果关系方面

行政赔偿最后的一个构成要件是因果关系,即要求行政侵权行为与损害事实之间存在因

[7] 这体现在《国家赔偿法》(2012)第35条规定。该条规定:"有本法第三条或者第十七条规定情形之一,致人精神损害的,应当在侵权行为影响的范围内,为受害人消除影响,恢复名誉,赔礼道歉;造成严重后果的,应当支付相应的精神损害抚慰金。"

[8] 《国家赔偿法》(2012)第四章"赔偿方式和计算标准"反映了这一点。

果关系。前者是因,后者是果。如果所发生的损害事实不是由行政侵权行为所致,便不构成行政赔偿责任。因果关系是连接侵权行为与损害事实之间的纽带。

所谓因果关系,是指客观事物之间的前因后果的关联性。前一个事物是“因”,后一个事物是“果”。根据前因后果之间的“关联”程度,法学上出现了三种模型:相当因果关系说;直接因果关系说;必然因果关系说。有学者认为,《国家赔偿法》应当采取“相当因果关系说”。[9]

三、行政赔偿的具体范围

(一)侵犯人身权的赔偿范围

《国家赔偿法》(2012)第3条规定,行政机关及其工作人员在行使行政职权时有下列侵犯人身权情形之一的,受害人有取得赔偿的权利:(1)违法拘留或者违法采取限制公民人身自由的行政强制措施的;(2)非法拘禁或者以其他方法非法剥夺公民人身自由的;(3)以殴打、虐待等行为或者唆使、放纵他人以殴打、虐待等行为造成公民身体伤害或者死亡的;(4)违法使用武器、警械造成公民身体伤害或者死亡的;(5)造成公民身体伤害或者死亡的其他违法行为。

这里的“其他违法行为”,根据最高人民法院《关于审理行政赔偿案件若干问题的规定》(法释〔2022〕10号)第1条的解释,它包括以下情形:(1)不履行法定职责行为;(2)行政机关及其工作人员在履行行政职责过程中作出的不产生法律效果,但事实上损害公民、法人或者其他组织人身权、财产权等合法权益的行为。

(二)侵犯财产权的赔偿范围

《国家赔偿法》(2012)第4条规定,行政机关及其工作人员在行使行政职权时有下列侵犯财产权情形之一的,受害人有取得赔偿的权利:(1)违法实施罚款、吊销许可证和执照、责令停产停业、没收财物等行政处罚的;(2)违法对财产采取查封、扣押、冻结等行政强制措施的;(3)违法征收、征用财产的;(4)造成财产损害的其他违法行为。这里的“其他违法行为”与前一题第5点所涉的“其他违法行为”相同。

(三)行政赔偿范围的排除

《国家赔偿法》(2012)第5条规定,属于下列情形之一的,国家不承担赔偿责任:(1)行政机关工作人员与行使职权无关的个人行为。这说明,部分与行使职权有关的个人行为也依然属于行政赔偿范围之内。(2)因公民、法人和其他组织自己的行为致使损害发生的。如当事人冒名顶替接受行政处罚,作伪证导致行政决定错误等。(3)法律规定的其他情形。这里的“法律”是狭义的,仅指全国人大及其常委会制定的法律。

第三节　行政赔偿关系当事人

行政赔偿关系中的当事人,从狭义上说,仅指行政赔偿请求人与行政赔偿义务机关;从广义而言,除指行政赔偿请求人和行政赔偿义务机关外,还包括行政赔偿法律关系中的第三人。《国家赔偿法》、《行政诉讼法》和最高人民法院《关于审理行政赔偿案件若干问题的规定》对行

---

〔9〕 参见江必新主编:《〈中华人民共和国国家赔偿法〉条文理解与适用》,人民法院出版社2010年版,第52~54页。

政赔偿关系中的当事人资格认定作出了规定。

一、行政赔偿请求人

行政赔偿请求人,是指因其合法权益受到行政主体及其行政人的不法侵害而依法要求赔偿的当事人。《国家赔偿法》(2012)第6条第1款规定:“受害的公民、法人和其他组织有权要求赔偿。”这是对行政赔偿请求人一般资格的基本规定。

根据《国家赔偿法》(2012)第6条第2款和最高人民法院《关于审理行政赔偿案件若干问题的规定》(法释〔2022〕10号)第7条第1款规定,受害公民死亡,其继承人和其他有抚养关系的人有权以赔偿请求人身份要求赔偿。

根据《国家赔偿法》(2012)第6条第3款规定,受害的法人或者其他组织终止,承受其权利的法人或者其他组织有权以赔偿请求人的身份要求赔偿。最高人民法院《关于审理行政赔偿案件若干问题的规定》(法释〔2022〕10号)第7条第3款对此作了更详细的补充:“有权提起行政赔偿诉讼的法人或者其他组织分立、合并、终止,承受其权利的法人或者其他组织可以依法提起行政赔偿诉讼。”

二、行政赔偿义务机关

行政赔偿义务机关,系指因其本身或者由其委托的其他组织以及它所属的工作人员,违法行使职权侵犯行政相对人的合法权益,而依法必须承担赔偿责任的行政机关。行政赔偿义务机关的具体认定,应当区分不同情况而定。根据《国家赔偿法》、《行政诉讼法》和最高人民法院《关于审理行政赔偿案件若干问题的规定》,行政赔偿义务机关的具体认定规则如下:

1. 国家行政机关本身违法行使行政职权侵犯公民、法人和其他组织的合法权益造成损害的,该行政机关为赔偿义务机关。

2. 国家行政机关所属的工作人员违法行使行政职权侵犯公民、法人和其他组织的合法权益造成损害的,其所属的行政机关为赔偿义务机关。

3. 两个以上行政机关共同行使行政职权时侵犯公民、法人和其他组织的合法权益造成损害的,共同行使行政职权的行政机关为共同赔偿义务机关。两个以上行政机关共同侵权,赔偿请求人对其中一个或者数个侵权机关提起行政赔偿诉讼,若诉讼请求系可分之诉,被诉的一个或者数个侵权机关为被告;若诉讼请求系不可分之诉,由人民法院依法追加其他侵权机关为共同被告。

4. 法律、法规授权的组织在行使授予的行政权力时侵犯公民、法人和其他组织的合法权益造成损害的,被授权的组织为赔偿义务机关。

5. 受行政机关委托的组织或者个人在行使受委托的行政权力时侵犯公民、法人和其他组织的合法权益造成损害的,委托的行政机关为赔偿义务机关。

6. 经行政复议机关复议的,最初造成侵权行为的行政机关为赔偿义务机关,但复议机关的复议决定加重损害的,复议机关对加重部分履行赔偿义务。但如果赔偿请求人只对作出原行政决定的行政机关提起行政赔偿诉讼,作出原决定的行政机关为被告;如果赔偿请求人只对复议机关提起行政赔偿诉讼的,仅以行政复议机关为赔偿义务机关。

7. 行政机关依据《行政诉讼法》(2017)第 97 条[10]规定申请人民法院强制执行行政行为，由于据以强制执行的根据错误而发生行政赔偿诉讼的，申请强制执行的行政机关为被告。

8. 行政赔偿义务机关被撤销的，继续行使其职权的行政机关为赔偿义务机关；没有继续行使其职权的行政机关的，撤销该赔偿义务机关的行政机关为赔偿义务机关。

三、行政赔偿第三人

行政赔偿第三人，系指同行政赔偿案件处理结果有法律上的利害关系的，除行政赔偿请求人以外的，其他公民、法人和其他组织。

根据最高人民法院《关于审理行政赔偿案件若干问题的规定》(法释〔2022〕10 号)有关规定，行政赔偿第三人有下列两种情况：

1. 在几个行政机关共同侵权行为中，赔偿请求人只对一个或部分侵权人起诉，未被起诉的侵权人是第三人。最高人民法院《关于审理行政赔偿案件若干问题的规定》(法释〔2022〕10 号)第 8 条规定："两个以上行政机关共同实施侵权行政行为造成损害的，共同侵权行政机关为共同被告。赔偿请求人坚持对其中一个或者几个侵权机关提起行政赔偿诉讼，以被起诉的机关为被告，未被起诉的机关追加为第三人。"

2. 在原行政行为和复议决定共同侵害加重赔偿请求人损害的，赔偿请求人只对一个机关起诉，未被起诉的原机关或复议机关为第三人。最高人民法院《关于审理行政赔偿案件若干问题的规定》(法释〔2022〕10 号)第 9 条规定："原行政行为造成赔偿请求人损害，复议决定加重损害的，复议机关与原行政行为机关为共同被告。赔偿请求人坚持对作出原行政行为机关或者复议机关提起行政赔偿诉讼，以被起诉的机关为被告，未被起诉的机关追加为第三人。"

第四节　行政赔偿程序

一、行政赔偿程序及其特点

行政赔偿程序，系指赔偿请求人请求赔偿、行政机关和人民法院处理赔偿案件的整个过程。它是公民、法人和其他组织依法获得行政赔偿这一实体权利的程序保障。

行政赔偿程序有两种类型：一是单独请求行政赔偿的程序；二是一并请求行政赔偿的程序。前者是指赔偿请求人没有提出其他行政诉讼的请求，单就行政赔偿提出请求和诉讼。后者是指行政相对人在提起行政复议和行政诉讼的同时一并提出行政赔偿请求。

一并请求行政赔偿的程序，完全适用行政复议和行政诉讼程序，因而放到"行政复议"和"行政诉讼"的章节去阐述。这里仅限于阐述单独请求行政赔偿的程序。

与一并请求行政赔偿的程序，也即行政复议和行政诉讼程序相比较，单独请求行政赔偿的程序有以下几个特点。

(一)行政先行处理

在行政复议和行政诉讼程序中，有关法律、法规并不要求行政相对人在申请行政复议或者

---

〔10〕 该条规定："公民、法人或者其他组织对行政行为在法定期限内不提起诉讼又不履行的，行政机关可以申请人民法院强制执行，或者依法强制执行。"

提起行政诉讼之前,必须经过有关行政机关的先行处理。但对于行政相对人单独要求行政赔偿的,必须经过行政赔偿义务机关的处理,对行政机关处理不服的方可提起行政赔偿诉讼。《国家赔偿法》(2012)第 9 条第 2 款规定:“赔偿请求人要求赔偿应当先向赔偿义务机关提出,也可以在申请行政复议和提起行政诉讼时一并提出。”这是确立行政赔偿行政先行处理原则的法律依据。

(二)适用行政复议

原《行政复议条例》和之后的《行政复议法》并没有将行政赔偿纳入可复议范围,使得人们以为不得单独针对行政赔偿申请行政复议,除非在行政复议中一并申请赔偿。《行政复议法》2023 年的修订不仅明确将行政赔偿纳入行政复议范围,[11] 而且还规定了在行政复议中一并申请复议的程序。[12]

(三)诉讼中可以调解

行政诉讼不适用调解,这是行政诉讼不同于民事诉讼的一项原则。《行政诉讼法》(2017)第 60 条规定:“人民法院审理行政案件,不适用调解。但是,行政赔偿、补偿以及行政机关行使法律、法规规定的自由裁量权的案件可以调解。调解应当遵循自愿、合法原则,不得损害国家利益、社会公共利益和他人合法权益。”最高人民法院《关于审理行政赔偿案件若干问题的规定》(法释〔2022〕10 号)第 14 条第 3 款规定:“原告在第二审程序或者再审程序中提出行政赔偿请求的,人民法院可以组织各方调解;调解不成的,告知其另行起诉。”

二、行政赔偿请求的提出与行政处理

行政赔偿的程序从总体上说,由这几个环节所组成:行政赔偿请求的提出—行政机关的处理—提起行政赔偿诉讼—受理行政赔偿案—审理行政赔偿案—裁判行政赔偿案—执行行政赔偿裁判。

(一)行政赔偿请求的提出

根据《国家赔偿法》(2012)第 39 条规定,行政赔偿请求人请求行政赔偿的时效为两年自其知道或者应当知道国家机关及其工作人员行使职权时的行为侵犯其人身权、财产权之日起计

---

〔11〕《行政复议法》(2023)第 11 条规定:“有下列情形之一的,公民、法人或者其他组织可以依照本法申请行政复议……(六)对行政机关作出的赔偿决定或者不予赔偿决定不服……”。

〔12〕《行政复议法》(2023)第 72 条规定:“申请人在申请行政复议时一并提出行政赔偿请求,行政复议机关对依照《中华人民共和国国家赔偿法》的有关规定应当不予赔偿的,在作出行政复议决定时,应当同时决定驳回行政赔偿请求;对符合《中华人民共和国国家赔偿法》的有关规定应当给予赔偿的,在决定撤销或者部分撤销、变更行政行为或者确认行政行为违法、无效时,应当同时决定被申请人依法给予赔偿;确认行政行为违法的,还可以同时责令被申请人采取补救措施。申请人在申请行政复议时没有提出行政赔偿请求的,行政复议机关在依法决定撤销或者部分撤销、变更罚款,撤销或者部分撤销违法集资、没收财物、征收征用、摊派费用以及对财产的查封、扣押、冻结等行政行为时,应当同时责令被申请人返还财产,解除对财产的查封、扣押、冻结措施,或者赔偿相应的价款。”

算。[13] 最高人民法院《关于审理行政赔偿案件若干问题的规定》(法释〔2022〕10 号)第 15 条也规定:"公民、法人或者其他组织应当自知道或者应当知道行政行为侵犯其合法权益之日起两年内,向赔偿义务机关申请行政赔偿。赔偿义务机关在收到赔偿申请之日起两个月内未作出赔偿决定的,公民、法人或者其他组织可以依照行政诉讼法有关规定提起行政赔偿诉讼。"

请注意,这里是从赔偿请求人知道或者应当自己权益被侵害时,而不是从行政机关的行政侵权行为实际作出之日起计算。行政行为被确认违法的,从确认违法之日起计算。

行政赔偿请求人向行政赔偿义务机关请求赔偿,必须提交书面申请书。按《国家赔偿法》(2012)第 12 条规定,《行政赔偿申请书》必须载明下列事项:(1)受害人的姓名、性别、年龄、工作单位和住所,法人或者其他组织的名称、住所和法定代表人或者主要负责人的姓名、职务;(2)具体的要求、事实根据和理由;(3)申请的年、月、日。

赔偿请求人书写申请确有困难的,可以委托他人代书;也可以口头申请,由赔偿义务机关记入笔录。

(二)对赔偿请求的行政处理

根据《国家赔偿法》(2012)第 13 条规定,行政赔偿义务机关应当自收到赔偿请求人提交的《行政赔偿申请书》之日起两个月内依法给予处理。处理结果有两种:(1)依法给予行政赔偿;(2)依法拒绝行政赔偿。

行政赔偿义务机关作出这方面的行政赔偿处理决定时,应当制作行政赔偿决定书。行政赔偿决定书应当载明下列内容:(1)赔偿请求人及其赔偿请求;(2)所认定的事实、理由和依据;(3)是否给予赔偿的结论;(4)不服该决定的诉权。

三、行政赔偿诉讼的提起和受理

(一)行政赔偿诉讼的提起

根据《国家赔偿法》(2012)第 14 条规定,赔偿义务机关逾期不予赔偿或者赔偿请求人对赔偿数额有异议的,赔偿请求人可以自期间(2 个月)届满之日起 3 个月内向人民法院提起行政诉讼。[14]

赔偿请求人单独提起行政赔偿诉讼,按照最高人民法院《关于审理行政赔偿案件若干问题的规定》(法释〔2022〕10 号)第 13 条第 2 款的要求,应当符合下列条件:(1)原告具有行政赔偿请求资格;(2)有明确的被告;(3)有具体的赔偿请求和受损害的事实根据;(4)赔偿义务机关已先行处理或者超过法定期限不予处理;(5)属于人民法院行政赔偿诉讼的受案范围和受诉人民法院管辖;(6)在法律规定的起诉期限内提起诉讼。

---

〔13〕《国家赔偿法》(2012)第 39 条规定:"赔偿请求人请求国家赔偿的时效为两年,自其知道或者应当知道国家机关及其工作人员行使职权时的行为侵犯其人身权、财产权之日起计算,但被羁押等限制人身自由期间不计算在内。在申请行政复议或者提起行政诉讼时一并提出赔偿请求的,适用行政复议法、行政诉讼法有关时效的规定。赔偿请求人在赔偿请求时效的最后六个月内,因不可抗力或者其他障碍不能行使请求权的,时效中止。从中止时效的原因消除之日起,赔偿请求时效期间继续计算。"

〔14〕《国家赔偿法》(2012)第 14 条规定:"赔偿义务机关在规定期限内未作出是否赔偿的决定,赔偿请求人可以自期限届满之日起三个月内,向人民法院提起诉讼。赔偿请求人对赔偿的方式、项目、数额有异议的,或者赔偿义务机关作出不予赔偿决定的,赔偿请求人可以自赔偿义务机关作出赔偿或者不予赔偿决定之日起三个月内,向人民法院提起诉讼。"

赔偿请求人的起诉期限可分三种情况确定：

1. 赔偿义务机关在法定期限内作出行政赔偿处理决定的，赔偿请求人自收到该决定书之日起3个月内起诉。

2. 赔偿义务机关逾期不作赔偿处理决定的，赔偿请求人可以在向赔偿义务机关递交赔偿申请后的两个月届满之日起3个月内起诉。

3. 赔偿义务机关作出赔偿决定时，未告知赔偿请求人的诉权或者起诉期限，致使赔偿请求人逾期向人民法院起诉的，其起诉期限从赔偿请求人实际知道诉权或者起诉期限时计算，但逾期的期间自赔偿请求人收到赔偿决定之日起不得超过1年。

(二)行政赔偿诉讼的受理

人民法院接到原告单独提起的行政赔偿起诉状，应当进行审查，并在7日内立案或者作出不予受理的裁定。

人民法院接到行政赔偿起诉状后，在7日内不能确定可否受理的，应当先予受理。审理中发现不符合受理条件的，裁定驳回起诉。

当事人对不予受理或者驳回起诉的裁定不服的，可以在裁定书送达之日起10日内向上一级人民法院提起上诉。

四、行政赔偿的审理、判决与执行

(一)行政赔偿的审理与判决

当事人在提起行政诉讼的同时一并提出行政赔偿请求，或者因行政行为和与行使职权有关的其他行为侵权造成损害一并提出行政赔偿请求的，人民法院应当分别立案，根据具体情况可以合并审理，也可以单独审理。人民法院审理行政赔偿案件，就当事人之间的行政赔偿争议进行审理与裁判。人民法院在审理行政赔偿案件中可以适用调解。

被告在一审判决前同原告达成赔偿协议，原告申请撤诉的，人民法院应当依法予以审查并裁定是否准许。

原告在行政赔偿诉讼中对自己的主张承担举证责任。被告有权提供不予赔偿或者减少赔偿数额方面的证据。

被告的行政行为违法但尚未对原告合法权益造成损害的，或者原告的请求没有事实根据或法律根据的，人民法院应当判决驳回原告的赔偿请求。

人民法院对赔偿请求人未经确认程序而直接提起行政赔偿诉讼的案件，在判决时应当对赔偿义务机关致害行为是否违法予以确认。

人民法院对单独提起行政赔偿案件经过审理后，依法作出以下判决：(1)维持赔偿义务机关作出的赔偿处理决定；(2)改变赔偿义务机关作出的赔偿处理决定；(3)驳回赔偿请求人提出的赔偿请求。

(二)行政赔偿的执行与审限

发生法律效力的行政赔偿判决、裁定或调解协议，当事人必须履行。一方拒绝履行的，对方当事人可以向第一审人民法院申请强制执行。

根据《民事诉讼法》(2021)第246条规定，申请人申请人民法院强制执行的期限是2年。

单独受理的第一审行政赔偿案件的审理期限为3个月，第二审为2个月；一并受理行政赔偿请求案件的审理期限与该行政案件的审理期限相同。如因特殊情况不能按期结案，需要延长审限的，应按行政诉讼法的有关规定报请批准。

第五节　行政赔偿中的求偿

一、行政赔偿中的求偿权

行政赔偿是一种国家责任，它意味着具体国家行政机关及其工作人员的侵权行为所致的赔偿由国家而不是该机关或人员自己承担赔偿金。这对于国家承受正当的"公务风险"并调动国家工作人员的工作积极性无疑是有益的。但由此带来的问题是，具体国家行政机关及其工作人员因无须自己承担行政赔偿的后果，是否会放纵自己的违法侵权呢？正为防止这种消极的后果，世界上大多数国家在规定国家承担赔偿责任的同时，确立了国家对责任者的求偿制度。

行政赔偿中的求偿制度，是国家赔偿中的求偿制度的一个重要组成部分，系指国家行政机关对赔偿请求人承担赔偿责任以后，有权要求负有责任的实施机关和人员承担全部或部分赔偿费用的法律制度。

我国行政赔偿中的求偿制度，系由《行政诉讼法》和《国家赔偿法》直接规定。根据该两法规定，我国行政赔偿有三种求偿法律关系，从而形成了行政求偿的三种类别。

二、行政求偿的种类

我国的行政求偿制度内容极为丰富，它由以下三种求偿关系组成。

（一）行政赔偿义务机关对工作人员的求偿

行政赔偿义务机关对工作人员的求偿，系指行政赔偿义务机关依法对受害的当事人实施赔偿后，对有责任的工作人员实施追偿，由后者承担一定的费用。

《国家赔偿法》(2012)第16条第1款规定："赔偿义务机关赔偿损失后，应当责令有故意或者重大过失的工作人员……承担部分或者全部赔偿费用"。第31条又规定："赔偿义务机关赔偿损失后，应当向有下列情形之一的工作人员追偿部分或者全部赔偿费用……"赔偿义务机关对有责任工作人员的求偿，既存在于行政赔偿中，也存在于司法赔偿中。

（二）行政委托组织对受委托的组织或个人的求偿

这种求偿系指，在行政委托法律关系中，被委托人越权行使委托权限，造成行政相对人合法权益的损害，委托方主体对赔偿请求人实施赔偿以后，有权对有责任的被委托组织或者个人行使追偿权。

《国家赔偿法》(2012)第16条第1款规定："赔偿义务机关赔偿损失后，应当责令……受委托的组织或者个人承担部分或者全部赔偿费用。"这表明，在行政委托关系中，受委托的组织或个人侵犯他人权利，应由委托方的组织为赔偿义务机关；[15]委托方组织对外承担赔偿责任后，

---

〔15〕　依据是《国家赔偿法》(2012)第7条第4款。

有权责令有责任的受委托的组织或个人承担部分或全部赔偿费用。

需要注意的是,由于《国家赔偿法》(2012)第16条被置于该法“第二章行政赔偿”之中,而《国家赔偿法》“第三章刑事赔偿”中无此类似规定。因此,委托关系中的求偿关系只发生在行政赔偿法律关系之中。

(三)共同赔偿义务机关之间的求偿

如果行政侵权由两个以上的行政主体作出,那么这是一种共同行政侵权行为;共同侵权的主体理应是共同赔偿义务机关,他们负有共同赔偿的责任。如果其中的一个行政主体先行对赔偿请求人履行了赔偿义务,那么它便有权事后对其他共同侵权机关行使求偿权。

《国家赔偿法》(2012)第10条规定:“赔偿请求人可以向共同赔偿义务机关中的任何一个赔偿义务机关要求赔偿,该赔偿义务机关应当先予赔偿”。这里虽然没有规定事后求偿,但“先予赔偿”的规定本身就包含了事后处理的问题。事后如何处理,我国目前还没有权威部门的解释,但我们认为,这应包括求偿的处理方式在内。

同样必须说明的是,由于《国家赔偿法》(2012)第10条是仅置于“第二章行政赔偿”之中,因此,这种求偿关系在中国只适用行政赔偿领域。

三、行政求偿的条件

对于上述几种行政求偿关系,行政求偿机关行使求偿权时,必须符合一定的条件。这些条件应当区分几种情况:

1. 行政赔偿义务机关对行政工作人员的求偿条件,根据《国家赔偿法》(2012)第16条第1款规定,是“故意或重大过失”。这是说,行政侵权事件的发生,系由行政工作人员个人的“故意行为”或“重大过失行为”所致。只有在这一条件下,行政赔偿义务机关方可对工作人员行使求偿权。

2. 在行政委托关系中,委托主体对被委托组织或者个人的求偿条件,有关法律、法规目前尚未作出说明。既然是委托关系,就应以被委托组织和个人超越委托权限为条件。

3. 共同的行政赔偿义务机关之间的求偿条件,法律没有明确。笔者认为,这应基于共同责任而发生。

第六节 行政赔偿方式、计算标准和费用

一、行政赔偿的方式

根据《国家赔偿法》(2012)第32条和第35条的规定,行政赔偿的方式有四种:(1)支付赔偿金;(2)返还财产;(3)恢复原状;(4)消除影响,恢复名誉,赔礼道歉。

上述行政赔偿方式中,前三种为物质方式,最后一种为精神方式。在物质方式中,支付赔偿金为“主要方式”,但它不是“优先方式”。因为《国家赔偿法》(2012)第32条第2款规定:“能够返还财产或者恢复原状的,予以返还财产或者恢复原状。”这同时意味着,只有在不能够返还财产或者恢复原状的,才支付赔偿金。

二、行政赔偿的计算标准

关于行政赔偿的计算标准,《国家赔偿法》针对不同情况作了不同的规定。

(一)对侵犯人身自由权的赔偿标准

侵犯人身自由权的行为,系指违法的行政拘留和限制人身自由的行政强制措施等行为。

根据《国家赔偿法》(2012)第33条规定,侵犯公民人身自由的,每日的赔偿金按照国家上年度职工日平均工资计算。

(二)对侵犯健康权的赔偿标准

所谓侵犯人身健康权,是指采用各种手段摧残人的身体,如殴打等。根据《国家赔偿法》(2012)第34条第1、2项规定,赔偿项目和标准如下:

1. 造成身体伤害的,应当支付医疗费、护理费,以及赔偿因误工减少的收入。减少的收入每日的赔偿金按照国家上年度职工日平均工资计算,最高额为国家上年度职工年平均工资的5倍。

2. 造成部分或者全部丧失劳动能力的,应当支付医疗费、护理费、残疾生活辅助具费、康复费等因残疾而增加的必要支出和继续治疗所必需的费用,以及残疾赔偿金。残疾赔偿金根据丧失劳动能力的程度,按照国家规定的伤残等级确定,最高不超过国家上年度职工年平均工资的20倍。造成全部丧失劳动能力的,对其扶养的无劳动能力的人,还应当支付生活费。生活费的发放标准参照当地民政部门有关生活救济的规定办理,参照当地最低生活保障标准执行。被抚养的人是未成年人的,生活费给付至18周岁;其他无劳动能力的人,生活费给付至死亡时止。

(三)对侵犯生命权的赔偿标准

侵犯生命权的赔偿,系指造成人死亡的赔偿。

根据《国家赔偿法》(2012)第34条第3项规定,行政侵权造成他人死亡的,应当支付死亡赔偿金,丧葬费,总额为国家上年度职工年平均工资的20倍。对死者生前抚养的无劳动能力的人,还应当支付生活费。生活费的标准与上一项相同。

(四)对侵犯财产权的赔偿标准

根据《国家赔偿法》(2012)第36条规定,侵犯公民、法人和其他组织的财产权造成损害的,按照下列规定处理:(1)处罚款、罚金、追缴、没收财产或者违法征收、征用财产的,返还财产。(2)查封、扣押、冻结财产的,解除对财产的查封、扣押、冻结,造成财产损坏或者灭失的,依照第3项、第4项的规定赔偿。(3)应当返还的财产损坏的,能够恢复原状的恢复原状,不能恢复原状的,按照损害程度给付相应的赔偿金。(4)应当返还的财产灭失的,给付相应的赔偿金。(5)财产已经拍卖或者变卖的,给付拍卖或者变卖所得的价款;变卖的价款明显低于财产价值的,应当支付相应的赔偿金。(6)吊销许可证和执照、责令停产停业的,赔偿停产停业期间必要的经常性费用开支。(7)返还执行的罚款或者罚金、追缴或者没收的金钱,解除冻结的存款或者汇款的,应当支付银行同期存款利息。(8)对财产权造成其他损害的,按照直接损失给予赔偿。

(五)对精神损害的赔偿标准

对精神损害的赔偿是2010年修改后的《国家赔偿法》对原1994年《国家赔偿法》的突破。现行《国家赔偿法》(2012)第35条规定,"有本法第三条或者第十七条规定情形之一,致人精神损害的,应当在侵权行为影响的范围内,为受害人消除影响,恢复名誉,赔礼道歉;造成严重后果的,应当支付相应的精神损害抚慰金。"而第3条规定的情形是侵犯人身权的行政侵权行为,[16]第17条规定的情形是侵犯人身权的司法侵权行为。[17] 这说明,行政赔偿中的精神赔偿,有下列几个法律特征:

1. 行政赔偿中的精神赔偿只适用针对人身权的行政侵权行为,不适用针对财产权的行政侵权行为。因为,精神是人所特有的形态,而不是财产的状态。

2. 对于无严重后果的精神损害,不适用金钱赔偿,而适用消除影响,恢复名誉,赔礼道歉方式。

3. 对于造成严重后果的精神损害,适用金钱赔偿,应当支付相应的精神损害抚慰金。关于精神损害抚慰金的计算方法,目前行政法无特别规定,暂时适用民法的有关规定。

根据最高人民法院《关于审理国家赔偿案件确定精神损害赔偿责任适用法律若干问题的解释》(法释〔2021〕3号)第9条规定,精神损害抚慰金的具体数额,应当在兼顾社会发展整体水平的同时,参考下列因素合理确定:(1)精神受到损害以及造成严重后果的情况;(2)侵权行为的目的、手段、方式等具体情节;(3)侵权机关及其工作人员的违法、过错程度、原因力比例;(4)原错判罪名、刑罚轻重、羁押时间;(5)受害人的职业、影响范围;(6)纠错的事由以及过程;(7)其他应当考虑的因素。该司法解释第10条还规定,精神损害抚慰金的数额一般不少于1000元;数额在1000元以上的,以千为计数单位。赔偿请求人请求的精神损害抚慰金少于1000元,且其请求事由符合本解释规定的造成严重后果情形,经释明不予变更的,按照其请求数额支付。

三、行政赔偿的费用

本题所讨论的行政赔偿的费用,包括国家行政机关支付赔偿金的经费和有权机关处理行政赔偿案件程序中的有关费用。

行政赔偿属于国家赔偿,因而行政赔偿的费用由国家承担,列入预算。《国家赔偿法》(2012)第37条第1款亦规定:"赔偿费用列入各级财政预算。"国务院为此于1995年制定了

---

〔16〕《国家赔偿法》(2012)第3条规定:"行政机关及其工作人员在行使行政职权时有下列侵犯人身权情形行政机关及其工作人员在行使行政职权时有下列侵犯人身权情形之一的,受害人有取得赔偿的权利:(一)违法拘留或者违法采取限制公民人身自由的行政强制措施的;(二)非法拘禁或者以其他方法非法剥夺公民人身自由的;(三)以殴打、虐待等行为或者唆使、放纵他人以殴打、虐待等行为造成公民身体伤害或者死亡的;(四)违法使用武器、警械造成公民身体伤害或者死亡的;(五)造成公民身体伤害或者死亡的其他违法行为。"

〔17〕《国家赔偿法》(2012)第17条规定:"行使侦查、检察、审判职权的机关以及看守所、监狱管理机关及其工作人员在行使职权时有下列侵犯人身权情形之一的,受害人有取得赔偿的权利:(一)违反刑事诉讼法的规定对公民采取拘留措施的,或者依照刑事诉讼法规定的条件和程序对公民采取拘留措施,但是拘留时间超过刑事诉讼法规定的时限,其后决定撤销案件、不起诉或者判决宣告无罪终止追究刑事责任的;(二)对公民采取逮捕措施后,决定撤销案件、不起诉或者判决宣告无罪终止追究刑事责任的;(三)依照审判监督程序再审改判无罪,原判刑罚已经执行的;(四)刑讯逼供或者以殴打、虐待等行为或者唆使、放纵他人以殴打、虐待等行为造成公民身体伤害或者死亡的;(五)违法使用武器、警械造成公民身体伤害或者死亡的。"

《国家赔偿费用管理办法》（国务院令第 171 号），2011 年升格为《国家赔偿费用管理条例》（国务院令第 589 号）。该条例第 3 条规定，“国家赔偿费用由各级人民政府按照财政管理体制分级负担。各级人民政府应当根据实际情况，安排一定数额的国家赔偿费用，列入本级年度财政预算。当年需要支付的国家赔偿费用超过本级年度财政预算安排的，应当按照规定及时安排资金。”从而解决了行政赔偿费用的来源及支付问题。

为保障行政相对人的实际利益，《国家赔偿法》规定，行政机关和人民法院处理行政赔偿案件不得收取任何费用。《国家赔偿法》（2012）第 41 条第 1 款规定：“赔偿请求人要求国家赔偿的，赔偿义务机关、复议机关和人民法院不得向赔偿请求人收取任何费用。”

根据《国家赔偿法》（2012）第 41 条第 2 款的规定，国家对赔偿请求人取得的赔偿金不予征税。

第七节　疑难问题探讨

一、行政诉讼不可诉事项是否同时属于不予行政赔偿的事项？

《国家赔偿法》（2012）第 5 条规定：“属于下列情形之一的，国家不承担赔偿责任：（一）行政机关工作人员与行使职权无关的个人行为；（二）因公民、法人和其他组织自己的行为致使损害发生的；（三）法律规定的其他情形。”《行政诉讼法》（2017）第 13 条规定：“人民法院不受理公民、法人或者其他组织对下列事项提起的诉讼：（一）国防、外交等国家行为；（二）行政法规、规章或者行政机关制定、发布的具有普遍约束力的决定、命令；（三）行政机关对行政机关工作人员的奖惩、任免等决定；（四）法律规定由行政机关最终裁决的行政行为。”

在这里，行政赔偿的排除范围与行政诉讼的排除范围显然不一致。它们两者是否必须一致？只要是行政诉讼不可诉事项，也就是行政赔偿不可赔事项；反之亦然。

笔者认为不全然。首先，由于行政赔偿是可以适用行政诉讼程序解决的，因而，适用行政赔偿的也应当是适用行政诉讼的，不予行政赔偿的事项也不应当是行政诉讼的可诉事项。鉴此，《行政诉讼法》（2017）第 13 条规定的四种事项，国家行为、抽象行为、内部行为和行政终局行为，原则上也是不适用行政赔偿的。最高人民法院《关于审理行政赔偿案件若干问题的规定》（法释〔2022〕10 号）第 5 条对此作了必要的补充。其中规定：“公民、法人或者其他组织认为国防、外交等国家行为或者行政机关制定发布行政法规、规章或者具有普遍约束力的决定、命令侵犯其合法权益造成损害，向人民法院提起行政赔偿诉讼的，不属于人民法院行政赔偿诉讼的受案范围。”反过来说，《国家赔偿法》（2012）第 5 条规定的事项，也不适用行政诉讼。

其次，由于《国家赔偿法》与《行政诉讼法》的立法任务不同，两法所排除的事项是可以是不一致的。例如，《行政诉讼法》第 13 条第 4 项规定的行政终裁行为，虽然在行政诉讼中不可诉，但依然适用《国家赔偿法》。

二、行政不作为是否属于行政赔偿的范围？

从理论上说，行政行为包括作为形态与不作为形态。既然行政行为违法侵犯行政相对人的合法权益需要承担行政赔偿责任，那么，无论是行政作为还是不作为，只要违法侵害相对人的合法权益,都一概须承担赔偿责任。但也有人认为,行政赔偿责任是由行政侵权行为引致的,而行政侵权应当是一种"作为"形态,不作为行为未对相对人的既存权利作任何行为,不可能引起损害从而承担赔偿责任。

对此,最高人民法院的态度慢慢开始明确。1999 年,最高人民法院对重庆市高级人民法院的一个批复〔18〕中指出:"重庆市西山坪劳动教养管理所未尽监管职责的行为属于不履行法定职责,对刘元林在劳动教养期间被同监室人员殴打致死,应当承担行政赔偿责任。人民法院在确定赔偿的数额时,应当考虑重庆市西山坪劳动教养管理所不履行法定职责的行为在造成刘元林死亡结果发生过程中所起的作用等因素。"2001 年,最高人民法院对四川省高级人民法院的批复〔19〕中重复了同一主张:"由于公安机关不履行法定行政职责,致使公民、法人和其他组织的合法权益遭受损害的,应当承担行政赔偿责任。在确定赔偿的数额时,应当考虑该不履行法定职责的行为在损害发生过程和结果中所起的作用等因素。"特别是 2022 年的司法解释已明确了这一点。最高人民法院《关于审理行政赔偿案件若干问题的规定》(法释〔2022〕10 号)第 1 条规定:"国家赔偿法第三条、第四条规定的'其他违法行为'包括以下情形:(一)不履行法定职责行为;(二)行政机关及其工作人员在履行行政职责过程中作出的不产生法律效果,但事实上损害公民、法人或者其他组织人身权、财产权等合法权益的行为。"

笔者赞同最高人民法院的主张。如果将行政不作为排除于行政赔偿范围之外,在理论上是不顺的,在实践中是有害的。为有效地抑制不履行法定职责等行政不作为违法,理应将行政不作为违法纳入行政赔偿适用范围之内。

三、公共设施的瑕疵是否属于行政赔偿的范围?

公共设施,是指由政府或者特许主体,出于公共利益的需要,投资或者管理的并提供给社会使用的各种公共性、服务性设施,涉及教育、医疗卫生、文化娱乐、交通、体育、社会福利与保障、行政管理与社区服务、邮政电信和商业金融服务等领域,包括公共行政设施、公共信息设施、公共卫生设施、公共体育设施、公共文化设施、公共交通设施、公共教育设施、公共绿化设施、公共屋等。城市公共设施还包括城市污水处理系统、城市垃圾(包括粪便)处理系统、城市道路、城市桥梁、港口、市政设施抢险维修、城市广场、城市路灯、路标路牌、城空防空设施、城市绿化、城市风景名胜区、城市公园等。公共设施的瑕疵,是指该设施在建设和管理中出现不合理地导致公众人身权和财产权受损的因素,如公共设施护栏过低导致人不慎坠落,公路指示牌不科学引发交通事故等。

公共设施的瑕疵招致人身权、财产权的损害,是否应当承担赔偿责任,这在现代国家是没有疑问的。现在的问题是:是否应由国家承担赔偿责任?这在理论上有分歧,在实践中不统一。不过,大多数国家都将公共设施致害行为纳入国家赔偿范围之内。美国早在 1946 年的《联邦行政程序法》第 260 条就规定了"公有公共设施"的国家赔偿责任。英国 1961 年就制定了《高速公路法》,规定对于高速公路的瑕疵、过失或不作为造成的损害由国家负责赔偿。〔20〕

---

〔18〕 最高人民法院《关于劳动教养管理所不履行法定职责是否承担行政赔偿责任问题的批复》(2001 年 7 月 4 日,〔1999〕行他字第 11 号)。

〔19〕 最高人民法院《关于公安机关不履行法定行政职责是否承担行政赔偿责任问题的批复》(2001 年 7 月 17 日,法释〔2001〕23 号)。

〔20〕 参见江必新主编:《〈中华人民共和国国家赔偿法〉条文理解与适用》,人民法院出版社 2010 年版,第 73 页。

日本1947年《国家赔偿法》第2条“基于公营造物设置、管理瑕疵而发生损害的赔偿责任、求偿权”明确将公共设施的建设瑕疵和管理瑕疵的赔偿责任和求偿权纳入国家赔偿的范畴。[21]

我国1994年制定的《国家赔偿法》未对公共设施瑕疵的赔偿责任作出规定,2010年修订的《国家赔偿法》沿袭了这一“传统”,尽管受到不少批评。

中国的问题也不是公共设施瑕疵是否应当赔偿问题,而是这一赔偿责任的性质和法律体系的设置问题。现行的法律体系是通过民法规范而不是公法规范设定了这种赔偿责任,显然以一种传统的民法观念为基础,即只要是赔偿就是民事责任问题。《民法通则》(1986)的有关规定已有所涵盖。第125条规定:“在公共场所、道旁或者通道上挖坑、修缮安装地下设施等,没有设置明显标志和采取安全措施造成他人损害的,施工人应当承担民事责任。”其第126条又规定:“建筑物或者其他设施以及建筑物上的搁置物、悬挂物发生倒塌、脱落、坠落造成他人损害的,它的所有人或者管理人应当承担民事责任,但能够证明自己没有过错的除外。”接着,《侵权责任法》(2009)第十一章的“物件损害责任”与《民法通则》的这一损害进行了对接。2020年《民法典》制定以后,上述内容被写进了《民法典》第1253条和第1258条。由此,人们认为,中国的公共设施瑕疵的赔偿责任已经确立,无非是按民事责任通过民事诉讼程序,抑或按行政责任通过行政救济程序处理的问题。笔者认为没有那么简单,有两个问题并没有解决。

1. 关于赔偿范围。现行的民事法律规范所确定的损害赔偿范围,只限于公共设施中“抛物”等“物件损害责任”,远没有覆盖关于公共设施中的“管理瑕疵”。因此在中国,包括设置瑕疵和管理瑕疵在内的公共设施瑕疵的赔偿责任并没有全面确立。

2. 关于定性和程序。公共设施瑕疵的赔偿责任属于民事责任还是行政责任,这一定性决定了其所适用的救济程序。尽管目前关于赔偿标准的计算,民事责任会高于行政责任,但无论怎么说,公共设施瑕疵应当定性为行政赔偿责任为妥,因为公共设施具有公权力的性质,具有很强的公共性和服务性。而且,由国家作为赔偿主体显然会比私人作为赔偿主体更有保障。希望下次修改《国家赔偿法》时能解决这一问题。

本章小结

行政赔偿系指,行政主体及其行政人违法行使行政职权,侵犯行政相对人的合法权益造成损害,而依法必须承担的行政法律责任。行政赔偿责任是行政法律责任的核心,是行政违法行为所引起的法律后果。中国的行政赔偿制度,目前主要由《国家赔偿法》、《行政诉讼法》和最高人民法院的有关司法解释等加以规定。

我国行政赔偿的范围限于侵犯人身权、财产权的行政行为及与职务相关的事实行为。这种行为无论是作为行为还是不作为行为,一概适用。精神损害赔偿已被2010年修订的《国家赔偿法》所确立。但是以下几种情形国家不承担赔偿责任:(1)国防、外交等国家行为;(2)行政法规、规章或者行政规定;(3)内部行政行为;(4)行政机关工作人员与行使职权无关的个人行为;(5)有关行政相对人自己的行为致使损害发生的;(6)法律规定不适用国家赔偿的其他情形。

行政赔偿请求人与赔偿义务机关是行政赔偿法律关系中的两大主体。前者不明确,赔偿请求就无法提出;后者不明确,赔偿责任就无人承担。在现行行政赔偿法律制度中,行政赔偿请求人是指受到损害的公民、法人或者其他组织。受害公民死亡,其继承人和其他有抚养关系的亲属以及死者生前抚养的无劳动能

〔21〕 日本《国家赔偿法》(1947年10月27日国会以法律第125号公布并施行)第2条规定:“(一)因道路、河川工事或其他公营造物的设置或管理有瑕疵,致他人产生损害时,国家或公共团体对受害人负赔偿责任。(二)于前款情形,就损害原因有另外应负责任者时,国家或公共团体对其有求偿权。”

力的人为赔偿请求人;受害的法人或者其他组织终止,承受其权利的法人或者其他组织为赔偿请求人。因其本身或者由其委托的其他组织以及它所属的工作人员,违法行使职权侵犯行政相对人的合法权益,而依法必须承担赔偿责任的行政机关,便是赔偿义务机关。在赔偿请求人与赔偿义务机关之外,与行政赔偿案件处理结果有法律上的利害关系的公民、法人和其他组织,构成了行政赔偿关系中的第三人。

行政赔偿的救济程序分为单独程序和一并程序。受害人单独请求行政赔偿的,属于单独赔偿程序;受害人在行政复议或者行政诉讼中一并请求行政赔偿的,属于一并赔偿程序。一并赔偿程序完全适用行政复议程序和行政诉讼程序,单独赔偿程序具有三个特点:(1)须经行政先行处理;(2)不适用行政复议;(3)可以调解。

行政赔偿义务机关依法承担赔偿责任之后,有权要求负有责任的实施机关和人员承担全部或部分赔偿费用。这种行政赔偿中的求偿制度在中国适用三种关系:(1)行政赔偿义务机关对工作人员的求偿;(2)行政委托组织对受委托的组织或个人的求偿;(3)共同赔偿义务机关之间的求偿。

我国行政赔偿的方式有四种:(1)支付赔偿金;(2)返还财产;(3)恢复原状;(4)消除影响,恢复名誉,赔礼道歉。各类损害的赔偿标准已有具体规定。例如,侵犯公民人身自由的,每日的赔偿金按照国家上年度职工日平均工资计算;造成身体伤害的,应当支付医疗费、护理费,以及赔偿因误工减少的收入;造成他人死亡的,应当支付死亡赔偿金,丧葬费,总额为国家上年度职工年平均工资的20倍。对死者生前抚养的无劳动能力的人,还应当支付生活费。生活费的标准与上一项相同。对于侵犯财产权的赔偿,原则上采用返还、修复、赔偿等方式解决。为保障行政相对人的实际利益,行政机关和人民法院处理行政赔偿案件不得收取任何费用。国家对赔偿请求人取得的赔偿金不予征税。

规范链接

- 《中华人民共和国宪法》(2018)第41条
- 《中华人民共和国国家赔偿法》(2012)第2~5、9~10、12~14、16、31~32、35、37条
- 《中华人民共和国行政复议法》(2023)第11、72条
- 《中华人民共和国行政诉讼法》(2017)第60、97、98、99条
- 《中华人民共和国民法典》(2020)第1253、1258条
- 国务院《国家赔偿费用管理条例》(2011年国务院令第589号)
- 最高人民法院《关于审理行政赔偿案件若干问题的规定》(法释〔2022〕10号)
- 最高人民法院《关于审理国家赔偿案件确定精神损害赔偿责任适用法律若干问题的解释》(法释〔2021〕3号)
- 最高人民法院《关于劳动教养管理所不履行法定职责是否承担行政赔偿责任问题的批复》(〔1999〕行他字第11号)

案例讨论

尹某琰诉卢氏县公安局行政赔偿案

|案 情|

原告:尹某琰。

被告:卢氏县公安局。

法定代表人:刘某章,该局局长。

原告尹某琰开办的“工艺礼花渔具门市部”发生盗窃时,卢氏县公安局“110指挥中心”接到报警后没有受理,

尹某琰认为，卢氏县公安局的失职造成其财产损失，遂向河南省卢氏县人民法院提起行政诉讼。

原告诉称：2002 年 6 月 26 日夜，其在卢氏县东门开办的“工艺礼花渔具门市部”被盗。小偷行窃时惊动了门市部对面“劳动就业培训中心招待所”的店主和旅客。他们即向卢氏县公安局“110 指挥中心”报案，但接到报警的值班人员拒不处理。20 多分钟后，小偷将所盗物品装上摩托车拉走。被盗货物价值 24546.5 元，被毁坏物品折价 455 元，共计 25001.5 元。被告卢氏县公安局接到报警后不出警，违反了职责，是行政不作为。事后，原告虽多次交涉，要求被告赔偿损失，但其一直推托不赔。请求法院根据国家赔偿法的规定，责令被告赔偿其全部损失。原告尹某琰提供的证据有：(1) 申请材料一份，证明其起诉前曾要求卢氏县公安局予以赔偿，卢氏县公安局一直不予赔偿。(2) 证人吴某栾、程某发、任某风书面证言及卢氏县公安局卢公字(2002)68 号文件，证明卢氏县公安局接到报警后不出警行为的存在。(3)“工艺礼花渔具门市部”进货数、销货数、存货数、修复门等发票 3 张，证明自己的损失数额。

被告卢氏县公安局辩称：“110 指挥中心”接到报案后未出警是事实，但对原告尹某琰主张的损失数额有异议。请求法院划清其承担损失的责任。卢氏县公安局未提供证据。

在法庭调查中，被告卢氏县公安局对原告尹某琰提供的证据的质证意见为：对证据 2 无异议，承认接警不出警违法事实的存在；对证据 1 虽无异议，但认为这属于法律规定的赔偿范围，尹某琰起诉不符合国家赔偿法规定的程序；对证据 3 证明的数额有异议，认为 1 辆摩托车无法装运这些东西。卢氏县人民法院认为，原告尹某琰提供的 3 份证据符合法律的规定，和本案事实相关联，内容真实，可以作为本案的定案依据。

卢氏县人民法院经审理查明：2002 年 6 月 27 日凌晨 3 时许，原告尹某琰位于卢氏县县城东门外的“工艺礼花渔具门市部”(以下简称门市部)发生盗窃，作案人的撬门声惊动了在街道对面“劳动就业培训中心招待所”住宿的旅客吴某栾、程某新，他们又叫醒了该招待所负责人任某风，当他们确认有人行窃时，即打电话 110 向警方报案，前后两次打通了被告卢氏县公安局“110 指挥中心”并报告了案情，但卢氏县公安局始终没有派人出警。20 多分钟后，作案人将盗窃物品装上 1 辆摩托车后驶离了现场。尹某琰被盗的物品为渔具、化妆品等货物，价值总计 24,546.50 元人民币。案发后，尹某琰向卢氏县公安局提交了申诉材料，要求卢氏县公安局惩处有关责任人，尽快破案，并赔偿其损失。卢氏县公安局一直没有作出答复。

卢氏县人民法院认为：《人民警察法》第 2 条规定：“人民警察的任务是维护国家安全，维护社会治安秩序，保护公民的人身安全、人身自由和合法财产，保护公共财产，预防、制止和惩治违法犯罪活动。”第 21 条规定：“人民警察遇到公民人身、财产安全受到侵犯或者处于其他危难情形，应当立即救助；对公民提出解决纠纷的要求，应当给予帮助；对公民的报警案件，应当及时查处。”

《国家赔偿法》第 2 条第 1 款规定：“国家机关和国家机关工作人员违法行使职权侵犯公民、法人和其他组织的合法权益造成损害的，受害人有依照本法取得国家赔偿的权利。”

依法及时查处危害社会治安的各种违法犯罪活动，保护公民的合法财产，是公安机关的法律职责。被告卢氏县公安局在本案中，两次接到群众报警后，都没有按规定立即派出人员到现场对正在发生的盗窃犯罪进行查处，不履行应该履行的法律职责，其不作为的行为是违法的，该不作为行为相对原告尹某琰的财产安全来说，是具体的行政行为，且与门市部的货物因盗窃犯罪而损失在法律上存在因果关系。因此，尹某琰有权向卢氏县公安局主张赔偿。

《国家赔偿法》第 13 条规定：“赔偿义务机关应当自收到申请之日起两个月内依照本法第四章的规定给予赔偿；逾期不予赔偿或者赔偿请求人对赔偿数额有异议的，赔偿请求人可以自期间届满之日起三个月内向人民法院提起诉讼。”

原告尹某琰在门市部被盗窃案发后，向被告卢氏县公安局提交了书面申诉材料，要求给予赔偿，符合法律规定的申请国家赔偿程序。卢氏县公安局在国家赔偿法规定的两个月的期间内没有任何意见答复尹某琰，尹某琰以卢氏县公安局逾期不受理为由提起行政诉讼，符合行政诉讼的受理程序。

原告尹某琰主张的损失数额有合法的依据，被告卢氏县公安局虽然对具体数额表示怀疑，但由于没有提供相关的具体证据予以否认，因此，对尹某琰主张的财产损失数额应予以认定。尹某琰的财产损失，是有人进行盗窃犯罪活动直接造成的，卢氏县公安局没有及时依法履行查处犯罪活动的职责，使尹某琰有可能避免的财产损失没能得以避免，故应对盗窃犯罪造成的财产损失承担相应的赔偿责任。尹某琰的门市部发生盗窃犯罪时，尹某琰没有派人值班或照看,对财产由于无人照看而被盗所造成的损失,也应承担相应的责任。

综上,卢氏县人民法院根据《行政诉讼法》第67条第1、2款,第68条之规定,于2002年12月12日判决如下:卢氏县公安局赔偿尹某琰25001.5元损失的50%,即12500.75元,在判决生效后10日内给付。

宣判后,双方当事人均未上诉。

|评　析|

这是一个涉及行政不作为所引起的行政赔偿案件。本案涉及三个问题:(1)不作为行为是否也可引起行政赔偿责任;(2)原告申请赔偿的程序是否正确;(3)被告承担的赔偿额是否相当。

关于第一个问题。行政赔偿是由行政行为违法所引起的一种财产责任。而行政行为或者行政违法行为的形态都存在作为与不作为两种形式。所以,不作为行为引起行政赔偿与作为行为引起的行政赔偿适用同一法律规则,不应当有特殊性,更不应当作例外对待。最高人民法院已多次表明了这一态度。〔22〕但需要坚持的一个条件是:这种不作为与行政赔偿的损害结果之间必须有法律上的因果关系。在本案中,盗窃者盗窃原告物品时,已有人向公安报警,公安如果正常而及时出警,这一损害后果是可以避免的。而且,在这种状态下,公安机关是负为出警的法定义务的。所以,公安机关必须对自己的不出警行为承担行政赔偿责任。

关于第二个问题。原告申请赔偿,可以在对其他行政行为提起诉讼时一并提出,也可单独提出赔偿请求。如果单独申请赔偿的,应当先向行政赔偿义务机关提出,该机关拒绝或者逾期不予答复的,申请人可以自期间(2个月)届满之日起3个月内或者收到赔偿决定之日起3个月内向人民法院提起行政诉讼。在本案中,原告尹某琰在门市部被盗窃案发后,向被告卢氏县公安局提交了书面申诉材料,要求给予赔偿,符合法律规定的申请国家赔偿程序。卢氏县公安局在国家赔偿法规定的2个月的期间内没有任何意见答复尹某琰,尹某琰以卢氏县公安局逾期不受理为由提起行政诉讼,符合行政诉讼的受理程序。

关于第三个问题。公安机关应当承担多大责任,要根据公安机关的行为对于损害结果的发生所起作用确定。本案被盗结果是由三种因素促成的:一是盗窃者的盗窃行为,这是本案最为主要的原因;二是申请人自我预防措施不足,没有安排值班等因素;三是公安机关事后时没有及时出警。所以,在本案中,不应当由公安机关来承担全部责任。法院判令公安机关承担50%的责任,并无不当。

(资料来源:《尹某琰诉卢氏县公安局110报警不作为行政赔偿案》,载《最高人民法院公报》2003年第2期;评析部分由作根据教学任务撰写)

复习思考题

1. 什么是行政赔偿?它与国家赔偿是什么关系?
2. 单独行政赔偿的法定程序有何特点?
3. 行政赔偿责任的构成要件是什么?
4. 在行政赔偿中如何适用精神赔偿?

〔22〕参见最高人民法院《关于劳动教养管理所不履行法定职责是否承担行政赔偿责任问题的批复》(2001年7月4日,〔1999〕行他字第11号);最高人民法院《关于公安机关不履行法定行政职责是否承担行政赔偿责任问题的批复》(2001年7月17日,法释〔2001〕23号)等。

第二十六章 行 政 补 偿

行政赔偿与行政补偿是两种相互对应的行政法上的责任制度。如果说行政赔偿以行政违法为前提,那么行政补偿以行政合法为前提。本章的任务是阐述行政补偿的概念和法律特征,行政补偿制度的理论基础,行政补偿的范围和方式,行政补偿的标准和程序等基本问题。

第一节 行政补偿概念和特征

一、行政补偿的概念

在世界上,行政补偿往往是作为一种行政征收征用的结果制度而存在。因为行政补偿往往由行政征收征用所引起。但是现代的行政补偿,不仅伴随"行政征收征用"概念内涵的扩大而扩大,同时也随着行政补偿的传统前提——行政征收和征用——的突破而得到拓展。

行政补偿是行政主体基于社会公共利益的需要,在管理国家和社会公共事务的过程中,合法行使公权力的行为以及该行为的附随效果而致使相对人的合法财产及合法权益遭受特别损害,以公平原则并通过正当程序对所遭受的损害给予补偿的法律制度。为此,行政补偿,又可称行政损失补偿。[1]

从严格意义上说,行政补偿不属于行政责任。因为行政责任是违法、不当行政行为所引起的法律后果,而行政补偿责任却以合法行政行为为前提。但是,行政补偿责任既然是法律设定的一种义务,对补偿主体来说,它当然也是一种责任。为此,在行政法学理论上,有部分学者还是把行政损失补偿置于行政损害赔偿责任之中。在这里,责任就是义务。

有的国家把行政补偿视为一种特殊的行政赔偿,有的国家则把两者分开。我国属于后者。我国行政法把行政补偿看作与行政赔偿相并列的一种广义上的行政责任。

二、行政补偿的特征

行政损失补偿责任与行政赔偿责任及其他责任不同,其具有以下法律特征:

1. 行政补偿必须以合法的行政行为为前提。行政补偿是以行政主体合法行使公权力的行为以及该行为的附随效果而致使相对人的合法财产及合法权益遭受特别损害为前提。这个前提主要是行政征收,但不限于行政征收。但无论是什么行为,这个前提性行为必须是合法的。

---

〔1〕 我国台湾地区学者认为:"行政上之损害补偿,乃指行政机关基于公共利益之目的,合法实施公权力,致人民之生命、身体或者财产遭受损失,而由国家予以适当补偿之制度,与国家赔偿制度系针对公务员因故意或过失违法侵害人民权力所生之赔偿责任,有所不同。"参见翁岳生主编:《行政法》(第 2 版),中国法制出版社 2009 年版,第 1721 页。

如果是违法行为,那么与行政补偿就无关系了。违法行为的财产责任是行政赔偿而不是行政补偿。

2. 行政补偿以无义务的特定人所受的特别损失为要件。国家对一般公民因公平分配的负担而承担的义务,不必加以补偿。如服兵役、依法纳税等,是所有公民应尽的义务,这是一种公平的负担,无须给予补偿。行政主体因相对人违反行政法而给予行政处罚或采取行政强制措施造成的损失,国家也无须给予补偿,因为该种损失系相对人违法行为应承担的法律后果。只有在合法行政行为使无义务的特定人蒙受特别损害时,国家才负担财产上的损失补偿责任。

3. 行政补偿以损害的实际存在为基础,并且损失的发生必须与合法的行政行为有因果关系。没有实际损失的存在,行政补偿无以发生。此外,因果关系很重要。相对人合法权益遭受损失,必须由合法的行政行为引起。如果某一合法行政行为与某权益受损失间毫无因果关系,则决不能导致行政补偿。至于因果关系的程度要求如何,各国立法和学者有一定分歧,但对于要有直接因果关系的主张却是雷同的。

4. 行政补偿是国家通过行政主体对行政相对人的补偿而不是后者对前者的补偿。所以,在现实中由公民、法人或者其他组织向国家支付补偿金的制度就不属于行政补偿。由《土地管理法》(2019)第30条第2款所确立的"占用耕地补偿制度"便是一例。[2] 另外,民间公民、法人、其他组织之间或者它们之间的补偿也同样不属于行政补偿。[3]

行政补偿既是一种法律制度,也是一种行政行为。行政补偿协议属于行政合同,行政主体作出的行政补偿决定是一种行政决定,它们都属于行政行为的范畴。

三、行政补偿与行政赔偿

在英美法系国家,行政赔偿与行政补偿无特别区别,甚致用同一词"administrative compensation"表达,但在大陆法系还是多少有所区别。

日本学者曾以过失责任主义为基础来划定行政赔偿与行政补偿的界限。他们认为,因违法的过错行政行为造成的损害,国家应承担行政赔偿责任;因合法行政行为造成的损失,国家应承担行政补偿责任。这结果使无过错违法行政行为无法获得赔偿救济。为此,有人提出,不论行政行为是否合法、违法以及行为人有无故意、过失,只要行政活动导致的损失为一般社会观念所不允许,国家或公共团体就必须承担补偿责任。这是基于结果责任的国家补偿,其论据是危险责任说。由于不追究故意或过失之类的主观归责事由,所以这种观点又称无过失补偿责任。

作为大陆法系国家的中国,我们对行政补偿与行政赔偿作严格区分。行政补偿与行政赔

---

[2] 《土地管理法》(2019)第30条第2款规定:"国家实行占用耕地补偿制度。非农业建设经批准占用耕地的,按照'占多少,垦多少'的原则,由占用耕地的单位负责开垦与所占用耕地的数量和质量相当的耕地;没有条件开垦或者开垦的耕地不符合要求的,应当按照省、自治区、直辖市的规定缴纳耕地开垦费,专款用于开垦新的耕地。"

[3] 例如,《民法典》(2020)第53条第1款规定:"被撤销死亡宣告的人有权请求依照本法第六编取得其财产的民事主体返还财产;无法返还的,应当给予适当补偿。"第157条规定:"民事法律行为无效、被撤销或者确定不发生效力后,行为人因该行为取得的财产,应当予以返还;不能返还或者没有必要返还的,应当折价补偿。有过错的一方应当赔偿对方由此所受到的损失;各方都有过错的,应当各自承担相应的责任。法律另有规定的,依照其规定。"第183条规定:"因保护他人民事权益使自己受到损害的,由侵权人承担民事责任,受益人可以给予适当补偿。没有侵权人、侵权人逃逸或者无力承担民事责任,受害人请求补偿的,受益人应当给予适当补偿。"这些规定中的补偿都不属于行政补偿。

偿，只有一字之差，而且都以金钱补救为主要形式，但它们之间的区别是清晰的。具体表现在以下方面：

1. 前提不同。行政补偿因行政主体的合法行政行为而发生，行为人的主观过错与补偿责任没有必然联系；行政赔偿则以行政违法为前提，多数行政赔偿责任缺乏行为人的主观过错就无法构成。

2. 适用原则不同。行政补偿不适用等价原则，补偿数额大小一般都有明文的法律依据；行政赔偿适用等价原则，赔偿额往往等于实际损失额，当事人双方在不违背国家利益、集体利益和他人合法利益的前提下，可以自由协商。

3. 处理方式有别。行政补偿可在损失发生前进行先行补偿，然后作出某种行政行为；行政赔偿则必须以损害事实的发生为前提，没有损害事实不可能赔偿。当然，行政先行补偿并不意味着行政损失最终不会产生。

4. 法律属性不同。严格地说，行政补偿不属于行政责任，它是基于行政主体的一种"积极义务"而实施的补救性行政行为；行政赔偿属于行政责任的一种形式。

第二节　行政补偿历史发展及理论根据

一、行政补偿制度的历史发展

行政补偿责任的形成与行政赔偿责任的形成一样，都有一个从否定到肯定的过程。在资本主义以前，由于绝对奉行"国家至上"理论，国家处于法律之上，所以不可能有行政补偿制度。资本主义建立后，由于民主制度的要求，国家无责任失去了政治和理论基础。于是，在各国立法和司法实践中逐渐出现了过错官员责任制度，即行政官员对其有过错的职务行为造成相对人损害的，应负个人赔偿责任。此后，尤其是第二次世界大战期间，这种官员个人赔偿制度很快被国家赔偿制度代替。行政补偿制度正是在这种转换中，依赖国家赔偿制度的建立而逐步产生的。行政补偿制度的产生是国家责任的一次重大进步，它有利于人民获得较完全的补偿。

在德国，补偿概念起源于古典征收概念。出于特殊公益〔4〕而剥夺个既得权利〔5〕者，国家必须予以补偿，这思想起源于1794年的普鲁士一般邦法序章。〔6〕 该法第74条规定："国家成员之个别权利及利益，如与促进公共福祉这权利及义务发生实际上之干戈（冲突）时，个别之权利及利益应予让步。"第75条又规定："对于因公共福祉而牺牲权利及利益之人，国家应予补偿。"〔7〕但最早开行政补偿制度先河的还是国家责任最发达的法国。法国早在1789年的《人权宣言》中就宣布："财产是神圣不可侵犯的权利，除非当合法认定的公共需要显系必要时，且在公平而预先补偿的条件下，任何人的财产不得受剥夺。"1979年，法国根据《人权宣言》的上述精神，颁布了第一个行政机关对因实施公共事业而受到损失的人给予补偿的法律，初步建立了以无过错责任为特征的损失补偿制度。之后，这项制度有了迅速发展。如在第一次世界大

〔4〕 ius eminens.

〔5〕 wohlerworbene Rechte, iura quaesita.

〔6〕 Einleitung des Allgemeinen Landrechts für die PreuBisechen Staaten.

〔7〕 参见翁岳生主编：《行政法》（第2版），中国法制出版社2009年版，第1723页。

战期间的法国,战争行为造成的损害,国家一直不负责任。但在1914年的一项立法中,法国根据危险责任原则,规定了国家对战争造成的损害应负补偿责任。在此前后,许多国家纷纷效法法国,于20世纪初或稍后的时间里建立了行政损失补偿制度。

现在,多数国家均有行政补偿方面的立法(以分散于各法律、法规中为特征)。例如,1946年日本《宪法》第29条第3款规定:"为了公共利益,在正当补偿之下,可使用私有财产。"在英国,行政补偿作为国家的一种例外责任发展较晚,但也算完整。1961年和1973年的土地补偿法规定了强制征收的手续和住宅、农田的损失及其他土地强制征收的补偿规则。美国《权利法案》第5条规定:"……人民私有财产,如无合理补偿,不得被征为公用。"1987年美国联邦议会通过的《西北地域法令》第2条规定:"……倘在公共紧急状态下,为了维护共同利益而必须征用任何人之财产或某项服务时,则应给予充分之补偿。"

在我国,几千年封建社会尊崇"君权至上",根本不可能建立国家行政补偿制度。新中国成立后,我国通过政策和零星立法确立了行政补偿制度的雏形。如20世纪50年代对私营工商业实行公私合营所付的定息,实际就是一种行政损失补偿。对修水库淹没的农田、民房,修铁路毁掉的民房、农田,建城市所征用的土地,国家或用地单位一般都给被征用单位或个人以适当补偿。"文化大革命"期间,社会主义民主与法制均遭践踏,一些原有的行政补偿制度没有得到进一步贯彻执行。党的十一届三中全会以后,我国各种立法走上正轨。许多法律、法规均涉及行政补偿制度,尤其是1982年国务院公布的《村镇建房用地管理条例》和《国家建设征用土地条例》,对行政补偿制度的一些具体内容,如征收标准、补偿条件、补偿额度等作了规定。1986年制定和2019年修订的《土地管理法》,在上面两个条例的基础上,进一步完善了征用土地方面的行政补偿制度。2011年,国务院制定公布了《国有土地上房屋征收与补偿条例》,[8]进一步规范了房屋拆迁的补偿制度。当然,我国行政补偿制度目前还不很完善,如我国至今尚未有紧急补偿法。因此,如何加强行政补偿立法是我国今后法制建设的一项重要课题。

二、行政补偿制度的理论根据

行政补偿责任的前提是合法行政行为造成相对人合法权益的损失。既然是合法的行政行为,为什么国家还要对这种损失承担行政补偿责任呢?这是一个行政法学理论界长期争论的问题,主要观点有三种:

1. 保障既得权利说。此说认为国家因公共利益需要所为合法行为,使相对人合法权益造成损失,其行为虽不违法,但相对人的各种权利应受保障,对相对人的损失国家应给予补偿。

2. 恩惠说。此说认为国家有进行合法行政行为的权力,该权力的行使造成相对人损失而给予补偿是国家的一种恩惠。这种学说出现年代较早,具有专制时代的思想色彩。

3. 特别牺牲说。此说认为国家合法行政行为造成相对人损失,这种损失不是相对人应承担的一般义务,它是使无义务的特定人所受的特别牺牲。对这种牺牲,国家理应给予补偿,以合乎公平正义原则。

笔者认为,行政补偿责任之所以成立,是因为国家公共利益需要所为合法行政行为给相对人造成特殊损失,不能完全由该相对人个人承受。从公平正义原则出发,既然这种损失是为公

---

[8] 2011年1月19日国务院第141次常务会议通过,2011年1月21日中华人民共和国国务院令第590号公布,自公布之日起施行。

共利益而作,损失自然应由公众分摊,所以此种损失应由国家给予补偿。正是由于这一点,行政补偿常常不是全额补偿,因为受损失者本人作为公众一分子也应分担部分损失。

第三节　行政补偿实施

一、行政补偿的主体

与国家赔偿一样,行政补偿是一种国家的责任,补偿款是纳入国家财政预算的。行政补偿是基于公共利益而发生,并不是由行政机关的自身行为所发生。但在处理国家与公民的关系时,往往由行政机关代表国家处理具体事务。所以,行政补偿的真正主体是国家,但具体的实施主体是行政机关。因而就行政法律关系而言,依然可以将行政补偿主体归入行政主体范畴,将获得行政补偿的主体视作为行政相对人。

就具体的法律制度而言,行政补偿主体一般与行政征收征用主体相一致,即谁实施征收征用就由谁实施补偿。

二、行政补偿的依据

行政补偿是对行政相对人合法私人财产剥夺结果的一种弥补,因而必须具备严格的法规依据。世界上,大多国家以宪法和法律直接规定之。

法国1789年《人权宣言》宣布:"财产权是神圣不可侵犯的权力,除非法律认定的公共需要显系必要时,且在公平而预先补偿的条件下,任何人的财产不得予以剥夺。"联邦德国《基本法》第14条第3项规定:"征收惟有因'公共福祉'所需方得为之。征收之补偿,以'公平'的衡量公共及参与人利益后,决定之。关于征收额度制争论,由普通法院审理之。"上述规定允许直接以法律为公益征收,但同时规定关于征收的法律本身必须包含补偿的规定。1946年公布并于1947年5月3日起施行的日本《宪法》第29条第3款规定:"因公用征收及公用限制对私人造成财产上的特别损失时,必须予以正当补偿,不允许国家或者公共团体不予补偿而收取私人的财产或者对私人的财产实行限制。"美国《联邦宪法第五修正案》规定:"任何人……不经正当法律程序,不得被剥夺生命、自由和财产。未经公正补偿,私有财产不得征作公用。"〔9〕西方宪法对私人财产的保障条款大致有三重结构:不可侵犯条款(正面宣誓);征收条款;补偿条款。

我国行政补偿的法规依据包括宪法、法律和行政法规。我国《宪法》(2018)第13条第3款规定:"国家为了公共利益的需要,可以依照法律规定对公民的私有财产实行征收或者征用并给予补偿。"这以根本大法的形式确立了公共征收征用的补偿原则。

接着,《民法典》(2020)就行政补偿作了许多对应性规定。其第243条第1~3款规定:"为了公共利益的需要,依照法律规定的权限和程序可以征收集体所有的土地和组织、个人的房屋以及其他不动产。征收集体所有的土地,应当依法及时足额支付土地补偿费、安置补助费以及农村村民住宅、其他地上附着物和青苗等的补偿费用,并安排被征地农民的社会保障费用,保障被征地农民的生活,维护被征地农民的合法权益。征收组织、个人的房屋以及其他不动产,

---

〔9〕 Without just compensation, nor shall private property be taken for public use.

应当依法给予征收补偿,维护被征收人的合法权益;征收个人住宅的,还应当保障被征收人的居住条件。"第 245 条规定:"因抢险救灾、疫情防控等紧急需要,依照法律规定的权限和程序可以征用组织、个人的不动产或者动产。被征用的不动产或者动产使用后,应当返还被征用人。组织、个人的不动产或者动产被征用或者征用后毁损、灭失的,应当给予补偿。"第 327 条又规定:"因不动产或者动产被征收、征用致使用益物权消灭或者影响用益物权行使的,用益物权人有权依据本法第二百四十三条、第二百四十五条的规定获得相应补偿。"还有第 338 条规定:"承包地被征收的,土地承包经营权人有权依据本法第二百四十三条的规定获得相应补偿。"

我国《土地管理法》(2019)第 2、48 条对土地的征收征用补偿及其标准作出明确规定。2011 年国务院制定公布的《国有土地上房屋征收与补偿条例》,对国有土地上房屋征收与补偿活动作出了具体规范。

此外,对于我国一些特殊的行政补偿,如蓄滞洪区运用补偿、大中型水利水电工程建设征地补偿、南水北调工程建设征地补偿等,除适用上述有关法律法规外,还适用《水法》(2016)[10],以及国务院《蓄滞洪区运用补偿暂行办法》(2000)、《大中型水利水电工程建设征地补偿和移民安置条例》(2017)等。

三、行政补偿的范围

讨论行政补偿的范围,主要涉及两个问题:第一,国家对于什么行为需要承担补偿责任?第二,国家对于相对人的哪些损失需要承担补偿责任?

关于第一个问题,行政补偿的范围适用国家所有的征收和征用行为。征收和征用都是基于公共利益而发动,并且对特定的相对人造成了财产权益上的损失,因而需要补偿。但是,各国在补偿依据上有一个较普遍的做法,那就是:有关国家安全的行为,战争行为,外交行为,减轻水灾、地震损失的行为,自由裁量行为,防止传染病扩散的行为,这些行为给相对人合法权益造成损失的,立法往往排除国家承担行政补偿责任。

关于第二个问题,行政补偿的范围,包括相对人的动产与不动产,土地的所有权、使用权和用益物权,房屋的所有权与使用权,直接损害与间接损害等。与行政赔偿不同的是,行政补偿不适用精神损害。

四、行政补偿的方式和标准

各国行政补偿一般都采用金钱给付方式,但也有国家和地区采用支付实物或有价证券的形式。[11] 我们的补偿方式一般是两种:一是金钱补偿;二是实物置换。

对于某一特定行政补偿案的补偿金额的多少,一般都由法律规定原则,或者法律授权有关

---

〔10〕 例如,《水法》第 29、31、35、38 条等。

〔11〕 如我国台湾地区"实施耕者有其田条例"第 15 条规定:"征收耕地地价之补偿,以实物土地券七成,及公营事业股票三成搭发之。"

部门制定标准。[12]

第四节　中国现行行政补偿制度

这里介绍几种中国现行的行政补偿制度。

一、对国有土地使用权征用的补偿

我国的土地实行两种所有制，国家所有与集体所有，不存在个人所有。《宪法》(2018)第10条第1~2款规定："城市的土地属于国家所有。农村和城市郊区的土地，除由法律规定属于国家所有的以外，属于集体所有；宅基地和自留地、自留山，也属于集体所有。"《土地管理法》(2019)第9条规定："城市市区的土地属于国家所有。农村和城市郊区的土地，除由法律规定属于国家所有的以外，属于农民集体所有；宅基地和自留地、自留山，属于农民集体所有。"

国家对国家所有的土地不存在"征收"，但可以"征用"。因为对土地的征收是以对土地所有权的处分为特征，而对土地的征用是以对土地使用权的处分为特征。所以，国家对自己所有的土地不存在"征收"问题。

国家对国家土地进行征用，其实是对国家土地使用权的征用。对国家土地使用权的征用是指国家对属于国家所有但为有关单位或者个人合法使用的土地进行使用权的处分。这种处分方式表现为两个方面：一是提前收回该土地使用权；二是在一定期限内(相对人拥有土地使用权的期限内)限制相对人对土地的使用。这种土地征用行为，尽管是出于公共利益而依法定程序而发生，但由于给特定的土地使用权人造成了权益上的损失，因而必须给予行政补偿。

《民法典》(2020)第358条规定："建设用地使用权期限届满前，因公共利益需要提前收回该土地的，应当依据本法第二百四十三条的规定对该土地上的房屋以及其他不动产给予补偿，并退还相应的出让金。"《土地管理法》(2019)第2条第4款也规定"国家为了公共利益的需要，可以依法对土地实行征收或者征用并给予补偿。"该法第58条又进一步规定："有下列情形之一的，由有关人民政府自然资源主管部门报经原批准用地的人民政府或者有批准权的人民政府批准，可以收回国有土地使用权：(一)为实施城市规划进行旧城区改建以及其他公共利益需要，确需使用土地的；(二)土地出让等有偿使用合同约定的使用期限届满，土地使用者未申请续期或者申请续期未获批准的；(三)因单位撤销、迁移等原因，停止使用原划拨的国有土地的；

---

[12] 如《土地管理法》(2019)第48条规定："征收土地应当给予公平、合理的补偿，保障被征地农民原有生活水平不降低、长远生计有保障。征收土地应当依法及时足额支付土地补偿费、安置补助费以及农村村民住宅、其他地上附着物和青苗等的补偿费用，并安排被征地农民的社会保障费用。征收农用地的土地补偿费、安置补助费标准由省、自治区、直辖市通过制定公布区片综合地价确定。制定区片综合地价应当综合考虑土地原用途、土地资源条件、土地产值、土地区位、土地供求关系、人口以及经济社会发展水平等因素，并至少每三年调整或者重新公布一次。征收农用地以外的其他土地、地上附着物和青苗等的补偿标准，由省、自治区、直辖市制定。对其中的农村村民住宅，应当按照先补偿后搬迁、居住条件有改善的原则，尊重农村村民意愿，采取重新安排宅基地建房、提供安置房或者货币补偿等方式给予公平、合理的补偿，并对因征收造成的搬迁、临时安置等费用予以补偿，保障农村村民居住的权利和合法的住房财产权益。县级以上地方人民政府应当将被征地农民纳入相应的养老等社会保障体系。被征地农民的社会保障费用主要用于符合条件的被征地农民的养老保险等社会保险缴费补贴。被征地农民社会保障费用的筹集、管理和使用办法，由省、自治区、直辖市制定。"

(四)公路、铁路、机场、矿场等经核准报废的。依照前款第(一)项的规定收回国有土地使用权的,对土地使用权人应当给予适当补偿。”

根据上述规定,这种情形下的行政补偿方式有两种:一是退还相应的出让金;二是对土地上的房屋及其他不动产给予补偿。目前关于出让金的退让标准没有特别规定;关于对国有土地上房屋的补偿标准,适用下一题讨论。

二、对国有土地上房屋征收的补偿

我国根据“房地统一”原则,只要国家征收了土地,地上的房屋也同步被征收;只要国家征收了房屋,该房屋所在的土地也随之被征收或者收回。我国土地不存在个人所有,但房屋存在个人所有。如果国家要处分个人所有的房屋,那就是对房屋的征收。

对于国有土地上的房屋征收补偿,适用《民法典》(2020)第117条规定,“为了公共利益的需要,依照法律规定的权限和程序征收、征用不动产或者动产的,应当给予公平、合理的补偿。”关于具体的制度则由国务院《国有土地上房屋征收与补偿条例》(2011)作出专门规定,而在2011年1月21日之前则适用国务院《城市房屋拆迁管理条例》。

《国有土地上房屋征收与补偿条例》(2011)第2条明文规定:“为了公共利益的需要,征收国有土地上单位、个人的房屋,应当对被征收房屋所有权人(以下称被征收人)给予公平补偿。”这是对国有土地上房屋征收补偿原则的确定。

根据该条例,市、县级人民政府负责本行政区域的房屋征收与补偿工作。市、县级人民政府确定的房屋征收部门组织实施本行政区域的房屋征收与补偿工作。

对国有土地上房屋征收的补偿,以对国有土地上房屋的征收为前提。对国有土地上房屋的征收决定,由市、县级人民政府依法作出。[13] 基于行政征收决定,行政机关必须对被征收人的房屋实施补偿。补偿的范围应当包括以下几个方面:

1. 被征收房屋价值的补偿。对被征收房屋价值的补偿,不得低于房屋征收决定公告之日被征收房屋类似房地产的市场价格。被征收房屋的价值,由具有相应资质的房地产价格评估机构按照房屋征收评估办法评估确定。征收个人住宅,被征收人符合住房保障条件的,作出房屋征收决定的市、县级人民政府应当优先给予住房保障。关于补偿的方式,被征收人可以选择货币补偿,也可以选择房屋产权调换。被征收人选择房屋产权调换的,市、县级人民政府应当提供用于产权调换的房屋,并与被征收人计算、结清被征收房屋价值与用于产权调换房屋价值的差价。因旧城区改建征收个人住宅,被征收人选择在改建地段进行房屋产权调换的,作出房屋征收决定的市、县级人民政府应当提供改建地段或者就近地段的房屋。

2. 因征收房屋造成的搬迁、临时安置的补偿。因征收房屋造成搬迁的,房屋征收部门应当向被征收人支付搬迁费;选择房屋产权调换的,产权调换房屋交付前,房屋征收部门应当向被征收人支付临时安置费或者提供周转用房。

3. 因征收房屋造成的停产停业损失的补偿。对因征收房屋造成停产停业损失的补偿,根据房屋被征收前的效益、停产停业期限等因素确定。具体办法由省、自治区、直辖市制定。

关于补偿的程序,先由房屋征收部门与被征收人就补偿方式、补偿金额和支付期限、用于产权调换房屋的地点和面积、搬迁费、临时安置费或者周转用房、停产停业损失、搬迁期限、过

---

〔13〕 征收决定的条件和程序适用《国有土地上房屋征收与补偿条例》(2011)第二章。

渡方式和过渡期限等事项，订立补偿协议。补偿协议订立后，一方当事人不履行补偿协议约定的义务的，另一方当事人可以依法提起诉讼。如果房屋征收部门与被征收人在征收补偿方案确定的签约期限内达不成补偿协议，或者被征收房屋所有权人不明确的，由房屋征收部门报请作出房屋征收决定的市、县级人民政府按照征收补偿方案作出补偿决定，并在房屋征收范围内予以公告。被征收人对补偿决定不服的，可以依法申请行政复议，也可以依法提起行政诉讼。实施房屋征收应当先补偿、后搬迁。

三、对集体土地所有权及附属物征收的补偿

将集体所有的土地转为国有土地，我们以前称"土地征用"，2004 年后已改为规范的提法"土地征收"。由于国家不能对国有土地进行"征收"（自己不能对自己的财物进行征收），因而土地"征收"只以发生在国家与集体组织之间，并且只适用针对集体所有的土地。

征收集体土地，系指国家出于公共利益的需要，通过法定程序将集体所有的土地转变为国家所有的法律过程及其法律制度。《土地管理法》（2019）和《民法典》（2020）都为这一制度提供了直接的法律依据。前者第 2 条第 4 款规定："国家为了公共利益的需要，可以依法对土地实行征收或者征用并给予补偿。"后者第 243 条第 1 款规定："为了公共利益的需要，依照法律规定的权限和程序可以征收集体所有的土地和组织、个人的房屋以及其他不动产。"该条第 3 款又规定："征收组织、个人的房屋以及其他不动产，应当依法给予征收补偿，维护被征收人的合法权益；征收个人住宅的，还应当保障被征收人的居住条件。"国家对集体土地的征收具有下列法律特征：（1）条件：国家征收集体土地必须出于公共利益的需要。不符合这一条件者，不得征收。这一条件的设置目的在于保护我国集体组织的合法权益。（2）效果：征收的法律效果是使所征收土地的所有权发生转变，从集体所有变换为国家所有。（3）地带房：当土地被征收后，土地上的房屋和附属物一并被征收。

国家对集体土地的征收必须按照被征收土地的原用途给予补偿。根据《土地管理法》（2019）第 48 条〔14〕和《民法典》（2020）第 243 条〔15〕规定，对集体土地征收的补偿应当包括以下范围：

---

〔14〕《土地管理法》（2019）第 48 条规定："征收土地应当给予公平、合理的补偿，保障被征地农民原有生活水平不降低、长远生计有保障。征收土地应当依法及时足额支付土地补偿费、安置补助费以及农村村民住宅、其他地上附着物和青苗等的补偿费用，并安排被征地农民的社会保障费用。征收农用地的土地补偿费、安置补助费标准由省、自治区、直辖市通过制定公布区片综合地价确定。制定区片综合地价应当综合考虑土地原用途、土地资源条件、土地产值、土地区位、土地供求关系、人口以及经济社会发展水平等因素，并至少每三年调整或者重新公布一次。征收农用地以外的其他土地、地上附着物和青苗等的补偿标准，由省、自治区、直辖市制定。对其中的农村村民住宅，应当按照先补偿后搬迁、居住条件有改善的原则，尊重农村村民意愿，采取重新安排宅基地建房、提供安置房或者货币补偿等方式给予公平、合理的补偿，并对因征收造成的搬迁、临时安置等费用予以补偿，保障农村村民居住的权利和合法的住房财产权益。县级以上地方人民政府应当将被征地农民纳入相应的养老等社会保障体系。被征地农民的社会保障费用主要用于符合条件的被征地农民的养老保险等社会保险缴费补贴。被征地农民社会保障费用的筹集、管理和使用办法，由省、自治区、直辖市制定。"

〔15〕《民法典》（2020）第 243 条第 1～3 款规定："为了公共利益的需要，依照法律规定的权限和程序可以征收集体所有的土地和组织、个人的房屋以及其他不动产。征收集体所有的土地，应当依法及时足额支付土地补偿费、安置补助费以及农村村民住宅、其他地上附着物和青苗等的补偿费用，并安排被征地农民的社会保障费用，保障被征地农民的生活，维护被征地农民的合法权益。征收组织、个人的房屋以及其他不动产，应当依法给予征收补偿，维护被征收人的合法权益；征收个人住宅的，还应当保障被征收人的居住条件。"

1. 土地补偿费。征收耕地的土地补偿费,为该耕地被征收前三年平均年产值的6~10倍。征收其他土地的土地补偿费和安置补助费标准,由省、自治区、直辖市参照征收耕地的土地补偿费和安置补助费的标准规定。国务院根据社会、经济发展水平,在特殊情况下,可以提高征收耕地的土地补偿费标准。

2. 安置补助费。征收耕地的安置补助费,按照需要安置的农业人口数计算。需要安置的农业人口数,按照被征收的耕地数量除以征地前被征收单位平均每人占有耕地的数量计算。每一个需要安置的农业人口的安置补助费标准,为该耕地被征收前三年平均年产值的4~6倍。但是,每公顷被征收耕地的安置补助费,最高不得超过被征收前三年平均年产值的15倍。征收其他土地的安置补助费标准,由省、自治区、直辖市参照征收耕地的安置补助费的标准规定。如果依照《国有土地上房屋征收与补偿条例》(2011)规定支付土地补偿费尚不能使需要安置的农民保持原有生活水平的,经省、自治区、直辖市人民政府批准,可以增加安置补助费。但是,土地补偿费和安置补助费的总和不得超过土地被征收前三年平均年产值的30倍。国务院根据社会、经济发展水平,在特殊情况下,可以提高征收耕地的安置补助费的标准。

3. 地上附着物。被征收土地上的附着物和青苗的补偿标准,由省、自治区、直辖市规定。〔16〕

4. 青苗补偿费。被征收土地上的附着物和青苗的补偿标准,由省、自治区、直辖市规定。〔17〕

5. 被征地农民的社会保障费用。国家要安排被征地农民的社会保障费用,保障被征地农民的生活,维护被征地农民的合法权益。

以上的补偿金都必须足额支付。

四、对集体土地使用权收回的补偿

对集体土地使用权的收回与对集体土地的征收不同,前者是指农村集体组织或者有关人民政府在不改变集体土地所有权的前提下,依法收回该土地使用权。这种情况下,国家或者集体组织也必须对集体土地的使用者给予补偿。

对集体土地使用权的收回有两者情况,一是因该地将被征收,必须先行收回土地承包经营权,二是出于乡(镇)村公共设施和公益事业建设用地的需要。

《民法典》(2020)第338条规定:"承包地被征收的,土地承包经营权人有权依据本法第二百四十三条的规定获得相应补偿。"《土地管理法》(2019)第58条规定:"有下列情形之一的,由有关人民政府自然资源主管部门报经原批准用地的人民政府或者有批准权的人民政府批准,可以收回国有土地使用权:(一)为实施城市规划进行旧城区改建以及其他公共利益需要,确需使用土地的;(二)土地出让等有偿使用合同约定的使用期限届满,土地使用者未申请续期或者申请续期未获批准的;(三)因单位撤销、迁移等原因,停止使用原划拨的国有土地的;(四)公路、铁路、机场、矿场等经核准报废的。依照前款第(一)项的规定收回国有土地使用权的,对土地使用权人应当给予适当补偿。"这类补偿,可以参照对集体土地征收的补偿标准和程序进行。

---

〔16〕 例如,《内蒙古自治区实施〈中华人民共和国土地管理法〉办法》(2012)第30条第2款规定:"被征耕地的青苗补偿,为当季农作物的产值。被征土地上的住宅按照有关部门规定的标准补偿;水井、管道、电缆、棚圈、围栏及其他设施,按照实际损失合理补偿。征地方案公告后抢种的作物和抢建的附着物不予补偿。"

〔17〕 例如,《长沙市人民政府关于调整征收农村集体土地地上附着物及青苗补偿标准的通知》(长政发〔2013〕23号)。

五、对其他不动产、动产征收征用的补偿

前面已述，我国行政补偿不仅适用行政征收，也适用行政征用；不仅适用不动产，也适用动产。除了上述几种补偿情形，还有下列情况也适用行政补偿。《民法典》(2020)第245条规定："因抢险救灾、疫情防控等紧急需要，依照法律规定的权限和程序可以征用组织、个人的不动产或者动产。被征用的不动产或者动产使用后，应当返还被征用人。组织、个人的不动产或者动产被征用或者征用后毁损、灭失的，应当给予补偿。"第327条又规定："因不动产或者动产被征收、征用致使用益物权消灭或者影响用益物权行使的，用益物权人有权依据本法第二百四十三条、第二百四十五条的规定获得相应补偿。"这就是说，这类补偿也是参照上述征收补偿标准的。

六、特殊项目的补偿

除上述行政补偿外，我国还设定了几种特殊项目的行政补偿。[18]

1. 蓄滞洪区运用补偿。为了保障蓄滞洪区的正常运用，确保受洪水威胁的重点地区的防洪安全，合理补偿蓄滞洪区内居民因蓄滞洪遭受的损失，2000年国务院通过《蓄滞洪区运用补偿暂行办法》，设定这一特殊补偿制度。这类补偿包括以下几个方面：

(1)农作物、专业养殖和经济林水毁损失。农作物、专业养殖和经济林，分别按照蓄滞洪前三年平均年产值的50%～70%、40%～50%、40%～50%补偿，具体补偿标准由蓄滞洪区所在地的省级人民政府根据蓄滞洪后的实际水毁情况在上述规定的幅度内确定。

(2)住房水毁损失。住房，按照水毁损失的70%补偿。

(3)无法转移的家庭农业生产机械和役畜以及家庭主要耐用消费品水毁损失。家庭农业生产机械和役畜以及家庭主要耐用消费品，按照水毁损失的50%补偿。但是，家庭农业生产机械和役畜以及家庭主要耐用消费品的登记总价值在2000元以下的，按照水毁损失的100%补偿；水毁损失超过2000元不足4000元的，按照2000元补偿。

(4)已下达蓄滞洪转移命令，因情况变化未实施蓄滞洪造成损失的，给予适当补偿。

2. 大中型水利水电工程建设征地补偿。为了做好大中型水利水电工程建设征地补偿和移民安置工作，维护移民合法权益，保障工程建设的顺利进行，国务院于2006年制定《大中型水利水电工程建设征地补偿和移民安置条例》，后经2017年修订，设定了这一补偿制度。这类补偿包括以下几种：

(1)耕地。大中型水利水电工程建设征收耕地的，土地补偿费和安置补助费之和为该耕地被征收前三年平均年产值的16倍。土地补偿费和安置补助费不能使需要安置的移民保持原有生活水平、需要提高标准的，由项目法人或者项目主管部门报项目审批或者核准部门批准。征收其他土地的土地补偿费和安置补助费标准，按照工程所在省、自治区、直辖市规定的标准执行。

(2)树木、青苗等。被征收土地上的零星树木、青苗等补偿标准，按照工程所在省、自治区、直辖市规定的标准执行。

---

〔18〕 这几类特殊项目的行政补偿制度，参见胡建淼主编：《中国现行行政法律制度》，中国法制出版社2011年版，第二十三章。

(3)附着物。被征收土地上的附着建筑物按照其原规模、原标准或者恢复原功能的原则补偿;对补偿费用不足以修建基本用房的贫困移民,应当给予适当补助。

(4)使用其他单位或者个人依法使用的国有耕地,参照征收耕地的补偿标准给予补偿;使用未确定给单位或者个人使用的国有未利用地,不予补偿。移民远迁后,在水库周边淹没线以上属于移民个人所有的零星树木、房屋等应当分别依照上述树木附着物的标准给予补偿。

(5)设施。工矿企业和交通、电力、电信、广播电视等专项设施以及中小学的迁建或者复建,应当按照其原规模、原标准或者恢复原功能的原则补偿。

3. 南水北调工程建设征地补偿。为规范南水北调主体工程建设征地补偿和移民安置工作,维护移民合法权益,保障工程建设顺利进行,国务院于 2005 年制定《南水北调工程建设征地补偿和移民安置暂行办法》,设定了这一补偿制度。这一补偿制度在当时特别设置了一些特殊的补偿安置方法,确保了工程的落实。

特殊项目的行政补偿具有优先适用性,即与其他一般补偿规定不一致的,优先适用特殊项目的行政补偿规定。

第五节　疑难问题探讨

一、行政补偿与行政给付是什么关系?

从形式上看,在这两种法律制度中,行政补偿主体和行政给付主体都负有向特定行政相对人支付金钱的职责,我们容易将行政补偿归入行政给付的范畴之内。但是,从这两种制度背景考察,就会发现这两种制度及其主体行为的功能是不同的。

我们在第十四章已经阐述,关于行政给付的概念,可以从两个方面来考虑。第一方面是,一个行政行为只要具有支付内容的,就属于行政给付。也就是说,行政给付是系行政主体作出的依法必须支付相对人一定财物的行政行为。按此理解,不仅行政主体对相对人发放抚恤金等属于行政给付,甚至连行政奖励、行政赔偿、行政补偿等都属于行政给付了。这种含义与民事诉讼法上的"给付之诉"非常接近。第二方面是,鉴于行政给付是给付行政的体现,而给付行政是福利行政、福利国的象征,因而不能将只要有"支付"内容的行为一概定性为行政给付,应当只将作为国家福利政策的给付行为纳入行政给付范围之内。而行政补偿不是福利行政的体现,它是基于公平原则由国家对于受到国家合法行为而遭受特别损失的当事人所给予的特别弥补,因而不便将行政补偿纳入行政给付范畴之内。

行政补偿是一种责任,是一种行政行为,是一种行政补偿决定。在行政行为结构中,属于行政补救行为,而不属于行政给付行为。

二、集体土地被征收后,地上的房屋是否失去了产权?

无论在集体所有的土地上依法所建的私人房屋,还是在国有土地上所建所购的私人房屋,其产权都属于产权登记所有人所有,其财产和住宅权都受到宪法和法律的保护,但是征收补偿的途径不同。对于国有土地上的私人房屋的征收补偿,在 2011 年 1 月 21 日之前适用国务院《城市房屋拆迁管理条例》,在此之后适用国务院《国有土地上房屋征收与补偿条例》处理,而对于集体土地上的农民住宅，则适用土地管理法而按照土地附随物处理，没有单独的房屋补偿。

因而，从逻辑上说，如果集体土地征收补偿完成以后，并且被征收人被安置补偿以后，那么该土地上的房屋应当所有权同时被转移，不再属于原来个人所有了。如果集体土地征收后，该地已转为国有，但是地上房屋未被拆迁安置，那就应当承认其产权，并参照国有土地上房屋征收补偿标准和程序进行。

三、对行政补偿行为不服是否可以适用行政复议和行政诉讼？

首先，必须确定一个前提：行政补偿行为本身就是行政行为，因而自然是“可诉”的。它既适用行政复议，也适用行政诉讼。这一原则的法律依据就是《行政复议法》和《行政诉讼法》〔19〕。行政补偿行为包括两种：一是行政补偿决定；二是行政补偿协议的履行。当事人对行政机关作出的行政补偿决定不服，或者对行政机关不依法履行、未按照约定履行或者违法变更、解除行政补偿协议的，都可申请行政复议和提起行政诉讼。

关于国有土地上房屋的征收补偿，根据国务院《国有土地上房屋征收与补偿条例》（2011）第26条规定，〔20〕房屋征收部门应当与被征收人在征收补偿方案确定的签约期限内签订补偿协议。协议书不成的，由房屋征收部门报请作出房屋征收决定的市、县级人民政府作出补偿决定。被征收人对补偿决定不服的，可以依法申请行政复议，也可以依法提起行政诉讼。

关于其他的行政补偿，只要法律法规无特别规定的，可直接衔接行政复议和行政诉讼。

本章小结

行政补偿是国家通过行政主体基于社会公共利益的需要，在管理国家和社会公共事务的过程中，合法行使公权力的行为以及该行为的附随效果而致使公民、法人或者其他社会组织的合法财产及合法权益遭受特别损害，以公平原则并通过正当程序对所遭受的损害给予补偿的法律制度。

行政补偿与行政赔偿不同，它以合法的行政行为为前提，以无义务的特定人所受的特别损失为要件，以损害的实际存在为基础，它是国家对私人的补偿而不是私人对国家的补偿。行政补偿既是一种法律制度，也是一种行政行为。行政补偿协议属于行政合同，行政主体作出的行政补偿决定是一种行政决定，它们都属于行政行为的范畴。

国家的行政补偿制度随着民主制度与人权观念的确立而确立。对私人财产的征收征用必须补偿，这一原则已写入大多国家的宪法和法律。我国《宪法》（2018）第13条第3款，《民法典》（2020）第243、245、327、338条，《土地管理法》（2019）第2、48条，以及国务院《国有土地上房屋征收与补偿条例》（2011）等，为征收征用的补偿提供了直接的法律依据。

我国行政补偿的范围适用国家所有的征收和征用行为，包括私人的动产与不动产，土地的所有权、使用

〔19〕《行政诉讼法》（2017）第12条规定：“人民法院受理公民、法人或者其他组织提起的下列诉讼：……（五）对征收、征用决定及其补偿决定不服的……（十一）认为行政机关不依法履行、未按照约定履行或者违法变更、解除政府特许经营协议、土地房屋征收补偿协议等协议的……”这意味着，相对人不仅可以针对行政补偿决定，而且也可针对行政补偿协议（行政机关不依法履行、未按照约定履行或者违法变更、解除行政补偿协议的），提起行政诉讼。这正是这次修订新增加的内容。

〔20〕《国有土地上房屋征收与补偿条例》（2011）第26条规定：“房屋征收部门与被征收人在征收补偿方案确定的签约期限内达不成补偿协议，或者被征收房屋所有权人不明确的，由房屋征收部门报请作出房屋征收决定的市、县级人民政府依照本条例的规定，按照征收补偿方案作出补偿决定，并在房屋征收范围内予以公告。补偿决定应当公平，包括本条例第二十五条第一款规定的有关补偿协议的事项。被征收人对补偿决定不服的，可以依法申请行政复议，也可以依法提起行政诉讼。”

权和用益物权,房屋的所有权与使用权,直接损害与间接损害等。补偿方式一般是两种:一是金钱补偿;二是实物置换。

我国现行的行政补偿制度主要包括,对国有土地使用权征用的补偿,对国有土地上房屋征收的补偿,对集体土地所有权及附属物征收的补偿,对集体土地使用权收回的补偿,对其他不动产、动产征收征用的补偿,以及包括蓄滞洪区运用补偿、大中型水利水电工程建设征地补偿和南水北调工程建设征地补偿等在内的特殊项目的补偿。

行政补偿既是一种行政责任,也是一种行政行为,相对人对行政补偿行为不服的,有权申请行政复议或提起行政诉讼,但要遵循"行政先行处理"原则。行政补偿行为包括行政补偿决定和行政补偿协议的履行。当事人对行政机关作出的行政补偿决定不服,或者对行政机关不依法履行、未按照约定履行或者违法变更、解除行政补偿协议的,都可申请行政复议和提起行政诉讼。

规范链接

- 《中华人民共和国宪法》(2018)第13条
- 《中华人民共和国民法典》(2020)第117、238、243、245、327、338、358条
- 《中华人民共和国土地管理法》(2019)第2、9、30、48、58条
- 《中华人民共和国水法》(2016)第29、31、35、38条
- 《中华人民共和国行政诉讼法》(2017)第12条
- 国务院《国有土地上房屋征收与补偿条例》(2011)第2、26条
- 国务院《蓄滞洪区运用补偿暂行办法》(2000)
- 国务院《大中型水利水电工程建设征地补偿和移民安置条例》(2017)

案例讨论

赵某诉沙区国土局行政补偿案

|案 情|

赵某原系沙坪坝区覃家岗镇马房湾村村民,1984年赵某即在先沙坪坝区大杨公桥118号的集体土地上修建了房屋,用于居住并先后经营饭店、旅馆。1993年4月5日沙区国土局在赵某的集体土地登记申请书中审批意见栏内注明其房屋占地为住宅用地,但该局填发给赵某的渝沙覃集建(93)字第5880号集体土地建设用地使用证上却载明赵某的房屋占地类别系商业、住宅,用地面积为182平方米。同年4月10日,重庆市沙坪坝区城乡建设委员会填发给赵某的沙字第14682号乡村房屋所有权证载明其房屋种类为商业282.47平方米,住宅170平方米。1994年9月6日,重庆市人民政府以重府地(1994)309号批复同意征用童家桥及马房湾村全部土地204580平方米,将马房湾村630名社员"农转非"。1996年12月,赵某转为城镇居民户口,但仍以其所建房屋从事个体经营,其乡村房屋所有权证和集体土地建设用地使用证未作变更。2002年6月20日,重庆市人民政府以渝府[2002]374号文件批复,同意将杨梨路地块的国有土地使用权出让给重庆宏坤物业发展有限公司作为住宅小区建设用地,赵某的房屋在该公司的用地范围内。赵某要求该公司提供门面房安置其非住宅,双方未达成协议。2003年6月25日,沙区国土局作出了《关于赵某拆迁安置的方案》,并于次日送达赵某。其主要内容是:按《重庆市征地补偿安置办法》的规定对赵某可安置住房一套(二室一厅),建筑面积为40平方米;对其房屋中非住宅部分,依照《重庆市征地补偿安置办法》第12条的规定,按重置价格计算补偿费后,建筑物归国家所有,搬迁损失费按所搬迁设备

折旧净值的15% ~20%计算。同年6月30日,沙区国土局作出沙国土监告字[2003]第3号听证告知书告知赵某,对其拒不签订拆迁置协议的行为,拟依照《土地管理法实施条例》第45条的规定,作出限期拆除房屋交出土地的行政决定。在该局作出正式行政决定前,其有权申请听证。赵某于7月1日收到听证告知书后,未申请听证。7月4日,沙区国土局即对赵某作出了《关于责令赵某拆除房屋交出土地的决定》。赵某收到该决定后,即向重庆市沙坪坝区人民政府申请复议。该政府于8月25日作出沙府行复字[2003]2号行政复议决定书,对沙区国土局作出的行政决定予以维持。赵某仍不服,遂向法院提起行政诉讼,请求撤销沙区国土局作出的《关于责令赵某拆除房屋交出土地的决定》。诉讼双方的争议焦点是:

1. 赵某认为其房屋所属土地在1994年被重庆市人民政府批准征用后,土地性质已变更为国有,应当适用《城市房屋拆迁管理条例》的相关规定按城镇房屋进行拆迁安置,而不能适用《土地管理法》和《土地管理法实施条例》的相关规定。而沙区国土局则认为,虽然赵某的房屋所属土地在1994年即被政府征用,但由于各种原因未对其进行拆迁安置补偿,其性质仍为农村集体土地征地拆迁,不能适用城镇房屋拆迁的相关规定。

2. 沙区国土局提出的《关于赵某拆迁安置的方案》是否符合法律的规定。赵某提出即使按照乡村房屋集体土地的性质进行征用,适用重庆市政府55号令《重庆市征地补偿安置办法》第12条的规定,"重置价格"也应当是其重新创办相同规模的旅馆所需要的费用,能使其在征地安置补偿后基本保持征地前的生活水平。而沙区国土局则认为,"重置价格"是按修砖墙房屋的价格上浮50%计算,即按300元/平方米补偿。

3. 关于本案是否适用《土地管理法实施条例》第45条规定的问题。赵某认为适用该条规定的前提是当事人有阻碍征地的行为。其与拆迁人之间未达成拆迁补偿安置协议的原因系沙区国土局提供的安置方案补偿标准太低。其没有阻碍征地的行为,不应适用该条规定。沙区国土局则认为,赵某不同意该局《关于赵某拆迁安置的方案》,拒不交出土地,严重影响了该土地上的建设工程进度,即是阻碍征地的行为。

|评　析|

本案涉及许多法律问题。鉴于本章的内容,仅对赵某房屋补偿的法律适用问题进行讨论。

要解决本案中赵某的房屋采用何种标准予以补偿所涉及的法律适用问题,首先应明确此种情形下是参照《城市房屋拆迁管理条例》〔21〕的相关规定,按城镇房屋进行拆迁补偿,还是适用《土地管理法》和《土地管理法实施条例》的相关规定,按农村征地房屋补偿安置标准予以补偿。若参照城市房屋拆迁补偿标准对赵某的房屋进行补偿,则赵某的房屋中商业用房部分自然应按非住宅标准给予补偿;若按农村征用土地建筑物的补偿标准予以补偿,因相关的土地管理法律、法规没有规定农村征地补偿中商业用房的安置补偿问题,故实际操作中缺乏相应的法律、法规依据。

笔者认为,对赵某的房屋应参照城镇房屋拆迁补偿标准予以补偿。理由是:赵某的房屋所在土地1994年即被国家征用,相关部门直至2002年才予以拆迁补偿,其房屋所在地区早已城市化,土地的性质事实上已变为城镇国有土地。赵某的房屋应视为国有土地上的城镇房屋。沙区国土局仍适用征地时的补偿标准对赵某安置住宅,并对其房屋中商业用房部分也依照《重庆市征地补偿安置办法》按"重置价格计算"补偿300元/平方米,明显偏低。加之目前的法律、法规对集体土地上的商业用房如何补偿无明确标准,可参照城镇房屋拆迁的标准予以补偿。

[资料来源:根据重庆市高级人民法院《关于赵某请求撤销重庆市沙坪坝区国土资源局责令其拆除房屋交出土地行政决定一案的请示》(2005年1月5日〔2004〕渝高法行示字第47号)以及最高人民法院行政审判庭《关于农村集体土地征用后地上房屋拆迁补偿有关问题的答复》(法〔2005〕行他字第5号)而编辑]

复习思考题

1. 什么是行政补偿? 它与行政赔偿如何区分?
2. 行政补偿的范围、方式和标准如何确定?
3. 相对人对于行政补偿决定和行政补偿协议的履行是否可诉?
4. 行政补偿程序为何要确立"行政先行处理"原则? 依据是什么?

---

〔21〕 此案因发生在2011年1月21日之前,故仍适用国务院《城市房屋拆迁管理条例》。在此之后,应当适用国务院《国有土地上房屋征收与补偿条例》(2011)。

X. 监督论

本篇为监督论,旨在阐述行政机关对行政行为的监督原理。任何公权力行为都要受到监督,这是法治原则的要求。行政法以行政行为为规制对象,而对行政行为的监督,有来自党的监督(政治学研究的范围),来自权力机关的监督(宪法学研究的范围),来自司法机关的监督(行政诉讼法学研究的范围),来自人民群众及社会舆论的监督(社会学研究的范围),也有来自行政机关的监督(行政法学研究的范围)。而行政机关对行政行为的监督有两种:一种是复议监督,另一种是行政监督。由于教材范围的限制,本篇限于研讨这两种监督。

第二十七章　行政复议

行政法是以行政行为为规制对象的法。任何公权力行为都要受到监督,这是法治精神的体现和要求。而对行政行为的监督,有来自行政机关以外的监督,如党的监督、权力机关的监督、司法机关的监督和社会舆论的监督,也有来自行政机关自身的监督。行政机关对行政行为的监督主要有两种:一种是复议监督,另一种是层级监督。本章阐述复议监督问题,下一章阐述层级监督问题。

第一节　行政复议概述

一、行政复议制度的历史沿革

(一)英美法系国家的行政复议

行政复议在英国称"行政救济",它属于行政法上救济手段的一种。英国从 19 世纪中期以后,国家的行政事务逐渐扩大。正如英国学者戴雪(A. V. Dicey)在 1905 年出版的《十九世纪英国法律和舆论的关系》一书中所说的,集体主义成了 19 世纪末英国法律的主导思想。集体主义不仅带来了社会立法的发展,而且直接促进了行政事务的扩大。两次世界大战也是促进行政事务扩大的直接因素。英国行政事务的扩大,对公民带来了两个方面的影响:一方面,强有力的行政权力能为公民提供福利;另一方面,它也能侵害公民的权利和自由。因此,公民在受到行政机关侵害时的救济手段也就变得特别重要了。英国法学界的注意重点也随之转移到这一问题上。英国行政法上的救济制度包括三类:一是议会救济;二是司法救济(司法审查);三是行政救济。英国的行政救济,是指公民的权利受到行政机关不法侵害时,可以通过行政机关的行政程序得到补救。行政机关救济公民权利有两种具体方法:一是通过部长救济;二是通过行政裁判所救济。前者受分散的法律调整,后者则受 1958 年的《行政裁判所与调查法》支配。

美国的行政复议为行政上诉制度。美国的行政上诉不是指当事人不服行政裁决向法院起诉或上诉,而是指当事人不服行政机关的行政裁决向有关行政组织和人员申请复核原行政裁决的法律制度。美国当事人拥有的行政上诉权是由 1946 年的《联邦行政程序法》(APA)授予的。该法第 557 条第 2 款规定:"主持人做出初审裁决后,在规章规定的时间内,如果当事人没有向行政机关提出上诉,行政机关也没有提出复议,此裁决即为行政机关的终审裁决。行政机关在受理当事人对初审裁决提出的上诉时或在复议初审裁决时,拥有作初步裁决所应有的一切权力,但根据通告和规章限制上诉和复议的事项除外。"在美国的行政上诉制度中,当事人不服行政机关的初审裁决,均可提起行政上诉。上诉不是向上级行政机关提出,一般是向原机关的行政首长或专门机构提出。当事人不提起行政上诉,初审裁决便生效。上诉审行政机关的裁决权与初审裁权相同,即便初审裁决并无“明显错误”,行政机关也可以为上诉人重判。

澳大利亚的行政复议是通过其行政申诉裁判制度体现出来的;而澳大利亚的行政申诉裁判制度,是围绕行政申诉裁判庭建立的。行政申诉裁判庭(Administrative Appeals Tribunal)依据1975年的《行政申诉裁判庭法》而设置,其功能是审查联邦政府的某些决定。行政申诉裁判庭由主席、主席成员、副主席、高级成员及其他成员组成。裁判庭成员由作为联邦政府首脑的总督任命。根据《行政申诉裁判庭法》第6条第2款的规定,法官可以被任命为裁判庭的主席成员。裁判庭内部分成几个分庭:一般行政分庭、医疗申诉分庭、估值与赔偿分庭、退伍军人申诉分庭,以及其他法律规定的分庭。从分庭设置上便可看出,澳大利亚行政申诉裁判庭的主管范围极其广泛。

(二)大陆法系国家的行政复议

法国对行政活动的监督制度分为两类,即行政诉讼救济和行政诉讼以外的救济。后者又分为议会救济、行政救济和调解专员救济。同行政复议接近的,就是行政救济。法国的行政救济由来已久,演至今日,已显示出以下的特点:(1)救济机关可以是原行为机关,也可以是其上级行政机关;(2)救济的行为对象具有广泛性,即救济违法行政行为,也救济不当行政行为;(3)实施救济的权限很大,它既不受当事人是否申请的限制,也不受当事人申请范围的限制;(4)救济程序、形式简便。法国行政救济,有善意救济和层级救济之分。

在日本,行政复议被称为行政不服审查。这种制度的特点在于:国民认为行政厅的行政处分行为或其他事实行为违法或不当,可向有关行政厅提出请求,以求得改变或撤销被诉行政行为的结果。但在日本人的观念中,作为国民行政救济手段的行政不服审查制度仅是行政不服申诉制度中的一部分。因为,行政不服申诉除行政不服审查外,还包括行政裁判和苦情申诉。日本的行政不服审查制度,时至今日,经历了一个长期的历史沿革过程。日本的行政不服审查制度,可以追溯到1976年公布的《诉愿原则》(太政官布告第58号)。该规则首创日本的诉愿制度。但这种诉愿制度对诉愿事项采取概括列举方式,所列举的事项限定过窄,裁决机关的组成等也不明确。此外,对于诉愿的提起,一般要经过作出处分的行政机关之手,并以书面审理为原则等等,很难达到公正的审判。行政诉讼与有关诉愿的法律在内容规定上亦不一致,这是旧诉愿制度的又一缺陷。第二次世界大战后,各行政领域开始形成新的、进步的行政不服申诉制度,但整体上没有统一起来。为此,1962年,日本废止了旧的诉愿法,制定了现行的《行政不服审查法》,从而确立了日本今天的行政不服审查制度。

德国的行政复议制度依附于其行政申诉制度。德国的行政申诉权,直接来源于《联邦德国基本法》《联邦行政法院法》《联邦行政手续法》。《联邦德国基本法》第17条规定:“任何人都有权单独地或与他人联名向相应的机构和议会提出书面的请求或诉愿。”如果说《联邦德国基本法》确立了联邦德国公民行政申诉的基本权利,那末,《联邦行政法院法》和《联邦行政手续法》使这种基本权利不再成为抽象权利。《联邦行政法院法》把行政申诉定为行政诉讼的前置阶段;《联邦行政手续法》(1976年)第六章法律救济程序对诉愿制度作了规范,从而构成当今德国完整的行政申诉制度。

(三)中国行政复议的产生和发展

我国的行政复议制度,源远流长。新中国的行政复议制度,发端于20世纪50年代初。1950年公布的《中央人民政府财政部设置财政检查机构办法》中规定:被检查的部门,对检查机构之措施，认为不当时，得备具理由，向其上级检查机构，声请复核处理(第6条)。这里虽未采用“复议”两字，但从特征上看，这种复核制度就是行政复议制度。不久，我国便建立了税务复议制度，其标志是1950年12月15日政务院第63次政务会议通过的《税务复议委员会组织通则》，这里第一次在法规上正式出现了“复议”两字。该通则明确规定了税务复议委员会的性质、任务以及受案范围。与此同时，政务院还通过了另一个有关行政复议的法规，即《印花税暂行条例》。该条例第21条明确规定：被处罚人不服税务机关之处罚，得于5日内提请复议，或向上级税务机关申诉。到此，我国的行政复议制度得以明确建立。

1950年以后，我国涉及行政复议的法规日益增多，行政复议的范围和领域不断扩大。1951年4月18日政务院公布的《暂行海关法》率先把行政复议扩大至海关行政领域。该法第135条规定：税则的解释、货物在税则上的归类和完税价格的审定，其权限属于海关。受(发)货人或其代理人有异议时，得自海关填发税款缴纳证的次日起14天内，以书面向关提出申诉。第137条规定：海关于接到申诉书后，应在海关总署规定期限内，将该案重行审核，并得变更原决定，如维持原决定时，应加具意见转报海关总署审理。受(发)货人或其代理人对变更的决定仍不服时，应于接到变更决定通知之日起7日内，提出再申诉，由海关转报海关总署审理。海关总署的决定为最后决定。同年政务院通过的《海关进出口税则暂行实施条例》使这一制度更加程序化、具体化。1954年的《国营企业内部劳动规则纲要》、1955年的《农村粮食统购统销暂行办法》、1957年的《国境卫生检疫条例》、1958年的《农业税条例》以及1969年的《商品管理条例》，对于行政复议制度的完善都起了很大的推动作用。

1979年以来，行政复议制度作为我国建设高度的社会主义民主和完备的社会主义法制的一项重要内容得到了进一步的重视和发展。尤其需要指出的是，1982年《宪法》的颁布，对于加强我国行政复议立法以及完善行政复议制度起了极大的推动作用。《宪法》明确规定：“中华人民共和国公民对于任何国家机关和国家工作人员，有提出批评和建议的权利；对于任何国家机关和国家工作人员的违法失职行为，有向有关国家机关提出申诉、控告或者检举的权利，但是不得捏造或者歪曲事实进行诬告陷害”(第41条第1款)。“对于公民的申诉、控告或者检举，有关国家机关必须查清事实，负责处理。任何人不得压制和打击报复”(第41条第2款)。这一系列的规定，不仅是对业已存在的行政复议制度的确认，而且为我国行政复议立法和行政复议执法制度的进一步完善，提供了最高的法律依据。

1989年4月4日，第七届全国人民代表大会第二次会议通过了《行政诉讼法》。该法于1990年10月1日起正式实施。《行政诉讼法》的制定和实施，其意义远远不在于行政诉讼本身，它对中国行政复议规范的统一和完善起了直接、有效的作用。该法虽只有4个条文涉及行政复议(特别是第37条、第38条)，但它对行政复议制度的完善有以下积极意义：

第一，它使行政相对人申请行政复议的权利从以前的列举式权利转变为概括性权利。《行政诉讼法》实施之前，申请行政复议并非是公民、法人和其他组织的当然权利，只有在法律、法规明文规定可以申请复议时，行政相对人方可申请复议，否则，所提起的行政复议案件将会被作为来信来访处理。而该法第37条第1款规定：“对属于人民法院受案范围的行政案件，公民、法人或者其他组织可以先向上一级行政机关或者法律、法规规定的行政机关申请复议……”从而使申请复议成了行政相对人无须经具体法律、法规明文授权的一般性权利，扩大了对公民、法人和其他组织合法权利的保护范围。

第二，它使行政复议机关的复议期限得到统一。行政复议作为一种行政救济行为，必须在法定期限内进行,否则将导致一定的法律后果。但是,以前不少法律和法规,没有规定行政复议的期限。《行政诉讼法》第38条第1款规定:“公民、法人或者其他组织向行政机关申请复议的,复议机关应当在收到申请书之日起两个月内作出决定。法律、法规另有规定的除外。”这样,如果法律、法规没有特别规定,行政复议期限一律被限定为两个月。

第三,它为我国制定统一的行政复议法部署了任务。我国不少行政诉讼属于复议前置诉讼,行政复议程序成了行政诉讼前置性必经程序,而行政诉讼法又不能对行政复议程序作出详细规定,否则,行政诉讼法就不成其为行政诉讼法了。这样,随着行政诉讼法律制度的建立和完善,人们必然领悟到:行政诉讼法需要有必不可少的配套法,即行政复议法。

1990年12月24日《行政复议条例》的公布,标志了我国行政复议立法和实践已进入到一个崭新的阶段。1994年10月9日,国务院在总结《行政复议条例》实施4年来的实践基础上,对照其他法律、法规,特别是《行政诉讼法》和《国家赔偿法》,对《行政复议条例》作了修改,从而为国家行政机关的行政复议执法提供了更好的条件。1999年4月29日,第九届全国人民代表大会常委会第九次会议制定与通过了《行政复议法》,从而把中国的行政复议制度推向了一个新阶段。2007年5月23日,国务院第177次常务会议通过了《行政复议法实施条例》。该条例于自2007年8月1日起施行。这一条例的制定,使得我国行政复议程序制度更加完善。

(四)《行政复议法》的修订

1999年制定的《行政复议法》后经2009年和2017年的两次修正。2023年9月1日第十四届全国人民代表大会常务委员会第五次会议修订通过了现行的《行政复议法》。这次修改与前两次不同,是“修订”而不是“修正”,而且修订幅度之大超出人们的预期。法律条文从原来的41条增加至90条,扩容一倍以上,其修改从内容到形式几乎覆盖每一条。

这次《行政复议法》之所以作出如此巨大修改,其中的一个目的在于要将行政复议打造成化解行政争议的主渠道。[1] 2021年,中共中央、国务院印发的《法治政府建设实施纲要(2021—2025年)》要求“发挥行政复议化解行政争议主渠道作用。全面深化行政复议体制改革……形成公正权威、统一高效的行政复议体制。”这次对《行政复议法》修订的内容和亮点诸多,其中在发挥行政复议化解行政争议的主渠道作用方面,主要体现在以下几个方面:(1)推进行政复议机关和复议人员的专业化、职业化;(2)扩大行政复议受理范围;(3)扩大行政复议前置范围;(4)方便当事人申请和参加行政复议;(5)增设简易程序,实现行政复议案件繁简分流;(6)强化、细化行政复议决定体系;(7)增设调解、和解方式;(8)强化对行政复议的履行和执行。[2]

二、行政复议的概念和特征

行政复议制度,系指公民、法人或其他组织认为行政机关的行政行为侵犯其人身权、财产权和受教育权等合法权益,向行政复议机关提出复议申请,行政复议机关对行政行为的合法性

---

〔1〕 习近平总书记指出:“法治建设既要抓末端、治已病,更要抓前端、治未病。我国国情决定了我们不能成为‘诉讼大国’。”参见习近平:《坚定不移走中国特色社会主义法治道路 为全面建设社会主义现代化国家提供有力法治保障》,载《求是》2021年第5期。

〔2〕 参见胡建淼:《发挥行政复议化解行政争议主渠道作用——解读修订后的〈中华人民共和国行政复议法〉》,载《中国审判》2023年第22期。

和合理性进行审查并作出处理的法律制度。它对公民、法人或其他组织而言，是一种权利救济制度；对行政机关本身而言，是行政机关的自我监督、自我纠错制度；对解决行政争议而言，它是化解行政争议的主渠道。

行政复议的概念同行政复议的特征相联系。概念反映特征，特征约束概念。行政复议具有六大特征。正是这些特征，才使得行政复议同行政监督、行政调解、行政仲裁和行政诉讼相区别。

1. 行政复议以行政争议为处理对象。行政复议作为一种纠纷争议解决机制，它直接处理的是行政争议而不是民事争议。[3] 作为审查对象的行政行为是由行政主体基于行政法律关系针对行政相对人的权利与义务作出的一种处理，相对人不服该行政行为正是一种行政争议；虽然有的行政行为旨在处理或者涉及民事关系，如行政裁决、行政确认等，但这类行政行为作出以后，当事人因不服该行政行为而申请行政复议，恰恰又转化和体现为一种行政关系和行政争议。为此有专家指出，行政复议是行政系统解决行政争议的重要方式。[4]

2. 行政复议以行政行为为审查对象。从行政复议机关与原行政行为的关系上考察，行政复议实际上是一种行政审查制度。难怪乎有的国家直接称行政复议为行政审查。但行政复议机关审查有关行政行为并非不受限制。行政复议只以行政行为为直接审查对象；虽然根据《行政复议法》(2023)第13条规定，行政复议机关可以在一定条件下审查规章以下的其他规范性文件(行政规定)，但它们依然不属于行政复议的直接审查对象。

3. 行政复议以合法性和合理性(适当性)为审查标准。在行政复议中，行政复议机关依据合法性和合理性标准审查行政行为。因为《行政复议法》的首要目的是"为了防止和纠正违法的或者不当的行政行为"。[5] 防止和纠正违法行政行为，体现了合法性审查的任务；防止和纠正不当行政行为，体现的是合理性(适当性)审查的任务。

4. 行政复议具有灵活的审理方式。根据原《行政复议法》[6]，行政复议以书面审理为原则，以其他方式的审理为例外。2023年《行政复议法》的修订，将审理原则由书面审查修改为以通过灵活方式听取群众意见为原则，以书面审理为例外。根据《行政复议法》(2023)第49条、第54条和第55条规定，在普通程序中，行政复议机构应当当面或者通过互联网、电话等方式听取当事人的意见，并将听取的意见记录在案。因当事人原因不能听取意见的，可以书面审理。在简易程序中，虽然原则采取书面审理，但同时也可采取普通程序中的审理方式，或者必要时转换为普通程序。

5. 行政复议由行政相对人主动申请，以行政主体为被申请人。申请行政复议属于自益性行为。这一特征有两层含义：首先，从行政性质上看，行政复议是一种依申请行政行为，而不是依职权行政行为。作为行政相对人的公民、法人和其他组织不主动提出申请，行政复议机关不

---

[3] "行政复议处理的是行政争议，即行政主体在履行行政管理职能过程中，与相对人之间发生的纠纷。"参见江必新主编：《中华人民共和国行政复议法条文解读与法律适用》，中国法制出版社2023年版，第6页。

[4] 江必新主编：《中华人民共和国行政复议法条文解读与法律适用》，中国法制出版社2023年版，第2页。

[5] 《行政复议法》(2023)第1条规定："为了防止和纠正违法的或者不当的行政行为，保护公民、法人和其他组织的合法权益，监督和保障行政机关依法行使职权，发挥行政复议化解行政争议的主渠道作用，推进法治政府建设，根据宪法，制定本法。"

[6] 《行政复议法》(2017)第22条规定："行政复议原则上采取书面审查的办法，但是申请人提出要求或者行政复议机关负责法制工作的机构认为有必要时，可以向有关组织和人员调查情况，听取申请人、被申请人和第三人的意见。"

能径自作出复议决定。其次,从当事人承担的角色考察,行政复议中的申请人只限于行政相对人,即对行政行为不服的公民、法人和其他组织;而行政复议中的被申请人,也只限于行政主体,即作出行政行为的行政组织或得到法律、法规、规章授权的其他组织。上述两者的位置和角色不能互换。

6. 行政复议以行政机关为处理机关。行政复议是行政机关处理行政争议,而不是人民法院处理行政争议的制度。行政复议是行政诉讼的配套制度,旨在分流部分行政争议,防止案件进入司法程序,以节省国家司法资源,又为行政机关提供自我监督和自我纠错的机会。《行政复议法》作为我国行政复议制度中的基础性法律,将行政复议权直接授给了有关行政机关。

三、行政复议的性质和分类

(一)行政复议的性质

一种行为的定性,关乎该行为的效力、救济和责任定位方向。以前,我们更多的是将行政复议看成一种制度研究,缺乏从“行为”视角考察。其实,任何一种法律制度首先是一种行为制度。从“行为”视角考察,行政复议具有下列行为性质:

第一,行政复议是一种行政监督行为。根据《行政复议法》(2023)第 1 条规定,行政复议的任务是“为了防止和纠正违法的或者不当的行政行为”,明显具有对行政行为的监督性。行政复议是行政复议机关依法通过行政复议程序对下属行政机关的行政行为是否合法和是否合理(适当)进行行政系统内部监督的制度。正是在这种意义上,我们才将行政复议纳入行政监督制度内研讨。

第二,行政复议是一种行政司法行为。“行政复议兼具行政性与司法性。”〔7〕国内一种理论是将行政机关的行政活动依次划分为“行政立法—行政执法—行政司法”。在行政复议制度中,行政复议机关是以中间人的身份裁处行政机关与行政相对人之间的行政争议,确实具有准司法的性质。

第三,行政复议是一种行政行为。行政复议机关在行政复议中作出的复议决定本身就是一种可诉的行政决定。行政复议决定为什么是可诉的,理论上是因为它是行政行为。这些可诉的复议决定包括:有关维持、变更或者撤销原行政行为的决定,对于复议申请不予受理的决定等。

第四,行政复议是一种行政补救行为。行政复议固然是一种行政行为,进而在行政行为结构中,它又属于我们在前面提到的行政补救行为。行政补救行为系指,当行政主体作出第一个(次)行政行为并发生效力之后,有关行政主体为补救前一个行为,而作出的替代性的第二个(次)及以上的行政行为。行政复议便属于这类行为。

(二)行政复议的分类

以不同标准对行政复议进行分类,行政复议便形成不同种类。我们对行政复议作出划分,并非出于一种无益的嗜好,而是基于这样的原理:不同种类的行政复议,有不同的内容与形式,有不同的处理程序与方法,与行政诉讼也有不同的衔接关系;掌握不同种类的行政复议,尤其是它的特点,有助于当事人在不同的行政复议面前采取不同的正确态度和方法。

---

〔7〕 江必新主编:《中华人民共和国行政复议法条文解读与法律适用》,中国法制出版社 2023 年版,第 6 页。

第一，以复议对象为标准，对行政复议进行分类。据此，行政复议便形成以下类别：(1)劳动人事行政复议；(2)公安行政复议；(3)交通行政复议；(4)海关行政复议；(5)工商行政复议；(6)税务行政复议；(7)财政行政复议；(8)金融行政复议；(9)审计行政复议；(10)商业行政复议；(11)物价行政复议；(12)统计行政复议；(13)科技行政复议；(14)公证行政复议；等等。这种分类，有助于扩大我们的视野，便于我们认识行政复议的全面性。

第二，以复议管辖为标准，对行政复议进行分类。《行政复议法》(2023)对复议管辖有了很大的调整。但无论调整前还是调整后，都存在三类复议：政府复议、部门复议和原机关复议。政府复议系指行政相对人不服行政机关的行政行为，由县级以上人民政府管辖的法律制度。《行政复议法》(2023)第24条对此作出了规定，是这次修订改革的亮点。部门管辖指行政相对人不服行政机关的行政行为，由上一级人民政府工作部门管辖的法律制度。根据《行政复议法》(2023)第27条规定，它主要适用对海关、金融、外汇管理等实行垂直领导的行政机关、税务和国家安全机关的行政行为不服的复议案件。原机关复议系指行政相对人不服行政机关的行政行为，由作出该行为的原机关管辖的法律制度。《行政复议法》(2023)第25条和第26条对此作出了规定。掌握上述分类，有助于全面把握我国的行政复议管辖制度。

第三，以申请人是否可以选择复议与诉讼为标准，对行政复议进行分类。依此标准划分的结果，行政复议又形成了选择复议与前置复议。选择复议系指行政相对人不服行政机关的行政行为，既可申请行政复议，也可直接提起行政诉讼的法律制度。《行政诉讼法》(2017)第44条第1款规定："对属于人民法院受案范围的行政案件，公民、法人或者其他组织可以先向行政机关申请复议，对复议决定不服的，再向人民法院提起诉讼；也可以直接向人民法院提起诉讼。"行政相对人不服行政行为，既可申请行政复议，也可直接提起行政诉讼，这既是行政诉讼的主要原则，也是行政复议的主要原则。前置复议系指行政相对人不服行政机关的行政行为，只能先申请行政复议，对复议决定不服后，方可提起行政诉讼的法律制度。根据《行政复议法》(2023)第23条规定，下列情形属于前置复议：(1)对当场作出的行政处罚决定不服；(2)对行政机关作出的侵犯其已经依法取得的自然资源的所有权或者使用权的决定不服；(3)认为行政机关存在本法第11条[8]规定的未履行法定职责情形；(4)申请政府信息公开，行政机关不予公开；(5)法律、行政法规规定应当先向行政复议机关申请行政复议的其他情形。在我国，前置复议以外的都属于选择复议。区别选择复议和前置复议的法律意义在于：它有助于当事人了解和把握复议选择权的范围和性质，从而指导他们正确地行使复议选择权。

第四，以复议决定的效力为标准，对行政复议进行分类。按此划分，行政复议可以分为终局复议和非终局复议。终局复议的特点是：该复议决定为终审复议决定，它一经作出，即有法律效力，行政相对人不能提起诉讼。《行政复议法》(2023)第26条[9]规定的复议便属此列。非终局复议的特点在于：该复议决定作出后，行政相对人不服，还可依法提起行政诉讼。目前大多数复议都属于此列。我们之所以作此区别，是因为在这两种复议中，行政相对人所享有的

---

[8] 《行政复议法》(2023)第11条规定："有下列情形之一的，公民、法人或者其他组织可以依照本法申请行政复议……(十一)申请行政机关履行保护人身权利、财产权利、受教育权利等合法权益的法定职责，行政机关拒绝履行、未依法履行或者不予答复……"

[9] 《行政复议法》(2023)第26条规定："对省、自治区、直辖市人民政府依照本法第二十四条第二款的规定、国务院部门依照本法第二十五条第一项的规定作出的行政复议决定不服的，可以向人民法院提起行政诉讼；也可以向国务院申请裁决，国务院依照本法的规定作出最终裁决。"

行政诉讼权是不同的,复议决定的生效条件也有明显差别。

第五,以是否有涉外因素为标准,对行政复议进行分类。依此标准进行划分,行政复议可以被划分为国内复议和涉外复议。国内复议是指复议申请人是我国的公民、法人和其他组织。我国大多数行政复议属于国内复议。涉外复议的特点是,复议申请人为外国人(外国公民和无国籍人)或外国组织。外国人依据《出境入境管理法》(2012)申请的行政复议概属涉外复议。这种划分的意义在于:它有助于我们正确认识外国人和外国组织在我国行政复议,乃至行政诉讼中的法律地位。

四、行政复议的工作原则

行政复议基本原则,是指由《行政复议法》确立和体现的,反映行政复议基本特点,贯穿于行政复议全过程,并对行政复议起规范和指导作用的基本行为准则。行政复议基本原则集中体现了《行政复议法》的基本精神和实质,突出表达了复议制度质的特征。根据《行政复议法》(2023)第3条[10]规定,行政复议工作原则有下列几项:

(一)坚持中国共产党的领导原则

坚持中国共产党的领导是我国政法工作的一个基本原则。中共中央印发的《中国共产党政法工作条例》(2019)第6条规定:"政法工作应当遵循以下原则:(一)坚持党的绝对领导,把党的领导贯彻到政法工作各方面和全过程。"该原则是走中国特色社会主义法治道路的应有之义。因为,"中国共产党领导是中国特色社会主义最本质的特征。"[11]

行政复议坚持中国共产党的领导原则,是指立法机关有关行政复议的立法活动、复议机关从事行政复议工作,以及司法机关对行政复议行为的法治监督,都要坚持和体现党的领导,把党的领导贯彻到行政复议工作的各方面和全过程。《行政复议法》(2023)第3条第1款规定:"行政复议工作坚持中国共产党的领导。"这是该原则在行政复议工作中最直接的立法体现。它要求县级以上各级政府和有关部门要在党的领导下切实履行行政复议法赋予的职责和任务,严格按照新的法律规定,落实新法关于行政复议申请、受理、管辖、审理、决定等各个环节的要求。县级以上各级政府和有关部门应当在党的领导下抓紧修改本法实施条例,确保法律各项规定落地生根、有效实施。新修订的行政复议法实施后,各级立法部门要在党的领导下及时制定、修改行政复议有关法规、规章及有关规范性文件等配套规定,特别是行政复议前置、行政复议委员会等方面的规定。[12]

需要说明的是,坚持中国共产党的领导是行政复议工作的基本原则,并不意味着党组织或领导干部可以对具体行政复议个案的办理过程进行直接插手、干预。《行政复议法》(2023)第3条将这一原则规定于第1款,而将合法原则、公正原则、公开原则、高效原则、便民原则、为民原则规定于第2款,就在于前者是从整体上引领和规范行政复议工作的开展、充分发挥行政复议化解纠纷主渠道作用的原则,其遵循主体主要是县级以上政府、立法部门、行政部门;而后者

---

〔10〕《行政复议法》(2023)第3条规定:"行政复议工作坚持中国共产党的领导。行政复议机关履行行政复议职责,应当遵循合法、公正、公开、高效、便民、为民的原则,坚持有错必纠,保障法律、法规的正确实施。"

〔11〕《宪法》(2018)第1条第2款。

〔12〕参见韩春晖:《坚持中国共产党的领导原则》,载胡建淼主编:《行政复议法教程》,人民出版社2023年版,第30~31页。

这些原则是用以引领和规范行政复议案件办理过程,即申请、受理、管辖、审理、决定等环节,这些原则的遵循主体非常特定,就是“行政复议机关”。

(二)坚持合法、公正、公开、高效、便民、为民的原则

坚持合法原则,系指履行复议职责的主体必须合法,审理复议案件的依据必须合法,以及审理复议案件的程序必须合法,防止和纠正违法行政行为。

坚持公正原则,系指行政复议要遵循公平、公正,独立、中立、平等地对待当事人,合理行使行政裁量权,防止和纠正不当行政行为。

坚持公开原则,要求做到复议依据向社会公开,不得拿抽屉里的文件作为办案依据;当事人在复议程序中的各项权利,保证依法告知当事人;复议决定和理由必须向当事人公开。此外,根据《行政复议法》(2023)第79条第1款规定,行政复议机关应当根据被申请行政复议的行政行为的公开情况,按照国家有关规定将行政复议决定书向社会公开。

坚持高效原则,是指复议机关应当在法律规定期限内,以效率为目标,完成行政复议程序中的各项工作,特别是保证按时作出复议决定。

坚持便民原则,系指行政复议工作要处处便利当事人参与,从案件管辖到案件审理,都要从方便人民群众的角度着想。

坚持为民原则,就是要更好地体现以人民为中心的思想,站在人民群众立场上思考问题。坚持有错必纠,保障法律、法规的正确实施。

第二节　行政复议范围

行政复议范围系《行政复议法》的核心内容。《行政复议法》(2023)在第二章行政复议申请中专设第一节(第11～13条)对行政复议范围作出了专门规定。它所划定的行政复议范围,不仅包括行政行为,还包括作为行政行为依据的规范性文件。对行政行为的复议属于本体复议,对规范性文件的复议属于附带审查复议。

一、行政复议范围的基础

(一)行政复议范围及意义

行政复议范围,首先表现为公民、法人或者其他组织不服行政机关行政行为而申请行政复议的范围,其次表现为行政复议机关受理当事人复议申请并对行政行为合法性和适当性进行审查和处理的范围,最终表现为行政机关化解行政争议的范围。可以说,行政复议范围是行政复议申请范围、行政复议受理范围和行政复议审查和处理范围的高度统一。正确划定行政复议范围,具有多方面的意义。

第一,正确划定行政复议范围,有利于保护公民、法人和其他组织的合法权益。保护公民、法人和其他组织的合法权益,乃是《行政复议法》(2023)第1条所规定的立法目的之一。一般而言,复议范围越大,保护公民、法人和其他组织合法权益的范围就越大,反之亦然。

第二,正确划定行政复议范围,有助于监督和保障行政机关依法行使职权。中央要求到2035年法治国家、法治政府、法治社会基本建成,而要建成法治政府,行政机关就必须坚持依法

行政和适当行政。正确划定,特别是扩大行政复议范围,无疑是扩大了纠正违法行政行为和不当行政行为的范围。

第三,正确划定行政复议范围,有助于发挥行政复议化解行政争议的主渠道作用。2021 年中共中央、国务院印发的《法治政府建设实施纲要(2021—2025 年)》,明确要求"发挥行政复议化解行政争议主渠道作用",《行政复议法》(2023)第 1 条也将它确立为立法目的之一。所谓"主渠道作用",就是要求将大量的行政争议化解于行政复议阶段,以减轻行政诉讼和信访的压力。正确划定行政复议范围,特别是扩大行政复议范围,显然有助于发挥行政复议化解行政争议的主渠道作用。

第四,正确划定行政复议范围,是建立和完善公正、高效、统一、完整行政复议制度的基础。行政复议制度是一个完整的制度体系和理论体系,涉及主体、行为、程序、责任等诸多环节和具体制度,而行政复议的范围无疑是整个行政复议制度的基础,复议范围的大小和变动,将直接影响行政复议制度的其他方面。

第五,正确划定行政复议范围,便于和行政诉讼无缝衔接。行政复议和行政诉讼是监督行政机关依法行政,保护公民、法人或者其他组织合法权益的两大权利救济制度。它们之间的关系存在几种模式:复议选择诉讼、复议前置诉讼、复议终局诉讼等。正确划定行政复议范围,有助于协调好行政复议与行政诉讼之间的关系。

(二)行政复议范围的表达方式

从立法技术上说,法律用以确定法律的调整范围有多种方法。

1. 肯定式、否定式和并用式

肯定式是采用以规定肯定事项来排除否定事项。比如规定:"以下事项属于中央事权:1. ……;2. ……;3. ……;4. ……。不属于中央事权的,属于地方事权。"

否定式是采用以规定否定事项来确定肯定事项。比如规定:"除了以下事项不可诉,一切行政行为都是可诉的。不可诉事项包括:1. ……;2. ……;3. ……;4. ……。"

肯定与否定的并用式,是指法律既规定了肯定事项范围,也规定了否定事项范围。如:"当事人可以对下列事项提起诉讼……;当事人不得对下列事项提起诉讼……"

一般而言,规定了肯定范围不用同时规定否定范围,规定了否定范围不用同时规定肯定范围,否则容易出现肯定范围与否定范围的交叉。所以,肯定式与否定式都是划定范围的可行方法,并用式容易导致肯定范围与否定范围的交叉,不宜采用。但是并用式有一个优点:法律表达比较清晰和全面,便于适法者和守法者了解和掌握所规定的范围。所以,如果能够做到将"肯定事项"与"否定事项"的界线划分得很清晰,并用式是一种最好的表达方式。

我国的行政复议法和行政诉讼法都采取了肯定与否定的并用式。

2. 概括式、列举式和并用式

无论是对肯定范围的表达还是对否定范围的表达,又有概括式与列举式之分。

概括式是指通过界定行为的特征和条件来表达行为的范围,比如规定:"公民、法人或者其他组织认为具体行政行为侵害其合法权益的,可以依法提起行政诉讼。"而列举式则是通过列举具体行为的类型来表达行为的范围,比如规定:"公民、法人或者其他组织认为下列行政行为侵害其合法权益的,可以依法提起行政诉讼:一、行政处罚;二、行政强制措施;三、行政强制执行;四、行政征收;五、行政征用;六、行政裁决……"如果采取概括式与列举式相结合的模式,这就是并用式。

概括式表达行为的范围比较完整，缺点是不够清晰；列举式表达行为的范围比较清晰，但容易挂一漏万。采取列举加上一个兜底条款，这是一种并用式的好方法。我国行政复议法和行政诉讼法都采取了这一方法。

3. 行政复议法的比较

就肯定式与否定式而言，《行政复议法》(2017)对于行政复议范围只规定了肯定范围，没有规定否定范围，采用的是单纯的"肯定式"模式，《行政复议法》(2023)第11条规定了行政复议的肯定范围，接着第12条规定了行政复议的否定范围，采取的是肯定与否定的并用式。

就概括式与列举式而言，这一点新旧行政复议法的表达方式没有变化，无论是旧法第6条还是新法第11条，都采用了"列举+兜底"的方式，这是一种普遍采用的列举式与概括式的结合模式。

(三)新旧行政复议法对复议范围规定的变化

新旧行政复议法对复议范围的规定发生很大的变化，但这变化不在于是否增加了行政复议的附带审查。行政复议的附带审查《行政复议法》(2017)第7条早有规定，除了表达的变化，与《行政复议法》(2023)第13条在范围上没有区别。

新行政复议法虽然增加了第12条行政复议的排除范围，但从理论上说，新法第12条所规定的排除事项，在旧法中同样也是被排除的。并不是在旧法中这些事项具有可复议性，到了新法这些事项变成了不可复议了。

《行政复议法》(2023)对于复议范围的规定，最大的变化恰恰在于对行政复议肯定范围的表达。《行政复议法》(2017)第6条规定："有下列情形之一的，公民、法人或者其他组织可以依照本法申请行政复议：(一)对行政机关作出的警告、罚款、没收违法所得、没收非法财物、责令停产停业、暂扣或者吊销许可证、暂扣或者吊销执照、行政拘留等行政处罚决定不服的；(二)对行政机关作出的限制人身自由或者查封、扣押、冻结财产等行政强制措施决定不服的；(三)对行政机关作出的有关许可证、执照、资质证、资格证等证书变更、中止、撤销的决定不服的；(四)对行政机关作出的关于确认土地、矿藏、水流、森林、山岭、草原、荒地、滩涂、海域等自然资源的所有权或者使用权的决定不服的；(五)认为行政机关侵犯合法的经营自主权的；(六)认为行政机关变更或者废止农业承包合同，侵犯其合法权益的；(七)认为行政机关违法集资、征收财物、摊派费用或者违法要求履行其他义务的；(八)认为符合法定条件，申请行政机关颁发许可证、执照、资质证、资格证等证书，或者申请行政机关审批、登记有关事项，行政机关没有依法办理的；(九)申请行政机关履行保护人身权利、财产权利、受教育权利的法定职责，行政机关没有依法履行的；(十)申请行政机关依法发放抚恤金、社会保险金或者最低生活保障费，行政机关没有依法发放的；(十一)认为行政机关的其他具体行政行为侵犯其合法权益的。"

《行政复议法》(2023)第11条规定："有下列情形之一的，公民、法人或者其他组织可以依照本法申请行政复议：(一)对行政机关作出的行政处罚决定不服；(二)对行政机关作出的行政强制措施、行政强制执行决定不服；(三)申请行政许可，行政机关拒绝或者在法定期限内不予答复，或者对行政机关作出的有关行政许可的其他决定不服；(四)对行政机关作出的确认自然资源的所有权或者使用权的决定不服；(五)对行政机关作出的征收征用决定及其补偿决定不服；(六)对行政机关作出的赔偿决定或者不予赔偿决定不服；(七)对行政机关作出的不予受理工伤认定申请的决定或者工伤认定结论不服;(八)认为行政机关侵犯其经营自主权或者农村土地承包经营权、农村土地经营权;(九)认为行政机关滥用行政权力排除或者限制竞争;(十)认为行政机关违法集资、摊派费用或者违法要求履行其他义务;(十一)申请行政机关履行保护人身权利、财产权利、受教育权利等合法权益的法定职责,行政机关拒绝履行、未依法履行或者不予答复;(十二)申请行政机关依法给付抚恤金、社会保险待遇或者最低生活保障等社会保障,行政机关没有依法给付;(十三)认为行政机关不依法订立、不依法履行、未按照约定履行或者违法变更、解除政府特许经营协议、土地房屋征收补偿协议等行政协议;(十四)认为行政机关在政府信息公开工作中侵犯其合法权益;(十五)认为行政机关的其他行政行为侵犯其合法权益。"

经《行政复议法》(2017)第6条与《行政复议法》(2023)第11条的比较,《行政复议法》(2023)第11条将行政复议受案范围从原法第6条中的11项扩展至15项,内容上增加和明确了以下可复议事项:(1)行政强制执行决定;(2)行政征收、征用和补偿决定;(3)行政赔偿决定;(4)工伤认定行为;(5)滥用行政权力排除或者限制竞争;(6)行政协议行为;(7)政府信息公开行为。

当然严格说来,《行政复议法》(2023)并没有扩大行政复议的范围,只是扩大了可复议的列举范围。修订前的《行政复议法》中,有许多事项没有列举出来而被隐藏在"兜底条款"之中。修订后的《行政复议法》则是将原来被隐藏在"兜底条款"之中的本来就是可复议的事项明文列举了出来而已。

二、行政复议的肯定范围

《行政复议法》(2023)第11条规定,公民、法人或者其他组织对下列行政行为不服的,都可依法申请行政复议。

(一)不服行政处罚行为

《行政复议法》(2023)第11条第1项规定,公民、法人或者其他组织"对行政机关作出的行政处罚决定不服"的,可以依法申请行政复议。这里表达了行政处罚行为的可复议性。

《行政处罚法》(2021)第2条规定:"行政处罚是指行政机关依法对违反行政管理秩序的公民、法人或者其他组织,以减损权益或者增加义务的方式予以惩戒的行为。"从行政法学理论上说,所谓行政处罚,系指行政机关在行政法律关系中,对违反行政法律规范而尚不需追究刑事责任的公民、法人或者其他组织,作出惩罚性的不利决定。

行政处罚作为一种行政行为,具有诸多法律特征,如行政性、具体性、外部性、主动性、单方性、决意性、封闭性、基础性、不利性和制裁性等。其中最关键、最核心的就是制裁性。行政处罚是行政主体针对违反行政管理秩序的行为人所实施的法律制裁,具有很强的惩罚性和制裁性。

行政处罚通过诸多手段表现出来。《行政处罚法》(2021)第9条设立了13种处罚手段,即:(1)警告;(2)通报批评;(3)罚款;(4)没收违法所得;(5)没收非法财物;(6)暂扣许可证件;(7)吊销许可证件;(8)降低资质等级;(9)限制开展生产经营活动;(10)责令停产停业;(11)责令关闭;(12)限制从业;(13)行政拘留。它们分别属于申诫罚、财产罚、资格罚、行为罚和人身罚。此外,在上述手段和种类之外,还存在一种"其他罚",即由法律和行政法规规定的其他处罚。[13]

行政处罚表现为对当事人合法权益的剥夺和限制，公民、法人或者其他组织对行政处罚不服的，有权依法申请行政复议。[14]

（二）不服行政强制行为

《行政复议法》(2023)第 11 条第 2 项规定，公民、法人或者其他组织"对行政机关作出的行政强制措施、行政强制执行决定不服"的，可以依法申请行政复议。这就是说，行政强制行为属于行政复议的范围。行政强制乃是行政强制措施与行政强制执行的合称。

行政强制措施，系指国家行政机关在行政管理过程中，为了维护和实施行政管理秩序，依法对当事人的人身自由或者财物实施暂时性限制或控制的行政行为。[15] 行政强制措施除了具有行政行为的一般特征之外，还具有限权性、暂时性、可复原性和从属性等特点。根据《行政强制法》(2011)第 9 条规定，行政强制措施的种类包括以下几类：(1)限制公民人身自由；(2)查封场所、设施或者财物；(3)扣押财物；(4)冻结存款、汇款；(5)法律、法规所设定的其他行政强制措施。

关于行政强制执行，《行政强制法》(2011)第 2 条第 3 款作了明文解释："行政强制执行，是指行政机关或者行政机关申请人民法院，对不履行行政决定的公民、法人或者其他组织，依法强制履行义务的行为。"根据我国的行政强制执行体制，行政强制执行的主体有两类：一是行政机关，二是人民法院。但由于人民法院对行政行为的强制执行不属于行政行为，所以，行政复议法只将行政机关作出的强制执行决定纳入进行政复议范围。行政机关所实施的行政强制执行，是指国家行政机关对于在规定期限内拒不履行行政决定的当事人，依法采用有关强制手段，迫使其履行义务，或者达到与履行义务相同状态的行为。行政强制执行其实是用一种后面的行政行为去强制执行一个前面已生效的行政行为。被执行的行为与执行的行为都是行政行为，无非前者被称为基础行为，后者被称为执行行为。落实到行政决定也一样，前者是基础决定，后者是执行决定。基础行为(决定)本身是可复议的，它已分解于各行政行为之中。这里规定的行政机关的执行行为(决定)也是行政复议的范围。行政机关对行政行为的强制执行，具有多种执行方式，它由《行政强制法》(2011)第 12 条作出专门规定，共有"5 + 1"种方式，由五种方式和一种作为兜底条款的"其他方式"组成：(1)加处罚款或者滞纳金；(2)划拨存款、汇款；(3)拍卖或者依法处理查封、扣押的场所、设施或者财物；(4)排除妨碍、恢复原状；(5)代履行；(6)其他强制执行方式。[16]

行政强制行为，无论是行政强制措施还是行政强制执行，都会直接影响当事人的权利与义

---

〔13〕 其依据是《行政处罚法》(2021)第 9 条第 6 项的规定。该项将《行政处罚法》(2021)第 9 条第 1 ~ 5 项所规定的手段和种类以外的行政处罚，称为"其他行政处罚"(简称"其他罚")。

〔14〕 现实中，有的行政主体对相对人作出行政处罚是作出行政处罚决定的，但有的行政主体不作出或不送达行政处罚决定，无论哪种情形，都不影响相对人申请行政复议的权利。作出行政处罚决定的，相对人可以对行政处罚决定申请复议；没有作出行政处罚决定，但行政处罚行为已经发生的，相对人可以对行政处罚行为申请复议。

〔15〕 《行政强制法》(2011)第 2 条第 2 款规定："行政强制措施，是指行政机关在行政管理过程中，为制止违法行为、防止证据损毁、避免危害发生、控制危险扩大等情形，依法对公民的人身自由实施暂时性限制，或者对公民、法人或者其他组织的财物实施暂时性控制的行为。"

〔16〕 其他强制执行方式是指由法律所设定的，除加处罚款或者滞纳金，划拨存款、汇款，拍卖或者依法处理查封、扣押的场所、设施或者财物，排除妨碍、恢复原状，代履行这五种执行方式以外的强制执行方式。它和其他行政强制执行措施一样，必须由法律设定。

务。公民、法人或者其他组织认为行政机关实施强制措施或者强制执行侵害其合法权益的,都有权依法申请行政复议。[17]

(三)不服行政许可行为

《行政复议法》(2023)第 11 条第 3 项规定,公民、法人或者其他组织"申请行政许可,行政机关拒绝或者在法定期限内不予答复,或者对行政机关作出的有关行政许可的其他决定不服"的,可以依法申请行政复议。这里表达了行政许可行为的可复议性。

《行政许可法》(2019)第 2 条规定,行政许可是指行政机关根据公民、法人或者其他组织的申请,经依法审查,准予其从事特定活动的行为。行政许可具有事先性、授益性、依申请性、法定性等特点。其最大的特点在于,不经行政许可机关的事先批准,公民、法人或者其他组织就不得进行某种行为。它是一种典型的事先控制手段。

行政许可涉及广泛的领域,包括但不限于工商登记、社会团体登记、颁发机动车驾驶证、特许经营许可、建设工程规划许可、建筑工程施工许可、矿产资源许可、药品注册许可、医疗器械许可、执业资格许可等。行政许可行为包括许可、认可、审批、审核、核准、登记等多种形式。许可行为的书证形式也多种多样,包括许可证、执照、资格证、资质证、合格证书、批文等各种证照。

但是,以下行为不属于行政许可行为:(1)内部行政审批行为;(2)以出资人身份处置财产权的行政审批;(3)确认民事权利的登记行为;(4)知识产权的授予和注册行为;(5)作为日常性监督的检验、检测、检疫等行为。

根据《行政复议法》《行政许可法》《行政诉讼法》的有关规定,对于下列几种情形,公民、法人或者其他组织可以依法申请行政复议:(1)当事人申请行政许可,行政机关拒绝的;(2)当事人申请行政许可,行政机关逾期不予答复的;(3)当事人申请行政许可的变更,行政机关拒绝的;(4)当事人申请行政许可的续展,行政机关拒绝的;(5)行政机关单方变更、撤销、注销、撤回、废止行政许可的;(6)行政机关作出的有关行政许可的其他决定。[18]

(四)不服行政确权行为

《行政复议法》(2023)第 11 条第 4 项规定,公民、法人或者其他组织"对行政机关作出的确认自然资源的所有权或者使用权的决定不服"的,可以依法申请行政复议。这里表达了行政确权行为的可复议性。

《行政复议法》(2023)第 11 条第 4 项所规定的行政确权,特指行政机关在法律授权的前提下,通过一定的法律程序,确认自然资源的所有权、使用权归属的行政行为。就行政行为而言,它是行政确认行为的一部分,还与行政登记和行政裁决相交叉。

这种确权以自然资源为对象。自然资源系指天然存在并有利用价值的自然物,如土地、矿藏、水利、生物、气候、海洋等资源,是生产的原料来源和布局场所。它是在一定的时间和技术条件下,能够产生经济价值,提高人类当前和未来福利的自然环境因素的总称。

---

[17] 行政机关作出行政强制措施决定或者行政强制执行决定的,行政相对人可以针对"决定"申请行政复议;如果行政机关没有作出行政强制措施决定或者行政强制执行决定,但实际实施了行政强制行为,公民、法人或者其他组织同样有权申请行政复议。

[18] 如果行政机关针对当事人的违法行为,暂扣或吊销当事人的许可证照,作为行政处罚行为对待,不作为行政许可行为对待。

公民、法人或者其他组织对行政机关的行政确权行为不服,可以依法申请行政复议的范围大致包括以下情形:(1)对行政机关就自然资源所有权和使用权的登记行为不服的;(2)对行政机关就自然资源所有权和使用权归属争议所作裁决不服的;(3)对行政机关就自然资源所有权和使用权之权属作出的变更决定不服的;(4)对行政机关就自然资源所有权和使用权作出的其他行政决定不服的。

(五)不服行政征收行为

《行政复议法》(2023)第11条第5项规定,公民、法人或者其他组织对行政机关作出的征收决定不服的,可以依法申请行政复议。这里表达了行政征收行为的可复议性。

行政征收,是指行政机关依照法律规定,出于公共利益的需要,向公民、法人或者其他组织强制性地收取非国有财产,并给予补偿的行政行为。

行政征收具有独特的法律特征:(1)处分性。行政征收是国家对公民、法人或者其他组织财产所有权的一种处分,征收的直接法律效果是导致公民、法人或者其他组织有关财产权的丧失。(2)强制性。行政征收机关实施行政征收行为,实质上是履行国家赋予的征收权,这种权力具有强制他人服从的效力。(3)补偿性。国家征收私人财产的,必须依法补偿。(4)法定性。由于征收的法律效果是直接剥夺公民合法的私有财产权,而公民的私有财产是受宪法和法律保护的,因而,行政征收属于"法律保留",[19]没有全国人大及其常委会的法律依据不得实施征收。

我国的行政征收包括土地征收、房屋征收和其他财产征收等。它们都是可复议的行政行为,除非法律另有排除性规定。

(六)不服行政征用行为

《行政复议法》(2023)第11条第5项规定,公民、法人或者其他组织对行政机关作出的征用决定不服的,可以依法申请行政复议。这里表达了行政征用行为的可复议性。

行政征用有着和行政征收相同的理论基础、基本原则和适用条件,所以我国宪法和法律常常对它们作一并规定。但是,行政征用毕竟是一种独立的行政行为,它与行政征收还是存在一定的区别。《民法典》(2020)第245条终于对行政征用作了单独的规定:"因抢险救灾、疫情防控等紧急需要,依照法律规定的权限和程序可以征用组织、个人的不动产或者动产。被征用的不动产或者动产使用后,应当返还被征用人。组织、个人的不动产或者动产被征用或者征用后毁损、灭失的,应当给予补偿。"这是确立行政征用概念和特征的法律依据。根据这一规定,行政征用特指:政府出于抢险救灾、疫情防控等紧急需要,依照法律规定强制性地使用非国有单位和个人的财产(包括不动产和动产)并给予补偿的行政法制度。行政征用的核心是行政征用决定。它是一种独立的负担行政行为。

行政征用除了和行政征收共有的财产性、私人性、负担性、强制性、公益性、法定性、补偿性之外,还具有行政征用本身特有的紧急性、使用性、返还性和短期性。行政征用出于公共利益的需要还不够,还必须出于抢险救灾、疫情防控等紧急需要。行政征用不是政府处分私人财产的所有权,而只是在短时间内强制性地使用私人财产。行政征用不是对私人财产所有权的剥夺,而仅仅是对财产使用权短期内的转移。在征用期间,只有政府可以使用该财产,原财产所

---

〔19〕 我国《立法法》(2023)第11条在规定必须由法律规定的11项保留事项中将"对非国有财产的征收"纳入其中。

有人无法使用该财产。这些都是行政征用与行政征收的主要区别。

行政征用发生在对交通工具与通讯设备的征用,对房屋、场地与设施的征用,对劳力的征用和对其他财产的征用上等。当事人对征用行为或征用决定不服的,都有权申请行政复议。

(七)不服行政补偿行为

《行政复议法》(2023)第11条第5项规定,公民、法人或者其他组织对行政机关作出的补偿决定不服的,可以依法申请行政复议。这里表达了行政补偿行为的可复议性。

行政补偿往往是作为一种行政征收征用的结果制度而存在的。因为行政补偿往往由行政征收征用所引起。行政补偿是行政主体基于社会公共利益的需要,在管理国家和社会公共事务的过程中,因合法行使公权力的行为以及该行为的附随效果而致使相对人的合法财产及合法权益遭受特别损害,以公平原则并通过正当程序对所遭受的损害给予补偿的法律制度。为此,行政补偿又可称行政损失补偿。

行政补偿必须以合法的行政行为为前提,违法行政行为所引起的是赔偿而不是补偿。行政补偿以无义务的特定人受到特别损失为要件。行政补偿还以损害的实际存在为基础,并且损失的发生必须与合法的行政行为有因果关系。行政补偿是国家通过行政主体对行政相对人的补偿而不是后者对前者的补偿。

我国的行政补偿具有广泛的适用性,包括对国有土地使用权征用的补偿,对国有土地上房屋征收的补偿,对集体土地所有权及附属物征收的补偿,对集体土地使用权收回的补偿,对其他不动产、动产征收征用的补偿,还有特殊项目的补偿。行政补偿既是一种责任制度,也是一种行政行为。行政补偿协议属于行政合同,行政主体作出的行政补偿决定是一种行政决定,它们都属于可复议的范围。

(八)不服行政赔偿行为

《行政复议法》(2023)第11条第6项规定,公民、法人或者其他组织“对行政机关作出的赔偿决定或者不予赔偿决定不服”的,可以依法申请行政复议。这里表达了行政赔偿行为的可复议性。

行政赔偿与行政补偿是行政主体弥补行政相对人财产权益的两种方式,是两种相互对应的行政法上的责任制度。行政赔偿以行政行为违法为前提,行政补偿以行政行为合法为前提。

行政赔偿系指行政机关及其工作人员违法行使行政职权,侵犯行政相对人的合法权益并造成损害,而依法必须承担的赔偿责任。根据《国家赔偿法》(2012)第3条、第4条的规定,行政机关及其工作人员在行使行政职权时侵犯公民人身权、财产权的,受害人有权取得赔偿。

就程序而言,《国家赔偿法》(2012)第9条规定,行政赔偿必须由当事人先向行政赔偿义务机关提出申请,或者在申请行政复议或者提起行政诉讼时一并提出。但是,如果当事人向行政赔偿义务机关提出申请后,行政赔偿义务机关拒绝赔偿或者当事人对行政赔偿义务机关作出的赔偿决定不服的,当事人便可申请行政复议。

(九)不服工伤认定行为

《行政复议法》(2023)第11条第7项规定,公民、法人或者其他组织“对行政机关作出的不予受理工伤认定申请的决定或者工伤认定结论不服”的,可以依法申请行政复议。这里表达了工伤认定行为的可复议性。

工伤认定是劳动行政部门依据法律的授权对职工因事故伤害（或者患职业病）是否属于工伤或者视同工伤给予定性的行政确认行为。工伤认定的法律依据是《劳动法》《社会保险法》《工伤保险条例》。工伤认定申请由职工所在单位提出；用人单位未按前款规定提出工伤认定申请的，工伤职工或者其近亲属、工会组织也可依法向用人单位所在地统筹地区社会保险的行政部门提出工伤认定申请。被认定为工伤或者视作工伤的，依照《工伤保险条例》的有关规定享受工伤保险待遇。劳动行政部门对工伤进行认定，属于可复议的行政确认行为。

在下列情形下，当事人都可以劳动行政部门为被申请人，申请行政复议：（1）当事人申请工伤认定，劳动行政部门不予受理的；（2）当事人对劳动行政部门作出的工伤认定结论不服的；（3）劳动行政部门对工伤认定作出相关其他的决定，当事人认定侵害其合法权益的。

（十）认为侵犯其经营自主权、农村土地经营权

《行政复议法》第 11 条第 8 项规定，公民、法人或者其他组织“认为行政机关侵犯其经营自主权或者农村土地承包经营权、农村土地经营权”的，可以依法申请行政复议。这里表达了行政复议对经营自主权、农村土地承包经营权、农村土地经营权的特别保护。

经营自主权是企业、个体经营者等经济组织，依法享有的调配使用自己的人力、物力、财力，自主决定投资、组织生产经营、确定价格等经济活动的权利。根据《全民所有制工业企业法》(2009)、《城镇集体所有制企业条例》(2016)等规定，经营自主权通常包括三个方面：（1）人事权；（2）财产权；（3）经营权。这三者缺一不可，三者的结合构成了完整的经营自主权。中国特色社会主义市场经济体制已经确立，各类市场主体依据公司法和企业法，享有广泛的经营自主权。除法律、法规对投资领域、商品价格等事项有明确规定外，行政机关不得干预其生产经营；如果干预，市场主体可以申请行政复议。

农村土地承包经营权，是农村集体经济组织的成员或者其他承包经营人，依法对其承包的土地享有的自主经营、流转、收益的权利。这是对土地承包者本人的承包权（如不得提前收回承包权）和经营权（土地承包者有权经营他所承包的土地）的法律保护。农村土地承包经营一般采取承包合同的方式，由土地的发包方与承包方之间，约定双方的权利义务。作为农村集体经营组织的发包方与作为承包方的农户或者其他经营人之间的合同关系，政府机关及其工作人员不得干预。如有以行政权干涉农村土地承包，变更、解除承包合同，或者强迫、阻碍承包方进行土地承包经营权流转的，相关当事人都有权申请行政复议。

农村土地经营权是从农村土地承包经营权中分离出的一项权能，基本原理是承包农户将其承包的土地流转出去、由其他组织或者个人经营，其他组织或者个人可以在此土地上进行依法经营。行政诉讼法对这一权利的规定，本质上是为了保护农村土地流转关系。农村土地流转，是指农村家庭承包的土地通过合法的形式保留承包权，将经营权转让给其他农户或者其他经济组织的行为。《农村土地经营权流转管理办法》(2021)规定，承包方依法取得的农村土地承包经营权可以采取转包、出租、互换、转让或者其他符合有关法律和国家政策规定的方式流转，明确规定“任何组织和个人不得强迫或者阻碍承包方流转土地经营权。”公民、法人或者其他组织认为行政行为侵犯经营自主权的，有权申请行政复议。

（十一）认为滥用行政权力排除、限制竞争

《行政复议法》(2023)第 11 条第 9 项规定，公民、法人或者其他组织“认为行政机关滥用行政权力排除或者限制竞争”的，可以依法申请行政复议。这里表达了行政复议对公平竞争权的

特别保护。

我国行政诉讼制度早已对行政机关侵害公平竞争权的可诉性作出规定,但是写进《行政复议法》还是第一次。这是对当事人在市场中公平竞争权的保护,是对行政机关滥用行政权力干预公平竞争权的阻却。公平竞争权是指经营者在市场经营过程中,依据竞争法所享有的要求其他经营者及相关主体进行公平竞争,以保障和实现经营者合法竞争利益的权利。我国《反垄断法》(2022)第10条规定:"行政机关和法律、法规授权的具有管理公共事务职能的组织不得滥用行政权力,排除、限制竞争。"该法还专设第五章"滥用行政权力排除、限制竞争",明文禁止行政机关各类排除、限制竞争的行为。《反不正当竞争法》(2019)第3条规定:"各级人民政府应当采取措施,制止不正当竞争行为,为公平竞争创造良好的环境和条件。国务院建立反不正当竞争工作协调机制,研究决定反不正当竞争重大政策,协调处理维护市场竞争秩序的重大问题。"这次修订使得《行政复议法》与《反垄断法》《反不正当竞争法》实现了无缝对接。

(十二)认为违法要求履行人力财力上的义务

《行政复议法》(2023)第11条第10项规定,公民、法人或者其他组织"认为行政机关违法集资、摊派费用或者违法要求履行其他义务"的,可以依法申请行政复议。这是对违法要求履行行为的阻却。

《行政复议法》(1999)对本项就有规定,是针对行政机关的"三乱"行为而设置的。"三乱",系指行政机关针对企业或者个人乱集资、乱摊派、乱收费。所谓乱集资、乱摊派、乱收费,系指行政机关无法律依据或者违反法律规定向企业或者个人实施集资、摊派和收费行为。这种行为从本质上说,都属于违法要求公民、法人或者其他组织履行义务。

在一个法治国家,公民既享受权利,同时必须承担和履行义务。公务的义务是依法设定的,如服兵役的义务、纳税的义务、遵守交通规则的义务等,都必须由法律、法规或者规章设定,并由政府和司法机关监督实施。

违法要求公民履行义务,要作广义理解,它应当包括两种情况:一是要求公民、法人或者其他组织承担一种无法律依据的义务。如行政机关向个人乱集资,公民本身就没有参加集资的义务。二是违法要求公民、法人或者其他组织履行义务。这是指公民从法律上讲是存在这种义务的,如纳税,但行政机关违反法律规定(包括标准、程序等)要求公民履行该义务,如要求企业预交三年的税。这里的"义务",既可以指财产上的义务,如乱集资、乱摊派、乱收费;也可以指人身上的义务,如对公民摊工,即要求派人无偿参加行政机关指定的劳务。违法要求公民履行义务,直接侵害了公民的人身权、财产权等合法权益,当事人自然有权申请行政复议。

(十三)认为不履行法定职责

《行政复议法》(2023)第11条第11项规定,公民、法人或者其他组织"申请行政机关履行保护人身权利、财产权利、受教育权利等合法权益的法定职责,行政机关拒绝履行、未依法履行或者不予答复"的,可以依法申请行政复议。这是对行政机关不履行法定职责的有效监督。

行政机关不履行法定职责是一种不作为的行政违法行为。《行政复议法》(2023)第11条第11项所规定的行政违法,具有以下法律特征:(1)作为义务。特定的行政机关及其工作人员具有特定的作为义务,这是行政不作为的前提。行政不作为是违反作为义务而不是违反不作为义务,所以无作为义务就不会构成行政不作为。(2)不作为形态。行政不作为是一种"不作为"样态的行政违法。它表现为具有作为义务的行政机关及其工作人员拒绝履行或者拖延履行作为义务。如人民警察接到110报警拒不出警,行政许可机关超过期限仍不作许可决定,都属于这类违法。(3)权利保护。这种违法主要是针对相对人的人身权利、财产权利、受教育权利等合法权益的保护。《行政复议法》(2017)的规定只是对人身权、财产权、受教育权三种权利的保护,2023年的修订加了一个"等"字,将保护权利的范围大大扩展。(4)限于依申请行为。行政行为有依申请行为与依职权行为之分。这两种行为中都可能发生行政机关的不作为,但《行政复议法》(2023)的本项规定,只指依申请行为。

公民、法人或者其他组织针对这类行为申请行政复议的,主要适用于以下几种情形:(1)当事人申请行政机关履行保护人身权利、财产权利、受教育权利等合法权益的法定职责,行政机关拒绝履行的。如公民遭受他人殴打,向110报警,但公安机关拒不出警的。(2)当事人申请行政机关履行保护人身权利、财产权利、受教育权利等合法权益的法定职责,行政机关未按照法定标准和要求履行职责的。如教育行政部门安排小孩入学未遵循"就近原则"的。(3)当事人申请行政机关履行保护人身权利、财产权利、受教育权利等合法权益的法定职责,行政机关拖延履行职责。就是说,虽然行政机关最终履行了职责,但远超过法定期限。(4)当事人申请行政机关履行保护人身权利、财产权利、受教育权利等合法权益的法定职责,行政机关不予答复的。

(十四)不服行政给付行为

《行政复议法》(2023)第11条第12项规定,公民、法人或者其他组织"申请行政机关依法给付抚恤金、社会保险待遇或者最低生活保障等社会保障,行政机关没有依法给付"的,可以依法申请行政复议。这里表达了行政给付行为的可复议性。

行政给付行为,系指行政主体根据相对人的申请,依据有关法律,考虑相对人的具体条件,而决定无偿给予一定财产利益的行政行为。它是行政行为的一种形态。依法给付抚恤金、社会保险待遇或者最低生活保障等社会保障,都是行政给付行为的体现。

抚恤金,是指军人和其他公民因公致残或者死亡后,由民政部门发给其本人或者亲属的生活费用。抚恤金分为死亡抚恤金与残疾抚恤金。公民认为符合条件应当发给抚恤金,而行政机关拒不发给,或者没有按照法律规定标准或者程序发给的,有权申请行政复议。

社会保险待遇,是公民在年老、疾病、工伤、失业、生育等情况下,由国家和社会提供的物质帮助。《社会保险法》(2018)规定,国家建立基本养老保险、基本医疗保险、工伤保险、失业保险和生育保险制度,社会保险机构不支付社会保险待遇的,当事人可以申请行政复议。除此之外,按照社会保险法的规定,用人单位或者个人认为社会保险经办机构征收、核定社会保险费和不办理社会保险登记、社会保险转移接续手续等行为侵犯其社会保险权益的,也可以申请行政复议。

最低生活保障是由国务院《城市居民最低生活保障条例》(1999)和《社会救助暂行办法》(2019)所确立的社会保障待遇。该待遇是国家对共同生活的家庭成员人均收入低于当地生活保障标准的家庭给予社会救助,以满足低收入家庭维持其基本的生活需要。最低生活保障待遇主要是按照家庭成员人均收入低于当地最低生活保障标准的差额,按月发给。公民认为符合条件应当提供最低生活保障待遇,而行政机关拒绝提供,或者没有按规定标准或者程序提供的,同样有权申请行政复议。

(十五)不服行政协议行为

《行政复议法》(2023)第11条第13项规定,公民、法人或者其他组织“认为行政机关不依法订立、不依法履行、未按照约定履行或者违法变更、解除政府特许经营协议、土地房屋征收补偿协议等行政协议”的,可以依法申请行政复议。这次修订,行政复议法首次明确了行政协议行为的可复议性。

行政协议系指行政机关为了实现行政管理目的,与公民、法人或者其他组织经双方协商一致所达成的,能够形成、变更或消灭相对人行政法权利义务关系的合意。它包括政府特许经营协议,土地、房屋等征收补偿协议,土地、房屋等征用补偿协议,矿业权等国有自然资源使用权出让协议,政府投资的保障性住房的租赁、买卖等协议,政府与社会资本合作协议等等。

对于行政协议的下列情形,公民、法人或者其他组织可以依法申请行政复议:(1)认为行政机关不依法订立行政协议;(2)认为行政机关不依法履行行政协议;(3)认为行政机关未按照约定履行行政协议;(4)行政单方变更或解除行政协议等等。将行政机关的行政协议行为纳入行政复议范围,有力保护了行政相对人在行政协议中所享有的合法权益。

(十六)不服政府信息公开行为

《行政复议法》第11条第14项规定,公民、法人或者其他组织“认为行政机关在政府信息公开工作中侵犯其合法权益”的,可以依法申请行政复议。这体现了行政复议法对公民知情权和信息权的特别保护。

政府信息是指行政机关在履行职责过程中制作或者获取的,以一定形式记录、保存的信息。行政机关负有依法公开政府信息的义务,这体现为对公民、法人或者其他组织知情权的保护。我国《政府信息公开条例》(2019)第5条规定:“行政机关公开政府信息,应当坚持以公开为常态、不公开为例外,遵循公正、公平、合法、便民的原则。”首次确立“以公开为常态、不公开为例外”原则,这在我国政府信息公开的立法史上具有宣示的意义。这次行政复议法的修订,首次规定公民、法人或者其他组织“认为行政机关在政府信息公开工作中侵犯其合法权益”,可以依法申请行政复议。这里的复议受理范围,既包括行政机关应当公开而不公开政府信息,也包括不应当公开而擅自公开政府信息从而侵犯第三人合法权益的行为。

(十七)不服其他行政行为

《行政复议法》(2023)第11条第15项规定,公民、法人或者其他组织“认为行政机关的其他行政行为侵犯其合法权益”的,可以依法申请行政复议。这是一个兜底条款。

《行政复议法》(2023)第11条所列举的从第1项到第14项,都针对一类行政行为,但显然没有穷尽所有的行政行为。这一兜底条款表明,只要是行政行为并且相对人认为它侵害了其合法权益的,都有权申请行政复议,除非法律另有特别规定。可见,我国公民、法人或者其他组织受行政复议保护的权益具有广泛性。

三、行政复议的否定范围

如果说《行政复议法》(2023)第11条是对行政复议肯定范围的规定,那么第12条则是对行政复议否定范围的规定。根据第12条[20]规定，下列行为和事项不属于行政复议的范围。

(一)国防、外交等国家行为

“国家行为”不能从字面上理解为“国家机关作出的行为”。其在宪法和行政法上特指涉及重大国家利益，具有很强的政治性，因而被排除在司法审查对象之外的统治行为。在我国，国家行为是指全国人大及其常委会、国家主席、国务院、中央军事委员会、国防部、外交部等根据宪法和法律的授权，以国家机关的名义实施的有关国防、外交事务的行为，宣布紧急状态、实施戒严和总动员，驻军和军事等行为。国家行为包括：

1. 国防行为。国防行为是指国家为了防备和抵抗侵略、制止武装颠覆，保卫国家的主权、领土完整和安全所进行的军事活动，具体指国家主席、国务院、中央军事委员会、国防部、外交部等根据宪法和法律的授权，以国家的名义实施的有关宣战、应战、发布动员令、宣布战争状态，调动军队、驻军、设立军事禁区等军事行为。

2. 外交行为。外交行为是指国家之间或者国家与国际组织之间发生的政治交往行为，在我国是指国家主席、国务院、中央军事委员会、国防部、外交部等根据宪法和法律的授权，以国家的名义实施的有关外交的活动，主要指对外国国家和政府的承认、建交、断交、缔结条约、公约和协定等。

3. 宣布紧急状态和实施戒严。根据《宪法》和《突发事件应对法》的规定，当发生特别重大突发事件，对人民生命财产安全、国家安全、公共安全、环境安全或者社会秩序构成重大威胁，由全国人民代表大会常务委员会或者国务院依照宪法和其他有关法律规定的权限和程序决定进入的一种非常态。[21] 在紧急状态里，国家和政府可以依法采取非常措施。戒严，也称警戒，是指在发生严重危及国家的统一、安全或者社会公共安全的动乱、暴乱或者严重骚乱，不采取非常措施不足以维护社会秩序、保护人民的生命和财产安全的紧急状态时，国家依法采取的一种紧急措施。[22] 其法律依据是《戒严法》，由全国人大常委会于1996年制定。

4. 其他国家行为。国家行为涉及国家主权和利益，享受司法豁免乃是国际上的惯例。所以，国家行为不适用行政复议。

(二)行政法规

行政法规是指国务院为领导和管理国家各项行政工作，根据宪法法律，或者依据全国人大及其常委会的授权，又或者依职权所制定的有关政治、经济、教育、科技、文化、外事等各类法规的总称。

---

[20] 《行政复议法》(2023)第12条规定：“下列事项不属于行政复议范围：(一)国防、外交等国家行为；(二)行政法规、规章或者行政机关制定、发布的具有普遍约束力的决定、命令等规范性文件；(三)行政机关对行政机关工作人员的奖惩、任免等决定；(四)行政机关对民事纠纷作出的调解。”

[21] 《宪法》(2018)第67条规定，全国人大常委会“决定全国或者个别省、自治区、直辖市进入紧急状态”。第80条又规定，由国家主席根据全国人大和全国人大常委会的决定，“宣布进入紧急状态”。第89条还规定，国务院“依照法律规定决定省、自治区、直辖市的范围内部分地区进入紧急状态”。这说明，决定和宣布进入紧急状态是一项宪法权力。全国或者个别省、自治区、直辖市进入紧急状态的，得由全国人大及其常委会决定、国家主席宣布；省、自治区、直辖市的范围内部分地区进入紧急状态的，由国务院依照法律规定决定和宣布。

[22] 戒严的决定权和宣布权，法律有特别规定。《戒严法》(1996)第3条规定，全国或者个别省、自治区、直辖市的戒严，由国务院提请全国人大常委会决定，由国家主席根据全国人大常委会的决定发布戒严令；省、自治区、直辖市的范围内部分地区的戒严，由国务院决定，国务院总理发布戒严令。

《立法法》(2023)第72条第2款规定,行政法规可以就下列事项作出规定:(1)为执行法律的规定需要制定行政法规的事项;(2)《宪法》第89条规定的国务院行政管理职权的事项。此外,国务院得到全国人民代表大会及其常务委员会的授权,可以作有关授权立法。行政法规由国务院制定并以国务院令发布,这是行政法规区别于其他法规或者规章的形式标志。《行政法规制定程序条例》(2017)第5条规定,行政法规的名称一般称"条例",也可以称"规定""办法"等。国务院根据全国人民代表大会及其常务委员会的授权决定制定的行政法规,称"暂行条例"或者"暂行规定"。国务院各部门和地方人民政府制定的规章不得称"条例"。

国务院是国家最高行政机关,是全国行政管理的最高指挥机关。制定行政法规是国务院领导全国行政工作的一种有效手段。行政法规是我国法律的重要形式和渊源,是国家治理和社会治理的重要依据,是行政行为的主要依据。它之所以不适用行政复议,是因为它是一种抽象的规则,不直接涉及特定相对人的权利与义务。公民、法人或者其他组织认为行政法规不符合宪法和法律的,可以通过合宪性审理和合法性审查予以解决。

(三)行政规章

行政规章也称政府规章是有关国家行政机关依据法律、法规,在职权范围内制定的具有普遍约束力的规范性文件。规章可以分为国务院部门规章和地方人民政府规章。

《宪法》(2018)第90条第2款[23]、《立法法》(2023)第91条第1款[24]规定,国务院各部、委员会、中国人民银行、审计署和具有行政管理职能的直属机构以及法律规定的机构,可以根据法律和国务院的行政法规、决定、命令,在本部门的权限范围内,制定规章。部门规章规定的事项应当属于执行法律或者国务院的行政法规、决定、命令的事项。没有法律或者国务院的行政法规、决定、命令的依据,部门规章不得设定减损公民、法人和其他组织权利或者增加其义务的规范,不得增加本部门的权力或者减少本部门的法定职责。部门规章应当经部务会议或者委员会会议决定,并由部门首长签署命令予以公布。

根据《立法法》等有关法律的规定[25],地方人民政府规章包括:(1)省、自治区、直辖市人民政府制定的规章;(2)经济特区所在地的市人民政府制定的规章;(3)设区的市人民政府制定的规章;(4)自治州人民政府制定的规章。与部门规章类似,没有法律、行政法规、地方性法规的依据,地方政府规章不得设定减损公民、法人和其他组织权利或者增加其义务的规范。地方政府规章应当经政府常务会议或者全体会议决定,并由省长、自治区主席、市长或者自治州州长签署命令予以公布。

行政规章也是行政机关行政执法的依据,但它不属于行政复议的对象。公民、法人或者其

---

[23] 《宪法》(2018)第90条第2款规定:"各部、各委员会根据法律和国务院的行政法规、决定、命令,在本部门的权限内,发布命令、指示和规章。"

[24] 《立法法》(2023)第91条第1款规定:"国务院各部、委员会、中国人民银行、审计署和具有行政管理职能的直属机构以及法律规定的机构,可以根据法律和国务院的行政法规、决定、命令,在本部门的权限范围内,制定规章。"

[25] 这些依据包括:《立法法》(2023)第93条第1款,《地方各级人民代表大会和地方各级人民政府组织法》(2022)第74条,以及全国人民代表大会常务委员会《关于授权深圳市人民代表大会及其常务委员会和深圳市人民政府分别制定法规和规章在深圳经济特区实施的决定》(1992年),全国人民代表大会《关于授权厦门市人民代表大会及其常务委员会和厦门市人民政府分别制定法规和规章在厦门经济特区实施的决定》(1994年),全国人民代表大会《关于授权汕头市和珠海市人民代表大会及其常务委员会、人民政府分别制定法规和规章在各自的经济特区实施的决定》(1996年)等规定。

他组织对政府规章有不同意见的,应当向制定机关提出,或者通过备案登记审查程序反映。

(四)行政规范性文件

行政规范性文件,也称行政规定,属于抽象行政行为。根据国务院办公厅《关于加强行政规范性文件制定和监督管理工作的通知》(国办发〔2018〕37号)和《关于全面推行行政规范性文件合法性审核机制的指导意见》(国办发〔2018〕115号)的规定和解释,行政规范性文件是除国务院的行政法规、决定、命令以及部门规章和地方政府规章外,由行政机关或者经法律、法规授权的具有管理公共事务职能的组织依照法定权限、程序制定并公开发布,涉及公民、法人和其他组织权利义务,具有普遍约束力,在一定期限内反复适用的公文。

公民、法人或者其他组织如果对行政规范性文件的内容有异议,不得针对行政规范性文件申请复议,但可以向制定机关或者制定机关的上级机关提出意见和建议。还有,如果某一行政行为是依据行政规范性文件作出的,当公民、法人或者其他组织对行政行为申请复议时,可以附带提出对行政规范性文件进行合法性审查。

(五)对行政机关工作人员奖惩、任免等行为

《行政复议法》(2023)第12条第3项规定"行政机关对行政机关工作人员的奖惩、任免等决定"不属于行政复议范围,与《行政诉讼法》(2017)第13条第3项规定"行政机关对行政机关工作人员的奖惩、任免等决定"不属于行政诉讼的范围是完全一致的。

"行政机关对行政机关工作人员的奖惩、任免等决定"属于行政机关的人事管理行为。最高人民法院《关于适用〈中华人民共和国行政诉讼法〉的解释》(法释〔2018〕1号)第2条第3款将这一决定解释为"行政机关作出的涉及行政机关工作人员公务员权利义务的决定"。

行政机关的人事管理行为不属于行政复议范围,与不属于行政诉讼范围的理论基础是相同的。一是因为行政机关与公务员之间是一种特别权力关系,而特别关系是不受一般程序调整的;二是因为行政机关人事管理行为属于内部行政行为,我国行政复议法和行政诉讼法均适用于外部行政行为。

当下,行政机关对公务员的人事管理行为,其权利救济适用《公务员法》(2018)的有关规定。

(六)行政机关对民事纠纷的调解行为

"调解"的原意是指争议当事人之外的第三人对当事人之间的纠纷进行调停、斡旋等活动。我国有人民调解、司法调解和行政调解等多种调解制度。行政调解作为政府处理社会矛盾的一种手段,是指行政机关在实施行政管理过程中,依法对与本机关行政职权有关的各类争议纠纷,以当事人自愿为原则,通过对争议当事人的说服和疏导,促使当事人平等协商、互谅互让,达成调解协议,解决争议纠纷的活动。它既包括对行政纠纷的调解,也包括对民事纠纷的调解。

行政机关对民事纠纷的调解不属于行政复议的范围。一是因为调解不具有强制性,它不属于行政行为;二是因为在权利的救济机制上,行政机关对民事关系的处理,当事人不服的原则上应当以另一当事人为被告,提起民事诉讼。我国《治安管理处罚法》(2012)第9条明文规定:"对于因民间纠纷引起的打架斗殴或者损毁他人财物等违反治安管理行为,情节较轻的,公安机关可以调解处理。经公安机关调解,当事人达成协议的,不予处罚。经调解未达成协议或

者达成协议后不履行的,公安机关应当依照本法的规定对违反治安管理行为人给予处罚,并告知当事人可以就民事争议依法向人民法院提起民事诉讼。”

四、行政复议的附带审查范围

从一定角度说,我国行政复议包括本体复议与附带复议。前者是主体性的行政复议制度,后者是附带性的行政复议制度。《行政复议法》(2023)第13条第1款规定:“公民、法人或者其他组织认为行政机关的行政行为所依据的下列规范性文件不合法,在对行政行为申请行政复议时,可以一并向行政复议机关提出对该规范性文件的附带审查申请:(一)国务院部门的规范性文件;(二)县级以上地方各级人民政府及其工作部门的规范性文件;(三)乡、镇人民政府的规范性文件;(四)法律、法规、规章授权的组织的规范性文件。”这些就是行政规范性文件,或者称为与行政决定相对应的行政规定。

(一)国务院部门的规范性文件

中华人民共和国国务院,即中央人民政府,是最高国家权力机关的执行机关,是最高国家行政机关。国务院由总理、副总理、国务委员、各部部长、各委员会主任、审计长、秘书长组成。国务院实行总理负责制。作为国务院的部门包括:外交部、国防部、国家发展和改革委员会、教育部、科学技术部、工业和信息化部、国家民族事务委员会、公安部、国家安全部、民政部、司法部、财政部、人力资源和社会保障部、自然资源部、生态环境部、住房和城乡建设部、交通运输部、水利部、农业农村部、商务部、文化和旅游部、国家卫生健康委员会、退役军人事务部、应急管理部、中国人民银行、审计署。作为制定规范性文件的国务院部门,应当还包括具有行政管理职能的直属机构,如海关总署、国家市场监督管理总局、国家体育总局、国家国际发展合作署、国家税务总局、国家广播电视总局、国家统计局、国家医疗保障局等。

上述部门和机构都是代表国务院行使国家和社会管理职能的组织,它们既可以制定部门规章,也可以制定规章以外的其他规范性文件,这些文件常常以“决定”“通知”“规定”等形式出现。针对特定公民、法人或者其他组织作出的具体决定,不属于规范性文件。

国务院部门制定的部门规章不属于行政复议的范围,但是它们制定的规章以外的其他规范性文件,属于行政复议附带审查的范围。

(二)县级以上地方人民政府及其工作部门的规范性文件

可以提起行政复议附带审查的,除了国务院部门制定的规范性文件,还包括县级以上地方人民政府及其工作部门制定的规范性文件。

县级以上的地方人民政府是地方同级人民代表大会的执行机关,是地方国家行政机关。地方各级人民政府对本级人民代表大会和它的常务委员会以及上一级国家行政机关负责并报告工作,受国务院统一领导,管理本行政区域内的各项行政工作。县级以上地方人民政府包括:省、自治区、直辖市人民政府;自治州、设区的市人民政府;县、自治县、不设区的市、市辖区人民政府。县级以上地方人民政府的工作部门,是指上述地方人民政府的工作机构,包括各厅局等。

省、自治区、直辖市人民政府,自治州、设区的市人民政府,有权制定地方政府规章;其他地方人民政府和各级地方人民政府的工作部门无权制定地方政府规章。

同理,地方政府规章不属于行政复议的范围,但是县级以上地方人民政府及其工作部门制定的规范性文件,属于行政复议附带审查的范围。

(三)乡、镇人民政府的规范性文件

乡、镇人民政府是我国基层国家行政机关,行使本行政区的行政职能。它包括乡、民族乡、镇人民政府。

乡、镇人民政府作为基层国家行政机关,它们虽然没有规章制定权,但也可在自己管辖范围内,在与法律、法规和规章不抵触的前提下,制定一些管理性的规则。这些规范性文件同样属于行政复议附带审查的范围。

(四)法律、法规、规章授权的组织的规范性文件

行政主体,是指依法拥有行政职权,能代表国家以自己的名义行使行政职权,并能独立承受行政行为效果与行政诉讼效果的组织。行政主体肩负着实施行政管理和社会管理的行政职能。我国的行政主体包括行政机关,还包括得到法律、法规、规章授权的具有公共管理职能的社会组织,如中国证券监督管理委员会、国家金融监督管理总局、中国气象局、中国残疾人联合会、行业协会(律师协会)、学校、国务院学位委员会等。

当这些社会组织以行政主体身份行使行政管理职能,制定一些社会管理性规则时,这些行政规范性文件同样属于行政复议附带审查的范围。

第三节　行政复议组织及人员

行政复议组织是行政复议机关与行政复议机构的合称。行政复议人员乃是代表行政复议组织具体从事复议工作的人员。行政复议组织与行政复议人员乃是实施行政复议的主体。《行政复议法》(2023)在第一章总则部分对行政复议组织和复议人员作出了规定,提出了要求,有力地推进了行政复议组织和复议人员的专业化、职业化。此外,第52条还增设了行政复议委员会,这构成了《行政复议法》2023年修订中的一个亮点。

一、行政复议机关

(一)行政复议机关的概念与特征

行政复议机关,是指依照《行政复议法》的规定,受理复议申请,依法对行政行为进行审查并作出决定的行政机关。行政复议机关具有独特的法律特征:

第一,行政复议机关是行政机关,其他国家机关和社会组织等不得作为行政复议机关。

第二,行政复议机关是有权行使行政复议权的行政机关,其复议权来自《行政复议法》的规定。

第三,行政复议机关是能以自己的名义行使行政复议权,并对行为后果独立承担法律责任的行政机关。

(二)行政复议机关的类别

《行政复议法》(2023)第4条第1款规定:“县级以上各级人民政府以及其他依照本法履行行政复议职责的行政机关是行政复议机关。”结合修订后法律对复议管辖体制的调整及现行体

制,行政复议机关主要包括三类[26]:

第一类是县级以上地方各级人民政府。根据《行政复议法》(2023)第4条以及第24条的规定,县级以上地方各级人民政府统一行使行政复议职责。过去地方各级人民政府的工作部门也履行行政复议职责,这一次修法对政府工作部门的相关职权予以取消。《行政复议法》(2023)第24条规定了县级以上地方各级人民政府管辖的四类行政复议案件,同时还规定了三种特殊情况:第一,除上述县级以上地方各级人民政府的管辖权外,省、自治区、直辖市人民政府同时管辖对本机关作出的行政行为不服的行政复议案件。第二,省、自治区人民政府依法设立的派出机关参照设区的市级人民政府的职责权限,管辖相关行政复议案件。第三,对县级以上地方各级人民政府工作部门依法设立的派出机构依照法律、法规、规章规定,以派出机构的名义作出的行政行为不服的行政复议案件,由本级人民政府管辖;其中,对直辖市、设区的市人民政府工作部门按照行政区划设立的派出机构作出的行政行为不服的,也可以由其所在地的人民政府管辖。

第二类是国务院部门。国务院部门管辖本部门及其派出机构、授权组织作为被申请人的行政复议案件。《行政复议法》(2023)第25条规定了国务院部门管辖的三类行政复议案件。根据法律规定,国务院有权监督其下辖各部门,按照向上一级行政机关申请复议的原则,国务院本应受理对国务院部门进行申请的案件。然而,国务院事务繁忙,是最高国家行政机关,主要任务是制定方针政策,应当从全局上处理行政事务,不宜也难以处理大量的具体行政事务,故而相对人对国务院部门的行政行为不服的,由这些机关本身复议。[27] 但《行政复议法》(2023)第26条也规定,国务院对此类复议有最终裁决权,以作为相对人对复议决定不服提起行政诉讼之外的另一个选择。

第三类是上一级主管部门。《行政复议法》(2023)第27条规定了相对人对垂直领导部门的行政行为不服,需向其上一级主管部门申请行政复议。这是因为海关、金融、外汇管理、税务等实行垂直领导的行政机关与一般的行政机关不同,这些实行垂直领导的行政机关由其垂直领导的性质所决定,只受其上级主管部门的领导,不受地方人民政府的领导。而行政复议作为行政机关内部自我纠正错误的一种监督机制,只有有领导与被领导关系的行政机关,才会存在对具体行政行为进行行政复议的可能,上一级行政机关才有权撤销或者变更下一级行政机关的具体行政行为。此外,国家安全机关也不同于一般的国家行政机关,其行政职权的行使通常涉及国家秘密。[28] 综上,《行政复议法》对特殊行政机关或部门的行政复议机关规定为上一级主管部门。

(三)行政复议机关的职责

《行政复议法》(2023)第3条第2款规定:“行政复议机关履行行政复议职责,应当遵循合法、公正、公开、高效、便民、为民的原则,坚持有错必纠,保障法律、法规的正确实施。”第4条第3款又规定:“行政复议机关应当加强行政复议工作,支持和保障行政复议机构依法履行职责。”这就表明,行政复议机关具有下列职责:

第一,保障行政复议遵循合法、公正、公开、高效、便民、为民的原则。做到行政复议决定的

---

[26] 金承波:《行政复议机关的类别》,载胡建淼主编:《行政复议法教程》,人民出版社2023年版,第90~92页。

[27] 王周户主编:《行政法与行政诉讼法教程》,中国政法大学出版社2013年版,第209页。

[28] 姜明安、李洪雷主编:《行政法与行政诉讼法教学案例》,法律出版社2004年版,第153页。

合法性和合理性,做到方式上的公正、公开,做到程序上的高效、便民,始终体现以人民为中心,行政复议机关应当负主体责任。

第二,坚持有错必纠,保障法律、法规的正确实施。行政复议机关要严格把关,对于违法行政行为、不当行政行为要坚持纠正,确保《行政复议法》和其他法律、法规的正确实施。

第三,支持和保障行政复议机构依法履行职责。行政复议机构是指行政复议机关内具体承办行政复议案件的机构。行政复议机关应当从工作上、制度上、物质上支持和保障行政复议机构依法履行职责。

二、行政复议机构

《行政复议法》(2023)第4条第2款第1句规定:"行政复议机关办理行政复议事项的机构是行政复议机构。"这倒过来说就是,行政复议机构是指行政复议机关内具体办理行政复议案件的组织。它在各级人民政府内一般是本级的司法行政部门,如司法部、司法厅、司法局等;在政府工作部门内则是法制司、法制处、法制科等。

行政复议机构应当以行政复议机关的名义行使行政复议权,特别是对外作出的行政复议决定,对于《行政复议法》明确表达为行政复议机构职责的,可以以行政复议机构的名义作出行为,如发送复议通知等。根据《行政复议法》的有关规定,行政复议机构具有以下职责:(1)指定行政复议人员负责办理行政复议案件;(2)审查和受理行政复议的申请;(3)向有关组织和人员调查取证,查阅文件和资料;(4)具体审查被申请复议的行政行为是否合法、适当,并拟定行政复议决定;(5)具体组织行政复议中的有关程序工作,如组织听证、发送通知等;(6)当行政复议机关成为复议中的被申请人或者诉讼中的被告时,办理行政复议机关的行政应诉事项;(7)上级行政复议机构对下级行政复议机构的行政复议工作进行指导、监督;(8)国务院行政复议机构可以发布行政复议指导性案例;(9)法律、法规对行政复议机构规定的其他职责。

三、行政复议人员

行政复议人员系指以行政复议组织名义具体从事行政复议工作的人员。行政复议组织是一个抽象的组织体,它的意志和工作都是通过具体的行政复议人员来进行的。行政复议人员的素质、能力、水平就代表了行政复议组织,最终代表了我国行政复议的水平。所以,如何规制行政复议人员,乃是《行政复议法》的一项重要任务。

鉴于行政复议工作的重要性和专业性,行政复议人员的专业化和职业化便成为我们改革的方向。《行政复议法》(2023)第6条第1款规定:"国家建立专业化、职业化行政复议人员队伍。"所谓专业化,就是要求专业知识结构上的对应性,让行政复议人员成为"专家"而不是"外行";所谓职业化,就是要求行政复议人员在该岗位上具有"固定性"。为此,《行政复议法》(2023)对行政复议人员首次提出了从业资格要求。

《行政复议法》(2023)第6条第2款规定:"行政复议机构中初次从事行政复议工作的人员,应当通过国家统一法律职业资格考试取得法律职业资格,并参加统一职前培训。"这就意味着:

第一,对行政复议人员实行从业资格制度。从业资格系指从事某项职业必须事先取得特定资格的法律制度。从业人员必须以事先获得对应从业资格为前提。从业资格制度本质上是行政许可制度。这里的从业资格就是法律职业资格。截至目前,《法官法》《检察官法》《行政处罚法》等法律也对初次从业人员规定了从业资格要求。

第二,行政复议人员应当通过国家统一法律职业资格考试取得法律职业资格。行政复议人员取得法律职业资格的途径是通过国家统一法律职业资格考试。法律职业资格考试系指国家统一组织的选拔合格法律职业人才的国家考试,根据《国家统一法律职业资格考试实施办法》(司法部令第140号)具体实施。它适用于法官、检察官、律师、公证员、仲裁员以及行政执法人员和法律顾问的公务员从业等。[29]

第三,行政复议人员应当参加统一职前培训。行政复议人员在从业行政复议工作前,不仅要参加并通过国家统一法律职业资格考试取得法律职业资格,而且要参加统一的职前培训。考试与培训是两件事,但可协调推进。如可进行考前培训并进行考前辅导和学习,也可考后培训,让行政复议人员尽快熟悉工作业务。

第四,法律职业资格制度仅适用于初次从事行政复议工作的人员。考虑到历史和现实问题,对于行政复议人员的法律职业资格制度,采取“老人老办法、新人新办法”。其仅适用于“初次”从事行政复议工作的从业人员,不适用于以前已从事行政复议工作的人员。[30]

此外,《行政复议法》还要求行政复议人员对办理行政复议案件过程中知悉的国家秘密、商业秘密和个人隐私予以保密,规定不得在行政复议活动中徇私舞弊或者有其他渎职、失职行为,否则要依法追究责任。

四、行政复议委员会

行政复议委员会不属于行政复议组织,不能以自己的名义从事行政复议活动,但它是一个非常重要的复议咨询组织。在行政复议程序中设立行政复议委员会乃是《行政复议法》2023年修订中的一个新增亮点。

为解决行政复议权威性不足、公正性存疑、效果不佳等问题,我国行政复议改革较早推行了行政复议委员会制度的试点工作。[31] 2006年以后,部分国务院部门和相当一部分的地方政府已经设置了行政复议委员会。但试点工作受到较大争议,特别是关于组织定性和功能在认识上不够统一。各地复议委员会的体制、地位、作用和具体制度不尽相同,未来是否保留行政复议委员会,复议委员会如何具体运作,大家都有所疑问。[32] 2020年2月,中央全面依法治国委员会第三次会议通过的《行政复议体制改革方案》指出,探索建立政府主导,相关政府部门、专家学者参与的行政复议咨询委员会,为重大、疑难、复杂的案件提供咨询意见。2021年8月,中共中央、国务院印发《法治政府建设实施纲要(2021—2025年)》规定:“县级以上各级政府建

---

〔29〕《国家统一法律职业资格考试实施办法》(2018)第2条规定:“国家统一法律职业资格考试是国家统一组织的选拔合格法律职业人才的国家考试。初任法官、初任检察官,申请律师执业、公证员执业和初次担任法律类仲裁员,以及行政机关中初次从事行政处罚决定审核、行政复议、行政裁决、法律顾问的公务员,应当通过国家统一法律职业资格考试,取得法律职业资格。法律、行政法规另有规定的除外。”

〔30〕关于“初次”的时点,应当以《行政复议法》(2023)2024年1月1日的实施时间为准。

〔31〕2006年12月,国务院召开全国行政复议工作会议,对“有条件的地方和部门可以开展行政复议委员会的试点”作了具体部署。2008年9月,国务院法制办公室下发《关于在部分省、直辖市开展行政复议委员会试点工作的通知》(国发〔2008〕71号),北京、黑龙江、江苏、山东、河南、广东、海南、贵州8个省、直辖市开展行政复议委员会试点工作。2010年,国务院在《关于加强法治政府建设的意见》中提出“探索开展相对集中行政复议审理工作,进行行政复议委员会试点”。

〔32〕应松年:《对〈行政复议法〉修改的意见》,载《行政法学研究》2019年第2期。

立行政复议委员会,为重大、疑难、复杂的案件提供咨询意见。”这样就为行政复议制度的改革确定了方向。

《行政复议法》(2023)第 52 条规定:“县级以上各级人民政府应当建立相关政府部门、专家、学者等参与的行政复议委员会,为办理行政复议案件提供咨询意见,并就行政复议工作中的重大事项和共性问题研究提出意见。行政复议委员会的组成和开展工作的具体办法,由国务院行政复议机构制定。审理行政复议案件涉及下列情形之一的,行政复议机构应当提请行政复议委员会提出咨询意见:(一)案情重大、疑难、复杂;(二)专业性、技术性较强;(三)本法第二十四条第二款规定的行政复议案件;(四)行政复议机构认为有必要。行政复议机构应当记录行政复议委员会的咨询意见。”第 61 条第 3 款又规定:“提请行政复议委员会提出咨询意见的行政复议案件,行政复议机关应当将咨询意见作为作出行政复议决定的重要参考依据。”

上述规定表明,行政复议委员会是指县级以上各级人民政府依据《行政复议法》建立,由相关政府部门、专家、学者等参与,为办理行政复议案件提供咨询意见的专门组织。理解和掌握这一制度,必须把握几个要点:

第一,关于行政复议委员会的建立范围。行政复议委员会必须在县级以上各级人民政府范围内建立。建立行政复议委员会既是国务院及省(直辖市、自治区)、市、县级人民政府的权力,更是它们的法定义务。

第二,关于行政复议委员会的组成人员。行政复议委员会应当由相关政府部门、专家、学者等参与。这里的“等”是“等外等”,不是“等内等”,所以,它的组成人员可以不限于上述范围,这为特殊情况的出现预留裁量空间。

第三,关于行政复议委员会的机构性质。行政复议委员会既不属于行政复议机关,也不属于行政复议机构,它是一个专门为行政复议提供咨询的专门组织。它虽然由政府组建,但它是一个具有中立性、专业性和正当性的咨询机构。

第四,关于行政复议委员会的咨询范围。行政复议委员会为办理行政复议案件提供咨询意见,这既有一定的广度,也有一定的限度。它只限于为下列行政复议案件提供咨询:(1)案情重大、疑难、复杂;(2)专业性、技术性较强;(3)省、自治区、直辖市人民政府对本机关作出行政行为的复议;(4)行政复议机构认为有必要。这四种情形是各自独立的情形,而不是必须同时发生的情形。

第五,关于行政复议委员会的咨询效力。既然行政复议委员会不是行政复议组织,而是咨询组织,那么,其所形成的咨询意见也就不具有法律约束力,只是供行政复议机构参考而已。但是,它是一个由《行政复议法》直接设定的专门组织,它的咨询意见与社会上的咨询意见不同,必须得到尊重。具体表现在:(1)行政复议机构应当记录行政复议委员会的咨询意见。无此纪录,属于违反法定程序;(2)提请行政复议委员会提出咨询意见的行政复议案件,行政复议机关应当将咨询意见作为作出行政复议决定的重要参考依据。

第四节　行政复议管辖

行政复议管辖是行政复议中的重要制度,它决定了不同行政机关之间受理行政复议案件的分工。《行政复议法》(2023)在第二章行政复议申请中专设第四节(第 24 ~ 29 条)对行政复议管辖作出了专门规定,确立了相对集中的行政复议管辖体制,分别确定了各级政府和特殊部门的管辖权限,为相对人通过行政复议化解行政争议提供了有效指引。[33]

一、行政复议管辖及体制

(一)行政复议管辖

"行政复议管辖是行政复议的制度基础。"[34]行政复议管辖简称复议管辖指不同层级、不同职能的行政机关之间受理复议案件的分工。复议管辖是确立行政机关管理行政复议案件权限和分工的制度,是行政复议制度的重要内容。

复议管辖意在解决具体某一行政复议案件由哪个行政机关行使行政复议权的问题,复议管辖的主体即行政复议机关。因此,复议管辖的本质在于确定负责审理具体案件的行政复议机关。对于相对人而言,复议管辖决定了其认为行政机关的行政行为侵犯其合法权益时,应当向哪一个行政机关提出行政复议申请。对于行政复议机关而言,复议管辖是其复议活动发生的基础,也是其复议活动合法化的前提。[35] 与此同时,复议管辖还决定了行政复议机关的行政复议权的大小,即有权审理行政复议案件的范围。

行政复议管辖的确立,一般遵循和体现三项原则:(1)符合行政机关内部的领导体制;(2)便民原则;(3)稳定性与灵活性相结合。

(二)行政复议管辖体制[36]

行政复议管辖体制是行政复议的制度基础。习近平总书记指出:"要落实行政复议体制改革方案,优化行政复议资源配置,推进相关法律法规修订工作,发挥行政复议公正高效、便民为民的制度优势和化解行政争议的主渠道作用。"[37]《行政复议法》充分落实管辖体制改革要求,优化行政复议管辖体制,着力构建起统一、科学、公正的行政复议管辖体制。

《行政复议法》(2017)的管辖体制,属于"条块结合"的行政复议管辖体制,即"条条管辖"与"块块管辖"相结合,有条件的选择管辖。除了垂直领导关系,原则上当事人既可向作出行政行为的本级人民政府,也可向上级工作部门申请复议,全由当事人选择。这种"条块结合"的管辖体制,意在充分结合"条条管辖"与"块块管辖"二者的优势,在维护相对人的合法权益、监督行政机关依法行政、实质性化解行政争议等方面都发挥了积极作用。但是,随着社会经济的发展,这种"条块结合"的管辖体制也暴露出一些问题:第一,不方便相对人找准行政复议机关[38];第二,复议资源过于分散,严重影响行政复议效能的发挥[39];第三,行政复议案件的办案标准不统一,导致"同案不同判"。

2023 年修订的《行政复议法》将"条块结合"的分散性管辖体制修改为以"块块管辖"为主、

---

[33] 本节行政复议管辖的有关内容,引用和参考了张莹莹:《行政复议管辖》,载胡建淼主编:《行政复议法教程》,人民出版社 2023 年版,第 131 ~ 155 页。

[34] 江必新主编:《中华人民共和国行政复议法条文解读与法律适用》,中国法制出版社 2023 年版,第 70 页。

[35] 张树义主编:《行政法学》(第二版),北京大学出版社 2012 年版,第 342 页。

[36] 参见张莹莹:《行政复议管辖体制》,载胡建淼主编:《行政复议法教程》,人民出版社 2023 年版,第 132 ~ 137 页。

[37] 习近平:《推进全面依法治国,发挥法治在国家治理体系和治理能力现代化中的积极作用》,载《求是》2020 年第 22 期。

[38] 王万华:《以行政复议权集中行使为基础重构行政复议体制》,载《财经法学》2015 年第 1 期。

[39] 参见周佑勇:《行政复议的主渠道作用及其制度选择》,载《法学》2021 年第 6 期。

"条条管辖"为补充的相对集中管辖体制。除垂直领导等特殊情形外,申请人对县级以上地方各级人民政府工作部门及其派出机构、授权组织等作出的行政行为不服的,统一向本级人民政府申请行政复议。这种体制的改变,便于申请人找准行政复议机关,有利于保护申请人的合法权益;有助于减少数量众多的行政复议机关与人员配备,优化行政复议资源配置,集中行政复议资源和力量,增强复议工作的专业性,有效提升行政复议的工作质量〔40〕;有助于破除部门保护主义的痼疾,遏制政府统一领导权部门化〔41〕;有利于统一办案标准,实现"同案同判",增强行政复议的公正性,发挥化解行政争议的主渠道作用。

（三）现行复议管辖体制特点和类型

现行复议管辖体制具有两个特点:

第一,相对集中管辖而非全部集中管辖。近年来,集中行政复议管辖权并以此提高行政复议人员的专业性已成为学界公认的复议改革方向。实践也证明,复议权的集中行使是有利于推进复议制度发展的。〔42〕《行政复议法》(2023)即采纳了此种集中管辖权改革方案,直接变更了《行政复议法》(2017)的复议管辖制度。与此同时,《行政复议法》(2023)也放弃了全部集中管辖的模式,而只是进行了行政复议管辖权的相对集中。全部集中管辖即全面取消政府部门的管辖权限,将分散在政府部门的行政复议管辖权集中到政府统一行使。根据《行政复议法》(2023)第二章第四节有关管辖的规定,该法只是取消了地方人民政府工作部门的复议管辖权,但仍有部分政府部门有权管辖特定的行政复议案件。〔43〕

第二,以领导隶属关系为基础。行政复议是一种行政系统内部的层级监督制度〔44〕,行政复议体现为上级行政机关对下级行政机关的监督。行政复议管辖权以行政复议的层级监督性为基础,行政复议机关与被申请人之间一般具有领导与被领导的隶属关系。这种领导隶属关系基于《宪法》(2018)和《地方各级人民代表大会和地方各级人民政府组织法》(2022)的有关规定而形成。行政复议机关之所以能管辖行政复议案件,是因为行政复议机关与被申请人之间存在行政领导隶属关系。从《行政复议法》(2023)的规定来看,除了自我管辖这类特殊情况,行政复议管辖主体均依照行政领导隶属关系而确立。例如,对于本级人民政府工作部门、下一级人民政府、本级人民政府设立的派出机关、本级人民政府管理的法律、法规、规章授权的组织作出的行政行为不服的,均由其领导者,即本级人民政府管辖。再如,对于海关、金融、外汇管理等实行垂直领导的行政机关、税务和国家安全机关的行政行为不服的,实行条条管辖,即向上一级主管部门申请行政复议。可以说,原则上,有领导关系才可能有复议管辖权,没有领导关系一般没有复议管辖权。行政复议管辖制度以领导隶属关系为基础,不仅与我国的行政管

---

〔40〕 参见刘莘、陈悦:《行政复议制度改革成效与进路分析——行政复议制度调研报告》,载《行政法学研究》2016 年第 5 期。

〔41〕 叶必丰:《行政复议机关的法律定位》,载《法学》2021 年第 5 期。

〔42〕 应松年:《对〈行政复议法〉修改的意见》,载《行政法学研究》2019 年第 2 期。

〔43〕 第一,海关、金融、外汇管理等实行垂直领导的行政机关、税务和国家安全机关有权管辖下一级部门作出的行政行为。第二,国务院部门对以下三类案件享有管辖权:一是对本部门作出的行政行为不服的;二是对本部门依法设立的派出机构依照法律、行政法规、部门规章规定,以派出机构的名义作出的行政行为不服的;三是对本部门管理的法律、行政法规、部门规章授权的组织作出的行政行为不服的。第三,对履行行政复议机构职责的地方人民政府司法行政部门的行政行为不服的,可以向上一级司法行政部门申请行政复议。

〔44〕 章志远:《行政法学总论》,北京大学出版社 2014 年版,第 363 页。

理体制相一致,也便于行政复议机关对被申请人进行充分监督,如既能审查行政行为的合法性,又能审查行政行为的合理性。[45]

现行行政复议管辖从管辖主体视角考察,包括政府管辖、政府部门管辖和和原行为机关管辖等。

二、政府管辖

政府管辖系指行政相对人不服行政机关的行政行为,由县级以上地方人民政府复议的法律制度。它是行政复议管辖中的主要管辖制度,体现了县级以上地方人民政府集中行使管辖权的改革精神。“县级以上地方各级人民政府”的管辖主体表达,本身意味着:一是不包括国务院。因为国务院是中央人民政府,是最高国家权力机关的执行机关,是最高国家行政机关,它的主要任务是通过制定法规和政策领导和管理全国的经济工作、城乡建设、生态文明建设,以及教育、科学、文化、卫生、体育、民政、公安、司法行政等工作。它不便从事行政复议工作。二是不包括乡镇人民政府。因为乡镇人民政府属于最基层的人民政府并且不设工作部门。所以它不可能具有行政复议的职能。

《行政复议法》(2023)第 24 条[46]规定,县级以上地方各级人民政府管辖下列行政复议案件:

1. 对本级人民政府工作部门作出的行政行为不服的案件。本级人民政府工作部门属于本级人民政府的组成部分,它理应受到本级人民政府的领导和监督。由本级人民政府复议其工作部门的行政行为,是符合组织法原理的。

2. 对下一级人民政府作出的行政行为不服的案件。地方人民政府上下级之间为严格的上下级领导关系,对于地方一级人民政府作出的行政行为,自然归上一级人民政府领导和管理。此外,凡是地方一级人民政府作出的行政行为,往往具有综合性、复杂性,难度较大,办理这类行政复议需要协调诸多关系。[47] 为了解决此类复议案件,宜由作出行政行为的地方人民政府的上一级人民政府作为行政复议机关。

3. 对本级人民政府依法设立的派出机关作出的行政行为不服的案件。派出机关是指县级以上地方人民政府因工作需要,经有关机关批准而在一定区域内设立的,承担该区域内各项行政事务的国家行政机关。目前主要包括三类:一是省、自治区人民政府经国务院批准设立的行政公署[48];二是县、自治县人民政府经省、自治区、直辖市人民政府批准设立的区公所[49];

---

[45] 参见王青斌、马逸鸣:《论我国行政复议管辖制度之完善》,载《浙江学刊》2013 年第 5 期。

[46] 《行政复议法》(2023)第 24 条规定:“县级以上地方各级人民政府管辖下列行政复议案件:(一)对本级人民政府工作部门作出的行政行为不服的;(二)对下一级人民政府作出的行政行为不服的;(三)对本级人民政府依法设立的派出机关作出的行政行为不服的;(四)对本级人民政府或者其工作部门管理的法律、法规、规章授权的组织作出的行政行为不服的。除前款规定外,省、自治区、直辖市人民政府同时管辖对本机关作出的行政行为不服的行政复议案件。省、自治区人民政府依法设立的派出机关参照设区的市级人民政府的职责权限,管辖相关行政复议案件。对县级以上地方各级人民政府工作部门依法设立的派出机构依照法律、法规、规章规定,以派出机构的名义作出的行政行为不服的行政复议案件,由本级人民政府管辖;其中,对直辖市、设区的市人民政府工作部门按照行政区划设立的派出机构作出的行政行为不服的,也可以由其所在地的人民政府管辖。”

[47] 参见张树义主编:《行政法学》(第二版),北京大学出版社 2012 年版,第 343 页。

[48] 如西藏自治区设立的阿里地区行政公署、黑龙江省人民政府设立的大兴安岭地区行政公署等。

[49] 如涿鹿县人民政府设立的赵家蓬区公所、泽普县设立的奎依巴格区公所等。

三是市辖区、不设区的市人民政府经上一级人民政府批准设立的街道办事处[50]。此外，目前县级以上地方各级人民政府设立的管理委员会，也属于派出机关。[51] 对于本级人民政府依法设立的派出机关而言，派出机关代表设立它的本级人民政府履行行政职能，设立和派出它的人民政府对它具有领导和监督的职能，因而对派出机关作出的行政行为不服，应当向设立这些派出机关的本级人民政府申请复议。[52]

4. 对本级人民政府或者其工作部门管理的法律、法规、规章授权的组织作出的行政行为不服的案件。法律、法规、规章授权的组织是指根据法律、法规、规章的规定行使国家权力的非行政机关的组织，如证券监督管理委员会、高校等。法律、法规、规章授权的组织具有独立的行政主体资格，根据确立行政复议机关的一般原则，对其行政行为不服的，应向其管理者、领导者申请行政复议。这类授权组织，无论是由本级人民政府管理还是由政府的工作部门管理，都应当由本级人民政府复议。

5. 对本级人民政府工作部门设立的派出机构作出的行政行为不服的案件。派出机构是指政府职能部门根据工作需要在一定区域设置的、代表该职能部门管理某项行政事务的派出工作机构。在实践中，县级以上地方各级人民政府工作部门设立派出机构的现象非常多见，如县公安局设立的派出所、县市场监督管理局设立的市场监督管理所等。派出机构与派出机关不同。派出机关可以作为独立的行政主体，但派出机构只有在法律、法规、规章授权下，在权限范围内以自己名义作出行政行为时，才是独立的行政主体。[53] 当派出机构作为行政主体作出行政行为时，由设立它的工作部门所属的人民政府进行复议。其中对于直辖市、设区的市人民政府工作部门按照行政区划设立的派出机构作出的行政行为不服的，也可以由其所在地的人民政府管辖。

除上述五类地方政府管辖的案件外，还存在一个特例，即派出机关管辖。《行政复议法》(2023)第24条第3款规定："省、自治区人民政府依法设立的派出机关参照设区的市级人民政府的职责权限，管辖相关行政复议案件。"省、自治区人民政府依法设立的派出机关是行政公署[54]，它们虽然不是一级人民政府，但在行政级别上与设区的市级人民政府相同。因此，《行政复议法》(2023)明确，省、自治区人民政府依法设立的派出机关，参照设区的市级人民政府的职责权限，管辖相关行政复议案件。这意味着，行政公署也可像设区市级人民政府，作为行政复议机关管辖下列行政复议案件：(1)对行政公署工作部门作出的行政行为不服的行政复议案件；(2)对行政公署下一级政府(县级政府)作出的行政行为不服的行政复议案件；(3)对行政公署或者其工作部门管理的法律、法规、规章授权的组织作出的行政行为不服的行政复议案件；(4)对行政公署工作部门依法设立的派出机构依照法律、法规、规章规定，以派出机构的名义作出的行政行为不服的行政复议案件。

行政复议政府管辖制度可如表27－1所示：

---

〔50〕 如瑞安市人民政府设立的安阳街道、玉海街道等，义乌市人民政府设立的福田街道、北苑街道等。

〔51〕 如北京市人民政府设立的天安门地区管理委员会、正定县人民政府设立的石家庄正定新区管理委员会等。

〔52〕 参见张树义主编：《行政法学》(第二版)，北京大学出版社2012年版，第343页。

〔53〕 例如当公安派出所依据《治安管理处罚法》(2012)作出警告、500元以下的罚款这两类行政处罚时，就可作为独立的行政主体对待。

〔54〕 如西藏自治区设立的阿里地区行政公署、黑龙江省人民政府设立的大兴安岭地区行政公署。

表 27-1 行政复议政府管辖

复议机关	管辖案件	法律依据
县级以上地方人民政府	1. 对本级人民政府工作部门作出的行政行为不服的； 2. 对下一级人民政府作出的行政行为不服的； 3. 对本级人民政府依法设立的派出机关作出的行政行为不服的； 4. 对本级人民政府或者其工作部门管理的法律、法规、规章授权的组织作出的行政行为不服的	《行政复议法》(2023)第 24 条第 1 款第 1~4 项
县级以上地方人民政府	对本级人民政府工作部门设立的派出机构作出的行政行为不服的(限于在授权范围内以自己名义作出的案件)	《行政复议法》(2023)第 24 条第 4 款
行政公署	1. 对行政公署工作部门作出的行政行为不服的； 2. 对行政公署下一级政府(县级政府)作出的行政行为不服的； 3. 对行政公署或者其工作部门管理的法律、法规、规章授权的组织作出的行政行为不服的； 4. 对行政公署工作部门依法设立的派出机构依照法律、法规、规章规定,以派出机构的名义作出的行政行为不服的	《行政复议法》(2023)第 24 条第 3 款

三、政府部门管辖

《行政复议法》2023 年的修订将行政复议管辖体制改为“以政府集中管辖为主、政府部门管辖为补充”。根据这一原则,大多数行政复议案件由一级人民政府管辖,只保留特定的部门和特定的案件由部门管辖。部门管辖系指行政相对人不服行政机关的行政行为,由人民政府的工作部门管辖的法律制度。现行部门管辖制度包括三类:一是国务院部门的管辖,二是垂直管理关系中的管辖,三是特别管理关系中的管辖。

(一)国务院部门管辖

《行政复议法》(2023)第 25 条规定:“国务院部门管辖下列行政复议案件:(一)对本部门作出的行政行为不服的;(二)对本部门依法设立的派出机构依照法律、行政法规、部门规章规定,以派出机构的名义作出的行政行为不服的;(三)对本部门管理的法律、行政法规、部门规章授权的组织作出的行政行为不服的。”这说明,下列复议案件由国务院部门管辖。

1. 对本部门作出的行政行为不服的行政复议案件。国务院部门系指国务院的组成部门,由国务院直接领导的各部、委以及中国人民银行和审计署组成。此外,广义上的国务院部门,还包括具有管理职能的直属机构。这里所述的“国务院部门”应当从广义理解。国务院的各部门不仅代表国务院制定各种政策,制定大量行政规章和行政规范性文件,同时也会作出各种具体行政行为。如果当事人对国务院部门作出的行政行为不服,应当向作出该行政行为的国务院部门,而不是向国务院申请复议。《行政复议法》(2023)之所以免除了国务院的管辖权,主要原因有三:其一,国务院作为我国的最高国家行政机关,需要承担大量重要的行政事务。如果再对国务院课以管辖行政复议案件的重任,可能影响国务院的正常工作。其二,国务院部门的层次较高,人员素质也较高,依法作出行政复议决定的概率较高。其三,即便申请人不服行政复议决定,仍有获得救济的法律渠道。[55]

这里有两个情况必须注意:一是如果行政行为由两个以上国务院部门作出,当事人申请复议时,可以向其中的一个部门申请复议,由作出行政行为的几个部门共同作出复议决定。[56]二是如果行政行为系由国务院部门管理的下属国家局[57]作出,当事人不服申请复议的,应当由该国家局管辖。[58]

2. 对本部门设立的派出机构作出的行政行为不服的行政复议案件。在实践中,国务院部门设立派出机构并不少见。例如,审计署设置了 30 个派出审计局,典型的如外交审计局、政法审计局、教育审计局等;生态环境部下设 19 个派出机构,典型的如长江流域生态环境监督管理局、华北督察局、西南核与辐射安全监督站等;商务部下设 16 个驻地方特派员办事处,如驻大连特派员办事处、驻天津特派员办事处等;自然资源部下设 16 个派出机构,如自然资源部北海局、海南测绘地理信息局、国家自然资源督察广州局等。这些派出机构具有独立的行政主体资格,其依照法律、行政法规、部门规章[59]规定,以派出机构的名义作出的行政行为,应视为派出机构自身的行为。因此,根据行政复议管辖的一般原则,对此类行政行为不服的,应以派出机构为被申请人,向派出机构的领导者、管理者或者监督者申请复议。既然此类派出机构由国务院部门管理,故此类行政行为的复议应由设立它的国务院部门管辖。

3. 对本部门管理的被授权组织作出的行政行为不服的行政复议案件。在实践中,由国务院部门管理的法律、行政法规、部门规章授权的组织亦不在少数。如国家林业和草原局、中国地质调查局均由自然资源部管理,国家烟草专卖局、国家航天局均由工业和信息化部管理,国家消防救援局、国家矿山安全监察局、中国地震局均由应急管理部管理等。根据行政职权的产生方式,行政主体可划分为职权行政主体与授权行政主体。职权行政主体即行政机关,授权行政主体即法律、法规、规章授权的组织。法律、行政法规、部门规章授权的组织具有独立的行政主体资格,其作出的行政行为应视为自己的行为。对此类行政行为不服的,应以法律、行政法规、部门规章授权的组织为被申请人提起行政复议。根据行政复议管辖的一般原则,既然这些法律、行政法规、部门规章授权的组织由国务院部门管理,其作出的行政行为理应由担任管理者的国务院部门作为行政复议机关。同样需要注意的是,能够作为此类组织授权依据的只能是法律、行政法规和部门规章,不能是地方性法规和地方政府规章。

(二)垂直管理关系中的管辖

《行政复议法》(2023)第 27 条规定:"对海关、金融、外汇管理等实行垂直领导的行政机

---

〔55〕《行政复议法》(2023)第 26 条规定,对国务院部门依照本法第 25 条第 1 项的规定作出的行政复议决定不服的,可以向人民法院提起行政诉讼;也可以向国务院申请裁决,国务院依照本法的规定作出最终裁决。

〔56〕《行政复议法实施条例》(2007)第 23 条规定:"申请人对两个以上国务院部门共同作出的具体行政行为不服的,依照行政复议法第十四条的规定,可以向其中任何一个国务院部门提出行政复议申请,由作出具体行政行为的国务院部门共同作出行政复议决定。"

〔57〕如国家粮食和物资储备局由国家发展和改革委员会管理,国家国防科技工业局由工业和信息化部管理,国家林业和草原局由自然资源部管理,国家铁路局由交通运输部管理,国家文物局由文化和旅游部管理,国家外汇管理局由中国人民银行管理等。

〔58〕国务院法制办《关于国务院部委管理的国家局的具体行政行为行政复议机关问题的复函》(国法函[2001]245 号)指出:"关于国务院部委管理的国家局的具体行政行为行政复议机关问题,按照《中华人民共和国行政复议法》第十四条的规定办理,即对部委管理的国家局的具体行政行为不服提起的行政复议申请,应当由该国家局受理。"

〔59〕需要注意的是,这里是指"法律、行政法规、部门规章",而不是指"法律、法规、规章"。

关……的行政行为不服的,向上一级主管部门申请行政复议。”

我国海关、金融、外汇管理等行政机关实行的是垂直领导关系。所谓垂直领导关系,是指某一政府的工作部门,它不受所属人民政府领导,而是直接受上一级人民政府对应的工作部门领导的法律关系。鉴于这一特殊关系,为了保证领导权、监督权与复议权的一致性,当事人对垂直领导关系中的行政机关所作行政行为不服而申请复议的,应当由其上一级主管部门管辖。例如,当事人对舟山海关所作行政行为不服的,应当申请由杭州海关复议;对杭州海关行政行为不服的,应当申请由国家海关总署复议。

需注意的是,《行政复议法》(2023)第27条对“海关、金融、外汇管理等实行垂直领导的行政机关”表达中的“等”字,属于“等外等”。这是说,以后如果在海关、金融、外汇管理机关以外有新的机关实行垂直管理的,同样适用这一复议管辖规则。

(三)特别管理关系中的管辖

《行政复议法》(2023)第27条规定:“对……税务和国家安全机关的行政行为不服的,向上一级主管部门申请行政复议。”

海关、金融、外汇管理同类机关之间属于垂直领导关系,但税务机关之间和国家安全机关之间,并不全是垂直领导关系,而是一种特殊的隶属关系。这主要是鉴于税务具有很强的专业性和国家的财政意义,国家安全机关具有高度的政治性和保密性,规定对它们的行政复议由上级主管部门管辖是应当的。

同样必须注意的是,《行政复议法》(2023)第27条没有在税务和国家安全机关之后加上“等”字,就意味着,按这类特殊关系处理的,目前和将来只限于这两种机关,除非修改法律。

行政复议政府部门管辖制度可如表27-2所示:

表27-2 行政复议政府部门管辖

复议机关	管辖案件	法律依据
国务院部门	1. 对本部门作出的行政行为不服的; 2. 对本部门设立的派出机构作出的行政行为不服的; 3. 对本部门管理的被授权组织作出的行政行为不服的	《行政复议法》(2023)第25条
上级主管部门	1. 对海关、金融、外汇管理等实行垂直领导的行政机关的行政行为不服的; 2. 对税务和国家安全机关的行政行为不服的	《行政复议法》(2023)第27条

四、原行为机关管辖

原行为机关管辖系指当事人对某行政机关作出的行政行为不服申请复议时,应当由作出该行政行为的机关管辖的法律制度。比如,当事人对北京市人民政府作出的行政行为不服,只能向北京市人民政府本身申请复议。这种制度表现为作出行政行为的机关与进行行政复议的机关是同一机关,即监督机关与被监督机关具有同一性,有“自己做自己法官”之嫌,因而,法律在设置上采取极为慎重的态度。

《行政复议法》(2023)第25条规定:“国务院部门管辖下列行政复议案件:(一)对本部门作出的行政行为不服的……”第24条第2款又规定:“除前款规定外,省、自治区、直辖市人民政府同时管辖对本机关作出的行政行为不服的行政复议案件。”根据以上规定,只有两种情况属于原行为机关管辖：一是当事人对国务院部门作出的行政行为不服的，应当向作出该行政行为的国务院部门申请复议；二是当事人对省级人民政府（省、自治区、直辖市人民政府）作出的行政行为不服的，应当向作出该行政行为的省级人民政府本身申请复议。

法律之所以作出这样的规定，是因为按正常的层级关系，相对人对国务院部门作出的行政行为不服应当申请国务院复议，对省级人民政府作出的行政行为不服也应当申请国务院复议。为了保证国务院的主要精力用于领导和管理全国的行政事务，制定行政法规和政策，不被具体的行政复议事务所侵占，特作这样的制度安排。

为了保障这种制度安排的公正性，《行政复议法》（2023）配置了一项后续制度。该法第26条规定："对省、自治区、直辖市人民政府依照本法第二十四条第二款的规定、国务院部门依照本法第二十五条第一项的规定作出的行政复议决定不服的，可以向人民法院提起行政诉讼；也可以向国务院申请裁决，国务院依照本法的规定作出最终裁决。"即当事人对这种复议决定不服的，还可获得下一步的权利救济：提起行政诉讼或者申请国务院最终裁决。

五、共同管辖与选择

（一）行政复议共同管辖

行政复议管辖以单一管辖为主，但同时也存在一定的共同管辖。共同管辖系指一个行政复议案件，两个及以上的行政机关都有管辖权的情况。在我国现行行政复议管辖制度中，只存在两种共同管辖的情况：

1. 对直辖市、设区的市人民政府工作部门按照行政区划设立的派出机构，依照法律、法规、规章规定，以派出机构的名义作出的行政行为不服的，由所属直辖市、设区的市人民政府管辖，也可由派出机构所在地的县级人民政府管辖。《行政复议法》（2023）第24条第4款规定："对县级以上地方各级人民政府工作部门依法设立的派出机构依照法律、法规、规章规定，以派出机构的名义作出的行政行为不服的行政复议案件，由本级人民政府管辖；其中，对直辖市、设区的市人民政府工作部门按照行政区划设立的派出机构作出的行政行为不服的，也可以由其所在地的人民政府管辖。"按此规定，必须把握几条：

（1）并不是所有的县级以上地方各级人民政府工作部门依法设立的派出机构，对其行政行为的不服都适用共同管辖，而只限于直辖市、设区的市人民政府工作部门设立的派出机构。

（2）直辖市、设区的市人民政府工作部门设立的派出机构只有在它依照法律、法规、规章规定，以派出机构的名义作出行政行为时才适用共同管辖。因为只有在这种状态下的派出机构才是独立的行政主体。

（3）在这种情形的共同管辖中，行政复议应当以该派出机构为被申请人，而不是以设立它的政府工作部门为被申请人。

法律之所以作此安排，主要考虑到直辖市和设区的市人民政府工作部门设立的派出机构与行政区划具有一定的对应性。设定共同管辖，方便当事人申请复议。

2. 对履行行政复议机构职责的地方人民政府司法行政部门的行政行为不服的，可以向本级人民政府申请行政复议，也可以向上一级司法行政部门申请行政复议。这是基于《行政复议法》（2023）第28条的规定。比如说，当事人对上海市司法局的行政行为不服，当事人可以向上海市人民政府申请复议，也可向司法部申请复议。这一制度的设置主要是考虑到，司法行政部门是本级人民政府的行政复议机构，它同时代表所属的人民政府行使行政复议和行政诉讼的应诉工作，由它所属的人民政府管辖，人们会担心这一制度的公正性。作为共同管辖，就意味着当事人具有复议申请上的选择权，可以避开上述担忧。

（二）共同管辖中的选择

当行政复议出现共同管辖时，应当由复议申请人选择。具体的选择方法《行政复议法》（2023）本身没有规定，有待新的《行政复议法实施条例》作出规定。但是，无论作何规定，当事人在共同管辖中选择一个哪个复议机关，这是一种自由选择权，不得剥夺和限制。

如果申请人就同一事项向两个或者两个以上有权受理的行政机关申请行政复议的，按照《行政复议法实施条例》（2007）第30条的规定办理，即由最先收到行政复议申请的行政机关受理；同时收到行政复议申请的，由收到行政复议申请的行政机关在10日内协商确定；协商不成的，由其共同上一级行政机关在10日内指定受理机关。协商确定或者指定受理机关所用时间不计入行政复议审理期限。

六、管辖的提级

行政复议管辖的提级系指由上级复议机关直接受理和处理本该由下级复议机关管辖的行政复议案件。

《行政复议法》（2023）第38条规定："上级行政复议机关根据需要，可以审理下级行政复议机关管辖的行政复议案件。下级行政复议机关对其管辖的行政复议案件，认为需要由上级行政复议机关审理的，可以报请上级行政复议机关决定。"根据这一规定，对于行政复议管辖中的提级制度应当把握以下几点：

第一，这里的提级管辖具有"单向性"，是"由下而上"而不是相反，即本该由下级行政复议机关处理的复议案件向上移交，而不是将本该由上级行政复议机关处理的案件向下移交。

第二，提级管辖可以提一级，也可以提多级。由县人民政府管辖的行政复议案件，可以提级至市人民政府，也可以提级至省人民政府。

第三，提级管辖原则上应当限于同类复议机关之间，不适用异类复议机关之间。就是说，提级只能在发生于上下级的政府之间，或者上下级的政府工作部门之间。

第四，提级管辖的方式有两种：一是由上级行政复议机关根据需要而决定，直接提级审理下级行政复议机关管辖的行政复议案件。这一方式具有强制性，无须下级行政复议机关的同意。二是下级行政复议机关对其管辖的行政复议案件，认为需要由上级行政复议机关审理的，报请上级行政复议机关提级。这种情况下，上级行政复议机关是否同意提级，依然由上级复议机关视情况决定。

行政复议的管辖提级是对原有管辖规则的调整，赋予上级行政复议机关灵活处理的权力，还有助于提升行政复议审理的公正性，进而提高行政复议的公信力，使行政复议取信于民。

七、国务院裁决

《行政复议法》（2023）第26条规定："对省、自治区、直辖市人民政府依照本法第二十四条第二款的规定、国务院部门依照本法第二十五条第一项的规定作出的行政复议决定不服的，可以向人民法院提起行政诉讼；也可以向国务院申请裁决，国务院依照本法的规定作出最终裁决。"这就出现了国务院的裁决制度。

国务院对行政复议的裁决制度是一项与行政复议管辖相关联的法律制度。它是指,公民、法人或者其他组织不服国务院部门或省级人民政府针对自己行政行为而作出的复议决定,依法向国务院申请最终裁决,由国务院作出最终决定的法律制度。国务院的最终裁决具有以下法律特性:

第一,国务院的最终裁决不是一个复议决定,而是一个监督性的行政决定。国务院是中央人民政府,它对全国所有行政机关的工作都具有领导和监督的权力。《宪法》(2018)第89条规定:“国务院行使下列职权……(四)统一领导全国地方各级国家行政机关的工作……(十三)改变或者撤销各部、各委员会发布的不适当的命令、指示和规章;(十四)改变或者撤销地方各级国家行政机关的不适当的决定和命令……”

第二,国务院的最终裁决是一个具有最终法律效力的决定。国务院是最高国家行政机关,所以,它的决定是最高行政决定。根据《行政复议法》(2023)第26条规定,国务院作出的这类裁决属于最终裁决,具有最终的法律效力。当事人对国务院作出的最终裁决不服的,不得对其申请复议和提起行政诉讼。

第三,国务院的最终裁决是一个依申请的行政行为。这类裁决与其他的监督形式不同,应当在当事人不服国务院部门或省级人民政府作出的复议决定后,因不服该复议决定而向国务院申请裁决,国务院才作出。国务院不主动作这类最终裁决。

第四,国务院的最终裁决并不适用于所有的行政复议案件,只适用于原行为机关复议的案件。行政复议由作出行政行为的原机关管辖只有两种情况:一是当事人对国务院部门作出的行政行为不服申请复议的;二是当事人对省级人民政府(省、自治区、直辖市人民政府)作出的行政行为不服申请复议的。

第五节　行政复议参加人

行政复议参加人系指参加行政复议过程且与所复议的行政行为存在利害关系的人以及与行政复议当事人法律地位相类似的人。行政复议参加人包括复议当事人和复议代理人。当事人包括行政复议申请人、被申请人和第三人。代理人包括委托代理人和法定代理人。证人、鉴定人、翻译人员等不属于复议参加人。

一、行政复议申请人

(一)申请人的概念与特征

《行政复议法》(2023)第14条第1款规定:“依照本法申请行政复议的公民、法人或者其他组织是申请人。”

从理论上说,行政复议申请人系指认为行政机关作出的行政行为侵害其合法权益,以自己名义向行政复议机关提出申请,要求对行政行为的合法性和合理性(适当性)进行审查和处理的公民、法人或者其他组织。行政复议申请人是行政复议关系中的一方当事人,是行政复议程序的启动者。申请人具有以下法律特征:

第一,申请人是行政法律关系中的相对人。行政法律关系是行政主体与行政相对人之间行政法上的权利与义务关系。行政相对人可以成为复议申请人,行政主体不得成为复议申请人。

第二,申请人是与被申请复议的行政行为有利害关系的人。申请必须与要求对其复议的行政行为有利害关系,无利害关系就不能成为申请人。这里的利害关系表现为,申请人是该行政行为的对象人或是所确定权利义务的承受人。

第三,申请人是依法申请复议的相对人。不是行政相对人而是行政主体不能成为复议申请人;虽是行政相对人,但与该行政行为无利害关系,也不能成为复议申请人。但到此还不够,这个相对人必须依法提起了行政复议。它不申请行政复议,就不可能进入行政复议的程序。

第四,申请人是受行政复议决定约束的相对人。行政复议决定并不约束所有的行政相对人,它只约束复议申请人、被申请人和第三人。

(二)申请人的范围

《行政复议法》(2023)第14条第1款已表明了复议申请人的范围,它是作为行政相对人的公民、法人或者其他组织。

公民,是指具有一国国籍,并享受该国法律所规定的权利,同时履行该国法律所规定的义务的自然人。我国公民是指具有中华人民共和国国籍的自然人。

法人是指依法成立的,具有民事权利能力和民事行为能力,能以自己的名义独立享有民事权利和承担民事义务的组织。法人既是基本的民事主体,同时也是行政法律关系中行政相对人的载体。依照《民法典》的规定,法人首先可以分为一般法人与特别法人。一般法人包括营利法人与非营利法人。特别法人,系指在设立、变更、终止等方面具有特殊性,难以归并入营利法人与非营利法人之内的其他法人。它们包括机关法人、农村集体经济组织法人、城镇农村的合作经济组织法人、基层群众性自治组织法人(村民委员会、居民委员会)。

其他组织是指不具有法人资格但可以自己的名义从事法律活动的组织。因而也称非法人组织。它们包括个人独资企业、合伙企业、不具有法人资格的专业服务机构等。

我国的公民、法人或者其他组织都可以成为行政复议的申请人。此外必须指出,外国人、无国籍人和外国组织在一定条件下也可成为我国行政复议的申请人。《行政复议法》(2023)第89条规定:“外国人、无国籍人、外国组织在中华人民共和国境内申请行政复议,适用本法。”

还有,举报人为维护自身合法权益而举报相关违法行为人,要求行政机关查处,对行政机关就举报事项作出的处理或者不作为行为不服申请行政复议的,具有行政复议申请人资格。[60]

(三)申请人资格的转移

行政复议申请人的资格转移系指在法律规定的特殊情形下,原来的申请人已不能在行政复议中行使复议中的权利和承担复议中的义务,由他人取得行政复议的资格并在行政复议中行使复议中的权利和承担复议中的义务的法律制度。

《行政复议法》(2023)第14条第2款规定:“有权申请行政复议的公民死亡的,其近亲属可以申请行政复议。有权申请行政复议的法人或者其他组织终止的,其权利义务承受人可以申

---

〔60〕 最高人民法院《关于举报人对行政机关就举报事项作出的处理或者不作为行为不服是否具有行政复议申请人资格问题的答复》([2013]行他字第14号)指出:“辽宁省高级人民法院:你院《关于李万珍等人是否具有复议申请人资格的请示报告》收悉,经研究答复如下:根据《中华人民共和国行政复议法》第九条第一款、《行政复议法实施条例》第二十八条第(二)项规定,举报人为维护自身合法权益而举报相关违法行为人,要求行政机关查处,对行政机关就举报事项作出的处理或者不作为行为不服申请行政复议的,具有行政复议申请人资格。此复。”

请行政复议。”这表明，申请人资格的转移适用于以下两种情况：

第一，有权申请行政复议的公民死亡的，死亡公民申请人的资格转移给其近亲属。公民的“死亡”包括自然死亡和法律上宣告死亡。这里的“近亲属”是指配偶、父母、子女、兄弟姐妹、祖父母、外祖父母、孙子女、外孙子女。[61]

第二，有权申请行政复议的法人或者其他组织终止的，原法人或者其他组织的申请人资格转移给其权利义务承受人。法人或者其他组织终止有两种情况：一是，法人或者其他组织消灭，即其主体资格在法律上完全消灭和终结，如被撤销、破产；二是，法人或者其他组织变更，即以新的法人或其他组织形式出现，并且前后之间在法律上具有权利义务承继关系。

申请人资格转移是指复议申请权的转移，而不是复议代理权的转移。因此，申请人资格转移以后，公民、法人或者其他组织是否申请复议以及如何申请复议，完全由转移后的新申请人决定。

（四）行政复议代表人

代表人制度是一种法律制度，在我国《行政诉讼法》《民事诉讼法》《劳动争议调解仲裁法》《农村土地承包经营纠纷解调仲裁法》中均有规定，在《行政复议法》中同样存在。

《行政复议法》（2023）第 15 条第 1 款规定：“同一行政复议案件申请人人数众多的，可以由申请人推选代表人参加行政复议。”根据这一规定，行政复议中的代表人制度，系指同一行政复议案件申请人人数众多的，可以由申请人推选代表代为参加行政复议，复议结果由申请人共同承受的法律制度。

行政复议代表人制度并不适用于所有的行政复议案件。它只适用于“同一行政复议案件申请人人数众多”的情况。所谓申请人“人数众多”，根据《行政复议法实施条例》（2007）第 8 条规定，是指申请人超过 5 人，即申请人有 6 人及以上。[62] 所谓“同一行政复议案件”，应当指申请人所针对的是同一被申请人和同一行政行为。

关于代表人的人数，《行政复议法》本身未作规定。根据《行政复议法实施条例》（2007）第 8 条规定，应当是 1 ~ 5 人。[63]

行政复议代表人制度只适用复议申请人，第三人和被申请人不适用代表人制度。因为第三人和被申请人人数众多的情况不太可能发生。

《行政复议法》（2023）第 15 条第 2 款规定：“代表人参加行政复议的行为对其所代表的申请人发生效力，但是代表人变更行政复议请求、撤回行政复议申请、承认第三人请求的，应当经被代表的申请人同意。”这既是对代表人的授权，也是对代表人的限制。一方面，所有被代表的申请人要承认代表人参加行政复议的结果；另一方面，代表人只能代表申请人的意思，不得违背申说人的意志，因而变更行政复议请求、撤回行政复议申请、承认第三人请求的，包括接受和解等，都应当经被代表的申请人同意。

---

〔61〕《民法典》（2020）第 1045 条规定：“亲属包括配偶、血亲和姻亲。配偶、父母、子女、兄弟姐妹、祖父母、外祖父母、孙子女、外孙子女为近亲属。配偶、父母、子女和其他共同生活的近亲属为家庭成员。”

〔62〕《行政诉讼法解释》（2018）第 29 条规定诉讼代表人需当事人 10 人以上。以后行政复议中的代表人制度是否应当与行政诉讼中的代表人制度相一致，关键看将来《行政复议法实施条例》如何修改。

〔63〕《行政复议法实施条例》（2007）第 8 条规定：“同一行政复议案件申请人超过 5 人的，推选 1 至 5 名代表参加行政复议。”但《行政诉讼法解释》（2018）第 29 条规定的诉讼代表人是 2 ~ 5 人。

行政复议代表人不是复议代理人。所以,除复议代表人参加行政复议程序外,代表人还可委托 1 – 2 个代表人参加行政复议程序。

二、行政复议被申请人

(一)被申请人的概念与特征

《行政复议法》(2023)第 19 条第 1 款规定:“公民、法人或者其他组织对行政行为不服申请行政复议的,作出行政行为的行政机关或者法律、法规、规章授权的组织是被申请人。”

从理论上说,行政复议被申请人系指行政相对人不服行政行为申请行政复议,所针对的作出该行政行为的行政主体。被申请人是与行政复议申请人相对应的另一方当事人,具有以下法律特征:

第一,被申请人是行政法律关系中的行政主体,而不是相对人。所以,认定行政复议被申请人与认定行政主体在原理上是相通的。它包括作出行政行为的行政机关与得到法律、法规、规章授权的其他组织。

第二,被申请人是被复议申请人指控的人。如果一主体是作出行政行为的行政主体,但行政相对人并没有对它申请复议,它就不构成行政复议中的被申请人。

第三,被申请人是受行政复议决定约束的当事人。行政复议决定并不约束所有的行政主体,它只约束行政复议的申请人、被申请人和第三人。

(二)被申请人的范围

行政复议中的被申请人,就是作出行政行为并被申请复议的行政主体。根据行政主体理论,它自然包括行政机关和得到法律、法规、规章授权的其他组织。前者为职权行政主体,后者为授权行政主体。

国家行政机关是我国行政主体的主要载体,因而也是行政复议被申请人的主要承担者。行政机关从狭义上说,仅指从中央到地方的各级人民政府。从广义上说,不仅包括一级人民政府,而且还包括对外具有行政管理职权的工作部门和机构。

得到法律、法规、规章授权的其他组织是指社会组织。国家机关以外的社会组织包括企业、事业单位和社会团体基金会、社会服务机构等。除了国家法律法规规章,它们原则上按章程自律活动。

国家行政机关和得到法律、法规、规章授权的社会组织,当它们作出行政行为并被申请人申请复议时,就成为行政复议被申请人。

(三)被申请人的认定

对于行政复议被申请人的认定,首先要把握总体规则。行政复议所针对的行政行为,包括作为与不作为。对于作为的行政行为,按照“谁行为,谁负责”原则处理,即谁作出了行政行为,谁就是行政复议中的被申请人;对于不作为的行政行为,谁具有作出该行政行为的法定职责,谁就是行政复议中的被申请人。

除总体认定规则外,还存在一些具体情形中的具体认定规则。根据《行政复议法》(2023)第 19 条第 2 ~ 4 款规定,以下三种情况,被申请人应当作相应认定:(1)两个以上行政机关以共同的名义作出同一行政行为的,共同作出行政行为的行政机关是被申请人;(2)行政机关委托的组织作出行政行为的,委托的行政机关是被申请人;(3)作出行政行为的行政机关被撤销或者职权变更的,继续行使其职权的行政机关是被申请人。

此外,行政诉讼中被告的认定规则完全适用行政复议被申请人的认定。

三、行政复议第三人

《行政复议法》(2023)第 16 条规定:“申请人以外的同被申请行政复议的行政行为或者行政复议案件处理结果有利害关系的公民、法人或者其他组织,可以作为第三人申请参加行政复议,或者由行政复议机构通知其作为第三人参加行政复议。第三人不参加行政复议,不影响行政复议案件的审理。”这是《行政复议法》对行政复议第三人制度的规定和设置。设置行政复议第三人制度,有利于切实保护公民、法人或者其他组织的合法权益;有利于行政复议机关及时查清案件事实;有利于提高行政复议效率和及时化解矛盾。[64]

从理论上说,行政复议第三人是指申请人以外的同被申请行政复议的行政行为或者行政复议案件处理结果有利害关系,并参加到业已开始的行政复议活动中的公民、法人或者其他组织。其法律特征在于:

第一,其是申请人以外的当事人并具有独立的法律地位。行政复议第三人也是行政复议的当事人,但不是复议申请人或者复议申请人中的一部分。“第三人在法律上具有独立的地位。”[65]其既不代表和站在申请人立场上,也不代表和站在被申请人立场上,其为自己的合法权益而参加复议活动。

第二,其同被申请复议的行政行为或者行政复议案件处理结果有利害关系。这是可以成为第三人的条件。第三人是利害关系人。这种利害关系分为两种情况:一是同被申请复议的行政行为有利害关系,二是同行政复议案件处理结果有利害关系。这里的利害关系是指该行政行为或者行政复议的结果会导致其权利与义务的增减。

第三,其是行政复议的事后参加人,而不是事先发起人。行政复议的第三人都是在行政复议程序启动以后加入的,而不是事先发起或事先参加的。如果其是事先的发起人,那么就不是第三人而是申请人。

第四,其是受到行政复议决定约束的当事人。行政复议决定不仅约束申请人与被申请人,还约束第三人。不受行政复议决定约束的人不可能成为第三人。

第三人可以通过两种方式参加行政复议:一是主动申请参加行政复议。申请需向复议机构提出。经复议机构审查同意后,第三人便可进入行政复议程序。二是由复议机构通知其参加。复议机构在受理行政复议申请后,发现还存在案外的第三人,应当主动通知其参加复议。复议机构应当通知第三人参加复议的,主要包括以下情况:[66](1)行政主体的同一个行政行为影响到两个以上的相对人,相对人中一部分申请复议,另外一部分没有申请复议。复议机构应当通知没有申请复议的相对人作为第三人参加复议。(2)甲行政主体行使或超越了乙行政主体的职权。甲被申请复议后,复议机构应当通知乙行政主体作为第三人参加复议。(3)应当追加被申请人,但申请人不同意追加的,复议机构应当通知该被申请人作为第三人参加复议。

复议机构应当通知第三人参加复议而没有通知的,属于程序违法。但是,如果复议机构通

---

〔64〕 江必新主编:《中华人民共和国行政复议法条文解读与法律适用》,中国法制出版社 2023 年版,第 46 页。

〔65〕 梁凤云:《行政复议法讲义》,人民法院出版社 2023 年版,第 93 页。

〔66〕 参见江必新主编:《中华人民共和国行政复议法条文解读与法律适用》,中国法制出版社 2023 年版,第 47 页。

知第三人参加复议,第三人拒绝参加的,不影响行政复议案件的审理。

四、行政复议代理人

(一)复议代理人的概念与特征

代理,是指代理人代被代理人实施法律行为,其法律效果直接归属于被代理人的行为和制度。代理制度在我国许多领域普遍存在,行政复议也不例外。《行政复议法》(2023)第14条和第17条对行政复议中的代理制度作出规定。

所谓行政复议代理人,是指基于法律的直接规定或者当事人的委托而形成的代理权,以当事人的名义并为当事人的利益,代为实施或接受行政复议结果的人员。行政复议代理人具有下列法律特征:

第一,代理人是基于法律的直接规定或当事人的委托产生的。代理人基于代理关系产生。代理关系基于法律的直接规定(法定代理)或者当事人的委托(委托代理)形成。没有这一代理关系,代理人不得自行代理。

第二,代理人必须以被代理人的名义进行活动,其诉讼效果归属于被代理的当事人。在行政复议关系中,代理人不是当事人,与案件无直接的利害关系。由于代理人是基于代理权才实施复议活动,其根本目的在于维护被代理人的权益。因此,行政复议代理人必须以被代理人的名义进行诉讼活动,行政复议代理的法律后果也归属于被代理人。

第三,代理人应在代理权限范围之内进行代理活动。复议代理权是代理行为的依据。在复议代理中,代理人代理当事人进行复议活动的权限称为复议代理权限,包括代为申请复议、提出复议请求、陈述事实和理由、向复议机构提供证据、代为接受对方当事人提出的调解意见、代当事人接受诉讼文书等。但这一切都不得超越委托范围,否则代理人须承担相应的责任。

第四,原则上只有申请人和第三人可以委托代理人,被申请人不可委托。这正是行政复议代理不同于其他代理,特别是行政诉讼代理制度的一大特点。在行政诉讼中,原告、被告和第三人都可以委托代理人参加诉讼,而在行政复议中,只允许申请人和第三人委托代理人,被申请人一般不委托代理人。

行政复议代理同样存在法定代理与委托代理,因而出现了法定代理人与委托代理人。

(二)法定代理人

所谓法定代理人制度,是指有权申请行政复议的公民为无民事行为能力人或者限制民事行为能力人时,由其监护人作为法定代理人代为申请行政复议并参加行政复议活动的法律制度。

《行政复议法》(2023)第14条第3款规定:"有权申请行政复议的公民为无民事行为能力人或者限制民事行为能力人的,其法定代理人可以代为申请行政复议。"这一规定表明三点:

第一,法定代理人制度只适用于自然人,不适用于法人或者其他组织。

第二,法定代理人由该公民的监护人担任。《民法典》(2020)第23条规定:"无民事行为能力人、限制民事行为能力人的监护人是其法定代理人。"监护人根据《民法典》(2020)第27条[67]、第

---

〔67〕《民法典》(2020)第27条规定:"父母是未成年子女的监护人。未成年人的父母已经死亡或者没有监护能力的,由下列有监护能力的人按顺序担任监护人:(一)祖父母、外祖父母;(二)兄、姐;(三)其他愿意担任监护人的个人或者组织,但是须经未成年人住所地的居民委员会、村民委员会或者民政部门同意。"

28 条[68]的规定确定。

第三,法定代理人代理公民申请行政复议和参加行政复议活动。行政复议的结果由被代理的公民承担。

（三）委托代理人

所谓委托代理人制度,是指有关人员根据申请人或第三人的委托,以委托人的名义在委托权限范围内代为申请行政复议并参加行政复议活动的法律制度。

《行政复议法》(2023)第 17 条规定:"申请人、第三人可以委托一至二名律师、基层法律服务工作者或者其他代理人代为参加行政复议。申请人、第三人委托代理人的,应当向行政复议机构提交授权委托书、委托人及被委托人的身份证明文件。授权委托书应当载明委托事项、权限和期限。申请人、第三人变更或者解除代理人权限的,应当书面告知行政复议机构。"根据这一规定,我们必须把握以下几点内容:

第一,申请人、第三人都可以委托代理人。被申请人不宜作为委托人。如果委托人是无民事行为能力人或者限制民事行为能力人,那么由其监护人行使委托权。

第二,被委托人可以是律师、基层法律服务工作者或者其他代理人。律师是指依法取得律师执业证书,接受委托或者指定,为当事人提供法律服务的执业人员。基层法律服务工作者是指符合《基层法律服务工作者管理办法》规定的执业条件,经核准执业登记,领取《法律服务工作者执业证》,在基层法律服务所中执业,为社会提供法律服务的人员。其他代理人是指当事人的近亲属或者工作人员,当事人所在社区、单位以及有关社会团体推荐的公民。[69]

第三,代理人限于 1 ~ 2 人。代理人的人数必须有限制,所有的诉讼代理人都被限定为 1 ~ 2 人,行政复议代理人也一样被限于 1 ~ 2 人。这主要是从当事人权利与庭审秩序平衡上的考虑。

第四,申请人、第三人委托代理人是权利而不是义务。在行政复议中,申请人、第三人有权委托代理人,而不是必须委托代理人。

在委托程序上,申请人、第三人委托代理人的,应当向行政复议机构提交授权委托书、委托人及被委托人的身份证明文件。授权委托书应当载明委托事项、权限和期限。

申请人、第三人变更或者解除代理人权限的,应当书面告知行政复议机构。

委托一般采取书面方式。公民在特殊情况下无法书面委托的,可以口头委托。口头委托的,行政复议机构应当核实并记录在卷。[70]

---

[68]　《民法典》(2020)第 28 条规定:"无民事行为能力或者限制民事行为能力的成年人,由下列有监护能力的人按顺序担任监护人:(一)配偶;(二)父母、子女;(四)其他愿意担任监护人的个人或者组织,但是须经被监护人住所地的居民委员会、村民委员会或者民政部门同意。"

[69]　《行政诉讼法》(2017)第 31 条规定:"当事人、法定代理人,可以委托一至二人作为诉讼代理人。下列人员可以被委托为诉讼代理人:(一)律师、基层法律服务工作者;(二)当事人的近亲属或者工作人员;(三)当事人所在社区、单位以及有关社会团体推荐的公民。"《民事诉讼法》(2023)第 61 条规定:"当事人、法定代理人可以委托一至二人作为诉讼代理人。下列人员可以被委托为诉讼代理人:(一)律师、基层法律服务工作者;(二)当事人的近亲属或者工作人员;(三)当事人所在社区、单位以及有关社会团体推荐的公民。"

[70]　《行政复议法实施条例》(2007)第 10 条规定:"申请人、第三人可以委托 1 至 2 名代理人参加行政复议。申请人、第三人委托代理人的,应当向行政复议机构提交授权委托书。授权委托书应当载明委托事项、权限和期限。公民在特殊情况下无法书面委托的,可以口头委托。口头委托的,行政复议机构应当核实并记录在卷。申请人、第三人解除或者变更委托的,应当书面报告行政复议机构。"

此外,还有一种特殊情况,可称为"视为委托成立"。在行政诉讼中,如果被限制人身自由的公民无法书面委托而由他人代书并由自己捺印等方式确认的,有关机关拒绝人民法院核实的,视为委托成立。[71] 这一规则,行政复议应当参考。

第六节　行政复议普通程序

行政复议程序,是指行政复议机关审理行政复议案件所遵循的步骤,其在性质上属于行政程序。《行政复议法》2023年的修订,不仅细化了行政复议程序,还增加了复议种类。除了普通程序,还有简易程序、附带审查程序、调解程序等。行政复议的普通程序作为行政复议的基本程序,包括行政复议的申请、受理、审理、决定,广义的程序还包括执行。

一、行政复议的申请

(一)行政复议申请的条件

行政复议是依申请行为。它以行政相对人主动提起为前提,即相对人不提起复议,行政复议机关不能主动管辖。所以,相对人向复议机关申请复议是行政复议程序的发端。

原则上,相对人认为行政主体的行政行为侵犯其合法权益,都有权申请行政复议。这一当然权利来自《宪法》(2018)第41条、《行政复议法》(2023)第11条和《行政诉讼法》(2017)第44条。但是,行政相对人申请行政复议必须符合以下条件:

1. 申请人是认为行政行为直接侵犯其合法权益的公民、法人或者其他组织,并且客观上与所申请复议的行政行为有利害关系。

2. 有明确的被申请人。申请人向行政复议机关申请复议,应根据《行政复议法》(2023)的规定,指出被申请人。没有明确的被申请人,复议机关无法进行审理,申请人的请求也无法实现。

3. 有具体的复议请求和事实根据。复议请求是指申请人申请复议时向复议机关提出的具体要求。在行政复议中,申请人的复议请求通常包括:确认行政行为违法、确认行政行为无效、撤销行政行为、变更行政行为、请求行政机关履行法定职责、撤销赔偿损失等。

4. 属于申请复议范围。申请人申请复议的行政行为必须属于《行政复议法》(2023)第11条规定的范围。否则,行政复议机关不予受理。

5. 受理复议的机关有管辖权。案件须属于申请复议范围,申请人还须根据《行政复议法》(2023)的规定,向有管辖权的复议机关申请复议。

6. 法律、法规规定的其他条件。有些具体法律、法规规定了申请复议的其他条件,申请复

---

[71] 《行政诉讼法解释》(2018)第31条规定:"当事人委托诉讼代理人,应当向人民法院提交由委托人签名或者盖章的授权委托书。委托书应当载明委托事项和具体权限。公民在特殊情况下无法书面委托的,也可以由他人代书,并由自己捺印等方式确认,人民法院应当核实并记录在卷;被诉行政机关或者其他有义务协助的机关拒绝人民法院向被限制人身自由的公民核实的,视为委托成立。当事人解除或者变更委托的,应当书面报告人民法院。"

议还须符合这些条件。[72]

此外,根据《行政复议法》(2023)第29条第2款规定,公民、法人或者其他组织向人民法院提起行政诉讼,人民法院已经依法受理的,不得再申请行政复议。

(二)选择复议与复议前置

我国原则上采取选择复议方式,即行政相对人对行政行为不服,可以申请行政复议,对复议结果不服的,再行提起行政诉讼,也可以不经过复议直接提起行政诉讼。[73] 但如果遇到复议前置的情形,就必须先申请行政复议。对复议结果不服的,再提起行政诉讼;不得不经过复议直接提起行政诉讼。

所谓复议前置,是指按照法律、行政法规规定,申请人应当先申请行政复议,对复议结果不服的再依法提起行政诉讼,而不得直接提起行政诉讼的情形。根据《行政复议法》(2023)第23条规定,下列情形属于复议前置:(1)对当场作出的行政处罚决定不服;(2)对行政机关作出的侵犯其已经依法取得的自然资源的所有权或者使用权的决定不服;(3)申请行政机关履行保护人身权利、财产权利、受教育权利等合法权益的法定职责,行政机关拒绝履行、未依法履行或者不予答复;(4)申请政府信息公开,行政机关不予公开;(5)法律、行政法规规定应当先向行政复议机关申请行政复议的其他情形。

对于复议前置的情形,行政机关在作出行政行为时应当告知公民、法人或者其他组织先向行政复议机关申请行政复议。

(三)行政复议申请的期限

申请人除了符合上述要求,还必须做到在法定期限内申请行政复议。申请人申请复议,不得超过复议申请期限。

所谓行政复议申请期限,是指行政复议申请人依法向行政复议机关提出行政复议申请的起止时间。申请人超过法律规定的期限申请行政复议的,行政复议机关将依法不予受理。

《行政复议法》(2023)第20条、第21条对行政复议期限作出了基本规定。根据这些规定,行政复议申请期限可分为:一般期限、特别期限和最终期限。

一般期限是指原则性期限,为60日。《行政复议法》(2023)第20条第1款第1句规定:“公民、法人或者其他组织认为行政行为侵犯其合法权益的,可以自知道或者应当知道该行政行为之日起六十日内提出行政复议申请。”

特别期限是指法律另有规定的超过60日的其他期限。[74]《行政复议法》(2023)第20条第1款第2句规定:“但是法律规定的申请期限超过六十日的除外。”按照特别法优于一般法规则,行政复议申请有特别期限的适用特别期限,无特别期限的适用一般期限。

---

〔72〕 例如《税收征收管理法》(2015)第88条第1款规定:“纳税人、扣缴义务人、纳税担保人同税务机关在纳税上发生争议时,必须先依照税务机关的纳税决定缴纳或者解缴税款及滞纳金或者提供相应的担保,然后可以依法申请行政复议;对行政复议决定不服的,可以依法向人民法院起诉。”据此,纳税人、扣缴义务人、纳税担保人对税务机关的纳税决定不服,只有在履行了纳税决定列明的义务后才能申请复议。

〔73〕《行政诉讼法》(2017)第44条第1款规定:“对属于人民法院受案范围的行政案件,公民、法人或者其他组织可以先向行政机关申请复议,对复议决定不服的,再向人民法院提起诉讼;也可以直接向人民法院提起诉讼。”

〔74〕 也即,其他法律规定复议申请期限为60日以上的有效,为60日下以的无效。这是出于保护申请人合法权益的考虑。

最终期限是绝对期限和无条件期限,即不论什么原因和理由,只要超过这一期限,复议机关就不予受理。最终期限是20年或者5年。《行政复议法》(2023)第21条规定:“因不动产提出的行政复议申请自行政行为作出之日起超过二十年,其他行政复议申请自行政行为作出之日起超过五年的,行政复议机关不予受理。”最终期限是对一般期限与特别期限的排除。

(四)行政复议申请期限的计算

关于行政复议申请期限,除了最终期限,一般期限和特别期限都涉及如何计算的问题。行政复议申请期限的计算,是重要、关键并复杂的问题。申请期限的计算规则,应当区分以下几种情况:

第一,一般情况从知道或者应当知道之日起算。《行政复议法》(2023)第20条第1款、第3款规定的期限都是“自知道或者应当知道”该行政行为之日起算。“知道”是指“实际知道”,如行政机关将行政决定书送达给当事人,当事人自然知道了该行政行为[75];“应当知道”是指“推定知道”,即从已有的客观条件和现实可能,推定当事人是知道的。比如,行政机关将行政决定通知书送达到当事人家里,当事人不在家,但他夫人在家并作了签收,应当推定当事人是“知道”该行政行为的。当事人说夫人没有告诉他,这是不可信的。还有,“自知道或者应当知道该行政行为之日起”计算,应当是指从该日的第二天起算。

第二,未告知复议权利的,从实际知道或者应当知道之日起算。《行政复议法》(2023)第20条第3款规定:“行政机关作出行政行为时,未告知公民、法人或者其他组织申请行政复议的权利、行政复议机关和申请期限的,申请期限自公民、法人或者其他组织知道或者应当知道申请行政复议的权利、行政复议机关和申请期限之日起计算,但是自知道或者应当知道行政行为内容之日起最长不得超过一年。”行政机关作出行政行为时,必须告知当事人三项内容:(1)申请行政复议的权利;(2)行政复议机关;(3)申请复议的期限。三者缺一不可。三项没有告知全的,视为没有告知复议权利,就适用本项计算方法。

第三,因不可抗力或者其他正当理由耽误法定申请期限的,从障碍消除之日起继续计算。《行政复议法》(2023)第20条第2款规定:“因不可抗力或者其他正当理由耽误法定申请期限的,申请期限自障碍消除之日起继续计算。”这里的事由除了不可抗力,还包括其他正当理由,如申请人失去人身自由等。

---

〔75〕《行政复议法实施条例》(2007)第15条规定:“行政复议法第九条第一款规定的行政复议申请期限的计算,依照下列规定办理:(一)当场作出具体行政行为的,自具体行政行为作出之日起计算;(二)载明具体行政行为的法律文书直接送达的,自受送达人签收之日起计算;(三)载明具体行政行为的法律文书邮寄送达的,自受送达人在邮件签收单上签收之日起计算;没有邮件签收单的,自受送达人在送达回执上签名之日起计算;(四)具体行政行为依法通过公告形式告知受送达人的,自公告规定的期限届满之日起计算;(五)行政机关作出具体行政行为时未告知公民、法人或者其他组织,事后补充告知的,自该公民、法人或者其他组织收到行政机关补充告知的通知之日起计算;(六)被申请人能够证明公民、法人或者其他组织知道具体行政行为的,自证据材料证明其知道具体行政行为之日起计算。行政机关作出具体行政行为,依法应当向有关公民、法人或者其他组织送达法律文书而未送达的,视为该公民、法人或者其他组织不知道该具体行政行为。”第16条又规定:“公民、法人或者其他组织依照行政复议法第六条第(八)项、第(九)项、第(十)项的规定申请行政机关履行法定职责,行政机关未履行的,行政复议申请期限依照下列规定计算:(一)有履行期限规定的,自履行期限届满之日起计算;(二)没有履行期限规定的,自行政机关收到申请满60日起计算。公民、法人或者其他组织在紧急情况下请求行政机关履行保护人身权、财产权的法定职责,行政机关不履行的,行政复议申请期限不受前款规定的限制。”

(五)行政复议申请的方式

《行政复议法》(2023)第22条第1款规定:"申请人申请行政复议,可以书面申请;书面申请有困难的,也可以口头申请。"即复议申请以书面申请为原则,以口头申请为例外。

书面申请的,应当提交行政复议申请书。根据《行政复议法实施条例》(2007)第19条规定,申请人书面申请行政复议的,应当在行政复议申请书中载明下列事项:(1)申请人的基本情况,包括:公民的姓名、性别、年龄、身份证号码、工作单位、住所、邮政编码;法人或者其他组织的名称、住所、邮政编码和法定代表人或者主要负责人的姓名、职务;(2)被申请人的名称;(3)行政复议请求、申请行政复议的主要事实和理由;(4)申请人的签名或者盖章;(5)申请行政复议的日期。

《行政复议法实施条例》(2007)第21条规定,有下列情形之一的,申请人应当提供证明材料:(1)认为被申请人不履行法定职责的,提供曾经要求被申请人履行法定职责而被申请人未履行的证明材料;(2)申请行政复议时一并提出行政赔偿请求的,提供受具体行政行为侵害而造成损害的证明材料;(3)法律、法规规定需要申请人提供证据材料的其他情形。

行政复议申请书及有关材料,可以通过邮寄或者行政复议机关指定的互联网渠道等方式提交行政复议申请书,也可以当面提交行政复议申请书。行政机关通过互联网渠道送达行政行为决定书的,应当同时提供提交行政复议申请书的互联网渠道。〔76〕 当事人邮寄给行政复议机关法定代表人的,视为邮寄给了行政复议机关。〔77〕

口头申请的,行政复议机关应当当场记录申请人的基本情况、行政复议请求、申请行政复议的主要事实、理由和时间。

申请人对两个以上行政行为不服的,应当分别申请行政复议。

二、行政复议的受理

(一)受理行为与受理结果

《行政复议法》(2023)单设第三章,覆盖6个条文(第30~35条),对行政复议的受理作了专门规定。

行政复议的受理行为,是指行政复议机关对行政复议申请人的申请进行审查并作出处理的行为。受理行为的结果总体上有两类:一是决定受理,二是决定不受理。申请人提出复议申请后,行政复议机关应对复议申请进行审查。

(二)受理前的审查标准

这一受理前的审查不同于受理后的实质性审查,它主要看是否符合以下条件:(1)是否有

---

〔76〕 依据《行政复议法》(2023)第22条第2款。

〔77〕 《中华人民共和国最高人民法院行政裁定书》[(2019)最高法行申7142号]裁判要旨指出:"《中华人民共和国行政复议法》第三条规定,依照本法履行行政复议职责的行政机关是行政复议机关,行政复议机关负责法制工作的机构具体办理行政复议事项。《中华人民共和国行政复议法实施条例》第十八条第一款规定,申请人书面申请行政复议的,可以采取当面递交、邮寄或者传真等方式提出行政复议申请。根据上述规定,申请人可以通过书面方式申请行政复议,一般情况下,应当将申请直接邮寄给行政复议机关负责法制工作的机构,当然法律并未排除将申请直接邮寄给行政机关的法定代表人,如果申请人将行政复议申请邮寄给行政机关法定代表人,其提交的行政复议申请符合形式要件,且属于该行政机关复议受理范围,行政机关也应当依法转交给其法制机构办理。"

明确的申请人和符合《行政复议法》(2023)规定的被申请人;(2)申请人与被申请行政复议的行政行为是否有利害关系;(3)是否有具体的行政复议请求和理由;(4)是否在法定申请期限内提出;(5)是否属于行政复议法规定的复议范围;(6)是否属于本机关的管辖范围;(7)是否属于行政复议机关未受理过该申请人就同一行政行为提出的行政复议申请,并且人民法院未受理过该申请人就同一行政行为提起的行政诉讼。

(三)受理与否的决定

对于同时符合上述条件的,行政复议机关应当决定受理;对于不符合上述条件的,行政复议机关应当在审查期限内决定不予受理并说明理由;不属于本机关管辖的,还应当在不予受理决定中告知申请人向有管辖权的行政复议机关申请复议。

此外,还有一种是驳回申请的决定。它是指复议机关受理行政复议申请后,发现该行政复议申请不符合申请条件,而作出拒绝性的复议决定。《行政复议法》(2023)第33条规定:"行政复议机关受理行政复议申请后,发现该行政复议申请不符合本法第三十条第一款规定的,应当决定驳回申请并说明理由。"驳回决定是一种程序性决定而不是实体性决定,可以被看成是一种事后不予受理的决定。

(四)受理前的审查期限

行政复议申请的审查期限为5日。这5日是指工作日,不含法定休假日,从收到申请材料的第二天计算。

行政复议申请的审查期限届满,行政复议机关未作出不予受理决定的,审查期限届满之日起视为受理。

(五)复议申请材料的补正

如果申请人提供的行政复议申请材料不齐全或者表述不清楚,无法判断是否符合复议申请条件的,行政复议机关应当自收到申请之日起5日内书面通知申请人补正。补正通知应当一次性载明需要补正的事项。申请人应当自收到补正通知之日起10日内提交补正材料。有正当理由不能按期补正的,行政复议机关可以延长合理的补正期限。无正当理由逾期不补正的,视为申请人放弃行政复议申请,并记录在案。

(六)当场处罚案件的复议申请与处理

对当场作出或者依据电子技术监控设备记录的违法事实作出的行政处罚决定不服申请行政复议的,可以通过作出行政处罚决定的行政机关提交行政复议申请。行政机关收到行政复议申请后,应当及时处理;认为需要维持行政处罚决定的,应当自收到行政复议申请之日起5日内转送行政复议机关。

三、行政复议的审理

(一)审理前的准备

行政复议机关受理复议申请后,行政复议程序便进入审理阶段。审理是复议程序中最实质性的阶段。复议机关通过审理查清事实,为适用法律,即作出复议决定打下基础。

为保证审理工作的顺利进行,复议机关在正式审理前,必须作一系列的准备工作。其任务是:明确双方当事人的基本情况,理顺案件中的各种关系,为正式审理作好充分准备。因此,做好审理前的准备工作，具有十分重要的意义。

根据《行政复议法》《行政复议法实施条例》的有关规定和复议实践，审理前应着重做好以下工作：

1. 向被申请人送达申请书副本。行政复议机构应当自行政复议申请受理之日起 7 日内，将行政复议申请书副本或者行政复议申请笔录复印件发送被申请人。被申请人应当自收到行政复议申请书副本或者行政复议申请笔录复印件之日起 10 日内，提出书面答复，并提交作出行政行为的证据、依据和其他有关材料。逾期不答复的，不影响复议。

2. 调查收集证据。复议机关调查收集证据有两种方式：一是要求当事人提供或者补充证据，二是向有关行政机关及其他组织和公民调取证据。

3. 更换或者追加当事人。复议机关在进行审理前准备时，发现申请人或被申请人不符合法定条件，应当予以更换，并通知符合条件的当事人参加复议。如果发现必须共同参加复议的当事人（包括第三人）没有参加复议，应及时通知其参加，并追加为当事人。

（二）审理的法律标准

行政复议与行政诉讼一样，本质上都是对行政行为的一种法律审查，只是前者的审查主体是行政机关（行政复议机关），后者的审查主体是司法机关（人民法院）。在行政诉讼中，人民法院对行政行为的审查标准是合法性。〔78〕 但行政复议有所不同，它不是司法机关对行政机关的法律监督，而是行政机关的自我监督，它不受行政权与司法权分工的约束。所以，行政复议机关在行政复议中，不仅应当审查行政行为的合法性，还应当审查行政行为的合理性（适当性）。合法性与合理性（适当性）一并成为行政复议的审查标准。《行政复议法》（2023）第 1 条、第 44 条、第 46 条、第 63 条、第 68 条都体现了这一点。

审查行政行为的合法性，主要是审查其：（1）作出行政行为的主体是否具有行政主体的资格；（2）行政行为是否超越职权或滥用职权；（3）认定事实是否清楚，证据是否充分；（4）适用法律、法规、规章是否正确；（5）是否符合法定程序等。

审查行政行为的合理性（适当性），主要是审查：（1）裁量行为是否适当；（2）在无法定程序时，是否符合正当程序。〔79〕

（三）对证据的审查

行政复议机关在审查被复议的行政行为时，必须要审查其证据。行政复议的证据是旨在证明行政行为是否合法、适当的证据。它包括：（1）书证；（2）物证；（3）视听资料；（4）电子数据；（5）证人证言；（6）当事人的陈述；（7）鉴定意见；（8）勘验笔录、现场笔录。它主要由被申请人提交，也可由申请人提供，还可由行政复议机关调取。

和行政诉讼中举证责任的分配原则一样，行政复议的证据主要由被申请人提供。《行政复议法》（2023）第 44 条第 1 款规定，被申请人对其作出的行政行为的合法性、适当性负有举证责任。行政复议期间，被申请人不得自行向申请人和其他有关单位或者个人收集证据；自行收集的证据不作为认定行政行为合法性、适当性的依据；申请人或者第三人提出被申请行政复议的行政行为作出时没有提出的理由或者证据的，经行政复议机构同意，被申请人可以补充证据。

---

〔78〕《行政诉讼法》（2017）第 6 条规定："人民法院审理行政案件，对行政行为是否合法进行审查。"

〔79〕 关于行政行为的合理性（适当性）标准，制度上的规定不多，理论上也具有很大的研究空间。

《行政复议法》(2023)第44条第2款规定,有下列情形之一的,申请人应当提供证据:(1)认为被申请人不履行法定职责的,提供曾经要求被申请人履行法定职责的证据,但是被申请人应当依职权主动履行法定职责或者申请人因正当理由不能提供的除外;(2)提出行政赔偿请求的,提供受行政行为侵害而造成损害的证据,但是因被申请人原因导致申请人无法举证的,由被申请人承担举证责任;(3)法律、法规规定需要申请人提供证据的其他情形。

行政复议期间,申请人、第三人及其委托代理人可以按照规定查阅、复制被申请人提出的书面答复、作出行政行为的证据、依据和其他有关材料,除涉及国家秘密、商业秘密、个人隐私或者可能危及国家安全、公共安全、社会稳定的情形外,行政复议机构应当同意。

行政复议机关是行政执法机关和行政争议的裁决机关,它自然具有职务上的取证权。行政复议机关有权向有关单位和个人调查取证,查阅、复制、调取有关文件和资料,向有关人员进行询问。调查取证时,行政复议人员不得少于两人,并应当出示行政复议工作证件。被调查取证的单位和个人应当积极配合行政复议人员的工作,不得拒绝或者阻挠。

行政证据经行政复议机构审查属实,才能作为认定行政复议案件事实的根据。对证据的审查标准就是客观性、相关性和合法性。

(四)审理的法律依据

行政复议的审查过程就是法律的适用过程。行政复议机关在行政复议中适用的法律就是行政复议的审查依据。

《行政复议法》(2023)第37条规定:“行政复议机关依照法律、法规、规章审理行政复议案件。行政复议机关审理民族自治地方的行政复议案件,同时依照该民族自治地方的自治条例和单行条例。”这说明,下列法律属于行政复议的审查依据:

1. 法律(狭义)。法律是指全国人民代表大会及其常务委员会根据宪法或依职权制定的规范性法律文件。它是我国法律的基本形式和基本渊源。法律分为基本法律和其他法律。

2. 行政法规。行政法规是指国务院为领导和管理国家各项行政工作,根据宪法法律,或者依据全国人大及其常委会的授权,或者依职权所制定的有关政治、经济、教育、科技、文化、外事等各类法规的总称。

3. 地方性法规。地方性法规是指享有地方性法规制定权的地方国家权力机关依照法定的权限,在不同宪法、法律和行政法规相抵触的前提下,制定的在本行政区域内实施的规范性文件。它包括:(1)省、自治区、直辖市人民代表大会及其常务委员会制定的地方性法规;(2)设区的市人民代表大会及其常务委员会制定的地方性法规;(3)自治州人民代表大会及其常务委员会制定的地方性法规;(4)广东省的东莞市和中山市、甘肃省的嘉峪关市、海南省的三沙市等四个不设区的市人民代表大会及其常务委员会制定的地方性法规。

4. 经济特区法规。经济特区法规是指经济特区所在地的省、市的人民代表大会及其常务委员会,根据全国人民代表大会的授权决定,制定在经济特区范围内实施的法规。经济特区的人民代表大会及其常务委员会,既可制定地方性法规,也可制定经济特区法规。经济特区法规是经济特区行政机关在经济特区范围内依法行政的依据。

5. 自治条例和单行条例。自治条例是指民族自治地方的人民代表大会,即自治区、自治州、自治县的人民代表大会,依照当地民族的政治、经济和文化的特点,经法律程序制定的,用以全面调整本自治地方事务的综合性规范性文件。单行条例是指民族自治地方的人民代表大会，即自治区、自治州、自治县的人民代表大会，依照当地民族的政治、经济和文化的特点，经法律程序制定的，用以全面调整本自治地方某个方面事务的单项规范性文件。自治区的自治条例和单行条例，报全国人民代表大会常务委员会批准后生效。自治州、自治县的自治条例和单行条例，报省或者自治区的人民代表大会常务委员会批准后生效，并报全国人民代表大会常务委员会备案。

6. 规章。规章是有关国家行政机关依据法律、法规，在本职权范围内制定的具有普遍约束力的规范性文件。规章可以分为国务院部门规章和地方人民政府规章。部门规章是指国务院各部、委员会、中国人民银行、审计署和具有行政管理职能的直属机构以及法律规定的机构，根据法律和国务院的行政法规、决定、命令，在本部门的权限范围内制定的规章。地方人民政府规章是指：(1)省、自治区、直辖市人民政府制定的规章；(2)经济特区所在地的市人民政府制定的规章；(3)设区的市人民政府制定的规章；(4)自治州人民政府制定的规章。

规章以下的其他规范性文件，也称行政规范性文件〔80〕，不得作为行政复议的依据。

(五)审理的方式

行政复议案件的审理方式，不同于行政诉讼中人民法院对行政案件的审查方式。在《行政复议法》2023 年修订前，行政复议的审查方式是"以书面审理为原则，以其他方式的审理为例外"。《行政复议法》(2017)第 22 条规定："行政复议原则上采取书面审查的办法，但是申请人提出要求或者行政复议机关负责法制工作的机构认为有必要时，可以向有关组织和人员调查情况，听取申请人、被申请人和第三人的意见。"2023 年《行政复议法》的修订，将审理原则由书面审查修改为以通过灵活方式听取群众意见为原则，以书面审理为例外。根据《行政复议法》(2023)第 49 条、第 54 条和第 55 条规定，在普通程序中，"行政复议机构应当当面或者通过互联网、电话等方式听取当事人的意见，并将听取的意见记录在案。因当事人原因不能听取意见的，可以书面审理。"在简易程序中，虽然原则上为书面审理，但也可采取普通程序中的审理方式，或者必要时转换为普通程序。这就是说，以灵活方式听取群众意见已成为主要方式。

(六)听证与提请咨询

听证是指行政机关在作出不利决定之前，举行一定的形式，吸取当事人意见的制度。它属于正当程序中的一个环节。《行政复议法》(2023)第 50 条、第 51 条对行政复议中的听证制度作出了规定。

凡审理重大、疑难、复杂的行政复议案件，行政复议机构应当组织听证。对于这些案件以外的案件，行政复议机构认为有必要听证，或者申请人请求听证的，行政复议机构可以组织听证。听证由一名行政复议人员任主持人，两名以上行政复议人员任听证员，一名记录员制作听证笔录。

行政复议机构组织听证的，应当于举行听证的 5 日前将听证的时间、地点和拟听证事项书面通知当事人。申请人无正当理由拒不参加听证的，视为放弃听证权利。被申请人的负责人应当参加听证。不能参加的，应当说明理由并委托相应的工作人员参加听证。

另外，《行政复议法》(2023)作出了创新性规定——建立行政复议委员会，在行政复议案件的审理中，为办理行政复议案件提供咨询意见。该法第 52 条规定，县级以上各级人民政府应

---

〔80〕 在行政法理上称为"行政规定"，与"行政决定"相对应。

当建立行政复议委员会。委员会由相关政府部门、专家、学者等参与,就重大、疑难、复杂、专业性强等行政复议案件,提出咨询意见,作为行政复议机关作出行政复议决定的重要参考依据。

上述两项制度对于提高行政复议水平和质量具有显著意义。

四、行政复议的决定

(一)复议决定及意义

行政复议决定系指行政复议机关对行政复议案件进行审理之后,针对被复议的行政行为作出的一种判断性和处理性决定。称其为判断性决定,是因为它必须对被复议的行政行为是否合法、是否适当作出一个判断和定性;称其为处理性决定,是因为它必须在此基础上针对被复议的行政行为如何纠正作出一个要求。

行政复议决定是行政复议机关针对被复议的行政行为进行合法性、合理性审查后的一种法律结果。行政机关的违法行政行为和不当行政行为能否得到有效防止和纠正,公民、法人和其他组织的合法权益能否真正得到保护,行政机关依法行使职权能否得到监督和保障,行政争议能否真正化解,法治政府建设能否有力推进,全在于行政复议机关最终作出了怎样的行政复议决定。

(二)作出复议决定程序要求

为了保证作出高质量的行政复议决定,《行政复议法》(2023)第61条对作出行政复议决定的程序作出了四项要求:

1. 负责人同意或集体讨论。《行政复议法》(2023)第61条第1款规定:"行政复议机关依照本法审理行政复议案件,由行政复议机构对行政行为进行审查,提出意见,经行政复议机关的负责人同意或者集体讨论通过后,以行政复议机关的名义作出行政复议决定。"这里需把握以下几点:

(1)复议决定由复议机构提出意见[81],但由复议机关最终决定,并以复议机关的名义而不是复议机构的名义对外作出。

(2)作出复议决定必须经行政复议机关的"负责人同意或者集体讨论"。这里表达为选择关系,其实常常是结合的,通常是在集体讨论的基础上由复议机关的负责人拍板。

(3)哪些事项需要集体讨论,哪些不需要,有待《行政复议法实施条例》修改时明确。目前,大体可以参照听证范围确定。

2. 认真对待听证意见。《行政复议法》(2023)第61条第2款规定:"经过听证的行政复议案件,行政复议机关应当根据听证笔录、审查认定的事实和证据,依照本法作出行政复议决定。"

由于听证具有一定的范围,并不是所有的复议案件都是需要听证或经过听证的案件。但根据《行政复议法》(2023)第50条第1款的规定,听证案件原则上是"重大、疑难、复杂的行政复议案件"。所以,对于经过听证的案件,一定要根据听证笔录、审查认定的事实和证据依法作出复议决定。

3. 认真对待复议委员会的咨询意见。《行政复议法》(2023)第61条第3款规定:"提请行

〔81〕 因为《行政复议法》(2023)第4条第2款规定,行政复议机构是办理行政复议事项的机构。

政复议委员会提出咨询意见的行政复议案件，行政复议机关应当将咨询意见作为作出行政复议决定的重要参考依据。”

《行政复议法》(2023)第52条规定，针对四类行政复议案件[82]，行政复议机构应当提请行政复议委员会提出咨询意见。关于复议机构应当如何对待复议委员会的咨询意见，应当把握两点：

(1)行政复议委员会提供的意见是咨询意见而不是决定意见，是否采纳由复议机构，最终由复议机关决定。

(2)但是，行政复议机关应当将咨询意见作为作出行政复议决定的重要参考依据。“重要参考依据”意味着，复议机关不得无视复议委员会提供的咨询意见，不采纳咨询意见的，必须说明理由并记录在案。

4. 案卷排他规则。案卷排他规则是指行政机关作出行政行为，特别是不利行政行为，必须根据案卷载明的事实理由作出，不得依据案卷之外的事实理由作出。这是保障行政相对人在行政程序中发表意见权利的正当程序制度。[83] 我国行政许可制度[84]和行政诉讼制度均有体现。

《行政复议法》(2023)也很好地体现和贯彻了案卷排他规则。[85] 它要求，无论是经过听证的案件或未经听证的意见，无论是复议委员会提供咨询意见的案件或未经复议委员会咨询的案件，行政复议机关作出复议决定，都必须根据案卷材料，审查认定的事实和证据，不得根据案卷以外的证据材料作出复议决定。

(三)作出复议决定的期限

为行政复议机关规定作出复议决定的期限并要求其在法定期限内作出行政复议决定，乃是《行政复议法》(2023)第3条第2款规定的“高效、便民、为民的原则”的要求。

《行政复议法》(2023)第62条第1款规定：“适用普通程序审理的行政复议案件，行政复议机关应当自受理申请之日起六十日内作出行政复议决定；但是法律规定的行政复议期限少于六十日的除外。情况复杂，不能在规定期限内作出行政复议决定的，经行政复议机构的负责人批准，可以适当延长，并书面告知当事人；但是延长期限最多不得超过三十日。”理解这一规定，应当把握以下几点：

1. 行政复议的一般期限是60日。作出行政复议决定的期限也可称行政复议的审理期限，简称行政复议期限。在法律没有特别规定的情况下，行政复议的期限为60日。这60日被称为一般期限和原则期限。

---

[82] 一是重大、疑难、复杂的案件，二是专业性、技术性较强的案件，三是对省级人民政府作出的行政行为进行复议的案件，四是行政复议机构认为有必要提请行政复议委员会提出咨询意见的复议案件。

[83] 正如美国学者伯纳德·施瓦茨(Bernard Schwartz)所说：“如果没有这一原则，审讯就会成为骗局。行政机关可以走形式，接纳堆积如山的证言和书证；但是，如果行政机关可以依据未在审讯中出示的材料作出裁决，那么厚厚的案卷就成了掩盖真相的假面具。秘密证据或几分钟的秘密会议可以推翻长时间的审判。”参见[美]伯纳德·施瓦茨：《行政法》，徐炳译，群众出版社1986年版，第329页。

[84] 《行政许可法》(2019)第34条规定：“行政机关应当对申请人提交的申请材料进行审查。申请人提交的申请材料齐全、符合法定形式，行政机关能够当场作出决定的，应当当场作出书面的行政许可决定。根据法定条件和程序，需要对申请材料的实质内容进行核实的，行政机关应当指派两名以上工作人员进行核查。”第48条第2款规定：“行政机关应当根据听证笔录，作出行政许可决定。”

[85] 特别体现在《行政复议法》(2023)第50条和第61条第2款。

2. 行政复议的特别期限由法律规定。行政复议在一般期限之外还保留了特别期限。所谓行政复议的特殊期限,是指《行政复议法》以外的其他法律规定短于60日的期限。法律规定特别期限少于60日的,按特别期限办;长于60日的,按一般期限办。行政复议的特别期限只能由法律(全国人大及其常委会制定)规定,法规、规章和行政规范性文件不得规定行政复议的特别期限。如果行政机关对外宣布短于60日的复议期限,那么可以作为行政允诺对待。当其成为行政相对人申请复议和提起诉讼的事由时,可被视为法定期限接受审查。

3. 行政复议期限的延长。无论是一般期限还是特别期限,如果复议案件情况复杂,不能在规定期限内作出行政复议决定,经行政复议机构负责人批准,可以适当延长。期限延长的决定权在复议机构的负责人而不是复议机关的负责人〔86〕,目的在于提高行政复议的效率。适当延长是指根据案件的具体情况决定合适的期限,可以是5日、7日、10日、15日等,可以延长一次,也可延长两次或多次,但合计不得超过30日。每次延长复议期限,都必须书面告知申请人、被申请人和第三人。当事人对复议机构延长复议期限的决定不能单独适用行政复议和行政诉讼,但如果认为延长期限决定有误,可作为行政复议或行政诉讼中的附带理由。

4. 行政复议期限的计算方法。行政复议的期限从受理复议申请的第二天计算,到复议决定作出之日(不是复议决定送达之日)为止。如果复议案件由其他机关转送,那么复议机关收到转送的复议申请之日为"受理申请之日"。《行政复议法》(2023)第88条〔87〕规定,行政复议期限不含法定休假日,即在计算中应扣除法定休假日。

5. 违反复议期限的后果。行政复议机关违反复议期限的属于违反法定程序,但鉴于这种违法并不会直接对当事人的实体权益产生影响,一般采用"确认违法"而非撤销行政行为的处理方式。如果因超期复议给当事人造成损害,当事人可以依法申请赔偿。

(四)复议决定的种类及适用

《行政复议法》(2023)第63条至第72条规定,行政复议决定包括:(1)维持决定;(2)撤销决定;(3)重作决定;(4)变更决定;(5)履行决定;(6)确认违法决定;(7)确认无效决定;(8)行政赔偿决定。复议决定本身也是一种行政决定。

1. 维持决定。维持决定是复议机关经审查后肯定和支持被复议行政行为的复议决定。《行政复议法》(2023)第68条规定:"行政行为认定事实清楚,证据确凿,适用依据正确,程序合法,内容适当的,行政复议机关决定维持该行政行为。"作出维持决定的条件是:(1)认定事实清楚,是指被复议的行政行为认定的事实客观存在并且事实逻辑清晰,不存在事实情节上的矛盾;(2)证据确凿,是指被复议的行政行为事实依据确实、可靠,提供的事实材料和证据具有充分的证明力;(3)适用依据正确,是指被复议的行政行为适用的法律、法规、规章和行政规定正确;(4)程序合法,是指被复议的行政行为符合法定程序和正当程序;(5)内容适当,是指被复议的行政行为如果属于裁量行为,那么它符合合理、适当性原则,以及比例原则等。

2. 撤销决定。撤销决定是复议机关经审查后认为被复议行政行为违法,依法撤销其效力的复议决定。《行政复议法》(2023)第64条第1款规定,撤销决定适用下列情形:(1)主要事实

〔86〕 即由司法局局长或司法厅厅长决定,而不是由司法行政机关所属人民政府的市长、县长或省长决定。

〔87〕 《行政复议法》(2023)第88条规定:"行政复议期间的计算和行政复议文书的送达,本法没有规定的,依照《中华人民共和国民事诉讼法》关于期间、送达的规定执行。本法关于行政复议期间有关'三日'、'五日'、'七日'、'十日'的规定是指工作日,不含法定休假日。"

不清、证据不足；（2）违反法定程序；（3）适用的依据不合法；（4）超越职权或者滥用职权。撤销可分为全部撤销与部分撤销。行政行为被撤销后，就不再具有法律效力，但它原则上不溯及既往，与确认无效不同。撤销决定适用于违法行政行为，一般不适用于不当行政行为。

3. 重作决定。重作决定是与撤销决定相配套的一个辅助性决定，是指复议机关在撤销被复议行政行为时，同时责令被申请人重新作出行政行为的决定。《行政复议法》（2023）第 64 条规定，责令被申请人重新作出行政行为，不仅适用撤销决定的条件，还需根据被撤销行为的性质和需要。[88] 行政复议机关责令被申请人重新作出行政行为的，被申请人不得以同一事实和理由作出与被申请行政复议的行政行为相同或者基本相同的行政行为，但是行政复议机关以违反法定程序为由决定撤销或者部分撤销的除外。

4. 变更决定。变更决定是复议机关经审查后认为被复议行政行为违法或不当，作出直接改变其内容的复议决定。《行政复议法》（2023）第 63 条规定，有下列情形之一的，复议机关可以作出直接改变被复议行政行为内容的决定：（1）事实清楚，证据确凿，适用依据正确，程序合法，但是内容不适当；（2）事实清楚，证据确凿，程序合法，但是未正确适用依据；（3）事实不清、证据不足，经行政复议机关查清事实和证据。变更决定既适用于违法行政行为，也适用于不当行政行为。行政复议机关不得作出对申请人更为不利的变更决定，但是第三人提出相反请求的除外。

5. 履行决定。履行决定是复议机关经审查后认为被申请人不履行法定职责，作出责令被申请人在一定期限内履行法定职责的复议决定。《行政复议法》（2023）第 66 条规定："被申请人不履行法定职责的，行政复议机关决定被申请人在一定期限内履行。"被申请人不履行法定职责专指《行政复议法》（2023）第 11 条规定的复议范围中的第 11 种情形，即"申请行政机关履行保护人身权利、财产权利、受教育权利等合法权益的法定职责，行政机关拒绝履行、未依法履行或者不予答复"。被申请人不履行法定职责是一种不作为的行政违法，但并不是任何不作为违法都属于不履行法定职责。此外，不得将"不履行法定职责"扩大解释为"不依法履行法定职责"，继而又扩大理解为"不依法行政"。如果作这种扩大理解，那么所有的行政违法都属于"不履行法定职责"。根据《行政复议法》（2023）第 69 条的规定，行政复议机关受理申请人认为被申请人不履行法定职责的行政复议申请后，发现被申请人没有相应法定职责或者在受理前已经履行法定职责的，决定驳回申请人的行政复议请求。

6. 确认违法决定。确认违法决定是复议机关经审查后认为被复议行政行为违法，从而认定并宣布其违法的复议决定。但当行政机关作出撤销决定、履行决定、确认无效决定时，其本身已包含了一个确认违法决定。这时的确认违法决定已没有必要单独存在，它已被撤销决定、履行决定、确认无效等决定吸收。所以，这里所述的确认违法决定特指单独存在的复议决定。这类复议决定适用于两种情况：（1）应当撤销但不宜撤销的情形，即《行政复议法》（2023）第 65 条第 1 款规定的两种情形：一是依法应予撤销，但是撤销会给国家利益、社会公共利益造成重大损害；二是程序轻微违法，但是对申请人权利不产生实际影响。（2）无法撤销、责令履行的情形，即《行政复议法》（2023）第 65 条第 2 款规定的三种情形：一是行政行为违法，但是不具有可撤销内容；二是被申请人改变原违法行政行为，申请人仍要求撤销或者确认该行政行为违法；

---

〔88〕 比如，对不存在违法事实的当事人进行的行政处罚被撤销后，不存在责令被申请人重新作出行政行为的情形；但对当事人的行政处罚由于适用法律错误而被撤销的，就应当责令被申请人重新作出行政处罚。

三是被申请人不履行或者拖延履行法定职责,责令履行没有意义。

7. 确认无效决定。确认无效决定是复议机关经审查后认为被复议行政行为无效,从而认定和宣布其自始没有法律效力的复议决定。确认无效决定是对无效行政行为的一种认定和宣布。《行政处罚法》(2021)第38条[89]、《行政诉讼法》(2017)第75条[90]和《行政复议法》(2023)第67条[91]都将无效行政行为确定为一种主体不够格、没有依据或严重违反法定程序等构成重大且明显违法的行政行为。无效行政行为被依法确认之后,其效力自始无效。[92]

8. 行政赔偿决定。行政赔偿决定是复议机关在行政复议过程中,依当事人申请或者依职权作出被申请人是否承担行政赔偿以及承担多少赔偿的复议决定。行政赔偿决定的作出适用于两类情况:一类是申请人在申请行政复议时一并提出行政赔偿请求,行政复议机关应当一并作出是否支持行政赔偿的决定。《行政复议法》(2023)第72条第1款规定:"申请人在申请行政复议时一并提出行政赔偿请求,行政复议机关对依照《中华人民共和国国家赔偿法》的有关规定应当不予赔偿的,在作出行政复议决定时,应当同时决定驳回行政赔偿请求;对符合《中华人民共和国国家赔偿法》的有关规定应当给予赔偿的,在决定撤销或者部分撤销、变更行政行为或者确认行政行为违法、无效时,应当同时决定被申请人依法给予赔偿;确认行政行为违法的,还可以同时责令被申请人采取补救措施。"另一类情况是,申请人在申请行政复议时没有提出行政赔偿请求的,行政复议机关在一定条件下可以依职权对行政赔偿作出决定。《行政复议法》(2023)第72条第2款规定:"申请人在申请行政复议时没有提出行政赔偿请求的,行政复议机关在依法决定撤销或者部分撤销、变更罚款,撤销或者部分撤销违法集资、没收财物、征收征用、摊派费用以及对财产的查封、扣押、冻结等行政行为时,应当同时责令被申请人返还财产,解除对财产的查封、扣押、冻结措施,或者赔偿相应的价款。"

(五)复议决定的形式要求及效力

《行政复议法》(2023)第75条第1款规定:"行政复议机关作出行政复议决定,应当制作行政复议决定书,并加盖行政复议机关印章。"行政复议结果必须用行政复议决定书表达。行政复议决定书是行政复议机关对行政复议案件作出的最终决定的书面表达。

行政复议机关作出复议决定,应当制作复议决定书。复议决定书应当载明下列事项:(1)申请人的姓名、性别、年龄、职业、住址(法人或者其他组织的名称、地址、法定代表人的姓名);(2)被申请人的名称、地址、法定代表人的姓名、职务;(3)申请复议的主要请求和理由;(4)复议机关认定的事实、理由,适用的法律、法规、规章;(5)复议结论;(6)不服复议决定向人民法院起诉的期限,或者终局的复议决定,当事人履行的期限;(7)作出复议决定的年、月、日。

复议决定书由复议机关的法定代表人署名,加盖复议机关的印章。

行政复议决定书一经送达,即发生法律效力。

---

[89] 《行政处罚法》(2021)第38条规定:"行政处罚没有依据或者实施主体不具有行政主体资格的,行政处罚无效。违反法定程序构成重大且明显违法的,行政处罚无效。"

[90] 《行政诉讼法》(2017)第75条规定:"行政行为有实施主体不具有行政主体资格或者没有依据等重大且明显违法情形,原告申请确认行政行为无效的,人民法院判决确认无效。"

[91] 《行政复议法》(2023)第67条规定:"行政行为有实施主体不具有行政主体资格或者没有依据等重大且明显违法情形,申请人申请确认行政行为无效的,行政复议机关确认该行政行为无效。"

[92] 关于无效行政行为,请同时阅读本书第二十四章行政无效。

五、行政复议的执行

（一）行政复议执行的概念

行政复议的执行，系指复议申请人或第三人拒不履行复议决定或复议中调解书载明的义务，行政机关依法实施强制执行或者申请人民法院强制执行的法律制度。它属于我国行政强制执行制度的一部分。[93] 理解行政复议执行应当把握以下几点：

第一，行政复议执行是对复议结果（复议决定或调解书）的执行，而不是对被复议行政行为的执行。即使复议决定的内容与被复议的行政行为内容完全相同，执行也必须以复议决定或调解书为执行名义，而不是以被复议的行政行为为执行名义。

第二，行政复议执行不等于行政复议机关实施的强制执行。根据《行政复议法》（2023）第78条的规定，作出原行政行为的行政机关、行政复议机关或者人民法院都有可能成为复议决定或调解书的强制执行机关。

第三，行政复议执行是有权机关对复议申请人或第三人的强制执行，不包括对被申请人的强制执行。复议中的被申请人虽然对复议决定书、调解书、意见书都有履行的义务[94]，但由于行政复议机关与被申请人之间往往是领导、监督关系，所以，如果被申请人拒不履行行政复议决定书、调解书、意见书的，复议机关可以责令其履行并可追究被申请人的纪律责任和行政责任。[95]

（二）适用复议执行的范围和条件

行政复议的执行，只限于对复议决定和调解书的执行，不存在对意见书的执行；行政复议的执行，只限于对复议申请人和第三人的执行，不存在对被申请人的执行。

行政复议执行的实施，应当符合一定的条件，但要区分对复议决定的执行与对调解书的执行。

根据《行政复议法》（2023）第78条的规定，复议决定的执行条件是：申请人、第三人逾期不起诉又不履行行政复议决定书，或者不履行最终裁决的行政复议决定。也即，启动对复议决定的强制执行，必须同时符合以下条件：

1. 复议决定书已作出并送达。这是执行的基础。

2. 申请人、第三人逾期不起诉。[96] 这一条件不适用于以最终裁决形式作出的行政复议决定。

3. 申请人、第三人逾期不履行行政复议决定。这里的“逾期”是指超越“履行期限”。[97]

4. 行政复议决定书具有可执行的内容。并不是所有复议决定都有可执行的内容，有内容

---

[93] 学习本部分，可同步阅读本书第十三章行政强制。

[94] 《行政复议法》（2023）第77条第1款规定：“被申请人应当履行行政复议决定书、调解书、意见书。”

[95] 《行政复议法》（2023）第77条第2款规定：“被申请人不履行或者无正当理由拖延履行行政复议决定书、调解书、意见书的，行政复议机关或者有关上级行政机关应当责令其限期履行，并可以约谈被申请人的有关负责人或者予以通报批评。”

[96] 不服行政复议决定的起诉期限一般是15日。《行政诉讼法》（2017）第45条规定：“公民、法人或者其他组织不服复议决定的，可以在收到复议决定书之日起十五日内向人民法院提起诉讼。复议机关逾期不作决定的，申请人可以在复议期满之日起十五日内向人民法院提起诉讼。法律另有规定的除外。”

[97] 这一履行期限一般由行政复议决定本身规定。

才可执行。

对调解书的执行条件是:申请人、第三人逾期不履行调解书规定的义务。对于复议中的调解书,当事人经调解达成协议的,行政复议机关应当制作行政复议调解书,各方当事人签字或者签章,并加盖行政复议机关的印章后,即具有法律效力。申请人、第三人逾期不履行行政复议调解书的,可依法启动强制执行程序。这里的"逾期"同样是指超越"履行期限"。这一履行期限一般由行政复议调解书规定。当然,这里同样要求行政复议调解书具有可执行的内容。

(三)执行主体与申请人

符合上述执行条件后,具有强制执行权的机关方可启动强制执行程序。根据《行政复议法》(2023)第78条的规定,启动强制执行程序应当按照下列规定分别处理:

1. 维持行政行为的行政复议决定书,由作出行政行为的行政机关依法强制执行,或者申请人民法院强制执行;

2. 变更行政行为的行政复议决定书,由行政复议机关依法强制执行,或者申请人民法院强制执行;

3. 行政复议调解书,由行政复议机关依法强制执行,或者申请人民法院强制执行。

根据《行政强制法》(2011)第34条和第53条的规定,法律授予行政机关强制执行权的,由行政机关强制执行;法律没有授权的,则由行政机关申请人民法院强制执行。

(四)复议执行的程序

对于行政复议的执行,除《行政复议法》本身有特别规定外,适用《行政强制法》的程序规定。

第七节　行政复议其他程序

一、行政复议简易程序[98]

完善行政复议审理体制,增设行政复议审理简易程序,是《行政复议法》2023年修订亮点之一。《行政复议法》(2023)第四章第四节对行政复议简易程序作出专门规定。

(一)简易程序的适用范围

简易程序是与普通程序相对应的程序,是对普通程序的一种简化。设立简易程序的目的在于提高复议效率,从而节省行政成本。

根据《行政复议法》(2023)第36条第1款的规定,行政复议简易程序适用时间发生在行政复议审理阶段,行政复议申请、受理阶段并未有普通程序与简易程序的划分,行政复议审理程序繁简分流在其上游程序没有与之相适应的分类配套规定。因此不管是适用普通程序还是简易程序并不影响行政复议案件在申请、受理阶段的程序进程;只有在行政复议机关接到公民、法人或者其他组织依法提出行政复议申请并进行审查,排除不予受理情形,依法受理相对人行政复议申请后,才能依照行政复议法规定决定对申请复议案件是适用普通程序或者简易程序。

---

〔98〕　参见刘馨蔓:《行政复议简易程序》,载胡建森主编:《行政复议法教程》,人民出版社2023年版,第268～284页。

根据《行政复议法》(2023)第53条的规定,行政复议机关审理下列行政复议案件,认为事实清楚、权利义务关系明确、争议不大的,可以适用简易程序:(1)被申请行政复议的行政行为是当场作出;(2)被申请行政复议的行政行为是警告或者通报批评;(3)案件涉及款额3000元以下;(4)属于政府信息公开案件。必须指出的是,"事实清楚、权利义务关系明确、争议不大"属于基础条件,上述四类案件只有同时符合这一基础条件时才适用简易程序。

除上述情形外,如果当事人各方同意适用简易程序,也可以适用简易程序。可见,简易程序并不是一种绝对的刚性程序。

(二)简易程序的审理方式

根据《行政复议法》(2023)第54条第2款的规定,适用简易程序审理的行政复议案件,可以书面审理。所谓书面审理是指行政复议机关在审理行政复议案件时以当事人提供的书面材料为主要审理依据的审理方式。需要注意的是,书面审理方式对于行政复议简易程序而言只是其中一种审理方式。其中"可以"的用词表明行政复议简易程序为其他审理方式预留了充分的制度空间。《行政复议法》并未对简易程序中的其他审理方式进行具体规定。但基于立法目的与制度属性,只要有利于实质性化解行政争议,行政复议简易程序的审理方式在不违反程序法定与程序正当的原则下可更为多元、灵活、高效。

(三)简易程序的期限规定

《行政复议法》(2023)第54条第1款对适用简易程序审理的行政复议案件的审理期间作出明确规定,行政复议机构应当自受理行政复议申请之日起3日内,将行政复议申请书副本或者行政复议申请笔录复印件发送被申请人。被申请人应当自收到行政复议申请书副本或者行政复议申请笔录复印件之日起5日内,提出书面答复,并提交作出行政行为的证据、依据和其他有关材料。

《行政复议法》(2023)第62条第2款规定,适用简易程序审理的行政复议案件,行政复议机关应当自受理申请之日起30日内作出行政复议决定。这明显短于普通程序规定的60日期限。

(四)简易程序与普通程序的比较

简易程序与普通程序的区别在其他方面不是太绝对,但是下列事项上期限的区别是明显而绝对的,见表27-3。

表27-3　简易程序与普通程序比较

程序事项	普通程序	简易程序	有关说明
复议机构将复议申请书副本发送给被申请人的期限	7日内 (《行政复议法》第48条)	3日内 (《行政复议法》第54条)	自复议申请受理之日起第二天计算
被申请人答辩和提交证据的期限	10日内 (《行政复议法》第48条)	5日内 (《行政复议法》第54条)	自收到复议申请书副本之日起第二天计算
复议机关作出复议决定的期限	60日+30日 (《行政复议法》第62条)	30日内 (《行政复议法》第62条)	自复议申请受理之日起第二天计算

(五)简易程序与普通程序的转换

行政复议简易程序与普通程序的转换仅规定于《行政复议法》(2023)第55条中,即适用简易程序审理的行政复议案件,行政复议机构认为不宜适用简易程序的,经行政复议机构的负责人批准,可以转为普通程序审理。理解这一制度通道,必须把握以下几点:

1. 程序转换的启动。从简易程序转换成普通程序,必须满足三项法定条件:(1)正在适用简易程序审理的行政复议案件;(2)行政复议机构认为案件不宜适用简易程序;(3)经行政复议机构负责人批准。三项条件齐备,方可进行程序转换。其中关键在于第2项条件中,行政复议机构是如何意识到案件不宜适用简易程序审理的。这主要有两种途径:一是行政复议机构在审理过程中依职权发现案件不宜适用简易程序的;二是各方当事人依申请向行政复议机构反映案件不宜适用简易程序的。

2. 程序转换的有效启动时效区间。程序转换的启动时效区间的起点没有疑异,即行政复议案件适用简易程序之日起;而有效区间的终点可理解为审理开始前或简易程序审结期限结束前。该条文的修订历程显示,删除"在审理过程中"这一表述,实际已表明,只要在行政复议案件适用简易程序审结的最后期限内,即30日内,并且符合法定条件,就可以进行程序转换。

3. 程序转换的非强制性。也即,即使符合转换条件,也未必必须转换。符合条件而不转换的案件,并不构成程序违法。

二、行政复议附带审查程序

与行政复议的简易程序不同,行政复议附带审查程序不是与普通程序相并列或者是普通程序之外的独立程序,而是行政复议普通程序中的附带程序。

(一)附带审查的概念、特征和种类

行政复议附带审查,是指行政复议机关在行政复议过程中,依申请或依职权对作为被复议行政行为的依据进行审查和处理的法律制度。《行政复议法》(2023)第13条、第56条至第59条对此作出了特别规定。行政复议附带审查,既不同于行政诉讼附带审查,也不同于法规备案审查,它具有自己的特点和法律特征。

第一,行政复议附带审查是行政复议机关所作的审查,是行政监督权的体现。它与立法机关所作的法规合宪性、合法性审查[99]和人民法院在行政诉讼中的司法附带审查[100]不同。这种审查,既不是立法活动,也不是司法活动,而是行政活动,是国家行政权运行的体现。

第二,行政复议附带审查是基于真实个案,对作为被复议行政行为的规范依据的审查。行

〔99〕《立法法》(2023)第110条规定:"国务院、中央军事委员会、国家监察委员会、最高人民法院、最高人民检察院和各省、自治区、直辖市的人民代表大会常务委员会认为行政法规、地方性法规、自治条例和单行条例同宪法或者法律相抵触,或者存在合宪性、合法性问题的,可以向全国人民代表大会常务委员会书面提出进行审查的要求,由全国人民代表大会有关的专门委员会和常务委员会工作机构进行审查、提出意见。前款规定以外的其他国家机关和社会团体、企业事业组织以及公民认为行政法规、地方性法规、自治条例和单行条例同宪法或者法律相抵触的,可以向全国人民代表大会常务委员会书面提出进行审查的建议,由常务委员会工作机构进行审查;必要时,送有关的专门委员会进行审查、提出意见。"

〔100〕《行政诉讼法》(2017)第53条规定:"公民、法人或者其他组织认为行政行为所依据的国务院部门和地方人民政府及其部门制定的规范性文件不合法,在对行政行为提起诉讼时,可以一并请求对该规范性文件进行审查。前款规定的规范性文件不含规章。"

政复议附带审查,始终与行政复议案件相关联,只有在行政规范性文件或其他依据作为被复议行政行为的依据时,才可纳入这一审查范围与程序。

第三,行政复议附带审查是对作为被复议行政行为依据的合法性审查,而不是合理性审查。行政复议附带审查是对作为被复议行政行为的规范依据的审查,它不同于对被复议的行政行为的审查。对行政行为的审查既包括合法性审查,也包括合理性审查。复议附带审查只限于合法性审查。

第四,行政复议附带审查虽然可以依申请或依职权发动,但它依附于行政复议程序。这种审查具有附带性,不具有独立性。它只存在于行政复议的过程之中,而不是过程之外。在行政复议程序启动前和结束后,都不得进行独立的附带审查。

从行政复议附带审查的启动方式看,根据《行政复议法》(2023)第56条、第57条的规定,可以分为依申请审查与依职权审查。依申请审查,是指公民、法人或者其他组织在对某行政行为申请行政复议时,认为作为其依据的行政规范性文件违法,而申请复议机关一并审查;依职权审查是指行政复议机关在办理行政复议案件过程中,发现行政行为依据违法,而主动发起的审查。这两种审查虽然在审查标准、处理方式、处理期限和复议中止程序上没有区别,但在审查范围的大小上有所不同。依申请审查只限于对规章以下规范性文件(行政规定)的审查,而依职权审查在此基础上还包括对法律、法规和规章的审查。

从行政复议附带审查后的处理主体看,行政复议附带审查又可分为有权处理的审查与无权处理的审查(见图27-1)。复议机关本身有权改变或撤销被审查的规范依据的,属于有权处理的审查;相反,就是无权处理的审查。这两类审查虽然在审查标准、复议中止等方面没有区别,但最终的处理机关和处理期限却是不同的。

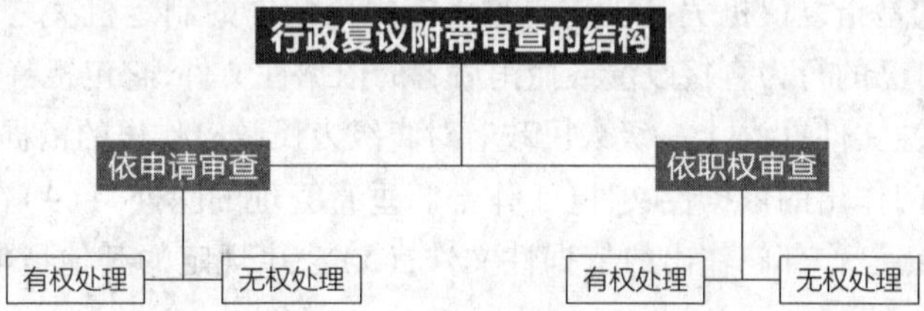

图27-1　行政复议附带审查的结构

(二)附带审查的启动

启动行政复议附带审查有两种方式:一是申请人申请行政复议时,一并要求审查作为行政行为依据的规范性文件,这称为依申请审查;二是复议机关在审理复议案件中,发现作为行政行为的依据存在问题,主动按程序进行审查,这称为依职权审查。

对于依申请审查,申请人要求一并审查作为行政行为依据的规范性文件,必须在复议申请开始到复议审查结束前提出;可以和行政复议申请书一并提出,也可以在规定期限内事后提出。

申请人提出要求一并审查规范性文件的申请,必须表明:(1)要求审查的规范性文件,包括具体的文件名称、制定机关和文号;(2)该规范性文件与申请复议的行政行为之间的关系,即规范性文件构成了被复议行政行为的依据;(3)规范性文件的违法所在,即指出规范性文件中的哪些内容违法,如与上位法抵触等。

对于依职权审查,复议机关在复议期间一旦发现可审查的事项,则都可启动审查。但在复议案件立案之前与作出复议决定之后均不得启动。[101] 因为附带审查本身就具有附带性,而不具有独立性。

必须指出的是,依申请审查与依职权审查在程序上是相同的,但审查对象的范围存在区别(见图27-2)。依申请审查中的审查对象,限于规范性文件。这里的规范性文件是指《行政复议法》(2023)第13条规定的规章以下的行政规范性文件,包括国务院部门的规范性文件,县级以上地方各级人民政府及其工作部门的规范性文件,乡、镇人民政府的规范性文件和法律、法规、规章授权的组织的规范性文件。在行政法理上就是与行政决定相对应的行政规定。依职权审查中的审查对象,则是指被复议行政行为的依据。[102] 这里的依据,除了上述行政规范性文件,还包括法律、法规和规章,可简称为"规范依据"。

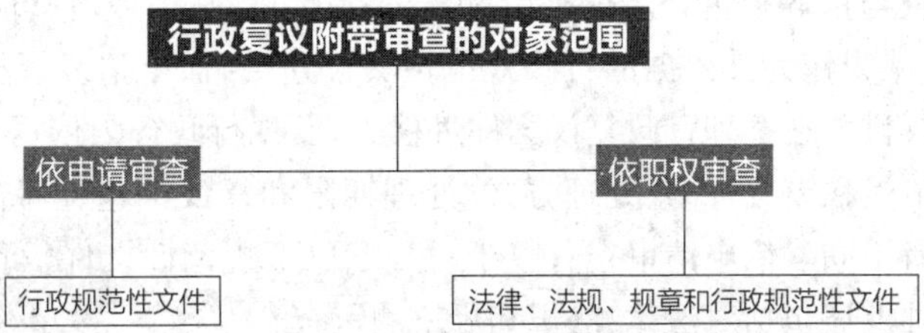

图27-2 行政复议附带审查的对象

(三)审查与处理

行政复议机关对附带审查案件的审查和处理,与复议机关自身是否有权处理有关。所谓复议机关有权处理,是指复议机关基于它与被审查规范依据的制定机关之间具有直接的领导监督关系,有权以自己的行为直接改变或撤销后者的依据性文件,它包括:(1)各级人民政府对于自己作出的依据性文件;(2)上一级人民政府对直级人民政府作出的依据性文件;(3)各级人民政府对其工作部门作出的依据性文件(工作部门垂直管理的除外);(4)在垂直管理关系中,上级工作部门对下级工作部门作出的依据性文件;(5)法律规定的其他情形。此外,就属于无权处理的附带审查。

对于有权处理的附带审查,行政复议机关应当在30日内依法处理。行政复议机构应当自行政复议中止之日[103]起3日内,书面通知规范性文件或者依据的制定机关就相关条款的合法性提出书面答复。制定机关应当自收到书面通知之日起10日内提交书面答复及相关材料。行政复议机构认为必要时,可以要求规范性文件或者依据的制定机关当面说明理由,制定机关应当配合。

根据《行政复议法》(2023)第59条的规定,行政复议机关对自身有权处理的有关规范性文件或者依据进行审查后,认为相关条款合法的,应当在行政复议决定书中一并告知;认为相关

---

[101] 如果复议机关在上述期间外发现规范性文件存在问题,则应当按照国务院办公厅《关于加强行政规范性文件制定和监督管理工作的通知》(国办发〔2018〕37号)和国务院办公厅《关于全面推行行政规范性文件合法性审核机制的指导意见》(国办发〔2018〕115号)的有关规定办理。

[102] 参见《行政复议法》(2023)第57条。

[103] 这里的复议中止之日应当是指复议机构对申请人的附带审查申请的受理之日。

条款超越权限或者违反上位法的，决定停止该条款的执行，并责令制定机关予以纠正。停止条款执行的决定，不仅具有个案效力，而且具有普遍效力，即不仅适用于本案，还适用于其他案件。[104]

对于无权处理的附带审查，行政复议机关应当在7日内转送有权处理的国家机关依法处理。有关国家机关应当自收到转送之日起60日内，将处理意见回复转送的行政复议机关。

(四)附带审查的标准

根据《行政复议法》(2023)第59条的规定，行政复议机关在附带审查中对有权处理的规范依据的审查是作合法性审查，而不是作合理性审查，具体而言是审查其是否"超越权限"和"违反上位法"。

所谓"超越权限"，是指规范依据的制定机关不具有制定规范依据的功能(如不具有立法功能的机关制定法律)，或者它虽有立法功能，但超越了立法事项范围(如法规和规章不得设定征收征用事项)。

所谓"违反上位法"，系指将规范依据按法律位阶排列，法律效力从高到低为：法律—行政法规—地方性法规—规章—行政规范性文件。凡低位依据在内容上违反上位依据规定的，就是违反上位法。其具体情形包括原则抵触与规范抵触等。[105]

(五)附带审查时的复议中止

根据《行政复议法》(2023)第39条第1款第9项的规定，复议机关对行政行为的规范依据进行附带审查的，适用复议中止，等附带审查程序完成后才恢复行政复议本体案件的审理。

行政复议程序中止，意味着行政复议的本位复议期限不受《行政复议法》(2023)第62条规定的60日期限的约束。

附带审查中的复议中止，应当自附带审查申请被受理之日起至附带审查程序完成时止。

三、行政复议的调解与和解

行政复议中的调解与和解，是行政复议程序中的重要制度，它对于化解行政争议具有重要作用。《行政复议法》2023年的修订对此作出重大创设和强化。

(一)行政复议中的调解

行政复议中的调解，系指在行政复议程序中，行政复议机关遵循合法、自愿的原则，对申请人、第三人和被申请人之间的争议进行调停、斡旋、劝导等活动。它是行政复议案件结案的一种新型方式。

在传统行政法理论的影响下，我们在行政复议和行政诉讼制度中奉行解决行政争议不适用调解的原则。我国1994年修订的《行政复议条例》[106]和1989年制定的《行政诉讼法》[107]

---

[104] 参见梁凤云：《行政复议法讲义》，人民法院出版社2023年版，第220页。

[105] 具体抵触情形详见本书第十九章行政依据第五节行政依据冲突及处理中的行政依据之间的"抵触"与"不一致"。

[106] 《行政复议条例》(1994)第8条规定："复议机关审理复议案件，不适用调解。"

[107] 《行政诉讼法》(1989)第50条规定："人民法院审理行政案件，不适用调解。"

都明文否定调解的方式。2007 年,《行政复议法实施条例》才在第 50 条[108]中确立了有限调解原则,即规定在自由裁量权的行使和行政赔偿或者行政补偿纠纷中才可调解。[109] 即使如此,这一有限调解原则也未能写入 2017 年的《行政复议法》。2023 年《行政复议法》的修订,不仅将复议调解上升为一项法律原则,而且从当年的有限调解扩展为全面调解,即调解不再受自由裁量权的行使和行政赔偿或者行政补偿纠纷范围的限制,只受合法原则和自愿原则的限制。

《行政复议法》(2023)第 5 条规定:"行政复议机关办理行政复议案件,可以进行调解。调解应当遵循合法、自愿的原则,不得损害国家利益、社会公共利益和他人合法权益,不得违反法律、法规的强制性规定。"理解和掌握现行行政复议调解制度,必须把握几个要点:

一是"可以"。法律规定行政复议机关办理行政复议案件,"可以"进行调解,不是规定"必须"调解或"只能"调解。这意味着,调解是一种处理行政复议案件的结案方式,但不是必经方式和唯一方式。调解要根据案件本身的情况视条件而定。不符合调解条件的,复议机关可能不作调解。

二是"合法"。经调解达成的协议内容和调解书内容必须合法,不得损害国家利益、社会公共利益和他人合法权益,不得违反法律、法规的强制性规定。

三是"自愿"。调解以申请人、第三人和被申请的自愿为基础,不得以胁迫、诱导方式促成调解。

当事人经调解达成协议的,行政复议机关应当制作行政复议调解书。调解书经各方当事人签字或者签章,并加盖行政复议机关印章,即具有法律效力。调解书发生效力的时点,不是调解书送达双方时,而是调解书经各方当事人签字或者签章后并加盖行政复议机关印章时。复议机关对调解书加盖复议机关印章之时起调解书就具有法律效力,各方当事人就具有履行义务。如果申请人、第三人拒不履行调解书规定的义务,有关机关可以依法强制执行。

调解未达成协议或者调解书生效前一方反悔的,行政复议机关应当依法审查或者及时作出行政复议决定。调解未达成协议系指各方当事人未全部签字,而调解书生效前应当是指行政复议机关在调解书上加盖印章之前。

(二)行政复议中的和解

行政复议中的和解,是指当事人在行政复议决定作出前,自己通过互相沟通、友好协商、互谅互让等方式,最终达成意思一致的活动。

和解与调解的最大区别,在于是否由复议机构主持。也即,和解是各方当事人所作的自我调解,调解则是行政复议机构主持下的和解。

---

[108] 《行政复议法实施条例》(2007)第 50 条规定:"有下列情形之一的,行政复议机关可以按照自愿、合法的原则进行调解:(一)公民、法人或者其他组织对行政机关行使法律、法规规定的自由裁量权作出的具体行政行为不服申请行政复议的;(二)当事人之间的行政赔偿或者行政补偿纠纷。当事人经调解达成协议的,行政复议机关应当制作行政复议调解书。调解书应当载明行政复议请求、事实、理由和调解结果,并加盖行政复议机关印章。行政复议调解书经双方当事人签字,即具有法律效力。调解未达成协议或者调解书生效前一方反悔的,行政复议机关应当及时作出行政复议决定。"

[109] 与此同时,2014 年的《行政诉讼法》也确立了有限调解原则。其第 60 条规定:"人民法院审理行政案件,不适用调解。但是,行政赔偿、补偿以及行政机关行使法律、法规规定的自由裁量权的案件可以调解。调解应当遵循自愿、合法原则,不得损害国家利益、社会公共利益和他人合法权益。"《行政诉讼法》2017 年的修正依然保留并停留在这一规定上。也即,现行的复议调解坚持全面调解原则,而现行的行政诉讼调解则坚持有限调解原则。

但是,和解同样要遵循合法原则和自愿原则。和解的内容不得损害国家利益、社会公共利益和他人合法权益,不得违反法律、法规的强制性规定。和解同样必须出自各方当事人的真实意思表示,不存在胁迫和诱导的情形。

当事人达成和解后,申请人需向行政复议机构撤回行政复议申请。行政复议机构准予撤回行政复议申请、行政复议机关决定终止行政复议的,申请人不得再以同一事实和理由提出行政复议申请。但是,申请人能够证明撤回行政复议申请违背其真实意愿的除外。

(三)调解与和解时的复议中止

《行政复议法》(2023)第39条第1款第6项规定,行政复议复议机构主持和组织调解,或者当事人自行和解期间,复议申请人和被申请人同意中止的,行政复议应当中止;调解不成或和解不成的,才恢复复议程序。确立这一复议中止制度,有利于各方当事人有充分的时间进行沟通,并有利于促进调解、和解。

四、行政复议意见书

《行政复议法》(2023)第76条规定:“行政复议机关在办理行政复议案件过程中,发现被申请人或者其他下级行政机关的有关行政行为违法或者不当的,可以向其制发行政复议意见书。有关机关应当自收到行政复议意见书之日起六十日内,将纠正相关违法或者不当行政行为的情况报送行政复议机关。”这是《行政复议法》(2023)首次确立的行政复议意见书制度。

根据上述规定,行政复议意见书是指,行政复议机关在办理行政复议案件过程中,发现被申请人或者其他下级行政机关有关行政行为违法或者不当的,向其制发的具有法律效力的法律文书。理解和掌握行政复议意见书制度必须关注以下特征和要点:

第一,行政复议意见书是行政复议机关在办理行政复议案件过程中制发的法律文书。制作机关是行政复议机关。如果是复议机关以外的其他行政机关制发的法律文书,虽然该类主体也有权制作监督性法律文书,但就不属于行政复议意见书了。此外,行政复议意见书是行政复议机关在复议过程中制发的。如果是在复议过程以外制发的,也可能不属于行政复议意见书。

第二,行政复议意见书是针对复议被申请人或其他下级行政机关制作的。行政复议意见书体现的不是行政复议权,而是行政复议权以外的行政监督权。被申请人和其他下级行政机关正好都是行政复议机关要监督的对象。

第三,制发行政复议意见书是为了纠正违法或不当的行政行为。这种行政行为可以是被复议的行政行为,也可以是与被复议的行政行为有关的其他行政行为。

第四,行政复议意见书是具有法律约束力的法律文书。由于行政复议意见书是行政复议机关基于行政监督权而制作的法律文书,所以它对意见书所针对的机关(作为被申请人的行政机关或者其他下级行政机关)具有约束力,有关机关必须履行该意见书。由于复议意见书不是针对申请人和第三人的,所以它对申请人和第三人不会发生强制执行的问题。

行政复议意见书既不是行政复议决定书,也不是行政复议建议书。行政复议决定书已经解决的问题,不该再通过行政复议意见书去解决。[110] 行政复议意见书只能解决行政复议决定书没有覆盖但需要纠正的问题。行政复议意见书也不是一种建议书,而是行政复议机关以上级行政机关的身份基于行政监督权对下级行政机关发出的一种行政命令,有关行政机关具有履行的义务。

为此,《行政复议法》(2023)第 76 条、第 77 条规定,行政复议机关向被申请人或其他下级行政机关发送行政复议意见书后,有关机关应当自收到行政复议意见书之日起 60 日内,将纠正相关违法或者不当行政行为的情况报送行政复议机关。有关机关拒不履行行政复议意见书的,行政复议机关或者有关上级行政机关应当责令其限期履行,并可以约谈其单位有关负责人或者予以通报批评。

五、行政复议程序中的其他制度

(一)行政复议不停止行政行为的执行

《行政复议法》(2023)第 42 条规定:"行政复议期间行政行为不停止执行",从而确立了复议不停止执行的制度。"复议不停止行政行为的执行"是世界大多数国家行政法理论所确认的一项原则,同时也为大多数国家的实践和制度所遵循。这是由国家行政管理的特点决定的,体现了高效性、连续性的要求。根据这一要求,行政行为在复议期间不应停止执行,否则就可能使国家行政管理陷于瘫痪,行政法律秩序将久久处于不稳定状态。所以,行政法赋予行政行为以效力先决权,即行政行为在作出后、生效前,可假定其合法,从而先行执行。复议、诉讼均不影响行政行为的先行执行。

然而,如果毫不例外地规定复议不停止执行,将可能使违法、不当的行政行为得到执行而损害相对人的合法权益。因此,各国行政法在确立复议不停止执行原则的同时,往往规定了该原则的例外。我国《行政复议法》(2023)第 42 条同样规定了几种例外情形。凡有下列情形之一的,可以停止行政行为的执行:

1. 被申请人认为需要停止执行的。因为被申请人既然有权作出并执行某种行政行为,当然也有权停止该行政行为的执行。因此被申请人认为不宜马上执行该行政行为时,可依职权决定停止执行。

2. 行政复议机关认为需要停止执行的。复议机关在大多数情况下是被申请人的上级机关,有权按照行政隶属关系对被申请人进行监督。所以复议机关认为行政行为需要停止执行的,也可依职权决定停止执行。

3. 申请人、第三人申请停止执行,行政复议机关认为其要求合理,决定停止执行的。例如,申请人认为行政行为的执行会造成难以弥补的损失,并且停止执行不会损害社会公共利益,可申请复议机关停止执行。复议机关经审查属实,可以作出停止执行的裁决。

4. 法律、法规、规章规定停止执行的其他情形。如果具体的法律、法规和规章规定了其他可以停止执行的情况,应按规定办理。例如,《治安管理处罚法》(2012)第 107 条规定:"被处罚人不服行政拘留处罚决定,申请行政复议、提起行政诉讼的,可以向公安机关提出暂缓执行行政拘留的申请。公安机关认为暂缓执行行政拘留不致发生社会危险的,由被处罚人或者其近

---

[110] 比如,行政复议决定书已撤销被复议的行政行为并责令被申请人重新作出行政行为的,就不得再通过行政复议意见书要求行政机关纠正违法行为。

亲属提出符合本法第一百零八条规定条件的担保人，或者按每日行政拘留二百元的标准交纳保证金，行政拘留的处罚决定暂缓执行。”另外，值得一提的是，凡法律规定应申请人民法院强制执行的行政行为，均不能先行执行。[111]

（二）行政复议的中止与终止

行政复议的中止与终止，是行政复议中的两大程序制度。

行政复议的中止，是指因法定事由的出现，行政复议程序暂时停止，等中止复议的原因消除后，再行恢复复议程序的法律制度。

根据《行政复议法》（2023）第 39 条的规定，行政复议期间有下列情形之一的，行政复议中止：（1）作为申请人的公民死亡，其近亲属尚未确定是否参加行政复议；（2）作为申请人的公民丧失参加行政复议的行为能力，尚未确定法定代理人参加行政复议；（3）作为申请人的公民下落不明；（4）作为申请人的法人或者其他组织终止，尚未确定权利义务承受人；（5）申请人、被申请人因不可抗力或者其他正当理由，不能参加行政复议；（6）依照本法规定进行调解、和解，申请人和被申请人同意中止；（7）行政复议案件涉及的法律适用问题需要有权机关作出解释或者确认；（8）行政复议案件审理需要以其他案件的审理结果为依据，而其他案件尚未审结；（9）在行政复议中附带审查行政行为依据期间；（10）需要中止行政复议的其他情形。

行政复议中止的原因消除后，应当及时恢复行政复议案件的审理。行政复议机关中止、恢复行政复议案件的审理，都应当书面告知当事人。在行政复议期间，行政复议机关无正当理由中止行政复议的，上级行政机关应当责令其恢复审理。

行政复议的终止，是指因法定事由的出现，行政复议程序结束。与复议中止不同的是，复议终止意味着复议程序的结束，不存在再行恢复复议程序的问题。

根据《行政复议法》（2023）第 41 条的规定，行政复议期间有下列情形之一的，行政复议机关决定终止行政复议：（1）申请人撤回行政复议申请，行政复议机构准予撤回；（2）作为申请人的公民死亡，没有近亲属或者其近亲属放弃行政复议权利；（3）作为申请人的法人或者其他组织终止，没有权利义务承受人或者其权利义务承受人放弃行政复议权利；（4）申请人对行政拘留或者限制人身自由的行政强制措施不服申请行政复议后，因同一违法行为涉嫌犯罪，被采取刑事强制措施；（5）依照《行政复议法》（2023）第 39 条第 1 款第 1、2、4 项[112]的规定中止行政复议满 60 日，行政复议中止的原因仍未消除。

（三）行政复议中的期间与送达

行政复议中的期间，是指行政复议程序中的时间长度以及计算方法。根据《行政复议法》（2023）第 88 条的规定，关于行政复议期间的计算，《行政复议法》本身没有规定的，依照《民事诉讼法》关于期间的规定执行。

根据《民事诉讼法》（2023）第 85 条的规定，期间以时、日、月、年计算。期间开始的时和日，不计算在期间内。期间届满的最后一日是法定休假日的，以法定休假日后的第一日为期间届

---

〔111〕《行政强制法》（2011）第 53 条规定：“当事人在法定期限内不申请行政复议或者提起行政诉讼，又不履行行政决定的，没有行政强制执行权的行政机关可以自期限届满之日起三个月内，依照本章规定申请人民法院强制执行。”

〔112〕即：（1）作为申请人的公民死亡，其近亲属尚未确定是否参加行政复议；（2）作为申请人的公民丧失参加行政复议的行为能力，尚未确定法定代理人参加行政复议；（3）作为申请人的法人或者其他组织终止，尚未确定权利义务承受人。

满的日期。期间不包括在途时间。

《行政复议法》(2023)第 88 条第 2 款规定,行政复议期间有关“三日”“五日”“七日”“十日”的规定是指工作日,不含法定休假日。也即,这些期间以外的期间,如 60 日等,包含法定休假日。

所谓送达,是指行政复议机关按照法定的程序和方式,将行政复议法律文书送交行政复议申请人、被申请人和其他行政复议参加人的法律活动。送达同样按照“《行政复议法》本身没有规定的,依照《民事诉讼法》有关规定执行”的原则办理。

我国《民事诉讼法》规定了直接送达、留置送达、转交送达、邮寄送达、公告送达等方式。《行政复议法》(2023)第 22 条第 2 款还规定了互联网渠道的送达方式。这些方式都可视具体情况依法选用。

第八节　行政复议与行政诉讼

行政法上的救济经过行政复议后,可能进入行政诉讼程序,也可能不进入下一个程序。为此我们需要讨论它们之间的关系。

一、行政复议与行政诉讼之间的共性

行政复议与行政诉讼显然是两种不同的权利救济手段,但这不影响它们之间共性的存在:

1. 行政复议与行政诉讼是解决行政争议的两大途径和方式,都以行政争议为处理对象。

2. 行政复议与行政诉讼都是权利救济手段。“无救济便无权利”,这是法学界推崇的一项原则。“救济”有维护、保护、挽回、纠正之意。行政复议和行政诉讼都是针对行政主体行政行为的纠错机制。

3. 行政复议与行政诉讼的保护和监督对象相同。行政复议和行政诉讼旨在保护公民、法人和其他组织的合法权利和利益,并监督行政机关依法行政。

二、行政复议与行政诉讼之间的差异

行政复议与行政诉讼之间的区别很多,但主要包含四个方面:

1. 性质不同。行政复议与行政诉讼的处理机关是不同的,前者是行政机关,后者是人民法院,即司法机关。这决定了它们在行为性质上的区别:行政复议机关的复议行为属于行政行为,而人民法院审理行政案件的活动属于司法活动。前者受行政程序法即《行政复议法》调整,后者则受诉讼法即《行政诉讼法》支配。

2. 纠错范围不同。行政复议与行政诉讼都是对行政行为的纠错机制,但行政诉讼由于受到行政权与司法权分工的限制,限于对违法行政行为的纠错,而行政复议属于行政机关内部的监督机制,因而,它不仅要对违法行政行为进行纠错,还要对不当行政行为进行纠错,纠错范围显然大于行政诉讼。

3. 审查标准不同。行政复议与行政诉讼都以行政行为为审查对象,但其审查标准是不同的。《行政复议法》(2023)第 1 条所设定的目的,行政复议是“为了防止和纠正违法的或者不当的行政行为……”所以,复议机关应当依法对行政行为是否合法和适当进行审查。《行政诉讼

法》(2017)第6条规定:"人民法院审理行政案件,对行政行为是否合法进行审查。"这说明,行政复议以是否合法和适当为审查标准,而行政诉讼只以是否合法为审查标准。

4. 处理权限不同。行政复议机关在复议中解决纠纷的权限与人民法院在行政诉讼中解决纠纷的权限是大有区别的。主要表现在:人民法院行使变更行政行为的权力受到比复议机关更多的限制,前者限于适用"行政处罚明显不不当"或者"其他行政行为涉及对款额的确定"。〔113〕 而行政复议的变更决定,适用更宽的范围。〔114〕 原因在于,在行政复议中,审查机关与被审查机关属于同一系统(行政)主体;而在行政诉讼中,审查机关是司法机关,被审查机关则是行政机关,是两个不同系统的主体,它们受到行政机关与司法机关分工的约束。

三、行政复议与行政诉讼程序上的关系

厘清行政复议与行政诉讼程序上的关系,旨在解决一些行政复议与行政诉讼衔接上的技术问题。

(一)行政复议与行政诉讼并列选择关系

行政复议与行政诉讼构成可供行政相对人选择的并列救济手段。根据《行政复议法》(2023)第10条、第11条和第20条规定,公民、法人或者其他组织对行政行为不服的,可以依法申请行政复议;对复议决定不服的,可以提起行政诉讼,但是法律规定行政复议决定为最终裁决的除外。《行政诉讼法》(2017)第44条第1款规定:"对属于人民法院受案范围的行政案件,公民、法人或者其他组织可以先向行政机关申请复议,对复议决定不服的,再向人民法院提起诉讼;也可以直接向人民法院提起诉讼。"从而确立了复议诉讼选择原则。

根据复议诉讼选择原则,行政复议与行政诉讼形成了行政相对人权利救济的并列选择关系。也即,在一般情况下,行政相对人不服行政主体作出的行政行为,可以申请行政复议,对复议决定不服的,再提起行政诉讼,也可以直接提起行政诉讼;但复议前置和复议终局的除外。

(二)行政复议是行政诉讼的前置程序〔115〕

行政复议前置,是指行政相对人对法律、行政法规规定的特定行政行为不服时,应当先向行政复议机关申请行政复议,而不能直接向人民法院提起行政诉讼的法律制度。此种情况下,行政复议成为了行政诉讼的前置程序,当事人不得跳过作为前置程序的行政复议而直接提起行政诉讼。如果当事人经过行政复议之后对行政复议决定仍不服的,才可以向人民法院提起行政诉讼;但复议终局的除外。

由此可知,行政复议前置实际上是法律和行政法规对行政相对人诉讼权利的限制,即必须先经过行政复议,方可进入诉讼程序。这样的安排主要是考虑到某些特定类型的行政案件具

---

〔113〕《行政诉讼法》(2017)第77条第1款规定:"行政处罚明显不当,或者其他行政行为涉及对款额的确定、认定确有错误的,人民法院可以判决变更。"

〔114〕《行政复议法》(2023)第63条规定:"行政行为有下列情形之一的,行政复议机关决定变更该行政行为:(一)事实清楚,证据确凿,适用依据正确,程序合法,但是内容不适当;(二)事实清楚,证据确凿,程序合法,但是未正确适用依据;(三)事实不清、证据不足,经行政复议机关查清事实和证据。行政复议机关不得作出对申请人更为不利的变更决定,但是第三人提出相反请求的除外。"

〔115〕参见王静、石翰朋:《复议前置的行政诉讼》,载胡建淼主编《行政复议法教程》,人民出版社2023年版,第362~367页。

有数量多、专业性强且复杂程度大的特点,因此将行政复议这样的非诉讼纠纷解决渠道挺在诉讼前面,更有助于查明案件事实,使行政争议得到实质性化解。

《行政复议法》(2023)第23条规定,复议前置诉讼适用于以下情形:

1. 对当场作出的行政处罚决定不服。当场作出的行政处罚决定,是指通过简易程序作出的行政处罚决定。当场作出的行政处罚决定往往涉及的案情普遍简单,对相对人的权利影响也相对较小。基于此,《行政复议法》(2023)将此类案件纳入复议前置的范畴,确保在行政体系内部优先处理此类行政争议。尽管行政诉讼设置了简易程序,但与行政复议相比,其审查过程、处理效率和实质性解决争议的能力都显得相对较弱。而行政复议机制不仅有助于查明案件事实,提高行政争议解决的效率,而且有助于发挥行政复议的"过滤器"作用,从而减轻法院面临的诉讼压力,提高整体的行政争议解决效能。

2. 对行政机关作出的侵犯其已经依法取得的自然资源所有权或者使用权的决定不服。《行政复议法》(2017)在第30条第1款中明确规定:"公民、法人或者其他组织认为行政机关的具体行政行为侵犯其已经依法取得的土地、矿藏、水流、森林、山岭、草原、荒地、滩涂、海域等自然资源的所有权或者使用权的,应当先申请行政复议;对行政复议决定不服的,可以依法向人民法院提起行政诉讼。"《行政复议法》(2023)未对其进行删除,而是将其整合到第23条规定的法定行政复议前置的情形中。其背后的原因在于,现有规定的语言表达并不够精确,容易使人误解,即任何涉及自然资源所有权或使用权的行政行为均需要先行行政复议,但这在实际的司法操作中造成了诸多困扰。[116]

3. 认为行政机关存在未履行法定职责情形。未履行法定职责,又被称为行政不作为、不履责,具体指行政机关未依照法定职责行使行政权力、作出特定行政行为的情形。不作为既包括完全不作为,也包括慢作为、拖延作为、不完全作为等。行政不作为通常会对行政相对人产生不利影响,进而损害其合法权益。更为严重的是,行政不作为可能会导致政府公信力的丧失,降低社会公众对法治政府的信任。因此,对这种行政不作为的有效治理与纠正显得至关重要。《行政复议法》(2023)将未履行法定职责情形设定在复议前置中,是为了给当事人提供一条更为高效、便捷的维权途径以应对行政争议,同时也缓解了当下困扰法院的大量行政不作为诉讼的压力。

4. 申请政府信息公开,行政机关不予公开。近年来,随着公众对于知情权和参与权的认知逐步加强,申请政府信息公开的数量大幅上升。目前,涉及政府信息公开的诉讼数量已达到了一个令人关注的规模,使得人民法院在处理这类诉讼时承受着沉重的压力。值得注意的是,当前的政府信息公开案件中,真正针对政府信息公开来维护知情权的案件反而不是多数。借助政府信息公开来实现其他案件诉求的情况普遍存在,说明现有行政纠纷机制在资源配置、不同

---

[116] 先前为了解决该问题,明确该规定的实际应用范围,最高人民法院在2003年发布的《关于适用〈行政复议法〉第三十条第一款有关问题的批复》(法释[2003]5号)中指出,只有在公民、法人或其他组织因行政机关关于土地、矿藏、水流等自然资源的所有权或使用权的具体确认行为,认为其已经依法取得的自然资源权益受到侵犯的情况,才属于复议前置的情形。对于涉及自然资源所有权或使用权的行政处罚、行政强制措施等其他具体行政行为,不适用复议前置的规定。随后,为进一步明晰"确认"的概念,最高人民法院行政审判庭在后续的答复([2005]行他字第4号)中进一步阐释:"确认"应理解为,当自然资源权属发生争议后,行政机关就该争议所做的权属确权决定。而关于土地或其他自然资源的初始登记,其性质更接近行政许可,不应纳入行政确认的范畴。因此,行政机关发放自然资源所有权或使用权证书的行为也不应被视为复议前置情形。而在2023年《行政复议法》的修订中,将该规定中容易引起争议和误解的内容进行了删除,使问题迎刃而解。

渠道衔接上都出了一定的问题，在征拆及补偿等类型案件的源头治理上还严重不足。而且，还存在不少主张政府信息公开的滥诉现象。个别申请人频繁、大量提交政府信息公开的申请，并进一步提起行政复议和行政诉讼，不仅严重干扰了正常的社会管理和诉讼程序，而且导致了行政和司法资源的巨大浪费。[117] 正是基于上述情况，《行政复议法》(2023)特别将申请政府信息公开而不予公开的情境列入行政复议前置范畴，一方面是为契合行政复议作为行政争议解决的主渠道具有专业、高效的特点，另一方面，通过将申请政府信息公开而不予公开的情形纳入行政复议前置中，可以在很大程度上缓解法院的诉讼压力，为法院解决更为复杂、专业的行政案件留出更多的资源和时间。

5. 法律、行政法规规定应当先向行政复议机关申请行政复议的其他情形。除了上述四种情形外，复议前置的情形还包括法律和行政法规[118]规定复议前置的其他情形。现行法律和行政法规设定了包括但不限于以下的复议前置事项：

(1)纳税争议。《税收征收管理法》(2015)第 88 条第 1 款规定，纳税人、扣缴义务人、纳税担保人在纳税问题上与税务机关发生争议时，必须先依照税务机关的纳税决定缴纳或者解缴税款及滞纳金或者提供相应的担保，随后才可依法申请行政复议。而对行政复议决定仍不服的，可依法向人民法院起诉。《海关法》(2021)第 64 条明确规定，与海关发生纳税争议的纳税义务人，应当在缴纳税款后，先依法申请行政复议；不服复议决定的，才可向人民法院提起诉讼。

(2)知识产权争议。在知识产权领域，《商标法》(2019)与《专利法》(2020)均有相关复议前置的规定。《商标法》(2019)第 34 条、第 35 条第 3 款、第 44 条 2 款、第 54 条规定，涉及对驳回申请、不予公告、不予注册、宣告无效、撤销或不予撤销注册商标等决定的不服的，当事人都应当先依法申请行政复议。《专利法》第 41 条规定，专利申请人对国务院专利行政部门驳回申请的决定不服的，专利申请人应当先依法申请行政复议。

(3)反垄断争议。在反垄断领域，根据《反垄断法》(2022)第 65 条的规定，对国务院反垄断执法机构禁止经营者集中的决定、对不予禁止的经营者集中附加减少集中对竞争产生不利影响的限制性条件的决定不服的，需先依法申请行政复议。

(4)电影公映争议。《电影产业促进法》(2016)第 58 条明确，当事人对县级以上人民政府电影主管部门以及其他有关部门依照本法作出的行政行为不服的，可选择申请行政复议或提起行政诉讼。但对于国务院电影主管部门作出的不准予电影公映的决定，应当首先依法申请行政复议。

(5)集会游行示威争议。《集会游行示威法》(2009)第 31 条规定，当事人对公安机关根据相关条款作出的拘留处罚决定不服的，必须先行依法申请行政复议。

(6)价格违法行政处罚争议。《价格违法行为行政处罚规定》(2010)第 20 条规定，经营者对政府价格主管部门作出的处罚决定不服的，需先依法申请行政复议。

(7)居民最低生活保障相关争议。《城市居民最低生活保障条例》(1999)第 15 条规定，城市居民对县级人民政府民政部门作出的不批准享受城市居民最低生活保障待遇或者减发、停

---

[117] 参见郭修江、林璐：《行政复议与应诉若干实践问题》，载《法律适用》2023 年第 5 期。

[118] 根据《行政复议法》(2017)第 19 条和《行政诉讼法》(2017)第 44 条的规定，设定复议前置事项的依据是“法律、法规”。但《行政复议法》(2023)第 23 条第 1 款第 5 项将设定复议前置的权限范围从“法律、法规”限缩至“法律、行政法规”，从而排除了地方性法规对复议前置的设定权。

发城市居民最低生活保障款物的决定或者给予的行政处罚不服的,应当先依法申请行政复议。

(8)外汇管理争议。《外汇管理条例》(2008)第51条规定,当事人对外汇管理机关的具体行政行为不服的,应当先向行政复议机关申请复议。

(9)宗教事务争议。《宗教事务条例》(2017)第75条规定,当事人对宗教事务部门的行政行为有异议时,也应首先依法提出行政复议申请。

(10)军品出口管理争议。《军品出口管理条例》(2002)第27条明确指出,军品贸易公司对国家军品出口主管部门作出的具体行政行为不服的,应当先申请行政复议。

(三)行政复议对行政诉权的排斥关系

行政复议对行政诉权的排斥关系发生在行政复议终局行为上。在行政复议终局制度中,行政复议的结果可以对抗行政诉讼的诉权。

《行政复议法》(2023)第10条规定:“公民、法人或者其他组织对行政复议决定不服的,可以依照《中华人民共和国行政诉讼法》的规定向人民法院提起行政诉讼,但是法律规定行政复议决定为最终裁决的除外。”第26条还规定:“对省、自治区、直辖市人民政府依照本法第二十四条第二款的规定、国务院部门依照本法第二十五条第一项的规定作出的行政复议决定不服的,可以向人民法院提起行政诉讼;也可以向国务院申请裁决,国务院依照本法的规定作出最终裁决。”

基于上述法律规定,行政复议终局系指依照法律规定,行政复议决定为最终决定,当事人对复议决定不服的,不得再行提起行政诉讼的法律制度。理解和把握复议终局制度必须关注以下几点:

第一,复议终局仅指行政复议决定终局,不包括其他行政行为终局。复议决定终局仅指行政复议决定具有最终效力,当事人对其不服不得提起行政诉讼,而不是指其他行政决定终局。这里要将行政复议终局与行政行为终局(终局行政行为)区别开来。行政行为是行政决定的外在形态。行政决定包括基础决定、执行决定和复议决定等。行政行为终局可以包括基础决定[119]、执行决定和复议决定等行政决定的最终效力,具有不可诉性。复议终局仅指复议决定的终局,也即复议决定的不可诉性。

第二,复议终局制度必须由法律设定[120],法规和规章不得设定复议终局制度。从本质上看,行政复议终局是对行政相对人诉权的一种限制,属于司法终局原则的例外情形,它既涉及公民的诉权,又涉及行政机关与司法机关的宪法关系,理应由全国人民代表大会及其常务委员会制定的法律来规定。这样做,才符合《立法法》(2023)第11条确立的法律保留原则。这里的“法律”不仅指《行政复议法》,也包括其他法律。

从现行法律规定来看,复议终局存在于下列情况之中:

1. 当事人对省级人民政府(包括省人民政府、自治区人民政府和直辖市人民政府)作出的

---

[119] 我国规定基础行政决定不可诉的情况并不鲜见。如《出境入境管理法》(2012)第36条规定:“公安机关出入境管理机构作出的不予办理普通签证延期、换发、补发,不予办理外国人停留居留证件、不予延长居留期限的决定为最终决定。”第81条又规定:“外国人从事与停留居留事由不相符的活动,或者有其他违反中国法律、法规规定,不适宜在中国境内继续停留居留情形的,可以处限期出境。外国人违反本法规定,情节严重,尚不构成犯罪的,公安部可以处驱逐出境。公安部的处罚决定为最终决定。被驱逐出境的外国人,自被驱逐出境之日起十年内不准入境。”

[120] 根据法律保留原则,不仅复议终局须由法律设定,其他所有的行政行为终局制度都必须由法律设定。因为行政行为终局是对司法监督权的排斥。

复议决定不服而申请国务院裁决的。这里的国务院裁决实质上是行政复议的再复议，一经作出就具有最终法律效力，当事人不得再行提起行政诉讼。依据是《行政复议法》(2023)第26条。

2. 当事人对国务院部门作出的复议决定不服而申请国务院裁决的。依据同样是《行政复议法》(2023)第26条。

3. 外国人对我国出入境管理部门作出的对其实施的继续盘问、拘留审查、限制活动范围、遣送出境措施不服的，可以依法申请行政复议，该行政复议决定为最终决定。其他境外人员对依照该规定对其实施的遣送出境措施不服，申请行政复议的，适用前款规定。依据是《出境入境管理法》(2012)第64条。

4. 集会、游行、示威的负责人对主管机关不许可的决定不服的，可以向同级人民政府申请复议，该复议决定具有最终效力。《集会游行示威法》(2009)第13条规定："集会、游行、示威的负责人对主管机关不许可的决定不服的，可以自接到决定通知之日起三日内，向同级人民政府申请复议，人民政府应当自接到申请复议书之日起三日内作出决定。"《集会游行示威法实施条例》(2011)第14条规定："……人民政府作出的复议决定，主管公安机关和集会、游行、示威的负责人必须执行。"

行政复议终局与其他行政行为终局一样，意味着对公民、法人或者其他组织诉权的限制，作出时必须十分谨慎、严格。

(四)不予行政复议的行政诉讼

通常而言，无论是复议前置诉讼还是复议选择诉讼，当事人申请行政复议之后，不得同时提起行政诉讼，也不得在复议决定作出之前提起行政诉讼。但在这种规则下，如果复议机关对该复议申请不予受理，或者受理了却不作复议决定，当事人的权利救济程序就会中断，不利于当事人合法权益的有效保护。为此，法律才设置了对于不予行政复议的案件适用行政诉讼的规则和制度。

《行政复议法》(2023)第34条规定："法律、行政法规规定应当先向行政复议机关申请行政复议、对行政复议决定不服再向人民法院提起行政诉讼的，行政复议机关决定不予受理、驳回申请或者受理后超过行政复议期限不作答复的，公民、法人或者其他组织可以自收到决定书之日起或者行政复议期限届满之日起十五日内，依法向人民法院提起行政诉讼。"

根据上述法律规定，在行政复议前置诉讼中，当事人对于下列不予复议的行为可以提起行政诉讼：

1. 行政复议机关决定不予受理。这包括行政复议机关作出了不予受理的决定，也包括既不受理，也不作不予受理决定的情形。

2. 驳回申请。驳回申请是指复议申请受理之后，行政复议机关发现不该受理的，就作出驳回申请的决定。可见，不予受理发生在受理之前，而驳回申请则发生在受理之后。[121]

3. 受理后超过行政复议期限不作答复。这是指复议机关受理之后迟迟不作处理。

---

〔121〕《行政复议法实施条例》(2007)第48条规定："有下列情形之一的，行政复议机关应当决定驳回行政复议申请：(一)申请人认为行政机关不履行法定职责申请行政复议，行政复议机关受理后发现该行政机关没有相应法定职责或者在受理前已经履行法定职责的；(二)受理行政复议申请后，发现该行政复议申请不符合行政复议法和本条例规定的受理条件的。上级行政机关认为行政复议机关驳回行政复议申请的理由不成立的，应当责令其恢复审理。"

必须注意到,《行政复议法》(2023)第 34 条和最高人民法院《行政诉讼法解释》(2018)第 56 条〔122〕将上述不予复议状态的可诉性限制在复议前置范围内。对于复议前置范围内的诉讼,当事人只能针对复议机关的不作为提起诉讼,不得直接对原行政行为提起诉讼,以防止复议前置程序被架空。对于复议前置范围以外的诉讼,当事人针对复议机关不予受理或者逾期不作复议决定的,可以作出原行政行为的行政主体为被告对原行政行为提起诉讼,也可以复议机关为被告针对其不作为提起诉讼。

(五)行政复议与行政诉讼受理上的相互排斥关系

行政复议与行政诉讼受理上的相互排斥关系,系指当事人不得针对同一行政行为既申请行政复议又提起行政诉讼,行政复议机关与人民法院也不得同时受理和审理同一行政案件。

《行政复议法》(2023)第 29 条规定:“公民、法人或者其他组织申请行政复议,行政复议机关已经依法受理的,在行政复议期间不得向人民法院提起行政诉讼。公民、法人或者其他组织向人民法院提起行政诉讼,人民法院已经依法受理的,不得申请行政复议。”第 30 条第 1 款第 7 项又规定,“行政复议机关未受理过该申请人就同一行政行为提出的行政复议申请,并且人民法院未受理过该申请人就同一行政行为提起的行政诉讼”,此乃行政复议申请受理的必备条件之一。

《行政诉讼法解释》(2018)第 57 条规定:“法律、法规未规定行政复议为提起行政诉讼必经程序,公民、法人或者其他组织既提起诉讼又申请行政复议的,由先立案的机关管辖;同时立案的,由公民、法人或者其他组织选择。公民、法人或者其他组织已经申请行政复议,在法定复议期间内又向人民法院提起诉讼的,人民法院裁定不予立案。”第 58 条又规定:“法律、法规未规定行政复议为提起行政诉讼必经程序,公民、法人或者其他组织向复议机关申请行政复议后,又经复议机关同意撤回复议申请,在法定起诉期限内对原行政行为提起诉讼的,人民法院应当依法立案。”

上述规定首先表明了行政复议与行政诉讼是相对人权利救济的两大程序和途径,不得同时使用。它们是一种衔接关系而不是并列关系。针对同一行政行为的同一个行政案件,不得由行政复议机关和人民法院同时审查,因而不得同时受理,故当事人不得同时申请(申请行政复议和提起行政诉讼)。这里显然是同时审理的排斥性,决定了同时受理的排斥性,同时受理的排斥性最终决定了当事人同时申请的排斥性。这里的“同时”,不是指“同一天”“同一个月”“同一个时间”等,而是指“同时”处于行政复议程序期间和行政诉讼程序期间,即只要行政案件已处于行政复议的程序期间,或处于行政诉讼的程序期间,当事人就不得再行提起行政诉讼或申请行政复议。

上述规定其次确立和表明了行政复议与行政诉讼受理上的排斥规则:(1)公民、法人或者其他组织在行政复议期间〔123〕不得同时提起行政诉讼,相反,在行政诉讼期间〔124〕也不得同时申请行政复议;(2)公民、法人或者其他组织既提起诉讼又申请复议的,由先立案的机关管辖;

---

〔122〕《行政诉讼法解释》(2018)第 56 条规定:“法律、法规规定应当先申请复议,公民、法人或者其他组织未申请复议直接提起诉讼的,人民法院裁定不予立案。依照行政诉讼法第四十五条的规定,复议机关不受理复议申请或者在法定期限内不作出复议决定,公民、法人或者其他组织不服,依法向人民法院提起诉讼的,人民法院应当依法立案。”

〔123〕指行政复议机关已受理行政案件而未处理完毕的期间。

〔124〕同样是指行政案件人民法院已受理而未作出最终裁判的期间。

(3)公民、法人或者其他组织既提起诉讼又申请复议,人民法院与行政复议机关同时受理的,由先立案的机关管辖。这里的"同时受理"是指"同一日受理";(4)公民、法人或者其他组织向复议机关申请行政复议后,又经复议机关同意撤回复议申请,在法定起诉期限内对原行政行为提起诉讼的,人民法院应当依法立案。

行政复议与行政诉讼受理上的相互排斥关系,只发生在选择复议诉讼之中,不会发生在复议前置领域或复议终局领域。

第九节　疑难问题探讨

一、复议机关审查行政行为是否适用依据错误与附带审查行政行为依据的合法性是不是一码事?

不是一码事。

行政复议是行政复议机关对申请人不服的行政行为是否合法和适当的一种法律审查。审查行政行为是否合法必然要审查该行政行为"适用依据是否合法"。如果适用依据不合法,根据《行政复议法》(2023)第64条第1款[125]的规定,对于适用的依据不合法的,复议机关就应当撤销或者部分撤销该行政行为,并可以责令被申请人在一定期限内重新作出行政行为。

这里的"适用的依据不合法"应当理解为行政机关作出行政行为不正确地适用依据和所适用的依据本身不合法。[126] 前者如行政机关作出行政行为应当适用A法但适用了B法,或者应当适用法律中的A条款却适用了B条款;而后者是指作为行政行为依据的法律、法规、规章和行政规范性文件本身违宪或违法,如某地方性法规与法律、行政法规相抵触等。

行政行为的依据不合法时,复议机关如何对它进行审查和纠正?对此,《行政复议法》(2023)第13条和第四章第五节同时设定了在行政复议中对行政行为依据的附带审查制度。复议机关审查行政行为是否适用依据错误与在附带审查制度中对行政行为依据的合法性进行审查是两种不同的制度,不能相互混淆。它们的主要区别在于:

第一,审查对象不同。对行政行为是否适用依据错误的审查,系与《行政诉讼法》(2017)第70条中的"适用法律、法规错误"相衔接,是对行政行为是否合法的一种审查。而附带审查制度中对行政行为依据是否合法的审查,是对作为行政行为依据的规范性文件是否合法的审查。也就是说,前者是对行政行为的审查,后者是对行政行为依据的审查。

第二,程序性质不同。对行政行为是否适用依据错误的审查,属于行政复议中的本位程序和基础程序,任何行政复议都离不开这一程序。而附带审查行政行为依据是一种依附于本位程序的附带性程序。这种程序可以发生,也可能不发生,它取决于申请人是否附带申请或行政复议机关是否依职权启动。

---

〔125〕《行政复议法》(2023)第64条第1款规定:"行政行为有下列情形之一的,行政复议机关决定撤销或者部分撤销该行政行为,并可以责令被申请人在一定期限内重新作出行政行为:(一)主要事实不清、证据不足;(二)违反法定程序;(三)适用的依据不合法;(四)超越职权或者滥用职权。"

〔126〕为此作者认为,《行政复议法》(2023)第64条第1款第3项所表达的"适用的依据不合法"缺乏概然性。它应当表达为"适用依据错误或所适用的依据不合法"。

第三,处理方法不同。对于行政行为适用依据错误的,行政复议机关应当根据《行政复议法》(2023)第64条的规定,作出撤销或者部分撤销该行政行为的复议决定,并可以责令被申请人在一定期限内重新作出行政行为。而在附带审查中发现行政行为依据不合法的,应当依据《行政复议法》(2023)第四章第五节的规定,行政复议机关有权处理的,在30日内依法处理;无权处理的,在7日内转送有权处理的国家机关依法处理。

二、行政复议终局是否只限于《行政复议法》(2023)第26条规定的情形?

《行政复议法》(2023)第26条规定了两种复议终局的情形:一是因不服省、自治区、直辖市人民政府作出的复议决定而申请国务院裁决的,国务院的裁决为最终裁决;二是因不服国务院部门作出的复议决定而申请国务院裁决的,国务院的裁决为最终裁决。这两种情况与其说是"复议终局",不如说是"复议决定上面的裁决终局"。但如果将这里的国务院裁决视作复议以后的再复议,那么,将上述两种情形看成是两种复议终局的情形,也未尝不可。

即使在这样的前提下,我们是否可以说,行政复议终局就只有《行政复议法》(2023)第26条规定的两种情形?答案是否定的。

所谓复议终局,系指依照法律规定,行政复议决定为最终决定,当事人对复议决定不服的,不得再行提起行政诉讼的法律制度。但是,这里的"法律"并不限于《行政复议法》(2023),还包括其他"法律"。目前,我国还有两部法律规定了复议终局制度:

一是《出境入境管理法》(2012)第64条规定:"外国人对依照本法规定对其实施的继续盘问、拘留审查、限制活动范围、遣送出境措施不服的,可以依法申请行政复议,该行政复议决定为最终决定。其他境外人员对依照本法规定对其实施的遣送出境措施不服,申请行政复议的,适用前款规定。"

二是《集会游行示威法》(2009)第13条规定:"集会、游行、示威的负责人对主管机关不许可的决定不服的,可以自接到决定通知之日起三日内,向同级人民政府申请复议,人民政府应当自接到申请复议书之日起三日内作出决定。"《集会游行示威法实施条例》(2011)第14条补充规定:"……人民政府作出的复议决定,主管公安机关和集会、游行、示威的负责人必须执行。"

三、当事人对行政复议调解书不服可以提起行政诉讼么?

当事人对行政复议调解书不服是不可以提起行政诉讼的。

行政复议中的调解,系指在行政复议程序中,行政复议机关遵循合法、自愿的原则,对申请人、第三人和被申请人之间的争议进行调停、斡旋、劝导等活动。当事人经调解达成协议的,行政复议机关应当制作行政复议调解书。行政复议调解书,系指在当事人经调解达成协议的基础上,由行政复议机关制作的,反映各方当事人意思的法律文书。

《行政复议法》(2023)第73条规定:"当事人经调解达成协议的,行政复议机关应当制作行政复议调解书,经各方当事人签字或者签章,并加盖行政复议机关印章,即具有法律效力。调解未达成协议或者调解书生效前一方反悔的,行政复议机关应当依法审查或者及时作出行政复议决定。"

当事人经调解达成协议的,行政复议机关应当制作行政复议调解书。调解书经各方当事人签字或者签章,并加盖行政复议机关印章,即具有法律效力。调解书发生效力的时点不是调解书送达双方时，而是调解书经各方当事人签字或者签章后加盖行政复议机关印章时。复议机关对调解书加盖复议机关印章之时起就具有法律效力，各方当事人就具有履行义务。如果申请人、第三人拒不履行调解书规定的义务，有关机关可以依法强制执行。

调解未达成协议或者调解书生效前一方反悔的，行政复议机关应当依法审查或者及时作出行政复议决定。至于复议调解书生效后，申请人后悔的，这已不再具有意义。因为此时的调解书已经生效，如果申请人对调解书不服，是不可以对调解书提起行政诉讼的。也即，行政复议调解书是不可诉的，因为它是各方当事人达成协议并实现和解的反映。

本章小结

中国行政法上的救济制度主要有两类，一类是行政救济，另一类是司法救济。前者主要是行政复议制度，后者主要是行政诉讼制度。

行政复议系指行政相对人（公民、法人或者其他组织）不服行政主体的行政行为，依法向行政复议机关提出申请，请求重新审查并纠正原行政行为，行政复议机关据此对原行政行为是否合法、适当进行审查并作出决定的法律制度。中国的行政复议制度主要由《行政复议法》、《行政复议法实施条例》和其他法律、法规加以规范。

行政复议是一种行政监督行为和行政司法行为，同时属于一种行政行为。

中国行政复议的范围大体与行政诉讼相同，可以申请行政复议的一般也属于行政诉讼的受案范围。但是，行政复议的范围应当大于行政诉讼的范围，因为后者受到司法权与行政权分工的限制，前者是行政权内部的法律监督，无此特别限制。

行政复议与行政诉讼存有密切的衔接关系。一般原则是，当事人对行政行为不服，可以申请行政复议，对复议决定不服者，还可提起行政诉讼，也可直接提起行政诉讼。此为复议选择主义。但存在两个例外：

一是复议前置。如果法律和行政法规明文规定必须经过行政复议的，那么当事人对行政行为不服，就必须先申请行政复议，不可直接提起行政诉讼。

二是复议终局。如果法律明文规定该复议决定具有最终法律效力，那么当事人对复议决定不服的，就无权再行提起行政诉讼。

规范链接

- 《中华人民共和国行政复议法》（2023）
- 《中华人民共和国行政复议法实施条例》（2007）
- 《中华人民共和国行政诉讼法》（2017）第6、13、44、77条
- 《中华人民共和国民事诉讼法》（2023）第85条
- 《中华人民共和国税收征收管理法》（2015）第88条
- 《中华人民共和国海关法》（2021）第64条
- 《中华人民共和国出境入境管理法》（2012）第64条
- 《中华人民共和国专利法》（2020）第41条
- 《中华人民共和国商标法》（2019）第34、35、44、45、54条
- 《中华人民共和国反垄断法》（2022）第65条
- 《中华人民共和国集会游行示威法》（2009）第31条
- 《中华人民共和国外汇管理条例》（2008）第51条
- 《中华人民共和国企业法人登记管理条例》（2019）第31条

- 《中华人民共和国军品出口管理条例》(2002)第 27 条
- 《工伤保险条例》(2010)第 55 条
- 《城市居民最低生活保障条例》(1999)第 15 条
- 《价格违法行为行政处罚规定》(2010)第 20 条
- 最高人民法院《关于适用〈中华人民共和国行政诉讼法〉的解释》(法释〔2018〕1 号)第 2 条
- 最高人民法院行政审判庭《关于行政机关颁发自然资源所有权或者使用权证的行为是否属于确认行政行为问题的答复》(〔2005〕行他字第 4 号)
- 《国家统一法律职业资格考试实施办法》(2018)

案例讨论

黄陆军等申请金华市工商行政管理局行政复议案

|案 情|

原告:黄陆军等 18 人。

被告:金华市工商行政管理局。

第三人:东阳市工商行政管理局。

东阳市开发总公司(以下简称开发公司)是由东阳市经济开发区管委会 1993 年 2 月 18 日全额投资成立的一家企业。2006 年 3 月 15 日,由开发公司投资 23%、蒋伟锋等 4 名自然人投资 51%、浙江华厦百兴贸易有限公司等 2 家法人投资 26% 设立东阳白衣内衣城有限公司(以下简称内衣城公司)。2007 年 4 月 18 日,内衣城公司申请变更为东阳市世界贸易城有限公司(以下简称世贸城公司)。2009 年 6 月 18 日,世贸城公司又申请变更登记,其他股东所持股份全部转让给开发公司,世贸城公司成为法人独资一人有限公司。期间,世贸城公司于 2006 年 9 月 1 日全额投资设立一家一人有限公司,即东阳白云商业运营管理有限公司(以下简称商管公司)。

2006 年 11 月至 2009 年 9 月,原告黄陆军等 18 人先后分别与内衣城公司、世贸城公司签订商品房买卖合同,购买世贸城公司商业用房,并与商管公司签订业主商铺托管协议,或者与商管公司签订租赁协议,承租世贸城公司商铺。黄陆军等人认为,"世贸城(公司)采取种种软硬兼施手段,譬如停电、对一些商铺进行拆除改装,使业主无法经营",侵害原告合法权益。

2009 年 10 月 26 日,黄陆军等人向金华市工商行政管理局提出行政复议申请,对第三人东阳市工商行政管理局核准开发公司设立登记、内衣城公司设立和变更为世贸城公司登记、商管公司设立登记的具体行政行为不服,请求撤销第三人对开发公司注册登记的行政行为,撤销第三人对内衣城公司注册登记和变更为世贸城公司的行政行为,撤销第三人对商管公司的注册登记行政行为。金华市工商行政管理局复议后认为,黄陆军等人与开发公司设立登记行为、内衣城公司设立和变更为世贸城公司登记行为、商管公司设立登记行为没有法律上的利害关系,作出金工商复字〔2009〕7 号行政复议决定,决定驳回黄陆军等人的行政复议申请。黄陆军等人不服该行政复议决定,遂向金华市婺城区人民法院提起行政诉讼。

原告黄陆军等 18 人诉称,被告金华市工商行政管理局作出金工商复字〔2009〕7 号行政复议决定,以原告与第三人东阳市工商行政管理局核准登记的公司没有法律上的利害关系为由,决定驳回原告的行政复议申请。原告认为,被告驳回原告复议申请的理由不能成立。第一,原告是东阳世贸城 2 层部分摊位业主或经营户。第三人核准内衣公司、核准变更登记、白云公司注册的住所,涵盖了原告享有所有权或者租赁权的铺位。虽然核准内衣公司、白云公司登记行为发生在原告购买和租赁铺位之前,但工商登记行为具有持续性,通过年检持续进行,因此原告有权请求撤销。第三人准许经营或者继续经营的地址包括了原告的铺位。被告认为该准许行为与原告没有法律上的利害关系,违背常识。第三人核准变更登记时间更是在原告购买或者租赁铺位之后。第二,复议决定也认为,如果党政机关与所办经济实体政企不分,经济实体在职能、财务、人员、名称等方面与机关没有彻底脱钩的话,是不合法的,有可能导致以权经商、强卖强买的后果,侵害与之发生经营关系的当事人的合法权益。原告与这些公司建立经营关系,合法权益就有可能受到侵害。这种可能性,既包括已经受到的侵害,也包括以后可能受到的侵害,这就是法律上的利害关系。因此,原告与申请复议的第三人核准注册登记、变更登记行为,存在法律上的利害关系,被告应当对本案进行实体性审查。原告请求撤销被告金工商复字〔2009〕7 号行政复议决定,判令其重新作出复议决定。

被告金华市工商行政管理局辩称,被告对原告黄陆军等与第三人东阳市工商行政管理局核准开发公司设立登记、内衣城公司设立登记和变更登记、商理公司设立登记行为没有法律上的利害关系的认定正确。原告和内衣城公司,后为世贸城有限公司、商管公司因签订商品房买卖合同、铺位租赁合同产生民事合同关系。上述公司和原告之间没有因工商登记建立任何法律关系。内衣城公司,后变更为世贸城公司、商管公司作出设立、变更、登记行为在前,原告与公司签订商品房买卖合同、铺位租赁合同在后,该设立、变更、登记行为不可能对原告还没有因签署合同产生的权利义务产生影响。而且,涉诉工商登记既未妨害原告原有的权利,也未增加原告原有的义务,未对原告权利义务产生实际影响,更未强迫原告必须与上述公司发生民事合同关系。涉诉公司设立、变更、登记行为,不会导致原告必须与上述公司发生民事合同关系。作为市场业主和从事物业管理的世贸城公司、商管公司,住所登记为世贸大道 188 号,也未对原告权利义务产生实际影响。原告与上述公司交易过程中产生的民事纠纷,不能以行政复议或行政诉讼要求撤销上述公司的相关登记,但可以通过其他途径救济。综上,被告请求法院驳回原告的诉讼请求。

第三人东阳市工商行政管理局同意被告意见。

金华市婺城区人民法院一审认为,被告金华市工商行政管理局受理原告黄陆军等复议申请后进行了实体审查,根据查明的事实及相关规定,作出驳回原告复议申请的具体行政行为,有相关事实及法律依据,并阐明了详细理由。原告与内衣城公司、世贸城公司的合同纠纷,应当通过协商或民事途径解决。第三人东阳市工商行政管理局对本案所涉三公司设立或变更登记的具体行政行为,与原告没有法律上的直接利害关系。原告诉讼请求无事实及法律依据,难以支持。对被告及第三人抗辩中合法有据部分,予以采纳。据此,金华市婺城区人民法院依照《行政诉讼法解释》(2009)第 56 条第 4 项等规定,于 2010 年 4 月 2 日判决驳回黄陆军等 18 位原告的诉讼请求。案件受理费人民币 50 元,由原告黄陆军等 18 人承担。

黄陆军等 18 人不服一审判决,向金华市中级人民法院提出上诉,坚持原审诉讼请求,要求撤销被上诉人金华市工商行政管理局金工商复字〔2009〕7 号行政复议决定,判令其重新作出复议决定。主要上诉理由是,撤销核准工商登记,就意味着工商部门认为企业注册符合法定条件,允许企业进入市场和其他市场主体发生交易。与之发生交易关系的市场主体基于对工商登记行为的信赖,有理由相信经过工商核准登记的行为,没有不符合市场主体法定条件的因素存在。如果政府和企业是一体的,在交易过程中,企业就可能随时出现政府逻辑,利用政府的公权力违反市场规则,侵犯当事人的合法权益。当事人自然有权就工商部门核准登记行为提出复议申请,要求工商部门承担相应的法律责任。在本案中,根据上诉人提供的证据材料,被上诉人东阳市工商行政管理局核准登记企业时,各企业法定代表人均是政府重要官员。而且在经营过程中,相关公司也确实利用公权力侵犯了上诉人的合法权益。因此,本案属于行政复议受案范围。上诉人请求二审法院撤销一审判决,撤销金华市工商行政管理局作出的金工商复字〔2009〕7 号行政复议决定。

被上诉人金华市工商行政管理局辩称:第一,上诉人黄陆军等在与上述合法成立的公司交易过程中,认为公司出现政府逻辑等使其合法权益受到侵害或将要受到侵害,属于民事纠纷,可以通过其他途径救济,不能以行政复议或行政诉讼要求撤销上述公司的相关登记。第二,上诉人的行政复议权利已得到保障,金华市工商行政管理局对上诉人的行政复议申请已经受理并进行了实体审查,认为涉诉工商登记是正确的。由于上诉人与被上诉人东阳市工商行政管理局的设立登记行为没有法律上的利害关系,因此,驳回上诉人复议申请,行政复议决定适用法律是正确的。综上,原审法院认定事实清楚,适用法律正确,被上诉人请求二审法院维持原判决。

被上诉人东阳市工商行政管理局辩称,坚持一审意见,请求二审法院维持原判。

金华市中级人民法院经二审,确认了一审查明的事实。本案二审的争议焦点是:上诉人黄陆军等与被上诉人东阳市工商行政管理局对开发公司的设立登记、内衣城公司的设立登记及变更登记、商管公司的设立登记行政行为是否具有行政法律利害关系。金华市中级人民法院二审也认为上述行政法律利害关系不成立,最终依据《行政诉讼法》第61条第1项之规定,于2010年5月21日判决:驳回上诉,维持原判。上诉案件受理费人民币50元,由上诉人黄陆军等18人承担。

评　析

本案的争议焦点是:上诉人黄陆军等与被上诉人东阳市工商行政管理局对开发公司的设立登记、内衣城公司的设立登记及变更登记、商管公司的设立登记行政行为是否具有行政法律利害关系。

金华市中级人民法院二审认为,《行政复议法实施条例》第28条规定,“行政复议申请符合下列规定的,应当予以受理:……(二)申请人与具体行政行为有利害关系……”判断构成利害关系的要素有二:一是申请人的权益受到损害或有受到损害的现实可能性,二是权益损害与具体行政行为之间具有因果关系,即具体行政行为是因,权益损害是果。本案中,上诉人黄陆军等以世贸城公司采取种种软硬兼施手段,譬如停电、对一些商铺进行拆除改装,使业主无法经营等为由申请行政复议,要求撤销涉诉公司的工商核准登记。

二审法院认为:第一,被上诉人东阳市工商行政管理局在对涉诉公司进行工商登记审查时,其按照《公司法》、企业登记相关法律、法规的规定,审查公司设立、变更是否符合法定条件;第二,登记机关无法预见公司成立后作为市场主体,在与上诉人发生买卖、租赁民事合同后的侵权行为或侵权可能性;第三,登记机关没有对涉诉公司作为市场主体的民事侵权行为进行审查的法定义务;第四,本案上诉人主张的权益损害原因并不是涉诉公司工商登记行政行为,而是涉诉公司不履行合同或其他民事侵权行为;第五,撤销涉诉公司的工商核准登记,不能使上诉人的权益损害得到恢复。因此,上诉人所主张的权益损害与涉诉公司工商登记的具体行政行为之间不存在因果关系,上诉人与涉诉公司工商登记的具体行政行为没有利害关系。涉诉公司经工商行政管理部门登记,作为市场主体与上诉人因购买或租赁发生了民事合同法律关系,双方享有合同权利并承担合同义务。双方因合同权益产生民事纠纷,应受合同法及相关民事法律调整,上诉人应通过民事诉讼等途径寻求救济。

(此案例根据《中华人民共和国最高人民法院公报》2012年第5期“黄陆军等人不服金华市工商行政管理局工商登记行政复议案”编辑)

复习思考题

1. 什么是行政复议,对它的行为性质如何定性?
2. 什么是复议前置,它的适用条件是什么?
3. 什么是复议终局,它有哪些情形?
4. 行政复议与行政诉讼是什么关系?

第二十八章　行 政 监 督

行政机关对行政行为的监督,除行政复议制度外,还来自行政机关的职能监督。行政职能监督包括基于行政组织关系的一般监督与基于特别法律授权的专门监督。前者包括上级人民政府对下级人民政府、一级人民政府对所属工作部门、上级工作部门对下级工作部门的综合性监督;后者包括特定行政机关所实施的诸如审计监督、行政督察等行政专门监督。本章限于阐述行政层级监督。

第一节　行政监督与监督行政

一、从行政监督到监督行政

20 世纪 80、90 年代,中国的行政法学,非常重视"行政监督",几乎达到"无行政监督就无行政法学"的地步。这时的行政监督,范围非常广泛,覆盖了所有行政领域和行政类别,包括党的监督、权力机关的监督、司法机关的监督、行政机关的监督、人民群众的监督、社会舆论的监督;包括行政机关对公民、法人或者其他组织守法的监督,也包括公民、法人或者其他组织对行政机关执法的监督;包括行政机关的一般监督(如上级人民政府对下级人民政府),也包括行政机关的专门监督(如审计监督)。

到 20 世纪末,随着行政法学理论的成熟,学者们发现了上述监督中的两类监督明显不同,必须加以区别:一类是行政机关通过行政行为监督公民、法人或者其他组织是否守法;另一类是其他组织和个人对行政机关行政行为是否合法适当的监督,主要表现为党对行政机关的监督、权力机关对行政机关的监督、司法机关对行政机关的监督、人民群众对行政机关的监督和社会舆论对行政机关的监督等。

为了有效地区别这两类监督,便出现了"行政监督"与"监督行政"两个理论概念。人们便将行政机关通过行政行为监督别人,即对公民、法人或者其他组织是否守法的监督,称为"行政监督";将别人对行政机关行政行为是否合法适当的监督,如党对行政机关的监督、权力机关对行政机关的监督、司法机关对行政机关的监督等,称为"监督行政"。

中国行政法学从笼统的"行政监督"概念到从中分离出"监督行政"概念,表明了中国行政法学理论走向精细化,走向成熟;同时也表明了中国行政法学理论研究基点的调整,中国行政法学不仅要研究行政机关如何监督公民、法人或者其他组织,而且更要研究作为管理主体的行政机关是如何受监督的。这一理论基点的转变,完全符合"权力受监督"的现代的法治精神。

二、行政监督

中国行政法学上的"行政监督",最早定义为"行政法上的监督",而它的范围既包括行政机关监督别人,也包括别人监督行政机关。自从出现"监督行政"概念后,行政监督就慢慢地被限定为行政机关对公民、法人或者其他组织是否守法的监督。这实际上就是行政主体对相对人的监督。

当我们这样考察行政监督时,会立刻发现:行政监督只能作为一种功能和制度对待,而不能作为一种行政行为对待,因为行政监督不是通过一种单独的监督行为,而是通过其他有关诸如行政命令、行政检查、行政处罚、行政强制等行政行为来体现监督功能的,在现行的行政行为结构中不可能有单独的"行政监督行为"。也正因如此,"行政监督"理论在事后的行政法学中慢慢地被淡化。

三、监督行政

"监督行政"的定位在于不是将行政机关作为监督主体,而是将行政机关和它的行政行为作为监督对象。这样的逻辑,自然将党对行政机关的监督、权力机关对行政机关的监督、司法机关对行政机关的监督、人民群众对行政机关的监督以及社会舆论对行政机关的监督等纳入监督行政范畴之内。

而笔者认为,长期被作为行政法学内容的"监督行政"恰恰不属于行政法学的内容。因为行政法学以行政主体之行政行为为主要研究对象,而在行政行为中,恰恰行政机关是行政主体而不是行为对象,其他主体对行政机关行政行为的监督恰恰不适用行政复议和行政诉讼,从而不适宜作为行政法的规制对象。

在传统的"监督行政"范围内,党对行政机关的监督是政治关系而不是行政关系,应当属于政治学的范畴;权力机关对行政机关的监督是宪法关系而不是行政关系,应当属于宪法学的范畴;司法机关对行政机关的监督主要表现在行政诉讼制度中,而行政诉讼关系不是行政实体关系;人民群众以及社会舆论对行政机关的监督,是以事实关系而不是法律关系为主,应当属于政治学和社会学的研究范畴。总之,上述"监督行政"的监督行为恰恰都不是"行政行为"。为此,本书不再大肆着墨。

四、行政机关对行政行为的监督

当我们认为,作为行政机关通过行政行为对行政相对人的监督,即行政监督,没有必要单独作为一种行政行为加以研究;作为其他机关或者个人对行政机关行政行为的监督,即监督行政,因不属于行政法学的研究范畴而无须由行政法学者加以研究时,会忽然发现还遗漏一个领域:行政机关对行政机关的监督,或者说,是行政行为对行政行为的监督。这种监督既不是传统意义上的"行政监督",也不是传统意义上的"监督行政"。它不仅属于行政法学的重要内容,而且也是中国行政法的具体实践。

本书设计"行政监督"仅限于此意,系指一个行政机关依法对另一个行政机关的行政行为是否合法合理的一种法律监督。它不包括行政机关对公民、法人或者其他组织的监督,也不包括行政机关以外的组织或者个人对行政机关的监督,仅限于行政机关之间,或者说行政行为之间的监督。

这种意义上的"行政监督"包括通过行政复议手段的监督和通过组织职能的监督,行政复议监督由《行政复议法》设定,行政职能监督由《宪法》《国务院组织法》《地方各级人民代表大会和地方各级人民政府组织法》及相关法律设定。行政职能监督又可分为一般监督与专门监督,前者如人民政府之间的监督,它基于宪法、组织法产生,专门监督系指审计监督等,它基于

审计法等专门法律产生。(见图 28－1)

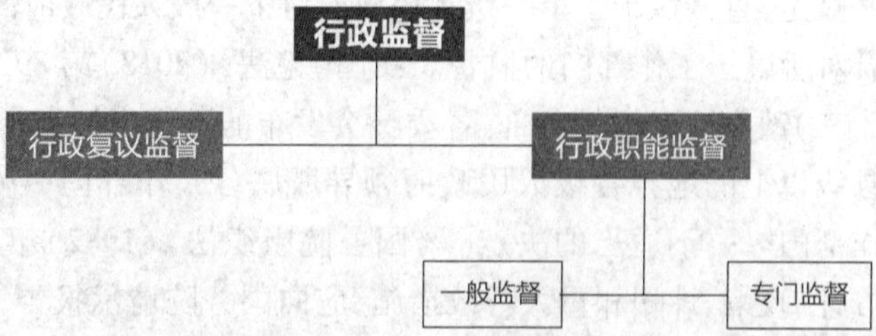

图 28－1　行政监督

第二节　行政一般监督

一、行政一般监督的概念和特征

行政一般监督属于行政职能监督的一种类型，系指行政机关之间基于组织上的隶属关系，由上级行政机关对下级行政机关依法所实施的综合监督。

在单一制的国家里，上级行政机关对下级行政机关拥有当然的监督权。这种行政监督的法律特征有以下几点：第一，在监督主体上，以上级行政机关为监督主体，下级行政机关为监督对象。第二，在监督依据上，这种监督关系是基于宪法和组织法而形成。第三，在监督内容上，它是监督行政行为的合法性和合理性，监督的目标和标准都比较全面、综合。

二、行政一般监督的种类及依据

从监督主体视角考察，一般监督有以下几种：

1. 国务院对全国各级地方人民政府的监督。我国《宪法》(2018) 第 89 条规定："国务院行使下列职权：……(四) 统一领导全国地方各级国家行政机关的工作，规定中央和省、自治区、直辖市的国家行政机关的职权的具体划分……(十四) 改变或者撤销地方各级国家行政机关的不适当的决定和命令……"由于"中华人民共和国国务院，即中央人民政府，是最高国家权力机关的执行机关，是最高国家行政机关"[1]，因而它对全国各级行政机关的监督是不受层级约束的。

2. 上一级人民政府对下一级人民政府的监督。根据《宪法》(2018) 第三章对国家机构的设定和第 30 条[2]对行政区划的规定，我国各级人民政府，是同级权力机关的执行机关，依次是：国务院—省、自治区、直辖市人民政府—自治州、县、自治县、市人民政府—乡、民族乡、镇人民政府。《宪法》(2018) 第 108 条规定："县级以上的地方各级人民政府领导……下级人民政府的工作，有权改变或者撤销……下级人民政府的不适当的决定。"《地方各级人民代表大会和地方各级人民政府组织法》(2022) 第 73 条规定："县级以上的地方各级人民政府行使下列职

〔1〕 依据《宪法》(2018) 第 85 条。

〔2〕 《宪法》(2018) 第 30 条规定："中华人民共和国的行政区域划分如下：(一) 全国分为省、自治区、直辖市；(二) 省、自治区分为自治州、县、自治县、市；(三) 县、自治县分为乡、民族乡、镇。直辖市和较大的市分为区、县。自治州分为县、自治县、市。自治区、自治州、自治县都是民族自治地方。"

权:……(三)改变或者撤销所属各工作部门的不适当的命令、指示和下级人民政府的不适当的决定、命令……”这些规定,直接赋予了上一级人民政府对下一级人民政府的行政监督权。

3. 一级人民政府对所属于工作部门的监督。我国《宪法》(2018)第 89 条规定:“国务院行使下列职权:……(十三)改变或者撤销各部、各委员会发布的不适当的命令、指示和规章……”第 108 条又规定:“县级以上的地方各级人民政府领导所属各工作部门……的工作,有权改变或者撤销所属各工作部门……不适当的决定。”《国务院组织法》(1982)第 10 条规定:“各部、各委员会工作中的方针、政策、计划和重大行政措施,应向国务院请示报告,由国务院决定。根据法律和国务院的决定,主管部、委员会可以在本部门的权限内发布命令、指示和规章。”《地方各级人民代表大会和地方各级人民政府组织法》(2022)第 73 条规定:“县级以上的地方各级人民政府行使下列职权:……(二)领导所属各工作部门……的工作;(三)改变或者撤销所属各工作部门的不适当的命令、指示……”按上述规定,国务院对其所属工作部门(部委局等)、地方各级人民政府对其所属工作部门都拥有行政监督权。

4. 上一级工作部门对下一级工作部门的监督。在我国,上下级工作部门之间的关系分两种,一种是垂直的领导关系,另一种是行政指导关系,只通过本级政府对下级政府发生关系。这种关系的区分未在宪法和组织法中直接规定,但在其他法律法规中得到体现,例如《行政复议法》(2023)第 27 条规定:“对海关、金融、外汇管理等实行垂直领导的行政机关、税务和国家安全机关的行政行为不服的,向上一级主管部门申请行政复议。”这就表明,在海关、金融、外汇管理等实行垂直领导的行政机关,以及税务和国家安全机关的系统中,上级工作部门对下级工作部门拥有行政监督权。

三、行政一般监督的手段和程序规则

由于我国尚未制定统一的行政程序法,行政职能监督中的一般监督没有统一的程序规定。从宪法、组织法和一般法理来看,这种监督的手段是上级行政机关改变或者撤销下级行政机关不适当的决定。改变是指上级行政机关以自己的决定变更下级行政决定的内容;撤销是指上级行政机关撤除下级行政决定的效力,使下级行政机关的决定自始或者从此不再具有法律效力。实施改变或者撤销监督手段,是适用下级行政机关不适当的决定。这里的“不适当”是广义的,包括违法或者不当。

上级行政机关对下级行政机关行使监督权,要逐级进行,不得越级。也就是说,省人民政府只能对县市人民政府行使监督权,不得对乡镇政府直接行使监督权,上一级的工作部门也只能针对下一级的工作部门行使监督权,不得越级监督。但是国务院除外,国务院有权直接对全国各级和各地行政机关直接行使监督权。

监督决定的作出,也必须依据事实和法律,遵循正当程序。

第三节　行政专门监督

一、行政职能中的专门监督

行政职能中的专门监督,系指由法律特别授权行政组织依法对有关组织或者个人实施的

专项监督。这种监督不是基于宪法和组织法所赋予的组织职能而发生，而是基于特别法的特别规定而发生。

这种监督中最突出的是审计监督。

二、行政审计监督

行政审计监督，系指国家审计机关依法对被审计单位、有关单位和相关人员进行检查、督促并进行处理、处罚的行政监督活动。《审计法》[3]则是它的基本法律。国家设立审计监督的目的，在于维护国家财政经济秩序，提高财政资金使用效益，促进廉政建设，保障国民经济和社会健康发展。

国家在国务院和县级以上地方人民政府设立审计机关。它们负责对国务院各部门和地方各级人民政府及其各部门的财政收支，国有的金融机构和企业事业组织的财务收支，以及其他依照本法规定应当接受审计的财政收支、财务收支，进行审计监督。审计的标准是对上述财政收支或者财务收支的真实、合法和效益进行审计监督。审计机关依照法律规定的职权和程序，进行审计监督，依据有关财政收支、财务收支的法律、法规和国家其他有关规定进行审计评价，在法定职权范围内作出审计决定。审计机关依照法律规定独立行使审计监督权，不受其他行政机关、社会团体和个人的干涉。

审计机关进行审计时，有权检查被审计单位的会计凭证、会计账簿、财务会计报告和运用电子计算机管理财政收支、财务收支电子数据的系统，以及其他与财政收支、财务收支有关的资料和资产；有权就审计事项的有关问题向有关单位和个人进行调查，并取得有关证明材料；经县级以上人民政府审计机关负责人批准，有权查询被审计单位在金融机构的账户；经县级以上人民政府审计机关负责人批准，有权封存有关资料和违反国家规定取得的资产；对其中在金融机构的有关存款需要予以冻结的，应当向人民法院提出申请。

审计机关可以向政府有关部门通报或者向社会公布审计结果。审计机关在法定职权范围内作出的审计决定，被审计单位应当执行。

对本级各部门（含直属单位）和下级政府违反预算的行为或者其他违反国家规定的财政收支行为，审计机关、人民政府或者有关主管部门在法定职权范围内，依照法律、行政法规的规定，区别情况采取下列处理措施：（1）责令限期缴纳应当上缴的款项；（2）责令限期退还被侵占的国有资产；（3）责令限期退还违法所得；（4）责令按照国家统一的会计制度的有关规定进行处理等。在采取这些措施时，并可以依法给予处罚。

被审计单位对审计机关作出的有关财务收支的审计决定不服的，可以依法申请行政复议或者提起行政诉讼。被审计单位对审计机关作出的有关财政收支的审计决定不服的，可以提请审计机关的本级人民政府裁决，本级人民政府的裁决为最终决定。

---

〔3〕1994年8月31日第八届全国人民代表大会常务委员会第九次会议通过。根据2006年2月28日第十届全国人民代表大会常务委员会第二十次会议《关于修改〈中华人民共和国审计法〉的决定》第一次修正，根据2021年10月23日第十三届全国人民代表大会常务委员会第三十一次会议《关于修改〈中华人民共和国审计法〉的决定》第二次修正。

第四节　行政监督与复议和诉讼

这里旨在讨论这样的问题:当事人对行政职能监督行为不服,是否可以申请行政复议和提起行政诉讼。这也可称为行政职能监督行为的“可诉性”。

一、行政一般监督行为的“可诉性”

行政职能监督中的一般监督,发生在国务院针对全面各级行政机关、上级人民政府针对下级人民政府、各级人民政府针对其所属工作部门、上级工作部门针对下级工作部门之间。总之,发生在行政机关之间。这类监督行为的形式表现为上级行政机关改变或者撤销下级行政机关不合法或者不合理的行政行为。

不是发生在行政机关针对公民、法人或者其他组织,即行政主体针对行政相对人,而是发生在行政机关之间的管理行为,在中国现行行政法理中被称作“内部行政行为”。内部行政行为并不体现政府与社会的关系,只是体现政府自身的关系,根据现行《行政复议法》和《行政诉讼法》是“不可诉”的。

行政机关之间的争议,按照下级服从上级,最终由共同的上级行政机关裁决的规则处理。

但是,如果上级行政机关撤销或改变了下级行政机关的一个行政决定,这一决定直接关系到特定相对人的权利与义务,这时,该相对人有权对上级行政机关的撤销或改变行为提起诉讼,除非法律明文规定这一行为属于行政终裁行为。

二、行政审计行为的“可诉性”

行政审计行为发生在行政审计机关与被审计机关之间,而被审计单位有的是行政机关,有的是事业单位和国有企业。这样,行政审计行为属于外部行政行为还是内部行政行为,存在研讨的空间。由于行政审计不是社会审计,行政审计机关并不针对社会上的公民、法人或者其他组织实施审计,它还是属于体制内的一种审计,从传统的行政法理论上说,它应当属于“内部行政行为”,具有“不可诉性”。

但现行的法律似乎已有所新突破。《审计法》(2021)第53条第1款规定:“被审计单位对审计机关作出的有关财务收支的审计决定不服的,可以依法申请行政复议或者提起行政诉讼。被审计单位对审计机关作出的有关财政收支的审计决定不服的,可以提请审计机关的本级人民政府裁决,本级人民政府的裁决为最终决定。”这意味着,行政审计行为应当区分针对财务收支的审计决定与针对财政收支的审计决定。被审计单位对财务收支的审计决定不服者,可以申请行政复议或者提起行政诉讼;但对财政收支的审计决定不服者,只可申请本级人民政府裁决,该裁决为最终决定,具有“不可诉性”。

第五节 疑难问题探讨

一、行政复议权与行政职能监督权是什么关系?

关于行政复议权与行政职能监督权之间的关系,我们感兴趣的不是抽象理论上的"辩证关系",而在于从理论上回答一些实践中的操作问题。这些操作问题的背后,固然反映的是理论问题。

1. 对于一个可诉的行政行为,相对人不申请复议或者提起诉讼,而是申请上级行政机关通过职能监督,或者上级行政机关依职能来改变或者撤销该行政行为,是否可以?笔者认为不可以。在这种状态下,行政职能监督机关不得通过职能监督改变或者撤销该可诉的行政行为,应当告知相对人依法申请行政复议或者提起行政诉讼。

2. 对于一个可诉的行政行为,相对人在规定期限内不申请行政复议,也不提起行政诉讼,致使该行政决定拥有了最终的法律效力,这时,相对人是否可以申请上级行政机关,或者上级行政机关依职能改变或者撤销该行政行为?笔者认为不可以。因为一个可诉的行政行为,经过法律救济期限具有了最终的法律效力,这时,无论是行政复议机关、行政审判机关或者是上级行政机关都不得改变或者撤销之。否则,法律救济时效就会失去意义。

3. 复议机关已经作出一个复议决定,上级行政机关是否可以通过职能监督来改变或者撤销该复议决定?笔者认为不可以。行政复议与行政诉讼相衔接,不与职能监督相衔接。对于复议决定错误的,除了通过行政诉讼程序改变,上级行政机关不得通过职能监督纠正之。

4. 一个行政机关基于职能监督权作出的监督决定(改变或者撤销下级行政机关的行政行为),行政复议机关是否有权通过复议程序加以改变?一般而言,上级行政机关通过职能监督改变或者撤销下级行政机关的行为,属于内部行政行为,固然不适用行政复议或者行政诉讼救济。但是,如果上级行政机关改变了下级行政机关一个涉及特定相对人权益的行政决定,那么,这一监督行为可视作一个新的行政行为,如果相对人和利害关系人不服,并且符合行政复议或者行政诉讼条件,可以对此申请行政复议或者提起行政诉讼。

上述所有问题的答案,都是基于这样一个理论基础:上级行政机关的行政监督权是基于宪法和法律产生的,而行政复议机关的复议权是基于行政复议法形成,前者属于一般行政职能(权),后者则属于特别行政职能(权)。特别职权高于一般职权,这是行政职权的适用规则。

二、行政职能监督是否应当可诉?

上面已述,行政职能监督有一般监督与专门监督之分。对于一般监督,它发生于有隶属关系的行政机关之间,实质上是一种行政组织行为。对于这类"内部行政行为"的法律救济,无论在理论上还是法律制度上,设计成按行政组织原则解决,而不是与行政复议和行政诉讼衔接,是可以接受的,也是妥当的。

问题发生在行政专门监督上。现行法律制度的设计,部分监督行为已被纳入行政复议和行政诉讼救济轨道之内。如《审计法》(2021)第53条规定:"被审计单位对审计机关作出的有关财务收支的审计决定不服的,可以依法申请行政复议或者提起行政诉讼……"此外的专门监督行为,包括审计机关作出的有关财政收支的审计决定,以及在审计过程中的各种强制措施,均被推拒于行政复议和行政诉讼之外。

笔者认为,在有"权利必有救济"原则的支配下,对于专门行政监督的"可诉性",应当坚持以"可诉为原则、不可诉为例外"原则。因为专门行政监督与行政组织监督显有不同,它是法律特设的专门法律主体依据特别法对当事人的专门监督,它接近"外部行政行为"的特征。这就作为我们的立法方向吧。

本章小结

"有权利必有监督",这是民主法治国家里的政治原则和法治原则。我国现行制度中,对行政机关行政行为的监督,既来自行政机关之外,也来自行政机关之内。仅就行政机关之内监督而言,在行政复议制度以外,表现为行政职能监督。这种职能监督,既包括具有行政隶属关系的上级行政机关对下级行政机关的监督,也表现为由法律设定的专门行政机关(诸如审计机关、监察机关等)对有关单位和有关事务的专门监督。前者称为一般监督,后者称作专门监督。一般监督权基于宪法和组织法产生,专门监督权基于特别法律的专门授权。

关于基于行政职能而产生的一般监督权与行政复议监督权之间的关系,按照特别权优于一般权原则处理。在这里,行政复议权显然属于特别职权,行政组织监督权属于一般职权。

行政监督行为,除了由《审计法》(2021)第53条规定的审计机关作出的有关财务收支审计决定具有可诉性,其他的行政监督行为概不适用行政复议和行政诉讼。以后是否可以突破这一点,这是一个值得研究的课题。

规范链接

- 《中华人民共和国宪法》(2018)第30、89、108条
- 《中华人民共和国国务院组织法》(1982)第10条
- 《中华人民共和国地方各级人民代表大会和地方各级人民政府组织法》(2022)第73条
- 《中华人民共和国行政复议法》(2023)第27条
- 《中华人民共和国审计法》(2021)第53条

案例讨论

钱某、陆某洲诉湖州县建设局行政监督案

|案 情|

原告:钱某、陆某洲

被告:湖州县建设局

第三人:某某银行湖州县支行

第三人某某银行湖州县支行拟建一座办公大楼,于2005年11月10日在H省S市建设工程交易网站公开发布招标公告。S市信誉建筑工程有限公司和正风建筑工程有限公司等5家建筑公司相继投标,原告钱某、陆某洲分别为投标人信誉建筑工程有限公司和正风建筑工程有限公司的投标活动支付了施工图纸预算费等相关运作费

用。12 月 25 日，第三人招标活动评标委员会宣布评标结果，确认中标人为某市中远建筑工程有限公司。两原告以第三人既未公开发布招标信息，亦未严格依照招标文件确定的评分办法评标，且第三人法定代表人有串标嫌疑为由，于 12 月 30 日以个人名义向被告湖州县建设局建设局投诉。被告受理投诉后，进行了调查取证，认定第三人已公开发布招标信息，并严格依照招标文件确定的评分办法评标，第三人法定代表人未实施串标行为，但第三人要求投标人提供押金以证明履约能力不妥。次年 1 月 15 日，被告作出第三人招标活动程序合法的调查结论。1 月 27 日，两原告向法院提起行政诉讼，请求依法撤销被告作出的湖州县某某银行办公楼招标投标过程中投诉受理的调查结论，并责令被告宣布第三人办公楼本次招标行为违法，中标无效。

被告在诉讼中答辩说，建设局作出的湖州县某某银行办公楼招标投标过程中投诉受理的调查结论是依据《招标投标法》(1999)所作出的行政监督行为，这种特定的行政监督行为不是行政行为，是不可诉的。

|评　析|

本案所涉问题较多，鉴于本章的任务，限于讨论：湖州县建设局作出的湖州县某某银行办公楼招标投标过程中投诉受理的调查结论是否属于不可诉的行政行为。

本案将湖州县建设局作出的湖州县某某银行办公楼招标投标过程中投诉受理的调查结论看成是“行政监督”行为，并据此认为“不可诉”。

我们首先要对“行政监督”进行定性。如果这种“行政监督”是指行政机关依据专门法所授予的针对特定任务所进行的专门监督，诸如审计监督等，它确实在很大程度上不可诉。湖州县建设局基于《招标投标法》对招标投标进行监督，在形式上有点像诸如审计监督之类的专门监督，但其实不属于同一性质。因为我们本章所述的行政职能监督中的“专门监督”，限于发生在行政机关之间，或者行政机关与公务员之间，而建设局对招标投标进行的专项监督，发生在行政机关与公民、法人或者其他组织之间，实际上是一种行政行为。这种行政行为，只要不属于行政诉讼法所排除的范围，就是可诉的。

(此案例是作者参考现实案例编纂)

复习思考题

1. 什么是行政监督？它的结构如何？
2. 为什么说行政监督不能作为一种独立的行政行为对待？
3. 行政复议监督权与行政组织职能监督权是什么关系？
4. 行政监督行为是否属于行政行为？是否可诉？

附录　本书所涉基本概念

【行政法主体】

也称行政法律关系主体（当事人），系指受行政法规制的有关组织和个人。从静态看，行政法主体包括：(1)国家行政组织；(2)国家其他组织；(3)企事业单位和社会团体；(4)中华人民共和国公民；(5)在中国境内的外国组织和外国人（包括无国籍人）。从动态看，行政法主体由两部分组成，即处于管理一方的行政主体和被管理一方的行政相对人。

【行政主体】

依法拥有行政职权，能以自己的名义实施行政行为，并能独立承受行为后果的组织。在我国，国家行政机关是它的主要载体，得到法律、法规授权的具有管理公共事务职能的组织也能成为行政主体。

【行为主体】

不是以自己而是以行政主体的名义，直接、具体实施行政行为的组织或个人。其法律特征是：(1)行为主体不能像行政主体那样以自己名义，而只能以别人（行政主体）名义行使行政职权；(2)行为主体实施行为不是由自己而是由他人，即行政主体，来承担行为后果；(3)在行政诉讼中不能作为被告参加诉讼。在通常情况下，行政主体与行为主体统一于同一个组织之中，但当行政主体不是自己亲自实施该行政行为，而是委托其他组织或个人实施该行政行为时，就会出现"行政主体"与"行为主体"的分离。

【行政人】

中国行政法学中的一个理论概念，针对公务员法律身份的多样性而设立。特指依法代表国家，并以行政主体的名义，实施行政行为，其行为效果归属于行政主体的个人。行政人不是行政主体，它是代表行政主体行使职权的行为主体。行政机关的公务员及有关公务人员是行政人的承担者。公务员既可以成为行政法上的行政人，也可成为民法中的自然人。

【行政相对人】

在行政法律关系中，与行政主体相对应的另一方当事人，包括公民、法人或者其他组织，同时也适用在中国的外国组织和外国人。

【当事人】

处于特定行政法律关系或者行政诉讼关系中的公民、法人或者其他组织。有时与"行政相对人"概念相通。

【行政职权】

国家行政权的具体转化形式，系指行政主体依法拥有的实施国家行政管理活动的权能，表现为对行政相对人具有一定范围内的支配力。具有法定性、国家意志性、专属性、支配性、不可处分性和优益性之法律特征。行政职权表现为行政主管权、行政管辖权、行政决定权，并由行政权能与行为权能所组成。

【行政权能】

行政主体基于法律、法规、规章设定或者经法律、法规、规章授权而形成的可以以自己的名义作出行政决定，并由自己为该行为承担该责任的法律资格。行政权能决定了行政主体资格。

【行为权能】

行为主体基于行政委托而产生的以委托人行政主体名义作出行政决定，其行为后果由它所代理的行政主体承担的法律资格。行为权能决定了行为主体资格。

【行政职责】

行政主体及其工作人员在行使行政职权过程中依法必须承担的义务。它是义务在职权上的转化形式，具有义务性、法定性、强制性、与行政职权的不可分割性之法律特征。

【行政权限】

行政职权的派生概念，任何职权都有边界。系指法律规定行政主体行使职权所不能逾越的范围、界限。换句话说，行政权限就是行政职权的限度。行政主体行使职权超越该“限度”，便构成行政越权。它具有法定性、义务性和对职权的依附性，并表现为行政主管权限和行政管辖权限。

【行政主管】

由宪法和法律所划定的行政主体对某类事项所拥有的管理范围。它旨在解决行政机关与权力机关、监察机关、司法机关等其他国家机关之间的权力划分。行政主管既是职权，也是权限。

【行政管辖】

行政主体对某一行政事项依法所拥有的专有管理范围。如果说行政主管旨在解决行政主体与其他主体、国家行政权与其他国家权力之间的分工，那么，行政管辖则在于解决行政机关之间的权力分工。行政管辖主要包括地域管辖、层级管辖和专属管辖。与行政主管一样的是，行政管辖既是职权，也是权限。

【法律授权】

即法律赋权，包括赋予国家机关公权力，也包括赋予公民、法人或者其他组织私权利。仅就行政职权而言，它是指国家法律将行政职权首次赋予行政机关或社会组织的行为和制度。法律授权的结果是让被授权主体获得行政主体的资格。

【第一次授权】

法律首次将行政职权赋予行政机关或社会组织，这是初始授权，也称第一次授权。第一次授权是赋权意义上的授权。

【第二次授权】

法律通过第一次授权将行政职权赋予行政机关或社会组织之后，获得行政职权的行政主体，在法律许可前提下，出于国家管理的需要，将自己的职权全部或部分通过法定程序转让给另一组织的行为和制度。如果说第一次授权是赋权意义上的授权，那么，第二次授权就是转让意义上的授权。

【行政职权设定】

也称国家通过立法直接赋予国家行政机关具体职权的法律制度。它是国家的立法活动，是行政职权产生的法定方式。有时和法律授权通用。

【行政授权】

广义上指对行政职权的授予,包括第一次授权与第二次授权。狭义上仅指第二次授权。

【行政委托】

在法律许可的前提下,出于管理上的需要,某一行政主体(委托人)委托另一行政主体或其他组织及个人(被委托人)代行行政职权,后者以委托人的名义实施行政行为,其行为效果归属于委托人的法律制度。行政委托表现为行为权能的转移和行为主体的产生。

【行政协助】

行政主体在实施行政职权过程中,基于本身的条件和公务上的需要,其他行政主体配合其实施同一行政行为或共同行政行为的法律制度。

【行政事项】

也称行政职权标的,系指行政职权所作用的对象。从行政事项的角度确立和划分职权,往往被称作“事权”。事权是所有职权划分的基础。行政事项作为国家划分行政权限的考量因素,由三个要素构成:对象主体、对象行为、对象事务。

【行政活动】

行政机关为实现国家行政职能所作出的一切公务行为。从法律效力上看,包括行政性法律行为与行政性事实行为;从行为过程和性质上看,包括行政立法、行政执法和行政司法。行政活动的核心是行政行为。行政行为属于行政活动,但行政活动并非全属于行政行为。行政法是规范行政行为的法,不是规范行政活动的法。

【行政行为】

由行政主体针对行政相对人作出的并对其权利义务发生直接或者间接影响的法律行为,是由行为内容、行为形式和行为程序共同构成的综合体。行政行为由行政规定和行政决定所构成,是国家行政权的体现。

【单一行政行为】

一个行政主体针对一个相对人以一个行为形式表达一个决定事项,在“行政主体—行政相对人—决定形式—决定事项”的四个行为元素中属于“1+1+1+1”模型。这是属于一个典型的单一行政行为。单一行政行为当然是指一个行政行为而不是多个行政行为。

【复合行政行为】

一个行政主体针对一个相对人以一个行为形式表达多个决定事项,在“行政主体—行政相对人—决定形式—决定事项”的四个行为元素中属于“1+1+1+2”模型。复合行政行为可作为一个行政行为对待。

【合并行政行为】

一个行政主体针对多个相对人以一个行为形式表达多个决定事项,在“行政主体—行政相对人—决定形式—决定事项”的四个行为元素中属于“1+2+1+2”模型。合并行政行为应当作为多个行政行为对待。

【共同行政行为】

多个行政主体针对一个相对人以一个行为形式作出一个或多个决定事项，在“行政主体—行政相对人—决定形式—决定事项”的四个行为元素中属于“2＋1＋1＋（1 或 2）”模型。共同行政行为视作为一个行政行为。

【行政规定】

行政行为的一种类型，与行政决定相对应，系指有关国家行政机关依据法律、法规、规章或者上级行政机关的有关规定，依职权针对不特定的行政相对人作出的，并可反复适用的行政规则。从行为意义上说，它是指有关国家行政机关制定普遍性行政规则的活动；从规则意义上说，它是指由有关国家行政机关制定的规章以下的规范性文件。

【行政决定】

行政行为的一种类型，与行政规定相对应，系指行政主体依职权或者依行政相对人的声请，针对特定的行政相对人作出的并对其权利义务发生具体而直接影响的行政意思，是行政行为核心内容的载体。行政决定是行政行为的核心，行政行为是行政决定的具体形态。行政决定有狭义与广义之分。狭义上的行政决定，仅指作为行政实体决定的行政基础决定；广义上的行政决定，包括行政实体决定与行政程序决定、行政基础决定与行政执行决定等。大多情况下使用的行政决定，都是基于狭义。

【行政实体决定】

行政行为的一种类型，与行政程序决定相对应，系指行政主体依职权或者依行政相对人的声请，针对特定的行政相对人作出的直接决定其权利义务内容的行政决定，如行政许可决定、行政征收决定、行政处罚决定等。

【行政程序决定】

行政行为的一种类型，与行政实体决定相对应，系指行政主体围绕行政实体决定形成、执行过程中所作出并为行政实体决定服务的辅助性决定，如行政听证决定、行政执行决定等。这类决定与行政实体决定不同，其并不直接决定行政相对人的权利与义务，只是对已确定或将确定的权利与义务提供保障。

【行政基础决定】

与行政执行决定相对应的概念，指在行政强制执行关系中，由行政主体作出的确定当事人必须履行的义务之行政决定，是行政基础决定，也是行政强制执行的基础。

【行政执行决定】

与行政基础决定相对应的概念，指在行政强制执行关系中，由于当事人在规定期限内不履行由行政基础决定所确定的义务，行政强制执行机关启动行政强制执行程序后，针对执行义务人所作出的关于其履行义务的催告性决定。行政执行决定的作出和送达是整个行政强制执行程序的起点。

【行政措施决定】

由实施行政强制措施的主体作出的以限制行政相对人权利为内容的行政决定，是行政基础决定与行政执行决定的结合。

【行政处理决定】

带有“处分性”的行政决定,其决定效果直接导致相对人权利与义务的变化。在行政实体决定与行政程序决定、基础性决定与执行性决定的范畴中,行政处理决定往往是指行政实体决定和基础性决定。

【行政许可】

特定的行政主体根据行政相对人的申请,经依法审查,作出准予或不准予其从事特定活动之决定的行政行为。它具有事先性、赋权性与解禁性、依申请性、法定性等法律特征。

【行政处罚】

特定的行政主体依法对违反行政管理秩序而尚未构成犯罪的行政相对人所给予的行政制裁,包括警告,罚款,没收违法所得、非法财物,责令停产停业,暂扣或者吊销许可证、执照,行政拘留,以及法律、行政法规规定的其他行政处罚等形式。

【行政强制】

行政强制行为的简称,包括行政强制措施与行政强制执行。

【行政强制措施】

国家行政机关在行政管理过程中,为了维护和实施行政管理秩序,依法对当事人的人身自由或者财物实施暂时性限制或控制的行政行为,包括限制公民人身自由,查封场所、设施或者财物,扣押财物,冻结存款、汇款等形式。

【行政强制执行】

国家行政机关或者行政机关申请人民法院对于在规定期限内拒不履行行政决定的当事人,依法采用有关强制手段,迫使其履行义务,或者达到与履行义务相同状态的行为,包括加处罚款或者滞纳金,划拨存款、汇款,拍卖或者依法处理查封、扣押的场所、设施或者财物,排除妨碍、恢复原状,代履行等形式。

【行政命令】

行政主体要求特定的相对人履行一定的作为或不作为义务的意思表示。它是行政决定的一种行为形态,是行政行为的一种形式。程序中的行政命令,有时常被后续行为所吸收,不作为一种独立的行政行为;实体上的行政命令不会被后续行为所吸收,是一种独立的行政行为。

【行政给付】

行政主体根据相对人的申请,依据有关法规,考虑相对人的具体条件,而决定无偿给予一定财产利益的行政行为。它是行政决定的一种形态。我国的行政保障制度、行政救助制度、行政补助制度和行政奖励制度等,都是行政给付行为的体现。

【行政确认】

行政主体对既存的法律事实和法律关系进行审查、认定并宣示其法律效力的行政行为。它是行政决定的一种行为形态,属于一种独立的行政行为。行政登记是行政确认的主要形式。

【行政确权】

行政机关在法律授权的前提下,通过一定的法律程序,确认自然资源、房屋和其他财产的所有权、使用权归属的行政行为。行政确权一般通过登记确认和行政裁决途径实现。

【行政裁决】

行政主体依照法律授权,以中间人的身份,对特定的民事纠纷进行处理的行政行为。行政裁决是行政决定的一种形态,是一种独立的行政行为。

【行政征收】

行政主体依照法律规定,出于公共利益的需要,向行政相对人强制性地收取税费或私有财产,并导致相对人财产所有权转移为国家所有的行政行为。行政征收是行政决定的形态之一,是一种独立的行政行为。

【行政征用】

行政主体依照法律规定,出于公共利益的需要,强制性使用相对人的财物并给予补偿的行政行为。与行政征收不同的是,行政征用并不导致被征用物所有权的转移。行政征用是行政决定的形态之一,是一种独立的行政行为。

【行政征购】

有关行政机关依照国家法律规定,向公民、法人或者其他组织强制性购买特定财物的行政行为。它是行政征收的一种特殊形式。

【行政调查】

行政主体在行政活动过程中,为获取信息,强制要求当事人配合,对当事人的人体、场所、行为、状态等进行检视了解的取证行为。行政调查是一种特殊的行政行为,是行政强制措施的一种形式。行政检查是行政调查的一种主要手段。

【行政证明】

行政主体以一定的形式向其他组织或者个人表明某一行政相对人特定法律事实和法律关系的行为,如学历证明、户口证明、身份证明、死亡证明等。行政证件是行政证明行为的表现形式,是证明证件持有人权利、资格、能力的载体。行政证明虽会提供给第三方,但它发生在行政主体与行政相对人之间。行政证明属于一种特殊的行政行为。

【行政规划】

也称行政计划。首先作为一种综合性概念,其是一种法律制度,是由法律、法规所设定的包括规划主体、规划目标、规划内容、规划对象、规划程序、规划救济等在内的制度体系;其次作为一种法律行为,其是指行政主体制定、变更和实施规划的各项行为;再次作为文本意义上的行政规划,其是指通过规划行为所形成的规划本身,或者说是一种规划文本。行政法意义上的行政规划,主要作为一种特殊的行政行为存在。

【行政合同】

也称行政契约或公法上的契约,指行政机关实现行政管理目的,与另一行政机关或者公民、法人、其他组织之间所达成的一种合意。从广义说,其既包括旨在调节内部行政关系的内部行政合同,发生于行政主体之间或者行政主体与行为主体之间,如行政协助合同和行政委托合同,也包括旨在调节行政主体与行政相对人之间权利义务关系的外部行政合同,如行政和解合同、国有土地出让合同、国有资产出售合同、公共工程承包合同等。从狭义说,行政合同仅指上述后者。

【行政补救行为】

特殊行政行为的一种,指当行政主体作出第一个(次)行政行为并发生效力之后,有关行政主体为补救前一个行为,而作出的替代性的第二个(次)行政行为。从主体上考察,行政补救行为分为同一主体补救与另一主体补救,前者第一次行为与第二次行为都由同一个行政主体作出,后者第一次行为与第二次行为由不同的行政主体作出。从补救功能考察,行政补救行为分为变更性补救(变更)与消灭性补救(撤回、撤销、注销、确认无效等)。

【行政相关行为】

有关机关作出的与国家行政有关联但不属于行政行为、不适用行政复议和行政诉讼救济的管理行为,包括国家行为、行政立法行为、行政指导行为、行政调解行为、行政重复处理行为、行政采购行为、假象行政行为和受行政协助的司法行为等。其不是行政法的规制对象,但也属于行政法学的研究范围。

【行政证据】

行政主体在行政程序中作出行政决定所依据的,由行政相对人提供或由行政主体依职权收集的,用以证明某一事实的物质或材料,具有客观性、关联性与合法性之特点,是行政行为的合法要件之一。

【行政依据】

行政行为的规范依据,指行政主体在行政程序中作出行政决定所依据的规范性文件,包括法律、行政法规、地方性法规、规章、行政规定等,是行政行为的合法要件之一。

【行政程序】

由法律所设定行政主体在实施行政行为时必须遵循的途径、方式、步骤、时限和形式等程序要求的总称,是行政行为的合法要件之一。

【行政违法】

行政主体所实施的违反行政法律规范、侵害受法律保护的行政关系而尚未构成犯罪的行政行为,包括行政失职、行政越权、行政滥用职权、认定事实错误、适用依据错误、违反行政程序、行政侵权等形态。

【行政不当】

行政主体所实施的违反行政合理性原则的不适当的行政行为,一般限于行政机关自行纠正。

【行政赔偿】

行政主体及其行政人违法行使行政职权,侵犯行政相对人的合法权益造成损害,而依法必须承担的赔偿责任。

【行政补偿】

国家基于社会公共利益的需要,在管理国家和社会公共事务的过程中,合法行使公权力的行为以及该行为的附随效果致使相对人的合法财产及合法权益遭受特别损害,以公平原则并通过正当程序对所遭受的损害给予补偿的法律制度。

【行政责任】

行政机关及其工作人员因违法或者不当行使职权而必须依法承担的法律责任,包括对违法或者不当行政行为的纠正，以及承担行政赔偿等形式。

【行政监督】

一是指行政机关对公民、法人或者其他组织是否守法之法律监督，是行政行为的功能体现；二是指上级行政机关对下级行政机关的行政行为，基于行政组织职能所实施的法律监督，表现为行政机关之间和行政行为之间的监督形式。行政监督包括行政一般监督与行政专门监督。